北京经济普查年鉴 2013
Beijing Economic Census Yearbook

第二产业卷

北京市第三次全国经济普查领导小组办公室
北　京　市　统　计　局 编
国家统计局北京调查总队

中国统计出版社
China Statistics Press

图书在版编目（CIP）数据

北京经济普查年鉴. 2013 / 北京市第三次全国经济普查领导小组办公室，北京市统计局，国家统计局北京调查总队编著. -- 北京 : 中国统计出版社, 2015.7
ISBN 978-7-5037-7467-6

Ⅰ. ①北… Ⅱ. ①北… ②北… ③国… Ⅲ. ①经济－普查－北京市－2013－年鉴 Ⅳ. ①F127.1-54

中国版本图书馆 CIP 数据核字（2015）第 147898 号

北京经济普查年鉴—2013/第二产业卷

作　　者/北京市第三次全国经济普查领导小组办公室
　　　　　北京市统计局　国家统计局北京调查总队
责任编辑/赵淑焕　王振宇　尹　伊
封面设计/黄俊杰　李雪燕
出版发行/中国统计出版社
通信地址/北京市丰台区西三环南路甲 6 号　邮政编码/100073
电　　话/邮购（010）63376909　书店（010）68783171
网　　址/http://www.zgtjcbs.com/
印　　刷/河北天普润印刷厂
经　　销/新华书店
开　　本/880mm×1230mm　1/16
字　　数/640 千字
印　　张/20.75
版　　别/2015 年 8 月第 1 版
版　　次/2015 年 8 月第 1 次印刷
定　　价/680.00 元（全四册，附光盘）

本书附同版本 CD-ROM 一张，光盘内容以书面文字为准。
如有印装差错，由本社发行部调换。

目　　录

综合卷

第二产业卷

第三产业卷（上）

第三产业卷（下）

第1篇

工　业

1-1 工业企业

项 目	单位数（个）	资产总计	负债合计	所有者权益合计
合 计	**33820**	**3395317292**	**1793383350**	**1601820143**
一、按登记注册类型分				
国有	549	1111886135	555049778	556836357
集体	2496	17260287	10996462	6263825
股份合作	2013	13287407	8651153	4636254
国有联营	7	19890	10585	9305
集体联营	39	166581	115424	51157
国有与集体联营	20	123062	54838	68223
其他联营	36	216529	145888	70641
国有独资企业	108	387410182	219701435	167708747
其他有限责任公司	7692	520974855	306842247	214095719
股份有限公司	500	446703762	190759175	255944586
私营独资	1819	4387618	2754242	1633376
私营合伙	252	915876	565352	350524
私营有限责任公司	15725	192604188	116818900	75775288
私营股份有限公司	475	22023898	9418392	12605506
其他	130	183439	94267	89172
与港澳台商合资经营	256	48023107	30016578	18006529
与港澳台商合作经营	14	1889608	219291	1670317
港澳台商独资	247	66404515	48683503	17721013
港澳台商投资股份有限公司	18	43038945	24591446	18447499
其他港澳台投资	3	13034	19981	-6947
中外合资经营	562	291242616	156253380	134989236
中外合作经营	37	3716782	2211169	1505613
外资企业	787	197870962	102813471	94990581
外商投资股份有限公司	27	24751203	6383593	18367610
其他外商投资	8	202812	212800	-9988
二、按隶属关系分				
中央	412	1488145523	748523560	739621963
省	584	702157978	374509102	327648876
地	1065	88508808	46994535	41514273
县	134	2187155	1064501	1122654
街道	56	1234001	687558	546443
镇	574	12109678	7946860	4162817
乡	115	1978038	1181870	796168
社区	12	28073	11783	16291
村委会	941	4719351	2597400	2121951
其他	29927	1094248687	609866181	484268707

主要经济指标

单位：千元

#实收资本	主营业务收入	利润总额	税金总额	#主营业务税金及附加	从业人员期末人数（人）
793493971	**1964159674**	**125639865**	**111732233**	**28708925**	**1546803**
215566288	315858298	32352808	18020202	4181530	71379
4270022	7086524	166711	482892	68407	32040
3265507	12388252	217974	431627	58041	27420
14014	31163	1040	2781	315	88
155682	29118	-4840	2493	357	192
27709	60463	-536	7155	415	471
120523	152687	-7623	9673	1073	726
88671995	163624580	1450394	5302771	644849	103278
168023689	347288937	10826417	12647639	1272180	373820
85595823	230848897	19127558	18960327	8694725	184135
1235507	2478350	43299	88687	15087	11346
325647	610735	-1593	19211	2936	1958
56042442	132643918	3768395	5347454	571900	292990
4948309	10784273	1254442	732427	63727	20598
65533	116060	-378	3037	857	764
13623867	39261265	3000233	2632626	262548	46183
543849	720161	17384	57714	4730	1332
10944765	99629533	2186645	1807193	174103	42460
7306671	13051678	-403266	416082	88351	7744
18900	7474	5629	-2539	64	44
68983761	358003750	34346133	30214298	11398175	151192
1848844	4104014	138792	262127	20522	7303
54032165	214125056	14955327	13392096	1114326	152553
7764326	11169199	2206615	886812	69312	16531
98131	85289	-7693	7448	396	256
319325421	643798120	38269849	33638194	11010079	208843
171554216	359543851	32452158	30671950	11824655	245859
16504444	38229981	1982089	3464470	1316642	60043
1273695	740231	-24191	29711	3431	2661
321465	758594	59137	48207	3976	1804
2249021	10040319	653124	609408	58272	18256
517988	1165545	3370	43736	3146	3395
17954	14256	-64	992	44	64
1494467	2552812	76155	113074	12370	11678
280235301	907315964	52168238	43112491	4476311	994200

1-1 续表

项目	单位数（个）	资产总计	负债合计	所有者权益合计
三、按控股情况分				
国有控股	1567	2336189295	1208446274	1127743022
集体控股	3349	56303003	33350895	22952108
私人控股	26201	544913181	295106081	249760211
港澳台商控股	444	106465229	75957861	30507368
外商控股	1186	304187946	156745271	147375766
其他	1073	47258637	23776968	23481669
四、按轻重工业分				
轻工业	14287	438861073	232924630	205936443
重工业	19533	2956456219	1560458720	1395883700
五、按四大城市功能区分				
首都功能核心区	618	1204544502	593888252	610656250
东城区	259	23166791	11543088	11623702
西城区	359	1181377712	582345164	599032548
城市功能拓展区	7385	955699704	518684991	436947803
朝阳区	2370	233021133	126557274	106463859
丰台区	1935	87858908	51315712	36476286
石景山区	564	262813429	148885840	113927589
海淀区	2516	372006234	191926166	180080068
城市发展新区	21112	1047254705	573655489	473599216
房山区	2509	88852357	52492398	36359959
通州区	5092	106504775	63152323	43352451
顺义区	3548	282981976	161642371	121339605
昌平区	3253	185002883	92195721	92807161
大兴区	6146	113042656	66058865	46983791
北京经济技术开发区	564	270870059	138113811	132756248
生态涵养发展区	4705	187818380	107154617	80616874
门头沟区	566	21725057	9359482	12365576
怀柔区	1181	56643120	32849128	23793992
平谷区	1276	30009767	17199034	12810733
密云县	1272	43959108	28343555	15568664
延庆县	410	35481327	19403419	16077908

单位：千元

#实收资本	主营业务收入	利润总额	税金总额	#主营业务税金及附加	从业人员期末人数（人）
529504163	1069383411	69610639	67206184	24667474	535454
12120541	34854135	1986499	1842523	204810	63011
141124357	322017301	20259850	16279568	1728118	603863
20769956	127199084	3755031	3323262	330520	72444
79613790	401812692	28889184	21715447	1742889	252511
10361164	8893051	1138661	1365249	35114	19520
124039220	317236752	23592476	26410309	5706011	528582
669454751	1646922922	102047389	85321924	23002914	1018221
250306598	399848559	35935271	19404834	2047213	84805
6703296	15029678	1296794	1041836	99848	18133
243603302	384818880	34638477	18362998	1947365	66672
217278208	457395686	26240859	18167330	2216641	433426
76499138	123921706	4868345	5868522	797580	134382
19858435	54352048	3165891	2404126	227697	81854
45829623	59172444	3771640	2136437	187398	49082
75091012	219949489	14434982	7758245	1003968	168108
276508898	959211722	54711924	65281329	23166866	829739
19201404	105263127	-2676629	8631616	6216014	69752
33311920	91445754	3456029	6606734	2643370	143482
52610405	300737421	24787926	23614757	8708332	193309
49384136	139141615	7661242	5827286	610091	129906
35020339	82737796	3586162	3614718	373895	139474
86980693	239886009	17897193	16986218	4615163	153816
49400267	147703707	8751812	8878740	1278205	198833
4130633	9451151	1095236	1253224	282173	29590
16623679	65459276	3295319	3842341	559385	59246
9694390	29121108	1489032	1484485	122298	43693
9573440	35235163	1662784	1887598	268802	51956
9378125	8437009	1209440	411092	45546	14348

1-2 按行业中类分

项　　目	单位数（个）	资产总计	负债合计	所有者权益合计
合　计	**33820**	**3395317292**	**1793383350**	**1601820143**
一、采矿业	**127**	**292710879**	**157748957**	**134961922**
烟煤和无烟煤开采洗选	36	28759460	14230417	14529043
石油开采	7	1290936	915151	375785
天然气开采	2	13017277	6649812	6367465
铁矿采选	17	196252729	114502859	81749870
贵金属矿采选	3	5500		5500
土砂石开采	46	699336	425261	274075
石棉及其他非金属矿采选	3	40407	16736	23671
石油和天然气开采辅助活动	12	52600750	21007756	31592994
其他采矿业	1	***	***	***
二、制造业	**33055**	**1782735914**	**975998406**	**806623710**
谷物磨制	76	3027812	2315247	712565
饲料加工	316	8930331	3486219	5444112
植物油加工	49	678423	374448	303975
制糖业	2	203172	189444	13728
屠宰及肉类加工	213	20692253	15186326	5505927
水产品加工	16	242154	62147	180007
蔬菜、水果和坚果加工	123	3066042	1454808	1611234
其他农副食品加工	114	2224620	1278408	946212
焙烤食品制造	302	6200075	3735249	2464826
糖果、巧克力及蜜饯制造	71	6174436	4204897	1969539
方便食品制造	124	3058106	2317320	740786
乳制品制造	33	7951754	5177284	2774470
罐头食品制造	24	232548	97544	135004
调味品、发酵制品制造	131	2301901	1536392	765509
其他食品制造	254	11449972	6893157	4556815
酒的制造	119	24244858	9154385	15090473
饮料制造	256	19513822	10950407	8563415
精制茶加工	11	115009	34806	80203
卷烟制造	1	***	***	***
棉纺织及印染精加工	76	4433800	2368475	2065325
毛纺织及染整精加工	51	903516	554917	348599
麻纺织及染整精加工	1	***	***	***
丝绢纺织及印染精加工	6	7793	3298	4494
化纤织造及印染精加工	6	109305	45155	64150
针织或钩针编织物及其制品制造	61	317000	154391	162610
家用纺织制成品制造	143	967142	578762	388379
非家用纺织制成品制造	96	1634964	994810	640153
机织服装制造	2160	20651205	14027427	6623778
针织或钩针编织服装制造	249	6179917	3755492	2424425
服饰制造	224	1186888	699504	487384
皮革鞣制加工	3	18423	14600	3823
皮革制品制造	98	1309905	825586	484319
毛皮鞣制及制品加工	40	272310	164440	107870
羽毛(绒)加工及制品制造	11	76442	90267	-13825
制鞋业	85	396207	523268	-127061
木材加工	102	313905	219712	94193

工业企业主要经济指标

单位：千元

#实收资本	主营业务收入	利润总额	税金总额	#主营业务税金及附加	从业人员期末人数（人）
793493971	**1964159674**	**125639865**	**111732233**	**28708925**	**1546803**
66837856	**139350825**	**1855678**	**3924132**	**817455**	**68713**
6958329	71526781	1786775	1702099	273601	15947
1315000	210792	-166969	38108	33374	417
1980040	481636	-153030	63283	8679	2033
28631237	45806317	1133671	1399042	185204	25752
5500					3
122808	388816	17559	23488	4290	533
20030	20318	5864	5091	330	93
27754913	20916164	-765972	693021	311978	23928
***	***	***	***	***	7
445579373	**1419756929**	**86037783**	**88218969**	**25954033**	**1385479**
844362	4018699	-27614	33061	2989	1982
2497385	9377041	904717	156919	1380	10375
250030	1478380	20100	21807	1887	1046
18160	1060141	222	4332	537	58
2920796	22392971	472634	1241225	755019	18443
38420	155270	11051	6951	650	189
768622	2558400	69059	100092	8501	4931
459071	2425826	71402	129682	12656	4727
3080645	6866244	81847	422396	40679	19223
1796195	9851741	698001	909146	74033	10589
1395574	2805309	10071	179579	15941	6212
1880105	9910377	-42514	247972	21421	7874
154828	233006	23386	17147	956	509
659899	1838290	50582	119683	9799	5482
5739090	11947062	819141	1073696	96893	11173
5026288	7531823	432737	1482121	847862	15575
7012984	15769716	447922	1161816	76402	20793
123710	14052	-17025	829	188	83
***	***	***	***	***	937
1848145	2103805	6459	59355	10002	2844
421879	720091	-1146	13689	2365	1983
***	***	***	***	***	4
7970	4560	-511	532	42	43
64550	97211	-439	2589	263	292
147935	135416	-6379	5326	1005	773
463593	855101	-11552	37225	3632	2194
404769	1743219	71301	50909	5670	2462
5197610	15900825	481841	926086	84300	63785
1368134	4873959	479191	338426	28477	12834
603700	915480	5684	27688	3383	2998
9030	24193	28	453	30	23
275140	1338334	64902	57043	3685	2835
62544	373613	-92	12958	1749	822
14030	6235	-225	151	12	52
96053	279266	-13635	7913	961	1404
91827	244869	4042	4885	621	629

1-2 续表 1

项　　目	单位数（个）	资产总计	负债合计	所有者权益合　计
人造板制造	79	1183293	867239	316054
木制品制造	684	3532903	2165084	1367819
竹、藤、棕、草等制品制造	14	26235	21743	4493
木质家具制造	1095	12787616	7856293	4931323
竹、藤家具制造	4	9185	12	9173
金属家具制造	123	2060834	983412	1077422
塑料家具制造	1	***	***	***
其他家具制造	138	1327393	676850	650543
纸浆制造	2	124953	66	124887
造纸	157	1797353	1298414	498939
纸制品制造	730	8108444	4550017	3558428
印刷	1228	28110447	13386133	14724314
装订及印刷相关服务	289	1683780	857221	826559
记录媒介复制	21	1200151	426369	773782
文教办公用品制造	72	463270	280372	182899
乐器制造	93	1357305	863180	494125
工艺美术品制造	445	10767826	7332433	3435393
体育用品制造	58	843055	586749	256306
玩具制造	38	188411	187186	1225
游艺器材及娱乐用品制造	25	1030308	826168	204139
精炼石油产品制造	190	31269755	17928515	13341240
炼焦	2	10000		10000
核燃料加工	1	***	***	***
基础化学原料制造	156	22295015	14411661	7883353
肥料制造	152	2056133	1419286	636847
农药制造	23	888574	397854	490720
涂料、油墨、颜料及类似产品制造	660	8664657	4598601	4066056
合成材料制造	132	8973410	5733594	3239816
专用化学产品制造	497	11790462	5394251	6396211
炸药、火工及焰火产品制造	2	626936	435288	191649
日用化学产品制造	265	7049748	3214796	3834952
化学药品原料药制造	25	860435	415834	444601
化学药品制剂制造	124	46743213	25059672	21683540
中药饮片加工	59	8145659	4782431	3363228
中成药生产	74	14338244	5268894	9069351
兽用药品制造	50	2227168	1043016	1184151
生物药品制造	122	24485181	8660798	15824382
卫生材料及医药用品制造	88	1788225	812524	975701
纤维素纤维原料及纤维制造	4	19084	13062	6022
合成纤维制造	26	678470	320045	358425
橡胶制品业	207	3355999	2206222	1149777
塑料制品业	1388	21972274	11185157	10787118
水泥、石灰和石膏制造	113	5914863	2715561	3199302
石膏、水泥制品及类似制品制造	823	42219621	29299754	12919867
砖瓦、石材等建筑材料制造	812	14017783	8485667	5532116
玻璃制造	130	6427566	2679097	3748468
玻璃制品制造	208	17556233	10751624	6804609
玻璃纤维和玻璃纤维增强塑料制品制造	118	5091427	2670736	2420690
陶瓷制品制造	52	1596554	2569606	-973052

单位：千元

#实收资本	主营业务收入	利润总额	税金总额	#主营业务税金及附加	从业人员期末人数(人)
644716	642044	-72423	24434	2346	959
1507796	2297603	89936	99047	11067	7783
4630	14738	4794	192	17	48
3857996	7866705	303747	386742	48444	21918
12500	3703	-63	96	10	43
600978	1333521	34118	72311	6908	3635
***	***	***	***	***	12
547052	1208937	49338	82757	7071	3647
61580	25	196	5	0	15
402420	1391078	-11887	17562	2098	2086
2761910	8157600	1042704	663173	36572	13041
9846384	17254690	1265599	1339200	115964	45369
728642	738863	-19306	33900	5129	3573
548196	283073	106882	15289	1494	888
123100	351346	2974	11682	1231	1379
430162	712826	-48222	31178	3750	3358
2601894	9519945	12777	144760	19693	7062
270405	235709	-1380	12918	1350	758
47695	184081	-4376	4509	365	861
128414	366556	4920	15077	2222	1100
1418668	82417938	-1195375	8085094	6132108	16497
10000					2
***	***	***	***	***	1
8287561	8010408	-657197	267804	19618	11476
763785	1484375	-9988	13666	932	2138
327649	625022	62460	35359	2486	1218
2586211	6228528	529182	402834	34775	9007
3512581	10612296	-647429	78404	14381	4652
4272406	9720286	281831	400654	38232	11643
180457	129131	8841	11894	1048	515
1889541	4924526	558487	696050	108699	10873
306531	414539	28335	38385	3012	1301
8073500	36027082	5604910	4843842	391341	36318
1389201	6580874	919101	579920	45205	6337
3716071	8140079	1463178	1048338	92364	13823
703379	1119030	102479	93200	7480	3346
5708497	8826928	2537210	1126528	76597	15126
711015	1373638	132883	118145	10065	3070
8479	5964	-82	115	10	13
302334	271128	-8686	16921	1529	850
771731	3671145	127601	178896	15578	8773
7388396	14330739	544339	654186	60992	26833
3338838	2947504	-152949	236790	20446	4434
7290316	24569714	1212621	566940	82517	31625
4219566	8185402	163758	335497	38061	12368
3407028	2149429	143090	128897	8964	4684
2453766	11235195	231661	246286	95275	12147
1138745	2785128	-3065	121498	10441	3831
1170578	819339	124356	118291	9894	2849

1-2 续表 2

项　　目	单位数（个）	资产总计	负债合计	所有者权益合计
耐火材料制品制造	120	8376119	3876633	4499486
石墨及其他非金属矿物制品制造	142	5334265	3368694	1965570
炼铁	2	2606	600	2007
黑色金属铸造	133	1918328	1126135	725283
钢压延加工	185	27432622	16741775	10690847
铁合金冶炼	8	651369	579159	72209
常用有色金属冶炼	17	1077633	211434	866200
贵金属冶炼	2	9894	-305	10199
稀有稀土金属冶炼	4	992939	91005	901934
有色金属合金制造	52	1854122	890334	953787
有色金属铸造	18	930456	563580	366876
有色金属压延加工	152	4923366	2364864	2558502
结构性金属制品制造	2317	27307489	16600894	10706595
金属工具制造	175	1345263	627299	717964
集装箱及金属包装容器制造	135	10281816	4845903	5435913
金属丝绳及其制品制造	47	448571	270745	177826
建筑、安全用金属制品制造	298	4243434	2441737	1801697
金属表面处理及热处理加工	197	1533716	930026	603690
搪瓷制品制造	6	9534	5020	4515
金属制日用品制造	218	1770565	1088363	682202
其他金属制品制造	374	21151177	10942686	10208491
锅炉及原动设备制造	167	9337197	5952287	3384910
金属加工机械制造	620	17240701	6457437	10783263
物料搬运设备制造	135	7968097	4794602	3173494
泵、阀门、压缩机及类似机械制造	427	29319175	12599299	16719876
轴承、齿轮和传动部件制造	112	2244894	1023141	1221753
烘炉、风机、衡器、包装等设备制造	473	28005482	14230631	13774851
文化、办公用机械制造	57	4452663	2399742	2052921
通用零部件制造	803	4530457	3051252	1479205
其他通用设备制造业	111	2498130	580398	1917732
采矿、冶金、建筑专用设备制造	294	56339486	29781628	26557858
化工、木材、非金属加工专用设备制造	331	11952646	5579034	6373612
食品、饮料、烟草及饲料生产专用设备制造	72	935496	512262	423235
印刷、制药、日化及日用品生产专用设备制造	173	6778500	3375464	3403037
纺织、服装和皮革加工专用设备制造	49	13970912	9628719	4342193
电子和电工机械专用设备制造	177	47279008	9189163	38089845
农、林、牧、渔专用机械制造	94	3719332	2338890	1380442
医疗仪器设备及器械制造	503	22133403	9405461	12727943
环保、社会公共服务及其他专用设备制造	576	40295050	23236810	17058240
汽车整车制造	13	212290949	121616967	90673982
改装汽车制造	41	3814844	2699796	1115048
低速载货汽车制造	1	***	***	***
电车制造	1	***	***	***
汽车车身、挂车制造	16	694671	595453	99218
汽车零部件及配件制造	652	75800587	44691545	31109042
铁路运输设备制造	117	21550643	14496749	7053894
城市轨道交通设备制造	3	2700605	1259292	1441313
船舶及相关装置制造	8	841737	207654	634084

单位：千元

#实收资本	主营业务收入	利润总额	税金总额	#主营业务税金及附加	从业人员期末人数（人）
1644334	3307407	4271	178459	14431	5162
1418218	3470846	138217	129054	9745	4746
814	315	-304	20	2	7
601918	1739165	-6311	42133	7710	3707
6877769	15101108	81534	302292	21693	8022
55106	223189	5959	7561	386	182
192595	637692	7531	8966	335	642
10000	124488	16	93		12
154369	1187263	78338	182816	125851	465
732273	1943828	61299	43988	4131	1080
201002	566106	1695	12988	2918	1393
1777620	4125121	128816	134466	10451	4619
8316977	17778165	633512	754533	140755	37927
527390	879856	39321	37231	4074	2811
2261865	7334302	654465	327937	22145	7807
173631	508833	6332	9896	768	508
1243275	2227914	135343	103799	10345	5397
475529	1335344	-5308	52605	7196	3511
5100	7675	-248	177	33	23
672235	1278299	14620	26537	3322	2612
5359812	11139821	473125	333782	24579	17090
1864907	3728419	213828	161956	11564	6440
3987574	9369591	882805	763495	58027	15339
2611515	4218040	5842	180078	21378	6685
9057799	22504505	1648061	1315846	108415	25988
835615	1459527	65569	95857	7815	4308
5784460	13759179	1027262	795812	73974	16790
1181119	5170118	413567	230319	8508	3365
1406538	4536950	89804	130728	14247	10231
1845452	515099	22371	24345	1835	1676
12211236	20270442	2406018	1241888	124951	23380
2344299	4657148	467821	364852	31131	10168
291612	768603	19196	45682	4160	1773
1913271	2577677	71255	171404	19102	7449
1198543	5481500	467275	271750	18849	4731
18133040	3099888	-67067	135399	22091	5065
728419	1814320	153616	59000	8781	2440
6600452	13113793	1767258	1040143	76819	25171
8032303	22702640	2306610	1495444	203417	23893
39816139	220199669	20847047	23603769	11116939	78004
1326036	3202256	187895	94420	12565	3505
***	***	***	***	***	1
***	***	***	***	***	2
123380	288271	-29300	1990	281	496
13824371	108379984	7973692	4982071	303148	63379
4534593	14483542	1118529	964257	80124	16594
1333844	1164161	46052	77558	6546	1342
146572	251540	11135	4983	1264	357

1-2 续表 3

项 目	单位数（个）	资产总计	负债合计	所有者权益合计
航空、航天器及设备制造	52	24368221	16077365	8290856
摩托车制造	3	6766	3683	3083
自行车制造	20	128931	81988	46943
非公路休闲车及零配件制造	3	24784	20318	4466
潜水救捞及其他未列明运输设备制造	5	111729	68709	43020
电机制造	98	54929936	35827978	19101957
输配电及控制设备制造	934	54574281	29183746	25390535
电线、电缆、光缆及电工器材制造	242	7996592	4699143	3260560
电池制造	51	3176735	1881875	1294861
家用电力器具制造	171	3499659	1536009	1963650
非电力家用器具制造	134	2686125	1513959	1172165
照明器具制造	180	5128146	2536314	2591832
其他电气机械及器材制造	124	4182996	2853963	1329034
计算机制造	164	58221102	42366520	15854582
通信设备制造	170	72843292	36862664	35980628
广播电视设备制造	58	4861133	2422400	2438733
雷达及配套设备制造	5	527000	400262	126739
视听设备制造	37	1659344	527372	1131972
电子器件制造	214	85571948	40292765	45279183
电子元件制造	251	11567351	5478737	6088614
其他电子设备制造	235	13802384	6984142	6818243
通用仪器仪表制造	611	35353170	18425967	16927204
专用仪器仪表制造	271	10856991	5699954	5157037
钟表与计时仪器制造	10	231463	118502	112961
光学仪器及眼镜制造	67	2421230	783937	1637293
其他仪器仪表制造业	85	1910855	1113050	797805
日用杂品制造	68	444657	237120	207537
煤制品制造	141	838674	540467	298206
核辐射加工	1	***	***	***
其他未列明制造业	41	12892393	5199258	7693134
金属废料和碎屑加工处理	36	1109177	532398	576779
非金属废料和碎屑加工处理	36	978161	623589	354571
金属制品修理	14	79130	70659	8471
通用设备修理	122	314897	139093	175805
专用设备修理	110	603010	262063	340947
铁路、船舶、航空航天等运输设备修理	42	5384811	2954146	2430665
电气设备修理	51	135849	78120	57730
仪器仪表修理	21	104725	36903	67822
其他机械和设备修理业	103	531354	255760	275593
三、电力、热力、燃气及水生产和供应业	**638**	**1319870499**	**659635987**	**660234512**
电力生产	63	77241898	38471638	38770260
电力供应	27	1088095317	545828089	542267228
热力生产和供应	355	56544118	35500065	21044053
燃气生产和供应业	52	41091241	15442279	25648962
自来水生产和供应	64	21028696	11447707	9580989
污水处理及其再生利用	71	35646121	12886899	22759221
其他水的处理、利用与分配	6	223109	59310	163798

单位：千元

#实收资本	主营业务收入	利润总额	税金总额	#主营业务税金及附加	从业人员期末人数（人）
2504916	11932529	996979	168412	9876	18134
3035	5403	-25	131	12	33
78937	29661	-5715	1192	108	176
3610	29139	-258	297	27	64
25908	101312	4670	7166	694	95
11744357	19283746	-1034728	396010	51259	9017
12734269	44081459	4787751	2620021	239532	43258
2426162	5718558	83181	131591	10894	5302
2133283	2098451	-159727	30041	2169	5422
1800448	1781491	87197	93368	15247	3412
1084083	1068277	-35592	39102	7038	2241
1676797	4209254	336994	187155	25122	5891
1163602	2173518	209592	113866	8773	3809
5695100	67214119	1714852	468153	66552	19383
14341417	122895992	3163732	1798456	124518	49135
1418961	3048583	210631	148576	15853	6966
60525	257259	31210	22124	7033	331
361105	1560872	161990	81489	10659	1576
41731514	49723357	4971734	1694344	218260	34619
3876513	11896815	465211	662547	61944	18675
2846128	6553069	519463	381169	36344	12692
6353277	23735480	2757734	1517252	134558	29508
2804444	7031329	645151	461877	42605	11729
75642	100784	970	8180	1568	778
826523	1190559	134969	171453	13129	2699
446807	771571	41097	47212	5308	1768
213255	337838	13808	35241	3338	1185
306298	503565	-10998	11033	1286	534
***	***	***	***	***	87
2973681	7346329	750389	369320	28531	7802
297812	604002	39302	54002	3405	1115
225069	424675	-36225	18022	1973	545
7963	57598	2372	994	71	81
134221	204552	5129	9537	2858	780
255216	348459	27624	19395	2693	1126
1720167	3758909	258785	255505	16694	8029
51230	106582	118	4958	2758	461
43036	66349	39634	7167	831	244
109965	116391	-4527	8242	1735	1019
281076742	**405051920**	**37746403**	**19589132**	**1937437**	**92611**
22484117	15043993	4374269	1472167	99873	6376
209581534	349424658	30030632	15522501	1583130	37129
14920366	11510685	-311042	367057	50264	24517
6441593	23446463	3115822	1897412	179774	12101
6627037	2453309	76868	213520	19127	7005
20965265	3077971	451040	111241	3645	5323
56830	94842	8813	5234	1623	160

1-3 规模以上工业

项　　目	单位数（个）	#亏损企业	工业总产值（当年价格）	工业销售产值（当年价格）	#出口交货值
合　计	**3641**	**640**	**1737088720**	**1718660140**	**150672183**
一、按登记注册类型分					
国有企业	96	15	312427077	311701597	462360
集体企业	52	10	3600463	3544919	70392
股份合作企业	70	14	8030365	8163883	264304
国有与集体联营	1	***	***	***	***
国有独资公司	60	17	131059804	129229354	1665285
其他有限责任公司	1179	230	301740993	296838941	12052323
股份有限公司	215	38	212636687	210964598	9119754
私营独资	8	1	333726	331935	31520
私营合伙	4		127465	125326	
私营有限责任公司	1006	124	82378650	79796360	3136761
私营股份有限公司	61	5	9055504	8583558	684251
其它企业	1	***	***	***	***
港澳台合资	114	23	35764597	35531779	4020787
港澳台合作	9	2	530335	506692	
港澳台独资	90	25	70620766	68900275	8437905
港澳台投资股份	10	2	9974637	11259230	1795502
中外合资	263	49	353939593	349658513	82198878
中外合作	13	3	2139857	2100854	355163
外商独资	374	77	192057801	190978579	25655491
外商股份	15	4	10621184	10395560	721507
二、按隶属关系分					
中央	234	42	623941500	620905164	4208643
省(自治区、直辖市)	305	80	317612716	316760453	14365960
地(区、市、州、盟)	131	27	33623407	33063006	534749
县(区、市、旗)	3	1	133982	139750	
街道	3		505381	509884	1242
镇	48	11	8601373	8621890	261371
乡	16	4	1023584	981089	12496
村委会	17	4	1265790	1281047	
其他	2884	471	750380987	736397857	131287722

注：从业人员平均人数不含保密单位。

企业主要经济指标

单位：千元

年初存货	资产总计	#流动资产合计	#应收账款	#存货	#产成品	#固定资产合计	固定资产原价
207308938	**3080072985**	**1273059108**	**331512578**	**221818328**	**68689286**	**606028244**	**1078858865**
10885152	1095259747	204756418	28820401	12258770	1676191	206326426	379177749
857449	4025231	2919735	603706	947327	497778	891775	1647406
1302410	6142930	4544358	1517912	1323062	635492	1108633	1810668
***	***	***	***	***	***	***	***
12252524	383856608	118362258	30073771	11184870	1247362	116646620	192657526
51390286	434443862	256053100	86849944	53593349	18971843	98660545	159821531
37250863	400740600	212235623	47558714	38964887	12908979	45465001	94040230
44126	238336	200036	109645	59216	37915	36987	58565
18885	167065	163872	67407	85168	39884	2693	6422
15658931	92903310	66807794	23165126	17849603	6739458	13974684	21819156
2122257	18357825	11175344	3629111	2250465	610988	2448691	3198924
***	***	***	***	***	***	***	***
4514679	39954001	22837988	7817241	5282352	2148164	12068992	24389600
152907	1780054	1569164	186127	140653	77101	149760	291019
7566461	62221159	49965330	10366498	9072901	2918909	5384140	10181520
9487780	42731058	33107567	12923529	10042443	327703	997176	1886678
27925981	282036156	165011219	32986622	32620645	10376416	48801273	89257175
618165	3114906	2316688	547216	184926	43930	587762	1487047
24065341	187416492	111685808	41924480	24454885	8879300	48587101	89978972
1178516	24628717	9304809	2351145	1487249	548508	3877705	7132050
46511994	1433461487	359995250	78874089	44401818	10038868	290183846	560532943
36030802	685247964	278044825	53410605	38416544	14368458	167621858	256970539
6159301	73093000	43367921	6897514	6794571	3052615	10724228	17951928
60125	374823	274830	43581	73920	1654	41015	90646
69278	759376	572154	346070	86617	40975	126856	148643
1311062	8133513	6047597	2690944	1397606	472251	1469586	2606162
417353	1306631	989297	215058	440764	151512	286930	566649
305682	1766485	1489524	901352	281193	191817	193674	388058
116443341	875929706	582277710	188133365	129925295	40371136	135380251	239603297

1-3 续表 1

项目	单位数(个)	#亏损企业	工业总产值(当年价格)	工业销售产值(当年价格)	#出口交货值
三、按控股情况分					
国有控股	775	175	1005443757	999779361	23703517
集体控股	139	24	29040855	27672610	987371
私人控股	1971	274	237180538	230397883	9949451
港澳台控股	163	44	93919878	92065219	11871212
外商控股	564	115	367697640	365100392	104028234
其他	29	8	3806052	3644675	132398
四、按轻重工业分					
轻工业	1261	241	254151075	247905016	17906306
重工业	2380	399	1482937645	1470755124	132765877
五、按四大功能区分					
首都功能核心区	103	19	100673888	100331983	2165626
东城区	42	7	12354724	12264253	1343585
西城区	61	12	88319164	88067730	822041
城市功能拓展区	1044	142	349662543	341409909	15435884
朝阳区	313	51	109315318	107558667	4472051
丰台区	209	22	41861627	41517468	902978
石景山区	59	11	27654821	27515756	1799700
海淀区	463	58	170830777	164818018	8261155
城市发展新区	1987	368	869801933	861422327	124972497
房山区	170	37	97072586	97230545	1195362
通州区	450	75	66772353	66400255	5290437
顺义区	342	81	286252765	283508193	41149887
昌平区	310	42	127099445	126386974	4580059
大兴区	456	78	63310901	60038667	2149892
北京经济技术开发区	259	55	229293883	227857693	70606860
生态涵养发展区	507	111	123460940	122006505	8098176
门头沟区	46	6	8070852	7937382	1808392
怀柔区	167	27	55322192	54897875	2206961
平谷区	125	31	24258583	23925196	806204
密云县	129	35	29306245	29077058	2211982
延庆县	40	12	6503068	6168994	1064637

单位：千元

年初存货	资产总计	#流动资产合计	#应收账款	#存货	#产成品	#固定资产合计	固定资产原价
103252092	2278555616	734265961	156787359	104446799	28918972	484035470	864039942
5674453	35512075	26437904	11152401	6117765	2039667	4492509	7206253
47091854	373119177	252403020	79184165	55136588	18909282	42268550	64291779
10280736	95914352	70570710	16816629	12416748	4092245	10807134	19720048
40093394	288483284	182645074	65557756	42605544	14445279	63564395	122229809
916409	8488481	6736439	2014268	1094884	283841	860186	1371034
48588985	345717847	209416642	44070710	51731152	22924764	66574987	121508680
158719953	2734355138	1063642466	287441868	170087176	45764522	539453257	957350185
8020336	1197796203	211320818	31371141	7938767	3653295	268406979	491543283
2828659	20040677	10482295	1597753	3255688	1254303	2234704	4220643
5191677	1177755526	200838523	29773388	4683079	2398992	266172275	487322640
75396179	843330364	456765966	129717099	81314901	17522709	134075247	229572031
17423218	206762997	102636561	32224030	16041396	4896892	54197053	98434888
13861122	75485033	50686730	15830460	14811439	2730131	15138706	22473897
7790115	253959237	86151703	20337979	8499479	1487022	43089579	72307552
36321724	307123097	217290972	61324630	41962587	8408664	21649909	36355694
108580748	885248821	524706739	146232967	115372002	39748562	175417227	312785188
11597015	73759100	30769978	8863050	9915164	2748338	20778264	47424506
13339225	73201806	45516122	14136497	12914430	4199589	15297649	26395187
24545817	254027788	156403982	35097528	29977151	8807341	42398690	69301867
16563737	157648612	86749030	25207747	16529723	6632785	21644520	35793210
12284380	70275385	47536668	16134106	14074961	5688119	11964022	18864616
30250574	256336130	157730959	46794039	31960573	11672390	63334082	115005802
15311675	153697597	80265585	24191371	17192658	7764720	28128791	44958363
1606545	16634817	8356731	1666311	1501129	817619	1691591	3727508
4966101	47487362	27378983	8412528	6136654	3493076	9726235	15045168
3342920	22560086	13446804	4729516	3534472	1433737	6524780	11065270
3649412	34330712	20334928	6695068	4055175	1462142	7827240	11596532
1746697	32684620	10748139	2687948	1965228	558146	2358945	3523885

1-3 续表 2

项目	累计折旧	#本年折旧	#在建工程	#无形资产	负债合计
合计	**474526155**	**61291470**	**125480921**	**51342191**	**1620795982**
一、按登记注册类型分					
国有企业	175805224	22345269	25486802	1642324	544663228
集体企业	795419	93219	58933	51490	2517028
股份合作企业	742602	113528	133260	215722	4252489
国有与集体联营	***	***	***	***	***
国有独资公司	76166762	9043138	35107870	3604158	218037074
其他有限责任公司	61575146	9658492	22803487	13449714	257259814
股份有限公司	48035563	4003786	17433672	10595882	183761208
私营独资	21612	5035	34	1077	196928
私营合伙	3739	627			155030
私营有限责任公司	8423060	1515072	2911516	2974457	55916274
私营股份有限公司	899818	229245	331032	657151	7176465
其它企业	***	***	***	***	***
港澳台合资	12633213	1061849	1055873	835570	21481278
港澳台合作	146386	18438	643	52319	206711
港澳台独资	4803906	770995	1408142	736655	45655875
港澳台投资股份	797848	98394	155834	374017	24393580
中外合资	38536414	5356290	12271642	11514002	151137615
中外合作	868809	85472	72712	29333	1712269
外商独资	41067539	6499093	5965174	3596128	95935166
外商股份	3198748	392655	283888	1011948	6315796
二、按隶属关系分					
中央	272914269	33243161	59843076	8294347	738308301
省(自治区、直辖市)	87430461	11172331	38091346	16268000	363681751
地(区、市、州、盟)	7619819	922240	3109391	1807720	37149044
县(区、市、旗)	46632	6542	37390	12884	236030
街道	21806	3855	32293	9383	382293
镇	1183295	195525	113704	150054	5607955
乡	282212	34082	2260	5130	878667
村委会	194393	32236	11914	7550	1032701
其他	104833268	15681498	24239547	24787123	473519240

单位：千元

流动负债合计	#应付账款	非流动负债合计	#应付债券	所有者权益合计	#实收资本	国家资本	集体资本
1031862793	**353014149**	**584678862**	**361955197**	**1459163204**	**660844757**	**305532095**	**1892123**
202739370	36537238	341645617	290994694	550596519	209982155	203073253	
2198785	888451	294994		1508203	432806		402477
3775332	1796543	413872		1890441	1019059	318	83968
***	***	***	***	***	***	***	***
111138282	36673173	106897319	47398616	165819534	86957514	58776088	
212975568	76769109	42681669	2721489	177147159	125864845	21110062	872463
145582693	41975182	37232825	7546979	216979392	67230288	12826570	331334
146622	64401	15619		41408	22088		
155030	130179			12035	2915		
52087694	20380115	3049255	153101	36977036	18010853		
6223826	1953915	852029		11181360	3561157		
***	***	***	***	***	***	***	***
19904973	7472438	1566401		18472723	10485349	258940	32087
198867	70449	7844		1573343	447290		
44172257	23664756	1415632	498490	16565284	9143557		
19911125	8604532	4482453	4041828	18337478	7180280	288900	
121728181	58627266	29233984	8600000	130898541	63111397	9191264	167182
1583333	735346	122939		1402637	1633258		1868
81886400	34843421	13882915		91414416	48073200		
5433609	1822565	882187		18312921	7677796		
368503878	96878556	368911910	296057476	695153186	294737117	220982491	132858
207250862	74017019	156035533	57433474	321566213	164125641	73846200	402296
32198287	6035990	4435975	109464	35943956	10724740	2484788	170688
116030	30936	120000		138793	119400		
332960	174924	49332		377083	131216		
5240625	2401032	361292		2525558	1039958	14850	99688
784798	282335	93637		427964	250649		147212
779435	354075	12000		733784	332149		325149
416655918	172839282	54659183	8354783	402296667	189383887	8203766	614232

1-3 续表 3

项目	累计折旧	#本年折旧	#在建工程	#无形资产	负债合计
三、按控股情况分					
国有控股	380127629	46396655	104760427	29134941	1191398010
集体控股	2986790	440744	462450	880592	19628437
私人控股	23330127	4333253	9567980	9803939	192052821
港澳台控股	9156463	1318723	2266352	1325583	65645665
外商控股	58344031	8710351	8308889	9874183	147780013
其他	581115	91744	114823	322953	4291036
四、按轻重工业分					
轻工业	55210688	6692540	14907806	10296467	174224347
重工业	419315467	54598930	110573115	41045724	1446571635
五、按四大功能区分					
首都功能核心区	223034729	29202914	40916408	3826902	589804076
东城区	1945312	183447	3835763	395052	9564630
西城区	221089417	29019467	37080645	3431850	580239446
城市功能拓展区	97803848	9122714	39236978	11393038	467834370
朝阳区	43701574	4995312	13420978	3156015	108467308
丰台区	9565194	1176626	4440028	1104200	44036252
石景山区	28673528	775942	16017741	1599209	142519936
海淀区	15863552	2174834	5358231	5533614	172810874
城市发展新区	136794865	20106761	41086636	27162773	477897547
房山区	26662111	2229219	9465197	1973286	43213232
通州区	11323930	1784803	3734448	1994163	42783831
顺义区	27606405	4263944	7836690	7792275	142764379
昌平区	14451085	2235849	6100765	5370976	76838067
大兴区	7071140	1210938	1922459	2825199	40660182
北京经济技术开发区	49680194	8382008	12027077	7206874	131637856
生态涵养发展区	16892713	2859081	4240899	8959478	85259989
门头沟区	2044871	217123	135340	448850	5874251
怀柔区	5320694	951109	957695	5564078	27092367
平谷区	4495104	771202	781587	985538	13021073
密云县	3861973	725625	1670279	1598577	21580904
延庆县	1170071	194022	695998	362435	17691394

单位：千元

流动负债合计	#应付账款	非流动负债合计	#应付债券	所有者权益合计	#实收资本	国家资本	集体资本
648902961	191307226	540890566	356804859	1087157606	493662468	304970398	365069
17954909	8952700	1200049	80000	15883638	5856073	38318	1313684
170076468	59601089	20180684	3225225	181019467	73171925	54505	70338
62162516	30614413	3415161	1698490	30268687	16222258	47714	21888
128811664	61126876	18655641		140636361	70181390	415760	121144
3954275	1411845	336761	146623	4197445	1750643	5400	
151400512	40538735	21670592	1604674	171493500	82569196	12381549	674329
880462281	312475414	563008270	360350523	1287669704	578275561	293150546	1217794
228654238	49432159	361101598	297252598	607992127	248211154	230304399	104600
6149737	2673519	3395644	927852	10476047	5844100	2621540	4300
222504501	46758640	357705954	296324746	597516080	242367054	227682859	100300
332861098	116650140	132979849	51898469	375429084	173070386	49187959	1022071
83763772	27307376	24314266	2731722	98295689	65068100	2020421	502766
37608819	12730494	6018500		31381871	14497404	4242454	336044
54732108	17921700	87692415	44000000	111439301	42842312	33889976	12734
156756399	58690570	14954668	5166747	134312223	50662570	9035108	170527
402805441	164901748	73425197	8100954	407351274	203492185	25567064	684405
39372973	13265301	3840250	140	30545868	13147699	436796	29777
39358204	14769320	3421058	71188	30417975	18520171	1416011	171717
118409833	55205426	23738332	5227508	111263409	40612557	2070313	121927
64340524	22506915	12491028	1386343	80810545	36289874	1055833	26700
36854282	14024520	3273887	120900	29615203	16847183	1615124	192203
104469625	45130266	26660642	1294875	124698274	78074701	18972987	142081
67542016	22030102	17172218	4703176	68390719	36071032	472673	81047
4371426	1232924	1497589		10760566	2470201	26864	19923
23373035	6317937	3539212		20394995	13116037	157970	12500
11158276	5008260	1856306		9539013	5956181	11680	10331
19865834	7579700	1361162	103176	12702919	6176817	164733	27193
8773445	1891281	8917949	4600000	14993226	8351796	111426	11100

1-3 续表 4

项目	法人资本	个人资本	港澳台资本	外商资本	主营业务收入	主营业务成本
合计	**211091703**	**44885107**	**16260361**	**80533423**	**1868863139**	**1583358827**
一、按登记注册类型分						
国有企业	6908902				314083345	287058742
集体企业	29285	1044			3541429	2954873
股份合作企业	175383	759390			8668570	7648014
国有与集体联营	***	***	***	***	***	***
国有独资公司	28181426				163316446	156508121
其他有限责任公司	96699496	7119591	20619	42614	321921460	280474977
股份有限公司	34411095	18616136	347352	47856	229598065	183702674
私营独资	4500	17588			334019	309986
私营合伙		2915			150140	139273
私营有限责任公司	4948951	13061902			84772812	68565192
私营股份有限公司	1046716	2508036	6405		9365044	6316856
其它企业	***	***	***	***	***	***
港澳台合资	5589814	330338	4247161	27009	38435439	30310970
港澳台合作	226327	22000	198963		698258	531050
港澳台独资			9143557		98677988	83895311
港澳台投资股份	3791062	1010982	2033211	56125	12998030	10949460
中外合资	24801864	573950	42075	28335062	356272252	286474408
中外合作	139459	6579	15160	1470192	3947916	3258892
外商独资			142134	47931066	210896531	166594109
外商股份	4137423	853150	63724	2623499	11137208	7622843
二、按隶属关系分						
中央	68570525	2412201	648504	1990538	642575786	588399377
省(自治区、直辖市)	72508653	2589607	1486601	13292284	357649342	293104012
地(区、市、州、盟)	6355991	1123888	187171	402214	35165765	27030026
县(区、市、旗)	98507		20893		204896	182196
街道	5000	126216			628742	423534
镇	514878	252807	37309	120426	8774511	7426885
乡	56526	46911			1000778	915683
村委会	7000				1317104	1188085
其他	62974623	38333477	13879883	64727961	821546215	664689029

单位：千元

主营业务税金及附加	其他业务利润	销售费用	管理费用	#税金	#工会经费	财务费用	#利息收入	#利息支出
28139214	**7615174**	**82511256**	**86832482**	**2112534**	**595059**	**20365161**	**5074108**	**24347993**
4160844	450760	1567339	3426615	70374	31761	9430495	534781	9153380
37650	37445	161241	330838	4427	4384	291	14648	13729
35123	94464	395499	388130	7601	2200	53533	1605	50013
***	***	***	***	***	***	***	***	***
637815	277874	359291	4751057	183353	32674	2329130	312127	2625928
1132710	1656500	10993692	21307067	514744	129534	3073475	917122	3913343
8687620	1029644	11644816	15742829	340973	90461	2203045	1604664	3496214
616		7842	7989	271	334	1514	17	978
386		5614	2473	90		-13	17	
344867	354277	5307404	7009464	90185	44583	667445	69089	631180
54364	38914	793949	1136241	22775	7021	84705	37111	99625
***	***	***	***	***	***	***	***	***
253015	235029	2638861	2295047	59008	20039	342911	58345	361863
4582	1859	73200	80978	1450	881	1416	373	606
132875	573335	9088809	4405155	83410	6511	-166376	218031	157432
87864	76512	617209	970701	21830	2580	492756	84257	567734
11385670	1473536	17125575	12789302	414247	118870	1141914	540273	1875177
19741	23886	410817	179673	4584	1971	-19406	45583	10037
1094150	1181504	20083324	11033403	259536	95075	623578	556593	1218820
69202	109543	1236196	971148	33323	6180	104625	79404	171757
10998633	1301361	4528447	15772628	411226	90890	11802463	1231432	12078261
11804222	1845089	16073315	17288493	657338	173248	4094943	1073728	5182164
1293869	315414	2752915	2928702	50739	21467	339374	716002	1015982
446	1279	7350	9691	132	54	6621	142	5118
3416	1338	77338	44252	624	125	15662	378	15731
48602	112844	246807	555720	12418	4978	82309	4403	85548
2141	13732	19404	89241	1204	1303	4393	2203	5354
3788	1562	18432	65525	2174	1840	20706	1423	21956
3984097	4022555	58787248	50078230	976679	301154	3998690	2044397	5937879

1-3 续表 5

项目	法人资本	个人资本	港澳台资本	外商资本	主营业务收入	主营业务成本
三、按控股情况分						
国有控股	161899827	6988022	2254517	17184635	1064419582	935174611
集体控股	4264321	222209	909	16632	29485279	24043921
私人控股	34106918	37048406	540598	701215	246265801	187677813
港澳台控股	2467464	313166	13303738	68288	125526765	106283626
外商控股	6800925	249917	32241	62561403	397547666	325487425
其他	1552248	63387	128358	1250	5618046	4691431
四、按轻重工业分						
轻工业	30259503	11098559	7865192	19847638	281603890	193202136
重工业	180832200	33786548	8395169	60685785	1587259249	1390156691
五、按四大功能区分						
首都功能核心区	11878410	1124453	179810	4619482	398177064	370741555
东城区	1874619	718820	53174	571647	14393252	11235199
西城区	10003791	405633	126636	4047835	383783812	359506356
城市功能拓展区	92972666	16962161	5221139	7704390	435906044	366553649
朝阳区	55507855	2367374	1557287	3112397	116778690	99444096
丰台区	6575034	1955932	364401	1023539	49337199	41074598
石景山区	5845311	1965089	270859	858343	57810462	52711665
海淀区	25044466	10673766	3028592	2710111	211979693	173323290
城市发展新区	89136616	23297541	7952625	56203989	897055192	735294331
房山区	9225840	1470324	1005534	979428	100115341	89840238
通州区	8141681	3790446	663207	4337109	75147638	61045155
顺义区	22208850	2690941	1179370	12341156	289844479	239361345
昌平区	24304232	7487177	538916	2674710	129825105	110946676
大兴区	6147287	5415231	509610	2967728	64423820	52455852
北京经济技术开发区	19108726	2443422	4055988	32903858	237698809	181645065
生态涵养发展区	17104011	3500952	2906787	12005562	137724839	110769292
门头沟区	1255676	1066582	19362	81794	8348872	5473688
怀柔区	5019875	751485	689829	6484378	62578245	49109642
平谷区	2513933	441422	537006	2441809	26981691	22917834
密云县	2751381	840346	1641840	751324	32348558	27229227
延庆县	5563146	401117	18750	2246257	7467473	6038901

单位：千元

主营业务税金及附加	其他业务利润	销售费用	管理费用	#税金	#工会经费	财务费用	#利息收入	#利息支出
24621965	3619531	23474409	38696626	1188399	296002	17231784	3208124	19443486
162121	267221	1623515	2373877	48679	19542	104049	80060	165541
1342309	988425	18493474	21668006	304735	124975	2315872	623225	2552852
281221	801686	10397283	6050702	125189	16638	117580	265663	469973
1715465	1893901	28270475	17692257	438054	136146	531819	880885	1639526
16133	44410	252100	351014	7478	1756	64057	16151	76615
5507258	2208975	41181361	22266166	492181	162340	1888691	1402725	2783646
22631956	5406199	41329895	64566316	1620353	432719	18476470	3671383	21564347
2031172	471370	1761011	3960102	109967	32242	9973015	398936	9682825
93421	264742	1126237	1257518	23991	8384	100213	25670	96031
1937751	206628	634774	2702584	85976	23858	9872802	373266	9586794
2032198	2126753	21638142	29891592	621182	172987	5084168	1931663	6595438
751251	737764	5469032	8205289	219727	61618	1544048	362022	1759565
195349	269836	1876716	4385835	73019	26334	472514	172168	600997
177735	28151	454761	1888166	67989	17483	1639890	158788	1638618
907863	1091002	13837633	15412302	260447	67552	1427716	1238685	2596258
22856241	4267359	48920175	44725316	1196278	327533	4325284	2360736	6702680
6190491	78371	1548511	4624914	92359	21012	543411	25965	574275
2562258	427904	3756196	4965423	102111	31485	458708	113445	538358
8650268	813311	11230690	10381498	340656	99320	916623	971268	2285249
557383	583929	6527727	6993192	170642	44782	793668	375300	1150280
292721	362576	4154988	4351004	89927	32797	429716	120454	500358
4603120	2001268	21702063	13409285	400583	98137	1183158	754304	1654160
1219603	749692	10191928	8255472	185107	62297	982694	382773	1367050
273939	125362	550952	1087963	14663	10095	92369	35100	80282
546385	112684	6741755	3142104	79064	19313	153034	220605	361743
111099	180674	1176318	1396454	31367	14053	70262	65516	221936
249639	285250	1338596	2050269	48383	15092	195208	40383	247446
38541	45722	384307	578682	11630	3744	471821	21169	455643

1-3 续表 6

项目	投资收益（损失以"-"号记）	营业利润	营业外收入	#补贴收入	营业外支出
合计	**46146280**	**116037805**	**16562476**	**10745896**	**5245608**
一、按登记注册类型分					
国有企业	22762624	31598237	1393661	1200970	705276
集体企业	34220	126394	50849	42887	12635
股份合作企业	-406	242264	8435	29931	15706
国有与集体联营	***	***	***	***	***
国有独资公司	1851983	785019	2279783	1530117	1497023
其他有限责任公司	2250545	6658578	5929034	4531711	931396
股份有限公司	9707033	16957248	2613200	1407702	551581
私营独资		6072	101	21	106
私营合伙		2407			28
私营有限责任公司	105515	3282644	833040	599893	104916
私营股份有限公司	113926	1080037	173979	115799	8056
其它企业	***	***	***	***	***
港澳台合资	139788	2893241	293288	198855	31394
港澳台合作		8885	1119	8150	362
港澳台独资	201841	2081926	300387	76726	132813
港澳台投资股份	237021	-393358	48571	31143	61829
中外合资	5715357	33751798	1081556	548366	319928
中外合作	2100	132681	15575	13930	7404
外商独资	2084955	14657003	1482320	396390	851828
外商股份	939778	2166719	57576	13305	13245
二、按隶属关系分					
中央	26240979	37337734	2875323	1255603	1740997
省(自治区、直辖市)	11387515	27186633	6803834	5651909	1326554
地(区、市、州、盟)	225300	1278053	616069	794668	91412
县(区、市、旗)		-129	11		542
街道		61644	5966	5681	18
镇	2172	516836	157072	42560	22094
乡	54	-16298	22355	10282	206
村委会	-812	21317	59279	61503	1706
其他	8291072	49652015	6022567	2923690	2062079

单位：千元

利润总额	亏损企业亏损额	应交所得税	应付职工薪酬(本年贷方累计发生额)	应交增值税	进项税额	销项税额	从业人员平均人数(人)
128288399	**17309609**	**23259287**	**130051825**	**53716559**	**254619894**	**295040620**	**1161413**
32601994	146843	4760906	9453519	8873421	54720619	63426893	50880
183118	23773	33971	614659	177796	361386	592730	8681
248626	39099	36708	577749	197094	1210520	1432817	10432
***	***	***	***	***	***	***	96
1704774	1897783	561666	14709799	3822387	21664070	23146359	92420
11866038	6024948	2698009	25837704	7068140	41790194	47076845	270223
19024046	2753716	2194111	19711222	7572580	32097313	38671049	180694
6067	739	1935	23253	4129	50773	51429	618
2379		616	5679	2715	19708	22427	152
4112559	442894	733737	7778571	2466303	9616710	11796659	128359
1254627	38355	172124	1214776	422957	1075700	1429699	15788
***	***	***	***	***	***	***	25
3160259	365129	739119	3512795	1480108	4713748	5918472	42231
17376	39283	10622	106106	39086	52915	90389	1191
2251678	578406	422092	5994110	1089778	15151166	15533090	38959
-406616	1343132	-64457	766620	362901	2087928	1972343	7677
34537344	1099281	7142132	18827351	11104896	41808778	49007963	144158
147797	74218	59692	428899	172760	550313	694273	6588
15365353	2370154	3488581	18942937	8340634	26270115	32295037	146183
2211050	71155	265208	1539735	517670	1371530	1874220	16058
38492826	5546888	6516524	31914515	15538214	101649473	114026828	180350
32669092	2153727	5964711	27135027	11916658	49078113	59386407	236281
2251868	424952	433867	4077352	1529111	4451489	5755208	44719
-660	4816	450	13594	5029	30165	35190	163
67592		10219	61846	28614	78498	107109	950
663051	87108	167256	699002	307385	1127364	1347081	11539
5933	30384	8511	111299	21055	136507	215506	2281
86434	4864	13685	147723	24003	73897	88113	3027
54052263	9056870	10144064	65891467	24346490	97994388	114079178	682103

1-3 续表 7

项目	投资收益（损失以"-"号记）	营业利润	营业外收入	#补贴收入	营业外支出
三、按控股情况分					
国有控股	39124161	64107501	10553707	7929754	3710279
集体控股	285102	1591396	542386	243807	45131
私人控股	3348108	18056398	3054087	1807103	311614
港澳台控股	458791	3601690	465796	179979	151920
外商控股	2927678	28408984	1923257	576194	1020048
其他	2440	271836	23243	9059	6616
四、按轻重工业分					
轻工业	2506533	21881758	3158878	1727942	601011
重工业	43639747	94156047	13403598	9017954	4644597
五、按四大功能区分					
首都功能核心区	24795104	34872153	1917228	1128819	870075
东城区	244267	1085849	282490	89716	101382
西城区	24550837	33786304	1634738	1039103	768693
城市功能拓展区	10713291	20916790	7945912	5480363	2050553
朝阳区	1911524	2844369	2875087	2245006	511151
丰台区	180611	1604643	1730212	1238667	83969
石景山区	3745498	4437343	426538	63292	1036331
海淀区	4875658	12030435	2914075	1933398	419102
城市发展新区	9108930	52047430	5664438	3477645	2161056
房山区	-72712	-2831052	442320	257348	294355
通州区	554907	3191619	639350	307128	217980
顺义区	4959006	24410077	1140568	559149	348845
昌平区	2654648	6869394	1122249	1040683	279381
大兴区	438956	3396727	336217	313466	122316
北京经济技术开发区	574125	17010665	1983734	999871	898179
生态涵养发展区	1528955	8201432	1034898	659069	163924
门头沟区	104347	1075129	49996	42520	21068
怀柔区	233973	3134165	403414	119578	64576
平谷区	25	1378201	189573	157530	21562
密云县	38683	1562140	263487	209215	48994
延庆县	1151927	1051797	128428	130226	7724

单位：千元

利润总额	亏损企业亏损额	应交所得税	应付职工薪酬(本年贷方累计发生额)	应交增值税	进项税额	销项税额	从业人员平均人数(人)
71424237	11417362	12707037	65974996	29100905	158648674	182159070	486569
2114810	127492	340718	3101989	959187	3475634	4619250	30448
21115656	1791229	2894310	23481140	8752384	26754738	34464644	328566
3928352	912075	849812	8228486	1894844	19137902	20117149	66483
29416881	2928715	6392698	28843676	12892380	45893815	52836218	243728
288463	132736	74712	421538	116859	709131	844289	5619
24600381	2860789	4878048	34208524	13957258	29705247	41616883	368938
103688018	14448820	18381239	95843301	39759301	224914647	253423737	792475
35924557	381108	5232556	13608419	11857948	67290327	76961669	78874
1271711	176726	301154	1653798	565629	1660165	2072141	13094
34652846	204382	4931402	11954621	11292319	65630162	74889528	65780
26981193	6347567	3946843	42312159	10319024	55371656	62707534	328306
5242340	3468171	1288189	13448488	3275961	13677194	15795070	104823
3271321	279874	526395	6015477	1361460	4956184	5968349	49686
3832121	298475	289310	4331100	1464701	8598164	9563685	44247
14635411	2301047	1842949	18517094	4216902	28140114	31380430	129550
56070351	9699643	11980080	62582981	26592362	113475725	132615460	606233
-2582309	3488030	89958	4716804	2060593	14922905	16773619	50192
3621678	1091273	792130	6517508	2436894	9224182	10998583	85512
25222649	1703064	5516203	14783097	8594545	34462666	42028857	150747
7884375	681427	1205343	9602506	3439190	19045169	22125683	92268
3807447	561385	740030	5566742	1833922	7852830	9517603	79698
18116511	2174464	3636416	21396324	8227218	27967973	31171115	147816
9312298	881291	2099808	11548266	4947225	18482186	22755957	148000
1118410	16299	179328	2504653	726927	650796	1358823	24023
3507385	213185	921192	3813170	2168548	8510894	10386670	46259
1586743	419233	482686	1991998	778773	3760209	4396957	30832
1849098	145922	426110	2602768	1052160	4564537	5568140	37181
1250662	86652	90492	635677	220817	995750	1045367	9705

1-4 按行业中类分规模以上

项　　目	单位数（个）	#亏损企业	工业总产值（当年价格）	工业销售产值（当年价格）	#出口交货值
合　计	**3641**	**640**	**1737088720**	**1718660140**	**150672183**
一、采矿业	**22**	**3**	**109705139**	**109426657**	**3083820**
烟煤和无烟煤开采洗选	4		71317950	71377011	1523432
天然气开采	2	1	728758	718648	
铁矿采选	7		16559202	16552226	
土砂石开采	4		232240	228997	
石油和天然气开采辅助活动	5	2	20866989	20549775	1560388
二、制造业	**3518**	**611**	**1225897501**	**1208016794**	**147588363**
谷物磨制	10	5	2413718	2414398	
饲料加工	52	10	8169269	8064232	19270
植物油加工	3		844068	888359	
制糖业	1	***	***	***	***
屠宰及肉类加工	43	13	21941449	21857373	445902
水产品加工	1	***	***	***	***
蔬菜、水果和坚果加工	18	6	2276210	2013336	264798
其他农副食品加工	12	4	2091700	1984326	215567
焙烤食品制造	35	10	4649893	4594441	166489
糖果、巧克力及蜜饯制造	9		4578824	4514129	427549
方便食品制造	17	7	2166327	2164080	377052
乳制品制造	8	3	5238734	5180279	
罐头食品制造	2		206704	201267	46524
调味品、发酵制品制造	15	3	1600247	1569299	9852
其他食品制造	35	3	7575204	6727024	452128
酒的制造	17	6	7405554	7345980	110308
饮料制造	26	9	13626762	13510700	77019
卷烟制造	1	***	***	***	***
棉纺织及印染精加工	9	3	996631	1118190	18628
毛纺织及染整精加工	7	1	531339	560458	160459
化纤织造及印染精加工	1	***	***	***	***
家用纺织制成品制造	6		367972	370832	135838
非家用纺织制成品制造	13	1	1376686	1277342	267890
机织服装制造	126	27	10149771	9487771	1467393
针织或钩针编织服装制造	23	4	4381448	3682072	1117136
服饰制造	4		500796	495629	421414
皮革鞣制加工	1	***	***	***	***
皮革制品制造	11	2	840158	828366	103746
毛皮鞣制及制品加工	4	1	219954	240609	39550
制鞋业	2		125373	122943	113807
木材加工	1	***	***	***	***
人造板制造	6	2	538514	533105	74338
木制品制造	13	2	770849	773140	

工业企业主要经济指标

单位：千元

年初存货	资产总计	#流动资产合计	#应收账款	#存货	#产成品	#固定资产合计	固定资产原价
207308938	**3080072985**	**1273059108**	**331512578**	**221818328**	**68689286**	**606028244**	**1078858865**
9367843	**288338510**	**107120220**	**33414126**	**7279174**	**1212951**	**50962615**	**74152851**
1057361	28698139	17199120	8641870	605097	584950	613888	1980265
101056	13017277	1784363	14000	77426		1158374	1347779
2148779	196168556	62804563	14435990	3034791	501615	37313281	47534911
15447	558119	349298	114499	30941	17130	61314	79127
6045200	49896419	24982876	10207767	3530919	109256	11815758	23210769
196427194	**1495716514**	**945403522**	**265981814**	**212941888**	**67336203**	**244930962**	**442371679**
541723	2532749	1940564	244974	677063	208865	408638	551110
502294	7934105	5021316	890785	673437	139074	578930	912178
233722	447072	413007	37775	206478	156564	17598	28803
***	***	***	***	***	***	***	***
2075045	19164442	13473917	1111465	2539536	1579450	2518866	4101753
***	***	***	***	***	***	***	***
621534	2205197	1409114	361753	664462	262593	478058	795019
349306	1591163	1211450	240633	350149	209024	319324	647270
377244	4872157	2466905	1098939	471072	96743	1756298	2967466
963137	5643347	4219179	736066	1036579	671075	1008653	1854948
106470	2205825	1321397	355121	118202	29521	735114	1344469
253910	7467316	3415909	775768	344868	175165	1467550	2512135
29589	134995	93389	25148	42971	12783	33521	71132
292109	1698667	874608	199236	291241	86823	405896	646292
1112145	8655164	6212530	1402039	1460071	698113	1413504	2574103
1850566	21801700	8556982	320354	1831605	395586	2983526	7166354
1464185	16381884	8052015	1287801	1365883	636181	3680261	6121662
***	***	***	***	***	***	***	***
283628	3971262	2205248	215176	304281	240007	801381	1105417
340751	634020	541502	151549	318733	206587	79075	206031
***	***	***	***	***	***	***	***
35457	336066	265117	111466	43398	18485	58258	100826
159255	1221672	864003	306851	197695	99043	261148	518225
4106711	11951407	9232205	1745714	4460279	2529658	1619707	2775782
1444009	4933208	3618215	599379	1648333	1070844	465325	859216
69212	221375	152169	23186	71396	3166	64194	162407
***	***	***	***	***	***	***	***
228411	787785	627087	128389	299988	125071	78688	135507
90598	124655	110159	13515	76126	29271	12338	21434
3345	30198	23552	6020	4341	1049	6646	13436
***	***	***	***	***	***	***	***
72794	530804	175980	34759	82894	17304	352993	663860
144075	1141543	767727	205858	155961	40224	161693	371843

1-4 续表 1

项目	单位数(个)	#亏损企业	工业总产值(当年价格)	工业销售产值(当年价格)	#出口交货值
木质家具制造	45	7	6029618	5914259	263686
金属家具制造	14	1	887210	909309	155769
其他家具制造	7		717478	707792	25464
造纸	7	2	392886	407598	
纸制品制造	34	5	5998813	5904626	479741
印刷	114	18	12002944	12094853	96125
装订及印刷相关服务	1	***	***	***	***
记录媒介复制	4	3	209787	199064	2219
文教办公用品制造	1	***	***	***	***
乐器制造	6	2	470511	512613	172408
工艺美术品制造	19	6	7749136	7609897	373617
体育用品制造	1	***	***	***	***
玩具制造	2		70755	66724	62048
游艺器材及娱乐用品制造	4		364293	298177	6873
精炼石油产品制造	22	3	76718731	76919115	
基础化学原料制造	27	10	6864889	6692365	265215
肥料制造	13	2	1186317	1178094	61510
农药制造	7	1	460501	414065	27041
涂料、油墨、颜料及类似产品制造	42	6	4724235	4668821	201900
合成材料制造	24	6	9900695	9895827	65370
专用化学产品制造	80	9	7086004	7177932	453526
炸药、火工及焰火产品制造	1	***	***	***	***
日用化学产品制造	23	4	4616408	4400114	93652
化学药品原料药制造	5	1	363447	356689	82584
化学药品制剂制造	61	12	35303013	34724592	187406
中药饮片加工	32	2	5259876	6390376	
中成药生产	27	4	7892460	7931293	18744
兽用药品制造	10	2	929945	930290	
生物药品制造	38	5	9057593	7914297	208184
卫生材料及医药用品制造	15	2	1108553	1056274	100752
合成纤维制造	3		214821	197646	88784
橡胶制品业	15	2	2866066	2828883	471651
塑料制品业	104	21	8091998	8188005	946891
水泥、石灰和石膏制造	8	2	2738721	2669481	
石膏、水泥制品及类似制品制造	121	14	22457718	22195269	4321
砖瓦、石材等建筑材料制造	44	5	4593435	4752465	41416
玻璃制造	11	1	1659466	1643111	25540
玻璃制品制造	18	5	10533800	10497794	716251
玻璃纤维和玻璃纤维增强塑料制品制造	10	4	1283795	1351645	120708
陶瓷制品制造	2		630497	672026	29417
耐火材料制品制造	14	3	2385127	2362339	340028
石墨及其他非金属矿物制品制造	24	3	2822968	2816547	45448

单位：千元

年初存货	资产总计	#流动资产合计	#应收账款	#存货	#产成品	#固定资产合计	固定资产原价
1164887	6457031	4199010	1189732	1282225	599773	1311849	1815229
146800	1528839	814995	164720	179627	87805	361746	545204
157208	627948	508112	116051	148064	58020	93290	128905
112192	692273	473812	240991	115364	21440	120229	177542
822001	5502950	3313882	1057493	853116	230850	1592273	3279098
2360647	19140527	10466320	1905622	2539804	938092	6331937	14359964
***	***	***	***	***	***	***	***
45363	290281	189610	48450	54190	37805	77395	331262
***	***	***	***	***	***	***	***
295196	994373	565587	118012	277253	138862	349559	523469
3590449	6950297	5777858	1243297	2919537	2432221	715235	1152252
***	***	***	***	***	***	***	***
8207	71023	51219	6184	10016	63	16041	24739
318094	637275	538611	19305	371733	24831	51071	83286
9481610	29583380	13421305	1579130	7957763	2054905	8475950	27740230
1074297	21084568	12260724	1247615	1069480	404510	4096293	11940415
303372	1163723	831624	153818	286042	114761	240486	352306
125628	620088	473281	98883	156771	82587	47518	90645
600720	5555653	3955384	876077	776069	229777	1055763	1623547
936014	7803622	3115807	854623	781925	355707	3042639	4995083
1103827	8434705	5860742	2708058	1096065	461231	1459603	2889925
***	***	***	***	***	***	***	***
420770	4898956	3469732	1021524	402567	169755	890333	1699833
104977	529181	325776	117857	103484	48575	89993	231554
5132009	45166820	27801166	6201096	5718597	2847713	6589463	10127550
2129520	6991900	5634991	3180578	1677903	584565	615517	824246
3551410	12910744	9203044	818672	3858609	1430850	1758990	3264602
247000	1439063	845896	207961	245689	76550	319632	471911
1017705	22557752	12403601	2115561	1434488	372364	2818808	4397904
129383	1154934	746888	225960	152496	84457	296200	498225
66154	362881	166862	29570	76290	45866	168230	232840
332146	2214882	1302833	465067	366124	205919	697498	1407676
1477018	14394525	7994132	2147435	1611656	821144	2478179	4327092
422454	4380354	1777778	754270	376635	68943	1959346	4137968
2113433	36298996	27625047	16944912	2395891	929005	4713232	8510678
1018803	8335231	5797443	2626565	1140574	475209	911302	1458223
254164	1781177	717515	284533	276697	134668	851888	1291975
2607880	15893159	12256852	5079086	4639942	284364	1000590	1432655
610608	4588925	3178295	1232531	461818	142307	570231	1147676
119394	735067	445784	66961	80858	39292	248935	884315
762394	7664722	4295771	1488240	705477	312386	542333	1108320
652281	4253682	2996456	1259455	665328	110986	416672	979281

1-4 续表 2

项目	单位数（个）	#亏损企业	工业总产值（当年价格）	工业销售产值（当年价格）	#出口交货值
黑色金属铸造	13	5	1123211	1142862	467185
钢压延加工	18	3	14088713	13874323	459121
铁合金冶炼	1	***	***	***	***
常用有色金属冶炼	1	***	***	***	***
贵金属冶炼	1	***	***	***	***
稀有稀土金属冶炼	2		940649	928338	635166
有色金属合金制造	10		1666217	1582449	158180
有色金属铸造	2		470024	510654	117109
有色金属压延加工	20	4	3053805	3011207	501473
结构性金属制品制造	120	20	11816655	11763952	264993
金属工具制造	5	1	487613	483041	211598
集装箱及金属包装容器制造	21	3	5376258	5518390	283557
金属丝绳及其制品制造	6	1	447017	427289	9601
建筑、安全用金属制品制造	20	3	1352883	1415700	237355
金属表面处理及热处理加工	15	3	709798	726865	70370
金属制日用品制造	6	1	605251	605331	37874
其他金属制品制造	33	8	9238637	9341405	819974
锅炉及原动设备制造	13	2	2828800	2775034	629960
金属加工机械制造	35	10	6533260	6581465	554896
物料搬运设备制造	24	5	3199931	3292260	154983
泵、阀门、压缩机及类似机械制造	67	8	19496110	19367062	4081760
轴承、齿轮和传动部件制造	9	2	1030446	1013553	22684
烘炉、风机、衡器、包装等设备制造	71	14	12485121	11808797	642184
文化、办公用机械制造	13	3	4785025	4743371	1531422
通用零部件制造	21	2	1219474	1226258	196869
其他通用设备制造业	3	1	114829	123310	12176
采矿、冶金、建筑专用设备制造	60	9	18886875	18604185	712497
化工、木材、非金属加工专用设备制造	28	3	2987944	2918690	88410
食品、饮料、烟草及饲料生产专用设备制造	7	3	445690	485082	42987
印刷、制药、日化及日用品生产专用设备制造	16	2	1569851	1539766	144360
纺织、服装和皮革加工专用设备制造	10		2534888	2612571	461035
电子和电工机械专用设备制造	21	4	2126085	2046073	116779
农、林、牧、渔专用机械制造	11	3	1267450	1202752	21221
医疗仪器设备及器械制造	77	10	11369990	11023531	3871684
环保、社会公共服务及其他专用设备制造	88	6	20278410	19582615	1456727
汽车整车制造	12	4	224765406	223157915	3487130
改装汽车制造	21	8	3204882	2675101	77880
汽车车身、挂车制造	1	***	***	***	***
汽车零部件及配件制造	182	31	98799601	97718982	1393918
铁路运输设备制造	41	5	13053873	12333408	41483
城市轨道交通设备制造	1	***	***	***	***

单位：千元

年初存货	资产总计	#流动资产合计	#应收账款	#存货	#产成品	#固定资产合计	固定资产原价
227858	1276642	952507	421568	215513	99961	236291	521024
2113182	25086551	4832788	1100664	2143274	681101	8645936	19654986
***	***	***	***	***	***	***	***
***	***	***	***	***	***	***	***
***	***	***	***	***	***	***	***
167306	985653	814973	15788	160358	79427	71006	133192
303159	1343807	753916	241888	240006	63729	192760	289485
201297	841966	555652	249476	216386	92735	208910	366164
435396	2705111	1948487	706130	516591	200656	329036	559157
3630729	15666409	11609089	3488492	3889626	1216771	1664893	3028601
110799	681185	375740	106004	114514	47244	177600	268246
1073561	8619609	5450668	1288981	1160075	361173	1478591	2760086
54215	262005	167918	71697	67707	26495	68166	157695
383332	2504032	1734565	804572	374874	194071	454087	820742
195042	874156	634816	212942	169816	27621	185537	332909
249263	550370	478475	44867	309058	175733	53080	68288
1985565	17936139	8454192	1372436	2055369	615445	3383232	5448082
2610444	6825459	6114345	712796	3035460	141159	301426	690599
3036776	14074886	9658202	1560307	2738921	1206395	1633016	2892361
1851108	6422169	4600042	1595440	1831346	604568	860532	1349831
5720548	26151020	19314522	4837898	5670661	2068128	5006625	9043378
424136	1616273	1082357	473011	399088	206020	339182	606678
3576093	23810158	16668707	5234689	3890666	889138	2420535	3585892
842336	3741973	3143615	1160498	867421	432431	201921	449728
220895	1550347	907502	328721	235429	81905	418532	750993
13168	228299	170525	77589	22128	3400	47154	61959
5422595	53795253	34134291	8193866	5710378	2077262	2793828	4638211
884845	6331490	4695491	1600906	1043544	255819	1066386	1603563
122398	468674	379949	93522	111835	25226	52929	100144
735716	4369169	2499685	438214	785891	96899	522383	1154876
679225	12005768	7578900	1086978	695007	118317	452781	861808
561025	5191343	2944199	1079115	639174	167459	610588	922113
667524	3179055	2166745	561973	659830	173775	288756	348953
2307469	17935202	11870839	2977976	2399536	854837	2373656	3711523
5137929	35581929	25580728	9317932	5847707	1236838	2420058	3723931
12652853	211738426	104231282	12070657	14727224	7921524	40587523	57861209
666103	3174471	2645608	447518	777960	173167	236404	426391
***	***	***	***	***	***	***	***
6702819	70289463	47401587	24509618	7556350	3165104	14184326	22298821
3732575	19813046	14617799	6191662	4243979	1012661	2634730	4298412
***	***	***	***	***	***	***	***

1-4 续表 3

项　　目	单位数（个）	#亏损企业	工业总产值（当年价格）	工业销售产值（当年价格）	#出口交货值
船舶及相关装置制造	3	1	204530	203596	12304
航空、航天器及设备制造	17		11799065	11636832	56243
非公路休闲车及零配件制造	1	***	***	***	***
潜水救捞及其他未列明运输设备制造	1	***	***	***	***
电机制造	21	7	18871954	18783498	1061872
输配电及控制设备制造	167	26	38504203	37431494	2029663
电线、电缆、光缆及电工器材制造	33	5	4821430	4572420	32714
电池制造	4	3	1976180	2002000	1802209
家用电力器具制造	7		1381141	1310071	1356
非电力家用器具制造	9	2	566129	597978	33794
照明器具制造	8	3	3886745	3808500	647793
其他电气机械及器材制造	11	1	1397717	1390619	346985
计算机制造	44	9	37570742	36235811	1477691
通信设备制造	65	15	119132222	117980887	72629495
广播电视设备制造	16	3	2077729	2112225	95032
雷达及配套设备制造	2		153316	144599	1139
视听设备制造	6		1554097	1454686	40180
电子器件制造	72	12	45989610	44572041	23761602
电子元件制造	49	12	10530332	10621175	3754004
其他电子设备制造	42	5	4693083	4229986	275518
通用仪器仪表制造	110	11	18456715	18309992	701017
专用仪器仪表制造	46	4	4982419	4991019	468804
钟表与计时仪器制造	2		74093	64894	3802
光学仪器及眼镜制造	7	2	659507	620805	39107
其他仪器仪表制造业	5		405456	400438	61415
日用杂品制造	6	2	235394	218828	132402
煤制品制造	3		375075	374309	37212
核辐射加工	1	***	***	***	***
其他未列明制造业	19	2	7159589	5790033	77687
金属废料和碎屑加工处理	5	1	373929	373453	
非金属废料和碎屑加工处理	3	2	385794	383602	
专用设备修理	2		120813	103632	
铁路、船舶、航空航天等运输设备修理	13		3477799	3521626	759192
三、电力、热力、燃气及水生产和供应业	**101**	**26**	**401486080**	**401216689**	
电力生产	12	1	14997771	14998253	
电力供应	6	2	349228450	349229082	
热力生产和供应	41	13	9686280	9559577	
燃气生产和供应业	23	6	23232889	23204437	
自来水生产和供应	11	2	2309174	2286733	
污水处理及其再生利用	7	2	1932459	1844757	
其他水的处理、利用与分配	1	***	***	***	***

单位：千元

年初存货	资产总计	#流动资产合计	#应收账款	#存货	#产成品	#固定资产合计	固定资产原价
47983	770242	452540	140985	52804	1618	59878	79768
7496129	23666285	16129693	2851371	8225994	136454	6379992	6208532
***	***	***	***	***	***	***	***
***	***	***	***	***	***	***	***
8621366	54011689	42618958	21166310	8667297	320634	1599727	3082756
7459955	44554017	36196852	15211374	7930659	2438927	3271227	5692512
673361	6102375	5116299	1844534	655462	386676	642215	1124431
458420	2028055	1052844	243716	403507	78042	841075	1900971
68815	1088704	865478	159902	207853	87718	42935	77489
237227	1541571	970559	210151	253751	125236	158420	295481
449820	3567806	2308010	998896	551907	186058	672625	1526375
186927	1570098	1306693	543002	266609	51599	77435	176503
4490858	56831592	39646871	7187036	5264716	1284778	2847779	4777881
9972516	70034252	56932646	15691397	14417108	2831557	4462233	11097444
1062576	4296244	3187690	1016018	1127084	81139	412397	569027
126570	446506	422682	48087	113404		21757	60905
157585	1378833	1054548	400284	160445	95455	35636	66870
6462166	83441942	40399105	10752580	6656197	2327313	32705191	62936849
1699821	9553466	6232049	2391128	1177635	514006	2568052	6431107
1388163	11046939	7318085	2246455	1787050	506605	1481429	2526116
5791251	29585521	23356095	7366968	6215097	860312	1757398	2759016
1171500	8076131	5326826	1708083	1307174	308252	1360046	1797448
56209	173824	100673	20328	67278	45273	6028	240707
267342	2092902	1200307	157864	297478	98492	196895	442366
83350	1071386	875829	185304	105168	39850	116144	136786
43775	222268	123290	29612	49446	22254	75017	109660
23806	351066	324761	158088	22597	11292	26305	145242
***	***	***	***	***	***	***	***
1528710	12383784	7552698	2754721	1578432	237494	2794107	4875309
79551	663752	372678	100332	28001	21685	196623	316510
33183	452150	94023	5482	39103	3039	334450	436048
25111	157652	134094	81158	32111	11105	8073	11270
851048	4883892	2703886	1295856	803442	28932	1898581	3394516
1513901	**1296017961**	**220535366**	**32116638**	**1597266**	**140132**	**310134667**	**562334335**
242351	67672513	10484189	3081896	275956		15879768	35952475
403899	1087939802	170045309	22012964	445525		227892048	429115893
596997	47045713	15479399	1837049	636964	14113	26193675	37384504
128214	39607202	9973124	3045386	131979	81993	13087858	17792113
32136	20488617	6022466	104615	29144		9955419	19757950
88437	33048915	8374649	1972844	74105	40700	17111567	22311665
***	***	***	***	***	***	***	***

1-4 续表 4

项目	累计折旧	#本年折旧	#在建工程	#无形资产	负债合计
合　计	**474526155**	**61291470**	**125480921**	**51342191**	**1620795982**
一、采矿业	**22554839**	**2532796**	**23735789**	**2032499**	**156447977**
烟煤和无烟煤开采洗选	1366377	103190	49383	221450	14230417
天然气开采	189405	112664	8574135	22747	6649812
铁矿采选	10206410	354999	13824134	1469180	114491975
土砂石开采	19026	4732	8624	42310	318653
石油和天然气开采辅助活动	10773621	1957211	1279513	276812	20757120
二、制造业	**199665105**	**26820986**	**54601593**	**45333530**	**821223167**
谷物磨制	142493	25521	13140	71979	1991967
饲料加工	344119	64660	20368	106299	2869984
植物油加工	11205	1533		1084	224176
制糖业	***	***	***	***	***
屠宰及肉类加工	1604124	183536	777963	866384	13994700
水产品加工	***	***	***	***	***
蔬菜、水果和坚果加工	334864	45971	90531	148403	850342
其他农副食品加工	331721	43609	9204	17914	860629
焙烤食品制造	1222587	167636	229658	158488	2670743
糖果、巧克力及蜜饯制造	953280	107237	124025	92048	3838130
方便食品制造	610035	64828	14113	27627	1676669
乳制品制造	1033764	155087	361466	170014	4776656
罐头食品制造	37611	4106	324	5509	59213
调味品、发酵制品制造	249637	38339	245854	82882	1139789
其他食品制造	1166617	142987	335318	181328	5525908
酒的制造	3843638	246228	76876	299467	8547125
饮料制造	2430980	413716	275813	417107	8730778
卷烟制造	***	***	***	***	***
棉纺织及印染精加工	285612	28496	3823	98870	1977179
毛纺织及染整精加工	126957	10867	41	10890	338935
化纤织造及印染精加工	***	***	***	***	***
家用纺织制成品制造	42568	6065	62	720	261049
非家用纺织制成品制造	260519	26571	17997	15985	742540
机织服装制造	1228117	153682	322964	155365	7759777
针织或钩针编织服装制造	404026	47900	270307	83225	2780633
服饰制造	98689	9625	3505	367	110774
皮革鞣制加工	***	***	***	***	***
皮革制品制造	56820	8696		6893	460867
毛皮鞣制及制品加工	9096	1893		75	54470
制鞋业	6790	1492			22046
木材加工	***	***	***	***	***
人造板制造	319868	18584	527	278	172582
木制品制造	154801	26409	1657	60659	741064

单位：千元

流动负债合计	#应付账款	非流动负债合计	#应付债券	所有者权益合计	#实收资本	国家资本	集体资本
1031862793	**353014149**	**584678862**	**361955197**	**1459163204**	**660844757**	**305532095**	**1892123**
72078061	**27197754**	**84270912**	**42498490**	**131890533**	**63022128**	**29265877**	**3500**
12789208	7997238	1441208		14467722	6913248		
2250905	1343681	4398906		6367465	1980040	980040	
37578657	10855624	76913316	42000000	81676581	28627937	28281987	3500
318653	81627			239466	62000	3850	
19140638	6919584	1517482	498490	29139299	25438903		
703717124	**274391189**	**113775946**	**14497103**	**674379548**	**324626153**	**42995113**	**1850934**
1970654	216757	19032		540782	577088	146738	5000
2711153	756250	126133	40000	5064121	2070679	15019	
223343	12137	832		222896	177084	125584	
***	***	***	***	***	***	***	***
12556666	1298123	1437703	121773	5169742	2484272	241730	45700
***	***	***	***	***	***	***	***
672209	316331	175233		1354855	467533	39899	
841387	306582	5289		730534	278980		
2660082	806485	10579		2201414	2386180	79108	19268
3706749	-1774173	2832		1805217	1620087		
1647861	278671	25367		529156	1033429	255000	3311
4181511	912035	506622		2690660	1657811	92221	
59213	26633			75782	123359		
1076035	339480	63754		558878	440379	14730	
4753182	2060236	660640	146623	3129256	2879161	17400	20500
8211419	446043	324934	68564	13254575	3082221	2244	22500
7714473	2477358	993723		7651106	5436461	156335	14162
***	***	***	***	***	***	***	***
1239317	413716	737861		1994083	1669618	136627	
338935	190310			295085	270137	7878	8155
***	***	***	***	***	***	***	***
260726	143502	323		75017	77022		
721899	136253	20640		479132	303976	15172	
7123387	2594008	618613		4191630	2136106	40928	114229
2651661	584936	121593	51188	2152575	995888	4242	8000
108874	19943	1900		110601	87058		
***	***	***	***	***	***	***	***
448673	101243	12194		326918	103631		
54470	3677			70185	19740		
22046	16182			8152	2688		
***	***	***	***	***	***	***	***
142582	78204	30000		358222	455374		
728230	133895	12834		400479	337866		

1-4 续表 5

项目	累计折旧	#本年折旧	#在建工程	#无形资产	负债合计
木质家具制造	510899	107935	101792	539014	3688162
金属家具制造	186729	22444	9147	29977	729749
其他家具制造	59630	9478	24092	21544	395839
造纸	57317	9812	24	17914	378475
纸制品制造	1690981	208520	202759	81828	2912542
印刷	8092775	864573	357901	689433	7946122
装订及印刷相关服务	***	***	***	***	***
记录媒介复制	255288	18941	621	7826	138139
文教办公用品制造	***	***	***	***	***
乐器制造	173911	17767	5877	36526	594348
工艺美术品制造	437736	46568	42243	187579	4279021
体育用品制造	***	***	***	***	***
玩具制造	8698	802		3200	26098
游艺器材及娱乐用品制造	33293	5023	7296	23086	535978
精炼石油产品制造	19258225	1171044	5663507	634636	17193689
基础化学原料制造	7887013	416574	616784	730675	13716488
肥料制造	112674	20284	1795	6569	862352
农药制造	43127	5807	287	13977	248812
涂料、油墨、颜料及类似产品制造	601302	76528	130031	182465	2534545
合成材料制造	1952819	364087	252454	944768	5142384
专用化学产品制造	1389123	172242	289211	199223	3512414
炸药、火工及焰火产品制造	***	***	***	***	***
日用化学产品制造	809682	99020	71329	218038	2206619
化学药品原料药制造	141562	12215	224	14268	269981
化学药品制剂制造	3824563	615316	2150474	2062914	24021055
中药饮片加工	217899	55807	134552	170907	3840934
中成药生产	1460192	142637	337491	418842	4088768
兽用药品制造	156772	29621	8231	49902	532547
生物药品制造	1588168	272117	3239577	864385	7324926
卫生材料及医药用品制造	202061	43183	18028	22411	540689
合成纤维制造	64610	14093	149	20868	107942
橡胶制品业	708909	86515	65830	27686	1586768
塑料制品业	1890191	265352	126243	270039	6744142
水泥、石灰和石膏制造	2014728	178110	109517	428037	1761517
石膏、水泥制品及类似制品制造	3875575	633719	349721	665415	25807084
砖瓦、石材等建筑材料制造	606015	97544	94908	152992	5293831
玻璃制造	454254	82946	46556	62549	931267
玻璃制品制造	444387	104371	71244	254957	9507249
玻璃纤维和玻璃纤维增强塑料制品制造	569725	81583	10846	105510	2348562
陶瓷制品制造	635380	29484	2884	35846	88032
耐火材料制品制造	566730	61587	51822	81209	3494982
石墨及其他非金属矿物制品制造	560237	68961	39441	71062	2650885

单位：千元

流动负债合计	#应付账款	非流动负债合计	#应付债券	所有者权益合计	#实收资本	国家资本	集体资本
3365289	786897	266245		2768869	1536226		
503757	201361	225989		799090	320263		
395586	146796	253		232109	110260		7960
300995	141542	77480		313798	130470		
2825766	899843	83949		2590408	1801292	18000	51093
6922832	2337633	914954		11194405	6490899	971904	185607
***	***	***	***	***	***	***	***
111682	34209	26457		152142	147094	3240	
***	***	***	***	***	***	***	***
383848	198396	210500		400025	330028	229554	
4126470	1973250	152551		2671276	1670666	1033480	
***	***	***	***	***	***	***	***
26098	3119			44925	8278		
535978	122863			101297	32142		6518
17160770	7434567	32919		12389691	868725	243275	
12598406	959386	576055		7368080	7805266	96302	2000
834822	250552	27164		301371	287101	2600	
237969	46145	940		371276	182464		9000
2337619	737080	185774		3021108	1156880	290	
3409769	1334217	1731953		2661238	3127201	453000	2000
3405091	1341151	86056		4922291	2802675	194000	4100
***	***	***	***	***	***	***	***
2066944	422011	92029		2692337	1246295	50318	619
264949	38974	841		259200	165100		
22020768	6143200	1835432	198374	21145765	7215854	298204	39664
3616973	1925532	223960		3150966	1075397	352041	16465
2890109	1338758	1121572	908152	8821976	2918060	200151	1635
465447	98978	67100		906516	450393	124304	
4432066	578375	2892858	50000	15232826	4676104	230357	
444102	109517	52264	20000	614245	328429	15000	
87019	14712	20923		254939	98000		
1525722	406022	59916		628114	434469	50200	10850
5568475	1546739	1174378	893125	7650383	4034371	162869	27504
1647263	813339	114254		2618837	2272463		
24355586	12346688	1084454	79108	10491912	4894466	431950	396340
5211003	1976243	53042		3041400	1748987	145301	11143
790100	151265	131363		849910	593418		
8453786	3397036	1053459	940548	6385910	2003137		
2164616	742775	183946		2240363	926118		
88032	25631			647035	331538		
3236837	795618	258145		4169740	1387117	1650	
2592108	1233862	41594		1602797	1129350	422589	

1-4 续表 6

项目	累计折旧	#本年折旧	#在建工程	#无形资产	负债合计
黑色金属铸造	285404	23035	1922	14383	726561
钢压延加工	10917136	412015	855560	538638	14434218
铁合金冶炼	***	***	***	***	***
常用有色金属冶炼	***	***	***	***	***
贵金属冶炼	***	***	***	***	***
稀有稀土金属冶炼	62186	8932		195	87473
有色金属合金制造	99371	13297	22352	29135	764264
有色金属铸造	157254	18169	8416	34596	505224
有色金属压延加工	231328	31023	58911	42605	1531923
结构性金属制品制造	1442002	189122	240293	493180	9477228
金属工具制造	91107	18353	1192	56596	181745
集装箱及金属包装容器制造	1278356	157191	138605	91413	3916449
金属丝绳及其制品制造	89529	5932		14862	177372
建筑、安全用金属制品制造	387017	41363	45813	117946	1353196
金属表面处理及热处理加工	149693	22754	3309	7478	483693
金属制日用品制造	32495	4056	17242	2921	417744
其他金属制品制造	2038183	262872	1345822	794590	8423668
锅炉及原动设备制造	389273	39856	18625	78794	5209147
金属加工机械制造	1259298	207597	296844	374957	4374811
物料搬运设备制造	489720	83278	10625	164224	3792192
泵、阀门、压缩机及类似机械制造	4346915	665742	1008409	520181	10589274
轴承、齿轮和传动部件制造	267449	39692	55441	70184	546951
烘炉、风机、衡器、包装等设备制造	1242373	211380	688226	501529	11783832
文化、办公用机械制造	247647	37374		59754	2114174
通用零部件制造	333543	56156	79995	97609	877494
其他通用设备制造业	16228	4363		4115	137350
采矿、冶金、建筑专用设备制造	1854234	361021	672966	582911	28232034
化工、木材、非金属加工专用设备制造	562162	100801	112635	187309	3633489
食品、饮料、烟草及饲料生产专用设备制造	47216	7503	21216	6737	208293
印刷、制药、日化及日用品生产专用设备制造	630825	34549	32834	80899	2265510
纺织、服装和皮革加工专用设备制造	409030	40297	26133	84586	7957979
电子和电工机械专用设备制造	313996	100919	368991	576779	3177642
农、林、牧、渔专用机械制造	72515	19548	71511	72414	2005100
医疗仪器设备及器械制造	1395249	271857	533113	482158	6856929
环保、社会公共服务及其他专用设备制造	1311087	210637	421740	829183	20774005
汽车整车制造	15991711	3516830	13078868	13227366	121028253
改装汽车制造	197940	23143	18458	44253	1902303
汽车车身、挂车制造	***	***	***	***	***
汽车零部件及配件制造	8677666	1718192	3053629	1733735	41078530
铁路运输设备制造	1647688	251487	1080980	455909	13602402
城市轨道交通设备制造	***	***	***	***	***

单位：千元

流动负债合计	#应付账款	非流动负债合计	#应付债券	所有者权益合计	#实收资本	国家资本	集体资本
662754	360177	4759		483171	429751	5000	30
5731708	2466967	8665140		10652333	6077417	142500	
***	***	***	***	***	***	***	***
***	***	***	***	***	***	***	***
***	***	***	***	***	***	***	***
83487	18757			898180	148369		
720652	297317	41309		569543	366409	4966	
458482	174344	46616		336742	181000	175000	
1492995	532452	31800		1173188	355499		2800
9068886	2699102	391070		6189181	3441935	53286	30064
172625	57925	9119		499440	316539		
3642243	774790	257080		4703160	1551640		
161686	47635	15685		84633	80143		
1253221	516742	99974		1150836	601278	10000	
438441	196782	45250		390463	291969		
284972	146836	132772		132626	75670		
6549726	2388290	1868833	991346	9512471	4547762	2684915	14250
5016959	884806	190072		1616312	586957	73728	
4116127	1310657	258681	40900	9700075	2966735	71935	12000
3309830	961907	482362		2629977	1911836		
9667479	4430850	833053		15561746	7697758	731965	1196
496391	225180	50560		1069322	552040		
10896434	3592091	860502		12026326	4276806	356655	13510
2094956	1180080	11731		1627799	708122	51499	
742181	310011	131187		672853	498947	100000	1740
137150	48950	200		90949	26000		
19972784	6185067	8259245	513358	25563219	11290811	805448	11100
3429636	937214	145077		2698001	1008378	10000	32653
191281	109299	17011		260381	142314	40000	
2183777	431979	79140		2103659	650936	24778	200
6728948	1661472	1229031	1200000	4047789	955410		
2000930	759669	1175298		2013701	2182260	935210	
1911671	373838	86937	30000	1173955	526075	61291	21750
6316195	3316315	438048		11078273	4410049	120224	
19668799	8756583	1074427		14807924	5232213	147021	26142
97811222	43127160	23217030	4000000	90710173	39680139	9675730	
1778367	725999	88216		1272168	856016	342504	52600
***	***	***	***	***	***	***	***
37308217	24038179	3760452	19700	29210933	12179929	257595	104100
10920520	5746320	2681557		6210644	3590774	601906	38391
***	***	***	***	***	***	***	***

1-4 续表 7

项目	累计折旧	#本年折旧	#在建工程	#无形资产	负债合计
船舶及相关装置制造	22200	6268		22163	170525
航空、航天器及设备制造	3023580	312652	3413278	156385	15550104
非公路休闲车及零配件制造	***	***	***	***	***
潜水救捞及其他未列明运输设备制造	***	***	***	***	***
电机制造	1436796	171814	738293	549909	35324618
输配电及控制设备制造	2513021	430714	908353	1080720	23685452
电线、电缆、光缆及电工器材制造	543772	61948	59161	169669	3895409
电池制造	892538	136432	70027	49399	1223388
家用电力器具制造	36212	9137	2651	37354	653213
非电力家用器具制造	138434	16077	3617	141723	894537
照明器具制造	846118	104775	140611	130942	1931618
其他电气机械及器材制造	110085	24482	33632	25760	828973
计算机制造	1930691	268892	1059215	531043	41486568
通信设备制造	6740341	912401	503080	1190419	35332261
广播电视设备制造	156685	32484	126038	233710	2068316
雷达及配套设备制造	39149	4962	59	60	371271
视听设备制造	31234	7823	220	28540	375059
电子器件制造	28753950	4892391	3372518	3042164	38909836
电子元件制造	3834441	465472	140383	107548	4139539
其他电子设备制造	1055384	147860	267128	209419	5319903
通用仪器仪表制造	1206827	182167	525796	607712	15084519
专用仪器仪表制造	599502	106307	225611	337326	4051936
钟表与计时仪器制造	234679	8929	1159	42899	83140
光学仪器及眼镜制造	246200	20784		7228	611447
其他仪器仪表制造业	23784	8967	397	5572	603260
日用杂品制造	35099	6042	464	3976	107889
煤制品制造	120237	12466	1294		313808
核辐射加工	***	***	***	***	***
其他未列明制造业	2105501	245895	624952	433909	4916981
金属废料和碎屑加工处理	108898	13780	15188	31588	235496
非金属废料和碎屑加工处理	101598	25657	13345	10332	388186
专用设备修理	3197	1042		263	42243
铁路、船舶、航空航天等运输设备修理	1522421	151968	22735	61111	2616111
三、电力、热力、燃气及水生产和供应业	**252306211**	**31937688**	**47143539**	**3976162**	**643124838**
电力生产	19831620	1224476	3108848	597374	31958616
电力供应	201142849	26463911	31054171	1210806	545764673
热力生产和供应	11631594	1746571	3738966	184944	27961453
燃气生产和供应业	4695675	873082	3509817	366463	14274514
自来水生产和供应	9824352	839933	3334327	54485	11141961
污水处理及其再生利用	5174718	788033	2397410	1524557	11964716
其他水的处理、利用与分配	***	***	***	***	***

单位：千元

流动负债合计	#应付账款	非流动负债合计	#应付债券	所有者权益合计	#实收资本	国家资本	集体资本
146127	48590	24398		599717	112972		2719
13368822	2298640	2028387		8116181	2198243	536393	
***	***	***	***	***	***	***	***
***	***	***	***	***	***	***	***
30948950	11679930	4247081	3236104	18687071	11317717	734460	
22241930	11230658	1252926		20868565	8384148	877979	126195
2540704	792965	1354658		2170077	1432849	10500	2900
1134146	294202	89241		804667	1358709		
653212	204286			435491	181726		
811098	327122	83438		647034	473346	20000	80783
1872358	568265	42761		1636188	744206		
811049	461801	17924		741125	278694	15353	
39714633	16734635	1709352	703365	15345024	5179273	30000	
34144317	19958285	1143467	200000	34701991	13149860	140621	394
1976120	556882	10790		2227928	1288791	11404	
342031	22960	29240		75235	27925		
347658	224797	25500		1003774	242300		
19127819	7985346	19740374		44532106	40544735	14053469	28750
3716488	1557456	149904		5413927	3154914	244345	1500
3867139	1532225	1347067	24875	5727036	1867525	24000	129198
14424126	6304718	645543		14501002	4445797	343778	30559
3396522	1271618	528077	20000	4024195	1530727	160473	38816
82240	11165	900		90684	43502		
576366	116020	35081		1481455	720361	118387	
603237	257338	22		468126	79747	500	
88587	42050	19246		114379	88710		
311455	211107	2353		37258	25590		
***	***	***	***	***	***	***	***
3672330	1981775	1244651		7466803	2834285	892394	10171
171529	88526	63967		428256	145822	21822	1500
169581	15364	218605		63964	60500	55000	
42243	15223			115409	53287		
2583754	482382	32356		2267781	1582943	41721	
256067608	**51425206**	**386632004**	**304959604**	**652893123**	**273196476**	**233271105**	**37689**
12686393	3638010	19272223	6600000	35713897	20249682	5817371	
205866593	42944526	339898079	293526130	542175129	209535604	205000000	1889
16575611	3042671	11023533	2034858	19084260	10598771	127430	35800
12295393	1191492	1979121		25332688	6263123	388597	
5865154	115840	5213892		9346656	6478449	6304614	
2724120	478917	9240595	2798616	21084199	20020847	15633093	
***	***	***	***	***	***	***	***

1-4 续表 8

项目	法人资本	个人资本	港澳台资本	外商资本	主营业务收入	主营业务成本
合计	**211091703**	**44885107**	**16260361**	**80533423**	**1868863139**	**1583358827**
一、采矿业	**32237654**	**511111**	**941657**	**62329**	**138955524**	**131653567**
烟煤和无烟煤开采洗选	6487427	425821			71517612	68751562
天然气开采	1000000				481636	363713
铁矿采选	282710	59740			45795910	42719282
土砂石开采	32600	25550			347503	291759
石油和天然气开采辅助活动	24434917		941657	62329	20812863	19527251
二、制造业	**147502170**	**44108148**	**14639681**	**72880162**	**1327093577**	**1071389128**
谷物磨制	152643	33466		239241	3631357	3487220
饲料加工	1848665	180919	7117	18959	8403084	6523666
植物油加工	50900	600			1348347	1250982
制糖业	***	***	***	***	***	***
屠宰及肉类加工	1557356	320705	116266	202515	21995814	18856228
水产品加工	***	***	***	***	***	***
蔬菜、水果和坚果加工	104754	87669	9667	225544	2338376	1852315
其他农副食品加工	79426	15800		183754	2201205	1718713
焙烤食品制造	255262	68517	75758	1888267	6128067	4904108
糖果、巧克力及蜜饯制造	8220	209000		1402867	9645248	4774347
方便食品制造	289332	70100	136068	279618	2257098	1818535
乳制品制造	537180	357579		670831	9828257	8413270
罐头食品制造	28676			94683	218735	144192
调味品、发酵制品制造	102521	73004	71918	178206	1581004	1161232
其他食品制造	461690	229653	382955	1766963	11055832	5814509
酒的制造	1093111	133609	641640	1189117	7399324	5170157
饮料制造	1148536	29800	2570135	1517493	15407423	10870775
卷烟制造	***	***	***	***	***	***
棉纺织及印染精加工	1474694	57047		1250	1937316	1714971
毛纺织及染整精加工	202988		4524	46592	619830	567189
化纤织造及印染精加工	***	***	***	***	***	***
家用纺织制成品制造	34225	33208		9589	533784	461434
非家用纺织制成品制造	221690	28500	3929	34685	1513040	1276279
机织服装制造	611028	825819	247368	296734	10798510	7364548
针织或钩针编织服装制造	740510	126138	29486	87512	4328645	2858955
服饰制造	8715	20626		57717	495774	437280
皮革鞣制加工	***	***	***	***	***	***
皮革制品制造	36960	34830		31841	965031	823644
毛皮鞣制及制品加工	4740	15000			244553	216143
制鞋业	2141		547		122943	109584
木材加工	***	***	***	***	***	***
人造板制造	136654	3955	314765		536394	521976
木制品制造	192756	145110			847458	677477

单位：千元

主营业务税金及附加	其他业务利润	销售费用	管理费用	#税金	#工会经费	财务费用	#利息收入	#利息支出
28139214	**7615174**	**82511256**	**86832482**	**2112534**	**595059**	**20365161**	**5074108**	**24347993**
781178	**194333**	**656705**	**3090286**	**109805**	**20318**	**1659945**	**348864**	**1814166**
273601	169646	503644	669666	49481	4099	128692	125576	212880
8679	34463		383818	4506	1060	19514	28965	46474
185169	-51537	44092	1169727	47814	9596	1200195	78813	1170670
3284	13602	4379	29898	309	193	-1270	2126	837
310445	28159	104590	837177	7695	5370	312814	113384	383305
25434470	**7078105**	**81462396**	**79954926**	**1810777**	**539759**	**7164375**	**4299274**	**11246921**
2167	21633	108100	82127	3668	839	63868	4368	68022
552	19763	569050	616501	6122	2848	24367	21576	41396
1631	4192	60716	30956	350	62	5743	181	5752
***	***	***	***	***	***	***	***	***
753850	41281	1275700	637795	16431	9050	243426	373273	601483
***	***	***	***	***	***	***	***	***
7378	25961	262501	156891	2659	2045	19448	3072	17930
11673	7565	247064	144916	6236	1591	12366	5736	14597
36267	25000	697047	341746	9767	4387	14369	8698	24289
73570	6331	3693831	541736	10845	4497	-42274	65719	14269
15216	4748	164246	264763	7360	2258	7121	6571	10104
21170	16925	1183946	271806	10454	-61	63703	9160	72641
922		28357	19122	203	431	1622	54	1407
9228	6899	205405	137687	3854	1020	18489	383	19585
91784	50239	3622632	845290	15105	2915	55538	10522	56643
833079	120113	678614	522992	16998	2724	50241	236557	295220
73232	92722	3301979	778499	24412	2386	108669	56783	177784
***	***	***	***	***	***	***	***	***
8778	35303	21990	199935	9923	1158	31807	2312	33165
1866	117	10044	28156	461	829	11099	281	9235
***	***	***	***	***	***	***	***	***
1931	835	17790	26637	522	333	2704	261	636
4687	4891	46611	102175	1384	1566	21211	2019	20074
66589	44829	1689469	1153131	18291	10053	96409	9036	88204
24546	21729	619405	322315	5277	2821	31649	1705	34805
894	32	15557	33345	322	706	-2092	187	1149
***	***	***	***	***	***	***	***	***
2903	870	26042	43821	1262	285	4614	1918	6837
1374	521	10923	14231	161	154	1354	40	1140
141	57	5349	6721	123	366	774	35	256
***	***	***	***	***	***	***	***	***
1857	1654	25065	19166	493	280	4886	391	5214
3520	12193	63590	73392	1172	495	4096	165	3307

1-4 续表 9

项目					主营业务收入	主营业务成本
	法人资本	个人资本	港澳台资本	外商资本		
木质家具制造	542753	809763	46244	137466	5462300	4349599
金属家具制造	221361	83914	3922	11066	982674	718320
其他家具制造	67100	12000		23200	727294	566901
造纸	127970	2500			996863	970761
纸制品制造	212090	269613	311204	939292	6371556	4934927
印刷	3790725	776467	416317	349879	12748576	9607752
装订及印刷相关服务	***	***	***	***	***	***
记录媒介复制	105183		38671		201517	152179
文教办公用品制造	***	***	***	***	***	***
乐器制造	91500		1780	7194	567797	500638
工艺美术品制造	549864	36700	22655	27967	8941398	8377165
体育用品制造	***	***	***	***	***	***
玩具制造	4000			4278	71860	58933
游艺器材及娱乐用品制造	18736		3744	3144	317078	252437
精炼石油产品制造	463831	74382	63327	23910	81863391	73179080
基础化学原料制造	6683615	552561	2475	468313	7461623	6942007
肥料制造	125970	138384	17647	2500	1215878	1086776
农药制造	70634	79711	23119		500104	313895
涂料、油墨、颜料及类似产品制造	349513	427493	206930	172654	4887768	3725131
合成材料制造	1797056	50360		824785	10233904	9964787
专用化学产品制造	1405793	570167	64238	564377	7983246	6632027
炸药、火工及焰火产品制造	***	***	***	***	***	***
日用化学产品制造	161102	106625	229572	698059	4417073	1971878
化学药品原料药制造	41731	84200		39169	359235	218754
化学药品制剂制造	2947953	703432	214560	2809735	35769791	14580282
中药饮片加工	197466	263325	240750	5350	6398456	4529781
中成药生产	1617145	695597	403532		7959972	4625824
兽用药品制造	210144	4586		111359	943220	536800
生物药品制造	1991936	1548284	318361	347046	8403423	2753608
卫生材料及医药用品制造	82082	94607	42740	94000	1134799	682422
合成纤维制造	92000	6000			194845	149515
橡胶制品业	212645	80280	634	79860	3012493	2535412
塑料制品业	1854663	800690	125492	1063153	10344981	8785651
水泥、石灰和石膏制造	2236463		26000	10000	2599841	2202228
石膏、水泥制品及类似制品制造	2310543	1582532	28700	144401	22757016	20011052
砖瓦、石材等建筑材料制造	985727	468973	108913	28930	6402827	5200489
玻璃制造	317115	175488	100815		1761544	1291441
玻璃制品制造	1100447	750848	47739	104103	10417420	8762462
玻璃纤维和玻璃纤维增强塑料制品制造	654163	33740		238215	2481943	2199607
陶瓷制品制造	79302			252236	672026	482473
耐火材料制品制造	491451	806005	9948	78063	3028976	2409436
石墨及其他非金属矿物制品制造	477219	154340	4951	70251	3013291	2608031

单位：千元

主营业务税金及附加	其他业务利润	销售费用	管理费用	#税金	#工会经费	财务费用	#利息收入	#利息支出
36358	24257	383429	423111	14760	3806	59143	10905	53083
4967	14858	130546	103452	7789	2281	15426	732	14402
4505	10581	49773	67418	983	986	-451	1597	206
489	9273	11153	30432	1587	197	-378	1511	745
29004	27468	222561	323311	11336	2384	-1317	20446	19296
91659	214402	395341	1607421	41967	15552	11652	69421	74312
***	***	***	***	***	***	***	***	***
1080	210	19117	24920	761	194	2430	626	3020
***	***	***	***	***	***	***	***	***
2987	15346	37888	64795	3816	958	18374	386	14737
13719	84302	195553	343272	9481	2343	79783	3026	75004
***	***	***	***	***	***	***	***	***
		2913	7986	315	73	563	276	
1673	1800	24442	26805	728	475	6623	124	6557
6129841	85910	685915	2412929	31757	6466	269518	16332	285415
17219	48538	271069	705183	13860	4561	255219	7562	263630
554	41	60444	49076	1416	100	18664	160	16628
2015	3489	71279	61162	663	335	2151	1932	2051
26730	15494	266737	305104	6187	1862	30138	15270	41122
12260	12415	194714	581596	5601	845	127563	3472	153297
30053	46686	310187	679226	12001	2828	30343	16293	38747
***	***	***	***	***	***	***	***	***
104372	10210	1459411	366824	5631	2139	-11222	30334	20927
2538	1605	54118	52638	983	643	4026	438	3811
389625	318361	12438092	3500410	44876	21667	743697	131617	304316
44798	2631	405632	415757	5768	3707	71894	3310	73278
90861	43042	1357119	659839	15089	8399	15938	35214	34403
6156	5253	165141	141660	3370	879	9430	834	9492
72931	48085	2069560	1256280	24582	4414	-10665	92708	78633
7885	9268	144741	154991	1259	666	12443	507	10350
953	2382	6145	24878	1010	98	3541	488	2927
12547	3326	94384	227758	5739	3291	33108	1224	29842
42134	143700	329792	660645	17121	6604	153693	20959	170025
17936	23039	112997	327372	8292	3575	30087	7039	32749
74071	120946	895656	1273273	23351	11515	283046	69777	334515
25184	15819	501198	422278	6869	3457	111414	5929	107050
7758	22581	115599	157673	3771	1894	6020	905	6893
91609	17196	258002	632417	8836	4392	217644	11667	170034
9545	4332	91545	141228	5926	940	29284	15684	29844
9089	240	9501	35805	3287	6	-12150	12231	
12813	9113	300126	299120	4452	1489	54150	34737	80172
7408	36963	114636	164378	3698	979	17820	4994	21723

1-4 续表 10

项 目	法人资本	个人资本	港澳台资本	外商资本	主营业务收入	主营业务成本
黑色金属铸造	37448	94127	10759	282387	1442126	1232252
钢压延加工	4574906	1229789		130222	14526502	13950670
铁合金冶炼	***	***	***	***	***	***
常用有色金属冶炼	***	***	***	***	***	***
贵金属冶炼	***	***	***	***	***	***
稀有稀土金属冶炼	100000		15160	33209	1187261	910379
有色金属合金制造	256137	102000		3306	1768011	1587237
有色金属铸造		6000			531225	447726
有色金属压延加工	201837	106905		43957	3380812	2928495
结构性金属制品制造	1114209	1736086	58839	449451	12677411	10403647
金属工具制造	295724	20815			487333	387253
集装箱及金属包装容器制造	813983	32470	611043	94144	6602706	5449505
金属丝绳及其制品制造	70208	5800		4135	431935	403911
建筑、安全用金属制品制造	156949	164173	2279	267877	1459609	1112846
金属表面处理及热处理加工	67848	137360	54071	32690	864151	753394
金属制日用品制造	7996	49190		18484	603894	543700
其他金属制品制造	837867	762832	41020	206878	10111527	8734510
锅炉及原动设备制造	190348	130452		192429	3143632	2619395
金属加工机械制造	2504153	200129	4186	174332	7647485	5563121
物料搬运设备制造	1248914	305902		357020	3667257	2946412
泵、阀门、压缩机及类似机械制造	1006279	552427	245794	5160097	20971822	16529037
轴承、齿轮和传动部件制造	260894	174905	1578	114663	1017128	810278
烘炉、风机、衡器、包装等设备制造	2205221	736466	174874	582561	12315838	9563086
文化、办公用机械制造	70971	123495	403811	58346	4923303	4055288
通用零部件制造	79245	30080	2584	285298	2446040	2242752
其他通用设备制造业	13570	6650		5780	169123	119338
采矿、冶金、建筑专用设备制造	6626547	3637016	31000	179700	19047954	15802610
化工、木材、非金属加工专用设备制造	710484	177148	18348	59745	3581574	2485946
食品、饮料、烟草及饲料生产专用设备制造	4040	64460		33814	487396	389902
印刷、制药、日化及日用品生产专用设备制造	308295	52355	245063	20245	1906364	1251438
纺织、服装和皮革加工专用设备制造	431918	333093	187419	2980	5368353	4512458
电子和电工机械专用设备制造	935201	233464		78385	2531459	2002538
农、林、牧、渔专用机械制造	145100	270389		27545	1621486	1221667
医疗仪器设备及器械制造	1457454	1096331	521469	1214571	11583077	7352071
环保、社会公共服务及其他专用设备制造	2685983	1570750	216373	585944	20734107	15476110
汽车整车制造	16962281			13042128	220198841	176010699
改装汽车制造	338408	97355		25149	3055262	2683812
汽车车身、挂车制造	***	***	***	***	***	***
汽车零部件及配件制造	6041754	473248	209966	5093266	105294919	92951866
铁路运输设备制造	2329902	508861	19771	91943	14113254	11163038
城市轨道交通设备制造	***	***	***	***	***	***

单位：千元

主营业务税金及附加	其他业务利润	销售费用	管理费用	#税 金	#工会经费	财务费用	#利息收入	#利息支出
6195	433	115193	80424	1658	1196	9835	530	4245
18786	53566	354110	271786	24834	1414	196655	20750	249166
***	***	***	***	***	***	***	***	***
***	***	***	***	***	***	***	***	***
***	***	***	***	***	***	***	***	***
125851	145	8326	50269	2847	634	1492	11852	7
3725	19568	18402	104290	2112	324	19653	1850	15872
2711	12700	16357	53406	2241	1143	18223	161	15912
6423	7152	72603	208279	2385	1839	43203	691	34185
106734	129856	535490	959233	23245	6927	180549	10650	170808
1501	1581	21784	40415	814	142	4267	261	3914
19108	13955	208844	416654	6680	2348	76133	30585	92791
462	1376	8365	13377	726	45	3247	95	3361
6814	27493	160571	130113	3983	231	9422	1293	7604
3266	2020	23315	82997	872	611	4364	1534	6105
815	422	29521	16985	191	120	2665	541	2428
19396	177133	164618	951405	13909	4746	33229	49174	89069
8566	11665	90986	231613	2079	4651	26640	7503	33817
50350	67620	533407	691891	18456	7133	9199	48460	34775
18310	66514	298577	352066	7703	3706	72318	3260	68903
99226	259531	1483804	1505965	45174	16819	-160127	120285	141789
5830	9373	39481	99159	749	904	7930	1095	7799
66397	69481	509175	1222578	23836	7549	85240	80302	162019
6618	28754	253617	219381	3241	912	-1930	5451	4920
6421	9964	39017	140440	3033	734	13267	1576	12508
575	78	10781	21028	241	276	446	91	335
120534	146900	958196	1576412	24475	9171	256745	18389	257152
26330	38499	117102	494331	10735	2701	5408	10357	12459
3092	5130	19740	65814	596	1325	2241	506	1768
14106	21364	339368	212855	4412	1722	9454	3267	9294
18297	79527	132349	380152	11455	870	85069	49127	119132
18258	7082	69301	421361	9776	1154	31851	10749	37281
7671	2038	128586	166298	3387	1480	44214	2299	45111
66551	499909	1165136	1863929	27907	9493	-34553	69131	54949
188003	104619	1101836	2047903	31402	15230	168991	58277	229719
11116939	946960	10829735	7510056	308446	75942	622993	641024	1187116
11971	12495	96303	216025	4583	1936	14644	6473	19202
***	***	***	***	***	***	***	***	***
286498	471282	1469444	3811900	100422	36221	-60112	197425	354173
77936	73506	401924	1407294	25676	8323	162851	17514	174540
***	***	***	***	***	***	***	***	***

1-4 续表 11

项目					主营业务收入	主营业务成本
	法人资本	个人资本	港澳台资本	外商资本		
船舶及相关装置制造	110253				216866	147317
航空、航天器及设备制造	1571850	90000			11761837	9707734
非公路休闲车及零配件制造	***	***	***	***	***	***
潜水救捞及其他未列明运输设备制造	***	***	***	***	***	***
电机制造	8613964	619495	600000	749798	19042071	16919089
输配电及控制设备制造	3786375	2528712	21532	1043355	40241877	30252400
电线、电缆、光缆及电工器材制造	358708	838897	58553	163291	4949797	4489108
电池制造	251158			1107551	2002656	1796130
家用电力器具制造	151853	18873		11000	1390104	1067643
非电力家用器具制造	318757	36594		17212	774944	643101
照明器具制造	78380	105045	22867	537914	3808029	2942739
其他电气机械及器材制造	77800	60000	14534	111007	1687643	1262932
计算机制造	4090636	540021	440630	77986	66782161	56801191
通信设备制造	5440404	3176095	1174391	3217955	122289776	114697734
广播电视设备制造	786963	135001		355423	2809223	2089678
雷达及配套设备制造	20448			7477	180413	125052
视听设备制造	50044	192256			1495415	1119267
电子器件制造	11660258	1353514	708890	12739854	48993011	39077965
电子元件制造	263762	484027	16600	2144680	11034171	9307884
其他电子设备制造	678338	681469	232968	121552	5800548	4306158
通用仪器仪表制造	1935065	1317512	386825	432058	21333682	15818364
专用仪器仪表制造	385128	739113	25959	181238	5823420	3965787
钟表与计时仪器制造	42965		537		66028	45810
光学仪器及眼镜制造	494510	7383		100081	961359	488988
其他仪器仪表制造业	25571	52684		992	469192	265420
日用杂品制造	9932	31800		46978	247603	183594
煤制品制造	5590	20000			373284	246043
核辐射加工	***	***	***	***	***	***
其他未列明制造业	1527832	294215	86765	22908	7240079	5553582
金属废料和碎屑加工处理	110400	12100			458788	389926
非金属废料和碎屑加工处理		5500			372864	377324
专用设备修理	47900	5387			111204	53617
铁路、船舶、航空航天等运输设备修理	932936	39474	36100	532712	3595828	2573841
三、电力、热力、燃气及水生产和供应业	**31351879**	**265848**	**679023**	**7590932**	**402814038**	**380316132**
电力生产	10639919		400000	3392392	14979050	13638519
电力供应	4533715				349376956	329957816
热力生产和供应	10164414	150048	121079		9932650	10720593
燃气生产和供应业	1537537	65800	72649	4198540	23386997	20897446
自来水生产和供应	173835				2303406	2913710
污水处理及其再生利用	4302459		85295		2741129	2134280
其他水的处理、利用与分配	***	***	***	***	***	***

单位：千元

主营业务税金及附加	其他业务利润	销售费用	管理费用	#税金	#工会经费	财务费用	#利息收入	#利息支出
1110	112	19728	45732	477	374	-1145	1780	2
9134	12116	32416	1005690	7130	4839	40442	72074	109379
***	***	***	***	***	***	***	***	***
***	***	***	***	***	***	***	***	***
49872	-104094	1038361	1230907	26060	3522	512037	137180	622597
222856	106121	2176177	2820335	40362	19410	130254	71888	178826
8677	6122	106193	252582	4162	1558	58524	9805	61792
1954	13463	52736	192654	7966	2354	53690	1506	41286
13312	5963	102277	136216	1424	440	7544	706	10838
4673	14777	72127	94367	2015	189	10844	1472	11760
20304	35905	135410	363791	4508	2572	27960	1556	33261
6301	21923	123869	107226	653	715	4446	2279	5286
63758	229214	6164574	3367232	53070	4822	314679	229743	516570
118799	476301	1644040	3980076	103853	17759	-283275	332784	302175
14811	29175	220901	322124	3062	2716	25196	9290	35932
462	77	1325	40504	269	405	-1938	2957	443
10053	731	68280	203228	1039	558	-810	4189	3363
214548	239419	1436466	3928466	120819	14811	498990	240000	964324
57947	175207	244205	1090719	16791	7386	38518	41802	84557
30284	45532	400824	961356	13971	3907	44057	9781	62075
119546	116266	1284749	2115262	25371	12842	36569	79792	119775
34171	67212	432621	893399	9574	3843	41208	12621	49374
1235	11957	5807	24174	553		-10	28	8
11213	7364	261739	163639	2248	658	14545	8495	8455
3263	8	49029	82203	650	312	12054	649	11686
1332	8809	24232	25813	446	137	3476	127	2351
635		116216	6435	66	36	2276	32	2298
***	***	***	***	***	***	***	***	***
28155	20073	162671	840279	16688	4433	-10009	33968	21978
1989	7236	11177	19673	722	382	861	2851	2850
1465		805	28656	1035	319	-78	189	103
993	99	8153	24052	100		-22	145	186
14923	58442	52197	858735	41192	13111	38946	3280	59225
1923566	**342736**	**392155**	**3787270**	**191952**	**34982**	**11540841**	**425970**	**11286906**
98173	73601		515407	58179	2447	1159663	21804	1154051
1581593	-6365		462274	33743	1272	9647871	227013	9030028
43206	157035	70191	972688	32571	9745	600786	60204	645507
179021	89526	292239	1219771	22879	11382	162002	62830	228790
17735	22605	8652	365066	33637	8046	-141492	26837	72693
2240	6334	5912	236392	10818	2090	110995	27157	154749
***	***	***	***	***	***	***	***	***

1-4 续表 12

项目	投资收益（损失以"-"号记）	营业利润	营业外收入	#补贴收入	营业外支出
合计	**46146280**	**116037805**	**16562476**	**10745896**	**5245608**
一、采矿业	**2012298**	**2729372**	**591138**	**190779**	**1311689**
烟煤和无烟煤开采洗选	463299	1779809	21625	8485	14659
天然气开采		-259625	182916	57106	76321
铁矿采选	1359574	1775537	232039	2519	876262
土砂石开采	-193	19201	2357	1546	105
石油和天然气开采辅助活动	189618	-585550	152201	121123	344342
二、制造业	**16104291**	**80412470**	**10385849**	**5275710**	**2942274**
谷物磨制	7745	-83320	68409	1550	9061
饲料加工	159523	847291	51367	37404	5046
植物油加工	-30	2103	19820	21	199
制糖业	***	***	***	***	***
屠宰及肉类加工	83923	357210	144124	108228	14773
水产品加工	***	***	***	***	***
蔬菜、水果和坚果加工	628	65689	13585	5103	4148
其他农副食品加工	434	75080	4425	2991	1466
焙烤食品制造	942	160424	19884	8743	19252
糖果、巧克力及蜜饯制造	-27	608875	96046	7381	13153
方便食品制造	4798	-4905	23172	16901	3337
乳制品制造	67681	-47150	16388	11896	6640
罐头食品制造		24520	1305	815	15
调味品、发酵制品制造		54947	9262	1380	4835
其他食品制造	61697	743820	112265	92328	28476
酒的制造	135248	399406	64338	28797	3734
饮料制造	13618	350350	220870	33375	56228
卷烟制造	***	***	***	***	***
棉纺织及印染精加工	24649	15751	23859	2042	17306
毛纺织及染整精加工		2138	713	559	151
化纤织造及印染精加工	***	***	***	***	***
家用纺织制成品制造		24123	336	32	156
非家用纺织制成品制造	-152	61092	11601	4171	537
机织服装制造	8637	488282	46612	14814	10808
针织或钩针编织服装制造	37668	501229	13830	7966	3682
服饰制造	59	10881	1123	51	87
皮革鞣制加工	***	***	***	***	***
皮革制品制造		64877	4753	1453	412
毛皮鞣制及制品加工		1049	21		355
制鞋业		431	210	150	1
木材加工	***	***	***	***	***
人造板制造		-34861	13083	11633	358
木制品制造		26670	40658	217	-1458

单位：千元

利润总额	亏损企业亏损额	应交所得税	应付职工薪酬(本年贷方累计发生额)	应交增值税	进项税额	销项税额	从业人员平均人数(人)
128288399	**17309609**	**23259287**	**130051825**	**53716559**	**254619894**	**295040620**	**1161413**
2011232	**1295065**	**660524**	**9303510**	**2258509**	**19075861**	**20816880**	**67860**
1786775		476132	1906230	901825	11384811	12166031	15640
-153030	225977	-10991	278533	58155	93231	94946	1926
1133725		82336	2368768	1042004	7158998	8185629	26119
21453		5379	22694	10773	37013	47463	337
-777691	1069088	107668	4727285	245752	401808	322811	23838
88344503	**14855088**	**17296018**	**106654734**	**39428490**	**167882943**	**197256873**	**1010098**
-23922	55621	7924	96424	10448	390348	387625	1476
902279	17984	127924	612293	11310	24985	28992	7510
21724		4304	34317	13538	164925	178354	745
***	***	***	***	***	***	***	44
511096	124467	119348	1021875	340500	3068456	3349409	16774
***	***	***	***	***	***	***	60
75129	37380	17146	282741	68844	245179	304301	4320
78680	17609	22558	277901	82893	263337	336288	3684
167924	91453	59990	851921	282257	770257	1050981	15784
699111		174307	1049469	645284	934245	1562293	9816
19552	147078	45890	559197	88107	214324	299899	5294
-37402	91328	12813	611611	200215	1331740	1521887	8198
25810		6375	29703	9224	21602	29811	374
59374	13043	9959	228164	89982	176992	265277	4340
829839	25308	149458	794791	736558	1496930	2119549	8082
460010	96930	68577	1100656	537278	589256	1102742	14633
535755	455519	202900	1502544	830075	2274238	3078828	18613
***	***	***	***	***	***	***	931
22304	49515	6937	173552	23590	282071	302909	1924
2700	1733	1317	66215	6384	89627	87132	1392
***	***	***	***	***	***	***	154
24303		6219	51192	13666	74653	70083	826
72156	2226	17726	119080	18892	205970	195586	1621
526716	153612	123264	2082868	567835	1234727	1673714	38600
511403	73168	80144	575962	197738	521864	552286	9559
11968		2923	55128	4318	65790	12860	1059
***	***	***	***	***	***	***	19
69218	1428	19759	74175	25303	141831	149568	1508
705	934	511	20185	7873	30505	34853	467
640		288	24448	1413	14316	11858	493
***	***	***	***	***	***	***	5
-22136	24631	628	25309	15440	75559	91272	324
68786	750	7103	128741	35264	106119	141296	2169

1-4 续表 13

项　　目	投资收益(损失以"-"号记)	营业利润	营业外收　入	#补贴收入	营业外支　出
木质家具制造	70244	300111	46116	1574	10161
金属家具制造	1261	25546	11185	206	263
其他家具制造		49729	450		667
造纸		-7296	8471		44
纸制品制造	18922	908947	157295	109454	4209
印刷	9120	1252851	99601	32243	63997
装订及印刷相关服务	***	***	***	***	***
记录媒介复制		2342	460	6	976
文教办公用品制造	***	***	***	***	***
乐器制造		-41784	4875	79	6084
工艺美术品制造	11746	-61790	91370	4456	2159
体育用品制造	***	***	***	***	***
玩具制造		1465	118	4	59
游艺器材及娱乐用品制造	54	6952	924	846	310
精炼石油产品制造	-231054	-1040090	30783	1345	172297
基础化学原料制造	19126	-668202	22086	4007	20045
肥料制造	18	-74	6287	6720	505
农药制造	39	52788	2859	1460	221
涂料、油墨、颜料及类似产品制造	22141	568089	9783	3845	4758
合成材料制造	-12638	-700935	61145	15395	20296
专用化学产品制造	11772	281566	32666	11466	15877
炸药、火工及焰火产品制造	***	***	***	***	***
日用化学产品制造	2168	519799	15752	10381	13639
化学药品原料药制造	18	28729	4543	2534	427
化学药品制剂制造	996313	5422460	289056	87310	93461
中药饮片加工	-74	927319	13109	3201	9092
中成药生产	226555	1443536	45916	13793	9796
兽用药品制造	6518	90562	6409	5197	1016
生物药品制造	248332	2498568	169850	59033	22067
卫生材料及医药用品制造		141205	6394	7762	3433
合成纤维制造		11492	3155	1638	52
橡胶制品业	3060	118600	7905	4707	3506
塑料制品业	27162	544447	79191	23217	11932
水泥、石灰和石膏制造	7221	-177607	159127	118523	547
石膏、水泥制品及类似制品制造	535994	789943	376964	362811	61440
砖瓦、石材等建筑材料制造	6	153859	38770	44598	3564
玻璃制造		205602	5844	3535	485
玻璃制品制造	85	213345	42026	16454	4417
玻璃纤维和玻璃纤维增强塑料制品制造	3949	-33479	36714	34388	1925
陶瓷制品制造		146050	503		733
耐火材料制品制造	35430	-77922	107097	6233	26409
石墨及其他非金属矿物制品制造	7486	142879	13167	3265	6794

单位：千元

利润总额	亏损企业亏损额	应交所得税	应付职工薪酬(本年贷方累计发生额)	应交增值税	进项税额	销项税额	从业人员平均人数(人)
336086	30895	42457	650631	211264	592232	782815	10881
36674	1300	7600	182834	39662	130336	156421	2589
49512		12569	136157	42496	76333	115988	1847
1131	1024	537	20927	4061	167760	170116	426
1064889	17541	256063	416881	302748	791550	1014620	5776
1292529	169571	326940	2497370	674960	1459383	2117692	26207
***	***	***	***	***	***	***	55
1826	5036	1159	44999	8123	17266	25333	640
***	***	***	***	***	***	***	708
-42993	47046	1459	133930	18127	65586	72603	2385
31865	94808	-1775	287799	87277	1032552	975526	3415
***	***	***	***	***	***	***	172
1524		280	12009	182	7487	795	261
7566		1681	43146	8315	41746	50076	855
-1181211	1849681	283100	1920727	1613488	13217916	14821874	15552
-661838	860842	41496	749435	168672	1643384	1791766	9604
7363	30672	5136	64088	1642	6974	6195	1231
55426	1280	9393	58331	15180	34929	45129	895
573612	11432	144484	371732	176197	628338	794319	4608
-660428	855937	-72981	433814	111638	1487049	1586807	2781
289039	77264	43676	646160	238145	1158662	1342584	7411
***	***	***	***	***	***	***	519
522321	39120	124810	898357	433036	617010	1029212	8260
32845	695	5263	68355	23614	33931	52053	1101
5627667	433838	1078580	6954276	3309100	2769920	6037673	34430
931343	489	129858	368254	393537	554272	945518	5288
1510759	6146	207581	1130716	702815	1160218	1857934	12419
95955	8157	14258	202723	58160	27985	83008	2469
2646351	58376	390042	1301701	596160	244583	846302	12455
148268	3832	21828	148752	67207	116990	177944	1645
14595		2683	39993	7847	31540	27296	556
127226	24960	24119	465139	108253	470727	573385	6570
618888	113938	141164	922025	291471	1413622	1644294	14074
-19027	152931	23907	285210	159960	296299	451482	3513
1252149	91087	177652	1730293	231880	329985	503391	25952
203572	30757	29289	464470	190106	810606	983522	5504
210961	1641	31174	177890	76274	229233	303903	2815
250986	103214	53641	726606	65063	1079660	1053763	9676
5259	40717	7907	224056	88668	319445	396805	2820
145820		27060	180067	71826	40546	109459	1860
2997	189697	16556	340423	127237	444813	563542	4403
149252	17887	35864	238500	60371	195181	241143	3102

1-4 续表 14

项目	投资收益(损失以"-"号记)	营业利润	营业外收入	#补贴收入	营业外支出
黑色金属铸造	1111	-4866	3801	847	3255
钢压延加工	302929	77328	38511	1231	929
铁合金冶炼	***	***	***	***	***
常用有色金属冶炼	***	***	***	***	***
贵金属冶炼	***	***	***	***	***
稀有稀土金属冶炼	2057	78541	1391	1305	105
有色金属合金制造	-935	48888	11366	1584	258
有色金属铸造	345	3294	3558	3392	362
有色金属压延加工	-234	126403	107036	3005	5051
结构性金属制品制造	31946	621770	46232	20317	14735
金属工具制造		33669	5216		114
集装箱及金属包装容器制造	194690	613045	29702	19298	4393
金属丝绳及其制品制造		3965	620		2
建筑、安全用金属制品制造	60057	119026	36840	836	14297
金属表面处理及热处理加工	5	-1693	3781		261
金属制日用品制造		10630	3495		582
其他金属制品制造	127393	448220	69081	32318	19801
锅炉及原动设备制造	799	204207	3953	1081	2909
金属加工机械制造	1478	809373	70115	47998	4249
物料搬运设备制造	390	11671	16199	1658	7282
泵、阀门、压缩机及类似机械制造	34145	1770262	354163	37912	440976
轴承、齿轮和传动部件制造	-71	65585	8264	1136	2164
烘炉、风机、衡器、包装等设备制造	47286	864984	220342	24328	42879
文化、办公用机械制造	-336	417347	18331		23363
通用零部件制造	767	14549	39198	736	4175
其他通用设备制造业	476	17033	238	2311	21
采矿、冶金、建筑专用设备制造	1891984	2289715	192170	62810	77452
化工、木材、非金属加工专用设备制造	-73	460840	24240	19849	3156
食品、饮料、烟草及饲料生产专用设备制造	35	10565	5518	3	377
印刷、制药、日化及日用品生产专用设备制造	10634	103267	49267	46536	1299
纺织、服装和皮革加工专用设备制造	163621	464021	19574	14117	2447
电子和电工机械专用设备制造	40605	-142345	171287	161241	127150
农、林、牧、渔专用机械制造	84575	132416	13881	6896	866
医疗仪器设备及器械制造	121363	1749076	143179	64640	14387
环保、社会公共服务及其他专用设备制造	412671	2079270	249614	89117	11667
汽车整车制造	5409362	19987103	1063875	950139	163826
改装汽车制造	6741	46526	203911	1066	31224
汽车车身、挂车制造	***	***	***	***	***
汽车零部件及配件制造	500051	7762909	357723	77108	91369
铁路运输设备制造	37335	925324	182176	158940	9004
城市轨道交通设备制造	***	***	***	***	***

单位：千元

利润总额	亏损企业亏损额	应交所得税	应付职工薪酬(本年贷方累计发生额)	应交增值税	进项税额	销项税额	从业人员平均人数(人)
-3288	21159	4310	181383	14916	195598	168940	2376
114913	391318	81112	666244	162131	2288275	2416333	7063
***	***	***	***	***	***	***	107
***	***	***	***	***	***	***	553
***	***	***	***	***	***	***	11
79827		7675	53333	46443	155139	193437	441
64196		6958	67513	26241	307011	332308	707
6490		354	116836	5772	55162	42603	1303
229088	8988	35957	174894	55319	529868	547165	2734
665077	55829	132738	1248337	297900	1493240	1768026	19135
38771	1081	5624	85123	11771	59616	72173	1253
637333	45795	86962	462666	181045	1046026	1146168	5408
4583	3558	1569	15099	3431	70332	71987	240
142767	5595	13129	185420	53958	198036	213296	2896
1827	8855	1925	83157	22811	116213	133838	1276
13543	766	1363	26629	5869	95703	96272	661
500115	201199	78989	1226781	163504	1007858	1136749	7836
205251	46712	49044	464632	78280	372908	449297	4066
875001	122604	217120	1138959	407227	967402	1329191	9579
21604	112823	25426	379173	97962	486780	565335	4818
1692817	662166	405818	2640209	701736	2569833	3094790	20920
71994	1153	16559	178824	52810	138198	189178	2567
1049006	82485	154602	1139717	468198	1601464	1988006	10855
412315	23505	109011	325298	95646	588950	539187	2592
50339	15549	12822	178515	41479	379686	386848	2482
19827	2141	2626	20409	5722	16769	22044	340
2408287	159384	44905	1892953	1004535	2209397	3177073	20537
481924	8298	68026	580084	210252	407019	543549	5325
15741	8979	4500	71183	22699	55626	72548	816
153711	26983	25212	482625	93197	199858	274353	3989
481148		101617	372040	134609	1063338	1197618	4432
-97682	262946	34781	293447	46055	352455	356996	3161
156570	7017	10613	160589	31400	169543	177792	1856
1882086	111606	301293	1709864	542371	926034	1176447	15993
2318638	30298	313379	2621858	858759	2072035	2813755	17970
20887152	462190	4721388	10542284	7401457	32866898	39820339	74761
219213	44405	15566	238533	57914	402493	434418	3178
***	***	***	***	***	***	***	340
8064407	321373	1846731	4763704	2568465	16459450	18559412	51772
1113280	266208	220541	1626886	612785	1777422	2350523	15176
***	***	***	***	***	***	***	1291

1-4 续表 15

项　　目	投资收益(损失以"-"号记)	营业利润	营业外收　入	#补贴收入	营业外支　出
船舶及相关装置制造	-434	-882	11967	7241	31
航空、航天器及设备制造	7480	996775	50700	27778	14229
非公路休闲车及零配件制造	***	***	***	***	***
潜水救捞及其他未列明运输设备制造	***	***	***	***	***
电机制造	390285	-1030092	108798	28456	67530
输配电及控制设备制造	27849	4619924	316850	136212	29009
电线、电缆、光缆及电工器材制造	33538	74290	31605	9276	19728
电池制造		-87938	32037	14092	77787
家用电力器具制造	7293	74377	19194	1641	3494
非电力家用器具制造	-139	-38007	6525	14478	592
照明器具制造	2600	352685	17882	3147	7222
其他电气机械及器材制造	82	199426	48602	46294	1950
计算机制造	1232322	1672588	230071	158792	166081
通信设备制造	222688	2607438	607978	341549	59884
广播电视设备制造	1656	118559	88504	64128	1112
雷达及配套设备制造		15085	3158	3158	86
视听设备制造	73794	162823	16741	10144	3407
电子器件制造	1188260	4588646	894487	448883	460463
电子元件制造	9350	497497	60729	4188	47268
其他电子设备制造	115264	184457	373362	311821	9112
通用仪器仪表制造	456936	2411850	332927	233006	21911
专用仪器仪表制造	20872	540088	114836	84221	6640
钟表与计时仪器制造		969	1340		13
光学仪器及眼镜制造	75841	105802	30087	25849	5007
其他仪器仪表制造业	189	54910	1056	804	222
日用杂品制造	54	18019	161	78	547
煤制品制造		1679	3		11
核辐射加工	***	***	***	***	***
其他未列明制造业	44284	727737	25797	6939	2375
金属废料和碎屑加工处理	103	42410	1183	519	122
非金属废料和碎屑加工处理		-35308	39213	15172	99
专用设备修理		23750	3092	3072	141
铁路、船舶、航空航天等运输设备修理	59028	170020	104459	10152	6407
三、电力、热力、燃气及水生产和供应业	**28029691**	**32895963**	**5585489**	**5279407**	**991645**
电力生产	3338628	2773965	1684153	1452983	24501
电力供应	22560410	30298090	525571	155961	789316
热力生产和供应	60622	-2357716	1949600	2310523	150900
燃气生产和供应业	1886903	2604980	507010	479267	11420
自来水生产和供应	18387	-830228	902119	866970	4200
污水处理及其再生利用	164741	403237	11585	8252	10978
其他水的处理、利用与分配	***	***	***	***	***

单位：千元

利润总额	亏损企业亏损额	应交所得税	应付职工薪酬(本年贷方累计发生额)	应交增值税	进项税额	销项税额	从业人员平均人数(人)
11054	609	-779	28274	2531	23220	27262	225
1033246		106595	2640705	39494	127740	163071	1663
***	***	***	***	***	***	***	62
***	***	***	***	***	***	***	82
-987404	1694442	-106385	986255	415222	2901230	2945555	8174
4927046	274307	712625	3567393	1496242	6791032	8029031	32181
87959	57043	18204	240677	76292	755499	883705	3357
-133671	135032	340	352944	16987	141939	47849	5064
90077		13063	165932	48749	215173	263550	1947
-19444	36739	2058	97353	18533	97886	113822	1358
363345	53685	69456	480874	71078	498156	530384	4358
246078	3864	38387	336195	44166	177287	195199	2352
1738774	108961	23978	3914653	290409	10674858	10784650	17588
3148090	980358	712042	5103940	815066	10521139	8044343	51067
213443	57155	20883	483813	96170	422392	510301	6095
18157		3119	46037	3824	13281	17049	253
176157		23309	143645	43516	190999	232055	1275
5022078	512710	506346	4307283	828187	4937118	4338400	32222
512432	291471	142447	1351340	403923	1316155	1214075	16760
555163	104760	90525	900494	202983	780438	939539	9482
2729902	69697	374534	2630218	862479	2660398	3642069	21586
655871	15843	110306	948228	239403	607179	886175	6971
2296		193	32897	4223	6778	10780	698
131181	22698	55291	193283	88519	84559	170071	1367
55744		8284	71270	19408	151788	223013	688
17711	1146	5233	46574	8666	25108	26785	689
1671		472	5731	7002	56468	63469	134
***	***	***	***	***	***	***	87
751159	28741	106746	1092350	214700	256566	432295	2726
43471	104	12210	43333	17489	48754	64373	627
3806	763	50	39679	11521	38101	47780	307
26701		2792	17486	8387	11213	19574	212
268072		46314	1309202	142400	222663	363928	7097
37932664	**1159456**	**5302745**	**14093581**	**12029560**	**67661090**	**76966867**	**83455**
4433617	42575	432977	1199157	854323	1762938	2206131	5465
30034345	629364	4524139	8792224	9363575	63242821	70892320	40732
-118029	411697	43665	1345886	199235	920390	751634	15291
3102440	61416	223155	1573026	1459330	1613947	3054060	11509
67691	6238	10925	674609	133943	106132	28861	6040
403844	8166	66592	491660	17000	7692	24789	4272
***	***	***	***	***	***	***	146

1-5 规模以上工业企业主要经济效益指标

单位：%

项　　目	总资产贡献率	资　产负债率	流动资产周转率(次)	成本费用利润率
合　计	**7.79**	**52.62**	**1.55**	**7.24**
中央企业	5.46	51.51	1.86	6.2
地方企业	9.87	53.59	1.43	7.79
内资企业	5.67	52.29	1.37	6.47
国有企业	5.09	49.73	1.64	10.81
集体企业	9.73	62.53	1.21	5.31
股份合作企业	9.17	69.23	2.03	2.93
联营企业	0.39	13.51	0.28	-2.59
有限责任公司	4.1	58.08	1.33	2.83
股份有限公司	9.33	45.86	1.17	8.92
私营企业	9.14	56.82	1.34	5.95
其他企业		84.17		3
港澳台商投资企业	6.54	62.54	1.46	3.43
港澳台合资经营	13.33	53.77	1.53	8.88
港澳台合作经营	3.48	11.61	0.79	2.53
港澳台商独资企业	6.06	73.38	2.26	2.32
港澳台商投资股份	1.24	57.09	0.38	-3.12
外商投资企业	19.16	51.31	2.16	9.87
中外合资经营	23.53	53.59	2.39	10.88
中外合作经营	9.86	54.97	1.65	3.86
外资(独资)企业	14.14	51.19	1.94	7.75
外商投资股份有限公司	12.75	25.64	1.15	22.26
在合计中:				
#国有控股	6.42	52.29	1.53	7.04
集体控股	9.4	55.27	1.19	7.51
私人控股	9.96	51.47	1.11	9.17
港澳台控股	7.18	68.44	1.95	3.2
外商控股	15.94	51.23	2.2	7.91
在合计中:				
轻工业	13.85	50.39	1.4	9.52
重工业	7.03	52.9	1.58	6.85
在合计中:				
#大中型企业	8.35	52.62	1.76	7.24

1-5 续表 单位：%

项 目	全员劳动生产率（元/人）	产品销售率	企业亏损面	销售收入利润率
合 计	**295513**	**98.94**	**17.58**	**6.86**
中央企业	576483	99.51	17.95	5.99
地方企业	243862	98.62	17.55	7.32
内资企业	265568	98.86	16.53	6.25
国有企业	1046101	99.77	15.63	10.38
集体企业	129563	98.46	19.23	5.17
股份合作企业	108353	101.66	20	2.87
联营企业	84151	91.63	100	-2.64
有限责任公司	214819	98.44	19.94	2.80
股份有限公司	271566	99.21	17.67	8.29
私营企业	130668	96.67	12.05	5.68
其他企业	28651	106.84		2.90
港澳台商投资企业	209733	99.41	23.32	3.33
港澳台合资经营	223066	99.35	20.18	8.22
港澳台合作经营	154192	95.54	22.22	2.49
港澳台商独资企业	215491	97.56	27.78	2.28
港澳台商投资股份	115783	112.88	20	-3.13
外商投资企业	392752	98.99	20	8.98
中外合资经营	545620	98.79	18.63	9.69
中外合作经营	135101	98.18	23.08	3.74
外资(独资)企业	271962	99.44	20.59	7.29
外商投资股份有限公司	225720	97.88	26.67	19.85
在合计中:				
#国有控股	408278	99.44	22.58	6.71
集体控股	211066	95.29	17.27	7.17
私人控股	167917	97.14	13.9	8.57
港澳台控股	199373	98.03	26.99	3.13
外商控股	282441	99.29	20.39	7.40
在合计中:				
轻工业	203197	97.54	19.11	8.74
重工业	338491	99.18	16.76	6.53
在合计中:				
#大中型企业	295513	98.94	17.58	7.25

1-6 规模以上国有控股

项目	单位数(个)	#亏损企业	工业总产值(当年价格)	工业销售产值(当年价格)	#出口交货值
合计	**775**	**175**	**1005443757**	**999779361**	**23703517**
一、按登记注册类型分					
国有企业	96	15	312427077	311701597	462360
国有与集体联营	1	***	***	***	***
国有独资公司	60	17	131059804	129229354	1665285
其他有限责任公司	451	102	211797158	209586246	10092165
股份有限公司	83	22	152121088	152596886	6222922
港澳台合资	25	2	10307558	10230312	372017
港澳台合作	1	***	***	***	***
港澳台投资股份	2	1	4441003	5740636	691477
中外合资	52	13	179076982	176499316	4154438
中外合作	1	***	***	***	***
外商股份	3	1	3816544	3804760	42853
二、按隶属关系分					
中央	226	42	621825682	618817530	3931838
省(自治区、直辖市)	263	72	296941195	296594400	13738746
地(区、市、州、盟)	77	17	26002300	25284940	327623
镇	5	1	285232	292477	
乡	1	***	***	***	***
其他	203	42	60334100	58735581	5694033
三、按轻重工业分					
轻工业	203	34	72590498	72037378	1364614
重工业	572	141	932853259	927741983	22338903
四、按四大功能区分					
首都功能核心区	48	10	71486742	71392129	816523
东城区	17	2	5005633	5000778	55145
西城区	31	8	66481109	66391351	761378
城市功能拓展区	349	66	201562521	197804483	5887370
朝阳区	112	28	79711486	79235735	2231835
丰台区	81	8	27410003	27168191	316840
石景山区	25	9	23404350	23333350	1323043
海淀区	131	21	71036682	68067207	2015652
城市发展新区	306	76	418351419	416753820	13965653
房山区	32	12	79640902	80301553	263392
通州区	57	15	15953550	16014002	934561
顺义区	57	19	150711310	149761536	1675904
昌平区	56	10	83596642	83964412	1820525
大兴区	59	14	13410183	12928158	216521
北京经济技术开发区	45	6	75038832	73784159	9054750
生态涵养发展区	72	23	20553659	20339513	3033971
门头沟区	6	1	4264640	4299019	1606640
怀柔区	19	4	5405810	5356205	99466
平谷区	8	2	760268	714033	22313
密云县	26	10	7806934	7663619	1075774
延庆县	13	6	2316007	2306637	229778

工业企业主要经济指标

单位：千元

年初存货	资产总计	#流动资产合计	#应收账款	#存货	#产成品	#固定资产合计	固定资产原价
103252092	**2278555616**	**734265961**	**156787359**	**104446799**	**28918972**	**484035470**	**864039942**
10885152	1095259747	204756418	28820401	12258770	1676191	206326426	379177749
***	***	***	***	***	***	***	***
12252524	383856608	118362258	30073771	11184870	1247362	116646620	192657526
31844139	309982604	170028992	57256867	32984092	11287602	82439445	133603399
26404736	253118503	116957545	18101830	24504983	9046322	36275858	81537123
1118563	11710259	4723219	2135020	1315940	502616	5788328	14146485
***	***	***	***	***	***	***	***
7890856	25779123	22644820	10542418	7678099	131839	152920	285502
12455744	184589020	94276062	8920867	14131495	4900503	34015772	58070758
***	***	***	***	***	***	***	***
275058	13757231	2168553	804851	288321	79980	2244381	4283621
46122312	1424287494	355185834	78034194	43978308	9840830	289778556	559686593
33249464	665596836	264169266	49560204	35251156	13329191	164724499	250784400
4187830	55862947	30983793	3348196	4584996	2118147	9476745	15773396
77943	411544	197740	37686	74260	30395	131262	215551
***	***	***	***	***	***	***	***
19599621	132340062	83697927	25796453	20541137	3587162	19900590	37525019
18507483	145198589	77934449	12330531	17917252	7167776	30017882	57409991
84744609	2133357027	656331512	144456828	86529547	21751196	454017588	806629951
5929638	1153563881	196636451	26741028	5634384	2744483	255913738	474296956
1904913	15300027	6808805	805315	2202140	733297	1693611	3015387
4024725	1138263854	189827646	25935713	3432244	2011186	254220127	471281569
48472637	632616790	297913553	83261492	50921112	8617208	118501743	200272162
11418728	168780199	72602163	23220088	9226758	2388771	50557190	91073645
9426759	51563786	32723383	9231844	9740083	1144444	12316312	16994584
6575243	245364385	79367267	17711848	7665203	1148032	42427131	70960854
21051907	166908420	113220740	33097712	24289068	3935961	13201110	21243079
45960609	434116673	218397232	43106774	45077323	16336195	101939209	176894733
9315214	56987457	20185858	5346872	7382549	1577245	16932944	41507834
3782389	21064192	11552708	2807080	3669058	826166	5610815	9023181
9515418	159898621	85794717	5770769	10360231	4517376	29170057	46649864
8427449	72581398	34007068	11934293	7202415	3204526	15466789	25361593
3436849	18156773	10606829	3637522	3716736	1518247	3155018	4937718
11483290	105428232	56250052	13610238	12746334	4692635	31603586	49414543
2889208	58258272	21318725	3678065	2813980	1221086	7680780	12576091
534873	11018965	4453597	409481	485182	344859	776495	2245645
704928	5375031	3010233	528704	726435	346031	1214976	2103408
157214	2421824	670925	162679	166659	69773	768427	1060756
679923	10856674	5438981	672239	769354	215247	3053751	4575907
812270	28585778	7744989	1904962	666350	245176	1867131	2590375

1-6 续表 1

项目	累计折旧	#本年折旧	#在建工程	#无形资产	负债合计
合 计	**380127629**	**46396655**	**104760427**	**29134941**	**1191398010**
一、按登记注册类型分					
国有企业	175805224	22345269	25486802	1642324	544663228
国有与集体联营	***	***	***	***	***
国有独资公司	76166762	9043138	35107870	3604158	218037074
其他有限责任公司	50868013	7995011	17805361	9760643	179256736
股份有限公司	44635491	3123893	15771649	7991914	124367970
港澳台合资	8330506	435899	225978	104476	6167774
港澳台合作	***	***	***	***	***
港澳台投资股份	132582	29589	40199	128399	13497822
中外合资	22012657	3187817	10182406	5321445	102220978
中外合作	***	***	***	***	***
外商股份	2036209	221663	137107	576033	2940323
二、按隶属关系分					
中央	272473208	33208568	59809510	8230178	732790660
省(自治区、直辖市)	83877297	10834771	37662138	15799899	353554653
地(区、市、州、盟)	6637403	778471	2705656	1507196	28798050
镇	84289	12119	9708	3538	138675
乡	***	***	***	***	***
其他	17024267	1554582	4573415	3593974	76060450
三、按轻重工业分					
轻工业	27282894	2771714	8518634	3686637	65036669
重工业	352844735	43624941	96241793	25448304	1126361341
四、按四大功能区分					
首都功能核心区	218268084	28334174	37537480	3264331	572873784
东城区	1265668	124693	3779882	203922	7186204
西城区	217002416	28209481	33757598	3060409	565687580
城市功能拓展区	83597459	7175049	34948782	7698560	356022987
朝阳区	39860746	4471316	12464755	2558561	84874487
丰台区	6865695	861933	3809112	801788	32008046
石景山区	28004455	674019	15786381	1465121	139048483
海淀区	8866563	1167781	2888534	2873090	100091971
城市发展新区	73461200	10252099	29831975	16225476	232408915
房山区	24484115	1837129	8930627	1679945	34260585
通州区	3404005	553463	1775102	573555	11900755
顺义区	17487874	2664057	5704513	5508382	87357901
昌平区	9990169	1373079	4137242	4011429	33421625
大兴区	1785822	324804	810166	759127	10134691
北京经济技术开发区	16309215	3499567	8474325	3693038	55333358
生态涵养发展区	4800886	635333	2442190	1946574	30092324
门头沟区	1469151	115105	10695	216673	3405896
怀柔区	888468	111251	287182	150102	2462463
平谷区	189141	53593	314320	508660	932014
密云县	1540239	215739	1253482	936459	8159707
延庆县	713887	139645	576511	134680	15132244

单位：千元

流动负债合计	#应付账款	非流动负债合计	#应付债券	所有者权益合计	#实收资本	国家资本	集体资本
648902961	**191307226**	**540890566**	**356804859**	**1087157606**	**493662468**	**304970398**	**365069**
202739370	36537238	341645617	290994694	550596519	209982155	203073253	
***	***	***	***	***	***	***	***
111138282	36673173	106897319	47398616	165819534	86957514	58776088	
139899956	50180683	38755560	2415758	130725868	102076572	21019336	126663
98846495	26187583	24827106	4602863	128750533	37903877	12819391	206864
5518458	1785770	649316		5542485	4249956	211226	9155
***	***	***	***	***	***	***	***
10567520	5850424	2930302	2792928	12281301	4555400	288900	
77680187	33467963	24511611	8600000	82368042	42152585	8775504	21643
***	***	***	***	***	***	***	***
2275001	525484	665322		10816908	5706965		
364206689	95569511	367693512	294857476	691496834	293858837	220982491	107344
197767071	70359527	155562220	57433474	312042183	160139824	73723037	228732
25094444	3855293	3265882	109464	27064897	6980966	2483361	13250
135740	41930			272869	112780	14850	1000
***	***	***	***	***	***	***	***
61672884	21472954	14339563	4404445	56279612	32530035	7766659	14743
51162839	9595000	13655977	976716	80161920	32124329	12145589	46094
597740122	181712226	527234589	355828143	1006995686	461538139	292824809	318975
213940654	46868254	358929136	297232898	580690097	242021025	230231957	4000
3913279	1651722	3272920	908152	8113823	4430633	2554820	4000
210027375	45216532	355656216	296324746	572576274	237590392	227677137	
227800975	69637149	127222972	50862497	276593803	137472502	48935021	243693
62148533	19085792	22562807	2034858	83905712	58931585	1903119	161504
26585642	8073097	5420931		19555740	9364806	4157155	56468
51492366	16210679	87522724	44000000	106315902	40609022	33889976	
87574434	26267581	11716510	4827639	66816449	28567089	8984771	25721
188825523	70359372	43248852	4109464	201707758	101373512	25349807	98247
31717932	9778640	2542652		22726872	8550983	436796	1600
10399738	2414357	1501016		9163437	6041238	1401143	11594
66239272	26510112	20899412	4068564	72540720	26014632	1985325	1000
30057798	12666171	3363819		39159773	17970875	1019540	
8759271	3652948	1368374	40900	8022082	5345470	1579441	39200
41651512	15337144	13573579		50094874	37450314	18927562	44853
18335809	4442451	11489606	4600000	28165948	12795429	453613	19129
1984165	417840	1421730		7613069	1482418	26864	18379
2430922	655027	28101		2912568	1208016	143240	
340413	171563	591601		1489810	1083170	11680	
7276186	1956259	620053		2696967	1586078	160403	750
6304123	1241762	8828121	4600000	13453534	7435747	111426	

1-6 续表 2

项目	法人资本	个人资本	港澳台资本	外商资本	主营业务收入	主营业务成本
合计	**161899827**	**6988022**	**2254517**	**17184635**	**1064419582**	**935174611**
一、按登记注册类型分						
国有企业	6908902				314083345	287058742
国有与集体联营	***	***	***	***	***	***
国有独资公司	28181426				163316446	156508121
其他有限责任公司	80223492	672967		34114	226486707	204160478
股份有限公司	19284183	5239709	347352	6378	165967576	139258685
港澳台合资	3012755		1016820		11281615	9482850
港澳台合作	***	***	***	***	***	***
港澳台投资股份	3000000	420400	840750	5350	5740636	4803146
中外合资	17809619	115821	33970	15396028	172548075	130323978
中外合作	***	***	***	***	***	***
外商股份	3430075	539125		1737765	4467040	3169720
二、按隶属关系分						
中央	68275983	2125998	467704	1899317	638658653	584922738
省(自治区、直辖市)	70472440	2436212	837612	12441791	335827538	276959362
地(区、市、州、盟)	4169708	71968	164100	78579	25608085	20156179
镇	89040	4890	3000		291966	205233
乡	***	***	***	***	***	***
其他	18852630	2348954	782101	2764948	63978907	52869021
三、按轻重工业分						
轻工业	16079566	2118308	824049	910723	81777995	60002511
重工业	145820261	4869714	1430468	16273912	982641587	875172100
四、按四大功能区分						
首都功能核心区	10978555	745839	60674		367657723	344834170
东城区	1210856	607783	53174		5519662	3922838
西城区	9767699	138056	7500		362138061	340911332
城市功能拓展区	80967229	4704419	1079142	1542998	251569020	225709703
朝阳区	54424407	664651	441532	1336372	84729267	78047065
丰台区	4865503	206205	31610	47865	33047532	28603305
石景山区	5439686	1232172		47188	53257107	49418673
海淀区	16237633	2601391	606000	111573	80535114	69640660
城市发展新区	60479909	1005191	1032726	13407632	422617726	346403709
房山区	7558473	2700	20000	531414	81719416	73917708
通州区	4398891	36813	69672	123125	17541616	12938516
顺义区	17645621	72611	125132	6184943	150717329	116653180
昌平区	15530073	269284	55798	1096180	85345862	77267419
大兴区	2824485	387244	35714	479386	15771156	12708447
北京经济技术开发区	12522366	236539	726410	4992584	71522347	52918439
生态涵养发展区	9474134	532573	81975	2234005	22575113	18227029
门头沟区	1006830	425821	4524		4408183	2748856
怀柔区	976218	55830		32728	5602321	4490833
平谷区	1071490				854538	756179
密云县	1296552	50922	77451		8073613	7128081
延庆县	5123044			2201277	3636458	3103080

单位：千元

主营业务税金及附加	其他业务利润	销售费用	管理费用	#税金	#工会经费	财务费用	#利息收入	#利息支出
24621965	**3619531**	**23474409**	**38696626**	**1188399**	**296002**	**17231784**	**3208124**	**19443486**
4160844	450760	1567339	3426615	70374	31761	9430495	534781	9153380
***	***	***	***	***	***	***	***	***
637815	277874	359291	4751057	183353	32674	2329130	312127	2625928
704670	1178840	5101102	13462685	383461	87444	2317977	754421	3091163
8172046	818286	5742187	9592337	261093	60608	1472203	1226412	2541571
106449	43417	461834	458086	22144	4006	162405	13591	165367
***	***	***	***	***	***	***	***	***
31355	2959	353835	440879	4985	-183	251153	66479	312128
10779619	805258	9181722	6134225	239773	77538	1168178	275870	1431212
***	***	***	***	***	***	***	***	***
25228	39604	683952	362025	22557	1404	92645	24320	116198
10986108	1228838	4413137	15505522	402051	90087	11686327	1217738	11956984
11621947	1667302	14090668	15816989	626915	159699	4060820	1007600	5079561
1243378	258750	1770779	2052887	38514	16362	239953	636569	853214
2127	845	8109	36749	921	228	1534	176	1598
***	***	***	***	***	***	***	***	***
768351	459405	3188488	5278680	119998	29469	1243002	346031	1552129
4164228	673721	6120032	6784074	196824	59173	448405	876302	1447112
20457737	2945810	17354377	31912552	991575	236829	16783379	2331822	17996374
1818875	364419	818276	2122675	86038	21229	9753791	338316	9429682
57773	182687	557558	571035	15798	5239	63771	18307	76766
1761102	181732	260718	1551640	70240	15990	9690020	320009	9352916
1207809	1193194	5334118	15214799	439032	106435	4669032	1288359	5634013
521091	596335	1129351	5444621	193273	39595	1393015	309601	1582122
102729	170114	820407	2680380	53055	15922	311347	139984	431253
146407	-17580	169946	1484932	63450	15920	1636346	111183	1606529
437582	444325	3214414	5604866	129254	34998	1328324	727591	2014109
20875090	1869165	16830628	19391466	619039	154878	2282211	1427814	3785910
6127560	12754	556426	3610616	73629	14422	430431	8057	441842
2359159	198101	506819	1340843	36242	10659	200519	46772	229996
8228367	367789	7377001	5229931	204997	60819	829181	775474	1651180
322876	455340	2408068	3427280	120987	25301	270098	252404	540612
61382	148404	1293590	1268829	22302	8555	127088	34586	155854
3775746	686777	4688724	4513967	160882	35122	424894	310521	766426
720191	192753	491387	1967686	44290	13460	526750	153635	593881
240721	31548	146063	558169	7664	4262	68755	28861	55937
334036	26223	102949	337767	9253	2847	-38297	84966	43997
2922	2571	30520	90615	941	977	5232	6371	11274
130136	121416	103788	690610	19209	3639	49529	14103	59120
12376	10995	108067	290525	7223	1735	441531	19334	423553

1-6 续表 3

项目	投资收益(损失以"-"号记)	营业利润	营业外收入	#补贴收入	营业外支出
合计	**39124161**	**64107501**	**10553707**	**7929754**	**3710279**
一、按登记注册类型分					
国有企业	22762624	31598237	1393661	1200970	705276
国有与集体联营	***	***	***	***	***
国有独资公司	1851983	785019	2279783	1530117	1497023
其他有限责任公司	1528771	1530850	4772221	3729818	826683
股份有限公司	6881360	8748850	1338849	970278	455196
港澳台合资	34633	665606	93003	87767	7090
港澳台合作	***	***	***	***	***
港澳台投资股份	23476	-656269	11383	7407	58919
中外合资	5627328	20829817	629018	387465	154098
中外合作	***	***	***	***	***
外商股份	413979	587050	28239	8495	5890
二、按隶属关系分					
中央	26081492	37182401	2859041	1243686	1738711
省(自治区、直辖市)	11104695	24775374	6447596	5410410	1306044
地(区、市、州、盟)	203726	601034	489090	765906	78481
镇		25398	415	331	76
乡	***	***	***	***	***
其他	1734248	1535777	756187	509421	586960
三、按轻重工业分					
轻工业	1370004	6082836	1455331	1074083	106247
重工业	37754157	58024665	9098376	6855671	3604032
四、按四大功能区分					
首都功能核心区	22929879	31500437	1765064	1094651	841819
东城区	194743	725284	170174	72327	83927
西城区	22735136	30775153	1594890	1022324	757892
城市功能拓展区	9387580	7862210	5678814	4166708	1850840
朝阳区	1809062	-541848	2392644	1978643	450529
丰台区	178694	770924	1482556	1087313	67144
石景山区	3771162	3899658	363687	44138	1032621
海淀区	3628662	3733476	1439927	1056614	300546
城市发展新区	5576585	22869024	2753069	2343021	989129
房山区	-90364	-3185932	333704	224302	273423
通州区	43716	338283	320308	243893	141786
顺义区	4698806	17069671	731225	444551	232732
昌平区	720024	2621510	589695	686275	153372
大兴区	80193	478446	126286	175925	62027
北京经济技术开发区	124210	5547046	651851	568075	125789
生态涵养发展区	1230117	1875830	356760	325374	28491
门头沟区	95383	762857	18959	12792	12688
怀柔区	31719	434373	64590	42124	5819
平谷区		-145664	24078	11499	134
密云县	1462	91658	149097	137718	8304
延庆县	1101553	732606	100036	121241	1546

单位：千元

利润总额	亏损企业亏损额	应交所得税	应付职工薪酬(本年贷方累计发生额)	应交增值税	进项税额	销项税额	从业人员平均人数(人)
71424237	**11417362**	**12707037**	**65974996**	**29100905**	**158648674**	**182159070**	**486569**
32601994	146843	4760906	9453519	8873421	54720619	63426893	50880
***	***	***	***	***	***	***	96
1704774	1897783	561666	14709799	3822387	21664070	23146359	92420
5494498	4817132	1703791	17180626	3916872	30861244	33193384	149231
9632503	2497273	1211337	13484029	4875899	25860010	29882743	125985
751954	32801	197429	885461	470381	1368441	1794499	8876
***	***	***	***	***	***	***	291
-703805	1336540	-101306	234656	247162	909649	821195	1500
21307133	624366	4307128	9368056	6636440	22724570	29097252	51467
***	***	***	***	***	***	***	209
609399	50381	57152	588072	224355	482835	706357	5614
38321558	5546888	6489850	31605323	15436260	100780131	113057418	176207
29917226	1966796	5489200	24990393	10876149	46616808	55963029	217533
1452889	252399	303412	2887122	1102637	3174802	4165025	33741
25743	423	5412	49023	19303	23156	42394	761
***	***	***	***	***	***	***	297
1717933	3639744	419163	6425618	1665650	8046044	8923054	58030
7438551	760963	1296344	9824009	3911833	8763461	11997834	96258
63985686	10656399	11410693	56150987	25189072	149885213	170161236	390311
32423686	209230	4876796	11553639	10166585	64945731	73080823	62534
811531	7653	135124	1108538	334460	732454	1058310	7926
31612155	201577	4741672	10445101	9832125	64213277	72022513	54608
11726692	5388366	1647486	25050540	5368853	31451680	34596490	184571
1403413	3009010	617988	9451535	1737462	10404543	11319366	67187
2196866	218312	352445	4055355	776036	3002182	3528469	26339
3230724	297230	172434	3877112	1241261	8117572	8930563	38050
4895689	1863814	504619	7666538	1614094	9927383	10818092	52995
25002471	5536890	5924596	25757516	12455943	59533812	70751123	199283
-3031230	3327686	-5899	3505465	1624521	12444591	13982401	30427
519205	306867	154670	1790391	784030	1811677	2457880	19537
17567489	1167491	3904508	7134418	5925177	19733872	25365172	55566
3196872	286762	703179	4963171	1332389	14408362	15561675	43274
677027	305662	185120	1539523	514241	2026694	2499611	17830
6073108	142422	983018	6824548	2275585	9108616	10884384	32649
2271388	282876	258159	3613301	1109524	2717451	3730634	40181
769128	5614	121059	1869967	524304	214367	739152	16781
493145	31582	36091	360261	188267	699030	861232	5829
-121720	143471	7666	112763	15973	110561	98387	1908
252386	57251	74488	964391	273611	1137211	1406755	12148
878449	44958	18855	305919	107369	556282	625108	3515

1-7 按行业中类分规模以上国有

项目	单位数(个)	#亏损企业	工业总产值(当年价格)	工业销售产值(当年价格)	#出口交货值
合计	**775**	**175**	**1005443757**	**999779361**	**23703517**
一、采矿业	**14**	**3**	**107457290**	**107495952**	**3083820**
烟煤和无烟煤开采洗选	4		71317950	71377011	1523432
天然气开采	2	1	728758	718648	
铁矿采选	4		15791948	15781659	
土砂石开采	1	***	***	***	***
石油和天然气开采辅助活动	3	2	19567226	19567226	1560388
二、制造业	**688**	**150**	**518341425**	**512821080**	**20619697**
谷物磨制	4	2	1050161	1066751	
饲料加工	4	1	643706	632967	
植物油加工	2		753659	818181	
制糖业	1	***	***	***	***
屠宰及肉类加工	8		14387025	14305354	4228
蔬菜、水果和坚果加工	1	***	***	***	***
其他农副食品加工	3	1	1063597	1027671	81577
焙烤食品制造	3		317091	312381	
方便食品制造	3	1	462458	457957	58957
乳制品制造	3	2	2863133	2821924	
调味品、发酵制品制造	1	***	***	***	***
其他食品制造	4		977530	928179	
酒的制造	5	1	6332485	6255908	43960
饮料制造	3	1	120960	120253	
卷烟制造	1	***	***	***	***
棉纺织及印染精加工	5	3	159128	153558	18481
毛纺织及染整精加工	4		406979	399266	109504
家用纺织制成品制造	2		147394	146811	135838
非家用纺织制成品制造	5		597701	493569	83527
机织服装制造	7	1	421619	422696	149619
针织或钩针编织服装制造	1	***	***	***	***
皮革鞣制加工	1	***	***	***	***
毛皮鞣制及制品加工	1	***	***	***	***
制鞋业	1	***	***	***	***
木制品制造	1	***	***	***	***
木质家具制造	3		89326	95360	4725
金属家具制造	1	***	***	***	***
造纸	2	1	142668	142734	
纸制品制造	2		198604	203515	
印刷	34	5	5834470	5931139	7317
记录媒介复制	1	***	***	***	***
乐器制造	3	2	329618	358431	24445
工艺美术品制造	3	1	3233660	3136727	29588
玩具制造	1	***	***	***	***
精炼石油产品制造	8	2	70061823	70267738	
基础化学原料制造	6	4	3542066	3487884	
肥料制造	1	***	***	***	***

控股工业企业主要经济指标

单位：千元

年初存货	资产总计	#流动资产合计				#固定资产合计	固定资产原价
			#应收账款	#存货	#产成品		
103252092	**2278555616**	**734265961**	**156787359**	**104446799**	**28918972**	**484035470**	**864039942**
8904092	**282925361**	**103619528**	**32633698**	**6629889**	**1076681**	**50200311**	**73115180**
1057361	28698139	17199120	8641870	605097	584950	613888	1980265
101056	13017277	1784363	14000	77426		1158374	1347779
1980472	195339554	62363820	14410401	2906257	487621	36968729	47041449
***	***	***	***	***	***	***	***
5764206	45757523	22243513	9561815	3031532		11450305	22733576
93155752	**738426862**	**419611479**	**95007363**	**96608365**	**27712392**	**136221452**	**245248538**
243634	1351407	1185807	153141	314220	85344	65357	170456
46845	154709	112255	15300	56434	7634	25466	72697
209454	405517	372932	31443	189700	142550	16118	26514
***	***	***	***	***	***	***	***
1322587	14540388	10567318	372210	1601921	1119377	1446291	2130206
***	***	***	***	***	***	***	***
63987	670223	571240	122225	43635	20218	72984	163305
6180	337505	177362	49872	10848	503	121877	181890
17575	604727	417822	103492	19755	2854	138073	213774
150265	4494675	1259335	540653	245801	122977	1028413	1513625
***	***	***	***	***	***	***	***
163749	698092	452494	67043	154254	90741	126208	220800
1419954	19650166	7692537	216878	1357446	271394	2004697	5028312
177922	2008399	1556623	238745	142832	133139	41929	58089
***	***	***	***	***	***	***	***
120975	2939649	1410146	33843	103915	44103	786861	1075644
264870	435754	389276	99664	237239	164733	34192	61681
14056	90439	52460	15462	12146	10046	26612	35089
94886	435842	358161	95049	125155	76896	50090	92665
165940	522122	372876	26573	157990	60802	123513	213525
***	***	***	***	***	***	***	***
***	***	***	***	***	***	***	***
***	***	***	***	***	***	***	***
***	***	***	***	***	***	***	***
***	***	***	***	***	***	***	***
99448	215542	157563	31466	105574	49836	23365	60179
***	***	***	***	***	***	***	***
88160	547274	369669	188018	83740	3548	79704	109784
49763	194365	135432	6421	47075	27708	57596	97744
1112945	9848583	5066270	678166	1142440	475712	3470212	8491802
***	***	***	***	***	***	***	***
247302	831994	430925	76789	225042	116365	327335	491566
2517276	4001518	3566125	911806	1931423	1618876	362855	443273
***	***	***	***	***	***	***	***
9068545	27758748	11964186	1197087	7513049	1954945	8258209	27332846
598291	17187012	10592237	761944	609268	189409	2555022	8889967
***	***	***	***	***	***	***	***

1-7 续表 1

项目	单位数（个）	#亏损企业	工业总产值（当年价格）	工业销售产值（当年价格）	#出口交货值
农药制造	1	***	***	***	***
涂料、油墨、颜料及类似产品制造	3		245247	242675	
合成材料制造	9	4	7878534	7929198	62826
专用化学产品制造	14	3	2094922	2140776	26272
炸药、火工及焰火产品制造	1	***	***	***	***
日用化学产品制造	1	***	***	***	***
化学药品原料药制造	1	***	***	***	***
化学药品制剂制造	10	2	3046679	3062402	64675
中药饮片加工	4		1812586	3059807	
中成药生产	10		5576275	5663810	15450
兽用药品制造	4		549281	548965	
生物药品制造	4		2357300	2119885	2555
卫生材料及医药用品制造	1	***	***	***	***
合成纤维制造	2		176485	160131	88784
橡胶制品业	4	1	1243797	1213425	372237
塑料制品业	10	2	751010	740999	
水泥、石灰和石膏制造	7	2	2407580	2345787	
石膏、水泥制品及类似制品制造	28	2	9340279	9337269	4321
砖瓦、石材等建筑材料制造	10	3	1094945	1075532	
玻璃制品制造	6	3	418126	405245	100845
玻璃纤维和玻璃纤维增强塑料制品制造	3	2	777654	783133	30378
耐火材料制品制造	3	1	738896	681417	143190
石墨及其他非金属矿物制品制造	7	1	1411443	1425277	20760
黑色金属铸造	2	1	85648	80974	16310
钢压延加工	4	1	9322468	9204404	413799
铁合金冶炼	1	***	***	***	***
常用有色金属冶炼	1	***	***	***	***
贵金属冶炼	1	***	***	***	***
稀有稀土金属冶炼	1	***	***	***	***
有色金属合金制造	4		860616	847680	150236
有色金属铸造	1	***	***	***	***
有色金属压延加工	2		666521	661510	9172
结构性金属制品制造	14	5	1135458	1082147	47248
金属工具制造	1	***	***	***	***
集装箱及金属包装容器制造	3	1	1061341	1073537	223128
建筑、安全用金属制品制造	2	2	81315	78578	
其他金属制品制造	12	4	7781239	7992332	722905
锅炉及原动设备制造	6	2	2419473	2388525	624493
金属加工机械制造	11	8	1177964	1358173	91967
物料搬运设备制造	2	2	243501	320123	51927
泵、阀门、压缩机及类似机械制造	11	2	1956332	1915327	16246
轴承、齿轮和传动部件制造	2		238564	248064	12970
烘炉、风机、衡器、包装等设备制造	11	3	2274846	2305177	19934
文化、办公用机械制造	2		270652	260674	
通用零部件制造	1	***	***	***	***
采矿、冶金、建筑专用设备制造	16	2	5472526	5272335	14585

单位：千元

年初存货	资产总计	#流动资产合计	#应收账款	#存货	#产成品	#固定资产合计	固定资产原价
***	***	***	***	***	***	***	***
75861	479275	349378	114578	127297	19514	11327	22364
707572	6681858	2251887	451010	543015	260387	2902668	4665723
473646	2274711	1360704	474670	465371	227250	595521	1103978
***	***	***	***	***	***	***	***
***	***	***	***	***	***	***	***
***	***	***	***	***	***	***	***
405251	9925949	5759696	1013887	457948	159407	1461782	2506555
1708069	3869979	3291355	1935280	1046497	187981	89781	158711
3054174	10454929	7673354	414911	3330295	1294822	1083042	2251958
166235	965422	504769	120898	170023	38171	238827	339465
427371	8304409	2898818	445902	554192	139983	957577	1687511
***	***	***	***	***	***	***	***
51533	315251	126542	6137	64619	38849	161938	221314
152922	913042	483955	53598	169392	102687	323240	640116
285738	1782145	1123268	259958	263492	161669	409757	636330
385263	4156055	1699913	754270	314832	56657	1811680	3782170
909199	17319181	12468570	7329982	929459	323609	2218049	3904434
233990	2176041	1611177	827111	301496	110105	341507	588219
120121	697207	325043	79818	139669	62724	236097	405772
450300	3686003	2465623	1003273	354889	97439	429012	662837
439306	3170541	2011340	692086	422995	249303	336874	580974
234764	2279043	1579867	748403	228416	45863	166514	420359
32343	128246	47086	16758	25557	4701	77783	143892
1254155	21951390	2676807	241738	1297894	373948	8122391	18461025
***	***	***	***	***	***	***	***
***	***	***	***	***	***	***	***
***	***	***	***	***	***	***	***
***	***	***	***	***	***	***	***
167237	671252	463510	153731	144745	37529	147945	218138
***	***	***	***	***	***	***	***
79435	394576	250335	59726	100373	22079	112862	159746
455707	1679976	1249826	409858	415977	97675	231420	412253
***	***	***	***	***	***	***	***
365660	1770145	914140	284352	476581	129748	235454	491688
12900	418762	126420	59756	58197	22747	194181	287103
1708134	16087348	7142327	1085655	1744016	466285	3007951	4779244
2409276	5741912	5364928	616081	2753346	18865	186847	484830
1441643	6516135	3700171	627679	1352410	730415	911408	1737476
439974	1728130	831967	227035	382907	71767	275602	407424
786386	4298721	2998755	890080	928603	253824	488734	1012387
72596	268514	205817	78218	62831	43989	62171	98405
1098139	4488672	3238047	813531	1029978	461796	393000	692314
17144	248258	207632	63678	34529	29893	11471	21421
***	***	***	***	***	***	***	***
3240742	13159996	10992847	3814280	3180166	1180564	1475458	2633349

1-7 续表 2

项目	单位数(个)	#亏损企业	工业总产值(当年价格)	工业销售产值(当年价格)	#出口交货值
化工、木材、非金属加工专用设备制造	3	1	1152497	1092274	
食品、饮料、烟草及饲料生产专用设备制造	2		238623	246362	1465
印刷、制药、日化及日用品生产专用设备制造	5	2	296588	301754	6961
纺织、服装和皮革加工专用设备制造	4		1138318	1216621	172723
电子和电工机械专用设备制造	5	1	1072482	987231	13688
农、林、牧、渔专用机械制造	4	1	816579	777844	11733
医疗仪器设备及器械制造	4		1592233	1525185	114997
环保、社会公共服务及其他专用设备制造	17	1	6929812	6756259	282391
汽车整车制造	9	3	199020083	197640311	2556398
改装汽车制造	7	3	1063982	1066221	39198
汽车零部件及配件制造	23	9	6466512	6260191	124047
铁路运输设备制造	15	4	9733104	9049863	41483
城市轨道交通设备制造	1	***	***	***	***
航空、航天器及设备制造	14		11379173	11221143	56243
非公路休闲车及零配件制造	1	***	***	***	***
电机制造	5	4	10729171	10618898	785540
输配电及控制设备制造	19	3	4356987	4088254	98246
电线、电缆、光缆及电工器材制造	2		99663	91811	1421
电池制造	2	1	142452	157643	6036
家用电力器具制造	1	***	***	***	***
非电力家用器具制造	2	1	111118	124050	1343
其他电气机械及器材制造	2	1	390663	404348	
计算机制造	6	1	7302668	6960757	26701
通信设备制造	19	4	5393413	5166282	29270
广播电视设备制造	5	2	442471	461376	13265
雷达及配套设备制造	2		153316	144599	1139
视听设备制造	1	***	***	***	***
电子器件制造	32	4	26222012	24867120	9937844
电子元件制造	9	1	714344	673230	26454
其他电子设备制造	7		1223751	888064	9159
通用仪器仪表制造	34	5	7233056	7234110	70764
专用仪器仪表制造	11	3	1348721	1368228	18333
光学仪器及眼镜制造	2	1	96170	100650	442
核辐射加工	1	***	***	***	***
其他未列明制造业	11		6772207	5421237	
金属废料和碎屑加工处理	1	***	***	***	***
非金属废料和碎屑加工处理	2	1	201242	199274	
专用设备修理	1	***	***	***	***
铁路、船舶、航空航天等运输设备修理	4		2967565	3025940	748974
三、电力、热力、燃气及水生产和供应业	**73**	**22**	**379645042**	**379462329**	
电力生产	12	1	14997771	14998253	
电力供应	6	2	349228450	349229082	
热力生产和供应	27	11	8344967	8299735	
燃气生产和供应业	13	6	3041856	3013404	
自来水生产和供应	11	2	2309174	2286733	
污水处理及其再生利用	4		1722824	1635122	

单位：千元

年初存货	资产总计	#流动资产合计	#应收账款	#存货	#产成品	#固定资产合计	固定资产原价
315605	3611970	2725973	989066	444062	152622	623211	766756
39179	190776	184411	58457	29149	751	5151	15487
398418	2521873	1117267	210909	399673	58107	312645	857163
433290	1808252	1627026	83630	337339		148180	269436
280676	3269039	1527701	518448	378655	103868	400291	615680
340501	2183714	1454128	468496	377142	71235	204870	241241
405618	5259129	2417749	611041	323224	56438	700536	1070236
1696841	12041140	8972241	3332320	2233744	523061	1083437	1709583
11718385	196299986	98160422	9421672	12750728	6416016	36801309	53613447
318310	1408479	1276978	144188	278331	68382	92907	194121
1157065	14130223	6252266	2011702	1351293	684820	2451989	3128977
2796850	14357138	10219932	4343741	3296626	760762	2160709	3529329
***	***	***	***	***	***	***	***
7446948	23148666	15639193	2693246	8130451	128400	6365547	6185762
***	***	***	***	***	***	***	***
7006172	39461788	31807189	15545647	7633801	203507	420907	1272964
1018201	6518469	5595036	2716545	1282040	109941	509039	814161
23217	1347140	1328967	37226	29263	15491	11289	23760
169830	602499	443793	60237	159074	6040	91766	133190
***	***	***	***	***	***	***	***
57924	447106	246324	33539	62659	21308	54348	102841
43305	435104	426366	249972	73923	17599	5483	10338
1816426	24153543	12668103	2276389	2184375	442885	1197554	1828505
1140607	12827226	8618871	2164728	1874774	601131	949100	1695418
526572	1712673	1232870	365931	529818	25768	243997	307317
126570	446506	422682	48087	113404		21757	60905
***	***	***	***	***	***	***	***
3290618	53408787	26421900	4986315	3458750	1419628	20679001	36058835
243545	1333751	991378	340485	241047	73540	245057	627668
590636	4689761	2558725	496921	813061	142044	663602	875856
2036556	9006103	7170925	1989597	2172028	395406	657513	1143613
422424	2430095	1795308	485457	464066	124802	294784	548927
95423	209833	168618	15307	96022	12943	19761	62510
***	***	***	***	***	***	***	***
1468817	11800724	7163611	2595206	1517130	210051	2706636	4679503
***	***	***	***	***	***	***	***
32325	446783	91314	5482	38064	2000	333377	434160
***	***	***	***	***	***	***	***
735289	3904173	1998721	1045295	663978		1744916	3118298
1192248	**1257203393**	**211034954**	**29146298**	**1208545**	**129899**	**297613707**	**545676224**
242351	67672513	10484189	3081896	275956		15879768	35952475
403899	1087939802	170045309	22012964	445525		227892048	429115893
341644	44761605	14147823	1631888	290278	11713	25540035	36489133
86596	3858377	2206301	364030	95684	77486	1460692	2420371
32136	20488617	6022466	104615	29144		9955419	19757950
85622	32482479	8128866	1950905	71958	40700	16885745	21940402

1-7 续表 3

项 目	累计折旧	#本年折旧	#在建工程	#无形资产	负债合计
合 计	**380127629**	**46396655**	**104760427**	**29134941**	**1191398010**
一、采矿业	**22269029**	**2438144**	**23631085**	**1898795**	**152985274**
烟煤和无烟煤开采洗选	1366377	103190	49383	221450	14230417
天然气开采	189405	112664	8574135	22747	6649812
铁矿采选	10057500	318395	13809250	1469180	114071798
土砂石开采	***	***	***	***	***
石油和天然气开采辅助活动	10652651	1903069	1190908	185418	17959957
二、制造业	**109733887**	**12868343**	**37561546**	**23738743**	**409887315**
谷物磨制	105120	7354	7902	7792	1084264
饲料加工	47179	3609	5542		99234
植物油加工	10396	1263		1084	183955
制糖业	***	***	***	***	***
屠宰及肉类加工	682236	102702	615614	748985	10040464
蔬菜、水果和坚果加工	***	***	***	***	***
其他农副食品加工	90322	11590	1999	7072	234417
焙烤食品制造	60013	11574	12175	17758	79163
方便食品制造	73135	13593	1280	353	1043802
乳制品制造	474153	84969	36576	125666	2206900
调味品、发酵制品制造	***	***	***	***	***
其他食品制造	92881	13330	54332	12292	189005
酒的制造	2948448	175694	64858	151499	6313739
饮料制造	16160	3969		189	1204095
卷烟制造	***	***	***	***	***
棉纺织及印染精加工	270359	26162	3823	97944	1360449
毛纺织及染整精加工	27490	4506		9793	295097
家用纺织制成品制造	8477	1437		240	84124
非家用纺织制成品制造	42575	6857	638	5371	285157
机织服装制造	90012	12298	866	21704	376577
针织或钩针编织服装制造	***	***	***	***	***
皮革鞣制加工	***	***	***	***	***
毛皮鞣制及制品加工	***	***	***	***	***
制鞋业	***	***	***	***	***
木制品制造	***	***	***	***	***
木质家具制造	31351	1409	3005	24713	178345
金属家具制造	***	***	***	***	***
造纸	30080	4711		17914	292021
纸制品制造	40148	5567		225	52525
印刷	5053875	464626	204551	476925	3318097
记录媒介复制	***	***	***	***	***
乐器制造	164231	16330	455	36526	485307
工艺美术品制造	80446	14915	490	13250	2779943
玩具制造	***	***	***	***	***
精炼石油产品制造	19066985	1145677	5566096	597168	16522483
基础化学原料制造	6334998	264628	441212	612382	12132116
肥料制造	***	***	***	***	***

单位：千元

流动负债合计	#应付账款	非流动负债合计	#应付债券	所有者权益合计	#实收资本	国家资本	集体资本
648902961	**191307226**	**540890566**	**356804859**	**1087157606**	**493662468**	**304970398**	**365069**
69145471	**26088651**	**83740800**	**42000000**	**129940087**	**61936923**	**29261547**	
12789208	7997238	1441208		14467722	6913248		
2250905	1343681	4398906		6367465	1980040	980040	
37186021	10769398	76885776	42000000	81267756	28607287	28277657	
***	***	***	***	***	***	***	***
16846047	5976201	1014910		27797566	24430848		
335671140	**114978851**	**73033614**	**9845255**	**328539547**	**163433676**	**42437746**	**363180**
1069857	128220	14407		267143	255226	134553	
94354	29707	4880		55475	24136	12019	
183122	10488	832		221562	176084	125584	
***	***	***	***	***	***	***	***
8914680	312765	1125784		4499924	1137890	241730	
***	***	***	***	***	***	***	***
229827	22541	4589		435806	129326		
77424	30468	1738		258342	189099	79108	
1040362	63726			-439075	453479	255000	
1700278	645345	506622		2287775	1096811	92221	
***	***	***	***	***	***	***	***
188116	77982	889		509087	165615		
6009932	286216	303807	68564	13336427	824136		
1203494	11352	600		804304	348210	124546	13118
***	***	***	***	***	***	***	***
622587	49762	737861		1579200	1495606	136627	
295097	185227			140657	158807	7878	8155
83801	723	323		6315	33733		
284406	56728	751		150685	63902	15172	
374261	34781	2316		145545	122360	35000	12050
***	***	***	***	***	***	***	***
***	***	***	***	***	***	***	***
***	***	***	***	***	***	***	***
***	***	***	***	***	***	***	***
***	***	***	***	***	***	***	***
178345	47833			37197	70280		
***	***	***	***	***	***	***	***
219813	99107	72208		255253	82170		
52525	2522			141840	22000	18000	1000
2710621	644419	594721		6530486	4246035	957929	
***	***	***	***	***	***	***	***
274807	143135	210500		346687	321227	229554	
2779943	1605454			1221575	1050163	1033480	
***	***	***	***	***	***	***	***
16490700	7010452	31783		11236265	630336	243275	
11400570	499271	231545		5054896	6742924		
***	***	***	***	***	***	***	***

1-7 续表 4

项目	累计折旧	#本年折旧	#在建工程	#无形资产	负债合计
农药制造	***	***	***	***	***
涂料、油墨、颜料及类似产品制造	11037	2098		1558	230785
合成材料制造	1763055	343839	251052	926929	4628212
专用化学产品制造	495352	57783	118305	88034	1158823
炸药、火工及焰火产品制造	***	***	***	***	***
日用化学产品制造	***	***	***	***	***
化学药品原料药制造	***	***	***	***	***
化学药品制剂制造	1049393	157693	526838	337387	3040390
中药饮片加工	68931	15518	39927	109669	1846807
中成药生产	1104261	90570	273996	279253	2856623
兽用药品制造	100638	19668	3013	48135	290131
生物药品制造	713452	89486	2455880	323003	3987486
卫生材料及医药用品制造	***	***	***	***	***
合成纤维制造	59376	13119	149	19850	75199
橡胶制品业	316876	43685	26685	23126	884632
塑料制品业	239649	27234	15725	9383	743558
水泥、石灰和石膏制造	1806596	161410	108519	428037	1761895
石膏、水泥制品及类似制品制造	1685969	235264	143658	526158	11740214
砖瓦、石材等建筑材料制造	256400	26920	2300	78413	1385537
玻璃制品制造	168710	29339	14408	23993	299911
玻璃纤维和玻璃纤维增强塑料制品制造	225548	50120	2047	96482	2038813
耐火材料制品制造	244101	23206	31931	62889	2074398
石墨及其他非金属矿物制品制造	250703	32750	19692	18183	1202531
黑色金属铸造	66708	2324		3315	105585
钢压延加工	10240676	352414	727384	440747	12422580
铁合金冶炼	***	***	***	***	***
常用有色金属冶炼	***	***	***	***	***
贵金属冶炼	***	***	***	***	***
稀有稀土金属冶炼	***	***	***	***	***
有色金属合金制造	70193	8771	7705	6302	260468
有色金属铸造	***	***	***	***	***
有色金属压延加工	46884	7822	15604	11489	151167
结构性金属制品制造	194450	19718	1315	85402	1245797
金属工具制造	***	***	***	***	***
集装箱及金属包装容器制造	255569	31116	17088	8093	1104176
建筑、安全用金属制品制造	92922	8214		81903	376186
其他金属制品制造	1741683	214734	1335683	710918	7615814
锅炉及原动设备制造	298082	26680	8059	5914	4670141
金属加工机械制造	825869	115444	64153	253266	2404506
物料搬运设备制造	131823	18994	202	54409	996549
泵、阀门、压缩机及类似机械制造	519240	48926	307773	72082	2237234
轴承、齿轮和传动部件制造	36187	10227	526		93108
烘炉、风机、衡器、包装等设备制造	307196	34818	27031	134935	2892511
文化、办公用机械制造	9790	1163			116394
通用零部件制造	***	***	***	***	***
采矿、冶金、建筑专用设备制造	1158356	117246	196894	207108	9428594

单位：千元

流动负债合计	#应付账款	非流动负债合计	#应付债券	所有者权益合计	#实收资本	国家资本	集体资本
***	***	***	***	***	***	***	***
230785	72711			248490	145600		
2930666	1130330	1697545		2053646	2913360	453000	2000
1123317	477647	35505		1115888	828051	194000	
***	***	***	***	***	***	***	***
***	***	***	***	***	***	***	***
***	***	***	***	***	***	***	***
2530684	264356	377061		6885559	1692032	298204	
1742367	665446	104440		2023172	599241	352041	
1836058	809016	1020565	908152	7598306	2419025	200151	
290131	51426			675291	366403	124304	
2314666	205082	1672820		4316923	968267	230357	
***	***	***	***	***	***	***	***
67666	9050	7533		240052	92000		
854718	71814	29914		28410	222759	10200	10850
678384	153549	65173		1038587	605468	155690	5865
1647841	700818	114054		2394160	2172463		
11121066	4362095	504869		5578967	2290788	424880	
1351605	615002	4758		790504	708492	145301	9143
247961	58532	51950		397296	329939		
1885596	594269	153217		1647190	505019		
1837776	251740	236622		1096143	566171		
1169831	552953	32700		1076512	870597	422589	
101471	20254	1179		22661	28855	5000	
4110774	1834959	8311806		9528810	5703526	125000	
***	***	***	***	***	***	***	***
***	***	***	***	***	***	***	***
***	***	***	***	***	***	***	***
***	***	***	***	***	***	***	***
253267	147417	7201		410784	224409	4966	
***	***	***	***	***	***	***	***
151167	10041			243409	70969		
1222975	434519	22822		434179	395394	53286	10224
***	***	***	***	***	***	***	***
976584	114407	120000		665969	438314		
373646	175160	2540		42576	60000	10000	
5842163	2134152	1773549	991346	8471534	4072470	2684915	
4545101	773635	125040		1071771	240716	73728	
2183378	490607	221126	40900	4111629	2409093	71935	
636086	213317	360463		731581	985770		
2050293	538135	146271		2061487	1105044	718141	
93088	60646	20		175406	138000		
2749477	778440	143032		1596161	975387	356655	12500
116393	72477			131864	79061	51499	
***	***	***	***	***	***	***	***
8351042	2730341	1077549		3731402	2427507	805448	

1-7 续表 5

项目	累计折旧	#本年折旧	#在建工程	#无形资产	负债合计
化工、木材、非金属加工专用设备制造	163939	47289	94927	149998	2062870
食品、饮料、烟草及饲料生产专用设备制造	10336	1328		588	85575
印刷、制药、日化及日用品生产专用设备制造	520748	10845	7480	40860	1313886
纺织、服装和皮革加工专用设备制造	121257	18710		20849	1387766
电子和电工机械专用设备制造	215323	77593	349460	473891	2138978
农、林、牧、渔专用机械制造	36371	12190	34861	40274	1432571
医疗仪器设备及器械制造	376659	59137	83850	99588	804125
环保、社会公共服务及其他专用设备制造	625991	63181	167187	170813	7465412
汽车整车制造	15564964	3243215	12861431	8355440	111387780
改装汽车制造	100446	9549	4252	2768	801894
汽车零部件及配件制造	677597	177003	1892842	703707	9043537
铁路运输设备制造	1350634	184289	1068539	417427	10677035
城市轨道交通设备制造	***	***	***	***	***
航空、航天器及设备制造	3015255	310117	3413222	156018	15393036
非公路休闲车及零配件制造	***	***	***	***	***
电机制造	840535	62877	41477	138353	25347676
输配电及控制设备制造	305195	50943	85770	78951	4511505
电线、电缆、光缆及电工器材制造	12471	2355			1317018
电池制造	41424	11834	63546	2891	607733
家用电力器具制造	***	***	***	***	***
非电力家用器具制造	48367	6233	1572	41992	240412
其他电气机械及器材制造	6327	1089	1472	1126	331738
计算机制造	613118	32155	64126	147545	13699864
通信设备制造	815041	105133	271360	563440	7916543
广播电视设备制造	63320	8647		78308	799896
雷达及配套设备制造	39149	4962	59	60	371271
视听设备制造	***	***	***	***	***
电子器件制造	14582526	2626693	2117478	2280605	20608659
电子元件制造	374149	32157	5946	38959	625942
其他电子设备制造	210990	45287	52674	108880	2508481
通用仪器仪表制造	493643	62660	177604	214756	4655099
专用仪器仪表制造	254144	26963	125170	47162	1646513
光学仪器及眼镜制造	42749	6117		1313	129801
核辐射加工	***	***	***	***	***
其他未列明制造业	1997162	229283	618284	419441	4746640
金属废料和碎屑加工处理	***	***	***	***	***
非金属废料和碎屑加工处理	100783	25496	13340	8752	388186
专用设备修理	***	***	***	***	***
铁路、船舶、航空航天等运输设备修理	1399868	132453	17498	45327	2245495
三、电力、热力、燃气及水生产和供应业	**248124713**	**31090168**	**43567796**	**3497403**	**628525421**
电力生产	19831620	1224476	3108848	597374	31958616
电力供应	201142849	26463911	31054171	1210806	545764673
热力生产和供应	11339719	1690527	3574496	148017	26065830
燃气生产和供应业	957021	105804	126361	24451	1922823
自来水生产和供应	9824352	839933	3334327	54485	11141961
污水处理及其再生利用	5029152	765517	2369593	1462270	11671518

单位：千元

流动负债合计	#应付账款	非流动负债合计	#应付债券	所有者权益合计	#实收资本	国家资本	集体资本
1966352	442511	96516		1549100	540000	10000	32353
82914	54854	2661		105201	48000	40000	
1247460	257755	66426		1207987	304373	24778	
1387766	360781			420486	194850		
1012227	361422	1126750		1130061	1683890	935210	
1401634	241533	30937		751143	220690	61291	21750
708512	271264	95613		4455004	1736567	120224	
6892255	3454087	556513		4575728	1678624	141621	
90703789	39210545	20683990	4000000	84912206	33910295	9675730	
713678	231707	88216		606585	424984	342504	
6948989	2446946	2093082		5086686	4633463	169722	39200
8027176	4358158	2649857		3680103	2580551	601906	37485
***	***	***	***	***	***	***	***
13211754	2251566	2028387		7755630	2108243	536393	
***	***	***	***	***	***	***	***
21538900	8509235	3808776	3132928	14114112	7654637	734460	
4460701	2237430	50801		2006964	1566600	847555	744
101240	50823	1215778		30122	60500	10500	
527105	53258	80627		-5234	100825		
***	***	***	***	***	***	***	***
219656	42066	20756		206694	142025		
331738	211859			103366	88267	14327	
12423706	2249446	1216158	703365	10453679	3123962	30000	
7399824	2138083	516579		4910683	3588346	140621	394
798488	132183	1407		912777	692968	11404	
342031	22960	29240		75235	27925		
***	***	***	***	***	***	***	***
9948092	4895413	10618929		32800128	27002730	14053469	750
539739	175096	86203		707809	327513	239123	1500
1309431	351321	1199049		2181280	577745	24000	128328
4374072	1803288	276643		4351004	1923531	336341	4000
1299888	472792	294930		783582	409948	160473	
98934	26788	30867		80032	75000	51667	
***	***	***	***	***	***	***	***
3504191	1918373	1242449		7054084	2644954	892394	10171
***	***	***	***	***	***	***	***
169581	15364	218605		58597	55000	55000	
***	***	***	***	***	***	***	***
2217739	331926	27756		1658678	1417746	41721	
244086350	**50239724**	**384116152**	**304959604**	**628677972**	**268291869**	**233271105**	**1889**
12686393	3638010	19272223	6600000	35713897	20249682	5817371	
205866593	42944526	339898079	293526130	542175129	209535604	205000000	1889
15275763	2660120	10530065	2034858	18695775	10369177	127430	
1865525	469212	57298		1935554	1848700	388597	
5865154	115840	5213892		9346656	6478449	6304614	
2526922	412016	9144595	2798616	20810961	19810257	15633093	

1-7 续表 6

项　　目	法人资本	个人资本	港澳台资　本	外商资本	主营业务收　入	主营业务成　本
合　计	**161899827**	**6988022**	**2254517**	**17184635**	**1064419582**	**935174611**
一、采矿业	**32198505**	**476871**			**136618851**	**129946855**
烟煤和无烟煤开采洗选	6487427	425821			71517612	68751562
天然气开采	1000000				481636	363713
铁矿采选	280230	49400			45077776	42198806
土砂石开采	***	***	***	***	***	***
石油和天然气开采辅助活动	24430848				19485581	18599118
二、制造业	**98622074**	**6506751**	**1711682**	**13792243**	**546931755**	**444205023**
谷物磨制	120673				2167497	2099038
饲料加工	5000		7117		630184	540947
植物油加工	50500				1278169	1186453
制糖业	***	***	***	***	***	***
屠宰及肉类加工	896160				14202767	11470076
蔬菜、水果和坚果加工	***	***	***	***	***	***
其他农副食品加工	71426			57900	1078795	772027
焙烤食品制造	98882			11109	327152	189369
方便食品制造	119495	2000		76984	451905	335691
乳制品制造	349220	328579		326791	3587038	2942556
调味品、发酵制品制造	***	***	***	***	***	***
其他食品制造	101215	48055	16345		932655	554484
酒的制造	608179	110207	64070	41680	6290335	4304323
饮料制造	208346	2200			943943	899758
卷烟制造	***	***	***	***	***	***
棉纺织及印染精加工	1358979				435794	311155
毛纺织及染整精加工	138250		4524		458638	425930
家用纺织制成品制造	33225	508			169599	152451
非家用纺织制成品制造	40080	8650			675231	593627
机织服装制造	61929		13381		694124	611979
针织或钩针编织服装制造	***	***	***	***	***	***
皮革鞣制加工	***	***	***	***	***	***
毛皮鞣制及制品加工	***	***	***	***	***	***
制鞋业	***	***	***	***	***	***
木制品制造	***	***	***	***	***	***
木质家具制造	63857			6423	102486	75979
金属家具制造	***	***	***	***	***	***
造纸	82170				730456	720310
纸制品制造			3000		196509	157110
印刷	3140282	39701	86289	21834	6502550	4591487
记录媒介复制	***	***	***	***	***	***
乐器制造	88500			3173	413615	377822
工艺美术品制造	1200	1900	4960	8623	3559574	3307751
玩具制造	***	***	***	***	***	***
精炼石油产品制造	387061				73901533	66033619
基础化学原料制造	6497762	242687	2475		3552366	3515342
肥料制造	***	***	***	***	***	***

单位：千元

主营业务税金及附加	其他业务利润	销售费用	管理费用	#税金	#工会经费	财务费用	#利息收入	#利息支出
24621965	**3619531**	**23474409**	**38696626**	**1188399**	**296002**	**17231784**	**3208124**	**19443486**
742568	**182965**	**537515**	**2741650**	**108198**	**18556**	**1612266**	**345641**	**1766391**
273601	169646	503644	669666	49481	4099	128692	125576	212880
8679	34463		383818	4506	1060	19514	28965	46474
161363	-49303	30654	1074332	47007	8193	1193418	78471	1163721
***	***	***	***	***	***	***	***	***
298414	28159	72	610828	7183	5202	269851	112587	342487
22125913	**3130653**	**22843274**	**33268764**	**903459**	**249946**	**4289337**	**2479378**	**6642141**
2080	20313	42305	44054	636	696	44209	1377	45511
4	1446	27705	27187	632	95	438	84	383
1556	4192	56564	29689	345	62	5742	177	5752
***	***	***	***	***	***	***	***	***
747188	25454	1012760	453276	10125	4900	146592	368591	503891
***	***	***	***	***	***	***	***	***
5942	79	161668	63120	1024	1024	1414	5298	5808
3581	73	66990	36532	599	751	-900	951	30
2832	1032	102158	125111	775	1587	459	1589	483
8230	16078	591518	136999	4873	-1173	46920	8257	54739
***	***	***	***	***	***	***	***	***
6466	4685	223419	59753	1479	579	-1054	2283	1026
722421	102341	611336	391445	8685	1757	34051	232036	264982
2351	2680	27369	28333	601	283	41652	21766	47015
***	***	***	***	***	***	***	***	***
7933	35166	4778	181035	9778	1157	17368	1925	18491
1239	9	3727	17789	231	574	8920	138	7656
585	828	2966	11939	52	126	2055	214	
1632	1403	11998	37378	434	684	7805	376	8074
3398	495	14959	50444	1411	791	7912	1183	8422
***	***	***	***	***	***	***	***	***
***	***	***	***	***	***	***	***	***
***	***	***	***	***	***	***	***	***
***	***	***	***	***	***	***	***	***
***	***	***	***	***	***	***	***	***
994	4020	13621	19771	78	306	487	39	129
***	***	***	***	***	***	***	***	***
34	5648	4324	21141	1212	129	-1365	1458	
998	940	4235	14042	330	55	-144	163	
55749	172064	123644	1067606	28195	10416	-13251	36559	20971
***	***	***	***	***	***	***	***	***
2816	15346	34910	49013	3610	381	13903	380	13671
4060	2074	104701	91955	3800	331	51493	1281	52688
***	***	***	***	***	***	***	***	***
6096482	79532	456036	2280101	25898	5086	269573	12805	276703
5293	30561	96573	516119	9703	2678	242317	3444	245238
***	***	***	***	***	***	***	***	***

1-7 续表 7

项目	法人资本	个人资本	港澳台资本	外商资本	主营业务收入	主营业务成本
农药制造	***	***	***	***	***	***
涂料、油墨、颜料及类似产品制造	137556	8044			399515	311260
合成材料制造	1738489			719871	7977022	8023627
专用化学产品制造	546638	24413	63000		2445004	1991452
炸药、火工及焰火产品制造	***	***	***	***	***	***
日用化学产品制造	***	***	***	***	***	***
化学药品原料药制造	***	***	***	***	***	***
化学药品制剂制造	1308375	52453	33000		3081563	1175138
中药饮片加工	1100		240750	5350	3059814	2074019
中成药生产	1255719	613089	350066		5689150	3228940
兽用药品制造	128454	2286		111359	552860	303995
生物药品制造	524385	213525			2391129	1270331
卫生材料及医药用品制造	***	***	***	***	***	***
合成纤维制造	92000				155619	117332
橡胶制品业	201075		634		1288426	1167890
塑料制品业	428288		15625		1576833	1329232
水泥、石灰和石膏制造	2136463		26000	10000	2295362	1906426
石膏、水泥制品及类似制品制造	1564628	301280			9754083	8522068
砖瓦、石材等建筑材料制造	491584	5061	28473	28930	1098443	889768
玻璃制品制造	284296	17130		28513	420694	376957
玻璃纤维和玻璃纤维增强塑料制品制造	505019				1912610	1694472
耐火材料制品制造	426696	139475			1228312	1077504
石墨及其他非金属矿物制品制造	387318	1190		59500	1449137	1284444
黑色金属铸造	20615	3240			80974	64764
钢压延加工	4487897	1090629			9892792	9801278
铁合金冶炼	***	***	***	***	***	***
常用有色金属冶炼	***	***	***	***	***	***
贵金属冶炼	***	***	***	***	***	***
稀有稀土金属冶炼	***	***	***	***	***	***
有色金属合金制造	216137			3306	1016230	906062
有色金属铸造	***	***	***	***	***	***
有色金属压延加工	66469	4500			640920	551755
结构性金属制品制造	293619	26000		12265	1399751	1207217
金属工具制造	***	***	***	***	***	***
集装箱及金属包装容器制造	388026		41532	8756	1948256	1743889
建筑、安全用金属制品制造	50000				102221	92795
其他金属制品制造	788637	541484	12500	44934	8765353	7660451
锅炉及原动设备制造	116480	3320		47188	2448917	2148511
金属加工机械制造	2317405	19753			1728138	1503080
物料搬运设备制造	863755			122015	338030	308202
泵、阀门、压缩机及类似机械制造	316231	37161		33511	2404360	1919714
轴承、齿轮和传动部件制造	136400	1600			246206	226902
烘炉、风机、衡器、包装等设备制造	583276	22956			2483725	1958944
文化、办公用机械制造	27562				326412	238755
通用零部件制造	***	***	***	***	***	***
采矿、冶金、建筑专用设备制造	1527559	94500			6068733	4878962

单位：千元

主营业务税金及附加	其他业务利润	销售费用	管理费用	#税金	#工会经费	财务费用	#利息收入	#利息支出
***	***	***	***	***	***	***	***	***
6617	356	25401	28372	159	227	4003	323	4173
6004	10542	108993	484872	3929	353	123891	2850	145467
9658	40334	87871	298028	4676	1084	12537	1515	12929
***	***	***	***	***	***	***	***	***
***	***	***	***	***	***	***	***	***
***	***	***	***	***	***	***	***	***
38993	23205	484717	512575	13483	2959	60337	22885	78412
31028	2590	26212	220991	2573	1847	55790	2493	57166
69863	8493	881645	441487	8162	6624	10818	33217	28612
4118	5236	114276	95202	2736	771	7152	758	7169
13296	17389	320957	345608	9633	1435	4612	25658	30089
***	***	***	***	***	***	***	***	***
788	2349	4765	20497	940	98	3107	478	2486
3595	2603	12839	87727	4268	2197	25188	937	21894
10518	84696	67479	138242	3249	1391	3473	4016	6431
16346	23039	111491	312816	7643	3322	30134	6978	32735
45771	40777	238657	603684	14127	5082	143620	62242	198030
4767	9738	89348	96921	3246	1075	38394	1437	39390
989	11182	22628	58782	1545	675	4069	1366	6969
6736	3610	54199	101795	4756	534	28501	14908	29681
3653	2925	114589	121157	3137	829	66201	14352	76700
3596	32863	80552	69818	2163	503	14642	2642	16596
459		4692	9469	634		503		368
4994	27506	295930	146110	19291	851	193206	10445	203096
***	***	***	***	***	***	***	***	***
***	***	***	***	***	***	***	***	***
***	***	***	***	***	***	***	***	***
***	***	***	***	***	***	***	***	***
2895	18649	11699	62763	1553	324	1979	1797	2101
***	***	***	***	***	***	***	***	***
1119	3711	11655	47227	630	347	6712	195	6701
17130	10879	33739	87886	3407	975	13005	3130	14505
***	***	***	***	***	***	***	***	***
603	3670	83148	92594	1520	62	33816	1136	27165
679	8944	4436	14270	1776	22	-1	10	4
14095	169510	107486	820202	11636	3353	44913	43346	85374
5412	905	28402	152566	1140	4092	24220	6631	29565
7130	15836	94345	220771	7859	2474	-500	14704	14229
584	12812	41801	69006	2073	853	13496	695	13369
11433	28165	86306	282744	6885	2070	10233	20681	27931
1646	7793	3366	24142	107	109	-454	500	829
20212	5012	116611	275568	4927	2568	10957	16459	26769
892	10928	7237	61450	477		-1669	1042	
***	***	***	***	***	***	***	***	***
27527	79717	273957	665140	10765	4460	122033	16092	128159

1-7 续表 8

项目					主营业务收入	主营业务成本
	法人资本	个人资本	港澳台资本	外商资本		
化工、木材、非金属加工专用设备制造	491176	6471			1653624	1071755
食品、饮料、烟草及饲料生产专用设备制造	4040	3960			256621	189386
印刷、制药、日化及日用品生产专用设备制造	263900			15695	323093	277362
纺织、服装和皮革加工专用设备制造	193380	1470			1216621	859105
电子和电工机械专用设备制造	748240	440			1341554	1131894
农、林、牧、渔专用机械制造	122740	14909			981852	725902
医疗仪器设备及器械制造	986420	421939		207984	1669944	751051
环保、社会公共服务及其他专用设备制造	1469363	67640			7322045	5801194
汽车整车制造	14059281			10175284	193939316	152108557
改装汽车制造	80535	1945			1414412	1253229
汽车零部件及配件制造	4394970			29571	8358838	7369989
铁路运输设备制造	1918405	14123	4500	4132	10381262	8481777
城市轨道交通设备制造	***	***	***	***	***	***
航空、航天器及设备制造	1571850				11348252	9575156
非公路休闲车及零配件制造	***	***	***	***	***	***
电机制造	5899777	420400	600000		10624561	9812801
输配电及控制设备制造	675534	15892		26875	4565260	3738098
电线、电缆、光缆及电工器材制造	50000				91811	81701
电池制造	100825				158302	126907
家用电力器具制造	***	***	***	***	***	***
非电力家用器具制造	140750	1275			192906	157353
其他电气机械及器材制造	67800			6140	406567	313028
计算机制造	2965677	128285			9465835	8798592
通信设备制造	3405150	36541		5640	6368857	4912870
广播电视设备制造	656933	24631			660053	479317
雷达及配套设备制造	20448			7477	180413	125052
视听设备制造	***	***	***	***	***	***
电子器件制造	11280401	633496		1034614	28775451	21731264
电子元件制造	67084	19806			737878	455023
其他电子设备制造	398153	10918	9010	7336	1103598	756010
通用仪器仪表制造	1205100	292677	53174	32239	7857850	6500177
专用仪器仪表制造	236097	8590		4788	1799519	1356296
光学仪器及眼镜制造	19800	3533			98561	71989
核辐射加工	***	***	***	***	***	***
其他未列明制造业	1483958	258431			6861414	5282784
金属废料和碎屑加工处理	***	***	***	***	***	***
非金属废料和碎屑加工处理					188536	193612
专用设备修理	***	***	***	***	***	***
铁路、船舶、航空航天等运输设备修理	904650		30710	440665	3013707	2227612
三、电力、热力、燃气及水生产和供应业	**31079248**	**4400**	**542835**	**3392392**	**380868976**	**361022733**
电力生产	10639919		400000	3392392	14979050	13638519
电力供应	4533715				349376956	329957816
热力生产和供应	10119568	1100	121079		8608686	9354049
燃气生产和供应业	1435047	3300	21756		3073393	3182677
自来水生产和供应	173835				2303406	2913710
污水处理及其再生利用	4177164				2527485	1975962

单位：千元

主营业务税金及附加	其他业务利润	销售费用	管理费用	#税金	#工会经费	财务费用	#利息收入	#利息支出
13087	25413	34888	259893	7061	811	-2504	7104	3760
2081	872	10342	41535	174	1200	-385	420	
3428	19354	30009	46621	1423	863	4652	535	4147
3075	10612	39082	142320	1793	777	-19939	24394	
10204	340	8521	252065	8509	637	18000	8612	24773
5810	881	82023	102899	2334	1238	30038	1979	31568
16743	9686	345553	273662	5203	2686	-20721	28862	6897
52866	50780	326160	729611	14180	7630	48964	22605	69424
11068257	946960	9784967	6735134	275303	75153	489935	633714	1070386
2576	1886	46178	104877	2454	1312	6766	3463	8971
20433	110113	165090	689104	17895	5349	87386	15471	91161
52698	53201	239502	1025018	21719	7507	145173	10948	153255
***	***	***	***	***	***	***	***	***
6721	11206	18465	943699	6927	4710	38173	71820	106882
***	***	***	***	***	***	***	***	***
15662	20678	707057	755812	16255	1857	488860	97422	570893
19890	22632	222693	350008	7884	2429	24515	6299	23751
465	33	1207	9667	72		-3449	3496	32
53	82	14535	45469	942	121	23615	593	24653
***	***	***	***	***	***	***	***	***
1460	125	15709	31641	962	28	6297	330	6542
1324	26	10141	20832	125	90	1559	150	1665
27736	98903	345363	342052	15993	1890	325133	123284	440563
35135	22582	291819	776248	15857	3579	131659	70332	195077
3894	6553	45322	100958	1164	1662	19942	5076	24772
462	77	1325	40504	269	405	-1938	2957	443
***	***	***	***	***	***	***	***	***
101830	183125	992691	2576038	86133	7442	281174	196534	593023
4029	13919	41379	125326	1562	727	2410	1105	1731
5549	22377	89190	452847	6149	1916	17247	4333	27668
38181	51745	306153	676915	10013	4287	29606	16887	43813
9839	11183	40515	295264	3231	1886	-79	7543	7043
668	1060	4376	57896	175	197	309	339	621
***	***	***	***	***	***	***	***	***
24355	19834	142883	774807	15998	3995	-13731	33201	19575
***	***	***	***	***	***	***	***	***
1450		805	28037	1032	319	-78	189	103
***	***	***	***	***	***	***	***	***
9815	52229	19558	783757	39333	13042	34879	1296	53643
1753484	**305913**	**93620**	**2686212**	**176742**	**27500**	**11330181**	**383105**	**11034954**
98173	73601		515407	58179	2447	1159663	21804	1154051
1581593	-6365		462274	33743	1272	9647871	227013	9030028
40822	145904	40544	845263	31647	9379	571233	59422	620855
14959	64703	38512	299541	8747	4910	-9417	21361	11597
17735	22605	8652	365066	33637	8046	-141492	26837	72693
202	5465	5912	198661	10789	1446	102323	26668	145730

1-7 续表 9

项目	投资收益（损失以"-"号记）	营业利润	营业外收入	#补贴收入	营业外支出
合计	**39124161**	**64107501**	**10553707**	**7929754**	**3710279**
一、采矿业	**1973739**	**2604851**	**578075**	**188074**	**1302712**
烟煤和无烟煤开采洗选	463299	1779809	21625	8485	14659
天然气开采		-259625	182916	57106	76321
铁矿采选	1358322	1719529	230684	1360	874137
土砂石开采	***	***	***	***	***
石油和天然气开采辅助活动	152118	-636338	142850	121123	337595
二、制造业	**11008129**	**31403763**	**4700178**	**2743553**	**1427640**
谷物磨制	21	-43852	36071	1040	14
饲料加工	144	35503	3647		302
植物油加工	-30	1949	19820	21	185
制糖业	***	***	***	***	***
屠宰及肉类加工	81477	481782	48898	43932	3431
蔬菜、水果和坚果加工	***	***	***	***	***
其他农副食品加工	428	75745	2178	1826	159
焙烤食品制造		31952	1290		167
方便食品制造	4262	-110771	9395	4559	1890
乳制品制造	67681	-43930	13513	11896	6127
调味品、发酵制品制造	***	***	***	***	***
其他食品制造		94090	7854	5200	559
酒的制造	135394	461468	54835	28753	1065
饮料制造	19939	-36210	4176	100	1
卷烟制造	***	***	***	***	***
棉纺织及印染精加工	1824	-50906	21609		17216
毛纺织及染整精加工		1587	623	512	3
家用纺织制成品制造		431	185	32	98
非家用纺织制成品制造	-152	24011	3321		43
机织服装制造	7	5855	1251	366	460
针织或钩针编织服装制造	***	***	***	***	***
皮革鞣制加工	***	***	***	***	***
毛皮鞣制及制品加工	***	***	***	***	***
制鞋业	***	***	***	***	***
木制品制造	***	***	***	***	***
木质家具制造	1	-5109	26913		40
金属家具制造	***	***	***	***	***
造纸		-9315	8365		11
纸制品制造		21159	152	6	46
印刷	491	843992	65283	22677	31274
记录媒介复制	***	***	***	***	***
乐器制造		-49748	4503		2
工艺美术品制造	2407	-77530	5340		1208
玩具制造	***	***	***	***	***
精炼石油产品制造	-231499	-1459760	25070		170396
基础化学原料制造	6024	-788114	14316	3321	16044
肥料制造	***	***	***	***	***

单位：千元

利润总额	亏损企业亏损额	应交所得税	应付职工薪酬(本年贷方累计发生额)	应交增值税	进项税额	销项税额	从业人员平均人数(人)
71424237	**11417362**	**12707037**	**65974996**	**29100905**	**158648674**	**182159070**	**486569**
1880214	**1295065**	**646646**	**9060037**	**2172915**	**18838059**	**20516082**	**65595**
1786775		476132	1906230	901825	11384811	12166031	15640
-153030	225977	-10991	278533	58155	93231	94946	1926
1076076		75942	2269622	979648	7089211	8055813	24919
***	***	***	***	***	***	***	76
-831083	1069088	105194	4602179	230203	270806	196208	23034
34708574	**8971935**	**6955409**	**44135925**	**16279073**	**73560182**	**87402740**	**348492**
-7795	21678	3344	59879	5077	241683	233822	1005
38848	1799	9666	43738	42		42	520
21584		4269	32549	12784	154793	167468	695
***	***	***	***	***	***	***	44
527249		99095	583674	268772	2168432	2403747	8093
***	***	***	***	***	***	***	923
77764	2662	19433	124075	51974	165110	209434	1422
33075		8263	87107	30636	25017	55647	1934
-103266	111686	1351	166770	13752	36384	49244	1772
-36544	72417	5457	344357	73047	508251	572667	5755
***	***	***	***	***	***	***	137
101385		17138	92080	62967	119624	182126	1066
515238	16592	65010	929103	487202	507138	994615	11945
-32035	66768	8835	19032	9297	146374	30744	216
***	***	***	***	***	***	***	931
-46513	49515	769	153474	7243	43059	47545	1771
2207		532	44115	2526	71695	67351	913
518		274	19698	704	25668	4142	219
27289		5226	48771	8556	98441	99986	716
6646	452	2148	84153	17083	94739	107560	1855
***	***	***	***	***	***	***	865
***	***	***	***	***	***	***	19
***	***	***	***	***	***	***	92
***	***	***	***	***	***	***	450
***	***	***	***	***	***	***	283
21764		2582	35768	8485	12934	18867	415
***	***	***	***	***	***	***	1349
-961	967		9183	42	125017	124634	150
21271		5382	22823	7597	26036	33568	258
880260	50687	209065	1514641	371802	726938	1089939	13237
***	***	***	***	***	***	***	153
-45247	47046	504	90303	16490	53080	68648	1527
-73398	85085	-18659	67286	23431	470017	392360	688
***	***	***	***	***	***	***	127
-1605086	1849656	177243	1746624	1474666	12000878	13466015	13964
-789842	805290	2738	486706	61458	1091534	1152534	6327
***	***	***	***	***	***	***	16

1-7 续表 10

项目	投资收益(损失以"-"号记)	营业利润	营业外收入	#补贴收入	营业外支出
农药制造	***	***	***	***	***
涂料、油墨、颜料及类似产品制造		21260	1720	1541	99
合成材料制造	-13242	-826761	56976	15055	16436
专用化学产品制造	10414	40085	7418	2170	5172
炸药、火工及焰火产品制造	***	***	***	***	***
日用化学产品制造	***	***	***	***	***
化学药品原料药制造	***	***	***	***	***
化学药品制剂制造	464949	1288331	31989	18267	7424
中药饮片加工	-74	652115	4312	3194	1183
中成药生产	194357	1255245	38286	12280	3552
兽用药品制造	6518	34629	5498	4564	438
生物药品制造	200369	626713	20460	14216	10749
卫生材料及医药用品制造	***	***	***	***	***
合成纤维制造		10776	3155	1638	52
橡胶制品业	3047	-214	2261	2085	740
塑料制品业	20988	133413	5724	2210	1620
水泥、石灰和石膏制造	7221	-168679	142739	118523	535
石膏、水泥制品及类似制品制造	532070	718024	148403	19360	32066
砖瓦、石材等建筑材料制造		-11954	4313	4715	1542
玻璃制品制造		-48548	5741	1193	983
玻璃纤维和玻璃纤维增强塑料制品制造		-17625	31997	31046	217
耐火材料制品制造	32080	-192221	91847	5698	23407
石墨及其他非金属矿物制品制造	7399	33893	9967	2573	6156
黑色金属铸造		1087	64		1518
钢压延加工	300611	-234280	12486		93
铁合金冶炼	***	***	***	***	***
常用有色金属冶炼	***	***	***	***	***
贵金属冶炼	***	***	***	***	***
稀有稀土金属冶炼	***	***	***	***	***
有色金属合金制造	-965	44067	2528	4	240
有色金属铸造	***	***	***	***	***
有色金属压延加工		25801	1104	849	211
结构性金属制品制造	702	51746	3695	1786	308
金属工具制造	***	***	***	***	***
集装箱及金属包装容器制造	126	-16013	916	248	2129
建筑、安全用金属制品制造		-3699	30		24
其他金属制品制造	93396	319741	63693	29101	10300
锅炉及原动设备制造		116588	1352	54	1080
金属加工机械制造	-5583	-147311	48989	34191	1581
物料搬运设备制造	-235	-89961	6522	3	98
泵、阀门、压缩机及类似机械制造	10112	98480	51086	28970	5979
轴承、齿轮和传动部件制造		-1702	6641	586	67
烘炉、风机、衡器、包装等设备制造	61380	168188	12055	6687	32172
文化、办公用机械制造	-414	29397	2728		1357
通用零部件制造	***	***	***	***	***
采矿、冶金、建筑专用设备制造	1464	139196	81126	16703	23449

单位：千元

利润总额	亏损企业亏损额	应交所得税	应付职工薪酬(本年贷方累计发生额)	应交增值税	进项税额	销项税额	从业人员平均人数(人)
***	***	***	***	***	***	***	94
22881		22922	42542	11991	37351	49132	514
-786903	854385	-97401	335675	54416	1131751	1175764	1702
42417	27285	-6082	265739	84372	393471	460236	2330
***	***	***	***	***	***	***	519
***	***	***	***	***	***	***	252
***	***	***	***	***	***	***	23
1312896	49294	188225	645649	323265	182427	499557	4946
655244		95559	148818	253881	224461	476648	1396
1289979		173946	822304	513779	958834	1468437	7803
39689		7467	148359	36844	3750	40545	1622
636424		82788	441574	108220	46063	140004	3710
***	***	***	***	***	***	***	105
13879		2576	37208	6191	26528	20628	511
1307	24718	4483	229343	31651	146268	172399	3245
137517	11771	24487	147356	61694	238632	299379	1525
-26475	152931	23907	271621	141729	262306	399721	3213
834361	26933	89151	926529	97109	162936	221484	12257
-6106	28513	2005	115428	31391	124460	143938	1310
-43790	57526	1399	88572	7891	64533	64723	1361
14155	18661	7169	159108	61838	254511	315880	1871
-123781	147076	2687	146504	39856	235126	271779	1877
37704	6715	7430	149837	22651	71159	81364	1630
-367	423		21118	1837	7916	9679	344
-221887	379939	1925	490840	43425	1623362	1635729	4513
***	***	***	***	***	***	***	107
***	***	***	***	***	***	***	553
***	***	***	***	***	***	***	11
***	***	***	***	***	***	***	280
46355		6476	41983	19494	196262	215756	445
***	***	***	***	***	***	***	1192
26694		4011	43433	11360	141476	150691	408
55133	18453	16254	127191	34584	117120	156246	2106
***	***	***	***	***	***	***	734
-17226	23816	4051	162651	14158	351420	314563	1758
-3693	3693	4	12941	1672	13139	14409	232
373134	171082	54470	1074465	115272	837557	930506	5776
116860	46712	25054	377450	48675	278048	325333	3225
-99903	118070	2434	402634	64639	223002	282242	3786
-83537	83537	-279	98243	5530	48421	52045	960
143587	29699	23383	443945	79074	326349	406494	3624
4872		1028	57488	13051	46102	58898	877
158049	27596	22302	318450	154616	296035	413892	2546
30768		4801	66438	6256	32671	35211	545
***	***	***	***	***	***	***	219
196873	45261	29078	951312	261628	836740	1091716	10569

1-7 续表 11

项　　目	投资收益（损失以"-"号记）	营业利润	营业外收入	#补贴收入	营业外支出
化工、木材、非金属加工专用设备制造		281579	17614	15043	490
食品、饮料、烟草及饲料生产专用设备制造		13362	4753		38
印刷、制药、日化及日用品生产专用设备制造	156	-25139	3349	515	232
纺织、服装和皮革加工专用设备制造	4300	194499	3068	1534	379
电子和电工机械专用设备制造	39077	-217895	154272	150939	125254
农、林、牧、渔专用机械制造	-198	30677	12628	3894	331
医疗仪器设备及器械制造	100443	388812	37262	4756	2152
环保、社会公共服务及其他专用设备制造	78078	430475	68402	44285	3039
汽车整车制造	5405698	19702164	1058847	950139	161932
改装汽车制造		-592	200674	839	28204
汽车零部件及配件制造	177906	297922	218901	37231	5691
铁路运输设备制造	36902	459537	155740	154947	4999
城市轨道交通设备制造	***	***	***	***	***
航空、航天器及设备制造	7480	795482	48000	27774	14079
非公路休闲车及零配件制造	***	***	***	***	***
电机制造	405220	-1243788	79035	12745	58848
输配电及控制设备制造	15540	214406	61209	42836	2566
电线、电缆、光缆及电工器材制造		2329	18068		18066
电池制造		-59088	15145	14075	56
家用电力器具制造	***	***	***	***	***
非电力家用器具制造		-22150	1216	1017	147
其他电气机械及器材制造		58692	6		
计算机制造	1108958	981001	28247	22522	116352
通信设备制造	31899	163393	121350	73985	1299
广播电视设备制造	754	-29972	7722	7689	307
雷达及配套设备制造		15085	3158	3158	86
视听设备制造	***	***	***	***	***
电子器件制造	1127885	3824345	377946	261088	402732
电子元件制造	8897	126150	6719	1441	4272
其他电子设备制造	89388	-114034	280303	262943	1245
通用仪器仪表制造	250216	549436	110200	58514	11211
专用仪器仪表制造	15326	120600	31351	30009	3728
光学仪器及眼镜制造	585	-33668	18891	17475	235
核辐射加工	***	***	***	***	***
其他未列明制造业	44284	715075	20405	6939	2261
金属废料和碎屑加工处理	***	***	***	***	***
非金属废料和碎屑加工处理		-35290	39213	15172	99
专用设备修理	***	***	***	***	***
铁路、船舶、航空航天等运输设备修理	11329	-1115	95349	1450	5910
三、电力、热力、燃气及水生产和供应业	**26142293**	**30098887**	**5275454**	**4998127**	**979927**
电力生产	3338628	2773965	1684153	1452983	24501
电力供应	22560410	30298090	525571	155961	789316
热力生产和供应	60079	-2137801	1666634	2037946	149308
燃气生产和供应业	48	-400622	485975	476365	2316
自来水生产和供应	18387	-830228	902119	866970	4200
污水处理及其再生利用	164741	395483	11002	7902	10286

单位：千元

利润总额	亏损企业亏损额	应交所得税	应付职工薪酬(本年贷方累计发生额)	应交增值税	进项税额	销项税额	从业人员平均人数(人)
298703	7464	39657	300174	97557	185901	221581	1922
18077		3452	44979	17117	25816	42807	420
-22022	26983	2394	108136	17399	36443	49082	918
197188		32069	112907	25016	175992	201367	1008
-188877	253773	18001	136572	12737	228014	198698	1071
42974	1989	4798	94278	9202	91123	87228	993
423922		48750	342488	134180	120573	247570	2728
495838	7454	63031	978447	237197	869427	1090755	6292
20599079	445448	4395501	9987899	6924743	28345619	34965558	68131
171878	32526	6504	140886	15064	180577	179994	1361
511133	124022	103459	751051	183924	1359669	1477691	6726
623123	265025	124154	1271882	409286	1342991	1713857	11357
***	***	***	***	***	***	***	1291
829403		74847	2601158	22894	112400	130687	1386
***	***	***	***	***	***	***	62
-1223601	1478757	-198915	504380	118993	1925881	1677094	4302
273049	60875	50376	498032	94019	612412	691996	4570
2331		-475	22535	2998	12399	15397	249
-43999	45360	340	52187	3184	20265	20007	635
***	***	***	***	***	***	***	461
-21081	24314	480	26717	4905	22466	25946	389
58698	3864	12197	29243	13237	53124	66405	234
892896	6297	12312	403028	16372	1264830	1218999	2746
283444	90604	49884	997872	124757	845000	953009	5646
-22557	56575	4920	150354	31137	58080	76327	1432
18157		3119	46037	3824	13281	17049	253
***	***	***	***	***	***	***	412
3799628	325610	281348	2490632	494938	3274354	3145719	17826
128597	7558	22551	190933	20283	79041	87760	2621
165024		12398	334717	21970	191720	199274	2873
648684	39387	65659	1005266	276080	1175126	1517389	6821
148232	14850	27909	313419	45646	178885	218843	1848
-15012	15344	446	46283	940	4950	4817	109
***	***	***	***	***	***	***	87
733219		105026	1020923	201222	225213	391719	1928
***	***	***	***	***	***	***	159
3824	745	50	38892	11371	6915	16444	286
***	***	***	***	***	***	***	80
88324		11925	1215824	97471	144895	241731	6381
34835449	**1150362**	**5104982**	**12779034**	**10648917**	**66250433**	**74240248**	**72482**
4433617	42575	432977	1199157	854323	1762938	2206131	5465
30034345	629364	4524139	8792224	9363575	63242821	70892320	40732
-179488	410769	35419	1198144	192609	800672	692105	13000
83085	61416	37728	482538	104424	337139	419779	3429
67691	6238	10925	674609	133943	106132	28861	6040
396199		63794	432362	43	731	1052	3816

1-8 规模以上股份制

项目	单位数(个)	#亏损企业	工业总产值(当年价格)	工业销售产值(当年价格)	#出口交货值
合计	**1454**	**285**	**645437484**	**637032893**	**22837362**
一、按隶属关系分					
中央	167	36	313004688	310700722	2743488
省(自治区、直辖市)	225	56	128360533	128228372	12565347
地(区、市、州、盟)	83	18	21151844	20718018	351557
县(区、市、旗)	1	***	***	***	***
街道	2		466354	470284	1242
镇	28	6	4453799	4442697	90039
乡	6	2	421444	372547	12496
村委会	4	1	519687	535582	
其他	938	166	177012421	171518624	7073193
二、按控股情况分					
国有控股	594	141	494978050	491412486	17980372
集体控股	67	11	24533726	23157628	900898
私人控股	757	124	118358319	114933987	3814942
港澳台控股	3		2339321	2340242	
外商控股	7	3	1558095	1663637	18970
其他	26	6	3669973	3524913	122180
三、按轻重工业分					
轻工业	441	83	93559938	89692381	1906676
重工业	1013	202	551877546	547340512	20930686
四、按四大功能区分					
首都功能核心区	55	10	22763591	22603915	818488
东城区	24	4	7789392	7771717	39792
西城区	31	6	14974199	14832198	778696
城市功能拓展区	533	82	220336500	215236286	6374720
朝阳区	138	26	79816484	78474704	2085248
丰台区	125	15	27956200	28168468	236077
石景山区	26	7	21731826	21647232	750050
海淀区	244	34	90831990	86945882	3303345
城市发展新区	701	147	303040438	300519003	12473452
房山区	77	23	80894253	81118683	128219
通州区	180	32	23855242	23886410	1020162
顺义区	104	31	40924922	40340869	1397784
昌平区	145	24	98365006	98251234	2702568
大兴区	113	21	20966696	19789282	352803
北京经济技术开发区	82	16	38034319	37132525	6871916
生态涵养发展区	166	46	31760801	31137535	3170702
门头沟区	11	2	4534789	4478025	1568940
怀柔区	30	6	6439746	6304149	101175
平谷区	57	16	5506932	5218382	174830
密云县	52	16	11873491	11787230	1095979
延庆县	16	6	3405843	3349749	229778

工业企业主要经济指标

单位：千元

年初存货	资产总计	#流动资产合计	#应收账款	#存货	#产成品	#固定资产合计	固定资产原价
100893673	**1219041070**	**586650981**	**164482429**	**103743106**	**33128184**	**260772166**	**446519287**
36377152	344607001	163292947	49178115	32733063	8631857	81169797	173969853
21004064	490067627	173824482	40588872	21875305	8486529	136193565	205065718
3098956	41623197	27461163	4663980	3827168	1867991	6249731	8936466
***	***	***	***	***	***	***	***
59362	741031	555673	342434	76212	33299	124993	143910
691511	4111517	3097204	1588575	756665	215095	610469	1121998
330515	761255	582268	97437	367554	106159	163391	346010
58241	954944	825361	647205	27754	21590	64282	160037
39226037	335925356	216819436	67363946	44009780	13764030	36193428	56768659
70501399	946957715	405348795	105432468	68673945	21581286	235361923	407798048
4445532	29760716	22176200	9970862	4819207	1396397	3334297	5052605
23913212	229658274	151510375	45964748	28706528	9691942	21152608	32225534
169842	1134059	972447	726157	190192	1201	100619	134608
1043253	4533764	1242927	395277	397785	174776	60423	124082
820435	6996542	5400237	1992917	955449	282582	762296	1184410
21418763	168557757	98479468	17139948	22544702	10453765	33322619	58758689
79474910	1050483313	488171513	147342481	81198404	22674419	227449547	387760598
6372035	130718680	33862502	6299889	6058561	3142363	63639921	116770384
2293263	17111299	7929591	812121	2591659	1027767	2010966	3566685
4078772	113607381	25932911	5487768	3466902	2114596	61628955	113203699
42498701	651007570	314255277	89645730	44155261	11488592	111406253	185038802
11731403	156562822	73420198	23186686	9724652	2868787	45085449	76410933
7492622	51201058	33915769	12406960	7342598	1586124	9324009	15276013
4286642	239830487	74588400	16871510	5139348	1161942	42037908	69634943
18988034	203413203	132330910	37180574	21948663	5871739	14958887	23716913
46564703	386313053	209393793	60960761	47541778	16032696	77305468	130960764
9619684	57056180	20614102	5109800	7666285	1765412	16035763	40622576
5839468	34398627	19384906	5789255	5489151	1850022	6341822	10262453
7626612	64297870	39507040	10662549	10103902	3400338	10465861	15138276
11155146	122262610	64135731	18283724	10431372	4514972	16280033	27532487
4415497	24247079	17260205	6958464	4972268	1865199	3834458	5987337
7908296	84050687	48491809	14156969	8878800	2636753	24347531	31417635
5458234	51001767	29139409	7576049	5987506	2464533	8420524	13749337
566332	11781809	5021220	556815	578267	387972	883438	2380285
938903	7129729	4691359	1207960	1026717	444575	1389192	2281927
1182197	6709788	3891843	957622	1199337	634915	1130321	1851638
1583723	18020495	10465338	2783915	1802350	697385	4128263	5732029
1187079	7359946	5069649	2069737	1380835	299686	889310	1503458

1-8 续表 1

项目	累计折旧	#本年折旧	#在建工程	#无形资产	负债合计
合计	**185777471**	**22705416**	**75345029**	**27649754**	**659058096**
一、按隶属关系分					
中央	92340765	10731991	34646704	6249146	197025603
省(自治区、直辖市)	68352733	8032038	28731522	11506965	255703082
地(区、市、州、盟)	3113899	492055	2635420	1655245	23929073
县(区、市、旗)	***	***	***	***	***
街道	18936	3608	32293	9383	375918
镇	524618	85993	58460	57938	2868631
乡	184175	23827	1555	4961	608755
村委会	95756	15762	2209	118	478034
其他	21142463	3319708	9200261	8156082	177897212
二、按控股情况分					
国有控股	171670266	20162042	68684880	21356715	521661780
集体控股	1949878	314883	382973	801505	15937575
私人控股	11557884	2121452	5729740	5096489	112490581
港澳台控股	43402	12462	9413	50116	980034
外商控股	63660	13248	423200	79823	3888049
其他	492381	81329	114823	265106	4100077
三、按轻重工业分					
轻工业	25582006	2882080	10606316	5303306	84160479
重工业	160195465	19823336	64738713	22346448	574897617
四、按四大功能区分					
首都功能核心区	53015980	6991010	16124999	2329655	65585067
东城区	1500261	143727	3821371	367546	7926772
西城区	51515719	6847283	12303628	1962109	57658295
城市功能拓展区	72751809	6904351	33337938	8597621	353346926
朝阳区	30681071	4107084	12782555	2121615	81861896
丰台区	6014871	796189	2040360	890044	30246142
石景山区	27079339	648718	15565153	1453460	134351534
海淀区	8976528	1352360	2949870	4132502	106887354
城市发展新区	54667932	8059850	23491755	14201627	210936722
房山区	24528538	1813371	9151733	1597890	32104856
通州区	4005641	591773	2549484	1067220	21900730
顺义区	5178993	851671	3491881	2944579	44136142
昌平区	11433475	1688246	4270168	4389045	57815673
大兴区	2229023	390132	644851	1065641	15199285
北京经济技术开发区	7292262	2724657	3383638	3137252	39780036
生态涵养发展区	5341750	750205	2390337	2520851	29189381
门头沟区	1498509	128726	13857	270391	3697764
怀柔区	918069	113051	191357	179899	3776037
平谷区	639339	120206	626395	652358	4461371
密云县	1670279	302658	1395990	1168490	12852038
延庆县	615554	85564	162738	249713	4402171

单位：千元

流动负债合计	#应付账款	非流动负债合计	#应付债券	所有者权益合计	#实收资本	国家资本	集体资本
469696543	**155417464**	**186811813**	**57667084**	**559946085**	**280052647**	**92712720**	**1203797**
168516273	60196002	27782501	3931346	147581398	78925810	19083081	106600
124377888	38353314	130989536	48833474	234364545	125464188	68756625	342219
20191985	4058670	3285222	40900	17694124	7918628	1386642	104278
***	***	***	***	***	***	***	***
327525	173684	48392		365113	126216		
2792601	1374090	69993		1242886	656691	8850	27211
515288	151340	93467		152500	132016		49382
244034	116910			476910	209000		202000
152679161	50977420	24422702	4861364	157991255	66556791	3477522	372107
349884733	113041439	170479985	54417237	425295935	226937963	92614815	333527
14637002	7577598	859894	80000	13823141	5162026	38000	801128
96560660	31775186	15120515	3023224	117130804	46313085	54505	69142
980033	518252			154025	41000		
3870799	1123590	14658		645715	171350		
3763316	1381399	336761	146623	2896465	1427223	5400	
68803905	15780299	14781465	1423149	84397278	39096500	10521954	380964
400892638	139637165	172030348	56243935	475548807	240956147	82190766	822833
42512915	17717621	23036179	6326468	65133613	39818220	30055714	4000
4543037	1823778	3376752	927852	9184527	4820788	2544040	4000
37969878	15893843	19659427	5398616	55949086	34997432	27511674	
230408412	72814119	121655854	48587051	297660644	138817904	47450060	767437
61479730	19217891	20094890	2233232	74700926	52195444	1606836	350567
25617569	10339256	4322636		20954916	10642478	3518402	267679
46865345	15030623	87486188	44000000	105478953	40563967	33805966	1470
96445768	28226349	9752140	2353819	96525849	35416015	8518856	147721
171637113	57049933	38374017	2650389	175376331	92118909	14916352	418667
30532001	9436577	1572849		24951324	8793177	425256	24950
19988950	5846746	1911776		12497897	8083658	1307776	85591
33810026	9879136	10008763	1068271	20161728	11472072	1000679	63603
46541366	16582760	11274299	1386343	64446937	28553688	965306	20700
13819119	5544192	1114189	120900	9047794	5965759	1084352	159200
26945651	9760522	12492141	74875	44270651	29250555	10132983	64623
25138103	7835791	3745763	103176	21775497	9297614	290594	13693
2261759	464596	1433723		8084045	1615735	18986	10224
3729148	924726	43448		3353692	1393378		
3447939	1161511	1006941		2248417	2474149		2719
11524554	3922347	1034183	103176	5131568	2396439	164733	750
4174703	1362611	227468		2957775	1417913	106875	

1-8 续表 2

项目	法人资本	个人资本	港澳台资本	外商资本	主营业务收入	主营业务成本
合计	**159292017**	**25735727**	**367971**	**90470**	**714835971**	**620685772**
一、按隶属关系分						
中央	57813219	1916532		6378	329031894	303034770
省(自治区、直辖市)	53922163	2083549	347352	12280	170017976	150447647
地(区、市、州、盟)	5368990	1058718			22440453	17091579
县(区、市、旗)	***	***	***	***	***	***
街道		126216			589142	408615
镇	378662	241968			4483033	3966148
乡	56526	26108			383306	343306
村委会	7000				542642	474194
其他	41682150	20282636	20619	71812	187240733	144831667
二、按控股情况分						
国有控股	127689101	5912676	347352	40492	555770729	499927284
集体控股	4129501	193397			24858308	20248765
私人控股	25928994	19551561	20619	38319	124422578	92190807
港澳台控股	41000				2336506	2133843
外商控股	144985	14706		11659	1949993	1594986
其他	1358436	63387			5497857	4590087
三、按轻重工业分						
轻工业	21842517	5538953	347352	22334	101823961	74340716
重工业	137449500	20196774	20619	68136	613012010	546345056
四、按四大功能区分						
首都功能核心区	8736243	1021763		500	93871089	89004375
东城区	1594118	678130		500	9321886	7366902
西城区	7142125	343633			84549203	81637473
城市功能拓展区	78727340	11863125		9942	272890009	234759567
朝阳区	49221630	1010366		6045	82753897	74096054
丰台区	5631729	1224668			34700006	29537458
石景山区	5372760	1383771			51482055	47767096
海淀区	18501221	8244320		3897	103954051	83358959
城市发展新区	64314774	11383047	367971	68153	313574091	269039580
房山区	7788728	554243			83395594	74432986
通州区	4912335	1757337	20619		26789803	22610895
顺义区	9121941	1256015		29834	42421444	35424162
昌平区	22235528	5059523	33000	37325	99673175	88385764
大兴区	3627609	1094598			21489987	17889188
北京经济技术开发区	16628633	1661331	314352	994	39804088	30296585
生态涵养发展区	7513660	1467792		11875	34500782	27882250
门头沟区	1070643	515882			4711118	2950295
怀柔区	1279836	113542			6750437	5270018
平谷区	2230508	240922			5527497	4678317
密云县	1756478	474478			12820688	11172652
延庆县	1176195	122968		11875	4691042	3810968

单位：千元

主营业务税金及附加	其他业务利润	销售费用	管理费用	#税 金	#工会经费	财务费用	#利息收入	#利息支出
10458145	**2964018**	**22997799**	**41800953**	**1039070**	**252669**	**7605650**	**2833913**	**10035485**
7125837	915365	3422906	11971794	283404	53129	2127763	919579	2894276
912855	961132	4780672	11125878	444626	94961	2946510	739881	3773803
857364	150612	1710097	1957361	32521	13583	238830	467749	678689
***	***	***	***	***	***	***	***	***
3102	1338	59749	38251	569	125	15665	372	15731
15690	10479	124395	290919	7106	1866	53525	1169	55143
879	5911	12771	41297	346	701	3938	285	3857
259	486	6423	24853	768	819	17186	1120	18167
1542022	917434	12873869	16345747	269730	87485	2196323	703644	2591418
9514531	2275000	11202580	27806079	827907	180726	6119310	2292960	8258662
113324	150283	1358237	1929314	41365	14101	80990	65122	131338
797056	489273	10067962	11429256	158302	55786	1327580	456942	1551914
7375	4508	7379	108967	2360	55	14691	294	17010
10596	2920	120296	213649	2695	484	1749	2520	2804
15263	42034	241345	313688	6441	1517	61330	16075	73757
1606138	752535	9619748	8890691	228759	60592	619040	729800	1427376
8852007	2211483	13378051	32910262	810311	192077	6986610	2104113	8608109
438490	358506	965169	2284494	86837	21185	507587	141114	782369
64378	247526	700049	786810	21033	6640	80530	18689	87773
374112	110980	265120	1497684	65804	14545	427057	122425	694596
1447109	1192220	9540425	18275656	435242	111942	4503822	1435233	5551257
525300	482629	2603102	5300534	159794	37083	1266351	299777	1452123
133311	178177	1221034	2880824	57271	15933	366808	111130	446331
144829	-21322	151052	1394408	63464	12509	1630660	105361	1595301
643669	552736	5565237	8699890	154713	46417	1240003	918965	2057502
7836723	1095190	11301264	18288586	455695	101120	2280436	1083272	3306211
6147850	8609	767975	3742280	72758	12396	399162	8096	383992
89369	161937	949157	2080320	44520	14403	308327	49608	334527
923478	100412	2572653	2436441	60717	16300	552860	433221	906070
442463	447316	3399444	4657140	134423	29065	524535	266650	783517
90005	169705	1007602	1542391	29289	10283	137682	34409	163478
143558	207211	2604433	3830014	113988	18673	357870	291288	734627
735823	318102	1190941	2952217	61296	18422	313805	174294	395648
243629	45794	184559	608738	8309	4456	68111	30912	58017
341081	47153	199643	482199	10721	3572	-981	100253	83976
14808	21389	402969	459142	6368	3002	73433	7895	76982
109752	175906	258767	1066568	26832	5508	120530	17895	127231
26553	27860	145003	335570	9066	1884	52712	17339	49442

1-8 续表 3

项　　目	投资收益(损失以"-"号记)	营业利润	营业外收入	#补贴收入	营业外支出
合　　计	**13809561**	**24400845**	**10822017**	**7469530**	**2980000**
一、按隶属关系分					
中央	3111487	4155736	2120831	954938	1066578
省(自治区、直辖市)	5630199	5362609	5645951	4663599	1192840
地(区、市、州、盟)	75083	755332	320176	345050	72739
县(区、市、旗)	***	***	***	***	***
街道		60864	5966	5681	18
镇	-483	26593	147081	8909	4669
乡	54	-12920	14708	9763	162
村委会	-812	19400	56904	53959	813
其他	4994033	14030841	2510400	1427631	642172
二、按控股情况分					
国有控股	10262114	11064719	8390853	6230213	2778902
集体控股	248005	1390573	500049	191681	19253
私人控股	2897002	11145538	1882186	1012439	177710
港澳台控股		73740	3201	3201	22
外商控股	400000	407715	25313	23953	1518
其他	2440	318560	20415	8043	2595
三、按轻重工业分					
轻工业	1924685	9147063	1734303	1144736	120092
重工业	11884876	15253782	9087714	6324794	2859908
四、按四大功能区分					
首都功能核心区	416677	1316852	1388116	933219	209508
东城区	199521	775483	255960	73493	80478
西城区	217156	541369	1132156	859726	129030
城市功能拓展区	9972638	13579777	6300674	4347641	1780561
朝阳区	1409340	-265391	2349645	1972597	430113
丰台区	170419	773506	1621205	1171824	59693
石景山区	3770426	3836290	377949	46078	1031924
海淀区	4622453	9235372	1951875	1157142	258831
城市发展新区	3241181	7833597	2704875	1844211	948058
房山区	-81240	-2320648	294452	110168	271575
通州区	447994	1246332	463789	255484	152509
顺义区	216708	498398	192709	71667	207875
昌平区	2562755	4940599	801912	796285	212494
大兴区	25508	897324	157760	89077	65087
北京经济技术开发区	69456	2571592	794253	521530	38518
生态涵养发展区	179065	1670619	428352	344459	41873
门头沟区	95268	786075	22885	14746	14268
怀柔区	25880	533643	74485	57237	10531
平谷区	-474	-195401	110122	99136	2235
密云县	24198	264785	169685	135008	10511
延庆县	34193	281517	51175	38332	4328

单位：千元

利润总额	亏损企业亏损额	应交所得税	应付职工薪酬(本年贷方累计发生额)	应交增值税	进项税额	销项税额	从业人员平均人数(人)
32594858	**10676447**	**5453786**	**60258725**	**18463107**	**95551577**	**108894253**	**543337**
5213571	5503824	1631104	22113519	6517361	46769050	50164984	135742
9816646	1636847	1246353	17141966	4440362	24179249	27415147	170360
1151800	393764	267038	2293227	827010	3160450	3906447	24527
***	***	***	***	***	***	***	84
66812		10024	48295	25469	76492	101961	656
170291	52010	39041	316174	128777	554551	673684	5754
1708	12961	3009	63036	6903	50304	56758	1307
75491	2173	11735	54188	3711	15473	11412	971
16096158	3074868	2245482	18221526	6513011	20728356	26545705	203936
16831775	9212188	3476794	45374454	12615158	78385324	86222486	367636
1877621	89196	291957	2314905	739996	2980938	3791951	18766
13040653	1211201	1575497	11972561	4825542	12902993	17298325	149743
76919		15499	54841	69187	360152	429296	599
431510	91069	22384	152161	100765	229840	324049	1276
336380	72793	71655	389803	112459	692330	828146	5317
10801675	1034286	1721804	11358475	4292446	10935859	14421142	129620
21793183	9642161	3731982	48900250	14170661	84615718	94473111	413717
2495460	200872	540402	7602790	2934903	13912351	14812422	45998
950965	20858	140369	1272113	394388	1045250	1423644	9896
1544495	180014	400033	6330677	2540515	12867101	13388778	36102
18211636	4248172	2464310	26672453	6664849	32958971	37826470	219312
1665145	3003030	619760	9078608	1811959	9888777	10921635	72081
2344702	224382	381090	3571904	943733	3368883	3993595	33273
3182315	231067	148582	3543043	1207956	7904140	8689288	35667
11019474	789693	1314878	10478898	2701201	11797171	14221952	78291
9786254	5718266	2061444	21351354	7419685	44524747	50746858	221547
-2297327	2861013	61522	3752323	1748988	12498239	14167674	36390
1558795	323515	227094	2596127	660716	3251941	3754094	35903
483229	1352006	300967	3179126	961139	5698302	6433659	36149
5675703	517720	777104	6171169	2322785	15596561	17696252	61636
1027673	282181	186448	1707307	617834	2658308	3228599	21746
3338181	381831	508309	3945302	1108223	4821396	5466580	29723
2101508	509137	387630	4632128	1443670	4155508	5508503	56480
795102	8938	127512	1911127	539484	251218	793712	17352
602886	89628	74688	492582	260136	886134	1129263	7833
-85470	251134	20710	625374	142793	659325	743608	10738
430730	101855	100855	1264583	384285	1731766	2104136	16184
358260	57582	63865	338462	116972	627065	737784	4373

1-9 按行业中类分规模以上

项目	单位数(个)	#亏损企业	工业总产值(当年价格)	工业销售产值(当年价格)	#出口交货值
合计	**1454**	**285**	**645437484**	**637032893**	**22837362**
一、采矿业	**16**	**3**	**107832669**	**107876146**	**3083820**
烟煤和无烟煤开采洗选	4		71317950	71377011	1523432
天然气开采	2	1	728758	718648	
铁矿采选	5		16098926	16093452	
土砂石开采	2		119809	119809	
石油和天然气开采辅助活动	3	2	19567226	19567226	1560388
二、制造业	**1377**	**265**	**442220196**	**433876937**	**19753542**
谷物磨制	5	3	1135441	1148958	
饲料加工	23	7	3803170	3732602	15426
植物油加工	2		753659	818181	
制糖业	1	***	***	***	***
屠宰及肉类加工	22	6	13876270	13661709	6406
水产品加工	1	***	***	***	***
蔬菜、水果和坚果加工	2	1	142368	132680	
其他农副食品加工	2		801389	765181	
焙烤食品制造	7	4	622125	608118	
方便食品制造	5	1	453033	449703	58957
乳制品制造	4	2	1423496	1354813	
罐头食品制造	1	***	***	***	***
调味品、发酵制品制造	5		720083	707026	
其他食品制造	14	1	1680522	1565349	332987
酒的制造	5	3	1339718	1323678	16584
饮料制造	6	3	350124	238544	
棉纺织及印染精加工	6	3	912131	1033648	18481
毛纺织及染整精加工	3		267525	237439	71502
家用纺织制成品制造	3		204363	206656	135838
非家用纺织制成品制造	7		524595	452873	77319
机织服装制造	27	5	1848221	1701367	263805
针织或钩针编织服装制造	7	2	2666188	2039782	63817
皮革鞣制加工	1	***	***	***	***
皮革制品制造	3	1	96358	91306	63136
毛皮鞣制及制品加工	3	1	190450	198140	33764
制鞋业	1	***	***	***	***
木材加工	1	***	***	***	***
人造板制造	1	***	***	***	***
木制品制造	6	1	423685	426675	
木质家具制造	10	1	624362	605146	1552
金属家具制造	4		547404	568373	17604
其他家具制造	2		128321	125775	8289
造纸	4	2	236035	249524	
纸制品制造	11	2	765177	742331	15926
印刷	35	4	5545778	5622376	35346
记录媒介复制	2	2	77598	77632	
乐器制造	3	1	332813	357793	46862
工艺美术品制造	9	3	6772015	6583410	21980
游艺器材及娱乐用品制造	2		242494	186427	2881
精炼石油产品制造	9	2	69263411	69582787	
基础化学原料制造	6	4	3413655	3378545	
肥料制造	5	1	353705	339153	

股份制工业企业主要经济指标

单位：千元

年初存货	资产总计	#流动资产合计	#应收账款	#存货	#产成品	#固定资产合计	固定资产原价
100893673	**1219041070**	**586650981**	**164482429**	**103743106**	**33128184**	**260772166**	**446519287**
8974795	**283581561**	**104048253**	**32726555**	**6685889**	**1090498**	**50324306**	**73278729**
1057361	28698139	17199120	8641870	605097	584950	613888	1980265
101056	13017277	1784363	14000	77426		1158374	1347779
2038700	195620393	62512301	14416716	2947462	491601	37069209	47171024
13472	488229	308956	92154	24372	13947	32530	46085
5764206	45757523	22243513	9561815	3031532		11450305	22733576
91262622	**746187549**	**445777602**	**125658456**	**96350881**	**31985022**	**113882476**	**204020503**
302300	1453252	1282104	157150	358310	120576	67308	168757
217515	6318741	3861140	669577	293745	64313	382822	545237
209454	405517	372932	31443	189700	142550	16118	26514
***	***	***	***	***	***	***	***
1230536	15784316	11044572	478988	1675420	1065964	1806639	2696609
***	***	***	***	***	***	***	***
46807	402260	223955	109028	35048	13150	94123	158114
44667	501378	485277	88862	27130	16484	6760	25586
31524	631850	261304	102324	52853	2789	290443	401524
24586	398662	239675	52100	31930	6071	135366	187598
82872	2788663	2019506	320435	145884	95276	351829	538203
***	***	***	***	***	***	***	***
156384	725033	422198	66304	147016	48692	87309	164502
345152	2951324	2088714	386962	552207	142322	305358	497744
603211	2290347	1083255	174687	661710	195501	861472	1216830
321127	2598753	1797997	265153	281817	238410	249861	338699
263200	3868508	2137066	190144	276523	216711	790476	1086257
171368	318087	278079	87245	168678	108158	27722	33486
27562	207294	154194	29597	34916	13978	41253	65430
116421	645159	532952	148728	139344	83503	72202	139182
900258	2946713	2102166	261904	989807	535076	422687	762584
938421	3318918	2224194	407409	1093957	804521	326460	624061
***	***	***	***	***	***	***	***
9972	59946	51777	12431	16586	14139	6283	11855
69828	100300	90288	13515	60421	25970	9054	15607
***	***	***	***	***	***	***	***
***	***	***	***	***	***	***	***
***	***	***	***	***	***	***	***
108455	760273	467085	112169	106001	28567	111886	311129
343093	981554	679693	144239	384398	208324	183484	285461
70165	1227342	600776	115067	91683	53066	303067	435801
12674	30758	25907	819	11881	7857	4851	9983
56451	188715	157642	88701	56537	5195	30598	54279
102200	926792	351742	91440	101872	51976	337880	459850
1080062	8736152	4625928	573947	1171402	448169	3097784	6941203
7326	102966	53760	21542	8847	1582	32258	114117
243821	853215	429094	75463	221488	114172	345417	513569
2887172	5676613	4648793	984290	2373263	1987879	615163	957696
257732	420302	385458	7232	314715	2968	31798	44254
8674825	27204923	11697932	1204121	7203752	1703241	8078414	27138833
534801	16815074	10488038	686169	540816	176822	2497755	8559514
71294	276292	227313	42532	54772	20445	43842	66006

1-9 续表 1

项目	单位数(个)	#亏损企业	工业总产值(当年价格)	工业销售产值(当年价格)	#出口交货值
农药制造	4	1	322421	298496	
涂料、油墨、颜料及类似产品制造	17	2	1842152	1812472	
合成材料制造	12	1	6566400	6491015	861
专用化学产品制造	25	4	2550831	2590888	7491
炸药、火工及焰火产品制造	1	***	***	***	***
日用化学产品制造	5	1	570883	546721	68673
化学药品原料药制造	2	1	161313	162333	26883
化学药品制剂制造	34	5	9924609	9850847	69686
中药饮片加工	11		2090359	1924870	
中成药生产	17	3	6641378	6735216	15450
兽用药品制造	6	2	568912	575954	
生物药品制造	16	1	5698497	5185254	26650
卫生材料及医药用品制造	2		130137	120966	95
合成纤维制造	2		176485	160131	88784
橡胶制品业	4	1	1167445	1140305	340887
塑料制品业	28	9	2349117	2416635	329475
水泥、石灰和石膏制造	5	1	2174958	2081758	
石膏、水泥制品及类似制品制造	68	6	16025618	15793522	4321
砖瓦、石材等建筑材料制造	21	5	2620218	2793374	41416
玻璃制造	3		236956	203279	9926
玻璃制品制造	11	3	8926179	8904514	522270
玻璃纤维和玻璃纤维增强塑料制品制造	5	3	832722	843256	30378
耐火材料制品制造	7	2	946792	903644	180674
石墨及其他非金属矿物制品制造	9	2	1594071	1606540	21062
黑色金属铸造	5	3	250085	241126	39471
钢压延加工	11	2	10216607	10013420	443589
铁合金冶炼	1	***	***	***	***
贵金属冶炼	1	***	***	***	***
稀有稀土金属冶炼	1	***	***	***	***
有色金属合金制造	3		1155238	1077105	150236
有色金属铸造	1	***	***	***	***
有色金属压延加工	7	1	1565061	1506816	89692
结构性金属制品制造	39	5	4907036	4809385	57167
金属工具制造	3	1	422044	417472	211598
集装箱及金属包装容器制造	7	2	414950	384846	617
金属丝绳及其制品制造	2		193256	179646	
建筑、安全用金属制品制造	7	2	271397	261416	34115
金属表面处理及热处理加工	5	2	229455	230133	
金属制日用品制造	2		51413	53011	
其他金属制品制造	15	4	7602493	7734862	740648
锅炉及原动设备制造	6	2	478099	418921	26126
金属加工机械制造	16	9	1593064	1753610	104517
物料搬运设备制造	9	3	1191503	1313375	32037
泵、阀门、压缩机及类似机械制造	17	3	1521211	1535876	35147
轴承、齿轮和传动部件制造	3		283695	279259	12970
烘炉、风机、衡器、包装等设备制造	22	5	4258502	3678815	235956
文化、办公用机械制造	3		375084	317471	26797
通用零部件制造	3		175062	176636	
其他通用设备制造业	2		65922	74403	787
采矿、冶金、建筑专用设备制造	27	4	15213579	14896819	451374
化工、木材、非金属加工专用设备制造	10	1	2001758	1936481	50577

单位：千元

年初存货	资产总计	#流动资产合计	#应收账款	#存货	#产成品	#固定资产合计	固定资产原价
77422	409710	325302	87718	77776	32715	29294	53501
244443	2025092	1112974	274620	315264	91908	488142	614653
318695	3749909	1655083	351414	382584	170168	861250	2263179
476553	2961091	2249791	898136	476235	224742	461381	874023
***	***	***	***	***	***	***	***
98997	750039	502867	57289	91002	43162	162798	254927
39356	292524	143622	78372	34519	13202	38349	69918
2063109	24223105	13268689	2879036	1645378	586347	3711430	5674955
261072	1797666	1357468	728698	383401	293859	354204	417204
3319380	10992188	8045387	544768	3553243	1361483	1406175	2625487
178585	967302	576705	133178	192792	56815	180690	304301
659439	15375128	7429710	1310937	890489	242568	1774620	2783416
43636	142140	92819	33923	35161	8881	44525	61221
51533	315251	126542	6137	64619	38849	161938	221314
178252	975543	511944	45764	203475	117703	345417	676927
572742	7693350	3659635	663513	602111	306888	877527	1316301
299998	3555586	1325949	556555	269553	58210	1613171	3390980
1370354	27820772	20665819	12367661	1572719	615859	3490280	6275158
550519	5622551	3753078	1663780	597025	260893	569358	838829
49362	207510	110509	23678	60243	40151	86935	160879
1862402	13094852	10233973	4619748	3614045	247342	755330	1030096
503834	3936990	2689924	1052728	404047	122493	443897	776675
466613	3388940	2194163	824511	441239	261371	355951	626628
353890	2401622	1649355	809277	365827	57799	249234	618183
91829	286997	191482	44685	77386	41659	92137	193519
1474474	23158075	3294393	371651	1570683	488572	8506599	19197850
***	***	***	***	***	***	***	***
***	***	***	***	***	***	***	***
***	***	***	***	***	***	***	***
189178	871925	427994	141684	132191	25149	109170	178560
***	***	***	***	***	***	***	***
238716	1393916	832927	213425	287999	100722	238405	374121
1554860	6649361	4817289	1675233	1770113	436106	660583	1116084
106204	653984	350779	99140	110923	47244	175361	260380
191375	619513	380398	73204	232285	149497	211713	274671
20831	163560	84018	31700	37736	23698	55099	137719
52529	563211	229642	114633	93132	41014	208010	312216
85589	290847	237194	71386	61735	5469	52229	75639
48193	215278	179644	18802	63678	582	26676	13971
1613550	15883407	7004778	1058949	1712823	493616	3043895	4808823
180956	1306538	963719	210185	256325	44675	92334	196245
1636420	7361173	4436248	862402	1554087	830774	983029	1874658
827024	3400491	2104509	694731	839803	239312	463657	667128
621250	4422708	2890544	794999	785265	269387	541155	1077318
94556	317084	249975	93470	89721	61479	66583	105763
1287632	12360844	7940138	2526406	1356682	348803	1206808	1628408
93824	487356	438555	131083	130257	71068	37173	67246
13618	423701	184780	11985	10258	5953	150786	259498
11593	155406	111503	59428	18698	3400	36986	40901
3824795	46484270	28040260	5124936	3915779	1781016	2223938	3688692
639203	5027593	3787263	1285740	795590	165003	879326	1302860

1-9 续表 2

项目	单位数(个)	#亏损企业	工业总产值(当年价格)	工业销售产值(当年价格)	#出口交货值
食品、饮料、烟草及饲料生产专用设备制造	2		44751	63069	1465
印刷、制药、日化及日用品生产专用设备制造	6		541119	506235	26543
纺织、服装和皮革加工专用设备制造	4		1175654	1241399	183027
电子和电工机械专用设备制造	10	3	1368007	1330327	76855
农、林、牧、渔专用机械制造	6	1	1036739	961402	20347
医疗仪器设备及器械制造	19		2017527	1888937	88376
环保、社会公共服务及其他专用设备制造	40	2	11561408	11046522	782789
汽车整车制造	5	2	38982015	39488874	2549648
改装汽车制造	13	5	1778442	1695036	44407
汽车车身、挂车制造	1	***	***	***	***
汽车零部件及配件制造	45	15	10246588	9990964	139386
铁路运输设备制造	23	4	7387351	7060041	41483
城市轨道交通设备制造	1	***	***	***	***
船舶及相关装置制造	3	1	204530	203596	12304
航空、航天器及设备制造	11		7437419	7422470	56243
非公路休闲车及零配件制造	1	***	***	***	***
电机制造	13	5	14252433	14206892	95453
输配电及控制设备制造	76	10	18462882	17476325	194216
电线、电缆、光缆及电工器材制造	10	1	2219207	2216644	4958
电池制造	2	2	188142	148176	6036
家用电力器具制造	2		919402	919608	
非电力家用器具制造	5	2	328993	348699	32735
照明器具制造	1	***	***	***	***
其他电气机械及器材制造	2		505294	477535	
计算机制造	20	2	9799362	9428693	26701
通信设备制造	37	12	8958408	8590368	231916
广播电视设备制造	7	2	636918	652457	13265
雷达及配套设备制造	1	***	***	***	***
视听设备制造	3		1022374	1029111	40180
电子器件制造	42	7	22363142	21668465	7955360
电子元件制造	18	5	1240689	1183085	88137
其他电子设备制造	20	2	1572483	1424286	44664
通用仪器仪表制造	55	7	10107215	9945538	115338
专用仪器仪表制造	20	3	2135581	2138511	180991
钟表与计时仪器制造	1	***	***	***	***
光学仪器及眼镜制造	6	2	360155	348738	39107
其他仪器仪表制造业	2		200068	215671	631
煤制品制造	2		156269	155503	37212
其他未列明制造业	12		6878742	5533539	
金属废料和碎屑加工处理	2		211955	210727	
非金属废料和碎屑加工处理	2	1	201242	199274	
专用设备修理	1	***	***	***	***
铁路、船舶、航空航天等运输设备修理	6		386175	360592	
三、电力、热力、燃气及水生产和供应业	**61**	**17**	**95384619**	**95279810**	
电力生产	9	1	9534511	9534993	
电力供应	3	1	71024221	71024221	
热力生产和供应	23	8	7598960	7598694	
燃气生产和供应业	13	5	3366660	3366660	
自来水生产和供应	8	1	2115066	2097743	
污水处理及其再生利用	5	1	1745201	1657499	

单位：千元

年初存货	资产总计	#流动资产合计	#应收账款	#存货	#产成品	#固定资产合计	固定资产原价
23722	76380	68084	18050	18687	751	2869	5260
173202	694127	495605	114277	194949	25018	106459	149849
467240	1978769	1771880	82342	387237		170888	304875
403890	4018195	2085934	706730	436771	119077	438924	682876
443531	2759379	1789624	535161	488929	143567	252844	290961
579817	5127058	3175262	638197	497795	157263	638884	1035167
3002211	21715702	15187922	5254962	3393890	489426	931908	1350835
4685369	60894628	25037672	4701775	3839206	2306741	10975879	14319090
503604	2381557	2010038	355390	526126	125474	188596	328178
***	***	***	***	***	***	***	***
1795984	17180694	8583844	3059857	1961272	931074	2785580	3533477
2995637	14557143	9789949	4337461	2876458	751303	2305622	3791462
***	***	***	***	***	***	***	***
47983	770242	452540	140985	52804	1618	59878	79768
2836675	10467019	8557085	2615344	2946979	41029	1258704	2089308
***	***	***	***	***	***	***	***
1791182	29827201	21483160	12120449	1870792	292542	1199890	2177230
3622476	23171085	18920990	9006916	4096925	1183575	1628425	2569186
303055	1572528	1334500	737395	264260	132031	169647	302459
167038	771062	519953	93881	218895	69227	120337	166926
26209	301041	163139	62584	10250		7534	17918
136575	1159297	672603	150192	138786	88845	127587	232582
***	***	***	***	***	***	***	***
27031	496899	435861	236634	75245	17599	13427	18537
2591207	30016268	17443732	3532697	3074589	663780	1459800	2204285
2499122	29822218	20900837	5756154	3455513	1328834	1788306	2837319
585343	2261128	1577074	480806	581759	25768	271107	341331
***	***	***	***	***	***	***	***
82692	682376	437859	105570	81965	42289	11316	23826
3512929	49901187	24567220	5015521	3858583	1591721	18789856	27150296
511369	2713071	1828833	516221	384171	132913	577457	1267922
929287	7163999	4308713	1384390	1101533	285858	868447	1263758
3149940	17131436	12995960	3951557	3516738	508267	1180664	1647531
658369	4159770	2686223	853173	716041	200335	548316	818157
***	***	***	***	***	***	***	***
183266	1595423	739229	66034	191968	35974	160494	254799
75576	857787	705878	134599	67868	34805	74670	85374
23752	109555	83256	9756	22597	11292	26299	37242
1484046	12098361	7387844	2717038	1526175	211000	2704687	4675450
62514	343231	199312	1880	23217	21119	84398	99816
32325	446783	91314	5482	38064	2000	333377	434160
***	***	***	***	***	***	***	***
126397	860958	503857	154254	205475	2468	212927	296309
656256	**189271960**	**36825126**	**6097418**	**706336**	**52664**	**96565384**	**169220055**
120081	32124087	5382451	2031429	138169		9511669	20712589
94215	61294210	4271926	130533	116549		35367052	71693886
321118	41501026	12171439	1515625	348240	11713	24552566	34934596
10082	2499134	1473308	364180	9053	251	753496	987815
25138	19295405	5378192	102785	22367		9493681	18947231
85622	32558098	8147810	1952866	71958	40700	16886920	21943938

1-9 续表 3

项目	累计折旧	#本年折旧	#在建工程	#无形资产	负债合计
合计	**185777471**	**22705416**	**75345029**	**27649754**	**659058096**
一、采矿业	**22309796**	**2449406**	**23639140**	**1941105**	**153283916**
烟煤和无烟煤开采洗选	1366377	103190	49383	221450	14230417
天然气开采	189405	112664	8574135	22747	6649812
铁矿采选	10086595	327257	13816090	1469180	114167022
土砂石开采	14768	3226	8624	42310	276708
石油和天然气开采辅助活动	10652651	1903069	1190908	185418	17959957
二、制造业	**90722931**	**11142818**	**30223192**	**23773465**	**404655043**
谷物磨制	101450	8237	9400	7792	1159398
饲料加工	164952	39352	741	48088	1866744
植物油加工	10396	1263		1084	183955
制糖业	***	***	***	***	***
屠宰及肉类加工	902565	121034	679048	809727	11306304
水产品加工	***	***	***	***	***
蔬菜、水果和坚果加工	63991	8108	21078	24100	278504
其他农副食品加工	18826	1524			146125
焙烤食品制造	111081	24206	30334	41399	261732
方便食品制造	49667	12587	1280	156	892076
乳制品制造	185544	35128	312964	13815	2632654
罐头食品制造	***	***	***	***	***
调味品、发酵制品制造	78333	10198	149068	13803	557297
其他食品制造	204866	27995	194453	78305	1498890
酒的制造	357221	56756	66651	125513	1430336
饮料制造	88840	19083	7317	9293	1550836
棉纺织及印染精加工	277357	27426	3823	98870	1895858
毛纺织及染整精加工	5764	3817		9793	194306
家用纺织制成品制造	24177	3972		720	170112
非家用纺织制成品制造	66980	9769	638	8352	377525
机织服装制造	342003	40161	77137	29822	1660070
针织或钩针编织服装制造	297602	32019	264541	68748	1719970
皮革鞣制加工	***	***	***	***	***
皮革制品制造	5572	596			33706
毛皮鞣制及制品加工	6553	1349		75	40442
制鞋业	***	***	***	***	***
木材加工	***	***	***	***	***
人造板制造	***	***	***	***	***
木制品制造	139006	21214	1291	60659	470384
木质家具制造	109491	13242	26380	46511	622464
金属家具制造	131807	13951	5615	29783	606372
其他家具制造	5132	826			9960
造纸	23685	4441			130094
纸制品制造	121970	23190	102004	28644	521850
印刷	3886141	407539	165394	488490	2981369
记录媒介复制	83280	8538	10	3001	53800
乐器制造	168152	17001	5877	36526	490499
工艺美术品制造	343183	36242	42168	156499	3575299
游艺器材及娱乐用品制造	13534	2777	1078	458	402708
精炼石油产品制造	19052767	1135395	5519386	536156	16204737
基础化学原料制造	6061812	266483	409669	612382	11797320
肥料制造	23018	2501	1242	4152	222252

单位：千元

流动负债合计	#应付账款	非流动负债合计	#应付债券	所有者权益合计	#实收资本	国家资本	集体资本
469696543	**155417464**	**186811813**	**57667084**	**559946085**	**280052647**	**92712720**	**1203797**
69440613	**26141978**	**83744300**	**42000000**	**130297645**	**61987473**	**29265877**	
12789208	7997238	1441208		14467722	6913248		
2250905	1343681	4398906		6367465	1980040	980040	
37277745	10774450	76889276	42000000	81453371	28621837	28281987	
276708	50408			211521	41500	3850	
16846047	5976201	1014910		27797566	24430848		
338227797	**110355902**	**64338569**	**6233610**	**341495617**	**166481699**	**31052223**	**1172108**
1139600	136543	17517		293854	297427	131880	
1770321	384003	96422	40000	4451997	1886518	3000	
183122	10488	832		221562	176084	125584	
***	***	***	***	***	***	***	***
10036528	424057	1269774	80000	4478012	1624993	214854	40000
***	***	***	***	***	***	***	***
268621	102925	9883		123756	95717		
143625	16526	2500		355253	10500		
259993	115323	1738		370118	244882	55500	
888570	61744	65		-493414	274311	255000	3311
2535431	406804	8700		156009	339811	92221	
***	***	***	***	***	***	***	***
497593	172957	59704		167736	110995		
932991	168199	454813	146623	1452434	600467	17400	20500
1407799	87622	17536		860011	515058		
1492977	85623	57858		1047917	670010	124546	13118
1157996	394372	737861		1972650	1651606	136627	
194306	148663			123781	138250		
169789	83535	323		37182	63733		
376774	75724	751		267634	166509	11850	
1553814	590903	105153		1286643	659285	36427	73692
1673394	371987	46576		1598948	708058		
***	***	***	***	***	***	***	***
33706	5356			26240	21960		
40442	1311			59858	14740		
***	***	***	***	***	***	***	***
***	***	***	***	***	***	***	***
***	***	***	***	***	***	***	***
457550	81771	12834		289889	243566		
555485	146304	60000		359090	292490		
380382	143170	225989		620970	240675		
9960	2285			20798	8460		7960
124822	108434	5272		58621	55800		
507985	158599	13773		404942	331045	12000	
2781140	893822	154838		5754783	3475688	411570	81500
53800	24937			49166	84583		
279999	131134	210500		362716	315950	224450	
3425017	1731000	150282		2101314	1545564	1000000	
402708	114497			17594	16518		6518
16171818	6973119	32919		11000186	397722		
11062741	366133	234578		5017754	6704258		
208288	76131	13964		54040	87000		

1-9 续表 4

项目	累计折旧	#本年折旧	#在建工程	#无形资产	负债合计
农药制造	24207	4074	245	11235	145488
涂料、油墨、颜料及类似产品制造	128166	28750	87312	148049	1050434
合成材料制造	1401978	155781	246700	638514	2207189
专用化学产品制造	431816	60392	133186	70963	1402820
炸药、火工及焰火产品制造	***	***	***	***	***
日用化学产品制造	92129	10583	226	73103	776243
化学药品原料药制造	31569	4939		13813	173446
化学药品制剂制造	1982122	305201	1053886	936557	11869330
中药饮片加工	70339	24856	35448	10332	997270
中成药生产	1168667	108168	236622	391816	3601364
兽用药品制造	128104	19130	4688	16804	432815
生物药品制造	1022275	148757	2845469	482333	4879080
卫生材料及医药用品制造	16696	9709		199	72659
合成纤维制造	59376	13119	149	19850	75199
橡胶制品业	331510	44818	26647	23126	907714
塑料制品业	461261	67648	53878	42740	3619535
水泥、石灰和石膏制造	1614076	144293	105391	416153	1175723
石膏、水泥制品及类似制品制造	2830831	464050	273232	605358	19265870
砖瓦、石材等建筑材料制造	312042	58756	50032	86595	3383327
玻璃制造	79096	9379	5899	8958	144152
玻璃制品制造	286443	77101	69362	233745	8118238
玻璃纤维和玻璃纤维增强塑料制品制造	324501	53173	2765	97565	2129061
耐火材料制品制造	270678	26666	48420	62889	2233796
石墨及其他非金属矿物制品制造	358782	44718	19692	24527	1462946
黑色金属铸造	101981	4979		3315	187675
钢压延加工	10599337	382154	851956	504101	13250860
铁合金冶炼	***	***	***	***	***
贵金属冶炼	***	***	***	***	***
稀有稀土金属冶炼	***	***	***	***	***
有色金属合金制造	69390	8949	20784	6302	540198
有色金属铸造	***	***	***	***	***
有色金属压延加工	135940	18773	48311	39326	743523
结构性金属制品制造	489078	59650	68457	252745	3777435
金属工具制造	85480	17646	1192	56596	156999
集装箱及金属包装容器制造	66319	21765	19550	7001	488462
金属丝绳及其制品制造	82620	5193		14862	97721
建筑、安全用金属制品制造	104207	11056	1450	81903	456036
金属表面处理及热处理加工	25731	6461	3041	164	184538
金属制日用品制造	4537	805	17242		174037
其他金属制品制造	1735318	224509	1222596	715236	7471252
锅炉及原动设备制造	104010	11240	6059	2094	1160579
金属加工机械制造	891546	125816	64187	253397	2627503
物料搬运设备制造	203868	36335	9848	110636	2237455
泵、阀门、压缩机及类似机械制造	531750	54320	375232	143592	2578115
轴承、齿轮和传动部件制造	39133	11115	526		129699
烘炉、风机、衡器、包装等设备制造	424716	75730	37701	268571	4175451
文化、办公用机械制造	29912	5186			188028
通用零部件制造	108737	11644	51869	25007	329068
其他通用设备制造业	5338	2822		1456	74279
采矿、冶金、建筑专用设备制造	1465219	291710	615660	441263	23898084
化工、木材、非金属加工专用设备制造	443928	78539	104193	183341	2911718

单位：千元

流动负债合计	#应付账款	非流动负债合计	#应付债券	所有者权益合计	#实收资本	国家资本	集体资本
145488	34188			264222	153260		
856651	280305	183591		974658	590681	290	
1682961	718879	523567		1542720	1481482	453000	2000
1397328	513700	4601		1558271	1097942	12000	4000
***	***	***	***	***	***	***	***
763242	104711	13000		-26204	142562	50000	
168414	20154	841		119078	78250		
10892280	2475430	844404	198374	12353775	3492901	238204	39664
919560	595771	77710		800396	241346	30000	2805
2438683	1121488	1085595	908152	7390824	2610102	156000	
366485	62856	66330		534487	190130	8400	
2975366	282781	1903714	50000	10496048	3060502	230357	
70334	7110	2325		69481	33000		
67666	9050	7533		240052	92000		
848387	63010	59326		67829	232045		10850
2644005	394896	975322	892985	4073815	1892193	162869	5990
1069882	579627	105841		2379863	2128463		
18016392	8424819	888587	79108	8554902	3639114	426950	257896
3341779	1023402	41498		2239224	1083774	88942	2000
144152	17038			63358	29878		
7118340	3102872	999896	891648	4976614	1625293		
1945115	620142	183946		1807929	545419		
1976984	322554	256812		1155144	625979	1650	
1426627	763539	36319		938676	698597	397089	
180981	58301	3759		99322	78882	5000	
4889954	1984212	8360905		9907215	5866395	142500	
***	***	***	***	***	***	***	***
***	***	***	***	***	***	***	***
***	***	***	***	***	***	***	***
513448	194927	26750		331727	181680		
***	***	***	***	***	***	***	***
721723	126213	21800		650393	196618		500
3747835	1258968	19598		2871926	1427151	46986	10224
147879	47003	9119		496985	314539		
386336	71509	85000		131051	165000		
97721	34949			65839	64008		
453496	207819	2540		107175	104500	10000	
174737	115651	9800		106309	51280		
41265	22428	132772		41241	38010		
5659395	2125413	1811756	991346	8412155	4024554	2670915	13950
1017539	179524	143040		145959	201340	26540	
2399450	626941	228051	40900	4733670	2436593	71935	12000
1863617	482620	373838		1163036	1099480		
2196827	671999	323708		1844593	1287009	618141	
128940	86437	759		187385	141505		
4080497	1017592	94953		8185393	2659179	170948	
185677	82597	2350		299328	102766		
200949	63254	128119		94633	110000	100000	
74079	31469	200		81127	19000		
15895244	4354876	8002837	493358	22586186	10439257	724448	
2766114	688666	115461		2115875	781500	10000	32353

1-9 续表 5

项　　目	累计折旧	#本年折旧	#在建工程	#无形资产	负债合计
食品、饮料、烟草及饲料生产专用设备制造	2391	1020		338	30243
印刷、制药、日化及日用品生产专用设备制造	64702	9302	23808	25936	322824
纺织、服装和皮革加工专用设备制造	133987	20897		20868	1427099
电子和电工机械专用设备制造	243886	83168	349460	544136	2555594
农、林、牧、渔专用机械制造	50435	15978	71511	70767	1661955
医疗仪器设备及器械制造	404431	62420	158085	240479	1371598
环保、社会公共服务及其他专用设备制造	421936	81434	270619	386808	11849234
汽车整车制造	3507325	769042	3402945	3926770	35249705
改装汽车制造	146791	17190	14271	34649	1350971
汽车车身、挂车制造	***	***	***	***	***
汽车零部件及配件制造	881664	207684	2115650	818218	11593937
铁路运输设备制造	1469844	208790	1069112	438241	9991390
城市轨道交通设备制造	***	***	***	***	***
船舶及相关装置制造	22200	6268		22163	170525
航空、航天器及设备制造	1043020	118878	414169	111795	5896146
非公路休闲车及零配件制造	***	***	***	***	***
电机制造	965818	102736	677580	527842	22413647
输配电及控制设备制造	967745	158901	286965	496277	13048856
电线、电缆、光缆及电工器材制造	136203	22204	7644	48093	907098
电池制造	46589	17451	63546	46536	652335
家用电力器具制造	9390	6248		26431	115001
非电力家用器具制造	105259	11928	2190	91622	665414
照明器具制造	***	***	***	***	***
其他电气机械及器材制造	6582	2503	26263	20862	328972
计算机制造	733152	59579	100460	193834	16625493
通信设备制造	1135283	192401	494531	984789	12772387
广播电视设备制造	70224	10064	126038	122631	1114801
雷达及配套设备制造	***	***	***	***	***
视听设备制造	12510	3214		1911	199284
电子器件制造	8180195	2483279	2221725	2020262	20424717
电子元件制造	682003	71599	42723	43605	1414753
其他电子设备制造	395349	71411	208566	153315	3618137
通用仪器仪表制造	653351	104400	410200	441391	7850714
专用仪器仪表制造	271455	41988	71267	234861	2133518
钟表与计时仪器制造	***	***	***	***	***
光学仪器及眼镜制造	94305	13620		7228	303423
其他仪器仪表制造业	13846	4740	397	4576	473835
煤制品制造	12237	2403	1294		82513
其他未列明制造业	1995058	229729	618284	419614	4811348
金属废料和碎屑加工处理	15419	5798	7774	15588	169634
非金属废料和碎屑加工处理	100783	25496	13340	8752	388186
专用设备修理	***	***	***	***	***
铁路、船舶、航空航天等运输设备修理	83382	17081	5175	44111	388638
三、电力、热力、燃气及水生产和供应业	**72744744**	**9113192**	**21482697**	**1935184**	**101119137**
电力生产	10959832	762761	2482654	134768	16062047
电力供应	36245838	5137999	9811436	79188	36808165
热力生产和供应	10801034	1602640	3350318	139451	24226154
燃气生产和供应业	231156	47424	185092	12466	1619324
自来水生产和供应	9475371	796295	3283604	51542	10671999
污水处理及其再生利用	5031513	766073	2369593	1517769	11731448

单位：千元

流动负债合计	#应付账款	非流动负债合计	#应付债券	所有者权益合计	#实收资本	国家资本	集体资本
27582	8975	2661		46137	8500		
306113	77610	14118		371303	156908	17778	200
1418150	360327	8949		551670	238500		
1417605	539448	1136577		1462601	1929990	935210	
1568526	302999	86937	30000	1097424	393450	61291	21750
1185219	403753	101403		3755460	1456146	120224	
11232080	5301844	600509		9866468	3010387	139021	
29018149	9371485	6231556		25644923	8633128	5557246	
1262755	406878	88216		1030586	680484	342504	52600
***	***	***	***	***	***	***	***
9362966	3768673	2226813	19700	5586757	5305362	117533	39200
7334427	3426746	2656638		4565753	2942459	463251	37485
***	***	***	***	***	***	***	***
146127	48590	24398		599717	112972		2719
5845799	1964532	50347		4570873	1500633	63432	
***	***	***	***	***	***	***	***
20980435	5906224	1306693	443176	7413554	6324532	734460	
12398673	6575271	648178		10122229	4415673	790855	105451
891612	284204	15440		628541	290980	10500	
563093	105139	89241		118727	250333		
115001	63174			186040	95710		
598292	271981	67121		493883	367171	20000	80000
***	***	***	***	***	***	***	***
328972	212503			167927	77800		
15279760	3474296	1285732	703365	13390775	4154962	30000	
11701061	3346436	1071326	200000	17049831	7940160	111962	394
1113393	146936	1407		1146327	822968	11404	
***	***	***	***	***	***	***	***
191443	140871	5940		483092	73300		
9581617	4263425	10801962		29476470	22551403	9867181	28750
1099044	346797	97553		1298318	741728	244345	1500
2271284	917949	1320824	24875	3545862	1128570	24000	128898
7385738	2886504	456633		9280722	2648288	322078	20559
1965508	698639	152688		2026252	803577	150473	
***	***	***	***	***	***	***	***
268342	70355	35081		1292000	553560	51667	
473812	219907	22		383952	44223		
80160	-2815	2353		27042	15590		
3568039	1938705	1243309		7287013	2694358	881614	10171
105867	16479	63767		173597	121500		
169581	15364	218605		58597	55000	55000	
***	***	***	***	***	***	***	***
377759	191833	10878		472320	217823	41721	
62028133	**18919584**	**38728944**	**9433474**	**88152823**	**51583475**	**32394620**	**31689**
6075924	2701502	9986123	2000000	16062040	7803299	5817371	
32539172	12561996	4268993	2600000	24486045	7019137	5000000	1889
13748755	2560805	10115341	2034858	17274872	10054141	9900	29800
1619324	510848			879810	783250	6700	
5458106	113001	5213892		8623406	6081391	5927556	
2586852	471432	9144595	2798616	20826650	19842257	15633093	

1-9 续表 6

项目	法人资本	个人资本	港澳台资本	外商资本	主营业务收入	主营业务成本
合计	**159292017**	**25735727**	**367971**	**90470**	**714835971**	**620685772**
一、采矿业	**32213585**	**508011**			**137082516**	**130298023**
烟煤和无烟煤开采洗选	6487427	425821			71517612	68751562
天然气开采	1000000				481636	363713
铁矿采选	282710	57140			45376157	42409466
土砂石开采	12600	25050			221530	174164
石油和天然气开采辅助活动	24430848				19485581	18599118
二、制造业	**108027614**	**25121368**	**367971**	**90470**	**480903781**	**394836075**
谷物磨制	132081	33466			2255337	2169108
饲料加工	1795600	87918			3798974	2720227
植物油加工	50500				1278169	1186453
制糖业	***	***	***	***	***	***
屠宰及肉类加工	1297081	73058			13541765	10818455
水产品加工	***	***	***	***	***	***
蔬菜、水果和坚果加工	85717	10000			399621	324344
其他农副食品加工	10000	500			816305	586937
焙烤食品制造	188882			500	669101	500993
方便食品制造	14000	2000			443651	412409
乳制品制造	219590	28000			1527638	1399932
罐头食品制造	***	***	***	***	***	***
调味品、发酵制品制造	92521	18474			690468	500167
其他食品制造	382420	180147			1990453	1336478
酒的制造	384705	130353			1329770	869843
饮料制造	518346	14000			1080765	1011420
棉纺织及印染精加工	1470933	44046			1847678	1632208
毛纺织及染整精加工	138250				295639	270818
家用纺织制成品制造	33225	30508			229517	208389
非家用纺织制成品制造	130009	24650			678632	571306
机织服装制造	381497	167669			2438206	1521370
针织或钩针编织服装制造	673140	34918			2599060	1396850
皮革鞣制加工	***	***	***	***	***	***
皮革制品制造	21960				90963	80652
毛皮鞣制及制品加工	4740	10000			206127	180660
制鞋业	***	***	***	***	***	***
木材加工	***	***	***	***	***	***
人造板制造	***	***	***	***	***	***
木制品制造	187756	55810			484892	367787
木质家具制造	155910	136580			629653	509549
金属家具制造	209111	31564			638889	450147
其他家具制造	500				132720	105138
造纸	55800				413097	397607
纸制品制造	120122	198923			868951	762437
印刷	2817945	142839		21834	5971416	4249773
记录媒介复制	84583				78468	63548
乐器制造	91500				411185	375029
工艺美术品制造	530864	14700			7870698	7481663
游艺器材及娱乐用品制造	10000				186426	160662
精炼石油产品制造	397722				72945950	65231643
基础化学原料制造	6448441	255817			3352740	3349580
肥料制造	67000	20000			359754	326403

单位：千元

主营业务税金及附加	其他业务利润	销售费用	管理费用	#税金	#工会经费	财务费用	#利息收入	#利息支出
10458145	**2964018**	**22997799**	**41800953**	**1039070**	**252669**	**7605650**	**2833913**	**10035485**
755648	**190320**	**542379**	**2797494**	**108840**	**19155**	**1611855**	**347826**	**1768083**
273601	169646	503644	669666	49481	4099	128692	125576	212880
8679	34463		383818	4506	1060	19514	28965	46474
172423	-55550	34658	1109539	47385	8622	1195038	78610	1165413
2531	13602	4005	23643	285	172	-1240	2088	829
298414	28159	72	610828	7183	5202	269851	112587	342487
9376171	**2562889**	**22357757**	**36924447**	**793567**	**211344**	**4462834**	**2322244**	**6426018**
2096	20321	47044	59485	725	651	46213	1394	47465
127	17526	214666	400385	4079	1646	17188	16966	31798
1556	4192	56564	29689	345	62	5742	177	5752
***	***	***	***	***	***	***	***	***
749962	20640	1018959	473342	11526	4461	177349	367157	531755
***	***	***	***	***	***	***	***	***
2170	1412	72204	26895	1277	403	4823	656	5436
4517	79	109720	43720	27	766	-3038	4919	1847
4557	103	91901	57954	1744	429	368	433	747
443	351	104191	38911	1024	296	1155	207	483
2601	3557	80528	52050	1879	-1573	14269	70	14292
***	***	***	***	***	***	***	***	***
3997	-146	98127	52710	872	181	10274	72	10061
9384	12882	210605	180810	3402	2067	50171	4291	39431
347899	15211	30243	140781	7150	822	30024	3350	33062
2854	6267	54462	46887	1085	499	45523	25204	54207
8684	35303	18394	198085	9859	1157	31810	2303	33163
318		2066	14006	132	379	6464	53	5784
666	828	4287	14315	209	126	2057	217	
1817	1980	22064	53865	651	790	9803	619	10119
22160	20616	416326	366352	6823	1804	11481	4922	13876
20923	20766	538945	219647	3277	1543	7551	591	8153
***	***	***	***	***	***	***	***	***
496		5854	4559	62		1035	96	109
1119	521	10727	12052	161	154	1287	38	868
***	***	***	***	***	***	***	***	***
***	***	***	***	***	***	***	***	***
***	***	***	***	***	***	***	***	***
2530	12225	40750	52781	951	387	4104	110	3307
3545	3780	45223	53641	1729	942	4810	88	2818
4425	14488	106054	64524	6650	1756	14619	507	14310
628	166	14114	9940	147	135	-23	23	
311	1825	8532	7209	338	61	877	44	624
2022	4031	29146	74084	1364	174	6140	811	6789
40141	120797	112340	839475	22433	4908	-5006	30839	23642
408	83	4697	13541	507	167	656	4	643
2781	15285	33083	51595	3624	459	13878	367	13671
6616	80677	140939	275886	8411	2022	73845	2905	66883
396	1262	6717	13433	338	252	1506	46	1345
6093290	80996	384521	2225353	25040	5027	252262	12667	258925
4449	28429	71998	496685	9486	2540	233900	3406	236638
	-162	14948	7896	68	47	692	23	711

1-9 续表 7

项　　目					主营业务收　　入	主营业务成　　本
	法人资本	个人资本	港澳台资　本	外商资本		
农药制造	52930	79711	20619		381730	244018
涂料、油墨、颜料及类似产品制造	285416	304975			1945886	1415716
合成材料制造	1002282	24200			6744212	6451894
专用化学产品制造	1005143	76799			2824481	2339773
炸药、火工及焰火产品制造	***	***	***	***	***	***
日用化学产品制造	42562	50000			560130	438053
化学药品原料药制造	3250	75000			163723	118066
化学药品制剂制造	2518387	461340	33000		9727876	4554320
中药饮片加工	152556	55985			1907386	1161374
中成药生产	1467153	672597	314352		6768709	4067625
兽用药品制造	179244	2486			582611	327896
生物药品制造	1278068	1311957			5583845	2007143
卫生材料及医药用品制造		33000			130197	74753
合成纤维制造	92000				155619	117332
橡胶制品业	211695	9500			1240466	1125476
塑料制品业	1413151	272858		37325	3861904	3351584
水泥、石灰和石膏制造	2128463				2012643	1693414
石膏、水泥制品及类似制品制造	2199440	754828			16228823	14286348
砖瓦、石材等建筑材料制造	808208	184624			4347557	3470171
玻璃制造		29878			202940	158007
玻璃制品制造	905996	719297			8926422	7554213
玻璃纤维和玻璃纤维增强塑料制品制造	545419				1972796	1743077
耐火材料制品制造	470604	153725			1450068	1258853
石墨及其他非金属矿物制品制造	276318	25190			1625269	1491780
黑色金属铸造	22755	51127			240097	211183
钢压延加工	4537106	1186789			10773520	10507829
铁合金冶炼	***	***	***	***	***	***
贵金属冶炼	***	***	***	***	***	***
稀有稀土金属冶炼	***	***	***	***	***	***
有色金属合金制造	101680	80000			1245666	1119057
有色金属铸造	***	***	***	***	***	***
有色金属压延加工	180818	15300			1534088	1333251
结构性金属制品制造	767492	602449			5197249	4174747
金属工具制造	294724	19815			421455	322582
集装箱及金属包装容器制造	151000	14000			351335	332037
金属丝绳及其制品制造	64008				183648	165570
建筑、安全用金属制品制造	55900	38600			285136	245422
金属表面处理及热处理加工	35100	16180			369245	329765
金属制日用品制造		38010			60628	50156
其他金属制品制造	724195	614756		738	8490379	7394850
锅炉及原动设备制造	144348	30452			493839	393538
金属加工机械制造	2319405	33253			2198523	1832754
物料搬运设备制造	918088	181392			1357374	1048168
泵、阀门、压缩机及类似机械制造	590441	78427			2107478	1732659
轴承、齿轮和传动部件制造	136400	5105			280166	251487
烘炉、风机、衡器、包装等设备制造	1999438	280280		994	3749072	2748908
文化、办公用机械制造	56271	46495			410277	263530
通用零部件制造	9000	1000			1194903	1180641
其他通用设备制造业	12350	6650			120216	74230
采矿、冶金、建筑专用设备制造	6272416	3442393			14590748	12553842
化工、木材、非金属加工专用设备制造	668046	71101			2498482	1677391

单位：千元

主营业务税金及附加	其他业务利润	销售费用	管理费用	#税 金	#工会经费	财务费用	#利息收入	#利息支出
1286	3489	47122	48536	321	335	1487	1538	1509
13405	7866	161438	160083	3700	1155	19919	4628	20910
6333	3102	68539	384215	3014	476	41341	1086	40770
10417	31892	100406	312891	5027	1006	2060	9078	8666
***	***	***	***	***	***	***	***	***
2176	47	87722	41773	1121	526	16089	2079	17482
807	1108	12425	14778	383		-5	33	
105802	71076	1779247	1316169	27878	4319	82964	57339	129368
11648		353836	131095	1792	1021	8020	735	8562
76699	38297	1194210	484164	10814	6544	27122	20907	32143
4164	5164	121739	102708	2035	421	8751	491	9069
42334	36877	1310441	718100	16278	1887	-34261	73845	38884
931		19365	14984	33	177	1102	2	1101
788	2349	4765	20497	940	98	3107	478	2486
3390	2610	12611	90281	4529	2255	24935	924	21804
15431	96418	107026	221103	5813	1707	137842	9182	139521
15071	12083	90302	262501	7384	3067	13506	3304	12486
56857	12066	477609	918538	18677	8386	214840	66191	271929
18750	8955	375706	273187	4567	2323	65113	3647	62928
968	2033	12650	20243	607	145	983	25	849
82449	10359	196117	516624	5764	2280	185843	9062	140920
7168	3705	59893	113645	5194	677	28572	15189	29687
5473	2925	129298	142736	3280	999	67386	14539	77875
2619	30934	57801	72889	2474	391	17593	636	17596
1064		8042	19382	872	226	720	53	579
9228	45154	312135	231435	21511	1371	215671	11033	220610
***	***	***	***	***	***	***	***	***
***	***	***	***	***	***	***	***	***
***	***	***	***	***	***	***	***	***
1930	9512	7498	75320	1141	174	19221	760	14532
***	***	***	***	***	***	***	***	***
2572	6013	30960	88310	1499	1163	31464	312	30570
55910	26435	117488	361453	8257	1787	95532	5614	91630
1425	613	21784	39135	802	142	3878	257	3522
516	4889	9122	26330	400	312	9847	81	8730
187	1267	5794	9501	654	21	2319	21	2275
1205	8944	11085	32540	1909	22	1410	39	1271
1141		5046	30232	200	125	408	1221	1462
76	142	691	7935	7	95	681	25	684
13170	168198	104402	784591	11582	3613	45384	43306	84814
2750	6582	10793	79654	141	478	21798	511	20663
10016	21016	110222	306106	8398	3115	-2753	17249	14229
5836	16111	146708	160841	3422	1859	25420	1031	28411
6856	84890	128907	246567	6498	2369	22871	17974	35481
1771	7819	6381	28795	124	218	-101	504	1184
26130	24130	182339	444292	11180	2814	-11816	64021	45928
2351	6	28925	74055	282	148	569	123	409
53	1708	516	30636	2261	133	7960	1050	9014
540	78	8419	17114	18	95	341	31	335
101889	92522	681756	977247	18555	4317	194717	16161	197744
20700	29016	69544	363577	9391	1397	511	7999	6288

1-9 续表 8

项目	法人资本	个人资本	港澳台资本	外商资本	主营业务收入	主营业务成本
食品、饮料、烟草及饲料生产专用设备制造	4040	4460			72522	44881
印刷、制药、日化及日用品生产专用设备制造	103675	35255			577516	378625
纺织、服装和皮革加工专用设备制造	192030	46470			1244302	859700
电子和电工机械专用设备制造	909880	84900			1774470	1485208
农、林、牧、渔专用机械制造	145100	165309			1247014	929383
医疗仪器设备及器械制造	783167	552755			2197639	1120590
环保、社会公共服务及其他专用设备制造	1684264	1187102			11362109	8168588
汽车整车制造	3075882				39733733	35889818
改装汽车制造	279685	5695			2031832	1744109
汽车车身、挂车制造	***	***	***	***	***	***
汽车零部件及配件制造	4952880	187749		8000	12381698	11304315
铁路运输设备制造	2089987	351736			8514486	6716675
城市轨道交通设备制造	***	***	***	***	***	***
船舶及相关装置制造	110253				216866	147317
航空、航天器及设备制造	1432201	5000			7418350	6322191
非公路休闲车及零配件制造	***	***	***	***	***	***
电机制造	5394377	195695			14499504	12593475
输配电及控制设备制造	2456115	1051377		11875	18695024	14928787
电线、电缆、光缆及电工器材制造	203653	76827			2382451	2164616
电池制造	250333				148832	121684
家用电力器具制造	85710	10000			919608	796272
非电力家用器具制造	265584	1587			519772	428149
照明器具制造	***	***	***	***	***	***
其他电气机械及器材制造	77800				479754	380553
计算机制造	3757710	367252			13845388	11950310
通信设备制造	4827660	2991345		8799	11293865	7953207
广播电视设备制造	756933	54631			926322	653116
雷达及配套设备制造	***	***	***	***	***	***
视听设备制造	1428	71872			1039797	848418
电子器件制造	11452637	1202835			25735929	20307504
电子元件制造	193569	302314			1296316	943420
其他电子设备制造	503985	471687			2417788	1615913
通用仪器仪表制造	1366306	938940		405	11115801	8186333
专用仪器仪表制造	237771	415333			2410182	1526424
钟表与计时仪器制造	***	***	***	***	***	***
光学仪器及眼镜制造	494510	7383			383588	269980
其他仪器仪表制造业	22839	21384			302116	163010
煤制品制造	5590	10000			154478	133840
其他未列明制造业	1511741	290832			6971144	5347646
金属废料和碎屑加工处理	110400	11100			295645	255344
非金属废料和碎屑加工处理					188536	193612
专用设备修理	***	***	***	***	***	***
铁路、船舶、航空航天等运输设备修理	143628	32474			367424	223679
三、电力、热力、燃气及水生产和供应业	**19050818**	**106348**			**96849674**	**95551674**
电力生产	1985928				9507423	9037806
电力供应	2017248				71337647	70226268
热力生产和供应	9966393	48048			7923386	8407116
燃气生产和供应业	718250	58300			3426669	3097067
自来水生产和供应	153835				2104687	2786314
污水处理及其再生利用	4209164				2549862	1997103

单位：千元

主营业务税金及附加	其他业务利润	销售费用	管理费用	#税金	#工会经费	财务费用	#利息收入	#利息支出
702		7671	10244	108	42	-332	359	
3979	949	66620	68720	1160	927	3012	626	2762
3173	10484	47512	159173	2035	777	-20852	25704	
11889	340	19067	308984	8892	736	22888	8973	27895
6162	1114	92183	133068	2667	1390	37366	2122	38388
18243	14938	363654	365066	6518	3787	-13698	29952	14349
139258	36989	567705	980155	11636	4829	121424	44983	147115
388860	296831	1392156	2601858	98996	20135	-98842	389706	279197
8576	10990	70537	163335	3714	1434	9885	3938	12414
***	***	***	***	***	***	***	***	***
25881	122721	226613	873209	21352	6531	144329	16759	141674
46250	71434	306477	1026114	19928	3440	156330	14737	165704
***	***	***	***	***	***	***	***	***
1110	112	19728	45732	477	374	-1145	1780	2
4721	2994	30025	438647	2740	2617	-4784	39157	32539
***	***	***	***	***	***	***	***	***
40173	-77748	679904	948694	22722	5337	339105	36967	365213
80815	69728	1113105	1530289	22527	10586	83929	37843	107405
4529	1761	33501	123851	1581	886	35433	3011	32728
	85	16896	64305	907	121	22776	583	23795
11312	25	40731	76097	757	340	-2448	62	349
3382	14835	52129	70257	1824	187	6544	1438	7587
***	***	***	***	***	***	***	***	***
1071		8136	17457	194	69	1649	65	1675
51091	119026	763416	770288	20064	3468	349045	157444	491345
71554	38248	1046618	1922823	24980	8319	112140	177900	269661
5665	8522	67052	125370	1321	1695	19248	7657	26105
***	***	***	***	***	***	***	***	***
4207	24	33978	76574	597	164	-2931	3484	43
61265	130505	790707	2528343	73782	9297	276051	206367	580636
7103	16289	52443	232794	3266	1598	10730	2294	10831
13481	18285	221640	623879	7647	2317	38547	6559	40381
63166	57874	595011	1309305	18394	8176	35150	50936	81875
15197	27269	176416	459389	2517	2432	30402	6778	34735
***	***	***	***	***	***	***	***	***
2285	7216	37679	111825	1854	255	4310	4492	8455
2612	8	31693	54437	555	312	9668	318	9766
516		12066	4393	65	36	2272	31	2293
26268	19895	146450	785757	15942	3881	-12299	33637	21383
1123	1832	5401	15387	634		1227	142	1353
1450		805	28037	1032	319	-78	189	103
***	***	***	***	***	***	***	***	***
2253	5067	24658	70029	2111	273	4590	188	4682
326326	**210809**	**97663**	**2079012**	**136663**	**22170**	**1530961**	**163843**	**1841384**
59345	46241		232183	27613	1063	623410	16061	632663
202372	-62390		447511	33743	1170	368131	27763	357842
33488	150485	46453	736390	28962	8220	576857	58310	622605
15087	52103	45298	160841	3426	2890	-1588	9222	7533
15832	18905		297748	32129	7381	-140509	25787	72642
202	5465	5912	204339	10790	1446	104660	26700	148099

1-9 续表 9

项　　目	投资收益（损失以"-"号记）	营业利润	营业外收　入	#补贴收入	营业外支　出
合　计	**13809561**	**24400845**	**10822017**	**7469530**	**2980000**
一、采矿业	**1973546**	**2651133**	**581681**	**189620**	**1302802**
烟煤和无烟煤开采洗选	463299	1779809	21625	8485	14659
天然气开采		-259625	182916	57106	76321
铁矿采选	1358322	1749112	231938	1360	874152
土砂石开采	-193	18175	2352	1546	75
石油和天然气开采辅助活动	152118	-636338	142850	121123	337595
二、制造业	**9637207**	**22434683**	**6157297**	**3392047**	**1314147**
谷物磨制	41	-48244	36577	1550	1045
饲料加工	156939	620366	14707	9335	4293
植物油加工	-30	1949	19820	21	185
制糖业	***	***	***	***	***
屠宰及肉类加工	83923	411482	62729	44598	11246
水产品加工	***	***	***	***	***
蔬菜、水果和坚果加工	628	-29227	813	443	206
其他农副食品加工	428	75579	1133	1130	26
焙烤食品制造		13390	1105	25	357
方便食品制造		-114836	9129	5279	1742
乳制品制造	11676	-3976	4947	3401	2626
罐头食品制造	***	***	***	***	***
调味品、发酵制品制造		24132	4112		175
其他食品制造	9605	225191	24603	20787	2090
酒的制造	25280	-47488	32706	21898	238
饮料制造	19939	-57485	4981	100	615
棉纺织及印染精加工	24649	14413	23859	2042	17246
毛纺织及染整精加工		1967	111		
家用纺织制成品制造		631	185	32	98
非家用纺织制成品制造	-152	20416	6398	2050	108
机织服装制造	2897	123817	29420	4548	4292
针织或钩针编织服装制造	17106	423099	6020	4202	1712
皮革鞣制加工	***	***	***	***	***
皮革制品制造		-1633	1837	1253	40
毛皮鞣制及制品加工		803	11		347
制鞋业	***	***	***	***	***
木材加工	***	***	***	***	***
人造板制造	***	***	***	***	***
木制品制造		18259	40441		-1458
木质家具制造	7	16542	28025	319	449
金属家具制造	742	13814	9658		69
其他家具制造		3089			
造纸		40	106		33
纸制品制造		-896	6184	5004	459
印刷	1434	846636	47681	23554	5115
记录媒介复制		-4299	96		1
乐器制造		-49413	4694		2
工艺美术品制造	11779	-97420	87755		345
游艺器材及娱乐用品制造	54	5028	35		25
精炼石油产品制造	-231054	-1465061	23848		170234
基础化学原料制造	6024	-770840	15133	3797	16037
肥料制造		9174	185	1637	22

单位：千元

利润总额	亏损企业亏损额	应交所得税	应付职工薪酬(本年贷方累计发生额)	应交增值税	进项税额	销项税额	从业人员平均人数(人)
32594858	**10676447**	**5453786**	**60258725**	**18463107**	**95551577**	**108894253**	**543337**
1930012	**1295065**	**651390**	**9101166**	**2196018**	**18897512**	**20595989**	**66032**
1786775		476132	1906230	901825	11384811	12166031	15640
-153030	225977	-10991	278533	58155	93231	94946	1926
1106898		75942	2295829	997554	7125321	8107503	25189
20452		5113	18395	8281	23343	31301	243
-831083	1069088	105194	4602179	230203	270806	196208	23034
27488662	**8295869**	**4184216**	**43211563**	**13273535**	**62465604**	**73700727**	**427774**
-12712	26825	3526	65570	4990	249158	242317	1110
630780	8735	65356	317018	487	13318	8667	3378
21584		4269	32549	12784	154793	167468	695
***	***	***	***	***	***	***	44
464553	29915	107768	627543	294929	2075866	2334452	9288
***	***	***	***	***	***	***	60
-28620	29210	147	73612	17639	52475	69535	1019
76686		19434	62924	37757	142185	179497	541
14138	19333	8397	157937	42797	73176	111631	3255
-107449	111686	2108	76765	7333	60853	67294	1101
-1655	40947		106651	22502	233649	248322	1980
***	***	***	***	***	***	***	102
28069		6903	110532	38950	78701	116755	2423
248588	24179	54688	243782	88869	210188	265623	2851
-15020	28835	449	149056	95719	133333	228555	3182
-53119	90093	9395	48301	13246	169906	54323	715
21026	49515	6613	172072	22444	268009	287696	1878
2078		532	30257	2526	47755	46193	671
718		324	22578	1513	35045	14328	306
26706		4669	55364	12723	96289	102065	934
148945	48197	30928	480664	171068	281761	419770	8071
427407	72408	61715	428778	171326	273126	429590	6660
***	***	***	***	***	***	***	19
164	671	209	11812	1417	11978	4854	304
467	934	451	14600	5258	26801	29302	343
***	***	***	***	***	***	***	43
***	***	***	***	***	***	***	5
***	***	***	***	***	***	***	20
60158	450	5861	79911	26413	54490	80881	1447
44120	9844	10157	103382	29809	79894	107361	1652
23403		3781	131588	33767	88478	121075	1585
3089		678	12256	5476	15871	21130	260
113	1024	284	10940	2955	67630	70558	245
4829	10569	3166	82793	16842	137123	153325	1841
891832	22442	209333	1173084	329441	673606	994591	10963
-4204	4204	130	18068	2360	7240	9600	254
-44721	46657	450	96254	16467	52228	67246	1674
-10010	90616	-11069	194248	39065	919163	853134	1880
5038		1300	28832	3132	28393	31463	505
-1611051	1849656	158554	1736670	1440551	11872983	13304739	13917
-771744	791209	1168	441488	51062	1071368	1118467	5958
10974	2801	548	14144	1637		1637	306

1-9 续表 10

项　　目	投资收益（损失以"-"号记）	营业利润	营业外收入	#补贴收入	营业外支出
农药制造	39	42467	2859	1460	81
涂料、油墨、颜料及类似产品制造	859	180583	5639	1821	2426
合成材料制造	-13266	-237345	6134	4753	15626
专用化学产品制造	3145	22342	6139	2607	10005
炸药、火工及焰火产品制造	***	***	***	***	***
日用化学产品制造	1059	-24573	1505	75	254
化学药品原料药制造		18705	2950	1048	392
化学药品制剂制造	878355	2821276	99282	38944	13817
中药饮片加工		237756	3202		7552
中成药生产	224003	1145731	44130	13330	8509
兽用药品制造	6518	26646	2547	1650	475
生物药品制造	241869	1775824	75937	20509	14365
卫生材料及医药用品制造		19988	2063	2063	343
合成纤维制造		10776	3155	1638	52
橡胶制品业	3047	-7621	1966	1497	1324
塑料制品业	20826	146956	14963	10150	2306
水泥、石灰和石膏制造	4025	-163625	135217	96331	511
石膏、水泥制品及类似制品制造	532077	731824	317602	276212	39412
砖瓦、石材等建筑材料制造		148713	4837	3472	2735
玻璃制造		12090	4464	3535	72
玻璃制品制造	4	168618	27531	9399	2840
玻璃纤维和玻璃纤维增强塑料制品制造		23996	32205	31046	290
耐火材料制品制造	32080	-191107	91917	5716	23500
石墨及其他非金属矿物制品制造	7399	17782	10044	2473	6127
黑色金属铸造		-294	391		2883
钢压延加工	302891	-168386	14280	1219	139
铁合金冶炼	***	***	***	***	***
贵金属冶炼	***	***	***	***	***
稀有稀土金属冶炼	***	***	***	***	***
有色金属合金制造	-965	26762	6819	1584	243
有色金属铸造	***	***	***	***	***
有色金属压延加工	-880	50340	106261	1458	344
结构性金属制品制造	10008	409917	19951	8882	2496
金属工具制造		33239	5216		114
集装箱及金属包装容器制造		-21752	2660	2162	386
金属丝绳及其制品制造		1560	46		2
建筑、安全用金属制品制造		-267	150	836	121
金属表面处理及热处理加工		2120	94		99
金属制日用品制造		1231			75
其他金属制品制造	93312	348393	63008	27557	10649
锅炉及原动设备制造		-28697	501	54	591
金属加工机械制造	-2758	-100440	59671	44811	1581
物料搬运设备制造	-233	-19300	10361	3	1350
泵、阀门、压缩机及类似机械制造	9824	46521	57405	31002	6561
轴承、齿轮和传动部件制造		-447	6644	966	73
烘炉、风机、衡器、包装等设备制造	9912	287926	189666	15194	34821
文化、办公用机械制造	297	39521	1351		984
通用零部件制造		-23195	26190		35
其他通用设备制造业		19650	238	2311	21
采矿、冶金、建筑专用设备制造	1875376	1996711	176393	57673	58066
化工、木材、非金属加工专用设备制造		366890	19247	16049	1159

单位：千元

利润总额	亏损企业亏损额	应交所得税	应付职工薪酬(本年贷方累计发生额)	应交增值税	进项税额	销项税额	从业人员平均人数(人)
45245	1280	6831	38319	11979	21369	33413	514
183796	1417	47473	204746	72985	238746	310959	2717
-246837	320108	-69401	332681	55787	923444	966929	1846
18562	59838	-6177	270475	91358	453586	526841	2574
***	***	***	***	***	***	***	519
-23322	34166	1221	62168	20402	91240	100317	1041
21263	695	3315	18853	8313	19998	28152	361
2907342	76206	361558	1303035	911155	764533	1644011	13094
233406		32353	164157	119220	161849	280891	2651
1212455	1206	159109	882121	571834	1085792	1653133	9475
28718	8157	6891	146727	37584	9416	46242	1821
1837396	4951	278536	714458	334488	153327	462881	6713
21708		2988	18418	9173	11145	20254	282
13879		2576	37208	6191	26528	20628	511
-6979	24718	2497	210661	29387	150007	170028	3037
160590	56571	33817	215797	92811	559163	641999	3521
-28919	139389	18498	240195	123550	232760	351544	2930
1140393	52869	146622	1343769	159811	278514	383920	19445
152562	30757	18865	349194	142406	563448	680543	3671
16482		2009	30989	6811	26075	32270	522
193309	93711	45207	558251	53901	922618	887257	7131
7919	26323	7403	170736	65278	262155	326162	2100
-122690	147281	2887	165428	46487	261948	303850	2213
21699	10039	3769	145015	18126	75596	83686	1786
-2786	3260	105	45719	8688	26915	34877	680
-154245	380057	10371	622821	75681	1736634	1779939	6545
***	***	***	***	***	***	***	107
***	***	***	***	***	***	***	11
***	***	***	***	***	***	***	280
33338		5483	34322	19045	234882	253905	411
***	***	***	***	***	***	***	1192
155651	3356	22955	99582	27457	279752	298990	1359
427055	18297	70644	439716	92609	505750	600468	6381
38341	1081	5512	81679	11043	49310	60861	1173
-19416	21979	629	42292	4459	60783	57519	1009
1604			9426	1149	30450	31411	141
549	3693	1131	38806	6807	35330	39873	812
2115	3992	762	19147	10507	51752	61692	258
1156		207	6037	742	10428	10307	143
399317	154552	57351	1054776	105732	799091	879993	5493
-28787	46712	4313	108089	22565	83669	106393	1282
-42350	120009	9327	458844	88910	278179	359330	4446
-9896	77644	9649	178673	41734	168388	208063	2645
97725	31149	16496	387303	44018	318044	361840	4160
6504		1273	64439	14304	50789	64838	1003
452749	38587	45754	443960	175566	475077	600654	4820
39888		6132	85226	12124	39195	42602	849
2960		67	16521	817	219095	208722	362
21968		2626	9835	5391	10311	15666	148
2115038	72275	-17914	1252607	850322	1653242	2494865	15895
384978	7464	51257	443865	161820	274576	364057	3537

1-9 续表 11

项目	投资收益（损失以"-"号记）	营业利润	营业外收入	#补贴收入	营业外支出
食品、饮料、烟草及饲料生产专用设备制造		9446	85		1
印刷、制药、日化及日用品生产专用设备制造	149	52487	3562	4243	368
纺织、服装和皮革加工专用设备制造	4300	197143	5652	4139	399
电子和电工机械专用设备制造	40605	-210803	156798	151461	125631
农、林、牧、渔专用机械制造	84575	129075	13546	3894	602
医疗仪器设备及器械制造	69973	410592	56746	9727	3484
环保、社会公共服务及其他专用设备制造	345485	1634760	149830	36414	4346
汽车整车制造	888000	622582	692904	662758	89245
改装汽车制造	6945	48108	202149	1066	28763
汽车车身、挂车制造	***	***	***	***	***
汽车零部件及配件制造	174694	98078	224919	42056	10163
铁路运输设备制造	28364	278146	175170	142121	5160
城市轨道交通设备制造	***	***	***	***	***
船舶及相关装置制造	-434	-882	11967	7241	31
航空、航天器及设备制造	6577	647587	14011	3657	3060
非公路休闲车及零配件制造	***	***	***	***	***
电机制造	366809	111758	100836	23755	8566
输配电及控制设备制造	75014	1009773	213130	75774	18230
电线、电缆、光缆及电工器材制造	30	22309	5688	4726	399
电池制造		-83637	24294	14075	56
家用电力器具制造	7293	3967	16790	1441	3064
非电力家用器具制造	-139	-28470	5626	1898	253
照明器具制造	***	***	***	***	***
其他电气机械及器材制造		69444	44284	44277	24
计算机制造	1129048	1342110	127516	108672	118174
通信设备制造	155802	155435	496708	292165	5151
广播电视设备制造	754	16362	16630	7914	307
雷达及配套设备制造	***	***	***	***	***
视听设备制造	48766	129919	3947		1077
电子器件制造	1129405	2724075	404477	266801	335071
电子元件制造	9534	63775	8265	1956	7520
其他电子设备制造	89018	-9968	326526	280246	8147
通用仪器仪表制造	403767	1302885	259674	199931	9770
专用仪器仪表制造	5749	231166	64980	37783	3837
钟表与计时仪器制造	***	***	***	***	***
光学仪器及眼镜制造	75841	41928	27289	25849	336
其他仪器仪表制造业	189	38383	817	565	216
煤制品制造		1391	3		11
其他未列明制造业	44284	739057	24789	6939	2256
金属废料和碎屑加工处理		18995	163		119
非金属废料和碎屑加工处理		-35290	39213	15172	99
专用设备修理	***	***	***	***	***
铁路、船舶、航空航天等运输设备修理	47699	95269	8430	7941	1830
三、电力、热力、燃气及水生产和供应业	**2198808**	**-684971**	**4083039**	**3887863**	**363051**
电力生产	1913125	1308493	1606182	1407202	22965
电力供应	42044	63277	100967	5951	183308
热力生产和供应	60568	-1766424	1475986	1592512	141091
燃气生产和供应业	48	149445	15282	6976	1724
自来水生产和供应	18282	-828466	873270	866970	3677
污水处理及其再生利用	164741	388704	11352	8252	10286

单位：千元

利润总额	亏损企业亏损额	应交所得税	应付职工薪酬(本年贷方累计发生额)	应交增值税	进项税额	销项税额	从业人员平均人数(人)
9530		1360	10041	5632	6194	11700	117
58149		11509	104950	31570	61127	91273	1410
202396		32126	126546	25484	179329	204774	1278
-179114	261585	20391	164631	19168	268910	245082	1426
141315	1989	6990	127689	11510	123284	121104	1358
464345		52888	429650	141291	172963	304630	4418
1780244	4732	239522	1283785	479210	988719	1393820	7837
1226241	418762	231416	3438162	773924	7485202	8136308	37873
221494	36345	13641	184674	33888	255470	268473	2139
***	***	***	***	***	***	***	340
313234	228669	77200	937654	244569	2021007	2195874	10036
448156	265025	100239	1076911	391320	1034848	1385490	11575
***	***	***	***	***	***	***	1291
11054	609	-779	28274	2531	23220	27262	225
658538		66223	1197998	34220	114529	148298	1487
***	***	***	***	***	***	***	62
204960	328370	42954	715794	337483	2036137	2356869	6345
1215011	112347	194809	1751158	482809	2666581	3253047	15987
29390	8461	3976	91668	38308	359567	392595	1172
-59399	59399		59186	3184	29386	29611	797
17693		4883	90868	30768	153394	183858	661
-22471	36739	1554	69335	10960	64275	72708	769
***	***	***	***	***	***	***	665
113704		12090	37409	10714	70934	79039	444
1357622	10199	64964	916905	203774	1797020	1927199	5907
640539	316552	106445	2125529	404383	1400036	1772832	13287
32685	56575	9123	180075	46306	89833	123250	1665
***	***	***	***	***	***	***	136
132789		19447	95018	30089	141680	169386	723
2793565	449443	266684	2296248	476815	3120574	2955720	17159
65052	86920	25335	323253	53553	141692	175759	4653
308411	11553	30599	527816	76760	329254	387315	4951
1552789	51312	164864	1562237	489185	1431410	1981146	12172
299942	13632	46395	473508	103306	248759	410090	3246
***	***	***	***	***	***	***	598
69180	22698	2614	104096	13936	35491	46459	798
38984		5770	44849	15649	131279	204388	354
1383		400	5177	5694	20568	26262	130
761590		105348	1023291	204286	230433	399568	1945
19039		2958	12553	9880	27853	35873	300
3824	745	50	38892	11371	6915	16444	286
***	***	***	***	***	***	***	80
101869		8000	68240	19406	43317	62347	570
3176184	**1085513**	**618180**	**7945996**	**2993554**	**14188461**	**14597537**	**49531**
2891710	42575	295489	796259	535212	1150773	1293803	4139
-19064	578100	180745	4755531	2078500	11853921	12221909	23127
-290410	398014	15887	1053180	148510	742337	604375	10954
163051	54841	58129	306532	108484	334567	457266	2033
41127	5554	4136	602132	122805	106132	19132	5462
389770	6429	63794	432362	43	731	1052	3816

1-10 规模以上外商及港澳台商

项　　目	单位数（个）	#亏损企业	工业总产值（当年价格）	工业销售产值（当年价格）	#出口交货值
合　计	**888**	**185**	**675648770**	**669331482**	**123185233**
一、按隶属关系分					
中央	13	2	10969464	11014217	1056807
省(自治区、直辖市)	55	17	183198448	182394032	1774635
地(区、市、州、盟)	18	1	5255366	5182505	155158
县(区、市、旗)	2	1	87268	93703	
镇	10	2	3352825	3320284	98619
其他	790	162	472785399	467326741	120100014
二、按控股情况分					
国有控股	84	18	198009726	196638793	5260785
集体控股	3		176235	192583	139
私人控股	81	9	19606628	19218612	2033615
港澳台控股	160	44	91580557	89724977	11871212
外商控股	557	112	366139545	363436755	104009264
其他	3	2	136079	119762	10218
三、按轻重工业分					
轻工业	331	92	106979410	105919899	13877235
重工业	557	93	568669360	563411583	109307998
四、按四大功能区分					
首都功能核心区	19	4	23930354	23871031	1347138
东城区	9	2	4240511	4179553	1303793
西城区	10	2	19689843	19691478	43345
城市功能拓展区	173	29	93398583	91254705	8061962
朝阳区	62	15	20140786	19717452	2349124
丰台区	28	4	6263892	5964408	489320
石景山区	13		4435104	4400489	1019122
海淀区	70	10	62558801	61172356	4204396
城市发展新区	546	116	486369063	482864933	109345876
房山区	21	8	4724344	4836164	702017
通州区	103	19	26033380	25763126	3432833
顺义区	143	28	231682912	229582152	39218394
昌平区	54	6	18069503	17486564	1402421
大兴区	71	20	17600710	17340716	943867
北京经济技术开发区	154	35	188258214	187856211	63646344
生态涵养发展区	150	36	71950770	71340813	4430257
门头沟区	6	2	682440	706505	180985
怀柔区	58	12	39642422	39434068	2009042
平谷区	45	11	16606704	16504023	449646
密云县	35	10	13236952	13148802	985704
延庆县	6	1	1782252	1547415	804880

投资工业企业主要经济指标

单位：千元

年初存货	资产总计	#流动资产合计	#应收账款	#存货	#产成品	#固定资产合计	固定资产原价
75509830	**643882543**	**395798573**	**109102858**	**83286054**	**25320031**	**120453909**	**224604061**
1247649	28408705	9183537	3178917	1162051	213659	7698650	18167885
14032162	184607496	97076624	10716561	15632969	5456071	29940430	48089792
1738865	6129738	4899933	1810662	1718089	873584	800195	1747301
12290	125681	82383	31716	4315	20	38505	84010
432552	2665220	2190384	1024152	488591	206942	379488	730719
58046312	421945703	282365712	92340850	64280039	18569755	81596641	155784354
21858090	236304079	124133032	22520518	23506515	5658481	42340988	77054149
93928	345391	295059	125899	89690	28980	38302	77008
4300803	27011321	19033870	5182139	5116099	1269764	3766242	5595113
10110894	94780293	69598263	16090472	12226556	4091044	10706515	19585440
39050141	283949520	181402147	65162479	42207759	14270503	63503972	122105727
95974	1491939	1336202	21351	139435	1259	97890	186624
16807597	108825096	71414022	19108855	17749755	8112181	21127255	40962993
58702233	535057447	324384551	89994003	65536299	17207850	99326654	183641068
703818	37615466	10180506	3727465	835023	209884	11700913	15808735
465976	2454802	2195115	746325	592553	192960	183690	562336
237842	35160664	7985391	2981140	242470	16924	11517223	15246399
21275294	127305688	96070886	25698963	23412421	3519750	12097904	30011971
3922507	32531249	16891610	5167165	4188943	1163332	7155527	18191137
1896049	7766257	5823717	1532512	2107302	623485	1357473	3069787
3172745	9855627	8832833	1714377	3031777	254722	431724	1098619
12283993	77152555	64522726	17284909	14084399	1478211	3153180	7652428
46791264	395454204	251227093	67473383	51188970	17560359	81076651	153817317
812090	6688562	2769866	885147	576580	227756	2933543	4288931
3883306	20843592	14464848	4909733	3669842	1257072	4772871	9286211
14260814	158104134	101632195	22255578	17217618	4710260	27035712	45143187
3467709	22216409	13840967	4418226	4003225	1384108	4044683	6101940
2833092	20132125	12211395	3308504	3347047	1148181	4140421	6624413
21534253	167469382	106307822	31696195	22374658	8832982	38149421	82372635
6739454	83507185	38320088	12203047	7849640	4030038	15578441	24966038
174331	658573	400954	150053	128066	76731	182624	402403
3061175	32319410	17360828	5199757	3954006	2583344	6744160	10210833
1831253	13461625	8294392	3329311	1992940	722528	4449682	8019103
1386325	13044359	7521784	3220063	1480395	557415	3021122	4801934
286370	24023218	4742130	303863	294233	90020	1180853	1531765

1-10 续表 1

项目	累计折旧	#本年折旧	#在建工程	#无形资产	负债合计
合计	**102052863**	**14283186**	**21213908**	**18149972**	**346838290**
一、按隶属关系分					
中央	10510808	579645	280734	563735	11663423
省(自治区、直辖市)	16801058	3028901	9154653	4666991	101579035
地(区、市、州、盟)	890144	111319	97893	79734	3806510
县(区、市、旗)	42506	6108	785	2968	64242
镇	348069	62172	15267	52875	1762225
其他	73460278	10495041	11664576	12783669	227962855
二、按控股情况分					
国有控股	32648276	3888728	10588745	6135676	125068400
集体控股	38706	4141		6168	194585
私人控股	1883715	376538	482535	880454	12826751
港澳台控股	9113061	1306261	2256939	1275467	64665631
外商控股	58280371	8697103	7885689	9794360	143891964
其他	88734	10415		57847	190959
三、按轻重工业分					
轻工业	19725243	2537202	2224748	3379912	56158954
重工业	82327620	11745984	18989160	14770060	290679336
四、按四大功能区分					
首都功能核心区	4120728	806268	3263109	355423	13617545
东城区	393476	33700	14324	17528	1318441
西城区	3727252	772568	3248785	337895	12299104
城市功能拓展区	17877034	1486308	1876946	1674513	77441760
朝阳区	11129744	721662	314297	628404	16637939
丰台区	1689833	144624	130089	95845	3297145
石景山区	650980	77871	53766	75922	5578153
海淀区	4406477	542151	1378794	874342	51928523
城市发展新区	70746693	10315589	14776812	10377934	210415435
房山区	1327384	288103	138619	291387	3837665
通州区	4539855	722906	353725	486741	11489850
顺义区	18260742	2975499	3934448	4242063	84279437
昌平区	2105906	386419	1549850	693928	12532008
大兴区	2509150	377300	310547	721377	9101248
北京经济技术开发区	42003656	5565362	8489623	3942438	89175227
生态涵养发展区	9308408	1675021	1297041	5742102	45363550
门头沟区	219780	15140	11278	5762	451307
怀柔区	3372109	640803	407527	5083785	18600636
平谷区	3588207	584423	148473	257704	7193467
密云县	1777400	357435	208499	353423	6679653
延庆县	350912	77220	521264	41428	12438487

单位：千元

流动负债合计	#应付账款	非流动负债合计	#应付债券	所有者权益合计	#实收资本	国家资本	集体资本
294818745	**135840773**	**51594355**	**13140318**	**296977343**	**147752127**	**9739104**	**201137**
9739118	2345384	1924305	1200000	16745282	9202018	6300	18761
78076221	33790689	23494813	8600000	83028461	36509759	4929898	59777
3545711	1325236	260797		2323228	1454958	70980	30280
64242	14902			61439	56093		
1733141	835213	29084		902995	277494	6000	1783
201660312	97529349	25885356	3340318	193915938	100251805	4725926	90536
96274256	41724290	28764964	11392928	111235679	56734906	9275630	30798
169998	46410	16587		150806	68770		27307
12060184	3940180	756660	48900	14184570	4433733		
61182483	30096161	3415161	1698490	30114662	16181258	47714	21888
124940865	60003286	18640983		139990646	70010040	415760	121144
190959	30446			1300980	323420		
52456383	16574636	3594474		52666142	33819142	705547	95746
242362362	119266137	47999881	13140318	244311201	113932985	9033557	105391
11683256	1728474	1934288		23997921	5279317	67220	
1318440	807195			1136361	921284	66720	
10364816	921279	1934288		22861560	4358033	500	
70741297	32930389	6608410	3291418	49797018	24561518	401314	20553
14443780	4933392	2192357	498490	15893310	10016502	163346	9143
3057176	891963	183856		4402202	2269509	178531	10400
5396527	1332373	181626		4277474	1631124	47188	
47843814	25772661	4050571	2792928	25224032	10644383	12249	1010
179816095	91125604	30286401	5248900	185038769	94094401	9206598	153985
2514177	835890	1323487		2850897	2875854		
10774242	5741598	715602		9353742	6365515	19972	46924
71609209	42967753	12554147	4048900	73824697	26533932	300738	1000
11547517	3718116	977986		9684401	5310803	37854	
8405438	3339462	656933		11030877	5254266	156237	28603
74965512	34522785	14058246	1200000	78294155	47754031	8691797	77458
32578097	10056306	12765256	4600000	38143635	23816891	63972	26599
451037	123414	270		207266	242066	7878	9199
15369711	3501431	3220633		13718774	10426112	56094	
6534242	3366801	659225		6268158	3192140		
6420498	2881084	249250		6364706	3295892		17400
3802609	183576	8635878	4600000	11584731	6660681		

1-10 续表 2

项目					主营业务收入	主营业务成本
	法人资本	个人资本	港澳台资本	外商资本		
合计	**38685949**	**2796999**	**15885985**	**80442953**	**733063622**	**589637043**
一、按隶属关系分						
中央	6048624	495669	648504	1984160	12968375	10378971
省(自治区、直辖市)	16594773	506058	1139249	13280004	180682086	135780676
地(区、市、州、盟)	764313		187171	402214	5360319	4088475
县(区、市、旗)	35200		20893		98104	94350
镇	102509	9467	37309	120426	3457145	2743054
其他	15140530	1785805	13852859	64656149	530497593	436551517
二、按控股情况分						
国有控股	27301824	1075346	1907165	17144143	194539023	148165203
集体控股	652	23270	909	16632	184040	125923
私人控股	2107257	1150006	513574	662896	19432438	13202351
港澳台控股	2426464	313166	13303738	68288	123190259	104149783
外商控股	6655940	235211	32241	62549744	395597673	323892439
其他	193812		128358	1250	120189	101344
三、按轻重工业分						
轻工业	4684787	989918	7517840	19825304	125648217	79156278
重工业	34001162	1807081	8368145	60617649	607415405	510480765
四、按四大功能区分						
首都功能核心区	413305		179810	4618982	24370360	20710597
东城区	230243		53174	571147	4718253	3599172
西城区	183062		126636	4047835	19652107	17111425
城市功能拓展区	10254534	975935	5214734	7694448	124118142	102470066
朝阳区	5099263	87516	1550882	3106352	23558030	17426080
丰台区	595661	96977	364401	1023539	6355038	5137046
石景山区	292774	161960	270859	858343	4623700	3621983
海淀区	4266836	629482	3028592	2706214	89581374	76284957
城市发展新区	19338935	1674393	7584654	56135836	501750551	400230517
房山区	880046	10846	1005534	979428	4811515	4354628
通州区	1163805	155117	642588	4337109	30804501	25749931
顺义区	12685924	55578	1179370	12311322	233078785	192791046
昌平区	1570048	559600	505916	2637385	18923883	13314476
大兴区	1064461	527627	509610	2967728	19428719	15070102
北京经济技术开发区	1974651	365625	3741636	32902864	194703148	148950334
生态涵养发展区	8679175	146671	2906787	11993687	82824569	66225863
门头沟区	123833		19362	81794	706706	601977
怀柔区	3169260	26551	689829	6484378	46099607	35851594
平谷区	213325		537006	2441809	19245113	16269439
密云县	807556	77772	1641840	751324	15155115	12238198
延庆县	4365201	42348	18750	2234382	1618028	1264655

单位：千元

主营业务税金及附加	其他业务利润	销售费用	管理费用	#税　金	#工会经费	财务费用	#利息收入	#利息支出
13047099	**3675204**	**51273991**	**32725407**	**877388**	**252107**	**2521418**	**1582859**	**4363426**
72332	153635	328146	1359794	80855	15063	268298	36065	311256
10879436	770381	11133627	5691470	199493	72004	1134204	308813	1370436
84665	50410	369312	365284	7226	4175	83726	13175	86235
309	18	433	4838	132	54	711	28	717
14786	11663	103069	172846	3502	1473	7262	2591	11570
1995571	2689097	39339404	25131175	586180	159338	1027217	1222187	2583212
10946489	893679	10704250	7460399	289973	83515	1682037	380318	2031444
1015		22251	21528	482	81	2363	99	2776
120010	90990	1996652	1785811	27708	16027	201332	58632	236663
273846	797178	10389904	5941735	122829	16583	102889	265369	452963
1704869	1890981	28150179	17478608	435359	135662	530070	878365	1636722
870	2376	10755	37326	1037	239	2727	76	2858
1021080	1112343	27224648	9072308	180948	67373	957522	361750	773818
12026019	2562861	24049343	23653099	696440	184734	1563896	1221109	3589608
191079	28061	645232	1344757	15911	7688	187719	44996	219702
26777	8949	394754	411009	2238	1226	19073	6259	7209
164302	19112	250478	933748	13673	6462	168646	38737	212493
377719	638614	9724563	6917678	126503	28190	315800	390302	714685
166289	129539	1942330	1804317	43520	13124	233955	38959	250804
32501	74314	369435	529085	8740	4674	43889	14073	55358
24702	23726	204499	265266	2809	3759	-5114	48722	25282
154227	411035	7208299	4319010	71434	6633	43070	288548	383241
12095882	2685095	33172300	20595356	633274	187590	1471437	952726	2576746
16833	29520	440190	415158	9806	2730	88819	12830	133369
99007	152728	2114904	1687690	30996	10332	31527	45940	81547
7343475	504593	7577426	6695094	250661	75997	256847	294560	1040285
83620	129123	2489332	1454081	27592	11389	219009	79603	297737
112642	97698	1689826	1177880	34007	9845	75024	64596	135040
4440305	1771433	18860622	9165453	280212	77297	800211	455197	888768
382419	323434	7731896	3867616	101700	28639	546462	194835	852293
3048	8003	41781	42767	954	841	12313	1583	11733
176598	42775	5981442	2166975	59261	9409	113503	112107	237245
82355	158954	704819	813065	22877	10029	-32448	57076	116001
115581	101416	895620	714383	17000	7159	45629	20580	91926
4837	12286	108234	130426	1608	1201	407465	3489	395388

1-10 续表 3

项目	投资收益（损失以"-"号记）	营业利润	营业外收入	#补贴收入	营业外支出
合计	**9320840**	**55298895**	**3280392**	**1286865**	**1418803**
一、按隶属关系分					
中央	537750	1231542	152123	32871	9456
省(自治区、直辖市)	5710568	22250294	620835	497557	96733
地(区、市、州、盟)	-4572	398994	29539	4751	6591
县(区、市、旗)		-2519	11		533
镇	798	433802	2170	1417	4219
其他	3076296	30986782	2475714	750269	1301271
二、按控股情况分					
国有控股	6099423	21445166	769191	498571	226019
集体控股		9460	1471	1374	275
私人控股	234948	2361774	146363	56885	18060
港澳台控股	458791	3527950	462595	176778	151898
外商控股	2527678	28001269	1897944	552241	1018530
其他		-46724	2828	1016	4021
三、按轻重工业分					
轻工业	331128	9571807	994816	370451	411916
重工业	8989712	45727088	2285576	916414	1006887
四、按四大功能区分					
首都功能核心区	1827411	3144082	24510	2752	19434
东城区	14721	282325	4719		8253
西城区	1812690	2861757	19791	2752	11181
城市功能拓展区	576146	4941214	602492	251968	182583
朝阳区	403109	2490058	252068	68960	49657
丰台区	13336	294675	26517	21703	5841
石景山区	-26124	544137	35194	8842	1999
海淀区	185825	1612344	288713	152463	125086
城市发展新区	5582986	41608287	2201436	890873	1113340
房山区	4249	-508424	83690	34650	9245
通州区	101539	1345193	107924	2701	52028
顺义区	4562655	23157411	730097	327281	110092
昌平区	60670	1538397	83495	59432	54187
大兴区	385081	1777025	42536	19016	30938
北京经济技术开发区	468792	14298685	1153694	447793	856850
生态涵养发展区	1334297	5605312	451954	141272	103446
门头沟区	1391	2031	6355	2751	538
怀柔区	201560	1958970	284087	18932	49716
平谷区	436	1570256	56791	50742	17587
密云县	13196	1241939	53122	40036	34727
延庆县	1117714	832116	51599	28811	878

单位：千元

利润总额	亏损企业亏损额	应交所得税	应付职工薪酬(本年贷方累计发生额)	应交增值税	进项税额	销项税额	从业人员平均人数(人)
57284241	**5940758**	**12062989**	**50118553**	**23107833**	**92006493**	**107385787**	**403045**
1374209	10938	229126	2037563	621731	1579894	2197874	12299
22778649	414920	4699600	9340859	7420765	23974959	31062734	59181
421942	2768	71816	642712	256042	683509	856306	6677
-3041	4816	450	6800	4526	12513	17035	79
433166	23552	110645	242155	128386	487068	541278	3707
32279316	5483764	6951352	37848464	14676383	65268550	72710560	321102
21991169	2057630	4466822	11141465	7611316	25539232	32505182	67957
12030		1921	34187	9150	21626	30776	601
2492155	73464	386562	2046006	865695	1987109	2633664	25849
3851433	912075	834313	8173645	1825657	18777750	19687853	65884
28985371	2837646	6370314	28691515	12791615	45663975	52512169	242452
-47917	59943	3057	31735	4400	16801	16143	302
10217158	1652098	2551952	16867031	7209109	13229143	19429719	148525
47067083	4288660	9511037	33251522	15898724	78777350	87956068	254520
3153912	154669	323181	1476423	1526869	1802089	3195112	10714
283545	152713	156751	318180	156185	576489	600985	2248
2870367	1956	166430	1158243	1370684	1225600	2594127	8466
5375514	1905828	970470	9498404	2307609	18684997	19830528	60238
2715337	419475	529530	2912840	1069109	2883287	3542597	17342
315925	47708	61629	843521	227922	922197	1129324	8829
577332		116416	530701	183126	509621	623797	5674
1766920	1438645	262895	5211342	827452	14369892	14534810	28393
42731845	3613376	9277361	34198715	16438933	59171996	69672720	272629
-429855	615600	-2045	346719	161956	666484	729523	4003
1392047	689923	404419	2527972	920000	3994936	4518269	27659
23787134	296493	5056877	9864262	6943358	27220491	33418687	88339
1583822	96950	338014	2549403	815340	2119596	2874456	16172
1793233	191706	384431	1888698	601543	2384570	2921181	22960
14605464	1722704	3095665	17021661	6996736	22785919	25210604	113496
6022970	266885	1491977	4945011	2834422	12347411	14687427	59464
7848	6254	3845	62495	13183	94991	87993	915
2198278	88931	706853	2551839	1658927	6725988	8133238	24892
1646378	137211	453065	1211776	601072	2964046	3518870	16702
1287506	32209	309031	996420	528587	2294210	2792704	15102
882960	2280	19183	122481	32653	268176	154622	1853

1-11 按行业中类分规模以上外商及

项　　目	单位数(个)	#亏损企业	工业总产值(当年价格)	工业销售产值(当年价格)	#出口交货值
合　计	**888**	**185**	**675648770**	**669331482**	**123185233**
一、采矿业	**2**		**1299763**	**982549**	
石油和天然气开采辅助活动	2		1299763	982549	
二、制造业	**875**	**185**	**649240400**	**643240326**	**123185233**
谷物磨制	3	2	1144404	1130948	
饲料加工	5	1	1271155	1218390	
屠宰及肉类加工	4	2	1603677	1692041	180497
蔬菜、水果和坚果加工	11	4	1867052	1624010	246390
其他农副食品加工	5	3	896272	840892	215567
焙烤食品制造	17	4	3148469	3149528	151962
糖果、巧克力及蜜饯制造	5		3861388	3790909	427549
方便食品制造	6	3	1442705	1445306	318095
乳制品制造	3	1	3780585	3790813	
罐头食品制造	1	***	***	***	***
调味品、发酵制品制造	4	2	467666	451440	780
其他食品制造	8		5143146	4417647	73908
酒的制造	9	3	1224890	1198050	66348
饮料制造	15	5	12848952	12842912	77019
棉纺织及印染精加工	1	***	***	***	***
毛纺织及染整精加工	4	1	263814	323019	88957
家用纺织制成品制造	1	***	***	***	***
非家用纺织制成品制造	3	1	503693	507792	142983
机织服装制造	25	11	2006426	1824875	654448
针织或钩针编织服装制造	8	1	1257496	1223755	1053306
服饰制造	3		463382	460382	421414
皮革制品制造	1	***	***	***	***
制鞋业	1	***	***	***	***
人造板制造	1	***	***	***	***
木质家具制造	7	3	2396764	2363326	141105
金属家具制造	4		139448	142133	110391
其他家具制造	2		195346	192152	9514
纸制品制造	15	2	4906909	4831651	463815
印刷	19	5	2360791	2391009	38202
记录媒介复制	2	1	132189	121432	2219
文教办公用品制造	1	***	***	***	***
乐器制造	3	1	137698	154820	125546
工艺美术品制造	6	1	670889	732695	213019
玩具制造	2		70755	66724	62048
游艺器材及娱乐用品制造	2		121799	111750	3992
精炼石油产品制造	3		2758599	2755845	
基础化学原料制造	9	3	792520	759089	
肥料制造	2		255748	221672	61510
农药制造	1	***	***	***	***

港澳台商投资工业企业主要经济指标

单位：千元

年初存货	资产总计	#流动资产合计	#应收账款	#存货	#产成品	#固定资产合计	固定资产原价
75509830	**643882543**	**395798573**	**109102858**	**83286054**	**25320031**	**120453909**	**224604061**
280994	**4138896**	**2739363**	**645952**	**499387**	**109256**	**365453**	**477193**
280994	4138896	2739363	645952	499387	109256	365453	477193
75059540	**568061185**	**380239726**	**104684824**	**82602905**	**25201871**	**101579337**	**192694051**
234794	1032053	625688	86208	306533	85763	327709	355981
62362	335250	203250	25589	93231	16883	55752	122747
154825	1042959	658937	234312	176186	50270	278598	753605
533315	1641180	1105364	234099	580572	236647	310382	557793
184259	767114	505301	133960	185372	89602	210878	442559
251904	3648652	1896899	949659	268582	59598	1307104	2355789
837682	4899360	3746018	634261	881288	589608	837109	1608772
41947	1557521	934352	258201	45323	13915	523752	1028494
169653	4669218	1387352	451829	198445	79889	1115337	1972941
***	***	***	***	***	***	***	***
58270	471875	155335	49116	50366	18364	214215	332898
603605	4933715	3525696	854152	698758	507016	1010881	1912798
257335	1293556	625284	46459	288597	82085	501408	1845714
1102754	13475297	6090062	968178	1048904	378603	3305477	5597402
***	***	***	***	***	***	***	***
169383	315933	263423	64304	150055	98429	51353	172545
***	***	***	***	***	***	***	***
28488	437015	212042	105169	34302	10951	172092	354350
1278271	3040137	2560493	490244	1362681	770908	301841	627489
189959	907857	784347	138090	222268	63002	81456	148530
29774	153938	95457	17461	26367	2330	53469	134670
***	***	***	***	***	***	***	***
***	***	***	***	***	***	***	***
***	***	***	***	***	***	***	***
253624	1669808	1112313	393773	311964	153257	409895	562524
37984	104420	79571	8756	43365	21294	24671	50822
71553	269525	192478	29650	71729	39324	56524	73377
699329	4188807	2764741	899120	727598	170227	1146456	2670501
339356	3228264	2109987	552624	366408	149933	969371	2307429
38037	187315	135850	26908	45343	36223	45137	217145
***	***	***	***	***	***	***	***
51375	141158	136493	42549	55765	24690	4142	9900
654753	943345	853108	136054	503323	428329	69858	133169
8207	71023	51219	6184	10016	63	16041	24739
60362	216973	153153	12073	57018	21863	19273	39032
278079	1201754	955229	185127	338852	67940	144497	281085
38370	1297626	435713	154523	41869	20269	758063	1634336
68795	403837	267004	31669	79073	39661	61684	85614
***	***	***	***	***	***	***	***

1-11 续表 1

项 目	单位数(个)	#亏损企业	工业总产值(当年价格)	工业销售产值(当年价格)	#出口交货值
涂料、油墨、颜料及类似产品制造	10	3	1428147	1394544	158872
合成材料制造	7	4	3086275	3171935	64509
专用化学产品制造	10	2	1216391	1231278	347173
日用化学产品制造	10	2	3622813	3459694	18203
化学药品原料药制造	1	***	***	***	***
化学药品制剂制造	12	4	23437611	22937070	115565
中药饮片加工	1	***	***	***	***
中成药生产	2		246536	224614	3294
兽用药品制造	1	***	***	***	***
生物药品制造	13	3	2438367	2211883	146625
卫生材料及医药用品制造	5	1	594259	564634	100657
橡胶制品业	3		1219341	1191494	130764
塑料制品业	24	6	2634452	2641277	527438
水泥、石灰和石膏制造	3	1	563763	587723	
石膏、水泥制品及类似制品制造	6	2	464198	466276	
砖瓦、石材等建筑材料制造	6		658624	629675	
玻璃制造	1	***	***	***	***
玻璃制品制造	4	2	1458557	1454870	171933
玻璃纤维和玻璃纤维增强塑料制品制造	2	1	220871	287413	90330
陶瓷制品制造	2		630497	672026	29417
耐火材料制品制造	2	1	257089	271768	69109
石墨及其他非金属矿物制品制造	4		626178	598621	15534
黑色金属铸造	4	1	585337	605640	404380
钢压延加工	1	***	***	***	***
常用有色金属冶炼	1	***	***	***	***
稀有稀土金属冶炼	1	***	***	***	***
有色金属合金制造	1	***	***	***	***
有色金属压延加工	2	1	77734	75527	15380
结构性金属制品制造	15	4	1369002	1433601	55237
集装箱及金属包装容器制造	8	1	4725965	4903359	258536
金属丝绳及其制品制造	1	***	***	***	***
建筑、安全用金属制品制造	6	1	745468	820724	186870
金属表面处理及热处理加工	3		193718	206158	70370
金属制日用品制造	2	1	396067	402170	37874
其他金属制品制造	7	3	1018856	998786	64025
锅炉及原动设备制造	5		2296724	2278082	603834
金属加工机械制造	9	1	3320486	3259829	321073
物料搬运设备制造	8	1	1587636	1653234	121721
泵、阀门、压缩机及类似机械制造	26	3	14465798	14421032	3957218
轴承、齿轮和传动部件制造	3	1	559570	545187	9714
烘炉、风机、衡器、包装等设备制造	29	7	7249157	7228043	346922
文化、办公用机械制造	5	1	4133685	4158143	1385759
通用零部件制造	7		513371	519490	68792

单位：千元

年初存货	资产总计	#流动资产合计	#应收账款	#存货	#产成品	#固定资产合计	固定资产原价
144196	2057794	1721219	387797	187389	63934	297488	682612
601792	3890408	1320750	446091	382401	173906	2169990	2714947
217635	1488177	749418	273625	210023	66069	653775	1375087
286307	3670917	2715207	878536	269346	112223	640503	1311203
***	***	***	***	***	***	***	***
2792462	17572302	12749385	3024458	3735292	2155224	2164329	3539692
***	***	***	***	***	***	***	***
48111	344514	187260	6570	48882	18316	90745	148771
***	***	***	***	***	***	***	***
266139	5564711	4306184	649265	371096	75075	654809	1105032
48612	493734	309212	86527	62045	31425	148736	298752
81824	681857	387168	198772	77387	36156	252920	569647
504188	3313739	2225254	714531	493855	267124	833123	1734034
122456	824768	451829	197715	107082	10733	346175	746988
27757	643477	484249	403382	34732	8452	138593	255915
163361	1010678	838831	545629	180901	80657	127904	285502
***	***	***	***	***	***	***	***
738766	2615227	1891218	401628	1002953	26966	198375	337372
86304	490705	371640	115403	30471	8668	91955	295283
119394	735067	445784	66961	80858	39292	248935	884315
118749	428608	329826	67023	86401	31447	63167	242269
78844	612104	524753	161722	72885	33869	40127	95805
123713	819291	613024	289368	113966	48359	121907	298439
***	***	***	***	***	***	***	***
***	***	***	***	***	***	***	***
***	***	***	***	***	***	***	***
***	***	***	***	***	***	***	***
34281	95885	74234	23263	31603	5449	18293	66513
760823	2461494	1974235	576258	781885	181860	224574	555598
859379	7760349	4886907	1163890	903218	200865	1242903	2440138
***	***	***	***	***	***	***	***
230190	1400927	1042336	519695	166332	78499	187093	399697
65357	229161	131062	36296	63703	8800	77446	172930
73299	117520	93533	12488	74575	41772	20027	39149
266717	1101766	860710	203137	225087	73681	198873	418479
2395890	5224018	4933436	468142	2737981	93640	203121	474668
841814	3995720	3447477	313189	704858	125461	191194	369397
892827	2099039	1885768	619581	820993	303357	119558	286354
4572248	18248168	13455533	2624996	4269713	1736100	4197323	7550684
168302	977923	597799	312394	155236	59643	217503	396799
2109123	9832869	7741174	2369349	2331096	496395	1054660	1712558
692857	2677599	2434976	994056	662714	321195	125943	319757
116723	636998	434366	218663	117949	25782	184374	344689

1-11 续表 2

项目	单位数(个)	#亏损企业	工业总产值(当年价格)	工业销售产值(当年价格)	#出口交货值
其他通用设备制造业	1	***	***	***	***
采矿、冶金、建筑专用设备制造	11	3	1559119	1552824	179876
化工、木材、非金属加工专用设备制造	9	1	553795	550231	19267
食品、饮料、烟草及饲料生产专用设备制造	3	3	155569	165360	41522
印刷、制药、日化及日用品生产专用设备制造	5	1	640402	641671	76046
纺织、服装和皮革加工专用设备制造	3		1197215	1199153	278008
电子和电工机械专用设备制造	4	1	274887	276305	29297
农、林、牧、渔专用机械制造	2	1	56781	54946	
医疗仪器设备及器械制造	30	8	7482786	7361127	3427619
环保、社会公共服务及其他专用设备制造	24	2	4369496	4269410	396724
汽车整车制造	7	2	185783391	183669041	937482
改装汽车制造	1	***	***	***	***
汽车零部件及配件制造	102	10	86089030	85354706	1219265
铁路运输设备制造	7		1226049	1233657	
潜水救捞及其他未列明运输设备制造	1	***	***	***	***
电机制造	3	1	4009971	3970160	966419
输配电及控制设备制造	24	4	15004795	15101484	1816963
电线、电缆、光缆及电工器材制造	3	1	496085	487556	1959
电池制造	1	***	***	***	***
家用电力器具制造	1	***	***	***	***
非电力家用器具制造	2		137285	157860	789
照明器具制造	5	1	2697756	2682261	646808
其他电气机械及器材制造	8	1	659805	680020	325012
计算机制造	12	5	26660636	25713261	1432411
通信设备制造	16	2	109194905	108413671	72397579
广播电视设备制造	3		854813	865235	60762
雷达及配套设备制造	1	***	***	***	***
电子器件制造	18	3	22662171	22008994	15759582
电子元件制造	16	6	8336839	8526535	3611514
其他电子设备制造	7	1	1573521	1303219	148411
通用仪器仪表制造	25	2	6253160	6287156	553554
专用仪器仪表制造	8	1	1139649	1192872	249641
钟表与计时仪器制造	1	***	***	***	***
光学仪器及眼镜制造	1	***	***	***	***
其他仪器仪表制造业	1	***	***	***	***
日用杂品制造	4	2	167048	159400	109484
其他未列明制造业	5	2	208340	186679	77687
铁路、船舶、航空航天等运输设备修理	5		2964513	3033923	759192
三、电力、热力、燃气及水生产和供应业	**11**		**25108607**	**25108607**	
电力生产	3		5463260	5463260	
热力生产和供应	1	***	***	***	***
燃气生产和供应业	6		19090915	19090915	
污水处理及其再生利用	1	***	***	***	***

单位：千元

年初存货	资产总计	#流动资产合计	#应收账款	#存货	#产成品	#固定资产合计	固定资产原价
***	***	***	***	***	***	***	***
735527	2885866	2557222	1210309	864111	88361	184013	314759
161521	700549	505188	185320	139569	69624	109575	191639
66449	155871	109062	19593	71933	23003	39304	71627
168178	1052034	852113	98397	169061	10780	54783	127502
176408	9936509	5724449	1002139	281203	106625	273974	541256
49680	345785	223763	85833	46029	17713	85043	119690
43580	89654	84388	14572	47792		1231	1911
1282867	10251953	6801024	1953894	1450786	499843	1442731	2265270
1387060	5481496	4545155	1634922	1228710	255861	507317	860700
7967484	150843798	79193610	7368882	10888018	5614783	29611644	43542119
***	***	***	***	***	***	***	***
4585944	50516525	37074574	20659675	5197347	2086451	10711698	17793383
242079	1479653	1349840	517052	319630	103180	102145	185088
***	***	***	***	***	***	***	***
6642688	23826069	20958167	8990794	6696489	8100	268441	744341
2671790	13444575	11559655	4385442	2407203	693166	869181	1923232
79122	843195	685908	322933	70739	25934	91858	325827
***	***	***	***	***	***	***	***
***	***	***	***	***	***	***	***
75021	215384	189645	34050	77555	30218	21694	51441
280114	2200608	1214129	571487	342177	158292	578091	1313997
105026	639547	567688	174295	117067	12891	35262	125431
1756628	25722645	21312258	3338630	1984785	574179	1301791	2453620
7141055	38448949	34518272	9535326	10425616	1388716	2610110	8123906
197902	1125354	915825	317409	261324	10541	84426	151664
***	***	***	***	***	***	***	***
2715471	32526536	15148776	5545427	2537468	625211	13752901	35538214
1083356	5506450	3441717	1424376	681782	336218	1822460	4873499
237056	1984881	1415743	182755	427945	146778	502722	1084786
1484289	8533397	6991116	2513055	1635371	230869	432179	871990
306701	1285480	997862	407813	333215	33125	207185	371277
***	***	***	***	***	***	***	***
***	***	***	***	***	***	***	***
***	***	***	***	***	***	***	***
29829	92872	60543	12839	26067	10329	28333	57385
32867	204587	101576	27893	35780	18307	72262	167524
692389	3818210	2026722	1055542	548711	26464	1666558	3055560
169296	**71682462**	**12819484**	**3772082**	**183762**	**8904**	**18509119**	**31432817**
122270	35548426	5101738	1050467	137787		6368099	15239886
***	***	***	***	***	***	***	***
43673	35373188	7542395	2670474	43304	8904	11603822	15334610
***	***	***	***	***	***	***	***

1-11 续表 3

项 目	累计折旧	#本年折旧	#在建工程	#无形资产	负债合计
合 计	**102052863**	**14283186**	**21213908**	**18149972**	**346838290**
一、采矿业	**120970**	**54142**	**88605**	**91394**	**2797163**
石油和天然气开采辅助活动	120970	54142	88605	91394	2797163
二、制造业	**89013991**	**12952907**	**17168645**	**17234700**	**315739400**
谷物磨制	28272	16089	3686	64021	803042
饲料加工	66995	7393	7238	30208	262153
屠宰及肉类加工	475007	25711	12805	9880	1127239
蔬菜、水果和坚果加工	257379	35296	57919	121573	493112
其他农副食品加工	231682	29599	5430	17801	543052
焙烤食品制造	1058843	133572	110200	96384	1974987
糖果、巧克力及蜜饯制造	874381	90390	106034	46431	3485926
方便食品制造	504742	43724	9164	9871	618180
乳制品制造	847613	119834	48502	156199	2138361
罐头食品制造	***	***	***	***	***
调味品、发酵制品制造	118683	19119	13796	62779	238708
其他食品制造	889768	99974	94786	94791	3493330
酒的制造	1000571	43815	2642	121660	1570785
饮料制造	2280239	382145	255787	402800	6980929
棉纺织及印染精加工	***	***	***	***	***
毛纺织及染整精加工	121193	7050	41	1097	144629
家用纺织制成品制造	***	***	***	***	***
非家用纺织制成品制造	182258	14686	13917	5868	295224
机织服装制造	325761	38831	19956	43892	2271791
针织或钩针编织服装制造	72322	10840	887	7917	585639
服饰制造	81201	8221	3029	367	74794
皮革制品制造	***	***	***	***	***
制鞋业	***	***	***	***	***
人造板制造	***	***	***	***	***
木质家具制造	152631	31807	9110	93891	886248
金属家具制造	26152	3787		162	25489
其他家具制造	40867	4530	24015	20023	113839
纸制品制造	1526774	175727	33952	46297	2090709
印刷	1348941	164748	30308	32140	958882
记录媒介复制	172008	10403	611	4825	84339
文教办公用品制造	***	***	***	***	***
乐器制造	5759	766			103849
工艺美术品制造	63380	5763	75	16465	412281
玩具制造	8698	802		3200	26098
游艺器材及娱乐用品制造	19759	2246	6218	22628	133270
精炼石油产品制造	137431	16829	75114	20251	249167
基础化学原料制造	877314	88548	22560	23646	487484
肥料制造	23930	4589	553		284034
农药制造	***	***	***	***	***

单位：千元

流动负债合计	#应付账款	非流动负债合计	#应付债券	所有者权益合计	#实收资本	国家资本	集体资本
294818745	**135840773**	**51594355**	**13140318**	**296977343**	**147752127**	**9739104**	**201137**
2294591	**943383**	**502572**	**498490**	**1341733**	**1008055**		
2294591	943383	502572	498490	1341733	1008055		
275456350	**133268738**	**39857860**	**8041828**	**252254875**	**129575176**	**9716904**	**201137**
803042	69615			229011	271988	12185	
229835	139083			73097	40694	7118	
1127239	521640			-84280	451421		
346755	186579	146357		1148068	351495	39899	
536710	198015	2089		224062	245180		
1968145	585740	6841		1673665	2053738	23608	19268
3485926	-1835787			1413434	1402867		
592878	175306	25302		939341	681018		
1640439	500465	497922		2530857	1317000		
***	***	***	***	***	***	***	***
238708	37633			233167	264854	14730	
3329321	1701623	164009		1440385	2207188		
1565904	156712	4881		-277229	2457551	2244	14888
6040096	2250052	930545		6494368	4710301	31789	1044
***	***	***	***	***	***	***	***
144629	41647			171304	131887	7878	8155
***	***	***	***	***	***	***	***
291748	37700	3475		141791	130295		
2205876	759602	65915		768346	659815	4501	8515
582139	118175	3499		322218	187322	4242	
72894	5710	1900		79144	77058		
***	***	***	***	***	***	***	***
***	***	***	***	***	***	***	***
***	***	***	***	***	***	***	***
836600	167731			783560	285196		
25488	8286			78931	14988		
113839	52839			155686	90800		
2066432	679952	24277		2098098	1412057	6000	43093
921522	328916	37152		2269382	1324665	38005	
57882	9272	26457		102976	62511	3240	
***	***	***	***	***	***	***	***
103849	67262			37309	14078	5104	
412281	139951			531064	84102	33480	
26098	3119			44925	8278		
133270	8366			83703	15624		
249167	127357			952587	111728		
388590	123073	97763		810142	674120	96302	
276034	71360	8000		119803	110000		
***	***	***	***	***	***	***	***

1-11 续表 4

项 目	累计折旧	#本年折旧	#在建工程	#无形资产	负债合计
涂料、油墨、颜料及类似产品制造	385124	32232	2952	10782	322174
合成材料制造	544963	206742	4691	302749	2870094
专用化学产品制造	675337	65448	16821	22578	455730
日用化学产品制造	670882	80325	68435	108501	1188970
化学药品原料药制造	***	***	***	***	***
化学药品制剂制造	1619697	249048	624096	968389	9879093
中药饮片加工	***	***	***	***	***
中成药生产	63026	6353	43554	8300	51335
兽用药品制造	***	***	***	***	***
生物药品制造	445735	84313	157778	271479	1531525
卫生材料及医药用品制造	150016	25064	17244	15451	179228
橡胶制品业	315298	29000	34693		345426
塑料制品业	918946	120813	28787	86969	1348973
水泥、石灰和石膏制造	400652	33817	4126	11884	585794
石膏、水泥制品及类似制品制造	118446	17282	8774	10201	552807
砖瓦、石材等建筑材料制造	167287	15162	2273	60	800992
玻璃制造	***	***	***	***	***
玻璃制品制造	138997	22670	627	19893	1261074
玻璃纤维和玻璃纤维增强塑料制品制造	203616	20654	6919	7925	120116
陶瓷制品制造	635380	29484	2884	35846	88032
耐火材料制品制造	179509	15276	2629	11375	147618
石墨及其他非金属矿物制品制造	55678	5954	1106	65	247517
黑色金属铸造	176603	15867	1922	11068	427852
钢压延加工	***	***	***	***	***
常用有色金属冶炼	***	***	***	***	***
稀有稀土金属冶炼	***	***	***	***	***
有色金属合金制造	***	***	***	***	***
有色金属压延加工	48220	2656		3216	11032
结构性金属制品制造	331025	35897	41789	99341	1312873
集装箱及金属包装容器制造	1190735	132646	116752	82451	3259094
金属丝绳及其制品制造	***	***	***	***	***
建筑、安全用金属制品制造	212605	19365	44363	36031	536237
金属表面处理及热处理加工	95484	8822		7314	102990
金属制日用品制造	19167	2524		2921	64741
其他金属制品制造	219606	27343	7986	10194	296738
锅炉及原动设备制造	271548	27669	3264	14334	3965026
金属加工机械制造	178239	34100	224397	30185	845030
物料搬运设备制造	166812	16570	329	22274	993876
泵、阀门、压缩机及类似机械制造	3667762	580808	619492	258018	6151001
轴承、齿轮和传动部件制造	179296	19937	54915	43531	319261
烘炉、风机、衡器、包装等设备制造	721505	120654	630280	194181	6734080
文化、办公用机械制造	193814	28382		42909	1629840
通用零部件制造	160315	32914	13067	4166	236653

单位：千元

流动负债合计	#应付账款	非流动负债合计	#应付债券	所有者权益合计	#实收资本	国家资本	集体资本
320811	150934	1363		1735620	411268		
1661973	591403	1208120		1020314	1618368		
424863	178161	30867		1032447	823599	144000	
1128294	266779	60676		2481947	983996		
***	***	***	***	***	***	***	***
9209390	3411017	669702		7693209	3258333		
***	***	***	***	***	***	***	***
46225	7033	5110		293179	129172		
***	***	***	***	***	***	***	***
1095437	150785	436087		4033186	1229102		
169248	74726	9979		314506	136740		
345426	168586			336431	121444	40000	
1327537	559662	21436		1964766	1341228		
577381	233712	8413		238974	144000		
530556	240219	22250		90670	211379		
767712	402070	3544		209686	288764	56359	9143
***	***	***	***	***	***	***	***
1207509	280638	53563	48900	1354153	357596		
120116	65019			370589	346959		
88032	25631			647035	331538		
147618	87085			280990	98858		
247517	127611			364587	273453	25500	
370739	268070	1000		324529	307839		
***	***	***	***	***	***	***	***
***	***	***	***	***	***	***	***
***	***	***	***	***	***	***	***
***	***	***	***	***	***	***	***
11032	6950			84853	64476		
1120365	301916	192507		1148621	648374	6300	
3088714	652445	170380		4501255	1361840		
***	***	***	***	***	***	***	***
463772	218094	72464		864690	375598		
78029	35383	24960		126171	86761		
64741	24484			52779	21480		
240204	134152	56532		805028	358332		
3915878	692635	47032		1258992	249817	47188	
835968	351978	9061		3150690	294717		
936326	289741	57550		1105163	644836		
5658449	2995613	492552		12097167	5753963	13824	
269460	72869	49801		658662	278035		
6023354	2319110	710402		3098789	1210080	37500	13510
1620173	997005	2181		1047759	476857		
233585	149734	3068		400345	296707		

1-11 续表 5

项目	累计折旧	#本年折旧	#在建工程	#无形资产	负债合计
其他通用设备制造业	***	***	***	***	***
采矿、冶金、建筑专用设备制造	138027	22956	20024	33925	1852997
化工、木材、非金属加工专用设备制造	82264	12671	3177	2324	414786
食品、饮料、烟草及饲料生产专用设备制造	32324	4599		5833	88042
印刷、制药、日化及日用品生产专用设备制造	72084	10295	1154	13233	571118
纺织、服装和皮革加工专用设备制造	267284	18173	26133	63718	6468086
电子和电工机械专用设备制造	35487	8340	873	4489	216212
农、林、牧、渔专用机械制造	680	274			68206
医疗仪器设备及器械制造	842978	172585	231902	169383	4489950
环保、社会公共服务及其他专用设备制造	353390	66390	10162	214891	4034880
汽车整车制造	12484386	2747788	9675923	9300596	85778548
改装汽车制造	***	***	***	***	***
汽车零部件及配件制造	7458228	1436899	838922	833428	27685417
铁路运输设备制造	82945	18286	357	7890	1049696
潜水救捞及其他未列明运输设备制造	***	***	***	***	***
电机制造	441189	57785	29895	21800	12589653
输配电及控制设备制造	1077243	186325	65735	234882	6798440
电线、电缆、光缆及电工器材制造	234618	7982	648	5133	248733
电池制造	***	***	***	***	***
家用电力器具制造	***	***	***	***	***
非电力家用器具制造	29747	3521		1495	151044
照明器具制造	728274	89920	133791	31939	1088414
其他电气机械及器材制造	91251	15608	7369	3293	327043
计算机制造	1153833	195849	958050	294795	24374045
通信设备制造	5532656	706965	728	136046	21705873
广播电视设备制造	67293	16377		105140	413323
雷达及配套设备制造	***	***	***	***	***
电子器件制造	20487575	2392565	1138463	982457	17847418
电子元件制造	3013012	372240	77689	52538	2161031
其他电子设备制造	582064	63844	13458	35182	879140
通用仪器仪表制造	454936	56706	54902	69487	4911033
专用仪器仪表制造	164139	31432	6459	7405	575941
钟表与计时仪器制造	***	***	***	***	***
光学仪器及眼镜制造	***	***	***	***	***
其他仪器仪表制造业	***	***	***	***	***
日用杂品制造	29052	3000	8	3976	47045
其他未列明制造业	95262	13983	6668	14058	68413
铁路、船舶、航空航天等运输设备修理	1415488	131221	16813	10514	2129363
三、电力、热力、燃气及水生产和供应业	**12917902**	**1276137**	**3956658**	**823878**	**28301727**
电力生产	8871788	461715	626194	462606	15896569
热力生产和供应	***	***	***	***	***
燃气生产和供应业	3724866	763845	3310695	344517	12193536
污水处理及其再生利用	***	***	***	***	***

单位：千元

流动负债合计	#应付账款	非流动负债合计	#应付债券	所有者权益合计	#实收资本	国家资本	集体资本
***	***	***	***	***	***	***	***
1821662	752993	31334		1032869	259877		
409498	186653	5288		285763	125980		
73691	43220	14350		67829	33814		
571118	129598			480916	305661	7000	
5248004	1290083	1220082	1200000	3468423	714060		
201128	61138	15084		129573	78385		
68206	42655			21448	27545		
4195889	2535196	290228		5762003	2439783		
4021787	1492916	7097		1446616	892852		26142
68793073	33755675	16985474	4000000	65065250	31047011	4118484	
***	***	***	***	***	***	***	***
26270656	19537597	1410066		22831108	6534348	140062	17780
1049696	472181			429957	195629		
***	***	***	***	***	***	***	***
9649265	5665752	2940388	2792928	11236416	4869185		
6337652	2999665	325022		6646135	1587428	30424	
248733	138717			594462	315842		
***	***	***	***	***	***	***	***
***	***	***	***	***	***	***	***
134727	41863	16317		64340	34165		783
1046152	460051	42262		1112194	560781		
309119	176262	17924		312504	140894	15353	
23957021	13050773	417024		1348600	619605		
21662773	16360296	43099		16743076	4886041		
402140	246859	9383		712031	355423		
***	***	***	***	***	***	***	***
8942973	3619070	8904441		14679118	17786452	4172288	
2081074	991886	24967		3345419	2240686		
856135	276776	23005		1105741	443561		
4749927	2688113	154601		3622364	1267454	5783	
567598	308063	343		709539	278014		38816
***	***	***	***	***	***	***	***
***	***	***	***	***	***	***	***
***	***	***	***	***	***	***	***
46989	16763			45827	56910		
67071	34339	1342		136174	119067		
2107885	242488	21478		1688847	1358120		
17067804	**1628652**	**11233923**	**4600000**	**43380735**	**17168896**	**22200**	
6610469	936508	9286100	4600000	19651857	12446383		
***	***	***	***	***	***	***	***
10271713	664572	1921823		23179652	4304823	22200	
***	***	***	***	***	***	***	***

1-11 续表 6

项目	法人资本	个人资本	港澳台资本	外商资本	主营业务收入	主营业务成本
合计	**38685949**	**2796999**	**15885985**	**80442953**	**733063622**	**589637043**
一、采矿业	**4069**		**941657**	**62329**	**1327282**	**928133**
石油和天然气开采辅助活动	4069		941657	62329	1327282	928133
二、制造业	**29805139**	**2796999**	**14265305**	**72789692**	**706564128**	**566947921**
谷物磨制	20562			239241	1239861	1188966
饲料加工	7500		7117	18959	1330753	1099495
屠宰及肉类加工	132640		116266	202515	1823298	1686509
蔬菜、水果和坚果加工	19037	57348	9667	225544	1682107	1299778
其他农副食品加工	61426			183754	1014924	796040
焙烤食品制造	38430	8907	75758	1887767	4607526	3643289
糖果、巧克力及蜜饯制造				1402867	8758188	4206805
方便食品制造	265332		136068	279618	1505751	1136115
乳制品制造	317590	328579		670831	8265966	6983038
罐头食品制造	***	***	***	***	***	***
调味品、发酵制品制造			71918	178206	474628	319745
其他食品制造	57270		382955	1766963	8257849	3851454
酒的制造	608406	1256	641640	1189117	1220770	923559
饮料制造	589840		2570135	1517493	13902004	9511576
棉纺织及印染精加工	***	***	***	***	***	***
毛纺织及染整精加工	64738		4524	46592	324191	296371
家用纺织制成品制造	***	***	***	***	***	***
非家用纺织制成品制造	91681		3929	34685	510073	408454
机织服装制造	102697		247368	296734	2448995	1696375
针织或钩针编织服装制造	61970	4112	29486	87512	1227731	1067464
服饰制造	8715	10626		57717	460527	409301
皮革制品制造	***	***	***	***	***	***
制鞋业	***	***	***	***	***	***
人造板制造	***	***	***	***	***	***
木质家具制造	98443	3043	46244	137466	1702462	1205320
金属家具制造			3922	11066	141234	100005
其他家具制造	60600	7000		23200	204786	177894
纸制品制造	88968	23500	311204	939292	5143607	3850433
印刷	468566	73732	416317	328045	2478693	1876619
记录媒介复制	20600		38671		123049	88631
文教办公用品制造	***	***	***	***	***	***
乐器制造			1780	7194	156612	125609
工艺美术品制造			22655	27967	747886	616089
玩具制造	4000			4278	71860	58933
游艺器材及娱乐用品制造	8736		3744	3144	130652	91775
精炼石油产品制造	21109	3382	63327	23910	3974907	3208329
基础化学原料制造	106610	420	2475	468313	890576	619884
肥料制造	16970	72883	17647	2500	315483	252563
农药制造	***	***	***	***	***	***

单位：千元

主营业务税金及附加	其他业务利润	销售费用	管理费用			财务费用		
				#税　金	#工会经费		#利息收入	#利息支出
13047099	**3675204**	**51273991**	**32725407**	**877388**	**252107**	**2521418**	**1582859**	**4363426**
12031		**104518**	**226349**	**512**	**168**	**42963**	**797**	**40818**
12031		104518	226349	512	168	42963	797	40818
12830602	**3624794**	**50935362**	**31257553**	**832086**	**243544**	**1763707**	**1534476**	**3576701**
50	1312	59272	19491	2921	128	16573	2966	19467
8	1132	106392	86790	224	153	-1320	3528	873
1793	10391	111151	77479	2514	2926	31647	3539	34520
4974	24549	178920	122575	1004	1571	14588	2412	12492
5654	6365	130738	78035	5518	258	14629	780	11953
29191	24897	584943	250238	7652	3407	8691	8048	18353
67765	6364	3488668	488984	9237	3269	-47114	63080	7228
13349	3066	36595	198048	5728	1778	957	6310	4577
18474	13368	1101023	219235	8554	1512	49443	9078	58349
***	***	***	***	***	***	***	***	***
3707	1097	83509	42336	2320	305	2341	236	3784
79355	36238	3342930	595829	10753	527	2158	6048	14606
131556	8512	63525	113888	5878	1078	17081	6084	32532
68355	86246	3217357	713176	23075	1406	63169	31402	123445
***	***	***	***	***	***	***	***	***
1548	117	7978	14150	329	450	4635	228	3451
***	***	***	***	***	***	***	***	***
2185	2911	21936	39355	623	472	10228	1360	9861
11020	2039	410762	292996	3393	4009	41789	2225	35036
1596	571	34359	66734	1615	1074	12613	687	15875
698	32	13839	29782	297	627	-3003	178	229
***	***	***	***	***	***	***	***	***
***	***	***	***	***	***	***	***	***
***	***	***	***	***	***	***	***	***
17548	16018	206635	161193	2841	1744	15491	316	7565
	190	12868	24131	850	261	956	53	79
898	10472	14302	14937	471	254	-317	1088	180
25955	16814	187800	231863	9348	1749	-9868	17759	8247
17525	26698	124207	226707	4552	3668	-3019	15965	13473
672	127	14420	11379	254	27	1774	622	2377
***	***	***	***	***	***	***	***	***
206	61	4805	13200	192	499	4496	19	1066
5822	2912	38391	46480	1030		642	90	2567
		2913	7986	315	73	563	276	
1277	538	17725	13372	390	223	5117	78	5212
30593	2398	211804	109744	4551	1275	-5250	3415	3824
5052	8018	106491	70708	1610	69	269	2554	7069
539		26727	20194	346	22	9099	43	6962
***	***	***	***	***	***	***	***	***

1-11 续表 7

项目	法人资本	个人资本	港澳台资本	外商资本	主营业务收入	主营业务成本
涂料、油墨、颜料及类似产品制造	29437	2247	206930	172654	1489311	980069
合成材料制造	793363	220		824785	3242529	3301105
专用化学产品制造	47280	3704	64238	564377	1287386	1061790
日用化学产品制造	56365		229572	698059	3431982	1276226
化学药品原料药制造	***	***	***	***	***	***
化学药品制剂制造	211266	55772	181560	2809735	24120385	9323669
中药饮片加工	***	***	***	***	***	***
中成药生产	39992		89180		224614	106442
兽用药品制造	***	***	***	***	***	***
生物药品制造	372728	190967	318361	347046	2245443	539909
卫生材料及医药用品制造			42740	94000	618778	442498
橡胶制品业	950		634	79860	1203026	953828
塑料制品业	189908		125492	1025828	3125650	2507325
水泥、石灰和石膏制造	108000		26000	10000	587198	508814
石膏、水泥制品及类似制品制造	38278		28700	144401	537301	476538
砖瓦、石材等建筑材料制造	85419		108913	28930	633100	488802
玻璃制造	***	***	***	***	***	***
玻璃制品制造	194451	11303	47739	104103	1354598	1103500
玻璃纤维和玻璃纤维增强塑料制品制造	108744			238215	287413	249273
陶瓷制品制造	79302			252236	672026	482473
耐火材料制品制造	10847		9948	78063	334501	303061
石墨及其他非金属矿物制品制造	172751		4951	70251	598623	448110
黑色金属铸造	14693		10759	282387	905933	745119
钢压延加工	***	***	***	***	***	***
常用有色金属冶炼	***	***	***	***	***	***
稀有稀土金属冶炼	***	***	***	***	***	***
有色金属合金制造	***	***	***	***	***	***
有色金属压延加工	20519			43957	74915	65261
结构性金属制品制造	96509	37275	58839	449451	1848195	1268629
集装箱及金属包装容器制造	656653		611043	94144	6018081	4914995
金属丝绳及其制品制造	***	***	***	***	***	***
建筑、安全用金属制品制造	91049	14393	2279	267877	836757	597021
金属表面处理及热处理加工			54071	32690	205690	174519
金属制日用品制造	2996			18484	402170	394630
其他金属制品制造	111172		41020	206140	1002587	842585
锅炉及原动设备制造	10200			192429	2563166	2166184
金属加工机械制造	102917	13282	4186	174332	3730525	2640455
物料搬运设备制造	287816			357020	1834816	1537295
泵、阀门、压缩机及类似机械制造	334248		245794	5160097	15436663	12035343
轴承、齿轮和传动部件制造	124494	37300	1578	114663	546235	410908
烘炉、风机、衡器、包装等设备制造	108073	294556	174874	581567	7454066	5942145
文化、办公用机械制造	14700		403811	58346	4244312	3564651
通用零部件制造	8825		2584	285298	626044	521057

单位：千元

主营业务税金及附加	其他业务利 润	销售费用	管理费用	#税 金	#工会经费	财务费用	#利息收入	#利息支出
11348	4120	75722	84063	1578	306	-9052	8432	629
5204	9313	119250	181778	2537	355	85297	2309	111553
4721	4784	40617	104954	3828	240	8217	1362	6966
98609	6430	1301540	263249	3554	982	-28019	28047	2591
***	***	***	***	***	***	***	***	***
263649	245650	10238315	1776976	13630	15120	638279	71402	152516
***	***	***	***	***	***	***	***	***
1913	831	26222	26993	1594	272	662	1223	1426
***	***	***	***	***	***	***	***	***
26654	5117	647377	372536	5716	1496	5903	16748	22050
3448	9218	35250	68002	789		8790	142	6418
6270	108	51216	80259	394	314	5864	196	6698
17660	28301	159188	242142	7021	3026	1132	9693	16378
2865	10956	22695	64871	908	508	16581	3735	20263
1321		32244	36961	1203	328	10110	564	10463
3571	4837	51982	58241	714	656	31601	569	32158
***	***	***	***	***	***	***	***	***
8676	6828	53354	99844	2836	2112	31472	2577	29099
1866	600	26198	19602	613	158	563	479	
9089	240	9501	35805	3287	6	-12150	12231	
1932	1116	20619	38286	186	76	42	680	252
2799	469	23247	30288	30	306	-2038	4001	1715
4563	429	98110	53716	777	854	7892	470	3643
***	***	***	***	***	***	***	***	***
***	***	***	***	***	***	***	***	***
***	***	***	***	***	***	***	***	***
***	***	***	***	***	***	***	***	***
245	1135	3385	8875	377	128	2090	30	16
12335	34267	247077	176909	5255	1597	24901	1152	21896
18120	3537	195700	373586	5968	1904	63016	30397	83626
***	***	***	***	***	***	***	***	***
4281	18464	121200	66873	1839	119	6669	817	5159
964	1890	5852	27515	451	415	910	194	1495
89	280	2114	3564	177	7	2143	6	1419
3768	7915	46842	91148	1582	768	-12141	5164	3888
5587	5083	73072	134644	1895	4124	2528	6942	11182
25388	3049	173554	187655	6520	992	-4863	30134	6136
5800	49931	99639	134111	3668	1488	36534	1360	31234
78580	170686	1238338	966585	35561	13273	-200906	98190	87386
2560		24124	42220	403	237	7222	146	5372
33686	44696	274862	606908	10225	3513	92845	13448	110156
3784	8832	213583	86502	2377	585	-6238	4244	
2994	5711	27296	51627	353	372	1538	437	659

1-11 续表 8

项目					主营业务收入	主营业务成本
	法人资本	个人资本	港澳台资本	外商资本		
其他通用设备制造业	***	***	***	***	***	***
采矿、冶金、建筑专用设备制造	39710	9467	31000	179700	1879510	1376337
化工、木材、非金属加工专用设备制造	40438	7449	18348	59745	651458	491218
食品、饮料、烟草及饲料生产专用设备制造				33814	156513	142682
印刷、制药、日化及日用品生产专用设备制造	33353		245063	20245	898848	544263
纺织、服装和皮革加工专用设备制造	238538	285123	187419	2980	3951983	3493429
电子和电工机械专用设备制造				78385	279207	201634
农、林、牧、渔专用机械制造				27545	67976	58106
医疗仪器设备及器械制造	484297	219446	521469	1214571	7550420	5243491
环保、社会公共服务及其他专用设备制造	42090	22303	216373	585944	4850945	3777740
汽车整车制造	13886399			13042128	180465108	140120881
改装汽车制造	***	***	***	***	***	***
汽车零部件及配件制造	931274	150000	209966	5085266	90413697	79459865
铁路运输设备制造	83915		19771	91943	1385321	1047845
潜水救捞及其他未列明运输设备制造	***	***	***	***	***	***
电机制造	3098987	420400	600000	749798	3968714	3796173
输配电及控制设备制造	345118	165279	15127	1031480	16374538	11234839
电线、电缆、光缆及电工器材制造	93998		58553	163291	619473	546620
电池制造	***	***	***	***	***	***
家用电力器具制造	***	***	***	***	***	***
非电力家用器具制造	16170			17212	157551	128610
照明器具制造			22867	537914	2995130	2333133
其他电气机械及器材制造			14534	111007	719079	517477
计算机制造	97720	3269	440630	77986	51791297	44113462
通信设备制造	502494		1174391	3209156	110004281	106143112
广播电视设备制造				355423	1022341	739344
雷达及配套设备制造	***	***	***	***	***	***
电子器件制造	152741	12679	708890	12739854	22301196	18058085
电子元件制造	21001	58405	16600	2144680	8638920	7634469
其他电子设备制造	89041		232968	121552	1707861	1482456
通用仪器仪表制造	379451	63742	386825	431653	7581410	5773766
专用仪器仪表制造	8731	23270	25959	181238	1409620	986370
钟表与计时仪器制造	***	***	***	***	***	***
光学仪器及眼镜制造	***	***	***	***	***	***
其他仪器仪表制造业	***	***	***	***	***	***
日用杂品制造	9932			46978	159329	132412
其他未列明制造业	6011	3383	86765	22908	196302	161026
铁路、船舶、航空航天等运输设备修理	789308		36100	532712	3057564	2235604
三、电力、热力、燃气及水生产和供应业	**8876741**		**679023**	**7590932**	**25172212**	**21760989**
电力生产	8653991		400000	3392392	5471627	4600713
热力生产和供应	***	***	***	***	***	***
燃气生产和供应业	11434		72649	4198540	19146153	16665793
污水处理及其再生利用	***	***	***	***	***	***

单位：千元

主营业务税金及附加	其他业务利润	销售费用	管理费用	#税金	#工会经费	财务费用	#利息收入	#利息支出
***	***	***	***	***	***	***	***	***
5614	35171	132688	280494	2016	3085	11042	911	8937
3667	8337	30434	77217	1043	897	4649	915	4622
486	4258	6597	17899	334	111	2428	56	1557
6641	172	231523	83291	1482	9	4219	1617	4168
14584	68915	84821	215549	9335	93	106003	23339	119132
2575	3404	10684	28665	228	12	2757	908	2837
197		3650	6501	69		-338	36	
32140	479262	506612	1185473	18475	5106	-29928	33555	32045
26695	17425	287866	497095	6690	3680	21694	4836	50349
10728079	650129	9437579	4908198	209450	55807	721835	251318	907919
***	***	***	***	***	***	***	***	***
255269	328939	1170594	2754070	76372	27975	-225634	180134	192776
7421	2437	20054	78694	856	215	-2698	1206	771
***	***	***	***	***	***	***	***	***
9371	1815	349163	252966	3311	-1822	172411	100201	256994
122630	-4578	795603	745428	11044	6145	7597	29519	30751
799	1327	23408	43253	1273	52	1651	3092	4327
***	***	***	***	***	***	***	***	***
***	***	***	***	***	***	***	***	***
606	-53	10914	13854	157	2	3251	16	3172
14165	23624	91163	323155	4425	2471	12020	1049	17346
1955	21923	50176	64545	426	646	-2606	1777	587
8540	99039	5265875	2373001	31938	1158	-36854	70722	20462
39322	407606	495410	1851143	77974	8902	-397028	150862	28290
6503	17778	112412	139129	1188	984	423	748	5123
***	***	***	***	***	***	***	***	***
148628	100898	601097	1260661	42771	5082	200811	32929	365696
41909	154537	140438	731283	12056	5214	15623	38672	62120
7185	24322	69830	130489	5254	566	-6571	2312	13725
41105	43480	524114	478409	4185	2958	-2414	22890	29017
5073	27168	149068	160369	2591	699	4722	1916	5336
***	***	***	***	***	***	***	***	***
***	***	***	***	***	***	***	***	***
***	***	***	***	***	***	***	***	***
703		9602	12414	424	137	2250	87	1116
1259	178	10599	35257	460	72	2486	117	588
11195	53130	17745	770880	38948	12838	33009	3031	53155
204466	**50410**	**234111**	**1241505**	**44790**	**8395**	**714748**	**47586**	**745907**
38828	27360		283224	30566	1384	536253	5743	521388
***	***	***	***	***	***	***	***	***
160405	22181	234111	916970	13290	6366	171848	41395	217566
***	***	***	***	***	***	***	***	***

1-11 续表 9

项目	投资收益(损失以"-"号记)	营业利润	营业外收入	#补贴收入	营业外支出
合计	**9320840**	**55298895**	**3280392**	**1286865**	**1418803**
一、采矿业	**37500**	**50788**	**9351**		**6747**
石油和天然气开采辅助活动	37500	50788	9351		6747
二、制造业	**5972804**	**50864419**	**3115252**	**1180576**	**1400746**
谷物磨制	7704	-36051	31226		7759
饲料加工	144	41086	149		317
屠宰及肉类加工		-74890	6418	9134	653
蔬菜、水果和坚果加工		85530	12672	4560	3935
其他农副食品加工		-3816	2159	1226	814
焙烤食品制造	893	116957	13489	7018	18038
糖果、巧克力及蜜饯制造	-38	559444	90596	7381	12145
方便食品制造	4798	128612	10424	6984	1222
乳制品制造	56005	-44525	11441	8495	3993
罐头食品制造	***	***	***	***	***
调味品、发酵制品制造		24087	2995		4554
其他食品制造	50663	479130	81010	70048	26268
酒的制造	-146	-16686	4274	1150	1916
饮料制造	-6321	381347	213261	33275	55560
棉纺织及印染精加工	***	***	***	***	***
毛纺织及染整精加工		171	602	559	151
家用纺织制成品制造	***	***	***	***	***
非家用纺织制成品制造		26263	5185	2121	374
机织服装制造	836	5626	4212	1614	3999
针织或钩针编织服装制造	20562	66072	3039	2589	1226
服饰制造	59	10001	1123	51	87
皮革制品制造	***	***	***	***	***
制鞋业	***	***	***	***	***
人造板制造	***	***	***	***	***
木质家具制造	18	111684	9409		5502
金属家具制造		3464	1477	206	139
其他家具制造		7544	63		624
纸制品制造	18922	892696	149770	104360	3110
印刷	7560	270702	5658	1145	28955
记录媒介复制		6641	364	6	975
文教办公用品制造	***	***	***	***	***
乐器制造		7629	181	79	6082
工艺美术品制造	-56	35187	2092	4423	1487
玩具制造		1465	118	4	59
游艺器材及娱乐用品制造		1924	889	846	285
精炼石油产品制造		414992	4143	800	1799
基础化学原料制造	6841	98322	5776		3562
肥料制造	18	6361	4327	4327	7
农药制造	***	***	***	***	***

单位：千元

利润总额	亏损企业亏损额	应交所得税	应付职工薪酬(本年贷方累计发生额)	应交增值税	进项税额	销项税额	从业人员平均人数(人)
57284241	**5940758**	**12062989**	**50118553**	**23107833**	**92006493**	**107385787**	**403045**
53392		**2474**	**125106**	**15549**	**131002**	**126603**	**804**
53392		2474	125106	15549	131002	126603	804
52702682	**5940758**	**11749069**	**48431815**	**21393665**	**90065419**	**103767735**	**392606**
-12534	28796	4357	26204	5156	132107	137305	289
40918	3757	10923	93428	69		69	892
-65545	84403	3714	251215	23958	142603	142865	3961
94270	7526	14942	195780	48823	163843	203532	2825
-2471	16656	1260	168147	32105	71285	93889	1955
119276	71322	44229	615473	223212	579839	806150	10594
645238		165280	898784	587250	839904	1409918	6883
137814	24126	43670	450797	67199	107652	173307	3097
-37077	50381	12475	503810	176767	1093146	1267674	6178
***	***	***	***	***	***	***	272
22528	9492	233	63628	35861	44639	79959	872
533800		88030	486358	620000	1189017	1734434	4118
-14328	68095	3685	220378	69188	102357	147448	2906
559811	353870	184585	1421994	798806	2050048	2952206	17229
***	***	***	***	***	***	***	7
622	1733	785	35958	3858	41872	40939	721
***	***	***	***	***	***	***	279
31074	2226	10160	44410	2255	61417	46473	427
6898	97132	29020	658807	92417	273053	323528	11837
67911	244	16999	95201	6674	181832	36079	1718
11088		2703	49846	2632	61446	6830	903
***	***	***	***	***	***	***	356
***	***	***	***	***	***	***	450
***	***	***	***	***	***	***	158
115609	19621	6599	197231	71441	109075	170962	3100
5008		1269	30500	485	14226	5308	514
6983		1993	31627	7794	25629	33198	631
1042212	6670	248708	309427	276515	601967	800938	3395
247578	90559	84047	398982	156826	270633	425032	4529
6030	832	1029	26931	5763	10026	15733	386
***	***	***	***	***	***	***	708
1728	389	1009	37676	1660	13358	5357	711
40215	3566	9039	64660	44772	73721	97916	1065
1524		280	12009	182	7487	795	261
2528		381	14314	5183	13353	18613	350
417336		104068	154439	127783	548381	676164	1158
104197	35629	34071	103221	56792	91219	153289	833
10699		1445	30798		6974	4558	459
***	***	***	***	***	***	***	57

1-11 续表 10

项　　目	投资收益（损失以"-"号记）	营业利润	营业外收入		营业外支出
				#补贴收入	
涂料、油墨、颜料及类似产品制造	21101	372464	686		1654
合成材料制造	628	-474789	55011	10302	2539
专用化学产品制造	-152	69598	2770	145	3147
日用化学产品制造	812	509512	6068	2948	12353
化学药品原料药制造	***	***	***	***	***
化学药品制剂制造	87906	2221861	178690	42304	75390
中药饮片加工	***	***	***	***	***
中成药生产		63213	224		86
兽用药品制造	***	***	***	***	***
生物药品制造	6463	650194	52286	1355	6538
卫生材料及医药用品制造		68765	2812	1597	527
橡胶制品业		105698	2463		2104
塑料制品业	1402	227169	45636	5448	7352
水泥、石灰和石膏制造	3196	-13982	23910	22192	36
石膏、水泥制品及类似制品制造		-19873	8970	19737	1783
砖瓦、石材等建筑材料制造	6	4387	2427	4126	489
玻璃制造	***	***	***	***	***
玻璃制品制造	49	38360	14009	7049	666
玻璃纤维和玻璃纤维增强塑料制品制造	3949	-9892	594		166
陶瓷制品制造		146050	503		733
耐火材料制品制造	3293	-25030	770	343	907
石墨及其他非金属矿物制品制造		97371	415	100	35
黑色金属铸造	1111	-6564	505		325
钢压延加工	***	***	***	***	***
常用有色金属冶炼	***	***	***	***	***
稀有稀土金属冶炼	***	***	***	***	***
有色金属合金制造	***	***	***	***	***
有色金属压延加工		-3806	119		26
结构性金属制品制造	1982	154352	7876	3355	5177
集装箱及金属包装容器制造	194544	622807	26309	16483	3979
金属丝绳及其制品制造	***	***	***	***	***
建筑、安全用金属制品制造	59646	113553	36048		14098
金属表面处理及热处理加工		-2180	3687		80
金属制日用品制造		-90	46		
其他金属制品制造	3493	38215	3417	2275	1187
锅炉及原动设备制造	799	232929	2441	32	2267
金属加工机械制造	-1303	711716	3145	2229	967
物料搬运设备制造	623	42763	3509		4355
泵、阀门、压缩机及类似机械制造	3208	1488732	291007	6208	423120
轴承、齿轮和传动部件制造		61062	194	170	1778
烘炉、风机、衡器、包装等设备制造	-5759	534737	23490	3221	6557
文化、办公用机械制造		390862	4975		21381
通用零部件制造	767	27685	9581		3067

单位：千元

利润总额	亏损企业亏损额	应交所得税	应付职工薪酬(本年贷方累计发生额)	应交增值税	进项税额	销项税额	从业人员平均人数(人)
371546	5736	92996	92855	85693	152958	233925	644
-422999	534431	-5209	92276	49445	527862	577862	800
59429	9423	17709	141371	37068	150311	158697	1454
503350	2533	114679	773349	379416	461494	840638	6374
***	***	***	***	***	***	***	513
2332373	343203	657811	5458002	2216445	1848923	4062536	19045
***	***	***	***	***	***	***	981
63351		11479	35468	23184	14629	37687	528
***	***	***	***	***	***	***	255
695942	48586	99882	433237	235302	71077	342935	3971
71050	3093	10794	74189	26372	84048	104780	614
109222		17465	178442	55066	248818	307659	2229
268718	44913	76140	437675	127560	366972	463843	5445
9892	13542	5409	45015	36410	63539	99938	583
-1283	16505	3587	48804	12882	9994	22834	526
9402		1668	56529	29399	77813	117318	728
***	***	***	***	***	***	***	1400
51703	9503	8166	149717	6928	141530	146854	2236
-5515	14394		40162	18288	25501	33852	412
145820		27060	180067	71826	40546	109459	1860
-25167	42416	-7798	47244	18414	39269	57593	464
97751		26293	44415	22786	38987	58036	451
-6199	17372	3691	122498	842	124143	87693	1357
***	***	***	***	***	***	***	176
***	***	***	***	***	***	***	553
***	***	***	***	***	***	***	161
***	***	***	***	***	***	***	35
-3713	5359	124	10522	2114	10086	11054	180
157122	15106	41970	264289	106222	238771	338611	2811
644054	23816	85846	391077	172132	954408	1053373	3796
***	***	***	***	***	***	***	35
135503	1902	10585	118302	35099	118117	118863	1497
1427		270	34503	1873	26195	23398	399
-44	766		9623	20	66398	61980	235
44495	45840	16700	98127	40758	127055	161827	1122
233103		44519	349404	53578	276653	328214	2655
712700	2595	181676	267469	203369	502846	669782	1529
42540	9385	11896	145168	45245	264727	300252	1292
1365627	628932	358581	1954981	537431	1875190	2237869	13482
59478	646	14279	75805	25864	66954	91261	920
548059	43286	103910	544141	252436	974678	1200377	4362
374456	15383	101353	200668	81651	509136	469838	1169
34966		8929	98974	21010	77075	95257	999

1-11 续表 11

项目	投资收益(损失以"-"号记)	营业利润	营业外收入	#补贴收入	营业外支出
其他通用设备制造业	***	***	***	***	***
采矿、冶金、建筑专用设备制造	16337	123545	2076	3267	3744
化工、木材、非金属加工专用设备制造	-24	52581	1999	1434	1616
食品、饮料、烟草及饲料生产专用设备制造		-9321	680	3	338
印刷、制药、日化及日用品生产专用设备制造	10329	38287	42750	41966	722
纺织、服装和皮革加工专用设备制造	159321	259915	13701	9978	2048
电子和电工机械专用设备制造		36296	974		298
农、林、牧、渔专用机械制造		-140	47		176
医疗仪器设备及器械制造	50576	1121171	45094	39381	7708
环保、社会公共服务及其他专用设备制造	1114	229461	28720	112	4312
汽车整车制造	4521362	19364521	370971	287381	74581
改装汽车制造	***	***	***	***	***
汽车零部件及配件制造	325357	7616542	118958	20285	66878
铁路运输设备制造	8960	244219	3335		1029
潜水救捞及其他未列明运输设备制造	***	***	***	***	***
电机制造	23476	-1118295	7466	4213	58584
输配电及控制设备制造	-32050	3381127	68410	41663	8387
电线、电缆、光缆及电工器材制造	33416	38304	1084	3372	384
电池制造	***	***	***	***	***
家用电力器具制造	***	***	***	***	***
非电力家用器具制造		263	379	1648	285
照明器具制造	2600	244073	12191	993	6061
其他电气机械及器材制造	82	105533	1756	303	1664
计算机制造	106145	279746	66664	14905	47083
通信设备制造	64635	2354268	60993	10355	53967
广播电视设备制造		42308	67200	44231	103
雷达及配套设备制造	***	***	***	***	***
电子器件制造	58446	1824509	483367	181630	124899
电子元件制造	-198	259887	32302	1039	39092
其他电子设备制造	4101	48594	312		470
通用仪器仪表制造	45241	838141	35917	12865	4317
专用仪器仪表制造		136334	4587	1922	1460
钟表与计时仪器制造	***	***	***	***	***
光学仪器及眼镜制造	***	***	***	***	***
其他仪器仪表制造业	***	***	***	***	***
日用杂品制造	39	1987	158	78	547
其他未列明制造业		-14104	977		79
铁路、船舶、航空航天等运输设备修理	11329	48666	95738	1920	4572
三、电力、热力、燃气及水生产和供应业	**3310536**	**4383688**	**155789**	**106289**	**11310**
电力生产	1425503	1465472	77971	45781	1536
热力生产和供应	***	***	***	***	***
燃气生产和供应业	1885033	2910589	19979	2902	9082
污水处理及其再生利用	***	***	***	***	***

单位：千元

利润总额	亏损企业亏损额	应交所得税	应付职工薪酬(本年贷方累计发生额)	应交增值税	进项税额	销项税额	从业人员平均人数(人)
***	***	***	***	***	***	***	192
125144	83293	31204	315859	49723	231894	259570	1684
52964	785	9779	78706	31738	78450	109523	867
-8979	8979		20358	1417	21350	17116	291
80315	16165	8265	271193	41695	87750	116750	1433
271568		67651	232635	103213	860666	963590	2875
36972	1361	8818	43817	13691	30315	42609	315
-269	281	13	5303	3301	9781	9211	32
1162234	97379	208005	934765	292477	610586	650452	6883
253870	17209	39997	656119	245013	514981	726212	4545
19660911	43428	4489972	7104122	6627533	25381696	31684031	36888
***	***	***	***	***	***	***	82
7689554	72504	1751654	3614436	2258379	14106498	15966412	37688
246525		56335	88764	57718	178626	237380	840
***	***	***	***	***	***	***	82
-1169413	1336540	-149732	223840	60696	829479	536031	1269
3446883	106795	463876	1313778	831377	3450109	3919540	8019
39004	32051	5462	47158	6613	100437	106857	448
***	***	***	***	***	***	***	4200
***	***	***	***	***	***	***	48
1731		240	20609	4967	19811	24778	424
250203	50281	57910	432569	52180	425438	439069	3587
105625	3864	26297	168083	10518	72028	64456	1054
297768	58005	-57332	2834396	36811	8731920	8670365	10407
2360305	661442	586087	2784175	363747	9026442	6113564	36324
109405		6095	239944	39014	227663	284619	3461
***	***	***	***	***	***	***	117
2182301	38907	231807	1897687	325197	1697063	1240569	13519
252899	200286	87842	904144	291451	1050483	861615	10536
52537	90445	33176	184765	54917	235611	283182	2027
875652	12002	162490	770545	264824	899839	1144779	5815
139461	2211	32274	222263	52988	154609	192286	1302
***	***	***	***	***	***	***	100
***	***	***	***	***	***	***	569
***	***	***	***	***	***	***	61
1676	1146	372	42388	2382	13057	8450	576
-13206	28741	816	44364	6173	19247	21424	426
139832		27248	1218084	109831	167455	276293	6258
4528167		**311446**	**1561632**	**1698619**	**1810072**	**3491449**	**9635**
1541907		137488	402898	319111	612165	912328	1326
***	***	***	***	***	***	***	62
2921486		158610	1079802	1337202	1147832	2486921	7847
***	***	***	***	***	***	***	400

1-12 大中型工业

项　　目	单位数（个）	#亏损企业	工业总产值（当年价格）	工业销售产值（当年价格）	#出口交货值
合　计	**777**	**128**	**1394126084**	**1379944556**	**134374680**
一、按登记注册类型分					
国有企业	38	5	306944555	306488976	425468
集体企业	4		995200	963508	
股份合作企业	2	1	874002	980373	153387
国有独资公司	35	10	128728943	126925049	1627788
其他有限责任公司	218	49	138649934	136109681	10093302
股份有限公司	108	16	195106646	193532178	7390336
私营独资	1	***	***	***	***
私营有限责任公司	88	8	22685759	21337831	906710
私营股份有限公司	13		4367315	4006012	375121
港澳台合资	35	6	25778297	25635746	2626433
港澳台合作	2	1	272888	263056	
港澳台独资	25	5	63328799	61625360	7596951
港澳台投资股份	7	1	9297235	10557100	1795502
中外合资	83	5	331308192	326839597	79629369
中外合作	4	1	1612049	1575322	274942
外商独资	105	18	154185032	153322113	20768990
外商股份	9	2	9939192	9730452	678861
二、按隶属关系分					
中央	108	20	536067641	534062518	4078759
省(自治区、直辖市)	125	30	297692454	296904940	13458041
地(区、市、州、盟)	32	9	23419049	23027090	195178
街道	1	***	***	***	***
镇	10	2	5448614	5462830	156477
乡	1	***	***	***	***
村委会	2		541640	556431	
其他	498	66	530593818	519568622	116473706

企业主要经济指标

单位：千元

年初存货	资产总计	#流动资产合计	#应收账款	#存货	#产成品	#固定资产合计	固定资产原价
144876262	**2651221876**	**983973145**	**232877682**	**156108162**	**44183153**	**542893271**	**972629659**
9829953	1083334823	196842201	26960145	11222630	1211955	203910185	374300970
159122	1041729	711305	59145	166783	22871	270679	635608
259115	1008639	680550	134014	253914	214891	290544	393589
11896937	379732330	115983952	29190761	10786344	1211393	115440488	187998970
27593647	267853676	138558763	43522600	28881996	9198719	74155704	121656792
32823987	362239764	187550257	39487868	34189636	11001054	42101517	89180928
***	***	***	***	***	***	***	***
3644420	23057805	16316125	5908662	4368637	1868878	3859625	6128458
870852	9790180	5062811	1651656	1036184	234687	1299783	1796420
2838291	26037212	13361896	4910791	3287759	1214427	9460565	19455873
72039	266388	229950	98190	50396	43232	36438	59522
5060905	50260467	40984071	7877056	6843602	1967966	3946489	7402639
9168538	40326708	31355625	12269454	9724286	302980	900918	1747047
22541631	230165741	141056738	26419868	27316476	8795761	41916096	77071970
493642	2519191	1944933	455177	67404	13594	406886	1099478
16644657	149915427	84611546	31828974	16617757	6427229	41212255	76835808
976945	23635456	8701202	2085917	1291620	453516	3669979	6845722
39090513	1384901688	324438307	64874926	37152137	6326240	286179643	550891626
31760701	620977807	249542706	44931720	33982152	12608453	155224959	238146908
4051526	55845985	31700404	3882601	4415174	2104424	7526206	12226990
***	***	***	***	***	***	***	***
563255	3572573	2677955	1694219	560162	152382	689330	1154085
***	***	***	***	***	***	***	***
37092	862593	804525	638598	13974	18373	53697	157859
69303243	584412072	374363944	116596707	79901151	22926735	93077460	169864374

1-12 续表 1

项目	单位数(个)	#亏损企业	工业总产值(当年价格)	工业销售产值(当年价格)	#出口交货值
三、按控股情况分					
国有控股	288	66	874466418	869902931	21655960
集体控股	18	1	19774868	18572786	833227
私人控股	254	27	105749340	101477478	4749441
港澳台控股	44	11	79308295	77522472	10156269
外商控股	169	23	314180639	311841323	96912105
其他	4		646524	627566	67678
四、按轻重工业分					
轻工业	287	47	174654399	170089654	12188904
重工业	490	81	1219471685	1209854902	122185776
五、按四大功能区分					
首都功能核心区	28	6	90404928	90273685	462426
东城区	11	1	9761091	9694038	310627
西城区	17	5	80643837	80579647	151799
城市功能拓展区	249	42	248318292	241485305	11346183
朝阳区	73	20	61109573	59728336	3821666
丰台区	50	6	26666898	26658056	535209
石景山区	19	5	25044178	24974156	1645073
海淀区	107	11	135497643	130124757	5344235
城市发展新区	396	67	675353529	669084250	116400587
房山区	27	8	81055320	81205134	658826
通州区	77	13	38097230	37965769	3799520
顺义区	86	13	255895628	253490914	40039345
昌平区	52	9	63460324	63025860	3230106
大兴区	55	7	28916023	26747872	417343
北京经济技术开发区	99	17	207929004	206648701	68255447
生态涵养发展区	104	13	86559919	85611900	6165484
门头沟区	7		5581120	5383850	1550111
怀柔区	26	1	41323773	41091004	1621536
平谷区	28	5	15050264	15043246	366622
密云县	34	5	20367858	20151760	1811294
延庆县	9	2	4236904	3942040	815921

单位：千元

年初存货	资产总计	#流动资产合计	#应收账款	#存货	#产成品	#固定资产合计	固定资产原价
86298163	2132224331	648642553	126916247	87976321	21964649	460807255	825077471
3327448	22523060	16887978	8024037	3603078	978200	2327586	3531636
19228037	190533852	123039572	35531289	24297817	7717970	17899944	26761171
6351897	71797072	52730394	11580567	8527542	2469154	7933702	13818289
29302105	232270392	141363075	50549460	31330592	10981701	53671436	103063165
368612	1873169	1309573	276082	372812	71479	253348	377927
29659901	238464763	137355180	27508765	31375974	13314953	46611750	87369059
115216361	2412757113	846617965	205368917	124732188	30868200	496281521	885260600
3457423	1183126452	199920728	28277342	3878801	1326040	266954267	488921389
2122941	17161068	8163314	922388	2490038	987052	2026198	3773977
1334482	1165965384	191757414	27354954	1388763	338988	264928069	485147412
57565064	706786741	357744227	94131137	61990726	11709609	117680323	203112040
12813646	167892078	72950287	20172401	11088072	3170437	48517711	88438496
10505841	48989925	32488736	9095494	10981169	1619146	9818850	15027703
7098084	247678087	81227830	17674488	7728605	1214961	42445575	70631316
27147493	242226651	171077374	47188754	32192880	5705065	16898187	29014525
74961390	675203318	377925077	96129867	80100174	26150988	140752051	252570394
8996225	57766243	21535568	5723637	7443666	1801238	15654826	40336900
7122492	40129493	21948821	6228631	6134426	1700326	9584768	16359531
18371917	218055639	132479984	27073343	23663525	6646835	35141354	57354283
10297103	109990173	52971413	12113885	10387983	4216651	16808327	24934883
4640623	31656127	20179266	7398285	5478355	2200476	5616353	8554836
25533030	217605643	128810025	37592086	26992219	9585462	57946423	105029961
8892385	86105365	48383113	14339336	10138461	4996516	17506630	28025836
951459	12897108	5755540	818404	837683	574110	1061529	2609273
3076052	32095679	17356144	4728584	3999232	2628963	6354966	9096053
1804201	12868523	7638858	2718256	1934235	765281	4329960	7545520
1960221	21903059	13087604	4624705	2049753	732855	5049939	7667646
1100452	6340996	4544967	1449387	1317558	295307	710236	1107344

1-12 续表 2

项目	累计折旧	#本年折旧	#在建工程	#无形资产	负债合计
合计	**430280474**	**54883410**	**115489906**	**39758722**	**1380685194**
一、按登记注册类型分					
国有企业	173371077	22115110	25133421	1459977	538148510
集体企业	364937	38408	8	74	438958
股份合作企业	103045	17742		22412	420644
国有独资公司	72727523	8955448	35098849	3492776	215146036
其他有限责任公司	47506182	7420698	18278955	8601971	154553842
股份有限公司	46491477	3684691	16679561	9635990	170089703
私营独资	***	***	***	***	***
私营有限责任公司	2417375	399020	505427	501159	12295349
私营股份有限公司	496641	139097	280920	349110	4121730
港澳台合资	10271586	775172	800954	500481	14492784
港澳台合作	31210	3875			41227
港澳台独资	3451062	596264	1259078	428304	39304275
港澳台投资股份	754474	87527	152643	371180	22816747
中外合资	33311535	4612945	11466914	10717745	124439727
中外合作	662104	66521	68540	18403	1355280
外商独资	35195356	5591909	5514775	2710471	77137031
外商股份	3120145	377733	249861	948669	5857793
二、按隶属关系分					
中央	267183921	32843386	59265087	7596493	708726065
省(自治区、直辖市)	81062379	10294732	36893592	15156863	328465507
地(区、市、州、盟)	5071180	606519	2125416	1408985	27120543
街道	***	***	***	***	***
镇	469568	100777	10423	90907	2580845
乡	***	***	***	***	***
村委会	104171	16033	8	118	477514
其他	76343414	11011061	17163087	15495817	312983517

单位：千元

流动负债合计	#应付账款	非流动负债合计	#应付债券	所有者权益合计	#实收资本	国家资本	集体资本
819223473	**265577193**	**559160465**	**356980474**	**1270536682**	**552951176**	**297609960**	**628528**
198197314	35217406	339736511	290994694	545186313	207148636	201438124	
414917	92204	24040		602771	114030		114030
269557	112296	151087		587995	120000		
107997950	36170855	107148080	47398616	164586294	85774891	58653188	
118705020	36012979	34963906	2521481	113299834	83983389	15923968	235965
133082008	37666109	36311946	7412404	192150061	58054794	12516529	170852
***	***	***	***	***	***	***	***
11196216	4623793	935285	112961	10762456	3416175		
3366865	1067601	675258		5668450	1719788		
13219675	4964159	1273109		11544428	6450148	35524	
41227	7910			225161	67681		
38053011	20866972	1183842	498490	10956192	5451843		
18334292	7848176	4482453	4041828	17509961	6773730	288900	
105823590	52846021	18480363	4000000	105726014	47131882	8753727	105813
1240754	590262	114526		1163911	1452070		1868
64230112	25854248	12847673		72778396	37823809		
5025407	1624602	832386		17777663	7466810		
340465548	82683196	367424906	296057476	676175623	282210228	218025453	51114
184810173	66577275	143473032	52833474	292512300	143876563	71109371	230606
23867914	3239598	2992526	68564	28725442	5982302	1417732	30280
***	***	***	***	***	***	***	***
2526085	1377569	53658		991728	391294		29583
***	***	***	***	***	***	***	***
243514	131039			385079	155230		155230
267055825	111430157	45139554	8020960	271428555	120209317	7057404	131715

1-12 续表 3

项目	累计折旧	#本年折旧	#在建工程	#无形资产	负债合计
三、按控股情况分					
国有控股	364509700	44445600	101730537	25747868	1107194742
集体控股	1383815	219984	236495	658921	12114396
私人控股	9163808	1780710	4050577	3882992	87801511
港澳台控股	6098575	959115	1834959	816223	52529721
外商控股	48999997	7457770	7635259	8614666	120100116
其他	124579	20231	2079	38052	944708
四、按轻重工业分					
轻工业	40637199	4684397	11263434	7005908	115429850
重工业	389643275	50199013	104226472	32752814	1265255344
五、按四大功能区分					
首都功能核心区	221863947	29056835	40774633	3691125	581488796
东城区	1706498	154385	3822011	318423	7866402
西城区	220157449	28902450	36952622	3372702	573622394
城市功能拓展区	87397365	7637829	37158733	8593475	394625781
朝阳区	39353975	4419444	12628125	2310286	83100995
丰台区	7319023	809199	3964266	853862	28944586
石景山区	27651018	708748	15840727	1499067	138923792
海淀区	13073349	1700438	4725615	3930260	143656408
城市发展新区	110591035	16337666	35372530	20763358	357664532
房山区	24603323	1770310	9038036	1537960	32816698
通州区	6858856	1106406	2502214	1016238	23037227
顺义区	22804895	3495434	6917179	6391250	122746509
昌平区	8321990	1677699	5006600	4510977	49951741
大兴区	2967212	553827	933518	1094387	16275415
北京经济技术开发区	45034759	7733990	10974983	6212546	112836942
生态涵养发展区	10428127	1851080	2184010	6710764	46906085
门头沟区	1547744	151097	25366	273237	3670135
怀柔区	2641578	599138	453565	5089653	18419358
平谷区	3230899	511561	269518	183796	7168909
密云县	2616738	518158	1380542	948220	14211693
延庆县	391168	71126	55019	215858	3435990

单位：千元

流动负债合　计	#应付账款	非流动负债合计	#应付债券	所有者权益合　计	#实收资本	国家资本	集体资本
581417752	163470631	524521866	352163959	1025029589	451190941	297282220	249317
11126065	5762290	626709		10408664	2984921	3000	284813
73191839	22846175	14187598	2971402	102732341	34380973	24679	
49484245	25265126	2978054	1698490	19267351	9598822	28406	
103205665	48100755	16699437		112170276	54275519	271655	94398
797907	132216	146801	146623	928461	520000		
97571400	22996267	17442824	1444674	123034913	53145000	9430995	196780
721652073	242580926	541717641	355535800	1147501769	499806176	288178965	431748
220980134	46004577	360508658	297232898	601637656	244786182	229110290	100000
4553218	1933073	3313183	908152	9294666	4988638	2546760	
216426916	44071504	357195475	296324746	592342990	239797544	226563530	100000
266018627	87673255	127471073	51759361	312160960	144471443	46002473	304414
60937225	16665021	21976486	2731722	84791083	56769160	1420218	128328
24332040	7326356	4378541		20045339	8998867	2618563	155865
51341024	15738785	87582767	44000000	108754295	41205405	33760094	
129408338	47943093	13533279	5027639	98570243	37498011	8203598	20221
292095637	119588690	64807958	7885039	317538786	146611239	22332808	220614
30801258	9480205	2015439		24949545	8551544	266040	
21280352	7253841	1756874	51188	17092266	10062417	1151701	55774
100272800	47211730	22170278	5197508	95309130	31044511	950341	30530
38290468	11917702	11661267	1386343	60038432	23875411	775121	
14113657	5728356	2128545		15380712	6971606	508249	63315
87337102	37996856	25075555	1250000	104768701	66105750	18681356	70995
40129075	12310671	6372776	103176	39199280	17082312	164389	3500
2250318	649949	1419817		9226973	1574998		
15262413	2824873	3014666		13676321	8837310	41606	
6420330	2780860	748579		5699614	2579912	11680	
12972684	5186434	977054	103176	7691366	3120978	110953	3500
3223330	868555	212660		2905006	969114	150	

1-12 续表 4

项　　目					主营业务收　　入	主营业务成　　本
	法人资本	个人资本	港澳台资　本	外商资本		
合　　计	**159762211**	**22078963**	**9840245**	**62381324**	**1495629605**	**1266551884**
一、按登记注册类型分						
国有企业	5710512				307336225	281498459
集体企业					924343	660374
股份合作企业		120000			988662	534956
国有独资公司	27121703				160524454	154332048
其他有限责任公司	66745473	1057364	20619		145891910	122807579
股份有限公司	29433371	14927529	314352	42216	208220678	167444695
私营独资	***	***	***	***	***	***
私营有限责任公司	1020648	2395527			23074838	17600471
私营股份有限公司	392583	1327205			4307962	2895753
港澳台合资	4114594	74863	2225167		27760784	22449871
港澳台合作	34375		33306		401750	285196
港澳台独资			5451843		89102938	76141927
港澳台投资股份	3774615	1010982	1693883	5350	12168551	10379521
中外合资	17208548	349643	38827	20675324	331502090	266536801
中外合作	98987			1351215	3416589	2817793
外商独资				37823809	169523661	133046923
外商股份	4105302	815850	62248	2483410	10431968	7069973
二、按隶属关系分						
中央	59306986	2286652	596425	1943598	548542318	499486406
省(自治区、直辖市)	59082882	2245775	776508	10431421	333732756	272608298
地(区、市、州、盟)	4013575	87189	150833	282693	24322865	17913850
街道	***	***	***	***	***	***
镇	181143	91500		89068	5427217	4796163
乡	***	***	***	***	***	***
村委会					556096	483631
其他	37137599	17281631	8316479	49634544	582557285	470922073

单位：千元

主营业务税金及附加	其他业务利润	销售费用	管理费用	#税金	#工会经费	财务费用	#利息收入	#利息支出
26663114	**5527177**	**67530208**	**61800512**	**1627841**	**449218**	**17771907**	**4273454**	**21122142**
4124974	346527	1319669	2705858	53193	24656	9423750	501037	9114684
19448	8510	55722	133273	1509	1784	-8296	11016	2601
8050	8723	198289	77881	2197		1908	315	1940
624022	271074	315040	4531432	175978	31011	2240660	305059	2531363
642813	791993	6292228	12367297	303047	75321	2039126	579675	2642178
8442880	913196	10530566	13643377	306534	77875	1961356	1488540	3214185
***	***	***	***	***	***	***	***	***
115940	97498	2172214	1935889	25538	17763	163764	27793	160783
27854	13374	430646	476583	10781	3846	38162	23451	49011
188190	172449	1725633	1391066	44664	14831	263397	28520	272145
3603	1915	32599	44362	266	549	1110	59	
93093	506525	8672918	3752065	72529	4180	-138519	177007	120029
83035	76512	542904	870107	21280	2545	483169	83137	551950
11268282	1313162	15842234	10603157	381229	105827	606915	466834	1259360
17639	23071	395800	119600	3019	1678	-26114	42624	2923
935849	890427	17811605	8252970	193896	81703	624111	459216	1032762
67277	92221	1191876	894411	31935	5406	96891	79169	166228
10858168	967715	3387871	13872782	331745	78367	11454622	1048518	11573423
11678480	1533289	15043568	15174113	593051	155290	3416664	994479	4464706
1255545	216436	2322423	1942103	34360	14359	246295	676346	892825
***	***	***	***	***	***	***	***	***
25528	14294	140762	294590	7735	2374	33148	2134	37428
***	***	***	***	***	***	***	***	***
679	335	1013	31824	846	1151	16805	1230	17937
2841980	2789379	46576691	30444786	659535	197395	2601515	1550365	4133047

1-12 续表 5

项目	法人资本	个人资本	港澳台资本	外商资本	主营业务收入	主营业务成本
三、按控股情况分						
国有控股	131945048	6197213	1887952	13629191	920760175	803691246
集体控股	2583657	113069		382	19370951	15491692
私人控股	17629380	15255547	405274	416148	106822726	75212803
港澳台控股	1734231	294023	7542162		108053097	92326442
外商控股	5349895	219111	4857	48335603	338662356	278151874
其他	520000				1960300	1677827
四、按轻重工业分						
轻工业	19711460	4578665	4693784	14090890	193354820	123120117
重工业	140050751	17500298	5146461	48290434	1302274785	1143431767
五、按四大功能区分						
首都功能核心区	10631123	724949	53174	4166646	386591970	360898819
东城区	1609805	595883	53174	183016	11395181	8675588
西城区	9021318	129066		3983630	375196789	352223231
城市功能拓展区	78971232	9696221	4023722	5473381	322599817	272024572
朝阳区	50460396	959520	1391613	2409085	65746017	52855060
丰台区	4711537	738625	42316	731961	30117125	24587229
石景山区	4987496	1571627	61540	824648	54883100	50396166
海淀区	18811803	6426449	2528253	1507687	171853575	144186117
城市发展新区	62691714	10364605	4699118	45652435	688664513	556386989
房山区	7028165	190838	998034	68467	82384418	73368382
通州区	4637024	907682	479091	2831145	43966508	34655938
顺义区	17949142	1344361	355291	10414846	257296019	212426485
昌平区	15622382	5432791	136642	1706169	63401735	51561342
大兴区	3072304	1422586	200433	1704719	28830340	22059469
北京经济技术开发区	14382697	1066347	2529627	28927089	212785493	162315373
生态涵养发展区	7468142	1293188	1064231	7088862	97773305	77241504
门头沟区	872682	702316			5592309	3331407
怀柔区	3430791	106000	219466	5039447	47609734	36643574
平谷区	827276	86352	150764	1503840	17343642	14392035
密云县	1581687	218412	675251	531175	22212271	18880625
延庆县	755706	180108	18750	14400	5015349	3993863

单位：千元

主营业务税金及附加	其他业务利润	销售费用	管理费用	#税 金	#工会经费	财务费用	#利息收入	#利息支出
24136300	2825348	20577215	32400342	1007461	249393	15985389	2865890	17933054
109362	121544	1171757	1558313	29922	10999	34255	62947	87141
740980	387292	11086342	9525506	135410	63407	1092935	400377	1302057
202752	690653	9481026	4776236	104261	10948	116454	205671	392932
1468376	1466552	25112217	13452484	348245	114074	510837	729430	1366108
5344	35788	101651	87631	2542	397	32037	9139	40850
5089862	1673440	35168479	15049016	345293	113694	1349732	1161997	2083448
21573252	3853737	32361729	46751496	1282548	335524	16422175	3111457	19038694
1863250	378526	1393910	3017038	94283	25838	9873682	372799	9585709
82677	248921	1001976	850668	21220	6515	88393	23420	87223
1780573	129605	391934	2166370	73063	19323	9785289	349379	9498486
1544970	1539678	16900583	21253372	476521	126973	4426963	1668955	5789032
610571	553137	4225701	6076096	160415	45817	1440245	301471	1596983
112187	176494	1128745	2853584	44911	17889	231351	113189	332135
158647	-24446	282742	1550013	63867	15626	1614862	151013	1612942
663565	834493	11263395	10773679	207328	47641	1140505	1103282	2246972
22191009	3135015	41026397	32173118	935274	254918	3151718	1942650	5114309
6139226	32749	1019061	3696385	76308	15164	371898	18884	387532
2463320	258013	2580238	2771941	59857	17578	224354	81515	286677
8530985	586106	9816818	7999170	288232	86776	820817	899842	2063894
427953	247428	4702480	4524346	114611	31114	498927	222902	725033
154673	188444	2594121	1967295	41798	15009	159835	74928	216432
4474852	1822275	20313679	11213981	354468	89277	1075887	644579	1434741
1063885	473958	8209318	5356984	121763	41489	319544	289050	633092
258126	72380	355087	810071	9609	7436	73465	28359	58610
498791	25565	6102542	2102605	54722	10443	68725	164654	231033
81739	125237	787825	863482	19351	10339	20929	47859	133075
195600	230339	661709	1278241	30157	10902	111526	31928	161510
29629	20437	302155	302585	7924	2369	44899	16250	48864

1-12 续表 6

项目	投资收益(损失以"-"号记)	营业利润	营业外收入	#补贴收入	营业外支出
合计	**43475793**	**100056211**	**12257584**	**7690626**	**4341284**
一、按登记注册类型分					
国有企业	22749095	31308382	1255604	1158214	650286
集体企业	1903	74204	132	1141	2576
股份合作企业	2959	179225	348		1082
国有独资公司	1852077	537229	2206986	1483142	1449334
其他有限责任公司	1590548	2643893	3352790	2392533	503237
股份有限公司	9191555	15094939	2345337	1272949	529464
私营独资	***	***	***	***	***
私营有限责任公司	23036	1194775	349416	297528	26162
私营股份有限公司	88795	522985	108290	70489	4314
港澳台合资	70813	1947845	146920	72062	18438
港澳台合作		36795	513	416	46
港澳台独资	211109	1294702	280546	66921	91730
港澳台投资股份	203069	-493754	46880	26561	61414
中外合资	4557295	31798664	825859	474304	257910
中外合作		123523	5802	5905	7008
外商独资	2000946	11672060	1278095	357575	725515
外商股份	932593	2120217	54066	10886	12763
二、按隶属关系分					
中央	25794164	35224503	2550276	1033483	1565425
省(自治区、直辖市)	10114141	26256370	5190525	4258564	1258585
地(区、市、州、盟)	236156	1027224	393258	640872	33574
街道	***	***	***	***	***
镇	-985	156744	31436	2594	7717
乡	***	***	***	***	***
村委会	7	22486	55714	53959	614
其他	7332310	37321570	4029031	1695473	1475344

单位：千元

利润总额	亏损企业亏损额	应交所得税	应付职工薪酬(本年贷方累计发生额)	应交增值税	进项税额	销项税额	从业人员平均人数(人)
108498576	**12470401**	**18869493**	**103895292**	**44216167**	**205870028**	**238789479**	**841007**
32202731	38426	4655320	8669586	8648986	53922651	62434931	43102
72901		13482	312213	101349	66112	167438	2829
178526	23	13391	187233	76333	83948	143281	2918
1431876	1808990	513595	14378651	3763081	21350257	22781042	89753
5490144	4032390	1078538	16607313	3648545	17762401	20222802	156818
16910812	2442329	1908396	17826334	6947496	29580500	35726011	163590
***	***	***	***	***	***	***	352
1537959	46330	265083	2954721	825093	2330092	3077586	44242
626961		75589	705120	221553	488089	666445	9282
2077615	176231	473815	2604177	992076	3524679	4378576	31401
37262	2768	6419	64916	30003	39729	68896	717
1490448	387960	212482	5223294	727047	13876561	13963618	31882
-508288	1336540	-75414	696876	324143	1988121	1830300	7122
32376549	121095	6711787	16470894	10224569	38761492	45343763	121209
128222	60522	51327	370047	153365	480609	612342	5705
12282816	1949420	2704022	15357915	7031041	20336119	25606736	114998
2161520	67377	261508	1452015	501306	1272123	1762196	15087
36224599	5127033	5882199	29798521	14508257	86829868	98689724	163271
30189244	1588826	5558080	24691518	11072377	46225868	55788538	210182
1797689	259171	335754	3034107	1219152	3221851	4255664	31805
***	***	***	***	***	***	***	350
182978	53055	56815	366533	161733	749165	829195	6326
***	***	***	***	***	***	***	297
77586		11933	70504	6836	19087	18151	1294
39971847	5431204	7014955	45881791	17224949	68762378	79124022	427482

1-12 续表 7

项目	投资收益（损失以"-"号记）	营业利润	营业外收入	#补贴收入	营业外支出
三、按控股情况分					
国有控股	37425172	61124822	8135447	6005540	3230940
集体控股	224731	1232125	424535	143028	18671
私人控股	2639885	11427783	1723523	915458	148672
港澳台控股	399844	2214879	387297	106783	101106
外商控股	2780433	23960192	1582738	517818	841418
其他	5728	96410	4044	1999	477
四、按轻重工业分					
轻工业	2193770	17260477	2398021	1411966	359278
重工业	41282023	82795734	9859563	6278660	3982006
五、按四大功能区分					
首都功能核心区	24742110	34660918	1785383	1078679	825753
东城区	212940	1155334	237288	70469	85814
西城区	24529170	33505584	1548095	1008210	739939
城市功能拓展区	10081801	15846989	5635015	3527602	1911160
朝阳区	1834656	1877560	2076490	1568202	461467
丰台区	139169	1419876	779104	419271	62781
石景山区	3744472	4343062	403939	50141	1032259
海淀区	4363504	8206491	2375482	1489988	354653
城市发展新区	8291111	43326259	4138583	2672844	1512899
房山区	-91570	-2408374	259875	187169	273559
通州区	419496	1854185	193110	61442	47890
顺义区	4779258	22478653	984933	492330	111021
昌平区	2259319	3909937	888556	905105	210022
大兴区	395026	2381468	147774	202370	40502
北京经济技术开发区	529582	15110390	1664335	824428	829905
生态涵养发展区	360771	6222045	698603	411501	91472
门头沟区	100338	927033	26746	13993	17175
怀柔区	229438	2354642	321135	52564	36760
平谷区	-527	1326520	141669	122562	15153
密云县	10887	1291240	160533	137525	21107
延庆县	20635	322610	48520	84857	1277

单位：千元

利润总额	亏损企业亏损额	应交所得税	应付职工薪酬(本年贷方累计发生额)	应交增值税	进项税额	销项税额	从业人员平均人数(人)
66455355	9169421	11381525	58983066	26503995	137903208	159506602	418777
1640504	4966	240526	2134055	671379	2164162	2875913	15192
13019297	605938	1546015	12164562	4831337	10762195	15109104	155477
2509288	543143	446790	6845419	1245926	16892386	17392892	52141
24774155	2146933	5229821	23601778	10910521	37875894	43582277	197033
99977		24816	166412	53009	272183	322691	2387
19358647	1618692	3763732	26181310	11037144	19561082	29422308	253093
89139929	10851709	15105761	77713982	33179023	186308946	209367171	587914
35625306	107905	5150441	12783308	11593237	65826822	75492461	70812
1311562	10179	262897	1374977	496849	1290289	1770233	9740
34313744	97726	4887544	11408331	11096388	64536533	73722228	61072
19583437	5429450	2574761	33574239	7301329	41217484	46183594	237780
3498784	3203844	866335	10968122	2371199	6461956	7874226	78368
2136199	132279	307166	4460687	816480	2570219	3228872	31680
3714742	221458	251149	3929485	1361496	8293979	9205787	39337
10233712	1871869	1150111	14215945	2752154	23891330	25874709	88395
46354866	6835562	9466835	49151738	21517496	85389339	100275727	431159
-2326972	2814300	36077	3795683	1749286	12465742	14080754	35796
2002248	792486	451218	3925075	1640739	5258260	6409730	44609
23368279	1070055	5008502	12258877	7572243	29990384	36657282	118823
4736943	411861	453339	7071759	2231544	9455555	11500682	62830
2624473	229875	413205	2969758	1096996	3552495	4617267	40148
15949895	1516985	3104494	19130586	7226688	24666903	27010012	128953
6934967	97484	1677456	8386007	3804105	13436383	16837697	101256
936604		141537	2229711	627354	325355	949941	19816
2640180	21985	736133	2594920	1743934	6570159	8141390	29566
1481511	52605	364404	1278732	563718	2567417	3057603	19146
1459350	17856	361540	1866130	702137	3373965	4055509	26174
417322	5038	73842	416514	166962	599487	633254	6554

1-13 按行业中类分大中型

项目	单位数(个)	#亏损企业	工业总产值(当年价格)	工业销售产值(当年价格)	#出口交货值
合计	**777**	**128**	**1394126084**	**1379944556**	**134374680**
一、采矿业	**13**	**3**	**41257172**	**40977118**	**3083820**
烟煤和无烟煤开采洗选	1	***	***	***	***
天然气开采	2	1	728758	718648	
铁矿采选	6		16252224	16240433	
石油和天然气开采辅助活动	4	2	20743160	20425946	1560388
二、制造业	**729**	**114**	**961126888**	**947336063**	**131290860**
谷物磨制	1	***	***	***	***
饲料加工	6		4198627	4158208	
植物油加工	2		753659	818181	
屠宰及肉类加工	10	4	15543831	15586132	184725
蔬菜、水果和坚果加工	3	1	999622	788992	
其他农副食品加工	5		1712593	1641923	133990
焙烤食品制造	16	4	3472999	3458916	149506
糖果、巧克力及蜜饯制造	6		4395413	4332452	427549
方便食品制造	5	2	1341091	1336590	310322
乳制品制造	4	2	4484305	4456997	
调味品、发酵制品制造	2		724095	705639	
其他食品制造	7		5195269	4406752	132874
酒的制造	6	2	6843926	6769985	108491
饮料制造	9	2	12339211	12334853	74425
卷烟制造	1	***	***	***	***
棉纺织及印染精加工	2	1	69412	68475	18481
毛纺织及染整精加工	2		97704	122878	1706
机织服装制造	37	11	5813979	5423061	907076
针织或钩针编织服装制造	6	2	3675439	2990036	872848
服饰制造	1	***	***	***	***
皮革制品制造	2		522333	514906	
制鞋业	1	***	***	***	***
木制品制造	3		342736	340855	
木质家具制造	8	1	3802106	3727002	227610
金属家具制造	1	***	***	***	***
其他家具制造	2		452087	450921	7661
纸制品制造	6		4126615	4039912	176035
印刷	19	1	6256200	6335333	64885
文教办公用品制造	1	***	***	***	***
乐器制造	2	1	313929	359047	123620
工艺美术品制造	3		3528906	3420437	28095
游艺器材及娱乐用品制造	1	***	***	***	***
精炼石油产品制造	5	2	70742860	71050973	
基础化学原料制造	6	3	4728725	4624076	130096
农药制造	1	***	***	***	***

工业企业主要经济指标

单位：千元

年初存货	资产总计	#流动资产合计	#应收账款	#存货	#产成品	#固定资产合计	固定资产原价
144876262	**2651221876**	**983973145**	**232877682**	**156108162**	**44183153**	**542893271**	**972629659**
8520650	**268726298**	**93160429**	**24865355**	**6866194**	**855293**	**50681716**	**73754664**
***	***	***	***	***	***	***	***
101056	13017277	1784363	14000	77426		1158374	1347779
2090551	195887717	62656082	14429675	2993586	497635	37212801	47405336
6045139	49714874	24850611	10093732	3526633	109256	11766494	23151906
135146186	**1129490899**	**682395166**	**178712513**	**147987395**	**43206520**	**192918497**	**354781909**
***	***	***	***	***	***	***	***
220102	5832676	3620359	614977	343440	58699	273984	424675
209454	405517	372932	31443	189700	142550	16118	26514
1479079	16021859	11314635	566210	1757266	1152979	1909284	3071751
298432	1092809	698079	160106	290234	108218	204425	390447
240133	1219361	910416	149130	244414	155355	255975	506197
235046	3467928	1751844	895599	277786	44766	1402336	2421731
926807	5472376	4086440	716190	1003649	659031	974517	1803772
41326	1496075	884102	262171	41751	2854	541789	992850
194663	5346413	1826149	703837	292217	130954	1275333	2092214
144547	648422	322683	70317	121512	42421	154338	239588
469151	5530382	3833716	825385	600471	401113	1008091	1900672
1415847	19833951	7660618	208601	1386724	274771	2210907	5948616
1052542	11755560	5719012	893806	977656	371989	2744336	4854364
***	***	***	***	***	***	***	***
88075	2106393	1266472	27517	68668	19659	502943	698635
104985	209107	169832	36174	122638	60882	38177	109916
2421934	6863999	5419733	1116577	2512683	1534790	938383	1650991
990848	3662974	2664608	294653	1204186	834565	282378	535183
***	***	***	***	***	***	***	***
111197	485513	364742	109633	129177	88600	41120	80339
***	***	***	***	***	***	***	***
34643	410823	276104	60423	51723	15553	103981	158110
436292	3525163	2047194	706687	482793	196989	887121	1126334
***	***	***	***	***	***	***	***
103866	391668	326364	98583	84455	38580	43228	50203
566816	2927877	1922768	362184	586270	133622	699842	1827186
1179062	9445933	4715748	795793	1258960	504483	3600463	8494692
***	***	***	***	***	***	***	***
224220	781488	450978	108719	206989	119658	264739	422342
295716	1530859	996506	103779	366581	319509	236898	494555
***	***	***	***	***	***	***	***
8739741	27925802	12264437	1334675	7285104	1707153	8141499	27186292
746686	18410730	10901320	805631	744314	278069	3040427	9884447
***	***	***	***	***	***	***	***

1-13 续表 1

项 目	单位数(个)	#亏损企业	工业总产值(当年价格)	工业销售产值(当年价格)	#出口交货值
涂料、油墨、颜料及类似产品制造	3		754317	736952	
合成材料制造	3	1	6125623	6044091	
专用化学产品制造	5	2	1403134	1465768	242861
炸药、火工及焰火产品制造	1	***	***	***	***
日用化学产品制造	5	1	3404854	3230420	136
化学药品原料药制造	2		238209	235525	13907
化学药品制剂制造	22	2	30598499	30119650	183157
中药饮片加工	5		3031229	4205907	
中成药生产	9	1	5888769	5959742	15450
兽用药品制造	1	***	***	***	***
生物药品制造	12	1	7150182	6159142	147592
卫生材料及医药用品制造	1	***	***	***	***
合成纤维制造	1	***	***	***	***
橡胶制品业	6	1	2451851	2412497	471651
塑料制品业	11	1	2625590	2744308	576647
水泥、石灰和石膏制造	4		2189957	2113327	
石膏、水泥制品及类似制品制造	17		9910210	9694280	4321
砖瓦、石材等建筑材料制造	2		1271289	1448390	27606
玻璃制造	3		1246902	1255429	25540
玻璃制品制造	5	2	9784643	9777932	617299
玻璃纤维和玻璃纤维增强塑料制品制造	2	1	747142	754791	30378
陶瓷制品制造	2		630497	672026	29417
耐火材料制品制造	6	2	1848660	1807046	296552
石墨及其他非金属矿物制品制造	2		760263	741983	20760
黑色金属铸造	2		447809	447615	292678
钢压延加工	4	1	9623426	9474811	442300
常用有色金属冶炼	1	***	***	***	***
有色金属铸造	1	***	***	***	***
有色金属压延加工	3		1002994	958661	329874
结构性金属制品制造	16		4119136	4129566	132297
金属工具制造	2		399862	395290	211598
集装箱及金属包装容器制造	5	1	3843552	4017933	223128
建筑、安全用金属制品制造	2		410801	443705	133418
其他金属制品制造	9	3	6974377	7186612	703173
锅炉及原动设备制造	2	1	2205241	2176163	598367
金属加工机械制造	6	1	4708365	4781733	338522
物料搬运设备制造	6	2	1851564	1842292	356
泵、阀门、压缩机及类似机械制造	16	2	15842869	15609205	3671854
轴承、齿轮和传动部件制造	3		719108	705402	22684
烘炉、风机、衡器、包装等设备制造	9	2	7431733	6762503	63168
文化、办公用机械制造	3		2712433	2637390	1288926
采矿、冶金、建筑专用设备制造	8	2	14661717	14441018	428616
化工、木材、非金属加工专用设备制造	4		1282089	1209697	50105

单位：千元

年初存货	资产总计	#流动资产合计	#应收账款	#存货	#产成品	#固定资产合计	固定资产原价
36477	621129	306306	107140	53529	13192	250055	268772
288146	3273014	1487256	361191	344691	140688	836925	2224233
419524	2025006	1216593	633118	395309	181232	430485	867665
***	***	***	***	***	***	***	***
285439	3820919	2813979	803664	243783	116433	648169	1265431
58422	419784	226501	100515	57781	24386	82041	200934
4484303	36693836	23281140	4877592	4957028	2588801	4475796	6748270
1793471	4921081	4030992	2442382	1176519	262602	330592	437574
2930347	10158604	7320181	483990	3055021	1258900	1353734	2491431
***	***	***	***	***	***	***	***
713262	16406408	7734823	1528345	1050442	252824	2163916	3313423
***	***	***	***	***	***	***	***
***	***	***	***	***	***	***	***
233108	1756644	955579	318653	248843	142630	606635	1249448
402854	7051124	3280853	645438	457072	232411	681169	1146433
278742	3530587	1366591	665974	270379	42464	1678188	3282022
818548	18044782	12666272	7018022	1022472	434468	2573144	4287826
223804	3453040	2187697	990526	269653	171280	168864	259419
164823	1266940	498780	249711	157458	65992	575588	930499
2450663	14470083	11558433	4929590	4433105	192525	528485	776055
442591	3610696	2432981	988758	343884	96126	390844	611878
119394	735067	445784	66961	80858	39292	248935	884315
708522	7038047	3797489	1203869	653614	298718	499788	1016614
130708	1339919	838361	415694	171354	31271	92281	228381
86788	656863	511453	235626	89506	26010	111250	275557
1381781	22443851	2919826	292972	1465199	439321	8284367	18925516
***	***	***	***	***	***	***	***
***	***	***	***	***	***	***	***
173033	1022832	700434	288569	185285	43178	82273	128646
1139992	4919694	3925964	1194193	1417682	299588	377829	757366
103629	629911	328305	85392	107976	47244	173791	257592
740889	6469630	4095416	837627	829690	238013	892600	1407067
101573	485104	388059	160410	67699	46663	35137	53051
1574734	15392600	6808139	970706	1651579	418083	2853963	4536769
2357273	5492289	5147265	515842	2702763	5324	163395	435082
2121513	9732459	6619247	849518	1784813	923469	948299	1814812
1166258	3892621	2546193	922951	1066782	383593	624563	950797
4702046	20603367	15023695	3439488	4620544	1657204	4376937	8006001
215307	935127	679269	290416	223955	113398	201636	432631
1742978	14722300	10171147	3541894	2070145	584944	1452528	2133588
372045	1699927	1539925	754125	428222	210908	95501	220636
3686345	45333150	27429341	5549914	3855439	1683025	2139345	3654495
344819	4002685	2928469	946305	510679	153809	787363	1163902

1-13 续表 2

项　　目	单位数(个)	#亏损企业	工业总产值(当年价格)	工业销售产值(当年价格)	#出口交货值
食品、饮料、烟草及饲料生产专用设备制造	1	***	***	***	***
印刷、制药、日化及日用品生产专用设备制造	4	1	812958	795421	7573
纺织、服装和皮革加工专用设备制造	2		2105185	2173505	437703
电子和电工机械专用设备制造	3	1	240560	193911	7683
农、林、牧、渔专用机械制造	1	***	***	***	***
医疗仪器设备及器械制造	17	2	6950860	6796842	2998108
环保、社会公共服务及其他专用设备制造	13	1	12676745	12093821	1160335
汽车整车制造	10	3	224515065	222906372	3484083
改装汽车制造	2		1436943	1057083	23835
汽车零部件及配件制造	51	5	75353423	74811484	941022
铁路运输设备制造	8	4	7815368	7176327	41483
城市轨道交通设备制造	1	***	***	***	***
航空、航天器及设备制造	10		10597079	10439776	4376
电机制造	9	6	17464076	17400240	1060482
输配电及控制设备制造	24	1	25087445	24364308	1840745
电线、电缆、光缆及电工器材制造	3		1249435	1027926	25485
电池制造	3	3	1933800	1959129	1802209
家用电力器具制造	1	***	***	***	***
非电力家用器具制造	1	***	***	***	***
照明器具制造	6	1	3748756	3670511	647793
其他电气机械及器材制造	3		813576	770936	244873
计算机制造	11	2	34870322	33593881	1442385
通信设备制造	25	5	113037487	111910662	71479168
广播电视设备制造	4		1233815	1224848	76611
视听设备制造	2		358432	271006	2507
电子器件制造	27	4	39740557	38772592	21956797
电子元件制造	12	3	8271612	8399459	3458128
其他电子设备制造	8	1	1760148	1457981	22662
通用仪器仪表制造	22		10717094	10538955	344032
专用仪器仪表制造	9	1	1174337	1238187	136282
钟表与计时仪器制造	1	***	***	***	***
光学仪器及眼镜制造	2	1	357419	337179	
其他未列明制造业	8		6551136	5221930	
铁路、船舶、航空航天等运输设备修理	1	***	***	***	***
三、电力、热力、燃气及水生产和供应业	**35**	**11**	**391742024**	**391631375**	
电力生产	6	1	10985069	10985069	
电力供应	4	1	349045172	349045172	
热力生产和供应	18	8	8126274	8128181	
燃气生产和供应业	3	1	20019862	19991410	
自来水生产和供应	1	***	***	***	***
污水处理及其再生利用	3		1816796	1732692	

单位：千元

年初存货	资产总计	#流动资产合计	#应收账款	#存货	#产成品	#固定资产合计	固定资产原价
***	***	***	***	***	***	***	***
424401	3304735	1761462	292691	404721	62471	351322	875364
533737	10016454	5639489	696159	532645	97424	406833	776733
46695	1196982	532132	160995	143175	34691	170014	252848
***	***	***	***	***	***	***	***
1163024	10575898	6591583	1742794	1151370	270339	1369830	2214811
2791660	21753503	14315698	5090474	3409936	610026	1595869	2488688
12518875	211230288	103890230	11964902	14552765	7810333	40535583	57774221
78924	816848	731758	57192	153633	26869	63543	137654
4062184	52758384	34597843	18684377	4716012	1855981	10986475	17414070
2283968	11556568	8088888	3469375	2672852	493851	1624429	2899933
***	***	***	***	***	***	***	***
7242764	22285933	14847600	2493603	7930889	127987	6302744	6053689
8334883	50773497	39856233	19939919	8282685	254498	1418259	2832968
4531483	23527684	19747456	8633024	4510143	1344670	1659891	3085328
67825	1012276	741716	486767	81169	38376	209281	237926
441849	2001216	1027624	243716	394879	78042	839957	1897781
***	***	***	***	***	***	***	***
***	***	***	***	***	***	***	***
381119	3371764	2147458	951743	480328	179969	656704	1490208
111482	818278	583871	133219	154194	30316	65146	144767
3929195	50360378	35551697	5670239	4545478	1040087	2587369	4346824
8426048	56440650	47916782	13791617	12512999	2038247	3622817	9855294
625464	2393229	1790020	603517	725700	21498	178063	285619
5262	238353	204727	70308	4662	4555	6420	12801
5002915	75750901	34872187	9325735	5112377	1540075	31880068	61605889
1263183	6089807	3710898	1507064	716834	344940	2056006	5459938
748658	7507753	4480820	1372418	994203	192386	1159747	1919695
2605356	14460530	11288863	3116157	3033962	500844	1081697	1614389
492035	3269181	1718793	347362	525108	141707	545546	825346
***	***	***	***	***	***	***	***
93435	593937	528027	105428	116427	68382	51265	239318
1416234	11622969	7004844	2548691	1466931	192014	2690054	4649569
***	***	***	***	***	***	***	***
1209426	**1253004679**	**208417550**	**29299814**	**1254573**	**121340**	**299293058**	**544093086**
198723	37207032	4751519	1654787	212514		9337576	24626617
401032	1086912236	169151723	21166355	443641		227765139	428643949
409188	43465787	13659933	1559932	419762	11713	24782091	35121922
100587	35868949	8448608	2883726	92485	68927	11741418	16033614
***	***	***	***	***	***	***	***
88437	32617671	8157203	1950810	74105	40700	16977718	22033395

1-13 续表 3

项目	累计折旧	#本年折旧	#在建工程	#无形资产	负债合计
合计	**430280474**	**54883410**	**115489906**	**39758722**	**1380685194**
一、采矿业	**22427108**	**2504641**	**23679591**	**1969299**	**144656868**
烟煤和无烟煤开采洗选	***	***	***	***	***
天然气开采	189405	112664	8574135	22747	6649812
铁矿采选	10177315	346137	13817294	1469180	114396751
石油和天然气开采辅助活动	10754792	1951339	1279513	276812	20707554
二、制造业	**163027751**	**21169040**	**46214643**	**34149275**	**617386918**
谷物磨制	***	***	***	***	***
饲料加工	154685	33029	13633	25689	1591426
植物油加工	10396	1263		1084	183955
屠宰及肉类加工	1160788	126651	695574	757210	11724590
蔬菜、水果和坚果加工	186022	22174	70083	53363	358755
其他农副食品加工	253866	31679	7367	16354	506528
焙烤食品制造	1030748	135709	140106	109535	1698046
糖果、巧克力及蜜饯制造	931973	103699	118701	91367	3778721
方便食品制造	451740	44559	4525	1415	1344576
乳制品制造	805822	130287	50344	149902	2825623
调味品、发酵制品制造	85250	14170	151436	16590	405207
其他食品制造	881552	96438	228267	139032	3779537
酒的制造	3445615	192547	65951	197244	7428971
饮料制造	2095111	353651	222796	360925	6578162
卷烟制造	***	***	***	***	***
棉纺织及印染精加工	190709	16217	3823	50184	970379
毛纺织及染整精加工	71739	7241		1097	46039
机织服装制造	731542	90531	37991	101521	3868467
针织或钩针编织服装制造	253555	31372	265287	76404	2175181
服饰制造	***	***	***	***	***
皮革制品制造	39219	5689		6893	209248
制鞋业	***	***	***	***	***
木制品制造	58755	13837	366	1	331058
木质家具制造	239215	67639	25978	331828	1920048
金属家具制造	***	***	***	***	***
其他家具制造	30841	2659	23867	17651	264086
纸制品制造	1128335	118422	66905	42290	1740456
印刷	4896349	489529	133635	449727	2969082
文教办公用品制造	***	***	***	***	***
乐器制造	157603	13685	455	29500	509612
工艺美术品制造	257685	14462	28620	151025	711891
游艺器材及娱乐用品制造	***	***	***	***	***
精炼石油产品制造	19044794	1140140	5590297	552595	16237372
基础化学原料制造	6866405	300605	508295	650454	12394790
农药制造	***	***	***	***	***

单位：千元

流动负债合计	#应付账款	非流动负债合计	#应付债券	所有者权益合计	#实收资本	国家资本	集体资本
819223473	**265577193**	**559160465**	**356980474**	**1270536682**	**552951176**	**297609960**	**628528**
60431661	**19401219**	**84126204**	**42498490**	**124069430**	**57165930**	**29257697**	**3500**
***	***	***	***	***	***	***	***
2250905	1343681	4398906		6367465	1980040	980040	
37486933	10850572	76909816	42000000	81490966	28613387	28277657	3500
19091072	6914724	1517482	498490	29007320	25372505		
516288551	**197673024**	**99156369**	**14122380**	**512103981**	**234502323**	**37175667**	**625028**
***	***	***	***	***	***	***	***
1535391	284252	56034		4241250	1695636	10118	
183122	10488	832		221562	176084	125584	
10465536	689012	1259054	41773	4297269	1971347	241730	
329515	140459	29240		734054	235166	39899	
496986	143100	5289		712833	226218		
1688226	599158	9738		1769882	2052633	23608	1868
3647340	-1806016	2832		1693655	1595223		
1315834	168441	25302		151499	701712	255000	
2319001	807736	506622		2520790	1216811	92221	
345503	96478	59704		243215	111964	14730	
3434183	1615756	345354	146623	1750845	2366861		
7128283	349520	300688	68564	12404980	2361095		
5857173	2174250	710701		5177398	3388120	31789	
***	***	***	***	***	***	***	***
253963	35531	716416		1136014	767673	136627	
46039	15103			163068	139794		
3580305	1430152	287061		2995532	1105224	34501	41865
2094039	428391	81142	51188	1487793	623569		
***	***	***	***	***	***	***	***
197054	84573	12194		276265	51841		
***	***	***	***	***	***	***	***
331058	56279			79765	105000		
1669154	337357	201245		1605115	472250		
***	***	***	***	***	***	***	***
263833	71656	253		127582	81800		
1739236	488050	1220		1187421	540884		42093
2789879	780636	127044		6476851	3786971	678797	100000
***	***	***	***	***	***	***	***
299112	151316	210500		271876	228471	224450	
627391	142531	84500		818968	543652	33480	
***	***	***	***	***	***	***	***
16205589	7035812	31783		11688430	450412		
11440817	537895	453973		6015940	6823113		
***	***	***	***	***	***	***	***

1-13 续表 4

项目	累计折旧	#本年折旧	#在建工程	#无形资产	负债合计
涂料、油墨、颜料及类似产品制造	19057	6060	1248	38052	379717
合成材料制造	1387308	155681	226239	621132	1845173
专用化学产品制造	440383	56604	212063	28469	673367
炸药、火工及焰火产品制造	***	***	***	***	***
日用化学产品制造	617262	79838	54976	159836	1642915
化学药品原料药制造	118894	10089	224	14268	246858
化学药品制剂制造	2504569	433620	1783310	1452100	19266097
中药饮片加工	106984	31889	40744	119994	2297226
中成药生产	1073471	102170	228352	338293	2942148
兽用药品制造	***	***	***	***	***
生物药品制造	1128553	194927	2783561	639764	6202642
卫生材料及医药用品制造	***	***	***	***	***
合成纤维制造	***	***	***	***	***
橡胶制品业	641384	75506	65181	27086	1339224
塑料制品业	483053	74980	54116	77485	2935175
水泥、石灰和石膏制造	1557278	140477	105952	323854	1321806
石膏、水泥制品及类似制品制造	1712678	294071	124418	582134	11986282
砖瓦、石材等建筑材料制造	112208	24082	19274	5514	2132661
玻璃制造	354911	66638	32388	57583	513968
玻璃制品制造	247570	55915	55004	147664	8680481
玻璃纤维和玻璃纤维增强塑料制品制造	212757	45480	2047	91986	1979377
陶瓷制品制造	635380	29484	2884	35846	88032
耐火材料制品制造	517162	54041	34896	79873	3131943
石墨及其他非金属矿物制品制造	136100	16751	4620	18118	825194
黑色金属铸造	164378	14274	1922	11068	369982
钢压延加工	10543191	366965	777907	503780	12835271
常用有色金属冶炼	***	***	***	***	***
有色金属铸造	***	***	***	***	***
有色金属压延加工	46373	8739	5115		410481
结构性金属制品制造	385049	45391	24568	123870	2855197
金属工具制造	84262	17372	1192	56596	135916
集装箱及金属包装容器制造	507259	96244	52120	66527	2787595
建筑、安全用金属制品制造	17914	4267		3977	178792
其他金属制品制造	1676541	199051	1335463	661144	7331467
锅炉及原动设备制造	271687	23124	2228	5697	4514944
金属加工机械制造	866513	128976	233346	105165	2606787
物料搬运设备制造	326234	56667	683	66875	2260823
泵、阀门、压缩机及类似机械制造	3939732	601755	910058	301069	7787478
轴承、齿轮和传动部件制造	230948	28899	21444	26653	212794
烘炉、风机、衡器、包装等设备制造	729476	129110	533976	270352	6537713
文化、办公用机械制造	124974	19870		39687	841877
采矿、冶金、建筑专用设备制造	1515150	293161	515391	218323	23380406
化工、木材、非金属加工专用设备制造	396933	68423	104193	163003	2278650

单位：千元

流动负债合计	#应付账款	非流动负债合计	#应付债券	所有者权益合计	#实收资本	国家资本	集体资本
322125	176463	47400		241412	124980		
1287464	523862	557709		1427841	1381596	450000	
642457	219443	30909		1351639	719932		
***	***	***	***	***	***	***	***
1569238	233445	73676		2178004	853271		
246017	27072	841		172926	152650		
17484281	5226624	1649173	198374	17427739	4631567	190000	
2132003	832045	165223		2623855	767357	322041	
1860463	822444	1081684	908152	7216456	2336674		
***	***	***	***	***	***	***	***
3490524	314208	2712117	30000	10203766	2628482	228000	
***	***	***	***	***	***	***	***
***	***	***	***	***	***	***	***
1309310	319769	29914		417420	347419	40000	10850
1988231	458777	946944	892985	4115949	1522591	7179	5865
1220067	617688	101739		2208781	1763463		
11047658	4652032	704623		6058500	2136415	333000	155230
2119529	484194	13082		1320379	386926		
509605	104351	4363		752972	490828		
7657252	3291054	1023225	940548	5789602	1509621		
1828510	578005	150867		1631319	501019		
88032	25631			647035	331538		
2893988	586580	237955		3906104	1282361		
814937	329736	10257		514725	453597	397089	
368982	267220	1000		286881	289217		
4492689	1909608	8342581		9608580	5642526	17500	
***	***	***	***	***	***	***	***
***	***	***	***	***	***	***	***
409671	230065			612351	33000		
2699346	815676	155850		2064497	837328		
126796	33813	9119		493995	309539		
2617215	387350	170380		3682035	789420		
124610	50343	54182		306312	27206		
5563766	2063161	1767599	991346	8061133	3867907	2684915	
4389904	699152	125040		977345	184376	47188	
2493678	769997	113107		7125672	1443818	30000	
1795670	486201	465153		1631798	1247761		
7161678	3487490	564852		12815889	6282993	498031	
212774	107915	20		722333	443457		
6162679	2165976	375032		8184587	2317994	326205	12500
834390	662336			858050	336461		
15226976	4449668	8153428	493358	21952744	10041929	584570	
2150008	356033	99640		1724035	660000		32353

1-13 续表 5

项目	累计折旧	#本年折旧	#在建工程	#无形资产	负债合计
食品、饮料、烟草及饲料生产专用设备制造	***	***	***	***	***
印刷、制药、日化及日用品生产专用设备制造	522219	18521	30561	60053	1609940
纺织、服装和皮革加工专用设备制造	369901	33860	26133	83875	6371111
电子和电工机械专用设备制造	82834	31731	27744	21698	961266
农、林、牧、渔专用机械制造	***	***	***	***	***
医疗仪器设备及器械制造	885824	146027	160643	176744	3281388
环保、社会公共服务及其他专用设备制造	892669	123092	181628	237515	13596479
汽车整车制造	15956663	3507536	12987186	13203902	120844539
改装汽车制造	71121	6630	4613	6720	513982
汽车零部件及配件制造	6815731	1310197	2524808	1266631	30569770
铁路运输设备制造	1257517	143468	1045808	371458	8819938
城市轨道交通设备制造	***	***	***	***	***
航空、航天器及设备制造	2945985	303184	3402189	154422	15084461
电机制造	1368475	151150	706172	514248	33192126
输配电及控制设备制造	1447965	256080	173383	310088	11717018
电线、电缆、光缆及电工器材制造	64002	13543	6105	40716	787450
电池制造	890466	136168	70027	49399	1206581
家用电力器具制造	***	***	***	***	***
非电力家用器具制造	***	***	***	***	***
照明器具制造	825872	102478	136202	126082	1773475
其他电气机械及器材制造	88084	19487	29426	22601	345712
计算机制造	1770833	238777	956925	380179	38417140
通信设备制造	6253326	837527	203481	809889	29912677
广播电视设备制造	107557	24532		164210	1199138
视听设备制造	6381	1594	163	23808	87117
电子器件制造	28226581	4757964	3128202	2803977	34398867
电子元件制造	3356424	397805	79956	82966	2526956
其他电子设备制造	760014	98636	222660	118377	3629547
通用仪器仪表制造	728617	107258	351246	328930	6689647
专用仪器仪表制造	279800	38690	143023	252096	1923327
钟表与计时仪器制造	***	***	***	***	***
光学仪器及眼镜制造	188782	11679			363059
其他未列明制造业	1983672	226585	618156	418510	4643380
铁路、船舶、航空航天等运输设备修理	***	***	***	***	***
三、电力、热力、燃气及水生产和供应业	**244825615**	**31209729**	**45595672**	**3640148**	**618641408**
电力生产	15047954	804463	2514920	488732	14857923
电力供应	200797814	26463021	31049197	1210806	544906853
热力生产和供应	10715300	1625285	3478404	124280	25214768
燃气生产和供应业	4289777	794407	3251963	336328	12649032
自来水生产和供应	***	***	***	***	***
污水处理及其再生利用	5030297	772087	2388842	1467497	11714076

单位：千元

流动负债合计	#应付账款	非流动负债合计	#应付债券	所有者权益合计	#实收资本	国家资本	集体资本
***	***	***	***	***	***	***	***
1532503	295721	77436		1694795	486330		
5152713	1366340	1218398	1200000	3645343	894130		
802470	180431	158796		235716	972658	902650	
***	***	***	***	***	***	***	***
3155791	1975854	111720		7294510	2454974	120224	
12729826	5948980	866653		8157024	2398972	11451	26142
97657898	43079388	23186640	4000000	90385749	39453035	9675730	
456126	288619	57856		302866	126484	106484	
27428030	17318680	3141740		22188614	8957859	122548	56980
6321631	3304723	2498306		2736630	2024567	520528	
***	***	***	***	***	***	***	***
12904489	2148821	2027077		7201472	1773934	536393	
28830869	10892503	4234738	3236104	17581371	10892104	734460	
11159838	5926539	421412		11810666	3194818	590654	
772482	127345	14968		224826	141800		
1117339	293845	89241		794635	1357884		
***	***	***	***	***	***	***	***
***	***	***	***	***	***	***	***
1730714	522656	42761		1598289	701406		
332114	170449	13598		472566	119923		
36816359	14993052	1600781	703365	11943238	3352040		
29028157	17963126	884520	200000	26527973	9339249	24299	
1110072	370881	9460		1194091	480697		
83437	27595	1780		151236	52800		
15175495	6033744	19223368		41352034	38455899	13798219	
2282046	1024128	89960		3562851	2421669	237273	
2415619	801065	1213927		3878206	1184784		128328
6229346	2687325	460299		7770883	2057292	100000	
1416961	318980	454669	20000	1345854	646286	140473	
***	***	***	***	***	***	***	***
363059	54242			230878	216801	116720	
3406409	1880753	1236971		6979589	2609174	881614	10171
***	***	***	***	***	***	***	***
242503261	**48502950**	**375877892**	**300359604**	**634363271**	**261282923**	**231176596**	
5474540	2400451	9383383	2000000	22349109	11780618	4943091	
205016097	42214817	339890755	293526130	542005383	209415400	205000000	
14443979	2682335	10510536	2034858	18251019	9878771	52430	
10669911	780542	1979121		23219917	4835625		
***	***	***	***	***	***	***	***
2545070	417678	9169005	2798616	20903595	19824527	15633093	

1-13 续表 6

项目	法人资本	个人资本	港澳台资本	外商资本	主营业务收入	主营业务成本
合计	**159762211**	**22078963**	**9840245**	**62381324**	**1495629605**	**1266551884**
一、采矿业	**26485255**	**477821**	**941657**		**70390474**	**64563302**
烟煤和无烟煤开采洗选	***	***	***	***	***	***
天然气开采	1000000				481636	363713
铁矿采选	280230	52000			45497529	42508622
石油和天然气开采辅助活动	24430848		941657		20689034	19467000
二、制造业	**108916297**	**21527389**	**8413293**	**57194704**	**1032269187**	**831025895**
谷物磨制	***	***	***	***	***	***
饲料加工	1678401		7117		4320667	3079795
植物油加工	50500				1278169	1186453
屠宰及肉类加工	1393286	34078	99738	202515	15395822	12492112
蔬菜、水果和坚果加工	94421	42348		58498	1095635	832331
其他农副食品加工	73049	5000		148169	1695316	1310943
焙烤食品制造	225332	20007	8424	1773394	4961027	3949299
糖果、巧克力及蜜饯制造	8220	207000		1380003	9450450	4626456
方便食品制造	247435	37000	85293	76984	1421170	1104859
乳制品制造	437180	328579		358831	9051683	7691507
调味品、发酵制品制造	52406	17474		27354	683472	438347
其他食品制造	297359	11911	382955	1674636	7960721	3440020
酒的制造	734210		604070	1022815	6796954	4710145
饮料制造	555438		1680276	1120617	13314521	8980816
卷烟制造	***	***	***	***	***	***
棉纺织及印染精加工	631046				283986	214088
毛纺织及染整精加工	109590			30204	155411	138877
机织服装制造	369370	356256	166916	136316	6265929	3730766
针织或钩针编织服装制造	484289	85961	18750	34569	3128445	1758348
服饰制造	***	***	***	***	***	***
皮革制品制造		20000		31841	660829	549425
制鞋业	***	***	***	***	***	***
木制品制造	55000	50000			364479	264650
木质家具制造	172796	263640	35814		3114979	2354526
金属家具制造	***	***	***	***	***	***
其他家具制造	61600			20200	451353	358951
纸制品制造	57761	17963	23950	399117	4320157	3120379
印刷	2581076	183084	175325	68689	6385955	4740438
文教办公用品制造	***	***	***	***	***	***
乐器制造				4021	375037	333208
工艺美术品制造	496589		4960	8623	4327735	4168805
游艺器材及娱乐用品制造	***	***	***	***	***	***
精炼石油产品制造	387085		63327		75137389	66795367
基础化学原料制造	6367093	456020			5055775	4930338
农药制造	***	***	***	***	***	***

单位：千元

主营业务税金及附加	其他业务利润	销售费用	管理费用	#税 金	#工会经费	财务费用	#利息收入	#利息支出
26663114	**5527177**	**67530208**	**61800512**	**1627841**	**449218**	**17771907**	**4273454**	**21122142**
726237	**43034**	**223164**	**2840458**	**65392**	**19044**	**1597936**	**247646**	**1651305**
***	***	***	***	***	***	***	***	***
8679	34463		383818	4506	1060	19514	28965	46474
174109	-45290	40088	1134520	47436	9167	1198575	78674	1168978
309086	28159	99462	816391	7629	5202	313346	113352	382905
24059636	**5258871**	**67038161**	**55831997**	**1398319**	**399640**	**5313202**	**3619886**	**8856141**
***	***	***	***	***	***	***	***	***
97	10537	288652	341832	3977	1445	12059	15538	26856
1556	4192	56564	29689	345	62	5742	177	5752
749015	31723	1166043	528100	12385	7644	194775	370600	552467
5819	15573	176028	84432	864	1705	3519	2700	6130
11201	2613	189039	85462	2197	1388	7895	5515	10905
29454	23563	628148	261782	8387	3854	11975	4906	19203
72731	5880	3680334	525126	10756	4497	-38843	62113	14104
11269	2075	117296	191797	4818	1959	1579	2676	1813
20364	17368	1175129	239101	9386	-246	46358	9118	55336
5347	-151	139494	50606	1496	120	8511	220	8513
79847	39538	3364109	593314	11206	1230	26835	7577	37093
781357	103383	628650	444399	11892	2364	46868	229316	284697
66471	83743	3168771	669520	20695	1083	54981	31279	115020
***	***	***	***	***	***	***	***	***
4983	31802	2987	121839	6634	967	8042	936	8960
538		1541	10944	93	419	1391	126	1412
47690	36700	1275824	753736	10783	6923	54415	6204	49393
21399	7367	597015	256965	3672	1908	18949	1281	23896
***	***	***	***	***	***	***	***	***
2220	870	14903	27033	1125	207	1469	1745	4634
***	***	***	***	***	***	***	***	***
1525		26826	41187	124		45	94	104
26716	5290	250022	259314	10161	2296	37787	9725	35564
***	***	***	***	***	***	***	***	***
3167	10466	21767	37798	533	711	-64	524	206
24258	14527	172673	187140	6168	1628	-3342	7036	4869
48431	151066	177706	962791	24880	8669	-8582	35239	24873
***	***	***	***	***	***	***	***	***
2433	13707	30563	48051	3007	728	18075	326	14462
3478	78165	39886	174911	5426	1554	23141	1571	15243
***	***	***	***	***	***	***	***	***
6116854	80056	580110	2270128	28752	5989	242789	15820	258211
9880	39945	128148	553062	10537	4137	241256	3156	241923
***	***	***	***	***	***	***	***	***

1-13 续表 7

项目					主营业务收入	主营业务成本
	法人资本	个人资本	港澳台资本	外商资本		
涂料、油墨、颜料及类似产品制造	29980	95000			754459	549540
合成材料制造	908428			23168	6068987	5801144
专用化学产品制造	298826	120000		301106	1582720	1124451
炸药、火工及焰火产品制造	***	***	***	***	***	***
日用化学产品制造	61262	50000	227827	514182	3178972	1053244
化学药品原料药制造	38481	75000		39169	237330	119741
化学药品制剂制造	1808083	307649		2123529	31122713	12845871
中药饮片加工	124556	74660	240750	5350	4207339	2569859
中成药生产	1333219	653389	350066		5991640	3259712
兽用药品制造	***	***	***	***	***	***
生物药品制造	1086611	738061	165458	170232	6419870	2003660
卫生材料及医药用品制造	***	***	***	***	***	***
合成纤维制造	***	***	***	***	***	***
橡胶制品业	201075	15000	634	79860	2576758	2171585
塑料制品业	1019853	186004	87169	216521	3346965	2520496
水泥、石灰和石膏制造	1738463		20000	5000	2051803	1738934
石膏、水泥制品及类似制品制造	1201405	446780			9916983	8477645
砖瓦、石材等建筑材料制造	363886	23040			2796104	2121355
玻璃制造	302135	87878	100815		1365706	939377
玻璃制品制造	703859	659520	47739	98503	9677486	8138866
玻璃纤维和玻璃纤维增强塑料制品制造	501019				1883041	1659788
陶瓷制品制造	79302			252236	672026	482473
耐火材料制品制造	437543	766755		78063	2355941	1887678
石墨及其他非金属矿物制品制造	55318	1190			741865	660166
黑色金属铸造	6830			282387	689377	544947
钢压延加工	4484997	1140029			9948410	9749452
常用有色金属冶炼	***	***	***	***	***	***
有色金属铸造	***	***	***	***	***	***
有色金属压延加工	3000	30000			1121090	880030
结构性金属制品制造	318900	421957		96471	4720095	3437701
金属工具制造	294724	14815			397908	300635
集装箱及金属包装容器制造	633903	10000	60129	85388	4866325	3925203
建筑、安全用金属制品制造	9044	14393	2279	1490	443705	319811
其他金属制品制造	596574	541484		44934	7954142	6930720
锅炉及原动设备制造	90000			47188	2158161	1912092
金属加工机械制造	1276417	43000		94401	5351634	3830203
物料搬运设备制造	1009301	47000		191460	2119188	1746753
泵、阀门、压缩机及类似机械制造	488840	148461	183459	4964202	16632699	13244810
轴承、齿轮和传动部件制造	224794	120000		98663	702513	553457
烘炉、风机、衡器、包装等设备制造	1122432	493111	65844	90383	6886009	5456678
文化、办公用机械制造	46067	46495	243899		2724450	2248097
采矿、冶金、建筑专用设备制造	5989070	3426993		41296	14243000	12204859
化工、木材、非金属加工专用设备制造	621176	6471			1771047	1103418

单位：千元

主营业务税金及附加	其他业务利润	销售费用	管理费用	#税 金	#工会经费	财务费用	#利息收入	#利息支出
2936		59460	51012	750	227	9921	57	5532
7046	-812	45018	346269	2712	87	32116	896	35948
10848	22628	56756	255611	3890	834	11536	590	8597
***	***	***	***	***	***	***	***	***
95438	605	1323442	253044	3135	1061	-12711	29143	16570
1806	1074	50819	36613	835	468	3170	383	3503
336637	308575	11269082	2568611	32841	18783	731928	114158	278845
41638	2590	356131	324693	4357	2022	62937	3051	64708
77703	16887	1249779	456928	10817	6611	23971	19660	27790
***	***	***	***	***	***	***	***	***
54727	21326	1676300	860549	17971	2885	11010	68032	75238
***	***	***	***	***	***	***	***	***
***	***	***	***	***	***	***	***	***
10826	3291	78213	186653	5044	2986	31736	1138	28502
16460	17201	109602	272771	5323	3091	117323	8084	114785
14626	16988	78896	232079	6021	2801	25173	479	22557
45510	33510	384048	639383	14301	5586	166143	61779	221224
12396	3327	291017	166278	751	1371	52398	2120	50546
7256	18957	98096	131549	3158	1602	1452	814	2530
89608	11219	225189	535650	5665	3503	194781	9834	143500
6691	3436	52245	94224	4560	396	26714	14894	27889
9089	240	9501	35805	3287	6	-12150	12231	
8616	5139	258021	233513	3891	1096	50090	33822	77031
541	5270	40466	31164	968	312	15455	391	15228
3272	422	92697	40829	592	648	1774	452	287
7970	27630	299607	190279	20331	966	211803	10347	216173
***	***	***	***	***	***	***	***	***
***	***	***	***	***	***	***	***	***
3719	4	19448	82814	664	1033	7002	138	3270
42460	24680	329511	393871	5761	2391	73630	4273	68437
1385	613	21065	37332	790	142	3759	255	3414
15752	6634	147488	343931	4772	1583	66270	14669	71826
1582	16663	45804	32735	352	17	1654	99	1413
12165	166719	81163	764576	10459	3345	26225	43171	68310
3161	905	22715	121643	1044	3799	23308	6227	28555
39285	51000	390828	360311	11964	4655	-7587	40843	12567
12551	42975	212368	194745	5724	2500	54113	1756	49075
77611	202025	1121799	1096405	39451	14803	-162656	98746	116345
4933	9347	28488	68946	382	736	2201	904	3831
35515	18346	178059	556268	12901	3282	25755	64953	103535
2088		144380	115485	853	122	3603	700	409
99741	55312	696129	950600	18270	4843	227180	1821	218160
16114	27409	48728	305069	8088	1119	-1900	7632	4092

1-13 续表 8

项目					主营业务收入	主营业务成本
	法人资本	个人资本	港澳台资本	外商资本		
食品、饮料、烟草及饲料生产专用设备制造	***	***	***	***	***	***
印刷、制药、日化及日用品生产专用设备制造	206892	34375	245063		1115457	666377
纺织、服装和皮革加工专用设备制造	428207	285123	180800		3886249	3371309
电子和电工机械专用设备制造	17207	52801			414627	295710
农、林、牧、渔专用机械制造	***	***	***	***	***	***
医疗仪器设备及器械制造	1105210	535368	140038	554134	7047315	4691604
环保、社会公共服务及其他专用设备制造	1120007	926736	163944	150692	12385057	9340387
汽车整车制造	16797229			12980076	219940409	175815346
改装汽车制造	20000				1432911	1353713
汽车零部件及配件制造	4712683	294000	37146	3734502	80258376	71061058
铁路运输设备制造	1478410	25629			8433980	6960849
城市轨道交通设备制造	***	***	***	***	***	***
航空、航天器及设备制造	1237541				10465662	8809714
电机制造	8268764	540400	600000	748480	16946534	15194010
输配电及控制设备制造	1700691	381743		521730	26014271	19079354
电线、电缆、光缆及电工器材制造	29800	112000			1088061	980760
电池制造	250333			1107551	1959785	1762316
家用电力器具制造	***	***	***	***	***	***
非电力家用器具制造	***	***	***	***	***	***
照明器具制造	78380	62245	22867	537914	3752194	2894847
其他电气机械及器材制造	10000	60000		49923	1026534	764914
计算机制造	2941074	89972	320994		63180339	53973223
通信设备制造	3485714	2300057	819974	2709205	115070126	108717473
广播电视设备制造	69573	60801		350323	1557219	1114643
视听设备制造	1428	51372			288561	134030
电子器件制造	11064084	811605	378020	12403971	42311790	33885976
电子元件制造	103075	67275		2014046	8474733	7488299
其他电子设备制造	411660	394765	222557	27474	2193928	1514563
通用仪器仪表制造	1046883	722052	103997	84360	12038945	8929317
专用仪器仪表制造	150309	355504			1598989	1109438
钟表与计时仪器制造	***	***	***	***	***	***
光学仪器及眼镜制造				100081	634911	265979
其他未列明制造业	1462358	255031			6601434	5079038
铁路、船舶、航空航天等运输设备修理	***	***	***	***	***	***
三、电力、热力、燃气及水生产和供应业	**24360659**	**73753**	**485295**	**5186620**	**392969944**	**370962687**
电力生产	5234537		400000	1202990	10976551	9636630
电力供应	4415400				349191489	329738548
热力生产和供应	9752588	73753			8403998	9176824
燃气生产和供应业	851995			3983630	20023860	17912274
自来水生产和供应	***	***	***	***	***	***
污水处理及其再生利用	4106139		85295		2625194	2030953

单位：千元

主营业务税金及附加	其他业务利润	销售费用	管理费用	#税金	#工会经费	财务费用	#利息收入	#利息支出
***	***	***	***	***	***	***	***	***
9252	18343	282514	110701	3134	740	5122	2279	5636
9022	78964	121129	316016	10335	636	97933	34637	119132
9632	16	13424	201566	7289	650	16252	416	15075
***	***	***	***	***	***	***	***	***
36892	451291	619998	1161282	19254	7284	-43750	45008	27612
115209	56729	626192	1133821	20891	10515	99105	38668	153344
11116809	946759	10824872	7473865	308203	75622	621290	640779	1185286
2165	-81	7315	48380	1592	818	1141	1919	2718
217835	336434	973080	2633845	79773	28724	-69584	165108	256995
44918	51211	180510	847930	17937	6669	121748	4774	124349
***	***	***	***	***	***	***	***	***
5237	11206	16466	899415	5868	4654	34916	71342	104206
45648	-75933	1014167	1121162	25211	3311	492605	136300	606359
161589	47259	1532355	1460146	20402	12546	14625	54255	51633
2091	5425	35381	47521	1227	383	8000	1260	9056
1901	13463	51832	186761	7931	2354	52844	1489	40428
***	***	***	***	***	***	***	***	***
***	***	***	***	***	***	***	***	***
20184	34934	134648	355064	4425	2471	25043	1533	30329
3614	9231	93727	54928	371	625	3621	1357	3199
49680	191960	5927958	2951920	47888	3541	299313	223258	496233
89982	445706	1394306	3077885	94105	14925	-329163	303496	237931
7621	21852	148896	215425	2201	2382	24201	1104	28042
6170	704	11937	103103	205	447	-1565	1721	2
195612	212533	1179577	3100154	110797	12008	451385	222335	916188
41315	165674	138646	789677	12906	5687	24029	39028	61908
12143	27885	215867	601591	9307	3243	40498	6145	48262
67321	44389	751393	1024933	15269	7094	21076	48433	74461
10523	16874	94901	320650	3865	1729	19695	6883	25924
***	***	***	***	***	***	***	***	***
9469	906	224292	79949	424	600	10204	4269	216
23278	17428	136553	740724	15662	3729	-14023	32863	18968
***	***	***	***	***	***	***	***	***
1877241	**225272**	**268883**	**3128057**	**164130**	**30534**	**10860769**	**405922**	**10614696**
75226	44329		348477	40519	2044	519326	16109	529010
1581371	-6379		446887	33724	1148	9647905	226978	9030028
36674	141873	47333	835408	29848	8636	579904	57894	626251
169182	32979	215638	1067059	18676	10546	147599	55117	209464
***	***	***	***	***	***	***	***	***
2232	6334	5912	216715	10801	1946	104659	26072	147331

1-13 续表 9

项　　目	投资收益(损失以"-"号记)	营业利润	营业外收入	#补贴收入	营业外支出
合　计	**43475793**	**100056211**	**12257584**	**7690626**	**4341284**
一、采矿业	**1643913**	**1583228**	**573890**	**188833**	**1307798**
烟煤和无烟煤开采洗选	***	***	***	***	***
天然气开采		-259625	182916	57106	76321
铁矿采选	1359574	1745954	230785	2519	876247
石油和天然气开采辅助活动	189618	-622387	150522	121123	342723
二、制造业	**14974507**	**65839572**	**7703103**	**3785608**	**2105717**
谷物磨制	***	***	***	***	***
饲料加工	149618	757111	14647	11270	4591
植物油加工	-30	1949	19820	21	185
屠宰及肉类加工	53009	353924	58076	67187	4148
蔬菜、水果和坚果加工	628	8964	7956	1890	866
其他农副食品加工	434	94431	2691	2348	1177
焙烤食品制造	942	104788	17838	6299	7234
糖果、巧克力及蜜饯制造	11	589032	95783	2376	13054
方便食品制造	4262	-951	16682	16115	2119
乳制品制造	67681	-41845	16273	11896	7021
调味品、发酵制品制造		41016	6420		981
其他食品制造	51635	553973	93057	88711	16780
酒的制造	135430	424892	55301	27137	2746
饮料制造	-6321	431456	207723	28745	42837
卷烟制造	***	***	***	***	***
棉纺织及印染精加工	2278	-33873	16016		17050
毛纺织及染整精加工		2120	43		2
机织服装制造	6828	453480	23786	7482	9075
针织或钩针编织服装制造	25863	480067	7702	6559	2726
服饰制造	***	***	***	***	***
皮革制品制造		66649	1285		272
制鞋业	***	***	***	***	***
木制品制造		26682	1261		62
木质家具制造	69253	256864	13190	1127	6136
金属家具制造	***	***	***	***	***
其他家具制造		40200	442		276
纸制品制造	18811	851943	105680	104265	411
印刷	4369	622016	56397	23834	6240
文教办公用品制造	***	***	***	***	***
乐器制造		-43115	4587		6084
工艺美术品制造	9260	4939	77543		1033
游艺器材及娱乐用品制造	***	***	***	***	***
精炼石油产品制造	-231499	-1092179	27152	800	171428
基础化学原料制造	6686	-761031	12587	2136	15197
农药制造	***	***	***	***	***

单位：千元

利润总额	亏损企业亏损额	应交所得税	应付职工薪酬(本年贷方累计发生额)	应交增值税	进项税额	销项税额	从业人员平均人数(人)
108498576	**12470401**	**18869493**	**103895292**	**44216167**	**205870028**	**238789479**	**841007**
851731	**1295065**	**290864**	**9079134**	**1820251**	**7760031**	**9190892**	**66722**
***	***	***	***	***	***	***	15242
-153030	225977	-10991	278533	58155	93231	94946	1926
1102903		82336	2342561	1024098	7122888	8133939	25849
-814588	1069088	107668	4710442	241538	394974	317692	23705
71549831	**10203699**	**13551516**	**81490335**	**30706927**	**131482961**	**153920701**	**697591**
***	***	***	***	***	***	***	674
767167		107109	343275	848	2661	3577	3667
21584		4269	32549	12784	154793	167468	695
421277	94864	101595	850277	292412	2237846	2463961	12896
16054	29210	6301	173208	56015	120005	175005	2483
95951		24163	200497	77998	230698	305955	2886
119991	71732	44452	689474	226541	634155	864963	13214
674137		168063	1025699	635142	908469	1526406	9157
18234	113289	37126	456711	63559	105235	163292	3765
-32593	72417	10640	583664	191573	1222701	1405329	7778
46455		11614	124186	53476	63907	116487	2451
630350		112758	518337	628308	1126597	1680987	5062
477447	64667	64949	1018894	503346	537482	1017320	12933
617105	287735	184245	1370764	781881	1926617	2850203	16510
***	***	***	***	***	***	***	931
-34907	37780	718	114936	4375	28137	30317	1240
2161		762	27769	5186	20965	26130	715
469194	111137	100552	1508867	429050	634703	989442	26230
485043	65314	78403	463941	170195	352737	390245	7414
***	***	***	***	***	***	***	671
67662		19003	44212	21098	94148	115257	747
***	***	***	***	***	***	***	450
27881		400	75754	21987	41332	63299	1300
263918	8288	25690	421927	141619	268198	396847	6738
***	***	***	***	***	***	***	1349
40366		10091	95671	31111	44989	75998	1281
959058		226152	224987	221292	507961	711920	2519
671917	10154	173897	1575230	366726	738231	1102399	13934
***	***	***	***	***	***	***	708
-44612	46657	1038	103606	12147	39038	43712	1877
81449		7428	152469	19327	437829	454330	1381
***	***	***	***	***	***	***	335
-1236455	1849656	251166	1836256	1544294	12127604	13663229	14510
-762979	800072	5543	570062	91396	1309320	1380770	7727
***	***	***	***	***	***	***	303

1-13 续表 10

项目	投资收益(损失以"-"号记)	营业利润	营业外收入	#补贴收入	营业外支出
涂料、油墨、颜料及类似产品制造		81584	2029		93
合成材料制造		-197964	5910	4112	13985
专用化学产品制造	179	93862	11444	4347	6138
炸药、火工及焰火产品制造	***	***	***	***	***
日用化学产品制造	1059	450149	6958	2942	12132
化学药品原料药制造		26243	4247	2448	4
化学药品制剂制造	957347	4630634	244386	60357	56826
中药饮片加工	-74	848765	7714	3194	8316
中成药生产	194282	1128134	37819	9552	6178
兽用药品制造	***	***	***	***	***
生物药品制造	245740	2035471	143156	49944	17295
卫生材料及医药用品制造	***	***	***	***	***
合成纤维制造	***	***	***	***	***
橡胶制品业	3047	107033	2920	1109	2830
塑料制品业	9263	337388	19769	14405	2490
水泥、石灰和石膏制造	4025	-15725	128507	94472	499
石膏、水泥制品及类似制品制造	492401	691309	248222	102797	26858
砖瓦、石材等建筑材料制造		152978	2171	704	572
玻璃制造		206901	4333	3535	449
玻璃制品制造	4	262511	36308	15350	1788
玻璃纤维和玻璃纤维增强塑料制品制造		-2760	31389	31046	215
陶瓷制品制造		146050	503		733
耐火材料制品制造	35423	-117204	101178	6041	24847
石墨及其他非金属矿物制品制造	7399	6965	7700	1435	5912
黑色金属铸造	1111	7391	485		325
钢压延加工	302891	-193593	13757	919	20
常用有色金属冶炼	***	***	***	***	***
有色金属铸造	***	***	***	***	***
有色金属压延加工	199	125111	484	57	4662
结构性金属制品制造	18687	464591	19490	3408	6104
金属工具制造		34320	5216		114
集装箱及金属包装容器制造	200161	540876	25028	11949	3624
建筑、安全用金属制品制造	462	53974	1205		30
其他金属制品制造	93396	385185	61127	27121	10058
锅炉及原动设备制造		101960	1139		1040
金属加工机械制造	13605	775788	51963	32532	2897
物料搬运设备制造	-235	-90886	13074	1658	5597
泵、阀门、压缩机及类似机械制造	3883	1440394	308874	34534	429310
轴承、齿轮和传动部件制造		55211	7862	606	2038
烘炉、风机、衡器、包装等设备制造	25731	580625	182468	10388	34778
文化、办公用机械制造	297	209465	4059		970
采矿、冶金、建筑专用设备制造	1875405	1936166	177674	57048	68241
化工、木材、非金属加工专用设备制造		311693	18632	16034	527

单位：千元

利润总额	亏损企业亏损额	应交所得税	应付职工薪酬(本年贷方累计发生额)	应交增值税	进项税额	销项税额	从业人员平均人数(人)
83520		9725	68688	29359	95366	124198	1075
-206039	320108	-62171	279560	60836	947261	995627	1528
99168	19490	-252	295414	75264	210345	255678	2637
***	***	***	***	***	***	***	519
444974	34166	108301	766270	374160	439522	814252	6312
30486		4594	49319	21654	17660	38069	851
4825296	348552	952325	6450170	2826223	2464936	5266782	28152
848163		125262	282996	360976	299109	657951	3589
1159775	599	141884	933739	580842	942442	1518787	9085
***	***	***	***	***	***	***	1143
2161332	1420	307642	952110	442014	162929	622208	8812
***	***	***	***	***	***	***	279
***	***	***	***	***	***	***	431
111350	24718	20798	411191	93468	412361	500309	5547
354667	8175	62885	378237	124146	379953	475399	5565
112283		20922	212454	128939	228420	355827	2663
912673		84505	962120	86389	262989	304578	13959
154577		15062	221244	123113	416270	539091	1836
210785		30809	143136	71260	164500	234247	2023
297031	20073	49252	602853	47031	953766	929341	7939
28414	4402	7169	147586	61379	249924	310834	1723
145820		27060	180067	71826	40546	109459	1860
-40823	189492	8639	285831	99976	361917	454772	3584
8753		439	76394	3224	26746	30139	928
7551		2786	90171		118199	87657	1138
-179856	379939	6516	556231	62901	1611158	1641713	5621
***	***	***	***	***	***	***	553
***	***	***	***	***	***	***	1192
120933		18480	78406	22103	139981	152282	1184
479440		81588	492691	126189	560811	675192	6846
39422		5512	79134	10601	45874	56983	1128
562280	23816	68576	346257	136319	765436	850208	3748
55149		8877	62575	11787	24013	23285	806
436254	70958	49898	1023821	96789	715133	789781	5204
102059	45820	22926	327030	36221	245816	280488	2695
823959	28137	193359	767637	311306	686305	964609	5576
-83016	99946	4336	219612	54889	293268	338308	2945
1328658	619754	315906	2161816	541671	1991271	2404367	16146
61035		14753	145179	43320	90293	132894	1958
728327	25838	87937	476786	241793	867334	1081965	4399
212554		49298	193644	12124	302585	206947	1561
2045599	69285	-22111	1369716	834352	1591854	2421904	15177
329798		43423	380717	117666	186430	231784	2837

1-13 续表 11

项目	投资收益(损失以"-"号记)	营业利润	营业外收入	#补贴收入	营业外支出
食品、饮料、烟草及饲料生产专用设备制造	***	***	***	***	***
印刷、制药、日化及日用品生产专用设备制造	8427	64583	46840	44537	1058
纺织、服装和皮革加工专用设备制造	163621	194479	16703	11511	2317
电子和电工机械专用设备制造	39077	-260396	8744	8128	1150
农、林、牧、渔专用机械制造	***	***	***	***	***
医疗仪器设备及器械制造	126332	1131614	71854	24536	4035
环保、社会公共服务及其他专用设备制造	296005	1279051	184777	55474	5220
汽车整车制造	5409362	19966703	1063830	950103	163502
改装汽车制造		19906	199677	132	29147
汽车零部件及配件制造	493612	6243449	284384	55118	53274
铁路运输设备制造	28105	314042	131503	131517	4815
城市轨道交通设备制造	***	***	***	***	***
航空、航天器及设备制造	7480	737803	47813	27774	13961
电机制造	393310	-1211057	92971	14419	66596
输配电及控制设备制造	35296	3737030	192842	45822	20757
电线、电缆、光缆及电工器材制造	30	19628	6411	3960	246
电池制造		-89299	32037	14092	77787
家用电力器具制造	***	***	***	***	***
非电力家用器具制造	***	***	***	***	***
照明器具制造	2600	356297	17674	2947	7222
其他电气机械及器材制造	-87	111009	47074	46191	406
计算机制造	1181402	1495979	197440	135526	163342
通信设备制造	116482	2557073	474014	254110	54757
广播电视设备制造		62939	75879	53023	831
视听设备制造		35397	5612	4656	2119
电子器件制造	1186118	4235052	790609	392068	261563
电子元件制造	1757	180917	37372	1161	43277
其他电子设备制造	111474	-79516	283379	257898	1657
通用仪器仪表制造	424501	1643468	227358	174923	10308
专用仪器仪表制造	20785	80919	70408	39366	2572
钟表与计时仪器制造	***	***	***	***	***
光学仪器及眼镜制造	580	47595	3733		4671
其他未列明制造业	44284	697981	19448	6939	2158
铁路、船舶、航空航天等运输设备修理	***	***	***	***	***
三、电力、热力、燃气及水生产和供应业	**26857373**	**32633411**	**3980591**	**3716185**	**927769**
电力生产	2241223	2476921	438555	225014	10316
电力供应	22560410	30347852	525571	155961	787953
热力生产和供应	60568	-2169867	1688117	2038384	106959
燃气生产和供应业	1812149	2354489	502696	479050	8653
自来水生产和供应	***	***	***	***	***
污水处理及其再生利用	164741	416675	3798	700	10968

单位：千元

利润总额	亏损企业亏损额	应交所得税	应付职工薪酬(本年贷方累计发生额)	应交增值税	进项税额	销项税额	从业人员平均人数(人)
***	***	***	***	***	***	***	358
112833	10818	11785	311577	66620	103315	169239	2238
208865		25957	280041	61052	896898	958260	3412
-252802	253773	238	115786	3221	56646	41491	1193
***	***	***	***	***	***	***	469
1199433	18262	194068	979690	297923	568013	639031	8781
1458608	1492	206192	1746129	558195	1262146	1743297	9952
20867031	435504	4712425	10511862	7399687	32820867	39775646	74274
190436		4987	69756	13127	182032	180664	859
6495581	176843	1457372	3484933	1942113	12443623	14056267	35099
453575	187810	96072	1131425	337116	1062261	1361459	10540
***	***	***	***	***	***	***	1291
771655		66117	2534778	9413	17155	23773	871
-1184682	1664910	-139533	871197	386950	2706814	2699436	6852
3909212	51373	492779	2289394	1004976	4548669	5293078	16595
25793		4717	56752	13971	169212	182146	849
-135032	135032		343638	16987	138124	46435	4997
***	***	***	***	***	***	***	812
***	***	***	***	***	***	***	326
366749	50281	69447	474817	70502	488987	520639	4252
157677		18308	235846	24018	102011	105524	1682
1530077	44353	-10623	3511628	192305	10285793	10313517	14113
2969877	715784	640568	4538306	670475	9572752	7076881	47089
137987		12238	360927	52812	185639	212411	4867
38890		5945	66835	16462	17641	34103	762
4764098	105785	384091	3573056	598109	4198177	3683838	26077
175012	240281	81210	953498	298352	1047160	873637	11389
206307	90445	27960	564203	75213	326383	378464	5575
1865272		237893	1465349	478237	1450224	1919651	11336
148755	7949	22616	359146	53551	139024	178555	2560
***	***	***	***	***	***	***	598
46657	15344	52996	119749	74666	50411	123965	569
715271		101474	987651	193495	190495	349274	1560
***	***	***	***	***	***	***	6109
36097014	**971637**	**5027113**	**13325823**	**11688989**	**66627036**	**75677886**	**76694**
2905160	42575	256156	1007831	659976	1302030	1583564	4631
30085470	578100	4524109	8766959	9363419	63208954	70861861	40502
-177928	344387	16630	1175942	152429	767912	595277	13169
2848532	6575	164242	1430940	1392410	1236485	2612199	10135
***	***	***	***	***	***	***	4189
409505		65976	473024	16994	7692	24783	4068

1-14 规模以上私营

项目	单位数(个)	#亏损企业	工业总产值(当年价格)	工业销售产值(当年价格)	#出口交货值
合计	**1079**	**130**	**91895345**	**88837179**	**3852532**
一、按企业规模分					
大型企业	6		4990397	4895071	78222
中型企业	96	8	22114723	20500974	1235129
小型企业	912	115	61431586	60094549	2536368
微型企业	65	7	3358639	3346585	2813
二、按轻重工业分					
轻工业	412	53	34339879	32843043	1793926
重工业	667	77	57555466	55994136	2058606
三、按四大功能区分					
首都功能核心区	12	1	606407	475077	
东城区	6		207579	198890	
西城区	6	1	398828	276187	
城市功能拓展区	257	20	20227708	20032294	904002
朝阳区	85	5	6673360	6760106	37679
丰台区	36	3	3037569	2978460	165987
石景山区	12	1	972820	976024	29871
海淀区	124	11	9543959	9317704	670465
城市发展新区	650	88	54811429	52302993	2604700
房山区	56	3	4955439	4793495	101734
通州区	148	19	11331783	11153581	721432
顺义区	78	19	7012383	6950556	471505
昌平区	97	10	7496646	7337186	382882
大兴区	250	33	21313671	19481691	838547
北京经济技术开发区	21	4	2701507	2586484	88600
生态涵养发展区	160	21	16249801	16026815	343830
门头沟区	26	2	2699910	2597933	58467
怀柔区	70	7	7458808	7362421	96744
平谷区	17	3	1522746	1576614	28341
密云县	35	8	3525471	3493088	130299
延庆县	12	1	1042866	996759	29979

工业企业主要经济指标

单位：千元

年初存货	资产总计	#流动资产合计	#应收账款	#存货	#产成品	#固定资产合计	固定资产原价
17844199	**111666536**	**78347046**	**26971289**	**20244452**	**7428245**	**16463055**	**25083067**
880992	7547832	3763330	958310	799254	343951	993993	1499032
3635861	25336493	17636826	6619412	4608305	1759614	4180535	6445711
12974836	75868658	54549369	18215229	14468210	5137790	11036894	16654998
352510	2913553	2397521	1178338	368683	186890	251633	483326
6422968	35759696	23744760	6154694	7604903	3337021	6780953	10163848
11421231	75906840	54602286	20816595	12639549	4091224	9682102	14919219
156578	896243	609861	163671	218536	55212	121065	172797
36859	173002	121438	23088	39621	16699	27531	56319
119719	723241	488423	140583	178915	38513	93534	116478
4541625	30261459	23433904	8702054	5355318	1679511	2669304	4071852
1002457	8436974	6650375	2708959	1271444	565597	803391	1347044
773358	5091310	4010743	1349198	1062632	357779	440386	697711
190233	1821897	1286075	727099	186032	38300	107551	201804
2575577	14911278	11486711	3916798	2835210	717835	1317976	1825293
10627750	64895912	43467590	14180508	11874941	4647251	10924451	16544327
729426	5125826	3318367	1183168	840892	434179	1169219	1531400
2148134	12880406	8645176	2924314	2360537	878642	2439055	3937359
1434292	9591563	5896987	1789518	1547618	514875	2225943	3188711
1538858	11626532	7594816	2170593	1743500	539013	1059080	1694212
4009599	21817923	15513579	5273732	4733696	2095077	3303191	5138532
767441	3853662	2498665	839183	648698	185465	727963	1054113
2518246	15612922	10835691	3925056	2795657	1046271	2748235	4294091
763068	4041723	2793856	933956	697270	328334	615055	917298
893191	7031638	4822175	1887970	1093509	421998	1250230	2014481
218321	1244565	819916	315568	242327	67512	282162	414961
462899	2433169	1753956	557027	571384	123138	461032	676964
180767	861827	645788	230535	191167	105289	139756	270387

1-14 续表 1

项目	累计折旧	#本年折旧	#在建工程	#无形资产	负债合计
合计	**9348229**	**1749979**	**3242582**	**3632685**	**63444697**
一、按企业规模分					
大型企业	527424	105584	55411	252702	2508816
中型企业	2391337	433783	730936	597567	13933821
小型企业	6193848	1178612	2420888	2663906	45010049
微型企业	235620	32000	35347	118510	1992011
二、按轻重工业分					
轻工业	3608974	685457	1585425	1353722	22086413
重工业	5739255	1064522	1657157	2278963	41358284
三、按四大功能区分					
首都功能核心区	51733	7635	75272	10132	703519
东城区	28788	3443	68	9978	102406
西城区	22945	4192	75204	154	601113
城市功能拓展区	1674294	304714	511854	835215	14707800
朝阳区	577758	99041	150939	273100	4749142
丰台区	276570	57363	72304	92447	2384384
石景山区	94966	19774	134202	43983	918477
海淀区	725000	128536	154409	425685	6655797
城市发展新区	6004838	1118219	2273209	2143548	39431867
房山区	446403	91857	133393	67002	3161181
通州区	1611479	251011	721362	311784	7585691
顺义区	1006141	200275	377536	505419	6542315
昌平区	697780	131831	239736	254775	5476215
大兴区	1916893	358897	654675	890677	14494176
北京经济技术开发区	326142	84348	146507	113891	2172289
生态涵养发展区	1617364	319411	382247	643790	8601511
门头沟区	309534	71626	109628	171738	1602428
怀柔区	794342	154896	193045	276205	4109969
平谷区	135979	27329	6243	72045	844775
密云县	243512	44398	63382	57379	1500388
延庆县	133997	21162	9949	66423	543951

单位：千元

流动负债合计	#应付账款	非流动负债合计	#应付债券	所有者权益合计	#实收资本	国家资本	集体资本
58613172	**22528610**	**3916903**	**153101**	**48211839**	**21597013**		
2130418	756446	378397		5039016	1038365		
12458221	4946548	1232146	112961	11402672	4099098		
42072445	15785523	2266805	40140	30848609	15862756		
1952088	1040093	39555		921542	596794		
19815008	6796118	1907108	112961	13673283	6451929		
38798164	15732492	2009795	40140	34538556	15145084		
549463	129884	141792		192724	138790		
73416	26496	16726		70596	56690		
476047	103388	125066		122128	82100		
14031484	5893911	366516	20000	15553659	5436801		
4616384	2159119	75073		3687832	1482005		
2298948	899882	47041		2706926	909775		
849055	536106	17102		903420	395858		
6267097	2298804	227300	20000	8255481	2649163		
36084157	12995295	2970188	133101	25464045	13454743		
2578718	1102590	582461	140	1964645	1160855		
6945968	2719528	635164	71188	5294715	2759798		
5901147	1916273	488239	41773	3049248	1541726		
5315061	1950419	161152		6150317	2128834		
13245105	4722061	1042917		7323747	4946622		
2098158	584424	60255	20000	1681373	916908		
7948068	3509520	438407		7001411	2566679		
1535878	601021	63596		2439295	600520		
3681151	1787442	262431		2921669	1105171		
803635	287496	41140		399790	244100		
1407135	575004	47558		922781	434337		
520269	258557	23682		317876	182551		

1-14 续表 2

项目	法人资本	个人资本	港澳台资本	外商资本	主营业务收入	主营业务成本
合计	**6000167**	**15590441**	**6405**		**94622015**	**75331307**
一、按企业规模分						
大型企业	148450	889915			5422844	4042878
中型企业	1266281	2832817			22012158	16502890
小型企业	4321150	11535201	6405		63600770	51565221
微型企业	264286	332508			3586243	3220318
二、按轻重工业分						
轻工业	2093931	4357998			33813110	26127542
重工业	3906236	11232443	6405		60808905	49203765
三、按四大功能区分						
首都功能核心区	47100	91690			567477	486271
东城区	16000	40690			236221	195287
西城区	31100	51000			331256	290984
城市功能拓展区	1379548	4050848	6405		22179345	15503603
朝阳区	208828	1266772	6405		7251178	5259007
丰台区	296391	613384			3364535	2401065
石景山区	5500	390358			1088483	807690
海淀区	868829	1780334			10475149	7035841
城市发展新区	3731843	9722900			55121028	46059031
房山区	291896	868959			5443834	4927530
通州区	1086606	1673192			11961107	10262728
顺义区	168750	1372976			7358323	5765624
昌平区	329821	1799013			7855016	6062860
大兴区	1349328	3597294			19794128	16996814
北京经济技术开发区	505442	411466			2708620	2043475
生态涵养发展区	841676	1725003			16754165	13282402
门头沟区	61200	539320			2777942	1786824
怀柔区	550779	554392			7896655	6262719
平谷区	67100	177000			1504567	1315402
密云县	155847	278490			3694487	3263064
延庆县	6750	175801			880514	654393

单位：千元

主营业务税金及附加	其他业务利润	销售费用	管理费用	#税 金	#工会经费	财务费用	#利息收入	#利息支出
400233	**393191**	**6114809**	**8156167**	**113321**	**51938**	**753651**	**106234**	**731783**
25825	41872	452291	348004	10356	3820	296	21888	14953
118134	69000	2150834	2065652	26209	18032	202147	29358	194841
249446	274862	3345091	5615574	74777	29822	536709	54243	509491
6828	7457	166593	126937	1979	264	14499	745	12498
143224	92340	2882523	2842873	47097	21227	302745	36403	299399
257009	300851	3232286	5313294	66224	30711	450906	69831	432384
2128	3348	33726	58877	307	500	8297	216	5700
1180	2848	24669	30103	115	200	742	148	630
948	500	9057	28774	192	300	7555	68	5070
119866	100341	2021503	2615044	24446	12210	166630	29692	158788
32429	16364	824233	608606	5429	5498	36130	7364	34375
19027	9466	234888	413725	3857	1180	41473	8981	42104
6175	21096	59869	130473	1155	253	7353	697	7097
62235	53415	902513	1462240	14005	5279	81674	12650	75212
203981	193188	2845313	4258466	69722	26611	490690	64040	481732
19374	32227	154729	264837	4531	2422	39023	1763	38181
40296	42845	542734	787443	13727	4904	99071	9583	94332
32367	19884	450457	789823	18628	3992	86235	11990	90398
29687	-8369	549994	806736	6860	2800	35096	26351	52199
67767	83987	937575	1299312	21379	10656	205159	8630	177585
14490	22614	209824	310315	4597	1837	26106	5723	29037
74258	96314	1214267	1223780	18846	12617	88034	12286	85563
26687	71565	307568	427597	5311	4623	11848	2594	10426
27200	16397	549867	445097	7980	5674	32659	7464	33103
3922	7	65075	98400	1878	542	14820	426	14817
10236	4095	170402	176270	2983	1243	25205	1542	24331
6213	4250	121355	76416	694	535	3502	260	2886

1-14 续表 3

项　　目	投资收益（损失以"-"号记）	营业利润	营业外收　入	#补贴收入	营业外支　出
合　计	**219441**	**4371160**	**1007120**	**715713**	**113106**
一、按企业规模分					
大型企业	78278	665233	28401	6507	3443
中型企业	33553	1053054	429305	361510	27038
小型企业	110521	2600870	546841	346036	80551
微型企业	-2911	52003	2573	1660	2074
二、按轻重工业分					
轻工业	131574	1715085	280567	169109	30679
重工业	87867	2656075	726553	546604	82427
三、按四大功能区分					
首都功能核心区	-204	-18678	25995	25863	335
东城区		-12912	16264	16222	319
西城区	-204	-5766	9731	9641	16
城市功能拓展区	80100	1891787	405139	287290	32582
朝阳区	18760	517041	169344	134746	9482
丰台区	-3124	257629	52227	19807	6562
石景山区	895	97507	12119	7647	478
海淀区	63569	1019610	171449	125090	16060
城市发展新区	125678	1524450	472319	334901	65272
房山区	3434	73969	27798	12999	3681
通州区	462	269512	50611	35503	10517
顺义区	69493	317858	30998	18865	17331
昌平区	31223	365917	215098	169166	11676
大兴区	21373	379878	115054	70439	19357
北京经济技术开发区	-307	117316	32760	27929	2710
生态涵养发展区	13867	973601	103667	67659	14917
门头沟区	6011	293409	20281	12066	6260
怀柔区	6533	596953	38444	27999	4044
平谷区	28	6957	11850	6477	360
密云县	1289	53397	28955	17219	2179
延庆县	6	22885	4137	3898	2074

单位：千元

利润总额	亏损企业亏损额	应交所得税	应付职工薪酬(本年贷方累计发生额)	应交增值税	进项税额	销项税额	从业人员平均人数(人)
5375632	**481988**	**908412**	**9022279**	**2896104**	**10762891**	**13300214**	**144917**
690853		105144	720755	226853	489867	715494	7924
1474589	46330	235681	2953073	819974	2334859	3032053	45952
3160059	420853	556228	5273161	1788617	7402552	8957697	89902
50131	14805	11359	75290	60660	535613	594970	1139
2014947	131868	357855	3615274	1161636	3688272	4691044	64602
3360685	350120	550557	5407005	1734468	7074619	8609170	80315
6982	49	1257	64097	13651	77688	76538	1114
3033		532	34961	8144	26316	28490	630
3949	49	725	29136	5507	51372	48048	484
2278909	66400	330063	2520558	886441	2237307	3035457	32214
676879	7550	109430	744152	283482	600918	860961	10421
300979	7784	46857	401790	120471	374717	490009	4865
113084	292	14659	102574	52414	114126	163191	1298
1187967	50774	159117	1272042	430074	1147546	1521296	15630
1988752	333215	374292	4761300	1414289	6860354	8060090	85125
99923	5161	22390	318686	96835	720261	810426	5846
323754	73448	74493	973840	265344	1611542	1786359	18388
342659	42913	64703	772199	263892	924762	1141342	14505
578802	62363	88524	758350	283695	871686	1109966	12020
496746	79401	92635	1591787	413090	2414768	2791117	30068
146868	69929	31547	346438	91433	317335	420880	4298
1100989	82324	202800	1676324	581723	1587542	2128129	26464
308891	1107	47560	520232	168082	292802	459155	5452
644637	33838	130743	703469	234945	653630	879194	12157
19981	30865	7764	82170	28595	92814	101976	1636
101743	11039	9432	232031	91699	477584	562422	4450
25737	5475	7301	138422	58402	70712	125382	2769

1-15 按行业中类分规模以上

项　　目	单位数（个）	#亏损企业	工业总产值（当年价格）	工业销售产值（当年价格）	#出口交货值
合　计	**1079**	**130**	**91895345**	**88837179**	**3852532**
一、采矿业	**3**		**265187**	**260992**	
铁矿采选	1	***	***	***	***
土砂石开采	2		112431	109188	
二、制造业	**1067**	**129**	**90870934**	**87948607**	**3852532**
饲料加工	21	2	3009076	3027593	3844
植物油加工	1	***	***	***	***
屠宰及肉类加工	13	4	2668549	2539626	258999
蔬菜、水果和坚果加工	5	1	266790	256646	18408
其他农副食品加工	4		370689	354969	
焙烤食品制造	11	2	879299	836795	14527
糖果、巧克力及蜜饯制造	4		717436	723220	
方便食品制造	6	3	270589	269071	
乳制品制造	1	***	***	***	***
调味品、发酵制品制造	6	1	412498	410833	9072
其他食品制造	11	2	650182	641284	45233
饮料制造	5	1	427686	429244	
棉纺织及印染精加工	2		73496	73138	
化纤织造及印染精加工	1	***	***	***	***
家用纺织制成品制造	2		36719	37228	
非家用纺织制成品制造	2		88105	94204	39887
机织服装制造	66	8	5158330	4748878	376457
针织或钩针编织服装制造	6	1	343446	308560	13
皮革制品制造	7	1	351929	348628	40610
毛皮鞣制及制品加工	1	***	***	***	***
人造板制造	4	1	160998	154546	
木制品制造	6	1	319732	319033	
木质家具制造	28	3	3008492	2945787	121029
金属家具制造	6	1	200358	198803	27774
其他家具制造	3		393811	389865	7661
造纸	2		86848	88005	
纸制品制造	7	1	270231	274456	
印刷	44	5	2682411	2643202	22577
装订及印刷相关服务	1	***	***	***	***
工艺美术品制造	4	2	306232	293792	138618
体育用品制造	1	***	***	***	***
精炼石油产品制造	7	1	192091	193735	
基础化学原料制造	7	1	2375081	2290248	265215
肥料制造	5	1	530614	570959	
涂料、油墨、颜料及类似产品制造	15	1	1453936	1461805	43028

私营工业企业主要经济指标

单位：千元

年初存货	资产总计	#流动资产合计	#应收账款	#存货	#产成品	#固定资产合计	固定资产原价
17844199	**111666536**	**78347046**	**26971289**	**20244452**	**7428245**	**16463055**	**25083067**
30812	**226313**	**101018**	**22345**	**20894**	**3431**	**114008**	**171836**
***	***	***	***	***	***	***	***
1975	69890	40342	22345	6569	3183	28784	33042
17608540	**110324968**	**77482676**	**26764303**	**20004093**	**7415070**	**16193969**	**24716177**
212744	1257650	939251	194238	276275	56146	135567	234305
***	***	***	***	***	***	***	***
378531	1431088	1012201	226220	465461	273837	297151	411633
41412	161757	79795	18626	48842	12796	73553	79112
114381	288750	197082	13086	136753	102806	91599	159451
93816	591655	308702	46956	149637	34356	158751	210153
125455	743987	473161	101805	155291	81467	171544	246176
39937	249642	147370	44820	40949	9535	75996	128377
***	***	***	***	***	***	***	***
77455	501759	297075	83816	93859	19767	104372	148892
147860	697774	560671	153496	192400	48424	83970	146945
40304	307834	163956	54470	35162	19168	124923	185561
18311	84227	52707	17866	23453	19951	7853	11399
***	***	***	***	***	***	***	***
6888	29849	25707	10861	6747	4318	4142	8969
9935	74449	60235	24982	10958	2784	10649	14395
1532606	4696698	3678905	823550	1720008	961700	576978	912172
300285	632178	571031	48428	315666	187665	21798	35979
192463	389639	348527	25672	257999	101788	40598	66184
***	***	***	***	***	***	***	***
21911	92741	80805	22833	29960	4054	11272	18099
35546	378712	298884	93689	49925	11657	49007	59673
568170	3805669	2407004	651720	585863	238192	718470	967244
38651	197077	134648	40897	44579	13445	34008	58581
72981	327665	289727	85582	64454	10839	31915	45545
8820	52814	42199	19240	14718	12697	10590	16493
19027	293814	121813	56938	21848	7127	90171	121995
584212	3856409	1922907	587780	656271	207464	1343173	2285589
***	***	***	***	***	***	***	***
48524	330339	275957	122953	42951	16013	30214	61387
***	***	***	***	***	***	***	***
57632	244016	157314	46567	62039	19951	40739	66959
359102	2200956	1031007	311775	351254	177986	648862	1253458
162411	468066	323673	67130	151768	54272	133066	197067
212081	1472767	1121191	213660	273416	73935	270133	326282

1-15 续表 1

项　　目	单位数（个）	#亏损企业	工业总产值（当年价格）	工业销售产值（当年价格）	#出口交货值
合成材料制造	5	1	248020	232877	
专用化学产品制造	39	1	2815992	2846582	72884
日用化学产品制造	6		336577	306667	6776
化学药品原料药制造	2		78107	68335	41794
化学药品制剂制造	13	2	1536416	1528082	691
中药饮片加工	15	1	1264333	1290062	
中成药生产	4	1	569883	540130	
兽用药品制造	3		266954	261806	
生物药品制造	8	1	861902	464084	32354
卫生材料及医药用品制造	7	1	305713	296364	
合成纤维制造	1	***	***	***	***
橡胶制品业	6	1	379864	399626	
塑料制品业	44	6	2729651	2762529	52093
石膏、水泥制品及类似制品制造	39	4	5048115	5002771	
砖瓦、石材等建筑材料制造	16		1267153	1281976	
玻璃制造	7	1	429380	434480	15614
玻璃制品制造	3		149064	138410	22048
玻璃纤维和玻璃纤维增强塑料制品制造	3		230202	220976	
耐火材料制品制造	5		1181246	1186927	90245
石墨及其他非金属矿物制品制造	10	1	534201	542868	8852
钢压延加工	5		243823	248197	
有色金属合金制造	5		155807	156038	7944
有色金属铸造	1	***	***	***	***
有色金属压延加工	7		1023589	1047229	396401
结构性金属制品制造	61	11	5237176	5233067	152589
金属工具制造	2		65569	65569	
集装箱及金属包装容器制造	5		202811	197985	24404
金属丝绳及其制品制造	3	1	216165	215610	
建筑、安全用金属制品制造	7		336018	333560	16370
金属表面处理及热处理加工	6	1	256973	260922	
金属制日用品制造	1	***	***	***	***
其他金属制品制造	8	1	492797	485110	14644
锅炉及原动设备制造	2		53977	78031	
金属加工机械制造	10		1619710	1568026	129306
物料搬运设备制造	7	1	420792	325651	1225
泵、阀门、压缩机及类似机械制造	20	1	2387282	2370956	83038
轴承、齿轮和传动部件制造	3	1	187181	189107	
烘炉、风机、衡器、包装等设备制造	17	2	862063	801134	59306
文化、办公用机械制造	3	2	174192	175801	118866
通用零部件制造	8	2	332824	329994	59223
采矿、冶金、建筑专用设备制造	14	1	1025075	1027676	68928

单位：千元

年初存货	资产总计	#流动资产合计	#应收账款	#存货	#产成品	#固定资产合计	固定资产原价
15527	163305	139974	57118	16940	11633	11399	16957
343878	3554572	2623376	1416024	357606	149638	247181	453496
25479	398025	195093	52887	28130	9950	68846	107582
30742	92158	82167	14585	38488	17804	7821	29494
209839	2538027	1310739	231328	216837	90516	675385	860113
134194	1190274	872976	458917	225239	96840	150862	214569
92453	696702	462129	135643	131512	24569	175326	270277
39933	218440	162977	47323	22735	11049	29958	46560
80297	1538137	599557	120792	159290	53470	380959	474494
34035	424838	259745	84320	49761	41727	94933	126479
***	***	***	***	***	***	***	***
38099	365787	260474	140571	42942	26337	53945	96138
355430	3028443	1832197	704688	456355	219598	717661	1155528
497726	6547464	5422515	3562107	584736	158717	898071	1552993
304228	1675576	1181772	399402	360359	133659	211376	328058
62452	597899	219977	34930	98229	32098	290762	385754
6712	183080	131661	57710	22944	10056	46885	65187
20470	161230	116731	64400	27300	11146	34379	75718
177032	3847174	1771782	596706	177837	19568	123215	239423
167237	1131802	735690	283761	170022	19318	117882	236941
58880	224317	181222	35294	45625	16231	28455	45742
41967	174318	123669	51901	37318	13693	20436	27396
***	***	***	***	***	***	***	***
120564	1040113	881696	398776	154605	65653	57195	83909
1232182	6301265	4629294	1180371	1238549	529825	733075	1261278
4595	27201	24961	6864	3591		2239	7866
8336	209042	162493	49890	8475	7793	20431	30686
22941	66376	56114	34975	13137	2214	10261	15016
100613	539894	462587	170244	115410	74558	58984	108829
40709	337339	256843	104690	42519	13352	48770	75569
***	***	***	***	***	***	***	***
50834	448217	261761	90521	48441	17154	83126	117236
33598	294903	217190	34469	41154	2844	5971	19686
558542	2717993	1774477	384716	479976	250160	458793	648306
131257	922639	609765	281128	170550	61899	277317	396349
220525	1972905	1557016	762344	229471	62288	206591	302385
161278	321266	234583	67147	154131	84898	55096	104116
139288	874081	719406	279658	157676	26223	75585	123539
52660	447317	178489	13392	59000	31066	29564	47881
51497	397935	210783	83101	62881	20954	71350	115657
133244	1998572	1386840	714957	200293	53998	146324	205740

1-15 续表 2

项目	单位数(个)	#亏损企业	工业总产值(当年价格)	工业销售产值(当年价格)	#出口交货值
化工、木材、非金属加工专用设备制造	8	1	400920	400507	5355
食品、饮料、烟草及饲料生产专用设备制造	1	***	***	***	***
印刷、制药、日化及日用品生产专用设备制造	4		292092	285217	41771
纺织、服装和皮革加工专用设备制造	2		109373	106815	
电子和电工机械专用设备制造	7		483191	439441	10627
农、林、牧、渔专用机械制造	3	1	173930	186404	874
医疗仪器设备及器械制造	26	2	1716453	1616605	355009
环保、社会公共服务及其他专用设备制造	19	1	1294976	1333833	13822
改装汽车制造	7	3	1402977	954765	33473
汽车零部件及配件制造	28	5	2073309	1985799	35267
铁路运输设备制造	7	1	626588	597674	
航空、航天器及设备制造	2		258753	254550	
电机制造	5	1	609550	606446	
输配电及控制设备制造	59	10	4588705	4409873	18484
电线、电缆、光缆及电工器材制造	14	2	1799963	1560937	25797
家用电力器具制造	4		427196	356926	
非电力家用器具制造	2		99851	91419	270
照明器具制造	2	2	137989	137989	
其他电气机械及器材制造	1	***	***	***	***
计算机制造	12	2	1110744	1093857	18579
通信设备制造	9	1	892806	890926	
广播电视设备制造	6	1	585998	594533	21005
视听设备制造	3		531723	425575	
电子器件制造	11	2	924276	857551	46660
电子元件制造	14	1	929067	887818	53943
其他电子设备制造	14	2	1478452	1433854	82443
通用仪器仪表制造	26	1	1906032	1887696	31467
专用仪器仪表制造	15		1062082	1044214	38172
其他仪器仪表制造业	2		182932	162311	51891
日用杂品制造	2		68346	59428	22918
煤制品制造	1	***	***	***	***
其他未列明制造业	1	***	***	***	***
非金属废料和碎屑加工处理	1	***	***	***	***
专用设备修理	1	***	***	***	***
铁路、船舶、航空航天等运输设备修理	2		127111	127111	
三、电力、热力、燃气及水生产和供应业	**9**	**1**	**759224**	**627580**	
热力生产和供应	6	1	574590	448153	
燃气生产和供应业	2		85577	85577	
其他水的处理、利用与分配	1	***	***	***	***

单位：千元

年初存货	资产总计	#流动资产合计	#应收账款	#存货	#产成品	#固定资产合计	固定资产原价
62777	521984	346327	114151	86450	21192	53476	82666
***	***	***	***	***	***	***	***
102576	384565	255886	57647	137389	16556	96693	129049
17785	74888	69081	147	21344	11692	5807	11206
107455	827363	634502	286552	156374	30669	86621	119547
180413	330022	292733	12240	123109	30208	34681	56081
437282	2406024	1779185	340165	446822	195827	284625	399420
390244	2189543	1706596	689230	426557	145379	174964	247048
154765	759244	604770	90885	243948	46845	44938	89879
262228	2145636	1474671	671572	351305	128703	533955	756500
190676	874435	680539	237928	178126	42540	130768	191371
35525	365548	344777	98949	75858	1837	8464	15422
187496	358419	177631	55067	100016	19992	131396	161185
1084183	7142202	5140511	1618873	1316880	529376	670141	1017800
142814	1834443	1423253	670140	161020	117563	320197	378769
37510	750902	666092	85367	191464	85169	34887	52291
25631	166890	108311	25909	37410	6173	9139	11458
68701	196042	160552	47153	71579	6089	15921	36167
***	***	***	***	***	***	***	***
143023	1092679	890881	315709	205342	46819	86188	119976
330485	1601898	1394397	382628	532868	114007	33359	73811
279331	909762	694791	217803	284001	44830	56864	76032
74893	696457	616689	294714	78480	53166	24320	43044
232468	996038	665572	190604	256009	107438	162136	247202
98218	1246870	918000	434588	103581	44875	131485	233289
221082	1858206	1556307	655048	256742	73486	107729	170670
1082740	3582615	3107087	838214	992160	97235	138294	227484
125024	1740585	1033383	362167	153355	51197	482370	407490
6012	157269	117342	34699	32229	5045	38930	45599
13946	129396	62747	16773	23379	11925	46684	52275
***	***	***	***	***	***	***	***
***	***	***	***	***	***	***	***
***	***	***	***	***	***	***	***
***	***	***	***	***	***	***	***
32262	204724	173307	86060	49256		19096	42647
204847	**1115255**	**763352**	**184641**	**219465**	**9744**	**155078**	**195054**
178529	768537	520427	120945	209608	2400	114798	140609
4451	131519	86695	1812	6264	4018	25948	34710
***	***	***	***	***	***	***	***

1-15 续表 3

项目	累计折旧	#本年折旧	#在建工程	#无形资产	负债合计
合 计	**9348229**	**1749979**	**3242582**	**3632685**	**63444697**
一、采矿业	**57828**	**13027**	**8044**		**152045**
铁矿采选	***	***	***	***	***
土砂石开采	4258	1506			41945
二、制造业	**9244319**	**1726254**	**3162873**	**3584953**	**62492117**
饲料加工	107124	17261	12389	28003	718343
植物油加工	***	***	***	***	***
屠宰及肉类加工	123124	19130	75822	45686	1055596
蔬菜、水果和坚果加工	13494	2567	11534	2730	78726
其他农副食品加工	71613	11186	3761	69	145575
焙烤食品制造	52663	9858	89124	20705	434024
糖果、巧克力及蜜饯制造	78899	16847	17991	45617	352204
方便食品制造	55626	8517	3669	17600	166413
乳制品制造	***	***	***	***	***
调味品、发酵制品制造	52621	9022	82990	6300	343784
其他食品制造	68662	13599	45672	8214	480323
饮料制造	61901	12488	12709	5014	199013
棉纺织及印染精加工	3546	377			70627
化纤织造及印染精加工	***	***	***	***	***
家用纺织制成品制造	4827	719			23311
非家用纺织制成品制造	7188	1282	3442	1765	26343
机织服装制造	404028	53843	225294	58060	3228603
针织或钩针编织服装制造	19067	1706	4879	6560	431470
皮革制品制造	25587	4469		41	310266
毛皮鞣制及制品加工	***	***	***	***	***
人造板制造	6827	1422	485	106	80585
木制品制造	15554	5019	366		268964
木质家具制造	248777	62886	66302	398612	2179450
金属家具制造	28770	4706	3532	32	97888
其他家具制造	13631	4122	77	1521	272040
造纸	5903	865	24		45081
纸制品制造	33251	7330	66803	6887	237234
印刷	953295	169966	108952	122007	2439272
装订及印刷相关服务	***	***	***	***	***
工艺美术品制造	31173	4563		14615	291441
体育用品制造	***	***	***	***	***
精炼石油产品制造	26222	3562	20684	17217	137422
基础化学原料制造	627219	53147	77723	94623	777649
肥料制造	64001	12943		2417	344050
涂料、油墨、颜料及类似产品制造	88012	15546	39767	23634	1161937

单位：千元

流动负债合计	#应付账款	非流动负债合计	#应付债券	所有者权益合计	#实收资本	国家资本	集体资本
58613172	**22528610**	**3916903**	**153101**	**48211839**	**21597013**		
152045	**59544**			**74268**	**23100**		
***	***	***	***	***	***	***	***
41945	31219			27945	20500		
57792370	**22223855**	**3785376**	**153101**	**47822851**	**21368913**		
693133	233023	24831		539307	135566		
***	***	***	***	***	***	***	***
888418	210617	167178	41773	375492	248647		
56833	26827	18993		83031	20321		
144875	88696	700		143175	14300		
431944	105422	2000		157631	87560		
220823	61614	2832		391783	217220		
166413	41621			83229	78100		
***	***	***	***	***	***	***	***
339734	128890	4050		157975	64530		
439702	182429	39621		217451	61000		
181400	141683	5320		108821	56150		
70627	16887			13600	13001		
***	***	***	***	***	***	***	***
23311	10405			6538	3700		
9929	3553	16414		48106	3850		
2924281	1087791	295148		1468095	649153		
359952	69589	71518	51188	200708	89008		
310266	11000			79373	49830		
***	***	***	***	***	***	***	***
50585	16297	30000		12156	5000		
268964	51208			109748	94000		
1973204	472862	206245		1626219	958540		
97887	49905			99189	64600		
271787	91672	253		55625	11000		
45081	16248			7733	2500		
188600	56621	45899		56580	50190		
2176684	1010228	211998		1417137	718136		
***	***	***	***	***	***	***	***
289172	102299	2269		38898	41000		
***	***	***	***	***	***	***	***
137422	52939			106594	91000		
506438	156751	231866		1423307	336855		
338484	93078	5200		124016	87501		
1160157	305841	820		310830	154931		

1-15 续表 4

项目	累计折旧	#本年折旧	#在建工程	#无形资产	负债合计
合成材料制造	5878	1564	1063	3505	65101
专用化学产品制造	208225	38449	120882	87375	1341585
日用化学产品制造	38736	6170	2668	36367	174672
化学药品原料药制造	21673	2008			18932
化学药品制剂制造	199249	56707	222528	87268	1734980
中药饮片加工	63708	13785	57679	50906	863450
中成药生产	94951	14246	35241	18195	266811
兽用药品制造	16602	3898	724	1767	80896
生物药品制造	93616	37439	236330	110521	884848
卫生材料及医药用品制造	31582	7292	784	5657	225571
合成纤维制造	***	***	***	***	***
橡胶制品业	42353	7706	4490	4560	187601
塑料制品业	438620	70314	39422	140330	1593157
石膏、水泥制品及类似制品制造	685667	127410	66794	39847	5091435
砖瓦、石材等建筑材料制造	123516	23122	42603	66337	1087062
玻璃制造	104007	19288	9016	6315	407087
玻璃制品制造	18947	4600	1255	1319	127937
玻璃纤维和玻璃纤维增强塑料制品制造	41608	7756	1162	20	99385
耐火材料制品制造	116543	19645	773	6945	1113568
石墨及其他非金属矿物制品制造	126854	16274	18643	41733	836831
钢压延加工	17287	3238	425	14143	164907
有色金属合金制造	9606	1380	1568	22833	95872
有色金属铸造	***	***	***	***	***
有色金属压延加工	27697	7099	10600	63	646862
结构性金属制品制造	572919	88030	130047	121827	4219616
金属工具制造	5627	707			24746
集装箱及金属包装容器制造	10255	2295	2303	1961	154354
金属丝绳及其制品制造	4755	329			67686
建筑、安全用金属制品制造	70205	10942		12	360923
金属表面处理及热处理加工	26799	6961	268		184144
金属制日用品制造	***	***	***	***	***
其他金属制品制造	37053	7528	1332	69160	201278
锅炉及原动设备制造	13715	947	9302	62366	83542
金属加工机械制造	189513	47681	8260	91375	902278
物料搬运设备制造	119040	30373	448	31314	560861
泵、阀门、压缩机及类似机械制造	95967	21530	12981	111443	1052639
轴承、齿轮和传动部件制造	49020	8640		26653	97991
烘炉、风机、衡器、包装等设备制造	52365	10525	14324	38777	566298
文化、办公用机械制造	18317	3107		16845	258826
通用零部件制造	44597	9620	14492	67521	277753
采矿、冶金、建筑专用设备制造	61110	13256	32859	102964	865002

单位：千元

流动负债合计	#应付账款	非流动负债合计	#应付债券	所有者权益合计	#实收资本	国家资本	集体资本
64835	23935	266		98204	27351		
1302430	571824	18838		2212987	741045		
111583	27764	15445		223353	113800		
18932	11902			73226	9200		
1685013	228736	17759		803047	396620		
821639	550015	41810		326824	245150		
243121	162497	23689		429891	131000		
80126	28222	770		137544	33000		
331790	136175	553057		653289	368500		
141289	27042	39960	20000	199267	143689		
***	***	***	***	***	***	***	***
187011	105409	590		178186	58180		
1432521	532493	159555	140	1435286	750298		
4911636	3133653	173647		1456029	873576		
1079062	532834	8000		588514	376349		
265920	79438	131363		190812	160590		
127937	13526			55143	20248		
99385	57614			61845	33740		
1112235	385979	1333		2733606	662280		
820372	293602	5275		294971	152300		
127538	33447			59410	51000		
86211	43106	7358		68446	62000		
***	***	***	***	***	***	***	***
636052	320228	10000		393251	67300		
4040319	1031247	178965		2081649	1338155		
24746	10922			2455	2000		
152654	43217	1700		54688	14300		
52000	5262	15685		-1310	12000		
335953	90829	24970		178971	121180		
173654	44242	10490		153195	151290		
***	***	***	***	***	***	***	***
200733	117464	545		246939	150276		
83542	12647			211361	135800		
880709	331738	21569		1815715	235425		
509887	189546	50974		361778	167520		
1004684	519400	16793		920266	515960		
97991	65874			223275	132500		
561151	208816	5147		307783	247660		
251626	93852	7200		188491	76500		
273627	85691			120182	86400		
841960	447401	23042	20000	1133570	203632		

1-15 续表 5

项 目	累计折旧	#本年折旧	#在建工程	#无形资产	负债合计
化工、木材、非金属加工专用设备制造	30869	7577	2553	1002	233397
食品、饮料、烟草及饲料生产专用设备制造	***	***	***	***	***
印刷、制药、日化及日用品生产专用设备制造	33146	8135	790	9288	221779
纺织、服装和皮革加工专用设备制造	5399	941			56394
电子和电工机械专用设备制造	34623	9411	18658	28154	405836
农、林、牧、渔专用机械制造	21400	3296		1647	274939
医疗仪器设备及器械制造	143590	35167	133043	72296	885042
环保、社会公共服务及其他专用设备制造	76282	22405	36064	142804	1109258
改装汽车制造	45685	5352	4187	9604	547510
汽车零部件及配件制造	240075	62758	62762	61040	1440346
铁路运输设备制造	60603	12876	9636	9487	557484
航空、航天器及设备制造	6958	1785	56		63308
电机制造	29789	11293	30818	267	321318
输配电及控制设备制造	384219	75016	513856	309329	3365910
电线、电缆、光缆及电工器材制造	116088	22801	28751	25960	1153065
家用电力器具制造	20056	2621	2651	10923	501986
非电力家用器具制造	3428	628	1427	48606	78079
照明器具制造	20246	2297	4409	4860	158143
其他电气机械及器材制造	***	***	***	***	***
计算机制造	43706	13464	705	42414	487030
通信设备制造	40452	9767	2339	69561	794914
广播电视设备制造	19168	6043		5939	540192
视听设备制造	18724	4609	220	26629	175775
电子器件制造	85341	16473	12330	39445	619381
电子元件制造	119679	19266	19971	4480	516851
其他电子设备制造	73510	12149	45014	20922	783857
通用仪器仪表制造	92789	19471	45811	90773	2160230
专用仪器仪表制造	85559	22369	88440	83800	698128
其他仪器仪表制造业	6669	3660		996	93296
日用杂品制造	6047	3042	456		60844
煤制品制造	***	***	***	***	***
其他未列明制造业	***	***	***	***	***
非金属废料和碎屑加工处理	***	***	***	***	***
专用设备修理	***	***	***	***	***
铁路、船舶、航空航天等运输设备修理	23551	3666	747	6486	98110
三、电力、热力、燃气及水生产和供应业	**46082**	**10698**	**71665**	**47732**	**800535**
热力生产和供应	31917	7543	71549	10199	684357
燃气生产和供应业	8762	1473	116		57273
其他水的处理、利用与分配	***	***	***	***	***

单位：千元

流动负债合计	#应付账款	非流动负债合计	#应付债券	所有者权益合计	#实收资本	国家资本	集体资本
200418	34714	4346		288587	100598		
***	***	***	***	***	***	***	***
221773	28198	6		162786	17100		
56394	6377			18494	1500		
382197	159083	23637		421527	173885		
274939	28184			55083	105080		
845508	306200	25657		1520982	494020		
1076940	401446	24180		1080285	493215		
511790	319121			211734	150383		
1328624	621788	110946		705290	285099		
532565	288012	24919		316951	192625		
63308	20715			302240	85000		
319250	107954			37101	124000		
3061303	1337166	251782		3776292	2151603		
1051544	255944	101520		681378	534127		
501985	113166			248916	75016		
78079	13278			88811	72010		
141644	45609			37899	42800		
***	***	***	***	***	***	***	***
477852	209566	6596		605649	404706		
723948	238835	26630		806984	295000		
460587	163087			369570	110400		
156215	83926	19560		520682	169000		
585409	99942	33971		376657	192880		
493152	212945	23698		730019	159000		
700951	306908	3238		1074349	295094		
2149126	699059	11103		1422385	469880		
546900	170739	98908	20000	1042457	396510		
93296	24633			63973	34032		
41598	25287	19246		68552	31800		
***	***	***	***	***	***	***	***
***	***	***	***	***	***	***	***
***	***	***	***	***	***	***	***
***	***	***	***	***	***	***	***
98110	48061			106614	7000		
668757	**245211**	**131527**		**314720**	**205000**		
557140	219780	126966		84180	102000		
57273	11681			74246	53000		
***	***	***	***	***	***	***	***

1-15 续表 6

项目					主营业务收入	主营业务成本
	法人资本	个人资本	港澳台资本	外商资本		
合计	**6000167**	**15590441**	**6405**		**94622015**	**75331307**
一、采矿业	**20000**	**3100**			**277777**	**258833**
铁矿采选	***	***	***	***	***	***
土砂石开采	20000	500			125973	117595
二、制造业	**5934667**	**15427841**	**6405**		**93659428**	**74334902**
饲料加工	42565	93001			3188588	2622073
植物油加工	***	***	***	***	***	***
屠宰及肉类加工	1000	247647			2577781	2473719
蔬菜、水果和坚果加工		20321			256648	228193
其他农副食品加工	8000	6300			346692	315671
焙烤食品制造	27950	59610			851440	759826
糖果、巧克力及蜜饯制造	8220	209000			887060	567542
方便食品制造	10000	68100			307696	270011
乳制品制造	***	***	***	***	***	***
调味品、发酵制品制造	10000	54530			415908	341320
其他食品制造	13000	48000			704659	546963
饮料制造	40350	15800			424654	347779
棉纺织及印染精加工		13001			73138	67521
化纤织造及印染精加工	***	***	***	***	***	***
家用纺织制成品制造	1000	2700			62508	44767
非家用纺织制成品制造		3850			94204	77702
机织服装制造	122927	526226			4692012	3427098
针织或钩针编织服装制造	5400	83608			391676	295985
皮革制品制造	15000	34830			339713	285222
毛皮鞣制及制品加工	***	***	***	***	***	***
人造板制造	1545	3455			157103	146543
木制品制造	5000	89000			335134	282640
木质家具制造	288400	670140			3130185	2634730
金属家具制造	12250	52350			202551	168168
其他家具制造	6000	5000			389788	283869
造纸		2500			88005	84341
纸制品制造	3000	47190			302810	278971
印刷	178740	539396			2617610	2289996
装订及印刷相关服务	***	***	***	***	***	***
工艺美术品制造	19000	22000			322814	279413
体育用品制造	***	***	***	***	***	***
精炼石油产品制造	31000	60000			195410	175064
基础化学原料制造	52637	284218			2660177	2473028
肥料制造	42000	45501			494331	467371
涂料、油墨、颜料及类似产品制造	34660	120271			1452571	1329346

单位：千元

主营业务税金及附加	其他业务利润	销售费用	管理费用			财务费用		
				#税　金	#工会经费		#利息收入	#利息支出
400233	**393191**	**6114809**	**8156167**	**113321**	**51938**	**753651**	**106234**	**731783**
1521	**300**	**374**	**7773**	**104**	**231**	**2603**	**64**	**2664**
***	***	***	***	***	***	***	***	***
753		374	6255	24	21	-30	38	8
395717	**385391**	**6082940**	**8065382**	**112879**	**51509**	**742833**	**105566**	**722803**
417	816	246447	126970	1728	1028	8487	1071	8722
***	***	***	***	***	***	***	***	***
1762	3166	65580	38184	1377	440	25432	581	24288
234		11377	7421	378	71	37	4	2
1437	1121	3637	20874	691	567	407	36	433
2519		20203	33554	371	551	5310	217	5189
5805	-33	205163	52752	1608	1228	4840	2639	7041
1424	1331	23460	27804	608	184	5009	54	5044
***	***	***	***	***	***	***	***	***
1524	5948	23769	42641	662	534	5874	75	5740
2508	1119	59842	62308	714	216	3064	141	2429
2023	209	30160	18436	252	481	-23	177	132
94		3596	1650	28	1	2	2	
***	***	***	***	***	***	***	***	***
308		13327	3522	17	45	5	8	
104		2357	5064	72	103	1192	14	94
24188	10544	640135	398757	5420	3642	41164	1221	36949
1572	392	40175	31186	205	44	10646	419	9930
645		18157	23690	445	285	6478	90	6403
***	***	***	***	***	***	***	***	***
200		1508	4049	87	45	4128	323	4398
958	-32	22646	20565	215	106	-4	51	
15265	4459	131571	208277	10190	1120	38842	10501	42700
542	180	11624	14797	289	264	-149	172	13
2979	-57	21357	42541	365	597	-111	486	26
150	1800	329	3860	41	33	113	11	121
826	3249	4377	13793	99	461	4250	37	4260
9597	10865	98242	177773	5730	2349	31864	4983	31919
***	***	***	***	***	***	***	***	***
1281	713	16223	20906	40	321	5296	31	5554
***	***	***	***	***	***	***	***	***
947	2516	7196	9483	1134	35	3172	48	3201
6843	9736	59973	103103	2307	1758	9590	1486	8384
15	203	14181	19889	643	31	8777	93	8858
1977	3508	29577	60958	909	401	19271	2210	19583

1-15 续表 7

项目	法人资本	个人资本	港澳台资本	外商资本	主营业务收入	主营业务成本
合成材料制造	1411	25940			247163	211788
专用化学产品制造	255231	485814			3261479	2663698
日用化学产品制造	57175	56625			314805	178597
化学药品原料药制造		9200			67686	47247
化学药品制剂制造	211100	185520			1516597	626770
中药饮片加工	37810	207340			1314191	1194119
中成药生产	108000	23000			537846	251289
兽用药品制造	30900	2100			267495	158108
生物药品制造	323140	45360			493839	173581
卫生材料及医药用品制造	82082	61607			311564	158531
合成纤维制造	***	***	***	***	***	***
橡胶制品业		58180			471543	372816
塑料制品业	234326	515972			2966429	2572192
石膏、水泥制品及类似制品制造	47200	826376			5044320	4366272
砖瓦、石材等建筑材料制造	92100	284249			1374730	1196842
玻璃制造	14980	145610			442637	376271
玻璃制品制造		20248			136400	104749
玻璃纤维和玻璃纤维增强塑料制品制造		33740			221734	207257
耐火材料制品制造	10000	652280			1244407	847522
石墨及其他非金属矿物制品制造	25400	126900			726766	607575
钢压延加工	8000	43000			253272	232000
有色金属合金制造	40000	22000			173039	152146
有色金属铸造	***	***	***	***	***	***
有色金属压延加工	500	66800			1389587	1159325
结构性金属制品制造	247593	1090562			5316455	4686860
金属工具制造	1000	1000			65878	64671
集装箱及金属包装容器制造		14300			201092	174477
金属丝绳及其制品制造	6200	5800			216254	214561
建筑、安全用金属制品制造	10000	111180			337716	270403
金属表面处理及热处理加工	30110	121180			259564	226001
金属制日用品制造	***	***	***	***	***	***
其他金属制品制造	2500	147776			480934	409471
锅炉及原动设备制造	35800	100000			86627	59673
金属加工机械制造	81831	153594			1718437	1089912
物料搬运设备制造	43010	124510			475067	360949
泵、阀门、压缩机及类似机械制造	71590	444370			2376905	1981742
轴承、齿轮和传动部件制造		132500			190727	147883
烘炉、风机、衡器、包装等设备制造	86750	160910			868705	684068
文化、办公用机械制造		76500			175507	138166
通用零部件制造	60500	25900			409744	365504
采矿、冶金、建筑专用设备制造	21587	182045			1103496	800381

单位：千元

主营业务税金及附加	其他业务利润	销售费用	管理费用	#税　金	#工会经费	财务费用	#利息收入	#利息支出
723		6925	15603	50	14	925	77	974
13894	3778	146375	228031	2925	1383	16329	5451	19522
2799	3061	37992	53769	856	377	680	208	854
591	496	2870	13748	138	175	851	53	308
15263	988	242600	359302	2963	1213	17801	923	16040
1790	-18	24424	50363	1269	584	8086	81	7547
7305	519	133638	72345	1575	715	-167	558	9
1407		21491	22742	332	73	374	59	423
3185	2765	86467	148019	2408	677	17934	1848	17699
3056		51105	49623	346	376	2721	183	2831
***	***	***	***	***	***	***	***	***
2572	598	25661	48027	761	563	2319	81	1340
8014	6445	58090	169834	3397	1346	14640	1997	14126
10148	9912	376722	254377	2030	1745	53361	1908	46369
2863	2027	64619	89568	1579	439	14703	1710	11964
789	5297	21190	40321	733	171	6299	127	6044
484	9	8531	15949	236		329	28	15
511	27	5454	7981	119	105	149	16	157
5408	5072	150209	118098	986	414	-13278	19518	2045
1826	5475	33339	59994	948	282	2420	200	2412
895	1153	7069	10305	232	18	3236	40	3263
425	919	5234	9405	235		246	27	114
***	***	***	***	***	***	***	***	***
3154	4	37270	100754	443	548	9704	280	3599
36609	68139	166170	392303	8742	3090	58770	3719	55789
76	968		1280	12		389	4	392
362	4603	3366	12234	126	48	3272	105	435
127		392	2287	38	24	947	13	951
1328	85	28286	30700	235	90	1343	437	1174
952	130	11523	21806	217	71	2617	117	2722
***	***	***	***	***	***	***	***	***
1685		12258	40097	610	65	403	140	365
229		7121	17315	43	49	2314	50	1972
14946	43555	249631	198130	3538	3026	16815	1077	14410
6674	472	52230	57114	613	359	10364	869	9258
7083	3695	105171	165828	1575	1155	12079	1123	11116
1499	1554	8976	28144	222	449	809	445	1243
4251	407	47771	109179	985	774	4585	898	3694
363	8988	9112	44875	161	158	5390	81	4511
2212	404	8890	34599	378		3615	52	2683
5542	2239	67971	101954	1248	480	10726	465	8166

1-15 续表 8

项目	法人资本	个人资本	港澳台资本	外商资本	主营业务收入	主营业务成本
化工、木材、非金属加工专用设备制造	2000	98598			400163	290860
食品、饮料、烟草及饲料生产专用设备制造	***	***	***	***	***	***
印刷、制药、日化及日用品生产专用设备制造		17100			305224	213506
纺织、服装和皮革加工专用设备制造		1500			106864	97773
电子和电工机械专用设备制造	25321	148564			477782	315696
农、林、牧、渔专用机械制造		105080			306496	234178
医疗仪器设备及器械制造	189990	304030			1678156	859163
环保、社会公共服务及其他专用设备制造	131870	361345			1485561	1105507
改装汽车制造	58723	91660			996255	916783
汽车零部件及配件制造	149600	135499			2103500	1816237
铁路运输设备制造	35500	157125			641507	518791
航空、航天器及设备制造		85000			252446	80096
电机制造	120600	3400			573853	529441
输配电及控制设备制造	985142	1160056	6405		4646895	3684185
电线、电缆、光缆及电工器材制造	11057	523070			1620891	1474273
家用电力器具制造	66143	8873			436958	253709
非电力家用器具制造	37003	35007			97621	86342
照明器具制造		42800			55835	47892
其他电气机械及器材制造	***	***	***	***	***	***
计算机制造	235206	169500			1145476	737419
通信设备制造	110250	184750			905310	537548
广播电视设备制造	30030	80370			860560	697218
视听设备制造	48616	120384			455618	270849
电子器件制造	54880	138000			918855	677858
电子元件制造	35692	123308			1041682	694138
其他电子设备制造	85312	209782			1605721	1140694
通用仪器仪表制造	155050	314830			2426859	1745602
专用仪器仪表制造	96000	300510			1116735	737015
其他仪器仪表制造业	2732	31300			144318	88640
日用杂品制造		31800			88274	51182
煤制品制造	***	***	***	***	***	***
其他未列明制造业	***	***	***	***	***	***
非金属废料和碎屑加工处理	***	***	***	***	***	***
专用设备修理	***	***	***	***	***	***
铁路、船舶、航空航天等运输设备修理		7000			170840	114558
三、电力、热力、燃气及水生产和供应业	**45500**	**159500**			**684810**	**737572**
热力生产和供应		102000			482651	587120
燃气生产和供应业	45500	7500			108309	96684
其他水的处理、利用与分配	***	***	***	***	***	***

单位：千元

主营业务税金及附加	其他业务利　润	销售费用	管理费用			财务费用		
				#税　金	#工会经费		#利息收入	#利息支出
1730	1118	16738	50556	211	244	93	1436	1478
***	***	***	***	***	***	***	***	***
1473	1900	28456	38385	716	351	-432	596	245
244			3623	62		-66	66	
3794	3338	39550	83712	656	406	6206	868	6549
1312	924	32753	26729	651	90	7186	141	6723
15442	5709	283112	299019	2900	600	8121	5608	7600
8696	12117	87301	197526	2164	1156	5698	2442	6875
3250	1505	24962	48888	659	402	5394	1886	6788
4310	11162	63746	151994	2481	1374	15876	450	14814
3186	969	17082	80820	760	189	9827	537	7975
172	910	361	42623	181	129	-193	204	
328	-28161	9294	29247	27	7	521	12	390
15769	37150	239282	464254	5801	2538	34961	4072	36495
3030	3042	42043	67250	1137	548	14905	193	14886
2000	5555	53717	55420	467	53	10107	618	10489
685	-5	9084	10256	34		1049	18	1001
120	971	762	8727	83	101	2917	23	2932
***	***	***	***	***	***	***	***	***
4127	11149	135283	223943	1068	196	2488	1577	4763
7155	15593	98748	175654	626	310	3665	1955	4224
2643	2875	41437	57625	553	37	5525	885	4704
5846	707	34302	126654	442	394	2121	705	3320
4558	8016	44035	138055	4264	362	22138	688	17992
7145	4381	49406	116404	811	310	11313	812	10736
9483	2459	108937	204750	1067	1024	12096	892	7969
12985	9512	137828	276784	2338	1597	3495	4811	7398
8564	17869	98572	155461	2134	587	7537	827	7764
387		12878	23701	68		2332	284	1821
629	8809	14630	13399	22		1226	40	1235
***	***	***	***	***	***	***	***	***
***	***	***	***	***	***	***	***	***
***	***	***	***	***	***	***	***	***
***	***	***	***	***	***	***	***	***
1475	245	9794	17826	133		1347	61	1388
2995	**7500**	**31495**	**83012**	**338**	**198**	**8215**	**604**	**6316**
779	2730	6483	62113	213	99	7381	288	5228
618	4770	9851	5227		99	-182	191	
***	***	***	***	***	***	***	***	***

1-15 续表 9

项 目	投资收益（损失以"-"号记）	营业利润	营业外收入	#补贴收入	营业外支出
合 计	**219441**	**4371160**	**1007120**	**715713**	**113106**
一、采矿业	**1252**	**6973**	**5**	**18**	**605**
铁矿采选	***	***	***	***	***
土砂石开采		1026	5		30
二、制造业	**216313**	**4538112**	**804167**	**513103**	**111680**
饲料加工	2440	186565	32987	28069	436
植物油加工	***	***	***	***	***
屠宰及肉类加工		-23760	52785	31157	1681
蔬菜、水果和坚果加工		9386	100	100	7
其他农副食品加工	6	5787	92		467
焙烤食品制造	49	30077	5290	1700	857
糖果、巧克力及蜜饯制造	11	49431	5450		1008
方便食品制造		-18681	3619	4638	373
乳制品制造	***	***	***	***	***
调味品、发酵制品制造		6728	2155	1380	106
其他食品制造	1429	32522	6127	1493	118
饮料制造		26488	2628		53
棉纺织及印染精加工		275			
化纤织造及印染精加工	***	***	***	***	***
家用纺织制成品制造		579			1
非家用纺织制成品制造		7785			55
机织服装制造	268	171484	12152	8177	1422
针织或钩针编织服装制造		12504	1263		39
皮革制品制造		5521	1889	200	155
毛皮鞣制及制品加工	***	***	***	***	***
人造板制造		675			
木制品制造		8297	217	217	
木质家具制造	70219	171885	8682	1255	4210
金属家具制造	519	8268	50		55
其他家具制造		39096	387		43
造纸		1012			
纸制品制造		3842	1336	90	640
印刷	80	21169	16114	7051	5445
装订及印刷相关服务	***	***	***	***	***
工艺美术品制造	23	443	1523	33	327
体育用品制造	***	***	***	***	***
精炼石油产品制造		2064	765	545	93
基础化学原料制造	6261	22975	894	120	330
肥料制造		-15699	1365	346	476
涂料、油墨、颜料及类似产品制造	181	15042	3458	2024	678

单位：千元

利润总额	亏损企业亏损额	应交所得税	应付职工薪酬(本年贷方累计发生额)	应交增值税	进项税额	销项税额	从业人员平均人数(人)
5375632	**481988**	**908412**	**9022279**	**2896104**	**10762891**	**13300214**	**144917**
7643		**1614**	**15308**	**10006**	**32050**	**42056**	**432**
***	***	***	***	***	***	***	338
1001		266	4299	2492	13670	16162	94
5337965	**481079**	**905076**	**8934024**	**2881629**	**10666161**	**13208426**	**143301**
227783	5492	51645	198669	10754	11667	20256	3172
***	***	***	***	***	***	***	50
42344	10014	7866	65698	18041	308992	352865	2018
9479	644	2057	13349	2382	28861	31234	476
5418		1864	41344	12598	46342	58944	1058
34510	798	7364	78511	16248	117242	133200	1935
53873		9027	150685	58034	94341	152375	2933
-10813	11266	112	31635	13575	45819	59298	1096
***	***	***	***	***	***	***	40
8777	3551	2823	54004	15171	53652	68563	1045
39949	1129	5013	56743	22309	86197	102271	990
29063	11556	8920	32249	18023	54284	72299	669
275		73	1219	984	11427	12433	39
***	***	***	***	***	***	***	154
578		143	8565	2580	8046	10626	241
7730		1368	6772	833	13458	9236	113
183750	6452	47369	702814	215817	568453	747423	14425
13728	516	1370	34389	16045	51766	67784	790
7255	757	2021	32775	6605	53389	50958	848
***	***	***	***	***	***	***	124
675	1438	559	6616	1752	24894	26707	146
8514	300	1218	48233	8526	47290	55751	699
176357	1430	25701	350018	110014	403263	504492	6129
8263	1300	2550	20746	5410	27632	30038	490
39440		9898	92274	29226	34833	61660	956
1012		253	2629	1106	14996	14822	67
4538	302	820	17564	5240	47059	50805	380
32616	24345	14077	329088	72626	360145	431705	5711
***	***	***	***	***	***	***	55
1660	626	255	28891	3440	39668	24476	470
***	***	***	***	***	***	***	172
2733	25	920	8844	3410	30550	33960	218
24201	14928	6151	141491	49155	396270	423875	2187
-14810	27871	3016	18437	5			450
18270	4279	4015	74131	17519	236634	249435	1247

1-15 续表 10

项目	投资收益(损失以"-"号记)	营业利润	营业外收入	#补贴收入	营业外支出
合成材料制造		11199		340	2131
专用化学产品制造	1277	194874	20905	8052	944
日用化学产品制造	297	44040	771	20	512
化学药品原料药制造	18	2893	193	86	32
化学药品制剂制造	30052	284632	10555	5681	2643
中药饮片加工		35391	5395	7	229
中成药生产		73110	592	131	1016
兽用药品制造		63373	660	633	541
生物药品制造		65967	41408	37169	1157
卫生材料及医药用品制造		46465	1484	4102	203
合成纤维制造	***	***	***	***	***
橡胶制品业	13	20739	1435	1172	76
塑料制品业	2950	155213	16103	7619	1798
石膏、水泥制品及类似制品制造	3917	-2738	84742	66812	8699
砖瓦、石材等建筑材料制造		8163	31506	28885	340
玻璃制造		3064	639		51
玻璃制品制造	32	6367	486	6	911
玻璃纤维和玻璃纤维增强塑料制品制造		409	3915	3342	1469
耐火材料制品制造	57	138215	14410	174	2002
石墨及其他非金属矿物制品制造	87	27039	2475	692	632
钢压延加工	3	920	461	12	83
有色金属合金制造	30	6532	3919		
有色金属铸造	***	***	***	***	***
有色金属压延加工	646	80030	494	79	4681
结构性金属制品制造	19956	51000	17176	8080	6920
金属工具制造		430			
集装箱及金属包装容器制造		11984	722	648	28
金属丝绳及其制品制造		-2060	574		
建筑、安全用金属制品制造	411	5740	642		78
金属表面处理及热处理加工	5	-3200			16
金属制日用品制造	***	***	***	***	***
其他金属制品制造		17022	2549	2486	302
锅炉及原动设备制造		-25	1011	995	51
金属加工机械制造	5539	198097	7299	958	1701
物料搬运设备制造		-11792	2329	1655	1577
泵、阀门、压缩机及类似机械制造	20721	129418	4474	702	11075
轴承、齿轮和传动部件制造	-71	4970	1426		313
烘炉、风机、衡器、包装等设备制造	-1033	17221	6824	5733	1406
文化、办公用机械制造		-13411	9284		135
通用零部件制造		-4672	1911	736	1059
采矿、冶金、建筑专用设备制造	187	114500	3442	1870	936

单位：千元

利润总额	亏损企业亏损额	应交所得税	应付职工薪酬(本年贷方累计发生额)	应交增值税	进项税额	销项税额	从业人员平均人数(人)
9408	1398	1629	8857	6406	35743	42016	135
215225	179	31992	197908	101068	459481	556940	2845
44585		8884	44880	26896	29959	47618	567
3054		669	16968	782	7970	4532	227
294343	10309	40552	126541	140554	122382	256447	1744
40564	321	1429	42275	17701	155500	172729	975
72686	4940	11603	146730	63535	30799	93854	1509
63492		6442	24911	14291	18569	30481	393
106218	4839	11226	129016	21728	18812	34797	1565
51848	739	7199	46653	27201	21797	48449	644
***	***	***	***	***	***	***	45
23160	242	3966	59585	20895	58224	79115	1019
170636	12454	26730	220376	63968	435636	479646	4287
78205	7058	14600	216661	45618	24586	66124	4006
40897		8564	56521	18301	169345	185661	1053
3652	1641	272	41579	6616	71160	77172	893
5974		268	18638	4234	15512	19652	309
2855		504	13158	5102	31789	36791	308
150854		21467	127751	62336	143596	202099	1726
28882	7848	5572	47583	16888	72492	88744	831
1301		385	12312	4119	38727	43014	236
14651		105	7903	2692	16985	18755	82
***	***	***	***	***	***	***	111
75843		12483	57429	23635	186275	182222	978
73312	22426	18235	496020	90118	708237	779514	9062
430		112	3444	728	10306	11312	80
12678		487	23175	3468	26231	29686	494
-1486	3558	453	2527	805	36432	36763	64
6715		1413	28312	12052	44589	54560	587
-3216	4863	518	23447	8503	35154	43708	509
***	***	***	***	***	***	***	68
19269	807	1383	41398	10795	71230	78605	714
935		212	7139	2137	12586	14690	129
204651		26117	412646	114948	186377	300079	3604
-11040	25794	3881	55332	10983	53665	57020	881
122817	1308	13483	133074	66386	255330	319912	2143
6012	507	1007	38580	12642	20455	33079	644
22644	612	3383	97316	29959	110085	136150	1522
-4262	8122	965	31141	1380	23771	10477	464
-3820	15549	1999	41416	11355	55630	59531	723
117570	688	16989	77555	39717	139799	174827	1216

1-15 续表 11

项　　目	投资收益（损失以"-"号记）	营业利润	营业外收入	#补贴收入	营业外支出
化工、木材、非金属加工专用设备制造	-49	40102	2994	2366	330
食品、饮料、烟草及饲料生产专用设备制造	***	***	***	***	***
印刷、制药、日化及日用品生产专用设备制造		25736	334	327	13
纺织、服装和皮革加工专用设备制造		5290	200		
电子和电工机械专用设备制造		32162	13515	9780	1221
农、林、牧、渔专用机械制造		3481	288	3002	88
医疗仪器设备及器械制造	814	217085	35886	11803	3146
环保、社会公共服务及其他专用设备制造	450	89707	18948	14969	1015
改装汽车制造	-204	-1721	1697		2393
汽车零部件及配件制造		62727	7125	6015	14289
铁路运输设备制造	11	12528	3138	2035	323
航空、航天器及设备制造		130297	1025	4	76
电机制造		-23555	496	488	380
输配电及控制设备制造	-7140	228307	31983	14036	2121
电线、电缆、光缆及电工器材制造	78	22510	5698	678	602
家用电力器具制造		66564	2344	200	312
非电力家用器具制造		-9800	520	10932	54
照明器具制造		-3612	208	200	
其他电气机械及器材制造	***	***	***	***	***
计算机制造	-2871	50732	35891	35215	824
通信设备制造	2251	92874	35289	27647	728
广播电视设备制造	902	59889	4674	11983	702
视听设备制造	25028	32904	12794	10144	2330
电子器件制造	409	39687	6343	452	493
电子元件制造	14	167237	20121	1156	639
其他电子设备制造	22145	146057	46524	31214	494
通用仪器仪表制造	7951	252438	30729	19547	3108
专用仪器仪表制造	-106	122961	15570	15519	508
其他仪器仪表制造业		16380	239	239	6
日用杂品制造	15	16032	3		
煤制品制造	***	***	***	***	***
其他未列明制造业	***	***	***	***	***
非金属废料和碎屑加工处理	***	***	***	***	***
专用设备修理	***	***	***	***	***
铁路、船舶、航空航天等运输设备修理		26085	291	291	5
三、电力、热力、燃气及水生产和供应业	**1876**	**-173925**	**202948**	**202592**	**821**
热力生产和供应	54	-178441	197327	197141	464
燃气生产和供应业	1822	881	170		27
其他水的处理、利用与分配	***	***	***	***	***

单位：千元

利润总额	亏损企业亏损额	应交所得税	应付职工薪酬(本年贷方累计发生额)	应交增值税	进项税额	销项税额	从业人员平均人数(人)
42766	49	6673	49209	16694	50649	66865	708
***	***	***	***	***	***	***	50
26065		5438	47959	10402	38749	44568	805
5490		1409	8157	2325	15842	18167	216
44460		5572	84999	13196	53230	69305	1420
15524	4747	3610	27597	16589	36478	47477	466
249875	14227	39658	331203	102626	122030	194952	4425
109060	903	16315	163743	58595	168729	224685	2167
-2417	8060	1891	49675	22921	146603	164389	957
60623	16428	16903	162989	55693	272771	327328	3139
15343	1183	2919	69470	32816	89992	122766	1136
131246		20482	25347	1034	7285	5650	176
-22951	29532	393	46621	17043	35614	52655	560
259259	54190	50138	429784	151482	635539	787294	7280
27606	4801	8891	74998	26667	244388	270050	1322
68596		8180	67780	15904	58400	74384	1238
1296		264	7409	2606	13800	16336	165
-3404	3404	9	6057	576	9169	9745	106
***	***	***	***	***	***	***	854
83384	40757	16346	163352	49824	145918	187086	1274
127435	2364	16538	157054	41820	89363	147534	1127
71353	580	5665	63794	10850	104896	102432	969
43368		3862	48627	13427	49319	62669	552
45537	24360	7743	108370	25363	114316	136094	1460
187859	4265	27615	108454	57897	119412	173091	1354
194081	2762	26716	184405	70244	204819	257227	2460
280925	3228	43656	240466	89491	312114	412903	3078
137977		18526	146460	61055	117019	176714	1833
16613		2492	20333	3220	18665	16301	273
16035		4861	4186	6284	12051	18335	113
***	***	***	***	***	***	***	4
***	***	***	***	***	***	***	207
***	***	***	***	***	***	***	21
***	***	***	***	***	***	***	132
26371		11066	22878	13163	11891	25288	269
30024	**909**	**1722**	**72947**	**4469**	**64680**	**49732**	**1184**
18422	909	258	46687	1423	45093	27351	891
2846		172	9241	892	12417	13309	147
***	***	***	***	***	***	***	146

1-16 规模以上工业主要产品产量

产品名称	单位	本年生产量	产品名称	单位	本年生产量
小麦粉	万吨	71.9	电站用汽轮机	万千瓦	111.4
饲料	万吨	176.5	金属切削机床	万台	1.1
鲜、冷藏肉	万吨	75.1	#数控金属切削机床	万台	0.7
糖果	万吨	4.2	机床数控装置	万套	8.7
乳制品	万吨	58.5	起重机	万吨	3.6
冷冻饮品	万吨	12.9	内燃叉车	万台	0.2
白酒(折65度,商品量)	万千升	28.0	输送机械(输送机和提升机)	万吨	2.9
啤酒	万千升	168.3	泵	万台	64.5
葡萄酒	万千升	0.8	气体压缩机	万台	706.4
软饮料	万吨	474.5	液压元件	万件	186.3
卷烟	亿支	201.1	气动元件	万件	19373.4
无纺布(无纺织物)	万吨	3.2	工业电炉	台	137.0
服装	万件	1.0	风机	万台	4.2
家具	万件	945.0	数码照相机	万台	17.9
机制纸及纸板(外购原纸加工除外)	万吨	10.0	减速机	万台	6.2
纸制品	万吨	39.8	挖掘机	万台	0.3
多色印刷品	万对开色令	8244.5	模具	万套	2.0
乙烯	万吨	72.3	印刷专用设备	万吨	0.1
涂料	万吨	23.5	环境污染防治专用设备	万台(套)	10.0
初级形态塑料	万吨	108.4	汽车	万辆	203.8
合成橡胶	万吨	20.2	#基本型乘用车(轿车)	万辆	94.5
化学试剂	万吨	8.0	运动型多用途乘用车(SUV)	万辆	32.9
单晶硅	吨	148.9	客车	万辆	6.9
合成洗涤剂	万吨	9.8	载货汽车	万辆	62.5
化学药品原药	吨	743.8	改装汽车	万辆	1.6
中成药	万吨	4.0	发电机组(发电设备)	万千瓦	522.4
化学纤维	吨	1211.2	#风力发电机组	万千瓦	411.6
橡胶轮胎外胎	万条	504.1	交流电动机	万千瓦	145.4
塑料制品	万吨	38.7	变压器	万千伏安	1047.4
硅酸盐水泥熟料	万吨	633.7	高压开关板	万面	12.5
水泥	万吨	868.4	电力电缆	万千米	6.6
商品混凝土	万立方米	4934.9	光缆	万芯千米	290.0
石膏板	万平方米	0.5	锂离子电池	万只(自然只)	7832.1
天然大理石建筑板材	万平方米	20.7	太阳能电池	万千瓦	11.4
沥青和改性沥青防水卷材	万平方米	6428.0	灯具及照明装置	万套(台、个)	179.2
钢化玻璃	万平方米	915.1	微型计算机设备	万台	1107.0
夹层玻璃	万平方米	357.8	#笔记本计算机	万台	198.5
纤维增强塑料制品	万吨	2.1	服务器	万台	11.7
卫生陶瓷制品	万件	169.1	显示器	万台	305.3
耐火材料制品	万吨	50.9	打印机	万台	144.1
钢材	万吨	221.8	卫星导航定位接收机	万部	8.6
#冷轧薄板	万吨	9.1	移动通信手持机(手机)	万台	18783.4
冷轧薄宽钢带	万吨	111.4	彩色电视机	万台	100.0
镀层板(带)	万吨	82.1	集成电路	万块	383993.8
单一稀土金属	吨	136.8	光电子器件	万只(片、套)	102673.3
铜材	吨	7802.0	电子元件	万只	465014.1
铝材	吨	5840.6	印制电路板	万平方米	49.2
电站锅炉	蒸发量吨	8972.0	工业自动调节仪表与控制系统	万台(套)	77.7
工业锅炉	蒸发量吨	3997.8	分析仪器及装置	万台(套)	48.2
发动机	万千瓦	11482.7	自来水生产量	万立方米	116467.5

1-17　规模以上工业企业主要工业产品生产能力

产品名称	计量单位	年末生产能力
原油加工能力	吨	14000000
硅酸盐水泥熟料	吨	6690000
发电设备容量总计	万千瓦	787
#火电设备容量	万千瓦	674
水电设备容量	万千瓦	98
风电设备容量	万千瓦	15
原　煤	吨	5200000
卷　烟	万支	4347000
棉纺锭	锭	19360
气流纺锭	头	1656
棉布织机	台	66
水　泥	吨	9740000
钢　材	吨	1789316
金属切削机床	台	23579
汽　车	辆	2078500
#基本型乘用车(轿车)	辆	902000
家用电冰箱	台	1500000
移动通信手持机(手机)	台	149560318
微型计算机设备	台	20325104

1-18 规模以上高技术制造业主要经济指标

单位：千元

项　　目	单位数(个)	工业总产值	资产总计	主营业务收入	利润总额
合　计	**745**	**329209386**	**409178885**	**371986143**	**28722228**
一、按登记注册类型分					
国有企业	22	6343295	16042169	6583346	643891
集体企业	2	126281	86089	131641	2848
股份合作企业	8	413302	755492	436094	19595
国有独资公司	9	714232	2880540	1132589	28651
其他有限责任公司	259	56982175	108933535	61764525	5807276
股份有限公司	79	33219293	102161892	40305564	8731102
私营独资	1	***	***	***	***
私营合伙	1	***	***	***	***
私营有限责任公司	168	12706031	16724924	13321386	1547567
私营股份有限公司	21	3528590	6154929	3513414	527553
港澳台合资	21	7929551	10286402	7906340	767553
港澳台合作	1	***	***	***	***
港澳台独资	25	55667679	41631778	81343335	1303937
港澳台投资股份	2	1735602	5447197	3164468	670812
中外合资	45	94029633	36425169	94555463	5070756
中外合作	1	***	***	***	***
外商独资	76	53410715	56110773	55496748	3000612
外商股份	4	2273337	4076041	2192535	635737
二、按高技术领域分					
信息化学品制造	1	***	***	***	***
医药制造业	188	59914887	90750394	60968896	10993188
航空航天器制造	9	8733141	20573406	8735143	687460
电子及通信设备制造业	252	184130389	180198182	192602557	9645520
电子计算机及办公设备制造业	51	40618769	58947320	69845577	1941830
医疗设备及仪器仪表制造业	243	35538900	58235688	39557272	5391971
其他	1	***	***	***	***

1-19 规模以上现代制造业主要经济指标

单位：千元

项　　目	单位数(个)	工业总产值	资产总计	主营业务收入	利润总额
合　计	**1446**	**777129367**	**882863770**	**826431490**	**64623138**
一、按登记注册类型分					
国有企业	32	10141955	22278764	10068896	984984
集体企业	10	460807	515684	477747	1853
股份合作企业	19	1069439	1913083	1196826	16815
国有与集体联营	1	***	***	***	***
国有独资公司	19	6951055	12153098	8496848	498127
其他有限责任公司	476	110029279	192775142	118352412	6126811
股份有限公司	121	92161147	201341753	100063561	13159281
私营独资	2	105489	71161	104475	954
私营合伙	1	***	***	***	***
私营有限责任公司	363	31326904	37692519	32196724	2279896
私营股份有限公司	29	3747764	6102768	3693520	633174
港澳台合资	39	11462186	14342332	11659872	1210850
港澳台合作	1	***	***	***	***
港澳台独资	31	56900062	41857070	82510254	1461121
港澳台投资股份	2	3559331	24179352	3688564	-1298463
中外合资	106	313169120	215426377	310405322	29375488
中外合作	3	891274	1602192	854563	164483
外商独资	183	130328280	100820508	138014735	8638004
外商股份	8	4746639	8469507	4552455	1406147
二、按现代制造业领域分					
电子类	250	216623430	225321679	253109251	10818453
机电类	592	124234728	209732068	132992101	10659360
交通类	249	346989661	321001137	349374644	30549326
医药类	214	64903049	99180693	64951357	11711317
其他类	141	24378499	27628193	26004137	884682

1-20 规模以上战略性新兴制造业主要经济指标

单位：千元

项　　目	单位数(个)	工业总产值	资产总计	主营业务收入	利润总额
合　计	**943**	**360846393**	**538119381**	**379167951**	**25682659**
按行业分					
节能环保产业	224	39440102	106668309	42191633	4338328
新一代信息技术产业	186	165701172	146505422	172260680	6865101
生物产业	230	56776994	86343420	57994301	10195954
高端装备制造产业	93	25942602	43187759	26867779	3269216
新能源产业	64	22517153	79259477	24672127	366896
新材料产业	123	47197412	70731149	51788628	500992
新能源汽车	23	3270958	5423845	3392804	146172

1-21 规模以下工业

项　　目	单位数(个)	#亏损企业	资产总计	#应收账款	#固定资产合　计
合　计	**30179**	**9935**	**315244307**	**36887849**	**48194107**
一、按登记注册类型分					
国有企业	453	180	16626388	722837	4763890
集体企业	2444	675	13235056	1679891	2615445
股份合作企业	1943	580	7144477	1322984	1372124
国有联营	7	1	19890	4120	2959
集体联营	39	13	166581	30670	17018
国有与集体联营	19	5	88987	13901	16716
其他联营	36	16	216529	43993	47569
国有独资公司	48	25	3553574	79796	603741
其他有限责任公司	6513	2240	86530993	9692258	13649479
股份有限公司	285	83	45963162	515627	555408
私营独资	1811	482	4149282	890476	669842
私营合伙	248	77	748811	151440	74316
私营有限责任公司	14719	4814	99700878	16617617	16193911
私营股份有限公司	414	116	3666073	619353	811757
其它企业	129	26	162586	13547	26170
港澳台合资	142	78	8069106	1273824	1633507
港澳台合作	5	1	109554	1369	44043
港澳台独资	157	99	4183356	460988	1306538
港澳台投资股份	8	2	307887	22890	24268
其它港澳台独资	3	1	13034	5	2500
中外合资	299	165	9206460	1020359	1468939
中外合作	24	13	601876	56295	148906
外商独资	413	231	10454470	1600177	2124887
外商股份	12	7	122486	6920	14029
其它外商	8	5	202812	46512	6143
二、按隶属关系分					
中央	178	73	54684036	580870	3517423
省(自治区、直辖市)	279	123	16910014	1610015	1874164
地(区、市、州、盟)	934	356	15415808	1096691	3315187
县(区、市、旗)	131	54	1812332	164716	367034
街道	53	12	474625	19757	147270
镇	526	135	3976165	531045	979145
乡	99	28	671407	70391	233261
社区(居委会)	12	4	28073	10983	2210
村委会	924	246	2952866	449687	715224
其他	27043	8904	218318981	32353693	37043189

企业主要经济指标

单位：千元

#固定资产原价	#本年折旧	负债合计	所有者权益合计	#实收资本	主营业务收入
109594024	**3834055**	**172587368**	**142656939**	**132649214**	**95296535**
6318089	184183	10386550	6239838	5584133	1774953
4536782	226060	8479434	4755622	3837216	3545095
2307988	99427	4398664	2745813	2246448	3719682
10068	126	10585	9305	14014	31163
25466	1747	115424	51157	155682	29118
35816	1868	50236	38750	20265	33978
137576	5614	145888	70641	120523	152687
1003571	52961	1664361	1889213	1714481	308134
18598580	1114077	49582433	36948560	42158844	25367477
41345835	108668	6997967	38965194	18365535	1250832
1114103	69748	2557314	1591968	1213419	2144331
170492	10319	410322	338489	322732	460595
21387995	1335111	60902626	38798252	38031589	47871106
837964	61528	2241927	1424146	1387152	1419229
46123	2704	76715	85871	64027	94358
3308288	63282	8535300	-466194	3138518	825826
75661	1564	12580	96974	96559	21903
2375895	215505	3027628	1155729	1801208	951545
221302	18399	197866	110021	126391	53648
4583	-544	19981	-6947	18900	7474
2516265	104988	5115765	4090695	5872364	1731498
228030	7368	498900	102976	215586	156098
2951408	145186	6878305	3576165	5958965	3228525
24743	2892	67797	54689	86530	31991
11400	1273	212800	-9988	98131	85289
44944968	136094	10215259	44468777	24588304	1222334
3486414	193672	10827351	6082663	7428575	1894509
4827878	198590	9845491	5570317	5779704	3064216
597731	28859	828471	983861	1154295	535335
252408	6631	305265	169360	190249	129852
1762411	118446	2338905	1637259	1209063	1265808
338378	10488	303203	368204	267339	164767
3974	137	11783	16291	17954	14256
1181044	58396	1564699	1388167	1162318	1235708
52198818	3082741	136346941	81972040	90851414	85769749

1-21 续表 1

项 目	单位数(个)	#亏损企业	资产总计	#应收账款	#固定资产合计
三、按控股情况分					
国有控股	792	340	86979925	2847284	7385612
集体控股	3210	931	20790928	2695626	3927051
私人控股	24230	7791	171794004	27343219	29171932
港澳台控股	281	160	10550877	945237	2396379
外商控股	622	341	15704662	2046643	2831794
其他	1044	372	9423910	1009839	2481339
四、按企业规模分					
大型企业	1	***	***	***	***
中型企业	3	1	731851	84919	575688
小型企业	4135	1154	109602346	16665421	22338791
微型企业	26040	8779	204598224	20137509	25103998
五、按轻重工业分					
轻工业	13026	4403	93143226	10277657	17724605
重工业	17153	5532	222101081	26610192	30469502
六、按四大功能区分					
首都功能核心区	515	204	6748299	638257	994795
东城区	217	76	3126114	261734	295824
西城区	298	128	3622186	376523	698971
城市功能拓展区	6341	1995	112369340	9695993	11876913
朝阳区	2057	642	26258136	3079013	5916640
丰台区	1726	536	12373875	1944467	1823187
石景山区	505	208	8854192	1517117	1110545
海淀区	2053	609	64883137	3155397	3026542
城市发展新区	19125	6448	162005884	22747629	27678599
房山区	2339	765	15093257	2154768	2555654
通州区	4642	1510	33302969	5228521	5775447
顺义区	3206	1022	28954188	3767188	5524409
昌平区	2943	963	27354271	3387394	4279558
大兴区	5690	2037	42767271	6997474	7211044
北京经济技术开发区	305	151	14533929	1212284	2332487
生态涵养发展区	4198	1288	34120783	3805970	7643799
门头沟区	520	155	5090240	508022	702577
怀柔区	1014	272	9155758	1072086	1949151
平谷区	1151	347	7449681	721379	1791129
密云县	1143	369	9628396	1059718	2521469
延庆县	370	145	2796707	444765	679473

单位：千元

#固定资产原价	#本年折旧	负债合计	所有者权益合计	#实收资本	主营业务收入
51852505	463543	31039547	55940379	38651367	4963829
6701421	295877	13722458	7068470	6264468	5368856
38836522	2400075	103053260	68740744	67952432	75751500
4833537	288657	10312196	238681	4547698	1672319
4261457	205417	8965258	6739405	9432400	4265026
3108582	180487	5494649	3929261	5800849	3275005
***	***	***	***	***	***
1456088	165101	927854	-196003	8741	281551
33853500	2121970	69404197	40198149	39113589	52240131
73984813	1533780	102085812	102512412	93492241	42774853
26670453	1467069	58700283	34442943	41470024	35632862
82923571	2366986	113887085	108213996	91179190	59663673
1816913	83324	4084176	2664123	2095444	1671495
558967	25594	1978458	1147655	859196	636426
1257946	57730	2105718	1516468	1236248	1035068
60197339	1079398	50850621	61518719	44207822	21489642
8746158	253358	18089966	8168170	11431038	7143016
2978217	234555	7279460	5094415	5361031	5014849
1898359	42588	6365904	2488288	2987311	1361982
46574605	548896	19115292	45767845	24428442	7969796
37639759	2271697	95757942	66247942	73016713	62156530
3562036	166286	9279166	5814091	6053705	5147786
8831374	632484	20368492	12934476	14791749	16298116
7873071	488411	18877992	10076196	11997848	10892942
6318941	315453	15357654	11996616	13094262	9316510
9076639	528701	25398683	17368588	18173156	18313976
1977698	140362	6475955	8057974	8905992	2187200
9940013	399636	21894628	12226155	13329235	9978868
1137229	43121	3485231	1605010	1660432	1102279
2692332	113001	5756761	3398997	3507642	2881031
2556956	82716	4177961	3271720	3738209	2139417
2745662	121301	6762651	2865745	3396623	2886605
807834	39497	1712025	1084682	1026329	969536

1-21 续表 2

项目	主营业务税金及附加	销售费用	管理费用	#税金	财务费用
合计	**569711**	**5064380**	**15671346**	**225354**	**532203**
一、按登记注册类型分					
国有企业	20686	92763	806372	18600	24796
集体企业	30757	137782	616810	12345	7160
股份合作企业	22918	152281	442994	8459	8000
国有联营	315	79	4579	5	-9
集体联营	357	1394	5094	93	418
国有与集体联营	314	1630	11047	174	-134
其他联营	1073	12542	42397	328	85
国有独资公司	7034	21149	200472	1896	11992
其他有限责任公司	139470	1452831	4618297	66257	142665
股份有限公司	7105	100266	280695	2690	-68033
私营独资	14471	85086	208783	3694	4801
私营合伙	2550	24890	59159	588	2290
私营有限责任公司	227033	2294678	6154049	78187	282478
私营股份有限公司	9363	82738	212491	3384	5590
其它企业	838	3964	15158	97	-144
港澳台合资	9533	84509	182058	4517	27313
港澳台合作	148	2227	5206	48	55
港澳台独资	41228	67928	281252	3756	16878
港澳台投资股份	487	11717	28583	1520	-79
其它港澳台独资	64	14	4414	3	104
中外合资	12505	134479	469026	5750	9214
中外合作	781	6454	27316	305	871
外商独资	20176	289018	962409	12339	55335
外商股份	110	258	7960	41	154
其它外商	396	3703	24725	278	404
二、按隶属关系分					
中央	11446	65581	641910	9797	-130104
省(自治区、直辖市)	20433	103006	580639	10517	17170
地(区、市、州、盟)	22773	166690	743032	9917	29729
县(区、市、旗)	2985	37525	91142	2245	1441
街道	560	6757	42659	282	-159
镇	9670	45689	193283	4405	1941
乡	1005	4314	40743	646	-432
社区(居委会)	44	1635	2105	2	42
村委会	8582	36103	129565	4845	2925
其他	492214	4597081	13206268	182698	609650

单位：千元

投资收益（损失以"－"号记）	营业利润	利润总额	应　交 所得税	应　交 增值税	从业人员 期末人数（人）
480447	**-3778102**	**-2648534**	**402892**	**2962292**	**365722**
75396	-512168	-249186	19318	74587	11707
13328	-192375	-16407	12810	158364	23355
786	-50034	-30652	8705	112193	17159
	895	1040	291	2170	88
35	-4711	-4840	426	1618	192
13	-200	165	36	2462	382
	-17598	-7623	580	7142	726
8337	-193449	-254380	1854	14263	1565
90287	-1410916	-1039621	140904	818046	97401
25021	80496	103512	17698	81900	4308
1258	40311	37232	8495	54264	10772
-352	-4785	-3972	868	11332	1800
84454	-605796	-344164	136900	1239999	165261
2387	-16686	-185	7419	39085	5051
	-1721	-1009	115	1558	739
2833	-175460	-160026	5077	81015	3647
	15	8	66	1700	110
112169	-104702	-65033	-752	32710	3818
	2447	3350	1943	3919	172
	2732	5629	-2604		44
5843	-202074	-191211	13232	78860	6585
	-13053	-9005	-52	4178	613
58075	-387452	-410026	28099	134492	9861
	-4435	-4435	26	1098	110
578	-7383	-7693	1438	5337	256
42844	-226116	-222977	37949	54509	6057
34632	-303214	-216934	19452	114685	8508
27391	-454453	-269779	13428	102664	14460
-1871	-32604	-23531	1018	17350	2505
39	-69020	-8455	1124	3158	850
3615	-30476	-9927	4178	46206	7246
1	-3069	-2563	1001	6965	1184
	-115	-64	9	938	64
-10750	-39981	-10279	3410	52044	8571
384546	-2619054	-1884025	321323	2563773	316277

1-21 续表 3

项 目	主营业务税金及附加	销售费用	管理费用	#税 金	财务费用
三、按控股情况分					
国有控股	45509	297200	1882353	34603	-89604
集体控股	42689	235078	994849	19637	14522
私人控股	385809	3779954	10513499	137604	478841
港澳台控股	49299	143725	457381	8774	36444
外商控股	27424	384019	1258419	16030	57253
其他	18981	224404	564844	8706	34746
四、按企业规模分					
大型企业	***	***	***	***	***
中型企业	33629	25609	57574	58	10787
小型企业	296644	3094894	8565471	112942	437734
微型企业	239438	1943877	7036669	111979	83956
五、按轻重工业分					
轻工业	198753	2246146	5666726	89484	243634
重工业	370958	2818234	10004620	135870	288569
六、按四大功能区分					
首都功能核心区	16041	131549	585468	8873	-16591
东城区	6427	66189	204174	1945	-9115
西城区	9614	65360	381294	6928	-7476
城市功能拓展区	184443	1423337	4594164	54269	51942
朝阳区	46329	430071	1447629	18379	38767
丰台区	32348	319375	1031607	12419	19613
石景山区	9663	115092	297851	3786	8712
海淀区	96105	558799	1817077	19685	-15150
城市发展新区	310625	3019256	8952993	140661	346689
房山区	25523	200850	651820	8296	58917
通州区	81112	644160	1857703	29750	103690
顺义区	58064	445836	1771432	34238	93944
昌平区	52708	642822	1866689	18880	-33775
大兴区	81174	912002	2098852	36963	86165
北京经济技术开发区	12043	173586	706497	12533	37748
生态涵养发展区	58602	490238	1538721	21551	150163
门头沟区	8234	61292	216048	1976	5039
怀柔区	13000	161393	443441	4823	67843
平谷区	11199	78102	299662	5046	33758
密云县	19163	128412	418875	7181	35892
延庆县	7005	61038	160695	2525	7631

单位：千元

投资收益（损失以"-"号记）	营业利润	利润总额	应　交 所得税	应　交 增值税	从业人员 期末人数 （人）
171057	-1119326	-793828	71987	199957	23267
16471	-359286	-128311	20569	227680	33199
90735	-1373916	-855806	258670	2150392	274419
115110	-231802	-173321	2203	108968	6840
64695	-517907	-527697	36972	180478	14134
22379	-175864	-169572	12491	94817	13863
***	***	***	***	***	
	-85404	-85404	534	8640	1734
347189	-1278772	-709632	242133	1807494	200283
133258	-2308546	-1849020	160224	1146158	163705
313502	-1269939	-1007905	115010	1117401	157517
166945	-2508163	-1640629	287882	1844891	208205
85962	-149519	10714	19842	75938	8216
65580	-571	25083	4434	24632	3305
20381	-148947	-14369	15408	51306	4911
116372	-1096383	-740334	115461	755294	82456
53576	-561543	-373995	27475	216606	26634
21616	-124108	-105430	30283	159837	20593
937	-87690	-60481	6349	55335	6474
40242	-323043	-200429	51353	323516	28755
271853	-1779088	-1358427	235269	1825327	224377
33230	-252458	-94320	18904	127905	20493
1873	-142954	-165649	54035	538262	56926
118505	-482072	-434723	30261	319172	41098
83418	-307198	-223133	61347	306001	38048
46236	-316267	-221285	55779	469436	60357
-11409	-278140	-219318	14944	64551	7455
6261	-753111	-560486	32320	305733	50673
314	-67248	-23174	6749	38762	5559
2844	-271005	-212066	10370	96573	11973
4593	-129684	-97711	3891	59092	12868
-1588	-217567	-186314	8731	74438	15546
98	-67606	-41222	2578	36868	4727

1-22 按行业中类分规模以下

项目	单位数(个)	#亏损企业	资产总计	#应收账款	#固定资产合计
合计	**30179**	**9935**	**315244307**	**36887849**	**48194107**
一、采矿业	**105**	**12**	**4372369**	**192283**	**867889**
烟煤和无烟煤开采洗选	32		61321		
石油开采	7	2	1290936	55778	564389
铁矿采选	10	1	84173	5580	1861
贵金属矿采选	3		5500		
土砂石开采	42	6	141217	55337	49035
石棉及其他非金属矿采选	3		40407	28338	1622
石油和天然气开采辅助活动	7	2	2704331	46764	250982
其他采矿业	1	***	***	***	***
二、制造业	**29537**	**9725**	**287019400**	**35524476**	**43623298**
谷物磨制	66	12	495063	37405	52703
饲料加工	264	61	996226	129800	217996
植物油加工	46	20	231351	74179	48928
制糖业	1	***	***	***	***
屠宰及肉类加工	170	59	1527811	326008	455458
水产品加工	15	4	66096	9669	6658
蔬菜、水果和坚果加工	105	41	860845	19832	164888
其他农副食品加工	102	40	633457	53941	126942
焙烤食品制造	267	103	1327918	171420	236810
糖果、巧克力及蜜饯制造	62	16	531089	67490	88194
方便食品制造	107	35	852281	127259	104480
乳制品制造	25	10	484438	7385	159705
罐头食品制造	22	7	97553	33628	12209
调味品、发酵制品制造	116	51	603234	80238	154814
其他食品制造	219	106	2794808	204331	596100
酒的制造	102	45	2443158	30443	318766
饮料制造	230	100	3131938	117110	711248
精制茶加工	11	5	115009	4041	15315
棉纺织及印染精加工	67	24	462538	66810	147291
毛纺织及染整精加工	44	11	269496	26820	55671
麻纺织及染整精加工	1	***	***	***	***
丝绢纺织及印染精加工	6	3	7793	1069	2218
化纤织造及印染精加工	5	1	81479	1366	8055
针织或钩针编织物及其制品制造	61	18	317000	27264	73009
家用纺织制成品制造	137	46	631076	78936	101286
非家用纺织制成品制造	83	31	413292	80117	42443
机织服装制造	2034	777	8699798	1499704	1014941
针织或钩针编织服装制造	226	77	1246709	137948	209751
服饰制造	220	71	965513	73458	75739
皮革鞣制加工	2	1	1844	577	19
皮革制品制造	87	37	522120	40211	183061
毛皮鞣制及制品加工	36	14	147655	16338	6886
羽毛(绒)加工及制品制造	11	6	76442	5838	14281
制鞋业	83	21	366009	56181	53740
木材加工	101	29	296495	79333	12216
人造板制造	73	24	652489	47380	97362

工业企业主要经济指标

单位：千元

#固定资产原价	#本年折旧	负债合计	所有者权益合计	#实收资本	主营业务收入
109594024	**3834055**	**172587368**	**142656939**	**132649214**	**95296535**
1811632	**177398**	**1300980**	**3071389**	**3815728**	**395301**
			61321	45081	9169
1458950	171701	915151	375785	1315000	210792
2308	207	10884	73289	3300	10407
			5500	5500	
85460	3208	106608	34609	60808	41313
2098	225	16736	23671	20030	20318
262298	1604	250636	2453695	2316010	103301
***	***	***	***	***	***
103443578	**3449641**	**154775239**	**132244162**	**120953220**	**92663352**
68671	3092	323280	171783	267274	387342
297012	14942	616235	379991	426706	973957
44321	3704	150272	81079	72946	130033
***	***	***	***	***	***
502746	13697	1191626	336185	436524	397157
10544	575	34106	31990	36420	31385
193946	10713	604466	256379	301089	220024
188629	5470	417779	215678	180091	224621
342004	27612	1064506	263412	694465	738177
105287	5759	366767	164322	176108	206493
116708	5056	640651	211630	362145	548211
76443	3017	400628	83810	222294	82120
13644	526	38331	59222	31469	14271
193964	4461	396603	206631	219520	257286
821398	101541	1367249	1427559	2859929	891230
414334	13517	607260	1835898	1944067	132499
948077	51887	2219629	912309	1576523	362293
22345	1527	34806	80203	123710	14052
246017	9491	391296	71242	178527	166489
137597	3917	215982	53514	151742	100261
***	***	***	***	***	***
8009	467	3298	4494	7970	4560
12322	682	23437	58042	59550	8957
129867	10882	154391	162610	147935	135416
133994	8978	317713	313362	386571	321317
71899	3276	252270	161021	100793	230179
1504154	80520	6267650	2432148	3061504	5102315
302802	12009	974859	271850	372246	545314
127808	8163	588730	376783	516642	419706
128	12	1146	698	1030	1124
123757	4472	364719	157401	171509	373303
12488	689	109970	37685	42804	129060
4896	36	90267	-13825	14030	6235
76762	7529	501222	-135213	93365	156323
27794	2052	202959	93536	91327	218608
100670	6324	694657	-42168	189342	105650

1-22 续表 1

项 目	单位数(个)	#亏损企业	资产总计	#应收账款	#固定资产合计
木制品制造	671	220	2391360	486944	324892
竹、藤、棕、草等制品制造	14	4	26235	8939	871
木质家具制造	1050	342	6330585	682068	987324
竹、藤家具制造	4	1	9185	28	1307
金属家具制造	109	34	531995	106970	92843
塑料家具制造	1	***	***	***	***
其他家具制造	131	36	699445	75213	160149
纸浆制造	2	1	124953	565	48
造纸	150	43	1105080	15414	253376
纸制品制造	696	188	2605494	585080	532264
印刷	1114	312	8969920	1107958	2984883
装订及印刷相关服务	288	70	1659133	187495	762432
记录媒介复制	17	5	909870	197027	161213
文教办公用品制造	71	26	285059	29448	60009
乐器制造	87	41	362932	37394	69381
工艺美术品制造	426	120	3817529	153093	384067
体育用品制造	57	24	723144	99860	119539
玩具制造	36	9	117388	15525	22317
游艺器材及娱乐用品制造	21	9	393033	37820	80252
精炼石油产品制造	168	47	1686375	144688	295535
炼焦	2		10000		
核燃料加工	1	***	***	***	***
基础化学原料制造	129	29	1210447	160488	278617
肥料制造	139	47	892410	117752	150875
农药制造	16	7	268486	26652	45646
涂料、油墨、颜料及类似产品制造	618	198	3109004	466575	544047
合成材料制造	108	34	1169788	165886	137431
专用化学产品制造	417	143	3355757	624267	689945
炸药、火工及焰火产品制造	1	***	***	***	***
日用化学产品制造	242	73	2150792	152105	323499
化学药品原料药制造	20	12	331254	18367	125681
化学药品制剂制造	63	29	1576393	92737	346902
中药饮片加工	27	16	1153759	69107	124560
中成药生产	47	27	1427500	61980	329080
兽用药品制造	40	12	788105	90160	176199
生物药品制造	84	45	1927429	132663	388156
卫生材料及医药用品制造	73	21	633291	51323	105245
纤维素纤维原料及纤维制造	4	3	19084	1863	5500
合成纤维制造	23	7	315589	33720	45850
橡胶制品业	192	46	1141117	257943	169679
塑料制品业	1284	396	7577749	1284947	1337282
水泥、石灰和石膏制造	105	24	1534509	104864	397948
石膏、水泥制品及类似制品制造	702	201	5920625	1045232	967170
砖瓦、石材等建筑材料制造	768	256	5682552	1203086	1158305
玻璃制造	119	45	4646389	165208	1481912
玻璃制品制造	190	66	1663074	197788	367712
玻璃纤维和玻璃纤维增强塑料制品制造	108	32	502502	122368	106538
陶瓷制品制造	50	17	861487	78866	276886

单位：千元

#固定资产原价	#本年折旧	负债合计	所有者权益合计	#实收资本	主营业务收入
471537	28007	1424020	967340	1169930	1450145
2281	226	21743	4493	4630	14738
1333893	57828	4168131	2162454	2321770	2404405
2160	47	12	9173	12500	3703
156072	6668	253663	278332	280715	350847
***	***	***	***	***	***
175468	4689	281011	418434	436792	481643
190	11	66	124887	61580	25
389551	28505	919939	185141	271950	394215
1039107	49384	1637475	968020	960618	1786044
5694102	384101	5440011	3529909	3355485	4506114
1030506	52150	837096	822037	724642	704504
231693	11459	288230	621640	401102	81556
124821	10562	188690	96370	87570	142002
86137	5699	268832	94100	100134	145029
597066	18397	3053412	764117	931228	578547
152429	8538	518218	204926	230005	167222
45209	5120	161088	-43700	39417	112221
83786	3154	290190	102842	96272	49478
499140	18669	734826	951549	549943	554547
			10000	10000	
***	***	***	***	***	***
276207	13333	695173	515273	482295	548785
169950	8589	556934	335476	476684	268497
71867	4099	149042	119444	145185	124918
1019009	37312	2064056	1044948	1429331	1340760
294852	12028	591210	578578	385380	378392
817120	49104	1881837	1473920	1469731	1737040
***	***	***	***	***	***
426147	19378	1008177	1142615	643246	507453
165850	4937	145853	185401	141431	55304
470843	14420	1038617	537775	857646	257291
168404	4085	941497	212262	313804	182418
486876	21844	1180126	247375	798011	180107
197198	11631	510469	277635	252986	175810
393016	28130	1335872	591556	1032393	423505
148092	11548	271835	361456	382586	238839
6155		13062	6022	8479	5964
98853	3976	212103	103486	204334	76283
329732	21297	619454	521663	337262	658652
2286321	148620	4441015	3136735	3354025	3985758
645670	23947	954044	580465	1066375	347663
1594071	85397	3492670	2427955	2395850	1812698
1652043	68538	3191836	2490716	2470579	1782575
844899	18849	1747830	2898558	2813610	387885
657559	30197	1244375	418699	450629	817775
123776	9043	322174	180327	212627	303185
1389496	10339	2481574	-1620087	839040	147313

1-22 续表 2

项目	单位数(个)	#亏损企业	资产总计	#应收账款	#固定资产合计
耐火材料制品制造	106	32	711397	165229	69525
石墨及其他非金属矿物制品制造	118	28	1080583	292474	230863
炼铁	2	2	2606	150	1702
黑色金属铸造	120	32	641686	82329	67915
钢压延加工	167	64	2346071	235612	823113
铁合金冶炼	7	1	54750	2604	6566
常用有色金属冶炼	16	7	115070	24855	17301
贵金属冶炼	1	***	***	***	***
稀有稀土金属冶炼	2	1	7286	2285	3152
有色金属合金制造	42	14	510315	54864	34521
有色金属铸造	16	4	88490	21766	11486
有色金属压延加工	132	40	2218255	380702	584476
结构性金属制品制造	2197	695	11641080	2030127	1701036
金属工具制造	170	48	664078	118488	128533
集装箱及金属包装容器制造	114	31	1662207	219314	206235
金属丝绳及其制品制造	41	16	186566	40370	46087
建筑、安全用金属制品制造	278	91	1739402	255703	259871
金属表面处理及热处理加工	182	49	659560	144379	110753
搪瓷制品制造	6	4	9534	2621	1402
金属制日用品制造	212	48	1220195	207585	138112
其他金属制品制造	341	109	3215038	473617	500190
锅炉及原动设备制造	154	42	2511738	281725	218440
金属加工机械制造	585	180	3165815	693550	455618
物料搬运设备制造	111	50	1545928	245251	205537
泵、阀门、压缩机及类似机械制造	360	116	3168155	701902	438392
轴承、齿轮和传动部件制造	103	36	628621	155322	107117
烘炉、风机、衡器、包装等设备制造	402	140	4195324	662640	639867
文化、办公用机械制造	44	14	710690	104763	101854
通用零部件制造	782	211	2980110	797561	470922
其他通用设备制造业	108	36	2269831	147122	53786
采矿、冶金、建筑专用设备制造	234	89	2544233	593568	244151
化工、木材、非金属加工专用设备制造	303	105	5621156	405802	2932087
食品、饮料、烟草及饲料生产专用设备制造	65	22	466822	56468	30784
印刷、制药、日化及日用品生产专用设备制造	157	61	2409331	202233	250780
纺织、服装和皮革加工专用设备制造	39	10	1965144	463640	41966
电子和电工机械专用设备制造	156	64	42087665	226263	253253
农、林、牧、渔专用机械制造	83	24	540277	72733	68994
医疗仪器设备及器械制造	426	201	4198201	402292	611083
环保、社会公共服务及其他专用设备制造	488	163	4713121	682740	359890
汽车整车制造	1	***	***	***	***
改装汽车制造	20	6	640373	110076	74748
低速载货汽车制造	1	***	***	***	***
电车制造	1	***	***	***	***
汽车车身、挂车制造	15	7	136023	13744	25357
汽车零部件及配件制造	470	161	5511124	1352976	850789
铁路运输设备制造	76	21	1737597	265668	131102
城市轨道交通设备制造	2	1	33796	10755	386

单位：千元

#固定资产原价	#本年折旧	负债合计	所有者权益合计	#实收资本	主营业务收入
117769	7921	381651	329746	257217	278431
387156	25515	717809	362773	288868	457555
2171	68	600	2007	814	315
132641	5645	399574	242112	172167	297039
1196788	30692	2307557	38514	800352	574606
7060	66	10840	43909	43106	15744
13516	628	92460	22611	32595	57103
***	***	***	***	***	***
3180	28	3532	3754	6000	2
60245	4945	126070	384244	365864	175817
35602	1086	58356	30134	20002	34881
787691	31857	832941	1385314	1422121	744309
2471813	140144	7123666	4517414	4875042	5100754
200571	13089	445554	218524	210851	392523
341289	20954	929454	732753	710225	731596
76545	3077	93373	93193	93488	76898
327015	20464	1088541	650861	641997	768305
195780	14092	446333	213227	183560	471193
2176	25	5020	4515	5100	7675
223799	11443	670619	549576	596565	674405
664262	45131	2519018	696020	812050	1028294
359367	64232	743140	1768598	1277950	584787
704329	65777	2082626	1083188	1020839	1722106
332091	14583	1002410	543517	699679	550783
643804	36736	2010025	1158130	1360041	1532683
191377	11435	476190	152431	283575	442399
1030344	48537	2446799	1748525	1507654	1443341
127467	6104	285568	425122	472997	246815
740860	48221	2173758	806352	907591	2090910
152226	9716	443048	1826783	1819452	345976
428834	34133	1549594	994639	920425	1222488
3117462	45800	1945545	3675611	1335921	1075574
63895	6402	303969	162854	149298	281207
416577	22015	1109954	1299378	1262335	671313
66166	7430	1670740	294404	243133	113147
40878313	16876	6011521	36076144	15950780	568429
93877	4622	333790	206487	202344	192834
813746	64498	2548532	1649670	2190403	1530716
551655	39159	2462805	2250316	2800090	1968533
***	***	***	***	***	***
155099	7056	797493	-157120	470020	146994
***	***	***	***	***	***
***	***	***	***	***	***
31006	662	76078	59945	43380	76159
1095552	74217	3613015	1898109	1644442	3085065
302590	17029	894347	843250	943819	370288
533	146	2855	30941	35000	11742

1-22 续表 3

项　　目	单位数(个)	#亏损企业	资产总计	#应收账款	#固定资产合计
船舶及相关装置制造	5	2	71495	36441	6005
航空、航天器及设备制造	35	15	701936	74849	88017
摩托车制造	3	2	6766	1097	507
自行车制造	20	6	128931	5246	36792
非公路休闲车及零配件制造	2	1	6436	1086	626
潜水救捞及其他未列明运输设备制造	4	1	43860	4704	1788
电机制造	77	27	918247	181097	155648
输配电及控制设备制造	767	231	10020264	1919510	1055147
电线、电缆、光缆及电工器材制造	209	77	1894217	352941	416262
电池制造	47	25	1148680	64228	458876
家用电力器具制造	164	53	2410955	119350	100262
非电力家用器具制造	125	41	1144554	83538	89206
照明器具制造	172	66	1560340	168982	208389
其他电气机械及器材制造	113	44	2612898	419636	581609
计算机制造	120	41	1389510	94350	194735
通信设备制造	105	44	2809040	818734	257178
广播电视设备制造	42	14	564889	47708	53514
雷达及配套设备制造	3	1	80494	584	4211
视听设备制造	31	16	280511	27186	43772
电子器件制造	142	61	2130006	236607	448104
电子元件制造	202	75	2013885	379231	396096
其他电子设备制造	193	67	2755445	365187	267178
通用仪器仪表制造	501	163	5767649	1014423	771787
专用仪器仪表制造	225	73	2780860	479179	413556
钟表与计时仪器制造	8	1	57639	1763	2866
光学仪器及眼镜制造	60	18	328328	63766	56881
其他仪器仪表制造业	80	33	839469	100573	65285
日用杂品制造	62	20	222389	38917	26859
煤制品制造	138	36	487608	89030	72325
其他未列明制造业	22	8	508609	12364	10905
金属废料和碎屑加工处理	31	15	445425	30080	90493
非金属废料和碎屑加工处理	33	10	526011	45036	322859
金属制品修理	14	7	79130	4850	3334
通用设备修理	122	27	314897	69505	39128
专用设备修理	108	44	445358	91983	69241
铁路、船舶、航空航天等运输设备修理	29	7	500919	91895	92572
电气设备修理	51	12	135849	46177	11837
仪器仪表修理	21	6	104725	26431	6207
其他机械和设备修理业	103	33	531354	39477	191054
三、电力、热力、燃气及水生产和供应业	**537**	**198**	**23852538**	**1171090**	**3702919**
电力生产	51	16	9569385	775548	359740
电力供应	21	9	155515	2148	18120
热力生产和供应	314	119	9498405	309821	2111756
燃气生产和供应业	29	12	1484039	6377	110599
自来水生产和供应	53	22	540079	27300	231791
污水处理及其再生利用	64	18	2597206	49228	870662
其他水的处理、利用与分配	5	2	7910	669	252

单位：千元

#固定资产原价	#本年折旧	负债合计	所有者权益合计	#实收资本	主营业务收入
3264	484	37129	34367	33600	34674
114746	5546	527261	174675	306673	170692
625	23	3683	3083	3035	5403
43319	785	81988	46943	78937	29661
990	31	5298	1138	610	1198
1875	76	32298	11562	15700	1829
191507	16980	503360	414886	426640	241675
1565182	104852	5498294	4521970	4350121	3839582
379031	22632	803734	1090483	993313	768761
555534	7332	658487	490194	774574	95795
188651	20590	882796	1528159	1618722	391387
111718	13147	619422	525131	610737	293333
284217	14270	604696	955644	932591	401225
398051	26388	2024990	587909	884908	485875
186586	12174	879952	509558	515827	431958
527006	22431	1530403	1278637	1191557	606216
82721	8607	354084	210805	130170	239360
8040	907	28991	51504	32600	76846
43765	2302	152313	128198	118805	65457
525006	33415	1382929	747077	1186779	730346
821576	38404	1339198	674687	721599	862644
385908	34121	1664239	1091207	978603	752521
994405	74697	3341448	2426202	1907480	2401798
482543	38987	1648018	1132842	1273717	1207909
4481	476	35362	22277	32140	34756
97104	6216	172490	155838	106162	229200
106726	13881	509790	329679	367060	302379
122711	6948	129231	93158	124545	90235
159907	4538	226659	260948	280708	130281
20230	2470	282277	226331	139396	106250
175144	9386	296902	148523	151990	145214
383004	62159	235403	290607	164569	51811
6913	195	70659	8471	7963	57598
34871	2634	139093	175805	134221	204552
73698	5719	219820	225538	201929	237255
146538	9241	338035	162884	137224	163081
22131	1757	78120	57730	51230	106582
17393	2258	36903	67822	43036	66349
325691	15839	255760	275593	109965	116391
4338814	**207016**	**16511149**	**7341389**	**7880266**	**2237882**
669791	7402	6513022	3056363	2234435	64943
39774	2704	63416	92099	45930	47702
2034734	124599	7538612	1959793	4321595	1578035
152237	5330	1167765	316274	178470	59466
342351	19658	305746	234333	148588	149903
1099428	47311	922183	1675022	944418	336842
499	12	405	7504	6830	992

1-22 续表 4

项目	主营业务税金及附加	销售费用	管理费用	#税金	财务费用
合计	**569711**	**5064380**	**15671346**	**225354**	**532203**
一、采矿业	**36277**	**5340**	**282045**	**256**	**-68846**
烟煤和无烟煤开采洗选					
石油开采	33374	2021	137977	17	-8694
铁矿采选	35	34	3861		0
贵金属矿采选					
土砂石开采	1006	2998	7245	13	2
石棉及其他非金属矿采选	330		9036		-7
石油和天然气开采辅助活动	1533	287	121400	225	-59841
其他采矿业	***	***	***	***	***
二、制造业	**519563**	**4944087**	**14886619**	**218512**	**555163**
谷物磨制	822	6392	15018	47	583
饲料加工	828	61873	83053	473	2869
植物油加工	256	2825	11569	204	-159
制糖业	***	***	***	***	***
屠宰及肉类加工	1169	22194	51460	2674	6345
水产品加工	290	1561	3492	139	351
蔬菜、水果和坚果加工	1123	7834	21513	219	2083
其他农副食品加工	983	17571	24980	471	1905
焙烤食品制造	4412	149367	178194	1336	7544
糖果、巧克力及蜜饯制造	463	12371	24329	574	661
方便食品制造	725	15958	40061	141	1558
乳制品制造	251	4132	12942	424	736
罐头食品制造	34	471	2108	77	396
调味品、发酵制品制造	571	13545	30436	1377	2134
其他食品制造	5109	96370	181410	1351	8713
酒的制造	14783	6007	50127	2127	3642
饮料制造	3170	60128	108345	2146	19502
精制茶加工	188	4900	11748	170	3593
棉纺织及印染精加工	1224	4162	49645	1410	3020
毛纺织及染整精加工	499	4247	21822	123	1283
麻纺织及染整精加工	***	***	***	***	***
丝绢纺织及印染精加工	42	162	994	36	1
化纤织造及印染精加工	73	978	3071	0	6
针织或钩针编织物及其制品制造	1005	1145	14781	222	2624
家用纺织制成品制造	1701	23842	48456	833	2383
非家用纺织制成品制造	983	7859	23333	252	247
机织服装制造	17711	283728	490240	7142	25781
针织或钩针编织服装制造	3931	17481	68888	1383	13667
服饰制造	2489	33114	60868	342	1114
皮革鞣制加工	3	82	195		0
皮革制品制造	782	22007	39887	760	1094
毛皮鞣制及制品加工	375	3011	7985	53	159
羽毛(绒)加工及制品制造	12	36	1268	3	2
制鞋业	820	11210	35550	333	1210
木材加工	582	6510	13086	121	74
人造板制造	489	5895	24828	339	40023

单位：千元

投资收益（损失以"-"号记）	营业利润	利润总额	应交所得税	应交增值税	从业人员期末人数（人）
480447	**-3778102**	**-2648534**	**402892**	**2962292**	**365722**
23	**-155437**	**-155554**	**24061**	**6429**	**1124**
					33
23	-167003	-166969	4550	166	417
	10	-54	4	247	196
					3
	-4048	-3894	250	1663	211
	6114	5864	1466	3295	93
	11710	11719	17791	1058	164
***	***	***	***	***	7
424026	**-3104246**	**-2306720**	**360408**	**2908326**	**353500**
7	-6009	-3692	189	7789	535
-100	-3405	2438	1556	8015	2148
	-1123	-1624	98	1426	311
***	***	***	***	***	10
101	-45503	-38462	668	6474	1550
	-941	-144	8	498	133
70	-7138	-6070	357	2187	1014
593	-23470	-7278	269	4458	1190
52840	-84896	-86077	-764	21121	4106
4442	-6074	-1110	234	3808	832
-22	-13790	-9481	-1128	23109	1097
2	-4836	-5112	287	2360	300
	-2423	-2424	12	300	124
0	-9202	-8792	394	4128	956
3184	-15513	-10698	7288	66205	3359
0	-33378	-27273	212	5548	1084
6626	-89626	-87833	2636	20713	2716
	-17025	-17025		471	83
8544	-19391	-15845	329	5053	1042
	-15293	-3846	37	2997	658
***	***	***	***	***	4
	-533	-511	0	454	43
	-1265	-1267	18	513	67
	-5378	-6379	-341	4361	773
647	-30247	-35855	366	11243	1363
-5	-3087	-855	506	6422	807
-1232	-62003	-44875	10700	111619	25744
4025	-36754	-32212	958	24356	3241
79	-15232	-6284	1033	15346	2002
	-7	-5	0		4
4	-1341	-4316	780	5211	1301
0	-954	-797	96	2481	352
	-226	-225	3	133	52
95	-15333	-14275	779	3949	879
176	3317	3996	271	3316	624
	-52065	-50287	188	4633	629

1-22 续表 5

项 目	主营业务税金及附加	销售费用	管理费用	#税 金	财务费用
木制品制造	7547	42064	140515	2256	5082
竹、藤、棕、草等制品制造	17	114	1621	3	12
木质家具制造	12086	148378	271948	4743	12686
竹、藤家具制造	10		716	3	5
金属家具制造	1941	17589	34898	692	407
塑料家具制造	***	***	***	***	***
其他家具制造	2566	22568	57384	843	160
纸浆制造	0	5	716	5	-177
造纸	1609	13068	37180	462	1511
纸制品制造	7568	86295	179969	8088	11207
印刷	24305	161047	628689	10056	19113
装订及印刷相关服务	5060	21727	89473	2122	3122
记录媒介复制	414	707	40701	1502	-75
文教办公用品制造	1143	7406	32973	380	-667
乐器制造	763	10150	29969	636	504
工艺美术品制造	5974	37620	125544	2311	1741
体育用品制造	1252	7211	38345	887	887
玩具制造	365	6476	23278	148	142
游艺器材及娱乐用品制造	549	2781	14811	583	1723
精炼石油产品制造	2267	18134	60501	1405	7017
炼焦					
核燃料加工	***	***	***	***	***
基础化学原料制造	2399	29865	63543	814	707
肥料制造	378	20538	47643	473	1169
农药制造	471	7209	18208	219	1727
涂料、油墨、颜料及类似产品制造	8045	61164	150263	3246	21979
合成材料制造	2121	27184	58184	1025	1475
专用化学产品制造	8179	92352	246027	3160	5430
炸药、火工及焰火产品制造	***	***	***	***	***
日用化学产品制造	4327	69617	127496	1812	-6694
化学药品原料药制造	474	11610	14175	270	-175
化学药品制剂制造	1716	46550	112470	2060	2758
中药饮片加工	407	2892	35218	1530	-300
中成药生产	1503	19795	210973	2170	12409
兽用药品制造	1324	24358	43988	573	3129
生物药品制造	3666	54324	255890	1746	10880
卫生材料及医药用品制造	2180	25665	65665	693	-188
纤维素纤维原料及纤维制造	10	321	327	5	-19
合成纤维制造	576	2739	19604	122	237
橡胶制品业	3031	22968	68363	1718	3365
塑料制品业	18858	131128	436187	7535	10335
水泥、石灰和石膏制造	2510	5564	63622	1585	5503
石膏、水泥制品及类似制品制造	8446	96602	222266	4224	8906
砖瓦、石材等建筑材料制造	12877	103579	269708	5077	8267
玻璃制造	1206	16559	87516	1348	34875
玻璃制品制造	3666	25716	116294	1235	3596
玻璃纤维和玻璃纤维增强塑料制品制造	896	17812	36631	263	-117
陶瓷制品制造	805	9130	35876	742	10169

单位：千元

投资收益（损失以"-"号记）	营业利润	利润总额	应交所得税	应交增值税	从业人员期末人数（人）
242	31950	21150	3754	34562	5681
	4378	4794	18	153	48
1235	-29077	-32339	7244	56147	10899
	-63	-63	1	83	43
357	-2389	-2556	797	7920	1069
***	***	***	***	***	12
2	-1304	-174	1369	16913	1795
802	-522	196			15
91	-4320	-13018	378	7705	1665
83	-192	-22185	4510	43206	7233
2444	-50208	-26930	12572	149952	19703
2088	-12492	-19506	2370	23114	3517
114000	102665	105056	701	1548	261
6816	883	1388	235	5285	726
1	-13289	-5229	228	3163	1108
694	-25849	-19088	2917	19114	3693
374	-7796	-4642	1525	6700	565
81	-6698	-5900	110	3083	596
	-1918	-2646	130	1419	247
6067	-21034	-14164	1418	9894	1179
					2
***	***	***	***	***	1
67	4607	4641	2291	20373	1926
242	-35644	-17351	1559	2462	918
	7464	7034	2285	4845	319
612	-51699	-44430	2801	33691	4363
10672	-3020	12999	1479	17202	1273
-47643	-21117	-7208	9940	54849	4229
***	***	***	***	***	2
59941	-3991	36166	2455	19266	2694
72	-4704	-4510	787	4268	252
394	-38331	-22757	2339	15116	1573
	-12704	-12242	295	3695	719
	-53538	-47581	1894	26357	1309
	2794	6524	698	8533	873
-147	-102436	-109141	6210	29784	2348
140	-15885	-15385	3673	13417	1294
	-82	-82		100	13
	-23282	-23281	377	3354	294
-2	3119	375	4188	19232	2200
17399	-98973	-74549	8290	118052	12893
58	-139987	-133922	721	17907	914
1391	-59699	-39528	8375	36638	6038
-620	-51786	-39814	6082	58654	6997
-564	-93345	-67871	1231	5963	1771
58	-20012	-19325	2109	19033	2626
-466	-10216	-8324	495	7764	1097
2000	-22131	-21464	587	4849	886

1-22 续表 6

项目	主营业务税金及附加	销售费用	管理费用	#税金	财务费用
耐火材料制品制造	1618	13358	38313	843	1230
石墨及其他非金属矿物制品制造	2337	16645	73585	1474	439
炼铁	2	29	122	18	11
黑色金属铸造	1515	8948	35309	559	1681
钢压延加工	2907	17597	76145	1478	2758
铁合金冶炼	67	222	1809	1	-6
常用有色金属冶炼	170	454	4508	28	132
贵金属冶炼	***	***	***	***	***
稀有稀土金属冶炼	0		1479	0	0
有色金属合金制造	406	3755	25851	45	-2245
有色金属铸造	207	8718	4899	447	-411
有色金属压延加工	4028	20973	118191	1550	6028
结构性金属制品制造	34021	164107	602560	11397	27130
金属工具制造	2573	18498	53951	566	120
集装箱及金属包装容器制造	3037	25114	84758	1048	2141
金属丝绳及其制品制造	306	12097	10658	294	108
建筑、安全用金属制品制造	3531	36857	84668	1060	2421
金属表面处理及热处理加工	3930	16852	61103	817	1958
搪瓷制品制造	33	352	1112	0	-1
金属制日用品制造	2507	21721	60312	1486	4256
其他金属制品制造	5183	48507	140485	2275	3889
锅炉及原动设备制造	2998	16053	81976	1511	-190
金属加工机械制造	7677	67391	232789	4141	893
物料搬运设备制造	3068	21884	93991	1694	2977
泵、阀门、压缩机及类似机械制造	9189	71103	249825	2956	6220
轴承、齿轮和传动部件制造	1985	15910	55149	334	1218
烘炉、风机、衡器、包装等设备制造	7577	95864	263350	7149	9304
文化、办公用机械制造	1890	21915	56217	703	1196
通用零部件制造	7826	66023	213592	1709	3719
其他通用设备制造业	1260	30840	70111	2050	-4283
采矿、冶金、建筑专用设备制造	4417	56465	185910	2014	2445
化工、木材、非金属加工专用设备制造	4801	42466	171696	2946	-1263
食品、饮料、烟草及饲料生产专用设备制造	1068	14495	42919	348	617
印刷、制药、日化及日用品生产专用设备制造	4996	43152	141234	2020	2792
纺织、服装和皮革加工专用设备制造	552	3097	30069	310	482
电子和电工机械专用设备制造	3833	23731	186937	866	-80905
农、林、牧、渔专用机械制造	1110	10190	26087	435	265
医疗仪器设备及器械制造	10268	214120	514595	3468	6754
环保、社会公共服务及其他专用设备制造	15414	124601	393966	3576	4043
汽车整车制造	***	***	***	***	***
改装汽车制造	594	9215	56252	1211	8179
低速载货汽车制造	***	***	***	***	***
电车制造	***	***	***	***	***
汽车车身、挂车制造	139	1877	4947	83	-110
汽车零部件及配件制造	16650	68935	399240	4223	10496
铁路运输设备制造	2188	17056	95864	842	5046
城市轨道交通设备制造	172	3161	3473	22	239

单位：千元

投资收益（损失以"−"号记）	营业利润	利润总额	应交所得税	应交增值税	从业人员期末人数（人）
100	-802	1274	1416	9545	1063
27	-16343	-11035	2200	14673	1804
	-304	-304			7
0	-6917	-3023	698	12206	1361
10	-30640	-33379	916	7961	1553
	-62	-61	21	609	86
39	-758	-759	39	756	123
***	***	***	***	***	1
	-1489	-1489			12
4448	-3149	-2897	800	3472	386
86	-25325	-4795	50	1206	132
-3249	-98134	-100272	1833	26502	1892
-5210	-55239	-31565	13064	123950	19238
-11	-2147	550	1455	12901	1610
-1740	11978	17132	4799	24282	2205
	750	1749	94	2226	267
770	-8488	-7424	2258	18178	2541
4	-6905	-7135	1430	17346	2236
	-248	-248	3	141	23
5434	7683	1077	1760	12342	1962
12386	-30789	-26990	7225	28826	3971
560	-1104	8577	3527	13831	2376
-831	-12771	7804	6359	51225	6143
-75	-18647	-15762	2818	22203	1953
4835	-41808	-44756	7206	43820	5121
8	-8085	-6425	1586	15856	1737
1411	-32086	-21744	8178	52853	5724
139	-2161	1252	4482	7898	845
1111	37333	39465	7106	49631	7737
2355	2403	2544	1306	10471	1359
2156	-5214	-2269	4816	31634	3445
-83	-23487	-14103	4631	35968	4849
496	3445	3455	3165	9907	967
8264	-36563	-82456	2283	25068	2511
-2421	-13920	-13873	722	3803	432
5156	31279	30615	5824	15588	2002
106	991	-2954	797	3351	767
27480	-175221	-114828	8954	76809	8600
6417	-30369	-12028	10621	71770	5989
***	***	***	***	***	117
-6	-39162	-31318	572	1894	420
***	***	***	***	***	1
***	***	***	***	***	2
-17	-856	-836	7	893	203
3087	-88522	-90715	10673	141719	9620
5895	69	5249	4620	18045	1504
	583	1021	-141	1436	38

1-22 续表 7

项 目	主营业务税金及附加	销售费用	管理费用	#税 金	财务费用
船舶及相关装置制造	154	364	5504	22	1
航空、航天器及设备制造	742	6710	40331	481	10919
摩托车制造	12	66	327		1
自行车制造	108	1096	7161	16	1218
非公路休闲车及零配件制造	2	22	519	8	-1
潜水救捞及其他未列明运输设备制造	3	18	640	1	2
电机制造	1387	14031	54772	1479	22895
输配电及控制设备制造	16676	189455	605382	6987	26361
电线、电缆、光缆及电工器材制造	2217	23173	79511	2555	1414
电池制造	215	9259	40650	637	2373
家用电力器具制造	1935	43223	69349	315	1640
非电力家用器具制造	2365	17139	46773	686	947
照明器具制造	4818	21037	84701	913	838
其他电气机械及器材制造	2472	25332	105804	3063	8971
计算机制造	2794	28551	101527	537	2534
通信设备制造	5719	42241	205097	2944	-1753
广播电视设备制造	1042	15998	38735	1693	867
雷达及配套设备制造	6571	8123	21144	9	47
视听设备制造	606	12894	24163	284	-128
电子器件制造	3712	39524	170480	1489	9683
电子元件制造	3997	48095	167339	2414	5338
其他电子设备制造	6060	55357	336923	1827	9680
通用仪器仪表制造	15012	176587	500790	4143	5141
专用仪器仪表制造	8434	108320	287322	2334	8560
钟表与计时仪器制造	333	2941	9791	8	-5
光学仪器及眼镜制造	1916	20532	54644	355	1843
其他仪器仪表制造业	2045	28739	78642	575	1669
日用杂品制造	2006	4256	15378	155	591
煤制品制造	651	5248	20389	818	-57
其他未列明制造业	376	7090	18240	28	2671
金属废料和碎屑加工处理	1416	8284	28208	111	-688
非金属废料和碎屑加工处理	508	1946	33986	1590	9917
金属制品修理	71	908	2162	43	-36
通用设备修理	2858	10194	26490	65	587
专用设备修理	1700	26770	37990	397	-36
铁路、船舶、航空航天等运输设备修理	1771	10741	38128	159	3351
电气设备修理	2758	2074	29674	230	152
仪器仪表修理	831	11557	21895	29	629
其他机械和设备修理业	1735	3355	40008	447	-269
三、电力、热力、燃气及水生产和供应业	**13871**	**114953**	**502682**	**6586**	**45886**
电力生产	1700	2841	57621	1368	13350
电力供应	1537	3781	15939	274	-47
热力生产和供应	7058	76061	279717	2556	21303
燃气生产和供应业	753	8632	28008	72	4166
自来水生产和供应	1392	14231	49424	1538	410
污水处理及其再生利用	1405	9382	71662	776	6703
其他水的处理、利用与分配	25	26	311	2	2

单位：千元

投资收益（损失以"-"号记）	营业利润	利润总额	应　交 所得税	应　交 增值税	从业人员期末人数（人）
168	-159	81	35	1433	112
72	-26649	-36267	664	4098	764
	-25	-25	3	116	33
	-5920	-5715	69	877	176
	-243	-266	1	47	12
	-52	-82	4	18	15
939	-50828	-47324	704	7651	1115
9192	-138049	-139295	13906	107582	11050
56	-4412	-4778	1496	17867	1728
-1	-28785	-26056	101	1706	626
35	-5684	-2880	1009	13417	1815
16	-17168	-16148	1088	6440	1052
7973	-28323	-26351	2261	13691	1536
31	-42914	-36486	1531	16253	1466
1183	-27150	-23922	826	16797	1740
10129	4514	15642	7828	28569	2165
220	-2688	-2812	1906	7705	688
	11246	13053	1200	6671	70
239	-13022	-14167	537	2143	360
1832	-95374	-50344	254	18662	2827
1456	-102412	-47221	1313	33173	3895
3027	-49662	-35700	7167	27654	3117
47163	-18606	27832	16091	96755	7214
874	-13157	-10720	10138	46601	3711
	-1325	-1326	46	999	92
	2813	3788	1248	10240	1037
-466	-15795	-14647	727	12239	1080
-89	-3060	-3903	84	17311	519
14	-17575	-12669	-215	1575	401
	3476	-770	212	2360	314
39	-8741	-4169	2455	17248	524
13	-40968	-40031	137	1720	232
	2342	2372	827	52	81
172	4257	5129	731	5802	780
-37	855	923	644	4309	884
1576	-10511	-9287	1818	6517	598
	244	118	139	1830	461
0	3745	39634	1138	5171	244
0	-105482	-4527	474	5425	1019
56398	**-518419**	**-186261**	**18423**	**47537**	**11098**
3384	-61579	-59348	1832	5673	941
	-3994	-3713	14	847	800
11999	-450530	-193013	6479	27896	7018
16475	-12661	13382	1032	1412	323
429	-7092	9177	2627	9419	873
24112	17380	47196	6438	2252	1128
	57	57	1	38	15

第2篇

建筑业

2-1 建筑业法人

项目	单位数（个）	从业人员期末人数（人）	#女性	营业收入
合计	**18486**	**655183**	**127366**	**1024349259**
其中：国有及国有控股	656	260041	53981	726264353
一、按登记注册类型分				
内资企业	18357	642418	124132	1003997431
国有企业	222	33404	7777	73974190
集体企业	524	19195	2929	14771133
股份合作企业	244	8406	961	4793135
联营企业	27	233	39	95685
国有联营企业	1	3	***	***
集体联营企业	9	104	17	16949
国有与集体联营企业	1	4	***	***
其他联营企业	16	122	19	30599
有限责任公司	4776	355268	69561	729511914
国有独资公司	53	33541	7889	107427904
其他有限责任公司	4723	321727	61672	622084010
股份有限公司	159	21653	4330	80141480
私营企业	12394	204208	38519	100706682
私营独资企业	639	3363	781	1123818
私营合伙企业	72	603	120	115113
私营有限责任公司	11470	186327	34044	93767808
私营股份有限公司	213	13915	3574	5699944
其他企业	11	51	16	3212
港、澳、台商投资企业	70	6403	1632	9470260
与港澳台商合资经营企业	48	4257	914	5629733
与港澳台商合作经营企业	3	96	33	25635
港澳台商独资经营企业	18	1933	663	3755615
港澳台商投资股份有限公司	1	117	***	***
其他港澳台投资企业				
外商投资企业	59	6362	1602	10881568
中外合资经营企业	35	3938	917	6085438
中外合作经营企业	1	26	***	***
外资企业	22	2365	671	4716327
外商投资股份有限公司	1	33	***	***
其他外商投资企业				
二、按隶属关系分				
中央	262	176600	35994	562622768
地方	18224	478583	91372	461726491
三、按行业小类分				
房屋建筑业	2054	226170	40730	463518019
土木工程建筑业	2173	150442	28890	351161640
铁路、道路、隧道和桥梁工程建筑	602	87763	16963	274853407
铁路工程建筑	48	29808	5176	111994641
公路工程建筑	145	17154	3556	91042436
市政道路工程建筑	314	28284	5338	38783258
其他道路、隧道和桥梁工程建筑	95	12517	2893	33033073
水利和内河港口工程建筑	106	6131	1287	22739662
水源及供水设施工程建筑	73	2303	526	3671087
河湖治理及防洪设施工程建筑	24	1809	305	2542367
港口及航运设施工程建筑	9	2019	456	16526208
海洋工程建筑	2	3		50
工矿工程建筑	81	17257	2916	18277293

注：1.统计口径为资质内外全部法人单位情况。
2.按四大城市功能区分组为按企业经营地分区县数据。

单位主要情况

单位：千元

主营业务收入	营业税金及附加	主营业务税金及附加	资产总计	实收资本
1011351974	**25160557**	**24848143**	**1801903271**	**308587263**
716568743	16441509	16232622	1420134453	204791521
991293075	24677100	24368287	1782986612	305454835
67934768	1416145	1397912	225639277	41971458
14633986	454580	448958	20114719	2568213
4748293	161354	159507	5203309	1241492
95396	2987	2987	141301	54356
***	***	***	***	
16949	440	440	38731	13276
***	***	***	***	***
30599	947	947	77215	36080
725256506	17977886	17761694	980262732	122027651
106631210	2588413	2519173	201634871	19669022
618625296	15389473	15242520	778627861	102358629
79195738	1564724	1548565	428212427	81941072
99425176	3099239	3048480	123409864	55649552
1074618	37017	36003	1769187	819426
115063	3685	3685	210602	160176
92562334	2885075	2836131	115597760	53126511
5673162	173462	172661	5832314	1543439
3212	185	185	2982	1040
9370685	235053	232862	8614317	1735411
5536640	172818	170644	3377554	809445
25530	323	323	76419	20000
3749237	60620	60603	4933817	858118
***	***	***	***	***
10688214	248404	246994	10302342	1397017
6016257	159848	158440	6701210	826084
***	***	***	***	***
4592154	85968	85966	3518427	548333
***	***	***	***	***
554122977	11831105	11723480	1204461582	183525223
457228997	13329452	13124662	597441688	125062040
460308740	11591082	11478113	704582288	98793202
343786090	8051286	7952743	826163062	144407009
268182159	6551616	6483780	543900254	96514651
110903051	2253070	2231353	320279468	51585198
90664497	2298295	2263243	115454245	13284307
38523748	1141647	1133397	44369042	11484825
28090864	858603	855787	63797498	20160321
22621311	215651	209509	139269344	17302666
3667194	96343	96342	5884546	1632167
2505768	75805	74203	3259298	411066
16448350	43503	38964	130125500	15259433
			22547	22500
18134929	291006	288360	76920109	15529401

2-1 续表

项　　目	单位数（个）	从业人员期末人数（人）	#女性	营业收入
架线和管道工程建筑	354	21066	3876	22127125
架线及设备工程建筑	236	17273	3181	17636322
管道工程建筑	118	3793	695	4490803
其他土木工程建筑	1028	18222	3848	13164103
建筑安装业	2720	109214	21424	105069304
电气安装	862	31399	6503	44390611
管道和设备安装	788	25190	4830	26261553
其他建筑安装业	1070	52625	10091	34417140
建筑装饰和其他建筑业	11539	169357	36322	104600297
建筑装饰业	10271	125679	30685	80719133
工程准备活动	464	11739	1419	7230093
建筑物拆除活动	220	3280	475	1021257
其他工程准备活动	244	8459	944	6208836
提供施工设备服务	167	3118	459	1418955
其他未列明建筑业	637	28821	3759	15232116
四、按企业资质等级分				
施工总承包序列	1005	343224	66723	804210327
施工总承包序列特级工程	38	79660	15348	342363365
施工总承包序列一级工程	265	196353	38660	397372016
施工总承包序列二级工程	292	34586	6251	40142660
施工总承包序列三级工程	410	32625	6464	24332286
专业承包序列	2517	165105	35362	143090856
专业承包序列一级工程	384	70307	15599	93359930
专业承包序列二级工程	618	38172	8848	24529203
专业承包序列三级工程	1438	53662	10343	23021877
专业承包序列不分等级工程	77	2964	572	2179846
劳务分包序列	146	39513	1914	4104471
劳务分包序列一级工程	16	9736	265	1540275
劳务分包序列二级工程	61	22320	1299	1362704
劳务分包序列不分等级工程	69	7457	350	1201492
无资质	14818	107341	23367	72943605
五、按四大城市功能区分				
首都功能核心区	1312	71261	15650	140699404
东城区	567	27434	6369	64317106
西城区	745	43827	9281	76382298
城市功能拓展区	6500	307458	62805	571313233
朝阳区	2267	87027	19944	149451946
丰台区	1933	85750	15625	146369356
石景山区	726	36505	6071	66889911
海淀区	1574	98176	21165	208602019
城市发展新区	7562	217461	39112	263692783
房山区	1362	34863	5680	40353823
通州区	1741	46480	9713	84238942
顺义区	1438	55428	9326	35547457
昌平区	1195	26709	4448	36721346
大兴区	1734	43502	7751	37743243
北京经济技术开发区	92	10479	2194	29087972
生态涵养发展区	3112	59003	9799	48643839
门头沟区	551	7831	1827	9226670
怀柔区	746	12319	1954	10191881
平谷区	624	14053	2048	9909071
密云县	964	18304	2657	13235095
延庆县	227	6496	1313	6081122

单位：千元

主营业务收　入	营业税金及附加	主营业务税金及附加	资产总计	实收资本
21900759	635730	626467	48326390	8835041
17462846	505835	501283	19854502	2930602
4437912	129894	125184	28471887	5904439
12946931	357283	344627	17724419	6202751
103831423	2456931	2425882	114053786	23600788
44056694	969720	961223	47758726	8667363
25941445	563610	552512	27369117	6111596
33833285	923601	912147	38925943	8821829
103425721	3061257	2991404	157104135	41786263
79957983	2502890	2448323	91524281	31129465
7142034	208974	201283	9445838	3499273
1015960	34810	32950	1944169	1149343
6126075	174164	168333	7501669	2349930
1401167	28050	27796	2641849	827821
14924536	321343	314002	53492167	6329704
798786403	19211674	19021076	1371452959	193627558
339404191	7461037	7377363	841923594	116833152
395629075	9982551	9894912	443402457	57812262
39703186	1062015	1048815	51984415	11455276
24049951	706071	699986	34142493	7526868
141645364	4125608	4039805	148177269	38065750
92612220	2617258	2557228	81754258	15185921
24281362	743326	727167	34848043	12433340
22579971	694830	685289	28832467	9551755
2171811	70194	70121	2742501	894734
4063569	109878	109818	2095379	450211
1532916	28376	28376	348863	65500
1355323	41297	41264	769233	177647
1175330	40205	40178	977283	207064
66856638	1713397	1677444	280177664	76443744
139300678	3445488	3403838	232717968	39426242
64106431	1405594	1395778	120507590	25057964
75194247	2039894	2008060	112210377	14368278
561407297	12895032	12729198	1188823070	202134586
148176416	3363991	3293034	262217703	32423244
144921768	3383847	3339961	328284051	63901721
66330354	1285239	1276562	77540937	7012888
201978759	4861955	4819641	520780378	98796733
262487237	7307134	7222270	321868825	50864682
40197568	1244556	1238626	52125142	9253491
84066905	2257384	2216986	76800192	11516147
35309935	1041456	1036396	77639418	8330947
36570029	1100370	1077677	41410192	7217591
37437418	1033055	1022989	38669571	10053093
28905383	630314	629597	35224311	4493413
48156762	1512903	1492836	58493409	16161753
9146149	296488	293724	8992991	2480355
10087066	332047	323398	10682500	3854508
9759040	280188	273337	17173871	5023864
13146270	405104	404364	15486397	3598215
6018236	199076	198013	6157649	1204810

2-2 建筑业法人

项目	应收账款	固定资产合计	固定资产原价	本年折旧
合计	**228033329**	**56296774**	**87016612**	**7226881**
其中：国有及国有控股	150342321	33061294	52397365	4834456
一、按登记注册类型分				
内资企业	223489404	55791101	86083798	7168309
国有企业	12192821	6928803	10705227	812298
集体企业	1099751	1400798	2166306	109107
股份合作企业	702494	418406	772063	34019
联营企业	37697	6180	11737	141
国有联营企业	10339	10	50	3
集体联营企业	5280	1797	3490	142
国有与集体联营企业	9459	21	368	33
其他联营企业	12619	4352	7829	-37
有限责任公司	170045987	34991525	55474601	4977404
国有独资公司	22622611	8195316	10800498	913169
其他有限责任公司	147423375	26796209	44674103	4064235
股份有限公司	16128440	3647304	4652505	346306
私营企业	23281571	8397745	12300758	889031
私营独资企业	289849	102315	107450	7782
私营合伙企业	38331	8267	74829	1168
私营有限责任公司	21442602	7861376	11646660	849914
私营股份有限公司	1510788	425788	471818	30168
其他企业	643	340	601	3
港、澳、台商投资企业	1738957	271072	425653	28599
与港澳台商合资经营企业	855171	120609	184952	13348
与港澳台商合作经营企业	704	12830	18219	3342
港澳台商独资经营企业	869426	45263	97117	9132
港澳台商投资股份有限公司	13656	92370	125365	2777
其他港澳台投资企业				
外商投资企业	2804968	234601	507161	29973
中外合资经营企业	1246700	215781	457741	25714
中外合作经营企业	8265	2081	8484	
外资企业	1528025	16031	39753	4235
外商投资股份有限公司	21978	708	1183	24
其他外商投资企业				
二、按隶属关系分				
中央	120754442	28122583	41388662	4031644
地方	107278887	28174191	45627950	3195237
三、按行业小类分				
房屋建筑业	119686725	19044931	29989642	2502293
土木工程建筑业	62890208	19447595	33308671	3015797
铁路、道路、隧道和桥梁工程建筑	50787886	11514422	21457981	2116835
铁路工程建筑	25529914	5161144	9656584	901753
公路工程建筑	12565588	2171314	4929467	581203
市政道路工程建筑	7351745	2648137	4638069	375098
其他道路、隧道和桥梁工程建筑	5340639	1533827	2233861	258781
水利和内河港口工程建筑	2204002	2766598	3832186	318532
水源及供水设施工程建筑	195914	857661	771338	57324
河湖治理及防洪设施工程建筑	306290	154460	324448	21873
港口及航运设施工程建筑	1701798	1754477	2736400	239336
海洋工程建筑				

注：1.统计口径为有施工总承包、专业承包资质建筑业法人单位及资质外建筑业法人单位，本表不包括劳务分包建筑业企业情况。
2.按四大城市功能区分组为按企业经营地分区县数据。

单位主要财务状况

单位：千元

资产总计	负债合计	所有者权益合计	#实收资本	营业收入	营业成本
1799807892	**1135740065**	**664067827**	**308137052**	**1020244788**	**925083377**
1229044687	830714478	398330209	169775230	696332951	645517144
1780891233	1121061335	659829898	305004624	999892960	907105158
225639278	70903655	154735624	41971459	73974190	64162462
20016962	15701438	4315524	2557213	14723280	12935535
5166780	3260450	1906330	1238992	4642664	4112485
141301	79325	61976	54356	95685	81523
15162	12522	2640		42151	37929
38731	42876	-4146	13276	16949	14564
10194	5357	4837	5000	5985	5089
77215	18571	58644	36080	30599	23941
979588618	796547502	183041117	121906454	728320558	668889762
201491605	171386970	30104635	19664022	107355711	98331983
778097013	625160532	152936481	102242432	620964847	570557779
428166295	168558002	259608293	81935072	80131680	74139320
122169017	66010123	56158893	55340038	98001691	82782585
1769187	842502	926685	819426	1123818	908308
210602	43515	167088	160176	115113	96621
114361436	61503817	52857620	52818387	91139258	77172333
5827791	3620290	2207501	1542049	5623503	4605323
2982	840	2141	1040	3212	1486
8614317	6985994	1628323	1735411	9470260	8523556
3377554	2718973	658581	809445	5629733	5081436
76419	63250	13169	20000	25635	16552
4933817	4032902	900914	858118	3755615	3395071
226527	170869	55658	47847	59277	30497
10302342	7692736	2609607	1397017	10881568	9454664
6701210	4843017	1858192	826084	6085438	5342013
27982	8520	19462	16600	23443	20306
3518427	2797665	720761	548333	4716327	4044297
54724	43533	11191	6000	56360	48047
1204302090	697360099	506941991	183516223	562537548	518538177
595505802	438379966	157125836	124620829	457707240	406545200
704145135	502155424	201989711	98703643	462186792	427028547
826003712	461285550	364718162	144373599	350500442	317045363
543830888	313677921	230152968	96499970	274334104	249939623
320279468	155561891	164717578	51585197	111994640	105157983
115444917	98044166	17400751	13280627	90999848	83934334
44321026	32984021	11337005	11475825	38321352	34953493
63785477	27087843	36697634	20158321	33018264	25893813
139269344	66986933	72282411	17302666	22739662	20950413
5884546	3692167	2192379	1632167	3671087	3372764
3259298	2794233	465065	411066	2542367	2317991
130125500	60500532	69624968	15259433	16526208	15259658
22547	47	22500	22500	50	

2-2 续表 1

项　　　　目	应收账款	固定资产合　　计	固定资产原　　价	本年折旧
工矿工程建筑	4336515	2382948	3529586	238561
架线和管道工程建筑	2576110	1437428	2692897	194089
架线及设备工程建筑	2129670	1134061	2229053	155798
管道工程建筑	446440	303367	463843	38290
其他土木工程建筑	2985695	1346199	1796021	147780
建筑安装业	21033553	7242959	10700404	746353
电气安装	7318336	3226804	4900175	347960
管道和设备安装	6704740	1234456	2159745	164684
其他建筑安装业	7010477	2781698	3640485	233708
建筑装饰和其他建筑业	24422843	10561289	13017895	962438
建筑装饰业	18306697	4165387	5510664	339849
工程准备活动	1985267	1142865	2027652	119918
建筑物拆除活动	374716	187979	331170	30745
其他工程准备活动	1610551	954886	1696482	89173
提供施工设备服务	411264	265320	371177	39573
其他未列明建筑业	3719615	4987716	5108401	463098
四、按企业资质等级分				
施工总承包序列	180958250	36100427	59400276	5111396
施工总承包序列特级工程	82441045	12644989	18639266	1969128
施工总承包序列一级工程	86462580	18836589	33103191	2652712
施工总承包序列二级工程	7132384	2648149	4101596	230777
施工总承包序列三级工程	4922241	1970700	3556223	258779
专业承包序列	31348839	13286369	17850645	1227157
专业承包序列一级工程	19662200	8387147	10206356	706194
专业承包序列二级工程	5925811	2167571	3372617	206897
专业承包序列三级工程	5030035	2562876	3943713	277388
专业承包序列不分等级工程	730793	168775	327959	36678
无资质	15726240	6909978	9765691	888328
五、按四大城市功能区分				
首都功能核心区	30313346	7428567	12059514	986084
东城区	10283406	2668505	4328399	328275
西城区	20029939	4760062	7731115	657809
城市功能拓展区	128345763	29222758	43471517	4073812
朝阳区	24042967	7449808	11144261	1161756
丰台区	35560873	6571448	10920200	885506
石景山区	23885484	2008067	3506548	429638
海淀区	44856438	13193436	17900507	1596912
城市发展新区	57279773	15660652	25162330	1756360
房山区	11108830	2662812	4545558	259681
通州区	11678693	3076934	4956975	307032
顺义区	7321203	3361000	4586537	427748
昌平区	12101755	2479720	4210606	273801
大兴区	8193031	2804667	4158867	290144
北京经济技术开发区	6876261	1275520	2703786	197954
生态涵养发展区	12094447	3984796	6323252	410626
门头沟区	2190887	371556	755161	59524
怀柔区	1870548	674776	1222312	84883
平谷区	3296580	1408234	1848165	83013
密云县	2731668	1110027	1723343	138793
延庆县	2004764	420203	774272	44414

单位：千元

资产总计	负债合计	所有者权益合　　计	#实收资本	营业收入	营业成本
76920109	47641110	29278999	15529401	18277293	15887206
48285054	23544537	24740516	8820811	22065949	19151068
19813166	14237015	5576152	2916372	17575146	15021444
28471887	9307522	19164365	5904439	4490803	4129624
17675770	9435002	8240768	6198251	13083384	11117053
113397119	81670696	31726423	23482829	104223807	92186057
47634490	34722491	12911999	8648693	44188174	39542639
27143447	19493152	7650295	6045632	25833961	22948395
38619182	27455053	11164129	8788504	34201672	29695023
156261926	90628395	65633531	41576981	103333747	88823410
91175168	59387768	31787400	31042205	80237488	68365786
9405395	4977543	4427852	3493093	7049444	5953649
1944169	730294	1213874	1149343	1021257	757217
7461226	4247249	3213977	2343750	6028187	5196431
2457120	1631976	825144	766821	1338878	1154776
53224243	24631108	28593135	6274862	14707937	13349200
1371452959	937812128	433619794	193627558	804210327	742323638
841923594	525595027	316328567	116833152	342363365	317380664
443402457	350554830	92847627	57812262	397372016	367246074
51984415	37158086	14826327	11455276	40142660	36207043
34142493	24504185	9617273	7526868	24332286	21489857
148177269	104241118	43957188	38065750	143090856	124745192
81754258	59551708	22202144	15185921	93359930	83935170
34848043	25788612	9089508	12433340	24529203	20387107
28832467	17322402	11501431	9551755	23021877	18585137
2742501	1578396	1164105	894734	2179846	1837778
280177664	93686819	186490845	76443744	72943605	58014547
232713318	165643340	67069977	39424742	140684370	128869045
120504207	73972827	46531380	25056964	64303152	59643482
112209110	91670513	20538597	14367778	76381218	69225564
1187822714	720428169	467394544	201939626	569334190	518463585
261893767	187328868	74564899	32346894	148935471	135034754
328135873	190895620	137240253	63881446	146044400	134571981
77447431	64579730	12867701	6985233	66480373	61464363
520345642	277623951	242721691	98726053	207873945	187392487
320994651	210998053	109996598	50696091	262401568	235228301
51981830	34978831	17002998	9238635	40153027	35211778
76758684	59176028	17582656	11508502	84236068	76943922
77503730	31900149	45603581	8300837	35341064	31128327
41184271	30175652	11008618	7195091	36398703	32653880
38341826	26594705	11747121	9959613	37184734	33196178
35224311	28172687	7051624	4493413	29087972	26094216
58277210	38670503	19606707	16076593	47824660	42522447
8918732	6229387	2689345	2458855	9167864	8231238
10611745	6587193	4024552	3819228	9934940	9008582
17148879	10896906	6251973	5019864	9869644	8480347
15466887	10404518	5062370	3584635	12785137	11265198
6130966	4552500	1578467	1194010	6067075	5537081

2-2 续表 2

项目	营业税金及附加	其他业务利润	销售费用	管理费用	#税金
合计	**25050679**	**2487057**	**5128444**	**40454917**	**585802**
其中：国有及国有控股	16041170	1237057	491370	20679791	292900
一、按登记注册类型分					
内资企业	24567222	2318855	4801515	39356996	571363
国有企业	1416145	198105	114666	3338593	40818
集体企业	453939	55054	43161	1071915	12424
股份合作企业	156300	10410	28477	208911	3107
联营企业	2987		1074	11748	374
国有联营企业	1403			299	
集体联营企业	440		522	4877	88
国有与集体联营企业	197			635	
其他联营企业	947		553	5936	286
有限责任公司	17949884	1264393	1483316	24157398	338209
国有独资公司	2586362	355029	20875	3241411	52034
其他有限责任公司	15363522	909364	1462440	20915987	286175
股份有限公司	1564360	400737	148190	2683916	53123
私营企业	3023422	390174	2981749	7884288	123277
私营独资企业	37017	5156	60900	99513	1562
私营合伙企业	3685	301	3164	11061	27
私营有限责任公司	2810689	358781	2548545	7464539	115177
私营股份有限公司	172031	25937	369140	309176	6511
其他企业	185	-18	882	227	31
港、澳、台商投资企业	235053	23459	117441	477283	7009
与港澳台商合资经营企业	172818	17232	53619	264067	5138
与港澳台商合作经营企业	323		4137	7318	20
港澳台商独资经营企业	60620	6227	56033	187916	1765
港澳台商投资股份有限公司	1291		3652	17981	86
其他港澳台投资企业					
外商投资企业	248404	144743	209488	620638	7429
中外合资经营企业	159848	24506	93888	335302	4441
中外合作经营企业	630		4	2198	232
外资企业	85968	120237	115596	273682	2728
外商投资股份有限公司	1958			9456	28
其他外商投资企业					
二、按隶属关系分					
中央	11828616	1050434	394997	16598987	216933
地方	13222063	1436623	4733447	23855930	368869
三、按行业小类分					
房屋建筑业	11560833	953076	295983	13690688	221338
土木工程建筑业	8043087	876567	784766	13420999	160982
铁路、道路、隧道和桥梁工程建筑	6548060	579433	306442	7992248	72421
铁路工程建筑	2253071	458978	120230	4018432	25684
公路工程建筑	2297563	62050	23253	1656805	22092
市政道路工程建筑	1139316	57215	122637	1478350	17618
其他道路、隧道和桥梁工程建筑	858110	1190	40322	838661	7027
水利和内河港口工程建筑	215651	81523	9822	1239070	17594
水源及供水设施工程建筑	96343	3816	7437	187807	2672
河湖治理及防洪设施工程建筑	75805	26939	2386	125915	2662
港口及航运设施工程建筑	43503	50768		925348	12260
海洋工程建筑				42	

单位：千元

财务费用	投资收益	营业利润	利润总额	应交所得税	应交增值税
6025940	**30122510**	**42769992**	**43646889**	**6182079**	**1459216**
4898833	24960844	32727649	33205628	3971364	1049011
6018207	30128149	42323872	43210053	6045471	1404756
-34034	5868652	6371423	6623352	881790	142744
-26781	42632	274000	304566	90181	4540
24029	21203	112476	135578	36107	1217
10		-1212	-1203	1055	106
-25		2302	2302	948	
		-2957	-2942	47	116
-1		65	66	16	
36		-621	-629	43	-10
4357890	9249995	19777070	20578834	4142518	996043
1461014	1942629	3570814	3613785	651163	99826
2896876	7307365	16206256	16965049	3491355	896217
1512139	14901831	14641542	14400812	533159	108709
184954	43836	1148223	1167764	360569	151394
2457	11	13071	17457	4137	7303
-89	-39	-195	-56	143	183
176924	43488	985052	981758	312438	135497
5662	377	150295	168605	43850	8412
		350	350	92	3
14284	-4538	95700	95484	34562	7868
2813	-4538	49770	47351	9553	3711
884		-3579	-2770		976
3241		50999	52393	25010	2711
7346		-1490	-1490		470
-6551	-1101	350420	341352	102045	46591
11279	5998	149993	150573	37215	39265
-20		325	325	81	
-17809	-7099	203201	193717	64750	7325
-1		-3100	-3263		
3357210	27921572	34248467	34510249	4030425	924124
2668730	2200938	8521525	9136640	2151654	535092
3237263	13035989	18867190	19353404	2990935	72089
2261416	15230966	18841596	19140433	2020739	885993
1144735	10656637	13816110	13911222	1395093	579803
182513	8535531	8640532	8502328	202207	-2097
786759	1236954	3423504	3506482	605676	557957
187728	145026	541298	557092	165343	5291
-12265	739126	1210776	1345320	421867	18652
470988	3038574	2981527	3114616	93616	15569
19041	62352	80524	90237	18326	3758
487	1655	22418	27924	9176	798
451459	2974567	2878585	2996455	66114	11014
	-42	-42	1		

2-2 续表 3

项目	营业税金及附加	其他业务利润	销售费用	管理费用	#税金
工矿工程建筑	291006	55120	100572	1409282	22357
架线和管道工程建筑	633753	113428	132903	1782282	34034
架线及设备工程建筑	503858	95244	90389	1475318	24335
管道工程建筑	129894	18185	42514	306964	9699
其他土木工程建筑	354617	47063	235027	998075	14576
建筑安装业	2424101	294181	1517890	6136239	92260
电气安装	963146	151720	434180	2697479	27728
管道和设备安装	543589	78022	374383	1441537	20578
其他建筑安装业	917366	64439	709328	1997223	43953
建筑装饰和其他建筑业	3022658	363233	2529805	7206991	111222
建筑装饰业	2486426	259593	2054701	5399641	87194
工程准备活动	203000	32630	263278	672226	9434
建筑物拆除活动	34810	4770	88416	153602	3287
其他工程准备活动	168190	27860	174862	518624	6146
提供施工设备服务	25594	13655	30326	97422	3815
其他未列明建筑业	307638	57355	181501	1037702	10779
四、按企业资质等级分					
施工总承包序列	19211674	1654783	708504	25506628	372551
施工总承包序列特级工程	7461037	813545	120539	9226149	147836
施工总承包序列一级工程	9982551	507038	309801	12688811	165156
施工总承包序列二级工程	1062015	264378	97246	1929624	32851
施工总承包序列三级工程	706071	69822	180918	1662044	26708
专业承包序列	4125608	465239	2551650	8445660	133637
专业承包序列一级工程	2617258	178146	738877	3733843	56205
专业承包序列二级工程	743326	79526	878626	1962454	31626
专业承包序列三级工程	694830	204327	900657	2578094	43516
专业承包序列不分等级工程	70194	3240	33490	171269	2290
无资质	1713397	367035	1868290	6502629	79614
五、按四大城市功能区分					
首都功能核心区	3445091	347844	594127	5700692	92160
东城区	1405233	70686	215608	2687000	40901
西城区	2039858	277157	378519	3013693	51259
城市功能拓展区	12845537	1559223	2599251	21941528	307084
朝阳区	3359224	547179	945493	6907274	98132
丰台区	3373100	526095	592309	5383545	63756
石景山区	1275778	153267	200017	1700444	31889
海淀区	4837435	332683	861433	7950264	113306
城市发展新区	7266608	435511	1526141	10522257	161681
房山区	1237830	79968	123663	2252743	26544
通州区	2257294	55584	254644	1939170	41803
顺义区	1035990	51168	366855	1937622	30513
昌平区	1090322	63843	204919	1388104	22553
大兴区	1014859	82911	519249	1903963	31913
北京经济技术开发区	630314	102037	56811	1100655	8355
生态涵养发展区	1493443	144478	408925	2290440	24877
门头沟区	294608	19602	148133	405096	3789
怀柔区	326717	44951	64115	445816	5290
平谷区	278841	64938	82113	587525	6668
密云县	394732	13106	95400	554872	5902
延庆县	198545	1881	19164	297130	3228

单位：千元

财务费用	投资收益	营业利润	利润总额	应　交 所得税	应　交 增值税
369809	1104350	1225797	1261831	324406	192650
218775	416759	492424	518329	148715	66366
-14386	94446	522172	546709	135865	65990
233161	322314	-29748	-28380	12851	376
57109	14688	325780	334434	58909	31605
60924	433947	2264057	2391450	441938	188102
-170725	351687	1035055	1071484	161186	33223
127387	52631	415860	444394	108466	58364
104262	29629	813142	875571	172286	96515
466337	1421608	2797149	2761602	728467	313032
222407	173217	1689884	1687574	450433	113361
-4955	777139	713330	703680	219631	12590
-129	2165	-9781	-10853	2503	222
-4826	774974	723112	714533	217128	12368
5000	61	-4347	-2463	2380	10632
243885	471191	398282	372812	56023	176449
5596152	24314507	34104083	34830055	4450977	1035702
3621660	20436681	24568888	24629357	2119738	583131
1981373	3232485	7872232	8425171	1782616	385987
28379	80084	938402	1009851	266635	20585
-35260	565257	724561	765676	281988	45999
388770	1062392	3620038	3746342	938782	326636
288889	1004669	2746805	2876622	664717	230379
61087	24680	487636	511426	128236	37119
30376	33037	333977	305944	133681	51721
8418	6	51620	52350	12148	7417
41018	4745611	5045871	5070492	792320	96878
999996	2390074	3434891	3927617	862124	99401
-104923	2108422	2492811	2757705	651046	55612
1104919	281652	942080	1169912	211078	43789
3859855	26176531	30439507	30466223	3380684	990171
601596	3958363	6332288	6348655	1132202	571616
629579	6138263	7440314	7512656	627742	74919
270694	332036	1752140	1833258	351898	61143
2357986	15747870	14914765	14771654	1268841	282493
995430	1338240	7731730	8046197	1664329	288395
92498	334326	1596240	1634755	306305	46890
188642	618106	3137063	3178706	629092	38393
103461	95813	811624	860536	180053	60331
177569	32884	820620	814218	202180	22219
81572	28649	410512	588975	155894	42139
351687	228462	955671	969007	190805	78423
170659	217664	1163865	1206852	274941	81249
4623	-6112	89946	96375	24654	3663
6079	1429	111956	134028	37531	9887
104370	195873	521902	545756	91824	6595
29192	28124	448842	439549	111861	58930
26395	-1649	-8782	-8856	9072	2173

2-3 施工总承包、专业

项目	单位数（个）	签订合同额	上年结转合同额	本年新签合同额	直接从建设单位承揽工程产值	自行完成施工产值
合计	**3522**	**1860618747**	**888538040**	**972080707**	**756380182**	**653049768**
其中：国有及国有控股	438	1488889076	728886890	760002186	557004087	466056380
一、按登记注册类型分						
内资企业	3433	1830499901	874574631	955925270	741397928	641766224
国有企业	99	93615098	41144718	52470380	40894615	37391085
集体企业	126	16717688	7692359	9025329	13083936	12867112
股份合作企业	62	5619804	2395706	3224098	4006126	3951298
联营企业	2	5985	5933	52	5985	5985
国有联营企业						
集体联营企业	1					
国有与集体联营企业	1	***	***	***	***	***
其他联营企业						
有限责任公司	1223	1487275888	729781364	757494524	561776874	488166678
国有独资公司	45	207766989	85917723	121849266	81758745	78409774
其他有限责任公司	1178	1279508899	643863641	635645258	480018129	409756904
股份有限公司	61	139043687	63408342	75635345	71523362	51974981
私营企业	1860	88221751	30146209	58075542	50107030	47409085
私营独资企业	2	12334	12334			
私营合伙企业	3	2158	150	2008	2900	2900
私营有限责任公司	1801	82485973	28323255	54162718	47850757	45167551
私营股份有限公司	54	5721286	1810470	3910816	2253373	2238634
其他企业						
港、澳、台商投资企业	48	14219693	5541325	8678368	7769175	6370704
与港澳台商合资经营企业	36	7974362	2330562	5643800	4913845	4330813
与港澳台商合作经营企业	2	7887	2887	5000	5617	5617
港澳台商独资经营企业	9	6237444	3207876	3029568	2849713	2034274
港澳台商投资股份有限公司	1					
其他港澳台投资企业						
外商投资企业	41	15899153	8422084	7477069	7213079	4912840
中外合资经营企业	27	7177404	3905438	3271966	3934083	3318621
中外合作经营企业	1	***		***		
外资企业	12	8656649	4503069	4153580	3222636	1537859
外商投资股份有限公司	1	***	***	***	***	***
其他外商投资企业						
二、按隶属关系分						
中央	194	1167909750	580029047	587880703	415510919	332562565
地方	3328	692708997	308508993	384200004	340869263	320487203
三、按行业小类分						
房屋建筑业	611	1096729660	517233391	579496269	410017674	370707683
土木工程建筑业	562	537070049	279847231	257222818	220468499	173662840
铁路、道路、隧道和桥梁工程建筑	225	441387007	235654232	205732775	170254337	143435203
铁路工程建筑	22	141066431	88589796	52476635	53578771	37826974
公路工程建筑	44	175504482	80352448	95152034	72076781	64499018
市政道路工程建筑	129	71534839	35750573	35784266	26329256	25696482
其他道路、隧道和桥梁工程建筑	30	53281255	30961415	22319840	18269529	15412729
水利和内河港口工程建筑	27	29440370	21196653	8243717	23531000	5545196
水源及供水设施工程建筑	13	6129981	2242826	3887155	3082088	2981924
河湖治理及防洪设施工程建筑	9	4218154	2008135	2210019	2317889	2184353
港口及航运设施工程建筑	5	19092235	16945692	2146543	18131023	378919

注：1.统计口径为有施工总承包、专业承包资质建筑业法人单位。
2.按四大城市功能区分组为按企业经营地分区县数据。

承包建筑业企业生产情况

单位：千元

分包出去工程产值	从建设单位以外承揽工程产值	建筑业总产值	#装修装饰产值	#在外省完成产值	建筑工程产值	安装工程产值	其他产值
103330414	**92910640**	**745960408**	**109182958**	**466363463**	**712185411**	**27377479**	**6397518**
90947707	71391908	537448288	49464075	394633220	517461147	16314325	3672816
99631704	91813849	733580073	104393791	459739393	701052904	26884800	5642369
3503530	956503	38347588	4833485	22920974	36421554	1778318	147716
216824	185020	13052132	1240857	915510	12754463	187081	110588
54828	95454	4046752	390982	94221	3895666	149994	1092
	6070	12055	6070		12055		
	***	***	***		***		
		***			***		
73610196	74471977	562638655	70166881	372268281	538874028	19190501	4574126
3348971	11124350	89534124	11273590	56980428	84864397	3856802	812925
70261225	63347627	473104531	58893291	315287853	454009631	15333699	3761201
19548381	5975074	57950055	4924630	47070951	57356397	369886	223772
2697945	10123751	57532836	22830886	16469456	51738741	5209020	585075
	2240	2240			2240		
		2900	1978		2900		
2683206	7835118	53002669	19094980	14565092	47494093	4928568	580008
14739	2286393	4525027	3733928	1904364	4239508	280452	5067
1398471	467657	6838361	4154908	3783347	6676808	120491	41062
583032	413888	4744701	2763032	2203800	4626460	118241	
		5617	5617		5617		
815439	5766	2040040	1386259	1567848	1996728	2250	41062
	***	***		***	***		
2300239	629134	5541974	634259	2840723	4455699	372188	714087
615462	342667	3661288	446335	1746835	3286464	367183	7641
	***	***			***		
1684777	273467	1811326	131564	1041475	1099875	5005	706446
		***	***	***	***		
82948354	62750002	395312567	25011016	331259928	378361462	14508924	2442181
20382060	30160638	350647841	84171942	135103535	333823949	12868555	3955337
39309991	26144287	396851970	50014436	236024841	389352238	4745329	2754403
46805659	45770510	219433350	2221989	167816770	214491737	3681855	1259758
26819134	41499321	184934524	1796921	152087725	183851785	137598	945141
15751797	17750849	55577823	1093892	51370842	54786685	85037	706101
7577763	13180296	77679314	534364	70683142	77617882		61432
632774	8120841	33817323	118543	13912718	33762566	41662	13095
2856800	2447335	17860064	50122	16121023	17684652	10899	164513
17985804	278617	5823813		841525	5635692	2200	185921
100164	277117	3259041		286578	3256811	2200	30
133536	1500	2185853		353288	2177222		8631
17752104		378919		201659	201659		177260

2-3 续表 1

项目	单位数(个)	签订合同额	上年结转合同额	本年新签合同额	直接从建设单位承揽工程产值	自行完成施工产值
海洋工程建筑						
工矿工程建筑	27	35840383	13780908	22059475	10355045	8843041
架线和管道工程建筑	163	20024203	6193362	13830841	13304211	12905844
架线及设备工程建筑	117	17602852	5832990	11769862	11491478	11154838
管道工程建筑	46	2421351	360372	2060979	1812733	1751006
其他土木工程建筑	120	10378086	3022076	7356010	3023906	2933556
建筑安装业	825	122785881	58215608	64570273	64892252	51284792
电气安装	272	48502512	23493238	25009274	27780004	16911434
管道和设备安装	248	25447220	8777057	16670163	16779383	15622167
其他建筑安装业	305	48836149	25945313	22890836	20332865	18751191
建筑装饰和其他建筑业	1524	104033157	33241810	70791347	61001757	57394453
建筑装饰业	1206	85860437	27111544	58748893	53386892	51005963
工程准备活动	143	3892192	815204	3076988	2459312	2426221
建筑物拆除活动	76	501489	81770	419719	442305	416181
其他工程准备活动	67	3390703	733434	2657269	2017007	2010040
提供施工设备服务	16	1727374	1063781	663593	812729	636904
其他未列明建筑业	159	12553154	4251281	8301873	4342824	3325365
四、按企业资质等级分						
施工总承包序列	1005	1697580753	835759207	861821546	663886191	565576570
施工总承包序列特级工程	38	890935905	462491639	428444266	317544880	254558911
施工总承包序列一级工程	265	722288192	341508980	380779212	298752725	267654726
施工总承包序列二级工程	292	59901024	25083794	34817230	33154729	30453216
施工总承包序列三级工程	410	24455632	6674794	17780838	14433857	12909717
专业承包序列	2517	163037994	52778833	110259161	92493991	87473198
专业承包序列一级工程	384	116089638	39915467	76174171	61109151	57458209
专业承包序列二级工程	618	22475035	7294106	15180929	14774463	14022985
专业承包序列三级工程	1438	21246783	5076525	16170258	15563931	14966672
专业承包序列不分等级工程	77	3226538	492735	2733803	1046446	1025332
五、按四大城市功能区分						
首都功能核心区	488	263440501	126976300	136464201	107103412	91238014
东城区	173	134206986	67408300	66798686	55004496	41520477
西城区	315	129233515	59568000	69665515	52098916	49717537
城市功能拓展区	1605	1027878024	490871735	537006289	413519050	340233182
朝阳区	694	182829506	75550091	107279415	90289380	83729142
丰台区	290	248703558	109450845	139252713	102189513	86245228
石景山区	84	213381322	127640704	85740618	60328103	34788295
海淀区	537	382963638	178230095	204733543	160712054	135470517
城市发展新区	1043	515414490	250605327	264809163	206125703	193433918
房山区	129	82160271	35664924	46495347	33003687	31825768
通州区	225	224784085	106361982	118422103	77448260	71182922
顺义区	174	47842429	30103651	17738778	23158223	20938661
昌平区	150	37968524	20562641	17405883	24529199	23735508
大兴区	337	69721912	24509702	45212210	26288298	24078163
北京经济技术开发区	28	52937269	33402427	19534842	21698036	21672896
生态涵养发展区	386	53885732	20084678	33801054	29632017	28144654
门头沟区	76	11198186	4157196	7040990	5053772	4740325
怀柔区	84	7075284	2195721	4879563	4184461	3436611
平谷区	120	14698018	5430036	9267982	7006366	6916726
密云县	58	11432595	4098528	7334067	7679922	7426535
延庆县	48	9481649	4203197	5278452	5707496	5624457

单位：千元

分包出去工程产值	从建设单位以外承揽工程产值	建筑业总产值	#装修装饰产值	#在外省完成产值	建筑工程产值	安装工程产值	其他产值
1512004	243982	9087023	292977	8201754	7587034	1413838	86151
398367	1003411	13909255	37335	3976380	11822275	2085322	1658
336640	579393	11734231	37335	3458815	9686295	2046403	1533
61727	424018	2175024		517565	2135980	38919	125
90350	2745179	5678735	94756	2709386	5594951	42897	40887
13607460	10778098	62062890	842944	31712933	42021637	18400227	1641026
10868570	2788652	19700086	107564	8542136	14660672	4175121	864293
1157216	2623668	18245835	207396	9290978	13975422	3659886	610527
1581674	5365778	24116969	527984	13879819	13385543	10565220	166206
3607304	10217745	67612198	56103589	30808919	66319799	550068	742331
2380929	7851492	58857455	55280803	28221537	58343611	332117	181727
33091	1506397	3932618	356858	1162504	3768337		164281
26124	149723	565904		43732	432484		133420
6967	1356674	3366714	356858	1118772	3335853		30861
175825	36621	673525		82474	553394	30198	89933
1017459	823235	4148600	465928	1342404	3654457	187753	306390
98309621	65079181	630655751	52820251	414229974	606717742	18458475	5479534
62985969	5029284	259588195	17339923	198838276	256456057	2058338	1073800
31097999	57069333	324724059	31495085	208269487	306557443	14898982	3267634
2701513	1206390	31659606	2256002	4176828	30209736	563025	886845
1524140	1774174	14683891	1729241	2945383	13494506	938130	251255
5020793	27831459	115304657	56362707	52133489	105467669	8919004	917984
3650942	19167318	76625527	41828660	41864431	72641825	3720425	263277
751478	5448579	19471564	9342777	7258926	17581488	1677310	212766
597259	2536790	17503462	5182222	2144385	13573205	3503682	426575
21114	678772	1704104	9048	865747	1671151	17587	15366
15865398	16915240	108153254	20032327	64034970	101430142	5667805	1055307
13484019	8790448	50310925	7159401	35888733	48496341	1169615	644969
2381379	8124792	57842329	12872926	28146237	52933801	4498190	410338
73285868	42662450	382895632	59815519	231775689	367950089	11153959	3791584
6560238	17473487	101202629	25833769	45890096	98270310	1159411	1772908
15944285	11896117	98141345	9823970	68134939	92426217	5610027	105101
25539808	4316253	39104548	3300330	27929854	37383956	588341	1132251
25241537	8976593	144447110	20857450	89820800	139869606	3796180	781324
12691785	22407904	215841822	23885591	151176114	205133160	9191837	1516825
1177919	1073438	32899206	2199170	20355883	30699109	1573647	626450
6265338	4522652	75705574	6891969	66752813	75459928	207627	38019
2219562	3457553	24396214	2621495	12470585	19242628	5066891	86695
793691	5593837	29329345	5556167	16780696	29014783	250464	64098
2210135	6037746	30115909	6203676	14225688	28655310	835929	624670
25140	1722678	23395574	413114	20590449	22061402	1257279	76893
1487363	10925046	39069700	5449521	19376690	37672020	1363878	33802
313447	3347568	8087893	1992622	3047319	7908797	174610	4486
747850	3718558	7155169	375902	4775881	7007324	121052	26793
89640	1063549	7980275	1136165	2819058	7422773	556410	1092
253387	2666762	10093297	1022335	5484934	9963454	128412	1431
83039	128609	5753066	922497	3249498	5369672	383394	

2-3 续表 2

项目	竣工产值	房屋建筑施工面积(平方米)	#本年新开工面积	#实行投标承包施工面积	自有施工机械设备净值	自有施工机械设备总台数(台)
合计	**357539429**	**492588973**	**167170161**	**440944188**	**10881986**	**127068**
其中：国有及国有控股	234867942	394920621	136787889	355533941	7749198	56633
一、按登记注册类型分						
内资企业	350628132	489699489	167018402	438712655	10814164	125473
国有企业	28895088	31292300	9077315	29731407	492090	9622
集体企业	6228008	8153894	2215669	5446470	71727	5161
股份合作企业	2548381	2174243	1018680	1963250	64124	3398
联营企业	12055					
国有联营企业						
集体联营企业	***					
国有与集体联营企业	***					
其他联营企业						
有限责任公司	257759297	410869240	141123200	380525219	8271650	75910
国有独资公司	38980798	50353522	14266502	50254973	1171740	7162
其他有限责任公司	218778499	360515718	126856698	330270246	7099910	68748
股份有限公司	18758329	29607842	10426109	14804535	782268	6789
私营企业	36426974	7601970	3157429	6241774	1132305	24593
私营独资企业	2240				3748	31
私营合伙企业	2170				134	7
私营有限责任公司	33726815	7479542	3057695	6184184	1120832	24282
私营股份有限公司	2695749	122428	99734	57590	7591	273
其他企业						
港、澳、台商投资企业	4161520	1891319	23975	1326582	24846	752
与港澳台商合资经营企业	2803355				15086	629
与港澳台商合作经营企业					31	18
港澳台商独资经营企业	1354004	1891319	23975	1326582		
港澳台商投资股份有限公司	***				***	***
其他港澳台投资企业						
外商投资企业	2749777	998165	127784	904951	42976	843
中外合资经营企业	2305393	842126	72662	828626	42976	843
中外合作经营企业						
外资企业	388024	156039	55122	76325		
外商投资股份有限公司	***					
其他外商投资企业						
二、按隶属关系分						
中央	173361260	317546598	113225325	282565060	5872365	38085
地方	184178169	175042375	53944836	158379128	5009621	88983
三、按行业小类分						
房屋建筑业	230302735	469805673	159556268	419725766	3094174	41363
土木工程建筑业	65923900	16446233	6810381	15709467	6305463	42517
铁路、道路、隧道和桥梁工程建筑	46404775	11501104	5285383	10769836	4954757	22031
铁路工程建筑	11746864	5654239	3072634	4944943	2216073	7370
公路工程建筑	20082147	3466830	1729983	3455163	1184209	4986
市政道路工程建筑	14015744	2380035	482766	2369730	983180	7604
其他道路、隧道和桥梁工程建筑	560020				571295	2071
水利和内河港口工程建筑	2389471	23746	10420	23746	81729	2111
水源及供水设施工程建筑	1510233	23746	10420	23746	59034	1613
河湖治理及防洪设施工程建筑	850935				18750	444
港口及航运设施工程建筑	28303				3945	54

单位：千元

自有施工机械设备总功率（千瓦）	主要建筑材料消耗量						企业总产值
	钢材（吨）	木材（立方米）	水泥（吨）	平板玻璃（重量箱）	平板玻璃（平方米）	铝材（吨）	
4478393	**19936799**	**4250700**	**35320444**	**3068131**	**11543062**	**147942**	**816576716**
2813805	15927732	2825632	26429905	957901	3259108	42296	561598061
4440543	19843379	4119034	35090120	3018523	11430314	144783	801724846
268134	876971	154624	1363496	108399	339196	8327	43171703
67751	324043	248390	555907	34227	163894	788	13447029
76294	98438	19003	108086	39000	159621	1137	4156300
	123		386	3595	11984	66	12055
	***			***	***	***	***
			***				***
3125832	16200729	3021942	28296850	2054893	7309977	70978	621936182
372261	2127566	333218	3215449	76309	157493	1282	96760392
2753571	14073163	2688724	25081401	1978584	7152484	69696	525175790
398644	1439135	449614	2858596	206197	1269990	9252	58249806
503888	903940	225461	1906799	572212	2175652	54235	60751771
2973							2240
130	49	35	350			120	2900
497736	852224	201185	1880647	505341	1793253	42022	55969900
3049	51667	24241	25802	66871	382399	12093	4776731
5400	43099	19414	126154	34200	74922	2743	7008888
5004	25584	17463	27576	33690	74072	2708	4884209
15							6634
	17515	1951	98578	510	850	35	2069894
***							***
32450	50321	112252	104170	15408	37826	416	7842982
32450	19988	1455	18199	10137	26104	322	4165428
	***						***
	30133	110797	85971	5271	11722	94	3608194
							***
2065447	12171637	2044869	20859452	509442	1674654	32419	415408592
2412946	7765162	2205831	14460992	2558689	9868408	115523	401168124
1361898	13102961	3571905	16847426	1772693	6492805	68271	445039738
2374137	5650994	336315	16682801	30615	129044	15509	227447251
1701731	5126999	289007	15653902	24666	104380	14403	188159739
695435	1456674	71987	4824036	5387	46432	13470	56214978
427110	1808667	26982	6827129	14768	31389	211	79096285
460769	857086	133020	2210695	4083	18001	715	34765409
118417	1004572	57018	1792042	428	8558	7	18083067
53594	96604	14814	274206	62	248	1	5847709
34820	67426	2369	168731	62	248	1	3259428
14348	15964	8382	86989				2207106
4426	13214	4063	18486				381175

2-3 续表 3

项目	竣工产值	房屋建筑施工面积(平方米)	#本年新开工面积	#实行投标承包施工面积	自有施工机械设备净值	自有施工机械设备总台数(台)
海洋工程建筑						
工矿工程建筑	5014272	4705293	1380830	4704583	739399	9791
架线和管道工程建筑	9060973	157527	126540	157527	177696	6380
架线及设备工程建筑	7980863	157527	126540	157527	108390	5250
管道工程建筑	1080110				69306	1130
其他土木工程建筑	3054409	58563	7208	53775	351882	2204
建筑安装业	27968110	5285652	574373	5251510	670633	22473
电气安装	7662514	995165	25695	995165	163687	4271
管道和设备安装	10631944	759082	76650	756182	214062	6574
其他建筑安装业	9673652	3531405	472028	3500163	292884	11628
建筑装饰和其他建筑业	33344684	1051415	229139	257445	811716	20715
建筑装饰业	28942115	55176	20429	53555	247701	14173
工程准备活动	2364522	26808	21908	21908	271717	2106
建筑物拆除活动	399601	26808	21908	21908	48464	159
其他工程准备活动	1964921				223253	1947
提供施工设备服务	224446	486559	181982	181982	67807	209
其他未列明建筑业	1813601	482872	4820		224491	4227
四、按企业资质等级分						
施工总承包序列	302403432	491323405	166607095	440142598	8936803	88125
施工总承包序列特级工程	112265317	237558421	84870102	236451756	2324606	9094
施工总承包序列一级工程	158455861	236372925	74240808	190016134	5873858	61381
施工总承包序列二级工程	21789424	12714772	4697580	9883317	405544	11278
施工总承包序列三级工程	9892830	4677287	2798605	3791391	332795	6372
专业承包序列	55135997	1265568	563066	801590	1945183	38943
专业承包序列一级工程	32494299	813182	414330	470614	1092402	20350
专业承包序列二级工程	9495641	64858	26906	18808	448823	7136
专业承包序列三级工程	12266217	362271	121830	291438	317205	8420
专业承包序列不分等级工程	879840	25257		20730	86753	3037
五、按四大城市功能区分						
首都功能核心区	56087010	57456295	18380229	51882761	1279636	18526
东城区	23606971	24622720	7826451	24078616	600220	4774
西城区	32480039	32833575	10553778	27804145	679416	13752
城市功能拓展区	175217508	269565204	87961870	236976448	4844327	48083
朝阳区	52838361	54236362	16237366	51812770	1261277	12726
丰台区	42153709	72355116	28026491	63541854	1693307	12094
石景山区	18299021	44391155	16153742	44233798	568519	5962
海淀区	61926417	98582571	27544271	77388026	1321224	17301
城市发展新区	105504695	146330583	54377435	133888968	3900624	43164
房山区	23004587	32768354	10921024	31662700	463783	10025
通州区	35473250	69800946	28433421	68241130	1424342	7611
顺义区	11604056	13706235	4563284	10113811	550278	9164
昌平区	16177162	7269627	1433673	7141868	496804	4836
大兴区	14689792	16920925	6663488	10864963	661823	7205
北京经济技术开发区	4555848	5864496	2362545	5864496	303594	4323
生态涵养发展区	20730216	19236891	6450627	18196011	857399	17295
门头沟区	5064433	2376827	697507	2211907	110249	1878
怀柔区	2836887	1397738	816068	1017710	113515	1958
平谷区	4743050	7525762	2008964	7049029	94164	4513
密云县	6049195	4204107	1729775	4204107	435393	5099
延庆县	2036651	3732457	1198313	3713258	104078	3847

单位：千元

自有施工机械设备总功率（千瓦）	主要建筑材料消耗量						企业总产值
	钢材（吨）	木材（立方米）	水泥（吨）	平板玻璃（重量箱）	平板玻璃（平方米）	铝材（吨）	
375393	229260	10019	391522	4185	19026	40	11586755
152322	118149	4834	164725	10	95	878	15796956
119082	87403	4048	112610	10	95	878	13505466
33240	30746	786	52115				2291490
91097	79982	17641	198446	1692	5295	187	6056092
458715	765443	44682	812022	177104	567079	4428	67613325
123548	112282	8044	156742	4127	16507	141	22148106
137584	253208	12160	306349	1815	10703	233	19222435
197583	399953	24478	348931	171162	539869	4054	26242784
283643	417401	297798	978195	1087719	4354134	59734	76476402
111338	238611	281550	536388	1080585	4319710	59227	59992395
84910	64836	2567	297738				4161738
12985	188	2117	268				582226
71925	64648	450	297470				3579512
10563	29788	77	50296	6130	24522	147	695050
76832	84166	13604	93773	1004	9902	360	11627219
3614112	18684132	3924486	32599589	1825914	6707335	77212	687819467
744870	8248507	1685805	10808789	474946	1308746	4492	266331890
2392449	9388572	1808514	19224524	854320	3619928	51998	371539511
338707	788101	215382	1883440	392183	1460384	10928	34062150
138086	258952	214785	682836	104465	318277	9794	15885916
864281	1252667	326214	2720855	1242217	4835727	70730	128757249
516164	878793	198280	1675677	1034387	3965480	57828	86725788
161697	186668	59371	538654	149734	571801	8384	21037727
149814	165553	67774	490153	58067	298138	4444	19132587
36606	21653	789	16371	29	308	74	1861147
673180	3073418	502754	5412258	342864	1890657	19279	113713755
233913	1785141	209973	3138858	130138	966604	7948	52830102
439267	1288277	292781	2273400	212726	924053	11331	60883653
1847902	10126291	2122129	15507874	948029	2989672	58870	441156874
537302	2645539	541141	5173736	318687	890688	13210	107611108
486012	2751445	552974	3302613	219536	852229	10752	100724250
222359	1371722	182764	1519955	19903	87127	1449	40349562
602229	3357585	845250	5511570	389903	1159628	33459	192471954
1406017	5775018	1501705	12119646	1566808	5517406	52960	222110965
256987	795624	302666	1029985	95845	313513	2013	35543623
254026	2312823	582111	3858191	560776	2067248	18134	75863589
310098	551139	256804	1171641	298184	1220249	7668	25178627
195304	734962	178528	2230552	397501	1275599	1197	30204174
217304	704929	138555	1307619	195907	569585	10210	30878199
172298	675541	43041	2521658	18595	71212	13738	24442753
551294	962072	124112	2280666	210430	1145327	16833	39595122
61532	226572	33857	431716	92175	483412	12935	8129167
90664	139174	4617	296343	9367	38415	26	7316383
48768	198457	33120	415085	45508	254879	1280	8227134
215080	252725	39734	1014679	28924	106303	686	10162593
135250	145144	12784	122843	34456	262318	1906	5759845

2-4 施工总承包、专业承包

项目	房屋竣工面积（平方米）	房屋竣工价值（千元）	住宅		商业及
			竣工面积	竣工价值	竣工面积
合　计	**89499660**	**206864776**	**52728267**	**104190343**	**14336214**
其中：国有及国有控股	69373946	164545995	38948243	76806822	12708252
一、按登记注册类型分					
内资企业	89004074	205945909	52427048	103762578	14278589
国有企业	5938949	12118827	4067511	8317332	431952
集体企业	1742094	3108893	824473	1433802	518218
股份合作企业	635503	1125716	409082	669976	94822
联营企业					
国有联营企业					
集体联营企业					
国有与集体联营企业					
其他联营企业					
有限责任公司	74219807	172842054	43299861	85389990	11980096
国有独资公司	11662189	28311641	7357684	15444573	1356733
其他有限责任公司	62557618	144530413	35942177	69945417	10623363
股份有限公司	4471529	13018948	2551264	5542007	1129145
私营企业	1996192	3731471	1274857	2409471	124356
私营独资企业					
私营合伙企业					
私营有限责任公司	1959502	3665355	1239467	2350600	124356
私营股份有限公司	36690	66116	35390	58871	
其他企业					
港、澳、台商投资企业	112936	232558	112936	232558	
与港澳台商合资经营企业					
与港澳台商合作经营企业					
港澳台商独资经营企业	112936	232558	112936	232558	
港澳台商投资股份有限公司					
其他港澳台投资企业					
外商投资企业	382650	686309	188283	195207	57625
中外合资经营企业	303133	505538	188283	195207	
中外合作经营企业					
外资企业	79517	180771			57625
外商投资股份有限公司					
其他外商投资企业					
二、按隶属关系分					
中央	52666803	123164345	28902296	57244894	11537288
地方	36832857	83700431	23825971	46945449	2798926
三、按行业小类分					
房屋建筑业	86957268	200064124	51370127	101530111	14138637
土木工程建筑业	1623485	4953333	776379	1600147	195364
铁路、道路、隧道和桥梁工程建筑	1215667	4123524	601043	1224682	109453
铁路工程建筑	335253	2222303	19495	50737	64688
公路工程建筑	495111	1240382	374243	886083	28689
市政道路工程建筑	385303	660839	207305	287862	16076
其他道路、隧道和桥梁工程建筑					
水利和内河港口工程建筑	2641	4200			
水源及供水设施工程建筑	2641	4200			
河湖治理及防洪设施工程建筑					
港口及航运设施工程建筑					

注：1.统计口径为有施工总承包、专业承包资质建筑业法人单位。
2.按四大城市功能区分组为按企业经营地分区县数据。

建筑业企业房屋建筑完成情况

单位：平方米、千元

服务用房	商厦房屋(批发和零售用房)		宾馆用房屋(住宿用房)		餐饮用房屋(餐饮用房)	
竣工价值	竣工面积	竣工价值	竣工面积	竣工价值	竣工面积	竣工价值
34262612	**10936927**	**23102544**	**1390290**	**4962124**	**147554**	**264448**
31037192	10425218	21911439	1229621	4617542	68269	155026
34131675	10879302	22971607	1390290	4962124	147554	264448
542520	175000	180726	190483	231950	40000	53084
809168	59641	183707			43144	38476
134899	30265	30731				
28446565	9514532	18917998	1133651	4351885	56103	151197
2798067	1031365	1588452	271832	670409	3887	12066
25648498	8483167	17329546	861819	3681476	52216	139131
3964441	1061193	3579780	65801	377660		
234082	38671	78665	355	629	8307	21691
234082	38671	78665	355	629	8307	21691
130937	57625	130937				
130937	57625	130937				
28021520	9866632	20262026	961365	4063250	40000	53084
6241092	1070295	2840518	428925	898874	107554	211364
33118631	10923927	23076544	1302490	4840916	147554	264448
1136816	13000	26000	85911	115109		
1021707	13000	26000				
907408						
71153						
43146	13000	26000				

2-4 续表 1

项目	房屋竣工面积（平方米）	房屋竣工价值（千元）	住宅		商业及
			竣工面积	竣工价值	竣工面积
海洋工程建筑					
工矿工程建筑	368168	723024	175336	375465	85911
架线和管道工程建筑	30987	90000			
架线及设备工程建筑	30987	90000			
管道工程建筑					
其他土木工程建筑	6022	12585			
建筑安装业	908863	1821773	581761	1060085	324
电气安装	360545	604280	354246	596426	
管道和设备安装	275829	694980			
其他建筑安装业	272489	522513	227515	463659	324
建筑装饰和其他建筑业	10044	25546			1889
建筑装饰业	7999	19017			
工程准备活动					
建筑物拆除活动					
其他工程准备活动					
提供施工设备服务					
其他未列明建筑业	2045	6529			1889
四、按企业资质等级分					
施工总承包序列	89248715	206225752	52681784	104119444	14331396
施工总承包序列特级工程	40389303	99433285	20069757	40210288	8531041
施工总承包序列一级工程	43875726	95161463	29267003	56425724	5491702
施工总承包序列二级工程	3867164	9527140	2687049	6289703	132465
施工总承包序列三级工程	1116522	2103864	657975	1193729	176188
专业承包序列	250945	639024	46483	70899	4818
专业承包序列一级工程	183056	534933			2929
专业承包序列二级工程	11659	14993			
专业承包序列三级工程	56230	89098	46483	70899	1889
专业承包序列不分等级工程					
五、按四大城市功能区分					
首都功能核心区	12796770	30740351	7613467	15311080	1810385
东城区	5667732	11000068	3460789	6483032	1291170
西城区	7129038	19740283	4152678	8828048	519215
城市功能拓展区	47000707	110374287	30577058	59412046	4932690
朝阳区	11861977	27243572	7268903	14515478	1375544
丰台区	11295261	28330079	7911032	15914003	908923
石景山区	7304779	14665127	5008906	8617283	560674
海淀区	16538690	40135509	10388217	20365282	2087549
城市发展新区	26138907	58712247	12411631	25912042	7378749
房山区	6126092	13683296	4097113	7975850	378741
通州区	12400655	27823637	3805505	8733878	6525382
顺义区	2741912	5573002	1864537	3602220	160668
昌平区	1342794	3157117	868964	2086220	41450
大兴区	2652951	6044537	1321373	2435676	181424
北京经济技术开发区	874503	2430658	454139	1078198	91084
生态涵养发展区	3563276	7037891	2126111	3555175	214390
门头沟区	370206	704812	263139	447228	6445
怀柔区	258648	621781	31716	80091	9325
平谷区	1212607	1863001	771364	880947	101526
密云县	1285216	2958265	799340	1620424	78641
延庆县	436599	890032	260552	526485	18453

单位：平方米、千元

服务用房	商厦房屋(批发和零售用房)		宾馆用房屋(住宿用房)		餐饮用房屋(餐饮用房)	
竣工价值	竣工面积	竣工价值	竣工面积	竣工价值	竣工面积	竣工价值
115109			85911	115109		
1066						
1066						
6099			1889	6099		
6099			1889	6099		
34242090	10935477	23097244	1388401	4956025	146668	259508
21333898	7384289	15685634	538503	2916215	4269	13607
12290137	3389951	7073870	842789	2037627	134598	227977
273086	68891	135938	6754	1554	6825	15558
344969	92346	201802	355	629	976	2366
20522	1450	5300	1889	6099	886	4940
14423	1450	5300			886	4940
6099			1889	6099		
3166703	1313518	1881624	349525	702929		
1840764	1012322	1174999	260754	606109		
1325939	301196	706625	88771	96820		
14586814	3294560	8119539	615496	3435792	120132	209371
2370784	682493	1320759	166326	376497	42764	37303
4563499	414159	832350	269098	2304506	43887	65150
1113150	544237	1060630	11292	32880		
6539381	1653671	4905800	168780	721909	33481	106918
15943408	6247854	12911435	374824	605767	19331	33406
1468390	23151	46043	25209	40707	2246	6794
13516458	6134611	12695473	246554	400240		
321344						
112191	12289	36800			17085	26612
404856	77803	133119	17150	49711		
120169			85911	115109		
565687	80995	189946	50445	217636	8091	21671
13868					380	1173
18058	2500	2500			6825	15558
212178	39450	108238			886	4940
277845	26045	53208	50445	217636		
43738	13000	26000				

2-4 续表 2

项目	商务会展用房屋		其他商业及服务用房屋(居民服务业用房)		办公
	竣工面积	竣工价值	竣工面积	竣工价值	竣工面积
合计	**460713**	**1688061**	**1400730**	**4245435**	**7826455**
其中：国有及国有控股	384863	1543994	600281	2809191	6712379
一、按登记注册类型分					
内资企业	460713	1688061	1400730	4245435	7775369
国有企业			26469	76760	712740
集体企业			415433	586985	34860
股份合作企业			64557	104168	18376
联营企业					
国有联营企业					
集体联营企业					
国有与集体联营企业					
其他联营企业					
有限责任公司	460713	1688061	815097	3337424	6736693
国有独资公司	17691	80250	31958	446890	1316102
其他有限责任公司	443022	1607811	783139	2890534	5420591
股份有限公司			2151	7001	177905
私营企业			77023	133097	94795
私营独资企业					
私营合伙企业					
私营有限责任公司			77023	133097	93495
私营股份有限公司					1300
其他企业					
港、澳、台商投资企业					
与港澳台商合资经营企业					
与港澳台商合作经营企业					
港澳台商独资经营企业					
港澳台商投资股份有限公司					
其他港澳台投资企业					
外商投资企业					51086
中外合资经营企业					51086
中外合作经营企业					
外资企业					
外商投资股份有限公司					
其他外商投资企业					
二、按隶属关系分					
中央	308852	1356020	360439	2287140	4661184
地方	151861	332041	1040291	1958295	3165271
三、按行业小类分					
房屋建筑业	460713	1688061	1303953	3248662	7615617
土木工程建筑业			96453	995707	193353
铁路、道路、隧道和桥梁工程建筑			96453	995707	152925
铁路工程建筑			64688	907408	126198
公路工程建筑			28689	71153	22894
市政道路工程建筑			3076	17146	3833
其他道路、隧道和桥梁工程建筑					
水利和内河港口工程建筑					
水源及供水设施工程建筑					
河湖治理及防洪设施工程建筑					
港口及航运设施工程建筑					

单位：平方米、千元

用房	科研、教育、医疗用房		科学研究用房屋		教育用房屋	
竣工价值	竣工面积	竣工价值	竣工面积	竣工价值	竣工面积	竣工价值
23637825	**4485650**	**13966159**	**1617162**	**5123028**	**1874403**	**5856255**
21012182	3452921	11081570	1403758	4531786	1168431	3945319
23517700	4485650	13966159	1617162	5123028	1874403	5856255
1767462	212386	638589	95982	245274	51795	183845
83100	76153	199912	23936	35500	45417	147338
44834	60121	192009	7221	29000	52780	162629
20722155	3768351	11680722	1481864	4781938	1419337	4291007
4660419	446366	1417775	15693	44999	339255	1151850
16061736	3321985	10262947	1466171	4736939	1080082	3139157
717853	274862	1012378	5710	25459	240218	924361
182296	93777	242549	2449	5857	64856	147075
175051	93777	242549	2449	5857	64856	147075
7245						
120125						
120125						
14272508	2682043	8559530	1175355	3799308	723995	2405986
9365317	1803607	5406629	441807	1323720	1150408	3450269
22540954	4343579	13579358	1617015	5122863	1732479	5469619
1063461	141924	386636			141924	386636
955441	122538	328993			122538	328993
908025	100961	276500			100961	276500
40554	12837	32757			12837	32757
6862	8740	19736			8740	19736

2-4 续表 3

项目	商务会展用房屋		其他商业及服务用房屋(居民服务业用房)		办公
	竣工面积	竣工价值	竣工面积	竣工价值	竣工面积
海洋工程建筑					
工矿工程建筑					9441
架线和管道工程建筑					30987
架线及设备工程建筑					30987
管道工程建筑					
其他土木工程建筑					
建筑安装业			324	1066	9486
电气安装					6299
管道和设备安装					3187
其他建筑安装业			324	1066	
建筑装饰和其他建筑业					7999
建筑装饰业					7999
工程准备活动					
建筑物拆除活动					
其他工程准备活动					
提供施工设备服务					
其他未列明建筑业					
四、按企业资质等级分					
施工总承包序列	460713	1688061	1400137	4241252	7727160
施工总承包序列特级工程	323914	1431020	280066	1287422	4641777
施工总承包序列一级工程	130749	244941	993615	2705722	2772026
施工总承包序列二级工程	6050	12100	43945	107936	264422
施工总承包序列三级工程			82511	140172	48935
专业承包序列			593	4183	99295
专业承包序列一级工程			593	4183	97000
专业承包序列二级工程					2295
专业承包序列三级工程					
专业承包序列不分等级工程					
五、按四大城市功能区分					
首都功能核心区	6855	49850	140487	532300	785439
东城区			18094	59656	356840
西城区	6855	49850	122393	472644	428599
城市功能拓展区	84312	188014	818190	2634098	4084238
朝阳区	38000	37000	445961	599225	340736
丰台区	9327	34000	172452	1327493	904589
石景山区	3200	10640	1945	9000	1067245
海淀区	33785	106374	197832	698380	1771668
城市发展新区	369546	1450197	367194	942603	2620307
房山区	293696	1306130	34439	68716	928992
通州区	75850	144067	68367	276678	766656
顺义区			160668	321344	188173
昌平区			12076	48779	115622
大兴区			86471	222026	506187
北京经济技术开发区			5173	5060	114677
生态涵养发展区			74859	136434	336471
门头沟区			6065	12695	53554
怀柔区					6666
平谷区			61190	99000	82849
密云县			2151	7001	119208
延庆县			5453	17738	74194

单位：平方米、千元

用房	科研、教育、医疗用房		科学研究用房屋		教育用房屋	
竣工价值	竣工面积	竣工价值	竣工面积	竣工价值	竣工面积	竣工价值
18020	19386	57643			19386	57643
90000						
90000						
14393	147	165	147	165		
7854						
6539						
	147	165	147	165		
19017						
19017						
23382668	4483469	13960872	1614981	5117741	1874403	5856255
14593734	2745796	9068199	1138733	3631371	826493	3034610
7637761	1479528	4150757	425776	1297166	882144	2364642
1048719	224754	649088	43302	158647	150799	420659
102454	33391	92828	7170	30557	14967	36344
255157	2181	5287	2181	5287		
248960						
6197						
	2181	5287	2181	5287		
2356764	506210	1552707	222881	685643	185390	616978
1074873	146726	451213	77742	249926	61463	172742
1281891	359484	1101494	145139	435717	123927	444236
12848741	2816383	9217638	1292775	4119027	931338	3173232
1116910	1026430	3276487	702604	2264165	127765	382776
3238581	361258	1274604	123700	459123	70290	247721
2817451	549750	1779230	314189	932510	141007	488260
5675799	878945	2887317	152282	463229	592276	2054475
7535808	866564	2385690	87838	277759	486958	1336711
2330622	164504	356362	6590	22047	62906	126034
2489548	287822	888286			153370	546699
415632	109029	380565	21159	91621	47498	151118
215207	114578	279085	39862	77372	74716	201713
1528105	154464	377798	20227	86719	112301	207553
556694	36167	103594			36167	103594
896512	296493	810124	13668	40599	270717	729334
124146	4775	7189	628	2304	4147	4885
9807	126568	346268			126568	346268
271308	52132	169214	7221	29000	44911	140214
367101	53513	148444			47959	128822
124150	59505	139009	5819	9295	47132	109145

2-4 续表 4

项目	医疗用房屋(卫生医疗用房)		文化、体育、娱乐用房		厂房及
	竣工面积	竣工价值	竣工面积	竣工价值	竣工面积
合　计	**994085**	**2986876**	**917698**	**4558253**	**6862948**
其中：国有及国有控股	880732	2604465	727266	3510683	5110119
一、按登记注册类型分					
内资企业	994085	2986876	917698	4558253	6778323
国有企业	64609	209470	86356	220198	412887
集体企业	6800	17074	5621	15368	273500
股份合作企业	120	380	4278	10227	48824
联营企业					
国有联营企业					
集体联营企业					
国有与集体联营企业					
其他联营企业					
有限责任公司	867150	2607777	770992	3722269	5394135
国有独资公司	91418	220926	193735	1093492	741044
其他有限责任公司	775732	2386851	577257	2628777	4653091
股份有限公司	28934	62558	50188	589631	270436
私营企业	26472	89617	263	560	378541
私营独资企业					
私营合伙企业					
私营有限责任公司	26472	89617	263	560	378541
私营股份有限公司					
其他企业					
港、澳、台商投资企业					
与港澳台商合资经营企业					
与港澳台商合作经营企业					
港澳台商独资经营企业					
港澳台商投资股份有限公司					
其他港澳台投资企业					
外商投资企业					84625
中外合资经营企业					63764
中外合作经营企业					
外资企业					20861
外商投资股份有限公司					
其他外商投资企业					
二、按隶属关系分					
中央	782693	2354236	521049	2348238	3443122
地方	211392	632640	396649	2210015	3419826
三、按行业小类分					
房屋建筑业	994085	2986876	843805	4231931	6321240
土木工程建筑业			40893	169352	257563
铁路、道路、隧道和桥梁工程建筑			40893	169352	171074
铁路工程建筑					17756
公路工程建筑			40893	169352	14255
市政道路工程建筑					139063
其他道路、隧道和桥梁工程建筑					
水利和内河港口工程建筑					2641
水源及供水设施工程建筑					2641
河湖治理及防洪设施工程建筑					
港口及航运设施工程建筑					

单位：平方米、千元

建筑物			仓库		其他未列明的房屋建筑物	
	厂房		竣工面积	竣工价值	竣工面积	竣工价值
竣工价值	竣工面积	竣工价值				
17517883	**5711484**	**14960109**	**356010**	**775542**	**1986418**	**7956159**
14116799	4379376	12344252	287561	652435	1427205	6328312
17283365	5626859	14725591	354979	770020	1986418	7956159
591190	412887	591190			15117	41536
529052	273500	529052	1011	6277	8258	32214
73771	48824	73771				
14358756	4297920	11877917	347140	753952	1922539	7767645
1728543	580632	1401207	38418	102812	212107	1065960
12630213	3717288	10476710	308722	651140	1710432	6701685
1114622	262336	1110662	780	250	16949	77766
615974	331392	542999	6048	9541	23555	36998
615974	331392	542999	6048	9541	23555	36998
234518	84625	234518	1031	5522		
190206	63764	190206				
44312	20861	44312	1031	5522		
9734194	3141637	9198230	200420	486520	719401	2496941
7783689	2569847	5761879	155590	289022	1267017	5459218
16409486	5388342	14294070	350575	769392	1973688	7884261
519303	229881	441968	5435	6150	12574	71468
346011	156092	292234	5167	5870	12574	71468
71293	17756	71293	5167	5870	988	2470
36329	4588	18929			1300	4154
238389	133748	202012			10286	64844
4200						
4200						

2-4 续表 5

项目	医疗用房屋(卫生医疗用房)		文化、体育、娱乐用房		厂房及
	竣工面积	竣工价值	竣工面积	竣工价值	竣工面积
海洋工程建筑					
工矿工程建筑					77826
架线和管道工程建筑					
架线及设备工程建筑					
管道工程建筑					
其他土木工程建筑					6022
建筑安装业			33000	156970	284145
电气安装					
管道和设备安装			33000	156970	239642
其他建筑安装业					44503
建筑装饰和其他建筑业					
建筑装饰业					
工程准备活动					
建筑物拆除活动					
其他工程准备活动					
提供施工设备服务					
其他未列明建筑业					
四、按企业资质等级分					
施工总承包序列	994085	2986876	915400	4548747	6805899
施工总承包序列特级工程	780570	2402218	658162	3034354	2671437
施工总承包序列一级工程	171608	488949	229583	1413124	3503365
施工总承包序列二级工程	30653	69782	12242	49066	485094
施工总承包序列三级工程	11254	25927	15413	52203	146003
专业承包序列			2298	9506	57049
专业承包序列一级工程			1458	7004	43610
专业承包序列二级工程			840	2502	7762
专业承包序列三级工程					5677
专业承包序列不分等级工程					
五、按四大城市功能区分					
首都功能核心区	97939	250086	297989	1889787	1275137
东城区	7521	28545	33000	156970	306550
西城区	90418	221541	264989	1732817	968587
城市功能拓展区	592270	1925379	472044	2338475	3071238
朝阳区	196061	629546	82357	295629	1143783
丰台区	167268	567760	215860	901211	789113
石景山区	94554	358460			75049
海淀区	134387	369613	173827	1141635	1063293
城市发展新区	291768	771220	144035	302925	2138664
房山区	95008	208281	14572	29473	149398
通州区	134452	341587	119901	246811	824520
顺义区	40372	137826	5514	14639	384323
昌平区			1919	5634	191022
大兴区	21936	83526	2129	6368	417120
北京经济技术开发区					172281
生态涵养发展区	12108	40191	3630	27066	377909
门头沟区			1180	2866	38430
怀柔区			38	200	81911
平谷区			2412	24000	202324
密云县	5554	19622			36721
延庆县	6554	20569			18523

单位：平方米、千元

建筑物			仓库		其他未列明的房屋建筑物	
	厂房					
竣工价值	竣工面积	竣工价值	竣工面积	竣工价值	竣工面积	竣工价值
156507	73789	149734	268	280		
12585						
589094	93261	224071				
531471	93261	224071				
57623						
					156	430
					156	430
17443937	5662535	14890123	355230	775292	1948377	7752702
7504249	2555767	7340831	233671	583462	837662	3105101
8597057	2683402	6519880	101347	163764	1031172	4483139
1080106	312893	809686	3784	10865	57354	126507
262525	110473	219726	16428	17201	22189	37955
73946	48949	69986	780	250	38041	203457
61699	35510	57739	780	250	37279	202597
5434	7762	5434			762	860
6813	5677	6813				
3213784	882978	2098865	35096	73749	473047	3175777
691232	289591	662835	1031	5522	71626	296462
2522552	593387	1436030	34065	68227	401421	2879315
8925127	2771146	8160673	284213	626737	762843	2418709
4031885	1143783	4031885	28500	73488	595724	1562911
1924245	578950	1403436	191158	436133	13328	77803
182613	71012	175840			43155	155400
2786384	977401	2549512	64555	117116	110636	622595
4741671	1787284	4226040	29508	58871	549449	1831832
345326	149398	345326	6333	11529	386439	1165744
1569368	650677	1332817	3516	6762	67353	372526
773936	339442	690564	2608	8770	27060	55896
433438	191022	433438			9239	25342
1055940	284464	860232	11884	25940	58370	209854
563663	172281	563663	5167	5870	988	2470
637301	270076	474531	7193	16185	201079	529841
98637	38430	98637			2683	10878
160287	80171	158547			2424	7070
305354	96231	144324				
23682	36721	23682	6600	15000	191193	505769
49341	18523	49341	593	1185	4779	6124

2-5 施工总承包、专业承包

项目	单位数（个）	年初存货	流动资产合计	#货币资金	#现金	交易性金融资产
合计	**3522**	**179610469**	**996452178**	**216103212**	**3589846**	**2095564**
其中：国有及国有控股	438	131277049	745599028	171210438	2479869	1102714
一、按登记注册类型分						
内资企业	3433	177592046	979783800	212902010	3506816	2094259
国有企业	99	7169942	60815169	22146170	61690	815786
集体企业	126	5949701	14067910	2850292	16855	10000
股份合作企业	62	1310379	4093341	773302	4065	217610
联营企业	2	4001	14847	1351	154	
国有联营企业						
集体联营企业	1	***	***	***	***	
国有与集体联营企业	1		***	***	***	
其他联营企业						
有限责任公司	1223	141029633	730793937	152971519	3001505	799036
国有独资公司	45	18007023	129492547	19917635	1897103	15264
其他有限责任公司	1178	123022610	601301390	133053884	1104402	783772
股份有限公司	61	12052134	109382341	22811393	26663	65150
私营企业	1860	10076256	60616255	11347983	395884	186677
私营独资企业	2		14053	5395	27	
私营合伙企业	3	599	20328	3012	600	
私营有限责任公司	1801	9562090	56503077	10441885	388170	186677
私营股份有限公司	54	513567	4078797	897691	7087	
其他企业						
港、澳、台商投资企业	48	1164913	7185173	1526739	43760	1305
与港澳台商合资经营企业	36	794414	3128507	688402	42865	1305
与港澳台商合作经营企业	2	21477	62483	1688	46	
港澳台商独资经营企业	9	298300	3863725	828291	848	
港澳台商投资股份有限公司	1	***	***	***	***	
其他港澳台投资企业						
外商投资企业	41	853510	9483205	1674463	39270	
中外合资经营企业	27	742928	6141185	900563	38741	
中外合作经营企业	1	***	***	***	***	
外资企业	12	105523	3265320	765225	404	
外商投资股份有限公司	1		***	***	***	
其他外商投资企业						
二、按隶属关系分						
中央	194	100958531	585673525	141544997	616611	795049
地方	3328	78651938	410778653	74558215	2973235	1300515
三、按行业小类分						
房屋建筑业	611	93116588	467682020	85707585	664172	1285708
土木工程建筑业	562	58767423	376534010	99420007	2027032	567529
铁路、道路、隧道和桥梁工程建筑	225	46006181	257398179	59350011	1920837	55913
铁路工程建筑	22	18983593	119593832	21178503	13218	41236
公路工程建筑	44	16514745	80585103	18247660	1620112	10000
市政道路工程建筑	129	6119699	29767300	7121626	113603	4677
其他道路、隧道和桥梁工程建筑	30	4388144	27451944	12802222	173904	
水利和内河港口工程建筑	27	4494650	49783431	17275671	22006	266965
水源及供水设施工程建筑	13	495119	3367417	1036905	3079	216888
河湖治理及防洪设施工程建筑	9	998674	2846877	894371	2153	50000
港口及航运设施工程建筑	5	3000857	43569137	15344395	16774	77

注：1.统计口径为有施工总承包、专业承包资质建筑业法人单位。
2.按四大城市功能区分组为按企业经营地分区县数据。

建筑业企业主要财务状况

单位：千元

应收账款	#应收工程款	存货	可供出售金融资产	持有至到期投资	长期股权投资	投资性房地产	固定资产合计	固定资产减值准备
212307089	**167343839**	**186582310**	**4269524**	**2126388**	**398174370**	**7163581**	**49386796**	**161288**
150342321	116517615	134661053	4206878	1745157	354878693	6496818	33061294	152575
207912801	164609544	184262780	4269524	1882278	397898518	7163581	48923185	161288
10862759	9801877	10157289	102743	5620	13162655	247901	5172620	39034
957983	666580	5956030		5	2231353		1183371	2941
631361	291973	1260413		19000	47220		335923	732
9923	9923	2954					496	
***	***	***					***	
***	***						***	
164890079	129892691	145857375	2686871	1845078	127739884	6392996	32697716	117297
22333921	17223450	22906269	177741	297335	36643651	4493823	8071496	58264
142556158	112669241	122951106	2509130	1547743	91096233	1899173	24626220	59033
16070904	13246801	10414280	1453925	12400	251716603	522684	3606434	294
14489792	10699699	10614439	25985	175	3000803		5926625	990
6059	5237						5097	
11341	1525	2242					3846	
13222591	9590308	9997537	25985	175	2782912		5582653	990
1249801	1102629	614660			217891		335029	
1621692	1083265	1141023		244110	20281		239096	
837396	441868	771984			5327		93019	
704		13742					12830	
769936	627741	300638		244110	14954		40877	
***	***	***					***	
2772596	1651030	1178507			255571		224515	
1228472	950766	1049667			138371		211883	
***	***				***		***	
1513881	670021	125128			113957		9843	
***	***	***			***		***	
118660558	92994596	96988694	3838667	5660	329708834	1551346	26291763	88324
93646531	74349243	89593616	430857	2120728	68465536	5612235	23095033	72964
117632361	93343992	98936217	3168978	18338	144195096	5832492	18061094	89868
59244080	47595602	58537694	1061785	1760624	244455815	903995	17356346	69020
48474933	39103516	45811771	940244	1739224	176036472	606409	10188891	34625
24955134	21882526	15015452	716896		153640299	278763	4791668	2205
12251652	8158777	19260696	28479	67335	18767701	18890	2038259	26088
7076176	5515652	6094014	194869	1671889	2595271	270941	2337187	6332
4191971	3546561	5441609			1033201	37815	1021777	
2146061	1819233	4016705	32106		42716665	169373	2724492	33590
143592	117702	374505			1281087		826663	16795
300671	253787	1115925			104292		147682	
1701798	1447744	2526275	32106		41331286	169373	1750147	16795

2-5 续表 1

项 目	单位数(个)	年初存货	流动资产合 计	#货币资金	#现金	交易性金融资产
海洋工程建筑						
工矿工程建筑	27	1243315	45633575	15931911	3204	12987
架线和管道工程建筑	163	6318924	17889669	5718173	34295	231064
架线及设备工程建筑	117	6070520	15229530	5034420	25583	231064
管道工程建筑	46	248404	2660139	683753	8712	
其他土木工程建筑	120	704353	5829156	1144241	46690	600
建筑安装业	825	17362487	79763395	18236403	600345	110117
电气安装	272	7057876	34019544	10918768	249363	8789
管道和设备安装	248	4222648	20644357	3950204	265346	1656
其他建筑安装业	305	6081963	25099494	3367431	85636	99672
建筑装饰和其他建筑业	1524	10363971	72472753	12739217	298297	132210
建筑装饰业	1206	7207042	55547590	10121454	209714	84121
工程准备活动	143	833155	5070571	1101594	29241	100
建筑物拆除活动	76	34420	737753	201474	9477	100
其他工程准备活动	67	798735	4332818	900120	19764	
提供施工设备服务	16	66119	448588	51171	3368	
其他未列明建筑业	159	2257655	11406004	1464998	55974	47989
四、按企业资质等级分						
施工总承包序列	1005	159425154	873282463	192789658	3006559	1627470
施工总承包序列特级工程	38	61414151	435792557	96189794	1554188	259839
施工总承包序列一级工程	265	80739049	364005553	81360881	856502	922431
施工总承包序列二级工程	292	11274864	46198795	8806319	252764	361909
施工总承包序列三级工程	410	5997090	27285558	6432664	343105	83291
专业承包序列	2517	20185315	123169715	23313554	583287	468094
专业承包序列一级工程	384	11885145	67272805	12947483	179228	298182
专业承包序列二级工程	618	4095848	29421319	4308220	174927	96842
专业承包序列三级工程	1438	3902104	24073057	5496340	208745	72366
专业承包序列不分等级工程	77	302218	2402534	561511	20387	704
五、按四大城市功能区分						
首都功能核心区	488	29251035	177253319	57031907	140406	242118
东城区	173	15029927	89861054	35741082	31483	28074
西城区	315	14221108	87392265	21290825	108923	214044
城市功能拓展区	1605	96787643	578962334	123186106	1061984	1246418
朝阳区	694	23896204	145995807	35236451	296301	69213
丰台区	290	28008093	154049996	26052918	55564	319514
石景山区	84	11111550	66151192	12722166	20872	1088
海淀区	537	33771796	212765339	49174571	689247	856603
城市发展新区	1043	44014401	201714181	30070894	2120573	438891
房山区	129	7704955	38763720	5486053	141353	241692
通州区	225	11012446	53249770	8231834	1573328	12000
顺义区	174	9188821	28177748	3748173	50256	22201
昌平区	150	6411788	28877056	4508585	63772	120180
大兴区	337	5000642	25880270	4145149	84902	42818
北京经济技术开发区	28	4695749	26765617	3951100	206962	
生态涵养发展区	386	9557390	38522344	5814305	266883	168137
门头沟区	76	1497458	6393561	791034	11997	54800
怀柔区	84	2263126	6728101	1468828	31030	3657
平谷区	120	2698373	12299019	1926131	28258	104623
密云县	58	2069247	8345451	890875	16395	3059
延庆县	48	1029186	4756212	737437	179203	1998

单位：千元

应收账款	#应收工程款	存货	可供出售金融资产	持有至到期投资	长期股权投资	投资性房地产	固定资产合计	固定资产减值准备
4281290	2986514	2178681	3794		24036711	54715	2323125	38
2262964	1856741	5685118	85641	21400	1180584	73498	1299733	767
1894496	1517318	5223756	85641	19000	978227	73498	1019427	767
368468	339423	461362		2400	202357		280306	
2078832	1829598	845419			485383		820105	
17336822	12967090	17165617		338426	5965552	297774	5482259	1551
5799699	3667099	6737237		244620	2601625	257576	1976442	
5507228	4512608	4679610			1937779	30137	1029386	4
6029895	4787383	5748770		93806	1426148	10061	2476431	1547
18093826	13437155	11942782	38761	9000	3557907	129320	8487097	849
13573486	11252775	7714952	10026	9000	2444093	6751	2966186	804
1472062	1159833	981665	28735		309915		754317	
238501	182234	45463			15300		141799	
1233561	977599	936202	28735		294615		612518	
100492	86779	136116			1328		36097	
2947786	937768	3110049			802571	122569	4730497	45
180958250	143334816	164550935	4220759	1849562	392264107	6886202	36100427	158830
82441045	64610501	61108841	2097249	1422429	326140180	5432242	12644989	70766
86462580	69455647	84303364	2110629	426895	61163746	1122244	18836589	81917
7132384	5552510	12724044		5	1911222	6676	2648149	5422
4922241	3716158	6414686	12881	233	3048959	325040	1970700	725
31348839	24009023	22031375	48765	276826	5910263	277379	13286369	2458
19662200	15402272	13650802	28735	271110	3236324	262432	8387147	1058
5925811	4313155	3989043	3000		1721941	271	2167571	135
5030035	3607048	4002035	17030	5716	900303	14676	2562876	1259
730793	686548	389495			51695		168775	6
30993424	26646924	30547452	293853	1989732	28990696	3360048	7254870	52394
12536617	11646292	14788854		337343	12446820	104517	2701204	2401
18456807	15000632	15758598	293853	1652389	16543876	3255531	4553666	49993
119565793	94583954	100379462	3902622	52890	345888179	3313505	26328462	98689
22181341	19250723	26183751	469399	27500	17863150	285366	6945410	14613
30963439	26706786	28959703	647289	19510	97401523	522023	5145215	36127
23450923	18626812	11018309		45	3905886	118611	1921767	
42970090	29999633	34217699	2785934	5835	226717620	2387505	12316070	47949
51353538	38765833	47036638	73049	16431	21441671	463205	12617800	10205
10359387	9546645	8442213		14800	3914473	21992	2357423	
10823064	3163634	13957319	40676		8798186	141432	2667160	1856
5604543	3893498	9001676		1631	1534531	46675	2379466	1831
10987853	9876347	6675496			2050347	99721	1692551	3010
6927023	6217520	4377625	100		869815	18610	2295262	3508
6651668	6068189	4582309	32273		4274319	134775	1225938	
10394334	7347128	8618758		67335	1853824	26823	3185664	
1933597	1198631	1719028			124096	9617	246165	
1520571	1443310	1604204		67335	190940		553333	
3008421	1228796	2559604			1006869		1187555	
2310060	1905924	1850240			434503	5413	922820	
1621685	1570467	885682			97416	11793	275791	

2-5 续表 2

项　　目	固定资产原价	累计折旧	#本年折旧	在建工程	无形资产	资产总计
合　　计	**77250921**	**35201054**	**6338553**	**6105271**	**10371713**	**1519630228**
其中：国有及国有控股	52397365	24352625	4834456	3785596	6887034	1229044687
一、按登记注册类型分						
内资企业	76354636	34735738	6283613	6098155	10346964	1501615515
国有企业	8523617	4303440	564082	690632	1914308	85625198
集体企业	1865100	716832	89523	35352	49248	17948741
股份合作企业	636939	317859	22543	12143	56184	4586204
联营企业	2001	1505	141			15343
国有联营企业						
集体联营企业	***	***	***			***
国有与集体联营企业	***	***	***			***
其他联营企业						
有限责任公司	51968762	23955529	4668554	4265579	5501291	910048893
国有独资公司	10606734	3991644	888892	1669875	430272	185572078
其他有限责任公司	41362028	19963885	3779662	2595704	5071019	724476815
股份有限公司	4583546	1605079	341589	390341	1197895	410471517
私营企业	8774671	3835494	597181	704108	1628038	72919619
私营独资企业	13913	8978	392	162		19150
私营合伙企业	12278	8433	800			27682
私营有限责任公司	8391703	3684357	570622	619369	1563257	68053153
私营股份有限公司	356777	133726	25367	84577	64781	4819634
其他企业						
港、澳、台商投资企业	416419	187422	27407	164	9045	7873609
与港澳台商合资经营企业	181010	94677	12697	164	6984	3255690
与港澳台商合作经营企业	18219	5389	3342		1106	76419
港澳台商独资经营企业	91825	54361	8591		425	4314973
港澳台商投资股份有限公司	***	***	***		***	***
其他港澳台投资企业						
外商投资企业	479866	277894	27533	6952	15704	10141104
中外合资经营企业	444025	254680	24861	6952	13822	6633413
中外合作经营企业	***	***			***	***
外资企业	26174	16336	2648		1860	3424985
外商投资股份有限公司	***	***	***			***
其他外商投资企业						
二、按隶属关系分						
中央	39152876	17313903	3769289	2853205	5716007	1024728415
地方	38098045	17887151	2569264	3252066	4655706	494901813
三、按行业小类分						
房屋建筑业	28457225	13554278	2415104	2074368	3287890	650135642
土木工程建筑业	30817446	14974882	2721196	1611794	4665730	686684702
铁路、道路、隧道和桥梁工程建筑	20001343	10461803	1935311	958002	2057591	480514946
铁路工程建筑	9193107	4474189	862522	79632	1154372	294948237
公路工程建筑	4730233	2876154	563540	481855	368156	113044407
市政道路工程建筑	4160809	2214100	322534	394588	413627	40731020
其他道路、隧道和桥梁工程建筑	1917194	897360	186715	1927	121436	31791282
水利和内河港口工程建筑	3757052	1448769	314594	168186	2018767	103450391
水源及供水设施工程建筑	716836	249866	54414	160362	84311	5364512
河湖治理及防洪设施工程建筑	314355	177050	21030	2740	124182	3214978
港口及航运设施工程建筑	2725861	1021853	239150	5084	1810274	94870901

单位：千元

流动负债合计	#应付账款	非流动负债合计	#应付债券	负债合计	所有者权益合计	#实收资本		
							国家资本	集体资本
897732091	**325241909**	**137387653**	**81598058**	**1042053246**	**477576982**	**231693308**	**85635445**	**3692796**
695162292	260444244	133497918	81440141	830714478	398330209	169775230	85373129	101710
883930617	321356173	137144363	81571158	1028000263	473615252	229051267	85504796	3676106
46176270	10276404	5390613		51745825	33879373	16097555	4601785	
14370949	2846812	52280		14774071	3174670	1987700		1749048
2810141	466525	164501		2977539	1608665	965558		58668
20688	4256			20688	-5345	7000		2000
***	***			***	***	***		***
***	***			***	***	***		
688379235	270103207	52277330	17684302	746379010	163669883	103524861	31066919	1581405
125230742	35083481	31657155	16190917	156931838	28640240	19150912	12529819	
563148493	235019726	20620175	1493385	589447172	135029643	84373949	18537100	1581405
89305598	24117544	78923148	63862006	168312873	242158644	76994872	49829383	284643
42867736	13541425	336491	24850	43790257	29129362	29473721	6709	342
5114	5107			5114	14036	6550		
14018	11345			14018	13664	13510		
39845389	12559122	256809	5967	40685274	27367879	28311214	6709	342
3003215	965851	79682	18883	3085851	1733783	1142447		
6305191	1362584	174415	26900	6483132	1390477	1315534	8364	6640
2568381	695780	5621		2577528	678162	757835	8364	6640
63250	14215			63250	13169	20000		
3558731	601459	112754		3671485	643488	489852		
***	***	***	***	***	***	***		
7496283	2523152	68875		7569851	2571253	1326507	122285	10050
4752891	1386637	54224		4807118	1826295	792160	122285	10050
***	***			***	***	***		
2691339	1115563	14651		2710680	714305	511747		
***	***			***	***	***		
539400310	212797171	119114224	75668392	659451366	365277049	151027095	75256762	97051
358331781	112444738	18273429	5929666	382601880	112299933	80666213	10378683	3595745
420062261	179970578	54848690	32795170	477490313	172645329	84268643	40297817	2281416
350256720	105629195	78595803	47419701	430819392	255865310	107764259	41987049	662350
258790266	91622925	39255147	25380680	299788056	180726890	71117335	25257606	248891
116835109	41041841	30979697	25380680	148569385	146378852	42639612	15206750	11565
89882035	32268334	6305826		96261266	16783141	12720491	8503377	20000
29310613	10961703	1139203		31358999	9372021	9710461	955579	217326
22762509	7351047	830421		23598406	8192876	6046771	591900	
43109834	4706472	22594918	12845123	65875812	37574579	16624578	9706733	52800
2936636	303603	608183		3550292	1814220	1294379	937069	
2735600	733633	51013		2786613	428365	371866	153782	52800
37437598	3669236	21935722	12845123	59538907	35331994	14958333	8615882	

2-5 续表 3

项目	固定资产原价	累计折旧	#本年折旧	在建工程	无形资产	资产总计
海洋工程建筑						
工矿工程建筑	3449395	1264543	229731	186176	310820	74099293
架线和管道工程建筑	2537992	1393853	176671	163545	209818	21101917
架线及设备工程建筑	2118482	1151625	144113	80699	194050	17935905
管道工程建筑	419510	242228	32558	82846	15768	3166012
其他土木工程建筑	1071664	405914	64889	135885	68734	7518155
建筑安装业	7870088	3110812	494737	703492	1582285	95405664
电气安装	2905187	1115396	166706	118022	340499	39793201
管道和设备安装	1790695	874767	136125	193778	714014	24596238
其他建筑安装业	3174206	1120649	191906	391692	527772	31016225
建筑装饰和其他建筑业	10106162	3561082	707516	1715617	835808	87404220
建筑装饰业	3882229	1571675	227440	565802	544633	62717811
工程准备活动	1382804	660919	77463	4439	67480	6633604
建筑物拆除活动	243286	125502	20218	2956	37659	960411
其他工程准备活动	1139518	535417	57245	1483	29821	5673193
提供施工设备服务	71137	49329	3417	14273	1411	618287
其他未列明建筑业	4769992	1279159	399196	1131103	222284	17434518
四、按企业资质等级分						
施工总承包序列	59400276	27890720	5111396	3654763	8342137	1371452959
施工总承包序列特级工程	18639266	8811276	1969128	1886971	3086001	841923594
施工总承包序列一级工程	33103191	15397832	2652712	1182700	4588550	443402457
施工总承包序列二级工程	4101596	1865924	230777	298532	451392	51984415
施工总承包序列三级工程	3556223	1815688	258779	286560	216194	34142493
专业承包序列	17850645	7310334	1227157	2450508	2029576	148177269
专业承包序列一级工程	10206356	3805621	706194	1871013	948042	81754258
专业承包序列二级工程	3372617	1523753	206897	255717	484695	34848043
专业承包序列三级工程	3943713	1815071	277388	323549	513031	28832467
专业承包序列不分等级工程	327959	165889	36678	229	83808	2742501
五、按四大城市功能区分						
首都功能核心区	11686310	5042995	964833	627153	3017419	231285247
东城区	4387736	1820148	397292	92094	422134	110342522
西城区	7298574	3222847	567541	535059	2595285	120942725
城市功能拓展区	39002057	17985765	3622756	3757067	5442819	996776965
朝阳区	10390367	5268309	1071845	814926	1215322	177292282
丰台区	8631076	3995524	617363	338639	1942655	280503748
石景山区	3357001	1674285	418670	238473	526896	73507404
海淀区	16623613	7047647	1514878	2365029	1757946	465473531
城市发展新区	21263862	9801920	1394865	1485216	1645627	247109188
房山区	4131633	1819432	235527	355805	180812	45932534
通州区	4432298	1959926	264310	193181	352807	68947721
顺义区	3685405	1468108	270979	157499	269091	33433967
昌平区	3025310	1543953	201366	325712	189488	34117530
大兴区	3325182	1437056	229378	381100	428114	30389555
北京经济技术开发区	2664034	1573445	193305	71919	225315	34287881
生态涵养发展区	5298692	2370374	356099	235835	265848	44458828
门头沟区	586111	356690	49609	10143	48852	6851853
怀柔区	1058529	539641	77587	12357	34706	7710193
平谷区	1562168	543037	72139	150725	112596	14740669
密云县	1508860	606166	127930	29371	36343	9938306
延庆县	583024	324840	28834	33239	33351	5217807

单位：千元

流动负债合　计	#应付账款	非流动负债合计	#应付债券	负债合计	所有者权益合计	#实收资本	国家资本	集体资本
29053237	5474993	16419321	9193898	45478931	28620362	14941699	6475963	437
15130362	2420688	211791		15342343	5759574	2997950	336274	354622
13005816	2114299	163320		13169324	4766581	2194799	251103	344622
2124546	306389	48471		2173019	992993	803151	85171	10000
4173021	1404117	114626		4334250	3183905	2082697	210473	5600
68578866	22444335	1664731	125050	72181916	23223748	15991987	2483348	578432
28980197	9213133	197708		30279279	9513922	6135800	1248004	303920
17429183	6091024	741891	106167	18261407	6334831	4851442	984044	168635
22169486	7140178	725132	18883	23641230	7374995	5004745	251300	105877
58834244	17197801	2278429	1258137	61561625	25842595	23668419	867231	170598
44472769	12400763	212553	5967	45075424	17642387	17643845	252567	155615
3531661	1307332	97306	26900	3672296	2961308	2019236	468157	7800
323362	119653	7294		345824	614587	563692		5000
3208299	1187679	90012	26900	3326472	2346721	1455544	468157	2800
439540	65148	1		439541	178746	187035	2600	
10390274	3424558	1968569	1225270	12374364	5060154	3818303	143907	7183
797638868	295267745	134185389	80321038	937812128	433619794	193627558	83269457	2960805
406997961	139712349	117649489	80214871	525595027	316328567	116833152	71315138	
334107060	139492480	15007955		350554830	92847627	57812262	9686585	1307730
33443460	10844560	1227881		37158086	14826327	11455276	1424078	1147090
23090387	5218356	300064	106167	24504185	9617273	7526868	843656	505985
100093223	29974164	3202264	1277020	104241118	43957188	38065750	2365988	731991
56643695	19770038	2567363	1225270	59551708	22202144	15185921	1912322	141806
25229769	5420498	422283	26900	25788612	9089508	12433340	289266	179269
16676528	4192198	203904	24850	17322402	11501431	9551755	93900	410916
1543231	591430	8714		1578396	1164105	894734	70500	
157588318	42056021	9576849	800000	167265014	64020233	35936306	5997098	296126
74853452	21845705	2639965		77516339	32826183	19722797	3159892	80399
82734866	20210316	6936884	800000	89748675	31194050	16213509	2837206	215727
531743696	195779513	118620977	79664438	653990012	342786953	152650968	73029413	1675460
137678156	45297303	9347221	2900000	148095556	29196726	22043401	5278620	387111
128605754	49793115	45530616	34075779	174966721	105537027	44712196	21010234	609643
61999226	33254583	407270		62511416	10995988	5117765	1373829	40633
203460560	67434512	63335870	42688659	268416319	197057212	80777606	45366730	638073
177402108	75039963	8432124	1127653	188850339	58258849	33930933	5501956	1477209
27907571	13318216	2228328	994586	31967594	13964940	6584131	357802	354582
51567987	23575682	2884128		54732046	14215675	8083372	2495875	150039
25124697	7847625	448287	26900	25984639	7449328	4791982	252494	777820
25706541	11993661	228006	106167	25934547	8182983	4352767	443171	54255
21694444	8347780	326209		22400619	7988936	6376292	399395	140513
25400868	9956999	2317166		27830894	6456987	3742389	1553219	
30997969	12366412	757703	5967	31947881	12510947	9175101	1106978	244001
5412152	2322833	13934		5430271	1421582	1249229	14893	80758
5494650	2315735	1434	5967	5650787	2059406	1889918	201000	21308
9394786	3346451	700996		10118616	4622053	3441575	417400	26000
6759856	2672589	29073		6799410	3138896	1648370	449109	105935
3936525	1708804	12266		3948797	1269010	946009	24576	10000

2-5 续表 4

项目	法人资本	个人资本	港澳台资本	外商资本	营业收入	#主营业务收入
合计	**89041942**	**51565466**	**907927**	**849732**	**947301183**	**940431767**
其中：国有及国有控股	66314081	17872485	58876	54949	696332951	691881240
一、按登记注册类型分						
内资企业	88452055	51379803	38507		927455692	920878555
国有企业	10262770	1233000			63196726	62155665
集体企业	237838	814			13860222	13754963
股份合作企业	373080	533810			4225376	4182095
联营企业		5000			10913	10913
国有联营企业						
集体联营企业					***	***
国有与集体联营企业		***			***	***
其他联营企业						
有限责任公司	61964960	8873070	38507		695944728	692307799
国有独资公司	6621093				96504156	95926068
其他有限责任公司	55343867	8873070	38507		599440572	596381731
股份有限公司	9883399	16997447			79649984	78711802
私营企业	5730008	23736662			70567743	69755318
私营独资企业		6550			7764	7764
私营合伙企业		13510			3228	3228
私营有限责任公司	5101550	23202613			65593134	64807491
私营股份有限公司	628458	513989			4963617	4936835
其他企业						
港、澳、台商投资企业	346444	66700	865300	22086	9215280	9115789
与港澳台商合资经营企业	290644	45700	389277	17210	5577484	5484476
与港澳台商合作经营企业	7000	10000	3000		25635	25530
港澳台商独资经营企业	29800		460052		3552884	3546506
港澳台商投资股份有限公司	***	***	***	***	***	***
其他港澳台投资企业						
外商投资企业	243443	118963	4120	827646	10630211	10437423
中外合资经营企业	243443	112738	4120	299524	5998598	5929723
中外合作经营企业		***		***	***	***
外资企业				511747	4551810	4427897
外商投资股份有限公司				***	***	***
其他外商投资企业						
二、按隶属关系分						
中央	58347210	17297132	27696	1244	537646830	534368168
地方	30694732	34268334	880231	848488	409654353	406063599
三、按行业小类分						
房屋建筑业	33494053	7574500	271194	349663	446966588	444013078
土木工程建筑业	41868697	23156469	51000	38694	324224452	322043454
铁路、道路、隧道和桥梁工程建筑	29023729	16562159		24950	259540254	257911976
铁路工程建筑	14191285	13230012			110376628	109363827
公路工程建筑	3601174	595940			88450088	88078949
市政道路工程建筑	6177533	2335073		24950	36831904	36619900
其他道路、隧道和桥梁工程建筑	5053737	401134			23881634	23849300
水利和内河港口工程建筑	3814260	3050785			22486471	22368121
水源及供水设施工程建筑	180635	176675			3465194	3461301
河湖治理及防洪设施工程建筑	121374	43910			2496485	2459886
港口及航运设施工程建筑	3512251	2830200			16524792	16446934

单位：千元

营业成本	#主营业务成本	营业税金及附加	#主营业务税金及附加	其他业务利润	销售费用	管理费用	税金	财产保险费
867068830	**856610263**	**23337282**	**23060881**	**2120022**	**3260154**	**33952288**	**506188**	**83776**
645517144	636783268	16041170	15850329	1237057	491370	20679791	292900	46299
849479485	839157058	22864279	22591479	1952368	2977197	32922323	492045	81964
58554733	57626575	1264581	1257481	133781	101141	2301903	35810	6406
12236089	12135184	425123	420122	44781	23240	956080	10677	2042
3776515	3745762	144624	142828	9912	8854	167355	2462	500
9628	9628	206	206			4158		2
***	***	***	***			***		***
***	***	***	***			***		
640686411	638152770	17281924	17079791	1078212	991327	22047125	306430	53686
88415746	88101935	2517957	2450791	229625	17145	3114291	51339	21131
552270665	550050835	14763967	14629000	848587	974182	18932834	255091	32555
73669992	67616022	1557158	1541151	388168	129883	2563271	47002	2691
60546117	59871117	2190663	2149900	297514	1722752	4882431	89664	16637
1868	1868	314	314			1452	169	14
1599	1599	131	131		57	1612	7	10
56500701	55845634	2038427	1998245	287611	1380790	4612192	83284	16216
4041949	4022016	151791	151210	9903	341905	267175	6204	397
8308520	8219321	229395	227204	23217	104939	443395	6801	817
5040530	4959731	172154	169980	17196	45814	256512	4974	332
16552	16552	323	323		4137	7318	20	32
3220941	3212541	55627	55610	6021	51336	161584	1721	307
***	***	***	***		***	***	***	***
9280825	9233884	243608	242198	144437	178018	586570	7342	995
5271521	5228539	157872	156464	24506	89443	324998	4395	912
***	***	***	***		***	***	***	
3940951	3936992	83148	83146	119931	88571	249918	2687	83
***	***	***	***			***	***	
500144241	492125584	11566064	11472047	846420	311092	15174537	204221	20368
366924589	364484679	11771218	11588834	1273602	2949062	18777751	301967	63408
413492551	411415650	11319705	11210213	814084	164600	12938958	213176	37364
298398552	291353951	7489873	7407014	759058	400006	11361973	136214	24069
241188982	234490299	6289068	6228918	515333	166008	6951337	65528	12813
103765470	103154008	2206533	2189509	396094	116953	3354629	22394	4465
81624449	75752432	2217919	2183035	61361	4973	1581989	21241	3932
33699451	33511002	1094353	1086843	56768	27712	1377616	16574	3771
22099612	22072857	770263	769531	1110	16370	637103	5319	645
20735116	20700910	207067	200925	81462	5379	1205481	17355	3898
3195012	3194983	89244	89243	3755	4493	163117	2449	190
2280574	2271522	74367	72765	26939	886	120655	2646	843
15259530	15234405	43456	38917	50768		921709	12260	2865

2-5 续表 5

项 目					营业收入	
	法人资本	个人资本	港澳台资本	外商资本		#主营业务收入
海洋工程建筑						
工矿工程建筑	7033597	1431702			16920129	16787863
架线和管道工程建筑	1199000	1108054			18072484	17869839
架线及设备工程建筑	787076	811998			15732102	15574218
管道工程建筑	411924	296056			2340382	2295621
其他土木工程建筑	798111	1003769	51000	13744	7205114	7105655
建筑安装业	5864713	6479493	289038	296963	92500100	91542001
电气安装	2112543	2098084	219250	153999	38066533	37770111
管道和设备安装	1460051	2098550	42871	97291	24229327	23984369
其他建筑安装业	2292119	2282859	26917	45673	30204240	29787521
建筑装饰和其他建筑业	7814479	14355004	296695	164412	83610043	82833234
建筑装饰业	4989761	11832928	269068	143906	64825803	64281459
工程准备活动	559237	966195	12971	4876	5504473	5477252
建筑物拆除活动	104785	453907			678216	676854
其他工程准备活动	454452	512288	12971	4876	4826257	4800398
提供施工设备服务	29229	146283	8923		610040	605400
其他未列明建筑业	2236252	1409598	5733	15630	12669727	12469123
四、按企业资质等级分						
施工总承包序列	76071799	30499351	340650	485496	804210327	798786403
施工总承包序列特级工程	29115832	16402182			342363365	339404191
施工总承包序列一级工程	40954726	5493523	283650	86048	397372016	395629075
施工总承包序列二级工程	3764135	4780568	57000	282405	40142660	39703186
施工总承包序列三级工程	2237106	3823078		117043	24332286	24049951
专业承包序列	12970143	21066115	567277	364236	143090856	141645364
专业承包序列一级工程	7483249	5190196	376001	82347	93359930	92612220
专业承包序列二级工程	2471480	9230997	147533	114795	24529203	24281362
专业承包序列三级工程	2714865	6144112	43743	144219	23021877	22579971
专业承包序列不分等级工程	300549	500810		22875	2179846	2171811
五、按四大城市功能区分						
首都功能核心区	25109108	4138313	324965	70696	144571807	143259532
东城区	15240064	893779	284145	64518	70557313	70366172
西城区	9869044	3244534	40820	6178	74014494	72893360
城市功能拓展区	43213618	33541355	471749	719373	522889143	518580498
朝阳区	9685475	5697081	424076	571038	130822746	129812122
丰台区	11829680	11219758	23006	19875	129475354	128198347
石景山区	2764711	938592			64870515	64352072
海淀区	18933752	15685924	24667	128460	197720528	196217957
城市发展新区	17058601	9732541	100963	59663	237823450	236900769
房山区	4211393	1660354			36443524	36309850
通州区	3466921	1956694	13843		79075474	78931466
顺义区	2848388	824284	84120	4876	29165941	29039205
昌平区	2088655	1716401	3000	47285	31937345	31815714
大兴区	2387855	3441027		7502	32724102	32507058
北京经济技术开发区	2055389	133781			28477064	28297476
生态涵养发展区	3660615	4153257	10250		42016783	41690968
门头沟区	564221	589357			8192883	8151497
怀柔区	868408	799202			8821431	8720853
平谷区	1114183	1873742	10250		8266758	8147736
密云县	707604	385722			11247163	11205443
延庆县	406199	505234			5488548	5465439

单位：千元

营业成本	#主营业务成本	营业税金及附加	#主营业务税金及附加	其他业务利润	销售费用	管理费用	税金	财产保险费
14669134	14540591	277093	274513	47542	94324	1324105	21195	3002
15471479	15364157	532938	528322	92011	90161	1493512	25256	3457
13426659	13356613	456446	452023	80499	71140	1332631	21715	2859
2044820	2007544	76492	76299	11512	19021	160881	3541	598
6333841	6257994	183707	174336	22710	44134	387538	6880	899
82343363	81658171	2101355	2073169	264089	1148860	5069541	80666	11769
34221417	34080844	790175	782647	140354	334290	2262632	23513	5568
21685879	21486733	501612	491632	73902	300080	1223804	18725	2117
26436067	26090594	809568	798890	49833	514490	1583105	38428	4084
72834364	72182491	2426349	2370485	282791	1546688	4581816	76132	10574
56293113	55983156	2008494	1960844	209076	1220340	3478601	56886	7633
4682228	4521071	170538	162923	17003	198613	485833	7161	1566
531237	530442	21912	20074	681	50699	80344	2535	115
4150991	3990629	148626	142849	16322	147914	405489	4626	1451
560210	558377	8522	8486	628	1718	35104	2682	17
11298813	11119887	238795	238232	56084	126017	582278	9403	1358
742323638	733021725	19211674	19021076	1654783	708504	25506628	372551	60876
317380664	309822404	7461037	7377363	813545	120539	9226149	147836	27633
367246074	365965226	9982551	9894912	507038	309801	12688811	165156	23046
36207043	35968758	1062015	1048815	264378	97246	1929624	32851	5171
21489857	21265337	706071	699986	69822	180918	1662044	26708	5026
124745192	123588538	4125608	4039805	465239	2551650	8445660	133637	22900
83935170	83219948	2617258	2557228	178146	738877	3733843	56205	6579
20387107	20194489	743326	727167	79526	878626	1962454	31626	6044
18585137	18340404	694830	685289	204327	900657	2578094	43516	9817
1837778	1833697	70194	70121	3240	33490	171269	2290	460
132750946	131823688	3524778	3465824	343225	489342	5453049	91519	14677
65365022	65242887	1655523	1628176	61395	177424	2601263	38388	4703
67385924	66580801	1869255	1837648	281830	311918	2851786	53131	9974
481872534	478628519	11945966	11804674	1291526	1847281	18495335	261480	43025
118552618	117963591	3111021	3050765	403575	725703	5681155	75839	9037
119977430	119210692	2923067	2882757	512064	318175	4453314	50887	5692
60153267	59780549	1227684	1220592	130478	145421	1525971	30261	2885
183189219	181673687	4684194	4650560	245409	657982	6834895	104493	25411
214766378	208669592	6561332	6502423	353706	799898	8215938	132945	20775
32098891	32065197	1123449	1118688	75628	28139	1885168	22887	4891
72546996	66914186	2099440	2060953	32001	78735	1585108	35696	2203
26177327	26112735	868467	864889	33000	196935	1224068	21758	3018
28855460	28723485	975178	971128	58283	115353	971719	16433	4317
29480814	29324377	882022	874628	53213	337844	1515713	28274	4963
25606890	25529612	612776	612137	101581	42892	1034162	7897	1383
37678972	37488464	1305206	1287960	131565	123633	1787966	20244	5299
7505246	7479539	263979	262076	12877	27629	296780	3243	1140
8085694	8016350	288448	280307	41963	29682	339241	3894	551
7055910	7013202	225491	219055	64785	38393	513308	5569	1894
10005716	9974598	346706	346394	10901	22540	384494	4678	1335
5026406	5004775	180582	180128	1039	5389	254143	2860	379

2-5 续表 6

项目	财务费用	利息收入	利息支出	资产减值损失	公允价值变动收益（损失以"-"号记）	投资收益（损失以"-"号记）	营业利润
合计	**5984922**	**9015244**	**14695408**	**1521636**	**54295**	**25376899**	**37724121**
其中：国有及国有控股	4898833	8573926	13297244	1053707	50253	24960844	32727649
一、按登记注册类型分							
内资企业	5986583	8950413	14625802	1517113	54343	25382680	37255345
国有企业	-50188	552761	501318	-68848	-17529	1917177	2993052
集体企业	-21238	30421	14923	2838		26268	267396
股份合作企业	23603	5103	28144			21055	104405
联营企业	1	3					-3080
国有联营企业							
集体联营企业	***	***					***
国有与集体联营企业	***	***					***
其他联营企业							
有限责任公司	4625146	4540137	9528299	1102591	54709	8760617	18102227
国有独资公司	1762614	523077	3106149	103989	19347	1599501	2191263
其他有限责任公司	2862532	4017060	6422150	998602	35362	7161116	15910964
股份有限公司	1270779	3746941	4378289	407679	13518	14618381	14736757
私营企业	138480	75047	174829	72853	3645	39182	1054588
私营独资企业	-31	31					4161
私营合伙企业	16	5	20				-187
私营有限责任公司	132849	65519	163797	63286	3645	38886	904734
私营股份有限公司	5646	9492	11012	9567		296	145880
其他企业							
港、澳、台商投资企业	6429	34150	33897	2260	-48	-4538	115711
与港澳台商合资经营企业	2892	8670	10821	578	-48	-4538	54373
与港澳台商合作经营企业	884	-1	884				-3579
港澳台商独资经营企业	-4693	25424	22187	1682			66407
港澳台商投资股份有限公司	***	***	***				***
其他港澳台投资企业							
外商投资企业	-8090	30681	35709	2263		-1243	353065
中外合资经营企业	11294	2064	25663	1843		5856	147493
中外合作经营企业	***	***					***
外资企业	-19363	28575	10046	420		-7099	208347
外商投资股份有限公司	***	***					***
其他外商投资企业							
二、按隶属关系分							
中央	3435107	8659391	10908041	946325	-6903	23293527	29355953
地方	2549815	355853	3787367	575311	61198	2083372	8368168
三、按行业小类分							
房屋建筑业	3569142	3007290	6206262	695273	4842	10949091	15816171
土木工程建筑业	2071116	5547933	7800951	491497	48868	12996430	17038087
铁路、道路、隧道和桥梁工程建筑	1193629	3446401	4887191	395837	13792	8766964	12136046
铁路工程建筑	172976	2449491	3074291	198726	13792	7417367	7992500
公路工程建筑	780148	548242	1152618	115187		1234062	3359485
市政道路工程建筑	189194	236054	400748	43212		114481	514745
其他道路、隧道和桥梁工程建筑	51311	212614	259534	38712		1054	269316
水利和内河港口工程建筑	471133	980456	1479426	-52121	35076	3036911	2986974
水源及供水设施工程建筑	19049	4438	18864	6751	35089	60689	82898
河湖治理及防洪设施工程建筑	505	2174	5319			1655	22132
港口及航运设施工程建筑	451579	973844	1455243	-58872	-13	2974567	2881944

单位：千元

营业外收入		营业外支出	利润总额	应交所得税	应付职工薪酬(本年贷方累计发生额)			应交增值税	建筑业企业在境外完成的营业收入
	#补贴收入					社会保险费	住房公积金		
2069526	**336134**	**1196022**	**38576397**	**5389759**	**41136594**	**6575875**	**1840194**	**1362338**	**98477774**
1447380	207348	966696	33205628	3971364	27337855	4722912	1450571	1049011	93732475
2047572	334023	1171891	38117038	5254446	39787455	6398487	1790705	1311967	98327715
295535	34806	65681	3222906	579235	3090680	471809	152782	139686	11146640
37870	520	9878	292330	84382	863295	152993	32715	1270	545
1836	1107	606	127029	34747	285740	24658	4844	190	
16	15		-3064	16	1689	343		116	
***	***		***		***	***		***	
***			***	***	***	***			
1548712	256198	765715	18886815	3725985	28600981	4872342	1426206	978550	73280103
157947	31342	114416	2234794	333393	3793300	734386	230106	155107	4809203
1390765	224856	651299	16652021	3392592	24807681	4137956	1196100	823443	68470900
58044	17500	255744	14485425	532535	2334015	374654	116841	108672	13603892
105559	23877	74267	1105597	297546	4611055	501688	57317	83483	296535
		65	4096	120	1505	244		62	
			-187		1595	54			
85097	23257	72715	936833	255054	4189107	464437	49904	75975	295879
20462	620	1487	164855	42372	418848	36953	7413	7446	656
5617	1418	6406	114966	34106	562669	93206	24449	6473	
2233	566	4756	51894	9143	252271	52962	12094	3244	
861	852	52	-2770		1027	157	110	976	
2523		1598	67332	24963	299800	38698	11971	1783	
			***		***	***	***	***	
16337	693	17725	344393	101207	786470	84182	25040	43898	150059
2855	643	1791	148557	36859	437298	63035	18958	37735	129703
***		***	***	***	***	***	***		
13425		15714	198774	64267	342632	20424	5965	6163	20356
***	***	***	***		***	***	***		
713541	115192	453545	29616083	3374214	20014177	3320580	1022909	940802	87280166
1355985	220942	742477	8960314	2015545	21122417	3255295	817285	421536	11197608
1030075	204080	565003	16301661	2383069	17181968	2861177	861113	119614	32755208
686738	98543	457337	17292434	1935462	12390389	2127974	609608	831434	59723003
438765	55511	402407	12172433	1349111	7612474	1366038	391614	557137	23591158
63508	11470	262780	7793228	200474	3195112	538694	158197	-2538	3107831
190348	18702	107621	3442212	585711	1765555	340360	99260	556705	6135087
40623	10923	24294	531105	164179	1906744	316008	93779	638	358515
144286	14416	7712	405888	398747	745063	170976	40378	2332	13989725
141584	17807	10014	3119456	92786	850517	163313	51516	14805	25696027
10824	1758	2130	92000	17692	151834	22471	6025	3209	
6247	101	1241	27642	8980	108508	20141	6404	582	
124513	15948	6643	2999814	66114	590175	120701	39087	11014	25696027

2-5 续表 7

项目	财务费用			资产减值损失	公允价值变动收益(损失以"－"号记)	投资收益(损失以"－"号记)	营业利润
		利息收入	利息支出				
海洋工程建筑							
工矿工程建筑	394280	1043746	1349129	98025		1104330	1167498
架线和管道工程建筑	-14481	60464	46357	40063		85471	521939
架线及设备工程建筑	-14897	52980	39555	40092		85389	483144
管道工程建筑	416	7484	6802	-29		82	38795
其他土木工程建筑	26555	16866	38848	9693		2754	225630
建筑安装业	56648	340889	333258	89140	-2498	415610	2113465
电气安装	-170987	219720	50377	46435	-2560	335265	927819
管道和设备安装	125374	55468	161519	35246	1	52574	407393
其他建筑安装业	102261	65701	121362	7459	61	27771	778253
建筑装饰和其他建筑业	288016	119132	354937	245726	3083	1015768	2756398
建筑装饰业	165072	78925	221063	196722	274	152106	1666819
工程准备活动	-12122	30575	8008	48196		788970	719641
建筑物拆除活动	1383	358	1684	700		2161	-5889
其他工程准备活动	-13505	30217	6324	47496		786809	725530
提供施工设备服务	-108	530	208	10			4584
其他未列明建筑业	135174	9102	125658	798	2809	74692	365354
四、按企业资质等级分							
施工总承包序列	5596152	8785026	14155455	1198485	50537	24314507	34104083
施工总承包序列特级工程	3621660	7126390	10921872	457350	34534	20436681	24568888
施工总承包序列一级工程	1981373	1556221	3023513	571850	-19114	3232485	7872232
施工总承包序列二级工程	28379	116833	126977	-1927	35117	80084	938402
施工总承包序列三级工程	-35260	-14418	83093	171212		565257	724561
专业承包序列	388770	230218	539953	323151	3758	1062392	3620038
专业承包序列一级工程	288889	155818	413037	279115	330	1004669	2746805
专业承包序列二级工程	61087	29917	62591	34876	3414	24680	487636
专业承包序列三级工程	30376	43296	56820	2077	14	33037	333977
专业承包序列不分等级工程	8418	1187	7505	7083		6	51620
五、按四大城市功能区分							
首都功能核心区	1131287	1468677	2468576	82584	43607	2390967	3573075
东城区	203107	903004	1052472	71930	-557	1237509	1719387
西城区	928180	565673	1416104	10654	44164	1153458	1853688
城市功能拓展区	3769467	6385200	10258339	1006605	10019	21503212	25579576
朝阳区	557472	610605	1230308	75031	1418	2884813	5018700
丰台区	557461	3071883	4017294	290678	10364	5406638	6350244
石景山区	268798	324097	565953	146136		332033	1735271
海淀区	2385736	2378615	4444784	494760	-1763	12879728	12475361
城市发展新区	912944	1120867	1776626	398847	112	1260953	7434221
房山区	63889	503333	542722	-24323		332063	1603450
通州区	182580	339753	419329	126836	112	615497	3071394
顺义区	80672	64774	125681	41792		48288	624968
昌平区	166554	35484	153355	99942		28995	784285
大兴区	74582	39688	95198	48390		7296	391843
北京经济技术开发区	344667	137835	440341	106210		228814	958281
生态涵养发展区	171224	40500	191867	33600	557	221767	1137249
门头沟区	4080	6338	12967	1275		464	94358
怀柔区	6332	15083	17201	1275		1474	71931
平谷区	103894	8857	99188	9757	552	195849	515451
密云县	30585	4561	33005	25010	5	25654	457771
延庆县	26333	5661	29506	-3717		-1674	-2262

单位：千元

营业外收入	#补贴收入	营业外支出	利润总额	应交所得税	应付职工薪酬(本年贷方累计发生额)	社会保险费	住房公积金	应交增值税	建筑业企业在境外完成的营业收入
70867	22858	19356	1219009	312722	1879740	267305	72826	190185	10270572
27199	1784	21496	550316	136953	1554690	275588	74948	61661	67706
23665	1673	19531	509884	125335	1378996	249510	69211	61375	67706
3534	111	1965	40432	11618	175694	26078	5737	286	
8323	583	4064	231220	43890	492968	55730	18704	7646	97540
232569	17276	73927	2259079	403248	6582883	945184	242705	152842	4098704
98058	6271	22745	986335	140197	2144212	332605	78318	15853	927646
61625	5489	36137	435747	101991	1306191	242930	59955	50382	3056136
72886	5516	15045	836997	161060	3132480	369649	104432	86607	114922
120144	16235	99755	2723223	667980	4981354	641540	126768	258448	1900859
94784	13216	47023	1664101	408633	3817819	492218	88293	69270	1871673
6046	1125	14807	711401	206973	451788	49558	13013	11709	5200
411	275	916	-6398	1382	91047	6877	621	50	
5635	850	13891	717799	205591	360741	42681	12392	11659	5200
209		641	4152	874	33311	3079	309	8633	
19105	1894	37284	343569	51500	678436	96685	25153	168836	23986
1729582	296811	1027522	34830055	4450977	32015741	5324152	1563567	1035702	96111169
717966	77447	655790	24629357	2119738	10006143	1720843	526581	583131	62187799
834609	162594	293904	8425171	1782616	17934516	3057839	908234	385987	32874975
103329	50538	47149	1009851	266635	2303134	311503	74943	20585	144426
73678	6232	30679	765676	281988	1771948	233967	53809	45999	903969
339944	39323	168500	3746342	938782	9120853	1251723	276627	326636	2366605
192869	18663	84469	2876622	664717	4409482	647599	175282	230379	2197461
82208	9992	60364	511426	128236	2205430	304624	61137	37119	86108
63653	10662	22918	305944	133681	2375419	281388	37250	51721	83036
1214	6	749	52350	12148	130522	18112	2958	7417	
547033	142320	58952	4062695	879577	7151306	1211536	349638	104438	56363507
281524	78933	12614	1988664	646741	3307451	580328	174760	-32143	49910378
265509	63387	46338	2074031	232836	3843855	631208	174878	136581	6453129
983812	89771	900869	25618470	2690340	20393160	3537960	993369	949356	40889733
174522	27694	139052	5043062	807590	6110703	979896	263405	605882	7830937
187287	26034	112937	6446598	572088	4724414	857622	238762	33640	6469053
422765	22492	340158	1817878	347500	2277180	422139	116546	58280	30124
199238	13551	308722	12310932	963162	7280863	1278303	374656	251554	26559619
441064	84778	180523	7716045	1564781	11028813	1530419	423589	237567	1199149
52656	23440	12724	1640286	291008	2059638	312490	103879	38570	178477
60715	11906	18247	3113859	602357	2532152	307961	81966	31016	143330
62636	6584	20483	667121	158258	2780031	303474	88841	42161	16440
60866	19367	76622	778102	184621	1046825	160088	34805	18358	19755
165679	16809	28470	543861	139200	1634409	264407	70866	28603	21042
38512	6672	23977	972816	189337	975758	181999	43232	78859	820105
97617	19265	55678	1179187	255061	2563315	295960	73598	70977	25385
24194	34	8221	110331	22454	384937	66822	17310	2256	
22018	3303	5253	88696	26685	518258	77899	18232	3305	
29288	4488	6235	538503	89589	517680	53059	13756	5995	24385
14911	8924	24794	447888	108277	847368	57933	15313	57613	1000
7206	2516	11175	-6231	8056	295072	40247	8987	1808	

附　录

主要指标解释及分类规定

主要指标解释

工业　指从事自然资源的开采，对采掘品和农产品进行加工和再加工的物质生产部门。具体包括：（1）对自然资源的开采，如采矿、晒盐、森林采伐等（但不包括禽兽捕猎和水产捕捞）；（2）对农副产品的加工、再加工，如粮油加工、食品加工、扎花、纺织、制革等；（3）对采掘品的加工、再加工，如炼铁、炼钢、化工生产、石油加工、机器制造、木材加工等，以及电力、自来水、煤气的生产和供应等；（4）对工业品的修理、翻新，如机器设备的修理。

轻工业　指主要提供生活消费品和制作手工工具的工业。按其所使用的原料不同，可分为两大类：（1）以农业为原料的轻工业，是指直接或间接以农产品为基本原料的轻工业。主要包括食品制造、饮料制造、烟草加工、纺织、缝纫、皮革和毛皮制作、造纸以及印刷等工业；（2）以非农产品为原料的轻工业，是指以工业品为原料的轻工业。主要包括文教体育用品、化学药品制造、合成纤维制造、日用化学制品、日用玻璃制品、日用金属制品、手工工具制造、医疗器械制造、文化和办公用机械制造等工业。

重工业　是指为国民经济各部门提供物质技术基础的主要生产资料的工业。按其生产性质和产品用途，可以分为下列三类：（1）采掘（伐）工业，是指对自然资源的开采，包括石油开采、煤炭开采、金属矿开采、非金属矿开采和木材采伐等工业；（2）原材料工业，指向国民经济各部门提供基本材料、动力和燃料的工业。包括金属冶炼及加工、炼焦及焦炭化学、化工原料、水泥、人造板以及电力、石油和煤炭加工等工业；（3）加工工业，是指对工业原材料进行再加工制造的工业。包括装备国民经济各部门的机械设备制造工业、金属结构、水泥制品等工业，以及为农业提供的生产资料如化肥、农药等工业。

根据上述划分原则，修理业中以重工业产品为修理作业对象的划为重工业，反之划为轻工业。

工业总产值　指工业企业在报告期内生产的以货币形式表现的工业最终产品和提供工业劳务活动的总价值量。它包括：在本企业内不再进行加工，经检验、包装入库（规定不需包装的产品除外）的成品价值，对外加工费收入，自制半成品、在制品期末期初差额价值。工业总产值采用“工厂法”计算，即以法人工业企业作为一个整体，按企业生产活动的最终成果来计算。

工业销售产值　是以货币形式表现的，工业企业在报告期内销售的本企业生产的工业产品或提供工业性劳务价值的总价值量。包括企业在报告期内实际销售（包括本期生产和非本期生产）的全部成品、半成品的总价值，报告期内完成的对外承接的工业品加工的加工费收入，对外工业品修理作业可获取的加工费收入和对内非工业部门提供的加工修理、设备安装等收入。已销售的成品、半成品不论是本期生产的、还是非本期生产的，只要是本期销售出去的均包括在内。企业为本单位基本建设部门、生活福利部门等提供的产品和工业性作业及自制设备也应视同销售，这部分也应作为销售统计。

资产总计　指企业过去的交易或者事项形成的、由企业拥有或者控制的、预期会给企业带来经济利益的资源。资产一般按流动性分为流动资产和非流动资产。其中流动资产可分为货币资金、交易性金融资产、应收票据、应收账款、预付款项、其他应收款、存货等；非流动资产可分为长期股权投资、固定资产、无形资产及其他非流动资产等。

流动资产合计　资产满足以下条件之一应归为流动资产：①预计在一个正常营业周期中变现、出售或耗用，主要包括存货、应收账款等；②主要为交易目的而持有；③预计在资产负债表日起一年内（含一年）变现；④自资产负债表日起一年内，交换其他资产或清偿负债的能力不受限制的现金或现金等价物。包括货币资金、应收票据、应收账款、存货等项目。

固定资产合计　指企业为生产商品、提供劳务、出租或经营管理而持有的，使用寿命超过一个会计年度的有形资产。包括使用期限超过一年的房屋、建筑物、机器、机械、运输工具以及其他与生产、经营有关的设备、器具、工具等。固定资产合计是时点指标，表示固定资产经过扣减折旧、减值准备等后的期末余额。

负债合计　指企业过去的交易或者事项形成的，预期会导致经济利益流出企业的现时义务。负债一般按偿还期长短分为流动负债和非流动负债。

流动负债合计　负债满足下列条件之一的应归为流动负债：①预计在一个正常营业周期中清偿；②主要为交易目的而持有；③自资产负债表日起一年内到期应予清偿；④企业无权自主地将清偿推迟至资产负债表日后一年以上。包括短期借款、应付票据、应付账款、应付职工薪酬、应交税费等项目。

非流动负债合计　指流动负债之外的负债。包括长期借款、应付债券等。

所有者权益合计　指企业资产扣除负债后由所有者享有的剩余权益。公司的所有者权益又称股东权益。包括实收资本、资本公积、盈余公积、未分配利润等。

实收资本　指企业各投资者实际投入的资本（或股本）总额，包括货币、实物、无形资产等各种形式的投入。实收资本按投资主体可分为国家资本、集体资本、法人资本、个人资本、港澳台资本和外商资本。

主营业务收入　指企业确认的销售商品、提供劳务等主营业务的收入。

主营业务成本　指企业经营主要业务所发生的成本总

额。

主营业务税金及附加 指企业经营主要业务应负担的营业税、消费税、城市维护建设税、教育费附加等。

营业利润 指企业从事生产经营活动所取得的利润。

利润总额 指企业在一定会计期间的经营成果，是生产经营过程中各种收入扣除各种耗费后的盈余，反映企业在报告期内实现的亏盈总额。

应交增值税 指企业按税法规定，从事货物销售或提供加工、修理修配劳务等增加货物价值的活动本期应交纳的税金。

应交增值税=销项税额-（进项税额-进项税额转出）-出口抵减内销产品应纳税额-减免税款+出口退税

应交增值税不含期初未抵扣税额。

工业产品销售率 指报告期工业销售产值与工业总产值之比。计算公式:

$$工业产品销售率(\%)=\frac{报告期现价工业销售产值}{报告期现价工业总产值}\times 100\%$$

工业成本费用利润率 指在一定时期内实现的利润与成本费用之比，是反映工业生产成本及费用投入的经济效益指标，同时也是反映降低成本的经济效益的指标。计算公式:

$$工业成本费用利润率(\%)=\frac{利润总额}{成本费用总额}\times 100\%$$

工业全员劳动生产率 指根据产品的价值量指标计算的平均每一个职工在单位时间内创造的工业生产最终成果。是考核企业经济活动的重要指标，是企业生产技术水平、经济管理水平、职工技术熟练程度和劳动积极性的综合表现。

$$工业全员劳动生产率（元/人）=\frac{工业增加值（现价）}{平均用工人数}$$

平均用工人数指报告期企业平均实际拥有的、参与本企业生产经营活动的人员数。

流动资产周转率(次) 指在一定时期内流动资产完成的周转次数，反映流动资产的周转速度。计算公式:

$$流动资产周转次数(次)=\frac{产品销售收入}{流动资产平均余额}$$

资产负债率 反映在企业资产总额中有多少资产是通过借债而得的，也可以用于衡量企业利用债权人提供资金进行经营活动的能力以及企业在清算时保护债权人利益的程度。计算公式:

$$资产负债率=\frac{负债总额}{资产总额}\times 100\%$$

总资产贡献率 反映企业全部资产的获利能力，是企业经营业绩和管理水平的集中体现，是评价和考核企业盈利能力的核心指标。计算公式为:

$$总资产贡献率=\frac{利润总额+税金总额+利息支出}{平均资产总额}\times 100\%$$

其中：税金总额为主营业务税金及附加、管理费用中的税金与应交增值税之和；平均资产总额为期初期末资产总计的算术平均值。

建筑业

（一）财务状况

营业收入 指企业经营主要业务和其他业务所确认的收入总额。营业收入合计包括“主营业务收入”和“其他业务收入”。根据会计“利润表”中“营业收入”项目的本期金额数填报。

主营业务收入 指企业确认的销售商品、提供劳务等主营业务的收入。根据会计“主营业务收入”科目的期末贷方余额（结转前）填报。执行2006年《企业会计准则》的企业，如未设置该科目，以“营业收入”代替填报。

营业成本 指企业经营主要业务和其他业务所发生的成本总额。包括企业（单位）在报告期内从事销售商品、提供劳务等日常活动发生的各种耗费。包括“主营业务成本”和“其他业务成本”。根据会计“利润表”中“营业成本”项目的本期金额数填报。

主营业务成本 指企业经营主要业务所发生的成本总额。根据会计“主营业务成本”科目的期末借方余额（结转前）填报。执行2006年《企业会计准则》的企业，如未设置该科目，以“营业成本”代替填报。

营业税金及附加 指企业因从事生产经营活动按税法规定缴纳的应从经营收入中抵扣的税金和附加，包括营业税、消费税、城市维护建设税、教育费附加等。根据会计“利润表”中“营业税金及附加”项目的本期金额数填报。

主营业务税金及附加 指企业经营主要业务应负担的营业税、消费税、城市维护建设税、教育费附加等。根据会计“主营业务税金及附加”科目的期末借方余额（结转前）填报。执行2006年《企业会计准则》的企业，如未设置该科目，以“营业税金及附加”代替填报。

资产总计 指企业过去的交易或者事项形成的、由企业拥有或者控制的、预期会给企业带来经济利益的资源。资产一般按流动性（资产的变现或耗用时间长短）分为流动资产和非流动资产。其中流动资产可分为货币资金、交易性金融资产、应收票据、应收账款、预付款项、其他应收款、存货等；非流动资产可分为长期股权投资、固定资产、无形资产及其他非流动资产等。根据会计“资产负债表”中“资产总计”项目的期末余额数填报。

执行2006年《企业会计准则》的企业：资产总计=流动资产合计+非流动资产合计；未执行2006年《企业会计准则》企业的资产包括流动资产、长期投资、固定资产、无形资产和其他资产等。

实收资本 指企业各投资者实际投入的资本（或股本）总额，包括货币、实物、无形资产等各种形式的投入。实收资本按投资主体可分为国家资本、集体资本、法人资本、个人资本、港澳台资本和外商资本。根据会计“资产负债表”中“所有者权益”项下“实收资本”的期末余额数填报。

应收账款 指企业因销售商品、提供劳务等经营活动，应向购货单位或接受劳务单位收取的款项，主要包括企业销售商品或提供劳务等应向有关债务人收取的价款及代购货单位垫付的包装费、运杂费等。根据会计“资产负债表”中“应收账款”项目的期末余额数填报。

固定资产合计　指企业为生产商品、提供劳务、出租或经营管理而持有的，使用寿命超过一个会计年度的有形资产。包括使用期限超过一年的房屋、建筑物、机器、机械、运输工具以及其他与生产、经营有关的设备、器具、工具等。固定资产合计是时点指标，表示固定资产经过扣减折旧、减值准备等后的期末余额。执行2006年《企业会计准则》的企业，根据会计"资产负债表"中"固定资产"项目的期末余额数填报。

固定资产原价　指固定资产的成本，包括企业在购置、自行建造、安装、改建、扩建、技术改造某项固定资产时所发生的全部支出总额。根据会计"固定资产"科目的期末借方余额填报。

固定资产折旧指企业在固定资产的使用寿命内，按照确定的方法对应计折旧额进行系统分摊。

本年折旧　指企业在报告期内提取的固定资产折旧合计数。可以根据会计"财务状况变动表"中"固定资产折旧"项的数值填报。若企业执行2001年《企业会计制度》，可以根据会计核算中《资产减值准备、投资及固定资产情况表》内"当年计提的固定资产折旧总额"项本年增加数填报。

负债合计　指企业过去的交易或者事项形成的，预期会导致经济利益流出企业的现时义务。负债一般按偿还期长短分为流动负债和非流动负债。根据会计"资产负债表"中"负债合计"项目的期末余额数填报。

执行2006年《企业会计准则》的企业：负债合计=流动负债合计+非流动负债合计；未执行2006年《企业会计准则》企业的负债包括流动负债和长期负债。

所有者权益合计　指企业资产扣除负债后由所有者享有的剩余权益。公司的所有者权益又称股东权益。包括实收资本、资本公积、盈余公积、未分配利润等。根据会计"资产负债表"中"所有者权益合计"项目的期末余额数填报。

其他业务利润　指企业经营除主要业务以外的其他业务实现的利润。根据会计"其他业务收入"科目的期末贷方余额减"其他业务成本"科目的期末借方余额计算填报。执行2006年《企业会计准则》的企业，如果未设置该科目，则在此处填0。

销售费用　指企业在销售商品和材料、提供劳务的过程中发生的各种费用，包括保险费、包装费、展览费和广告费、商品维修费、预计产品质量保证损失、运输费、装卸费等以及为销售本企业商品而专设的销售机构（含销售网点、售后服务网点等）的职工薪酬、业务费、折旧费等经营费用。建筑业企业销售费用指企业从事施工生产活动过程中发生的各项费用，包括应由企业负担的运输费、装卸费、包装费、保险费、维修费、展览费、差旅费、广告费和其他经费。房地产企业销售费用指企业在从事主要经营业务过程中所发生的各项销售费用，包括转让、销售、结算和出租开发产品等。根据会计"利润表"中"销售费用"项目的本期金额数填报。未执行2006年《企业会计准则》的企业，根据会计"利润表"中"营业费用(或经营费用)"项目的本期金额数填报。

管理费用　指企业为组织和管理企业生产经营所发生的费用，包括企业在筹建期间内发生的开办费、董事会和行政管理部门在企业经营管理中发生的，或者应当由企业统一负担的公司经费等。根据会计"利润表"中"管理费用"项目的本期金额数填报。

税金　指企业按照规定从管理费用中支付的房产税、印花税、车船使用税和土地使用税。根据"管理费用明细账"中"管理费用——税金"的期末借方余额（结转前）分析填报。

财务费用　指企业为筹集生产经营所需资金等而发生的筹资费用，包括企业生产经营期间发生的利息支出（减利息收入）、汇兑损失（减汇兑收益）以及相关的手续费等。根据会计"利润表"中"财务费用"项目的本期金额数填报。

投资收益　指企业确认的投资收益或投资损失，反映企业以各种方式对外投资所取得的收益。根据会计"利润表"中"投资收益"项目的本期金额数填报。如为投资损失以"-"号记。

营业利润　指企业从事生产经营活动所取得的利润。执行2006年《企业会计准则》的企业，营业利润为营业收入减去营业成本、营业税金及附加、销售费用、管理费用、财务费用、资产减值损失，再加上公允价值变动收益和投资收益。未执行2006年《企业会计准则》的企业，营业利润为主营业务收入减去主营业务成本、主营业务税金及附加，加上其他业务利润后，再减去销售费用、管理费用、财务费用后的金额。根据会计"利润表"中"营业利润"项目的本期金额数填报。

利润总额　指企业在一定会计期间的经营成果，是生产经营过程中各种收入扣除各种耗费后的盈余，反映企业在报告期内实现的盈亏总额。根据会计"利润表"中"利润总额"项目的本期金额数填报。执行2006年《企业会计准则》的企业，利润总额为营业利润加上营业外收入，减去营业外支出后的金额；未执行2006年《企业会计准则》的企业，利润总额为营业利润加上投资收益、补贴收入、营业外收入，再减去营业外支出后的金额。

应交所得税　指企业按税法规定，应从生产经营等活动的所得中缴纳的税金。执行2006年《企业会计准则》的企业，根据会计"利润表"中"所得税费用"项目的本期金额数填报；未执行2006年《企业会计准则》的企业，根据会计"利润表"中"所得税"项目的本期金额数填报。

应交增值税　指企业按税法规定，从事货物销售或提供加工、修理修配劳务等增加货物价值的活动本期应交纳的税金，不含期初未抵扣税额。根据会计相关科目贷方累计发生额，按下述公式计算填报：

应交增值税=销项税额-（进项税额-进项税额转出）-出口抵减内销产品应纳税额-减免税款+出口退税

存货　指企业在日常活动中持有以备出售的产成品或商品、处在生产过程中的在产品、在生产过程或提供劳务过程中耗用的材料或物料等，通常包括原材料、在产品、半成品、产成品、商品以及周转材料等。根据会计"资产负债表"中"存货"项目的期末余额数填报。其中："年初存货"根据会计"资产负债表"中"存货"项目的年初余额数填报。注意："存货"具有实物形态，不属于无形资产，由于企业持有存货的最终目的是为了出售，所以房地产开发企业（单位）购置的土地、尚未销售的商品房等均计入“存货”。

流动资产合计 资产满足以下条件之一应归为流动资产：（1）预计在一个正常营业周期中变现、出售或耗用，主要包括存货、应收账款等；（2）主要为交易目的而持有；（3）预计在资产负债表日起一年内（含一年）变现；（4）自资产负债日起一年内，交换其他资产或清偿负债的能力不受限制的现金或现金等价物。包括货币资金、应收票据、应收账款、存货等项目。根据会计“资产负债表”中“流动资产合计”项目的期末余额数填报。

货币资金 指企业的各种现金、银行存款和其他货币资金。根据会计“资产负债表”中的“货币资金”项目的期末余额数填报。

现金 指企业的库存现金。根据会计明细账“现金”科目的期末余额数填报。

交易性金融资产 指企业为交易目的所持有的债券投资、股票投资、基金投资等交易性金融资产的公允价值。根据会计“资产负债表”中的“交易性金融资产”项目的期末余额数填报。未执行2006年《企业会计准则》的企业，根据会计“资产负债表”中的“短期投资”项目的期末余额数填报。

应收工程款 指建筑业企业在报告期末向发包单位应收而未收的工程款。根据会计“应收账款——应收工程款”明细账对应科目填报。注意事项：（1）应收工程款中不包括质量保证金和工程款押金，一般纳入“其他应收款”；（2）建设工程质量保证金或保修金，是发包人与承包人在建设工程承包合同中约定，从应付的工程款中预留，用以保证工程质量的资金。

可供出售金融资产 指企业持有的可供出售金融资产的公允价值，包括划分可供出售的股票投资、债券投资等金融资产。根据会计“资产负债表”中的“可供出售金融资产”项目的期末余额数填报。未执行2006年《企业会计准则》的企业免填。

持有至到期投资 指到期日固定、回收金额固定或可确定，且企业有明确意图和能力持有至到期的非衍生金融资产。通常指企业持有的、在活跃市场上有公开报价的国债、企业债券、金融债券等。根据会计“资产负债表”中“持有至到期投资”科目的期末余额数填报。未执行2006年《企业会计准则》的企业，根据会计“资产负债表”中的“长期债权投资”项目的期末余额数填报。

长期股权投资 指企业不准备在一年内（含一年）变现的各种股权性质的投资。根据会计“资产负债表”中的“长期股权投资”的期末余额数填报。

投资性房地产 指企业为赚取租金或资本增值，或两者兼有而持有的房地产；包括已出租的土地使用权，持有并准备增值后转让的土地使用权和已出租的建筑物。根据会计“资产负债表”中“投资性房地产”科目的期末余额数填报。未执行2006年《企业会计准则》的企业免填。

固定资产减值准备 指企业确认固定资产发生减值时，按其固定资产可收回金额低于账面价值的差额计提的减值准备。根据会计“固定资产减值准备”科目的期末贷方余额填报。

累计折旧 指企业在报告期末提取的历年固定资产折旧累计数。根据会计“累计折旧”科目的期末贷方余额填报。

在建工程 指企业在基建、更新改造等方面发生的支出。根据会计“在建工程”科目的期末借方余额填报。

无形资产 指企业为生产商品、提供劳务、出租给他人或为管理目的而持有的没有实物形态的非货币性长期资产。根据会计“资产负债表”中“无形资产”项目的期末余额数填报。

流动负债合计 负债满足下列条件之一的应归为流动负债：（1）预计在一个正常营业周期中清偿；（2）主要为交易目的而持有；（3）自资产负债表日起一年内到期应予清偿；（4）企业无权自主地将清偿推迟至资产负债表日后一年以上。包括短期借款、应付票据、应付账款、应付职工薪酬、应交税费等项目。根据会计“资产负债表”中“流动负债合计”项目的期末余额数填报。

应付账款 指企业因购买材料、商品和接受劳务供应等经营活动应支付的款项。根据会计“资产负债表”中“应付账款”项目的期末余额数填报。

非流动负债合计 指流动负债之外的负债。包括长期借款、应付债券等。根据会计“资产负债表”中“非流动负债合计”项目的期末余额数填报。未执行2006年《企业会计准则》的企业，根据会计“资产负债表”中的“长期负债合计”的期末余额数填报。

应付债券 指企业发行的尚未偿还的各种长期债券的本息。根据会计“资产负债表”中的“应付债券”项目的期末余额数填报。

国家资本 指有权代表国家投资的政府部门或机构、直属事业单位对企业形成的资本金。根据会计“实收资本”科目计算填报。

集体资本 指由本企业职工等自然人集体投资或各种机构对企业进行扶持形成的集体性质的资本金。根据会计“实收资本”科目计算填报。

法人资本 指法人以其依法可支配的资产投入企业形成的资本金。根据会计“实收资本”科目计算填报。

个人资本 指自然人实际投入企业的资本金。根据会计“实收资本”科目计算填报。

港澳台资本 指我国香港、澳门和台湾地区投资者实际投入企业的资本金。根据会计“实收资本”科目计算填报。

外商资本 指外国投资者实际投入企业的资本金。根据会计“实收资本”科目计算填报。

财产保险费 指企业向保险公司投保所支付的财产保险费用。根据会计“管理费用明细表”或“业务及管理费明细表（金融业）”中相关科目期末借方余额分析填报。

利息收入 指非金融企业存款业务所确认的利息金额。根据企业“财务费用明细账”中“财务费用——利息收入”科目的本期发生额填报。如果企业没有设置该科目，此处可填“0”。

利息支出 指企业短期借款利息、长期借款利息、应付票据利息、票据贴现利息、应付债券利息、长期应付引进国外设备款利息等利息支出。根据企业"财务费用明细账"中"财务费用——利息支出"科目的本期发生额填报。如果企业没有单独设立"利息收入"科目，应填报利息支出减去银行存款等的利息收入后的净额。

资产减值损失　指企业计提各项资产减值准备所形成的损失。根据会计"利润表"中"资产减值损失"项目的本期金额数填报。未执行2006年《企业会计准则》的企业可免填。

公允价值变动收益　指企业的交易性金融资产、交易性金融负债，以及采用公允价值模式计量的投资性房地产、衍生工具、套期保值业务等公允价值变动形成的应计入当期损益的利得或损失。根据会计"利润表"中"公允价值变动收益"项目的本期金额数填报，或根据"公允价值变动损益"会计科目的余额填报。余额在贷方，则为净收益，余额在借方，则为净损失，以"-"号记。未执行2006年《企业会计准则》的企业可免填。

营业外收入　指企业发生的与经营业务无直接关系的各项收入，包括非流动资产处置利得、非货币性资产交换利得、债务重组利得、政府补助、盘盈利得、捐赠利得等。根据会计"利润表"中"营业外收入"项目的本期金额数填报；未执行2006年《企业会计准则》的企业，"营业外收入"中不含"补贴收入"。

补贴收入　指企业实际收到的补贴收入，包括实际收到的先征后返的增值税；企业按销量或工作量等，依据国家规定的补助定额计算并按期给予的定额补贴。执行2006年《企业会计准则》的企业，根据会计"营业外收入——补贴收入"科目的期末贷方余额（结转前）填报；未执行2006年《企业会计准则》的企业，根据会计"补贴收入"科目的期末贷方余额（结转前）填报。

营业外支出　指企业发生的与经营业务无直接关系的各项支出，包括非流动资产处置损失、非货币性资产交换损失、债务重组损失、公益性捐赠支出、非常损失、盘亏损失等。根据会计"利润表"中"营业外支出"项目的本期金额数填报。

应付职工薪酬　指企业为获得职工提供的服务而给予各种形式的报酬以及其他相关支出。包括职工工资、奖金、津贴和补贴，职工福利费，医疗保险费、养老保险费、失业保险费、工伤保险费和生育保险费等社会保险费，住房公积金，工会经费和职工教育经费，非货币性福利，因解除与职工的劳动关系给予的补偿，其他与获得职工提供的服务相关的支出。执行2006年《企业会计准则》的企业，根据会计科目"应付职工薪酬"的本年贷方累计发生额填报；未执行2006年《企业会计准则》的企业，应将本年上述职工薪酬包含的科目归并填报。

社会保险费　指企业根据国家规定的标准向社会保障部门和保险公司为职工个人缴纳的社会保险费。具体包括基本养老保险、补充养老保险（年金）、基本医疗保险、补充医疗保险、生育险、失业险、工伤险以及其他人身险。根据企业"应付职工薪酬"项下的相关指标或会计成本、费用中的相关项目计算填报。

住房公积金　指企业在报告期为职工交纳的住房公积金。根据企业"应付职工薪酬"项下的相关指标或会计成本、费用中相关项目计算填报。

建筑业企业在境外完成的营业收入　指建筑业企业报告期内在国外及港、澳、台等区域所有经营活动的货币表现。本指标是有境外施工或劳务输出业务的总承包和专业承包建筑业企业填报，填报时注意是外币的，要按照报告期末的人民币汇率折算填报。

（二）生产情况

签订合同额　指建筑业企业在报告期直接同建设单位签订合同的总价款和以前年度同建设单位签定合同的未完工程跨入本年度继续施工工程合同的总价款余额。

上年结转合同额　指以前年度同建设单位签订合同的未完工程跨入本年度继续施工工程合同的总价款余额。

本年新签合同额　指建筑业企业在报告期内同建设单位直接新签订的各种国内工程合同的总价款，不包括与其他建筑业企业新签的分包合同额。

以上三个指标的填报依据：(1) 有施工合同管理台账的企业，依据施工合同管理台账填报；(2) 没有施工合同管理台账的企业，依据企业与项目建设单位签订的各种施工合同文本。

填写时应注意：(1) 三个指标均指建筑业企业直接同建设单位签订合同，即甲方必须是业主（建设单位）；(2) 签订的合同额包括公开投标、暗标、甲方指定、口头协议等，不管企业用什么方式，也不管合同的形式，只要是从建设单位直接承包的工程项目都应统计；(3) 在填写上年结转合同额时，只须填报未完工程跨入本年度继续施工工程合同的总价款余额部分。如果企业在上年实际完成工作量超过了合同总价款，并且在本年度尚有施工任务，在填报该指标时应把上年结转合同额视同为零。

直接从建设单位承揽工程完成的产值　指总承包企业或专业承包企业直接与建设单位（业主）签订的承包合同（包括报告期及以往年度签订的合同，不包括无效合同和中途解除的合同），在报告期内完成的工程总值。包括企业向其他专业承包企业或劳务分包企业分包出去的工程所完成产值，还包括分包企业缴纳的管理费。

自行完成施工产值　指总承包企业或专业承包企业直接与建设单位（业主）签订的总承包合同或专业承包合同中，自行完成的工程总值。包括总承包企业和专业承包企业自行完成的工作量和分包企业缴纳的管理费。

分包出去工程的产值　指专业承包企业或劳务分包企业与总承包企业或专业承包企业签订的专业承包或劳务分包合同中在报告期所完成的产值。分包企业如果是一个独立核算的经济实体，其完成的产量产值，不包括在总承包企业或专业承包企业自行完成产值中。

在当前建筑市场中，还有一些零散的建筑业包工队（组）以小包工队形式从建筑施工企业分包部分"单位工程"或"分部工程"，这些包工队（组）并不具备填报国家统计报表的条件，其完成的产量产值均应由总承包企业或专业承包企业填报。为了保持相关数据的一致性，包工队（组）参与施工的人数也应统计在总承包企业或专业承包企业的人数内。

从建设单位以外承揽工程完成的产值 指总承包企业或专业承包企业从其他总承包企业或专业承包企业处承揽工程而完成的产值。不包括总承包企业或专业承包企业从建设单位承揽工程中自行完成的产值和分包企业缴纳的管理费。

建筑业总产值 指以货币表现的建筑业企业在一定时期内生产的建筑业产品和服务的总和。建筑业总产值包括建筑工程产值、安装工程产值和其他产值三部分内容。

劳务分包企业建筑业总产值指劳务分包企业与总承包企业或专业承包企业签定劳务分包合同后，从事建筑安装工程取得的所有劳务收入。

注意事项：根据税法规定，在劳务分包合同中，支付给劳务的报酬不缴纳税金，所以有部分劳务企业就把这部分人工费没有核算到建筑业总产值中，包括装饰装修产值、营业收入甚至人数也没有统计，所以，在填报本表时，一定要按照签定的合同全口径填报建筑业总产值。

装饰装修产值 包括装饰、装修两部分产值。装修装饰指对新旧房屋及建筑物进行的内外装修装饰；对新建房屋及建筑物经过施工后，尚未完全达到使用标准，而进行的二次装修装饰；以及对原有房屋经使用若干年后进行的二次内外装饰。包括抹灰、门窗、玻璃、吊顶、隔断、饰面板（砖）、涂料、裱糊、刷浆、花饰等。

在外省完成的产值 指建筑业企业在其他省份施工所完成的建筑业产值。

建筑工程产值 指列入建筑工程预算内的各种工程价值，包括：

（1）各种房屋如厂房、仓库、办公室、住宅、商店、学校、医院、俱乐部、食堂、车库、招待所等房屋建筑，按照当前预算制度规定，列入房屋工程预算内的暖气、卫生、通风、照明、煤气等设备价值及其装饰油漆工程，以及列入建筑工程预算内的各种管道（如蒸汽、压缩空气、石油、给排水等管道），电力、电讯电缆导线的敷设等工程。

（2）设备基础、支柱、操作平台、梯子、烟囱、凉水塔、水池、灰塔等建筑工程、炼焦炉、裂解炉、蒸汽炉等各种窑炉的砌筑工程及金属结构工程。

（3）为施工而进行的建筑场地的布置，工程地质勘探，原有建筑物和障碍物的拆除及平整土地，施工临时用水、电、汽、道路工程，以及完工后建筑场地的清理，环境绿化工作等。

（4）矿井的开凿、井巷掘进延伸、露天矿的剥离、石油、天然气钻井工程和铁路、公路、港口、桥梁等工程。

（5）水利工程，如水库、堤坝、灌渠以及河道整治等工程。

（6）防空、地下建筑等特殊工程。

（7）装饰装修工程。

安装工程产值 指设备安装工程价值，包括：

（1）生产、动力、起重、运输、传动和医疗、实验等各种需要安装设备的装配和安装与设备相连的工作台、梯子、栏杆等装设工程，附属于被安装设备的管线敷设工程、被安装设备的绝缘、防腐、保温、油漆等工作。

（2）为测定安装工作质量，对单个设备、系统设备进行单机试运和系统联动无负荷试运工作。

在设备安装产值中，不得包括被安装设备本身价值。

其他产值 建筑业总产值中除建筑工程、安装工程以外的产值。包括房屋构筑物修理产值、非标准设备制造产值、总包企业向分包企业收取的管理费以及不能明确划分的施工活动所完成的产值。

房屋构筑物修理产值：指房屋和构筑物的修理所完成的产值，但不包括被修理房屋、构筑物本身价值和生产设备的修理价值。

非标准设备制造产值：指加工制造没有定型的非标准生产设备的加工费和原材料价值（如化工厂、炼油厂用的各种罐、槽，矿井生产统一使用的各种漏斗、三角槽、阀门等）以及附属加工厂为本企业承建工程制作的非标准设备的价值。

建筑业总产值相关指标填报时应注意事项：

（1）直接从建设单位承揽工程完成的产值

①该指标统计的对象是与建设单位签订的所有有效合同的工程项目；

②该指标是指在报告期内完成的工程总值，不管是自行完成还是分包出去的都应统计在内；

③该指标还包括分包企业缴纳的管理费；

④提醒注意，签订的合同额与直接从建设单位承揽工程完成的产值的关系，这两个指标的口径一致，核算的工程都是一致的，都是从建设单位直接承包的。签订的合同额和直接从建设单位承揽工程完成的产值在数量上，没有严格的关系，但签订的合同额一般应大于等于直接从建设单位承揽工程完成的产值，尤其是当有分包出去的产值时，至少自行完成产值应小于签订的合同额，如果出现签订的合同额小于直接从建设单位承揽工程完成的产值时，一定要查明原因。

（2）自行完成施工产值

①该指标统计的对象是与建设单位签订的所有有效合同的工程项目中本企业自行施工部分；

②该指标包括总承包企业和专业承包企业向分包企业收取的管理费；

③该指标包括分包给非独立核算的经济实体完成的那部分产值，如：分包给一些非独立核算的零散的建筑业包工队（组）等，为了保持相关数据的一致性，包工队（组）参与施工的人数也应统计在总承包企业或专业承包企业的从业人员内。

（3）分包出去工程的产值

①该指标统计的对象是与建设单位承揽的工程项目中本企业不施工部分，并且分包企业是一个独立核算的经济实体的那部分工程；

②该指标不包括总包企业向分包企业收取的管理费；

③如果分包给一个非独立核算的经济实体，其完成的产量产值，不包括在该指标，应在总包企业自行完成产值中反映。

（4）从建设单位以外承揽工程完成的产值

该指标统计的对象是从其他建筑企业承揽的工程项目。

（5）建筑工程产值

①列入建筑工程预算内的产值；

②只要是装饰装修工程都应统计在建筑工程产值中。

（6）安装工程产值

①安装企业负责施工的工程，不一定都是安装工程产值；

②在安装工程产值中，不得包括被安装设备本身价值，以及场外及合同外的运费等相关费用。

（7）其他产值

①其他产值包括房屋构筑物修理产值，但不包括被修理房屋、构筑物本身价值和生产设备的修理价值；

②其他产值中的非标准设备制造产值，强调的是用于工程，包括非标准设备的加工费和原材料价值两部分。

竣工产值　一般是以单位工程为对象，当该工程按照设计所规定的工程内容全部完成，达到了设计规定的交工条件，经有关部门检查验收鉴定合格的单位工程价值，即为竣工产值。

（1）竣工产值包括范围：竣工产值是报告期内竣工的单位工程从开工到竣工的全部自行完成的价值，包括范围是：

①对跨年度施工的单位工程，其竣工产值应当包括该工程从开始到竣工的全部自行完成价值。

②对有些大型单位工程，如大型厂房、高级宾馆、各种管道、公路、铁路等，能够分跨、分层、分段施工并按合同规定，能够分开交付使用的，可以分开计算竣工产值。

竣工产值不包括附属辅助企业或内部核算的其他单位为外单位生产和服务的价值。

（2）竣工产值统计依据：竣工产值统计的依据是企业承包的工程只有同时满足以下两个条件时，才能计算竣工产值。

①承包合同中规定的单位工程内容全部完成，达到设计规定的交工条件。

②经有关部门检查验收鉴定合格。

（3）竣工产值填报依据：竣工产值填报的依据是工程验收鉴定合格证书（或文本）、工程结算（或决算）文本。

房屋施工面积　指报告期内施工的全部房屋建筑面积。包括本期新开工的房屋建筑面积、上期跨入本期继续施工的房屋建筑面积、上期停缓建在本期恢复施工的房屋建筑面积、本期竣工的房屋建筑面积以及本期施工后又停缓建的房屋建筑面积。多层建筑应填各层建筑面积之和。

房屋新开工面积　指报告期内新开工建设的房屋建筑面积，以单位工程为核算对象，即整栋房屋的全部建筑面积，不能分割计算。不包括在上期开工跨入报告期继续施工的房屋建筑面积和上期停缓建而在本期恢复施工的房屋建筑面积。房屋的开工应以房屋正式开始破土刨槽（地基处理或打永久桩）的日期为准。

实行投标承包面积　指报告期内建筑施工企业经过投标招标而承担的全部房屋建筑面积。

年末自有施工机械设备净值　指本企业（或单位）自有施工机械设备经过使用、磨损后实际存在的价值，即原值减去折旧后的净额。

年末自有施工机械设备总台数　指年末本企业（或单位）自有的直接用于工程施工的各种机械设备的台数。但不包括附属辅助生产机械设备、运输机械设备、生产试验机械设备的台数。

年末自有施工机械设备总功率　指年末本企业（或单位）自有的直接用于工程施工的各种机械设备年末总功率，按设定能力或查定能力计算。包括施工机械本身的动力和为该机械服务的单独动力设备，如电动机等。但不包括附属辅助生产机械设备、运输机械设备、生产试验机械设备的功率。计量单位用千瓦，动力换算可按1马力＝0.735千瓦折合成千瓦数。电焊机、变压器、锅炉不计算动力。

建筑材料消耗量　指报告期内实际耗用于建筑产品生产过程中的全部材料数量，包括建设工程直接耗用的材料，现场临时设施，预制建筑构件，非标准设备制造等所耗用的材料。它是编制和检查材料消耗计划，核算单位产品材料消耗水平，考核消耗定额和反映节约情况的依据。

钢材　包括重轨、轻轨、大型型钢、中型型钢、小型型钢、带钢、线材、特厚钢板、中厚钢板、薄钢板、硅钢片、优质型材、无缝钢管、焊接钢管和其他钢材等品种，以吨为计量单位。不包括钢锭、钢材边角料，已经使用过的旧钢材、铸铁管，以及钢丝绳、铅丝等金属制品。

木材　包括原木、锯材和各种人造板，统一按原木数量计算，以立方米为计量单位。不经过纵锯就直接使用的原木，如桩木、电杆和脚手杆等，可直接计入消耗量。经过纵锯或加工而成的材料、板材和人造板，必须按规定的出材率和换算方法计算出原木数量后，再计入消耗量。计算木材消耗量，不包括小规格材和废旧材料。

水泥　包括普通建筑水泥、装饰水泥和特种水泥（如快硬高强水泥、膨胀水泥、耐酸耐火、防射线水泥等），以吨为计量单位。不包括无熟料水泥和土水泥。

平板玻璃　建筑用平板玻璃主要指无色的普通平板玻璃和吸热玻璃（即在熔化玻璃液时加入不同的着色剂，可以生产茶、灰、蓝等不同色泽的平板玻璃，俗称彩色玻璃）。

计量单位为重量箱和平方米。“每一重量箱”指厚度为2毫米，面积10平方米的平板玻璃。其折算公式如下：

$$\text{某种玻璃的重量箱数}=\frac{\text{某种厚玻璃消耗量（平方米）}\times\text{某种玻璃的厚度}/2}{10}$$

“平方米”指不同厚度玻璃的实际表面面积。

铝材　指铝成品材。包括纯铝及铝合金加工的板材、带材、箔材、管材、棒材、线材、型材、压模件、自由锻件等。不包括边角料、裸铝线及电线厂自产自用的铝盘条。

建筑主要材料统计指标的填报依据是企业材料消耗统计台账、或企业建筑施工活动中的用料记录。

主要材料消耗注意问题：（1）建筑业企业原材料消耗核算是从建筑材料进入第一道生产工序，改变了原来的形态或性能，或者已经实际投入使用开始，即作材料消耗统计。包括因施工错误、技术指导错误或甲方变更设计而造成的返工、报废工程所耗用的材料，但不包括已领取但未投入使用的材料，因此，企业在做材料消耗统计时，不能以领代耗、也不能以进代耗。（2）注意计量单位。（3）注意主要材料的总价值必须小于建筑业总产值，其中：

主要材料的总价值= Σ（各种主要材料 × 当地的材料均价）。

企业总产值 指建筑业企业在报告期内全部经济活动的最终成果的货币表现。在企业总产值中除包括建筑业总产值外,还包括建筑业企业从事其他经济活动所创造的价值(如工业产值、交通运输产值、商业服务业产值、其他产值收入和劳务收入等)。

注意：所有总承包和专业承包建筑业企业都要填报本指标，填报时注意企业总产值≥建筑业总产值。

房屋竣工面积 指报告期内房屋建筑按照设计要求已全部完工，达到住人和使用条件，经验收鉴定合格或达到竣工验收标准，可正式移交使用的各栋房屋建筑面积的总和。

竣工面积以房屋单位工程（栋）为核算对象，在整栋房屋符合竣工条件后按其全部建筑面积一次性计算，而不是按各栋施工房屋中已完成的部分或层次分割计算。

计算房屋竣工面积，要求严格执行房屋竣工验收标准。民用建筑一般应按设计要求在土建工程和房屋本身附属的水、电、卫（包括设计中有的煤气、暖气）工程已经完工，通风、电梯等设备已经安装完毕，做到水通、灯亮，经验收鉴定合格，并正式交付给使用单位后，才能计算竣工面积。工业及科研等生产性房屋建筑一般应按设计要求在土建工程（包括水、暖、电、卫、通风）及属于房屋组成部分的生活间、操作间等已经完成（不包括安装设备的基础工程)，可以进行工艺设备和管线安装时，方可计算房屋竣工面积。

房屋竣工价值 指报告期内按规定已经上报竣工的房屋本身的建造价值。一般按房屋设计和预算规定的内容计算。包括竣工房屋本身的基础、结构、屋面、装修以及水、电、卫等附属工程的建筑价值；也包括作为房屋建筑组成部分而列入房屋建筑工程预算内的设备（如电梯、通风设备等）的购置和安装费用。不包括厂房内的工艺设备、工艺管线的购置和安装，工艺设备基础的建造；室外的水、暖、电、卫、道路工程、挡土墙等环境工程的费用；办公和生活用家具的购置等费用；购置土地的费用；迁移补偿费和场地平整的费用及城市建设配套投资。

房屋竣工价值不仅包括该竣工房屋在报告期内完成的价值，也包括跨年施工的房屋在本期以前完成的价值。未竣工而转让给其他单位的房屋建筑工程，出让单位不计算竣工价值，待接受单位继续施工并符合竣工条件后，由接受单位计算其竣工价值，包括出让单位在出让前所完成的价值。房屋竣工价值一般按结算价格（或中标价）计算。

房屋建筑面积按房屋设计所规定的用途进行划分，一般分为以下几种:

住宅房屋 指专供居住用的房屋。包括保障性住房、普通商品房、别墅、公寓、各部门的职工家属宿舍和集体宿舍(包括职工单身宿舍和学生宿舍)等供居住的房屋。不包括住宅楼中作为人防工程用的房屋，也不包括不住人的地下室。

商业及服务用房屋 包括批发和零售用房、宾馆用房屋、餐饮用房屋、商务会展用房屋和其他商业及服务用房屋五类。

批发和零售用房 指批发和零售企业对外营业的各种批发市场、超级市场、商店、门市部、粮店、书店、供销店等房屋。不包括批发零售企业的厂房和仓库。

宾馆用房屋（住宿用房） 指住宿行业对外营业的宾馆、度假村、招待所及各种饭店等房屋。

餐饮用房屋（餐饮用房） 指餐饮行业对外营业的酒楼、餐厅、快餐店、酒吧茶馆等房屋。

商务会展用房屋 指用于商务及会议展览，信息交流，商务会谈服务，商务研讨及培训等房屋。包括国际会议展览中心、俱乐部、商务活动中心等房屋建筑。

其他商业及服务用房屋 指上述 4 类用途外的其他商业及服务用房。

办公用房 指企业、事业、机关、团体、学校、医院等单位的办公用房，也包括商务办公楼。

科研、教育、医疗用房屋 指用于科学实验研究，学生教育和卫生医疗的房屋建筑。包括科研、教育和医疗用房屋。

科研用房 指独立的科学实验研究机构或企业、事业单位进行科学实验研究工作所用的房屋(包括天文台的科研用房)。

教育用房 指各类学校(包括党校、技校、干校、工读学校、幼儿园在内)的教室、图书馆、试验室、体育馆、展览馆等有关教育用房。不包括学校的教职员工宿舍、学生宿舍、食堂、浴室等非教育用房。

医疗用房 指各类医疗机构(包括防疫站、防治所)的病房、门诊部、保健站、卫生所、化验室、药房、病案室、太平间等房屋，不包括医护人员的职工宿舍、食堂及独立的办公用房。

文化、体育、娱乐用房屋 指各种俱乐部、博物馆、图书馆、影剧院、文化馆、展览馆、宗教寺院等文化用房；各种健身房、体育馆等体育用房；各种娱乐厅、游乐园、夜总会等休闲娱乐用房。不包括各类学校内的文化体育用房。

厂房及建筑物 指直接用于生产或为生产配套的各种房屋及建筑物。包括车间、锅炉房、烟囱、水塔、其他厂房及建筑物。

厂房 指直接用于生产或为生产配套的各种房屋，包括主要车间、辅助用房及附属设施用房。凡工业、农业、建筑业、交通运输业、商业等单位中的厂房都包括在内。

仓库 仓库指工业、农业、建筑业、交通运输业、商业、供销、外贸及其他企事业单位建造的成品库、原材料库、货物仓库、物资储备库以及冷藏库、粮油库等。

其他未列明的房屋建筑物 指凡不属于上述各项用途的房屋。如各种人防工程、厕所等。

分类规定

规模以上工业　年主营业务收入 2000 万元及以上法人工业企业。

规模以下工业　年主营业务收入 2000 万元以下法人工业企业和全部个体经营工业单位。

高技术制造业　是指国民经济行业中 R&D 投入强度相对较高的制造业行业，根据国家统计局《高技术产业（制造业）分类（2013)》标准界定。

现代制造业　是指采用高技术和先进适用技术对原材料进行加工或再加工、装备制造以及对零部件装配的工业的总称。分类标准执行北京市统计局、国家统计局北京调查总队《关于执行新的现代制造业等新兴产业统计分类的通知》(京统发[2012]43 号)。

战略性新兴制造业　是战略性新兴产业中的制造业，分类标准执行国家统计局《战略性新兴产业分类（2012)》(试行)。

序　言

第三次全国经济普查是在我国全面深化改革开放和全面建成小康社会的新形势下开展的一项重大国情国力调查。在国务院经普办和市委市政府领导下，全市各级政府精心组织，成员单位密切配合，普查对象积极支持，按照“符合国家要求、体现北京特色”的要求，圆满完成各项普查任务，达到了预期目标。

北京市第三次全国经济普查历时两年。普查期间，全市各级普查机构和3.4万名普查工作人员紧紧围绕“摸清底数、完善机制、深化改革、夯实基础”的总体目标，严格执行各项规章制度，以科学严谨的态度和求真务实的作风，不畏艰难、无私奉献，利用现代化普查手段，确保了普查数据的全面准确、客观真实，普查工作得到了国务院经普办和市委市政府的充分肯定。

北京市第三次全国经济普查全面反映了全市第二、第三产业发展规模及结构布局，展示了战略性新兴产业、文化创意产业、生产性服务业以及中小微企业的发展状况。通过普查，我们进一步完善了北京统计单位名录库，维护更新了北京统计地理信息系统。普查成果丰富，为分析北京经济社会发展情况、推动京津冀协同发展和非首都功能疏解提供了全面翔实的数据支持。

编辑出版经济普查年鉴是为了方便各级政府部门和社会各界更好地应用普查成果，也是实现普查数据取之于社会、用之于社会的有效途径。希望《北京经济普查年鉴-2013》在促进北京经济持续健康发展过程中发挥更大的作用。

目　　录

综合卷

第三篇　第三产业情况

第四篇　特色经济情况

第二产业卷

第一篇　工业

第二篇 建筑业

第三产业卷（上）

第一篇 第三产业财务状况

第二篇 批发和零售业

第三产业卷（下）

第八篇 租赁和商务服务业

第九篇 科学研究和技术服务业

第十篇 水利、环境和公共设施管理业

第十一篇 居民服务、修理和其他服务业

第十二篇 教育

第十三篇 卫生和社会工作

第十四篇 文化、体育和娱乐业

第1篇

总　况

1-1 法人单位和产业活动单位基本情况

项　　目	法人单位			产业活动单位	
	单位数（个）	单产业法　人	多产业法　人	单位数（个）	#多产业法人所属的产业活动单位（含本部，不含外埠）
合　　计	**630545**	**607994**	**22551**	**716219**	**75247**
一、按登记注册类型分					
内资	617359	596407	20952	691710	69699
国有	22094	20450	1644	32450	8993
集体	13845	13262	583	15785	2110
股份合作	14456	13775	681	15743	1706
国有联营	90	88	2	141	27
集体联营	360	345	15	451	86
国有与集体联营	121	117	4	166	36
其他联营	792	779	13	913	93
国有独资公司	1433	1194	239	1884	493
其他有限责任公司	148448	142662	5786	174582	21847
股份有限公司	5011	4530	481	10698	5168
私营独资	36562	35964	598	38591	1914
私营合伙	9406	9297	109	9848	365
私营有限责任公司	338782	329151	9631	361371	23368
私营股份有限公司	6059	5811	248	6819	652
其他	19900	18982	918	22268	2841
港澳台商投资	4960	4340	620	8995	2323
与港澳台商合资经营	1162	993	169	1516	319
与港澳台商合作经营	201	181	20	271	59
港澳台商独资	3464	3055	409	6714	1885
港澳台商投资股份有限公司	89	69	20	209	40
其他港澳台商投资	44	42	2	285	20
外商投资	8226	7247	979	15514	3225
中外合资经营	2073	1830	243	3220	949
中外合作经营	205	182	23	278	52
外资企业	5602	4910	692	10577	2126
外商投资股份有限公司	179	160	19	352	71
其他外商投资	167	165	2	1087	27
二、按隶属关系分（仅限法人）					
中央	9747	8545	1202		
省(自治区、直辖市)	9197	8330	867		
地(区、市、州、盟)	25744	24320	1424		
县(区、市、旗)	1463	1393	70		
街道	1997	1934	63		
镇	3147	3002	145		
乡	1114	1060	54		
社区(居委会)	2901	2867	34		
村委会	11315	10563	752		
其他	563920	545980	17940		

1-1 续表 1

项目	法人单位 单位数(个)	单产业法人	多产业法人	产业活动单位 单位数(个)	#多产业法人所属的产业活动单位(含本部，不含外埠)
三、按机构类型分					
企业	591815	571226	20589	669496	66974
事业单位	11875	11445	430	14727	2472
机关	2152	1784	368	4201	2074
社会团体	5756	5376	380	7408	1846
民办非企业单位	3729	3709	20	3729	
基金会	403	396	7	436	18
居委会	2689	2657	32	2796	61
村委会	3951	3374	577	3963	587
其他组织机构	8175	8027	148	9463	1215
四、按控股情况分(仅限企业法人)					
国有控股	20563	18199	2364		
集体控股	20796	19769	1027		
私人控股	531409	515941	15468		
港澳台商控股	4687	4127	560		
外商控股	7383	6483	900		
其他	21287	20696	591		
五、按开业时间分					
1949年及以前	757	669	88	890	189
1950-1952年	489	417	72	608	155
1953-1957年	1084	923	161	1303	292
1958-1962年	919	805	114	1083	224
1963-1965年	353	310	43	493	156
1966-1970年	244	217	27	371	130
1971-1975年	495	430	65	620	158
1976-1980年	1801	1588	213	2214	519
1981-1985年	6380	5497	883	7261	1487
1986-1995年	24921	22427	2494	28083	4734
1996-2000年	41170	36881	4289	46695	8029
2001-2004年	92122	85917	6205	105464	15643
2005-2008年	138126	133785	4341	158929	17667
2009年	51522	50426	1096	58173	4910
2010年	60130	59191	939	67866	5294
2011年	67363	66614	749	75955	5599
2012年	70918	70365	553	80086	5615
2013年	71030	70815	215	79216	4318
六、按单位规模分(仅限企业法人)					
大型	1839	822	1017		
中型	8956	6468	2488		
小型	68599	62865	5734		
微型	502863	492136	10727		

1-1 续表 2

项目	法人单位 单位数（个）	单产业法人	多产业法人	产业活动单位 单位数（个）	#多产业法人所属的产业活动单位（含本部，不含外埠）
七、按四大城市功能区分					
首都功能核心区	81797	77140	4657	99435	15319
东城区	38710	36674	2036	47152	6786
西城区	43087	40466	2621	52283	8533
城市功能拓展区	350737	340134	10603	393900	35005
朝阳区	141018	135998	5020	163028	16601
丰台区	62130	61170	960	69232	4615
石景山区	18672	17956	716	20823	2264
海淀区	128917	125010	3907	140817	11525
城市发展新区	147352	142425	4927	164947	16966
房山区	22823	21701	1122	26055	3811
通州区	33809	33057	752	36784	2678
顺义区	20450	19656	794	24538	3336
昌平区	34342	33166	1176	38352	4085
大兴区(除北京经济技术开发区)	30829	29897	932	33532	2660
北京经济技术开发区	5099	4948	151	5686	396
生态涵养发展区	50659	48295	2364	57937	7957
门头沟区	8795	8347	448	9688	1170
怀柔区	13845	13162	683	15686	2209
平谷区	9736	9412	324	11184	1226
密云县	13576	12976	600	15645	2187
延庆县	4707	4398	309	5734	1165
八、按六大高端产业功能区分					
六大高端产业功能区合计	63308	59612	3696		
#北京经济技术开发区	5099	4948	151		
中关村国家自主创新示范区	15258	13528	1730		
金融街功能区	3542	3228	314		
北京商务中心区	20229	19320	909		
奥林匹克中心区	13577	13120	457		
临空经济区	6641	6344	297		
九、按三次产业分					
第二产业	51831	48983	2848	57825	6210
第三产业	578714	559011	19703	658394	69037
十、按行业门类分					
采矿业	127	116	11	137	18
制造业	33055	31276	1779	34856	2956
电力、热力、燃气及水生产和供应业	638	596	42	772	143
建筑业	18486	17452	1034	22592	3141
批发和零售业	190704	183159	7545	217464	25418
交通运输、仓储和邮政业	14290	13626	664	17713	2032
住宿和餐饮业	16323	14950	1373	23332	6912
信息传输、软件和信息技术服务业	47602	46544	1058	50282	2047
金融业	3811	3491	320	8835	4595

1-1 续表 3

项 目	法人单位 单位数（个）	单产业法人	多产业法人	产业活动单位 单位数（个）	#多产业法人所属的产业活动单位（含本部，不含外埠）
房地产业	17805	16158	1647	23901	5638
租赁和商务服务业	134926	132461	2465	146507	6002
科学研究和技术服务业	71206	69850	1356	75143	3246
水利、环境和公共设施管理业	3964	3860	104	4405	304
居民服务、修理和其他服务业	18735	17937	798	21808	2857
教育	11145	10829	316	12185	1075
卫生和社会工作	3810	3557	253	6362	2518
文化、体育和娱乐业	26784	26380	404	27946	1092
公共管理、社会保障和社会组织	17134	15752	1382	21979	5253
十一、按行业大类分					
采矿业	127	116	11	137	18
煤炭开采和洗选业	36	34	2	42	6
石油和天然气开采业	9	6	3	11	4
黑色金属矿采选业	17	15	2	17	2
有色金属矿采选业	3	3		3	
非金属矿采选业	49	47	2	51	4
开采辅助活动	12	10	2	12	2
其他采矿业	1	1		1	
制造业	33055	31276	1779	34856	2956
农副食品加工业	909	849	60	998	121
食品制造业	939	853	86	1032	143
酒、饮料和精制茶制造业	386	354	32	407	46
烟草制品业	1		1	1	1
纺织业	440	417	23	456	31
纺织服装、服饰业	2633	2511	122	2748	192
皮革、毛皮、羽毛及其制品和制鞋业	237	221	16	248	26
木材加工和木、竹、藤、棕、草制品业	879	857	22	911	46
家具制造业	1361	1284	77	1404	110
造纸和纸制品业	889	866	23	913	36
印刷和记录媒介复制业	1538	1496	42	1575	68
文教、工美、体育和娱乐用品制造业	731	691	40	757	53
石油加工、炼焦和核燃料加工业	193	182	11	207	21
化学原料和化学制品制造业	1887	1785	102	2013	198
医药制造业	542	489	53	569	70
化学纤维制造业	30	29	1	31	1
橡胶和塑料制品业	1595	1524	71	1665	124
非金属矿物制品业	2518	2416	102	2639	193
黑色金属冶炼和压延加工业	328	323	5	334	11
有色金属冶炼和压延加工业	245	230	15	260	30
金属制品业	3767	3617	150	3929	254
通用设备制造业	2905	2739	166	3082	280
专用设备制造业	2269	2123	146	2415	240

1-1 续表 4

项　　目	法人单位			产业活动单位	
	单位数（个）	单产业法　人	多产业法　人	单位数（个）	#多产业法人所属的产业活动单位（含本部，不含外埠）
汽车制造业	724	684	40	784	69
铁路、船舶、航空航天和其他运输设备制造业	211	195	16	225	25
电气机械和器材制造业	1934	1826	108	2052	178
计算机、通信和其他电子设备制造业	1134	1027	107	1197	147
仪器仪表制造业	1044	937	107	1141	161
其他制造业	251	234	17	267	31
废弃资源综合利用业	72	70	2	76	4
金属制品、机械和设备修理业	463	447	16	520	46
电力、热力、燃气及水生产和供应业	638	596	42	772	143
电力、热力生产和供应业	445	424	21	502	63
燃气生产和供应业	52	42	10	87	33
水的生产和供应业	141	130	11	183	47
建筑业	18486	17452	1034	22592	3141
房屋建筑业	2054	1758	296	3795	1371
土木工程建筑业	2173	1978	195	3061	624
建筑安装业	2720	2521	199	3137	388
建筑装饰和其他建筑业	11539	11195	344	12599	758
批发和零售业	190704	183159	7545	217464	25418
批发业	94660	91097	3563	100471	6623
零售业	96044	92062	3982	116993	18795
交通运输、仓储和邮政业	14290	13626	664	17713	2032
铁路运输业	141	134	7	264	78
道路运输业	7836	7501	335	8735	849
水上运输业	41	37	4	71	7
航空运输业	92	84	8	197	32
管道运输业	15	15		19	2
装卸搬运和运输代理业	3795	3558	237	4740	627
仓储业	1826	1778	48	2038	157
邮政业	544	519	25	1649	280
住宿和餐饮业	16323	14950	1373	23332	6912
住宿业	4810	4425	385	5877	1201
餐饮业	11513	10525	988	17455	5711
信息传输、软件和信息技术服务业	47602	46544	1058	50282	2047
电信、广播电视和卫星传输服务	1160	1049	111	1612	258
互联网和相关服务	3744	3629	115	4006	210
软件和信息技术服务业	42698	41866	832	44664	1579
金融业	3811	3491	320	8835	4595
货币金融服务	652	570	82	4298	3608
资本市场服务	1892	1822	70	2431	226
保险业	614	492	122	1372	682
其他金融业	653	607	46	734	79
房地产业	17805	16158	1647	23901	5638
房地产业	17805	16158	1647	23901	5638

1-1 续表 5

项 目	法人单位			产业活动单位	
	单位数(个)	单产业法人	多产业法人	单位数(个)	#多产业法人所属的产业活动单位(含本部，不含外埠)
租赁和商务服务业	134926	132461	2465	146507	6002
租赁业	5746	5629	117	6132	368
商务服务业	129180	126832	2348	140375	5634
科学研究和技术服务业	71206	69850	1356	75143	3246
研究和试验发展	4885	4743	142	5183	299
专业技术服务业	25255	24552	703	27021	1564
科技推广和应用服务业	41066	40555	511	42939	1383
水利、环境和公共设施管理业	3964	3860	104	4405	304
水利管理业	360	353	7	405	33
生态保护和环境治理业	345	329	16	369	29
公共设施管理业	3259	3178	81	3631	242
居民服务、修理和其他服务业	18735	17937	798	21808	2857
居民服务业	8275	7763	512	10063	1798
机动车、电子产品和日用产品修理业	6166	5955	211	6932	703
其他服务业	4294	4219	75	4813	356
教育	11145	10829	316	12185	1075
教育	11145	10829	316	12185	1075
卫生和社会工作	3810	3557	253	6362	2518
卫生	2923	2686	237	5384	2437
社会工作	887	871	16	978	81
文化、体育和娱乐业	26784	26380	404	27946	1092
新闻和出版业	1808	1742	66	1999	131
广播、电视、电影和影视录音制作业	2869	2810	59	2970	105
文化艺术业	15464	15352	112	15796	298
体育	2630	2517	113	2948	354
娱乐业	4013	3959	54	4233	204
公共管理、社会保障和社会组织	17134	15752	1382	21979	5253
中国共产党机关	265	241	24	283	38
国家机构	3806	3443	363	6732	2666
人民政协、民主党派	86	85	1	94	1
社会保障	274	273	1	376	50
群众团体、社会团体和其他成员组织	6063	5679	384	7735	1850
基层群众自治组织	6640	6031	609	6759	648

注：1.产业活动单位数指单产业法人单位数与多产业法人所属的产业活动单位（含本部，不含外埠）及外地和外国法人单位在京设立的产业活动单位的总和。多产业法人所属的产业活动单位（含本部，不含外埠）指在京的多产业法人所属的产业活动单位，包含本部，不含外地和外国法人单位在京设立的产业活动单位。

2.产业活动单位数不包括第二、第三产业法人单位所属的第一产业活动单位(下同)。

3.“控股情况”指标非企业法人免填，此分组数据相加与合计有差异(下同)。

4.“开业时间”指标筹建中企业免填，此分组数据相加与合计有差异(下同)。

5.“单位规模”指标，执行行政、事业会计制度的单位不划分大中小型，此分组数据相加与合计有差异(下同)。

6.六大高端产业功能区部分单位在地域分布上重叠，此分组数据相加与合计有差异(下同)。

1-2 按三次产业分单位及从业人员情况

项 目	法 人			产业活动		
	单位数(个)	第二产业	第三产业	单位数(个)	第二产业	第三产业
合 计	**630545**	**51831**	**578714**	**716219**	**57825**	**658394**
一、按登记注册类型分						
内资	617359	49760	567599	691710	55542	636168
国有	22094	760	21334	32450	1204	31246
集体	13845	2981	10864	15785	3256	12529
股份合作	14456	2223	12233	15743	2373	13370
国有联营	90	8	82	141	11	130
集体联营	360	48	312	451	55	396
国有与集体联营	121	20	101	166	27	139
其他联营	792	52	740	913	62	851
国有独资公司	1433	160	1273	1884	240	1644
其他有限责任公司	148448	12318	136130	174582	14977	159605
股份有限公司	5011	655	4356	10698	821	9877
私营独资	36562	2435	34127	38591	2532	36059
私营合伙	9406	319	9087	9848	333	9515
私营有限责任公司	338782	26958	311824	361371	28753	332618
私营股份有限公司	6059	684	5375	6819	752	6067
其他	19900	139	19761	22268	146	22122
港澳台商投资	4960	603	4357	8995	662	8333
与港澳台商合资经营	1162	301	861	1516	330	1186
与港澳台商合作经营	201	17	184	271	17	254
港澳台商独资	3464	263	3201	6714	285	6429
港澳台商投资股份有限公司	89	19	70	209	25	184
其他港澳台商投资	44	3	41	285	5	280
外商投资	8226	1468	6758	15514	1621	13893
中外合资经营	2073	591	1482	3220	637	2583
中外合作经营	205	37	168	278	41	237
外资企业	5602	804	4798	10577	896	9681
外商投资股份有限公司	179	28	151	352	34	318
其他外商投资	167	8	159	1087	13	1074
二、按隶属关系分(仅限法人)						
中央	9747	663	9084			
省(自治区、直辖市)	9197	840	8357			
地(区、市、州、盟)	25744	1639	24105			
县(区、市、旗)	1463	188	1275			
街道	1997	95	1902			
镇	3147	765	2382			
乡	1114	152	962			
社区(居委会)	2901	13	2888			
村委会	11315	1047	10268			
其他	563920	46429	517491			

注：从业人员是指期末从业人员(下同)。

1-2 续表 1

项 目	法人单位数(个)	第二产业	第三产业	产业活动单位数(个)	第二产业	第三产业
三、按控股情况分(仅限企业法人)						
国有控股	20563	2202	18361	20563	2202	18361
集体控股	20796	4118	16678	20796	4118	16678
私人控股	531409	42327	489082	531409	42327	489082
港澳台商控股	4687	498	4189	4687	498	4189
外商控股	7383	1229	6154	7383	1229	6154
其他	21287	1446	19841	21288	1446	19842
四、按四大城市功能区分						
首都功能核心区	81797	1909	79888	99435	2306	97129
东城区	38710	814	37896	47152	982	46170
西城区	43087	1095	41992	52283	1324	50959
城市功能拓展区	350737	13721	337016	393900	15353	378547
朝阳区	141018	4594	136424	163028	5297	157731
丰台区	62130	3820	58310	69232	4216	65016
石景山区	18672	1249	17423	20823	1433	19390
海淀区	128917	4058	124859	140817	4407	136410
城市发展新区	147352	28457	118895	164947	31341	133606
房山区	22823	3818	19005	26055	4383	21672
通州区	33809	6787	27022	36784	7444	29340
顺义区	20450	4940	15510	24538	5546	18992
昌平区	34342	4401	29941	38352	4872	33480
大兴区(除北京经济技术开发区)	30829	7863	22966	33532	8402	25130
北京经济技术开发区	5099	648	4451	5686	694	4992
生态涵养发展区	50659	7744	42915	57937	8825	49112
门头沟区	8795	1089	7706	9688	1248	8440
怀柔区	13845	1903	11942	15686	2162	13524
平谷区	9736	1893	7843	11184	2144	9040
密云县	13576	2227	11349	15645	2527	13118
延庆县	4707	632	4075	5734	744	4990
五、按六大高端产业功能区分						
六大高端产业功能区合计	**63308**	**5120**	**58188**	**63308**	**5120**	**58188**
#北京经济技术开发区	5099	648	4451	5099	648	4451
中关村国家自主创新示范区	15258	3174	12084	15258	3174	12084
金融街功能区	3542	56	3486	3542	56	3486
北京商务中心区	20229	199	20030	20229	199	20030
奥林匹克中心区	13577	257	13320	13577	257	13320
临空经济区	6641	1109	5532	6641	1109	5532

1-2 续表 2

项目	法人单位从业人员（人）	第二产业	第三产业	从业人员其中女性（人）	第二产业	第三产业
合计	**11113437**	**2166318**	**8947119**	**4461053**	**658491**	**3802562**
一、按登记注册类型分						
内资	9650702	1735730	7914972	3837646	490975	3346671
国有	1949280	104247	1845033	842736	27838	814898
集体	217479	51082	166397	86143	14862	71281
股份合作	122380	35468	86912	52024	12393	39631
国有联营	1410	91	1319	675	34	641
集体联营	2278	296	1982	997	81	916
国有与集体联营	2678	471	2207	1200	220	980
其他联营	4334	848	3486	1825	277	1548
国有独资公司	404152	117416	286736	125968	29273	96695
其他有限责任公司	2906736	690213	2216523	1074528	190155	884373
股份有限公司	808018	205775	602243	332466	55345	277121
私营独资	137520	14547	122973	62387	5107	57280
私营合伙	77681	2527	75154	38257	839	37418
私营有限责任公司	2685804	477455	2208349	1055483	143392	912091
私营股份有限公司	104538	34492	70046	39258	10751	28507
其他	226414	802	225612	123699	408	123291
港澳台商投资	551072	103159	447913	246377	42888	203489
与港澳台商合资经营	163358	50275	113083	68142	20477	47665
与港澳台商合作经营	23874	1428	22446	10379	757	9622
港澳台商独资	304165	43551	260614	144590	18747	125843
港澳台商投资股份有限公司	59303	7861	51442	23115	2898	20217
其他港澳台商投资	372	44	328	151	9	142
外商投资	911663	327429	584234	377030	124628	252402
中外合资经营	314414	148550	165864	124987	47493	77494
中外合作经营	20916	7313	13603	10299	3060	7239
外资企业	536923	154746	382177	226020	64966	161054
外商投资股份有限公司	33639	16564	17075	11907	9043	2864
其他外商投资	5771	256	5515	3817	66	3751
二、按隶属关系分(仅限法人)						
中央	1782687	355756	1426931	656111	87701	568410
省(自治区、直辖市)	1260308	322419	937889	448994	82965	366029
地(区、市、州、盟)	965539	92675	872864	477247	24584	452663
县(区、市、旗)	31691	4212	27479	15052	1306	13746
街道	61507	2703	58804	30553	616	29937
镇	108706	33489	75217	40513	8365	32148
乡	52387	5530	46857	22360	1548	20812
社区(居委会)	21495	83	21412	15633	28	15605
村委会	119521	13474	106047	42668	4625	38043
其他	6709596	1335977	5373619	2711922	446753	2265169

1-2 续表 3

项 目	法人单位从业人员(人)	第二产业	第三产业	从业人员其中女性(人)	第二产业	第三产业
三、按控股情况分(仅限企业法人)						
国有控股	2741817	765321	1976496	940433	192591	747842
集体控股	443951	107411	336540	168743	29682	139061
私人控股	4900007	934122	3965885	1932913	287988	1644925
港澳台商控股	444146	76944	367202	205594	31828	173766
外商控股	777822	256738	521084	333267	107877	225390
其他	358968	25355	333613	168476	8431	160045
四、按四大城市功能区分						
首都功能核心区	2026155	155596	1870559	911381	42000	869381
东城区	856555	45520	811035	398116	13894	384222
西城区	1169600	110076	1059524	513265	28106	485159
城市功能拓展区	5956333	716047	5240286	2372467	199688	2172779
朝阳区	2284640	197860	2086780	980400	62160	918240
丰台区	933573	167131	766442	330351	41519	288832
石景山区	311787	85204	226583	115190	18620	96570
海淀区	2426333	265852	2160481	946526	77389	869137
城市发展新区	2469191	1040347	1428844	920424	335909	584515
房山区	275802	103849	171953	103013	28800	74213
通州区	403330	189788	213542	148942	60767	88175
顺义区	598768	241475	357293	219673	76664	143009
昌平区	464765	158499	306266	169884	45735	124149
大兴区(除北京经济技术开发区)	435422	182749	252673	164391	62661	101730
北京经济技术开发区	291104	163987	127117	114521	61282	53239
生态涵养发展区	661758	254328	407430	256781	80894	175887
门头沟区	103816	37246	66570	36952	7597	29355
怀柔区	161339	70880	90459	63412	23699	39713
平谷区	136945	57716	79229	51403	19590	31813
密云县	169136	67655	101481	65810	22823	42987
延庆县	90522	20831	69691	39204	7185	32019
五、按六大高端产业功能区分						
六大高端产业功能区合计	**3228216**	**878413**	**2349803**	**1252053**	**287732**	**964321**
#北京经济技术开发区	291104	163987	127117	114521	61282	53239
中关村国家自主创新示范区	1881294	719360	1161934	648123	235009	413114
金融街功能区	296595	5426	291169	146329	2014	144315
北京商务中心区	476620	24537	452083	228388	8230	220158
奥林匹克中心区	244116	14797	229319	94087	3799	90288
临空经济区	312069	94557	217512	114649	30021	84628

1-3 按从业人员

项　　目	单位数(个)	7人及以下	8-19人	20-49人	50-99人
合　计	**630545**	**490107**	**74902**	**35886**	**14481**
一、按登记注册类型分					
内资	617359	483997	72684	34051	13420
国有	22094	8822	3518	3701	2560
集体	13845	9748	2040	1213	490
股份合作	14456	11712	1700	689	200
国有联营	90	54	23	7	5
集体联营	360	294	37	22	6
国有与集体联营	121	69	24	15	7
其他联营	792	669	79	36	4
国有独资公司	1433	430	206	246	197
其他有限责任公司	148448	110956	18559	10004	4287
股份有限公司	5011	3035	642	373	239
私营独资	36562	33307	2325	712	152
私营合伙	9406	7669	1168	421	93
私营有限责任公司	338782	278646	37845	14873	4503
私营股份有限公司	6059	4481	835	414	164
其他	19900	14105	3683	1325	513
港澳台商投资	4960	2287	821	709	397
与港澳台商合资经营	1162	435	166	180	116
与港澳台商合作经营	201	71	32	36	24
港澳台商独资	3464	1712	602	485	247
港澳台商投资股份有限公司	89	37	12	6	10
其他港澳台商投资	44	32	9	2	
外商投资	8226	3823	1397	1126	664
中外合资经营	2073	776	353	330	202
中外合作经营	205	81	35	27	21
外资企业	5602	2743	953	748	429
外商投资股份有限公司	179	90	35	16	7
其他外商投资	167	133	21	5	5
二、按隶属关系分					
中央	9747	2967	1551	1712	1270
省(自治区、直辖市)	9197	4159	1453	1299	833
地(区、市、州、盟)	25744	15383	3520	2921	1833
县(区、市、旗)	1463	917	215	179	84
街道	1997	1254	283	228	99
镇	3147	1971	454	322	161
乡	1114	562	176	149	91
社区(居委会)	2901	1581	1206	109	4
村委会	11315	8218	1842	808	293
其他	563920	453095	64202	28159	9813
三、按机构类型分					
企业	591815	469081	67721	31259	11729
事业单位	11875	3832	1985	2339	1688
机关	2152	524	218	349	323
社会团体	5756	4323	879	358	140
民办非企业单位	3729	1850	723	637	319
基金会	403	280	91	23	6
居委会	2689	1414	1171	102	2
村委会	3951	2715	813	278	102
其他组织机构	8175	6088	1301	541	172

规模分法人单位数

100-199人	200-499人	500-999人	1000-2999人	3000-4999人	5000-9999人	10000人及以上
7771	**4769**	**1479**	**871**	**131**	**104**	**44**
6977	4126	1209	691	100	66	38
1705	1199	336	207	30	8	8
204	112	25	12		1	
88	53	12	2			
	1					
1						
4	2					
3	1					
136	94	65	43	7	2	7
2430	1448	472	231	33	19	9
230	239	93	105	18	27	10
47	11	7	1			
29	19	2	2	2	1	
1871	794	157	73	9	7	4
82	57	17	8		1	
147	96	23	7	1		
297	257	98	71	9	11	3
104	89	44	23	1	4	
10	19	4	4	1		
178	142	44	39	7	6	2
4	7	6	5		1	1
1						
497	386	172	109	22	27	3
172	128	57	39	4	9	3
19	13	5	4			
291	239	107	60	15	17	
13	6	3	6	2	1	
2				1		
831	795	295	247	40	24	15
589	460	221	124	30	17	12
1169	661	170	75	5	5	2
41	24	2	1			
58	60	10	5			
134	75	17	11	1	1	
64	54	15	3			
1						
91	51	11	1			
4793	2589	738	404	55	57	15
6206	3708	1173	697	102	99	40
1051	628	190	132	23	5	2
293	315	86	37	5		2
41	12	3				
108	68	19	4	1		
3						
26	14	3				
43	24	5	1			

1-3 续表

项目	单位数(个)	7人及以下	8-19人	20-49人	50-99人
四、按四大城市功能区分					
首都功能核心区	81797	61706	9948	5205	2270
东城区	38710	29533	4567	2402	1062
西城区	43087	32173	5381	2803	1208
城市功能拓展区	350737	272497	42968	19818	7560
朝阳区	141018	108546	17946	8260	3163
丰台区	62130	50918	6440	2631	1042
石景山区	18672	15103	1939	898	340
海淀区	128917	97930	16643	8029	3015
城市发展新区	147352	114810	17187	8310	3542
房山区	22823	18735	2190	1046	447
通州区	33809	26732	3984	1782	697
顺义区	20450	14895	2644	1503	650
昌平区	34342	27552	3606	1745	764
大兴区(除北京经济技术开发区)	30829	23650	4009	1773	727
北京经济技术开发区	5099	3246	754	461	257
生态涵养发展区	50659	41094	4799	2553	1109
门头沟区	8795	7304	805	398	149
怀柔区	13845	11541	1205	565	257
平谷区	9736	7698	1002	543	248
密云县	13576	10955	1292	738	306
延庆县	4707	3596	495	309	149
五、按六大高端产业功能区分					
六大高端产业功能区合计	63308	38256	10220	6800	3404
#北京经济技术开发区	5099	3246	754	461	257
中关村国家自主创新示范区	15258	3608	3308	3269	2037
金融街功能区	3542	2312	498	282	160
北京商务中心区	20229	14241	3139	1642	563
奥林匹克中心区	13577	10231	1857	857	336
临空经济区	6641	4752	834	507	233
六、按三次产业分					
第二产业	51831	30681	9057	6003	2786
第三产业	578714	459426	65845	29883	11695
七、按行业门类分					
采矿业	127	86	7	9	5
制造业	33055	18262	6277	4211	1992
电力、热力、燃气及水生产和供应业	638	254	136	117	47
建筑业	18486	12431	2694	1695	762
批发和零售业	190704	163259	18304	5918	1707
交通运输、仓储和邮政业	14290	10970	1748	794	345
住宿和餐饮业	16323	9165	3293	2010	950
信息传输、软件和信息技术服务业	47602	36099	6071	3003	1164
金融业	3811	2155	682	413	180
房地产业	17805	10446	2943	2346	1064
租赁和商务服务业	134926	112148	13724	5698	1780
科学研究和技术服务业	71206	56851	7972	3708	1356
水利、环境和公共设施管理业	3964	2514	567	434	193
居民服务、修理和其他服务业	18735	14993	2198	898	307
教育	11145	6213	1281	1485	1120
卫生和社会工作	3810	1863	647	503	338
文化、体育和娱乐业	26784	21980	2718	1191	470
公共管理、社会保障和社会组织	17134	10418	3640	1453	701

100-199人	200-499人	500-999人	1000-2999人	3000-4999人	5000-9999人	10000人及以上
1298	852	290	155	36	22	15
570	352	130	66	13	9	6
728	500	160	89	23	13	9
4003	2494	784	472	65	58	18
1572	1003	303	171	22	27	5
554	356	105	67	8	5	4
212	103	39	29	3	4	2
1665	1032	337	205	32	22	7
1847	1097	307	193	27	22	10
244	111	19	24	4	2	1
330	208	51	23		1	1
388	226	72	51	7	8	6
363	208	64	34	4	1	1
361	226	47	29	5	2	
161	118	54	32	7	8	1
623	326	98	51	3	2	1
82	42	7	7			1
168	77	17	12	1	2	
135	79	22	8	1		
158	84	28	14	1		
80	44	24	10			
2123	1506	520	350	62	51	16
161	118	54	32	7	8	1
1370	981	369	244	37	30	5
132	88	22	27	10	8	3
307	219	65	37	5	10	1
130	114	33	12	4	1	2
143	104	23	32	5	3	5
1612	1028	366	233	29	25	11
6159	3741	1113	638	102	79	33
4	4	4	5			3
1167	737	247	125	18	15	4
36	20	15	6	4	1	2
415	269	102	98	7	10	3
886	399	135	73	9	13	1
184	136	43	35	14	12	9
480	306	85	27	2	4	1
635	379	138	84	15	10	4
155	119	36	39	10	16	6
570	302	81	44	6	1	2
800	514	155	79	14	10	4
634	438	153	82	5	6	1
121	88	38	8		1	
179	117	26	17			
614	318	54	46	9	3	2
236	115	44	53	10	1	
236	149	27	10	2	1	
419	359	96	40	6		2

1-4 法人单位

项 目	单位数(个)	企 业	事 业	机 关	社会团体
合 计	**630545**	**591815**	**11875**	**2152**	**5756**
一、按登记注册类型分					
内资	617359	578664	11873	2152	5745
国有	22094	6586	10487	2152	2488
集体	13845	10639	494		316
股份合作	14456	14299	16		14
国有联营	90	76	9		5
集体联营	360	323	6		12
国有与集体联营	121	111	9		
其他联营	792	756	4		8
国有独资公司	1433	1423			9
其他有限责任公司	148448	148299			69
股份有限公司	5011	5001			3
私营独资	36562	35750			21
私营合伙	9406	8157			9
私营有限责任公司	338782	338650			18
私营股份有限公司	6059	6047			1
其他	19900	2547	848		2772
港澳台商投资	4960	4951	1		3
与港澳台商合资经营	1162	1161			1
与港澳台商合作经营	201	199	1		
港澳台商独资	3464	3459			2
港澳台商投资股份有限公司	89	89			
其他港澳台商投资	44	43			
外商投资	8226	8200	1		8
中外合资经营	2073	2072			1
中外合作经营	205	201	1		
外资企业	5602	5590			2
外商投资股份有限公司	179	179			
其他外商投资	167	158			5
二、按隶属关系分					
中央	9747	5855	2144	181	1373
省(自治区、直辖市)	9197	6138	1543	324	932
地(区、市、州、盟)	25744	16345	5792	1320	1389
县(区、市、旗)	1463	988	296	57	83
街道	1997	1209	510	68	163
镇	3147	2067	639	153	179
乡	1114	809	187	25	53
社区(居委会)	2901	128	12		30
村委会	11315	2740	16		60
其他	563920	555536	736	24	1494
三、按四大城市功能区分					
首都功能核心区	81797	74168	2878	470	2492
东城区	38710	35208	1281	206	1191
西城区	43087	38960	1597	264	1301
城市功能拓展区	350737	339453	4277	590	1758
朝阳区	141018	136646	1499	200	719
丰台区	62130	60201	783	124	185
石景山区	18672	17692	396	106	147
海淀区	128917	124914	1599	160	707

注：其他组织机构包括机构类型分类中的基金会、居委会、村委会与其他组织机构。

机构类型情况

		期末从业人员（人）						
民办非企业单位	其他组织机构		企业	事业	机关	社会团体	民办非企业单位	其他组织机构
3729	**15218**	**11113437**	**9403640**	**1054789**	**353714**	**49656**	**114801**	**136837**
3726	15199	9650702	7942146	1054481	353714	49590	114099	136672
218	163	1949280	560970	1001953	353714	27239	3266	2138
210	2186	217479	165817	22787		2596	6286	19993
50	77	122380	119560	308		87	1609	816
		1410	1034	272		104		
16	3	2278	1760	79		99	296	44
1		2678	2396	261			21	
24		4334	3654	37		138	505	
1		404152	404075			60	17	
71	9	2906736	2904714			566	1415	41
6	1	808018	807920			3	94	1
433	358	137520	119610			90	15349	2471
68	1172	77681	51943			14	2282	23442
102	12	2685804	2683726			28	2017	33
9	2	104538	104289			1	246	2
2517	11216	226414	10678	28784		18565	80696	87691
2	3	551072	550551	72		24	415	10
		163358	163340			18		
	1	23874	23801	72				1
2	1	304165	303740			6	415	4
		59303	59303					
	1	372	367					5
1	16	911663	910943	236		42	287	155
		314414	314414					
1	2	20916	20375	236			287	18
	10	536923	536783			10		130
		33639	33639					
	4	5771	5732			32		7
50	144	1782687	1245540	461650	50631	21907	543	2416
133	127	1260308	967063	171464	106735	7051	7195	800
785	113	965539	434167	361670	134669	8942	24651	1440
31	8	31691	12740	13020	4710	455	730	36
29	18	61507	32294	10547	17274	492	784	116
44	65	108706	59877	11157	33611	913	1035	2113
6	34	52387	41498	3022	5360	353	80	2074
3	2728	21495	613	241		113	17	20511
84	8415	119521	44046	204		69	2035	73167
2564	3566	6709596	6565802	21814	724	9361	77731	34164
737	1052	2026155	1620687	238826	117478	23087	14516	11561
308	516	856555	682323	98314	50976	11295	6800	6847
429	536	1169600	938364	140512	66502	11792	7716	4714
1479	3180	5956333	5147279	577003	104132	17823	61690	48406
509	1445	2284640	2022832	164416	38699	7603	19907	31183
311	526	933573	815515	82278	19618	1180	10235	4747
149	182	311787	266404	29271	10304	1235	3130	1443
510	1027	2426333	2042528	301038	35511	7805	28418	11033

1-4 续表 1

项目	单位数(个)	企业	事业	机关	社会团体
城市发展新区	147352	136186	3192	583	686
房山区	22823	20359	837	145	130
通州区	33809	31924	449	109	147
顺义区	20450	18734	435	96	141
昌平区	34342	32118	758	113	135
大兴区(除北京经济技术开发区)	30829	28047	663	114	116
北京经济技术开发区	5099	5004	50	6	17
生态涵养发展区	50659	42008	1528	509	820
门头沟区	8795	7377	372	106	251
怀柔区	13845	12114	298	93	241
平谷区	9736	8114	263	106	101
密云县	13576	11504	305	117	85
延庆县	4707	2899	290	87	142
四、按六大高端产业功能区分					
六大高端产业功能区合计	63308	61307	676	126	417
#北京经济技术开发区	5099	5004	50	6	17
中关村国家自主创新示范区	15258	15232	23		2
金融街功能区	3542	3002	200	60	172
北京商务中心区	20229	19688	123	33	85
奥林匹克中心区	13577	13030	215	12	125
临空经济区	6641	6389	65	15	16
五、按三次产业分					
第二产业	51831	51785	35		
第三产业	578714	540030	11840	2152	5756
六、按行业门类分					
采矿业	127	127			
制造业	33055	33044	1		
电力、热力、燃气及水生产和供应业	638	608	29		
建筑业	18486	18480	6		
批发和零售业	190704	190430	1		
交通运输、仓储和邮政业	14290	14245	34		
住宿和餐饮业	16323	16257	54		
信息传输、软件和信息技术服务业	47602	47423	151		
金融业	3811	3771	38	1	
房地产业	17805	17675	116		
租赁和商务服务业	134926	126128	1198		
科学研究和技术服务业	71206	69566	1400		
水利、环境和公共设施管理业	3964	3212	729		
居民服务、修理和其他服务业	18735	18356	307		
教育	11145	5475	3312		
卫生和社会工作	3810	1811	1135		21
文化、体育和娱乐业	26784	25206	1087		113
公共管理、社会保障和社会组织	17134	1	2277	2151	5622
七、按行业大类分					
采矿业	127	127			
煤炭开采和洗选业	36	36			
石油和天然气开采业	9	9			
黑色金属矿采选业	17	17			
有色金属矿采选业	3	3			
非金属矿采选业	49	49			
开采辅助活动	12	12			
其他采矿业	1	1			

民办非企业单位	其他组织机构	期末从业人员（人）	企业	事业	机关	社会团体	民办非企业单位	其他组织机构
1008	5697	2469191	2140918	165318	71766	5142	33196	52851
208	1144	275802	212503	34275	13701	577	5681	9065
168	1012	403330	347147	26898	11874	2147	5180	10084
132	912	598768	547610	25057	12758	555	3874	8914
295	923	464765	381815	42910	15786	628	11092	12534
188	1701	435422	363742	34388	17343	1060	6682	12207
17	5	291104	288101	1790	304	175	687	47
505	5289	661758	494756	73642	60338	3604	5399	24019
63	626	103816	80590	12087	6971	370	656	3142
165	934	161339	131315	14664	9298	893	1522	3647
112	1040	136945	106230	16032	8373	319	1415	4576
94	1471	169136	129096	15965	14487	368	1272	7948
71	1218	90522	47525	14894	21209	1654	534	4706
216	566	3228216	3096701	82207	26607	4952	6121	11628
17	5	291104	288101	1790	304	175	687	47
1		1881294	1867248	14030		15	1	
43	65	296595	262476	19085	10858	2138	544	1494
62	238	476620	443142	13999	10529	816	1733	6401
56	139	244116	211929	25603	1654	1669	1525	1736
37	119	312069	297387	7700	3262	139	1631	1950
	11	2166318	2164930	1366				22
3729	15207	8947119	7238710	1053423	353714	49656	114801	136815
		68713	68713					
	10	1385479	1385447	14				18
	1	92611	91630	977				4
		655183	654794	389				
1	272	1477745	1476889	1			1	854
2	9	685680	684761	896			1	22
4	8	505941	503516	2401			4	20
21	7	930016	919140	10662			175	39
1		432821	426062	5903	851		5	
3	11	563547	560644	2818			26	59
184	7416	1417321	1294523	52941			3230	66627
171	69	952372	781049	169384			1466	473
8	15	128696	65635	62376			113	572
45	27	214739	203645	9028			307	1759
2301	57	530729	61454	382142			86148	985
662	181	278145	40272	216368		308	20506	691
325	53	275951	185464	86568		772	2811	336
1	7082	517748	2	51921	352863	48576	8	64378
		68713	68713					
		15947	15947					
		2450	2450					
		25752	25752					
		3	3					
		626	626					
		23928	23928					
		7	7					

1-4 续表 2

项目	单位数(个)	企业	事业	机关	社会团体
制造业	33055	33044	1		
农副食品加工业	909	906			
食品制造业	939	939			
酒、饮料和精制茶制造业	386	386			
烟草制品业	1	1			
纺织业	440	440			
纺织服装、服饰业	2633	2633			
皮革、毛皮、羽毛及其制品和制鞋业	237	237			
木材加工和木、竹、藤、棕、草制品业	879	879			
家具制造业	1361	1361			
造纸和纸制品业	889	885			
印刷和记录媒介复制业	1538	1538			
文教、工美、体育和娱乐用品制造业	731	728			
石油加工、炼焦和核燃料加工业	193	193			
化学原料和化学制品制造业	1887	1887			
医药制造业	542	542			
化学纤维制造业	30	30			
橡胶和塑料制品业	1595	1595			
非金属矿物制品业	2518	2518			
黑色金属冶炼和压延加工业	328	328			
有色金属冶炼和压延加工业	245	245			
金属制品业	3767	3767			
通用设备制造业	2905	2905			
专用设备制造业	2269	2269			
汽车制造业	724	724			
铁路、船舶、航空航天和其他运输设备制造业	211	211			
电气机械和器材制造业	1934	1934			
计算机、通信和其他电子设备制造业	1134	1134			
仪器仪表制造业	1044	1044			
其他制造业	251	251			
废弃资源综合利用业	72	72			
金属制品、机械和设备修理业	463	462	1		
电力、热力、燃气及水生产和供应业	638	608	29		
电力、热力生产和供应业	445	422	23		
燃气生产和供应业	52	49	2		
水的生产和供应业	141	137	4		
建筑业	18486	18480	6		
房屋建筑业	2054	2054			
土木工程建筑业	2173	2167	6		
建筑安装业	2720	2720			
建筑装饰和其他建筑业	11539	11539			
批发和零售业	190704	190430	1		
批发业	94660	94431			
零售业	96044	95999	1		
交通运输、仓储和邮政业	14290	14245	34		
铁路运输业	141	141			
道路运输业	7836	7806	26		
水上运输业	41	41			
航空运输业	92	89	3		
管道运输业	15	15			
装卸搬运和运输代理业	3795	3793	2		
仓储业	1826	1817	2		
邮政业	544	543	1		

民办非企业单位	其他组织机构	期末从业人员(人)	企业	事业	机关	社会团体	民办非企业单位	其他组织机构
	10	1385479	1385447	14				18
	3	41751	41744					7
		61062	61062					
		36451	36451					
		937	937					
		10595	10595					
		79617	79617					
		5136	5136					
		9419	9419					
		29255	29255					
	4	15142	15136					6
		49830	49830					
	3	14518	14513					5
		16500	16500					
		51522	51522					
		79321	79321					
		863	863					
		35606	35606					
		81846	81846					
		11918	11918					
		8211	8211					
		77686	77686					
		90822	90822					
		104070	104070					
		145387	145387					
		36795	36795					
		78352	78352					
		143377	143377					
		46482	46482					
		9608	9608					
		1660	1660					
		11740	11726	14				
	1	92611	91630	977				4
		68022	67096	926				
	1	12101	12091	6				4
		12488	12443	45				
		655183	654794	389				
		226170	226170					
		150442	150053	389				
		109214	109214					
		169357	169357					
1	272	1477745	1476889	1			1	854
	229	829464	828716					748
1	43	648281	648173	1			1	106
2	9	685680	684761	896			1	22
		100554	100554					
1	3	332336	332112	223			1	
		378	378					
		67466	67297	169				
		6560	6560					
		69467	69409	58				
1	6	18992	18814	156				22
		89927	89637	290				

1-4 续表 3

项目	单位数（个）	企业	事业	机关	社会团体
住宿和餐饮业	16323	16257	54		
住宿业	4810	4750	54		
餐饮业	11513	11507			
信息传输、软件和信息技术服务业	47602	47423	151		
电信、广播电视和卫星传输服务	1160	1138	21		
互联网和相关服务	3744	3720	23		
软件和信息技术服务业	42698	42565	107		
金融业	3811	3771	38	1	
货币金融服务	652	644	7	1	
资本市场服务	1892	1868	24		
保险业	614	611	2		
其他金融业	653	648	5		
房地产业	17805	17675	116		
房地产业	17805	17675	116		
租赁和商务服务业	134926	126128	1198		
租赁业	5746	5734	4		
商务服务业	129180	120394	1194		
科学研究和技术服务业	71206	69566	1400		
研究和试验发展	4885	4286	487		
专业技术服务业	25255	24628	602		
科技推广和应用服务业	41066	40652	311		
水利、环境和公共设施管理业	3964	3212	729		
水利管理业	360	129	224		
生态保护和环境治理业	345	301	43		
公共设施管理业	3259	2782	462		
居民服务、修理和其他服务业	18735	18356	307		
居民服务业	8275	7957	260		
机动车、电子产品和日用产品修理业	6166	6155	7		
其他服务业	4294	4244	40		
教育	11145	5475	3312		
教育	11145	5475	3312		
卫生和社会工作	3810	1811	1135		21
卫生	2923	1706	714		
社会工作	887	105	421		21
文化、体育和娱乐业	26784	25206	1087		113
新闻和出版业	1808	1368	422		
广播、电视、电影和影视录音制作业	2869	2794	69		
文化艺术业	15464	14821	454		
体育	2630	2248	111		113
娱乐业	4013	3975	31		
公共管理、社会保障和社会组织	17134	1	2277	2151	5622
中国共产党机关	265		12	253	
国家机构	3806		1989	1817	
人民政协、民主党派	86		5	81	
社会保障	274	1	270		
群众团体、社会团体和其他成员组织	6063		1		5622
基层群众自治组织	6640				

		期末从业人员（人）						
民办非企业单位	其他组织机构		企业	事业	机关	社会团体	民办非企业单位	其他组织机构
4	8	505941	503516	2401			4	20
3	3	181092	178685	2401			3	3
1	5	324849	324831				1	17
21	7	930016	919140	10662			175	39
	1	96841	95192	1648				1
1		117672	115946	1725			1	
20	6	715503	708002	7289			174	38
1		432821	426062	5903	851		5	
		200218	196669	2698	851			
		63367	60847	2520				
1		129936	129410	521			5	
		39300	39136	164				
3	11	563547	560644	2818			26	59
3	11	563547	560644	2818			26	59
184	7416	1417321	1294523	52941			3230	66627
	8	44680	44533	117				30
184	7408	1372641	1249990	52824			3230	66597
171	69	952372	781049	169384			1466	473
101	11	190422	68554	121001			832	35
18	7	474513	438610	35564			166	173
52	51	287437	273885	12819			468	265
8	15	128696	65635	62376			113	572
5	2	9661	1596	7957			106	2
1		9283	7294	1983			6	
2	13	109752	56745	52436			1	570
45	27	214739	203645	9028			307	1759
36	22	76121	66876	7286			203	1756
4		50726	50480	159			87	
5	5	87892	86289	1583			17	3
2301	57	530729	61454	382142			86148	985
2301	57	530729	61454	382142			86148	985
662	181	278145	40272	216368		308	20506	691
349	154	260530	39116	206408			14646	360
313	27	17615	1156	9960		308	5860	331
325	53	275951	185464	86568		772	2811	336
5	13	77845	48448	29261			17	119
4	2	53639	31057	22555			12	15
157	32	82891	54643	26771			1297	180
153	5	39040	29485	7301		772	1465	17
6	1	22536	21831	680			20	5
1	7082	517748	2	51921	352863	48576	8	64378
		12817		139	12678			
		385299		47416	337883			
		2330		28	2302			
1	2	4384	2	4338			8	36
	440	52122				48576		3546
	6640	60796						60796

1-5 法人单位

项目	单位数(个)	东城区	西城区	朝阳区	丰台区	石景山区	海淀区
合　计	**630545**	**38710**	**43087**	**141018**	**62130**	**18672**	**128917**
一、按登记注册类型分							
内资	617359	37478	42389	135387	61830	18447	126455
国有	22094	2990	3564	2918	1336	732	3003
集体	13845	774	954	1510	1339	234	1509
股份合作	14456	1187	1577	1911	1493	420	3957
国有联营	90	8	8	24	11	2	21
集体联营	360	44	24	74	26	16	57
国有与集体联营	121	15	12	20	13	4	27
其他联营	792	112	5	240	54	19	99
国有独资公司	1433	168	390	271	94	10	268
其他有限责任公司	148448	11663	6963	40399	9443	1857	33851
股份有限公司	5011	522	215	439	534	80	1869
私营独资	36562	1790	1284	10170	4188	1129	6666
私营合伙	9406	903	779	2443	682	316	2500
私营有限责任公司	338782	15699	25024	71084	41043	13118	69009
私营股份有限公司	6059	439	206	1585	670	151	1522
其他	19900	1164	1384	2299	904	359	2097
港澳台商投资	4960	571	321	2048	122	124	914
与港澳台商合资经营	1162	113	113	324	50	16	223
与港澳台商合作经营	201	39	12	77	11	1	21
港澳台商独资	3464	408	192	1592	59	107	641
港澳台商投资股份有限公司	89	7	2	31	1		26
其他港澳台商投资	44	4	2	24	1		3
外商投资	8226	661	377	3583	178	101	1548
中外合资经营	2073	148	130	588	82	44	469
中外合作经营	205	11	10	73	7	2	43
外资企业	5602	459	229	2765	73	54	974
外商投资股份有限公司	179	10	6	71	6		53
其他外商投资	167	33	2	86	10	1	9
二、按隶属关系分							
中央	9747	1758	2488	1683	521	164	2470
省(自治区、直辖市)	9197	1218	1650	2560	618	187	1656
地(区、市、州、盟)	25744	1684	2271	5624	1453	634	3864
县(区、市、旗)	1463	10	2	5	33	1	150
街道	1997	137	164	551	170	82	413
镇	3147			37	74		400
乡	1114			549	250	14	83
社区(居委会)	2901	227	255	422	314	142	540
村委会	11315			386	742	38	130
其他	563920	33676	36257	129201	57955	17410	119211

注：开发区是指北京经济技术开发区。

地区分布情况

门头沟区	房山区	通州区	顺义区	昌平区	大兴区	怀柔区	平谷区	密云县	延庆县	开发区
8795	**22823**	**33809**	**20450**	**34342**	**30829**	**13845**	**9736**	**13576**	**4707**	**5099**
8765	22733	33442	19762	34022	30584	13703	9640	13437	4683	4602
702	1187	791	742	998	959	520	462	549	557	84
465	994	622	1013	1113	1430	415	374	770	313	16
280	562	837	312	810	642	20	175	134	113	26
	2		1	4	4		1	2	2	
6	12	16	11	26	27	2	5	9	5	
2	2	4	1	7	7	1	1	4	1	
3		90	38	37	79	3	2	7	3	1
16	21	26	33	47	31	8	24	12	1	13
506	2127	8419	8179	10522	2843	3064	3621	1942	945	2104
6	15	323	223	306	195	10	27	82	38	127
189	1379	2064	1511	1835	1879	794	192	1051	288	153
66	108	301	148	397	350	129	30	132	49	73
5795	15108	18409	6401	16457	20584	7464	3547	7132	1009	1899
2	7	316	232	373	356	1	19	98	33	49
727	1209	1224	917	1090	1198	1272	1160	1513	1326	57
14	33	104	207	105	73	53	30	56	9	176
7	15	38	80	37	37	21	9	24	5	50
2	2	4	13	6	2	5	1	2		3
4	15	59	104	56	31	27	18	29	3	119
		3	6	5	3		1	1	1	2
1	1		4	1			1			2
16	57	263	481	215	172	89	66	83	15	321
11	35	92	140	82	74	32	17	23	10	96
1	3	12	13	11	5	1	3	3		7
4	18	148	310	116	86	55	46	55	4	206
		8	8	1	6	1		1	1	7
	1	3	10	5	1			1		5
32	55	85	122	155	74	27	10	23	12	68
64	86	216	172	162	200	38	27	48	43	252
718	938	1197	1100	2334	975	664	776	497	730	285
4		391	589	29	91	1	15	82	14	46
30	93	56	53	64	135	18	10	10	7	4
168	316	349	713	303	307	195	38	116	129	2
	102	28	11	7	2	28	2	2	35	1
101	124	172	91	184	170	35	8	82	33	1
670	1318	1154	1089	854	1556	913	835	1113	517	
7008	19791	30161	16510	30250	27319	11926	8015	11603	3187	4440

1-5 续表 1

项目	单位数						
	(个)	东城区	西城区	朝阳区	丰台区	石景山区	海淀区
三、按三次产业分							
第二产业	51831	814	1095	4594	3820	1249	4058
第三产业	578714	37896	41992	136424	58310	17423	124859
四、按行业门类分							
采矿业	127	2		7		1	8
制造业	33055	243	336	2313	1896	547	2471
电力、热力、燃气及水生产和供应业	638	14	23	50	39	16	37
建筑业	18486	567	745	2267	1933	726	1574
批发和零售业	190704	10409	12550	40160	24081	5613	37026
交通运输、仓储和邮政业	14290	466	501	2887	1900	184	1042
住宿和餐饮业	16323	1725	1829	4077	1539	302	3145
信息传输、软件和信息技术服务业	47602	1902	2133	5916	2288	1948	26460
金融业	3811	320	601	1074	210	101	830
房地产业	17805	1437	1735	4441	1537	490	2588
租赁和商务服务业	134926	11355	11603	39268	10121	3794	23558
科学研究和技术服务业	71206	3678	4168	20091	9011	2210	16577
水利、环境和公共设施管理业	3964	156	169	565	369	103	622
居民服务、修理和其他服务业	18735	1186	1247	5094	2155	639	3275
教育	11145	787	1097	1867	702	448	2568
卫生和社会工作	3810	285	262	776	347	111	538
文化、体育和娱乐业	26784	2350	1993	8393	3212	962	4845
公共管理、社会保障和社会组织	17134	1828	2095	1772	790	477	1753
五、按行业大类分							
采矿业	127	2		7		1	8
煤炭开采和洗选业	36			1			1
石油和天然气开采业	9	1		3			4
黑色金属矿采选业	17					1	
有色金属矿采选业	3						
非金属矿采选业	49						
开采辅助活动	12	1		3			2
其他采矿业	1						1
制造业	33055	243	336	2313	1896	547	2471
农副食品加工业	909	5	3	33	37	11	59
食品制造业	939	8		70	55	9	45
酒、饮料和精制茶制造业	386	1	1	15	32	7	19
烟草制品业	1						
纺织业	440	4	8	39	13	5	15
纺织服装、服饰业	2633	26	21	136	122	18	61
皮革、毛皮、羽毛及其制品和制鞋业	237	6	4	11	19		11
木材加工和木、竹、藤、棕、草制品业	879	2		57	37	2	11
家具制造业	1361	6	2	98	57	13	38
造纸和纸制品业	889	4	5	74	29	3	48
印刷和记录媒介复制业	1538	31	64	191	87	24	143
文教、工美、体育和娱乐用品制造业	731	17	12	55	35	9	28
石油加工、炼焦和核燃料加工业	193		1	3	4	3	5
化学原料和化学制品制造业	1887	7	11	76	104	27	121

门头沟区	房山区	通州区	顺义区	昌平区	大兴区	怀柔区	平谷区	密云县	延庆县	开发区
1089	3818	6787	4940	4401	7863	1903	1893	2227	632	648
7706	19005	27022	15510	29941	22966	11942	7843	11349	4075	4451
7	55		7	14		8		15	2	1
543	2392	5022	3506	3154	6095	1131	1252	1217	381	556
16	62	70	35	85	51	42	24	40	27	7
551	1362	1741	1438	1195	1734	746	624	964	227	92
2877	8012	11542	5381	10435	9767	4254	2637	3634	872	1454
191	808	828	1404	825	2019	473	377	215	86	84
119	355	455	516	737	382	496	164	276	100	106
355	790	777	358	2652	620	400	223	237	53	490
18	47	41	165	71	47	125	43	36	24	58
218	669	853	634	1053	763	336	297	429	157	168
1729	3907	5983	3207	5646	4208	2952	1933	3646	1229	787
522	1398	2773	1169	4104	1862	890	666	974	176	937
136	235	237	135	337	204	209	106	231	131	19
240	571	882	595	998	693	353	274	324	122	87
161	527	557	318	801	472	247	191	210	116	76
63	157	129	134	273	197	122	75	168	151	22
287	345	968	640	1043	601	320	308	301	118	98
762	1131	951	808	919	1114	741	542	659	735	57
7	55		7	14		8		15	2	1
3	29			2						
				1						
1				1		3		10	1	
						3				
3	26		7	5		2		5	1	
				5						1
543	2392	5022	3506	3154	6095	1131	1252	1217	381	556
19	74	121	138	76	158	49	51	51	21	3
14	91	124	101	93	167	54	38	32	18	20
14	60	24	30	22	55	33	31	28	9	5
		1								
7	14	60	73	19	93	21	34	21	12	2
34	83	192	281	79	1217	44	158	130	19	12
8	9	37	25	10	76	2	6	9	2	2
5	40	254	68	70	247	30	15	37	4	
7	94	365	115	150	360	31	8	16	1	
9	77	174	96	57	180	40	52	26	10	5
10	58	255	130	133	232	56	23	64	12	25
28	46	161	86	78	80	35	36	13	7	5
	46	21	22	7	76	1	2	1		1
16	222	371	161	170	364	35	96	62	20	24

1-5 续表 2

项目	单位数（个）	东城区	西城区	朝阳区	丰台区	石景山区	海淀区
医药制造业	542	4	2	37	33	12	50
化学纤维制造业	30			1	3		
橡胶和塑料制品业	1595	8	12	69	75	21	49
非金属矿物制品业	2518	3	8	177	157	21	95
黑色金属冶炼和压延加工业	328			10	10	8	14
有色金属冶炼和压延加工业	245		3	13	7	1	27
金属制品业	3767	7	15	335	213	65	178
通用设备制造业	2905	20	26	173	229	69	292
专用设备制造业	2269	15	32	185	131	57	292
汽车制造业	724	7	9	35	40	10	18
铁路、船舶、航空航天和其他运输设备制造业	211	2	1	8	54	4	35
电气机械和器材制造业	1934	10	30	123	110	50	197
计算机、通信和其他电子设备制造业	1134	13	21	131	62	25	312
仪器仪表制造业	1044	22	34	104	78	23	250
其他制造业	251	4	2	8	9	2	26
废弃资源综合利用业	72			6	6	7	2
金属制品、机械和设备修理业	463	11	9	40	48	41	30
电力、热力、燃气及水生产和供应业	638	14	23	50	39	16	37
电力、热力生产和供应业	445	8	18	40	39	12	21
燃气生产和供应业	52	1	2	1			3
水的生产和供应业	141	5	3	9		4	13
建筑业	18486	567	745	2267	1933	726	1574
房屋建筑业	2054	45	60	176	218	68	160
土木工程建筑业	2173	56	80	156	149	62	163
建筑安装业	2720	90	168	375	306	89	313
建筑装饰和其他建筑业	11539	376	437	1560	1260	507	938
批发和零售业	190704	10409	12550	40160	24081	5613	37026
批发业	94660	4605	5981	20814	12485	2916	14723
零售业	96044	5804	6569	19346	11596	2697	22303
交通运输、仓储和邮政业	14290	466	501	2887	1900	184	1042
铁路运输业	141	1	9	8	52	1	63
道路运输业	7836	133	187	994	1097	111	418
水上运输业	41	2	2	15	3	1	14
航空运输业	92	4	2	32	3		13
管道运输业	15			4			8
装卸搬运和运输代理业	3795	243	252	1249	482	38	320
仓储业	1826	22	25	411	212	23	119
邮政业	544	61	24	174	51	10	87
住宿和餐饮业	16323	1725	1829	4077	1539	302	3145
住宿业	4810	589	700	816	644	76	883
餐饮业	11513	1136	1129	3261	895	226	2262

门头沟区	房山区	通州区	顺义区	昌平区	大兴区	怀柔区	平谷区	密云县	延庆县	开发区
7	26	63	52	84	61	25	16	16	6	48
1	4	4	5	4	3	2	1	1		1
11	217	222	201	143	284	100	75	84	14	10
82	413	313	334	236	384	83	84	71	50	7
	26	76	73	41	37	16	8	7	2	
4	10	74	10	29	34	15	8	4	3	3
65	228	740	506	333	631	119	157	103	60	12
64	173	428	234	346	410	50	112	198	27	54
42	115	318	181	277	335	52	57	61	25	94
4	31	101	140	50	67	101	46	49	4	12
2	11	11	16	26	20	1	5	9		6
26	93	266	192	230	311	62	93	60	21	60
13	19	79	92	159	61	19	12	21	12	83
9	27	84	51	180	86	19	9	12	6	50
13	22	32	38	3	42	9	9	21	7	4
1	10	5	9	7	7	3	3	1	4	1
28	53	46	46	42	17	24	7	9	5	7
16	62	70	35	85	51	42	24	40	27	7
11	37	43	26	70	30	31	10	27	20	2
	6	9	4	4	6	4	5	3	2	2
5	19	18	5	11	15	7	9	10	5	3
551	1362	1741	1438	1195	1734	746	624	964	227	92
56	221	134	172	127	144	171	109	135	52	6
46	181	228	234	172	187	132	71	186	51	19
80	223	210	190	132	262	57	79	85	32	29
369	737	1169	842	764	1141	386	365	558	92	38
2877	8012	11542	5381	10435	9767	4254	2637	3634	872	1454
1389	4724	6877	2857	4979	5986	2243	1184	1462	373	1062
1488	3288	4665	2524	5456	3781	2011	1453	2172	499	392
191	808	828	1404	825	2019	473	377	215	86	84
				2	1	2	2			
158	650	485	623	479	1633	317	296	153	65	37
			1	1					1	1
		2	32	1			1		2	
				2			1			
13	102	190	451	131	151	39	55	43	11	25
15	36	129	270	191	209	110	15	14	7	18
5	20	22	27	18	25	5	7	5		3
119	355	455	516	737	382	496	164	276	100	106
47	115	107	101	233	124	169	44	95	41	26
72	240	348	415	504	258	327	120	181	59	80

1-5 续表 3

项目	单位数（个）	东城区	西城区	朝阳区	丰台区	石景山区	海淀区
信息传输、软件和信息技术服务业	47602	1902	2133	5916	2288	1948	26460
电信、广播电视和卫星传输服务	1160	49	98	207	77	39	455
互联网和相关服务	3744	202	219	763	162	151	1594
软件和信息技术服务业	42698	1651	1816	4946	2049	1758	24411
金融业	3811	320	601	1074	210	101	830
货币金融服务	652	71	112	136	34	24	83
资本市场服务	1892	138	264	538	80	54	503
保险业	614	57	126	201	47	9	108
其他金融业	653	54	99	199	49	14	136
房地产业	17805	1437	1735	4441	1537	490	2588
房地产业	17805	1437	1735	4441	1537	490	2588
租赁和商务服务业	134926	11355	11603	39268	10121	3794	23558
租赁业	5746	169	173	956	790	161	573
商务服务业	129180	11186	11430	38312	9331	3633	22985
科学研究和技术服务业	71206	3678	4168	20091	9011	2210	16577
研究和试验发展	4885	326	394	666	508	196	1449
专业技术服务业	25255	1364	1967	6703	2510	732	6428
科技推广和应用服务业	41066	1988	1807	12722	5993	1282	8700
水利、环境和公共设施管理业	3964	156	169	565	369	103	622
水利管理业	360	2	17	32	20	6	78
生态保护和环境治理业	345	12	27	55	27	11	114
公共设施管理业	3259	142	125	478	322	86	430
居民服务、修理和其他服务业	18735	1186	1247	5094	2155	639	3275
居民服务业	8275	697	663	2727	826	303	1332
机动车、电子产品和日用产品修理业	6166	274	342	1273	849	211	1150
其他服务业	4294	215	242	1094	480	125	793
教育	11145	787	1097	1867	702	448	2568
教育	11145	787	1097	1867	702	448	2568
卫生和社会工作	3810	285	262	776	347	111	538
卫生	2923	237	202	678	263	78	427
社会工作	887	48	60	98	84	33	111
文化、体育和娱乐业	26784	2350	1993	8393	3212	962	4845
新闻和出版业	1808	326	401	382	75	41	484
广播、电视、电影和影视录音制作业	2869	212	253	908	118	113	651
文化艺术业	15464	1093	807	5612	2359	636	2437
体育	2630	368	247	632	248	71	393
娱乐业	4013	351	285	859	412	101	880
公共管理、社会保障和社会组织	17134	1828	2095	1772	790	477	1753
中国共产党机关	265	23	32	17	7	20	8
国家机构	3806	349	401	300	205	158	293
人民政协、民主党派	86	19	20	15	9	1	11
社会保障	274	27	18	39	15	6	32
群众团体、社会团体和其他成员组织	6063	1223	1369	829	195	150	797
基层群众自治组织	6640	187	255	572	359	142	612

门头沟区	房山区	通州区	顺义区	昌平区	大兴区	怀柔区	平谷区	密云县	延庆县	开发区
355	790	777	358	2652	620	400	223	237	53	490
8	30	44	8	50	29	18	4	9	3	32
23	61	143	39	202	56	19	26	28	2	54
324	699	590	311	2400	535	363	193	200	48	404
18	47	41	165	71	47	125	43	36	24	58
11	15	25	37	21	26	11	12	12	13	9
2	19	9	73	33	7	91	15	17	7	42
4	6	5	11	9	8	7	11	5		
1	7	2	44	8	6	16	5	2	4	7
218	669	853	634	1053	763	336	297	429	157	168
218	669	853	634	1053	763	336	297	429	157	168
1729	3907	5983	3207	5646	4208	2952	1933	3646	1229	787
133	310	546	313	479	478	236	181	159	58	31
1596	3597	5437	2894	5167	3730	2716	1752	3487	1171	756
522	1398	2773	1169	4104	1862	890	666	974	176	937
41	103	122	77	393	141	146	36	46	26	215
255	586	1035	406	1313	666	342	262	377	72	237
226	709	1616	686	2398	1055	402	368	551	78	485
136	235	237	135	337	204	209	106	231	131	19
6	25	42	16	35	26	12	9	23	11	
7	11	14	7	24	6	3	2	13	6	6
123	199	181	112	278	172	194	95	195	114	13
240	571	882	595	998	693	353	274	324	122	87
89	170	318	171	437	183	122	71	97	34	35
81	272	366	191	345	313	145	124	137	59	34
70	129	198	233	216	197	86	79	90	29	18
161	527	557	318	801	472	247	191	210	116	76
161	527	557	318	801	472	247	191	210	116	76
63	157	129	134	273	197	122	75	168	151	22
36	83	98	106	198	149	89	40	116	102	21
27	74	31	28	75	48	33	35	52	49	1
287	345	968	640	1043	601	320	308	301	118	98
8	7	20	6	26	15	4	8		2	3
41	51	150	36	106	58	89	24	30	10	19
183	109	544	414	513	197	111	179	176	46	48
20	69	73	85	175	75	70	32	32	26	14
35	109	181	99	223	256	46	65	63	34	14
762	1131	951	808	919	1114	741	542	659	735	57
25	13	11	4	16	22	17	9	24	14	3
198	374	185	156	287	270	160	149	139	149	33
1	1	1	1	1		1	2	1	2	
13	33	15	8	20	21	11	4	3	7	2
251	125	152	137	136	116	236	102	86	141	18
274	585	587	502	459	685	316	276	406	422	1

1-5 续表 4

项目	从业人员（人）	东城区	西城区	朝阳区	丰台区	石景山区	海淀区
合计	**11113437**	**856555**	**1169600**	**2284640**	**933573**	**311787**	**2426333**
一、按登记注册类型分							
内资	9650702	713641	1096081	1881654	895544	281660	2175117
国有	1949280	223337	291750	270503	192815	46074	490325
集体	217479	7118	10956	36929	29092	3634	29587
股份合作	122380	6045	8113	15369	20022	3530	23932
国有联营	1410	66	44	255	68	2	743
集体联营	2278	310	87	544	212	87	312
国有与集体联营	2678	339	57	345	629	14	312
其他联营	4334	310	146	1559	250	143	418
国有独资公司	404152	24154	98623	78842	101697	21338	42970
其他有限责任公司	2906736	194486	251188	643359	240060	86143	662472
股份有限公司	808018	85109	219226	105505	22304	19279	191048
私营独资	137520	7443	3977	34987	15915	3347	23767
私营合伙	77681	12576	8451	22514	3283	1091	20923
私营有限责任公司	2685804	133974	187713	604785	245535	90709	610886
私营股份有限公司	104538	5799	1818	22033	12461	1612	32591
其他	226414	12575	13932	44125	11201	4657	44831
港澳台商投资	551072	44389	36689	144047	8902	12351	112843
与港澳台商合资经营	163358	9268	7689	42254	2074	1802	40454
与港澳台商合作经营	23874	3688	975	9962	5573	3	1399
港澳台商独资	304165	31217	27349	85189	1239	10546	65977
港澳台商投资股份有限公司	59303	182	673	6531	1		5005
其他港澳台商投资	372	34	3	111	15		8
外商投资	911663	98525	36830	258939	29127	17776	138373
中外合资经营	314414	34520	11557	48176	14159	15888	35243
中外合作经营	20916	601	553	6978	135	632	2416
外资企业	536923	58567	22360	198040	4213	1255	99776
外商投资股份有限公司	33639	92	2355	5216	10584		909
其他外商投资	5771	4745	5	529	36	1	29
二、按隶属关系分							
中央	1782687	187797	341330	289763	126513	30871	554793
省(自治区、直辖市)	1260308	117280	227387	221878	230076	61329	144779
地(区、市、州、盟)	965539	76255	110633	138960	66586	26481	150592
县(区、市、旗)	31691	232	72	251	3305	34	1113
街道	61507	961	7050	9642	7094	4390	14561
镇	108706			274	2881		11614
乡	52387			21485	19338	459	5122
社区(居委会)	21495	2329		4371	2655	1120	3678
村委会	119521			13393	20723	1696	2633
其他	6709596	471701	483128	1584623	454402	185407	1537448

门头沟区	房山区	通州区	顺义区	昌平区	大兴区	怀柔区	平谷区	密云县	延庆县	开发区
103816	**275802**	**403330**	**598768**	**464765**	**435422**	**161339**	**136945**	**169136**	**90522**	**291104**
102443	270328	362193	417057	434907	397773	131337	118786	150935	85664	135582
20492	58670	46829	55730	64735	56264	26695	25475	33268	43008	3310
6187	10916	6790	20187	17312	18272	4115	4238	9471	2453	222
2331	4591	8921	3907	7312	8421	325	5465	2733	720	643
	15		1	20	43		74	4	75	
38	69	130	126	130	66	3	27	80	57	
16	37	93	15	371	239	27	4	3	177	
5		612	265	89	475	1	9	38	13	1
2202	4370	4778	6296	6043	4173	1562	1630	2223	763	2488
15638	66884	128668	174388	142604	86519	32158	49332	32364	16500	83973
16414	15929	7165	40917	45891	11977	3366	620	7387	1663	14218
428	4822	8415	8487	7324	8765	2095	925	4074	1731	1018
206	410	1457	1115	1933	2183	460	112	558	185	224
35012	90980	130556	84034	119884	183094	53965	24250	52514	11825	26088
412	315	3146	9271	5905	4141	1267	323	793	252	2399
3062	12320	14633	12318	15354	13141	5298	6302	5425	6242	998
920	1707	14343	84796	8240	17491	6016	2470	8112	1225	46531
681	904	6741	22176	3595	5548	1085	820	6073	698	11496
98	100	235	417	267	80	574	1	77		425
16	702	6067	21792	3485	11840	4357	1386	1961	13	31029
		1300	40382	881	23		262	1	514	3548
125	1		29	12			1			33
453	3767	26794	96915	21618	20158	23986	15689	10089	3633	108991
350	2216	11819	63798	6708	7322	12596	1826	825	2956	44455
1	270	3404	603	1111	75	15	3889	24		209
102	1279	9854	30452	12820	5112	10139	9974	9237	441	63302
		1658	1752	937	7648	1236		2	236	1014
	2	59	310	42	1			1		11
3539	36493	27992	97116	35979	15412	5657	1797	3656	3241	20738
24331	10713	24182	55802	49677	39338	6131	1991	5255	3305	36854
15418	47338	42707	73893	47338	45831	20342	30326	31557	32302	8980
41		5457	10250	387	3221	6	2905	1751	1900	766
1664	3837	601	1095	1381	5467	1835	128	1039	748	14
3306	9298	9530	25503	11284	10373	2615	790	7778	13442	18
	1530	783	134	56	15	416	86	3	2959	1
424	1073	914	914	874	1702	394	27	801	213	6
3506	10724	12269	11420	13414	11489	4199	4918	7095	2042	
51587	154796	278895	322641	304375	302574	119744	93977	110201	30370	223727

1-5 续表 5

项目	从业人员（人）	东城区	西城区	朝阳区	丰台区	石景山区	海淀区
三、按三次产业分							
第二产业	2166318	45520	110076	197860	167131	85204	265852
第三产业	8947119	811035	1059524	2086780	766442	226583	2160481
四、按行业门类分							
采矿业	68713	841		24611		20367	399
制造业	1385479	16383	16972	100071	77623	25291	164236
电力、热力、燃气及水生产和供应业	92611	909	49700	9700	4231	3424	3473
建筑业	655183	27434	43827	87027	85750	36505	98176
批发和零售业	1477745	132600	135130	413410	140252	50021	272480
交通运输、仓储和邮政业	685680	41916	56529	100485	139734	11202	108020
住宿和餐饮业	505941	95398	56012	120733	30782	8114	96187
信息传输、软件和信息技术服务业	930016	37305	56514	124033	28941	31470	590219
金融业	432821	67720	207555	83871	3371	5546	45811
房地产业	563547	64884	66385	180532	36143	12711	79384
租赁和商务服务业	1417321	127027	147721	462991	154700	29489	232399
科学研究和技术服务业	952372	55391	94247	221180	95282	20592	327960
水利、环境和公共设施管理业	128696	6627	10611	26224	11706	2643	22283
居民服务、修理和其他服务业	214739	15467	18450	54197	25663	5531	38053
教育	530729	26392	41375	85570	30371	17813	184930
卫生和社会工作	278145	32243	42384	57760	23133	8814	35924
文化、体育和娱乐业	275951	38817	41214	67248	18652	8786	65254
公共管理、社会保障和社会组织	517748	69201	84974	64997	27239	13468	61145
五、按行业大类分							
采矿业	68713	841		24611		20367	399
煤炭开采和洗选业	15947			239			5
石油和天然气开采业	2450	840		1264			346
黑色金属矿采选业	25752					20367	
有色金属矿采选业	3						
非金属矿采选业	626						
开采辅助活动	23928	1		23108			41
其他采矿业	7						7
制造业	1385479	16383	16972	100071	77623	25291	164236
农副食品加工业	41751	213	726	858	2102	279	5155
食品制造业	61062	160		2539	1336	79	1461
酒、饮料和精制茶制造业	36451	76	28	247	539	81	804
烟草制品业	937						
纺织业	10595	217	85	1511	551	56	335
纺织服装、服饰业	79617	2141	446	9796	2271	170	1327
皮革、毛皮、羽毛及其制品和制鞋业	5136	66	8	187	918		173
木材加工和木、竹、藤、棕、草制品业	9419	5		636	639	10	45
家具制造业	29255	1736	16	1985	510	106	385
造纸和纸制品业	15142	17	30	1250	285	8	490
印刷和记录媒介复制业	49830	305	7205	4036	1560	381	3841
文教、工美、体育和娱乐用品制造业	14518	1318	371	1123	331	208	174
石油加工、炼焦和核燃料加工业	16500		3	788	74	85	1877
化学原料和化学制品制造业	51522	210	162	5803	2041	884	5212

门头沟区	房山区	通州区	顺义区	昌平区	大兴区	怀柔区	平谷区	密云县	延庆县	开发区
37246	103849	189788	241475	158499	182749	70880	57716	67655	20831	163987
66570	171953	213542	357293	306266	252673	90459	79229	101481	69691	127117
15801	171		130	841		37		5358	4	153
13380	64162	142110	190418	128973	137706	57464	42524	42052	13405	152709
409	5419	1372	2761	3095	1768	1222	1169	2066	939	954
7831	34863	46480	55428	26709	43502	12319	14053	18304	6496	10479
11783	31848	61131	40527	49064	56557	15278	11489	16652	5346	34177
1113	13500	13488	130698	11899	23515	4977	11955	3248	1883	11518
4280	6070	7385	19433	16066	17662	6910	3417	4575	2384	10533
1560	5055	3848	2398	21758	4042	1471	897	880	168	19457
318	787	362	13756	1070	510	829	389	330	177	419
4590	12232	16984	22677	21596	15704	10275	3620	7332	2523	5975
15162	26383	28244	41152	46807	35787	11304	7184	20683	11895	18393
3456	11336	15767	12958	46319	14935	5443	3164	4946	1758	17638
1609	4836	4563	5229	7216	5390	3878	3040	5648	5521	1672
2769	6165	6925	10142	8238	9590	2170	4658	4308	1131	1282
4958	17395	17201	16164	30280	26759	7490	8015	8050	6204	1762
4300	11396	9422	8275	14745	10913	4084	5117	4942	3436	1257
1108	3423	4223	4342	8039	4578	3449	1991	1755	1421	1651
9389	20761	23825	22280	22050	26504	12739	14263	18007	25831	1075
15801	171		130	841		37		5358	4	153
15527	28			148						
				4		32		5347	2	
						3				
274	143		130	64		2		11	2	
				625						153
13380	64162	142110	190418	128973	137706	57464	42524	42052	13405	152709
418	1848	4316	11784	2375	3969	3408	1310	1040	1695	255
81	1835	7095	7806	3331	9795	10177	7917	1196	381	5873
271	1295	303	9567	602	2115	7679	1650	4008	94	7092
		937								
616	359	1556	1469	306	1061	133	1596	534	182	28
559	1787	6645	13740	1352	22953	655	4009	7526	2708	1532
55	39	1377	301	221	1606	12	20	126	10	17
9	507	3861	636	562	1881	242	73	276	37	
9	633	8327	5136	1658	7597	920	45	52	140	
63	1725	2722	2029	555	2282	578	1568	627	130	783
192	452	8868	4861	3725	7007	1248	317	1112	43	4677
119	492	3761	2510	969	1702	622	568	58	60	132
	11171	335	248	124	1777	1	3	1		13
89	6984	9915	3243	2408	5249	1172	1190	983	259	5718

1-5 续表 6

项　　目	从业人员（人）	东城区	西城区	朝阳区	丰台区	石景山区	海淀区
医药制造业	79321	3459	52	10545	4146	264	5497
化学纤维制造业	863			7	23		
橡胶和塑料制品业	35606	63	537	872	3490	572	957
非金属矿物制品业	81846	26	1008	9520	4765	1374	8719
黑色金属冶炼和压延加工业	11918			182	145	2143	1234
有色金属冶炼和压延加工业	8211		304	277	620	1	1576
金属制品业	77686	2069	456	5802	6323	885	6685
通用设备制造业	90822	216	836	4260	5997	3946	9029
专用设备制造业	104070	448	823	10151	4288	5593	16544
汽车制造业	145387	57	240	1450	4288	606	8604
铁路、船舶、航空航天和其他运输设备制造业	36795	85	9	322	16499	174	10810
电气机械和器材制造业	78352	42	668	7073	3020	4793	10966
计算机、通信和其他电子设备制造业	143377	732	1336	12484	5691	1440	44981
仪器仪表制造业	46482	2484	1178	4943	2409	520	14108
其他制造业	9608	192	22	972	2193	9	2846
废弃资源综合利用业	1660			11	96	241	10
金属制品、机械和设备修理业	11740	46	423	441	473	383	391
电力、热力、燃气及水生产和供应业	92611	909	49700	9700	4231	3424	3473
电力、热力生产和供应业	68022	751	33910	9479	4231	3137	1883
燃气生产和供应业	12101	106	7928	2			1488
水的生产和供应业	12488	52	7862	219		287	102
建筑业	655183	27434	43827	87027	85750	36505	98176
房屋建筑业	226170	9835	13675	26537	30384	18746	40405
土木工程建筑业	150442	6589	9555	19892	20394	4274	22020
建筑安装业	109214	4472	7227	13390	14687	3431	14451
建筑装饰和其他建筑业	169357	6538	13370	27208	20285	10054	21300
批发和零售业	1477745	132600	135130	413410	140252	50021	272480
批发业	829464	74599	59958	254986	80167	18644	143390
零售业	648281	58001	75172	158424	60085	31377	129090
交通运输、仓储和邮政业	685680	41916	56529	100485	139734	11202	108020
铁路运输业	100554	10	12686	98	395	3	86402
道路运输业	332336	11910	35145	46745	130008	10820	13121
水上运输业	378	6	107	139	4		109
航空运输业	67466	19	1425	1219	3299		55
管道运输业	6560			2883			8
装卸搬运和运输代理业	69467	2578	5747	26624	2403	206	6030
仓储业	18992	196	868	5049	2821	96	1145
邮政业	89927	27197	551	17728	804	77	1150
住宿和餐饮业	505941	95398	56012	120733	30782	8114	96187
住宿业	181092	27864	21667	37825	13319	2307	38185
餐饮业	324849	67534	34345	82908	17463	5807	58002

门头沟区	房山区	通州区	顺义区	昌平区	大兴区	怀柔区	平谷区	密云县	延庆县	开发区
623	1573	5654	6847	9729	4816	1648	1384	1035	956	21093
5	28	447	24	151	22	77	1			78
101	3868	5627	4545	2259	4467	3762	1080	2131	137	1138
1633	9834	8230	14089	6540	7293	2130	2032	1575	2591	487
	425	1817	3183	1274	1205	137	41	128	4	
16	128	2097	679	1141	737	345	38	3	148	101
668	3358	15430	7931	7552	10632	3462	2270	1981	1157	1025
4303	2431	8633	14067	8509	9956	1302	1122	4510	688	11017
1484	7245	10811	4205	15500	7175	1370	2218	1310	747	14158
61	1434	9077	38501	32158	9543	12376	8799	7407	144	10642
73	245	245	375	3721	1618		50	230		2339
463	2152	7714	4794	8256	6762	2262	1796	3007	727	13857
616	193	2932	17829	5854	2056	724	94	829	170	45416
595	883	2016	2119	7535	1535	642	1195	151	110	4059
56	236	892	495	19	503	47	32	65	48	981
27	236	296	143	93	165	171	76	26	26	43
175	766	174	7262	494	227	162	30	125	13	155
409	5419	1372	2761	3095	1768	1222	1169	2066	939	954
323	4511	698	1340	2332	1281	682	710	1565	679	510
	143	200	1130	101	63	297	151	141	89	262
86	765	474	291	662	424	243	308	360	171	182
7831	34863	46480	55428	26709	43502	12319	14053	18304	6496	10479
1609	16583	16054	13517	10299	8125	3661	5882	7525	2671	662
2809	5846	10699	9573	6696	7580	5485	2429	6731	2232	7638
1007	6136	3301	23341	2285	9129	1376	2344	1094	641	902
2406	6298	16426	8997	7429	18668	1797	3398	2954	952	1277
11783	31848	61131	40527	49064	56557	15278	11489	16652	5346	34177
6238	19573	39344	21714	25308	34586	9024	6469	9303	2962	23199
5545	12275	21787	18813	23756	21971	6254	5020	7349	2384	10978
1113	13500	13488	130698	11899	23515	4977	11955	3248	1883	11518
				9	2	25	924			
742	11972	9282	15091	6886	20046	3818	10389	2626	1343	2392
			1	2					7	3
		4	61401	2			4		38	
				3668			1			
143	832	1475	18526	443	950	429	420	305	282	2074
216	499	1399	1825	784	2048	672	208	297	213	656
12	197	1328	33854	105	469	33	9	20		6393
4280	6070	7385	19433	16066	17662	6910	3417	4575	2384	10533
2039	3094	2556	6790	10616	3123	3707	1807	2966	1661	1566
2241	2976	4829	12643	5450	14539	3203	1610	1609	723	8967

1-5 续表 7

项目	从业人员（人）	东城区	西城区	朝阳区	丰台区	石景山区	海淀区
信息传输、软件和信息技术服务业	930016	37305	56514	124033	28941	31470	590219
电信、广播电视和卫星传输服务	96841	14330	31176	11971	3839	1562	28956
互联网和相关服务	117672	3775	5392	18649	4181	3834	73964
软件和信息技术服务业	715503	19200	19946	93413	20921	26074	487299
金融业	432821	67720	207555	83871	3371	5546	45811
货币金融服务	200218	30589	122613	14669	663	3368	15296
资本市场服务	63367	9177	29002	15135	773	485	5789
保险业	129936	23470	44462	43765	781	615	16024
其他金融业	39300	4484	11478	10302	1154	1078	8702
房地产业	563547	64884	66385	180532	36143	12711	79384
房地产业	563547	64884	66385	180532	36143	12711	79384
租赁和商务服务业	1417321	127027	147721	462991	154700	29489	232399
租赁业	44680	2109	1611	13091	4040	1648	4306
商务服务业	1372641	124918	146110	449900	150660	27841	228093
科学研究和技术服务业	952372	55391	94247	221180	95282	20592	327960
研究和试验发展	190422	9780	14758	33339	25885	3226	79977
专业技术服务业	474513	33591	64138	110538	35011	9876	153953
科技推广和应用服务业	287437	12020	15351	77303	34386	7490	94030
水利、环境和公共设施管理业	128696	6627	10611	26224	11706	2643	22283
水利管理业	9661	29	639	554	591	50	1882
生态保护和环境治理业	9283	121	1628	1012	331	150	3938
公共设施管理业	109752	6477	8344	24658	10784	2443	16463
居民服务、修理和其他服务业	214739	15467	18450	54197	25663	5531	38053
居民服务业	76121	4275	8518	22513	9874	2388	12352
机动车、电子产品和日用产品修理业	50726	1990	2821	11146	6448	1303	13619
其他服务业	87892	9202	7111	20538	9341	1840	12082
教育	530729	26392	41375	85570	30371	17813	184930
教育	530729	26392	41375	85570	30371	17813	184930
卫生和社会工作	278145	32243	42384	57760	23133	8814	35924
卫生	260530	31595	41554	54095	21646	8055	32830
社会工作	17615	648	830	3665	1487	759	3094
文化、体育和娱乐业	275951	38817	41214	67248	18652	8786	65254
新闻和出版业	77845	16728	22091	16574	3252	1243	16952
广播、电视、电影和影视录音制作业	53639	2458	4818	10737	1038	3440	24391
文化艺术业	82891	12464	9834	24736	9358	2285	13453
体育	39040	4517	2595	9812	2677	998	5909
娱乐业	22536	2650	1876	5389	2327	820	4549
公共管理、社会保障和社会组织	517748	69201	84974	64997	27239	13468	61145
中国共产党机关	12817	1531	5545	128	558	424	766
国家机构	385299	52504	65652	45683	21999	10650	45327
人民政协、民主党派	2330	669	815	279	46	27	129
社会保障	4384	512	685	692	211	70	1076
群众团体、社会团体和其他成员组织	52122	11841	12277	8346	1215	1177	8580
基层群众自治组织	60796	2144		9869	3210	1120	5267

门头沟区	房山区	通州区	顺义区	昌平区	大兴区	怀柔区	平谷区	密云县	延庆县	开发区
1560	5055	3848	2398	21758	4042	1471	897	880	168	19457
22	504	293	54	785	235	53	151	121	26	2763
131	1733	796	263	1368	1689	44	85	91	8	1669
1407	2818	2759	2081	19605	2118	1374	661	668	134	15025
318	787	362	13756	1070	510	829	389	330	177	419
135	239	284	10919	358	394	263	137	116	125	50
136	145	30	1484	298	28	461	84	84	47	209
23	208	19	222	55	23	32	113	124		
24	195	29	1131	359	65	73	55	6	5	160
4590	12232	16984	22677	21596	15704	10275	3620	7332	2523	5975
4590	12232	16984	22677	21596	15704	10275	3620	7332	2523	5975
15162	26383	28244	41152	46807	35787	11304	7184	20683	11895	18393
940	1493	2777	1631	3110	2954	1139	852	2359	369	251
14222	24890	25467	39521	43697	32833	10165	6332	18324	11526	18142
3456	11336	15767	12958	46319	14935	5443	3164	4946	1758	17638
788	3749	1535	1146	6979	1533	659	65	392	164	6447
1860	5157	6943	7259	23749	8915	3507	1993	2533	874	4616
808	2430	7289	4553	15591	4487	1277	1106	2021	720	6575
1609	4836	4563	5229	7216	5390	3878	3040	5648	5521	1672
55	589	1047	534	608	601	899	162	1062	359	
88	32	164	55	1173	58	12	3	106	386	26
1466	4215	3352	4640	5435	4731	2967	2875	4480	4776	1646
2769	6165	6925	10142	8238	9590	2170	4658	4308	1131	1282
1786	2754	2607	1995	2904	1268	821	1023	584	250	209
454	1391	1960	1519	2280	2565	843	611	762	436	578
529	2020	2358	6628	3054	5757	506	3024	2962	445	495
4958	17395	17201	16164	30280	26759	7490	8015	8050	6204	1762
4958	17395	17201	16164	30280	26759	7490	8015	8050	6204	1762
4300	11396	9422	8275	14745	10913	4084	5117	4942	3436	1257
4044	10579	8818	7596	13002	9746	3882	4568	4303	2995	1222
256	817	604	679	1743	1167	202	549	639	441	35
1108	3423	4223	4342	8039	4578	3449	1991	1755	1421	1651
55	20	65	92	404	86	110	60		16	97
364	379	857	378	1012	992	1638	295	295	288	259
537	1261	1724	1590	1829	1017	538	725	655	345	540
62	1407	893	1788	3642	1215	1004	611	603	612	695
90	356	684	494	1152	1268	159	300	202	160	60
9389	20761	23825	22280	22050	26504	12739	14263	18007	25831	1075
141	584	480	270	185	413	762	190	455	366	19
7912	15090	12836	13700	16968	19165	9579	10692	14708	21975	859
42	41	46	37	40		39	42	40	38	
122	231	146	48	230	171	105	8	3	62	12
363	536	2189	526	636	1043	865	320	377	1652	179
809	4279	8128	7699	3991	5712	1389	3011	2424	1738	6

1-6 法人单位

项目	单位数(个)	1949年及以前	1950-1952年	1953-1957年	1958-1962年	1963-1965年	1966-1970年
合计	**630545**	**757**	**489**	**1084**	**919**	**353**	**244**
一、按登记注册类型分							
内资	617359	756	489	1083	919	353	244
国有	22094	471	353	701	614	253	133
集体	13845	11	20	39	62	15	51
股份合作	14456	1	2	10	17	7	4
国有联营	90						
集体联营	360		1	1	1		
国有与集体联营	121		1	1	1		
其他联营	792	1					
国有独资公司	1433	10	8	11	7	5	7
其他有限责任公司	148448	6	22	69	39	25	14
股份有限公司	5011	5	2	5	3	1	
私营独资	36562				1		
私营合伙	9406						
私营有限责任公司	338782	1	4	14	19	6	5
私营股份有限公司	6059						1
其他	19900	250	76	232	155	41	29
港澳台商投资	4960	1					
与港澳台商合资经营	1162						
与港澳台商合作经营	201						
港澳台商独资	3464	1					
港澳台商投资股份有限公司	89						
其他港澳台商投资	44						
外商投资	8226			1			
中外合资经营	2073			1			
中外合作经营	205						
外资企业	5602						
外商投资股份有限公司	179						
其他外商投资	167						
二、按隶属关系分							
中央	9747	141	126	219	147	68	22
省(自治区、直辖市)	9197	75	59	143	95	64	16
地(区、市、州、盟)	25744	265	203	366	386	129	105
县(区、市、旗)	1463	7	3	9	14	11	10
街道	1997	3	2	14	18	8	4
镇	3147	9	3	23	33	2	9
乡	1114	2	2	3	7	1	4
社区(居委会)	2901	2	16	157	44	14	10
村委会	11315	232	43	56	82	14	20
其他	563920	21	32	94	93	42	44

开业时间情况

1971－1975年	1976－1980年	1981－1985年	1986－1995年	1996－2000年	2001－2004年	2005－2008年	2009年	2010年	2011年	2012年	2013年
495	**1801**	**6380**	**24921**	**41170**	**92122**	**138126**	**51522**	**60130**	**67363**	**70918**	**71030**
495	1796	6343	23711	40110	89865	134114	50783	59118	66318	69897	70249
299	830	1720	5824	2877	3103	2169	604	541	533	563	472
66	365	1061	4981	1841	1863	1385	348	557	438	499	239
18	105	258	1657	2728	5629	1580	495	497	496	509	438
		7	45	8	6	8	2	6	1	4	2
	1	8	99	55	78	39	22	15	14	12	14
		6	67	17	8	4	4	5	2	2	3
			30	59	97	156	73	93	90	110	82
4	23	55	309	217	199	243	70	60	80	74	50
23	141	431	3357	9753	20769	31380	12044	15497	17814	18556	18346
2	12	32	259	576	1043	1090	449	357	372	401	399
1	9	27	411	934	2758	8796	3752	4658	4612	5347	5204
1	5	10	208	434	1178	1771	556	732	1044	1408	2050
19	98	295	3321	18815	48966	81242	30964	34166	38884	40216	41321
1	2	14	186	581	1482	1394	403	463	554	500	472
61	205	2419	2957	1215	2686	2857	997	1471	1384	1696	1157
	1	16	559	372	665	1276	331	443	493	461	340
	1	14	288	153	220	201	53	63	61	51	57
			63	44	44	24	4	7	7	3	5
		2	195	167	382	1012	267	364	411	394	268
			10	8	15	29	4	6	5	6	5
			3		4	10	3	3	9	7	5
	4	21	651	688	1592	2736	408	569	552	560	441
	2	13	306	247	501	518	84	107	100	101	93
		1	47	53	54	35		7	4	2	2
	2	4	283	370	990	2083	304	417	416	414	316
		2	7	16	35	54	9	13	11	17	15
		1	8	2	12	46	11	25	21	26	15
56	320	770	3044	1315	1377	1037	214	261	241	209	178
40	217	443	1789	1224	1453	1276	422	421	509	497	450
218	447	993	3147	2514	3834	4134	1495	1746	1938	2146	1659
5	11	37	139	112	217	276	109	110	140	123	123
9	18	47	220	268	422	380	90	120	117	144	110
13	71	173	560	371	676	481	113	148	140	196	124
5	27	56	257	144	236	159	40	57	40	42	31
17	62	126	209	396	1018	399	103	51	58	145	71
43	181	2309	3239	633	1045	1122	217	755	554	586	181
89	447	1426	12317	34193	81844	128862	48719	56461	63626	66830	68103

1-6 续表 1

项目	单位数（个）	1949年及以前	1950-1952年	1953-1957年	1958-1962年	1963-1965年	1966-1970年
三、按机构类型分							
企业	591815	52	101	256	186	93	80
事业单位	11875	290	217	461	461	172	108
机关	2152	108	50	85	95	26	13
社会团体	5756	68	61	67	50	28	5
民办非企业单位	3729	1	2	2	3	5	15
基金会	403						
居委会	2689	2	16	156	44	14	10
村委会	3951	224	41	44	77	12	6
其他组织机构	8175	12	1	13	3	3	7
四、按四大城市功能区分							
首都功能核心区	81797	222	179	439	270	75	42
东城区	38710	108	97	177	130	30	23
西城区	43087	114	82	262	140	45	19
城市功能拓展区	350737	172	154	342	295	185	95
朝阳区	141018	62	40	89	87	46	31
丰台区	62130	34	33	67	46	49	23
石景山区	18672	12	10	28	23	26	6
海淀区	128917	64	71	158	139	64	35
城市发展新区	147352	250	83	193	216	50	57
房山区	22823	16	16	29	29	1	10
通州区	33809	17	14	34	32	18	9
顺义区	20450	51	27	23	58	8	14
昌平区	34342	111	12	66	46	7	8
大兴区(除北京经济技术开发区)	30829	55	14	41	50	16	16
北京经济技术开发区	5099				1		
生态涵养发展区	50659	113	73	110	138	43	50
门头沟区	8795	14	13	33	30	9	7
怀柔区	13845	10	6	13	17	3	6
平谷区	9736	72	35	33	39	11	10
密云县	13576	9	5	11	30	15	13
延庆县	4707	8	14	20	22	5	14
五、按六大高端产业功能区分							
六大高端产业功能区合计	63308	46	31	48	54	23	16
#北京经济技术开发区	5099				1		
中关村国家自主创新示范区	15258	5	11	28	16	11	12
金融街功能区	3542	22	7	7	14	2	
北京商务中心区	20229	10	3	7	11	3	2
奥林匹克中心区	13577	9	7	4	4	8	2
临空经济区	6641		3	3	8		
六、按三次产业分							
第二产业	51831	16	23	79	76	41	37
第三产业	578714	741	466	1005	843	312	207

1971－1975年	1976－1980年	1981－1985年	1986－1995年	1996－2000年	2001－2004年	2005－2008年	2009年	2010年	2011年	2012年	2013年
160	871	2621	18285	37865	86103	132918	49973	57928	65426	68692	69523
232	444	823	2066	1501	2040	1358	341	333	304	404	318
29	144	249	398	218	337	161	68	57	28	30	28
11	167	345	1177	431	731	873	376	277	463	324	301
5	10	39	172	236	721	973	233	274	306	363	365
		12	62	17	17	61	29	46	39	52	68
17	60	123	196	382	1002	362	92	32	30	99	49
14	36	1829	1281	127	102	79	9	27	8	24	11
27	69	339	1284	393	1069	1341	401	1156	759	930	367
85	451	1059	5263	7734	13359	17918	5889	6725	7377	7409	7276
36	198	493	2122	3421	5946	8284	2852	3245	3850	3879	3803
49	253	566	3141	4313	7413	9634	3037	3480	3527	3530	3473
174	655	1738	10305	21570	50574	77688	28406	33299	39860	42734	42285
49	203	671	3910	8233	18799	31416	12264	14035	16415	18494	16011
34	143	298	1917	3684	7789	12750	5085	6600	8165	7219	8184
30	58	122	517	1047	2129	3363	1672	2389	2517	2656	2063
61	251	647	3961	8606	21857	30159	9385	10275	12763	14365	16027
139	469	2209	6118	8286	21070	34242	13909	15586	14935	14737	14569
40	105	703	1171	1148	2893	5285	2794	2514	2153	2024	1852
17	69	534	1076	1764	4563	7854	3189	4071	4274	3356	2909
20	98	305	1251	1214	3120	4198	1494	1992	2008	2136	2312
18	73	245	1239	1667	4282	6449	2845	3739	4070	4553	4876
43	122	413	1283	2219	5576	9538	3198	2704	1781	1916	1816
1	2	9	98	274	636	918	389	566	649	752	804
97	226	1374	3235	3580	7119	8278	3318	4520	5191	6038	6900
13	46	245	592	813	1408	1226	556	750	846	961	1226
23	49	369	762	938	1822	2462	987	1197	1523	1690	1906
21	50	216	647	730	1438	1603	565	869	908	978	1487
22	38	301	595	701	1794	2345	942	1264	1530	1871	1930
18	43	243	639	398	657	642	268	440	384	538	351
14	122	288	2607	4969	11246	15383	4407	5145	5950	7089	5795
1	2	9	98	274	636	918	389	566	649	752	804
8	25	70	1035	2205	5084	4818	617	557	378	266	111
1	31	47	362	412	597	822	209	272	282	268	186
1	29	50	441	942	2264	4814	1732	2136	2656	2832	2294
	21	65	424	879	1926	2815	1010	1059	1422	2275	1647
3	16	53	310	408	1032	1538	504	605	605	725	757
86	457	966	5315	6969	11765	11758	3280	3186	2916	2580	2219
409	1344	5414	19606	34201	80357	126368	48242	56944	64447	68338	68811

1-6 续表 2

项目	单位数（个）	1949年及以前	1950–1952年	1953–1957年	1958–1962年	1963–1965年	1966–1970年
七、按行业门类分							
采矿业	127	1					
制造业	33055	13	17	62	66	37	35
电力、热力、燃气及水生产和供应业	638	1			3		
建筑业	18486	1	6	17	7	4	2
批发和零售业	190704	7	25	49	33	26	13
交通运输、仓储和邮政业	14290		1	5	5	1	3
住宿和餐饮业	16323	6	5	8	8	1	2
信息传输、软件和信息技术服务业	47602	3		4	3	2	
金融业	3811	5		1			
房地产业	17805	3	28	40	42	16	19
租赁和商务服务业	134926	13	9	34	18	3	4
科学研究和技术服务业	71206	6	31	103	81	46	17
水利、环境和公共设施管理业	3964	5	3	14	23	10	6
居民服务、修理和其他服务业	18735	2	1	6	5		
教育	11145	223	127	218	242	87	54
卫生和社会工作	3810	26	23	87	79	28	51
文化、体育和娱乐业	26784	33	47	80	34	9	
公共管理、社会保障和社会组织	17134	409	166	356	270	83	38
八、按行业大类分							
采矿业	127	1					
煤炭开采和洗选业	36						
石油和天然气开采业	9						
黑色金属矿采选业	17	1					
有色金属矿采选业	3						
非金属矿采选业	49						
开采辅助活动	12						
其他采矿业	1						
制造业	33055	13	17	62	66	37	35
农副食品加工业	909			2	1	1	
食品制造业	939			1		1	
酒、饮料和精制茶制造业	386						
烟草制品业	1						1
纺织业	440		1	3		1	1
纺织服装、服饰业	2633			5	1	1	1
皮革、毛皮、羽毛及其制品和制鞋业	237			2	1	1	
木材加工和木、竹、藤、棕、草制品业	879		1	1		1	
家具制造业	1361			3			
造纸和纸制品业	889	1		1		1	
印刷和记录媒介复制业	1538	9	8	10	7	2	1
文教、工美、体育和娱乐用品制造业	731			5	4	1	
石油加工、炼焦和核燃料加工业	193						
化学原料和化学制品制造业	1887		1	2	2		1
医药制造业	542			1		1	1

1971－1975年	1976－1980年	1981－1985年	1986－1995年	1996－2000年	2001－2004年	2005－2008年	2009年	2010年	2011年	2012年	2013年
3	6	10	26	23	32	14	5	2	1	3	1
66	367	710	3957	5031	8667	7895	1723	1603	1177	929	681
	12	13	70	48	137	160	39	46	34	49	23
17	73	243	1319	1917	3019	3792	1541	1576	1741	1626	1545
15	125	575	4323	12656	27880	41469	17554	20001	22512	22523	20720
6	31	80	679	765	1890	3686	1356	1286	1457	1525	1498
18	43	245	846	1384	2231	4212	1289	1463	1427	1528	1586
2	8	30	650	2410	6867	11285	3662	4237	5199	5791	7417
	4	14	108	190	437	779	317	413	500	574	468
27	87	210	1312	2345	3933	3841	1235	1231	1051	1096	1272
29	123	580	3909	5893	16831	30200	11134	14247	16034	17583	18111
46	124	223	1638	3180	8186	14796	6119	7540	9144	9783	10047
10	38	72	268	364	703	717	277	300	342	408	389
7	24	117	789	1460	3200	4257	1544	1682	1859	1874	1892
93	155	243	709	793	1590	2171	694	885	855	1016	985
61	58	125	232	212	587	921	196	259	224	290	345
16	90	208	676	1086	3166	6004	2197	2826	3152	3635	3492
79	433	2682	3410	1413	2766	1927	640	533	654	685	558
3	6	10	26	23	32	14	5	2	1	3	1
1	5	7	6	7	8	1	1				
				2	2	3	2				
1			6	7	1					1	
			2		1						
1	1	3	12	7	15	5		2	1	1	1
					5	4	2			1	
						1					
66	367	710	3957	5031	8667	7895	1723	1603	1177	929	681
	7	13	101	172	232	217	55	32	37	28	11
	1	9	104	177	244	209	36	49	41	41	25
	8	6	70	78	98	80	9	8	9	6	14
	5	15	57	84	109	96	21	13	15	10	9
3	27	41	179	341	663	766	163	198	88	86	69
	3	7	31	44	60	43	21	5	5	10	4
	2	8	47	82	195	302	72	59	48	33	28
2	4	9	73	158	326	453	84	109	59	55	24
5	9	25	115	119	205	243	58	40	25	22	20
3	73	148	265	216	331	298	57	45	35	14	16
2	13	14	106	120	152	159	40	38	33	28	16
1		2	34	49	59	31	5	4	4	3	1
2	10	32	333	366	558	365	71	47	44	27	25
1	6	12	93	116	149	95	22	9	10	12	12

1-6 续表 3

项目	单位数(个)	1949年及以前	1950–1952年	1953–1957年	1958–1962年	1963–1965年	1966–1970年
化学纤维制造业	30						
橡胶和塑料制品业	1595		1		2	3	2
非金属矿物制品业	2518		1	4	3	2	3
黑色金属冶炼和压延加工业	328			1	1		
有色金属冶炼和压延加工业	245			1	1	1	
金属制品业	3767	2	1	1	3	2	2
通用设备制造业	2905		1	5	9	4	5
专用设备制造业	2269	1	1	5	4	2	3
汽车制造业	724		1	3	4		1
铁路、船舶、航空航天和其他运输设备制造业	211			1	4	2	
电气机械和器材制造业	1934			1	10	2	1
计算机、通信和其他电子设备制造业	1134			1		4	7
仪器仪表制造业	1044			2	6	4	5
其他制造业	251			1	3		
废弃资源综合利用业	72						
金属制品、机械和设备修理业	463						
电力、热力、燃气及水生产和供应业	638	1			3		
电力、热力生产和供应业	445	1			2		
燃气生产和供应业	52						
水的生产和供应业	141				1		
建筑业	18486	1	6	17	7	4	2
房屋建筑业	2054		3	11	3		
土木工程建筑业	2173	1	2	4	1	3	2
建筑安装业	2720		1	2	2		
建筑装饰和其他建筑业	11539				1	1	
批发和零售业	190704	7	25	49	33	26	13
批发业	94660	2	9	19	22	16	6
零售业	96044	5	16	30	11	10	7
交通运输、仓储和邮政业	14290		1	5	5	1	3
铁路运输业	141			1			
道路运输业	7836				3		
水上运输业	41						
航空运输业	92						
管道运输业	15						
装卸搬运和运输代理业	3795			1	1		1
仓储业	1826			2	1	1	2
邮政业	544		1	1			
住宿和餐饮业	16323	6	5	8	8	1	2
住宿业	4810	3	3	7	7		2
餐饮业	11513	3	2	1	1	1	
信息传输、软件和信息技术服务业	47602	3		4	3	2	
电信、广播电视和卫星传输服务	1160	2		3	2		
互联网和相关服务	3744						
软件和信息技术服务业	42698	1		1	1	2	

1971—1975年	1976—1980年	1981—1985年	1986—1995年	1996—2000年	2001—2004年	2005—2008年	2009年	2010年	2011年	2012年	2013年
	1	1	1	6	10	5	2	1	1	2	
2	12	26	205	281	471	341	70	88	39	29	23
8	45	75	316	386	742	564	116	86	79	50	34
1	9	9	55	47	92	56	14	28	10	2	3
	5	7	32	44	73	43	8	8	8	11	3
7	43	78	475	553	1016	878	196	187	140	108	71
6	25	52	339	390	746	727	168	134	121	101	70
6	11	31	235	335	633	554	134	120	74	65	55
4	13	11	76	85	200	168	35	44	34	30	15
1	4	6	26	26	54	50	10	7	4	7	9
4	15	43	233	285	498	464	98	100	84	62	32
4	4	6	137	191	310	233	64	56	52	33	32
3	8	8	119	194	287	228	57	32	37	26	28
1	2	4	30	32	52	103	8	10	2	2	1
	1	2	13	4	17	25	3	5	2		
	1	10	57	50	85	99	26	41	37	26	31
	12	13	70	48	137	160	39	46	34	49	23
	11	11	54	27	90	100	28	35	30	37	16
	1		4	10	14	12	1	3	1	5	1
		2	12	11	33	48	10	8	3	7	6
17	73	243	1319	1917	3019	3792	1541	1576	1741	1626	1545
10	50	108	273	170	234	347	160	149	173	185	175
6	9	43	193	238	352	394	183	182	186	198	169
	7	60	281	477	597	513	188	152	174	162	101
1	7	32	572	1032	1836	2538	1010	1093	1208	1081	1100
15	125	575	4323	12656	27880	41469	17554	20001	22512	22523	20720
7	64	285	2241	7061	15635	20438	8661	9993	10647	10596	8864
8	61	290	2082	5595	12245	21031	8893	10008	11865	11927	11856
6	31	80	679	765	1890	3686	1356	1286	1457	1525	1498
		1	7	17	16	21	12	20	22	12	12
4	16	34	410	359	1051	2096	781	595	762	855	864
		1	1	3	7	16	2		4	1	6
			5	7	17	21	4	2	9	11	15
			2	1		1	1	1	4	4	1
1	6	11	157	241	515	985	303	336	406	437	391
1	9	31	95	117	199	371	172	295	202	157	165
		2	2	20	85	175	81	37	48	48	44
18	43	245	846	1384	2231	4212	1289	1463	1427	1528	1586
14	29	179	515	593	609	1335	259	323	313	330	285
4	14	66	331	791	1622	2877	1030	1140	1114	1198	1301
2	8	30	650	2410	6867	11285	3662	4237	5199	5791	7417
	2	4	49	119	292	355	77	62	80	60	53
		1	32	212	685	1066	257	341	400	401	347
2	6	25	569	2079	5890	9864	3328	3834	4719	5330	7017

1-6 续表 4

项目	单位数（个）	1949年及以前	1950-1952年	1953-1957年	1958-1962年	1963-1965年	1966-1970年
金融业	3811	5		1			
货币金融服务	652	3		1			
资本市场服务	1892						
保险业	614	1					
其他金融业	653	1					
房地产业	17805	3	28	40	42	16	19
房地产业	17805	3	28	40	42	16	19
租赁和商务服务业	134926	13	9	34	18	3	4
租赁业	5746				1		
商务服务业	129180	13	9	34	17	3	4
科学研究和技术服务业	71206	6	31	103	81	46	17
研究和试验发展	4885	3	10	60	50	22	9
专业技术服务业	25255	2	18	37	24	21	7
科技推广和应用服务业	41066	1	3	6	7	3	1
水利、环境和公共设施管理业	3964	5	3	14	23	10	6
水利管理业	360			1	13	5	4
生态保护和环境治理业	345	1		2	2		
公共设施管理业	3259	4	3	11	8	5	2
居民服务、修理和其他服务业	18735	2	1	6	5		
居民服务业	8275	2	1	4	5		
机动车、电子产品和日用产品修理业	6166			1			
其他服务业	4294			1			
教育	11145	223	127	218	242	87	54
教育	11145	223	127	218	242	87	54
卫生和社会工作	3810	26	23	87	79	28	51
卫生	2923	24	21	84	71	27	51
社会工作	887	2	2	3	8	1	
文化、体育和娱乐业	26784	33	47	80	34	9	
新闻和出版业	1808	16	20	35	6		
广播、电视、电影和影视录音制作业	2869	6	2	8	6	1	
文化艺术业	15464	11	18	28	13	5	
体育	2630		4	9	9	2	
娱乐业	4013		3			1	
公共管理、社会保障和社会组织	17134	409	166	356	270	83	38
中国共产党机关	265	24	10	19	15	3	1
国家机构	3806	72	36	72	84	28	15
人民政协、民主党派	86	15	5	3	3		
社会保障	274						1
群众团体、社会团体和其他成员组织	6063	72	58	62	47	26	5
基层群众自治组织	6640	226	57	200	121	26	16

1971–1975年	1976–1980年	1981–1985年	1986–1995年	1996–2000年	2001–2004年	2005–2008年	2009年	2010年	2011年	2012年	2013年
	4	14	108	190	437	779	317	413	500	574	468
	2	7	36	23	55	130	65	70	80	105	74
	1	1	36	101	134	289	121	219	310	366	314
		1	9	20	165	218	64	42	45	32	17
	1	5	27	46	83	142	67	82	65	71	63
27	87	210	1312	2345	3933	3841	1235	1231	1051	1096	1272
27	87	210	1312	2345	3933	3841	1235	1231	1051	1096	1272
29	123	580	3909	5893	16831	30200	11134	14247	16034	17583	18111
1	4	22	155	327	720	1318	471	610	698	686	722
28	119	558	3754	5566	16111	28882	10663	13637	15336	16897	17389
46	124	223	1638	3180	8186	14796	6119	7540	9144	9783	10047
12	55	53	234	304	816	1076	311	390	489	492	495
16	48	115	813	1444	3545	5516	2090	2544	2852	2934	3193
18	21	55	591	1432	3825	8204	3718	4606	5803	6357	6359
10	38	72	268	364	703	717	277	300	342	408	389
6	7	23	62	34	71	56	13	14	28	13	10
2	1	2	20	33	68	89	24	14	30	40	16
2	30	47	186	297	564	572	240	272	284	355	363
7	24	117	789	1460	3200	4257	1544	1682	1859	1874	1892
7	5	14	146	523	1318	1899	704	795	940	941	966
	17	95	550	669	1216	1304	442	442	464	521	443
	2	8	93	268	666	1054	398	445	455	412	483
93	155	243	709	793	1590	2171	694	885	855	1016	985
93	155	243	709	793	1590	2171	694	885	855	1016	985
61	58	125	232	212	587	921	196	259	224	290	345
61	43	55	150	106	466	760	142	199	170	230	259
	15	70	82	106	121	161	54	60	54	60	86
16	90	208	676	1086	3166	6004	2197	2826	3152	3635	3492
5	44	114	308	190	322	345	100	92	88	66	56
2	8	26	67	137	436	767	256	292	302	325	227
8	28	50	136	336	1062	2872	1381	1951	2229	2641	2669
1	9	14	92	168	448	677	215	230	233	245	270
	1	4	73	255	898	1343	245	261	300	358	270
79	433	2682	3410	1413	2766	1927	640	533	654	685	558
1	17	37	55	17	47	8	3	3	1	1	2
37	156	331	628	414	700	522	140	141	105	173	125
	3	8	7	16	7	7		7	5		
		2	13	17	171	31	7	5	4	15	8
10	161	352	1230	440	737	918	389	318	501	373	363
31	96	1952	1477	509	1104	441	101	59	38	123	60

1-7 企业单位及从业人员情况

项目	法人单位数(个)	#单产业法人	产业活动单位数(个)	法人单位从业人员(人)
合计	**591815**	**571226**	**669496**	**9403640**
一、按登记注册类型分				
内资	578664	559674	645143	7942146
国有	6586	5920	11524	560970
集体	10639	10134	12217	165817
股份合作	14299	13619	15584	119560
国有联营	76	76	124	1034
集体联营	323	309	408	1760
国有与集体联营	111	107	155	2396
其他联营	756	743	876	3654
国有独资公司	1423	1184	1873	404075
其他有限责任公司	148299	142515	174406	2904714
股份有限公司	5001	4520	10685	807920
私营独资	35750	35155	37758	119610
私营合伙	8157	8056	8576	51943
私营有限责任公司	338650	329019	361223	2683726
私营股份有限公司	6047	5799	6807	104289
其他	2547	2518	2927	10678
港澳台商投资	4951	4331	8975	550551
与港澳台商合资经营	1161	992	1515	163340
与港澳台商合作经营	199	179	269	23801
港澳台商独资	3459	3050	6706	303740
港澳台商投资股份有限公司	89	69	209	59303
其他港澳台商投资	43	41	276	367
外商投资	8200	7221	15378	910943
中外合资经营	2072	1829	3219	314414
中外合作经营	201	178	274	20375
外资企业	5590	4898	10527	536783
外商投资股份有限公司	179	160	352	33639
其他外商投资	158	156	1006	5732
二、按隶属关系分(仅限法人)				
中央	5855	5011		1245540
省(自治区、直辖市)	6138	5385		967063
地(区、市、州、盟)	16345	15490		434167
县(区、市、旗)	988	945		12740
街道	1209	1157		32294
镇	2067	1987		59877
乡	809	766		41498
社区(居委会)	128	127		613
村委会	2740	2686		44046
其他	555536	537672		6565802
三、按控股情况分(仅限企业法人)				
国有控股	16615	14351		2666323
集体控股	18662	17652		419274
私人控股	528589	513129		4861831
港澳台商控股	4677	4117		443874
外商控股	7374	6474		777688
其他	15898	15503		234650

1-7 续表 1

项 目	法人单位数（个）	#单产业法人	产业活动单位数（个）	法人单位从业人员（人）
四、按开业时间分				
1949年及以前	52	26	91	56566
1950-1952年	101	61	149	67738
1953-1957年	256	165	419	161914
1958-1962年	186	133	274	51604
1963-1965年	93	70	164	13297
1966-1970年	80	66	104	6676
1971-1975年	160	139	212	17688
1976-1980年	871	765	1060	161129
1981-1985年	2621	2281	3243	213882
1986-1995年	18285	16269	20574	1306449
1996-2000年	37865	33681	42694	1453744
2001-2004年	86103	80045	97751	1990120
2005-2008年	132918	128714	152223	1838111
2009年	49973	48934	56302	434236
2010年	57928	57031	65322	472104
2011年	65426	64690	73592	472920
2012年	68692	68160	77139	416419
2013年	69523	69318	77453	267776
五、按单位规模分（仅限企业法人）				
大型	1815	804	1815	2708578
中型	8893	6409	8893	1829798
小型	67565	61852	67565	2433428
微型	500125	489497	500125	1727037
六、按四大城市功能区分				
首都功能核心区	74168	69799	90400	1620687
东城区	35208	33241	43262	682323
西城区	38960	36558	47138	938364
城市功能拓展区	339453	329188	380926	5147279
朝阳区	136646	131749	158043	2022832
丰台区	60201	59299	66924	815515
石景山区	17692	17002	19708	266404
海淀区	124914	121138	136251	2042528
城市发展新区	136186	131959	151254	2140918
房山区	20359	19669	22666	212503
通州区	31924	31262	34492	347147
顺义区	18734	18012	22191	547610
昌平区	32118	31000	35824	381815
大兴区(除北京经济技术开发区)	28047	27162	30496	363742
北京经济技术开发区	5004	4854	5585	288101
生态涵养发展区	42008	40280	46916	494756
门头沟区	7377	7016	8086	80590
怀柔区	12114	11681	13297	131315
平谷区	8114	7858	9045	106230
密云县	11504	11064	12980	129096
延庆县	2899	2661	3508	47525

1-7 续表 2

项　　目	法人单位数（个）	#单产业法人	产业活动单位数（个）	法人单位从业人员（人）
七、按六大高端产业功能区分				
六大高端产业功能区合计	61307	57708	61307	3096701
#北京经济技术开发区	5004	4854	5004	288101
中关村国家自主创新示范区	15232	13506	15232	1867248
金融街功能区	3002	2735	3002	262476
北京商务中心区	19688	18796	19688	443142
奥林匹克中心区	13030	12596	13030	211929
临空经济区	6389	6097	6389	297387
八、按三次产业分				
第二产业	51785	48938	57777	2164930
第三产业	540030	522288	611719	7238710
九、按行业门类分				
采矿业	127	116	137	68713
制造业	33044	31265	34845	1385447
电力、热力、燃气及水生产和供应业	608	567	740	91630
建筑业	18480	17446	22586	654794
批发和零售业	190430	182886	217190	1476889
交通运输、仓储和邮政业	14245	13581	17660	684761
住宿和餐饮业	16257	14885	23263	503516
信息传输、软件和信息技术服务业	47423	46366	50096	919140
金融业	3771	3452	8785	426062
房地产业	17675	16029	23751	560644
租赁和商务服务业	126128	123821	137375	1294523
科学研究和技术服务业	69566	68245	73402	781049
水利、环境和公共设施管理业	3212	3123	3560	65635
居民服务、修理和其他服务业	18356	17562	21386	203645
教育	5475	5317	6116	61454
卫生和社会工作	1811	1737	2374	40272
文化、体育和娱乐业	25206	24827	26226	185464
公共管理、社会保障和社会组织	1	1	4	2
十、按行业大类分				
采矿业	127	116	137	68713
煤炭开采和洗选业	36	34	42	15947
石油和天然气开采业	9	6	11	2450
黑色金属矿采选业	17	15	17	25752
有色金属矿采选业	3	3	3	3
非金属矿采选业	49	47	51	626
开采辅助活动	12	10	12	23928
其他采矿业	1	1	1	7
制造业	33044	31265	34845	1385447
农副食品加工业	906	846	995	41744
食品制造业	939	853	1032	61062
酒、饮料和精制茶制造业	386	354	407	36451
烟草制品业	1		1	937
纺织业	440	417	456	10595
纺织服装、服饰业	2633	2511	2748	79617

1-7 续表 3

项 目	法 人 单位数 (个)	#单产业 法 人	产业活动 单 位 数 (个)	法人单位 从业人员 (人)
皮革、毛皮、羽毛及其制品和制鞋业	237	221	248	5136
木材加工和木、竹、藤、棕、草制品业	879	857	911	9419
家具制造业	1361	1284	1404	29255
造纸和纸制品业	885	862	909	15136
印刷和记录媒介复制业	1538	1496	1575	49830
文教、工美、体育和娱乐用品制造业	728	688	754	14513
石油加工、炼焦和核燃料加工业	193	182	207	16500
化学原料和化学制品制造业	1887	1785	2013	51522
医药制造业	542	489	569	79321
化学纤维制造业	30	29	31	863
橡胶和塑料制品业	1595	1524	1665	35606
非金属矿物制品业	2518	2416	2639	81846
黑色金属冶炼和压延加工业	328	323	334	11918
有色金属冶炼和压延加工业	245	230	260	8211
金属制品业	3767	3617	3929	77686
通用设备制造业	2905	2739	3082	90822
专用设备制造业	2269	2123	2415	104070
汽车制造业	724	684	784	145387
铁路、船舶、航空航天和其他运输设备制造业	211	195	225	36795
电气机械和器材制造业	1934	1826	2052	78352
计算机、通信和其他电子设备制造业	1134	1027	1197	143377
仪器仪表制造业	1044	937	1141	46482
其他制造业	251	234	267	9608
废弃资源综合利用业	72	70	76	1660
金属制品、机械和设备修理业	462	446	519	11726
电力、热力、燃气及水生产和供应业	608	567	740	91630
电力、热力生产和供应业	422	402	478	67096
燃气生产和供应业	49	39	84	12091
水的生产和供应业	137	126	178	12443
建筑业	18480	17446	22586	654794
房屋建筑业	2054	1758	3795	226170
土木工程建筑业	2167	1972	3055	150053
建筑安装业	2720	2521	3137	109214
建筑装饰和其他建筑业	11539	11195	12599	169357
批发和零售业	190430	182886	217190	1476889
批发业	94431	90868	100242	828716
零售业	95999	92018	116948	648173
交通运输、仓储和邮政业	14245	13581	17660	684761
铁路运输业	141	134	261	100554
道路运输业	7806	7471	8702	332112
水上运输业	41	37	71	378
航空运输业	89	81	194	67297
管道运输业	15	15	19	6560
装卸搬运和运输代理业	3793	3556	4738	69409
仓储业	1817	1769	2029	18814
邮政业	543	518	1646	89637
住宿和餐饮业	16257	14885	23263	503516

1-7 续表 4

项目	法人单位数（个）	#单产业法人	产业活动单位数（个）	法人单位从业人员（人）
住宿业	4750	4366	5816	178685
餐饮业	11507	10519	17447	324831
信息传输、软件和信息技术服务业	47423	46366	50096	919140
电信、广播电视和卫星传输服务	1138	1027	1590	95192
互联网和相关服务	3720	3606	3980	115946
软件和信息技术服务业	42565	41733	44526	708002
金融业	3771	3452	8785	426062
货币金融服务	644	562	4286	196669
资本市场服务	1868	1799	2401	60847
保险业	611	489	1369	129410
其他金融业	648	602	729	39136
房地产业	17675	16029	23751	560644
房地产业	17675	16029	23751	560644
租赁和商务服务业	126128	123821	137375	1294523
租赁业	5734	5618	6119	44533
商务服务业	120394	118203	131256	1249990
科学研究和技术服务业	69566	68245	73402	781049
研究和试验发展	4286	4157	4575	68554
专业技术服务业	24628	23940	26341	438610
科技推广和应用服务业	40652	40148	42486	273885
水利、环境和公共设施管理业	3212	3123	3560	65635
水利管理业	129	124	153	1596
生态保护和环境治理业	301	286	320	7294
公共设施管理业	2782	2713	3087	56745
居民服务、修理和其他服务业	18356	17562	21386	203645
居民服务业	7957	7448	9720	66876
机动车、电子产品和日用产品修理业	6155	5945	6921	50480
其他服务业	4244	4169	4745	86289
教育	5475	5317	6116	61454
教育	5475	5317	6116	61454
卫生和社会工作	1811	1737	2374	40272
卫生	1706	1638	2229	39116
社会工作	105	99	145	1156
文化、体育和娱乐业	25206	24827	26226	185464
新闻和出版业	1368	1307	1493	48448
广播、电视、电影和影视录音制作业	2794	2739	2890	31057
文化艺术业	14821	14719	15112	54643
体育	2248	2141	2536	29485
娱乐业	3975	3921	4195	21831
公共管理、社会保障和社会组织	1	1	4	2
中国共产党机关				
国家机构				
人民政协、民主党派				
社会保障	1	1	4	2
群众团体、社会团体和其他成员组织				
基层群众自治组织				

1-8 按三次产业分企业单位及从业人员情况

项目	法人单位数(个)	第二产业	第三产业	产业活动单位数(个)	第二产业	第三产业	法人单位从业人员(人)	第二产业	第三产业
合计	**591815**	**51785**	**540030**	**669496**	**57777**	**611719**	**9403640**	**2164930**	**7238710**
一、按登记注册类型分									
内资	578664	49714	528950	645143	55494	589649	7942146	1734342	6207804
国有	6586	737	5849	11524	1180	10344	560970	103262	457708
集体	10639	2972	7667	12217	3247	8970	165817	50789	115028
股份合作	14299	2223	12076	15584	2373	13211	119560	35468	84092
国有联营	76	8	68	124	11	113	1034	91	943
集体联营	323	48	275	408	55	353	1760	296	1464
国有与集体联营	111	20	91	155	27	128	2396	471	1925
其他联营	756	52	704	876	62	814	3654	848	2806
国有独资公司	1423	160	1263	1873	240	1633	404075	117416	286659
其他有限责任公司	148299	12318	135981	174406	14977	159429	2904714	690213	2214501
股份有限公司	5001	655	4346	10685	821	9864	807920	205775	602145
私营独资	35750	2435	33315	37758	2532	35226	119610	14547	105063
私营合伙	8157	319	7838	8576	333	8243	51943	2527	49416
私营有限责任公司	338650	26958	311692	361223	28753	332470	2683726	477455	2206271
私营股份有限公司	6047	684	5363	6807	752	6055	104289	34492	69797
其他	2547	125	2422	2927	131	2796	10678	692	9986
港澳台商投资	4951	603	4348	8975	662	8313	550551	103159	447392
与港澳台商合资经营	1161	301	860	1515	330	1185	163340	50275	113065
与港澳台商合作经营	199	17	182	269	17	252	23801	1428	22373
港澳台商独资	3459	263	3196	6706	285	6421	303740	43551	260189
港澳台商投资股份有限公司	89	19	70	209	25	184	59303	7861	51442
其他港澳台商投资	43	3	40	276	5	271	367	44	323
外商投资	8200	1468	6732	15378	1621	13757	910943	327429	583514
中外合资经营	2072	591	1481	3219	637	2582	314414	148550	165864
中外合作经营	201	37	164	274	41	233	20375	7313	13062
外资企业	5590	804	4786	10527	896	9631	536783	154746	382037
外商投资股份有限公司	179	28	151	352	34	318	33639	16564	17075
其他外商投资	158	8	150	1006	13	993	5732	256	5476
二、按隶属关系分(仅限法人)									
中央	5855	662	5193				1245540	355352	890188
省(自治区、直辖市)	6138	838	5300				967063	322363	644700
地(区、市、州、盟)	16345	1614	14731				434167	91962	342205
县(区、市、旗)	988	187	801				12740	4173	8567
街道	1209	95	1114				32294	2703	29591
镇	2067	760	1307				59877	33388	26489
乡	809	151	658				41498	5529	35969
社区(居委会)	128	13	115				613	83	530
村委会	2740	1046	1694				44046	13470	30576
其他	555536	46419	509117				6565802	1335907	5229895

1-8 续表

项目	法人单位数（个）	第二产业	第三产业	产业活动单位数（个）	第二产业	第三产业	法人单位从业人员（人）	第二产业	第三产业
三、按控股情况分（仅限企业法人）									
国有控股	16615	2190	14425				2666323	764738	1901585
集体控股	18662	4108	14554				419274	107153	312121
私人控股	528589	42327	486262				4861831	934122	3927709
港澳台商控股	4677	498	4179				443874	76944	366930
外商控股	7374	1229	6145				777688	256738	520950
其他	15898	1433	14465				234650	25235	209415
四、按四大城市功能区分									
首都功能核心区	74168	1907	72261	90400	2304	88096	1620687	155486	1465201
东城区	35208	812	34396	43262	980	42282	682323	45410	636913
西城区	38960	1095	37865	47138	1324	45814	938364	110076	828288
城市功能拓展区	339453	13719	325734	380926	15351	365575	5147279	715642	4431637
朝阳区	136646	4594	132052	158043	5297	152746	2022832	197860	1824972
丰台区	60201	3818	56383	66924	4214	62710	815515	166726	648789
石景山区	17692	1249	16443	19708	1433	18275	266404	85204	181200
海淀区	124914	4058	120856	136251	4407	131844	2042528	265852	1776676
城市发展新区	136186	28435	107751	151254	31319	119935	2140918	1039970	1100948
房山区	20359	3813	16546	22666	4378	18288	212503	103832	108671
通州区	31924	6787	25137	34492	7444	27048	347147	189788	157359
顺义区	18734	4936	13798	22191	5542	16649	547610	241471	306139
昌平区	32118	4388	27730	35824	4859	30965	381815	158143	223672
大兴区(除北京经济技术开发区)	28047	7863	20184	30496	8402	22094	363742	182749	180993
北京经济技术开发区	5004	648	4356	5585	694	4891	288101	163987	124114
生态涵养发展区	42008	7724	34284	46916	8803	38113	494756	253832	240924
门头沟区	7377	1087	6290	8086	1246	6840	80590	37195	43395
怀柔区	12114	1900	10214	13297	2158	11139	131315	70857	60458
平谷区	8114	1884	6230	9045	2134	6911	106230	57683	48547
密云县	11504	2224	9280	12980	2524	10456	129096	67360	61736
延庆县	2899	629	2270	3508	741	2767	47525	20737	26788
五、按六大高端产业功能区分									
六大高端产业功能区合计	61307	5120	56187				3096701	878413	2218288
#北京经济技术开发区	5004	648	4356				288101	163987	124114
中关村国家自主创新示范区	15232	3174	12058				1867248	719360	1147888
金融街功能区	3002	56	2946				262476	5426	257050
北京商务中心区	19688	199	19489				443142	24537	418605
奥林匹克中心区	13030	257	12773				211929	14797	197132
临空经济区	6389	1109	5280				297387	94557	202830

1-9 事业、机关法人单位及从业人员情况

项 目	单位数(个)	单产业法人	多产业法人	从业人员(人)	#女 性
合 计	**14027**	**13229**	**798**	**1408503**	**694661**
一、按登记注册类型分					
内资	14025	13227	798	1408195	694465
国有	12639	11889	750	1355667	665829
集体	494	460	34	22787	11999
股份合作	16	16		308	220
国有联营	9	8	1	272	148
集体联营	6	6		79	51
国有与集体联营	9	9		261	155
其他联营	4	4		37	18
国有独资公司					
其他有限责任公司					
股份有限公司					
私营独资					
私营合伙					
私营有限责任公司					
私营股份有限公司					
其他	848	835	13	28784	16045
港澳台商投资	1	1		72	64
与港澳台商合资经营					
与港澳台商合作经营	1	1		72	64
港澳台商独资					
港澳台商投资股份有限公司					
其他港澳台商投资					
外商投资	1	1		236	132
中外合资经营					
中外合作经营	1	1		236	132
外资企业					
外商投资股份有限公司					
其他外商投资					
二、按隶属关系分					
中央	2325	2257	68	512281	228747
省(自治区、直辖市)	1867	1789	78	278199	122542
地(区、市、州、盟)	7112	6576	536	496339	280754
县(区、市、旗)	353	329	24	17730	10060
街道	578	567	11	27821	15443
镇	792	728	64	44768	19736
乡	212	202	10	8382	3902
社区(居委会)	12	12		241	141
村委会	16	16		204	151
其他	760	753	7	22538	13185
三、按四大城市功能区分					
首都功能核心区	3348	3300	48	356304	170251
东城区	1487	1465	22	149290	70193
西城区	1861	1835	26	207014	100058
城市功能拓展区	4867	4732	135	681135	339076
朝阳区	1699	1633	66	203115	105410
丰台区	907	887	20	101896	51200

1-9 续表 1

项目	单位数（个）	单产业法人	多产业法人	从业人员（人）	#女性
石景山区	502	484	18	39575	21723
海淀区	1759	1728	31	336549	160743
城市发展新区	3775	3493	282	237084	120057
房山区	982	915	67	47976	24102
通州区	558	503	55	38772	20152
顺义区	531	465	66	37815	19578
昌平区	871	824	47	58696	29431
大兴区(除北京经济技术开发区)	777	731	46	51731	25796
北京经济技术开发区	56	55	1	2094	998
生态涵养发展区	2037	1704	333	133980	65277
门头沟区	478	457	21	19058	9206
怀柔区	391	303	88	23962	11446
平谷区	369	307	62	24405	12311
密云县	422	328	94	30452	13948
延庆县	377	309	68	36103	18366
四、按行业门类分					
采矿业					
制造业	1	1		14	2
电力、热力、燃气及水生产和供应业	29	28	1	977	233
建筑业	6	6		389	83
批发和零售业	1	1		1	
交通运输、仓储和邮政业	34	34		896	276
住宿和餐饮业	54	53	1	2401	1242
信息传输、软件和信息技术服务业	151	150	1	10662	4277
金融业	39	38	1	6754	3199
房地产业	116	115	1	2818	834
租赁和商务服务业	1198	1185	13	52941	23030
科学研究和技术服务业	1400	1367	33	169384	63709
水利、环境和公共设施管理业	729	714	15	62376	22898
居民服务、修理和其他服务业	307	303	4	9028	3533
教育	3312	3169	143	382142	227579
卫生和社会工作	1135	962	173	216368	151828
文化、体育和娱乐业	1087	1064	23	86568	40087
公共管理、社会保障和社会组织	4428	4039	389	404784	151851
五、按行业大类分					
采矿业					
煤炭开采和洗选业					
石油和天然气开采业					
黑色金属矿采选业					
有色金属矿采选业					
非金属矿采选业					
开采辅助活动					
其他采矿业					
制造业	1	1		14	2
农副食品加工业					
食品制造业					
酒、饮料和精制茶制造业					
烟草制品业					

1-9 续表 2

项　　目	单位数（个）	单产业法人	多产业法人	从业人员（人）	#女 性
纺织业					
纺织服装、服饰业					
皮革、毛皮、羽毛及其制品和制鞋业					
木材加工和木、竹、藤、棕、草制品业					
家具制造业					
造纸和纸制品业					
印刷和记录媒介复制业					
文教、工美、体育和娱乐用品制造业					
石油加工、炼焦和核燃料加工业					
化学原料和化学制品制造业					
医药制造业					
化学纤维制造业					
橡胶和塑料制品业					
非金属矿物制品业					
黑色金属冶炼和压延加工业					
有色金属冶炼和压延加工业					
金属制品业					
通用设备制造业					
专用设备制造业					
汽车制造业					
铁路、船舶、航空航天和其他运输设备制造业					
电气机械和器材制造业					
计算机、通信和其他电子设备制造业					
仪器仪表制造业					
其他制造业					
废弃资源综合利用业					
金属制品、机械和设备修理业	1	1		14	2
电力、热力、燃气及水生产和供应业	29	28	1	977	233
电力、热力生产和供应业	23	22	1	926	210
燃气生产和供应业	2	2		6	1
水的生产和供应业	4	4		45	22
建筑业	6	6		389	83
房屋建筑业					
土木工程建筑业	6	6		389	83
建筑安装业					
建筑装饰和其他建筑业					
批发和零售业	1	1		1	
批发业					
零售业	1	1		1	
交通运输、仓储和邮政业	34	34		896	276
铁路运输业					
道路运输业	26	26		223	60
水上运输业					
航空运输业	3	3		169	58
管道运输业					
装卸搬运和运输代理业	2	2		58	13
仓储业	2	2		156	21
邮政业	1	1		290	124

1-9 续表 3

项目	单位数（个）	单产业法人	多产业法人	从业人员（人）	#女性
住宿和餐饮业	54	53	1	2401	1242
住宿业	54	53	1	2401	1242
餐饮业					
信息传输、软件和信息技术服务业	151	150	1	10662	4277
电信、广播电视和卫星传输服务	21	21		1648	684
互联网和相关服务	23	22	1	1725	835
软件和信息技术服务业	107	107		7289	2758
金融业	39	38	1	6754	3199
货币金融服务	8	8		3549	1642
资本市场服务	24	23	1	2520	1270
保险业	2	2		521	196
其他金融业	5	5		164	91
房地产业	116	115	1	2818	834
房地产业	116	115	1	2818	834
租赁和商务服务业	1198	1185	13	52941	23030
租赁业	4	3	1	117	43
商务服务业	1194	1182	12	52824	22987
科学研究和技术服务业	1400	1367	33	169384	63709
研究和试验发展	487	474	13	121001	45276
专业技术服务业	602	587	15	35564	13464
科技推广和应用服务业	311	306	5	12819	4969
水利、环境和公共设施管理业	729	714	15	62376	22898
水利管理业	224	222	2	7957	2536
生态保护和环境治理业	43	42	1	1983	744
公共设施管理业	462	450	12	52436	19618
居民服务、修理和其他服务业	307	303	4	9028	3533
居民服务业	260	257	3	7286	3022
机动车、电子产品和日用产品修理业	7	6	1	159	47
其他服务业	40	40		1583	464
教育	3312	3169	143	382142	227579
教育	3312	3169	143	382142	227579
卫生和社会工作	1135	962	173	216368	151828
卫生	714	549	165	206408	145929
社会工作	421	413	8	9960	5899
文化、体育和娱乐业	1087	1064	23	86568	40087
新闻和出版业	422	417	5	29261	13662
广播、电视、电影和影视录音制作业	69	65	4	22555	10571
文化艺术业	454	444	10	26771	12839
体育	111	107	4	7301	2760
娱乐业	31	31		680	255
公共管理、社会保障和社会组织	4428	4039	389	404784	151851
中国共产党机关	265	241	24	12817	4064
国家机构	3806	3443	363	385299	144334
人民政协、民主党派	86	85	1	2330	853
社会保障	270	269	1	4338	2600
群众团体、社会团体和其他成员组织	1	1			
基层群众自治组织					

1-10 社会团体、民办非企业法人单位及从业人员情况

项 目	单位数（个）	单产业法人	多产业法人	从业人员（人）	#女 性
合 计	**9485**	**9085**	**400**	**164457**	**97848**
一、按隶属关系分					
中央	1423	1137	286	22450	10089
省(自治区、直辖市)	1065	1030	35	14246	7346
地(区、市、州、盟)	2174	2143	31	33593	20222
县(区、市、旗)	114	112	2	1185	612
街道	192	192		1276	756
镇	223	223		1948	565
乡	59	59		433	278
社区(居委会)	33	33		130	86
村委会	144	142	2	2104	1034
其他	4058	4014	44	87092	56860
二、按四大城市功能区分					
首都功能核心区	3229	2995	234	37603	19923
东城区	1499	1456	43	18095	9754
西城区	1730	1539	191	19508	10169
城市功能拓展区	3237	3101	136	79513	50700
朝阳区	1228	1181	47	27510	17962
丰台区	496	487	9	11415	7817
石景山区	296	288	8	4365	2741
海淀区	1217	1145	72	36223	22180
城市发展新区	1694	1681	13	38338	22642
房山区	338	335	3	6258	4109
通州区	315	312	3	7327	3722
顺义区	273	268	5	4429	2523
昌平区	430	428	2	11720	7126
大兴区(除北京经济技术开发区)	304	304		7742	4536
北京经济技术开发区	34	34		862	626
生态涵养发展区	1325	1308	17	9003	4583
门头沟区	314	311	3	1026	631
怀柔区	406	402	4	2415	1219
平谷区	213	211	2	1734	1065
密云县	179	174	5	1640	1037
延庆县	213	210	3	2188	631
三、按行业门类分					
采矿业					
制造业					
电力、热力、燃气及水生产和供应业					
建筑业					
批发和零售业	1	1		1	

1-10 续表 1

项目	单位数（个）	单产业法人	多产业法人	从业人员（人）	#女性
交通运输、仓储和邮政业	2	2		1	
住宿和餐饮业	4	4		4	3
信息传输、软件和信息技术服务业	21	21		175	83
金融业	1	1		5	4
房地产业	3	3		26	13
租赁和商务服务业	184	182	2	3230	1451
科学研究和技术服务业	171	169	2	1466	747
水利、环境和公共设施管理业	8	8		113	9
居民服务、修理和其他服务业	45	45		307	166
教育	2301	2289	12	86148	58685
卫生和社会工作	683	677	6	20814	13991
文化、体育和娱乐业	438	436	2	3583	1434
公共管理、社会保障和社会组织	5623	5247	376	48584	21262
四、按行业大类分					
采矿业					
煤炭开采和洗选业					
石油和天然气开采业					
黑色金属矿采选业					
有色金属矿采选业					
非金属矿采选业					
开采辅助活动					
其他采矿业					
制造业					
农副食品加工业					
食品制造业					
酒、饮料和精制茶制造业					
烟草制品业					
纺织业					
纺织服装、服饰业					
皮革、毛皮、羽毛及其制品和制鞋业					
木材加工和木、竹、藤、棕、草制品业					
家具制造业					
造纸和纸制品业					
印刷和记录媒介复制业					
文教、工美、体育和娱乐用品制造业					
石油加工、炼焦和核燃料加工业					
化学原料和化学制品制造业					
医药制造业					
化学纤维制造业					
橡胶和塑料制品业					
非金属矿物制品业					

1-10 续表 2

项　　目	单位数（个）	单产业法人	多产业法人	从业人员（人）	#女 性
黑色金属冶炼和压延加工业					
有色金属冶炼和压延加工业					
金属制品业					
通用设备制造业					
专用设备制造业					
汽车制造业					
铁路、船舶、航空航天和其他运输设备制造业					
电气机械和器材制造业					
计算机、通信和其他电子设备制造业					
仪器仪表制造业					
其他制造业					
废弃资源综合利用业					
金属制品、机械和设备修理业					
电力、热力、燃气及水生产和供应业					
电力、热力生产和供应业					
燃气生产和供应业					
水的生产和供应业					
建筑业					
房屋建筑业					
土木工程建筑业					
建筑安装业					
建筑装饰和其他建筑业					
批发和零售业	1	1		1	
批发业					
零售业	1	1		1	
交通运输、仓储和邮政业	2	2		1	
铁路运输业					
道路运输业	1	1		1	
水上运输业					
航空运输业					
管道运输业					
装卸搬运和运输代理业					
仓储业	1	1			
邮政业					
住宿和餐饮业	4	4		4	3
住宿业	3	3		3	2
餐饮业	1	1		1	1
信息传输、软件和信息技术服务业	21	21		175	83
电信、广播电视和卫星传输服务					
互联网和相关服务	1	1		1	
软件和信息技术服务业	20	20		174	83

1-10 续表 3

项目	单位数（个）	单产业法人	多产业法人	从业人员（人）	#女性
金融业	1	1		5	4
货币金融服务					
资本市场服务					
保险业	1	1		5	4
其他金融业					
房地产业	3	3		26	13
房地产业	3	3		26	13
租赁和商务服务业	184	182	2	3230	1451
租赁业					
商务服务业	184	182	2	3230	1451
科学研究和技术服务业	171	169	2	1466	747
研究和试验发展	101	101		832	366
专业技术服务业	18	18		166	98
科技推广和应用服务业	52	50	2	468	283
水利、环境和公共设施管理业	8	8		113	9
水利管理业	5	5		106	6
生态保护和环境治理业	1	1		6	3
公共设施管理业	2	2		1	
居民服务、修理和其他服务业	45	45		307	166
居民服务业	36	36		203	124
机动车、电子产品和日用产品修理业	4	4		87	37
其他服务业	5	5		17	5
教育	2301	2289	12	86148	58685
教育	2301	2289	12	86148	58685
卫生和社会工作	683	677	6	20814	13991
卫生	349	345	4	14646	9880
社会工作	334	332	2	6168	4111
文化、体育和娱乐业	438	436	2	3583	1434
新闻和出版业	5	5		17	8
广播、电视、电影和影视录音制作业	4	4		12	4
文化艺术业	157	157		1297	556
体育	266	264	2	2237	851
娱乐业	6	6		20	15
公共管理、社会保障和社会组织	5623	5247	376	48584	21262
中国共产党机关					
国家机构					
人民政协、民主党派					
社会保障	1	1		8	3
群众团体、社会团体和其他成员组织	5622	5246	376	48576	21259
基层群众自治组织					

1-11 按行业分法人单位主要能源消费情况

项　　目	能源消费量（万吨标准煤）	电　力（亿千瓦时）	汽　油（万吨）	柴　油（万吨）
合　计	**4333.2**	**692.2**	**146.7**	**209.5**
按产业分				
第二产业	2006.6	313.8	26.4	56.7
第三产业	2326.6	378.4	120.3	152.8
按行业分				
采矿业	135.7	18.9	0.8	26.1
制造业	1097.0	159.7	14.7	17.9
电力、燃气及水生产和供应业	698.5	110.3	1.7	2.0
建筑业	112.2	26.0	9.9	32.3
批发和零售业	121.1	40.9	18.0	4.8
交通运输、仓储和邮政业	1069.9	49.9	47.5	107.9
住宿和餐饮业	146.0	39.9	1.6	0.7
信息传输、软件和信息技术服务业	62.6	36.5	4.1	0.6
金融业	35.4	14.9	2.9	0.2
房地产业	258.2	60.3	4.5	1.0
租赁和商务服务业	118.1	31.0	11.9	4.6
科学研究和技术服务业	109.1	24.4	10.6	3.7
水利、环境和公共设施管理业	28.6	6.9	2.2	3.7
居民服务、修理和其他服务业	30.2	3.7	1.4	0.7
教育	145.7	26.7	3.7	1.7
卫生和社会工作	50.6	12.9	0.9	0.4
文化、体育和娱乐业	35.2	11.6	1.9	0.3
公共管理、社会保障和社会组织	79.1	17.7	8.4	0.9

注：1.电力消费量包括全市线路损失电量，第二次经济普查时不包括。
　　2.能源消费量按当量值计算。

1-11 续表

项目	天然气（亿立方米）	液化石油气（万吨）	煤炭（万吨）	外购热力（万百万千焦）
合计	**76.5**	**13.2**	**1795.9**	**11810.7**
按产业分				
第二产业	52.7	6.1	1563.4	4113.1
第三产业	23.8	7.1	232.5	7697.6
按行业分				
采矿业	0.1		49.6	98.4
制造业	7.5	5.2	316.7	3674.8
电力、燃气及水生产和供应业	44.9	0.1	1187.4	225.4
建筑业	0.4	0.8	11.2	116.8
批发和零售业	0.5	0.5	9.3	674.9
交通运输、仓储和邮政业	3.5	0.3	15.9	585.0
住宿和餐饮业	3.9	4.2	19.6	602.1
信息传输、软件和信息技术服务业	0.1	0.1	1.3	238.3
金融业	0.1		1.1	304.5
房地产业	6.1	0.2	72.8	1236.5
租赁和商务服务业	1.5	0.3	18.4	634.7
科学研究和技术服务业	1.9	0.2	14.0	639.0
水利、环境和公共设施管理业	0.4	0.2	7.2	38.5
居民服务、修理和其他服务业	0.7	0.1	15.9	39.6
教育	3.0	0.4	26.4	1342.5
卫生和社会工作	0.9	0.2	10.2	376.6
文化、体育和娱乐业	0.4	0.1	2.5	287.6
公共管理、社会保障和社会组织	0.6	0.3	16.4	695.5

1-12 规模以上工业企业科技活动基本情况

项 目	企业数(个)	#有R&D活动的企业	#有科技机构的企业
合 计	**3641**	**1059**	**498**
一、按企业规模分			
大中型	775	381	247
大型	163	105	75
中型	612	276	172
小微型	2866	678	251
小型	2737	667	248
微型	129	11	3
二、按登记注册类型分			
内资企业	2753	851	390
国有企业	98	34	14
集体企业	52	4	1
股份合作企业	70	7	4
联营企业	1		
国有联营企业			
集体联营企业			
国有与集体联营企业	1		
其他联营企业			
有限责任公司	1237	423	192
国有独资公司	58	27	17
其他有限责任公司	1179	396	175
股份有限公司	215	151	97
私营企业	1079	232	82
私营独资企业	8		
私营合伙企业	4		
私营有限责任公司	1006	203	64
私营股份有限公司	61	29	18
其他企业	1		
港、澳、台商投资企业	223	60	29
合资经营企业(港或澳、台资)	114	32	18
合作经营企业(港或澳、台资)	9	2	
港、澳、台商独资经营企业	90	21	8
港、澳、台商投资股份有限公司	10	5	3
其他港澳台投资企业			
外商投资企业	665	148	79
中外合资经营企业	263	79	35
中外合作经营企业	13	1	
外资企业	374	62	40
外商投资股份有限公司	15	6	4
其他外商投资企业			

1-12 续表 1

项　　目	企业数（个）	#有R&D活动的企业	#有科技机构的企业
三、按工业行业大类分			
采矿业	22	9	3
煤炭开采和洗选业	4	2	
石油和天然气开采业	2	2	1
黑色金属矿采选业	7	1	
有色金属矿采选业			
非金属矿采选业	4		
开采辅助活动	5	4	2
其他采矿业			
制造业	3518	1042	490
农副食品加工业	140	18	10
食品制造业	121	18	12
酒、饮料和精制茶制造业	43	5	3
烟草制品业	1	1	1
纺织业	36	9	5
纺织服装、服饰业	153	4	4
皮革、毛皮、羽毛及其制品和制鞋业	18		
木材加工和木、竹、藤、棕、草制品业	20	2	
家具制造业	66	2	2
造纸和纸制品业	41	1	1
印刷和记录媒介复制业	119	10	4
文教、工美、体育和娱乐用品制造业	33	3	4
石油加工、炼焦和核燃料加工业	22	2	2
化学原料和化学制品制造业	217	71	25
医药制造业	188	97	60
化学纤维制造业	3	3	1
橡胶和塑料制品业	119	16	8
非金属矿物制品业	252	46	23
黑色金属冶炼和压延加工业	32	4	1
有色金属冶炼和压延加工业	36	14	6
金属制品业	226	35	16
通用设备制造业	256	94	49
专用设备制造业	318	144	54
汽车制造业	216	40	17
铁路、船舶、航空航天和其他运输设备制造业	64	37	19
电气机械和器材制造业	260	97	54
计算机、通信和其他电子设备制造业	296	155	67
仪器仪表制造业	170	99	36
其他制造业	29	10	3
废弃资源综合利用业	8	1	1
金属制品、机械和设备修理业	15	4	2

1-12 续表 2

项 目	企业数（个）	#有R&D活动的企业	#有科技机构的企业
电力、热力、燃气及水生产和供应业	101	8	5
电力、热力生产和供应业	59	3	2
燃气生产和供应业	23	2	1
水的生产和供应业	19	3	2
四、按控股情况分			
国有控股	775	344	169
集体控股	139	34	12
私人控股	1971	527	238
港澳台商控股	163	38	17
外商控股	564	107	60
其他	29	9	2
五、按隶属关系分			
中央	234	130	54
省(自治区、直辖市)	305	125	73
地(区、市、州、盟)	131	23	12
县(区、市、旗)	3		
街道	3	1	2
镇	48	6	5
乡	16	2	
居委会			
村委会	17	2	1
其他	2884	770	351
六、按地区分			
东城区	42	12	5
西城区	61	23	9
朝阳区	313	97	40
丰台区	209	77	25
石景山区	59	20	7
海淀区	463	253	103
门头沟区	46	15	5
房山区	170	29	20
通州区	450	87	30
顺义区	342	62	39
昌平区	310	128	72
大兴区	715	173	105
怀柔区	167	44	11
平谷区	125	10	9
密云县	129	18	11
延庆县	40	11	7

1-13 规模以上工业

项　　目	R&D人员 合计 (人)	1.参加项目人员	2.管理和服务人员	#女性
合　计	**79368**	**68766**	**10602**	**21304**
一、按企业规模分				
大中型	61204	52773	8431	16643
大型	36741	31424	5317	9365
中型	24463	21349	3114	7278
小微型	18164	15993	2171	4661
小型	18014	15852	2162	4619
微型	150	141	9	42
二、按登记注册类型分				
内资企业	61391	52609	8782	16204
国有企业	4248	3715	533	1082
集体企业	279	265	14	113
股份合作企业	262	233	29	70
联营企业				
国有联营企业				
集体联营企业				
国有与集体联营企业				
其他联营企业				
有限责任公司	24393	21246	3147	7135
国有独资公司	3344	2863	481	858
其他有限责任公司	21049	18383	2666	6277
股份有限公司	24218	20002	4216	5689
私营企业	7991	7148	843	2115
私营独资企业				
私营合伙企业				
私营有限责任公司	6342	5673	669	1689
私营股份有限公司	1649	1475	174	426
其他企业				
港、澳、台商投资企业	4149	3752	397	1316
合资经营企业(港或澳、台资)	1809	1547	262	600
合作经营企业(港或澳、台资)	43	40	3	18
港、澳、台商独资经营企业	1684	1575	109	488
港、澳、台商投资股份有限公司	613	590	23	210
其他港澳台投资企业				
外商投资企业	13828	12405	1423	3784
中外合资经营企业	8090	7260	830	2041
中外合作经营企业	12	12		1
外资企业	4642	4273	369	1357
外商投资股份有限公司	1084	860	224	385
其他外商投资企业				

企业R&D人员情况

			R&D人员折合				
#研究人员	1.全时人员	2.非全时人员	全时当量合计(人年)	#研究人员	1.基础研究人员	2.应用研究人员	3.试验发展人员
25229	**66790**	**12578**	**58036.1**	**18766.4**	**120.4**	**578.4**	**57337.3**
19567	51151	10053	44909.3	14745.6	92.4	524.4	44292.5
12300	30772	5969	27652.6	9523.3	70.3	394	27188.3
7267	20379	4084	17256.7	5222.3	22.1	130.4	17104.2
5662	15639	2525	13126.8	4020.8	28	54.1	13044.7
5567	15500	2514	13017.8	3947.4	28	52.2	12937.6
95	139	11	109	73.4		1.9	107.1
21660	51621	9770	45186	16361.5	102.6	548.2	44535.1
2493	3068	1180	3305.5	1966.3	53.1	79.6	3172.8
44	35	244	187.5	28.4			187.5
38	249	13	230.7	33.9			230.7
9709	20274	4119	17650.8	7256.4	2.6	79.7	17568.5
1810	2293	1051	2386.5	1401.1	2.4	13.1	2371.1
7899	17981	3068	15264.3	5855.3	0.2	66.7	15197.4
7675	21013	3205	17815	5798	27.6	343.3	17444.1
1701	6982	1009	5996.4	1278.5	19.3	45.6	5931.6
1353	5477	865	4915.2	1040	19.3	45.5	4850.4
348	1505	144	1081.2	238.5		0.1	1081.2
690	3714	435	3002.2	524.6		1.9	3000.4
394	1445	364	1236.5	309			1236.5
13	38	5	43	13			43
175	1623	61	1188	104			1188
108	608	5	534.7	98.6		1.9	532.8
2879	11455	2373	9847.9	1880.3	17.8	28.3	9801.8
1960	6154	1936	5199.4	1180.2	15	24.1	5160.3
1	12		7.6	0.6			7.6
697	4368	274	3820.9	532.9	2.8	2	3816.1
221	921	163	820.1	166.6		2.2	817.9

1-13 续表 1

项 目	R&D人员 合计（人）	1.参加项目人员	2.管理和服务人员	#女性
三、按工业行业大类分				
采矿业	4456	4224	232	231
煤炭开采和洗选业	3281	3268	13	28
石油和天然气开采业	170	153	17	41
黑色金属矿采选业	37	36	1	2
有色金属矿采选业				
非金属矿采选业				
开采辅助活动	968	767	201	160
其他采矿业				
制造业	73710	63504	10206	20748
农副食品加工业	765	709	56	347
食品制造业	826	733	93	356
酒、饮料和精制茶制造业	1085	902	183	310
烟草制品业	25	25		10
纺织业	109	99	10	43
纺织服装、服饰业	326	276	50	241
皮革、毛皮、羽毛及其制品和制鞋业				
木材加工和木、竹、藤、棕、草制品业	16	11	5	5
家具制造业	262	236	26	81
造纸和纸制品业	64	58	6	15
印刷和记录媒介复制业	942	863	79	248
文教、工美、体育和娱乐用品制造业	47	42	5	10
石油加工、炼焦和核燃料加工业	198	174	24	81
化学原料和化学制品制造业	2282	1983	299	741
医药制造业	6838	5859	979	3023
化学纤维制造业	154	145	9	74
橡胶和塑料制品业	805	721	84	212
非金属矿物制品业	3259	2824	435	794
黑色金属冶炼和压延加工业	305	240	65	69
有色金属冶炼和压延加工业	971	765	206	255
金属制品业	2128	1669	459	521
通用设备制造业	6228	5491	737	1521
专用设备制造业	8381	7528	853	1890
汽车制造业	7564	4981	2583	1820
铁路、船舶、航空航天和其他运输设备制造业	4043	3613	430	1115
电气机械和器材制造业	5703	5163	540	1420
计算机、通信和其他电子设备制造业	14333	12948	1385	3964
仪器仪表制造业	4211	3742	469	1011
其他制造业	768	654	114	263
废弃资源综合利用业	25	8	17	7
金属制品、机械和设备修理业	1047	1042	5	301

			R&D人员折合				
#研究人员	1.全时人员	2.非全时人员	全时当量合计(人年)	#研究人员	1.基础研究人员	2.应用研究人员	3.试验发展人员
900	3449	1007	2926.8	605.2	2.4		2924.4
99	2925	356	2129.5	66.8			2129.5
72	82	88	113	35.8	2.4		110.6
12	18	19	10.3	3.3			10.3
717	424	544	674.1	499.3			674.1
23777	62341	11369	54158.4	17704.4	118	578.4	53462
94	610	155	410.7	54.8	12	4.6	394.1
280	633	193	627.4	212.5			627.4
418	768	317	815.8	322.3			815.8
19	25		25	19			25
42	59	50	84.3	31			84.3
88	270	56	127.6	54.3			127.6
7	7	9	2.6	1.6			2.6
33	155	107	91.7	10.7			91.7
24	51	13	29	10.9			29
251	344	598	517.7	115.9			517.7
13	45	2	37.1	9			37.1
142	108	90	143	103		8	135.1
607	1868	414	1599.8	397.8		5.7	1594
1677	5295	1543	4929.5	1225	36.3	34.6	4858.5
18	68	86	74.5	13.3			74.5
149	677	128	639.2	113.6			639.2
955	2414	845	2047.6	535.6	0.2	11.3	2036.1
150	135	170	261.9	145		0.4	261.6
377	719	252	853.8	335.6	8.4		845.4
843	1832	296	1770.7	718.9	7.2	22.2	1741.3
1641	4984	1244	4278.9	1182.3	2.8	6.8	4269.3
2783	7700	681	6130.5	1985.7	51.1	220.9	5858.5
2947	6631	933	5669.6	2284.7			5669.6
2611	3211	832	3593.2	2386.6		33.7	3559.5
1550	5242	461	4497.6	1188.1		52	4445.5
3890	13625	708	10709.1	2752.4		144.2	10565
1503	3742	469	3241.7	1128.1		30	3211.7
397	674	94	457.7	230		0.6	457.1
25	25		25	25			25
243	424	623	466.5	112		3.3	463.2

1-13 续表 2

项目	R&D人员 合计（人）	1.参加项目人员	2.管理和服务人员	#女性
电力、热力、燃气及水生产和供应业	1202	1038	164	325
电力、热力生产和供应业	586	561	25	150
燃气生产和供应业	330	324	6	92
水的生产和供应业	286	153	133	83
四、按控股情况分				
国有控股	41270	34379	6891	10866
集体控股	2461	2184	277	655
私人控股	23453	21254	2199	6188
港澳台商控股	2590	2374	216	794
外商控股	9239	8287	952	2667
其他	355	288	67	134
五、按隶属关系分				
中央	16857	15085	1772	4634
省(自治区、直辖市)	17833	13743	4090	4646
地(区、市、州、盟)	2878	2581	297	663
县(区、市、旗)				
街道	133	130	3	29
镇	121	112	9	18
乡	92	91	1	21
居委会				
村委会	112	105	7	25
其他	41342	36919	4423	11268
六、按地区分				
东城区	679	568	111	220
西城区	2256	2016	240	656
朝阳区	7715	6827	888	2283
丰台区	5872	5263	609	1465
石景山区	1552	1412	140	405
海淀区	19725	17904	1821	5558
门头沟区	3707	3651	56	123
房山区	1600	1328	272	472
通州区	4137	3680	457	1208
顺义区	7328	6679	649	1839
昌平区	10029	6873	3156	2480
大兴区	11399	9786	1613	3675
怀柔区	1787	1462	325	453
平谷区	321	287	34	95
密云县	651	554	97	180
延庆县	610	476	134	192

			R&D人员折合				
#研究人员	1.全时人员	2.非全时人员	全时当量合计（人年）	#研究人员	1.基础研究人员	2.应用研究人员	3.试验发展人员
552	1000	202	950.9	456.8			950.9
226	548	38	490.9	173.3			490.9
62	194	136	206.9	39.2			206.9
264	258	28	253	244.2			253
17701	33106	8164	30018	13382	71.3	310.7	29636
533	1951	510	1807.1	352.1		175.6	1631.4
5040	20969	2484	17350.7	3644.9	46.3	85.7	17218.7
317	2291	299	1725	207.4			1725
1571	8234	1005	6890.3	1134.6	2.8	6.4	6881.1
67	239	116	245	45.4			245
8707	12423	4434	12326.6	6684.8	62.7	163.5	12100.4
6394	15790	2043	12768.8	4858.5	0.2	9.6	12759
627	2119	759	1934.6	453.2	15	18.5	1901.1
15	133		133	15			133
20	97	24	80.4	16			80.4
13	84	8	50	8			50
25	87	25	103.7	23.1			103.7
9428	36057	5285	30638.9	6707.8	42.5	386.7	30209.7
289	348	331	406	185.4	2.4		403.6
893	1497	759	1501.2	631.3	8.4		1492.8
3037	6444	1271	5659.7	2195.9	51.1	46.3	5562.3
2406	4612	1260	4357.4	1908.2		27.8	4329.6
534	1058	494	942.9	354		1.7	941.2
5783	16871	2854	14653.6	4332.2	21.7	401.5	14230.4
235	3303	404	2435.4	176.7			2435.4
710	1142	458	1091.7	431.4		14.3	1077.5
1002	3329	808	2750.1	703.1		2	2748.1
1585	5805	1523	4912.6	1084.7	4.8	8.9	4898.9
3876	9225	804	7899.9	3013.6	0.2	11.1	7888.6
4044	10453	946	9164.2	3192.1	15	47.8	9101.4
461	1580	207	1315.1	371.8		2.2	1312.9
58	211	110	200	18.8		5.6	194.5
126	595	56	489.2	95.8	16.8	8.9	463.5
190	317	293	257	71.5		0.5	256.6

1-14 规模以上工业

项目	R&D经费内部支出合计	(一)按活动类型分组			(二)按支出	
		1.基础研究支出	2.应用研究支出	3.试验发展支出	1.经常费支出	#人员劳务费
合计	**2130617.5**	**3085.6**	**22176**	**2105355.9**	**2032445.5**	**808964.1**
一、按企业规模分组						
大中型	1734465.3	2993	20267.9	1711204.4	1654042.4	664831.4
大型	1006380.1	2206	14012.6	990161.5	954743	419407.5
中型	728085.2	787	6255.3	721042.9	699299.4	245423.9
小微型	396152.2	92.6	1908.1	394151.5	378403.1	144132.7
小型	391981.4	92.6	1707.8	390181	374277.6	142187.4
微型	4170.8		200.3	3970.5	4125.5	1945.3
二、按登记注册类型分组						
内资企业	1542016.8	2830.7	20543.3	1518642.8	1473852.7	566131.6
国有企业	103472.4	1616.6	2302.9	99552.9	100092.6	36650.7
集体企业	2963.9			2963.9	2698.3	750
股份合作企业	7737.9			7737.9	7438.5	2306.1
联营企业						
国有联营企业						
集体联营企业						
国有与集体联营企业						
其他联营企业						
有限责任公司	776026.1	223.8	5402.1	770400.2	745797.8	252240
国有独资公司	76749.5	175	759.9	75814.6	71176.4	25892
其他有限责任公司	699276.6	48.8	4642.2	694585.6	674621.4	226348
股份有限公司	497671.7	939.5	12177.2	484555	470000.8	211381.9
私营企业	154144.8	50.8	661.1	153432.9	147824.7	62802.9
私营独资企业						
私营合伙企业						
私营有限责任公司	125220.8	50.8	655.1	124514.9	120101.6	49543.2
私营股份有限公司	28924		6	28918	27723.1	13259.7
其他企业						
港、澳、台商投资企业	158748.9		90.1	158658.8	153676.3	69485.8
合资经营企业(港或澳、台资)	39120.6			39120.6	37884.9	15962.4
合作经营企业(港或澳、台资)	1306.8			1306.8	1298.8	658.7
港、澳、台商独资经营企业	100645.5			100645.5	97018.6	46829
港、澳、台商投资股份有限公司	17676		90.1	17585.9	17474	6035.7
其他港澳台投资企业						
外商投资企业	429851.8	254.9	1542.6	428054.3	404916.5	173346.7
中外合资经营企业	234909.9	205.1	1436.3	233268.5	224541	102296.4
中外合作经营企业	163.3			163.3	163.3	69.2
外资企业	156955.4	49.8	50	156855.6	148186.5	60026.2
外商投资股份有限公司	37823.2		56.3	37766.9	32025.7	10954.9
其他外商投资企业						

企业R&D经费情况

单位：万元

用途分组			(三)按资金来源分组				R&D经费外部支出			
2.资产性支出	(1)土建工程支出	(2)仪器设备	1.政府资金	2.企业资金	3.境外资金	4.其他资金		对境内研究机构支出	对境内高等学校支出	对境外支出
98172	**2479.5**	**95692.5**	**227527.3**	**1819634.7**	**16765**	**66690.5**	**140794.9**	**62989.1**	**11767**	**26685.9**
80422.9	2100.5	78322.4	188161.2	1473234.2	14892.4	58177.5	127408.5	53450.9	10109	26472.7
51637.1	923.3	50713.8	40852.7	916654	8599.4	40274	58400.4	26805.7	6357.2	21166.6
28785.8	1177.2	27608.6	147308.5	556580.2	6293	17903.5	69008.1	26645.2	3751.8	5306.1
17749.1	379.0	17370.1	39366.1	346400.5	1872.6	8513	13386.4	9538.2	1658	213.2
17703.8	378.8	17325	39159	342436.8	1872.6	8513	13356.4	9538.2	1628	213.2
45.3	0.2	45.1	207.1	3963.7			30		30	
68164.1	2120.8	66043.3	210523.9	1265623.8	2468.2	63400.9	105847.1	42723.2	10184.8	15148.9
3379.8	18.8	3361	14662.4	76775.8		12034.2	8198.7	5600.5	1202.4	
265.6		265.6		2963.9						
299.4	0.4	299	14.5	4674.2		3049.2	199.4	173	26.4	
30228.3	415.5	29812.8	157417.2	570785	1753.1	46070.8	68745.9	22761.6	4685	7619
5573.1	29.6	5543.5	7776.3	64151.3	7.9	4814	8885.9	3356.6	1823	3157.3
24655.2	385.9	24269.3	149640.9	506633.7	1745.2	41256.8	59860	19405	2862	4461.7
27670.9	1373.9	26297	29696.1	466010.9	666.1	1298.6	21023.2	7472.4	3955.8	7469.2
6320.1	312.2	6007.9	8733.7	144414	49	948.1	7679.9	6715.7	315.2	60.7
5119.2	146.9	4972.3	7413.8	116809.9	49	948.1	7280.8	6470.7	165.2	56.6
1200.9	165.3	1035.6	1319.9	27604.1			399.1	245	150	4.1
5072.6	164.4	4908.2	5353.4	151931.5	1313.1	150.9	18484.3	9779.5	129.4	8262.4
1235.7	164	1071.7	1633.1	37487.5			707.4	651	37.7	
8		8		1155.9		150.9				
3626.9	0.4	3626.5	2374.5	96957.9	1313.1		17546.1	8903	86.4	8262.4
202		202	1345.8	16330.2			230.8	225.5	5.3	
24935.3	194.3	24741	11650	402079.4	12983.7	3138.7	16463.5	10486.4	1452.8	3274.6
10368.9	64.6	10304.3	5721.5	221081.2	8107.2		13934.1	9244.7	1222.1	3149.8
				163.3						
8768.9	8.2	8760.7	4856.7	144083.5	4876.5	3138.7	1786.6	729.6		124.8
5797.5	121.5	5676	1071.8	36751.4			742.8	512.1	230.7	

1-14 续表 1

项目	R&D经费内部支出合计	(一)按活动类型分组			(二)按支出	
		1.基础研究支出	2.应用研究支出	3.试验发展支出	1.经常费支出	#人员劳务费
三、按工业行业大类分组						
采矿业	77466.1	175		77291.1	72669.4	24258.1
煤炭开采和洗选业	17134.6			17134.6	17134.6	10785.3
石油和天然气开采业	13290.9	175		13115.9	12662.4	733.8
黑色金属矿采选业	1127.6			1127.6	1111	294.8
有色金属矿采选业						
非金属矿采选业						
开采辅助活动	45913			45913	41761.4	12444.2
其他采矿业						
制造业	2035063.6	2910.6	22176	2009977	1942950.8	778704.4
农副食品加工业	25315.8	891	62.3	24362.5	22816.3	8677.1
食品制造业	21955			21955	20959.1	5924.4
酒、饮料和精制茶制造业	17136.9			17136.9	15884	6675.7
烟草制品业	1362.1			1362.1	784.1	495.3
纺织业	3591.8			3591.8	3480.2	589.7
纺织服装、服饰业	8051			8051	7887.2	4152.4
皮革、毛皮、羽毛及其制品和制鞋业						
木材加工和木、竹、藤、棕、草制品业	528.9			528.9	528.9	129.6
家具制造业	2234.4			2234.4	2208.9	1156.4
造纸和纸制品业	702			702	693.9	452.4
印刷和记录媒介复制业	12261.1			12261.1	10323.7	5849.2
文教、工美、体育和娱乐用品制造业	1664.3			1664.3	1625.1	334.9
石油加工、炼焦和核燃料加工业	2642.3		141.2	2501.1	2122	837.9
化学原料和化学制品制造业	39137.8		67.1	39070.7	37312	15103.3
医药制造业	134258.7	587.6	834.4	132836.7	124695.2	44641.1
化学纤维制造业	837			837	837	320.7
橡胶和塑料制品业	12675.5			12675.5	12118.2	4731.3
非金属矿物制品业	57964.6	48.8	788	57127.8	54407.7	20388.9
黑色金属冶炼和压延加工业	4051.3		4.1	4047.2	3967.7	1758.9
有色金属冶炼和压延加工业	19222.6	18.4		19204.2	18025.4	2885.4
金属制品业	38492.9	30.1	417.2	38045.6	36813.2	10493.3
通用设备制造业	130484	49.8	970.8	129463.4	125841.5	57932.8
专用设备制造业	236967.3	1284.9	3680.5	232001.9	227184.2	98627.4
汽车制造业	215820.1			215820.1	201795.9	90660.7
铁路、船舶、航空航天和其他运输设备制造业	225164.5		1500.8	223663.7	222851.4	51918.4
电气机械和器材制造业	162213.3		4032.6	158180.7	156041	69975.2
计算机、通信和其他电子设备制造业	531627.8		7889.7	523738.1	509111.4	220497.6
仪器仪表制造业	94940.3		1700	93240.3	91601.9	41285.8
其他制造业	21790		21.9	21768.1	21005.6	5264.6
废弃资源综合利用业	300.2			300.2	300.2	262.1
金属制品、机械和设备修理业	11670.1		65.4	11604.7	9727.9	6681.9

单位：万元

用途分组			(三)按资金来源分组				R&D经费外部支出	对境内研究机构支出	对境内高等学校支出	对境外支出
2.资产性支出	(1)土建工程支出	(2)仪器设备	1.政府资金	2.企业资金	3.境外资金	4.其他资金				
4796.7	37.2	4759.5	6513	70945.2	7.9		7829.2	1595.8	2211.6	3568.5
				17134.6			582.6	9.2	573.4	
628.5		628.5	6006.9	7276.1	7.9		2681.4	1438.9	1232.3	
16.6	0.4	16.2		1127.6						
4151.6	36.8	4114.8	506.1	45406.9			4565.2	147.7	405.9	3568.5
92112.8	2437.7	89675.1	220221.3	1731394.7	16757.1	66690.5	127481.6	57028.6	9011.6	23117.4
2499.5	7.5	2492	1561.7	23017.9	312.4	423.8	244.6	62.8		49.1
995.9		995.9	686.2	21227.3		41.5	844.6	569.6	251	
1252.9	2.4	1250.5	129	17007.9			1354.7	1347	7.7	
578		578		1362.1			383.3	174.5	80.5	
111.6	1.4	110.2	506.9	2996		88.9	10.9	8.1		2.8
163.8	2.1	161.7	334.9	7677		39.1	455	244.2	210.8	
				528.9						
25.5	4.5	21		2234.4			13.3	13.3		
8.1		8.1		702			15.8	11.3	4.5	
1937.4	0.3	1937.1		12261.1			373.7		22.3	
39.2	2.4	36.8	700.2	964.1						
520.3		520.3	8.7	2633.6			1802.7	236.8	135.5	
1825.8	32.9	1792.9	1109.6	38028.2			668.8	498.2	118.2	
9563.5	375.3	9188.2	9298.2	124114.7	28	817.8	13437.4	11781.9	644.7	12.4
			136.7	700.3			9.5		9.5	
557.3	58.5	498.8	103	12421.6		150.9	122.1		0.6	121.5
3556.9	23.5	3533.4	5087.5	52849.6		27.5	864.7	622.6	202.5	39
83.6		83.6	478.5	3572.8			92.8		92.8	
1197.2	6.7	1190.5	2377	16752.2		93.4	174.5	126.3	48.2	
1679.7	0.6	1679.1	3146.4	35178.8	71.6	96.1	384.8	357.8	24.6	
4642.5	28.1	4614.4	5305.9	124461.5	380	336.6	4264.1	1867.3	453.4	872.1
9783.1	88.4	9694.7	28881	207613.1		473.2	4310.8	1436.1	2383	44.3
14024.2	419.1	13605.1	5807.9	204785.9	5037.6	188.7	29393.4	12135.3	1799.2	13369.5
2313.1	21.3	2291.8	82079.9	93741.2	336.6	49006.8	46515.2	15052.5	1563.7	138.2
6172.3	737.9	5434.4	2549	146987.9	9131.9	3544.5	1209.5	284.8	368.2	
22516.4	489.8	22026.6	51931.4	473226.2		6470.2	19233.6	9516.3	490.7	8265.7
3338.4	33.2	3305.2	14740	76934.5	1459	1806.8	917.7	667.1	35.3	202.8
784.4	101.8	682.6	3241.6	15463.7		3084.7	65.7	1	64.7	
			20.1	280.1						
1942.2		1942.2		11670.1			318.4	13.8		

1-14 续表 2

项目	R&D经费内部支出合计	(一)按活动类型分组			(二)按支出	
		1.基础研究支出	2.应用研究支出	3.试验发展支出	1.经常费支出	#人员劳务费
电力、热力、燃气及水生产和供应业	18087.8			18087.8	16825.3	6001.6
电力、热力生产和供应业	9791.1			9791.1	9693.6	2475.3
燃气生产和供应业	5133.6			5133.6	4056.1	1110.8
水的生产和供应业	3163.1			3163.1	3075.6	2415.5
四、按控股情况分						
国有控股	1172607.3	1888.9	15337.4	1155381	1122279.6	383141.8
集体控股	59089.5		3539.6	55549.9	56787.7	30707.4
私人控股	494673.2	1146.9	2507.4	491018.9	471314.3	214226.3
港澳台商控股	117119.5			117119.5	112786.2	54747.1
外商控股	282045.6	49.8	791.6	281204.2	264379.6	123984.9
其他	5082.4			5082.4	4898.1	2156.6
五、按隶属关系分组						
中央	593760.9	1821.7	7542.6	584396.6	568054.6	175494.3
省(自治区、直辖市)	399919.1	48.8	102.5	399767.8	382902.6	155046.5
地(区、市、州、盟)	57671.6	205.1	694.1	56772.4	53801	24228.3
县(区、市、旗)						
街道	2500.2			2500.2	1616.3	554.1
镇	1750.6			1750.6	1730.9	560.2
乡	741.4			741.4	716.8	289.7
居委会						
村委会	1072.1			1072.1	1032.1	454
其他	1073201.6	1010	13836.8	1058354.8	1022591.2	452337
六、按地区分						
东城区	11969.5	175		11794.5	11755.5	4354.8
西城区	32111.6	18.4		32093.2	28492.1	11346.4
朝阳区	227983.8	1284.9	1258.7	225440.2	219219.9	86199.4
丰台区	121059.8		873.2	120186.6	113978.9	47375.7
石景山区	25057.7		70.3	24987.4	24666	13031.9
海淀区	654868.6	947.5	16988.6	636932.5	629708	245360.5
门头沟区	25152.5			25152.5	24700.9	14399.1
房山区	44576.3		409.5	44166.8	41203	15281.5
通州区	94566.8		218.1	94348.7	91360.3	24727.2
顺义区	174045.1	381.5	645.2	173018.4	164960.4	76114.1
昌平区	210492.3	48.8	289.1	210154.4	200582.8	96315.1
大兴区	430034.9	205.1	1198.7	428631.1	407318.1	149257
怀柔区	43388.2		56.3	43331.9	41217	15552.3
平谷区	6482.2		87.6	6394.6	6231.8	2880.3
密云县	14636.3	24.4	49.8	14562.1	13844.3	4713.1
延庆县	14191.9		30.9	14161	13206.5	2055.7

单位：万元

用途分组			(三)按资金来源分组				R&D经费外部支出			
2.资产性支出	(1)土建工程支出	(2)仪器设备	1.政府资金	2.企业资金	3.境外资金	4.其他资金	R&D经费外部支出	对境内研究机构支出	对境内高等学校支出	对境外支出
1262.5	4.6	1257.9	793	17294.8			5484.1	4364.7	543.8	
97.5	4.6	92.9	213	9578.1			4875.8	3759.6	540.6	
1077.5		1077.5	293.5	4840.1			541.4	541.4		
87.5		87.5	286.5	2876.6			66.9	63.7	3.2	
50327.7	983.9	49343.8	189106.9	920843.6	6228.6	56428.2	101818.8	38846.4	8526.4	17201.6
2301.8	8.4	2293.4	1948.8	56711.5	179.8	249.4	2127.9	211	1916.9	
23358.9	1432.4	21926.5	25080.9	462757.9	606.9	6227.5	15877.8	13611.2	1167.7	225
4333.3	2.7	4330.6	3270.2	112536.2	1313.1		18027.2	9378.8	91.7	8262.4
17666	52	17614	7865.5	262604.8	8436.6	3138.7	2943.2	941.7	64.3	996.9
184.3	0.1	184.2	255	4180.7		646.7				
25706.3	568.3	25138	132564.8	406649.8	1239.2	53307.1	66177.9	23766.5	4737.3	3831.3
17016.5	300.7	16715.8	37692.5	359343.1	616.2	2267.3	32265.6	13340	2769.7	13370.3
3870.6	0.6	3870	4501.5	52684.3		485.8	217.8	198.9	18	
883.9	732.5	151.4		2500.2						
19.7		19.7	33.9	1716.7			262.6	241.8	20.8	
24.6		24.6		741.4						
40		40	90	982.1			52.5	21.4	31.1	
50610.4	877.4	49733	52644.6	995017.1	14909.6	10630.3	41818.5	25420.5	4190.1	9484.3
214	13	201	4272.4	7689.2	7.9		2872	1639	1233	
3619.5	14	3605.5	1822.1	30055.9		233.6	5849.3	4364.7	548.9	
8763.9	111.3	8652.6	23554.1	198122.2	4514.2	1793.3	8992.2	4164.9	615.5	3063.4
7080.9	19.1	7061.8	9129.9	99083.6		12846.3	3980	2283.3	1094.2	138.2
391.7	0.4	391.3	587.2	23964.7		505.8	334.4	156.7	110.6	
25160.6	1434	23726.6	116765.7	523981.7	6389.1	7732.1	66935.2	24139.6	4194	8443.6
451.6	0.1	451.5	408.3	24695.2	49		802.6	228.4	573.4	0.8
3373.3	8.7	3364.6	698.9	43877.4			3843.7	2067.5	293.4	
3206.5	218.3	2988.2	16629.4	77266	562.1	109.3	7402.7	1280.6	231.5	3783.1
9084.7	57.7	9027	3772.3	169941.8	331		18284.8	13338.1	1345.5	3153.1
9909.5	200.7	9708.8	10087.7	195215.6	4883.7	305.3	10692	814.7	367.7	8021.4
22716.8	194.8	22522	34365	353128.5		42541.4	8948.4	6821	1099.9	4.1
2171.2	45.9	2125.3	1490.4	41869.8	28		1170	1125.3	16.3	
250.4		250.4	1134.4	5347.8			89.2	1.6	8.4	78.2
792	160.6	631.4	570.5	14006		59.8	325.2	306.2	19	
985.4	0.9	984.5	2239	11389.3		563.6	273.2	257.5	15.7	

1-15 规模以上工业企业科技活动产出情况

项目	新产品产值(万元)	新产品销售收入(万元)	#出口	专利申请数(件)	#发明专利	有效发明专利数(件)
合计	**36775653**	**36727656.1**	**5396850.7**	**19210**	**9240**	**16402**
一、按企业规模分						
大中型	27792818	27728969.3	5106202.9	14817	7622	12400
大型	19038068	19096136.4	4554198.9	10480	5332	7297
中型	8754750	8632832.9	552004	4337	2290	5103
小微型	8982835	8998686.8	290647.8	4393	1618	4002
小型	8793780.8	8816562.3	289173.5	4317	1592	3958
微型	189054.2	182124.5	1474.3	76	26	44
二、按登记注册类型分						
内资企业	21208303.8	20952189.6	662017.4	13260	5998	11755
国有企业	1128349.3	1088875.9	10290.4	738	362	295
集体企业	17646.5	13462.8				2
股份合作企业	40648.6	40639.5	7555.9	98	3	5
联营企业						
国有联营企业						
集体联营企业						
国有与集体联营企业						
其他联营企业						
有限责任公司	10463355.3	10441781	244541.6	5012	2532	5712
国有独资公司	441822.8	440554.4	4500.6	1425	623	1167
其他有限责任公司	10021532.5	10001226.6	240041	3587	1909	4545
股份有限公司	7591319.3	7466053	291163.8	4936	2191	4199
私营企业	1966984.8	1901377.4	108465.7	2476	910	1542
私营独资企业						
私营合伙企业						
私营有限责任公司	1515375.5	1461667.1	78984.9	1863	637	1073
私营股份有限公司	451609.3	439710.3	29480.8	613	273	469
其他企业						
港、澳、台商投资企业	6238416.8	6542945.8	334516.7	2910	2219	2467
合资经营企业(港或澳、台资)	868588.8	870492	187015	375	193	237
合作经营企业(港或澳、台资)	20476.3	19383.3		1		19
港、澳、台商独资经营企业	4688684.1	4919960	49142.3	2337	1924	1855
港、澳、台商投资股份有限公司	660667.6	733110.5	98359.4	197	102	356
其他港澳台投资企业						
外商投资企业	9328932.2	9232520.7	4400316.6	3040	1023	2180
中外合资经营企业	7289143.5	7134820.2	3926290.8	2380	773	1161
中外合作经营企业	18081.1	18038.4	4111.8	15	7	4
外资企业	1684538.1	1731500.9	469914	596	227	959
外商投资股份有限公司	337169.5	348161.2		49	16	56
其他外商投资企业						

1-15　续表 1

项　　目	新产品产值（万元）	新产品销售收入（万元）	#出口	专利申请数（件）	#发明专利	有效发明专利数（件）
三、按工业行业大类分						
采矿业	3705745.2	3705745.2		359	234	463
煤炭开采和洗选业	3705745.2	3705745.2		22	6	1
石油和天然气开采业				18	10	14
黑色金属矿采选业				230	174	362
有色金属矿采选业						
非金属矿采选业						
开采辅助活动				89	44	86
其他采矿业						
制造业	33049663.3	33002187.3	5396850.7	17710	8565	15378
农副食品加工业	290808.9	286110.3	3222.7	120	96	159
食品制造业	237013	231905.7	27970.3	63	37	165
酒、饮料和精制茶制造业	249851.8	296051.3	3389.9	27	8	50
烟草制品业	34044	34044				2
纺织业	98518.3	126628.5	3369.3	26	17	83
纺织服装、服饰业	220010	188059.2	216.8	31	1	5
皮革、毛皮、羽毛及其制品和制鞋业						
木材加工和木、竹、藤、棕、草制品业				11		1
家具制造业	48553	50099.5	15	223	13	3
造纸和纸制品业	33821.2	35517	14201.8	3	3	9
印刷和记录媒介复制业	153005.6	146667.3	2260.2	55	13	40
文教、工美、体育和娱乐用品制造业	6699	13379.8	2040.1	29	2	15
石油加工、炼焦和核燃料加工业	239351.6	435676.6		26	25	238
化学原料和化学制品制造业	640423.3	607397.3	57059.9	310	240	530
医药制造业	1654021.3	1690635.6	10786.1	465	333	1136
化学纤维制造业	5774.9	4429.7		4	3	19
橡胶和塑料制品业	257415.8	254151.8	29015	91	27	113
非金属矿物制品业	1458618.2	1551307.2	31365.6	687	250	578
黑色金属冶炼和压延加工业	164422.8	162664.8	4387	7	7	13
有色金属冶炼和压延加工业	319627.7	305248.6	110249.8	109	92	236
金属制品业	713368.3	744660.2	49043.7	349	129	354
通用设备制造业	1848340	1877900.5	315023.6	691	169	440
专用设备制造业	2317727.9	2212172.7	194046.3	2755	1232	2348
汽车制造业	3609596.6	3209547	1733.7	2676	510	365
铁路、船舶、航空航天和其他运输设备制造业	1209615.8	1159437	2870.1	555	232	309
电气机械和器材制造业	3669760.5	3653103.8	175296.9	1398	531	1253
计算机、通信和其他电子设备制造业	12303040.1	12429525	4319522.8	6235	4308	6221
仪器仪表制造业	1092079.7	1113408.2	37460.9	649	238	562
其他制造业	164134.8	173209.3	2303.2	90	47	115
废弃资源综合利用业	7074.4	6712.8		6	2	14
金属制品、机械和设备修理业	2944.8	2536.6		19		2

1-15 续表 2

项目	新产品产值（万元）	新产品销售收入（万元）	#出口	专利申请数（件）	#发明专利	有效发明专利数（件）
电力、热力、燃气及水生产和供应业	20244.3	19723.6		1141	441	561
电力、热力生产和供应业				1079	418	522
燃气生产和供应业	10338.6	10338.6		18	6	5
水的生产和供应业	9905.7	9385		44	17	34
四、按控股情况分						
国有控股	15655038.8	15561436.8	599432.1	9010	3911	7201
集体控股	1451904.5	1334412.1	85858.3	549	333	1147
私人控股	6952620.1	6937859.5	301643.2	6070	2580	4730
港澳台商控股	5368251.7	5542172.2	236290.2	2614	2091	2095
外商控股	7237689.5	7248826.2	4173597.8	945	323	1192
其他	110148.2	102949.3	29.1	22	2	37
五、按隶属关系分						
中央	8021702.9	8123363.1	67398.9	3692	1833	3193
省(自治区、直辖市)	4520046.3	4394560.9	151934.1	3557	1177	1826
地(区、市、州、盟)	669646.2	761038.7	10290.1	223	99	352
县(区、市、旗)						
街道	28775.6	39568.6	124.2	25	10	17
镇	40882.1	44911.9	751.8	56	14	22
乡	3191.5	4816.1		12	1	
居委会						
村委会	30114.4	31603.9		4	1	3
其他	23461293.8	23327792.9	5166351.6	11641	6105	10989
六、按地区分						
东城区	230495.8	246594.5	4.3	93	15	58
西城区	169800.9	191009.9	70927	1226	506	812
朝阳区	4558326.3	4610365.1	113750	1198	575	1075
丰台区	1392771.8	1370725.9	48632.3	948	458	654
石景山区	315395	302737.5	9576	399	229	512
海淀区	11497758.1	11728249.6	367600.8	6101	4036	6862
门头沟区	118950.7	90509	4091.6	103	31	35
房山区	532770.6	533009.5	8716.5	212	92	483
通州区	1059357.6	1075718	144560.2	807	304	520
顺义区	2900350.7	3057667.3	158992.4	1389	242	420
昌平区	4082632.1	3748474.9	123174	3087	1190	1646
大兴区	8478483.4	8311493.8	4301959.1	3114	1393	2866
怀柔区	874324.3	897753.1	10730.4	246	66	215
平谷区	60036.5	55986.5	15838.1	78	33	33
密云县	341663	371751	18298	153	49	125
延庆县	162536	135610.5		56	21	86

1-16 规模以上工业企业全部R&D项目情况

项 目	项目数 (项)	参加项目人员 (人)	项目人员折合全时当量 (人年)	全部项目经费内部支出 (万元)
合 计	**10037**	**68766**	**50207.6**	**1647823.7**
一、按企业规模分				
大中型	5589	52773	38648	1311643
大型	2918	31424	23609.1	770428
中型	2671	21349	15039	541214.9
小微型	4448	15993	11560	336181
小型	4402	15852	11457	332098.4
微型	46	141	102.5	4082.4
二、按登记注册类型分				
内资企业	8586	52609	38549.9	1198339.2
国有企业	341	3715	2901.8	95584.3
集体企业	30	265	179.3	2726.2
股份合作企业	30	233	204.1	7119
联营企业				
国有联营企业				
集体联营企业				
国有与集体联营企业				
其他联营企业				
有限责任公司	5218	21246	15315	563033.2
国有独资公司	339	2863	1993.9	43091
其他有限责任公司	4879	18383	13321	519942.2
股份有限公司	1866	20002	14576.8	395451.7
私营企业	1101	7148	5372.9	134424.8
私营独资企业				
私营合伙企业				
私营有限责任公司	863	5673	4399	108605.8
私营股份有限公司	238	1475	973.9	25819
其他企业				
港、澳、台商投资企业	431	3752	2717.2	103687.5
合资经营企业(港或澳、台资)	273	1547	1039.8	34646.2
合作经营企业(港或澳、台资)	15	40	40	1303.2
港、澳、台商独资经营企业	113	1575	1123	52756.6
港、澳、台商投资股份有限公司	30	590	514.4	14981.5
其他港澳台投资企业				
外商投资企业	1020	12405	8940.5	345797
中外合资经营企业	640	7260	4726.3	187836.7
中外合作经营企业	3	12	7.6	163.3
外资企业	289	4273	3538.8	127537
外商投资股份有限公司	88	860	667.9	30260
其他外商投资企业				

1-16 续表 1

项目	项目数 (项)	参加项目人员 (人)	项目人员折合全时当量 (人年)	全部项目经费内部支出 (万元)
三、按工业行业大类分				
采矿业	196	4224	2761.3	50455.9
煤炭开采和洗选业	56	3268	2121.1	17134.6
石油和天然气开采业	12	153	105.8	12857.4
黑色金属矿采选业	3	36	10	1080.9
有色金属矿采选业				
非金属矿采选业				
开采辅助活动	125	767	524.5	19383
其他采矿业				
制造业	9772	63504	46646.4	1582561.9
农副食品加工业	125	709	382.1	21686.7
食品制造业	146	733	551.4	20033.5
酒、饮料和精制茶制造业	41	902	679	16248.7
烟草制品业	19	25	25	1362.1
纺织业	24	99	76.2	2747.1
纺织服装、服饰业	54	276	102.8	7762
皮革、毛皮、羽毛及其制品和制鞋业				
木材加工和木、竹、藤、棕、草制品业	5	11	2	486
家具制造业	22	236	83.2	1475
造纸和纸制品业	9	58	26.3	390.6
印刷和记录媒介复制业	96	863	468	11018.5
文教、工美、体育和娱乐用品制造业	3	42	32.4	868.6
石油加工、炼焦和核燃料加工业	50	174	125.6	2387.3
化学原料和化学制品制造业	356	1983	1382.7	36532.6
医药制造业	980	5859	4148.6	119662.9
化学纤维制造业	10	145	69.6	740.4
橡胶和塑料制品业	93	721	581.4	11334.2
非金属矿物制品业	337	2824	1823.2	52186.9
黑色金属冶炼和压延加工业	37	240	201.5	3881.8
有色金属冶炼和压延加工业	125	765	662.5	16935.8
金属制品业	271	1669	1348.6	36483
通用设备制造业	522	5491	3834.1	118239.1
专用设备制造业	906	7528	5548.4	165932.4
汽车制造业	452	4981	3689.6	151112.3
铁路、船舶、航空航天和其他运输设备制造业	1217	3613	3204.7	131849.3
电气机械和器材制造业	690	5163	4101.5	146692.5
计算机、通信和其他电子设备制造业	2398	12948	9758.9	396541.3
仪器仪表制造业	666	3742	2872.5	85454.5
其他制造业	100	654	392.7	12243.6
废弃资源综合利用业	1	8	8	70.6
金属制品、机械和设备修理业	17	1042	463.6	10202.6

1-16 续表 2

项目	项目数（项）	参加项目人员（人）	项目人员折合全时当量（人年）	全部项目经费内部支出（万元）
电力、热力、燃气及水生产和供应业	69	1038	799.9	14805.9
电力、热力生产和供应业	44	561	472.7	9581.8
燃气生产和供应业	6	324	203.1	2865.1
水的生产和供应业	19	153	124	2359
四、按控股情况分				
国有控股	5819	34379	24744.2	876515.1
集体控股	234	2184	1651.6	45654.6
私人控股	2970	21254	15763.2	425195
港澳台商控股	241	2374	1596	66649.5
外商控股	740	8287	6251.5	229204
其他	33	288	201.1	4605.5
五、按隶属关系分				
中央	3955	15085	10974.7	438010
省(自治区、直辖市)	1303	13743	9610.1	296624.1
地(区、市、州、盟)	186	2581	1727.9	46951.7
县(区、市、旗)				
街道	9	130	130	1616.3
镇	25	112	73.9	1718.3
乡	4	91	49.3	558.4
居委会				
村委会	5	105	97.2	969.8
其他	4550	36919	27544.5	861375.1
六、按地区分				
东城区	74	568	334.9	10724.6
西城区	210	2016	1303.2	26605.5
朝阳区	901	6827	5040.9	181810.1
丰台区	582	5263	3917.1	105582.1
石景山区	106	1412	851.1	21131.9
海淀区	3291	17904	13261.6	480051.9
门头沟区	129	3651	2396.9	24711.4
房山区	253	1328	933.2	40850.2
通州区	548	3680	2447.4	79295.1
顺义区	574	6679	4529.3	167820.8
昌平区	773	6873	5460.2	128947.5
大兴区	2200	9786	7873.4	307939.7
怀柔区	198	1462	1070.6	40856.2
平谷区	40	287	180.2	6188
密云县	74	554	416.5	12603.5
延庆县	84	476	191	12705.2

1-17 规模以上工业企业办科技机构情况

项目	机构数（个）	机构人员合计（人）	#博士毕业	#硕士毕业	#本科毕业	机构经费支出（万元）	仪器和设备原价（万元）	#进口	境外机构数（个）
合计	**632**	**51877**	**1302**	**10918**	**27866**	**1455255.3**	**557522**	**124836**	**4**
一、按企业规模分									
大中型	326	42665	1039	9127	22838	1225824.3	483180.8	114677.7	4
大型	111	24183	588	4946	13433	706413.5	307885.3	84749.7	3
中型	215	18482	451	4181	9405	519410.8	175295.5	29928	1
小微型	306	9212	263	1791	5028	229431	74341	10158	
小型	303	9009	249	1696	4945	223660.5	73720.5	10158.3	
微型	3	203	14	95	83	5770.5	620.7		
二、按登记注册类型分									
内资企业	491	38260	1016	7839	20617	858559.7	306231.5	45136.3	2
国有企业	20	2661	93	536	1540	63990.1	30204	10143.3	
集体企业	1	8			4	201	265.6		
股份合作企业	5	195	1	23	119	7403.9	1045.2	408.3	
联营企业									
国有联营企业									
集体联营企业									
国有与集体联营企业									
其他联营企业									
有限责任公司	239	14194	426	3190	7122	373576.7	135348.9	19824.5	
国有独资公司	24	1857	79	604	864	55079.8	29931.7	4302	
其他有限责任公司	215	12337	347	2586	6258	318496.9	105417.2	15522.5	
股份有限公司	131	17362	418	3337	9621	338178.7	110328.8	10730.1	2
私营企业	95	3840	78	753	2211	75209.3	29039	4030.1	
私营独资企业									
私营合伙企业									
私营有限责任公司	73	2803	60	459	1753	56544.8	15683.3	3011.6	
私营股份有限公司	22	1037	18	294	458	18664.5	13355.7	1018.5	
其他企业									
港、澳、台商投资企业	40	3886	63	861	2169	173917.9	40035.6	4588.3	
合资经营企业(港或澳、台资)	29	1005	15	116	495	26143.5	9131.8	1520.9	
合作经营企业(港或澳、台资)									
港、澳、台商独资经营企业	8	2294	34	698	1353	128313.9	21506.7	3001.6	
港、澳、台商投资股份有限公司	3	587	14	47	321	19460.5	9397.1	65.8	
其他港澳台投资企业									
外商投资企业	101	9731	223	2218	5080	422777.7	211254.9	75111.4	2
中外合资经营企业	43	5559	117	1431	3076	258695.8	114234.0	22721.2	2
中外合作经营企业									
外资企业	51	3607	92	657	1691	130906.2	71803.8	34582	
外商投资股份有限公司	7	565	14	130	313	33175.7	25217.1	17808.2	
其他外商投资企业									

1-17 续表 1

项 目	机构数（个）	机构人员合计（人）	#博士毕业	#硕士毕业	#本科毕业	机构经费支出（万元）	仪器和设备原价（万元）	#进口	境外机构数（个）
三、按工业行业大类分									
采矿业	4	688	26	198	251	39078.3	14482.9	2378	
煤炭开采和洗选业									
石油和天然气开采业	1	28	4	17	7	521.8	33.8		
黑色金属矿采选业									
有色金属矿采选业									
非金属矿采选业									
开采辅助活动	3	660	22	181	244	38556.5	14449.1	2378	
其他采矿业									
制造业	623	50564	1225	10456	27406	1409300	534344.7	122017.4	4
农副食品加工业	15	544	50	145	172	4878.2	4285.1	1687.1	
食品制造业	14	532	22	158	234	21143.3	9803.4	5608.2	
酒、饮料和精制茶制造业	3	1112	11	50	596	13529.4	4323	2208.9	
烟草制品业	1	41	7	10	18	2199.9	9108.2	7176.7	
纺织业	8	100	1	7	44	6838.9	2751	649.7	
纺织服装、服饰业	8	216	12	26	177	7721.2	1353		
皮革、毛皮、羽毛及其制品和制鞋业									
木材加工和木、竹、藤、棕、草制品业									
家具制造业	5	347	1	11	135	2927	1600.9		
造纸和纸制品业	1	90	3	9	72	899.1	880.2	125	
印刷和记录媒介复制业	4	177	7	34	71	3467.2	4410.1	64.7	
文教、工美、体育和娱乐用品制造业	4	126		9	82	3065	2129.2		
石油加工、炼焦和核燃料加工业	2	179	3	18	87	4056.3	9384.7	65	
化学原料和化学制品制造业	33	1159	31	160	549	16750.2	8750.9	2598.5	
医药制造业	66	4120	178	891	2058	116771.6	54608	12182.3	
化学纤维制造业	2	63	2	8	2	697.3	145		
橡胶和塑料制品业	9	395	4	37	189	6781.7	2408.9	1284.3	
非金属矿物制品业	27	2366	62	376	1377	54438.4	21356.4	1685.9	
黑色金属冶炼和压延加工业	1	8	1	2	4	101.2	50.4		
有色金属冶炼和压延加工业	6	346	19	90	131	11898.9	2642.4	217.3	
金属制品业	18	664	32	121	426	28039.5	10427.7	3013.2	
通用设备制造业	53	3607	64	565	2129	75799.1	33293.3	6849.1	
专用设备制造业	71	6434	235	1708	3201	173209.9	58692.3	3938.4	
汽车制造业	18	7568	102	1085	4733	219685.8	57726.7	24963.5	1
铁路、船舶、航空航天和其他运输设备制造业	25	1881	10	308	1197	50310.2	14189.7		
电气机械和器材制造业	75	5550	92	1266	3114	171685.3	73202	4075.5	
计算机、通信和其他电子设备制造业	97	9876	207	2515	5019	338689.3	117990.4	36463.4	2
仪器仪表制造业	48	2618	64	733	1358	60837.3	19006.1	2748	1
其他制造业	3	122	2	38	51	2185.2	631.2		
废弃资源综合利用业	1	28	2	21	5	282.1	19.7		
金属制品、机械和设备修理业	5	295	1	55	175	10411.5	9174.8	4412.7	

1-17 续表 2

项目	机构数(个)	机构人员合计(人)	#博士毕业	#硕士毕业	#本科毕业	机构经费支出(万元)	仪器和设备原价(万元)	#进口	境外机构数(个)
电力、热力、燃气及水生产和供应业	5	625	51	264	209	6877	8694.4	440.6	
电力、热力生产和供应业	2	509	34	208	170	4003.3	4793.3		
燃气生产和供应业	1	61	5	32	23	896.4	749.6	440.6	
水的生产和供应业	2	55	12	24	16	1977.3	3151.5		
四、按控股情况分									
国有控股	232	24855	698	5378	13406	708695.3	266306	63201.3	3
集体控股	13	3007	59	659	1514	55916.7	11070.5		
私人控股	286	14706	343	2734	8050	329870.8	97252.8	10627.8	
港澳台商控股	23	3030	41	772	1778	143337.7	35893.6	4056.1	
外商控股	76	6163	161	1364	3077	216378.2	145909	46950.8	1
其他	2	116		11	41	1056.6	1090.1		
五、按隶属关系分									
中央	73	7841	266	2237	4036	266518.3	122177.8	17815.7	
省(自治区、直辖市)	100	12451	283	2224	6987	324408.5	116228.3	37394.2	1
地(区、市、州、盟)	13	1684	23	193	909	24453.3	9730.6	2119.5	
县(区、市、旗)									
街道	2	144		21	97	1848.3	1785.5		
镇	5	103	2	5	51	2431.7	170		
乡									
居委会									
村委会	1	135	3	14	75	2235	999.5		
其他	438	29519	725	6224	15711	833360.2	306430.3	67506.6	3
六、按地区分									
东城区	8	284	11	50	154	7340.7	2695.7	1057.2	
西城区	10	756	52	295	285	9364.2	11538.7	440.6	
朝阳区	56	4405	144	1337	2166	144258.1	94355.8	13143.9	
丰台区	34	2477	65	587	1468	68136.1	31924.0	11594.8	
石景山区	7	1091	7	139	652	14830.8	16690.6	3766.3	
海淀区	135	13210	371	3574	7120	397888.3	81680.4	5832.4	3
门头沟区	9	388	8	68	248	7707.7	4306.5		
房山区	20	1442	29	167	795	33977.2	18010.1	2043.4	
通州区	36	2165	41	344	1089	66012	23848.7	10568.4	
顺义区	52	5476	88	806	3145	217887	74262.6	30313.2	1
昌平区	86	8938	214	1389	4814	137347.5	39123.3	6227.7	
大兴区	130	9429	225	1902	4874	281439.2	137804.3	37069.3	
怀柔区	11	440	27	53	233	24357.3	6270.1	925.4	
平谷区	10	435	5	73	224	8545	3855.3	255.4	
密云县	18	555	5	44	362	25647	7164.5	1598	
延庆县	10	386	10	90	237	10517.2	3991.4		

1-18 非工业企业(单位)科技活动基本情况

项　　目	单位数(个)	#有R&D活动的单位	从业人员期末人数(人)
合　计	**9868**	**409**	**1904207**
一、按登记注册类型分			
内资企业	8324	341	1430445
#国有企业	605	14	168193
港、澳、台商投资企业	578	23	214732
外商投资企业	966	45	259030
二、按行业大类分			
交通运输、仓储和邮政业	1081	5	512313
铁路运输业	9		8913
道路运输业	543	3	282753
水上运输业	6		252
航空运输业	17	2	66465
管道运输业	2		5947
装卸搬运和运输代理业	341		51330
仓储业	132		10785
邮政业	31		85868
信息传输、软件和信息技术服务业	2746	327	624040
电信、广播电视和卫星传输服务	251	30	86175
互联网和相关服务	253	14	87175
软件和信息技术服务业	2242	283	450690
租赁和商务服务业	4856	55	649352
租赁业	134	3	16803
商务服务业	4722	52	632549
水利、环境和公共设施管理业	310	17	39017
水利管理业	10	1	679
生态保护和环境治理业	49	13	4965
公共设施管理业	251	3	33373
文化、体育和娱乐业	875	5	79485
新闻和出版业	360	3	38231
广播、电视、电影和影视录音制作业	191	2	14164
文化艺术业	97		5344
体育	132		16840
娱乐业	95		4906
三、按隶属关系分			
中央	965	62	259422
地方	8903	347	1644785
四、按地区分			
市辖区	9765	409	1892522
东城区	868	13	137483
西城区	751	20	153351
朝阳区	3511	49	434772
丰台区	486	26	256614
石景山区	200	6	39212
海淀区	2724	271	561821
门头沟区	36		1831
房山区	129	1	17664
通州区	102		12148
顺义区	330	2	150533
昌平区	202	15	36962
大兴区	269	5	68431
怀柔区	78	1	7831
平谷区	79		13869
县	103		11685
密云县	65		6798
延庆县	38		4887

1-18 续表

项　　目	主营业务收　　入（万元）	利润总额（万元）	资产总计（万元）
合　　计	**174467264.1**	**54143712.1**	**1155175968.7**
一、按登记注册类型分			
内资企业	111522122.8	40207191.8	983695524.9
#国有企业	17608838.6	22243744.5	426233178.8
港、澳、台商投资企业	24044260.2	3505172.9	48230168.4
外商投资企业	38900881.1	10431347.4	123250275.4
二、按行业大类分			
交通运输、仓储和邮政业	35944420	3491114.5	87260206.3
铁路运输业	1586429.8	876294.2	3059299.9
道路运输业	4607700.3	218077.7	17139999.2
水上运输业	37006.2	3552.2	63159.5
航空运输业	10360940	560455.8	23513737.9
管道运输业	1941518	1134316.8	11358669.5
装卸搬运和运输代理业	7801388.6	340635.5	6192569
仓储业	7256770.4	105118.7	21063298.5
邮政业	2352666.7	252663.6	4869472.8
信息传输、软件和信息技术服务业	48831927.5	19125650.9	232853721.4
电信、广播电视和卫星传输服务	10069597.3	13989931.7	176721775.9
互联网和相关服务	6511347.5	1407122	9241021.4
软件和信息技术服务业	32250982.7	3728597.2	46890924.1
租赁和商务服务业	80502898.2	30345314	807290992.3
租赁业	700768.2	47223.6	2505063.6
商务服务业	79802130	30298090.4	804785928.7
水利、环境和公共设施管理业	2992312.6	222568.5	12994042.4
水利管理业	68438.9	10398.3	630160.1
生态保护和环境治理业	892237.2	95640.8	2053414.3
公共设施管理业	2031636.5	116529.4	10310468
文化、体育和娱乐业	6195705.8	959064.2	14777006.3
新闻和出版业	3140886.4	578959.4	7477305.6
广播、电视、电影和影视录音制作业	2158214.6	396538.2	4873920.6
文化艺术业	277911.2	16486.9	525830.3
体育	406338.3	-43057.2	1396928.3
娱乐业	212355.3	10136.9	503021.5
三、按隶属关系分			
中央	55021255.1	34140457.4	768017348.2
地方	119446009	20003254.7	387158620.5
四、按地区分			
市辖区	173695565.5	54073457.6	1152899577.3
东城区	14201809.6	5749773.1	85609418.5
西城区	21075796.3	22905588	418803422.4
朝阳区	57078114.4	11667805.2	314163704.1
丰台区	5404861.2	571469.2	43640162.6
石景山区	2500743.4	415405	8169268.5
海淀区	50422779.5	10518634.3	213517082.5
门头沟区	183113.3	9171	557967.1
房山区	473487.6	18976.8	2951509.7
通州区	447364.5	20380.1	807946.9
顺义区	15737042.3	957939.2	41097430
昌平区	2283637.1	789661.3	13302325
大兴区	2843037.3	381788	7559994.7
怀柔区	717333.8	40468.9	1474490.1
平谷区	326445.2	26397.5	1244855.2
县	771698.6	70254.5	2276391.4
密云县	545305.2	36641.7	1764783.8
延庆县	226393.4	33612.8	511607.6

1-19 非工业企业(单位)科技活动人员情况

项 目	科技活动人员合计(人)	1.参加科技项目人员	2.科技管理和服务人员
合 计	**217477**	**169592**	**47885**
一、按登记注册类型分			
内资企业	142868	108180	34688
#国有企业	2820	1830	990
港、澳、台商投资企业	28784	22477	6307
外商投资企业	45825	38935	6890
二、按行业大类分			
交通运输、仓储和邮政业	992	804	188
铁路运输业	49	49	
道路运输业	337	326	11
水上运输业			
航空运输业	172	172	
管道运输业			
装卸搬运和运输代理业	434	257	177
仓储业			
邮政业			
信息传输、软件和信息技术服务业	205017	160669	44348
电信、广播电视和卫星传输服务	14242	10706	3536
互联网和相关服务	25248	19717	5531
软件和信息技术服务业	165527	130246	35281
租赁和商务服务业	8091	5733	2358
租赁业	127	66	61
商务服务业	7964	5667	2297
水利、环境和公共设施管理业	2519	1643	876
水利管理业	32	32	
生态保护和环境治理业	1416	633	783
公共设施管理业	1071	978	93
文化、体育和娱乐业	858	743	115
新闻和出版业	390	287	103
广播、电视、电影和影视录音制作业	399	399	
文化艺术业	29	17	12
体育			
娱乐业	40	40	
三、按隶属关系分			
中央	16424	11723	4701
地方	201053	157869	43184
四、按地区分			
市辖区	217468	169592	47876
东城区	4643	3565	1078
西城区	9411	7015	2396
朝阳区	29846	24143	5703
丰台区	6316	5427	889
石景山区	6493	5243	1250
海淀区	150853	117057	33796
门头沟区	136	128	8
房山区	135	77	58
通州区	57	50	7
顺义区	339	311	28
昌平区	5125	3949	1176
大兴区	4102	2615	1487
怀柔区	12	12	
平谷区			
县	9		9
密云县	9		9
延庆县			

1-20 非工业企业(单位)研究

项目	研究与试验发展(R&D)人员(人)	R&D人员折合全时当量合计(人年)	#研究人员	1.基础研究人员
合计	**39622**	**30924.3**	**5711.8**	**11.1**
一、按登记注册类型分				
内资企业	21493	15319.1	4423.2	11.1
#国有企业	983	620.4	374.8	10
港、澳、台商投资企业	2408	1971.5	148.9	
外商投资企业	15721	13633.7	1139.8	
二、按行业大类分				
交通运输、仓储和邮政业	149	53.9	31.3	
铁路运输业				
道路运输业	92	36.9	25.3	
水上运输业				
航空运输业	57	16.9	6	
管道运输业				
装卸搬运和运输代理业				
仓储业				
邮政业				
信息传输、软件和信息技术服务业	36242	28324.1	4816.5	
电信、广播电视和卫星传输服务	5813	4617.2	895.3	
互联网和相关服务	5495	4410.1	152.3	
软件和信息技术服务业	24934	19296.8	3769	
租赁和商务服务业	2279	1694.2	556.8	11.1
租赁业	25	10.6	8.3	
商务服务业	2254	1683.6	548.4	11.1
水利、环境和公共设施管理业	881	792.7	296.7	
水利管理业	3	0.6	0.2	
生态保护和环境治理业	415	344.7	226.9	
公共设施管理业	463	447.5	69.6	
文化、体育和娱乐业	71	59.4	10.5	
新闻和出版业	46	37.4	5.1	
广播、电视、电影和影视录音制作业	25	21.9	5.5	
文化艺术业				
体育				
娱乐业				
三、按隶属关系分				
中央	4813	3727.7	2096.5	10
地方	34809	27196.6	3615.3	1.1
四、按地区分				
市辖区	39622	30924.3	5711.8	11.1
东城区	273	220.3	79.3	
西城区	1451	1204.2	636.9	
朝阳区	10584	9590.3	558.9	
丰台区	1515	1219.5	658.3	
石景山区	559	521.1	170.8	
海淀区	24324	17429.6	3415.2	11.1
门头沟区				
房山区	51	51	5	
通州区				
顺义区	57	16.9	6	
昌平区	519	386.9	172.4	
大兴区	277	273.2	4.2	
怀柔区	12	11.1	4.6	
平谷区				
县				
密云县				
延庆县				

与试验发展(R&D)活动情况

2.应用研究人员	3.试验发展人员	R&D经费内部支出合计(万元)	按活动类型分组		
			1.基础研究支出	2.应用研究支出	3.试验发展支出
945.0	**29968.2**	**1200645.6**	**305**	**48049.4**	**1152291.2**
292.4	15015.5	461621.2	305	13875.3	447440.9
122.9	487.6	37375.2	287	7204.3	29883.9
	1971.5	63267.6			63267.6
652.6	12981.2	675756.8		34174.1	641582.7
	53.9	1933.9			1933.9
	36.9	1352.3			1352.3
	16.9	581.6			581.6
847.7	27476.4	1103589.9		43565.2	1060024.7
628.1	3989.1	273090.5		32164.8	240925.7
	4410.1	189730.1			189730.1
219.5	19077.3	640769.3		11400.4	629368.9
97.3	1585.7	75264.7	305	4484.2	70475.5
	10.6	627.4			627.4
97.3	1575.2	74637.3	305	4484.2	69848.1
	792.7	18634.3			18634.3
	0.6	87.5			87.5
	344.7	7472			7472
	447.5	11074.8			11074.8
	59.4	1222.8			1222.8
	37.4	559.6			559.6
	21.9	663.2			663.2
243.4	3474.3	135924.3	287	11547.7	124089.6
701.6	26493.9	1064721.3	18	36501.7	1028201.6
945	29968.2	1200645.6	305	48049.4	1152291.2
4.9	215.4	12192.5		61.6	12130.9
628.4	575.8	60845.6		32168.3	28677.3
100.5	9489.8	435956.6		3226.9	432729.7
0.2	1219.3	42543.8		28.5	42515.3
	521.1	11882.5			11882.5
165.8	17252.7	620034.3	305	10737.3	608992
	51	366			366
	16.9	581.6			581.6
45.2	341.7	11589.9		1826.8	9763.1
	273.2	4145.6			4145.6
	11.1	507.2			507.2

1-20 续表

项目	按支出用途分组			
	1.经常费支出	#人员劳务费	2.资产性支出	(1)土建工程
合计	**1094361.9**	**836644.9**	**106283.7**	**1535.9**
一、按登记注册类型分				
内资企业	438599.3	282348.6	23021.9	1524.4
#国有企业	36724.9	13071.5	650.3	41.6
港、澳、台商投资企业	62003	48934.5	1264.6	0.1
外商投资企业	593759.6	505361.8	81997.2	11.4
二、按行业大类分				
交通运输、仓储和邮政业	1798.2	956	135.7	1.4
铁路运输业				
道路运输业	1222.5	600.4	129.8	1.4
水上运输业				
航空运输业	575.7	355.6	5.9	
管道运输业				
装卸搬运和运输代理业				
仓储业				
邮政业				
信息传输、软件和信息技术服务业	999385.6	780215.2	104204.3	1519.4
电信、广播电视和卫星传输服务	248091.9	195579.7	24998.6	9.6
互联网和相关服务	138555.6	122752.2	51174.5	157.7
软件和信息技术服务业	612738.1	461883.3	28031.2	1352.1
租赁和商务服务业	73464.4	47623.3	1800.3	15
租赁业	611.3	238.9	16.1	
商务服务业	72853.1	47384.4	1784.2	15
水利、环境和公共设施管理业	18501.1	7337.1	133.2	0.1
水利管理业	87.5	87.1		
生态保护和环境治理业	7338.8	1999.9	133.2	0.1
公共设施管理业	11074.8	5250.1		
文化、体育和娱乐业	1212.6	513.3	10.2	
新闻和出版业	559.1	204.6	0.5	
广播、电视、电影和影视录音制作业	653.5	308.7	9.7	
文化艺术业				
体育				
娱乐业				
三、按隶属关系分				
中央	130206.4	65492	5717.9	76.3
地方	964155.5	771152.9	100565.8	1459.6
四、按地区分				
市辖区	1094361.9	836644.9	106283.7	1535.9
东城区	11255.3	5950.1	937.2	0.1
西城区	55168.8	43760.3	5676.8	18
朝阳区	410445.9	332171.3	25510.7	14.3
丰台区	38821.4	13682.6	3722.4	31.7
石景山区	11423.5	8852.1	459	27.3
海淀区	550272.6	421406.9	69761.7	1327.3
门头沟区				
房山区	366	146.1		
通州区				
顺义区	575.7	355.6	5.9	
昌平区	11389.6	6557.8	200.3	117.2
大兴区	4145.6	3609.4		
怀柔区	497.5	152.7	9.7	
平谷区				
县				
密云县				
延庆县				

	按资金来源分组				R&D经费外部支出（万元）
(2)仪器设备	1.政府资金	2.企业资金	3.境外资金	4.其他资金	
104747.8	**33257.4**	**890316.7**	**261374.6**	**15696.9**	**185929.9**
21497.5	30105.5	416981.3		14534.4	148878
608.7	6054.9	28040.5		3279.8	14233
1264.5	82.1	62828.7		356.8	1345.6
81985.8	3069.8	410506.7	261374.6	805.7	35706.3
134.3	42.5	1891.4			639.2
128.4	10.4	1341.9			639.2
5.9	32.1	549.5			
102684.9	25395	808297.7	256184.8	13712.4	65796
24989	3613.3	162551.7	104720.9	2204.6	9207.8
51016.8	311.5	189409.9		8.7	244.6
26679.1	21470.2	456336.1	151463.9	11499.1	56343.6
1785.3	7635.5	61753.1	5189.8	686.3	118448.4
16.1	50	577.4			
1769.2	7585.5	61175.7	5189.8	686.3	118448.4
133.1	85.9	17483.3		1065.1	684.9
		87.5			
133.1	35.8	7177.9		258.3	282.9
	50.1	10217.9		806.8	402
10.2	98.5	891.2		233.1	361.4
0.5	38.7	287.8		233.1	
9.7	59.8	603.4			361.4
5641.6	17686.8	111306.9		6930.6	114358.5
99106.2	15570.6	779009.8	261374.6	8766.3	71571.4
104747.8	33257.4	890316.7	261374.6	15696.9	185929.9
937.1	129.1	8825.1	3172	66.3	2313.7
5658.8	1802.6	58874.3		168.7	10331.7
25496.4	3910.5	182055.3	249148.2	842.6	27977.5
3690.7	2193.8	39894.9		455.1	1316.9
431.7	454.3	11428.2			
68434.4	24151.6	572664.1	9054.4	14164.2	142566.8
	190	176			
5.9	32.1	549.5			
83.1	333.6	11256.3			907.9
		4145.6			515.4
9.7	59.8	447.4			

1-21 非工业企业(单位)R&D项目情况

项目	项目数合计(项)	本年度参加项目人员(人)	项目人员折合全时当量(人年)	本年度项目经费内部支出(万元)	#政府资金
合计	**1755**	**35679**	**28137.8**	**1016982.2**	**24517.6**
一、按登记注册类型分					
内资企业	1402	19088	13695.9	378885.1	21419.9
#国有企业	122	856	520.7	25651.1	4770.5
港、澳、台商投资企业	96	1917	1497.5	53845.1	50
外商投资企业	257	14674	12944.4	584252	3047.7
二、按行业大类分					
交通运输、仓储和邮政业	39	148	53.4	1825.3	
铁路运输业					
道路运输业	28	91	36.5	1245.7	
水上运输业					
航空运输业	11	57	16.9	579.6	
管道运输业					
装卸搬运和运输代理业					
仓储业					
邮政业					
信息传输、软件和信息技术服务业	1348	32757	25912.4	936580.4	19224.2
电信、广播电视和卫星传输服务	126	5305	4261.5	249702	2571.4
互联网和相关服务	70	5178	4123.3	140164.4	200
软件和信息技术服务业	1152	22274	17527.7	546714	16452.8
租赁和商务服务业	291	1964	1456.7	59079.8	5189.9
租赁业	3	16	5.8	558.9	50
商务服务业	288	1948	1450.8	58520.9	5139.9
水利、环境和公共设施管理业	68	729	655.9	18321.3	33
水利管理业	1	3	0.6	87.5	
生态保护和环境治理业	50	296	236	7177.9	33
公共设施管理业	17	430	419.3	11055.9	
文化、体育和娱乐业	5	71	59.4	1035.6	70.5
新闻和出版业	3	46	37.4	372.4	10.7
广播、电视、电影和影视录音制作业	2	25	21.9	663.2	59.8
文化艺术业					
体育					
娱乐业					
三、按隶属关系分					
中央	474	4121	3140.1	99979.2	14187
地方	1281	31558	24997.7	917003	10330.6

1-21 续表

项 目	项目数合 计(项)	本年度参加项目人 员(人)	项目人员折合全时当 量(人年)	本年度项目经费内部支出(万元)	#政府资金
四、按地区分					
市辖区	1755	35679	28137.8	1016982.2	24517.6
东城区	37	224	179.1	8496	102.2
西城区	93	1302	1080.1	46537.5	1732.9
朝阳区	252	10140	9272.9	419235.3	2044.7
丰台区	183	1464	1176.7	40814.5	2050.1
石景山区	31	496	470.3	8744.2	454.3
海淀区	1092	21398	15464.2	477936	17732.1
门头沟区					
房山区	1	22	22	190	190
通州区					
顺义区	11	57	16.9	579.6	
昌平区	42	375	259.2	9888.3	151.5
大兴区	12	189	185.2	4053.6	
怀柔区	1	12	11.1	507.2	59.8
平谷区					
县					
密云县					
延庆县					
五、按科技项目来源分					
国家科技项目	135	1818		32574.6	15509.5
地方科技项目	50	549		15842	2825.7
(其他)企业委托科技项目	164	1655		27671.2	1144.9
自选科技项目	1254	23050		550228.3	3733.5
来自境外的科技项目	63	7689		366915.2	4
其他科技项目	89	918		23750.9	1300
六、按科技项目合作形式分					
与境外机构合作	51	5116		206099	126.7
与国内高校合作	100	1261		30481.1	6044.7
与国内独立研究机构合作	40	617		8330.4	705.9
与境内注册外商独资企业合作	15	116		1748.7	118
与境内注册其他企业合作	170	1748		41480.8	5678
独立完成	1310	25501		674686.5	11585.5
其他	69	1320		54155.7	258.8
七、按科技项目活动类型分					
基础研究	5	14		305	144
应用研究	61	1079		41612.7	3457.8
试验发展	1689	34586		975064.5	20915.8

1-22 法人单位

项　　　目	单位数	营业收入	#主营业务收　入
合　计	**630545**	**13669886663.6**	**13427753226.8**
一、按登记注册类型分			
内资	617359	11070197956.7	10868447149.3
国有	22094	1309551044.7	1276486463.9
集体	13845	54640710.7	52199486.0
股份合作	14456	44427166.4	43557759.0
国有联营	90	479984.8	476027.3
集体联营	360	631107.5	614192.2
国有与集体联营	121	2131530.5	2068201.5
其他联营	792	1065110.4	1015668.3
国有独资公司	1433	1757512053.1	1697866454.9
其他有限责任公司	148448	4499980205.0	4434547835.5
股份有限公司	5011	1813327136.9	1796012605.6
私营独资	36562	32244549.7	31714941.5
私营合伙	9406	24853253.2	24445484.3
私营有限责任公司	338782	1464527527.2	1443769505.3
私营股份有限公司	6059	57122577.4	56366181.4
其他	19900	7703998.9	7306342.5
港澳台商投资	4960	672491409.7	660981445.5
与港澳台商合资经营	1162	149261433.0	145833234.2
与港澳台商合作经营	201	25701362.2	25352062.1
港澳台商独资	3464	398827009.1	393198293.2
港澳台商投资股份有限公司	89	98669212.3	96565501.6
其他港澳台商投资	44	32393.2	32354.4
外商投资	8226	1927197297.2	1898324632.0
中外合资经营	2073	660292295.7	654720720.8
中外合作经营	205	21381415.5	21153182.5
外资企业	5602	1225576090.2	1203218883.1
外商投资股份有限公司	179	16411118.3	15700200.1
其他外商投资	167	3536377.5	3531645.5
二、按隶属关系分			
中央	9747	5632481855.2	5525291487.5
省(自治区、直辖市)	9197	1213113940.7	1193051005.6
地(区、市、州、盟)	25744	410327715.2	401868813.7
县(区、市、旗)	1463	6040639.9	5939009.7
街道	1997	15214909.8	14999949.0
镇	3147	62039035.5	61282285.2
乡	1114	12414047.8	11683509.7
社区(居委会)	2901	203490.0	166908.9
村委会	11315	9884369.6	8957211.7
其他	563920	6308166659.8	6204513045.7
三、按机构类型分			
企业	591815	13631725698.8	13391169277.5
事业单位	11875	20538479.8	19667147.4
机关	2152	575.7	
社会团体	5756	110129.5	97709.1
民办非企业单位	3729	5593843.7	5557456.4
基金会	403	3766.4	3766.4

主要财务状况

单位：个、千元

企业主要经济指标				非企业主要财务指标	
营业税金及附加	#主营业务税金及附加	资产总计	实收资本	非企业单位支出（费用）	年末资产
189965129.0	**184454460.1**	**100555816009.6**	**15173700133.5**	**896713426.3**	**21522705768.2**
155309946.8	150230198.3	95169904564.2	14164373379.5	896432632.1	21522322435.0
17133390.3	15468180.4	10534032718.3	2757324719.5	829826175.4	21323200601.0
1208723.5	1132846.8	239970245.5	30024579.7	7977982.9	28425871.0
608770.4	581259.6	109443294.6	21212474.2	278041.7	378886.2
6232.1	6157.1	1773396.5	585671.9	105317.7	189616.9
6279.7	5938.9	1814117.3	1181227.8	68603.6	129023.2
14287.6	12418.8	4048645.8	2023845.7	16994.4	192549.4
11529.1	10485.8	2295823.8	1114823.1	94897.6	323793.4
9783376.9	9204182.0	9383256104.2	3748257831.3	32398.0	3198783.3
64532141.4	62858986.7	13165539611.6	3219890513.8	252770.9	154022.6
45282643.6	44838967.4	58725335438.6	3197456201.9	14683.7	18134.7
389430.9	374339.7	63976475.4	23108381.1	1579447.4	2341610.3
407903.3	377888.1	183252369.1	136638576.8	622859.2	361658.3
14783629.0	14244589.7	2541909066.5	959091823.9	1215878.3	1149151.8
859920.5	849795.7	154116393.1	41090967.6	32973.0	32763.7
281688.6	264161.5	59140863.9	25371741.3	54313608.2	162225969.2
11218845.2	11044503.6	1695849348.3	450121901.2	25501.2	58859.3
4642638.8	4573677.8	339404900.1	98134646.9	411.0	2789.1
1837673.1	1799349.1	130148678.5	28398690.6	7752.5	14522.1
4354374.5	4289146.7	979612665.0	295968842.9	2144.0	667.0
383457.5	381639.7	246382951.1	27467296.8		
701.3	690.3	300153.6	152424.1	15193.8	40881.1
23436337.0	23179758.2	3690062097.1	559204852.7	255292.9	324473.9
14953130.4	14864757.8	937580496.6	187983120.7	140.7	173.2
1039609.6	1028429.8	68114709.6	14246186.8	140591.0	239413.0
6858814.5	6787809.8	2442259788.8	321674934.9	94396.5	82520.8
555124.8	469781.9	238989532.3	33750881.3		
29657.7	28978.7	3117569.8	1549728.9	20164.8	2366.8
63082341.7	60573036.3	71222736693.2	9509065725.7	447540175.8	20642721342.9
36534466.4	35852826.1	8172561869.1	904900598.4	180347177.5	407973663.4
11407315.9	11142692.7	3683780525.9	450427591.5	210446122.9	292013236.7
78125.3	76391.4	46164171.9	7353758.7	8351557.3	7185659.4
168753.8	166330.8	26747610.5	7709941.5	5184741.7	8144891.6
931858.5	915691.1	218981619.8	54531468.6	12405938.0	25162837.7
419919.2	397594.7	145643154.1	10678667.1	2517620.8	11544857.4
3672.5	1692.3	1327408.7	506418.3	159881.6	393617.4
296684.2	265463.1	150812122.3	12512643.4	10541470.3	92726411.9
77041991.6	75062741.7	16887060834.3	4216013320.4	19218740.5	34839249.7
189154084.0	183669801.1	100434699590.8	15153877788.6	585869.0	4008693.0
486511.7	479295.7	65791278.4	13500642.1	554602904.6	21021838564.4
2.1	2.1	7368.4	10000.0	252592861.6	282490450.2
2228.2	2066.0	437153.0	169765.3	32063465.7	58014549.9
152753.6	152382.0	7869269.8	1117025.0	15932944.3	25153833.8
		186339.7	27021.9	29178736.8	32412043.0

1-22 续表 1

项　　目	单位数		
		营业收入	#主营业务收　入
居委会	2689		
村委会	3951	511.8	511.8
其他组织机构	8175	11913657.9	11257358.3
四、按控股情况分			
国有控股	20563	7972137362.0	7819537794.8
集体控股	20796	309222681.4	302109298.6
私人控股	531409	2990831670.4	2947740456.8
港澳台商控股	4687	536091379.4	526710900.9
外商控股	7383	1603781909.8	1577570476.8
其他	21287	254905486.7	251306374.0
五、按开业时间分			
1949年及以前	757	164550970.5	161874023.1
1950-1952年	489	161869933.9	159713790.6
1953-1957年	1084	205299363.2	200223229.2
1958-1962年	919	35631359.6	34558946.0
1963-1965年	353	30360741.9	29819085.3
1966-1970年	244	8732079.4	8373203.0
1971-1975年	495	21950848.5	21354535.4
1976-1980年	1801	258716149.0	256048231.7
1981-1985年	6380	551376996.4	547169412.2
1986-1995年	24921	2134566936.2	2100283356.6
1996-2000年	41170	1973759844.5	1934210387.9
2001-2004年	92122	3540076162.2	3489990095.1
2005-2008年	138126	2389297620.5	2316457409.2
2009年	51522	751306572.7	742903520.9
2010年	60130	658251326.6	648462826.2
2011年	67363	449217781.9	444819677.1
2012年	70918	268223193.6	265594696.1
2013年	71030	66696267.5	65894294.6
六、按单位规模分(仅限企业法人)			
大型	1839	5903772031.7	5779031781.8
中型	8956	3461790037.6	3405006755.9
小型	68599	1846538126.9	1813876930.7
微型	502863	605249103.2	588469690.6
七、按四大城市功能区分			
首都功能核心区	81797	3793665889.7	3710438407.9
东城区	38710	1659246899.6	1644399753.2
西城区	43087	2134418990.1	2066038654.8
城市功能拓展区	350737	7087658529.7	6975825638.6
朝阳区	141018	3239724279.7	3192948867.7
丰台区	62130	671741414.2	662630683.2
石景山区	18672	308808083.6	303449680.4
海淀区	128917	2867384752.2	2816796407.3
城市发展新区	147352	2444966032.4	2405258160.9
房山区	22823	303334141.5	298667205.1
通州区	33809	298615392.9	294657048.9
顺义区	20450	638841798.6	629883984.5
昌平区	34342	433662943.7	425252128.3
大兴区(除北京经济技术开发区)	30829	273501507.3	269208838.0
北京经济技术开发区	5099	497010248.4	487588956.2

单位：个、千元

企业主要经济指标				非企业主要财务指标	
营业税金及附加	#主营业务税金及附加	资产总计	实收资本	非企业单位支出(费用)	年末资产
				130809.4	309150.4
60.0	60.0	46884.7	2140.5	8410264.7	72943083.5
169489.6	150853.2	46778125.0	4995750.1	3215570.2	25535400.0
116569287.8	112888380.9	84224786654.6	11670887131.2	22767948.2	180405986.0
4874171.0	4587744.3	1009076029.0	137676202.0	1666552.7	11180741.2
38976476.8	37798497.0	7574870132.6	2206050634.3	3818849.8	5246483.6
10150269.4	10016519.9	1325905782.4	375186104.3	19558.9	45795.6
11051499.8	10942088.2	2963939703.8	425846889.2	55957.1	45619.6
8275728.4	8156436.0	3448868956.9	356724387.9	9850893.9	20894984.7
788152.3	721573.1	3563208705.9	342667266.5	116702220.3	19850011425.8
1988555.3	1937396.8	366753628.3	61267139.9	41564595.1	100400961.6
5681733.2	5546315.7	1624493909.3	224507666.4	87523665.6	191645330.3
518613.6	501089.1	82718790.2	17893169.9	101523340.0	222867137.4
453424.9	443231.2	54380918.3	8866875.3	17247080.7	27566146.0
2355839.4	2354987.3	14736405.7	3414366.7	17835624.8	34057085.8
651099.6	630215.4	35624829.9	5897307.7	15929922.9	35566653.5
4691838.3	4631920.3	8130454844.6	574652381.9	42613526.7	73180095.5
11649513.8	11519012.0	13650834524.1	951926573.2	65376122.1	131484754.1
31310424.5	30044463.5	20851416835.1	1924952162.1	132237723.2	229731251.7
38333924.8	36761720.1	11394478132.8	2022366085.1	55941415.0	138940989.5
38966700.4	38291825.1	19270420873.3	2886675273.7	115041308.4	177111816.3
29690987.2	28936537.7	14899117682.5	3721078055.2	43585480.9	234612253.4
7766591.7	7562769.1	1950644684.3	715040818.7	13684733.0	17448317.3
6863526.2	6630525.1	1399024859.7	400082128.7	11810267.5	27349594.9
4710912.7	4600838.0	1614559621.8	607679622.0	9537753.7	16865359.5
2202584.7	2069776.3	905221995.2	371351377.7	5611990.5	8566546.9
1340692.8	1270250.6	739677982.7	329494677.9	2944537.3	5291335.5
74700893.2	72541456.0	12119028826.2	2947646438.7	26128762.0	81120166.7
44731644.7	43557562.3	8383222005.5	1721499197.6		
15915646.3	15065445.4	5089541862.2	1641080721.4	63166.2	114309.0
8044793.3	7166033.5	6372131039.2	2594319125.6	49743.8	294492.4
57988404.5	56684889.4	67116123792.9	8179623648.2	289226209.8	20077155251.8
15771044.0	15488442.1	13027215348.4	3571126065.6	129315165.4	168629513.6
42217360.4	41196447.3	54088908444.5	4608497582.6	159911044.3	19908525738.2
78178555.2	74943962.7	27931647297.1	5731027061.8	443449193.0	1116507359.9
36935095.0	35385323.6	11536377531.5	2602664143.1	112605960.9	384514324.6
9721930.2	9427999.1	2003086199.9	469541302.7	63227346.9	143110480.2
3954496.5	3840760.1	852326309.9	163342874.3	15589455.8	30762693.5
27567033.5	26289880.0	13539857255.7	2495478741.6	252026429.3	558119861.6
48189046.2	47362534.4	4712392202.0	1043482495.3	109923459.8	230017957.1
9421993.6	9362171.7	453554044.0	85018821.8	19792273.2	38914787.3
7108046.7	6966855.8	709264243.4	121824498.9	23368743.3	56942082.1
15136578.9	14908078.8	1370155256.1	236852433.4	17162431.5	32290270.9
5164198.2	4940208.8	919577816.5	265891753.0	27669653.6	46310961.1
4457041.9	4361759.0	581564273.2	122944230.0	20513257.2	53832998.7
6901187.0	6823460.2	678276568.8	210950758.2	1417101.1	1726857.0

1-22 续表 2

项目	单位数	营业收入	#主营业务收入
生态涵养发展区	50659	343596211.9	336231019.4
门头沟区	8795	50960478.7	50244786.6
怀柔区	13845	113333609.5	111478270.4
平谷区	9736	67108671.9	64788899.9
密云县	13576	87665990.3	85816696.4
延庆县	4707	24527461.5	23902366.2
八、按六大高端产业功能区分			
六大高端产业功能区合计	63308	5303426847.7	5236177371.6
#北京经济技术开发区	5099	497010248.4	487588956.2
中关村国家自主创新示范区	15258	3026936096.5	2982049608.2
金融街功能区	3542	820345631.3	813967603.8
北京商务中心区	20229	731974093.8	723852359.9
奥林匹克中心区	13577	315131823.9	311787765.0
临空经济区	6641	398617493.0	394804504.8
九、按三次产业分			
第二产业	51831	3003613758.0	2949936644.4
第三产业	578714	10666272905.6	10477816582.4
十、按行业门类分			
采矿业	127	141920796.9	139350824.7
制造业	33055	1456505166.9	1419756929.3
电力、热力、燃气及水生产和供应业	638	406681757.9	405051920.3
建筑业	18486	1024349259.3	1011351974.2
批发和零售业	190704	5535346562.5	5424007777.7
交通运输、仓储和邮政业	14290	487599324.3	479915242.3
住宿和餐饮业	16323	102056212.5	100961748.4
信息传输、软件和信息技术服务业	47602	568633142.7	558398782.7
金融业	3811	1672504398.7	1669100121.6
房地产业	17805	495903293.9	484410562.1
租赁和商务服务业	134926	1010229522.5	979612961.2
科学研究和技术服务业	71206	579856379.7	573963654.2
水利、环境和公共设施管理业	3964	36104722.0	35471331.0
居民服务、修理和其他服务业	18735	30603643.2	28799313.3
教育	11145	17753570.3	17510121.5
卫生和社会工作	3810	13189749.3	13030721.4
文化、体育和娱乐业	26784	90515568.7	86938928.0
公共管理、社会保障和社会组织	17134	133592.3	120312.8
十一、按行业大类分			
采矿业	127	141920796.9	139350824.7
煤炭开采和洗选业	36	71742751.4	71526781.4
石油和天然气开采业	9	794859.1	692428.1
黑色金属矿采选业	17	47906218.6	45806316.6
有色金属矿采选业	3		
非金属矿采选业	49	431277.8	409134.6
开采辅助活动	12	21045690.1	20916164.1
其他采矿业	1		
制造业	33055	1456505166.9	1419756929.3
农副食品加工业	909	43868718.7	43466728.1
食品制造业	939	44418892.7	43452027.6

单位：个、千元

企业主要经济指标				非企业主要财务指标	
营业税金及附加	#主营业务税金及附加	资产总计	实收资本	非企业单位支出(费用)	年末资产
5609123.1	5463073.7	795652717.5	219566928.2	54114563.8	99025199.4
1164009.2	1142803.2	151851493.4	36284037.0	14936644.1	43317131.1
1547013.4	1508472.2	188319462.2	58186888.9	9432921.3	17224119.7
801538.2	759539.4	185668191.8	58428963.3	8986074.7	13659561.9
1598860.4	1560729.5	188415958.6	44781164.3	11657955.4	11063678.8
497701.9	491529.3	81397611.5	21885874.7	9100968.3	13760708.0
74776020.0	73311453.1	56862786805.9	4904049142.4	85873281.6	304911363.9
6901187.0	6823460.2	678276568.8	210950758.2	1417101.1	1726857.0
24649942.1	24222507.6	5004504980.0	1185536505.2	12942928.9	20618817.4
26656339.1	26162271.8	46837865056.6	2777338913.4	33091760.3	67450576.6
8846488.6	8642660.4	3066694831.1	543887047.1	14639534.7	21517642.9
3847400.5	3629496.1	1111840697.7	230137483.2	18570070.0	175580639.3
10037244.1	9934721.9	761723728.8	139597205.8	5211886.4	18016830.7
53872744.4	53217449.0	5137466036.9	1072004522.0	500069.9	775408.2
136092384.7	131237011.1	95418349972.7	14101695611.5	896213356.4	21521930359.9
864543.4	817455.3	292710878.9	66837856.5		
26196517.3	25954032.5	1782735914.1	445579372.8	2314.0	1085.6
1992331.9	1937437.0	1319870498.8	281076741.8	356121.4	567014.4
25160556.7	24848142.5	1801903270.8	308587262.7	143878.5	207977.8
11089446.4	10382513.7	4039888251.0	771874573.9	267.4	13443.5
5589183.1	5369136.9	1517302141.0	584035046.3	181651.7	391430.2
5530394.2	5459515.7	204764383.1	58632415.9	27230.1	92201.9
7249276.6	7078973.0	2799944769.0	978556281.3	7212841.9	20677423.0
40860011.1	40646886.2	67698799797.7	5820355205.7	9093138.9	19634847999.8
45201962.8	44335990.1	4708636352.9	720044349.9	1000959.1	4351426.6
11546191.6	9394623.8	11695303210.1	4334569145.5	20676950.2	100424666.3
5050296.6	4724182.3	2033258077.3	637686514.9	144921918.2	397201383.5
830593.5	816706.9	251650537.6	25440616.7	16761615.2	35438261.8
791499.7	725513.3	81511839.8	35224680.2	2897125.7	8257800.5
526777.0	517728.0	36095237.4	10406087.1	145739593.1	334993650.0
27421.5	25875.0	17425394.1	6259149.3	124191476.7	116391015.4
1455057.9	1417143.5	273205475.3	88322048.3	61150685.2	163522150.3
3067.8	2604.4	809980.7	212784.7	362355659.1	705326837.5
864543.4	817455.3	292710878.9	66837856.5		
274661.0	273601.0	28759460.3	6958328.8		
44987.4	42053.4	14308212.9	3295040.0		
226636.9	185203.9	196252728.9	28631237.0		
		5500.0	5500.0		
5428.1	4619.1	739743.3	142837.7		
312830.0	311978.0	52600750.2	27754913.0		
		***	***		
26196517.3	25954032.5	1782735914.1	445579372.8	2314.0	1085.6
784213.6	783619.2	39064807.0	7796847.3		
268985.6	259722.8	37368791.1	14706336.4		

1-22 续表 3

项目	单位数	营业收入	#主营业务收入
酒、饮料和精制茶制造业	386	24577582.4	23315590.2
烟草制品业	1	***	***
纺织业	440	5762196.0	5659407.7
纺织服装、服饰业	2633	21963480.6	21690264.7
皮革、毛皮、羽毛及其制品和制鞋业	237	2050674.0	2021639.9
木材加工和木、竹、藤、棕、草制品业	879	3269260.5	3199253.8
家具制造业	1361	10614102.7	10414058.2
造纸和纸制品业	889	9744323.8	9548703.7
印刷和记录媒介复制业	1538	18977728.2	18276625.9
文教、工美、体育和娱乐用品制造业	731	11590239.5	11370463.6
石油加工、炼焦和核燃料加工业	193	88342155.2	82417938.0
化学原料和化学制品制造业	1887	42632074.5	41734573.1
医药制造业	542	64936013.5	62482169.2
化学纤维制造业	30	281795.2	277092.1
橡胶和塑料制品业	1595	18641045.3	18001883.8
非金属矿物制品业	2518	60813240.1	59469963.1
黑色金属冶炼和压延加工业	328	17287071.4	17063776.1
有色金属冶炼和压延加工业	245	9275531.4	8584497.2
金属制品业	3767	44596493.0	42490208.6
通用设备制造业	2905	67033841.9	65261429.4
专用设备制造业	2269	77504173.2	74486010.8
汽车制造业	724	338962502.4	332070249.9
铁路、船舶、航空航天和其他运输设备制造业	211	28298491.1	27997288.3
电气机械和器材制造业	1934	82836077.7	80414754.7
计算机、通信和其他电子设备制造业	1134	265772004.1	263150064.4
仪器仪表制造业	1044	33455972.9	32829722.6
其他制造业	251	8319354.0	8229379.6
废弃资源综合利用业	72	1056766.2	1028677.0
金属制品、机械和设备修理业	463	4797533.0	4658840.0
电力、热力、燃气及水生产和供应业	638	406681757.9	405051920.3
电力、热力生产和供应业	445	377150561.2	375979335.2
燃气生产和供应业	52	23742381.0	23446463.1
水的生产和供应业	141	5788815.7	5626122.0
建筑业	18486	1024349259.3	1011351974.2
房屋建筑业	2054	463518019.4	460308740.1
土木工程建筑业	2173	351161639.8	343786089.6
建筑安装业	2720	105069303.6	103831423.3
建筑装饰和其他建筑业	11539	104600296.5	103425721.2
批发和零售业	190704	5535346562.5	5424007777.7
批发业	94660	4769688787.9	4676300508.4
零售业	96044	765657774.6	747707269.4
交通运输、仓储和邮政业	14290	487599324.3	479915242.3
铁路运输业	141	118077119.5	113213045.1
道路运输业	7836	58657841.6	57590590.0
水上运输业	41	387058.2	386353.3
航空运输业	92	104544409.2	103960875.8
管道运输业	15	19704106.8	19532436.8
装卸搬运和运输代理业	3795	87475677.0	87024788.9
仓储业	1826	74251121.1	74032504.2
邮政业	544	24501990.9	24174648.3

单位：个、千元

企业主要经济指标				非企业主要财务指标	
营业税金及附加	#主营业务税金及附加	资产总计	实收资本	非企业单位支出（费用）	年末资产
930509.8	924451.5	43873689.7	12162981.9		
***	***	***	***		
25978.3	22979.1	8373644.1	3358871.5		
119184.7	116160.7	28018010.0	7169444.6		
6818.9	6437.3	2073287.0	456797.1		
18441.0	14051.4	5056335.7	2248968.4		
65606.9	62435.0	16188356.9	5019026.0		
40059.5	38670.6	10030750.3	3225909.1	70.0	416.1
129725.2	122587.6	30994378.3	11123222.2		
34868.3	28611.8	14650175.1	3601670.2		
6144035.0	6132108.1	31302624.3	1438667.8		
223690.0	220171.2	62344935.8	21820192.0		
628318.1	626064.5	98588124.2	20608193.9		
1538.9	1538.9	697554.2	310813.2		
86206.5	76570.9	25328273.5	8160126.9		
303751.8	289775.5	106534429.2	26081389.1		
32409.2	29791.2	30004924.6	7535606.1		
144665.8	143687.6	9788408.9	3067859.7		
242274.8	213215.8	68091565.0	19035814.7		
319254.6	305763.0	105596795.9	28574978.2		
521523.1	509301.5	203403835.2	51453176.0		
11494696.0	11432931.9	292606055.1	55120436.0		
100476.0	98650.3	49733416.2	8631414.6		
365634.9	360033.2	136174469.9	34763002.1		
563651.8	541163.7	249053554.1	70331263.9		
202441.0	197167.5	50773708.9	10506693.4		
33726.2	33633.2	14203499.2	3495233.7		
5737.8	5378.0	2087338.1	522880.8		
28375.0	27640.4	7153775.6	2321798.8	2244.0	669.5
1992331.9	1937437.0	1319870498.8	281076741.8	356121.4	567014.4
1772378.0	1733267.6	1221881332.8	246986016.5	352590.1	553783.4
189532.0	179773.6	41091241.0	6441593.0		
30421.9	24395.8	56897925.1	27649132.3	3531.3	13230.9
25160556.7	24848142.5	1801903270.8	308587262.7	143878.5	207977.8
11591082.4	11478113.3	704582287.7	98793202.4		
8051286.4	7952743.2	826163061.9	144407009.0	143878.5	207977.8
2456931.0	2425882.3	114053785.9	23600788.3		
3061256.9	2991403.7	157104135.2	41786263.0		
11089446.4	10382513.7	4039888251.0	771874573.9	267.4	13443.5
7982065.3	7527448.3	3479890805.6	626224624.7	18.4	4469.8
3107381.1	2855065.4	559997445.3	145649949.2	249.0	8973.7
5589183.1	5369136.9	1517302141.0	584035046.3	181651.7	391430.2
3361301.9	3266724.9	573753917.2	371701524.2		
668585.2	627851.5	211502886.8	64910507.0	15864.2	24036.8
925.2	890.2	1376327.5	373085.3		
311710.3	302806.3	237496924.4	29421142.9	133538.1	325553.5
285813.9	255611.9	135144603.6	61248466.7		
262739.3	252661.9	83456998.5	32165532.3	4122.9	16983.1
114797.2	83730.6	224074936.3	9059898.0		
583310.2	578859.6	50495546.8	15154889.9	28126.5	24856.8

1-22 续表 4

项　　目	单位数	营业收入	#主营业务收入
住宿和餐饮业	16323	102056212.5	100961748.4
住宿业	4810	39267193.4	38917757.3
餐饮业	11513	62789019.1	62043991.1
信息传输、软件和信息技术服务业	47602	568633142.7	558398782.7
电信、广播电视和卫星传输服务	1160	108907632.6	104789971.6
互联网和相关服务	3744	71319472.6	70860898.6
软件和信息技术服务业	42698	388406037.6	382747912.5
金融业	3811	1672504398.7	1669100121.6
货币金融服务	652	511947994.2	511772878.5
资本市场服务	1892	285003978.1	283345202.4
保险业	614	361535124.1	361434638.1
其他金融业	653	514017302.3	512547402.6
房地产业	17805	495903293.9	484410562.1
房地产业	17805	495903293.9	484410562.1
租赁和商务服务业	134926	1010229522.5	979612961.2
租赁业	5746	14016527.2	13869634.7
商务服务业	129180	996212995.3	965743326.6
科学研究和技术服务业	71206	579856379.7	573963654.2
研究和试验发展	4885	40640692.0	39538797.9
专业技术服务业	25255	372830163.7	370021196.0
科技推广和应用服务业	41066	166385524.1	164403660.4
水利、环境和公共设施管理业	3964	36104722.0	35471331.0
水利管理业	360	1272185.2	1172838.9
生态保护和环境治理业	345	9954469.0	9903123.3
公共设施管理业	3259	24878067.8	24395368.8
居民服务、修理和其他服务业	18735	30603643.2	28799313.3
居民服务业	8275	6829297.9	6605463.8
机动车、电子产品和日用产品修理业	6166	14226827.9	13636901.3
其他服务业	4294	9547517.4	8556948.2
教育	11145	17753570.3	17510121.5
教育	11145	17753570.3	17510121.5
卫生和社会工作	3810	13189749.3	13030721.4
卫生	2923	13016368.7	12875386.2
社会工作	887	173380.6	155335.2
文化、体育和娱乐业	26784	90515568.7	86938928.0
新闻和出版业	1808	42149756.2	39517954.9
广播、电视、电影和影视录音制作业	2869	26580831.8	26179246.6
文化艺术业	15464	11770180.1	11510323.3
体育	2630	5839803.0	5641584.9
娱乐业	4013	4174997.6	4089818.3
公共管理、社会保障和社会组织	17134	133592.3	120312.8
中国共产党机关	265		
国家机构	3806	24551.9	23692.9
人民政协、民主党派	86		
社会保障	274	373.6	373.6
群众团体、社会团体和其他成员组织	6063	108155.0	95734.5
基层群众自治组织	6640	511.8	511.8

单位：个、千元

企业主要经济指标				非企业主要财务指标	
营业税金及附加	#主营业务税金及附加	资产总计	实收资本	非企业单位支出（费用）	年末资产
5530394.2	5459515.7	204764383.1	58632415.9	27230.1	92201.9
2149962.7	2137737.0	148512969.9	44871300.9	27230.1	92066.9
3380431.5	3321778.7	56251413.2	13761115.0		135.0
7249276.6	7078973.0	2799944769.0	978556281.3	7212841.9	20677423.0
2711279.6	2593256.6	1919318569.7	660690797.1	773397.0	5197610.9
1475458.6	1467843.8	147127897.6	74103195.6	1298507.2	3552185.1
3062538.4	3017872.7	733498301.7	243762288.6	5140937.7	11927627.0
40860011.1	40646886.2	67698799797.7	5820355205.7	9093138.9	19634847999.8
30406170.3	30400343.3	56059822741.9	1926616372.4	6763596.0	19631881729.0
3189073.7	3156125.8	3826779651.3	2017491016.7	2097113.7	2114799.6
2798007.8	2793746.0	2830004868.2	312070035.0	218773.0	834680.0
4466759.2	4296671.2	4982192536.2	1564177781.7	13656.2	16791.2
45201962.8	44335990.1	4708636352.9	720044349.9	1000959.1	4351426.6
45201962.8	44335990.1	4708636352.9	720044349.9	1000959.1	4351426.6
11546191.6	9394623.8	11695303210.1	4334569145.5	20676950.2	100424666.3
246655.6	243114.4	54547958.0	16504029.2	64847.0	103561.0
11299536.0	9151509.5	11640755252.1	4318065116.4	20612103.2	100321105.3
5050296.6	4724182.3	2033258077.3	637686514.9	144921918.2	397201383.5
288596.5	238717.1	283170138.5	92477838.9	108332476.1	289221507.0
3310647.6	3129860.0	1203993969.4	349070423.6	23126193.6	85683133.3
1451052.5	1355605.2	546093969.4	196138252.4	13463248.5	22296743.3
830593.5	816706.9	251650537.6	25440616.7	16761615.2	35438261.8
20467.5	15234.5	18592687.4	4135898.6	2586598.4	11874384.7
112560.0	111711.3	24929095.0	6757939.6	941649.8	2835513.3
697566.1	689761.1	208128755.3	14546778.5	13233366.9	20728363.8
791499.7	725513.3	81511839.8	35224680.2	2897125.7	8257800.5
276309.5	271279.3	15520192.7	3619752.2	2058555.6	3956569.1
148766.4	134872.0	16522356.5	8196856.2	82521.1	160335.5
366423.7	319362.0	49469290.6	23408071.9	756049.0	4140895.9
526777.0	517728.0	36095237.4	10406087.1	145739593.1	334993650.0
526777.0	517728.0	36095237.4	10406087.1	145739593.1	334993650.0
27421.5	25875.0	17425394.1	6259149.3	124191476.7	116391015.4
25559.5	24058.5	16024958.8	4822200.2	116068330.6	107436604.5
1862.0	1816.5	1400435.3	1436949.1	8123146.1	8954410.9
1455057.9	1417143.5	273205475.3	88322048.3	61150685.2	163522150.3
485817.8	467686.4	111386768.1	26561162.6	6828326.4	14583376.8
310356.9	302536.1	74078810.2	25121962.9	36635798.5	101965555.4
178571.4	172303.8	46882074.5	22520787.8	11108485.4	31057453.6
266608.3	264585.8	25397419.6	7701343.4	3451060.0	12821015.9
213703.4	210031.2	15460403.0	6416791.6	3127014.9	3094748.6
3067.8	2604.4	809980.7	212784.7	362355659.1	705326837.5
				14334580.8	14692198.8
777.7	476.6	151634.2	13897.0	276339393.3	525164932.0
				1068758.2	2867116.0
15.3	15.3	3043.0	200.0	2075105.6	900176.7
2214.8	2052.6	608418.8	196547.2	59996747.1	88450179.9
60.0	60.0	46884.7	2140.5	8541074.1	73252234.0

1-23 外商投资

项目	单位数（个）	固定资产原价	#本年折旧	资产总计
合计	**13186**	**782860267**	**49301208**	**5382630634**
一、按登记注册类型分				
港澳台商投资	4960	468103580	26793364	1697050421
与港澳台商合资经营	1162	111650962	4452941	339426785
与港澳台商合作经营	201	20615376	1266901	130148678
港澳台商独资	3464	148363714	10987655	979612665
港澳台商投资股份有限公司	89	187447615	10083400	247562139
其他港澳台投资	44	25912	2467	300154
外商投资	8226	314756688	22507844	3685580213
中外合资经营	2073	126719948	7561395	933098613
中外合作经营	205	8709135	453157	68114710
外资企业	5602	169036267	13862968	2442259789
外商投资股份有限公司	179	10083412	606787	238989532
其他外商投资	167	207926	23536	3117570
二、按隶属关系分				
中央	90	253798543	12324502	491492131
市	264	65789978	3925910	257982755
区(县)	158	4185474	267839	14514094
街道、镇、乡	24	1169344	80780	5599748
居民、村民委员会	8	54132	324	103302
其他	12642	457862796	32701853	4612938604
三、按国民经济行业分				
第二产业小计	2078	236936972	14898057	695480873
#制造业	1929	202034704	13326546	598704456
电力、燃气及水的生产和供应业	17	32054179	1294742	73084137
建筑业	129	932814	58572	18916659
第三产业小计	11108	540904307	33910608	3395777240
#批发和零售业	2244	30972551	3154060	599985067
交通运输、仓储和邮政业	190	245353063	12694202	270616114
住宿和餐饮业	392	28333764	1045706	48808941
信息传输、计算机服务和软件业	2187	124436414	10624186	1061492608
金融业	282	5038540	496519	1300838623
房地产业	589	73375656	3040915	596073798
租赁和商务服务业	3145	17176403	1729713	688653044
科学研究、技术服务和地质勘查业	1516	10942479	1038514	87718851
水利、环境和公共设施管理业	51	3854172	161093	15602106
居民服务和其他服务业	141	520459	42668	2846221
教育	92	987706	109697	2955962
卫生和社会工作	20	526951	38057	1579631
文化、体育和娱乐业	235	4087660	224205	9389424

企业主要财务状况

单位：千元

负债合计	所有者权益合计	#实收资本	营业收入	#主营业务收入	营业成本
3094164128	**2288399168**	**1009371754**	**2599010480**	**2558627850**	**1992910698**
1065295331	631754662	450156901	672577022	661067057	485248428
205067081	134359277	98139647	149263338	145835139	100143434
89332616	40816063	28398691	25701362	25352062	13638341
617135799	362476866	295968843	398827009	393198293	290800862
153594311	93967829	27497297	98752919	96649209	80659931
1830495580	134628	152424	32393	32354	5860
2028868797	1656644506	559214853	1926433458	1897560793	1507662270
614275060	318823553	187993121	659528457	653956882	523729425
45530536	22584174	14246187	21381416	21153183	12945620
1230172056	1212020822	321674935	1225576090	1203218883	958136206
136674422	102315110	33750881	16411118	15700200	10391674
2216723	900847	1549729	3536377	3531646	2459344
312664850	178826853	65063160	128442169	126862704	101448108
155775502	102207253	51894453	231583845	229186490	177310310
10817343	3696751	4723075	14657594	14419705	11384110
3750539	1849209	421106	13163983	13069012	11014137
43011	60291	99014	6489	6475	6156
2611112883	2001758811	887170946	2211156401	2175083465	1691747876
385780193	309633341	167923283	775891334	760067159	624697024
338434560	260202986	146212493	728577765	713253655	583619791
29030880	44053257	17570308	25435275	25228139	21961609
14678730	4237501	3132428	20351828	20058899	17978220
1646059242	1749717998	696583663	1726946164	1702538217	1309702083
372520839	227464228	102983846	922043393	906009196	779146548
162230827	108385287	46441221	145860054	145377613	112055841
34395843	14413097	15550064	29594014	29442415	10713242
194667689	866824919	208459381	190493012	186640005	101727076
1066366853	234471769	150585750	96354036	96201258	58523331
410710034	185363764	131146834	80449737	79673837	37526661
397159002	291494043	142202571	307131474	304511537	238908767
48259146	39459705	31366558	38234995	37894947	22536306
8686069	6916038	5250110	3984273	3976980	2761100
1861378	984843	1445620	2635479	2620892	1232184
2253689	702273	1369064	1867588	1853581	1103015
1049395	530236	423337	1052220	1052220	231009
7919423	1470002	3849690	3265820	3157049	1685770

1-23 续表 1

项　　目	单位数（个）	固定资产原价	#本年折旧	资产总计
四、按报表专业分				
工业	1959	236321636	14843099	677153584
建筑业	129	932814	58572	18916659
批发和零售业、住宿和餐饮业	2636	59306315	4199767	648794008
服务业	7907	444525024	28033509	2227963159
金融业	282	5038540	496519	1300838623
房地产开发经营业	273	36735938	1669742	508964602
五、按控股情况分				
国有控股	379	334154091	16609093	1021843936
集体控股	71	465347	23221	6285908
私人控股	864	10470343	830137	77775462
港澳台商控股	4484	202549993	13817146	1297833589
外商控股	7089	228787664	17688008	2920124289
其他	299	6034862	296378	37987514
六、按六大高端产业功能区分				
北京经济技术开发区	497	91040886	6392860	263570788
中关村国家自主创新示范区	1584	186624577	14595593	825084108
金融街功能区	169	90790765	6296907	1226823821
北京商务中心区	1872	38191389	2494416	922042427
奥林匹克中心区	291	43193467	1530203	58357217
临空经济区	363	229566425	12950392	331938752
七、按四大城市功能区分				
首都功能核心区	1930	148807208	9773591	1845929506
东城区	1232	30953006	2128400	415995251
西城区	698	117854202	7645191	1429934255
城市功能拓展区	8618	230987336	15073468	2584446962
朝阳区	5631	158915707	8927804	1946639645
丰台区	300	10697434	753866	49724765
石景山区	225	6575256	358128	27194253
海淀区	2462	54798939	5033670	560888299
城市发展新区	2207	374549188	22633691	843794966
房山区	90	4701672	308601	14989612
通州区	367	13437797	976850	41644885
顺义区	688	244935337	13767742	427149515
昌平区	320	11719006	711883	62551467
大兴区	245	8714490	475755	33888700
北京经济技术开发区	497	91040886	6392860	263570788
生态涵养发展区	431	28516535	1820458	108459200
门头沟区	30	586101	21760	1783463
怀柔区	142	11122007	689925	37139947
平谷区	96	8590551	594712	22900478
密云县	139	6186733	416734	19869675
延庆县	24	2031142	97326	26765637

单位：千元

负债合计	所有者权益合计	#实收资本	营业收入	#主营业务收入	营业成本
371405212	305681462	165165280	755692557	740157421	606781629
14678730	4237501	3132428	20351828	20058899	17978220
406916682	241877325	118533910	951637407	935451611	789859790
876852414	1351110745	472474457	713125029	705500373	490714409
1066366853	234471769	150585750	96354036	96201258	58523331
357944236	151020365	99479929	61849622	61258288	29053321
601968008	419875928	185213178	487191849	482962705	380764050
4810631	1475277	1369223	1480127	1478475	949657
43830524	33944939	19662754	41615551	41058296	29665626
835038790	462794371	371221618	520046233	510733597	367290069
1568055406	1352001974	418581706	1523636698	1497498188	1195185089
22036919	15950595	11610802	23479040	23335607	17643758
145453595	118117192	70079645	244281759	237639802	179911677
431115654	393968455	164669201	780268120	761941138	571649699
372870348	853953473	197510941	74012800	71126519	56612461
697997191	224045235	139117688	418358596	413868704	327096633
30395103	27962114	18529073	21317996	21202623	10732480
205884084	126054669	51775941	286874136	285419874	226154112
829791955	1016137551	304820180	302469936	295320357	218622324
309653869	106341382	78014835	172926643	169322514	119830817
520138086	909796169	226805345	129543293	125997844	98791507
1712989926	871389698	487050398	1478205847	1462289588	1134369273
1382619529	564020116	330633208	1030299910	1018889502	803470487
26290517	23366910	15273759	35701836	35031092	31151749
12544079	14650174	6508603	16362291	16227874	10799942
291535801	269352498	134634828	395841810	392141120	288947095
490764901	353030065	184465786	724256383	710286977	564337338
8877311	6112301	5160469	8025203	7926539	6489264
26679952	14964934	13185976	43469360	42687745	35531002
258161567	168987948	66393211	372836759	369128858	302140135
35964054	26587412	17555250	29954619	27933212	21309538
15628422	18260278	12091236	25688684	24970821	18955722
145453595	118117192	70079645	244281759	237639802	179911677
60617346	47841854	33035390	94078313	90730928	75581763
708713	1074750	1064130	886509	867222	711829
20782811	16357136	13442941	47696759	46925373	36969219
14322282	8578196	5452870	24211178	22501060	20752905
10103543	9766132	5967220	18283989	17524938	15044763
14699997	12065639	7108228	2999877	2912334	2103046

1-23 续表 2

项目	营业税金及附加	#主营业务税金及附加	销售费用	管理费用	#税金
合　计	**34617539**	**34186619**	**216927206**	**186387622**	**3813070**
一、按登记注册类型分					
港澳台商投资	11223521	11049180	63761843	61396266	1634925
与港澳台商合资经营	4642721	4573760	10656377	14730621	397467
与港澳台商合作经营	1837673	1799349	1292786	3243957	300123
港澳台商独资	4354374	4289147	43629170	38506220	661429
港澳台商投资股份有限公司	388051	386234	8170302	4887933	275620
其他港澳台投资	701	690	13208	27534	285
外商投资	23394018	23137439	153165363	124991356	2178146
中外合资经营	14910811	14822439	36651426	25920586	843392
中外合作经营	1039610	1028430	1371852	1887338	73467
外资企业	6858815	6787810	113564371	93626392	1198720
外商投资股份有限公司	555125	469782	1504297	2771275	60411
其他外商投资	29658	28979	73418	785766	2156
二、按隶属关系分					
中央	846281	756236	8287194	5978348	375844
市	11706650	11648366	13494308	8257008	318983
区(县)	275085	274781	1817469	1151173	23978
街道、镇、乡	30193	29990	132880	983467	10012
居民、村民委员会	42	42	1440	1425	52
其他	21759288	21477204	193193915	170016202	3084202
三、按国民经济行业分					
第二产业小计	13688804	13610440	52199062	35676306	920050
#制造业	12951130	12881193	51530479	33072253	860251
电力、燃气及水的生产和供应业	209302	204476	235233	1249018	44849
建筑业	483457	479855	326929	1097921	14438
第三产业小计	18632528	18285148	164290459	148352426	2745219
#批发和零售业	3008865	2953408	77441013	35886099	621871
交通运输、仓储和邮政业	757321	749395	12730152	7730957	283925
住宿和餐饮业	1572379	1561821	10393885	5190166	241435
信息传输、计算机服务和软件业	2123096	2101468	30075850	40305567	308190
金融业	2303446	2298178	456081	2627149	148229
房地产业	8883876	8777061	3889154	8182714	834727
租赁和商务服务业	1746985	1608220	24917220	35636726	353333
科学研究、技术服务和地质勘查业	242560	238517	2548268	11949787	60510
水利、环境和公共设施管理业	65015	64681	282471	464757	13687
居民服务和其他服务业	50530	50398	745095	477999	3635
教育	59921	59743	283104	483105	4248
卫生和社会工作	3308	3308	110015	724343	580
文化、体育和娱乐业	109472	108038	853671	911975	18315

单位：千元

财务费用	营业利润	投资收益	利润总额	应 交 所得税	应 交 增值税
9017314	**266039871**	**153939958**	**289044693**	**43995745**	**53977409**
5979290	57505958	16831306	64964428	15459161	10138023
2683134	19211945	3105782	20299222	5088898	2911728
716079	4965481	-23041	5972956	1615733	143230
1168328	30407289	13044899	34520888	7535120	6806870
1408336	2939910	703657	4187503	1221578	276149
3413	-18668	8	-16141	-2167	46
3038024	208533913	137108652	224080264	28536584	43839386
2195895	61960536	31499438	62621762	11368132	13274812
370250	3775388	210197	3570239	586763	342230
-3321353	139823731	99031044	154844733	15919724	29463171
3786626	2783469	6360722	2851251	649088	636208
6606	190789	7252	192280	12877	122965
4981567	11750507	9338333	13472130	3537541	1195159
1643712	24781288	5906565	25916864	5802214	7847117
174238	-68444	-1141	-13223	194576	432770
5552	1004918	798	1037642	297398	183072
26	-2846		-2524	53	150
2212217	228574447	138695403	248633804	34163963	44319141
2627935	54920909	9494699	56913153	12244482	22538114
1846857	50131966	6152300	51986010	11793951	20787861
719549	4378509	3310538	4523388	311449	1680245
7733	446120	-5639	436836	136608	54459
5592891	178850129	115406897	199654488	28250856	32642748
-1753878	34203407	13193367	41868208	8822729	20565647
1385436	11365308	609136	14038399	3614343	970919
648557	1330654	252951	921768	551506	62756
-3337592	88284125	68717294	90811189	5203002	5701702
761176	32136146	28989718	32351222	3506133	-1198980
3999194	22080705	4341249	22115815	5257888	29718
3898457	20508794	27439048	28723158	3904432	4023354
549905	1350517	885242	1374095	710010	1051525
161408	259182	13199	274702	53506	51667
10049	120526	557	124083	44816	115790
-5718	-43351	1039	-43336	35338	14899
5224	-21796	369	-21836	17376	-139
55695	-389996	2091	-375409	28599	48912

1-23 续表 3

项目	营业税金及附加	#主营业务税金及附加	销售费用	管理费用	#税金
四、按报表专业分					
工业	13207309	13132527	51874298	34718356	905946
建筑业	483457	479855	326929	1097921	14438
批发和零售业、住宿和餐饮业	4581244	4515229	87834898	41076265	863306
服务业	6268015	6088664	74283305	101785585	1388818
金融业	2303446	2298178	456081	2627149	148229
房地产开发经营业	7774068	7672166	2151695	5082346	492334
五、按控股情况分					
国有控股	13229338	13047016	24451043	16240462	786083
集体控股	9045	9002	122445	346043	3044
私人控股	442764	440357	3632141	4786934	57627
港澳台商控股	9867425	9734929	53616121	52962119	1237095
外商控股	10661458	10555840	133176430	110696783	1657210
其他	284300	276264	1929026	1355281	71419
六、按六大高端产业功能区分					
北京经济技术开发区	5113414	5100823	25359792	15990167	348660
中关村国家自主创新示范区	7417135	7396462	71663706	72233336	850063
金融街功能区	1580701	1477971	4711493	7832373	164816
北京商务中心区	5276392	5192828	38271714	26217309	655778
奥林匹克中心区	482224	481828	1373795	1537272	22742
临空经济区	7813956	7785503	18160552	10902478	437395
七、按四大城市功能区分					
首都功能核心区	6053226	5900372	30116329	28175071	732945
东城区	2879278	2863186	22291258	16399544	463769
西城区	3173947	3037186	7825070	11775528	269175
城市功能拓展区	13476323	13325493	121859310	114552843	1896063
朝阳区	10903239	10786942	84829580	72427034	1441590
丰台区	300394	298971	1835208	2081235	54633
石景山区	76377	76234	1747074	1499836	9062
海淀区	2196313	2163345	33447449	38544738	390778
城市发展新区	14565204	14441761	56518496	39045809	1067018
房山区	356047	352534	550367	626846	18688
通州区	179338	179055	4100324	2946159	57280
顺义区	8359037	8275278	20456382	14153624	546684
昌平区	221697	206314	3277634	3424767	50274
大兴区	335671	327757	2773997	1904246	45432
北京经济技术开发区	5113414	5100823	25359792	15990167	348660
生态涵养发展区	522787	518994	8433071	4613899	117045
门头沟区	3424	3424	57605	86615	1735
怀柔区	211110	209077	6291024	2366164	64027
平谷区	102260	100532	817310	962825	25304
密云县	141592	141573	952029	916508	21214
延庆县	64400	64388	315103	281786	4764

单位：千元

财务费用	营业利润	投资收益	利润总额	应 交 所得税	应 交 增值税
2631667	54409529	9500338	56445798	12109460	22485180
7733	446120	-5639	436836	136608	54459
-1105320	35534060	13446318	42789976	9374234	20628403
4010624	124619568	97976648	138074374	14602556	12008347
761176	32136146	28989718	32351222	3506133	-1198980
2711435	18894447	4032576	18946485	4266754	
7110381	56827665	37942015	60201645	9875678	8834525
18995	39187	2	54623	12190	47182
603571	2646227	235170	2538079	605815	1279971
3482590	43856182	14096057	48473989	11479366	8749099
-2621939	160682558	100837746	175779891	21324418	34927193
423716	1962729	144058	1974112	604775	139440
465435	18031953	1623015	19125008	3802465	7899969
-77904	63879963	11113210	70616130	12010271	22509002
1734387	75574636	76957222	75770159	2551953	172703
-311887	28148035	11715685	30119798	6766807	6757154
391204	6799395	131609	7208848	1899841	918411
1016454	22824224	697928	24314822	6207587	5367106
4179689	93012619	84233418	93849214	6340787	5109795
1419576	11405616	4756885	11985404	2630408	3207701
2760114	81607003	79476532	81863810	3710379	1902093
1242289	113448004	59478519	132207582	23168048	28285932
1510733	73821269	37437119	89838866	18302292	20588150
229280	615645	278235	1619386	377244	629785
-151379	2431861	-24695	2459404	513864	350126
-346346	36579229	21787860	38289925	3974647	6717872
2841525	54121572	8815635	57084174	12864439	17775259
121696	-153051	-27400	-389059	105150	178359
253990	819742	99038	929039	574653	1335596
1436500	30696418	5215730	32456385	7510841	6665917
472923	2746039	1511042	2965601	419822	987924
90981	1980472	394209	1997200	451508	707494
465435	18031953	1623015	19125008	3802465	7899969
753811	5457676	1412387	5903723	1622471	2806423
17750	-1525	1391	10840	23579	12420
175252	1791863	203427	2031638	729203	1637195
94344	1481929	819	1557691	467943	586880
60738	1165449	16506	1225058	330392	550384
405727	1019959	1190244	1078496	71353	19544

1-24 规模(限额)以上外商

项目	单位数(个)	固定资产原价	#本年折旧	资产总计
合计	**4366**	**754890334**	**47362103**	**5044609354**
一、按登记注册类型分				
港澳台商投资	1622	453534565	25822885	1482651762
与港澳台商合资经营	532	105606821	4229122	306554583
与港澳台商合作经营	131	20234878	1217295	121852362
港澳台商独资	926	140914596	10310414	809519643
港澳台商投资股份有限公司	33	186778270	10066054	244725174
其他港澳台投资				
外商投资	2744	301355769	21539218	3561957592
中外合资经营	808	120803826	7277587	891267331
中外合作经营	114	8242915	425459	64347447
外资企业	1778	162347530	13225780	2376903287
外商投资股份有限公司	42	9878273	594229	228280708
其他外商投资	2	83225	16163	1158819
二、按隶属关系分				
中央	64	253681980	12319566	491148793
市	138	64005380	3875398	245789943
区(县)	49	3791159	231907	12106583
街道、镇、乡	12	1108807	78316	5495791
居民、村民委员会				
其他	4103	432303008	30856916	4290068244
三、按国民经济行业分				
第二产业小计	981	225500346	14338126	661897256
#制造业	875	192694051	12952907	568061185
电力、燃气及水的生产和供应业	11	31432817	1276137	71682462
建筑业	93	896285	54940	18014713
第三产业小计	3385	524371000	32531434	3091339576
#批发和零售业	545	29061746	2952398	567427234
交通运输、仓储和邮政业	105	245112473	12681728	267049638
住宿和餐饮业	208	27733734	985050	42761842
信息传输、计算机服务和软件业	580	121006440	10153596	1026336257
金融业	223	5018988	492543	1291372522
房地产业	428	70621780	2972728	575017228
租赁和商务服务业	788	14142767	1507288	544062287
科学研究、技术服务和地质勘查业	355	7803880	785409	44753238
水利、环境和公共设施管理业	20	3542332	152551	11579612
居民服务和其他服务业	37	375997	31806	2072990
教育	24	899297	73986	2408149
卫生和社会工作	10	265081	27941	789734
文化、体育和娱乐业	62	3805473	206953	7081367

投资企业主要财务状况

单位：千元

负债合计	所有者权益合计	#实收资本	营业收入	#主营业务收入	营业成本
2892654748	**2151887268**	**861867186**	**2550881112**	**2512109866**	**1960948083**
931837002	550814332	378236274	655625023	644828808	474846062
178330826	128223329	84936520	145760521	142545036	97639612
83354654	38497708	25461644	25494267	25151508	13492035
517758441	291761202	241338120	385930467	380699105	283188142
152393081	92332093	26499990	98439768	96433159	80526273
1960817746	1601072936	483630912	1895256089	1867281058	1486102021
590277416	300989915	165120569	650692421	645403948	517017061
43233380	21114067	12518906	21087032	20862690	12739827
1193200500	1183635877	275170472	1204998170	1183243348	944532692
133091778	95188930	30810965	16010400	15303006	10204334
1014672	144147	10000	2468066	2468066	1608107
312458343	178690022	64783121	128320687	126747153	101360489
145450887	100339056	47297207	230161478	227783388	176122762
9089278	3017305	2732768	12884890	12655040	9797649
3656988	1838803	371703	13147081	13055795	11005610
2421999252	1868002082	746682387	2166366976	2131868490	1662661573
360891273	300938645	150394168	767883012	752616834	618460276
315739400	252254875	129575176	721330891	706564128	578029909
28301727	43380735	17168896	25379348	25172212	21912889
14052983	3961302	2642041	19845491	19553212	17589345
1469438782	1621900794	566608210	1686825118	1663470557	1283976217
350817387	216609847	88998751	901142149	885574192	762900675
161041725	106007913	44508038	145448315	144968154	111733593
27231958	15529884	14742955	28858434	28724594	10456907
179769622	846566635	174353010	185262654	181645335	99239350
1062324693	229047829	144864808	96172982	96022475	58511590
400219811	174797417	119481802	79928965	79174834	37342596
311126115	232936172	101872234	300728288	298247251	235924467
22269957	22483281	15421370	33753489	33559141	20033205
7062102	4517510	3600481	3925829	3918565	2726096
1312796	760194	533558	2383845	2375061	1130728
1676601	731548	896169	1679133	1668375	962770
499740	289994	189854	986484	986484	204018
6410968	670399	2009988	2727533	2628571	1321812

1-24 续表 1

项 目	单位数（个）	固定资产原价	#本年折旧	资产总计
四、按报表专业分				
工业	888	224604061	14283186	643882543
建筑业	93	896285	54940	18014713
批发和零售业、住宿和餐饮业	753	56795480	3937448	610189076
服务业	2146	431033546	26933318	1978805281
金融业	223	5018988	492543	1291372522
房地产开发经营业	263	36541974	1660668	502345219
五、按控股情况分				
国有控股	291	332743934	16589717	1016004620
集体控股	13	246253	11728	1888933
私人控股	207	8875258	706737	60784711
港澳台商控股	1422	189504288	12909597	1099858365
外商控股	2402	217603478	16855068	2814646748
其他	31	5519156	252032	30646041
六、按六大高端产业功能区分				
北京经济技术开发区	237	89914149	6285812	227662887
中关村国家自主创新示范区	996	181827996	14279177	793424134
金融街功能区	76	90670394	6276095	1217290083
北京商务中心区	702	34869458	2308988	895929494
奥林匹克中心区	68	42970201	1505403	50952401
临空经济区	150	228144815	12856259	325868402
七、按四大城市功能区分				
首都功能核心区	683	147423513	9638490	1756551946
东城区	437	30270194	2047158	386616476
西城区	246	117153319	7591332	1369935470
城市功能拓展区	2635	214763667	13779740	2420393551
朝阳区	1823	150121357	8355437	1844543433
丰台区	94	10288916	726151	42535691
石景山区	44	5259671	327671	23352091
海淀区	674	49093723	4370481	509962336
城市发展新区	860	365993857	22181899	775098337
房山区	31	4388780	295765	12997745
通州区	137	11612446	918703	32481099
顺义区	267	242912742	13625324	417848436
昌平区	104	9712600	659402	56192907
大兴区	84	7453140	396893	27915263
北京经济技术开发区	237	89914149	6285812	227662887
生态涵养发展区	188	26709297	1761974	92565520
门头沟区	8	467520	18930	1076287
怀柔区	72	10669375	665720	34347693
平谷区	53	8049487	588430	15905947
密云县	45	5532364	394742	14817977
延庆县	10	1990551	94152	26417616

单位：千元

负债合计	所有者权益合计	#实收资本	营业收入	#主营业务收入	营业成本
346838290	296977343	147752127	748037521	733063622	600870931
14052983	3961302	2642041	19845491	19553212	17589345
378049345	232139731	103741706	930000583	914298786	773357582
733960655	1244844626	368901841	695006169	687943977	481576112
1062324693	229047829	144864808	96172982	96022475	58511590
357428782	144916437	93964663	61818366	61227794	29042523
598711269	417293351	181339285	485249602	481037204	379099858
1350246	538687	232891	1210576	1209425	772584
33604944	27179767	10926371	39526399	39000949	28438116
712150860	387707077	305757212	504228283	495598172	357546639
1509819064	1304760774	355297197	1496595553	1471321467	1176749809
18594514	12051527	6601757	22509717	22381667	16928628
125044104	102618783	59435969	243058374	236462674	179020210
412266001	381158133	151019689	774257673	756222283	567792533
368500866	848789217	194246777	73040202	70176481	56183955
680784115	215145379	122966011	410885482	406648607	323233050
24558382	26394019	15770738	20468283	20360303	10296844
201976870	123891532	48867794	285637075	284236049	225228378
762941441	993610505	279234130	293562553	286598496	212006185
292845075	93771401	61020412	168211151	164643256	116223764
470096366	899839104	218213718	125351402	121955240	95782421
1626481711	793844502	399058432	1448551514	1433421345	1116207948
1322121731	522421702	284528880	1009189765	998248340	790029556
21623670	20844683	12407313	35067551	34403420	30727826
10220136	13131955	3791227	15775995	15646544	10311441
272516174	237446162	98331012	388518203	385123041	285139125
451278623	323819714	157383246	715790218	702421362	558024186
7535546	5462199	4169401	7691723	7624725	6220268
20897676	11583423	8666242	41924208	41174297	34323121
252641762	165206674	61435088	370252379	366624290	300130184
32874358	23318549	14994132	28632892	26814826	20520687
12285177	15630086	8682414	24230642	23720550	17809716
125044104	102618783	59435969	243058374	236462674	179020210
51952973	40612547	26191378	92976827	89668663	74709764
491346	584941	595066	854853	835566	687579
19631650	14716043	11319874	47439819	46677810	36755696
9347555	6558392	3570170	24090622	22381768	20653281
7929921	6888056	3782721	17700729	16970042	14577815
14552501	11865115	6923547	2890804	2803477	2035393

1-24 续表 2

项目	营业税金及附加	#主营业务税金及附加	销售费用	管理费用
合计	**34097988**	**33719573**	**209741399**	**167885168**
一、按登记注册类型分				
港澳台商投资	10995775	10850329	59983065	53063842
与港澳台商合资经营	4598047	4530454	10127770	13651952
与港澳台商合作经营	1835218	1796894	1257896	3121903
港澳台商独资	4175945	4138070	40452614	31609985
港澳台商投资股份有限公司	386565	384911	8144785	4680002
其他港澳台投资				
外商投资	23102213	22869244	149758334	114821326
中外合资经营	14832273	14752191	35928887	23986197
中外合作经营	995391	984348	1352975	1753265
外资企业	6703149	6646502	111020074	85848474
外商投资股份有限公司	547111	461914	1456398	2568596
其他外商投资	24289	24289		664794
二、按隶属关系分				
中央	844594	754809	8281695	5953637
市	11691164	11633519	13407228	7948684
区(县)	269987	269771	1728484	968093
街道、镇、乡	29831	29831	129637	976235
居民、村民委员会				
其他	21262412	21031643	186194355	152038519
三、按国民经济行业分				
第二产业小计	13584846	13516501	51556948	33755372
#制造业	12890520	12830602	50935362	31257553
电力、燃气及水的生产和供应业	209292	204466	234111	1241505
建筑业	473003	469402	282957	1029965
第三产业小计	18216935	17912041	157746765	131770906
#批发和零售业	2913587	2862743	74802093	32693363
交通运输、仓储和邮政业	755110	747246	12698379	7627543
住宿和餐饮业	1534945	1534533	10040030	4950234
信息传输、计算机服务和软件业	2089124	2068362	28253985	36045440
金融业	2296207	2291031	437686	2358890
房地产业	8816295	8709791	3849145	7715167
租赁和商务服务业	1628566	1512873	24095570	31576151
科学研究、技术服务和地质勘查业	210238	209191	1908221	8633333
水利、环境和公共设施管理业	64216	63883	267616	420301
居民服务和其他服务业	43100	43069	689577	354620
教育	56925	56925	268248	378939
卫生和社会工作	2619	2619	104358	617217
文化、体育和娱乐业	102210	100806	769543	758598

单位：千元

#税金	财务费用	营业利润	投资收益	利润总额	应交所得税	应交增值税
3654541	**7063727**	**274321411**	**151144132**	**298140887**	**43558688**	**52664060**
1560253	4909989	60899786	14400737	68373939	15291987	9522620
376161	2380076	20177644	3178591	21337830	5097497	2802079
298995	674291	5175383	64371	6186112	1614767	138485
611258	457434	32484396	10450639	36532819	7360310	6314196
273839	1398188	3062363	707136	4317178	1219413	267860
2094288	2153738	213421625	136743395	229766948	28266701	43141440
809801	1997839	62446759	31253156	63807085	11304004	13053207
72252	362586	3883709	209492	3673705	551044	337160
1152864	-3821640	143844697	98920694	158993233	15765623	29016859
59050	3614519	3080497	6360053	3122506	646030	632259
321	434	165963		170419		101955
375429	4979522	11751978	9338333	13472787	3535363	1189343
314221	1433431	25066329	5821141	26609526	5775985	7782214
22509	163994	19159	-1071	66937	192556	403925
9947	5567	1005872	798	1039981	297387	182510
2932435	481213	236478073	135984931	256951656	33757397	43106068
891531	2519757	55767671	9315059	57743600	12198302	22225021
832086	1763707	50864419	5972804	52702682	11749069	20478945
44790	714748	4383688	3310536	4528167	311446	1680156
14143	-1661	468776	-5781	459359	135313	50371
2615208	3747482	186284907	112790711	207920235	27859980	31642493
593169	-1907898	35646598	13020821	43084452	8710886	20149778
280756	1385108	11405171	609609	14034163	3609361	969211
237178	447050	1689349	255170	1672760	549130	54394
285397	-3486403	91266190	68889070	93973307	5194246	5563235
147802	796488	32268833	29038362	32477052	3500406	-1203454
813461	3904705	22151509	4122569	22291442	5214959	27693
322011	3012996	20347266	25249960	28916793	3762174	3773366
45683	180462	3524491	630486	3669726	638668	898290
13136	157155	300108	13074	313680	53413	48644
2395	6871	159065	524	164095	47941	104520
3892	-5857	18083	1039	17611	34877	9885
514	5545	52610	369	52374	16823	-139
17616	47748	-275533	-1980	-270168	27502	43616

1-24 续表 3

项目	营业税金及附加	#主营业务税金及附加	销售费用	管理费用
四、按报表专业分				
工业	13111843	13047099	51273991	32725407
建筑业	473003	469402	282957	1029965
批发和零售业、住宿和餐饮业	4448532	4397276	84842123	37643597
服务业	5995921	5844142	70753056	89090913
金融业	2296207	2291031	437686	2358890
房地产开发经营业	7772482	7670623	2151586	5036396
五、按控股情况分				
国有控股	13219543	13037652	24288374	15996882
集体控股	6620	6578	108057	224722
私人控股	416029	414286	3327711	3892085
港澳台商控股	9652013	9548077	50083228	45232985
外商控股	10402133	10318781	130103582	101470398
其他	278440	270989	1830447	1068096
六、按六大高端产业功能区分				
北京经济技术开发区	5101680	5091445	25171651	15293413
中关村国家自主创新示范区	7379781	7359935	70999123	70036111
金融街功能区	1566053	1463855	4652300	7453585
北京商务中心区	5209849	5129173	37044641	23056918
奥林匹克中心区	465543	465185	1228017	1085646
临空经济区	7805046	7777214	18032550	10543156
七、按四大城市功能区分				
首都功能核心区	5972568	5834069	28884787	26011460
东城区	2846684	2830838	21396133	15090588
西城区	3125884	3003231	7488654	10920872
城市功能拓展区	13164572	13032800	117104406	101215885
朝阳区	10705824	10599979	81896950	63620328
丰台区	291442	291021	1762731	1872535
石景山区	73564	73564	1602557	1157831
海淀区	2093742	2068236	31842168	34565191
城市发展新区	14444382	14339972	55516888	36386893
房山区	352786	349592	525840	564112
通州区	167184	167065	3979947	2535574
顺义区	8339023	8256188	20208874	13536851
昌平区	206394	198867	3093219	2856280
大兴区	277315	276815	2537357	1600663
北京经济技术开发区	5101680	5091445	25171651	15293413
生态涵养发展区	516466	512732	8235318	4270930
门头沟区	3134	3134	55765	68952
怀柔区	208628	206595	6170277	2276193
平谷区	101916	100215	804404	891549
密云县	139251	139251	913147	774343
延庆县	63537	63537	291725	259893

单位：千元

#税金	财务费用	营业利润	投资收益	利润总额	应 交 所得税	应 交 增值税
877388	2521418	55298895	9320840	57284241	12062989	22174650
14143	-1661	468776	-5781	459359	135313	50371
830347	-1460848	37335947	13275991	44757212	9260016	20204172
1293372	2520489	130002597	95482144	144164354	14333526	11438321
147802	796488	32268833	29038362	32477052	3500406	-1203454
491489	2687841	18946363	4032576	18998669	4266438	
782680	7107847	56863326	37856775	60226459	9858728	8798908
2174	18718	74755		84124	10215	39927
52767	521243	3198965	410467	3437585	592629	1208125
1166328	2451377	46705562	11522526	51342323	11318110	8162839
1579818	-3452207	165298545	100525336	180856432	21087022	34328824
70183	416749	2154935	144119	2171610	598481	125437
331652	380403	18430659	1420844	19511150	3792021	7869040
825264	-316197	65087324	11157646	71956355	11968739	22344438
163223	1708590	73900571	75343965	74083165	2489902	137350
630900	-360006	28762563	11675155	30713815	6697819	6512666
21960	389678	6981167	119572	7358494	1893707	884657
430352	1001305	22910472	591640	24399603	6200801	5337742
716801	3565257	92454267	82010725	93714603	6221000	4901442
452659	1117346	12491141	4522620	13551650	2591936	3121866
264142	2447911	79963126	77488105	80162953	3629064	1779576
1798507	286226	120437691	59232043	139416810	22944160	27476637
1373633	914777	78193924	37255449	94100513	18124452	20030024
51702	175145	508284	26383	1524482	373378	617227
8096	-159368	2796984	-25111	2846956	514009	342789
365076	-644328	38938499	21975322	40944859	3932321	6486597
1026155	2610347	55515637	8490646	58657018	12782264	17512401
17973	109548	-115097	3143	-12355	104736	169432
52406	180536	1064648	101372	1195255	572755	1286942
537529	1404330	30918759	5110438	32683657	7499702	6590892
44925	445797	2957920	1462719	3001087	403144	953070
41670	89733	2258748	392130	2278224	409906	643025
331652	380403	18430659	1420844	19511150	3792021	7869040
113078	601897	5913816	1410718	6352456	1611264	2773580
1240	12066	16565	1391	22687	23541	11622
63219	145177	1990270	201931	2234919	726076	1627938
24829	-12974	1643414	650	1716895	467551	585103
19214	51756	1239236	16504	1296131	322882	534676
4576	405872	1024331	1190242	1081824	71214	14241

1-25 规模(限额)以下外商

项目	单位数(个)	固定资产原价	#本年折旧	资产总计
合计	**8820**	**27969933**	**1939105**	**338021280**
一、按登记注册类型分				
港澳台商投资	3338	14569015	970479	214398659
与港澳台商合资经营	630	6044141	223819	32872202
与港澳台商合作经营	70	380498	49606	8296316
港澳台商独资	2538	7449118	677241	170093022
港澳台商投资股份有限公司	56	669345	17346	2836965
其他港澳台投资	44	25912	2467	300154
外商投资	5482	13400919	968626	123622621
中外合资经营	1265	5916122	283808	41831282
中外合作经营	91	466220	27698	3767263
外资企业	3824	6688737	637188	65356502
外商投资股份有限公司	137	205139	12558	10708824
其他外商投资	165	124701	7373	1958751
二、按隶属关系分				
中央	26	116563	4936	343338
市	126	1784598	50512	12192812
区(县)	109	394315	35932	2407511
街道、镇、乡	12	60537	2464	103957
居民、村民委员会	8	54132	324	103302
其他	8539	25559788	1844937	322870360
三、按国民经济行业分				
第二产业小计	1097	11436626	559931	33583617
#制造业	1054	9340653	373639	30643271
电力、燃气及水的生产和供应业	6	621362	18605	1401675
建筑业	36	36529	3632	901946
第三产业小计	7723	16533307	1379174	304437664
#批发和零售业	1699	1910805	201662	32557833
交通运输、仓储和邮政业	85	240590	12474	3566476
住宿和餐饮业	184	600030	60656	6047099
信息传输、计算机服务和软件业	1607	3429974	470590	35156351
金融业	59	19552	3976	9466101
房地产业	161	2753876	68187	21056570
租赁和商务服务业	2357	3033636	222425	144590757
科学研究、技术服务和地质勘查业	1161	3138599	253105	42965613
水利、环境和公共设施管理业	31	311840	8542	4022494
居民服务和其他服务业	104	144462	10862	773231
教育	68	88409	35711	547813
卫生和社会工作	10	261870	10116	789897
文化、体育和娱乐业	173	282187	17252	2308057

投资企业主要财务状况

单位：千元

负债合计	所有者权益合计	#实收资本	营业收入	#主营业务收入	营业成本
201509380	**136511900**	**147504568**	**48129368**	**46517984**	**31962615**
133458329	80940330	71920627	16951999	16238249	10402366
26736255	6135948	13203127	3502817	3290103	2503822
5977962	2318355	2937047	207095	200554	146306
99377358	70715664	54630723	12896542	12499188	7612720
1201230	1635736	997307	313151	216050	133658
165525	134628	152424	32393	32354	5860
68051051	55571570	75583941	31177369	30279735	21560249
23997644	17833638	22872552	8836036	8552934	6712364
2297156	1470107	1727281	294384	290493	205793
36971556	28384945	46504463	20577920	19975535	13603514
3582644	7126180	2939916	400718	397194	187340
1202051	756700	1539729	1068311	1063580	851237
206507	136831	280039	121482	115551	87619
10324615	1868197	4597246	1422367	1403102	1187548
1728065	679446	1990307	1772704	1764665	1586461
93551	10406	49403	16902	13217	8527
43011	60291	99014	6489	6475	6156
189113631	133756729	140488559	44789425	43214975	29086303
24888920	8694696	17529115	8008322	7450325	6236748
22695160	7948111	16637317	7246874	6689527	5589882
729153	672522	401412	55927	55927	48720
625747	276199	490387	506337	505687	388875
176620460	127817204	129975453	40121046	39067660	25725866
21703452	10854381	13985095	20901244	20435004	16245873
1189102	2377374	1933183	411739	409459	322248
7163885	-1116787	807109	735580	717821	256335
14898067	20258284	34106371	5230358	4994670	2487726
4042160	5423940	5720942	181054	178783	11741
10490223	10566347	11665032	520772	499003	184065
86032887	58557871	40330337	6403186	6264286	2984300
25989189	16976424	15945188	4481506	4335806	2503101
1623967	2398528	1649629	58444	58415	35004
548582	224649	912062	251634	245831	101456
577088	-29275	472895	188455	185206	140245
549655	240242	233483	65736	65736	26991
1508455	799603	1839702	538287	528478	363958

1-25 续表 1

项　　目	单位数(个)	固定资产原　价	#本年折旧	资产总计
四、按报表专业分				
工业	1071	11717575	559913	33271041
建筑业	36	36529	3632	901946
批发和零售业、住宿和餐饮业	1883	2510835	262319	38604932
服务业	5761	13491478	1100191	249157878
金融业	59	19552	3976	9466101
房地产开发经营业	10	193964	9074	6619383
五、按控股情况分				
国有控股	88	1410157	19376	5839316
集体控股	58	219094	11493	4396975
私人控股	657	1595085	123400	16990751
港澳台商控股	3062	13045705	907549	197975224
外商控股	4687	11184186	832940	105477541
其他	268	515706	44346	7341473
六、按六大高端产业功能区分				
北京经济技术开发区	260	1126737	107048	35907901
中关村国家自主创新示范区	588	4796581	316416	31659974
金融街功能区	93	120371	20812	9533738
北京商务中心区	1170	3321931	185428	26112933
奥林匹克中心区	223	223266	24800	7404816
临空经济区	213	1421610	94133	6070350
七、按四大城市功能区分				
首都功能核心区	1247	1383695	135101	89377560
东城区	795	682812	81242	29378775
西城区	452	700883	53859	59998785
城市功能拓展区	5983	16223669	1293728	164053411
朝阳区	3808	8794350	572367	102096212
丰台区	206	408518	27715	7189074
石景山区	181	1315585	30457	3842162
海淀区	1788	5705216	663189	50925963
城市发展新区	1347	8555331	451792	68696629
房山区	59	312892	12836	1991867
通州区	230	1825351	58147	9163786
顺义区	421	2022595	142418	9301079
昌平区	216	2006406	52481	6358560
大兴区	161	1261350	78862	5973437
北京经济技术开发区	260	1126737	107048	35907901
生态涵养发展区	243	1807238	58484	15893680
门头沟区	22	118581	2830	707176
怀柔区	70	452632	24205	2792254
平谷区	43	541064	6282	6994531
密云县	94	654369	21992	5051698
延庆县	14	40591	3174	348021

单位：千元

负债合计	所有者权益合计	#实收资本	营业收入	#主营业务收入	营业成本
24566922	8704119	17413153	7655036	7093799	5910698
625747	276199	490387	506337	505687	388875
28867337	9737594	14792204	21636824	21152825	16502208
142891759	106266119	103572616	18118860	17556396	9138297
4042160	5423940	5720942	181054	178783	11741
515454	6103928	5515266	31256	30494	10798
3256739	2582577	3873893	1942247	1925501	1664192
3460385	936590	1136332	269551	269050	177073
10225580	6765172	8736383	2089152	2057347	1227510
122887930	75087294	65464406	15817950	15135425	9743430
58236342	47241200	63284509	27041145	26176721	18435280
3442405	3899068	5009045	969323	953940	715130
20409491	15498409	10643676	1223385	1177128	891467
18849653	12810322	13649512	6010447	5718855	3857166
4369482	5164256	3264164	972598	950038	428506
17213076	8899856	16151677	7473114	7220097	3863583
5836721	1568095	2758335	849713	842320	435636
3907214	2163137	2908147	1237061	1183825	925734
66850514	22527046	25586050	8907383	8721861	6616139
16808794	12569981	16994423	4715492	4679258	3607053
50041720	9957065	8591627	4191891	4042604	3009086
86508215	77545196	87991966	29654333	28868243	18161325
60497798	41598414	46104328	21110145	20641162	13440931
4666847	2522227	2866446	634285	627672	423923
2323943	1518219	2717376	586296	581330	488501
19019627	31906336	36303816	7323607	7018079	3807970
39486278	29210351	27082540	8466165	7865615	6313152
1341765	650102	991068	333480	301814	268996
5782276	3381511	4519734	1545152	1513448	1207881
5519805	3781274	4958123	2584380	2504568	2009951
3089696	3268863	2561118	1321727	1118386	788851
3343245	2630192	3408822	1458042	1250271	1146006
20409491	15498409	10643676	1223385	1177128	891467
8664373	7229307	6844012	1101486	1062265	871999
217367	489809	469064	31656	31656	24250
1151161	1641093	2123067	256940	247563	213523
4974727	2019804	1882700	120556	119292	99624
2173622	2878076	2184499	583260	554896	466948
147496	200524	184681	109073	108857	67653

1-25 续表 2

项目	营业税金及附加	#主营业务税金及附加	销售费用	管理费用
合计	**519551**	**467046**	**7185807**	**18502454**
一、按登记注册类型分				
港澳台商投资	227746	198851	3778778	8332424
与港澳台商合资经营	44674	43306	528607	1078669
与港澳台商合作经营	2455	2455	34890	122054
港澳台商独资	178429	151077	3176556	6896235
港澳台商投资股份有限公司	1486	1323	25517	207931
其他港澳台投资	701	690	13208	27534
外商投资	291805	268195	3407029	10170030
中外合资经营	78538	70248	722539	1934389
中外合作经营	44219	44082	18877	134073
外资企业	155666	141308	2544297	7777918
外商投资股份有限公司	8014	7868	47899	202679
其他外商投资	5369	4690	73418	120972
二、按隶属关系分				
中央	1687	1427	5499	24711
市	15486	14847	87080	308324
区(县)	5098	5010	88985	183080
街道、镇、乡	362	159	3243	7232
居民、村民委员会	42	42	1440	1425
其他	496876	445561	6999560	17977683
三、按国民经济行业分				
第二产业小计	103958	93939	642114	1920934
#制造业	60610	50591	595117	1814700
电力、燃气及水的生产和供应业	10	10	1122	7513
建筑业	10454	10453	43972	67956
第三产业小计	415593	373107	6543694	16581520
#批发和零售业	95278	90665	2638920	3192736
交通运输、仓储和邮政业	2211	2149	31773	103414
住宿和餐饮业	37434	27288	353855	239932
信息传输、计算机服务和软件业	33972	33106	1821865	4260127
金融业	7239	7147	18395	268259
房地产业	67581	67270	40009	467547
租赁和商务服务业	118419	95347	821650	4060575
科学研究、技术服务和地质勘查业	32322	29326	640047	3316454
水利、环境和公共设施管理业	799	798	14855	44456
居民服务和其他服务业	7430	7329	55518	123379
教育	2996	2818	14856	104166
卫生和社会工作	689	689	5657	107126
文化、体育和娱乐业	7262	7232	84128	153377

单位：千元

#税金	财务费用	营业利润	投资收益	利润总额	应交所得税	应交增值税
158529	**1953587**	**-8281540**	**2795826**	**-9096194**	**437057**	**1313349**
74672	1069301	-3393828	2430569	-3409511	167174	615403
21306	303058	-965699	-72809	-1038608	-8599	109649
1128	41788	-209902	-87412	-213156	966	4745
50171	710894	-2077107	2594260	-2011931	174810	492674
1781	10148	-122453	-3479	-129675	2165	8289
285	3413	-18668	8	-16141	-2167	46
83858	884286	-4887712	365257	-5686684	269883	697946
33591	198056	-486223	246282	-1185323	64128	221605
1215	7664	-108321	705	-103466	35719	5070
45856	500287	-4020966	110350	-4148500	154101	446312
1361	172107	-297028	669	-271255	3058	3949
1835	6172	24826	7252	21861	12877	21010
415	2045	-1471		-657	2178	5816
4762	210281	-285041	85424	-692662	26229	64903
1469	10244	-87603	-70	-80160	2020	28845
65	-15	-954		-2339	11	562
52	26	-2846		-2524	53	150
151767	1731004	-7903626	2710472	-8317852	406566	1213073
28519	108178	-846762	179640	-830447	46180	313093
28165	83150	-732453	179496	-716672	44882	308916
59	4801	-5179	2	-4779	3	89
295	9394	-22656	142	-22523	1295	4088
130011	1845409	-7434778	2616186	-8265747	390876	1000255
28702	154020	-1443191	172546	-1216244	111843	415869
3169	328	-39863	-473	4236	4982	1708
4257	201507	-358695	-2219	-750992	2376	8362
22793	148811	-2982065	-171776	-3162118	8756	138467
427	-35312	-132687	-48644	-125830	5727	4474
21266	94489	-70804	218680	-175627	42929	2025
31322	885461	161528	2189088	-193635	142258	249988
14827	369443	-2173974	254756	-2295631	71342	153235
551	4253	-40926	125	-38978	93	3023
1240	3178	-38539	33	-40012	-3125	11270
356	139	-61434		-60947	461	5014
66	-321	-74406		-74210	553	
699	7947	-114463	4071	-105241	1097	5296

1-25 续表 3

项目	营业税金及附加	#主营业务税金及附加	销售费用	管理费用
四、按报表专业分				
工业	95466	85428	600307	1992949
建筑业	10454	10453	43972	67956
批发和零售业、住宿和餐饮业	132712	117953	2992775	3432668
服务业	272094	244522	3530249	12694672
金融业	7239	7147	18395	268259
房地产开发经营业	1586	1543	109	45950
五、按控股情况分				
国有控股	9795	9364	162669	243580
集体控股	2425	2424	14388	121321
私人控股	26735	26071	304430	894849
港澳台商控股	215412	186852	3532893	7729134
外商控股	259325	237059	3072848	9226385
其他	5860	5275	98579	287185
六、按六大高端产业功能区分				
北京经济技术开发区	11734	9378	188141	696754
中关村国家自主创新示范区	37354	36527	664583	2197225
金融街功能区	14648	14116	59193	378788
北京商务中心区	66543	63655	1227073	3160391
奥林匹克中心区	16681	16643	145778	451626
临空经济区	8910	8289	128002	359322
七、按四大城市功能区分				
首都功能核心区	80658	66303	1231542	2163611
东城区	32594	32348	895125	1308956
西城区	48063	33955	336416	854656
城市功能拓展区	311751	292693	4754904	13336958
朝阳区	197415	186963	2932630	8806706
丰台区	8952	7950	72477	208700
石景山区	2813	2670	144517	342005
海淀区	102571	95109	1605281	3979547
城市发展新区	120822	101789	1001608	2658916
房山区	3261	2942	24527	62734
通州区	12154	11990	120377	410585
顺义区	20014	19090	247508	616773
昌平区	15303	7447	184415	568487
大兴区	58356	50942	236640	303583
北京经济技术开发区	11734	9378	188141	696754
生态涵养发展区	6321	6262	197753	342969
门头沟区	290	290	1840	17663
怀柔区	2482	2482	120747	89971
平谷区	344	317	12906	71276
密云县	2341	2322	38882	142165
延庆县	863	851	23378	21893

单位：千元

#税金	财务费用	营业利润	投资收益	利润总额	应 交 所得税	应 交 增值税
28558	110249	-889366	179498	-838443	46471	310530
295	9394	-22656	142	-22523	1295	4088
32959	355528	-1801887	170327	-1967236	114218	424231
95446	1490135	-5383029	2494504	-6089980	269030	570026
427	-35312	-132687	-48644	-125830	5727	4474
845	23594	-51916		-52184	316	
3403	2534	-35661	85240	-24814	16950	35617
870	277	-35568	2	-29501	1975	7255
4860	82328	-552738	-175297	-899506	13186	71846
70767	1031213	-2849380	2573531	-2868334	161256	586260
77392	830268	-4615987	312410	-5076541	237396	598369
1236	6967	-192206	-61	-197498	6294	14003
17008	85032	-398706	202171	-386142	10444	30929
24799	238293	-1207361	-44436	-1340225	41532	164564
1593	25797	1674065	1613257	1686994	62051	35353
24878	48119	-614528	40530	-594017	68988	244488
782	1526	-181772	12037	-149646	6134	33754
7043	15149	-86248	106288	-84781	6786	29364
16144	614432	558352	2222693	134611	119787	208353
11110	302230	-1085525	234265	-1566246	38472	85835
5033	312203	1643877	1988427	1700857	81315	122517
97556	956063	-6989687	246476	-7209228	223888	809295
67957	595956	-4372655	181670	-4261647	177840	558126
2931	54135	107361	251852	94904	3866	12558
966	7989	-365123	416	-387552	-145	7337
25702	297982	-2359270	-187462	-2654934	42326	231275
40863	231178	-1394065	324989	-1572844	82175	262858
715	12148	-37954	-30543	-376704	414	8927
4874	73454	-244906	-2334	-266216	1898	48654
9155	32170	-222341	105292	-227272	11139	75025
5349	27126	-211881	48323	-35486	16678	34854
3762	1248	-278276	2079	-281024	41602	64469
17008	85032	-398706	202171	-386142	10444	30929
3967	151914	-456140	1669	-448733	11207	32843
495	5684	-18090		-11847	38	798
808	30075	-198407	1496	-203281	3127	9257
475	107318	-161485	169	-159204	392	1777
2000	8982	-73787	2	-71073	7510	15708
188	-145	-4372	2	-3328	139	5303

1-26 法人单位信息化情况

项目	单位数（个）	年末在用计算机数（台）	年末拥有网站数（个）	全年电子商务采购金额（千元）	全年电子商务销售金额（千元）
合计	**43961**	**5830645**	**27630**	**506866420**	**765881769**
一、按登记注册类型分					
内资	39600	4851867	24354	333233059	426025796
国有	6621	2026126	5989	216127944	24890129
集体	748	30945	227	633478	148160
股份合作	521	11828	192	1805	99590
国有联营	12	1035	8		13
集体联营	9	69			
国有与集体联营	19	480	8		245
其他联营	5	287	2		
国有独资公司	702	177981	591	5552201	243707450
其他有限责任公司	13533	1107682	7573	72375509	104115955
股份有限公司	1343	835329	1418	24152058	28647732
私营独资	126	6083	62	10223	2721
私营合伙	338	30494	252	92	862
私营有限责任公司	14675	499845	7287	14200116	23574302
私营股份有限公司	546	40433	357	120217	351875
其他	402	83250	388	59416	486762
港澳台商投资	1616	348865	1139	19776993	80854083
与港澳台商合资经营	528	94273	385	1553904	1961378
与港澳台商合作经营	128	14472	67	2191	51053
港澳台商独资	926	200040	654	17809014	53415582
港澳台商投资股份有限公司	34	40080	33	411884	25426070
外商投资	2745	629913	2137	153856368	259001890
中外合资经营	811	139398	673	87414884	122102168
中外合作经营	114	11659	57	8	28681
外资企业	1776	464662	1360	66426735	136870603
外商投资股份有限公司	42	9525	45	14741	438
其他外商投资	2	4669	2		
二、按隶属关系分					
中央	4662	1862192	5254	241769121	300940289
省	3045	829358	2276	88515950	132400496
地	4388	645807	2625	8091285	2312986
县	113	11433	60	136921	82075
街道	240	20530	106	60237	18528
镇	410	24848	146	79676	110019
乡	264	8298	85	68918	3831
社区	3	214			
村委会	240	3830	53	164	2212
其他	30596	2424135	17025	168144148	330011333
三、按机构类型分					
企业	38416	3911179	22235	488592827	765101801
事业单位	3572	1479700	3599	17906938	289501
机关	1139	346306	951	18338	
社会团体	282	18854	387	955	12566
民办非企业单位	196	59206	180	346306	477308
基金会	47	2018	61	1006	
居委会	1	***			
村委会	54	968	12		
其他组织机构	254	12392	205	50	593

注：本表统计范围为辖区内规模以上工业、有资质的建筑业、限额以上批发和零售业、限额以上住宿和餐饮业、房地产开发经营业、规模以上服务业、金融业法人单位、以及证券公司法人本部、在京证券分公司和证券营业部(不含行政事业单位)。

1-26 续表 1

项 目	单位数（个）	年末在用计算机数（台）	年末拥有网站数（个）	全年电子商务采购金额（千元）	全年电子商务销售金额（千元）
四、按控股情况分（仅限企业法人）					
国有控股	7573	1614002	5605	322829150	436570518
集体控股	1918	118474	737	10495883	20457341
私人控股	24132	1156662	12677	28936711	72279544
港澳台商控股	1461	293556	1002	19070108	54624460
外商控股	2487	562707	1865	107020337	171033655
其他	966	147318	638	911286	10633608
五、按开业时间分					
1949年以前	328	441262	391	4848561	72495
1950-1952年	256	198823	310	12886389	100043
1953-1957年	544	295167	611	5874174	627528
1958-1962年	432	218192	419	2376586	18910
1963-1965年	166	54089	166	187039	711
1966-1970年	96	25503	63	1136783	4582287
1971-1975年	199	41846	178	479164	1235
1976-1980年	571	209928	663	701041	237962
1981-1985年	1236	272759	1080	3826561	636056
1986-1995年	5593	900603	3714	20897409	89212048
1996-2000年	7488	888744	4657	24625561	57069526
2001-2004年	11651	989654	6838	305609642	157051762
2005-2008年	10068	931113	5785	79919587	145873293
2009年	1856	109597	998	3066375	246079993
2010年	1784	112436	950	35705849	45309811
2011年	1115	79646	576	3733351	16060841
2012年	464	53598	191	596172	2163003
2013年	114	7685	40	396176	784265
六、按单位规模分（仅限企业法人）					
大型	1737	1552730	2267	441786428	671161115
中型	7775	968984	6282	32186928	64448048
小型	19697	634365	11046	9628764	16457533
微型	6747	60710	1483	4491736	924587
七、按四大城市功能区分					
首都功能核心区	8226	1491027	5470	209368272	48720767
东城区	3713	575323	2406	8698083	26971829
西城区	4513	915704	3064	200670189	21748938
城市功能拓展区	24452	3291112	16984	134023386	505709608
朝阳区	11210	1140882	7147	80229285	382182139
丰台区	2901	243082	1578	7925126	11529812
石景山区	975	136727	611	1059768	8368673
海淀区	9366	1770421	7648	44809207	103628984
城市发展新区	8363	868460	4058	160855203	200695443
房山区	1241	89667	408	12837708	1383936
通州区	1400	110869	588	19019782	13302068
顺义区	1635	187664	865	85871314	148587465
昌平区	1658	208533	905	1585194	2422442
大兴区	1703	124273	742	2590356	1784964
开发区	726	147454	550	38950849	33214568
生态涵养发展区	2920	180046	1118	2619559	10755951

1-26 续表 2

项目	单位数(个)	年末在用计算机数(台)	年末拥有网站数(个)	全年电子商务采购金额(千元)	全年电子商务销售金额(千元)
门头沟区	506	33908	148	588647	239904
怀柔区	718	48375	308	500959	8174291
平谷区	675	32000	256	57700	649268
密云县	654	42559	276	734212	495921
延庆县	367	23204	130	738041	1196567
八、按六大高端产业功能区分					
中关村国家自主创新示范区	6149	1500955	6440	82772552	157601507
金融街	644	411566	534	2128111	10705721
北京商务中心区	2287	250584	1583	5096697	7244049
北京经济技术开发区	723	147298	547	38950849	33214568
临空经济区	724	123053	397	80150323	141504365
奥林匹克中心区	1126	119621	812	4574739	835551
九、按行业门类分					
采矿业	22	19477	31	2800990	472
制造业	3482	456672	2686	116897193	191763515
电力、燃气及水的生产和供应业	101	53063	49	193626665	1726687
建筑业	3600	202682	1239	15423871	47515
批发和零售业	7462	457052	3953	142602631	487385475
交通运输、仓储和邮政业	1089	167175	502	724613	33112915
住宿和餐饮业	2927	71830	1155	242429	1940091
信息传输、软件和信息技术服务业	2794	792872	3005	6522860	21708870
金融业	2070	660066	1119	292406	11272538
房地产业	4600	180706	1184	16574	164286
租赁和商务服务业	6212	420690	4085	5532828	9484780
科学研究和技术服务业	3393	594625	3148	3673093	3010871
水利、环境和公共设施管理业	543	21801	296	1392	9916
居民服务、修理和其他服务业	479	17595	240	237252	43976
教育	1538	1000864	1602	190144	1471858
卫生和社会工作	619	149946	405	17998007	3847
文化、体育和娱乐业	1285	167578	1342	52533	2635770
公共管理、社会保障和社会组织	1745	395951	1589	30939	98387
十、按行业大类及中类分					
采矿业	22	19477	31	2800990	472
煤炭开采和洗选业	4	2242	3	82234	472
烟煤和无烟煤开采洗选	4	2242	3	82234	472
石油和天然气开采业	2	1079	2		
天然气开采	2	1079	2		
黑色金属矿采选业	7	5865	15		
铁矿采选	7	5865	15		
非金属矿采选业	4	77	1		
土砂石开采	4	77	1		
开采辅助活动	5	10214	10	2718756	
石油和天然气开采辅助活动	5	10214	10	2718756	
制造业	3482	456672	2686	116897193	191763515
农副食品加工业	140	7403	92	287386	448008
谷物磨制	10	255	4		
饲料加工	52	3069	41	8010	31234
植物油加工	3	180	1		
制糖业	1	***			

1-26　续表 3

项　　目	单位数（个）	年末在用计算机数（台）	年末拥有网站数（个）	全年电子商务采购金额（千元）	全年电子商务销售金额（千元）
屠宰及肉类加工	43	2345	29	235189	310620
水产品加工	1	***			
蔬菜、水果和坚果加工	18	789	10	44187	106154
其他农副食品加工	12	727	7		
食品制造业	121	12464	89	4899126	15069745
焙烤食品制造	35	2571	20	320	82211
糖果、巧克力及蜜饯制造	9	2362	11	39559	7719569
方便食品制造	17	1092	9	66760	100945
乳制品制造	8	2015	2	4777959	5464561
罐头食品制造	2	140	1	1500	2000
调味品、发酵制品制造	15	754	14		159
其他食品制造	35	3530	32	13028	1700300
酒、饮料和精制茶制造业	43	5116	32		20653
酒的制造	17	1088	11		118
饮料制造	26	4028	21		20535
烟草制品业	1	***	***	***	***
卷烟制造	1	***	***	***	***
纺织业	36	1359	19		6743
棉纺织及印染精加工	9	624	4		100
毛纺织及染整精加工	7	154	2		36
化纤织造及印染精加工	1	***			
家用纺织制成品制造	6	122	2		25
非家用纺织制成品制造	13	450	11		6582
纺织服装、服饰业	153	13667	102	444050	993678
机织服装制造	126	9105	85	32118	90365
针织或钩针编织服装制造	23	4442	15	411932	903313
服饰制造	4	120	2		
皮革、毛皮、羽毛及其制品和制鞋业	18	557	7	60	17211
皮革鞣制加工	1	***			
皮革制品制造	11	376	4		15000
毛皮鞣制及制品加工	4	122	3	60	2211
制鞋业	2	54			
木材加工和木、竹、藤、棕、草制品业	20	869	10		
木材加工	1	***			
人造板制造	6	110	4		
木制品制造	13	756	6		
家具制造业	66	4780	54	558	8062
木质家具制造	45	3829	40	450	500
金属家具制造	14	541	9		7044
其他家具制造	7	410	5	108	518
造纸和纸制品业	41	1935	24	13866	71312
造纸	7	131	3		
纸制品制造	34	1804	21	13866	71312
印刷和记录媒介复制业	119	9091	82	9177	26298
印刷	114	8797	75	9177	26298
装订及印刷相关服务	1	***	***		
记录媒介复制	4	278	6		
文教、工美、体育和娱乐用品制造业	33	2085	32	89	24875
文教办公用品制造	1	***	***		

1-26 续表 4

项　　目	单位数（个）	年末在用计算机数（台）	年末拥有网站数（个）	全年电子商务采购金额（千元）	全年电子商务销售金额（千元）
乐器制造	6	296	5		10552
工艺美术品制造	19	1368	18	89	6295
体育用品制造	1	***	***		***
玩具制造	2	35	2		3425
游艺器材及娱乐用品制造	4	277	4		
石油加工、炼焦和核燃料加工业	22	7074	21	8512882	16000
精炼石油产品制造	22	7074	21	8512882	16000
化学原料和化学制品制造业	215	12496	148	720323	636158
基础化学原料制造	27	3115	19	30	201328
肥料制造	13	305	11		
农药制造	7	269	5		
涂料、油墨、颜料及类似产品制造	42	2099	29	2024	60510
合成材料制造	22	1129	11	354716	248768
专用化学产品制造	80	3306	50	356704	49065
炸药、火工及焰火产品制造	1	***	***		
日用化学产品制造	23	2058	22	6849	76487
医药制造业	188	35238	163	51995	64019
化学药品原料药制造	5	294	4	13	
化学药品制剂制造	61	23375	64	922	688
中药饮片加工	32	1674	18	120	559
中成药生产	27	2801	19	150	1350
兽用药品制造	10	917	8	50700	60838
生物药品制造	38	5524	37	90	584
卫生材料及医药用品制造	15	653	13		
化学纤维制造业	3	127	3	32	
合成纤维制造	3	127	3	32	
橡胶和塑料制品业	119	4561	80	502565	915673
橡胶制品业	15	1000	14	474791	882481
塑料制品业	104	3561	66	27774	33192
非金属矿物制品业	252	15459	128	12616	32708
水泥、石灰和石膏制造	8	743	1		
石膏、水泥制品及类似制品制造	121	5555	33	5	
砖瓦、石材等建筑材料制造	44	1719	31	2000	
玻璃制造	11	674	7		
玻璃制品制造	18	3392	17	17	20
玻璃纤维和玻璃纤维增强塑料制品制造	10	1000	8		
陶瓷制品制造	2	256			
耐火材料制品制造	14	1051	17		9110
石墨及其他非金属矿物制品制造	24	1069	14	10594	23578
黑色金属冶炼和压延加工业	31	2078	20		
黑色金属铸造	12	559	9		
钢压延加工	18	1474	10		
铁合金冶炼	1	***	***		
有色金属冶炼和压延加工业	35	2399	30	1017	659820
常用有色金属冶炼	1	***	***		
贵金属冶炼	1	***			
稀有稀土金属冶炼	2	208	4		
有色金属合金制造	9	262	8		411
有色金属铸造	2	625	3		
有色金属压延加工	20	1115	14	1017	659409

1-26 续表 5

项 目	单位数（个）	年末在用计算机数（台）	年末拥有网站数（个）	全年电子商务采购金额（千元）	全年电子商务销售金额（千元）
金属制品业	223	11697	153	41550	128523
结构性金属制品制造	120	5852	78	23	6407
金属工具制造	5	379	5		996
集装箱及金属包装容器制造	21	1311	11	40466	95191
金属丝绳及其制品制造	6	88	4		
建筑、安全用金属制品制造	20	949	16		14312
金属表面处理及热处理加工	15	321	10	1000	2100
金属制日用品制造	6	119	6	25	
其他金属制品制造	30	2678	23	36	9517
通用设备制造业	254	31697	221	210222	902806
锅炉及原动设备制造	13	1760	13		
金属加工机械制造	35	6572	34	208020	
物料搬运设备制造	24	2256	20		
泵、阀门、压缩机及类似机械制造	66	10354	59	2060	663633
轴承、齿轮和传动部件制造	9	507	4		
烘炉、风机、衡器、包装等设备制造	70	6811	67	56	103585
文化、办公用机械制造	13	2593	14	22	
通用零部件制造	21	710	8	30	135588
其他通用设备制造业	3	134	2	34	
专用设备制造业	317	43138	307	1445704	135945
采矿、冶金、建筑专用设备制造	60	8397	54	15779	74565
化工、木材、非金属加工专用设备制造	28	3089	27	38	
食品、饮料、烟草及饲料生产专用设备制造	7	453	4		
印刷、制药、日化及日用品生产专用设备制造	16	3676	17	1170	696
纺织、服装和皮革加工专用设备制造	10	1873	6		
电子和电工机械专用设备制造	21	1884	20		
农、林、牧、渔专用机械制造	11	926	10	22	
医疗仪器设备及器械制造	76	10399	80		60041
环保、社会公共服务及其他专用设备制造	88	12441	89	1428695	643
汽车制造业	219	55731	132	81258723	110939697
汽车整车制造	15	40341	38	79500000	108175347
改装汽车制造	21	1283	17		1583
汽车车身、挂车制造	1	***			
汽车零部件及配件制造	182	14006	77	1758723	2762767
铁路、船舶、航空航天和其他运输设备制造业	54	9125	39	192820	22880
铁路运输设备制造	41	7423	28	192820	22880
城市轨道交通设备制造	1	***	***		
船舶及相关装置制造	3	203	2		
航空、航天器及设备制造	7	980	5		
非公路休闲车及零配件制造	1	***	***		
潜水救捞及其他未列明运输设备制造	1	***	***		
电气机械和器材制造业	259	32463	184	3104414	1863362
电机制造	21	4634	17	10	
输配电及控制设备制造	167	20110	120	1680854	22970
电线、电缆、光缆及电工器材制造	32	1182	19	41471	59892
电池制造	4	1049	2		
家用电力器具制造	7	586	8		5750
非电力家用器具制造	9	553	7		

1-26 续表 6

项　　目	单位数（个）	年末在用计算机数（台）	年末拥有网站数（个）	全年电子商务采购金额（千元）	全年电子商务销售金额（千元）
照明器具制造	8	1654	4	1382079	1774750
其他电气机械及器材制造	11	2695	7		
计算机、通信和其他电子设备制造业	290	102618	289	14096483	54136096
计算机制造	44	27023	65	12331089	48948328
通信设备制造	61	31997	64	1516570	870276
广播电视设备制造	16	3067	16		206
雷达及配套设备制造	2	378	2		
视听设备制造	6	1309	6	97	
电子器件制造	70	24198	56	230760	753403
电子元件制造	49	7868	38	16854	3519944
其他电子设备制造	42	6778	42	1113	43939
仪器仪表制造业	164	24480	194	2359	43640
通用仪器仪表制造	107	17195	139	1084	43640
专用仪器仪表制造	44	5693	37	738	
钟表与计时仪器制造	2	112	1		
光学仪器及眼镜制造	6	942	9	363	
其他仪器仪表制造业	5	538	8	174	
其他制造业	24	1995	17	37317	3
日用杂品制造	6	153	4	37317	3
煤制品制造	3	26			
核辐射加工	1	***			
其他未列明制造业	14	1792	13		
废弃资源综合利用业	8	305	3		
金属废料和碎屑加工处理	5	190	2		
非金属废料和碎屑加工处理	3	115	1		
金属制品、机械和设备修理业	14	3954	10	28000	
专用设备修理	2	149	1		
铁路、船舶、航空航天等运输设备修理	12	3805	9	28000	
电力、燃气及水的生产和供应业	101	53063	49	193626665	1726687
电力、热力生产和供应业	59	43471	30	193626649	1725798
电力生产	12	3618	8	39617	
电力供应	6	34598	3	193587000	1725796
热力生产和供应	41	5255	19	32	2
燃气生产和供应业	23	5972	9	16	
燃气生产和供应业	23	5972	9	16	
水的生产和供应业	19	3620	10		889
自来水生产和供应	11	2150	4		889
污水处理及其再生利用	7	1375	5		
其他水的处理、利用与分配	1	***	***		
建筑业	3600	202682	1239	15423871	47515
房屋建筑业	629	79221	213	11608774	
房屋建筑业	629	79221	213	11608774	
土木工程建筑业	569	53463	259	3769717	
铁路、道路、隧道和桥梁工程建筑	230	32632	127	3757291	
水利和内河港口工程建筑	26	3071	21	12260	
工矿工程建筑	27	9402	20	12	
架线和管道工程建筑	164	5830	52	154	
其他土木工程建筑	122	2528	39		
建筑安装业	859	33698	321	44454	44140

1-26 续表 7

项 目	单位数（个）	年末在用计算机数（台）	年末拥有网站数（个）	全年电子商务采购金额（千元）	全年电子商务销售金额（千元）
电气安装	277	10015	89	42556	41570
管道和设备安装	266	8446	86	1079	2570
其他建筑安装业	316	15237	146	819	
建筑装饰和其他建筑业	1543	36300	446	926	3375
建筑装饰业	1191	30409	333	719	3159
工程准备活动	145	2488	31	39	216
提供施工设备服务	25	255	6		
其他未列明建筑业	182	3148	76	168	
批发和零售业	7462	457052	3953	142602631	487385475
批发业	4978	290903	2634	92776890	402890722
农、林、牧产品批发	77	3579	48	23086	130813
食品、饮料及烟草制品批发	372	19608	137	2512285	19029711
纺织、服装及家庭用品批发	450	46592	213	1043583	3024629
文化、体育用品及器材批发	254	18062	126	206848	334231
医药及医疗器材批发	353	23445	189	869644	5569707
矿产品、建材及化工产品批发	1556	50775	674	6052791	247964369
机械设备、五金产品及电子产品批发	1775	119687	1147	82068651	126837262
贸易经纪与代理	67	5388	49		
其他批发业	74	3767	51	2	
零售业	2484	166149	1319	49825741	84494753
综合零售	219	47612	118	129492	134939
食品、饮料及烟草制品专门零售	112	3720	41	899816	829591
纺织、服装及日用品专门零售	219	13627	100	35099	330844
文化、体育用品及器材专门零售	191	12644	120	2878864	5699572
医药及医疗器材专门零售	380	9808	143	639338	4261351
汽车、摩托车、燃料及零配件专门零售	703	34369	397	6623770	172143
家用电器及电子产品专门零售	379	22502	215	33534125	34563632
五金、家具及室内装饰材料专门零售	107	3295	56	394	4689
货摊、无店铺及其他零售业	174	18572	129	5084843	38497992
交通运输、仓储和邮政业	1089	167175	502	724613	33112915
铁路运输业	16	30895	10		7
铁路旅客运输	4	21659	3		
铁路货物运输	8	9097	6		7
铁路运输辅助活动	4	139	1		
道路运输业	543	27859	211	260645	32344
城市公共交通运输	120	14220	36	145	663
公路旅客运输	9	427	3		
道路货物运输	380	10211	151	260497	31571
道路运输辅助活动	34	3001	21	3	110
水上运输业	6	142	1		
水上货物运输	6	142	1		
航空运输业	17	31790	14	12738	31772283
航空客货运输	8	29441	9	12698	31772283
通用航空服务	2	221	1		
航空运输辅助活动	7	2128	4	40	
管道运输业	2	4822		239682	
管道运输业	2	4822		239682	
装卸搬运和运输代理业	342	36020	203	211526	1303698
装卸搬运	14	869	3		
运输代理业	328	35151	200	211526	1303698

1-26 续表 8

项目	单位数（个）	年末在用计算机数（台）	年末拥有网站数（个）	全年电子商务采购金额（千元）	全年电子商务销售金额（千元）
仓储业	132	4302	38	1	
谷物、棉花等农产品仓储	30	1108	5		
其他仓储业	102	3194	33	1	
邮政业	31	31345	25	21	4583
邮政基本服务	2	5215	2		4582
快递服务	29	26130	23	21	1
住宿和餐饮业	2927	71830	1155	242429	1940091
住宿业	1110	46630	620	157546	1463229
旅游饭店	660	36928	449	143643	1301446
一般旅馆	429	9262	158	13632	148320
其他住宿业	21	440	13	271	13463
餐饮业	1817	25200	535	84883	476862
正餐服务	1629	18654	467	82350	336184
快餐服务	119	4681	43	3	140439
饮料及冷饮服务	23	717	6	2520	239
其他餐饮业	46	1148	19	10	
信息传输、软件和信息技术服务业	2794	792872	3005	6522860	21708870
电信、广播电视和卫星传输服务	262	89989	283	393468	4640667
电信	192	73177	238	373632	4594742
广播电视传输服务	49	15026	29	889	26765
卫星传输服务	21	1786	16	18947	19160
互联网和相关服务	258	111178	454	615527	9433450
互联网接入及相关服务	23	12516	43	7618	177973
互联网信息服务	232	98232	408	607909	9255477
其他互联网服务	3	430	3		
软件和信息技术服务业	2274	591705	2268	5513865	7634753
软件开发	1504	434899	1540	1842930	3705375
信息系统集成服务	325	86358	300	3005438	2332631
信息技术咨询服务	214	35666	197	111646	397810
数据处理和存储服务	57	11887	64	21410	783680
集成电路设计	24	2629	20	583	120
其他信息技术服务业	150	20266	147	531858	415137
金融业	2070	660066	1119	292406	11272538
货币金融服务	516	250785	311	1505	7791575
中央银行服务	1	***	***		
货币银行服务	107	231334	96	777	7786570
非货币银行服务	408	18394	214	728	5005
资本市场服务	750	292009	281	4264	217
证券市场服务	385	270458	152	3578	217
期货市场服务	21	10341	21	550	
资本投资服务	314	9237	83	46	
其他资本市场服务	30	1973	25	90	
保险业	452	72960	266	10847	2223683
人身保险	77	35683	52	2637	1756167
财产保险	53	26228	40	6562	383559
再保险	7	1215	5	831	
养老金	4	1100	3	133	
保险经纪与代理服务	274	8047	154	684	83957
其他保险活动	37	687	12		

1-26　续表 9

项　　目	单位数（个）	年末在用计算机数（台）	年末拥有网站数（个）	全年电子商务采购金额（千元）	全年电子商务销售金额（千元）
其他金融业	352	44312	261	275790	1257063
金融信托与管理服务	90	24400	57	710	
控股公司服务	63	5051	36	21	
非金融机构支付服务	52	9065	72	275049	1257063
金融信息服务	4	108	2		
其他未列明金融业	143	5688	94	10	
房地产业	4600	180706	1184	16574	164286
房地产业	4600	180706	1184	16574	164286
房地产开发经营	2907	67017	591	3005	106553
物业管理	980	49968	342	12746	9131
房地产中介服务	170	48786	84	293	
自有房地产经营活动	379	9278	108	215	2067
其他房地产业	164	5657	59	315	46535
租赁和商务服务业	6212	420690	4085	5532828	9484780
租赁业	136	5618	60	320	51
机械设备租赁	123	5203	55	320	
文化及日用品出租	13	415	5		51
商务服务业	6076	415072	4025	5532508	9484729
企业管理服务	1001	117475	590	374045	814011
法律服务	226	12392	209	50	634
咨询与调查	1321	131313	1067	32762	423133
广告业	915	50217	514	280678	248452
知识产权服务	122	20685	125	24164	300
人力资源服务	144	11103	128	1461	10000
旅行社及相关服务	1139	26664	579	4808678	5958110
安全保护服务	55	2595	55	50	5
其他商务服务业	1153	42628	758	10620	2030084
科学研究和技术服务业	3393	594625	3148	3673093	3010871
研究和试验发展	599	220447	942	644695	45069
自然科学研究和试验发展	98	74422	284	124604	313
工程和技术研究和试验发展	278	110258	340	51877	18308
农业科学研究和试验发展	36	9129	77	48	47
医学研究和试验发展	102	13367	90	451505	26396
社会人文科学研究	85	13271	151	16661	5
专业技术服务业	1705	282496	1302	2055603	1692369
气象服务	16	4103	21	58519	
地震服务	9	2865	13		
海洋服务	9	1477	7		
测绘服务	34	5634	28		
质检技术服务	211	35024	158	3503	9071
环境与生态监测	19	2458	19	120	
地质勘查	53	7989	50	11290	
工程技术	1008	185856	734	1653013	84806
其他专业技术服务业	346	37090	272	329158	1598492
科技推广和应用服务业	1089	91682	904	972795	1273433
技术推广服务	829	60879	634	947139	1099692
科技中介服务	86	12341	104	53	75123
其他科技推广和应用服务业	174	18462	166	25603	98618

1-26 续表 10

项　　目	单位数（个）	年末在用计算机数（台）	年末拥有网站数（个）	全年电子商务采购金额（千元）	全年电子商务销售金额（千元）
水利、环境和公共设施管理业	543	21801	296	1392	9916
水利管理业	48	3091	60		
防洪除涝设施管理	6	333	1		
水资源管理	11	344	3		
天然水收集与分配	13	1746	52		
水文服务	1	***			
其他水利管理业	17	588	4		
生态保护和环境治理业	63	4542	52	1335	6346
生态保护	17	684	9	656	6346
环境治理业	46	3858	43	679	
公共设施管理业	432	14168	184	57	3570
市政设施管理	39	1325	5		
环境卫生管理	87	3052	15		
城乡市容管理	4	70	1		
绿化管理	169	6451	72	49	
公园和游览景区管理	133	3270	91	8	3570
居民服务、修理和其他服务业	479	17595	240	237252	43976
居民服务业	173	4908	94	10	4351
家庭服务	6	125	2		
洗染服务	7	211	4		
理发及美容服务	36	1423	24		
洗浴服务	47	1281	17		738
保健服务	4	143	4		
婚姻服务	1	***	***		
殡葬服务	38	925	23	10	3613
其他居民服务业	34	788	19		
机动车、电子产品和日用产品修理业	141	7984	70	236917	39595
汽车、摩托车修理与维护	101	3548	43	199273	35
计算机和办公设备维修	29	4168	24	37644	39560
家用电器修理	6	193	2		
其他日用产品修理业	5	75	1		
其他服务业	165	4703	76	325	30
清洁服务	96	1252	39		20
其他未列明服务业	69	3451	37	325	10
教育	1538	1000864	1602	190144	1471858
教育	1538	1000864	1602	190144	1471858
学前教育	66	6275	40	46	
初等教育	400	99861	322	792	
中等教育	523	227290	496	7420	
高等教育	156	585732	319	169675	60834
特殊教育	7	1856	11		
技能培训、教育辅助及其他教育	386	79850	414	12211	1411024
卫生和社会工作	619	149946	405	17998007	3847
卫生	571	146731	389	17993457	3847
医院	285	118010	264	17173846	3844
社区医疗与卫生院	158	12331	25	660867	3
门诊部(所)	48	2372	30		
计划生育技术服务活动	3	153	3		
妇幼保健院(所、站)	16	2907	12	156430	

1-26　续表 11

项　　目	单位数（个）	年末在用计算机数（台）	年末拥有网站数（个）	全年电子商务采购金额（千元）	全年电子商务销售金额（千元）
专科疾病防治院(所、站)	5	342	5	1262	
疾病预防控制中心	30	7536	29	1052	
其他卫生活动	26	3080	21		
社会工作	48	3215	16	4550	
提供住宿社会工作	36	2500	10	4550	
不提供住宿社会工作	12	715	6		
文化、体育和娱乐业	1285	167578	1342	52533	2635770
新闻和出版业	537	86511	744	25671	2445536
新闻业	7	16372	9	21049	
出版业	530	70139	735	4622	2445536
广播、电视、电影和影视录音制作业	223	42580	173	939	109905
广播	8	9238	14	634	
电视	57	24564	49	264	10708
电影和影视节目制作	88	6526	51	41	56169
电影和影视节目发行	13	632	11		10893
电影放映	48	1345	44		32135
录音制作	9	275	4		
文化艺术业	237	25286	209	22947	61841
文艺创作与表演	48	2728	33	22835	969
艺术表演场馆	11	1253	9	20	42507
图书馆与档案馆	31	8636	38		
文物及非物质文化遗产保护	15	815	14	49	8
博物馆	33	6332	37		
烈士陵园、纪念馆	1	***	***		
群众文化活动	27	2396	24		18357
其他文化艺术业	71	2966	53	43	
体育	186	9394	146	2852	18400
体育组织	58	3823	46	2315	15031
体育场馆	22	1348	21	328	
休闲健身活动	87	3014	60	11	3369
其他体育	19	1209	19	198	
娱乐业	102	3807	70	124	88
室内娱乐活动	35	1523	17		72
游乐园	4	247	4		16
彩票活动	6	640	8		
文化、娱乐、体育经纪代理	54	1275	40	122	
其他娱乐业	3	122	1	2	
公共管理、社会保障和社会组织	1745	395951	1589	30939	98387
中国共产党机关	49	15864	46	1000	
中国共产党机关	49	15864	46	1000	
国家机构	1281	353935	1064	27978	85821
国家权力机构	17	3896	13		
国家行政机构	1213	326427	1012	27978	85821
人民法院和人民检察院	40	22437	28		
其他国家机构	11	1175	11		
人民政协、民主党派	25	3733	21		
人民政协	12	2249	10		
民主党派	13	1484	11		
社会保障	10	889	2		
社会保障	10	889	2		
群众团体、社会团体和其他成员组织	325	20540	444	1961	12566
群众团体	32	4029	33		
社会团体	243	14213	344	955	12566
基金会	47	2018	61	1006	
宗教组织	3	280	6		
基层群众自治组织	55	990	12		
社区自治组织	1	***			
村民自治组织	54	968	12		

1-27 个体经营户基本情况

项目	户数(户)	从业人员(人)	雇员支出(亿元)	缴纳税费(亿元)	经营总支出(亿元)	营业收入(亿元)
合　计	**627785**	**1247790**	**143.5**	**13.4**	**528.5**	**870.7**
一、按行业分						
采矿业	23	74	…	…	…	…
制造业	24550	66574	7.5	0.2	27.0	41.1
电力、热力、燃气及水生产和供应业	59	124	0.1	…	0.1	0.1
建筑业	4682	12097	2.8	…	4.3	6.4
批发和零售业	388437	697218	75.2	9.0	340.6	585.6
交通运输、仓储和邮政业	59526	88734	3.5	0.3	14.4	25.7
住宿和餐饮业	59045	197704	34.2	2.8	90.9	131.3
信息传输、软件和信息技术服务业	4227	5823	0.5	…	1.4	2.5
金融业						
房地产业	338	885	0.1	…	0.2	0.3
租赁和商务服务业	22354	32222	2.7	0.2	7.5	13.6
科学研究和技术服务业	3245	5797	0.7	0.1	2.5	4.2
水利、环境和公共设施管理业	690	1278	0.1	…	0.2	0.3
居民服务、修理和其他服务业	54273	120871	14.4	0.6	34.7	53.0
教育	1448	6794	0.6	…	1.4	1.8
卫生和社会工作	789	2182	0.3	…	0.8	1.2
文化、体育和娱乐业	4099	9413	0.9	…	2.6	3.7
公共管理、社会保障和社会组织						
二、按地区分						
首都功能核心区	65788	135415	25.9	1.9	67.3	136.0
东城区	24179	53494	9.2	1.3	25.9	72.5
西城区	41609	81921	16.6	0.6	41.5	63.5
城市功能拓展区	211866	456674	65.3	8.1	239.2	392.3
朝阳区	84976	186937	35.6	6.3	140.7	234.9
丰台区	57707	129203	8.4	0.4	39.2	61.8
石景山区	16420	30365	4.1	0.2	16.6	24.8
海淀区	52763	110169	17.2	1.1	42.7	70.7
城市发展新区	249573	491896	36.8	2.7	140.6	231.1
房山区	31805	61161	7.2	0.6	24.7	45.7
通州区	54160	103587	8.1	1.2	34.4	55.8
顺义区	44624	80193	4.7	0.4	19.5	36.9
昌平区	66978	129058	5.2	0.2	31.7	45.6
大兴区(除北京经济技术开发区)	51178	115680	11.3	0.3	29.5	45.9
北京经济技术开发区	828	2217	0.3	…	0.8	1.2
生态涵养发展区	100558	163805	15.5	0.6	81.4	111.4
门头沟区	11289	18434	0.6	0.1	4.8	8.5
怀柔区	25803	38071	1.9	0.1	6.4	10.6
平谷区	22013	40437	4.7	0.1	40.9	52.8
密云县	27331	42117	4.3	0.3	18.0	24.1
延庆县	14122	24746	4.0	0.1	11.2	15.3

注：个体经营户登记对象为全市辖区内实际从事第二产业和第三产业经营活动的全部个体经营户。

第2篇

第二产业情况

2-1 第二产业法人单位、产业活动单位和从业人员基本情况

项目	法人单位			产业活动单位		期末从业人员	
	单位数(个)	单产业法人	多产业法人	单位数(个)	#多产业法人所属的产业活动单位(含本部，不含外埠)	从业人员(人)	#女性
合计	**51831**	**48983**	**2848**	**57825**	**6210**	**2166318**	**658491**
一、按登记注册类型分							
内资	49760	47195	2565	55542	5857	1735730	490975
国有	760	676	84	1204	374	104247	27838
集体	2981	2876	105	3256	335	51082	14862
股份合作	2223	2116	107	2373	210	35468	12393
国有联营	8	8		11	2	91	34
集体联营	48	47	1	55	7	296	81
国有与集体联营	20	20		27	5	471	220
其他联营	52	50	2	62	9	848	277
国有独资公司	160	116	44	240	81	117416	29273
其他有限责任公司	12318	11472	846	14977	2354	690213	190155
股份有限公司	655	534	121	821	191	205775	55345
私营独资	2435	2400	35	2532	97	14547	5107
私营合伙	319	309	10	333	15	2527	839
私营有限责任公司	26958	25798	1160	28753	2078	477455	143392
私营股份有限公司	684	636	48	752	91	34492	10751
其他	139	137	2	146	8	802	408
港澳台商投资	603	499	104	662	122	103159	42888
与港澳台商合资经营	301	252	49	330	59	50275	20477
与港澳台商合作经营	17	15	2	17	3	1428	757
港澳台商独资	263	216	47	285	53	43551	18747
港澳台商投资股份有限公司	19	13	6	25	5	7861	2898
其他港澳台商投资	3	3		5	2	44	9
外商投资	1468	1289	179	1621	231	327429	124628
中外合资经营	591	531	60	637	81	148550	47493
中外合作经营	37	32	5	41	4	7313	3060
外资企业	804	698	106	896	136	154746	64966
外商投资股份有限公司	28	20	8	34	9	16564	9043
其他外商投资	8	8		13	1	256	66
二、按隶属关系分(仅限法人)							
中央	663	502	161			355756	87701
省(自治区、直辖市)	840	649	191			322419	82965
地(区、市、州、盟)	1639	1531	108			92675	24584
县(区、市、旗)	188	177	11			4212	1306
街道	95	92	3			2703	616
镇	765	729	36			33489	8365
乡	152	143	9			5530	1548
社区(居委会)	13	13				83	28
村委会	1047	1027	20			13474	4625
其他	46429	44120	2309			1335977	446753

注：产业活动单位数指单产业法人单位数与多产业法人所属的产业活动单位(含本部，不含外埠)及外地和外国法人单位在京设立的产业活动单位的总和。多产业法人所属的产业活动单位(含本部，不含外埠)指在京的多产业法人所属的产业活动单位，包含本部，不含外地和外国法人单位在京设立的产业活动单位。

2-1 续表 1

项目	法人单位 单位数（个）	单产业法人	多产业法人	产业活动单位 单位数（个）	#多产业法人所属的产业活动单位（含本部，不含外埠）	期末从业人员 从业人员（人）	#女性
三、按机构类型分							
企业	51785	48938	2847	57777	6209	2164930	658167
事业单位	35	34	1	36		1366	316
机关							
社会团体							
民办非企业单位							
基金会							
居委会							
村委会							
其他组织机构	11	11		12	1	22	8
四、按控股情况分（仅限企业法人）							
国有控股	2202	1770	432			765321	192591
集体控股	4118	3918	200			107411	29682
私人控股	42327	40396	1931			934122	287988
港澳台商控股	498	418	80			76944	31828
外商控股	1229	1072	157			256738	107877
其他	1446	1398	48			25355	8431
五、按开业时间分							
1949年及以前	16	9	7	20	9	43302	10145
1950-1952年	23	13	10	25	11	19109	4224
1953-1957年	79	53	26	90	31	43395	10293
1958-1962年	76	56	20	87	27	42353	10486
1963-1965年	41	34	7	49	12	9403	2214
1966-1970年	37	29	8	37	7	5414	2018
1971-1975年	86	76	10	94	15	13887	3228
1976-1980年	457	418	39	478	64	45379	10819
1981-1985年	966	884	82	1022	127	77845	24481
1986-1995年	5315	4794	521	5505	665	426587	140218
1996-2000年	6969	6184	785	7264	993	405370	138316
2001-2004年	11765	10966	799	12679	1427	469716	143505
2005-2008年	11758	11372	386	13346	1465	324832	96173
2009年	3280	3216	64	3835	336	61315	16948
2010年	3186	3151	35	3779	314	69161	17956
2011年	2916	2888	28	3555	267	50230	12518
2012年	2580	2565	15	3176	250	46275	11666
2013年	2219	2213	6	2716	187	12549	3214

2-1　续表 2

项　　目	法人单位 单位数（个）	单产业法人	多产业法人	产业活动单位 单位数（个）	#多产业法人所属的产业活动单位（含本部，不含外埠）	期末从业人员 从业人员（人）	#女性
六、按单位规模分（仅限企业法人）							
大型	349	130	219			766767	210939
中型	1293	825	468			485014	163274
小型	10714	9615	1099			648419	209948
微型	39249	38197	1052			229144	72388
七、按四大城市功能区分							
首都功能核心区	1909	1652	257	2306	512	155596	42000
东城区	814	705	109	982	203	45520	13894
西城区	1095	947	148	1324	309	110076	28106
城市功能拓展区	13721	12711	1010	15353	1828	716047	199688
朝阳区	4594	4215	379	5297	794	197860	62160
丰台区	3820	3668	152	4216	279	167131	41519
石景山区	1249	1143	106	1433	213	85204	18620
海淀区	4058	3685	373	4407	542	265852	77389
城市发展新区	28457	27274	1183	31341	2838	1040347	335909
房山区	3818	3666	152	4383	522	103849	28800
通州区	6787	6605	182	7444	479	189788	60767
顺义区	4940	4743	197	5546	513	241475	76664
昌平区	4401	4122	279	4872	608	158499	45735
大兴区（除北京经济技术开发区）	7863	7546	317	8402	646	182749	62661
北京经济技术开发区	648	592	56	694	70	163987	61282
生态涵养发展区	7744	7346	398	8825	1032	254328	80894
门头沟区	1089	1022	67	1248	181	37246	7597
怀柔区	1903	1799	104	2162	248	70880	23699
平谷区	1893	1817	76	2144	202	57716	19590
密云县	2227	2133	94	2527	248	67655	22823
延庆县	632	575	57	744	153	20831	7185
八、按六大高端产业功能区分							
六大高端产业功能区合计	5120	4436	684			878413	287732
#北京经济技术开发区	648	592	56			163987	61282
中关村国家自主创新示范区	3174	2612	562			719360	235009
金融街功能区	56	46	10			5426	2014
北京商务中心区	199	175	24			24537	8230
奥林匹克中心区	257	219	38			14797	3799
临空经济区	1109	1054	55			94557	30021
九、按行业门类分							
采矿业	115	106	9	125	16	44785	7216
制造业	32592	30829	1763	34336	2910	1373739	498753
电力、热力、燃气及水生产和供应业	638	596	42	772	143	92611	25156
建筑业	18486	17452	1034	22592	3141	655183	127366

2-1 续表 3

项目	法人单位 单位数（个）	单产业法人	多产业法人	产业活动单位 单位数（个）	#多产业法人所属的产业活动单位（含本部，不含外埠）	期末从业人员 从业人员（人）	#女性
十、按行业大类及中类分							
采矿业	115	106	9	125	16	44785	7216
煤炭开采和洗选业	36	34	2	42	6	15947	1675
#烟煤和无烟煤开采洗选	36	34	2	40	6	15947	1675
其他煤炭采选				2			
石油和天然气开采业	9	6	3	11	4	2450	496
石油开采	7	6	1	9	2	417	136
天然气开采	2		2	2	2	2033	360
黑色金属矿采选业	17	15	2	17	2	25752	4957
#铁矿采选	17	15	2	17	2	25752	4957
有色金属矿采选业	3	3		3		3	
#贵金属矿采选	3	3		3		3	
非金属矿采选业	49	47	2	51	4	626	86
#土砂石开采	46	44	2	48	4	533	82
石棉及其他非金属矿采选	3	3		3		93	4
其他采矿业	1	1		1		7	2
其他采矿业	1	1		1		7	2
制造业	32592	30829	1763	34336	2910	1373739	498753
农副食品加工业	909	849	60	998	121	41751	17496
谷物磨制	76	75	1	77	2	1982	645
饲料加工	316	296	20	362	49	10375	2481
植物油加工	49	46	3	55	5	1046	485
制糖业	2	2		2		58	29
屠宰及肉类加工	213	195	18	229	33	18443	8771
水产品加工	16	15	1	19	3	189	79
蔬菜、水果和坚果加工	123	113	10	129	14	4931	2845
其他农副食品加工	114	107	7	125	15	4727	2161
食品制造业	939	853	86	1032	143	61062	30925
焙烤食品制造	302	271	31	347	61	19223	10233
糖果、巧克力及蜜饯制造	71	64	7	71	7	10589	5176
方便食品制造	124	118	6	129	9	6212	2675
乳制品制造	33	32	1	37	4	7874	4566
罐头食品制造	24	23	1	26	3	509	296
调味品、发酵制品制造	131	125	6	139	10	5482	2830
其他食品制造	254	220	34	283	49	11173	5149
酒、饮料和精制茶制造业	386	354	32	407	46	36451	13852
酒的制造	119	111	8	122	11	15575	5464
饮料制造	256	234	22	274	32	20793	8335
精制茶加工	11	9	2	11	3	83	53
烟草制品业	1		1	1	1	937	271
#卷烟制造	1		1	1	1	937	271
纺织业	440	417	23	456	31	10595	5406

2-1　续表 4

项　　目	法人单位 单位数（个）	法人单位 单产业法人	法人单位 多产业法人	产业活动单位 单位数（个）	产业活动单位 #多产业法人所属的产业活动单位（含本部，不含外埠）	期末从业人员 从业人员（人）	期末从业人员 #女性
棉纺织及印染精加工	76	72	4	78	5	2844	1165
毛纺织及染整精加工	51	47	4	52	5	1983	1259
麻纺织及染整精加工	1	1		1		4	3
丝绢纺织及印染精加工	6	6		6		43	22
化纤织造及印染精加工	6	5	1	7	2	292	138
针织或钩针编织物及其制品制造	61	61		62	1	773	483
家用纺织制成品制造	143	133	10	150	14	2194	1319
非家用纺织制成品制造	96	92	4	100	4	2462	1017
纺织服装、服饰业	2633	2511	122	2748	192	79617	55074
机织服装制造	2160	2057	103	2259	164	63785	43626
针织或钩针编织服装制造	249	237	12	253	15	12834	9452
服饰制造	224	217	7	236	13	2998	1996
皮革、毛皮、羽毛及其制品和制鞋业	237	221	16	248	26	5136	2721
皮革鞣制加工	3	2	1	3	1	23	2
皮革制品制造	98	93	5	102	9	2835	1581
毛皮鞣制及制品加工	40	38	2	42	3	822	424
羽毛(绒)加工及制品制造	11	11		11		52	20
制鞋业	85	77	8	90	13	1404	694
木材加工和木、竹、藤、棕、草制品业	879	857	22	911	46	9419	2685
木材加工	102	99	3	105	5	629	183
人造板制造	79	76	3	82	6	959	221
木制品制造	684	668	16	708	33	7783	2273
竹、藤、棕、草等制品制造	14	14		16	2	48	8
家具制造业	1361	1284	77	1404	110	29255	8928
木质家具制造	1095	1028	67	1133	94	21918	6764
竹、藤家具制造	4	4		4		43	13
金属家具制造	123	120	3	124	5	3635	1085
塑料家具制造	1	1		1		12	4
其他家具制造	138	131	7	142	11	3647	1062
造纸和纸制品业	889	866	23	913	36	15142	6525
纸浆制造	2	2		2		15	5
造纸	157	155	2	162	6	2086	706
纸制品制造	730	709	21	749	30	13041	5814
印刷和记录媒介复制业	1538	1496	42	1575	68	49830	19203
印刷	1228	1191	37	1261	61	45369	17348
装订及印刷相关服务	289	284	5	291	7	3573	1492
记录媒介复制	21	21		23		888	363
文教、工美、体育和娱乐用品制造业	731	691	40	757	53	14518	6600
文教办公用品制造	72	67	5	78	9	1379	691
乐器制造	93	88	5	98	9	3358	1490

2-1 续表 5

项目	法人单位			产业活动单位		期末从业人员	
	单位数（个）	单产业法人	多产业法人	单位数（个）	#多产业法人所属的产业活动单位（含本部，不含外埠）	从业人员（人）	#女性
工艺美术品制造	445	422	23	458	26	7062	3371
体育用品制造	58	55	3	60	5	758	250
玩具制造	38	37	1	38	1	861	531
游艺器材及娱乐用品制造	25	22	3	25	3	1100	267
石油加工、炼焦和核燃料加工业	193	182	11	207	21	16500	5559
精炼石油产品制造	190	179	11	202	19	16497	5559
炼焦	2	2		4	2	2	
核燃料加工	1	1		1		1	
化学原料和化学制品制造业	1887	1785	102	2013	198	51522	19556
基础化学原料制造	156	148	8	171	22	11476	3330
肥料制造	152	137	15	183	36	2138	565
农药制造	23	21	2	25	4	1218	486
涂料、油墨、颜料及类似产品制造	660	643	17	679	30	9007	2458
合成材料制造	132	125	7	141	16	4652	1369
专用化学产品制造	497	464	33	524	52	11643	3894
炸药、火工及焰火产品制造	2	2		2		515	166
日用化学产品制造	265	245	20	288	38	10873	7288
医药制造业	542	489	53	569	70	79321	41327
化学药品原料药制造	25	23	2	26	3	1301	657
化学药品制剂制造	124	112	12	127	13	36318	19295
中药饮片加工	59	53	6	60	6	6337	3861
中成药生产	74	62	12	79	16	13823	6885
兽用药品制造	50	42	8	56	13	3346	1372
生物药品制造	122	111	11	126	11	15126	7620
卫生材料及医药用品制造	88	86	2	95	8	3070	1637
化学纤维制造业	30	29	1	31	1	863	348
纤维素纤维原料及纤维制造	4	4		4		13	2
合成纤维制造	26	25	1	27	1	850	346
橡胶和塑料制品业	1595	1524	71	1665	124	35606	14565
橡胶制品业	207	191	16	221	25	8773	3339
塑料制品业	1388	1333	55	1444	99	26833	11226
非金属矿物制品业	2518	2416	102	2639	193	81846	19144
水泥、石灰和石膏制造	113	107	6	122	10	4434	768
石膏、水泥制品及类似制品制造	823	793	30	872	66	31625	6271
砖瓦、石材等建筑材料制造	812	781	31	847	57	12368	3117
玻璃制造	130	123	7	137	12	4684	936
玻璃制品制造	208	201	7	210	9	12147	3650
玻璃纤维和玻璃纤维增强塑料制品制造	118	114	4	120	6	3831	1099
陶瓷制品制造	52	50	2	53	2	2849	669

2-1　续表 6

项　　目	法人单位			产业活动单位		期末从业人员	
	单位数（个）	单产业法　人	多产业法　人	单位数（个）	#多产业法人所属的产业活动单位（含本部，不含外埠）	从业人员（人）	#女性
耐火材料制品制造	120	112	8	124	13	5162	1147
石墨及其他非金属矿物制品制造	142	135	7	154	18	4746	1487
黑色金属冶炼和压延加工业	328	323	5	334	11	11918	2576
炼铁	2	2		3		7	2
炼钢					1		
黑色金属铸造	133	131	2	134	3	3707	815
钢压延加工	185	182	3	188	6	8022	1728
铁合金冶炼	8	8		9	1	182	31
有色金属冶炼和压延加工业	245	230	15	260	30	8211	2456
常用有色金属冶炼	17	17		18	2	642	183
贵金属冶炼	2	2		3	1	12	3
稀有稀土金属冶炼	4	3	1	5	2	465	103
有色金属合金制造	52	48	4	56	8	1080	274
有色金属铸造	18	17	1	20	3	1393	439
有色金属压延加工	152	143	9	158	14	4619	1454
金属制品业	3767	3617	150	3929	254	77686	19895
结构性金属制品制造	2317	2225	92	2415	152	37927	8796
金属工具制造	175	168	7	178	11	2811	860
集装箱及金属包装容器制造	135	130	5	142	11	7807	2017
金属丝绳及其制品制造	47	46	1	48	2	508	110
建筑、安全用金属制品制造	298	294	4	309	9	5397	1445
金属表面处理及热处理加工	197	192	5	203	11	3511	993
搪瓷制品制造	6	5	1	6	1	23	8
金属制日用品制造	218	208	10	230	18	2612	783
其他金属制品制造	374	349	25	398	39	17090	4883
通用设备制造业	2905	2739	166	3082	280	90822	23343
锅炉及原动设备制造	167	157	10	180	21	6440	1381
金属加工机械制造	620	587	33	662	63	15339	3372
物料搬运设备制造	135	124	11	149	18	6685	1435
泵、阀门、压缩机及类似机械制造	427	388	39	455	54	25988	7493
轴承、齿轮和传动部件制造	112	107	5	117	10	4308	969
烘炉、风机、衡器、包装等设备制造	473	439	34	505	54	16790	4591
文化、办公用机械制造	57	49	8	60	8	3365	1046
通用零部件制造	803	782	21	839	44	10231	2578
其他通用设备制造业	111	106	5	115	8	1676	478
专用设备制造业	2269	2123	146	2415	240	104070	29807
采矿、冶金、建筑专用设备制造	294	274	20	322	40	23380	4315
化工、木材、非金属加工专用设备制造	331	320	11	348	15	10168	2464
食品、饮料、烟草及饲料生产专用设备制造	72	66	6	72	7	1773	352

2-1 续表 7

项目	法人单位			产业活动单位		期末从业人员	
	单位数（个）	单产业法人	多产业法人	单位数（个）	#多产业法人所属的产业活动单位（含本部，不含外埠）	从业人员（人）	#女性
印刷、制药、日化及日用品生产专用设备制造	173	161	12	188	23	7449	1986
纺织、服装和皮革加工专用设备制造	49	48	1	50	1	4731	1147
电子和电工机械专用设备制造	177	163	14	196	28	5065	1644
农、林、牧、渔专用机械制造	94	89	5	97	8	2440	599
医疗仪器设备及器械制造	503	478	25	524	36	25171	10924
环保、社会公共服务及其他专用设备制造	576	524	52	618	82	23893	6376
汽车制造业	724	684	40	784	69	145387	31745
汽车整车制造	13	9	4	32	18	78004	11070
改装汽车制造	41	34	7	43	9	3505	585
低速载货汽车制造	1	1		2	1	1	
电车制造	1	1		1		2	1
汽车车身、挂车制造	16	16		16		496	86
汽车零部件及配件制造	652	623	29	690	41	63379	20003
铁路、船舶、航空航天和其他运输设备制造业	211	195	16	225	25	36795	10471
铁路运输设备制造	117	108	9	125	15	16594	4174
城市轨道交通设备制造	3	3		3		1342	312
船舶及相关装置制造	8	8		8		357	81
航空、航天器及设备制造	52	48	4	55	4	18134	5802
摩托车制造	3	3		3		33	9
自行车制造	20	18	2	20	2	176	47
非公路休闲车及零配件制造	3	3		4	1	64	12
潜水救捞及其他未列明运输设备制造	5	4	1	7	3	95	34
电气机械和器材制造业	1934	1826	108	2052	178	78352	27451
电机制造	98	91	7	104	14	9017	2449
输配电及控制设备制造	934	883	51	989	81	43258	14942
电线、电缆、光缆及电工器材制造	242	225	17	253	25	5302	1669
电池制造	51	50	1	57	4	5422	2810
家用电力器具制造	171	161	10	184	15	3412	1252
非电力家用器具制造	134	127	7	144	14	2241	583
照明器具制造	180	170	10	187	14	5891	2252
其他电气机械及器材制造	124	119	5	134	11	3809	1494
计算机、通信和其他电子设备制造业	1134	1027	107	1197	147	143377	60280
计算机制造	164	147	17	172	24	19383	7603
通信设备制造	170	159	11	180	16	49135	22522
广播电视设备制造	58	53	5	60	5	6966	2655
雷达及配套设备制造	5	5		5		331	88
视听设备制造	37	35	2	39	2	1576	633
电子器件制造	214	195	19	225	27	34619	13039
电子元件制造	251	223	28	262	36	18675	9264
其他电子设备制造	235	210	25	254	37	12692	4476

2-1　续表 8

项　　目	法人单位			产业活动单位		期末从业人员	
	单位数（个）	单产业法　人	多产业法　人	单位数（个）	#多产业法人所属的产业活动单位（含本部，不含外埠）	从业人员（人）	#女性
仪器仪表制造业	1044	937	107	1141	161	46482	16756
通用仪器仪表制造	611	550	61	661	90	29508	10313
专用仪器仪表制造	271	238	33	306	48	11729	4169
钟表与计时仪器制造	10	8	2	10	1	778	505
光学仪器及眼镜制造	67	59	8	71	14	2699	1175
其他仪器仪表制造业	85	82	3	93	8	1768	594
其他制造业	251	234	17	267	31	9608	3407
日用杂品制造	68	62	6	70	8	1185	651
煤制品制造	141	137	4	144	7	534	115
核辐射加工	1	1		1		87	34
其他未列明制造业	41	34	7	52	16	7802	2607
废弃资源综合利用业	72	70	2	76	4	1660	381
金属废料和碎屑加工处理	36	36		36		1115	277
非金属废料和碎屑加工处理	36	34	2	40	4	545	104
电力、热力、燃气及水生产和供应业	638	596	42	772	143	92611	25156
电力、热力生产和供应业	445	424	21	502	63	68022	17406
电力生产	63	57	6	73	11	6376	1716
电力供应	27	22	5	50	23	37129	8951
热力生产和供应	355	345	10	379	29	24517	6739
燃气生产和供应业	52	42	10	87	33	12101	3665
燃气生产和供应业	52	42	10	87	33	12101	3665
水的生产和供应业	141	130	11	183	47	12488	4085
自来水生产和供应	64	60	4	82	22	7005	2825
污水处理及其再生利用	71	65	6	90	20	5323	1208
其他水的处理、利用与分配	6	5	1	11	5	160	52
建筑业	18486	17452	1034	22592	3141	655183	127366
房屋建筑业	2054	1758	296	3795	1371	226170	40730
房屋建筑业	2054	1758	296	3795	1371	226170	40730
土木工程建筑业	2173	1978	195	3061	624	150442	28890
铁路、道路、隧道和桥梁工程建筑	602	509	93	1062	345	87763	16963
水利和内河港口工程建筑	106	93	13	174	51	6131	1287
海洋工程建筑	2	2		2		3	
工矿工程建筑	81	71	10	100	16	17257	2916
架线和管道工程建筑	354	317	37	435	82	21066	3876
其他土木工程建筑	1028	986	42	1288	130	18222	3848
建筑安装业	2720	2521	199	3137	388	109214	21424
电气安装	862	803	59	974	124	31399	6503
管道和设备安装	788	734	54	872	90	25190	4830
其他建筑安装业	1070	984	86	1291	174	52625	10091
建筑装饰和其他建筑业	11539	11195	344	12599	758	169357	36322
建筑装饰业	10271	9987	284	11125	626	125679	30685
工程准备活动	464	441	23	535	45	11739	1419
提供施工设备服务	167	162	5	188	17	3118	459
其他未列明建筑业	637	605	32	751	70	28821	3759

2-2 第二产业法人单位主要财务状况

单位：千元

项目	资产总计	负债合计	所有者权益合计	#实收资本	利润总额
合计	**5135370658**	**2904318915**	**2230937945**	**1071554311**	**169723591**
一、按登记注册类型分					
内资	4447846892	2523465247	1924334756	905997203	113003663
国有企业	1337189727	625768135	711421594	257494523	38980989
集体企业	37083811	26606631	10477180	6804321	467346
股份合作企业	18357334	11858213	6499121	4481838	352536
国有联营企业	35052	23107	11945	14014	3342
集体联营企业	205312	158300	47011	168958	-7782
国有与集体联营企业	132592	59907	72685	32377	-474
其他联营企业	293744	164459	129285	156603	-8252
国有独资公司	556406459	376471764	179934695	90389470	5916352
其他有限责任公司	1282016939	927807314	354172736	261349010	27585902
股份有限公司	874864653	359315171	515549482	167526715	33528264
私营独资企业	6101979	3587295	2514684	2043203	60513
私营合伙企业	1108253	595353	512901	476642	-1970
私营有限责任公司	306044760	177926402	128108359	108515559	4704098
私营股份有限公司	27824617	13031367	14793250	6478358	1422825
其他企业	181661	91831	89829	65611	-26
港澳台商投资	163722885	107701407	56021478	33062155	4825744
与港澳台商合资经营企业	51113121	32673191	18439929	14264902	3025266
与港澳台商合作经营企业	1966027	282541	1683486	563849	14614
港澳台商独资经营企业	67365231	49963379	17401851	10859984	2184992
港澳台商投资股份有限公司	43265472	24762315	18503157	7354518	-404756
其他港澳台投资企业	13034	19981	-6947	18900	5629
外商投资	523800882	273152261	250581712	132494954	51894184
中外合资经营企业	294362127	158986286	135375841	68580515	34400772
中外合作经营企业	3740484	2212708	1527776	1861444	139487
外资企业	200689533	105313340	95309282	54184537	15158267
外商投资股份有限公司	24805927	6427126	18378801	7770326	2203352
其他外商投资企业	202812	212800	-9988	98131	-7693
二、按隶属关系分					
中央	2640502083	1425647050	1214855033	474983882	73454762
地方	2494868575	1478671865	1016082911	596570430	96268830
三、按四大城市功能区分					
首都功能核心区	1436919636	759351353	677568282	289684518	39867723
东城区	143652168	85506082	58146086	31751241	4054596
西城区	1293267467	673845271	619422196	257933277	35813127
城市功能拓展区	2098270490	1219936293	878267286	394394760	57667178
朝阳区	450336440	294979610	155356830	84270953	12230842
丰台区	415705629	242064983	173573736	83649735	10655059
石景山区	340136059	213415966	126720092	52735016	5605520
海淀区	892092361	469475734	422616628	173739055	29175757
城市发展新区	1354399027	779373627	575025399	322105604	62232266
房山区	140340884	87183848	53157035	28247860	-1051202
通州区	183180124	122311038	60869085	44790364	6632468
顺义区	355957830	191043143	164914687	59452383	25447162
昌平区	217910084	120108143	97801940	53324073	8222908
大兴区	151229721	92536859	58692863	44946391	4173926
北京经济技术开发区	305780385	166190595	139589790	91344533	18807005
生态涵养发展区	245781507	145657642	100076976	65369429	9956424
门头沟区	30518680	15514577	15004103	6551060	1192026
怀柔区	67173741	39398773	27774969	20400127	3427412
平谷区	47076071	28052686	19023385	14696626	2034695
密云县	59403791	38736798	20620105	13150009	2101667
延庆县	41609222	23954810	17654414	10571605	1200625

2-3　第二产业法人单位信息化情况

项　　目	单位数(个)	年末在用计算机数(台)	年末拥有网站数(个)	全年电子商务采购金额(千元)	全年电子商务销售金额(千元)
合　计	**7186**	**717726**	**3985**	**326001963**	**193538189**
一、按登记注册类型分					
内资	6221	531215	3263	223130037	12177453
国有	184	42205	91	196040468	6312869
集体	178	4662	37	65	
股份合作	134	3264	53	1396	92177
集体联营	1	***			
国有与集体联营	2	33	1		
国有独资公司	96	50178	97	192794	22880
其他有限责任公司	2350	232833	1324	13033136	706637
股份有限公司	275	108227	358	13395905	3455007
私营独资	10	72	3		
私营合伙	7	50	1		
私营有限责任公司	2867	78296	1217	440513	1532364
私营股份有限公司	116	11382	80	25760	55519
其他	1	***	***		
港澳台商投资	265	56693	211	12984124	49488559
与港澳台商合资经营	145	17713	115	954149	1056360
与港澳台商合作经营	11	588	3		
港澳台商独资	98	33866	83	11618131	47544424
港澳台商投资股份有限公司	11	4526	10	411844	887775
外商投资	700	129818	511	89887802	131872177
中外合资经营	287	53946	230	86928480	115887638
中外合作经营	14	1951	7		
外资企业	383	68917	261	2959259	15984113
外商投资股份有限公司	16	5004	13	63	426
二、按隶属关系分					
中央	397	179631	351	221523845	7104048
省	495	125018	424	79720116	108321235
地	352	21865	154	19918	19325
县	10	247	2		
街道	24	514	3		
镇	108	3677	30	32055	57263
乡	35	751	13		
村委会	32	548	4		
其他	5733	385475	3004	24706029	78036318
三、按机构类型分					
企业	7186	717726	3985	326001963	193538189
四、按控股情况分(仅限企业法人)					
国有控股	1165	321472	921	301931775	117879940
集体控股	404	22299	135	39798	67354
私人控股	4768	204197	2321	1091348	3466671
港澳台商控股	196	45662	152	12551805	48431396
外商控股	592	107536	417	10387164	23692828
其他	58	3579	27	73	

注:本表包括范围为规模以上第二产业法人单位。

2-3 续表 1

项 目	单位数（个）	年末在用计算机数（台）	年末拥有网站数（个）	全年电子商务采购金额（千元）	全年电子商务销售金额（千元）
五、按开业时间分					
1949年以前	8	20199	18		
1950-1952年	13	10200	23	11607565	100
1953-1957年	33	13048	37	1428551	25
1958-1962年	20	11617	18	6	7891
1963-1965年	14	3525	14		
1966-1970年	10	2070	11	1023859	4579600
1971-1975年	27	4359	17	394	447
1976-1980年	77	20054	48	26	
1981-1985年	187	24509	94	4766	49145
1986-1995年	1258	171376	702	13713761	56917214
1996-2000年	1699	157987	1020	10174434	4984656
2001-2004年	2212	144773	1163	283187443	121948906
2005-2008年	1238	83037	614	4643541	4977274
2009年	167	11582	87	12736	1584
2010年	126	14075	69	203748	65597
2011年	67	6645	36	903	
2012年	26	18403	14	230	5750
2013年	4	267			
六、按单位规模分(仅限企业法人)					
大型	331	336505	434	314016691	174888780
中型	1218	194423	949	6726908	14622620
小型	4495	166629	2423	1481006	4014294
微型	997	6129	151	3777358	12495
七、按四大城市功能区分					
首都功能核心区	573	82713	291	193629902	1842431
东城区	213	19503	120	200	37290
西城区	360	63210	171	193629702	1805141
城市功能拓展区	2658	291722	1598	17887665	51376632
朝阳区	1030	78666	527	34557	554278
丰台区	498	43097	271	689047	942098
石景山区	150	26828	89	40290	
海淀区	980	143131	711	17123771	49880256
城市发展新区	3046	294366	1722	113831517	131290710
房山区	310	23361	101	10609602	252905
通州区	671	39821	357	17609975	10535336
顺义区	516	53350	298	82893163	114265968
昌平区	469	64275	336	18907	284806
大兴区	795	37120	388	309871	545501
开发区	285	76439	242	2389999	5406194
生态涵养发展区	909	48925	374	652879	9028416
门头沟区	116	8745	46	108566	489
怀柔区	265	15276	128	106844	7823175
平谷区	248	9555	95	25402	245317
密云县	189	11431	74	200	68575
延庆县	91	3918	31	411867	890860

2-3　续表 2

项　　目	单位数（个）	年末在用计算机数（台）	年末拥有网站数（个）	全年电子商务采购金额（千元）	全年电子商务销售金额（千元）
八、按六大高端产业功能区分					
中关村国家自主创新示范区	1737	370385	1745	19575535	58955579
金融街	14	1569	4		
北京商务中心区	78	12662	37	340	1684
北京经济技术开发区	285	76439	242	2389999	5406194
临空经济区	173	27846	105	79500537	108931993
奥林匹克中心区	97	6153	50	8070	18920
九、按行业门类分					
采矿业	17	9263	21	82234	472
制造业	3468	452718	2676	116869193	191763515
电力、燃气及水的生产和供应业	101	53063	49	193626665	1726687
建筑业	3600	202682	1239	15423871	47515
十、按行业大类及中类分					
采矿业	17	9263	21	82234	472
煤炭开采和洗选业	4	2242	3	82234	472
烟煤和无烟煤开采洗选	4	2242	3	82234	472
石油和天然气开采业	2	1079	2		
天然气开采	2	1079	2		
黑色金属矿采选业	7	5865	15		
铁矿采选	7	5865	15		
非金属矿采选业	4	77	1		
土砂石开采	4	77	1		
制造业	3468	452718	2676	116869193	191763515
农副食品加工业	140	7403	92	287386	448008
谷物磨制	10	255	4		
饲料加工	52	3069	41	8010	31234
植物油加工	3	180	1		
制糖业	1	***			
屠宰及肉类加工	43	2345	29	235189	310620
水产品加工	1	***			
蔬菜、水果和坚果加工	18	789	10	44187	106154
其他农副食品加工	12	727	7		
食品制造业	121	12464	89	4899126	15069745
焙烤食品制造	35	2571	20	320	82211
糖果、巧克力及蜜饯制造	9	2362	11	39559	7719569
方便食品制造	17	1092	9	66760	100945
乳制品制造	8	2015	2	4777959	5464561
罐头食品制造	2	140	1	1500	2000
调味品、发酵制品制造	15	754	14		159
其他食品制造	35	3530	32	13028	1700300
酒、饮料和精制茶制造业	43	5116	32		20653
酒的制造	17	1088	11		118
饮料制造	26	4028	21		20535
烟草制品业	1	***	***	***	***
卷烟制造	1	***	***	***	***

2-3 续表 3

项　　目	单位数（个）	年末在用计算机数（台）	年末拥有网站数（个）	全年电子商务采购金额（千元）	全年电子商务销售金额（千元）
纺织业	36	1359	19		6743
棉纺织及印染精加工	9	624	4		100
毛纺织及染整精加工	7	154	2		36
化纤织造及印染精加工	1	***			
家用纺织制成品制造	6	122	2		25
非家用纺织制成品制造	13	450	11		6582
纺织服装、服饰业	153	13667	102	444050	993678
机织服装制造	126	9105	85	32118	90365
针织或钩针编织服装制造	23	4442	15	411932	903313
服饰制造	4	120	2		
皮革、毛皮、羽毛及其制品和制鞋业	18	557	7	60	17211
皮革鞣制加工	1	***			
皮革制品制造	11	376	4		15000
毛皮鞣制及制品加工	4	122	3	60	2211
制鞋业	2	54			
木材加工和木、竹、藤、棕、草制品业	20	869	10		
木材加工	1	***			
人造板制造	6	110	4		
木制品制造	13	756	6		
家具制造业	66	4780	54	558	8062
木质家具制造	45	3829	40	450	500
金属家具制造	14	541	9		7044
其他家具制造	7	410	5	108	518
造纸和纸制品业	41	1935	24	13866	71312
造纸	7	131	3		
纸制品制造	34	1804	21	13866	71312
印刷和记录媒介复制业	119	9091	82	9177	26298
印刷	114	8797	75	9177	26298
装订及印刷相关服务	1	***	***		
记录媒介复制	4	278	6		
文教、工美、体育和娱乐用品制造业	33	2085	32	89	24875
文教办公用品制造	1	***	***		
乐器制造	6	296	5		10552
工艺美术品制造	19	1368	18	89	6295
体育用品制造	1	***	***		***
玩具制造	2	35	2		3425
游艺器材及娱乐用品制造	4	277	4		
石油加工、炼焦和核燃料加工业	22	7074	21	8512882	16000
精炼石油产品制造	22	7074	21	8512882	16000
化学原料和化学制品制造业	215	12496	148	720323	636158
基础化学原料制造	27	3115	19	30	201328
肥料制造	13	305	11		
农药制造	7	269	5		
涂料、油墨、颜料及类似产品制造	42	2099	29	2024	60510
合成材料制造	22	1129	11	354716	248768

2-3　续表 4

项　　目	单位数（个）	年末在用计算机数（台）	年末拥有网站数（个）	全年电子商务采购金额（千元）	全年电子商务销售金额（千元）
专用化学产品制造	80	3306	50	356704	49065
炸药、火工及焰火产品制造	1	***	***		
日用化学产品制造	23	2058	22	6849	76487
医药制造业	188	35238	163	51995	64019
化学药品原料药制造	5	294	4	13	
化学药品制剂制造	61	23375	64	922	688
中药饮片加工	32	1674	18	120	559
中成药生产	27	2801	19	150	1350
兽用药品制造	10	917	8	50700	60838
生物药品制造	38	5524	37	90	584
卫生材料及医药用品制造	15	653	13		
化学纤维制造业	3	127	3	32	
合成纤维制造	3	127	3	32	
橡胶和塑料制品业	119	4561	80	502565	915673
橡胶制品业	15	1000	14	474791	882481
塑料制品业	104	3561	66	27774	33192
非金属矿物制品业	252	15459	128	12616	32708
水泥、石灰和石膏制造	8	743	1		
石膏、水泥制品及类似制品制造	121	5555	33	5	
砖瓦、石材等建筑材料制造	44	1719	31	2000	
玻璃制造	11	674	7		
玻璃制品制造	18	3392	17	17	20
玻璃纤维和玻璃纤维增强塑料制品制造	10	1000	8		
陶瓷制品制造	2	256			
耐火材料制品制造	14	1051	17		9110
石墨及其他非金属矿物制品制造	24	1069	14	10594	23578
黑色金属冶炼和压延加工业	31	2078	20		
黑色金属铸造	12	559	9		
钢压延加工	18	1474	10		
铁合金冶炼	1	***	***		
有色金属冶炼和压延加工业	35	2399	30	1017	659820
常用有色金属冶炼	1	***	***		
贵金属冶炼	1	***			
稀有稀土金属冶炼	2	208	4		
有色金属合金制造	9	262	8		411
有色金属铸造	2	625	3		
有色金属压延加工	20	1115	14	1017	659409
金属制品业	223	11697	153	41550	128523
结构性金属制品制造	120	5852	78	23	6407
金属工具制造	5	379	5		996
集装箱及金属包装容器制造	21	1311	11	40466	95191
金属丝绳及其制品制造	6	88	4		
建筑、安全用金属制品制造	20	949	16		14312
金属表面处理及热处理加工	15	321	10	1000	2100
金属制日用品制造	6	119	6	25	
其他金属制品制造	30	2678	23	36	9517

2-3 续表 5

项目	单位数（个）	年末在用计算机数（台）	年末拥有网站数（个）	全年电子商务采购金额（千元）	全年电子商务销售金额（千元）
通用设备制造业	254	31697	221	210222	902806
锅炉及原动设备制造	13	1760	13		
金属加工机械制造	35	6572	34	208020	
物料搬运设备制造	24	2256	20		
泵、阀门、压缩机及类似机械制造	66	10354	59	2060	663633
轴承、齿轮和传动部件制造	9	507	4		
烘炉、风机、衡器、包装等设备制造	70	6811	67	56	103585
文化、办公用机械制造	13	2593	14	22	
通用零部件制造	21	710	8	30	135588
其他通用设备制造业	3	134	2	34	
专用设备制造业	317	43138	307	1445704	135945
采矿、冶金、建筑专用设备制造	60	8397	54	15779	74565
化工、木材、非金属加工专用设备制造	28	3089	27	38	
食品、饮料、烟草及饲料生产专用设备制造	7	453	4		
印刷、制药、日化及日用品生产专用设备制造	16	3676	17	1170	696
纺织、服装和皮革加工专用设备制造	10	1873	6		
电子和电工机械专用设备制造	21	1884	20		
农、林、牧、渔专用机械制造	11	926	10	22	
医疗仪器设备及器械制造	76	10399	80		60041
环保、社会公共服务及其他专用设备制造	88	12441	89	1428695	643
汽车制造业	219	55731	132	81258723	110939697
汽车整车制造	15	40341	38	79500000	108175347
改装汽车制造	21	1283	17		1583
汽车车身、挂车制造	1	***			
汽车零部件及配件制造	182	14006	77	1758723	2762767
铁路、船舶、航空航天和其他运输设备制造业	54	9125	39	192820	22880
铁路运输设备制造	41	7423	28	192820	22880
城市轨道交通设备制造	1	***	***		
船舶及相关装置制造	3	203	2		
航空、航天器及设备制造	7	980	5		
非公路休闲车及零配件制造	1	***	***		
潜水救捞及其他未列明运输设备制造	1	***	***		
电气机械和器材制造业	259	32463	184	3104414	1863362
电机制造	21	4634	17	10	
输配电及控制设备制造	167	20110	120	1680854	22970
电线、电缆、光缆及电工器材制造	32	1182	19	41471	59892
电池制造	4	1049	2		
家用电力器具制造	7	586	8		5750
非电力家用器具制造	9	553	7		
照明器具制造	8	1654	4	1382079	1774750
其他电气机械及器材制造	11	2695	7		
计算机、通信和其他电子设备制造业	290	102618	289	14096483	54136096
计算机制造	44	27023	65	12331089	48948328
通信设备制造	61	31997	64	1516570	870276

2-3　续表 6

项　　目	单位数（个）	年末在用计算机数（台）	年末拥有网站数（个）	全年电子商务采购金额（千元）	全年电子商务销售金额（千元）
广播电视设备制造	16	3067	16		206
雷达及配套设备制造	2	378	2		
视听设备制造	6	1309	6	97	
电子器件制造	70	24198	56	230760	753403
电子元件制造	49	7868	38	16854	3519944
其他电子设备制造	42	6778	42	1113	43939
仪器仪表制造业	164	24480	194	2359	43640
通用仪器仪表制造	107	17195	139	1084	43640
专用仪器仪表制造	44	5693	37	738	
钟表与计时仪器制造	2	112	1		
光学仪器及眼镜制造	6	942	9	363	
其他仪器仪表制造业	5	538	8	174	
其他制造业	24	1995	17	37317	3
日用杂品制造	6	153	4	37317	3
煤制品制造	3	26			
核辐射加工	1	***			
其他未列明制造业	14	1792	13		
废弃资源综合利用业	8	305	3		
金属废料和碎屑加工处理	5	190	2		
非金属废料和碎屑加工处理	3	115	1		
电力、燃气及水的生产和供应业	101	53063	49	193626665	1726687
电力、热力生产和供应业	59	43471	30	193626649	1725798
电力生产	12	3618	8	39617	
电力供应	6	34598	3	193587000	1725796
热力生产和供应	41	5255	19	32	2
燃气生产和供应业	23	5972	9	16	
燃气生产和供应业	23	5972	9	16	
水的生产和供应业	19	3620	10		889
自来水生产和供应	11	2150	4		889
污水处理及其再生利用	7	1375	5		
其他水的处理、利用与分配	1	***	***		
建筑业	3600	202682	1239	15423871	47515
房屋建筑业	629	79221	213	11608774	
房屋建筑业	629	79221	213	11608774	
土木工程建筑业	569	53463	259	3769717	
铁路、道路、隧道和桥梁工程建筑	230	32632	127	3757291	
水利和内河港口工程建筑	26	3071	21	12260	
工矿工程建筑	27	9402	20	12	
架线和管道工程建筑	164	5830	52	154	
其他土木工程建筑	122	2528	39		
建筑安装业	859	33698	321	44454	44140
电气安装	277	10015	89	42556	41570
管道和设备安装	266	8446	86	1079	2570
其他建筑安装业	316	15237	146	819	
建筑装饰和其他建筑业	1543	36300	446	926	3375
建筑装饰业	1191	30409	333	719	3159
工程准备活动	145	2488	31	39	216
提供施工设备服务	25	255	6		
其他未列明建筑业	182	3148	76	168	

第3篇

第三产业情况

3-1　第三产业法人单位、产业活动单位及从业人员基本情况

项　　目	法人单位			产业活动单位		期末从业人员	
	单位数（个）	单产业法　人	多产业法　人	单位数（个）	#多产业法人所属的产业活动单位(含本部，不含外埠)	从业人员（人）	#女　性
合　　计	**578714**	**559011**	**19703**	**658394**	**69037**	**8947119**	**3802562**
一、按登记注册类型分							
内资	567599	549212	18387	636168	63842	7914972	3346671
国有	21334	19774	1560	31246	8619	1845033	814898
集体	10864	10386	478	12529	1775	166397	71281
股份合作	12233	11659	574	13370	1496	86912	39631
国有联营	82	80	2	130	25	1319	641
集体联营	312	298	14	396	79	1982	916
国有与集体联营	101	97	4	139	31	2207	980
其他联营	740	729	11	851	84	3486	1548
国有独资公司	1273	1078	195	1644	412	286736	96695
其他有限责任公司	136130	131190	4940	159605	19493	2216523	884373
股份有限公司	4356	3996	360	9877	4977	602243	277121
私营独资	34127	33564	563	36059	1817	122973	57280
私营合伙	9087	8988	99	9515	350	75154	37418
私营有限责任公司	311824	303353	8471	332618	21290	2208349	912091
私营股份有限公司	5375	5175	200	6067	561	70046	28507
其他	19761	18845	916	22122	2833	225612	123291
港澳台商投资	4357	3841	516	8333	2201	447913	203489
与港澳台商合资经营	861	741	120	1186	260	113083	47665
与港澳台商合作经营	184	166	18	254	56	22446	9622
港澳台商独资	3201	2839	362	6429	1832	260614	125843
港澳台商投资股份有限公司	70	56	14	184	35	51442	20217
其他港澳台商投资	41	39	2	280	18	328	142
外商投资	6758	5958	800	13893	2994	584234	252402
中外合资经营	1482	1299	183	2583	868	165864	77494
中外合作经营	168	150	18	237	48	13603	7239
外资企业	4798	4212	586	9681	1990	382177	161054
外商投资股份有限公司	151	140	11	318	62	17075	2864
其他外商投资	159	157	2	1074	26	5515	3751
二、按隶属关系分(仅限法人)							
中央	9084	8043	1041			1426931	568410
省(自治区、直辖市)	8357	7681	676			937889	366029
地(区、市、州、盟)	24105	22789	1316			872864	452663
县(区、市、旗)	1275	1216	59			27479	13746
街道	1902	1842	60			58804	29937
镇	2382	2273	109			75217	32148
乡	962	917	45			46857	20812
社区(居委会)	2888	2854	34			21412	15605
村委会	10268	9536	732			106047	38043
其他	517491	501860	15631			5373619	2265169

注：产业活动单位数指单产业法人单位数与多产业法人所属的产业活动单位(含本部，不含外埠)及外地和外国法人单位在京设立的产业活动单位的总和。多产业法人所属的产业活动单位(含本部，不含外埠)指在京的多产业法人所属的产业活动单位，包含本部，不含外地和外国法人单位在京设立的产业活动单位。

3-1 续表 1

项目	法人单位			产业活动单位		期末从业人员	
	单位数(个)	单产业法人	多产业法人	单位数(个)	#多产业法人所属的产业活动单位(含本部，不含外埠)	从业人员(人)	#女性
三、按机构类型分							
企业	540030	522288	17742	611719	60765	7238710	2949354
事业单位	11840	11411	429	14691	2472	1053423	563727
机关	2152	1784	368	4201	2074	353714	130618
社会团体	5756	5376	380	7408	1846	49656	21648
民办非企业单位	3729	3709	20	3729		114801	76200
基金会	403	396	7	436	18	3358	1788
居委会	2689	2657	32	2796	61	20245	15065
村委会	3951	3374	577	3963	587	40551	13750
其他组织机构	8164	8016	148	9451	1214	72661	30412
四、按控股情况分(仅限企业法人)							
国有控股	18361	16429	1932			1976496	747842
集体控股	16678	15851	827			336540	139061
私人控股	489082	475545	13537			3965885	1644925
港澳台商控股	4189	3709	480			367202	173766
外商控股	6154	5411	743			521084	225390
其他	19841	19298	543			333613	160045
五、按开业时间分							
1949年及以前	741	660	81	870	180	229911	107524
1950-1952年	466	404	62	583	144	140731	65107
1953-1957年	1005	870	135	1213	261	288215	115811
1958-1962年	843	749	94	996	197	154834	76886
1963-1965年	312	276	36	444	144	38454	19174
1966-1970年	207	188	19	334	123	21255	9821
1971-1975年	409	354	55	526	143	30771	16242
1976-1980年	1344	1170	174	1736	455	204037	87665
1981-1985年	5414	4613	801	6239	1360	278959	128338
1986-1995年	19606	17633	1973	22578	4069	1116892	440698
1996-2000年	34201	30697	3504	39431	7036	1190019	499876
2001-2004年	80357	74951	5406	92785	14216	1685988	706895
2005-2008年	126368	122413	3955	145583	16202	1623973	697725
2009年	48242	47210	1032	54338	4574	398886	176328
2010年	56944	56040	904	64087	4980	433902	187525
2011年	64447	63726	721	72400	5332	446715	191890
2012年	68338	67800	538	76910	5365	390518	165277
2013年	68811	68602	209	76500	4131	271582	109314
六、按单位规模分(仅限企业法人)							
大型	1490	692	798			1967926	766134
中型	7663	5643	2020			1359306	573993
小型	57885	53250	4635			1819292	725806
微型	463614	453939	9675			1511834	606761
七、按四大城市功能区分							
首都功能核心区	79888	75488	4400	97129	14807	1870559	869381
东城区	37896	35969	1927	46170	6583	811035	384222
西城区	41992	39519	2473	50959	8224	1059524	485159
城市功能拓展区	337016	327423	9593	378547	33177	5240286	2172779

3-1 续表 2

项目	法人单位 单位数（个）	单产业法人	多产业法人	产业活动单位 单位数（个）	#多产业法人所属的产业活动单位（含本部，不含外埠）	期末从业人员 从业人员（人）	#女性
朝阳区	136424	131783	4641	157731	15807	2086780	918240
丰台区	58310	57502	808	65016	4336	766442	288832
石景山区	17423	16813	610	19390	2051	226583	96570
海淀区	124859	121325	3534	136410	10983	2160481	869137
城市发展新区	118895	115151	3744	133606	14128	1428844	584515
房山区	19005	18035	970	21672	3289	171953	74213
通州区	27022	26452	570	29340	2199	213542	88175
顺义区	15510	14913	597	18992	2823	357293	143009
昌平区	29941	29044	897	33480	3477	306266	124149
大兴区(除北京经济技术开发区)	22966	22351	615	25130	2014	252673	101730
北京经济技术开发区	4451	4356	95	4992	326	127117	53239
生态涵养发展区	42915	40949	1966	49112	6925	407430	175887
门头沟区	7706	7325	381	8440	989	66570	29355
怀柔区	11942	11363	579	13524	1961	90459	39713
平谷区	7843	7595	248	9040	1024	79229	31813
密云县	11349	10843	506	13118	1939	101481	42987
延庆县	4075	3823	252	4990	1012	69691	32019
八、按六大高端产业功能区分							
六大高端产业功能区合计	58188	55176	3012			2349803	964321
#北京经济技术开发区	4451	4356	95			127117	53239
中关村国家自主创新示范区	12084	10916	1168			1161934	413114
金融街功能区	3486	3182	304			291169	144315
北京商务中心区	20030	19145	885			452083	220158
奥林匹克中心区	13320	12901	419			229319	90288
临空经济区	5532	5290	242			217512	84628
九、按行业门类分							
采矿业	12	10	2	12	2	23928	3133
制造业	463	447	16	520	46	11740	2312
批发和零售业	190704	183159	7545	217464	25418	1477745	668047
交通运输、仓储和邮政业	14290	13626	664	17713	2032	685680	180574
住宿和餐饮业	16323	14950	1373	23332	6912	505941	255583
信息传输、软件和信息技术服务业	47602	46544	1058	50282	2047	930016	342953
金融业	3811	3491	320	8835	4595	432821	228541
房地产业	17805	16158	1647	23901	5638	563547	217960
租赁和商务服务业	134926	132461	2465	146507	6002	1417321	570066
科学研究和技术服务业	71206	69850	1356	75143	3246	952372	335990
水利、环境和公共设施管理业	3964	3860	104	4405	304	128696	45625
居民服务、修理和其他服务业	18735	17937	798	21808	2857	214739	105339
教育	11145	10829	316	12185	1075	530729	320665
卫生和社会工作	3810	3557	253	6362	2518	278145	193722
文化、体育和娱乐业	26784	26380	404	27946	1092	275951	128257
公共管理、社会保障和社会组织	17134	15752	1382	21979	5253	517748	203795

3-1 续表 3

项 目	法人单位 单位数（个）	单产业法人	多产业法人	产业活动单位 单位数（个）	#多产业法人所属的产业活动单位（含本部，不含外埠）	期末从业人员 从业人员（人）	#女 性
十、按行业大类及中类分							
采矿业	12	10	2	12	2	23928	3133
开采辅助活动	12	10	2	12	2	23928	3133
#石油和天然气开采辅助活动	12	10	2	12	2	23928	3133
制造业	463	447	16	520	46	11740	2312
金属制品、机械和设备修理业	463	447	16	520	46	11740	2312
金属制品修理	14	14		15		81	25
通用设备修理	122	117	5	137	16	780	207
专用设备修理	110	110		126	10	1126	218
铁路、船舶、航空航天等运输设备修理	42	39	3	49	5	8029	1471
电气设备修理	51	49	2	59	6	461	75
仪器仪表修理	21	19	2	25	2	244	75
其他机械和设备修理业	103	99	4	109	7	1019	241
批发和零售业	190704	183159	7545	217464	25418	1477745	668047
批发业	94660	91097	3563	100471	6623	829464	354651
农、林、牧产品批发	1390	1338	52	1491	117	11192	4140
食品、饮料及烟草制品批发	8698	8345	353	9425	738	85449	34775
纺织、服装及家庭用品批发	11428	10916	512	12208	867	142416	81683
文化、体育用品及器材批发	6409	6168	241	6840	501	56048	30660
医药及医疗器材批发	4717	4592	125	4908	231	66591	33073
矿产品、建材及化工产品批发	23273	22469	804	24500	1561	148388	52435
机械设备、五金产品及电子产品批发	31064	29826	1238	32735	2012	269299	98131
贸易经纪与代理	1964	1924	40	2046	85	14682	6355
其他批发业	5717	5519	198	6318	511	35399	13399
零售业	96044	92062	3982	116993	18795	648281	313396
综合零售	7067	6671	396	9815	2670	159942	87017
食品、饮料及烟草制品专门零售	7432	7006	426	10507	2861	40659	22575
纺织、服装及日用品专门零售	13416	12612	804	18677	3770	79399	50201
文化、体育用品及器材专门零售	11215	10749	466	12901	1591	48598	25043
医药及医疗器材专门零售	5756	5383	373	7749	1991	41590	22602
汽车、摩托车、燃料及零配件专门零售	4723	4449	274	5946	1268	80614	27612
家用电器及电子产品专门零售	19620	18947	673	21823	2362	88700	34968
五金、家具及室内装饰材料专门零售	15020	14747	273	16181	1009	46734	17311
货摊、无店铺及其他零售业	11795	11498	297	13394	1273	62045	26067
交通运输、仓储和邮政业	14290	13626	664	17713	2032	685680	180574
铁路运输业	141	134	7	264	78	100554	14958
铁路旅客运输	28	27	1	44	11	78382	10486
铁路货物运输	37	33	4	77	22	20756	4179
铁路运输辅助活动	76	74	2	143	45	1416	293
道路运输业	7836	7501	335	8735	849	332336	77479
城市公共交通运输	340	319	21	381	51	237002	51278
公路旅客运输	23	20	3	42	17	1586	399
道路货物运输	6627	6392	235	7146	487	64658	15183
道路运输辅助活动	846	770	76	1166	294	29090	10619

3-1　续表 4

项　　目	法人单位 单位数（个）	单产业法人	多产业法人	产业活动单位 单位数（个）	#多产业法人所属的产业活动单位（含本部，不含外埠）	期末从业人员 从业人员（人）	#女　性
水上运输业	41	37	4	71	7	378	99
水上旅客运输	3	3		5	1	17	7
水上货物运输	20	17	3	38	5	311	74
水上运输辅助活动	18	17	1	28	1	50	18
航空运输业	92	84	8	197	32	67466	27954
航空客货运输	35	29	6	97	9	55153	23039
通用航空服务	28	28		41	3	556	152
航空运输辅助活动	29	27	2	59	20	11757	4763
管道运输业	15	15		19	2	6560	1274
管道运输业	15	15		19	2	6560	1274
装卸搬运和运输代理业	3795	3558	237	4740	627	69467	25661
装卸搬运	201	195	6	224	19	8594	1106
运输代理业	3594	3363	231	4516	608	60873	24555
仓储业	1826	1778	48	2038	157	18992	5499
谷物、棉花等农产品仓储	170	161	9	196	30	3572	939
其他仓储业	1656	1617	39	1842	127	15420	4560
邮政业	544	519	25	1649	280	89927	27650
邮政基本服务	14	13	1	744	38	26018	10326
快递服务	530	506	24	905	242	63909	17324
住宿和餐饮业	16323	14950	1373	23332	6912	505941	255583
住宿业	4810	4425	385	5877	1201	181092	93529
旅游饭店	1188	1020	168	1494	414	129962	64603
一般旅馆	2988	2790	198	3622	677	44165	25167
其他住宿业	634	615	19	761	110	6965	3759
餐饮业	11513	10525	988	17455	5711	324849	162054
正餐服务	8475	7785	690	11300	2805	231107	111141
快餐服务	964	802	162	3092	2023	59429	33660
饮料及冷饮服务	767	715	52	1252	424	7732	4389
其他餐饮业	1307	1223	84	1811	459	26581	12864
信息传输、软件和信息技术服务业	47602	46544	1058	50282	2047	930016	342953
电信、广播电视和卫星传输服务	1160	1049	111	1612	258	96841	40510
电信	866	767	99	1246	218	78832	34735
广播电视传输服务	217	205	12	283	39	15978	5106
卫星传输服务	77	77		83	1	2031	669
互联网和相关服务	3744	3629	115	4006	210	117672	48481
互联网接入及相关服务	557	541	16	632	44	18461	4309
互联网信息服务	2557	2467	90	2694	148	95181	42688
其他互联网服务	630	621	9	680	18	4030	1484
软件和信息技术服务业	42698	41866	832	44664	1579	715503	253962
软件开发	21669	21225	444	22501	723	485683	170472
信息系统集成服务	2127	2036	91	2238	131	79129	26116
信息技术咨询服务	12098	11919	179	12716	427	84169	30715
数据处理和存储服务	469	459	10	493	18	13874	6941

3-1 续表 5

项目	法人单位 单位数（个）	单产业法人	多产业法人	产业活动单位 单位数（个）	#多产业法人所属的产业活动单位（含本部，不含外埠）	期末从业人员 从业人员（人）	#女性
集成电路设计	128	121	7	144	14	2527	875
其他信息技术服务业	6207	6106	101	6572	266	50121	18843
金融业	3811	3491	320	8835	4595	432821	228541
货币金融服务	652	570	82	4298	3608	200218	107714
中央银行服务	3	3		3		1738	821
货币银行服务	110	59	51	3609	3501	182042	98856
非货币银行服务	537	506	31	684	107	15372	7555
银行监管服务	2	2		2		1066	482
资本市场服务	1892	1822	70	2431	226	63367	27267
证券市场服务	577	548	29	957	130	44467	19271
期货市场服务	24	4	20	109	41	5551	2401
证券期货监管服务	2	2		2		914	310
资本投资服务	1229	1214	15	1281	43	10673	4525
其他资本市场服务	60	54	6	82	12	1762	760
保险业	614	492	122	1372	682	129936	78322
人身保险	78	51	27	382	310	83076	53351
财产保险	54	32	22	263	216	25899	13726
再保险	7	7		7		728	343
养老金	4	4		5		727	382
保险经纪与代理服务	417	352	65	639	149	17651	9937
保险监管服务	2	2		3		521	196
其他保险活动	52	44	8	73	7	1334	387
其他金融业	653	607	46	734	79	39300	15238
金融信托与管理服务	226	212	14	246	19	15226	5926
控股公司服务	115	114	1	115	1	4090	1398
非金融机构支付服务	54	39	15	70	19	9548	3716
金融信息服务	31	30	1	36	2	313	133
其他未列明金融业	227	212	15	267	38	10123	4065
房地产业	17805	16158	1647	23901	5638	563547	217960
房地产业	17805	16158	1647	23901	5638	563547	217960
房地产开发经营	3426	3157	269	3621	394	100194	39319
物业管理	6500	5893	607	8184	1804	315075	121193
房地产中介服务	5280	4741	539	9240	3039	90855	36277
自有房地产经营活动	1903	1715	188	2094	316	38795	13929
其他房地产业	696	652	44	762	85	18628	7242
租赁和商务服务业	134926	132461	2465	146507	6002	1417321	570066
租赁业	5746	5629	117	6132	368	44680	10470
机械设备租赁	5299	5191	108	5658	347	42129	9673
文化及日用品出租	447	438	9	474	21	2551	797
商务服务业	129180	126832	2348	140375	5634	1372641	559596
企业管理服务	28341	27744	597	32769	1058	349879	138283
法律服务	2171	2157	14	2344	58	29530	14418
咨询与调查	44004	43229	775	46456	1582	353018	180722

3-1　续表 6

项　　目	法人单位 单位数（个）	单产业法人	多产业法人	产业活动单位 单位数（个）	#多产业法人所属的产业活动单位（含本部，不含外埠）	期末从业人员 从业人员（人）	#女性
广告业	17814	17562	252	18238	431	121480	58244
知识产权服务	1802	1767	35	1842	42	25652	14881
人力资源服务	3288	3229	59	3475	153	90995	36609
旅行社及相关服务	2315	2148	167	4170	1104	37251	21074
安全保护服务	498	470	28	582	57	179252	14278
其他商务服务业	28947	28526	421	30499	1149	185584	81087
科学研究和技术服务业	71206	69850	1356	75143	3246	952372	335990
研究和试验发展	4885	4743	142	5183	299	190422	71945
自然科学研究和试验发展	338	327	11	368	25	40105	15202
工程和技术研究和试验发展	2070	2001	69	2226	156	108508	36207
农业科学研究和试验发展	252	248	4	275	16	6919	3035
医学研究和试验发展	1925	1871	54	2011	98	24040	12650
社会人文科学研究	300	296	4	303	4	10850	4851
专业技术服务业	25255	24552	703	27021	1564	474513	159336
气象服务	67	65	2	70	3	2935	1146
地震服务	36	36		38	2	1490	537
海洋服务	11	11		13	2	681	222
测绘服务	240	236	4	256	13	5976	1756
质检技术服务	894	859	35	969	77	50251	20358
环境与生态监测	214	204	10	234	20	3953	1586
地质勘查	308	299	9	348	18	18613	4688
工程技术	9068	8724	344	9686	559	272393	85177
其他专业技术服务业	14417	14118	299	15407	870	118221	43866
科技推广和应用服务业	41066	40555	511	42939	1383	287437	104709
技术推广服务	34557	34133	424	35914	1065	228226	83211
科技中介服务	1961	1920	41	2030	66	21321	8000
其他科技推广和应用服务业	4548	4502	46	4995	252	37890	13498
水利、环境和公共设施管理业	3964	3860	104	4405	304	128696	45625
水利管理业	360	353	7	405	33	9661	3021
防洪除涝设施管理	33	32	1	37	2	1134	379
水资源管理	82	80	2	99	13	1598	497
天然水收集与分配	56	54	2	58	3	4099	1336
水文服务	14	14		15		248	91
其他水利管理业	175	173	2	196	15	2582	718
生态保护和环境治理业	345	329	16	369	29	9283	2969
生态保护	49	48	1	53	3	2266	875
环境治理业	296	281	15	316	26	7017	2094
公共设施管理业	3259	3178	81	3631	242	109752	39635
市政设施管理	227	218	9	271	31	5876	1507
环境卫生管理	312	302	10	351	34	46266	16651
城乡市容管理	35	34	1	40	4	1653	1033
绿化管理	2207	2164	43	2456	132	35324	11426
公园和游览景区管理	478	460	18	513	41	20633	9018

3-1 续表 7

项目	法人单位 单位数(个)	单产业法人	多产业法人	产业活动单位 单位数(个)	#多产业法人所属的产业活动单位(含本部,不含外埠)	期末从业人员 从业人员(人)	#女性
居民服务、修理和其他服务业	18735	17937	798	21808	2857	214739	105339
居民服务业	8275	7763	512	10063	1798	76121	41072
家庭服务	1283	1250	33	1420	129	13146	8416
托儿所服务	11	11		15	4	68	56
洗染服务	514	456	58	747	224	3545	1818
理发及美容服务	3984	3670	314	4925	1007	19929	12855
洗浴服务	386	370	16	470	89	11589	6038
保健服务	541	488	53	642	119	3243	1719
婚姻服务	591	578	13	619	29	1890	701
殡葬服务	155	148	7	178	21	3264	871
其他居民服务业	810	792	18	1047	176	19447	8598
机动车、电子产品和日用产品修理业	6166	5955	211	6932	703	50726	12962
汽车、摩托车修理与维护	3084	2964	120	3502	421	30347	7230
计算机和办公设备维修	1489	1449	40	1681	133	13785	3870
家用电器修理	1162	1130	32	1248	87	4652	1246
其他日用产品修理业	431	412	19	501	62	1942	616
其他服务业	4294	4219	75	4813	356	87892	51305
清洁服务	3094	3049	45	3186	108	73786	46811
其他未列明服务业	1200	1170	30	1627	248	14106	4494
教育	11145	10829	316	12185	1075	530729	320665
教育	11145	10829	316	12185	1075	530729	320665
学前教育	1078	1059	19	1188	87	48597	43138
初等教育	906	806	100	1169	350	71070	52742
中等教育	871	853	18	889	27	103235	66291
高等教育	300	288	12	315	20	167257	80100
特殊教育	43	40	3	51	3	1649	1168
技能培训、教育辅助及其他教育	7947	7783	164	8573	588	138921	77226
卫生和社会工作	3810	3557	253	6362	2518	278145	193722
卫生	2923	2686	237	5384	2437	260530	182798
医院	918	846	72	1059	180	202315	143645
社区医疗与卫生院	512	393	119	1338	865	24787	17362
门诊部(所)	1139	1108	31	2529	1292	13519	9131
计划生育技术服务活动	26	26		34	8	234	140
妇幼保健院(所、站)	28	25	3	30	5	5295	4410
专科疾病防治院(所、站)	59	56	3	88	26	1117	669
疾病预防控制中心	44	43	1	48	4	5831	3269
其他卫生活动	197	189	8	258	57	7432	4172
社会工作	887	871	16	978	81	17615	10924
提供住宿社会工作	703	692	11	760	47	14822	9534
不提供住宿社会工作	184	179	5	218	34	2793	1390
文化、体育和娱乐业	26784	26380	404	27946	1092	275951	128257
新闻和出版业	1808	1742	66	1999	131	77845	39684
新闻业	60	59	1	121	4	6060	2720
出版业	1748	1683	65	1878	127	71785	36964

3-1　续表 8

项　　目	法人单位 单位数（个）	单产业法人	多产业法人	产业活动单位 单位数（个）	#多产业法人所属的产业活动单位（含本部，不含外埠）	期末从业人员 从业人员（人）	#女性
广播、电视、电影和影视录音制作业	2869	2810	59	2970	105	53639	24639
广播	42	40	2	45	1	5497	2731
电视	251	244	7	257	10	20357	9545
电影和影视节目制作	1927	1897	30	1973	50	18972	8409
电影和影视节目发行	347	341	6	354	9	3255	1477
电影放映	148	135	13	183	32	4397	1992
录音制作	154	153	1	158	3	1161	485
文化艺术业	15464	15352	112	15796	298	82891	37508
文艺创作与表演	1643	1628	15	1678	34	16301	7065
艺术表演场馆	60	56	4	72	10	1897	767
图书馆与档案馆	100	98	2	106	5	6180	3657
文物及非物质文化遗产保护	98	97	1	101	3	1704	735
博物馆	156	152	4	161	7	7486	3231
烈士陵园、纪念馆	8	8		9	1	231	108
群众文化活动	2989	2962	27	3073	73	13203	6134
其他文化艺术业	10410	10351	59	10596	165	35889	15811
体育	2630	2517	113	2948	354	39040	17181
体育组织	713	699	14	767	59	9470	3507
体育场馆	60	55	5	78	21	3231	1316
休闲健身活动	1459	1376	83	1688	249	23077	10991
其他体育	398	387	11	415	25	3262	1367
娱乐业	4013	3959	54	4233	204	22536	9245
室内娱乐活动	2239	2202	37	2420	167	11983	4316
游乐园	37	35	2	44	6	1024	646
彩票活动	34	33	1	34	2	1003	348
文化、娱乐、体育经纪代理	1497	1485	12	1516	20	7525	3534
其他娱乐业	206	204	2	219	9	1001	401
公共管理、社会保障和社会组织	17134	15752	1382	21979	5253	517748	203795
中国共产党机关	265	241	24	283	38	12817	4064
中国共产党机关	265	241	24	283	38	12817	4064
国家机构	3806	3443	363	6732	2666	385299	144334
国家权力机构	50	48	2	56	7	2355	736
国家行政机构	3620	3276	344	6439	2571	365665	136336
人民法院和人民检察院	49	34	15	106	72	15671	6675
其他国家机构	87	85	2	131	16	1608	587
人民政协、民主党派	86	85	1	94	1	2330	853
人民政协	28	27	1	36	1	1241	400
民主党派	58	58		58		1089	453
社会保障	274	273	1	376	50	4384	2617
社会保障	274	273	1	376	50	4384	2617
群众团体、社会团体和其他成员组织	6063	5679	384	7735	1850	52122	23112
群众团体	1164	1152	12	1219	58	10792	5165
社会团体	4445	4085	360	6016	1758	37340	15995
基金会	403	396	7	436	18	3358	1788
宗教组织	51	46	5	64	16	632	164
基层群众自治组织	6640	6031	609	6759	648	60796	28815
社区自治组织	2689	2657	32	2796	61	20245	15065
村民自治组织	3951	3374	577	3963	587	40551	13750

3-2 第三产业法人单位主要财务状况(企业会计制度)

单位：个、千元

项目	单位数	资产总计	营业收入	利润总额	税金总额
合计	**544769**	**95358595447**	**10639915319**	**1887394300**	**577779757**
一、按登记注册类型分					
内资	533704	90668754245	8816270997	1654930885	490733187
国有	6559	9196507306	917896182	249065847	43230680
集体	8181	202595240	32361974	1378137	1498388
股份合作	12092	90952578	27004538	306048	913341
国有联营	71	1738345	406671	-33465	49949
集体联营	278	1608805	584900	-9085	19610
国有与集体联营	92	3915390	2057217	30301	39491
其他联营	707	2002080	857055	-13199	22202
国有独资公司	1262	8794211051	1483131766	665623373	31673579
其他有限责任公司	135918	11865936895	3520815837	193186019	128278563
股份有限公司	4344	57850419250	1494825981	531064650	241729325
私营独资	33688	57819671	28591544	1177477	941801
私营合伙	8975	182125890	24101654	6958421	2058432
私营有限责任公司	311483	2233707118	1235690928	817454	38007744
私营股份有限公司	5362	126260182	40360445	3969495	1901647
其他	4692	58954444	7584306	1409412	368435
港澳台商投资	4344	1527865822	505549248	60039700	33596053
与港澳台商合资经营	857	288004239	102326904	17255895	10303065
与港澳台商合作经营	182	128182651	24951526	5958342	3838691
港澳台商独资	3195	908274333	294548318	32281850	17613459
港澳台商投资股份有限公司	70	203117479	83697581	4565383	1839413
其他港澳台投资	40	287120	24919	-21769	1425
外商投资	6721	3161975380	1318095073	172423716	53450517
中外合资经营	1475	639636671	292614221	28449033	10420674
中外合作经营	164	64369945	17154475	3431121	1779927
外资企业	4783	2240870400	1000243026	139695689	40071554
外商投资股份有限公司	151	214183605	4632798	647899	1018156
其他外商投资	148	2914758	3450554	199973	160207
二、按隶属关系分					
中央	5528	68530129588	4415306670	1392012226	294117518
省	5484	7268351286	698756172	96669570	47326614
地	15029	3552995270	334853865	40318202	19118148
县	823	42866170	4319226	-193461	122790
街道	1138	24620950	13620202	154565	396171
镇	1353	190866543	42566155	1462581	1067875
乡	700	142246175	10091993	1177030	776916
社区	125	1289411	184392	-12138	6039
村委会	3095	145038287	6119119	30674	353768
其他	511494	15460191766	5114097525	355775049	214493919

注：1.本表包括执行企业会计制度的事业法人单位，不包括执行事业会计制度的企业法人单位。
2.本表不包括开采辅助活动、金属制品、机械和设备修理业企业法人单位。

3-2 续表 1 单位：个、千元

项目	单位数	资产总计	营业收入	利润总额	税金总额
三、按机构类型分					
企业	539389	95238764430	10601839362	1881398405	574899814
事业单位	798	64508189	20456612	2989615	1327243
机关	1	***	***	***	***
社会团体	360	437153	110129	1307	4377
民办非企业单位	520	7869270	5593844	394033	173622
基金会	16	186340	3766	1592	
居委会	1				
村委会	8	46885	512	-16773	190
其他组织机构	3676	46775812	11910517	2629350	1374485
四、按控股情况分（仅限企业法人）					
国有控股	14674	80439116660	6155780967	1601846855	373386341
集体控股	15208	888982051	220351532	8896349	7516753
私人控股	487414	6745943055	2439152993	56672627	86956660
港澳台商控股	4177	1209565854	396587489	45119662	28590389
外商控股	6134	2651184517	1185600644	146912317	48375129
其他	16371	3353937785	210580434	22279760	30393418
五、按开业时间分					
1949年以前	47	3282508671	58384444	2951839	-3568244
1950-1952年	85	316658361	88669731	11366998	2199397
1953-1957年	191	1535002204	123385881	14129076	5446559
1958-1962年	122	26626037	10493634	476553	305865
1963-1965年	55	15680599	7492944	59745	155251
1966-1970年	49	6683605	2496244	16198	36659
1971-1975年	82	5859378	1577466	320815	163394
1976-1980年	443	8011456600	178569062	-13110812	59406974
1981-1985年	1865	13425009466	406154616	213586970	17534430
1986-1995年	13604	20117790701	1556018012	180348990	107443119
1996-2000年	31198	10775389838	1497960834	287020856	106729335
2001-2004年	75041	17652726928	2750175208	724815031	130654610
2005-2008年	122135	14020781442	2032595429	409465090	95725312
2009年	47035	1803105266	700566678	15955778	16464929
2010年	55169	1291059661	588016703	17755707	15539120
2011年	62906	1536190991	395958709	13201232	12914186
2012年	66520	803784828	178078097	-1462456	6526543
2013年	67602	726315912	63319115	10541982	4101485
六、按单位规模分（仅限企业法人）					
大型	1485	8750224586	3960943532	434706113	119504100
中型	7661	7678369857	2942837812	218340950	89599419
小型	57820	4453711025	1346626674	55417501	44677153
微型	463143	5886526692	541092138	74922276	42683037
七、按四大城市功能区分					
首都功能核心区	73082	65678861323	3251137768	1327750234	261914891
东城区	34884	12883540967	1579363418	773670462	58001201
西城区	38198	52795320356	1671774351	554079772	203913690
城市功能拓展区	327357	25787124523	6046802688	504301813	267149999
朝阳区	132973	11041138695	2961076555	332649919	118636243
丰台区	56532	1586943241	469846335	19951881	15055822

3-2 续表 2 单位：个、千元

项目	单位数	资产总计	营业收入	利润总额	税金总额
石景山区	16466	511971943	180546723	15971367	6159547
海淀区	121386	12647070643	2435333074	135728645	127298386
城市发展新区	108906	3338736438	1194855625	52815618	42619958
房山区	17090	312576545	153700561	887132	3673947
通州区	25244	525959277	121394726	3599417	5320211
顺义区	13812	1009533862	298041063	21324787	11965743
昌平区	28016	688632508	247968430	17009704	10321061
大兴区	20384	429852045	150969537	2260219	5471036
开发区	4360	372182199	222781308	7734360	5867960
生态涵养发展区	35424	553873163	147119237	2526635	6094910
门头沟区	6423	121133445	31978826	489772	1245198
怀柔区	10682	122431649	37513354	1161888	1608686
平谷区	6519	138484553	26277700	229986	1014838
密云县	9487	132064880	41717090	34201	1674470
延庆县	2313	39758636	9632267	610788	551717
八、按六大高端产业功能区分					
中关村国家自主创新示范区	12044	3424335038	1901643581	152675021	69821380
金融街	2997	46818684301	817845226	376485861	171586186
北京商务中心区	19704	2995381697	671560331	66533360	29658168
北京经济技术开发区	4360	372182199	222781308	7734360	5867960
临空经济区	5273	609505054	212840932	11183523	7343411
奥林匹克中心区	12892	1030579458	279600015	19727369	10752089
九、按行业门类分					
批发和零售业	190704	4039888251	5535346563	102605312	88832404
交通运输、仓储和邮政业	14253	1517302141	487599324	27523825	7703395
住宿和餐饮业	16323	204764383	102056212	-2419960	7604109
信息传输、软件和信息技术服务业	47438	2799944769	568633143	183068381	50810344
金融业	3777	67698799798	1672504399	1096445561	269799737
房地产业	17695	4708636353	495388930	81971904	69287699
租赁和商务服务业	129459	11695303210	1010229522	319222960	47114143
科学研究和技术服务业	69689	2033258077	579856380	66881921	26570520
水利、环境和公共设施管理业	3265	251650538	36104722	2124708	1373295
居民服务、修理和其他服务业	18382	81511840	30603643	-99460	1683269
教育	5948	36095237	17753570	1120747	1077707
卫生和社会工作	1936	17425394	13189749	54491	208600
文化、体育和娱乐业	25508	273205475	90515569	8896308	5706766
公共管理、社会保障和社会组织	392	809981	133592	-2398	7769
十、按行业大类及中类分					
批发和零售业	190704	4039888251	5535346563	102605312	88832404
批发业	94660	3479890806	4769688788	94039778	69368112
农、林、牧产品批发	1390	169140199	98292165	7490151	610561
食品、饮料及烟草制品批发	8698	221380716	196725087	8262871	6076168
纺织、服装及家庭用品批发	11428	185635375	202582430	5455730	6046210
文化、体育用品及器材批发	6409	103199250	151048093	803710	2739294
医药及医疗器材批发	4717	109705057	142355349	4504401	4352831

3-2　续表 3　　单位：个、千元

项　　目	单位数	资产总计	营业收入	利润总额	税金总额
矿产品、建材及化工产品批发	23273	1474574857	2657634937	19601694	17048430
机械设备、五金产品及电子产品批发	31064	831099510	1187891586	41050746	29351618
贸易经纪与代理	1964	271209494	65629276	5376161	1960206
其他批发业	5717	113946348	67529865	1494314	1182794
零售业	96044	559997445	765657775	8565534	19464292
综合零售	7067	127273544	162076162	5762688	6305211
食品、饮料及烟草制品专门零售	7432	18131454	13936707	376556	819383
纺织、服装及日用品专门零售	13416	34925412	32931602	-716040	1694800
文化、体育用品及器材专门零售	11215	41085597	28814223	355592	870794
医药及医疗器材专门零售	5756	55259841	52163124	1482503	1937189
汽车、摩托车、燃料及零配件专门零售	4723	104357701	247949049	1594883	3307108
家用电器及电子产品专门零售	19620	97011536	148052994	1968770	2755618
五金、家具及室内装饰材料专门零售	15020	34330251	16150061	486983	706844
货摊、无店铺及其他零售业	11795	47622110	63583852	-2746401	1067346
交通运输、仓储和邮政业	14253	1517302141	487599324	27523825	7703395
铁路运输业	141	573753917	118077119	1479122	6372942
铁路旅客运输	28	503819910	85437529	-7811351	2446981
铁路货物运输	37	52986539	31437842	9270118	3885218
铁路运输辅助活动	76	16947468	1201748	20356	40743
道路运输业	7809	211502887	58657842	2132887	2479592
城市公共交通运输	332	61180372	13620762	1116555	740087
公路旅客运输	22	1581946	409669	35927	28676
道路货物运输	6621	40499832	33497143	390309	1129689
道路运输辅助活动	834	108240737	11130267	590096	581140
水上运输业	41	1376327	387058	28296	12704
水上旅客运输	3	44125	4021	-3637	256
水上货物运输	20	1169814	372781	31233	10713
水上运输辅助活动	18	162389	10257	700	1736
航空运输业	89	237496924	104544409	5498212	1809715
航空客货运输	35	201812188	95379594	3836840	954552
通用航空服务	27	893956	203862	-59275	12043
航空运输辅助活动	27	34790780	8960954	1720647	843120
管道运输业	15	135144604	19704107	11343343	4189744
管道运输业	15	135144604	19704107	11343343	4189744
装卸搬运和运输代理业	3793	83456999	87475677	3604169	1687670
装卸搬运	199	5873476	1806942	166214	142018
运输代理业	3594	77583523	85668735	3437955	1545652
仓储业	1822	224074936	74251121	897464	-10380711
谷物、棉花等农产品仓储	167	202279887	69539712	881640	-10695601
其他仓储业	1655	21795049	4711409	15823	314891
邮政业	543	50495547	24501991	2540333	1531738
邮政基本服务	13	31754864	5567594	26284	108440
快递服务	530	18740683	18934397	2514048	1423298
住宿和餐饮业	16323	204764383	102056212	-2419960	7604109
住宿业	4810	148512970	39267193	-1203012	3452041

3-2 续表 4

单位：个、千元

项　　目	单位数	资产总计	营业收入	利润总额	税金总额
旅游饭店	1188	122755723	30137618	-1169432	2770355
一般旅馆	2988	23170804	8291208	112757	623774
其他住宿业	634	2586443	838367	-146337	57912
餐饮业	11513	56251413	62789019	-1216948	4152067
正餐服务	8475	41086150	43645265	-1027114	2972394
快餐服务	964	7090667	13841555	188140	846777
饮料及冷饮服务	767	1450201	1735147	-6480	123679
其他餐饮业	1307	6624395	3567053	-371493	209217
信息传输、软件和信息技术服务业	47438	2799944769	568633143	183068381	50810344
电信、广播电视和卫星传输服务	1139	1919318570	108907633	137242423	23377358
电信	863	1876463499	96260476	136008178	22774277
广播电视传输服务	201	24636136	9443791	921899	503320
卫星传输服务	75	18218934	3203365	312347	99760
互联网和相关服务	3726	147127898	71319473	12985247	5184025
互联网接入及相关服务	556	33575490	6264550	1034618	290504
互联网信息服务	2541	104860955	64183416	12006599	4867049
其他互联网服务	629	8691452	871507	-55969	26472
软件和信息技术服务业	42573	733498302	388406038	32840711	22248961
软件开发	21659	462821455	243646185	25200752	15945076
信息系统集成服务	2096	99018439	66917109	5930220	3438494
信息技术咨询服务	12060	105390312	33733713	206665	1401212
数据处理和存储服务	452	9496576	5633935	90705	214601
集成电路设计	128	5698757	3175947	177180	107388
其他信息技术服务业	6178	51072763	35299149	1235187	1142190
金融业	3777	67698799798	1672504399	1096445561	269799737
货币金融服务	645	56059822742	511947994	254316416	218566373
中央银行服务	1	***	***	***	***
货币银行服务	109	53848448338	446239351	213293020	206627112
非货币银行服务	535	2207193760	62686101	40286517	11769422
资本市场服务	1871	3826779651	285003978	243730555	20214632
证券市场服务	558	784951529	54364947	27147116	9224259
期货市场服务	24	48643419	3577248	1226714	423591
资本投资服务	1229	2989695908	226440225	215373895	10529621
其他资本市场服务	60	3488795	621559	-17171	37161
保险业	611	2830004868	361535124	135375014	15940389
人身保险	78	2131954750	264460749	119196820	8713948
财产保险	54	490657685	48117249	9332133	5492233
再保险	7	191932685	42534592	6115681	1110005
养老金	4	4537354	440671	-195736	22544
保险经纪与代理服务	417	10445086	5715729	925846	583673
其他保险活动	51	477308	266134	270	17986
其他金融业	650	4982192536	514017302	463023577	15078343
金融信托与管理服务	225	1057064667	72998156	42177772	11459288
控股公司服务	115	3802512841	431632945	418528831	2582628
非金融机构支付服务	54	27542462	3292765	19373	150324

3-2　续表 5　　　　单位：个、千元

项　　目	单位数	资产总计	营业收入	利润总额	税金总额
金融信息服务	30	2675526	323359	160163	55356
其他未列明金融业	226	92397040	5770077	2137438	830747
房地产业	17695	4708636353	495388930	81971904	69287699
房地产业	17695	4708636353	495388930	81971904	69287699
房地产开发经营	3426	4086105510	390181867	73962113	59175091
物业管理	6441	164700295	51028595	869454	3675954
房地产中介服务	5271	58878224	15406476	1168387	1128063
自有房地产经营活动	1896	251932347	25649403	4683676	3807287
其他房地产业	661	147019978	13122589	1288275	1501305
租赁和商务服务业	129459	11695303210	1010229522	319222960	47114143
租赁业	5741	54547958	14016527	615084	570467
机械设备租赁	5295	52721629	12955862	579956	533083
文化及日用品出租	446	1826329	1060666	35128	37384
商务服务业	123718	11640755252	996212995	318607876	46543676
企业管理服务	23719	10613598640	544614553	299961848	28122874
法律服务	2011	8531508	9834123	2770938	1298056
咨询与调查	43763	545774517	98802307	4427818	6104471
广告业	17809	127217853	138064712	4749593	4771599
知识产权服务	1781	8395930	6677591	920740	447796
人力资源服务	3079	17017812	53462662	473649	555442
旅行社及相关服务	2285	42508985	61555130	631017	435562
安全保护服务	491	6998069	8739115	528249	255776
其他商务服务业	28780	270711939	74462802	4144025	4552099
科学研究和技术服务业	69689	2033258077	579856380	66881921	26570520
研究和试验发展	4303	283170138	40640692	2771733	2089830
自然科学研究和试验发展	248	33361687	5125702	-637309	278709
工程和技术研究和试验发展	1917	209784321	28627735	3294049	1486401
农业科学研究和试验发展	198	2885424	374560	-2370	26485
医学研究和试验发展	1846	35782042	6448357	132542	295359
社会人文科学研究	94	1356665	64338	-15179	2876
专业技术服务业	24683	1203993969	372830164	54214045	15502501
气象服务	23	1234424	527922	165411	77470
地震服务	16	131681	73922	3201	3876
海洋服务	5	479429	224783	78106	26391
测绘服务	217	4028000	1338808	28115	69430
质检技术服务	669	20943236	17451403	2183818	887687
环境与生态监测	177	5552130	2031498	224733	101389
地质勘查	282	219407213	8985720	9578449	676841
工程技术	8976	782715682	245767436	34588108	10705473
其他专业技术服务业	14318	169502175	96428673	7364104	2953942
科技推广和应用服务业	40703	546093969	166385524	9896142	8978189
技术推广服务	34313	465057370	117148623	3919033	7409847
科技中介服务	1894	35394894	11198405	4368293	324463
其他科技推广和应用服务业	4496	45641705	38038496	1608817	1243879

3-2 续表 6

单位：个、千元

项　　目	单位数	资产总计	营业收入	利润总额	税金总额
水利、环境和公共设施管理业	3265	251650538	36104722	2124708	1373295
水利管理业	158	18592687	1272185	20073	41724
防洪除涝设施管理	11	163328	37452	2546	2716
水资源管理	39	427580	128616	-23032	6118
天然水收集与分配	24	7080263	474032	19406	17089
水文服务	6	61817	46892	-21	1348
其他水利管理业	78	10859699	585192	21174	14452
生态保护和环境治理业	302	24929095	9954469	1036940	313398
生态保护	19	1332335	334223	9229	19663
环境治理业	283	23596760	9620246	1027711	293735
公共设施管理业	2805	208128755	24878068	1067695	1018173
市政设施管理	164	138926410	1086945	34518	39295
环境卫生管理	152	6852712	2361642	-63348	87869
城乡市容管理	24	295170	120978	1720	6174
绿化管理	2095	40849273	19954164	1214312	817287
公园和游览景区管理	370	21205190	1354339	-119508	67548
居民服务、修理和其他服务业	18382	81511840	30603643	-99460	1683269
居民服务业	7978	15520193	6829298	-63995	414297
家庭服务	1273	858992	703089	-20318	40447
托儿所服务	7	6632	3600	-166	97
洗染服务	513	4282762	438454	15798	29428
理发及美容服务	3983	2408074	1833906	24600	136379
洗浴服务	386	2910316	1567365	-131134	93696
保健服务	538	399429	298315	-105329	10885
婚姻服务	581	605991	126984	-31835	3529
殡葬服务	102	1552721	582531	204047	47222
其他居民服务业	595	2495276	1275054	-19658	52614
机动车、电子产品和日用产品修理业	6156	16522356	14226828	-143968	649768
汽车、摩托车修理与维护	3078	9898678	8374386	-271895	425218
计算机和办公设备维修	1486	4375282	3267763	113479	155385
家用电器修理	1162	1600972	940181	3021	46442
其他日用产品修理业	430	647424	1644497	11427	22723
其他服务业	4248	49469291	9547517	108503	619203
清洁服务	3081	4957456	5090203	78967	297857
其他未列明服务业	1167	44511835	4457314	29536	321346
教育	5948	36095237	17753570	1120747	1077707
教育	5948	36095237	17753570	1120747	1077707
学前教育	153	1996191	696473	7816	19371
初等教育	25	224494	159683	-28061	8673
中等教育	56	780376	397850	-1271	12977
高等教育	36	991892	191441	-30237	3167
特殊教育	12	35760	16184	-1630	608
技能培训、教育辅助及其他教育	5666	32066524	16291939	1174130	1032911
卫生和社会工作	1936	17425394	13189749	54491	208600

3-2　续表 7　　　　单位：个、千元

项　　目	单位数	资产总计	营业收入	利润总额	税金总额
卫生	1771	16024959	13016369	137176	202534
医院	542	12027639	9839382	-18558	100224
社区医疗与卫生院	57	55133	165022	2516	686
门诊部(所)	995	2800990	2027174	65157	52943
计划生育技术服务活动	2	702		-8	
妇幼保健院(所、站)	4	213943	258962	77914	29107
专科疾病防治院(所、站)	33	38187	34050	52	776
疾病预防控制中心	4	910	5	-21	0
其他卫生活动	134	887454	691773	10125	18798
社会工作	165	1400435	173381	-82685	6066
提供住宿社会工作	123	1332264	153396	-80319	5061
不提供住宿社会工作	42	68171	19985	-2366	1005
文化、体育和娱乐业	25508	273205475	90515569	8896308	5706766
新闻和出版业	1591	111386768	42149756	6492252	3048566
新闻业	42	1012587	68412	-6091	3982
出版业	1549	110374181	42081344	6498343	3044584
广播、电视、电影和影视录音制作业	2806	74078810	26580832	3651766	1315624
广播	35	861099	960914	46827	39676
电视	227	17191823	7189091	853992	384812
电影和影视节目制作	1912	36693003	11059789	1576544	698381
电影和影视节目发行	341	14360169	5015585	1058985	20311
电影放映	138	4304690	2031699	107991	156596
录音制作	153	668026	323755	7426	15847
文化艺术业	14861	46882075	11770180	-331988	528033
文艺创作与表演	1556	7330919	2096559	-14080	117036
艺术表演场馆	52	634645	328546	62187	31178
图书馆与档案馆	17	19706	17974	1618	1502
文物及非物质文化遗产保护	36	529643	33202	1054	3090
博物馆	66	460090	45127	-24598	2932
烈士陵园、纪念馆	1	***	***	***	***
群众文化活动	2787	7099778	1461748	-86102	60345
其他文化艺术业	10346	30806180	7784402	-270190	311862
体育	2276	25397420	5839803	-660704	459455
体育组织	466	4335360	1834174	72974	149230
体育场馆	35	1676450	470717	-19524	27139
休闲健身活动	1412	16796920	2860076	-623736	249824
其他体育	363	2588690	674836	-90418	33262
娱乐业	3974	15460403	4174998	-255018	355088
室内娱乐活动	2233	3404036	1276315	-138630	167226
游乐园	35	932430	314070	-5856	34116
彩票活动	17	352332	202667	22712	20724
文化、娱乐、体育经纪代理	1487	9518527	2198284	-876	118141
其他娱乐业	202	1253078	183663	-132367	14881
公共管理、社会保障和社会组织	392	809981	133592	-2398	7769
国家机构	13	151634	24552	10778	3219
国家行政机构	12	144266	23976	14006	3192
其他国家机构	1	***	***	***	***
社会保障	4	3043	374		15
社会保障	4	3043	374		15
群众团体、社会团体和其他成员组织	366	608419	108155	3597	4346
群众团体	120	2718	428	299	31
社会团体	230	419361	103961	1707	4315
基金会	16	186340	3766	1592	
基层群众自治组织	9	46885	512	-16773	190
社区自治组织	1				
村民自治组织	8	46885	512	-16773	190

3-3 第三产业法人单位主要财务状况
(行政事业及民间非营利组织会计制度)

单位：个、千元

项目	单位数	资产总计	收入合计	支出合计	经营税金
合 计	**33470**	**21521824045**	**931866442**	**864357510**	**4668519**
一、按登记注册类型分					
内资	33437	21521440712	931563353	864167293	4668417
国有	14764	21322384464	867074001	822327803	4403100
集体	2644	28418045	8229155	7345950	27514
股份合作	107	378886	280168	172552	367
国有联营	11	189617	128377	85718	3449
集体联营	34	129023	72226	68604	217
国有与集体联营	8	192549	11731	16994	189
其他联营	33	323793	92598	42802	307
国有独资公司	10	3198783	27292	13363	32
其他有限责任公司	115	154023	252224	103202	923
股份有限公司	8	18135	8688	14684	46
私营独资	416	2341610	1497891	639183	6308
私营合伙	107	361658	444501	402631	3077
私营有限责任公司	104	1149152	169831	1198117	2217
私营股份有限公司	9	32764	36450	10577	113
其他	15067	162168209	53238220	31725113	220559
港澳台商投资	8	58859	34464	25501	100
与港澳台商合资经营	1	***	***	***	***
与港澳台商合作经营	2	14522	11183	7753	
港澳台商独资	4	667	1487	2144	88
其他港澳台投资	1	***	***	***	
外商投资	25	324474	268625	164716	2
中外合资经营	1	***	***	***	
中外合作经营	3	239413	141007	50014	
外资企业	10	82521	105021	94396	
其他外商投资	11	2367	22465	20165	2
二、按隶属关系分					
中央	3545	20642234259	471056578	424068969	3730072
省	2868	407917725	183436323	179250581	562275
地	9059	291723963	220028218	208310205	219898
县	451	7185659	8601929	8329689	3437
街道	761	8144892	5533524	5132466	8081
镇	1027	25162389	13993413	12404968	4009
乡	260	11544857	2509608	2377607	5777
社区	2762	393617	165671	159882	1042
村委会	7161	92726277	8446442	10434602	37625
其他	5576	34790407	18094737	13888541	96303
三、按机构类型分					
企业	167	4008193	653275	585869	8839
事业单位	11041	21020970836	575805184	553620411	4328717
机关	2151	282490450	263916529	252592862	10302

注：1.本表包括执行行政事业会计制度的企业法人单位，不包括执行企业会计制度的事业法人单位。
2.本表不包括开采辅助活动、金属制品、机械和设备修理业企业法人单位。

3-3　续表 1　　单位：个、千元

项　目	单位数	资产总计	收入合计	支出合计	经营税金
社会团体	5396	58014550	35169184	16406893	185607
民办非企业单位	3209	25153310	13835013	8816032	85108
基金会	387	32412043	32843655	20787277	4556
居委会	2688	309150	120596	130809	1022
村委会	3943	72943084	6405819	8410265	25313
其他组织机构	4488	25522430	3117188	3007093	19056
四、按控股情况分（仅限企业法人）					
国有控股	3666	179890524	24675553	22450177	98940
集体控股	1418	11180293	1652251	1665582	8789
私人控股	1291	5246484	2516561	3818850	23339
港澳台商控股	9	45796	23443	19559	60
外商控股	12	45620	60745	55957	656
其他	3012	20733756	9252832	9648921	73322
五、按开业时间分					
1949年以前	694	19850011426	112017515	116056539	344982
1950-1952年	381	100400962	43000235	41564595	196762
1953-1957年	814	191645330	92626397	87453237	234435
1958-1962年	721	222867137	106854776	101455084	1562392
1963-1965年	257	27566146	18450326	17223433	43937
1966-1970年	158	33958138	19089862	17758982	27446
1971-1975年	327	35486952	15533120	15816330	53090
1976-1980年	900	73180095	45387582	42418629	321424
1981-1985年	3539	131019483	67934106	60916151	241752
1986-1995年	5945	229572009	138330862	116039524	687575
1996-2000年	2953	138907789	59967589	53976995	319423
2001-2004年	5226	177095852	121965859	112200314	354837
2005-2008年	4130	234604761	44623345	38304984	194055
2009年	1179	17439563	15072446	13414438	16702
2010年	1734	27345039	12350620	11662133	24728
2011年	1504	16863045	8713611	9537754	16929
2012年	1791	8562947	6416999	5611990	17897
2013年	1178	5288656	3530167	2944280	10154
六、按四大城市功能区分					
首都功能核心区	6785	20077039554	294137681	270930742	938002
东城区	3000	168537434	132468668	124938238	425644
西城区	3785	19908502120	161669013	145992504	512358
城市功能拓展区	9495	1116048927	468105496	432234775	3569642
朝阳区	3408	384510453	117924090	107067623	597312
丰台区	1730	142655919	65560364	62217147	174727
石景山区	916	30762694	17975627	15495709	44416
海淀区	3441	558119862	266645415	247454296	2753187
城市发展新区	9772	230001204	112228830	107383849	141474
房山区	1862	38909035	20182646	19101111	11319
通州区	1732	56942082	23506282	23121863	11393

3-3 续表 2

单位：个、千元

项　　目	单位数	资产总计	收入合计	支出合计	经营税金
顺义区	1652	32289771	16102423	16747401	28893
昌平区	1878	46300460	29004332	26862110	65328
大兴区	2565	53832999	21917411	20181138	20022
开发区	83	1726857	1515736	1370224	4519
生态涵养发展区	7418	98734360	57394435	53808145	19402
门头沟区	1255	43317131	16461095	14936644	10313
怀柔区	1236	17153669	10045356	9346735	2150
平谷区	1317	13647151	9461375	8909721	1581
密云县	1853	10855701	11518644	11514077	2199
延庆县	1757	13760708	9907966	9100968	3158
七、按六大高端产业功能区分					
中关村国家自主创新示范区	19	20618817	13472851	12942929	31181
金融街	489	67450577	34203422	20805780	67330
北京商务中心区	323	21517345	14469177	14073742	58422
北京经济技术开发区	83	1726857	1515736	1370224	4519
临空经济区	236	18016831	5625520	4977756	78647
奥林匹克中心区	424	175580639	17858709	18157314	97328
八、按行业门类分					
交通运输、仓储和邮政业	37	391430	252085	181652	3551
信息传输、软件和信息技术服务业	164	20677423	7241073	7212842	58938
金融业	34	19634848000	3737368	9093139	3623
房地产业	110	4351427	1004446	1000959	9940
租赁和商务服务业	5467	100424666	22963739	20491828	491220
科学研究和技术服务业	1517	397201384	153557087	144707361	839623
水利、环境和公共设施管理业	699	35438262	17183419	16761615	83778
居民服务、修理和其他服务业	353	8257801	2804863	2897126	27196
教育	5197	334993650	149205030	140204709	665013
卫生和社会工作	1874	116391015	126984534	122377945	45845
文化、体育和娱乐业	1276	163522150	66748840	61063348	2048979
公共管理、社会保障和社会组织	16742	705326837	380183958	338364986	390814
九、按行业大类及中类分					
交通运输、仓储和邮政业	37	391430	252085	181652	3551
道路运输业	27	24037	17776	15864	47
城市公共交通运输	8	30	171	96	10
公路旅客运输	1				
道路货物运输	6				
道路运输辅助活动	12	24007	17605	15768	38
航空运输业	3	325554	231217	133538	3238
通用航空服务	1	***	***	***	***
航空运输辅助活动	2	323112	224228	126646	3195
装卸搬运和运输代理业	2	16983	2560	4123	265
装卸搬运	2	16983	2560	4123	265
仓储业	4				

3-3　续表 3　　单位：个、千元

项　　目	单位数	资产总计	收入合计	支出合计	经营税金
谷物、棉花等农产品仓储	3				
其他仓储业	1				
邮政业	1	***	***	***	
邮政基本服务	1	***	***	***	
信息传输、软件和信息技术服务业	164	20677423	7241073	7212842	58938
电信、广播电视和卫星传输服务	21	5197611	747732	773397	5285
电信	3	1632113	71710	62068	688
广播电视传输服务	16	3264422	634371	669646	4492
卫星传输服务	2	301076	41651	41683	105
互联网和相关服务	18	3552185	1383455	1298507	5921
互联网接入及相关服务	1	***	***	***	
互联网信息服务	16	3456005	1074405	986438	5921
其他互联网服务	1	***	***	***	
软件和信息技术服务业	125	11927627	5109886	5140938	47732
软件开发	10	1002243	505031	409084	7710
信息系统集成服务	31	3213716	2488612	2452768	27524
信息技术咨询服务	38	3028931	587260	601570	4742
数据处理和存储服务	17	2399286	649672	991679	1055
其他信息技术服务业	29	2283452	879312	685837	6701
金融业	34	19634848000	3737368	9093139	3623
货币金融服务	7	19631881729	1516407	6763596	3226
中央银行服务	2	19626895011	644236	5909056	
货币银行服务	1	***	***	***	***
非货币银行服务	2	3310145	392175	393484	
银行监管服务	2	1351831	421181	421053	
资本市场服务	21	2114800	2001885	2097114	
证券市场服务	19	775678	1531590	1623206	
证券期货监管服务	2	1339122	470295	473908	
保险业	3	834680	205451	218773	30
保险监管服务	2	834313	204224	217787	
其他保险活动	1	***	***	***	***
其他金融业	3	16791	13625	13656	367
金融信托与管理服务	1	***	***	***	
金融信息服务	1	***	***	***	***
其他未列明金融业	1	***	***	***	***
房地产业	110	4351427	1004446	1000959	9940
房地产业	110	4351427	1004446	1000959	9940
物业管理	59	2401208	574041	567620	4545
房地产中介服务	9	83387	9112	9920	528
自有房地产经营活动	7	450100	23833	21990	1108
其他房地产业	35	1416732	397461	401429	3759
租赁和商务服务业	5467	100424666	22963739	20491828	491220
租赁业	5	103561	67706	64847	845

3-3 续表 4

单位：个、千元

项目	单位数	资产总计	收入合计	支出合计	经营税金
机械设备租赁	4	103561	67706	64847	845
文化及日用品出租	1				
商务服务业	5462	100321105	22896033	20426981	490375
企业管理服务	4622	70832407	12318026	11850993	229970
法律服务	160	2075084	803168	656745	35864
咨询与调查	241	8615222	2044239	1727419	27682
广告业	5	13472	4254	4476	7
知识产权服务	21	3881070	2990638	2395655	107047
人力资源服务	209	3846262	1880135	1498407	33814
旅行社及相关服务	30	158708	51663	46538	86
安全保护服务	7	627479	56036	96246	7
其他商务服务业	167	10271401	2747876	2150502	55898
科学研究和技术服务业	1517	397201384	153557087	144707361	839623
研究和试验发展	582	289221507	115450601	108248429	472406
自然科学研究和试验发展	90	64764324	25222089	23609592	85629
工程和技术研究和试验发展	153	202657135	79443699	74519243	291165
农业科学研究和试验发展	54	6799013	3372041	3248221	28006
医学研究和试验发展	79	6877027	2785601	2532694	12402
社会人文科学研究	206	8124008	4627171	4338679	55205
专业技术服务业	572	85683133	24749661	23122522	316404
气象服务	44	4361779	1453061	2225648	5764
地震服务	20	2067081	661655	602081	1006
海洋服务	6	7865983	1659934	1682723	936
测绘服务	23	2308785	1191916	1304190	7375
质检技术服务	225	22266288	8001794	6818600	149237
环境与生态监测	37	1723648	860719	892903	4163
地质勘查	26	4174489	2463832	2458928	18646
工程技术	92	37752444	7024810	6046587	122884
其他专业技术服务业	99	3162638	1431939	1090863	6393
科技推广和应用服务业	363	22296743	13356824	13336411	50813
技术推广服务	244	6835802	2871105	3187789	13515
科技中介服务	67	9383549	7339699	7164293	14689
其他科技推广和应用服务业	52	6077392	3146020	2984328	22609
水利、环境和公共设施管理业	699	35438262	17183419	16761615	83778
水利管理业	202	11874385	2582097	2586598	7162
防洪除涝设施管理	22	888671	340488	317926	104
水资源管理	43	1629737	262087	304462	985
天然水收集与分配	32	3241493	930807	1014605	1430
水文服务	8	215314	106222	121784	238
其他水利管理业	97	5899170	942494	827821	4405
生态保护和环境治理业	43	2835513	1042933	941650	5023
生态保护	30	1129801	705973	690824	4700
环境治理业	13	1705712	336959	250826	323

3-3　续表 5　　单位：个、千元

项　　目	单位数	资产总计	收入合计	支出合计	经营税金
公共设施管理业	454	20728364	13558389	13233367	71593
市政设施管理	63	3368063	2116650	2176659	4841
环境卫生管理	160	4839734	4987635	4964038	14599
城乡市容管理	11	18139	42682	39494	
绿化管理	112	3535705	3062614	2885939	18190
公园和游览景区管理	108	8966723	3348808	3167236	33963
居民服务、修理和其他服务业	353	8257801	2804863	2897126	27196
居民服务业	297	3956569	2004431	2058556	23563
家庭服务	10	26242	37161	35822	164
托儿所服务	4	947	51	46	
洗染服务	1	***	***	***	***
理发及美容服务	1	***	***	***	
保健服务	3	164	45	112	
婚姻服务	10	1080	1084	944	36
殡葬服务	53	2355790	1137156	1168301	14476
其他居民服务业	215	1555327	817239	841694	8186
机动车、电子产品和日用产品修理业	10	160336	85739	82521	175
汽车、摩托车修理与维护	6	11314	18168	18293	101
计算机和办公设备维修	3	148482	66442	62939	
其他日用产品修理业	1	***	***	***	***
其他服务业	46	4140896	714693	756049	3458
清洁服务	13	12309	10205	10252	7
其他未列明服务业	33	4128587	704488	745797	3451
教育	5197	334993650	149205030	140204709	665013
教育	5197	334993650	149205030	140204709	665013
学前教育	925	4452351	5041208	4959395	3747
初等教育	881	19571056	14205365	13374937	3558
中等教育	815	44016872	24574338	24745548	20407
高等教育	264	235552490	85904077	80309932	441926
特殊教育	31	443301	284073	294053	2908
技能培训、教育辅助及其他教育	2281	30957580	19195970	16520844	192468
卫生和社会工作	1874	116391015	126984534	122377945	45845
卫生	1152	107436605	119025899	114275791	39448
医院	376	92684959	103138167	99014288	31454
社区医疗与卫生院	455	4711947	7881366	7534423	760
门诊部(所)	144	418298	777050	698088	779
计划生育技术服务活动	24	213264	117654	110798	485
妇幼保健院(所、站)	24	1518982	1400712	1453220	3
专科疾病防治院(所、站)	26	283814	244947	240327	1888
疾病预防控制中心	40	4795849	3501994	3218835	3946
其他卫生活动	63	2809490	1964011	2005810	132
社会工作	722	8954411	7958634	8102154	6397
提供住宿社会工作	580	5740883	5957006	6067787	1673
不提供住宿社会工作	142	3213528	2001629	2034367	4724

3-3 续表 6

单位：个、千元

项目	单位数	资产总计	收入合计	支出合计	经营税金
文化、体育和娱乐业	1276	163522150	66748840	61063348	2048979
新闻和出版业	217	14583377	8310427	6828326	136140
新闻业	18	9103763	3962833	3195644	9333
出版业	199	5479613	4347594	3632682	126807
广播、电视、电影和影视录音制作业	63	101965555	39423167	36635799	1725856
广播	7	6613365	3464790	3026818	48727
电视	24	91488507	33569521	31488139	1547462
电影和影视节目制作	15	3551614	2259281	1996213	126543
电影和影视节目发行	6	83655	51627	50091	502
电影放映	10	171288	62451	59042	2584
录音制作	1	***	***	***	***
文化艺术业	603	31057454	11423071	11078508	79609
文艺创作与表演	87	4509525	2100317	2149934	21790
艺术表演场馆	8	1478055	959803	879784	14877
图书馆与档案馆	83	10546387	2435598	2530785	8602
文物及非物质文化遗产保护	62	1296627	742836	662491	7167
博物馆	90	9763430	3425004	3133267	11603
烈士陵园、纪念馆	7	360851	78516	86562	
群众文化活动	202	2118452	1298353	1265173	11094
其他文化艺术业	64	984126	382643	370512	4476
体育	354	12821016	4009699	3393700	106698
体育组织	247	8862882	3051085	2573208	82342
体育场馆	25	3301031	595148	483069	18047
休闲健身活动	47	175442	84885	76274	1179
其他体育	35	481661	278581	261149	5130
娱乐业	39	3094749	3582476	3127015	677
室内娱乐活动	6	190958	28571	35760	283
游乐园	2	10036	1384	3912	56
彩票活动	17	2811582	3462266	3000730	134
文化、娱乐、体育经纪代理	10	78875	85891	81821	156
其他娱乐业	4	3296	4365	4793	48
公共管理、社会保障和社会组织	16742	705326837	380183958	338364986	390814
中国共产党机关	265	14692199	15092193	14334581	1775
中国共产党机关	265	14692199	15092193	14334581	1775
国家机构	3793	525164932	288375419	276339393	172991
国家权力机构	50	1230157	1170693	1168815	
国家行政机构	3608	509333935	279126462	267337307	170805
人民法院和人民检察院	49	10455187	5167478	4963823	
其他国家机构	86	4145654	2910787	2869449	2186
人民政协、民主党派	86	2867116	1088714	1068758	
人民政协	28	2026342	690319	696733	
民主党派	58	840774	398395	372025	
社会保障	270	900177	2137595	2075106	1208
社会保障	270	900177	2137595	2075106	1208
群众团体、社会团体和其他成员组织	5697	88450180	66963622	36006074	188505
群众团体	1044	7473679	7032825	7523136	2738
社会团体	4215	48239302	26959603	7554982	180586
基金会	387	32412043	32843655	20787277	4556
宗教组织	51	325155	127539	140679	625
基层群众自治组织	6631	73252234	6526416	8541074	26335
社区自治组织	2688	309150	120596	130809	1022
村民自治组织	3943	72943084	6405819	8410265	25313

3-4　第三产业法人单位信息化情况

项　　目	单位数（个）	年末在用计算机数（台）	年末拥有网站数（个）	全年电子商务采购金额（千元）	全年电子商务销售金额（千元）
合　计	**36775**	**5112919**	**23645**	**180864457**	**572343580**
一、按登记注册类型分					
内资	33379	4320652	21091	110103022	413848343
国有	6437	1983921	5898	20087476	18577260
集体	570	26283	190	633413	148160
股份合作	387	8564	139	409	7413
国有联营	12	1035	8		13
集体联营	8	61			
国有与集体联营	17	447	7		245
其他联营	5	287	2		
国有独资公司	606	127803	494	5359407	243684570
其他有限责任公司	11183	874849	6249	59342373	103409318
股份有限公司	1068	727102	1060	10756153	25192725
私营独资	116	6011	59	10223	2721
私营合伙	331	30444	251	92	862
私营有限责任公司	11808	421549	6070	13759603	22041938
私营股份有限公司	430	29051	277	94457	296356
其他	401	83245	387	59416	486762
港澳台商投资	1351	292172	928	6792869	31365524
与港澳台商合资经营	383	76560	270	599755	905018
与港澳台商合作经营	117	13884	64	2191	51053
港澳台商独资	828	166174	571	6190883	5871158
港澳台商投资股份有限公司	23	35554	23	40	24538295
外商投资	2045	500095	1626	63968566	127129713
中外合资经营	524	85452	443	486404	6214530
中外合作经营	100	9708	50	8	28681
外资企业	1393	395745	1099	63467476	120886490
外商投资股份有限公司	26	4521	32	14678	12
其他外商投资	2	4669	2		
二、按隶属关系分					
中央	4265	1682561	4903	20245276	293836241
省	2550	704340	1852	8795834	24079261
地	4036	623942	2471	8071367	2293661
县	103	11186	58	136921	82075
街道	216	20016	103	60237	18528
镇	302	21171	116	47621	52756
乡	229	7547	72	68918	3831
社区	3	214			
村委会	208	3282	49	164	2212
其他	24863	2038660	14021	143438119	251975015
三、按机构类型分					
企业	31230	3193453	18250	162590864	571563612
事业单位	3572	1479700	3599	17906938	289501
机关	1139	346306	951	18338	
社会团体	282	18854	387	955	12566
民办非企业单位	196	59206	180	346306	477308
基金会	47	2018	61	1006	
居委会	1	***			
村委会	54	968	12		
其他组织机构	254	12392	205	50	593

注:本表统计范围为辖区内规模以上(限额以上)第三产法人单位。

3-4 续表 1

项目	单位数（个）	年末在用计算机数（台）	年末拥有网站数（个）	全年电子商务采购金额（千元）	全年电子商务销售金额（千元）
四、按控股情况分（仅限企业法人）					
国有控股	6408	1292530	4684	20897375	318690578
集体控股	1514	96175	602	10456085	20389987
私人控股	19364	952465	10356	27845363	68812873
港澳台商控股	1265	247894	850	6518303	6193064
外商控股	1895	455171	1448	96633173	147340827
其他	908	143739	611	911213	10633608
五、按开业时间分					
1949年以前	320	421063	373	4848561	72495
1950-1952年	243	188623	287	1278824	99943
1953-1957年	511	282119	574	4445623	627503
1958-1962年	412	206575	401	2376580	11019
1963-1965年	152	50564	152	187039	711
1966-1970年	86	23433	52	112924	2687
1971-1975年	172	37487	161	478770	788
1976-1980年	494	189874	615	701015	237962
1981-1985年	1049	248250	986	3821795	586911
1986-1995年	4335	729227	3012	7183648	32294834
1996-2000年	5789	730757	3637	14451127	52084870
2001-2004年	9439	844881	5675	22422199	35102856
2005-2008年	8830	848076	5171	75276046	140896019
2009年	1689	98015	911	3053639	246078409
2010年	1658	98361	881	35502101	45244214
2011年	1048	73001	540	3732448	16060841
2012年	438	35195	177	595942	2157253
2013年	110	7418	40	396176	784265
六、按单位规模分（仅限企业法人）					
大型	1406	1216225	1833	127769737	496272335
中型	6557	774561	5333	25460020	49825428
小型	15202	467736	8623	8147758	12443239
微型	5750	54581	1332	714378	912092
七、按四大城市功能区分					
首都功能核心区	7653	1408314	5179	15738370	46878336
东城区	3500	555820	2286	8697883	26934539
西城区	4153	852494	2893	7040487	19943797
城市功能拓展区	21794	2999390	15386	116135721	454332976
朝阳区	10180	1062216	6620	80194728	381627861
丰台区	2403	199985	1307	7236079	10587714
石景山区	825	109899	522	1019478	8368673
海淀区	8386	1627290	6937	27685436	53748728
城市发展新区	5317	574094	2336	47023686	69404733
房山区	931	66306	307	2228106	1131031
通州区	729	71048	231	1409807	2766732
顺义区	1119	134314	567	2978151	34321497

3-4　续表 2

项　　目	单位数（个）	年末在用计算机数（台）	年末拥有网站数（个）	全年电子商务采购金额（千元）	全年电子商务销售金额（千元）
昌平区	1189	144258	569	1566287	2137636
大兴区	908	87153	354	2280485	1239463
开发区	441	71015	308	36560850	27808374
生态涵养发展区	2011	131121	744	1966680	1727535
门头沟区	390	25163	102	480081	239415
怀柔区	453	33099	180	394115	351116
平谷区	427	22445	161	32298	403951
密云县	465	31128	202	734012	427346
延庆县	276	19286	99	326174	305707
八、按六大高端产业功能区分					
中关村国家自主创新示范区	4412	1130570	4695	63197017	98645928
金融街	630	409997	530	2128111	10705721
北京商务中心区	2209	237922	1546	5096357	7242365
北京经济技术开发区	438	70859	305	36560850	27808374
临空经济区	551	95207	292	649786	32572372
奥林匹克中心区	1029	113468	762	4566669	816631
九、按行业门类分					
采矿业	5	10214	10	2718756	
制造业	14	3954	10	28000	
批发和零售业	7462	457052	3953	142602631	487385475
交通运输、仓储和邮政业	1089	167175	502	724613	33112915
住宿和餐饮业	2927	71830	1155	242429	1940091
信息传输、软件和信息技术服务业	2794	792872	3005	6522860	21708870
金融业	2070	660066	1119	292406	11272538
房地产业	4600	180706	1184	16574	164286
租赁和商务服务业	6212	420690	4085	5532828	9484780
科学研究和技术服务业	3393	594625	3148	3673093	3010871
水利、环境和公共设施管理业	543	21801	296	1392	9916
居民服务、修理和其他服务业	479	17595	240	237252	43976
教育	1538	1000864	1602	190144	1471858
卫生和社会工作	619	149946	405	17998007	3847
文化、体育和娱乐业	1285	167578	1342	52533	2635770
公共管理、社会保障和社会组织	1745	395951	1589	30939	98387
十、按行业大类及中类分					
采矿业	5	10214	10	2718756	
开采辅助活动	5	10214	10	2718756	
石油和天然气开采辅助活动	5	10214	10	2718756	
制造业	14	3954	10	28000	
金属制品、机械和设备修理业	14	3954	10	28000	
专用设备修理	2	149	1		
铁路、船舶、航空航天等运输设备修理	12	3805	9	28000	
批发和零售业	7462	457052	3953	142602631	487385475
批发业	4978	290903	2634	92776890	402890722
农、林、牧产品批发	77	3579	48	23086	130813
食品、饮料及烟草制品批发	372	19608	137	2512285	19029711
纺织、服装及家庭用品批发	450	46592	213	1043583	3024629
文化、体育用品及器材批发	254	18062	126	206848	334231

3-4 续表 3

项　　目	单位数（个）	年末在用计算机数（台）	年末拥有网站数（个）	全年电子商务采购金额（千元）	全年电子商务销售金额（千元）
医药及医疗器材批发	353	23445	189	869644	5569707
矿产品、建材及化工产品批发	1556	50775	674	6052791	247964369
机械设备、五金产品及电子产品批发	1775	119687	1147	82068651	126837262
贸易经纪与代理	67	5388	49		
其他批发业	74	3767	51	2	
零售业	2484	166149	1319	49825741	84494753
综合零售	219	47612	118	129492	134939
食品、饮料及烟草制品专门零售	112	3720	41	899816	829591
纺织、服装及日用品专门零售	219	13627	100	35099	330844
文化、体育用品及器材专门零售	191	12644	120	2878864	5699572
医药及医疗器材专门零售	380	9808	143	639338	4261351
汽车、摩托车、燃料及零配件专门零售	703	34369	397	6623770	172143
家用电器及电子产品专门零售	379	22502	215	33534125	34563632
五金、家具及室内装饰材料专门零售	107	3295	56	394	4689
货摊、无店铺及其他零售业	174	18572	129	5084843	38497992
交通运输、仓储和邮政业	1089	167175	502	724613	33112915
铁路运输业	16	30895	10		7
铁路旅客运输	4	21659	3		
铁路货物运输	8	9097	6		7
铁路运输辅助活动	4	139	1		
道路运输业	543	27859	211	260645	32344
城市公共交通运输	120	14220	36	145	663
公路旅客运输	9	427	3		
道路货物运输	380	10211	151	260497	31571
道路运输辅助活动	34	3001	21	3	110
水上运输业	6	142	1		
水上货物运输	6	142	1		
航空运输业	17	31790	14	12738	31772283
航空客货运输	8	29441	9	12698	31772283
通用航空服务	2	221	1		
航空运输辅助活动	7	2128	4	40	
管道运输业	2	4822		239682	
管道运输业	2	4822		239682	
装卸搬运和运输代理业	342	36020	203	211526	1303698
装卸搬运	14	869	3		
运输代理业	328	35151	200	211526	1303698
仓储业	132	4302	38	1	
谷物、棉花等农产品仓储	30	1108	5		
其他仓储业	102	3194	33	1	
邮政业	31	31345	25	21	4583
邮政基本服务	2	5215	2		4582
快递服务	29	26130	23	21	1
住宿和餐饮业	2927	71830	1155	242429	1940091
住宿业	1110	46630	620	157546	1463229
旅游饭店	660	36928	449	143643	1301446
一般旅馆	429	9262	158	13632	148320
其他住宿业	21	440	13	271	13463

3-4　续表 4

项　　目	单位数（个）	年末在用计算机数（台）	年末拥有网站数（个）	全年电子商务采购金额（千元）	全年电子商务销售金额（千元）
餐饮业	1817	25200	535	84883	476862
正餐服务	1629	18654	467	82350	336184
快餐服务	119	4681	43	3	140439
饮料及冷饮服务	23	717	6	2520	239
其他餐饮业	46	1148	19	10	
信息传输、软件和信息技术服务业	2794	792872	3005	6522860	21708870
电信、广播电视和卫星传输服务	262	89989	283	393468	4640667
电信	192	73177	238	373632	4594742
广播电视传输服务	49	15026	29	889	26765
卫星传输服务	21	1786	16	18947	19160
互联网和相关服务	258	111178	454	615527	9433450
互联网接入及相关服务	23	12516	43	7618	177973
互联网信息服务	232	98232	408	607909	9255477
其他互联网服务	3	430	3		
软件和信息技术服务业	2274	591705	2268	5513865	7634753
软件开发	1504	434899	1540	1842930	3705375
信息系统集成服务	325	86358	300	3005438	2332631
信息技术咨询服务	214	35666	197	111646	397810
数据处理和存储服务	57	11887	64	21410	783680
集成电路设计	24	2629	20	583	120
其他信息技术服务业	150	20266	147	531858	415137
金融业	2070	660066	1119	292406	11272538
货币金融服务	516	250785	311	1505	7791575
中央银行服务	1	***	***		
货币银行服务	107	231334	96	777	7786570
非货币银行服务	408	18394	214	728	5005
资本市场服务	750	292009	281	4264	217
证券市场服务	385	270458	152	3578	217
期货市场服务	21	10341	21	550	
资本投资服务	314	9237	83	46	
其他资本市场服务	30	1973	25	90	
保险业	452	72960	266	10847	2223683
人身保险	77	35683	52	2637	1756167
财产保险	53	26228	40	6562	383559
再保险	7	1215	5	831	
养老金	4	1100	3	133	
保险经纪与代理服务	274	8047	154	684	83957
其他保险活动	37	687	12		
其他金融业	352	44312	261	275790	1257063
金融信托与管理服务	90	24400	57	710	
控股公司服务	63	5051	36	21	
非金融机构支付服务	52	9065	72	275049	1257063
金融信息服务	4	108	2		
其他未列明金融业	143	5688	94	10	
房地产业	4600	180706	1184	16574	164286
房地产业	4600	180706	1184	16574	164286
房地产开发经营	2907	67017	591	3005	106553

3-4 续表 5

项目	单位数（个）	年末在用计算机数（台）	年末拥有网站数（个）	全年电子商务采购金额（千元）	全年电子商务销售金额（千元）
物业管理	980	49968	342	12746	9131
房地产中介服务	170	48786	84	293	
自有房地产经营活动	379	9278	108	215	2067
其他房地产业	164	5657	59	315	46535
租赁和商务服务业	6212	420690	4085	5532828	9484780
租赁业	136	5618	60	320	51
机械设备租赁	123	5203	55	320	
文化及日用品出租	13	415	5		51
商务服务业	6076	415072	4025	5532508	9484729
企业管理服务	1001	117475	590	374045	814011
法律服务	226	12392	209	50	634
咨询与调查	1321	131313	1067	32762	423133
广告业	915	50217	514	280678	248452
知识产权服务	122	20685	125	24164	300
人力资源服务	144	11103	128	1461	10000
旅行社及相关服务	1139	26664	579	4808678	5958110
安全保护服务	55	2595	55	50	5
其他商务服务业	1153	42628	758	10620	2030084
科学研究和技术服务业	3393	594625	3148	3673093	3010871
研究和试验发展	599	220447	942	644695	45069
自然科学研究和试验发展	98	74422	284	124604	313
工程和技术研究和试验发展	278	110258	340	51877	18308
农业科学研究和试验发展	36	9129	77	48	47
医学研究和试验发展	102	13367	90	451505	26396
社会人文科学研究	85	13271	151	16661	5
专业技术服务业	1705	282496	1302	2055603	1692369
气象服务	16	4103	21	58519	
地震服务	9	2865	13		
海洋服务	9	1477	7		
测绘服务	34	5634	28		
质检技术服务	211	35024	158	3503	9071
环境与生态监测	19	2458	19	120	
地质勘查	53	7989	50	11290	
工程技术	1008	185856	734	1653013	84806
其他专业技术服务业	346	37090	272	329158	1598492
科技推广和应用服务业	1089	91682	904	972795	1273433
技术推广服务	829	60879	634	947139	1099692
科技中介服务	86	12341	104	53	75123
其他科技推广和应用服务业	174	18462	166	25603	98618
水利、环境和公共设施管理业	543	21801	296	1392	9916
水利管理业	48	3091	60		
防洪除涝设施管理	6	333	1		
水资源管理	11	344	3		
天然水收集与分配	13	1746	52		
水文服务	1	***			
其他水利管理业	17	588	4		
生态保护和环境治理业	63	4542	52	1335	6346

3-4　续表 6

项　　目	单位数（个）	年末在用计算机数（台）	年末拥有网站数（个）	全年电子商务采购金额（千元）	全年电子商务销售金额（千元）
生态保护	17	684	9	656	6346
环境治理业	46	3858	43	679	
公共设施管理业	432	14168	184	57	3570
市政设施管理	39	1325	5		
环境卫生管理	87	3052	15		
城乡市容管理	4	70	1		
绿化管理	169	6451	72	49	
公园和游览景区管理	133	3270	91	8	3570
居民服务、修理和其他服务业	479	17595	240	237252	43976
居民服务业	173	4908	94	10	4351
家庭服务	6	125	2		
洗染服务	7	211	4		
理发及美容服务	36	1423	24		
洗浴服务	47	1281	17		738
保健服务	4	143	4		
婚姻服务	1	***	***		
殡葬服务	38	925	23	10	3613
其他居民服务业	34	788	19		
机动车、电子产品和日用产品修理业	141	7984	70	236917	39595
汽车、摩托车修理与维护	101	3548	43	199273	35
计算机和办公设备维修	29	4168	24	37644	39560
家用电器修理	6	193	2		
其他日用产品修理业	5	75	1		
其他服务业	165	4703	76	325	30
清洁服务	96	1252	39		20
其他未列明服务业	69	3451	37	325	10
教育	1538	1000864	1602	190144	1471858
教育	1538	1000864	1602	190144	1471858
学前教育	66	6275	40	46	
初等教育	400	99861	322	792	
中等教育	523	227290	496	7420	
高等教育	156	585732	319	169675	60834
特殊教育	7	1856	11		
技能培训、教育辅助及其他教育	386	79850	414	12211	1411024
卫生和社会工作	619	149946	405	17998007	3847
卫生	571	146731	389	17993457	3847
医院	285	118010	264	17173846	3844
社区医疗与卫生院	158	12331	25	660867	3
门诊部(所)	48	2372	30		
计划生育技术服务活动	3	153	3		
妇幼保健院(所、站)	16	2907	12	156430	
专科疾病防治院(所、站)	5	342	5	1262	
疾病预防控制中心	30	7536	29	1052	
其他卫生活动	26	3080	21		
社会工作	48	3215	16	4550	
提供住宿社会工作	36	2500	10	4550	
不提供住宿社会工作	12	715	6		

3-4 续表 7

项目	单位数（个）	年末在用计算机数（台）	年末拥有网站数（个）	全年电子商务采购金额（千元）	全年电子商务销售金额（千元）
文化、体育和娱乐业	1285	167578	1342	52533	2635770
新闻和出版业	537	86511	744	25671	2445536
新闻业	7	16372	9	21049	
出版业	530	70139	735	4622	2445536
广播、电视、电影和影视录音制作业	223	42580	173	939	109905
广播	8	9238	14	634	
电视	57	24564	49	264	10708
电影和影视节目制作	88	6526	51	41	56169
电影和影视节目发行	13	632	11		10893
电影放映	48	1345	44		32135
录音制作	9	275	4		
文化艺术业	237	25286	209	22947	61841
文艺创作与表演	48	2728	33	22835	969
艺术表演场馆	11	1253	9	20	42507
图书馆与档案馆	31	8636	38		
文物及非物质文化遗产保护	15	815	14	49	8
博物馆	33	6332	37		
烈士陵园、纪念馆	1	***	***		
群众文化活动	27	2396	24		18357
其他文化艺术业	71	2966	53	43	
体育	186	9394	146	2852	18400
体育组织	58	3823	46	2315	15031
体育场馆	22	1348	21	328	
休闲健身活动	87	3014	60	11	3369
其他体育	19	1209	19	198	
娱乐业	102	3807	70	124	88
室内娱乐活动	35	1523	17		72
游乐园	4	247	4		16
彩票活动	6	640	8		
文化、娱乐、体育经纪代理	54	1275	40	122	
其他娱乐业	3	122	1	2	
公共管理、社会保障和社会组织	1745	395951	1589	30939	98387
中国共产党机关	49	15864	46	1000	
中国共产党机关	49	15864	46	1000	
国家机构	1281	353935	1064	27978	85821
国家权力机构	17	3896	13		
国家行政机构	1213	326427	1012	27978	85821
人民法院和人民检察院	40	22437	28		
其他国家机构	11	1175	11		
人民政协、民主党派	25	3733	21		
人民政协	12	2249	10		
民主党派	13	1484	11		
社会保障	10	889	2		
社会保障	10	889	2		
群众团体、社会团体和其他成员组织	325	20540	444	1961	12566
群众团体	32	4029	33		
社会团体	243	14213	344	955	12566
基金会	47	2018	61	1006	
宗教组织	3	280	6		
基层群众自治组织	55	990	12		
社区自治组织	1	***			
村民自治组织	54	968	12		

第4篇

特色经济情况

4-1 文化创意

项目	从业人员期末人数		资产总计	
	数量	构成	数量	构成
合计	**1836318**	**100.0**	**2059466161**	**100.0**
一、按领域分				
文化艺术	109416	6.0	105487704	5.1
新闻出版	159375	8.7	186683048	9.1
广播、电影、电视	69715	3.8	209164858	10.2
软件、网络及计算机服务	848399	46.2	893556540	43.4
广告会展	175180	9.5	171710115	8.3
艺术品交易	28181	1.5	79060440	3.8
设计服务	156402	8.5	94806703	4.6
旅游、休闲娱乐	127277	6.9	138073259	6.7
其他辅助服务	162373	8.8	180923494	8.8
二、按登记注册类型分				
内资	1528934	83.3	1703156429	82.7
国有	199882	10.9	394772018	19.2
集体	13472	0.7	6612500	0.3
股份合作	13591	0.7	6085773	0.3
联营	1847	0.1	1154396	0.1
国有联营	129		22857	
集体联营	164		181863	
国有与集体联营	770		476266	
其他联营	784		473410	
有限责任公司	559045	30.4	638615158	31.0
国有独资公司	34467	1.9	62696842	3.0
其他有限责任公司	524578	28.6	575918316	28.0
股份有限公司	113236	6.2	226984125	11.0
私营	618599	33.7	423503249	20.6
私营独资	21578	1.2	7264179	0.4
私营合伙	6849	0.4	2402962	0.1
私营有限责任公司	562022	30.6	377218552	18.3
私营股份有限公司	28150	1.5	36617557	1.8
其他	9262	0.5	5429209	0.3
港澳台商投资	109244	5.9	138349224	6.7
与港澳台商合资经营	25164	1.4	19523819	0.9
与港澳台商合作经营	4032	0.2	4806551	0.2

产业主要数据

单位：千元、人、%

收入合计		利润总额		税金总额	
数量	构成	数量	构成	数量	构成
1237736868	**100.0**	**77630061**	**100.0**	**54012793**	**100.0**
34949915	2.8	-321489		818963	1.5
97368056	7.9	6476784	8.3	4596987	8.5
77189644	6.2	4700682	6.1	3578110	6.6
458772308	37.1	48462120	62.4	27479143	50.9
164639751	13.3	5661341	7.3	5906954	10.9
105615206	8.5	3167276	4.1	2286733	4.2
53632227	4.3	3928623	5.1	2681390	5.0
98429059	8.0	978916	1.3	1863571	3.5
147140702	11.9	4575807	5.9	4800942	8.9
960642309	77.6	52109521	67.1	39001379	72.2
177444721	14.3	7904592	10.2	6459378	12.0
2124399	0.2	-36687		123382	0.2
3015353	0.2	-7804		143261	0.3
293363		-10243		10491	
9581		-860		270	
25964		2833		1179	
108530		-3392		4792	
149288		-8825		4251	
409465447	33.1	23574787	30.4	16161609	29.9
30380166	2.5	3724426	4.8	1404317	2.6
379085281	30.6	19850361	25.6	14757292	27.3
91634864	7.4	14152452	18.2	4793657	8.9
273705708	22.1	6497885	8.4	11252122	20.8
4170686	0.3	409527	0.5	181666	0.3
1762092	0.1	419640	0.5	87313	0.2
249851703	20.2	3250891	4.2	10027278	18.6
17921227	1.4	2417827	3.1	955865	1.8
2958454	0.2	34540		57479	0.1
94256004	7.6	13527779	17.4	5741699	10.6
9439732	0.8	424931	0.5	610457	1.1
3135115	0.3	279620	0.4	176227	0.3

4-1 续表

项目	从业人员期末人数		资产总计	
	数量	构成	数量	构成
港澳台商独资	76170	4.1	105084692	5.1
港澳台商投资股份有限公司	3809	0.2	8917093	0.4
其他港澳台商投资	69		17069	
外商投资	198140	10.8	217960508	10.6
中外合资经营	28617	1.6	28976516	1.4
中外合作经营	3290	0.2	1817404	0.1
外资企业	165164	9.0	185077425	9.0
外商投资股份有限公司	899		1272357	0.1
其他外商投资	170		816806	
三、按隶属关系分				
中央	222586	12.1	525943315	25.5
地方	1613732	87.9	1533522846	74.5
四、按四大城市功能区分				
首都功能核心区	292022	15.9	378197338	18.4
东城区	134425	7.3	207960846	10.1
西城区	157597	8.6	170236492	8.3
城市功能拓展区	1299574	70.8	1467788409	71.3
朝阳区	402864	21.9	436389498	21.2
丰台区	78906	4.3	75650450	3.7
石景山区	54589	3.0	45776371	2.2
海淀区	763215	41.6	909972090	44.2
城市发展新区	195884	10.7	168578874	8.2
房山区	19826	1.1	13692993	0.7
通州区	38866	2.1	25900657	1.3
顺义区	25337	1.4	23234470	1.1
昌平区	50080	2.7	38050684	1.8
大兴区	29188	1.6	29595591	1.4
开发区	32587	1.8	38104480	1.9
生态涵养区	48838	2.7	44901540	2.2
门头沟区	6891	0.4	4544729	0.2
怀柔区	13694	0.7	16573785	0.8
平谷区	8599	0.5	7363010	0.4
密云县	12830	0.7	11784082	0.6
延庆县	6824	0.4	4635933	0.2

单位：千元、人、%

收入合计		利润总额		税金总额	
数量	构成	数量	构成	数量	构成
79412142	6.4	12339871	15.9	4673924	8.7
2265236	0.2	488041	0.6	280897	0.5
3779		-4684		193	
182838555	14.8	11992761	15.4	9269715	17.2
29868720	2.4	330217	0.4	1009131	1.9
1165786	0.1	-56251		111046	0.2
151271234	12.2	11796572	15.2	8117000	15.0
252107		-109760		9872	
280707		31984		22666	
241941460	19.5	19950680	25.7	9738136	18.0
995795408	80.5	57679381	74.3	44274657	82.0
255896710	20.7	15834183	20.4	9622737	17.8
157649113	12.7	7681897	9.9	5487337	10.2
98247597	7.9	8152286	10.5	4135400	7.7
841294919	68.0	58689111	75.6	39878499	73.8
284921778	23.0	8041649	10.4	9842805	18.2
42646803	3.4	2308555	3.0	1948983	3.6
32923964	2.7	3104751	4.0	1746141	3.2
480802373	38.8	45234155	58.3	26340569	48.8
122108567	9.9	2546337	3.3	3797121	7.0
12314260	1.0	177369	0.2	401540	0.7
17845320	1.4	180116	0.2	515777	1.0
12002085	1.0	503083	0.6	591038	1.1
16641395	1.3	985326	1.3	1063769	2.0
11538855	0.9	-42849		367845	0.7
51766650	4.2	743291	1.0	857151	1.6
18436672	1.5	560431	0.7	714436	1.3
2234297	0.2	43024	0.1	73586	0.1
6893896	0.6	422166	0.5	287362	0.5
3522267	0.3	120457	0.2	158157	0.3
3943700	0.3	-49282		142863	0.3
1842513	0.1	24065		52468	0.1

4-2 规模以上文化

项目	从业人员期末人数		资产总计	
	数量	构成	数量	构成
合计	**1105459**	**100.0**	**1400725982**	**100.0**
一、按领域分				
文化艺术	41597	3.8	50364825	3.6
新闻出版	109025	9.9	145009675	10.4
广播、电影、电视	51011	4.6	181740454	13.0
软件、网络及计算机服务	551030	49.8	600353542	42.9
广告会展	69428	6.3	90483748	6.5
艺术品交易	13714	1.2	67357415	4.8
设计服务	91776	8.3	64300333	4.6
旅游、休闲娱乐	87690	7.9	91879431	6.6
其他辅助服务	90188	8.2	109236559	7.8
二、按登记注册类型分				
内资	831917	75.3	1088766388	77.7
国有	170840	15.5	356721556	25.5
集体	3731	0.3	1059012	0.1
股份合作	2296	0.2	1498679	0.1
联营	608	0.1	382693	
国有联营	7		1211	
集体联营	1		1655	
国有与集体联营	600	0.1	379223	
其他联营			604	
有限责任公司	338111	30.6	361500401	25.8
国有独资公司	30917	2.8	51173053	3.7
其他有限责任公司	307194	27.8	310327348	22.2
股份有限公司	104547	9.5	202669623	14.5
私营	209588	19.0	162300761	11.6
私营独资	145		257204	
私营合伙	1059	0.1	511089	
私营有限责任公司	186769	16.9	130812592	9.3
私营股份有限公司	21615	2.0	30719876	2.2
其他	2196	0.2	2633663	0.2
港澳台商投资	90127	8.2	114922401	8.2
与港澳台商合资经营	22718	2.1	12076917	0.9

创意产业主要数据

单位：千元、人、%

收入合计		利润总额		税金总额	
数量	构成	数量	构成	数量	构成
1049877036	**100.0**	**85209626**	**100.0**	**46806191**	**100.0**
21596622	2.1	336966	0.4	367558	0.8
83377503	7.9	6586853	7.7	4002589	8.6
71420488	6.8	5000371	5.9	3359692	7.2
399099813	38.0	53664906	63.0	24692261	52.8
118448755	11.3	5586308	6.6	4489893	9.6
99507634	9.5	3323554	3.9	2087994	4.5
41277481	3.9	3945905	4.6	2138839	4.6
92172716	8.8	1313731	1.5	1607578	3.4
122976024	11.7	5451032	6.4	4059787	8.7
779713238	74.3	56441935	66.2	32076967	68.5
168626873	16.1	7626373	9.0	6156816	13.2
934809	0.1	39027		62345	0.1
1071103	0.1	16457		55173	0.1
103898		-2870		3708	
4227		-44		7	
2906		2		3	
92636		-2791		3696	
4129		-37		2	
350646913	33.4	26347441	30.9	13642809	29.1
29467729	2.8	3546888	4.2	1308047	2.8
321179184	30.6	22800553	26.8	12334762	26.4
89862487	8.6	13958645	16.4	4701074	10.0
167086714	15.9	8429342	9.9	7434247	15.9
270657		123233	0.1	23043	
565230	0.1	287990	0.3	32051	0.1
150202367	14.3	5558639	6.5	6505140	13.9
16048460	1.5	2459480	2.9	874013	1.9
1380441	0.1	27520		20795	
91507891	8.7	15325274	18.0	5618028	12.0
9044297	0.9	523785	0.6	617309	1.3

4-2 续表

项目	从业人员期末人数		资产总计	
	数量	构成	数量	构成
与港澳台商合作经营	3621	0.3	4121329	0.3
港澳台商独资	60270	5.5	90934699	6.5
港澳台商投资股份有限公司	3518	0.3	7789456	0.6
外商投资	183415	16.6	197037193	14.1
中外合资经营	24989	2.3	25472567	1.8
中外合作经营	3064	0.3	1521899	0.1
外资企业	154996	14.0	169293781	12.1
外商投资股份有限公司	366		748946	0.1
三、按隶属关系分				
中央	201091	18.2	473943044	33.8
地方	904368	81.8	926782938	66.2
四、按四大城市功能区分				
首都功能核心区	190890	17.3	281608972	20.1
东城区	88949	8.0	149892320	10.7
西城区	101941	9.2	131716652	9.4
城市功能拓展区	804320	72.8	1015226410	72.5
朝阳区	230190	20.8	261698967	18.7
丰台区	37725	3.4	51404774	3.7
石景山区	29072	2.6	30789194	2.2
海淀区	507333	45.9	671333475	47.9
城市发展新区	92558	8.4	85230906	6.1
房山区	6519	0.6	5614164	0.4
通州区	15277	1.4	9569571	0.7
顺义区	12741	1.2	13577401	1.0
昌平区	19312	1.7	17037481	1.2
大兴区	12135	1.1	11044015	0.8
开发区	26574	2.4	28388274	2.0
生态涵养区	17691	1.6	18659694	1.3
门头沟区	1664	0.2	865821	0.1
怀柔区	5708	0.5	10790001	0.8
平谷区	3771	0.3	3366469	0.2
密云县	3266	0.3	1310520	0.1
延庆县	3282	0.3	2326883	0.2

单位：千元、人、%

收入合计		利润总额		税金总额	
数量	构成	数量	构成	数量	构成
3123385	0.3	300434	0.4	174180	0.4
77196562	7.4	13963954	16.4	4546210	9.7
2143647	0.2	537101	0.6	280329	0.6
178655907	17.0	13442417	15.8	9111196	19.5
28955504	2.8	489139	0.6	961298	2.1
1130262	0.1	-13932		110055	0.2
148461197	14.1	13021414	15.3	8036708	17.2
108944		-54204		3135	
235958698	22.5	19453180	22.8	9413164	20.1
813918338	77.5	65756446	77.2	37393027	79.9
224136659	21.3	15799618	18.5	8345487	17.8
143912396	13.7	7904333	9.3	4885715	10.4
80224263	7.6	7895285	9.3	3459772	7.4
716580558	68.3	65224365	76.5	34992941	74.8
233030028	22.2	10908252	12.8	8031088	17.2
34134283	3.3	2188622	2.6	1592376	3.4
27201891	2.6	3516793	4.1	1512695	3.2
422214356	40.2	48610698	57.0	23856782	51.0
97569459	9.3	3398803	4.0	2955927	6.3
8902815	0.8	209170	0.2	252831	0.5
10007015	1.0	98350	0.1	298052	0.6
9590261	0.9	726864	0.9	502698	1.1
11400249	1.1	1137520	1.3	870392	1.9
7330060	0.7	200003	0.2	236301	0.5
50339059	4.8	1026896	1.2	795653	1.7
11590360	1.1	786840	0.9	511836	1.1
1117301	0.1	53679	0.1	42002	0.1
4634396	0.4	596224	0.7	219376	0.5
2497028	0.2	133946	0.2	126790	0.3
1901435	0.2	-14440		84417	0.2
1440200	0.1	17431		39251	0.1

4-3 物流业活动情况

项　　目	单位	2013	2012	2013年为2012年%
物流业务收入	**亿元**	**2267.6**	**2104.4**	**107.8**
运输收入	亿元	1618.8	1517.2	106.7
保管收入	亿元	596.2	562.4	106.0
一体化物流业务收入	亿元	52.7	24.8	212.5
限额以上企业物流基础设施情况				
自有仓库和货场面积	万平方米	3503.4	3208.8	109.2
货运车辆数	辆	42638	42907	99.4
普通货车数	辆	31743	32988	96.2
专业货车数	辆	10895	9919	109.8
装卸设备台数	台	27953	39844	70.2
社会物流总额	**亿元**	**72440.0**	**65851.1**	**110.0**
农产品	亿元	360.0	337.8	106.6
工业品	亿元	13875.4	13008.6	106.7
进口货物	亿元	22656.4	21984.3	103.1
再生资源	亿元	129.7	67.0	193.6
外省市流入物品	亿元	35230.3	30284.2	116.3
单位与居民物品	亿元	188.3	169.2	111.3
物流业从业人员平均人数	**万人**	**51.0**	**51.9**	**98.3**
交通运输、邮政、仓储业	万人	35.0	35.0	100.0
采掘业、制造业、批发和零售业	万人	16.0	16.8	95.2

4-4　会展业活动情况

项　　目	单位	2013	2012	2013年为2012年%
人员情况				
从业人员年末人数	万人	21.8	22.5	96.9
设施情况				
接待场所会议室个数	个	5604	5580	100.4
#座位数超过500座的会议室	个	204	209	97.6
接待场所会议室使用面积	万平方米	81.7	80.7	101.2
接待场所会议室可容纳人数	万人	48.2	47.9	100.6
会议情况				
接待会议个数	万个	26.9	31.3	85.9
#国际会议	万个	0.7	0.8	87.5
接待会议人数	万人次	1714.6	2010.9	85.3
#国际会议	万人次	68.3	77.0	88.7
展览情况				
接待展览个数	个	822	956	86.0
#国际展览	个	283	269	105.2
#展览面积1万(不含)平方米以下的展览个数	个	640	752	85.1
展览面积1万平方米及以上的展览个数	个	182	204	89.2
接待展览累计面积(含室外展览面积)	万平方米	775.3	740.9	104.6
#国际展览累计面积	万平方米	497.8	377.7	131.8
接待展览观众人数	万人次	556.3	574.7	96.8
#国际展览观众人数	万人次	268.9	201.8	133.3
奖励旅游情况				
服务奖励旅游人数	万人次	21.3	24.2	88.0
收入情况				
会展收入	万元	2259758.8	2472200.0	91.4
会议收入	万元	1192193.2	1349778.5	88.3
#国际会议收入	万元	108734.4	93540.7	116.2
展览收入	万元	970438.9	1027129.4	94.5
#国际展览收入	万元	483603.7	468914.7	103.1
奖励旅游收入	万元	97126.7	95719.9	101.5

注：本表统计范围为年营业收入(收入合计)100万元以上的会议及展览服务业法人单位；年营业收入500万元及以上的旅行社；公安局备案的展会举办单位；各展览场馆；星级饭店、星级饭店以外限额以上住宿业法人单位。

4-5 总部经济发展情况

单位：个、亿元、%

项目	单位数		资产总计		营业收入		利润总额	
	数量	构成	数量	构成	数量	构成	数量	构成
合　计	**3937**	**100.0**	**826827.5**	**100.0**	**91284.4**	**100.0**	**18307.5**	**100.0**
一、按行业分								
#制造业	545	13.8	9543.1	1.2	8531.2	9.3	583.7	3.2
建筑业	396	10.1	14436.4	1.7	8015.2	8.8	400.3	2.2
批发和零售业	750	19.1	25679.9	3.1	35729.1	39.1	876.1	4.8
信息传输、软件和信息技术服务业	368	9.3	22391.5	2.7	3119.9	3.4	1662.9	9.1
金融业	366	9.3	622660.8	75.3	14491.1	15.9	10213.4	55.8
租赁和商务服务业	563	14.3	80929.5	9.8	6338.8	6.9	2980.0	16.3
科学研究和技术服务业	339	8.6	10555.9	1.3	3584.2	3.9	473.1	2.6
二、按地区分								
#东城区	367	9.3	108820.8	13.2	13576.1	14.9	7409.4	40.5
西城区	525	13.3	495865.9	60.0	16498.7	18.1	5354.1	29.2
朝阳区	925	23.5	70602.4	8.5	21539.1	23.6	2889.7	15.8
海淀区	997	25.3	116347.5	14.1	19474.9	21.3	1464.3	8.0
丰台区	252	6.4	10728.7	1.3	3763.0	4.1	209.5	1.1
三、按隶属关系分								
中央	1207	30.7	679453.1	82.2	51203.0	56.1	13970.0	76.3
地方	2730	69.3	147374.4	17.8	40081.5	43.9	4337.5	23.7

4-6 六大高端产业功能区情况

单位：个、亿元、%

项目	单位数		资产总计		营业收入		利润总额	
	数量	构成	数量	构成	数量	构成	数量	构成
合　计	**63308**	**100.0**	**568627.9**	**100.0**	**53034.3**	**100.0**	**7143.1**	**100.0**
一、按行业分								
#制造业	4016	6.3	11558.4	2.0	9435.5	17.8	742.6	10.4
建筑业	1102	1.7	5213.8	0.9	3164.0	6.0	127.1	1.8
批发和零售业	12349	19.5	14136.8	2.5	15200.6	28.7	363.5	5.1
交通运输、仓储和邮政业	1429	2.3	9033.6	1.6	2868.8	5.4	270.4	3.8
信息传输、软件和信息技术服务业	7580	12.0	24453.5	4.3	4477.9	8.4	1749.6	24.5
金融业	1011	1.6	452123.7	79.5	6147.1	11.6	2696.2	37.7
租赁和商务服务业	16653	26.3	29536.0	5.2	4966.5	9.4	580.4	8.1
科学研究和技术服务业	9986	15.8	9496.6	1.7	3956.0	7.5	329.2	4.6
二、按登记注册类型分								
内　资	58773	92.8	534542.4	94.0	37059.8	69.9	5064.1	70.9
港澳台商投资	1579	2.5	9142.9	1.6	4419.5	8.3	434.1	6.1
外商投资	2956	4.7	24942.6	4.4	11555.0	21.8	1645.0	23.0

4-7　有经营活动的中小微企业情况

项　　目	单位数（个）	从业人员平均人数（人）	资产总计（亿元）	营业收入（亿元）	利润总额（亿元）
合　计	**425376**	**5681610**	**158857.4**	**59130.6**	**4104.2**
一、按规模分					
中型	8914	1828254	81120.8	34612.8	2452.7
小型	65935	2414947	44445.0	18465.4	778.8
微型	350527	1438409	33291.6	6052.5	872.7
二、按登记注册类型分					
内资	416188	5106164	138574.0	51886.4	3000.1
港澳台商投资	3285	224895	7162.4	2421.6	110.7
外商投资	5903	350551	13121.0	4822.6	993.5
三、按行业分					
采矿业	46	6309	439.3	738.1	10.5
制造业	26831	972412	9772.8	7103.1	380.4
电力、热力、燃气及水生产和供应业	486	30055	937.0	251.8	26.5
建筑业	13781	345885	5555.8	2732.1	106.8
批发和零售业	152782	1039651	22319.2	30769.1	394.3
交通运输、仓储和邮政业	10898	224000	1925.8	1123.9	29.1
住宿和餐饮业	13375	351109	1137.7	603.6	-41.7
信息传输、软件和信息技术服务业	33332	531460	22615.9	2755.3	1384.9
房地产业	10434	349777	28708.1	2940.3	434.8
租赁和商务服务业	81515	1039565	53528.0	6010.3	1053.7
科学研究和技术服务业	48696	466031	8468.2	2905.5	253.1
水利、环境和公共设施管理业	2249	39792	1050.4	239.4	10.6
居民服务、修理和其他服务业	13775	132165	646.1	254.8	4.3
卫生和社会工作	60	1425	10.8	1.4	-0.8
文化、体育和娱乐业	17116	151974	1742.4	702.0	57.6

注：1.有经营活动的中小微企业是指当年收入不为零的企业法人单位。
2.按照国家统计局要求，53铁路运输业、82教育、83卫生、7040自有房地产经营活动、J金融不划分规模，因此中小微企业数据中不含这五个行业数据。

附　录

主要指标解释及分类规定

主要指标解释

法人单位　指有权拥有资产、承担负债，并独立从事社会经济活动（或与其他单位进行交易）的组织。法人单位应同时具备以下条件：1.依法成立，有自己的名称、组织机构和场所，能够独立承担民事责任；2.独立拥有（或授权使用）资产或者经费，承担负债，有权与其他单位签订合同；3.具有包括资产负债表在内的账户，或者能够根据需要编制账户。

产业活动单位　指位于一个地点，从事一种或主要从事一种社会经济活动的组织或组织的一部分。产业活动单位应同时具备以下条件：1.在一个场所从事一种或主要从事一种社会经济活动；2.相对独立地组织生产活动或经营活动；3.能提供收入、支出等相关资料。

单产业法人　仅包含一个产业活动单位的法人单位，单产业法人本身也是一个产业活动单位。

多产业法人　两个及以上产业活动单位组成的法人单位，这些产业活动单位接受法人单位的管理和控制。

产业活动单位数　指单产业法人单位数与多产业法人所属的产业活动单位（含本部，不含外埠）及外地和外国法人单位在京设立的产业活动单位的总和。

多产业法人所属的产业活动单位（含本部，不含外埠）　指在京的多产业法人所属的产业活动单位，包含本部，不含外地和外国法人单位在京设立的产业活动单位。

法人单位从业人员　指报告期末最后一日 24 时在本单位工作，并取得工资或其他形式劳动报酬的人员数。该指标为时点指标，不包括最后一日当天及以前已经与单位解除劳动合同关系的人员，是在岗职工、劳务派遣人员及其他从业人员之和。从业人员不包括：1.离开本单位仍保留劳动关系，并定期领取生活费的人员；2.利用课余时间打工的学生及在本单位实习的各类在校学习；3.本单位因劳务外包而使用的人员。

个体经营户　指除农户外，生产资料归劳动者个人所有，以个体劳动为基础，劳动成果归劳动者个人占有和支配的一种经营组织。本次经济普查的个体经营户包括：1.按照《中华人民共和国民法通则》和《城乡个体工商户管理暂行条例》规定，经各级工商行政管理机关登记注册、领取《营业执照》的个体工商户；2.依据《民办非企业单位登记管理暂行条例》，经国务院民政部门和县级以上地方各级人民政府民政部门核准登记，并领取《民办非企业单位（合伙）登记证书》或《民办非企业单位（个人）登记证书》的民办非企业单位；3.没有领取上述证照但有相对固定场所、实际从事个体经营活动三个月以上的城镇、农村个体经营户。但不包括农民家庭以辅助劳力或利用农闲时间进行的一些兼营性的工业、商业及其他活动。

营业收入　指企业经营主要业务和其他业务所确认的收入总额。营业收入合计包括“主营业务收入”和“其他业务收入”。

主营业务收入　指企业确认的销售商品、提供劳务等主营业务的收入。

营业税金及附加　指企业因从事生产经营活动按税法规定缴纳的应从经营收入中抵扣的税金和附加，包括营业税、消费税、城市维护建设税、教育费附加等。

主营业务税金及附加　指企业经营主要业务应负担的营业税、消费税、城市维护建设税、教育费附加等。

资产总计　指企业过去的交易或者事项形成的、由企业拥有或者控制的、预期会给企业带来经济利益的资源。资产一般按流动性（资产的变现或耗用时间长短）分为流动资产和非流动资产。其中流动资产可分为货币资金、交易性金融资产、应收票据、应收账款、预付款项、其他应收款、存货等；非流动资产可分为长期股权投资、固定资产、无形资产及其他非流动资产等。

实收资本　指企业各投资者实际投入的资本（或股本）总额，包括货币、实物、无形资产等各种形式的投入。实收资本按投资主体可分为国家资本、集体资本、法人资本、个人资本、港澳台资本和外商资本。

非企业单位支出（费用）　指行政事业单位在业务活动中发生的各项资产耗费和损失等支出情况，或社团、民办非企业单位、基金会及其他单位为完成各种目标所发生的费用，包括业务活动成本、管理费用、筹资费用和其他费用。

年末资产　指非企业单位占有或者使用的，能以货币计量的经济资源。包括流动资产、固定资产、债权和其他权利。

能源消费量　指调查单位在报告期内生产经营活动中实际消费的各种能源的数量，包括调查单位的各种耗能设备、照明、采暖制冷、车辆、炊事等消耗的能源。将实际消费的各种能源折标准量相加扣除回收利用和二次能源产出后得到能源消费量。

电力　指调查单位在报告期内的电力消费量，包括实际用电量和线路损失量。

汽油　指调查单位在报告期内实际使用的汽油的数量。汽油是指从原油分馏和裂化过程取得的挥发性高、燃点低、无色或淡黄色的轻质油。汽油按用途可分为航空汽油、车用汽油、工业汽油等。

柴油　指调查单位在报告期内实际使用的柴油的数量。柴油是指炼油厂炼制石油时，从蒸馏塔底部流出来的液体，属于轻质油，其挥发性比煤油低，燃点比煤油高。根据凝点和用途不同，可分为轻柴油、中柴油和重柴油。使用中将中柴油和重柴油划成一类，统称重柴油。

天然气　指调查单位在报告期内实际使用的天然气的数量。天然气是指地层内自然存在的以碳氢化合物为主体的可燃性气体，包括气田气、油田气和煤田气。

液化石油气 指调查单位在报告期内实际使用的液化石油气的数量。液化石油气亦称液化气或压缩汽油，是炼油精制过程中产生并回收的气体在常温下经加压而成的液态产品。主要成分是丙烷、丁烷、丙烯、丁烯。主要用途是做石油化工原料，脱硫后可直接做燃料。

煤炭 指调查单位在报告期内实际使用的各种煤及煤制品的数量。不包括焦炭、下脚煤和石煤。煤炭是原煤、洗精煤、其他洗煤以及烟煤、无烟煤、褐煤、泥煤、型煤（蜂窝煤、煤球、煤饼）等的统称。

外购热力 指调查单位在报告期内实际使用的外购的热水和蒸汽的数量（不包括调查单位自备锅炉的燃料）。

年末在用计算机数 指报告期末企业（单位）使用计算机数量，包括台式机、笔记本电脑和平板电脑。

年末拥有网站数 指报告期末企业拥有和维护的、有唯一网址、在互联网上可浏览的网站数，不包括企业内网。网站是指在公共互联网上，面向公众使用的、基于TCP/IP协议的计算机系统，以域名本身或者“WWW.域名”为网址的web站点，由地址、软件、硬件和内容组成。

全年电子商务采购金额 指报告期内企业（单位）借助网络订单而采购的商品和服务总额。借助网络订单指通过网络发送订单。付款和配送可以不借助于网络。

全年电子商务销售金额 指报告期内企业（单位）借助网络订单而销售的商品和服务总额。借助网络订单指通过网络接受订单。付款和配送可以不借助于网络。

文化创意产业 指以创作、创造、创新为根本手段，以文化内容和创新成果为核心价值，以知识产权实现或消费为交易特征，为社会公众提供文化体验的具有内在联系的行业集群。具体包括文化艺术，新闻出版，广播、电视、电影，软件、网络及计算机服务，广告会展，艺术品交易，设计服务，旅游、休闲娱乐，其他辅助服务九大领域。

物流业 指为物品及其信息流动提供相关服务的经济活动。具体包括配送、流通加工、包装、仓储、运输等业务活动。

会展业 指以举办各种国际博览会、展览会、交易会、招商会、经济（科技）研讨会等会展活动为核心、集商务活动、信息交流、观光游览、文化娱乐于一体的综合性服务产业。具体包括住宿业、会议（展览）场馆、主办会议（展览）的单位和会展服务业四部分。

科技活动人员 指报告年度调查单位直接从事科技活动、以及从事科技活动管理和为科技活动提供直接服务的人员。直接从事科技活动人员包括：在单位办的研究室、实验室、技术开发中心及中试车间（基地）等机构中从事科技活动的人员；虽不在上述机构工作，但编入科技活动项目（课题）组的人员等。从事科技活动管理和为科技活动提供直接服务的人员包括：与科技活动相关的行政管理人员，以及直接为科技活动提供资料文献、材料供应、设备维护等服务的人员。

研究与试验发展（R&D） 指在科学技术领域，为增加知识总量、以及运用这些知识去创造新的应用而进行的系统的创造性的活动，包括基础研究、应用研究、试验发展三类活动。

基础研究 指为了获得关于现象和可观察事实的基本原理的新知识（揭示客观事物的本质、运动规律，获得新发现、新学说）而进行的实验性或理论性研究，它不以任何专门或特定的应用或使用为目的。其成果以科学论文和科学著作为主要形式。

应用研究 指为获得新知识而进行的创造性研究，主要针对某一特定的目的或目标。应用研究是为了确定基础研究成果可能的用途，或是为达到预定的目标探索应采取的新方法（原理性）或新途径。其成果形式以科学论文、专著、原理性模型或发明专利为主。

试验发展 指利用从基础研究、应用研究和实际经验所获得的现有知识，为产生新的产品、材料和装置，建立新的工艺、系统和服务，以及对已产生和建立的上述各项作实质性的改进而进行的系统性工作。其成果形式主要是专利、专有技术、具有新产品基本特征的产品原型或具有新装置基本特征的原始样机等。在社会科学领域，试验发展是指把通过基础研究、应用研究获得的知识转变成可以实施的计划（包括为进行检验和评估实施示范项目）的过程。人文科学领域没有对应的试验发展活动。

研究与试验发展（R&D）人员 指单位内部从事基础研究、应用研究和试验发展三类活动的人员。包括直接参加上述三类项目活动的人员以及这三类项目的管理人员和直接服务人员。为研发活动提供直接服务的人员包括直接为研发活动提供资料文献、材料供应、设备维护等服务的人员。

研究与试验发展（R&D）人员折合全时当量 是国际上通用的、用于比较科技人力投入的指标。指R&D全时人员（全年从事R&D活动累积工作时间占全部工作时间的90%及以上人员）工作量与非全时人员按实际工作时间折算的工作量之和。

研究与试验发展（R&D）内部支出 指调查单位在报告年度用于内部开展R&D活动（基础研究、应用研究和试验发展）的实际支出。包括用于R&D项目（课题）活动的直接支出，以及间接用于R&D活动的管理费、服务费、与R&D有关的基本建设支出以及外协加工费等，不包括生产性活动支出、归还贷款支出以及与外单位合作或委托外单位进行R&D活动而转拨给对方的经费支出。

专利 是专利权的简称，是对发明人的发明创造经审查合格后，由专利局依据专利法授予发明人和设计人对该项发明创造享有的专有权。包括发明、实用新型和外观设计。

发明专利 指专利法及其实施细则所称的发明，指对产品、方法或者改进所提出的新的技术方案。

科技统计范围

统计范围包括：规模以上工业企业及重点服务业企业（包括交通运输、仓储和邮政业，信息传输、软件和信息技术服务业，租赁和商务服务业，水利、环境和公共设施管理业，文化、体育和娱乐业五个门类）。

科技统计标准

关于行业划分。根据国家统计局规定，自2012年开始执行《国民经济行业分类》（GB/T 4754-2011）标准。

分类规定

行业分类　本资料行业分类采用照《国民经济行业分类》（GB/T4754-2011）标准。

三次产业

(1)第一产业　农业(包括农业、林业、畜牧业、渔业，不含农林牧渔服务业，列入第三产业)，行业代码为01—04;

(2)第二产业　工业(包括采矿业，制造业，电力、热力、燃气及水生产和供应业，不含开采辅助活动及金属制品、机械和设备修理业，列入第三产业)和建筑业，行业代码为06—10、12—42、44—50;

(3)第三产业　除上述第一、第二产业以外的其他各行业，包括流通部门和服务部门，行业代码为05、11、43、51—96。

登记注册类型　指企业或企业产业活动单位的登记注册类型，按其在工商行政管理机关登记注册的类型填写。机关、事业单位和社会团体及其他组织的登记注册类型，按其主要经费来源和管理方式，根据实际情况，比照《关于划分企业登记注册类型的规定》确定。

工商行政管理部门对企业（单位）登记注册的类型分为以下几种:

内资　包括国有企业、集体企业、股份合作企业、国有联营企业、集体联营企业、国有与集体联营企业、其他联营企业、国有独资公司、其他有限责任公司、股份有限公司、私营独资企业、私营合伙企业、私营有限责任公司、私营股份有限公司、其他企业。

(1) 国有企业　指企业全部资产归国家所有，并按《中华人民共和国企业法人登记管理条例》规定登记注册的非公司制的经济组织。不包括有限责任公司中的国有独资公司。

(2) 集体企业　指企业资产归集体所有，并按《中华人民共和国企业法人登记管理条例》规定登记注册的经济组织。

(3) 股份合作企业　指以合作制为基础，由企业职工共同出资入股，吸收一定比例的社会资产投资组建，实行自主经营，自负盈亏，共同劳动，民主管理，按劳分配与按股分红相结合的一种集体经济组织。

(4) 联营企业　指两个及两个以上相同或不同所有制性质的企业法人或事业单位法人，按自愿、平等、互利的原则，共同投资组成的经济组织。联营企业包括国有联营企业、集体联营企业、国有与集体联营企业和其他联营企业。

国有联营企业　指所有联营单位均为国有。

集体联营企业　指所有联营单位均为集体。

国有与集体联营企业　指联营单位既有国有也有集体。

其他联营企业　指上述三种联营企业之外的其他联营形式的企业。

(5) 有限责任公司　指根据《中华人民共和国公司登记管理条例》规定登记注册，由两个以上，五十个以下的股东共同出资，每个股东以其所认缴的出资额对公司承担有限责任，公司以其全部资产对其债务承担责任的经济组织。有限责任公司包括国有独资公司以及其他有限责任公司。

国有独资公司　指国家授权的投资机构或者国家授权的部门单独投资设立的有限责任公司。

其他有限责任公司　指国有独资公司以外的其他有限责任公司。

(6) 股份有限公司　根据《中华人民共和国公司登记管理条例》规定登记注册，其全部注册资本由等额股份构成并通过发行股票筹集资本，股东以其认购的股份对公司承担有限责任，公司以其全部资产对其债务承担责任的经济组织。

(7) 私营企业　由自然人投资设立或由自然人控股，以雇佣劳动为基础的营利性经济组织。包括按照《公司法》、《合伙企业法》、《私营企业暂行条例》以及《个人独资企业法》规定登记注册的私营独资企业、私营合伙企业、私营有限责任公司、私营股份有限公司和个人独资企业。

私营独资企业　指按《私营企业暂行条例》的规定，由一名自然人投资经营，以雇佣劳动为基础，投资者对企业债务承担无限责任的企业。

个人独资企业　指按《个人独资企业法》、《个人独资企业登记管理办法》的规定，由一个自然人投资，财产为投资人个人所有，投资人以其个人财产对企业债务承担无限责任的经营实体。个人独资企业填表时归入私营独资企业。

私营合伙企业　指指按《合伙企业法》或《私营企业暂行条例》的规定，由两个以上自然人按照协议共同投资、共同经营、共负盈亏，以雇佣劳动为基础，对债务承担无限责任的企业。

私营有限责任公司　指按《公司法》、《私营企业暂行条例》的规定，由两个以上自然人投资或由单个自然人控股的有限责任公司。

私营股份有限公司　指指按《公司法》的规定，由五个以上自然人投资，或由单个自然人控股的股份有限公司。

(8) 其他企业　指上述类型之外的其他内资经济组织。

港澳台商投资　包括与港澳台商合资经营企业、与港澳台商合作经营企业、港澳台商独资经营企业、港澳台商投资股份有限公司及其他港澳台商投资企业。

(9) 与港澳台商合资经营企业　指港澳台地区投资者与内地的企业依照《中华人民共和国中外合资经营企业法》及有关法律的规定，按合同规定的比例投资设立，分享利润和分担风险的企业。

(10) 与港澳台商合作经营企业　指港澳台地区投资者与内地企业依照《中华人民共和国中外合作经营企业法》及有关法律的规定，依照合作合同的约定进行投资或提供条件设立，分配利润、分担风险和亏损的企业。

(11)港澳台商独资企业 指依照《中华人民共和国外资企业法》及有关法律的规定，在内地由港澳台地区投资者全额投资设立的企业。

(12)港澳台商投资股份有限公司 根据国家有关规定，经商务部（原外经贸部）批准设立，并且其中港、澳、台商的股本占公司注册资本的比例达 25%以上的股份有限公司。凡其中港、澳、台商的股本占公司注册资本的比例小于 25%的，属于内资中的股份有限公司。

(13)其他港、澳、台商投资企业 指在中国境内参照《外国企业或个人在中国境内设立合伙企业管理办法》和《外商投资合伙企业登记管理规定》，依法设立的港、澳、台商投资合伙企业。

外商投资 包括中外合资经营企业、中外合作经营企业、外资企业、外商投资股份有限公司及其他外商投资企业。

(14)中外合资经营企业 指外国企业或外国人与中国内地企业依照《中华人民共和国中外合资经营企业法》及有关法律的规定，按合同规定的比例投资设立，分享利润和分担风险的企业。

(15)中外合作经营企业 指外国企业或外国人与中国内地企业依照《中华人民共和国中外合作经营企业法》及有关法律的规定，依照合作合同的约定进行投资或提供条件设立，分配利润、分担风险和亏损的企业。

(16)外资企业 指依照《中华人民共和国外资企业法》及有关法律的规定，在中国内地由外国投资者全额投资设立的企业。

(17)外商投资股份有限公司 指根据国家有关规定，经商务部（原外经贸部）批准设立，并且其中外资的股本占公司注册资本的比例达 25%以上的股份有限公司。凡其中外资股本占公司注册资本的比例小于 25%的，属于内资中的股份有限公司。

(18)其他外商投资企业 指在中国境内依照《外国企业或个人在中国境内设立合伙企业管理办法》和《外商投资合伙企业登记管理规定》，依法设立的外商投资合伙企业。

隶属关系 指本单位隶属于哪一级行政管理单位。按照国家标准《单位隶属关系代码》(GB/T12404-1997）分为：中央、省、地、县、街道、镇、乡、居民委员会、村民委员会和其他。

机构类型 分为企业、事业单位、机关、社会团体、民办非企业单位、基金会、居委会、村委会和其他组织机构。

1.企业 包括（1）领取《企业法人营业执照》的各类企业；（2）个人独资企业、合伙企业；（3）由其他行政主管部门依据有关法律法规审批成立，且具备法人条件的企业；（4）未经有关部门批准、但实际从事生产经营活动的企业；（5）经各级工商行政管理部门核准登记，领取《营业执照》的各类企业产业活动单位或经营单位；（6）未经有关部门批准但实际从事生产经营活动、且符合产业活动单位条件的企业法人的本部及分支机构。

2.事业单位 包括（1）经机构编制部门批准成立和登记或备案，领取《事业单位法人证书》，取得法人资格的单位；（2）由其他行政主管部门依据有关法律法规审批成立，且具备法人条件的事业单位；（3）事业法人单位的本部及分支机构或派出机构。

3.机关 包括国家权力机关、国家行政机关、国家司法机关、政党机关、政协组织、人民解放军、武警部队和其他机关；还包括机关法人单位的本部，以及国家权力机关分支机构、国家行政机关分支或派出机构、人民法院分支机构、人民检察院分支机构等。

(1)国家权力机关 指全国人民代表大会及其常务委员会、地方各级人民代表大会及其常务委员会和办事机构。

(2)国家行政机关 指国务院和地方各级人民政府及其工作部门，以及地区行政行署。

(3)国家司法机关 指国家审判机关和检察机关。

(4)政党机关 指中国共产党各级机关和所属办事机构、各民主党派各级机关和办事机构。

(5)政协组织 指中国人民政治协商会议全国委员会和地方各级委员会及其办事机构。

4.社会团体 指中国公民自愿组成，为实现会员共同意愿，按照其章程开展活动的非营利性社会组织。包括（1）经各级民政部门核准登记，领取《社会团体法人证书》的各类社会团体；（2）由各级机构编制管理部门直接管理其机关机构编制的群众团体；（3）经国务院批准可以免于登记的社会团体；（4）由其他行政主管部门依据有关法律法规审批成立，不需要进行登记的具备法人条件的社会团体；（5）社团法人单位的本部，以及经各级民政部门核准登记，领取《社会团体分支机构登记证书》或《社会团体代表机构登记证书》的社会团体分支机构或代表机构。

5.民办非企业单位 指企业单位、事业单位、社会团体和其他社会力量以及公民个人利用非国有资产举办的，从事非营利性社会服务的社会组织。包括（1）经各级民政部门核准登记，领取《民办非企业单位（法人）登记证书》的民办非企业单位；（2）由其他行政主管部门依据有关法律法规审批成立，不需要进行登记的具备法人条件的民办非企业单位。

民办非企业法人不得设立分支机构。

6.基金会 包括（1）民政部和省级民政部门核准登记的，颁发《基金会法人登记证书》的基金会；（2）基金会的本部及分支机构和境外基金会代表机构。

7.居民委员会 由不设区的市、市辖区的人民政府决定设立的社区（居委会）。

8.村民委员会 由乡、民族乡、镇的人民政府提出，经村民会议讨论同意后，报县级人民政府批准，设立的村民委员会。

9.其他组织机构 指除企业、事业单位、机关、社会团体、民办非企业单位、基金会、居民委员会和村民委员会以外的其他符合法人和产业活动单位条件的机构。包括：律师事务所和各类寺庙等。

企业控股情况 根据企业实收资本中某种经济成分的出资人的实际投资情况，或出资人对企业资产的实际控制、支配程度进行分类。具体分为国有控股、集体控股、私人控股、港澳台商控股、外商控股和其他六类。

1.国有控股

(1)在企业的全部实收资本中，国有经济成分的出资人拥有的实收资本（股本）所占企业全部实收资本（股本）的比例大于50%的国有绝对控股。

(2)在企业的全部实收资本中，国有经济成分的出资人拥有的实收资本（股本）所占比例虽未大于50%，但相对大于其他任何一方经济成分的出资人所占比例的国有相对控股；或者虽不大于其他经济成分，但根据协议规定拥有企业实际控制权的国有协议控股。

(3)投资双方各占50%，且未明确由谁绝对控股的企业，若其中一方为国有经济成分的，一律按国有控股处理。

2.集体控股

(1)在企业的全部实收资本中，集体经济成分的出资人拥有的实收资本（股本）所占企业全部实收资本（股本）的比例大于50%的集体绝对控股。

(2)在企业的全部实收资本中，集体经济成分的出资人拥有的实收资本（股本）所占比例虽未大于50%，但相对大于其他任何一方经济成分的出资人所占比例的集体相对控股；或者虽不大于其他经济成分，但根据协议规定拥有企业实际控制权的集体协议控股。

3.私人控股

(1)在企业的全部实收资本中，私人经济成分的出资人拥有的实收资本（股本）所占企业全部实收资本（股本）的比例大于50%的私人绝对控股。

(2)在企业的全部实收资本中，私人经济成分的出资人拥有的实收资本（股本）所占比例虽未大于50%，但相对大于其他任何一方经济成分的出资人所占比例的私人相对控股；或者虽不大于其他经济成分，但根据协议规定拥有企业实际控制权的私人协议控股。

4.港澳台商控股

(1)在企业的全部实收资本中，港澳台商经济成分的出资人拥有的实收资本（股本）所占企业全部实收资本（股本）的比例大于50%的港澳台商绝对控股。

(2)在企业的全部实收资本中，港澳台商经济成分的出资人拥有的实收资本（股本）所占比例虽未大于50%，但相对大于其他任何一方经济成分的出资人所占比例的港澳台商相对控股；或者虽不大于其他经济成分，但根据协议规定拥有企业实际控制权的港澳台商协议控股。

5.外商控股

(1)在企业的全部实收资本中，外商经济成分的出资人拥有的实收资本（股本）所占企业全部实收资本（股本）的比例大于50%的外商绝对控股。

(2)在企业的全部实收资本中，外商经济成分的出资人拥有的实收资本（股本）所占比例虽未大于50%，但相对大于其他任何一方经济成分的出资人所占比例的外商相对控股；或者虽不大于其他经济成分，但根据协议规定拥有企业实际控制权的外商协议控股。

6.其他　除上述五类以外的企业控股情况。

单位规模　根据国家统计局《统计上大中小微型企业划分办法》（国统字［2011］75号）规定，依据从业人员、营业收入、资产总额等指标或替代指标将单位划分为大型、中型、小型和微型。

统计上大中小微型企业划分标准

行业名称	指标名称	计量单位	大型	中型	小型	微型
农、林、牧、渔业	营业收入(Y)	万元	Y⩾20000	500⩽Y<20000	50⩽Y<500	Y<50
工业*	从业人员(X)	人	X⩾1000	300⩽X<1000	20⩽X<300	X<20
	营业收入(Y)	万元	Y⩾40000	2000⩽Y<40000	300⩽Y<2000	Y<300
建筑业	营业收入(Y)	万元	Y⩾80000	6000⩽Y<80000	300⩽Y<6000	Y<300
	资产总额(Z)	万元	Z⩾80000	5000⩽Z<80000	300⩽Z<5000	Z<300
批发业	从业人员(X)	人	X⩾200	20⩽X<200	5⩽X<20	X<5
	营业收入(Y)	万元	Y⩾40000	5000⩽Y<40000	1000⩽Y<5000	Y<1000
零售业	从业人员(X)	人	X⩾300	50⩽X<300	10⩽X<50	X<10
	营业收入(Y)	万元	Y⩾20000	500⩽Y<20000	100⩽Y<500	Y<100
交通运输业*	从业人员(X)	人	X⩾1000	300⩽X<1000	20⩽X<300	X<20
	营业收入(Y)	万元	Y⩾30000	3000⩽Y<30000	200⩽Y<3000	Y<200
仓储业	从业人员(X)	人	X⩾200	100⩽X<200	20⩽X<100	X<20
	营业收入(Y)	万元	Y⩾30000	1000⩽Y<30000	100⩽Y<1000	Y<100
邮政业	从业人员(X)	人	X⩾1000	300⩽X<1000	20⩽X<300	X<20
	营业收入(Y)	万元	Y⩾30000	2000⩽Y<30000	100⩽Y<2000	Y<100
住宿业	从业人员(X)	人	X⩾300	100⩽X<300	10⩽X<100	X<10
	营业收入(Y)	万元	Y⩾10000	2000⩽Y<10000	100⩽Y<2000	Y<100

行业名称	指标名称	计量单位	大型	中型	小型	微型
餐饮业	从业人员(X)	人	X≥300	100≤X<300	10≤X<100	X<10
	营业收入(Y)	万元	Y≥10000	2000≤Y<10000	100≤Y<2000	Y<100
信息传输业*	从业人员(X)	人	X≥2000	100≤X<2000	10≤X<100	X<10
	营业收入(Y)	万元	Y≥100000	1000≤Y<100000	100≤Y<1000	Y<100
软件和信息技术服务业	从业人员(X)	人	X≥300	100≤X<300	10≤X<100	X<10
	营业收入(Y)	万元	Y≥10000	1000≤Y<10000	50≤Y<1000	Y<50
房地产开发经营	营业收入(Y)	万元	Y≥200000	1000≤Y<200000	100≤Y<1000	Y<100
	资产总额(Z)	万元	Z≥10000	5000≤Z<10000	2000≤Z<5000	Z<2000
物业管理	从业人员(X)	人	X≥1000	300≤X<1000	100≤X<300	X<100
	营业收入(Y)	万元	Y≥5000	1000≤Y<5000	500≤Y<1000	Y<500
租赁和商务服务业	从业人员(X)	人	X≥300	100≤X<300	10≤X<100	X<10
	资产总额(Z)	万元	Z≥120000	8000≤Z<120000	100≤Z<8000	Z<100
其他未列明行业*	从业人员(X)	人	X≥300	100≤X<300	10≤X<100	X<10

1.大型、中型和小型企业须同时满足所列指标的下限，否则下划一档；微型企业只须满足所列指标中的一项即可。

2.附表中各行业的范围以《国民经济行业分类》（GB/T4754-2011）为准。带*的项为行业组合类别，其中，工业包括采矿业，制造业，电力、热力、燃气及水生产和供应业；交通运输业包括道路运输业，水上运输业，航空运输业，管道运输业，装卸搬运和运输代理业，不包括铁路运输业；信息传输业包括电信、广播电视和卫星传输服务，互联网和相关服务；其他未列明行业包括科学研究和技术服务业，水利、环境和公共设施管理业，居民服务、修理和其他服务业，社会工作，文化、体育和娱乐业，以及房地产中介服务，其他房地产业等，不包括自有房地产经营活动。

3.企业划分指标以现行统计制度为准。（1）从业人员，是指期末从业人员数，没有期末从业人员数的，采用全年平均人员数代替。（2）营业收入，工业、建筑业、限额以上批发和零售业、限额以上住宿和餐饮业以及其他设置主营业务收入指标的行业，采用主营业务收入；限额以下批发与零售业企业采用商品销售额代替；限额以下住宿与餐饮业企业采用营业额代替；农、林、牧、渔业企业采用营业总收入代替；其他未设置主营业务收入的行业，采用营业收入指标。（3）资产总额，采用资产总计代替。

四大功能区 分别为首都功能核心区、城市功能拓展区、城市发展新区和生态涵养发展区。首都功能核心区包括东城区、西城区；城市功能拓展区包括朝阳区、丰台区、石景山区、海淀区；城市发展新区包括房山区、通州区、顺义区、昌平区、大兴区（不含北京经济技术开发区）、北京经济技术开发区；生态涵养发展区包括门头沟区、怀柔区、平谷区、密云县、延庆县。

六大高端产业功能区 指北京经济技术开发区、中关村国家自主创新示范区、金融街、北京商务中心区、奥林匹克中心区和临空经济区六个高端产业功能区。

行业门类 按照《国民经济行业分类》(GB／T4754—2011)划分标准，门类用一个英文字母表示，共20个门类。

行业大类 按照《国民经济行业分类》(GB／T4754—2011)划分标准，大类代码由前两位数字组成，从01开始依据大类分类体系的排列次序按升序附码，共96个大类。

编者说明

为便于社会各界共同分享北京市第三次全国经济普查的成果，更方便地开发利用普查资料，我们将经济普查资料编辑整理，汇编成《北京经济普查年鉴 2013》一书。全书共三卷四册，即综合卷、第二产业卷和第三产业卷（上、下册），并随书配送同版本光盘一张。《综合卷》分四篇：第一篇为“总况”，第二篇为“第二产业情况”，第三篇为“第三产业情况”，第四篇为“特色经济情况”。《第二产业卷》分两篇，第一篇为“工业”，第二篇为“建筑业”。《第三产业卷》按内容分为上、下两册，共分十五篇。第一篇为“第三产业财务状况”，第二篇至第十五篇分别为“批发和零售业”，“交通运输、仓储和邮政业”，“住宿和餐饮业”，“信息传输、软件和信息技术服务业”，“金融业”，“房地产业”，“租赁和商务服务业”，“科学研究和技术服务业”，“水利、环境和公共设施管理业”，“居民服务、修理和其他服务业”，“教育”，“卫生和社会工作”，“文化、体育和娱乐业”，“公共管理、社会保障和社会组织”。

《北京经济普查年鉴 2013》是按照现行的国家统计分类标准，对北京市第三次全国经济普查基础数据进行加工汇总而编纂成的一部大型资料集。与第二次经济普查年鉴相比，北京市行政区划、国民经济行业分类和工业企业规模划分都有明显调整，《综合卷》增加了总部经济情况、六大高端产业功能区情况、科技创新情况和中小微企业情况。为使读者能够更好地使用本资料，现对有关问题做如下说明：

1.第三次全国经济普查的标准时点为 2013 年 12 月 31 日，时期资料为 2013 年度；

2.本资料建筑业按注册地，其他行业按经营地进行汇总；

3.本资料中部分分组数据相加与总计若有差异，原因是分组所列项目不全，或分组所列项目只限定部分调查对象填写；

4.本资料各表中所列出的“单位数”存在差异，是由于经济普查对不同的表种限定了不同的填报范围，各表种的“单位数”显示为实际填报该表种的单位数量（批发和零售业、住宿和餐饮业部分统一以基本情况表为准）。

5.本资料表中空格表示该项统计指标数据不详或无该项数据，“#”表示其中的主要项，“…”表示数据不足该表最小单位数；“***”表示为使个别机构单位所提供的资料得以保密，该数据不予公布。

6.每卷后附有该卷详细的指标解释，使用时请仔细阅读。

本书通过大量的数据，系统展示了五年来首都社会发展、经济增长和科技进步的最新面貌，摸清了北京经济家底。我们希望此书的面世，能使社会各界对我市第三次全国经济普查有一个全面概括的了解，更愿本书的内容，能契合社会各界对首都社会经济数据的需求，在服务广大公众、社会经济研究工作者和政府宏观经济决策上发挥作用、体现价值。

北京市第三次全国经济普查资料是全市普查工作者共同辛勤工作的成果，也是广大普查对象积极支持配合的结果。在此，我们向所有普查工作者、普查对象和所有参与和支持普查工作的人员致以崇高的敬意和衷心的感谢！

2015 年 7 月

图书在版编目（CIP）数据

北京经济普查年鉴. 2013 / 北京市第三次全国经济普查领导小组办公室，北京市统计局，国家统计局北京调查总队编著. -- 北京 : 中国统计出版社, 2015.7
ISBN 978-7-5037-7467-6

Ⅰ. ①北… Ⅱ. ①北… ②北… ③国… Ⅲ. ①经济一普查一北京市一2013一年鉴 Ⅳ. ①F127.1-54

中国版本图书馆 CIP 数据核字（2015）第 147898 号

北京经济普查年鉴—2013/综合卷

作　　者/北京市第三次全国经济普查领导小组办公室
　　　　北京市统计局　国家统计局北京调查总队
责任编辑/赵淑焕　王振宇　尹　伊
封面设计/黄俊杰　李雪燕
出版发行/中国统计出版社
通信地址/北京市丰台区西三环南路甲 6 号　邮政编码/100073
电　　话/邮购（010）63376909　书店（010）68783171
网　　址/http://www.zgtjcbs.com/
印　　刷/河北天普润印刷厂
经　　销/新华书店
开　　本/880mm×1230mm　1/16
字　　数/444 千字
印　　张/15
版　　别/2015 年 8 月第 1 版
版　　次/2015 年 8 月第 1 次印刷
定　　价/680.00 元（全四册，附光盘）

本书附同版本 CD-ROM 一张，光盘内容以书面文字为准。
如有印装差错，由本社发行部调换。

北京经济普查年鉴

Beijing Economic Census Yearbook

2013

综 | 合 | 卷

北京市第三次全国经济普查领导小组办公室
北　京　市　统　计　局　编
国家统计局北京调查总队

中国统计出版社
China Statistics Press

北京经济普查年鉴

Beijing Economic Census Yearbook

2013

第三产业卷 | 下

北京市第三次全国经济普查领导小组办公室
北　京　市　统　计　局 编
国家统计局北京调查总队

中国统计出版社
China Statistics Press

图书在版编目（CIP）数据

北京经济普查年鉴. 2013 / 北京市第三次全国经济普查领导小组办公室, 北京市统计局, 国家统计局北京调查总队编著. -- 北京 : 中国统计出版社, 2015.7
ISBN 978-7-5037-7467-6

Ⅰ. ①北… Ⅱ. ①北… ②北… ③国… Ⅲ. ①经济一普查一北京市一2013一年鉴 Ⅳ. ①F127.1-54

中国版本图书馆 CIP 数据核字（2015）第 147898 号

北京经济普查年鉴—2013/第三产业卷（下）

作　者/北京市第三次全国经济普查领导小组办公室
北京市统计局　国家统计局北京调查总队
责任编辑/赵淑焕　王振宇　尹　伊
封面设计/黄俊杰　李雪燕
出版发行/中国统计出版社
通信地址/北京市丰台区西三环南路甲 6 号　邮政编码/100073
电　话/邮购（010）63376909　书店（010）68783171
网　址/http://www.zgtjcbs.com/
印　刷/河北天普润印刷厂
经　销/新华书店
开　本/880mm×1230mm　1/16
字　数/712 千字
印　张/23
版　别/2015 年 8 月第 1 版
版　次/2015 年 8 月第 1 次印刷
定　价/680.00 元（全四册，附光盘）

本书附同版本 CD-ROM 一张，光盘内容以书面文字为准。
如有印装差错，由本社发行部调换。

目　录

综合卷

第三篇　第三产业情况

第四篇　特色经济情况

第二产业卷

第一篇　工业

第二篇 建筑业

第三产业卷（上）

第一篇 第三产业财务状况

第二篇 批发和零售业

第三产业卷（下）

第7篇

房地产业

7-1 房地产开发

项目	土地购置面积（平方米）	土地成交价款	本年资金来源合计	本年资金来源小计	国内贷款
合计	**9321334**	**8174277**	**96875708**	**73001817**	**18369482**
一、按登记注册类型分					
国有	722910	147976	8296536	6431544	1934687
集体			222654	220571	
股份	7330655	6238117	76030621	57378754	14856518
港澳台商	34822	411800	4512782	2770976	274730
外商			2415804	1596137	266818
私营	1232947	1376384	5397311	4603835	1036729
其他					
二、按隶属关系分					
中央	299287	428134	5334763	4136313	1024239
地方	9022047	7746143	91540945	68865504	17345243
三、按资质等级分					
一级	984824	1065768	15824109	11262620	4950849
二级	772417	239769	14449781	10981247	3243001
三级	821228	435120	8072584	6312111	1558431
四级	769420	369362	18538600	13751260	2379697
暂定	4914734	5113107	33440193	26539522	5564368
其他	1058711	951151	6550441	4155057	673136

企业土地及资金情况

单位：万元

利用外资	#外商直接投资	自筹资金	其他资金来源	#定金及预收款	本年各项应付款合计
116024	**116007**	**21382276**	**33134035**	**22574977**	**2251187**
		2460912	2035945	1241157	225611
		127538	93033		
2551	2551	15404581	27115104	18450188	1739078
113473	113456	943252	1439521	924318	122360
		586157	743162	661906	7600
		1859836	1707270	1297408	156538
		689395	2422679	1973221	122203
116024	116007	20692881	30711356	20601756	2128984
2551	2551	941235	5367985	4580582	168295
		3190137	4548109	3024270	276239
		1215652	3538028	1719508	129055
113473	113456	3326716	7931374	5856174	574323
		10749975	10225179	6340485	1063147
		1958561	1523360	1053958	40128

7-2 房地产开发

项目	本年完成投资	住宅	#别墅、高档公寓	办公楼	商业营业用房	其他
合计	**34834045**	**17245610**	**1356381**	**6117479**	**3175052**	**8295904**
一、按登记注册类型分						
国有	2358559	1378657	29525	125496	226818	627588
集体	205497	170195		13303	9494	12505
股份	26732805	13685110	1069792	4446873	1940623	6660199
港澳台商	2020831	791103	180425	624662	258602	346464
外商	1001489	123516	12140	319252	352815	205906
私营	2514864	1097029	64499	587893	386700	443242
其他						
二、按隶属关系分						
中央	1449596	893279	52905	139522	139083	277712
地方	33384449	16352331	1303476	5977957	3035969	8018192
三、按资质等级分						
一级	4504906	3051571	151021	171614	406078	875643
二级	3669804	1802099	38955	449071	198543	1220091
三级	2298057	780218	62736	571868	248944	697027
四级	6197169	3437638	715748	1019537	542681	1197313
暂定	14867372	6345594	305997	3408860	1517781	3595137
其他	3296737	1828490	81924	496529	261025	710693
四、按项目建设地分						
东城区	761525	241429	1764	32090	174731	313275
西城区	1147718	918719	276	66408	19138	143453
朝阳区	6568541	2309374	522188	2101502	577189	1580476
丰台区	4441518	2030753	85675	886512	493121	1031132
石景山区	825629	350654		126582	174505	173888
海淀区	3533444	1896175	49484	488538	208978	939753
门头沟区	960159	588848	59863	51281	33489	286541
房山区	1832816	1356153	24097	91379	100802	284482
通州区	3609322	1340326	50922	615248	442137	1211611
顺义区	1957927	1062328	160526	382358	185481	327760
昌平区	3148002	2024208	252979	249950	136334	737510
大兴区	3092604	1687803	74586	345754	395287	663760
怀柔区	506454	165231	12002	28562	49594	263067
平谷区	544935	312865	27993	61928	43882	126260
密云县	375404	330638	34026	2645	4275	37846
延庆县	109257	63288		32	40361	5576
北京经济技术开发区	1418790	566818		586710	95748	169514

企业开发建设情况

单位：万元、平方米

房屋施工面积	住宅	#别墅、高档公寓	办公楼	商业营业用房	其他	#新开工面积	住宅	#别墅、高档公寓
138868667	**74068835**	**5300571**	**21141321**	**12333734**	**31324777**	**35775238**	**17365374**	**806164**
16069232	10750381	154221	557505	447492	4313854	2835306	1735420	
787797	540755	36622	60395	109256	77391	604341	380133	
104275843	54964399	3929972	16748128	8505585	24057731	27381256	13246619	740695
4701135	1877118	665391	1320152	620840	883025	1193321	221073	56023
3227238	724944	96055	579093	1372510	550691	681322	250336	
9807422	5211238	418310	1876048	1278051	1442085	3079692	1531793	9446
5390830	2965740	288544	727949	634833	1062308	1477824	591053	79230
133477837	71103095	5012027	20413372	11698901	30262469	34297414	16774321	726934
19569054	13057908	359779	1113597	1379863	4017686	4322478	2728838	
18366576	10378245	210810	1742266	981352	5264713	2898127	1656930	881
10824943	6182851	440737	1514164	986926	2141002	2288922	1130183	28726
35108049	18907708	3306655	5220531	3639150	7340660	8324456	4476518	482870
44168631	19940413	713601	10311625	3964549	9952044	13813551	5715397	293687
10831414	5601710	268989	1239138	1381894	2608672	4127704	1657508	
1516852	261030	98423	268577	643308	343937	164327	88814	
1734472	900544	5945	331780	60844	441304	390338	173293	
26937589	12239313	1189727	5064910	2381933	7251433	5373911	1734632	200667
13825294	7806375	245828	1590317	947647	3480955	4221364	2375721	6465
2851315	1566726		504943	214804	564842	552739	167606	
10559579	5514682	182633	1388822	1136089	2519986	1605178	435431	
3661498	2542955	159528	245567	142484	730492	760522	496866	2597
7524318	5336030	104934	518588	533927	1135773	2220902	1336955	56023
13675266	6668827	399370	2138385	1321023	3547031	5007461	2361278	110219
12573318	6665292	691558	3511991	897112	1498923	3636066	1626863	73607
15245653	9757852	1675018	1356849	916183	3214769	3911339	2863091	319097
13204993	7219863	303275	1325984	1735258	2923888	3980798	2082960	
1699182	927927	29569	75082	211177	484996	248172	128757	28726
2524164	1426544	107563	140067	297791	659762	1310019	477966	8763
2621593	2186959	107200	25265	55851	353518	455372	395183	
563947	339506		11250	143111	70080	14675	6386	
8149634	2708410		2642944	695192	2103088	1922055	613572	

7-2 续表

项　　目	办公楼	商业营业用　房	其　他	房屋竣工面　积	住　宅	#别　墅、高档公寓
合　计	**6713983**	**3510120**	**8185761**	**26663519**	**16920382**	**1335124**
一、按登记注册类型分						
国有	92628	183080	824178	4489576	3022785	81487
集体	51510	105035	67663			
股份	5273691	2439634	6421312	19190846	12209128	1072794
港澳台商	503112	171046	298090	830520	508207	78259
外商	180000	160368	90618	530205	180161	
私营	613042	450957	483900	1622372	1000101	102584
其他						
二、按隶属关系分						
中央	262136	321880	302755	955399	551110	108012
地方	6451847	3188240	7883006	25708120	16369272	1227112
三、按资质等级分						
一级	380319	268574	944747	5152908	3854186	174339
二级	293397	146210	801590	4609961	2649463	128651
三级	442808	130558	585373	3295577	2313847	81196
四级	1093665	916164	1838109	5860605	3575831	950938
暂定	3780815	1361383	2955956	6797642	3981901	
其他	722979	687231	1059986	946826	545154	
四、按项目建设地分						
东城区	32915	31572	11026	272646	72683	39407
西城区	146058	32811	38176	385996	184731	
朝阳区	1477085	706325	1455869	4939576	3579217	301897
丰台区	518308	315940	1011395	1556296	845279	2574
石景山区	145542	74309	165282	980705	624470	
海淀区	609186	100850	459711	2143831	1215985	
门头沟区	64585	30992	168079	1124345	1028501	24531
房山区	220538	330092	333317	1387256	940996	
通州区	764529	434375	1447279	1729986	1121093	78973
顺义区	1292351	253679	463173	2300702	1650549	197965
昌平区	157802	171673	718773	4057790	2740834	522768
大兴区	337891	631376	928571	2217053	1250285	92759
怀柔区		119415		585704	407288	
平谷区	140067	223392	468594	279856	224681	
密云县		4605	55584	970507	812334	74250
延庆县		4009	4280	108264	19262	
北京经济技术开发区	807126	44705	456652	1623006	202194	

单位：万元、平方米

办公楼	商业营业用房	其　他	房屋竣工价值	住　宅	#别墅、高档公寓	办公楼	商业营业用房	其　他
2730543	**1783635**	**5228959**	**7812608**	**4367252**	**415185**	**1117892**	**666131**	**1661333**
156686	94743	1215362	1374904	762591	38152	84633	28143	499537
2319455	1076476	3585787	5588581	3172357	317975	957106	415578	1043540
140859	82309	99145	261495	135454	28876	47318	41714	37009
20531	286050	43463	181208	72018		2748	97839	8603
93012	244057	285202	406420	224832	30182	26087	82857	72644
22021	79054	303214	476860	204312	52869	8061	55373	209114
2708522	1704581	4925745	7335748	4162940	362316	1109831	610758	1452219
337433	221852	739437	1242095	895261	40033	113398	58445	174991
377013	330015	1253470	1386043	682264	29130	142763	114663	446353
384765	48658	548307	903069	541130	18630	205904	19686	136349
721414	521229	1042131	1804334	1054993	327392	240730	193956	314655
890148	588951	1336642	2077737	1020704		407925	254664	394444
19770	72930	308972	399330	172900		7172	24717	194541
52099	92383	55481	165216	41430	32668	36759	53532	33495
77598	19316	104351	103892	54971		21330	3801	23790
255251	132788	972320	1214959	808774	73267	128792	31585	245808
206899	109442	394676	551555	219567	440	101176	43426	187386
162819	32053	161363	268265	145481		72898	12938	36948
107378	241559	578909	608989	340240		35664	68844	164241
	18325	77519	272603	249652	6004		4338	18613
118548	87963	239749	357051	222050		42211	26324	66466
185229	127909	295755	519450	321372	42831	82601	39765	75712
347883	79032	223238	732833	504707	66923	106614	40000	81512
328011	202854	786091	1143114	727528	150863	69195	35416	310975
226662	279122	460984	837078	398080	28136	129101	165974	143923
3202	20708	154506	131201	83143		954	5822	41282
	4193	50982	66174	50518			922	14734
	5238	152935	166046	135137	14053		852	30057
	87385	1617	18187	3463			14411	313
658964	243365	518483	655995	61139		290597	118181	186078

7-3 房地产开发企业

项目	商品房销售面积	住宅	#别墅、高档公寓	办公楼	商业营业用房
合计	**19031124**	**13636732**	**877622**	**3179323**	**1025235**
一、按登记注册类型分					
国有	1726565	1494820	4614	129728	25759
集体	82				
股份	14657811	10371550	699294	2535457	728939
港澳台商	887810	592695	72642	129173	107967
外商	203969	123367	32651	38313	30453
私营	1554887	1054300	68421	346652	132117
其他					
二、按隶属关系分					
中央	1234007	1076595	17113	50058	59444
地方	17797117	12560137	860509	3129265	965791
三、按资质等级分					
一级	3340494	2746831	97553	200219	251327
二级	2720455	1936775	51044	424127	161449
三级	1969211	1566087	85752	140919	89339
四级	4734435	2862800	574535	1149104	271772
暂定	5388726	3795915	61482	1201189	191087
其他	877803	728324	7256	63765	60261
四、按项目建设地分					
东城区	142541	50570	22714	44111	33435
西城区	341740	257222	1242	17220	21450
朝阳区	3717663	2338083	155790	646486	264254
丰台区	1300150	941420	168622	203067	83966
石景山区	541915	338462	568	125236	57309
海淀区	799628	493928	23469	67872	72231
门头沟区	225024	169098	8096	27595	
房山区	1850306	1650403	7003	139107	26536
通州区	2569980	1830376	51366	465944	136300
顺义区	2172324	1647288	114565	457225	43934
昌平区	1491063	1249255	212342	118359	87177
大兴区	2014467	1331521	56253	478638	103385
怀柔区	451864	399490	9196	1919	24956
平谷区	233975	228620			5355
密云县	641010	623537	46106	2463	9513
延庆县	106352	84230	290		21997
北京经济技术开发区	431122	3229		384081	33437

房屋销售及空置情况

单位：平方米、万元

其他	房屋出租面积	住宅	#别墅、高档公寓	办公楼	商业营业用房	其他
1189834	**8349443**	**412924**	**157926**	**3019510**	**3794279**	**1122730**
76258	577779	11191		219195	147448	199945
82	70000			1173	68827	
1021865	4481408	123470	29326	1389940	2307624	660374
57975	1922636	201760	69861	841070	704028	175778
11836	767101	58158	45103	405260	273840	29843
21818	530519	18345	13636	162872	292512	56790
47910	348027			274522	34652	38853
1141924	8001416	412924	157926	2744988	3759627	1083877
142117	975367	14571	14571	329374	463303	168119
198104	1127080	15313	13415	219008	651814	240945
172866	1265017	93409	7755	395301	496249	280058
450759	3429922	156005	40023	1473895	1568983	231039
200535	615348	75722	48142	175912	332980	30734
25453	936709	57904	34020	426020	280950	171835
14425	1142910	45533	5253	167563	875413	54401
45848	989492	2795	556	662713	260441	63543
468840	3874940	267932	151356	1684921	1548149	373938
71697	284000	4705		114117	130953	34225
20908	48716			15962	32754	
165597	470063	68894		275248	120155	5766
28331	3825			1897	1928	
34260	10328				10328	
137360	227641	3848	518	8311	91818	123664
23877	7741	626	243		7115	
36272	508607			17980	281798	208829
100923	306757			32377	274380	
25499	50296	11191		32251		6854
	9493	2712		1956	4825	
5497	119500	4688		4214	92693	17905
125	51399				51399	
10375	243735				10130	233605

7-3 续表

项目	待售面积	住宅	#别墅、高档公寓	办公楼	商业营业用房
合计	**18608687**	**8288826**	**1998293**	**1800926**	**3998915**
一、按登记注册类型分					
国有	1927017	1188007	8307	42911	401503
集体	71953	64097	11375		5240
股份	12768754	5460285	1197953	1178720	2629893
港澳台商	1408495	489906	376378	159342	381103
外商	652613	159128	150136	147874	187344
私营	1779855	927403	254144	272079	393832
其他					
二、按隶属关系分					
中央	216178	47028	36561	12061	111080
地方	18392509	8241798	1961732	1788865	3887835
三、按资质等级分					
一级	3271374	1456529	152103	193913	794076
二级	3410995	1449050	230436	372661	689842
三级	3049407	1614644	334232	245279	515662
四级	6017100	2349267	1046638	668118	1491675
暂定	2068549	1132455	100167	207986	279431
其他	791262	286881	134717	112969	228229
四、按项目建设地分					
东城区	616685	159548	105269	163678	186425
西城区	802553	158797	19700	247525	204571
朝阳区	6592949	2393106	720502	503741	1244437
丰台区	2008483	740807	46028	254052	649621
石景山区	190773	18450	1107	110570	21613
海淀区	1025400	328337	68293	186430	271332
门头沟区	68194	42366	252	8573	13968
房山区	598459	361376		4020	151422
通州区	1662289	688618	193089	48754	501125
顺义区	961273	735974	265278	73722	113790
昌平区	1513757	1026426	172385	33524	176079
大兴区	940559	660848	55820	10905	130804
怀柔区	425464	299213	70641	11734	45675
平谷区	218267	177284			24170
密云县	622062	425576	274013	13549	155878
延庆县	182408	72100	5916	8047	100155
北京经济技术开发区	179112			122102	7850

单位：平方米、万元

其　他	#待　售三年以上	住　宅	#别　墅、高档公寓	办公楼	商业营业用　房	其　他
4520020	**3376510**	**1095634**	**508853**	**385064**	**996330**	**899482**
294596	291924	75877	1270	34197	141483	40367
2616	29637	21781	11375		5240	2616
3499856	1764029	518444	180117	128486	481172	635927
378144	427112	172726	140120	27466	131222	95698
158267	246613	90797	88673	61089	34069	60658
186541	617195	216009	87298	133826	203144	64216
46009	45407	11480	10976	4875	24251	4801
4474011	3331103	1084154	497877	380189	972079	894681
826856	587844	155767	10979	94594	152373	185110
899442	694668	160524	48826	50284	251122	232738
673822	465363	197315	110325	45701	129180	93167
1508040	1132271	326549	194167	169744	333192	302786
448677	182995	112169	78766	17032	18800	34994
163183	313369	143310	65790	7709	111663	50687
107034	381186	100532	65551	121029	103889	55736
191660	165579	31462	1899	30110	70855	33152
2451665	1281855	234960	96476	121741	273671	651483
364003	174762	59501		19708	46710	48843
40140	2941	2941	1107			
239301	202065	72206	20353	44596	61472	23791
3287	252	252	252			
81641	37367	20619			16748	
423792	199822	70949	56658		95707	33166
37787	246180	164021	152545	6955	57724	17480
277728	174069	119770	44189	13380	28741	12178
138002	43042	23736	209	226	19080	
68842	42663	13807	7104	5723	19712	3421
16813	5701	1442			2993	1266
27059	325854	152385	60453	13549	142741	17179
2106	93172	27051	2057	8047	56287	1787
49160						

7-4 房地产开发

项目	单位数(个)	应收账款	固定资产合计	固定资产原价	本年折旧	资产总计
合计	**3426**	**58162267**	**116311456**	**135831138**	**6186025**	**4086105510**
一、按登记注册类型分						
内资	3153	131843560	89409137	99095200	4516284	3577140908
国有	83	4778429	2750308	3620561	111389	148204727
集体	20	265969	1071513	1541692	65647	14128419
股份合作	5	206722	46974	104359	2331	1115042
集体联营	1	***	***	***	***	***
其他联营						
国有独资公司	57	3220124	6734818	7867430	341431	157332520
其他有限责任公司	2108	101151433	62202486	68632247	3193021	2649156205
股份有限公司	71	6240427	4315887	5264572	151216	331871325
私营独资	9	17101	455401	478345	1624	4471644
私营有限责任公司	769	15340458	11370473	10994026	624419	234126514
私营股份有限公司	30	617085	459047	585190	24972	36708359
其他						
港澳台商投资	166	2316640	17925278	23975480	1048603	317835301
与港澳台商合资经营	61	746209	6031244	8797262	297128	80786492
与港澳台商合作经营	64	1244262	3480187	4656308	237728	90217173
港澳台商独资	41	326169	8413847	10521911	513747	146831635
外商投资	107	2174662	8977041	12760458	621139	191129301
中外合资经营	41	421958	1693769	2359716	163390	71975042
中外合作经营	42	1713631	1976017	3146879	147815	44654112
外资	20	30347	4695607	6422809	282264	41791800
外商投资股份有限公司	4	8726	611647	831054	27670	32708347
二、按隶属关系分						
中央	132	909300	3794244	5501604	316797	326058230
地方	3294	57252967	112517212	130329534	5869228	3760047279
三、按资质等级分						
一级	122	2178025	9167134	12399456	588225	841333534
二级	210	17243233	13075829	18226507	863570	586293676
三级	267	6102445	15433494	19067914	853798	392395723
四级	1252	16785262	46891856	52439093	2404336	1179782726
暂定	682	9965922	14469062	14600814	615370	700322694
其他	893	5887381	17274080	19097355	860726	385977157
四、按地区分						
东城区	241	3664553	13546773	17510740	637809	269694415
西城区	307	3301565	15283668	20674039	826450	560306861
朝阳区	762	22310941	39169885	48874220	2356152	1094248779
丰台区	275	2772835	12496773	6356779	245032	348354162
石景山区	84	1301043	1398549	1796238	73560	104932706
海淀区	312	2966485	12414164	15384593	780216	465778686
门头沟区	68	1082256	574704	742218	39212	36333978
房山区	160	1167589	1938374	2462661	126073	119111465
通州区	195	4940634	1229345	1859939	111710	232098931
顺义区	181	1908673	6591747	6479504	387432	199466069
昌平区	243	2672724	3362868	4001189	187316	212285574
大兴区	182	3154600	2962133	3436286	152503	181815493
怀柔区	80	545113	485539	510215	25927	30754470
平谷区	107	683926	942249	1102374	58262	71631615
密云县	127	2883994	1196429	1270295	69348	46937798
延庆县	51	281090	539104	556163	22102	11822234
北京经济技术开发区	51	2524245	2179152	2813685	86921	100532274

企业主要财务状况

单位：千元

负债合计	所有者权益合计	#实收资本	营业收入	#主营业务收入	营业成本	营业税金及附加	#主营业务税金及附加
3198423632	**887681877**	**564482396**	**390696231**	**383478591**	**246134527**	**39286856**	**38624502**
2840479396	736661512	465002467	328846609	322220303	217081207	31512789	30952336
96017374	52187353	44876094	6035350	5371308	3608366	379785	350602
13042611	1085808	729398	388762	378984	74470	21636	20879
952033	163009	137380	10725	7928	7961	804	650
***	***	***	***	***	***	***	***
111938422	45394098	28330378	16377255	15909093	11984449	1287207	1241076
2162947176	486209029	306561782	267388887	262983355	177736430	25819513	25388541
224568205	107303120	52892651	24124918	23342211	13382307	2518071	2480737
4271764	199880	198000	46065	46065	21587	3294	3294
200593423	33533091	25457903	13543040	13299296	9804752	1349905	1334644
26127396	10580963	5809816	918108	868564	459664	132572	131912
227622729	90212572	65098173	42816479	42388583	20261816	5487983	5413179
54205945	26580547	19509823	19713820	19683575	9211675	2988737	2964829
66584067	23633106	13762740	11865701	11621542	5362247	1449745	1413175
106832717	39998918	31825610	11236958	11083466	5687894	1049502	1035176
130321507	60807794	34381756	19033143	18869705	8791504	2286084	2258986
49354743	22620299	13238393	5378825	5321413	2608434	926471	910270
30549793	14104319	7103311	9419599	9371051	4391456	824776	813931
26158670	15633130	10534935	2599459	2586434	1269098	175118	175118
24258301	8450046	3505117	1635260	1590807	522516	359719	359667
253678836	72379394	59822064	29990976	29442839	21442016	2587888	2545149
2944744796	815302483	504660332	360705255	354035752	224692511	36698969	36079353
659504586	181828948	83730801	70612693	69389627	44827072	7329630	7246685
454870497	131423178	64916071	60074607	58157532	33944556	6698226	6553866
310266594	82129129	40724901	44550412	43966000	28142779	4439798	4421771
967724893	212057833	152929556	126230510	125050125	82262818	12126465	11893490
539871825	160450869	127911544	69041506	68109327	45807800	7289281	7144112
266185237	119791920	94269523	20186504	18805981	11149503	1403457	1364579
204463467	65230947	40867738	26266698	25729141	13911228	2347035	2315133
393584527	166722335	100816562	41715425	40236388	24365392	4446187	4403708
856541924	237706854	152134615	111021523	109649475	61207720	12709516	12511672
298853230	49500932	31091939	31665593	31430213	22144456	2764769	2736133
82919497	22013208	14827838	8488649	8405300	5851463	660250	658987
373089820	92688866	54013077	38309069	37408433	24024584	4550103	4477670
32756254	3577724	2787428	6065313	6052025	4484787	405048	401667
97510520	21600945	14262082	17242024	17191001	13067004	1463209	1440944
187066687	45032243	23185272	12566879	11731247	8395657	1335240	1267844
157285562	42180507	26261715	29442836	28812428	20662509	2635641	2554861
168759002	43526572	28217970	20640035	20513777	12694637	2070055	2062918
152514596	29300898	20200008	25585847	25253600	20369723	2062365	2030377
25246271	5508199	4174910	4582668	4566036	3526121	311814	311474
48124418	23507197	20159653	1771201	1605956	1240837	197590	166716
41877789	5060009	5736296	7537612	7514641	6508503	583875	553561
9772458	2049777	1413497	1120196	1048068	694261	85332	85315
68057611	32474663	24331797	6674665	6330862	2985646	658829	645522

7-4 续表

项目	其他业务利润	销售费用	管理费用	#税金	财务费用
合计	**4821841**	**11889936**	**29225757**	**2071555**	**20090360**
一、按登记注册类型分					
内资	4562834	9738241	24143411	1579221	17378925
国有	319602	86504	889895	49816	778782
集体	4698	5793	150414	15248	-50448
股份合作	1802	860	21527	864	42
集体联营		***	***		***
其他联营					
国有独资公司	317674	188712	1548826	108512	651076
其他有限责任公司	2715600	7920355	16901727	1141706	11746347
股份有限公司	771400	538724	1921010	127346	2936731
私营独资		1558	22554	4874	-193
私营有限责任公司	400784	882258	2460216	126930	1218567
私营股份有限公司	31273	112815	215477	3925	98010
其他					
港澳台商投资	321570	1391492	3449464	360048	2121680
与港澳台商合资经营	98332	581784	1121559	89567	818798
与港澳台商合作经营	202308	365820	885256	113226	449219
港澳台商独资	20930	443888	1442650	157255	853663
外商投资	-62563	760203	1632882	132286	589755
中外合资经营	2917	251586	531934	52724	41109
中外合作经营	-76757	351944	462936	43017	215477
外资	18809	128430	442907	29711	294320
外商投资股份有限公司	-7532	28243	195104	6834	38849
二、按隶属关系分					
中央	213237	508633	1889411	108320	1025225
地方	4608603	11381303	27336346	1963235	19065134
三、按资质等级分					
一级	1331112	1609534	5566409	285758	4147100
二级	1070076	1705168	4452234	313554	3227855
三级	871463	1155267	3127924	258935	3190589
四级	702132	4105059	8533433	708770	6272652
暂定	370303	2522508	3536111	217217	1020853
其他	476756	792400	4009646	287321	2231310
四、按地区分					
东城区	349930	738029	2276932	234944	3071492
西城区	600064	1003252	4151374	305467	3031818
朝阳区	1428177	3645383	8888076	769519	6879681
丰台区	285594	609267	1845206	72577	373603
石景山区	-1771	160667	548816	31176	-29034
海淀区	891794	963238	3800015	183870	2914628
门头沟区	25361	115205	219308	11512	90299
房山区	68925	649689	661191	42731	230384
通州区	130481	711573	1025217	55653	397797
顺义区	528953	946806	1637734	69611	961162
昌平区	36602	800211	1241287	85978	145578
大兴区	-30095	702302	1021981	75077	559189
怀柔区	2493	113689	210418	14684	167320
平谷区	112957	90245	480563	15942	-45719
密云县	19684	278925	489890	44835	60385
延庆县	18448	45213	151617	9895	34345
北京经济技术开发区	354243	316243	576131	48085	1247435

单位：千元

投资收益	营业利润	利润总额	应　交 所得税	应　交 增值税	从业人员 期末人数 （人）	#女　性
28934203	**70707953**	**73962113**	**17736779**	**79899**	**100194**	**39319**
24901627	51813507	55015628	13470026	75193	86572	33346
793143	943565	1351603	270576	3253	3354	1272
29523	189721	231084	60643	39	435	179
	-18667	-18575			104	27
	***	***		***	***	***
2979354	3866543	3820849	604411	162	2999	1084
13999460	38738707	41080167	10589795	68477	63379	24689
5913811	9212697	9490479	1648163	1006	3900	1554
-70	-2805	-2823	960		120	32
387911	-1829413	-1643507	265202	2214	11520	4233
798494	714002	706476	30276		686	250
2201620	12245049	12470784	3118455	1164	8274	3611
55995	5038677	5218806	1161676	146	2463	1048
36775	3398551	3422500	922386	964	2827	1286
2108850	3807821	3829477	1034393	54	2984	1277
1830956	6649398	6475702	1148299	3542	5348	2362
289692	1384945	1444555	447350	250	2233	1059
60033	3167513	2939278	337489	105	1705	724
1361170	1647394	1641433	205015	1	924	393
120061	449547	450436	158445	3186	486	186
5586380	7803860	7808243	1185960	1406	5155	1971
23347823	62904094	66153871	16550819	78494	95039	37348
15313005	21696653	22252451	3684689	3768	13149	5207
3791117	13459667	14552242	3372970	6563	14390	5858
1678649	6031276	6214374	1857916	264	10099	4008
4127665	16365054	16710861	5361652	59192	31890	12560
455736	9195514	9832963	2842492	1324	16624	6408
3568030	3959790	4399222	617061	8788	14042	5278
2618542	7429615	7545132	1471644	1293	7269	2852
4402457	8821793	9587003	2231617	1269	11226	4339
5033979	22524858	22620912	6304120	10883	28372	11530
2010622	5015065	5623967	1246917	57682	6656	2379
2284222	3576913	3678662	351146	21	2124	795
8513393	9755020	9956358	1748884	3382	10338	4060
416	734563	764265	218501	125	1264	482
196391	807480	914088	350286	19	3042	1125
263579	972086	1302522	568181	2	5432	2091
1560719	3999223	4934503	1082579	-2250	5887	2450
13551	3743413	3617615	1036428	3384	5603	2324
137865	848810	823665	380248	206	4105	1541
3997	244352	288283	122714	192	1333	476
229654	29733	363	199033		1946	726
56363	-387340	-324654	57665	1	2596	942
200149	309577	307130	34098	66	998	350
1408304	2282794	2322298	332718	3623	2003	857

7-5 全部物业管理、中介服务及其他

项　　目	单位数(个)	资产总计	营业收入	营业成本	营业税金及附加
合　计	**14269**	**622530843**	**105207063**	**57497927**	**5915106**
一、按行业分(分到小类)					
房地产业	14269	622530843	105207063	57497927	5915106
物业管理	6441	164700295	51028595	32564277	2644883
物业管理	6441	164700295	51028595	32564277	2644883
房地产中介服务	5271	58878224	15406476	7835534	743451
房地产中介服务	5271	58878224	15406476	7835534	743451
自有房地产经营活动	1896	251932347	25649403	10238413	1663595
自有房地产经营活动	1896	251932347	25649403	10238413	1663595
其他房地产业	661	147019978	13122589	6859703	863177
其他房地产业	661	147019978	13122589	6859703	863177
二、按登记注册类型分					
内资	13953	535421646	86606948	49024587	4805298
国有	577	55584123	6559392	3215638	347727
集体	673	24970957	2831309	1555305	138914
股份合作	241	3190742	623305	326468	26298
国有联营	6	491557	15283	1445	955
集体联营	15	138479	8733	4100	468
国有与集体联营	13	1160656	81164	38878	3609
其他联营	18	208659	23501	8497	1264
国有独资公司	108	31136398	3424858	2285266	186280
其他有限责任公司	4724	275580118	44849705	27379974	2522170
股份有限公司	118	57644501	6767633	3054243	472865
私营独资	431	2115181	411816	116327	16783
私营合伙	75	469687	102704	38801	5254
私营有限责任公司	6813	79061513	20454639	10712870	1060326
私营股份有限公司	119	3208219	447788	284406	22170
其他	22	460857	5118	2371	216
港澳台商投资	185	54620428	13792013	6667581	753366
与港澳台商合资经营	73	12533424	4536681	2136443	240445
与港澳台商合作经营	19	18423796	4729971	2093655	263919
港澳台商独资	90	23652417	4524646	2437310	248971
其他港澳台投资	3	10790	715	173	31
外商投资	131	32488769	4808102	1805760	356443
中外合资经营	40	6177186	1373174	540316	85098
中外合作经营	12	6341637	435466	140924	73853
外资企业	73	19676992	2985764	1115468	195334
外商投资股份有限公司	2	226990	12045	9002	648
其他外商投资	4	65965	1653	50	1510

房地产业法人单位财务状况(企业会计制度)

单位：千元

销售费用	管理费用	#税金	财务费用	利润总额	应交所得税	应交增值税
447877780	**25360625**	**1287689**	**4865612**	**8009791**	**2674186**	**235627**
447877780	25360625	1287689	4865612	8009791	2674186	235627
3829305	11784517	305730	780279	869454	656211	69129
3829305	11784517	305730	780279	869454	656211	69129
440922496	4222843	61501	88493	1168387	223790	99321
440922496	4222843	61501	88493	1168387	223790	99321
1912886	7091092	723825	3051963	4683676	1385413	34455
1912886	7091092	723825	3051963	4683676	1385413	34455
1213094	2262173	196633	944878	1288275	408772	32722
1213094	2262173	196633	944878	1288275	408772	32722
446140321	22260257	945296	3577853	4840461	1683051	205910
523171	2433793	139591	-108009	1060725	232663	15648
276104	1244398	46945	71901	2530	53655	4268
54701	227747	7240	4426	8917	7367	2938
4596	108588	20311	-523	-98924	426	34
1102	4672	97	-9	-943	21	16
4304	45239	3858	7683	41625	1832	64
5358	10251	92	11	-712	-23	
147622	698082	27416	47375	359010	63392	2244
441814749	10891529	454130	2299677	1967345	797418	77067
273921	877650	107941	818004	1230808	249988	27203
107541	116724	2094	9615	39893	3085	1446
8311	18562	300	-12	36590	486	209
2894667	5491029	117105	427314	175395	268356	74151
24004	90280	18169	416	18546	4354	622
170	1712	7	-18	-346	32	
1146965	2171198	252475	713230	2553312	728741	24375
529672	651105	49344	146075	845693	226852	10090
10081	415377	155801	110428	1886045	468580	1908
607109	1103986	47239	456718	-178104	33309	12373
103	729	92	9	-323		4
590494	929171	89918	574530	616018	262394	5343
265363	305974	22969	51039	151990	40352	556
5688	80817	10016	74441	63209	54804	128
309782	536098	56898	446455	390767	167100	4659
	4618	34	2633	21244	138	
9660	1664		-38	-11192		

7-5 续表

项目	单位数(个)	资产总计	营业收入	营业成本	营业税金及附加
三、按隶属关系分					
中央	364	70650398	9338108	5367022	534211
省	425	80103657	12118659	6324143	722182
地	798	46545672	7156945	4315063	369404
县	33	472694	90478	62895	3246
街道	65	1763637	368460	169319	17219
镇	127	14139970	2586406	2011776	134232
乡	99	4993163	878737	249220	46262
社区	7	408716	42919	21339	2106
村委会	180	3616994	468484	318159	20642
其他	12171	399835943	72157866	38658991	4065602
四、按控股情况分					
国有控股	1360	218896245	34662737	20065942	1958780
集体控股	1188	62764439	8530519	4814566	442251
私人控股	10953	227444121	41688131	23090982	2294757
港澳台商控股	176	53807888	13103526	6220487	715231
外商控股	110	26366510	4105172	1570937	316033
其他	476	32760224	3055822	1692887	185182
五、按四大城市功能区分					
首都功能核心区	2577	148387851	25306583	12322940	1437785
东城区	1176	87339563	14173579	6257848	834745
西城区	1401	61048288	11133003	6065092	603040
城市功能拓展区	7594	343775278	61314549	33607954	3518293
朝阳区	3669	188617339	39097499	20979290	2253329
丰台区	1255	24969014	4271816	2503141	234360
石景山区	403	12782253	1897353	851608	99564
海淀区	2267	117406673	16047881	9273915	931040
城市发展新区	3103	113412166	14325173	8903366	736719
房山区	502	5092121	1426656	971624	67500
通州区	654	38316861	3757664	2419696	216868
顺义区	449	13706847	2351338	1193072	96534
昌平区	805	20619941	3052590	1667591	169617
大兴区	576	28280655	2924775	2106601	143363
开发区	117	7395742	812150	544782	42838
生态涵养发展区	995	16955548	4260757	2663667	222309
门头沟区	144	4201874	534285	238680	28690
怀柔区	256	4403481	1046588	503325	62193
平谷区	188	1066413	187880	91681	8542
密云县	301	6516203	2387423	1789075	118318
延庆县	106	767577	104581	40907	4566

单位：千元

销售费用	管理费用	#税金	财务费用	利润总额	应交所得税	应交增值税
958661	2168415	167320	53998	857340	246436	38987
702753	3183219	258088	512092	1316778	339363	18018
528897	2160977	91591	141505	692191	162464	8447
21378	50093	576	-457	-23300	166	721
22048	139261	3076	-1360	42486	16311	928
144041	374773	16042	-26202	14434	19047	530
68320	441276	19334	-6045	188078	41376	2204
741	12880	1187	213	-2920	2	92
46923	175130	4888	1663	-38809	3924	2455
445384017	16654603	725587	4190206	4963513	1845096	163244
2183808	7669994	542091	829981	3909691	955157	66092
709310	2682030	96364	355699	364872	185320	9086
443273291	11305440	309260	2140820	169629	565210	126731
1040826	2143532	245265	716313	2476302	708872	23538
446138	787953	72420	538080	504457	236141	4898
224406	755674	21050	284697	585436	23485	5254
2228442	6031779	463614	1188508	3421009	998916	33476
1339614	3200198	323314	795628	2396570	704674	10471
888828	2831581	140300	392879	1024440	294242	23006
443772606	14972172	661554	3197027	4382403	1349224	150146
3881848	8550264	426603	1725029	3371749	968894	98220
345291	1318551	33550	77334	-236375	31208	6094
319717	648807	23398	69209	26828	34887	841
439225750	4454550	178003	1325456	1220201	314235	44991
1415023	3571222	140107	399070	113891	266202	46547
114784	309646	8085	32689	-13868	16599	1051
297163	764231	27355	217526	44366	46781	8704
548565	628322	25424	33668	-122418	25036	20108
208886	795635	24519	15694	412374	108529	7273
190674	792678	47161	56446	-142946	57174	6831
54951	280710	7562	43046	-63615	12083	2579
461708	785452	22414	81007	92487	59843	5458
44497	163640	4279	-21414	84304	22149	539
219825	224257	3674	29471	40021	16402	1737
9538	65539	1703	-751	3	1090	585
177765	269170	9919	71683	-21681	18496	2216
10083	62846	2838	2018	-10160	1705	382

7-6 物业管理、中介服务及其他房地产业法人单位

项　　目	单位数(个)	资产合计	负债合计	上年结余
合　　计	**110**	**4351427**	**1978414**	**5701**
一、按行业分(分到小类)				
房地产业	110	4351427	1978414	5701
物业管理	59	2401208	1042002	7393
物业管理	59	2401208	1042002	7393
房地产中介服务	9	83387	60596	57
房地产中介服务	9	83387	60596	57
自有房地产经营活动	7	450100	391996	53
自有房地产经营活动	7	450100	391996	53
其他房地产业	35	1416732	483820	-1802
其他房地产业	35	1416732	483820	-1802
二、按登记注册类型分				
内资	110	4351427	1978414	5701
国有	94	3460404	1416544	1438
集体	6	411540	382461	45
集体联营	1	***	***	***
其他	9	471076	179393	-2
三、按隶属关系分				
中央	8	85191	31780	2213
省	8	586671	429884	4030
地	82	3631858	1478637	-564
县	1	***	***	
镇	4	1185		21
其他	7	20678	20457	
四、按四大城市功能区分				
首都功能核心区	47	2975778	1285310	9880
东城区	20	748721	510690	13
西城区	27	2227057	774619	9867
城市功能拓展区	29	1265125	630593	1123
朝阳区	10	780330	443009	1702
丰台区	7	81765	64234	-1618
石景山区	3	209356	37733	698
海淀区	9	193675	85617	342
城市发展新区	25	89878	55098	-6286
房山区	7	15800	2802	-7300
通州区	4	38796	17494	21
顺义区	4	19138	28828	992
昌平区	5	2339	96	
大兴区	5	13807	5878	
生态涵养发展区	9	20645	7414	984
门头沟区	6	10420	2920	
平谷区	2	9725	4494	984
密云县	1	***		

财务状况(行政事业及民间非营利组织会计制度)

单位：千元

收入合计	支出合计	#工资福利支出	#商品和服务支出	收支结余	经营税金
1004446	**1000959**	**243019**	**225397**	**9188**	**9940**
1004446	1000959	243019	225397	9188	9940
574041	567620	189226	175373	13814	4545
574041	567620	189226	175373	13814	4545
9112	9920	4996	3495	-751	528
9112	9920	4996	3495	-751	528
23833	21990	11967	3095	1895	1108
23833	21990	11967	3095	1895	1108
397461	401429	36829	43433	-5770	3759
397461	401429	36829	43433	-5770	3759
1004446	1000959	243019	225397	9188	9940
921884	918200	215253	181957	5123	8093
10421	8898	4608	1210	1569	479
	***	***	***	***	
72141	72748	22827	42224	-609	1367
40652	41651	8824	25860	1214	330
84364	76843	27702	26291	11551	1688
872443	874256	202897	172178	-2376	7922
***	***	***	***	***	
160	173	140	33	8	
6	1442	575	867	-1436	
750448	752983	161342	141927	7346	6869
142489	150956	87334	30227	-8454	581
607959	602027	74008	111700	15800	6288
213158	204751	58322	78633	9530	2394
66348	58097	22006	23264	9952	1343
41538	40698	12643	1882	-779	294
44630	43220	6759	26633	2108	36
60642	62736	16914	26854	-1752	721
34341	37793	19767	3800	-9738	640
2956	4323	3390	338	-8666	115
7288	7462	4544	731	-154	392
3664	5570	1274	1552	-914	2
5222	5169	1360	439	54	
15211	15268	9198	740	-58	131
6499	5432	3588	1037	2050	37
3713	3746	1934	1007	-32	37
2786	1687	1654	31	2083	

7-7 规模以上物业管理、中介服务及其他

项目	单位数（个）	年初存货	流动资产合计	#货币资金	#现金	#交易性金融资产
合计	**1674**	**13617616**	**150379501**	**44906410**	**216068**	**1988936**
一、按行业分（分到小类）						
房地产业	1674	13617616	150379501	44906410	216068	1988936
物业管理	961	472417	44389497	17922033	91752	945964
物业管理	961	472417	44389497	17922033	91752	945964
房地产中介服务	170	92548	10302563	2470967	22323	234460
房地产中介服务	170	92548	10302563	2470967	22323	234460
自有房地产经营活动	379	2548902	56461955	18764052	96225	786131
自有房地产经营活动	379	2548902	56461955	18764052	96225	786131
其他房地产业	164	10503749	39225486	5749358	5768	22381
其他房地产业	164	10503749	39225486	5749358	5768	22381
二、按登记注册类型分						
内资	1509	12717122	123343152	36059109	198897	1266536
国有	136	270102	12102420	6257317	1501	4509
集体	75	24375	6471343	2280920	3682	15989
股份合作	12	12400	397739	87641	846	31500
国有联营	1		***	***	***	***
集体联营	1	***	***	***	***	
国有与集体联营	4	880	233807	43670	413	
国有独资公司	40	4644272	10789788	2169675	612	101728
其他有限责任公司	853	3134964	52972357	16485232	103208	894667
股份有限公司	17	4303267	26465068	5729741	2538	886
私营独资	3	2	81898	6376	57	
私营合伙	1		***	***	***	
私营有限责任公司	362	326381	13371211	2931406	85637	217254
私营股份有限公司	4	382	312018	56670	377	
港澳台商投资	102	783578	17799234	6520572	6516	686489
与港澳台商合资经营	50	150390	7230784	2137580	3314	231707
与港澳台商合作经营	11	583555	6224923	2761943	1069	425809
港澳台商独资	41	49633	4343527	1621049	2133	28973
外商投资	63	116916	9237115	2326729	10655	35911
中外合资经营	19	7126	1523414	706464	8826	
中外合作经营	6	99498	2087083	446703	103	14419
外资企业	38	10292	5626618	1173562	1726	21492

房地产业法人单位财务状况(企业会计制度)

单位：千元

#应收账款	#存货	可供出售金融资产	持有至到期投资	长期股权投资	投资性房地产	固定资产合计	固定资产原价
8913695	**14513843**	**2570880**	**2093986**	**34197288**	**52222252**	**66056308**	**91452954**
8913695	14513843	2570880	2093986	34197288	52222252	66056308	91452954
3177377	527820	1245687	150114	5024188	5534075	21225975	29291060
3177377	527820	1245687	150114	5024188	5534075	21225975	29291060
839755	85399		500	1448135		1006082	1611492
839755	85399		500	1448135		1006082	1611492
2315072	1816670	1060488	257472	23253985	31204511	34045406	45858846
2315072	1816670	1060488	257472	23253985	31204511	34045406	45858846
2581491	12083954	264705	1685900	4470980	15483666	9778845	14691556
2581491	12083954	264705	1685900	4470980	15483666	9778845	14691556
7515470	13854801	2570880	1927845	31971582	40303095	40706692	57373148
1164531	324486	1394796		4290942	2942114	5250813	8253364
232317	21421		25000	2752493	12609	4323185	5751691
1627	11188		11972	154448		197666	308818
						***	***
***	***					***	***
108	692	14701		489716	23969	265337	432959
1326108	5049332	8579		2337508	3423357	2247243	3017171
3701029	4284735	667391	1890373	6982156	22422497	20057669	28310883
281607	4034123	15403		12917815	10349223	3544085	5376438
2800	2					16	258
***							
533541	128291	470010	500	2045704	1129326	4810131	5894535
254910	434			800		8519	16716
1203732	540055		121141	278054	10113123	16147297	22274727
270551	172448			26677	2474675	1226185	2863170
341206	319350		80000	115327	6918549	3022729	5460019
591975	48257		41141	136050	719899	11898383	13951538
194493	118987		45000	1947652	1806034	9202319	11805079
77505	7220			5711	1056844	356673	805014
18573	99372			66883		350598	718781
98415	12395		45000	1875058	749190	8495048	10281284

7-7 续表 1

项目	单位数（个）	年初存货	流动资产合计	#货币资金	#现金	#交易性金融资产
三、按隶属关系分						
中央	158	195031	14035352	6115153	2986	4909
省	195	4986424	33945895	8124672	6039	133094
地	167	5422512	16784327	4301574	33519	101386
县	1		***	***	***	
街道	11	132	136077	93341	738	6825
镇	34	6646	2578410	1336473	707	100100
乡	25	13029	1293051	613667	426	
社区	1	***	***	***	***	
村委会	10	6073	774402	155040	248	1687
其他	1072	2986593	80727223	24115729	171371	1640935
四、按控股情况分（仅限企业法人）						
国有控股	554	11027613	68508449	20657473	37503	186129
集体控股	197	552459	18683452	7836691	32579	538551
私人控股	751	1169192	37004721	8083201	128598	541856
港澳台商控股	95	746178	17166519	6110003	6285	686489
外商控股	56	111684	7318818	1786050	10532	35911
其他	18	9244	1525050	337021	520	
五、按四大城市功能区分						
首都功能核心区	395	912912	34901578	13642383	15178	772330
东城区	184	756399	18114129	7907202	8390	547028
西城区	211	156513	16787449	5735181	6788	225302
城市功能拓展区	1035	5599250	88846025	24181889	125771	1048098
朝阳区	546	4700283	55353407	13435884	33029	382555
丰台区	94	15413	4071012	2153421	35516	23986
石景山区	40	53419	3179049	1096895	986	337000
海淀区	355	830135	26242557	7495689	56240	304557
城市发展新区	203	6459079	23466449	6283485	73721	70498
房山区	25	21832	650403	122563	1403	16036
通州区	28	1395995	8881840	3582173	1409	
顺义区	51	28069	2605465	941429	7928	44210
昌平区	44	306485	2234322	726090	55438	1687
大兴区	41	4622216	8265863	580052	7030	8565
开发区	14	84482	828556	331178	513	
生态涵养发展区	41	646375	3165449	798653	1398	98010
门头沟区	9	567	1715785	466532	287	200
怀柔区	12	2810	699531	248174	499	97810
平谷区	6	23691	96634	6628	121	
密云县	13	619297	647415	74484	462	
延庆县	1	***	***	***	***	

单位：千元

·		可供出售金融资产	持有至到期投资	长　期股权投资	投资性房地产	固定资产合　计	固定资产原　价
#应收账款	#存货						
484462	238757	1375467	1714900	10887153	7064328	7909235	11991332
1400085	4533935	431142	150500	5228318	10551365	8868835	12732293
1590665	5658249	19449	9000	2183628	4639478	3485344	5369497
***						***	***
-1288	132			3700	88888	90541	161761
43242	8059			642734		2144027	2905056
131364	12237			406757		1570322	2100810
***	***			***		***	***
7212	590			42386		744789	753690
5210078	4060993	744822	219586	14792612	29878193	40982398	55109298
3668193	12605841	1635964	1754873	18103951	31389916	22021366	32241448
362110	340147	209729	135500	9400291	253312	8123374	10857947
3429355	958272	472597	37472	4351469	4816334	10579875	14932157
1186105	473262		121141	280894	10046749	15946116	21672651
177725	114123		45000	1945541	1676190	8758522	10856292
39865	21246	252590		105142	4039751	368345	557950
2339217	681574	224625	2006541	5912922	17524659	16464025	24775578
529028	498910	33956	80000	3642308	11630277	9085621	13647828
1810189	182664	190669	1926541	2270614	5894382	7378404	11127750
4360143	5364977	2311185	75473	20298504	32912346	43735189	58814775
2945379	4459391	876677	55500	6240735	27882955	27087438	35636586
116512	12693	200555		812924	1744842	1392482	1933281
203815	74030		15000	629852	182608	1323662	1547282
1094437	818863	1233953	4973	12614993	3101941	13931607	19697626
1852381	8092742	33079	11972	7260205	1111203	4993874	6675491
27938	27920			63857	57371	577781	750308
131716	2802130	15403		4224639		517384	663198
498640	37978			77750	4061	1281956	1552620
163754	91310			1175400	519968	1295297	1748633
953675	5081716	17676	11972	1548108	237864	1102430	1653554
76658	51688			170451	291939	219026	307178
361954	374550	1991		725657	674044	863220	1187110
198925	1728			625033		411422	518762
71749	3312			38624	674044	208426	300398
2800	18413			20500		2340	3748
88044	351087	1991		41500		240672	363549
***	***					***	***

7-7 续表 2

项 目	累计折旧	本年折旧	在建工程	无形资产	资产总计	流动负债合计
合 计	**27333775**	**3921013**	**7432685**	**7435510**	**333764150**	**128081146**
一、按行业分(分到小类)						
房地产业	27333775	3921013	7432685	7435510	333764150	128081146
物业管理	8214034	1169772	2602082	1164623	86341287	47315444
物业管理	8214034	1169772	2602082	1164623	86341287	47315444
房地产中介服务	626266	131498	162608	87120	13571632	10412656
房地产中介服务	626266	131498	162608	87120	13571632	10412656
自有房地产经营活动	13527669	1934247	3348546	3898021	157042281	45695358
自有房地产经营活动	13527669	1934247	3348546	3898021	157042281	45695358
其他房地产业	4965806	685496	1319449	2285746	76808950	24657688
其他房地产业	4965806	685496	1319449	2285746	76808950	24657688
二、按登记注册类型分						
内资	18285381	2608953	6996569	5177642	261092141	104340747
国有	3227287	330806	2070197	683328	29203932	8122845
集体	1625122	210509	508506	71530	14394186	6637175
股份合作	113952	22297	2799	9453	776533	395438
国有联营	***	***			***	***
集体联营	***	***		***	***	***
国有与集体联营	166386	10040		1303	1047320	328308
国有独资公司	769931	145885	245168	372937	20107682	6560996
其他有限责任公司	8801753	1297561	2325896	2420479	114134781	52927120
股份有限公司	1839007	267608	742868	1336231	56697168	12548050
私营独资	242	74		1	81915	32557
私营合伙					***	***
私营有限责任公司	1725020	322041	1100937	279145	24090036	16429297
私营股份有限公司	8394	1740	198	3040	325003	280199
港澳台商投资	6136542	929553	22012	2145441	47716265	17038355
与港澳台商合资经营	1635352	128230	6826	499236	11856128	4234929
与港澳台商合作经营	2442351	391375	7235	1347766	18113400	5007313
港澳台商独资	2058839	409948	7951	298439	17746737	7796113
外商投资	2911852	382507	414104	112427	24955744	6702044
中外合资经营	448342	21935	1932	84682	3064617	1198926
中外合作经营	368183	32707		185	4905560	1003155
外资企业	2095327	327865	412172	27560	16985567	4499963

单位：千元

#应付账款	非流动负债合计	#应付债券	负债合计	所有者权益合计	#实收资本	国家资本	集体资本
9999329	**71834147**	**3089211**	**199915293**	**133848857**	**76351426**	**13860811**	**2028055**
9999329	71834147	3089211	199915293	133848857	76351426	13860811	2028055
3045874	10343547		57658991	28682296	23861805	1096187	285181
3045874	10343547		57658991	28682296	23861805	1096187	285181
504611	235679		10648335	2923297	1521817	3213	151000
504611	235679		10648335	2923297	1521817	3213	151000
2648183	38617818	-21798	84313176	72729105	37162399	7047376	1439234
2648183	38617818	-21798	84313176	72729105	37162399	7047376	1439234
3800661	22637103	3111009	47294791	29514159	13805405	5714035	152640
3800661	22637103	3111009	47294791	29514159	13805405	5714035	152640
8128590	52783517	3089211	157124264	103967877	50834287	13796795	2022645
597511	2080514	-21798	10203359	19000573	11163719	3387849	
415965	3700929		10338104	4056082	1161023		1132014
4955	3932		399370	377163	178160		17377
***			***	***	***	***	
***			***	***	***		
9396	47436		375744	671576	977985	3335	51187
228711	5844086	616910	12405082	7702600	3711641	1358310	
4350326	21576669		74503789	39630992	22160541	7516315	800300
1277010	16657086	2494099	29205136	27492032	8307107	1524970	20451
			32557	49358	610		
			***	***			
1239549	2865578		19294875	4795161	3133401	1016	1316
3948	7287		287486	37517	14100		
1640037	11484597		28522952	19193313	17181871	36866	5410
499702	3687391		7922320	3933808	2297180	36866	5410
937109	4254534		9261847	8851553	6792563		
203226	3542672		11338785	6407952	8092128		
230702	7566033		14268077	10687667	8335268	27150	
50173	541866		1740792	1323825	1013385	3750	
67250	1491924		2495079	2410481	551225	23400	
113279	5532243		10032206	6953361	6770658		

7-7 续表 3

项　　目	累计折旧	本年折旧	在建工程	无形资产	资产总计	流动负债合　计
三、按隶属关系分						
中央	4106756	522453	1862793	2194579	48686489	10359704
省	4042355	480283	686528	773981	62062917	24178623
地	1875341	230941	190243	255683	28414111	10841685
县	***	***			***	***
街道	71501	7305	280	5	325651	186102
镇	882431	135347	743496	53601	6301771	3646846
乡	535862	65395	443853	87379	3871080	1686265
社区	***	***	***	***	***	***
村委会	190168	31225	218347	6091	1634878	783393
其他	15560961	2432689	3285679	4039476	182057525	76361299
四、按控股情况分(仅限企业法人)						
国有控股	10749881	1389436	3044248	4109146	155033145	48728039
集体控股	3061574	411149	2087136	382543	40705164	18349118
私人控股	5112577	793242	1864559	744605	63842462	37295429
港澳台商控股	5737282	916194	22012	2144434	46791617	16644377
外商控股	2406862	352415	412172	27617	20514575	5679368
其他	189800	43128	1092	2450	6401431	1276574
五、按四大城市功能区分						
首都功能核心区	8936848	1253794	1002624	4200955	84667669	30668847
东城区	4992160	782026	656601	3209851	47889580	17696854
西城区	3944688	471768	346023	991104	36778089	12971993
城市功能拓展区	16193902	2280952	4823222	2690551	203247695	77956107
朝阳区	9359254	1340624	3108372	2183308	128241416	49565898
丰台区	637044	90029	168688	239344	9066662	2892535
石景山区	307911	100110	134300	401	5460738	3235721
海淀区	5889693	750189	1411862	267498	60478879	22261953
城市发展新区	1866339	333968	1569486	491377	40200862	16980843
房山区	193984	43615	33975	148	1391107	699247
通州区	184717	48042	449876	27338	15055525	5676097
顺义区	395862	77125	184370	125218	4363313	2889315
昌平区	427719	84760	338996	130502	5775450	3004847
大兴区	574663	64760	562269	200050	12046077	3970039
开发区	89394	15666		8121	1569390	741298
生态涵养发展区	336686	52299	37353	52627	5647924	2475349
门头沟区	120135	16454	35760	4471	2850125	1557864
怀柔区	91973	18240	877	24258	1650039	326975
平谷区	1408	780		8	119484	68722
密云县	122877	16749	716	23890	1021832	516217
延庆县	***	***			***	***

单位：千元

#应付账款	非流动负债合计	#应付债券	负债合计	所有者权益合计	#实收资本	国家资本	集体资本
368790	4987459		15347163	33339326	18176864	8998033	8468
2013701	14465908	1472301	38644531	23418386	11980408	2255912	59089
1507785	7049217	616910	17890902	10523209	5002822	1706872	243237
			***	***	***		
917	65895		251997	73654	54060	500	4360
21530	656038		4302884	1998887	168964		119028
42332	983022		2669287	1201793	303780		278252
	***		***	***	***		***
8454	166250		949643	685235	269201		269201
6035820	43364498	1000000	119725797	62331728	40115470	899494	769563
3147163	30396472	3089211	79124511	75908634	37222520	13806451	39236
1670564	7662839		26011957	14693207	5603661	45803	1648091
3292530	12979275		50274704	13567758	7971370	5557	59181
1619710	11393785		28038162	18753455	16976048		4690
198287	6705364		12384732	8129843	7818720		
67718	2600552		3877126	2524305	478700		
2104445	16357681	-21798	47026528	37641141	25467503	7026047	308349
1398709	9382660		27079514	20810066	14786957	2476790	254631
705736	6975021	-21798	19947014	16831075	10680546	4549257	53718
6001664	46619192	2494099	124575299	78672396	42303237	5783549	1110259
4619216	30039274	2494099	79605172	48636244	28399058	1733455	191398
117565	1541224		4433759	4632903	1677420	613496	182162
193990	83275		3318996	2141742	961702	243808	89509
1070893	14955419		37217372	23261507	11265057	3192790	647190
1707582	8270185	616910	25251028	14949834	7203874	895215	458295
80671	395677		1094924	296183	173609	16695	
908876	2888721		8564818	6490707	2622594	79880	23880
295832	525204		3414519	948794	988769	5000	45500
208139	379966		3384813	2390637	975431	17876	312474
147236	3854147	616910	7824186	4221891	2017610	513000	76441
66828	226470		967768	601622	425861	262764	
185638	587089		3062438	2585486	1376812	156000	151152
31006	287		1558151	1291974	393152	500	151152
43862	511488		838463	811576	573540		
8580			68722	50762	14620		
102071	75314		591531	430301	394500	155500	
***			***	***	***		

7-7 续表 4

项目	法人资本	个人资本	港澳台资本	外商资本	营业收入	#主营业务收入
合计	**32032084**	**3842071**	**16930406**	**7657999**	**81929147**	**78963282**
一、按行业分(分到小类)						
房地产业	32032084	3842071	16930406	7657999	81929147	78963282
物业管理	11416736	1134309	7024570	2904822	39918409	38891267
物业管理	11416736	1134309	7024570	2904822	39918409	38891267
房地产中介服务	521315	293899	150128	402262	11437166	11416941
房地产中介服务	521315	293899	150128	402262	11437166	11416941
自有房地产经营活动	14388819	1844235	8256733	4186002	20121941	18352619
自有房地产经营活动	14388819	1844235	8256733	4186002	20121941	18352619
其他房地产业	5705214	569628	1498975	164913	10451631	10302455
其他房地产业	5705214	569628	1498975	164913	10451631	10302455
二、按登记注册类型分						
内资	30488538	3797289	724020	5000	63818548	61016242
国有	7775870				4707387	4386864
集体	29009				1747894	1595121
股份合作	30355	130428			171815	165006
国有联营					***	***
集体联营	***	***			***	***
国有与集体联营	923463				67151	46028
国有独资公司	2353331				2074391	2032989
其他有限责任公司	12468896	1353030	17000	5000	35826529	34743025
股份有限公司	5844887	209779	707020		6584324	6271260
私营独资	510	100			23630	23630
私营合伙					***	***
私营有限责任公司	1041167	2089902			12447879	11584902
私营股份有限公司	11050	3050			121182	121051
港澳台商投资	920667	4629	16149386	64913	13573139	13468787
与港澳台商合资经营	729201	4629	1456161	64913	4484205	4453324
与港澳台商合作经营	191466		6601097		4703808	4688898
港澳台商独资			8092128		4385126	4326565
外商投资	622879	40153	57000	7588086	4537460	4478253
中外合资经营	518727	40153	1000	449755	1243542	1228840
中外合作经营	104152		56000	367673	425171	420388
外资企业				6770658	2868747	2829025

单位：千元

营业成本	#主营业务成本	营业税金及附加	#主营业务税金及附加	其他业务利润	销售费用	管理费用	#税金	#财产保险费
44862005	**43600397**	**4582019**	**4437957**	**1581851**	**7071324**	**15279910**	**987024**	**91465**
44862005	43600397	4582019	4437957	1581851	7071324	15279910	987024	91465
26802422	26283747	2077321	2043992	478719	2630923	7272530	220007	45646
26802422	26283747	2077321	2043992	478719	2630923	7272530	220007	45646
6390858	6370590	572358	572343	-57	1949944	2021285	26102	2593
6390858	6370590	572358	572343	-57	1949944	2021285	26102	2593
6904539	6251455	1235600	1128876	1027588	1427387	4238996	552248	25517
6904539	6251455	1235600	1128876	1027588	1427387	4238996	552248	25517
4764186	4694605	696740	692746	75601	1063070	1747099	188667	17709
4764186	4694605	696740	692746	75601	1063070	1747099	188667	17709
36561932	35335159	3538206	3398789	1454432	5373765	12601139	665052	72608
2455256	2321904	237440	225780	193584	420324	1361545	103607	6970
913669	855851	85244	79996	89707	152458	591472	33359	2264
62027	60729	9169	9169	5511	21980	62620	3785	252
		***	***		***	***	***	***
***	***	***	***		***	***	***	
38135	31354	2824	1631	13149		37440	3712	246
1258178	1227765	111411	110959	10537	117043	506848	23141	2078
21834509	21318571	1950078	1909769	527500	2702225	6766555	342465	44933
2993225	2953579	462097	443911	255232	265846	795724	104261	3993
		409	409		34	2200		
		***	***		***	***	***	
6929766	6488239	670392	608034	359092	1683286	2454978	50847	11854
76601	76601	6490	6479	120	3833	17862	76	
6541610	6523137	742012	738026	85233	1129869	1924849	244866	13511
2107731	2092980	237591	236811	15350	526689	620917	47989	7165
2089110	2088413	262457	261645	16741	8593	399660	155778	1862
2344769	2341744	241964	239570	53142	594587	904272	41099	4484
1758463	1742101	301801	301142	42186	567690	753922	77106	5346
528258	527602	78031	77991	14006	259122	232466	11570	1647
136337	136323	32332	32332	4769	5012	75998	9262	955
1093868	1078176	191438	190819	23411	303556	445458	56274	2744

7-7 续表 5

项目					营业收入	#主营业务收入
	法人资本	个人资本	港澳台资本	外商资本		
三、按隶属关系分						
中央	9129967	2746	37650		8335303	7983638
省	8661029	96202	815340	92836	10990942	10629908
地	2879541	173172			5690458	5323336
县	***	***			***	***
街道	45900	3300			227775	210703
镇	49936				1313091	1304573
乡	22223	3305			687605	667732
社区					***	
村委会					218897	218773
其他	11241714	3562120	16077416	7565163	54404438	52599357
四、按控股情况分(仅限企业法人)						
国有控股	22155905	268580	804036	148312	29981532	28905866
集体控股	3782125	127642			6424825	6053999
私人控股	4472826	3393897	3819	36090	27401977	26164232
港澳台商控股	842015	879	16063551	64913	12898857	12795113
外商控股	316883	37153	56000	7408684	3862564	3803908
其他	461780	13920	3000		1300740	1220444
五、按四大城市功能区分						
首都功能核心区	7336154	834989	7935180	2026784	20783624	20372608
东城区	3457284	535568	7321110	741574	12243415	12064857
西城区	3878870	299421	614070	1285210	8540209	8307751
城市功能拓展区	19112031	2371851	8770575	5154972	50216305	49059523
朝阳区	13557766	1669139	6543642	4703658	34313787	33854982
丰台区	779063	90400	12299		2585966	2436887
石景山区	523091	105294			1371221	1335771
海淀区	4252111	507018	2214634	451314	11945331	11431883
城市发展新区	4961551	577281	9212	302320	8984958	7648455
房山区	115654	41260			866622	815821
通州区	2401556	33578		83700	1673374	1551194
顺义区	671113	91194	9212	166750	1773122	1674964
昌平区	376556	216655		51870	2118737	1192600
大兴区	1303331	124838			1991342	1951348
开发区	93341	69756			561761	462528
生态涵养发展区	622348	57950	215439	173923	1944260	1882696
门头沟区	224600	16900			442003	440900
怀柔区	280328	3850	115439	173923	841252	804292
平谷区	4020	10600			66371	66371
密云县	112400	26600	100000		584725	561224
延庆县	***				***	***

单位：千元

营业成本	#主营业务成本	营业税金及附加	#主营业务税金及附加	其他业务利润	销售费用	管理费用	#税金	#财产保险费
4907265	4809665	478568	457221	250790	873036	1502327	143436	8145
5868702	5701578	652759	639435	180586	621610	2491789	211652	20456
3647967	3445853	296856	283843	152238	297864	1267324	71662	6490
***	***	***	***			***	***	
93067	64046	10122	9633	-12438	12483	72445	2356	248
945854	943040	66466	66454	5692	119856	201883	14888	1020
176284	163556	36510	36510	7145	57742	306182	17118	1329
***		***		***		***	***	
148378	148378	10667	10667	124	7927	57549	3566	112
29032903	28295000	3027466	2933535	976588	5080806	9365586	521100	53665
17520886	17072688	1697604	1648859	597037	1949886	5647992	450484	35317
3584067	3441934	341308	325822	213208	500788	1530650	74391	7299
15435170	14867848	1496104	1426649	600969	3098863	5239071	147681	29750
6114582	6096110	704600	700657	84669	1018586	1903326	238303	13074
1530382	1514048	264424	263765	41663	435739	625359	60438	3984
634792	577948	75322	71494	19624	67462	317510	14487	2012
10328250	10188220	1191914	1174767	254080	1657831	3845680	385241	28093
5467093	5402728	725453	718998	107980	1102801	2190281	280979	19049
4861157	4785492	466461	455769	146100	555030	1655399	104262	9044
27620989	27242562	2868182	2820021	751609	4252882	9662159	541381	53957
18999147	18808956	2025999	2007931	253887	3058041	5897098	366430	32057
1766087	1724515	131317	124429	100619	127207	578698	17354	3063
672272	647320	72194	72194	10498	193186	434863	18334	1152
6183483	6061771	638672	615467	386605	874448	2751500	139263	17685
5836600	5096847	412096	336521	521175	842041	1454650	53257	7654
623975	590950	38151	38069	17694	59104	111150	5587	729
985484	934666	85808	79858	65412	145132	227709	3658	787
920974	859635	72619	68862	33062	437876	363401	12938	1461
1246441	759728	123984	60291	375731	89977	383295	11576	2301
1631728	1607591	60121	58976	14712	102903	282672	15894	1956
427998	344277	31413	30465	14564	7049	86423	3604	420
1076166	1072768	109827	106648	54987	318570	317421	7145	1761
195861	195455	24474	24440	663	28219	122635	3764	87
401985	398993	52620	50587	31935	193332	114028	2542	1199
39229	39229	2699	2699		585	6177	53	31
431435	431435	29774	28662	22389	96434	71761	768	444
***	***	***	***			***	***	

7-7 续表 6

项 目	财务费用	#利息收入	#利息支出	资产减值损失	公允价值变动收益	投资收益
合 计	**3465119**	**648164**	**4043882**	**140817**	**148432**	**1140062**
一、按行业分(分到小类)						
房地产业	3465119	648164	4043882	140817	148432	1140062
物业管理	530814	206356	757367	7903	775	233735
物业管理	530814	206356	757367	7903	775	233735
房地产中介服务	9931	24235	15490	60280	-1760	70912
房地产中介服务	9931	24235	15490	60280	-1760	70912
自有房地产经营活动	2106606	325590	2415798	21543	86924	670306
自有房地产经营活动	2106606	325590	2415798	21543	86924	670306
其他房地产业	817768	91983	855227	51091	62493	165109
其他房地产业	817768	91983	855227	51091	62493	165109
二、按登记注册类型分						
内资	2248255	489418	2576332	129574	136111	1050069
国有	-78801	110884	32881	8945	-95	121825
集体	92997	47587	140480	2849		74515
股份合作	820	3507	4277			3107
国有联营	***	***				***
集体联营	***	***				
国有与集体联营	7897	835	8706	226		38980
国有独资公司	32367	36712	60141	21950	-526	65575
其他有限责任公司	1088172	220732	1248861	8428	136737	534556
股份有限公司	803565	45682	818381	26339		112240
私营独资	-5	3	-2			
私营合伙	***	***				
私营有限责任公司	301763	22845	262607	60837	-5	99268
私营股份有限公司	-482	663				
港澳台商投资	673495	115531	859095	10421	12321	62288
与港澳台商合资经营	148873	39945	198094	10433		17214
与港澳台商合作经营	108302	63196	250763	-12	12321	29453
港澳台商独资	416320	12390	410238			15621
外商投资	543369	43215	608455	822		27705
中外合资经营	22807	8769	30149	822		576
中外合作经营	74639	12695	88849			491
外资企业	445923	21751	489457			26638

单位：千元

营业利润	营业外收入	#补贴收入	利润总额	应交所得税	应付职工薪酬(本年贷方累计发生额)	#社会保险费	#住房公积金	应交增值税
6687962	**1450444**	**671159**	**8828263**	**2382453**	**22821710**	**2999550**	**751527**	**157127**
6687962	1450444	671159	8828263	2382453	22821710	2999550	751527	157127
605518	575690	378829	1377415	553411	13022804	1979405	484805	45476
605518	575690	378829	1377415	553411	13022804	1979405	484805	45476
492790	64455	2131	536188	187430	6036668	439490	88475	70037
492790	64455	2131	536188	187430	6036668	439490	88475	70037
4226886	567178	161711	5299721	1247677	2288933	354846	111108	10509
4226886	567178	161711	5299721	1247677	2288933	354846	111108	10509
1362768	243121	128488	1614939	393935	1473305	225809	67139	31105
1362768	243121	128488	1614939	393935	1473305	225809	67139	31105
3511103	1306766	662197	5535490	1433932	18677637	2411020	581361	129434
329696	462516	186722	828832	169636	1516287	243885	78517	11684
-87946	96121	42093	53909	39504	460124	81140	21498	-6650
15199	2744		20956	4826	34382	4581	652	54
***			***	***	***	***	***	
***	***		***	***	***	***	***	
-19145	18250	15	37835	1058	23916	5274	1427	64
46444	130052	121841	200442	41015	637151	102843	26887	2064
1484869	488820	246320	2556167	720757	10804578	1489394	355458	52737
1263867	14310	25	1213670	245360	910736	143052	45351	26467
20992			20992	562	936	91	43	517
***			***	***	***	***	***	
407694	93887	65181	553366	206997	4217868	330674	49661	42338
16878	63		16760	3738	66083	9688	1743	159
2564644	54305	4879	2652561	726897	3185935	473962	141297	22719
842404	11851	4836	853338	225979	1227643	189396	49047	9852
1839026	13991		1885227	468115	432018	55954	18515	1908
-116786	28463	43	-86004	32803	1526274	228612	73735	10959
612215	89373	4083	640212	221624	958138	114568	28869	4974
122858	5634	2093	125411	37739	374723	53397	10627	445
100853	4296	701	101875	19279	39543	6446	2018	128
388504	79443	1289	412926	164606	543872	54725	16224	4401

7-7 续表 7

项目	财务费用	#利息收入	#利息支出	资产减值损失	公允价值变动收益	投资收益
三、按隶属关系分						
中央	133243	122051	250001	-2759		224709
省	413294	119630	484585	13220	1706	171356
地	110404	77523	186397	31720	47184	123751
县	***	***				
街道	-98	528	55			1927
镇	-15946	25414	9360			11570
乡	-2918	3972	879			72903
社区	***	***	***			***
村委会	3767	775	4411			11
其他	2823211	297219	3106980	98636	99542	533583
四、按控股情况分(仅限企业法人)						
国有控股	807824	318784	1085666	64809	58457	566068
集体控股	309534	94142	396300	2277		243490
私人控股	1010227	84239	982117	64731	-1760	228755
港澳台商控股	675341	107700	854790	7973	12321	57920
外商控股	511985	35958	569698	412		27129
其他	150186	6148	154097	615	79414	16448
五、按四大城市功能区分						
首都功能核心区	669256	251529	996740	10795	71341	367275
东城区	446174	150380	662937	6415	13133	171764
西城区	223082	101149	333803	4380	58208	195511
城市功能拓展区	2412101	332347	2624580	100512	77091	609232
朝阳区	1541497	187911	1658705	100959	77745	211841
丰台区	33159	9502	36082	40		56789
石景山区	-16027	29355	14210	-44		81125
海淀区	853472	105579	915583	-443	-654	259477
城市发展新区	367309	41253	383318	24465		142181
房山区	33986	1022	34742	250		69
通州区	198260	15605	208382	89		55505
顺义区	31243	11256	25675	-275		37
昌平区	34573	7642	38697	715		40132
大兴区	50957	4960	57397	24323		46427
开发区	18290	768	18425	-637		11
生态涵养发展区	16453	23035	39244	5045		21374
门头沟区	-19352	19604	215	3788		5686
怀柔区	30143	2802	32842	545		15688
平谷区	-43	51	-2			
密云县	5664	570	6189	712		
延庆县	***	***				

单位：千元

营业利润	营业外收入	#补贴收入	利润总额	应交所得税	应付职工薪酬(本年贷方累计发生额)	#社会保险费	#住房公积金	应交增值税
458937	112655	32878	775525	212082	2667525	390763	106735	35273
942788	383103	81309	1385024	310294	2502071	430767	122975	15833
67944	382538	296362	577951	135375	1572924	273038	75069	6013
***	***	***	***	***	***	***	***	***
39756	11128	10668	52512	15120	51339	7419	1764	689
-5022	20897	12520	24627	8644	131299	17694	2119	-195
113805	27543	26139	214733	42189	221286	39292	9748	115
***	***	***	***		***			
-9391	11156	4331	378	1215	57511	4746	36	264
5077684	491997	197725	5799844	1657503	15611708	1834712	432852	99110
2373313	868618	426987	3537374	842916	7998452	1285199	358947	59760
158479	195208	109524	558907	156919	1360698	224354	52009	-5300
1122420	219128	102230	1480161	464383	9235661	913003	174356	75845
2485762	52600	4865	2570813	706908	3021214	439378	133212	21916
494675	85033	2740	519384	197539	828368	88908	21924	4529
55468	15080	10039	162221	13788	370646	47972	10914	349
3090571	429490	155107	3899038	930064	5894188	825118	196854	25465
2311491	139853	17995	2593649	670120	3218762	437897	99956	7890
779080	289637	137112	1305389	259944	2675426	387221	96898	17575
3421406	561376	261729	4197089	1239470	14272151	1850719	479732	108644
2795346	268115	111801	3011622	923554	10019226	1210290	320324	78008
-50502	68401	47856	-6341	30443	778394	119187	30451	3948
14733	12063	7329	105298	21137	453590	69445	20333	457
661829	212797	94743	1086510	264336	3020941	451797	108624	26231
72262	434638	248106	595822	174683	1971198	267047	60932	19346
256	38103	27858	37876	11584	265870	44476	10097	-3294
30981	45922	38081	140181	28247	214566	26366	6533	1762
-52991	24122	15306	-35039	16774	725977	88656	22963	18665
240467	156329	22415	420851	101235	375781	50630	8015	3482
-137039	160667	135276	32306	11134	265617	41282	9875	-2113
-9412	9495	9170	-353	5709	123387	15637	3449	844
103723	24940	6217	136314	38236	684173	56666	14009	3672
90166	5368	1764	87942	20885	159359	9281	5613	197
49144	7251	3053	70994	14900	446181	39126	6663	108
17724	200		17918	625	10129	685	177	517
-52443	11197	490	-40586	1824	66248	7217	1556	2903
***	***	***	***	***	***	***	***	***

7-8 规模以下物业管理、中介服务及

项目	单位数(个)	固定资产合计	固定资产原价	#本年折旧	资产总计	负债合计	所有者权益合计	#实收资本
合计	**12595**	**28149426**	**36567187**	**1562687**	**288766693**	**196490932**	**92275762**	**79210528**
一、按行业分(分到小类)								
房地产业	12595	28149426	36567187	1562687	288766693	196490932	92275762	79210528
物业管理	5480	8342914	11671191	522621	78359008	50644348	27714660	28621231
物业管理	5480	8342914	11671191	522621	78359008	50644348	27714660	28621231
房地产中介服务	5101	4381710	5250846	223414	45306592	28407268	16899324	14027394
房地产中介服务	5101	4381710	5250846	223414	45306592	28407268	16899324	14027394
自有房地产经营活动	1517	14390295	18380989	761389	94890066	62512632	32377433	21984318
自有房地产经营活动	1517	14390295	18380989	761389	94890066	62512632	32377433	21984318
其他房地产业	497	1034508	1264161	55263	70211028	54926683	15284345	14577585
其他房地产业	497	1034508	1264161	55263	70211028	54926683	15284345	14577585
二、按登记注册类型分								
内资	12444	26268448	34007274	1503574	274329505	186516163	87813343	73060762
国有	441	3493605	4822652	172866	26380191	13528590	12851601	7632190
集体	598	2027655	2282015	113652	10576771	6408163	4168607	1833023
股份合作	229	463862	644491	32777	2414209	1615383	798826	1004534
国有联营	5	55897	135151	24566	475261	522360	-47099	19510
集体联营	14	13251	18617	803	43223	27319	15904	27036
国有与集体联营	9	1751	12059	684	113336	96241	17094	14382
其他联营	18	23357	33884	2433	208659	178808	29850	65225
国有独资公司	68	363411	614131	45615	11028716	7934041	3094675	2684639
其他有限责任公司	3871	11326501	15586504	579923	161445337	112069367	49375971	41413981
股份有限公司	101	75190	123184	4725	947333	528021	419313	590566
私营独资	428	472656	546822	27515	2033266	1355894	677372	792518
私营合伙	74	40703	47908	3060	347654	123576	224078	204733
私营有限责任公司	6451	7737156	9045747	488693	54971477	39623918	15347558	16051925
私营股份有限公司	115	172947	93137	6182	2883216	2063521	819694	699731
其他	22	507	971	79	460857	440959	19898	26770
港澳台商投资	83	906140	1131332	20161	6904163	4250674	2653489	4166062
与港澳台商合资经营	23	83403	227390	6096	677296	933103	-255807	792895
与港澳台商合作经营	8	16269	34068	1135	310396	131535	178860	338799
港澳台商独资	49	798898	861918	12458	5905680	3179165	2726515	3027330
其他港澳台投资	3	7571	7957	472	10790	6870	3920	7037
外商投资	68	974838	1428580	38952	7533025	5724095	1808930	1983704
中外合资经营	21	34443	1231027	30738	3112569	2934978	177591	378374
中外合作经营	6	1645	6378	661	1436077	931542	504534	270103
外资企业	35	57422	74304	6417	2691425	1756508	934917	1109449
外商投资股份有限公司	2	881328	116871	1136	226990	70376	156614	158973
其他外商投资	4				65965	30691	35274	66804

其他房地产业法人单位财务状况(企业会计制度)

单位：千元

营业收入	营业成本	营业税金及附加	销售费用	管理费用		财务费用	投资收益	营业利润	利润总额	应交所得税	应交增值税
					#税金						
23277916	**12635922**	**1333087**	**440806456**	**10080715**	**300665**	**1400493**	**1989426**	**-3154221**	**-818472**	**291733**	**78500**
23277916	12635922	1333087	440806456	10080715	300665	1400493	1989426	-3154221	-818472	291733	78500
11110186	5761855	567562	1198382	4511987	85723	249465	537197	-1303764	-507961	102800	23653
11110186	5761855	567562	1198382	4511987	85723	249465	537197	-1303764	-507961	102800	23653
3969310	1444676	171093	438972552	2201558	35399	78562	982915	-390162	632199	36360	29284
3969310	1444676	171093	438972552	2201558	35399	78562	982915	-390162	632199	36360	29284
5527462	3333874	427995	485499	2852096	171577	945357	428036	-1063763	-616045	137736	23946
5527462	3333874	427995	485499	2852096	171577	945357	428036	-1063763	-616045	137736	23946
2670958	2095517	166437	150024	515074	7966	127110	41277	-396533	-326664	14837	1617
2670958	2095517	166437	150024	515074	7966	127110	41277	-396533	-326664	14837	1617
22788400	12462655	1267092	440766556	9659118	280244	1329598	1770745	-2917176	-695029	249119	76476
1852005	760382	110287	102847	1072248	35984	-29208	158284	-15664	231893	63027	3964
1083415	641636	53670	123646	652926	13586	-21096	35613	-162262	-51379	14151	10918
451490	264441	17129	32721	165127	3455	3606	3155	-24856	-12039	2541	2884
8979	1445	602	1571	107077	20248	-487		-100954	-100378	55	34
4277	3534	163	118	2084	82	-8		-1329	-960	17	16
14013	743	785	4304	7799	146	-214	2978	380	3790	774	
23501	8497	1264	5358	10251	92	11	30	-671	-712	-23	
1350467	1027088	74869	30579	191234	4275	15008	133544	779	158568	22377	180
9023176	5545465	572092	439112524	4124974	111665	1211505	1324962	-2136920	-588822	76661	24330
183309	61018	10768	8075	81926	3680	14439	1610	12610	17138	4628	736
388186	116327	16374	107507	114524	2094	9620	2746	15884	18901	2523	929
67098	38801	3260	5584	18766	579	-11	150	4524	5500	382	209
8006760	3783104	389934	1211381	3036051	66258	125551	103171	-507635	-377971	61359	31813
326606	207805	15680	20171	72418	18093	898	4503	-849	1786	616	463
5118	2371	216	170	1712	7	-18		-212	-346	32	
218874	125971	11354	17096	246349	7609	39735	211041	-166806	-99249	1844	1656
52476	28712	2854	2983	30188	1355	-2798		-7636	-7645	873	238
26163	4545	1462	1488	15717	23	2126		918	818	465	
139520	92541	7007	12522	199714	6140	40398	211041	-159765	-92100	506	1414
715	173	31	103	729	92	9		-323	-323		4
270642	47297	54642	22804	175249	12812	31161	7639	-70239	-24194	40770	369
129632	12058	7067	6241	73508	11399	28232	523	5428	26579	2613	111
10295	4587	41521	676	4819	754	-198	705	-40724	-38666	35525	
117017	21600	3896	6226	90640	624	532	6412	-18954	-22159	2494	258
12045	9002	648		4618	34	2633		-4798	21244	138	
1653	50	1510	9660	1664		-38		-11192	-11192		

7-8 续表

项目	单位数(个)	固定资产合计	固定资产原价	#本年折旧	资产总计	负债合计	所有者权益合计	#实收资本
三、按隶属关系分								
中央	206	1672963	2620134	79041	21963909	10335305	11628603	9774957
省	230	2352774	3062628	100774	18040740	11061454	6979286	6444624
地	631	2139027	2831070	119320	18131561	11497847	6633714	5009869
县	32	63322	109784	4350	452356	365415	86941	92744
街道	54	202942	169304	4774	1437986	1284965	153021	91782
镇	93	368265	385147	19575	7838199	5817785	2020414	1134659
乡	74	215738	287983	15636	1122083	917468	204615	198420
社区	6	3371	3273	105	19326	17102	2223	3520
村委会	170	646835	676521	26902	1982116	1193795	788321	969158
其他	11099	20484190	26421342	1192210	217778418	153999795	63778623	55490795
四、按控股情况分(仅限企业法人)								
国有控股	806	5873781	8849310	297735	63863100	37239300	26623800	22893119
集体控股	991	3414222	4020165	207317	22059275	14719774	7339500	6074756
私人控股	10202	15794548	19738503	921481	163601659	119344127	44257532	37922805
港澳台商控股	81	899634	1091208	21169	7016271	3914472	3101799	3709025
外商控股	54	951947	1386385	37752	5851935	4380186	1471749	1294565
其他	458	1215294	1481616	77232	26358793	16893072	9465721	7316258
五、按四大城市功能区分								
首都功能核心区	2182	6884799	9464053	377060	63720182	34347468	29372714	19041361
东城区	992	3271235	4512312	174128	39449983	17327157	22122826	11218559
西城区	1190	3613564	4951741	202931	24270199	17020311	7249888	7822802
城市功能拓展区	6559	12668633	16087503	748014	140527583	95711473	44816110	44502482
朝阳区	3123	8588359	10752278	383147	60375923	40400026	19975897	18758939
丰台区	1161	1303233	1717107	127882	15902352	9430697	6471654	8320420
石景山区	363	420491	593076	34672	7321515	4931360	2390154	2845942
海淀区	1912	2356550	3025042	202314	56927794	40949390	15978405	14577181
城市发展新区	2900	6700025	8843035	364133	73211304	59377778	13833526	11945010
房山区	477	277998	379897	32298	3701014	2435328	1265686	940561
通州区	626	1450763	1871916	63193	23261336	18565550	4695786	3199602
顺义区	398	784974	898460	39805	9343534	8032225	1311310	1667955
昌平区	761	1709167	2789705	80893	14844491	11644076	3200415	2675192
大兴区	535	1704323	2007140	87475	16234578	13820677	2413900	1724877
开发区	103	772801	895916	60469	5826352	4879922	946430	1736823
生态涵养发展区	954	1895969	2172596	73481	11307624	7054213	4253411	3721675
门头沟区	135	87342	173414	7836	1351749	719156	632592	555699
怀柔区	244	317498	363624	13574	2753442	1319597	1433845	1446306
平谷区	182	219397	228807	4458	946929	422046	524882	574842
密云县	288	1074840	1137088	36909	5494371	4013608	1480763	916096
延庆县	105	196892	269663	10705	761133	579805	181329	228732

单位：千元

营业收入	营业成本	营业税金及附加	销售费用	管理费用	#税金	财务费用	投资收益	营业利润	利润总额	应交所得税	应交增值税
1002805	459757	55643	85625	666088	23884	-79245	174872	-141113	81815	34354	3714
1127717	455441	69423	81143	691430	46436	98798	38969	-155382	-68246	29069	2185
1466487	667096	72548	231033	893653	19929	31101	138291	-118997	114240	27089	2434
65216	33614	2587	21378	46953	499	-405	89	-33560	-23455	135	696
140685	76252	7097	9565	66816	720	-1262	1188	-18393	-10026	1191	239
1273315	1065922	67766	24185	172890	1154	-10256	20299	-44508	-10193	10403	725
191132	72936	9752	10578	135094	2216	-3127	5	-22140	-26655	-813	2089
7543	9035	160	741	1195	18	-1		-3734	-434	2	92
249587	169781	9975	38996	117581	1322	-2104	17159	-75895	-39187	2709	2191
17753428	9626088	1038136	440303211	7289017	204487	1366995	1598554	-2540498	-836331	187593	64134
4681205	2545056	261176	233922	2022002	91607	22157	462042	-241005	372317	112241	6332
2105694	1230499	100943	208522	1151380	21973	46165	126210	-457384	-194035	28401	14386
14286154	7655812	798653	440174428	6066369	161579	1130593	620959	-2037654	-1310532	100827	50886
204669	105905	10631	22240	240206	6962	40972	211044	-161013	-94511	1964	1622
242608	40555	51609	10399	162594	11982	26095	7639	-61013	-14927	38602	369
1755082	1058095	109860	156944	438164	6563	134511	561532	-196151	423215	9697	4905
4522959	1994690	245871	570611	2186099	78373	519252	531826	-955393	-478029	68852	8011
1930164	790755	109292	236813	1009917	42335	349454	382124	-499547	-197079	34554	2581
2592794	1203935	136579	333798	1176182	36038	169797	149702	-455846	-280949	34298	5431
11098244	5986965	650111	439519724	5310013	120173	784926	1422240	-1454170	185314	109754	41502
4783712	1980143	227330	823807	2653166	60173	183532	931816	-681279	360127	45340	20212
1685850	737054	103043	218084	739853	16196	44175	-94356	-150136	-230034	765	2146
526132	179336	27370	126531	213944	5064	85236	788	-79151	-78470	13750	384
4102550	3090432	292368	438351302	1703050	38740	471984	583992	-543605	133691	49899	18760
5340215	3066766	324623	572982	2116572	86850	31761	29157	-666633	-481931	91519	27201
560034	347649	29349	55680	198496	2498	-1297	7271	-67610	-51744	5015	4345
2084290	1434212	131060	152031	536522	23697	19266	46055	-163456	-95815	18534	6942
578216	272098	23915	110689	264921	12486	2425	-15073	-73378	-87379	8262	1443
933853	421150	45633	118909	412340	12943	-18879	-10335	-34821	-8477	7294	3791
933433	474873	83242	87771	510006	31267	5489	678	-250186	-175252	46040	8944
250389	116784	11425	47902	194287	3958	24756	561	-77181	-63262	6374	1735
2316497	1587501	112482	143138	468031	15269	64554	6203	-78025	-43827	21607	1786
92282	42819	4216	16278	41005	515	-2062	1373	-9981	-3638	1264	342
205336	101340	9573	26493	110229	1132	-672	79	-41339	-30973	1502	1629
121509	52452	5843	8953	59362	1650	-708	1193	-24701	-17915	465	68
1802698	1357640	88544	81331	197409	9151	66019	3521	11771	18905	16672	-687
94672	33251	4306	10083	60026	2820	1977	36	-13775	-10206	1703	435

第8篇

租赁和商务服务业

8-1 全部租赁和商务服务业

项目	单位数（个）	资产总计	营业收入	营业成本	营业税金及附加
合计	**129459**	**11695303210**	**1010229522**	**779775489**	**11546192**
一、按行业分（分到小类）					
租赁业	5741	54547958	14016527	9022795	246656
机械设备租赁	5295	52721629	12955862	8290936	234782
汽车租赁	1226	18830731	4832977	3029856	78027
农业机械租赁	64	191970	44762	28752	399
建筑工程机械与设备租赁	3003	16400120	4751760	3045013	97271
计算机及通讯设备租赁	104	1152814	391197	264472	9635
其他机械与设备租赁	898	16145995	2935166	1922843	49450
文化及日用品出租	446	1826329	1060666	731858	11874
娱乐及体育设备出租	182	890540	547677	370281	5855
图书出租	23	73464	38272	7603	91
音像制品出租	25	22790	11617	8348	98
其他文化及日用品出租	216	839534	463100	345626	5830
商务服务业	123718	11640755252	996212995	770752694	11299536
企业管理服务	23719	10613598640	544614553	450741029	5885700
企业总部管理	1024	5767198633	409408368	351041156	2835118
投资与资产管理	16874	4581594314	96130101	68521244	2354421
单位后勤管理服务	158	3455350	1067997	530734	39245
其他企业管理服务	5663	261350343	38008088	30647894	656916
法律服务	2011	8531508	9834123	4218161	94730
律师及相关法律服务	1834	7915786	9485706	4063128	84398
公证服务	9	276488	113982	59722	6569
其他法律服务	168	339235	234434	95310	3763
咨询与调查	43763	545774517	98802307	49197169	1453653
会计、审计及税务服务	3589	19441557	17010097	10311288	226340
市场调查	641	5365547	4115476	2009185	39050
社会经济咨询	24090	377019731	45711919	19671683	728366
其他专业咨询	15443	143947682	31964814	17205014	459898
广告业	17809	127217853	138064712	109471326	1442084
广告业	17809	127217853	138064712	109471326	1442084
知识产权服务	1781	8395930	6677591	2924850	45050
知识产权服务	1781	8395930	6677591	2924850	45050
人力资源服务	3079	17017812	53462662	49446413	375036
公共就业服务	120	270036	96638	56160	2980
职业中介服务	432	4927188	31627876	30352909	134685
劳务派遣服务	2225	9478163	11728276	9661226	190082
其他人力资源服务	302	2342425	10009872	9376117	47289
旅行社及相关服务	2285	42508985	61555130	57045054	259864
旅行社服务	1421	24330571	58270749	54142776	241604
旅游管理服务	474	17075406	2569182	2357303	9193
其他旅行社相关服务	390	1103007	715200	544974	9066

法人单位财务状况(企业会计制度)

单位：千元

销售费用	管理费用	#税金	财务费用	利润总额	应交所得税	应交增值税
67721204	**171414410**	**2169974**	**73522570**	**319222960**	**23154971**	**10243007**
1553264	6998603	32269	840068	615084	227654	63888
1484483	2094813	29154	836371	579956	218828	50319
671338	655884	12292	788119	14055	55236	-263
2035	8202	15	-43	4251	1139	1130
510638	758305	8863	52435	247159	58308	59548
20140	102368	414	-961	21050	1826	3492
280331	570055	7572	-3180	293440	102319	-13588
68781	4903790	3115	3697	35128	8827	13569
30105	108729	1143	1406	35168	7339	11974
4404	1638	3	3	-365	31	218
1770	3310	2	2	-1782	8	223
32501	4790113	1967	2286	2106	1449	1154
66167940	164415807	2137705	72682502	318607876	22927316	10179119
25950646	87922631	1447275	69923017	299961848	16964696	3825204
17176718	39160151	754326	42159644	185144167	14020825	2918500
6651208	42551487	547436	27912545	112432499	2592240	735715
210308	262227	4639	-3759	5135	16507	3843
1912411	5948766	140874	-145414	2380047	335124	167146
1121027	1792298	11795	-36244	2770938	769654	421877
1079356	1698893	10549	-34785	2740432	761038	418099
4046	27533	458	-1354	16935	3654	
37625	65872	787	-105	13571	4963	3778
13596078	36351473	213743	1481761	4427818	1584899	2852175
622132	4986301	18171	-42896	644435	160658	645795
527414	1397402	2458	-2347	242409	62676	182676
8369907	20559354	135900	942135	1430945	713371	1268066
4076625	9408416	57214	584869	2110029	648194	755639
10161409	13399064	133462	45549	4749593	1406273	1789780
10161409	13399064	133462	45549	4749593	1406273	1789780
1009993	1813681	10019	-17938	920740	219074	173654
1009993	1813681	10019	-17938	920740	219074	173654
1095091	2316420	12024	-33255	473649	120409	47972
18627	81097	65	-463	14799	792	2679
379287	617669	2334	-10686	151201	40513	9241
545562	1288106	7544	-19391	135310	40508	17113
151615	329547	2081	-2715	172339	38596	18939
2021161	2126599	13525	-52985	631017	136848	25325
1879925	1853285	10072	13621	584681	120541	19909
74161	177448	2851	-67017	49205	12667	1663
67075	95866	601	411	-2868	3641	3754

8-1 续表 1

项目	单位数(个)	资产总计	营业收入	营业成本	营业税金及附加
安全保护服务	491	6998069	8739115	6534377	147217
安全服务	228	4074211	8127888	6150751	138101
安全系统监控服务	174	616208	356213	224383	5961
其他安全保护服务	89	2307650	255014	159244	3155
其他商务服务业	28780	270711939	74462802	41174315	1596202
市场管理	1273	57651191	15870624	7180982	639486
会议及展览服务	10574	41598578	25857531	16890047	262672
包装服务	334	744412	583907	463750	2524
办公服务	2519	6693631	2864133	1442295	82562
信用服务	149	10377276	1765545	261652	88956
担保服务	468	35783879	622658	253120	33656
其他未列明商务服务业	13463	117862975	26898404	14682469	486347
二、按登记注册类型分					
内资	126320	11006650166	703098049	540866721	9799207
国有	1195	3746246315	116964045	94129946	1978329
集体	2074	120881264	6517219	3293902	256268
股份合作	2321	56621068	4312029	1853592	156018
国有联营	18	312755	9789	57644	215
集体联营	44	56282	28432	16624	461
国有与集体联营	16	543806	204286	186717	836
其他联营	169	455525	93518	50662	1589
国有独资公司	336	1912310160	84429022	76124422	1093648
其他有限责任公司	33263	2375635614	235942035	184210153	3214904
股份有限公司	859	1970097600	79545663	69089208	579652
私营独资	6630	21723250	4909204	2573647	99948
私营合伙	4790	88375732	16666952	8571821	244924
私营有限责任公司	71298	644222270	147076998	96172663	2017267
私营股份有限公司	1171	24715100	4532990	3185472	59782
其他	2136	44453424	1865865	1350248	95366
港澳台商投资	1253	197204054	38603237	26646655	450861
与港澳台商合资经营	165	32157062	4660396	2464565	104517
与港澳台商合作经营	22	3235567	2983511	2014694	26069
港澳台商独资	1035	161470338	30953883	22166745	320258
港澳台商投资股份有限公司	16	238332	4613	650	10
其他港澳台投资	15	102755	833		7
外商投资	1886	491448990	268528237	212262113	1296124
中外合资经营	292	26188711	17969518	11684857	262704
中外合作经营	21	648514	631527	303347	4906
外资企业	1464	293211868	247171424	198414853	923194
外商投资股份有限公司	46	169892216	348601	322165	88983
其他外商投资	63	1507682	2407167	1536891	16337

单位：千元

销售费用	管理费用	#税金	财务费用	利润总额	应交所得税	应交增值税
650801	871779	10291	-4571	528249	81114	17154
564188	752917	9752	-4469	532779	79057	7809
41661	76178	213	347	-10788	1128	7707
44952	42684	326	-449	6258	929	1637
10561734	17821863	285570	1377169	4144025	1644349	1025978
2856682	3910161	172620	425635	1489825	472106	-17513
2998733	4944987	56272	145946	886594	322661	502523
31368	66478	216	3113	-2012	1358	7413
340353	1119350	4119	14301	279733	67557	40774
262173	400630	801	26858	1185759	271851	40658
122396	348812	2065	112012	189959	53416	7545
3950029	7031445	49478	649303	114167	455400	444578
42803984	135777684	1816640	69624113	290499802	19250538	6219653
1756180	27390351	392182	19308356	159142072	9121327	686024
445986	2470507	58281	-356503	559687	143687	26053
524500	1760907	35697	-172075	562795	88779	43897
352	6842	65	326	-7414	435	152
880	12172	25	-16	-6581	78	175
3151	56221	951	-2998	-6744	21	807
7040	25060	32	68	-5085	345	857
1129846	11630935	269790	21617174	69336563	2084202	622961
15402899	35877161	577674	15444490	19767185	4040969	1580955
3308964	10217216	160683	10526115	35488425	1795517	-57047
345093	1647192	13500	13207	648112	59999	73041
1176385	3957521	24872	-77186	4571174	807655	643879
18093604	38703046	269170	3345165	-253755	1067553	2507738
521008	1264926	9542	86336	99489	29229	64422
88096	757627	4177	-108346	603878	10742	25740
2719146	8734333	83682	858360	4813731	710778	720635
442975	1469160	16467	186978	1487528	217052	129447
144992	591630	2279	-2213	241753	61021	67803
2130932	6662019	64768	670708	3094276	432506	523249
39	4773		-52	-780	29	117
208	6751	167	2940	-9046	170	19
22198074	26902393	269652	3040096	23909426	3193655	3302719
2266957	2163396	36701	228378	1247459	387356	277007
44903	186179	936	1594	93206	20915	24413
19854992	22988145	219578	-808473	22701765	2690908	2885867
29994	868834	12099	3618077	-291702	94444	13721
1227	695839	338	520	158698	31	101710

8-1 续表 2

项　　目	单位数(个)	资产总计	营业收入	营业成本	营业税金及附加
三、按隶属关系分					
中央	1066	6741885444	285573816	249583629	2810517
省	1279	1033088671	62593365	50345302	1265732
地	3286	645393854	22742756	16185872	567831
县	149	3039123	1308635	1174848	10228
街道	253	7440491	1680798	1289947	21651
镇	355	55995918	1376226	962650	34822
乡	221	83706091	4680344	1782443	243936
社区	24	732219	46307	29747	829
村委会	1921	75990828	2845286	1615509	113407
其他	120905	3048030572	627381989	456805542	6477238
四、按控股情况分					
国有控股	2869	8810556947	386089697	333242046	4731447
集体控股	3826	301768571	21185612	12131546	653926
私人控股	114651	1790202849	281093310	187044504	4190105
港澳台商控股	1223	175934652	38507898	26564455	436345
外商控股	1775	323705396	263703606	209348454	1187157
其他	4752	269438396	9597698	6889968	194700
五、按四大城市功能区分					
首都功能核心区	22440	4253462233	208452097	156844220	2671326
东城区	11143	1026535969	95344720	72126350	1109623
西城区	11297	3226926264	113107377	84717869	1561703
城市功能拓展区	76248	6657754021	737313086	577087779	7658464
朝阳区	39044	3979108407	540786383	423565235	4631384
丰台区	10060	405904557	25652801	15701243	707070
石景山区	3759	97808166	10148610	6946582	152870
海淀区	23385	2174932891	160725293	130874720	2167140
城市发展新区	21776	636612910	50370959	34990035	955182
房山区	3824	112270735	5558104	4165031	112651
通州区	5635	69289691	7598521	5348642	86685
顺义区	2792	224368844	16367672	11290558	316731
昌平区	5416	87155620	8120446	4862592	180205
大兴区	3326	99170112	8708979	6488040	153333
开发区	783	44357907	4017237	2835171	105577
生态涵养发展区	8995	147474046	14093380	10853456	261219
门头沟区	1495	42400644	1977375	1640277	27226
怀柔区	2763	24419746	2792250	1994339	51798
平谷区	1443	36956621	1653328	1534582	39612
密云县	2782	34609810	6222249	4812642	77902
延庆县	512	9087226	1448177	871616	64681

单位：千元

销售费用	管理费用	#税金	财务费用	利润总额	应交所得税	应交增值税
5117461	43664898	602979	47012596	253760507	12883567	1291560
2033529	9251617	271634	7581850	20835057	1498111	193174
1786751	5009061	104399	952537	3504667	638443	168961
35602	88135	1493	-682	-10661	4672	5223
128715	285166	4380	3550	-14816	11116	22969
118232	380058	17088	-30887	27548	7752	3302
401255	1716460	45638	-206123	966684	194621	110
852	18475	5	-3069	-5560	9	13
104141	1692585	12209	-374897	62216	16917	1845
57994667	109307957	1110149	18587696	40097317	7899763	8555850
8762902	57510616	984741	60593151	285078024	15344428	1564826
1513657	6312065	136510	239848	2117674	501555	95413
30908372	69340595	645692	11644730	2181714	2674590	4222585
2666862	8514203	78632	739627	3828146	695645	740245
21820478	25194714	269537	-548022	23787282	3011699	3122743
930651	2736470	34445	947622	-836452	133594	117296
11321690	49875211	509537	33365598	154875058	5633048	2225173
6264422	17722226	190009	8640271	48310132	1765135	1199453
5057268	32152985	319529	24725327	106564926	3867913	1025720
51587370	106292209	1435972	36644024	160131213	16613730	7265937
40204218	67660875	963385	17724763	103604874	8536850	5806644
2834681	6320948	111264	521598	3937707	471858	205574
943863	2536697	28148	437362	962127	219518	101620
7604608	29773688	333176	17960300	51626505	7385504	1152099
3787571	12178027	194303	3155738	4520491	688122	591952
454184	1758683	15008	-95147	-452459	51359	108961
695574	1518365	14270	42348	58313	51416	81739
1121487	3647739	98208	2519477	1529381	330499	165947
650440	2573060	26823	377452	1983580	83462	115010
546140	1434976	21828	34365	1310845	116482	63500
319745	1245205	18166	277242	90831	54904	56796
1024573	3068963	30161	357211	-303804	220071	159945
99359	901103	10511	-969	-276707	22213	16855
250839	640863	5061	16283	-328198	19086	51694
129773	450811	2572	70429	2721	14955	18951
299504	854256	7354	260128	205063	122903	68223
245098	221931	4663	11340	93316	40914	4222

8-2 租赁和商务服务业法人单位

项目	单位数(个)	资产合计	负债合计	上年结余
合计	**5467**	**100424666**	**31845441**	**3818328**
一、按行业分(分到小类)				
租赁业	5	103561	4192	6522
机械设备租赁	4	103561	4192	6522
农业机械租赁	1	***	***	***
建筑工程机械与设备租赁	2	100		
其他机械与设备租赁	1			
文化及日用品出租	1			
娱乐及体育设备出租	1			
商务服务业	5462	100321105	31841249	3811806
企业管理服务	4622	70832407	22799910	2403229
企业总部管理	24	1503132	791676	54267
投资与资产管理	147	8056910	1798853	294470
单位后勤管理服务	285	26509099	5914264	980532
其他企业管理服务	4166	34763265	14295117	1073961
法律服务	160	2075084	922817	144960
律师及相关法律服务	119	572386	375735	3858
公证服务	19	911764	432206	91449
其他法律服务	22	590933	114875	49654
咨询与调查	241	8615222	4776676	231022
会计、审计及税务服务	30	529941	29203	25447
市场调查	13	189219	36853	33939
社会经济咨询	96	662045	156372	92499
其他专业咨询	102	7234017	4554248	79136
广告业	5	13472	1253	4115
广告业	5	13472	1253	4115
知识产权服务	21	3881070	932334	17300
知识产权服务	21	3881070	932334	17300
人力资源服务	209	3846262	1035417	190386
公共就业服务	54	180540	46597	48940
职业中介服务	53	795303	90265	57619
劳务派遣服务	16	433453	124348	15028
其他人力资源服务	86	2436966	774207	68800
旅行社及相关服务	30	158708	4322	27852
旅行社服务	3	2566	1854	50
旅游管理服务	14	152063	2187	27630
其他旅行社相关服务	13	4079	281	172
安全保护服务	7	627479	807	297934
安全服务	5	627479	807	297934
安全系统监控服务	2			
其他商务服务业	167	10271401	1367713	495008
市场管理	12	749199	46786	-2992
会议及展览服务	54	4611424	406834	170256
办公服务	19	1096772	94926	46955
信用服务	5	62113	3056	13645
担保服务	4	725311	72398	1078
其他未列明商务服务业	73	3026582	743713	266066

财务状况(行政事业及民间非营利组织会计制度)

单位：千元

收入合计	支出合计	#工资福利支出	#商品和服务支出	收支结余	经营税金
22963739	**20491828**	**4782897**	**8296449**	**6113721**	**491220**
67706	64847	14895	43600	9381	845
67706	64847	14895	43600	9381	845
***	***	***	***	***	***
	10			-10	
22896033	20426981	4768002	8252849	6104340	490375
12318026	11850993	2395394	4118617	2739705	229970
457892	443620	174337	145075	68538	6606
1401765	1181557	88342	60732	402906	2036
6355421	5865623	1389275	2662189	1470329	194653
4102948	4360193	743439	1250621	797932	26675
803168	656745	230015	243661	291383	35864
202224	150923	35347	87227	55159	2944
439801	367520	171371	112465	163730	26430
161143	138302	23297	43970	72494	6489
2044239	1727419	341091	925034	514231	27682
226031	198235	42527	125649	53243	817
125808	99386	15432	71130	60361	793
341816	304372	55037	118652	129943	5397
1350585	1125426	228096	609603	270685	20674
4254	4476	1793	942	3893	7
4254	4476	1793	942	3893	7
2990638	2395655	963864	1113772	612282	107047
2990638	2395655	963864	1113772	612282	107047
1880135	1498407	397988	718964	572114	33814
317516	376620	77370	164573	-10164	794
475134	359761	108142	133905	172991	6462
152852	143919	68618	53305	23962	3224
934633	618107	143858	367182	385326	23334
51663	46538	6315	6492	32977	86
750	1375	700		-575	
46438	40987	2671	6050	33081	84
4475	4176	2944	442	471	2
56036	96246	3328	33670	257723	7
56036	96246	3328	33670	257723	7
2747876	2150502	428214	1091695	1080031	55898
208039	113097	22052	56498	91949	9469
1172201	969942	191065	543357	360165	35889
226288	233553	74775	123713	39689	4589
74035	67963	11714	13735	19716	295
1660	1657	1191	219	1082	
1065653	764290	127417	354174	567429	5655

8-2 续表

项　　目	单位数(个)	资产合计	负债合计	上年结余
二、按登记注册类型分				
内资	5461	100424149	31845356	3817888
国有	1001	68712272	18939995	2759110
集体	1717	16156667	6118009	644144
股份合作	48	163505	54379	2269
集体联营	2			
国有与集体联营	1	***		***
其他联营	1	***	***	
其他有限责任公司	7	406	291	225
私营独资	25	13386	4794	3532
私营合伙	43	34971	13086	1352
私营有限责任公司	3	40		
其他	2613	15219982	6708311	407107
港澳台商投资	1			
港澳台商独资	1			
外商投资	5	517	86	441
外资企业	3	417	86	441
其他外商投资	2	100		
三、按隶属关系分				
中央	350	48884836	12625174	1496300
省	224	10921467	1504119	566984
地	428	10191871	4783080	980516
县	17	128263	62628	-5739
街道	38	515941	97959	2983
镇	90	654276	199448	53157
乡	30	5818700	3613455	-100226
社区	29	52408	6155	-2913
村委会	3023	19247193	6935684	290986
其他	1238	4009712	2017741	536278
四、按四大城市功能区分				
首都功能核心区	518	38582792	7749486	2285202
东城区	212	12542765	2743747	476525
西城区	306	26040027	5005739	1808677
城市功能拓展区	493	36181851	13851650	687547
朝阳区	224	20928325	10289899	85157
丰台区	61	4457085	795934	114449
石景山区	35	342472	88486	162311
海淀区	173	10453970	2677332	325629
城市发展新区	1962	17779721	6956878	561045
房山区	83	1403851	457008	16659
通州区	348	2051410	938586	-2843
顺义区	415	875297	221530	20038
昌平区	230	3263602	2569070	167674
大兴区	882	10171007	2770586	358740
开发区	4	14553	97	777
生态涵养发展区	2494	7880303	3287427	284535
门头沟区	234	3783476	2087424	7383
怀柔区	189	198141	31312	7334
平谷区	490	1123889	479690	282727
密云县	864	1744692	566281	-35649
延庆县	717	1030105	122720	22740

单位：千元

收入合计	支出合计	#工资福利支出	#商品和服务支出	收支结余	经营税金
22957303	20489433	4782560	8295940	6109239	491220
19035835	16595859	4261932	7275476	5190162	466051
1516359	1534038	258472	504745	626465	4558
17913	13248	2245	2788	6934	103
***	***			***	
***	***	***	***	***	***
1643	1256	729		612	21
13003	14214	2198	1559	2321	138
36686	27020	8926	6042	11019	1904
208	202	200		6	
2334912	2303115	247556	505222	271309	18430
	***			***	
	***			***	
6436	874	337	509	6003	
6418	845	337	509	6013	
19	29			-10	
13613989	11822204	3109332	5098615	3279161	367751
3319658	2661565	581016	1151386	1225078	82490
3046114	3111822	619079	1187368	914809	18302
32315	24124	7698	8842	2453	
26125	27501	7867	8195	1607	604
94033	93021	12147	21902	54169	1052
287271	193914	52178	47847	-137426	2398
16792	10504	1642	1207	3375	
1794445	1892068	281467	573440	193363	10758
732996	655105	110471	197646	577133	7865
8690224	7930022	1891063	3400414	3045405	213737
3187588	2817505	767794	1258476	846608	93965
5502637	5112517	1123269	2141938	2198797	119772
10423120	8764219	2282413	3888606	2169930	261246
3653333	2957201	641148	1373701	629458	69667
1871165	1438264	296548	1022740	547350	64392
120960	138432	16779	39092	144840	2209
4777661	4230322	1327937	1453073	848281	124978
2594378	2469231	387797	443412	686193	11134
186954	195510	34392	87092	8103	90
196182	144217	27122	35310	49122	1087
209311	196554	53945	40020	32796	2911
702750	673302	189263	162141	197121	3696
1292878	1252477	78891	116815	399141	3000
6303	7170	4187	2033	-90	349
1256017	1328357	221623	564016	212195	5103
165822	168209	28328	54438	4995	4901
50037	69360	31128	4341	-11989	104
131417	119270	15357	9548	294874	
720521	721734	108706	367537	-36862	96
188220	249784	38104	128151	-38824	2

8-3 规模以上租赁和商务服务业

项目	单位数(个)	年初存货	流动资产合计	#货币资金	#现金	#交易性金融资产
合计	**5911**	**48701027**	**2377177587**	**612731642**	**499231**	**33521990**
一、按行业分(分到小类)						
租赁业	135	463646	7819993	2650080	7037	7150
机械设备租赁	122	440076	7448652	2520787	6519	7150
汽车租赁	41	1538	2311820	734117	3445	7150
建筑工程机械与设备租赁	42	255305	1479504	143309	2147	
计算机及通讯设备租赁	9	8344	208646	100536	101	
其他机械与设备租赁	30	174889	3448682	1542825	826	
文化及日用品出租	13	23570	371341	129293	518	
娱乐及体育设备出租	9	17866	254883	117388	140	
其他文化及日用品出租	4	5704	116458	11905	378	
商务服务业	5776	48237381	2369357594	610081562	492194	33514840
企业管理服务	838	39628175	2137358881	535781794	73086	26960555
企业总部管理	249	17585381	1447455762	339495979	14069	5342439
投资与资产管理	409	20416527	614293877	179533464	47772	21039358
单位后勤管理服务	22	20129	684687	307299	298	53057
其他企业管理服务	158	1606138	74924555	16445052	10947	525701
法律服务	213	429	5265960	3040119	2422	254882
律师及相关法律服务	208	429	5016460	2795375	2228	254882
公证服务	3		236017	234939	81	
其他法律服务	2		13483	9805	113	
咨询与调查	1283	1822673	76357569	21003822	88275	1801865
会计、审计及税务服务	161	9195	9687458	3128729	18574	80297
市场调查	44	10801	2396042	922070	2006	54998
社会经济咨询	683	798642	39257865	9876665	31995	1414072
其他专业咨询	395	1004035	25016204	7076358	35700	252498
广告业	915	614023	54794423	15116936	45382	571412
广告业	915	614023	54794423	15116936	45382	571412
知识产权服务	110	31733	4916480	2925324	5392	161471
知识产权服务	110	31733	4916480	2925324	5392	161471
人力资源服务	108	102316	7504951	5382223	4781	68948
公共就业服务	2	535	4088	1561	112	
职业中介服务	32	12895	3379569	2759605	1365	8888
劳务派遣服务	59	36698	2776079	1688261	2408	57600
其他人力资源服务	15	52188	1345215	932796	896	2460
旅行社及相关服务	1139	14067	20017977	5582500	185483	1164061
旅行社服务	1043	13830	17117551	4476988	173865	1160931
旅游管理服务	74	69	2766625	1034972	11126	3130
其他旅行社相关服务	22	168	133801	70540	492	

法人单位财务状况(企业会计制度)

单位：千元

#应收账款	#存货	可供出售金融资产	持有至到期投资	长期股权投资	投资性房地产	固定资产合计	固定资产原价
125107691	**48359635**	**123944158**	**167147776**	**4008674289**	**30738790**	**163290545**	**232221007**
1587056	529374		963500	1353317		9385774	14226759
1480396	512423		963500	1335657		9107552	13645789
197357	1431		1000	322506		6330003	9280702
483713	229152			71712		1792981	2451636
40608	12433			34140		89719	168454
758718	269407		962500	907299		894849	1744997
106660	16951			17660		278222	580970
81238	14711			16750		129121	354845
25422	2240			910		149101	226125
123520635	47830261	123944158	166184276	4007320972	30738790	153904771	217994248
78477159	40764542	120840440	164798678	3967442150	27023053	125987637	172360579
56581509	19672567	55424226	146481435	2414597186	8495963	66569932	98488281
19705144	19801369	64879098	18061291	1540459965	16878393	48417257	60331601
33496	15677			138356		582020	528135
2157010	1274929	537116	255952	12246643	1648697	10418428	13012562
768707	465		4460	13550		413433	689351
767141	465		4460	13550		380712	624380
1054						31450	60392
512						1271	4579
13183177	2049418	684345	589316	14201343	363748	7724310	12225484
2027589	9184			254126	8507	445583	1012406
804980	3568			56628		196794	631016
5459986	882819	683906	572890	10801244	276096	3547642	5317900
4890622	1153847	439	16426	3089345	79145	3534291	5264162
20145408	659820	75407	242011	9913229	109713	2203600	4712460
20145408	659820	75407	242011	9913229	109713	2203600	4712460
482885	36947		700	334199	23232	424406	993986
482885	36947		700	334199	23232	424406	993986
723289	68871	16360	4000	953206	64832	524516	891934
158	786			300		166	1062
154255	5232			182661		147746	245751
502644	42807	1360	4000	498749	64832	240248	429899
66232	20046	15000		271496		136356	215222
2605734	14685	142	54999	3981407	231884	1462694	2401663
2350991	14421	62	55000	3951909	231884	1432307	2351078
232407	192	80	-1	28148		24252	37455
22336	72			1350		6135	13130

8-3 续表 1

项目	单位数(个)	年初存货	流动资产合计	#货币资金	#现金	#交易性金融资产
安全保护服务	54	36267	2303483	1495602	17105	
安全服务	47	30713	2152981	1423435	16875	
安全系统监控服务	3	5503	49901	14431	13	
其他安全保护服务	4	51	100601	57736	217	
其他商务服务业	1116	5987698	60837870	19753242	70268	2531646
市场管理	229	280117	23715606	7340094	14488	380757
会议及展览服务	496	239428	11563074	4716646	31421	837966
包装服务	3	58810	147652	7741	149	
办公服务	38	35896	1983618	173293	1487	
信用服务	9		505911	436121	78	
担保服务	15	6107	3842981	839481	1818	995933
其他未列明商务服务业	326	5367340	19079028	6239866	20827	316990
二、按登记注册类型分						
内资	5123	39334118	2101252806	529056505	473263	29192381
国有	283	12783750	656286813	224168425	9415	18847683
集体	112	357315	45525331	12723808	7807	1581428
股份合作	86	16592	27672682	8661845	3499	276837
国有联营	2		1186	202	200	
集体联营	1		***	***		
国有与集体联营	1	***	***	***	***	
其他联营	1		***	***	***	
国有独资公司	132	7051056	436985350	126252600	5258	432372
其他有限责任公司	1566	12789743	314251044	73976712	207019	5742198
股份有限公司	118	5029782	527846622	60549418	4842	214741
私营独资	24	174	167510	103308	732	
私营合伙	248	3916	7567986	3776364	6074	254882
私营有限责任公司	2459	1259085	80304867	17745693	218230	1842240
私营股份有限公司	74	18587	2495209	443023	5787	
其他	16	4947	1983880	637826	4394	
港澳台商投资	295	363070	47535261	12159714	9711	731855
与港澳台商合资经营	45	3935	5531512	2314248	1961	119725
与港澳台商合作经营	11		1405213	221182	1359	
港澳台商独资	239	359135	40598536	9624284	6391	612130
外商投资	493	9003839	228389520	71515423	16257	3597754
中外合资经营	90	198989	10153524	3745630	5883	100
中外合作经营	3	5849	465469	362776	153	
外资企业	391	8786376	174704993	63281808	9611	3597654
外商投资股份有限公司	8	12625	42204924	4036803	284	
其他外商投资	1		***	***	***	

单位：千元

#应收账款	#存货	可供出售金融资产	持有至到期投资	长期股权投资	投资性房地产	固定资产合计	固定资产原价
379513	54515			30537		727546	1609007
322608	42916			30537		711306	1566612
18879	11548					13980	37629
38026	51					2260	4766
6754763	4180998	2327464	490112	10451351	2922328	14436629	22109784
1619643	146526	4402	100000	4912961	698815	10014348	15212462
1963503	252011		55812	1260875	4073	2858770	4074960
26609	84861					10745	14964
122134	42900			1391384		78291	196395
34268				9500		14221	26671
347311	6104	2315062	334300	513681		18131	44966
2641295	3648596	8000		2362950	2219440	1442123	2539366
82234845	35971392	120710679	166633720	3835734662	30503495	155789690	218078240
19885652	13834891	43591210	32310230	2132473762	5916070	58984113	84109902
1203808	161667		70962	8130217	115053	8216809	9686908
3293863	4417		227692	4671288		5319286	6737859
18						8	11
***						***	***
***	***			***	***	***	***
9494895	6117615	39165748	125203980	908264776	6884222	28216234	38732223
24477958	9364448	31627070	6952505	275999115	13212005	36773301	50853683
12555717	4913523	4694442	888824	487299229	3976564	9365288	14392708
9806	7335					2060	2908
1528907	3259		14660	74567		475992	944966
9023924	1520090	1632147	964867	17434759	370886	7289359	11308086
336425	23642	62		1335466		226180	369572
392806	5985			31283		891118	887039
7856748	255328	868377	500	29394513	169321	2036620	4052503
908981	3081	868377		12637537	169321	182952	903806
814980	20598					92043	229359
6132787	231649		500	16756976		1761625	2919338
35016098	12132915	2365102	513556	143545114	65974	5464235	10090264
3725929	210762		14800	3997475		1740011	2925143
22199	137			7600		71029	311929
29920337	11910976	737324	498756	82108442	65974	2767720	5621660
649657	11040	1627778		57431597		831027	1152333
***						***	***

8-3 续表 2

项目	单位数(个)	年初存货	流动资产合计	#货币资金	#现金	#交易性金融资产
三、按隶属关系分						
中央	421	11149280	1429816365	380854571	35029	3773224
省	247	5258422	208591766	44235399	9152	16943896
地	243	14111051	86290764	14564999	12921	378835
县	6	48953	566573	146408	69	
街道	32	7569	1255514	265009	5525	68928
镇	19	1664	10624285	2086991	375	151535
乡	77	351705	44997085	17452881	8361	579630
村委会	41	2813	21427017	4065354	1774	1101173
其他	4825	17769570	573608218	149060030	426025	10524769
四、按控股情况分(仅限企业法人)						
国有控股	894	30255191	1825118168	460625984	32806	20968439
集体控股	286	567833	95935193	26187953	13368	2761344
私人控股	3664	7775823	197645433	40487443	420773	4959978
港澳台商控股	297	362869	46978793	11155944	9485	685630
外商控股	487	9676090	185172947	66171603	14474	3597754
其他	37	38432	13907457	1694569	1419	183790
五、按四大城市功能区分						
首都功能核心区	1349	7483879	699090765	264022396	98898	21775121
东城区	742	4504554	244964546	73403847	55776	1639618
西城区	607	2979325	454126219	190618549	43122	20135503
城市功能拓展区	3977	34103464	1567711150	327409778	330777	11171980
朝阳区	2708	19763211	904712814	196789934	238553	7730818
丰台区	339	7574378	104314076	20654721	23492	1778812
石景山区	99	52680	18197663	3584475	2527	93320
海淀区	831	6713195	540486597	106380648	66205	1569030
城市发展新区	431	3043070	91135843	18648451	60100	513958
房山区	74	44834	6521723	1618634	3661	6263
通州区	49	17670	2535938	781151	2566	10313
顺义区	127	1833119	49624931	9627126	37786	312802
昌平区	101	94023	14804133	1575293	11942	129324
大兴区	50	876449	11528562	2321000	2081	1000
开发区	30	176975	6120556	2725247	2064	54256
生态涵养发展区	154	4070614	19239829	2651017	9456	60931
门头沟区	16	23899	1892788	464744	464	
怀柔区	43	86198	4005377	614763	3655	26000
平谷区	29	1060331	5004565	731182	4139	2339
密云县	43	2894286	7937072	680639	1605	31592
延庆县	23	5900	400027	159689	-407	1000

单位：千元

#应收账款	#存货	可供出售金融资产	持有至到期投资	长期股权投资	投资性房地产	固定资产合计	固定资产原价
43404826	10548806	87741617	148050037	3062487659	8730402	70226263	104036012
3663929	3551302	18068178	12976371	514981574	5929028	30363349	39696062
6660882	14377357	4461836	1538207	56798793	3457536	11581391	15021967
43940	41158			145075		55797	69478
134822	9019			226910		291726	447172
170403	1079			1335794		1937050	2219752
3339361	154626		118700	8649944	53100	8488824	10529328
1208270	4721		41939	2432602		2718773	3358995
66481258	19671567	13672527	4422522	361615938	12568724	37627372	56842241
55074398	28422119	113998306	162586303	3756194078	19197013	111208400	157314599
4810369	411610		958942	23020605	267317	17238919	21701814
21448042	6500278	9208528	2254311	116600134	10140591	25651575	36799111
8464732	255152		500	19352182		2017420	3907961
33267954	12726200	737324	1243260	82870404	65974	4415627	8489245
835274	20736		100000	7715290		538190	708508
30849382	7000823	69966843	141357622	1881254160	9461434	23019527	39218768
12523486	3596497	6413696	105687734	347696722	3235625	7630801	14743686
18325896	3404326	63553147	35669888	1533557438	6225809	15388726	24475082
75568686	34289995	47290215	24136069	2028919029	15908983	115050445	158311958
44463173	19918714	28379506	17489611	1238154510	11701350	52291452	72393018
5805269	8186860	178505	85344	82313242	413899	10904244	14690207
839607	121523	36952	643000	24963385	147840	2843534	3684478
24460637	6062898	18695252	5918114	683487892	3645894	49011215	67544255
16932349	3103452	6687100	1539285	92893328	4845011	21700759	30607059
353574	38439			337675		950407	1020607
361715	15612			148510	39023	456744	744879
6956287	1843378	3496157	387867	71719769	640314	15987125	22930579
8322739	178296			10711285	2212906	2572624	3597459
297301	810814		38000	4083585	1754727	1077451	1484456
640733	216913	3190943	1113418	5892504	198041	656408	829079
1757274	3965365		114800	5607772	523362	3519814	4083222
33205	40341			288534		193924	277522
257061	134786			52840	18969	131990	152747
111201	657064			2545530	504393	1641966	1733352
1197999	3129136		100000	2679720		1303471	1655618
157808	4038		14800	41148		248463	263983

8-3 续表 3

项目	累计折旧	本年折旧	在建工程	无形资产	资产总计	流动负债合计
合计	**72238598**	**11545405**	**71491030**	**40645145**	**8156955767**	**1879062068**
一、按行业分(分到小类)						
租赁业	4896597	1557343	158332	106637	25056748	9272686
机械设备租赁	4593240	1505406	157307	88690	24303824	8996170
汽车租赁	2954297	1182448	60934	50044	9272126	3037804
建筑工程机械与设备租赁	709620	186894	47476	13814	3473317	1623156
计算机及通讯设备租赁	78736	24615	300	21822	357108	82840
其他机械与设备租赁	850587	111449	48597	3010	11201273	4252370
文化及日用品出租	303357	51937	1025	17947	752924	276516
娱乐及体育设备出租	226333	37460	1025		403858	121961
其他文化及日用品出租	77024	14477		17947	349066	154555
商务服务业	67342001	9988062	71332698	40538508	8131899019	1869789382
企业管理服务	48601114	6461386	67602858	36750537	7806050718	1666248753
企业总部管理	31626874	3829517	17589687	30001570	5217317355	1147141816
投资与资产管理	13387211	2053269	46065784	5833835	2478736798	458638748
单位后勤管理服务	134920	21884	189590	66794	1474627	613951
其他企业管理服务	3452109	556716	3757797	848338	108521938	59854238
法律服务	276431	43292		6097	5777949	4153939
律师及相关法律服务	244181	39085		6061	5494450	3969857
公证服务	28942	3835			268709	177948
其他法律服务	3308	372		36	14790	6134
咨询与调查	4774141	1229325	739561	447090	104644044	63226773
会计、审计及税务服务	575958	123038	3131	4706	10620906	7745650
市场调查	436010	79570		12727	2735268	1638293
社会经济咨询	1806443	480146	234993	225791	57052923	34915689
其他专业咨询	1955730	546571	501437	203866	34234947	18927141
广告业	2547471	509131	113994	797511	69723969	45263334
广告业	2547471	509131	113994	797511	69723969	45263334
知识产权服务	571214	76295	6598	93239	6396335	2693499
知识产权服务	571214	76295	6598	93239	6396335	2693499
人力资源服务	367502	69189	11618	45812	9483074	6181333
公共就业服务	896	92			4554	1707
职业中介服务	98079	21810	10843	25787	4060073	3294144
劳务派遣服务	189661	33841	131	10127	3613663	2102128
其他人力资源服务	78866	13446	644	9898	1804784	783354
旅行社及相关服务	945766	180709	33538	223668	26342331	19044269
旅行社服务	925507	177507	33538	222364	23362947	16610455
旅游管理服务	13261	2155		723	2834959	2348561
其他旅行社相关服务	6998	1047		581	144425	85253

单位：千元

#应付账款	非流动负债合计	#应付债券	负债合计	所有者权益合计	#实收资本	国家资本	集体资本
134380145	**1500165255**	**776471134**	**3379227323**	**4777728444**	**2206612566**	**1631333431**	**11829975**
916525	8729867		18002553	7054195	4055713	259997	118880
820228	8555414		17551584	6752240	3905263	259997	113880
148132	4565483		7603287	1668839	1526882	259997	50000
377751	810994		2434150	1039167	672301		
24619	21609		104449	252659	222248		
269726	3157328		7409698	3791575	1483832		63880
96297	174453		450969	301955	150450		5000
61993			121961	281897	115450		5000
34304	174453		329008	20058	35000		
133463620	1491435388	776471134	3361224770	4770674249	2202556853	1631073434	11711095
96041637	1473646058	776559892	3139894811	4666155907	2134665504	1625836723	10542840
79824226	992983476	609893131	2140125292	3077192063	1484383114	1174212810	6520074
13788389	465975045	166666761	924613793	1554123005	638286933	445165547	3002924
139010	88		614039	860588	302250	22531	1200
2290012	14687449		74541687	33980251	11693207	6435835	1018642
296637	56309		4210248	1567701	264514	374	
293629	53329		4023186	1471264	262840		
3008	2980		180928	87781	874	374	
			6134	8656	800		
6454170	8668208	-286821	71894981	32749063	22253228	1227855	34782
154588	735488	-286821	8481138	2139768	1289819	70605	
534110	10881		1649174	1086094	308569		
3250151	3964583		38880272	18172651	15174564	694104	27913
2515321	3957256		22884397	11350550	5480276	463146	6869
16353708	1198062	198060	46461396	23262573	15321605	407328	26500
16353708	1198062	198060	46461396	23262573	15321605	407328	26500
946722	57551		2751050	3645285	862689	67976	14840
946722	57551		2751050	3645285	862689	67976	14840
438151	90770		6272103	3210971	3294572	667898	13389
86			1707	2847	2000		
53895	40921		3335065	725008	2189718		2000
356053	38454		2140582	1473081	947448	547842	11389
28117	11395		794749	1010035	155406	120056	
3109252	492728	3	19536997	6805334	5253199	1405913	26125
2915056	488001		17098456	6264491	4683940	1377626	23525
154834	3950	3	2352511	482448	508338	28287	300
39362	777		86030	58395	60921		2300

8-3 续表 4

项目	累计折旧	本年折旧	在建工程	无形资产	资产总计	流动负债合计
安全保护服务	881483	109904	20722	27968	3169589	1358065
安全服务	855328	104973	16011	21747	2989300	1287230
安全系统监控服务	23649	4069	4711	6221	77375	34323
其他安全保护服务	2506	862			102914	36512
其他商务服务业	8376879	1308831	2803809	2146586	100311010	61619417
市场管理	5516999	835748	1759976	1271500	45509225	29963579
会议及展览服务	1591058	209607	600766	360542	16628482	9861608
包装服务	4219	1248	28000		190955	164470
办公服务	118673	22572	175882	3418	3926398	2511993
信用服务	12449	4660		24419	568401	241262
担保服务	26839	4100		17804	7247969	3898296
其他未列明商务服务业	1106642	230896	239185	468903	26239580	14978209
二、按登记注册类型分						
内资	65547878	10038117	70545660	39683166	7612893480	1626005949
国有	25947610	2928043	15672924	24665551	3251198521	378651309
集体	2248279	407845	3589517	693008	66923307	38453815
股份合作	2225137	293499	2152981	72088	40795649	21471673
国有联营	6	1			1211	800
集体联营	***				***	***
国有与集体联营	***	***	***	***	***	***
其他联营					***	***
国有独资公司	10370091	1043143	17249328	4049645	1659531517	262542712
其他有限责任公司	15176163	3500577	29374216	3663002	742989436	304734352
股份有限公司	4617464	814796	1906331	5634788	1719030581	528183081
私营独资	848	248			187429	57171
私营合伙	474812	87325	44	6269	8323959	5990915
私营有限责任公司	4150896	922985	526240	887346	116307252	80871522
私营股份有限公司	148822	23959	4010	5676	4111514	3160555
其他	165317	13312	31068	15	3197572	1638003
港澳台商投资	2030794	379062	65602	254910	90060522	43762292
与港澳台商合资经营	722299	70207	38292	53865	26517861	5971679
与港澳台商合作经营	143352	29833	6035	706	1509638	1210559
港澳台商独资	1165143	279022	21275	200339	62033023	36580054
外商投资	4659926	1128226	879768	707069	454001765	209293827
中外合资经营	1192529	225291	9116	127319	16560649	7038395
中外合作经营	240133	32937		1526	551684	302648
外资企业	2880825	793027	386255	447805	274517868	137027329
外商投资股份有限公司	321688	61133	484397	130419	161435586	64234560
其他外商投资	***	***			***	***

单位：千元

#应付账款	非流动负债合计	#应付债券	负债合计	所有者权益合计	#实收资本	国家资本	集体资本
79091	38932		1396997	1772592	686032	219000	1000
35641	35296		1322526	1666774	580080	219000	1000
9394	3636		37959	39416	40852		
34056			36512	66402	65100		
9744252	7186770		68806187	31504823	19955510	1240367	1051619
3574699	4253948		34217527	11291698	5072625	318600	1027645
1937923	1609611		11471219	5157263	2734674	226187	7103
36628			164470	26485	21000		5900
198298	69335		2581328	1345070	682209	100	
8489			241262	327139	134021		
3513	27813		3926109	3321860	3778437	150000	
3984702	1226063		16204272	10035308	7532544	545480	10971
87701196	1442095259	749006951	3068101208	4544792272	2104740332	1631060192	11803094
8178037	504845136	289615174	883496445	2367702076	1110974201	1084356269	
933055	5502207		43956022	22967285	3033384	6300	2698725
1824073	4719394		26191067	14604582	3324365	2828	1556665
261			800	411	700	400	
***			***	***	***		***
***	***		***	***	***		
			***	***	***		
30706473	505312921	257016936	767855633	891675884	522489049	399940826	2770
19567741	154611247	35890422	459345599	283643837	174735937	23100904	5774363
16017023	261694430	166771237	789877511	929153070	269950951	123638239	1700910
2591	249		57420	130009	4260		
393956	105141		6096056	2227903	527969		
9719899	5220247	-286818	86091769	30215483	18786929		1934
294577	56232		3216787	894727	742039		
42083	23906		1661909	1535663	100104	14426	67427
5249021	7937776	2500000	51700068	38360454	22059460	261408	
371369	5100341	2500000	11072020	15445841	4901559	38338	
526515	472		1211031	298607	109577		
4351137	2836963		39417017	22616006	17048324	223070	
41429928	50132220	24964183	259426047	194575718	79812774	11831	26881
2660882	3373344		10411739	6148910	9505158	11831	26881
13313			302648	249036	12540		
37501584	10617538	1237633	147644867	126873001	56024183		
1234653	36075955	23726550	100310515	61125071	14260893		
***	***		***	***	***		

8-3 续表 5

项　　目	累计折旧	本年折旧	在建工程	无形资产	资产总计	流动负债合计
三、按隶属关系分						
中央	34241151	4061862	14126326	30610826	5924402667	1089303533
省	9244124	1002096	18348613	4328953	831234497	146325607
地	3736866	667792	13155495	1135889	188709447	53799843
县	13681	4490	12809		844863	644903
街道	156873	36294	3715	520	1997810	1673905
镇	440592	88589	16453983	397433	30956607	24684479
乡	3120189	475075	4261860	242750	68040113	35969844
村委会	1090343	144830	1073588	46863	27765796	15837559
其他	20194779	5064377	4054641	3881911	1083003967	510822395
四、按控股情况分(仅限企业法人)						
国有控股	46704652	5813792	60482504	35947289	7209603104	1362777712
集体控股	6167796	956783	6545432	1053041	149026556	82693930
私人控股	11881448	3189258	2777443	2560506	394347333	225871331
港澳台商控股	1905452	376066	35014	253865	71466185	41672867
外商控股	4107514	983330	395371	533161	288847827	144840870
其他	222469	55777	87093	36155	23119633	13917730
五、按四大城市功能区分						
首都功能核心区	15898468	2376664	11695989	6478633	3049558260	494298082
东城区	7156430	961632	5066937	3136625	772725693	144538785
西城区	8742038	1415032	6629052	3342008	2276832567	349759297
城市功能拓展区	45989640	7606817	29575299	30184483	4798771015	1272545115
朝阳区	20484974	3915167	12062962	23950166	2975240500	760895455
丰台区	4889112	762527	6034482	1288956	226047498	92922556
石景山区	935280	168820	3218206	462187	57740185	23534933
海淀区	19680274	2760303	8259649	4483174	1539742832	395192171
城市发展新区	9599307	1352938	26462746	3859052	272627006	100749234
房山区	236557	47269	16272466	94230	24256608	17373469
通州区	291034	38032	218894	56541	3484993	1437108
顺义区	7274387	894354	1608412	3363464	169935708	52900300
昌平区	1217626	238608	3548886	112525	33983465	13847969
大兴区	407029	86475	4790278	188872	23545850	10993218
开发区	172674	48200	23810	43420	17420382	4197170
生态涵养发展区	751183	208986	3756996	122977	35999486	11469637
门头沟区	83598	16575	67580	49059	4888946	991999
怀柔区	54772	11529	35700	15995	4262843	4040696
平谷区	121679	79792	3651728	17710	13987563	1500654
密云县	352499	86504	1988	16700	12111514	4322948
延庆县	138635	14586		23513	748620	613340

单位：千元

#应付账款	非流动负债合计	#应付债券	负债合计	所有者权益合计	#实收资本	国家资本	集体资本
51755928	1065469466	629135832	2154772999	3769629668	1732453388	1431940285	5996684
8462321	197052385	91265039	343377992	487856505	208076101	156478883	665574
1526643	41450861	8448418	95250704	93458743	50863106	40495319	347473
14908	41110		686013	158850	159543	4500	131743
103204	4710		1678615	319195	287917		10559
394418	1874395		26558874	4397733	288292		219371
2263212	5109947		41079791	26960322	3739709	17171	2339792
325086	3997540		19835099	7930697	1999519	6333	1141799
69534425	185164841	47621845	695987236	387016731	208744991	2390940	976980
62443497	1404310283	768517129	2767087995	4442515109	2031579467	1627221360	1594452
3556425	15110305	1565542	97804235	51222321	14674267	49054	10012702
22097668	60812310	4204030	286683641	107663692	67815929	20532	128090
5190595	4004019		45676886	25789299	18699347	226408	
39913109	12260809	1237633	157101679	131746148	63510465	190	
734301	3031234	946800	16948964	6170669	5956033		
31807426	540158952	319276085	1034457034	2015101226	785448092	620339578	5445739
9414175	200991285	124705395	345530070	427195623	245270531	163412896	46197
22393251	339167667	194570690	688926964	1587905603	540177561	456926682	5399542
90506361	892121431	427786935	2164666546	2634104469	1356009060	977270096	6055221
71882480	465603599	186453141	1226499054	1748741446	844662517	598891025	1472652
3931982	34468499	10230035	127391055	98656443	45582665	15367587	2228096
739309	11303748	4187651	34838681	22901504	16207471	6274883	1780449
13952590	380745585	226916108	775937756	763805076	449556407	356736601	574024
10660346	60579073	28308114	161328307	111298699	59912385	32404230	300305
203596	4579920		21953389	2303219	1456114	544005	52170
293834	1182615		2619723	865270	496634	268299	2522
849848	44068477	27070481	96968777	72966931	33317936	23409946	189217
8191309	4937358	1237633	18785327	15198138	10217483	53250	27629
472947	4345008		15338226	8207624	3169716	2800	28767
648812	1465695		5662865	11757517	11254502	8125930	
1406012	7305799	1100000	18775436	17224050	5243029	1319527	28710
264085	1608676		2600675	2288271	1770757	2067	
374097	35251		4075947	186896	244096		580
98033	2994296	1100000	4494950	9492613	1461956	829800	
558080	2652597		6975545	5135969	1632500	450040	1530
111717	14979		628319	120301	133720	37620	26600

8-3 续表 6

项目	法人资本	个人资本	港澳台资本	外商资本	营业收入	#主营业务收入
合计	**390559373**	**50730314**	**19668633**	**102490840**	**846329247**	**820143296**
一、按行业分(分到小类)						
租赁业	2183914	777600	349828	365494	7052383	7014710
机械设备租赁	2083696	738043	349828	359819	6336257	6298726
汽车租赁	881250	153920	89639	92076	3587564	3569482
建筑工程机械与设备租赁	360916	285675		25710	1091258	1082064
计算机及通讯设备租赁	26100	42400	79807	73941	191608	188268
其他机械与设备租赁	815430	256048	180382	168092	1465827	1458912
文化及日用品出租	100218	39557		5675	716126	715984
娱乐及体育设备出租	80218	24557		5675	388781	388639
其他文化及日用品出租	20000	15000			327345	327345
商务服务业	388375459	49952714	19318805	102125346	839276864	813128586
企业管理服务	363043412	35011331	13995994	86235204	496071056	472499809
企业总部管理	214336492	25574353	3634214	60105171	402469825	383950016
投资与资产管理	146976224	8839823	9587203	24715212	77457835	73024826
单位后勤管理服务	242724	25863	9932		783356	742880
其他企业管理服务	1487972	571292	764645	1414821	15360040	14782087
法律服务	18307	245833			7599478	7589664
律师及相关法律服务	17307	245533			7430515	7421546
公证服务	500				97294	96449
其他法律服务	500	300			71669	71669
咨询与调查	6110221	3857148	3824476	7198746	65199445	64168272
会计、审计及税务服务	127730	664290	40454	386740	13000831	12655870
市场调查	144727	32326	25216	106300	3667060	3665974
社会经济咨询	3558473	2362173	2913516	5618385	28186459	27948149
其他专业咨询	2279291	798359	845290	1087321	20345095	19898279
广告业	4484960	3920225	651743	5830849	102189772	101806000
广告业	4484960	3920225	651743	5830849	102189772	101806000
知识产权服务	288587	126449	63004	301833	5256041	5238902
知识产权服务	288587	126449	63004	301833	5256041	5238902
人力资源服务	471523	2093253	43989	4520	49585183	49555180
公共就业服务	630	1370			21153	21153
职业中介服务	105985	2035524	42989	3220	31227099	31226381
劳务派遣服务	352908	35309			8545672	8527715
其他人力资源服务	12000	21050	1000	1300	9791259	9779931
旅行社及相关服务	2719998	856340	122919	121904	60486162	60433742
旅行社服务	2253172	802325	122919	104373	57618100	57575448
旅游管理服务	430176	33575		16000	2334831	2334801
其他旅行社相关服务	36650	20440		1531	533231	523493

单位：千元

营业成本	#主营业务成本	营业税金及附加	#主营业务税金及附加	其他业务利润	销售费用	管理费用	#税金	#财产保险费
671256333	**666504555**	**8724657**	**6910934**	**19334403**	**52220072**	**106403439**	**1642205**	**187216**
4647795	4631930	134994	134573	21388	684864	816154	19101	13314
4081235	4065462	128112	127691	21338	653334	747061	16617	13100
2452429	2446566	65334	65334	12219	377836	259372	8946	10147
645826	640516	25035	24647	3496	138457	143576	2766	1889
100842	99599	5836	5803	2064	12078	73125	117	129
882138	878781	31907	31907	3559	124963	270988	4788	935
566560	566468	6882	6882	50	31530	69093	2484	214
282765	282673	3399	3399	50	15072	55491	768	38
283795	283795	3483	3483		16458	13602	1716	176
666608538	661872625	8589663	6776361	19313015	51535208	105587285	1623104	173902
411904944	407991332	4818367	3054904	17676832	23623992	64439796	1172011	107784
345852863	343074336	2682141	1257677	14137347	17017335	33580652	663397	55828
55398777	54450647	1605521	1285547	3127036	5198992	27679839	381323	44229
391811	391254	28974	28973	39918	156864	115646	3974	352
10261493	10075095	501731	482707	372531	1250801	3063659	123317	7375
3281475	3281246	65096	64573	9062	939015	967662	7357	3295
3190865	3190865	59085	58591	8475	917824	943937	6893	3210
58916	58687	5798	5769	587	3770	13921	457	
31694	31694	213	213		17421	9804	7	85
33654992	33191812	929126	908263	478383	8642478	18343889	94117	19539
8433542	8239646	186348	176344	141061	388721	3213282	7281	3210
1749948	1748852	31880	31880	-10	440116	1186047	1570	609
12382865	12352985	441252	436865	135296	5348167	9431311	59084	8919
11088637	10850329	269646	263174	202036	2465474	4513249	26182	6801
81188226	81059431	1086542	1086005	254440	7588566	8294836	99747	7545
81188226	81059431	1086542	1086005	254440	7588566	8294836	99747	7545
2402387	2397497	24730	23953	11472	741386	1218223	6360	1599
2402387	2397497	24730	23953	11472	741386	1218223	6360	1599
46939139	46932534	246184	243020	20234	784366	1284786	5638	1489
6617	6617	699	699		2822	10371	8	14
30208164	30208086	100960	100960	640	344978	453903	1007	537
7455237	7449904	104134	101251	9741	340001	596032	3625	848
9269121	9267927	40391	40110	9853	96565	224480	998	90
56315657	56302650	251064	249435	37823	1929895	1875019	10555	5453
53664680	53651703	237321	236046	28438	1837905	1779544	9684	5089
2207802	2207772	7227	7227	1	52848	56884	784	291
443175	443175	6516	6162	9384	39142	38591	87	73

8-3 续表 7

项目	法人资本	个人资本	港澳台资本	外商资本	营业收入	#主营业务收入
安全保护服务	177969	271430		16633	6813362	6797729
安全服务	100150	259930			6578492	6562859
安全系统监控服务	14719	9500		16633	84329	84329
其他安全保护服务	63100	2000			150541	150541
其他商务服务业	11060482	3570705	616680	2415657	46076365	45039288
市场管理	2698904	895155	132321		14081858	13540443
会议及展览服务	1651283	652002	30116	167983	15282450	15254539
包装服务	5100	10000			308917	259279
办公服务	366972	295721	4138	15278	1276337	1275983
信用服务	36180	55000	10000	32841	744696	744452
担保服务	2396000	1035000	46041	151396	397471	299278
其他未列明商务服务业	3906043	627827	394064	2048159	13984636	13665314
二、按登记注册类型分						
内资	376523800	49210051	815283	35327912	545600959	521896045
国有	26612432	5500			94073977	79976825
集体	61221	267138			4376113	3864457
股份合作	45464	1719408			2876700	2651574
国有联营	300				4227	4227
集体联营					***	***
国有与集体联营	***				***	***
其他联营	***				***	***
国有独资公司	122545453				77468886	73709693
其他有限责任公司	136287825	8810963	760382	1500	190876911	187637042
股份有限公司	85606216	23624273	54901	35326412	77244228	76435295
私营独资	830	3430			295602	295602
私营合伙	20081	507888			13047459	13038398
私营有限责任公司	4692881	14092114			81560426	80572070
私营股份有限公司	572767	169272			3230071	3227545
其他	8186	10065			337766	274724
港澳台商投资	2953260	52714	18760478	31600	35760838	35370020
与港澳台商合资经营	2942627	52714	1846280	21600	4259556	4054376
与港澳台商合作经营	10633		88944	10000	2965874	2964421
港澳台商独资			16825254		28535408	28351223
外商投资	11082313	1467549	92872	67131328	264967450	262877231
中外合资经营	2012139	25747	49902	7378658	16583616	16575534
中外合作经营	5276			7264	621434	621067
外资企业		500	39870	55983813	245064830	243069955
外商投资股份有限公司	9064898	1435102		3760893	333232	246337
其他外商投资		***	***	***	***	***

单位：千元

营业成本	#主营业务成本	营业税金及附加	#主营业务税金及附加	其他业务利润	销售费用	管理费用	#税金	#财产保险费
5338210	5333880	115794	115794	11303	508717	545362	7622	1114
5179083	5174753	113469	113469	11303	464711	519494	7491	1024
49772	49772	987	987		11361	19241	38	26
109355	109355	1338	1338		32645	6627	93	64
25583508	25382243	1052760	1030414	813466	6776793	8617712	219697	26084
6500254	6415072	547064	531165	440334	2425423	3022489	149658	14447
10782319	10766535	141170	140914	11871	1654222	1867908	40516	3483
282012	233705	415	358	1274	8680	11635	30	163
720711	720024	33482	33482	-333	130503	162371	1176	1071
136544	136544	7702	7702	244	230246	158562	482	27
188416	152182	25378	19987	56568	88743	111096	263	308
6973252	6958181	297549	296806	303508	2238976	3283651	27572	6585
435331866	430957684	7096091	5398061	17417836	28124502	74827288	1320194	134866
72628344	70997681	1849526	641636	11065541	1300487	23044248	340651	28196
2105000	1926511	182968	171504	321703	329358	1357892	49867	4906
1118692	1108902	129808	121931	207459	349318	1220870	30520	1590
4101	4101	7	7		155	8		4
***	***	***	***			***		***
***	***	***	***		***	***	***	***
***	***	***	***			***		
69797124	68577976	949985	769640	2335022	1050992	10000077	246367	-10867
153371398	152696066	2373009	2177300	2361178	10602834	17041486	386421	44793
68432429	68089693	473517	417393	420590	3217173	7419608	137795	35896
45450	45450	15031	15031		7248	80432	516	3
6949079	6949079	149630	149136	8567	908166	2049224	8432	3585
57971887	57695108	931075	894931	675436	10018413	11707492	112907	25423
2528109	2528109	32106	32106	2526	286463	759908	4450	1125
186615	145370	8617	6634	19814	52919	97531	1337	68
25488889	25401434	391293	372769	284838	2323767	6437130	57109	7650
2274426	2227076	92616	81311	146525	339909	1200314	8409	2072
1987453	1985670	25833	25833	-330	138772	573894	2269	350
21227010	21188688	272844	265625	138643	1845086	4662922	46431	5228
210435578	210145437	1237273	1140104	1631729	21771803	25139021	264902	44700
10550778	10548159	233917	233836	5382	2210448	1941491	35508	2832
303220	303159	4514	4514	306	43322	171589	932	203
197742728	197482657	894879	882858	1651603	19490771	21533044	216267	39133
321885	294495	88651	3584	-25562	27262	828103	12048	1987
***	***	***	***			***	***	***

8-3 续表 8

项目	法人资本	个人资本	港澳台资本	外商资本	营业收入	#主营业务收入
三、按隶属关系分						
中央	235528631	22589806	723397	35674585	255889826	237047871
省	48985819	720333	65527	1159965	57138686	55694092
地	9478147	504821	27086	10260	17620378	17107472
县	9150	14150			1070861	1041362
街道	157968	119390			1512470	1500111
镇	68921				1087457	944715
乡	640912	741834			4358506	4001147
村委会	4840	846547			1159054	924179
其他	95684985	25193433	18852623	65646030	506492009	501882347
四、按控股情况分(仅限企业法人)						
国有控股	337553368	23509563	1601715	40099009	348796342	327549229
集体控股	2727610	1883392		1509	16947556	15880719
私人控股	43544272	23966007	89947	67081	171460134	169963514
港澳台商控股	511066	8269	17932004	21600	35892224	35681455
外商控股	1174063	3196	39870	62293146	260130271	258115279
其他	4828402	1114039	5097	8495	3256937	3184650
五、按四大城市功能区分						
首都功能核心区	136057975	7598307	5250701	10755792	178741742	172887352
东城区	72599422	2565787	3864354	2781875	85353134	83457597
西城区	63458553	5032520	1386347	7973917	93388608	89429755
城市功能拓展区	229559681	40327750	14280931	88515381	627497039	608954989
朝阳区	127582416	21463136	11736903	83516385	469977253	455641454
丰台区	21481500	6018540	486693	249	15973638	15326135
石景山区	4065560	4084579		2000	7083407	6874246
海淀区	76430205	8761495	2057335	4996747	134462741	131113154
城市发展新区	21422859	2508697	130627	3145667	31179944	29814769
房山区	684244	166260	7720	1715	2187143	2123698
通州区	87185	136628	2000		1711856	1701002
顺义区	9215731	458534	16171	28337	14467456	13905316
昌平区	7881449	385788	485	1868882	4778119	4283009
大兴区	2925565	212584			5080604	4955932
开发区	628685	1148903	104251	1246733	2954766	2845812
生态涵养发展区	3518858	295560	6374	74000	8910522	8486186
门头沟区	1739740	28950			1017281	1016955
怀柔区	117582	119560	6374		1571058	1224438
平谷区	544686	22470		65000	766472	766472
密云县	1102640	78290			4423507	4346124
延庆县	14210	46290		9000	1132204	1132197

单位：千元

营业成本	#主营业务成本	营业税金及附加	#主营业务税金及附加	其他业务利润	销售费用	管理费用	#税金	#财产保险费
221969019	218681283	2636686	1056772	13789957	4544112	37670527	541078	43906
47162258	46875140	1045069	944659	1026403	1718833	6098346	231086	13150
12505577	12338252	428011	407664	325234	1329047	2698812	82519	9956
1011666	1011666	4256	4256	29499	11350	28574	870	151
1204082	1200754	14765	14765	9031	112089	164634	3762	1903
668499	654917	26324	25117	127953	92147	246052	15241	1916
1652964	1600677	224955	216830	296947	385215	1508305	44284	2536
418186	362664	59855	49434	168932	81467	702551	9079	1769
384664082	383779202	4284736	4191437	3560447	43945812	57285638	714286	111929
298768610	294981289	4152031	2434152	15527006	7789160	46959700	863354	71419
9916179	9684262	509863	484043	809100	1242342	4059045	113680	10269
122638730	122291386	2339383	2297518	1107452	17974949	23658522	327277	51334
25605130	25561104	377061	369842	159523	2315613	6299670	52713	7204
207518411	207256305	1130440	1114813	1666079	21396581	23456026	260812	42089
2341400	2306008	65585	62831	34141	386127	316271	4050	703
138676839	137025764	2050025	1611817	3707144	8444058	35592011	357848	43428
66419225	65768486	930906	858468	1172360	4878876	12378103	131017	13308
72257614	71257278	1119119	753349	2534784	3565182	23213908	226831	30120
503092432	500510840	5921227	4575057	14498113	41325784	65185251	1142759	125977
372992633	371639768	3834398	3110257	12131854	34231202	46704029	784801	55762
9598922	9491632	447078	398318	491453	1768091	3463452	81231	12881
5291149	5278610	97711	85030	183942	410350	951054	17511	2993
115209728	114100830	1542040	981452	1690864	4916141	14066716	259216	54341
22354535	22030794	574265	554075	909335	1876530	4799628	133099	15726
1444096	1405807	32306	31701	24551	187161	437233	8001	1298
1186265	1184755	24734	24734	9344	175177	263380	5080	1344
10118650	9950589	263783	254670	353206	907934	2217276	86973	8618
3137102	3091366	105538	95701	439537	289400	995032	14371	2486
4376735	4319601	67479	66885	66944	153212	373950	7885	1572
2091687	2078676	80425	80384	15753	163646	512757	10789	408
7132527	6937157	179140	169985	219811	573700	826549	8499	2085
848164	848164	4985	4985	326	23101	116351	1431	109
1105084	915220	34547	26124	148333	129066	182579	2187	273
885835	885835	27508	27508		89320	154784	554	1069
3637675	3632169	53659	52927	71145	134550	261479	2482	393
655769	655769	58441	58441	7	197663	111356	1845	241

8-3 续表 9

项目	财务费用	#利息收入	#利息支出	资产减值损失	公允价值变动收益	投资收益
合计	**58049450**	**28318551**	**75163216**	**4749712**	**1936186**	**335214802**
一、按行业分(分到小类)						
租赁业	478104	28040	492949	18409		137325
机械设备租赁	474857	27791	489704	17363		137325
汽车租赁	423539	3339	423264	828		8772
建筑工程机械与设备租赁	62172	362	55596	3015		
计算机及通讯设备租赁	-819	1213	81			
其他机械与设备租赁	-10035	22877	10763	13520		128553
文化及日用品出租	3247	249	3245	1046		
娱乐及体育设备出租	1314	181	1430	1046		
其他文化及日用品出租	1933	68	1815			
商务服务业	57571346	28290511	74670267	4731303	1936186	335077477
企业管理服务	56789931	26752802	72743521	4238123	1922364	331498639
企业总部管理	35197714	19734637	46089546	2819407	1820461	192784580
投资与资产管理	21626715	6401404	26057314	1440290	108562	138151795
单位后勤管理服务	-3006	3812	571	1		9483
其他企业管理服务	-31492	612949	596090	-21575	-6659	552781
法律服务	-33530	43166	3978			2774
律师及相关法律服务	-32231	39233	1486			2774
公证服务	-1352	3904	2492			
其他法律服务	53	29				
咨询与调查	213093	717070	772994	341066	2745	1270832
会计、审计及税务服务	-41234	48862	3715	290610		13814
市场调查	-3218	11720	4778	10578		2227
社会经济咨询	91014	552636	527694	18210	205	1045489
其他专业咨询	166531	103852	236807	21668	2540	209302
广告业	56907	198504	239553	84884	-884	690595
广告业	56907	198504	239553	84884	-884	690595
知识产权服务	-18069	47244	4308	-3830	-147	13406
知识产权服务	-18069	47244	4308	-3830	-147	13406
人力资源服务	-26746	45265	9714	10306	1139	92235
公共就业服务	-7	7				
职业中介服务	-11369	16909	781	17		10873
劳务派遣服务	-12835	15599	-1037	8837	1120	55371
其他人力资源服务	-2535	12750	9970	1452	19	25991
旅行社及相关服务	12031	82423	65605	17449	58	481765
旅行社服务	11004	79522	63406	17340	57	485852
旅游管理服务	1592	2045	2098	59	1	-4087
其他旅行社相关服务	-565	856	101	50		

单位：千元

营业利润	营业外收入	#补贴收入	利润总额	应交所得税	应付职工薪酬(本年贷方累计发生额)	#社会保险费	#住房公积金	应交增值税
-50232456	**29250761**	**4709176**	**307216885**	**21193737**	**102558478**	**13447430**	**3675087**	**8009219**
290472	103769	3432	472473	169161	890782	117339	30871	-15126
251658	98621	2955	432556	162532	829773	109937	28949	-22238
9054	77643	2504	61419	45976	482121	70522	19333	-6603
76192	5587	268	74822	23376	159645	15664	4960	16342
546	15240	183	15645	1473	31760	4811	1315	1334
165866	151		280670	91707	156247	18940	3341	-33311
38814	5148	477	39917	6629	61009	7402	1922	7112
30740	1832	477	31253	6206	54507	6919	1868	8728
8074	3316		8664	423	6502	483	54	-1616
-50522928	29146992	4705744	306744412	21024576	101667696	13330091	3644216	8024345
-65412737	28058716	4399769	288064403	16168893	36000778	4296666	1340931	3484369
-31767643	25408874	3561940	183541840	13914001	20129656	2486732	795727	2845748
-34052009	2048708	758113	103285065	1998386	12089396	1365050	411444	521913
93067	7936	3220	107713	25170	335890	29020	12760	2142
313848	593198	76496	1129785	231336	3445836	415864	121000	114566
2379760	5675	1129	2381316	689069	1811634	250208	82912	371058
2351035	5574	1129	2352620	682129	1763973	245329	81016	369113
16241	101		16220	3507	37188	3326	1399	
12484			12476	3433	10473	1553	497	1945
3417077	330587	128085	4549568	1183547	19264510	2271654	783809	2082074
820172	60810	7828	577585	116625	4697147	557358	196204	526838
262287	3941	22	257074	60511	1123964	154647	45959	173603
495140	128118	45707	1567605	499021	8719729	948532	329013	841553
1839478	137718	74528	2147304	507390	4723670	611117	212633	540080
3972496	219558	67464	4673876	1261016	7994828	1046081	352062	1300980
3972496	219558	67464	4673876	1261016	7994828	1046081	352062	1300980
887384	19714	3779	920168	207700	1613473	198749	78503	148588
887384	19714	3779	920168	207700	1613473	198749	78503	148588
357454	94087	17369	520718	106460	22099320	3781211	641526	31888
651			651	199	5090	407	97	580
130463	23138	2139	156436	37161	10482410	1698210	77349	6009
63103	28317	14284	134319	31588	8469369	1479307	370124	8376
163237	42632	946	229312	37512	3142451	603287	193956	16923
102496	72926	15366	631568	125511	2029700	398974	105534	20378
87646	69650	15365	617933	119210	1913848	376321	101324	18860
8478	727	1	4782	3604	64621	14096	2087	297
6372	2549		8853	2697	51231	8557	2123	1221

8-3 续表 10

项　　目	财务费用	#利息收入	#利息支出	资产减值损失	公允价值变动收益	投资收益
安全保护服务	-4624	13713	8706			
安全服务	-4819	13664	8448			
安全系统监控服务	199	35	255			
其他安全保护服务	-4	14	3			
其他商务服务业	582353	390324	821888	43305	10911	1027231
市场管理	324120	172029	409180	35303		487077
会议及展览服务	82870	46681	118430	6954	1	135917
包装服务	2909	38	2937			
办公服务	10680	5237	16705			58
信用服务	-5401	6367	270	3		
担保服务	137569	12877	150180	-631	9871	317892
其他未列明商务服务业	29606	147095	124186	1676	1039	86287
二、按登记注册类型分						
内资	55036454	25987611	69264313	3451914	1991227	309964842
国有	15382007	12158193	19812257	451145	-214044	153085108
集体	-161412	216266	49447			129612
股份合作	-215794	262758	43929			109008
国有联营						
集体联营	***	***				
国有与集体联营	***	***	***	***		***
其他联营						
国有独资公司	20123944	6116530	24426153	416792	35133	89687164
其他有限责任公司	10425534	3649778	12945180	755048	-3780	23250129
股份有限公司	8696597	3337321	11052331	1509206	2181008	41538590
私营独资	-24	449	281			
私营合伙	-58233	65910	1536	19156		2856
私营有限责任公司	840115	170221	920376	299309	-7090	2123777
私营股份有限公司	9697	3841	12550	3145		34868
其他	-2980	3042	1			7
港澳台商投资	327925	281186	555054	32342	3818	3135977
与港澳台商合资经营	119836	35484	149743	784	3818	1571913
与港澳台商合作经营	-2242	6403	5270			-3399
港澳台商独资	210331	239299	400041	31558		1567463
外商投资	2685071	2049754	5343849	1265456	-58859	22113983
中外合资经营	189253	59689	240928	20237		177097
中外合作经营	1468	4253	5409	9582		4330
外资企业	-966666	1942109	1464756	509597	-58859	16908502
外商投资股份有限公司	3460582	40879	3632167	721561		5024054
其他外商投资	***	***	***	***		

单位：千元

营业利润	营业外收入	#补贴收入	利润总额	应交所得税	应付职工薪酬(本年贷方累计发生额)	#社会保险费	#住房公积金	应交增值税
309903	6366	950	313417	76198	4892557	275068	14023	4752
306554	5572	202	309289	75169	4825190	269194	12626	2856
2769	792	746	3560	884	26397	5631	1397	1896
580	2	2	568	145	40970	243		
3463239	339363	71833	4689378	1206182	5960896	811480	244916	580258
1262508	165514	30194	1803866	437838	1336636	207318	48081	-24194
753961	38254	11355	912432	247685	1424657	193533	53824	278141
3266			3132	792	15235	3104	119	3477
218590	6214	247	224555	58483	191620	30774	8290	14533
217043	6120		222522	49243	277253	34875	11687	37179
-153731	5041		178704	22566	91046	9680	2881	6201
1161602	118220	30037	1344167	389575	2624449	332196	120034	264921
-54819520	28423642	4541469	278300092	17431563	70582400	10009719	2523220	4235853
-20130635	23474805	2278296	153767151	8946320	12918446	1804578	522551	637108
562307	227136	51975	709299	125732	1341924	207394	36708	10086
273806	56392	4472	359792	80832	639355	65993	8485	23607
-44			-44		150	59		
***			***		***			
***	***	***	***		***	***	***	***
***			***					
-24453236	1930653	1044497	65945228	2066437	5975496	1081404	300650	478082
-2941091	1393447	711072	20696903	3268636	29320452	4465773	944314	1053557
-10995096	1089685	363379	32071263	1520366	4524969	614148	192767	-45577
147465	199		146972	6576	9713	1900	262	3805
3049593	15438	2451	3040387	713931	3805529	492558	182026	557958
90907	154860	38858	1875088	672033	11678348	1228022	322912	1467724
-386212	17780	12430	-339159	20621	277809	35976	9743	38519
-4936	35438	6252	26961	10079	59123	5281	1217	10257
791833	83942	41894	3927515	611631	6231343	707643	235953	571310
232455	40237	21003	1837576	214858	1156435	145428	52100	127301
242164	1551	404	240664	60620	486453	52038	15144	66185
317214	42154	20487	1849275	336153	4588455	510177	168709	377824
3795231	743177	125813	24989278	3150543	25744735	2730068	915914	3202056
1457729	50567	20599	1652751	373834	2468959	317071	112142	218861
97321	7788		99794	20909	225086	29253	9251	24315
6466601	677469	100872	23174764	2661500	21119972	2093452	702372	2843878
-4393251	1653	1000	-104754	94300	699511	128723	44488	13699
***	***	***	***		***	***	***	***

8-3 续表 11

项目	财务费用	#利息收入	#利息支出	资产减值损失	公允价值变动收益	投资收益
三、按隶属关系分						
中央	39682490	18467955	48570142	3036998	1835603	271038247
省	7374026	2665411	8793609	420789	-28606	24728954
地	700585	910498	1594281	263844	129041	2660584
县	1578	470	1915	512		
街道	3901	3221	5440			8170
镇	-14550	46288	28197			11714
乡	-173872	231562	59882			167965
村委会	-146474	153542	6805			43632
其他	10621766	5839604	16102945	1027569	148	36555536
四、按控股情况分(仅限企业法人)						
国有控股	52479250	24044184	65493593	3363139	1958542	308917390
集体控股	65893	635522	694398	61070	-19729	1221935
私人控股	5941539	1222467	6729476	759955	56232	5726064
港澳台商控股	228663	274651	443222	32342		1802600
外商控股	-891089	1985907	1574664	538056	-58859	17063704
其他	310783	52769	223376	-5041		319034
五、按四大城市功能区分						
首都功能核心区	25167315	9559175	33227141	2683308	-133996	177750190
东城区	7762195	3154811	10937390	706007	4075	57019713
西城区	17405120	6404364	22289751	1977301	-138071	120730477
城市功能拓展区	30166732	17145490	37834007	1741400	1935727	151520855
朝阳区	13490073	5864574	17708944	965254	1867753	103121791
丰台区	159906	2362981	2428881	12946	51030	1920629
石景山区	379226	253681	627539	4507	1135	936177
海淀区	16137527	8664254	17068643	758693	15809	45542258
城市发展新区	2470838	1587753	3850749	41643	82580	5724142
房山区	1792	12867	13871	3371		10784
通州区	36375	4726	37953	1566		47762
顺义区	1965119	1339270	3142756	-5729	9558	3042225
昌平区	293416	108872	390757	2452	988	1881103
大兴区	-22681	71909	45324	31296	72034	475592
开发区	196817	50109	220088	8687		266676
生态涵养发展区	244565	26133	251319	283361	51875	219615
门头沟区	-6005	11167	4838	4160		16560
怀柔区	4461	6516	4980	278960		7289
平谷区	671	485	963	244	51875	56
密云县	246431	5790	239468	2		193244
延庆县	-993	2175	1070	-5		2466

单位：千元

营业利润	营业外收入	#补贴收入	利润总额	应交所得税	应付职工薪酬(本年贷方累计发生额)	#社会保险费	#住房公积金	应交增值税
-50613008	25129923	3527042	241669815	12655373	19387338	3060199	948002	1084408
-6259846	1106271	347147	18735338	1138484	15978653	2370085	227813	142164
-41654	820063	406175	3238384	512585	2255265	341232	106104	118570
13437	277		13129	2939	10691	2274	914	4408
12999	1117		21400	10478	85592	10930	4049	20266
68985	13332	127	89011	5141	578043	91943	3500	-322
760939	261505	15652	975981	189833	773037	83669	15247	-517
43469	51280	45594	71482	15040	267555	20428	746	47
5782223	1866993	367439	42402345	6663864	63222304	7466670	2368712	6640195
-61352409	27269316	4306892	270337015	14650861	38765189	5944302	1341670	1352428
1154234	322964	64499	2328528	405850	3672779	597135	121959	58368
-1097267	556870	139140	4129996	1729537	27830909	3426524	1036382	2558326
1066086	94891	54027	2881485	597549	6054165	700685	235957	592338
7616429	731659	131613	24496871	2966838	23373643	2391525	810778	3022966
-163229	8969	1620	165477	52109	321077	42795	14520	45862
-31189044	1220404	544174	143038453	4667957	24053944	3388440	1074787	1654351
-7016709	301311	132571	49169510	1633705	10553636	1379605	466824	1040572
-24172335	919093	411603	93868943	3034252	13500308	2008835	607963	613779
-18099521	27220236	3715997	158719245	15815804	71362023	9055048	2361517	5913515
-1178555	3745659	1769786	105191586	8187577	55431527	7288514	1830079	4991956
536189	409503	104326	2757365	352386	4475676	342794	53885	105754
-46083	71536	20772	945408	148302	825954	115238	31616	69108
-17411072	22993538	1821113	49824886	7127539	10628866	1308502	445937	746697
-897932	195122	77406	4910572	537491	6233806	875669	201085	355254
84555	18719	34511	135436	28111	381048	40024	14520	70039
25925	15829	5179	90568	27258	246059	32995	6882	15858
-1005306	95827	18683	2053478	308118	3294073	577044	130271	128766
-42369	38634	8908	1817270	69783	912162	77229	21598	76490
131909	4141	760	642758	57598	525207	39725	8800	20896
-92646	21972	9365	171062	46623	875257	108652	19014	43205
-45959	614999	371599	548615	172485	908705	128273	37698	86099
30685	26262	1622	68749	19214	71943	10953	2664	4816
115321	9865	380	-148544	13415	202939	24795	9811	32602
-391646	501863	341275	161245	11560	118977	12839	4187	7177
89713	55852	11751	333239	90497	324611	60175	14819	40366
109968	21157	16571	133926	37799	190235	19511	6217	1138

8-4 规模以下租赁和商务服务业

项目	单位数(个)	固定资产合计	固定资产原价	#本年折旧
合计	**123549**	**137678201**	**136182755**	**5572197**
一、按行业分(分到小类)				
租赁业	5606	5998777	7850909	683400
机械设备租赁	5173	5723657	7462647	659313
汽车租赁	1185	2390010	2534645	264629
农业机械租赁	64	40883	55561	1663
建筑工程机械与设备租赁	2961	2497138	3723130	287186
计算机及通讯设备租赁	95	37101	47743	5346
其他机械与设备租赁	868	758524	1101569	100490
文化及日用品出租	433	275120	388262	24088
娱乐及体育设备出租	173	214186	277818	10452
图书出租	23	1026	2326	264
音像制品出租	25	1933	6886	945
其他文化及日用品出租	212	57975	101232	12426
商务服务业	117943	131679424	128331846	4888796
企业管理服务	22882	109209783	98602327	2433156
企业总部管理	775	8473024	12368326	426442
投资与资产管理	16465	90030004	73660183	1537515
单位后勤管理服务	136	101167	131887	25148
其他企业管理服务	5506	10605589	12441930	444051
法律服务	1798	186659	301166	33491
律师及相关法律服务	1626	155930	257220	30540
公证服务	6	924	2109	252
其他法律服务	166	29805	41837	2699
咨询与调查	42480	11890717	15040768	1305197
会计、审计及税务服务	3428	297490	598974	93411
市场调查	597	32969	54509	32937
社会经济咨询	23407	7838514	9325916	797424
其他专业咨询	15048	3721744	5061370	381425
广告业	16894	1983239	3729757	314880
广告业	16894	1983239	3729757	314880
知识产权服务	1671	144679	217386	25928
知识产权服务	1671	144679	217386	25928
人力资源服务	2971	386242	475943	37933
公共就业服务	118	24209	47789	1765
职业中介服务	400	44164	47145	6119
劳务派遣服务	2166	262139	334175	27396
其他人力资源服务	287	55730	46834	2653
旅行社及相关服务	1146	447194	577884	19192
旅行社服务	378	74893	96095	8482
旅游管理服务	400	291830	366988	6469
其他旅行社相关服务	368	80471	114801	4242

法人单位财务状况(企业会计制度)

单位：千元

资产总计	负债合计	所有者权益合计	#实收资本	营业收入	营业成本
3538347443	**1863963122**	**1674384321**	**2127956580**	**163900275**	**108519156**
29491210	16037445	13453765	12448316	6964144	4375000
28417805	15572479	12845326	11682337	6619605	4209701
9558605	5564292	3994312	4588623	1245413	577427
191970	107145	84825	54045	44762	28752
12926803	7214569	5712234	4198697	3660502	2399187
795706	505979	289727	276334	199589	163630
4944722	2180493	2764229	2564637	1469339	1040705
1073405	464966	608439	765979	344540	165298
486682	205456	281226	458447	158896	87516
73464	29853	43612	46610	38272	7603
22790	16254	6536	8822	11617	8348
490468	213403	277065	252101	135755	61831
3508856233	1847925677	1660930556	2115508263	156936131	104144156
2807547922	1486387038	1321160884	1790711932	48543497	38836085
549881278	325753577	224127701	539025740	6938543	5188293
2102857516	1058106573	1044750943	1224278260	18672266	13122467
1980723	1414174	566549	750587	284641	138923
152828405	101112714	51715690	26657345	22648048	20386401
2753559	1545815	1207744	992296	2234645	936686
2421336	1371608	1049727	834542	2055191	872263
7779	2016	5763	2076	16688	806
324445	172191	152254	155678	162765	63616
441130473	238132710	202997763	165788162	33602862	15542177
8820651	6347764	2472887	2974407	4009266	1877746
2630279	1421657	1208621	1331445	448416	259237
319966808	168223065	151743743	112180276	17525460	7288818
109712735	62140224	47572511	49302033	11619719	6116377
57493884	30256682	27237202	58840000	35874940	28283100
57493884	30256682	27237202	58840000	35874940	28283100
1999595	1075541	924053	2028678	1421550	522463
1999595	1075541	924053	2028678	1421550	522463
7534738	3814503	3720235	3731234	3877479	2507274
265482	144922	120561	97615	75485	49543
867115	405869	461245	374520	400777	144745
5864500	2934416	2930084	2952268	3182604	2205989
537641	329296	208345	306831	218613	106996
16166654	5485115	10681538	3393943	1068968	729397
967624	456188	511436	607495	652649	478096
14240447	4371868	9868579	2313321	234351	149501
958582	657059	301523	473127	181969	101799

8-4 续表 1

项目	单位数(个)	固定资产合计	固定资产原价	#本年折旧
安全保护服务	437	91043	125785	10236
安全服务	181	61720	86607	6983
安全系统监控服务	171	22806	27564	2631
其他安全保护服务	85	6517	11615	622
其他商务服务业	27664	7339868	9260831	708783
市场管理	1044	2688927	3254219	183256
会议及展览服务	10078	1060118	1363515	150786
包装服务	331	19893	38671	4860
办公服务	2481	430437	540387	58998
信用服务	140	41072	136931	13064
担保服务	453	329130	318110	16819
其他未列明商务服务业	13137	2770290	3608999	280998
二、按登记注册类型分				
内资	121198	135954380	133149120	5349772
国有	912	35854215	21792924	499241
集体	1962	7502708	6701205	218615
股份合作	2235	832408	2658835	65311
国有联营	16	1818	4147	190
集体联营	43	4057	10596	734
国有与集体联营	15	49278	42767	2601
其他联营	168	4949	7642	957
国有独资公司	204	3111976	3393336	127918
其他有限责任公司	31697	53939577	57667934	1899567
股份有限公司	741	8861646	9865910	165796
私营独资	6606	843445	814756	50968
私营合伙	4542	322588	481732	79715
私营有限责任公司	68839	20781696	24905891	1976273
私营股份有限公司	1097	306475	511529	57763
其他	2121	3537545	4289917	204123
港澳台商投资	958	1169340	2169740	144614
与港澳台商合资经营	120	545295	1236076	41971
与港澳台商合作经营	11	5514	13595	2624
港澳台商独资	796	617369	917717	99871
港澳台商投资股份有限公司	16	587	1625	115
其他港澳台投资	15	575	727	33
外商投资	1393	554480	863895	77811
中外合资经营	202	187943	271429	17782
中外合作经营	18	1615	5864	484
外资企业	1073	308114	509230	56687
外商投资股份有限公司	38	4945	8860	689
其他外商投资	62	51864	68511	2169

单位：千元

资产总计	负债合计	所有者权益合计	#实收资本	营业收入	营业成本
3828480	2703928	1124551	1332859	1925753	1196167
1084911	337264	747647	821005	1549396	971668
538833	242148	296684	292565	271884	174611
2204736	2124516	80220	219290	104473	49889
170400929	78524344	91876585	88689159	28386437	15590807
12141966	10049708	2092258	3132205	1788766	680728
24970096	13757942	11212153	12044215	10575081	6107728
553457	273915	279542	371471	274990	181738
2767233	1452816	1314417	1358041	1587796	721584
9808875	1925672	7883203	6805409	1020849	125108
28535910	4924326	23611584	27296254	225187	64704
91623395	46139965	45483429	37681563	12913768	7709217
3393756686	1777930236	1615826450	2087626242	157497090	105534855
495047794	258298616	236749178	506992908	22890068	21501602
53957957	32363970	21593987	7418696	2141106	1188902
15825419	9298968	6526451	3908114	1435329	734900
311544	165371	146173	261290	5562	53543
54627	111783	-57156	85541	25526	13807
250533	217426	33106	84250	2728	30
454921	85773	369148	349692	89389	46528
252778643	106415974	146362670	169238814	6960136	6327298
1632646178	928709787	703936391	939612044	45065124	30838755
251067019	89513185	161553834	102560901	2301435	656779
21535821	9853555	11682266	7278361	4613602	2528197
80051773	14505406	65546367	54048691	3619493	1622742
527915018	306052655	221862363	268556651	65516572	38200776
20603586	9772499	10831087	8226676	1302919	657363
41255852	12565267	28690585	19003612	1528099	1163633
107143532	68310215	38833317	20895349	2842399	1157766
5639201	6677271	-1038070	1693259	400840	190139
1725929	1707413	18516	54799	17637	27241
99437315	59751381	39685934	19023722	2418475	939735
238332	142825	95507	117285	4613	650
102755	31325	71430	6283	833	
37447225	17722672	19724554	19434989	3560787	1826535
9628062	4893541	4734521	5579142	1385902	1134079
96830	75000	21830	166459	10093	127
18694000	9610847	9083153	12103109	2106594	672125
8456630	2949264	5507366	1074796	15369	280
571704	194020	377684	511482	42829	19924

8-4 续表 2

项目	单位数(个)	固定资产合计	固定资产原价	#本年折旧
三、按隶属关系分				
中央	645	8792085	13453249	483429
省	1032	4064176	6936305	299356
地	3043	62892148	46437257	210758
县	143	624467	212999	3569
街道	221	210027	200790	9577
镇	336	1972018	1814462	46463
乡	144	1323397	1332086	44170
社区	24	52127	48805	1060
村委会	1880	6386906	8104352	291773
其他	116081	51360849	57642451	4182042
四、按控股情况分(仅限企业法人)				
国有控股	1975	80092724	67214508	908247
集体控股	3540	10495749	12086011	406630
私人控股	110987	39329363	47578331	3616633
港澳台商控股	926	1158329	2201176	139909
外商控股	1288	553450	831727	72468
其他	4715	5690809	6024628	415717
五、按四大城市功能区分				
首都功能核心区	21091	56905119	61719108	1102789
东城区	10401	7283465	10521186	383786
西城区	10690	49621654	51197922	719003
城市功能拓展区	72272	56952390	49218476	3185848
朝阳区	36337	17505633	22485278	1681903
丰台区	9721	6139663	6663373	499068
石景山区	3660	768345	991888	84931
海淀区	22554	32538750	19077938	919947
城市发展新区	21345	18930360	19373351	1062541
房山区	3750	5244581	6428110	320981
通州区	5586	1866095	2510223	161774
顺义区	2665	2933852	1679037	129623
昌平区	5315	3063825	3402339	147940
大兴区	3276	4924879	4418211	243371
开发区	753	897127	935432	58852
生态涵养发展区	8841	4890332	5871820	221018
门头沟区	1479	1376351	1752863	96730
怀柔区	2720	1549286	1691833	42404
平谷区	1414	918177	1081471	34591
密云县	2739	804333	984524	31846
延庆县	489	242185	361128	15446

单位：千元

资产总计	负债合计	所有者权益合计	#实收资本	营业收入	营业成本
817482777	440068746	377414031	625960225	29683990	27614610
201854174	70217315	131636858	159344169	5454679	3183044
456684407	249073129	207611278	165979209	5122378	3680295
2194260	1410910	783351	515965	237774	163182
5442681	1280844	4161838	3251609	168328	85865
25039311	9184805	15854506	14288901	288769	294151
15665978	8392393	7273585	996242	321838	129479
732219	507750	224468	131364	46307	29747
48225032	28851288	19373743	4771113	1686232	1197323
1965026605	1054975942	910050662	1152717781	120889980	72141460
1600953843	805522629	795431214	1276162181	37293355	34473436
152742015	95363383	57378633	25400006	4238056	2215367
1395855516	788806306	607049210	630806431	109633176	64405774
104468467	65599773	38868693	20491266	2615674	959325
34857569	16715959	18141610	17870618	3573335	1830043
246318763	90405519	155913243	156899863	6340761	4548568
1203903973	645236488	558667485	1144420585	29710355	18167381
253810276	116523030	137287246	379547530	9991586	5707125
950093697	528713458	421380239	764873055	19718769	12460255
1858983006	938679509	920303497	832561124	109816047	73995347
1003867907	622954170	380913737	339186602	70809130	50572602
179857059	68678028	111179031	84238156	9679163	6102321
40067981	21123189	18944792	15943940	3065203	1655433
635190059	225924122	409265937	393192426	26262552	15664992
363985904	220067660	143918244	109741262	19191015	12635500
88014127	56213306	31800821	15913452	3370961	2720935
65804698	47020291	18784407	17504261	5886665	4162377
54433136	30228490	24204647	21936649	1900216	1171908
53172155	23352422	29819733	29038240	3342327	1725490
75624262	50825985	24798277	12798082	3628375	2111305
26937525	12427166	14510360	12550579	1062471	743484
111474560	59979465	51495095	41233609	5182858	3720929
37511698	18294565	19217133	11778749	960094	792113
20156903	10703485	9453418	8432990	1221192	889255
22969058	11772504	11196554	10311281	886856	648747
22498296	14073745	8424551	7640457	1798742	1174967
8338606	5135167	3203439	3070134	315973	215847

8-4 续表 3

项　　目	营业税金及附加	销售费用	管理费用	
				#税金
合　　计	**2821535**	**15501132**	**65010971**	**527769**
一、按行业分(分到小类)				
租赁业	111662	868400	6182449	13168
机械设备租赁	106670	831149	1347752	12537
汽车租赁	12693	293502	396512	3346
农业机械租赁	399	2035	8202	15
建筑工程机械与设备租赁	72236	372181	614729	6097
计算机及通讯设备租赁	3799	8062	29243	297
其他机械与设备租赁	17543	155368	299067	2784
文化及日用品出租	4992	37251	4834697	631
娱乐及体育设备出租	2456	15033	53238	375
图书出租	91	4404	1638	3
音像制品出租	98	1770	3310	2
其他文化及日用品出租	2347	16043	4776511	251
商务服务业	2709873	14632732	58828522	514601
企业管理服务	1067333	2326654	23482835	275264
企业总部管理	152977	159383	5579499	90929
投资与资产管理	748900	1452216	14871648	166113
单位后勤管理服务	10271	53444	146581	665
其他企业管理服务	155185	661610	2885107	17557
法律服务	29634	182012	824636	4438
律师及相关法律服务	25313	161532	754956	3656
公证服务	771	276	13612	1
其他法律服务	3550	20204	56068	780
咨询与调查	524527	4953600	18007584	119626
会计、审计及税务服务	39992	233411	1773019	10890
市场调查	7170	87298	211355	888
社会经济咨询	287114	3021740	11128043	76816
其他专业咨询	190252	1611151	4895167	31032
广告业	355542	2572843	5104228	33715
广告业	355542	2572843	5104228	33715
知识产权服务	20320	268607	595458	3659
知识产权服务	20320	268607	595458	3659
人力资源服务	128852	310725	1031634	6386
公共就业服务	2281	15805	70726	57
职业中介服务	33725	34309	163766	1327
劳务派遣服务	85948	205561	692074	3919
其他人力资源服务	6898	55050	105067	1083
旅行社及相关服务	8800	91266	251580	2970
旅行社服务	4283	42020	73741	388
旅游管理服务	1966	21313	120564	2067
其他旅行社相关服务	2550	27933	57275	514

单位：千元

财务费用	投资收益	营业利润	利润总额	应　交 所得税	应　交 增值税
15473120	**45754640**	**-33765702**	**12006075**	**1961234**	**2233788**
361964	25752	155663	142611	58493	79014
361514	25497	161653	147400	56296	72557
364580	10459	-40956	-47364	9260	6340
-43		4219	4251	1139	1130
-9737	602	194837	172337	34932	43206
-142	2171	-4339	5405	353	2158
6855	12265	7892	12770	10612	19723
450	255	-5989	-4789	2198	6457
92	-672	2391	3915	1133	3246
3		-367	-365	31	218
2	-243	-1682	-1782	8	223
353	1170	-6331	-6558	1026	2770
15111156	45728888	-33921365	11863464	1902740	2154774
13133086	38443586	-26333973	11897445	795803	340835
6961930	12339274	-11099963	1602327	106824	72752
6285830	23532722	-13909924	9147434	593854	213802
-753	6113	-73080	-102578	-8663	1701
-113922	2565477	-1251006	1250262	103788	52580
-2714	3398	350491	389622	80585	50819
-2554	3344	349189	387812	78909	48986
-2		673	715	147	
-158	55	629	1095	1530	1833
1268668	5538953	-5786043	-121750	401352	770101
-1662	7222	68817	66850	44033	118957
871	-2112	-10952	-14665	2165	9073
851121	3929468	-4046893	-136660	214350	426513
418338	1604374	-1797015	-37275	140804	215559
-11358	233527	-158380	75717	145257	488800
-11358	233527	-158380	75717	145257	488800
131	-599	4357	572	11374	25066
131	-599	4357	572	11374	25066
-6509	-5843	-119405	-47069	13949	16084
-456	-24881	-30091	14148	593	2099
683	4358	-6325	-5235	3352	3232
-6556	10527	-27440	991	8920	8737
-180	4153	-55548	-56973	1084	2016
-65016	38973	-44097	-551	11337	4947
2617	6	-33302	-33252	1331	1049
-68609	37992	5589	44423	9063	1366
976	975	-16384	-11721	944	2533

8-4 续表 4

项　　目	营业税金及附加	销售费用	管理费用	#税金
安全保护服务	31423	142084	326417	2669
安全服务	24632	99477	233423	2261
安全系统监控服务	4974	30300	56937	175
其他安全保护服务	1817	12307	36057	233
其他商务服务业	543442	3784941	9204151	65873
市场管理	92422	431259	887672	22962
会议及展览服务	121502	1344511	3077079	15756
包装服务	2109	22688	54843	186
办公服务	49080	209850	956979	2943
信用服务	81254	31927	242068	319
担保服务	8278	33653	237716	1802
其他未列明商务服务业	188798	1711053	3747794	21906
二、按登记注册类型分				
内资	2703116	14679482	60950396	496446
国有	128803	455693	4346103	51531
集体	73300	116628	1112615	8414
股份合作	26210	175182	540037	5177
国有联营	208	197	6834	65
集体联营	458	880	12087	25
国有与集体联营	29	2175	7824	20
其他联营	1587	7040	25030	32
国有独资公司	143663	78854	1630858	23423
其他有限责任公司	841895	4800065	18835675	191253
股份有限公司	106135	91791	2797608	22888
私营独资	84917	337845	1566760	12984
私营合伙	95294	268219	1908297	16440
私营有限责任公司	1086192	8075191	26995554	156263
私营股份有限公司	27676	234545	505018	5092
其他	86749	35177	660096	2840
港澳台商投资	59568	395379	2297203	26573
与港澳台商合资经营	11901	103066	268846	8058
与港澳台商合作经营	236	6220	17736	10
港澳台商独资	47414	285846	1999097	18337
港澳台商投资股份有限公司	10	39	4773	
其他港澳台投资	7	208	6751	167
外商投资	58851	426271	1763372	4750
中外合资经营	28787	56509	221905	1193
中外合作经营	392	1581	14590	4
外资企业	28315	364221	1455101	3311
外商投资股份有限公司	332	2732	40731	51
其他外商投资	1025	1227	31045	191

单位：千元

财务费用	投资收益	营业利润	利润总额	应　交 所得税	应　交 增值税
53	397	216309	214832	4916	12402
350	42	222737	223490	3888	4953
148	261	-14461	-14348	244	5811
-445	94	8033	5690	784	1637
794816	1476496	-2050624	-545353	438167	445720
101515	59262	-402337	-314041	34268	6681
63076	38094	-83311	-25838	74976	224382
204	528	-6448	-5144	566	3936
3621	-1640	44726	55178	9074	26241
32259	879697	57302	963237	222608	3479
-25557	109912	-91805	11255	30850	1344
619697	390643	-1568751	-1230000	65825	179657
14587659	43565552	-31718878	12199710	1818975	1983800
3926349	12396355	-6047821	5374921	175007	48916
-195091	159304	-265643	-149612	17955	15967
43719	286509	-156697	203003	7947	20290
326	323	-7679	-7370	435	152
-15		-6684	-6583	78	175
-2		-7328	-7030	21	80
68	1	-4629	-5048	345	857
1493230	5358457	-2552764	3391335	17765	144879
5018956	11154210	-12591155	-929718	772333	527398
1829518	6825260	-3533031	3417162	275151	-11470
13231	74007	440582	501140	53423	69236
-18953	1247229	268724	1530787	93724	85921
2505050	4798857	-6809809	-2128843	395520	1040014
76639	671372	-259315	438648	8608	25903
-105366	593669	-185628	576917	663	15483
530435	2008936	-1126771	886216	99147	149325
67142	-114856	-99484	-350048	2194	2146
29		1188	1089	401	1618
460377	2123815	-1019226	1245001	96353	145425
-52	-31	-166	-780	29	117
2940	8	-9083	-9046	170	19
355025	180152	-920052	-1079852	43112	100663
39125	-5403	-66715	-405292	13522	58146
126		-7209	-6588	6	98
158193	185095	-647503	-472999	29408	41989
157495	-6	-186580	-186948	144	22
86	467	-12045	-8025	31	407

8-4 续表 5

项　　目	营业税金及附加	销售费用	管理费用	#税金
三、按隶属关系分				
中央	173831	573349	5994371	61901
省	220663	314696	3153271	40548
地	139820	457704	2310249	21880
县	5972	24252	59561	623
街道	6886	16626	120532	618
镇	8498	26085	134006	1847
乡	18981	16040	208155	1354
社区	829	852	18475	5
村委会	53552	22674	990034	3130
其他	2192502	14048855	52022319	395863
四、按控股情况分(仅限企业法人)				
国有控股	579416	973742	10550916	121387
集体控股	144063	271315	2253020	22830
私人控股	1850722	12933423	45682073	318415
港澳台商控股	59284	351249	2214533	25919
外商控股	56717	423897	1738688	8725
其他	129115	544524	2420199	30395
五、按四大城市功能区分				
首都功能核心区	621301	2877632	14283200	151689
东城区	178717	1385546	5344123	58992
西城区	442584	1492086	8939077	92698
城市功能拓展区	1737237	10261586	41106958	293213
朝阳区	796986	5973016	20956846	178584
丰台区	259992	1066590	2857496	30033
石景山区	55159	533513	1585643	10637
海淀区	625100	2688467	15706972	73960
城市发展新区	380917	1911041	7378399	61204
房山区	80345	267023	1321450	7007
通州区	61951	520397	1254985	9190
顺义区	52948	213553	1430463	11235
昌平区	74667	361040	1578028	12452
大兴区	85854	392928	1061026	13943
开发区	25152	156099	732448	7377
生态涵养发展区	82079	450873	2242414	21662
门头沟区	22241	76258	784752	9080
怀柔区	17251	121773	458284	2874
平谷区	12104	40453	296027	2018
密云县	24243	164954	592777	4872
延庆县	6240	47435	110575	2818

单位：千元

财务费用	投资收益	营业利润	利润总额	应　交 所得税	应　交 增值税
7330106	23538788	-10565997	12090692	228194	207152
207824	3367162	-1445256	2099719	359627	51010
251952	1223935	-1439966	266283	125858	50391
-2260	-5564	-22215	-23790	1733	815
-351	11627	-55954	-36216	638	2703
-16337	8730	-112317	-61463	2611	3624
-32251	12907	-34784	-9297	4788	627
-3069		-480	-5560	9	13
-228423	342334	-403970	-9266	1877	1798
7965930	17254722	-19684762	-2305028	1235899	1915655
8113901	28721497	-13896079	14741009	693567	212398
173955	411525	-605056	-210854	95705	37045
5703191	13817039	-15911995	-1948282	945053	1664259
510964	1992953	-1044263	946661	98096	147907
343067	212903	-894655	-709589	44861	99777
636839	500088	-1427951	-1001929	81485	71434
8198283	26338899	-13593510	11836605	965091	570822
878076	2794586	-3382471	-859378	131430	158881
7320207	23544313	-10211040	12695983	833661	411941
6477292	16779467	-15790865	1411968	797926	1352422
4234690	8964849	-10587376	-1586712	349273	814688
361692	2093934	-935396	1180342	119472	99820
58136	347528	-521387	16719	71216	32512
1822773	5373156	-3746706	1801619	257965	405402
684900	2379425	-3028914	-390081	150631	236698
-96939	172210	-914885	-587895	23248	38922
5973	131453	-206028	-32255	24158	65881
554358	555063	-1057716	-524097	22381	37181
84036	681234	-233806	166310	13679	38520
57046	573045	-172881	668087	58884	42604
80425	266419	-443597	-80231	8281	13591
112646	256849	-1352413	-852419	47586	73846
5036	186273	-706220	-345456	2999	12039
11822	-14961	-222251	-179654	5671	19092
69758	17072	-175932	-158524	3395	11774
13697	44755	-171881	-128176	32406	27857
12333	23711	-76127	-40610	3115	3084

第9篇

科学研究和技术服务业

9-1 全部科学研究和技术服务业

项目	单位数(个)	资产总计	营业收入	营业成本	营业税金及附加
合计	**69689**	**2033258077**	**579856380**	**461249763**	**5050297**
一、按行业分(分到小类)					
研究和试验发展	4303	283170138	40640692	28496787	288596
自然科学研究和试验发展	248	33361687	5125702	4028871	39476
自然科学研究和试验发展	248	33361687	5125702	4028871	39476
工程和技术研究和试验发展	1917	209784321	28627735	20591191	218764
工程和技术研究和试验发展	1917	209784321	28627735	20591191	218764
农业科学研究和试验发展	198	2885424	374560	184153	1566
农业科学研究和试验发展	198	2885424	374560	184153	1566
医学研究和试验发展	1846	35782042	6448357	3660614	28016
医学研究和试验发展	1846	35782042	6448357	3660614	28016
社会人文科学研究	94	1356665	64338	31958	775
社会人文科学研究	94	1356665	64338	31958	775
专业技术服务业	24683	1203993969	372830164	297802387	3310648
气象服务	23	1234424	527922	252153	9515
气象服务	23	1234424	527922	252153	9515
地震服务	16	131681	73922	44463	328
地震服务	16	131681	73922	44463	328
海洋服务	5	479429	224783	129632	3132
海洋服务	5	479429	224783	129632	3132
测绘服务	217	4028000	1338808	838025	15228
测绘服务	217	4028000	1338808	838025	15228
质检技术服务	669	20943236	17451403	10234290	149329
质检技术服务	669	20943236	17451403	10234290	149329
环境与生态监测	177	5552130	2031498	1425294	25385
环境保护监测	161	5397609	1981289	1395329	24634
生态监测	16	154521	50208	29965	751
地质勘查	282	219407213	8985720	8190574	175274
能源矿产地质勘查	93	206162494	5218223	5130689	138814
固体矿产地质勘查	32	1698322	173715	148986	3405
水、二氧化碳等矿产地质勘查	15	7078342	1423243	1305438	8496
基础地质勘查	20	354910	329084	192671	3915
地质勘查技术服务	122	4113145	1841455	1412790	20645
工程技术	8976	782715682	245767436	197485772	2235804
工程管理服务	3834	578352402	112661994	90587854	1016397
工程勘察设计	4900	196157391	129855561	104670324	1166663
规划管理	242	8205889	3249880	2227594	52744
其他专业技术服务业	14318	169502175	96428673	79202185	696652
专业化设计服务	7940	53674702	65610961	56548505	283342
摄影扩印服务	1316	1682733	1268458	508578	43243
兽医服务	142	50089	61661	16536	2866
其他未列明专业技术服务业	4920	114094652	29487593	22128566	367201

法人单位财务状况(企业会计制度)

单位：千元

销售费用	管理费用	#税金	财务费用	利润总额	应交所得税	应交增值税
22787888	**79388782**	**976561**	**4141842**	**66881921**	**10140183**	**10403479**
2017235	10744692	124679	-267665	2771733	634978	1041577
681959	2039247	33791	-166060	-637309	68081	137361
681959	2039247	33791	-166060	-637309	68081	137361
717431	6298071	69804	-254740	3294049	437954	759879
717431	6298071	69804	-254740	3294049	437954	759879
43168	187445	2368	12644	-2370	10611	11941
43168	187445	2368	12644	-2370	10611	11941
568128	2170497	18691	141525	132542	117876	130776
568128	2170497	18691	141525	132542	117876	130776
6548	49432	25	-1033	-15179	457	1620
6548	49432	25	-1033	-15179	457	1620
11489739	40447783	575579	2491045	54214045	5257855	6358420
12926	102375	1611	-2482	165411	40684	25660
12926	102375	1611	-2482	165411	40684	25660
10901	16236	58	-329	3201	1407	2083
10901	16236	58	-329	3201	1407	2083
22	29113	413	-12214	78106	11594	11252
22	29113	413	-12214	78106	11594	11252
118353	373155	2341	4636	28115	11702	40159
118353	373155	2341	4636	28115	11702	40159
1026848	4456076	36031	-33170	2183818	368327	334001
1026848	4456076	36031	-33170	2183818	368327	334001
81457	279055	2215	-13640	224733	48719	25070
80535	261946	2191	-14182	223220	47953	23961
923	17109	24	542	1513	766	1110
175630	2543951	52974	-127716	9578449	320234	128359
119335	2053140	38551	-196489	9351271	261957	89783
8843	79680	376	-640	-54471	4174	5566
8042	97222	12132	62502	64243	6836	-8
2644	24568	130	-944	107604	26849	3944
36766	289341	1786	7854	109801	20418	29073
4890351	23216846	337086	1784182	34588108	3813472	4319111
2831499	10108242	109409	1915864	22538482	1769237	1561334
1979294	12484236	218250	-115649	11784294	1997926	2626131
79557	624368	9428	-16033	265332	46309	131647
5173251	9430976	142850	891778	7364104	641715	1472725
3021716	4572955	100239	390981	1971980	370138	909164
326033	390365	3561	-825	-62152	11092	16664
12192	30080	249	253	-1928	1204	198
1813309	4437576	38801	501370	5456204	259281	546699

9-1 续表 1

项　　目	单位数(个)	资产总计	营业收入	营业成本	营业税金及附加
科技推广和应用服务业	40703	546093969	166385524	134950588	1451052
技术推广服务	34313	465057370	117148623	94446004	1197279
农业技术推广服务	1285	6746795	1650575	1023856	13920
生物技术推广服务	1270	8810167	2325696	1286587	14982
新材料技术推广服务	821	13477254	3686197	2525885	35482
节能技术推广服务	1013	81538317	10916834	8615221	82639
其他技术推广服务	29924	354484837	98569320	80994455	1050256
科技中介服务	1894	35394894	11198405	8389819	76744
科技中介服务	1894	35394894	11198405	8389819	76744
其他科技推广和应用服务业	4496	45641705	38038496	32114765	177029
其他科技推广和应用服务业	4496	45641705	38038496	32114765	177029
二、按登记注册类型分					
内资	68173	1945539226	541621385	438713457	4807737
国有	683	399665116	64962976	52775734	566625
集体	617	5786387	1641908	1031597	26490
股份合作	1571	4234713	1935978	1079762	29147
国有联营	11	344956	210319	91033	1547
集体联营	29	194927	26056	7835	1156
国有与集体联营	7	40433	4848	5708	58
其他联营	85	255297	66472	21347	468
国有独资公司	181	271865863	65243425	58056853	492158
其他有限责任公司	18414	704257564	258334173	216500360	1988845
股份有限公司	558	369313190	62114032	51568574	688436
私营独资	3159	4218613	1692417	889368	19753
私营合伙	640	1254897	708874	263466	12352
私营有限责任公司	41356	177143722	80217737	53312717	938687
私营股份有限公司	657	6760453	4364370	3074454	40767
其他	205	203096	97799	34648	1248
港澳台商投资	504	47355779	17399118	9972319	109067
与港澳台商合资经营	101	6722645	3857292	887642	36920
与港澳台商合作经营	11	3052702	195660	116357	1286
港澳台商独资	378	36317269	13005918	8736203	70097
港澳台商投资股份有限公司	11	1255994	336620	232031	765
其他港澳台投资	3	7170	3628	86	
外商投资	1012	40363071	20835876	12563987	133492
中外合资经营	278	14244583	3850908	2536440	23420
中外合作经营	18	1162929	677994	338101	9636
外资企业	664	22490123	14883978	8961523	88956
外商投资股份有限公司	26	2199222	1166434	547460	10170
其他外商投资	26	266215	256562	180464	1311

单位：千元

销售费用	管理费用	#税金	财务费用	利润总额	应交所得税	应交增值税
9280914	28196307	276304	1918462	9896142	4247351	3003482
7049797	23513626	204080	1737358	3919033	3705919	2302569
199913	422623	3507	3802	-10039	15485	19807
346499	1855147	7464	268388	-1420999	32547	45153
321083	820496	7961	31922	-58241	53642	65923
455543	1613133	14252	420303	634922	133330	206061
5726759	18802226	170895	1012943	4773389	3470915	1965624
776750	1768862	20224	191498	4368293	73072	154423
776750	1768862	20224	191498	4368293	73072	154423
1454368	2913820	52000	-10394	1608817	468360	546490
1454368	2913820	52000	-10394	1608817	468360	546490
20239620	67438995	916051	3591937	65507825	9430174	9351954
852418	9167714	203391	-1308212	12934709	1461577	1342768
164924	381131	3389	-3097	152652	33144	34102
267819	637917	4628	491	-26749	11624	55441
29741	30489	106	-4360	61923	10179	11406
541	13997	114	5159	-2810	17	190
1136	3655	26	261	-870	1	95
4487	8167	6	10	492	113	835
607004	4123423	88724	374863	6349338	570518	1213742
8341271	26388684	419428	2700604	23506766	3745856	3908213
1304002	6075387	65845	1409876	21201751	701807	617768
171792	417394	4599	15539	85046	-3965	31110
63552	196032	1009	-483	177885	6086	17224
8117976	19195411	118641	377112	729716	2836229	1964461
308542	776218	6075	24308	314541	52893	151365
4413	23376	71	-131	23435	4096	3233
1015350	5324749	23306	220366	1375494	264689	465684
85101	2567576	4581	3843	605556	77898	23274
11090	74125	867	30957	-50047	687	8140
898209	2588169	17205	188168	828806	178490	425173
16682	93835	649	-2632	-6764	7614	8954
4268	1043	5	29	-2058		143
1532918	6625038	37204	329540	-1398	445320	585841
353381	941350	7059	96985	89503	79485	121436
30686	131973	590	7063	146767	39474	33277
1116339	5239533	28927	229856	-589711	263041	341266
9459	297722	624	-3936	313987	53375	78976
23053	14460	4	-430	38056	9946	10885

9-1 续表 2

项目	单位数(个)	资产总计	营业收入	营业成本	营业税金及附加
三、按隶属关系分					
中央	838	1216183178	300470668	259914487	2129327
省	671	90721078	36323347	30396836	355651
地	1879	59526116	8298853	5551897	135169
县	80	688117	94732	39415	1050
街道	103	1392055	386372	153886	7525
镇	86	468080	116564	92798	2360
乡	35	2461289	183516	96341	5627
社区	9	15886	1628	540	26
村委会	51	332411	51265	31774	569
其他	65937	661469867	233929436	164971789	2412992
四、按控股情况分					
国有控股	1777	1467761241	363212790	310549391	2806015
集体控股	1476	25661805	6338725	4053499	89300
私人控股	62977	413772277	166086147	119177704	1823703
港澳台商控股	479	46224156	16706717	9555041	105882
外商控股	898	35843250	20200138	13317667	129347
其他	2054	36733708	4086903	2693833	49937
五、按四大城市功能区分					
首都功能核心区	7494	685583545	74389903	55033584	1024796
东城区	3541	58289873	18719879	11826775	343596
西城区	3953	627293672	55670024	43206809	681200
城市功能拓展区	47216	1074433533	401809096	320956262	3340339
朝阳区	19871	298828015	136501550	104141950	1168257
丰台区	8921	198426073	66627902	57199572	570409
石景山区	2174	58742157	10394945	7633185	87943
海淀区	16250	518437288	188284698	151981555	1513729
城市发展新区	11917	244130935	99882983	83297016	639806
房山区	1326	5674251	1953362	1115638	22233
通州区	2731	12010464	5554634	4309993	129765
顺义区	1118	9657997	3648810	2725160	28650
昌平区	4024	129715211	72402538	63526018	274918
大兴区	1784	17566686	4247028	2594762	64672
开发区	934	69506325	12076609	9025445	119568
生态涵养发展区	3062	29110064	3774398	1962901	45356
门头沟区	497	15069901	596961	339675	8536
怀柔区	875	6275487	1674963	741594	15474
平谷区	616	2200959	507595	317730	11047
密云县	929	4831853	849996	477447	7942
延庆县	145	731864	144883	86454	2357

单位：千元

销售费用	管理费用	#税金	财务费用	利润总额	应交所得税	应交增值税
4555386	22917455	493071	1772301	48316690	4089022	4236677
436261	3140330	67024	160884	2848333	536159	620425
492859	2044860	23748	-21135	711536	198589	199724
15646	21425	599	378	11111	4833	1766
59043	123431	1332	-247	64206	6654	16820
6369	25942	157	7464	-10102	63	805
6381	84665	432	-472	3454	2723	2294
	302		-1	202	19	35
3139	16226	119	-175	3437	1752	1937
17212804	51014146	390077	2222846	14933054	5300370	5322997
5733388	30255237	649984	2106319	55472789	5155625	5519276
586198	1536063	12265	13692	733322	153067	141444
13703048	34123508	241664	1550898	9982307	3990657	3581041
998935	5152523	22877	211795	1360918	262891	444322
1370028	6318168	34591	259614	-1083134	410502	572951
331748	1291719	10014	34998	-196166	45960	57116
3016825	12153823	163130	1016697	29667614	1528520	1677529
1181334	4034892	38279	-57620	2378544	476678	403207
1835491	8118930	124851	1074317	27289069	1051842	1274322
15590347	56210606	635301	1986952	32238756	7563974	7226221
5274154	19633511	219094	1584325	7191985	2090337	2812612
1777156	5516791	89424	21764	5413938	600628	742188
496227	1594098	8793	67766	1184866	275617	164068
8042809	29466206	317990	313096	18447968	4597392	3507354
3917981	9867588	166499	951631	4734500	977356	1424170
165346	491361	2016	1861	172006	32821	56517
254081	635464	3419	42449	148614	46588	46224
277365	762159	6428	37741	-110424	48915	61416
2387906	5094693	109940	41450	3739220	574610	967692
363071	980103	11301	131212	351788	77272	117620
470213	1903809	33396	696919	433296	197150	174702
262736	1156765	11631	186563	241051	70334	75558
53016	198291	2764	166786	-145574	28904	10421
59588	590106	5004	22267	275064	15688	29047
56156	99617	1069	-2797	16282	10961	11694
83695	214004	2394	633	102919	12242	19380
10281	54747	400	-326	-7639	2540	5016

9-2 科学研究和技术服务业法人单位

项目	单位数(个)	资产合计	负债合计	上年结余
合计	**1517**	**397201384**	**178542740**	**14202565**
一、按行业分(分到小类)				
研究和试验发展	582	289221507	137125729	7469350
自然科学研究和试验发展	90	64764324	20987135	3556600
自然科学研究和试验发展	90	64764324	20987135	3556600
工程和技术研究和试验发展	153	202657135	111070749	2207871
工程和技术研究和试验发展	153	202657135	111070749	2207871
农业科学研究和试验发展	54	6799013	1798651	300698
农业科学研究和试验发展	54	6799013	1798651	300698
医学研究和试验发展	79	6877027	1697666	291331
医学研究和试验发展	79	6877027	1697666	291331
社会人文科学研究	206	8124008	1571527	1112850
社会人文科学研究	206	8124008	1571527	1112850
专业技术服务业	572	85683133	34461040	5581758
气象服务	44	4361779	38490	1332163
气象服务	44	4361779	38490	1332163
地震服务	20	2067081	121722	304910
地震服务	20	2067081	121722	304910
海洋服务	6	7865983	5082	262853
海洋服务	6	7865983	5082	262853
测绘服务	23	2308785	209216	916963
测绘服务	23	2308785	209216	916963
质检技术服务	225	22266288	2940254	815819
质检技术服务	225	22266288	2940254	815819
环境与生态监测	37	1723648	114615	297377
环境保护监测	31	1641470	101864	290871
生态监测	6	82178	12751	6506
地质勘查	26	4174489	782762	659514
能源矿产地质勘查	2	227189	77413	2882
固体矿产地质勘查	8	547941	153995	5747
基础地质勘查	11	2136523	327244	550725
地质勘查技术服务	5	1262836	224110	100160
工程技术	92	37752444	29465541	756330
工程管理服务	41	31050698	27574657	631766
工程勘察设计	18	2968897	591173	57619
规划管理	33	3732849	1299711	66945
其他专业技术服务业	99	3162638	783359	235829
专业化设计服务	9	748517	476660	132494
摄影扩印服务	1	***		
兽医服务	52	301921	49763	30492
其他未列明专业技术服务业	37	2112071	256936	72843
科技推广和应用服务业	363	22296743	6955971	1151457
技术推广服务	244	6835802	1108411	248453
农业技术推广服务	150	1507366	322178	92454
生物技术推广服务	2	5463	501	197
新材料技术推广服务	7	199868	6490	126190
节能技术推广服务	9	26001	3883	36
其他技术推广服务	76	5097104	775360	29576
科技中介服务	67	9383549	4354078	506849
科技中介服务	67	9383549	4354078	506849
其他科技推广和应用服务业	52	6077392	1493482	396155
其他科技推广和应用服务业	52	6077392	1493482	396155

财务状况(行政事业及民间非营利组织会计制度)

单位：千元

收入合计	支出合计	#工资福利支出	#商品和服务支出	收支结余	经营税金
153557087	**144707361**	**19558536**	**86631045**	**22847438**	**839623**
115450601	108248429	14691189	67625146	14581915	472406
25222089	23609592	3347596	13689985	5136489	85629
25222089	23609592	3347596	13689985	5136489	85629
79443699	74519243	9486658	47890077	7132337	291165
79443699	74519243	9486658	47890077	7132337	291165
3372041	3248221	547920	2082810	424518	28006
3372041	3248221	547920	2082810	424518	28006
2785601	2532694	506493	1381815	534143	12402
2785601	2532694	506493	1381815	534143	12402
4627171	4338679	802522	2580458	1354428	55205
4627171	4338679	802522	2580458	1354428	55205
24749661	23122522	3476927	10432154	7205169	316404
1453061	2225648	140548	1273884	559576	5764
1453061	2225648	140548	1273884	559576	5764
661655	602081	117051	300026	364484	1006
661655	602081	117051	300026	364484	1006
1659934	1682723	55905	387642	240064	936
1659934	1682723	55905	387642	240064	936
1191916	1304190	224645	887874	804690	7375
1191916	1304190	224645	887874	804690	7375
8001794	6818600	1369218	3713051	1999014	149237
8001794	6818600	1369218	3713051	1999014	149237
860719	892903	104715	537531	265193	4163
804245	803785	92549	491423	291331	4128
56474	89118	12166	46108	-26138	35
2463832	2458928	350021	1631933	664418	18646
61963	62708	36032	15470	2137	8
300035	288371	68341	82369	17411	2430
1577298	1617601	166404	1215226	510422	3907
524536	490248	79244	318868	134448	12301
7024810	6046587	898437	1191397	1730825	122884
4027024	3553563	101537	127201	1105226	12535
1133033	913912	263249	449562	276740	33705
1864754	1579112	533651	614634	348859	76644
1431939	1090863	216387	508815	576905	6393
276714	178085	24110	54766	231123	222
	***			***	
219215	215042	38547	94863	34664	246
936010	697734	153730	359186	311119	5925
13356824	13336411	1390421	8573745	1060354	50813
2871105	3187789	388247	740021	-116336	13515
778041	767397	195346	330196	103098	3101
1582	1653	954	316	126	
157370	201675	16965	133550	62452	559
21239	21654	5203	12023	-380	21
1912874	2195411	169778	263936	-281632	9833
7339699	7164293	709225	5820282	632064	14689
7339699	7164293	709225	5820282	632064	14689
3146020	2984328	292948	2013442	544625	22609
3146020	2984328	292948	2013442	544625	22609

9-2 续表

项目	单位数（个）	资产合计	负债合计	上年结余
二、按登记注册类型分				
内资	1517	397201384	178542740	14202565
国有	1218	383705383	175830756	13243957
集体	48	3121009	892725	31418
股份合作	1	***	***	***
国有联营	1			
国有与集体联营	1	***		
其他联营	4	5948	5499	50
其他有限责任公司	4	4781	3082	341
私营独资	7	10553	5481	203
私营合伙	7	23012	518	251
私营有限责任公司	7	28331	781	2342
其他	219	10281772	1803896	924005
三、按隶属关系分				
中央	563	359316383	162235037	11176646
省	280	29978572	14684719	2098900
地	382	6226932	1140790	878149
县	25	74935	19742	358
街道	7	24477	23310	230
镇	72	246657	104058	10722
乡	11	173862	90448	4166
社区	1			
村委会	3			
其他	173	1159565	244635	33394
四、按四大城市功能区分				
首都功能核心区	352	73351383	33490909	3633862
东城区	137	21159334	2764709	988152
西城区	215	52192049	30726200	2645710
城市功能拓展区	673	297915020	134199905	10249070
朝阳区	220	43074595	10429149	2744181
丰台区	90	96719436	65548583	286310
石景山区	36	6499041	1084099	1037253
海淀区	327	151621948	57138074	6181326
城市发展新区	326	17218733	5442319	226953
房山区	72	8463642	3066609	6129
通州区	42	4791252	196498	8617
顺义区	51	1072948	950244	112603
昌平区	80	2357850	1145150	60095
大兴区	78	412922	80352	39509
开发区	3	120119	3465	
生态涵养发展区	166	8716247	5409607	92680
门头沟区	25	6160515	5295412	37149
怀柔区	15	1873400	4856	28332
平谷区	50	56126	17638	6926
密云县	45	361577	67272	1327
延庆县	31	264629	24429	18945

单位：千元

收入合计	支出合计			收支结余	经营税金
		#工资福利支出	#商品和服务支出		
153557087	144707361	19558536	86631045	22847438	839623
148024419	139539616	18674016	84902815	21642193	792647
1492803	1388241	264844	148545	135981	7505
***				***	
	***			***	
	1119	129		-1069	
1846	2197	253	1937	-10	19
6620	8027	1197	258	-1194	495
11516	1881	567	811	-209	36
21363	4321	290	814	-49	98
3998483	3758576	617239	1575864	1075143	38822
139293796	131831573	17179815	82256781	18546785	722687
10260998	9643345	1745698	3589136	2665801	92634
3446148	2739780	489359	626313	1584517	17764
49334	44070	22933	11750	5621	293
1888	3066	1016	1379	-948	52
75101	66999	23063	6920	18824	466
21477	27433	3863	5292	-1790	1383
408346	351096	92789	133474	28628	4344
23092910	22121985	2931050	10728105	4601059	207722
7916208	7350928	1184339	3503683	1553432	111642
15176702	14771057	1746711	7224422	3047627	96080
123593670	115974283	15559367	72316329	17702504	603138
17708844	16501624	3252324	7823206	3912191	166431
33748506	31664861	3576435	20271660	2319765	61389
2328396	1716573	242315	444704	1638983	8189
69807923	66091225	8488293	43776759	9831567	367129
3024033	2913753	781582	924596	302060	23120
1255169	1237140	328810	428059	24158	5556
396488	393285	123941	114721	11819	1435
321005	347953	84918	131161	85664	4940
757782	682851	166444	176792	113067	5618
244234	236905	73905	67614	46838	3905
49355	15618	3565	6250	20515	1666
3846474	3697339	286537	2662015	241814	5643
2859731	2785190	115645	2573387	111690	3940
458057	459569	12920	12934	26820	209
83830	89323	41727	13568	1433	234
176385	161524	62896	37015	16189	1092
268471	201733	53348	25110	85683	169

9-3 规模以上科学研究和技术服务业

项目	单位数(个)	年初存货	流动资产合计	#货币资金	#现金
合计	**2830**	**64243017**	**632898800**	**248485180**	**170314**
一、按行业分(分到小类)					
研究和试验发展	270	12187828	139648091	88575090	15394
自然科学研究和试验发展	29	7452261	20659036	2174084	1914
自然科学研究和试验发展	29	7452261	20659036	2174084	1914
工程和技术研究和试验发展	163	4336006	113188771	83979109	10695
工程和技术研究和试验发展	163	4336006	113188771	83979109	10695
农业科学研究和试验发展	9	24983	759400	131917	91
农业科学研究和试验发展	9	24983	759400	131917	91
医学研究和试验发展	69	374578	5040884	2289980	2694
医学研究和试验发展	69	374578	5040884	2289980	2694
专业技术服务业	1545	37007916	356493100	124460901	107637
气象服务	3	4262	478497	214949	29
气象服务	3	4262	478497	214949	29
地震服务	3	346	30040	5887	76
地震服务	3	346	30040	5887	76
海洋服务	3	14856	430289	93283	92
海洋服务	3	14856	430289	93283	92
测绘服务	26	39943	1866928	1222674	1744
测绘服务	26	39943	1866928	1222674	1744
质检技术服务	152	95473	10151369	6250528	8292
质检技术服务	152	95473	10151369	6250528	8292
环境与生态监测	12	456360	3381739	1273375	58
环境保护监测	12	456360	3381739	1273375	58
地质勘查	31	256296	8352028	1340993	1177
能源矿产地质勘查	5	124918	4258636	364153	414
固体矿产地质勘查	3	7136	248525	70382	50
水、二氧化碳等矿产地质勘查	2	4732	2318036	483446	15
基础地质勘查	7	13852	214335	154444	188
地质勘查技术服务	14	105658	1312496	268568	510
工程技术	978	29507918	283365702	101454110	74153
工程管理服务	488	20562103	171539170	63465763	36639
工程勘察设计	465	8878683	108645509	35949413	34246
规划管理	25	67132	3181023	2038934	3268
其他专业技术服务业	337	6632462	48436508	12605102	22016
专业化设计服务	170	3229823	25589992	6612877	10159
摄影扩印服务	33	20735	492035	261072	2176
其他未列明专业技术服务业	134	3381904	22354481	5731153	9681

法人单位财务状况(企业会计制度)

单位：千元

#交易性金融资产	#应收账款	#存货	可供出售金融资产	持有至到期投资	长期股权投资	投资性房地产	固定资产合计	固定资产原价
2063575	**107063779**	**73508247**	**11911945**	**7980219**	**237745396**	**7878482**	**57718048**	**89505524**
964022	7982785	15428174	339677	1141	17934158	1712736	10984140	17399812
217260	1256057	11098007	36486		5154894	1172252	2936191	5040888
217260	1256057	11098007	36486		5154894	1172252	2936191	5040888
686542	6102009	3809912	303191	1141	12375124	539709	6531113	10358059
686542	6102009	3809912	303191	1141	12375124	539709	6531113	10358059
	323680	16416			2992		202228	250337
	323680	16416			2992		202228	250337
60220	301039	503839			401148	775	1314608	1750528
60220	301039	503839			401148	775	1314608	1750528
456400	67525891	43030470	10075609	390452	166052767	1958185	31109671	49158613
34220	21370	6507			225403		207069	333252
34220	21370	6507			225403		207069	333252
	22651	309			196		3599	11700
	22651	309			196		3599	11700
	39175	21949			23200		20680	34435
	39175	21949			23200		20680	34435
15926	365689	51194			805915		108757	210272
15926	365689	51194			805915		108757	210272
44114	1300166	90684	3276	24340	1405851	111244	4328053	6359219
44114	1300166	90684	3276	24340	1405851	111244	4328053	6359219
	643621	411894			369034		128120	204086
	643621	411894			369034		128120	204086
	1826673	1780344	29463		7312081	129703	845518	2839181
	1119317	95372			2568108		707325	2544670
	64985	2671	7000		88812		8565	21739
	90729	1607110			3483617	126408	20494	49662
	24888	13221					19782	45392
	526754	61970	22463		1171544	3295	89352	177718
210912	50146266	30882193	8835700	180770	139723614	1375143	22090279	34189674
108538	19764353	17481234	8155363	96241	117241221	617061	7597567	11116890
92274	29802399	13217351	680337	72029	22256204	758082	13788722	22088128
10100	579514	183608		12500	226189		703990	984656
151228	13160280	9785396	1207170	185342	16187473	342095	3377596	4976794
77677	6998203	5624470	1207170	62342	6693974	333251	1620042	2411203
	31644	17893			5095	62	130235	261671
73551	6130433	4143033		123000	9488404	8782	1627319	2303920

9-3 续表 1

项目	单位数(个)	年初存货	流动资产合计	#货币资金	#现金
科技推广和应用服务业	1015	15047273	136757609	35449189	47283
技术推广服务	803	11392852	104038500	26034042	40171
农业技术推广服务	12	273871	641315	107496	113
生物技术推广服务	34	91143	1682883	416859	1168
新材料技术推广服务	57	194519	2806636	734569	7561
节能技术推广服务	72	1319534	15107409	1641306	2234
其他技术推广服务	628	9513785	83800257	23133812	29095
科技中介服务	58	383503	12916173	4046383	2907
科技中介服务	58	383503	12916173	4046383	2907
其他科技推广和应用服务业	154	3270918	19802936	5368764	4205
其他科技推广和应用服务业	154	3270918	19802936	5368764	4205
二、按登记注册类型分					
内资	2475	62790737	602589966	237213882	152905
国有	207	7640149	73462548	33625768	8866
集体	32	129771	840989	494724	900
股份合作	35	26954	465285	154846	2215
国有联营	2		315849	285908	47
国有独资公司	77	13925121	68875664	22804471	9010
其他有限责任公司	975	24446128	274884714	121356837	55165
股份有限公司	95	12787555	146203535	50038923	10341
私营独资	1		***	***	***
私营合伙	12	4571	149079	57267	431
私营有限责任公司	990	3488788	34644288	7408810	56333
私营股份有限公司	48	341654	2705265	944220	9583
其他	1	***	***	***	***
港澳台商投资	100	231373	10352964	3612375	4213
与港澳台商合资经营	23	28878	2125746	1071317	1811
与港澳台商合作经营	3	50	93759	23913	34
港澳台商独资	69	201414	7800739	2481796	2338
港澳台商投资股份有限公司	5	1031	332720	35349	30
外商投资	255	1220907	19955870	7658923	13196
中外合资经营	67	264929	3953260	1196078	2837
中外合作经营	8	20063	780513	203289	200
外资企业	174	741151	13221754	6156441	9247
外商投资股份有限公司	6	194764	2000343	103115	912

单位：千元

			可供出售金融资产	持有至到期投资	长期股权投资	投资性房地产	固定资产合计	固定资产原价
#交易性金融资产	#应收账款	#存货						
643153	31555103	15049603	1496659	7588626	53758471	4207561	15624237	22947099
445912	23886231	11606502	1452205	7258626	46973992	2642729	13277540	19204056
9000	49403	288405			301673		98785	150817
	250057	141822			397669		343405	563965
	803087	209825		6000	738977	11178	709601	884732
30528	5544718	1354255			4361672	30960	1816912	2393839
406384	17238966	9612195	1452205	7252626	41174001	2600591	10308837	15210703
1391	2541905	332504	44454	300000	6079484	1108691	491597	862302
1391	2541905	332504	44454	300000	6079484	1108691	491597	862302
195850	5126967	3110597		30000	704995	456141	1855100	2880741
195850	5126967	3110597		30000	704995	456141	1855100	2880741
1834237	97538154	72019870	11911945	7980119	231447209	7102309	53189980	81701644
638227	13126583	6970970	1715673	479531	25733571	2049936	17817456	25153131
10000	108080	70097			621841	3560	304601	564807
	125613	28367			249133		128850	215225
	12420				760		2195	10936
	12127180	12827240	355655	120300	23996265	1243147	7330989	14241541
430936	41633833	34576996	591919	6872967	66499968	3373756	17524138	26403492
39249	20101122	12974734	9246535	362342	111549376	399354	5706277	8560056
							***	***
	54489	3154			4800		7820	20215
715008	9471818	4052325	2100	144979	2206400	32556	4064107	6024351
817	777008	515987	63		585095		299817	498713
	***						***	***
1468	3529319	329254			2265743	494857	1717920	3139353
	422314	97995			598224	486303	518447	1099286
	39672	50			1000	8554	206497	274728
1468	2801959	230177			1666119		983035	1739650
	265374	1032			400		9941	25689
227870	5996306	1159123		100	4032444	281316	2810148	4664527
890	995715	349383			2841521		592355	911938
	109676	20192			13100	281316	7976	60178
226980	4595238	614465		100	1109673		2147028	3553439
	295677	175083			68150		62789	138972

9-3 续表 2

项 目	单位数（个）	年初存货	流动资产合计	#货币资金	#现金
三、按隶属关系分					
中央	448	39678523	422796223	191966622	32693
省	162	3896507	48457408	12838558	5341
地	114	7543688	18186044	2310981	4332
县	1		***	***	***
街道	11	5849	225387	101808	141
镇	1	***	***	***	***
乡	4	41	69402	42941	57
村委会	2	685	27418	21067	42
其他	2087	13117180	143084261	41154933	127547
四、按控股情况分（仅限企业法人）					
国有控股	762	53930015	512038977	213189923	44828
集体控股	95	390855	4833197	1796486	3855
私人控股	1607	8347259	81508001	19388986	102979
港澳台商控股	93	234455	10017445	3440967	4081
外商控股	237	1275654	19928123	7406675	13208
其他	20	46914	749256	145267	852
五、按四大城市功能区分					
首都功能核心区	394	9523418	127354912	52931056	22470
东城区	147	2538246	17328860	6441121	6119
西城区	247	6985172	110026052	46489935	16351
城市功能拓展区	2090	45079140	428360982	177487312	129001
朝阳区	749	5516615	83799858	26516450	36309
丰台区	277	6670673	122088294	83632704	15499
石景山区	60	837574	9927606	2664306	3499
海淀区	1004	32054278	212545224	64673852	73694
城市发展新区	299	9564337	64527786	16737951	15161
房山区	26	9481	556131	327241	579
通州区	18	713026	2310889	493748	2228
顺义区	40	225115	1721553	380960	2049
昌平区	119	5336698	36469423	9897132	5695
大兴区	32	60567	4522678	1517041	1825
开发区	64	3219450	18947112	4121829	2785
生态涵养发展区	47	76122	12655120	1328861	3682
门头沟区	12	8761	9753254	556912	354
怀柔区	13	9998	2358631	535512	2209
平谷区	9	31290	188477	113818	778
密云县	10	13651	265111	101727	183
延庆县	3	12422	89647	20892	158

单位：千元

#交易性金融资产	#应收账款	#存货	可供出售金融资产	持有至到期投资	长期股权投资	投资性房地产	固定资产合计	固定资产原价
681386	61449767	41129641	11537096	7400466	196356827	3263591	31701400	50111209
61654	7589426	2525893	7000	54532	11339761	2473088	5032769	6531395
4108	1547892	11080497	23202	500	1396131	307885	940840	1608933
							***	***
	40740	6252		300	402870		175911	291170
	***	***					***	***
	14080	12			11200		63969	116186
	1480	1541					11433	35031
1316427	36417521	18763817	344647	524421	28238607	1833918	19776487	30784598
796007	75175578	58626643	11903495	7754958	216955542	6196374	41951530	64651248
17918	750645	492964			4581429	97714	868693	1324086
1020312	21097317	12825825	2596	225121	11987058	789627	9144212	13881873
1468	3428773	337141			2257718	486303	1452303	2796029
227870	6210752	1130010		100	1627071	295340	2441347	4154252
	159126	81728	5854		47838	10504	474729	540348
277817	15849133	7168085	7980936	145002	118168905	2066034	8926558	13524816
10614	3410269	579710	87146	10360	3389234	1359063	2699152	4354060
267203	12438864	6588375	7893790	134642	114779671	706971	6227406	9170756
1604061	77863883	53869989	3917255	905601	96107236	4972869	41620204	65539894
531480	20225483	8204011	605650	380751	13222380	2704132	14732499	23060511
423373	11516411	9407054	33980	60500	24502438	360554	2137648	3779806
12062	3580587	1012558			864402	1060	1111486	1424540
637146	42541402	35246366	3277625	464350	57518016	1907123	23638571	37275037
137122	12836709	12317680	6754	6917116	19879213	832426	6213745	9172010
	130118	5391		300	81656		123564	204552
1300	563059	749103			24977		207913	528431
	694648	215447	5854		40845		403700	650548
67492	8498257	7567221	900	6916816	15459543	487078	2755774	4251222
11800	983926	672607			847346	2613	604716	909033
56530	1966701	3107911			3424846	342735	2118078	2628224
44575	514054	152493	7000	12500	3590042	7153	957541	1268804
27301	101765	3975	7000		3174497		210827	282823
7174	312060	121174			369830	4380	435908	606362
	10911	3134			40140	2773	167834	186478
10100	86445	22270		12500	1575		118787	155053
	2873	1940			4000		24185	38088

9-3 续表 3

项 目	累计折旧	本年折旧	在建工程	无形资产	资产总计
合 计	**32585822**	**6130701**	**12966827**	**10357734**	**1012245686**
一、按行业分(分到小类)					
研究和试验发展	6816834	1376615	7856349	1557911	186523018
自然科学研究和试验发展	2087024	310407	1425902	432440	31939553
自然科学研究和试验发展	2087024	310407	1425902	432440	31939553
工程和技术研究和试验发展	4024864	868835	6074104	930416	145955409
工程和技术研究和试验发展	4024864	868835	6074104	930416	145955409
农业科学研究和试验发展	48109	20875	357	61922	1051837
农业科学研究和试验发展	48109	20875	357	61922	1051837
医学研究和试验发展	656837	176498	355986	133133	7576219
医学研究和试验发展	656837	176498	355986	133133	7576219
专业技术服务业	18366370	3176638	3495103	6272770	590274642
气象服务	126183	19124	6263	133024	1060043
气象服务	126183	19124	6263	133024	1060043
地震服务	8101	2028			35248
地震服务	8101	2028			35248
海洋服务	13756	2079		353	478165
海洋服务	13756	2079		353	478165
测绘服务	102133	21011	49172	10989	2938264
测绘服务	102133	21011	49172	10989	2938264
质检技术服务	2183194	377342	387732	484913	17558395
质检技术服务	2183194	377342	387732	484913	17558395
环境与生态监测	76966	24102	157888	43024	4344486
环境保护监测	76966	24102	157888	43024	4344486
地质勘查	1994266	223525	38118	23073	17285330
能源矿产地质勘查	1837345	195199	35909	3929	7786565
固体矿产地质勘查	13174	3644	2209	84	357660
水、二氧化碳等矿产地质勘查	29168	3754		101	6085600
基础地质勘查	25610	4775			234307
地质勘查技术服务	88969	16153		18959	2821198
工程技术	12233313	2075142	1847688	4944707	473776126
工程管理服务	3692594	613404	551418	595164	311637815
工程勘察设计	8262398	1414272	1296270	4343714	157956860
规划管理	278321	47466		5829	4181451
其他专业技术服务业	1628458	432285	1008242	632687	72798585
专业化设计服务	807100	180615	95409	279532	36457832
摄影扩印服务	132439	18409	8142	802	667987
其他未列明专业技术服务业	688919	233261	904691	352353	35672766

单位：千元

流动负债合计	#应付账款	非流动负债合计	#应付债券	负债合计	所有者权益合计	#实收资本	国家资本	集体资本
534961304	**131614118**	**83026774**	**34122163**	**617988078**	**394257608**	**202129719**	**73136810**	**658984**
109327856	26167145	22133137	800000	131460993	55062025	31395836	14335618	16200
8563518	1054548	10781022	800000	19344540	12595013	8126967	5622305	
8563518	1054548	10781022	800000	19344540	12595013	8126967	5622305	
96540678	24287411	10624765		107165443	38789966	21260919	8694118	4960
96540678	24287411	10624765		107165443	38789966	21260919	8694118	4960
743687	261978	34855		778542	273295	218274	1000	
743687	261978	34855		778542	273295	218274	1000	
3479973	563208	692495		4172468	3403751	1789676	18195	11240
3479973	563208	692495		4172468	3403751	1789676	18195	11240
304891787	72126600	47291847	31017798	352183634	238091008	118460264	49098412	450082
339767	134			339767	720276	120725	100000	
339767	134			339767	720276	120725	100000	
14466	7854			14466	20782	6341		
14466	7854			14466	20782	6341		
337161	63466			337161	141004	39594	5844	
337161	63466			337161	141004	39594	5844	
677576	377569	234688		912264	2026000	1520845	503460	3000
677576	377569	234688		912264	2026000	1520845	503460	3000
7797022	1069074	357655		8154677	9403718	2125591	686266	41433
7797022	1069074	357655		8154677	9403718	2125591	686266	41433
1679827	791255	152490		1832317	2512169	599291	65010	2980
1679827	791255	152490		1832317	2512169	599291	65010	2980
9144752	526921	1431834	57233	10576586	6708744	8627320	1470623	
5167048	208779	171171	57233	5338219	2448346	7456145	1354065	
144167	16856	21902		166069	191591	160000	110000	
2782744		1014106		3796850	2288750	109250		
97620	21201	6004		103624	130683	26310	1248	
953173	280085	218651		1171824	1649374	875615	5310	
248213877	58123974	42783142	30960565	290997019	182779107	82143955	36830308	363482
155042137	27332539	33677433	25970190	188719570	122918245	50242713	29194386	49324
90750386	30524364	9046761	4990375	99797147	58159713	31568166	7510922	314158
2421354	267071	58948		2480302	1701149	333076	125000	
36687339	11166353	2332038		39019377	33779208	23276602	9436901	39187
19768425	5430949	630991		20399416	16058416	12215444	1329257	10387
390827	34161	47779		438606	229381	134004	31485	800
16528087	5701243	1653268		18181355	17491411	10927154	8076159	28000

9-3 续表 4

项　　目	累计折旧	本年折旧	在建工程	无形资产	资产总计
科技推广和应用服务业	7402618	1577448	1615375	2527053	235448026
技术推广服务	6010228	1266158	1234073	2109114	188174968
农业技术推广服务	52034	9521	6468	26734	1099206
生物技术推广服务	224493	42267	22278	18808	2632438
新材料技术推广服务	181225	64727	8443	214741	4535526
节能技术推广服务	580646	116292	43436	161234	23484354
其他技术推广服务	4971830	1033351	1153448	1687597	156423444
科技中介服务	349665	62205	249400	119376	23205945
科技中介服务	349665	62205	249400	119376	23205945
其他科技推广和应用服务业	1042725	249085	131902	298563	24067113
其他科技推广和应用服务业	1042725	249085	131902	298563	24067113
二、按登记注册类型分					
内资	29144745	5345292	12487158	9739247	967492448
国有	7491278	1436360	6946898	1101866	132944907
集体	260767	33429	3672	194117	2011532
股份合作	86738	15016	34429	23746	944479
国有联营	8741	914			319792
国有独资公司	6953131	892795	1541598	1184711	108179918
其他有限责任公司	9255716	1826298	2103283	5380271	394025577
股份有限公司	2852288	591156	1526399	683782	280985067
私营独资	***	***			***
私营合伙	12875	2601		18	161813
私营有限责任公司	2012302	498896	208052	1084689	43996997
私营股份有限公司	205435	47053	115673	86047	3868467
其他	***	***	***		***
港澳台商投资	1458591	374054	101930	192830	15614045
与港澳台商合资经营	580839	134900	35053	78425	4210024
与港澳台商合作经营	68231	19102	11338	18717	387733
港澳台商独资	793773	217495	55539	95599	10660847
港澳台商投资股份有限公司	15748	2557		89	355441
外商投资	1982486	411355	377739	425657	29139193
中外合资经营	319583	55390	28127	272764	8273169
中外合作经营	52203	5516		2437	1101681
外资企业	1534428	332278	347984	150002	17629371
外商投资股份有限公司	76272	18171	1628	454	2134972

单位：千元

流动负债合计	#应付账款	非流动负债合计	#应付债券	负债合计	所有者权益合计	#实收资本		
							国家资本	集体资本
120741661	33320373	13601790	2304365	134343451	101104575	52273619	9702780	192702
92965544	22987901	11017266	2304365	103982810	84192158	43232254	8353555	185972
688342	52795	8917		697259	401947	176871		
1255919	232587	210441		1466360	1166078	761634	21272	1500
2367380	976583	570582		2937962	1597564	1121579	211544	
16160420	4117615	948416	152863	17108836	6375518	5053915	850940	1730
72493483	17608321	9278910	2151502	81772393	74651051	36118255	7269799	182742
13131020	3945381	2167345		15298365	7907580	4884264	695042	1000
13131020	3945381	2167345		15298365	7907580	4884264	695042	1000
14645097	6387091	417179		15062276	9004837	4157101	654183	5730
14645097	6387091	417179		15062276	9004837	4157101	654183	5730
514078080	126533117	81640041	34122163	595718121	371774327	186708349	73023513	658984
57848551	14536514	9160459	800000	67009010	65935897	26935002	15790077	
1254441	106478	8391		1262832	748700	245000		239500
486560	77526	13061		499621	444858	140297		32450
13880	9002			13880	305912	115200	115200	
62383701	17868717	2639196	152863	65022897	43157021	24001852	10003787	
230922295	60835140	33190676	4605077	264112971	129912606	68149148	19999897	369037
132599140	24137077	35596522	28564223	168195662	112789405	52200956	27111052	15679
***	***			***	***	***		
83982	32732			83982	77831	6020		
27025478	8528446	966047		27991525	16005472	13971921	1500	
1438561	389081	65689		1504250	2364217	939953		2318
***	***			***	***	***	***	
6871031	1307106	469711		7340742	8273303	5814846	58258	
2047274	257772	52269		2099543	2110481	1128996	25408	
189156	21258	19841		208997	178736	110030	32850	
4388115	872298	396730		4784845	5876002	4535035		
246486	155778	871		247357	108084	40785		
14012193	3773895	917022		14929215	14209978	9606524	55039	
4788264	1184764	162277		4950541	3322628	2604493	55039	
334902	24092	171718		506620	595061	482102		
8180878	2432068	583027		8763905	8865466	6390449		
708149	132971			708149	1426823	129480		

9-3 续表 5

项　目	累计折旧	本年折旧	在建工程	无形资产	资产总计
三、按隶属关系分					
中央	18668624	3272186	9913938	6293331	710546132
省	1628778	340359	581720	430064	71169971
地	680272	131981	125575	133115	21302995
县	***	***			***
街道	115259	14763	2872	198825	1056613
镇	***	***			***
乡	54147	6290	900		150552
村委会	23598	2950	2772		41623
其他	11403011	2360811	2339050	3302399	207909903
四、按控股情况分(仅限企业法人)					
国有控股	22994806	4015759	11270953	7435500	842235293
集体控股	461837	82176	27520	241494	10778666
私人控股	4853610	1157663	954465	2036042	111476890
港澳台商控股	1380884	354253	90592	173589	14917074
外商控股	1841076	390108	377495	370658	25784437
其他	176616	34428	110998	76096	1421034
五、按四大城市功能区分					
首都功能核心区	4687722	775727	1694451	1334135	274626577
东城区	1765115	342601	170384	329971	27132098
西城区	2922607	433126	1524067	1004164	247494479
城市功能拓展区	24313616	4525560	5799229	8050043	610470944
朝阳区	8244621	1530310	2177919	3264096	124806926
丰台区	1650675	310922	927934	833946	157104192
石景山区	328201	63602	45961	126059	12255611
海淀区	14090119	2620726	2647415	3825942	316304215
城市发展新区	3267595	756663	5425941	789921	109258341
房山区	81000	16522	18995	7276	816677
通州区	320518	75632	2734	5902	2771609
顺义区	274074	46174	51895	44857	2283743
昌平区	1497346	333630	4785503	243146	69313982
大兴区	319034	91775	119748	214858	6385984
开发区	775623	192930	447066	273882	27686346
生态涵养发展区	316889	72751	47206	183635	17889824
门头沟区	71756	18498	5449	13386	13578617
怀柔区	170729	37164	41757	149848	3374612
平谷区	18645	4982		233	400620
密云县	41486	9831		20168	418142
延庆县	14273	2276			117833

单位：千元

流动负债合计	#应付账款	非流动负债合计	#应付债券	负债合计	所有者权益合计	#实收资本	国家资本	集体资本
382460816	94380246	53689265	27877096	436150081	274396051	132975774	60790421	40040
34899940	7576697	9590768	6018245	44490708	26679263	15572147	6564060	45158
7806121	1095243	8044972	99389	15851093	5451902	2498163	1333505	30465
***				***	***	***	***	
800277	38411	2072		802349	254264	157449	3000	114936
***		***		***	***	***		***
78542				78542	72010	22714		22714
4825	1692			4825	36798	2500		2000
108885125	28521829	11694197	127433	120579322	87330581	50897692	4443244	402971
449471737	108987391	75149282	33916141	524621019	317614274	159462511	72538670	40863
7129071	824567	415662		7544733	3233933	1682904	25600	599614
58040620	16318597	5783814	206022	63824434	47652456	26544027	65137	18507
6625361	1274766	446257		7071618	7845456	5550262	13695	
11995329	3978298	907801		12903130	12881307	8041966	11580	
708590	214027	246013		954603	466431	288118	8013	
119140962	18528408	31366938	25228233	150507900	124118677	56322078	28683860	306500
15294124	1930621	714603		16008727	11123371	9463535	817977	29100
103846838	16597787	30652335	25228233	134499173	112995306	46858543	27865883	277400
350192810	98205163	43502604	6833984	393695414	216775530	114444643	43049617	320475
73398793	17828795	6347037		79745830	45061096	23987696	5184228	142524
110862612	33683441	9348830	99389	120211442	36892750	20783524	11945651	32595
7812141	2676882	104904		7917045	4338566	1923792	379390	
158119264	44016045	27701833	6734595	185821097	130483118	67749631	25540348	145356
57491651	14540647	4776631	78033	62268282	46990059	26806426	1280833	26060
208324	49355	1716		210040	606637	150797	2370	3230
2195289	1174785	21948	20800	2217237	554372	330555	10846	
1430909	324728	60699		1491608	792135	667390	2047	5900
34639438	8497633	1760014	57233	36399452	32914530	18924858	836895	15730
2261598	518324	1008530		3270128	3115856	1215464	14580	
16756093	3975822	1923724		18679817	9006529	5517362	414095	1200
8135881	339900	3380601	1981913	11516482	6373342	4556572	122500	5949
6284785	43101	3306748	1981913	9591533	3987084	3256908	100000	4249
1356651	169522	66260		1422911	1951701	1101500	1000	
225238	37398	2093		227331	173289	104888	3500	1000
219223	69742			219223	198919	91276	18000	
49984	20137	5500		55484	62349	2000		700

9-3 续表 6

项目	法人资本	个人资本	港澳台资本	外商资本	营业收入	#主营业务收入
合计	**93852580**	**16011799**	**10224168**	**8245378**	**468507330**	**464923736**
一、按行业分(分到小类)						
研究和试验发展	12643386	1257036	1415585	1728011	34195893	33223525
自然科学研究和试验发展	1457706	156532	840529	49895	4901321	4744913
自然科学研究和试验发展	1457706	156532	840529	49895	4901321	4744913
工程和技术研究和试验发展	10776957	767173	313649	704062	24317400	23548465
工程和技术研究和试验发展	10776957	767173	313649	704062	24317400	23548465
农业科学研究和试验发展	1530	76320		139424	293743	290224
农业科学研究和试验发展	1530	76320		139424	293743	290224
医学研究和试验发展	407193	257011	261407	834630	4683429	4639923
医学研究和试验发展	407193	257011	261407	834630	4683429	4639923
专业技术服务业	52779817	8526581	5409032	2196340	315427307	313712883
气象服务	10715	10010			449897	449897
气象服务	10715	10010			449897	449897
地震服务	2000	691		3650	58056	58056
地震服务	2000	691		3650	58056	58056
海洋服务	33750				224404	224404
海洋服务	33750				224404	224404
测绘服务	953080	61305			896789	894218
测绘服务	953080	61305			896789	894218
质检技术服务	1023110	247022	67904	59856	16073897	15842475
质检技术服务	1023110	247022	67904	59856	16073897	15842475
环境与生态监测	240501	290800			1677296	1677296
环境保护监测	240501	290800			1677296	1677296
地质勘查	6844942	311755			7717320	7673868
能源矿产地质勘查	6041010	61070			4463289	4434043
固体矿产地质勘查	50000				51819	51819
水、二氧化碳等矿产地质勘查	109250				1415717	1415717
基础地质勘查	17954	7108			300922	290898
地质勘查技术服务	626728	243577			1485573	1481391
工程技术	34197007	5531783	4970215	251160	210738330	209426488
工程管理服务	12027334	4319116	4513678	138875	85176421	84268983
工程勘察设计	22073167	1102747	456537	110635	122819483	122423530
规划管理	96506	109920		1650	2742426	2733975
其他专业技术服务业	9474712	2073215	370913	1881674	77591318	77466181
专业化设计服务	7821536	1289198	81873	1683193	57655214	57581637
摄影扩印服务	10350	34240	29788	27341	670988	660160
其他未列明专业技术服务业	1642826	749777	259252	171140	19265116	19224384

单位：千元

营业成本	#主营业务成本	营业税金及附加	#主营业务税金及附加	其他业务利润	销售费用	管理费用	#税金	#财产保险费
376281661	**374785836**	**3772077**	**3662695**	**1956029**	**13944129**	**47407413**	**741901**	**124726**
24212003	23716569	219145	191013	448816	1504417	7750210	99314	14794
3894714	3801560	37128	36337	62462	662498	1869628	32532	1843
3894714	3801560	37128	36337	62462	662498	1869628	32532	1843
17478128	17077610	166775	139488	341129	494824	4581717	52760	10481
17478128	17077610	166775	139488	341129	494824	4581717	52760	10481
125545	125545	820	820	3519	9160	141522	1974	314
125545	125545	820	820	3519	9160	141522	1974	314
2713616	2711854	14422	14368	41706	337935	1157343	12048	2156
2713616	2711854	14422	14368	41706	337935	1157343	12048	2156
256258159	255765710	2679705	2622195	1142093	7965078	28357631	462223	85227
194306	194306	8646	8646		7639	84031	1536	41
194306	194306	8646	8646		7639	84031	1536	41
32175	32175	239	239		10837	11158	40	41
32175	32175	239	239		10837	11158	40	41
129289	129289	3131	3131			29022	409	117
129289	129289	3131	3131			29022	409	117
610495	609622	8537	8492	1653	55577	213258	1486	741
610495	609622	8537	8492	1653	55577	213258	1486	741
9547697	9531493	134885	127290	202145	894532	4022239	33765	15636
9547697	9531493	134885	127290	202145	894532	4022239	33765	15636
1228756	1228755	20537	20537		50242	157193	937	476
1228756	1228755	20537	20537		50242	157193	937	476
6172605	6162486	161622	161064	32775	117093	754899	18139	595
3452265	3447132	132320	132320	24113	96101	492497	4537	46
55854	55854	842	842			27114	138	54
1300619	1300619	8127	8127		7119	71594	11949	28
170145	165569	3340	2782	4890	995	21145	126	92
1193722	1193312	16993	16993	3772	12878	142549	1389	375
171387170	170952989	1896644	1853492	832138	3611037	18758962	299226	61852
68880417	68640116	802401	776627	641362	2185045	7936429	86520	38483
100539708	100352206	1053461	1036398	189018	1387142	10347484	206967	22347
1967045	1960667	40782	40467	1758	38850	475049	5739	1022
66955666	66924595	445464	439304	73382	3218121	4326869	106685	5728
51756109	51736947	180249	176367	36009	2112563	2388198	88591	3394
269641	269620	29283	28680	10204	199888	168865	1776	268
14929916	14918028	235932	234257	27169	905670	1769806	16318	2066

9-3 续表 7

项目	法人资本	个人资本	港澳台资本	外商资本	营业收入	#主营业务收入
科技推广和应用服务业	28429377	6228182	3399551	4321027	118884130	117987328
技术推广服务	23063486	5441005	3140155	3048081	77701141	76948199
农业技术推广服务	14530	147920	9224	5197	649603	640121
生物技术推广服务	373575	88747	13686	262854	1326619	1323313
新材料技术推广服务	380459	325387	131540	72649	2341435	2296125
节能技术推广服务	2684458	584768	152719	779300	9097560	9020018
其他技术推广服务	19610464	4294183	2832986	1928081	64285924	63668622
科技中介服务	3805238	118636	187912	76436	8550667	8480916
科技中介服务	3805238	118636	187912	76436	8550667	8480916
其他科技推广和应用服务业	1560653	668541	71484	1196510	32632322	32558213
其他科技推广和应用服务业	1560653	668541	71484	1196510	32632322	32558213
二、按登记注册类型分						
内资	92244243	15784128	4859483	137998	434753841	431364595
国有	11144925				60621218	59475232
集体	5500				1084002	1078988
股份合作	22070	85777			842141	842141
国有联营					204252	204252
国有独资公司	13998065				63265071	62987927
其他有限责任公司	44238448	3417948		123818	208578458	206927973
股份有限公司	14220760	5979802	4859483	14180	60917584	60732219
私营独资	***				***	***
私营合伙	18	6002			226154	226154
私营有限责任公司	8400500	5569921			35518295	35401878
私营股份有限公司	212957	724678			3442467	3433632
其他					***	***
港澳台商投资	245455	136008	5359008	16117	15952107	15901430
与港澳台商合资经营	208520	98875	790077	6116	3686227	3659395
与港澳台商合作经营	2002	37133	33044	5001	165251	158903
港澳台商独资	32770		4502265		11836982	11819485
港澳台商投资股份有限公司	2163		33622	5000	263647	263647
外商投资	1362882	91663	5677	8091263	17801382	17657711
中外合资经营	1254781	47017	5677	1241979	3048689	2986283
中外合作经营	97501	41346		343255	649002	648735
外资企业				6390449	12957359	12883304
外商投资股份有限公司	10600	3300		115580	1146332	1139389

单位：千元

营业成本	#主营业务成　本	营业税金及附加	#主营业务税金及附加	其他业务利　润	销售费用	管理费用	#税金	#财　产保险费
95811499	95303557	873227	849487	365120	4474634	11299572	180364	24705
60346973	59895697	723532	701826	279961	3130331	8885853	124801	16760
418479	414202	3499	3240	4946	96858	122860	1107	220
720618	719780	8027	8027	2468	243407	225219	2272	580
1615499	1600123	23034	22041	28941	160004	414620	3184	562
7577435	7556043	49306	48834	55679	278852	767755	9934	2664
50014942	49605549	639666	619684	187927	2351210	7355399	108304	12734
6924523	6900018	44424	43421	44243	482304	864115	13838	3214
6924523	6900018	44424	43421	44243	482304	864115	13838	3214
28540003	28507842	105271	104240	40916	861999	1549604	41725	4731
28540003	28507842	105271	104240	40916	861999	1549604	41725	4731
356248456	354796387	3561839	3453504	1806484	12035908	38774080	696218	104887
49196469	48600910	479601	432802	504140	780435	6842098	173013	17793
719001	717728	16264	16135	3612	88327	188842	1919	524
515529	515529	9696	9696	16	109664	218302	1569	482
85698	85698	1432	1432		29479	28522	103	31
56546899	56415190	465168	458297	138564	517653	3860144	81778	7838
172730328	172141091	1512065	1468503	994799	5588343	16477968	338625	54248
50569968	50463235	673730	663523	68426	1218722	4446245	52667	5877
***	***	***	***		***	***	***	***
49978	49978	988	988		18951	71087	92	67
23470749	23444207	370231	369803	89447	3440103	6154375	41963	17261
2347252	2346236	31997	31658	7480	237091	480871	4132	718
***	***	***	***			***	***	***
9322281	9308683	95635	94720	36164	751757	4263122	15222	12086
832164	819099	36105	35190	12852	64046	2398314	3814	8714
96679	96148	1227	1227	5817	3635	46874	97	33
8226260	8226258	57771	57771	17495	670685	1739609	10898	3299
167178	167178	532	532		13391	78325	413	40
10710924	10680766	114603	114471	113381	1156464	4370211	30461	7753
2152751	2142181	18309	18258	51785	226157	602943	4896	1521
318843	318719	9491	9491	143	27708	114679	585	273
7698589	7682941	77196	77115	58326	895309	3371483	24386	5632
540741	536925	9607	9607	3127	7290	281106	594	327

9-3 续表 8

项目	法人资本	个人资本	港澳台资本	外商资本	营业收入	#主营业务收入
三、按隶属关系分						
中央	64900997	2418857	4790660	34799	293280153	290850760
省	6990800	1909164		62965	34514381	34174757
地	797375	334365		2453	5864895	5794252
县					***	***
街道	22782	16731			243849	236827
镇					***	***
乡					101789	99872
村委会		500			31926	31647
其他	21140626	11332182	5433508	8145161	134445918	133711202
四、按控股情况分(仅限企业法人)						
国有控股	76921274	4304402	4804971	852331	352792307	349671695
集体控股	998330	56860		2500	4270087	4234157
私人控股	14634848	11553416	111927	160192	74577653	74336579
港澳台商控股	197386	30685	5297080	11416	15442267	15399189
外商控股	754335	54922	2190	7218939	17534493	17427109
其他	260591	11514	8000		917144	913662
五、按四大城市功能区分						
首都功能核心区	20028856	2560194	4546833	195835	62594705	62178147
东城区	7928140	584403	41950	61965	14418142	14294747
西城区	12100716	1975791	4504883	133870	48176563	47883400
城市功能拓展区	48179557	11550804	4940518	6403672	317159235	314198825
朝阳区	10514710	3171979	3127401	1846854	88449930	87447620
丰台区	5610971	1663922		1530385	58731580	58076723
石景山区	1179745	290734	66423	7500	8661209	8438156
海淀区	30874131	6424169	1746694	3018933	161316516	160236326
城市发展新区	21378210	1782311	736817	1602195	86638049	86477276
房山区	36971	108226			783340	782357
通州区	247291	39960	16014	16444	3729292	3729292
顺义区	348130	75970	162957	72386	3023896	2994060
昌平区	16242303	898364	342487	589079	65634483	65575070
大兴区	753518	343770	81480	22116	2908612	2901668
开发区	3749997	316021	133879	902170	10558426	10494829
生态涵养发展区	4265957	118490		43676	2115341	2069488
门头沟区	3136159	16500			375135	334333
怀柔区	1073160	27340			1215389	1214158
平谷区	55638	44750			133879	132153
密云县	500	29100		43676	349058	349039
延庆县	500	800			41880	39805

单位：千元

营业成本	#主营业务成本	营业税金及附加	#主营业务税金及附加	其他业务利润	销售费用	管理费用	#税金	#财产保险费
254214574	253068601	2014763	1934874	1201159	4354608	19600178	443072	32641
29165566	29004509	322624	307791	149211	340667	2559110	61637	6901
3957333	3925405	99815	99769	38668	235701	1064736	12178	5864
***	***	***	***			***	***	***
88914	88914	6143	6143	1543	50606	86424	1242	389
***	***	***	***			***	***	***
69764	69764	3334	3226	1809	889	25588	281	62
19563	19563	132	132	279		6442	104	
88756212	88599345	1324821	1310315	563360	8961658	24060743	223350	78739
302189285	300822360	2640941	2537273	1633122	5356094	24928795	572298	43161
2751943	2737187	60909	60577	20842	365360	701310	7700	1631
49425508	49355083	810072	806325	161441	6252648	12546915	109536	55846
8906807	8892394	93268	92353	27750	750990	4190736	14829	11924
10691643	10666522	113385	113300	82178	1085023	4228357	29004	7224
605108	604452	7667	7667	2826	69471	159150	3499	324
47658868	47529900	883136	863111	267564	1850666	7722578	106962	16591
9176853	9154078	282635	271673	89658	747047	2504550	30463	7027
38482015	38375822	600501	591438	177906	1103619	5218028	76499	9564
253655233	252374069	2397493	2329284	1588680	9193505	33957686	499862	95800
68931865	68724949	716289	681724	755882	2701800	10252185	176856	20260
52272933	51869097	447128	443770	247662	955871	3149489	68195	9651
6499614	6444663	53964	43857	143471	265298	842116	6662	662
125950821	125335360	1180112	1159933	441665	5270536	19713896	248149	65227
74057217	73976355	469416	450590	61085	2813888	5123025	125994	11593
396337	396300	10607	10607	946	51640	211557	956	553
3162463	3162463	107137	107137		68023	164652	755	612
2320527	2300030	18712	18613	9240	147605	388674	3935	687
58320371	58289199	194770	191303	24774	2050112	2959631	91057	5073
1773639	1769461	36519	36484	2731	200136	523759	8558	2122
8083880	8058902	101671	86446	23394	296372	874752	20733	2546
910343	905512	22032	19710	38700	86070	604124	9083	742
175748	171172	6467	4200	33959	27398	135742	2289	66
455043	454861	8439	8439	1049	14907	392770	4400	302
61288	61288	4566	4511	1671	11371	21609	684	52
192766	192766	2120	2120	19	27974	49403	1605	
25498	25425	440	440	2002	4420	4600	105	322

9-3 续表 9

项 目	财务费用	#利息收入	#利息支出	资产减值损失	公允价值变动收益	投资收益
合 计	**2823163**	**6865197**	**8495390**	**1331815**	**-36198**	**27122929**
一、按行业分(分到小类)						
研究和试验发展	-438317	2279030	1690082	284005	-27	1615013
自然科学研究和试验发展	-169200	198030	26838	16787		356864
自然科学研究和试验发展	-169200	198030	26838	16787		356864
工程和技术研究和试验发展	-311468	2050181	1594364	267653	-27	1221824
工程和技术研究和试验发展	-311468	2050181	1594364	267653	-27	1221824
农业科学研究和试验发展	13595	9292	22233			-554
农业科学研究和试验发展	13595	9292	22233			-554
医学研究和试验发展	28756	21527	46647	-435		36879
医学研究和试验发展	28756	21527	46647	-435		36879
专业技术服务业	1348743	3454599	4450004	592453	-34343	21086841
气象服务	-1980	1987				2786
气象服务	-1980	1987				2786
地震服务	-203	31		-1003		
地震服务	-203	31		-1003		
海洋服务	-12215	12354				3007
海洋服务	-12215	12354				3007
测绘服务	4662	5133	9272	-739		38142
测绘服务	4662	5133	9272	-739		38142
质检技术服务	-40435	89616	28540	24500		482592
质检技术服务	-40435	89616	28540	24500		482592
环境与生态监测	-21542	28692	11791	11349		2184
环境保护监测	-21542	28692	11791	11349		2184
地质勘查	73193	30558	112676	11142		568393
能源矿产地质勘查	12031	1121	23045	-1140		442776
固体矿产地质勘查	-3489	3686		431		13231
水、二氧化碳等矿产地质勘查	59186	5353	64539	39		113549
基础地质勘查	-940	964	7	-31		
地质勘查技术服务	6405	19434	25085	11843		-1163
工程技术	1004185	3052863	3731976	543062	-34343	17135204
工程管理服务	1137145	2191225	3171759	104322	-33901	14788246
工程勘察设计	-103833	813902	543761	427364	-442	2343055
规划管理	-29127	47736	16456	11376		3903
其他专业技术服务业	343078	233365	555749	4142		2854533
专业化设计服务	372712	103337	467969	-46917		1134323
摄影扩印服务	-1044	3844	1116	500		580
其他未列明专业技术服务业	-28590	126184	86664	50559		1719630

单位：千元

营业利润	营业外收入	#补贴收入	利润总额	应交所得税	应付职工薪酬(本年贷方累计发生额)	#社会保险费	#住房公积金	应交增值税
24213561	**3296655**	**1490914**	**52583086**	**6634252**	**59968891**	**8239145**	**2749991**	**8648481**
948451	1150382	645474	3320327	582671	6847142	999354	376152	924767
-1393447	526176	291704	-565451	66381	1267987	221205	71874	133716
-1393447	526176	291704	-565451	66381	1267987	221205	71874	133716
1907424	566529	321178	3361124	403583	4429217	615567	252049	683973
1907424	566529	321178	3361124	403583	4429217	615567	252049	683973
3101	14796	1668	17599	10079	86735	7627	3359	10619
3101	14796	1668	17599	10079	86735	7627	3359	10619
431373	42881	30924	507055	102628	1063203	154955	48870	96459
431373	42881	30924	507055	102628	1063203	154955	48870	96459
18817991	1322566	446437	40188706	4401543	40798276	5546265	1793219	5579151
157255	9291	4755	169301	39965	48792	5736	2523	24224
157255	9291	4755	169301	39965	48792	5736	2523	24224
3850			4853	1243	14689	1647	599	1379
3850			4853	1243	14689	1647	599	1379
75177	43		78184	11594	24568	3194	1067	11241
75177	43		78184	11594	24568	3194	1067	11241
4260	1922	748	43882	9351	226478	35589	9970	31946
4260	1922	748	43882	9351	226478	35589	9970	31946
1514979	71922	44150	2053199	342278	3437497	434305	191590	294007
1514979	71922	44150	2053199	342278	3437497	434305	191590	294007
242110	5066	242	236211	45683	141300	22231	7550	15532
242110	5066	242	236211	45683	141300	22231	7550	15532
437908	43509	18901	1035078	83406	1000608	142847	44263	98931
278075	23032	14232	742870	30581	709583	102932	30990	71955
-28502	4606	4429	-11115	3142	22953	4807	1542	2045
-30928	1063		83636	6832	55514	4663	4026	1432
106237	2122	207	107610	26759	28423	9247	902	3173
113026	12686	33	112077	16092	184135	21198	6803	20326
14080332	987074	302310	31247125	3286160	31610909	4350215	1357495	3984370
4234984	396810	174001	19216998	1320227	11513314	1386593	392331	1408923
9595521	573113	121516	11782874	1922952	19224499	2880805	930522	2451698
249827	17151	6793	247253	42981	873096	82817	34642	123749
2302120	203739	75331	5320873	581863	4293435	550501	178162	1117521
845383	81880	36744	2086590	322733	2221542	293827	91785	736307
4355	333	3	3726	6088	221886	37792	10954	7214
1452382	121526	38584	3230557	253042	1850007	218882	75423	374000

9-3 续表 10

项目	财务费用	#利息收入	#利息支出	资产减值损失	公允价值变动收益	投资收益
科技推广和应用服务业	1912737	1131568	2355304	455357	-1828	4421075
技术推广服务	1739651	992636	1978560	278915	-1799	3974237
农业技术推广服务	4649	1235	5124	240		16827
生物技术推广服务	13309	4065	17748	1539		30973
新材料技术推广服务	22686	4434	20056	2993		18008
节能技术推广服务	256194	38068	217604	53253	-19	170180
其他技术推广服务	1442813	944834	1718028	220890	-1780	3738249
科技中介服务	169538	87438	246263	157303		349414
科技中介服务	169538	87438	246263	157303		349414
其他科技推广和应用服务业	3548	51494	130481	19139	-29	97424
其他科技推广和应用服务业	3548	51494	130481	19139	-29	97424
二、按登记注册类型分						
内资	2642701	6723428	8158870	1537350	-36198	26492443
国有	-478081	768336	271366	233004	248	2514876
集体	-3375	4806	143	9375		79104
股份合作	822	2416	3191			72
国有联营	-4357	4381				
国有独资公司	67456	422302	365930	262290		1966678
其他有限责任公司	1378276	3450287	3997466	653336	5738	4430091
股份有限公司	1464155	2005737	3327070	336033	-42388	17152418
私营独资				***		
私营合伙	-466	480	13			535
私营有限责任公司	197267	56266	167461	38039	204	330280
私营股份有限公司	21132	8287	26230	5138		17447
其他	***	***				***
港澳台商投资	96766	56703	153061	3718		489971
与港澳台商合资经营	1012	19249	19744	3254		336281
与港澳台商合作经营	9312	360	9188	135		
港澳台商独资	89133	36346	124020	329		153690
港澳台商投资股份有限公司	-2691	748	109			
外商投资	83696	85066	183459	-209253		140515
中外合资经营	83242	22792	124086	6423		128073
中外合作经营	7481	2124	10607	6138		380
外资企业	-2626	59637	47172	-222111		-6881
外商投资股份有限公司	-4401	513	1594	297		18943

单位：千元

营业利润	营业外收入	#补贴收入	利润总额	应交所得税	应付职工薪酬(本年贷方累计发生额)	#社会保险费	#住房公积金	应交增值税
4447119	823707	399003	9074053	1650038	12323473	1693526	580620	2144563
2809459	630787	310744	6988460	1224371	9350188	1290448	439449	1586550
3258	7935		26298	1783	120252	14651	6829	1941
116039	3592	1993	148255	28382	333005	34878	12730	28800
105592	28207	25386	144333	46978	349881	41767	16730	40075
168019	147321	59563	424402	101743	727028	95608	35376	169664
2416551	443732	223802	6245172	1045485	7820022	1103544	367784	1346070
65763	113765	50641	364418	59615	968438	142716	50370	100223
65763	113765	50641	364418	59615	968438	142716	50370	100223
1571897	79155	37618	1721175	366052	2004847	260362	90801	457790
1571897	79155	37618	1721175	366052	2004847	260362	90801	457790
21490874	3102180	1442491	48913360	5995584	50353668	7008299	2282465	7750191
3800696	1144502	608818	7014514	1118706	10404858	1600636	536813	1299161
74943	5448	421	149681	27696	251426	40022	10398	26814
-11856	31720		17678	6861	147553	20295	6155	34180
63478	167		63537	10175	101841	19803	6905	11256
1807751	249969	122507	3697361	528435	6921879	969854	329290	1198379
10891479	1125201	501192	15681817	3104354	21770863	3039609	941368	3361738
2544764	366857	145383	19512467	688758	4598056	635744	240984	588269
***			***		***	***	***	***
85616	2392		88538	3415	22747	2439	363	7746
1885570	146628	58762	2299391	454562	5627462	615998	189663	1087113
324124	29296	5408	363260	48946	493632	63744	20473	133196
***			***	***	***	***	***	***
1422546	92309	24563	1978304	249052	4456929	582277	231040	414024
354586	20011	16017	697303	77618	1279566	158729	67536	22126
7524	3253	3077	10287	687	50740	8094	2513	8221
1053524	69045	5469	1266401	163145	3020322	403101	156592	378078
6912			4313	7602	106301	12353	4399	5599
1300141	102166	23860	1691422	389616	5158294	648569	236486	484266
-34713	21873	2946	104107	53735	576643	83262	29104	99644
170800	305	61	165164	39462	188327	24631	10067	32207
852065	79910	20850	1093202	243077	4121483	500826	187573	273825
311989	78	3	328949	53342	271841	39850	9742	78590

9-3 续表 11

项　　目	财务费用	#利息收入	#利息支出	资产减值损　失	公允价值变动收益	投资收益
三、按隶属关系分						
中央	1888197	5700126	6602103	945837	-41825	24444575
省	75425	557583	571027	214136	-1373	654946
地	-6214	33701	24616	18329		180864
县	***	***				
街道	-350	460	41	882		44808
镇						
乡	519	760	77			
村委会	-122	124				
其他	865811	572340	1297526	152631	7000	1797736
四、按控股情况分(仅限企业法人)						
国有控股	2220019	6423218	7610442	1224396	-35596	25415043
集体控股	-9157	23776	11513	17121	-80	373406
私人控股	514413	243953	601046	297721	-522	778604
港澳台商控股	90799	54086	143559	4473		494621
外商控股	20908	75266	108742	-214490		32092
其他	20971	1780	19175	2590		7216
五、按四大城市功能区分						
首都功能核心区	699185	1882439	2544262	131177	-40964	14881075
东城区	-75571	113099	36555	72573		568644
西城区	774756	1769340	2507707	58604	-40964	14312431
城市功能拓展区	735668	4231623	4426925	869015	4864	10503116
朝阳区	485356	788527	1052739	310717	7570	1872321
丰台区	-38883	1955859	1780606	-245941	96	2831431
石景山区	-56403	43614	13001	56667		21168
海淀区	345598	1443623	1580579	747572	-2802	5778196
城市发展新区	1209920	402610	1094431	331654	-47	1730021
房山区	-1087	1168	51	273		5551
通州区	31249	6471	24214	5331		4
顺义区	6745	3643	4815	4715		7122
昌平区	641026	99760	706127	229812	-47	1703301
大兴区	15397	21168	36326	9977		56613
开发区	516590	270400	322898	81546		-42570
生态涵养发展区	178390	348525	429772	-31	-51	8717
门头沟区	161651	342906	407315	-31		-480
怀柔区	16399	2191	18503			7099
平谷区	-2880	2983	61		-51	
密云县	3230	431	3893			2098
延庆县	-10	14				

单位：千元

营业利润	营业外收入	#补贴收入	利润总额	应交所得税	应付职工薪酬(本年贷方累计发生额)	#社会保险费	#住房公积金	应交增值税
11207833	2094753	1014531	36275955	3691222	27899427	4220839	1367882	4160301
2050989	199374	89719	2667776	510023	4597029	655363	220578	586961
513524	66158	23515	739670	113527	1492125	161910	46829	154587
***			***	***	***	***	***	***
12112	4865	1139	60637	6247	82484	8616	1909	14112
***			***	***	***	***	***	***
1695	7962		9657	2426	32463	4342	660	1997
5911	85		5996	1498	10330	1780	358	1381
10411347	923458	362010	12813249	2305704	25849272	3185179	1111541	3728136
15457173	2458153	1192628	41527109	4675746	35941202	5431057	1730516	5382586
399722	138696	8082	887156	129795	800628	115023	32483	99071
5028114	463033	222405	5910737	1073651	12356646	1346515	434602	2175920
1409667	88494	20792	1965860	247506	4377570	569767	226759	398093
1329834	110923	23802	1620434	373946	5056072	620480	228450	486750
54777	2941	208	61609	12300	138615	17622	8070	19243
3780272	597112	367063	18963966	1178770	11486758	1579491	494793	1445432
1782628	97033	36196	2390566	423536	3722542	487136	184201	343331
1997644	500079	330867	16573400	755234	7764216	1092355	310592	1102101
17154324	2322832	880731	28596655	4534675	42448719	5825724	2011487	5948281
5362451	579507	201388	7399088	1531177	15291363	2090886	710190	2308993
1945042	124991	19635	5118795	587816	3310135	428318	132348	598714
1056620	33380	3910	1049664	203861	1039452	164671	53716	130043
8790211	1584954	655798	15029108	2211821	22807769	3141849	1115233	2910531
2964583	321894	199576	4644204	861503	5523448	779770	227084	1205345
114286	2331	529	121379	25344	245523	30418	8136	41130
195768	3213	1342	192359	42394	240437	33334	7828	17231
141633	34014	651	177049	43726	743401	83475	25611	45535
1468573	185971	141210	3091561	495990	2204009	300727	91191	870408
359162	30683	25156	426173	72581	818040	99443	30269	91449
685161	65682	30688	635683	181468	1272038	232373	64049	139592
314382	54817	43544	378261	59304	509966	54160	16627	49423
-131871	39494	38521	-94351	28408	91976	20490	4246	5931
327831	10861	5017	349977	13853	299085	19532	7889	21040
37925	1833		39697	10154	27670	3705	1183	7706
73565	2407		75781	4994	84263	9202	3186	12234
6932	222	6	7157	1895	6972	1231	123	2512

9-4 规模以下科学研究和技术服务业

项目	单位数(个)	固定资产合计	固定资产原价	#本年折旧
合计	**66859**	**50149405**	**297791169**	**5182491**
一、按行业分(分到小类)				
研究和试验发展	4033	3911239	5113107	342109
自然科学研究和试验发展	219	113020	128220	12117
自然科学研究和试验发展	219	113020	128220	12117
工程和技术研究和试验发展	1754	2996861	3890271	208755
工程和技术研究和试验发展	1754	2996861	3890271	208755
农业科学研究和试验发展	189	129922	106933	8874
农业科学研究和试验发展	189	129922	106933	8874
医学研究和试验发展	1777	666219	976010	109182
医学研究和试验发展	1777	666219	976010	109182
社会人文科学研究	94	5218	11672	3180
社会人文科学研究	94	5218	11672	3180
专业技术服务业	23138	34661495	47592491	3459762
气象服务	20	4212	8185	909
气象服务	20	4212	8185	909
地震服务	13	2237	6684	754
地震服务	13	2237	6684	754
海洋服务	2	9	79	9
海洋服务	2	9	79	9
测绘服务	191	68985	125961	13768
测绘服务	191	68985	125961	13768
质检技术服务	517	392528	659580	60817
质检技术服务	517	392528	659580	60817
环境与生态监测	165	94139	130068	10935
环境保护监测	149	81238	108925	8177
生态监测	16	12901	21143	2758
地质勘查	251	4121096	5337988	254333
能源矿产地质勘查	88	3711296	4950417	217089
固体矿产地质勘查	29	62694	167716	18292
水、二氧化碳等矿产地质勘查	13	224501	47048	2286
基础地质勘查	13	76815	80367	2134
地质勘查技术服务	108	45791	92440	14532
工程技术	7998	27587121	37721315	2756133
工程管理服务	3346	26680948	36487983	1653187
工程勘察设计	4435	861410	1124863	1093760
规划管理	217	44763	108469	9186
其他专业技术服务业	13981	2391167	3602630	362103
专业化设计服务	7770	715929	1351354	145337
摄影扩印服务	1283	112627	213714	22566
兽医服务	142	9837	12201	1094
其他未列明专业技术服务业	4786	1552774	2025361	193106

法人单位财务状况(企业会计制度)

单位：千元

资产总计	负债合计	所有者权益合计	#实收资本	营业收入	营业成本
1021012391	**370730358**	**650282034**	**435556796**	**111349050**	**84968102**
96647120	37849661	58797459	61082003	6444799	4284784
1422134	770089	652044	971090	224381	134157
1422134	770089	652044	971090	224381	134157
63828912	17752984	46075928	42875539	4310335	3113063
63828912	17752984	46075928	42875539	4310335	3113063
1833587	567427	1266160	10986406	80817	58608
1833587	567427	1266160	10986406	80817	58608
28205823	18078569	10127253	6086758	1764928	946998
28205823	18078569	10127253	6086758	1764928	946998
1356665	680591	676074	162209	64338	31958
1356665	680591	676074	162209	64338	31958
613719327	196391889	417327438	230610160	57402857	41544228
174381	89665	84715	84160	78025	57847
174381	89665	84715	84160	78025	57847
96433	11022	85411	78859	15866	12288
96433	11022	85411	78859	15866	12288
1264	1284	-20	1955	379	343
1264	1284	-20	1955	379	343
1089736	214902	874834	370379	442019	227530
1089736	214902	874834	370379	442019	227530
3384841	1357890	2026951	1372679	1377506	686593
3384841	1357890	2026951	1372679	1377506	686593
1207644	496128	711516	838163	354202	196538
1053123	418827	634296	785896	303993	166573
154521	77301	77220	52267	50208	29965
202121883	27034963	175086920	135541896	1268400	2017969
198375929	25751450	172624479	131579597	754934	1678424
1340662	663659	677003	862177	121896	93132
992742	239977	752765	2125066	7526	4819
120603	32578	88025	93140	28162	22526
1291947	347298	944649	881915	355882	219068
308939556	117922484	191017072	47505016	35029106	26098602
266714587	103663073	163051513	21343710	27485573	21707437
38200531	11672049	26528483	24699375	7036078	4130616
4024438	2587362	1437076	1461930	507454	260549
96703590	49263553	47440038	44817052	18837355	12246519
17216870	8518199	8698671	9670272	7955747	4792396
1014746	521670	493076	544728	597470	238937
50089	27749	22341	27587	61661	16536
78421886	40195935	38225950	34574466	10222477	7198650

9-4 续表 1

项　　目	单位数（个）	固定资产合　计	固定资产原　价	#本年折旧
科技推广和应用服务业	39688	11576671	245085572	1380621
技术推广服务	33510	9852766	242827651	1160606
农业技术推广服务	1273	549316	1382208	64205
生物技术推广服务	1236	838353	1018133	80409
新材料技术推广服务	764	767364	622459	43249
节能技术推广服务	941	690174	890825	88778
其他技术推广服务	29296	7007558	238914026	883965
科技中介服务	1836	507986	691278	61189
科技中介服务	1836	507986	691278	61189
其他科技推广和应用服务业	4342	1215919	1566643	158826
其他科技推广和应用服务业	4342	1215919	1566643	158826
二、按登记注册类型分				
内资	65698	48336136	294652570	4929386
国有	476	4369924	5988896	314499
集体	585	685170	642526	33575
股份合作	1536	298271	389237	33470
国有联营	9	506	5160	428
集体联营	29	16916	46140	2253
国有与集体联营	7	1109	1919	96
其他联营	85	56300	57767	621
国有独资公司	104	244741	2192691	21247
其他有限责任公司	17439	34535276	43988746	2329857
股份有限公司	463	1705321	2727484	229956
私营独资	3158	123575	166975	27312
私营合伙	628	40424	74151	12669
私营有限责任公司	40366	6114866	238164004	1905549
私营股份有限公司	609	111731	170496	16167
其他	204	32006	36378	1688
港澳台商投资	404	779747	1268193	78010
与港澳台商合资经营	78	94838	183297	21844
与港澳台商合作经营	8	91453	107802	8219
港澳台商独资	309	574266	906738	59029
港澳台商投资股份有限公司	6	16432	67896	-11983
其他港澳台投资	3	2758	2459	899
外商投资	757	1033522	1870406	175095
中外合资经营	211	416933	1048700	54481
中外合作经营	10	13505	20990	5271
外资企业	490	596560	793919	114134
外商投资股份有限公司	20	3379	2102	259
其他外商投资	26	3146	4695	951

单位：千元

资产总计	负债合计	所有者权益合计	#实收资本	营业收入	营业成本
310645943	136488807	174157137	143864633	47501394	39139089
276882402	121663884	155218519	123917200	39447482	34099031
5647589	3038159	2609431	3013347	1000972	605377
6177729	2679862	3497867	3737559	999077	565969
8941728	4714894	4226835	6404699	1344762	910386
58053963	29252003	28801960	26234924	1819274	1037786
198061393	81978967	116082426	84526671	34283396	30979513
12188949	6360218	5828731	7971059	2647738	1465296
12188949	6360218	5828731	7971059	2647738	1465296
21574592	8464705	13109887	11976374	5406174	3574762
21574592	8464705	13109887	11976374	5406174	3574762
978046778	344741168	633305610	419611608	106867544	82465001
266720209	73068586	193651623	162601101	4341758	3579265
3774855	2961517	813339	2368151	557906	312596
3290234	1720915	1569319	1724974	1093837	564233
25164	21185	3979	9850	6067	5335
194927	134393	60533	40951	26056	7835
40433	24446	15987	65994	4848	5708
255297	42718	212579	88870	66472	21347
163685945	72487931	91198015	18731110	1978354	1509954
310231987	121929393	188302594	133199984	49755715	43770032
88328123	7469656	80858467	20439706	1196448	998606
4217993	1461664	2756329	2349527	1677558	884065
1093084	498474	594610	761638	482720	213488
133146725	61880776	71265948	75319313	44699442	29841968
2891986	952000	1939986	1851958	921903	727202
149817	87514	62303	58480	58459	23366
31741734	20395115	11346619	7942609	1447011	650038
2512621	1486241	1026379	1457014	171065	55478
2664969	2008159	656810	567125	30409	19678
25656422	16391744	9264678	5580027	1168936	509943
900553	504110	396443	328006	72973	64853
7170	4862	2308	10437	3628	86
11223878	5594074	5629805	8002579	3034494	1853063
5971414	2617364	3354050	3426816	802219	383689
61248	52355	8893	111962	28992	19258
4860752	2735948	2124804	3881145	1926619	1262934
64250	65519	-1269	89044	20102	6719
266215	122888	143327	493612	256562	180464

9-4 续表 2

项目	单位数(个)	固定资产合计	固定资产原价	#本年折旧
三、按隶属关系分				
中央	390	6996110	10770922	427573
省	509	721057	756992	54956
地	1765	725050	1098872	96315
县	79	16095	37597	3681
街道	92	6914	24544	3582
镇	85	56730	57692	4096
乡	31	529755	308540	20314
社区	9			
村委会	49	50334	45382	598
其他	63850	41047358	284690628	4571377
四、按控股情况分(仅限企业法人)				
国有控股	1015	8938575	14072925	679298
集体控股	1381	1047006	1150739	100183
私人控股	61370	36590701	277058586	4062249
港澳台商控股	386	760766	1242866	70270
外商控股	661	1776116	2765962	158026
其他	2034	709924	1144373	98883
五、按四大城市功能区分				
首都功能核心区	7100	3293906	4178326	242610
东城区	3394	857887	782049	80089
西城区	3706	2436019	3396277	162522
城市功能拓展区	45126	39358456	283860048	4345787
朝阳区	19122	30190156	270968712	2222879
丰台区	8644	2405148	3472643	236637
石景山区	2114	260261	331194	45933
海淀区	15246	6502891	9087498	1840338
城市发展新区	11618	6147004	7957619	510014
房山区	1300	182089	270815	28807
通州区	2713	304096	345608	30778
顺义区	1078	275978	298709	23097
昌平区	3905	3414896	4745380	204814
大兴区	1752	651653	772646	39640
开发区	870	1318293	1524462	182878
生态涵养发展区	3015	1350039	1795177	84079
门头沟区	485	68416	60221	5677
怀柔区	862	941947	1228852	58704
平谷区	607	95152	114322	4509
密云县	919	162654	328670	12612
延庆县	142	81870	63113	2576

单位：千元

资产总计	负债合计	所有者权益合计	#实收资本	营业收入	营业成本
505637046	142993370	362643676	210796949	7190515	5699913
19551107	9996615	9554492	8645652	1808966	1231270
38223121	20260552	17962569	19814860	2433958	1594564
651117	197599	453518	340697	76727	33842
335442	149163	186279	179052	142523	64972
437183	308714	128469	189910	110150	88636
2310737	2249541	61196	1689315	81727	26577
15886	421	15465	16160	1628	540
290788	83628	207160	162598	19339	12211
453559964	194490756	259069209	193721603	99483518	76215577
625525948	176825041	448700907	235363066	10420483	8360106
14883139	8974251	5908888	7100726	2068638	1301556
302295387	148919923	153375464	151256498	91508494	69752196
31307082	20372378	10934704	7692528	1264450	648234
10058813	4650886	5407928	6470397	2665645	2626024
35312674	9975601	25337073	27371823	3169759	2088725
410956968	123102153	287854815	176726289	11795198	7374716
31157775	17259961	13897814	12196478	4301737	2649922
379799193	105842192	273957001	164529811	7493461	4724794
463962589	187805562	276157027	195645500	84649861	67301029
174021089	77961246	96059843	81490458	48051620	35210085
41321881	18081266	23240616	19489786	7896322	4926639
46486546	27382118	19104428	17190145	1733736	1133571
202133073	64380933	137752140	77475112	26968182	26030734
134872594	56150856	78721738	56418177	13244934	9239799
4857574	2658061	2199513	2169627	1170022	719301
9238855	4860753	4378102	4292700	1825342	1147530
7374254	3887690	3486565	4156637	624914	404633
60401229	18015815	42385414	24865991	6768055	5205647
11180702	6612598	4568104	6859412	1338416	821123
41819979	20115938	21704041	14073810	1518183	941565
11220240	3671786	7548454	6766829	1659057	1052558
1491284	629236	862048	916045	221826	163927
2900875	786187	2114688	1412966	459574	286551
1800339	477307	1323032	1290845	373716	256442
4413711	1371599	3042112	2917093	500938	284681
614031	407457	206575	229880	103003	60956

9-4 续表 3

项　　目	营业税金及附加	销售费用	管理费用	#税金
合　　计	**1278220**	**8843759**	**31981369**	**234660**
一、按行业分(分到小类)				
研究和试验发展	69451	512818	2994482	25365
自然科学研究和试验发展	2348	19461	169619	1259
自然科学研究和试验发展	2348	19461	169619	1259
工程和技术研究和试验发展	51989	222607	1716354	17044
工程和技术研究和试验发展	51989	222607	1716354	17044
农业科学研究和试验发展	746	34008	45923	394
农业科学研究和试验发展	746	34008	45923	394
医学研究和试验发展	13594	230193	1013154	6643
医学研究和试验发展	13594	230193	1013154	6643
社会人文科学研究	775	6548	49432	25
社会人文科学研究	775	6548	49432	25
专业技术服务业	630943	3524661	12090152	113356
气象服务	869	5287	18344	75
气象服务	869	5287	18344	75
地震服务	89	64	5078	18
地震服务	89	64	5078	18
海洋服务	1	22	91	4
海洋服务	1	22	91	4
测绘服务	6691	62776	159897	855
测绘服务	6691	62776	159897	855
质检技术服务	14444	132316	433837	2266
质检技术服务	14444	132316	433837	2266
环境与生态监测	4848	31215	121862	1278
环境保护监测	4097	30293	104753	1254
生态监测	751	923	17109	24
地质勘查	13652	58537	1789052	34835
能源矿产地质勘查	6494	23234	1560643	34014
固体矿产地质勘查	2563	8843	52566	238
水、二氧化碳等矿产地质勘查	369	923	25628	183
基础地质勘查	575	1649	3423	4
地质勘查技术服务	3652	23888	146792	397
工程技术	339160	1279314	4457884	37860
工程管理服务	213996	646454	2171813	22889
工程勘察设计	113202	592152	2136752	11283
规划管理	11962	40707	149319	3689
其他专业技术服务业	251188	1955130	5104107	36165
专业化设计服务	103093	909153	2184757	11648
摄影扩印服务	13960	126145	221500	1785
兽医服务	2866	12192	30080	249
其他未列明专业技术服务业	131269	907639	2667770	22483

单位：千元

财务费用	投资收益	营业利润	利润总额	应交所得税	应交增值税
1318679	**17166040**	**-10149933**	**14298835**	**3505931**	**1754998**
170652	887280	-1438995	-548594	52307	116810
3140	3842	-60912	-71858	1700	3645
3140	3842	-60912	-71858	1700	3645
56728	700398	-773583	-67075	34371	75906
56728	700398	-773583	-67075	34371	75906
-951	1999	-23389	-19969	532	1322
-951	1999	-23389	-19969	532	1322
112769	164663	-551757	-374513	15248	34317
112769	164663	-551757	-374513	15248	34317
-1033	16377	-29353	-15179	457	1620
-1033	16377	-29353	-15179	457	1620
1142302	13712373	-3197606	14025339	856312	779269
-502		-3865	-3890	719	1436
-502		-3865	-3890	719	1436
-126		-1643	-1652	164	704
-126		-1643	-1652	164	704
1		-79	-78		11
1		-79	-78		11
-26	685	-7733	-15767	2351	8213
-26	685	-7733	-15767	2351	8213
7265	56147	59319	130619	26049	39994
7265	56147	59319	130619	26049	39994
7902	30	-11152	-11478	3036	9538
7360	31	-12647	-12991	2270	8429
542	-1	1495	1513	766	1110
-200909	9332649	-3464749	8543371	236828	29428
-208520	9314982	-3404224	8608401	231376	17828
2849	9049	-28171	-43356	1032	3521
3316	7096	-26358	-19393	4	-1440
-4		-7	-6	90	771
1449	1522	-5990	-2276	4326	8747
779997	852861	1882593	3340983	527312	334741
778719	678567	2018201	3321484	449010	152411
-11816	170571	-152797	1420	74974	174433
13094	3722	17190	18079	3328	7898
548700	3470000	-1650298	2043231	59852	355204
18269	22388	-163010	-114610	47405	172857
219	537	-68147	-65878	5004	9450
253	-268	-1589	-1928	1204	198
529960	3447345	-1417552	2225647	6239	172699

9-4 续表 4

项目	营业税金及附加	销售费用	管理费用	#税金
科技推广和应用服务业	577825	4806280	16896735	95940
技术推广服务	473747	3919466	14627773	79279
农业技术推广服务	10421	103055	299763	2400
生物技术推广服务	6955	103092	1629928	5192
新材料技术推广服务	12448	161079	405876	4777
节能技术推广服务	33333	176691	845378	4318
其他技术推广服务	410590	3375549	11446827	62591
科技中介服务	32320	294446	904747	6386
科技中介服务	32320	294446	904747	6386
其他科技推广和应用服务业	71758	592369	1364216	10275
其他科技推广和应用服务业	71758	592369	1364216	10275
二、按登记注册类型分				
内资	1245898	8203712	28664915	219833
国有	87024	71983	2325616	30378
集体	10226	76597	192289	1470
股份合作	19451	158155	419615	3059
国有联营	115	262	1967	3
集体联营	1156	541	13997	114
国有与集体联营	58	1136	3655	26
其他联营	468	4487	8167	6
国有独资公司	26990	89351	263279	6946
其他有限责任公司	476780	2752928	9910716	80803
股份有限公司	14706	85280	1629142	13178
私营独资	19362	164652	417063	4269
私营合伙	11364	44601	124945	917
私营有限责任公司	568456	4677873	13041036	76678
私营股份有限公司	8770	71451	295347	1943
其他	972	4413	18081	44
港澳台商投资	13432	263593	1061627	8084
与港澳台商合资经营	815	21055	169262	767
与港澳台商合作经营	59	7455	27251	770
港澳台商独资	12326	227524	848560	6307
港澳台商投资股份有限公司	233	3291	15510	236
其他港澳台投资		4268	1043	5
外商投资	18889	376454	2254827	6743
中外合资经营	5111	127224	338407	2163
中外合作经营	145	2978	17294	5
外资企业	11760	221030	1868050	4541
外商投资股份有限公司	563	2169	16616	30
其他外商投资	1311	23053	14460	4

单位：千元

财务费用	投资收益	营业利润	利润总额	应交所得税	应交增值税
5725	2566388	-5513332	822089	2597313	858919
-2293	2251919	-5093734	-3069427	2481548	716019
-847	10230	-33168	-36337	13702	17866
255079	1997	-1594140	-1569254	4165	16353
9236	42230	-208327	-202574	6664	25848
164109	654680	-486288	210520	31587	36397
-429870	1542783	-2771811	-1471783	2425430	619554
21960	21568	-105516	4003875	13457	54200
21960	21568	-105516	4003875	13457	54200
-13942	292901	-314082	-112358	102308	88700
-13942	292901	-314082	-112358	102308	88700
949236	16911285	-7717971	16594465	3434590	1601763
-830131	7304667	-767641	5920195	342871	43607
278	34254	-12597	2971	5448	7288
-331	3832	-45004	-44427	4763	21261
-3		-1614	-1614	4	150
5159		-2541	-2810	17	190
261		-901	-870	1	95
10	2205	-1364	492	113	835
307407	2806839	-195656	2651977	42083	15363
1322328	5577572	-2737573	7824949	641502	546475
-54279	513702	-1538888	1689284	13049	29499
15539	-4690	104288	83487	-3965	31071
-17	24012	68757	89347	2671	9478
179845	645039	-2551184	-1569675	2381667	877348
3176	3970	-40287	-48719	3947	18169
-3	-116	4232	-122	420	933
123600	170524	-669622	-602810	15637	51660
2831	1004	-121265	-91747	280	1148
21645		-57581	-60334		-81
99035	169520	-477731	-437595	15345	47095
59		-10988	-11077	12	3355
29		-2058	-2058		143
245844	84232	-1762339	-1692820	55704	101575
13743	82097	-69253	-14604	25750	21792
-418		-17945	-18397	12	1070
232482	2140	-1698741	-1682913	19964	67441
465		-14390	-14962	33	386
-430	-5	37990	38056	9946	10885

9-4 续表 5

项目	营业税金及附加	销售费用	管理费用	#税金
三、按隶属关系分				
中央	114564	200778	3317277	49999
省	33027	95594	581220	5387
地	35354	257158	980124	11570
县	950	15646	19130	584
街道	1382	8437	37007	90
镇	2015	6369	24045	135
乡	2293	5492	59077	151
社区	26		302	
村委会	437	3139	9784	15
其他	1088171	8251146	26953403	166727
四、按控股情况分(仅限企业法人)				
国有控股	165074	377294	5326442	77686
集体控股	28391	220838	834753	4565
私人控股	1013631	7450400	21576593	132128
港澳台商控股	12614	247945	961787	8048
外商控股	15962	285005	2089811	5587
其他	42270	262277	1132569	6515
五、按四大城市功能区分				
首都功能核心区	141660	1166159	4431245	56168
东城区	60961	434287	1530342	7816
西城区	80699	731872	2900902	48352
城市功能拓展区	942846	6396842	22252920	135439
朝阳区	451968	2572354	9381326	42238
丰台区	123281	821285	2367302	21229
石景山区	33979	230929	751982	2131
海淀区	333617	2772273	9752310	69841
城市发展新区	170390	1104093	4744563	40505
房山区	11626	113706	279804	1060
通州区	22628	186058	470812	2664
顺义区	9938	129760	373485	2493
昌平区	80148	337794	2135062	18883
大兴区	28153	162935	456344	2743
开发区	17897	173841	1029057	12663
生态涵养发展区	23324	176666	552641	2548
门头沟区	2069	25618	62549	475
怀柔区	7035	44681	197336	604
平谷区	6481	44785	78008	385
密云县	5822	55721	164601	789
延庆县	1917	5861	50147	295

单位：千元

财务费用	投资收益	营业利润	利润总额	应交所得税	应交增值税
-115896	14246704	-1609153	12040735	397800	76376
85459	419797	-279839	180557	26136	33464
-14921	292662	-328081	-28134	85062	45137
481	-2767	-2204	975	1229	764
103	654	2290	3569	407	2708
7464	60	-9710	-10112	62	801
-991	29404	-12540	-6203	297	297
-1		-10	202	19	35
-53		-6042	-2559	254	556
1357035	2179526	-7904645	2119805	2994666	1594861
-113700	15218449	-3445013	13945680	479879	136690
22849	59098	-259823	-153834	23272	42373
1036485	1668950	-2765720	4071570	2917006	1405121
120996	175591	-669364	-604942	15385	46229
238706	-47267	-2666776	-2703568	36556	86201
14027	91219	-344191	-257775	33660	37873
317512	12639944	-1981330	10703648	349750	232097
17951	4472	-1034	-12022	53142	59876
299561	12635472	-1980296	10715669	296608	172221
1251284	3106199	-7365269	3642101	3029299	1277940
1098969	722697	-1239518	-207103	559160	503619
60647	703837	-763896	295143	12812	143474
124169	617837	-706490	135202	71756	34025
-32502	1061829	-4655364	3418860	2385571	596823
-258289	1402642	-649604	90296	115853	218825
2948	4911	46101	50627	7477	15387
11200	-9153	-28705	-43745	4194	28993
30996	-3867	-258391	-287473	5189	15881
-599576	838488	500809	647659	78620	97284
115815	165069	-239887	-74385	4691	26171
180329	407195	-669531	-202387	15682	35110
8173	17256	-153729	-137210	11030	26135
5135	1539	-37501	-51223	496	4490
5868	-7079	-70206	-74913	1835	8007
83	266	-23557	-23415	807	3988
-2597	22530	-7290	27138	7248	7146
-316		-15175	-14796	645	2504

第10篇

水利、环境和公共设施管理业

10-1 全部水利、环境和公共设施管理业

项　　目	单位数(个)	资产总计	营业收入	营业成本	营业税金及附加
合　计	**3265**	**251650538**	**36104722**	**27219058**	**830594**
一、按行业分(分到小类)					
水利管理业	158	18592687	1272185	765027	20467
防洪除涝设施管理	11	163328	37452	17198	724
防洪除涝设施管理	11	163328	37452	17198	724
水资源管理	39	427580	128616	70726	2838
水资源管理	39	427580	128616	70726	2838
天然水收集与分配	24	7080263	474032	126034	7135
天然水收集与分配	24	7080263	474032	126034	7135
水文服务	6	61817	46892	40648	973
水文服务	6	61817	46892	40648	973
其他水利管理业	78	10859699	585192	510422	8797
其他水利管理业	78	10859699	585192	510422	8797
生态保护和环境治理业	302	24929095	9954469	7271697	112560
生态保护	19	1332335	334223	34637	11490
自然保护区管理	5	10660	5763	3363	120
野生动物保护	10	1309489	323743	28199	11242
其他自然保护	4	12186	4717	3075	128
环境治理业	283	23596760	9620246	7237060	101070
水污染治理	128	9980960	4268645	3246373	59533
大气污染治理	33	2632053	1487724	1039725	14418
固体废物治理	44	4911403	2612246	2017935	17458
危险废物治理	8	2923182	408493	328829	801
放射性废物治理	3	862241	55253	41970	1739
其他污染治理	67	2286920	787886	562228	7120
公共设施管理业	2805	208128755	24878068	19182333	697566
市政设施管理	164	138926410	1086945	869429	27541
市政设施管理	164	138926410	1086945	869429	27541
环境卫生管理	152	6852712	2361642	1898362	27679
环境卫生管理	152	6852712	2361642	1898362	27679
城乡市容管理	24	295170	120978	92588	4704
城乡市容管理	24	295170	120978	92588	4704
绿化管理	2095	40849273	19954164	15872427	592491
绿化管理	2095	40849273	19954164	15872427	592491
公园和游览景区管理	370	21205190	1354339	449526	45152
公园管理	57	10209149	321593	75401	14525
游览景区管理	313	10996042	1032746	374125	30626
二、按登记注册类型分					
内资	3214	236048431	32120449	24457957	765579
国有	136	91329803	2182394	1459137	43546
集体	149	2302739	282477	186655	11266
股份合作	49	103208	113181	73393	3429
集体联营	2	62732	4647		244
国有与集体联营	3	378034	79635	26565	2242
其他联营	5	4615	2770	2531	101
国有独资公司	12	74257634	1243582	1177787	16272
其他有限责任公司	873	35433753	14601412	11732976	292855
股份有限公司	37	3787460	1806010	1306642	48875
私营独资	143	278720	114093	95968	3046
私营合伙	16	56540	8487	6758	319
私营有限责任公司	1728	16004931	6813596	5251096	189049
私营股份有限公司	33	11955978	4847157	3124443	153780
其他	28	92286	21008	14006	556

法人单位财务状况(企业会计制度)

单位: 千元

销售费用	管理费用		财务费用	利润总额	应交所得税	应交增值税
		#税金				
1236426	**4504364**	**69530**	**662553**	**2124708**	**357602**	**115570**
17814	420749	2482	118440	20073	15870	2905
1047	16458	36	-159	2546	937	1019
1047	16458	36	-159	2546	937	1019
3670	48434	427	-146	-23032	751	2103
3670	48434	427	-146	-23032	751	2103
3053	260147	647	109101	19406	3298	6008
3053	260147	647	109101	19406	3298	6008
3419	2082	20	-212	-21	36	320
3419	2082	20	-212	-21	36	320
6626	93627	1352	9856	21174	10849	-6545
6626	93627	1352	9856	21174	10849	-6545
344928	975177	14431	282590	1036940	126261	60147
77024	130879	3866	45976	9229	4059	248
193	2032	2	1	137	1	65
73868	125036	3862	46043	14286	4039	177
2963	3812	2	-68	-5193	19	5
267904	844298	10565	236614	1027711	122202	59899
142440	404000	4573	72088	431097	55368	45932
36605	152635	528	5760	106305	13824	13076
14779	104242	2797	129953	353296	32881	-17784
29816	49883	1652	7922	50777	4926	2591
248	7351	116	-1006	5231	2458	-82
44016	126189	899	21897	81005	12744	16166
873684	3108438	52618	261523	1067695	215470	52518
17295	170966	1726	-1741	34518	7155	2872
17295	170966	1726	-1741	34518	7155	2872
113849	365978	19711	67181	-63348	13921	26559
113849	365978	19711	67181	-63348	13921	26559
8318	13408	38	-246	1720	513	920
8318	13408	38	-246	1720	513	920
486526	1767216	20602	185227	1214312	181982	22211
486526	1767216	20602	185227	1214312	181982	22211
247695	790870	10541	11102	-119508	11899	-43
31070	232858	4570	-131	-23041	393	169
216625	558012	5971	11234	-96466	11505	-212
953955	4039607	55843	501145	1850007	304095	63903
34994	777899	5620	-1214	-38443	5716	7998
23341	106049	800	8661	-34850	2006	176
8658	26968	27	-25	123	456	360
	641			3774	114	
11071	39848	241	-102	-4764	45	80
466	516		-2	-842		
130123	223644	19348	33807	-77525	6505	5777
406223	1421089	19003	248739	871264	131084	19564
40819	155432	1262	17747	220944	43826	4728
5633	21690	79	300	10292	848	333
577	2266	9	-18	-1614	7	
282409	803014	8656	27503	95970	24864	24080
9154	454893	753	165788	805349	88489	806
488	5657	45	-38	330	137	

10-1 续表

项　　目	单位数(个)	资产总计	营业收入	营业成本	营业税金及附加
港澳台商投资	23	8522259	1382257	832209	21881
与港澳台商合资经营	11	7559001	1137202	808599	12952
与港澳台商合作经营	2	860065	237717	20252	8819
港澳台商独资	9	52221	6986	3034	110
港澳台商投资股份有限公司	1	***	***	***	
外商投资	28	7079847	2602016	1928892	43134
中外合资经营	11	1966351	852936	646923	17580
中外合作经营	4	4358698	1405860	1036485	23408
外资企业	12	497926	343221	245483	2145
其他外商投资	1	***			
三、按隶属关系分					
中央	18	17356825	3481764	2611789	35720
省	49	142352385	4025255	3603877	61212
地	198	27960275	3220449	2161765	90519
县	16	125014	61057	46457	2282
街道	13	66311	55301	35983	1972
镇	56	548485	281961	186659	12825
乡	28	726158	161432	97404	5658
社区	2	7790	4955	3794	125
村委会	64	709760	89163	54848	2902
其他	2821	61797535	24723384	18416482	617378
四、按控股情况分					
国有控股	204	187676581	12766614	10379126	221420
集体控股	241	6835046	1081529	660616	40571
私人控股	2644	41094339	18166223	13555005	508571
港澳台商控股	21	2732175	1128091	665203	21709
外商控股	23	6411151	2108433	1512813	29358
其他	119	4561564	346506	244069	6564
五、按四大城市功能区分					
首都功能核心区	218	15752231	2746624	2045527	70918
东城区	97	704178	769244	639594	16393
西城区	121	15048053	1977380	1405933	54525
城市功能拓展区	1439	129066066	24471033	18216260	518092
朝阳区	498	45728424	10080297	7242136	266306
丰台区	316	56956073	1232559	913147	32601
石景山区	83	757700	249995	182570	8104
海淀区	542	25623869	12908182	9878407	211082
城市发展新区	909	95081355	6830627	5606558	186279
房山区	183	2328210	896303	731442	29409
通州区	201	81031405	515975	360535	18004
顺义区	100	1581200	1564752	1351267	42332
昌平区	252	5617151	1960127	1560364	34131
大兴区	154	4232023	1575951	1423244	47933
开发区	19	291366	317519	179705	14471
生态涵养发展区	699	11750886	2056438	1350712	55304
门头沟区	109	456539	249109	198410	7572
怀柔区	194	1351650	428993	216771	12600
平谷区	92	2166980	423233	340914	14729
密云县	194	5604349	391145	298483	9956
延庆县	110	2171367	563957	296135	10448

单位：千元

销售费用	管理费用	#税金	财务费用	利润总额	应交所得税	应交增值税
193382	196005	7346	50577	75594	20085	6287
122325	113028	4812	9232	84204	19223	5137
69763	72474	2254	39210	2029	861	116
1294	9192	280	2128	-8844	1	1034
	***		***	***		
89089	268752	6341	110831	199108	33421	45380
12959	87825	3889	68597	26723	8297	24669
30078	118966	2096	40320	157089	23942	2252
46052	61862	357	1942	15367	1182	18458
	***		***	***		
31374	211438	5225	243263	441132	48593	-26693
16493	539887	18523	-1968	-36333	17615	11708
282713	894841	11195	18	68162	21658	7173
	23205	29	-123	2013	158	11
1085	3970	107	-11	634	184	22
18692	49467	2137	-276	3483	919	214
21864	47726	395	-133	208	791	218
38	1050		-1	-51		10
19629	23760	155	1267	-11218	680	254
844537	2709020	31763	420516	1656678	267003	122652
331819	1382632	37002	270630	718669	107162	23248
130845	263738	3455	8734	-2273	7512	1442
494672	2038774	15957	227493	1279035	196112	37918
156593	164211	5868	48503	56687	15593	6353
85590	224700	6067	103322	189058	29349	43827
36908	72553	732	4731	-55135	1561	2782
106910	349949	7902	178673	33320	9946	3639
27772	71498	967	1286	8890	4610	2319
79138	278450	6935	177388	24431	5337	1320
658420	2894953	48833	442929	1989491	295979	86964
302100	1349129	33675	254765	825942	128438	39551
60547	184606	1978	6188	80057	10500	5940
12528	43735	311	-1191	10284	2606	1164
283245	1317482	12868	183167	1073210	154436	40309
289596	691052	9935	27577	148780	40587	23513
31663	87234	1064	9988	32590	9021	6439
53399	127589	1826	1870	-12664	1657	645
33679	74277	1548	6330	75300	9477	2258
82809	231625	3459	7493	55316	16416	9208
17096	114839	1694	3112	-609	3136	4116
70950	55487	344	-1214	-1153	880	847
181500	568411	2860	13373	-46883	11090	1454
16019	33530	164	934	-5980	840	297
68876	135782	1266	5351	-2948	5125	240
26279	51482	408	310	-2173	1690	565
38075	70620	558	1850	-27130	1244	216
32251	276998	465	4928	-8652	2191	135

10-2 水利、环境和公共设施管理业法人

项目	单位数(个)	资产合计	负债合计	上年结余
合计	**699**	**35438262**	**9036457**	**206690**
一、按行业分(分到小类)				
水利管理业	202	11874385	2891821	-806924
防洪除涝设施管理	22	888671	381089	-107057
防洪除涝设施管理	22	888671	381089	-107057
水资源管理	43	1629737	929112	40223
水资源管理	43	1629737	929112	40223
天然水收集与分配	32	3241493	745171	-874350
天然水收集与分配	32	3241493	745171	-874350
水文服务	8	215314	32931	50926
水文服务	8	215314	32931	50926
其他水利管理业	97	5899170	803518	83334
其他水利管理业	97	5899170	803518	83334
生态保护和环境治理业	43	2835513	200722	133845
生态保护	30	1129801	163523	107284
自然保护区管理	19	559699	46345	80349
野生动物保护	5	359302	11995	11143
其他自然保护	6	210800	105183	15792
环境治理业	13	1705712	37199	26560
水污染治理	6	52219	3194	15670
大气污染治理	1			
固体废物治理	1	***	***	***
危险废物治理	1			
放射性废物治理	1	***	***	***
其他污染治理	3	1634116	30918	
公共设施管理业	454	20728364	5943914	879769
市政设施管理	63	3368063	565485	136739
市政设施管理	63	3368063	565485	136739
环境卫生管理	160	4839734	280608	378243
环境卫生管理	160	4839734	280608	378243
城乡市容管理	11	18139	2324	4534
城乡市容管理	11	18139	2324	4534
绿化管理	112	3535705	1305752	126987
绿化管理	112	3535705	1305752	126987
公园和游览景区管理	108	8966723	3789745	233266
公园管理	85	8785507	3772261	206218
游览景区管理	23	181217	17484	27048

单位财务状况(行政事业及民间非营利组织会计制度)

单位：千元

收入合计	支出合计	#工资福利支出	#商品和服务支出	收支结余	经营税金
17183419	**16761615**	**3892645**	**6158759**	**628494**	**83778**
2582097	2586598	517260	807098	-811425	7162
340488	317926	86313	81038	-84495	104
340488	317926	86313	81038	-84495	104
262087	304462	81259	105993	-2152	985
262087	304462	81259	105993	-2152	985
930807	1014605	215299	272668	-958148	1430
930807	1014605	215299	272668	-958148	1430
106222	121784	13521	66374	35363	238
106222	121784	13521	66374	35363	238
942494	827821	120868	281024	198006	4405
942494	827821	120868	281024	198006	4405
1042933	941650	175406	309814	235128	5023
705973	690824	130910	205779	122434	4700
139355	152255	25997	34855	67450	156
282406	286182	78923	119376	7367	4544
284212	252387	25990	51548	47618	
336959	250826	44496	104035	112693	323
140048	134781	10932	36832	20937	10
***	***	***	***	***	
***	***	***	***	***	
186067	96386	29448	63743	89681	313
13558389	13233367	3199979	5041847	1204791	71593
2116650	2176659	248128	509130	76730	4841
2116650	2176659	248128	509130	76730	4841
4987635	4964038	1710061	1963153	401840	14599
4987635	4964038	1710061	1963153	401840	14599
42682	39494	11119	21384	7722	
42682	39494	11119	21384	7722	
3062614	2885939	361880	1683523	303662	18190
3062614	2885939	361880	1683523	303662	18190
3348808	3167236	868790	864658	414838	33963
3201050	3042941	851017	832859	364327	33738
147758	124295	17773	31799	50511	225

10-2 续表

项目	单位数(个)	资产合计	负债合计	上年结余
二、按登记注册类型分				
内资	699	35438262	9036457	206690
国有	606	34500365	8665982	122690
集体	39	546430	288833	22829
其他有限责任公司	1			
私营独资	1			
其他	52	391467	81642	61170
三、按隶属关系分				
中央	20	2981798	118004	16341
省	56	11294273	2337417	-616465
地	407	19653512	5979636	750154
县	37	468347	236168	2631
街道	56	64709	5754	13464
镇	66	475124	288938	5386
乡	14	170108	39999	865
其他	43	330390	30541	34314
四、按四大城市功能区分				
首都功能核心区	107	6777120	1042427	202993
东城区	59	1230014	230714	92001
西城区	48	5547107	811713	110993
城市功能拓展区	220	15082050	2174069	365763
朝阳区	67	3109900	667898	74816
丰台区	53	3301767	453006	44522
石景山区	20	754034	86136	48384
海淀区	80	7916349	967028	198041
城市发展新区	258	10393782	5123487	138662
房山区	52	1180344	160803	29723
通州区	36	1635762	1156324	81181
顺义区	35	810107	208824	-25336
昌平区	85	1243815	213015	51231
大兴区	50	5523753	3384521	1863
生态涵养发展区	114	3185310	696475	-500729
门头沟区	27	389726	22234	98944
怀柔区	15	922386	289228	-593708
平谷区	14	336741	45956	3210
密云县	37	844140	237294	11501
延庆县	21	692317	101763	-20677

单位：千元

收入合计	支出合计	#工资福利支出	#商品和服务支出	收支结余	经营税金
17183419	16761615	3892645	6158759	628494	83778
15824832	15346244	3778732	5958941	601278	81491
280862	291535	32367	88206	12157	1341
1077725	1123837	81545	111612	15059	946
656209	547971	85974	395098	124580	2313
4649863	4841807	979050	1277382	-808408	22171
11096345	10582368	2586021	4257775	1264131	54721
197838	194749	100807	43044	5720	2212
56771	65007	19467	16294	5228	613
240572	262733	47379	103175	-16775	1150
26319	28268	5305	2118	-1084	123
259503	238713	68642	63872	55103	476
5779417	5636437	858252	2779098	345974	24071
1248239	1253542	368388	355875	86698	12679
4531178	4382895	489864	2423224	259276	11392
7296069	7180714	1977305	2365174	481118	47986
2477452	2512534	596566	578797	39735	20534
1520378	1548238	496783	461392	16662	4916
521836	332904	110805	99040	237316	1173
2776403	2787038	773151	1225946	187406	21363
2228667	2219433	632210	727827	147896	10212
332064	336535	114538	65596	25253	1075
489223	467860	136962	159494	102544	1761
480710	453357	114591	149276	2017	2481
593104	612634	132623	209577	31701	4172
333566	349047	133496	143883	-13618	723
1879266	1725032	424878	286659	-346495	1509
287962	305216	37248	111667	81691	428
312062	357707	120755	59988	-639353	391
96015	57003	26397	7731	42222	183
597775	622676	174321	55001	-13400	142
585451	382430	66156	52271	182345	364

10-3 规模以上水利、环境和公共设施

项目	单位数(个)	年初存货	流动资产合计	#货币资金	#现金	#交易性金融资产
合计	**320**	**6869614**	**44665916**	**14145192**	**20674**	**14059**
一、按行业分(分到小类)						
水利管理业	16	24944	1871467	578819	105	
防洪除涝设施管理	1	***	***	***	***	
防洪除涝设施管理	1	***	***	***	***	
水资源管理	5	11361	61865	26262	67	
水资源管理	5	11361	61865	26262	67	
天然水收集与分配	5	600	1415403	426655	12	
天然水收集与分配	5	600	1415403	426655	12	
其他水利管理业	5	12843	365537	99912	14	
其他水利管理业	5	12843	365537	99912	14	
生态保护和环境治理业	50	937602	13233790	3736827	2150	41
生态保护	6	6941	476701	76611	676	
自然保护区管理	2		451	422	102	
野生动物保护	4	6941	476250	76189	574	
环境治理业	44	930661	12757089	3660216	1474	41
水污染治理	21	757333	6387771	1865167	655	
大气污染治理	4	103364	1444871	59367	128	
固体废物治理	1	***	***	***		
危险废物治理	5	16630	1668147	1043125	244	
放射性废物治理	1		***	***	***	
其他污染治理	12	44168	1070701	106399	446	41
公共设施管理业	254	5907068	29560659	9829546	18419	14018
市政设施管理	14	88288	4408081	1634842	329	
市政设施管理	14	88288	4408081	1634842	329	
环境卫生管理	19	40563	1375138	820975	329	
环境卫生管理	19	40563	1375138	820975	329	
城乡市容管理	4	1370	49145	23795	335	
城乡市容管理	4	1370	49145	23795	335	
绿化管理	134	5724991	20704711	6801416	13127	14017
绿化管理	134	5724991	20704711	6801416	13127	14017
公园和游览景区管理	83	51856	3023584	548518	4299	1
公园管理	12	24655	1726470	118895	483	
游览景区管理	71	27201	1297114	429623	3816	1
二、按登记注册类型分						
内资	300	6464723	37697843	11137664	19598	14059
国有	45	215643	3358707	946624	524	
集体	20	8050	44133	16457	1258	
股份合作	6	1901	18469	7309	186	
国有与集体联营	2	2462	161652	23432	17	
国有独资公司	4	23894	4368256	2551363	115	
其他有限责任公司	120	1121634	12589199	3398279	10938	
股份有限公司	10	720113	2439652	422335	295	
私营独资	1		***	***	***	
私营有限责任公司	86	823232	3243133	435552	6041	14059
私营股份有限公司	6	3547794	11473053	3335724	220	
港澳台商投资	9	40415	2411618	1239329	422	

管理业法人单位财务状况(企业会计制度)

单位：千元

#应收账款	#存货	可供出售金融资产	持有至到期投资	长期股权投资	投资性房地产	固定资产合计	固定资产原价
9453044	**8487257**	**336874**	**46412**	**8590242**	**206276**	**21207529**	**26254811**
176454	47963	336874		3546770		1324061	2186052
	***					***	***
	***					***	***
3837	11428					42489	60091
3837	11428					42489	60091
111032	560	336874		3522012		1212978	2102989
111032	560	336874		3522012		1212978	2102989
61585	35835			24758		8956	18352
61585	35835			24758		8956	18352
3306252	1135566			3167759	35320	2945445	4202243
1063	4769					632431	1469969
						913	1681
1063	4769					631518	1468288
3305189	1130797			3167759	35320	2313014	2732274
1987138	817924			1270484	35320	180552	284312
534561	180343			81570		17266	29736
***	***			***		***	***
144097	32477			1028056		143874	200395
***				***		***	***
225774	88887			553317		30953	49180
5970338	7303728		46412	1875713	170956	16938023	19866516
66469	289826			677039	91914	10123846	10299495
66469	289826			677039	91914	10123846	10299495
209705	38588		30000	751807	51531	2787017	4288909
209705	38588		30000	751807	51531	2787017	4288909
5417	2227			1128		1603	8733
5417	2227			1128		1603	8733
4371502	6932622		16412	364083	27511	1498967	2420870
4371502	6932622		16412	364083	27511	1498967	2420870
1317245	40465			81656		2526590	2848509
1296307	24389			10846		1125770	1431277
20938	16076			70810		1400820	1417232
8018357	8091908	336874	35000	6336293	206276	19349971	22712479
1345422	245869			33224		2096127	3058254
219	271					214169	216956
4658	2083			2475		17101	19202
	2439			8334		41852	140924
59976	20423		30000	1368452	143445	12264518	13537695
2160786	1434097	336874		4581272	27511	3487084	4439791
1042501	772510			61280	35320	116184	162453
						***	***
654943	837127		5000	105822		1024371	1002178
2749852	4777089			175434		84176	130072
141141	65807		11412	1432634		863329	2074223

10-3 续表 1

项目	单位数（个）	年初存货	流动资产合计	#货币资金	#现金	#交易性金融资产
与港澳台商合资经营	6	34821	2100867	1160817	102	
与港澳台商合作经营	2	5581	310699	78460	268	
港澳台商独资	1	***	***	***	***	
外商投资	11	364476	4556455	1768199	654	
中外合资经营	6	341008	866055	186037	309	
中外合作经营	2	7327	3430816	1506127	230	
外资企业	3	16141	259584	76035	115	
三、按隶属关系分						
中央	10	25856	3532813	1025817	46	
省	23	419058	6321778	3063941	414	
地	60	221278	4163371	1661818	849	
县	1		***	***	***	
街道	1	***	***	***	***	
镇	11	16898	125818	47688	445	
乡	6	15019	222654	38014	173	
村委会	18	496	183193	16404	1660	
其他	190	6169212	30099977	8287627	16972	14059
四、按控股情况分（仅限企业法人）						
国有控股	92	874402	17856250	7140422	1259	
集体控股	45	92593	674302	174078	2749	
私人控股	155	5781146	20160345	4535229	15722	14059
港澳台商控股	9	40419	1010929	208353	436	
外商控股	9	72521	3954043	1706846	444	
其他	2	4256	36062	9188	42	
五、按四大城市功能区分						
首都功能核心区	33	158262	2731355	1064599	764	
东城区	8	72455	328752	105642	168	
西城区	25	85807	2402603	958957	596	
城市功能拓展区	142	5718189	35064759	10873877	7115	14058
朝阳区	52	3890578	17127106	5189365	4092	14017
丰台区	17	40821	3229552	1506255	433	
石景山区	4		163812	32454	454	
海淀区	69	1786790	14544289	4145803	2136	41
城市发展新区	76	945656	5397554	1804702	9795	
房山区	15	28799	425645	145487	1311	
通州区	8	11727	345321	114362	418	
顺义区	19	632578	1333622	230434	458	
昌平区	21	128038	2802130	1158556	782	
大兴区	10	128407	436927	106814	6804	
开发区	3	16107	53909	49049	22	
生态涵养发展区	69	47507	1472248	402014	3000	1
门头沟区	9	356	53821	6390	1305	
怀柔区	16	3449	185014	140062	621	
平谷区	12	39053	427135	65726	486	1
密云县	16	1565	55274	12619	368	
延庆县	16	3084	751004	177217	220	

单位：千元

#应收账款	#存货	可供出售金融资产	持有至到期投资	长期股权投资	投资性房地产	固定资产合计	固定资产原价
136358	61146		11412	1431456		418646	1031525
4783	4661					444216	1041952
				***		***	***
1293546	329542			821315		994229	1468109
186516	285119			29158		854070	1161247
1000135	21821			792157		57810	204642
106895	22602					82349	102220
450978	48361	336874		3781270		2007656	2407476
301957	375143		30000	1994286	170956	13087259	15218511
1439045	294816			68872		2060161	2564868
***						***	***
***	***					***	***
4305	16331			6200		104126	136890
396	17764			8334		61742	180837
406	499					359780	239011
7253607	7730541		16412	2731280	35320	3515475	5490442
3037795	975496	336874	30000	6919062	170956	16101943	18566991
17830	90551			28924		584079	628027
5111222	7284870		5000	413236	35320	1512701	1841654
104950	65809		11412	405068		830487	2011500
1164026	53595			792282		984643	1453726
8362	5898			3200		5454	7881
160476	224250	336874		3545842		720455	1619049
35046	130493			7931		39703	64962
125430	93757	336874		3537911		680752	1554087
8225272	7217741		41412	3755887	206276	17563072	21319876
4676199	5134103		41412	1549589	51531	4343646	6676073
136031	42709			626693	91914	10118580	10360986
11007	380					48122	61146
3402035	2040549			1579605	62831	3052724	4221671
964587	996883		5000	1259912		1849391	1960094
122714	16601			25248		727285	687913
40396	7646		5000	59280		415932	151858
260688	678903			30290		77716	115013
472243	207195			1134594		220554	529847
64605	86076			4000		366381	403241
3941	462			6500		41523	72222
102709	48383			28601		1074611	1355792
29955	2126					30697	29314
878	3542			12239		217218	350534
49533	39197					80327	145180
13971	1574			11178		69244	87068
8372	1944			5184		677125	743696

10-3 续表 2

项　　目	累计折旧	本年折旧	在建工程	无形资产	资产总计	流动负债合　　计
合　　计	**5936364**	**768550**	**51685100**	**4631185**	**132337933**	**32522723**
一、按行业分(分到小类)						
水利管理业	1014365	75186	179254	35105	7844775	2058849
防洪除涝设施管理	***	***	***		***	***
防洪除涝设施管理	***	***	***		***	***
水资源管理	22758	3157	5156	15872	120426	40354
水资源管理	22758	3157	5156	15872	120426	40354
天然水收集与分配	978636	70031	87841	19231	6571240	1191143
天然水收集与分配	978636	70031	87841	19231	6571240	1191143
其他水利管理业	9396	1422	27663	2	1064809	783693
其他水利管理业	9396	1422	27663	2	1064809	783693
生态保护和环境治理业	1254607	200289	811122	107213	20655252	10239122
生态保护	838193	36401	86382	1576	1286938	1563683
自然保护区管理	829	67	60		1365	197
野生动物保护	837364	36334	86322	1576	1285573	1563486
环境治理业	416414	163888	724740	105637	19368314	8675439
水污染治理	103778	18290	150	51421	8047388	4800184
大气污染治理	12471	3909	22135	12072	1587508	1202628
固体废物治理	***	***	***	***	***	***
危险废物治理	53600	18198	555	23965	2870254	290416
放射性废物治理	***	***	***		***	***
其他污染治理	18283	4434	397	18023	1767093	1032963
公共设施管理业	3667392	493075	50694724	4488867	103837906	20224752
市政设施管理	175852	29382	40679169	51891	56050681	2981355
市政设施管理	175852	29382	40679169	51891	56050681	2981355
环境卫生管理	1506950	230848	288932	199612	5527750	980424
环境卫生管理	1506950	230848	288932	199612	5527750	980424
城乡市容管理	7131	642	63	5	51944	16490
城乡市容管理	7131	642	63	5	51944	16490
绿化管理	957009	132304	8753839	38707	31888152	13215439
绿化管理	957009	132304	8753839	38707	31888152	13215439
公园和游览景区管理	1020450	99899	972721	4198652	10319379	3031044
公园管理	315179	38754	137548	4053849	7059728	1306993
游览景区管理	705271	61145	835173	144803	3259651	1724051
二、按登记注册类型分						
内资	4254494	615999	51550208	4532086	120758321	26512836
国有	1327940	127453	465947	3945865	9698767	2451572
集体	29244	2608	48968	1094	291532	98891
股份合作	9110	1552	1053		38485	12145
国有与集体联营	99409	5176	369	144498	373337	63664
国有独资公司	1273177	160563	49948705	13739	68220751	3396027
其他有限责任公司	1184375	259701	757647	340017	22898633	10248234
股份有限公司	46269	8801		5363	2731798	1429200
私营独资	***	***			***	***
私营有限责任公司	238509	37480	327519	57957	4637645	2328641
私营股份有限公司	45896	12635		23553	11861395	6482424
港澳台商投资	1207989	72789	86127	39138	4907725	2339127

单位：千元

#应付账款	非流动负债合计	#应付债券	负债合计	所有者权益合计	#实收资本	国家资本	集体资本
8417695	**58208788**	**1299024**	**90731511**	**41606422**	**14004954**	**3951526**	**443122**
178543	2440447	1200000	4499296	3345479	2063538	537680	200
	***		***	***	***	***	
	***		***	***	***	***	
1958	5105		45459	74967	95029	829	200
1958	5105		45459	74967	95029	829	200
1058	2298215	1200000	3489358	3081882	1835096	529438	
1058	2298215	1200000	3489358	3081882	1835096	529438	
175527	93116		876809	188000	132562	6562	
175527	93116		876809	188000	132562	6562	
3544879	3445196	99024	13684318	6970934	4881777	723647	8000
3856			1563683	-276745	458098		
-55			197	1168	1080		
3911			1563486	-277913	457018		
3541023	3445196	99024	12120635	7247679	4423679	723647	8000
1635455	597052	99024	5397236	2650152	1282952	106199	
813144			1202628	384880	251750	12000	8000
***	***		***	***	***	***	
151779	43495		333911	2536343	1808361	5388	
***	***		***	***	***	***	
206507	162583		1195546	571547	480616	60	
4694273	52323145		72547897	31290009	7059639	2690199	434922
249684	43506408		46487763	9562918	1382973	1157532	5000
249684	43506408		46487763	9562918	1382973	1157532	5000
202955	1345433		2325857	3201893	1353450	996060	3150
202955	1345433		2325857	3201893	1353450	996060	3150
1062			16490	35454	11200		
1062			16490	35454	11200		
4057035	4506003		17721442	14166710	2985215	183269	67401
4057035	4506003		17721442	14166710	2985215	183269	67401
183537	2965301		5996345	4323034	1326801	353338	359371
55232	2118064		3425057	3634671	413496	125961	210464
128305	847237		2571288	688363	913305	227377	148907
7288830	57156573	1299024	83669409	37088912	10404473	3893766	443122
185323	2900786		5352358	4346409	773897	726501	
16686	77119		176010	115522	77677		66790
2312	6019		18164	20321	8656		839
818	2990		66654	306683	286177	78623	207554
379743	47675073		51071100	17149651	2192032	2192032	
3025464	5768599	1200000	16016833	6881800	4733752	767610	164229
781211	141658	99024	1570858	1160940	390854	129000	3710
			***	***	***		
604832	83924		2412565	2225080	1226071		
2292441	500405		6982829	4878566	713937		
244888	85513		2424640	2483085	2478196	30000	

10-3 续表 3

项　　目	累计折旧	本年折旧	在建工程	无形资产	资产总计	流动负债合计
与港澳台商合资经营	609974	48130	555	39089	4045961	910111
与港澳台商合作经营	597736	24511	85572	47	860065	1427846
港澳台商独资	***	***		***	***	***
外商投资	473881	79762	48765	59961	6671887	3670760
中外合资经营	307178	60054	48609	33941	1937511	791513
中外合作经营	146832	8123	156	2190	4284199	2569496
外资企业	19871	11585		23830	450177	309751
三、按隶属关系分						
中央	399820	131401	704363	798	11079295	3015402
省	2234195	234803	40989425	33080	62719585	5592612
地	796480	120024	9047531	4023441	19321333	3042250
县	***	***			***	***
街道	***	***			***	***
镇	32764	4805	73613		318101	95273
乡	119432	8651	362	144498	443552	74503
村委会	71192	8755	270949	7514	630721	247508
其他	2277035	259233	598857	421854	37793093	20449592
四、按控股情况分(仅限企业法人)						
国有控股	2500850	438070	50414094	4169464	96454143	12898471
集体控股	253842	29758	375843	153365	1629667	476041
私人控股	615046	97310	377089	187422	23458770	13165246
港澳台商控股	1181031	66765	85572	41923	2448066	2329517
外商控股	469084	77316	48765	59780	6025963	3246197
其他	2735	529	308		45121	36245
五、按四大城市功能区分						
首都功能核心区	899243	72070	492742	46	7936667	3418774
东城区	25261	3724	8200		422322	234285
西城区	873982	68346	484542	46	7514345	3184489
城市功能拓展区	3873577	554607	50244904	4416682	112610083	24376830
朝阳区	2332429	308824	9025966	3953912	36332338	11070864
丰台区	242744	33877	40796784	317203	55205589	2639508
石景山区	13673	1491	741		313709	234194
海淀区	1284731	210415	421413	145567	20758447	10432264
城市发展新区	621884	88818	610647	89502	8842236	3378199
房山区	163822	22266	223256	7229	1254949	332958
通州区	32615	14923	324940	22042	875923	574395
顺义区	45636	10204	13310	4347	1453578	640343
昌平区	306632	26473	25106	51760	4263885	1444295
大兴区	37466	6259	18940	929	882321	343794
开发区	35713	8693	5095	3195	111580	42414
生态涵养发展区	541660	53055	336807	124955	2948947	1348920
门头沟区	7535	2421	6761		89028	72371
怀柔区	163675	16622	33791	81242	610792	283027
平谷区	64993	8644	23314	1304	537998	387589
密云县	18787	2970	53968	533	190562	111701
延庆县	286670	22398	218973	41876	1520567	494232

单位：千元

#应付账款	非流动负债合计	#应付债券	负债合计	所有者权益合计	#实收资本	国家资本	集体资本
240361	85471		995582	3050379	2193802	30000	
3357			1427846	-567781	282072		
***	***		***	***	***		
883977	966702		4637462	2034425	1122285	27760	
180314	518590		1310103	627408	425599	27760	
605455	406660		2976156	1308043	603414		
98208	41452		351203	98974	93272		
859713	4745794	1200000	7761196	3318099	2170571	832899	
570377	43653940		49246552	13473033	3096497	2421046	
244790	6574750		9617000	9704333	1098434	521848	10650
			***	***	***		***
***			***	***	***		
16888	10137		105410	212691	136596		118596
3959	6507		81010	362542	312026	73123	232903
71539	242679		490187	140534	121178		55134
6649342	2974981	99024	23424573	14368520	7044652	102610	20839
2889253	55192264	1200000	68090735	28363408	7661617	3258982	12000
93633	269012		745053	884614	607870	73123	427622
4423238	855784	99024	14021030	9437740	3306450	860	
193796	84042		2413559	34507	790045	30000	3500
793394	966702		4212899	1813064	1076671	27760	
22969			36245	8876	1500		
208429	2659586	1200000	6078360	1858307	1791283	99859	
14716			234285	188037	86799	26699	
193713	2659586	1200000	5844075	1670270	1704484	73160	
6726823	54406516	99024	78783346	33826737	8408469	3408600	291873
3120577	7818896		18889760	17442578	3424281	1185598	12001
346707	42585707		45225215	9980374	1702396	1231955	270872
22678	56920		291114	22595	40569	16969	
3236861	3944993	99024	14377257	6381190	3241223	974078	9000
1331138	513520		3891719	4950517	2780672	76697	121840
161896	319788		652746	602203	258979	20500	78390
45541	150154		724549	151374	147935	5613	
266870	20437		660780	792798	177003	10000	5000
731243	14292		1458587	2805298	2001237	29196	1000
116797	7864		351658	530663	180368	5388	30300
8791	985		43399	68181	15150	6000	7150
151305	629166		1978086	970861	1024530	366370	29409
26867	10874		83245	5783	16177	150	940
32169	10403		293430	317362	338087	37027	2000
66373	1493		389082	148916	148085		4210
17531	7903		119604	70958	34966	1250	2287
8365	598493		1092725	427842	487215	327943	19972

10-3 续表 4

项　　目	法人资本	个人资本	港澳台资本	外商资本	营业收入	#主营业务收　入
合　计	**5355378**	**2243831**	**677246**	**1333851**	**30876225**	**30416449**
一、按行业分(分到小类)						
水利管理业	1516658	9000			976887	887344
防洪除涝设施管理					***	***
防洪除涝设施管理					***	***
水资源管理	85000	9000			67975	65294
水资源管理	85000	9000			67975	65294
天然水收集与分配	1305658				430615	347189
天然水收集与分配	1305658				430615	347189
其他水利管理业	126000				463623	460187
其他水利管理业	126000				463623	460187
生态保护和环境治理业	2173126	379960	477132	1119912	8958679	8927130
生态保护	40814	40	274072	143172	324692	318085
自然保护区管理	1040	40			3236	3236
野生动物保护	39774		274072	143172	321456	314849
环境治理业	2132312	379920	203060	976740	8633987	8609045
水污染治理	405684	206020	117380	447669	3849692	3844511
大气污染治理	161670	70080			1164020	1153830
固体废物治理					***	***
危险废物治理	1184712	29460	85680	503121	407972	407915
放射性废物治理					***	***
其他污染治理	380246	74360		25950	586693	577556
公共设施管理业	1665594	1854871	200114	213939	20940659	20601975
市政设施管理	153441	67000			788017	784821
市政设施管理	153441	67000			788017	784821
环境卫生管理	135374	6626		212240	2039108	1971160
环境卫生管理	135374	6626		212240	2039108	1971160
城乡市容管理	1100	10100			109352	109352
城乡市容管理	1100	10100			109352	109352
绿化管理	933300	1698254	101292	1699	16814927	16576883
绿化管理	933300	1698254	101292	1699	16814927	16576883
公园和游览景区管理	442379	72891	98822		1189255	1159759
公园管理	76071	1000			272113	260127
游览景区管理	366308	71891	98822		917142	899632
二、按登记注册类型分						
内资	3852370	2208715	6500		26950396	26497884
国有	47396				1887854	1878069
集体	2387	8500			135883	135458
股份合作	2240	5577			76717	76710
国有与集体联营					79506	75345
国有独资公司					1234375	1166658
其他有限责任公司	3355992	439421	6500		12962934	12636875
股份有限公司	77776	180368			1777307	1777011
私营独资	***				***	***
私营有限责任公司	365159	860912			3977293	3933231
私营股份有限公司		713937			4813029	4813029
港澳台商投资	1334651	3000	670746	439799	1367233	1367233

单位：千元

营业成本	#主营业务成本	营业税金及附加	#主营业务税金及附加	其他业务利润	销售费用	管理费用	#税金	#财产保险费
23610027	**23460215**	**688906**	**679553**	**300517**	**879267**	**3274661**	**59018**	**13840**
563134	562992	9638	4607	84280	4790	300763	1085	1531
***	***	***	***			***	***	***
***	***	***	***			***	***	***
52499	52359	1004	922	2459	938	12054	234	188
52499	52359	1004	922	2459	938	12054	234	188
101471	101469	6265	1316	78385		241846	560	1254
101471	101469	6265	1316	78385		241846	560	1254
402777	402777	1889	1889	3436	3852	38908	273	39
402777	402777	1889	1889	3436	3852	38908	273	39
6710730	6707481	101941	101449	27807	292517	746672	12662	3524
28439	28439	11284	10951	6274	73168	126011	3832	1346
1578	1578	112	112			1493	2	1
26861	26861	11172	10839	6274	73168	124518	3830	1345
6682291	6679042	90657	90498	21533	219349	620661	8830	2178
2947439	2946537	52690	52621	4210	117049	319012	3455	1683
952027	952027	13422	13422	10190	32144	89411	292	166
***	***	***	***	***	***	***	***	
328294	328280	801	801	43	29644	48760	1651	73
***	***	***	***	***	***	***	***	
423632	421415	5376	5286	6830	36410	79946	752	256
16336163	16189742	577327	573497	188430	581960	2227226	45271	8785
638871	637301	18895	18779	1510	2774	112201	1392	497
638871	637301	18895	18779	1510	2774	112201	1392	497
1693102	1689871	17614	16036	63136	84136	277027	17708	2108
1693102	1689871	17614	16036	63136	84136	277027	17708	2108
87199	87199	4362	4362		6759	10896	1	
87199	87199	4362	4362		6759	10896	1	
13541349	13401417	497466	495424	96070	303864	1201031	17153	3943
13541349	13401417	497466	495424	96070	303864	1201031	17153	3943
375642	373954	38990	38896	27714	184427	626071	9017	2237
50184	50175	13235	13235	11977	18756	213345	4321	414
325458	323779	25755	25661	15737	165671	412726	4696	1823
20883931	20734284	624690	615670	293751	611651	2854360	45882	9624
1264169	1262337	34173	34123	7900	19098	650870	5050	1725
99257	99257	7205	7205	425	10510	18198	383	30
49790	49790	2114	2107		3230	20448	20	75
26565	26556	2242	2242	4152	11071	38270	241	268
1145013	1142906	11654	10173	64128	129898	219663	19348	754
10550477	10412205	253595	246995	181097	286629	991423	15516	4033
1289586	1289582	48236	48236	292	33963	147269	1099	333
***	***	***	***			***	***	***
3352698	3345275	112220	111338	35757	109464	317451	3470	2168
3103412	3103412	152977	152977		7788	450427	740	233
824761	824761	21618	21618		182486	169371	6857	1468

10-3 续表 5

项目	法人资本	个人资本	港澳台资本	外商资本	营业收入	#主营业务收入
与港澳台商合资经营	1330731	3000	390272	439799	1127270	1127270
与港澳台商合作经营	3920		278152		237717	237717
港澳台商独资			***		***	***
外商投资	168357	32116		894052	2558596	2551332
中外合资经营	43357	32116		322366	840927	837067
中外合作经营	125000			478414	1404189	1401934
外资企业				93272	313480	312331
三、按隶属关系分						
中央	1337672				3452245	3366336
省	672451	3000			3848508	3763920
地	404916	60440	100580		2887985	2866190
县					***	***
街道		***			***	***
镇	17500	500			224021	223676
乡		6000			121436	114130
村委会	64400	1644			71461	68488
其他	2858439	2152247	576666	1333851	20214271	19957411
四、按控股情况分(仅限企业法人)						
国有控股	3854446	10710	85680	439799	12345611	12028739
集体控股	104981	2144			834665	816264
私人控股	1067368	2227977		10245	13978607	13864247
港澳台商控股	161979	3000	591566		1121977	1121977
外商控股	165104			883807	2074484	2067220
其他	1500				29461	29437
五、按四大城市功能区分						
首都功能核心区	1315822	101530	274072		2489684	2385907
东城区	40100	20000			626900	621372
西城区	1275722	81530	274072		1862784	1764535
城市功能拓展区	1928106	1737488	211672	830730	21471633	21294342
朝阳区	703803	1024814	101292	396773	8736727	8655214
丰台区	133389	62100	4080		800206	788828
石景山区	8560	15040			144504	84713
海淀区	1082354	635534	106300	433957	11790196	11765587
城市发展新区	1741072	245262	92680	503121	5695578	5542019
房山区	150089	10000			697925	697369
通州区	75000	4000		63322	243288	237632
顺义区	103161	58842			1515630	1393895
昌平区	1391822	46740	92680	439799	1597228	1585128
大兴区	19000	125680			1428624	1419361
开发区	2000				212883	208634
生态涵养发展区	370378	159551	98822		1219330	1194181
门头沟区	4087	11000			32760	32613
怀柔区	266700	32360			225247	221528
平谷区	56071	87804			312363	312049
密云县	2720	26387	2322		153942	135116
延庆县	40800	2000	96500		495018	492875

单位：千元

营业成本	#主营业务成本	营业税金及附加	#主营业务税金及附加	其他业务利润	销售费用	管理费用	#税金	#财产保险费
803210	803210	12781	12781		112604	96031	4595	258
20252	20252	8819	8819		69763	72474	2254	1206
***	***	***	***		***	***	***	***
1901335	1901170	42598	42265	6766	85130	250930	6279	2748
639177	639177	17354	17147	3653	12428	83811	3877	1300
1035626	1035626	23316	23190	2129	29997	115867	2087	1241
226532	226367	1928	1928	984	42705	51252	315	207
2579626	2579504	30848	25894	80742	30335	183108	5166	120
3469046	3458652	59338	56737	71593	12165	503964	18289	2414
1936592	1931995	79930	79549	16814	253421	744056	10668	2578
***	***	***	***			***		
***	***	***	***		***	***	***	
157830	157830	11054	11054	345	16370	38620	2086	185
71015	68363	4040	4040	4654	20621	27931	264	354
41059	40817	2282	2282	2731	15352	17886	91	38
15305822	15174017	499536	498119	123638	530873	1754368	22356	8151
10068961	9976949	207142	199249	216873	317461	1209783	35535	4489
530892	527325	32887	32642	14589	111800	148299	2779	717
10648450	10594382	394708	393826	59410	202954	1193609	8554	3767
662678	662678	21611	21611		154928	153016	5586	1461
1492173	1492008	29124	28791	6766	81840	208924	6017	2678
15689	15689	1455	1455	24	10284	8183	151	
1880990	1873614	58530	52661	90438	75600	250746	5005	1902
552593	550019	11701	11701	2954	3983	44229	757	63
1328397	1323595	46829	40960	87484	71617	206517	4248	1839
16269479	16212692	445535	442777	117746	486836	2197995	44330	7041
6265980	6260284	235692	233994	74119	234433	1058987	32029	2891
613222	610163	16281	16079	8117	29003	97250	1029	473
122395	78140	4957	4957	15536	1802	13358	149	27
9267882	9264105	188605	187747	19974	221598	1028400	11123	3650
4783200	4700694	153490	152852	70415	182634	427037	7701	3324
582923	582896	23540	23540	529	21557	44870	961	1303
213085	213085	8526	8526	5656	2600	29208	409	316
1320391	1238561	40259	39859	39505	28319	65780	1421	371
1257334	1257242	26920	26920	12008	57652	165969	3231	605
1316960	1316403	43293	43293	8706	6869	78409	1422	674
92507	92507	10952	10714	4011	65637	42801	257	55
676358	673215	31351	31263	21918	134197	398883	1982	1573
24478	24478	1126	1126	147	3725	8350	24	56
49341	48142	5717	5706	2509	60306	104141	1087	686
246813	246713	11903	11903	214	22113	31963	279	320
112808	112808	4736	4736	18826	19051	15675	274	41
242918	241074	7869	7792	222	29002	238754	318	470

10-3 续表 6

项　　目	财务费用	#利息收入	#利息支出	资产减值损失	公允价值变动收益	投资收益
合　　计	**593122**	**136388**	**675073**	**177375**	**2349**	**239990**
一、按行业分(分到小类)						
水利管理业	88434	39657	123961	972	-381	49218
防洪除涝设施管理	***	***				
防洪除涝设施管理	***	***				
水资源管理	-71	79	1			
水资源管理	-71	79	1			
天然水收集与分配	109175	16594	122037	1667	-381	48230
天然水收集与分配	109175	16594	122037	1667	-381	48230
其他水利管理业	-20599	22913	1923	-695		988
其他水利管理业	-20599	22913	1923	-695		988
生态保护和环境治理业	271461	32697	317673	36393	2670	108814
生态保护	46058	2974	74031			
自然保护区管理	1	1				
野生动物保护	46057	2973	74031			
环境治理业	225403	29723	243642	36393	2670	108814
水污染治理	64238	10095	64335	30770	2670	12347
大气污染治理	5017	2522	6032	4173		19620
固体废物治理	***	***	***			***
危险废物治理	3877	532	5632	-232		
放射性废物治理	***	***				***
其他污染治理	24031	12493	36016	1682		55297
公共设施管理业	233227	64034	233439	140010	60	81958
市政设施管理	-785	1423	417	123		23575
市政设施管理	-785	1423	417	123		23575
环境卫生管理	64184	2476	55889	-990		35618
环境卫生管理	64184	2476	55889	-990		35618
城乡市容管理	-146	147	3			
城乡市容管理	-146	147	3			
绿化管理	162468	56514	166457	139270	60	22721
绿化管理	162468	56514	166457	139270	60	22721
公园和游览景区管理	7506	3474	10673	1607		44
公园管理	35	270	396			
游览景区管理	7471	3204	10277	1607		44
二、按登记注册类型分						
内资	435967	124654	499305	174424	2349	226916
国有	135	5564	6384	1291		130
集体	386	35	404			
股份合作	-12	23	5		60	
国有与集体联营	-102	94				
国有独资公司	2218	5870	7655	18		59514
其他有限责任公司	231345	89977	312317	7189	-381	154226
股份有限公司	17872	5368	21332	31953	2670	5100
私营独资	***		***			
私营有限责任公司	18216	4111	17766	352		812
私营股份有限公司	165783	13612	133353	133621		7134
港澳台商投资	46065	5038	73594	2336		13074

单位：千元

营业利润	营业外收入	#补贴收入	利润总额	应交所得税	应付职工薪酬(本年贷方累计发生额)	#社会保险费	#住房公积金	应交增值税
1830242	**344139**	**225380**	**2167357**	**335198**	**3441147**	**556155**	**161256**	**84941**
10128	13238	103	62483	13715	183186	28896	11885	-554
***	***		***	***	***	***	***	
***	***		***	***	***	***	***	
1551	19	71	1637	517	14775	2656	1017	1578
1551	19	71	1637	517	14775	2656	1017	1578
-28142	9827		19391	3092	134822	20182	9176	5160
-28142	9827		19391	3092	134822	20182	9176	5160
36796	3310	32	41450	10068	26496	4767	1306	-7292
36796	3310	32	41450	10068	26496	4767	1306	-7292
835358	79048	34307	959457	118889	576523	86840	31957	47053
39732	1159	82	14745	4039	61456	8311	2593	146
52	82	82	134		2527	585	128	1
39680	1077		14611	4039	58929	7726	2465	145
795626	77889	34225	944712	114850	515067	78529	29364	46907
349264	12599	3085	345276	53467	259751	45838	16866	38361
71999	2187	1203	89215	12794	64657	7281	3745	10337
***	***		***	***	***	***	***	***
-3404	60542	29810	55893	4924	41251	5815	1818	2591
***	***		***	***	***	***	***	***
17298	2529	127	72277	8695	71895	8656	3028	13527
984756	251853	190970	1145417	202594	2681438	440419	117414	38442
16061	8181	7946	47362	6472	147114	25672	6188	1076
16061	8181	7946	47362	6472	147114	25672	6188	1076
-96955	16927	584	-46481	11090	859901	175327	43088	25285
-96955	16927	584	-46481	11090	859901	175327	43088	25285
282	802	64	1084	338	50545	1345		728
282	802	64	1084	338	50545	1345		728
1108749	185028	154321	1170469	172959	1192368	155563	46171	11549
1108749	185028	154321	1170469	172959	1192368	155563	46171	11549
-43381	40915	28055	-27017	11735	431510	82512	21967	-196
-23442	22586	21282	-5685	362	122888	25907	7425	116
-19939	18329	6773	-21332	11373	308622	56605	14542	-312
1539797	302509	222463	1853677	281785	3110426	501881	139678	36297
-80591	65318	50044	-27417	4737	559182	102265	33587	7389
327	3191	375	-8009	841	17906	3011	33	
1147	2		1165	215	10662	1084	26	109
1460	132	2	-3315	45	28874	7336	2001	80
-274071	151197	148407	-64299	6502	617603	128142	33813	5722
649465	63311	14004	846561	120103	1069449	176700	52102	6431
240381	6266	4267	221721	43795	128442	16070	3914	4350
***			***	***	***	***		
67244	12040	5364	79769	17013	343456	41179	3881	11625
932642	1052		805708	88445	334472	26087	10321	591
122932	2416	917	108481	20084	136939	19213	8093	5498

10-3 续表 7

项　　目	财务费用	#利息收入	#利息支出	资产减值损　失	公允价值变动收益	投资收益
与港澳台商合资经营	6855	2032	4590	2336		13074
与港澳台商合作经营	39210	3006	69004			
港澳台商独资						
外商投资	111090	6696	102174	615		
中外合资经营	68551	477	54068	615		
中外合作经营	40319	5738	44730			
外资企业	2220	481	3376			
三、按隶属关系分						
中央	211728	48051	254664	1145	-381	70686
省	484	35180	35196	-487		114011
地	3697	11748	13855	1673		9733
县	***	***				
街道						
镇	-149	157	6			
乡	101	102	182			
村委会	1355	25	1363			
其他	375926	41105	369807	175044	2730	45560
四、按控股情况分(仅限企业法人)						
国有控股	243977	78139	316417	4823	-381	209437
集体控股	753	419	1370	1	60	1603
私人控股	199045	45521	187108	168497	2670	15746
港澳台商控股	46374	4714	73594	2336		13074
外商控股	103582	6509	96184	51		
其他	-16	16				
五、按四大城市功能区分						
首都功能核心区	142729	25439	191542	-442	-381	49715
东城区	-2708	2721	2	-477		99
西城区	145437	22718	191540	35	-381	49616
城市功能拓展区	422268	105217	450751	172731	2730	168900
朝阳区	250324	37952	225701	135858		105931
丰台区	6769	1650	8396	-579		23496
石景山区	-597	598				
海淀区	165772	65017	216654	37452	2730	39473
城市发展新区	16731	3588	20639	3416		21344
房山区	1627	786	2382	925		95
通州区	2395	381	4146			26
顺义区	6370	1308	5852	-1682		1603
昌平区	3545	788	4934	4173		19620
大兴区	2991	345	3325			
开发区	-197	-20				
生态涵养发展区	11394	2144	12141	1670		31
门头沟区	6	7	7	-2		
怀柔区	5905	192	6052	5		
平谷区	411	1503	521			
密云县	93	39	93			
延庆县	4979	403	5468	1667		31

单位：千元

营业利润	营业外收　入	#补贴收入	利润总额	应　交所得税	应付职工薪酬(本年贷方累计发生额)	#社　会保险费	#住　房公积金	应　交增值税
95789	1605	908	106580	19223	88728	13631	5881	5326
27199	802		2029	861	46740	5465	2212	116
***	***	***	***		***	***		***
167513	39214	2000	205199	33329	193782	35061	13485	43146
19606	8521	2000	27298	8249	68129	9391	2693	24528
159064	621		159546	23941	37130	9898	3112	2252
-11157	30072		18355	1139	88523	15772	7680	16366
416600	1414		486832	48581	145978	22427	7339	-27186
-196489	46606	8503	-49879	13723	861545	167032	48602	11919
-129711	207226	191879	69584	20534	843327	164339	50455	6429
***			***	***	***	***		
***			***	***	***	***		
296	5032	50	3984	849	39186	5227	844	
-2272	407	8531	3328	444	32837	8662	1525	112
-6473	1124	1061	-5284	597	21477	2135	2	242
1747746	82330	15356	1658262	250332	1491779	185378	52489	93425
298287	261829	202171	739329	102309	1721307	317488	92259	22386
10034	9803	9804	25132	5941	231029	43759	12366	456
1339841	29881	12488	1203512	180968	983148	105822	22290	15137
83370	1264	917	68693	15592	118247	16453	7316	5357
158841	37214		195150	29260	167335	32198	12838	41605
-6134	3100		-3155	1005	18167	5116	262	
81089	1229	7	103774	9053	338913	57560	16789	1489
17102	131		15832	3854	24645	3845	1278	826
63987	1098	7	87942	5199	314268	53715	15511	663
1649520	230373	188002	1865986	279711	2201848	346702	103390	70151
691311	171526	172962	833019	119697	1217651	190316	52862	33067
37681	11790	8674	70142	9353	164976	29865	7101	4566
2589	1807	86	4346	2118	24269	4943	1635	45
917939	45250	6280	958479	148543	794952	121578	41792	32473
132486	90970	31301	226586	36855	548840	95071	25903	13180
23408	12472	1000	24995	7777	67072	12349	3438	5354
-12526	29902		16684	797	20715	3454	731	-863
54511	14506	14	70985	9381	117335	24340	2704	2176
85808	3967	1275	103231	15745	136494	16224	5760	4852
-19898	28823	28764	8369	2486	46759	5398	806	1637
1183	1300	248	2322	669	160465	33306	12464	24
-32853	21567	6070	-28989	9579	351546	56822	15174	121
-4925	118		-4830	680	7138	934	195	4
-163	13788	5367	6600	4883	94857	17480	4229	-50
-840	1130	644	489	1420	57776	4201	595	9
1579	1487	59	1602	737	23824	2005	147	110
-28504	5044		-32850	1859	167951	32202	10008	48

10-4 规模以下水利、环境和公共设施

项目	单位数(个)	固定资产合计	固定资产原价	#本年折旧
合计	**2945**	**3375900**	**4033120**	**176284**
一、按行业分(分到小类)				
水利管理业	142	588279	508800	14128
防洪除涝设施管理	10	1656	3244	519
防洪除涝设施管理	10	1656	3244	519
水资源管理	34	43581	94092	5368
水资源管理	34	43581	94092	5368
天然水收集与分配	19	341488	322937	2149
天然水收集与分配	19	341488	322937	2149
水文服务	6	3876	6161	359
水文服务	6	3876	6161	359
其他水利管理业	73	197679	82366	5734
其他水利管理业	73	197679	82366	5734
生态保护和环境治理业	252	139149	221450	20700
生态保护	13	5008	11192	403
自然保护区管理	3	2	7	
野生动物保护	6	4368	9502	89
其他自然保护	4	638	1684	314
环境治理业	239	134142	210258	20297
水污染治理	107	84457	140868	16152
大气污染治理	29	26353	37108	829
固体废物治理	43	16402	19228	1994
危险废物治理	3	116	289	75
放射性废物治理	2	6		
其他污染治理	55	6809	12765	1246
公共设施管理业	2551	2648472	3302870	141456
市政设施管理	150	79991	147481	14451
市政设施管理	150	79991	147481	14451
环境卫生管理	133	85944	714591	48057
环境卫生管理	133	85944	714591	48057
城乡市容管理	20	4130	7366	113
城乡市容管理	20	4130	7366	113
绿化管理	1961	489681	650915	46584
绿化管理	1961	489681	650915	46584
公园和游览景区管理	287	1988726	1782516	32252
公园管理	45	133303	59616	3950
游览景区管理	242	1855423	1722900	28303
二、按登记注册类型分				
内资	2914	3267456	3721281	167741
国有	91	1360636	1464427	16281
集体	129	641411	290866	13277
股份合作	43	3604	7249	761
集体联营	2	549	708	68
国有与集体联营	1		***	***
其他联营	5	887	1020	-77
国有独资公司	8	12815	15745	4966
其他有限责任公司	753	688860	1258645	77959
股份有限公司	27	1142	1594	559
私营独资	142	29054	24861	1571
私营合伙	16	1085	770	80
私营有限责任公司	1642	468181	627320	51267

管理业法人单位财务状况(企业会计制度)

单位：千元

资产总计	负债合计	所有者权益合计	#实收资本	营业收入	营业成本
119312605	**97468573**	**21844031**	**11435663**	**5228497**	**3609031**
10747912	3794193	6953719	2072361	295298	201893
75028	44885	30143	37517	22778	10811
75028	44885	30143	37517	22778	10811
307154	68045	239109	179990	60641	18227
307154	68045	239109	179990	60641	18227
509023	183530	325493	307926	43417	24563
509023	183530	325493	307926	43417	24563
61817	37324	24493	26822	46892	40648
61817	37324	24493	26822	46892	40648
9794890	3460409	6334481	1520105	121569	107645
9794890	3460409	6334481	1520105	121569	107645
4273843	2054910	2218933	1876163	995790	560967
45397	35475	9922	32454	9531	6198
9295	1816	7479	7500	2527	1785
23916	18550	5366	16454	2287	1338
12186	15109	-2923	8500	4717	3075
4228446	2019435	2209011	1843709	986259	554769
1933572	718995	1214576	984430	418953	298934
1044545	739042	305503	328336	323704	87698
676260	360185	316075	204973	41728	28990
52928	54918	-1990	10523	521	535
1313	51	1262	530	161	16
519827	146243	373584	314918	201193	138596
104290849	91619470	12671379	7487139	3937409	2846170
82875729	79616625	3259103	727930	298928	230558
82875729	79616625	3259103	727930	298928	230558
1324962	908546	416417	460470	322534	205260
1324962	908546	416417	460470	322534	205260
243226	150770	92456	82400	11626	5389
243226	150770	92456	82400	11626	5389
8961121	4763409	4197712	3480696	3139237	2331078
8961121	4763409	4197712	3480696	3139237	2331078
10885811	6180120	4705691	2735644	165084	73884
3149421	1435002	1714419	460205	49480	25217
7736391	4745118	2991272	2275439	115604	48667
115290110	95844607	19445504	9786034	5170053	3574026
81631036	81019755	611281	654833	294540	194968
2011207	1127530	883677	164829	146594	87398
64723	54959	9763	22693	36464	23603
62732	54398	8333	4650	4647	
***	***	***	***	***	
4615	831	3783	5000	2770	2531
6036883	624824	5412059	621350	9207	32774
12535120	7580554	4954566	3140606	1638478	1182499
1055662	24197	1031465	392768	28703	17056
272742	74666	198075	176005	108595	93004
56540	9670	46870	45800	8487	6758
11367286	5177026	6190260	4465217	2836303	1898398

10-4 续表 1

项目	单位数（个）	固定资产合计	固定资产原价	#本年折旧
私营股份有限公司	27	7769	10131	475
其他	28	51464	17540	543
港澳台商投资	14	90510	280279	1711
与港澳台商合资经营	5	6242	102526	809
港澳台商独资	8	51827	112753	782
港澳台商投资股份有限公司	1	***	***	***
外商投资	17	17934	31560	6832
中外合资经营	5	5367	9563	1602
中外合作经营	2	4370	12340	312
外资企业	9	8197	9657	4918
其他外商投资	1			
三、按隶属关系分				
中央	8	15478	76105	3868
省	26	14317	123890	3588
地	138	1547637	1240346	17167
县	15	34366	24437	5768
街道	12	661	1781	166
镇	45	121767	52096	5311
乡	22	99327	99255	3993
社区	2	57		8
村委会	46	22479	26034	732
其他	2631	1519812	2389177	135684
四、按控股情况分(仅限企业法人)				
国有控股	112	1362272	1499035	21413
集体控股	196	799822	353964	17128
私人控股	2489	963517	1215079	88079
港澳台商控股	12	85683	273447	1012
外商控股	14	10449	15373	5491
其他	117	124995	666328	42212
五、按四大城市功能区分				
首都功能核心区	185	58371	195111	14246
东城区	89	19198	46097	8203
西城区	96	39172	149014	6044
城市功能拓展区	1297	778683	867025	62634
朝阳区	446	370460	382712	19310
丰台区	299	198867	161807	12994
石景山区	79	16715	23537	2645
海淀区	473	192641	298968	27684
城市发展新区	833	1035457	1601498	83730
房山区	168	306954	321142	4872
通州区	193	480980	514062	24906
顺义区	81	26188	30438	2541
昌平区	231	107534	673414	40886
大兴区	144	110180	53164	7927
开发区	16	3620	9279	2598
生态涵养发展区	630	1503390	1369486	15674
门头沟区	100	63124	71282	2608
怀柔区	178	86625	99054	1806
平谷区	80	64109	72254	4039
密云县	178	1205090	1008255	4295
延庆县	94	84442	118641	2925

单位：千元

资产总计	负债合计	所有者权益合计	#实收资本	营业收入	营业成本
94583	24384	70199	79356	34128	21031
92286	55505	36782	12428	21008	14006
3614534	1194695	2419839	1578687	15024	7448
3513040	1106138	2406902	1465689	9932	5389
50522	23078	27444	102998	4740	1735
***	***	***	***	***	***
407960	429272	-21312	70942	43420	27557
28840	31532	-2693	20397	12009	7746
74499	101487	-26988	18000	1671	859
47749	49330	-1581	22544	29741	18951
***	***	***	***		
6277530	632735	5644795	803598	29519	32163
79632800	79220834	411966	430230	176747	134831
8638942	6210952	2427990	625347	332464	225173
122973	102194	20779	17867	39550	27214
36099	17693	18406	7224	20510	6189
230384	59323	171061	65887	57940	28829
282606	177278	105328	40918	39996	26389
7790	5868	1923	2120	4955	3794
79039	42498	36540	49095	17702	13789
24004442	10999198	13005244	9393377	4509113	3110660
91222438	82755384	8467054	1887115	421003	310165
5205379	3882897	1322483	556081	246864	129724
17635569	8264398	9371172	6885081	4187616	2906555
284109	169613	114497	216687	6114	2525
385188	411949	-26761	55895	33949	20640
4516443	1933225	2583217	1830810	317045	228380
7815564	1577812	6237752	1454203	256940	164537
281856	184392	97464	129391	142344	87001
7533708	1393420	6140288	1324812	114596	77536
16455983	8284880	8171103	5120825	2999400	1946781
9396086	5452029	3944057	2085594	1343570	976156
1750484	542884	1207599	911118	432353	299925
443991	193072	250919	232331	105491	60175
4865422	2096894	2768528	1891782	1117986	610525
86239119	82266437	3972682	2046310	1135049	823358
1073261	458589	614672	528079	198378	148519
80155482	79611477	544005	419286	272687	147450
127622	36003	91619	86009	49122	30876
1353266	1076508	276758	514313	362899	303030
3349702	1038147	2311555	358512	147327	106284
179786	45714	134072	140110	104636	87198
8801939	5339444	3462495	2814325	837108	674354
367511	210501	157011	172703	216349	173932
740858	396484	344374	381932	203746	167430
1628982	1252021	376961	399710	110870	94101
5413787	2855775	2558012	1659169	237203	185675
650800	624663	26136	200811	68939	53217

10-4 续表 2

项　　目	营业税金及附加	销售费用	管理费用	#税金
合　　计	**141688**	**357159**	**1229703**	**10512**
一、按行业分(分到小类)				
水利管理业	10829	13024	119986	1397
防洪除涝设施管理	244	1047	8503	18
防洪除涝设施管理	244	1047	8503	18
水资源管理	1834	2732	36380	193
水资源管理	1834	2732	36380	193
天然水收集与分配	870	3053	18301	87
天然水收集与分配	870	3053	18301	87
水文服务	973	3419	2082	20
水文服务	973	3419	2082	20
其他水利管理业	6908	2774	54719	1079
其他水利管理业	6908	2774	54719	1079
生态保护和环境治理业	10619	52411	228505	1769
生态保护	206	3856	4868	34
自然保护区管理	8	193	539	
野生动物保护	70	700	518	32
其他自然保护	128	2963	3812	2
环境治理业	10413	48555	223637	1735
水污染治理	6843	25391	84988	1118
大气污染治理	996	4461	63224	236
固体废物治理	829	10925	27904	233
危险废物治理		172	1123	1
放射性废物治理			157	
其他污染治理	1744	7606	46243	147
公共设施管理业	120239	291724	881212	7347
市政设施管理	8646	14521	58765	334
市政设施管理	8646	14521	58765	334
环境卫生管理	10065	29713	88951	2003
环境卫生管理	10065	29713	88951	2003
城乡市容管理	342	1559	2512	37
城乡市容管理	342	1559	2512	37
绿化管理	95025	182662	566185	3449
绿化管理	95025	182662	566185	3449
公园和游览景区管理	6162	63268	164799	1524
公园管理	1290	12314	19513	249
游览景区管理	4871	50954	145286	1275
二、按登记注册类型分				
内资	140889	342304	1185247	9961
国有	9373	15896	127029	570
集体	4061	12831	87851	417
股份合作	1315	5428	6520	7
集体联营	244		641	
国有与集体联营			***	
其他联营	101	466	516	
国有独资公司	4618	225	3981	
其他有限责任公司	39260	119594	429666	3487
股份有限公司	639	6856	8163	163
私营独资	2772	5633	21349	64
私营合伙	319	577	2266	9
私营有限责任公司	76829	172945	485563	5186

单位：千元

财务费用	投资收益	营业利润	利润总额	应 交 所得税	应 交 增值税
69431	**72248**	**-319090**	**-42649**	**22404**	**30629**
30006	23274	-72853	-42410	2155	3459
-88		1517	2541	899	1019
-88		1517	2541	899	1019
-75	-25937	1706	-24669	234	525
-75	-25937	1706	-24669	234	525
-74	49	-203	15	206	848
-74	49	-203	15	206	848
-212		-72	-21	36	320
-212		-72	-21	36	320
30455	49162	-75800	-20276	781	747
30455	49162	-75800	-20276	781	747
11129	-65	-39289	77483	7372	13094
-82		-5515	-5516	20	102
		3	3	1	64
-14		-325	-325		32
-68		-5193	-5193	19	5
11211	-65	-33773	82999	7352	12992
7850	61	-12254	85821	1901	7571
743	-243	3070	17090	1030	2739
707		-27788	-23372	369	43
4045		-5354	-5116	2	
		-152	-152		
-2134	118	8704	8728	4049	2639
28296	49039	-206948	-77722	12876	14076
-956	74	-13034	-12844	683	1796
-956	74	-13034	-12844	683	1796
2997	472	-34453	-16867	2831	1274
2997	472	-34453	-16867	2831	1274
-100		632	636	175	192
-100		632	636	175	192
22759	559	-6181	43843	9023	10662
22759	559	-6181	43843	9023	10662
3596	47934	-153911	-92491	164	153
-166	-999	-16489	-17356	31	53
3763	48933	-137422	-75134	132	100
65178	72123	-278046	-3670	22310	27606
-1349	23932	-48245	-11026	979	609
8275	482	-36669	-26841	1165	176
-13	1	-764	-1042	241	251
		3762	3774	114	
		***	***		
-2		-842	-842		
31589	48623	-63841	-13226	3	55
17394	-2500	-135194	24703	10981	13133
-125	322	-1886	-777	31	378
174	16	3597	8499	759	333
-18		-1588	-1614	7	
9287	1249	4544	16201	7851	12455

10-4 续表 3

项目	营业税金及附加	销售费用	管理费用	#税金
私营股份有限公司	803	1366	4466	13
其他	556	488	5657	45
港澳台商投资	263	10896	26634	489
与港澳台商合资经营	171	9721	16997	217
港澳台商独资	92	1175	8326	272
港澳台商投资股份有限公司			***	
外商投资	536	3959	17822	62
中外合资经营	226	531	4014	12
中外合作经营	92	81	3099	9
外资企业	217	3347	10610	42
其他外商投资			***	
三、按隶属关系分				
中央	4872	1039	28330	59
省	1874	4328	35923	234
地	10589	29292	150785	527
县	1565		21696	29
街道	811	955	751	9
镇	1771	2322	10847	51
乡	1618	1243	19795	131
社区	125	38	1050	
村委会	620	4277	5874	64
其他	117842	313664	954652	9407
四、按控股情况分(仅限企业法人)				
国有控股	14278	14358	172849	1467
集体控股	7684	19045	115439	676
私人控股	113863	291718	845165	7403
港澳台商控股	98	1665	11195	282
外商控股	234	3750	15776	50
其他	5109	26624	64370	581
五、按四大城市功能区分				
首都功能核心区	12388	31310	99203	2897
东城区	4692	23789	27269	210
西城区	7696	7521	71933	2687
城市功能拓展区	72557	171584	696958	4503
朝阳区	30614	67667	290142	1646
丰台区	16320	31544	87356	949
石景山区	3147	10726	30377	162
海淀区	22477	61647	289082	1745
城市发展新区	32789	106962	264015	2234
房山区	5869	10106	42364	103
通州区	9478	50799	98381	1417
顺义区	2073	5360	8497	127
昌平区	7211	25157	65656	228
大兴区	4640	10227	36430	272
开发区	3519	5313	12686	87
生态涵养发展区	23953	47303	169528	878
门头沟区	6446	12294	25180	140
怀柔区	6883	8570	31641	179
平谷区	2826	4166	19519	129
密云县	5220	19024	54945	284
延庆县	2579	3249	38244	147

单位：千元

财务费用	投资收益	营业利润	利润总额	应交所得税	应交增值税
5		190	-359	44	215
-38		340	330	137	
4512		-34732	-32887	1	789
2377		-24726	-22376		-189
2128		-8716	-8716	1	978
***		***	***		
-259	125	-6313	-6091	92	2234
46	6	-555	-575	48	141
1		-2462	-2457	1	
-278	118	-3224	-2988	43	2092
***		***	***		
31535	22686	-68420	-45700	12	493
-2452		13495	13546	3892	-211
-3679	49872	-72255	-1422	1124	744
-103		-11560	1955	143	11
-11		157	162	61	22
-127	-81	-6160	-501	70	214
-234	600	-7672	-3120	347	106
-1		-51	-51		10
-88		-6569	-5934	83	12
44590	-828	-160054	-1584	16671	29227
26653	72035	-116551	-20660	4853	862
7981	555	-38614	-27405	1571	986
28448	-1056	-93103	75523	15144	22781
2129		-11500	-12006	1	996
-260	125	-6308	-6092	89	2222
4747	70	-52890	-51980	556	2782
35944	19283	-88382	-70454	893	2150
3994	-3	-6200	-6942	756	1493
31951	19287	-82182	-63511	138	657
20661	5932	-28659	123505	16268	16813
4441	-874	-6375	-7077	8741	6484
-581	1582	4158	9915	1147	1374
-594	-216	4432	5938	488	1119
17395	5440	-30874	114731	5893	7836
10846	-1901	-122740	-77806	3732	10333
8361		-16842	7595	1244	1085
-525	532	-43473	-29348	860	1508
-40		-373	4315	96	82
3948	-1891	-47805	-47915	671	4356
121	-542	-9810	-8978	650	2479
-1017		-4438	-3475	211	823
1979	48933	-79308	-17894	1511	1333
928		-2497	-1150	160	293
-554		-9606	-9548	242	290
-101		-9304	-2662	270	556
1757		-29418	-28732	507	106
-51	48933	-28483	24198	332	87

第11篇

居民服务、修理和其他服务业

11-1 全部居民服务、修理和其他服务业

项目	单位数(个)	资产总计	营业收入	营业成本	营业税金及附加
合计	**18382**	**81511840**	**30603643**	**31460323**	**791500**
一、按行业分(分到小类)					
居民服务业	7978	15520193	6829298	2530986	276310
家庭服务	1273	858992	703089	301909	34081
家庭服务	1273	858992	703089	301909	34081
托儿所服务	7	6632	3600	482	11
托儿所服务	7	6632	3600	482	11
洗染服务	513	4282762	438454	169815	21029
洗染服务	513	4282762	438454	169815	21029
理发及美容服务	3983	2408074	1833906	497917	83193
理发及美容服务	3983	2408074	1833906	497917	83193
洗浴服务	386	2910316	1567365	595154	86612
洗浴服务	386	2910316	1567365	595154	86612
保健服务	538	399429	298315	84178	9087
保健服务	538	399429	298315	84178	9087
婚姻服务	581	605991	126984	47071	1135
婚姻服务	581	605991	126984	47071	1135
殡葬服务	102	1552721	582531	157033	7071
殡葬服务	102	1552721	582531	157033	7071
其他居民服务业	595	2495276	1275054	677427	34091
其他居民服务业	595	2495276	1275054	677427	34091
机动车、电子产品和日用产品修理业	6156	16522356	14226828	23261539	148766
汽车、摩托车修理与维护	3078	9898678	8374386	5897642	88519
汽车修理与维护	3016	9802641	8269226	5820993	87286
摩托车修理与维护	62	96037	105160	76648	1233
计算机和办公设备维修	1486	4375282	3267763	15282083	38015
计算机和辅助设备修理	726	2557328	2343799	1347553	21885
通讯设备修理	172	461070	247261	174798	4906
其他办公设备维修	588	1356884	676703	13759732	11224
家用电器修理	1162	1600972	940181	612078	14724
家用电子产品修理	365	529956	256543	150481	3969
日用电器修理	797	1071016	683638	461598	10755
其他日用产品修理业	430	647424	1644497	1469735	7508
自行车修理	21	13397	21402	13804	97
鞋和皮革修理	43	58418	30373	11300	292
家具和相关物品修理	67	75196	32548	20274	338
其他未列明日用产品修理业	299	500413	1560174	1424357	6781

法人单位财务状况(企业会计制度)

单位：千元

销售费用	管理费用	#税金	财务费用	利润总额	应交所得税	应交增值税
5025021	**5955164**	**62184**	**241799**	**-99460**	**272368**	**557217**
2027505	1838552	16722	64904	-63995	85004	36262
146583	229933	1300	480	-20318	3184	1882
146583	229933	1300	480	-20318	3184	1882
2904	596	-1		-166	5	82
2904	596	-1		-166	5	82
99909	116323	1049	26	15798	5057	2293
99909	116323	1049	26	15798	5057	2293
580246	578535	5970	14081	24600	27191	20025
580246	578535	5970	14081	24600	27191	20025
671077	319619	3983	18791	-131134	2314	786
671077	319619	3983	18791	-131134	2314	786
137595	153133	755	4575	-105329	925	118
137595	153133	755	4575	-105329	925	118
86486	54361	313	-1632	-31835	688	1394
86486	54361	313	-1632	-31835	688	1394
76562	159106	765	13504	204047	37126	2260
76562	159106	765	13504	204047	37126	2260
226144	226946	2587	15079	-19658	8514	7422
226144	226946	2587	15079	-19658	8514	7422
1724152	2011765	22776	40040	-143968	95808	382418
866903	1300281	16264	41217	-271895	75922	244513
837717	1280517	16113	39589	-254029	75701	241811
29186	19764	151	1627	-17866	221	2703
707327	450837	4601	2384	113479	12737	100032
604545	256513	3589	2699	103132	8579	78585
14571	69662	202	-180	-10884	-1499	5059
88212	124663	810	-136	21230	5658	16388
95767	188034	851	-940	3021	5305	25562
34231	79584	247	-569	-35554	697	8771
61536	108450	604	-371	38575	4607	16791
54154	72613	1060	-2621	11427	1844	12311
5063	2657	9	3	-486	18	17
8062	10487	186	81	-897	85	6879
1772	3030	60	29	542	36	630
39257	56440	805	-2733	12268	1705	4785

11-1 续表 1

项目	单位数(个)	资产总计	营业收入	营业成本	营业税金及附加
其他服务业	4248	49469291	9547517	5667799	366424
清洁服务	3081	4957456	5090203	2668633	257415
建筑物清洁服务	513	675982	921823	532038	46863
其他清洁服务	2568	4281474	4168381	2136595	210553
其他未列明服务业	1167	44511835	4457314	2999166	109008
其他未列明服务业	1167	44511835	4457314	2999166	109008
二、按登记注册类型分					
内资	18241	78665619	27968164	30228139	740970
国有	204	42112845	1604499	1236229	55885
集体	603	1475033	727177	333888	20035
股份合作	985	1030013	717995	453010	18686
国有联营	3	41714	47878	10875	78
集体联营	21	17877	15069	9400	228
国有与集体联营	5	2633	2325	1312	41
其他联营	38	33577	10807	5072	317
国有独资公司	8	19953	47927	37873	942
其他有限责任公司	3648	13775194	10713500	20474033	239053
股份有限公司	148	497977	330382	194011	9673
私营独资	2681	1003118	773292	306884	24114
私营合伙	252	189625	91699	41348	2498
私营有限责任公司	9220	17501060	12312555	6791943	354533
私营股份有限公司	231	304242	252313	160803	6481
其他	194	660758	320744	171458	8405
港澳台商投资	54	1431666	1527203	561106	20863
与港澳台商合资经营	13	346615	615566	199621	7188
与港澳台商合作经营	5	207404	139641	16193	209
港澳台商独资	33	851610	770030	344963	13361
港澳台商投资股份有限公司	2	979	1721	85	105
其他港澳台投资	1	***	***	***	
外商投资	87	1414555	1108276	671078	29667
中外合资经营	20	528162	419669	284458	5768
中外合作经营	1	***	***	***	***
外资企业	61	746852	642732	348765	23600
外商投资股份有限公司	2	882	332	54	46
其他外商投资	3	47742	1824	2210	98

单位：千元

销售费用	管理费用	#税金	财务费用	利润总额	应　交 所得税	应　交 增值税
1273363	2104846	22686	136855	108503	91556	138537
885336	1113455	7790	11195	78967	19988	12664
139127	189890	1546	833	3363	2001	1690
746209	923565	6243	10362	75604	17987	10974
388027	991391	14896	125660	29536	71568	125873
388027	991391	14896	125660	29536	71568	125873
4279925	5477165	58549	231749	-223543	227553	441427
82833	276189	10394	114498	-334102	39833	13732
106197	125657	1676	200	22568	8514	12109
96275	132359	1288	527	10744	2573	10116
767	16148	31	141	19787	41	169
429	4569	29	-5	444	348	664
532	433			8	7	39
889	2492	33	10	384	31	147
3884	4485	1	2	1091	129	237
1439438	1723777	19419	46704	95011	102018	176448
33260	180727	152	727	-12307	-1443	2635
195693	183567	2106	2293	-24390	4789	5937
19081	29315	297	322	-2021	203	841
2235457	2646748	22671	52632	-20166	65402	209689
39779	71629	365	-197	1916	1638	8091
25411	79069	88	13893	17491	3471	569
619454	164240	2174	4729	164174	33376	73224
385834	9649	729	570	19149	161	38302
15117	31728	340	-230	76867	19794	1036
218462	115874	1105	4388	73659	13420	33886
41	2364			-876		
***	***	***	***	***		
125641	313759	1461	5321	-40091	11440	42566
34734	82270	513	1656	7828	4275	20189
***	***	***	***	***	***	***
86286	225460	940	3350	-46974	6723	21326
	654		6	-80		
117	3459		1	-2089	3	

11-1 续表 2

项目	单位数（个）	资产总计	营业收入	营业成本	营业税金及附加
三、按隶属关系分					
中央	43	2129429	492679	379537	7159
省	111	40346328	1534336	975325	56553
地	507	2952250	3175901	2282944	38126
县	29	64449	10445	6356	93
街道	104	306649	244964	67551	12426
镇	79	240089	138550	81123	5406
乡	52	264937	267439	213727	2822
社区	4	888	406	186	6
村委会	96	300694	156482	107884	7025
其他	17357	34906126	24582440	27345691	661884
四、按控股情况分					
国有控股	296	43678840	3422082	2407990	87498
集体控股	951	2934739	1705466	982025	48892
私人控股	16422	30263456	20880768	25347844	575538
港澳台商控股	52	1623604	2621653	1622366	22015
外商控股	79	1406273	941709	508663	34129
其他	573	817939	620822	392042	15523
五、按四大城市功能区分					
首都功能核心区	2378	4772829	3265929	1667658	123481
东城区	1158	1636989	1381230	705737	55526
西城区	1220	3135840	1884699	961921	67955
城市功能拓展区	10996	67065331	21513293	26325094	523593
朝阳区	5036	16687850	8420867	4727454	220720
丰台区	2129	4591722	2914650	1767656	81285
石景山区	617	1108586	583009	320301	17417
海淀区	3214	44677174	9594767	19509683	204171
城市发展新区	3732	7387373	4520769	2758856	107628
房山区	561	770017	521828	316744	15766
通州区	870	1037338	595931	308473	20438
顺义区	577	1444016	1023767	685747	26516
昌平区	964	1949672	1143164	699223	16400
大兴区	673	1140163	831363	504249	21562
开发区	87	1046168	404716	244419	6947
生态涵养发展区	1276	2286306	1303653	708716	36798
门头沟区	233	879759	397835	132503	12013
怀柔区	344	343311	214157	136929	4173
平谷区	265	326549	292253	231478	9502
密云县	317	285909	277613	147454	9967
延庆县	117	450777	121795	60351	1142

单位：千元

销售费用	管理费用	#税金	财务费用	利润总额	应交所得税	应交增值税
42145	128790	4084	21501	-522805	3562	9032
56640	303117	6324	93106	277664	58714	14658
277701	526814	4857	30024	15651	29893	64754
1291	1903	37	163	81	35	314
123708	32147	471	-448	20716	5455	465
13453	26844	262	-902	4245	1017	1370
22035	26136	299	919	172	402	3202
1	363			-150		41
7905	34541	348	-403	1757	155	1576
4480142	4874511	45504	97838	103208	173136	461806
204487	526558	13316	118404	-190967	77900	66412
233346	300635	5376	11399	66070	14476	15333
3730478	4426780	36234	75788	-160551	124654	326382
631350	223976	2753	14653	112013	22477	100512
116171	262387	1375	7400	7565	20361	36031
78542	110449	2942	1195	9972	3548	12314
805670	682779	6678	3684	73063	19026	40807
282222	303725	3143	1336	27724	9543	22827
523448	379053	3535	2349	45339	9483	17980
3489046	3996312	44731	197764	-398833	187549	419787
1437968	2098508	17303	71120	-241653	83806	162627
486191	490202	5819	1739	78445	25030	43637
122246	105247	774	-485	50418	10213	13294
1442641	1302356	20835	125390	-286044	68499	200229
557855	988760	9365	32656	132415	42522	83408
70445	113440	614	2506	11167	2256	4648
96729	154137	1698	1852	20988	-1122	5469
88851	192075	2922	6237	13582	8574	21718
123624	274813	1634	16934	23196	12588	11062
146455	151244	1342	2611	29794	5381	14867
31751	103050	1156	2516	33688	14845	25645
172450	287314	1410	7694	93895	23272	13215
83586	88406	367	3481	78192	19995	1499
21434	48787	284	387	2963	737	3875
18648	30677	237	107	-331	520	1257
39022	88054	400	462	-3323	1822	4572
9760	31389	121	3257	16394	197	2011

11-2 居民服务、修理和其他服务业法人单位

项　　目	单位数(个)	资产合计	负债合计	上年结余
合　　计	**353**	**8257801**	**1576887**	**407796**
一、按行业分(分到小类)				
居民服务业	297	3956569	1066197	290166
家庭服务	10	26242	22848	10026
家庭服务	10	26242	22848	10026
托儿所服务	4	947	9	
托儿所服务	4	947	9	
洗染服务	1	***	***	
洗染服务	1	***	***	
理发及美容服务	1	***		
理发及美容服务	1	***		
保健服务	3	164	10	
保健服务	3	164	10	
婚姻服务	10	1080	675	317
婚姻服务	10	1080	675	317
殡葬服务	53	2355790	663643	178519
殡葬服务	53	2355790	663643	178519
其他居民服务业	215	1555327	377676	101304
其他居民服务业	215	1555327	377676	101304
机动车、电子产品和日用产品修理业	10	160336	11340	60839
汽车、摩托车修理与维护	6	11314	6051	317
汽车修理与维护	6	11314	6051	317
计算机和办公设备维修	3	148482	4849	60523
计算机和辅助设备修理	1	***	***	***
通讯设备修理	1			
其他办公设备维修	1	***	***	***
其他日用产品修理业	1	***	***	
其他未列明日用产品修理业	1	***	***	
其他服务业	46	4140896	499350	56790
清洁服务	13	12309	296	4338
建筑物清洁服务	1			
其他清洁服务	12	12309	296	4338
其他未列明服务业	33	4128587	499054	52453
其他未列明服务业	33	4128587	499054	52453
二、按登记注册类型分				
内资	353	8257801	1576887	407796
国有	241	7469550	1308126	378002
集体	26	314908	120744	3533

财务状况(行政事业及民间非营利组织会计制度)

单位：千元

收入合计	支出合计	#工资福利支出	#商品和服务支出	收支结余	经营税金
2804863	**2897126**	**500694**	**1209612**	**315533**	**27196**
2004431	2058556	370228	969375	236041	23563
37161	35822	22544	6798	11365	164
37161	35822	22544	6798	11365	164
51	46			5	
51	46			5	
***	***	***	***	***	***
***	***	***	***	***	***
***	***			***	
***	***			***	
45	112	104	8	-67	
45	112	104	8	-67	
1084	944	379	327	457	36
1084	944	379	327	457	36
1137156	1168301	179103	555073	147374	14476
1137156	1168301	179103	555073	147374	14476
817239	841694	161680	402016	76849	8186
817239	841694	161680	402016	76849	8186
85739	82521	16464	6057	64058	175
18168	18293	10312	5516	191	101
18168	18293	10312	5516	191	101
66442	62939	5472	528	64025	
***	***	***	***	***	
***	***	***		***	
***	***	***	***	***	***
***	***	***	***	***	***
714693	756049	114003	234180	15434	3458
10205	10252	3386	4059	4290	7
10205	10252	3386	4059	4290	7
704488	745797	110617	230120	11144	3451
704488	745797	110617	230120	11144	3451
2804863	2897126	500694	1209612	315533	27196
2509191	2580297	424537	1048428	306896	23366
153725	148409	37301	85005	8849	857

11-2 续表

项　　目	单位数(个)	资产合计	负债合计	上年结余
股份合作	1	***	***	
集体联营	1	***	***	
其他有限责任公司	1	***	***	***
私营独资	3	913	268	
私营有限责任公司	1	***	***	
其他	79	458708	146125	26372
三、按隶属关系分				
中央	10	353485	16917	19408
省	34	4974359	597043	162627
地	101	1614953	538287	102766
县	8	11722	4616	-986
街道	117	792022	274736	87797
镇	21	20545	9282	5955
乡	5	52326	7358	387
社区	7	4968		
村委会	11	309958	102793	
其他	39	123463	25854	29842
四、按四大城市功能区分				
首都功能核心区	55	312286	48105	81947
东城区	28	27323	4602	6497
西城区	27	284963	43503	75450
城市功能拓展区	167	6688390	1007811	201972
朝阳区	58	809924	186835	32694
丰台区	26	575110	166063	9865
石景山区	22	1088910	199551	98252
海淀区	61	4214445	455362	61160
城市发展新区	94	1008092	452173	39738
房山区	10	268754	115164	-1213
通州区	12	204705	77104	4370
顺义区	18	151576	75332	335
昌平区	34	241016	138885	35333
大兴区	20	142040	45688	914
生态涵养发展区	37	249033	68798	84139
门头沟区	7	104237	31798	214
怀柔区	9	31793	10075	84758
平谷区	9	39414	7759	153
密云县	7	26920	6078	-986
延庆县	5	46669	13088	

单位：千元

收入合计	支出合计	#工资福利支出	#商品和服务支出	收支结余	经营税金
***	***	***	***	***	
***	***	***	***	***	***
***	***	***	***	***	***
976	836	444	10	139	38
126270	152766	35509	65645	-124	2832
193007	183055	44094	90081	29359	2378
828637	883198	134669	377010	108067	11241
962131	947499	152293	533439	117399	5720
12087	16381	3272	9543	-5280	
628050	666254	115093	91679	49593	5678
32029	29384	20403	1464	8599	9
3805	2950	136	518	1242	214
1723	1723	723	177		
17130	17271	3180	4620	-141	1184
126264	149410	26832	101082	6695	772
258841	251109	66787	104274	89680	1020
19063	21396	6214	12241	4164	233
239778	229712	60573	92033	85516	787
1764716	1843067	300577	648778	123621	20962
314989	321046	38216	117669	26637	5134
496357	523791	66740	99470	-17568	2448
401255	445331	80544	124966	54176	10545
552115	552899	115077	306673	60376	2836
653232	680891	100882	401059	12079	5156
81166	75802	12233	35674	4151	276
284752	287111	30004	234059	2011	665
45100	42194	5663	7568	3241	1870
152795	186239	37771	59701	1890	2046
89419	89546	15210	64056	787	300
128074	122060	32448	55502	90153	58
58991	48571	13640	26963	10634	
17238	12697	3094	1459	89299	49
15182	21706	8960	2755	-6370	8
16036	18259	3697	13862	-3209	
20626	20827	3056	10463	-201	1

11-3 规模以上居民服务、修理和其他

项目	单位数(个)	年初存货	流动资产合计	#货币资金	#现金
合计	**429**	**1208187**	**10937799**	**3083198**	**32396**
一、按行业分(分到小类)					
居民服务业	130	249331	3966204	1437475	13774
家庭服务	6	639	47068	31797	188
家庭服务	6	639	47068	31797	188
洗染服务	6	5561	167413	105049	264
洗染服务	6	5561	167413	105049	264
理发及美容服务	36	55309	923129	230905	1764
理发及美容服务	36	55309	923129	230905	1764
洗浴服务	47	39638	1274814	375457	9217
洗浴服务	47	39638	1274814	375457	9217
保健服务	4	630	15547	7697	372
保健服务	4	630	15547	7697	372
婚姻服务	1		***	***	***
婚姻服务	1		***	***	***
殡葬服务	8	144690	844154	350248	492
殡葬服务	8	144690	844154	350248	492
其他居民服务业	22	2864	689267	335658	1469
其他居民服务业	22	2864	689267	335658	1469
机动车、电子产品和日用产品修理业	139	727829	4194107	756967	6039
汽车、摩托车修理与维护	100	625124	2690093	453348	4464
汽车修理与维护	98	622651	2674020	447075	4461
摩托车修理与维护	2	2473	16073	6273	3
计算机和办公设备维修	28	77468	1289935	221338	1328
计算机和辅助设备修理	22	68003	1225039	217822	1212
通讯设备修理	2	2712	4702	67	34
其他办公设备维修	4	6753	60194	3449	82
家用电器修理	6	13373	115417	39210	13
日用电器修理	6	13373	115417	39210	13
其他日用产品修理业	5	11864	98662	43071	234
鞋和皮革修理	1	***	***	***	***
其他未列明日用产品修理业	4	4440	58590	34446	92
其他服务业	160	231027	2777488	888756	12583
清洁服务	96	41125	872518	313202	6008
建筑物清洁服务	19	3166	112498	52487	262
其他清洁服务	77	37959	760020	260715	5746
其他未列明服务业	64	189902	1904970	575554	6575
其他未列明服务业	64	189902	1904970	575554	6575
二、按登记注册类型分					
内资	392	1138382	9175739	2618570	31053
国有	12	26240	246722	116516	143
集体	7	17580	154371	67612	39
股份合作	10	17119	62782	18073	216
国有联营	1	***	***	***	***
国有独资公司	1	***	***	***	***
其他有限责任公司	155	567379	4142907	1126113	10291
股份有限公司	5	20735	68505	7437	357
私营独资	3	2355	27657	6698	142
私营有限责任公司	185	354087	3824561	1112713	19550

服务业法人单位财务状况(企业会计制度)

单位：千元

#交易性金融资产	#应收账款	#存货	可供出售金融资产	持有至到期投资	长期股权投资	投资性房地产	固定资产合计	固定资产原价
156933	**1684872**	**1240752**		**20795**	**412279**		**1707505**	**2981236**
7107	233035	243885			159005		559084	1134149
	11658	501					5260	7376
	11658	501					5260	7376
44	7114	3279			20153		17690	34581
44	7114	3279			20153		17690	34581
2063	47985	64601			128394		80972	161690
2063	47985	64601			128394		80972	161690
	67095	36676			9880		217569	502512
	67095	36676			9880		217569	502512
	100	1625					7596	20541
	100	1625					7596	20541
	***						***	***
	***						***	***
5000	853	130047					120769	207734
5000	853	130047					120769	207734
	96243	7156			578		94978	154990
	96243	7156			578		94978	154990
70546	699045	753602			111763		722921	1255976
41613	328984	588184			50175		674006	1110722
41613	328508	586522			50175		672899	1108521
	476	1662					1107	2201
19333	321620	135187			35810		29046	90360
4333	309466	123803			35635		24171	74625
	22	2409					314	1761
15000	12132	8975			175		4561	13974
	26392	12482			5660		3047	14306
	26392	12482			5660		3047	14306
9600	22049	17749			20118		16822	40588
***	***	***			***		***	***
7600	7952	2399			14038		15574	36683
79280	752792	243265		20795	141511		425500	591111
15934	270563	40755		600	67737		115984	262741
3000	43634	3026			39222		12399	31049
12934	226929	37729		600	28515		103585	231692
63346	482229	202510		20195	73774		309516	328370
63346	482229	202510		20195	73774		309516	328370
121170	1334285	1142114		20795	351844		1521054	2605239
24142	5888	26665			18948		175350	319178
	1917	18826			15		13031	34133
	8779	18991			7199		19144	49444
		***					***	***
	***	***					***	***
39979	615053	457552			231844		826506	1208620
	29040	25127					3654	13675
	461	2926					6986	12396
57049	657367	472957		20600	92265		402416	855256

11-3 续表 1

项目	单位数（个）	年初存货	流动资产合计	#货币资金	#现金
私营股份有限公司	8	4993	76832	43325	143
其他	5	121987	559916	114620	140
港澳台商投资	15	36259	1023527	244224	719
与港澳台商合资经营	3	5393	307202	79956	117
与港澳台商合作经营	2	3715	124656	110052	13
港澳台商独资	10	27151	591669	54216	589
外商投资	22	33546	738533	220404	624
中外合资经营	6	16097	200001	32226	73
中外合作经营	1	***	***	***	***
外资企业	15	12821	449318	187527	542
三、按隶属关系分					
中央	5	22175	136769	90200	35
省	19	17977	335669	239138	213
地	33	397302	1269697	205162	1082
街道	7	1999	77218	37091	242
镇	4	2096	80206	12823	61
乡	2	17108	99206	27332	560
村委会	3		150889	112288	54
其他	356	749530	8788145	2359164	30149
四、按控股情况分（仅限企业法人）					
国有控股	46	105367	1088389	473626	663
集体控股	32	52250	787757	323810	2006
私人控股	305	618699	6338023	1717864	28115
港澳台商控股	16	260922	1156614	185614	762
外商控股	20	27064	773237	204208	586
其他	2	2111	109261	6564	1
五、按四大城市功能区分					
首都功能核心区	61	76128	1047174	346666	5606
东城区	28	22914	348578	158457	4099
西城区	33	53214	698596	188209	1507
城市功能拓展区	308	879738	7589964	2099065	21394
朝阳区	153	489745	3257028	905277	10900
丰台区	39	124409	1206804	506636	2133
石景山区	13	8019	205861	27937	690
海淀区	103	257565	2920271	659215	7671
城市发展新区	44	229577	1775308	247795	4737
房山区	5	8539	107764	16803	2639
通州区	4	1722	44149	6399	199
顺义区	18	25955	349207	79001	1139
昌平区	9	156223	665251	115822	537
大兴区	4	17131	194613	6892	87
开发区	4	20007	414324	22878	136
生态涵养发展区	16	22744	525353	389672	659
门头沟区	3	7405	396653	366962	78
怀柔区	3	2140	17107	5572	98
平谷区	4	1271	54202	2172	343
密云县	5	6059	47367	10847	110
延庆县	1	***	***	***	***

单位：千元

#交易性金融资产	#应收账款	#存货	可供出售金融资产	持有至到期投资	长期股权投资	投资性房地产	固定资产合计	固定资产原价
	15743	6664		195	1573		16742	24950
		106920					38208	57612
	179327	53036			39192		127443	227874
	59971	11136					6775	33658
	287	3518					41002	61998
	119069	38382			39192		79666	132218
35763	171260	45602			21243		59008	148123
	122835	24801			9403		22735	55319
***	***	***					***	***
2063	45349	16150			11840		35782	90517
4142	2512	19876			5963		136677	230276
15000	26858	19940			29532		92985	145543
8000	212113	264887			14433		187392	378857
7600	7204	2145			1974		25203	46185
	70	3983					10795	14231
	12670	16974			3530		56981	89050
							18627	18858
122191	1423445	912947		20795	356847		1178845	2058236
27019	277863	136001			49617		290410	533568
21302	110256	54209			36696		322387	307310
67849	1019587	757997		20795	274652		813886	1632143
	206070	133519			39192		146392	246613
35763	56064	30351			12122		59795	129619
	15032	1166					3435	4482
42783	157663	86265			43595		219764	406227
3607	60878	32798			17032		63621	134587
39176	96785	53467			26563		156143	271640
108850	1173098	850826		20795	321301		1153733	1943692
49501	341116	404330		20000	209617		555401	1001902
46449	175937	123847			39533		282004	485807
200	71633	14200		600	21860		17342	33337
12700	584412	308449		195	50291		298986	422646
5300	303984	278186			47383		247357	466979
	6853	11605					24629	40995
	8299	1759					11918	16828
	156312	36876			14703		66302	139535
5300	2565	140401			16470		69460	143743
	96191	58002			16210		1166	6168
	33764	29543					73882	119710
	50127	25475					86651	164338
	1957	7264					47424	89861
	7936	3344					8480	22827
	35593	2453					1917	6111
	4641	6954					10132	16115
		***					***	***

11-3 续表 2

项目	累计折旧	本年折旧	在建工程	无形资产	资产总计
合计	**1469089**	**255722**	**272276**	**105049**	**14393253**
一、按行业分(分到小类)					
居民服务业	605102	92224	91428	24095	5594675
家庭服务	2116	699		160	99042
家庭服务	2116	699		160	99042
洗染服务	16970	2659		5746	212572
洗染服务	16970	2659		5746	212572
理发及美容服务	78973	19803	13838	4271	1214928
理发及美容服务	78973	19803	13838	4271	1214928
洗浴服务	300389	34334	60719	2699	2198907
洗浴服务	300389	34334	60719	2699	2198907
保健服务	12946	1849		923	34326
保健服务	12946	1849		923	34326
婚姻服务	***	***			***
婚姻服务	***	***			***
殡葬服务	102837	13087	16532	10053	1014978
殡葬服务	102837	13087	16532	10053	1014978
其他居民服务业	60396	12521	339	243	800860
其他居民服务业	60396	12521	339	243	800860
机动车、电子产品和日用产品修理业	573610	112977	47458	24646	5222416
汽车、摩托车修理与维护	477169	97283	46022	9807	3563071
汽车修理与维护	476075	97034	46022	9807	3550376
摩托车修理与维护	1094	249			12695
计算机和办公设备维修	61416	11866	1127	13569	1395766
计算机和辅助设备修理	50456	10720	1127	13286	1322797
通讯设备修理	1447	48		9	7525
其他办公设备维修	9513	1098		274	65444
家用电器修理	11259	1125		314	124621
日用电器修理	11259	1125		314	124621
其他日用产品修理业	23766	2703	309	956	138958
鞋和皮革修理	***	***	***	***	***
其他未列明日用产品修理业	21109	2287		819	90940
其他服务业	290377	50521	133390	56308	3576162
清洁服务	146816	25641	1332	8598	1110711
建筑物清洁服务	18668	3571		2500	168232
其他清洁服务	128148	22070	1332	6098	942479
其他未列明服务业	143561	24880	132058	47710	2465451
其他未列明服务业	143561	24880	132058	47710	2465451
二、按登记注册类型分					
内资	1254277	223916	245787	69149	12320263
国有	143959	17640	1302	343	445080
集体	21102	2011		400	176203
股份合作	31826	2312	1500		97435
国有联营	***	***			***
国有独资公司	***	***			***
其他有限责任公司	519638	118306	221642	20939	5628439
股份有限公司	10023	2151			79066
私营独资	4561	1114			45784
私营有限责任公司	484258	72242	19649	47070	5103319

单位：千元

流动负债合计	#应付账款	非流动负债合计	#应付债券	负债合计	所有者权益合计	#实收资本	国家资本	集体资本
10294674	**1534681**	**830939**		**11125613**	**3267640**	**2794324**	**86758**	**125131**
4604470	419137	225657		4830127	764548	736604	13341	40341
47022	5260			47022	52020	28800		
47022	5260			47022	52020	28800		
168170	14375			168170	44402	41155		
168170	14375			168170	44402	41155		
861925	57701	189		862114	352814	151918		390
861925	57701	189		862114	352814	151918		390
2318056	178509	44194		2362250	-163343	315430		2200
2318056	178509	44194		2362250	-163343	315430		2200
60760	661			60760	-26434	4000		
60760	661			60760	-26434	4000		
***				***	***	***		
***				***	***	***		
569849	27742	173240		743089	271889	65400	100	1141
569849	27742	173240		743089	271889	65400	100	1141
568725	134889	8034		576759	224101	124401	13241	36610
568725	134889	8034		576759	224101	124401	13241	36610
3409914	744694	229858		3639772	1582644	1117883	35883	64488
1799946	376028	229858		2029804	1533267	797269	33883	64488
1789924	375359	229858		2019782	1530594	795269	33883	63488
10022	669			10022	2673	2000		1000
1461147	297869			1461147	-65381	256845		
1427231	287296			1427231	-104434	244388		
4150	1946			4150	3375	2200		
29766	8627			29766	35678	10257		
54956	19030			54956	69665	44779		
54956	19030			54956	69665	44779		
93865	51767			93865	45093	18990	2000	
***	***			***	***	***		
51198	9156			51198	39742	18490	2000	
2280290	370850	375424		2655714	920448	939837	37534	20302
802405	133467	27590		829995	280716	339985	12444	6200
94226	12306	9140		103366	64866	79332	944	
708179	121161	18450		726629	215850	260653	11500	6200
1477885	237383	347834		1825719	639732	599852	25090	14102
1477885	237383	347834		1825719	639732	599852	25090	14102
9003152	1269780	809665		9812817	2507446	2260766	82758	122331
184699	-4050	2745		187444	257636	56591	41433	
109972	6343			109972	66231	6000		6000
41370	8741	21734		63104	34331	25190		2390
***	***	***		***	***	***		
***	***			***	***	***		
3850645	538081	493453		4344098	1284341	1124039	41235	77131
65146	30591	3346		68492	10574	20000		200
172662	15248			172662	-126878	2312		
4141566	637111	107969		4249535	853784	953524	90	

11-3 续表 3

项目	累计折旧	本年折旧	在建工程	无形资产	资产总计
私营股份有限公司	8209	3379	695	189	96540
其他	19743	2530	999	208	607713
港澳台商投资	125712	18186	26407	22738	1234836
与港澳台商合资经营	26884	4375	1127	3361	325017
与港澳台商合作经营	34822	3495	13826	11565	177727
港澳台商独资	64006	10316	11454	7812	732092
外商投资	89100	13620	82	13162	838154
中外合资经营	32584	4106	82	4287	238358
中外合作经营	***	***			***
外资企业	54720	9332		8875	508879
三、按隶属关系分					
中央	93630	10007	1302		280791
省	66488	7687	13826	9711	476783
地	191469	35438	38425	19008	1581565
街道	20982	3118			104999
镇	3468	1105	31		92008
乡	40188	4629	12040	25	163662
村委会	570	137	339		171455
其他	1052294	193601	206313	76305	11521990
四、按控股情况分（仅限企业法人）					
国有控股	257054	33403	29830	19611	1480307
集体控股	122151	20466	138966	8708	1266307
私人控股	850711	156504	75471	55996	8479812
港澳台商控股	111677	23403	12581	11234	1388535
外商控股	69809	14166	13252	8884	879598
其他	1047	727	1177		114735
五、按四大城市功能区分					
首都功能核心区	186934	26845	9765	4349	1486589
东城区	71176	7503	338	1899	472795
西城区	115758	19342	9427	2450	1013794
城市功能拓展区	957977	180443	194238	62140	9792765
朝阳区	463344	100317	33057	26784	4416537
丰台区	229467	33135	12968	1517	1657921
石景山区	15995	4328	13330	3494	302383
海淀区	249171	42663	134883	30345	3415924
城市发展新区	232351	35546	52672	16957	2180253
房山区	16646	2861	1779	26	137721
通州区	5900	1562	16		69238
顺义区	73236	14206	38763	5572	492588
昌平区	74285	8691	660	616	767369
大兴区	5002	472		2	213180
开发区	57282	7754	11454	10741	500157
生态涵养发展区	91827	12888	15601	21603	933646
门头沟区	56263	6502	15286	9437	726952
怀柔区	14595	2055	249		42008
平谷区	4260	925	66		56119
密云县	5983	1272		12166	69665
延庆县	***	***			***

单位：千元

流动负债合计	#应付账款	非流动负债合计	#应付债券	负债合计	所有者权益合计	#实收资本	国家资本	集体资本
45544	23490			45544	50996	34600		
384284	8185	170418		554702	53011	36910		36610
665481	182453	135		665616	569220	279170		
266885	108240			266885	58132	30781		
31290	3429			31290	146437	55400		
367306	70784	135		367441	364651	192989		
626041	82448	21139		647180	190974	254388	4000	2800
146763	56704			146763	91595	60012	4000	2800
***	***			***	***	***		
457340	23864	21139		478479	30400	128161		
102010	-21547	2745		104755	176036	31966	24659	
205270	86701	-2200		203070	273713	112144	4050	1500
1071848	190998	180060		1251908	329657	191859	21859	13918
42838	3718			42838	62161	8870		390
73684	3104	3947		77631	14377	6500	1000	5500
131987	9071			131987	31675	11908		9908
138745		7178		145923	25532	36610		36610
8528292	1262636	639209		9167501	2354489	2394467	35190	57305
685570	181597	19043		704613	775694	396639	86568	2800
1247857	56337	264670		1512527	-246220	204941		84657
6373107	1034533	345534		6718641	1761171	1641470	90	64
870144	200349	135		870279	518256	284770		
630998	28346	21139		652137	227461	204894		
13793	9378			13793	100942	23000		
806579	117688	209408		1015987	470602	365572	19377	47764
375215	87889			375215	97580	104518	6842	564
431364	29799	209408		640772	373022	261054	12535	47200
7442346	1149056	404302		7846648	1946117	1927924	61781	74367
3081133	419535	294376		3375509	1041028	912120	16768	44410
1064063	104932	37913		1101976	555945	322512	22867	11049
200297	107717	13643		213940	88443	111200	20000	
3096853	516872	58370		3155223	260701	582092	2146	18908
1346411	209292	207211		1553622	626631	323528	5600	3000
108464	25067	20215		128679	9042	40670		
94024	8690			94024	-24786	7100		
371365	85185	22777		394142	98446	145998		
461892	696	163240		625132	142237	11500	5600	1000
140605	57329	979		141584	71596	16810		2000
170061	32325			170061	330096	101450		
699338	58645	10018		709356	224290	177300		
593782	15667			593782	133170	113000		
41941	20766			41941	67	4000		
35735	11067			35735	20384	21100		
21389	5664	18		21407	48258	38600		
***	***	***		***	***	***		

11-3 续表 4

项 目	法人资本	个人资本	港澳台资本	外商资本	营业收入	#主营业务收入
合 计	**1114336**	**954247**	**298299**	**215553**	**16912501**	**16574533**
一、按行业分(分到小类)						
居民服务业	330835	258311	54815	38961	3898228	3820436
家庭服务	27600	1200			128847	110912
家庭服务	27600	1200			128847	110912
洗染服务	2300	26963		11892	102719	100856
洗染服务	2300	26963		11892	102719	100856
理发及美容服务	48059	39054	37346	27069	1028165	992919
理发及美容服务	48059	39054	37346	27069	1028165	992919
洗浴服务	192095	121135			1323892	1320312
洗浴服务	192095	121135			1323892	1320312
保健服务	2500	1500			100014	100014
保健服务	2500	1500			100014	100014
婚姻服务		***			***	***
婚姻服务		***			***	***
殡葬服务	46231	459	17469		502952	499264
殡葬服务	46231	459	17469		502952	499264
其他居民服务业	12050	62500			694012	678532
其他居民服务业	12050	62500			694012	678532
机动车、电子产品和日用产品修理业	395465	342408	183166	96473	8266255	8052191
汽车、摩托车修理与维护	247875	240217	144591	66215	4907848	4710356
汽车修理与维护	246875	240217	144591	66215	4874626	4678253
摩托车修理与维护	1000				33222	32103
计算机和办公设备维修	126601	75430	38575	16239	1867590	1854174
计算机和辅助设备修理	116640	75430	38575	13743	1732643	1729954
通讯设备修理	1360			840	25217	14490
其他办公设备维修	8601			1656	109730	109730
家用电器修理	13800	16960		14019	171397	169781
日用电器修理	13800	16960		14019	171397	169781
其他日用产品修理业	7189	9801			1319420	1317880
鞋和皮革修理	***	***			***	***
其他未列明日用产品修理业	6739	9751			1293964	1293964
其他服务业	388036	353528	60318	80119	4748018	4701906
清洁服务	128870	109670	49718	33083	2349895	2341302
建筑物清洁服务	12849	12140	49200	4199	498192	498192
其他清洁服务	116021	97530	518	28884	1851703	1843110
其他未列明服务业	259166	243858	10600	47036	2398123	2360604
其他未列明服务业	259166	243858	10600	47036	2398123	2360604
二、按登记注册类型分						
内资	1046543	949134	60000		14528656	14199472
国有	15158				529758	492062
集体					134593	130546
股份合作	11900	10900			173854	167257
国有联营	***				***	***
国有独资公司	***				***	***
其他有限责任公司	696645	249028	60000		7513839	7379871
股份有限公司		19800			113253	108494
私营独资	10	2302			92744	92744
私营有限责任公司	297130	656304			5492596	5356527

单位：千元

营业成本	#主营业务成本	营业税金及附加	#主营业务税金及附加	其他业务利润	销售费用	管理费用	#税金	#财产保险费
10615734	**10505328**	**388323**	**381388**	**221195**	**2992113**	**2419422**	**21999**	**6588**
1448685	1419960	154350	153267	47984	1264948	845548	5556	2404
56751	51787	6804	6759	12926	42137	28136	119	70
56751	51787	6804	6759	12926	42137	28136	119	70
16123	14382	3732	3731	121	45520	30778	185	136
16123	14382	3732	3731	121	45520	30778	185	136
301649	286887	41500	41500	20484	352958	266131	827	566
301649	286887	41500	41500	20484	352958	266131	827	566
527927	527927	73780	73627	3427	563894	225257	1903	761
527927	527927	73780	73627	3427	563894	225257	1903	761
33250	33250	4100	4100		37288	32791	160	72
33250	33250	4100	4100		37288	32791	160	72
		***	***		***	***		***
		***	***		***	***		***
134709	132863	2145	2078	1775	62914	142436	612	361
134709	132863	2145	2078	1775	62914	142436	612	361
378276	372864	22225	21408	9251	145209	118124	1750	216
378276	372864	22225	21408	9251	145209	118124	1750	216
6092343	6040961	60809	58153	160594	1028981	751911	8944	1929
3628454	3586832	40051	38004	154390	417496	576979	6680	1544
3604518	3564049	39767	37779	153916	414376	570726	6574	1428
23936	22783	284	225	474	3120	6253	106	116
1037265	1027505	17255	16646	3048	587904	146874	1726	276
983066	983066	13670	13662	2682	550387	120648	1541	204
14502	4742	717	116	366		10189	92	10
39697	39697	2868	2868		37517	16037	93	62
140676	140676	1950	1950	1616	5726	15087	29	48
140676	140676	1950	1950	1616	5726	15087	29	48
1285948	1285948	1553	1553	1540	17855	12971	509	61
***	***	***	***	***	***	***	***	
1275458	1275458	1375	1375		10846	5722	325	61
3074706	3044407	173164	169968	12617	698184	821963	7499	2255
1459761	1452165	125721	125479	755	415541	345804	2471	1046
328910	328910	27139	27139		67891	79901	155	187
1130851	1123255	98582	98340	755	347650	265903	2316	859
1614945	1592242	47443	44489	11862	282643	476159	5028	1209
1614945	1592242	47443	44489	11862	282643	476159	5028	1209
9485006	9376942	345223	338319	214784	2302536	2064802	19604	5748
395745	388617	6069	5062	29561	41304	69899	1904	332
61185	57705	3450	3391	508	32485	17745	307	224
121829	121499	4940	4940	6267	16553	27451	36	119
***	***	***	***	***		***	***	***
***	***	***	***		***	***	***	
5374077	5326227	151995	147697	82387	836005	884815	8801	2155
67474	64161	3397	3181	1230	20968	24564	7	72
14081	14081	4807	4807		126250	6995	80	44
3203835	3161206	158849	157525	92117	1185072	908854	8221	2621

11-3 续表 5

项　　目	法人资本	个人资本	港澳台资本	外商资本	营业收入	#主营业务收入
私营股份有限公司	24100	10500			130300	125748
其他		300			290359	290359
港澳台商投资	40871		238299		1405866	1398892
与港澳台商合资经营	3540		27241		582213	580596
与港澳台商合作经营	37331		18069		136362	136362
港澳台商独资			192989		687291	681934
外商投资	26922	5113		215553	977979	976169
中外合资经营	26922	5113		21177	394861	393563
中外合作经营				***	***	***
外资企业				128161	539398	539398
三、按隶属关系分						
中央	7307				374337	351948
省	83520	3605	19469		412072	389238
地	115263	26910		13909	2565944	2547463
街道	5050	3430			188553	188534
镇					71316	70816
乡	2000				217591	215490
村委会					98765	98765
其他	901196	920302	278830	201644	12983923	12712279
四、按控股情况分(仅限企业法人)						
国有控股	266250	5843	18069	17109	2020742	1944216
集体控股	107143	13141			810378	798478
私人控股	705744	934963		609	10156054	9916601
港澳台商控股	4540		280230		2498794	2491808
外商控股	7059			197835	820562	820050
其他	23000				196011	196011
五、按四大城市功能区分						
首都功能核心区	77589	184461	18086	18295	1774110	1680109
东城区	22989	40768	18086	15269	761054	752498
西城区	54600	143693		3026	1013056	927611
城市功能拓展区	840523	623394	173394	154465	12562843	12335375
朝阳区	355593	349478	72819	73052	5033202	4922593
丰台区	116030	42459	52000	78107	1526647	1481767
石景山区	61000	30200			279540	272324
海淀区	307900	201257	48575	3306	5723454	5658691
城市发展新区	93493	89292	89350	42793	1981525	1967710
房山区	15000	25670			121958	120811
通州区	5750	1350			71209	69259
顺义区	71043	32162		42793	596700	593277
昌平区	100	4800			616872	614934
大兴区		14810			260085	260085
开发区	1600	10500	89350		314701	309344
生态涵养发展区	102731	57100	17469		594023	591339
门头沟区	95531		17469		270722	270722
怀柔区		4000			42902	42831
平谷区	1000	20100			134957	134070
密云县	5600	33000			98752	98522
延庆县	***				***	***

单位：千元

营业成本	#主营业务成本	营业税金及附加	#主营业务税金及附加	其他业务利润	销售费用	管理费用	#税金	#财产保险费
67357	65337	3362	3362	2532	20764	35346	156	59
159324	159324	7788	7788		22953	72696	72	32
506333	504717	18582	18582	5358	599082	128716	1700	414
174836	173511	6229	6229	292	381827	2391	329	15
14258	14258	191	191		13984	29575	290	124
317239	316948	12162	12162	5066	203271	96750	1081	275
624395	623669	24518	24487	1053	90495	225904	695	426
278219	277493	5000	5000	572	28001	71911	308	11
***	***	***	***	***	***	***	***	***
310585	310585	19363	19363		57989	152077	379	412
282077	280261	3983	3728	20318	31929	46287	1311	165
177720	169960	8916	7960	14118	46306	87023	834	204
1939293	1933888	22667	22619	13028	127607	352123	1820	703
41508	41508	10199	10198	18	101010	17173	312	35
43116	43116	3755	3755	500	11730	10725	100	122
186991	186991	1354	1242	1989	14544	13427	123	48
77559	77559	5849	5849			15646	43	
7867470	7772045	331600	326037	171224	2658987	1877018	17456	5311
1414811	1397287	28021	26656	57637	140622	287893	2746	641
514412	510096	22876	22459	7167	125815	133952	3493	610
6306689	6221583	278250	273128	149793	1988001	1511344	12537	3832
1565260	1563643	19747	19747	5369	612792	191257	2281	547
466749	466749	29356	29325	481	87443	181655	616	735
148419	148419	2268	2268		6793	9339	139	22
907374	879791	71002	70046	65462	505853	269826	4532	1376
424727	422526	34492	34237	6100	176347	108811	1623	500
482647	457265	36510	35809	59362	329506	161015	2909	876
8184766	8106771	259045	253100	144096	2189928	1687801	14082	4033
3101665	3059181	120293	118846	67245	792758	889261	5384	2057
987890	978952	38238	37091	34795	279935	169139	3038	860
158867	158867	8627	8576	7165	77951	21968	323	104
3936344	3909771	91887	88587	34891	1039284	607433	5337	1012
1274832	1271480	38143	38109	10429	198002	337910	2991	792
71698	71536	5803	5769	951	22810	25607	37	118
36042	34444	3717	3717	352	21422	10525	184	33
420994	420268	13422	13422	2697	39818	113285	1687	294
410104	409529	5177	5177	1363	53400	91430	132	193
166385	166385	5368	5368		49723	26466	6	25
169609	169318	4656	4656	5066	10829	70597	945	129
248762	247286	20133	20133	1208	98330	123885	394	387
58924	58924	8010	8010		65445	57534	311	107
22314	22314	1539	1539	71	8799	7119	4	
117355	117193	6052	6052	725	7024	4282	31	1
39294	39294	4515	4515	230	17062	39219	29	189
***	***	***	***	***		***	***	***

11-3 续表 6

项目	财务费用	#利息收入	#利息支出	资产减值损失	公允价值变动收益	投资收益
合计	**90490**	**25519**	**82533**	**2988**		**50109**
一、按行业分(分到小类)						
居民服务业	38916	12620	34579	683		-599
家庭服务	337	26	18	-12		
家庭服务	337	26	18	-12		
洗染服务	-2669	3089	446			19
洗染服务	-2669	3089	446			19
理发及美容服务	9335	4954	7228	513		-654
理发及美容服务	9335	4954	7228	513		-654
洗浴服务	17134	920	10609			
洗浴服务	17134	920	10609			
保健服务	1309	13	493	-13		
保健服务	1309	13	493	-13		
婚姻服务	***	***	***			
婚姻服务	***	***	***			
殡葬服务	12892	1948	13876			18
殡葬服务	12892	1948	13876			18
其他居民服务业	30	1658	1354	195		18
其他居民服务业	30	1658	1354	195		18
机动车、电子产品和日用产品修理业	30971	5997	24789	2133		5345
汽车、摩托车修理与维护	29237	3230	23896	1431		3236
汽车修理与维护	29218	3217	23896	1431		3236
摩托车修理与维护	19	13				
计算机和办公设备维修	2083	2223	799	702		512
计算机和辅助设备修理	2270	1998	799	541		-50
通讯设备修理	-3	7				
其他办公设备维修	-184	218		161		562
家用电器修理	-353	394				1587
日用电器修理	-353	394				1587
其他日用产品修理业	4	150	94			10
鞋和皮革修理	***	***	***			***
其他未列明日用产品修理业	-66	126				
其他服务业	20603	6902	23165	172		45363
清洁服务	9792	566	8737	21		36
建筑物清洁服务	-84	146	30			90
其他清洁服务	9876	420	8707	21		-54
其他未列明服务业	10811	6336	14428	151		45327
其他未列明服务业	10811	6336	14428	151		45327
二、按登记注册类型分						
内资	83619	20112	71440	2809		49585
国有	650	346	579			912
集体	-1103	1207	-1			
股份合作	72	213				1752
国有联营	***	***				
国有独资公司	***	***				
其他有限责任公司	41462	12517	36156	2788		44695
股份有限公司	542	18	203			
私营独资	1298	12				
私营有限责任公司	27191	4719	20602	21		2031

单位：千元

营业利润	营业外收入		利润总额	应交所得税	应付职工薪酬(本年贷方累计发生额)			应交增值税
		#补贴收入				#社会保险费	#住房公积金	
406986	**67815**	**27738**	**512012**	**195913**	**3848752**	**448766**	**94404**	**395819**
145781	11974	3286	148221	67248	1091857	96427	13264	24550
-5318	19		-5423	785	38330	4406	931	265
-5318	19		-5423	785	38330	4406	931	265
9235	3411	3020	12435	3198	28650	4003	342	1397
9235	3411	3020	12435	3198	28650	4003	342	1397
56592	4513	26	56186	23719	306291	42413	8057	16510
56592	4513	26	56186	23719	306291	42413	8057	16510
-84100	1360		-85209	1580	383549	14624	136	542
-84100	1360		-85209	1580	383549	14624	136	542
-8724	17		-9016	217	37201	2769	559	3
-8724	17		-9016	217	37201	2769	559	3
***			***	***	***	***		***
***			***	***	***	***		***
147856	818		148408	32221	58250	6226	949	1752
147856	818		148408	32221	58250	6226	949	1752
30148	1836	240	30748	5505	236332	21359	2290	3552
30148	1836	240	30748	5505	236332	21359	2290	3552
301807	16370	4378	313555	83134	999897	190958	51868	259789
216198	13525	4378	224457	69502	572825	92843	22060	168411
216021	13439	4378	224460	69411	567448	92244	21919	166452
177	86		-3	91	5377	599	141	1959
76209	2532		78078	10562	395522	91991	28548	75208
62602	2517		64087	6866	353198	84981	26206	67311
-188			-196	5	2886	541	122	1707
13795	15		14187	3691	39438	6469	2220	6190
8311	5		9883	2387	19905	4995	1214	9243
8311	5		9883	2387	19905	4995	1214	9243
1089	308		1137	683	11645	1129	46	6927
***	***		***	***	***	***		***
629	263		882	618	4376	532	46	110
-40602	39471	20074	50236	45531	1756998	161381	29272	111480
-6724	15592	12012	8482	9743	1237951	88185	10235	467
-5565	528	26	-4660	792	357040	27276	3523	
-1159	15064	11986	13142	8951	880911	60909	6712	467
-33878	23879	8062	41754	35788	519047	73196	19037	111013
-33878	23879	8062	41754	35788	519047	73196	19037	111013
248037	62952	27685	347917	147972	3102190	313409	54902	291299
16091	2123	866	18581	4615	120470	24085	7326	8415
20831	883	490	21692	5606	32133	3222	540	975
3009	53		4748	809	53427	4875	409	2145
***	***		***	***	***	***	***	***
***	***		***	***	***	***	***	***
226052	39825	21142	307814	90320	1428524	173814	35885	138131
-3692	92		-3670	226	15191	1576	129	621
-60687	50		-60637	2057	5278	487		340
8795	19802	4977	21904	39641	1338826	98370	9078	133219

11-3 续表 7

项目	财务费用	#利息收入	#利息支出	资产减值损失	公允价值变动收益	投资收益
私营股份有限公司	-526	559	25			195
其他	13894	496	13876			
港澳台商投资	2590	1424	4666			100
与港澳台商合资经营	560	127				
与港澳台商合作经营	-420	542				
港澳台商独资	2450	755	4666			100
外商投资	4281	3983	6427	179		424
中外合资经营	154	195	308	18		195
中外合作经营	***	***	***			***
外资企业	3819	3771	5767	161		223
三、按隶属关系分						
中央	672	205	483			332
省	17	1115	831	190		515
地	28152	4377	26990	92		311
街道	1	105	13			
镇	41	45	85			
乡	727	108	485			
村委会	-419	419				
其他	61299	19145	53646	2706		48951
四、按控股情况分(仅限企业法人)						
国有控股	4743	3297	4487	1686		1017
集体控股	10239	1792	10947	499		44502
私人控股	43426	12683	32804	129		4243
港澳台商控股	12440	1979	14288			100
外商控股	6694	4055	6131	674		229
其他	-21	15				
五、按四大城市功能区分						
首都功能核心区	2796	3374	1406			43271
东城区	447	1405	521			374
西城区	2349	1969	885			42897
城市功能拓展区	56471	19043	52016	2970		6589
朝阳区	32701	8361	31244	2260		3158
丰台区	-16	4148	2247	15		2793
石景山区	990	47	405	-12		162
海淀区	22796	6487	18120	707		476
城市发展新区	27544	1992	25542	18		249
房山区	2228	19	1787			
通州区	359	6				
顺义区	6475	317	5891	18		195
昌平区	14318	1417	13876			18
大兴区	2518	67	2128			36
开发区	1646	166	1860			
生态涵养发展区	3679	1110	3569			
门头沟区	3361	1018	3383			
怀柔区	47	9				
平谷区	-21	24	1			
密云县	151	38	185			
延庆县	***	***				

单位：千元

营业利润	营业外收入	#补贴收入	利润总额	应交所得税	应付职工薪酬(本年贷方累计发生额)	#社会保险费	#住房公积金	应交增值税
3997	83		4195	1234	54047	4967	1018	7214
13704	33	210	13416	3418	40157	606	95	52
150563	3376	53	154423	36817	350450	77159	25657	71643
16370	2468	8	18631	103	161399	39834	15084	37622
78774	396		79117	19786	15027	2068	354	885
55419	512	45	56675	16928	174024	35257	10219	33136
8386	1487		9672	11124	396112	58198	13845	32877
11576	417		12156	3984	153170	32347	7591	16592
***	***		***	***	***	***	***	***
-4435	1054		-3708	6701	239518	25293	6240	15234
9389	1454	866	10717	2549	61765	12111	5660	4636
92090	1541	504	92913	23651	125221	22251	4577	11397
96102	3442	1370	97679	26982	471808	90057	16240	55380
18662	14		18676	4673	98152	4958	277	217
1949	1013	994	2947	741	22758	2586		226
548	248		782	195	10576	524	2	1327
130	33	210	-87		29717			
188116	60070	23794	288385	137122	3028755	316279	67648	322636
144652	14350	9990	155373	40573	550363	116405	27209	55573
3084	19623	2838	65956	9471	202568	23540	3060	-657
28911	28294	14499	55767	88643	2320767	182639	28235	209917
97298	3802	201	101689	25918	378762	81565	27071	98916
48665	1077		48615	20000	320391	39298	7833	26339
29213	275		29489	2387	18594	2193	272	5499
17259	19161	341	76338	13685	721485	63490	10644	25750
16230	1248	341	17032	7309	365450	29390	6271	15201
1029	17913		59306	6376	356035	34100	4373	10549
185399	41546	25505	225727	126964	2423019	295410	67274	320927
97091	10339	3337	104504	71588	1125198	116938	25310	121700
51461	13238	19153	73997	19389	330424	41689	6834	26103
11137	1044	20	9990	4123	64171	8725	363	10472
25710	16925	2995	37236	31864	903226	128058	34767	162652
105094	4523	12	108299	34767	514400	73678	15827	47740
-6188	470		-5719	141	43289	1529	35	58
-856	245	12	-932	166	17277	1019	1	270
2706	2220		4206	6763	245427	48187	7820	17418
42443	779		43086	10804	88123	10053	4471	4367
9625	352		9977	2416	64265	3861	353	4513
57364	457		57681	14477	56019	9029	3147	21114
99234	2585	1880	101648	20497	189848	16188	659	1402
77448	377		77767	19696	47494	4301	229	248
3084			3084	154	7238	388		149
265	70		303	71	79809	1479		244
-1489	2131	1880	632	535	47817	8819	73	592
***	***		***	***	***	***	***	***

11-4 规模以下居民服务、修理和其他

项目	单位数(个)	固定资产合计	固定资产原价	#本年折旧	资产总计	负债合计	所有者权益合计	#实收资本
合计	**17953**	**2792456**	**19500632**	**328907**	**67118587**	**36803585**	**30315002**	**32430356**
一、按行业分(分到小类)								
居民服务业	7848	801045	1097069	114139	9925518	6760272	3165246	2883148
家庭服务	1267	38503	49057	5982	759950	413660	346290	408023
家庭服务	1267	38503	49057	5982	759950	413660	346290	408023
托儿所服务	7	31	63	28	6632	2426	4206	3960
托儿所服务	7	31	63	28	6632	2426	4206	3960
洗染服务	507	96777	220711	24719	4070190	2912729	1157460	220501
洗染服务	507	96777	220711	24719	4070190	2912729	1157460	220501
理发及美容服务	3947	138852	201492	21213	1193146	815293	377852	785923
理发及美容服务	3947	138852	201492	21213	1193146	815293	377852	785923
洗浴服务	339	224461	291895	18207	711409	700729	10680	180312
洗浴服务	339	224461	291895	18207	711409	700729	10680	180312
保健服务	534	41765	57235	7359	365103	474878	-109775	140480
保健服务	534	41765	57235	7359	365103	474878	-109775	140480
婚姻服务	580	148530	153593	26912	586929	113861	473068	190820
婚姻服务	580	148530	153593	26912	586929	113861	473068	190820
殡葬服务	94	44800	22934	2933	537743	277123	260620	99117
殡葬服务	94	44800	22934	2933	537743	277123	260620	99117
其他居民服务业	573	67327	100090	6786	1694416	1049571	644845	854014
其他居民服务业	573	67327	100090	6786	1694416	1049571	644845	854014
机动车、电子产品和日用产品修理业	6017	1021245	1567194	122136	11299940	9407318	1892622	7078973
汽车、摩托车修理与维护	2978	837643	1249867	92425	6335607	7127028	-791421	4158977
汽车修理与维护	2918	831649	1240300	90888	6252265	7025367	-773102	4121674
摩托车修理与维护	60	5993	9567	1537	83342	101662	-18319	37304
计算机和办公设备维修	1458	122527	188519	19966	2979516	1332505	1647011	1743620
计算机和辅助设备修理	704	65552	101499	9180	1234531	481541	752990	863854
通讯设备修理	170	27853	34824	5570	453545	202771	250774	320739
其他办公设备维修	584	29122	52195	5217	1291440	648194	643247	559026
家用电器修理	1156	40398	92281	6563	1476351	660190	816161	875426
家用电子产品修理	365	12359	42984	2889	529956	269087	260869	412995
日用电器修理	791	28039	49297	3674	946395	391103	555292	462431
其他日用产品修理业	425	20676	36527	3181	508466	287595	220872	300950
自行车修理	21	464	2150	156	13397	7540	5857	4753
鞋和皮革修理	42	911	985	50	10400	4160	6239	10593
家具和相关物品修理	67	1704	3316	264	75196	70249	4947	53301
其他未列明日用产品修理业	295	17597	30076	2711	409473	205645	203829	232304

服务业法人单位财务状况(企业会计制度)

单位：千元

营业收入	营业成本	营业税金及附加	销售费用	管理费用	#税金	财务费用	投资收益	营业利润	利润总额	应交所得税	应交增值税
13691142	**20844589**	**403177**	**2032908**	**3535742**	**40185**	**151309**	**218868**	**-467110**	**-611472**	**76455**	**161398**
2931070	1082301	121960	762557	993004	11166	25988	27280	-256151	-212216	17756	11712
574242	245158	27277	104446	201797	1181	143	-13869	-4655	-14895	2399	1617
574242	245158	27277	104446	201797	1181	143	-13869	-4655	-14895	2399	1617
3600	482	11	2904	596	-1			-369	-166	5	82
3600	482	11	2904	596	-1			-369	-166	5	82
335735	153692	17297	54389	85545	864	2695	3574	440	3363	1859	896
335735	153692	17297	54389	85545	864	2695	3574	440	3363	1859	896
805741	196268	41693	227288	312404	5143	4746	2608	-38464	-31586	3472	3515
805741	196268	41693	227288	312404	5143	4746	2608	-38464	-31586	3472	3515
243473	67227	12832	107183	94362	2080	1657	205	-45131	-45925	734	244
243473	67227	12832	107183	94362	2080	1657	205	-45131	-45925	734	244
198301	50928	4987	100307	120342	595	3266		-94719	-96313	708	115
198301	50928	4987	100307	120342	595	3266		-94719	-96313	708	115
109357	47071	1071	71458	52466	313	-2180	351	-31468	-31927	665	865
109357	47071	1071	71458	52466	313	-2180	351	-31468	-31927	665	865
79579	22324	4926	13648	16670	153	612	34493	22009	55639	4905	508
79579	22324	4926	13648	16670	153	612	34493	22009	55639	4905	508
581042	299151	11866	80935	108822	837	15049	-81	-63794	-50406	3009	3870
581042	299151	11866	80935	108822	837	15049	-81	-63794	-50406	3009	3870
5960573	17169196	87957	695171	1259854	13832	9069	5305	-58798	-457523	12674	122629
3466538	2269188	48468	449407	723302	9584	11980	459	-84669	-496352	6420	76102
3394600	2216475	47519	423341	709791	9539	10371	459	-65079	-478489	6290	75359
71938	52712	949	26066	13511	45	1608		-19591	-17863	130	744
1400173	14244818	20760	119423	303963	2875	301	4491	30324	35401	2175	24824
611156	364487	8215	54158	135865	2048	429	5286	27605	39045	1713	11274
222044	160296	4189	14571	59473	110	-177	-348	-8643	-10688	-1504	3352
566973	13720035	8356	50695	108626	717	48	-447	11362	7043	1967	10198
768784	471402	12774	90041	172947	822	-587	396	-9156	-6862	2918	16319
256543	150481	3969	34231	79584	247	-569	3	-39252	-35554	697	8771
512241	320922	8805	55810	93363	575	-18	393	30096	28692	2220	7548
325077	183787	5955	36299	59642	551	-2625	-41	4704	10290	1161	5384
21402	13804	97	5063	2657	9	3		-991	-486	18	17
4917	810	114	1053	3238	2	11	-7	-1148	-1152	20	62
32548	20274	338	1772	3030	60	29	-30	1076	542	36	630
266210	148899	5406	28411	50718	480	-2667	-4	5767	11386	1087	4675

11-4 续表 1

项目	单位数（个）	固定资产合计	固定资产原价	#本年折旧	资产总计	负债合计	所有者权益合计	#实收资本
其他服务业	4088	970166	16836369	92633	45893129	20635995	25257133	22468235
清洁服务	2985	336252	16169968	50871	3846745	1209539	2637206	1783666
建筑物清洁服务	494	22985	32429	6974	507750	177642	330107	272086
其他清洁服务	2491	313267	16137539	43897	3338995	1031897	2307098	1511580
其他未列明服务业	1103	633914	666401	41761	42046384	19426456	22619928	20684568
其他未列明服务业	1103	633914	666401	41761	42046384	19426456	22619928	20684568
二、按登记注册类型分								
内资	17849	2698936	19356170	318045	66345356	36255003	30090352	31518294
国有	192	567465	700160	43778	41667765	24111121	17556644	18800936
集体	596	239481	354433	21294	1298830	936621	362209	463476
股份合作	975	93265	169325	14757	932578	662094	270485	232681
国有联营	2	1077	2747	111	2812	1087	1725	500
集体联营	21	1253	3227	288	17877	13003	4874	5270
国有与集体联营	5	211	312		2633	1668	965	1000
其他联营	38	1092	1486	656	33577	8873	24705	8090
国有独资公司	7	207	732	32	18171	9866	8306	6125
其他有限责任公司	3493	877916	1029794	103370	8146755	4191446	3955309	4854601
股份有限公司	143	42118	43823	1278	418911	155743	263168	233757
私营独资	2678	94781	104210	6777	957334	405681	551652	533279
私营合伙	252	7255	16604	1716	189625	89012	100613	182559
私营有限责任公司	9035	741163	16887647	117916	12397741	5527616	6870125	6100572
私营股份有限公司	223	28608	37299	5787	207702	127827	79875	81617
其他	189	3043	4370	286	53045	13346	39699	13830
港澳台商投资	39	24390	41117	1952	196830	100767	96063	202506
与港澳台商合资经营	10	5788	11032	436	21598	35428	-13830	15540
与港澳台商合作经营	3	17708	26797	818	29677	11637	18040	69776
港澳台商独资	23	790	2821	394	119518	49141	70377	109584
港澳台商投资股份有限公司	2	75	155	20	979	1392	-413	1006
其他港澳台投资	1	***	***	***	***	***	***	***
外商投资	65	69131	103345	8910	576401	447815	128586	709556
中外合资经营	14	12360	18961	841	289804	211199	78605	355171
外资企业	46	48823	69247	6381	237973	234354	3620	266296
外商投资股份有限公司	2	130	634	32	882	1567	-685	3813
其他外商投资	3	7817	14503	1657	47742	696	47046	84276
三、按隶属关系分								
中央	38	402914	403074	21314	1848638	4618313	-2769675	1198337
省	92	135359	220854	19128	39869545	19241658	20627887	17864020
地	474	183365	241470	19128	1370685	1093696	276989	563362

单位：千元

营业收入	营业成本	营业税金及附加	销售费用	管理费用	#税金	财务费用	投资收益	营业利润	利润总额	应交所得税	应交增值税
4799499	2593093	193260	575179	1282883	15187	116252	186283	-152161	58267	46025	27057
2740308	1208872	131694	469795	767651	5319	1403	6241	46668	70485	10245	12197
423631	203128	19724	71236	109989	1391	917	29	7329	8023	1209	1690
2316678	1005744	111971	398559	657662	3927	486	6212	39339	62462	9036	10507
2059191	1384221	61565	105384	515232	9868	114849	180041	-198829	-12218	35780	14860
2059191	1384221	61565	105384	515232	9868	114849	180041	-198829	-12218	35780	14860
13439508	20743133	395747	1977389	3412363	38945	148130	218835	-428538	-571460	79581	150128
1074741	840484	49816	41529	206290	8490	113848	216745	-168577	-352683	35218	5317
592584	272703	16585	73712	107912	1369	1303	-125	-10941	876	2908	11134
544141	331181	13746	79722	104908	1252	455	-179	4303	5996	1764	7971
1188		61	767	417	12			-63	-75		
15069	9400	228	429	4569	29	-5	42	422	444	348	664
2325	1312	41	532	433			2	-4	8	7	39
10807	5072	317	889	2492	33	10	200	1031	384	31	147
37257	28649	393	3702	3779		4		593	1079	124	219
3199661	15099956	87058	603433	838962	10618	5242	-4998	-237597	-212803	11698	38317
217129	126537	6276	12292	156163	145	185	278	-7320	-8637	-1669	2014
680548	292803	19307	69443	176572	2026	995	1166	43299	36247	2732	5597
91699	41348	2498	19081	29315	297	322	970	-2587	-2021	203	841
6819959	3588108	195684	1050385	1737894	14450	25441	4748	-52326	-42070	25761	76470
122013	93446	3119	19015	36283	209	329	-14	-1200	-2279	404	877
30385	12134	617	2458	6373	16	-1		2430	4075	53	517
121337	54773	2281	20372	35524	474	2139		9869	9751	-3441	1581
33353	24785	959	4007	7258	400	10		532	518	58	680
3279	1935	18	1133	2153	50	190		-2150	-2250	8	151
82739	27724	1199	15191	19124	24	1938		16986	16984	-3508	750
1721	85	105	41	2364				-874	-876		
***	***		***	***	***	***		***	***		
130297	46683	5149	35146	87855	766	1040	33	-48441	-49763	316	9689
24808	6239	768	6733	10359	205	1502	33	-4309	-4328	291	3597
103334	38180	4237	28297	73383	561	-469		-43604	-43266	22	6092
332	54	46		654		6		-80	-80		
1824	2210	98	117	3459		1		-448	-2089	3	
118342	97460	3176	10216	82503	2773	20829	-220	-97848	-533522	1013	4396
1122264	797605	47637	10334	216094	5490	93089	217193	-46909	184751	35063	3261
609957	343651	15459	150094	174691	3037	1872	5744	-111554	-82028	2911	9374

11-4 续表 2

项目	单位数(个)	固定资产合计	固定资产原价	#本年折旧	资产总计	负债合计	所有者权益合计	#实收资本
县	29	5558	9799	62	64449	39503	24945	32620
街道	97	19925	32934	1205	201650	129455	72195	30951
镇	75	48412	59615	3041	148081	84097	63984	48370
乡	50	33855	24436	1201	101275	64320	36954	20189
社区	4				888	365	523	600
村委会	93	68897	129320	8853	129239	124053	5186	53954
其他	17001	1894172	18379131	254975	23384136	11408124	11976012	12617954
四、按控股情况分(仅限企业法人)								
国有控股	250	636867	797047	49914	42198533	24346779	17851754	19118219
集体控股	919	293164	421161	26845	1668432	1108306	560126	652174
私人控股	16117	1673895	18012584	231845	21783644	10364318	11419326	11531367
港澳台商控股	36	31199	50680	3258	235069	84629	150439	285287
外商控股	59	60711	86014	7071	526675	435253	91422	474327
其他	571	96257	132642	9833	703204	463169	240035	368683
五、按四大城市功能区分								
首都功能核心区	2317	177613	267555	22723	3286240	3995469	-709229	1431552
东城区	1130	112663	126052	12062	1164194	628964	535230	657450
西城区	1187	64950	141503	10661	2122046	3366505	-1244459	774102
城市功能拓展区	10688	1778575	18115808	236545	57272566	29273145	27999422	27765027
朝阳区	4883	1139307	17216261	140878	12271313	8021598	4249714	4413874
丰台区	2090	241826	372726	35209	2933801	1268973	1664828	1035691
石景山区	604	58114	54068	7480	806203	233468	572736	389782
海淀区	3111	339327	472753	52977	41261250	19749106	21512144	21925680
城市发展新区	3688	620324	852510	56129	5207120	2884212	2322909	2485674
房山区	556	62824	114578	7519	632296	303308	328988	277850
通州区	866	105555	154958	12234	968100	415127	552973	484805
顺义区	559	77402	92928	10006	951428	597204	354224	361403
昌平区	955	178261	202748	8059	1182303	882470	299833	574957
大兴区	669	142620	204560	12911	926983	432190	494793	416038
开发区	83	53661	82738	5400	546011	253913	292098	370621
生态涵养发展区	1260	215945	264759	13510	1352660	650759	701901	748104
门头沟区	230	19212	39698	3057	152807	66243	86564	100025
怀柔区	341	48311	68342	4976	301303	167389	133913	161480
平谷区	261	55140	74051	1683	270430	95336	175095	194802
密云县	312	30889	44886	2291	216244	100850	115394	91644
延庆县	116	62392	37781	1503	411875	220941	190934	200153

单位：千元

营业收入	营业成本	营业税金及附加	销售费用	管理费用	#税金	财务费用	投资收益	营业利润	利润总额	应交所得税	应交增值税
10445	6356	93	1291	1903	37	163		114	81	35	314
56411	26043	2227	22698	14974	159	-449	-70	-14811	2040	782	248
67234	38007	1651	1723	16119	162	-943		1612	1298	276	1144
49848	26736	1468	7491	12709	176	192	-2	-1940	-610	207	1875
406	186	6	1	363				-150	-150		41
57717	30325	1176	7905	18895	305	16	469	1304	1844	155	1576
11598517	19478221	330284	1821155	2997493	28048	36539	-4247	-196928	-185177	36014	139170
1401340	993179	59477	63865	238665	10570	113661	220903	-174750	-346340	37327	10839
895088	467613	26016	107531	166683	1883	1160	-55	-17499	114	5005	15990
10724714	19041155	297288	1742477	2915436	23697	32362	-2062	-227645	-216318	36011	116465
122859	57106	2268	18558	32719	472	2213		12743	10324	-3441	1596
121147	41914	4773	28728	80732	759	706	33	-42162	-41050	361	9692
424811	243623	13255	71749	101110	2803	1216	49	-18499	-19517	1161	6815
1491819	760284	52479	299817	412953	2146	888	-7791	-20740	-3275	5341	15057
620176	281010	21034	105875	194914	1520	889	992	4907	10692	2234	7626
871643	479274	31445	193942	218038	626		-8783	-25647	-13967	3107	7431
8950450	18140328	264548	1299118	2308511	30649	141293	218727	-436194	-624560	60585	98860
3387665	1625789	100427	645210	1209247	11919	38419	3186	-362479	-346157	12218	40927
1388003	779766	43047	206256	321063	2781	1755	1438	-7243	4448	5641	17534
303469	161434	8790	44295	83279	451	-1475	34962	6659	40428	6090	2822
3871313	15573339	112284	403357	694923	15498	102594	179142	-73131	-323280	36635	37577
2539244	1484024	69485	359853	650850	6374	5112	7933	1272	24116	7755	35668
399870	245046	9963	47635	87833	577	278	95	8888	16886	2115	4590
524722	272431	16721	75307	143612	1514	1493	3298	15538	21920	-1288	5199
427067	264753	13094	49033	78790	1235	-238	207	7228	9376	1811	4300
526292	289119	11223	70224	183383	1502	2616	5173	-26444	-19890	1784	6695
571278	337864	16194	96732	124778	1336	93	-567	16953	19817	2965	10354
90015	74810	2291	20922	32453	211	870	-273	-20892	-23993	368	4531
709630	459954	16665	74120	163429	1016	4015	-2	-11448	-7753	2775	11813
127113	73579	4003	18141	30872	56	120		396	425	299	1251
171255	114615	2634	12635	41668	280	340	-4	-301	-121	583	3726
157296	114123	3450	11624	26395	206	128	2	-1368	-634	449	1013
178861	108160	5452	21960	48835	371	311		-5859	-3955	1287	3980
75105	49476	1125	9760	15658	102	3116		-4317	-3468	156	1842

第12篇

教　育

12-1 全部教育业法人单位

项　　目	单位数（个）	资产总计	营业收入	营业成本	营业税金及附加
合　　计	**5948**	**36095237**	**17753570**	**8314310**	**526777**
一、按行业分（分到小类）					
教育	5948	36095237	17753570	8314310	526777
学前教育	153	1996191	696473	334573	10839
学前教育	153	1996191	696473	334573	10839
初等教育	25	224494	159683	91164	3946
普通小学教育	20	223157	159273	91164	3946
成人小学教育	5	1337	410		
中等教育	56	780376	397850	57762	11323
普通初中教育	8	238708	22229	10930	86
职业初中教育	8	5908	944	92	30
成人初中教育	4	80474	190	256	10
普通高中教育	4	288977	315130	23408	9157
成人高中教育	3	8342	10867	7364	358
中等职业学校教育	29	157968	48490	15712	1682
高等教育	36	991892	191441	141413	2842
普通高等教育	6	187113	143118	115566	1122
成人高等教育	30	804780	48322	25847	1720
特殊教育	12	35760	16184	9974	452
特殊教育	12	35760	16184	9974	452
技能培训、教育辅助及其他教育	5666	32066524	16291939	7679424	497375
职业技能培训	2717	20292261	10008598	4620921	316872
体校及体育培训	244	448357	147054	31930	4693
文化艺术培训	1169	3169633	1337137	689658	45811
教育辅助服务	241	2779640	1727467	987300	37465
其他未列明教育	1295	5376633	3071683	1349615	92533
二、按登记注册类型分					
内资	5862	33139275	15885982	7211295	466856
国有	178	2336820	920853	473428	29064
集体	112	1480278	522159	299277	18683
股份合作	372	674056	423178	143944	15370
国有联营	2	114	24	12	1
集体联营	5	3407	472	87	5
国有与集体联营	1	***	***	***	***
其他联营	10	1861	805	174	15
国有独资公司	7	564559	31676	17820	1002
其他有限责任公司	1222	12078695	4164485	1949153	98864
股份有限公司	58	2049739	1964456	690597	61819
私营独资	635	464117	423765	181689	11583
私营合伙	118	97979	72754	38984	2039
私营有限责任公司	2719	6064782	3202488	1250100	99848
私营股份有限公司	58	715125	39925	10653	1094
其他	365	6343653	4087013	2125171	125820
港澳台商投资	39	2317462	1403029	932575	49460
与港澳台商合资经营	3	100179	10917	6534	23

财务状况(企业会计制度)

单位：千元

销售费用	管理费用	#税金	财务费用	利润总额	应交所得税	应交增值税
3013400	**4991706**	**34350**	**-96252**	**1120747**	**367382**	**149199**
3013400	4991706	34350	-96252	1120747	367382	149199
33015	290240	1902	1973	7816	5861	770
33015	290240	1902	1973	7816	5861	770
576	92297	197	-414	-28061	4334	195
565	91248	197	-412	-27076	4334	195
11	1049		-2	-985		
129047	205555	341	-1466	-1271	1122	190
759	13079	6	-3	-2662	27	86
222	667	1	4	-66	5	8
	389			-492		
114210	173115	266	-1427	-794	355	12
	1373	2	-21	1548	470	
13855	16932	67	-19	1196	265	84
27185	40234	19	1049	-30237	84	222
	20757	16	-121	-399	54	15
27185	19478	3	1169	-29838	30	207
2788	6662	13	-5	-1630	35	109
2788	6662	13	-5	-1630	35	109
2820789	4356718	31878	-97389	1174130	355945	147712
1705929	2556853	19263	-71759	1100629	244736	72431
49265	77224	201	985	12443	2362	1618
285613	343944	906	1636	-72104	4638	7177
196299	439438	7671	-25699	87443	55780	13275
583684	939260	3837	-2552	45720	48429	53211
2730296	4508601	30102	-90535	1164083	332044	134300
138342	275332	1376	-3054	16695	9436	2302
45889	115213	1646	804	42858	10879	789
88132	154226	906	-266	18963	7186	7390
	48			-37		
	552		-10	-86		1
	***	***	***	***		***
	168		4	-25		
591	10770	44	-141	1634	684	519
552690	1203147	10853	-27352	407766	166696	63308
392384	341695	3180	-7880	493484	94467	11632
40274	144302	1121	594	26476	3067	1294
7657	21011	245	601	2674	849	263
745601	1228099	6493	2444	-24994	31474	45815
10741	16647	3	9	-1142	323	440
707995	966948	2357	-56296	229403	6982	487
229119	301701	2255	-4641	-103021	17271	3767
153	5150	26	-1834	896		20

12-1 续表

项目	单位数（个）	资产总计	营业收入	营业成本	营业税金及附加
与港澳台商合作经营	4	1275636	529197	299567	18014
港澳台商独资	32	941646	862915	626474	31422
外商投资	47	638500	464559	170440	10461
中外合资经营	15	74058	91233	46149	2199
外资企业	32	564443	373326	124291	8262
三、按隶属关系分					
中央	53	2037583	615871	364556	19115
省	99	2860395	1147197	386746	38417
地	278	5680346	2649878	1589232	83669
县	15	362235	7095	9489	93
街道	18	43633	39456	28765	1114
镇	21	468604	192285	62067	7857
乡	6	198899	59598	16214	1244
村委会	8	89779	10659	2934	584
其他	5450	24353764	13031531	5854307	374683
四、按控股情况分					
国有控股	176	4950050	2069659	1152717	50987
集体控股	229	1955182	424854	150853	14410
私人控股	5062	17421251	7829873	3078238	229781
港澳台商控股	38	2529667	1391863	834630	48716
外商控股	44	636798	454629	168648	10270
其他	307	2122303	784172	329217	19946
五、按四大城市功能区分					
首都功能核心区	787	3353052	2585949	1350234	62853
东城区	354	1333094	929464	398285	28917
西城区	433	2019957	1656484	951949	33937
城市功能拓展区	3488	24473301	11938593	5534888	366264
朝阳区	1112	6830589	3030297	1401975	84987
丰台区	274	587482	457556	245233	12154
石景山区	235	822920	517051	345360	18373
海淀区	1867	16232310	7933689	3542320	250750
城市发展新区	1329	6260234	3021259	1324086	90168
房山区	199	159419	70661	22016	1184
通州区	319	485393	179011	77483	4968
顺义区	83	1693197	778453	303555	22363
昌平区	491	1556604	463507	216724	12728
大兴区	180	2070958	1419650	619480	47221
开发区	57	294662	109978	84829	1704
生态涵养发展区	344	2008651	207769	105101	7491
门头沟区	52	61008	30746	22947	770
怀柔区	111	898643	80931	23414	3521
平谷区	62	95254	16937	10492	452
密云县	97	351858	57738	42917	1962
延庆县	22	601888	21416	5331	787

单位：千元

销售费用	管理费用	#税金	财务费用	利润总额	应交所得税	应交增值税
118161	75692	1952	-2646	21548	6591	
110805	220860	277	-161	-125465	10680	3747
53985	181404	1993	-1077	59685	18067	11132
904	56910	1872	699	-16501	88	1751
53081	124494	121	-1775	76186	17978	9381
81483	184714	4086	-4897	-22150	10952	3063
190383	473956	2137	-1290	52894	22997	1347
273199	429469	1235	-57928	327643	14602	4514
952	830	72	171	-4124	10	67
2964	5961	41	3	781	75	12
29256	61348	828	1	31859	5234	22
17245	20196	316	-83	4779	1194	582
5943	1411	71	425	-628		
2411974	3813821	25563	-32655	729692	312318	139591
157047	446010	4414	-30481	343925	90497	6878
86837	160465	1508	1108	659	5444	4318
1637643	2617925	20190	282	335354	159267	122056
229119	399053	2260	-3727	-113970	16029	3767
56665	167692	1784	-1165	63475	18071	10882
37639	232756	1549	-2046	160291	55721	620
522744	692636	2333	-3851	-11481	16758	11372
283265	287547	1412	171	-63740	1668	6830
239478	405089	921	-4022	52259	15090	4542
2077504	3319012	19611	-82898	765138	236975	127536
409633	994903	3701	3364	226812	78325	18863
44320	146134	6706	1620	-444	3257	12803
102319	128007	245	-7309	-68115	6688	1879
1521231	2049968	8960	-80573	606885	148705	93992
357367	836176	11619	-9199	467175	113134	9569
16155	32367	100	435	1672	191	1021
35907	48847	361	159	18204	3332	1635
139894	274542	3146	-5171	56608	15756	168
65404	202657	3196	-2839	-43571	2797	2447
89427	240145	4130	-2452	430810	90555	491
10580	37618	687	669	3451	502	3807
55785	143882	787	-304	-100084	515	722
3026	12077	146	-8	-8057	41	146
40439	54020	303	-1501	-37749	109	358
821	17793	45	618	-4540	41	140
10364	28556	136	6257	-32328	145	74
1136	31437	157	-5670	-17409	178	5

12-2 教育业法人单位财务状况

项　　目	单位数（个）	资产合计	负债合计	上年结余
合　计	**5197**	**334993650**	**29480672**	**36007672**
一、按行业分（分到小类）				
教育	5197	334993650	29480672	36007672
学前教育	925	4452351	1119481	291514
学前教育	925	4452351	1119481	291514
初等教育	881	19571056	2703943	1070881
普通小学教育	870	19529963	2702569	1068011
成人小学教育	11	41092	1374	2870
中等教育	815	44016872	4881359	4373369
普通初中教育	394	12412835	1622696	774847
职业初中教育	6	591798	42406	39861
成人初中教育	3	20116	443	39
普通高中教育	222	19597072	2169891	2460380
成人高中教育	6	50862	2617	3830
中等职业学校教育	184	11344189	1043306	1094412
高等教育	264	235552490	16966170	28127003
普通高等教育	126	224854570	16329048	27488039
成人高等教育	138	10697920	637123	638964
特殊教育	31	443301	65240	33747
特殊教育	31	443301	65240	33747
技能培训、教育辅助及其他教育	2281	30957580	3744478	2111158
职业技能培训	1315	11634843	1492069	579150
体校及体育培训	98	219210	34637	15529
文化艺术培训	267	608111	294292	33076
教育辅助服务	73	2978003	527972	209392
其他未列明教育	528	15517413	1395508	1274010
二、按登记注册类型分				
内资	5191	334658023	29392378	36007672
国有	2936	308030468	25917815	34055807
集体	174	3202646	274309	111971
股份合作	33	105146	73258	4029
国有联营	1	***	***	
集体联营	13	31458	8657	12822
国有与集体联营	4	7791	2293	-1737
其他联营	12	100092	38892	-144
其他有限责任公司	39	74780	24127	2550
股份有限公司	5	18135	29659	848
私营独资	282	2030875	174140	33500
私营合伙	33	152661	41562	1926
私营有限责任公司	62	1047077	64012	1062826

(行政事业及民间非营利组织会计制度)

单位：千元

收入合计	支出合计	#工资福利支出	#商品和服务支出	收支结余	经营税金
149205030	**140204709**	**38039997**	**48586153**	**39188355**	**665013**
149205030	140204709	38039997	48586153	39188355	665013
5041208	4959395	2277735	1115189	83423	3747
5041208	4959395	2277735	1115189	83423	3747
14205365	13374937	6287047	3018266	999794	3558
14166240	13335628	6271391	3014377	997109	3553
39124	39309	15656	3889	2686	6
24574338	24745548	10122140	4917723	3484727	20407
8525631	8342968	3901533	1472799	767380	2219
244217	232378	62866	53646	51699	
16096	15953	5471	1455	182	15
11049974	11668257	4840731	2328491	1389028	9655
43428	37523	13977	11593	3633	366
4694993	4448469	1297562	1049739	1272805	8151
85904077	80309932	16642946	31575687	32079506	441926
82442956	77316948	15830609	30468888	31200893	423602
3461121	2992984	812337	1106799	878613	18323
284073	294053	118506	68894	23767	2908
284073	294053	118506	68894	23767	2908
19195970	16520844	2591624	7890394	2517137	192468
5717985	4445922	1030598	1931445	744644	96183
201197	184345	65550	65941	32382	1403
543482	378025	122570	126630	43819	12984
1731090	1505634	245502	741748	402175	17601
11002216	10006918	1127405	5024629	1294117	64298
148955738	140054400	37994656	48481315	39180442	665013
135512481	130255594	35285143	45904254	39209909	584993
1612858	1437570	475829	437160	138455	8182
123940	123411	29183	16192	4558	260
***	***	***	***	***	***
43070	40088	8635	14873	15804	91
4578	5571	3980	1337	-2729	110
42320	17580	3556	2225	-2508	93
152512	63436	28538	21226	4270	578
8688	14684	4892	1407	-5148	46
1089867	393127	146322	124840	4436	5262
241464	267807	28082	13198	-202199	713
114563	1145611	48657	37239	31778	2027

12-2 续表

项目	单位数（个）	资产合计	负债合计	上年结余
私营股份有限公司	6	7366	4889	490
其他	1591	19718905	2729480	722783
港澳台商投资	2	14522	108	
与港澳台商合作经营	2	14522	108	
外商投资	4	321105	88185	
中外合作经营	3	239413	11053	
外资企业	1	***	***	
三、按隶属关系分				
中央	312	197254881	12944046	24775228
省	349	59199636	6314907	5170591
地	2509	59177157	6841006	4048518
县	110	1293255	187882	204646
街道	74	1347291	79785	186648
镇	79	670493	90282	22135
乡	20	123364	34515	6725
社区	2	1380	38	7
村委会	18	154413	12202	2322
其他	1724	15771778	2976009	1590853
四、按四大城市功能区分				
首都功能核心区	1097	26363145	3667910	2960665
东城区	433	7752985	1250657	1132997
西城区	664	18610160	2417252	1827667
城市功能拓展区	2097	255642841	19677707	30029824
朝阳区	755	51658533	5465326	4232519
丰台区	428	10397122	1162154	1816907
石景山区	213	7353889	815111	688885
海淀区	701	186233297	12235116	23291513
城市发展新区	1422	44886606	5042114	2726142
房山区	328	4826994	679170	63272
通州区	238	4856640	372530	196466
顺义区	235	6568811	1191037	175432
昌平区	310	18460786	1714520	1750688
大兴区	292	9862734	1000904	525261
开发区	19	310641	83954	15023
生态涵养发展区	581	8101058	1092941	291041
门头沟区	109	818950	30538	8546
怀柔区	136	1958619	101957	61729
平谷区	129	1897437	266125	212995
密云县	113	1848585	417582	13999
延庆县	94	1577468	276739	-6228

单位：千元

收入合计	支出合计	#工资福利支出	#商品和服务支出	收支结余	经营税金
7256	7733	3113	1842	13	113
9916367	6219829	1923302	1849231	-39612	59111
11183	7753	2429	5193	3430	
11183	7753	2429	5193	3430	
238110	142557	42912	99645	4483	
141007	50014	22226	27788	-77	
***	***	***	***	***	
75060092	71370108	13174757	31787244	28465212	482814
23601680	21600666	5447275	6427134	6453464	61723
39124414	37593734	16455406	8308520	4112296	62436
1021829	962602	440330	160712	236769	302
641479	556286	217427	209409	217240	307
500720	491908	266900	75115	30946	202
92711	92466	44974	8910	6970	1646
590	554	16	352	42	20
75127	32759	11431	3047	5385	325
9086388	7503626	1981483	1605712	-339970	55239
17462761	16835669	4719870	3905763	3140817	75863
4899519	4648481	1651365	1177856	1039820	15593
12563243	12187188	3068504	2727907	2100997	60270
103919609	97848118	22896453	38458198	32508055	523789
23627482	20958858	6114284	6230018	5516505	87416
5584431	6111402	1938025	1214510	991784	12662
3181352	3020926	945213	844807	819371	9826
71526343	67756932	13898932	30168863	25180395	413885
21966744	19876315	7420279	5373766	3058680	61877
2918657	2796573	1368414	513363	110672	2604
2818658	2408058	1190281	517823	367753	3191
3053803	2590807	1172866	646493	305873	7901
7975157	6576497	1968916	2494743	2473239	40078
4980687	5329695	1658037	1149159	-227965	7551
219783	174684	61765	52184	29109	552
5855916	5644607	3003396	848426	480801	3484
782374	777609	416170	125602	13311	290
1210083	1112166	580268	180052	138098	505
1331477	1230081	746594	203370	314391	740
1443146	1443051	707427	189778	14093	363
1088836	1081700	552937	149625	909	1586

12-3 规模以上教育业法人

项目	单位数(个)	年初存货	流动资产合计	#货币资金	#现金
合计	**193**	**158528**	**12917584**	**7836086**	**11385**
一、按行业分(分到小类)					
教育	193	158528	12917584	7836086	11385
学前教育	4	2	253002	202711	163
学前教育	4	2	253002	202711	163
初等教育	1		***	***	
普通小学教育	1		***	***	
中等教育	6	1167	120187	95858	135
普通初中教育	1	***	***	***	***
普通高中教育	3	731	101949	85397	115
中等职业学校教育	2		17207	9957	16
高等教育	3		74955	52520	28
普通高等教育	2		73758	51814	24
成人高等教育	1		***	***	***
技能培训、教育辅助及其他教育	179	157359	12378253	7401869	11059
职业技能培训	110	64116	7572465	4383273	6616
体校及体育培训	3	89	45706	11429	37
文化艺术培训	13	9532	956653	485565	711
教育辅助服务	10	45237	2232833	1712675	351
其他未列明教育	43	38385	1570596	808927	3344
二、按登记注册类型分					
内资	173	128483	11138321	6711580	10657
国有	20	5606	401633	277082	267
集体	11	2222	457557	176132	943
股份合作	11	1612	160237	40315	899
国有与集体联营	1		***	***	***
国有独资公司	1		***	***	***
其他有限责任公司	46	78427	3658671	2143205	2028
股份有限公司	3	1748	922287	630214	1789
私营独资	5	436	47005	50539	37
私营合伙	1		***	***	***
私营有限责任公司	48	26364	1580800	597806	3188
其他	26	12068	3888691	2780255	928
港澳台商投资	11	27680	1385248	843862	538
与港澳台商合资经营	1		***	***	***
与港澳台商合作经营	2	8197	899216	523915	369
港澳台商独资	8	19483	480078	316203	163
外商投资	9	2365	394015	280644	190
中外合资经营	2	650	37772	12254	33
外资企业	7	1715	356243	268390	157

单位财务状况(企业会计制度)

单位：千元

#交易性金融资产	#应收账款	#存货	可供出售金融资产	持有至到期投资	长期股权投资	投资性房地产	固定资产合计	固定资产原价
511889	**574898**	**175086**			**1411133**		**3096278**	**5289781**
511889	574898	175086			1411133		3096278	5289781
	4339	242			1500		204138	230437
	4339	242			1500		204138	230437
	***						***	***
	***						***	***
	6276	1369			225		289165	380196
	***	***					***	***
	1869	933			225		167457	252672
	4405						108348	110048
	21538						98806	65425
	21538						98563	64982
							***	***
511889	536850	173475			1409408		2472016	4558067
334398	280823	85739			1067605		2160327	3959422
2116	19119				11030		2297	6130
175375	48636	9739			36560		82564	152882
	94783	36666			95960		68676	183118
	93489	41331			198253		158152	256515
338014	454244	141972			1390569		2680097	4390484
	3438	5071			8290		485728	879755
114	1500	1805			250		389056	636680
32846	16188	873			17616		38059	94726
							***	***
							***	***
253906	274230	85521			771520		454606	785824
	943	2904			381760		253244	436748
	4819	436					41312	66299
	***						***	***
11148	94691	32223			208708		97107	224143
40000	53831	13139			2425		657123	904040
173875	64564	29354					380986	839429
	***						***	***
173875	46087	7999					291463	649185
	17378	21355					89469	189754
	56090	3760			20564		35195	59868
	22449	1250					11349	14003
	33641	2510			20564		23846	45865

12-3 续表 1

项目	单位数(个)	年初存货	流动资产合计	#货币资金	#现金
三、按隶属关系分					
中央	13	7609	473927	388464	306
省	13	4497	512694	316290	471
地	16	9009	3318698	2189807	174
街道	2	25	18756	2907	38
镇	6	1717	210073	59739	223
乡	3	77	41952	35580	5
其他	140	135594	8341484	4843299	10168
四、按控股情况分(仅限企业法人)					
国有控股	19	4065	1944975	1742532	230
集体控股	12	22403	202960	54700	1057
私人控股	84	82070	3878131	1550403	6718
港澳台商控股	10	26949	1370016	858426	596
外商控股	9	2365	394015	280644	190
其他	1		***	***	***
五、按四大城市功能区分					
首都功能核心区	20	5836	1555768	980448	366
东城区	10	4764	510396	381269	193
西城区	10	1072	1045372	599179	173
城市功能拓展区	147	133312	9821386	5929782	9277
朝阳区	42	23276	1902322	996132	1984
丰台区	10	18891	111588	55009	417
石景山区	5	138	330520	179423	231
海淀区	90	91007	7476956	4699218	6645
城市发展新区	22	17013	1416955	861365	941
通州区	2	66	102706	9378	5
顺义区	8	7025	592096	382346	274
昌平区	7	2879	124260	71399	103
大兴区	4	1451	557672	394930	376
开发区	1	***	***	***	***
生态涵养发展区	4	2367	123475	64491	801
门头沟区	1	***	***	***	***
怀柔区	1	***	***	***	***
密云县	2	25	18911	4722	607

单位：千元

#交易性金融资产	#应收账款	#存货	可供出售金融资产	持有至到期投资	长期股权投资	投资性房地产	固定资产合计	固定资产原价
	49725	7439			10001		813913	1441414
	29717	4811			15673		749449	1150601
	25988	8922			48000		354323	523890
	9204	28					4144	10744
114	1388	1303			950		98272	244880
		77					152790	184109
511775	458876	152506			1336509		923387	1734143
	82963	2484			56166		583890	942265
	18697	24672			5450		138639	291611
45494	280702	94778			1308544		457700	888169
173875	66229	28850					546832	966446
	56090	3760			20564		35195	59868
***	***				***		***	***
72846	93723	6614			113557		125060	219879
40000	17575	5411			6730		55332	63906
32846	76148	1203			106827		69728	155973
438929	381635	150404			995001		1408183	2334540
430929	101602	25125			51270		745002	1114845
	4941	8941			54615		61632	131992
	22695	196			15533		15583	26599
8000	252397	116142			873583		585966	1061104
114	83180	15249			302575		1433129	2433920
		395			950		21886	84770
	75819	7010			21000		523392	984625
114	315	2201			225		380031	540159
	159	1173			280400		496214	801866
	***	***					***	***
	16360	2819					129906	301442
	***	***					***	***
	***	***					***	***
	13808	28					11101	20696

12-3 续表 2

项　　目	累计折旧	本年折旧	在建工程	无形资产	资产总计
合　　计	**2373217**	**444891**	**261664**	**445011**	**18527166**
一、按行业分(分到小类)					
教育	2373217	444891	261664	445011	18527166
学前教育	26300	17497		1197	530460
学前教育	26300	17497		1197	530460
初等教育	***	***		***	***
普通小学教育	***	***		***	***
中等教育	97249	18108	6220	634	428866
普通初中教育	***	***			***
普通高中教育	85933	16547	719	634	288373
中等职业学校教育	7200	1101	5501		126101
高等教育	43274	7519	76655	34	173795
普通高等教育	43074	7419	76655	34	172355
成人高等教育	***	***			***
技能培训、教育辅助及其他教育	2182891	396068	178789	410568	17238127
职业技能培训	1868459	317946	169681	321754	11466807
体校及体育培训	3833	1195			59033
文化艺术培训	96442	22490	9259	42003	1141444
教育辅助服务	114444	23336		25571	2455385
其他未列明教育	99713	31101	-151	21240	2115458
二、按登记注册类型分					
内资	1862539	370905	252179	336501	16119017
国有	404028	41706	7540	3543	921531
集体	297797	48418	26177	27578	880554
股份合作	56679	11059	1763	867	225321
国有与集体联营	***	***	***	***	***
国有独资公司	***	***			***
其他有限责任公司	333882	72049	1728	39948	5142016
股份有限公司	183504	53081	63059	173662	1832497
私营独资	26538	7716	1550		88486
私营合伙	***	***			***
私营有限责任公司	127340	32038	-116	87949	2014423
其他	353526	90514	149869	2359	4727682
港澳台商投资	485513	64516	9485	92277	1933886
与港澳台商合资经营	***	***			***
与港澳台商合作经营	383842	44845	8042	59676	1267639
港澳台商独资	101234	19665	1443	32601	660239
外商投资	25165	9470		16233	474263
中外合资经营	3145	639		747	50040
外资企业	22020	8831		15486	424223

单位：千元

流动负债合计	#应付账款	非流动负债合计	#应付债券	负债合计	所有者权益合计	#实收资本	国家资本	集体资本
11107653	**948440**	**756488**		**11864141**	**6663025**	**2476075**	**321924**	**144898**
11107653	948440	756488		11864141	6663025	2476075	321924	144898
384034	31006	119574		503608	26852	11273	100	
384034	31006	119574		503608	26852	11273	100	
***		***		***	***	***		
***		***		***	***	***		
350180	35585			350180	78686	10119		1119
***	***			***	***	***		
282383	23239			282383	5990	3000		
58842	3521			58842	67259	2119		1119
133978	48856	105		134083	39712	10800	300	
131965	48856	105		132070	40285	10300	300	
***				***	***	***		
10234125	832993	524842		10758967	6479160	2442883	321524	143779
5688711	579487	394575		6083286	5383521	2056494	319824	143779
27617	310			27617	31416	18868		
1128413	27604	22944		1151357	-9913	14900		
2012349	239907			2012349	443036	103437	1000	
1377035	-14315	107323		1484358	631100	249184	700	
9598557	947622	588983		10187540	5931477	1579906	320127	144898
179646	9583	20994		200640	720891	335647	309827	
504995	10645			504995	375559	133458		133458
115949	13248			115949	109372	26246		10240
***	***			***	***	***		
***	***			***	***	***	***	
3092732	281371	293099		3385831	1756185	525516	9300	950
774138	13379	153919		928057	904440	242903		
61310	9396			61310	27176	10000		
***	***			***	***	***		***
1755077	48459	1397		1756474	257949	162236		
2751935	553376	119574		2871509	1856173	136150	500	
1395811	24261	167505		1563316	370570	652063	1797	
***				***	***	***	***	
758024	4528			758024	509615	564327		
635368	19733	167505		802873	-142634	84741		
113285	-23443			113285	360978	244106		
32598	7690			32598	17442	7318		
80687	-31133			80687	343536	236788		

12-3 续表 3

项目	累计折旧	本年折旧	在建工程	无形资产	资产总计
三、按隶属关系分					
中央	608339	65737	8149	57795	1383407
省	413851	69489	719	4296	1461234
地	271877	66701	77871	1152	3733050
街道	6600	625	391	867	25999
镇	148141	18487	3191	27578	345178
乡	54304	9504	22986		198849
其他	870105	214348	148357	353323	11379449
四、按控股情况分(仅限企业法人)					
国有控股	339215	59930	609	3975	2611728
集体控股	154972	21259	5566	40420	401481
私人控股	433445	114698	64524	284221	6256432
港澳台商控股	446683	74669	9485	92322	2146259
外商控股	25165	9470		16233	474263
其他	***	***		***	***
五、按四大城市功能区分					
首都功能核心区	124734	28896	70676	7076	1895111
东城区	37811	6110	69997	4003	649784
西城区	86923	22786	679	3073	1245327
城市功能拓展区	1014216	239033	107619	169893	12894524
朝阳区	422955	86081	33798	50517	2882333
丰台区	71415	16176	3152	1064	245942
石景山区	12996	5326	494	3471	479850
海淀区	506850	131450	70175	114841	9286399
城市发展新区	1062731	163789	81711	267175	3481278
通州区	63884	6398	1000	27578	159420
顺义区	538606	61532	77374	74719	1225233
昌平区	143695	26715	3337	595	517380
大兴区	305652	67833		162648	1505541
开发区	***	***		***	***
生态涵养发展区	171536	13173	1658	867	256253
门头沟区	***	***	***		***
怀柔区	***	***			***
密云县	9595	1458		867	30879

单位：千元

流动负债合计	#应付账款	非流动负债合计	#应付债券	负债合计	所有者权益合计	#实收资本	国家资本	集体资本
475604	8377	4600		480204	903203	643072	60930	
744360	35573	226897		971257	489977	403070	250297	
1621348	477235	18384		1639732	2093318	27504	2100	1304
14287	5188			14287	11712	1500		
168909	7505			168909	176269	97967		94321
101172				101172	97677	7833		7833
7981973	414562	506607		8488580	2890869	1295129	8597	41440
1549567	212446	19516		1569083	1042645	188902	12197	
213048	5415			213048	188433	183621		102321
4281546	133298	443903		4725449	1530983	663648		1190
1545371	48722	264982		1810353	335906	656551		
113285	-23443			113285	360978	244106		
***	***			***	***	***		
1462666	206813	1660		1464326	430785	224539	6730	240
615605	2154	1660		617265	32519	119559	6730	240
847061	204659			847061	398266	104980		
7981254	618159	562961		8544215	4350309	1080840	76084	50087
1686248	105207	257395		1943643	938690	243132	58356	4664
124433	-32458	375		124808	121134	88908	300	13000
345141	-1780	105663		450804	29046	37372	1531	
5825432	547190	199528		6024960	3261439	711428	15897	32423
1635981	111157	191867		1827848	1653430	928393	500	93878
85099				85099	74321	81236		77590
425768	53674	14734		440502	784731	599715	500	11288
529887	39860			529887	-12507	19500		5000
563847	14609	155249		719096	786445	219642		
***	***	***		***	***	***		
27752	12311			27752	228501	242303	238610	693
***	***			***	***	***		***
***	***			***	***	***	***	
15081	9775			15081	15798	3250		250

12-3 续表 4

项目	法人资本	个人资本	港澳台资本	外商资本	营业收入	#主营业务收入
合计	**618648**	**407430**	**740569**	**242606**	**13543127**	**13397201**
一、按行业分(分到小类)						
教育	618648	407430	740569	242606	13543127	13397201
学前教育	8811			2362	275337	272983
学前教育	8811			2362	275337	272983
初等教育			***		***	***
普通小学教育			***		***	***
中等教育	2500	6500			367641	355640
普通初中教育		***			***	***
普通高中教育	2500	500			314859	302858
中等职业学校教育		1000			35248	35248
高等教育	10500				152315	152315
普通高等教育	10000				134764	134764
成人高等教育	***				***	***
技能培训、教育辅助及其他教育	596837	400930	739569	240244	12601526	12476347
职业技能培训	432314	248492	734400	177685	7942391	7831242
体校及体育培训		5330		13538	66884	66884
文化艺术培训	7872	5200	1828		885484	884588
教育辅助服务	50250	52187			1485200	1483666
其他未列明教育	106401	89721	3341	49021	2221567	2209967
二、按登记注册类型分						
内资	610320	407430	97131		11863994	11728826
国有	25820				580665	509545
集体					442229	437229
股份合作	245	15761			199211	198634
国有与集体联营	***				***	***
国有独资公司					***	***
其他有限责任公司	355047	160219			3178877	3148977
股份有限公司	129494	113409			1925883	1922457
私营独资	1500	8500			165814	165770
私营合伙		***			***	***
私营有限责任公司	56195	106041			1647958	1646593
其他	37019	1500	97131		3666425	3642689
港澳台商投资	6828		643438		1312221	1301463
与港澳台商合资经营			***		***	***
与港澳台商合作经营	6828		557499		523335	523323
港澳台商独资			84741		778632	767886
外商投资	1500			242606	366912	366912
中外合资经营	1500			5818	67968	67968
外资企业				236788	298944	298944

单位：千元

营业成本	#主营业务成本	营业税金及附加	#主营业务税金及附加	其他业务利润	销售费用	管理费用	#税金	#财产保险费
6553074	**6486968**	**415812**	**414018**	**78025**	**2305762**	**2983366**	**22009**	**8593**
6553074	6486968	415812	414018	78025	2305762	2983366	22009	8593
89476	87468	7409	7407	344	9010	158820	36	47
89476	87468	7409	7407	344	9010	158820	36	47
***	***	***	***	***		***		***
***	***	***	***	***		***		***
39374	30519	10020	10020	3146	127389	195195	275	205
***	***	***	***			***		***
23408	14553	9153	9153	3146	114136	173023	265	102
6266	6266	791	791		13253	14151	10	41
127185	127185	1644	1644		4268	18976	16	89
115566	115566	1055	1055			18341	16	89
***	***	***	***		***	***		
6207125	6158080	392927	391135	74341	2165095	2530256	21682	7839
3744351	3697941	258674	257110	63175	1341857	1549444	14260	6406
2670	2670	1413	1413		29015	26317	8	2
523670	523670	32449	32449	896	205838	115281	67	349
872877	872475	30263	30197	1065	160485	302720	5972	40
1063557	1061324	70128	69966	9205	427900	536494	1375	1042
5590304	5532916	358887	357093	75985	2037514	2604427	18117	6077
253950	251649	18631	18476	68664	109346	198779	1015	1221
262730	259484	15692	15427	1489	31548	82001	1304	1470
62258	61977	7714	7711	293	62877	54062	337	778
***	***	***	***			***	***	***
***	***	***	***			***	***	***
1549012	1510469	74171	73016	-9799	333932	697526	8015	428
669602	668729	61562	61480	2471	389642	319607	2599	176
97630	97630	5049	5049	44	9861	45386	195	122
***	***	***	***			***	***	***
747199	747041	56715	56657	1149	424983	402777	1663	1141
1901730	1889744	117133	117057	11674	675325	767306	1071	457
844174	835456	48020	48020	2040	220011	264688	2150	1012
***	***	***	***			***	***	***
299567	299567	17821	17821	12	118161	66095	1951	510
538073	529355	30177	30177	2028	101850	194606	191	495
118596	118596	8905	8905		48237	114251	1742	1504
38724	38724	1643	1643		810	35039	1662	1462
79872	79872	7262	7262		47427	79212	80	42

12-3 续表 5

项目	法人资本	个人资本	港澳台资本	外商资本	营业收入	#主营业务收入
三、按隶属关系分						
中央	25643		556499		521474	455398
省	123317	29456			1014788	981271
地	23600	500			2306928	2299645
街道	500	1000			30870	30870
镇		3646			172003	172003
乡					59598	54598
其他	445588	372828	184070	242606	9437466	9403416
四、按控股情况分(仅限企业法人)						
国有控股	175507		1198		1758691	1733315
集体控股	80140	1160			257338	257299
私人控股	271834	390624			4773869	4761294
港澳台商控股	15139		641412		1299286	1289080
外商控股	1500			242606	366912	366912
其他	***				***	***
五、按四大城市功能区分						
首都功能核心区	63980	55628	97961		2023560	2015551
东城区	4168	10460	97961		727984	725884
西城区	59812	45168			1295576	1289667
城市功能拓展区	312835	313119	86109	242606	9020350	8918991
朝阳区	44408	41531	50588	43585	2166661	2083376
丰台区	13000	13587		49021	302570	301719
石景山区	5044	30456	341		322127	322126
海淀区	250383	227545	35180	150000	6228992	6211770
城市发展新区	241833	35683	556499		2418263	2381705
通州区		3646			53569	53569
顺义区	23991	7437	556499		714025	703933
昌平区	5500	9000			207312	204674
大兴区	204042	15600			1357322	1333494
开发区	***				***	***
生态涵养发展区		3000			80954	80954
门头沟区					***	***
怀柔区					***	***
密云县		3000			22004	22004

单位：千元

营业成本		营业税金及附加		其他业务利润	销售费用	管理费用		
	#主营业务成本		#主营业务税金及附加				#税金	#财产保险费
289690	289690	16120	16120	66076	74684	159345	4058	966
343566	301889	32610	31422	-9348	185464	437274	1985	413
1448745	1445078	73214	73155	3557	232117	249849	417	522
25652	25652	1039	1039		2936	1227	39	171
52180	52180	7229	7229		27465	53664	792	1508
16214	12968	1244	979	1489	17245	20196	316	286
4377027	4359511	284356	284074	16251	1765851	2061811	14402	4727
970934	936188	38025	36845	-10551	122268	329767	3579	989
83301	83301	8965	8965	39	52323	96189	1031	906
1967829	1960712	148347	148187	5298	1047891	1110606	10817	1723
743850	735132	47279	47279	1488	220011	362402	2158	1005
118596	118596	8905	8905		48237	114251	1742	1504
***	***	***	***	***	***	***	***	***
1103775	1097043	43947	43947	1277	429254	450540	279	342
320081	318036	22733	22733	55	251449	176770	153	156
783694	779007	21214	21214	1222	177805	273770	126	186
4356622	4339317	292587	291983	83449	1615473	1944050	12069	5239
1032494	1021418	65450	65078	71837	278074	602499	2660	2799
184751	184751	8679	8635	807	27497	88170	6151	907
181341	181341	16119	16119	1	76337	83498	82	2
2958036	2951807	202339	202151	10804	1233565	1169883	3176	1531
1052299	1010230	75676	74486	-6701	245079	557564	9303	2545
5042	5042	2293	2293		27412	7705	268	702
270131	261364	20660	20620	1285	121934	238698	2803	880
113182	113094	6479	6479	2550	10974	90394	2070	771
591088	557874	45249	44099	-10536	77853	217812	4045	192
***	***	***	***		***	***	***	
40378	40378	3602	3602		15956	31212	358	467
***	***	***	***		***	***	***	
***	***	***	***		***	***	***	***
18960	18960	731	731			1718	66	412

12-3 续表 6

项　　目	财务费用	#利息收入	#利息支出	资产减值损失	公允价值变动收益	投资收益
合　计	**-101340**	**175004**	**9690**	**18792**		**29449**
一、按行业分(分到小类)						
教育	-101340	175004	9690	18792		29449
学前教育	452	1023	593			
学前教育	452	1023	593			
初等教育	***	***				
普通小学教育	***	***				
中等教育	-1447	1716	35			
普通初中教育	***	***				
普通高中教育	-1427	1695	34			
中等职业学校教育	-18	19	1			
高等教育	1074	137				
普通高等教育	-121	135				
成人高等教育	***	***				
技能培训、教育辅助及其他教育	-100950	170976	9062	18792		29449
职业技能培训	-70997	109325	4391	19619		25127
体校及体育培训	390	24	11			207
文化艺术培训	1398	10803	8			1152
教育辅助服务	-26847	39784	2136	-782		1600
其他未列明教育	-4894	11040	2516	-45		1363
二、按登记注册类型分						
内资	-95483	151873	6499	18767		28410
国有	-2336	3231	85	-169		
集体	186	365	219			
股份合作	4	170	-20			8913
国有与集体联营	***	***		***		
国有独资公司	***	***				
其他有限责任公司	-28230	45398	2099	-475		2892
股份有限公司	-7816	15130		364		3769
私营独资	201	119				
私营合伙	***	***				
私营有限责任公司	6	4725	2912	-115		10736
其他	-57483	82704	1204			2100
港澳台商投资	-4616	25069	3034			1039
与港澳台商合资经营	***	***				
与港澳台商合作经营	-2660	15494				1039
港澳台商独资	-1960	9471	3034			
外商投资	-1241	-1938	157	25		
中外合资经营	607	75				
外资企业	-1848	-2013	157	25		

单位：千元

营业利润	营业外收入	#补贴收入	利润总额	应交所得税	应付职工薪酬(本年贷方累计发生额)	#社会保险费	#住房公积金	应交增值税
1386452	**90512**	**19784**	**1416073**	**346623**	**3985155**	**500350**	**142687**	**99274**
1386452	90512	19784	1416073	346623	3985155	500350	142687	99274
10170	39		9906	3290	102187	8209	2648	
10170	39		9906	3290	102187	8209	2648	
***			***	***	***	***	***	
***			***	***	***	***	***	
-2890	2578		-355	603	159863	21905	4936	84
***			***	***	***	***		
-3434	2578		-894	351	146144	19769	4771	
805			800	225	7205	759	165	84
-832	113		-1149	54	42583	4570	2661	
-77	107		-400	54	39581	4230	2508	
***	***		***		***	***	***	
1407072	87782	19784	1434739	338350	3636158	463047	131098	99190
1119062	63650	8401	1132389	233371	2208104	283570	73547	41526
7079	5		7283	1857	18877	919	90	1122
6848	251		-1096	3063	334546	41773	12821	2004
145701	9394		157182	55027	234633	37932	14415	9740
128382	14482	11383	138981	45032	839998	98853	30225	44798
1368344	86450	16400	1398462	311746	3269771	408086	109096	89389
2295	41433	5665	10474	6681	231344	32409	9765	2170
50072	7445	17	53660	10607	145800	26390	774	582
12296	199		21138	5464	51712	7199	435	3415
***			***		***	***	***	***
***			***	***	***	***	***	***
552465	22269	9810	572862	162388	764310	105129	29379	51247
493286	7719		499810	93916	564386	69203	17028	10407
7687	1300		6585	1805	69978	12183	2675	33
***			***	***	***	***		
16278	3010	908	17972	25316	396097	48160	15308	20955
262414	3075		264032	5157	1029322	104623	33419	3
-60056	3949	3384	-60291	17253	603664	77450	26928	3420
***			***		***	***	***	
24351	352		25476	6591	238468	32859	10301	
-84114	3597	3384	-85469	10662	356066	41648	16031	3420
78164	113		77902	17624	111720	14814	6663	6465
-8855	70		-8914	87	34948	4422	1334	1454
87019	43		86816	17537	76772	10392	5329	5011

12-3 续表 7

项　　目	财务费用	#利息收入	#利息支出	资产减值损　失	公允价值变动收益	投资收益
三、按隶属关系分						
中央	-4655	6819	5	18993		
省	-978	3653	634	138		
地	-56225	67537	129			256
街道	-2	2				
镇	-25	244	219			
乡	-83	133				
其他	-39372	96616	8703	-339		29193
四、按控股情况分（仅限企业法人）						
国有控股	-29494	41068	133	18492		731
集体控股	1063	342	1212			-3100
私人控股	-5003	21084	3908	319		24747
港澳台商控股	-3701	24267	3627			1039
外商控股	-1241	-1938	157	25		
其他	***	***		***		***
五、按四大城市功能区分						
首都功能核心区	-6032	23922	675	-782		11406
东城区	-1841	13034	3			975
西城区	-4191	10888	672	-782		10431
城市功能拓展区	-86987	134597	8674	274		17453
朝阳区	1074	17260	1130	-19		4635
丰台区	1371	278				
石景山区	-7654	7364	1			
海淀区	-81778	109695	7543	293		12818
城市发展新区	-6932	15090	341	19300		590
通州区	156	63	219			
顺义区	-5784	7705	119			
昌平区	-612	631	3	19162		
大兴区	-677	6663		138		590
开发区	***	***				
生态涵养发展区	-1389	1395				
门头沟区						
怀柔区	***	***				
密云县	-1	2				

单位：千元

营业利润	营业外收入	#补贴收入	利润总额	应交所得税	应付职工薪酬(本年贷方累计发生额)	#社会保险费	#住房公积金	应交增值税
-13710	41079	5581	-24842	9235	193499	24203	8681	2993
16852	3982	84	19054	22491	349564	45251	10626	1061
359228	8603	1226	362174	13187	464794	82845	23756	2218
18			14	29	12928	1469		
31490	546	17	31644	5051	53216	6388	11	
4782	18		4779	1194	17326	1436	119	582
987792	36284	12876	1023250	295436	2893828	338758	99494	92420
327190	13285	2807	321024	86782	321056	53404	18280	6098
15497	338	21	12375	4201	80245	9359	1657	2954
504199	20939	9488	529309	145233	1421644	170971	43692	79603
-70555	3956	3384	-70995	16011	602341	72548	25595	3420
78164	113		77902	17624	111720	14814	6663	6465
***	***		***	***	***	***	***	***
2076	45161	42	25649	13152	562523	41493	11321	4602
-41208	35600	9	-37759	901	278319	6852	1693	4372
43284	9561	33	63408	12251	284204	34641	9628	230
898604	28546	15725	915195	223324	2687300	354114	110471	90216
187070	936	400	191900	74107	713757	81410	24488	11655
-7898	1585	1581	-6394	2408	104475	11650	3781	11940
-27514	3586	3399	-24329	6391	154409	23203	11468	900
746946	22439	10345	754018	140418	1714659	237851	70734	65721
494577	16647	4000	484427	110049	697496	98766	20883	4456
10961	190		10901	2725	14950	3376		
68386	2969		70801	15484	221114	26491	7881	5
-13105	1257		-33200	957	90973	11682	2378	537
425997	12219	4000	433976	90396	364564	56926	10624	161
***	***		***	***	***	***		***
-8805	158	17	-9198	98	37836	5977	12	
***	***	***	***		***	***		
***	***		***		***	***	***	
596			186	98	13511	2832		

12-4 规模以下教育业法人

项目	单位数(个)	固定资产合计	固定资产原价	#本年折旧	资产总计	负债合计	所有者权益合计	#实收资本
合计	**5755**	**1792554**	**2111433**	**191279**	**17568071**	**8702095**	**8865976**	**7930012**
一、按行业分(分到小类)								
教育	5755	1792554	2111433	191279	17568071	8702095	8865976	7930012
学前教育	149	78138	130306	16108	1465731	468351	997379	222693
学前教育	149	78138	130306	16108	1465731	468351	997379	222693
初等教育	24	15059	15437	287	68576	17639	50937	51231
普通小学教育	19	15059	15437	287	67239	17620	49618	47589
成人小学教育	5				1337	19	1318	3642
中等教育	50	89330	151853	3049	351510	229384	122126	538415
普通初中教育	7	78493	136697	2615	224316	135116	89200	507095
职业初中教育	8	156	361	26	5908	1960	3948	1430
成人初中教育	4	8794	11185	233	80474	64968	15506	20800
普通高中教育	1				***	***	***	***
成人高中教育	3	189	925	55	8342	1036	7306	851
中等职业学校教育	27	1699	2685	120	31867	26184	5683	7636
高等教育	33	2539	5212	919	818097	78279	739818	47510
普通高等教育	4	13	13		14758	934	13824	11000
成人高等教育	29	2527	5200	919	803340	77346	725994	36510
特殊教育	12	1258	10875	137	35760	52674	-16914	4328
特殊教育	12	1258	10875	137	35760	52674	-16914	4328
技能培训、教育辅助及其他教育	5487	1606229	1797750	170778	14828397	7855768	6972630	7065834
职业技能培训	2607	1207900	1309505	131362	8825454	4572456	4252999	4142632
体校及体育培训	241	164791	171508	1792	389324	217516	171809	119252
文化艺术培训	1156	108716	151327	8601	2028189	626627	1401562	882243
教育辅助服务	231	47155	54560	5329	324255	237646	86609	172317
其他未列明教育	1252	77667	110850	23694	3261175	2201524	1059651	1749391
二、按登记注册类型分								
内资	5689	1760345	2023024	155568	17020258	8125007	8895251	7457117
国有	158	130418	230899	10978	1415289	171832	1243457	158942
集体	101	278943	304008	11452	599724	482892	116833	218915
股份合作	361	108775	126864	7609	448735	349695	99040	212443
国有联营	2				114		114	1000
集体联营	5	321	891	58	3407	293	3114	1430
其他联营	10	1	3		1861	465	1396	1798
国有独资公司	6	1223	3025	129	556827	240693	316134	314330
其他有限责任公司	1176	660744	658086	60058	6936679	3435975	3500704	3507393
股份有限公司	55	55936	61185	2258	217242	155937	61305	74680
私营独资	630	77011	101897	6582	375631	204944	170687	134767
私营合伙	117	12342	14673	1748	83293	22242	61052	23944
私营有限责任公司	2671	291371	358720	39348	4050359	2289266	1761093	2125288
私营股份有限公司	58	47517	4474	334	715125	82247	632878	34290
其他	339	95743	158300	15015	1615971	688527	927444	647898
港澳台商投资	28	22951	66438	32847	383576	332758	50817	348636
与港澳台商合资经营	2	448	9783	468	94171	26171	68001	102720

单位财务状况(企业会计制度)

单位：千元

营业收入	营业成本	营业税金及附加	销售费用	管理费用	#税金	财务费用	投资收益	营业利润	利润总额	应交所得税	应交增值税
4210443	**1761236**	**110965**	**707638**	**2008340**	**12341**	**5088**	**180032**	**-545599**	**-295326**	**20759**	**49925**
4210443	1761236	110965	707638	2008340	12341	5088	180032	-545599	-295326	20759	49925
421136	245097	3430	24005	131420	1866	1521	-43	-26530	-2090	2571	770
421136	245097	3430	24005	131420	1866	1521	-43	-26530	-2090	2571	770
13375	1250	134	576	12178	197	55		-1107	-993	8	195
12965	1250	134	565	11129	197	57		-170	-8	8	195
410			11	1049		-2		-937	-985		
30209	18388	1303	1658	10360	66	-19		-1821	-916	519	106
4695	1230	10	759	5058	6	-1		-2884	-2401		86
944	92	30	222	667	1	4		-70	-66	5	8
190	256	10		389				-492	-492		
***		***	***	***	***	***		***	***	***	***
10867	7364	358		1373	2	-21		1548	1548	470	
13242	9446	891	602	2781	57	-1		-22	396	40	
39126	14228	1198	22917	21258	3	-25	25	-31719	-29088	30	222
8354		67		2416				-2019	1		15
30771	14228	1131	22917	18843	3	-26	25	-29700	-29089	30	207
16184	9974	452	2788	6662	13	-5		-1556	-1630	35	109
16184	9974	452	2788	6662	13	-5		-1556	-1630	35	109
3690413	1472299	104448	655694	1826462	10196	3561	180050	-482867	-260609	17595	48522
2066207	876570	58198	364072	1007409	5003	-762	157078	-223792	-31760	11365	30905
80170	29260	3280	20250	50907	193	595	25196	-26257	5160	505	496
451653	165988	13362	79775	228663	839	238	237	-69661	-71008	1575	5173
242267	114423	7202	35814	136718	1699	1148	13	-66883	-69739	753	3535
850116	286058	22405	155784	402766	2462	2342	-2474	-96273	-93261	3397	8413
4021988	1620991	107969	692782	1904174	11985	4948	180032	-484165	-234379	20298	44911
340188	219478	10433	28996	76553	361	-718	13	-20217	6221	2755	132
79930	36547	2991	14341	33212	342	618		-10792	-10802	272	207
223967	81686	7656	25255	100164	569	-270	2	416	-2175	1722	3975
24	12	1		48				-37	-37		
472	87	5		552		-10		-162	-86		1
805	174	15		168		4		-25	-25		
22063	14580	940	591	5740	35	-120		2969	332	352	3
985608	400141	24693	218758	505621	2838	878	67413	-241521	-165096	4308	12061
38573	20995	257	2742	22088	581	-64		-5078	-6326	551	1225
257951	84059	6534	30413	98916	926	393	-41	19290	19891	1262	1261
57364	26235	1532	7657	19500	215	602	3	2779	2460	769	263
1554530	502901	43133	320618	825322	4830	2438	112622	-193613	-42966	6158	24860
39925	10653	1094	10741	16647	3	9		-1370	-1142	323	440
420588	223441	8687	32670	199642	1286	1187	20	-36802	-34629	1825	484
90808	88401	1440	9108	37013	105	-25		-42392	-42730	18	347
663		1	153	1163	18	-1838		1184	1194		20

12-4 续表

项目	单位数(个)	固定资产合计	固定资产原价	#本年折旧	资产总计	负债合计	所有者权益合计	#实收资本
与港澳台商合作经营	2	6819	33881	27061	7997	-419	8416	39865
港澳台商独资	24	15684	22775	5317	281407	307006	-25599	206051
外商投资	38	9259	21971	2864	164237	244329	-80092	124259
中外合资经营	13	1620	8242	1045	24018	32113	-8095	35966
外资企业	25	7639	13729	1819	140220	212217	-71997	88293
三、按隶属关系分								
中央	40	42676	66421	2869	654176	281999	372177	340605
省	86	16238	31204	2660	1399161	700068	699093	395837
地	262	106290	175124	12641	1947296	559492	1387804	424320
县	15	172183	110205	543	362235	314357	47878	72295
街道	16	2421	387	62	17634	1575	16059	51995
镇	15	19608	43946	1782	123426	103235	20191	25290
乡	3				50		50	50
村委会	8	23894	44801	2656	89779	44082	45697	52360
其他	5310	1409244	1639344	168066	12974315	6697288	6277026	6567260
四、按控股情况分(仅限企业法人)								
国有控股	157	55214	180627	9399	2338322	1103087	1235235	1072055
集体控股	217	331811	366408	13735	1553701	603622	950079	364722
私人控股	4978	1148536	1154289	114041	11164819	5529258	5635561	5100982
港澳台商控股	28	22910	66821	32868	383408	333961	49446	347647
外商控股	35	26573	15622	2613	162535	231840	-69305	252864
其他	306	175401	271186	15329	1710215	718169	992046	754497
五、按四大城市功能区分								
首都功能核心区	767	106925	234085	11716	1457941	943137	514804	743757
东城区	344	55877	142094	4978	683310	451664	231646	369659
西城区	423	51047	91991	6737	774630	491472	283158	374098
城市功能拓展区	3341	431169	626690	100324	11578777	5430111	6148666	4280596
朝阳区	1070	167114	205787	37635	3948256	2355138	1593118	1653099
丰台区	264	23914	54406	1740	341540	114863	226677	116684
石景山区	230	51006	78981	3047	343070	163484	179586	166955
海淀区	1777	189135	287516	57902	6945911	2796626	4149285	2343857
城市发展新区	1307	544384	658063	50732	2778956	1412615	1366341	1999069
房山区	199	25050	33152	3121	159419	72329	87090	102563
通州区	317	13132	23019	1814	325973	123360	202613	205470
顺义区	75	242166	235488	31834	467964	369955	98009	225852
昌平区	484	84117	131404	8035	1039224	477929	561296	605326
大兴区	176	135187	186873	4521	565417	273017	292400	717187
开发区	56	44732	48127	1407	220958	96025	124933	142670
生态涵养发展区	340	710076	592595	28507	1752398	916232	836166	906590
门头沟区	51	4437	8371	700	37955	13467	24488	31442
怀柔区	110	197165	210873	5231	696322	518895	177426	88787
平谷区	62	12854	18663	1464	95254	59803	35451	54460
密云县	95	121469	134460	9902	320979	283171	37807	89941
延庆县	22	374151	220229	11210	601888	40896	560993	641961

单位：千元

营业收入	营业成本	营业税金及附加	销售费用	管理费用	#税金	财务费用	投资收益	营业利润	利润总额	应交所得税	应交增值税
5862		193		9597	1	14		-3967	-3928		
84283	88401	1245	8955	26254	86	1799		-39609	-39996	18	327
97647	51844	1556	5748	67153	251	164		-19042	-18217	443	4667
23265	7425	556	94	21871	210	92		-7498	-7587	1	297
74382	44419	1000	5654	45282	41	73		-11544	-10630	441	4370
94397	74866	2995	6799	25369	28	-242	44	-16933	2692	1717	70
132409	43180	5807	4919	36682	152	-312	39031	-7004	33840	506	286
342950	140487	10455	41082	179620	818	-1703	-149	-41765	-34531	1415	2296
7095	9489	93	952	830	72	171		-4288	-4124	10	67
8586	3113	75	28	4734	2	5		-2337	767	46	12
20282	9887	628	1791	7684	36	26	130	266	215	183	22
10659	2934	584	5943	1411	71	425		-618	-628		
3594065	1477280	90327	646123	1752010	11161	6717	140976	-472920	-293558	16882	47171
310968	181783	12962	34779	116243	835	-987	39727	-39555	22901	3715	780
167516	67552	5445	34514	64276	477	45	-3	-13061	-11716	1243	1364
3056004	1110409	81434	589752	1507319	9373	5285	140285	-364305	-193955	14034	42453
92577	90780	1437	9108	36651	102	-26		-42637	-42975	18	347
87717	50052	1365	8428	53441	42	76		-15342	-14427	447	4417
404461	222255	7260	29485	193648	1468	1078	24	-75178	-59777	752	548
562389	246459	18906	93490	242096	2054	2181	3979	-44379	-37130	3606	6770
201480	78204	6184	31816	110777	1259	2012	1384	-33444	-25981	767	2458
360908	168255	12723	61673	131319	795	169	2594	-10935	-11149	2839	4312
2918243	1178266	73677	462031	1374962	7542	4089	144369	-356659	-150057	13651	37320
863636	369481	19537	131559	392404	1041	2290	101083	-79232	34912	4218	7208
154986	60482	3475	16823	57964	555	249	29	6786	5950	849	863
194924	164019	2254	25982	44509	163	345	13	-42718	-43786	297	979
1704697	584284	48411	287666	880085	5784	1205	43245	-241495	-147133	8287	28271
602996	271787	14492	112288	278612	2316	-2267	31674	-58692	-17252	3085	5113
70661	22016	1184	16155	32367	100	435	-14	-1515	1672	191	1021
125442	72441	2675	8495	41142	93	3	-17	1179	7303	607	1635
64428	33424	1703	17960	35844	343	613		-14550	-14193	272	163
256195	103542	6249	54430	112263	1126	-2227	7296	-17853	-10371	1840	1910
62328	28392	1972	11574	22333	85	-1775	-159	-2495	-3166	159	330
23943	11973	709	3674	34663	570	684	24567	-23459	1502	15	54
126815	64723	3889	39829	112670	429	1085	10	-85869	-90886	417	722
13658	8721	256	2973	8242	37	-8		-6567	-6508	41	146
39069	16222	1164	24536	28361	120	-113	10	-30309	-29914	109	358
16937	10492	452	821	17793	45	618		-4475	-4540	41	140
35734	23957	1231	10364	26838	70	6258		-32915	-32514	47	74
21416	5331	787	1136	31437	157	-5670		-11604	-17409	178	5

第13篇

卫生和社会工作

13-1 全部卫生和社会工作法人

项目	单位数(个)	资产总计	营业收入	营业成本	营业税金及附加
合计	**1936**	**17425394**	**13189749**	**7952284**	**27421**
一、按行业分(分到小类)					
卫生	1771	16024959	13016369	7856706	25559
医院	542	12027639	9839382	6382790	8369
综合医院	127	6963696	5548340	4019452	3945
中医医院	140	754286	1292249	835133	509
中西医结合医院	16	97301	119958	61564	22
民族医院	1	***	***	***	***
专科医院	245	4127933	2845442	1443201	3801
疗养院	13	83990	32524	23251	92
社区医疗与卫生院	57	55133	165022	150137	346
社区卫生服务中心(站)	32	52179	163104	148938	343
街道卫生院	3	649	188	162	
乡镇卫生院	22	2306	1730	1037	3
门诊部(所)	995	2800990	2027174	897885	11462
门诊部(所)	995	2800990	2027174	897885	11462
计划生育技术服务活动	2	702			
计划生育技术服务活动	2	702			
妇幼保健院(所、站)	4	213943	258962	97982	186
妇幼保健院(所、站)	4	213943	258962	97982	186
专科疾病防治院(所、站)	33	38187	34050	16561	51
专科疾病防治院(所、站)	33	38187	34050	16561	51
疾病预防控制中心	4	910	5		
疾病预防控制中心	4	910	5		
其他卫生活动	134	887454	691773	311352	5146
其他卫生活动	134	887454	691773	311352	5146
社会工作	165	1400435	173381	95578	1862
提供住宿社会工作	123	1332264	153396	89324	1085
干部休养所	12	3795	203		10
护理机构服务	14	43960	20442	10750	78
精神康复服务	2	1243			
老年人、残疾人养护服务	89	1095724	111496	78575	998
孤残儿童收养和庇护服务	5	187542	21255		
其他提供住宿社会救助	1				
不提供住宿社会工作	42	68171	19985	6254	777
社会看护与帮助服务	28	31217	11885	2290	378
其他不提供住宿社会工作	14	36953	8100	3963	399
二、按登记注册类型分					
内资	1916	15845763	12137530	7721276	24114
国有	53	4408193	2722630	2547192	936
集体	94	1088374	1091041	807796	3359
股份合作	285	1066653	1540811	807016	3034
集体联营	3	6702	11327	3998	
国有与集体联营	1	***	***	***	
其他联营	4	1161	114		6
其他有限责任公司	326	6465659	3772725	2269637	3913
股份有限公司	17	116604	187010	113794	87
私营独资	303	358500	408058	216025	1486
私营合伙	218	284301	316080	137287	1396
私营有限责任公司	456	1668930	1597081	692274	8873
私营股份有限公司	36	139147	172555	48171	90
其他	120	167674	136620	59136	933

单位财务状况(企业会计制度)

单位：千元

销售费用	管理费用	#税金	财务费用	利润总额	应交所得税	应交增值税
1728412	**3595878**	**14821**	**100047**	**54491**	**162046**	**4311**
1714930	3462092	11468	71982	137176	161334	4173
1125504	2531836	8977	31687	-18558	81611	1267
386748	1319921	4883	-1805	115408	32377	192
265062	252479	435	3106	-17388	4327	257
22315	58106	58	698	-24000	55	1
***	***		***	***		
451255	893229	3512	29627	-95636	43881	818
107	7102	89	55	3400	971	
1352	11477	185	27	2516	134	21
1289	11000	185	25	2370	123	21
9	88		1	-71		
54	389		1	217	11	
385200	660227	1972	39133	65157	37945	1565
385200	660227	1972	39133	65157	37945	1565
	7			-8		
	7			-8		
15025	67306	2	415	77914	28620	299
15025	67306	2	415	77914	28620	299
6801	10125	8	85	52	712	4
6801	10125	8	85	52	712	4
	20			-21		
	20			-21		
181049	181093	324	635	10125	12312	1016
181049	181093	324	635	10125	12312	1016
13482	133786	3353	28065	-82685	712	138
10667	126305	3189	27879	-80319	710	78
473	1571		-30	-118	16	13
10194	64762	40	30341	-65255	694	64
	59972	3149	-2432	-14946		
2815	7481	164	185	-2366	3	60
2815	3492		3	-2302	3	57
	3989	164	182	-63		4
1618397	2871535	14241	94823	76328	144670	4450
13133	422079	3362	-17539	1159	2951	27
59298	115895	87	-481	98612	1007	6
348946	400491	2449	4185	-30911	6351	349
1492	6184	1	1414	-1762		
***	***			***		
7	120	1	-1	-18	1	
525101	1058262	5555	93917	-65890	74171	2284
15448	27240	65	435	31663	8008	52
52425	154741	310	2177	-12153	4285	194
62345	103007	856	1095	16684	2538	43
316031	487957	1281	8777	32094	44730	1494
70102	40499	38	609	1408	472	1
14491	36111	236	235	1434	156	

13-1 续表

项目	单位数(个)	资产总计	营业收入	营业成本	营业税金及附加
港澳台商投资	10	911870	742422	145556	693
与港澳台商合资经营	4	102047	60090	7628	
与港澳台商合作经营	4	584216	661471	129151	4
港澳台商独资	1	***	***	***	***
港澳台商投资股份有限公司	1	***	***	***	
外商投资	10	667762	309798	85453	2615
中外合资经营	4	209792	43042	20962	1242
中外合作经营	5	457632	266756	64490	1373
外资企业	1	***			
三、按隶属关系分					
中央	15	3188964	724602	843190	543
省	26	2018362	3065061	2531127	916
地	116	1598974	1314081	885080	2532
县	5	47376	1281	237	
街道	7	64033	94681	52351	95
镇	11	103332	28175	24148	158
乡	7	93547	189391	26690	2
社区	4	6511	5421	1021	68
村委会	30	48422	11886	12666	
其他	1715	10255874	7755169	3575775	23107
四、按控股情况分					
国有控股	59	3861844	1181160	1143125	1197
集体控股	200	1127391	862266	438984	4028
私人控股	1501	8090342	6524769	3391552	16672
港澳台商控股	14	928185	773804	160542	695
外商控股	9	319671	280477	72758	2795
其他	126	898840	560715	347782	501
五、按四大城市功能区分					
首都功能核心区	295	2462547	2701667	1545827	4707
东城区	170	1132875	1025286	498397	2862
西城区	125	1329672	1676381	1047430	1845
城市功能拓展区	1128	11266524	8020647	4571069	20278
朝阳区	576	5604637	4202998	1870312	9108
丰台区	143	2571471	1073180	936440	1845
石景山区	48	829694	1218236	1040571	316
海淀区	361	2260722	1526235	723746	9009
城市发展新区	382	2534389	1747463	1209934	1674
房山区	27	189067	114968	95724	12
通州区	50	61248	53147	22244	543
顺义区	66	307298	182240	71215	60
昌平区	106	917598	195275	108545	275
大兴区	113	876089	892290	725005	741
开发区	20	183089	309543	187202	43
生态涵养发展区	131	1161934	719972	625455	763
门头沟区	13	501693	671797	601435	471
怀柔区	41	21240	16711	8355	8
平谷区	14	51024	14966	7407	3
密云县	47	584738	15283	7518	278
延庆县	16	3239	1215	740	3

单位：千元

销售费用	管理费用	#税金	财务费用	利润总额	应　交 所得税	应　交 增值税
31748	591083	273	8780	-35340	12731	4
30799	27058	20	346	-5366	686	4
949	482301	253	4764	43721	12045	
	***		***	***		
	***		***	***		
78267	133260	307	-3555	13504	4645	-143
7781	16381	28	-83	-3358	313	-143
70486	116879	280	-3472	16862	4332	
835	147827	3467	-7351	-18348	5	
105661	320178	95	673	110931	6670	93
89229	259569	4675	39509	48283	15225	71
6	2812	4		-31		
16538	13971	70	903	10825	45	
440	2159		-231	2331	16	24
139579	19571	1	-2	4043	8	
787	4180		15	-650		
120	2684			-4343	6	
1375217	2822926	6508	66531	-98549	140072	4123
89945	172079	610	28334	-31436	7779	654
183004	237391	414	-146	-5357	10060	313
1084444	1936322	9365	71277	30033	121704	3373
31773	609769	273	8868	-37729	12744	14
80390	118355	245	441	5625	4384	-143
106859	128861	478	3090	-9068	5334	100
416045	610114	7377	9430	136365	63361	1555
235074	359711	4569	570	-48000	11167	577
180971	250403	2808	8860	184364	52194	978
1128638	2571331	6687	64543	-93245	89514	2463
587920	1724559	3303	32554	-95569	57751	1298
274436	259746	984	-4313	-49057	2052	102
13801	165436	89	283	2108	144	24
252481	421591	2311	36019	49273	29568	1039
174758	284587	702	3677	74717	8822	183
998	29126	244	85	-11112		
2516	16551		117	-2990	155	
61062	32515	198	153	18393	4778	3
24910	55915	78	2193	1110	1217	70
24605	85439	130	393	73277	394	99
60667	65042	53	737	-3961	2278	11
8971	129845	55	22397	-63345	349	111
1500	82186	24	-8665	-1450		
1992	10890	9	11	-4550	6	91
306	7780	15	38	-241	331	4
5166	28745	7	31009	-57272	1	2
7	244		2	168	11	13

13-2 卫生和社会工作法人单位财务

项目	单位数(个)	资产合计	负债合计	上年结余
合计	**1874**	**116391015**	**32409444**	**6242302**
一、按行业分(分到小类)				
卫生	1152	107436605	29937211	5586085
医院	376	92684959	26624450	4366267
综合医院	181	65058631	20042623	2862346
中医医院	44	9294384	2588587	492178
中西医结合医院	12	476537	235754	-2409
民族医院	3	110095	28474	7130
专科医院	86	17498015	3711918	983023
疗养院	50	247297	17094	23999
社区医疗与卫生院	455	4711947	1298761	253753
社区卫生服务中心(站)	234	3196703	950694	204148
街道卫生院	4	84115	36792	1659
乡镇卫生院	217	1431130	311274	47946
门诊部(所)	144	418298	165582	19991
门诊部(所)	144	418298	165582	19991
计划生育技术服务活动	24	213264	28074	16521
计划生育技术服务活动	24	213264	28074	16521
妇幼保健院(所、站)	24	1518982	311004	113457
妇幼保健院(所、站)	24	1518982	311004	113457
专科疾病防治院(所、站)	26	283814	50533	45559
专科疾病防治院(所、站)	26	283814	50533	45559
疾病预防控制中心	40	4795849	835454	587178
疾病预防控制中心	40	4795849	835454	587178
其他卫生活动	63	2809490	623353	183359
其他卫生活动	63	2809490	623353	183359
社会工作	722	8954411	2472232	656216
提供住宿社会工作	580	5740883	2374812	287852
干部休养所	130	1256401	597448	224233
护理机构服务	35	1089730	242260	15689
精神康复服务	17	88628	9442	4725
老年人、残疾人养护服务	371	3004602	1505865	12799
孤残儿童收养和庇护服务	15	218392	14454	28342
其他提供住宿社会救助	12	83129	5344	2063
不提供住宿社会工作	142	3213528	97420	368364
社会看护与帮助服务	65	230702	19478	11264
其他不提供住宿社会工作	77	2982826	77942	357101
二、按登记注册类型分				
内资	1874	116391015	32409444	6242302
国有	955	108560282	29346401	6100472
集体	253	2340829	776333	68707
股份合作	10	95971	5500	1738
国有联营	2	11585	6669	294

状况(行政事业及民间非营利组织会计制度)

单位：千元

收入合计	支出合计	#工资福利支出	#商品和服务支出	收支结余	经营税金
126984534	**122377945**	**26070439**	**74412995**	**9026581**	**45845**
119025899	114275791	25260304	73125621	8539098	39448
103138167	99014288	21823295	64440305	6803952	31454
72361709	69743676	15524277	45549573	4197204	17068
12439776	11831066	2151895	7707782	1033897	3910
843835	664363	129611	481794	-12327	55
107640	99314	24615	65448	15456	260
17247833	16552909	3953103	10603942	1531310	10052
137373	122961	39795	31767	38411	110
7881366	7534423	1985026	4394549	539760	760
5913430	5634672	1385820	3359840	421970	753
178350	173551	38562	122178	6458	
1789587	1726201	560645	912531	111333	7
777050	698088	126569	273432	48986	779
777050	698088	126569	273432	48986	779
117654	110798	14199	38496	23377	485
117654	110798	14199	38496	23377	485
1400712	1453220	391662	834206	60949	3
1400712	1453220	391662	834206	60949	3
244947	240327	77812	95634	50179	1888
244947	240327	77812	95634	50179	1888
3501994	3218835	420981	2153662	870336	3946
3501994	3218835	420981	2153662	870336	3946
1964011	2005810	420759	895337	141560	132
1964011	2005810	420759	895337	141560	132
7958634	8102154	810135	1287374	487482	6397
5957006	6067787	668298	823502	151856	1673
4694991	4668273	243732	386362	250951	377
148767	157384	37865	67377	7071	50
67040	71886	28241	21240	-122	54
788452	905072	271167	284573	-129035	1186
196442	205297	62169	48691	19487	
61315	59874	25124	15259	3505	6
2001629	2034367	141837	463872	335627	4724
108428	159684	18020	33122	-39993	549
1893201	1874682	123817	430751	375620	4175
126984534	122377945	26070439	74412995	9026581	45845
119661089	116768381	24819385	71901530	8993180	41070
2785497	2309731	635778	1357720	137972	1149
131083	28914	2468	19138	1878	2
16934	16925	7433	1293	303	

13-2 续表

项　　目	单位数（个）	资产合计	负债合计	上年结余
集体联营	4	7360	3139	2256
国有与集体联营	1	***	***	
其他联营	4	14282	4320	148
其他有限责任公司	5	37098	30117	-1537
私营独资	68	270046	105719	14670
私营合伙	15	148606	48818	18179
私营有限责任公司	12	62444	64864	7077
私营股份有限公司	1	***		
其他	544	4823571	2015478	30298
三、按隶属关系分				
中央	82	49985818	12089120	2254699
省	134	32585186	8486306	2565389
地	785	26813926	8990024	1302677
县	37	992082	371970	18477
街道	38	126545	57336	11688
镇	128	590790	114332	19896
乡	25	168659	64259	986
社区	2	10346	1888	
村委会	103	68302	26760	7414
其他	540	5049362	2207449	61077
四、按四大城市功能区分				
首都功能核心区	252	50626546	12132690	3655527
东城区	115	24869105	5808989	1503494
西城区	137	25757441	6323701	2152033
城市功能拓展区	644	45918891	14497504	1501490
朝阳区	200	22732651	8105645	311854
丰台区	204	5606256	1960824	289451
石景山区	63	2964798	881828	56264
海淀区	177	14615186	3549207	843920
城市发展新区	530	15153806	3985611	897935
房山区	130	2612965	1028856	131285
通州区	79	3137531	589870	338759
顺义区	68	2150240	387055	78764
昌平区	167	4608814	1215245	293941
大兴区	84	2632936	754240	54391
开发区	2	11321	10345	795
生态涵养发展区	448	4691772	1793639	187350
门头沟区	50	700151	305904	57661
怀柔区	81	1069069	354585	65746
平谷区	61	1096151	502088	-1609
密云县	121	980027	341905	52724
延庆县	135	846374	289157	12827

单位：千元

收入合计	支出合计	#工资福利支出	#商品和服务支出	收支结余	经营税金
5734	5550	951	3889	2441	
***	***	***	***	***	
6974	14780	3354	1060	-7658	
77615	16797	1322	5503	-1654	
379641	217423	42133	81914	10273	332
151999	103902	32670	17538	20883	291
29318	43347	5199	35411	-6953	71
***					
3710096	2845396	518874	982074	-123088	2930
43542008	41906355	7918795	27645509	3890351	24058
36186725	35578158	8611941	22014354	3162667	15467
41035346	39898785	8300978	22318330	1972132	3882
1453418	1436472	378650	857718	35424	90
208408	210771	45137	91621	9326	205
522079	517199	160570	250582	24775	68
111437	106463	34626	28943	5960	
11772	10904	4989	3108	868	
149847	79600	15683	46506	3715	13
3763494	2633238	599071	1156326	-78638	2062
48054917	47207472	10074290	29357775	4407877	18378
20085274	19749374	4350591	12479534	1744299	8366
27969643	27458098	5723699	16878241	2663577	10013
54840063	52678270	10611508	31443522	2847812	25313
25639070	24726963	5178568	15654706	788731	13717
8082503	7697320	1520139	4322653	327544	1859
2720287	2515659	593468	1480083	239027	295
18398204	17738327	3319332	9986080	1492509	9442
17895410	16524266	3738402	10055851	1476672	1942
3564002	3073210	733316	1853363	10679	134
4110705	3944001	740848	2327382	482711	20
2543010	2447434	634817	1509308	104270	33
4899802	4427667	988773	2627088	677889	1462
2739412	2597685	628767	1718160	196117	290
38479	34268	11882	20552	5006	4
6194144	5967936	1646239	3555847	294220	211
840410	801519	211807	425947	96552	25
1318759	1212577	368746	734985	126536	20
1476611	1406312	426338	839672	-5255	8
1684733	1692857	385011	1057026	44600	157
873631	854671	254338	498217	31786	2

13-3 规模以上卫生和社会工作

项　　目	单位数(个)	年初存货	流动资产合　计	#货币资金	#现金
合　计	141	335306	5314002	2077415	8680
一、按行业分(分到小类)					
卫生	137	335201	5195063	1968314	8607
医院	82	282211	3536864	1608785	5704
综合医院	29	131173	2343214	1256761	1497
中医医院	11	98091	311097	91655	995
中西医结合医院	2	632	20056	2675	201
专科医院	39	51930	846294	245345	2937
疗养院	1	***	***	***	***
社区医疗与卫生院	2	4572	23869	15239	6
社区卫生服务中心(站)	2	4572	23869	15239	6
门诊部(所)	39	29663	919603	172174	1188
门诊部(所)	39	29663	919603	172174	1188
妇幼保健院(所、站)	1	***	***	***	***
妇幼保健院(所、站)	1	***	***	***	***
专科疾病防治院(所、站)	1	***	***	***	***
专科疾病防治院(所、站)	1	***	***	***	***
其他卫生活动	12	11556	553587	50637	992
其他卫生活动	12	11556	553587	50637	992
社会工作	4	105	118939	109101	73
提供住宿社会工作	3	69	106085	99338	8
老年人、残疾人养护服务	2	69	45373	40619	7
孤残儿童收养和庇护服务	1		***	***	***
不提供住宿社会工作	1	***	***	***	***
其他不提供住宿社会工作	1	***	***	***	***
二、按登记注册类型分					
内资	131	320017	4862280	1965461	7699
国有	11	64062	1341499	1037678	215
集体	7	17460	367697	137068	231
股份合作	25	53433	258618	71994	921
集体联营	1		***	***	***
国有与集体联营	1	***	***	***	
其他有限责任公司	51	127768	2232038	470566	3922
股份有限公司	2	5258	85633	6822	188
私营独资	7	15350	67706	10520	535
私营合伙	5	3345	19826	6567	122
私营有限责任公司	15	24943	366502	157838	1226
私营股份有限公司	4	2480	30166	6560	225
其他	2	1404	25790	15730	76

法人单位财务状况(企业会计制度)

单位：千元

#交易性金融资产	#应收账款	#存货	可供出售金融资产	持有至到期投资	长期股权投资	投资性房地产	固定资产合计	固定资产原价
75583	**765996**	**385954**			**163145**		**3279105**	**5071199**
75583	762976	384303			163145		3093531	4694804
73530	422205	322672			155905		2913385	4238554
16030	312390	151985			6070		2585367	3540752
	63830	110817			510		41635	67508
		952					1207	19871
57500	44743	58560			149325		284322	607044
	***	***					***	***
	3652	4952					4196	7034
	3652	4952					4196	7034
2053	250065	32057			7240		102016	249560
2053	250065	32057			7240		102016	249560
	***	***					***	***
	***	***					***	***
		***					***	***
		***					***	***
	80109	15688					62875	152537
	80109	15688					62875	152537
	3020	1651					185574	376395
	27	1570					170772	349926
		1570					49034	89592
	***						***	***
	***	***					***	***
	***	***					***	***
60583	665342	367275			163145		3124374	4806118
	165890	76486					2024696	2755025
	42370	19141			70		370731	550855
1030	16285	37115			9100		113498	214233
							***	***
	***	***					***	***
2053	338650	167704			145750		459663	941714
57500	11700	5366					14798	24855
	8532	18441					39471	76149
		4296					8813	23514
	65515	27830			8225		57080	138404
	173	3977					7008	35085
	4120	1072					15235	27673

13-3 续表 1

项目	单位数(个)	年初存货	流动资产合计	#货币资金	#现金
港澳台商投资	5	11763	287654	81692	887
与港澳台商合资经营	2	1208	33462	25771	103
与港澳台商合作经营	3	10555	254192	55921	784
外商投资	5	3526	164068	30262	94
中外合资经营	2		11241	3466	47
中外合作经营	3	3526	152827	26796	47
三、按隶属关系分					
中央	6	11409	796062	678490	83
省	10	92652	892564	395303	1025
地	15	38394	777390	317599	281
街道	1	***	***	***	***
镇	1	***	***	***	***
乡	1	***	***	***	
其他	107	185308	2693905	594788	7178
四、按控股情况分(仅限企业法人)					
国有控股	12	76889	989446	700540	457
集体控股	16	8373	270598	45286	1497
私人控股	86	148981	2213179	509071	5416
港澳台商控股	6	11840	290062	83858	891
外商控股	5	3526	164068	30262	94
其他	4	9638	368411	136179	105
五、按四大城市功能区分					
首都功能核心区	40	142115	1207676	510836	2521
东城区	20	78897	461944	200118	1352
西城区	20	63218	745732	310718	1169
城市功能拓展区	87	122450	2961125	1234109	4681
朝阳区	53	68759	1543062	347586	2658
丰台区	6	12143	769258	629894	142
石景山区	2	23954	183202	92136	7
海淀区	26	17594	465603	164493	1874
城市发展新区	13	45449	895879	162015	1476
房山区	1	***	***	***	***
顺义区	3	5306	133438	31913	185
昌平区	3	5763	236916	8047	150
大兴区	2	16899	346627	97278	206
开发区	4	13513	120859	19332	900
生态涵养发展区	1	***	***	***	***
门头沟区	1	***	***	***	***

单位：千元

#交易性金融资产	#应收账款	#存货	可供出售金融资产	持有至到期投资	长期股权投资	投资性房地产	固定资产合计	固定资产原价
15000	93860	14299					136891	202578
	3337	1419					7703	20766
15000	90523	12880					129188	181812
	6794	4380					17840	62503
	330						870	4655
	6464	4380					16970	57848
	56687	19111					1404353	1805893
	169852	82597			70		968666	1445171
1053	74275	39461			150100		217285	396210
	***	***					***	***
		***					***	***
	***	***					***	***
74530	445346	231407			12975		623338	1308134
1000	77082	113376			510		1304275	1591245
1030	40663	14002					47481	114275
58553	349213	146866			21565		580152	1209357
15000	93882	14400					138196	205844
	6794	4380					17840	62503
	27156	10387			141000		40935	76412
16000	111521	155790			9735		380839	817215
15000	23786	104219			5735		204980	431354
1000	87735	51571			4000		175859	385861
59583	498702	152567			153340		2353702	3344166
59583	278997	83062			153100		370712	691556
	72719	23349					1272508	1516666
	58987	26875					507047	701232
	87999	19281			240		203435	434712
	116368	52454			70		419959	649868
	***	***					***	***
	1116	7160					24021	39647
	1127	4043					36888	77165
	41041	19132			70		322873	452448
	66327	17458					23459	47331
	***	***					***	***
	***	***					***	***

13-3 续表 2

项目	累计折旧	本年折旧	在建工程	无形资产	资产总计
合计	**1797022**	**335195**	**24156**	**204228**	**9561534**
一、按行业分(分到小类)					
卫生	1606200	318335	23807	199302	9251679
医院	1328911	276945	21303	184815	7314350
综合医院	947145	207422	13930	173589	5321605
中医医院	36323	7945	1232	7	365779
中西医结合医院	19100	59			23344
专科医院	323818	61260	6141	11219	1585611
疗养院	***	***			***
社区医疗与卫生院	2838	1119			36241
社区卫生服务中心(站)	2838	1119			36241
门诊部(所)	148457	22561	2504	8258	1073103
门诊部(所)	148457	22561	2504	8258	1073103
妇幼保健院(所、站)	***	***		***	***
妇幼保健院(所、站)	***	***		***	***
专科疾病防治院(所、站)	***	***			***
专科疾病防治院(所、站)	***	***			***
其他卫生活动	89664	16275		4650	642046
其他卫生活动	89664	16275		4650	642046
社会工作	190822	16860	349	4926	309855
提供住宿社会工作	179155	14757	349	4926	282198
老年人、残疾人养护服务	40559	4742	349		94756
孤残儿童收养和庇护服务	***	***		***	***
不提供住宿社会工作	***	***			***
其他不提供住宿社会工作	***	***			***
二、按登记注册类型分					
内资	1686530	307254	23618	190096	8771800
国有	719234	116187	8545	4956	3394934
集体	180125	41689	1578	1127	749303
股份合作	103442	16316	5311	533	395058
集体联营	***	***			***
国有与集体联营	***	***			***
其他有限责任公司	483628	103904	6613	175150	3363170
股份有限公司	10057	2849		408	105950
私营独资	36678	6057	1232		109150
私营合伙	15436	2694	339		31061
私营有限责任公司	91749	11230		7816	463969
私营股份有限公司	28513	2149		106	37280
其他	12438	2266			41739

单位：千元

流动负债合计		非流动负债合计		负债合计	所有者权益合计			
	#应付账款		#应付债券			#实收资本	国家资本	集体资本
4472006	**1727871**	**364294**		**4836300**	**4725234**	**2571878**	**44971**	**85718**
4333914	1727350	364294		4698208	4553471	2564488	38161	85638
3289347	1419622	309784		3599131	3715219	2229016	11029	83114
1879315	976828	290639		2169954	3151651	1746152	10329	70614
289651	181086	2700		292351	73428	74650	700	
19398	15	872		20270	3074	11000		
1097002	260199	15573		1112575	473036	389214		12500
***	***			***	***	***		
25342	11936			25342	10899	3271	1461	124
25342	11936			25342	10899	3271	1461	124
686844	188686	33671		720515	352588	194818	25671	2400
686844	188686	33671		720515	352588	194818	25671	2400
***	***			***	***	***		
***	***			***	***	***		
***	***			***	***	***		
***	***			***	***	***		
272812	86612	20839		293651	348395	116383		
272812	86612	20839		293651	348395	116383		
138092	521			138092	171763	7390	6810	80
137531				137531	144667	7090	6510	80
20494				20494	74262	580		80
***				***	***	***	***	
***	***			***	***	***	***	
***	***			***	***	***	***	
4120200	1639988	216360		4336560	4435240	2382024	43771	85293
1214033	598634	148272		1362305	2032629	1080832	32990	
174342	119418	483		174825	574478	57590	461	51443
375222	163959	8791		384013	11045	70880		10500
***				***	***	***		***
***	***			***	***	***	***	***
1809143	512693	40760		1849903	1513267	981077	9520	12400
48700	35065			48700	57250	35000		
50518	27339	10726		61244	47906	20500		
18489	4722	872		19361	11700	13130		
314976	118070	2798		317774	146195	90465		
30983	2561	3658		34641	2639	19600		
13766	13686			13766	27973	1500	300	

13-3 续表 3

项　　目	累计折旧	本年折旧	在建工程	无形资产	资产总计
港澳台商投资	65827	21432	538	11467	600861
与港澳台商合资经营	13063	1914			41673
与港澳台商合作经营	52764	19518	538	11467	559188
外商投资	44665	6509		2665	188873
中外合资经营	3785	740			13637
中外合作经营	40880	5769		2665	175236
三、按隶属关系分					
中央	390454	68088	1713	4926	2216046
省	476506	90053	8046	1663	1895143
地	178930	44926	1408	169596	1357621
街道	***	***			***
镇	***	***	***		***
乡	***	***			***
其他	700509	125142	12640	28043	3866669
四、按控股情况分(仅限企业法人)					
国有控股	276677	63406	4106	78	2312505
集体控股	69854	12806		432	350590
私人控股	641223	117972	4961	176338	3317375
港澳台商控股	67788	21683	538	11467	604838
外商控股	44665	6509		2665	188873
其他	35477	7822	6141	7165	594041
五、按四大城市功能区分					
首都功能核心区	438325	69139	3096	182412	1820563
东城区	227251	26906	140	18323	695617
西城区	211074	42233	2956	164089	1124946
城市功能拓展区	993149	188737	6547	19852	5990338
朝阳区	334071	72926	4298	17588	2491409
丰台区	233072	56306	1713	27	2046746
石景山区	194185	27933	76		690325
海淀区	231821	31572	460	2237	761858
城市发展新区	230203	56619	7772	1964	1363718
房山区	***	***			***
顺义区	15626	4306	6543		177059
昌平区	40277	5769		103	274631
大兴区	129869	36516	1229	1127	681346
开发区	23872	6248		734	153823
生态涵养发展区	***	***	***		***
门头沟区	***	***	***		***

单位：千元

流动负债合计	#应付账款	非流动负债合计	#应付债券	负债合计	所有者权益合计	#实收资本	国家资本	集体资本
250174	75838	132950		383124	217737	128731	1200	425
21123	13285			21123	20550	7892	1200	
229051	62553	132950		362001	197187	120839		425
101632	12045	14984		116616	72257	61123		
17891	5360	14984		32875	-19238	5481		
83741	6685			83741	91495	55642		
534259	286239			534259	1681787	962060	17051	
889170	487085	148998		1038168	856975	200120	700	39239
424403	111656	2000		426403	931218	566877	588	22300
***	***			***	***	***		
***				***	***	***		***
***	***			***	***	***	***	***
2521752	788387	213296		2735048	1131621	822831	26132	23149
593374	376425	33838		627212	1685293	1057301	35412	
314899	115836	2500		317399	33191	70400		34900
2075964	615076	29267		2105231	1212144	976828		
253297	77336	132950		386247	218591	132231	1200	425
101632	12045	14984		116616	72257	61123		
112821	44797	2000		114821	479220	108974		
901402	301777	34174		935576	884987	699341	18230	22425
450173	139102			450173	245444	140598	11710	425
451229	162675	34174		485403	639543	558743	6520	22000
2894406	1014499	179470		3073876	2916462	1655408	26741	24054
1551901	388570	156135		1708036	783373	526865	1588	22400
438018	333916			438018	1608728	952909	500	950
490066	223310	11115		501181	189144	26452	461	124
414421	68703	12220		426641	335217	149182	24192	580
549189	317830	13493		562682	801036	144129		39239
***	***			***	***	***		
116646	42840	1200		117846	59213	8100		
93363	27775	11705		105068	169563	7300		
176109	116520	483		176592	504754	58699		39239
81166	59374	105		81271	72552	60030		
***	***	***		***	***	***		
***	***	***		***	***	***		

13-3 续表 4

项目	法人资本	个人资本	港澳台资本	外商资本	营业收入	#主营业务收入
合计	**2094418**	**175184**	**124660**	**46927**	**10003667**	**9960959**
一、按行业分(分到小类)						
卫生	2093918	175184	124660	46927	9940905	9910131
医院	1893765	129455	100414	11239	7880446	7851226
综合医院	1498663	66132	100414		5048891	5036044
中医医院	66750	7200			782478	779166
中西医结合医院	10000	1000			27524	27524
专科医院	310352	55123		11239	1992163	1979102
疗养院	***				***	***
社区医疗与卫生院	1686				133581	133581
社区卫生服务中心(站)	1686				133581	133581
门诊部(所)	105772	36729	24246		1067741	1067449
门诊部(所)	105772	36729	24246		1067741	1067449
妇幼保健院(所、站)	***				***	***
妇幼保健院(所、站)	***				***	***
专科疾病防治院(所、站)		***			***	***
专科疾病防治院(所、站)		***			***	***
其他卫生活动	72695	8000		35688	598488	598181
其他卫生活动	72695	8000		35688	598488	598181
社会工作	500				62762	50828
提供住宿社会工作	500				55635	43701
老年人、残疾人养护服务	500				34402	34402
孤残儿童收养和庇护服务					***	***
不提供住宿社会工作					***	***
其他不提供住宿社会工作					***	***
二、按登记注册类型分						
内资	2077776	175184			9017183	8974475
国有	1042690	5152			2573324	2556831
集体	5666	20			914477	913553
股份合作	14390	45990			835895	828638
集体联营					***	***
国有与集体联营					***	***
其他有限责任公司	909568	49589			3055291	3039091
股份有限公司	32700	2300			182376	182376
私营独资	1000	19500			265641	265641
私营合伙	600	12530			93331	93306
私营有限责任公司	60330	30135			772687	771732
私营股份有限公司	10832	8768			109001	108147
其他		1200			22507	22507

单位：千元

营业成本	#主营业务成本	营业税金及附加	#主营业务税金及附加	其他业务利润	销售费用	管理费用	#税金	#财产保险费
6491956	**6478559**	**8531**	**8026**	**28805**	**1087337**	**2115731**	**11275**	**1925**
6456184	6442787	7974	7469	16871	1087088	2048552	7957	1809
5455777	5443464	4634	4132	16403	705652	1649375	6929	1490
3782609	3778004	3356	3123	8007	270491	1091132	4679	823
551479	549913	108	108	1746	147704	69389	234	291
10871	10871				3331	12950	6	
1090150	1084008	1138	869	6650	284126	471147	1970	376
***	***	***	***			***	***	
126986	126986					7787	1	34
126986	126986					7787	1	34
515044	514828	566	566	76	208303	218370	746	132
515044	514828	566	566	76	208303	218370	746	132
***	***	***	***	***	***	***	***	***
***	***	***	***	***	***	***	***	***
***	***				***	***	***	***
***	***				***	***	***	***
261703	261395	2619	2616	-3	161402	135265	274	87
261703	261395	2619	2616	-3	161402	135265	274	87
35772	35772	557	557	11934	249	67179	3318	116
32225	32225	158	158	11934	249	63392	3154	116
32225	32225	158	158		249	3442	5	
				***		***	***	***
***	***	***	***			***	***	
***	***	***	***			***	***	
6287938	6274541	5912	5407	28805	982979	1498514	10761	1570
2495338	2492776	829	698	13800	11945	410819	3361	286
712757	712534	1632	1553	622	35732	59327	68	190
514278	512242	518	518	5219	181818	133107	598	192
***	***				***	***		
***	***				***	***		
1887768	1879752	1565	1270	7890	355223	548831	4963	394
111646	111646	6	6		14989	25189	7	6
120106	120106	625	625		24398	101356	253	104
40274	40274	5	5	25	17051	34946	790	11
335141	334581	332	332	395	148623	130126	505	387
31213	31213	1	1	854	51211	24711	33	
16475	16475	399	399		959	5170	183	

13-3 续表 5

项目						
	法人资本	个人资本	港澳台资本	外商资本	营业收入	#主营业务收入
港澳台商投资	2446		124660		715698	715698
与港澳台商合资经营	2446		4246		54227	54227
与港澳台商合作经营			120414		661471	661471
外商投资	14196			46927	270786	270786
中外合资经营	1644			3837	22716	22716
中外合作经营	12552			43090	248070	248070
三、按隶属关系分						
中央	945009				611911	595418
省	149181	11000			2987334	2986410
地	507142	36847			1132448	1121466
街道	***				***	***
镇					***	***
乡					***	***
其他	474626	127337	124660	46927	4998212	4983903
四、按控股情况分(仅限企业法人)						
国有控股	1021595	294			1032699	1024822
集体控股	35480	20			440208	439022
私人控股	820805	156023			4169874	4154198
港澳台商控股	5946		124660		722234	722234
外商控股	14196			46927	270786	270786
其他	96479	12495			369652	364541
五、按四大城市功能区分						
首都功能核心区	560701	45724	17875	34386	2198046	2181124
东城区	60811	26630	17875	23147	745140	729583
西城区	499890	19094		11239	1452906	1451541
城市功能拓展区	1370127	115160	106785	12541	5656332	5631777
朝阳区	282811	100740	106785	12541	2901806	2885678
丰台区	947559	3900			707465	702906
石景山区	25867				1139593	1139593
海淀区	113890	10520			907468	903600
城市发展新区	90590	14300			1481944	1480713
房山区	***				***	***
顺义区	6100	2000			153945	153945
昌平区	5000	2300			104754	104754
大兴区	19460				824905	823981
开发区	50030	10000			295424	295117
生态涵养发展区	***				***	***
门头沟区	***				***	***

单位：千元

营业成本	#主营业务成本	营业税金及附加	#主营业务税金及附加	其他业务利润	销售费用	管理费用	#税金	#财产保险费
134886	134886	4	4		26091	504695	269	316
5735	5735				25142	22394	16	34
129151	129151	4	4		949	482301	253	282
69132	69132	2615	2615		78267	112522	245	39
8524	8524	1242	1242		7781	9609	27	
60608	60608	1373	1373		70486	102913	218	39
815157	812595	530	399	13800		143709	3467	116
2480365	2480142	805	726	622	104716	290912	73	267
805406	803564	685	393	8847	66569	200501	3528	149
***	***	***	***		***	***	***	***
***	***	***	***			***		
***	***				***	***		
2304852	2296082	6258	6255	5536	775603	1449439	4137	1368
1090077	1085949	582	451	3618	88587	138549	604	11
240567	240567	1445	1445	1185	85741	99296	178	82
2344728	2336012	2183	2160	6936	584103	813437	6180	954
140197	140197	6	6		26091	507143	269	323
69132	69132	2615	2615		78267	112522	245	39
216151	215821	272		4510	73098	53506	363	49
1299187	1296845	1132	1109	14557	306209	393871	7010	362
351912	350130	414	414	13775	178132	214593	4261	215
947275	946715	718	695	782	128077	179278	2749	147
3523413	3512889	6760	6360	13629	671062	1478306	3731	1148
1323071	1321094	3942	3673	13880	386744	1029586	2170	871
707031	704469	1437	1306	1866	170494	128566	906	5
1001791	1001791	239	239			137021	25	123
491520	485535	1142	1142	-2117	113824	183133	630	149
1069602	1069071	180	98	619	110066	165254	521	415
***	***	***	***			***	***	***
62688	62688				50640	23827	171	16
79763	79763				5138	13345	20	
657383	657160	174	95	622	872	49405	96	176
179762	179454	4	1	-3	53416	55506	46	147
***	***	***	***			***	***	
***	***	***	***			***	***	

13-3 续表 6

项目	财务费用	#利息收入	#利息支出	资产减值损失	公允价值变动收益	投资收益
合计	**23236**	**25674**	**23683**	**-391**		**5740**
一、按行业分(分到小类)						
卫生	25709	25050	23682	-391		5740
医院	19158	20055	19259	504		5724
综合医院	-2846	17438	6391	550		3877
中医医院	2131	1272	1531			
中西医结合医院	164	3	135			
专科医院	19654	1335	11202	-46		1847
疗养院	***	***				
社区医疗与卫生院	13	13				
社区卫生服务中心(站)	13	13				
门诊部(所)	4807	3774	3815	-554		16
门诊部(所)	4807	3774	3815	-554		16
妇幼保健院(所、站)	***	***				
妇幼保健院(所、站)	***	***				
专科疾病防治院(所、站)	***	***				
专科疾病防治院(所、站)	***	***				
其他卫生活动	1495	150	608	-341		
其他卫生活动	1495	150	608	-341		
社会工作	-2473	624	1			
提供住宿社会工作	-2657	612	1			
老年人、残疾人养护服务	-225	235	1			
孤残儿童收养和庇护服务	***	***				
不提供住宿社会工作	***	***				
其他不提供住宿社会工作	***	***				
二、按登记注册类型分						
内资	17691	25565	21623	-508		5371
国有	-17452	17059	1213	42		932
集体	-581	797	94			2577
股份合作	2530	238	860			
集体联营	***	***	***			
国有与集体联营						
其他有限责任公司	26072	6145	16992	-568		15
股份有限公司	425	51				1847
私营独资	1230	49	640			
私营合伙	132	24	13			
私营有限责任公司	3371	1172	722	18		
私营股份有限公司	370	13	131			
其他	180	16				

单位：千元

营业利润	营业外收入	#补贴收入	利润总额	应交所得税	应付职工薪酬(本年贷方累计发生额)	#社会保险费	#住房公积金	应交增值税
276876	**345745**	**7487**	**612246**	**141446**	**2655719**	**352552**	**90911**	**1561**
315398	322867	5948	627960	141431	2630522	350827	89799	1561
45850	321109	2343	356508	74178	2059135	291173	73118	568
-95851	310957	2181	208246	29698	1348465	213556	56161	35
11667	5008		15970	3472	128345	10835	2127	234
208			208	49	6392	1102		
125948	5139	162	128201	39988	563641	64883	14645	299
***	***		***	***	***	***	***	
-1205		3159	1954		36838	6765	1931	
-1205		3159	1954		36838	6765	1931	
120651	541	10	118586	26429	276957	29901	8231	1083
120651	541	10	118586	26429	276957	29901	8231	1083
***	***		***	***	***	***	***	***
***	***		***	***	***	***	***	***
***			***	***	***	***		
***			***	***	***	***		
36004	1215	436	36816	11517	209819	17269	4874	-134
36004	1215	436	36816	11517	209819	17269	4874	-134
-38522	22878	1539	-15714	15	25197	1725	1112	
-37732	22878	1539	-14884	15	25108	1725	1112	
-1447	1539	1539	62	15	17114	1567	469	
***	***		***		***	***	***	
***			***		***			
***			***		***			
224149	345019	7477	559872	124623	2245563	312101	76625	1700
-328155	328561	3690	203	2313	732192	137793	36923	3
105610	3456	3159	110542	168	195240	28636	6828	
3644	15		1643	3260	141337	15100	1550	14
***			***		***	***		
***			***		***	***		
235832	6986	103	235386	64840	832303	94002	27001	1443
30121	85	80	31822	7988	35568	3670	437	195
17926	4		17221	3749	42697	3369	142	
923	21		659	905	15261	2457	92	
155094	5879	445	159331	40951	198785	21606	3652	44
1495	8		1450	422	23697	4004		1
-676	4		-720	27	4835	207		

13-3 续表 7

项　　目	财务费用	#利息收入	#利息支出	资产减值损　失	公允价值变动收益	投资收益
港澳台商投资	5204	57	2060	117		369
与港澳台商合资经营	440	6	91			1
与港澳台商合作经营	4764	51	1969	117		368
外商投资	341	52				
中外合资经营	-115	14				
中外合作经营	456	38				
三、按隶属关系分						
中央	-7358	5716		42		932
省	586	11609	10158	55		2577
地	6887	1891	3148	367		
街道	***	***	***			
镇	***	***	***			
乡						
其他	22444	6191	9583	-855		2231
四、按控股情况分(仅限企业法人)						
国有控股	-2320	6739	233	54		932
集体控股	2653	194	1246	55		
私人控股	26294	6838	17091	-492		1847
港澳台商控股	5222	57	2052	117		384
外商控股	341	52				
其他	2872	389	1847	-125		
五、按四大城市功能区分						
首都功能核心区	8089	4253	2631	520		383
东城区	-367	1752	1580			383
西城区	8456	2501	1051	520		
城市功能拓展区	21681	11925	19658	-993		2780
朝阳区	24569	1288	14541	-483		1848
丰台区	-4911	5314	182	42		932
石景山区	109	1225	1213			
海淀区	1914	4098	3722	-552		
城市发展新区	2101	850	1394	82		2577
房山区	***	***				
顺义区	79	80				
昌平区	701	18	601			
大兴区	371	594	793			2577
开发区	872	84		82		
生态涵养发展区	***	***				
门头沟区	***	***				

单位：千元

营业利润	营业外收入	#补贴收入	利润总额	应交所得税	应付职工薪酬(本年贷方累计发生额)	#社会保险费	#住房公积金	应交增值税
44818	665		44577	12445	285175	33006	11438	4
516	349		856	400	22310	1382	547	4
44302	316		43721	12045	262865	31624	10891	
7909	61	10	7797	4378	124981	7445	2848	-143
-4325			-4424	46	5712	708	509	-143
12234	61	10	12221	4332	119269	6737	2339	
-340127	323779		-16320		232263	50797	14173	
109950	6791	2181	114331	6230	696808	115614	29892	93
52400	3655	1619	52594	14044	280887	34412	8221	35
***			***		***	***	***	
***			***	***	***	***	***	
***			***		***	***		
439616	11520	3687	446604	121157	1409909	150018	38407	1433
-282776	304015	1539	21228	7446	327904	60213	16318	654
10506	2432		12297	7705	91949	10283	1828	
399129	9416	628	399001	106194	973714	110347	23780	1027
43575	672		43350	12445	288747	33333	11438	14
7909	61	10	7797	4378	124981	7445	2848	-143
23753	1107		24564	3236	137296	15751	4964	9
189558	24516	1549	208152	60402	428148	47603	12948	729
456	21442		20505	11185	168733	15734	5319	244
189102	3074	1549	187647	49217	259415	31869	7629	485
-44890	313490	3351	267300	73909	1696388	222372	59606	823
133894	9775	192	141841	49756	959649	108435	30533	823
-295152	302440		7308	1010	221931	47079	11309	
433		3159	3592		279273	44767	12769	
115935	1275		114559	23143	235535	22091	4995	
134741	4496	436	136325	7135	329716	42784	9296	9
***	***		***		***	***		
16711			16473	3892	42267	4086	733	
5807	5		5574	975	27031	2309		
116700	3456		118473		170334	26116	6652	
5864	1003	436	6321	2268	64895	7443	1911	9
***	***	***	***		***	***	***	
***	***	***	***		***	***	***	

13-4 规模以下卫生和社会工作

项目	单位数(个)	固定资产合计	固定资产原价	#本年折旧	资产总计	负债合计	所有者权益合计	#实收资本
合计	**1795**	**1238401**	**1563376**	**166361**	**7863860**	**5524892**	**2338968**	**3687271**
一、按行业分(分到小类)								
卫生	1634	924483	1213888	152137	6773280	4608208	2165071	2257712
医院	460	681121	823417	99378	4713289	3353538	1359750	1302739
综合医院	98	102648	146849	24340	1642091	1348728	293363	519685
中医医院	129	82715	112240	18782	388507	422039	-33533	142619
中西医结合医院	14	24924	33224	7449	73957	108770	-34813	12194
民族医院	1	***	***	***	***	***	***	***
专科医院	206	470612	530756	48743	2542322	1424695	1117627	623350
疗养院	12	160	208	26	65979	46735	19244	4790
社区医疗与卫生院	55	9617	3588	356	18892	6682	12210	14056
社区卫生服务中心(站)	30	8919	2116	196	15938	6219	9719	12442
街道卫生院	3	251	405	77	649	330	319	500
乡镇卫生院	22	446	1067	83	2306	133	2173	1114
门诊部(所)	956	197737	333806	41335	1727887	1031210	696677	716252
门诊部(所)	956	197737	333806	41335	1727887	1031210	696677	716252
计划生育技术服务活动	2				702	210	492	500
计划生育技术服务活动	2				702	210	492	500
妇幼保健院(所、站)	3	11895	13989	1415	54638	103005	-48367	11000
妇幼保健院(所、站)	3	11895	13989	1415	54638	103005	-48367	11000
专科疾病防治院(所、站)	32	1664	2273	348	11553	3129	8425	12822
专科疾病防治院(所、站)	32	1664	2273	348	11553	3129	8425	12822
疾病预防控制中心	4				910	430	480	800
疾病预防控制中心	4				910	430	480	800
其他卫生活动	122	22447	36814	9304	245408	110004	135404	199544
其他卫生活动	122	22447	36814	9304	245408	110004	135404	199544
社会工作	161	313919	349488	14223	1090580	916684	173896	1429559
提供住宿社会工作	120	306574	334770	13588	1050066	880309	169757	1372735
干部休养所	12	3654	3865		3795		3795	4628
护理机构服务	14	7757	10769	1124	43960	11892	32068	59140
精神康复服务	2	1243	109		1243	1162	80	
老年人、残疾人养护服务	87	293921	320027	12465	1000968	867255	133714	1308838
孤残儿童收养和庇护服务	4				100		100	130
其他提供住宿社会救助	1							
不提供住宿社会工作	41	7344	14718	635	40514	36375	4139	56824
社会看护与帮助服务	28	7237	14583	623	31217	28981	2237	55534
其他不提供住宿社会工作	13	108	135	12	9296	7394	1902	1290
二、按登记注册类型分								
内资	1785	936022	1301506	156244	7073963	4975237	2098726	3453788
国有	42	62400	78366	2806	1013259	30250	983008	30957
集体	87	106740	114768	8365	339071	154781	184290	77953
股份合作	260	150299	222274	28986	671595	584450	87144	266557
集体联营	2	4	4		382	22	360	565
其他联营	4				1161	219	942	850
其他有限责任公司	275	308446	436374	52929	3102489	2790591	311898	2071681
股份有限公司	15	3674	4748	71	10654	3661	6993	9650
私营独资	296	47344	55243	5658	249350	124461	124890	122795
私营合伙	213	46308	62082	11420	253240	193624	59616	89078
私营有限责任公司	441	176091	282074	40330	1204961	921967	282994	677341
私营股份有限公司	32	11195	14235	1940	101867	75769	26098	30780
其他	118	23520	31338	3738	125935	95444	30491	75582

法人单位财务状况(企业会计制度)

单位：千元

营业收入	营业成本	营业税金及附加	销售费用	管理费用	#税金	财务费用	投资收益	营业利润	利润总额	应交所得税	应交增值税
3186082	**1460328**	**18890**	**641075**	**1480147**	**3546**	**76811**	**-1187**	**-534843**	**-557755**	**20600**	**2750**
3075464	1400522	17585	627842	1413540	3511	46273	-1323	-467495	-490784	19903	2612
1958936	927013	3735	419852	882461	2048	12529	-1918	-352302	-375066	7433	699
499449	236843	589	116257	228789	204	1041	165	-81714	-92838	2679	157
509771	283654	401	117358	183090	201	975	-90	-34152	-33358	855	23
92434	50693	22	18984	45156	52	534		-24143	-24208	6	1
***	***	***	***	***		***		***	***		
853279	353051	2663	167129	422082	1542	9973	-1994	-210981	-223837	3893	519
3134	2583	60	107	2345	49			-971	-483		
31441	23151	346	1352	3690	184	14		639	562	134	21
29523	21952	343	1289	3213	184	12		464	416	123	21
188	162		9	88		1		-71	-71		
1730	1037	3	54	389		1		246	217	11	
959433	382841	10896	176897	441857	1226	34326	551	-55003	-53429	11516	482
959433	382841	10896	176897	441857	1226	34326	551	-55003	-53429	11516	482
				7				-8	-8		
				7				-8	-8		
27314	16210	31	9012	37837		255		-36030	-36167	9	255
27314	16210	31	9012	37837		255		-36030	-36167	9	255
5049	1659	51	1083	1839	3	9		91	37	16	4
5049	1659	51	1083	1839	3	9		91	37	16	4
5				20				-14	-21		
5				20				-14	-21		
93285	49649	2527	19647	45828	50	-860	44	-24867	-26691	795	1150
93285	49649	2527	19647	45828	50	-860	44	-24867	-26691	795	1150
110619	59806	1305	13233	66607	35	30538	136	-67347	-66971	697	138
97761	57099	927	10418	62913	35	30536	76	-66793	-65435	695	78
203		10									
20442	10750	78	473	1571		-30	72	-191	-118	16	13
77094	46350	840	9945	61320	35	30566	4	-66601	-65317	679	64
22				22							
12858	2707	378	2815	3694		1	60	-554	-1536	3	60
11885	2290	378	2815	3492		3		-1228	-2302	3	57
973	416			202		-2	60	674	767		4
3120347	1433338	18202	635418	1373021	3480	77132	-1187	-460437	-483544	20047	2750
149306	51854	107	1188	11260	1	-87		393	956	638	24
176564	95039	1727	23566	56568	19	100		-12066	-11930	839	6
704916	292738	2516	167128	267384	1851	1655	103	-32456	-32554	3091	335
152	3		39	199	1			-90	-90		
114		6	7	120	1	-1		-18	-18	1	
717434	381869	2348	169878	509431	592	67845	368	-288190	-301276	9331	841
4634	2148	81	459	2051	58	10		-270	-159	20	-143
142417	95919	861	28027	53385	57	947	91	-27506	-29374	536	194
222749	97013	1391	45294	68061	66	963	3	6977	16025	1633	43
824394	357133	8541	167408	357831	776	5406	-1845	-121152	-127237	3779	1450
63554	16958	89	18891	15788	5	239		-41	-42	50	
114113	42661	534	13532	30941	53	55	94	13983	2154	129	

13-4 续表

项目	单位数(个)	固定资产合计	固定资产原价	#本年折旧	资产总计	负债合计	所有者权益合计	#实收资本
港澳台商投资	5	197304	205080	6169	311009	247657	63352	152190
与港澳台商合资经营	2	2544	4154	249	60374	42533	17841	23500
与港澳台商合作经营	1				***	***	***	***
港澳台商独资	1	***	***	***	***	***	***	***
港澳台商投资股份有限公司	1	***	***	***	***	***	***	***
外商投资	5	105076	56790	3947	478889	301998	176890	81293
中外合资经营	2	80556	16696	279	196155	145189	50966	52600
中外合作经营	2	24520	40094	3668	282396	156616	125780	28693
外资企业	1				***	***	***	
三、按隶属关系分								
中央	9	2640	23512	2427	972918	26292	946626	9854
省	16	43916	49708	5645	123219	57580	65638	27611
地	101	49469	60689	4311	241353	120126	121227	196133
县	5	2433	2587	51	47376	39410	7966	5700
街道	6	441	1289	342	3569	4410	-841	1801
镇	10	6674	7074	18	11607	2168	9439	3722
乡	6	17957	18028	171	19681	1814	17867	18184
社区	4	3018	3754	644	6511	5178	1333	2450
村委会	30	49570	44886	524	48422	1656	46766	20083
其他	1608	1062284	1351850	152227	6389205	5266257	1122947	3401735
四、按控股情况分(仅限企业法人)								
国有控股	47	203352	243608	8882	1549339	733559	815780	67820
集体控股	184	146077	184034	18274	776801	480078	296723	162048
私人控股	1415	552578	835225	123439	4772967	3756045	1016922	3133294
港澳台商控股	8	199984	208044	6653	323347	256634	66714	158990
外商控股	4	80111	15981	141	130798	81229	49569	51300
其他	122	53554	72614	8047	304799	200222	104577	111182
五、按四大城市功能区分								
首都功能核心区	255	76510	121623	14305	641984	505412	136573	337794
东城区	150	42479	70539	8340	437258	352813	84445	242838
西城区	105	34031	51084	5965	204726	152599	52127	94956
城市功能拓展区	1041	795712	1020964	130563	5276186	3609078	1667108	1561718
朝阳区	523	461490	620698	74238	3113228	1887133	1226095	893660
丰台区	137	178144	129573	21930	524725	440295	84430	164758
石景山区	46	15249	37112	8955	139369	82222	57147	55404
海淀区	335	140829	233580	25440	1498864	1199429	299436	447896
城市发展新区	369	204593	220929	12754	1170671	692544	478127	568380
房山区	26	88827	86566	2804	112208	53813	58395	63677
通州区	50	16849	21260	2211	61248	44102	17146	41253
顺义区	63	11184	20808	1561	130239	48742	81497	43596
昌平区	103	42097	41319	1618	642967	384477	258490	302701
大兴区	111	37725	41230	3013	194743	138452	56291	98510
开发区	16	7911	9746	1546	29266	22959	6307	18643
生态涵养发展区	130	161587	199861	8739	775019	717858	57161	1219380
门头沟区	12	3967	4957	217	114778	4926	109852	1103614
怀柔区	41	5612	7480	757	21240	16215	5025	16422
平谷区	14	14571	16662	774	51024	2444	48580	22060
密云县	47	136360	170259	6985	584738	693129	-108391	75134
延庆县	16	1077	501	6	3239	1144	2095	2150

单位：千元

营业收入	营业成本	营业税金及附加	销售费用	管理费用	#税金	财务费用	投资收益	营业利润	利润总额	应交所得税	应交增值税
26724	10670	689	5657	86388	4	3576		-80256	-79917	286	
5863	1893		5657	4664	4	-94		-6257	-6222	286	
***	***	***		***		***		***	***		
***	***			***		***		***	***		
39012	16321			20738	62	-3896		5850	5707	267	
20326	12438			6772	1	32		1084	1066	267	
18686	3882			13966	62	-3928		4766	4641		
112691	28033	13	835	4118		7	21	-1907	-2028	5	
77727	50762	111	945	29266	22	87		-2662	-3400	440	
181633	79674	1847	22660	59068	1147	32622	-1	11826	-4311	1181	36
1281	237		6	2812	4			-31	-31		
24263	6237		15666	2512		-6		-145	-144	45	
6309	3033		440	1395		1		1959	2270	1	24
7913	7743	2	2	624	1	-2		121	36	8	
5421	1021	68	787	4180		15		-650	-650		
11886	12666		120	2684				-4460	-4343	6	
2756957	1270923	16849	599614	1373487	2371	44087	-1207	-538892	-545153	18915	2690
148461	53048	615	1358	33530	6	30654	21	-53291	-52664	333	
422058	198417	2583	97263	138095	236	-2799		-16893	-17654	2355	313
2354895	1046824	14489	500341	1122885	3185	44983	-1371	-344986	-368968	15510	2346
51570	20345	689	5682	102626	4	3646		-81418	-81079	299	
9691	3626	180	2123	5833		100		-2172	-2172	6	
191063	131631	229	33761	75355	115	218	162	-36443	-33632	2098	91
503621	246640	3575	109836	216243	367	1341	67	-71277	-71787	2959	826
280146	146485	2448	56942	145118	308	937	-6	-69868	-68505	-18	333
223475	100155	1127	52894	71125	59	404	73	-1409	-3283	2977	493
2364315	1047656	13518	457576	1093025	2956	42862	-1697	-347008	-360545	15605	1640
1301192	547241	5166	201176	694973	1133	7985	-1788	-227684	-237410	7995	475
365715	229409	408	103942	131180	78	598		-55609	-56365	1042	102
78643	38780	77	13801	28415	64	174		-1989	-1484	144	24
618767	232226	7867	138657	238458	1681	34105	90	-61726	-65286	6425	1039
265519	140332	1494	64692	119333	181	1576	167	-51822	-61608	1687	174
12052	5718	10	998	5955	56	7		-636	-596		
53147	22244	543	2516	16551		117		12686	-2990	155	
28295	8527	60	10422	8688	27	74		1627	1920	886	3
90521	28782	275	19772	42570	58	1492	31	-3994	-4464	242	70
67385	67622	567	23733	36034	34	22	136	-51226	-45196	394	99
14119	7440	39	7251	9536	7	-135		-10278	-10282	10	2
52627	25701	304	8971	51545	42	31032	276	-64736	-63814	349	111
4452	1681	12	1500	3886	11	-30	276	-2598	-1919		
16711	8355	8	1992	10890	9	11		-4545	-4550	6	91
14966	7407	3	306	7780	15	38		-320	-241	331	4
15283	7518	278	5166	28745	7	31009		-57434	-57272	1	2
1215	740	3	7	244		2		161	168	11	13

第14篇

文化、体育和娱乐业

14-1 全部文化、体育和娱乐业

项　　目	单位数（个）	资产总计	营业收入	营业成本	营业税金及附加
合　计	**25508**	**273205475**	**90515569**	**55916640**	**1455058**
一、按行业分(分到小类)					
新闻和出版业	1591	111386768	42149756	24568865	485818
新闻业	42	1012587	68412	40469	1808
新闻业	42	1012587	68412	40469	1808
出版业	1549	110374181	42081344	24528395	484010
图书出版	443	72535152	25884125	14194479	194589
报纸出版	164	23320741	7919398	6045413	161710
期刊出版	708	9641033	6821829	3405593	114909
音像制品出版	95	2788547	1087704	655459	8934
电子出版物出版	51	401063	100670	40852	848
其他出版业	88	1687645	267618	186599	3020
广播、电视、电影和影视录音制作业	2806	74078810	26580832	18821364	310357
广播	35	861099	960914	738103	16362
广播	35	861099	960914	738103	16362
电视	227	17191823	7189091	5482612	83824
电视	227	17191823	7189091	5482612	83824
电影和影视节目制作	1912	36693003	11059789	7560567	124302
电影和影视节目制作	1912	36693003	11059789	7560567	124302
电影和影视节目发行	341	14360169	5015585	3920249	16472
电影和影视节目发行	341	14360169	5015585	3920249	16472
电影放映	138	4304690	2031699	980770	62219
电影放映	138	4304690	2031699	980770	62219
录音制作	153	668026	323755	139063	7177
录音制作	153	668026	323755	139063	7177
文化艺术业	14861	46882075	11770180	7890927	178571
文艺创作与表演	1556	7330919	2096559	1318965	39678
文艺创作与表演	1556	7330919	2096559	1318965	39678
艺术表演场馆	52	634645	328546	130998	12447
艺术表演场馆	52	634645	328546	130998	12447
图书馆与档案馆	17	19706	17974	3381	1036
图书馆	11	4979	6325	2644	346
档案馆	6	14727	11649	737	690
文物及非物质文化遗产保护	36	529643	33202	9292	789
文物及非物质文化遗产保护	36	529643	33202	9292	789
博物馆	66	460090	45127	5916	1863
博物馆	66	460090	45127	5916	1863
烈士陵园、纪念馆	1	***	***		***
烈士陵园、纪念馆	1	***	***		***
群众文化活动	2787	7099778	1461748	847922	24696
群众文化活动	2787	7099778	1461748	847922	24696
其他文化艺术业	10346	30806180	7784402	5574452	98054
其他文化艺术业	10346	30806180	7784402	5574452	98054
体育	2276	25397420	5839803	2586618	266608
体育组织	466	4335360	1834174	1130067	45482
体育组织	466	4335360	1834174	1130067	45482

法人单位财务状况(企业会计制度)

单位：千元

销售费用	管理费用	#税金	财务费用	利润总额	应交所得税	应交增值税
11420501	**20431265**	**299858**	**-53609**	**8896308**	**1311863**	**2639987**
5167096	9472048	131048	-408150	6492252	482472	1949229
6025	28223	24	1100	-6091	522	1629
6025	28223	24	1100	-6091	522	1629
5161071	9443825	131024	-409250	6498343	481950	1947600
2841031	5142931	74015	-284148	4869235	117156	1364876
856427	2426964	41665	-56525	737040	196182	193971
1341203	1520694	12762	-42989	760237	116980	321753
76342	209986	858	-17743	164725	49065	49495
12458	29441	225	-1541	2049	938	2470
33611	113809	1499	-6304	-34943	1629	15036
1991987	3942107	52413	16725	3651766	592268	360586
56724	116264	1257	-7155	46827	1545	20512
56724	116264	1257	-7155	46827	1545	20512
460814	965475	9201	-34140	853992	160884	130903
460814	965475	9201	-34140	853992	160884	130903
680361	1905074	31685	37343	1576544	338902	203491
680361	1905074	31685	37343	1576544	338902	203491
261409	503629	6763	445	1058985	43040	-45964
261409	503629	6763	445	1058985	43040	-45964
481424	364945	3019	20661	107991	44931	46427
481424	364945	3019	20661	107991	44931	46427
51255	86721	489	-430	7426	2965	5216
51255	86721	489	-430	7426	2965	5216
1739164	3694649	30251	103891	-331988	107035	212175
315196	705805	5924	-8952	-14080	32328	39106
315196	705805	5924	-8952	-14080	32328	39106
87268	56004	3442	-87	62187	14874	414
87268	56004	3442	-87	62187	14874	414
581	8379	87	-19	1618	178	201
71	5116	67	-1	192	120	95
510	3263	20	-19	1426	58	106
4771	17791	48	-179	1054	1309	944
4771	17791	48	-179	1054	1309	944
2929	63481	216	762	-24598	74	780
2929	63481	216	762	-24598	74	780
***	***	***	***	***		***
***	***	***	***	***		***
226474	490535	2397	3897	-86102	8342	24910
226474	490535	2397	3897	-86102	8342	24910
1100040	2352652	18136	108469	-270190	49931	145741
1100040	2352652	18136	108469	-270190	49931	145741
1608923	2101536	74866	145249	-660704	63366	54615
162151	586203	39191	54900	72974	26083	38475
162151	586203	39191	54900	72974	26083	38475

14-1 续表 1

项目	单位数(个)	资产总计	营业收入	营业成本	营业税金及附加
体育场馆	35	1676450	470717	170563	25300
体育场馆	35	1676450	470717	170563	25300
休闲健身活动	1412	16796920	2860076	922485	177105
休闲健身活动	1412	16796920	2860076	922485	177105
其他体育	363	2588690	674836	363503	18721
其他体育	363	2588690	674836	363503	18721
娱乐业	3974	15460403	4174998	2048866	213703
室内娱乐活动	2233	3404036	1276315	560817	123118
歌舞厅娱乐活动	508	1305061	664857	225254	96286
电子游艺厅娱乐活动	263	183105	28181	14746	4117
网吧活动	1206	1024547	267034	153621	10320
其他室内娱乐活动	256	891323	316242	167197	12396
游乐园	35	932430	314070	138123	26748
游乐园	35	932430	314070	138123	26748
彩票活动	17	352332	202667	96788	10364
彩票活动	17	352332	202667	96788	10364
文化、娱乐、体育经纪代理	1487	9518527	2198284	1182088	46140
文化娱乐经纪人	228	725831	322462	162894	9334
体育经纪人	23	243709	114390	97505	1263
其他文化艺术经纪代理	1236	8548986	1761432	921690	35543
其他娱乐业	202	1253078	183663	71050	7333
其他娱乐业	202	1253078	183663	71050	7333
二、按登记注册类型分					
内资	25278	263816051	87249749	54230871	1345585
国有	935	79361043	27587656	17066880	365037
集体	287	870996	251423	109463	8975
股份合作	701	1132786	469180	218315	7055
国有联营	4	1869	1112	870	38
集体联营	23	57585	1616	292	119
国有与集体联营	4	251616	23135	12098	783
其他联营	43	36428	25138	15249	421
国有独资公司	108	29475271	8311601	5283007	73473
其他有限责任公司	6532	83630189	30382372	19388928	506733
股份有限公司	223	15750330	5191140	3333368	46025
私营独资	1918	1713322	649052	238596	13708
私营合伙	315	322981	183566	67196	7707
私营有限责任公司	13722	49868849	13609224	8191726	299074
私营股份有限公司	283	877363	384033	237039	11305
其他	180	465424	179501	67844	5131
港澳台商投资	127	6008845	2617235	1340587	72331
与港澳台商合资经营	34	2048896	811366	412666	31414
与港澳台商合作经营	18	2254984	383457	120887	30450
港澳台商独资	67	1473084	1292001	743442	6742
港澳台商投资股份有限公司	5	230849	129979	63520	3717
其他港澳台投资	3	1032	432	72	7
外商投资	103	3380580	648585	345183	37141

单位：千元

销售费用	管理费用	#税金	财务费用	利润总额	应交所得税	应交增值税
122001	183057	1607	3668	-19524	-139	371
122001	183057	1607	3668	-19524	-139	371
1167711	1109268	32342	79395	-623736	31710	8666
1167711	1109268	32342	79395	-623736	31710	8666
157060	223008	1727	7286	-90418	5712	7103
157060	223008	1727	7286	-90418	5712	7103
913330	1220925	11280	88675	-255018	66722	63383
370439	304050	5910	32536	-138630	7499	30698
284516	158686	3476	29855	-113726	3603	1238
8127	10549	119	231	-12192	251	169
18293	85260	1173	-759	-2579	2745	28322
59503	49556	1141	3209	-10134	900	968
87844	50600	1390	12651	-5856	5849	129
87844	50600	1390	12651	-5856	5849	129
22286	56621	564	-476	22712	8746	1051
22286	56621	564	-476	22712	8746	1051
395724	614686	3186	44235	-876	38929	29886
65458	84669	639	-46	-5315	2165	3968
6143	16537	9	-508	-5051	60	1002
324124	513481	2538	44788	9490	36704	24916
37036	194967	230	-270	-132367	5699	1619
37036	194967	230	-270	-132367	5699	1619
10566830	19519290	281543	-109304	9271718	1283264	2591075
3113889	6850324	101591	-256597	4595033	341761	1168622
52246	77744	589	-156	4842	6873	8324
97852	109565	676	-201	12861	5671	10406
428	12		-1	-228	2	28
176	1039	1	2	-611	4	5
4938	18221	960	-73	-14012	251	1245
1220	3662	3	10	-1163	8	170
938896	1398189	34638	-95251	1242450	26161	278181
3652330	5840390	102333	117210	2546857	538721	673800
351605	609556	10639	-23256	1407203	202280	145598
58578	180003	670	5244	84662	5263	9901
44768	87546	804	-143	-2460	1319	1925
2166105	4169766	27766	145549	-632179	142602	270504
67302	86704	662	201	-11866	5465	11013
16498	86571	209	-1842	40327	6883	11353
564679	611397	10773	52979	-48679	25869	41819
229829	144527	3980	39777	-24405	8031	19468
140977	104248	6424	10675	-24379	6314	1356
135747	349328	326	1918	23126	11518	20645
58001	12956	43	608	-22911		339
124	339		1	-110	6	11
288992	300578	7542	2716	-326730	2731	7094

14-1 续表 2

项目	单位数(个)	资产总计	营业收入	营业成本	营业税金及附加
中外合资经营	23	2272039	264084	129334	11932
中外合作经营	11	560600	190667	97696	17707
外资企业	58	453750	193605	118153	7501
外商投资股份有限公司	3	33445			
其他外商投资	8	60745	229		2
三、按隶属关系分					
中央	903	125084511	47552805	29966141	541776
省	337	21924772	5875900	4175109	86128
地	766	7760404	2905953	1621641	69611
县	20	350110	59246	62195	4882
街道	48	262931	275973	117588	16118
镇	41	167127	38725	22481	3351
乡	14	94298	18276	1630	978
社区	4	470	501	283	7
村委会	32	97092	12141	3881	412
其他	23343	117463760	33776049	19945692	731796
四、按控股情况分					
国有控股	1258	139867144	52443103	32486319	626178
集体控股	623	5531028	1035823	489476	40170
私人控股	22380	97465669	27186612	16337479	568935
港澳台商控股	117	5215590	2118594	1053040	62610
外商控股	83	2908858	588805	285369	34126
其他	915	5807323	1145114	608120	22386
五、按四大城市功能区分					
首都功能核心区	3861	73709335	27136311	15523461	410156
东城区	2096	45811065	15947780	9637394	231800
西城区	1765	27898270	11188531	5886067	178356
城市功能拓展区	16970	165053768	55864231	35617596	889026
朝阳区	8214	72188692	22596906	15095555	444555
丰台区	3146	11043392	4344052	2415895	63194
石景山区	916	6085050	1880912	1104350	32538
海淀区	4694	75736634	27042361	17001796	348739
城市发展新区	3502	20399610	3077421	1686394	110746
房山区	300	2007665	260931	154743	14517
通州区	942	2811364	524600	218903	12133
顺义区	607	3630347	381302	236007	20229
昌平区	996	5387291	1239098	674286	42292
大兴区	561	4648109	437226	235398	14173
开发区	96	1914835	234264	167057	7402
生态涵养发展区	1175	14042762	4437607	3089189	45130
门头沟区	250	401666	150863	95940	2577
怀柔区	259	8750785	3004263	2220634	23016
平谷区	282	2386045	967154	641844	7459
密云县	286	1582293	152626	90179	3220
延庆县	98	921973	162701	40592	8858

单位：千元

销售费用	管理费用	#税金	财务费用	利润总额	应交所得税	应交增值税
222542	122529	6352	3231	-234680	197	2880
18767	89964	840	1399	-25725	812	3529
47633	84698	351	-1754	-63275	1721	680
	900		22	-922		
50	2487		-181	-2128		5
4882102	9135955	141344	-511831	8449658	660787	1882811
544820	1281309	30544	-3722	216180	78710	78177
442531	749573	8132	-7886	148390	65668	-3628
3288	17775	450	11877	-41688	32	673
85692	29601	187	335	28753	8051	7948
10415	12237	232	91	4846	198	181
9111	7812	455	13	-1276	30	25
64	80			-4		2
642	8497	23	2	-1469	53	65
5441835	9188426	118491	457511	92918	498335	673734
5167071	9278971	155562	-416503	8720085	700981	1828695
210070	332555	5296	43018	-32785	20045	23834
4263263	7564235	90923	373902	60319	417000	531607
462713	561612	10440	37785	-101396	19947	25853
293308	244823	6923	204	-279181	4926	3938
158620	413696	3482	19545	-35835	12012	18306
3147722	6393022	82228	-178656	3629915	368542	1000216
1703539	3407020	47636	-113277	2268592	231578	524739
1444183	2986002	34592	-65379	1361323	136965	475477
7250653	12293237	138300	-99242	5227203	771660	1536926
3306037	6163773	67022	66905	872844	295023	569387
650926	909563	11412	-20667	397519	80499	136431
172139	411946	3190	14929	175937	77380	60045
3121551	4807955	56675	-160408	3780903	318758	771063
757820	1171981	59046	150274	-673656	23642	48582
51914	104713	3255	2820	-64707	1245	2482
92161	201799	3263	7976	-7278	3193	11322
104602	162660	3913	29972	-75491	3569	4842
383000	422651	9675	10234	-317874	9763	17420
71089	145674	2209	23897	-58147	5771	10724
55053	134483	36731	75375	-150160	101	1791
264305	573025	20284	74014	712847	148019	54263
17843	44726	248	-150	-8822	77	4168
86294	306418	17659	9070	524025	90586	14485
77661	112750	1333	7238	138523	38772	33626
64745	49361	611	55882	19547	2483	1713
17763	59770	432	1973	39575	16101	272

14-2 文化、体育和娱乐业法人单位财务

项　　目	单位数(个)	资产合计	负债合计	上年结余
合　　计	**1276**	**163522150**	**13962038**	**7250177**
一、按行业分(分到小类)				
新闻和出版业	217	14583377	2796281	552251
新闻业	18	9103763	1172316	446834
新闻业	18	9103763	1172316	446834
出版业	199	5479613	1623965	105417
图书出版	17	2006015	610025	17632
报纸出版	49	2446756	699868	18347
期刊出版	125	936170	300956	50599
电子出版物出版	1	***	***	***
其他出版业	7	79007	13035	18044
广播、电视、电影和影视录音制作业	63	101965555	6225846	4132758
广播	7	6613365	256817	299691
广播	7	6613365	256817	299691
电视	24	91488507	5644305	3559944
电视	24	91488507	5644305	3559944
电影和影视节目制作	15	3551614	280534	277366
电影和影视节目制作	15	3551614	280534	277366
电影和影视节目发行	6	83655	10247	457
电影和影视节目发行	6	83655	10247	457
电影放映	10	171288	33397	-4700
电影放映	10	171288	33397	-4700
录音制作	1	***	***	
录音制作	1	***	***	
文化艺术业	603	31057454	2333543	2255571
文艺创作与表演	87	4509525	349448	528339
文艺创作与表演	87	4509525	349448	528339
艺术表演场馆	8	1478055	100673	58486
艺术表演场馆	8	1478055	100673	58486
图书馆与档案馆	83	10546387	501051	680798
图书馆	35	8860007	384888	454247
档案馆	48	1686381	116163	226551
文物及非物质文化遗产保护	62	1296627	198856	94625
文物及非物质文化遗产保护	62	1296627	198856	94625
博物馆	90	9763430	574826	645196
博物馆	90	9763430	574826	645196
烈士陵园、纪念馆	7	360851	11395	28898
烈士陵园、纪念馆	7	360851	11395	28898

状况(行政事业及民间非营利组织会计制度)

单位：千元

收入合计	支出合计	#工资福利支出	#商品和服务支出	收支结余	经营税金
66748840	**61063348**	**7803598**	**34165058**	**12866320**	**2048979**
8310427	6828326	1547200	2316886	2034352	136140
3962833	3195644	749543	585302	1214022	9333
3962833	3195644	749543	585302	1214022	9333
4347594	3632682	797658	1731583	820330	126807
997647	859406	169711	142352	155874	44654
2346306	1891732	429638	1165648	472921	57236
965444	836051	192722	415313	179992	24610
***	***	***	***	***	***
32426	39318	3944	5321	11152	277
39423167	36635799	3121754	23206488	6920126	1725856
3464790	3026818	570034	2021550	737663	48727
3464790	3026818	570034	2021550	737663	48727
33569521	31488139	2360949	19370656	5641327	1547462
33569521	31488139	2360949	19370656	5641327	1547462
2259281	1996213	147156	1778034	540434	126543
2259281	1996213	147156	1778034	540434	126543
51627	50091	14688	8797	1993	502
51627	50091	14688	8797	1993	502
62451	59042	21039	24431	-1291	2584
62451	59042	21039	24431	-1291	2584
***	***	***	***		***
***	***	***	***		***
11423071	11078508	2231045	4632767	2578315	79609
2100317	2149934	574355	727631	478722	21790
2100317	2149934	574355	727631	478722	21790
959803	879784	99425	477359	138505	14877
959803	879784	99425	477359	138505	14877
2435598	2530785	512118	969135	587161	8602
1914387	1969674	349381	738375	398959	6913
521211	561111	162738	230760	188202	1690
742836	662491	124047	388653	174970	7167
742836	662491	124047	388653	174970	7167
3425004	3133267	557374	1475946	913565	11603
3425004	3133267	557374	1475946	913565	11603
78516	86562	21022	56447	20851	
78516	86562	21022	56447	20851	

14-2 续表 1

项目	单位数(个)	资产合计	负债合计	上年结余
群众文化活动	202	2118452	476020	163782
群众文化活动	202	2118452	476020	163782
其他文化艺术业	64	984126	121273	55447
其他文化艺术业	64	984126	121273	55447
体育	354	12821016	1378505	260446
体育组织	247	8862882	1184491	156687
体育组织	247	8862882	1184491	156687
体育场馆	25	3301031	65351	76508
体育场馆	25	3301031	65351	76508
休闲健身活动	47	175442	46252	8830
休闲健身活动	47	175442	46252	8830
其他体育	35	481661	82411	18421
其他体育	35	481661	82411	18421
娱乐业	39	3094749	1227863	49151
室内娱乐活动	6	190958	2781	19061
歌舞厅娱乐活动	1			
其他室内娱乐活动	5	190958	2781	19061
游乐园	2	10036		4
游乐园	2	10036		4
彩票活动	17	2811582	1215793	15772
彩票活动	17	2811582	1215793	15772
文化、娱乐、体育经纪代理	10	78875	8919	11316
文化娱乐经纪人	2	11	100	30
其他文化艺术经纪代理	8	78864	8819	11286
其他娱乐业	4	3296	370	2999
其他娱乐业	4	3296	370	2999
二、按登记注册类型分				
内资	1271	163522150	13962038	7250177
国有	889	162293656	13771815	7184976
集体	35	248072	5446	6983
股份合作	3	3254	1958	956
国有联营	1	***		
集体联营	1	***	***	***
国有与集体联营	1	***		***
其他联营	4	11616	5866	5467
其他有限责任公司	6	2020	1365	376
私营独资	16	3981	2493	1667
私营合伙	3	189	783	-3
私营有限责任公司	6	10040	9223	435

单位：千元

收入合计	支出合计	#工资福利支出	#商品和服务支出	收支结余	经营税金
1298353	1265173	271217	375813	196962	11094
1298353	1265173	271217	375813	196962	11094
382643	370512	71486	161782	67578	4476
382643	370512	71486	161782	67578	4476
4009699	3393700	821831	1701698	828915	106698
3051085	2573208	610193	1413494	587034	82342
3051085	2573208	610193	1413494	587034	82342
595148	483069	135624	136337	188587	18047
595148	483069	135624	136337	188587	18047
84885	76274	19042	16042	17441	1179
84885	76274	19042	16042	17441	1179
278581	261149	56971	135824	35853	5130
278581	261149	56971	135824	35853	5130
3582476	3127015	81768	2307220	504613	677
28571	35760	11908	19588	11872	283
28571	35760	11908	19588	11872	283
1384	3912	696	8	-2524	56
1384	3912	696	8	-2524	56
3462266	3000730	57114	2226733	477308	134
3462266	3000730	57114	2226733	477308	134
85891	81821	10662	58726	15386	156
569	979	301	342	-379	19
85322	80842	10360	58384	15766	137
4365	4793	1388	2165	2571	48
4365	4793	1388	2165	2571	48
66748840	61063348	7803598	34165058	12866320	2048979
65832714	60200617	7674879	33970873	12769543	2041286
47369	57707	14619	13704	-3356	1122
6593	6888	2391	2095	660	2
	***			***	
***	***	***	***	***	***
***	***	***		***	***
1862	2017	664	831	5311	47
2118	1976	415	844	518	72
5507	4123	296	357	3051	13
88	381	207	175	-296	2
3221	3611	124	98	45	20

14-2 续表 2

项　　目	单位数（个）	资产合计	负债合计	上年结余
私营股份有限公司	1	***		
其他	305	896196	161760	49391
外商投资	5			
外资企业	3			
其他外商投资	2			
三、按隶属关系分				
中央	343	136400902	9986276	5898599
省	185	20169212	3065448	914133
地	414	5881691	761495	403343
县	13	699073	23737	12903
街道	26	9090	5264	172
镇	32	32182	8600	5014
乡	19	13055	1767	-322
社区	1			
村委会	5	671	-1619	484
其他	238	316275	111070	15852
四、按四大城市功能区分				
首都功能核心区	482	38959426	5250914	2142592
东城区	254	15128521	1626046	1051351
西城区	228	23830905	3624869	1091240
城市功能拓展区	442	121587435	8464002	4970322
朝阳区	179	13067149	1868329	456822
丰台区	66	2787446	197250	167462
石景山区	46	5062632	203774	265294
海淀区	151	100670208	6194649	4080743
城市发展新区	193	2153851	182348	63023
房山区	45	541209	57648	5896
通州区	26	188959	27107	10388
顺义区	33	465810	24016	16287
昌平区	47	347173	47061	21395
大兴区	40	602853	20683	8961
开发区	2	7846	5834	95
生态涵养发展区	159	821439	64774	74240
门头沟区	37	157690	8618	17754
怀柔区	61	186349	12741	40218
平谷区	26	125617	23638	8757
密云县	15	182036	1493	7076
延庆县	20	169747	18285	435

单位：千元

收入合计	支出合计	#工资福利支　出	#商品和服务支出	收支结余	经营税金
***	***			***	
847007	780789	109128	175156	93790	6311
52929972	47511878	5538036	26885277	11269164	1796004
10630696	10596364	1477273	6204993	950015	227567
2798737	2594569	703157	933387	606294	21255
118286	103027	19957	52254	28163	440
4564	4432	1556	322	304	10
21718	21113	2810	8508	5618	
6594	6483	1595	609	-211	
1758	1831	205	1593	411	33
236514	223653	59010	78113	6563	3671
18135628	16179846	3160155	7294026	4098374	226525
5894916	5483525	1068468	2556921	1462742	94575
12240712	10696321	2091687	4737105	2635632	131950
47153018	43526868	4241832	26499536	8527123	1814642
6915665	6248516	667235	3879948	1100602	75716
1121843	1025288	343331	456954	264017	11743
2266645	1846247	342078	1160838	687243	10590
36848864	34406817	2889188	21001796	6475260	1716592
1062098	1007606	279667	249767	117516	6617
257285	219271	59366	31549	43911	679
125804	133976	25987	59919	2217	136
171421	156903	40885	46937	30805	3469
279686	271132	66147	48687	29949	1960
219236	218372	86973	61736	9826	337
8666	7953	310	939	808	35
398096	349029	121944	121729	123307	1195
59036	58508	16663	30628	18282	434
136716	104421	27901	46845	72513	95
85198	70039	24900	19206	23916	142
61855	61428	24913	14295	7503	289
55291	54634	27567	10755	1092	236

14-3 规模以上文化、体育和娱乐业

项目	单位数(个)	年初存货	流动资产合计	#货币资金	#现金
合计	**994**	**16154103**	**103509526**	**46612747**	**64463**
一、按行业分(分到小类)					
新闻和出版业	471	12219046	61390379	31997292	20455
新闻业	2	256	17074	9411	61
新闻业	2	256	17074	9411	61
出版业	469	12218790	61373305	31987881	20394
图书出版	202	10647255	40491248	18822778	14499
报纸出版	102	360908	11661388	7865411	2707
期刊出版	141	869029	6875161	3875339	2581
音像制品出版	17	217429	1658160	1072754	200
电子出版物出版	2	55864	66882	1714	17
其他出版业	5	68305	620466	349885	390
广播、电视、电影和影视录音制作业	192	3217465	29978484	10580847	15319
广播	3	195911	485738	352939	197
广播	3	195911	485738	352939	197
电视	42	743958	9388392	4301680	3358
电视	42	743958	9388392	4301680	3358
电影和影视节目制作	81	2025395	13099597	3741578	4819
电影和影视节目制作	81	2025395	13099597	3741578	4819
电影和影视节目发行	12	239181	5479238	1847441	4707
电影和影视节目发行	12	239181	5479238	1847441	4707
电影放映	46	9390	1386238	311373	2093
电影放映	46	9390	1386238	311373	2093
录音制作	8	3630	139281	25836	145
录音制作	8	3630	139281	25836	145
文化艺术业	101	398853	3281521	1137958	5442
文艺创作与表演	23	44270	963326	580643	845
文艺创作与表演	23	44270	963326	580643	845
艺术表演场馆	7	7925	331739	49085	451
艺术表演场馆	7	7925	331739	49085	451
文物及非物质文化遗产保护	1	***	***	***	***
文物及非物质文化遗产保护	1	***	***	***	***
博物馆	1	***	***	***	***
博物馆	1	***	***	***	***
群众文化活动	6	4822	213531	53775	153
群众文化活动	6	4822	213531	53775	153
其他文化艺术业	63	318698	1667741	452060	3899
其他文化艺术业	63	318698	1667741	452060	3899
体育	133	180238	5963506	1219797	11617
体育组织	24	20104	951839	432708	2034
体育组织	24	20104	951839	432708	2034

法人单位财务状况(企业会计制度)

单位：千元

			可供出售金融资产	持有至到期投资	长期股权投资	投资性房地产	固定资产合计	固定资产原价
#交易性金融资产	#应收账款	#存货						
1991362	**11218280**	**17330292**	**31416**	**2509782**	**24680638**	**240370**	**23947516**	**36446021**
1795066	5113065	13081788	18018	2150247	10157099	205193	12758484	18736176
	2719	67					1428	4893
	2719	67					1428	4893
1795066	5110346	13081721	18018	2150247	10157099	205193	12757056	18731283
1618338	3525376	11480108	11830	1894927	5304617	204071	7727599	9686790
107340	668560	323478	6192	255320	3834741	1122	3914351	7308924
29388	724645	893288	-4		422221		594938	994220
40000	115558	246464			89925		311684	480986
	9892	53537					108	2186
	66315	84846			505595		208376	258177
44101	5184455	3540464	13398	250000	12570133	3385	4634845	7100615
	8837	88929			16455		96839	131030
	8837	88929			16455		96839	131030
10969	614776	821531		250000	2778306	3385	693051	1241411
10969	614776	821531		250000	2778306	3385	693051	1241411
18357	2073807	2353715	13398		5512803		2490771	3690390
18357	2073807	2353715	13398		5512803		2490771	3690390
	2201726	258988			4206009		1014630	1392873
	2201726	258988			4206009		1014630	1392873
14775	255275	14416			45460		322938	597789
14775	255275	14416			45460		322938	597789
	30034	2885			11100		16616	47122
	30034	2885			11100		16616	47122
79829	264292	377977		4000	450139		1018337	1468779
	70905	52257			151583		152299	370037
	70905	52257			151583		152299	370037
	13282	7197		4000	109130		46206	67788
	13282	7197		4000	109130		46206	67788
	***	***					***	***
	***	***					***	***
		***					***	***
		***					***	***
	12921	4145			13940		59895	120158
	12921	4145			13940		59895	120158
79829	154184	291183			175486		755281	905356
79829	154184	291183			175486		755281	905356
24660	473194	184800			913595	31792	4317304	7190637
15000	159160	19806			537347		232388	407012
15000	159160	19806			537347		232388	407012

14-3 续表 1

项目	单位数(个)	年初存货	流动资产合计	#货币资金	#现金
体育场馆	12	15389	479940	113899	305
体育场馆	12	15389	479940	113899	305
休闲健身活动	85	100534	3734192	506977	8615
休闲健身活动	85	100534	3734192	506977	8615
其他体育	12	44211	797535	166213	663
其他体育	12	44211	797535	166213	663
娱乐业	97	138501	2895636	1676853	11630
室内娱乐活动	34	19970	418117	56416	6088
歌舞厅娱乐活动	27	16023	379917	39782	5214
网吧活动	3	2972	20192	11633	135
其他室内娱乐活动	4	975	18008	5001	739
游乐园	4	1776	159802	117776	865
游乐园	4	1776	159802	117776	865
彩票活动	3	43701	85751	74579	33
彩票活动	3	43701	85751	74579	33
文化、娱乐、体育经纪代理	53	71790	2051524	1303253	4514
文化娱乐经纪人	7	29285	134415	78066	355
体育经纪人	2	33	10528	1736	66
其他文化艺术经纪代理	44	42472	1906581	1223451	4093
其他娱乐业	3	1264	180442	124829	130
其他娱乐业	3	1264	180442	124829	130
二、按登记注册类型分					
内资	932	15981493	100123790	45703670	59768
国有	353	6707694	41405292	21980236	17050
集体	5	7966	67125	50368	134
股份合作	5	6974	189048	41135	642
国有与集体联营	1	***	***	***	***
国有独资公司	46	2010750	12324553	6338203	1759
其他有限责任公司	304	4592774	29320621	12663605	22554
股份有限公司	22	1744676	7614922	2322569	596
私营独资	4	2197	127628	5675	120
私营合伙	3	323	11824	6014	14
私营有限责任公司	181	880664	8641121	2058536	16728
私营股份有限公司	5	21068	217438	45830	96
其他	3	4493	198567	188967	74
港澳台商投资	43	124958	2769053	722720	3634
与港澳台商合资经营	15	111267	1137547	119487	1313
与港澳台商合作经营	14	13282	843594	228711	1784
港澳台商独资	12	403	584992	327711	354
港澳台商投资股份有限公司	2	6	202920	46811	183
外商投资	19	47652	616683	186357	1061
中外合资经营	5	46226	356007	57607	284
中外合作经营	6	943	79032	34440	153
外资企业	8	483	181644	94310	624

单位：千元

#交易性金融资产	#应收账款	#存货	可供出售金融资产	持有至到期投资	长期股权投资	投资性房地产	固定资产合计	固定资产原价
	79484	16176			29619		472272	643964
	79484	16176			29619		472272	643964
5715	198952	107415			159660		3569133	6049864
5715	198952	107415			159660		3569133	6049864
3945	35598	41403			186969	31792	43511	89797
3945	35598	41403			186969	31792	43511	89797
47706	183274	145263		105535	589672		1218546	1949814
	10971	23649		53535	14980		150243	458943
	7501	21424		53535	1000		84294	321322
	3212	747			13980		3633	18497
	258	1478					62316	119124
	2264	2229			9385		623544	946872
	2264	2229			9385		623544	946872
	1010	3483					17053	29779
	1010	3483					17053	29779
47706	168328	114000		52000	554407		323499	390771
25569	1278	8748			1960		4462	8028
	417	62					1031	2112
22137	166633	105190		52000	552447		318006	380631
	701	1902			10900		104207	123449
	701	1902			10900		104207	123449
1963205	10827926	17188611	31416	2456247	24575559	240370	21693187	32640548
925978	3842769	7102825	9996	743540	12728479	105161	9235107	14827383
	2702	7582					74618	112017
	61287	10226			4900		22307	47432
	***	***					***	***
571856	855949	2098746	1830	90887	3043760	68991	3388234	4485029
408557	3521445	4889551		1621000	3650660		6866701	10091595
29555	1716843	2118202	19590		4675091	66218	837323	1096956
	8312	2195					1891	2360
	1246	159					6627	12764
27259	788064	939180			466557		1246125	1920601
	22349	16503			6112		2445	15090
	5906	2985		820			11574	28353
28157	272941	112658		44635	64111		1087756	1937836
28157	42075	99262		44635	39586		306315	601976
	67490	13021			17000		704551	1189906
	157819	365			7496		64854	91252
	5557	10			29		12036	54702
	117413	29023		8900	40968		1166573	1867637
	110409	27180			40968		863100	1310801
	184	820		8900			172688	376340
	6820	1023					130785	180496

14-3 续表 2

项目	单位数（个）	年初存货	流动资产合计	#货币资金	#现金
三、按隶属关系分					
中央	429	12309487	66858696	34597485	20206
省	69	835561	9092415	4807716	1424
地	37	103594	2191293	667239	1152
县	3	1802	26809	24586	52
街道	4	1488	58060	47080	24
镇	3	6486	26577	1340	57
乡	2	696	13933	5223	61
其他	447	2894989	25241743	6462078	41487
四、按控股情况分（仅限企业法人）					
国有控股	471	13211329	71961545	34572938	15770
集体控股	29	104151	1231114	331967	5146
私人控股	328	2352297	18224456	4191966	28093
港澳台商控股	38	71628	2250488	642519	2626
外商控股	16	17789	599821	174213	1520
其他	3	4686	248658	27267	730
五、按四大城市功能区分					
首都功能核心区	309	6488096	33209728	16360351	9495
东城区	175	3537308	19822406	9557322	6438
西城区	134	2950788	13387322	6803029	3057
城市功能拓展区	604	8774918	62603837	28242170	46504
朝阳区	331	2921790	24353657	9685419	20378
丰台区	34	698394	4363071	2543881	1766
石景山区	21	272719	1663666	674718	677
海淀区	218	4882015	32223443	15338152	23683
城市发展新区	51	108244	2970713	629572	3212
房山区	10	1219	86793	32776	343
通州区	4	617	39417	15074	75
顺义区	10	10357	1024975	29133	592
昌平区	17	68416	923821	181129	1206
大兴区	6	9624	767149	310737	697
开发区	4	18011	128558	60723	299
生态涵养发展区	30	782845	4725248	1380654	5252
门头沟区	1	***	***	***	***
怀柔区	10	632024	3224740	1133022	785
平谷区	9	136310	1202502	167373	3126
密云县	2	2503	47867	7014	653
延庆县	8	11975	231729	64600	621

单位：千元

#交易性金融资产	#应收账款	#存货	可供出售金融资产	持有至到期投资	长期股权投资	投资性房地产	固定资产合计	固定资产原价
1525305	6464500	13170217	18018	2334646	17730973	208578	13376054	20096030
85829	906144	936554	13398	119601	2686551	31792	2757213	4202276
3000	962755	159277			100141		1222344	1912571
	36	1816			75		247097	323207
	3806	2281					45989	91421
	13000	6565					78358	114529
	4	710					59444	102218
377228	2868035	3052872		55535	4162898		6161017	9603769
1801946	8033951	14268214	31416	2397728	19367731	240370	15256143	21996331
	105081	201210			509346		505714	705701
68859	2193871	2422903		2000	2816893		3312206	5007930
13657	237878	71270		44635	53871		1039392	1838830
14500	115544	20095		8900	31270		1036025	1623120
1600	6097	5545			1000		69513	130258
416615	2921357	7132179	13470	1760480	6129318	66218	7096551	10864858
299193	2005889	3965193	13398	101500	4104177	66218	3498981	5902353
117422	915468	3166986	72	1658980	2025141		3597570	4962505
1538308	7127793	8951755	17946	749302	15278898	174152	12201524	18409439
514569	1978093	2921852	9996	254363	4301067	32914	5514679	8826884
1147	553880	844060		29772	133950		1108807	1626985
77993	434819	189090			176850		153736	402557
944599	4161001	4996753	7950	465167	10667031	141238	5424302	7553013
9182	163879	118837			175656		2671325	4217246
45	2342	921			2210		196311	256807
5137	3620	722			650		230234	471659
4000	4620	9825			105480		440409	750535
	144904	74822			34220		1355092	2136160
	185	15950			32096		191950	255301
	8208	16597			1000		257329	346784
27257	1005251	1127521			3096766		1978116	2954478
	***	***			***		***	***
13657	756820	831592			2846495		1736725	2520038
12000	237274	282309			237286		33734	54992
1600	2530	2574					57516	104304
	8381	10980			2985		146034	267820

14-3 续表 3

项　　目	累计折旧	本年折旧	在建工程	无形资产	资产总计
合　计	**13164638**	**1973883**	**6565710**	**2761618**	**166329887**
一、按行业分(分到小类)					
新闻和出版业	6304715	831468	3287778	1655958	92387405
新闻业	3465	1164			21357
新闻业	3465	1164			21357
出版业	6301250	830304	3287778	1655958	92366048
图书出版	2101611	386065	759911	1493917	58192868
报纸出版	3565005	345044	2409117	91827	22520076
期刊出版	412917	56408	8254	28771	8032201
音像制品出版	169838	24702		17235	2082232
电子出版物出版	2078	31		1643	69296
其他出版业	49801	18054	110496	22565	1469375
广播、电视、电影和影视录音制作业	2755628	517428	535481	431140	48909135
广播	34191	7331	1261	12	603165
广播	34191	7331	1261	12	603165
电视	589110	70296	41445	246614	13723082
电视	589110	70296	41445	246614	13723082
电影和影视节目制作	1423070	223210	419813	177320	21605774
电影和影视节目制作	1423070	223210	419813	177320	21605774
电影和影视节目发行	378243	146431	40621	3758	10801314
电影和影视节目发行	378243	146431	40621	3758	10801314
电影放映	300506	63876	32341	3377	2003347
电影放映	300506	63876	32341	3377	2003347
录音制作	30508	6284		59	172453
录音制作	30508	6284		59	172453
文化艺术业	450594	90487	787172	48789	5651534
文艺创作与表演	217740	29081	18703	32331	1336612
文艺创作与表演	217740	29081	18703	32331	1336612
艺术表演场馆	21583	7194		7	509703
艺术表演场馆	21583	7194		7	509703
文物及非物质文化遗产保护	***	***			***
文物及非物质文化遗产保护	***	***			***
博物馆	***	***			***
博物馆	***	***			***
群众文化活动	60263	6021		9144	297443
群众文化活动	60263	6021		9144	297443
其他文化艺术业	150224	47884	768469	7307	3397891
其他文化艺术业	150224	47884	768469	7307	3397891
体育	2890900	402114	1916857	564816	14347970
体育组织	147355	24440	300	107671	1862855
体育组织	147355	24440	300	107671	1862855

单位：千元

流动负债合计	#应付账款	非流动负债合计	#应付债券	负债合计	所有者权益合计	#实收资本		
							国家资本	集体资本
60011211	**14607322**	**11344954**	**157808**	**71356165**	**94973722**	**40563751**	**19363053**	**164886**
26667796	6810383	4835555		31503351	60884054	20843269	12856409	19970
22627		2830		25457	-4100	970		
22627		2830		25457	-4100	970		
26645169	6810383	4832725		31477894	60888154	20842299	12856409	19970
15874020	5382880	2747823		18621843	39571025	13374365	8009619	
6799396	481471	1794818		8594214	13925862	4497259	3734638	2945
2617715	553626	73180		2690895	5341306	1369354	1010860	17025
900899	298159	77292		978191	1104041	846385	100292	
20076	13713	42600		62676	6620	2000	1000	
433063	80534	97012		530075	939300	752936		
18170284	6271555	2219765	157808	20390049	28519086	13495409	5463382	132035
329220	22004			329220	273945	169000	38580	
329220	22004			329220	273945	169000	38580	
4344621	559771	831606		5176227	8546855	4574781	3509376	58800
4344621	559771	831606		5176227	8546855	4574781	3509376	58800
7045548	1953795	943181	4100	7988729	13617045	6522523	485223	73235
7045548	1953795	943181	4100	7988729	13617045	6522523	485223	73235
5181130	3400198	197844		5378974	5422340	1882555	1356395	
5181130	3400198	197844		5378974	5422340	1882555	1356395	
1162612	328117	247134	153708	1409746	593601	299581	67308	
1162612	328117	247134	153708	1409746	593601	299581	67308	
107153	7670			107153	65300	46969	6500	
107153	7670			107153	65300	46969	6500	
2803497	464492	193148		2996645	2654889	1213351	332781	
418668	122384	89820		508488	828124	587148	273670	
418668	122384	89820		508488	828124	587148	273670	
152793	9944			152793	356910	76500	4000	
152793	9944			152793	356910	76500	4000	
***	***	***		***	***	***	***	
***	***	***		***	***	***	***	
***		***		***	***	***		
***		***		***	***	***		
171352	19842			171352	126091	57203	31121	
171352	19842			171352	126091	57203	31121	
2022911	306661	78060		2100971	1296920	464490	14000	
2022911	306661	78060		2100971	1296920	464490	14000	
10621539	773123	3041609		13663148	684822	3187918	386376	12681
1020731	231778	364929		1385660	477195	320050	14650	
1020731	231778	364929		1385660	477195	320050	14650	

14-3 续表 4

项目	累计折旧	本年折旧	在建工程	无形资产	资产总计
体育场馆	171863	25654	531438	194	1578680
体育场馆	171863	25654	531438	194	1578680
休闲健身活动	2510487	345535	1384185	456895	9841693
休闲健身活动	2510487	345535	1384185	456895	9841693
其他体育	61195	6485	934	56	1064742
其他体育	61195	6485	934	56	1064742
娱乐业	762801	132386	38422	60915	5033843
室内娱乐活动	308720	23652	891	35325	749566
歌舞厅娱乐活动	237044	15068	19	29286	622130
网吧活动	14865	1769		2210	42408
其他室内娱乐活动	56811	6815	872	3829	85028
游乐园	333067	79310	4912	13643	815350
游乐园	333067	79310	4912	13643	815350
彩票活动	12726	3618	110	3507	122468
彩票活动	12726	3618	110	3507	122468
文化、娱乐、体育经纪代理	67293	20375	28385	8440	3039507
文化娱乐经纪人	3584	1682		6608	149968
体育经纪人	1081	235			11561
其他文化艺术经纪代理	62628	18458	28385	1832	2877978
其他娱乐业	40995	5431	4124		306952
其他娱乐业	40995	5431	4124		306952
二、按登记注册类型分					
内资	11599749	1766930	5650548	2633928	159248520
国有	6189144	650440	3312808	691720	68589332
集体	37411	2578		2843	144628
股份合作	25125	5845		12	219938
国有与集体联营	***	***			***
国有独资公司	1059747	222289	195385	541025	19918107
其他有限责任公司	3297363	687647	1919664	1227315	45359815
股份有限公司	229449	50475	42485	148801	13553366
私营独资	469	363			129521
私营合伙	6137	1237			20688
私营有限责任公司	724737	142754	180206	21901	10846038
私营股份有限公司	12655	1342			244256
其他	16779	1905		311	216945
港澳台商投资	863073	101257	397870	41903	4506778
与港澳台商合资经营	314873	34283	161964	41605	1808614
与港澳台商合作经营	500324	55052	235906	271	1801873
港澳台商独资	26399	10254			681019
港澳台商投资股份有限公司	21477	1668		27	215272
外商投资	701816	105696	517292	85787	2574589
中外合资经营	448333	57507	284475	62322	1625108
中外合作经营	203653	25482	231166	13706	555288
外资企业	49830	22707	1651	9759	394193

单位：千元

流动负债合计	#应付账款	非流动负债合计	#应付债券	负债合计	所有者权益合计	#实收资本		
							国家资本	集体资本
1388995	56669	-23528		1365467	213213	260327	194047	650
1388995	56669	-23528		1365467	213213	260327	194047	650
7558049	461280	2700208		10258257	-416564	2242822	17726	11931
7558049	461280	2700208		10258257	-416564	2242822	17726	11931
653764	23396			653764	410978	364719	159953	100
653764	23396			653764	410978	364719	159953	100
1748095	287769	1054877		2802972	2230871	1823804	324105	200
472595	41448	312001		784596	-35030	392835	26315	
313197	26086	309583		622780	-650	320335	6815	
24018	8953			24018	18390	49500	19500	
135380	6409	2418		137798	-52770	23000		
290372	46164	250316		540688	274662	251970	90000	
290372	46164	250316		540688	274662	251970	90000	
32991	9328	108		33099	89369	56000		
32991	9328	108		33099	89369	56000		
876247	187452	472741		1348988	1690519	931504	207790	200
81334	2124	343		81677	68291	97093		
9923	2485			9923	1638	10144		
784990	182843	472398		1257388	1620590	824267	207790	200
75890	3377	19711		95601	211351	191495		
75890	3377	19711		95601	211351	191495		
56294172	14190051	8651025	4100	64945197	94303323	38553763	19323668	164886
19397778	4862168	3641459	4100	23039237	45550095	12073661	11230726	295
101577	1217	34525		136102	8526	19600		15300
109684	42423			109684	110254	34560		
***	***			***	***	***		
4931216	1569937	1791171		6722387	13195720	7042856	4742075	
19951444	5204083	2206330		22157774	23202041	14055592	2488317	135811
3706262	1629900	387960		4094222	9459144	3758976	847930	
61680				61680	67841	1080		
12339				12339	8349	3410		
7794564	820097	587236		8381800	2464238	1535163		10535
218388	58586			218388	25868	11000		
7025	583	2344		9369	207576	17565	14620	2945
2614072	205498	1054089	153708	3668161	838617	1009946	13885	
810338	138010	523424	153708	1333762	474852	452142	6815	
1214563	29071	429271		1643834	158039	311152	7070	
433400	40739	48642		482042	198977	115147		
155771	-2322	52752		208523	6749	131505		
1102967	211773	1639840		2742807	-168218	1000042	25500	
395566	144330	1422251		1817817	-192709	502506	25500	
454390	54483	65733		520123	35165	219455		
253011	12960	151856		404867	-10674	278081		

14-3 续表 5

项目	累计折旧	本年折旧	在建工程	无形资产	资产总计
三、按隶属关系分					
中央	7193960	950303	3359381	1671261	106352497
省	1508904	141398	959716	229977	15981782
地	690228	230276	121472	145268	3902571
县	76110	18931			274134
街道	46035	15072	630	218	160144
镇	36171	2584		2843	107778
乡	42774	5402		3829	78037
其他	3570456	609917	2124511	708222	39472944
四、按控股情况分(仅限企业法人)					
国有控股	7059972	1146076	2261211	2351774	114625359
集体控股	201657	30595	154942	6684	2516536
私人控股	1844867	363083	1128276	216030	26410074
港澳台商控股	798822	90241	384354	39492	3892334
外商控股	587846	89198	397337	72495	2296276
其他	60745	11262	13		323949
五、按四大城市功能区分					
首都功能核心区	3914679	489242	831252	1092903	50632240
东城区	2421436	277269	380277	214154	28524488
西城区	1493243	211973	450975	878749	22107752
城市功能拓展区	6701968	1058302	4647985	1066538	98080991
朝阳区	3336750	442734	3145686	245779	38752108
丰台区	584356	88723	89306	117017	5884117
石景山区	248820	26629	27159	11597	2040237
海淀区	2532042	500216	1385834	692145	51404529
城市发展新区	1609992	220266	739168	316161	6932605
房山区	75410	10624	11999	11625	331318
通州区	241426	27162	120625	143490	534416
顺义区	310126	35033	33441	36742	1641237
昌平区	805808	113532	537403	94336	2973197
大兴区	87767	13188	32880	21656	1050070
开发区	89455	20727	2820	8312	402367
生态涵养发展区	937999	206073	347305	286016	10684051
门头沟区	***	***		***	***
怀柔区	744950	140467	140993	168315	8214735
平谷区	21258	5561	105217	22717	1727989
密云县	46788	8683	13		105396
延庆县	121786	50088	101082	94947	590483

单位：千元

流动负债合计	#应付账款	非流动负债合计	#应付债券	负债合计	所有者权益合计	#实收资本	国家资本	集体资本
28399571	9058203	5444841	4100	33844412	72508085	27248775	17256244	75240
6397496	921548	1334221		7731717	8250065	4273870	1486057	200
2293064	1772675	154502		2447566	1455005	746581	312579	58900
99094	2790	248681		347775	-73641	46223	3503	
131101	19996	1510		132611	27533	12700		
78520	5661	34785		113305	-5527	14000	9990	
90761	440	1233		91994	-13957	31931		11931
22521604	2826009	4125181	153708	26646785	12826159	8189671	294680	18615
33315562	11784715	5308440	4100	38624002	76001357	29765063	15951946	59100
1549245	112582	519607		2068852	447684	282511		88811
16283933	1985150	1196171	34708	17480104	8929970	5010985	29470	13735
2442300	131152	885067	49583	3327367	564967	951110	13885	
870197	167608	1612648		2482845	-186569	905844		
81735	10345	83633	69417	165368	158581	27000		
14055276	4064995	3041078	4100	17096354	33535886	12138255	5984793	29035
8001977	2623633	1702946		9704923	18819565	5846199	3262337	28835
6053299	1441362	1338132	4100	7391431	14716321	6292056	2722456	200
37980651	8804359	5328480	84291	43309131	54771860	22923572	13307941	135851
19101312	2123849	3273647	49583	22374959	16377149	7753990	3279113	57595
2547155	582250	302937		2850092	3034025	1702301	350461	11931
552508	60963	38367		590875	1449362	389796	117926	
15779676	6037297	1713529	34708	17493205	33911324	13077485	9560441	66325
4082894	358668	2619305	69417	6702199	230406	1601948	42603	
291360	13538	16346		307706	23612	134910		
533077	64935	30000		563077	-28661	70260		
1484254	8395	357247		1841501	-200264	203510		
1281035	259967	1646749	69417	2927784	45413	791214	2100	
369636	4774	305147		674783	375287	279988	40503	
123532	7059	263816		387348	15019	122066		
3892390	1379300	356091		4248481	6435570	3899976	27716	
***	***			***	***	***		
2706749	1142434	245900		2952649	5262086	3415460		
936665	222307	260		936925	791064	338920	9990	
67407	10023			67407	37989	22000		
172913	4196	109931		282844	307639	113596	17726	

14-3 续表 6

项目	法人资本	个人资本	港澳台资本	外商资本	营业收入	#主营业务收入
合计	**17627831**	**1618821**	**905800**	**883360**	**71247140**	**68373959**
一、按行业分(分到小类)						
新闻和出版业	7767406	82691	17094	99699	39731737	37334577
新闻业	970				31467	28871
新闻业	970				31467	28871
出版业	7766436	82691	17094	99699	39700270	37305706
图书出版	5311381	45241	6925	1199	25411860	23833835
报纸出版	759676				7689578	7192385
期刊出版	281360	25440	10169	24500	5454185	5146028
音像制品出版	669093	3000		74000	923575	912444
电子出版物出版	990	10			24983	24983
其他出版业	743936	9000			196089	196031
广播、电视、电影和影视录音制作业	6751129	991217	157646		21936453	21617223
广播	130000	420			648156	648146
广播	130000	420			648156	648146
电视	710375	296230			6683097	6674482
电视	710375	296230			6683097	6674482
电影和影视节目制作	5232529	627377	104159		8511653	8350372
电影和影视节目制作	5232529	627377	104159		8511653	8350372
电影和影视节目发行	491170	33990	1000		4272176	4220999
电影和影视节目发行	491170	33990	1000		4272176	4220999
电影放映	170586	11200	50487		1681148	1583001
电影放映	170586	11200	50487		1681148	1583001
录音制作	16469	22000	2000		140223	140223
录音制作	16469	22000	2000		140223	140223
文化艺术业	684205	157697	38668		3102223	3079128
文艺创作与表演	287188	25990	300		820452	813814
文艺创作与表演	287188	25990	300		820452	813814
艺术表演场馆	50500	22000			235345	234287
艺术表演场馆	50500	22000			235345	234287
文物及非物质文化遗产保护		***			***	***
文物及非物质文化遗产保护		***			***	***
博物馆	***				***	***
博物馆	***				***	***
群众文化活动	23182	2900			136951	136950
群众文化活动	23182	2900			136951	136950
其他文化艺术业	305325	106797	38368		1901509	1886116
其他文化艺术业	305325	106797	38368		1901509	1886116
体育	1519877	222975	491909	554100	4308928	4211142
体育组织	268250	6100	30750	300	1452293	1427748
体育组织	268250	6100	30750	300	1452293	1427748

单位：千元

营业成本	#主营业务成本	营业税金及附加	#主营业务税金及附加	其他业务利润	销售费用	管理费用	#税金	#财产保险费
44800035	**43643259**	**1060791**	**1041326**	**1681013**	**8284733**	**13054022**	**211284**	**31492**
23427012	22425507	440268	428404	1383790	4836237	8534375	122192	17344
15678	14249	507	425	1085	531	20620	11	10
15678	14249	507	425	1085	531	20620	11	10
23411334	22411258	439761	427979	1382705	4835706	8513755	122181	17334
13938219	13159221	190573	184454	792905	2795908	4890777	69268	11749
5937646	5811600	157196	153235	367188	839339	2285337	41091	3362
2788750	2693801	83538	81897	211567	1108363	1092005	9728	1932
586213	586130	6404	6343	10987	63139	153350	634	117
15938	15938	92	92		4524	3048		24
144568	144568	1958	1958	58	24433	89238	1460	150
16135381	16044248	235264	229272	213582	1335423	2217609	44578	6221
517593	517583	12965	12965		41704	78080	1136	132
517593	517583	12965	12965		41704	78080	1136	132
5226336	5221005	73976	73470	-5745	410191	651746	8737	1844
5226336	5221005	73976	73470	-5745	410191	651746	8737	1844
6041039	5980701	83371	80015	97587	312112	924081	27731	2759
6041039	5980701	83371	80015	97587	312112	924081	27731	2759
3439680	3439617	6786	6786	51114	151059	280592	5411	384
3439680	3439617	6786	6786	51114	151059	280592	5411	384
840868	815477	53252	51122	70626	387027	247674	1502	1025
840868	815477	53252	51122	70626	387027	247674	1502	1025
69865	69865	4914	4914		33330	35436	61	77
69865	69865	4914	4914		33330	35436	61	77
2100723	2080013	50729	50285	1941	372472	568145	7501	1233
549377	548305	15569	15230	5227	126295	200089	2581	450
549377	548305	15569	15230	5227	126295	200089	2581	450
75463	75125	10214	10214	720	80790	23550	261	284
75463	75125	10214	10214	720	80790	23550	261	284
***	***	***	***	***		***		***
***	***	***	***	***		***		***
***	***	***	***		***	***		
***	***	***	***		***	***		
69248	69248	3317	3316		27081	40131	375	80
69248	69248	3317	3316		27081	40131	375	80
1403408	1384108	21501	21397	-4011	138179	299723	4284	415
1403408	1384108	21501	21397	-4011	138179	299723	4284	415
2015597	1988320	207814	207211	69906	1235226	1328172	31172	5374
960510	938151	32110	32110	2186	81383	388567	1640	589
960510	938151	32110	32110	2186	81383	388567	1640	589

14-3 续表 7

项目	法人资本	个人资本	港澳台资本	外商资本	营业收入	#主营业务收入
体育场馆	45197	20433			438746	437124
体育场馆	45197	20433			438746	437124
休闲健身活动	1140466	139706	379193	553800	2030916	1959402
休闲健身活动	1140466	139706	379193	553800	2030916	1959402
其他体育	65964	56736	81966		386973	386868
其他体育	65964	56736	81966		386973	386868
娱乐业	905214	164241	200483	229561	2167799	2131889
室内娱乐活动	43312	93980	168754	60474	468871	443102
歌舞厅娱乐活动	20812	63480	168754	60474	351455	325686
网吧活动		30000			58643	58643
其他室内娱乐活动	22500	500			58773	58773
游乐园	20000			141970	308509	308509
游乐园	20000			141970	308509	308509
彩票活动	55000	1000			166360	166335
彩票活动	55000	1000			166360	166335
文化、娱乐、体育经纪代理	598407	66261	31729	27117	1154253	1151980
文化娱乐经纪人	55597	11450	25000	5046	141098	141098
体育经纪人	2144	8000			14165	14165
其他文化艺术经纪代理	540666	46811	6729	22071	998990	996717
其他娱乐业	188495	3000			69806	61963
其他娱乐业	188495	3000			69806	61963
二、按登记注册类型分						
内资	17444588	1618821		1800	68519607	65745388
国有	842640				26154349	24752401
集体	4300				82555	81696
股份合作	9557	25003			269659	269659
国有与集体联营	***				***	***
国有独资公司	2300771	10			8062738	7691158
其他有限责任公司	11194566	235098		1800	23664937	22728779
股份有限公司	2391449	519597			4930101	4889292
私营独资	50	1030			27149	27149
私营合伙	410	3000			50237	50237
私营有限责任公司	698545	826083			4907118	4887846
私营股份有限公司	2000	9000			262915	261906
其他					94719	92196
港澳台商投资	85679		905800	4582	2146539	2057072
与港澳台商合资经营	55895		388855	577	738118	705592
与港澳台商合作经营	27784		272293	4005	379971	326514
港澳台商独资	2000		113147		913022	909538
港澳台商投资股份有限公司			131505		115428	115428
外商投资	97564			876978	580994	571499
中外合资经营	50387			426619	232374	226679
中外合作经营	47177			172278	182767	178967
外资企业				278081	165853	165853

单位：千元

营业成本	#主营业务成　本	营业税金及附加	#主营业务税金及附加	其他业务利　润	销售费用	管理费用	#税金	#财　产保险费
165534	165534	24838	24838	1622	119875	175123	1562	968
165534	165534	24838	24838	1622	119875	175123	1562	968
649629	644711	140413	139810	65993	968313	671478	27241	3756
649629	644711	140413	139810	65993	968313	671478	27241	3756
239924	239924	10453	10453	105	65655	93004	729	61
239924	239924	10453	10453	105	65655	93004	729	61
1121322	1105171	126716	126154	11794	505375	405721	5841	1320
188240	172366	61805	61691	9781	166742	120626	2599	378
141085	125211	55318	55204	9781	133786	75965	2130	365
32391	32391	2217	2217			35187	10	10
14764	14764	4270	4270		32956	9474	459	3
137794	137794	26567	26567		84580	48984	1389	288
137794	137794	26567	26567		84580	48984	1389	288
95791	95766	8925	8925		2861	25710	119	84
95791	95766	8925	8925		2861	25710	119	84
686243	685991	26377	26369	2013	227043	194249	1656	527
106424	106424	5230	5230		13788	21490	368	40
10885	10885	504	504		1030	3371	1	
568934	568682	20643	20635	2013	212225	169388	1287	487
13254	13254	3042	2602		24149	16152	78	43
13254	13254	3042	2602		24149	16152	78	43
43478223	42340553	958581	940520	1602561	7515190	12295424	193668	28854
16441704	16055505	329268	319060	1005543	2965087	6254844	92432	12113
43437	43364	3814	3734	706	7450	14030	182	49
152843	152843	1768	1768		57987	35456	242	259
***	***	***	***	***	***	***	***	***
5140931	5075661	69057	65247	302500	899470	1213297	32950	3264
15408681	14752421	378166	374232	260035	2452769	3260549	49011	7984
3172528	3147483	38255	38227	15736	296696	486024	10209	1224
246	246	205	205		2369	2612	17	2
14154	14154	1365	1365		27919	8165	39	
2864934	2860551	129674	129673	14888	743151	973588	8403	3686
178965	178965	5839	5839	1009	53296	16311	43	33
52425	51985	988	988	2083	8087	26498	127	227
1020364	1005082	66993	65589	72781	514199	523784	10298	2002
377342	369981	28560	28027	24632	199475	127075	3685	876
117998	111108	30425	29554	45696	140779	103447	6388	802
461504	460473	4646	4646	2453	115944	280316	182	166
63520	63520	3362	3362		58001	12946	43	158
301448	297624	35217	35217	5671	255344	234814	7318	636
95795	91971	11026	11026	1871	208245	94847	6320	503
94968	94968	17279	17279	3800	15374	85115	790	23
110685	110685	6912	6912		31725	54852	208	110

14-3 续表 8

项目	法人资本	个人资本	港澳台资本	外商资本	营业收入	#主营业务收入
三、按隶属关系分						
中央	9806567	102600	6925	1199	46113527	44302699
省	2739383	15000		33230	5183814	4427279
地	366102	9000			2254450	2237513
县			42720		52363	51518
街道	6200	6500			255630	255553
镇	4000	10			20252	20247
乡	20000				15288	15288
其他	4685579	1485711	856155	848931	17351816	17063862
四、按控股情况分(仅限企业法人)						
国有控股	13571467	142213	10169	30168	50028202	47926638
集体控股	191920	1780			654941	651132
私人控股	3489259	1468328	5910	4283	12216139	12074888
港澳台商控股	54094		878549	4582	1690260	1630106
外商控股	53285		8232	844327	543257	516211
其他	17560	6500	2940		156036	153296
五、按四大城市功能区分						
首都功能核心区	5495714	376119	200607	51987	22892601	21864876
东城区	1959536	347897	195607	51987	13841368	13300166
西城区	3536178	28222	5000		9051233	8564710
城市功能拓展区	7813560	976878	426757	262585	42802498	41010378
朝阳区	3378441	424416	411512	202913	15288861	14819607
丰台区	1298454	41455			3013873	2354611
石景山区	135750	136120			1250260	1200386
海淀区	3000915	374887	15245	59672	23249504	22635774
城市发展新区	676070	140290	174197	568788	1524773	1481543
房山区	93410	41500			155429	155257
通州区	61677	6100		2483	136052	136052
顺义区	133226	37100	5000	28184	185839	185838
昌平区	99016	25500	126477	538121	834103	802871
大兴区	209495	29990			125895	117005
开发区	79246	100	42720		87455	84520
生态涵养发展区	3642487	125534	104239		4027268	4017162
门头沟区		***			***	***
怀柔区	3300471	10750	104239		2875079	2870244
平谷区	261166	67764			859215	856684
密云县	13500	8500			53706	50966
延庆县	67350	28520			137876	137876

单位：千元

营业成本	#主营业务成本	营业税金及附加	#主营业务税金及附加	其他业务利润	销售费用	管理费用	#税金	#财产保险费
29361319	28903901	505821	491279	1338867	4656568	8452362	135306	18667
3735433	3165680	71501	68875	168230	470028	1059983	25965	2043
1309332	1305248	54300	54215	12768	322386	358548	2847	1085
57821	57821	4680	4680	845	2800	16214	450	46
112284	112284	15612	15612	77	77374	24284	150	195
13704	13704	2901	2901	5		5067	173	30
840	840	848	848		8759	5905	455	
10209302	10083781	405128	402916	160221	2746818	3131659	45938	9426
31322868	30395901	565892	551972	1153272	4812946	8253574	141450	19980
327916	327811	29202	29122	3624	117797	173400	4073	448
7437514	7355601	269202	268946	50560	1754926	1930737	21501	6106
753102	745150	59074	58203	51331	421425	474851	9974	1486
263553	259633	33155	32622	22593	275724	190677	6718	705
63225	63225	4596	4596	2740	40568	16693	438	21
13246825	12950788	317620	312645	726710	2523443	4850599	68323	10049
8547707	8341664	182466	179214	331907	1414834	2556736	38253	4869
4699118	4609124	135154	133431	394803	1108609	2293863	30070	5180
27788697	26939538	633197	620159	921402	5117845	7339182	107614	18089
10226675	10076305	305813	302729	307279	2160123	3450705	49490	8516
1704029	1175128	39103	38348	129606	436837	478117	8212	1035
707409	666991	22328	22315	9443	102496	171417	1855	536
15150584	15021114	265953	256767	475074	2418389	3238943	48057	8002
939583	930336	73091	71639	25128	474863	418027	15764	1488
101959	101940	10957	10957	153	27814	35161	790	102
49328	49328	4991	4991		53357	52241	2647	36
101588	101588	15221	15221	1	52778	63007	3182	318
501028	492725	32906	32037	22060	298527	216869	7976	943
70536	70536	3609	3169	1047	30213	35373	916	51
115144	114219	5407	5264	1867	12174	15376	253	38
2824930	2822597	36883	36883	7773	168582	446214	19583	1866
***	***	***	***		***	***	***	
2135644	2133311	20577	20577	2502	69638	277891	17542	1333
567742	567742	5071	5071	2531	70920	89652	1214	223
24817	24817	1768	1768	2740	4756	18109	416	
26664	26664	7379	7379		15766	34169	388	310

14-3 续表 9

项　　目	财务费用	#利息收入	#利息支出	资产减值损　失	公允价值变动收益	投资收益
合　计	**-313008**	**769154**	**434918**	**400691**	**7166**	**2362297**
一、按行业分(分到小类)						
新闻和出版业	-385118	513143	120905	332921	360	597088
新闻业	-15	5	-14			
新闻业	-15	5	-14			
出版业	-385103	513138	120919	332921	360	597088
图书出版	-267950	290995	18314	204839		247261
报纸出版	-56349	156870	98535	102808	348	299429
期刊出版	-38667	39627	667	13995	12	13589
音像制品出版	-15876	18813	2879	2638		4311
电子出版物出版	-9	12		-89		
其他出版业	-6252	6821	524	8730		32498
广播、电视、电影和影视录音制作业	-39929	193222	155703	61816		1724018
广播	-3471	4141		-86		3501
广播	-3471	4141		-86		3501
电视	-43096	98994	50409	3369		434531
电视	-43096	98994	50409	3369		434531
电影和影视节目制作	-7941	69818	74673	60454		581411
电影和影视节目制作	-7941	69818	74673	60454		581411
电影和影视节目发行	-5822	17753	10381	-1313		691655
电影和影视节目发行	-5822	17753	10381	-1313		691655
电影放映	20843	2005	20228	-898		1312
电影放映	20843	2005	20228	-898		1312
录音制作	-442	511	12	290		11608
录音制作	-442	511	12	290		11608
文化艺术业	13998	15005	28215	60	6803	21443
文艺创作与表演	-8246	8474	56	-96		1063
文艺创作与表演	-8246	8474	56	-96		1063
艺术表演场馆	-94	1196	913	6		14348
艺术表演场馆	-94	1196	913	6		14348
文物及非物质文化遗产保护	***	***				
文物及非物质文化遗产保护	***	***				
博物馆	***	***				
博物馆	***	***				
群众文化活动	2725	69	2736			922
群众文化活动	2725	69	2736			922
其他文化艺术业	19665	5246	24510	150	6803	5110
其他文化艺术业	19665	5246	24510	150	6803	5110
体育	80683	17211	85358	2990		2429
体育组织	28817	1997	29838	72		-589
体育组织	28817	1997	29838	72		-589

单位：千元

营业利润	营业外收入	#补贴收入	利润总额	应交所得税	应付职工薪酬(本年贷方累计发生额)	#社会保险费	#住房公积金	应交增值税
4352045	**3211487**	**3640811**	**10319994**	**1165236**	**13054860**	**1797371**	**708841**	**2281319**
2878963	2552223	3093087	6472963	443722	8984833	1249485	540052	1883301
-5854	283		-5571		14761	2400	1122	1461
-5854	283		-5571		14761	2400	1122	1461
2884817	2551940	3093087	6478534	443722	8970072	1247085	538930	1881840
3864333	1071728	875939	4896102	114242	4494361	692041	254957	1354772
-1473591	1326098	1993476	789443	193788	3059397	368606	202838	186486
420196	132099	217568	671909	88043	1180060	150867	69789	280178
130345	16103	6104	147898	46850	142670	19639	7084	45759
1390	1		1424	8	3199	332	92	765
-57856	5911		-28242	791	90385	15600	4170	13880
2044183	266091	193675	3967161	552715	1956710	281112	101282	278972
1285	1293	1210	6149	1525	195223	25273	9295	22934
1285	1293	1210	6149	1525	195223	25273	9295	22934
355422	43312	30912	827098	148962	571012	80446	36988	115554
355422	43312	30912	827098	148962	571012	80446	36988	115554
1158991	165374	135805	1845536	317434	840330	126900	39030	147313
1158991	165374	135805	1845536	317434	840330	126900	39030	147313
399881	30602	14788	1123156	40910	155645	18752	6440	-50411
399881	30602	14788	1123156	40910	155645	18752	6440	-50411
131484	24566	10162	155913	41290	172353	27097	8777	40883
131484	24566	10162	155913	41290	172353	27097	8777	40883
-2880	944	798	9309	2594	22147	2644	752	2699
-2880	944	798	9309	2594	22147	2644	752	2699
-3844	195778	155996	206387	63679	548817	81447	27458	54695
-62632	164816	153424	93242	25456	239702	41324	14647	14424
-62632	164816	153424	93242	25456	239702	41324	14647	14424
45422	5386	1231	64954	13772	47648	7552	1929	40
45422	5386	1231	64954	13772	47648	7552	1929	40
***	***	***	***		***	***	***	***
***	***	***	***		***	***	***	***
***			***	***	***	***	***	***
***			***	***	***	***	***	***
-5551	3701		-947	401	35138	5031	830	560
-5551	3701		-947	401	35138	5031	830	560
19033	21785	1278	49164	23996	223149	26975	9948	39274
19033	21785	1278	49164	23996	223149	26975	9948	39274
-558564	103561	111088	-426807	52410	1161985	128053	25008	47172
-39094	61824	83773	50588	21059	349044	15359	4435	36693
-39094	61824	83773	50588	21059	349044	15359	4435	36693

14-3 续表 10

项　　目	财务费用	#利息收入	#利息支出	资产减值损　失	公允价值变动收益	投资收益
体育场馆	3620	727	3396	1472		
体育场馆	3620	727	3396	1472		
休闲健身活动	48420	6814	45780	873		217
休闲健身活动	48420	6814	45780	873		217
其他体育	-174	7673	6344	573		2801
其他体育	-174	7673	6344	573		2801
娱乐业	17358	30573	44737	2904	3	17319
室内娱乐活动	27053	1107	25807	12		1201
歌舞厅娱乐活动	26755	915	25807	12		1201
网吧活动	-167	184				
其他室内娱乐活动	465	8				
游乐园	12646	1024	17851	2361		
游乐园	12646	1024	17851	2361		
彩票活动	-399	412				
彩票活动	-399	412				
文化、娱乐、体育经纪代理	-21119	25130	-984	499	3	16118
文化娱乐经纪人	-344	578	225		3	
体育经纪人	1		1			
其他文化艺术经纪代理	-20776	24552	-1210	499		16118
其他娱乐业	-823	2900	2063	32		
其他娱乐业	-823	2900	2063	32		
二、按登记注册类型分						
内资	-360756	753336	371350	397515	7166	2364277
国有	-241567	380210	123990	170746	6815	1307201
集体	-96	258		-735		
股份合作	-924	1241	90			
国有与集体联营	***	***				
国有独资公司	-82155	92471	9935	76735		90937
其他有限责任公司	-64960	195634	117768	62669		746140
股份有限公司	-14597	50231	49378	82216	348	183941
私营独资	-315	342				
私营合伙	-31	38				
私营有限责任公司	45468	30974	70189	5884	3	31566
私营股份有限公司	222	124				3672
其他	-1791	1803				820
港澳台商投资	45963	14605	59290	3176		-1307
与港澳台商合资经营	39721	2328	41538	2544		1097
与港澳台商合作经营	10677	5441	15945			
港澳台商独资	-5043	6809	1597			-2404
港澳台商投资股份有限公司	608	27	210	632		
外商投资	1785	1213	4278			-673
中外合资经营	2691	91	33			-798
中外合作经营	1382	703	2152			125
外资企业	-2288	419	2093			

单位：千元

营业利润	营业外收入	#补贴收入	利润总额	应交所得税	应付职工薪酬(本年贷方累计发生额)	#社会保险费	#住房公积金	应交增值税
-50244	15814	24377	-14123	-157	124682	12674	6080	342
-50244	15814	24377	-14123	-157	124682	12674	6080	342
-447337	20248	2196	-450023	27938	627510	90766	11053	5480
-447337	20248	2196	-450023	27938	627510	90766	11053	5480
-21889	5675	742	-13249	3570	60749	9254	3440	4657
-21889	5675	742	-13249	3570	60749	9254	3440	4657
-8693	93834	86965	100290	52710	402515	57274	15041	17179
-95595	13703	12554	-71559	1262	106454	12672	1668	1321
-81454	13049	2	-69976	1249	71449	9520	1210	610
-10985	9	11916	940		21976	2027	450	711
-3156	645	636	-2523	13	13029	1125	8	
-2062	3302	3109	-6048	5818	71353	10423	3366	110
-2062	3302	3109	-6048	5818	71353	10423	3366	110
33472	32		33445	8699	49467	7252	2440	232
33472	32		33445	8699	49467	7252	2440	232
41460	75193	69961	128953	32725	157453	23842	7085	15427
-5490	1607	630	-3911	1563	18899	3260	1429	1227
-1626			-1626	52	1626	392	140	46
48576	73586	69331	134490	31110	136928	20190	5516	14154
14032	1604	1341	15499	4206	17788	3085	482	89
14032	1604	1341	15499	4206	17788	3085	482	89
4624423	3170758	3630203	10590162	1137734	12546284	1724953	688364	2237703
405013	2053838	2724650	4413307	313514	6521476	902364	412371	1130341
13920	215		14806	5250	20035	4102	472	3972
22529	116		22399	5885	20341	2969	676	7761
***	***	***	***		***	***	***	***
822138	389779	348402	1287649	24225	1287769	192531	64422	273662
2221210	515069	366922	3374895	477096	3476554	459282	162548	559064
951195	168259	160819	1215335	196718	508200	78238	26230	136197
22032	261		16083	641	1446	209	73	1711
-1335	1165		-175	172	13607	1261	371	122
150303	36544	10887	205772	103939	653469	79275	17748	104561
8282	105		12047	4983	5439	826	166	9048
8512	5045	18163	27520	5311	32964	2907	2943	10371
-24764	29073	9656	-19081	24816	311069	39075	12269	37498
-34055	26367	8566	-12320	7816	103668	17592	6733	17226
-23355	1186	350	-23974	6314	101354	15123	1679	1147
55655	1520		40114	10686	77533	4643	1716	18786
-23009		740	-22901		28514	1717	2141	339
-247614	11656	952	-251087	2686	197507	33343	8208	6118
-180230	2291	800	-189029	197	91283	17900	3619	2380
-31351	9124		-22214	807	45119	7113	2065	3510
-36033	241	152	-39844	1682	61105	8330	2524	228

14-3 续表 11

项目	财务费用	#利息收入	#利息支出	资产减值损失	公允价值变动收益	投资收益
三、按隶属关系分						
中央	-473643	555982	82662	329152	23	1594511
省	9875	102242	110882	28389	6803	90671
地	-8993	15881	6274	5543		706
县	11877	50	11515			
街道	844	174	139	-10		
镇	91	9				
乡	19	21				
其他	146922	94795	223446	37617	340	676409
四、按控股情况分(仅限企业法人)						
国有控股	-360391	556827	191708	270659	7163	1493776
集体控股	36211	1396	36776	-762		
私人控股	79786	66946	132570	25131	3	664470
港澳台商控股	36079	13404	48178	3176		-1328
外商控股	-639	1228	2174			146
其他	7351	74	7117			
五、按四大城市功能区分						
首都功能核心区	-194553	260988	61673	135561		273323
东城区	-123605	175366	48324	90617		138453
西城区	-70948	85622	13349	44944		134870
城市功能拓展区	-176794	481296	275678	197940	7166	1916759
朝阳区	17307	185616	189120	133784	6818	664805
丰台区	-19558	37880	17379	49546		9350
石景山区	-8868	11573	2632	4471		3009
海淀区	-165675	246227	66547	10139	348	1239595
城市发展新区	40673	12617	51689	8		11902
房山区	1823	157	1342	46		45
通州区	2474	34	2152			22
顺义区	23683	164	23406	290		11608
昌平区	9872	433	10676	-360		
大兴区	-8005	10688	2600	32		184
开发区	10826	1141	11513			43
生态涵养发展区	17666	14253	45878	67182		160313
门头沟区	***	***				
怀柔区	8127	12895	35231	59169		148597
平谷区	7441	961	8272	8013		11716
密云县	232	24	145			
延庆县	2015	221	2230			

单位：千元

营业利润	营业外收入	#补贴收入	利润总额	应交所得税	应付职工薪酬(本年贷方累计发生额)	#社会保险费	#住房公积金	应交增值税
3611100	2596525	3125780	8208550	632202	8844598	1238163	530303	1847885
-171528	270099	243206	205588	67864	1195406	181330	68756	62165
218877	62807	30639	270548	61040	360849	52198	18271	-16571
-41029	3		-41114	28	22147	4255	506	152
25232	2503		27225	7574	39356	3530	1034	7814
-1511	294	63	-1218		9303	3077	1	159
-1083			-1088		3506	806	8	
711987	279256	241123	1651503	396528	2579695	314012	89962	379715
5433313	1817018	1599708	8487974	657023	8699812	1298133	484637	1767853
-29585	7581	46110	21666	17814	112364	15380	3352	14484
735452	168636	75150	1510316	323815	1449904	184998	46007	264129
-54271	19830	1858	-58009	18896	265019	30206	7709	22763
-219213	4757	2102	-229567	4875	163959	26896	5914	3333
23603	642		24201	6216	17756	1599	277	1996
2148667	976837	1019590	3534560	316535	4889508	698016	292922	918799
1263230	601396	573567	2073974	199786	2700682	383284	168792	486921
885437	375441	446023	1460586	116749	2188826	314732	124130	431878
2091849	2083093	2509935	6444644	687154	7363765	981133	390357	1294746
-880284	1531720	1820363	1550605	242209	3557525	453415	182751	451446
375345	58081	29633	399966	74418	491773	59609	25913	106802
255478	16894	24221	280903	70699	144612	17469	9028	49309
2341310	476398	635718	4213170	299828	3169855	450640	172665	687189
-421464	53793	21820	-379605	16157	439892	68284	13654	21324
-22285	1514	635	-20970	72	44449	7552	1543	842
-26339	9005		-17726	956	29253	5283	1339	4325
-70438	1151	494	-58404	2345	63017	10916	1691	1841
-225099	5740	250	-237617	7996	199292	30882	5850	11362
-5831	6925	1341	-2875	4786	59580	6700	1387	2529
-71472	29458	19100	-42013	2	44301	6951	1844	425
532993	97764	89466	720395	145390	361695	49938	11908	46450
***	***		***		***	***	***	***
363202	76872	74287	528429	89550	252937	35829	8123	12393
118389	16451	15179	137882	38023	45862	5099	1553	30402
4024	483		4510	1842	13773	1378	195	413
51883	1833		52955	15975	23105	3177	605	99

14-4 规模以下文化、体育和娱乐业

项目	单位数（个）	固定资产合计	固定资产原价	#本年折旧	资产总计	负债合计	所有者权益合计	#实收资本
合计	**24514**	**5118716**	**7317414**	**577702**	**106875588**	**55425318**	**51450270**	**47758297**
一、按行业分（分到小类）								
新闻和出版业	1120	575923	1085100	92278	18999363	4056487	14942876	5717894
新闻业	40	1577	4277	515	991230	769440	221790	152456
新闻业	40	1577	4277	515	991230	769440	221790	152456
出版业	1080	574346	1080823	91764	18008133	3287047	14721085	5565438
图书出版	241	273019	578084	45881	14342284	1207403	13134881	3736621
报纸出版	62	31720	55623	7281	800665	435158	365506	529936
期刊出版	567	124967	218071	15203	1608832	924416	684416	651194
音像制品出版	78	36141	103781	19903	706315	407052	299263	407025
电子出版物出版	49	37431	48190	2386	331767	192685	139082	113496
其他出版业	83	71068	77074	1108	218270	120333	97938	127165
广播、电视、电影和影视录音制作业	2614	947332	1630356	165029	25169675	15957145	9212530	11626554
广播	32	6437	12054	2411	257934	149419	108515	104540
广播	32	6437	12054	2411	257934	149419	108515	104540
电视	185	52534	135701	21876	3468741	2191699	1277042	1498771
电视	185	52534	135701	21876	3468741	2191699	1277042	1498771
电影和影视节目制作	1831	451695	881531	87133	15087229	9588178	5499051	7310448
电影和影视节目制作	1831	451695	881531	87133	15087229	9588178	5499051	7310448
电影和影视节目发行	329	66447	109744	15477	3558855	2434374	1124482	1224668
电影和影视节目发行	329	66447	109744	15477	3558855	2434374	1124482	1224668
电影放映	92	334927	453449	31205	2301343	1328336	973007	1219529
电影放映	92	334927	453449	31205	2301343	1328336	973007	1219529
录音制作	145	35291	37876	6927	495573	265141	230433	268597
录音制作	145	35291	37876	6927	495573	265141	230433	268597
文化艺术业	14760	1971007	2208843	178561	41230541	20214187	21016353	21307437
文艺创作与表演	1533	503330	493982	31066	5994307	2179646	3814661	3480852
文艺创作与表演	1533	503330	493982	31066	5994307	2179646	3814661	3480852
艺术表演场馆	45	32304	78016	9095	124942	76323	48619	92169
艺术表演场馆	45	32304	78016	9095	124942	76323	48619	92169
图书馆与档案馆	17	5013	7349	592	19706	10922	8784	4135
图书馆	11	2146	2341	37	4979	1536	3444	2475
档案馆	6	2867	5008	554	14727	9387	5340	1660
文物及非物质文化遗产保护	35	10748	12084	615	511480	313222	198258	221526
文物及非物质文化遗产保护	35	10748	12084	615	511480	313222	198258	221526
博物馆	65	195560	213022	11277	368368	314972	53396	170207
博物馆	65	195560	213022	11277	368368	314972	53396	170207
烈士陵园、纪念馆	***	***	***	***	***	***	***	***
烈士陵园、纪念馆	***	***	***	***	***	***	***	***
群众文化活动	2781	251460	312099	22024	6802335	2731214	4071122	4882188
群众文化活动	2781	251460	312099	22024	6802335	2731214	4071122	4882188
其他文化艺术业	10283	972545	1092217	103866	27408289	14582823	12825466	12456331
其他文化艺术业	10283	972545	1092217	103866	27408289	14582823	12825466	12456331
体育	2143	811116	1311272	78210	11049450	8234782	2814667	4513425
体育组织	442	133246	190012	14253	2472505	1350313	1122192	890646
体育组织	442	133246	190012	14253	2472505	1350313	1122192	890646

法人单位财务状况(企业会计制度)

单位：千元

营业收入	营业成本	营业税金及附加	销售费用	管理费用	#税金	财务费用	投资收益	营业利润	利润总额	应交所得税	应交增值税
19268429	**11116605**	**394267**	**3135768**	**7377243**	**88574**	**259399**	**696743**	**-2288989**	**-1423686**	**146627**	**358668**
2418019	1141853	45550	330859	937673	8856	-23032	38316	-110379	19289	38750	65928
36945	24791	1301	5494	7603	13	1115	292	-3525	-520	522	168
36945	24791	1301	5494	7603	13	1115	292	-3525	-520	522	168
2381074	1117061	44249	325365	930070	8843	-24147	38024	-106854	19809	38228	65760
472265	256260	4016	45123	252154	4747	-16198	20911	-89418	-26867	2914	10104
229820	107767	4514	17088	141627	574	-176	-4280	-49925	-52403	2394	7485
1367644	616843	31371	232840	428689	3034	-4322	11741	49071	88328	28937	41575
164129	69246	2530	13203	56636	224	-1867	9554	-1904	16827	2215	3736
75687	24914	756	7934	26393	225	-1532	20	-9090	625	930	1705
71529	42031	1062	9178	24571	39	-52	76	-5587	-6701	838	1156
4644379	2685983	75093	656564	1724498	7835	56654	153249	-506368	-315395	39553	81614
312758	220510	3397	15020	38184	121	-3684	900	46236	40678	20	-2422
312758	220510	3397	15020	38184	121	-3684	900	46236	40678	20	-2422
505994	256276	9848	50623	313729	464	8956	81572	-57640	26894	11922	15349
505994	256276	9848	50623	313729	464	8956	81572	-57640	26894	11922	15349
2548136	1519528	40931	368249	980993	3954	45284	59341	-361299	-268992	21468	56178
2548136	1519528	40931	368249	980993	3954	45284	59341	-361299	-268992	21468	56178
743409	480569	9686	110350	223037	1352	6267	2888	-59101	-64171	2130	4447
743409	480569	9686	110350	223037	1352	6267	2888	-59101	-64171	2130	4447
350551	139902	8967	94397	117271	1517	-182	8547	-74074	-47922	3641	5544
350551	139902	8967	94397	117271	1517	-182	8547	-74074	-47922	3641	5544
183532	69198	2263	17925	51285	428	12	2	-491	-1883	371	2517
183532	69198	2263	17925	51285	428	12	2	-491	-1883	371	2517
8667957	5790204	127842	1366692	3126504	22750	89893	382166	-967505	-538375	43356	157480
1276107	769588	24109	188901	505716	3343	-706	6022	-182709	-107322	6872	24682
1276107	769588	24109	188901	505716	3343	-706	6022	-182709	-107322	6872	24682
93201	55535	2233	6478	32454	3181	7		-5975	-2767	1102	374
93201	55535	2233	6478	32454	3181	7		-5975	-2767	1102	374
17974	3381	1036	581	8379	87	-19		1429	1618	178	201
6325	2644	346	71	5116	67	-1		6	192	120	95
11649	737	690	510	3263	20	-19		1423	1426	58	106
30323	7750	699	4771	16390	48	-177		5378	1116	1309	867
30323	7750	699	4771	16390	48	-177		5378	1116	1309	867
40040	4231	1825	2802	60230	216	812		-29168	-24634	20	460
40040	4231	1825	2802	60230	216	812		-29168	-24634	20	460
***		***	***	***	***	***		***	***		***
***		***	***	***	***	***		***	***		***
1324797	778674	21379	199393	450404	2022	1172	5585	-87404	-85155	7941	24350
1324797	778674	21379	199393	450404	2022	1172	5585	-87404	-85155	7941	24350
5882893	4171044	76553	961861	2052929	13852	88804	370559	-666309	-319354	25935	106467
5882893	4171044	76553	961861	2052929	13852	88804	370559	-666309	-319354	25935	106467
1530875	571021	58794	373697	773364	43694	64566	87776	-308592	-233897	10956	7443
381881	169557	13372	80768	197636	37551	26083	80516	-72646	22386	5024	1782
381881	169557	13372	80768	197636	37551	26083	80516	-72646	22386	5024	1782

14-4 续表 1

项目	单位数(个)	固定资产合计	固定资产原价	#本年折旧	资产总计	负债合计	所有者权益合计	#实收资本
体育场馆	23	15925	16763	234	97770	19300	78470	95485
体育场馆	23	15925	16763	234	97770	19300	78470	95485
休闲健身活动	1327	598865	1001321	53480	6955227	5675658	1279568	1499642
休闲健身活动	1327	598865	1001321	53480	6955227	5675658	1279568	1499642
其他体育	351	63081	103176	10244	1523948	1189511	334437	2027652
其他体育	351	63081	103176	10244	1523948	1189511	334437	2027652
娱乐业	3877	813338	1081843	63623	10426560	6962716	3463844	4592988
室内娱乐活动	2199	491415	643629	37354	2654470	1593576	1060894	1771071
歌舞厅娱乐活动	481	144077	222058	11429	682931	676932	5999	380407
电子游艺厅娱乐活动	263	22049	27748	1496	183105	42427	140677	154147
网吧活动	1203	232008	324804	18152	982139	300483	681656	952059
其他室内娱乐活动	252	93282	69019	6278	806295	573734	232561	284458
游乐园	31	72442	43857	197	117080	17528	99552	46241
游乐园	31	72442	43857	197	117080	17528	99552	46241
彩票活动	14	2846	9233	1475	229864	171253	58611	152774
彩票活动	14	2846	9233	1475	229864	171253	58611	152774
文化、娱乐、体育经纪代理	1434	174516	259752	20125	6479020	4640133	1838887	2252577
文化娱乐经纪人	221	21657	33787	2941	575863	419305	156559	247773
体育经纪人	21	1866	2620	433	232148	91796	140352	141205
其他文化艺术经纪代理	1192	150992	223345	16752	5671008	4129032	1541977	1863600
其他娱乐业	199	72119	125373	4472	946126	540226	405900	370325
其他娱乐业	199	72119	125373	4472	946126	540226	405900	370325
二、按登记注册类型分								
内资	24346	4936448	7035227	560450	104567531	53916863	50650668	45918596
国有	582	566444	1135985	55790	10771711	4220699	6551012	3670930
集体	282	119281	132568	5823	726368	631755	94613	229468
股份合作	696	63429	92815	6532	912848	626014	286834	365340
国有联营	4	84	715	14	1869	6620	-4751	3140
集体联营	23	406	852	104	57585	25444	32141	32760
国有与集体联营	3	51490	87260	2812	245730	403849	-158120	14650
其他联营	43	3339	3881	118	36428	17414	19014	30162
国有独资公司	62	181446	272626	38965	9557164	467840	9089324	1529847
其他有限责任公司	6228	1731749	2383712	181597	38270374	23477754	14792619	20568577
股份有限公司	201	84735	65491	9257	2196964	859305	1337660	1167963
私营独资	1914	83007	109515	14817	1583801	839244	744556	683077
私营合伙	312	19091	30994	3807	302293	139244	163049	189768
私营有限责任公司	13541	1675074	2372157	209252	39022811	21770590	17252221	17008990
私营股份有限公司	278	114755	73550	10924	633107	311718	321389	375472
其他	177	242118	273104	20637	248479	119373	129106	48452
港澳台商投资	84	165198	220636	10184	1502067	879461	622606	1239980
与港澳台商合资经营	19	62672	106737	7869	240282	145222	95060	259892
与港澳台商合作经营	4	1385	2	182	453111	712	452399	489587
港澳台商独资	55	101065	113436	2121	792065	721109	70957	486981
港澳台商投资股份有限公司	3				15577	11374	4203	1100
其他港澳台投资	3	76	460	12	1032	1044	-12	2420
外商投资	84	17070	61552	7068	805991	628994	176997	599721

单位：千元

营业收入	营业成本	营业税金及附加	销售费用	管理费用		财务费用	投资收益	营业利润	利润总额	应交所得税	应交增值税
					#税金						
31971	5029	462	2126	7934	45	48	7	-5175	-5401	18	29
31971	5029	462	2126	7934	45	48	7	-5175	-5401	18	29
829160	272856	36692	199398	437790	5101	30975	7303	-174953	-173713	3772	3186
829160	272856	36692	199398	437790	5101	30975	7303	-174953	-173713	3772	3186
287863	123579	8268	91405	130004	998	7460	-50	-55817	-77169	2142	2446
287863	123579	8268	91405	130004	998	7460	-50	-55817	-77169	2142	2446
2007199	927544	86987	407955	815204	5439	71317	35236	-396145	-355308	14012	46204
807444	372577	61313	203697	183424	3311	5483	256	-68452	-67071	6237	29377
313402	84169	40968	150730	82721	1346	3100	-56	-43402	-43750	2354	628
28181	14746	4117	8127	10549	119	231	89	-10765	-12192	251	169
208391	121230	8103	18293	50073	1163	-592	204	-4179	-3519	2745	27611
257469	152433	8126	26547	40082	682	2744	18	-10107	-7611	887	968
5561	329	181	3264	1616	1	5		176	192	31	19
5561	329	181	3264	1616	1	5		176	192	31	19
36307	997	1439	19425	30911	445	-77	5000	-15674	-10733	47	819
36307	997	1439	19425	30911	445	-77	5000	-15674	-10733	47	819
1044031	495845	19763	168681	420437	1530	65354	29649	-164351	-129829	6204	14459
181364	56470	4104	51670	63179	271	298	1804	-2828	-1404	602	2741
100225	86620	759	5113	13166	8	-509	1665	-5102	-3425	8	956
762442	352756	14900	111899	344093	1251	65564	26180	-156421	-125000	5594	10762
113857	57796	4291	12887	178815	152	553	331	-147844	-147866	1493	1530
113857	57796	4291	12887	178815	152	553	331	-147844	-147866	1493	1530
18730142	10752648	387004	3051640	7223866	87875	251452	692671	-2170463	-1318444	145530	353372
1433307	625176	35769	148802	595480	9159	-15030	117546	-23976	181726	28247	38281
168868	66026	5161	44796	63714	407	-60	127	-10752	-9964	1623	4352
199521	65472	5287	39865	74109	434	723	1896	-9296	-9538	-214	2645
1112	870	38	428	12		-1		-234	-228	2	28
1616	292	119	176	1039	1	2		-612	-611	4	5
10005	4723	601	4029	14171	947	-63	-700	-13596	-14536	251	352
25138	15249	421	1220	3662	3	10	-25	-1174	-1163	8	170
248863	142076	4416	39426	184892	1688	-13096	1317	-104060	-45199	1936	4519
6717435	3980247	128567	1199561	2579841	53322	182170	324989	-1109300	-828038	61625	114736
261039	160840	7770	54909	123532	430	-8659	233815	-43735	191868	5562	9401
621903	238350	13503	56209	177391	653	5559	-8897	65209	68579	4622	8190
133329	53042	6342	16849	79381	765	-112	400	-1862	-2285	1147	1803
8702106	5326792	169400	1422954	3196178	19363	100081	19286	-901918	-837951	38663	165943
121118	58074	5466	14006	70393	619	-21	2370	-25927	-23913	482	1965
84782	15419	4143	8411	60073	82	-51	549	10771	12807	1572	982
470696	320223	5338	50480	87613	475	7016	4071	-41370	-29598	1053	4321
73248	35324	2854	30354	17452	295	56		-14778	-12085	215	2242
3486	2889	25	198	801	36	-2		-405	-405		209
378979	281938	2096	19803	69012	144	6961	4071	-26067	-16988	832	1859
14551		355		10				-10	-10		
432	72	7	124	339		1		-110	-110	6	11
67591	43735	1924	33648	65764	224	931		-77156	-75643	45	976

14-4 续表 2

项目	单位数(个)	固定资产合计	固定资产原价	#本年折旧	资产总计	负债合计	所有者权益合计	#实收资本
中外合资经营	18	12285	45152	1663	646931	429623	217309	373815
中外合作经营	5	174	495	86	5312	10597	-5285	12916
外资企业	50	3131	11673	5162	59557	104683	-45126	123080
外商投资股份有限公司	3	221	2352	38	33445	70161	-36716	37550
其他外商投资	8	1258	1879	119	60745	13930	46815	52360
三、按隶属关系分								
中央	474	325872	838261	67735	18732014	3157314	15574700	6003978
省	268	331924	468597	40262	5942990	3266460	2676530	2130531
地	729	464137	568710	31495	3857833	2060438	1797395	2029057
县	17	20876	517	25	75976	66554	9422	10260
街道	44	55650	12624	966	102787	44875	57912	58380
镇	38	18987	12437	1727	59349	43520	15829	39643
乡	12	2157	3330	184	16261	8282	7979	7120
社区	4	46	335	39	470	148	322	817
村委会	32	49020	29664	872	97092	68417	28675	36279
其他	22896	3850048	5382938	434395	77990816	46709309	31281507	37442233
四、按控股情况分(仅限企业法人)								
国有控股	787	910623	1600722	117736	25241785	6824513	18417272	8281309
集体控股	594	239494	220974	13987	3014492	1885635	1128857	1249278
私人控股	22052	3245611	4623827	398633	71055595	41453623	29601972	33242634
港澳台商控股	79	133582	182852	8358	1323256	747979	575277	1169577
外商控股	67	16774	48391	5853	612582	622706	-10124	382770
其他	912	457943	509779	29947	5483374	3862476	1620898	3383906
五、按四大城市功能区分								
首都功能核心区	3552	894934	1774485	117813	23077095	10504066	12573029	10611090
东城区	1921	600309	1136441	69811	17286577	7159609	10126968	7697998
西城区	1631	294625	638044	48002	5790518	3344457	2446061	2913092
城市功能拓展区	16366	2565023	3676844	384396	66972777	34319884	32652894	30343866
朝阳区	7883	1188152	1679939	170646	33436584	21266068	12170516	15085798
丰台区	3112	335096	410974	32985	5159275	2501965	2657310	2998649
石景山区	895	104770	469664	24806	4044813	2242773	1802040	1559037
海淀区	4476	937005	1116267	155960	24332105	8309078	16023027	10700383
城市发展新区	3451	1461467	1610703	65524	13467005	9072188	4394818	4852620
房山区	290	154822	240568	10914	1676347	1034394	641952	625303
通州区	938	506463	486593	16017	2276948	1162519	1114429	861062
顺义区	597	282329	264019	11364	1989110	1066095	923015	1079967
昌平区	979	347235	367329	14168	2414094	1278613	1135480	1055167
大兴区	555	162893	233977	11348	3598039	3055597	542442	1000226
开发区	92	7725	18217	1713	1512468	1474969	37500	230895
生态涵养发展区	1145	197293	255383	9968	3358711	1529181	1829530	1950721
门头沟区	249	11220	18598	1039	356218	111249	244969	258166
怀柔区	249	46458	65162	3469	536050	203933	332118	349478
平谷区	273	15639	26102	893	658056	227031	431025	448793
密云县	284	67940	76951	1623	1476897	671861	805036	798066
延庆县	90	56036	68570	2944	331490	315107	16383	96219

单位：千元

营业收入	营业成本	营业税金及附加	销售费用	管理费用	#税金	财务费用	投资收益	营业利润	利润总额	应交所得税	应交增值税
31710	33539	906	14297	27682	32	540		-48638	-45651		500
7900	2728	428	3393	4849	50	17		-3515	-3511	5	19
27752	7468	589	15908	29846	143	534		-22837	-23431	39	452
				900		22		-38	-922		
229		2	50	2487		-181		-2128	-2128		5
1439278	604822	35955	225534	683593	6038	-38188	302088	-127647	241108	28585	34926
692086	439676	14627	74792	221326	4579	-13597	12113	-84736	10592	10846	16012
651503	312309	15311	120145	391025	5285	1107	2182	-137654	-122158	4628	12943
6883	4374	202	488	1561				-566	-574	4	521
20343	5304	506	8318	5317	37	-509		3355	1528	477	134
18473	8777	450	10415	7170	59			6101	6064	198	22
2988	790	130	352	1907		-6		-190	-188	30	25
501	283	7	64	80				-4	-4		2
12141	3881	412	642	8497	23	2		-799	-1469	53	65
16424233	9736390	326668	2695017	6056767	72553	310589	380359	-1946850	-1558585	101807	294019
2414901	1163451	60286	354125	1025397	14112	-56112	309782	-239342	232111	43958	60842
380882	161560	10968	92273	159155	1223	6807	2623	-56859	-54451	2231	9350
14970473	8899965	299733	2508337	5633498	69422	294116	376190	-1799991	-1449997	93185	267478
428334	299938	3536	41288	86761	466	1706	4071	-44635	-43387	1051	3090
45548	21816	971	17584	54146	205	843	14	-48109	-49614	51	605
989078	544895	17790	118052	397003	3044	12194	4070	-101918	-60036	5796	16310
4243710	2276636	92536	624279	1542423	13905	15897	334202	-384247	95355	52007	81417
2106412	1089687	49334	288705	850284	9383	10328	321677	-231743	194618	31792	37818
2137298	1186949	43202	335574	692139	4522	5569	12525	-152504	-99263	20216	43599
13061733	7828899	255829	2132808	4954055	30686	77552	169614	-1452552	-1217441	84506	242180
7308045	4868880	138742	1145914	2713068	17532	49598	82040	-726650	-677761	52814	117941
1330179	711866	24091	214089	431446	3200	-1109	2055	-93320	-2447	6081	29629
630652	396941	10210	69643	240529	1335	23797	5608	-110760	-104966	6681	10736
3792857	1851212	82786	703162	1569012	8618	5267	79911	-521822	-432267	18930	83874
1552648	746811	37655	282957	753954	43282	109601	4416	-311022	-294051	7485	27258
105502	52784	3560	24100	69552	2465	997	7	-45343	-43737	1173	1640
388548	169575	7142	38804	149558	616	5502	-65	11333	10448	2237	6997
195463	134419	5008	51824	99653	731	6289	-1304	-25646	-17087	1224	3001
404995	173258	9386	84473	205782	1699	362	4624	-69262	-80257	1767	6058
311331	164862	10564	40876	110301	1293	31902	-14	-53447	-55272	985	8195
146809	51913	1995	42879	119107	36478	64549	1168	-128657	-108147	99	1366
410339	264259	8247	95723	126811	701	56348	188510	-141168	-7548	2629	7813
49471	25877	489	10341	18333	225	-1	20	-5579	-5441	77	1025
129184	84990	2439	16656	28527	117	943	41	-4197	-4404	1036	2092
107939	74102	2388	6741	23098	119	-203	205	1144	641	749	3224
98920	65362	1452	59989	31252	195	55650	188244	-114785	15037	641	1300
24825	13928	1479	1997	25601	44	-42		-17752	-13380	126	173

第15篇

公共管理、社会保障和社会组织

15-1 全部公共管理、社会保障和社会

项目	单位数(个)	资产总计	营业收入	营业成本	营业税金及附加
合计	**392**	**809981**	**133592**	**65973**	**3068**
一、按行业分(分到小类)					
国家机构	13	151634	24552	8637	778
国家行政机构	12	144266	23976	5666	776
综合事务管理机构	3	28477	6283	1671	352
社会事务管理机构	1	***	***	***	***
经济事务管理机构	3	4119	579	86	29
行政监督检查机构	5	111011	15804	3113	359
其他国家机构	1	***	***	***	***
其他国家机构	1	***	***	***	***
社会保障	4	3043	374		15
社会保障	4	3043	374		15
社会保障	4	3043	374		15
群众团体、社会团体和其他成员组织	366	608419	108155	43460	2215
群众团体	120	2718	428		21
工会	113	2718	428		21
其他群众团体	7				
社会团体	230	419361	103961	41960	2194
专业性团体	106	217158	78257	36129	1928
行业性团体	59	42936	23949	5247	262
其他社会团体	65	159267	1755	584	4
基金会	16	186340	3766	1500	
基金会	16	186340	3766	1500	
基层群众自治组织	9	46885	512	13876	60
社区自治组织	1				
社区自治组织	1				
村民自治组织	8	46885	512	13876	60
村民自治组织	8	46885	512	13876	60
二、按登记注册类型分					
内资	392	809981	133592	65973	3068
国有	80	164907	45387	15986	1636
集体	29	130084	11737	3460	323
股份合作	5	21822	903	560	3
集体联营	2	441	146		1
国有与集体联营	1	***	***		***
其他有限责任公司	18	3462	16871		364
私营独资	7	491	62		2
私营合伙	4	163	26	22	
私营有限责任公司	6	982	905		100
私营股份有限公司	1				
其他	239	483510	56979	45945	610

组织法人单位财务状况(企业会计制度)

单位：千元

销售费用	管理费用	#税金	财务费用	利润总额	应交所得税	应交增值税
7901	**55402**	**505**	**-819**	**-2398**	**3137**	**1059**
1194	10148	95	-450	10778	1829	517
1194	9170	88	-303	14006	1829	500
20	-502	2		5329	9	
	***	***	***	***	***	***
	708		-89	-70	4	
1174	8458	83	-213	8739	1813	467
	***	***	***	***		***
	***	***	***	***		***
4645	31951	280	-348	3597	1308	542
136	291		-1	299	10	
136	291		-1	299	10	
4509	31591	280	-220	1707	1299	542
4290	25120	277	-113	2255	1239	477
121	4365	4	64	-1495	58	39
98	2106		-171	946	1	26
	69		-127	1592		
	69		-127	1592		
2063	13303	130	-21	-16773		
2063	13303	130	-21	-16773		
2063	13303	130	-21	-16773		
7901	55402	505	-819	-2398	3137	1059
1449	19216	343	-449	12726	2486	733
14	1728	21	-36	582	114	4
55	1886	2	-3	745		26
13	158			-26		1
	***		***	***	***	
	2			-2		
5	159			-82		
	1		1	1		
	134		66			
6366	31495	139	-309	-16356	534	296

15-1 续表

项　　目	单位数（个）	资产总计	营业收入	营业成本	营业税金及附加
三、按隶属关系分					
中央	24	137251	27054	11443	827
省	46	146486	18261	3745	593
地	63	80679	20084	10435	589
县	4	1042	284		4
街道	5	100	100		
镇	12	70444	16647	11392	144
乡	5	23787	274		15
社区	3				
村委会	14	49143	759	13966	60
其他	216	301048	50130	14992	835
四、按控股情况分					
国有控股	40	130793	23172	4052	589
集体控股	21	214191	7656	309	193
私人控股	48	192401	6627	2052	127
其他	267	201666	87238	39384	1770
五、按四大城市功能区分					
首都功能核心区	128	128306	32273	10948	1038
东城区	114	103936	15280	6554	581
西城区	14	24370	16993	4394	457
城市功能拓展区	152	349488	68532	18684	1784
朝阳区	102	337407	61300	12702	1592
丰台区	8	500			
石景山区	3	1458	4263	3823	182
海淀区	39	10123	2969	2159	10
城市发展新区	69	259659	12561	6009	185
房山区	4	32	162	147	
通州区	11	130	115	36	3
顺义区	15	747	549	130	5
昌平区	15	20581	5275	1160	31
大兴区	17	228713	5883	1565	144
开发区	7	9458	577	2970	2
生态涵养发展区	43	72527	20225	30331	61
门头沟区	6	48246	566	13747	60
怀柔区	13	21631	19506	16584	1
平谷区	9	59			
密云县	12	1928	153		
延庆县	3	663			

单位：千元

销售费用	管理费用	#税金	财务费用	利润总额	应　交 所得税	应　交 增值税
436	12487	85	-224	10124	1947	370
1602	11028	251	-211	1828	726	205
5	2563	28	-180	2868	92	195
27	283			-30		
1205	1321	3	69	-693	85	
	163	2	-2	-163		
2092	13303	130	-23	-16783		
2533	14254	6	-248	452	287	290
1449	14393	89	-242	9312	1952	530
9	447	23	-149	-421		3
209	2455		-61	2233	-296	26
3822	25223	256	-271	2188	1480	483
421	12449	5	-213	8948	797	208
407	6046	1	-133	3049	628	13
13	6402	4	-80	5899	169	195
3747	30762	420	-368	8420	2254	834
3481	28439	420	-365	7037	2188	684
	170		-1	457	61	124
267	2153	1	-2	926	5	26
2163	6215	77	-296	-2558	2	18
	821		-3	-583		
37	43			-4		
	271		1	47	1	
2113	3697	70	-20	-373		
14	396		-126	1581		
	987	7	-148	-3227		17
1570	5976	3	58	-17207	85	
29	4574		-11	-16528		
1541	1143	3	69	-572	85	
	258			-105		
	2			-1		

15-2 公共管理、社会保障和社会组织法人单位财务

项目	单位数(个)	资产合计	负债合计	上年结余
合计	**16742**	**705326837**	**171754080**	**80764138**
一、按行业分(分到小类)				
中国共产党机关	265	14692199	1571395	4972476
中国共产党机关	265	14692199	1571395	4972476
中国共产党机关	265	14692199	1571395	4972476
国家机构	3793	525164932	132893093	59461360
国家权力机构	50	1230157	510345	98117
国家权力机构	50	1230157	510345	98117
国家行政机构	3608	509333935	128271488	58050070
综合事务管理机构	1347	133679613	60524512	21333265
对外事务管理机构	34	10414419	1209130	326787
公共安全管理机构	184	32186040	3364027	4241472
社会事务管理机构	780	38399853	8603018	8227414
经济事务管理机构	839	275879232	53562588	22117485
行政监督检查机构	424	18774778	1008212	1803648
人民法院和人民检察院	49	10455187	2894008	1089802
人民法院	27	6463917	2309752	648455
人民检察院	22	3991269	584256	441347
其他国家机构	86	4145654	1217252	223370
其他国家机构	86	4145654	1217252	223370
人民政协、民主党派	86	2867116	101480	222037
人民政协	28	2026342	43333	202711
人民政协	28	2026342	43333	202711
民主党派	58	840774	58147	19326
民主党派	58	840774	58147	19326
社会保障	270	900177	133754	510585
社会保障	270	900177	133754	510585
社会保障	270	900177	133754	510585
群众团体、社会团体和其他成员组织	5697	88450180	10353599	12389473
群众团体	1044	7473679	1749470	1772718
工会	893	3311457	455215	934244
妇联	22	203564	15354	130107
共青团	22	568758	37723	225159
其他群众团体	107	3389899	1241177	483207
社会团体	4215	48239302	7217981	5006051
专业性团体	2048	15371091	4281778	2287435
行业性团体	1259	24763155	1356634	1949416
其他社会团体	908	8105057	1579570	769200
基金会	387	32412043	1226610	5579709
基金会	387	32412043	1226610	5579709
宗教组织	51	325155	159537	30995
宗教组织	51	325155	159537	30995
基层群众自治组织	6631	73252234	26700759	3208206
社区自治组织	2688	309150	78081	23493
社区自治组织	2688	309150	78081	23493
村民自治组织	3943	72943084	26622678	3184713
村民自治组织	3943	72943084	26622678	3184713
二、按登记注册类型分				
内资	16728	705279669	171751225	80763618
国有	6642	593420168	139625169	72277978
集体	341	2064891	211784	398295
股份合作	11	10862	1253	1234

状况(行政事业及民间非营利组织会计制度)

单位：千元

收入合计	支出合计	#工资福利支出	#商品和服务支出	收支结余	经营税金
380183958	**338364986**	**36291945**	**139082516**	**94006864**	**390814**
15092193	14334581	1147881	7567647	5730089	1775
15092193	14334581	1147881	7567647	5730089	1775
15092193	14334581	1147881	7567647	5730089	1775
288375419	276339393	32281085	104593981	71497294	172991
1170693	1168815	191379	818304	99995	
1170693	1168815	191379	818304	99995	
279126462	267337307	30493208	101620070	69839133	170805
80607667	76944340	11608198	28244188	24996591	49686
1842462	1766723	522868	596253	402525	2713
20666183	20603255	8438465	5437284	4304400	2838
38271110	38561461	3016117	17806382	7937063	14361
125538819	120106609	4562028	45546655	27549604	18601
12200222	9354919	2345533	3989308	4648951	82608
5167478	4963823	1458380	1873786	1293458	
3240553	3055890	912243	1269870	833118	
1926925	1907933	546137	603915	460340	
2910787	2869449	138118	281822	264708	2186
2910787	2869449	138118	281822	264708	2186
1088714	1068758	197061	666750	241993	
690319	696733	119045	474484	196297	
690319	696733	119045	474484	196297	
398395	372025	78016	192266	45696	
398395	372025	78016	192266	45696	
2137595	2075106	161259	1162328	573075	1208
2137595	2075106	161259	1162328	573075	1208
2137595	2075106	161259	1162328	573075	1208
66963622	36006074	1622166	23392814	14770865	188505
7032825	7523136	346528	1947793	1145480	2738
3841775	4418539	137757	171249	249446	775
325618	308681	31530	110475	147043	
631045	619121	31221	493046	237083	
2234387	2176795	146020	1173023	511908	1963
26959603	7554982	1137176	3454224	6762780	180586
6155194	3240893	463787	1671577	2729140	94851
8268672	2783829	504823	889686	2713485	55354
12535737	1530259	168566	892961	1320155	30382
32843655	20787277	112739	17958167	6844749	4556
32843655	20787277	112739	17958167	6844749	4556
127539	140679	25723	32630	17856	625
127539	140679	25723	32630	17856	625
6526416	8541074	882491	1698996	1193547	26335
120596	130809	30259	16763	13280	1022
120596	130809	30259	16763	13280	1022
6405819	8410265	852232	1682234	1180267	25313
6405819	8410265	852232	1682234	1180267	25313
380136656	338327583	36291385	139063168	93996445	390751
348812029	323915722	34743529	135593086	86327786	302052
326369	167056	27589	46721	419794	2314
558	4			1787	

15-2 续表

项　　目	单位数（个）	资产合计	负债合计	上年结余
国有联营	6	45448	192	1626
集体联营	11	67889	8401	2173
其他联营	8	184910	92	850
国有独资公司	9	16918	3493	
其他有限责任公司	52	34390	3595	7696
股份有限公司	3			
私营独资	13	11490	635	114
私营合伙	5	2190	9	796
私营有限责任公司	13	1097	1700	687
私营股份有限公司	1	***	***	
其他	9613	109414930	31894895	8072170
港澳台商投资	4	44337	2844	-66
与港澳台商合资经营	1	***	***	
港澳台商独资	2	667	215	-66
其他港澳台投资	1	***	***	
外商投资	10	2831	11	585
中外合资经营	1	***		***
外资企业	3	412		50
其他外商投资	6	2246	11	355
三、按隶属关系分				
中央	1776	196121226	20251239	26831842
省	1553	236979587	27387173	17010518
地	3887	154773938	72391811	26598021
县	199	3489031	1660305	960285
街道	403	5256854	1841251	1044931
镇	529	22453756	16618280	1940944
乡	135	5024098	4085515	607256
社区	2720	324515	81144	23524
村委会	3997	72945739	26623538	3183362
其他	1543	7958094	813823	2563456
四、按四大城市功能区分				
首都功能核心区	3795	202346958	36281051	32830656
东城区	1714	82931703	11616997	16257400
西城区	2081	119415254	24664053	16573256
城市功能拓展区	4640	321532013	47447003	29809805
朝阳区	1670	223286688	25661623	11597746
丰台区	782	17812456	8884194	2697539
石景山区	474	6431393	4244608	2695052
海淀区	1714	74001475	8656578	12819468
城市发展新区	4911	119599784	60554501	9017492
房山区	1127	19053490	13671409	1225037
通州区	940	39832820	24771042	1503753
顺义区	793	20175844	6741045	2377449
昌平区	904	15502321	6640097	1781624
大兴区	1097	24420036	8517107	2042743
开发区	50	615273	213802	86886
生态涵养发展区	3396	61848083	27471526	9106184
门头沟区	756	28000739	16306687	2517938
怀柔区	728	10913807	2207953	1846038
平谷区	533	8943527	4709889	1627829
密云县	647	4858522	1293547	807263
延庆县	732	9131488	2953450	2307115

单位：千元

收入合计	支出合计	#工资福利支出	#商品和服务支出	收支结余	经营税金
25668	3815	612	2576	496	14
9766	7631	1415	5942	4308	99
40773	6898	736	2	401	152
22100	8427	858	7252	83	32
14705	15882	2575	7787	6519	131
1051	447	159	231	718	1
2577	1544	394	291	1829	121
1158	1025		14	819	2
***	***			***	
30873760	14196592	1513520	3399266	7228301	85834
23281	16228	494	570	6988	60
***	***	***	***	***	***
1487	623	256	367	798	49
***	***		***	***	
24021	21176	66	18778	3431	2
***	***		***	***	
1500	1008			542	
22387	20027	66	18716	2716	2
137306975	105160063	7076111	51223080	31622416	270434
92619706	92133515	11320446	50455391	17089397	43578
116285062	108615148	13437968	29846544	34023019	27549
5537209	5368767	622692	700861	1128726	100
3966126	3599014	958774	1135916	1412336	607
12494228	10911240	1474357	3085324	3523932	1061
1959769	1919533	280143	404908	647492	13
134793	136196	31830	17660	22121	1022
6408135	8411074	852392	1682308	1180423	25313
3471955	2110436	237229	530523	3357001	21138
167546515	144355436	12564095	69807423	37094290	153187
87886098	82343561	5443100	42347349	17013723	82956
79660418	62011874	7120994	27460073	20080567	70231
112757027	98093687	11436118	46889295	34859847	216698
35958109	31447429	4871676	11609799	12012645	149146
12694769	11791368	2000718	3763772	3573345	8729
6304594	5378208	904929	1286937	3597125	1553
57799555	49476681	3658796	30228787	15676732	57270
62249982	61146176	7783650	11900290	10094333	18768
11467865	11042352	1463530	1859871	1646450	772
14970096	15227328	1367043	4058768	1246521	2688
9274399	10506628	1792129	2553579	1145220	5286
13517681	13305488	1263352	1578800	1970952	6180
11991932	10056014	1862042	1797924	3978660	3785
1028009	1008366	35555	51348	106529	56
37630434	34769688	4508082	10485508	11958393	2161
11387467	9973219	713828	4544419	3932186	256
6542402	6018170	849914	2030004	2361734	777
6234711	5910452	1014912	2020306	1952089	267
6643323	6617567	1100727	960659	833019	61
6822530	6250280	828701	930120	2879365	800

附　录

主要指标解释及分类规定

主要指标解释

批发和零售业

商品购进额　指从本企业以外的单位和个人购进（包括从国外直接进口）作为转卖或加工后转卖的商品金额（含增值税）。本指标反映批发和零售业从国内外市场上购进商品的总价。

商品购进包括：（1）从工农业生产者、批发和零售业企业、住宿和餐饮业企业、出版社或报社的出版发行部门和其他服务业企业购进的商品；（2）从机关团体、事业单位购进的商品；（3）从海关、市场管理部门购进的缉私和没收的商品；（4）从居民收购的废旧商品等。

不包括：（1）企业为本单位自身经营用，不是作为转卖而购进的商品，如材料物资、包装物、低值易耗品、办公用品等；（2）未通过买卖行为而收入的商品，如接受其他部门移交的商品、借入的商品、收入代其他单位保管的商品、其他单位赠送的样品、加工回收的成品等；（3）经本单位介绍，由买卖双方直接结算，本单位只收取手续费的业务；（4）销售退回和买方拒付货款的商品；（5）商品溢余。

购进的各种商品，不论是否进入本单位仓库，凡是通过本企业结算货款的，都包括在内。从国内购进的商品，以进货全价计算商品购进，包括原始进价（或农副产品收购价）和购入环节缴纳的各项税金（包括增值税），企业购进商品发生的购进折扣、退回和折让，及购进商品发生的经确认的索赔收入，冲减商品购进金额。进口商品的国外进价按到岸价格（CIF）、折合成人民币计算，如果对外合同以离岸价格（FOB）成交，商品离开对方口岸后，应由我方企业负担的各项费用也包括在商品购进的金额内，但不包括到达我国口岸后发生的各项费用，收入的进口佣金冲减购进金额，不包括不易按商品认定的佣金金额。企业委托其他单位代理进口的商品，其购进金额为实际支付给代理单位的全部价款。

市内购进额　指从市内单位和个人购进的作为转卖或加工后转卖的商品金额。

市外购进额　指从外省市单位和个人购进的作为转卖或加工后转卖的商品金额。

进口　指直接从国外进口或委托外贸企业代理进口的商品金额，不包括从国内有关单位购进的进口商品。对外贸易企业只统计自主经营进口的商品，不统计受托代理进口的商品。

商品销售额　指对本单位以外的单位和个人出售的商品金额（包括售给本单位消费用的商品，含增值税）。在批发和零售业中，本指标反映在国内市场上销售商品以及出口商品的总量。

商品销售包括：（1）售给城乡居民和社会集团消费用的商品；（2）售给农业、工业、建筑业、服务业国民经济各行业用于生产、经营用的商品，包括售予批发和零售业作为转卖或加工后转卖的商品；（3）对国（境）外直接出口的商品。

商品销售不包括：（1）未通过买卖行为付出的商品，如随机构变动移交给其他企业单位的商品、借出的商品、归还受其他单位委托代保管的商品、付出的加工原料和赠送给其他单位的样品等；（2）经本单位介绍，由买卖双方直接结算，本单位只收取手续费的业务；（3）购货退回的商品；（4）商品损耗和损失；（5）出售本单位自用的废旧物资。

商品销售是指商品已经售出、商品所有权已经转移给买方后，以收到货款或取得收取货款的证据时作为商品销售。（1）采取直接收款方式的，在实际收到货款或取得收款的凭证时作为商品销售；采取托收承付和委托银行收款结算方式的，在发出商品并办妥托收手续时作为商品销售；采用分期收款方式的，按合同约定的收款日期作为商品销售；采用预收货款方式的，在商品发出时作为商品销售；（2）委托其他单位代销商品，以收到代销单位的销售清单时作为商品销售。在交款提货的情况下，如货款已经收到，只要账单和提货单已经交给买方，不论商品是否发出，都应作为商品销售；（3）出口商品销售，陆路以取得承运货物收据或铁路联运运单、海运以取得出口装船提单、空运以取得运单并在银行办理了交单作业作为商品销售。预收货款不通过银行交单的，取得以上提单、运单后作为商品销售。出口商品一律以离岸价（FOB）计算商品销售，如按到岸价（CIF）对外成交的，应扣除商品离境后发生的由我方负担的国外运费、保险费、佣金（不包括不易按商品认定的累计佣金）、银行财务费和对外理赔款等作为商品销售；（4）自营进口商品销售，企业与境内用户签订合同实行货到结算的，在商品到达我国境内港口取得船舶到港通知，企业向订货单位开出结算凭证时作为商品销售；合同规定对境内实行单向结算的，企业凭境外账单向订货单位开出结算凭证时作为商品销售；已先期到达并存放在相应的仓储企业单位库存的进口商品，企业凭出库单向用户开出结算凭证后作为商品销售。

批发额　指售给国民经济各行业用于生产、经营用的商品金额。

商品批发包括：（1）售给农业、工业、建筑业等行业用于生产的各种机器设备、工具、原料、材料、燃料、建筑材料，售给农民的农业生产资料，售给交通运输、仓储和邮政业用于业务活动的设备、车辆和燃料等；（2）售给信息传输、软件和信息技术服务，科学研究和技术服务业，水利、环境和公共设施管理业等行业用于生产经营、勘察设计、科研试验等业务经营使用的商品，售给批发和零售业、住宿和餐饮业使用的各种设备、工具、原材料、燃料、仓储运输用的商品；（3）售给居民服务、修理和其他服务业各种营业用品，如售给理发业的理发工具、毛巾等，日用品修理业的设备、工具、材料、零配件等，售给民政部门救灾用的商品等；（4）

售给批发和零售业作为转卖用的商品；售给餐饮业用于烹饪、调制加工后出售的商品和转卖的商品；售给服务业转卖的商品；（5）出口的商品。

市内批发额 指售给本市生产经营单位和个人作为生产或经营使用的商品金额，售给本市批发和零售业、餐饮业和其他服务行业作为转卖或加工后转卖的商品金额。

市外批发额 指售给外省市生产经营单位和个人作为生产或经营使用的商品金额，售给外省市批发和零售业、餐饮业和其他服务行业作为转卖或加工后转卖的商品金额。

出口 指直接向国（境）外出口商品和委托外贸企业代理出口的商品金额，商品出口不包括售给外贸企业出口或加工后出口的商品，以及在国内市场以外币销售的商品。外贸企业只统计自主经营出口的商品，不包括受托代理出口的商品。

零售额 指售给城乡居民用于生活消费和社会集团用于公共消费的商品金额。

商品零售包括：（1）售给城乡居民的各种生活消费品，售给入境旅游的外国人、华侨、港澳台同胞的各类商品；（2）售给行政事业单位、社会团体、军队和武警等机构的商品，以及以零售方式售给各类企业的商品。具体包括：用于非生产和社会交往的办公用品，如通讯设备、计算器具和设备、电讯网络设备、文印设备、音像视听器材和设备、纸张、本册、文具及装订文印材料、家具、日用电器、针纺织品、清洁卫生用品、文体用品、奖品、纪念品、礼品等；供内部人员乘坐的交通工具和燃料；用于办公设施修缮的各类配件、材料、工具等；用于取暖和防暑降温的设备、燃料、材料及食品等；专用于教学的用品和设备；非营利医疗机构的中、西药品、中药材和医疗设备器材；非专用的劳动保护用品；不对外营业的内部食堂用的餐具、炊具、设备、清洁卫生工具和食品、燃料等；军队、武警用于其人员生活的衣着品和个人用品；其他各类非生产性设备和用品。

商品零售不包括：（1）售给城乡居民已确知是用于生产、经营的商品；（2）售给各类农业生产者的生产资料类商品，如农机、农药化肥、农膜、种子饲料等商品；（3）售给企业单位生产用具及生产上专用的劳动保护用品。

对居民的零售额 指售给城乡居民直接用于生活消费的商品金额。包括：

（1）售给城乡居民的各种生活消费品金额；

（2）售给入境的外国人、华侨、港澳台同胞的各类商品金额。

对社会集团的零售额 指售给社会集团用于公共消费的商品金额。具体包括：售予行政事业单位、社会团体、军队和武警等机构的商品，以及以零售方式售给各类企业的商品。包括用于非生产和社会交往的办公用品，如通讯设备、计算器具和设备、电讯网络设备、文印设备、音像视听器材和设备、纸张、本册、文具及装订文印材料、家具、日用电器、针纺织品、清洁卫生用品、文体用品、奖品、纪念品、礼品等；供内部人员乘用的交通工具和燃料；用于办公设施修缮的各类配件、材料、工具等；用于取暖和防暑降温的设备、燃料、材料及食品等；专用于教学的用品和设备；非营利医疗机构的中、西药品、中药材和医疗设备器材；非专用的劳动保护用品；不对外营业的内部食堂用的餐具、炊具、设备、清洁卫生工具和食品、燃料等；军队、武警用于其人员生活的衣着品和个人用品；其他各类非生产性设备和用品。

期末商品库存额 对于批发和零售业法人单位和个体经营户，是指报告期末取得所有权的全部商品金额（含增值税）；对于批发和零售业产业活动单位，是指报告期末实际在库且归属法人具有所有权的全部商品金额（含增值税）。这个指标反映批发和零售业的商品库存情况，以及对市场商品供应的保证程度。

库存商品包括：（1）存放在本单位（如门市部、批发站、采购站、经营处）的仓库、货场、货柜和货架中的商品；（2）挑选、整理、包装中的商品；（3）已记入购进而尚未运到本单位的商品，即发货单或银行承兑凭证已到而货未到的商品；（4）寄放他处的商品，如因购货方拒绝付款而暂时存在购货方的商品；（5）委托其他单位代销（未作销售或调出）尚未售出的商品；（6）代其他单位购进尚未交付的商品。

库存商品不包括：（1）所有权不属于本单位的商品，如商品已作销售但买方尚未取走的商品，代替他人保管、运输、加工的商品，代其他单位销售（未做购进或调入）而未售出的商品；（2）委托外单位加工的商品（包括本单位所属加工厂和其他生产单位加工生产尚未收回成品的商品）；（3）外贸企业代理其他单位从国外进口，尚未付给订货单位的商品；（4）代国家储备部门保管的商品。

库存商品金额可以采用进价或售价进行核算。采用进价核算的商品，应按商品进货原则（或实际采购成本）计算期末库存；采用售价核算的商品，应按商品的售价计算期末库存。购入的商品，在商品到达验收入库后计算期末库存（对已记入购进尚未运到的商品，也可计算期末库存）；对于月终尚未开出承兑商业汇票的入库商品，按应付给供货单位的价款暂估计算期末库存；年度终了，凡已转入库存和已作销售的进口商品，属于国外以离岸价格成交、有应付未付国外运保费的，应先估计期末库存，委托其他单位代销的商品包括在期末库存中；委托外单位加工的商品，在发出商品时作减少期末库存，当加工商品收回时增加期末库存（包括商品进货原价、加工费用、加工税金等）。

商品销售额中持银行卡零售额 指消费者（含集团购买和采购）使用银行卡（包括外卡）支付的购物及有关服务付费的全部收入。不包括会员卡和积分卡。

商品销售额中持预付卡零售额 指消费者（含集团）使用各种预付卡（包括外卡）支付消费的全部收入。

批发和零售业年末零售营业面积 指批发和零售业企业用于本企业从事零售业务的对外营业的面积，不包括其办公用房、仓库、加工场地以及对外出租场地。按年末实有建筑面积统计。

年初存货 指企业在日常活动中持有以备出售的产成品或商品、处在生产过程中的在产品、在生产过程或提供劳务过程中耗用的材料或物料等，通常包括原材料、在产品、半成品、产成品、商品以及周转材料等。根据会计“资产负债表”中“存货”项目的期末余额数填报。其中，“年初存货”

根据会计“资产负债表”中“存货”项目的年初余额数填报。房地产开发企业（单位）购置的土地、尚未销售的商品房等均计入“存货”。

流动资产合计　资产满足以下条件之一应归为流动资产：（1）预计在一个正常营业周期中变现、出售或耗用，主要包括存货、应收账款等；（2）主要为交易目的而持有；（3）预计在资产负债表日起一年内（含一年）变现；（4）自资产负债表日起一年内，交换其他资产或清偿负债的能力不受限制的现金或现金等价物。包括货币资金、应收票据、应收账款、存货等项目。根据会计“资产负债表”中“流动资产合计”项目的期末余额数填报。

货币资金　指企业的各种现金、银行存款和其他货币资金。根据会计“资产负债表”中的“货币资金”项目的期末余额数填报。

现金　指企业的库存现金。根据会计明细账“现金”科目的期末余额数填报。

交易性金融资产　指企业为交易目的所持有的债券投资、股票投资、基金投资等交易性金融资产的公允价值。根据会计“资产负债表”中的“交易性金融资产”项目的期末余额数填报。未执行2006年《企业会计准则》的企业，根据会计“资产负债表”中的“短期投资”项目的期末余额数填报。

应收账款　指企业因销售商品、提供劳务等经营活动，应向购货单位或接受劳务单位收取的款项，主要包括企业销售商品或提供劳务等应向有关债务人收取的价款及代购货单位垫付的包装费、运杂费等。根据会计“资产负债表”中“应收账款”项目的期末余额数填报，如果“资产负债表”中未列该项目，可根据会计账中“应收账款”科目的期末借方余额填报。

存货　指企业在日常活动中持有以备出售的产成品或商品、处在生产过程中的在产品、在生产过程或提供劳务过程中耗用的材料或物料等，通常包括原材料、在产品、半成品、产成品、商品以及周转材料等。根据会计“资产负债表”中“存货”项目的期末余额数填报。其中：“年初存货”根据会计“资产负债表”中“存货”项目的年初余额数填报。注意：“存货”具有实物形态，不属于无形资产，由于企业持有存货的最终目的是为了出售，所以房地产开发企业（单位）购置的土地、尚未销售的商品房等均计入“存货”。

可供出售金融资产　指企业持有的可供出售金融资产的公允价值，包括划分可供出售的股票投资、债券投资等金融资产。根据会计“资产负债表”中的“可供出售金融资产”项目的期末余额数填报。未执行2006年《企业会计准则》的企业免填。

持有至到期投资　指到期日固定、回收金额固定或可确定，且企业有明确意图和能力持有至到期的非衍生金融资产。通常指企业持有的、在活跃市场上有公开报价的国债、企业债券、金融债券等。根据会计“资产负债表”中“持有至到期投资”科目的期末余额数填报。未执行2006年《企业会计准则》的企业，根据会计“资产负债表”中的“长期债权投资”项目的期末余额数填报。

长期股权投资　指企业不准备在一年内（含一年）变现的各种股权性质的投资。根据会计“资产负债表”中的“长期股权投资”的期末余额数填报。

投资性房地产　指企业为赚取租金或资本增值，或两者兼有而持有的房地产；包括已出租的土地使用权，持有并准备增值后转让的土地使用权和已出租的建筑物。根据会计“资产负债表”中“投资性房地产”科目的期末余额数填报。未执行2006年《企业会计准则》的企业免填。

固定资产合计　指企业为生产商品、提供劳务、出租或经营管理而持有的，使用寿命超过一个会计年度的有形资产。包括使用期限超过一年的房屋、建筑物、机器、机械、运输工具以及其他与生产、经营有关的设备、器具、工具等。固定资产合计是时点指标，表示固定资产经过扣减折旧、减值准备等后的期末余额。根据会计“资产负债表”中“固定资产”项目的期末余额数填报。未执行2006年《企业会计准则》的企业，根据会计“资产负债表”中的“固定资产合计”项目的期末余额数填报。

固定资产原价　指固定资产的成本，包括企业在购置、自行建造、安装、改建、扩建、技术改造某项固定资产时所发生的全部支出总额。根据会计“固定资产原价”科目的期末借方余额填报。

累计折旧　指企业在报告期末提取的历年固定资产折旧累计数。根据会计“累计折旧”科目的期末贷方余额填报。

本年折旧　指企业在报告期内提取的固定资产折旧合计数。根据会计“财务状况变动表”中“固定资产折旧”项的数值填报。若企业执行2001年《企业会计制度》，根据会计核算中《资产减值准备、投资及固定资产情况表》内“当年计提的固定资产折旧总额”项本年增加数填报。

在建工程　指企业在基建、更新改造等方面发生的支出。根据会计“资产负债表”中“在建工程”项目的期末余额数填报，或根据会计“在建工程”科目的期末借方余额填报。

无形资产　指企业为生产商品、提供劳务、出租给他人或为管理目的而持有的没有实物形态的非货币性长期资产。根据会计“资产负债表”中“无形资产”项目的期末余额数填报。

资产总计　指企业过去的交易或者事项形成的、由企业拥有或者控制的、预期会给企业带来经济利益的资源。资产一般按流动性分为流动资产和非流动资产。其中流动资产可分为货币资金、交易性金融资产、应收票据、应收账款、预付款项、其他应收款、存货等；非流动资产可分为长期股权投资、固定资产、无形资产及其他非流动资产等。根据会计“资产负债表”中“资产总计”项目的期末余额数填报。

流动负债合计　负债满足下列条件之一的应归为流动负债：（1）预计在一个正常营业周期中清偿；（2）主要为交易目的而持有；（3）自资产负债表日起一年内到期应予清偿；（4）企业无权自主地将清偿推迟至资产负债表日后一年以上。包括短期借款、应付票据、应付账款、应付职工薪酬、应交税费等项目。根据会计“资产负债表”中“流动负债合计”项目的期末余额数填报。

应付账款　指企业因购买材料、商品和接受劳务供应等经营活动应支付的款项。根据会计“资产负债表”中“应付账款”项目的期末余额数填报。

非流动负债合计 指流动负债之外的负债。包括长期借款、应付债券等。根据会计“资产负债表”中“非流动负债合计”项目的期末余额数填报。未执行2006年《企业会计准则》的企业，根据会计“资产负债表”中的“长期负债合计”的期末余数填报。

应付债券 指企业发行的尚未偿还的各种长期债券的本息。根据会计“资产负债表”中的“应付债券”项目的期末余额数填报。

负债合计 指企业过去的交易或者事项形成的，预期会导致经济利益流出企业的现时义务。负债一般按偿还期长短分为流动负债和非流动负债。根据会计“资产负债表”中“负债合计”项目的期末余额数填报。

所有者权益合计 指企业资产扣除负债后由所有者享有的剩余权益。公司的所有者权益又称股东权益。包括实收资本、资本公积、盈余公积、未分配利润等。根据会计“资产负债表”中“所有者权益合计”项目的期末余额数填报。

实收资本 指企业各投资者实际投入的资本（或股本）总额，包括货币、实物、无形资产等各种形式的投入。实收资本按投资主体可分为国家资本、集体资本、法人资本、个人资本、港澳台资本和外商资本。根据会计“资产负债表”中“所有者权益”项下“实收资本”的期末余额数填报。

国家资本 指有权代表国家投资的政府部门或机构、直属事业单位对企业形成的资本金。根据会计“实收资本”科目期末余额计算填报。

集体资本 指由本企业职工等自然人集体投资或各种机构对企业进行扶持形成的集体性质的资本金。根据会计“实收资本”科目期末余额计算填报。

法人资本 指法人以其依法可支配的资产投入企业形成的资本金。根据会计“实收资本”科目期末余额计算填报。

个人资本 指自然人实际投入企业的资本金。根据会计“实收资本”科目期末余额计算填报。

港澳台资本 指我国香港、澳门和台湾地区投资者实际投入企业的资本金。根据会计“实收资本”科目期末余额计算填报。

外商资本 指外国投资者实际投入企业的资本金。根据会计“实收资本”科目期末余额计算填报。

营业收入 指企业经营主要业务和其他业务所确认的收入总额。营业收入合计包括主营业务收入和其他业务收入。根据会计“利润表”中“营业收入”项目的本期金额数填报。

主营业务收入 指企业确认的销售商品、提供劳务等主营业务的收入。根据会计“主营业务收入”科目的本期金额数填报。执行2006年《企业会计准则》的企业，如果未设置该科目，则以“营业收入”代替填报。

营业成本 指企业经营主要业务和其他业务所发生的成本总额。包括企业在报告期内从事销售商品、提供劳务等日常活动发生的各种耗费。包括主营业务成本和其他业务成本。根据会计“利润表”中“营业成本”项目的本期金额数填报。

主营业务成本 指企业经营主要业务所发生的成本总额。根据会计“主营业务成本”科目的本期金额数填报。执行2006年《企业会计准则》的企业，如果未设置该科目，则以“营业成本”代替填报。

营业税金及附加 指企业因从事生产经营活动按税法规定缴纳的应从经营收入中抵扣的税金和附加，包括营业税、消费税、城市维护建设税、教育费附加等。根据会计“利润表”中“营业税金及附加”项目的本期金额数填报。

主营业务税金及附加 指企业经营主要业务应负担的营业税、消费税、城市维护建设税、教育费附加等。根据会计“主营业务税金及附加”科目的本期金额数填报。执行2006年《企业会计准则》的企业，如未设置该科目，以“营业税金及附加”代替填报。

其他业务利润 指企业经营除主要业务以外的其他业务实现的利润。根据会计“其他业务收入”科目的本期金额数减“其他业务成本”科目的本期金额数计算填报。执行2006年《企业会计准则》的企业，如果未设置该科目，则在此处填“0”。

销售费用 指企业在销售商品过程中发生的包装费、广告费等费用和为销售本企业商品而专设的销售机构的职工薪酬、业务费等经营费用。根据会计“利润表”中“销售费用”项目的本期金额数填报。未执行2006年《企业会计准则》的企业，根据会计“利润表”中“营业费用(或经营费用)”项目的本期金额数填报。

管理费用 指企业为组织和管理企业生产经营所发生的费用，包括企业在筹建期间内发生的开办费、董事会和行政管理部门在企业经营管理中发生的，或者应当由企业统一负担的公司经费等。根据会计“利润表”中“管理费用”项目的本期金额数填报。

税金 指企业按照规定从管理费用中支付的房产税、印花税、车船使用税和土地使用税。根据会计“管理费用明细账”或“业务及管理费明账细表(金融业)”中相关科目本期金额数填报。

财产保险费 指企业向保险公司投保所支付的财产保险费用。根据会计“管理费用明细表”或“业务及管理费明细表（金融业）”中相关科目期末借方余额分析填报。

财务费用 指企业为筹集生产经营所需资金等而发生的筹资费用，包括企业生产经营期间发生的利息支出（减利息收入）、汇兑损失（减汇兑收益）以及相关的手续费等。根据会计“利润表”中“财务费用”项目的本期金额数填报。

利息收入 指企业存款业务所确认的利息金额。根据企业“财务费用明细账”中“财务费用——利息收入”科目的本期发生额填报。如果企业没有设置该科目，此处可填“0”。

利息支出 指企业短期借款利息、长期借款利息、应付票据利息、票据贴现利息、应付债券利息、长期应付引进国外设备款利息等利息支出。根据企业“财务费用明细账”中“财务费用——利息支出”科目的本期发生额填报。如果企业没有单独设立“利息收入”科目，应填报利息支出减去银行存款等的利息收入后的净额。

资产减值损失 指企业计提各项资产减值准备所形成的损失。根据会计“利润表”中“资产减值损失”项目的本期金额数填报。未执行2006年《企业会计准则》的企业免填。

公允价值变动收益　指企业的交易性金融资产、交易性金融负债，以及采用公允价值模式计量的投资性房地产、衍生工具、套期保值业务等公允价值变动形成的应计入当期损益的利得或损失。根据会计“利润表”中“公允价值变动收益”项目的本期金额数填报,如为损失以“-”号记。未执行2006年《企业会计准则》的企业免填。

投资收益　指企业确认的投资收益或投资损失，反映企业以各种方式对外投资所取得的收益。根据会计“利润表”中“投资收益”项目的本期金额数填报。如为投资损失以“-”号记。

营业利润　指企业从事生产经营活动所取得的利润。执行2006年《企业会计准则》的企业，营业利润为营业收入减去营业成本、营业税金及附加、销售费用、管理费用、财务费用、资产减值损失，再加上公允价值变动收益和投资收益。未执行2006年《企业会计准则》的企业，营业利润为主营业务收入减去主营业务成本、主营业务税金及附加，加上其他业务利润后，再减去销售费用、管理费用、财务费用后的金额。根据会计“利润表”中“营业利润”项目的本期金额数填报。

补贴收入　指企业实际收到的补贴收入，包括实际收到的先征后返的增值税；企业按销量或工作量等，依据国家规定的补助定额计算并按期给予的定额补贴。执行2006年《企业会计准则》的企业，根据会计“营业外收入——补贴收入”科目的本期金额数填报；未执行2006年《企业会计准则》的企业，根据会计“补贴收入”科目的本期金额数填报。

营业外收入　指企业发生的与经营业务无直接关系的各项收入，包括非流动资产处置利得、非货币性资产交换利得、债务重组利得、政府补助、盘盈利得、捐赠利得等。根据会计“利润表”中“营业外收入”项目的本期金额数填报；未执行2006年《企业会计准则》的企业，营业外收入中不含补贴收入。

营业外支出　指企业发生的与经营业务无直接关系的各项支出，包括非流动资产处置损失、非货币性资产交换损失、债务重组损失、公益性捐赠支出、非常损失、盘亏损失等。根据会计“利润表”中“营业外支出”项目的本期金额数填报。

利润总额　指企业在一定会计期间的经营成果，是生产经营过程中各种收入扣除各种耗费后的盈余，反映企业在报告期内实现的盈亏总额。根据会计“利润表”中“利润总额”项目的本期金额数填报。

应交所得税　指企业按税法规定，应从生产经营等活动的所得中缴纳的税金。执行2006年《企业会计准则》的企业，根据会计“利润表”中“所得税费用”项目的本期金额数填报；未执行2006年《企业会计准则》的企业，根据会计“利润表”中“所得税”项目的本期金额数填报。

应付职工薪酬（本年贷方累计发生额）　指企业为获得职工提供的服务而给予各种形式的报酬以及其他相关支出。包括职工工资、奖金、津贴和补贴，职工福利费，医疗保险费、养老保险费、失业保险费、工伤保险费和生育保险费等社会保险费，住房公积金，工会经费和职工教育经费，非货币性福利，因解除与职工的劳动关系给予的补偿，其他与获得职工提供的服务相关的支出。包括企业为职工缴纳的社会保险费、住房公积金。执行2006年《企业会计准则》的企业，根据会计科目“应付职工薪酬”的本年贷方累计发生额填报；未执行2006年《企业会计准则》的企业，应将本年上述职工薪酬包含的科目归并填报。如果外籍及港澳台方人员工资福利等未计入“应付职工薪酬”科目中，则应从相关成本、费用科目中摘取并计入。

社会保险费　指企业根据国家规定的标准向社会保障部门和保险公司为职工个人缴纳的社会保险费。具体包括基本养老保险、补充养老保险（年金）、基本医疗保险、补充医疗保险、生育险、失业险、工伤险以及其他人身险。根据企业“应付职工薪酬”项下的相关指标或会计成本、费用中的相关项目计算填报。

住房公积金　指企业在报告期为职工交纳的住房公积金。根据企业“应付职工薪酬”项下的相关指标或会计成本、费用中相关项目计算填报。

应交增值税　指企业按税法规定，从事货物销售或提供加工、修理修配劳务等增加货物价值的活动本期应交纳的税金。根据会计相关科目贷方累计发生额，按下述公式计算填报：

应交增值税=销项税额-（进项税额-进项税额转出）-出口抵减内销产品应纳税额-减免税款+出口退税

应交增值税不含期初未抵扣税额。

计算机数　指报告期末企业（单位）使用的计算机数量，包括台式机、笔记本电脑和平板电脑。

信息技术人员　指专职从事信息技术系统的制定、设计、开发、安装、操作、维护、管理和评估的人员。

局域网（LAN）　指在局部区域，如单一建筑物、独立部门，连接计算机的网络，可以是无线网络。

互联网　指在世界范围内的公共计算机网络。它提供一系列通信服务（包括万维网）的接入，并传送电子邮件、新闻、娱乐和数据文件等。

窄带　包括通过模拟调制解调器（电话线拨号）、ISDN（综合业务数字网）、速度低于256kbit/s的DSL和移动电话以及表明下载速度低于256kbit/s的其他接入方式。请注意，窄带移动电话接入服务包括CDMA1*（版本0）、GPRS、WAP和i-mode。

固定宽带　指一个或两个方向速度至少为256kbit/s的技术，如DSL（数字用户线路）、电缆调制解调器、高速租用线路、光纤入户、输电线、微型、固定无线、无线局域网和WiMAX。

移动宽带　指一个或两个方向速度至少为256kbit/s的技术，如宽带CDMA(W-CDMA)，可通过任何装置（如平板电脑、笔记本电脑或者移动电话等）接入。

互联网接入带宽　指在单位时间内从网络中的某一点到另一点所能通过的最高数据率,即网络可通过的最高数据流量，通常的单位是bps（bit per second）。带宽是指在固定的时间可传输的资料数量，亦即在传输管道中可以传递数据的能力。

从政府机构获取信息 指企业（单位）通过浏览网站或者发送电子邮件获取与政府相关的信息。

与政府机构互动 指企业（单位）通过互联网向政府机构采购或者销售、在线支付以及在线填写或者下载政府要求提供的表格等活动。

提供客户服务 指企业（单位）通过网站或者电子邮件提供产品的规格、价目表以及提供售后服务（如产品维修咨询、在线订单跟踪等）。

在线提供产品 指企业（单位）通过互联网以数字形式交付产品（如报告、软件、音乐、视频、电脑游戏等）、以及提供在线服务（如计算机相关服务、信息服务、旅游预订或金融服务等）。

员工培训 指企业（单位）基于内网或者外部网站开展的电子教学应用。

网站数 指报告期末企业拥有和维护的，在互联网上可浏览的网站数，不包括企业内网。网站是指在公共互联网上，面向公众使用的，基于TCP/IP协议的计算机系统，以域名本身或者“WWW.+域名”为网址的web站点，由地址、软件、硬件和内容组成。

搜索引擎 指通过一定的策略和计算机程序从互联网上提取各个网站的信息，对信息进行组织和处理后，建立起数据库，根据用户检索和查询条件匹配信息显示给用户的互联网服务系统。

电子商务平台 是为企业（单位）或个人提供网上交易洽谈的平台，可提供网上交易和管理等全过程的服务，一般具有广告宣传、咨询洽谈、网上订购、网上支付、电子账户、服务传递、意见征询、交易管理等各项功能。一般分为B2B、B2C、C2C等几种形式。

电子邮件 是一种通过网络实现相互传送和接收信息的现代化通信方式。电子邮件账号（地址）在形式上通常以“ABC@域名”的形式呈现，这里的ABC可以是字母、符号、或者文字。

微博 是一种通过关注机制分享简短实时信息的广播式的社交网络平台。允许用户发布的内容一般较短，大多以140字左右的文字更新信息，并实现即时分享。

博客 是一种提供自主网络空间，包括文字、图片、多媒体等服务的网站或频道。

社交网站 是狭义的社交网站，即与人人网（校内网）等形态和功能类似的、基于用户真实社交关系从而为用户提供一个沟通、交流平台的社交网站，这些网站一般鼓励用户尽可能提供真实信息。

全年电子商务销售金额 指报告期内企业（单位）借助网络订单而销售的商品和服务总额。借助网络订单指通过网络接受订单。付款和配送可以不借助于网络。

全年电子商务采购金额 指报告期内企业（单位）借助网络订单而采购的商品和服务总额。借助网络订单指通过网络发送订单。付款和配送可以不借助于网络。

第三方电子商务交易平台 指为其他单位或个人开展电子商务交易活动提供服务的平台。

自营电子商务交易平台 指为企业自己开展电子商务交易活动提供服务的平台。

服务类商品 指有形的实体类商品以外的商品。

电子商务平台交易服务费用 指提供第三方电子商务交易平台的企业通过电子商务平台为交易各方提供服务所收取的费用。

全年信息化投入金额 指信息化建设投入金额与信息化运维投入金额之和。信息化建设投入金额是指企业报告期累计在硬件、软件、安全、应用系统、咨询服务等本企业信息化建设中的各项投资总和。信息化运维投入金额是指信息系统上线后进行日常运行维护的投入，包括日常运行中涉及的电费、人员费用、系统维护中涉及的备品备件等投入，以及对已有信息系统的升级改造的费用。

软件投入 指数据库、中间件、操作系统、办公软件、专业应用软件（包括购置与开发的软件系统）和其他软件的投入之和。

软件使用数量 指企业在生产经营和管理中使用的各类综合软件的数量。

是否通过互联网销售或采购商品和服务 通过互联网销售商品和服务，是指本单位通过互联网接收商品和服务订单。付款可以在网上进行，也可以在网下进行；通过互联网采购商品和服务，是指本单位通过互联网发出商品和服务订单。付款可以在网上进行，也可以在网下进行。

网上销售额 指报告期借助网络订单而销售的商品和服务总额。借助网络订单指通过网络接受订单。付款可以是网上，也可以是网下进行。

网上零售额 指报告期借助网络订单实现的企业对消费者个人的商品销售额。

门店总数 指该连锁企业所拥有的全部门店（包括直营店和加盟店，下同）数量，既包括本市门店也包括外埠门店。其中，总店（如果总公司有门店的话）作为一个直营店处理。此外，控股店按直营店统计。

直营店 由连锁企业总部投资开设，按连锁经营管理模式，由总部统一管理的店铺。

加盟店 特许连锁中，被特许人获得特许人授权后，使用其商标、商号、经营模式、专利和专有技术等经营资源建立的店铺。也包括自愿连锁的成员店。系统内企业，如新华书店、烟草公司、石油公司等，应注意是否具备连锁经营特征，如果不具备连锁经营特征，则不能纳入连锁统计范畴。

连锁门店年末从业人员数 指在该连锁总店（总部）或门店工作并取得劳动报酬的年末实有人员数。包括在岗职工、再就业的离退休人员、在该企业工作的兼职人员、借用的外单位人员和第二职业者。不包括离开本单位但仍保留劳动关系的职工。连锁从业人员数包括总店和全部门店以及自有配送中心的年末从业人员数。

连锁门店年末零售营业面积 指批发和零售业连锁门店用于零售连锁经营的营业面积，不包括其办公用房、仓库和加工场地。该指标按年末实有建筑面积统计。

连锁门店商品购进额 指批发零售连锁门店由连锁总店（总部）统一配送与自主采购，用于门店销售的商品金额之和（含增值税）。批发和零售业连锁门店商品购进（采购）额指用于门店销售的商品金额，住宿和餐饮业连锁门店商品购进（采购）额指用于门店经营的商品金额。

统一配送商品购进额　指由连锁总店（总部）统一购进后，配送到门店的商品金额（按购进价计算）。

配送中心　指从事配送业务且具有完善信息网络的场所或组织。配送是指在经济合理区域范围内，根据客户要求，对物品进行拣选、加工、包装、分割、组配等作业，并按时送达指定地点的物流活动。配送中心应基本符合下列要求：（1）主要为特定客户或末端客户提供服务；（2）配送功能健全；（3）辐射范围小；（4）提供高频率、小批量、多批次配送服务。

自有配送中心配送商品购进额　指连锁总店（总部）通过自有配送中心配送到门店的商品金额。

非自有配送中心配送商品购进额　指连锁总店（总部）通过第三方物流配送中心配送到门店的商品金额。

连锁门店商品销售额　指批发和零售业连锁门店对本门店以外的单位和个人出售的商品金额（含增值税）。

连锁门店零售额　指批发和零售业连锁门店售给城乡居民用于生活消费和社会集团用于公共消费的商品金额。

商品交易市场营业面积　指市场经营场地、仓库等营业用建筑面积，不包括为市场经营提供服务的办公室和附设的旅馆、招待所、餐馆、停车场等的面积，按年末实际面积统计。

总摊位数（市场摊位容量）　指报告期末市场内设立的摊位总数。

市场出租摊位数　指报告期末市场实际出租的摊位数。

个体户承租摊位数　指报告期末出租给个体经营户的摊位数。

市场成交总额　指市场所有摊位的全年商品交易额之合计，包括成交后兑现的金额和签约合同成交的全部金额。

市场零售额　指各类商品交易市场售予城乡居民个人用于生活消费及售予社会集团用于公共消费的商品的金额。

交通运输、仓储和邮政业

旅客发送量　指报告期内所有铁路车站始发的旅客人数。

旅客周转量　指在报告期内运送的旅客人数与旅客被运送距离的乘积之总和。

货物发送量　指在报告期内所有营业车站所承运的全部货物数量。

货物周转量　指报告期内所有营业车站发送和接运的吨公里数。

货物到达量　指在报告期内所有营业车站最终到达的全部货物数量。

旅客吞吐量　指在报告期内，在民用机场进出航空港的旅客人数。其中，成人和儿童按一人次计算，婴儿不计人次。

货邮吞吐量　指报告期内，在民用机场货物和邮件的进出航空港数量，以重量为计量单位。其中，货物包括外交信袋和快件。

邮政业务总量　指以货币形式表示的邮政部门为社会提供邮政通信服务或其他服务的总数量，是综合观察邮政业务发展变化趋势的总量指标。

住宿和餐饮业

营业额　指住宿和餐饮业单位在经营活动中因提供服务或销售商品等取得的全部收入，包括：客房收入、餐费收入、商品销售额（含增值税）和其他收入。不包括法人企业附营的其他行业产业活动单位的餐费收入、商品销售收入等各项收入。

客房收入　指住宿和餐饮业单位在经营活动中因提供住宿服务取得的收入。不包括法人企业附营的其他行业产业活动单位的客房收入。

餐费收入　指住宿和餐饮业单位为顾客提供就餐服务取得的收入。包括：经烹饪、调制加工后出售的各种食品，如主食、炒菜、凉拌菜等的收入。不包括法人企业附营的其他行业产业活动单位的餐费收入。

商品销售额指对本单位以外的单位和个人出售的商品金额（包括售给本单位消费用的商品，含增值税）。在住宿和餐饮业中，本指标反映住宿和餐饮业单位出售商品的销售总额（含增值税），不包括法人企业附营的其他行业产业活动单位的商品销售额。

其他收入指营业额中除客房收入、餐费收入、商品销售额（含增值税）以外的其他收入。

客房数　指住宿和餐饮业连锁门店提供住宿服务的房间数，该指标按报告期内正常情况下的实有数统计。

床位数　指住宿和餐饮业连锁门店供应旅客使用的床位数，不包括临时加床和门店内部工作人员使用的床位。该指标按报告期内正常情况下的实有数统计。

餐位数　指住宿和餐饮业连锁门店为顾客提供就餐服务时，正常可同时容纳就餐人员的餐位数量，不包括临时加的餐位。该指标按报告期内正常情况下的实有数统计。

集团消费收入　指住宿和餐饮单位直接对社会集团出售的各种酒水、饭菜及商品的收入。

持银行卡消费收入　指消费者（含集团）使用银行卡支付消费的全部收入。

持预付卡消费收入　指消费者（含集团）使用各种预付卡（包括外卡）支付消费的全部收入。

住宿和餐饮业年末餐饮营业面积　指住宿和餐饮业企业对外提供餐饮服务的就餐面积和从事食品加工、烹饪、调制的厨房面积，不包括办公用房和仓库等面积。按年末实有建筑面积统计。

年初存货　指企业在日常活动中持有以备出售的产成品或商品、处在生产过程中的在产品、在生产过程或提供劳务过程中耗用的材料或物料等，通常包括原材料、在产品、半成品、产成品、商品以及周转材料等。根据会计“资产负债表”中“存货”项目的期末余额数填报。其中，“年初存货”根据会计“资产负债表”中“存货”项目的年初余额数填报。房地产开发企业（单位）购置的土地、尚未销售的商品房等均计入“存货”。

流动资产合计 资产满足以下条件之一应归为流动资产：（1）预计在一个正常营业周期中变现、出售或耗用，主要包括存货、应收账款等；（2）主要为交易目的而持有；（3）预计在资产负债表日起一年内（含一年）变现；（4）自资产负债表日起一年内，交换其他资产或清偿负债的能力不受限制的现金或现金等价物。包括货币资金、应收票据、应收账款、存货等项目。根据会计“资产负债表”中“流动资产合计”项目的期末余额数填报。

货币资金 指企业的各种现金、银行存款和其他货币资金。根据会计“资产负债表”中的“货币资金”项目的期末余额数填报。

现金 指企业的库存现金。根据会计明细账“现金”科目的期末余额数填报。

交易性金融资产 指企业为交易目的所持有的债券投资、股票投资、基金投资等交易性金融资产的公允价值。根据会计“资产负债表”中的“交易性金融资产”项目的期末余额数填报。未执行2006年《企业会计准则》的企业，根据会计“资产负债表”中的“短期投资”项目的期末余额数填报。

应收账款 指企业因销售商品、提供劳务等经营活动，应向购货单位或接受劳务单位收取的款项，主要包括企业销售商品或提供劳务等应向有关债务人收取的价款及代购货单位垫付的包装费、运杂费等。根据会计“资产负债表”中“应收账款”项目的期末余额数填报，如果“资产负债表”中未列该项目，可根据会计账中“应收账款”科目的期末借方余额填报。

存货 指企业在日常活动中持有以备出售的产成品或商品、处在生产过程中的在产品、在生产过程或提供劳务过程中耗用的材料或物料等，通常包括原材料、在产品、半成品、产成品、商品以及周转材料等。根据会计“资产负债表”中“存货”项目的期末余额数填报。其中：“年初存货”根据会计“资产负债表”中“存货”项目的年初余额数填报。注意：“存货”具有实物形态，不属于无形资产，由于企业持有存货的最终目的是为了出售，所以房地产开发企业（单位）购置的土地、尚未销售的商品房等均计入“存货”。

可供出售金融资产 指企业持有的可供出售金融资产的公允价值，包括划分可供出售的股票投资、债券投资等金融资产。根据会计“资产负债表”中的“可供出售金融资产”项目的期末余额数填报。未执行2006年《企业会计准则》的企业免填。

持有至到期投资 指到期日固定、回收金额固定或可确定，且企业有明确意图和能力持有至到期的非衍生金融资产。通常指企业持有的、在活跃市场上有公开报价的国债、企业债券、金融债券等。根据会计“资产负债表”中“持有至到期投资”科目的期末余额数填报。未执行2006年《企业会计准则》的企业，根据会计“资产负债表”中的“长期债权投资”项目的期末余额数填报。

长期股权投资 指企业不准备在一年内（含一年）变现的各种股权性质的投资。根据会计“资产负债表”中的“长期股权投资”的期末余额数填报。

投资性房地产 指企业为赚取租金或资本增值，或两者兼有而持有的房地产；包括已出租的土地使用权，持有并准备增值后转让的土地使用权和已出租的建筑物。根据会计“资产负债表”中“投资性房地产”科目的期末余额数填报。未执行2006年《企业会计准则》的企业免填。

固定资产合计 指企业为生产商品、提供劳务、出租或经营管理而持有的，使用寿命超过一个会计年度的有形资产。包括使用期限超过一年的房屋、建筑物、机器、机械、运输工具以及其他与生产、经营有关的设备、器具、工具等。固定资产合计是时点指标，表示固定资产经过扣减折旧、减值准备等后的期末余额。根据会计“资产负债表”中“固定资产”项目的期末余额数填报。未执行2006年《企业会计准则》的企业，根据会计“资产负债表”中的“固定资产合计”项目的期末余额数填报。

固定资产原价 指固定资产的成本，包括企业在购置、自行建造、安装、改建、扩建、技术改造某项固定资产时所发生的全部支出总额。根据会计“固定资产原价”科目的期末借方余额填报。

累计折旧 指企业在报告期末提取的历年固定资产折旧累计数。根据会计“累计折旧”科目的期末贷方余额填报。

本年折旧 指企业在报告期内提取的固定资产折旧合计数。根据会计“财务状况变动表”中“固定资产折旧”项的数值填报。若企业执行2001年《企业会计制度》，根据会计核算中《资产减值准备、投资及固定资产情况表》内“当年计提的固定资产折旧总额”项本年增加数填报。

在建工程 指企业在基建、更新改造等方面发生的支出。根据会计“资产负债表”中“在建工程”项目的期末余额数填报，或根据会计“在建工程”科目的期末借方余额填报。

无形资产 指企业为生产商品、提供劳务、出租给他人或为管理目的而持有的没有实物形态的非货币性长期资产。根据会计“资产负债表”中“无形资产”项目的期末余额数填报。

资产总计 指企业过去的交易或者事项形成的、由企业拥有或者控制的、预期会给企业带来经济利益的资源。资产一般按流动性分为流动资产和非流动资产。其中流动资产可分为货币资金、交易性金融资产、应收票据、应收账款、预付款项、其他应收款、存货等；非流动资产可分为长期股权投资、固定资产、无形资产及其他非流动资产等。根据会计“资产负债表”中“资产总计”项目的期末余额数填报。

流动负债合计 负债满足下列条件之一的应归为流动负债：（1）预计在一个正常营业周期中清偿；（2）主要为交易目的而持有；（3）自资产负债表日起一年内到期应予清偿；（4）企业无权自主地将清偿推迟至资产负债表日后一年以上。包括短期借款、应付票据、应付账款、应付职工薪酬、应交税费等项目。根据会计“资产负债表”中“流动负债合计”项目的期末余额数填报。

应付账款 指企业因购买材料、商品和接受劳务供应等经营活动应支付的款项。根据会计“资产负债表”中“应付账款”项目的期末余额数填报。

非流动负债合计 指流动负债之外的负债。包括长期借款、应付债券等。根据会计“资产负债表”中“非流动负债合计”项目的期末余额数填报。未执行2006年《企业会计准则》的企业，根据会计“资产负债表”中的“长期负债合计”的期末余数填报。

应付债券　指企业发行的尚未偿还的各种长期债券的本息。根据会计“资产负债表”中的“应付债券”项目的期末余额数填报。

负债合计　指企业过去的交易或者事项形成的，预期会导致经济利益流出企业的现时义务。负债一般按偿还期长短分为流动负债和非流动负债。根据会计“资产负债表”中“负债合计”项目的期末余额数填报。

所有者权益合计　指企业资产扣除负债后由所有者享有的剩余权益。公司的所有者权益又称股东权益。包括实收资本、资本公积、盈余公积、未分配利润等。根据会计“资产负债表”中“所有者权益合计”项目的期末余额数填报。

实收资本　指企业各投资者实际投入的资本（或股本）总额，包括货币、实物、无形资产等各种形式的投入。实收资本按投资主体可分为国家资本、集体资本、法人资本、个人资本、港澳台资本和外商资本。根据会计“资产负债表”中“所有者权益”项下“实收资本”的期末余额数填报。

国家资本　指有权代表国家投资的政府部门或机构、直属事业单位对企业形成的资本金。根据会计“实收资本”科目期末余额计算填报。

集体资本　指由本企业职工等自然人集体投资或各种机构对企业进行扶持形成的集体性质的资本金。根据会计“实收资本”科目期末余额计算填报。

法人资本　指法人以其依法可支配的资产投入企业形成的资本金。根据会计“实收资本”科目期末余额计算填报。

个人资本　指自然人实际投入企业的资本金。根据会计“实收资本”科目期末余额计算填报。

港澳台资本　指我国香港、澳门和台湾地区投资者实际投入企业的资本金。根据会计“实收资本”科目期末余额计算填报。

外商资本　指外国投资者实际投入企业的资本金。根据会计“实收资本”科目期末余额计算填报。

营业收入　指企业经营主要业务和其他业务所确认的收入总额。营业收入合计包括主营业务收入和其他业务收入。根据会计“利润表”中“营业收入”项目的本期金额数填报。

主营业务收入　指企业确认的销售商品、提供劳务等主营业务的收入。根据会计“主营业务收入”科目的本期金额数填报。执行2006年《企业会计准则》的企业，如果未设置该科目，则以“营业收入”代替填报。

营业成本　指企业经营主要业务和其他业务所发生的成本总额。包括企业在报告期内从事销售商品、提供劳务等日常活动发生的各种耗费。包括主营业务成本和其他业务成本。根据会计“利润表”中“营业成本”项目的本期金额数填报。

主营业务成本　指企业经营主要业务所发生的成本总额。根据会计“主营业务成本”科目的本期金额数填报。执行2006年《企业会计准则》的企业，如果未设置该科目，则以“营业成本”代替填报。

营业税金及附加　指企业因从事生产经营活动按税法规定缴纳的应从经营收入中抵扣的税金和附加，包括营业税、消费税、城市维护建设税、教育费附加等。根据会计“利润表”中“营业税金及附加”项目的本期金额数填报。

主营业务税金及附加　指企业经营主要业务应负担的营业税、消费税、城市维护建设税、教育费附加等。根据会计“主营业务税金及附加”科目的本期金额数填报。执行2006年《企业会计准则》的企业，如未设置该科目，以“营业税金及附加”代替填报。

其他业务利润　指企业经营除主要业务以外的其他业务实现的利润。根据会计“其他业务收入”科目的本期金额数减“其他业务成本”科目的本期金额数计算填报。执行2006年《企业会计准则》的企业，如果未设置该科目，则在此处填“0”。

销售费用　指企业在销售商品过程中发生的包装费、广告费等费用和为销售本企业商品而专设的销售机构的职工薪酬、业务费等经营费用。根据会计“利润表”中“销售费用”项目的本期金额数填报。未执行2006年《企业会计准则》的企业，根据会计“利润表”中“营业费用(或经营费用)”项目的本期金额数填报。

管理费用　指企业为组织和管理企业生产经营所发生的费用，包括企业在筹建期间内发生的开办费、董事会和行政管理部门在企业经营管理中发生的，或者应当由企业统一负担的公司经费等。根据会计“利润表”中“管理费用”项目的本期金额数填报。

税金　指企业按照规定从管理费用中支付的房产税、印花税、车船使用税和土地使用税。根据会计“管理费用明细账”或“业务及管理费明账细表(金融业)”中相关科目本期金额数填报。

财产保险费　指企业向保险公司投保所支付的财产保险费用。根据会计“管理费用明细表”或“业务及管理费明细表（金融业）”中相关科目期末借方余额分析填报。

财务费用　指企业为筹集生产经营所需资金等而发生的筹资费用，包括企业生产经营期间发生的利息支出（减利息收入）、汇兑损失（减汇兑收益）以及相关的手续费等。根据会计“利润表”中“财务费用”项目的本期金额数填报。

利息收入　指企业存款业务所确认的利息金额。根据企业“财务费用明细账”中“财务费用——利息收入”科目的本期发生额填报。如果企业没有设置该科目，此处可填“0”。

利息支出　指企业短期借款利息、长期借款利息、应付票据利息、票据贴现利息、应付债券利息、长期应付引进国外设备款利息等利息支出。根据企业“财务费用明细账”中“财务费用——利息支出”科目的本期发生额填报。如果企业没有单独设立“利息收入”科目，应填报利息支出减去银行存款等的利息收入后的净额。

资产减值损失　指企业计提各项资产减值准备所形成的损失。根据会计“利润表”中“资产减值损失”项目的本期金额数填报。未执行2006年《企业会计准则》的企业免填。

公允价值变动收益　指企业的交易性金融资产、交易性金融负债，以及采用公允价值模式计量的投资性房地产、衍生工具、套期保值业务等公允价值变动形成的应计入当期损益的利得或损失。根据会计“利润表”中“公允价值变动收益”项目的本期金额数填报,如为损失以“-”号记。未执行2006年《企业会计准则》的企业免填。

投资收益 指企业确认的投资收益或投资损失，反映企业以各种方式对外投资所取得的收益。根据会计“利润表”中“投资收益”项目的本期金额数填报。如为投资损失以“-”号记。

营业利润 指企业从事生产经营活动所取得的利润。执行2006年《企业会计准则》的企业，营业利润为营业收入减去营业成本、营业税金及附加、销售费用、管理费用、财务费用、资产减值损失，再加上公允价值变动收益和投资收益。未执行2006年《企业会计准则》的企业，营业利润为主营业务收入减去主营业务成本、主营业务税金及附加，加上其他业务利润后，再减去销售费用、管理费用、财务费用后的金额。根据会计“利润表”中“营业利润”项目的本期金额数填报。

补贴收入 指企业实际收到的补贴收入，包括实际收到的先征后返的增值税；企业按销量或工作量等，依据国家规定的补助定额计算并按期给予的定额补贴。执行2006年《企业会计准则》的企业，根据会计“营业外收入——补贴收入”科目的本期金额数填报；未执行2006年《企业会计准则》的企业，根据会计“补贴收入”科目的本期金额数填报。

营业外收入 指企业发生的与经营业务无直接关系的各项收入，包括非流动资产处置利得、非货币性资产交换利得、债务重组利得、政府补助、盘盈利得、捐赠利得等。根据会计“利润表”中“营业外收入”项目的本期金额数填报；未执行2006年《企业会计准则》的企业，营业外收入中不含补贴收入。

营业外支出 指企业发生的与经营业务无直接关系的各项支出，包括非流动资产处置损失、非货币性资产交换损失、债务重组损失、公益性捐赠支出、非常损失、盘亏损失等。根据会计“利润表”中“营业外支出”项目的本期金额数填报。

利润总额 指企业在一定会计期间的经营成果，是生产经营过程中各种收入扣除各种耗费后的盈余，反映企业在报告期内实现的盈亏总额。根据会计“利润表”中“利润总额”项目的本期金额数填报。

应交所得税 指企业按税法规定，应从生产经营等活动的所得中缴纳的税金。执行2006年《企业会计准则》的企业，根据会计“利润表”中“所得税费用”项目的本期金额数填报；未执行2006年《企业会计准则》的企业，根据会计“利润表”中“所得税”项目的本期金额数填报。

应付职工薪酬（本年贷方累计发生额） 指企业为获得职工提供的服务而给予各种形式的报酬以及其他相关支出。包括职工工资、奖金、津贴和补贴，职工福利费，医疗保险费、养老保险费、失业保险费、工伤保险费和生育保险费等社会保险费，住房公积金，工会经费和职工教育经费，非货币性福利，因解除与职工的劳动关系给予的补偿，其他与获得职工提供的服务相关的支出。包括企业为职工缴纳的社会保险费、住房公积金。执行2006年《企业会计准则》的企业，根据会计科目“应付职工薪酬”的本年贷方累计发生额填报；未执行2006年《企业会计准则》的企业，应将本年上述职工薪酬包含的科目归并填报。如果外籍及港澳台方人员工资福利等未计入“应付职工薪酬”科目中，则应从相关成本、费用科目中摘取并计入。

社会保险费 指企业根据国家规定的标准向社会保障部门和保险公司为职工个人缴纳的社会保险费。具体包括基本养老保险、补充养老保险（年金）、基本医疗保险、补充医疗保险、生育险、失业险、工伤险以及其他人身险。根据企业“应付职工薪酬”项下的相关指标或会计成本、费用中的相关项目计算填报。

住房公积金 指企业在报告期为职工交纳的住房公积金。根据企业“应付职工薪酬”项下的相关指标或会计成本、费用中相关项目计算填报。

应交增值税 指企业按税法规定，从事货物销售或提供加工、修理修配劳务等增加货物价值的活动本期应交纳的税金。根据会计相关科目贷方累计发生额，按下述公式计算填报:

应交增值税=销项税额-（进项税额-进项税额转出）-出口抵减内销产品应纳税额-减免税款+出口退税

应交增值税不含期初未抵扣税额。

计算机数 指报告期末企业（单位）使用的计算机数量，包括台式机、笔记本电脑和平板电脑。

信息技术人员 指专职从事信息技术系统的制定、设计、开发、安装、操作、维护、管理和评估的人员。

局域网（LAN） 指在局部区域，如单一建筑物、独立部门，连接计算机的网络，可以是无线网络。

互联网 指在世界范围内的公共计算机网络。它提供一系列通信服务（包括万维网）的接入，并传送电子邮件、新闻、娱乐和数据文件等。

窄带 包括通过模拟调制解调器（电话线拨号）、ISDN（综合业务数字网）、速度低于256kbit/s的DSL和移动电话以及表明下载速度低于256kbit/s的其他接入方式。请注意，窄带移动电话接入服务包括CDMA1*（版本0）、GPRS、WAP和i-mode。

固定宽带 指一个或两个方向速度至少为256kbit/s的技术，如DSL（数字用户线路）、电缆调制解调器、高速租用线路、光纤入户、输电线、微型、固定无线、无线局域网和WiMAX。

移动宽带 指一个或两个方向速度至少为256kbit/s的技术，如宽带CDMA(W-CDMA)，可通过任何装置（如平板电脑、笔记本电脑或者移动电话等）接入。

互联网接入带宽 指在单位时间内从网络中的某一点到另一点所能通过的最高数据率,即网络可通过的最高数据流量，通常的单位是bps（bit per second）。带宽是指在固定的时间可传输的资料数量，亦即在传输管道中可以传递数据的能力。

从政府机构获取信息 指企业（单位）通过浏览网站或者发送电子邮件获取与政府相关的信息。

与政府机构互动　指企业（单位）通过互联网向政府机构采购或者销售、在线支付以及在线填写或者下载政府要求提供的表格等活动。

提供客户服务　指企业（单位）通过网站或者电子邮件提供产品的规格、价目表以及提供售后服务（如产品维修咨询、在线订单跟踪等）。

在线提供产品　指企业（单位）通过互联网以数字形式交付产品（如报告、软件、音乐、视频、电脑游戏等）、以及提供在线服务（如计算机相关服务、信息服务、旅游预订或金融服务等）。

员工培训　指企业（单位）基于内网或者外部网站开展的电子教学应用。

网站数　指报告期末企业拥有和维护的，在互联网上可浏览的网站数，不包括企业内网。网站是指在公共互联网上，面向公众使用的，基于 TCP/IP 协议的计算机系统，以域名本身或者“WWW.+域名”为网址的 web 站点，由地址、软件、硬件和内容组成。

搜索引擎　指通过一定的策略和计算机程序从互联网上提取各个网站的信息，对信息进行组织和处理后，建立起数据库，根据用户检索和查询条件匹配信息显示给用户的互联网服务系统。

电子商务平台　是为企业（单位）或个人提供网上交易洽谈的平台，可提供网上交易和管理等全过程的服务，一般具有广告宣传、咨询洽谈、网上订购、网上支付、电子账户、服务传递、意见征询、交易管理等各项功能。一般分为 B2B、B2C、C2C 等几种形式。

电子邮件　是一种通过网络实现相互传送和接收信息的现代化通信方式。电子邮件账号（地址）在形式上通常以“ABC@域名”的形式呈现，这里的 ABC 可以是字母、符号、或者文字。

微博　是一种通过关注机制分享简短实时信息的广播式的社交网络平台。允许用户发布的内容一般较短，大多以 140 字左右的文字更新信息，并实现即时分享。

博客　是一种提供自主网络空间，包括文字、图片、多媒体等服务的网站或频道。

社交网站　是狭义的社交网站，即与人人网（校内网）等形态和功能类似的、基于用户真实社交关系从而为用户提供一个沟通、交流平台的社交网站，这些网站一般鼓励用户尽可能提供真实信息。

全年电子商务销售金额　指报告期内企业（单位）借助网络订单而销售的商品和服务总额。借助网络订单指通过网络接受订单。付款和配送可以不借助于网络。

全年电子商务采购金额　指报告期内企业（单位）借助网络订单而采购的商品和服务总额。借助网络订单指通过网络发送订单。付款和配送可以不借助于网络。

第三方电子商务交易平台　指为其他单位或个人开展电子商务交易活动提供服务的平台。

自营电子商务交易平台　指为企业自己开展电子商务交易活动提供服务的平台。

服务类商品　指有形的实体类商品以外的商品。

电子商务平台交易服务费用　指提供第三方电子商务交易平台的企业通过电子商务平台为交易各方提供服务所收取的费用。

全年信息化投入金额　指信息化建设投入金额与信息化运维投入金额之和。信息化建设投入金额是指企业报告期累计在硬件、软件、安全、应用系统、咨询服务等本企业信息化建设中的各项投资总和。信息化运维投入金额是指信息系统上线后进行日常运行维护的投入，包括日常运行中涉及的电费、人员费用、系统维护中涉及的备品备件等投入，以及对已有信息系统的升级改造的费用。

软件投入　指数据库、中间件、操作系统、办公软件、专业应用软件（包括购置与开发的软件系统）和其他软件的投入之和。

软件使用数量　指企业在生产经营和管理中使用的各类综合软件的数量。

是否通过互联网销售或采购商品和服务　通过互联网销售商品和服务，是指本单位通过互联网接收商品和服务订单。付款可以在网上进行，也可以在网下进行；通过互联网采购商品和服务，是指本单位通过互联网发出商品和服务订单。付款可以在网上进行，也可以在网下进行。

连锁门店年末从业人员数　指在该连锁总店（总部）或门店工作并取得劳动报酬的年末实有人员数。包括在岗职工、再就业的离退休人员、在该企业工作的兼职人员、借用的外单位人员和第二职业者。不包括离开本单位但仍保留劳动关系的职工。该指标按报告期末实有人员数统计。连锁从业人员数包括总店和全部门店以及自有配送中心报告期末的从业人员数。

连锁门店年末餐饮营业面积　指住宿和餐饮业连锁门店对外提供就餐服务的门店建筑面积和从事食品加工、烹饪、调制的厨房面积，不包括办公用房和仓库等面积。该指标按年末实有建筑面积统计。

连锁门店客房数　指住宿和餐饮业连锁门店提供住宿服务的房间数。该指标按报告期内正常情况下的实有数统计。

连锁门店床位数　指住宿和餐饮业连锁门店供应旅客使用的床位数，不包括临时加床和门店内部工作人员使用的床位。该指标按报告期内正常情况下的实有数统计。

连锁门店餐位数　指住宿和餐饮业连锁门店为顾客提供就餐服务时，正常可同时容纳就餐人员的餐位数量，不包括临时加的餐位数量。该指标按报告期内正常情况下的实有数统计。

连锁门店商品购进额（采购额）　指住宿和餐饮业连锁门店从由连锁总店（总部）统一配送与自主采购，用于门店经营的商品金额之和（含增值税）。

统一配送商品购进额（采购额）　是指由连锁总店（总部）统一购进后，配送到门店的商品金额（按购进价计算）。

配送中心　是指从事配送业务且具有完善信息网络的场所或组织。配送是指在经济合理区域范围内，根据客户要求，对物品进行拣选、加工、包装、分割、组配等作业，并按时送达指定地点的物流活动。配送中心应基本符合下列要求：（1）主要为特定客户或末端客户提供服务；（2）配送功能健全;(3)辐射范围小;(4)提供高频率、小批量、多批次配送服务。

自有配送中心配送商品购进额(采购额) 指连锁总店(总部)通过自有配送中心配送到门店的商品金额。

非自有配送中心配送商品购进额(采购额) 指连锁总店(总部)通过第三方物流配送中心配送到门店的商品金额。

连锁门店营业额 指住宿和餐饮业连锁门店在经营活动中因提供服务或销售商品所取得的全部收入。包括客房收入、餐费收入、商品销售额(含增值税)和其他收入。

连锁门店餐费收入 指住宿和餐饮业连锁门店因提供就餐服务(包括经烹饪、调制加工后出售的各种食品的收入)取得的收入。

连锁门店商品销售额 指住宿和餐饮业连锁门店因出售商品所取得的收入合计(含增值税)。

信息传输、计算机服务和软件业

电信业务总量 指以货币形式表示的电信企业为社会提供的各类电信服务的总数量。包括固定语音业务总量、固定数据及互联网业务总量、固定增值及其他业务总量、移动语音业务总量、移动数据及互联网业务总量、移动增值及其他业务总量。计算方法:将各类电信业务量分别乘以相应的不变单价,求出各类电信业务量的价值总量,再加上出租代维及其他业务收入。

计算公式:电信业务总量=Σ(各类通信业务量×不变单价)+出租代维及其他业务收入

金融业

1.财务状况

《金融业财务状况表(金融业会计制度)》

资产总计 指企业过去的交易或者事项形成的、由企业拥有或者控制的、预期会给企业带来经济利益的资源。资产一般按流动性(资产的变现或耗用时间长短)分为流动资产和非流动资产。其中流动资产可分为货币资金、交易性金融资产、应收票据、应收账款、预付款项、其他应收款、存货等;非流动资产可分为长期股权投资、固定资产、无形资产及其他非流动资产等。根据会计“资产负债表”中“资产总计”项目的期末余额数填报。

执行2006年《企业会计准则》的企业:资产总计=流动资产合计+非流动资产合计;未执行2006年《企业会计准则》企业的资产包括流动资产、长期投资、固定资产、无形资产和其他资产等。

货币资金 指企业的各种现金、银行存款和其他货币资金。根据会计“资产负债表”中的“货币资金”项目的期末余额数填报。

现金 指企业的库存现金。根据会计明细账“现金”科目的期末余额数填报。

银行存款 指企业储存在银行和其他金融机构的款项。根据会计明细账“银行存款”科目的期末余额数填报。

客户资金存款(证券业填报) 指证券经纪业务取得的客户资金存款。根据会计“资产负债表”中“客户资金存款”期末数填列。

存放中央银行款项 指企业存放在中国人民银行的各种款项,包括业务资金的调拨、办理同城票据交换和异地跨系统资金汇划、提取或交存现金,以及按规定交存的法定准备金和超额准备金存款等。根据会计“资产负债表”中相应科目的期末数合计填列。

存放同业款项 指企业存放于境内、境外银行和非银行金融机构的款项。根据会计“资产负债表”中相应科目的期末数合计填列。

贵金属 指企业持有的黄金、白银等贵金属。根据会计“资产负债表”中“贵金属”科目的期末数填列。

结算备付金(证券业填报) 指证券企业为证券交易的清算与交收而存入指定清算代理机构的款项。根据会计“资产负债表”中“结算备付金”科目的期末数填列。

客户备付金(证券业填报) 指结算备付金中客户部分。根据会计“资产负债表”中“结算备付金”科目下的明细数填列。

拆出资金 指企业拆给境内、境外其他金融机构的款项。根据会计“资产负债表”中“拆出资金”科目的期末数填列。

交易性金融资产 指企业为交易目的所持有的债券投资、股票投资、基金投资等交易性金融资产的公允价值。根据会计“资产负债表”中的“交易性金融资产”项目的期末余额数填报。未执行2006年《企业会计准则》的企业,根据会计“资产负债表”中的“短期投资”项目的期末余额数填报。

衍生金融资产 企业持有的衍生工具中公允价值累计变动额大于零的衍生工具的价值。根据会计“资产负债表”中的“衍生金融资产”项目的期末余额数填报。

买入返售金融资产 指企业按返售协议约定先买入再按固定价格返售的证券等金融资产所融出的资金。根据会计“资产负债表”中的“买入返售金融资产”项目的期末余额数填报。

可供出售金融资产 指企业持有的可供出售金融资产的公允价值,包括划分可供出售的股票投资、债券投资等金融资产。根据会计“资产负债表”中的“可供出售金融资产”项目的期末余额数填报。未执行2006年《企业会计准则》的企业免填。

应收利息 指企业“交易性金融资产”、“持有至到期投资”、“买入返售金融资产”、“可供出售金融资产”、“发放贷款”、“存放中央银行款项”、“拆出资金”等应收取的利息。根据会计“资产负债表”中“应收利息”科目的期末数填列。

存出保证金(证券业填报) 指企业因办理业务需要存出或交纳的各种保证金。根据会计“资产负债表”中“存出保证金”科目的期末数填列。

发放贷款和垫款 指企业按规定发放的各种贷款和垫款,包括“质押贷款”、“抵押贷款”、“保证贷款”、“信用贷款”等。具有贷款性质的“银团贷款”、“贸易融资”、“协议透支”、“信用卡透支”、“转贷款”和“垫款”等也包含在内。根据会计“资产负债表”中“发放贷款和垫款”科目的期末数填列。

持有至到期投资　指到期日固定、回收金额固定或可确定，且企业有明确意图和能力持有至到期的非衍生金融资产。通常指企业持有的、在活跃市场上有公开报价的国债、企业债券、金融债券等。根据会计“资产负债表”中“持有至到期投资”科目的期末余额数填报。未执行2006年《企业会计准则》的企业，根据会计“资产负债表”中的“长期债权投资”项目的期末余额数填报。

长期股权投资　指企业不准备在一年内（含一年）变现的各种股权性质的投资。根据会计“资产负债表”中的“长期股权投资”的期末余额数填报。

投资性房地产　指企业为赚取租金或资本增值，或两者兼有而持有的房地产；包括已出租的土地使用权，持有并准备增值后转让的土地使用权和已出租的建筑物。根据会计“资产负债表”中“投资性房地产”科目的期末余额数填报。未执行2006年《企业会计准则》的企业免填。

固定资产合计　指企业为生产商品、提供劳务、出租或经营管理而持有的，使用寿命超过一个会计年度的有形资产。包括使用期限超过一年的房屋、建筑物、机器、机械、运输工具以及其他与生产、经营有关的设备、器具、工具等。固定资产合计是时点指标，表示固定资产经过扣减折旧、减值准备等后的期末余额。执行2006年《企业会计准则》的企业，根据会计“资产负债表”中“固定资产”项目的期末余额数填报。

固定资产原价　指固定资产的成本，包括企业在购置、自行建造、安装、改建、扩建、技术改造某项固定资产时所发生的全部支出总额。根据会计“固定资产原价”科目的期末借方余额填报。

累计折旧　指企业在报告期末提取的历年固定资产折旧累计数。根据会计“累计折旧”科目的期末贷方余额填报。

本年折旧　指企业在报告期内提取的固定资产折旧合计数。可以根据会计“财务状况变动表”中“固定资产折旧”项的数值填报。若企业执行2001年《企业会计制度》，可以根据会计核算中《资产减值准备、投资及固定资产情况表》内“当年计提的固定资产折旧总额”项本年增加数填报。

在建工程　指企业在基建、更新改造等方面发生的支出。根据会计“在建工程”科目的期末借方余额填报。

无形资产　指企业为生产商品、提供劳务、出租给他人或为管理目的而持有的没有实物形态的非货币性长期资产。根据会计“资产负债表”中“无形资产”项目的期末余额数填报。

递延所得税资产　指企业确认的可抵扣暂时性差异的递延所得税资产。根据会计“资产负债表”中“递延所得税资产”科目的期末数填列。

内部往来资产　内部往来是指总部与分支机构之间的往来交易。是企业与内部所属各个独立核算的单位之间，或各内部独立核算单位彼此之间的往来款项。内部往来资产指企业内部往来的各项资产。

负债合计　指企业过去的交易或者事项形成的，预期会导致经济利益流出企业的现时义务。负债一般按偿还期长短分为流动负债和非流动负债。根据会计“资产负债表”中“负债合计”项目的期末余额数填报。

执行2006年《企业会计准则》的企业：负债合计=流动负债合计+非流动负债合计；未执行2006年《企业会计准则》企业的负债包括流动负债和长期负债。

向中央银行借款　指企业向中央银行借入的款项。根据会计“资产负债表”中“向中央银行借款”项的期末数填列。

同业及其他金融机构存放款项　指企业吸收的境内、境外同业及其他金融机构的存款。根据会计“资产负债表”中“同业及其他金融机构存放款项”的期末数填列。

短期借款　指企业向银行或其他金融机构等借入的期限在一年以下（含一年）的各种款项。根据会计“资产负债表”中“短期借款”的期末数填列。

拆入资金　指企业从境内、境外其他金融机构拆入的款项。根据会计“资产负债表”中“拆入资金”科目的期末数填列。

交易性金融负债　指企业采用短期获利模式进行融资所形成的负债。根据会计“资产负债表”中的“交易性金融负债”项目的期末余额数填报。

衍生金融负债　企业持有的衍生工具中公允价值累计变动额小于零的衍生工具的价值。根据会计“资产负债表”中的“衍生金融负债”项目的期末余额数填报。

卖出回购金融资产款　指企业按回购协议卖出票据、证券、贷款等金融资产所融入的资金。根据会计“资产负债表”中的“卖出回购金融资产款”项目的期末余额数填报。

代理买卖证券款（证券业填报）　指企业接受客户委托，代理客户买卖股票、债券和基金等有价证券而收到的款项。根据会计“资产负债表”中“代理买卖证券款”科目的期末数填列。

代理承销证券款（证券业填报）　指企业接受委托，采用承购包销方式或代销方式承销证券所形成的、应付证券发行人的承销资金。根据会计“资产负债表”中“代理买卖证券款”科目的期末数填列。

吸收存款　指企业吸收的除同业存放款以外的其他各种存款，包括单位存款、个人存款、信用存款、特种存款、财政性存款等。根据会计“资产负债表”中“吸收存款”科目的期末数填列。

应付利息　指企业按照合同约定应支付的利息，包括吸收存款、分期付息到期还本的长期借款、企业债券等应支付的利息。根据会计“资产负债表”中“应付利息”科目的期末数填列。

应付债券　指企业发行的尚未偿还的各种长期债券的本息。根据会计“资产负债表”中的“应付债券”项目的期末余额数填报。

递延所得税负债　指企业确认的应纳税暂时性差异产生的所得税负债。根据会计“资产负债表”中“递延所得税负债”科目的期末数填列。

内部往来负债　内部往来是指总部与分支机构之间的往来交易。是企业与内部所属各个独立核算的单位之间，或各内部独立核算单位彼此之间的往来款项。内部往来负债指企业内部往来的各项负债。

所有者权益合计 指企业资产扣除负债后由所有者享有的剩余权益。公司的所有者权益又称股东权益。包括实收资本、资本公积、盈余公积、未分配利润等。根据会计“资产负债表”中“所有者权益合计”项目的期末余额数填报。

实收资本 指企业各投资者实际投入的资本（或股本）总额，包括货币、实物、无形资产等各种形式的投入。实收资本按投资主体可分为国家资本、集体资本、法人资本、个人资本、港澳台资本和外商资本。根据会计“资产负债表”中“所有者权益”项下“实收资本”的期末余额数填报。

国家资本 指有权代表国家投资的政府部门或机构、直属事业单位对企业形成的资本金。根据会计“实收资本”科目计算填报。

集体资本 指由本企业职工等自然人集体投资或各种机构对企业进行扶持形成的集体性质的资本金。根据会计“实收资本”科目计算填报。

法人资本 指法人以其依法可支配的资产投入企业形成的资本金。根据会计“实收资本”科目计算填报。

个人资本 指自然人实际投入企业的资本金。根据会计“实收资本”科目计算填报。

港澳台资本 指我国香港、澳门和台湾地区投资者实际投入企业的资本金。根据会计“实收资本”科目计算填报。

外商资本 指外国投资者实际投入企业的资本金。根据会计“实收资本”科目计算填报。

营业收入 指企业经营主要业务和其他业务所确认的收入总额。营业收入合计包括“主营业务收入”和“其他业务收入”。根据会计“利润表”中“营业收入”项目的本期金额数填报。

利息净收入 指企业“利息收入”项目金额减去“利息支出”项目金额后的余额。

利息收入 指金融企业根据收入准则确认的利息收入，包括发放的各类贷款（包括银团贷款、贸易融资、贴现和转贴现融出资金、协议透支、信用卡透支和垫款等）、与其他金融机构（包括中央银行、同业等）之间发生资金往来业务、买入返售金融资产等所取得的利息收入等。根据会计“利润表”中的“利息收入”项填列。

发放贷款和垫款利息收入 指企业根据收入准则确认发放的各类贷款所取得的利息收入。

债券利息收入 指企业因持有债券而获得的利息收入。

利息支出 指金融企业发生的利息支出，包括吸收的各种存款（单位存款、个人存款、信用卡存款、特种存款和转贷款资金等）、与其他金融机构（中央银行、同业等）之间发生资金往来业务、卖出回购金融资产等产生的利息支出以及按期分摊的未确认融资费用等。根据会计“利润表”中的“利息支出”项填列。

吸收存款利息支出 指企业吸收的各种存款所支付的利息。

债券利息支出 指企业因发行债券而产生的利息支出。

手续费及佣金净收入 指金融企业“手续费及佣金收入”项目金额减去“手续费及佣金支出”项目金额后的余额。

手续费及佣金收入 指金融企业根据收入准则确认的手续费及佣金收入，包括办理结算业务、咨询业务、担保业务、代保管等代理业务以及办理受托贷款及投资业务等取得的手续费及佣金，如结算手续费收入、佣金收入、业务代办手续费收入、基金托管收入、咨询服务收入、担保收入、受托贷款手续费收入、代保管收入，代理买卖证券、代理承销证券、代理兑付证券、代理保管证券、代理保险业务等代理业务以及其他相关服务实现的手续费及佣金收入等。根据会计“利润表”中的“手续费及佣金收入”项填列。

手续费及佣金支出 指金融企业根据收入准则确认的手续费及佣金支出。根据会计“利润表”中的“手续费及佣金支出”项填列。

投资收益 指企业确认的投资收益或投资损失，反映企业以各种方式对外投资所取得的收益。根据会计“利润表”中“投资收益”项目的本期金额数填报。如为投资损失以“-”号记。

股权投资收益 指企业各种股权性质的投资收益。根据会计科目“投资收益”项下相关明细帐本期金额数分析填报。

公允价值变动收益 指企业的交易性金融资产、交易性金融负债，以及采用公允价值模式计量的投资性房地产、衍生工具、套期保值业务等公允价值变动形成的应计入当期损益的利得或损失。根据会计“利润表”中“公允价值变动收益”项目的本期金额数填报，或根据“公允价值变动损益”会计科目的余额填报。余额在贷方，则为净收益，余额在借方，则为净损失，以“-”号记。未执行 2006 年《企业会计准则》的企业可免填。

汇兑收益 指企业外币货币性项目因汇率变动而形成的收益或损失。根据会计“利润表”中“汇兑收益”项填列。

其他业务收入 是指企业主营业务以外的收入。根据会计“其他业务收入”科目的本期累计发生额归纳填列，或会计“利润表”中对应指标填列。

营业支出 指企业经营业务发生的各种支出的总和。根据“利润表”中对应科目填列。

营业税金及附加 指企业因从事生产经营活动按税法规定缴纳的应从经营收入中抵扣的税金和附加，包括营业税、消费税、城市维护建设税、教育费附加等。根据会计“利润表”中“营业税金及附加”项目的本期金额数填报。

业务及管理费 指企业在业务经营和管理过程中所发生的费用。根据会计“利润表”中的“业务及管理费”项填列。

税金 指企业按照规定从管理费用中支付的房产税、印花税、车船使用税和土地使用税。根据“管理费用明细账”中“管理费用——税金”的期末借方余额（结转前）分析填报。

财产保险费 指企业向保险公司投保所支付的财产保险费用。根据会计“管理费用明细表”或“业务及管理费明细表（金融业）”中相关科目期末借方余额分析填报。

差旅费 指企业行政管理部门的差旅费，包括市内公出的交通费和外地出差的差旅费。根据“管理费用明细账”中“管理费用——差旅费”的期末借方余额（结转前）分析填报。

工会经费 指企业按职工工资总额（扣除按规定标准发

放的住房补贴，下同）的 2%计提并拨交给工会使用的经费。根据“管理费用明细账”中“管理费用——工会经费”的期末借方余额（结转前）分析填报。

监管费　指金融企业依据政策规定上缴金融主管部门的监督管理费用。

资产减值损失　指企业计提各项资产减值准备所形成的损失。根据会计“利润表”中“资产减值损失”项目的本期金额数填报。未执行 2006 年《企业会计准则》的企业免填。

其他业务成本　指企业除主营业务活动以外的其他经营活动所发生的支出。根据会计“其他业务支出”科目的本期累计发生额归纳填列，或会计“利润表”中对应指标填列。

营业利润　指企业从事生产经营活动所取得的利润。执行 2006 年《企业会计准则》的企业，营业利润为营业收入减去营业成本、营业税金及附加、销售费用、管理费用、财务费用、资产减值损失，再加上公允价值变动收益和投资收益。未执行 2006 年《企业会计准则》的企业，营业利润为主营业务收入减去主营业务成本、主营业务税金及附加，加上其他业务利润后，再减去销售费用、管理费用、财务费用后的金额。根据会计“利润表”中“营业利润”项目的本期金额数填报。

利润总额　指企业在一定会计期间的经营成果，是生产经营过程中各种收入扣除各种耗费后的盈余，反映企业在报告期内实现的盈亏总额。根据会计“利润表”中“利润总额”项目的本期金额数填报。执行 2006 年《企业会计准则》的企业，利润总额为营业利润加上营业外收入，减去营业外支出后的金额；未执行 2006 年《企业会计准则》的企业，利润总额为营业利润加上投资收益、补贴收入、营业外收入，再减去营业外支出后的金额。

所得税费用　指企业按税法规定，应从生产经营等活动的所得中缴纳的税金。执行 2006 年《企业会计准则》的企业，根据会计“利润表”中“所得税费用”项目的本期金额数填报；未执行 2006 年《企业会计准则》的企业，根据会计“利润表”中“所得税”项目的本期金额数填报。

土地和固定资产支出　指用于土地以及建造和购置固定资产方面的资金支出。包括土地购置、房屋和建筑物、机器设备等方面的支出。固定资产应当按照成本进行初始计量。成本包括企业为购建某项固定资产达到预定可使用状态前所发生的一切合理的、必要的支出。

土地购置　指企业通过各种方式取得土地使用权而支付的费用。土地购置费包括：（1）通过划拨方式取得的土地使用权所支付的土地补偿费、附着物和青苗补偿费、安置补偿费及土地征收管理费等；（2）通过出让方式取得土地使用权所支付的出让金；（3）通过“招、拍、挂”方式取得土地使用权所支付的资金。根据会计科目“无形资产——土地使用权（土地购置）”期末借方余额（结转前）填报。

房屋和建筑物　指建造和购置房屋及建筑物所发生的全部支出。房屋和建筑物包括住宅、生产厂房、仓库、商贸楼等房屋及道路、桥梁、隧道、堤坝等其他建筑物，其支出包括对现有房屋和建筑物的扩建和改建支出。根据会计科目“固定资产——房屋和建筑物”期末借方余额（结转前）填报。

机器设备　指购置机器和设备所发生的全部支出。包括信息与通信技术设备、通用和专用设备，以及工器具等的购置费和其他相关费用。根据会计科目“固定资产——机器设备”期末借方余额（结转前）填报。

运输工具　指运载人或物品的工具的支出。包括机动车辆、拖车和半拖车，船舶，铁路及电车轨道使用的机车和其他车辆，航空器和航天器，摩托车、脚踏车等方面的支出。根据会计科目“固定资产——运输工具”期末借方余额（结转前）填报。

其他费用　指除房屋、建筑物，机器设备和运输工具以外的土地和固定资产支出。

应付职工薪酬（贷方累计发生额）　指企业为获得职工提供的服务而给予各种形式的报酬以及其他相关支出。包括职工工资、奖金、津贴和补贴，职工福利费，医疗保险费、养老保险费、失业保险费、工伤保险费和生育保险费等社会保险费，住房公积金，工会经费和职工教育经费，非货币性福利，因解除与职工的劳动关系给予的补偿，其他与获得职工提供的服务相关的支出。执行 2006 年《企业会计准则》的企业，根据会计科目“应付职工薪酬”的本年贷方累计发生额填报；未执行 2006 年《企业会计准则》的企业，应将本年上述职工薪酬包含的科目归并填报。

社会保险费　指企业根据国家规定的标准向社会保障部门和保险公司为职工个人缴纳的社会保险费。具体包括基本养老保险、补充养老保险（年金）、基本医疗保险、补充医疗保险、生育险、失业险、工伤险以及其他人身险。根据企业“应付职工薪酬”项下的相关指标或会计成本、费用中的相关项目计算填报。

住房公积金　指企业在报告期为职工缴纳的住房公积金。根据企业“应付职工薪酬”项下的相关指标或会计成本、费用中相关项目计算填报。

代收代缴证券交易印花税　指证券公司代收、代缴的证券交易印花税。

应交增值税　指企业按税法规定，从事货物销售或提供加工、修理修配劳务等增加货物价值的活动本期应交纳的税金，不含期初未抵扣税额。根据会计相关科目贷方累计发生额，按下述公式计算填报：

应交增值税=销项税额-（进项税额-进项税额转出）-出口抵减内销产品应纳税额-减免税款+出口退税

从业人员平均人数　指报告期内(年度、季度、月度)平均拥有的从业人员数。季度或年度平均人数按单位实际月平均人数计算得到，不得用期末人数替代。

(1)月平均人数：以报告月内每天实有的全部人数相加之和，除以报告月的日历日数。计算公式为：

$$月平均人数=\frac{报告月内每天实有的全部人数之和}{报告月的日历日数}$$

对人员增减变动很小的单位，其月平均人数也可以用月初人数与月末人数之和除以 2 求得。计算公式为：

$$月平均人数=\frac{月初人数+月末人数}{2}$$

在计算月平均人数时应注意：

①公休日与节假日的人数应按前一天的人数计算。

②对新建立不满整月的单位(月中或月末建立),在计算报告月的平均人数时，应以其建立后各天实有人数之和，除以报告期日历日数求得，而不能除以该单位建立的天数。

(2)1-本季平均人数：季报基层表中应填报的平均人数是“1-本季平均人数”，以年初至报告季内各月平均人数之和除以报告季内月数求得。计算公式为：

一季度：1－本季平均人数=

$$\frac{1\text{月平均人数}+2\text{月平均人数}+3\text{月平均人数}}{3}$$

二季度：1－本季平均人数=

$$\frac{1\text{月平均人数}+\cdots+6\text{月平均人数}}{6}$$

三季度：1－本季平均人数=

$$\frac{1\text{月平均人数}+\cdots+9\text{月平均人数}}{9}$$

或(用本季平均人数计算)

一季度：1-本季平均人数=1 季度本季平均人数

二季度：1－本季平均人数=

$$\frac{1\text{季度本季平均人数}+2\text{季度本季平均人数}}{2}$$

三季度：1－本季平均人数=

$$\frac{1\text{季度本季平均人数}+2\text{季度本季平均人数}+3\text{季度本季平均人数}}{3}$$

本季平均人数以报告季内三个月的平均人数之和除以 3 求得。计算公式为：

$$\text{本季平均人数}=\frac{\text{报告季内各月平均人数之和}}{3}$$

(3)年平均人数：是以 12 个月的平均人数相加之和除以 12 求得，或以 4 个季度的平均人数之和除以 4 求得。计算公式为：

$$\text{年平均人数}=\frac{\text{报告年内12个月平均人数之和}}{12}$$

或：

$$\text{年平均人数}=\frac{\text{报告年内4个季度平均人数之和}}{4}$$

在年内新成立的单位年平均人数计算方法为：从实际开工之月起到年底的月平均人数相加除以 12 个月。计算公式为：

$$\text{年平均人数}=\frac{\text{开工之月平均人数}+\cdots+12\text{月平均人数}}{12}$$

《金融业财务状况表（保险业会计制度）》

资产总计 指企业过去的交易或者事项形成的、由企业拥有或者控制的、预期会给企业带来经济利益的资源。资产一般按流动性（资产的变现或耗用时间长短）分为流动资产和非流动资产。其中流动资产可分为货币资金、交易性金融资产、应收票据、应收账款、预付款项、其他应收款、存货等；非流动资产可分为长期股权投资、固定资产、无形资产及其他非流动资产等。根据会计“资产负债表”中“资产总计”项目的期末余额数填报。

执行 2006 年《企业会计准则》的企业：资产总计=流动资产合计+非流动资产合计；未执行 2006 年《企业会计准则》企业的资产包括流动资产、长期投资、固定资产、无形资产和其他资产等。

货币资金 指企业的各种现金、银行存款和其他货币资金。根据会计“资产负债表”中的“货币资金”项目的期末余额数填报。

现金 指企业的库存现金。根据会计明细账“现金”科目的期末余额数填报。

银行存款 指企业储存在银行和其他金融机构的款项。根据会计明细账“银行存款”科目的期末余额数填报。

拆出资金 指企业拆给境内、境外其他金融机构的款项。根据会计“资产负债表”中“拆出资金”科目的期末数填列。

交易性金融资产 指企业为交易目的所持有的债券投资、股票投资、基金投资等交易性金融资产的公允价值。根据会计“资产负债表”中的“交易性金融资产”项目的期末余额数填报。未执行 2006 年《企业会计准则》的企业，根据会计“资产负债表”中的“短期投资”项目的期末余额数填报。

衍生金融资产 企业持有的衍生工具中公允价值累计变动额大于零的衍生工具的价值。根据会计“资产负债表”中的“衍生金融资产”项目的期末余额数填报。

买入返售金融资产 指企业按返售协议约定先买入再按固定价格返售的证券等金融资产所融出的资金。根据会计“资产负债表”中的“买入返售金融资产”项目的期末余额数填报。

可供出售金融资产 指企业持有的可供出售金融资产的公允价值，包括划分可供出售的股票投资、债券投资等金融资产。根据会计“资产负债表”中的“可供出售金融资产”项目的期末余额数填报。未执行 2006 年《企业会计准则》的企业免填。

应收利息 指企业“交易性金融资产”、“持有至到期投资”、“买入返售金融资产”、“可供出售金融资产”、“发放贷款”、“存放中央银行款项”、“拆出资金”等应收取的利息。根据会计“资产负债表”中“应收利息”科目的期末数填列。

应收保费 指企业按照原保险合同约定应向投保人收取的保费。根据会计“资产负债表”中“应收保费”科目的期末数填列。

应收代位追偿款 指企业按照原保险合同约定承担赔付保险金责任后确认的代位追偿款。根据会计“资产负债表”中“应收代位追偿款”科目的期末数填列。

保户质押贷款 指企业按规定发放的质押贷款。根据会计“资产负债表”中“保户质押贷款”科目的期末数填列。

定期存款 指保险企业存入金融机构的 1 年（不含 1 年）以上的定期存款。根据会计“资产负债表”中“定期存款”科目的期末数填列。

持有至到期投资 指到期日固定、回收金额固定或可确定，且企业有明确意图和能力持有至到期的非衍生金融资产。通常指企业持有的、在活跃市场上有公开报价的国债、企业债券、金融债券等。根据会计“资产负债表”中“持有至到期投资”科目的期末余额数填报。未执行2006年《企业会计准则》的企业，根据会计“资产负债表”中的“长期债权投资”项目的期末余额数填报。

长期股权投资　指企业不准备在一年内（含一年）变现的各种股权性质的投资。根据会计“资产负债表”中的“长期股权投资”的期末余额数填报。

存出资本保证金　指企业按规定比例缴存的资本保证金。根据会计“资产负债表”中“存出资本保证金”科目的期末数填列。

投资性房地产　指企业为赚取租金或资本增值，或两者兼有而持有的房地产；包括已出租的土地使用权，持有并准备增值后转让的土地使用权和已出租的建筑物。根据会计“资产负债表”中“投资性房地产”科目的期末余额数填报。未执行2006年《企业会计准则》的企业免填。

固定资产合计　指企业为生产商品、提供劳务、出租或经营管理而持有的，使用寿命超过一个会计年度的有形资产。包括使用期限超过一年的房屋、建筑物、机器、机械、运输工具以及其他与生产、经营有关的设备、器具、工具等。固定资产合计是时点指标，表示固定资产经过扣减折旧、减值准备等后的期末余额。执行2006年《企业会计准则》的企业，根据会计“资产负债表”中“固定资产”项目的期末余额数填报。

固定资产原价　指固定资产的成本，包括企业在购置、自行建造、安装、改建、扩建、技术改造某项固定资产时所发生的全部支出总额。根据会计“固定资产原价”科目的期末借方余额填报。

累计折旧　指企业在报告期末提取的历年固定资产折旧累计数。根据会计“累计折旧”科目的期末贷方余额填报。

本年折旧　指企业在报告期内提取的固定资产折旧合计数。可以根据会计“财务状况变动表”中“固定资产折旧”项的数值填报。若企业执行2001年《企业会计制度》，可以根据会计核算中《资产减值准备、投资及固定资产情况表》内“当年计提的固定资产折旧总额”项本年增加数填报。

在建工程　指企业在基建、更新改造等方面发生的支出。根据会计“在建工程”科目的期末借方余额填报。

无形资产　指企业为生产商品、提供劳务、出租给他人或为管理目的而持有的没有实物形态的非货币性长期资产。根据会计“资产负债表”中“无形资产”项目的期末余额数填报。

独立账户资产　指企业对分拆核算的投资连接产品不属于风险保障部分确认的独立账户资产价值。根据会计“资产负债表”中“独立账户资产”科目的期末数填列。

递延所得税资产　指企业确认的可抵扣暂时性差异的递延所得税资产。根据会计“资产负债表”中“递延所得税资产”科目的期末数填列。

内部往来资产　内部往来是指总部与分支机构之间的往来交易。是企业与内部所属各个独立核算的单位之间，或各内部独立核算单位彼此之间的往来款项。内部往来资产指企业内部往来的各项资产。

负债合计　指企业过去的交易或者事项形成的，预期会导致经济利益流出企业的现时义务。负债一般按偿还期长短分为流动负债和非流动负债。根据会计“资产负债表”中“负债合计”项目的期末余额数填报。

执行2006年《企业会计准则》的企业：负债合计=流动负债合计+非流动负债合计；未执行2006年《企业会计准则》企业的负债包括流动负债和长期负债。

短期借款　指企业向银行或其他金融机构等借入的期限在一年以下（含一年）的各种款项。根据会计“资产负债表”中“短期借款”项的期末数填列。

拆入资金　指企业从境内、境外其他金融机构拆入的款项。根据会计“资产负债表”中“拆入资金”科目的期末数填列。

交易性金融负债　指企业采用短期获利模式进行融资所形成的负债。根据会计“资产负债表”中的“交易性金融负债”项目的期末余额数填报。

衍生金融负债　企业持有的衍生工具中公允价值累计变动额小于零的衍生工具的价值。根据会计“资产负债表”中的“衍生金融负债”项目的期末余额数填报。

卖出回购金融资产款　指企业按回购协议卖出票据、证券、贷款等金融资产所融入的资金。根据会计“资产负债表”中的“卖出回购金融资产款”项目的期末余额数填报。

预收保费　指企业按照原保险合同约定收到的尚未满足保费收入确认条件的保险费用。根据会计“资产负债表”中“预收保费”项的期末数填列。

应付赔付款　指企业应支付但尚未支付的赔付款项。根据会计“资产负债表”中“应付赔付款”科目的期末数填列。

应付保单红利　指企业按原保险合同约定应付未付投保人的红利。根据会计“资产负债表”中“应付保单红利”科目的期末数填列。

保户储金及投资款　指企业收到的投保人以储金本金增值作为保费收入的储金和投资型保险业务的投资款等。根据会计“资产负债表”中“保户储金”和“保户投资款”项的期末数填列。

保险准备金　包括未到期责任准备金、未决赔款准备金、寿险责任准备金、长期健康险责任准备金和中国保监会规定的其它责任准备金。根据会计“资产负债表”中“未决赔款准备金”、“未到期责任准备金”、“长期责任准备金”、“寿险责任准备金”、“长期健康险责任准备金”科目的期末数合计填列。

长期借款　指企业向银行或其他金融机构借入的期限在一年以上（不含一年）的各项借款。根据会计“资产负债表”中的“长期借款”的期末数填列。

应付债券　指企业发行的尚未偿还的各种长期债券的本息。根据会计“资产负债表”中的“应付债券”项目的期末余额数填报。

独立账户负债　指企业对分拆核算的投资连接产品不属于风险保障部分确认的独立账户负债。根据会计“资产负债表”中“独立账户负债”科目的期末数填列。

递延所得税负债　指企业确认的应纳税暂时性差异产生

的所得税负债。根据会计“资产负债表”中“递延所得税负债”科目的期末数填列。

内部往来负债 内部往来是指总部与分支机构之间的往来交易。是企业与内部所属各个独立核算的单位之间，或各内部独立核算单位彼此之间的往来款项。内部往来负债指企业内部往来的各项负债。

所有者权益合计 指企业资产扣除负债后由所有者享有的剩余权益。公司的所有者权益又称股东权益。包括实收资本、资本公积、盈余公积、未分配利润等。根据会计“资产负债表”中“所有者权益合计”项目的期末余额数填报。

实收资本 指企业各投资者实际投入的资本（或股本）总额，包括货币、实物、无形资产等各种形式的投入。实收资本按投资主体可分为国家资本、集体资本、法人资本、个人资本、港澳台资本和外商资本。根据会计“资产负债表”中“所有者权益”项下“实收资本”的期末余额数填报。

国家资本 指有权代表国家投资的政府部门或机构、直属事业单位对企业形成的资本金。根据会计“实收资本”科目计算填报。

集体资本 指由本企业职工等自然人集体投资或各种机构对企业进行扶持形成的集体性质的资本金。根据会计“实收资本”科目计算填报。

法人资本 指法人以其依法可支配的资产投入企业形成的资本金。根据会计“实收资本”科目计算填报。

个人资本 指自然人实际投入企业的资本金。根据会计“实收资本”科目计算填报。

港澳台资本 指我国香港、澳门和台湾地区投资者实际投入企业的资本金。根据会计“实收资本”科目计算填报。

外商资本 指外国投资者实际投入企业的资本金。根据会计“实收资本”科目计算填报。

营业收入 指企业经营主要业务和其他业务所确认的收入总额。营业收入合计包括“主营业务收入”和“其他业务收入”。根据会计“利润表”中“营业收入”项目的本期金额数填报。

已赚保费 指企业“保险业务收入”项目金额减去“分出保费”、“提取未到期责任准备金”项目金额后的余额。

保险业务收入 指保险公司取得的保险收入合计，包括保费收入、分保费收入、追偿款收入。根据会计“利润表”中的“保险业务收入”项填列。

分出保费 指保险公司分出分保业务发生的支出。根据会计“利润表”中的“分出保费”项填列。

提取未到期责任准备金 指企业提取的原保险合同未到期责任准备金和再保险合同分保未到期责任准备金。根据会计“利润表”中“提取未到期责任准备金”项的期末数填列。

投资收益 指企业确认的投资收益或投资损失，反映企业以各种方式对外投资所取得的收益。根据会计“利润表”中“投资收益”项目的本期金额数填报。如为投资损失以“-”号记。

股权投资收益 指企业各种股权性质的投资收益。根据会计科目“投资收益”项下相关明细帐本期金额数分析填报。

公允价值变动收益 指企业的交易性金融资产、交易性金融负债，以及采用公允价值模式计量的投资性房地产、衍生工具、套期保值业务等公允价值变动形成的应计入当期损益的利得或损失。根据会计“利润表”中“公允价值变动收益”项目的本期金额数填报，或根据“公允价值变动损益”会计科目的余额填报。余额在贷方，则为净收益，余额在借方，则为净损失，以“-”号记。未执行 2006 年《企业会计准则》的企业可免填。

汇兑收益 指企业外币货币性项目因汇率变动而形成的收益或损失。根据会计“利润表”中“汇兑收益”项填列。

其他业务收入 是指企业主营业务以外的收入。根据会计“其他业务收入”科目的本期累计发生额归纳填列，或会计“利润表”中对应指标填列。

营业支出 指企业经营业务发生的各种支出的总和。根据“利润表”中对应科目填列。

赔付支出 指企业支付的原保险合同赔付款项和再保险合同赔付款项。包括“赔款支出”、“满期给付”、“年金给付”、“死伤医疗给付”、“分保赔付支出”等。根据会计“利润表”中的“赔付支出”项填列。

摊回赔付支出 指企业向再保险接受人摊回的赔付成本。包括“摊回赔款支出”、“摊回年金给付”、“摊回满期给付”、“摊回死伤医疗给付”等。根据会计“利润表”中的“摊回赔付支出”项填列。

提取保险责任准备金 指企业提取的原保险合同保险责任准备金。包括提取的未决赔款准备金、提取的寿险责任准备金、提取的长期健康险责任准备金。根据会计“利润表”中的“提取保险责任准备金”项填列。

摊回保险责任准备金 指企业从事再保险业务应向再保险接受人摊回的保险责任准备金。包括摊回未决赔款准备金、摊回寿险责任准备金、摊回长期健康险责任准备金。根据会计“利润表”中的“摊回保险责任准备金”项填列。

手续费及佣金支出 指金融企业根据收入准则确认的手续费及佣金支出。根据会计“利润表”中的“手续费及佣金支出”项填列。

分保费用 指企业向再保险分出人支付的分保费用。根据会计“利润表”中的“分保费用”项填列。

退保金 指企业原保险合同提前解除时按照约定应当退还投保人的保险费。根据会计“利润表”中的“退保金”项填列。

保单红利支出 指企业按原保险合同约定支付给投保人的红利。根据会计“利润表”中的“保单红利支出”项填列。

营业税金及附加 指企业因从事生产经营活动按税法规定缴纳的应从经营收入中抵扣的税金和附加，包括营业税、消费税、城市维护建设税、教育费附加等。根据会计“利润表”中“营业税金及附加”项目的本期金额数填报。

业务及管理费 指企业在业务经营和管理过程中所发生的费用。根据会计“利润表”中的“业务及管理费”项填列。

税金 指企业按照规定从管理费用中支付的房产税、印花税、车船使用税和土地使用税。根据“管理费用明细账”中“管理费用——税金”的期末借方余额（结转前）分析填报。

财产保险费 指企业向保险公司投保所支付的财产保险费用。根据会计“管理费用明细表”或“业务及管理费明细表（金融业）”中相关科目期末借方余额分析填报。

差旅费 指企业行政管理部门的差旅费，包括市内公出的交通费和外地出差的差旅费。根据“管理费用明细账”中“管理费用——差旅费”的期末借方余额（结转前）分析填报。

工会经费 指企业按职工工资总额（扣除按规定标准发放的住房补贴，下同）的2%计提并拨交给工会使用的经费。根据“管理费用明细账”中“管理费用——工会经费”的期末借方余额（结转前）分析填报。

监管费 指金融企业依据政策规定上缴金融主管部门的监督管理费用。

摊回分保费用 指企业向再保险接受人摊回的分保费用。根据会计“利润表”中“摊回分保费用”项填列。

其他业务成本 指企业除主营业务活动以外的其他经营活动所发生的支出。根据会计“其他业务支出”科目的本期累计发生额归纳填列，或会计“利润表”中对应指标填列。

资产减值损失 指企业计提各项资产减值准备所形成的损失。根据会计“利润表”中“资产减值损失”项目的本期金额数填报。未执行2006年《企业会计准则》的企业免填。

营业利润 指企业从事生产经营活动所取得的利润。执行2006年《企业会计准则》的企业，营业利润为营业收入减去营业成本、营业税金及附加、销售费用、管理费用、财务费用、资产减值损失，再加上公允价值变动收益和投资收益。未执行2006年《企业会计准则》的企业，营业利润为主营业务收入减去主营业务成本、主营业务税金及附加，加上其他业务利润后，再减去销售费用、管理费用、财务费用后的金额。根据会计“利润表”中“营业利润”项目的本期金额数填报。

利润总额 指企业在一定会计期间的经营成果，是生产经营过程中各种收入扣除各种耗费后的盈余，反映企业在报告期内实现的盈亏总额。根据会计“利润表”中“利润总额”项目的本期金额数填报。执行2006年《企业会计准则》的企业，利润总额为营业利润加上营业外收入，减去营业外支出后的金额；未执行2006年《企业会计准则》的企业，利润总额为营业利润加上投资收益、补贴收入、营业外收入，再减去营业外支出后的金额。

所得税费用 指企业按税法规定，应从生产经营等活动的所得中缴纳的税金。执行2006年《企业会计准则》的企业，根据会计“利润表”中“所得税费用”项目的本期金额数填报；未执行2006年《企业会计准则》的企业，根据会计“利润表”中“所得税”项目的本期金额数填报。

土地和固定资产支出 指用于土地以及建造和购置固定资产方面的资金支出。包括土地购置、房屋和建筑物、机器设备等方面的支出。固定资产应当按照成本进行初始计量。成本包括企业为购建某项固定资产达到预定可使用状态前所发生的一切合理的、必要的支出。

土地购置 指企业通过各种方式取得土地使用权而支付的费用。土地购置费包括：（1）通过划拨方式取得的土地使用权所支付的土地补偿费、附着物和青苗补偿费、安置补偿费及土地征收管理费等；（2）通过出让方式取得土地使用权所支付的出让金；（3）通过“招、拍、挂”方式取得土地使用权所支付的资金。根据会计科目“无形资产——土地使用权（土地购置）”期末借方余额（结转前）填报。

房屋和建筑物 指建造和购置房屋及建筑物所发生的全部支出。房屋和建筑物包括住宅、生产厂房、仓库、商贸楼等房屋及道路、桥梁、隧道、堤坝等其他建筑物，其支出包括对现有房屋和建筑物的扩建和改建支出。根据会计科目“固定资产——房屋和建筑物”期末借方余额（结转前）填报。

机器设备 指购置机器和设备所发生的全部支出。包括信息与通信技术设备、通用和专用设备，以及工器具等的购置费和其他相关费用。根据会计科目“固定资产——机器设备”期末借方余额（结转前）填报。

运输工具 指运载人或物品的工具的支出。包括机动车辆、拖车和半拖车，船舶，铁路及电车轨道使用的机车和其他车辆，航空器和航天器，摩托车、脚踏车等方面的支出。根据会计科目“固定资产——运输工具”期末借方余额（结转前）填报。

其他费用 指除房屋、建筑物，机器设备和运输工具以外的土地和固定资产支出。

应付职工薪酬（贷方累计发生额） 指企业为获得职工提供的服务而给予各种形式的报酬以及其他相关支出。包括职工工资、奖金、津贴和补贴，职工福利费，医疗保险费、养老保险费、失业保险费、工伤保险费和生育保险费等社会保险费，住房公积金，工会经费和职工教育经费，非货币性福利，因解除与职工的劳动关系给予的补偿，其他与获得职工提供的服务相关的支出。执行2006年《企业会计准则》的企业，根据会计科目“应付职工薪酬”的本年贷方累计发生额填报；未执行2006年《企业会计准则》的企业，应将本年上述职工薪酬包含的科目归并填报。

社会保险费 指企业根据国家规定的标准向社会保障部门和保险公司为职工个人缴纳的社会保险费。具体包括基本养老保险、补充养老保险（年金）、基本医疗保险、补充医疗保险、生育险、失业险、工伤险以及其他人身险。根据企业“应付职工薪酬”项下的相关指标或会计成本、费用中的相关项目计算填报。

住房公积金 指企业在报告期为职工缴纳的住房公积金。根据企业“应付职工薪酬”项下的相关指标或会计成本、费用中相关项目计算填报。

应交增值税 指企业按税法规定，从事货物销售或提供加工、修理修配劳务等增加货物价值的活动本期应交纳的税金，不含期初未抵扣税额。根据会计相关科目贷方累计发生额，按下述公式计算填报：

应交增值税=销项税额-（进项税额-进项税额转出）-出口抵减内销产品应纳税额-减免税款+出口退税

从业人员平均人数 指报告期内(年度、季度、月度)平均拥有的从业人员数。季度或年度平均人数按单位实际月平均人数计算得到，不得用期末人数替代。

(1)月平均人数：以报告月内每天实有的全部人数相加之

和，除以报告月的日历日数。计算公式为：

$$月平均人数=\frac{报告月内每天实有的全部人数之和}{报告月的日历日数}$$

对人员增减变动很小的单位，其月平均人数也可以用月初人数与月末人数之和除以 2 求得。计算公式为：

$$月平均人数=\frac{月初人数+月末人数}{2}$$

在计算月平均人数时应注意：

①公休日与节假日的人数应按前一天的人数计算。

②对新建立不满整月的单位(月中或月末建立)，在计算报告月的平均人数时，应以其建立后各天实有人数之和，除以报告期日历日数求得，而不能除以该单位建立的天数。

(2)1-本季平均人数：季报基层表中应填报的平均人数是“1-本季平均人数”，以年初至报告季内各月平均人数之和除以报告季内月数求得。计算公式为：

一季度：1－本季平均人数=

$$\frac{1月平均人数+2月平均人数+3月平均人数}{3}$$

二季度：1－本季平均人数=

$$\frac{1月平均人数+\cdots+6月平均人数}{6}$$

三季度：1－本季平均人数=

$$\frac{1月平均人数+\cdots+9月平均人数}{9}$$

或(用本季平均人数计算)

一季度：1-本季平均人数=1 季度本季平均人数

二季度：1－本季平均人数=

$$\frac{1季度本季平均人数+2季度本季平均人数}{2}$$

三季度：1－本季平均人数=

$$\frac{1季度本季平均人数+2季度本季平均人数+3季度本季平均人数}{3}$$

本季平均人数以报告季内三个月的平均人数之和除以 3 求得。计算公式为：

$$本季平均人数=\frac{报告季内各月平均人数之和}{3}$$

(3)年平均人数：是以 12 个月的平均人数相加之和除以 12 求得，或以 4 个季度的平均人数之和除以 4 求得。计算公式为：

$$年平均人数=\frac{报告年内12个月平均人数之和}{12}$$

或：

$$年平均人数=\frac{报告年内4个季度平均人数之和}{4}$$

在年内新成立的单位年平均人数计算方法为：从实际开工之月起到年底的月平均人数相加除以 12 个月。计算公式为：

$$年平均人数=\frac{开工之月平均人数+\cdots+12月平均人数}{12}$$

《金融业财务状况表（企业会计制度）》

存货 指企业在日常活动中持有以备出售的产成品或商品、处在生产过程中的在产品、在生产过程或提供劳务过程中耗用的材料或物料等，通常包括原材料、在产品、半成品、产成品、商品以及周转材料等。根据会计“资产负债表”中“存货”项目的期末余额数填报。其中：“年初存货”根据会计“资产负债表”中“存货”项目的年初余额数填报。注意：“存货”具有实物形态，不属于无形资产，由于企业持有存货的最终目的是为了出售，所以房地产开发企业（单位）购置的土地、尚未销售的商品房等均计入“存货”。

流动资产合计 资产满足以下条件之一应归为流动资产：（1）预计在一个正常营业周期中变现、出售或耗用，主要包括存货、应收账款等；（2）主要为交易目的而持有；（3）预计在资产负债表日起一年内（含一年）变现；（4）自资产负债表日起一年内，交换其他资产或清偿负债的能力不受限制的现金或现金等价物。包括货币资金、应收票据、应收账款、存货等项目。根据会计“资产负债表”中“流动资产合计”项目的期末余额数填报。

货币资金 指企业的各种现金、银行存款和其他货币资金。根据会计“资产负债表”中的“货币资金”项目的期末余额数填报。

现金 指企业的库存现金。根据会计明细账“现金”科目的期末余额数填报。

交易性金融资产 指企业为交易目的所持有的债券投资、股票投资、基金投资等交易性金融资产的公允价值。根据会计“资产负债表”中的“交易性金融资产”项目的期末余额数填报。未执行 2006 年《企业会计准则》的企业，根据会计“资产负债表”中的“短期投资”项目的期末余额数填报。

应收账款 指企业因销售商品、提供劳务等经营活动，应向购货单位或接受劳务单位收取的款项，主要包括企业销售商品或提供劳务等应向有关债务人收取的价款及代购货单位垫付的包装费、运杂费等。根据会计“资产负债表”中“应收账款”项目的期末余额数填报。

可供出售金融资产 指企业持有的可供出售金融资产的公允价值，包括划分可供出售的股票投资、债券投资等金融资产。根据会计“资产负债表”中的“可供出售金融资产”项目的期末余额数填报。未执行 2006 年《企业会计准则》的企业免填。

持有至到期投资 指到期日固定、回收金额固定或可确定，且企业有明确意图和能力持有至到期的非衍生金融资产。通常指企业持有的、在活跃市场上有公开报价的国债、企业债券、金融债券等。根据会计“资产负债表”中“持有至到期投资”科目的期末余额数填报。未执行 2006 年《企业会计准则》的企业，根据会计“资产负债表”中的“长期债权投资”项目的期末余额数填报。

长期股权投资 指企业不准备在一年内（含一年）变现的各种股权性质的投资。根据会计“资产负债表”中的“长期股权投资”的期末余额数填报。

投资性房地产 指企业为赚取租金或资本增值，或两者兼有而持有的房地产；包括已出租的土地使用权，持有并准备增值后转让的土地使用权和已出租的建筑物。根据会计“资产负债表”中“投资性房地产”科目的期末余额数填报。未执行2006年《企业会计准则》的企业免填。

固定资产合计　指企业为生产商品、提供劳务、出租或经营管理而持有的，使用寿命超过一个会计年度的有形资产。包括使用期限超过一年的房屋、建筑物、机器、机械、运输工具以及其他与生产、经营有关的设备、器具、工具等。固定资产合计是时点指标，表示固定资产经过扣减折旧、减值准备等后的期末余额。执行2006年《企业会计准则》的企业，根据会计“资产负债表”中“固定资产”项目的期末余额数填报。

固定资产原价　指固定资产的成本，包括企业在购置、自行建造、安装、改建、扩建、技术改造某项固定资产时所发生的全部支出总额。根据会计“固定资产原价”科目的期末借方余额填报。

累计折旧　指企业在报告期末提取的历年固定资产折旧累计数。根据会计“累计折旧”科目的期末贷方余额填报。

本年折旧　指企业在报告期内提取的固定资产折旧合计数。可以根据会计“财务状况变动表”中“固定资产折旧”项的数值填报。若企业执行2001年《企业会计制度》，可以根据会计核算中《资产减值准备、投资及固定资产情况表》内“当年计提的固定资产折旧总额”项本年增加数填报。

在建工程　指企业在基建、更新改造等方面发生的支出。根据会计“在建工程”科目的期末借方余额填报。

无形资产　指企业为生产商品、提供劳务、出租给他人或为管理目的而持有的没有实物形态的非货币性长期资产。根据会计“资产负债表”中“无形资产”项目的期末余额数填报。

资产总计　指企业过去的交易或者事项形成的、由企业拥有或者控制的、预期会给企业带来经济利益的资源。资产一般按流动性（资产的变现或耗用时间长短）分为流动资产和非流动资产。其中流动资产可分为货币资金、交易性金融资产、应收票据、应收账款、预付款项、其他应收款、存货等；非流动资产可分为长期股权投资、固定资产、无形资产及其他非流动资产等。根据会计“资产负债表”中“资产总计”项目的期末余额数填报。

执行2006年《企业会计准则》的企业：资产总计=流动资产合计+非流动资产合计；未执行2006年《企业会计准则》企业的资产包括流动资产、长期投资、固定资产、无形资产和其他资产等。

流动负债合计　负债满足下列条件之一的应归为流动负债：（1）预计在一个正常营业周期中清偿；（2）主要为交易目的而持有；（3）自资产负债表日起一年内到期应予清偿；（4）企业无权自主地将清偿推迟至资产负债表日后一年以上。包括短期借款、应付票据、应付账款、应付职工薪酬、应交税费等项目。根据会计“资产负债表”中“流动负债合计”项目的期末余额数填报。

应付账款　指企业因购买材料、商品和接受劳务供应等经营活动应支付的款项。根据会计“资产负债表”中“应付账款”项目的期末余额数填报。

非流动负债合计　指流动负债之外的负债。包括长期借款、应付债券等。根据会计“资产负债表”中“非流动负债合计”项目的期末余额数填报。未执行2006年《企业会计准则》的企业，根据会计“资产负债表”中的“长期负债合计”的期末额余数填报。

应付债券　指企业发行的尚未偿还的各种长期债券的本息。根据会计“资产负债表”中的“应付债券”项目的期末余额数填报。

负债合计　指企业过去的交易或者事项形成的，预期会导致经济利益流出企业的现时义务。负债一般按偿还期长短分为流动负债和非流动负债。根据会计“资产负债表”中“负债合计”项目的期末余额数填报。

执行2006年《企业会计准则》的企业：负债合计=流动负债合计+非流动负债合计；未执行2006年《企业会计准则》企业的负债包括流动负债和长期负债。

所有者权益合计　指企业资产扣除负债后由所有者享有的剩余权益。公司的所有者权益又称股东权益。包括实收资本、资本公积、盈余公积、未分配利润等。根据会计“资产负债表”中“所有者权益合计”项目的期末余额数填报。

实收资本　指企业各投资者实际投入的资本（或股本）总额，包括货币、实物、无形资产等各种形式的投入。实收资本按投资主体可分为国家资本、集体资本、法人资本、个人资本、港澳台资本和外商资本。根据会计“资产负债表”中“所有者权益”项下“实收资本”的期末余额数填报。

国家资本　指有权代表国家投资的政府部门或机构、直属事业单位对企业形成的资本金。根据会计“实收资本”科目计算填报。

集体资本　指由本企业职工等自然人集体投资或各种机构对企业进行扶持形成的集体性质的资本金。根据会计“实收资本”科目计算填报。

法人资本　指法人以其依法可支配的资产投入企业形成的资本金。根据会计“实收资本”科目计算填报。

个人资本　指自然人实际投入企业的资本金。根据会计“实收资本”科目计算填报。

港澳台资本　指我国香港、澳门和台湾地区投资者实际投入企业的资本金。根据会计“实收资本”科目计算填报。

外商资本　指外国投资者实际投入企业的资本金。根据会计“实收资本”科目计算填报。

营业收入　指企业经营主要业务和其他业务所确认的收入总额。营业收入合计包括“主营业务收入”和“其他业务收入”。根据会计“利润表”中“营业收入”项目的本期金额数填报。

主营业务收入　指企业确认的销售商品、提供劳务等主营业务的收入。根据会计“主营业务收入”科目的期末贷方余额（结转前）填报。执行2006年《企业会计准则》的企业，如未设置该科目，以“营业收入”代替填报。

营业成本　指企业经营主要业务和其他业务所发生的成本总额。包括企业（单位）在报告期内从事销售商品、提供劳务等日常活动发生的各种耗费。包括“主营业务成本”和

"其他业务成本"。根据会计"利润表"中"营业成本"项目的本期金额数填报。

主营业务成本 指企业经营主要业务所发生的成本总额。根据会计"主营业务成本"科目的期末借方余额（结转前）填报。执行2006年《企业会计准则》的企业，如未设置该科目，以"营业成本"代替填报。

营业税金及附加 指企业因从事生产经营活动按税法规定缴纳的应从经营收入中抵扣的税金和附加，包括营业税、消费税、城市维护建设税、教育费附加等。根据会计"利润表"中"营业税金及附加"项目的本期金额数填报。

主营业务税金及附加 指企业经营主要业务应负担的营业税、消费税、城市维护建设税、教育费附加等。根据会计"主营业务税金及附加"科目的期末借方余额（结转前）填报。执行2006年《企业会计准则》的企业，如未设置该科目，以"营业税金及附加"代替填报。

其他业务利润 指企业经营除主要业务以外的其他业务实现的利润。根据会计"其他业务收入"科目的期末贷方余额减"其他业务成本"科目的期末借方余额计算填报。执行2006年《企业会计准则》的企业，如果未设置该科目，则在此处填0。

销售费用 指企业在销售商品和材料、提供劳务的过程中发生的各种费用，包括保险费、包装费、展览费和广告费、商品维修费、预计产品质量保证损失、运输费、装卸费等以及为销售本企业商品而专设的销售机构（含销售网点、售后服务网点等）的职工薪酬、业务费、折旧费等经营费用。建筑业企业销售费用指企业从事施工生产活动过程中发生的各项费用，包括应由企业负担的运输费、装卸费、包装费、保险费、维修费、展览费、差旅费、广告费和其他经费。房地产企业销售费用指企业在从事主要经营业务过程中所发生的各项销售费用，包括转让、销售、结算和出租开发产品等。根据会计"利润表"中"销售费用"项目的本期金额数填报。未执行2006年《企业会计准则》的企业，根据会计"利润表"中"营业费用(或经营费用)"项目的本期金额数填报。

管理费用 指企业为组织和管理企业生产经营所发生的费用，包括企业在筹建期间内发生的开办费、董事会和行政管理部门在企业经营管理中发生的，或者应当由企业统一负担的公司经费等。根据会计"利润表"中"管理费用"项目的本期金额数填报。

税金 指企业按照规定从管理费用中支付的房产税、印花税、车船使用税和土地使用税。根据"管理费用明细账"中"管理费用——税金"的期末借方余额（结转前）分析填报。

财产保险费 指企业向保险公司投保所支付的财产保险费用。根据会计"管理费用明细表"或"业务及管理费明细表（金融业）"中相关科目期末借方余额分析填报。

差旅费 指企业行政管理部门的差旅费，包括市内公出的交通费和外地出差的差旅费。根据"管理费用明细账"中"管理费用——差旅费"的期末借方余额（结转前）分析填报。

工会经费 指企业按职工工资总额（扣除按规定标准发放的住房补贴，下同）的2%计提并拨交给工会使用的经费。根据"管理费用明细账"中"管理费用——工会经费"的期末借方余额（结转前）分析填报。

财务费用 指企业为筹集生产经营所需资金等而发生的筹资费用，包括企业生产经营期间发生的利息支出（减利息收入）、汇兑损失（减汇兑收益）以及相关的手续费等。根据会计"利润表"中"财务费用"项目的本期金额数填报。

利息收入 指非金融企业存款业务所确认的利息金额。根据企业"财务费用明细账"中"财务费用——利息收入"科目的本期发生额填报。如果企业没有设置该科目，此处可填"0"。

利息支出 指企业短期借款利息、长期借款利息、应付票据利息、票据贴现利息、应付债券利息、长期应付引进国外设备款利息等利息支出。根据企业"财务费用明细帐"中"财务费用——利息支出"科目的本期发生额填报。如果企业没有单独设立"利息收入"科目，应填报利息支出减去银行存款等的利息收入后的净额。

资产减值损失 指企业计提各项资产减值准备所形成的损失。根据会计"利润表"中"资产减值损失"项目的本期金额数填报。未执行2006年《企业会计准则》的企业免填。

公允价值变动收益 指企业的交易性金融资产、交易性金融负债，以及采用公允价值模式计量的投资性房地产、衍生工具、套期保值业务等公允价值变动形成的应计入当期损益的利得或损失。根据会计"利润表"中"公允价值变动收益"项目的本期金额数填报，或根据"公允价值变动损益"会计科目的余额填报。余额在贷方，则为净收益，余额在借方，则为净损失，以"-"号记。未执行2006年《企业会计准则》的企业可免填。

投资收益 指企业确认的投资收益或投资损失，反映企业以各种方式对外投资所取得的收益。根据会计"利润表"中"投资收益"项目的本期金额数填报。如为投资损失以"-"号记。

营业利润 指企业从事生产经营活动所取得的利润。执行2006年《企业会计准则》的企业，营业利润为营业收入减去营业成本、营业税金及附加、销售费用、管理费用、财务费用、资产减值损失，再加上公允价值变动收益和投资收益。未执行2006年《企业会计准则》的企业，营业利润为主营业务收入减去主营业务成本、主营业务税金及附加，加上其他业务利润后，再减去销售费用、管理费用、财务费用后的金额。根据会计"利润表"中"营业利润"项目的本期金额数填报。

补贴收入 指企业实际收到的补贴收入，包括实际收到的先征后返的增值税；企业按销量或工作量等，依据国家规定的补助定额计算并按期给予的定额补贴。执行2006年《企业会计准则》的企业，根据会计"营业外收入——补贴收入"科目的期末贷方余额（结转前）填报；未执行2006年《企业会计准则》的企业，根据会计"补贴收入"科目的期末贷方余额（结转前）填报。

营业外收入 指企业发生的与经营业务无直接关系的各项收入，包括非流动资产处置利得、非货币性资产交换利得、债务重组利得、政府补助、盘盈利得、捐赠利得等。根据会计“利润表”中“营业外收入”项目的本期金额数填报；未执行2006年《企业会计准则》的企业，“营业外收入”中不含“补贴收入”。

营业外支出　指企业发生的与经营业务无直接关系的各项支出，包括非流动资产处置损失、非货币性资产交换损失、债务重组损失、公益性捐赠支出、非常损失、盘亏损失等。根据会计“利润表”中“营业外支出”项目的本期金额数填报。

利润总额　指企业在一定会计期间的经营成果，是生产经营过程中各种收入扣除各种耗费后的盈余，反映企业在报告期内实现的盈亏总额。根据会计“利润表”中“利润总额”项目的本期金额数填报。执行2006年《企业会计准则》的企业，利润总额为营业利润加上营业外收入，减去营业外支出后的金额；未执行2006年《企业会计准则》的企业，利润总额为营业利润加上投资收益、补贴收入、营业外收入，再减去营业外支出后的金额。

应交所得税　指企业按税法规定，应从生产经营等活动的所得中缴纳的税金。执行2006年《企业会计准则》的企业，根据会计“利润表”中“所得税费用”项目的本期金额数填报；未执行2006年《企业会计准则》的企业，根据会计“利润表”中“所得税”项目的本期金额数填报。

土地和固定资产支出　指用于土地以及建造和购置固定资产方面的资金支出。包括土地购置、房屋和建筑物、机器设备等方面的支出。固定资产应当按照成本进行初始计量。成本包括企业为购建某项固定资产达到预定可使用状态前所发生的一切合理的、必要的支出。

土地购置　指企业通过各种方式取得土地使用权而支付的费用。土地购置费包括：（1）通过划拨方式取得的土地使用权所支付的土地补偿费、附着物和青苗补偿费、安置补偿费及土地征收管理费等；（2）通过出让方式取得土地使用权所支付的出让金；（3）通过“招、拍、挂”方式取得土地使用权所支付的资金。根据会计科目“无形资产——土地使用权（土地购置）”期末借方余额（结转前）填报。

房屋和建筑物　指建造和购置房屋及建筑物所发生的全部支出。房屋和建筑物包括住宅、生产厂房、仓库、商贸楼等房屋及道路、桥梁、隧道、堤坝等其他建筑物，其支出包括对现有房屋和建筑物的扩建和改建支出。根据会计科目“固定资产——房屋和建筑物”期末借方余额（结转前）填报。

机器设备　指购置机器和设备所发生的全部支出。包括信息与通信技术设备、通用和专用设备，以及工器具等的购置费和其他相关费用。根据会计科目“固定资产——机器设备”期末借方余额（结转前）填报。

运输工具　指运载人或物品的工具的支出。包括机动车辆、拖车和半拖车，船舶，铁路及电车轨道使用的机车和其他车辆，航空器和航天器，摩托车、脚踏车等方面的支出。根据会计科目“固定资产——运输工具”期末借方余额（结转前）填报。

其他费用　指除房屋、建筑物，机器设备和运输工具以外的土地和固定资产支出。

应付职工薪酬（贷方累计发生额）　指企业为获得职工提供的服务而给予各种形式的报酬以及其他相关支出。包括职工工资、奖金、津贴和补贴，职工福利费，医疗保险费、养老保险费、失业保险费、工伤保险费和生育保险费等社会保险费，住房公积金，工会经费和职工教育经费，非货币性福利，因解除与职工的劳动关系给予的补偿，其他与获得职工提供的服务相关的支出。执行2006年《企业会计准则》的企业，根据会计科目“应付职工薪酬”的本年贷方累计发生额填报；未执行2006年《企业会计准则》的企业，应将本年上述职工薪酬包含的科目归并填报。

社会保险费　指企业根据国家规定的标准向社会保障部门和保险公司为职工个人缴纳的社会保险费。具体包括基本养老保险、补充养老保险（年金）、基本医疗保险、补充医疗保险、生育险、失业险、工伤险以及其他人身险。根据企业“应付职工薪酬”项下的相关指标或会计成本、费用中的相关项目计算填报。

住房公积金　指企业在报告期为职工缴纳的住房公积金。根据企业“应付职工薪酬”项下的相关指标或会计成本、费用中相关项目计算填报。

应交增值税　指企业按税法规定，从事货物销售或提供加工、修理修配劳务等增加货物价值的活动本期应交纳的税金，不含期初未抵扣税额。根据会计相关科目贷方累计发生额，按下述公式计算填报：

应交增值税=销项税额-（进项税额-进项税额转出）-出口抵减内销产品应纳税额-减免税款+出口退税

从业人员平均人数　指报告期内(年度、季度、月度)平均拥有的从业人员数。季度或年度平均人数按单位实际月平均人数计算得到，不得用期末人数替代。

(1)月平均人数：以报告月内每天实有的全部人数相加之和，除以报告月的日历日数。计算公式为：

$$\text{月平均人数}=\frac{\text{报告月内每天实有的全部人数之和}}{\text{报告月的日历日数}}$$

对人员增减变动很小的单位，其月平均人数也可以用月初人数与月末人数之和除以2求得。计算公式为：

$$\text{月平均人数}=\frac{\text{月初人数}+\text{月末人数}}{2}$$

在计算月平均人数时应注意：

①公休日与节假日的人数应按前一天的人数计算。

②对新建立不满整月的单位(月中或月末建立)，在计算报告月的平均人数时，应以其建立后各天实有人数之和，除以报告期日历日数求得，而不能除以该单位建立的天数。

(2)1-本季平均人数：季报基层表中应填报的平均人数是“1-本季平均人数”，以年初至报告季内各月平均人数之和除以报告季内月数求得。计算公式为：

一季度：1－本季平均人数=

$$\frac{\text{1月平均人数}+\text{2月平均人数}+\text{3月平均人数}}{3}$$

二季度：1－本季平均人数=

$$\frac{\text{1月平均人数}+\cdots+\text{6月平均人数}}{6}$$

三季度：1－本季平均人数=

$$\frac{1月平均人数+\cdots+9月平均人数}{9}$$

或(用本季平均人数计算)

一季度：1-本季平均人数=1季度本季平均人数

二季度：1－本季平均人数=

$$\frac{1季度本季平均人数+2季度本季平均人数}{2}$$

三季度：1－本季平均人数=

$$\frac{1季度本季平均人数+2季度本季平均人数+3季度本季平均人数}{3}$$

本季平均人数以报告季内三个月的平均人数之和除以 3 求得。计算公式为：

$$本季平均人数=\frac{报告季内各月平均人数之和}{3}$$

(3)年平均人数：是以 12 个月的平均人数相加之和除以 12 求得，或以 4 个季度的平均人数之和除以 4 求得。计算公式为：

$$年平均人数=\frac{报告年内12个月平均人数之和}{12}$$

或：

$$年平均人数=\frac{报告年内4个季度平均人数之和}{4}$$

在年内新成立的单位年平均人数计算方法为：从实际开工之月起到年底的月平均人数相加除以 12 个月。计算公式为：

$$年平均人数=\frac{开工之月平均人数+\cdots+12月平均人数}{12}$$

《金融业财务状况表（行政事业会计制度)》

资产合计 指行政、事业单位拥有或控制的能以货币计量的经济资源，包括各种财产、债权和其他权利。根据行政事业类“资产负债表”中“资产合计”项期末数填列。

货币资金 指单位的各种现金、银行存款和其他货币资金。根据“资产负债表”中的“货币资金”项填列。

现金 指单位的库存现金。根据会计明细账“现金”科目的期末余额数填列。

有价证券 指行政单位购入的各种有价证券。根据行政事业类资产负债表中“有价证券”项期末数填列。

对外投资 指事业单位通过各种方式向其他单位的投资。根据行政事业类资产负债表中“对外投资”项期末数填列。

固定资产合计 指单位使用期限超过一年的房屋、建筑物、机器、机械、运输工具以及其它与生产、经营有关的设备、器具、工具等。不属于生产经营主要设备的物品，单位价值在 2000 元以上，并且使用年限超过 2 年的，也应当作为固定资产。根据会计“资产负债表”中“固定资产合计”项的期末数填列。

固定资产原价 指使用年限在一年以上，单位价值在规定标准以上，并在使用过程中基本保持原来物质形态的资产。包括房屋和建筑物、专用设备、一般设备、文物和陈列品、图书、其他固定资产等。根据行政事业类资产负债表中“固定资产原值”期末数填列。

负债合计 指行政、事业单位承担的已经发生的能以货币计量并在未来一定时期内需用资产或劳务偿付的债务。根据行政事业类资产负债表中“负债合计”项期末数填列。

上年结余 指行政、事业单位上年各项结余转入本年的款项，是分配后的结余。根据行政事业类收入支出表中“上年结余”项填列。

收入合计 指行政、事业单位从各种渠道获得的收入，包括财政拨款、行政单位预算外资金、上级补助收入、事业收入、事业单位经营收入、附属单位上缴收入和其他收入。根据行政事业单位收入支出决算总表中的“本年收入合计”项目累计数填列。

财政拨款 指行政、事业单位实际收到的本级财政拨款，含一般预算拨款和基金预算拨款。一级预算单位收到的应拨给下级单位使用的款项，期末决算时尚未拨出的，填列本报表时列为本单位财政拨款。根据行政事业单位收入支出决算总表中的“财政拨款”项目本期累计数填列。

事业收入 指事业单位开展专业业务活动及辅助活动取得的收入。其中，预算外资金收入填列事业单位收到的财政预算外专户实际核拨数(有财政部门核准留用的也包括在内)。根据行政事业单位收入支出决算总表中的“事业收入”项目本期累计数填列。

经营收入 指事业单位在专业业务活动及辅助活动之外开展非独立核算经营活动取得的收入。根据行政事业单位收入支出决算总表中的“经营收入”项目本期累计数填列。

上级补助收入 指行政、事业单位从主管部门和上级单位取得的非财政补助收入。根据行政事业类收入表中“上级补助收入”项本期累计数填列。

支出合计 指行政、事业单位在业务活动中发生的各项资产耗费和损失等支出情况。包括基本支出、项目支出(包括行政事业性项目支出、基本建设项目支出和其他项目支出)、上缴上级支出、事业单位经营支出、对附属单位补助支出、结转自筹基建和其他支出。根据行政事业单位收入支出决算总表中的“本年支出合计”项目累计数填列。

工资福利支出 指行政、事业单位支付给在职职工和临时聘用人员的各类劳动报酬，以及为上述人员缴纳的各项社会保险费等。具体包括基本工资、津贴、奖金、社会保障缴费和上述未包括的人员支出。根据支出决算明细表中的“工资福利支出”的对应项累计数填列。

商品和服务支出 指行政、事业单位在开展业务活动中购买商品和劳务的支出。不包括用于购置固定资产的支出、战略性和应急储备支出。根据支出决算明细表中的“商品和服务支出”的对应项累计数填列。

取暖费 指单位取暖用燃料费、热力费、炉具购置费、锅炉临时工工资、节煤奖以及由单位统一支付的在职职工和离退休人员宿舍取暖费等。根据支出决算明细表中的“商品和服务支出”下的明细科目对应项填列。

劳务费 指支付给单位和个人的劳务费用，如临时用人员、钟点工工资、稿费、翻译费、评审费等。根据支出决算明细表中的“商品和服务支出”项下的明细科目对应项填列。

差旅费　指单位工作人员出差的住宿费、伙食补助费，杂费，干部及大中专学生调遣费，调干家属旅费补助等。根据支出决算明细表中的“商品和服务支出”下的明细科目对应项填列。

出国费　指单位工作人员公务出国（境）的住宿费、旅费、伙食补助费、杂费、培训费等支出。根据支出决算明细表中的“商品和服务支出”项下的对应项填列。

工会经费　指单位按规定提取的，并拨交给工会使用的经费。根据支出决算明细表中的“商品和服务支出”项下的明细科目对应项填列。

福利费　指行政事业单位按国家规定提取的福利费。根据支出决算明细表中的“商品和服务支出”下的明细科目对应项填列。

对个人和家庭的补助　指政府对个人和家庭的无偿性补助支出。包括离休费、退休费、退职(役)费、抚恤和生活补助、医疗费、住房补贴、助学金和其他未包括在上述科目的对个人和家庭补助支出等。根据“支出决算明细表”中的“对个人和家庭的补助”的对应项累计数填列。

抚恤金　抚恤金指按规定支付给烈士家属、牺牲病故人员家属的一次性和定期抚恤金，革命残疾人员的抚恤金，离退休人员等其他人员的各项抚恤金。根据“支出决算明细表”中的“对个人和家庭的补助”项的其中“抚恤金”项汇总填列。

生活补助　生活补助指按规定支付给优抚对象、退伍军人的生活补助费，行政事业单位职工和家属生活补助，因公负伤等住院治疗、住疗养院期间的伙食补助费，长期赡养人员补助费等。根据“支出决算明细表”中的“对个人和家庭的补助”项的其中“生活补助”项汇总填列。

救济费　反映按规定开支的城乡贫困人员、灾民、归侨、外侨及其他人员的生活救济费，包括城市居民的最低生活保障费，随同资源枯竭矿山破产但未参加养老保险统筹的矿山所属集体企业退休人员按最低生活保障标准发放的生活费，农村五保供养对象、贫困户、麻风病人的生活救济费，精简退职老弱残职工救济费，福利、救助机构发生的收养费以及救助支出等。实物形式的救济也在此科目反映。根据“支出决算明细表”中的“对个人和家庭的补助”项的其中“救济费”项汇总填列。

助学金　指支付给各类学校学生助学金、奖学金、学生贷款贴息、出国留学(实习)人员生活费，青少年业余体校学员伙食补助费和生活费补贴，以及按协议由我方负担或享受我方奖学金的来华留学生、进修生生活费等。根据“支出决算明细表”中的“对个人和家庭的补助”项的其中“助学金”项汇总填列。

退职(役)费　指行政事业单位退职人员的生活补贴，一次性支付给职工或军官、军队无军籍退职职工、运动员的退职补助，一次性支付给军官、文职干部、士官、义务兵的退役费，按月支付给自主择业的军队转业干部的退役金。根据“支出决算明细表”中的“对个人和家庭的补助”下的明细科目对应项填列。

经营支出　指事业单位在专业业务活动及辅助活动之外开展非独立核算经营活动发生的支出。根据行政事业单位收入支出决算总表中的“经营支出”项目填列。

收支结余　反映单位上年度结转本年使用的结余和单位当期收支相抵后的结余情况。计算公式: 收支结余=上年结余+收入合计-支出合计。

土地和固定资产支出　指用于土地以及建造和购置固定资产方面的资金支出。包括土地购置、房屋和建筑物、机器设备等方面的支出。固定资产应当按照成本进行初始计量。成本包括企业为购建某项固定资产达到预定可使用状态前所发生的一切合理的、必要的支出。

土地购置　指企业通过各种方式取得土地使用权而支付的费用。土地购置费包括: (1) 通过划拨方式取得的土地使用权所支付的土地补偿费、附着物和青苗补偿费、安置补偿费及土地征收管理费等; (2) 通过出让方式取得土地使用权所支付的出让金; (3) 通过“招、拍、挂”方式取得土地使用权所支付的资金。根据会计科目“无形资产——土地使用权（土地购置）”期末借方余额（结转前）填报。

房屋和建筑物　指建造和购置房屋及建筑物所发生的全部支出。房屋和建筑物包括住宅、生产厂房、仓库、商贸楼等房屋及道路、桥梁、隧道、堤坝等其他建筑物，其支出包括对现有房屋和建筑物的扩建和改建支出。根据会计科目“固定资产——房屋和建筑物”期末借方余额（结转前）填报。

机器设备　指购置机器和设备所发生的全部支出。包括信息与通信技术设备、通用和专用设备，以及工器具等的购置费和其他相关费用。根据会计科目“固定资产——机器设备”期末借方余额（结转前）填报。

运输工具　指运载人或物品的工具的支出。包括机动车辆、拖车和半拖车，船舶，铁路及电车轨道使用的机车和其他车辆，航空器和航天器，摩托车、脚踏车等方面的支出。根据会计科目“固定资产——运输工具”期末借方余额（结转前）填报。

其他费用　指除房屋、建筑物，机器设备和运输工具以外的土地和固定资产支出。

经营税金　指事业单位提供劳务或销售产品应负担的税金及附加，包括营业税、城市维护建设税、资源税、教育费附加、应交增值税、房产税、印花税、车船使用税和土地使用税等。不包括企业所得税和个人所得税。根据“应交款”、“应交税金”项的明细科目分析填列。

利息收入　指单位经营业务期间发生的各项利息收入。

利息支出　指单位经营业务期间发生的短期借款利息、长期借款利息、应付票据利息、票据贴现利息、应付债券利息、长期应付引进国外设备款利息等各项利息支出。

从业人员平均人数　指报告期内(年度、季度、月度)平均拥有的从业人员数。季度或年度平均人数按单位实际月平均人数计算得到，不得用期末人数替代。

(1)月平均人数: 以报告月内每天实有的全部人数相加之和，除以报告月的日历日数。计算公式为:

$$月平均人数=\frac{报告月内每天实有的全部人数之和}{报告月的日历日数}$$

对人员增减变动很小的单位，其月平均人数也可以用月初人数与月末人数之和除以2求得。计算公式为:

$$月平均人数=\frac{月初人数+月末人数}{2}$$

在计算月平均人数时应注意:

①公休日与节假日的人数应按前一天的人数计算。

②对新建立不满整月的单位(月中或月末建立),在计算报告月的平均人数时，应以其建立后各天实有人数之和，除以报告期日历日数求得，而不能除以该单位建立的天数。

(2)1-本季平均人数: 季报基层表中应填报的平均人数是“1-本季平均人数”,以年初至报告季内各月平均人数之和除以报告季内月数求得。计算公式为:

一季度: 1－本季平均人数=

$$\frac{1月平均人数+2月平均人数+3月平均人数}{3}$$

二季度: 1－本季平均人数=

$$\frac{1月平均人数+\cdots+6月平均人数}{6}$$

三季度: 1－本季平均人数=

$$\frac{1月平均人数+\cdots+9月平均人数}{9}$$

或(用本季平均人数计算)

一季度: 1-本季平均人数=1季度本季平均人数

二季度: 1－本季平均人数=

$$\frac{1季度本季平均人数+2季度本季平均人数}{2}$$

三季度: 1－本季平均人数=

$$\frac{1季度本季平均人数+2季度本季平均人数+3季度本季平均人数}{3}$$

本季平均人数以报告季内三个月的平均人数之和除以3求得。计算公式为:

$$本季平均人数=\frac{报告季内各月平均人数之和}{3}$$

(3)年平均人数: 是以12个月的平均人数相加之和除以12求得，或以4个季度的平均人数之和除以4求得。计算公式为:

$$年平均人数=\frac{报告年内12个月平均人数之和}{12}$$

或:

$$年平均人数=\frac{报告年内4个季度平均人数之和}{4}$$

在年内新成立的单位年平均人数计算方法为: 从实际开工之月起到年底的月平均人数相加除以12个月。计算公式为:

$$年平均人数=\frac{开工之月平均人数+\cdots+12月平均人数}{12}$$

2.经营情况

机构 指按金融机构层级模式设置的各级机构。

从业人员 指按金融层级模式设置的各级机构的年末从业人员数。其中: 从业人员指报告期在本单位工作，并取得工资或其他形式劳动报酬的人员。具体包括在岗职工、劳务派遣人员、其他从业人员（含聘用的正式离退休人员、在本单位工作并支付劳动报酬的港澳台和外籍人员)。金融保险单位雇佣的专职代办员，保险公司雇佣的专职、兼职营销员也包括在内。填报时各级机构人员数不包括下级机构人员数。

区县 以北京市行政区划分为准。填报中按各级金融机构经营地填列。

房地产业

（一）财务状况

资产总计 指企业过去的交易或者事项形成的、由企业拥有或者控制的、预期会给企业带来经济利益的资源。资产一般按流动性（资产的变现或耗用时间长短）分为流动资产和非流动资产。其中流动资产可分为货币资金、交易性金融资产、应收票据、应收账款、预付款项、其他应收款、存货等; 非流动资产可分为长期股权投资、固定资产、无形资产及其他非流动资产等。根据会计“资产负债表”中“资产总计”项目的期末余额数填报。

执行2006年《企业会计准则》的企业: 资产总计=流动资产合计+非流动资产合计; 未执行2006年《企业会计准则》企业的资产包括流动资产、长期投资、固定资产、无形资产和其他资产等。

应收账款 指企业因销售商品、提供劳务等经营活动，应向购货单位或接受劳务单位收取的款项，主要包括企业销售商品或提供劳务等应向有关债务人收取的价款及代购货单位垫付的包装费、运杂费等。根据会计“资产负债表”中“应收账款”项目的期末余额数填报。

固定资产合计 指企业为生产商品、提供劳务、出租或经营管理而持有的，使用寿命超过一个会计年度的有形资产。包括使用期限超过一年的房屋、建筑物、机器、机械、运输工具以及其他与生产、经营有关的设备、器具、工具等。固定资产合计是时点指标，表示固定资产经过扣减折旧、减值准备等后的期末余额。执行2006年《企业会计准则》的企业，根据会计“资产负债表”中“固定资产”项目的期末余额数填报。

固定资产原价 指固定资产的成本，包括企业在购置、自行建造、安装、改建、扩建、技术改造某项固定资产时所发生的全部支出总额。根据会计“固定资产”科目的期末借方余额填报。

本年折旧 指企业在报告期内提取的固定资产折旧合计数。可以根据会计“财务状况变动表”中“固定资产折旧”项的数值填报。若企业执行2001年《企业会计制度》，可以根据会计核算中《资产减值准备、投资及固定资产情况表》内“当年计提的固定资产折旧总额”项本年增加数填报。

负债合计 指企业过去的交易或者事项形成的，预期会导致经济利益流出企业的现时义务。负债一般按偿还期长短分为流动负债和非流动负债。根据会计“资产负债表”中“负债合计”项目的期末余额数填报。

执行 2006 年《企业会计准则》的企业：负债合计=流动负债合计+非流动负债合计；未执行 2006 年《企业会计准则》企业的负债包括流动负债和长期负债。

所有者权益合计　指企业资产扣除负债后由所有者享有的剩余权益。公司的所有者权益又称股东权益。包括实收资本、资本公积、盈余公积、未分配利润等。根据会计“资产负债表”中“所有者权益合计”项目的期末余额数填报。

实收资本　指企业各投资者实际投入的资本（或股本）总额，包括货币、实物、无形资产等各种形式的投入。实收资本按投资主体可分为国家资本、集体资本、法人资本、个人资本、港澳台资本和外商资本。根据会计“资产负债表”中“所有者权益”项下“实收资本”的期末余额数填报。

营业收入　指企业经营主要业务和其他业务所确认的收入总额。营业收入合计包括“主营业务收入”和“其他业务收入”。根据会计“利润表”中“营业收入”项目的本期金额数填报。

主营业务收入　指企业确认的销售商品、提供劳务等主营业务的收入。根据会计“主营业务收入”科目的期末贷方余额（结转前）填报。执行 2006 年《企业会计准则》的企业，如未设置该科目，以“营业收入”代替填报。

营业成本　指企业经营主要业务和其他业务所发生的成本总额。包括企业（单位）在报告期内从事销售商品、提供劳务等日常活动发生的各种耗费。包括“主营业务成本”和“其他业务成本”。根据会计“利润表”中“营业成本”项目的本期金额数填报。

营业税金及附加　指企业因从事生产经营活动按税法规定缴纳的应从经营收入中抵扣的税金和附加，包括营业税、消费税、城市维护建设税、教育费附加等。根据会计“利润表”中“营业税金及附加”项目的本期金额数填报。

主营业务税金及附加　指企业经营主要业务应负担的营业税、消费税、城市维护建设税、教育费附加等。根据会计“主营业务税金及附加”科目的期末借方余额（结转前）填报。执行 2006 年《企业会计准则》的企业，如未设置该科目，以“营业税金及附加”代替填报。

其他业务利润　指企业经营除主要业务以外的其他业务实现的利润。根据会计“其他业务收入”科目的期末贷方余额减“其他业务成本”科目的期末借方余额计算填报。执行 2006 年《企业会计准则》的企业，如果未设置该科目，则在此处填 0。

销售费用　指企业在销售商品和材料、提供劳务的过程中发生的各种费用，包括保险费、包装费、展览费和广告费、商品维修费、预计产品质量保证损失、运输费、装卸费等以及为销售本企业商品而专设的销售机构（含销售网点、售后服务网点等）的职工薪酬、业务费、折旧费等经营费用。建筑业企业销售费用指企业从事施工生产活动过程中发生的各项费用，包括应由企业负担的运输费、装卸费、包装费、保险费、维修费、展览费、差旅费、广告费和其他经费。房地产企业销售费用指企业在从事主要经营业务过程中所发生的各项销售费用，包括转让、销售、结算和出租开发产品等。根据会计“利润表”中“销售费用”项目的本期金额数填报。未执行 2006 年《企业会计准则》的企业，根据会计“利润表”中“营业费用（或经营费用）”项目的本期金额数填报。

管理费用　指企业为组织和管理企业生产经营所发生的费用，包括企业在筹建期间内发生的开办费、董事会和行政管理部门在企业经营管理中发生的，或者应当由企业统一负担的公司经费等。根据会计“利润表”中“管理费用”项目的本期金额数填报。

税金　指企业按照规定从管理费用中支付的房产税、印花税、车船使用税和土地使用税。根据“管理费用明细账”中“管理费用——税金”的期末借方余额（结转前）分析填报。

财务费用　指企业为筹集生产经营所需资金等而发生的筹资费用，包括企业生产经营期间发生的利息支出（减利息收入）、汇兑损失（减汇兑收益）以及相关的手续费等。根据会计“利润表”中“财务费用”项目的本期金额数填报。

投资收益　指企业确认的投资收益或投资损失，反映企业以各种方式对外投资所取得的收益。根据会计“利润表”中“投资收益”项目的本期金额数填报。如为投资损失以“-”号记。

营业利润　指企业从事生产经营活动所取得的利润。执行 2006 年《企业会计准则》的企业，营业利润为营业收入减去营业成本、营业税金及附加、销售费用、管理费用、财务费用、资产减值损失，再加上公允价值变动收益和投资收益。未执行 2006 年《企业会计准则》的企业，营业利润为主营业务收入减去主营业务成本、主营业务税金及附加，加上其他业务利润后，再减去销售费用、管理费用、财务费用后的金额。根据会计“利润表”中“营业利润”项目的本期金额数填报。

利润总额　指企业在一定会计期间的经营成果，是生产经营过程中各种收入扣除各种耗费后的盈余，反映企业在报告期内实现的盈亏总额。根据会计“利润表”中“利润总额”项目的本期金额数填报。执行 2006 年《企业会计准则》的企业，利润总额为营业利润加上营业外收入，减去营业外支出后的金额；未执行 2006 年《企业会计准则》的企业，利润总额为营业利润加上投资收益、补贴收入、营业外收入，再减去营业外支出后的金额。

应交所得税　指企业按税法规定，应从生产经营等活动的所得中缴纳的税金。执行 2006 年《企业会计准则》的企业，根据会计“利润表”中“所得税费用”项目的本期金额数填报；未执行 2006 年《企业会计准则》的企业，根据会计“利润表”中 “所得税”项目的本期金额数填报。

应交增值税　指企业按税法规定，从事货物销售或提供加工、修理修配劳务等增加货物价值的活动本期应交纳的税金，不含期初未抵扣税额。根据会计相关科目贷方累计发生额，按下述公式计算填报：

应交增值税=销项税额－（进项税额－进项税额转出）－出口抵减内销产品应纳税额－减免税款+出口退税

（二）房地产开发经营业

本年完成投资　指各种登记注册类型的房地产开发法人

单位统一开发的包括统代建、拆迁还建的住宅、厂房、仓库、饭店、宾馆、度假村、写字楼、办公楼等房屋建筑物，配套的服务设施，土地开发工程（如道路、给水、排水、供电、供热、通讯、平整场地等基础设施工程）和土地购置的投资；不包括单纯的土地开发和交易活动。

其他费用 指在固定资产建造和购置过程中发生的，除建筑安装工程和设备、工器具购置投资完成额以外的费用，不指经营中财务上的其他费用。包括土地出让金、大市政费、四源费（煤、热、自来水、污水）、不可预见费、旧房屋购置，基本畜禽支出，林木支出，退耕退牧还林还草、土壤改良、城市绿化，办公生活用家具、器具购置，建设单位管理费，土地征用、购置及迁移补偿费，政府收费，勘察设计费，研究实验费，可行性研究费，临时设施费，施工机械转移费，设备检验费，负荷联合试车费，土地占用、使用费，建设期应付利息，包干结余，企业债券发行费，合同公证费及工程质量监测费，国外借款手续费及承诺费，汇兑损益，调整器材调拨价格折价，坏账损失，固定资产亏损及损失等。

住宅 指专供居住的房屋，包括别墅、公寓、职工家属宿舍和集体宿舍（包括职工单身宿舍和学生宿舍）等。但不包括住宅楼中作为人防用、不住人的地下室等。住宅按照用途可以划分为经济适用住房和别墅、高档公寓等。按照户型结构可以划分为90平方米以下住房，144平方米以上住房等。

①90平方米及以下住房：指在房地产开发企业投资建设的商品住宅中，套型建筑面积不超过90平方米（包括90平方米）的住房。套型建筑面积是指单套住房的建筑面积，由套内建筑面积和分摊的共有建筑面积组成。现房应以商品房销售合同中实际测绘的建筑面积为统计标准，期房根据商品房预售合同中规划设计面积进行统计，待住宅竣工交付使用后，应根据实际测绘面积进行相应调整。

②144 平方米以上住房：指在房地产开发企业投资建设的商品住宅中，套型建筑面积超过144平方米（不包括144平方米）的住房。现房应以商品房销售合同中实际测绘的建筑面积为统计标准，期房根据商品房预售合同中规划设计面积进行统计，待住宅竣工交付使用后，应根据实际测绘面积进行相应调整。

③别墅、高档公寓：指建筑造价和销售价格明显高于一般商品住宅的商品住宅。别墅一般指地处郊区，独立成栋的商品住宅；高档公寓一般指地处市内高档社区，高层或多层的商品住宅。别墅、高档公寓的确定标准：一是经有房地产投资计划审批权的主管部门审批建设的别墅、高档公寓开发项目；二是销售价格高于当地同等地段商品住宅平均销售价格一倍以上的别墅、公寓开发项目。该指标可以分析房地产投资结构，反映高收入家庭商品住宅的供求平衡情况。

办公楼 指企业、事业、机关、团体、学校、医院等单位使用的各类办公用房（又称写字楼）。

商业营业用房 指商业、粮食、供销、饮食服务业等部门对外营业的用房，如度假村、饭店、商店、门市部、粮店、书店、供销店、饮食店、菜店、加油站、日杂等房屋。

其他 凡不属于上述各项用途的房屋建筑物，如中小学教学用房、托儿所、幼儿园、图书馆、体育馆等。

房屋施工面积 指报告期内施工的全部房屋建筑面积。包括本期新开工的房屋建筑面积、上期跨入本期继续施工的房屋建筑面积、上期停缓建在本期恢复施工的房屋建筑面积、本期竣工的房屋建筑面积以及本期施工后又停缓建的房屋建筑面积。多层建筑应填各层建筑面积之和。

房屋新开工面积 指报告期内新开工建设的房屋建筑面积，以单位工程为核算对象，即整栋房屋的全部建筑面积，不能分割计算。不包括在上期开工跨入报告期继续施工的房屋建筑面积和上期停缓建而在本期恢复施工的房屋建筑面积。房屋的开工应以房屋正式开始破土刨槽（地基处理或打永久桩）的日期为准。

房屋竣工面积 指报告期内房屋建筑按照设计要求已全部完工，达到住人和使用条件，经验收鉴定合格或达到竣工验收标准，可正式移交使用的各栋房屋建筑面积的总和。

竣工面积以房屋单位工程（栋）为核算对象，在整栋房屋符合竣工条件后按其全部建筑面积一次性计算，而不是按各栋施工房屋中已完成的部分或层次分割计算。

房屋竣工价值 指报告期内按规定已经上报竣工的房屋本身的建造价值。一般按房屋设计和预算规定的内容计算。包括竣工房屋本身的基础、结构、屋面、装修以及水、电、卫等附属工程的建筑价值；也包括作为房屋建筑组成部分而列入房屋建筑工程预算内的设备（如电梯、通风设备等）的购置和安装费用。不包括厂房内的工艺设备、工艺管线的购置和安装，工艺设备基础的建造；室外的水、暖、电、卫、道路工程、挡土墙等环境工程的费用；办公和生活用家具的购置等费用；购置土地的费用；迁移补偿费和场地平整的费用及城市建设配套投资。

房屋竣工价值不仅包括该竣工房屋在报告期内完成的价值，也包括跨年施工的房屋在本期以前完成的价值。未竣工而转让给其他单位的房屋建筑工程，出让单位不计算竣工价值，待接受单位继续施工并符合竣工条件后，由接受单位计算其竣工价值，包括出让单位在出让前所完成的价值。房屋竣工价值一般按结算价格（或中标价）计算。

房屋出租面积 指在报告期末房屋开发单位出租的商品房屋的全部面积。

商品房销售面积 指报告期内出售商品房屋的合同总面积（即双方签署的正式买卖合同中所确定的建筑面积）。本月销售面积指从本月1日起至本月最后一天止出售商品房屋的合同总面积。商品房销售面积由现房销售面积和期房销售面积两部分组成。

（1）现房销售面积：指在报告期内正式签订买卖合同、已经竣工达到入住条件的商品房屋建筑面积。包括以一次性付款方式和分期付款方式销售的现房建筑面积。

（2）期房销售面积：指在报告期内正式签订买卖合同、正在建设尚未竣工交付使用的商品房屋建筑面积。包括以一次性付款方式和分期付款方式销售的商品房屋建筑面积。期房销售建筑面积竣工后不再结转为现房销售建筑面积。

待售面积 指报告期末已竣工的可供销售或出租的商品房屋建筑面积中，尚未销售或出租的商品房屋建筑面积，包括以前年度竣工和本期竣工的房屋面积，但不包括报告期已竣工的拆迁还建、统建代建、公共配套建筑、房地产公司自用及周转房等不可销售或出租的房屋面积。按照商品房待售时间的长短可以划分为待售一年以下、待售一到三年（含一年）和待售三年以上（含三年）。

本年实际到位资金合计　指房地产开发企业在本年内收到的可用于房地产开发和经营的各种资金来源数之和，包括上年末结余资金、本年度内拨入、借入或以各种方式筹集的资金。

本年实际到位资金小计　指房地产开发企业实际拨入的，用于房地产开发的各种货币资金。包括国内贷款、利用外资、自筹资金和其他资金。

国内贷款　指报告期内向银行及非银行金融机构借入的各种国内借款，包括银行利用自有资金及吸收存款发放的贷款、上级主管部门拨入的国内贷款、国家专项贷款（包括煤代油贷款、劳改煤矿专项贷款等），地方财政专项资金安排的贷款、国内储备贷款、周转贷款等。

利用外资　指报告期内收到的境外（包括外国及港澳台地区）资金（包括设备、材料、技术在内）。包括对外借款（外国政府贷款、国际金融组织贷款、出口信贷、外国银行商业贷款、对外发行债券和股票）、外商直接投资、外商其他投资（包括补偿贸易、加工装配由外商提供的设备价款、国际租赁，外商投资收益的再投资资金）。不包括我国自有外汇资金（国家外汇、地方外汇、留成外汇、调剂外汇和中国境内银行自有资金发放的外汇贷款等）。各类外资按报告期的外汇牌价（中间价）折成人民币计算。

外商直接投资　指外国投资者在我国境内通过设立外商投资企业、合伙企业、与中方投资者共同进行石油资源的合作勘探开发以及设立外国公司分支机构等方式进行投资。外国投资者可以用现金、实物、无形资产、股权等投资，还可以用从外商投资企业获得的利润进行再投资。

自筹资金　指各地区、各部门及企事业单位筹集用于房地产开发与经营的预算外资金。

其他资金来源　指在报告期收到的除以上各种资金之外其他用于房地产开发与经营的资金。包括国家预算内资金、债券、社会集资、个人资金、无偿捐赠的资金及用征地迁移补偿费、移民费等进行房地产开发的资金。

定金及预收款　定金是为使甲乙双方按约定签订正式经济合同，实现房屋交易，根据有关规定由购房者或单位在报告期交纳的押金。预收款是甲乙双方签订购销房屋合同后，在报告期由购房者或单位交付的首付款及各种手续费（包括其中的外汇）。

本年各项应付款合计　指在房地产开发过程中应付未付的投资款。包括应付工程款、应付器材款、应付工资、应付有偿调入器材及工程款、其他应付款、应交税金、应交基建收入、应交投资包干结余、应交能源交通建设基金、应交预算调节基金及其他应交款。各项应付款填报本报告期实际增加数（或发生数），不是填报开始建设以来的累计数。

本年土地购置面积　指在本年内通过各种方式获得土地使用权的土地面积。

本年土地成交价款　指进行土地使用权交易活动的最终金额。在土地一级市场，是指土地最后的划拨款、“招拍挂”价格和出让价；在土地二级市场是指土地转让、出租、抵押等最后确定的合同价格。土地成交价款与土地购置面积同口径，可以计算土地的平均购置价格。

分类规定

隶属关系　指本单位隶属于哪一级行政管理单位。按照国家标准《单位隶属关系代码》（GB/T12404-1997）分为：中央、省、地、县、街道、镇、乡、居民委员会、村民委员会和其他。

中央与地方双重领导的单位，以领导为主的一方来划分中央属或地方属。

省、地、县、街道、镇、乡、居民委员会、村民委员会归为地方。

隶属于“中央”的单位兴办的集体企业，隶属关系填“其他”；省属以下的企业（单位）办的企业（单位），其隶属关系与企业（单位）本身的隶属关系一致。

无主管部门的单位、本省（自治区、直辖市）在外省（自治区、直辖市）的办事机构所开办的第三产业等单位填“其他”。

批发和零售业企业经营形式　批发和零售业企业经营的基本形式。

1.独立门店：以相对独立的店铺形式，单独组织批发和零售经营活动的企业。

2.连锁总店（总部）：负责连锁企业资源（如商号、商誉、经营模式、服务标准、管理模式等等）的开发、配置、控制或使用等功能的企业核心管理机构。连锁经营是指经营同类商品或服务，使用统一商号的若干店铺，在同一总店（总部）的管理下，采取统一采购或特许经营等方式，实现规模效益的组织形式。

3.连锁门店：在连锁企业经营管理的基础上，按照总店（总部）的指示和服务规范要求，承担日常销售业务的店铺，称连锁门店，包括直营店和加盟店。直营店是指由连锁企业总部投资开设，按连锁经营管理模式，由总部统一管理的店铺。加盟店是指在特许连锁中，被特许人获得特许人授权后，使用其商标、商号、经营模式、专利和专有技术等经营资源建立的店铺，也包括自愿连锁的成员店。

4.其他方式：指不属于上述经营形式的企业。

零售业态　指零售企业（单位）为满足不同的消费需求进行相应的要素组合而形成的不同经营形态；分类原则是，零售业态按零售店铺的结构特点，根据其经营方式、商品结构、服务功能，以及选址、商圈、规模、店堂设施、目标顾客和有无固定营业场所进行分类。

零售业态从总体上可以分为有店铺零售业态和无店铺零售业态两类。按照零售业态分类原则分为食杂店、便利店、折扣店、超市、大型超市、仓储会员店、百货店、专业店、专卖店、家居建材商店、购物中心、厂家直销中心、电视购物、邮购、网上商店、自动售货亭、电话购物等17种零售业态。

有店铺零售 有固定的进行商品陈列和销售所需要的场所和空间，并且消费者的购买行为主要在这一场所内完成的零售业态。

—食杂店：以香烟、酒、饮料、休闲食品为主，独立、传统的无明显品牌形象的零售业态。

—便利店：满足顾客便利性需求为主要目的的零售业态

—折扣店：店铺装修简单，提供有限服务，商品价格低廉的一种小型超市业态。拥有不到2000个品种，经营一定数量的自有品牌商品。

—超市：开架售货，集中收款，满足社区消费者日常生活需要的零售业态。根据商品结构的不同，可以分为食品超市和综合超市。

—大型超市：实际营业面积6000平方米以上，品种齐全，满足顾客一次性购齐的零售业态。根据商品结构，可以分为以经营食品为主的大型超市和以经营日用品为主的大型超市。

—仓储会员店：以会员制为基础，实行储销一体、批零兼营，以提供有限服务和低价格商品为主要特征的零售业态。

—百货店：在一个建筑物内，经营若干大类商品，实行统一管理，分区销售，满足顾客对时尚商品多样化选择需求的零售业态。

—专业店：以专门经营某一大类商品为主的零售业态。例如办公用品专业店(office supply)、玩具专业店(toy stores)、家电专业店（home appliance）、药品专业店（drug store）、服饰店（apparel shop）。

—专卖店：以专门经营或被授权经营某一主要品牌商品为主的零售业态。

—家居建材商店：以专门销售建材、装饰、家居用品为主的零售业态。

—购物中心：多种零售店铺、服务设施集中在由企业有计划地开发、管理、运营的一个建筑物内或一个区域内，向消费者提供综合性服务的商业集合体。

社区购物中心：在城市的区域商业中心建立的，面积在5万平方米以内的购物中心。

市区购物中心：在城市的商业中心建立的，面积在１０万平方米以内的购物中心。

城郊购物中心：在城市的郊区建立的，面积在１０万平方米以上的购物中心。

—厂家直销中心：由生产商直接设立或委托独立经营者设立，专门经营本企业品牌商品，并且多个企业品牌的营业场所集中在一个区域的零售业态。

无店铺零售 不通过店铺销售，由厂家或商家直接将商品递送给消费者的零售业态。

—电视购物：以电视作为向消费者进行商品推介展示的渠道，并取得订单的零售业态。

—邮购：以邮寄商品目录为主向消费者进行商品推介展示的渠道，并通过邮寄的方式将商品送达给消费者的零售业态。

—网上商店：通过互联网络进行买卖活动的零售业态。

—自动售货亭：通过售货机进行商品售卖活动的零售业态。

—电话购物：主要通过电话完成销售或购买活动的一种零售业态。

商品分类 指根据商品的主要用途和性质所进行的分类。通过对商品分类统计，反映市场对各类商品的需求情况。

（1）粮油、食品、饮料、烟酒类指供人们食用的各种粮油食品、饮料、酒和烟草加工品。

粮油、食品类指供人们食用的各种食品，如粮油、肉禽蛋、水产品、干鲜蔬果、食糖、糖果糕点、豆制品、滋补食品、食盐、调味品、罐头食品、奶及奶制品及其他食品加工制品等。

—粮油类指供人们食用的粮食和食用油。

其中，粮食，包括小麦、稻谷、玉米、豆类、杂粮及其成品粮、磨粉、淀粉及其制品等；

淀粉及其制品，包括粉皮、粉丝、粉条、淀粉等；

食用油，包括食用植物和动物油等。

—肉禽蛋类指供人们食用的肉类、禽类、蛋类商品。

其中，肉类，指供食用的活猪、活牛、活羊、家兔及其鲜（冻）肉和肉制品（不含各种肉罐头，统计在其他食品类）；

禽类，指供人们食用的活鸡、活鸭、活鹅和其他人工饲养的活禽类及其鲜（冻）、腌制和卤熟制品；

蛋类，指鸡、鸭、鹅和其他禽类的鲜蛋、再制蛋。

—水产品类指各种海水产的、淡水产的鲜的或干的鱼、虾、蟹、藻类、贝类、软体类、腔肠类等水产品。

—蔬菜类指各种新鲜的蔬菜，包括各种叶菜、茎菜、根菜、花菜、果菜以及各种食用菌等。

—干鲜果品类包括新鲜瓜果、干果及蜜饯果脯等干鲜果。

饮料类指供人们食用的各种饮料，包括液体型饮料，如汽水、果菜汁、矿泉水等；冷冻饮品；固体饮料；茶叶、咖啡、可可和其他饮料。

烟酒类包括酒和烟草加工品。酒，包括白酒、啤酒、黄酒、果露酒等。烟草加工品，包括卷烟、雪茄烟、烟丝、莫合烟、鼻烟等烟草加工品，不包括烤烟、晒烟等烟草加工原料（统计在“其他类”）。

其中：酒类指包括白酒、啤酒、黄酒、果露酒等。

（2）服装、鞋帽、针纺织品类指服装、鞋帽、针织品和纺织品的集合。

服装类：指以棉布、棉化纤混纺布、化纤布、麻布、呢绒、绸缎、裘皮、化纤针织面料等为原料缝制的各种男、女、成人、儿童的单、夹、棉、皮等各种服装（包括内衣裤、外衣裤、衬衣、衬裤、胸罩、裙子等），包括以毛线、丝线、麻线和各种混纺线编织的各种服装，如毛衣、毛衫、毛裤。

鞋帽类：鞋，指皮鞋、胶鞋、布鞋和全塑料鞋等，包括各种材料制作的靴子、凉鞋、便鞋、拖鞋、运动鞋、旅游鞋、春秋鞋等；帽，指各种面料、各种款式的男、女、童、婴儿帽子。

针、纺织品类：针织品，指纯棉、纯化纤、化纤与棉（包括短涤纶）混纺的针棉织品、毛毯、线毯、地毯、毛巾、毛线、毛织物等纯纺、纯化纤、混纺针织品及化纤针织面料；纺织品，指布（包括棉布、棉花化纤混纺布、化纤布等外棉棉布、玻璃纤维布、再生纤维布、野杂纤维布、土纺布、无纺布、漆布等），呢绒（包括涤纶混纺物），绸缎，麻布，纱类（包括棉纱、等外棉棉纱、玻璃纤维纱、再生纤维纱、野条纤维纱、废纱、土纱、麻绒等纺织品）。针、纺织品包括除服装外的制成品，如床上用品、袜子、针纺织手套、窗帘等。

（3）化妆品类指洁肤护肤美容用品、洁发护发美发用品、药物美容美体用品等。

洁肤护肤美容用品，包括洁面乳、霜、油等洁肤用品，霜、香脂、乳液、润肤油、爽身粉等护肤品，香粉（粉饼）、胭脂、唇膏、眼影、眉笔、指甲油、各种化妆盒、假发等美容品；

洁发护发美发用品，包括洗发香波、洗发膏、洗发精、浴液、剃须膏、发油、发露、发腊、发宝、营养发水、护发素、发胶、摩丝、各种染发剂等；

药物美容美体用品，包括花露水、腋下香、香水、防秃生发水、浓眉露、止痒水（粉）、祛斑霜、粉刺露、防晒剂、痒子粉（水）、减肥霜等；其他化妆用品。

（4）金银珠宝类指以金、银、铂等金属及钻石、宝（玉）石、翡翠、珍珠、水晶、象牙、骨角等为原料，经加工和连接组合、镶嵌等方法，制成各种图案造型的装饰品、饰品、工艺品等。包括首饰，如项链、戒指、耳环、手镯、脚链、挂件、别针、发卡等，珠宝饰品，如宝（玉）石、宝（玉）石饰品、钻石镶嵌、珍珠镶嵌以及其他金银珠宝饰品等。

其中：黄金及饰品、铂金饰品类指含量为990‰（含）以上的黄金（包括金砖、金条、金币等）及黄金饰品；含量为900‰（含）以上的铂金饰品，不包括镶嵌饰品。

（5）日用品类指日用金属制品、日用搪瓷制品、日用塑料制品、天然皮革和人造皮革制品、玻璃器皿、日用百货、燃气灶具、儿童玩具、日用化工产品、照明器具、日用杂品、钟表眼镜及配件、各种工艺品、烟花炮竹、人力或助动车类及配件等。

其中，日用金属制品，包括精铝、铸铝、铝合金家用器皿，不锈钢制餐具，家用厨房用具及其他不锈钢制器皿等，不包括工业建筑的通用金属器皿（统计在“金属材料类”）；

日用搪瓷制品，包括单瓷、双瓷的面盆、口杯及其他搪瓷制品等，不包括工业建筑的通用搪瓷制品（统计在“建筑及装潢材料类”）；

日用百货，包括如缝纫机、保温瓶、雨衣、理发用具、剃须刀具、火柴、打火机、电池、腰带、刀、剪、锁、钳、卫生纸、卫生巾等；

日用化工产品，包括洗涤用品、杀虫剂、花肥等；

燃气灶具，包括燃气热水器、各种灶具等；

照明器具，包括各种灯具、灯泡、灯管、手电筒等；

日用杂品，包括铁锅、笼屉、瓷碗、碟等餐具和炊事用具，竹、木、藤、柳编制品，炉子、烟筒和取暖设备等；

钟包括各种机械、石英电子的闹钟、挂钟、座钟等，表包括各种机械、石英电子手表、怀表、秒表、其他表、钟表零配件等，眼镜包括成品眼镜、眼镜架、眼镜片、眼镜毛坯、眼镜零配件等；

各种工艺品，包括雕塑工艺品、人造花卉工艺品、天然植物工艺品、纤维编织工艺品、刺绣工艺品、抽纱工艺品等。其中，雕塑工艺品包括玉雕、牙雕、金属工艺品、漆器工艺品、画类工艺品等，天然植物工艺品、纤维编织工艺品包括竹编工艺品、藤编工艺品、草编工艺品等；

人力或助动车类及配件，包括自行车、助动自行车、三轮车、残疾人座车（无论是否装有发动机）、婴儿推车和手推车等及配件。

洗涤用品类包括洗衣粉、肥皂、香皂、浴皂、药皂、牙膏及各种清洁洗涤剂（膏、液、粉）等日用洗涤用品。

儿童玩具类包括各种材质制作的玩具。

（6）五金、电料类指五金工具、电工工具、工具配件、水暖器材、各种专用工具、五金杂品等，以及木瓦工具、电工电讯器材及配件等各类商品，如各种榔头、钳子、扳手、锉刀、泥刀、自来水管、各种水龙头、暖气片、阀门、螺丝、螺母、水表、电表、插座、插头、开关、电线、铁丝、镇流器、灯架、灯罩等。

（7）体育、娱乐用品类指体育用品、健身器材、游艺器材、棋牌、戏装道具、乐器、照相器材及用品等。

其中，体育用品，包括球类、球类器材、体操运动器材、举重运动器材、田径运动器材、水上运动器材、冰雪运动器材、射击、射箭、击剑器材、场地器材、航空、航海模型材料、运动保护用具、钓鱼用具等；

健身器材，指各种用于达到锻炼身体、提高身体素质目的器材，包括侧重于肌肉训练的，如扩胸机、举重床、自重式健力器、哑铃组合架、坐式后拉器、卧式后屈腿训练器等；包括侧重于身体素质训练的，如跑步机、健步器、骑马机、滑雪器、健骑机等以及集消除疲劳、减肥健身为一体的各种按摩机（非电动）、健腹器等；

游艺器材，包括游戏机、插卡式电脑学习机、儿童运动游艺器材等；

棋牌，包括象棋、国际象棋、围棋、克郎棋、军棋、跳棋、扑克牌、麻将牌等；

乐器，包括中西乐器、电子乐器、乐器辅助用品及配件，如钢琴、提琴、手风琴、吉他等；

照相器材，包括摄影用品、暗房用品、修相用品和其他照相器材，如摄影用品，包括照相机、座机、外拍机、胶卷胶片、相纸、放大机、照相镜头、摄像灯具照相零配件及其他摄影用品，上光机、反拍机、翻版机、冲片机等，修相油、上光用品、修底版用具等，洗相药品，如显影液、定影液等，不包括X光胶片和工业胶片（统计在“化工材料及制品类”）。

（8）书报杂志类指各种以纸介质形态出版发行的中外文

的书籍、工具书、课本、教材、图片、报纸和杂志等。

（9）电子出版物及音像制品类指电子出版物和音像制品。

其中，电子出版物，指以数字方式将图文音像等信息编辑加工后存储在磁、光、电介质上，通过计算机或者具有类似功能的设备读取使用，用以表达思想、普及知识和积累文化，并可复制发行的大众传播媒介，其媒体形态包括软磁盘（FD）、只读光盘（CD-ROM）、交互式光盘（CD-Ⅰ）、照片光盘（PHOTO-ROM）、高密度只读光盘（DVD-ROM）、集成电路卡（ICCARD）及其他媒体形态；

音像制品，指各种磁、光、电介质的录音、录像的磁带、光盘（CD、LD、VCD、DVD）等，包括各种空白的录音带、录像带、光盘。

（10）家用电器和音像器材类指洗涤电器、制冷电器、清洁电器、小家电、家用厨房电器具、家用保健电器和各类音像器材等。

其中，洗涤电器，包括洗衣机、甩干机等；

制冷电器，包括电冰箱、电冰柜、房间空调器等；

清洁电器，包括吸尘器、加湿器、空气净化器等；

小家电，包括电熨斗、电风扇、电淋浴器（包括浴霸）、节能热水器等；

家用厨房电器具，包括食品加工机、抽排油烟机、微波炉、电饭堡、电烤箱、洗碗机、消毒柜等；

家用保健电器，包括电取暖器、电动按摩器等；

音像器材，包括电视机、录音机、录像机、摄像机、收音机、幻灯机、组合音响、影碟机（LD、CD、VCD、DVD等）、专业音响器材、专业声像器材以及配件等，不包括照相器材及用具（统计在“体育、娱乐用品类”）。

（11）中西药品类指人用各种中西药品、中药材以及各种小型医疗用品、敷料，不包括医疗用的各种大型设备，如CT机、核磁共振器等，和兽用的各种药品、医疗器材（统计在“其他类”）。

西药类指以化学物质为原料根据药典或处方生产的用于预防、治疗、诊断人体的疾病，有目的地调节人体的生理机能并规定有适应症、用法和用量的物质，包括化学药品制剂、放射性药品、血清疫苗、血液制品和诊断药品等，但不包括化学试剂（统计在“化工材料及制品类”）。

中草药及中成药类指以天然的活性物质群为原料，根据中医药典或处方生产或配置，用于预防、治疗人体的疾病，有目的地调节人体的生理机能并规定有适应症、用法和用量的物质。包括中药材、中药饮片、中成药。

其中，中药材，指在自然界中天然生长或人工种植、养殖、采掘的可用于加工中药饮片和中成药的物质，包括各种植物、动物、矿物等；

中药饮片，指以中药材（包括各种药用植物、动物、矿物）为原料用于预防、治疗人体的疾病，有目的地调节人体的生理机能并规定有适应症、用法和用量的物质；

中成药，指以中药材（包括各种药用植物、动物、矿物）为原料根据药典或处方生产的用于预防、治疗人体的疾病，有目的地调节人体的生理机能并规定有适应症、用法和用量的制剂，包括各种剂型（丸、散、膏、丹、胶、药酒、露、冲剂及改良剂型）的中成药。

（12）文化办公用品类指学习用品、办公用品和计算机及其配套产品。

其中，学习和办公用品，包括学习和办公用的纸张、本册、打字机、油印机、速印机、复印机、计算器、快译通、电子笔记本、算盘、文具、普通测绘仪器、印刷材料以及教学用的设备、器材、标本、模型等；

计算机及其配套产品，包括CPU在80186以上的大、中、小、微型、便携式电子计算机（包括多媒体计算机）和计算机的辅助设备，如服务器、打印机、扫描仪、不间断电源、多媒体配件、专用设备和零配件，计算机用键盘、鼠标、网卡、U盘、内存条、软盘、磁带、打印机用纸、色带、墨盒、硒鼓等，不包括单板机、插卡式电脑学习机（统计在“体育、娱乐用品类”），也不包括各种电子计算机软件（统计在“电子出版物及音像制品类”，随机附赠品除外）。

（13）家具类指用木材、金属、塑料、藤、竹等为主要原料制成的供人们生活、学习、工作、休息用的各种普通家具和具有特定用途的专用家具，包括家用就寝、就餐、起居、书房使用的床、柜、箱、架、沙发、桌、椅、凳、茶几、屏风，以及成套或组合家具，也包括医院、学校、图书馆、旅游、办公等专用的办公桌椅、文件柜、书柜等家具。

（14）通讯器材类指有线、无线通讯使用的各种器材和设备，包括电话机（普通电话机、无绳电话机、移动电话、小灵通等）、对讲机、寻呼机、传真机等以及配套产品。

（15）煤炭及制品类包括原煤、煤炭和煤制品，如洗煤、筛选块煤、筛选混煤及混末煤、焦炭、石油焦、半焦、煤饼（块）、煤球等。

（16）木材及制品类指木、竹采伐产品和木材、竹非生活制品等。此类商品销售一律按批发计算。

其中，木、竹采伐产品，包括原木、小规模木材、薪炭木材、毛竹、篙竹等；

木材、竹非生活制品，包括锯材、板材、人造板、木材防腐制品，木、竹工业、建筑业用品，藤、棕、柳条工业制品等。

（17）石油及制品类包括原油、炼厂气体、汽油、煤油、柴油、燃料油、工业燃料、溶剂油、润滑油、石蜡、地腊、专用腊、凡士林、洗涤剂原料、石油腊类、石油沥青、标准油、白色油、软麻油、原料油、润滑脂、石油酸、石油皂、液化石油气等。

（18）化工材料及制品类指化学矿采选品、化工产品、橡胶制品、塑料制品等。此类商品销售一律按批发计算。

其中，化学矿采选品，包括硫铁矿、磷矿、硼矿、钾矿、天然硫磺、钙芒硝矿、芒硝矿、蛇纹矿、天然矿、重晶石、督重石、天青石、雄黄石、明矾石等；

化工产品，不包括日用化工产品（统计在“日用品类”或“化妆品类”），包括无机化学品、化学肥料、化学农药、有机化学品、颜料、染料、催化剂、助剂、添加剂、粘合剂、高分子聚合物、信息用化学品、化学试剂、X光胶片、工业用胶片等；

橡胶制品，不包括日用橡胶制品（统计在“日用品类”），包括如橡胶运输带、橡胶类传输带、橡胶三角带、橡胶风扇带、橡胶胶管、再生胶、橡胶导风管、橡胶浮筒、橡胶杂品、乳胶制品、橡胶密封制品、特种橡胶制品、软胶壳、微孔橡胶隔板、胶绳、胶筋、胶液、密封腻子等；

塑料制品，不包括日用塑料制品（统计在“日用品类”），包括塑料薄膜、塑料板材、塑料管、塑料棒、塑料异型材、塑料丝、塑料人造革、塑料合成革、泡沫塑料、塑料工业配件、塑料包装箱及容器等塑料原料。

—化肥类指氮肥、磷肥、钾肥、复合肥，不包括家庭使用的花肥（统计在“日用品类”）。此类商品销售一律按批发计算。

其中，氮肥，包括液氮、尿素、硝酸铵、氯化铵、硫酸铵、氨水等；

磷肥，包括重过磷酸钙、普通过磷酸钙等；

钾肥，包括氯化钾、硫酸钾、窑灰钾、钾镁肥等；

复合肥，包括氮磷肥、氮钾肥、磷钾肥、氮磷钾肥、硝酸磷、氮钾混合肥、铵磷钾、磷酸铵等。不包括磷矿粉肥和“土法”生产的各种化学肥料，如硫磺脚渣提炼的硫磺铵、硝酸钾、土制过磷酸钙和磷酸钾，也不包括微量元素的化学肥料（如钾酸铵）。

（19）金属材料类指黑色金属矿采选品和黑色金属冶炼及其压延产品、有色金属矿采选产品和有色金属冶炼及其压延产品。此类商品销售一律按批发计算。

其中，黑色金属矿采选品，包括铁矿石原矿、铁矿石成品矿、人造富铁矿、锰矿石原矿、锰矿石成品矿、人造富锰矿、铬矿石原矿、铬矿石成品矿等；

黑色金属冶炼及其压延产品，包括钢、生铁、铁合金、钢材、钢坯、钎子钢、轧制钢球、重熔钢、炼铁副产品、球墨铸铁、金属化球团、海棉铁、钒渣和粗末冶金原料、钢板网等；

有色金属矿采选产品，包括重有色金属矿采选产品、轻有色金属矿采选产品、贵金属矿采选产品、稀有金属矿采选产品等；

有色金属矿冶炼及其压延产品，包括有色金属矿冶炼产品、轻有色金属矿冶炼产品、稀土金属冶炼产品。稀散金属及半金属冶炼产品、高纯及超纯有色金属、重有色金属合金、硬质合金、稀有稀土金属合金、稀有放射性金属冶炼产品、重有色金属加工材、双金属材、轻有色金属加工材、贵金属加工材、稀有金属加工材、有色金属加工材、半导体材料等。

（20）建筑及装潢材料类指非金属矿采选成品、建筑材料及其他非金属矿物制品和各种办公或家庭用的室内装饰材料等。

其中，非金属矿采选成品，包括土砂石矿品、耐火土石开采及其初加工品、工艺美术品用非金属矿、石棉、工业原料用云母、石墨、石膏、工业原料滑石、滑石粉、金刚石、水晶、冰洲石、次土、膨润土及其初加工品、长石、叶腊石、蛭石、硅线石、凹凸奉石、海泡石、浮石、沸石、珍珠岩、霞石正方岩、刚玉、硅藻石、硅石灰石等；

建筑材料及其他非金属矿物制品，包括水泥、无熟料水泥、水泥熟料、水泥混凝土制品、水泥预制构件、纤维增强水泥制品、砖、瓦、建筑砌砖、石灰、轻质建筑材料、建筑用石材加工品、建筑防水材料、建筑保温材料、建筑用玻璃制品、平板玻璃、压延玻璃、磨砂玻璃、喷花玻璃、中空玻璃、热反射玻璃、吸热玻璃、玻璃砖、泡沫玻璃、工业技术玻璃、特种玻璃、玻璃纤维及其制品，石英玻璃及其制品、光学玻璃、玻璃仪器、绝缘玻璃、玻璃保温容器（不包括日用玻璃保温容器，统计在“日用百货类”)、普通陶瓷制品（不包括陶瓷餐具，统计在“日用品类”)、工业陶瓷、高压绝缘子、低压绝缘子耐火材料制品、玻璃窑专用耐火材料、石墨及碳素制品、碳化纤维、石墨热交换器。石棉制品、云母制品、磨料和磨具、铸石、化学石膏、人造水晶、合成云母、人造金刚石、晶体材料、晶体镀膜材料等；

办公和家庭用的室内装饰材料，包括地板、地板革、墙纸、墙布、涂料、乳胶漆及各种装饰用具等，但不包括家具（统计在“家具类”)、清洁电器和家用厨房电器具（统计在“家用电器和音响器材类”)。

（21）机电产品及设备类指普通机械、交通运输机械、电器机械及器材、电子产品及通讯设备、各种农林牧渔业机械等。

其中，普通机械，包括锅炉及原动机、金属加工机械、通用机械、铸锻件及通用零部件、工业专用设备、建筑工程机械、钻探机械等；

交通运输机械，包括铁路运输设备、飞行器、工矿设备、船舶及其辅机、摩托车，不包括汽车、汽车底盘及汽车配件（统计在“汽车类”)；

电器机械及器材，包括电机、输变电设备、电工器材等；

电子产品及通讯设备，包括雷达和无线电导航设备、通讯设备、广播电视设备、电子原件、电子器件、仪器仪表、计量标准仪具及量具、衡器，不包括家用电脑机及其各种配套产品（统计在“文化办公用品类”)、电话机、移动电话、BP 机等（统计在“通讯器材类”)，也不包括家用电视机、录音机、录像机、摄像机等(统计在“家用电器和音像器材类”)。

—农机类指各种农林牧渔业机械。包括农机具、农药具、农用车、农用动力机械等，如拖拉机、收割机、机引犁、机引耙、机引播种机、机动三轮车、拖车、机动植保机械、机动畜牧机械、机动脱粒机、内燃发动机组、水泵、喷灌机；以及各种零配件，如电动机、柴油机、手推车车轮等。此类商品销售一律按批发计算。

（22）汽车类指由动力装置驱动，具有四个或以上车轮的非轨道无架线的车辆及其零配件，包括汽车、汽车底盘和汽车配件等。

其中，汽车包括载货汽车、越野汽车、自卸汽车、牵引汽车、专用汽车、客车、轿车等。

其中：汽车配件类指各种汽车配件。

（23）种子饲料类指各种农业或公共园艺使用的种子、种苗和饲养牲畜的草料、杂粮、杂豆等，不包括家庭使用的花种、种苗等，以及人们以娱乐、休闲为目的而饲养各种动物的从专门商店购买的宠物食品（统计在“其他类”)。此类商品销售一律按批发计算。

（24）棉麻类指棉麻产品、蚕茧等。

其中，棉，包括籽棉、细绒棉、长绒棉、絮棉、棉短绒；

麻，包括黄麻、红麻、苎麻、大麻、亚麻、剑麻；

蚕茧，包括桑蚕茧、柞蚕茧、蓖蚕茧和其他蚕茧等。

（25）其他类指以上未包括的商品类别，如大型医疗器材，文物、古董、邮票、硬币、现代绘画作品，土特产品和畜产品、禽畜或宠物用的药品、宠物食品、花鸟鱼虫，消防器材及设施，废旧物资等。其中，畜产品包括各种牛皮、羊皮、猪皮及其他动物皮革，以及种畜、幼畜、幼禽绒毛、羽毛、鬃毛、肠衣等。

经营环境 指各市场经营场所具备的基本条件，分露天式、封闭式和其它。

(1)露天式：指市场摊位完全在室外，或 70%以上(含)的摊位在室外，包括柜台式市场和无设施市场。

(2)封闭式：指市场摊位完全在室内(包括平房和楼房)。

(3)其他：指上述以外的其他经营环境的交易市场。

商品交易市场营业状态 按照市场营业时间的连续性划分为常年营业、季节性营业和其它等三种状态。

(1)常年营业：指不受季节、时间等因素的影响，全年均营业的市场。

(2)季节性营业：指受季节因素影响，全年间断营业的市场，如旅游旺季营业的交易市场等。

(3)其他：指上述以外的其他营业状态的交易市场。

经营方式 指市场直接从事商品流通的买卖形式，包括批发和零售两种方式。

(1)批发市场：指专门从事批发业务活动或以批发业务为主的交易市场。

(2)零售市场：指专门从事零售业务活动，并直接向城乡居民销售日用消费品、农产品和农业生产资料的零售市场，或以零售业务为主，同时兼批发业务的交易市场。

市场规模 指根据市场规模大小对市场进行分类。

（1）亿元以上市场：指年成交额在亿元及以上的现货商品交易市场。

（2）亿元以下市场：指年成交额在亿元以下的现货商品交易市场。

单位地理位置 指市场所处区域，按二、三、四、五、六环路范围已形成的路线范围。

市场类别 商品交易市场按经营商品类别进行分类，包括综合市场和专业市场两大类，每大类又分为若干小类，填写时要求按照主营商品的类别将市场归属于某一类(选择的类别是唯一的)。具体参见《商品交易市场类别目录》。

住宿和餐饮业企业经营形式 住宿和餐饮业企业经营的基本形式。

1.独立门店：以相对独立的店铺形式，单独组织住宿和餐饮经营活动的企业。

2.连锁总店（总部）：负责连锁企业资源（如商号、商誉、经营模式、服务标准、管理模式等等）的开发、配置、控制或使用等功能的企业核心管理机构。连锁经营是指经营同类商品或服务，使用统一商号的若干店铺，在同一总店（总部）的管理下，采取统一采购或特许经营等方式，实现规模效益的组织形式。

3.连锁门店：在连锁企业经营管理的基础上，按照总店（总部）的指示和服务规范要求，承担日常销售业务的店铺，称连锁门店，包括直营店和加盟店。直营店是指由连锁企业总部投资开设，按连锁经营管理模式，由总部统一管理的店铺。加盟店是指在特许连锁中，被特许人获得特许人授权后，使用其商标、商号、经营模式、专利和专有技术等经营资源建立的店铺，也包括自愿连锁的成员店。

4.其他方式：指不属于上述经营形式的企业。

住宿业企业星级评定情况 星级等级指符合《中华人民共和国星级酒店评定标准》（GB/T14308-2003），并经过有关旅游管理权威部门评定（验收）后授予“星级”称号的宾馆、饭店等住宿设施的等级划分，分为一星级到五星级 5 个标准。星级越高，表示企业的档次越高；没有星级等级的填写“9 其他”。

餐饮业态 指为满足不同的目标市场的餐饮消费需求而形成的经营形态。

中式正餐 指提供各种中式炒菜和主食，并由服务员送餐上桌的餐饮服务。包括各种中式正餐。

中式快餐 指提供中式饭菜，服务员不送餐上桌，由顾客自己领取食物的一种快捷、方便的餐饮服务活动。包括各种中式快餐。

外国风味正餐 指提供各种外国风味的炒菜和主食，并由服务员送餐上桌的餐饮服务。包括各种外国风味正餐。

外国风味快餐 指提供外国风味食品，服务员不送餐上桌，由顾客自己领取食物的一种快捷、方便的餐饮服务活动。包括各种外国风味的快餐。

茶馆 以现场提供现场消费茶饮料为主，兼卖各式点心和小食品。包括各种茶艺馆、茶楼、茶铺。

咖啡店 以现场制作现场消费咖啡饮料为主，兼卖各式点心和小食品。包括各种咖啡馆、咖啡厅、咖啡屋等。

酒吧 以出售各种酒及酒精饮料为主，兼卖各式点心和小食品。

其他 指上述未包括的餐饮服务形式。

北京经济普查年鉴 2013

Beijing Economic Census Yearbook

第三产业卷 | 上

北京市第三次全国经济普查领导小组办公室
北京市统计局 编
国家统计局北京调查总队

中国统计出版社
China Statistics Press

图书在版编目（CIP）数据

北京经济普查年鉴. 2013 / 北京市第三次全国经济普查领导小组办公室, 北京市统计局, 国家统计局北京调查总队编著. -- 北京 : 中国统计出版社, 2015.7
ISBN 978-7-5037-7467-6

Ⅰ. ①北… Ⅱ. ①北… ②北… ③国… Ⅲ. ①经济－普查－北京市－2013－年鉴 Ⅳ. ①F127.1-54

中国版本图书馆 CIP 数据核字（2015）第 147898 号

北京经济普查年鉴—2013/第三产业卷（上）

作　　者/北京市第三次全国经济普查领导小组办公室
　　　　北京市统计局　国家统计局北京调查总队
责任编辑/赵淑焕　王振宇　尹　伊
封面设计/黄俊杰　李雪燕
出版发行/中国统计出版社
通信地址/北京市丰台区西三环南路甲 6 号　邮政编码/100073
电　　话/邮购（010）63376909　书店（010）68783171
网　　址/http://www.zgtjcbs.com/
印　　刷/河北天普润印刷厂
经　　销/新华书店
开　　本/880mm×1230mm　1/16
字　　数/872 千字
印　　张/28
版　　别/2015 年 8 月第 1 版
版　　次/2015 年 8 月第 1 次印刷
定　　价/680.00 元（全四册，附光盘）

本书附同版本 CD-ROM 一张，光盘内容以书面文字为准。
如有印装差错，由本社发行部调换。

目　　录

综合卷

第三篇　第三产业情况

第四篇　特色经济情况

第二产业卷

第一篇　工业

第三产业卷（上）

第三产业卷（下）

第1篇

第三产业财务状况

1-1 规模(限额)以上第三产业法人单位

项目	单位数(个)	资产总计	固定资产原价	#本年折旧
合计	**31396**	**88272478717**	**2251526628**	**120463511**
一、按行业门类分				
批发和零售业	7462	3202566932	141533430	9339548
交通运输、仓储和邮政业	1089	1316159819	901575482	36052875
住宿和餐饮业	2927	164521847	92864877	3787344
信息传输、软件和信息技术服务业	2746	2470707888	277953871	23561935
金融业	1753	67370662924	216125788	16383077
房地产业	4601	4237508081	223703601	9884385
租赁和商务服务业	5911	8156955767	232221007	11545405
科学研究和技术服务业	2830	1012245686	89505524	6130701
水利、环境和公共设施管理业	320	132337933	26254811	768550
居民服务、修理和其他服务业	429	14393253	2981236	255722
教育	193	18527166	5289781	444891
卫生和社会工作	141	9561534	5071199	335195
文化、体育和娱乐业	994	166329887	36446021	1973883
二、按登记注册类型分				
内资	28020	83889766619	1722136640	87439534
国有	1837	8126057016	376873944	15891049
集体	492	117935726	24991922	1063516
股份合作	382	55262496	9154671	438736
国有联营	8	449916	51090	3656
集体联营	7	893033	14646	1150
国有与集体联营	17	3095795	1057831	34766
其他联营	3	35767	30140	2397
国有独资公司	596	8773261411	219420368	7574914
其他有限责任公司	11083	8728090120	533645911	30002561
股份有限公司	899	57152936954	480447321	26386933
私营独资	87	1111511	259434	22864
私营合伙	325	57431160	1029170	96515
私营有限责任公司	11802	802888563	69341200	5499518
私营股份有限公司	429	61472221	3905276	309682
其他	53	8844930	1913716	111277
港澳台商投资	1344	1328091881	416369329	23845802
与港澳台商合资经营	378	263344892	81036211	3154576
与港澳台商合作经营	117	119995889	19925640	1195515
港澳台商独资	827	742983511	130641251	9530828
港澳台商投资股份有限公司	22	201767589	184766227	9964883
外商投资	2032	3054620217	113020659	9178175
中外合资经营	517	602597762	31102626	1896436
中外合作经营	97	61204559	6747384	339987
外资企业	1390	2186061810	72342384	6724039
外商投资股份有限公司	26	203597267	2745040	201550
其他外商投资	2	1158819	83225	16163

主要财务状况(企业会计制度)

单位：千元

所有者权益合计	#实收资本	国家资本	集体资本	法人资本
20818715746	**10470905690**	**7033729961**	**32970496**	**2103848323**
895789955	451752692	111625312	1506273	206220394
613419351	492201992	335955887	482191	120060153
40328783	45560127	9810379	797612	21018193
1832194412	764239728	472761404	441507	75144579
11141121426	5645961462	4258393392	9223435	822450916
972639724	600036422	116945114	7066764	347731524
4777728444	2206612566	1631333431	11829975	390559373
394257608	202129719	73136810	658984	93852580
41606422	14004954	3951526	443122	5355378
3267640	2794324	86758	125131	1114336
6663025	2476075	321924	144898	618648
4725234	2571878	44971	85718	2094418
94973722	40563751	19363053	164886	17627831
18967767123	9759432672	7025038710	32900581	1979649174
3483777230	1763304405	1680466345	24340	82803068
34297087	6977182	6861	6226027	438822
16404011	5053886	2828	2003633	322400
380069	156500	120600		35900
627205	656384		11341	634043
1342833	1707661	436677	263491	1007493
-21387	15716		200	15516
5447369403	3420780203	3186470832	2770	234276401
2220967221	1442891704	390306504	15930106	971959594
7496798634	2871916967	1764511289	8273002	588442167
296882	98034			6718
49941351	49021924	2675954	22248	44501873
184812561	185975485	8106	32823	51684375
27049010	10582392	868	3618	3475599
3725013	294229	31846	106982	45205
494475455	349664264	2958996	39634	52099183
109072872	73693336	2524175	39209	34525288
36911196	24994354	211751	425	4331575
274552430	231704711	223070		2910196
73938957	19271863			10332124
1356473168	361808754	5732255	30281	72099966
168265079	101217012	5672065	30281	50817961
19691968	10869048	60190		3601569
1091507156	226585525			2407568
76864818	23127169			15272868
144147	10000			

1-1 续表 1

项目	单位数(个)	资产总计	固定资产原价	#本年折旧
三、按隶属关系分				
中央	2731	67174155921	988037725	51760041
省	1751	6856523724	292774066	11655771
地	1671	2928224372	84563333	4111266
县	46	25807582	1000903	76711
街道	153	15461597	2349824	172042
镇	176	155102690	20572477	816243
乡	202	120583299	16076466	672933
社区	1	***	***	***
村委会	144	92705782	5742567	269635
其他	24521	10903196046	840089559	50913982
四、按控股情况分(仅限企业法人)				
国有控股	6392	76240097725	1601051270	74403278
集体控股	1513	630085365	65005256	3160564
私人控股	19367	3517739430	209948994	15595852
港澳台商控股	1264	1018337684	170080224	11626144
外商控股	1892	2554547546	96176350	8253192
其他	465	2790392309	81067163	5702470
五、按四大城市功能区分				
首都功能核心区	6073	63688246427	548827856	36858692
东城区	2864	12371885204	183801995	12334935
西城区	3209	51316361223	365025861	24523757
城市功能拓展区	19661	22076767541	1280163929	61753806
朝阳区	9417	9314369472	381129576	20492422
丰台区	2106	1142548562	178023741	6964850
石景山区	675	378091984	17845270	1106088
海淀区	7463	11241757523	703165342	33190446
城市发展新区	4294	2181882549	394526788	20445677
房山区	726	174856949	9228233	512465
通州区	552	286785867	10505356	747346
顺义区	915	727694546	249569950	13169269
昌平区	957	477249426	89544746	3626677
大兴区	718	261151717	15077030	1006482
开发区	426	254144044	20601473	1383438
生态涵养发展区	1368	325582200	28008055	1405336
门头沟区	260	63299903	4971712	225654
怀柔区	317	68102648	6540452	341934
平谷区	306	100809317	4795746	299344
密云县	321	72559906	6888299	312061
延庆县	164	20810426	4811846	226343

单位：千元

所有者权益合计	#实收资本	国家资本	集体资本	法人资本
15805717592	7979386331	6504154340	11630829	996656177
1129776055	504410220	243485846	1259847	232509668
347429901	199482411	109075847	2402472	78303701
1066739	1044764	64757	164837	683966
2938441	2911987	860567	253194	1202744
42409821	33433326	28695916	1197495	3264218
31068717	5862456	91294	3875397	1022878
***	***		***	***
13515543	3984438	6333	2343580	780734
3444480292	1740102900	147295061	9565988	789414237
17943541280	9007716405	6944217007	8325558	1541902741
126077325	56299606	247801	23425430	30096489
856147567	573901976	3574965	458415	348187484
363020952	289790615	672283	28207	18575920
1169008456	287573241	734283	600	27839221
301642140	110515464	1412036	5230	90547729
13272369531	6339658158	4754649815	13476602	895505363
5437408519	3036992839	2610669524	6408717	275447258
7834961012	3302665319	2143980291	7067885	620058105
6773230966	3682066964	2191929676	14333405	933638417
3751305968	1854245860	1047818018	3173092	458624197
323000338	178771239	83391827	3653427	71392289
92169644	52674525	10938075	2443289	28460449
2606755016	1596375340	1049781756	5063597	375161482
680565249	383749238	81948695	3799093	226192183
32389465	22781898	2789437	750185	14731385
66394593	32116582	1838145	294812	23020587
234902075	114380941	33631044	786411	56618273
196631795	116155542	8560781	603612	93388399
56769905	34718041	3033598	1325723	23049837
93477416	63596234	32095690	38350	15383702
92550000	65431330	5201775	1361396	48512360
13758791	10461852	655734	287347	8271035
21274141	16661815	1066291	21980	13464188
38425750	25548526	1352594	976710	19954802
13993642	8421715	1615950	14407	4424961
5097676	4337422	511206	60952	2397374

1-1 续表 2

项目	个人资本	港澳台资本	外商资本	营业收入
合计	**377766723**	**417294205**	**505295982**	**9507719297**
一、按行业门类分				
批发和零售业	43546087	16490658	72363968	4935250946
交通运输、仓储和邮政业	4763093	20240132	10700536	454033507
住宿和餐饮业	3898305	6645999	3389639	88314726
信息传输、软件和信息技术服务业	29934642	150189687	35767909	499032649
金融业	185757361	129309560	240826798	1604199485
房地产业	37725609	61778794	28788617	469468747
租赁和商务服务业	50730314	19668633	102490840	846329247
科学研究和技术服务业	16011799	10224168	8245378	468507330
水利、环境和公共设施管理业	2243831	677246	1333851	30876225
居民服务、修理和其他服务业	954247	298299	215553	16912501
教育	407430	740569	242606	13543127
卫生和社会工作	175184	124660	46927	10003667
文化、体育和娱乐业	1618821	905800	883360	71247140
二、按登记注册类型分				
内资	372720457	127496637	221627113	7724721197
国有	10652			861545808
集体	305472			22733944
股份合作	2725025			15846886
国有联营				349518
集体联营	11000			317214
国有与集体联营				1943647
其他联营				54396
国有独资公司	730		29470	1463372761
其他有限责任公司	61343292	1586843	1765365	3171161845
股份有限公司	165059059	125812663	219818787	1435050781
私营独资	91316			2419462
私营合伙	1821849			14693470
私营有限责任公司	134236690		13491	703044128
私营股份有限公司	7102307			27736221
其他	13065	97131		4451116
港澳台商投资	2574436	288792125	3199890	491026026
与港澳台商合资经营	653272	33017162	2934230	99854120
与港澳台商合作经营	892105	19366236	192262	24766334
港澳台商独资		228503047	68398	282851887
港澳台商投资股份有限公司	1029059	7905680	5000	83553685
外商投资	2471830	1005443	280468979	1291972074
中外合资经营	877644	819619	42999442	284917239
中外合作经营	142034	142854	6922401	17017741
外资企业	500	39870	224137587	983304719
外商投资股份有限公司	1445452		6408849	4264309
其他外商投资	6200	3100	700	2468066

单位：千元

税金总额	利润总额	应付职工薪酬（贷方累计发生额）	#社会保险费	#住房公积金
537293479	**1841055992**	**613214854**	**86593006**	**27885746**
77774051	105308861	77633573	11545777	3351925
6886965	28876425	58788681	10959699	2792841
6721579	-132632	21089085	2660906	571328
47660638	188974192	107104989	15347617	6016853
263962161	1061263185	120549641	15639601	6015343
66986278	81938308	38535883	5097637	1514279
39569818	307216885	102558478	13447430	3675087
19796711	52583086	59968891	8239145	2749991
1168063	2167357	3441147	556155	161256
1002054	512012	3848752	448766	94404
883718	1416073	3985155	500350	142687
162813	612246	2655719	352552	90911
4718630	10319994	13054860	1797371	708841
452213196	1600658705	445373138	63603931	19728162
41387305	236560116	58482866	9091763	2959556
1068960	1687210	3264679	528213	100764
530531	254581	1474219	175986	24941
26080	85511	122433	21808	7755
11405	-1278	15020	2951	530
30672	51692	133866	25492	6584
3100	-4924	11134	579	
29889901	658948642	36901911	6555533	1930557
116690038	189439568	155350414	22449027	6383110
237825017	497552328	129423400	17857763	6494865
78846	181839	197642	25799	3330
1478517	3768155	3891853	503187	183053
21437850	9018703	51342267	5818959	1439817
1566305	2761796	3583752	433212	155613
188669	354766	1177682	113659	37687
32703944	63236276	57412886	8789262	2873931
10235642	18125677	11736954	1644555	596411
3831359	6171506	2667739	396137	124192
16798171	34213809	32900648	5420802	1657987
1838772	4725284	10107545	1327768	495341
52376339	177161011	110428830	14199813	5283653
10088490	29121184	18289096	2480779	843452
1698232	3525583	1607502	201669	74059
39459990	143429106	87743625	11071513	4250974
1003062	914719	1540795	281416	66731
126565	170419	1247812	164436	48437

1-1 续表 3

项 目	个人资本	港澳台资本	外商资本	营业收入
三、按隶属关系分				
中央	124948032	135333621	206663332	4286619398
省	15145606	2356981	9652272	677275930
地	8466003	960323	274065	305166074
县	62088	67710	1406	2385082
街道	595482			12017692
镇	165219		110478	39864819
乡	872887			9001167
社区				***
村委会	853791			3482189
其他	226657615	278575570	288594429	4171826667
四、按控股情况分(仅限企业法人)				
国有控股	142835007	131331545	239104547	5939969512
集体控股	2466752	58813	4321	196816282
私人控股	219156464	1187033	1337615	1584760589
港澳台商控股	257540	269515903	740762	382563941
外商控股	273781	278505	258446851	1162383454
其他	9555545	6362338	2632586	178060056
五、按四大城市功能区分				
首都功能核心区	184890134	251527026	239609218	3025668906
东城区	65958575	34045029	44463736	1490225052
西城区	118931559	217481997	195145482	1535443854
城市功能拓展区	152711799	144791193	244662474	5406824168
朝阳区	62970915	79622319	202037319	2681521278
丰台区	13821173	4041162	2471361	368638215
石景山区	9497889	595775	739048	157678290
海淀区	66421822	60531937	39414746	2198986385
城市发展新区	31330895	20001628	20476744	974411257
房山区	4362322	51704	96865	105892343
通州区	4948618	1267248	747172	81624989
顺义区	5124775	14355713	3864725	263021321
昌平区	7491493	1549285	4561972	207868051
大兴区	4280482	138516	2889885	108968873
开发区	5123205	2639162	8316125	207035680
生态涵养发展区	8833895	974358	547546	100814966
门头沟区	1083267	164469		23649291
怀柔区	1614038	312652	182666	24904497
平谷区	2966390	223030	75000	19838316
密云县	1988210	172742	205445	26280868
延庆县	1181990	101465	84435	6141994

单位：千元

税金总额	利润总额	应付职工薪酬（贷方累计发生额）	#社会保险费	#住房公积金
288481328	1346376186	178725273	24960123	8932997
45978055	94589475	78601463	12635256	3397283
17923361	40165145	27173382	4003468	1443774
67991	-77617	197619	35597	8810
341637	333491	980227	108173	26508
929562	1550178	1454616	206876	27474
716873	1304046	1443594	186936	33511
***	***	***	***	***
251697	119946	592944	74615	1954
182596307	356666943	324037458	44381240	14013161
357702917	1532319843	287898971	42912464	13913025
6413414	9732899	14278993	2327387	582306
59804303	62005263	127250147	15380436	4438464
27731752	48036524	44542817	7034996	2262849
47407366	152470501	100070281	12876543	4830783
28328161	20769433	19667470	4041666	995795
250540152	1277053895	196653276	28371192	9339633
55061476	765991161	65096249	8922880	3178431
195478676	511062734	131557027	19448312	6161202
245102071	510234292	352385327	49317306	16078958
110295690	339236426	168095705	22492701	6814491
12492843	20012672	30094075	5087746	1192045
5304906	16451917	9402535	1384142	454467
117008632	134533277	144793012	20352717	7617955
36822245	49627321	57336259	7928103	2250752
2887738	1559801	2703220	430163	87462
4261511	3946198	4142748	608573	127828
10649684	16617910	25795561	3433422	1066774
9185874	16761460	8398034	1156485	338071
4375166	2175187	5572309	790908	167857
5462272	8566765	10724387	1508552	462760
4829011	4140484	6839992	976405	216403
999567	990745	1208410	171958	43059
1284440	1651700	2272856	269567	68933
856824	504494	1267641	216934	34532
1242886	293033	1331032	200218	41450
445294	700512	760053	117728	28429

1-2 规模(限额)以下第三产业法人单位主要财务状况(企业会计制度)

单位：千元

项　　目	单位数（个）	资产总计	营业收入	税金总额	利润总额
合　计	**513374**	**7276150328**	**1087142942**	**36736846**	**21392477**
一、按行业门类分					
批发和零售业	183242	837321319	600095617	11058353	-2703549
交通运输、仓储和邮政业	13164	201142322	33565817	816430	-1352600
住宿和餐饮业	13396	40242536	13741486	882530	-2287328
信息传输、软件和信息技术服务业	44692	329236881	69600494	3149706	-5905811
金融业	2024	518170472	23251834	2088144	10236545
房地产业	13094	471128272	25920183	2301421	33596
租赁和商务服务业	123549	3538347443	163900275	7544325	12006075
科学研究和技术服务业	66859	1021012391	111349050	6773809	14298835
水利、环境和公共设施管理业	2945	119312605	5228497	205232	-42649
居民服务、修理和其他服务业	17953	67118587	13691142	681215	-611472
教育	5755	17568071	4210443	193989	-295326
卫生和社会工作	1795	7863860	3186082	45787	-557755
文化、体育和娱乐业	24514	106875588	19268429	988136	-1423686
公共管理、社会保障和社会组织	392	809981	133592	7769	-2398
二、按登记注册类型分					
内资	505685	6972302035	1047174947	34805516	29627706
国有	4722	1070967014	56397155	1845904	12517818
集体	7689	84659514	9628030	429428	-309073
股份合作	11710	35690082	11157652	382810	51467
国有联营	63	1288429	57153	23869	-118976
集体联营	271	715772	267686	8205	-7807
国有与集体联营	75	819595	113570	8819	-21391
其他联营	704	1966313	802659	19102	-8275
国有独资公司	666	515129339	15931736	839668	6935294
其他有限责任公司	124835	2966030148	345134177	10948491	294387
股份有限公司	3445	567890965	23695310	1771074	12047899
私营独资	33601	56708160	26172082	862955	995638
私营合伙	8650	124694730	9408184	579915	3190266
私营有限责任公司	299681	1430844499	532652140	16570168	-8201886
私营股份有限公司	4933	64787961	12624224	335342	1207699
其他	4640	50109514	3133190	179766	1054646
港澳台商投资	3000	200975014	14608834	897433	-3173956
与港澳台商合资经营	479	24681232	2474689	67611	-874039
与港澳台商合作经营	65	8186762	185192	7332	-213164
港澳台商独资	2368	165290822	11696431	815288	-1931959
港澳台商投资股份有限公司	48	2529078	227603	5777	-133025
其他港澳台投资	40	287120	24919	1425	-21769
外商投资	4689	102873279	25359160	1033897	-5061272
中外合资经营	958	32557025	6933143	291903	-996128
中外合作经营	67	3165386	136734	81695	-94462
外资企业	3393	54808590	16938307	611564	-3733417
外商投资股份有限公司	125	10586338	368489	15094	-266820
其他外商投资	146	1755939	982488	33642	29554

1-2　续表　　单位：千元

项　　目	单位数(个)	资产总计	营业收入	税金总额	利润总额
三、按隶属关系分					
中央	2798	1744035469	91426346	2845511	25524536
省	3734	418206391	20950057	1471010	1989260
地	13358	629823261	30132135	1235227	356241
县	777	17577008	1966827	56332	-95924
街道	985	9211220	1626254	55932	-165890
镇	1177	35880315	2711005	139726	-84117
乡	498	21662876	1090826	60043	-127016
社区	124	900021	149016	2924	-9652
村委会	2951	52332505	2636930	102071	-89272
其他	486972	4346521261	934453546	30768071	-5905691
四、按控股情况分(仅限企业法人)					
国有控股	8268	3164190983	147026386	6009767	38078552
集体控股	13694	250344261	22813274	1004516	-1028162
私人控股	468044	3197508090	851514381	26834082	-5781449
港澳台商控股	2913	191228170	14023548	858637	-2916862
外商控股	4242	96636971	23217190	967763	-5558184
其他	15904	370888310	27922545	1049365	-1582486
五、按四大城市功能区分					
首都功能核心区	67009	2154880433	178464516	7442049	25113998
东城区	32020	489754326	72755930	2296752	-916489
西城区	34989	1665126107	105708587	5145297	26030487
城市功能拓展区	307697	3734443097	641712621	22216239	-5337819
朝阳区	123557	1730305343	279425984	8341213	-6886353
丰台区	54426	447395909	101494496	2589596	52538
石景山区	15791	134347112	22932095	857604	-484631
海淀区	113923	1422394732	237860045	10427825	1980626
城市发展新区	104612	1158346936	220635429	5810526	3225695
房山区	16364	137909384	47835445	787660	-661682
通州区	24692	239547131	39825864	1061751	-323255
顺义区	12897	282075306	35039552	1317154	4707704
昌平区	27059	211852230	40158992	1138923	256571
大兴区	19666	168822349	42018598	1098790	87948
开发区	3934	118140534	15756978	406248	-841590
生态涵养发展区	34056	228479862	46330375	1268033	-1609397
门头沟区	6163	57845792	8330900	245722	-502597
怀柔区	10365	54442206	12624871	325040	-480712
平谷区	6213	37704381	6443041	158757	-276131
密云县	9166	59539273	15441290	432090	-260233
延庆县	2149	18948210	3490273	106423	-89724

1-3 规模(限额)以上第三产业法人单位主要财务

项目	单位数(个)	资产合计	收入合计	#财政拨款	#事业收入
合计	**5108**	**21124827037**	**832162027**	**459380820**	**272444948**
一、按行业门类分					
信息传输、软件和信息技术服务业	49	19755223	6481693	2928011	2597347
金融业	30	19634826681	3714242	3574095	117641
房地产业	21	2579925	700793	412783	192918
租赁和商务服务业	302	61550629	16687495	5109403	7315255
科学研究和技术服务业	566	384419389	147497170	44329672	86088473
水利、环境和公共设施管理业	223	21192291	14865413	10451050	2963958
居民服务、修理和其他服务业	50	3500836	2178731	766226	392653
教育	1345	311167404	134609102	85031188	31030638
卫生和社会工作	478	107535234	119444059	22199078	92116112
文化、体育和娱乐业	291	156163484	63151357	15284864	41885894
公共管理、社会保障和社会组织	1753	422135941	322831972	269294450	7744059
二、按登记注册类型分					
内资	5104	21124505932	831923917	459373869	272309715
国有	4623	21049689636	792513081	454585117	265989496
集体	78	9094259	5400640	1140496	3261158
股份合作	5	122416	162567	47596	12938
国有联营	3	160690	125180	32376	61339
集体联营	1	***	***		
其他联营	2	236670	61428		
国有独资公司	2	3195200	18781	975	
其他有限责任公司	3	42355	148291		
私营独资	30	1804882	910256		5415
私营合伙	5	169199	248110		
私营有限责任公司	1	***	***		
私营股份有限公司	1	***	***		
其他	350	59942354	32280528	3567309	2979369
外商投资	4	321105	238110	6951	135233
中外合作经营	3	239413	141007		49937
外资企业	1	***	***	***	***

状况(行政事业及民间非营利组织会计制度)

单位：千元

#经营收入	#上级补助收入	支出合计	#工资福利支出	#商品和服务支出	收支结余	经营税金	从业人员平均人数(人)
20142826	**6386912**	**765245478**	**122718198**	**375335095**	**153859553**	**4243667**	**1219281**
623011	103160	6452554	1063921	2861727	905123	57236	8217
6582	3869	9073492	700586	793979	-4949544	3256	6105
48951	19550	702352	154297	141802	-507	5343	1358
2042108	696981	14391412	3685432	6525483	4328280	446082	38486
10334093	497756	139269734	18509741	84669975	20765369	792816	147676
380969	703919	14515406	3303095	5493138	327743	73542	47743
890980	49917	2226985	320483	946185	142808	20881	4306
2146966	522462	123604922	32194421	45029372	38423611	556780	337358
469972	162358	114916626	24455795	72034156	8510087	40862	194532
1345683	345820	57579756	7221303	32521294	12142427	2029627	62535
1853511	3281120	282512239	31109124	124317984	73264156	217242	370965
20142826	6386912	765102921	122675286	375235450	153855070	4243667	1218672
18888492	6276976	751830919	119858549	370101334	151455812	4155743	1147704
161509	10581	4446192	1109255	1786385	473263	15476	13275
		61227	18163	18508	2411		605
6246		78771	12570	57357	23704	3435	233
***		***	***	***	***	***	44
							257
		4936	1156	3685	443		51
							281
12393	30	21176	9364	8673	7227	129	5623
14842		11739	3470	4082	3103	1606	675
							36
							107
1046520	99325	8634890	1661043	3245035	1889308	67277	49781
		142557	42912	99645	4483		609
		50014	22226	27788	-77		513
		***	***	***	***		96

1-3 续表

项目	单位数(个)	资产合计	收入合计	#财政拨款	#事业收入
三、按隶属关系分					
中央	1514	20592506772	453650561	190588898	197547257
省	753	231467472	165146944	113779479	39032136
地	2363	229880311	177207029	133790167	30834051
县	57	5480363	7096814	5387419	1481018
街道	62	6270855	4594877	3878174	162573
镇	125	20514573	12981173	9964187	1813338
乡	27	7305398	2144260	1650283	59639
社区	1	***	***	***	***
村委会	64	17940429	1854937	41934	43331
其他	142	13393105	7471327	300153	1471447
四、按控股情况分(仅限企业法人)					
国有控股	6	3379567	162317	25002	112513
五、按四大城市功能区分					
首都功能核心区	1489	20011937854	271086526	184027968	53788524
东城区	607	139872487	122988363	90899554	21856397
西城区	882	19872065367	148098163	93128414	31932127
城市功能拓展区	1978	899081638	428831776	180845914	193440850
朝阳区	701	216273263	101825991	46909818	38559872
丰台区	278	130498699	59624762	17977945	34952448
石景山区	140	26801761	14907118	9976786	2953521
海淀区	859	525507915	252473905	105981365	116975009
城市发展新区	995	142011558	86774678	59449952	17888311
房山区	201	31485941	17287722	12751325	2615852
通州区	174	30415378	19186632	13802855	2924466
顺义区	193	17698847	12873136	8598945	2893290
昌平区	223	34160055	21931707	14134045	5421049
大兴区	192	27158207	15156108	10083057	4000017
开发区	12	1093130	339373	79725	33637
生态涵养发展区	646	71795987	45469047	35056986	7327263
门头沟区	131	38477805	13329058	8734078	3283465
怀柔区	134	13218995	7843061	6558996	851273
平谷区	124	5478716	6986034	5405529	1148993
密云县	144	6558479	9608017	7616503	1375053
延庆县	113	8061992	7702877	6741880	668479

单位：千元

#经营收入	#上级补助收入	支出合计	#工资福利支出	#商品和服务支出	收支结余	经营税金	从业人员平均人数（人）
13824868	2144748	408088924	53613020	222057038	84681154	3558996	468574
3857423	1270612	160904679	28182612	87208828	27239750	502509	246645
1075699	1822694	168130360	35933586	58371775	34828166	141038	396356
134451	12287	6921299	991128	1586278	1167204	1215	10961
284818	91561	4231735	1107292	1325135	1504413	1324	18654
8534	872782	11389764	1712211	3262295	3537307	792	35741
95581	74317	2029737	325471	412351	525255	4662	6931
***		***	***	***	***	***	89
731251	42411	1639688	201869	265171	104798	21370	7321
116380	55500	1895446	646994	845519	268352	10739	28009
1350		124075	31938	83473	48481	7440	440
3630393	1627359	248132110	33053313	120322165	43155374	729307	313797
1315035	343333	114901097	13442610	61335413	19986808	344929	128119
2315358	1284026	133231013	19610703	58986752	23168566	384378	185678
14878402	2118405	394952801	64414731	215948510	87627413	3407050	606164
3800148	773964	91674997	18847305	43485657	21366826	526136	176875
3161571	131612	55885716	9159585	30712860	6236657	153873	85461
454648	213275	12948743	2847292	4999959	6038137	33945	29659
7462035	999554	234443345	33560549	136750034	53985793	2693096	314169
1443683	1974527	79481958	16886255	25369933	13339998	99441	192915
139968	170404	16261154	3286742	4391933	1534725	7550	38516
299689	713445	18380710	2954266	6023591	1455811	10225	32518
191922	559906	12132049	2911642	4413335	1829437	16729	30668
424730	263061	19517463	4047828	6272215	4574082	52988	50578
206699	267711	12985134	3612853	4159141	3961928	8417	39474
180675		205448	72924	109718	-15985	3532	1161
190348	666621	42678609	8363899	13694487	9736768	7869	106405
37308	28477	11816759	1331624	5355088	4145670	4235	14031
79517	36296	7637884	1758803	2254724	1454698	713	19527
9547	103683	6460610	1780150	2582656	1535794	22	18532
11692	283979	9615537	2104930	2080363	827394	940	25074
52284	214186	7147819	1388392	1421656	1773212	1959	29241

1-4 规模(限额)以下第三产业法人单位主要财务状况(行政事业及民间非营利组织会计制度)

单位：个、千元

项目	单位数(个)	资产合计	收入合计	支出合计	收支结余	经营税金
合计	**28362**	**396997008**	**99704415**	**99112032**	**27272056**	**424852**
一、按行业门类分						
交通运输、仓储和邮政业	37	391430	252085	181652	97470	3551
信息传输、软件和信息技术服务业	115	922200	759380	760288	72152	1702
金融业	4	21319	23126	19647	3915	367
房地产业	89	1771502	303653	298607	9695	4597
租赁和商务服务业	5165	38874037	6276244	6100416	1785441	45138
科学研究和技术服务业	951	12781995	6059917	5437627	2082069	46807
水利、环境和公共设施管理业	476	14245971	2318006	2246209	300751	10236
居民服务、修理和其他服务业	303	4756965	626132	670141	172725	6315
教育	3852	23826246	14595928	16599787	764744	108233
卫生和社会工作	1396	8855781	7540475	7461319	516494	4983
文化、体育和娱乐业	985	7358666	3597483	3483592	723893	19352
公共管理、社会保障和社会组织	14989	283190896	57351986	55852747	20742708	173572
二、按登记注册类型分						
内资	28333	396934780	99639436	99064372	27253291	424750
国有	10141	272694828	74560920	70496884	19548349	247357
集体	2566	19323786	2828515	2899758	1004963	12038
股份合作	102	256470	117601	111325	13400	367
国有联营	8	28927	3197	6947	-2108	14
集体联营	33	115982	59356	55533	25094	216
国有与集体联营	8	192549	11731	16994	-6720	189
其他联营	31	87123	31170	42802	-5261	307
国有独资公司	8	3583	8511	8427	83	32
其他有限责任公司	112	111668	103933	103202	10270	923
股份有限公司	8	18135	8688	14684	-5148	46
私营独资	386	536728	587635	618007	12874	6179
私营合伙	102	192459	196391	390892	-172000	1471
私营有限责任公司	103	1126277	150398	1198117	25647	2217
私营股份有限公司	8	20409	13698	10577	3611	113
其他	14717	102225855	20957692	23090223	6800236	153282
港澳台商投资	8	58859	34464	25501	9382	100
与港澳台商合资经营	1	***	***	***	***	***
与港澳台商合作经营	2	14522	11183	7753	3430	
港澳台商独资	4	667	1487	2144	-238	88
其他港澳台投资	1	***	***	***	***	
外商投资	21	3369	30515	22159	9383	2
中外合资经营	1	***	***	***	***	
外资企业	9	829	7918	1853	6555	
其他外商投资	11	2367	22465	20165	2655	2

1-4　续表　　单位：个、千元

项　　目	单位数(个)	资产合计	收入合计	支出合计	收支结余	经营税金
三、按隶属关系分						
中央	2031	49727487	17406017	15980045	8223065	171076
省	2115	176450253	18289379	18345902	3781648	59766
地	6696	61843652	42821189	40179845	10057393	78860
县	394	1705296	1505115	1408390	270977	2222
街道	699	1874037	938647	900731	190464	6757
镇	902	4647816	1012240	1015204	117397	3217
乡	233	4239459	365348	347870	-3974	1115
社区	2761	325858	151566	146036	23253	20
村委会	7097	74785848	6591505	8794914	1278358	16255
其他	5434	21397302	10623410	11993095	3333476	85564
四、按控股情况分(仅限企业法人)						
国有控股	3660	176510957	24513236	22326102	6586655	91500
集体控股	1418	11180293	1652251	1665582	608312	8789
私人控股	1291	5246484	2516561	3818850	-179979	23339
港澳台商控股	9	45796	23443	19559	5191	60
外商控股	12	45620	60745	55957	5379	656
其他	3012	20733756	9252832	9648921	2016946	73322
五、按四大城市功能区分						
首都功能核心区	5296	65101700	23051155	22798632	8942093	208695
东城区	2393	28664947	9480305	10037141	3928017	80715
西城区	2903	36436753	13570850	12761491	5014076	127980
城市功能拓展区	7517	216967289	39273720	37281974	12519883	162592
朝阳区	2707	168237190	16098099	15392626	2967519	71176
丰台区	1452	12157220	5935602	6331431	1845933	20854
石景山区	776	3960933	3068509	2546966	1452836	10471
海淀区	2582	32611947	14171510	13010951	6253595	60091
城市发展新区	8777	87989646	25454152	27901891	2487993	42033
房山区	1661	7423094	2894924	2839957	352816	3769
通州区	1558	26526704	4319650	4741153	819439	1168
顺义区	1459	14590924	3229287	4615352	-120467	12164
昌平区	1655	12140405	7072625	7344647	924101	12340
大兴区	2373	26674792	6761303	7196004	405551	11605
开发区	71	633727	1176363	1164776	106553	987
生态涵养发展区	6772	26938373	11925388	11129536	3322086	11533
门头沟区	1124	4839326	3132037	3119885	125042	6078
怀柔区	1102	3934674	2202295	1708851	708893	1437
平谷区	1193	8168435	2475341	2449111	1084310	1559
密云县	1709	4297222	1910627	1898540	34898	1259
延庆县	1644	5698716	2205089	1953149	1368943	1199

第2篇

批发和零售业

2-1 批发和零售业经营机构和人员情况

项目	机构数(个)	法人单位	产业活动单位	个体	期末从业人员(人)	法人单位	个体
合计	**605901**	**190704**	**26760**	**388437**	**2174963**	**1477745**	**697218**
一、按登记注册类型分							
内资	600674	188460	23777	388437	1960737	1263519	697218
国有	2467	1292	1175		32655	32655	
集体	2966	2350	616		13663	13663	
股份合作	4584	4011	573		16158	16158	
国有联营	35	17	18		78	78	
集体联营	131	99	32		524	524	
国有与集体联营	50	25	25		246	246	
其他联营	293	244	49		941	941	
国有独资公司	323	218	105		20841	20841	
其他有限责任公司	53135	43090	10045		448822	448822	
股份有限公司	2017	1173	844		75096	75096	
私营独资	14505	13597	908		32152	32152	
私营合伙	1649	1478	171		5335	5335	
私营有限责任公司	127006	118167	8839		601760	601760	
私营股份有限公司	2083	1787	296		12598	12598	
其他	993	912	81		2650	2650	
个体	388437			388437	697218		697218
港澳台商投资	2152	781	1371		59336	59336	
与港澳台商合资经营	225	131	94		6998	6998	
与港澳台商合作经营	21	10	11		447	447	
港澳台商独资	1809	625	1184		50280	50280	
港澳台商投资股份有限公司	45	11	34		1596	1596	
其他港澳台投资	52	4	48		15	15	
外商投资	3075	1463	1612		154890	154890	
中外合资经营	679	293	386		30400	30400	
中外合作经营	27	13	14		1172	1172	
外资企业	2223	1109	1114		122423	122423	
外商投资股份有限公司	90	29	61		732	732	
其他外商投资	56	19	37		163	163	
二、按行业分							
批发业	155029	94660	5811	54558	937074	829464	107610
零售业	450872	96044	20949	333879	1237889	648281	589608
三、按四大城市功能区分							
首都功能核心区	81699	22959	5917	52823	365628	267730	97898
东城区	31668	10409	3068	18191	168657	132600	36057
西城区	50031	12550	2849	34632	196971	135130	61841
城市功能拓展区	274554	106880	14379	153295	1168916	876163	292753
朝阳区	108971	40160	6611	62200	532577	413410	119167
丰台区	71413	24081	2420	44912	231143	140252	90891
石景山区	15050	5613	832	8605	65395	50021	15374
海淀区	79120	37026	4516	37578	339801	272480	67321
城市发展新区	190585	46591	4907	139087	511345	273304	238041
房山区	25250	8012	783	16455	60219	31848	28371
通州区	44023	11542	823	31658	116740	61131	55609
顺义区	29172	5381	973	22818	79076	40527	38549
昌平区	51965	10435	1314	40216	114936	49064	65872
大兴区	38223	9767	877	27579	105531	56557	48974
北京经济技术开发区	1952	1454	137	361	34843	34177	666
生态涵养发展区	59063	14274	1557	43232	129074	60548	68526
门头沟区	8644	2877	192	5575	20241	11783	8458
怀柔区	15225	4254	379	10592	30996	15278	15718
平谷区	14077	2637	315	11125	29977	11489	18488
密云县	14512	3634	439	10439	32924	16652	16272
延庆县	6605	872	232	5501	14936	5346	9590

注："产业活动单位"：在京法人附营的(不含本部)、外地法人在京的所有从事批发和零售业的产业活动单位数。

2-2　批发和零售业法人及产业活动单位基本情况

项　　目	法　人 单位数 (个)	单产业 法　人	多产业 法　人	批发零售 业产业活 动单位数 (个)	#其他行业 所属的产业 活动单位数	期　末 从业人员 (人)
合　计	**190704**	**183159**	**7545**	**26760**	**6434**	**1477745**
一、按登记注册类型分						
内资	188460	181248	7212	23777	4730	1263519
国有	1292	1131	161	1175	253	32655
集体	2350	2175	175	616	148	13663
股份合作	4011	3741	270	573	106	16158
国有联营	17	17		18	5	78
集体联营	99	91	8	32	6	524
国有与集体联营	25	24	1	25	14	246
其他联营	244	239	5	49	5	941
国有独资公司	218	184	34	105	35	20841
其他有限责任公司	43090	41216	1874	10045	2035	448822
股份有限公司	1173	1096	77	844	159	75096
私营独资	13597	13334	263	908	132	32152
私营合伙	1478	1435	43	171	33	5335
私营有限责任公司	118167	113957	4210	8839	1701	601760
私营股份有限公司	1787	1706	81	296	76	12598
其他	912	902	10	81	22	2650
港澳台商投资	781	649	132	1371	824	59336
与港澳台商合资经营	131	114	17	94	68	6998
与港澳台商合作经营	10	7	3	11	5	447
港澳台商独资	625	517	108	1184	685	50280
港澳台商投资股份有限公司	11	8	3	34	28	1596
其他港澳台投资	4	3	1	48	38	15
外商投资	1463	1262	201	1612	880	154890
中外合资经营	293	261	32	386	115	30400
中外合作经营	13	11	2	14	9	1172
外资企业	1109	945	164	1114	706	122423
外商投资股份有限公司	29	26	3	61	27	732
其他外商投资	19	19		37	23	163
二、按隶属关系分						
中央	968	834	134			74103
地方	7469	6953	516			146496
其他	182267	175372	6895			1257146
三、按行业分						
批发业	94660	91097	3563	5811	2083	829464
零售业	96044	92062	3982	20949	4351	648281
四、按开业时间分						
2013年	20720	20643	77	2722	717	57719
2009-2012年	82590	81286	1304	10979	2774	395411
2005-2008年	41469	39973	1496	6335	1420	323856
2000-2004年	31935	29079	2856	4704	1074	364203
1990-1999年	12372	10856	1516	1441	330	273970
1978-1989年	1232	1013	219	411	98	43222
1966-1977年	48	39	9	19	3	1463
1950-1965年	133	73	60	130	14	16240
1949年以前	205	197	8	19	4	1661

注：“批发零售业产业活动单位数”：在京法人附营的(不含本部)、外地法人在京的所有从事批发和零售业的产业活动单位数。

“其他行业所属的产业活动单位数”：非批发零售业法人附营的(不含本部)、外地法人在京的所有从事批发和零售业的产业活动单位数。

产业活动单位的隶属关系和控股情况免填。

2-2 续表

项目	法人单位数(个)	单产业法人	多产业法人	批发零售业产业活动单位数(个)	#其他行业所属的产业活动单位数	期末从业人员(人)
五、按营业状态分						
营业	169304	162073	7231	22529	5454	1447240
停业(歇业)	14224	13973	251	2334	540	18823
筹建	3091	3082	9	160	66	5899
当年关闭	2800	2762	38	1325	280	2381
当年破产	73	70	3	26	7	49
其他	1212	1199	13	386	87	3353
六、按控股情况分						
国有控股	2945	2491	454			205365
集体控股	3997	3702	295			56289
私人控股	176764	170436	6328			975737
港澳台商控股	770	641	129			57014
外商控股	1364	1165	199			152249
其他	4864	4724	140			31091
七、按经营方式分						
独立门店	120544	115787	4757	12422	3387	777743
连锁总店(总部)	848	320	528	118	24	121000
连锁门店	1006	802	204	9632	1380	32589
其他	68306	66250	2056	4588	1643	546413
八、按四大城市功能区分						
首都功能核心区	22959	21326	1633	5917	1669	267730
东城区	10409	9638	771	3068	892	132600
西城区	12550	11688	862	2849	777	135130
城市功能拓展区	106880	103116	3764	14379	3701	876163
朝阳区	40160	38419	1741	6611	1907	413410
丰台区	24081	23730	351	2420	483	140252
石景山区	5613	5339	274	832	276	50021
海淀区	37026	35628	1398	4516	1035	272480
城市发展新区	46591	45152	1439	4907	812	273304
房山区	8012	7748	264	783	105	31848
通州区	11542	11279	263	823	137	61131
顺义区	5381	5184	197	973	150	40527
昌平区	10435	10068	367	1314	210	49064
大兴区	9767	9449	318	877	152	56557
北京经济技术开发区	1454	1424	30	137	58	34177
生态涵养发展区	14274	13565	709	1557	252	60548
门头沟区	2877	2712	165	192	34	11783
怀柔区	4254	4092	162	379	68	15278
平谷区	2637	2527	110	315	35	11489
密云县	3634	3452	182	439	72	16652
延庆县	872	782	90	232	43	5346

2-3　批发业法人及产业活动单位基本情况

项　　目	法　人单位数（个）	单产业法　人	多产业法　人	批发业产业活动单位数（个）	#其他行业所属的产业活动单位数	期　末从业人员（人）
合　计	**94660**	**91097**	**3563**	**5811**	**2083**	**829464**
一、按登记注册类型分						
内资	92952	89577	3375	5187	1555	690711
国有	703	628	75	216	85	21484
集体	979	925	54	207	39	5897
股份合作	1310	1247	63	103	26	7092
国有联营	7	7		1	1	32
集体联营	34	31	3	4		128
国有与集体联营	9	9		2	1	107
其他联营	117	116	1	12	2	574
国有独资公司	164	139	25	25	12	17420
其他有限责任公司	21918	21044	874	1732	554	234014
股份有限公司	575	538	37	127	66	16856
私营独资	4633	4582	51	193	53	13487
私营合伙	581	570	11	47	12	2619
私营有限责任公司	60536	58403	2133	2416	672	361390
私营股份有限公司	908	864	44	82	27	7958
其他	478	474	4	20	5	1653
港澳台商投资	548	489	59	208	184	34720
与港澳台商合资经营	97	90	7	25	24	2804
与港澳台商合作经营	7	7		1	1	152
港澳台商独资	434	384	50	160	140	30272
港澳台商投资股份有限公司	8	7	1	11	9	1485
其他港澳台投资	2	1	1	11	10	7
外商投资	1160	1031	129	416	344	104033
中外合资经营	221	208	13	82	58	10219
中外合作经营	8	7	1	7	6	268
外资企业	896	783	113	304	259	92822
外商投资股份有限公司	21	19	2	4	4	572
其他外商投资	14	14		19	17	152
二、按隶属关系分						
中央	726	619	107			59074
地方	3597	3401	196			64268
其他	90337	87077	3260			706122
三、按行业分						
农、林、牧产品批发	1390	1338	52	101	40	11192
谷物、豆及薯类批发	210	197	13	20	12	3498
种子批发	359	341	18	41	8	3091
饲料批发	345	336	9	16	9	2165
棉、麻批发	52	52		2		671
林业产品批发	140	138	2	2	2	632
牲畜批发	19	19		1		48
其他农牧产品批发	265	255	10	19	9	1087
食品、饮料及烟草制品批发	8698	8345	353	727	265	85449
米、面制品及食用油批发	637	613	24	49	20	8775
糕点、糖果及糖批发	376	362	14	38	11	3451
果品、蔬菜批发	1117	1084	33	60	23	6141
肉、禽、蛋、奶及水产品批发	861	831	30	67	34	10203
盐及调味品批发	295	280	15	41	14	2464

注：“批发业产业活动单位数”：在京法人附营的(不含本部)、外地法人在京的所有从事批发业的产业活动单位数。
“其他行业所属的产业活动单位数”：非批发零售业法人附营的(不含本部)、外地法人在京的所有从事批发业的产业活动单位数。
产业活动单位的隶属关系和控股情况免填。

2-3 续表 1

项目	法人单位数(个)	单产业法人	多产业法人	批发业产业活动单位数(个)	#其他行业所属的产业活动单位数	期末从业人员(人)
营养和保健品批发	421	386	35	38	12	3652
酒、饮料及茶叶批发	2392	2280	112	206	74	32095
烟草制品批发	92	82	10	12	2	3380
其他食品批发	2507	2427	80	216	75	15288
纺织、服装及家庭用品批发	11428	10916	512	780	300	142416
纺织品、针织品及原料批发	1194	1139	55	71	28	8823
服装批发	3853	3692	161	293	121	49039
鞋帽批发	324	298	26	35	11	7111
化妆品及卫生用品批发	854	813	41	60	22	11144
厨房、卫生间用具及日用杂货批发	1625	1560	65	99	32	11650
灯具、装饰物品批发	696	670	26	36	12	3647
家用电器批发	1401	1330	71	105	44	39242
其他家庭用品批发	1481	1414	67	81	30	11760
文化、体育用品及器材批发	6409	6168	241	431	147	56048
文具用品批发	2269	2202	67	126	29	8864
体育用品及器材批发	581	554	27	48	20	5068
图书批发	1142	1115	27	69	20	17748
报刊批发	45	44	1	38	28	1730
音像制品及电子出版物批发	130	120	10	9	4	1200
首饰、工艺品及收藏品批发	1302	1235	67	94	25	16754
其他文化用品批发	940	898	42	47	21	4684
医药及医疗器材批发	4717	4592	125	191	58	66591
西药批发	280	260	20	28	6	13568
中药批发	171	160	11	23	4	12002
医疗用品及器材批发	4266	4172	94	140	48	41021
矿产品、建材及化工产品批发	23273	22469	804	1227	359	148388
煤炭及制品批发	399	371	28	30	12	7026
石油及制品批发	1001	940	61	85	15	22990
非金属矿及制品批发	237	228	9	18	12	1468
金属及金属矿批发	4183	3935	248	281	61	32893
建材批发	13203	12946	257	555	176	49399
化肥批发	350	327	23	23	8	5184
农药批发	148	140	8	15	4	1866
农用薄膜批发	25	25		2		131
其他化工产品批发	3727	3557	170	218	71	27431
机械设备、五金交电及电子产品批发	31064	29826	1238	1671	666	269299
农业机械批发	361	345	16	26	8	2279
汽车批发	436	395	41	38	10	11771
汽车零配件批发	1746	1648	98	152	35	12998
摩托车及零配件批发	65	59	6	6	3	523
五金产品批发	5146	5020	126	299	124	21744
电气设备批发	2488	2403	85	161	62	23253
计算机、软件及辅助设备批发	5240	4977	263	198	59	44303
通讯及广播电视设备批发	1142	1065	77	94	26	38692
其他机械设备及电子产品批发	14440	13914	526	697	339	113736
贸易经纪与代理	1964	1924	40	82	35	14682
贸易代理	1238	1208	30	56	24	9901
拍卖	238	234	4	5	3	2675
其他贸易经纪与代理	488	482	6	21	8	2106
其他批发	5717	5519	198	601	213	35399
再生物资回收与批发	586	544	42	231	37	3865
其他未列明批发业	5131	4975	156	370	176	31534

2-3　续表 2

项　　目	法人单位数(个)	单产业法人	多产业法人	批发业产业活动单位数(个)	#其他行业所属的产业活动单位数	期末从业人员(人)
四、按开业时间分						
2013年	8864	8846	18	428	189	26309
2009-2012年	39897	39406	491	2047	806	222564
2005-2008年	20438	19862	576	1511	524	184099
2000-2004年	17962	16407	1555	1400	380	207288
1990-1999年	6671	5879	792	321	148	150408
1978-1989年	642	544	98	87	30	30946
1966-1977年	24	21	3	4	2	843
1950-1965年	66	39	27	7	2	6219
1949年以前	96	93	3	6	2	788
五、按营业状态分						
营业	85316	81849	3467	4653	1768	816347
停业(歇业)	6208	6130	78	726	194	8245
筹建	1323	1320	3	46	23	2334
当年关闭	1180	1170	10	291	81	1029
当年破产	36	35	1	10	3	21
其他	597	593	4	85	14	1488
六、按控股情况分						
国有控股	1806	1573	233			122997
集体控股	1630	1538	92			15781
私人控股	86947	83967	2980			537847
港澳台商控股	539	477	62			34105
外商控股	1080	953	127			101652
其他	2658	2589	69			17082
七、按经营方式分						
独立门店	53731	51727	2004	2851	957	407664
连锁总店(总部)	244	132	112	24	8	7037
连锁门店	252	210	42	681	200	5204
其他	40433	39028	1405	2255	918	409559
八、按四大城市功能区分						
首都功能核心区	10586	9959	627	1062	443	134557
东城区	4605	4321	284	533	214	74599
西城区	5981	5638	343	529	229	59958
城市功能拓展区	50938	49023	1915	3310	1193	497187
朝阳区	20814	19871	943	1513	642	254986
丰台区	12485	12296	189	869	266	80167
石景山区	2916	2756	160	204	64	18644
海淀区	14723	14100	623	724	221	143390
城市发展新区	26485	25734	751	1174	378	163724
房山区	4724	4585	139	208	53	19573
通州区	6877	6747	130	192	68	39344
顺义区	2857	2759	98	200	64	21714
昌平区	4979	4812	167	221	61	25308
大兴区	5986	5790	196	280	94	34586
北京经济技术开发区	1062	1041	21	73	38	23199
生态涵养发展区	6651	6381	270	265	69	33996
门头沟区	1389	1307	82	52	10	6238
怀柔区	2243	2183	60	84	23	9024
平谷区	1184	1149	35	33	9	6469
密云县	1462	1404	58	61	17	9303
延庆县	373	338	35	35	10	2962

2-4 零售业法人及产业活动单位基本情况

项 目	法人单位数(个)	单产业法人	多产业法人	零售业产业活动单位数(个)	#其他行业所属的产业活动单位数	期末从业人员(人)
合 计	**96044**	**92062**	**3982**	**20949**	**4351**	**648281**
一、按登记注册类型分						
内资	95508	91671	3837	18590	3175	572808
国有	589	503	86	959	168	11171
集体	1371	1250	121	409	109	7766
股份合作	2701	2494	207	470	80	9066
国有联营	10	10		17	4	46
集体联营	65	60	5	28	6	396
国有与集体联营	16	15	1	23	13	139
其他联营	127	123	4	37	3	367
国有独资公司	54	45	9	80	23	3421
其他有限责任公司	21172	20172	1000	8313	1481	214808
股份有限公司	598	558	40	717	93	58240
私营独资	8964	8752	212	715	79	18665
私营合伙	897	865	32	124	21	2716
私营有限责任公司	57631	55554	2077	6423	1029	240370
私营股份有限公司	879	842	37	214	49	4640
其他	434	428	6	61	17	997
港澳台商投资	233	160	73	1163	640	24616
与港澳台商合资经营	34	24	10	69	44	4194
与港澳台商合作经营	3		3	10	4	295
港澳台商独资	191	133	58	1024	545	20008
港澳台商投资股份有限公司	3	1	2	23	19	111
其他港澳台投资	2	2		37	28	8
外商投资	303	231	72	1196	536	50857
中外合资经营	72	53	19	304	57	20181
中外合作经营	5	4	1	7	3	904
外资企业	213	162	51	810	447	29601
外商投资股份有限公司	8	7	1	57	23	160
其他外商投资	5	5		18	6	11
二、按隶属关系分						
中央	242	215	27			15029
地方	3872	3552	320			82228
其他	91930	88295	3635			551024
三、按行业分						
综合零售	7067	6671	396	2748	254	159942
百货零售	3593	3446	147	721	94	46263
超级市场零售	453	348	105	971	26	97988
其他综合零售	3021	2877	144	1056	134	15691
食品、饮料及烟草制品专门零售	7432	7006	426	3075	667	40659
粮油零售	364	345	19	117	39	1284
糕点、面包零售	378	324	54	721	102	10004
果品、蔬菜零售	924	894	30	140	39	3207
肉、禽、蛋、奶及水产品零售	542	523	19	169	33	2370
营养和保健品零售	493	451	42	186	46	2590
酒、饮料及茶叶零售	2183	2057	126	629	112	10329
烟草制品零售	512	466	46	225	13	1998
其他食品零售	2036	1946	90	888	283	8877
纺织、服装及日用品专门零售	13416	12612	804	5261	1629	79399

注：“零售业产业活动单位数”：在京法人附营的(不含本部)、外地法人在京的所有从事零售业的产业活动单位数。
“其他行业所属的产业活动单位数”：非批发零售业法人附营的(不含本部)、外地法人在京的所有从事零售业的产业活动单位数。
产业活动单位的隶属关系和控股情况免填。

2-4　续表 1

项　　目	法　人单位数（个）	单产业法　人	多产业法　人	零售业产业活动单位数（个）	#其他行业所属的产业活动单位数	期　末从业人员（人）
纺织品及针织品零售	1129	1081	48	240	55	4812
服装零售	5791	5398	393	2991	1120	39791
鞋帽零售	347	303	44	328	98	6405
化妆品及卫生用品零售	1181	1127	54	355	90	6593
钟表、眼镜零售	481	373	108	670	87	5841
箱、包零售	301	284	17	103	34	1009
厨房用具及日用杂品零售	777	750	27	96	27	2544
自行车零售	131	116	15	46	6	394
其他日用品零售	3278	3180	98	432	112	12010
文化、体育用品及器材专门零售	11215	10749	466	1686	352	48598
文具用品零售	3330	3258	72	139	24	8346
体育用品及器材零售	898	847	51	139	30	3479
图书、报刊零售	2088	2013	75	487	63	13580
音像制品及电子出版物零售	314	291	23	44	5	1921
珠宝首饰零售	938	860	78	338	96	6735
工艺美术品及收藏品零售	2151	2051	100	338	102	9380
乐器零售	231	206	25	73	5	1147
照相器材零售	211	194	17	49	8	828
其他文化用品零售	1054	1029	25	79	19	3182
医药及医疗器材专门零售	5756	5383	373	1993	84	41590
药品零售	2220	1924	296	1742	42	19313
医疗用品及器材零售	3536	3459	77	251	42	22277
汽车、摩托车、燃料及零配件专门零售	4723	4449	274	1223	107	80614
汽车零售	1573	1444	129	283	23	58323
汽车零配件零售	2480	2375	105	256	74	8266
摩托车及零配件零售	106	100	6	12	2	337
机动车燃料零售	564	530	34	672	8	13688
家用电器及电子产品专门零售	19620	18947	673	2203	396	88700
家用视听设备零售	307	302	5	28	11	1174
日用家电设备零售	1988	1917	71	348	41	16424
计算机、软件及辅助设备零售	8664	8375	289	702	151	37101
通信设备零售	1569	1437	132	689	51	10448
其他电子产品零售	7092	6916	176	436	142	23553
五金、家具及室内装修材料专门零售	15020	14747	273	1161	418	46734
五金零售	7694	7566	128	351	119	19416
灯具零售	369	363	6	36	18	1084
家具零售	2367	2304	63	468	169	12913
涂料零售	277	267	10	32	13	940
卫生洁具零售	223	215	8	24	4	979
木质装饰材料零售	491	487	4	38	15	1246
陶瓷、石材装饰材料零售	741	732	9	55	25	2703
其他室内装修材料零售	2858	2813	45	157	55	7453
货摊、无店铺及其他零售	11795	11498	297	1599	444	62045
货摊食品零售	68	67	1	29	5	223
货摊纺织、服装及鞋零售	109	107	2	18	8	351
货摊日用品零售	90	86	4	4	1	276
互联网零售	655	642	13	20	9	20730
邮购及电视、电话销售	350	341	9	11	5	1916
旧货零售	22	20	2	9	2	180
生活用燃料零售	301	277	24	94	16	1625
其他未列明零售业	10200	9958	242	1414	398	36744

2-4 续表 2

项目	法人单位数(个)	单产业法人	多产业法人	零售业产业活动单位数(个)	#其他行业所属的产业活动单位数	期末从业人员(人)
四、按开业时间分						
2013年	11856	11797	59	2294	528	31410
2009-2012年	42693	41880	813	8932	1968	172847
2005-2008年	21031	20111	920	4824	896	139757
2000-2004年	13973	12672	1301	3304	694	156915
1990-1999年	5701	4977	724	1120	182	123562
1978-1989年	590	469	121	324	68	12276
1966-1977年	24	18	6	15	1	620
1950-1965年	67	34	33	123	12	10021
1949年以前	109	104	5	13	2	873
五、按营业状态分						
营业	83988	80224	3764	17876	3686	630893
停业(歇业)	8016	7843	173	1608	346	10578
筹建	1768	1762	6	114	43	3565
当年关闭	1620	1592	28	1034	199	1352
当年破产	37	35	2	16	4	28
其他	615	606	9	301	73	1865
六、按控股情况分						
国有控股	1139	918	221			82368
集体控股	2367	2164	203			40508
私人控股	89817	86469	3348			437890
港澳台商控股	231	164	67			22909
外商控股	284	212	72			50597
其他	2206	2135	71			14009
七、按经营方式分						
独立门店	66813	64060	2753	9571	2430	370079
连锁总店(总部)	604	188	416	94	16	113963
连锁门店	754	592	162	8951	1180	27385
其他	27873	27222	651	2333	725	136854
八、按四大城市功能区分						
首都功能核心区	12373	11367	1006	4855	1226	133173
东城区	5804	5317	487	2535	678	58001
西城区	6569	6050	519	2320	548	75172
城市功能拓展区	55942	54093	1849	11069	2508	378976
朝阳区	19346	18548	798	5098	1265	158424
丰台区	11596	11434	162	1551	217	60085
石景山区	2697	2583	114	628	212	31377
海淀区	22303	21528	775	3792	814	129090
城市发展新区	20106	19418	688	3733	434	109580
房山区	3288	3163	125	575	52	12275
通州区	4665	4532	133	631	69	21787
顺义区	2524	2425	99	773	86	18813
昌平区	5456	5256	200	1093	149	23756
大兴区	3781	3659	122	597	58	21971
北京经济技术开发区	392	383	9	64	20	10978
生态涵养发展区	7623	7184	439	1292	183	26552
门头沟区	1488	1405	83	140	24	5545
怀柔区	2011	1909	102	295	45	6254
平谷区	1453	1378	75	282	26	5020
密云县	2172	2048	124	378	55	7349
延庆县	499	444	55	197	33	2384

2-5　批发和零售业法人单位商品购进、销售、库存

单位：千元

项　目	单位数(个)	商品购进额	商品销售额	#零售额	年末商品库存额	年末零售营业面积(平方米)
合　计	**190704**	**5947730290**	**6348121290**	**810766347**	**564204872**	**26325073**
一、按登记注册类型分						
内资	188460	5076475841	5255786115	671950647	459795429	22791596
国有	1292	519003215	542664128	14661514	45513955	406830
集体	2350	15334379	16936330	6374780	2326134	445609
股份合作	4011	15328900	16328497	4922831	1454324	336160
国有联营	17	91837	105808	12159	8144	746
集体联营	99	455716	521944	443561	205231	11129
国有与集体联营	25	1519436	1600718	268714	24075	7749
其他联营	244	480400	532149	113756	52273	27709
国有独资公司	218	830190712	794836521	14219952	38609966	251378
其他有限责任公司	43090	2492195075	2579758263	349155109	231022198	8496854
股份有限公司	1173	395844841	413098169	98465254	42959330	4479013
私营独资	13597	14658605	17409991	3425463	1534799	635571
私营合伙	1478	2552210	3039322	794722	332136	84436
私营有限责任公司	118167	775375507	853700134	176747690	93790416	7445917
私营股份有限公司	1787	13056844	14768323	2236500	1933267	110390
其他	912	388164	485818	108642	29181	52105
港澳台商投资	781	147405881	177342162	40884607	22441467	917534
与港澳台商合资经营	131	18978306	21508863	10796170	966338	267221
与港澳台商合作经营	10	1851002	1799293	1197173	106385	22469
港澳台商独资	625	122445290	149394145	28279926	20465832	622560
港澳台商投资股份有限公司	11	4125107	4633516	604993	902292	4866
其他港澳台投资	4	6176	6345	6345	621	418
外商投资	1463	723848569	914993014	97931093	81967976	2615943
中外合资经营	293	182377309	196726868	48208442	12810811	797602
中外合作经营	13	2125742	2500967	950631	244427	42691
外资企业	1109	538388748	714371536	48633984	68803330	1764928
外商投资股份有限公司	29	369179	648263	131839	106077	10347
其他外商投资	19	587590	745380	6196	3331	375
二、按隶属关系分						
中央	968	2451275469	2453145850	74929840	162864343	2266827
地方	7469	496513762	538015875	137417837	92339114	3487415
其他	182267	2999941059	3356959566	598418671	309001415	20570831
三、按行业分						
批发业	94660	5172678850	5486771129	103061366	467522613	3927725
零售业	96044	775051441	861350162	707704982	96682259	22397348
四、按控股情况分						
国有控股	2945	3556948413	3607496826	223204162	279488497	5266506
集体控股	3997	115948036	122553160	32036357	18102807	2086184
私人控股	176764	1423030484	1550680647	394428795	159451522	14628732
港澳台商控股	770	145048246	175129535	39753530	22508168	894080
外商控股	1364	655541285	837318888	101566162	76472189	2484397
其他	4864	51213826	54942234	19777341	8181689	965174

2-5 续表

单位：千元

项目	单位数(个)	商品购进额	商品销售额	#零售额	年末商品库存额	年末零售营业面积(平方米)
五、按企业规模分						
大型企业	338	2759549600	2911913098	381252157	188544877	10722327
中型企业	3162	2233764515	2384696378	269081377	263135124	4662547
小型企业	14322	683536529	736677209	87171362	66752202	1975714
微型企业	172779	270846494	314786686	73259708	45770771	8959922
其他	103	33151	47920	1744	1899	4563
六、按限额标准分						
限额以上	7470	5402968676	5725662036	700047539	487580026	16154512
限额以下	183234	544761614	622459254	110718808	76624846	10170561
七、按经营方式分						
独立门店	120544	2825989042	3028769451	463555957	245757171	15709434
连锁总店	848	195848741	222360126	149891161	22943921	6242149
连锁分店	1006	35009397	36859086	18695433	4073199	1094612
其他	68306	2890883111	3060132628	178623797	291430582	3278878
八、按年末零售营业面积分						
10000平方米及以上	227	378117302	423491781	295932209	37543917	12961243
5000-9999平方米	297	131890624	143401908	86359793	14918670	2008343
1000-4999平方米	1805	147201520	157806839	113386142	24450889	3468033
999平方米及以下	188375	5290520844	5623420762	315088203	487291397	7887454
九、按六大产业功能区分						
北京经济技术开发区	1454	190225537	200403895	51083248	11237309	243147
中关村国家自主创新示范区	2257	855333333	938772101	107079314	86455178	339053
金融街功能区	563	190804012	193147044	5378267	19955804	244315
北京商务中心区	3456	231853934	270300988	31107767	23230023	736257
奥林匹克中心区	3070	208736379	228939531	21789737	16004518	607229
临空经济区	1691	39166196	44434542	10286612	4013617	220339
十、按四大城市功能区分						
首都功能核心区	22959	1416960849	1499693999	160613398	151829891	4743459
东城区	10409	620006269	663446354	84097118	50694903	1466214
西城区	12550	796954580	836247645	76516280	101134988	3277245
城市功能拓展区	106880	3733449382	3998374262	486092358	348124970	14259647
朝阳区	40160	1770437653	1968827676	231163225	192770901	7802933
丰台区	24081	297918829	309285417	64314370	24235696	1855480
石景山区	5613	120501708	126633337	31650883	6865077	1119106
海淀区	37026	1544591193	1593627832	158963880	124253296	3482128
城市发展新区	46591	710734705	757165888	149853979	54552760	6066629
房山区	8012	136008477	141978238	14557063	6019389	715627
通州区	11542	84794349	96093963	21871034	8937000	1484980
顺义区	5381	72457829	82485569	23615481	8054464	1351040
昌平区	10435	129684019	133099706	20221571	9947924	1077228
大兴区	9767	97564494	103104517	18505583	10356674	1194607
北京经济技术开发区	1454	190225537	200403895	51083248	11237309	243147
生态涵养发展区	14274	86585354	92887143	14206613	9697251	1255338
门头沟区	2877	21061263	22076040	2768955	2165192	168526
怀柔区	4254	19627276	21203264	3305233	2195811	300518
平谷区	2637	18803333	19880480	3056343	2312965	404403
密云县	3634	22511187	24543804	3587493	2382492	235229
延庆县	872	4582296	5183555	1488590	640791	146662

2-6　批发业法人单位商品购进、销售、库存

单位：千元

项　　目	单位数（个）	商品购进额	商品销售额	#零售额	年末商品库存额	年末零售营业面积（平方米）
合　　计	**94660**	**5172678850**	**5486771129**	**103061366**	**467522613**	**3927725**
一、按登记注册类型分						
内资	92952	4401926454	4521320477	84472871	381673536	3797475
国有	703	505489363	528482926	1247303	43361485	22026
集体	979	9565830	10592915	258595	1733013	65014
股份合作	1310	10820283	11340705	513219	895158	56299
国有联营	7	86459	99312	5662	6139	191
集体联营	34	59258	54658	17933	48444	513
国有与集体联营	9	1261988	1325376		17433	50
其他联营	117	390733	430382	24012	45287	2520
国有独资公司	164	823048373	787310309	6784351	38131911	113408
其他有限责任公司	21918	2108669143	2173161866	33328821	193382184	1403763
股份有限公司	575	289263759	292998097	13174522	32601266	215126
私营独资	4633	11998269	13583669	692593	950815	130642
私营合伙	581	2005457	2377104	190331	241163	15234
私营有限责任公司	60536	627507829	686508327	27848920	68704514	1718223
私营股份有限公司	908	11433673	12663284	355301	1537230	34283
其他	478	326036	391546	31308	17494	20183
港澳台商投资	548	113661272	135935146	2302189	16530550	53551
与港澳台商合资经营	97	10554610	10568206	92951	639833	7777
与港澳台商合作经营	7	87125	91113	3	5519	104
港澳台商独资	434	99501039	121240020	2201952	15033528	45324
港澳台商投资股份有限公司	8	3513904	4031834	3311	851048	120
其他港澳台投资	2	4593	3973	3973	621	226
外商投资	1160	657091124	829515506	16286305	69318527	76699
中外合资经营	221	153442325	162242780	14076550	10333862	17985
中外合作经营	8	1455047	1593117	43684	135987	755
外资企业	896	501276101	664377202	2119271	58742794	57374
外商投资股份有限公司	21	331688	561889	45466	103695	390
其他外商投资	14	585963	740518	1334	2188	195
二、按隶属关系分						
中央	726	2382720677	2380176178	31302146	158531038	308493
地方	3597	366974082	394802606	9203040	77954346	278142
其他	90337	2422984091	2711792345	62556180	231037230	3341090
三、按行业分						
农、林、牧产品批发	1390	102514526	106773450	356899	16919231	47328
谷物、豆及薯类批发	210	48461441	48789366	156635	10871086	7385
种子批发	359	2590643	3650829	80759	1248793	12331
饲料批发	345	11516278	12054989	44973	532801	10148
棉、麻批发	52	26521310	28201830	10154	3313013	2021
林业产品批发	140	242751	289233	18774	55509	4707
牲畜批发	19	40474	46548	8486	6352	240
其他农牧产品批发	265	13141629	13740656	37118	891677	10496
食品、饮料及烟草制品批发	8698	196663965	225153103	4432104	36618918	457750
米、面制品及食用油批发	637	48464959	49741176	295434	20644156	35628
糕点、糖果及糖批发	376	11416625	11475500	101829	1110463	8744
果品、蔬菜批发	1117	3363659	3961559	322808	383275	161157
肉、禽、蛋、奶及水产品批发	861	13880477	16998161	535585	2176564	59673
盐及调味品批发	295	3615458	4167174	233119	364014	8892
营养和保健品批发	421	1952540	8500455	112577	750598	10945
酒、饮料及茶叶批发	2392	55428999	65928660	1828207	7435586	91833
烟草制品批发	92	39548550	46259040	59706	1270319	3083
其他食品批发	2507	18992698	18121379	942840	2483943	77795

2-6 续表 1 单位：千元

项目	单位数（个）	商品购进额	商品销售额	#零售额	年末商品库存额	年末零售营业面积（平方米）
纺织、服装及家庭用品批发	11428	228829367	269669653	8191715	32234578	705288
纺织品、针织品及原料批发	1194	33337709	34009824	513408	6082246	41899
服装批发	3853	25400504	32346215	1996320	6572822	175326
鞋帽批发	324	4668445	6432748	244601	2185167	12348
化妆品及卫生用品批发	854	10037726	11536581	246145	1823142	17241
厨房、卫生间用具及日用杂货批发	1625	12288929	15951426	995550	1733407	76209
灯具、装饰物品批发	696	1779983	2291430	200861	429413	18948
家用电器批发	1401	128377140	152012459	2459556	10125323	57020
其他家庭用品批发	1481	12938930	15088970	1535273	3283058	306297
文化、体育用品及器材批发	6409	152634792	165664118	9571145	20797758	219587
文具用品批发	2269	17985512	20151692	437922	2093303	56375
体育用品及器材批发	581	5847490	7324845	257810	1637447	19695
图书批发	1142	18130636	20877168	676952	4301286	61434
报刊批发	45	362392	525476	60036	115020	2251
音像制品及电子出版物批发	130	536088	670629	48729	79078	3462
首饰、工艺品及收藏品批发	1302	104330989	110054173	7513807	11934517	50210
其他文化用品批发	940	5441684	6060135	575889	637107	26160
医药及医疗器材批发	4717	142399235	159056805	34621158	23169660	142801
西药批发	280	55606060	59942530	15296613	6498643	27500
中药批发	171	37357691	37764150	14468251	8603118	14366
医疗用品及器材批发	4266	49435483	61350126	4856294	8067899	100935
矿产品、建材及化工产品批发	23273	3027451860	3046792127	15828950	182454684	1136242
煤炭及制品批发	399	316880578	322488171	435292	10450461	37708
石油及制品批发	1001	637786210	655482944	10262617	59480327	234278
非金属矿及制品批发	237	11187191	11469322	140347	343486	7303
金属及金属矿批发	4183	1159035013	1178913209	1471150	71334305	130707
建材批发	13203	185883362	193676435	2564949	10847631	621211
化肥批发	350	112364590	110665792	65363	15017842	10663
农药批发	148	10690729	11467130	35776	1862635	3269
农用薄膜批发	25	95993	105107	8646	21801	631
其他化工产品批发	3727	593528195	562524017	844810	13096195	90472
机械设备、五金交电及电子产品批发	31064	1196368270	1381929402	26431280	131674284	976924
农业机械批发	361	2446366	3125460	115415	450492	15463
汽车批发	436	459150489	581366484	1182530	52022259	49719
汽车零配件批发	1746	30948125	39078690	1289146	5576174	82256
摩托车及零配件批发	65	568127	659753	80197	107636	4041
五金产品批发	5146	20296666	24459439	1789631	2815693	163400
电气设备批发	2488	44751215	46356448	930101	3717520	63289
计算机、软件及辅助设备批发	5240	114388649	121744764	8998775	11116896	137373
通讯及广播电视设备批发	1142	309027074	319339237	4976319	21046293	137515
其他机械设备及电子产品批发	14440	214791560	245799128	7069166	34821320	323868
贸易经纪与代理	1964	57491378	63488582	527700	3404794	36461
贸易代理	1238	52095144	57421129	459815	2684368	21118
拍卖	238	239026	432854	8999	14401	3613
其他贸易经纪与代理	488	5157208	5634599	58886	706025	11730
其他批发	5717	68325455	68243889	3100414	20248706	205344
再生物资回收与批发	586	15995625	14364541	66314	4504596	46604
其他未列明批发业	5131	52329830	53879348	3034100	15744110	158740
四、按控股情况分						
国有控股	1806	3352677385	3384556515	46278157	257890979	507717
集体控股	1630	88617322	90127998	1063030	12825902	190907
私人控股	86947	1055501149	1145110690	42659647	111012664	2751376
港澳台商控股	539	112722844	135522422	2321993	16765254	49245
外商控股	1080	523732674	689192251	3031409	62847487	79297
其他	2658	39427476	42261252	7707129	6180328	349183

2-6　续表 2

单位：千元

项　　目	单位数（个）	商品购进额	商品销售额	#零售额	年末商品库存额	年末零售营业面积（平方米）
五、按企业规模分						
大型企业	179	2358238789	2463833080	43357462	152467849	633357
中型企业	2082	1983489429	2116858669	24546577	228406283	245727
小型企业	10432	613188848	655581015	15917737	54518430	464117
微型企业	81891	217735581	250458755	19239384	32129685	2581903
其他	76	26202	39611	206	366	2621
六、按限额标准分						
限额以上	4980	4702603779	4955831219	70116430	410733638	938731
限额以下	89680	470075071	530939910	32944936	56788975	2988994
七、按经营方式分						
独立门店	53731	2421865283	2582760978	57126611	186596749	2517444
连锁总店	244	45387260	46904550	8804811	2294734	195535
连锁分店	252	6051144	6750627	1287985	1254981	68207
其他	40433	2699375162	2850354974	35841959	277376148	1146539
八、按年末零售营业面积分						
10000平方米及以上	17	87583197	90691693	12982579	7195025	902299
5000-9999平方米	19	45112572	52093526	4650088	1969508	109619
1000-4999平方米	442	36245810	38406559	4782409	6358098	786712
999平方米及以下	94182	5003737270	5305579351	80646290	451999981	2129095
九、按六大产业功能区分						
北京经济技术开发区	1062	94621149	104819671	2279439	7830881	36709
中关村国家自主创新示范区	1624	705807339	782592214	14938782	77877900	68623
金融街功能区	244	187186564	188222035	750530	19417157	2143
商务中心区	1823	209077470	241544970	3948235	19557828	67584
奥林匹克中心区	1783	197681146	216001283	9476799	14908020	202930
临空经济区	978	31538917	34510267	545365	2775142	32799
十、按四大城市功能区分						
首都功能核心区	10586	1290497925	1347206815	25652647	127607880	363539
东城区	4605	554743725	588457771	18497201	39526405	178425
西城区	5981	735754200	758749045	7155446	88081475	185114
城市功能拓展区	50938	3277949716	3493710233	59995519	290482482	1851092
朝阳区	20814	1552444447	1722194130	22849971	162021727	885863
丰台区	12485	245408064	253687541	14894818	17299817	401126
石景山区	2916	83882016	88358666	408497	3813959	32257
海淀区	14723	1396215190	1429469896	21842234	107346978	531846
城市发展新区	26485	530108614	566909535	15489290	41934661	1398899
房山区	4724	128363447	132739132	5609977	5063150	72918
通州区	6877	65754780	74758181	1194390	7599733	345273
顺义区	2857	53348796	60657580	2569573	5671854	441600
昌平区	4979	111352991	112834777	555934	7830312	240889
大兴区	5986	76667450	81100194	3279977	7938731	261510
北京经济技术开发区	1062	94621149	104819671	2279439	7830881	36709
生态涵养发展区	6651	74122595	78944545	1923909	7497590	314195
门头沟区	1389	18602307	19196620	219308	1694980	16416
怀柔区	2243	16926289	18245831	441437	1664162	62869
平谷区	1184	16435369	17196249	574765	1895632	179503
密云县	1462	18553825	20229003	267515	1803625	24411
延庆县	373	3604805	4076843	420884	439192	30996

2-7 零售业法人单位商品购进、销售、库存

单位：千元

项目	单位数(个)	商品购进额	商品销售额	#零售额	年末商品库存额	年末零售营业面积(平方米)
合计	**96044**	**775051441**	**861350162**	**707704982**	**96682259**	**22397348**
一、按登记注册类型分						
内资	95508	674549387	734465638	587477776	78121893	18994121
国有	589	13513851	14181202	13414212	2152470	384804
集体	1371	5768550	6343414	6116186	593121	380595
股份合作	2701	4508617	4987792	4409612	559166	279861
国有联营	10	5378	6496	6496	2005	555
集体联营	65	396458	467286	425629	156787	10616
国有与集体联营	16	257448	275342	268714	6642	7699
其他联营	127	89667	101767	89744	6986	25189
国有独资公司	54	7142339	7526211	7435601	478054	137970
其他有限责任公司	21172	383525932	406596396	315826288	37640014	7093091
股份有限公司	598	106581082	120100072	85290732	10358065	4263887
私营独资	8964	2660336	3826322	2732869	583984	504929
私营合伙	897	546752	662218	604391	90972	69202
私营有限责任公司	57631	147867678	167191807	148898770	25085902	5727694
私营股份有限公司	879	1623171	2105040	1881199	396037	76107
其他	434	62128	94272	77333	11688	31922
港澳台商投资	233	33744609	41407016	38582417	5910918	863983
与港澳台商合资经营	34	8423695	10940656	10703219	326504	259444
与港澳台商合作经营	3	1763877	1708180	1197170	100866	22365
港澳台商独资	191	22944251	28154125	26077975	5432303	577236
港澳台商投资股份有限公司	3	611203	601682	601682	51244	4746
其他港澳台投资	2	1582	2372	2372		192
外商投资	303	66757445	85477508	81644788	12649449	2539244
中外合资经营	72	28934984	34484088	34131892	2476948	779617
中外合作经营	5	670695	907850	906947	108440	41936
外资企业	213	37112647	49994335	46514714	10060536	1707554
外商投资股份有限公司	8	37491	86373	86373	2382	9957
其他外商投资	5	1627	4862	4862	1142	180
二、按隶属关系分						
中央	242	68554792	72969672	43627695	4333306	1958334
地方	3872	129539681	143213269	128214797	14384768	3209273
其他	91930	576956968	645167220	535862490	77964186	17229741
三、按行业分						
综合零售	7067	154425085	180209058	164412744	18875493	8386678
百货零售	3593	75190553	91145994	89320516	7389162	3499448
超级市场零售	453	74126437	82741307	69128532	10577142	4496035
其他综合零售	3021	5108095	6321756	5963696	909188	391195
食品、饮料及烟草制品专门零售	7432	10094802	12946618	11094934	3038266	739828
粮油零售	364	602360	594292	572729	115701	43010
糕点、面包零售	378	1804096	2991436	2953888	107484	107141
果品、蔬菜零售	924	581944	702291	633850	79864	87030
肉、禽、蛋、奶及水产品零售	542	583485	689356	615894	103993	58070

2-7　续表 1　单位：千元

项　　　目	单位数（个）	商品购进额	商品销售额	#零售额	年末商品库存额	年末零售营业面积（平方米）
营养和保健品零售	493	263710	391492	335278	115686	29294
酒、饮料及茶叶零售	2183	3633234	4449076	3230696	1692977	201653
烟草制品零售	512	924167	1064989	1025741	269177	38575
其他食品零售	2036	1701805	2063685	1726859	553383	175055
纺织、服装及日用品专门零售	13416	24539224	36640971	30767691	8423588	2126829
纺织品及针织品零售	1129	937321	1287939	1021376	545835	96529
服装零售	5791	13702688	19005684	16104315	4049706	932932
鞋帽零售	347	2340606	2864621	1684612	1158631	78724
化妆品及卫生用品零售	1181	1862382	2833304	2649548	563507	95803
钟表、眼镜零售	481	2360144	3497067	2637320	1164624	100415
箱、包零售	301	243333	401975	381877	114693	19090
厨房用具及日用杂品零售	777	476823	597126	389137	120914	68126
自行车零售	131	135007	155483	113340	46931	12387
其他日用品零售	3278	2480921	5997772	5786166	658747	722823
文化、体育用品及器材专门零售	11215	25954508	30408811	26926353	10710626	1066852
文具用品零售	3330	1790297	2380694	2039627	404329	160323
体育用品及器材零售	898	1587843	2139451	1937280	325702	117889
图书、报刊零售	2088	10111508	11269106	10609262	3254501	292401
音像制品及电子出版物零售	314	3342575	3810958	3683804	330372	24390
珠宝首饰零售	938	2930816	3679717	2640695	2660675	129797
工艺美术品及收藏品零售	2151	3597381	4082175	3583852	3127843	225434
乐器零售	231	371951	536711	475592	135390	40247
照相器材零售	211	802431	884512	786027	94675	12188
其他文化用品零售	1054	1419707	1625488	1170215	377140	64183
医药及医疗器材专门零售	5756	51879813	58832962	48532607	7001810	718812
药品零售	2220	35611907	38102453	30909415	4765925	436066
医疗用品及器材零售	3536	16267906	20730509	17623192	2235885	282746
汽车、摩托车、燃料及零配件专门零售	4723	273470737	282451227	240250221	28068141	4718687
汽车零售	1573	196089167	198930595	187532701	25410271	2325634
汽车零配件零售	2480	2622183	2952111	2507689	622464	226522
摩托车及零配件零售	106	157388	189396	189127	43292	12832
机动车燃料零售	564	74601998	80379125	50020705	1992114	2153699
家用电器及电子产品专门零售	19620	153262321	166238701	109266660	12211238	1860429
家用视听设备零售	307	742650	778037	687850	143733	20893
日用家电设备零售	1988	22429547	27412795	26841389	4247842	949897
计算机、软件及辅助设备零售	8664	110868634	116186509	64549483	4631046	391119
通信设备零售	1569	9126125	9579562	8147360	1421628	161948
其他电子产品零售	7092	10095364	12281798	9040579	1766990	336572
五金、家具及室内装修材料专门零售	15020	17006898	20765280	18759008	3503727	1868529
五金零售	7694	5301483	6285725	4900536	1130419	531451
灯具零售	369	338654	420821	382639	76448	29418
家具零售	2367	8741032	10904574	10654293	1389667	829668
涂料零售	277	192287	220966	187464	49812	20858
卫生洁具零售	223	262459	301251	288377	156593	22990

2-7 续表 2

单位：千元

项目	单位数(个)	商品购进额	商品销售额	#零售额	年末商品库存额	年末零售营业面积(平方米)
木质装饰材料零售	491	216596	260858	239790	57153	43913
陶瓷、石材装饰材料零售	741	532290	578390	537543	214433	149740
其他室内装修材料零售	2858	1422097	1792694	1568365	429205	240491
货摊、无店铺及其他零售	11795	64418052	72856533	57694763	4849371	910704
货摊食品零售	68	22769	27982	19642	7083	3933
货摊纺织、服装及鞋零售	109	32840	39768	33779	16293	6158
货摊日用品零售	90	21809	32799	28285	1333	3360
互联网零售	655	50428180	55540119	42632795	1534453	10566
邮购及电视、电话销售	350	1308172	1748146	1649433	84010	4379
旧货零售	22	17487	24887	24710	19190	17063
生活用燃料零售	301	644970	761161	632393	84501	139367
其他未列明零售业	10200	11941825	14681670	12673726	3102508	725878
四、按控股情况分						
国有控股	1139	204271028	222940311	176926005	21597518	4758789
集体控股	2367	27330714	32425162	30973327	5276905	1895277
私人控股	89817	367529336	405569956	351769148	48438858	11877356
港澳台商控股	231	32325402	39607113	37431538	5742914	844835
外商控股	284	131808611	148126637	98534752	13624702	2405100
其他	2206	11786350	12680982	12070212	2001361	615991
五、按企业规模分						
大型企业	159	401310811	448080019	337894695	36077028	10088970
中型企业	1080	250275086	267837709	244534800	34728841	4416820
小型企业	3890	70347681	81096194	71253625	12233771	1511597
微型企业	90888	53110913	64327931	54020323	13641086	6378019
其他	27	6949	8309	1538	1533	1942
六、按限额标准分						
限额以上	2490	700364897	769830817	629931109	76846388	15215781
限额以下	93554	74686544	91519345	77773873	19835871	7181567
七、按经营方式分						
独立门店	66813	404123759	446008473	406429346	59160421	13191990
连锁总店	604	150461481	175455576	141086350	20649187	6046614
连锁分店	754	28958253	30108459	17407448	2818218	1026405
其他	27873	191507948	209777653	142781838	14054434	2132339
八、按年末零售营业面积分						
10000平方米及以上	210	290534105	332800088	282949631	30348891	12058944
5000-9999平方米	278	86778052	91308382	81709705	12949161	1898724
1000-4999平方米	1363	110955710	119400280	108603733	18092790	2681321
999平方米及以下	94193	286783574	317841411	234441913	35291416	5758359
九、按零售业态分						
有店铺零售	85040	624046527	703520342	611913207	89436764	22137557
食杂店	1814	1114720	1379195	1231709	267767	137158
便利店	5686	7793971	9632880	8973774	1087428	601815
折扣店	204	2047304	2275871	2168004	93762	114056
超市	1540	13122314	16891770	15511361	2606827	1074041

2-7　续表 3　　单位：千元

项　　目	单位数（个）	商品购进额	商品销售额	#零售额	年末商品库存额	年末零售营业面积（平方米）
大型超市	242	59408601	64407244	52085206	8252758	3594662
仓储会员店	237	3677351	4275888	4249201	338925	160965
百货店	8923	64947779	82142176	80839131	4656408	4143603
专业店	36998	257204973	286759887	229951476	40874100	6797175
专卖店	15896	184708356	199965079	184965307	25499544	3313720
家居建材商店	4840	9471848	11299754	10857304	1513079	957932
购物中心	688	3963077	4212406	3998593	667525	353386
厂家直销中心	7972	16586232	20278193	17082142	3578640	889044
无店铺零售	11004	151004914	157829819	95791774	7245496	259791
电视购物	95	4188580	4926646	3874557	38880	2961
邮购	914	978296	1238109	1114621	174372	31482
网上商店	2866	136177043	140340615	81883653	5512610	69950
自动售货亭	76	113860	130948	42867	18749	1840
电话购物	7053	9547135	11193501	8876076	1500885	153558
十、按六大产业功能区分						
北京经济技术开发区	392	95604388	95584224	48803809	3406428	206438
中关村国家自主创新示范区	633	149525994	156179887	92140532	8577279	270430
金融街功能区	319	3617448	4925009	4627737	538647	242172
商务中心区	1633	22776465	28756018	27159532	3672195	668673
奥林匹克中心区	1287	11055234	12938248	12312938	1096498	404299
临空经济区	713	7627279	9924275	9741246	1238475	187540
十一、按四大城市功能区分						
首都功能核心区	12373	126462924	152487183	134960751	24222011	4379920
东城区	5804	65262544	74988584	65599916	11168498	1287789
西城区	6569	61200380	77498600	69360834	13053513	3092131
城市功能拓展区	55942	455499666	504664028	426096838	57642488	12408555
朝阳区	19346	217993206	246633545	208313254	30749174	6917070
丰台区	11596	52510765	55597876	49419552	6935879	1454354
石景山区	2697	36619692	38274671	31242387	3051118	1086849
海淀区	22303	148376003	164157935	137121646	16906318	2950282
城市发展新区	20106	180626091	190256353	134364689	12618099	4667730
房山区	3288	7645030	9239106	8947086	956239	642709
通州区	4665	19039568	21335782	20676643	1337266	1139707
顺义区	2524	19109033	21827989	21045907	2382610	909440
昌平区	5456	18331028	20264929	19665637	2117613	836339
大兴区	3781	20897044	22004323	15225606	2417943	933097
北京经济技术开发区	392	95604388	95584224	48803809	3406428	206438
生态涵养发展区	7623	12462760	13942597	12282704	2199661	941143
门头沟区	1488	2458957	2879420	2549647	470212	152110
怀柔区	2011	2700986	2957433	2863795	531649	237649
平谷区	1453	2367963	2684231	2481578	417334	224900
密云县	2172	3957362	4314801	3319978	578867	210818
延庆县	499	977491	1106712	1067706	201600	115666

2-8 限额以上批发和零售业法人

项目	单位数(个)	商品购进额	市内购进额	市外购进额	进口额	商品销售额	批发额
合计	**7470**	**5402968676**	**1087940762**	**3469197067**	**845830847**	**5725662036**	**5025614497**
一、按登记注册类型分							
内资	6925	4546830223	955442591	3047086508	544301124	4654151283	4089659966
国有	284	497017464	57063328	312709696	127244440	519164475	505500157
集体	95	12337431	5861129	2224532	4251770	13198519	8239147
股份合作	88	10700690	6665266	3980504	54920	10967373	7790005
国有联营	1	***		***	***	***	***
集体联营	3	286489	72659	213830		349103	38596
国有与集体联营	6	1494377	250840	1233454	10083	1551414	1302038
国有独资公司	107	825855977	189775127	574937508	61143342	790634198	776694961
其他有限责任公司	2286	2331520727	463382806	1572570074	295567847	2398375197	2080568371
股份有限公司	121	390966133	50521156	305471341	34973636	407751146	309885986
私营独资	10	1437739	268807	1138981	29951	1483973	1349867
私营合伙	7	352257	108635	243622		370152	263752
私营有限责任公司	3824	469666573	179412916	269758452	20495205	504023861	392957408
私营股份有限公司	93	5117201	2059922	2585721	471558	6193367	4981173
港澳台商投资	198	142612159	33422267	79910066	29279826	170916717	131804488
与港澳台商合资经营	39	17788727	11259454	5956432	572841	20263606	9678034
与港澳台商合作经营	2	1763751	1616902	146849		1708180	511010
港澳台商独资	154	118948965	20352370	69889610	28706985	144328530	117600437
港澳台商投资股份有限公司	3	4110716	193541	3917175		4616401	4015007
外商投资	347	713526294	99075904	342200493	272249897	900594036	804150043
中外合资经营	75	178933478	29089099	138547093	11297286	192891837	144979481
中外合作经营	5	2115439	1592148	494886	28405	2486195	1535564
外资企业	264	532166817	68249452	203132388	260784977	704757568	657266889
外商投资股份有限公司	3	310560	145205	26126	139229	458436	368109
二、按隶属关系分							
中央	473	2413480337	375448150	1668890083	369142104	2412368816	2338422308
地方	733	471780798	159527952	240904389	71348457	510378844	378047496
其他	6264	2517707541	552964660	1559402595	405340286	2802914376	2309144693
三、按控股情况分							
国有控股	1202	3495462514	559919002	2460177513	475365999	3544225673	3323966871
集体控股	242	108141919	21490637	76113396	10537886	113435239	83977332
私人控股	5447	971382871	343763665	569188527	58430679	1031502964	736516824
港澳台商控股	193	140261813	28135675	82872732	29253406	168741772	130772812
外商控股	333	647034303	120800697	259620418	266613188	824919262	724768032
其他	53	40685256	13831086	21224481	5629689	42837126	25612626
四、按经营方式分							
独立门店	4395	2532068712	505907255	1676302438	349859019	2692844116	2302116523
连锁总店(总部)	153	192809739	77590437	114689650	529652	218967171	70403222
连锁分店	78	31664890	27464879	4059675	140336	33060821	16776550
其他	2844	2646425335	476978191	1674145304	495301840	2780789928	2636318202
五、按零售业态分							
有店铺零售	2375	557731130	256143564	285832436	15755130	621877202	79429561
食杂店	18	380259	313780	66479		467135	9013
便利店	37	5396719	3884411	1510957	1351	6607016	117081

单位商品购进、销售、库存

单位：千元

市内批发额	市外批发额	出口额	零售额	对居民	对社会集团	年末商品库存额	商品销售总额中持卡零售额	年末零售营业面积（平方米）	商品销售额中持预付卡零售额
1041590648	**3755766236**	**228257613**	**700047539**	**544615891**	**155431648**	**487580026**	**228684638**	**16154512**	**25459446**
865178066	3013747940	210733960	564491317	433438815	131052502	385831554	186434088	12731033	18643500
80776332	377692893	47030932	13664318	9455048	4209270	44622737	2836229	299322	814718
7767907	471240		4959372	3911561	1047811	1646036	1201012	207287	157576
3034285	4696789	58931	3177368	1572898	1604470	585021	154923	71831	42477
***	***					***		***	
11939	26657		310507	310507		146017	206545	4127	912
1245037	19637	37364	249376	223728	25648	11872	31816	4603	73328
159370327	605103005	12221629	13939237	8944546	4994691	38163671	3480535	244574	781577
352962445	1619921602	107684324	317806826	248138061	69668765	210291933	125743671	5716647	6624507
71767533	203592461	34525992	97865160	84307542	13557618	42297011	26217908	4409361	8983811
522051	827816		134106	73592	60514	37109		3154	
228287	35465		106400	50718	55682	3034	5116	3880	
185609030	198255779	9092599	111066453	76137605	34928848	47003057	26535734	1750708	1164594
1858166	3040818	82189	1212194	313009	899185	1019359	20599	15378	
47718408	82616956	1469124	39112229	33238768	5873461	21128363	18215711	873778	1864757
2777343	6544952	355739	10585572	6843954	3741618	762746	7603812	258036	377577
224102	286908		1197170	1036427	160743	98955	957793	21985	
44612385	71874667	1113385	26728093	24756993	1971100	19372831	9654106	589246	1487180
104578	3910429		601394	601394		893831		4511	
128694174	659401340	16054529	96443993	77938308	18505685	80620109	24034839	2549701	4951189
27893440	116853207	232834	47912356	32789807	15122549	12416734	12806204	776053	3598681
341763	1193801		950631	950631		241677	428036	42171	
100289166	541156028	15821695	47490679	44107543	3383136	67858044	10750845	1721996	1352508
169805	198304		90327	90327		103654	49754	9481	
328649727	1868515280	141257301	73946508	50982982	22963526	161314213	6841333	2212894	3998304
159613375	211923547	6510574	132331348	99180809	33150539	88808099	44409264	2920325	9230518
553327546	1675327409	80489738	493769683	394452100	99317583	237457714	177434041	11021293	12230624
560371202	2579325775	184269894	220258802	153539033	66719769	275566168	52993503	5057742	14959795
23332896	50876346	9768090	29457907	24461467	4996440	16523007	8111432	1619531	456962
284319201	435528527	16669096	294986140	234315428	60670712	92579797	97706101	5560300	5085876
47687243	81809715	1275854	37968960	32331832	5637128	21232496	18188180	854490	1864757
116935072	591704897	16128063	100151230	90528197	9623033	75191309	48298918	2417041	2678785
8945034	16520976	146616	17224500	9439934	7784566	6487249	3386504	645408	413271
420166306	1782306070	99644147	390727593	282057185	108670408	201419055	112611957	8262015	9015690
58173856	12228946	420	148563949	139316297	9247652	21737607	45895591	6134803	11567408
15732377	895348	148825	16284271	15885848	398423	3236335	3096603	930805	1819808
547518109	1960335872	128464221	144471726	107356561	37115165	261187029	67080487	826889	3056540
65406991	13783556	239014	542447641	441640204	100807437	71455586	168763625	15211817	21438154
9013			458122	332161	125961	73847	10035	6663	
109472	7609		6489935	6288273	201662	352078	1161471	223542	26937

2-8 续表

项目	单位数(个)	商品购进额	市内购进额	市外购进额	进口额	商品销售额	批发额
折扣店	6	1903422	1459655	443767		2067370	97104
超市	67	11858439	9812257	2046182		15443423	1276883
大型超市	48	59159409	46637414	12521995		64062550	12248086
仓储会员店	4	3543422	2169968	1373454		4092293	
百货店	120	61682075	46066189	13275698	2340188	77539081	374134
专业店	1194	227405967	85077961	136791376	5536630	250476760	51181665
专卖店	683	166545721	50277721	108659523	7608477	178141128	12697403
家居建材商店	44	7326481	5387469	1887328	51684	8684024	139450
购物中心	25	2946422	2390971	516977	38474	3253418	128513
厂家直销中心	129	9582794	2665768	6738700	178326	11043004	1160229
无店铺零售	115	142633767	82263164	59685336	685267	147953615	60470147
电视购物	8	4125174	3326183	798991		4848107	1035066
邮购	10	409059	235611	159149	14299	523655	2237
网上商店	47	133147946	76622089	56389317	136540	137047672	58198688
自动售货亭	2	88280	88280			91615	82454
电话购物	48	4863308	1991001	2337879	534428	5442566	1151702
六、按六大产业功能区分							
北京经济技术开发区	135	180975594	55358700	120075402	5541492	189513080	140118510
中关村国家自主创新示范区	644	841681779	178508402	547205974	115967403	922620440	817961838
金融街功能区	54	185860983	14937905	116835995	54087083	188144406	183307826
北京商务中心区	331	221221075	32534487	118338411	70348177	256891723	228034338
奥林匹克中心区	249	198421733	17798938	170710730	9912065	215895697	195873598
临空经济区	86	33641349	13795795	13389385	6456169	38500035	29225945
七、按四大城市功能区分							
首都功能核心区	1349	1312345107	173483112	945109000	193752995	1382040142	1238502592
东城区	635	577563216	100746635	398362646	78453935	612233968	536587459
西城区	714	734781891	72736477	546746354	115299060	769806174	701915133
城市功能拓展区	4561	3467581619	697934485	2136742642	632904492	3688632176	3269336765
朝阳区	2020	1670030274	300482470	960929664	408618140	1844964225	1636963732
丰台区	523	234964191	55527850	157649490	21786851	240045379	184422257
石景山区	175	108350869	25265228	82237384	848257	112425999	82929917
海淀区	1843	1454236285	316658937	935926104	201651244	1491196573	1365020859
城市发展新区	1255	568910257	195790809	355728553	17390895	598155227	468813252
房山区	307	92746669	41238802	51276785	231082	95945834	84065840
通州区	172	59763999	16350542	43064776	348681	66856308	49614207
顺义区	179	59694278	31234522	20952267	7507489	68322254	47685435
昌平区	213	106979649	17142605	86425829	3411215	106593217	91803964
大兴区	249	68750068	34465638	33933494	350936	70924534	55525296
北京经济技术开发区	135	180975594	55358700	120075402	5541492	189513080	140118510
生态涵养发展区	305	54131693	20732356	31616872	1782465	56834491	48961888
门头沟区	97	14915273	5538340	9192009	184924	15268673	13535949
怀柔区	45	10328113	5565537	4710346	52230	10607307	8773384
平谷区	63	14812326	2613107	11443336	755883	15356745	13593012
密云县	73	11936666	5642374	5506029	788263	13190109	11396794
延庆县	27	2139315	1372998	765152	1165	2411657	1662749

单位：千元

市内批发额	市外批发额	出口额	零售额	对居民	对社会集团	年末商品库存额	商品销售总额中持卡零售额	年末零售营业面积（平方米）	商品销售额中持预付卡零售额
87388	9716		1970266	1673673	296593	53262	938166	90384	177351
1184957	91926		14166540	13665098	501442	2242673	3842546	757965	1559087
11202147	1045939		51814464	49115129	2699335	8179153	14421017	3492953	2701471
			4092293	3534048	558245	298337	824345	134934	752067
246982	113118	14034	77164947	68832257	8332690	3503183	44756534	3405628	10438353
44795570	6310293	75802	199295095	137422334	61872761	33297497	37864737	4342292	3998343
6990889	5557336	149178	165443725	145385679	20058046	20787693	59040037	1970593	1750967
82231	57219		8544574	8242371	302203	732331	3535479	442612	21699
107624	20889		3124905	3042930	81975	255656	606715	259931	11879
590718	569511		9882775	4106251	5776524	1679876	1762543	84320	
2292368	58037433	140346	87483468	74077610	13405858	5390802	54074895	3964	5272
372623	662443		3813041	3806246	6795	27895	42948	680	
516	1721		521418	71525	449893	26541	554	300	
1088244	56970098	140346	78848984	69747354	9101630	4975397	54030947	1834	3709
82454			9161	9161		9213			
748531	403171		4290864	443324	3847540	351756	446	1150	1563
26034952	110722303	3361255	49394570	41776231	7618339	10447566	32523501	174392	989751
111765359	679001960	27194519	104658602	56183697	48474905	84049656	53615336	242421	130170
24221527	149930886	9155413	4836580	3794258	1042322	19277541	2501691	222163	903452
48310955	160144556	19578827	28857385	19330757	9526628	20826876	11623986	591237	1485566
31362859	151875123	12635616	20022099	18007797	2014302	14009668	8652110	483160	4273427
8009296	19571553	1645096	9274090	8766730	507360	3348118	5061606	119282	119305
183263605	985470999	69767988	143537550	96561799	46975751	136426301	37609534	3832816	3984273
88592302	430764620	17230537	75646509	41143546	34502963	44628557	10520810	1006440	628298
94671303	554706379	52537451	67891041	55418253	12472788	91797744	27088724	2826376	3355975
649659930	2472414839	147261996	419295411	331854914	87440497	307519775	127603589	9127908	16452791
387389585	1198383356	51190791	208000493	177396239	30604254	174670038	52148251	5538632	9622596
50521762	131700277	2200218	55623122	40751743	14871379	18164414	17586609	747296	283091
16603496	64802283	1524138	29496082	27720185	1775897	4985021	12823098	913783	2122367
195145087	1077528923	92346849	126175714	85986747	40188967	109700302	45045631	1928197	4424737
184356914	274908896	9547442	129341975	110085953	19256022	38406978	61783344	2856945	4821290
37745565	45964595	355680	11879994	10524188	1355806	3267936	1653491	303461	851989
35427804	14015300	171103	17242101	15203039	2039062	5506552	9349997	700816	670167
18631673	27387104	1666658	20636819	18891136	1745683	6121809	8735008	822500	1019897
33698437	54863277	3242250	14789253	12586357	2202896	6926970	5524174	360371	853089
32818483	21956317	750496	15399238	11105002	4294236	6136145	3997173	495405	436397
26034952	110722303	3361255	49394570	41776231	7618339	10447566	32523501	174392	989751
24310199	22971502	1680187	7872603	6113225	1759378	5226972	1688171	336843	201092
5464491	6834888	1236570	1732724	1271320	461404	1228752	125176	44406	
3005550	5758129	9705	1833923	1706026	127897	1046746	688718	89382	121978
8450233	5122331	20448	1763733	1199463	564270	1626634	74459	83104	4795
6515780	4525239	355775	1793315	1344779	448536	1040583	554110	63239	56472
874145	730915	57689	748908	591637	157271	284257	245708	56712	17847

2-9 按行业分限额以上批发和零售业

项目	单位数(个)	商品购进额	市内购进额	市外购进额	进口额	商品销售额	批发额
合计	**7470**	**5402968676**	**1087940762**	**3469197067**	**845830847**	**5725662036**	**5025614497**
批发业合计	**4980**	**4702603779**	**749534034**	**3123679295**	**829390450**	**4955831219**	**4885714789**
农、林、牧产品批发	77	94499970	10097680	42654164	41748126	98100789	98089031
谷物、豆及薯类批发	21	45659679	6589526	21378275	17691878	45876689	45870173
种子批发	12	1816022	218198	562239	1035585	2572579	2572579
饲料批发	27	8288939	1674184	5212503	1402252	8666657	8661415
棉、麻批发	13	26120630	1607897	15374674	9138059	27805591	27805591
牲畜批发	1	***	***			***	***
其他农牧产品批发	3	12606825		126473	12480352	13172278	13172278
食品、饮料及烟草制品批发	372	162439449	47036955	92844659	22557835	190248688	188217937
米、面制品及食用油批发	63	42975697	3424712	25387119	14163866	43848379	43750603
糕点、糖果及糖批发	27	10211104	3442220	6067373	701511	10014120	10010802
果品、蔬菜批发	20	1169013	361044	762686	45283	1414431	1380526
肉、禽、蛋、奶及水产品批发	58	8576932	2450559	5539662	586711	11208127	10991245
盐及调味品批发	17	1980568	632731	1162397	185440	2339689	2284473
营养和保健品批发	7	854526	225039	81274	548213	7393956	7371214
酒、饮料及茶叶批发	109	50256668	13628895	35550825	1076948	59683978	58323325
烟草制品批发	20	39346571	21145412	14536404	3664755	46033658	46032315
其他食品批发	51	7068370	1726343	3756919	1585108	8312350	8073434
纺织、服装及家庭用品批发	450	189367495	42371215	104597954	42398326	223755592	218530361
纺织品、针织品及原料批发	74	26967135	2038051	10147428	14781656	27036510	26933424
服装批发	127	13492486	3402540	9284152	805794	18473523	17386606
鞋帽批发	24	3984968	603276	3078013	303679	5537678	5419298
化妆品及卫生用品批发	35	8008344	1059196	6544929	404219	8994793	8935072
厨房、卫生间用具及日用杂货批发	41	8329773	1820649	6446379	62745	11203235	10537659
灯具、装饰物品批发	7	505294	178322	188654	138318	786162	740404
家用电器批发	90	118230678	30371533	64682439	23176706	140640978	138731098
其他家庭用品批发	52	9848817	2897648	4225960	2725209	11082713	9846800
文化、体育用品及器材批发	254	135477491	14979216	117620253	2878022	143080936	135297100
文具用品批发	73	12598924	5344175	6473431	781318	13234211	13197268
体育用品及器材批发	16	4614868	35824	4386766	192278	5702107	5650159
图书批发	64	14523032	4625008	8656369	1241655	15916103	15690959
报刊批发	4	232324	202868	29456		295544	274556
音像制品及电子出版物批发	5	279731	124767	154926	38	300418	290191
首饰、工艺品及收藏品批发	53	100452735	3302083	96487919	662733	104678937	97493235
其他文化用品批发	39	2775877	1344491	1431386		2953616	2700732
医药及医疗器材批发	353	123016644	39190626	61577267	22248751	134442539	101972304
西药批发	92	54405176	17621235	29738530	7045411	58634306	43450552
中药批发	44	36483240	13496495	18159568	4827177	36756061	22360516
医疗用品及器材批发	217	32128228	8072896	13679169	10376163	39052172	36161236
矿产品、建材及化工产品批发	1557	2826939770	416558663	2063509968	346871139	2833227936	2822439312
煤炭及制品批发	104	307034206	13707409	265051182	28275615	311911265	311555546
石油及制品批发	193	604646575	71941226	452343720	80361629	621544466	611813321

法人单位商品购进、销售、库存

单位：千元

						年末商品库存额	商品销售总额中持卡零售额	年末零售营业面积（平方米）	商品销售额中持预付卡零售额
			零售额						
市内批发额	市外批发额	出口额		对居民	对社会集团				
1041590648	**3755766236**	**228257613**	**700047539**	**544615891**	**155431648**	**487580026**	**228684638**	**16154512**	**25459446**
973891289	**3683945247**	**227878253**	**70116430**	**28898077**	**41218353**	**410733638**	**5846118**	**938731**	**4016020**
9924370	87517021	647640	11758	6516	5242	15917885		1851	
3616633	41862034	391506	6516	6516		10607038			
277113	2292630	2836				872322		50	
1325266	7305523	30626	5242		5242	353515		490	
4698363	22884556	222672				3297035		1311	
***						***			
	13172278					785607			
87912218	97821845	2483874	2030751	1749150	281601	30233004	71686	69371	
7990299	33978294	1782010	97776	53400	44376	19765929	230	3427	
2833529	7033125	144148	3318	1	3317	866737		136	
1053122	293888	33516	33905	1939	31966	104537	299	1193	
6923574	4005292	62379	216882	201086	15796	1402388		34720	
1307315	967977	9181	55216	12507	42709	173438		447	
2834060	4531725	5429	22742	22742		344200			
18266026	40000785	56514	1360653	1218576	142077	5530029	56117	21766	
41585345	4445906	1064	1343	1343		1239617		60	
5118948	2564853	389633	238916	237556	1360	806129	15040	7622	
79911811	130599720	8018830	5225231	4751727	473504	25567402	1378312	326837	31780
2346214	20772671	3814539	103086	73971	29115	4697405	35777	3910	
7352131	6901706	3132769	1086917	1025918	60999	4692330	228145	45756	31780
3383777	1914100	121421	118380	99060	19320	1958394	38500	2946	
5197241	3737831		59721	59685	36	1405463	150	1092	
6262817	4077720	197122	665576	598749	66827	1140387	32005	16641	
119013	604866	16525	45758	19543	26215	144731	16443	2652	
51451566	87129056	150476	1909880	1698943	210937	9010400	418026	12044	
3799052	5461770	585978	1235913	1175858	60055	2518292	609266	241796	
41869875	90521219	2906006	7783836	6905073	878763	16778602	454731	37299	234
10072059	3008348	116861	36943	9889	27054	1311604		1565	
259694	5310422	80043	51948	15043	36905	1084647		1768	
11468300	4030239	192420	225144	96487	128657	3136644	36370	6949	
148393	126163		20988	19722	1266	84636			
199322	90869		10227	2110	8117	14181		464	
18245482	76762100	2485653	7185702	6617258	568444	10964750	416098	22940	234
1476625	1193078	31029	252884	144564	108320	182140	2263	3613	
38234234	60060773	3677297	32470235	195671	32274564	20217222	104719	43143	
15588167	26749000	1113385	15183754	48392	15135362	6212777	96924	18259	
9597387	11792304	970825	14395545	25995	14369550	8452607	7795	10444	
13048680	21519469	1593087	2890936	121284	2769652	5551838		14440	
485846151	2222292202	114300959	10788624	9653166	1135458	167149716	3214153	256850	3983938
15034741	293073110	3447695	355719	5188	350531	9981188		1713	
114908512	479387258	17517551	9731145	9146200	584945	57337453	3141250	205381	3983938

2-9 续表 1

项　　目	单位数（个）	商　品购进额	市　内购进额	市　外购进额	进口额	商　品销售额	批发额
非金属矿及制品批发	14	8912768	735763	7463752	713253	9138993	9138993
金属及金属矿批发	635	1095569688	173105152	774082601	148381935	1112430557	1112407312
建材批发	116	141524584	20926137	84274572	36323875	145161735	144573536
化肥批发	32	105079697	16515198	81768789	6795710	103738852	103738173
农药批发	11	10375308	582288	5313198	4479822	11101400	11101400
其他化工产品批发	452	553796944	119045490	393212154	41539300	518200668	518111031
机械设备、五金交电及电子产品批发	1776	1074181298	170416124	579958974	323806200	1236187301	1224481812
农业机械批发	14	1359029	300784	941168	117077	1672731	1672731
汽车批发	75	455730898	46233151	150121138	259376609	577497792	576553314
汽车零配件批发	84	22954677	3355884	10411186	9187607	28720482	28625134
摩托车及零配件批发	3	46548	24936	21612		62865	57254
五金产品批发	93	7292203	2742232	3881815	668156	8063701	7653252
电气设备批发	87	35776007	2847059	30808625	2120323	36168893	36029099
计算机、软件及辅助设备批发	492	88958055	34543803	50652716	3761536	92091557	87922742
通讯及广播电视设备批发	136	298261177	59108309	223089091	16063777	307725956	303345485
其他机械设备及电子产品批发	792	163802704	21259966	110031623	32511115	184183324	182622801
贸易经纪与代理	67	45812036	6862047	24462133	14487856	50519109	50515480
贸易代理	48	41806678	5369945	22999694	13437039	46165462	46161833
拍卖	12						
其他贸易经纪与代理	7	4005358	1492102	1462439	1050817	4353647	4353647
其他批发	74	50869626	2021508	36453923	12394195	46268329	46171452
再生物资回收与批发	13	14812082	422370	12222203	2167509	12965183	12963195
其他未列明批发业	61	36057544	1599138	24231720	10226686	33303146	33208257
零售业合计	**2490**	**700364897**	**338406728**	**345517772**	**16440397**	**769830817**	**139899708**
综合零售	219	151241603	110610637	38477583	2153383	176198554	15122622
百货零售	101	73847208	50312016	21401571	2133621	89476827	1468369
超级市场零售	90	73720361	58009986	15710375		82220219	13589527
其他综合零售	28	3674034	2288635	1365637	19762	4501508	64726
食品、饮料及烟草制品专门零售	112	6200049	3596212	2593018	10819	8215309	1226752
粮油零售	9	336662	225171	111491		257987	
糕点、面包零售	26	1502943	1339889	163054		2633590	7618
果品、蔬菜零售	4	99579	39906	59673		114091	
肉、禽、蛋、奶及水产品零售	6	171026	44458	126568		226525	16577
营养和保健品零售	5	82960	2216	80744		134996	27788
酒、饮料及茶叶零售	31	2645252	861313	1783939		3180867	1079838
烟草制品零售	9	669075	639163	19093	10819	819954	27914
其他食品零售	22	692552	444096	248456		847299	67017
纺织、服装及日用品专门零售	220	17749169	5155676	10483875	2109618	27954107	4929736
纺织品及针织品零售	12	336926	83803	228699	24424	564214	185573
服装零售	117	10498502	3133854	5554322	1810326	14456561	2565299
鞋帽零售	22	1746725	329225	1180399	237101	2436820	1160640
化妆品及卫生用品零售	14	1431627	260395	1152927	18305	2255101	58559
钟表、眼镜零售	27	1953688	237082	1710944	5662	3015324	762569
箱、包零售	6	97151	38230	50343	8578	216621	

单位：千元

市内批发额	市外批发额	出口额	零售额	对居民	对社会集团	年末商品库存额	商品销售总额中持卡零售额	年末零售营业面积（平方米）	商品销售额中持预付卡零售额
1613933	7400674	124386				139774		155	
195663704	880719843	36023765	23245	8614	14631	66405913	163	2532	
18440152	106879247	19254137	588199	488818	99381	6665460	72740	40788	
11599759	82910653	9227761	679		679	14087398		100	
5255404	3543027	2302969				1823357			
123329946	368378390	26402695	89637	4346	85291	10709173		6181	
222242537	923752532	78486743	11705489	5622157	6083332	114616358	622517	202848	68
344980	433635	894116				165405			
73017535	487478230	16057549	944478	487955	456523	51376499		20264	
13606384	12020316	2998434	95348	69987	25361	4656778	16087	3619	
48273	8981		5611	5611		34670		380	
3971586	2751307	930359	410449	124513	285936	947578	4693	16449	
3260217	31862311	906571	139794	3735	136059	2171336		1361	
42219366	44932003	771373	4168815	791763	3377052	8152823	102127	30756	
35281215	259685128	8379142	4380471	4011270	369201	20103383	495498	109180	
50492981	84580621	47549199	1560523	127323	1433200	27007886	4112	20839	68
4201121	36604983	9709376	3629		3629	2815399		114	
3705106	32936135	9520592	3629		3629	2264761		114	
496015	3668848	188784				550638			
3748972	34774952	7647528	96877	14617	82260	17438050		418	
907453	11398781	656961	1988	1988		4317821		120	
2841519	23376171	6990567	94889	12629	82260	13120229		298	
67699359	**71820989**	**379360**	**629931109**	**515717814**	**114213295**	**76846388**	**222838520**	**15215781**	**21443426**
13821250	1301372		161075932	147719045	13356887	17863264	70526730	7611294	15356660
1321246	147123		88008458	78091145	9917313	6929198	51330787	3162771	10481279
12441946	1147581		68630692	65298343	3332349	10468712	18999837	4344902	4808871
58058	6668		4436782	4329557	107225	465354	196106	103621	66510
969966	256786		6988557	6194545	794012	1452470	1041173	167669	130820
			257987	41919	216068	51620		10771	
7130	488		2625972	2594146	31826	42023	255892	76973	121529
			114091	59661	54430	7840	9986	3445	
16577			209948	177481	32467	34568	46065	3886	1606
27788			107208	107208		23743		921	
832548	247290		2101029	1746744	354285	980745	313018	46571	2645
24435	3479		792040	751942	40098	154929	296320	10951	3380
61488	5529		780282	715444	64838	157002	119892	14151	1660
3573162	1193023	163551	23024371	21878119	1146252	5286960	8672591	1185547	397615
185573			378641	355381	23260	157250	160471	12671	10426
2007974	394194	163131	11891262	11216436	674826	2452114	4134185	507601	328413
691790	468430	420	1276180	1266576	9604	901868	342776	52336	11273
57626	933		2196542	2119543	76999	432957	22764	31203	34751
455461	307108		2252755	2103411	149344	987841	881278	66547	5543
			216621	216621		47370	112547	1467	

2-9 续表 2

项目	单位数（个）	商品购进额	市内购进额	市外购进额	进口额	商品销售额	批发额
厨房用具及日用杂品零售	7	224570	28625	191861	4084	283237	143206
自行车零售	1	***		***		***	***
其他日用品零售	14	1399647	1044462	354047	1138	4665021	18182
文化、体育用品及器材专门零售	192	20842758	13497568	4800082	2545108	23313880	2535931
文具用品零售	18	481003	365142	115762	99	534562	68878
体育用品及器材零售	8	1128781	848597	280184		1544328	133331
图书、报刊零售	65	9032350	6370351	238870	2423129	9713123	465158
音像制品及电子出版物零售	12	3268256	2979911	287587	758	3711796	107999
珠宝首饰零售	34	2312062	861535	1411194	39333	2745318	997443
工艺美术品及收藏品零售	26	2994832	1444131	1550701		3212261	376719
乐器零售	9	280313	155276	120839	4198	353165	3564
照相器材零售	12	395339	222914	172425		425936	73712
其他文化用品零售	8	949822	249711	622520	77591	1073391	309127
医药及医疗器材专门零售	382	46073495	17296281	26913650	1863564	51413184	9301339
药品零售	109	34669143	12841760	21814819	12564	36937068	7099341
医疗用品及器材零售	273	11404352	4454521	5098831	1851000	14476116	2201998
汽车、摩托车、燃料及零配件专门零售	705	260436037	83936129	170679698	5820210	268199317	41474718
汽车零售	524	187055335	57512572	123750937	5791826	189537479	11255140
汽车零配件零售	13	797876	398118	371374	28384	860018	35236
摩托车及零配件零售	1	***		***		***	
机动车燃料零售	167	72521835	26025439	46496396		77722297	30184342
家用电器及电子产品专门零售	379	133117538	62552631	69983868	581039	141280615	50944551
家用视听设备零售	10	448862	75343	365936	7583	460630	28228
日用家电设备零售	43	20654513	6093548	14444247	116718	25390815	354594
计算机、软件及辅助设备零售	217	101670816	49140076	52438450	92290	104550470	48607882
通信设备零售	51	7265308	5868837	1141656	254815	7437568	968253
其他电子产品零售	58	3078039	1374827	1593579	109633	3441132	985594
五金、家具及室内装修材料专门零售	107	9477084	6141975	3201345	133764	11475454	682491
五金零售	33	1099529	747959	349568	2002	1213488	556576
灯具零售	2	50886	1719	49167		61379	
家具零售	47	7704038	5213692	2367903	122443	9488217	72183
涂料零售	3	37943	34438	3505		41585	9942
卫生洁具零售	6	138001	21685	113193	3123	154758	
木质装饰材料零售	1	***		***		***	
陶瓷、石材装饰材料零售	7	163426	19930	143496		185535	
其他室内装修材料零售	8	270683	102552	161935	6196	316431	43790
货摊、无店铺及其他零售	174	55227164	35619619	18384653	1222892	61780397	13681568
互联网零售	39	48687611	32657435	15893950	136226	53788249	12870265
邮购及电视、电话销售	8	1154664	757717	372186	24761	1568816	91637
旧货零售	1	***	***			***	
生活用燃料零售	15	232754	133198	99556		245132	110275
其他未列明零售业	111	5146786	2065920	2018961	1061905	6167274	609391

单位：千元

						年末商品库存额	商品销售总额中持卡零售额	年末零售营业面积（平方米）	商品销售额中持预付卡零售额
			零售额						
市内批发额	市外批发额	出口额		对居民	对社会集团				
133575	9631		140031	75157	64874	30988	159	9187	
***			***	***		***		***	
5455	12727		4646839	4499494	147345	249297	3018411	503535	7209
1242871	1230262	62798	20777949	14102510	6675439	8576525	4028791	345930	503797
33166	35712		465684	263157	202527	66115	7773	6565	3666
43521	89810		1410997	1282395	128602	171944	203687	52800	21413
307070	95290	62798	9247965	5317729	3930236	2756724	1070598	150093	263022
56045	51954		3603797	2419355	1184442	298441	671580	10866	
483587	513856		1747875	1513416	234459	2183093	595287	44850	204103
26388	350331		2835542	2670719	164823	2778244	1156987	47958	77
3407	157		349601	253526	96075	94527	196444	22878	11516
73712			352224	293811	58413	47097	122565	2181	
215975	93152		764264	88402	675862	180340	3870	7739	
6019653	3278400	3286	42111845	6066915	36044930	5771404	1000780	277308	89438
4617414	2481927		29837727	4642524	25195203	4406435	849567	215305	89438
1402239	796473	3286	12274118	1424391	10849727	1364969	151213	62003	
36159826	5314892		226724599	202449604	24274995	25478342	70170272	4023596	4112155
6421085	4834055		178282339	159220193	19062146	23512260	67339514	1978924	2473897
26870	8366		824782	734313	90469	132518	512970	15321	3141
			***	***		***		***	
29711871	472471		47537955	42415575	5122380	1826731	2317788	2028504	1635117
4151506	46792991	54	90336064	68684713	21651351	8502225	41274306	992430	837959
20300	7928		432402	365398	67004	82484	9001	3257	
193122	161472		25036221	23020669	2015552	3632053	9688337	816580	765057
2236036	46371846		55942588	39451965	16490623	3208891	30931799	78009	8118
828934	139319		6469315	5104177	1365138	1142379	607708	79968	64784
873114	112426	54	2455538	742504	1713034	436418	37461	14616	
531205	150037	1249	10792963	9445516	1347447	1246914	3735153	531713	11273
451010	105566		656912	106893	550019	105537	11142	14570	
			61379		61379	14648		340	
47779	23155	1249	9416034	8904295	511739	911087	3684515	491717	11273
6572	3370		31643	21763	9880	9060		710	
			154758	142947	11811	112282		2353	
			***	***		***		***	
			185535	48385	137150	47457	16011	8664	
25844	17946		272641	207172	65469	45890	23485	13331	
1229920	12303226	148422	48098829	39176847	8921982	2668284	22388724	80294	3709
859019	11870900	140346	40917984	37254321	3663663	1393300	22344061	1752	3709
43830	47807		1477179	1259803	217376	41992		171	
			***	***		***		***	
110275			134857	90092	44765	28092	5294	34554	
216796	384519	8076	5557883	561705	4996178	1189476	39369	41497	

2-10 限额以下批发和零售业法人单位商品购进、销售、库存

单位：千元

项目	单位数(个)	商品购进额	商品销售额	#零售额	年末商品库存额	年末零售营业面积(平方米)
合计	**183234**	**544761614**	**622459254**	**110718808**	**76624846**	**10170561**
一、按登记注册类型分						
内资	181535	529645618	601634832	107459330	73963875	10060563
国有	1008	21985751	23499653	997196	891218	107508
集体	2255	2996948	3737811	1415408	680098	238322
股份合作	3923	4628210	5361124	1745463	869303	264329
国有联营	16	14672	17303	12159	3447	585
集体联营	96	169227	172841	133054	59214	7002
国有与集体联营	19	25059	49304	19338	12203	3146
其他联营	244	480400	532149	113756	52273	27709
国有独资公司	111	4334735	4202323	280715	446295	6804
其他有限责任公司	40804	160674348	181383066	31348283	20730265	2780207
股份有限公司	1052	4878708	5347023	600094	662319	69652
私营独资	13587	13220866	15926018	3291357	1497690	632417
私营合伙	1471	2199953	2669170	688322	329102	80556
私营有限责任公司	114343	305708934	349676273	65681237	46787359	5695209
私营股份有限公司	1694	7939643	8574956	1024306	913908	95012
其他	912	388164	485818	108642	29181	52105
港澳台商投资	583	4793722	6425445	1772378	1313104	43756
与港澳台商合资经营	92	1189579	1245257	210598	203592	9185
与港澳台商合作经营	8	87251	91113	3	7430	484
港澳台商独资	471	3496325	5065615	1551833	1093001	33314
港澳台商投资股份有限公司	8	14391	17115	3599	8461	355
其他港澳台投资	4	6176	6345	6345	621	418
外商投资	1116	10322275	14398978	1487100	1347867	66242
中外合资经营	218	3443831	3835031	296086	394077	21549
中外合作经营	8	10303	14772		2750	520
外资企业	845	6221931	9613968	1143305	945286	42932
外商投资股份有限公司	26	58619	189827	41512	2423	866
其他外商投资	19	587590	745380	6196	3331	375
二、按隶属关系分						
中央	495	37795132	40777034	983332	1550130	53933
地方	6736	24732964	27637031	5086489	3531015	567090
其他	176003	482233518	554045190	104648988	71543701	9549538
三、按控股情况分						
国有控股	1743	61485899	63271153	2945360	3922329	208764
集体控股	3755	7806117	9117921	2578450	1579800	466653
私人控股	171317	451647613	519177683	99442655	66871725	9068432
港澳台商控股	577	4786433	6387763	1784570	1275672	39590
外商控股	1031	8506982	12399626	1414932	1280880	67356
其他	4811	10528570	12105108	2552841	1694440	319766
四、按经营方式分						
独立门店	116149	293920330	335925335	72828364	44338116	7447419
连锁总店(总部)	695	3039002	3392955	1327212	1206314	107346
连锁分店	928	3344507	3798265	2411162	836864	163807
其他	65462	244457776	279342700	34152071	30243553	2451989

2-10　续表　　单位：千元

项　目	单位数(个)	商品购进额	商品销售额	#零售额	年末商品库存额	年末零售营业面积(平方米)
五、按零售业态分						
有店铺零售	82665	66315397	81643140	69465566	17981178	6925740
食杂店	1796	734461	912060	773587	193920	130495
便利店	5649	2397252	3025864	2483839	735350	378273
折扣店	198	143882	208501	197738	40500	23672
超市	1473	1263875	1448347	1344821	364154	316076
大型超市	194	249192	344694	270742	73605	101709
仓储会员店	233	133929	183595	156908	40588	26031
百货店	8803	3265704	4603095	3674184	1153225	737975
专业店	35804	29799006	36283127	30656381	7576603	2454883
专卖店	15213	18162635	21823951	19521582	4711851	1343127
家居建材商店	4796	2145367	2615730	2312730	780748	515320
购物中心	663	1016655	958988	873688	411869	93455
厂家直销中心	7843	7003438	9235189	7199367	1898764	804724
无店铺零售	10889	8371147	9876204	8308306	1854694	255827
电视购物	87	63406	78539	61516	10985	2281
邮购	904	569237	714454	593203	147831	31182
网上商店	2819	3029097	3292943	3034669	537213	68116
自动售货亭	74	25580	39333	33706	9536	1840
电话购物	7005	4683827	5750935	4585212	1149129	152408
六、按六大产业功能区分						
北京经济技术开发区	1319	9249943	10890815	1688678	789743	68755
中关村国家自主创新示范区	1613	13651554	16151661	2420712	2405522	96632
金融街功能区	509	4943029	5002638	541687	678263	22152
北京商务中心区	3125	10632859	13409265	2250382	2403147	145020
奥林匹克中心区	2821	10314646	13043834	1767638	1994850	124069
临空经济区	1605	5524847	5934507	1012522	665499	101057
七、按四大城市功能区分						
首都功能核心区	21610	104615742	117653857	17075848	15403590	910643
东城区	9774	42443053	51212386	8450609	6066346	459774
西城区	11836	62172689	66441471	8625239	9337244	450869
城市功能拓展区	102319	265867763	309742086	66796947	40605195	5131739
朝阳区	38140	100407379	123863451	23162732	18100863	2264301
丰台区	23558	62954638	69240038	8691248	6071282	1108184
石景山区	5438	12150839	14207338	2154801	1880056	205323
海淀区	35183	90354908	102431259	32788166	14552994	1553931
城市发展新区	45336	141824448	159010661	20512004	16145782	3209684
房山区	7705	43261808	46032404	2677069	2751453	412166
通州区	11370	25030350	29237655	4628933	3430448	784164
顺义区	5202	12763551	14163315	2978662	1932655	528540
昌平区	10222	22704370	26506489	5432318	3020954	716857
大兴区	9518	28814426	32179983	3106345	4220529	699202
北京经济技术开发区	1319	9249943	10890815	1688678	789743	68755
生态涵养发展区	13969	32453661	36052652	6334010	4470279	918495
门头沟区	2780	6145990	6807367	1036231	936440	124120
怀柔区	4209	9299163	10595957	1471310	1149065	211136
平谷区	2574	3991007	4523735	1292610	686331	321299
密云县	3561	10574521	11353695	1794178	1341909	171990
延庆县	845	2442981	2771898	739682	356534	89950

2-11 按行业分限额以下批发和零售业法人单位商品购进、销售、库存

单位：千元

项目	单位数(个)	商品购进额	商品销售额	#零售额	年末商品库存额	年末零售营业面积(平方米)
合计	**183234**	**544761614**	**622459254**	**110718808**	**76624846**	**10170561**
批发业合计	**89680**	**470075071**	**530939910**	**32944936**	**56788975**	**2988994**
农、林、牧产品批发	1313	8014556	8672661	345141	1001346	45477
谷物、豆及薯类批发	189	2801762	2912677	150119	264048	7385
种子批发	347	774621	1078250	80759	376471	12281
饲料批发	318	3227339	3388332	39731	179286	9658
棉、麻批发	39	400680	396239	10154	15978	710
林业产品批发	140	242751	289233	18774	55509	4707
牲畜批发	18	32599	39553	8486	3984	240
其他农牧产品批发	262	534804	568378	37118	106070	10496
食品、饮料及烟草制品批发	8326	34224516	34904415	2401353	6385914	388379
米、面制品及食用油批发	574	5489262	5892797	197658	878227	32201
糕点、糖果及糖批发	349	1205521	1461380	98511	243726	8608
果品、蔬菜批发	1097	2194646	2547128	288903	278738	159964
肉、禽、蛋、奶及水产品批发	803	5303545	5790034	318703	774176	24953
盐及调味品批发	278	1634890	1827485	177903	190576	8445
营养和保健品批发	414	1098014	1106499	89835	406398	10945
酒、饮料及茶叶批发	2283	5172331	6244682	467554	1905557	70067
烟草制品批发	72	201979	225382	58363	30702	3023
其他食品批发	2456	11924328	9809029	703924	1677814	70173
纺织、服装及家庭用品批发	10978	39461872	45914061	2966484	6667176	378451
纺织品、针织品及原料批发	1120	6370574	6973314	410322	1384841	37989
服装批发	3726	11908018	13872692	909403	1880492	129570
鞋帽批发	300	683477	895070	126221	226773	9402
化妆品及卫生用品批发	819	2029382	2541788	186424	417679	16149
厨房、卫生间用具及日用杂货批发	1584	3959156	4748191	329974	593020	59568
灯具、装饰物品批发	689	1274689	1505268	155103	284682	16296
家用电器批发	1311	10146462	11371481	549676	1114923	44976
其他家庭用品批发	1429	3090113	4006257	299360	764766	64501
文化、体育用品及器材批发	6155	17157301	22583182	1787309	4019156	182288
文具用品批发	2196	5386588	6917481	400979	781699	54810
体育用品及器材批发	565	1232622	1622738	205862	552800	17927
图书批发	1078	3607604	4961065	451808	1164642	54485

2-11　续表 1　　单位：千元

项　　目	单位数(个)	商品购进额	商品销售额	#零售额	年末商品库存额	年末零售营业面积(平方米)
报刊批发	41	130068	229932	39048	30384	2251
音像制品及电子出版物批发	125	256357	370211	38502	64897	2998
首饰、工艺品及收藏品批发	1249	3878254	5375236	328105	969767	27270
其他文化用品批发	901	2665807	3106519	323005	454967	22547
医药及医疗器材批发	4364	19382591	24614266	2150923	2952438	99658
西药批发	188	1200884	1308224	112859	285866	9241
中药批发	127	874451	1008089	72706	150511	3922
医疗用品及器材批发	4049	17307255	22297954	1965358	2516061	86495
矿产品、建材及化工产品批发	21716	200512090	213564191	5040326	15304968	879392
煤炭及制品批发	295	9846372	10576906	79573	469273	35995
石油及制品批发	808	33139635	33938478	531472	2142874	28897
非金属矿及制品批发	223	2274423	2330329	140347	203712	7148
金属及金属矿批发	3548	63465325	66482652	1447905	4928392	128175
建材批发	13087	44358778	48514700	1976750	4182171	580423
化肥批发	318	7284893	6926940	64684	930444	10563
农药批发	137	315421	365730	35776	39278	3269
农用薄膜批发	25	95993	105107	8646	21801	631
其他化工产品批发	3275	39731251	44323349	755173	2387022	84291
机械设备、五金交电及电子产品批发	29288	122186972	145742101	14725791	17057926	774076
农业机械批发	347	1087337	1452729	115415	285087	15463
汽车批发	361	3419591	3868692	238052	645760	29455
汽车零配件批发	1662	7993448	10358208	1193798	919396	78637
摩托车及零配件批发	62	521579	596888	74586	72966	3661
五金产品批发	5053	13004463	16395738	1379182	1868115	146951
电气设备批发	2401	8975208	10187555	790307	1546184	61928
计算机、软件及辅助设备批发	4748	25430594	29653207	4829960	2964073	106617
通讯及广播电视设备批发	1006	10765897	11613281	595848	942910	28335
其他机械设备及电子产品批发	13648	50988856	61615804	5508643	7813434	303029
贸易经纪与代理	1897	11679342	12969473	524071	589395	36347
贸易代理	1190	10288466	11255667	456186	419607	21004
拍卖	226	239026	432854	8999	14401	3613
其他贸易经纪与代理	481	1151850	1280952	58886	155387	11730
其他批发	5643	17455829	21975560	3003537	2810656	204926
再生物资回收与批发	573	1183543	1399358	64326	186775	46484
其他未列明批发业	5070	16272286	20576202	2939211	2623881	158442

2-11 续表 2 单位：千元

项目	单位数(个)	商品购进额	商品销售额	#零售额	年末商品库存额	年末零售营业面积(平方米)
零售业合计	**93554**	**74686544**	**91519345**	**77773873**	**19835871**	**7181567**
综合零售	6848	3183482	4010504	3336812	1012229	775384
百货零售	3492	1343345	1669167	1312058	459964	336677
超级市场零售	363	406076	521088	497840	108430	151133
其他综合零售	2993	1434061	1820248	1526914	443834	287574
食品、饮料及烟草制品专门零售	7320	3894753	4731309	4106377	1585796	572159
粮油零售	355	265698	336305	314742	64081	32239
糕点、面包零售	352	301153	357846	327916	65461	30168
果品、蔬菜零售	920	482365	588200	519759	72024	83585
肉、禽、蛋、奶及水产品零售	536	412459	462831	405946	69425	54184
营养和保健品零售	488	180750	256496	228070	91943	28373
酒、饮料及茶叶零售	2152	987982	1268209	1129667	712232	155082
烟草制品零售	503	255092	245035	233701	114248	27624
其他食品零售	2014	1009253	1216386	946577	396381	160904
纺织、服装及日用品专门零售	13196	6790055	8686864	7743320	3136628	941282
纺织品及针织品零售	1117	600395	723725	642735	388585	83858
服装零售	5674	3204186	4549123	4213053	1597592	425331
鞋帽零售	325	593881	427801	408432	256763	26388
化妆品及卫生用品零售	1167	430755	578203	453006	130550	64600
钟表、眼镜零售	454	406456	481743	384565	176783	33868
箱、包零售	295	146182	185354	165256	67323	17623
厨房用具及日用杂品零售	770	252253	313889	249106	89926	58939
自行车零售	130	74674	94275	87840	19656	11387
其他日用品零售	3264	1081274	1332751	1139327	409450	219288
文化、体育用品及器材专门零售	11023	5111750	7094931	6148404	2134101	720922
文具用品零售	3312	1309294	1846132	1573943	338214	153758
体育用品及器材零售	890	459062	595123	526283	153758	65089
图书、报刊零售	2023	1079158	1555983	1361297	497777	142308
音像制品及电子出版物零售	302	74319	99162	80007	31931	13524
珠宝首饰零售	904	618754	934399	892820	477582	84947
工艺美术品及收藏品零售	2125	602549	869914	748310	349599	177476
乐器零售	222	91638	183546	125991	40863	17369
照相器材零售	199	407092	458576	433803	47578	10007
其他文化用品零售	1046	469885	552097	405951	196800	56444

2-11　续表 3　　　单位：千元

项　　目	单位数（个）	商品购进额	商品销售额	#零售额	年末商品库存额	年末零售营业面积（平方米）
医药及医疗器材专门零售	5374	5806318	7419778	6420762	1230406	441504
药品零售	2111	942764	1165385	1071688	359490	220761
医疗用品及器材零售	3263	4863554	6254393	5349074	870916	220743
汽车、摩托车、燃料及零配件专门零售	4018	13034700	14251910	13525622	2589799	695091
汽车零售	1049	9033832	9393116	9250362	1898011	346710
汽车零配件零售	2467	1824307	2092093	1682907	489946	211201
摩托车及零配件零售	105	96397	109873	109604	36459	11985
机动车燃料零售	397	2080163	2656828	2482750	165383	125195
家用电器及电子产品专门零售	19241	20144783	24958086	18930596	3709013	867999
家用视听设备零售	297	293788	317407	255448	61249	17636
日用家电设备零售	1945	1775034	2021980	1805168	615789	133317
计算机、软件及辅助设备零售	8447	9197818	11636039	8606895	1422155	313110
通信设备零售	1518	1860817	2141994	1678045	279249	81980
其他电子产品零售	7034	7017325	8840666	6585041	1330572	321956
五金、家具及室内装修材料专门零售	14913	7529814	9289826	7966045	2256813	1336816
五金零售	7661	4201954	5072237	4243624	1024882	516881
灯具零售	367	287768	359442	321260	61800	29078
家具零售	2320	1036994	1416357	1238259	478580	337951
涂料零售	274	154344	179381	155821	40752	20148
卫生洁具零售	217	124458	146493	133619	44311	20637
木质装饰材料零售	490	204018	246797	225729	56200	43885
陶瓷、石材装饰材料零售	734	368864	392855	352008	166976	141076
其他室内装修材料零售	2850	1151414	1476263	1295724	383315	227160
货摊、无店铺及其他零售	11621	9190888	11076136	9595934	2181087	830410
货摊食品零售	68	22769	27982	19642	7083	3933
货摊纺织、服装及鞋零售	109	32840	39768	33779	16293	6158
货摊日用品零售	90	21809	32799	28285	1333	3360
互联网零售	616	1740569	1751870	1714811	141153	8814
邮购及电视、电话销售	342	153508	179330	172254	42018	4208
旧货零售	21	12138	13961	13784	3766	14743
生活用燃料零售	286	412216	516029	497536	56409	104813
其他未列明零售业	10089	6795039	8514396	7115843	1913032	684381

2-12 按行业分限额以上批发和

项目	合计			
	商品销售额			商品销售额
		批发额	零售额	
合计	**5725662036**	**5025614497**	**700047539**	**4955831219**
粮油、食品、饮料、烟酒类	310531122	242576961	67954161	233486999
(1)粮油、食品类	194115440	143261384	50854056	136280619
其中：粮油类	89231609	81684405	7547204	80599989
肉禽蛋类	17209710	10123143	7086567	8968274
水产品类	4225787	2491848	1733939	2304383
蔬菜类	2576739	701312	1875427	314735
干鲜果品类	6909700	2852096	4057604	1686709
(2)饮料类	33978566	28297024	5681542	26355758
(3)烟酒类	82437116	71018553	11418563	70850622
其中：酒类	33841084	26210776	7630308	26353691
服装、鞋帽、针纺织品类	108121450	44085223	64036227	40424636
(1)服装类	72524462	23555160	48969302	21313034
(2)鞋帽类	22062755	10644988	11417767	9349697
(3)针纺织品类	13534233	9885075	3649158	9761905
化妆品类	24909577	9298732	15610845	7773494
金银珠宝类	133702661	97945470	35757191	102408914
其中：黄金及饰品、铂金饰品类	98414415	71678017	26736398	76525685
日用品类	61430851	31022241	30408610	22386343
其中：洗涤用品类	10578385	5065439	5512946	4247714
儿童玩具类	2231336	1071893	1159443	782315
五金、电料类	12717282	11259195	1458087	11086996
体育、娱乐用品类	54697593	43698677	10998916	36916497
书报杂志类	19572160	8649604	10922556	8223135
电子出版物及音像制品类	5048472	2095701	2952771	2038927
家用电器及音像器材类	111158284	78730001	32428283	70350572
中西药品类	150138714	78337016	71801698	100530666
其中：西药类	102124136	52281485	49842651	70253415
中草药及中成药类	24237062	11552844	12684218	14524899
文化办公用品类	174906964	135684368	39222596	123817750
家具类	10490238	1422632	9067606	1570883
通讯器材类	362365667	313109607	49256060	294492671
煤炭及制品类	324912138	324543903	368235	324895243
木材及制品类	39401329	39401329		39399242
石油及制品类	667402668	610049674	57352994	590205078
化工材料及制品类	684953665	684953665		684386253
其中：化肥类	116078564	116078564		116053280
金属材料类	1150328555	1150328555		1150207238
建筑及装潢材料类	35248228	32827842	2420386	33584313
机电产品及设备类	274627173	269177735	5449438	270300729
其中：农机类	3326076	3326076		3326076
汽车类	794175532	614020467	180155065	603773364
其中：汽车配件类	69529401	55289638	14239763	54681567
种子饲料类	12734300	12734300		12734300
棉麻类	34903091	34899124	3967	34899124
其他类	167184322	154762475	12421847	155937852

零售业法人单位商品分类销售情况

单位：千元

批发业		零售业		
批发额	零售额	商品销售额	批发额	零售额
4885714789	**70116430**	**769830817**	**139899708**	**629931109**
231558514	1928485	77044123	11018447	66025676
135778392	502227	57834821	7482992	50351829
80477904	122085	8631620	1206501	7425119
8796186	172088	8241436	1326957	6914479
2290522	13861	1921404	201326	1720078
289289	25446	2262004	412023	1849981
1680920	5789	5222991	1171176	4051815
26255222	100536	7622808	2041802	5581006
69524900	1325722	11586494	1493653	10092841
25054431	1299260	7487393	1156345	6331048
39013344	1411292	67696814	5071879	62624935
20288588	1024446	51211428	3266572	47944856
9013423	336274	12713058	1631565	11081493
9711333	50572	3772328	173742	3598586
7707233	66261	17136083	1591499	15544584
95158448	7250466	31293747	2787022	28506725
69794029	6731656	21888730	1883988	20004742
20896637	1489706	39044508	10125604	28918904
3791350	456364	6330671	1274089	5056582
779929	2386	1449021	291964	1157057
10880157	206839	1630286	379038	1251248
36263757	652740	17781096	7434920	10346176
7980648	242487	11349025	668956	10680069
1954074	84853	3009545	141627	2867918
69260664	1089908	40807712	9469337	31338375
69569231	30961435	49608048	8767785	40840263
45719867	24533548	31870721	6561618	25309103
10633751	3891148	9712163	919093	8793070
119159140	4658610	51089214	16525228	34563986
1329291	241592	8919355	93341	8826014
290525626	3967045	67872996	22583981	45289015
324543903	351340	16895		16895
39399242		2087	2087	
580468460	9736618	77197590	29581214	47616376
684386253		567412	567412	
116053280		25284	25284	
1150207238		121317	121317	
32755338	828975	1663915	72504	1591411
268813251	1487478	4326444	364484	3961960
3326076				
602760868	1012496	190402168	11259599	179142569
54582416	99151	14847834	707222	14140612
12734300				
34899124		3967		3967
153490048	2447804	11246470	1272427	9974043

2-13 按规模分限额以上批发和

项目	合计			大型企业		
	商品销售额			商品销售额		
		批发额	零售额		批发额	零售额
合　　计	**5725662036**	**5025614497**	**700047539**	**2902792735**	**2522238495**	**380554240**
粮油、食品、饮料、烟酒类	310531122	242576961	67954161	159472513	102173958	57298555
(1)粮油、食品类	194115440	143261384	50854056	88500810	43564139	44936671
其中：粮油类	89231609	81684405	7547204	21233252	14880648	6352604
肉禽蛋类	17209710	10123143	7086567	12332413	5788761	6543652
水产品类	4225787	2491848	1733939	1838785	255517	1583268
蔬菜类	2576739	701312	1875427	2106638	403846	1702792
干鲜果品类	6909700	2852096	4057604	4741898	1140499	3601399
(2)饮料类	33978566	28297024	5681542	28301269	23907146	4394123
(3)烟酒类	82437116	71018553	11418563	42670434	34702673	7967761
其中：酒类	33841084	26210776	7630308	19057938	14150141	4907797
服装、鞋帽、针纺织品类	108121450	44085223	64036227	61645614	13723925	47921689
(1)服装类	72524462	23555160	48969302	42768690	5868515	36900175
(2)鞋帽类	22062755	10644988	11417767	15406238	7034873	8371365
(3)针纺织品类	13534233	9885075	3649158	3470686	820537	2650149
化妆品类	24909577	9298732	15610845	19822513	6335722	13486791
金银珠宝类	133702661	97945470	35757191	76441479	50623744	25817735
其中：黄金及饰品、铂金饰品类	98414415	71678017	26736398	68168795	49259685	18909110
日用品类	61430851	31022241	30408610	41460182	19634648	21825534
其中：洗涤用品类	10578385	5065439	5512946	8167363	3259221	4908142
儿童玩具类	2231336	1071893	1159443	1879150	1025729	853421
五金、电料类	12717282	11259195	1458087	4111219	3407277	703942
体育、娱乐用品类	54697593	43698677	10998916	47496844	38465346	9031498
书报杂志类	19572160	8649604	10922556	10929611	3058043	7871568
电子出版物及音像制品类	5048472	2095701	2952771	1981410	931680	1049730
家用电器及音像器材类	111158284	78730001	32428283	91765637	64100495	27665142
中西药品类	150138714	78337016	71801698	74629734	36508053	38121681
其中：西药类	102124136	52281485	49842651	57772567	28660820	29111747
中草药及中成药类	24237062	11552844	12684218	11876182	4290749	7585433
文化办公用品类	174906964	135684368	39222596	77295022	53827720	23467302
家具类	10490238	1422632	9067606	3319844	900714	2419130
通讯器材类	362365667	313109607	49256060	275574047	233275402	42298645
煤炭及制品类	324912138	324543903	368235	146335306	146335306	
木材及制品类	39401329	39401329		20439123	20439123	
石油及制品类	667402668	610049674	57352994	370380810	329031089	41349721
化工材料及制品类	684953665	684953665		449576262	449576262	
其中：化肥类	116078564	116078564		66157931	66157931	
金属材料类	1150328555	1150328555		363234112	363234112	
建筑及装潢材料类	35248228	32827842	2420386	15250175	14686707	563468
机电产品及设备类	274627173	269177735	5449438	150225917	150225917	
其中：农机类	3326076	3326076		527386	527386	
汽车类	794175532	614020467	180155065	387742381	371359336	16383045
其中：汽车配件类	69529401	55289638	14239763	34943973	34016806	927167
种子饲料类	12734300	12734300		5326222	5326222	
棉麻类	34903091	34899124	3967	880440	880440	
其他类	167184322	154762475	12421847	47456318	44177254	3279064

零售业法人单位商品分类销售情况

单位：千元

中型企业			小型企业			微型企业		
商品销售额	批发额	零售额	商品销售额	批发额	零售额	商品销售额	批发额	零售额
2285339865	**2026345158**	**258994707**	**466048432**	**412741405**	**53307027**	**71481004**	**64289439**	**7191565**
126360152	118030311	8329841	22306161	20248846	2057315	2392296	2123846	268450
85504913	80986379	4518534	18686214	17386826	1299388	1423503	1324040	99463
59092510	58204961	887549	7603763	7309307	294456	1302084	1289489	12595
3012034	2543488	468546	1857053	1783899	73154	8210	6995	1215
2147080	2045232	101848	239917	191099	48818	5		5
343024	192073	150951	127073	105393	21680	4		4
1424936	1111244	313692	666808	594289	72519	76058	6064	69994
5098144	3978509	1119635	562071	401929	160142	17082	9440	7642
35757095	33065423	2691672	3057876	2460091	597785	951711	790366	161345
11723332	9585058	2138274	2672922	2201693	471229	386892	273884	113008
37603605	23760038	13843567	8350229	6329804	2020425	522002	271456	250546
25426718	15075634	10351084	4008898	2488496	1520402	320156	122515	197641
5284100	2629152	2654948	1318862	951613	367249	53555	29350	24205
6892787	6055252	837535	3022469	2889695	132774	148291	119591	28700
4092829	2469144	1623685	923689	493866	429823	70546		70546
55298349	46364129	8934220	1722145	880805	841340	240688	76792	163896
29125146	21762803	7362343	1015766	605024	410742	104708	50505	54203
16303383	9426527	6876856	3432014	1896828	1535186	235272	64238	171034
2026349	1538160	488189	381814	268058	113756	2859		2859
344801	40650	304151	7150	5514	1636	235		235
4314491	4040212	274279	4088012	3694704	393308	203560	117002	86558
5071017	3776162	1294855	2069778	1450314	619464	59954	6855	53099
6609896	4414273	2195623	1705118	1107942	597176	327535	69346	258189
2395112	637444	1757668	643882	524849	119033	28068	1728	26340
14625842	11843187	2782655	4105301	2407814	1697487	661504	378505	282999
58498938	34440986	24057952	15199705	6966976	8232729	1810337	421001	1389336
36158218	20228177	15930041	7488171	3213409	4274762	705180	179079	526101
10805923	6237496	4568427	1350932	858368	492564	204025	166231	37794
67231649	58577841	8653808	26851831	21181967	5669864	3528462	2096840	1431622
6244590	106365	6138225	785265	301589	483676	140539	113964	26575
78050834	73612621	4438213	8148624	5997863	2150761	592162	223721	368441
166081174	166042694	38480	11924507	11915869	8638	571151	250034	321117
17735075	17735075		924799	924799		302332	302332	
206897307	200679178	6218129	60698536	51488348	9210188	29426015	28851059	574956
172013464	172013464		54965170	54965170		8398769	8398769	
38848662	38848662		10490123	10490123		581848	581848	
613864534	613864534		160520849	160520849		12709060	12709060	
14898323	13365154	1533169	4530578	4300125	230453	569152	475856	93296
91611158	88618881	2992277	29665628	27415100	2250528	3124470	2917837	206633
2462572	2462572		336118	336118				
385893962	234593856	151300106	18670249	6928143	11742106	1868940	1139132	729808
31460225	19002314	12457911	2887143	2119119	768024	238060	151399	86661
5766601	5766601		1584071	1584071		57406	57406	
28623022	28623022		4029979	4026012	3967	1369650	1369650	
99254558	93543459	5711099	18202312	15188752	3013560	2271134	1853010	418124

2-14 批发和零售业

项目	单位数(个)	#亏损企业	应收账款	固定资产合计	固定资产原价
合计	**190704**	**63716**	**577382317**	**283617906**	**565900795**
一、按登记注册类型分					
内资	188460	62574	510991804	267233316	534928244
国有	1292	352	23943521	11865890	17746968
集体	2350	631	1458186	1612465	2267889
股份合作	4011	1048	1950242	924480	1243733
国有联营	17	6	17616	5012	7403
集体联营	99	30	27548	8975	17560
国有与集体联营	25	6	57891	27396	49703
其他联营	244	77	109210	32620	24638
国有独资公司	218	56	33431705	5611458	8165792
其他有限责任公司	43090	15000	285404019	210132857	79298347
股份有限公司	1173	332	26779178	11996058	19285150
私营独资	13597	3554	3294414	1398706	928907
私营合伙	1478	416	577030	197695	179251
私营有限责任公司	118167	40356	130400002	22553432	404715876
私营股份有限公司	1787	523	3513021	723968	841975
其他	912	187	28221	142304	155052
港澳台商投资	781	432	13372509	4320920	7086559
与港澳台商合资经营	131	65	1722387	530743	995690
与港澳台商合作经营	10	6	63468	112532	165202
港澳台商独资	625	355	11471946	3075677	4840308
港澳台商投资股份有限公司	11	5	114360	597332	1080443
其他港澳台投资	4	1	348	4635	4916
外商投资	1463	710	53018004	12063670	23885992
中外合资经营	293	145	13131175	2776482	4950269
中外合作经营	13	6	5666	44099	81540
外资企业	1109	540	39704388	9231167	18807210
外商投资股份有限公司	29	13	129463	7195	40045
其他外商投资	19	6	47312	4727	6928
二、按隶属关系分					
中央	968	246	231720889	24690540	37769769
地方	7469	2357	35286373	31182493	43116441
其他	182267	61113	310375055	227744872	485014585
三、按行业分					
批发业	94660	31241	515589957	244054331	502016879
零售业	96044	32475	61792359	39563574	63883916
四、按控股情况分					
国有控股	2945	767	296299568	57463356	85021807
集体控股	3997	1124	5811291	4852713	6941231
私人控股	176764	59062	203670877	203109362	441045012
港澳台商控股	770	424	13670986	4161975	6845644
外商控股	1364	674	49431319	10939016	22111051
其他	4864	1665	8498276	3091483	3936051

法人单位主要财务状况

单位：千元

#本年折旧	资产总计	负债合计	所有者权益合计	#实收资本	营业收入	#主营业务收入
13119388	**4039888251**	**2830587799**	**1209300452**	**771874574**	**5535346563**	**5424007778**
9965327	3439903184	2458066960	981836224	668890728	4613303170	4517998582
1055477	396795579	273581737	123213842	63088971	490166512	487939791
113148	19541408	14494242	5047166	2806263	15601339	15179471
152763	16545659	13884129	2661530	3242184	14622892	14458689
375	54810	38960	15850	17508	92129	90941
1172	317995	303623	14372	63362	447265	434818
2022	1106830	733312	373519	387359	1431937	1404930
1028	642845	238797	404048	309382	512916	496178
385099	318694707	225533505	93161202	44297731	681859505	633731772
4197167	1601517271	1223244891	378272380	292880406	2231808642	2201278299
1025072	404198188	236013312	168184876	55389308	366433540	361767210
79106	15743650	9270101	6473550	5787219	16158493	15986686
24861	2634716	1448664	1186052	1104995	2937688	2899105
2850352	646171689	451485585	194686104	193671428	776906396	768176988
72912	15267785	7628925	7638859	5409869	13849205	13688979
4775	670050	167177	502873	434743	474712	464727
689275	117832504	79707859	38124645	22735571	151118876	149147244
70146	14362281	8661194	5701087	3606867	19248962	18787002
12145	398763	363280	35483	154640	1676842	1657945
535156	98531184	66371377	32159806	18261364	125245912	123880807
71093	4521197	4311313	209884	694931	4934939	4809270
736	19078	694	18384	17769	12221	12221
2464785	482152563	292812980	189339583	80248276	770924517	756861952
385928	64823826	54362157	10461669	9540207	171341206	169785112
9167	1072294	406726	665568	702849	2204823	2145865
2063350	414760066	237449650	177310415	69405872	596158880	583713169
5487	1124343	274227	850116	539510	561405	560747
853	372034	320219	51815	59836	658203	657059
1820923	1542857051	1129638372	413218679	228341549	2099255176	2045565644
2271995	403480733	297942606	105538127	77279603	480691636	473622651
9026470	2093550467	1403006821	690543646	466253422	2955399751	2904819482
8682041	3479890806	2433312986	1046577818	626224625	4769688788	4676300508
4437346	559997445	397274813	162722633	145649949	765657775	747707269
4347638	2189489806	1558921431	630568375	334776867	3111253576	3036229275
459894	87400417	69325145	18075272	11789476	116428247	114153532
5071224	1146554558	822022941	324531618	310603492	1404906363	1387464321
660969	114702162	77923452	36778711	22465590	149040970	147140761
2385727	458242959	274451220	183791739	77816739	704111350	690469418
193935	43498349	27943611	15554738	14422409	49606056	48550469

2-14 续表 1

项目	单位数(个)	#亏损企业	应收账款	固定资产合计	固定资产原价
五、按企业规模分					
大型企业	338	79	242219751	42386114	72204779
中型企业	3162	750	156199032	43603043	60034554
小型企业	14322	2998	95082150	97091256	21929092
微型企业	172779	59885	83871057	100536715	411729291
其他	103	4	10327	776	3080
六、按限额标准分					
限额以上	7470	1630	443448348	90629545	141533430
限额以下	183234	62086	133933969	192988361	424367365
七、按经营方式分					
独立门店	120544	38900	238143391	213436519	454898576
连锁总店	848	286	2920217	12742677	21468446
连锁分店	1006	351	1159624	1124069	1651097
其他	68306	24179	335159085	56314640	87882677
八、按年末零售营业面积分					
10000平方米及以上	227	78	9019347	20889593	33712655
5000-9999平方米	297	111	8061722	3820011	6122705
1000-4999平方米	1805	634	6994009	8535025	9404127
999平方米及以下	188375	62893	553307239	250373278	516661308
九、按六大产业功能区分					
北京经济技术开发区	1454	655	9681862	3919724	6087842
中关村国家自主创新示范区	2257	631	80672155	12876437	22881361
金融街功能区	563	203	44648311	2296812	3587783
商务中心区	3456	1480	24823420	4872219	16365727
奥林匹克中心区	3070	1203	14081892	5941575	8816681
临空经济区	1691	531	4547117	1594098	2497840
十、按四大城市功能区分					
首都功能核心区	22959	8200	146442746	105012282	36153582
东城区	10409	3464	52260778	92817579	17393664
西城区	12550	4736	94181968	12194703	18759918
城市功能拓展区	106880	35160	349771982	152363161	495481518
朝阳区	40160	14742	201737602	44879516	74503588
丰台区	24081	8166	28702587	7121271	11012543
石景山区	5613	2173	8098683	2710627	4196741
海淀区	37026	10079	111233110	97651747	405768646
城市发展新区	46591	16177	67857428	23359324	30217287
房山区	8012	2854	10911960	2758961	3657012
通州区	11542	4282	8069285	4652612	6391042
顺义区	5381	1569	8238856	6816282	6467642
昌平区	10435	3575	18537233	2209689	3399287
大兴区	9767	3242	12418232	3002057	4214461
北京经济技术开发区	1454	655	9681862	3919724	6087842
生态涵养发展区	14274	4179	13310161	2883138	4048408
门头沟区	2877	928	3333411	356012	517833
怀柔区	4254	1121	1877783	736036	964961
平谷区	2637	665	3401804	486423	745213
密云县	3634	1132	4057547	879914	1307185
延庆县	872	333	639617	424754	513216

单位：千元

#本年折旧	资产总计	负债合计	所有者权益合计	#实收资本	营业收入	#主营业务收入
5201497	1645603759	1159932538	485671221	179736507	2458386628	2385914953
3582896	1363842497	995902753	367939743	235545084	2107812745	2081291023
1861222	436788257	330346757	106441500	100320369	670683598	662578037
2473052	593623762	344393127	249230634	256248064	298415851	294176024
721	29977	12624	17353	24551	47741	47741
9339548	3202566932	2306776977	895789955	451752692	4935250946	4832699293
3779840	837321319	523810822	313510497	320121882	600095617	591308485
6266141	1719889272	1229360498	490528774	336260196	2677173148	2606702085
1243038	127849026	91610408	36238618	17665513	194122642	189419567
121241	22351830	16657522	5694308	4767915	33586688	31748814
5488968	2169798124	1492959371	676838752	413180951	2630464084	2596137311
1998121	224289028	164482786	59806241	26237892	365553065	307058797
409026	57357090	38426332	18930758	9873355	114363970	113057331
798027	91814668	69270105	22544563	17019820	139485525	137482335
9914213	3666427465	2558408577	1108018889	718743506	4915944002	4866409314
547905	101097012	60499018	40597994	31602710	180237803	177218993
2201503	573281767	411044147	162237621	77782133	814209132	804730756
184244	283311417	210939922	72371495	55198840	178395709	177711015
779756	226176425	133306716	92869708	48244134	234871939	229823973
512910	300800106	178691152	122108954	48195419	199790913	198582770
168212	30849311	21738285	9111027	10391942	41194648	40093526
2714697	1147069712	832574327	314495384	178167173	1295862852	1235605434
1664274	482354148	345071947	137282201	65450660	573615117	565483377
1050423	664715564	487502380	177213184	112716513	722247734	670122058
8052083	2424293004	1685215989	739077016	457471847	3490757832	3448339777
4658856	1447739924	965916431	481823495	259990885	1692360394	1675354006
774795	143900534	102010709	41889825	38370738	272850200	270268395
286451	70959464	54091797	16867667	16042924	111946408	110306846
2331981	761693082	563197052	198496029	143067299	1413600831	1392410529
2108214	404555893	269675924	134879969	116036984	667332943	659240080
189568	48217559	34196107	14021452	13228515	121220410	120594443
454189	66989443	41856732	25132710	17319968	84063981	83094270
374366	62476183	43336889	19139294	17883550	74799481	73006437
229796	65990186	46293638	19696548	20142495	115922945	115228943
312389	59785509	43493539	16291970	15859745	91088323	90096993
547905	101097012	60499018	40597994	31602710	180237803	177218993
244393	63969642	43121559	20848083	20198570	81392936	80822487
62065	14744657	10889109	3855548	3784966	19531324	19447120
52266	12622139	7590149	5031990	4942226	18389228	18247769
33024	13071822	8745892	4325930	3892344	17571326	17406484
72747	18298494	11811501	6486992	6137126	21449290	21314344
24291	5232531	4084908	1147623	1441907	4451769	4406770

2-14 续表 2

项目	营业成本	营业税金及附加	#主营业务税金及附加	其他业务利润	销售费用
合计	**5129785124**	**11089446**	**10382514**	**28249225**	**197959098**
一、按登记注册类型分					
内资	4350638576	8080581	7429106	15122775	120518085
国有	465693531	1562700	1508512	-5203254	8256666
集体	13919218	55316	45573	245537	755023
股份合作	13341729	37099	32647	78158	518801
国有联营	80952	392	372	3	5352
集体联营	310526	1765	1755	285	68992
国有与集体联营	1389340	1648	1380	2668	12900
其他联营	397068	1352	1347	3994	23821
国有独资公司	664132134	760697	669817	1113923	8427430
其他有限责任公司	2114978042	2833365	2651981	11042254	54759479
股份有限公司	342870897	997462	817228	3794749	11739104
私营独资	13985111	56454	52812	27560	531538
私营合伙	2462679	17165	15148	7540	132437
私营有限责任公司	704811925	1711873	1591684	3943101	34420958
私营股份有限公司	11902874	40896	36473	65619	834343
其他	362550	2398	2376	638	31242
港澳台商投资	124215265	669398	643587	1120448	16346689
与港澳台商合资经营	15692268	104585	89428	400882	1690436
与港澳台商合作经营	1608430	1421	1363	1948	99904
港澳台商独资	102695551	519110	508911	683246	13527131
港澳台商投资股份有限公司	4217085	43918	43531	34371	1024217
其他港澳台投资	1931	363	353	1	5002
外商投资	654931283	2339468	2309821	12006002	61094324
中外合资经营	156333987	286967	284603	1066541	9228363
中外合作经营	1963223	8386	8386	48262	162065
外资企业	495796663	2038002	2010754	10889011	51557339
外商投资股份有限公司	264111	5472	5437	625	120550
其他外商投资	573300	641	641	1563	26006
二、按隶属关系分					
中央	2028191381	2495755	2301216	-2038047	27258921
地方	442317841	1835432	1742803	5462341	19413257
其他	2659275902	6758259	6338495	24824931	151286920
三、按行业分					
批发业	4464716059	7982065	7527448	14137500	140317641
零售业	665069066	3107381	2855065	14111725	57641458
四、按控股情况分					
国有控股	2987839851	4708993	4335848	3183486	52584370
集体控股	106416926	238571	157936	1722884	5058340
私人控股	1274253567	3089829	2902497	9699943	63211887
港澳台商控股	122862760	662685	637682	1064242	16158742
外商控股	593959830	2257512	2227897	11873728	58235163
其他	44452190	131857	120654	704943	2710597

单位：千元

管理费用	#税金	财务费用	营业利润	投资收益	利润总额	应交所得税	应交增值税
128046368	**2821027**	**12265349**	**88367734**	**49701390**	**102605312**	**23328357**	**51593574**
92160269	2199156	14019227	54164327	36508023	60737104	14505628	31027927
6656047	316871	931234	9552221	5078121	11790920	2399681	1812152
724000	19047	138636	293083	431256	244561	23850	156278
657680	7890	204380	-209491	32067	-242344	15630	138379
7068	30	-1222	-1299	168	-1316	6	1420
16383	260	1824	-2801		2097	903	10551
21814	1047	10452	63303	72229	64013	2276	9809
28804	271	1424	7349	-58	2068	877	6740
5156064	277954	1727969	12061536	12194676	13259765	1593355	4665991
34497991	979096	5856394	21551027	10925669	23601789	7480654	12627877
5640663	218388	1680779	9759005	6671808	10457615	1390509	1813901
1016448	18890	56661	289290	6452	245799	31677	266859
204989	1894	9149	54696	-1001	21579	4434	36313
36623069	349530	3394828	244621	779065	771380	1524106	9283565
872502	7587	7066	472210	317581	489699	36609	194781
36746	399	-349	29579	-10	29478	1063	3314
6262210	101771	488736	4824185	3834843	7577732	1736230	3592831
835450	9148	145068	949274	165191	956536	282074	502510
42452	1115	5213	-83252		-83125	1489	1168
5019972	79788	254597	4662828	3669225	7391522	1438774	2970900
361145	11704	83770	-706152	427	-688290	13635	118504
3191	16	87	1488		1089	259	-252
29623889	520100	-2242614	29379222	9358524	34290476	7086499	16972816
2905388	106092	453705	2311937	182143	2430351	844577	1873186
73157	330	-1425	-3937	-1684	-4326	5017	48682
26526320	406663	-2709101	27039884	9172033	31830526	6223747	15021744
87689	5703	7708	7362	-180	8856	12080	25098
31336	1312	6499	23974	6212	25070	1078	4104
18544231	922187	2802459	37304764	26131596	41357408	7614983	8962630
11105983	381099	2558123	6297775	3526170	7101098	2071716	4091786
98396154	1517742	6904767	44765195	20043623	54146806	13641658	38539158
93475765	2260798	8824080	80562178	44951766	94039778	19471388	39653861
34570604	560230	3441269	7805556	4749624	8565534	3856969	11939713
30409090	1500680	6160268	52886016	32924405	58231735	11046470	14864556
2251612	59625	913531	918221	534260	1246405	396390	914774
58678954	654597	6883183	2427925	3214455	3358795	3338124	15507604
6017257	102497	384506	4493703	3674567	7242124	1681234	3504479
28803158	480038	-2373446	27438837	9326555	32317274	6605819	16134195
1886296	23590	297307	203033	27148	208977	260320	667965

2-14 续表 3

项目	营业成本	营业税金及附加	#主营业务税金及附加	其他业务利润	销售费用
五、按企业规模分					
大型企业	2265771535	4623256	4247144	22001790	108700147
中型企业	1984582933	3938522	3800845	2376969	52985443
小型企业	614979237	1165897	1065342	2266094	22260889
微型企业	264417035	1361503	1268912	1603985	14011098
其他	34384	270	270	387	1522
六、按限额标准分					
限额以上	4602494753	9230570	8692383	26035683	168532511
限额以下	527290371	1858876	1690131	2213542	29426587
七、按经营方式分					
独立门店	2492216500	5695049	5277574	8196956	78830873
连锁总店	168949638	935898	892306	3940479	15236545
连锁分店	29104755	138954	134965	1701654	3180458
其他	2439514232	4319546	4077669	14410136	100711222
八、按年末零售营业面积分					
10000平方米及以上	314097853	1844692	1631734	10582352	28935803
5000-9999平方米	100696521	320819	300995	1053977	7669894
1000-4999平方米	124366619	333333	304436	1568922	8299418
999平方米及以下	4590624131	8590603	8145349	15043974	153053983
九、按六大产业功能区分					
北京经济技术开发区	164166015	269789	261533	2699180	8218196
中关村国家自主创新示范区	741452409	1433437	1402990	8837764	28296989
金融街功能区	172843839	203270	199278	281656	2089506
商务中心区	199519277	770557	738130	3240124	20827108
奥林匹克中心区	183828167	412922	299449	481346	10036147
临空经济区	35974411	95370	92397	859969	2922173
十、按四大城市功能区分					
首都功能核心区	1203715384	2511724	2275463	8265801	44696540
东城区	527359214	1109473	1060181	4531179	23632049
西城区	676356171	1402251	1215281	3734622	21064491
城市功能拓展区	3232668949	6976997	6559933	13837792	122536368
朝阳区	1531182690	4317716	4095874	11678022	83156201
丰台区	252810138	610321	569730	1742996	9266876
石景山区	104954413	230992	219225	1528520	3698457
海淀区	1343721708	1817969	1675104	-1111746	26414834
城市发展新区	618552308	1361183	1313461	5696615	27691345
房山区	120471756	145122	136868	356073	1888881
通州区	74558872	258549	252763	100643	4859566
顺义区	65629270	258658	245456	1409450	5656156
昌平区	108951552	214494	209701	399090	2379903
大兴区	84774843	214570	207140	732179	4688642
北京经济技术开发区	164166015	269789	261533	2699180	8218196
生态涵养发展区	74848483	239543	233658	449017	3034844
门头沟区	18085826	44251	43875	100795	697436
怀柔区	16891106	55777	53523	102241	622249
平谷区	16237041	47439	45602	102188	556047
密云县	19688276	66541	65849	118695	804944
延庆县	3946234	25536	24809	25098	354168

单位：千元

管理费用	#税金	财务费用	营业利润	投资收益	利润总额	应 交 所得税	应 交 增值税
45024013	1356238	1247590	54699930	32257541	64455157	11333983	23130198
32828184	859213	7599423	33836610	14403368	37602774	9821449	15629453
23077926	326803	1937222	1882695	982532	2292543	1495940	6287171
27104639	278753	1481132	-2051238	2057949	-1744776	676958	6545707
11607	20	-18	-263		-386	27	1046
83964591	2353055	10073166	91634791	47164654	105308861	22200884	43989542
44081777	467972	2192183	-3267057	2536736	-2703549	1127473	7604032
60879230	1308696	10696561	40579871	25884952	47198616	9842663	25413183
5784503	150896	356926	5635563	3040006	5759204	1076739	3248928
1035677	28230	87330	140430	99072	266488	207209	443556
60346957	1333205	1124532	42011870	20677360	49381003	12201745	22487907
11931720	299273	1372627	10062179	3433337	10369598	2442388	5831144
3643670	69633	626778	1455448	642703	2171596	581986	1500337
5318087	94025	1148445	692382	664972	1012562	574453	1911614
107152890	2358095	9117499	76157724	44960378	89051556	19729530	42350480
6476381	101934	82097	1639985	1325599	2530169	382706	1711977
25102404	439942	2579402	20025188	8814184	23993469	4251238	8409538
1960371	66870	-47499	3168103	2386099	3454080	1255186	835918
9559014	151023	-147014	7318378	3322952	7492737	1634166	4282072
4943300	117810	569402	3769061	4168386	4360366	487769	1793312
1564883	27262	199253	-2019484	99563	-2000346	377174	381132
27122770	693741	4058783	30228757	21308578	33627489	6428507	9694548
14259489	296213	3318199	15756190	14329215	17280203	2338035	4645265
12863281	397528	740584	14472567	6979363	16347286	4090472	5049283
77831683	1766242	6104040	55825290	24874704	64156475	14164695	34933363
43863497	960434	-509469	39425608	17392070	45847321	10132176	24671246
7263658	147048	916128	1607497	178996	1756965	765724	2233449
2770976	39647	591673	120544	793241	435412	287532	818620
23933553	619113	5105708	14671641	6510396	16116777	2979264	7210048
20284464	332057	1788674	2060166	3382056	4447874	2530282	6108238
1706292	24365	313560	402703	12115	276512	122910	696073
3593195	62721	179063	768327	1158301	2038426	527061	1368351
3051728	51338	605705	-850740	662312	-737278	731339	929002
2881631	62126	291990	1250138	129421	1325571	500236	778285
2575237	29573	316261	-1150246	94308	-985525	266031	624551
6476381	101934	82097	1639985	1325599	2530169	382706	1711977
2807452	28987	313852	253522	136053	373474	204872	857425
527560	6534	91583	87076	2686	99982	39330	208335
695883	6547	46349	142090	56969	165381	45912	187240
608131	6271	75187	82636	25178	102797	20189	168667
749987	6723	55211	86802	8385	102209	88750	224615
225891	2913	45522	-145082	42835	-96895	10692	68567

2-15 批发业法人

项目	单位数(个)	#亏损企业	应收账款	固定资产合计	固定资产原价
合计	**94660**	**31241**	**515589957**	**244054331**	**502016879**
一、按登记注册类型分					
内资	92952	30418	453204117	232302977	479920630
国有	703	193	23411121	10007685	14742521
集体	979	264	1171061	711642	937989
股份合作	1310	374	1308472	629433	756477
国有联营	7	2	16781	1818	2459
集体联营	34	11	9010	2285	4177
国有与集体联营	9	2	30835	10248	17761
其他联营	117	41	97191	15477	18159
国有独资公司	164	38	33218050	4671277	6691567
其他有限责任公司	21918	7396	260187922	196617009	59674623
股份有限公司	575	163	24331578	2859017	4673798
私营独资	4633	1305	2576595	920043	419801
私营合伙	581	168	459555	80099	102599
私营有限责任公司	60536	20088	103357544	15164339	391115360
私营股份有限公司	908	268	3010207	494579	637233
其他	478	105	18193	118025	126106
港澳台商投资	548	290	11749988	3070404	4861358
与港澳台商合资经营	97	48	1496860	373993	512306
与港澳台商合作经营	7	4	3897	12410	13785
港澳台商独资	434	235	10165878	2090246	3261705
港澳台商投资股份有限公司	8	3	83005	591426	1070953
其他港澳台投资	2		348	2329	2608
外商投资	1160	533	50635853	8680951	17234891
中外合资经营	221	96	12250714	1550624	2422008
中外合作经营	8	4	3835	20669	31327
外资企业	896	421	38247890	7101102	14738555
外商投资股份有限公司	21	8	86790	4775	36217
其他外商投资	14	4	46625	3780	6784
二、按隶属关系分					
中央	726	172	230287813	20281846	30405209
地方	3597	1131	27426644	20610017	26417912
其他	90337	29938	257875500	203162468	445193757
三、按行业分					
农、林、牧产品批发	1390	449	6189211	3749647	4612553
谷物、豆及薯类批发	210	76	2017501	2312487	2870328
种子批发	359	100	375481	809984	849939
饲料批发	345	107	1908369	104023	217163

单位主要财务状况

单位：千元

#本年折旧	资产总计	负债合计	所有者权益合计	#实收资本	营业收入	#主营业务收入
8682041	**3479890806**	**2433312986**	**1046577818**	**626224625**	**4769688788**	**4676300508**
6214077	2971489089	2134066223	837422864	540576504	3959966543	3879523432
719094	384892741	264942708	119950033	59761435	476877510	475190217
43814	13277412	9809525	3467887	1256709	10256787	10035320
58270	13224129	11660400	1563729	2070350	10148216	10047827
187	34468	29684	4784	6450	85751	85749
438	67025	39294	27731	15072	52150	39794
626	1026464	678472	347993	368369	1170026	1166855
620	510814	181038	329776	219494	415492	399522
320270	314427982	222973869	91454113	43198481	674942104	626940690
2744267	1403360539	1070369611	332990927	248994485	1873819159	1850035964
256666	329557552	191342096	138215456	43834782	262086375	261055721
31899	10782775	6861285	3921490	3648572	12849119	12746702
14811	1708517	1023218	685299	675791	2264726	2244423
1969321	485706757	348130115	137576641	131946880	622756850	617420789
51406	12442271	5947975	6494295	4195999	11866736	11742441
2387	469643	76932	392711	383634	375540	371417
472141	96334181	64030744	32303436	17621943	114504611	113549846
45886	8482021	5167817	3314205	2456312	9506822	9427309
842	42315	42834	-519	19535	92043	91385
355416	83577548	54807310	28770238	14486279	100484995	99727789
69763	4215870	4012452	203418	642747	4410892	4293504
234	16426	331	16096	17069	9859	9859
1995823	412067536	235216019	176851518	68026178	695217634	683227231
214676	49930516	43232525	6697991	5532467	140540121	139610450
5096	771266	184129	587137	660333	1413116	1363912
1770287	360450276	191321882	169128394	61698896	552126249	541115893
4912	548092	160094	387998	76781	484119	484091
853	367386	317389	49997	57702	654029	652884
1436963	1518914181	1113234225	405679955	220874224	2035808002	1983160016
1175438	298674943	227180537	71494407	61297156	354908266	351096926
6069640	1662301681	1092898224	569403456	344053245	2378972520	2342043567
219789	169140199	113716066	55424133	18928095	98292165	97652003
135260	125730125	83999783	41730342	9997190	45427802	45072650
47064	6339097	2779390	3559707	3211560	3713277	3672438
12985	14098687	8289054	5809634	3761223	11527054	11362165

2-15 续表 1

项目	单位数（个）	#亏损企业	应收账款	固定资产合计	固定资产原价
棉、麻批发	52	14	1527688	279965	394680
林业产品批发	140	55	56252	28044	34596
牲畜批发	19	8	69441	50285	59438
其他农牧产品批发	265	89	234479	164859	186409
食品、饮料及烟草制品批发	8698	3145	23265014	91559813	9900636
米、面制品及食用油批发	637	208	12876406	939930	1472515
糕点、糖果及糖批发	376	117	369060	566824	997698
果品、蔬菜批发	1117	300	510305	499894	560794
肉、禽、蛋、奶及水产品批发	861	267	1763276	1111930	1643757
盐及调味品批发	295	82	681140	82105713	236439
营养和保健品批发	421	167	200604	194128	269641
酒、饮料及茶叶批发	2392	999	3827616	3722691	1843191
烟草制品批发	92	20	472581	1700739	2124477
其他食品批发	2507	985	2564026	717966	752123
纺织、服装及家庭用品批发	11428	4084	22525833	4801203	7177857
纺织品、针织品及原料批发	1194	398	2015870	389289	675820
服装批发	3853	1491	4809735	1240507	1607663
鞋帽批发	324	128	586986	168004	342094
化妆品及卫生用品批发	854	329	1438732	217668	324523
厨房、卫生间用具及日用杂货批发	1625	537	1716365	572261	809232
灯具、装饰物品批发	696	236	460371	152521	192248
家用电器批发	1401	417	9563548	1237137	2209986
其他家庭用品批发	1481	548	1934226	823816	1016291
文化、体育用品及器材批发	6409	2050	11492193	4018702	14204728
文具用品批发	2269	666	2761725	782159	1025551
体育用品及器材批发	581	217	103843	657799	1107867
图书批发	1142	305	5591249	1287096	2029690
报刊批发	45	20	111673	37381	64259
音像制品及电子出版物批发	130	50	286033	27141	45915
首饰、工艺品及收藏品批发	1302	501	1756333	1155276	9675259
其他文化用品批发	940	291	881336	71849	256188
医药及医疗器材批发	4717	1336	30681046	3027928	5002046
西药批发	280	79	10427927	853959	1232842
中药批发	171	44	7313329	322761	600622
医疗用品及器材批发	4266	1213	12939789	1851209	3168582
矿产品、建材及化工产品批发	23273	8114	186152053	35427692	48327452
煤炭及制品批发	399	157	26515217	1665028	2203643
石油及制品批发	1001	331	59160113	19552812	26445924
非金属矿及制品批发	237	104	691189	705051	793437
金属及金属矿批发	4183	1478	52741177	6993825	10111445

单位：千元

#本年折旧	资产总计	负债合计	所有者权益合计	#实收资本	营业收入	#主营业务收入
13889	14903669	12184218	2719451	964582	25429433	25372612
1777	725238	449762	275477	291476	289128	284757
615	354734	195488	159246	117513	51401	50118
8199	6988648	5818371	1170277	584552	11854069	11837262
585243	221380716	144968301	76412415	38670052	196725087	194654108
70771	76798023	69160558	7637465	4467715	47018989	46447314
39064	10385567	5901880	4483688	3622265	9525824	9239167
55737	4313997	2551215	1762782	1956055	3809842	3746095
74770	10229363	7302221	2927142	3154311	15639981	15460986
14354	2243915	1842896	401019	724847	3766301	3733621
22777	8356112	6197265	2158847	1186585	7475453	7442405
144527	75948582	40556324	35392258	14654766	51987209	51635004
112243	20179414	2430289	17749124	4414575	40217964	40187705
51001	12925743	9025653	3900090	4488932	17283525	16761810
668744	185635375	118300631	67334743	44018686	202582430	200089785
44714	16219863	11686150	4533713	4181938	30406356	30339099
116455	28381586	17501056	10880529	8294196	29123863	28564000
58347	3697091	2258143	1438948	810542	5546695	5541319
30183	6295002	4983378	1311624	1493783	10381638	9923350
61516	10778773	5679314	5099459	2925822	14218936	14008174
14119	3060570	1964523	1096047	1339542	2186504	2180054
280532	106313080	66930369	39382712	21454418	97041973	96111119
62878	10889410	7297698	3591711	3518446	13676466	13422669
503588	103199250	70772852	32426398	25027271	151048093	149444884
73677	10916491	7538851	3377641	3219595	18880988	18695988
86974	5562392	5215764	346628	1272943	6632677	6373312
201471	22364714	15563827	6800886	6417148	19821761	18993073
5799	588590	510160	78430	249646	644839	601512
2562	1025972	714588	311383	517401	648732	631426
117798	59495859	39023070	20472789	12058192	98924529	98737359
15306	3245231	2206592	1038639	1292346	5494568	5412214
490155	109705057	75445990	34259067	19728148	142355349	140327198
98441	39133139	25559702	13573437	6629518	52642751	52201961
55810	21769644	16445144	5324500	3031608	32999621	32796741
335905	48802275	33441144	15361130	10067022	56712978	55328496
2553443	1474574857	1052998144	421576713	283782434	2657634937	2636144778
164287	277110871	159567726	117543145	50034862	278415472	275510099
1240210	302005609	201207750	100797859	81753800	552624168	551211274
16407	7598145	5416877	2181268	3136674	10414459	10385592
539371	516827677	422915175	93912502	68346771	1030820807	1015520708

2-15 续表 2

项目	单位数(个)	#亏损企业	应收账款	固定资产合计	固定资产原价
建材批发	13203	4622	21865290	2380824	3361356
化肥批发	350	114	2256117	552013	721720
农药批发	148	41	961661	441964	544115
农用薄膜批发	25	9	88687	8457	7481
其他化工产品批发	3727	1258	21872601	3127718	4138330
机械设备、五金交电及电子产品批发	31064	9436	130514287	96379529	405419212
农业机械批发	361	119	970882	286633	446423
汽车批发	436	156	17445710	3131028	4939530
汽车零配件批发	1746	477	6419900	1655227	2230135
摩托车及零配件批发	65	18	147899	24071	39446
五金产品批发	5146	1595	6731562	914624	1423846
电气设备批发	2488	775	9070354	1131028	1846876
计算机、软件及辅助设备批发	5240	1212	16918058	987757	371947260
通讯及广播电视设备批发	1142	363	17571053	4385653	9373178
其他机械设备及电子产品批发	14440	4721	55238869	83863508	13172517
贸易经纪与代理	1964	773	95389821	2865286	3415838
贸易代理	1238	473	94423315	2080850	2856646
拍卖	238	112	470365	279730	404959
其他贸易经纪与代理	488	188	496141	504706	154233
其他批发	5717	1854	9380499	2224531	3956557
再生物资回收与批发	586	198	3241244	430822	775246
其他未列明批发业	5131	1656	6139256	1793709	3181311
四、按控股情况分					
国有控股	1806	460	286528176	43222437	62093949
集体控股	1630	486	4382283	1563404	2403783
私人控股	86947	28611	160350772	186365964	414256451
港澳台商控股	539	284	12116188	2974595	4726592
外商控股	1080	501	44296088	7786767	15835030
其他	2658	899	7916449	2141165	2701074
五、按企业规模分					
大型企业	179	32	227887969	23192335	41120478
中型企业	2082	361	140926492	33633156	44587022
小型企业	10432	1871	84823041	93536519	16269938
微型企业	81891	28973	61948904	93691849	400036647
其他	76	4	3552	471	2793
六、按限额标准分					
限额以上	4980	987	407575562	60198453	92162322
限额以下	89680	30254	108014395	183855878	409854557

单位：千元

#本年折旧	资产总计	负债合计	所有者权益合计	#实收资本	营业收入	#主营业务收入
241353	125905584	91287491	34618093	27568593	173317159	172728909
48259	61939157	47962528	13976629	11626018	111215585	111160182
21546	13210804	9476556	3734248	1108451	11483873	11392439
436	202900	90467	112433	103779	81603	80547
281575	169774109	115073572	54700537	40103487	489261810	488155029
3218757	831099510	542658710	288440800	153354776	1187891586	1126539702
26863	4955491	2578264	2377227	1315436	2967153	2906486
592920	198087375	126821942	71265433	18977569	496428371	492824626
161549	32053870	23407998	8645872	5870142	35819750	35304274
5597	1005458	614277	391182	257422	708210	688628
105311	24563794	15555871	9007922	8646532	21944268	21799242
174657	52813041	31117856	21695185	8623961	42377109	40694908
200084	64167108	44574786	19592322	17613185	112859153	111870675
896728	120144657	66175484	53969173	21182776	233178157	181646741
1055048	333308717	231812233	101496485	70867752	241609414	238804122
169226	271209494	229554901	41654593	26167426	65629276	64801546
129358	253930694	219513824	34416871	22774597	56173348	55398855
26956	11616538	5615199	6001339	2152112	3305586	3292426
12912	5662262	4425879	1236383	1240717	6150341	6110265
273095	113946348	84897391	29048957	16547737	67529865	66646503
32480	14061311	12956447	1104864	1034485	12382685	12298036
240615	99885037	71940944	27944093	15513251	55147180	54348468
2925659	2064360933	1475569450	588791483	313243569	2915782396	2844537353
118522	59681865	50080575	9601290	6916313	85932874	85273158
3148825	841598697	609980653	231618043	211874060	1041149847	1032795377
452346	93884540	62648787	31235753	17475166	113966929	113053919
1924887	386828855	213830489	172998366	65988104	574929612	563223512
111802	33535916	21203033	12332883	10727412	37927130	37417189
3244200	1418909405	983564442	435344963	154536606	2062340755	2000479091
2429479	1242713197	899958567	342754629	212050704	1875123808	1853236406
1345296	381755883	291448142	90307741	84633242	596951856	590254367
1662387	436491414	258336541	178154873	174988128	235232166	232290442
679	20906	5294	15613	15945	40202	40202
6050107	2819929741	2007924109	812005631	397768179	4260955060	4174151165
2631934	659961065	425388877	234572187	228456446	508733728	502149343

2-15 续表 3

项目	单位数(个)	#亏损企业	应收账款	固定资产合计	固定资产原价
七、按经营方式分					
独门立店	53731	16998	200017637	190925073	421687377
连锁总店	244	77	798137	817041	1560368
连锁分店	252	88	515109	288177	287741
其他	40433	14078	314259074	52024041	78481393
八、按年末零售营业面积分					
10000平方米及以上	17	5	1366104	646642	1416784
5000-9999平方米	19	3	4299594	163356	357009
1000-4999平方米	442	137	2506890	3809468	2225718
999平方米及以下	94182	31096	507417369	239434866	498017369
九、按六大产业功能区分					
北京经济技术开发区	1062	473	5455392	2755759	4609340
中关村国家自主创新示范区	1624	421	67445248	11588222	20651856
金融街功能区	244	81	44350018	2066122	2886429
商务中心区	1823	743	22736782	3921804	14469645
奥林匹克中心区	1783	656	13566784	5369916	7861682
临空经济区	978	324	4148357	847696	1410674
十、按四大城市功能区分					
首都功能核心区	10586	3688	131112734	96983968	23611150
东城区	4605	1491	43032401	88896073	11187777
西城区	5981	2197	88080333	8087895	12423373
城市功能拓展区	50938	16479	315894099	128701012	455119215
朝阳区	20814	7338	190042497	33080516	54671084
丰台区	12485	4077	25366898	3856897	5958955
石景山区	2916	1114	6828311	1532154	2464010
海淀区	14723	3950	93656393	90231445	392025167
城市发展新区	26485	9146	57678848	16667668	20806769
房山区	4724	1649	10152778	2055400	2667439
通州区	6877	2529	6983041	3785319	5255468
顺义区	2857	874	7299912	4649102	3444467
昌平区	4979	1672	17139705	1210025	1839502
大兴区	5986	1949	10648020	2212062	2990553
北京经济技术开发区	1062	473	5455392	2755759	4609340
生态涵养发展区	6651	1928	10904276	1701684	2479745
门头沟区	1389	445	2419792	236935	332564
怀柔区	2243	604	1487487	310757	435643
平谷区	1184	298	3042768	345516	533606
密云县	1462	449	3437484	565087	865563
延庆县	373	132	516745	243389	312368

单位：千元

#本年折旧	资产总计	负债合计	所有者权益合计	#实收资本	营业收入	#主营业务收入
3720122	1402132660	1009453246	392679414	247589691	2279598902	2218093520
81294	11293662	7442559	3851103	1696928	38769860	38623386
29694	4995041	4082564	912477	1119880	5650907	5592297
4850931	2061469443	1412334617	649134825	375818125	2445669119	2413991305
101551	16029488	11721316	4308172	1154511	74280446	26365034
46435	18212421	10552124	7660297	1579612	33136421	32964517
127896	37418385	28095106	9323279	5621614	33976048	33655937
8406160	3408230512	2382944441	1025286070	617868888	4628295873	4583315020
433282	81706978	45234070	36472907	27828882	97279482	94854198
1953393	509975553	356786960	153188594	69900694	677034418	668671071
138446	277707400	207854819	69852581	54050810	173916521	173422006
674083	206732063	120738258	85993806	43308394	209037468	204652598
442956	294969947	174707540	120262406	45824951	188830412	187795011
100607	24772305	17732097	7040208	8953125	31644154	31202711
1628625	1000007884	726702789	273305094	152446912	1158766658	1102876049
995045	393967085	278026269	115940816	51977288	505875687	499421910
633580	606040799	448676520	157364278	100469624	652890971	603454139
5453982	2104339990	1453271647	651068342	368260496	3040798252	3008360109
3350499	1296671533	846564292	450107241	221135065	1477279927	1464326547
411193	108409430	76701027	31708402	26710783	222320840	221160123
133924	42915510	34019630	8895880	9024909	77090714	76863007
1558366	656343517	495986698	160356819	111389738	1264106770	1246010433
1448947	327557850	219402825	108155024	92351290	501106680	496351249
137563	41248277	30107230	11141047	10537044	114071891	113642515
370118	53950551	34672959	19277592	12540226	65398425	64734693
203879	49345929	34280856	15065073	14578217	55119264	54537341
120005	53824777	38729445	15095332	14551473	97790302	97454082
184101	47481338	36378264	11103074	12315448	71447315	71128420
433282	81706978	45234070	36472907	27828882	97279482	94854198
150488	47985082	33935724	14049358	13165928	69017199	68713101
31482	11432547	8949095	2483452	2527106	16955837	16906732
30865	9381879	5627725	3754155	3510723	15789265	15697837
21717	10277230	7165946	3111284	2467197	15115464	15034692
50680	13050318	9085335	3964984	3655664	17578193	17521027
15744	3843107	3107624	735484	1005238	3578439	3552815

2-15 续表 4

项目	营业成本	营业税金及附加	#主营业务税金及附加	其他业务利润	销售费用
合计	**4464716059**	**7982065**	**7527448**	**14137500**	**140317641**
一、按登记注册类型分					
内资	3774061167	5606358	5173537	3828142	77873132
国有	454979837	1503269	1461171	-5638770	7346997
集体	9512396	25187	17090	90125	199681
股份合作	9502111	19556	17164	42393	287154
国有联营	77703	208	208	1	3791
集体联营	42475	185	174		3453
国有与集体联营	1150153	1165	1036	2658	3929
其他联营	315152	1081	1077	3833	19288
国有独资公司	658174671	720646	635694	1007334	7980288
其他有限责任公司	1791885694	1801421	1685789	5969251	33288358
股份有限公司	250499252	329510	226901	639848	5308723
私营独资	11671336	31088	28514	5651	337040
私营合伙	1941901	13872	12210	2418	90300
私营有限责任公司	573590676	1125378	1057011	1646547	22342168
私营股份有限公司	10419059	32133	27845	56337	637138
其他	298752	1660	1652	519	24824
港澳台商投资	95494760	448624	438432	220039	11132837
与港澳台商合资经营	8490950	17315	17101	66495	474923
与港澳台商合作经营	74719	183	183	658	12627
港澳台商独资	83199592	387532	377642	126994	9629694
港澳台商投资股份有限公司	3727648	43252	43165	25892	1011723
其他港澳台投资	1851	342	342	1	3870
外商投资	595160132	1927083	1915479	10089318	51311672
中外合资经营	131680410	146162	145114	450265	5903281
中外合作经营	1308026	5151	5151	44908	50522
外资企业	461376611	1770356	1759800	9592877	45245753
外商投资股份有限公司	225448	4780	4780	31	86176
其他外商投资	569636	635	635	1238	25939
二、按隶属关系分					
中央	1970062601	2372682	2186504	-2714346	24866402
地方	334357947	961693	924448	2702500	11067281
其他	2160295511	4647690	4416496	14149346	104383957
三、按行业分					
农、林、牧产品批发	94111453	99592	95726	380382	1665374
谷物、豆及薯类批发	43781246	52304	50250	275970	789408
种子批发	3003047	2156	1488	23143	299476
饲料批发	11321924	7975	7972	30648	199385

单位：千元

管理费用	#税金	财务费用	营业利润	投资收益	利润总额	应交所得税	应交增值税
93475765	**2260798**	**8824080**	**80562178**	**44951766**	**94039778**	**19471388**	**39653861**
64246886	1736633	10724160	49039161	32956019	54816346	11737635	21961569
5573363	297062	936439	8998108	4971077	11116966	2230183	1591120
336209	11249	77434	323819	419597	251735	8752	55303
334038	4315	203103	-212992	8066	-264100	7153	84031
5435	7	-1203	-141	31	-111	7	1400
6199	165	33	-202		-183	132	636
17162	923	10534	54610	72229	55328	58	5779
19266	185	1406	8608	-59	3431	745	5862
4779285	262461	1707937	11984676	12192183	13138513	1560259	4576788
23623853	764895	3600166	20784048	9528627	22400728	6078601	8346286
3241601	132690	1431636	5788952	4816812	6311835	746236	454795
569015	4017	35754	123552	4786	94770	19108	174335
128735	1047	7415	29191	-117	10173	2466	23219
24914806	251707	2711575	733091	630204	1256786	1056968	6496389
674318	5654	1863	408327	312584	424762	26504	143595
23601	255	68	15513		15713	464	2030
4166822	85311	377008	4222578	3489613	6972043	1369577	2615359
416674	5257	88281	154954	163692	161854	52821	128924
11857	12	-7	-7309		-7510	25	1101
3406448	68753	212027	4771771	3325494	7495733	1302848	2368610
329106	11283	76643	-697833	427	-679027	13635	116986
2737	6	65	994		994	249	-263
25062057	438854	-2277088	27300439	8506134	32251389	6364176	15076933
1281420	72673	428297	1268202	181944	1376113	451201	1155533
51043	47	-2971	-338	-1684	-1484	1631	26693
23616628	359452	-2709744	25992297	8319842	30833720	5897981	13871019
82167	5371	836	16200	-180	17866	12288	19620
30799	1311	6494	24078	6212	25174	1075	4068
17453165	906318	2869618	35481010	26005869	39476602	7158572	8256589
5587917	222367	1748331	1815080	1275825	2396322	1180903	1791235
70434682	1132113	4206130	43266088	17670073	52166854	11131913	29606037
2264250	54825	1766580	6631068	9406340	7490151	335648	120496
1187709	34488	1495310	5876621	8487607	5889874	115682	-84292
377268	4651	15339	162022	51611	229741	17072	12924
356577	6545	81243	-130152	753669	683619	23936	28715

2-15 续表 5

项　　目	营业成本	营业税金及附加	#主营业务税金及附加	其他业务利润	销售费用
棉、麻批发	24492125	8612	7673	45400	199208
林业产品批发	261497	957	858	2269	12671
牲畜批发	38124	301	301	147	1283
其他农牧产品批发	11213490	27287	27184	2806	163942
食品、饮料及烟草制品批发	167431054	1538559	1522715	1151135	17644575
米、面制品及食用油批发	44235581	-9902	-12812	425478	1683576
糕点、糖果及糖批发	8658203	14207	12011	244284	253467
果品、蔬菜批发	3213998	7460	6269	7782	300289
肉、禽、蛋、奶及水产品批发	14155345	28740	27137	108979	868174
盐及调味品批发	3256281	10585	9754	-67806	277936
营养和保健品批发	2500437	100189	99983	18764	3947535
酒、饮料及茶叶批发	42110892	164678	162707	260090	8550307
烟草制品批发	34322704	1179589	1179498	29456	547958
其他食品批发	14977614	43012	38168	124108	1215334
纺织、服装及家庭用品批发	166370959	634080	610699	1841314	22088813
纺织品、针织品及原料批发	28477009	21200	20508	35588	811449
服装批发	22945839	111032	101945	176320	3651571
鞋帽批发	3913888	23032	22904	8163	807427
化妆品及卫生用品批发	8429106	46719	40224	463536	1252938
厨房、卫生间用具及日用杂货批发	11302250	71214	69524	176794	1770727
灯具、装饰物品批发	1759854	14488	14172	5737	204677
家用电器批发	77780436	285182	281944	790490	12355165
其他家庭用品批发	11762578	61213	59478	184686	1234860
文化、体育用品及器材批发	140118316	303131	288039	468033	5573861
文具用品批发	17599372	29944	22844	67794	491012
体育用品及器材批发	5824552	27869	27294	-310733	1325094
图书批发	16570881	53410	48544	537532	1631762
报刊批发	408638	5927	5689	26277	197648
音像制品及电子出版物批发	514813	2466	2281	4181	51297
首饰、工艺品及收藏品批发	94232702	173224	171702	127361	1666333
其他文化用品批发	4967358	10291	9686	15621	210716
医药及医疗器材批发	121932010	389767	377129	1296560	10760069
西药批发	46818188	96697	91934	286167	3141953
中药批发	30324808	45186	44892	97220	1413600
医疗用品及器材批发	44789014	247884	240303	913173	6204516
矿产品、建材及化工产品批发	2602452558	1854237	1649872	-3503989	22410747
煤炭及制品批发	271230553	294091	202214	170970	2865054
石油及制品批发	540439743	654747	630309	486711	4994600
非金属矿及制品批发	10158678	7759	7708	10296	146997
金属及金属矿批发	1013475549	477525	433996	-5374736	5923501

单位：千元

管理费用	#税金	财务费用	营业利润	投资收益	利润总额	应交所得税	应交增值税
178199	4919	182865	389241	112953	346332	87140	-217815
26878	85	-215	-182	29	3250	402	3493
9471	10	2918	2200		-380	130	22
128148	4127	-10879	331316	470	337715	91286	377451
5807028	135707	282038	6282854	4275205	8262871	1455730	2946173
683753	18646	-8992	204358	744937	879543	129731	-146237
412766	12801	78839	307938	212763	313901	33777	129869
223200	1475	9820	48127	-550	58357	3940	42148
550770	10625	32340	-36983	16151	54651	74649	-104490
193367	3977	19601	13801	-1380	16994	28864	91281
400024	3122	774	633805	164393	635240	116139	780043
1435277	34312	416966	1037216	1434465	1156627	132644	1218690
918147	27176	-316974	4138416	1713304	5298630	892578	802902
989723	23572	49663	-63825	-8877	-151071	43409	131967
10416740	137174	-263240	4484887	2205218	5455730	1232239	4042716
685707	11830	74625	324806	105535	327868	86010	-154618
2231383	20856	48137	447727	364920	407776	171175	894567
458688	5080	3006	319231	-1156	344610	92872	211125
621583	3999	48222	-42998	7775	-46170	24429	206620
832817	14293	3770	511471	167861	477746	149549	368414
217398	9446	1685	-21247	5	-13068	7425	51799
4532886	60107	-472538	3156972	1561072	3949771	656135	2213054
836278	11564	29854	-211074	-795	7198	44645	251755
4320732	113827	745934	547890	585216	803710	726489	1595847
577031	12554	57753	-30973	7492	-32731	19659	191937
535922	13340	61186	-631840	-3	-600248	66201	200847
1508650	28529	276537	-408085	42468	-185149	85315	236651
67009	459	-3541	-64119	-14725	-59725	3511	19081
93252	296	776	-9830	-3103	-22328	2595	11646
1260228	56084	345777	1655634	549294	1680043	534764	865292
278641	2566	7446	37104	3792	23849	14444	70394
6065653	75829	297557	4453968	1004299	4504401	1021446	2865789
1229953	19204	218599	1595362	556974	1652511	345589	697271
636116	8536	154765	779014	161614	797344	191428	347024
4199584	48089	-75807	2079592	285711	2054547	484429	1821495
18774687	912008	7117642	18035636	14590398	19601694	4310786	9971398
2360164	163799	815799	1950305	3727293	2076042	520878	1482067
3493836	189250	-963183	6913079	2488032	7186339	1926160	4651191
216166	2198	81407	-143590	12798	-146568	6707	35772
5696633	300788	4476969	5050740	5290122	5807582	929796	1288648

2-15 续表 6

项目	营业成本	营业税金及附加	#主营业务税金及附加	其他业务利润	销售费用
建材批发	166467024	136411	127805	349503	2236531
化肥批发	109250035	41980	41649	45910	1114303
农药批发	10654808	6207	1709	72412	228109
农用薄膜批发	87737	139	139	5	5572
其他化工产品批发	480688430	235379	204344	734939	4896082
机械设备、五金交电及电子产品批发	1057875143	2681025	2530413	11499337	55334069
农业机械批发	2447994	5285	4895	529478	167436
汽车批发	448819568	1189295	1177070	2962343	25056132
汽车零配件批发	30275651	86486	85669	86513	2232803
摩托车及零配件批发	527643	7132	7132	432	23423
五金产品批发	19022495	65944	55805	38846	1025043
电气设备批发	34294464	114122	104916	1475068	1573110
计算机、软件及辅助设备批发	105447777	173612	170415	317825	2816357
通讯及广播电视设备批发	209362783	428353	372815	4286678	9244518
其他机械设备及电子产品批发	207676768	610795	551696	1802154	13195246
贸易经纪与代理	54939263	311786	305793	595857	1929382
贸易代理	48305288	180084	174372	583753	1063998
拍卖	896667	123676	123504	4371	653815
其他贸易经纪与代理	5737308	8026	7917	7733	211569
其他批发	59485302	169889	147063	408870	2910750
再生物资回收与批发	11956749	36098	35650	64513	208886
其他未列明批发业	47528553	133791	111413	344358	2701864
四、按控股情况分					
国有控股	2814396264	3737281	3431180	249787	42575803
集体控股	81425435	68628	57680	276830	1555973
私人控股	958496904	1806548	1694224	3084087	35832672
港澳台商控股	95243987	448332	438270	191855	11123287
外商控股	480647365	1838793	1827221	10089286	47537297
其他	34506104	82483	78872	245654	1692609
五、按企业规模分					
大型企业	1920017061	2844857	2622830	12801939	76505811
中型企业	1779521769	3213201	3127357	-1407566	37271302
小型企业	552732081	898583	819215	1544177	16859759
微型企业	212416645	1025175	957797	1198563	9679842
其他	28502	249	249	387	926
六、按限额标准分					
限额以上	4011166682	6601880	6274172	12592548	118832873
限额以下	453549377	1380185	1253276	1544952	21484768

单位：千元

管理费用	#税金	财务费用	营业利润	投资收益	利润总额	应　交 所得税	应　交 增值税
2577002	54671	1141703	1734949	1754711	1836143	157118	1036741
600199	24604	679465	-162379	328227	199198	91097	13522
267120	11692	158671	592163	458641	559197	46600	2216
9496	23	-105	295	3607	872	111	1282
3554071	164982	726915	2100074	526968	2082889	632320	1459960
39882401	705204	-86915	33769116	11274955	41050746	8738354	17227035
194366	2339	7671	239999	101812	269964	47196	36775
4645620	232786	-1685958	20240112	2613853	20540819	5115748	9367056
1702999	22546	138969	1232369	88596	1372065	441062	805157
91531	120	6599	846	9073	1521	2902	11657
1280450	13875	21128	165984	10010	116117	52691	311383
5094827	40547	142253	1109198	2701070	3830598	327295	949180
3809566	48288	279071	761293	96509	878585	262259	1093442
10010119	156753	-190765	3447148	3224739	6477363	767191	2057637
13052922	187951	1194117	6572169	2429293	7563714	1722008	2594749
2650244	77409	-1429115	5334264	1149764	5376161	1250130	320881
1803326	71321	-1412156	4170681	1007767	4236770	936839	282028
588503	3350	-21870	1176037	121480	1154154	298566	4898
258415	2738	4910	-12454	20517	-14762	14724	33954
3294030	48814	393599	1022496	460370	1494314	400566	563525
229398	5872	76461	-105363	13109	3534	3227	192791
3064632	42942	317139	1127859	447261	1490780	397339	370734
24405024	1341180	5316415	46421314	30428586	51421654	9722702	12080987
1076217	29988	594954	442829	475143	637925	197666	333188
38064993	407970	4782750	3201797	2219051	3844434	1966355	9960755
4070955	86798	272770	3989538	3330248	6738397	1339348	2598714
24569124	381141	-2337233	25959303	8474166	30860694	6025850	14188146
1289451	13720	194424	547398	24572	536674	219468	492071
34338064	1071328	250846	46912056	29015173	56276658	8869760	17075919
23668563	724948	5792663	33056905	13657021	36448398	8869233	12370453
17688327	257720	1730257	1858772	904419	2197568	1188595	4909529
17769949	206783	1050332	-1265239	1375154	-882406	543784	5297090
10862	19	-19	-316		-440	16	870
62483693	1906518	6926185	81189482	42598135	94076912	18528202	33809454
30992072	354280	1897895	-627304	2353631	-37134	943186	5844407

2-15 续表 7

项目	营业成本	营业税金及附加	#主营业务税金及附加	其他业务利润	销售费用
七、按经营方式分					
独门立店	2148851888	4089463	3863320	1233944	50445504
连锁总店	37227011	36059	34614	46740	1064667
连锁分店	4831679	15805	14539	21188	476143
其他	2273805481	3840738	3614975	12835627	88331327
八、按年末零售营业面积分					
10000平方米及以上	68175182	114824	61767	1024211	2724964
5000-9999平方米	28892031	70150	67862	108191	2669061
1000-4999平方米	30858844	62622	55831	205373	1747339
999平方米及以下	4336790001	7734470	7341989	12799725	133176276
九、按六大产业功能区分					
北京经济技术开发区	84905181	173530	166058	2183348	5587755
中关村国家自主创新示范区	614017259	1219651	1193612	7973445	22219777
金融街功能区	169573703	169547	166457	113283	1542218
商务中心区	179668114	609563	594697	2704983	17593456
奥林匹克中心区	174613340	360306	248379	343339	8796430
临空经济区	28389081	51583	49274	230129	1809001
十、按四大城市功能区分					
首都功能核心区	1092856520	1493784	1384608	4520048	29691693
东城区	472284515	776714	753979	3204470	16041970
西城区	620572004	717071	630629	1315578	13649723
城市功能拓展区	2841197931	5334774	5020749	6653886	89428783
朝阳区	1343877552	3554936	3367508	8886088	65979163
丰台区	209114020	422953	398087	682096	5235481
石景山区	74486669	91833	80880	158749	1065296
海淀区	1213719691	1265052	1174274	-3073047	17148842
城市发展新区	466303416	965403	938468	2800882	19053457
房山区	114321437	120147	114212	187124	1463444
通州区	58546028	198432	195595	-150884	3273788
顺义区	48271157	161857	157433	282251	3738232
昌平区	92708490	168454	165842	173321	1518780
大兴区	67551123	142983	139329	125722	3471458
北京经济技术开发区	84905181	173530	166058	2183348	5587755
生态涵养发展区	64358192	188104	183622	162683	2143707
门头沟区	15963210	32347	32196	35070	456798
怀柔区	14739093	43989	41952	53372	436823
平谷区	14135075	37142	35585	22892	382526
密云县	16325061	52354	51868	43926	571651
延庆县	3195752	22273	22022	7423	295910

单位：千元

管理费用	#税金	财务费用	营业利润	投资收益	利润总额	应　交 所得税	应　交 增值税
40386227	998195	7752786	37373608	24320836	43583267	7982614	19145869
404690	18995	102763	-147752	74386	-144076	22508	202226
305074	12537	3109	-40172	10081	33449	28362	83941
52379774	1231070	965422	43376494	20546463	50567138	11437904	20221825
1942701	44112	36162	798349	176547	800309	263856	602253
1153376	22908	22011	317623	531674	905622	114715	482122
1061948	32182	414712	475098	513302	657680	173870	394210
89317739	2161597	8351195	78971107	43730244	91676166	18918947	38175276
5720471	71947	-240902	1693379	1310065	2549000	330087	1128420
22265684	373616	1972077	19411746	8146604	23188444	4012121	7096836
1591549	59042	-30062	2840590	2337262	3121287	1166248	692807
8052505	135975	-332391	6382651	3320394	6570616	1313432	3586760
4481455	110965	544018	3800411	4168387	4363536	440436	1565983
1021555	22634	192216	-2380771	96198	-2336530	172311	265575
19668707	584671	2987837	26148328	18654522	29171652	5343219	6320912
10578540	236292	2610751	13646797	12282143	14980858	1846441	2859769
9090168	348379	377087	12501532	6372379	14190794	3496778	3461143
56849622	1407169	4351323	52860432	22912379	60876583	12003113	28315404
34448054	812434	-1321808	39084084	16271739	45464972	8993970	21418643
4760910	85467	719041	1465429	155397	1626904	556956	1498551
1532655	22804	201202	-484690	171396	-327384	105208	440687
16108002	486464	4752889	12795609	6313846	14112091	2346978	4957523
15109519	248809	1196958	1284181	3252239	3640134	1964336	4434082
1209758	17713	264091	319795	12890	241368	108546	621182
2833988	56208	121882	535271	1153354	1797191	440094	1060594
1833075	31213	545576	-1255499	636657	-1130439	491066	695299
1730153	50093	240859	1420635	49884	1476759	463671	554332
1782073	21634	265452	-1429400	89389	-1293746	130872	374256
5720471	71947	-240902	1693379	1310065	2549000	330087	1128420
1847917	20149	287961	269237	132627	351409	160720	583463
343600	5654	86738	75327	2297	80771	30397	92719
445393	3272	38248	149421	57062	157624	31592	132608
390348	4805	70906	111383	22525	120915	16839	138335
513216	4510	49406	68874	7882	80120	73403	165409
155360	1908	42663	-135769	42861	-88020	8490	54391

2-16 零售业法人

项目	单位数（个）	#亏损企业	应收账款	固定资产合计	固定资产原价
合计	**96044**	**32475**	**61792359**	**39563574**	**63883916**
一、按登记注册类型分					
内资	95508	32156	57787687	34930339	55007614
国有	589	159	532399	1858205	3004447
集体	1371	367	287125	900823	1329900
股份合作	2701	674	641770	295047	487257
国有联营	10	4	835	3193	4944
集体联营	65	19	18537	6690	13383
国有与集体联营	16	4	27056	17148	31942
其他联营	127	36	12019	17143	6479
国有独资公司	54	18	213655	940181	1474225
其他有限责任公司	21172	7604	25216097	13515848	19623724
股份有限公司	598	169	2447600	9137042	14611352
私营独资	8964	2249	717819	478663	509106
私营合伙	897	248	117475	117596	76652
私营有限责任公司	57631	20268	27042458	7389093	13600516
私营股份有限公司	879	255	502813	229389	204743
其他	434	82	10028	24279	28946
港澳台商投资	233	142	1622521	1250516	2225201
与港澳台商合资经营	34	17	225527	156750	483383
与港澳台商合作经营	3	2	59571	100122	151417
港澳台商独资	191	120	1306068	985431	1578603
港澳台商投资股份有限公司	3	2	31355	5906	9490
其他港澳台投资	2	1		2306	2308
外商投资	303	177	2382152	3382719	6651101
中外合资经营	72	49	880461	1225858	2528261
中外合作经营	5	2	1831	23430	50213
外资企业	213	119	1456498	2130065	4068656
外商投资股份有限公司	8	5	42673	2419	3828
其他外商投资	5	2	687	947	144
二、按隶属关系分					
中央	242	74	1433076	4408695	7364559
地方	3872	1226	7859729	10572476	16698529
其他	91930	31175	52499555	24582404	39820828
三、按行业分					
综合零售	7067	2291	3522138	13778267	22937095
百货零售	3593	1165	1322625	7396069	12271071
超级市场零售	453	138	1483787	5934984	9948951
其他综合零售	3021	988	715726	447215	717073
食品、饮料及烟草制品专门零售	7432	2656	1406125	2130089	3117388
粮油零售	364	101	87309	82232	134483
糕点、面包零售	378	115	54449	799562	1226340
果品、蔬菜零售	924	306	119329	110564	145293
肉、禽、蛋、奶及水产品零售	542	189	180901	79049	88317

单位主要财务状况

单位：千元

#本年折旧	资产总计	负债合计	所有者权益合计	#实收资本	营业收入	#主营业务收入
4437346	**559997445**	**397274813**	**162722633**	**145649949**	**765657775**	**747707269**
3751250	468414096	324000737	144413360	128314224	653336627	638475150
336383	11902839	8639029	3263809	3327536	13289002	12749573
69334	6263997	4684717	1579279	1549554	5344552	5144150
94493	3321530	2223729	1097801	1171834	4474675	4410862
188	20343	9277	11066	11058	6378	5191
734	250970	264329	-13359	48290	395115	395024
1396	80366	54840	25526	18990	261911	238075
408	132031	57759	74272	89888	97424	96656
64829	4266724	2559636	1707089	1099249	6917401	6791082
1452900	198156733	152875280	45281453	43885921	357989483	351242335
768405	74640636	44671216	29969420	11554525	104347165	100711489
47206	4960875	2408815	2552060	2138647	3309374	3239983
10050	926199	425446	500753	429204	672962	654682
881031	160464932	103355470	57109463	61724548	154149545	150756199
21506	2825514	1680950	1144564	1213870	1982468	1946538
2388	200408	90245	110163	51108	99172	93311
217134	21498323	15677115	5821208	5113628	36614265	35597398
24260	5880260	3493377	2386882	1150554	9742140	9359693
11303	356448	320446	36002	135105	1584799	1566560
179739	14953636	11564067	3389569	3775085	24760918	24153018
1330	305327	298861	6466	52184	524047	515766
502	2652	363	2289	700	2361	2361
468962	70085027	57596961	12488065	12222098	75706883	73634721
171252	14893310	11129632	3763678	4007741	30801085	30174663
4071	301028	222597	78431	42517	791707	781953
293063	54309790	46127768	8182021	7706976	44032631	42597275
575	576251	114133	462117	462730	77286	76656
	4648	2831	1818	2135	4174	4174
383960	23942870	16404147	7538723	7467325	63447174	62405628
1096557	104805789	70762069	34043720	15982447	125783370	122525726
2956829	431248786	310108597	121140190	122200178	576427231	562775916
1505215	127273544	86078506	41195038	22890094	162076162	153234275
796334	67784142	39537313	28246829	12621165	79584504	76632653
642505	52880270	42267823	10612447	7296527	75915256	70231429
66377	6609131	4273370	2335761	2972402	6576403	6370193
215858	18131454	10781212	7350242	6460228	13936707	13264613
4274	951092	619237	331855	282240	688470	666437
87531	3167381	1214934	1952448	553609	4106502	4018815
9511	1126452	668382	458070	726823	699602	691837
5833	737208	405238	331970	385480	664508	651947

2-16 续表 1

项目	单位数(个)	#亏损企业	应收账款	固定资产合计	固定资产原价
营养和保健品零售	493	216	58396	43764	68477
酒、饮料及茶叶零售	2183	868	547844	630029	897706
烟草制品零售	512	133	73743	45957	56326
其他食品零售	2036	728	284154	338933	500446
纺织、服装及日用品专门零售	13416	5196	3612447	2255523	3261242
纺织品及针织品零售	1129	413	225899	434449	492546
服装零售	5791	2259	1981106	868737	1319773
鞋帽零售	347	140	153362	220263	346556
化妆品及卫生用品零售	1181	486	502313	171799	311812
钟表、眼镜零售	481	178	145487	271670	398455
箱、包零售	301	125	102618	20063	29226
厨房用具及日用杂品零售	777	290	119614	51405	74771
自行车零售	131	36	9674	16740	31488
其他日用品零售	3278	1269	372374	200398	256616
文化、体育用品及器材专门零售	11215	3854	6382001	2345075	3223249
文具用品零售	3330	1067	565013	181699	196265
体育用品及器材零售	898	301	224796	184572	301642
图书、报刊零售	2088	644	781247	873223	1030265
音像制品及电子出版物零售	314	90	2254607	24772	109218
珠宝首饰零售	938	430	256858	315150	571157
工艺美术品及收藏品零售	2151	843	417553	442510	630460
乐器零售	231	74	41183	9506	22374
照相器材零售	211	71	1551989	285919	314000
其他文化用品零售	1054	334	288754	27724	47866
医药及医疗器材专门零售	5756	1800	15251436	1404926	2180119
药品零售	2220	680	7767988	654414	1118497
医疗用品及器材零售	3536	1120	7483448	750511	1061623
汽车、摩托车、燃料及零配件专门零售	4723	1635	5980977	11524760	20614296
汽车零售	1573	582	4492023	6830766	9871514
汽车零配件零售	2480	867	1050595	237190	3110482
摩托车及零配件零售	106	35	39982	24267	32341
机动车燃料零售	564	151	398376	4432538	7599959
家用电器及电子产品专门零售	19620	5641	12997854	2043695	2981344
家用视听设备零售	307	106	93983	13178	60975
日用家电设备零售	1988	668	1227216	245622	512463
计算机、软件及辅助设备零售	8664	2150	7343831	1040058	1433018
通信设备零售	1569	478	1169619	224469	306138
其他电子产品零售	7092	2239	3163206	520368	668750
五金、家具及室内装修材料专门零售	15020	5221	4941715	2432777	3067316
五金零售	7694	2555	2604382	883078	871619
灯具零售	369	139	150341	16314	18302
家具零售	2367	859	1010070	1111396	1609209
涂料零售	277	90	82164	48999	66152
卫生洁具零售	223	74	56868	11111	16304

单位：千元

#本年折旧	资产总计	负债合计	所有者权益合计	#实收资本	营业收入	#主营业务收入
5859	1302612	986134	316478	508155	389320	385041
75907	6142888	3651378	2491511	2093764	4387502	3935283
4774	1005068	762838	242231	217184	949061	937900
22168	3698752	2473072	1225680	1692974	2051742	1977353
300599	34925412	25369390	9556023	13687956	32931602	32074395
22846	2800807	1618644	1182163	1081929	1297240	1252499
127686	17309505	13588831	3720674	6109721	16883688	16597610
61250	3243930	2693503	550427	584708	2452597	2360475
29672	2358525	1854210	504315	799718	2515389	2463888
21445	2201087	1593246	607841	1282050	3044561	3006296
2214	475070	257446	217625	236719	365568	365243
3833	1215017	422226	792792	669422	556529	551768
1517	144764	76596	68168	106152	143062	141668
30136	5176707	3264689	1912018	2817538	5672969	5334948
250061	41085597	28227919	12857678	12051079	28814223	27811870
12193	3406128	1656304	1749824	1758408	2280997	2250602
18740	2172073	1187741	984332	904608	1890653	1873645
127698	13394275	9884272	3510003	3212195	10861966	10517506
3093	4181634	4334734	-153099	516412	3753351	3320677
34793	6433915	4296532	2137383	2149376	3451856	3385533
44107	9113979	5496474	3617504	2496512	3769458	3692626
3550	471203	320175	151027	148801	473994	461949
1169	383077	246639	136438	244252	790151	785684
4717	1529313	805047	724266	620517	1541796	1523648
153801	55259841	41234404	14025437	8179135	52163124	51639376
71350	36209832	28131030	8078802	3572194	33162706	32845173
82452	19050008	13103373	5946635	4606942	19000419	18794203
1258803	104357701	78161911	26195790	23049786	247949049	245035418
829700	82210789	65420280	16790509	14183401	175747114	173413223
41171	3780323	2394624	1385699	1713012	2796706	2738260
3001	210951	115520	95431	57122	177389	161466
384930	18155638	10231487	7924151	7096251	69227841	68722469
304358	97011536	66867566	30143970	24717874	148052994	146038177
3474	758366	445306	313060	327329	729495	697787
53294	40496396	32691735	7804661	3416586	24302317	23730684
147604	33068208	21291774	11776433	10961036	101617844	101017279
25194	6480905	4080830	2400075	2435759	9173526	8612123
74792	16207661	8357920	7849741	7577166	12229812	11980304
172393	34330251	18839096	15491154	16328565	16150061	15833753
60856	15232664	7996523	7236141	7314932	5940203	5861463
1800	737051	298089	438963	380997	400895	399382
72353	9817707	6744307	3073401	3191812	6696796	6519935
6319	451342	198375	252967	244164	224302	220928
1002	547787	309144	238644	252657	269606	268942

2-16 续表 2

项目	单位数(个)	#亏损企业	应收账款	固定资产合计	固定资产原价
木质装饰材料零售	491	185	170061	18288	26331
陶瓷、石材装饰材料零售	741	274	239093	74964	100063
其他室内装修材料零售	2858	1045	628736	268627	359336
货摊、无店铺及其他零售	11795	4181	7697665	1648462	2501867
货摊食品零售	68	22	4525	2417	1326
货摊纺织、服装及鞋零售	109	45	6745	7375	5395
货摊日用品零售	90	33	17003	1138	1993
互联网零售	655	307	2936883	287028	578825
邮购及电视、电话销售	350	142	172141	40295	94232
旧货零售	22	8	280	2046	3590
生活用燃料零售	301	65	93668	132833	190202
其他未列明零售业	10200	3559	4466420	1175330	1626303
四、按控股情况分					
国有控股	1139	307	9771392	14240919	22927858
集体控股	2367	638	1429008	3289309	4537448
私人控股	89817	30451	43320104	16743398	26788561
港澳台商控股	231	140	1554798	1187381	2119052
外商控股	284	173	5135231	3152250	6276021
其他	2206	766	581826	950318	1234977
五、按企业规模分					
大型企业	159	47	14331781	19193779	31084301
中型企业	1080	389	15272540	9969887	15447531
小型企业	3890	1127	10259109	3554737	5659154
微型企业	90888	30912	21922154	6844866	11692643
其他	27		6775	305	287
六、按限额标准分					
限额以上	2490	643	35872786	30431092	49371108
限额以下	93554	31832	25919573	9132482	14512808
七、按经营方式分					
独立门店	66813	21902	38125754	22511446	33211199
连锁总店	604	209	2122080	11925637	19908077
连锁分店	754	263	644514	835892	1363355
其他	27873	10101	20900011	4290599	9401284
八、按年末零售营业面积分					
10000平方米及以上	210	73	7653243	20242950	32295872
5000-9999平方米	278	108	3762128	3656655	5765696
1000-4999平方米	1363	497	4487118	4725557	7178409
999平方米及以下	94193	31797	45889870	10938412	18643939
九、按零售经营业态分					
有店铺零售	85040	28134	49228942	38369633	61874317
食杂店	1814	569	144888	139584	183572
便利店	5686	1795	997146	794045	1257868
折扣店	204	85	75641	55567	156381
超市	1540	522	662278	1771142	2923567

单位：千元

#本年折旧	资产总计	负债合计	所有者权益合计	#实收资本	营业收入	#主营业务收入
1479	783681	292401	491280	571769	281525	281281
7577	1826760	806686	1020074	1082095	621798	617318
21007	4933258	2193572	2739686	3290140	1714936	1664505
276258	47622110	41714810	5907301	18285231	63583852	62775393
65	54478	32524	21954	25226	26034	24159
370	93675	42267	51408	67664	36721	36520
367	130752	69152	61600	80972	123463	122839
108388	15184547	23363413	-8178866	1978304	46227191	45805403
10563	1924863	984846	940017	978590	1560283	1542002
173	44478	21456	23021	25654	30834	30260
9743	1131248	617329	513918	520014	708435	676216
146589	29058070	16583822	12474248	14608806	14870891	14537994
1421979	125128874	83351982	41776892	21533298	195471180	191691922
341372	27718552	19244570	8473982	4873163	30495373	28880375
1922398	304955861	212042288	92913575	98729432	363756517	354668944
208623	20817622	15274665	5542957	4990424	35074041	34086843
460840	71414103	60620731	10793372	11828635	129181738	127245906
82133	9962433	6740578	3221855	3694997	11678926	11133280
1957297	226694354	176368095	50326259	25199901	396045873	385435862
1153417	121129300	95944186	25185114	23494380	232688937	228054618
515926	55032373	38898615	16133759	15687126	73731743	72323671
810665	157132347	86056586	71075761	81259936	63183684	61885581
42	9071	7331	1740	8606	7538	7538
3289441	382637191	298852868	83784324	53984513	674295886	658548128
1147905	177360254	98421945	78938309	91665436	91361889	89159141
2546019	317756612	219907253	97849360	88670505	397574246	388608566
1161744	116555364	84167848	32387515	15968585	155352782	150796181
91547	17356789	12574958	4781831	3648034	27935782	26156516
638037	108328680	80624754	27703927	37362825	184794965	182146006
1896570	208259539	152761470	55498070	25083381	291272620	280693763
362592	39144669	27874208	11270461	8293743	81227549	80092814
670132	54396283	41174999	13221284	11398206	105509477	103826398
1508053	258196953	175464136	82732818	100874619	287648129	283094294
4148880	506729335	347373267	159356069	130097525	628959764	612624431
10160	2346471	1488937	857534	1100991	1347108	1302583
85422	9155336	5441353	3713984	5430869	8764238	8034049
3538	626479	665754	-39275	699993	2078260	2018484
172629	16861772	13364869	3496903	2727053	15045145	14213576

2-16 续表 3

项目	单位数(个)	#亏损企业	应收账款	固定资产合计	固定资产原价
大型超市	242	89	1173828	4491004	7336747
仓储会员店	237	90	104354	120962	204898
百货店	8923	2976	2492573	7532189	12475260
专业店	36998	11857	26121645	11696068	18219114
专卖店	15896	5299	10994103	8508472	11907902
家居建材商店	4840	1680	1630236	1482706	1829750
购物中心	688	231	194968	92193	141286
厂家直销中心	7972	2941	4637283	1685701	5237970
无店铺零售	11004	4341	12563418	1193941	2009599
电视购物	95	46	115163	39200	85057
邮购	914	345	408570	63229	110818
网上商店	2866	1292	8680423	513009	971888
自动售货亭	76	30	17143	13213	27954
电话购物	7053	2628	3342119	565290	813882
十、按六大产业功能区分					
北京经济技术开发区	392	182	4226470	1163964	1478503
中关村国家自主创新示范区	633	210	13226907	1288215	2229505
金融街功能区	319	122	298293	230690	701354
商务中心区	1633	737	2086637	950414	1896081
奥林匹克中心区	1287	547	515108	571659	954998
临空经济区	713	207	398761	746402	1087166
十一、按四大城市功能区分					
首都功能核心区	12373	4512	15330011	8028315	12542432
东城区	5804	1973	9228377	3921507	6205887
西城区	6569	2539	6101634	4106808	6336545
城市功能拓展区	55942	18681	33877883	23662149	40362303
朝阳区	19346	7404	11695105	11799000	19832505
丰台区	11596	4089	3335688	3264374	5053588
石景山区	2697	1059	1270372	1178473	1732731
海淀区	22303	6129	17576717	7420302	13743479
城市发展新区	20106	7031	10178580	6691656	9410518
房山区	3288	1205	759181	703561	989574
通州区	4665	1753	1086244	867294	1135574
顺义区	2524	695	938944	2167179	3023175
昌平区	5456	1903	1397528	999663	1559785
大兴区	3781	1293	1770213	789994	1223908
北京经济技术开发区	392	182	4226470	1163964	1478503
生态涵养发展区	7623	2251	2405885	1181455	1568663
门头沟区	1488	483	913619	119077	185269
怀柔区	2011	517	390296	425279	529317
平谷区	1453	367	359035	140907	211607
密云县	2172	683	620063	314826	441622
延庆县	499	201	122872	181366	200848

单位：千元

#本年折旧	资产总计	负债合计	所有者权益合计	#实收资本	营业收入	#主营业务收入
488470	38342449	30779319	7563129	6190434	60108114	55509029
14737	1896653	1373801	522852	392850	3893865	3888395
817297	71819849	41304935	30514914	15455647	74329382	71141747
1253594	211844310	146173912	65670399	54552925	255809531	252114373
1054934	109475553	80136872	29338681	26191305	178956403	176469476
75597	13578196	8875917	4702280	5279577	7117662	6948025
12431	2842602	2209966	632636	769245	2658187	2606087
160071	27939664	15557632	12382032	11306635	18851870	18378607
288466	53268111	49901546	3366565	15552424	136698010	135082839
8830	1128375	983482	144893	333176	4380329	4353668
10131	1717146	915064	802082	942627	1281405	1244148
176300	33108373	38941925	-5833552	5404593	120149998	118812188
2899	200906	118307	82598	117467	161724	151519
90305	17113311	8942768	8170543	8754560	10724555	10521315
114622	19390035	15264948	4125087	3773828	82958321	82364796
248110	63306214	54257187	9049027	7881439	137174713	136059685
45798	5604017	3085103	2518914	1148030	4479188	4289009
105674	19444361	12568459	6875902	4935740	25834470	25171375
69953	5830160	3983612	1846548	2370469	10960501	10787760
67605	6077006	4006187	2070819	1438817	9550493	8890815
1086072	147061828	105871538	41190290	25720262	137096194	132729385
669230	88387063	67045678	21341384	13473372	67739430	66061466
416843	58674765	38825859	19848906	12246889	69356764	66667919
2598102	319953014	231944342	88008673	89211351	449959580	439979667
1308357	151068391	119352138	31716254	38855819	215080466	211027459
363603	35491104	25309682	10181422	11659955	50529360	49108272
152528	28043954	20072167	7971787	7018015	34855693	33443839
773615	105349565	67210355	38139210	31677561	149494061	146400097
659267	76998043	50273098	26724945	23685695	166226263	162888831
52006	6969283	4088877	2880406	2691472	7148519	6951928
84071	13038892	7183773	5855118	4779742	18665556	18359577
170488	13130254	9056033	4074221	3305333	19680216	18469096
109792	12165409	7564193	4601216	5591022	18132643	17774861
128289	12304171	7115275	5188896	3544297	19641007	18968574
114622	19390035	15264948	4125087	3773828	82958321	82364796
93906	15984560	9185835	6798725	7032642	12375737	12109386
30584	3312110	1940014	1372096	1257861	2575487	2540388
21401	3240260	1962425	1277835	1431503	2599962	2549933
11307	2794592	1579946	1214647	1425148	2455861	2371792
22067	5248175	2726167	2522008	2481461	3871096	3793317
8547	1389423	977284	412139	436669	873330	853956

2-16 续表 4

项目	营业成本	营业税金及附加	#主营业务税金及附加	其他业务利润	销售费用
合计	**665069065**	**3107381**	**2855065**	**14111725**	**57641458**
一、按登记注册类型分					
内资	576577409	2474223	2255569	11294633	42644954
国有	10713695	59431	47341	435516	909670
集体	4406822	30129	28483	155412	555342
股份合作	3839618	17543	15482	35765	231647
国有联营	3249	184	164	2	1561
集体联营	268052	1581	1581	285	65539
国有与集体联营	239187	483	344	11	8971
其他联营	81916	271	270	161	4532
国有独资公司	5957463	40051	34123	106589	447142
其他有限责任公司	323092348	1031944	966192	5073003	21471121
股份有限公司	92371645	667951	590328	3154902	6430381
私营独资	2313775	25366	24299	21909	194499
私营合伙	520778	3293	2938	5122	42137
私营有限责任公司	131221249	586495	534672	2296554	12078791
私营股份有限公司	1483815	8763	8628	9283	197205
其他	63798	738	725	119	6417
港澳台商投资	28720505	220774	205155	900409	5213852
与港澳台商合资经营	7201318	87271	72328	334387	1215513
与港澳台商合作经营	1533711	1238	1180	1290	87278
港澳台商独资	19495959	131578	131269	556253	3897437
港澳台商投资股份有限公司	489437	666	366	8479	12493
其他港澳台投资	80	21	11		1131
外商投资	59771151	412384	394342	1916684	9782652
中外合资经营	24653576	140805	139490	616276	3325082
中外合作经营	655197	3235	3235	3354	111543
外资企业	34420052	267645	250954	1296134	6311586
外商投资股份有限公司	38663	692	657	595	34374
其他外商投资	3664	6	6	326	67
二、按隶属关系分					
中央	58128780	123073	114711	676299	2392519
地方	107959894	873739	818355	2759842	8345976
其他	498980392	2110569	1921998	10675585	46902963
三、按行业分					
综合零售	130623749	1385274	1236405	8292830	17950219
百货零售	63560612	918092	851560	2654326	7062861
超级市场零售	62020155	432181	354437	5510275	9957619
其他综合零售	5042982	35002	30407	128230	929739
食品、饮料及烟草制品专门零售	9811421	89347	85180	539452	2330200
粮油零售	601502	1435	1330	16682	33403
糕点、面包零售	2673009	30810	30705	41498	734138
果品、蔬菜零售	527096	4819	4446	5319	89125
肉、禽、蛋、奶及水产品零售	539996	2954	2780	3474	75865

单位：千元

管理费用	#税金	财务费用	营业利润	投资收益	利润总额	应交所得税	应交增值税
34570604	**560230**	**3441269**	**7805556**	**4749624**	**8565534**	**3856969**	**11939713**
27913383	462524	3295067	5125166	3552004	5920758	2767993	9066358
1082684	19809	-5204	554113	107043	673954	169498	221032
387791	7798	61202	-30736	11659	-7174	15097	100975
323642	3575	1276	3501	24000	21756	8477	54348
1633	23	-19	-1158	137	-1205		20
10184	95	1791	-2600		2280	771	9915
4652	125	-81	8692	1	8685	2218	4029
9538	86	18	-1259	1	-1363	132	878
376779	15493	20031	76860	2493	121252	33096	89203
10874138	214201	2256229	766979	1397042	1201061	1402052	4281590
2399062	85698	249143	3970053	1854996	4145780	644273	1359106
447433	14873	20908	165738	1666	151030	12569	92524
76255	847	1734	25505	-884	11406	1968	13094
11708263	97823	683253	-488470	148861	-485405	467138	2787175
198184	1932	5203	63883	4997	64937	10105	51186
13145	144	-417	14066	-9	13764	599	1284
2095388	16460	111728	601607	345230	605689	366652	977472
418776	3891	56788	794320	1499	794682	229252	373587
30595	1103	5221	-75944		-75614	1464	67
1613524	11035	42570	-108943	343731	-104211	135926	602289
32039	421	7128	-8320		-9263		1518
454	10	21	494		95	10	11
4561833	81246	34474	2078783	852390	2039088	722323	1895883
1623968	33419	25408	1043736	199	1054238	393376	717654
22114	283	1546	-3598		-2842	3386	21989
2909692	47211	643	1047587	852191	996807	325765	1150725
5522	332	6872	-8837		-9010	-208	5479
537	1	5	-104		-104	3	36
1091065	15869	-67159	1823754	125728	1880806	456411	706041
5518066	158732	809792	4482695	2250345	4704777	890813	2300551
27961472	385629	2698637	1499107	2373550	1979952	2509744	8933122
8011331	205576	772157	5522590	2264643	5762688	1536560	3177801
4491183	115662	260241	4751429	1530063	4892430	1094460	1842231
2816388	84905	504347	869018	729391	943674	375002	1149775
703760	5009	7568	-97857	5189	-73417	67098	185795
1361851	19132	41332	340435	19100	376556	206387	504517
52896	794	799	-8706	108	10318	833	4383
184780	7428	-27	473697	13078	487310	125076	260029
147269	919	2539	-64649	139	-70440	465	9899
63588	830	1404	-11374	-1255	-21245	1068	16174

2-16 续表 5

项目	营业成本	营业税金及附加	#主营业务税金及附加	其他业务利润	销售费用
营养和保健品零售	212328	3663	3506	3891	126136
酒、饮料及茶叶零售	2951869	25321	24289	401549	852779
烟草制品零售	780435	5243	4050	6670	88154
其他食品零售	1525187	15101	14074	60369	330600
纺织、服装及日用品专门零售	22021383	251330	224594	589824	7671078
纺织品及针织品零售	845308	9777	8327	36647	210047
服装零售	10771836	122124	117077	159303	4420288
鞋帽零售	1625774	16892	14068	39471	584297
化妆品及卫生用品零售	1460507	17609	17294	11360	647580
钟表、眼镜零售	2122451	20261	19174	34302	712110
箱、包零售	276309	2340	2314	-8	64501
厨房用具及日用杂品零售	484596	2822	2590	1560	60533
自行车零售	116152	619	618	33	9747
其他日用品零售	4318450	58886	43132	307157	961976
文化、体育用品及器材专门零售	22164679	156225	149246	825837	3351431
文具用品零售	1754823	10102	9756	8794	168017
体育用品及器材零售	1390267	9886	9557	4403	241763
图书、报刊零售	8768354	31994	29522	293262	1120362
音像制品及电子出版物零售	3168113	6392	6375	375267	532927
珠宝首饰零售	2421987	33914	33534	65858	566768
工艺美术品及收藏品零售	2417298	54740	51893	56311	496564
乐器零售	349396	2889	2578	8456	58250
照相器材零售	720689	1164	1148	3271	30638
其他文化用品零售	1173753	5143	4881	10216	136141
医药及医疗器材专门零售	44455623	186574	180522	399961	3314012
药品零售	29638893	73695	71336	259504	1471181
医疗用品及器材零售	14816730	112878	109186	140457	1842831
汽车、摩托车、燃料及零配件专门零售	231350204	372602	346134	1875074	8227156
汽车零售	164051086	269859	247514	1821304	5968071
汽车零配件零售	2379066	12557	11164	21276	168443
摩托车及零配件零售	131092	858	858		16723
机动车燃料零售	64788960	89327	86598	32494	2073919
家用电器及电子产品专门零售	135028601	367399	352097	1212535	7098033
家用视听设备零售	605120	1988	1943	3438	64655
日用家电设备零售	21842684	85161	84329	508030	1972236
计算机、软件及辅助设备零售	94805959	180882	177516	170069	3644643
通信设备零售	7768039	49442	42406	462648	770066
其他电子产品零售	10006798	49926	45901	68349	646433
五金、家具及室内装修材料专门零售	11967057	137695	127820	207137	2010331
五金零售	5066106	33152	30670	43276	320445
灯具零售	306488	2759	2753	1496	27820
家具零售	4159988	83830	77502	131989	1415441
涂料零售	181716	1626	1604	433	16607
卫生洁具零售	207708	1217	1196	146	22546

单位：千元

管理费用	#税金	财务费用	营业利润	投资收益	利润总额	应交所得税	应交增值税
97281	245	4070	-55514	128	-56710	2045	13359
474275	5700	30370	44036	1135	52229	58777	120856
60076	667	-1589	20316	7205	27729	6854	26030
281687	2548	3766	-57372	-1439	-52635	11270	53787
3453518	30375	102775	-616462	25620	-716040	176131	1236964
171208	3556	9006	35225	488	34852	17357	48290
1821497	15864	53178	-357092	26131	-429366	101062	708415
218326	1291	-21688	64083		65281	25759	87226
372968	1516	6495	-63135	-372	-70695	15964	115001
267207	3565	22575	-97832	-2349	-89527	10155	144173
44144	207	2151	-13961	-174	-20433	1042	8563
77310	596	1003	2589	-79	-5258	1292	14248
13102	319	894	2767	-38	2172	309	2192
467756	3462	29161	-189106	2014	-203066	3190	108856
2748150	37098	168256	188337	77545	355592	209260	468211
284314	2140	736	43495	11198	45919	8048	46068
187685	6201	12512	62305	6722	84066	12060	52064
903156	10369	-3555	44969	-2273	88827	39983	173123
244445	982	8622	-204499	2132	-184622	6282	31020
403730	10702	69884	-57318	18348	-44852	30675	41552
490277	5636	76812	269972	41265	342102	102802	82219
68313	210	1179	1601	-4	1936	1357	14743
43377	315	692	-594	240	-424	359	5229
122851	544	1373	28406	-83	22640	7694	22194
2749537	30400	723047	1455788	684563	1482503	320363	1399852
870735	14392	656946	1118335	676877	1178346	217498	565084
1878803	16008	66101	337453	7687	304157	102865	834768
5401333	92228	1494557	1453755	595013	1594883	715136	2127142
4376161	73443	1583530	-44329	527850	115132	356455	1288048
290854	2007	4012	-3172	-1093	-16092	5208	89141
18695	138	37	2815		3560	458	3788
715623	16641	-93022	1498441	68256	1492283	353015	746165
5482169	62407	64247	1881460	895574	1968770	352777	1973034
51432	1072	895	-16292	198	-12229	269	9988
1214640	6166	-47942	1343883	846491	1334954	135819	473902
2268013	42847	42030	498126	40627	567199	163739	1149179
588225	3045	28345	25512	505	32678	24405	131192
1359859	9276	40918	30231	7753	46168	28546	208773
1948898	35642	80694	443294	112475	486983	144469	389038
731473	6232	15550	44805	34874	69914	13149	116726
72731	283	153	16146	79	10298	1912	14799
739796	26461	53629	426334	76014	457544	120245	202957
29691	130	376	-5744	2888	-2024	319	5408
28307	191	1566	573	-53	-526	342	4589

2-16 续表 6

项目	营业成本	营业税金及附加	#主营业务税金及附加	其他业务利润	销售费用
木质装饰材料零售	206219	1091	1083	1704	12882
陶瓷、石材装饰材料零售	476998	3720	3681	6661	48889
其他室内装修材料零售	1361834	10299	9331	21431	145700
货摊、无店铺及其他零售	57646348	160935	153068	169075	5688998
货摊食品零售	11816	303	245	1431	3317
货摊纺织、服装及鞋零售	24935	249	244	439	2546
货摊日用品零售	111011	291	287	187	7798
互联网零售	44052507	63799	62956	-78736	4184379
邮购及电视、电话销售	1251078	7075	6894	8696	278089
旧货零售	15388	1150	1120	520	6776
生活用燃料零售	598569	4975	4816	9560	57560
其他未列明零售业	11581043	83093	76506	226978	1148532
四、按控股情况分					
国有控股	173443587	971712	904667	2933698	10008567
集体控股	24991491	169943	100255	1446054	3502367
私人控股	315756663	1283281	1208273	6615855	27379215
港澳台商控股	27618773	214353	199412	872387	5035455
外商控股	113312466	418719	400676	1784442	10697865
其他	9946086	49373	41782	459289	1017987
五、按企业规模分					
大型企业	345754474	1778398	1624314	9199851	32194336
中型企业	205061164	725320	673488	3784535	15714140
小型企业	62247155	267314	246127	721917	5401130
微型企业	52000390	336328	311115	405423	4331256
其他	5882	21	21		596
六、按限额标准分					
限额以上	591328071	2628690	2418211	13443135	49699638
限额以下	73740994	478691	436854	668590	7941820
七、按经营方式分					
独立门店	343364612	1605585	1414253	6963011	28385369
连锁总店	131722626	899839	857692	3893739	14171878
连锁分店	24273076	123149	120426	1680466	2704315
其他	165708751	478808	462695	1574509	12379896
八、按年末零售营业面积分					
10000平方米及以上	245922671	1729868	1569967	9558141	26210840
5000-9999平方米	71804489	250669	233134	945786	5000833
1000-4999平方米	93507775	270711	248605	1363549	6552079
999平方米及以下	253834130	856133	803359	2244249	19877707
九、按零售经营业态分					
有店铺零售	536938317	2900942	2653296	13168136	49262400
食杂店	984706	9540	8739	28663	147488
便利店	6215818	76713	72567	622596	1404499
折扣店	1690027	6869	6836	60437	186377
超市	13214065	86094	76280	798369	2130886

单位：千元

管理费用	#税金	财务费用	营业利润	投资收益	利润总额	应　交 所得税	应　交 增值税
46608	133	-562	-4307	-745	-10998	549	6659
73072	636	4699	-8217	539	-9448	1580	9835
227220	1577	5283	-26296	-1120	-27778	6374	28065
3413817	47373	-5795	-2863641	75090	-2746401	195884	663154
4058	5	22	451		424	124	372
10796	86	189	-2005	1	-2423	83	1144
5532	121	26	-1839	1	-1915	176	440
1087634	27221	-57545	-2760371	27945	-2664371	129307	253339
100893	930	10666	-81963	866	-82730	2142	50288
8139	59	128	123	189	587	177	503
78170	929	-3025	-27531	964	-17973	356	26977
2118595	18023	43744	9494	45125	22000	63520	330091
6004066	159500	843853	6464702	2495819	6810081	1323768	2783569
1175394	29638	318577	475392	59117	608481	198724	581586
20613962	246627	2100433	-773872	995403	-485639	1371770	5546849
1946302	15699	111736	504165	344319	503727	341886	905766
4234034	98897	-36213	1479534	852390	1456580	579969	1946048
596846	9870	102883	-344364	2576	-327697	40852	175894
10685949	284910	996744	7787874	3242368	8178499	2464223	6054279
9159620	134265	1806760	779706	746348	1154376	952216	3259000
5389598	69084	206965	23922	78113	94975	307345	1377642
9334690	71970	430799	-785999	682794	-862370	133174	1248617
745	1		53		54	11	176
21480898	446537	3146981	10445309	4566519	11231949	3672682	10180088
13089706	113693	294288	-2639753	183105	-2666415	184287	1759625
20493003	310501	2943776	3206263	1564116	3615350	1860050	6267314
5379814	131900	254163	5783315	2965620	5903280	1054231	3046702
730604	15693	84221	180602	88991	233039	178847	359615
7967183	102135	159109	-1364624	130897	-1186135	763841	2266082
9989019	255161	1336464	9263830	3256790	9569289	2178531	5228891
2490294	46726	604767	1137825	111029	1265974	467272	1018215
4256139	61844	733733	217284	151670	354882	400583	1517404
17835151	196499	766304	-2813383	1230134	-2624611	810583	4175203
31369847	498306	3434487	10799050	4697140	11427320	3656606	10897001
162520	1719	2338	5996	6034	364	2860	26727
1051866	10755	4556	89865	37537	106504	110136	266976
187767	1540	5224	-40071	284	-33973	17854	35436
947679	18903	297191	231638	623960	260840	48687	301111

2-16 续表 7

项目	营业成本	营业税金及附加	#主营业务税金及附加	其他业务利润	销售费用
大型超市	49889267	320804	246531	4400884	7622822
仓储会员店	3169679	18975	18972	11635	405203
百货店	57738118	664336	585484	2840616	8177269
专业店	224430356	1018606	973957	2347097	14384778
专卖店	157266740	497937	474776	1693469	12006854
家居建材商店	4737239	83806	78128	144886	1152246
购物中心	1860264	40469	40216	42683	408252
厂家直销中心	15742038	76792	70810	176800	1235726
无店铺零售	128130749	206439	201770	943589	8379058
电视购物	3733886	14778	14697	20090	592000
邮购	989967	4901	4749	19613	124350
网上商店	114498291	137256	136495	817709	6999142
自动售货亭	126710	752	727	9565	15329
电话购物	8781895	48752	45102	76612	648237
十、按六大产业功能区分					
北京经济技术开发区	79260834	96259	95475	515831	2630441
中关村国家自主创新示范区	127435149	213786	209378	864318	6077213
金融街功能区	3270136	33723	32822	168373	547289
商务中心区	19851163	160994	143433	535141	3233652
奥林匹克中心区	9214827	52615	51070	138006	1239717
临空经济区	7585330	43786	43123	629840	1113172
十一、按四大城市功能区分					
首都功能核心区	110858865	1017939	890855	3745753	15004847
东城区	55074698	332759	306203	1326709	7590078
西城区	55784166	685180	584652	2419044	7414768
城市功能拓展区	391471017	1642223	1539184	7183906	33107586
朝阳区	187305138	762780	728365	2791933	17177038
丰台区	43696118	187368	171643	1060900	4031395
石景山区	30467744	139159	138345	1369771	2633160
海淀区	130002017	552917	500830	1961301	9265992
城市发展新区	152248892	395779	374992	2895732	8637888
房山区	6150319	24975	22656	168948	425437
通州区	16012844	60117	57168	251528	1585778
顺义区	17358113	96801	88023	1127200	1917924
昌平区	16243062	46040	43858	225769	861123
大兴区	17223720	71587	67811	606457	1217184
北京经济技术开发区	79260834	96259	95475	515831	2630441
生态涵养发展区	10490291	51440	50035	286334	891137
门头沟区	2122616	11904	11679	65726	240637
怀柔区	2152013	11789	11572	48869	185427
平谷区	2101966	10297	10017	79296	173521
密云县	3363215	14187	13981	74768	233294
延庆县	750482	3263	2786	17675	58258

单位：千元

管理费用	#税金	财务费用	营业利润	投资收益	利润总额	应交所得税	应交增值税
1844779	68628	212785	269397	104627	331860	282190	804872
272587	1423	1823	49922	75	48078	14129	71422
4922850	115782	220699	4088994	1503814	4199743	957351	1811630
11718731	122245	1151243	5179198	1775099	5380208	1300387	4201255
7234899	107568	1383047	429220	502506	549785	693891	2720095
709481	26334	63820	401685	74193	420784	111379	163760
297140	2887	8177	87618	3647	84701	50279	81110
2019548	20521	83584	5587	65362	78423	67463	412607
3200757	61923	6782	-2993494	52484	-2861786	200363	1042712
87850	1519	10162	-51759	4901	-52720	725	102689
168322	1007	1910	-20702	105	-31961	5128	24095
1701345	51851	-47130	-2844459	31671	-2713114	156697	687191
28231	168	807	-3594	-130	-3227	239	2564
1215009	7378	41033	-72981	15937	-60764	37575	226173
755910	29987	322998	-53394	15534	-18831	52620	583557
2836720	66326	607325	613442	667579	805024	239117	1312701
368821	7828	-17437	327514	48838	332793	88937	143111
1506509	15049	185377	935727	2558	922121	320735	695311
461845	6846	25384	-31351		-3171	47333	227329
543328	4628	7037	361287	3365	336184	204863	115557
7454063	109070	1070945	4080428	2654056	4455837	1085288	3373636
3680949	59921	707448	2109393	2047072	2299345	491594	1785496
3773113	49149	363497	1971035	606984	2156492	593694	1588140
20982061	359073	1752717	2964858	1962325	3279892	2161583	6617959
9415442	148000	812340	341524	1120330	382350	1138205	3252603
2502748	61581	197087	142068	23599	130061	208768	734898
1238320	16843	390472	605234	621845	762796	182324	377933
7825551	132649	352818	1876031	196550	2004686	632285	2252525
5174945	83249	591716	775985	129817	807740	565946	1674156
496534	6652	49469	82908	-775	35143	14363	74891
759207	6513	57181	233056	4947	241235	86966	307757
1218653	20125	60129	404758	25655	393160	240274	233703
1151477	12032	51131	-170497	79537	-151188	36565	223953
793163	7939	50809	279154	4919	308221	135159	250295
755910	29987	322998	-53394	15534	-18831	52620	583557
959535	8838	25891	-15715	3426	22065	44152	273962
183960	880	4845	11748	389	19211	8933	115616
250490	3275	8102	-7331	-93	7757	14320	54632
217784	1466	4280	-28748	2654	-18118	3350	30332
236771	2213	5805	17928	502	22089	15347	59206
70531	1005	2859	-9313	-26	-8874	2202	14176

2-17 限额以上批发和零售业

项目	单位数(个)	#亏损企业	年初存货	流动资产合计	#货币资金	#现金
合计	**7470**	**1630**	**433771837**	**2350602324**	**406063732**	**1320590**
一、按登记注册类型分						
内资	6925	1445	343054990	1922469509	287172075	1157513
国有	284	42	44901309	222945161	57864169	15495
集体	95	19	2012196	7788029	851419	9540
股份合作	88	19	442871	7067894	416042	4979
国有联营	1	***	***	***	***	***
集体联营	3		127993	159540	5067	112
国有与集体联营	6		36482	627712	157205	28
国有独资公司	107	16	42123209	200364848	27644504	5536
其他有限责任公司	2286	517	177853858	1063880573	126688200	486492
股份有限公司	121	27	36444237	201519944	36746908	67973
私营独资	10	2	31678	237426	44828	3787
私营合伙	7	2	4160	98019	24856	566
私营有限责任公司	3824	788	38189361	212112158	36092783	556056
私营股份有限公司	93	12	882287	5640707	634132	6923
港澳台商投资	198	74	15053549	78778587	19325136	34276
与港澳台商合资经营	39	9	665822	9200071	2933809	14034
与港澳台商合作经营	2	1	72916	195560	28282	
港澳台商独资	154	62	13424441	66296962	15207687	20189
港澳台商投资股份有限公司	3	2	890370	3085994	1155358	53
外商投资	347	111	75663298	349354228	99566521	128801
中外合资经营	75	25	9569608	53006532	15737019	47647
中外合作经营	5	3	246381	523389	204910	105
外资企业	264	82	65795567	295650340	83599113	80989
外商投资股份有限公司	3	1	51742	173967	25479	60
二、按隶属关系分						
中央	473	86	165107697	1043625187	135959661	53020
地方	733	148	72315435	264849876	49533863	82775
其他	6264	1396	196348705	1042127261	220570208	1184795
三、按控股情况分						
国有控股	1202	205	251022755	1435638841	204488626	99270
集体控股	242	50	15561828	55370276	11605622	145111
私人控股	5447	1171	74969397	439170935	79767850	929146
港澳台商控股	193	79	14952988	77575308	19029489	24054
外商控股	333	110	71823574	326708343	88665098	120984
其他	53	15	5441295	16138621	2507047	2025
四、按经营方式分						
独立门店	4395	461	30627912	157566422	42496035	403789
连锁总店	153	44	11837990	82093467	23412573	111754
连锁分店	78	20	1936968	10437818	1589382	12355
其他	2844	118	7266178	42444552	12045261	44177
五、按零售业态分						
有店铺零售	2375	588	46956022	262114179	72669367	558388
食杂店	18	3	54629	153138	46745	719
便利店	37	7	271667	1599301	909231	12396

法人单位主要财务状况

单位：千元

交易性金融资产	应收账款	存货	可供出售金融资产	持有至到期投资	长期股权投资	投资性房地产	固定资产合计	固定资产原价
16128553	**443448348**	**437445496**	**17761789**	**12342564**	**533193038**	**6048239**	**90629545**	**141533430**
10149712	381456729	354833364	17626767	12087337	445879914	5956812	75519630	112471684
1832645	22279471	43814723	2982536	351111	51428623	2109145	9656740	13834620
	415208	1547119			2917928	577375	801055	1281797
38830	370578	502107	7499	12340	1204738		404533	519157
	***	***					***	***
	5294	125308					2104	6765
	24201	30497			363170		18772	34812
190870	32905162	36857908	6903557	4103838	85248269	485833	5425206	7815423
2437812	248370083	191318727	4821993	7407995	146424171	1049058	39497447	56947133
4063778	25236470	37867927	2900431	79089	134578248	1731746	11740207	18886556
	118418	44766					9478	10703
	-12868	2671					1724	5177
1507220	50402661	41687885	10751	132964	23202120	17	7612780	12661406
78557	1327909	1029711			512647	3638	348141	466256
2594306	12122821	16503203	14740		17851139	19581	3774704	6280079
6500	1431304	782581	14740		862613		438301	862133
	59508	91124					99188	146745
2587806	10518638	14759668			16580365	19581	2643100	4249248
	113371	869830			408161		594115	1021953
3384535	49868798	66108929	120282	255227	69461985	71846	11335211	22781667
1107	12679958	11505268	12872		458371		2495347	4555926
	2171	235068			72198		28262	60674
3383427	37121786	54315175	107410	255227	68931416	71846	8808665	18158672
1	64883	53418					2937	6395
5603058	228699779	157765599	11669236	9713122	270691577	3830071	23635756	35612663
753481	29842525	78713251	2671180	130438	34284184	667227	27726456	38069424
9772014	184906044	200966646	3421373	2499004	228217277	1550941	39267333	67851343
6483485	290278955	257267347	17578575	11284374	388542013	5196104	54292333	79478102
523857	3627310	13740771	43662	503000	6771125	578072	3494918	4991971
3104355	86439849	83003262	19270	299641	49993382	51254	18144358	28718352
2594306	12385057	16511822			17358884	19581	3642726	6083523
3414535	46397494	61571443	120282	255227	69287924	71846	10270812	21080457
8015	4319683	5350851		322	1239710	131382	784398	1181025
917283	21557480	35125690	170325	540442	19852229	1029854	16069701	25142687
763204	1982418	11594455	2301534	84891	10922987	130652	11711799	19600267
619454	454863	2472095		8080	2718553	90759	685997	1180970
216075	11878025	8051570	101	8000	585248		1963595	3447184
2490616	26229072	51709957	2471860	641413	33327165	1251265	29917556	48306625
	6611	69626			800		7731	24020
300	121100	232570			160563		489590	750798

2-17 续表 1

项目	单位数(个)	#亏损企业	年初存货	流动资产合计	#货币资金	#现金
折扣店	6	1	69811	321367	162577	182
超市	67	18	1063626	8380178	1501244	21417
大型超市	48	18	4849012	25953768	8366554	100129
仓储会员店	4		265969	1424225	77368	5063
百货店	120	35	2618090	36771231	17331147	56044
专业店	1194	236	20506209	115072482	25475096	154395
专卖店	683	231	15658861	63322405	17262303	184074
家居建材商店	44	15	632459	3885354	379199	4599
购物中心	25	14	197057	1207375	708221	5633
厂家直销中心	129	24	965689	5230730	1157903	19370
无店铺零售	115	41	4515969	29220705	6165663	8054
电视购物	8	4	24557	733643	395877	104
邮购	10	1	45861	161605	36151	480
网上商店	47	27	4231562	25582305	5293443	4456
自动售货亭	2	1	7149	36466	6567	183
电话购物	48	8	206840	2706686	433625	2831
六、按六大产业功能区分						
北京经济技术开发区	135	35	8633438	55953341	10643921	22183
中关村国家自主创新示范区	644	123	68984523	402985149	79753062	103404
金融街功能区	54	8	22675957	173934557	16693592	3866
商务中心区	331	89	17566149	143880898	35856466	79778
奥林匹克中心区	249	51	13858848	115631514	14259060	59880
临空经济区	86	32	2894413	14088993	3837479	14340
七、按四大城市功能区分						
首都功能核心区	1349	295	142977615	710710281	128739026	173868
东城区	635	158	43094551	276460040	51342004	76723
西城区	714	137	99883064	434250241	77397022	97145
城市功能拓展区	4561	927	257932397	1443271260	238969507	844673
朝阳区	2020	472	151914484	866441258	138429073	409644
丰台区	523	111	15560094	66157859	13883065	51576
石景山区	175	60	5297594	40885348	6801345	51109
海淀区	1843	284	85160225	469786795	79856024	332344
城市发展新区	1255	334	28886730	174334909	34558654	228560
房山区	307	87	3244719	18241657	2974932	49506
通州区	172	43	4879706	20003380	6895908	22122
顺义区	179	55	4710467	22835288	6677452	32017
昌平区	213	41	2523343	33836258	3853617	34587
大兴区	249	73	4895057	23464985	3512824	68145
北京经济技术开发区	135	35	8633438	55953341	10643921	22183
生态涵养发展区	305	74	3975095	22285874	3796545	73489
门头沟区	97	19	931571	7401131	828093	16034
怀柔区	45	12	740383	2135127	489410	9431
平谷区	63	16	1297882	6412111	818240	7474
密云县	73	21	815280	5200183	1443115	33519
延庆县	27	6	189979	1137322	217687	7031

单位：千元

交易性金融资产	应收账款	存货	可供出售金融资产	持有至到期投资	长期股权投资	投资性房地产	固定资产合计	固定资产原价
	51064	27801			5000		45867	143347
60000	379279	1056316		88201	2676276	37485	1380403	2387005
623454	1091439	5228215		4770	3727579	117785	4446422	7274684
	39027	269274			5285		56655	190337
598653	775381	3011255	2327776	3000	7190253	1059530	6545924	10846448
518449	16247657	23060847	144084	34346	16396467	15177	8924436	14701394
671287	5083244	17143296		500000	2946714	21288	6377430	9506922
	646734	654063			40498		708354	1110688
	58542	216850			5000		63469	96691
18473	1787536	956694		11096	177730		934744	1370982
25400	9585172	5317003	100		746852		450067	967792
	64210	40976			10650		32661	76237
	46397	32873			2397		4926	8837
25000	8305041	4897307	100		536367		369951	790802
	3933	8418			14927		8073	14117
400	1165591	337429			182511		34456	77799
428667	8603381	9231908			11703866	288242	3043688	5005765
4311249	75232744	72702380	907097	533000	91771500	1354639	11382981	19754177
3136795	44213205	17760246	326227	154257	57155773	120734	2101417	3336230
2160239	21766018	18234419	245678	230227	33048495	262447	3738560	6859648
24290	11267561	13610934	101942	4418756	108702139	636555	5008955	8003617
13837	3374384	2998837		322	4779019		1240845	1957300
6783037	127845581	136165306	11845454	4711563	209493594	1602869	18209768	29580687
2638331	44684813	48520106	9716705	665001	117239822	238624	8185210	14076778
4144706	83160768	87645200	2128749	4046562	92253772	1364245	10024558	15503909
8482400	272575762	262803168	5903551	7604198	301670388	4081561	59088932	91585063
5622694	171946680	149025067	4088267	4811010	211829868	1781147	37172977	56395138
56706	15078571	16326321	3824	79868	3476254	68537	4314253	7034792
635830	4242028	5867391	1000		7884558	111500	1981823	3262739
2167170	81308483	91584389	1810460	2713320	78479708	2120377	15619879	24892394
775434	37076319	33951758	12784	16342	20847025	363809	12207519	18573989
16938	4215329	2844222	1	3340	491133	31897	1394166	2005608
32176	2067225	4815883		8080	2246282		2638598	3911884
199854	3638411	5205327	4783	322	5063316		2661273	3981428
30921	12955154	6275325	8000	4600	681514		1015740	1715137
66878	5596819	5579093			660914	43670	1454054	1954167
428667	8603381	9231908			11703866	288242	3043688	5005765
87682	5950686	4525264		10461	1182031		1123326	1793691
41539	1532464	1057256		2300	31302		121620	210067
500	198455	930219		4770	153436		309249	418741
1600	2437950	1423572		200	410347		194181	343920
44043	1701042	871451		3191	55558		293831	538597
	80775	242766			531388		204445	282366

2-17 续表 2

项目	累计折旧	#本年折旧	在建工程	无形资产	资产总计	流动负债合计
合计	**52321700**	**9339548**	**15618632**	**16163299**	**3202566932**	**2031543950**
一、按登记注册类型分						
内资	38164269	6387150	13062701	13233384	2635139698	1700458020
国有	4599944	650947	1072845	951813	314118181	186345399
集体	482509	59073	1851	4971	12157372	6660490
股份合作	171491	21787	116172	37791	8919845	8914775
国有联营	***	***			***	***
集体联营	4661	669			161895	137647
国有与集体联营	16040	1415		325	1010227	639075
国有独资公司	2419877	370183	1554034	726247	308978761	188425988
其他有限责任公司	18031671	3204422	8207867	5938358	1337460446	945264037
股份有限公司	6942380	1000705	1069261	3557345	396808184	169735232
私营独资	3300	1090	2074		247300	184757
私营合伙	3453	627			100245	109868
私营有限责任公司	5352269	1047881	921265	1726293	247991812	191215562
私营股份有限公司	136227	28247	117332	290241	7156489	2799680
港澳台商投资	2633559	600809	233637	386882	104532510	61189861
与港澳台商合资经营	433187	53783	24447	29681	10665968	5893343
与港澳台商合作经营	47557	11263		29130	333643	256908
港澳台商独资	1726614	465382	209190	191677	89057882	50995132
港澳台商投资股份有限公司	426201	70381		136394	4475017	4044478
外商投资	11523872	2351589	2322294	2543033	462894724	269896069
中外合资经营	2053844	361833	612109	635231	58344485	48990409
中外合作经营	32412	5484		20949	652705	165625
外资企业	9434157	1982370	1710185	1886720	403713694	220595387
外商投资股份有限公司	3459	1902		133	183840	144648
二、按隶属关系分						
中央	12046865	1691007	3622744	5357993	1445771467	936591188
地方	10776408	1791607	6419757	4114794	347360323	212054466
其他	29498427	5856934	5576131	6690512	1409435142	882898296
三、按控股情况分						
国有控股	25650905	3836733	9931274	9713749	2051934823	1248818266
集体控股	1516079	338996	342928	136917	68170302	48696564
私人控股	11301570	2214685	2909208	3581100	522916464	409156299
港澳台商控股	2568981	583378	230386	380533	102620147	60470018
外商控股	10887537	2276710	2189300	2277154	438083653	250445516
其他	396628	89046	15536	73846	18841543	13957287
四、按经营方式分						
独立门店	9790502	1716602	2440907	2272646	206906612	147586679
连锁总店	7919250	1152689	1262000	2187678	114005491	77944701
连锁分店	483244	75966	28274	81476	15059362	10285799
其他	1522414	344184	75674	364050	46665726	46571896
五、按零售业态分						
有店铺零售	19164461	3110663	3767700	4657827	350139755	243115423
食杂店	16289	2674			165290	88156
便利店	261220	45278	770	5292	2306820	1550998

单位：千元

#应付账款	非流动负债合计	#应付债券	负债合计	所有者权益合计	#实收资本	国家资本	集体资本	法人资本
640261995	**275232199**	**97847303**	**2306776977**	**895789955**	**451752692**	**111625312**	**1506273**	**206220394**
525565373	255500742	95360723	1955959590	679180108	362753941	111210924	1500971	202276582
30093380	31489197	10479768	217834596	96283585	43648978	19099331		24549647
1276782	2917289		9577779	2579593	594776		577783	16993
457156	12504		8927279	-7434	616142		33917	139348
***			***	***	***			***
133336			137647	24248	5084		1041	4043
41755			639075	371152	342905	330219	3800	8886
29654992	33997327	27600000	222423315	86555446	38182195	19000256		19152469
375318267	115649297	11265292	1060914162	276546284	189522958	56343573	719101	123445194
35224643	62081288	43015452	231816520	164991664	51801279	16437545	165329	23107193
31061			184757	62543	32062			
9850			109868	-9623	17050			10000
52455892	9297252	3000211	200512814	47478998	36352385			11116449
857845	56588		2856268	4300221	1633127			721360
21123529	9022268	-250	70212129	34320381	17405650	13084	5302	918476
2592993	762898	-250	6656241	4009727	2277138	13084	5302	787407
98275	21339		278247	55396	128105			6069
17104117	7999919		58995051	30062831	14339607			
1328144	238112		4282590	192427	660800			125000
93573093	10709189	2486830	280605258	182289466	71593101	401304		3025336
18840377	620748		49611157	8733328	7183817	401304		3020243
255845			165625	487080	475078			5093
74377165	10088063	2486830	230683450	173030244	63917017			
99706	378		145026	38814	17189			
323901011	138477542	56329877	1075068730	370702737	190243716	60177378	199878	127454050
54798138	51562945	3192311	263617411	83742912	58077700	35323566	447948	19122381
261562846	85191712	38325115	968090836	441344306	203431276	16124368	858447	59643963
407924194	231983859	89390247	1480802125	571132698	284751809	111561401	351414	161109803
12779284	7376443	2061883	56073007	12097295	6067796	6681	1122612	4820904
107120860	16034840	3908343	425191967	97724497	71551362	35019	24445	34502115
21476538	8991558		69461576	33158571	16686167	2700	5302	527889
85679307	10667449	2486830	261112965	176970688	69683454	15160		2419496
5281812	178050		14135337	4706206	3012104	4351	2500	2840187
37817634	10885235	2227874	158472742	48433871	30357102	2096568	472678	15183140
13155836	4015327	2945072	81960028	32045463	15086689	85850	276360	9003274
4352904	602487	521863	10888286	4171076	2450334	24780	15800	1547615
22671817	959916		47531812	-866086	6090388	102783	19869	2015798
58120184	15930740	5694809	259046991	91092765	50744657	2264901	781207	26431569
12577	16161		104317	60973	21153	1000	563	12245
530903	15572		1566570	740250	594077	35898	1349	315729

2-17 续表 3

项目	累计折旧	#本年折旧	在建工程	无形资产	资产总计	流动负债合计
折扣店	61518	2766		23508	418695	508498
超市	1017083	155840	99152	194567	13864612	10157466
大型超市	2837079	485178	740610	517531	37988683	27042787
仓储会员店	133682	13113	549	3047	1562383	1143711
百货店	4356394	532581	186548	1108877	57556637	28616874
专业店	6220394	915757	1234104	1747946	146157291	107559334
专卖店	3332043	878386	1331836	415703	78191050	58316071
家居建材商店	392118	23540	73897	404590	5199478	3538554
购物中心	33223	7267	5112	13349	1365978	1110901
厂家直销中心	536641	55550	100234	236766	6728816	4592974
无店铺零售	517726	171511	34043	234674	31131458	38162751
电视购物	43576	7936	11759	6944	819300	722030
邮购	3912	969		7728	207563	108330
网上商店	420851	150937	5706	187329	27041958	35063943
自动售货亭	6044	1138		15000	77165	59955
电话购物	43343	10531	16578	17673	2985472	2208493
六、按六大产业功能区分						
北京经济技术开发区	2046835	449550	1396509	827687	73828742	49634667
中关村国家自主创新示范区	8430490	1912796	2257487	4223799	536262767	362306041
金融街功能区	1234130	172467	270300	2317718	261727330	160770748
商务中心区	3176020	668000	245447	372972	200271261	99530307
奥林匹克中心区	2787164	417470	421344	1381537	274767359	102530998
临空经济区	734265	124090	10031	146444	21905876	15808362
七、按四大城市功能区分						
首都功能核心区	11805143	1996334	3047204	4522980	998719574	628218276
东城区	5954857	1139593	780198	1139453	418527999	249628740
西城区	5850286	856741	2267006	3383527	580191575	378589536
城市功能拓展区	32513980	5859435	7998067	9483039	1960056394	1228859181
朝阳区	19250527	3705005	5939830	5924493	1216105055	687440009
丰台区	2719968	431943	648757	721715	79537894	58942662
石景山区	1284972	173727	223357	305677	52907959	42786209
海淀区	9258513	1548760	1186123	2531154	611505486	439690301
城市发展新区	7289397	1373030	4428958	1983186	218297772	154771114
房山区	728357	102464	188015	118807	20781649	16283707
通州区	1682070	313718	1877874	361106	27224027	15703939
顺义区	1339434	248512	51111	343901	32827954	22344696
昌平区	710412	132639	69475	116039	36717560	27519674
大兴区	782289	126147	845974	215646	26917840	23284431
北京经济技术开发区	2046835	449550	1396509	827687	73828742	49634667
生态涵养发展区	713180	110749	144403	174094	25493192	19695379
门头沟区	90079	18239	4356	12040	7628729	6519269
怀柔区	128586	21287	18869	44317	2692028	1915608
平谷区	151681	20761	58838	58734	7560397	5748428
密云县	265116	33936	61195	58379	5711138	4273902
延庆县	77718	16526	1145	624	1900900	1238172

单位：千元

#应付账款	非流动负债合计	#应付债券	负债合计	所有者权益合计	#实收资本			
						国家资本	集体资本	法人资本
310409			508498	-89803	602314			9800
2085430	1165576	759423	11323042	2541570	1464099	50388	4404	811204
9579102	3184263	2583746	30227050	7761633	5721473	44230	15800	2586314
503427	74316		1218027	344356	178551		1044	94225
10281300	4289805	2185649	32906679	24649958	8419246	1153711	319642	3578790
22294450	3388966	165991	110949090	35208202	20357442	668728	171482	12783989
9567819	2828872		61144981	17046069	11042163	292966	261423	5564608
979893	824291		4362845	836633	1024349	2050		198310
292935	8		1110909	255069	193678			116603
1974874	142918		4735892	1992924	1319790	15930	5500	476355
19585072	532217		38694968	-7563510	3046178	45080	3500	1201655
297050	103282		825312	-6012	222824	38000		47118
43037			108330	99233	49540	6980		15660
18332869	401418		35465361	-8423403	2221371		2500	916612
2013			59955	17210	31100			29800
910103	27517		2236010	749462	521343	100	1000	192465
10619193	2747894		52382561	21446181	12085735	1506164	20000	2885764
101018074	26610465	8152795	388916506	147346261	65270486	8631476	102380	27751097
62223074	43101750	9738719	203872498	57854832	45123347	3150850		33543692
28861025	13684090	3165991	113214397	87056864	37820255	628040	10434	7793357
17666746	60709871	40365334	163240869	111526490	40605793	18218628	4100	14113907
3927848	184849		15993211	5912665	6656394	3689732	4560	1692904
166111786	107636123	52066019	735854399	262865174	126038841	22981273	699655	78123857
60981800	49534890	40265417	299163630	119364369	43264629	10561346	257728	19581102
105129986	58101233	11800602	436690769	143500805	82774212	12419927	441927	58542755
425226208	161643802	45760756	1390502983	569553412	284211113	82347336	565113	111982766
289139259	121779068	44291443	809219077	406885979	183494156	55026010	208485	62971541
16147403	5687138	47239	64629800	14908094	9750620	2526392	54818	4661065
11864559	1442356	521863	44228565	8679394	7468053	251221	25756	4747484
108074987	32735240	900211	472425541	139079945	83498284	24543713	276054	39602676
42322836	4998599	20528	159770503	58527269	38159927	6228514	222365	14800012
4819811	121542		16405249	4376400	3733462	629681	26385	1067557
4737137	533030		16237759	10986268	3474846	155634	12102	1597102
5435183	901345		23246041	9581913	7761233	3891902	40250	2209007
9818635	410854	20528	27930528	8787032	8222259	13500	119051	5930871
6892877	283934		23568365	3349475	2882392	31633	4577	1109711
10619193	2747894		52382561	21446181	12085735	1506164	20000	2885764
6601165	953675		20649092	4844100	3342811	68189	19140	1313759
1974353	105001		6624270	1004459	756067	10239	11100	407511
830154	15904		1931512	760516	473103	1414	6900	96709
1671571	434374		6182840	1377557	880390	6640	500	351062
1951978	5761		4279663	1431475	866487	8261	340	364220
173109	392635		1630807	270093	366764	41635	300	94257

2-17 续表 4

项　　目	个人资本	港澳台资本	外商资本	营业收入	#主营业务收入	营业成本
合　计	**43546087**	**16490658**	**72363968**	**4935250946**	**4832699293**	**4602494753**
一、按登记注册类型分						
内资	43290120	204960	4270384	4034108797	3947125101	3839594078
国有				468320391	466525186	445459994
集体				11605400	11349680	10695965
股份合作	442877			9343798	9311437	8980467
国有联营				***	***	***
集体联营				298677	298677	230090
国有与集体联营				1360325	1357217	1329356
国有独资公司			29470	678206686	630117145	660726016
其他有限责任公司	8906066	22800	86224	2054018115	2026509460	1960173245
股份有限公司	7754362	182160	4154690	361338067	356792877	338449132
私营独资	32062			1268926	1268877	1220831
私营合伙	7050			318272	317171	302985
私营有限责任公司	25235936			442302313	437602863	407363625
私营股份有限公司	911767			5652182	5598866	4593879
港澳台商投资	120111	16280517	68160	144707825	142859975	119450318
与港澳台商合资经营	120111	1283074	68160	17860043	17428494	14567001
与港澳台商合作经营		122036		1584799	1566560	1533711
港澳台商独资		14339607		120345771	119071796	99143815
港澳台商投资股份有限公司		535800		4917212	4793125	4205791
外商投资	135856	5181	68025424	756434324	742714217	643450357
中外合资经营	135856	5181	3621233	167733966	166319432	153276246
中外合作经营			469985	2190144	2131186	1950870
外资企业			63917017	586117476	573870889	488013326
外商投资股份有限公司			17189	392738	392710	209915
二、按隶属关系分						
中央	2247484	2036	162890	2062640852	2009668656	1993142590
地方	2408214	329626	445965	452681962	446519767	418182747
其他	38890389	16158996	71755113	2419928132	2376510870	2191169416
三、按控股情况分						
国有控股	6495986	233698	4999507	3051871142	2978096742	2932400704
集体控股	117599			106371149	104475360	98789648
私人控股	36724859	216839	48085	905037210	894045911	834732304
港澳台商控股	45445	16036671	68160	142766978	140974565	118143943
外商控股	76548	625	67171625	691366887	678086804	584037331
其他	85650	2825	76591	37837580	37019911	34390823
四、按经营方式分						
独立门店	6575536	2403281	3625899	337310924	329709693	294585016
连锁总店	1179505	594611	3947089	154122535	149596971	130933851
连锁分店	603823	36322	221994	25570208	23911551	22225969
其他	1843658	474085	1634195	157292219	155329913	143583235
五、按零售业态分						
有店铺零售	9465565	3024381	8777034	545912178	531648544	470045518
食杂店	7345			446358	433372	346075
便利店	46944		194157	5758565	5141873	3901532

单位：千元

#主营业务成本	营业税金及附加	#主营业务税金及附加	其他业务利润	销售费用	管理费用	#税金	财产保险费
4535830459	**9230570**	**8692383**	**26035683**	**168532511**	**83964591**	**2353055**	**460890**
3775050918	6316983	5829640	13008348	93730418	51271228	1759886	205548
445201057	1476456	1436500	-5470286	7815498	5652725	269046	60495
10657887	29823	24371	216578	427781	355163	14768	1221
8978085	7876	7562	29257	161768	178131	1652	980
***	***	***		***	***	***	***
230090	1115	1115		63077	5652	61	
1328974	1394	1352	1195	8439	14772	987	19
616783608	753727	664284	1099821	8351443	4997975	274498	28688
1942657396	2330980	2196113	10433955	46093907	22137486	844797	69417
337658203	979012	803979	3781467	11505975	5308029	216744	11751
1220792	864	864	508	11461	9437	33	
302923	226	226	1039	11282	7333	42	
405389119	715853	673672	2877750	18756603	12207947	133565	31945
4574291	19511	19456	37064	519775	391662	3690	1013
118974438	637624	613931	1005326	14889040	5007261	96421	10567
14518095	98928	83790	377758	1499406	697716	8530	1665
1533302	1238	1180	1290	85111	29172	1103	
98811181	493735	485538	593739	12286176	3936007	75092	8014
4111860	43723	43423	32539	1018347	344366	11696	888
641805103	2275963	2248812	12022009	59913053	27686102	496748	244775
152871699	275731	274385	1059270	9003096	2556156	102072	125623
1940173	8380	8380	48262	160972	70672	322	241
486783316	1989386	1963581	10914449	50652531	25012004	388888	118877
209915	2466	2466	28	96454	47270	5466	34
1947407535	2418816	2231853	-2227484	26859707	17668710	882316	107623
417223146	1729772	1658809	5232759	17969455	8762526	335508	22678
2171199778	5081982	4801721	23030408	123703349	57533355	1135231	330589
2871145012	4561906	4211239	2818038	51222705	28274789	1423864	256669
98665765	194756	122104	1649879	4427242	1462325	50183	5432
831501527	1572165	1510167	8077205	39104894	21955382	311940	65285
117668733	631549	608717	950719	14730392	4786378	97197	10200
582629032	2196704	2169566	11889523	57070765	26961407	456253	121743
34220390	73490	70590	650319	1976513	524310	13618	1561
293645651	1278357	1115807	6532524	23220381	12026282	225931	37433
130268914	892866	851765	3878732	13887608	5176554	129726	14996
22182061	116184	115089	1615697	2412997	474919	14570	1450
142930163	341283	335550	1416182	10178652	3803143	76310	6414
468297887	2435624	2226715	12512247	41990857	19859642	390108	58734
345966	3987	3402	13657	54255	34796	296	237
3883071	55304	53582	596508	1039033	548045	3992	776

2-17 续表 5

项目	个人资本	港澳台资本	外商资本	营业收入	#主营业务收入	营业成本
折扣店	11500		581014	1887654	1828160	1575703
超市	246815	313680	37608	13634391	12840482	10862520
大型超市	558088	215276	2301765	59698889	55104766	49597562
仓储会员店	1152		82130	3711370	3711370	3034360
百货店	1052571	1106269	1208263	69248690	66205732	53926032
专业店	4261234	430093	2041916	219294068	216447633	195275254
专卖店	2590586	959063	1373517	157731874	155719077	140191566
家居建材商店	93480		730509	4604662	4478474	2844521
购物中心	49600	8791	18684	1770039	1723366	1175766
厂家直销中心	595850		226155	9895657	9737605	8490393
无店铺零售	687357	475127	633459	126613669	125176218	120106787
电视购物	53000	70000	14706	4236856	4211742	3658714
邮购	26900			477651	459774	395598
网上商店	279619	403887	618753	117036641	115711839	111758441
自动售货亭	1300			94512	85668	77453
电话购物	326538	1240		4768009	4707195	4216581
六、按六大产业功能区分						
北京经济技术开发区	961097	1707639	5005071	169085341	166128635	154189398
中关村国家自主创新示范区	7409023	4140251	17236259	795427414	786420905	727353360
金融街功能区	418920	277085	7732800	173670712	173001660	168535104
商务中心区	2826558	3457539	23104327	221362662	216576433	189180473
奥林匹克中心区	3350189	272229	4646740	186853913	185925657	173060426
临空经济区	265475	338436	665287	35138794	34118290	30487003
七、按四大城市功能区分						
首都功能核心区	5604641	3740069	14889346	1186463986	1127605326	1106467188
东城区	2771960	3226600	6865893	526392740	518894523	485946892
西城区	2832681	513469	8023453	660071246	608710803	620520296
城市功能拓展区	29024796	9932322	50358780	3176781088	3140307074	2968532830
朝阳区	12865609	6599435	45823076	1572521988	1557790466	1431724163
丰台区	2046582	164898	296865	209090351	207272601	197202753
石景山区	1921024	180178	342390	99067730	97549873	93786453
海淀区	12191581	2987811	3896449	1296101019	1277694134	1245819461
城市发展新区	7299386	2535987	7073663	522581182	515745222	481723450
房山区	2007839		2000	81551589	81124876	79287122
通州区	774051	367726	568231	57943744	57248354	51544139
顺义区	509307	390866	719901	60249708	58676616	51310485
昌平区	1378611	67720	712506	92009588	91597243	87436409
大兴区	1668481	2036	65954	61741212	60969498	57955897
北京经济技术开发区	961097	1707639	5005071	169085341	166128635	154189398
生态涵养发展区	1617264	282280	42179	49424690	49041671	45771285
门头沟区	327217			13281878	13212545	12434073
怀柔区	348000	20000	80	9136636	9065855	8527076
平谷区	319158	203030		13505471	13376933	12596672
密云县	392317	59250	42099	11486470	11394476	10520093
延庆县	230572			2014235	1991862	1693371

单位：千元

#主营业务成本	营业税金及附加	#主营业务税金及附加	其他业务利润	销售费用	管理费用	#税金	财产保险费
1575055	5981	5981	60434	171540	165549	1178	178
10853222	74191	67804	780040	1953582	760885	16510	2162
49432959	318445	244846	4398642	7567513	1804195	68179	3181
3002873	15613	15613	11598	397471	215963	1307	118
53748395	631292	555520	2791276	7652131	4027151	108144	8424
194495794	825927	797455	2102808	11659440	6706961	82798	21001
139696846	405930	390687	1507542	9975186	4693363	84011	20637
2834012	68212	63094	136094	977110	328417	13218	938
1170946	37049	37049	41850	290083	142265	1620	109
8429694	30742	28731	113648	543596	574317	10475	1082
119557956	156017	154447	889038	7418698	1478991	54809	1450
3653739	13832	13832	20090	547956	71337	925	68
388250	871	864	10522	37207	28298	41	3
111246424	127939	127332	813532	6589417	1177878	53051	1304
77232	165	165	8844	8289	8602	75	
4192311	13210	12254	36050	235829	192876	717	75
153944410	245121	242330	2678612	7700557	5781647	89365	4240
726547295	1344938	1325883	8697866	26925079	22055330	420722	72929
168145265	187120	183668	275760	1889224	1725188	64060	1657
187533320	697156	670422	3122027	19539234	7825366	141426	37699
172546877	370452	262116	439061	8967362	3762337	108055	12508
30321694	74340	72113	838090	2614459	1149676	22239	2773
1058840523	2206492	1998392	7953593	39432839	20385117	620822	96456
482916989	947367	915844	4328391	21018035	11059578	261924	21408
575923534	1259125	1082548	3625202	18414804	9325539	358898	75048
2950544952	5788141	5483388	12334185	104906792	50070928	1468278	334901
1427853990	3814030	3636376	11030333	74977710	32259161	823249	167122
196815858	394756	377540	1561988	6242159	3154570	94118	7024
93705296	189757	185486	1430895	3062735	1635157	30903	4097
1232169808	1389598	1283986	-1689031	20624188	13022040	520008	156658
480724006	1068789	1045767	5388302	22351061	12435399	245270	25904
79176084	100071	94875	314108	1043919	684803	14093	3802
51246160	201044	198653	37959	3767682	1795125	44183	5473
51111532	210018	201442	1347244	4859540	1900190	35444	6421
87355797	164795	163093	334053	1440627	1285669	46613	3118
57890023	147740	145374	676326	3538736	987965	15572	2850
153944410	245121	242330	2678612	7700557	5781647	89365	4240
45720978	167148	164836	359603	1841819	1073147	18685	3629
12411608	30898	30796	88568	415339	177528	5228	731
8525780	35170	34991	69306	294039	197497	3023	461
12575103	35712	34000	92369	367935	342184	4493	1061
10516120	43890	43668	87778	484928	249607	3819	1020
1692367	21478	21381	21582	279578	106331	2122	356

2-17 续表 6

项目	财务费用	#利息收入	利息支出	资产减值损失	公允价值变动收益	投资收益	营业利润
合计	**10073166**	**20093203**	**32206345**	**7903429**	**-129287**	**47164654**	**91634791**
一、按登记注册类型分							
内资	11981064	17363846	29465643	7671172	-63027	34143833	55988193
国有	1065523	2131219	3132454	869498	18826	4190047	8969121
集体	138861	7798	134087	386		422048	379218
股份合作	202077	8758	203611			1236	-184072
国有联营	***	***	***			***	***
集体联营	1782	28					-3039
国有与集体联营	10558	14323	23737	4465	8	71981	63330
国有独资公司	1688230	3104817	4566533	1635789	-23265	11997206	11888273
其他有限责任公司	5138639	7225653	13757666	4972596	-9644	10183842	23086532
股份有限公司	1639884	4428240	5490574	220634	-46799	6655221	9812542
私营独资	1788	42	1593				25043
私营合伙	4972	19	4940				-8526
私营有限责任公司	2104499	411889	2131931	-40685	-3824	324698	1530050
私营股份有限公司	-14547	31053	18009	8489	1671	297523	429838
港澳台商投资	428583	390841	948187	-138888	68	3835348	5947183
与港澳台商合资经营	147991	49546	143621	16617	70	167691	1003057
与港澳台商合作经营	5249	24	5161	2672			-72354
港澳台商独资	192245	336529	735174	-86103	-2	3667250	5722112
港澳台商投资股份有限公司	83098	4742	64231	-72074		407	-705632
外商投资	-2336481	2338516	1792515	371145	-66328	9185473	29699415
中外合资经营	368406	321071	624321	3889	440	39100	2299186
中外合作经营	-2211	3386	4079	858		-1684	-1081
外资企业	-2703926	2013993	1164115	366398	-66768	9148057	27365927
外商投资股份有限公司	1250	66					35383
二、按隶属关系分							
中央	2916033	12295365	16100094	6913498	-14651	25023285	36386397
地方	2559091	992633	3901832	333653	-2772	3290444	6366085
其他	4598042	6805205	12204419	656278	-111864	18850925	48882309
三、按控股情况分							
国有控股	6168990	15966513	23529688	7309302	-47321	31540082	51918818
集体控股	873030	188598	933138	12873	156	513791	1097185
私人控股	4923552	1324954	5070465	378633	-11878	2253710	4506303
港澳台商控股	343546	388518	864421	-155659	68	3675067	5639844
外商控股	-2474647	2158869	1505232	369268	-66328	9171681	27817498
其他	238695	65751	303401	-10988	-3984	10323	655143
四、按经营方式分							
独立门店	2751320	663336	2765402	48256	4795	1463234	4848311
连锁总店	245698	720990	618966	19489		2965659	5925254
连锁分店	71919	20674	69055	1015		64361	331343
其他	78044	245157	227538	-196		73265	-659599
五、按零售业态分							
有店铺零售	3164230	1496381	3568946	127008	4795	4523948	12779470
食杂店	1216	242	400			143	6172
便利店	160	15104	11774	14847		3626	203269

单位：千元

营业外收入	#补贴收入	营业外支出	利润总额	应交所得税	应付职工薪酬(本年贷方累计发生额)	#社会保险费	住房公积金	应交增值税
6746858	**2272636**	**1765684**	**105308861**	**22200884**	**77633573**	**11545777**	**3351925**	**43989542**
5504155	2136850	1085909	62224409	13489998	47114780	7145337	1873958	23839764
938051	90569	124261	10991438	2303585	4588613	766626	248066	1694265
2401	13	71647	310233	14026	241570	36291	9484	102055
665	391	2344	-185313	6178	105506	16454	1632	62235
			***		***	***	***	***
5840		6	2795	699	11453	2451	493	9203
		44	63286	2038	15537	2809	743	8105
1058026	861560	79988	13035047	1567747	3767682	566242	194370	4652750
2323148	745257	482119	25279437	7127725	23141342	3557115	956537	10555930
804810	354084	150950	10502174	1370759	5824427	890904	242379	1761771
		19	25024	1344	6119	872	62	11010
		2	-8528	130	5164	959	19	2522
341343	65848	171973	1748980	1071636	9083071	1258586	206985	4849880
29871	19128	2556	459922	24131	321310	45869	13138	128816
263390	45267	98931	8525806	1703750	5804788	815858	277729	3390850
19679	9443	11024	1018368	276221	560926	79107	25951	482241
1692		1310	-71972	1464	32829	5739	336	79
214601	35824	84209	8260012	1412603	4918693	694781	231503	2790738
27418		2388	-680602	13462	292340	36231	19939	117792
979313	90519	580844	34558646	7007136	24714005	3584582	1200238	16758928
148387	13001	53247	2396496	838618	2721872	458296	145039	1827836
339	736	1779	-1818	5017	83599	13318	3406	48606
829207	76478	525213	32127506	6153011	21875759	3107240	1051052	14857934
1380	304	605	36462	10490	32775	5728	741	24552
2962352	1375733	426097	40311476	7499109	13897541	2133286	659158	8820139
851265	169122	127129	7181681	1994781	10134241	1731055	528682	3794793
2933241	727781	1212458	57815704	12706994	53601791	7681436	2164085	31374610
3957287	1621482	514652	56927306	10827367	26525665	4262823	1318298	14597795
391544	278597	106802	1423003	368620	2290444	372364	69479	801406
1175685	234006	467011	5426915	2595265	18408740	2563405	492551	8801898
257133	35851	96899	8214242	1650250	5672316	799819	276858	3323460
931307	90989	566642	32642955	6528031	24015095	3436834	1168014	15935320
33902	11711	13678	674440	231351	721313	110532	26725	529663
657976	131269	263922	5323766	1736321	12663225	1940912	478770	5092574
268935	54979	155301	6067469	1053001	6877447	1155789	289495	3021613
97558	26125	48674	380327	176489	896493	149598	23889	331873
180234	79127	124172	-539613	706871	4197739	586772	185511	1734028
1062785	227920	546288	13438246	3430839	22183556	3503237	855922	9269192
430		24	6578	1984	44283	5921	731	11546
21173	592	7117	217917	100504	585133	69561	16669	191768

2-17 续表 7

项　　目	财务费用	#利息收入	利息支出	资产减值损　失	公允价值变动收益	投资收益	营业利润
折扣店	4921	6430					-36040
超市	296547	62953	346052	4873		622263	299524
大型超市	210837	178660	328383	13041		104551	291256
仓储会员店	1447	9165		-1766			48282
百货店	184693	390743	321455	17585	1300	1504651	4295343
专业店	1056046	617784	1246823	13977	-445	1723553	5456478
专卖店	1297600	161709	1178455	52567	3940	489123	1596399
家居建材商店	48988	48662	92487	327		74952	429445
购物中心	290	13492	2136	39		-1964	122584
厂家直销中心	61775	4929	43117	11557		1086	189342
无店铺零售	-17539	140284	109879	-58483		44535	-2456745
电视购物	9963	1487	11111	-892		4204	-59850
邮购	282	115	413				15395
网上商店	-53369	134108	71874	-59222		37988	-2496743
自动售货亭	782	5	783				-779
电话购物	24803	4569	25698	1631		2343	85232
六、按六大产业功能区分							
北京经济技术开发区	92633	449151	676453	64404	4287	1301695	1702885
中关村国家自主创新示范区	2497901	2921766	5886042	744723	-69846	8645899	20025703
金融街功能区	3768	2526152	2735284	133988	-4786	2020296	3206041
商务中心区	-253508	603311	1090920	16836	147078	3311466	7591478
奥林匹克中心区	532123	4399628	4497257	283270		4165442	4045140
临空经济区	174249	135260	317544	2607885		93814	-1889798
七、按四大城市功能区分							
首都功能核心区	3726786	5566290	9431238	2793429	52098	19882171	30366593
东城区	3246037	1610571	4936284	996980	23688	13560420	15919099
西城区	480749	3955719	4494954	1796449	28410	6321751	14447494
城市功能拓展区	5020489	13492982	20536802	2603674	-186356	24131699	58137288
朝阳区	-1222917	9603133	10941294	1065712	-95430	17193067	41515071
丰台区	817003	386342	1045878	13521	1613	141844	1414819
石景山区	581866	129698	623522	322527		737455	208787
海淀区	4844537	3373809	7926108	1201914	-92539	6059333	14998611
城市发展新区	1101430	974246	1957352	2487191	4971	3086330	2772009
房山区	218830	54742	202285	10327	244	8264	211690
通州区	95747	156297	193574	-246198		1151998	822740
顺义区	236990	227104	441336	2609442		404263	-486142
昌平区	226278	41168	218296	40356		126192	1539288
大兴区	230952	45784	225408	8860	440	93918	-1018452
北京经济技术开发区	92633	449151	676453	64404	4287	1301695	1702885
生态涵养发展区	224461	59685	280953	19135		64454	358901
门头沟区	84356	6702	85652	-362		11	141200
怀柔区	12733	6316	16179	235		184	70070
平谷区	73456	22352	111467	11705		23286	105346
密云县	21708	21390	34827	7364		2038	160899
延庆县	32208	2925	32828	193		38935	-118614

单位：千元

营业外收入	#补贴收入	营业外支出	利润总额	应交所得税	应付职工薪酬(本年贷方累计发生额)	#社会保险费	住房公积金	应交增值税
14765	53	8453	-29728	17675	111694	13748	2630	33033
57908	870	45752	317779	46806	1071309	185385	43440	275877
176229	41205	99906	368175	281898	3355511	581265	122536	799621
1763		179	49866	13872	209227	37663	10377	68409
131673	44830	38595	4412962	938898	3381005	640701	195531	1729279
334839	88226	140663	5704074	1214802	7191747	1077597	264906	3433788
241381	22401	159162	1735464	666066	5491686	773178	169389	2387984
40201		9936	459710	104883	302350	55116	9803	122275
4676	245	3263	123997	49500	148600	32690	3583	47670
42423	29743	36501	195449	43451	439611	63102	19910	215612
137242	63335	42518	-2330294	192343	2302748	297144	118160	863226
546		417	-59721	365	122601	18102	5562	92008
3456	2320	512	18339	3285	17208	2515	323	8201
131778	60823	40845	-2374273	164090	2007971	251618	106405	659019
166		8	-621	173	6631	586	57	1174
1296	192	736	85982	24430	148337	24323	5813	102824
234641	137956	84319	2553335	359653	4178703	589328	166953	1618676
1082900	338103	325643	23842309	4159756	17762107	2486158	792545	7953060
300624	28193	60009	3452445	1283058	1170352	183699	50828	798036
255556	27208	196488	7888729	1591218	7230563	1114158	325020	4039327
420020	216530	32428	4432798	460203	3031155	430602	143618	1590580
105854	34468	136690	-1906072	363544	1386570	177789	56871	337427
2593166	1038785	550686	33359824	6206068	19032740	2824543	881990	8273587
649851	117273	206210	17169576	2242513	10920852	1605184	547666	4029973
1943315	921512	344476	16190248	3963555	8111888	1219359	334324	4243614
3408051	936343	895930	66484024	13482185	46455647	6913513	2036123	30729756
1616289	467957	624679	48080482	9800968	30289100	4364349	1320716	22922758
291086	81998	54852	1659062	656293	3378931	526688	131436	1499088
246006	39658	20386	453861	262696	1593517	263992	57307	637546
1254670	346730	196013	16290619	2762228	11194099	1758484	526664	5670364
696711	282627	294684	5041156	2356343	11134506	1647977	401777	4558273
33172	7283	9626	241924	97494	605682	103839	14710	329942
184793	61436	20930	2119225	498227	2158624	330562	64096	1012553
115052	35704	146859	-502217	702075	1989054	277331	84562	801370
39072	29128	13780	1590205	473072	1042938	175033	42474	433197
89981	11120	19170	-961316	225822	1159505	171884	28982	362535
234641	137956	84319	2553335	359653	4178703	589328	166953	1618676
48930	14881	24384	423857	156288	1010680	159744	32035	427926
4408	1838	2255	144319	33380	162064	25617	4345	71622
11410	2816	2056	79664	28290	195455	34957	6368	73314
14957	3109	5152	115232	14718	259344	40580	9933	117251
15653	6166	12872	163688	72671	282836	40029	8322	116661
2502	952	2049	-79046	7229	110981	18561	3067	49078

2-18 按行业分限额以上批发和

项目	单位数（个）	#亏损企业	年初存货	流动资产合计	#货币资金	#现金
合计	**7470**	**1630**	**433771837**	**2350602324**	**406063732**	**1320590**
批发业合计	**4980**	**987**	**382102789**	**2058060065**	**326520481**	**748515**
农、林、牧产品批发	77	16	16940958	80791070	10460142	6543
谷物、豆及薯类批发	21	7	11708354	54080923	2958122	4208
种子批发	12	2	827207	2107056	199301	704
饲料批发	27	4	412791	7080670	1461179	1171
棉、麻批发	13	2	3362331	11760923	1346149	175
牲畜批发	1	***	***	***	***	***
其他农牧产品批发	3		630045	5752970	4493132	3
食品、饮料及烟草制品批发	372	80	31985183	136127506	21324546	43590
米、面制品及食用油批发	63	20	23816225	58797747	4337840	4089
糕点、糖果及糖批发	27	2	529246	4454405	547115	672
果品、蔬菜批发	20	6	199082	750086	70555	2400
肉、禽、蛋、奶及水产品批发	58	8	1020792	3584846	772512	11950
盐及调味品批发	17	2	214282	799507	81889	2414
营养和保健品批发	7	1	202948	4989130	1044752	4
酒、饮料及茶叶批发	109	33	4391219	45425147	4882278	18962
烟草制品批发	20		951968	14399201	9129094	228
其他食品批发	51	8	659421	2927437	458511	2871
纺织、服装及家庭用品批发	450	102	20533723	93753277	29141288	41385
纺织品、针织品及原料批发	74	14	2747655	9285364	1279863	6185
服装批发	127	31	4064818	13013869	1472768	11280
鞋帽批发	24	5	1488727	2697578	307315	4035
化妆品及卫生用品批发	35	8	1159560	3494603	231904	3750
厨房、卫生间用具及日用杂货批发	41	8	762595	4702163	1916719	3459
灯具、装饰物品批发	7		121344	408282	71028	573
家用电器批发	90	16	8196843	55416006	23119520	8559
其他家庭用品批发	52	20	1992181	4735412	742171	3544
文化、体育用品及器材批发	254	52	17976993	51546300	11206733	26395
文具用品批发	73	15	1174832	4785375	1188966	6227
体育用品及器材批发	16	4	1041936	2241404	937623	341
图书批发	64	9	2749174	10335969	1707764	8914
报刊批发	4	3	75560	244291	61493	132
音像制品及电子出版物批发	5	1	13797	197822	80726	240
首饰、工艺品及收藏品批发	53	15	12811580	33126731	7138200	8466
其他文化用品批发	39	5	110114	614708	91961	2075
医药及医疗器材批发	353	43	13894667	65294913	8573000	91086
西药批发	92	18	4095658	25781495	3262985	12503
中药批发	44	7	5711489	18528201	1307502	1022
医疗用品及器材批发	217	18	4087520	20985217	4002513	77561
矿产品、建材及化工产品批发	1557	402	150602488	877048483	105517368	178529
煤炭及制品批发	104	32	7625189	118796506	6997242	7802
石油及制品批发	193	48	46812522	205661548	9671228	40100

零售业法人单位主要财务状况

单位：千元

交易性金融资产	应收账款	存货	可供出售金融资产	持有至到期投资	长期股权投资	投资性房地产	固定资产合计	固定资产原价
16128553	**443448348**	**437445496**	**17761789**	**12342564**	**533193038**	**6048239**	**90629545**	**141533430**
13612537	**407575562**	**380201686**	**15289829**	**11701151**	**499114021**	**4796974**	**60198453**	**92162322**
1734171	5247240	16481314	6119457	605000	67830946	91576	2883668	3747892
1339429	1837008	11034847	6055094	605000	60306431	22547	2144455	2723415
	247738	1014262			775960	29326	466531	557707
396947	1714064	315917			5824613		53841	135445
-2205	1442615	3450971	64363		915942	39703	216021	320181
	***	***					***	***
	3033	664888			8000		2660	10931
365235	17885109	29428055	342273	1445017	16215795	65775	4550261	7000458
291494	12326247	19350668	17089	1445007	4276733	45058	680215	1026505
1954	181948	947797	161166		3419662	6367	465735	856616
	197090	129614					102020	139729
600	669092	1322744			374079		812127	1220211
	356390	179873			53173	14350	103875	175159
	36042	324652			108168		62864	106714
100	2873952	5258870	164018	10	3974454		492013	1151666
	437065	1132107			3838937		1698606	2118723
71087	807283	781730			170589		132806	205135
1348450	14683087	21950201	402734	216128	23386202	114829	2905221	4391593
12762	982882	3765280	204980		910207	41239	218085	367751
72838	2758389	4391639	2667	16950	1141817	73590	871556	1078168
2700	442361	1621755			9990		123944	228860
	1097904	1267918			215635		77792	128074
1849	712009	985253		199178	1236345		184513	278789
	54700	127113			21735		56745	74493
1253664	7712950	7785442	195087		19755215		826174	1560838
4637	921892	2005801			95258		546412	674620
176810	6992900	16387902	692474	47266	19384374	297351	2708732	4177663
5460	1513725	1229653			125214	243370	510355	663608
8000	-155509	933928			181442		591848	1020920
8772	4332665	2897605			565498		581071	947643
48910	39055	75069			549		6734	18782
	74985	15064					4637	8483
94674	1018793	11089880	692474	43266	18511671	53981	1004340	1493616
10994	169186	146703		4000			9747	24611
105646	22819907	17894879	3244186	2329	11641855	211425	1958590	3536884
13	9767767	5631038	2776595	1639	6105201	173641	670817	1012441
	6879364	7449733	179481	200	1164686	15703	292048	562438
105633	6172776	4814108	288110	490	4371968	22081	995725	1962005
5637630	154180588	150116955	990639	3321197	249814390	1770313	28953187	40326759
46931	24721028	9884933			99140282	62097	1247499	1832838
1316480	56880781	48680844	136818	1446766	42512173	48047	19178615	25883129

2-18 续表 1

项　　目	累计折旧	#本年折旧	在建工程	无形资产	资产总计	流动负债合　计
合　计	**52321700**	**9339548**	**15618632**	**16163299**	**3202566932**	**2031543950**
批发业合计	**32606290**	**6050107**	**11811777**	**11257449**	**2819929741**	**1749154875**
农、林、牧产品批发	875441	173211	155324	241222	159337877	78418674
谷物、豆及薯类批发	590072	127318	78450	38574	123667166	53336504
种子批发	91281	22379	75786	190801	3853008	1620771
饲料批发	81604	9493	1088	6718	13029298	7409376
棉、麻批发	104160	12879		5067	13016024	11021450
牲畜批发	***	***			***	***
其他农牧产品批发	8271	1104		62	5763692	5022865
食品、饮料及烟草制品批发	2850050	353567	1449179	655091	170075741	104142622
米、面制品及食用油批发	364196	45178	793907	112866	66248879	58913590
糕点、糖果及糖批发	390881	30477	16389	90490	9095370	4296351
果品、蔬菜批发	36802	6240	606	4744	977333	648438
肉、禽、蛋、奶及水产品批发	408783	48865	36721	97586	4941430	3315962
盐及调味品批发	71284	8470		12169	1003284	909687
营养和保健品批发	43850	10468	122637	179145	5471504	4929721
酒、饮料及茶叶批发	626189	80525	33309	98712	58980192	26092628
烟草制品批发	835330	111959	420188	54364	20020045	2322864
其他食品批发	72735	11385	25422	5015	3337704	2713381
纺织、服装及家庭用品批发	1697101	443594	1118510	899286	123305671	72256266
纺织品、针织品及原料批发	148385	21781	5881	2286	10732014	7473490
服装批发	358862	64844	166928	232513	15555662	8159033
鞋帽批发	104916	54014	37556	26064	2898142	1776344
化妆品及卫生用品批发	50282	11651	731	22740	3837912	3393149
厨房、卫生间用具及日用杂货批发	94276	25224	497	32401	6510737	2735466
灯具、装饰物品批发	17748	4207	71	19802	508040	286921
家用电器批发	790996	228616	903968	529983	77772936	45519008
其他家庭用品批发	131636	33257	2878	33497	5490228	2912855
文化、体育用品及器材批发	1486704	337665	1328450	592527	77671371	44213396
文具用品批发	156158	26512	64444	185	5710941	4466244
体育用品及器材批发	427435	76460		145822	3398583	3615885
图书批发	374090	132322	995652	56882	13024647	10903108
报刊批发	12048	1639		69	256151	222202
音像制品及电子出版物批发	3846	580		1535	205129	178489
首饰、工艺品及收藏品批发	498163	98281	268354	388024	54437869	24411566
其他文化用品批发	14964	1871		10	638051	415902
医药及医疗器材批发	1612272	343634	185190	449760	85175431	54790360
西药批发	341656	87420	30088	91263	36578291	22703319
中药批发	272645	46156	117378	132156	20855806	13318175
医疗用品及器材批发	997971	210058	37724	226341	27741334	18768866
矿产品、建材及化工产品批发	11324123	1976353	6005925	5766111	1248829277	773686901
煤炭及制品批发	597412	120767	120585	141920	252961970	102087504
石油及制品批发	6572561	1194626	4588156	2672736	280858880	145453068

单位：千元

#应付账款	非流动负债合计	#应付债券	负债合计	所有者权益合计	#实收资本	国家资本	集体资本	法人资本
640261995	**275232199**	**97847303**	**2306776977**	**895789955**	**451752692**	**111625312**	**1506273**	**206220394**
562263804	**258769234**	**92152494**	**2007924109**	**812005631**	**397768179**	**109315331**	**721566**	**178470567**
11611905	29643499	27600000	108062173	51275704	15161885	7938139		3089214
7537870	29020354	27600000	82356858	41310308	9337755	7706391		1149082
445425	73192		1693963	2159045	1811933	40000		1483571
1007902	7676		7417052	5612246	3371167			32560
2609557	542277		11563727	1452297	537251	191748		324878
***			***	***	***			
7722			5022865	740827	102779			99123
13353422	3838847	19497	107981469	62094272	22922277	3139715	85202	16232527
3128535	1406038	-250	60319628	5929251	3004361	1210848	78000	1241513
731249	715979		5012330	4083040	3109569	1688245	700	1399857
308445	7508		655946	321387	462313			386963
1116400	795875	19747	4111837	829593	698207	165982	500	314152
312020	23365		933052	70232	129656		2002	77745
693485	8		4929729	541775	201500			62500
4969706	880234		26972862	32007330	10479841	48220	1000	8252314
875932			2322864	17697181	4361854			4361854
1217650	9840		2723221	614483	474976	26420	3000	135629
20221154	1260691		73516957	49788713	26967995	871396	15566	4845213
2244644	50408		7523898	3208116	2116522	223086	3934	1712631
2159839	142615		8301648	7254013	3598200	579280	1402	1134846
1146548	2724		1779068	1119074	444528			27742
1337154	709		3393858	444054	389650	15000		190938
1331672	182981		2918447	3592290	1114618	35000		179277
96045			286921	221119	127181	10530		22520
10508154	65525		45584533	32188403	17694191	8500	1180	1419216
1397098	815729		3728584	1761644	1483105		9050	158043
7887844	12125696	10479768	56339092	21332279	13068590	7350367	43900	4019711
1000509	22430		4488674	1222267	1019796	60427	500	444038
932736	247147		3863032	-464449	265150			90544
3464455	427257		11330365	1694282	1617932	632319	30400	592341
45711	3339		225541	30610	52980			42980
133653			178489	26640	23000			1500
2153620	11390640	10479768	35802206	18635663	9944477	6657621	13000	2797093
157160	34883		450785	187266	145255			51215
24640874	4061340		58851700	26323731	12450333	2005120	88176	7444194
9385731	1388257		24091576	12486715	6041866	1973118	1949	3059934
7859772	2397159		15715334	5140472	2758704	12002	35627	2563879
7395371	275924		19044790	8696544	3649763	20000	50600	1820381
198389673	141970662	44264463	915657563	333171714	198820379	63955902	336845	100053612
22501189	49302699	32868059	151390203	101571767	33657064	11333788	30850	14302254
72465596	41302725	509665	186755793	94103087	76097501	31792616	13145	42484342

2-18 续表 2

项　　目	个人资本	港澳台资本	外商资本	营业收入	#主营业务收入
合　　计	**43546087**	**16490658**	**72363968**	**4935250946**	**4832699293**
批发业合计	**33343565**	**12982359**	**62934791**	**4260955060**	**4174151165**
农、林、牧产品批发	534028	1797010	1803494	89854584	89261205
谷物、豆及薯类批发	137750		344532	42774861	42424035
种子批发	288362			2575023	2549723
饲料批发	83791	1797010	1457806	8280429	8116960
棉、麻批发	20625			24944781	24893483
牲畜批发	***			***	***
其他农牧产品批发	2500		1156	11271212	11270009
食品、饮料及烟草制品批发	1009049	1838097	617687	162237246	160833156
米、面制品及食用油批发	225000	21000	228000	40702699	40242850
糕点、糖果及糖批发	20767			8159791	7882742
果品、蔬菜批发	75350			1277491	1272934
肉、禽、蛋、奶及水产品批发	140099	67029	10445	10144578	10024009
盐及调味品批发	44885		5024	2106284	2077966
营养和保健品批发	59000		80000	6425313	6410634
酒、饮料及茶叶批发	331831	1733068	113408	46066557	45792222
烟草制品批发				40018716	39988591
其他食品批发	112117	17000	180810	7335817	7141208
纺织、服装及家庭用品批发	1436960	2314736	17484124	159412114	157353422
纺织品、针织品及原料批发	138740	8052	30079	23947148	23907154
服装批发	430865	1124350	327457	16385872	15968767
鞋帽批发	79850	330585	6351	4702261	4698564
化妆品及卫生用品批发	136200	4020	43492	7958441	7537603
厨房、卫生间用具及日用杂货批发	171548	100000	628793	9964097	9804456
灯具、装饰物品批发	58800	35331		678133	676448
家用电器批发	286630		15978665	86026963	85203639
其他家庭用品批发	134327	712398	469287	9749199	9556791
文化、体育用品及器材批发	1109492	368517	176603	128634932	127475574
文具用品批发	434940	41811	38080	11726453	11657376
体育用品及器材批发	20350	125483	28773	5017589	4829121
图书批发	254872		108000	14691541	14010282
报刊批发	10000			368998	334537
音像制品及电子出版物批发	21500			269263	266498
首饰、工艺品及收藏品批发	276540	200223		94002767	93826923
其他文化用品批发	91290	1000	1750	2558321	2550837
医药及医疗器材批发	1768263	430997	713583	118017045	116503992
西药批发	495569	231600	279696	51363365	50968572
中药批发	104621	9505	33070	32006641	31810114
医疗用品及器材批发	1168073	189892	400817	34647039	33725306
矿产品、建材及化工产品批发	18086477	523894	15863649	2463197875	2443387847
煤炭及制品批发	3778663	104846	4106663	269062228	266179468
石油及制品批发	1478579		328819	523005111	522139627

单位：千元

营业成本	#主营业务成本	营业税金及附加	#主营业务税金及附加	其他业务利润	销售费用	管理费用	#税金	财产保险费
4602494753	**4535830459**	**9230570**	**8692383**	**26035683**	**168532511**	**83964591**	**2353055**	**460890**
4011166682	**3946803670**	**6601880**	**6274172**	**12592548**	**118832873**	**62483693**	**1906518**	**400597**
86187710	86044633	91827	88727	373382	1351753	1836374	50826	2150
41298385	41292732	49852	47804	275699	715289	1086074	33616	946
2053524	2049512	1492	917	20712	208462	252062	3916	114
8001324	7874825	6838	6838	29406	119573	281691	6089	937
24092790	24087013	7724	7247	45046	181674	153236	4638	43
***	***			***	***	***	***	***
10733895	10733895	25921	25921	2372	126410	63141	2566	100
138151287	137894012	1462160	1454876	1151239	15230982	3505302	92431	18027
39193208	39145091	-19919	-20543	411678	1528590	477764	13039	6871
7488785	7456587	10947	8775	242707	122327	329727	12507	900
1136023	1133404	2429	2429	1939	134033	35132	376	128
9138016	9108146	18568	18178	86028	579518	277064	6990	748
1740482	1739091	7733	6945	26194	205636	116702	3475	351
1743498	1743085	95251	95251	14266	3790977	250914	521	707
37184442	37141401	151413	150525	240116	7821003	828528	26417	1288
34143963	34138502	1179173	1179087	28100	540030	903103	27145	6312
6382870	6288705	16565	14229	100211	508868	286368	1961	722
128915408	128317755	490609	478929	1601084	19272432	7017955	100241	25292
22709222	22688725	11264	11218	23048	533555	362779	8822	800
11916368	11633973	72523	67987	133398	2737784	1272582	12588	2298
3254703	3254321	20059	20018	3294	747115	370035	3666	1019
6527562	6427829	34205	27958	458567	1003002	351224	2003	309
7548130	7539656	48809	48442	152457	1462774	399557	8615	897
542150	542149	2642	2642	1142	69523	43057	722	28
68032919	67905519	257728	257724	695978	11849594	3867453	56642	18943
8384354	8325583	43379	42940	133200	869085	351268	7183	998
121063471	120609216	221352	218716	357331	4160634	2423010	96167	5566
11161522	11153056	11985	11397	60034	259529	234769	10471	1292
4288071	4121943	17415	17415	-337229	1138185	358367	12057	780
12810991	12599444	22759	21142	482218	1155113	776682	18398	1102
233871	222561	3813	3813	23149	104685	29635	133	
240735	240735	630	630	2766	14488	13261	27	
89900928	89846425	161888	161478	120930	1431354	953724	53937	2377
2427353	2425052	2862	2841	5463	57280	56572	1144	15
102270563	101967271	267963	262637	1191157	8307686	3513242	53552	7812
45829585	45726548	86306	86090	278684	2990036	1085164	17367	1793
29281422	29181163	41843	41733	95905	1257055	577748	8382	2473
27159556	27059560	139814	134814	816568	4060595	1850330	27803	3546
2414322959	2397792368	1574202	1389941	-3887961	19040838	13745320	835619	54670
262214482	259503807	281499	190090	153530	2687428	2129123	151597	1192
511144614	510713414	596090	575528	412114	4750817	3088638	179401	36282

2-18 续表 3

项　　目	财务费用	#利息收入	利息支出	资产减值损失	公允价值变动收益	投资收益
合　　计	**10073166**	**20093203**	**32206345**	**7903429**	**-129287**	**47164654**
批发业合计	**6926185**	**18443046**	**28525384**	**7834865**	**-134082**	**42598135**
农、林、牧产品批发	1708909	744776	2460266	835736	59743	9343289
谷物、豆及薯类批发	1458426	659348	2163960	789218	59201	8494983
种子批发	15085	3295	8339	16801		51378
饲料批发	78746	29950	138683	-3875	542	753925
棉、麻批发	170700	38521	148888	33592		43003
牲畜批发						
其他农牧产品批发	-14048	13662	396			
食品、饮料及烟草制品批发	-234276	933613	782430	87228	-27669	3840726
米、面制品及食用油批发	-145577	471002	374953	77287	-20183	579580
糕点、糖果及糖批发	78026	6825	81449	6491	-7486	212685
果品、蔬菜批发	7808	132	7372	4834		
肉、禽、蛋、奶及水产品批发	10309	12127	36338	1912		6268
盐及调味品批发	22076	2356	20503	65		-1500
营养和保健品批发	-1940	4649	807	492		156917
酒、饮料及茶叶批发	90916	144910	235853	-5980		1177398
烟草制品批发	-317622	286364	3938	16		1713304
其他食品批发	21728	5248	21217	2111		-3926
纺织、服装及家庭用品批发	-342415	527963	340693	260854	89554	2157725
纺织品、针织品及原料批发	59982	30316	95107	39875	-12	101554
服装批发	19532	50569	67744	83181	-94	361720
鞋帽批发	-458	3041	5412	1156		
化妆品及卫生用品批发	45860	1664	46630	-2851		1246
厨房、卫生间用具及日用杂货批发	-10917	44683	23690	10876	440	166904
灯具、装饰物品批发	-168	2317	1533	2239		
家用电器批发	-479253	387227	64286	110147	87549	1527316
其他家庭用品批发	23007	8146	36291	16231	1671	-1015
文化、体育用品及器材批发	705117	144130	1012438	-140471	-45397	609358
文具用品批发	51126	14804	58058	20531		5839
体育用品及器材批发	61091	5488	57485	-195278		-573
图书批发	253926	26106	271382	19217	-173	57300
报刊批发	-1154	1186	28			1700
音像制品及电子出版物批发	19	32	29			
首饰、工艺品及收藏品批发	336347	96204	622938	15069	-45224	545296
其他文化用品批发	3762	310	2518	-10		-204
医药及医疗器材批发	262757	278032	646941	116359		894083
西药批发	216243	135504	347321	22022		553754
中药批发	154111	35696	196338	63700		162113
医疗用品及器材批发	-107597	106832	103282	30637		178216
矿产品、建材及化工产品批发	6000019	9655101	15811187	3604216	-96707	13268639
煤炭及制品批发	750549	2332231	3047031	2593900	56	3691565
石油及制品批发	-972138	1955446	2227317	6614	-11099	1984355

单位：千元

营业利润	营业外收入	#补贴收入	营业外支出	利润总额	应交所得税	应付职工薪酬(本年贷方累计发生额)	#社会保险费	住房公积金	应交增值税
91634791	**6746858**	**2272636**	**1765684**	**105308861**	**22200884**	**77633573**	**3351925**	**43989542**	**11545777**
81189482	**5542155**	**1981136**	**1173615**	**94076912**	**18528202**	**52998669**	**2374260**	**33809454**	**7712706**
6561372	325178	72270	105664	7439412	323197	1026105	52345	94382	107089
5931801	71025	-14881	17829	5948994	114297	443584	27333	-76963	49351
78975	103626	40355	4349	178252	11121	185812	9667	2525	19987
-135543	111921	21208	2579	670535	22184	192728	7448	22370	21924
350275	38343	25588	80670	305741	85858	170782	7015	-223919	15277
***			***	***		***			***
335893	263		235	335921	89737	32894	882	370369	538
6703766	830774	614602	71302	8631566	1396402	4070023	166610	2619836	610718
150737	635517	531799	34574	751686	127028	464408	23450	-150989	69938
328715	14299	5876	5078	337942	29816	215949	9813	112917	32453
-42768	9099	7765	260	-33929	1199	42059	1420	18763	6249
120231	88384	27232	2113	211733	66906	300924	10281	-149745	53364
12090	2845	2736	323	14612	26433	120970	4877	70246	17279
703038	8294	2235	11307	700025	110120	244688	12667	738130	29401
1179035	66396	20908	10343	1235088	114157	1558608	56188	1117968	214164
4139023	4926	15878	6028	5299195	892685	928218	41020	800940	158794
113665	1014	173	1276	115214	28058	194199	6894	61606	29076
5404873	302607	78413	87923	6298728	1179510	7631471	389213	3568913	1228797
334679	21516	2556	6675	350352	78575	303792	11108	-203915	42608
645421	52601	2577	8463	690371	155807	1571521	46522	757916	252299
309651	27358	22987	862	336147	91906	529676	7327	196713	88654
11908	3936	931	4483	11361	20413	332606	14167	163483	65026
673855	22594	159	16736	679879	143228	447114	15479	326360	63670
18690	179	51	121	18748	3303	37379	900	18921	5844
3348139	167442	46714	42730	4150212	642456	4015485	280787	2133836	654468
62530	6981	2438	7853	61658	43822	393898	12923	175599	56228
713436	198765	55180	29162	971936	669728	2543284	126622	1139014	384021
-7093	3612	141	3469	-6950	12533	141466	6269	56991	27450
-649651	32948	3042	2325	-619028	58842	316822	16858	164697	40935
-342130	105046	49957	10378	-160061	62638	935166	42703	117607	145600
-1853	161		517	-509	2273	60976	3544	5339	6181
131	60		9	182	204	8950	200	3539	1562
1703529	56889	2040	12439	1747979	530325	1041287	55725	769628	155460
10503	49		25	10323	2913	38617	1323	21213	6833
4168521	213560	21953	141094	4250806	905054	4393118	193682	2064335	618400
1684598	159295	9437	106274	1740785	340823	1440529	67717	687038	206342
792511	16521	3443	7179	801853	188471	864935	34761	324978	131263
1691412	37744	9073	27641	1708168	375760	2087654	91204	1052319	280795
17793747	1545197	587698	326452	19307114	4172534	10141798	499169	8910305	1631824
2086372	136380	25475	13594	2221849	513578	1115966	61854	1440478	266028
6362113	269162	219882	37520	6596921	1880983	3209168	169484	4515504	511193

2-18 续表 4

项目	单位数(个)	#亏损企业	年初存货	流动资产合计	#货币资金	#现金
非金属矿及制品批发	14	9	166488	3212778	395260	914
金属及金属矿批发	635	176	61305084	375325113	69023651	70078
建材批发	116	19	6603586	46308340	5547794	13230
化肥批发	32	7	15554070	42060085	2252680	2800
农药批发	11		2243196	8002033	912030	834
其他化工产品批发	452	111	10292353	77682080	10717483	42771
机械设备、五金交电及电子产品批发	1776	271	112247993	508961335	117100923	307100
农业机械批发	14	6	264264	1632748	666605	401
汽车批发	75	24	56963642	160115333	47243810	30071
汽车零配件批发	84	11	3504576	17920292	2940096	12263
摩托车及零配件批发	3		40958	66936	17413	5247
五金产品批发	93	19	799887	4007271	667953	8100
电气设备批发	87	11	1633599	23870218	3206174	12773
计算机、软件及辅助设备批发	492	60	5259092	31173556	5536473	80884
通讯及广播电视设备批发	136	28	12120088	78249248	20021483	23805
其他机械设备及电子产品批发	792	112	31661887	191925733	36800916	133556
贸易经纪与代理	67	13	4006429	201710248	14063860	14560
贸易代理	48	8	3262168	195034297	12064100	8063
拍卖	12	4	3583	5242526	1782297	6271
其他贸易经纪与代理	7	1	740678	1433425	217463	226
其他批发	74	8	13914355	42826933	9132621	39327
再生物资回收与批发	13	5	1126323	10975416	825592	1502
其他未列明批发业	61	3	12788032	31851517	8307029	37825
零售业合计	**2490**	**643**	**51669048**	**292542259**	**79543251**	**572075**
综合零售	219	64	11475895	76552513	29031651	179883
百货零售	101	29	5157513	40070477	18511788	47163
超级市场零售	90	28	5976575	35094370	9787321	114012
其他综合零售	28	7	341807	1387666	732542	18708
食品、饮料及烟草制品专门零售	112	31	1222025	5234305	1286742	16363
粮油零售	9		80606	215665	32469	58
糕点、面包零售	26	6	165974	1903074	722893	4433
果品、蔬菜零售	4	1	12498	32461	2303	135
肉、禽、蛋、奶及水产品零售	6	3	21681	67574	10586	569
营养和保健品零售	5	2	18177	46359	4791	551
酒、饮料及茶叶零售	31	12	677599	2200307	230746	1729
烟草制品零售	9	1	166656	502466	188462	967
其他食品零售	22	6	78834	266399	94492	7921
纺织、服装及日用品专门零售	220	91	4437788	12476562	2609750	27754
纺织品及针织品零售	12	2	84495	358438	54663	282
服装零售	117	60	2198855	6565565	1024070	8314
鞋帽零售	22	7	672106	2194114	1027571	5868
化妆品及卫生用品零售	14	2	336012	1143827	144568	2017
钟表、眼镜零售	27	10	984113	1308546	153388	7152
箱、包零售	6	2	42180	170079	20566	546

单位：千元

交易性金融资产	应收账款	存货	可供出售金融资产	持有至到期投资	长期股权投资	投资性房地产	固定资产合计	固定资产原价
	364034	139984			427150	51456	49202	104283
4167828	43321401	59991168	667508	1474323	53758498	849319	5774120	8311230
16367	10063080	6504899			15848518	30860	679021	999452
	1807778	13163970	85000	65000	13625932		334463	453939
	917034	1788933		30000	3631208	577375	386364	477622
90024	16105452	9962224	101313	305108	20870629	151159	1303903	2264266
4152095	88307821	109132711	1723124	5758670	88720249	1926175	13734852	25037674
45493	521590	190551			705981		127807	188774
903	16938743	47227812	361505		8344639	67125	2190544	3915488
10108	3075308	4396698	598471		2854963	20741	1151030	1786310
	19200	29635			15300		4612	6463
139099	1418539	870339	1000		69664	37326	288238	488906
2543213	6105728	1995962	12872		13144127		622414	1082998
164362	9694825	6180970	14740	100000	1849290	173276	426462	809210
36287	15077639	15002232	20055	2053290	24876041	99357	4135838	8860904
1212630	35456249	33238512	714481	3605380	36860244	1528350	4787907	7898621
79765	93282244	3031416	773357		16397841	54559	1477237	2077054
	92795819	2568537	773357		13977353	54559	1339090	1853326
	349532	3557			2391148		119917	190581
79765	136893	459322			29340		18230	33147
12735	4176666	15778253	1001585	305544	5722369	264971	1026705	1866345
	2974222	2329513			720120	3390	241463	349292
12735	1202444	13448740	1001585	305544	5002249	261581	785242	1517053
2516016	**35872786**	**57243810**	**2471960**	**641413**	**34079017**	**1251265**	**30431092**	**49371108**
1263997	2272635	12285960	2327776	87891	13802013	1214800	12799048	21289605
586243	782796	5592258	2327776	3000	7243615	1059530	6754330	11176471
677754	1447840	6268945		24891	6413261	155270	5889324	9828191
	41999	424757		60000	145137		155394	284943
540614	489131	1522433			192642		1395845	2138435
	37035	68662			6751		26799	32164
540614	26617	193819			73975		782073	1191127
	7	1936					3425	9071
	4627	34682					8094	15250
	3415	20569			1010		944	1920
	347094	952730			99790		470556	717220
	45632	160183			4396		9771	25202
	24704	89852			6720		94183	146481
195953	1738056	4365672			90720		1391116	2188518
	39802	87326			1477		189065	267036
179899	986184	2032034			16581		579450	917041
12000	118916	766237			2000		207909	327153
	406198	375759			6990		132928	254532
4000	101824	840846			60146		248049	349687
	35671	44172					3290	7484

2-18 续表 5

项目	累计折旧	#本年折旧	在建工程	无形资产	资产总计	流动负债合计
非金属矿及制品批发	55081	8433		8597	3796313	3327079
金属及金属矿批发	2576782	403867	609111	2613223	458241281	360632625
建材批发	320296	57750	143132	14250	64559953	44761140
化肥批发	122957	28442	94967	19266	56747293	39922418
农药批发	91258	18484	14355	47896	12758253	6842570
其他化工产品批发	987776	143984	435619	248223	118905334	70660497
机械设备、五金交电及电子产品批发	11320101	2241691	1321655	2473927	658076980	398162447
农业机械批发	60967	10821	30	235	2536320	947871
汽车批发	1754088	572591	209567	263084	192183533	117313139
汽车零配件批发	548495	105906	39184	127912	23417350	16764299
摩托车及零配件批发	1852	712			86849	70427
五金产品批发	201903	34870	51621	56968	4634514	3553812
电气设备批发	492307	98468	102568	74968	40173569	17951657
计算机、软件及辅助设备批发	384552	75763	14826	395931	34587411	25217992
通讯及广播电视设备批发	4756130	817034	246398	392944	111249634	60616492
其他机械设备及电子产品批发	3119807	525526	657461	1161885	249207800	155726758
贸易经纪与代理	599817	93167	102881	62483	223172646	188533631
贸易代理	514236	79134	36585	61506	213822455	183491849
拍卖	70664	11732	66296	869	7861794	3899850
其他贸易经纪与代理	14917	2301		108	1488397	1141932
其他批发	840681	87225	144663	117042	74284747	34950578
再生物资回收与批发	107829	14318	39791	37319	12166814	10770617
其他未列明批发业	732852	72907	104872	79723	62117933	24179961
零售业合计	**19715410**	**3289441**	**3806855**	**4905850**	**382637191**	**282389075**
综合零售	8529348	1207414	948338	1713003	115045434	69425453
百货零售	4485353	536459	137508	1088693	60751012	30759945
超级市场零售	3914446	637766	810060	619143	52467069	37378261
其他综合零售	129549	33189	770	5167	1827353	1287247
食品、饮料及烟草制品专门零售	760621	156918	45582	147552	7094315	3408054
粮油零售	5365	864	250		251064	143460
糕点、面包零售	409054	84012	1039	7323	2803707	1014056
果品、蔬菜零售	5646	880		6	37899	54947
肉、禽、蛋、奶及水产品零售	7156	2835	27433	21877	125198	56536
营养和保健品零售	976	308		485	51968	52152
酒、饮料及茶叶零售	264695	58236	16843	25163	2828200	1459746
烟草制品零售	15431	3398	17	48	527986	425596
其他食品零售	52298	6385		92650	468293	201561
纺织、服装及日用品专门零售	824679	211237	163065	111374	15964504	13053701
纺织品及针织品零售	77971	13370	1703	17	555898	331733
服装零售	343570	91539	37239	44179	8471670	6747323
鞋帽零售	119244	59071	31880	1645	2499726	2102630
化妆品及卫生用品零售	120907	19814	183	14347	1361516	1256809
钟表、眼镜零售	123587	18148	13318	14948	1717040	1109164
箱、包零售	4240	678			177198	115726

单位：千元

#应付账款	非流动负债合计	#应付债券	负债合计	所有者权益合计	#实收资本	国家资本	集体资本	法人资本
267449	900		3327979	468334	493587	108623		204000
60376317	27519000	7500604	388151625	70089656	49591447	10100379	98125	28391409
7182763	2399608	700000	47160748	17399205	5271110	520819	34000	3849143
8648782	4680498	2486135	44602916	12144377	10333368	296000		2038777
1023022	2358471		9201041	3557212	941200	30000	120000	745000
25924555	14406761	200000	85067258	33838076	22435102	9773677	40725	8038687
128424091	36565062	9788766	434727509	223349471	88243164	19400256	106195	28807482
287334	127834		1075705	1460615	377570	273650		42240
50990580	6415935		123729074	68454459	16527993	956526	24995	2585750
5276400	790711		17555010	5862340	3555536	81825		945545
58276			70427	16422	6500			
1664665	57902		3611714	1022800	802653	6763	3800	219002
7190772	5876384		23828041	16345528	3527149	276618	500	573029
8774602	328436		25546428	9040983	6969551	373600	5000	3270212
18093862	125020		60741512	50508122	18011704	302421	2000	5871896
36087600	22842840	9788766	178569598	70638202	38464508	17128853	69900	15299808
152428417	3365728		191899359	31273287	15274950	4297219	5000	9935978
150587773	3365518		186857367	26965088	14922929	4296719		9658429
1205055			3899850	3961944	279870	500		219568
635589	210		1142142	346255	72151		5000	57981
5306424	25937709		60888287	13396460	4858606	357217	40682	4042636
2032751	1044877		11815494	351320	277756		39142	149650
3273673	24892832		49072793	13045140	4580850	357217	1540	3892986
77998191	**16462965**	**5694809**	**298852868**	**83784324**	**53984513**	**2309981**	**784707**	**27749827**
22846243	8655903	5528818	78081356	36964078	16517277	1248092	338665	7669099
10307555	4237689	2185649	34997634	25753378	9231537	1108211	319142	4125332
11962247	4291267	3343169	41669528	10797541	6794085	80980	17838	3373370
576441	126947		1414194	413159	491655	58901	1685	170397
1165700	95233		3503287	3591028	1391433	46863	206782	756730
107470			143460	107604	32180	5928		25752
188223	5763		1019819	1783888	339165		188350	98180
20753			54947	-17048	40196	500		
32108	81		56617	68581	99000			98000
157			52152	-184	12000			6000
703418	73758		1533504	1294696	582923	31846	17349	373461
8130	15000		440596	87390	26037	500		11037
105441	631		202192	266101	259932	8089	1083	144300
5786819	522699		13576400	2388104	3713335	32950	18301	710412
65618	432		332165	223733	69090		396	32905
2580919	293279		7040602	1431068	1894970			280537
1383442	35181		2137811	361915	301594	26950	16880	123208
469951	19826		1276635	84881	141258	3000		40389
551534	172148		1281312	435728	1014243	3000	800	207193
17158			115726	61472	58700			

2-18 续表 6

项　　目	个人资本	港澳台资本	外商资本	营业收入	#主营业务收　入
非金属矿及制品批发	172000		8964	8245040	8222457
金属及金属矿批发	7383053	196891	3421590	971848036	956877303
建材批发	787950	67194	12004	127967271	127711123
化肥批发	374930		7623661	103714201	103670301
农药批发	46200			11037032	10949901
其他化工产品批发	4065102	154963	361948	448318956	447637667
机械设备、五金交电及电子产品批发	9031926	5311728	25585577	1043831075	984628868
农业机械批发	45060		16620	1509448	1498130
汽车批发	300535	126784	12533403	492994622	489414837
汽车零配件批发	239285	271870	2017011	25639128	25192886
摩托车及零配件批发	6500			54054	54054
五金产品批发	423551	1742	147795	7130478	7116910
电气设备批发	611683	1609784	455535	32494701	31030335
计算机、软件及辅助设备批发	2652748	237472	430519	81445611	81032489
通讯及广播电视设备批发	938510	2327663	8569214	222424217	171101426
其他机械设备及电子产品批发	3814054	736413	1415480	180138816	178187801
贸易经纪与代理	132796	357926	546031	50637176	50020873
贸易代理	63824	357926	546031	44240608	43627238
拍卖	59802			2596368	2596367
其他贸易经纪与代理	9170			3800200	3797268
其他批发	234574	39454	144043	45133013	44686228
再生物资回收与批发	71050		17914	11124550	11072859
其他未列明批发业	163524	39454	126129	34008463	33613369
零售业合计	**10202522**	**3508299**	**9429177**	**674295886**	**658548128**
综合零售	1771918	1298163	4191340	157412311	148702283
百货零售	1055950	950328	1672574	77912631	75019623
超级市场零售	649153	347835	2324909	75401759	69731528
其他综合零售	66815		193857	4097921	3951132
食品、饮料及烟草制品专门零售	306339	31825	42894	9248434	8717858
粮油零售	500			338554	338049
糕点、面包零售	52635			3767572	3695582
果品、蔬菜零售	1152		38544	130902	130902
肉、禽、蛋、奶及水产品零售	1000			195804	195804
营养和保健品零售	6000			115381	115381
酒、饮料及茶叶零售	124092	31825	4350	3177211	2772793
烟草制品零售	14500			707518	704111
其他食品零售	106460			815492	765236
纺织、服装及日用品专门零售	380350	748669	1822653	24544114	23825688
纺织品及针织品零售	35789			512241	484031
服装零售	160654	437860	1015919	12593057	12376553
鞋帽零售	13600	112272	8684	2091027	2004120
化妆品及卫生用品零售	20875	23924	53070	1954784	1915231
钟表、眼镜零售	46157	134420	622673	2599512	2572242
箱、包零售	26700	32000		189428	189428

单位：千元

营业成本	#主营业务成本	营业税金及附加	#主营业务税金及附加	其他业务利润	销售费用	管理费用	#税金	财产保险费
8070581	8057561	3972	3972	9564	69645	102320	1071	137
956075195	942813921	431210	391058	-5423934	5121824	4675457	284911	9919
124848329	124834337	34988	31348	274082	1256555	669646	33434	1562
101965574	101957656	37435	37290	35618	1045856	482521	21649	84
10317232	10301481	5594	1182	71274	197747	227630	11364	250
439686952	439610191	183414	159473	579791	3910966	2369985	152192	5244
934627057	888776703	2165902	2069084	10970509	48551262	27739436	607092	279954
1244733	1242926	1950	1948	523299	72455	49813	1568	135
445757638	445056990	1182968	1172023	2944203	24934952	4430751	229767	176064
21183958	20812301	60963	60521	72783	1836450	806369	17508	1897
49494	49494	151	151		648	2962	13	7
6301322	6297864	12321	12318	10432	417156	324620	6818	854
26114232	26066248	73980	71918	1419928	994577	4217376	31702	12596
77171440	76978474	82753	80860	218626	1715149	1554143	26474	6978
199430454	155450383	405172	350985	4238230	8887180	9376603	151201	14149
157373786	156822023	345644	318360	1543008	9692695	6976799	142041	67274
44711213	44666371	247754	246931	568530	1335750	1498550	50361	3794
40342537	40297725	150762	149939	563411	786563	1164234	48158	1025
704984	704984	94300	94300	1	481739	302934	1375	2758
3663692	3663662	2692	2692	5118	67448	31382	828	11
40917014	40735341	80111	64331	267277	1581536	1204504	20229	3332
10840563	10840563	31484	31484	50308	137085	133776	4679	662
30076451	29894778	48627	32847	216969	1444451	1070728	15550	2670
591328071	**589026789**	**2628690**	**2418211**	**13443135**	**49699638**	**21480898**	**446537**	**60293**
127045513	126672160	1350725	1209129	8242354	17383509	7212157	196262	15075
62341244	62132654	899827	838615	2625458	6854086	4156652	109789	9681
61628336	61489665	428939	351682	5499327	9876266	2708514	84433	4917
3075933	3049841	21959	18832	117569	653157	346991	2040	477
6329454	6277371	60291	58036	483044	1728796	506397	12965	1810
310609	310607	283	256	474	15419	18921	84	109
2420037	2385048	29154	29149	38661	700764	142002	7172	215
95596	95596	1828	1828		26529	20005	625	20
146206	146206	1089	1089	1360	45024	17137	201	194
75160	75160	653	653		28434	12313	15	
2092175	2075857	17475	16947	388027	691449	221521	3236	803
590708	590700	4054	2939	4706	69305	24105	280	254
598963	598197	5755	5175	49816	151872	50393	1352	215
16410695	16245244	193958	171800	548198	6081843	1776231	19827	2495
312802	312172	5148	3832	34471	90780	47622	2166	215
8064610	7988033	90156	88118	143535	3395432	902000	11517	711
1340855	1295858	16102	13344	35776	524831	171706	1132	248
1147551	1112028	14535	14535	8524	517736	232519	976	598
1803962	1803883	18417	17741	27721	658161	184548	2990	574
144393	144393	726	726		46896	6181	54	3

2-18 续表 7

项　　目	财务费用	#利息收入	利息支出	资产减值损失	公允价值变动收益	投资收益
非金属矿及制品批发	59519	18674	78887	6732		12151
金属及金属矿批发	4050960	3342553	6826258	668175	-58361	4759179
建材批发	807917	74109	711947	159600	-23234	1764891
化肥批发	649892	78929	685365	45358		324601
农药批发	154902	5932	107715	2750		458388
其他化工产品批发	498418	1847227	2126667	121087	-4069	273509
机械设备、五金交电及电子产品批发	-283363	3348088	4521432	2700961	-113606	11107437
农业机械批发	902	8812	2676	-5542		100565
汽车批发	-1701639	897676	889499	425900	-213990	2613311
汽车零配件批发	132658	46982	162826	541180	-622	54953
摩托车及零配件批发	-4	22	15			761
五金产品批发	21925	8437	24021	483	-359	5913
电气设备批发	114640	51731	253636	10432		2690236
计算机、软件及辅助设备批发	283276	40115	292474	25293	101	79425
通讯及广播电视设备批发	-206715	844848	638186	1245364	96	3206954
其他机械设备及电子产品批发	1071594	1449465	2258099	457851	101168	2355319
贸易经纪与代理	-1221263	2660651	2514062	34792		945358
贸易代理	-1185166	2561166	2450708	24446		814250
拍卖	-20158	90920	60038	-388		116495
其他贸易经纪与代理	-15939	8565	3316	10734		14613
其他批发	330700	150692	435935	335190		431520
再生物资回收与批发	74087	8984	92653	8794		12328
其他未列明批发业	256613	141708	343282	326396		419192
零售业合计	**3146981**	**1650157**	**3680961**	**68564**	**4795**	**4566519**
综合零售	747182	672165	1014750	48580	1300	2254286
百货零售	246108	412217	346922	17520	1300	1523846
超级市场零售	502976	250109	661572	30584		728554
其他综合零售	-1902	9839	6256	476		1886
食品、饮料及烟草制品专门零售	22298	11101	21654	177		13299
粮油零售	-110	198		-2		24
糕点、面包零售	-624	5136	93	-66		13010
果品、蔬菜零售	615	6	7			
肉、禽、蛋、奶及水产品零售	1197	56	900	26		
营养和保健品零售	177	14	29	97		
酒、饮料及茶叶零售	22203	1644	19709	-72		121
烟草制品零售	-1368	3352	866			1
其他食品零售	208	695	50	194		143
纺织、服装及日用品专门零售	55386	57997	50949	13961		-1246
纺织品及针织品零售	2701	1050	3047	4		120
服装零售	31217	16919	20162	12873		915
鞋帽零售	-27252	37397	2614			
化妆品及卫生用品零售	4527	236	3502			
钟表、眼镜零售	21109	1519	18308	1084		-2281
箱、包零售	2010	25	1071			

单位：千元

营业利润	营业外收入	#补贴收入	营业外支出	利润总额	应交所得税	应付职工薪酬(本年贷方累计发生额)	#社会保险费	住房公积金	应交增值税
-55578	3102	6	1281	-53757	5548	62820	2739	19669	7686
5290593	457549	48333	77758	5905645	958835	2952297	130297	1246563	423915
1907956	187017	9964	14599	2104387	104031	687771	33250	499998	108238
-188405	349198	273535	6514	154488	75472	421215	19281	8980	63427
589565	36896	1984	70702	555759	45791	126675	6592	-3771	19113
1801131	105893	8519	104484	1821822	588296	1565886	75672	1182884	232224
33842920	1524099	381269	343408	40551883	8426004	21309399	863103	14942828	2881375
247877	1026	192	324	248737	40659	47431	2107	-511	6597
20284529	311348	19420	94517	20590934	5111105	2848418	111287	9339158	322820
1133214	15062	2082	19378	1127679	395705	589260	26922	679810	88592
1564	157	106		1721	190	2727		1685	356
57814	2491	526	5767	54932	24518	231741	10269	104616	33489
1224159	125201	6179	9987	3777442	306294	2872246	117600	756031	299540
705860	52647	15305	7152	754002	227448	1303365	55285	623696	205477
3508354	210798	12506	159375	6535267	753758	8013274	318428	1950363	1190104
6679549	805369	324953	46908	7461169	1566327	5400937	221205	1487980	734400
4871995	127059	44707	40481	5062362	1137046	1145997	50462	227471	143826
3667739	111409	42979	16780	3866157	849860	915812	41539	195674	121461
1149452	14457	540	23471	1140438	275742	194280	6921	2843	16100
54804	1193	1188	230	55767	11444	35905	2002	28954	6265
1128852	474916	125044	28129	1563105	318727	737474	33054	242370	106656
-71474	124897	97784	513	35467	1664	90801	4352	178934	10062
1200326	350019	27260	27616	1527638	317063	646673	28702	63436	96594
10445309	**1204703**	**291500**	**592069**	**11231949**	**3672682**	**24634904**	**977665**	**10180088**	**3833071**
5832518	385162	86927	205809	6065483	1524027	8386478	382974	3100693	1467458
4880062	132833	45044	47426	5012578	1088415	3376987	206311	1816758	644711
950789	233548	41883	152459	1036856	374128	4665216	165117	1140120	769756
1667	18781		5924	16049	61484	344275	11546	143815	52991
604913	12585	13351	2458	640836	195527	909930	18547	431533	142369
-6566	237	12259	49	5905	581	10210	564	1952	2044
476494	2478	18	1020	490962	124189	439510	2469	252949	71296
-13671	3		75	-13743	343	14387	542	1622	2328
-14875	7		61	-14929	520	24817	867	8681	4275
-1453	43		36	-1446	402	19046	841	5834	3723
132694	8853	684	976	140992	56394	256506	8682	108991	35364
23136	330	264	59	23408	6435	44904	1456	22416	6749
9154	634	126	182	9687	6663	100550	3126	29088	16590
30371	54208	10174	87982	1554	159480	2250351	77133	1010486	363078
61391	391		1705	60197	15172	58492	1096	31358	9469
97475	30055	5061	75867	55827	93806	1162968	40842	556142	190069
75747	6178	68	1461	80464	25448	268540	7215	83844	43812
37956	1649	1300	1193	38412	14776	199038	5954	102557	21534
-89172	10418	1483	5634	-83715	9062	331931	15817	135165	54964
-10778	767	766		-10011	655	10255	126	6066	2276

2-18 续表 8

项目	单位数(个)	#亏损企业	年初存货	流动资产合计	#货币资金	#现金
厨房用具及日用杂品零售	7	2	29422	94361	16609	594
自行车零售	1		***	***	***	***
其他日用品零售	14	6	68390	614296	167949	2969
文化、体育用品及器材专门零售	192	57	6329573	21171754	2975302	12567
文具用品零售	18	3	54985	218182	103727	550
体育用品及器材零售	8	3	123299	512953	69929	761
图书、报刊零售	65	14	1981249	8369642	1712388	3824
音像制品及电子出版物零售	12	5	399893	3780737	267037	628
珠宝首饰零售	34	16	1555943	3130700	204267	3406
工艺美术品及收藏品零售	26	10	1941760	4380682	532630	2411
乐器零售	9	1	114558	202270	20081	110
照相器材零售	12	3	55479	89933	10943	677
其他文化用品零售	8	2	102407	486655	54300	200
医药及医疗器材专门零售	382	57	3561233	29548567	5632302	34623
药品零售	109	22	2378994	20360667	4180685	6334
医疗用品及器材零售	273	35	1182239	9187900	1451617	28289
汽车、摩托车、燃料及零配件专门零售	705	221	16719149	69505118	16328405	209073
汽车零售	524	192	14481792	59815447	15366073	190499
汽车零配件零售	13	2	123836	247633	44067	671
摩托车及零配件零售	1		***	***	***	***
机动车燃料零售	167	27	2105908	9426014	915611	17616
家用电器及电子产品专门零售	379	52	4743354	53769404	14977978	60167
家用视听设备零售	10	3	86946	222231	59086	108
日用家电设备零售	43	10	806706	33600657	9342599	24501
计算机、软件及辅助设备零售	217	26	2643029	14890879	4732393	19587
通信设备零售	51	7	826924	3014989	536460	12762
其他电子产品零售	58	6	379749	2040648	307440	3209
五金、家具及室内装修材料专门零售	107	28	1057049	5534014	593116	11156
五金零售	33	4	92230	528219	70445	1592
灯具零售	2		14488	31717	7177	182
家具零售	47	16	769802	4478373	396997	7385
涂料零售	3		5785	33055	7095	271
卫生洁具零售	6	1	91676	145385	6734	123
木质装饰材料零售	1	***	***	***	***	
陶瓷、石材装饰材料零售	7	5	38813	108120	15187	610
其他室内装修材料零售	8	1	41998	205114	86847	993
货摊、无店铺及其他零售	174	42	2122982	18750022	6108005	20489
互联网零售	39	22	1158823	12067555	4583261	3966
邮购及电视、电话销售	8	4	46142	545799	209455	251
旧货零售	1		***	***	***	***
生活用燃料零售	15	2	30294	153613	91871	2072
其他未列明零售业	111	14	872215	5959432	1217231	14197

单位：千元

交易性金融资产	应收账款	存货	可供出售金融资产	持有至到期投资	长期股权投资	投资性房地产	固定资产合计	固定资产原价
	19148	27069					4782	8807
	***	***					***	***
54	30147	165987			3526		24633	53382
38233	3253859	7885695		20000	953043	23255	1466321	1985625
	31561	58928			1988		9386	23857
	93613	139333			25120		160111	260451
14236	417286	2313460		20000	606376	3674	791860	868987
21488	2214395	227892			10930		12789	69179
2509	175541	2171070			8606	19581	213690	343625
	147443	2636830			299683		267847	393990
	15692	129072			340		3186	8022
	11956	50949					1501	5008
	146372	158161					5951	12506
166298	12274218	4151504	138280	3007	13183361	9427	1023694	1651228
681	7568046	2988382	138280		13084575	9427	560290	967493
165617	4706172	1163122		3007	98786		463404	683735
33164	4162139	18326086	4783	14080	3777739	1707	10017238	16263537
33164	3853448	16612469		14080	2876963	1707	5681508	8811567
	29813	135034					29258	52491
	***	***					***	***
	277886	1572379	4783		900776		4294105	7384026
227603	6487403	4839396	1021	500039	1418605	2076	879995	1417107
2000	23103	84110			2000		2132	6482
151400	366162	891525			1152436		167518	380582
51285	4856348	2558281	1020	500000	134384		571004	793336
20429	609232	927450		39	77590		70970	126343
2489	632558	378030	1		52195	2076	68371	110364
	883818	1130367		8000	80885		866905	1373370
	221920	100656			7370		52885	92622
	8099	12519					1516	2868
	620742	814179		8000	67593		789438	1223136
	9772	9676			5922		7058	11976
	2675	104843					990	2552
	***	***					***	***
	9837	43897					4011	11855
	10432	43644					10971	28065
50154	4311527	2736697	100	8396	580009		590930	1063683
25000	2823142	1485141	100		288299		246920	528538
	97266	63048			170164		19351	43229
		***			***		***	***
	8169	26645		2300	912		25917	48713
25154	1382950	1146554		6096	120477		297070	441213

2-18 续表 9

项目	累计折旧	#本年折旧	在建工程	无形资产	资产总计	流动负债合计
厨房用具及日用杂品零售	4025	707			100513	64040
自行车零售	***	***			***	***
其他日用品零售	28749	7474	78742	36238	1052597	1312546
文化、体育用品及器材专门零售	875818	132718	368283	56200	24229310	18262180
文具用品零售	14843	2235		189	234536	131340
体育用品及器材零售	100373	12090	83	5143	761440	399101
图书、报刊零售	432235	60425	355853	15690	9911793	7624554
音像制品及电子出版物零售	56390	1785	91	4071	3915518	3858518
珠宝首饰零售	130901	26867	1975	7734	3516515	2443781
工艺美术品及收藏品零售	126144	27277	10281	22737	5057752	3131883
乐器零售	4836	336			230911	185308
照相器材零售	3507	356		35	102562	75051
其他文化用品零售	6589	1347		601	498283	412644
医药及医疗器材专门零售	633003	109578	91861	155024	44372572	33191226
药品零售	407709	59854	75244	144724	34515768	25447953
医疗用品及器材零售	225294	49724	16617	10300	9856804	7743273
汽车、摩托车、燃料及零配件专门零售	6559156	1132989	1386015	1163652	88494375	65452988
汽车零售	3442520	753833	1080260	398455	71652934	55603168
汽车零配件零售	23400	4285	510	5	285843	196723
摩托车及零配件零售	***	***			***	***
机动车燃料零售	3090150	373138	305245	765192	16525949	9630853
家用电器及电子产品专门零售	538311	149347	653320	646500	59425099	47939577
家用视听设备零售	4350	809	182	17	249150	187368
日用家电设备零售	213080	39561	264303	368320	35899943	29962075
计算机、软件及辅助设备零售	222336	87714	388475	158947	17694082	13755652
通信设备零售	55373	10103		40805	3271364	2518578
其他电子产品零售	43172	11160	360	78411	2310560	1515904
五金、家具及室内装修材料专门零售	497847	39666	103796	411972	7152758	4783327
五金零售	39822	4999		8127	597589	438603
灯具零售	1352	346			33233	24631
家具零售	424874	30362	103507	401929	5994573	3880003
涂料零售	4918	890	289	1456	47814	18705
卫生洁具零售	1562	173			146376	132234
木质装饰材料零售	***	***			***	***
陶瓷、石材装饰材料零售	7845	1081		95	112654	128363
其他室内装修材料零售	17214	1759		365	216451	156682
货摊、无店铺及其他零售	496627	149574	46595	500573	20858824	26872569
互联网零售	281618	102266	2624	191594	13020184	21276990
邮购及电视、电话销售	23878	6596	11759	10711	768836	532220
旧货零售	***	***			***	***
生活用燃料零售	22796	2968	722	2949	186484	118863
其他未列明零售业	168017	37644	31490	295319	6857721	4936337

单位：千元

#应付账款	非流动负债合计	#应付债券	负债合计	所有者权益合计	#实收资本	国家资本	集体资本	法人资本
24689	36		64076	36437	33400		225	20000
***	***		***	***	***			
683112	797		1313343	-260746	199080			6180
6169612	1181930	165991	19444110	4785200	2921492	249952	30856	1294867
40676	47		131387	103149	67530		6680	20560
184003	2080		401181	360259	124000	20000		27728
3089890	543152		8167706	1744087	1175096	144235	6330	700131
977400	335739		4194257	-278739	367003			16000
804335	207395	165991	2651176	865339	607251	28500	16000	226646
746412	93289		3225172	1832580	471692	56427		259502
27027			185308	45603	36300		1300	15500
4840			75051	27511	30410	790	500	4100
295029	228		412872	85411	42210		46	24700
10868343	1737655		34928881	9443691	3793128	117707	75779	2420644
7121221	1622524		27070477	7445291	2742999	116232	73929	2157300
3747122	115131		7858404	1998400	1050129	1475	1850	263344
4828538	2637803		68091619	20402756	15687774	525884	98724	10925570
4172376	2538773		58141979	13510955	9623694	463891	45468	5465758
36362	20023		216746	69097	62916			33207
***			***	***	***			
616639	79007		9710650	6815299	5996164	61993	53256	5426605
11260476	213225		48152802	11272297	5463727	28000		2662389
36893	6360		193728	55422	90600			57720
1739712	6317		29968392	5931551	1252576	8000		791789
8231877	147602		13903254	3790828	3008091	20000		1387771
612480	16717		2535295	736069	575646			202340
639514	36229		1552133	758427	536814			222769
1344954	841984		5625311	1527447	1584537	2050		374143
155576	16991		455594	141995	159403	2050		68698
20517			24631	8602	6200			
1044061	797400		4677403	1317170	1034265			263379
10658	251		18956	28858	21800			5985
35127			132234	14142	11900			2100
***			***	***	***			***
31056			128363	-15709	13100			600
43867	27342		184024	32427	332869			28381
13727506	576533		27449102	-6590277	2911810	58483	15600	935973
11497036	401418		21678408	-8658224	1286103	30000	2500	348805
138305	103303		635523	133313	265200			46600
***			***	***	***	***		
11874	1860		120723	65761	36744	3383	9600	19185
2080263	69952		5006289	1851433	1308763	10100	3500	521383

2-18 续表 10

项目	个人资本	港澳台资本	外商资本	营业收入	#主营业务收入
厨房用具及日用杂品零售	13175			245960	245960
自行车零售	***			***	***
其他日用品零售	62400	8193	122307	4305791	3985809
文化、体育用品及器材专门零售	676939	77977	590901	21855749	21020427
文具用品零售	40290			476716	474339
体育用品及器材零售	64272		12000	1323661	1321632
图书、报刊零售	54400		270000	9305337	9011757
音像制品及电子出版物零售	89000		262003	3640700	3214004
珠宝首饰零售	221264	69007	45834	2586097	2526644
工艺美术品及收藏品零售	146793	8970		2908499	2872515
乐器零售	19500			313249	310333
照相器材零售	25020			370171	369313
其他文化用品零售	16400		1064	931319	919890
医药及医疗器材专门零售	799951	21411	357636	44914964	44617617
药品零售	317398		78140	31965368	31692362
医疗用品及器材零售	482553	21411	279496	12949596	12925255
汽车、摩托车、燃料及零配件专门零售	2715371	785184	637041	234885129	232287935
汽车零售	2565792	773752	309033	167372278	165164883
汽车零配件零售	28673		1036	770204	754494
摩托车及零配件零售	***			***	***
机动车燃料零售	115906	11432	326972	66674679	66300590
家用电器及电子产品专门零售	2058802	61240	653296	122491653	121184562
家用视听设备零售	32880			403044	399025
日用家电设备零售	110988		341799	22312863	21784958
计算机、软件及辅助设备零售	1287583	1240	311497	89664753	89429251
通信设备零售	313306	60000		6925749	6436192
其他电子产品零售	314045			3185244	3135136
五金、家具及室内装修材料专门零售	457090	2054	749200	7049389	6876801
五金零售	35355		53300	1062047	1038274
灯具零售	6200			66292	66292
家具零售	355120	2054	413712	5301119	5158521
涂料零售	15815			39598	39358
卫生洁具零售	9800			132710	132710
木质装饰材料零售				***	***
陶瓷、石材装饰材料零售	12500			158789	158635
其他室内装修材料零售	22300		282188	276816	270993
货摊、无店铺及其他零售	1035762	481776	384216	51894143	51314957
互联网零售	158952	403887	341959	44647270	44230321
邮购及电视、电话销售	148600	70000		1382745	1371282
旧货零售				***	***
生活用燃料零售	4576			244488	239600
其他未列明零售业	723634	7889	42257	5602513	5456627

单位：千元

营业成本	#主营业务成本	营业税金及附加	#主营业务税金及附加	其他业务利润	销售费用	管理费用	#税金	财产保险费
195996	195996	1059	1059	1385	34297	15998	22	71
***	***	***	***		***	***	***	***
3356698	3349053	47718	32348	296786	808333	213698	693	62
17276477	17138467	105078	102366	736753	2548828	1426869	20718	4527
416424	416424	1718	1718	2377	26079	28162	92	92
956168	956168	6458	6458	2029	188227	88519	5777	151
7732375	7655665	20787	19443	264816	919598	590516	7964	1410
3097680	3051624	4872	4872	373825	522255	220744	895	61
1806224	1798488	25688	25469	50290	434217	223799	2643	1291
1899313	1897542	41245	40312	34167	311989	212634	3043	1314
241968	239865	1881	1747	679	39111	25405	27	24
345304	345304	439	439	857	13854	9994	188	10
781021	777387	1990	1908	7713	93498	27096	89	174
39029375	39003695	140148	138183	371698	2623370	1710352	22663	2853
28843509	28827849	65277	63652	255513	1304305	678211	12775	1727
10185866	10175846	74871	74531	116185	1319065	1032141	9888	1126
219333549	218597737	342843	320410	1803950	7537844	4628593	85107	22687
155868473	155473198	258810	238320	1757211	5610333	3946442	68782	21725
690565	688435	2354	2332	15017	42569	28292	348	260
***	***	***	***		***	***	***	***
62725348	62386941	81255	79334	31722	1873651	648966	15969	689
113171921	112927649	258280	249660	1061832	5735787	2186607	39199	8159
360397	358843	697	697	2466	42436	12265	37	3
18998209	18961847	73013	73013	494319	1824636	954181	4116	6612
85063626	84938903	137111	135303	112415	3106821	827110	31963	699
5976140	5915800	39042	32858	427152	628563	228272	1695	554
2773549	2752256	8417	7789	25480	133331	164779	1388	291
4617467	4594675	80073	74366	161480	1359449	536230	15522	1216
911053	910598	2602	1878	22594	71936	69287	956	189
45441	45441	635	635		14353	4539	17	15
3142378	3128503	74812	70024	124001	1189190	410545	14265	875
30179	30179	231	231	240	4426	5593	24	45
105372	105372	360	360		15160	9993	12	
***	***	***	***		***			
136937	133937	280	280	5280	18384	11937	100	53
233672	228210	1135	940	9365	45514	24336	148	39
48113620	47569791	97294	94261	33826	4700212	1497462	34274	1471
42350310	41853322	60515	59908	-79341	4028161	897775	30024	688
1119960	1114985	5901	5901	6011	245969	64904	484	32
***	***	***	***		***	***	***	
207269	207036	1900	1870	4352	22391	20385	205	52
4430532	4388899	28591	26195	102804	397670	509413	3554	699

2-18 续表 11

项目	财务费用	#利息收入	利息支出	资产减值损失	公允价值变动收益	投资收益
厨房用具及日用杂品零售	333	30	315			
自行车零售	***	***				
其他日用品零售	20419	819	1930			
文化、体育用品及器材专门零售	146678	38543	141303	-1519	3257	51047
文具用品零售	-465	1403	595	386		398
体育用品及器材零售	2987	208	439	875		7068
图书、报刊零售	-5345	26139	9144	1181		-1869
音像制品及电子出版物零售	8530	1333	3143	-12543		2124
珠宝首饰零售	64953	2068	53551	-2899	3257	414
工艺美术品及收藏品零售	74055	6955	72898	11364		42912
乐器零售	751	190	380	13		
照相器材零售	364	16	3			
其他文化用品零售	848	231	1150	104		
医药及医疗器材专门零售	688364	153452	766473	-14141	120	684234
药品零售	638640	142328	719003	-14185	120	677024
医疗用品及器材零售	49724	11124	47470	44		7210
汽车、摩托车、燃料及零配件专门零售	1443855	339603	1369549	53598	118	560340
汽车零售	1534055	145877	1334432	52990	118	491690
汽车零配件零售	2922	207	2187	5		
摩托车及零配件零售	***	***				
机动车燃料零售	-93138	193485	32930	603		68650
家用电器及电子产品专门零售	8897	201548	102226	5612		887023
家用视听设备零售	699	62	501			103
日用家电设备零售	-49618	142738	30066	-689		846674
计算机、软件及辅助设备零售	10881	55231	50439	831		41216
通信设备零售	20811	2528	10220	2		266
其他电子产品零售	26124	989	11000	5468		-1236
五金、家具及室内装修材料专门零售	61848	49821	105883	436		79188
五金零售	6540	205	6255	82		2525
灯具零售	68	15	79			53
家具零售	49097	48399	94349	354		74952
涂料零售	304	15	299			1658
卫生洁具零售	1499	169	1654			
木质装饰材料零售	***	***				
陶瓷、石材装饰材料零售	897	90	955			
其他室内装修材料零售	3470	899	2292			
货摊、无店铺及其他零售	-27527	125927	108174	-38140		38348
互联网零售	-58579	115054	69912	-43152		32550
邮购及电视、电话销售	7210	721	7859	776		588
旧货零售	***	***				
生活用燃料零售	-720	720	6			964
其他未列明零售业	24475	9409	30397	4236		4246

单位：千元

营业利润	营业外收入	#补贴收入	营业外支出	利润总额	应交所得税	应付职工薪酬(本年贷方累计发生额)	#社会保险费	住房公积金	应交增值税
-1723	399	316	4	-1328	326	35237	611	7817	9528
***				***	***	***		***	***
-141256	4351	1180	2118	-139023	40	180602	5472	86758	30666
400945	105696	36684	21732	499228	178918	1654270	91444	324596	290015
4810	54		13	4851	1631	28320	1211	7805	5151
87495	10760		949	97306	10652	71402	4834	42596	15806
58243	42263	12564	3857	85334	32107	795325	44998	136618	148080
-199015	4520	5982	4286	-193868	2838	184377	17050	28673	33760
37786	9290	4540	7869	39207	26405	241497	8822	27382	34167
380528	38132	13552	4244	435137	97444	253362	12676	56224	39143
4120	107	26	112	4115	1065	19965	828	11769	4193
216	374		9	581	110	12920	168	2247	2873
26762	196	20	393	26565	6666	47102	857	11282	6842
1421767	82659	4802	60634	1451227	298684	1592780	58139	1069613	226949
1118834	70367	4031	20958	1175678	213198	884968	35875	520578	141261
302933	12292	771	39676	275549	85486	707812	22264	549035	85688
2103972	226506	16793	120556	2240697	702121	4990700	146708	2055378	662962
591654	204181	6075	96792	729818	353312	3980473	113851	1285721	544129
3496	1898	3	129	5265	996	43254	800	56333	5245
***	***		***	***	***	***	***	***	***
1506641	20299	10715	23201	1503739	347766	963724	31781	709780	113029
2015040	173234	65888	42577	2144750	311690	2384639	82388	1503682	351098
-13347	74	10	64	-13337	99	16656	208	4474	2130
1359790	52916	16082	32836	1379884	132251	781960	27839	437844	130687
562115	92437	42198	4509	650699	147817	1018459	40021	923717	149444
33143	13775	3625	4437	42992	20705	448202	10080	90641	50109
73339	14032	3973	731	84512	10818	119362	4240	47006	18728
479694	42934	20	10370	514836	119101	512412	18266	216377	85880
547	293	20	17	3348	2132	55830	3540	20026	10139
1256	5			1314	349	2265	23	1419	269
509694	42008		7021	544681	115973	405803	12953	180749	66873
523	265			788	48	4325	118	1454	491
326			63	263	81	8858	244	3165	1745
***			***	***		***		***	***
-9646	226		126	-9546	252	9916		2371	1927
-22112	137		448	-22423	266	25398	1388	7199	4430
-2443911	121719	56861	39951	-2326662	183134	1953344	102066	467730	243262
-2585498	93966	43207	34419	-2494714	139458	1507216	84144	250379	173689
-61387	75		200	-61512	1581	71014	3557	46703	10828
***	***	***		***	***	***	***	***	***
-5773	5084	4188	229	38	-246	33952	1549	1065	7182
208649	22106	9257	5103	228940	42186	335551	12308	169370	49850

2-19 限额以下批发和零售业

项　　目	单位数(个)	#亏损企业	应收账款	固定资产合计	固定资产原价
合　　计	**183234**	**62086**	**133933969**	**192988361**	**424367365**
一、按登记注册类型分					
内资	181535	61129	129535075	191713686	422456560
国有	1008	310	1664050	2209150	3912348
集体	2255	612	1042978	811410	986092
股份合作	3923	1029	1579664	519947	724576
国有联营	16	5	3474	3569	5524
集体联营	96	30	22254	6871	10795
国有与集体联营	19	6	33690	8624	14891
其他联营	244	77	109210	32620	24638
国有独资公司	111	40	526543	186252	350369
其他有限责任公司	40804	14483	37033936	170635410	22351214
股份有限公司	1052	305	1542708	255851	398594
私营独资	13587	3552	3175996	1389228	918204
私营合伙	1471	414	589898	195971	174074
私营有限责任公司	114343	39568	79997341	14940652	392054470
私营股份有限公司	1694	511	2185112	375827	375719
其他	912	187	28221	142304	155052
港澳台商投资	583	358	1249688	546216	806480
与港澳台商合资经营	92	56	291083	92442	133557
与港澳台商合作经营	8	5	3960	13344	18457
港澳台商独资	471	293	953308	432577	591060
港澳台商投资股份有限公司	8	3	989	3217	58490
其他港澳台投资	4	1	348	4635	4916
外商投资	1116	599	3149206	728459	1104325
中外合资经营	218	120	451217	281135	394343
中外合作经营	8	3	3495	15837	20866
外资企业	845	458	2582602	422502	648538
外商投资股份有限公司	26	12	64580	4258	33650
其他外商投资	19	6	47312	4727	6928
二、按隶属关系分					
中央	495	160	3021110	1054784	2157106
地方	6736	2209	5443848	3456037	5047017
其他	176003	59717	125469011	188477539	417163242
三、按控股情况分					
国有控股	1743	562	6020613	3171023	5543705
集体控股	3755	1074	2183981	1357795	1949260
私人控股	171317	57891	117231028	184965004	412326660
港澳台商控股	577	345	1285929	519249	762121
外商控股	1031	564	3033825	668204	1030594
其他	4811	1650	4178593	2307085	2755026
四、按经营方式分					
独立门店	116149	37940	73138350	175244914	393767196
连锁总店(总部)	695	241	790758	323064	466048
连锁分店	928	328	541453	309303	236935
其他	65462	23577	59463408	17111079	29897187

法人单位主要财务状况

单位：千元

本年折旧	资产总计	负债合计	所有者权益合计	#实收资本	营业收入	#主营业务收入
3779840	**837321319**	**523810822**	**313510497**	**320121882**	**600095617**	**591308485**
3578177	804763486	502107370	302656116	306136787	579194373	570873481
404530	82677398	55747141	26930257	19439993	21846121	21414605
54075	7384036	4916463	2467573	2211487	3995939	3829791
130976	7625814	4956850	2668964	2626042	5279094	5147252
271	25869	13450	12419	12508	16484	15296
503	156100	165976	-9876	58278	148588	136141
607	96603	94237	2367	44454	71612	47713
1028	642845	238797	404048	309382	512916	496178
14916	9715946	3110190	6605756	6115536	3652819	3614627
992745	264056825	162330729	101726096	103357448	177790527	174768839
24367	7390004	4196792	3193212	3588029	5095473	4974333
78016	15496350	9085344	6411007	5755157	14889567	14717809
24234	2534471	1338796	1195675	1087945	2619416	2581934
1802471	398179877	250972771	147207106	157319043	334604083	330574125
44665	8111296	4772657	3338638	3776742	8197023	8090113
4775	670050	167177	502873	434743	474712	464727
88466	13299994	9495730	3804264	5329921	6411051	6287269
16363	3696313	2004953	1691360	1329729	1388919	1358508
882	65120	85033	-19913	26535	92043	91385
69774	9473302	7376326	2096975	3921757	4900141	4809011
712	46180	28723	17457	34131	17727	16145
736	19078	694	18384	17769	12221	12221
113196	19257839	12207722	7050117	8655175	14490193	14147735
24095	6479341	4751000	1728341	2356390	3607240	3465680
3683	419589	241101	178488	227771	14679	14679
80980	11046372	6766200	4280171	5488855	10041404	9842280
3585	940503	129201	811302	522321	168667	168037
853	372034	320219	51815	59836	658203	657059
129916	97085584	54569642	42515942	38097833	36614324	35896988
480388	56120410	34325195	21795215	19201903	28009674	27102884
3169536	684115325	434915985	249199340	262822146	535471619	528308612
510905	137554983	78119306	59435677	50025058	59382434	58132533
120898	19230115	13252138	5977977	5721680	10057098	9678172
2856539	623638094	396830974	226807121	239052130	499869153	493418410
77591	12082015	8461876	3620140	5779423	6273992	6166196
109017	20159306	13338255	6821051	8133285	12744463	12382614
104889	24656806	13808274	10848532	11410305	11768476	11530558
2129561	428264820	262209176	166055643	170364810	326135022	321509742
19690	5760744	4374946	1385798	2116219	3349839	3283101
24539	4426185	3566981	859204	1722123	3645641	3492731
1606050	398869571	253659719	145209852	145918731	266965114	263022910

2-19 续表 1

项目	单位数（个）	#亏损企业	应收账款	固定资产合计	固定资产原价
五、按零售业态分					
有店铺零售	82665	27532	22941328	8388608	13471001
食杂店	1796	566	138277	131853	159552
便利店	5649	1788	876046	304455	507070
折扣店	198	84	24577	9700	13034
超市	1473	504	282999	390739	536562
大型超市	194	71	82389	44582	62063
仓储会员店	233	90	65327	64307	14561
百货店	8803	2941	1717192	986265	1628812
专业店	35804	11621	9873988	2771632	3517720
专卖店	15213	5068	5910859	2131042	2400980
家居建材商店	4796	1665	983502	774352	719062
购物中心	663	217	136426	28724	44595
厂家直销中心	7843	2917	2849747	750957	3866988
无店铺零售	10889	4300	2978246	743874	1041807
电视购物	87	42	50953	6539	8820
邮购	904	344	362173	58303	101981
网上商店	2819	1265	375382	143058	181086
自动售货亭	74	29	13210	5140	13837
电话购物	7005	2620	2176528	530834	736083
六、按六大产业功能区分					
北京经济技术开发区	1319	620	1078481	876036	1082077
中关村国家自主创新示范区	1613	508	5439411	1493456	3127184
金融街功能区	509	195	435106	195395	251553
北京商务中心区	3125	1391	3057402	1133659	9506079
奥林匹克中心区	2821	1152	2814331	932620	813064
临空经济区	1605	499	1172733	353253	540540
七、按四大城市功能区分					
首都功能核心区	21610	7905	18597165	86802514	6572895
东城区	9774	3306	7575965	84632369	3316886
西城区	11836	4599	11021200	2170145	3256009
城市功能拓展区	102319	34233	77196220	93274229	403896455
朝阳区	38140	14270	29790922	7706539	18108450
丰台区	23558	8055	13624016	2807018	3977751
石景山区	5438	2113	3856655	728804	934002
海淀区	35183	9795	29924627	82031868	380876252
城市发展新区	45336	15843	30781109	11151805	11643298
房山区	7705	2767	6696631	1364795	1651404
通州区	11370	4239	6002060	2014014	2479158
顺义区	5202	1514	4600445	4155009	2486214
昌平区	10222	3534	5582079	1193949	1684150
大兴区	9518	3169	6821413	1548003	2260294
北京经济技术开发区	1319	620	1078481	876036	1082077
生态涵养发展区	13969	4105	7359475	1759812	2254717
门头沟区	2780	909	1800947	234392	307766
怀柔区	4209	1109	1679328	426787	546220
平谷区	2574	649	963854	292242	401293
密云县	3561	1111	2356505	586083	768588
延庆县	845	327	558842	220309	230850

单位：千元

#本年折旧	资产总计	负债合计	所有者权益合计	#实收资本	营业收入	#主营业务收入
1030950	155223602	87215367	68008235	79159190	81277547	79252521
7486	2181181	1384620	796561	1079838	900750	869211
40144	6848516	3874783	2973734	4836792	3005673	2892176
772	207784	157256	50528	97679	190606	190324
16789	2997160	2041827	955333	1262954	1410754	1373094
3292	353766	552269	-198504	468961	409225	404263
1624	334270	155774	178496	214299	182495	177025
284716	14263212	8398256	5864956	7036401	5080692	4936015
337837	65687019	35224822	30462197	34195483	36515463	35666740
176548	31284503	18991891	12292612	15149142	21224529	20750399
52057	8378718	4513072	3865647	4255228	2513000	2469551
5164	1476624	1099057	377567	575567	888148	882721
104521	21210848	10821740	10389108	9986845	8956213	8641002
116955	22136653	11206578	10930075	12506246	10084341	9906621
894	309075	158170	150905	110352	143473	141926
9162	1509583	806734	702849	893087	803754	784374
25363	6066415	3476564	2589851	3183222	3113357	3100349
1761	123741	58352	65388	86367	67212	65851
79774	14127839	6706758	7421081	8233217	5956546	5814120
98355	27268270	8116457	19151813	19516975	11152462	11090358
288707	37019000	22127641	14891360	12511647	18781718	18309851
11777	21584087	7067424	14516663	10075493	4724997	4709355
111756	25905164	20092319	5812844	10423879	13509277	13247540
95440	26032747	15450283	10582464	7589626	12937000	12657113
44122	8943435	5745074	3198362	3735548	6055854	5975236
718363	148350138	96719928	51630210	52128332	109398866	108000108
524681	63826149	45908317	17917832	22186031	47222377	46588854
193682	84523989	50811611	33712379	29942301	62176488	61411255
2192648	464236610	294713006	169523604	173260734	313976744	308032703
953851	231634869	156697354	74937516	76496729	119838406	117563540
342852	64362640	37380909	26981731	28620118	63759849	62995794
112724	18051505	9863232	8188273	8574871	12878678	12756973
783221	150187596	90771511	59416084	59569015	117499812	114716395
735184	186258121	109905421	76352700	77877057	144751761	143494858
87104	27435910	17790858	9645052	9495053	39668821	39469567
140471	39765416	25618973	14146442	13845122	26120237	25845916
125854	29648229	20090848	9557381	10122317	14549773	14329821
97157	29272626	18363110	10909516	11920236	23913357	23631700
186242	32867669	19925174	12942495	12977353	29347111	29127495
98355	27268270	8116457	19151813	19516975	11152462	11090358
133644	38476450	22472467	16003983	16855759	31968246	31780816
43826	7115928	4264839	2851089	3028899	6249446	6234575
30979	9930111	5658637	4271474	4469123	9252592	9181914
12263	5511425	2563052	2948373	3011954	4065855	4029551
38811	12587356	7531838	5055517	5270639	9962820	9919868
7765	3331631	2454101	877530	1075143	2437534	2414908

2-19 续表 2

项目	营业成本	营业税金及附加	#主营业务税金及附加	其他业务利润	销售费用
合计	**527290371**	**1858876**	**1690131**	**2213542**	**29426587**
一、按登记注册类型分					
内资	511044498	1763598	1599466	2114427	26787667
国有	20233537	86244	72012	267032	441168
集体	3223253	25493	21202	28959	327242
股份合作	4361262	29223	25085	48901	357033
国有联营	12459	246	226	3	1943
集体联营	80436	650	640	285	5915
国有与集体联营	59984	254	28	1473	4461
其他联营	397068	1352	1347	3994	23821
国有独资公司	3406118	6970	5533	14102	75987
其他有限责任公司	154804797	502385	455868	608299	8665572
股份有限公司	4421765	18450	13249	13282	233129
私营独资	12764280	55590	51948	27052	520077
私营合伙	2159694	16939	14922	6501	121155
私营有限责任公司	297448300	996020	918012	1065351	15664355
私营股份有限公司	7308995	21385	17017	28555	314568
其他	362550	2398	2376	638	31242
港澳台商投资	4764947	31774	29656	115122	1457649
与港澳台商合资经营	1125267	5657	5638	23124	191030
与港澳台商合作经营	74719	183	183	658	14793
港澳台商独资	3551736	25375	23373	89507	1240955
港澳台商投资股份有限公司	11294	195	108	1832	5870
其他港澳台投资	1931	363	353	1	5002
外商投资	11480926	63505	61009	-16007	1181271
中外合资经营	3057741	11236	10218	7271	225267
中外合作经营	12353	6	6		1093
外资企业	7783337	48616	47173	-25438	904808
外商投资股份有限公司	54196	3006	2971	597	24096
其他外商投资	573300	641	641	1563	26006
二、按隶属关系分					
中央	35048791	76939	69363	189437	399214
地方	24135094	105660	83994	229582	1443802
其他	468106486	1676277	1536774	1794523	27583571
三、按控股情况分					
国有控股	55439147	147087	124609	365448	1361665
集体控股	7627278	43815	35832	73005	631098
私人控股	439521263	1517664	1392330	1622738	24106993
港澳台商控股	4718817	31136	28965	113523	1428350
外商控股	9922499	60808	58331	-15795	1164398
其他	10061367	58367	50064	54624	734084
四、按经营方式分					
独立门店	284335114	1068369	965371	1164684	15282179
连锁总店(总部)	2421196	13801	11910	25814	510168
连锁分店	2995364	13861	11057	71238	482342
其他	237538698	762846	701793	951806	13151898

单位：千元

管理费用	#税金	财务费用	营业利润	投资收益	利润总额	应　交 所得税	应　交 增值税
44081777	**467972**	**2192183**	**-3267057**	**2536736**	**-2703549**	**1127473**	**7604032**
40889041	439270	2038163	-1823866	2364190	-1487305	1015630	7188163
1003322	47825	-134289	583100	888074	799482	96096	117887
368837	4279	-225	-86135	9208	-65672	9824	54223
479549	6238	2303	-25419	30831	-57031	9452	76144
2152	27	-20	-1182	137	-1230	6	198
10731	199	42	238		-698	204	1348
7042	60	-106	-27	248	727	238	1704
28804	271	1424	7349	-58	2068	877	6740
158089	3456	39739	173263	197470	224718	25608	13241
12360505	134299	717755	-1535505	741827	-1677648	352929	2071947
332634	1644	40895	-53537	16587	-44559	19750	52130
1007011	18857	54873	264247	6452	220775	30333	255849
197656	1852	4177	63222	-1001	30107	4304	33791
24415122	215965	1290329	-1285429	454367	-977600	452470	4433685
480840	3897	21613	42372	20058	29777	12478	65965
36746	399	-349	29579	-10	29478	1063	3314
1254949	5350	60153	-1122998	-505	-948074	32480	201981
137734	618	-2923	-53783	-2500	-61832	5853	20269
13280	12	-36	-10898		-11153	25	1089
1083965	4696	62352	-1059284	1975	-868490	26171	180162
16779	8	672	-520	20	-7688	173	712
3191	16	87	1488		1089	259	-252
1937787	23352	93867	-320193	173051	-268170	79363	213888
349232	4020	85299	12751	143043	33855	5959	45350
2485	8	786	-2856		-2508		76
1514316	17775	-5175	-326043	23976	-296980	70736	163810
40419	237	6458	-28021	-180	-27606	1590	546
31336	1312	6499	23974	6212	25070	1078	4104
875521	39871	-113574	918367	1108311	1045932	115874	142491
2343457	45591	-968	-68310	235726	-80583	76935	296993
40862799	382511	2306725	-4117114	1192698	-3668898	934664	7164548
2134301	76816	-8722	967198	1384323	1304429	219103	266761
789287	9442	40501	-178964	20469	-176598	27770	113368
36723572	342657	1959631	-2078378	960745	-2068120	742859	6705706
1230879	5300	40960	-1146141	-500	-972118	30984	181019
1841751	23785	101201	-378661	154874	-325681	77788	198875
1361986	9972	58612	-452110	16825	-465463	28969	138302
24378992	246415	1006620	-1537369	1749373	-1198215	510436	4199370
359091	3192	13366	-204878	209	-236078	4009	56232
386713	3369	21224	-219993	20308	-221584	2827	50146
18956980	214996	1150973	-1304817	766846	-1047673	610200	3298284

2-19 续表 3

项目	营业成本	营业税金及附加	#主营业务税金及附加	其他业务利润	销售费用
五、按零售业态分					
有店铺零售	65717033	428269	389532	614039	6981460
食杂店	638631	5553	5337	15006	93233
便利店	2314286	21409	18985	26088	365466
折扣店	114324	888	855	3	14837
超市	2351545	11903	8476	18329	177304
大型超市	291705	2359	1685	2242	55309
仓储会员店	135319	3362	3359	37	7732
百货店	3812086	33044	29964	49340	525138
专业店	29155102	192679	176502	244289	2725338
专卖店	17075174	92007	84089	185927	2031668
家居建材商店	1892718	15594	15034	8792	175136
购物中心	684498	3420	3167	833	118169
厂家直销中心	7251645	46050	42079	63152	692130
无店铺零售	8023962	50422	47323	54551	960360
电视购物	75172	946	865		44044
邮购	594369	4030	3885	9091	87143
网上商店	2739850	9317	9163	4177	409725
自动售货亭	49257	587	562	721	7040
电话购物	4565314	35542	32848	40562	412408
六、按六大产业功能区分					
北京经济技术开发区	9976617	24668	19203	20568	517639
中关村国家自主创新示范区	14099049	88499	77107	139898	1371910
金融街功能区	4308735	16150	15610	5896	200282
北京商务中心区	10338804	73401	67708	118097	1287874
奥林匹克中心区	10767741	42470	37333	42285	1068785
临空经济区	5487408	21030	20284	21879	307714
七、按四大城市功能区分					
首都功能核心区	97248196	305232	277071	312208	5263701
东城区	41412322	162106	144337	202788	2614014
西城区	55835875	143126	132733	109420	2649687
城市功能拓展区	264136119	1188856	1076545	1503607	17629576
朝阳区	99458527	503686	459498	647689	8178491
丰台区	55607385	215565	192190	181008	3024717
石景山区	11167960	41235	33739	97625	635722
海淀区	97902247	428371	391118	577285	5790646
城市发展新区	136828858	292394	267694	308313	5340284
房山区	41184634	45051	41993	41965	844962
通州区	23014733	57505	54110	62684	1091884
顺义区	14318785	48640	44014	62206	796616
昌平区	21515143	49699	46608	65037	939276
大兴区	26818946	66830	61766	55853	1149906
北京经济技术开发区	9976617	24668	19203	20568	517639
生态涵养发展区	29077198	72395	68822	89414	1193025
门头沟区	5651753	13353	13079	12227	282097
怀柔区	8364030	20607	18532	32935	328210
平谷区	3640369	11727	11602	9819	188112
密云县	9168183	22651	22181	30917	320016
延庆县	2252863	4058	3428	3516	74590

单位：千元

管理费用	#税金	财务费用	营业利润	投资收益	利润总额	应交所得税	应交增值税
11367940	106578	269967	-2103004	175156	-2134923	176267	1580139
127724	1423	1122	-176	5891	-6214	876	15181
503821	6763	4396	-113404	33911	-111413	9632	75208
22218	362	303	-4031	284	-4245	179	2403
186794	2393	644	-67886	1697	-56939	1881	25234
40584	449	1948	-21859	76	-36315	292	5251
56624	116	376	1640	75	-1788	257	3013
895699	7638	36006	-206349	-837	-213219	18453	82351
5011770	39447	95197	-277280	51546	-323866	85585	767467
2541536	23557	85447	-1167179	13383	-1185679	27825	332111
381064	13116	14832	-27760	-759	-38926	6496	41485
154875	1267	7887	-34966	5611	-39296	779	33440
1445231	10046	21809	-183755	64276	-117026	24012	196995
1721766	7114	24321	-536749	7949	-531492	8020	179486
16513	594	199	8091	697	7001	360	10681
140024	966	1628	-36097	105	-50300	1843	15894
523467	-1200	6239	-347716	-6317	-338841	-7393	28172
19629	93	25	-2815	-130	-2606	66	1390
1022133	6661	16230	-158213	13594	-146746	13145	123349
694734	12569	-10536	-62900	23904	-23166	23053	93301
3047074	19220	81501	-515	168285	151160	91482	456478
235183	2810	-51267	-37938	365803	1635	-27872	37882
1733648	9597	106494	-273100	11486	-395992	42948	242745
1180963	9755	37279	-276079	2944	-72432	27566	202732
415207	5023	25004	-129686	5749	-94274	13630	43705
6737653	72919	331997	-137836	1426407	267665	222439	1420961
3199911	34289	72162	-162909	768795	110627	95522	615292
3537742	38630	259835	25073	657612	157038	126917	805669
27760755	297964	1083551	-2311998	743005	-2327549	682510	4203607
11604336	137185	713448	-2089463	199003	-2233161	331208	1748488
4109088	52930	99125	192678	37152	97903	109431	734361
1135819	8744	9807	-88243	55786	-18449	24836	181074
10911513	99105	261171	-326970	451063	-173842	217036	1539684
7849065	86787	687244	-711843	295726	-593282	173939	1549965
1021489	10272	94730	191013	3851	34588	25416	366131
1798070	18538	83316	-54413	6303	-80799	28834	355798
1151538	15894	368715	-364598	258049	-235061	29264	127632
1595962	15513	65712	-289150	3229	-264634	27164	345088
1587272	14001	85309	-131794	390	-24209	40209	262016
694734	12569	-10536	-62900	23904	-23166	23053	93301
1734305	10302	89391	-105379	71599	-50383	48584	429499
350032	1306	7227	-54124	2675	-44337	5950	136713
498386	3524	33616	72020	56785	85717	17622	113926
265947	1778	1731	-22710	1892	-12435	5471	51416
500380	2904	33503	-74097	6347	-61479	16079	107954
119560	791	13314	-26468	3900	-17849	3463	19489

2-20 按行业分限额以下批发和

项目	单位数(个)	#亏损企业	应收账款	固定资产合计	固定资产原价
合计	**183234**	**62086**	**133933969**	**192988361**	**424367365**
批发业合计	**89680**	**30254**	**108014395**	**183855878**	**409854557**
农、林、牧产品批发	1313	433	941971	865979	864661
谷物、豆及薯类批发	189	69	180493	168032	146913
种子批发	347	98	127743	343453	292232
饲料批发	318	103	194305	50182	81718
棉、麻批发	39	12	85073	63944	74499
林业产品批发	140	55	56252	28044	34596
牲畜批发	18	7	66659	50125	59225
其他农牧产品批发	262	89	231446	162199	175478
食品、饮料及烟草制品批发	8326	3065	5379905	87009552	2900178
米、面制品及食用油批发	574	188	550159	259715	446010
糕点、糖果及糖批发	349	115	187112	101089	141082
果品、蔬菜批发	1097	294	313215	397874	421065
肉、禽、蛋、奶及水产品批发	803	259	1094184	299803	423546
盐及调味品批发	278	80	324750	82001838	61280
营养和保健品批发	414	166	164562	131264	162927
酒、饮料及茶叶批发	2283	966	953664	3230678	691525
烟草制品批发	72	20	35516	2133	5754
其他食品批发	2456	977	1756743	585160	546988
纺织、服装及家庭用品批发	10978	3982	7842746	1895982	2786264
纺织品、针织品及原料批发	1120	384	1032988	171204	308069
服装批发	3726	1460	2051346	368951	529495
鞋帽批发	300	123	144625	44060	113234
化妆品及卫生用品批发	819	321	340828	139876	196449
厨房、卫生间用具及日用杂货批发	1584	529	1004356	387748	530443
灯具、装饰物品批发	689	236	405671	95776	117755
家用电器批发	1311	401	1850598	410963	649148
其他家庭用品批发	1429	528	1012334	277404	341671
文化、体育用品及器材批发	6155	1998	4499293	1309970	10027065
文具用品批发	2196	651	1248000	271804	361943
体育用品及器材批发	565	213	259352	65951	86947
图书批发	1078	296	1258584	706025	1082047
报刊批发	41	17	72618	30647	45477
音像制品及电子出版物批发	125	49	211048	22504	37432
首饰、工艺品及收藏品批发	1249	486	737540	150936	8181643
其他文化用品批发	901	286	712150	62102	231577
医药及医疗器材批发	4364	1293	7861139	1069338	1465162
西药批发	188	61	660160	183142	220401
中药批发	127	37	433965	30713	38184
医疗用品及器材批发	4049	1195	6767013	855484	1206577
矿产品、建材及化工产品批发	21716	7712	31971465	6474505	8000693
煤炭及制品批发	295	125	1794189	417529	370805
石油及制品批发	808	283	2279332	374197	562795
非金属矿及制品批发	223	95	327155	655849	689154

零售业法人单位主要财务状况

单位：千元

#本年折旧	资产总计	负债合计	所有者权益合计	#实收资本	营业收入	#主营业务收入
3779840	**837321319**	**523810822**	**313510497**	**320121882**	**600095617**	**591308485**
2631934	**659961065**	**425388877**	**234572187**	**228456446**	**508733728**	**502149343**
46578	9802322	5653893	4148429	3766210	8437581	8390798
7942	2062959	1642925	420034	659435	2652941	2648615
24685	2486089	1085427	1400662	1399627	1138254	1122715
3492	1069389	872002	197388	390056	3246625	3245205
1010	1887645	620491	1267154	427331	484652	479129
1777	725238	449762	275477	291476	289128	284757
577	346045	187780	158265	116513	43123	43123
7095	1224956	795506	429450	481773	582857	567253
231676	51304975	36986832	14318143	15747775	34487841	33820952
25593	10549144	8840930	1708214	1463354	6316290	6204464
8587	1290197	889550	400648	512696	1366033	1356425
49497	3336664	1895269	1441395	1493742	2532351	2473161
25905	5287933	3190384	2097549	2456104	5495403	5436977
5884	1240631	909844	330787	595191	1660017	1655655
12309	2884608	1267536	1617072	985085	1050140	1031771
64002	16968390	13583462	3384928	4174925	5920652	5842782
284	159369	107425	51943	52721	199248	199114
39616	9588039	6302432	3285607	4013956	9947708	9620602
225150	62329704	44783674	17546030	17050691	43170316	42736363
22933	5487849	4162252	1325597	2065416	6459208	6431945
51611	12825924	9199408	3626516	4695996	12737991	12595233
4333	798949	479075	319874	366014	844434	842755
18532	2457090	1589520	867570	1104133	2423197	2385747
36292	4268036	2760867	1507169	1811204	4254839	4203718
9912	2552530	1677602	874928	1212361	1508371	1503606
51916	28540144	21345836	7194309	3760227	11015010	10907480
29621	5399182	3569114	1830067	2035341	3927267	3865878
165923	25527879	14433760	11094119	11958681	22413161	21969310
47165	5205550	3050177	2155374	2199799	7154535	7038612
10514	2163809	1352732	811077	1007793	1615088	1544191
69149	9340067	4233462	5106604	4799216	5130220	4982791
4160	332439	284619	47820	196666	275841	266975
1982	820843	536099	284743	494401	379469	364928
19517	5057990	3220864	1837126	2113715	4921762	4910436
13435	2607180	1755807	851373	1147091	2936247	2861377
146521	24529626	16594290	7935336	7277815	24338304	23823206
11021	2554848	1468126	1086722	587652	1279386	1233389
9654	913838	729810	184028	272904	992980	986627
125847	21060941	14396354	6664586	6417259	22065939	21603190
577090	225745580	137340581	88404999	84962055	194437062	192756931
43520	24148901	8177523	15971378	16377798	9353244	9330631
45584	21146729	14451957	6694772	5656299	29619057	29071647
7974	3801832	2088898	1712934	2643087	2169419	2163135

2-20 续表 1

项　　目	单位数（个）	#亏损企业	应收账款	固定资产合　计	固定资产原　价
金属及金属矿批发	3548	1302	9419776	1219705	1800215
建材批发	13087	4603	11802210	1701803	2361904
化肥批发	318	107	448339	217550	267781
农药批发	137	41	44627	55600	66493
农用薄膜批发	25	9	88687	8457	7481
其他化工产品批发	3275	1147	5767149	1823815	1874064
机械设备、五金交电及电子产品批发	29288	9165	42206466	82644677	380381538
农业机械批发	347	113	449292	158826	257649
汽车批发	361	132	506967	940484	1024042
汽车零配件批发	1662	466	3344592	504197	443825
摩托车及零配件批发	62	18	128699	19459	32983
五金产品批发	5053	1576	5313023	626386	934940
电气设备批发	2401	764	2964626	508614	763878
计算机、软件及辅助设备批发	4748	1152	7223233	561295	371138050
通讯及广播电视设备批发	1006	335	2493414	249815	512274
其他机械设备及电子产品批发	13648	4609	19782620	79075601	5273896
贸易经纪与代理	1897	760	2107577	1388049	1338784
贸易代理	1190	465	1627496	741760	1003320
拍卖	226	108	120833	159813	214378
其他贸易经纪与代理	481	187	359248	486476	121086
其他批发	5643	1846	5203833	1197826	2090212
再生物资回收与批发	573	193	267022	189359	425954
其他未列明批发业	5070	1653	4936812	1008467	1664258
零售业合计	**93554**	**31832**	**25919573**	**9132482**	**14512808**
综合零售	6848	2227	1249503	979219	1647490
百货零售	3492	1136	539829	641739	1094600
超级市场零售	363	110	35947	45660	120760
其他综合零售	2993	981	673727	291821	432130
食品、饮料及烟草制品专门零售	7320	2625	916994	734244	978953
粮油零售	355	101	50274	55433	102319
糕点、面包零售	352	109	27832	17489	35213
果品、蔬菜零售	920	305	119322	107139	136222
肉、禽、蛋、奶及水产品零售	536	186	176274	70955	73067
营养和保健品零售	488	214	54981	42820	66557
酒、饮料及茶叶零售	2152	856	200750	159473	180486
烟草制品零售	503	132	28111	36186	31124
其他食品零售	2014	722	259450	244750	353965
纺织、服装及日用品专门零售	13196	5105	1874391	864407	1072724
纺织品及针织品零售	1117	411	186097	245384	225510
服装零售	5674	2199	994922	289287	402732
鞋帽零售	325	133	34446	12354	19403
化妆品及卫生用品零售	1167	484	96115	38871	57280
钟表、眼镜零售	454	168	43663	23621	48768
箱、包零售	295	123	66947	16773	21742
厨房用具及日用杂品零售	770	288	100466	46623	65964

单位：千元

#本年折旧	资产总计	负债合计	所有者权益合计	#实收资本	营业收入	#主营业务收入
135504	58586396	34763550	23822846	18755324	58972771	58643405
183603	61345631	44126743	17218888	22297483	45349888	45017786
19817	5191864	3359612	1832252	1292650	7501384	7489881
3062	452551	275515	177036	167251	446841	442538
436	202900	90467	112433	103779	81603	80547
137591	50868775	30006314	20862461	17668385	40942854	40517362
977066	173022530	107931201	65091329	65111612	144060511	141910834
16042	2419171	1502559	916612	937866	1457705	1408356
20329	5903842	3092868	2810974	2449576	3433749	3409789
55643	8636520	5852988	2783532	2314606	10180622	10111388
4885	918609	543850	374760	250922	654156	634574
70441	19929280	11944157	7985122	7843879	14813790	14682332
76189	12639472	7289815	5349657	5096812	9882408	9664573
124321	29579697	19028358	10551339	10643634	31413542	30838186
79694	8895023	5433972	3461051	3171072	10753940	10545315
529522	84100917	53242635	30858283	32403244	61470598	60616321
76059	48036848	37655542	10381306	10892476	14992100	14780673
50224	40108239	32656457	7451783	7851668	11932740	11771617
15224	3754744	1715349	2039395	1872242	709218	696059
10611	4173865	3283737	890128	1168566	2350141	2312997
185870	39661601	24009104	15652497	11689131	22396852	21960275
18162	1894497	1140953	753544	756729	1258135	1225177
167708	37767104	22868151	14898953	10932401	21138717	20735099
1147905	**177360254**	**98421945**	**78938309**	**91665436**	**91361889**	**89159141**
297801	12228110	7997150	4230960	6372817	4663851	4531992
259875	7033130	4539679	2493451	3389628	1671873	1613030
4739	413201	598295	-185094	502442	513497	499901
33188	4781778	2859176	1922602	2480747	2478482	2419061
58940	11037139	7277925	3759214	5068795	4688273	4546755
3410	700028	475777	224251	250060	349916	328388
3519	363674	195115	168560	214444	338930	323233
8631	1088553	613435	475118	686627	568700	560935
2998	612010	348621	263389	286480	468704	456143
5551	1250644	933982	316662	496155	273939	269660
17671	3314688	2117874	1196815	1510841	1210291	1162490
1376	477082	322242	154841	191147	241543	233789
15783	3230459	2270880	959579	1433042	1236250	1212117
89362	18960908	11792990	7167919	9974621	8387488	8248707
9476	2244909	1286479	958430	1012839	784999	768468
36147	8837835	6548229	2289606	4214751	4290631	4221057
2179	744204	555692	188512	283114	361570	356355
9858	997009	577575	419434	658460	560605	548657
3297	484047	311934	172113	267807	445049	434054
1536	297872	141720	156153	178019	176140	175815
3126	1114504	358150	756355	636022	310569	305808

2-20 续表 2

项　　目	单位数（个）	#亏损企业	应收账款	固定资产合　计	固定资产原　价
自行车零售	130	36	9508	15730	28092
其他日用品零售	3264	1263	342227	175765	203234
文化、体育用品及器材专门零售	11023	3797	3128142	878754	1237624
文具用品零售	3312	1064	533452	172313	172408
体育用品及器材零售	890	298	131183	24461	41191
图书、报刊零售	2023	630	363961	81363	161278
音像制品及电子出版物零售	302	85	40212	11983	40039
珠宝首饰零售	904	414	81317	101460	227532
工艺美术品及收藏品零售	2125	833	270110	174663	236470
乐器零售	222	73	25491	6320	14352
照相器材零售	199	68	1540033	284418	308992
其他文化用品零售	1046	332	142382	21773	35360
医药及医疗器材专门零售	5374	1743	2977218	381232	528891
药品零售	2111	658	199942	94124	151004
医疗用品及器材零售	3263	1085	2777276	287107	377888
汽车、摩托车、燃料及零配件专门零售	4018	1414	1818838	1507522	4350759
汽车零售	1049	390	638575	1149258	1059947
汽车零配件零售	2467	865	1020782	207932	3057991
摩托车及零配件零售	105	35	38990	11900	16888
机动车燃料零售	397	124	120490	138433	215933
家用电器及电子产品专门零售	19241	5589	6510451	1163700	1564237
家用视听设备零售	297	103	70880	11046	54493
日用家电设备零售	1945	658	861054	78104	131881
计算机、软件及辅助设备零售	8447	2124	2487483	469054	639682
通信设备零售	1518	471	560387	153499	179795
其他电子产品零售	7034	2233	2530648	451997	558386
五金、家具及室内装修材料专门零售	14913	5193	4057897	1565872	1693946
五金零售	7661	2551	2382462	830193	778997
灯具零售	367	139	142242	14798	15434
家具零售	2320	843	389328	321958	386073
涂料零售	274	90	72392	41941	54176
卫生洁具零售	217	73	54193	10121	13752
木质装饰材料零售	490	184	169720	18252	26035
陶瓷、石材装饰材料零售	734	269	229256	70953	88208
其他室内装修材料零售	2850	1044	618304	257656	331271
货摊、无店铺及其他零售	11621	4139	3386138	1057532	1438184
货摊食品零售	68	22	4525	2417	1326
货摊纺织、服装及鞋零售	109	45	6745	7375	5395
货摊日用品零售	90	33	17003	1138	1993
互联网零售	616	285	113741	40108	50287
邮购及电视、电话销售	342	138	74875	20944	51003
旧货零售	21	8	280	374	1600
生活用燃料零售	286	63	85499	106916	141489
其他未列明零售业	10089	3545	3083470	878260	1185090

单位：千元

#本年折旧	资产总计	负债合计	所有者权益合计	#实收资本	营业收入	#主营业务收入
1081	116418	61866	54552	105152	90748	89354
22662	4124110	1951346	2172764	2618458	1367178	1349139
117343	16856287	8783809	8072478	9129587	6958474	6791443
9958	3171592	1524917	1646675	1690878	1804281	1776263
6650	1410633	786560	624073	780608	566992	552013
67273	3482482	1716566	1765916	2037099	1556629	1505749
1308	266116	140477	125640	149409	112651	106673
7926	2917400	1645356	1272044	1542125	865759	858889
16830	4056227	2271302	1784924	2024820	860959	820111
3214	240292	134867	105424	112501	160745	151616
813	280515	171588	108927	213842	419980	416371
3370	1031030	392175	638855	578307	610477	603758
44223	10887269	6305523	4581746	4386007	7248160	7021759
11496	1694064	1060553	633511	829195	1197338	1152811
32728	9193204	5244969	3948235	3556813	6050823	5868948
125814	15863326	10070292	5793034	7362012	13063920	12747483
75867	10557855	7278301	3279554	4559707	8374836	8248340
36886	3494480	2177878	1316602	1650096	2026502	1983766
1268	181302	93276	88026	52122	109421	93498
11792	1629689	520837	1108852	1100087	2553162	2421879
155011	37586437	18714764	18871673	19254147	25561341	24853615
2665	509216	251578	257638	236729	326451	298762
13733	4596453	2723343	1873110	2164010	1989454	1945726
59890	15374126	7388520	7985605	7952945	11953091	11588028
15091	3209541	1545535	1664006	1860113	2247777	2175931
63632	13897101	6805787	7091314	7040352	9044568	8845168
132727	27177493	13213785	13963707	14744028	9100672	8956952
55857	14635075	7540929	7094146	7155529	4878156	4823189
1454	703818	273458	430361	374797	334603	333090
41991	3823134	2066904	1756231	2157547	1395677	1361414
5429	403528	179419	224109	222364	184704	181570
829	401411	176910	224502	240757	136896	136232
1423	779613	288295	491318	566769	269507	269263
6496	1714106	678323	1035783	1068995	463009	458683
19248	4716807	2009548	2707259	2957271	1438120	1393512
126684	26763286	14265708	12497578	15373421	11689709	11460436
65	54478	32524	21954	25226	26034	24159
370	93675	42267	51408	67664	36721	36520
367	130752	69152	61600	80972	123463	122839
6122	2164363	1685005	479358	692201	1579921	1575082
3967	1156027	349323	806704	713390	177538	170720
73	18879	13297	5581	10654	13707	13133
6775	944764	496606	448157	483270	463947	436616
108945	22200349	11577533	10622815	13300043	9268378	9081367

2-20 续表 3

项　　目	营业成本	营业税金及附加	#主营业务税金及附加	其他业务利润	销售费用
合　　计	**527290371**	**1858876**	**1690131**	**2213542**	**29426587**
批发业合计	**453549377**	**1380185**	**1253276**	**1544952**	**21484768**
农、林、牧产品批发	7923743	7765	6999	7000	313621
谷物、豆及薯类批发	2482861	2452	2446	271	74119
种子批发	949523	664	571	2431	91014
饲料批发	3320600	1137	1134	1242	79812
棉、麻批发	399335	888	426	354	17534
林业产品批发	261497	957	858	2269	12671
牲畜批发	30332	301	301		938
其他农牧产品批发	479595	1366	1263	434	37532
食品、饮料及烟草制品批发	29279767	76399	67839	-104	2413593
米、面制品及食用油批发	5042373	10017	7731	13800	154986
糕点、糖果及糖批发	1169418	3260	3236	1577	131140
果品、蔬菜批发	2077975	5031	3840	5843	166256
肉、禽、蛋、奶及水产品批发	5017329	10172	8959	22951	288656
盐及调味品批发	1515799	2852	2809	-94000	72300
营养和保健品批发	756939	4938	4732	4498	156558
酒、饮料及茶叶批发	4926450	13265	12182	19974	729304
烟草制品批发	178741	416	411	1356	7928
其他食品批发	8594744	26447	23939	23897	706466
纺织、服装及家庭用品批发	37455551	143471	131770	240230	2816381
纺织品、针织品及原料批发	5767787	9936	9290	12540	277894
服装批发	11029471	38509	33958	42922	913787
鞋帽批发	659185	2973	2886	4869	60312
化妆品及卫生用品批发	1901544	12514	12266	4969	249936
厨房、卫生间用具及日用杂货批发	3754120	22405	21082	24337	307953
灯具、装饰物品批发	1217704	11846	11530	4595	135154
家用电器批发	9747517	27454	24220	94512	505571
其他家庭用品批发	3378224	17834	16538	51486	365775
文化、体育用品及器材批发	19054845	81779	69323	110702	1413227
文具用品批发	6437850	17959	11447	7760	231483
体育用品及器材批发	1536481	10454	9879	26496	186909
图书批发	3759890	30651	27402	55314	476649
报刊批发	174767	2114	1876	3128	92963
音像制品及电子出版物批发	274078	1836	1651	1415	36809
首饰、工艺品及收藏品批发	4331774	11336	10224	6431	234979
其他文化用品批发	2540005	7429	6845	10158	153436
医药及医疗器材批发	19661447	121804	114492	105403	2452383
西药批发	988603	10391	5844	7483	151917
中药批发	1043386	3343	3159	1315	156545
医疗用品及器材批发	17629458	108070	105489	96605	2143921
矿产品、建材及化工产品批发	188129599	280035	259931	383972	3369909
煤炭及制品批发	9016071	12592	12124	17440	177626
石油及制品批发	29295129	58657	54781	74597	243783
非金属矿及制品批发	2088097	3787	3736	732	77352

单位：千元

管理费用	#税金	财务费用	营业利润	投资收益	利润总额	应交所得税	应交增值税
44081777	**467972**	**2192183**	**-3267057**	**2536736**	**-2703549**	**1127473**	**7604032**
30992072	**354280**	**1897895**	**-627304**	**2353631**	**-37134**	**943186**	**5844407**
427876	3999	57671	69696	63051	50739	12451	26114
101635	872	36884	-55180	-7376	-59120	1385	-7329
125206	735	254	83047	233	51489	5951	10399
74886	456	2497	5391	-256	13084	1752	6345
24963	281	12165	38966	69950	40591	1282	6104
26878	85	-215	-182	29	3250	402	3493
9301	9	2918	2229		-349	130	22
65007	1561	3169	-4577	470	1794	1549	7082
2301726	43276	516314	-420912	434479	-368695	59328	326337
205989	5607	136585	53621	165357	127857	2703	4752
83039	294	813	-20777	78	-24041	3961	16952
188068	1099	2012	90895	-550	92286	2741	23385
273706	3635	22031	-157214	9883	-157082	7743	45255
76665	502	-2475	1711	120	2382	2431	21035
149110	2601	2714	-69233	7476	-64785	6019	41913
606749	7895	326050	-141819	257067	-78461	18487	100722
15044	31	648	-607		-565	-107	1962
703355	21611	27935	-177490	-4951	-266285	15351	70361
3398785	36933	79175	-919986	47493	-842998	52729	473803
322928	3008	14643	-9873	3981	-22484	7435	49297
958801	8268	28605	-197694	3200	-282595	15368	136651
88653	1414	3464	9580	-1156	8463	966	14412
270359	1996	2362	-54906	6529	-57531	4016	43137
433260	5678	14687	-162384	957	-202133	6321	42054
174341	8724	1853	-39937	5	-31816	4122	32878
665433	3465	6715	-191167	33756	-200441	13679	79218
485010	4381	6847	-273604	220	-54460	823	76156
1897722	17660	40817	-165546	-24142	-168226	56761	456833
342262	2083	6627	-23880	1653	-25781	7126	134946
177555	1283	95	17811	570	18780	7359	36150
731968	10131	22611	-65955	-14832	-25088	22677	119044
37374	326	-2387	-62266	-16425	-59216	1238	13742
79991	269	757	-9961	-3103	-22510	2391	8107
306504	2147	9430	-47895	3998	-67936	4439	95664
222069	1422	3684	26601	3996	13526	11531	49181
2552411	22277	34800	285447	110216	253595	116392	801454
144789	1837	2356	-89236	3220	-88274	4766	10233
58368	154	654	-13497	-499	-4509	2957	22046
2349254	20286	31790	388180	107495	346379	108669	769176
5029367	76389	1117623	241889	1321759	294580	138252	1061093
231041	12202	65250	-136067	35728	-145807	7300	41589
405198	9849	8955	550966	503677	589418	45177	135687
113846	1127	21888	-88012	647	-92811	1159	16103

2-20 续表 4

项目	营业成本	营业税金及附加	#主营业务税金及附加	其他业务利润	销售费用
金属及金属矿批发	57400354	46315	42938	49198	801677
建材批发	41618695	101423	96457	75421	979976
化肥批发	7284461	4545	4359	10292	68447
农药批发	337576	613	527	1138	30362
农用薄膜批发	87737	139	139	5	5572
其他化工产品批发	41001478	51965	44871	155148	985116
机械设备、五金交电及电子产品批发	123248086	515123	461329	528828	6782807
农业机械批发	1203261	3335	2947	6179	94981
汽车批发	3061930	6327	5047	18140	121180
汽车零配件批发	9091693	25523	25148	13730	396353
摩托车及零配件批发	478149	6981	6981	432	22775
五金产品批发	12721173	53623	43487	28414	607887
电气设备批发	8180232	40142	32998	55140	578533
计算机、软件及辅助设备批发	28276337	90859	89555	99199	1101208
通讯及广播电视设备批发	9932329	23181	21830	48448	357338
其他机械设备及电子产品批发	50302982	265151	233336	259146	3502551
贸易经纪与代理	10228050	64032	58862	27327	593632
贸易代理	7962751	29322	24433	20342	277435
拍卖	191683	29376	29204	4370	172076
其他贸易经纪与代理	2073616	5334	5225	2615	144121
其他批发	18568288	89778	82732	141593	1329214
再生物资回收与批发	1116186	4614	4166	14205	71801
其他未列明批发业	17452102	85164	78566	127389	1257413
零售业合计	**73740994**	**478691**	**436854**	**668590**	**7941820**
综合零售	3578236	34549	27276	50476	566710
百货零售	1219368	18265	12945	28868	208775
超级市场零售	391819	3242	2755	10948	81353
其他综合零售	1967049	13043	11575	10661	276582
食品、饮料及烟草制品专门零售	3481967	29056	27144	56408	601404
粮油零售	290893	1152	1074	16208	17984
糕点、面包零售	252972	1656	1556	2837	33374
果品、蔬菜零售	431500	2991	2618	5319	62596
肉、禽、蛋、奶及水产品零售	393790	1865	1691	2114	30841
营养和保健品零售	137168	3010	2853	3891	97702
酒、饮料及茶叶零售	859694	7846	7342	13522	161330
烟草制品零售	189727	1189	1111	1964	18849
其他食品零售	926224	9346	8899	10553	178728
纺织、服装及日用品专门零售	5610688	57372	52794	41626	1589235
纺织品及针织品零售	532506	4629	4495	2176	119267
服装零售	2707226	31968	28959	15768	1024856
鞋帽零售	284919	790	724	3695	59466
化妆品及卫生用品零售	312956	3074	2759	2836	129844
钟表、眼镜零售	318489	1844	1433	6581	53949
箱、包零售	131916	1614	1588	-8	17605
厨房用具及日用杂品零售	288600	1763	1531	175	26236

单位：千元

管理费用	#税金	财务费用	营业利润	投资收益	利润总额	应交所得税	应交增值税
1021176	15877	426009	-239853	530943	-98063	-29039	42085
1907356	21237	333786	-173007	-10180	-268244	53087	536743
117678	2955	29573	26026	3626	44710	15625	4542
39490	328	3769	2598	253	3438	809	5987
9496	23	-105	295	3607	872	111	1282
1184086	12790	228497	298943	253459	261067	44024	277076
12142965	98112	196448	-73804	167518	498863	312350	2284207
144553	771	6769	-7878	1247	21227	6537	37286
214869	3019	15681	-44417	542	-50115	4643	27898
896630	5038	6311	99155	33643	244386	45357	125347
88569	107	6603	-718	8312	-200	2712	9972
955830	7057	-797	108170	4097	61185	28173	206767
877451	8845	27613	-114961	10834	53156	21001	193149
2255423	21814	-4205	55433	17084	124583	34811	469746
633516	5552	15950	-61206	17785	-57904	13433	107274
6076123	45910	122523	-107380	73974	102545	155681	1106769
1151694	27048	-207852	462269	204406	313799	113084	93410
639092	23163	-226990	502942	193517	370613	86979	86354
285569	1975	-1712	26585	4985	13716	22824	2055
227033	1910	20849	-67258	5904	-70529	3280	5000
2089526	28585	62899	-106356	28850	-68791	81839	321155
95622	1193	2374	-33889	781	-31933	1563	13857
1993904	27392	60526	-72467	28069	-36858	80276	307298
13089706	**113693**	**294288**	**-2639753**	**183105**	**-2666415**	**184287**	**1759625**
799174	9314	24975	-309928	10357	-302795	12533	77108
334531	5873	14133	-128633	6217	-120148	6045	25473
107874	472	1371	-81771	837	-93182	874	9655
356769	2969	9470	-99524	3303	-89466	5614	41980
855454	6167	19034	-264478	5801	-264280	10860	72984
33975	710	909	-2140	84	4413	252	2431
42778	256	597	-2797	68	-3652	887	7080
127264	294	1924	-50978	139	-56697	122	8277
46451	629	207	3501	-1255	-6316	548	7493
84968	230	3893	-54061	128	-55264	1643	7525
252754	2464	8167	-88658	1014	-88763	2383	11865
35971	387	-221	-2820	7204	4321	419	3614
231294	1196	3558	-66526	-1582	-62322	4607	24699
1677287	10548	47389	-646833	26866	-717594	16651	226478
123586	1390	6305	-26166	368	-25345	2185	16932
919497	4347	21961	-454567	25216	-485193	7256	152273
46620	159	5564	-11664		-15183	311	3382
140449	540	1968	-101091	-372	-109107	1188	12444
82659	575	1466	-8660	-68	-5812	1093	9008
37963	153	141	-3183	-174	-10422	387	2497
61312	574	670	4312	-79	-3930	966	6431

2-20 续表 5

项目	营业成本	营业税金及附加	#主营业务税金及附加	其他业务利润	销售费用
自行车零售	72324	522	521	33	4370
其他日用品零售	961752	11168	10784	10371	153643
文化、体育用品及器材专门零售	4888202	51147	46880	89084	802603
文具用品零售	1338399	8384	8038	6417	141938
体育用品及器材零售	434099	3428	3099	2374	53536
图书、报刊零售	1035979	11207	10079	28446	200764
音像制品及电子出版物零售	70433	1520	1503	1442	10672
珠宝首饰零售	615763	8226	8065	15568	132551
工艺美术品及收藏品零售	517985	13495	11581	22144	184575
乐器零售	107428	1008	831	7777	19139
照相器材零售	375385	725	709	2414	16784
其他文化用品零售	392732	3153	2973	2503	42643
医药及医疗器材专门零售	5426248	46426	42339	28263	690642
药品零售	795384	8418	7684	3991	166876
医疗用品及器材零售	4630864	38007	34655	24272	523766
汽车、摩托车、燃料及零配件专门零售	12016655	29759	25724	71124	689312
汽车零售	8182613	11049	9194	64093	357738
汽车零配件零售	1688501	10203	8832	6259	125874
摩托车及零配件零售	81929	434	434		5432
机动车燃料零售	2063612	8072	7264	772	200268
家用电器及电子产品专门零售	21856680	109119	102437	150703	1362246
家用视听设备零售	244723	1291	1246	972	22219
日用家电设备零售	2844475	12148	11316	13711	147600
计算机、软件及辅助设备零售	9742333	43771	42213	57654	537822
通信设备零售	1791899	10400	9548	35496	141503
其他电子产品零售	7233249	41509	38112	42869	513102
五金、家具及室内装修材料专门零售	7349590	57622	53454	45657	650882
五金零售	4155053	30550	28792	20682	248509
灯具零售	261047	2124	2118	1496	13467
家具零售	1017610	9018	7478	7988	226251
涂料零售	151537	1395	1373	193	12181
卫生洁具零售	102336	857	836	146	7386
木质装饰材料零售	193784	1073	1065	1704	12396
陶瓷、石材装饰材料零售	340061	3440	3401	1381	30505
其他室内装修材料零售	1128162	9164	8391	12066	100186
货摊、无店铺及其他零售	9532728	63641	58807	135249	988786
货摊食品零售	11816	303	245	1431	3317
货摊纺织、服装及鞋零售	24935	249	244	439	2546
货摊日用品零售	111011	291	287	187	7798
互联网零售	1702197	3284	3048	605	156218
邮购及电视、电话销售	131118	1174	993	2685	32120
旧货零售	9839	763	733	520	755
生活用燃料零售	391300	3075	2946	5208	35169
其他未列明零售业	7150511	54502	50311	124174	750862

单位：千元

管理费用	#税金	财务费用	营业利润	投资收益	利润总额	应　交 所得税	应　交 增值税
11143	42	572	2036	-38	1441	114	1413
254058	2769	8742	-47850	2014	-64043	3150	22098
1321281	16380	21578	-212608	26498	-143636	30342	143615
256152	2048	1201	38685	10800	41068	6417	38263
99166	424	9525	-25190	-346	-13240	1408	9468
312640	2405	1790	-13274	-404	3493	7876	36505
23701	87	92	-5484	8	9246	3444	2347
179931	8059	4931	-95104	17934	-84059	4270	14170
277643	2593	2757	-110556	-1647	-93035	5358	25995
42908	183	428	-2519	-4	-2179	292	2974
33383	127	328	-810	240	-1005	249	2982
95755	455	525	1644	-83	-3925	1028	10912
1039185	7737	34683	34021	329	31276	21679	330239
192524	1617	18306	-499	-147	2668	4300	44506
846662	6120	16377	34520	477	28608	17379	285733
772740	7121	50702	-650217	34673	-645814	13015	71764
429719	4661	49475	-635983	36160	-614686	3143	2327
262562	1659	1090	-6668	-1093	-21357	4212	32808
13802	130	21	634		1685	411	244
66657	672	116	-8200	-394	-11456	5249	36385
3295562	23208	55350	-133580	8551	-175980	41087	469352
39167	1035	196	-2945	95	1108	170	5514
260459	2050	1676	-15907	-183	-44930	3568	36058
1440903	10884	31149	-63989	-589	-83500	15922	225462
359953	1350	7534	-7631	239	-10314	3700	40551
1195080	7888	14794	-43108	8989	-38344	17728	161767
1412668	20120	18846	-36400	33287	-27853	25368	172661
662186	5276	9010	44258	32349	66566	11017	96700
68192	266	85	14890	26	8984	1563	13380
329251	12196	4532	-83360	1062	-87137	4272	22208
24098	106	72	-6267	1230	-2812	271	3954
18314	179	67	247	-53	-789	261	1424
46608	133	-535	-3413	-745	-7409	549	6665
61135	536	3802	1429	539	98	1328	7464
202884	1429	1813	-4184	-1120	-5355	6108	20866
1916355	13099	21732	-419730	36742	-419739	12750	195424
4058	5	22	451		424	124	372
10796	86	189	-2005	1	-2423	83	1144
5532	121	26	-1839	1	-1915	176	440
189859	-2803	1034	-174873	-4605	-169657	-10151	2960
35989	446	3456	-20576	278	-21218	561	3585
3154	52	41	25	189	1	22	290
57785	724	-2305	-21758		-18011	602	25912
1609182	14469	19269	-199155	40879	-206940	21334	160721

2-21 批发和零售业

项目	单位数(个)	有局域网(LAN)的单位数	通过互联网销售或采购商品和服务的单位数	通过互联网接收商品或服务的订单(电子商务销售)的单位数	通过互联网发出商品或服务的订单(电子商务采购)的单位数
合计	**7470**	**5055**	**653**	**476**	**351**
一、按登记注册类型分					
内资	6925	4568	588	421	318
国有	284	195	31	29	7
集体	95	41	6	4	3
股份合作	88	33	3	2	1
国有联营	1				
集体联营	3				
国有与集体联营	6	2			
国有独资公司	107	92	13	11	6
其他有限责任公司	2286	1691	210	161	97
股份有限公司	121	103	17	14	9
私营独资	10	5	1		1
私营合伙	7	2			
私营有限责任公司	3824	2353	302	197	192
私营股份有限公司	93	51	5	3	2
港澳台商投资	198	176	24	20	13
与港澳台商合资经营	39	34	7	6	3
与港澳台商合作经营	2	2			
港澳台商独资	154	137	17	14	10
港澳台商投资股份有限公司	3	3			
外商投资	347	311	41	35	20
中外合资经营	75	63	7	7	4
中外合作经营	5	5	1	1	
外资企业	264	240	33	27	16
外商投资股份有限公司	3	3			
其他外商投资					
二、按隶属关系分					
中央	473	389	49	41	18
地方	733	520	73	60	28
其他	6264	4146	531	375	305
三、按行业分					
批发业	4980	3304	404	302	209
农、林、牧产品批发	77	45	3	3	1
食品、饮料及烟草制品批发	372	256	52	47	13
纺织、服装及家庭用品批发	450	321	86	83	24
文化、体育用品及器材批发	254	174	34	30	11
医药及医疗器材批发	353	269	23	17	12

企业信息化情况

限额以上								
提供第三方电子商务交易平台的单位数	年底在用的计算机数（台）	专职从事信息技术工作的人数（人）	年底拥有的网站数（个）	全年电子商务销售金额(不含增值税)（千元）	通过自营电子商务交易平台的电子商务销售金额	销售给消费者个　人(B2C)	销售的服务类商品金额	面向大陆以外区域的销售金额
30	**457052**	**18732**	**3953**	**487385475**	**440468277**	**75711315**	**1293545**	**2064876**
29	309421	12810	3517	362128015	324201031	64468084	789832	2030892
1	18712	424	163	17495968	3050820	11914	2531	38051
	1327	54	21	132108	1584	1343		15118
	912	47	16	1316		605		
	***							
	20	1						
	82	7	2					
1	16680	241	88	242714262	241670169	130593		
9	137056	4843	1324	78675086	60894859	56493915	509131	1815603
2	42799	1611	109	12288600	12266952	925359	745	100435
	72	5	3					
	48	3	1					
16	89385	5323	1738	10707544	6217092	6797264	277425	61685
	2320	251	52	113131	99555	107091		
	29828	732	135	1837972	541045	1122773	13917	
	3630	155	30	585379	7742	548362		
	171	3	2					
	22453	443	99	1252593	533303	574411	13917	
	3574	131	4					
1	117803	5190	301	123419488	115726201	10120458	489796	33984
	11456	465	61	4728014	2285	3783		
	384	37	2	2844		2844		
1	105746	4683	232	118688630	115723916	10113831	489796	33984
	217	5	6					
4	62797	1366	464	260389888	252588225	2148986		1789972
2	47671	1562	385	12423872	927829	607208	19610	38182
24	346584	15804	3104	214571715	186952223	72955121	1273935	236722
14	290903	10481	2634	402890722	370452057	3613181	581817	2064876
	3579	99	48	130813	99555	99773		
1	19608	450	137	19029711	3021265	73350		18840
1	46592	837	213	3024629	613475	833298	536133	43458
1	18062	450	126	334231	100783	96112	3650	
	23445	621	189	5569707	38190	8911	12095	27163

2-21 续表 1

项目	单位数(个)	有局域网(LAN)的单位数	通过互联网销售或采购商品和服务的单位数	通过互联网接收商品或服务的订单(电子商务销售)的单位数	通过互联网发出商品或服务的订单(电子商务采购)的单位数
矿产品、建材及化工产品批发	1557	806	46	22	33
机械设备、五金交电及电子产品批发	1776	1326	159	100	114
贸易经纪与代理	67	57			
其他批发业	74	50	1		1
零售业	2490	1751	249	174	142
综合零售	219	183	12	11	3
食品、饮料及烟草制品专门零售	112	58	15	11	9
纺织、服装及日用品专门零售	220	164	26	24	5
文化、体育用品及器材专门零售	192	129	37	32	14
医药及医疗器材专门零售	382	245	29	14	19
汽车、摩托车、燃料及零配件专门零售	705	510	28	3	27
家用电器及电子产品专门零售	379	276	50	32	37
五金、家具及室内装修材料专门零售	107	63	6	6	2
货摊、无店铺及其他零售业	174	123	46	41	26
四、按控股情况分					
国有控股	1202	943	125	103	48
集体控股	242	139	17	13	9
私人控股	5447	3459	446	305	261
港澳台商控股	193	170	21	17	12
外商控股	333	302	41	35	19
其他	53	42	3	3	2
五、按经营方式分					
独立门店	4395	2940	375	255	215
连锁总店	153	134	26	24	6
连锁分店	78	58	3	3	
其他	2844	1923	249	194	130
六、按零售经营业态分					
有店铺零售	2375	1661	194	121	114
食杂店	18	8	2	1	1
便利店	37	23	1	1	1
折扣店	6	2	1	1	
超市	67	46	2	2	2
大型超市	48	46	3	2	1
仓储会员店	4	3			
百货店	120	99	10	10	3
专业店	1194	769	117	69	71
专卖店	683	539	46	25	29
家居建材商店	44	29	6	6	1

限额以上								
提供第三方电子商务交易平台的单位数	年底在用的计算机数（台）	专职从事信息技术工作的人数（人）	年底拥有的网站数（个）	全年电子商务销售金额(不含增值税)（千元）	通过自营电子商务交易平台的电子商务销售金额	销售给消费者个　人(B2C)	销售的服务类商品金额	面向大陆以外区域的销售金额
3	50775	1042	674	247964369	246853902	1715570		1722258
8	119687	6838	1147	126837262	119724887	786167	29939	253157
	5388	79	49					
	3767	65	51					
16	166149	8251	1319	84494753	70016220	72098134	711728	
	47612	2173	118	134939	133669	132170	47	
1	3720	228	41	829591	816238	827846	9820	
3	13627	368	100	330844	240717	295923	24373	
4	12644	998	120	5699572	5638807	5657155	5814	
	9808	332	143	4261351	99852	227448		
	34369	877	397	172143	100	172123	20	
3	22502	1365	215	34563632	33602326	28795201	27679	
	3295	124	56	4689	623	3757		
5	18572	1786	129	38497992	29483888	35986511	643975	
6	116955	3116	863	275156705	253671992	3065708	10931	1828023
1	25641	790	92	14212038	11262916	72475	8699	15118
22	164150	8897	2567	47271365	33240663	40737410	770202	187751
	28505	635	122	1268391	533303	576203	13917	
1	117234	5100	281	144731222	141759403	31236310	489796	33984
	4567	194	28	4745754		23209		
16	212180	7495	2186	154243296	131106627	14670868	56841	46777
2	38206	1299	111	1098862	937859	900950	10158	
	6583	337	35	5717		4618		
12	200083	9601	1621	332037600	308423791	60134879	1226546	2018099
7	141572	6083	1246	12720190	7805598	8066218	54442	
	207	13	7	485				
	1881	83	12	150000		150000		
	495	13	4	91352	86850	86850		
	4955	202	17	35548				
	29084	1278	29	22110	22110	19380		
	469	4	2					
	13771	726	80	126901	125476	126862	13964	
6	49329	2443	569	5362800	1021175	1073818	13712	
1	34932	1030	423	6705833	6549274	6602235	24089	
	1920	72	25	7909	623	6977		

2-21 续表 2

项目	单位数（个）	有局域网(LAN)的单位数	通过互联网销售或采购商品和服务的单位数	通过互联网接收商品或服务的订单(电子商务销售)的单位数	通过互联网发出商品或服务的订单(电子商务采购)的单位数
购物中心	25	19	2	1	1
厂家直销中心	129	78	4	3	4
无店铺零售	115	90	55	53	28
电视购物	8	5	2	2	2
邮购	10	6	1	1	
网上商店	47	42	47	47	24
自动售货亭	2	1			
电话购物	48	36	5	3	2
七、按六大产业功能区分					
北京经济技术开发区	135	110	20	15	14
中关村国家自主创新示范区	644	537	79	57	48
金融街功能区	54	36	8	4	5
商务中心区	331	264	33	27	15
奥林匹克中心区	249	193	22	16	12
临空经济区	86	64	8	5	7
八、按四大城市功能区分					
首都功能核心区	1349	889	130	99	55
东城区	635	441	58	45	22
西城区	714	448	72	54	33
城市功能拓展区	4561	3347	414	302	233
朝阳区	2020	1510	166	133	83
丰台区	523	360	45	34	23
石景山区	175	114	17	12	11
海淀区	1843	1363	186	123	116
城市发展新区	1255	650	93	60	57
房山区	307	114	21	6	16
通州区	172	79	14	11	5
顺义区	179	125	16	12	11
昌平区	213	108	7	5	2
大兴区	249	114	15	11	9
北京经济技术开发区	135	110	20	15	14
生态涵养发展区	305	169	16	15	6
门头沟区	97	48	4	4	3
怀柔区	45	21	2	2	
平谷区	63	43	5	5	1
密云县	73	46	3	2	1
延庆县	27	11	2	2	1

	限额以上							
提供第三方电子商务交易平台的单位数	年底在用的计算机数（台）	专职从事信息技术工作的人数（人）	年底拥有的网站数（个）	全年电子商务销售金额(不含增值税)（千元）	通过自营电子商务交易平台的电子商务销售金额	销售给消费者个人(B2C)	销售的服务类商品金额	面向大陆以外区域的销售金额
	744	36	7	90	90	90	90	
	3785	183	71	217162		6	2587	
9	24577	2168	73	71774563	62210622	64031916	657286	
	2091	56	4	154527	154527	154527	103386	
	225	11	6	1	1	1		
9	20466	1890	43	71385006	62046486	63867771	553900	
	13		1					
	1782	211	19	235029	9608	9617		
1	24333	3165	109	27758797	26972616	22101126	103883	29008
5	108181	7491	573	79079604	66616869	45898732	97545	125935
1	6486	131	32	14813	13927	14813	13927	
1	32969	982	236	1204298	13028	388428	495163	324
1	16785	510	179	505128	130727	112104		105217
	6295	287	47	365960	298999	221014		
6	113984	3291	626	26567895	20260402	13384258	30764	44902
3	56998	1544	277	21719677	17165491	12844177	6303	44902
3	56986	1747	349	4848218	3094911	540081	24461	
21	266262	10970	2823	424017368	389965694	38414954	1145727	1990966
5	151769	4657	1257	370117507	354289844	15961254	1040389	244179
1	23001	757	272	9589239	1296720	1362788	58228	53533
1	12258	483	80	1121969	348420	381920	12812	
14	79234	5073	1214	43188653	34030710	20708992	34298	1693254
2	70164	4273	427	35097052	29121989	23806924	107026	29008
	4343	89	50	922973	3772	19757		
1	15630	290	42	2750327	829071	1280141		
	9814	440	82	1373031	1268732	252216		
	5719	76	72	1055361		22857	3143	
	10325	213	72	1236563	47798	130827		
1	24333	3165	109	27758797	26972616	22101126	103883	29008
1	6642	198	77	1703160	1120192	105179	10028	
	1217	7	16	230660	2600	17589		
	1136	31	9	346765	346765	490		
1	2001	81	24	399857	44949	49155	10028	
	1714	35	19	425711	425711			
	574	44	9	300167	300167	37945		

2-21 续表 3

项　　目	全年电子商务采购金额(不含增值税)(千元)	通过自营电子商务交易平台的电子商务采购金额	采购的服务类商品金　　额	面向大陆以外区域的采购金额	在第三方电子商务交易平台上完成的交易金额(千元)
合　　计	**142602631**	**73658172**	**1825900**	**2926020**	**5614829**
一、按登记注册类型分					
内资	76065260	12123153	1801663	2703650	5505660
国有	2146028	1293524	1909	1909	16630
集体	109693			25160	
股份合作	190				
国有联营					
集体联营					
国有与集体联营					
国有独资公司	2895298	2273970			138274
其他有限责任公司	48699760	6050374	1584299	1309019	2896372
股份有限公司	9961013	787750	20	39288	790616
私营独资	10000				
私营合伙					
私营有限责任公司	12204017	1717535	215435	1328274	1663768
私营股份有限公司	39261				
港澳台商投资	3300775	495721	46	43291	
与港澳台商合资经营	304284				
与港澳台商合作经营					
港澳台商独资	2996491	495721	46	43291	
港澳台商投资股份有限公司					
外商投资	63236596	61039298	24191	179079	109169
中外合资经营	211941	3685			
中外合作经营					
外资企业	63024655	61035613	24191	179079	109169
外商投资股份有限公司					
其他外商投资					
二、按隶属关系分					
中央	10727839	6638019	1528406	1224485	1594637
地方	2246883	389371	7501	21849	767
其他	129627909	66630782	289993	1679686	4019425
三、按行业分					
批发业	92776890	67373409	1584647	2830338	2663112
农、林、牧产品批发	23086				
食品、饮料及烟草制品批发	2512285	854977		319690	7
纺织、服装及家庭用品批发	1043583	68815	1978	42910	420884
文化、体育用品及器材批发	206848	93659	50		10
医药及医疗器材批发	869644	48	5626	37831	

				限额以下			
收取的电子商务交易服务费用金额(千元)	全年信息化投入金额(千元)	#软件投入	软件使用数量(个)	单位数(个)	通过互联网销售或采购商品和服务的单位数(个)	网上销售额(千元)	#网上零售额
246179	**5461187**	**1819884**	**47632**	**183234**	**9220**	**6866476**	**5010676**
246111	4079869	1371363	29663	181535	9108	6549483	4740119
5542	451261	154077	2034	1008	33	78928	77178
	3630	1701	182	2255	43	43830	42327
	6434	5285	165	3923	133	29231	16315
	***	***	***	16			
	11	4	7	96			
	43	23	39	19	1		
40	141281	61853	1176	111	3	24695	23206
123697	1747865	598251	8569	40804	2192	2561498	2205992
82473	285278	117608	9000	1052	49	8937	3222
	196	72	13	13587	563	94145	36210
	24	10	13	1471	69	11802	6480
34359	1408338	414505	8191	114343	5930	3596862	2231819
	35496	17965	271	1694	62	98750	96566
	329581	118610	5161	583	44	251760	241107
	30473	13454	2595	92	6	158270	147799
	1070	155	7	8	1	2	
	269212	89415	2463	471	35	93488	93308
	28826	15586	96	8	1		
68	1051737	329911	12808	1116	68	65233	29450
	303076	100766	1435	218	8	28632	1341
	4739	2880	22	8	1		
68	743127	226121	11339	845	58	36589	28097
	795	144	12	26			
				19	1	***	***
5542	629220	247323	6999	495	28	83022	77280
	1400860	430334	3046	6736	443	129204	89568
240637	3431107	1142227	37587	176003	8749	6654250	4843827
12215	3264249	1177662	37298	89680	3320	1943534	271892
	62413	17872	364	1313	45	2881	2198
	192540	70634	2172	8326	344	235607	44203
10668	879885	239253	7214	10978	569	459648	56686
2	96402	35278	1126	6155	341	141289	21219
	216078	93329	1683	4364	149	7969	655

2-21 续表 4

项目	全年电子商务采购金额(不含增值税)(千元)	通过自营电子商务交易平台的电子商务采购金额	采购的服务类商品金额	面向大陆以外区域的采购金额	在第三方电子商务交易平台上完成的交易金额(千元)
矿产品、建材及化工产品批发	6052791	4005470	1528002	6910	1578003
机械设备、五金交电及电子产品批发	82068651	62350440	48991	2422997	664208
贸易经纪与代理					
其他批发业	2				
零售业	49825741	6284763	241253	95682	2951717
综合零售	129492	129416			
食品、饮料及烟草制品专门零售	899816	754726	90286		790609
纺织、服装及日用品专门零售	35099	32226	46	2867	359566
文化、体育用品及器材专门零售	2878864	115354			178703
医药及医疗器材专门零售	639338	3000	8836		
汽车、摩托车、燃料及零配件专门零售	6623770	861112	200	3154	
家用电器及电子产品专门零售	33534125	62874	36332	24086	204966
五金、家具及室内装修材料专门零售	394				
货摊、无店铺及其他零售业	5084843	4326055	105553	65575	1417873
四、按控股情况分					
国有控股	13887613	7180409	1536125	1226394	1733133
集体控股	10075744	8657	200	25160	764
私人控股	19059407	4937587	265338	1452096	3771763
港澳台商控股	3292162	495721	46	43291	
外商控股	96063058	61035798	24191	179079	109169
其他	224647				
五、按经营方式分					
独立门店	85055648	62251948	1591408	79969	2855003
连锁总店	399398	46671	15		172380
连锁分店					
其他	57147585	11359553	234477	2846051	2587446
六、按零售经营业态分					
有店铺零售	8339669	1215473	135700	30107	227373
食杂店	10041				
便利店	50				
折扣店					
超市	36952				
大型超市	86519	86519			
仓储会员店					
百货店	43019	42943	46		
专业店	2215988	192359	99107		205825
专卖店	5758495	893652	36439	30107	21548
家居建材商店	364				

				限额以下			
收取的电子商务交易服务费用金额（千元）	全年信息化投入金额（千元）	#软件投入	软件使用数量（个）	单位数（个）	通过互联网销售或采购商品和服务的单位数（个）	网上销售额（千元）	#网上零售额
	412099	193953	7691	21716	453	99638	8439
1545	1325083	501538	15884	29288	1107	809368	114846
	56083	22907	737	1897	75	27522	2066
	23666	2898	427	5643	237	159611	21581
233964	2196938	642222	10334	93554	5900	4922942	4738784
	238142	87244	1633	6848	251	84101	79678
82473	37099	31725	234	7320	310	193036	190207
54556	102539	37950	1293	13196	1236	235948	214670
8672	337874	114126	678	11023	803	178812	153682
	193735	152294	936	5374	155	191007	190899
	241583	94408	3272	4018	95	67950	65411
23919	146190	54925	1257	19241	1343	1762283	1674619
	646218	13565	397	14913	500	135502	130567
64344	253558	55985	634	11621	1207	2074302	2039050
5582	1412813	619827	11413	2945	71	111708	102988
	83975	24524	569	3997	100	96694	94746
240529	2712283	778972	18546	176764	8739	6324196	4502009
	321575	118476	5123	770	41	242405	240999
68	918258	273515	11804	1364	67	35687	29134
	12283	4570	177	4864	202	55786	40801
27965	2149394	823651	22525	120544	4316	2627463	1805238
23919	316656	201655	1325	848	59	78708	50536
	22366	4910	201	1006	35	18739	3984
194295	2972771	789668	23581	68306	4810	4141565	3150918
25502	1950258	584917	9745	85040	2589	2680461	2572046
	234	70	30	1814	32	433	104
	28541	24166	109	5686	163	12306	10879
	20346	13747	12	204	8	447	414
	28304	4306	180	1540	40	115	45
	105658	31666	195	242	10	318	318
	214	12	16	237	7	2	2
	84243	34009	1421	8923	264	139363	135876
23954	758993	346157	4291	36998	1168	2452510	2365168
1548	253286	114249	2796	15896	541	54487	48071
	632206	778	281	4840	79	3832	3448

2-21 续表 5

项　　目	全年电子商务采购金额(不含增值税)(千元)	通过自营电子商务交易平台的电子商务采购金额	采购的服务类商品金　额	面向大陆以外区域的采购金额	在第三方电子商务交易平台上完成的交易金额(千元)
购物中心	90400				
厂家直销中心	97841		108		
无店铺零售	41486072	5069290	105553	65575	2724344
电视购物	144808	144808	101850		
邮购					
网上商店	41328465	4924482	3703	65575	2724344
自动售货亭					
电话购物	12799				
七、按六大产业功能区分					
北京经济技术开发区	36547929	836219	101886	37861	790609
中关村国家自主创新示范区	52558557	5660026	57306	192649	2403017
金融街功能区	2009129	22528	46		10
商务中心区	389806		5840	297367	222
奥林匹克中心区	1404469		406	47911	21548
临空经济区	485049	101004		19940	
八、按四大城市功能区分					
首都功能核心区	7981282	1270017	10806	27030	179419
东城区	4534976	567399	1909	5526	178615
西城区	3446306	702618	8897	21504	804
城市功能拓展区	92579746	70467823	1713158	2841189	4135931
朝阳区	68884732	64763977	133032	1828883	409467
丰台区	3222476	689092		950863	944081
石景山区	479083	17209	44930		420884
海淀区	19993455	4997545	1535196	61443	2361499
城市发展新区	41705737	1792385	101936	57801	962225
房山区	1359088		50		
通州区	314343				171616
顺义区	1396268	955981		19940	
昌平区	685885				
大兴区	1402224	185			
北京经济技术开发区	36547929	836219	101886	37861	790609
生态涵养发展区	335866	127947			337254
门头沟区	23263	3000			
怀柔区					
平谷区	32180	32180			337254
密云县	187656				
延庆县	92767	92767			

				限额以下			
收取的电子商务交易服务费用金额（千元）	全年信息化投入金额（千元）	#软件投入	软件使用数量（个）	单位数（个）	通过互联网销售或采购商品和服务的单位数（个）	网上销售额（千元）	#网上零售额
	7837	2131	51	688	41	827	521
	30396	13626	363	7972	236	15821	7200
208462	246680	57305	589	11004	3311	2242481	2166738
	4009	3465	30	95	8	1000	
	527	309	15	914	103	10035	9640
208462	236350	52292	432	2866	2866	2203644	2134268
	6	6	3	76	2	1498	1498
	5788	1233	109	7053	332	26303	21333
82473	150541	26688	1933	1454	128	54015	42488
93249	771193	241100	11604	2257	104	266438	178785
2	51916	32284	379	563	18	52284	52584
	937077	276839	3533	3456	219	43426	27791
1548	232990	108634	1133	3070	202	78258	71987
	102038	11877	356	1691	71	7159	7159
8644	1034263	442961	8178	22959	838	450952	220573
8637	331926	158884	4803	10409	313	168841	102048
7	702337	284077	3375	12550	525	282111	118525
78135	3875069	1231486	33725	106880	6041	4192564	3035290
37680	2880067	765576	22742	40160	2054	778451	238534
	99987	32700	1276	24081	1416	294671	128071
10668	28642	4514	393	5613	246	385791	242704
29787	866373	428696	9314	37026	2325	2733651	2425980
106392	466165	120069	4935	46591	2031	2044084	1629029
	17669	6243	474	8012	242	76928	14586
23919	107685	37327	448	11542	589	1525876	1412354
	127626	26675	539	5381	225	64208	20729
	14710	6282	982	10435	574	170998	92290
	47934	16854	559	9767	273	152061	46583
82473	150541	26688	1933	1454	128	54015	42488
53008	85690	25368	794	14274	310	178875	125784
	2091	910	200	2877	79	9311	4648
	3479	1331	96	4254	73	42485	9604
53008	75072	21979	206	2637	51	88166	77595
	3633	956	224	3634	87	23642	22978
	1415	192	68	872	20	15271	10958

2-22 批发和零售业

项目	总店总数(个)	门店总数(个)	年末从业人员数(人)	连锁门店商品购进额(千元)
合计	**147**	**7388**	**158217**	**214384158**
一、按登记注册类型分				
内资	117	6481	125118	184522499
国有	3	51	753	201013
集体	3	303	1280	869428
国有与集体联营	1	5	43	***
其他有限责任公司	66	2787	70790	66831213
股份有限公司	12	1577	41191	110905054
私营有限责任公司	30	1373	9452	5178882
私营股份有限公司	2	385	1609	530013
港澳台商投资	9	362	8651	4818326
与港澳台商合资经营	2	36	528	233895
港澳台商独资	7	326	8123	4584431
外商投资	21	545	24448	25043333
中外合资经营	7	211	12632	13713476
中外合作经营	1	60	710	***
外资企业	13	274	11106	10981592
二、按隶属关系分				
中央	3	739	8633	73363746
地方	43	2301	49318	50938234
其他	101	4348	100266	90082178
三、按行业分				
批发业合计	8	740	4103	7872494
食品、饮料及烟草制品批发	3	400	1787	593919
纺织、服装及家庭用品批发	1	382	754	***
文化、体育用品及器材批发	1	7	60	***
矿产品、建材及化工产品批发	2	253	2425	23320403
机械设备、五金交电及电子产品批发	1	14	356	***
零售业合计	139	6059	131717	120642655
综合零售	46	2187	103550	101321823
食品、饮料及烟草制品专门零售	19	1529	13327	3699350
纺织、服装及日用品专门零售	26	707	10233	4535632
文化、体育用品及器材专门零售	7	98	1192	1230452
医药及医疗器材专门零售	26	854	6335	2868256
汽车、摩托车、燃料及零配件专门零售	4	571	6465	51547322
家用电器及电子产品专门零售	6	367	10576	21782809
五金、家具及室内装修材料专门零售	5	19	1157	1884847
四、按控股情况分				
国有控股	36	2410	48926	115160254
集体控股	11	767	8480	4087325
私人控股	69	3327	64785	63012326
港澳台商控股	8	339	8419	4694910
外商控股	20	520	24384	24099095
其他	3	25	3223	3330248

连锁企业总店基本情况

#统一配送商品购进额	#自有配送中心配送商品购进额	非自有配送中心配送商品购进额	年末零售营业面积（平方米）	连锁门店商品销售额（千元）	#零售额
111447106	**40945788**	**10840996**	**7150127**	**251578512**	**189305393**
95967681	38237767	4040526	5877120	214229024	154042111
122934	122934		10935	333677	305759
333004	333004		83585	848990	829708
***			***	***	***
49766282	19818023	2664210	2862242	71085511	55619297
41906076	15537525	482977	2522337	134659289	90873777
3758509	2361473	893339	338257	6610962	5776546
73980	64808		58836	681415	627844
2592308	289658	1248013	185674	6350709	5217587
233895	192609	41286	3916	346053	254855
2358413	97049	1206727	181758	6004656	4962732
12887117	2418363	5552457	1087333	30998779	30045695
5428582	461242	1183837	457177	15306446	14981903
***	***		***	***	***
7110270	1608856	4368620	591657	15202652	14574111
23320401	65502		349929	77778049	36692882
21711119	16266967	2130134	2666439	70550589	66644335
66415586	24613319	8710862	4133759	103249874	85968176
7843968	892995		557869	8774573	5432134
137886	64808		59410	774676	647915
***			***	***	
			***	***	***
23320403	65504		173938	24278312	8075686
***	***		***	***	***
51643724	27951355	5614310	4955048	136006297	111986276
59303106	23771444	3266501	5156775	123111535	107606836
3626591	3156957	101141	157837	5263574	5191397
2543829	956870	338526	233998	6538858	4736285
1227012	206952	818202	73771	1549410	1420349
2836359	1005295	1703143	159057	3769362	3284921
944238		944238	204302	55403846	30062840
14545076	10171646	3371906	810318	26313372	25464774
1777314	467919	297339	72508	2751598	2427055
44912567	15094144	2800955	2691650	139277255	94726324
3217743	2839538	371309	160475	4729389	4229020
48807935	20386215	1756696	2750564	68091530	52922020
2468892	207528	1206727	183174	6152777	5053552
11942879	2418363	4608219	1068058	29941736	28988652
97090		97090	296206	3385825	3385825

2-22 续表

项目	总店总数（个）	门店总数（个）	年末从业人员数（人）	连锁门店商品购进额（千元）
五、按门店总数分				
200个以上	9	2946	50369	84509016
150-199个	6	1000	10795	27068598
100-149个	8	994	12359	7383322
50-99个	14	929	13567	19122084
10-49个	57	1231	48834	50953433
1-9个	53	288	22293	25347705
六、按商品销售额分				
100000万元以上	32	2604	115829	193853560
50000万-100000万元	17	1424	19493	10494817
10000万-50000万元	42	2348	17254	8311486
5000万-10000万元	18	486	2664	1062151
1000万-5000万元	35	510	2882	651370
1000万元以下	3	16	95	10774
七、按六大产业功能区分				
北京经济技术开发区	4	1322	2398	525508
中关村国家自主创新示范区	12	130	4248	5985466
商务中心区	12	492	8304	8384980
奥林匹克中心区	14	692	18814	102082304
临空经济区	4	20	4634	1862928
八、按四大城市功能区分				
首都功能核心区	55	2561	39510	35979869
东城区	25	1142	25394	18237584
西城区	30	1419	14116	17742285
城市功能拓展区	66	3095	103792	161226439
朝阳区	28	1698	37249	96074725
丰台区	10	221	10305	8953883
石景山区	6	415	37871	41561696
海淀区	22	761	18367	14636135
城市发展新区	21	1551	14224	16877146
房山区	4	82	2011	1761455
通州区	7	662	5944	9370649
顺义区	3	296	2850	3133767
昌平区	1	14	588	***
大兴区	5	115	2077	1924639
北京经济技术开发区	1	382	754	***
生态涵养发展区	5	181	691	300704
门头沟区	3	110	313	64653
怀柔区	2	71	378	236051

#统一配送商品购进额	#自有配送中心配送商品购进额	非自有配送中心配送商品购进额	年末零售营业面积(平方米)	连锁门店商品销售额(千元)	#零售额
32436019	7100592		1850878	90644317	52197806
26722000	2836494		287474	28827690	12692184
5852706	3058648	2637530	273094	9013626	7994937
11786583	8872845	54379	761288	21272714	19899538
25884437	17557705	5500597	2618958	71920747	67855425
8765361	1519504	2648490	1358435	29899418	28665503
97223974	33180878	7478303	5864719	226523106	167408999
7029740	3716789	1517783	638628	11792985	11001856
5739213	3329307	1417482	472404	11103685	9074449
896929	419069	359273	84543	1314986	1033817
546476	295867	68155	87784	827070	769592
10774	3878		2049	16680	16680
525508			144250	1059016	477976
825698	769122	25762	348182	7310994	6947216
7389736		2771414	219379	9384486	8287812
95078832	164260	2433650	1259468	108123324	47490388
			142308	2746138	2746138
19875071	15684049	1855369	1933769	55125895	50970880
4461162	3200408	368253	1642968	32280413	31366145
15413909	12483641	1487116	290801	22845482	19604735
78347152	13680849	7551821	4159102	176426651	119612391
39311199	3389050	7012103	1619090	107862164	64941209
1433661	1413598	20063	253939	9116017	9036855
33324829	5245128		1595665	42390090	29843435
4277463	3633073	519655	690408	17058380	15790892
13003557	11450278	1365298	1019524	19699287	18417153
1761455	1197396	482977	151454	2810419	2701135
8914616	8846644	67972	450855	10679132	10621045
281092	281092		255975	3316336	3297054
***	***		***	***	***
1892742	1078393	814349	68795	2051515	1246554
***			***	***	
221326	130612	68508	37732	326679	304969
64653	42447		12978	79623	64309
156673	88165	68508	24754	247056	240660

2-23 批发和零售业

项目	门店总数(个)	年末从业人员数(人)	连锁门店商品购进额(千元)
合计	**5473**	**146635**	**211241346**
一、按登记注册类型分			
内资	4584	113614	181396103
国有	51	753	201013
集体	27	677	826102
国有与集体联营	5	43	6896
其他有限责任公司	2086	66321	64722423
股份有限公司	1126	36528	110413702
私营有限责任公司	1276	9251	5151987
私营股份有限公司	13	41	73980
港澳台商投资	362	8651	4818326
与港澳台商合资经营	36	528	233895
港澳台商独资	326	8123	4584431
外商投资	527	24370	25026917
中外合资经营	208	12629	13706770
中外合作经营	60	710	348265
外资企业	259	11031	10971882
二、按隶属关系分			
中央	739	8633	73363746
地方	1095	41784	49487614
其他	3639	96218	88389986
三、按行业分			
批发业合计	547	3365	24997211
食品、饮料及烟草制品批发	28	219	137886
纺织、服装及家庭用品批发	338	578	84280
文化、体育用品及器材批发	7	60	414053
矿产品、建材及化工产品批发	160	2152	23282599
机械设备、五金交电及电子产品批发	14	356	1078393
零售业合计	4926	143270	186244135
综合零售	1680	99216	100922942
食品、饮料及烟草制品专门零售	866	9434	2038801
纺织、服装及日用品专门零售	687	10101	4520603
文化、体育用品及器材专门零售	96	1190	1230215
医药及医疗器材专门零售	640	5131	2316596
汽车、摩托车、燃料及零配件专门零售	571	6465	51547322
家用电器及电子产品专门零售	367	10576	21782809
五金、家具及室内装修材料专门零售	19	1157	1884847

连锁企业直营店基本情况

#统一配送商品购进额	#自有配送中心配送商品购进额	非自有配送中心配送商品购进额	年末零售营业面积（平方米）	连锁门店商品销售额（千元）	#零售额
108929430	38907199	10395083	6873583	246884959	184732803
93456711	36199178	3594613	5602299	209546692	149480742
122934	122934		10935	333677	305759
289678	289678		60400	804769	785487
6896			928	9180	9180
47736563	18235171	2218297	2756996	68407538	52990498
41545334	15179678	482977	2443223	133366564	89584557
3731614	2357197	893339	327435	6538402	5772270
23692	14520		2382	86562	32991
2592308	289658	1248013	185674	6350709	5217587
233895	192609	41286	3916	346053	254855
2358413	97049	1206727	181758	6004656	4962732
12880411	2418363	5552457	1085610	30987558	30034474
5421876	461242	1183837	456802	15305274	14980731
348265	348265		38499	489681	489681
7110270	1608856	4368620	590309	15192603	14564062
23320401	65502		349929	77778049	36692882
20391109	15395765	1684221	2506838	68090604	64237029
65217920	23445932	8710862	4016816	101016306	83802892
24532870	1120613		214005	26175700	8516083
87598	14520		2956	179823	53062
84280			35623	222236	
			1968	417465	52462
23282599	27700		168958	24240192	8075686
1078393	1078393		4500	1115984	334873
84396560	37786586	10395083	6659578	220709259	176216720
59090046	23567985	3266501	5058958	122077534	106583889
1966042	1496408	101141	91283	3177452	3108780
2538510	956870	334161	231877	6480011	4677438
1226775	206952	817965	73614	1549201	1420140
2308559	918806	1261832	116718	2956245	2471804
944238		944238	204302	55403846	30062840
14545076	10171646	3371906	810318	26313372	25464774
1777314	467919	297339	72508	2751598	2427055

2-23 续表

项目	门店总数（个）	年末从业人员数（人）	连锁门店商品购进额（千元）
四、按控股情况分			
国有控股	1831	43291	114212136
集体控股	128	4982	2572235
私人控股	2650	62596	62402674
港澳台商控股	339	8419	4694910
外商控股	502	24306	24082679
其他	23	3041	3276712
五、按六大产业功能区分			
北京经济技术开发区	1174	1806	414810
中关村国家自主创新示范区	130	4248	5985466
商务中心区	492	8304	8384980
奥林匹克中心区	692	18814	102082304
临空经济区	20	4634	1862928
六、按四大城市功能区分			
首都功能核心区	1753	34466	33781382
东城区	697	22304	16900628
西城区	1056	12162	16880754
城市功能拓展区	2848	99870	160856916
朝阳区	1611	36476	96009380
丰台区	128	10032	8916079
石景山区	415	37871	41561696
海淀区	694	15491	14369761
城市发展新区	762	11679	16317799
房山区	82	2011	1761455
通州区	246	4316	8901107
顺义区	20	2247	3090441
昌平区	14	588	579737
大兴区	62	1939	1900779
北京经济技术开发区	338	578	84280
生态涵养发展区	110	620	285249
门头沟区	39	242	49198
怀柔区	71	378	236051

#统一配送商品购进额	#自有配送中心配送商品购进额	非自有配送中心配送商品购进额	年末零售营业面积(平方米)	连锁门店商品销售额(千元)	#零售额
44095059	14720842	2359644	2589288	137342843	92806471
1702653	1328813	366944	91847	2978415	2516166
48629563	20231653	1756459	2658002	67172608	52071382
2468892	207528	1206727	183174	6152777	5053552
11936173	2418363	4608219	1066335	29930515	28977431
97090		97090	284937	3307801	3307801
414810			123718	857620	413148
825698	769122	25762	348182	7310994	6947216
7389736		2771414	219379	9384486	8287812
95078832	164260	2433650	1259468	108123324	47490388
			142308	2746138	2746138
17687969	13950520	1409456	1828550	52197906	48046396
3133916	1887925	360196	1590325	30466585	29555822
14554053	12062595	1049260	238225	21731321	18490574
78161775	13498367	7551821	4084400	175424196	118648056
39299390	3380136	7012103	1591188	107604623	64683668
1395857	1375794	20063	248959	9077897	9036855
33324829	5245128		1595665	42390090	29843435
4141699	3497309	519655	648588	16351586	15084098
12873815	11343155	1365298	927245	18951492	17737642
1761455	1197396	482977	151454	2810419	2701135
8850819	8782847	67972	393501	10067702	10009615
237766	237766		232790	3272115	3252833
46753	46753		50700	551365	551365
1892742	1078393	814349	63177	2027655	1222694
84280			35623	222236	
205871	115157	68508	33388	311365	300709
49198	26992		8634	64309	60049
156673	88165	68508	24754	247056	240660

2-24 批发和零售业连锁

项目	门店总数（个）	年末从业人员数（人）	连锁门店商品购进额（千元）
合计	**1915**	**11582**	**3142812**
一、按登记注册类型分			
内资	1897	11504	3126396
集体	276	603	43326
其他有限责任公司	701	4469	2108790
股份有限公司	451	4663	491352
私营有限责任公司	97	201	26895
私营股份有限公司	372	1568	456033
外商投资	18	78	16416
中外合资经营	3	3	6706
外资企业	15	75	9710
二、按隶属关系分			
地方	1206	7534	1450620
其他	709	4048	1692192
三、按行业分			
批发业合计	509	2017	516456
食品、饮料及烟草制品批发	372	1568	456033
纺织、服装及家庭用品批发	44	176	22619
矿产品、建材及化工产品批发	93	273	37804
零售业合计	1406	9565	2626356
综合零售	507	4334	398881
食品、饮料及烟草制品专门零售	663	3893	1660549
纺织、服装及日用品专门零售	20	132	15029
文化、体育用品及器材专门零售	2	2	237
医药及医疗器材专门零售	214	1204	551660
四、按控股情况分			
国有控股	579	5635	948118
集体控股	639	3498	1515090
私人控股	677	2189	609652
外商控股	18	78	16416
其他	2	182	53536
五、按六大产业功能区分			
北京经济技术开发区	148	592	110698
六、按四大城市功能区分			
首都功能核心区	808	5044	2198487
东城区	445	3090	1336956
西城区	363	1954	861531
城市功能拓展区	247	3922	369523
朝阳区	87	773	65345
丰台区	93	273	37804
海淀区	67	2876	266374
城市发展新区	789	2545	559347
通州区	416	1628	469542
顺义区	276	603	43326
大兴区	53	138	23860
北京经济技术开发区	44	176	22619
生态涵养发展区	71	71	15455
门头沟区	71	71	15455

企业加盟店基本情况

#统一配送商品购进额	#自有配送中心配送商品购进额	非自有配送中心配送商品购进额	年末零售营业面积（平方米）	连锁门店商品销售额（千元）	#零售额
2517676	**2038589**	**445913**	**276544**	**4693553**	**4572590**
2510970	2038589	445913	274821	4682332	4561369
43326	43326		23185	44221	44221
2029719	1582852	445913	105246	2677973	2628799
360742	357847		79114	1292725	1289220
26895	4276		10822	72560	4276
50288	50288		56454	594853	594853
6706			1723	11221	11221
6706			375	1172	1172
			1348	10049	10049
1320010	871202	445913	159601	2459985	2407306
1197666	1167387		116943	2233568	2165284
110711	88092		67556	701257	594853
50288	50288		56454	594853	594853
22619			6122	68284	
37804	37804		4980	38120	
2406965	1950497	445913	208988	3992296	3977737
213060	203459		97817	1034001	1022947
1660549	1660549		66554	2086122	2082617
5319		4365	2121	58847	58847
237		237	157	209	209
527800	86489	441311	42339	813117	813117
817508	373302	441311	102362	1934412	1919853
1515090	1510725	4365	68628	1750974	1712854
178372	154562	237	92562	918922	850638
6706			1723	11221	11221
			11269	78024	78024
110698			20532	201396	64828
2187102	1733529	445913	105219	2927989	2924484
1327246	1312483	8057	52643	1813828	1810323
859856	421046	437856	52576	1114161	1114161
185377	182482		74702	1002455	964335
11809	8914		27902	257541	257541
37804	37804		4980	38120	
135764	135764		41820	706794	706794
129742	107123		92279	747795	679511
63797	63797		57354	611430	611430
43326	43326		23185	44221	44221
			5618	23860	23860
22619			6122	68284	
15455	15455		4344	15314	4260
15455	15455		4344	15314	4260

2-25 批发和零售业连锁企业门店和配送中心地区分布情况

单位：个

项目	门店总数	直营店	加盟店	配送中心数	自有	非自有
合计	**7388**	**5473**	**1915**	**83**	**71**	**12**
北京市	**6610**	**4924**	**1686**	**79**	**68**	**11**
东城区	500	465	35	8	6	2
西城区	569	517	52	8	8	
朝阳区	1375	1095	280	14	12	2
丰台区	579	459	120	10	9	1
石景山区	166	149	17	2	2	
海淀区	1053	880	173	6	6	
门头沟区	118	41	77	2	2	
房山区	261	239	22	2	2	
通州区	585	248	337	8	6	2
顺义区	491	148	343	4	3	1
昌平区	354	262	92	5	5	
大兴区	301	189	112	9	7	2
怀柔区	55	49	6	1		1
平谷区	52	47	5			
密云县	68	63	5			
延庆县	54	49	5			
北京经济技术开发区	29	24	5			
外省市分店小计	**778**	**549**	**229**	**4**	**3**	**1**
天津市	64	59	5	2	1	1
河北省	142	59	83			
石家庄市	21	15	6			
山西省	55	29	26			
太原市	6	3	3			
内蒙古自治区	33	13	20			
呼和浩特市	7	1	6			
辽宁省	125	114	11			
沈阳市	50	47	3			
大连市	48	45	3			
吉林省	40	36	4			
长春市	27	26	1			
黑龙江省	25	22	3			
哈尔滨市	23	22	1			
上海市	39	38	1			
江苏省	22	12	10			
南京市	22	12	10			

2-25　续表　　单位：个

项　目	门店总数			配送中心数		
		直营店	加盟店		自有	非自有
浙江省	25	10	15	2	2	
杭州市	18	8	10	2	2	
安徽省	6		6			
合肥市	4		4			
福建省	11	11				
福州市	11	11				
江西省	1		1			
南昌市	1		1			
山东省	24	13	11			
济南市	10	10				
青岛市	3	2	1			
河南省	22	9	13			
郑州市	11	8	3			
湖北省	10	9	1			
武汉市	9	9				
湖南省	7	2	5			
长沙市	6	1	5			
广东省	20	15	5			
广州市	10	5	5			
深圳市	9	9				
广西壮族自治区	4	1	3			
南宁市	1	1				
重庆市	3	3				
四川省	70	70				
成都市	70	70				
云南省	1	1				
昆明市	1	1				
陕西省	15	15				
西安市	15	15				
甘肃省	6	5	1			
兰州市	6	5	1			
青海省	2	2				
西宁市	2	2				
宁夏回族自治区	2		2			
银川市	2		2			
新疆维吾尔自治区	4	1	3			
乌鲁木齐市	1	1				

2-26 商品交易市场基本情况

项目	市场个数（个）	市场营业面积（平方米）	总摊位数（市场摊位容量）（个）	市场出租摊位数（个）	#个体户承租摊位数（个）	市场成交总额（万元）	#市场零售额
合计	**821**	**14098054**	**274300**	**231645**	**210860**	**34856233**	**17661735**
一、按地区分							
东城区	35	463263	14956	14028	12779	525755	382720
西城区	69	406803	24814	23865	22695	783639	517118
朝阳区	141	2505698	44786	40147	34485	7043762	3084004
丰台区	83	2678629	39690	36204	33024	13356235	6592454
石景山区	42	239242	6562	5344	5233	256121	247340
海淀区	94	2469325	34120	31175	25121	4761537	2485338
门头沟区	11	36780	1241	1062	1062	26611	15511
房山区	56	415704	10619	7327	7119	163630	142441
通州区	47	603938	13479	11896	11647	947069	466698
顺义区	58	925132	12665	11060	10513	2101280	883244
昌平区	35	782572	17573	15174	13741	3497049	1928452
大兴区	61	861167	24801	13688	13266	433941	245605
怀柔区	18	300304	5243	4462	4015	269620	174887
平谷区	29	869260	13771	9031	9031	352772	248093
密云县	29	381315	7180	5394	5352	189698	148328
延庆县	13	158922	2800	1788	1777	147514	99502
二、按经营环境分							
露天式	160	4570326	65616	45105	42967	13316252	6698343
封闭式	600	8387288	183536	164262	147727	17677102	8887156
其它	61	1140440	25148	22278	20166	3862879	2076236
三、按营业状态分							
常年性营业	767	13141689	254329	218700	197920	34619658	17546691
季节性营业	3	279000	4156	2514	2514	151526	29995
其它	51	677365	15815	10431	10426	85049	85049
四、按经营方式分							
批发	149	6013041	105553	90752	82851	22164529	5717865
零售	672	8085013	168747	140893	128009	12691704	11943870
五、按市场规模分							
亿元以上市场	140	7249819	129132	113914	100084	33527247	16548434
亿元以下市场	681	6848235	145168	117731	110776	1328986	1113301
六、按开业时间分							
1980年以前	6	103772	1061	887	655	4803	4555
1981-1990年	19	1436434	11567	11373	11362	6223998	1590659
1991-2000年	231	3797555	94285	76942	70124	14503187	8554379
2001-2010年	540	8603544	162438	138424	124724	14025187	7435325
2011年至今	25	156749	4949	4019	3995	99058	76817
七、按市场地理位置分							
二环以内	63	282945	12433	11536	10700	544550	435160
二环至三环以内	109	1070010	48515	45885	42963	1140077	725887
三环至四环以内	112	2300189	46876	43738	35312	11897811	7918399
四环至五环以内	117	3008837	41956	38043	33831	12035302	3217927
五环至六环以内	188	3783900	51530	42582	39721	6212819	3909265
六环以外	232	3652173	72990	49861	48333	3025674	1455097
八、按市场类别分							
综合贸易市场	399	5913631	136543	114064	107516	17344102	5334635
生产资料综合市场	2	82600	515	457	205	8498	2129
工业消费品综合市场	56	514146	25912	24028	22007	1004396	842281
农产品综合市场	234	3657562	67576	57560	54910	13878530	3544383
其他综合市场	107	1659323	42540	32019	30394	2452678	945842
生产资料市场	49	831555	10258	8959	8008	741940	425237

2-26 续表

项目	市场个数(个)	市场营业面积(平方米)	总摊位数(市场摊位容量)(个)	市场出租摊位数(个)	#个体户承租摊位数(个)	市场成交总额(万元)	#市场零售额
木材市场	2	60000	450	268	255	10834	794
建材市场	42	635732	8649	7732	7188	476187	366028
金属材料市场	3	81848	482	417	208	31132	2672
机械设备市场	1	***	***	***	***	***	
其他生产资料市场	1	***	***	***	***	***	***
农产品市场	71	1112558	28563	16969	16366	4546029	1289709
粮油市场	5	224329	2526	2315	2051	1725765	187104
肉禽蛋市场	6	54051	1195	808	808	57249	33083
水产品市场	3	67000	1978	1545	1296	1051827	293866
蔬菜市场	16	220750	11213	3577	3577	310591	76151
干鲜果品市场	3	270774	2819	1279	1238	184118	34191
其他农产品市场	38	275654	8832	7445	7396	1216479	665314
食品、饮料及烟酒市场	19	133306	4772	3162	2624	50942	38139
食品饮料市场	7	17800	897	344	344	3983	3983
茶叶市场	6	40228	1019	974	594	41657	30192
其他食品饮料及烟酒市场	6	75278	2856	1844	1686	5302	3964
纺织、服装、鞋帽市场	78	2228414	39136	37050	35270	567092	351314
布料及纺织品市场	9	79500	2459	1977	1887	25614	3737
服装市场	57	750281	30311	29098	28124	476694	286439
鞋帽市场	2	29490	882	736	58	5299	1653
其他纺织服装鞋帽市场	10	1369143	5484	5239	5201	59485	59485
日用品及文化用品市场	17	225171	10288	9807	8708	500491	280297
小商品市场	10	134371	8361	8205	7634	313366	174462
文具市场	1	***	***	***	***	***	***
图书、报刊杂志市场	1	***	***	***		***	***
音像制品及电子出版物市场	1	***	***	***		***	
其他日用品及文化用品市场	4	15400	651	590	459	6057	4579
黄金、珠宝、玉器等首饰市场	13	132703	3150	2942	2849	300594	211218
电器、通讯器材、电子设备市场	20	203753	6661	6170	2154	1022661	715797
家电市场	2	2345	127	111	108	1911	1358
通讯器材市场	5	31428	1283	1167	604	21148	16011
照相、摄像器材市场	2	14866	365	364	340	40258	24154
计算机及辅助设备市场	6	131714	3734	3474	725	829117	663325
其他电器、通讯器材、电子设备市场	5	23400	1152	1054	377	130227	10949
家具、五金及装饰材料市场	74	1526659	16108	15088	12528	1291212	1221731
家具市场	32	740312	5955	5434	4236	589330	569845
装饰材料市场	21	358620	5353	5080	4405	330888	321659
灯具市场	4	100003	751	713	592	27070	11601
五金材料市场	12	111041	2322	2268	1940	42165	26283
其他装修市场	5	216683	1727	1593	1355	301759	292343
汽车、摩托车及零配件市场	26	1057917	6968	6164	3961	8295740	7695983
汽车市场	10	654195	1640	1422	140	7670464	7451696
机动车零配件市场	16	403722	5328	4742	3821	625276	244287
花、鸟、鱼、虫市场	17	51701	2048	1904	1773	32255	13915
花卉市场	16	49701	1948	1806	1675	32190	13850
其他花鸟鱼虫市场	1	***	***	***	***	***	***
旧货市场	15	149501	6959	6749	6643	52369	45833
古玩、古董、字画市场	6	72469	1785	1670	1564	13258	13258
邮票、硬币市场	1	***	***	***	***	***	***
其他旧货市场	8	69532	4287	4192	4192	31292	31011
其他专业市场	23	531185	2846	2617	2460	110806	37927

2-27 商品交易市场成交情况

项目	全部市场			其中：亿元以上市场		
	市场出租摊位数（个）	市场成交总额（万元）	#市场零售额	市场出租摊位数（个）	市场成交总额（万元）	#市场零售额
合计	**231645**	**34856233**	**17661735**	**113914**	**33527247**	**16548434**
粮油、食品、饮料、烟酒类	79784	19793827	5179379	40759	19303643	4726169
(1)粮油、食品类	72926	17995601	4561773	37688	17564051	4150871
其中：粮油类	6962	2430540	366375	3157	2365311	313273
肉禽蛋类	10532	2288467	731027	5147	2176032	621198
水产品类	6403	2487073	713313	4209	2448217	676025
蔬菜类	27460	5261668	810862	11460	5135884	691295
干鲜果品类	16578	4840876	686623	9912	4772957	620377
(2)饮料类	3897	667592	260312	1372	627942	234536
(3)烟酒类	2961	1130634	357294	1699	1111650	340762
其中：酒类	2024	761906	211810	1331	751875	204411
服装、鞋帽、针纺织品类	62987	1048157	743662	28139	799376	539508
(1)服装类	42057	694814	491347	20387	552381	364344
(2)鞋帽类	9938	152339	123307	3639	104792	81142
(3)针纺织品类	10992	201004	129008	4113	142203	94022
化妆品类	2150	78243	59850	1226	69950	51841
金银珠宝类	2941	313178	222808	1041	287294	202361
其中：黄金及饰品、铂金饰品类	1818	221046	138510	483	208227	126423
日用品类	17190	881025	428663	9814	800806	364956
其中：洗涤用品类	2751	127702	72299	861	109366	54510
儿童玩具类	2604	77861	57453	1351	69075	49109
五金、电料类	6212	226800	136646	2011	172684	95628
体育、娱乐用品类	1436	153945	115975	1027	150263	112863
书报杂志类	327	23991	8906	216	23469	8402
电子出版物及音像制品类	215	22500	17643	86	18809	16551
家用电器及音像器材类	2630	177573	142840	1622	169307	135591
中西药品类	124	6779	6726	44	6027	5986
其中：西药类	69	4340	4332	24	3896	3896
中草药及中成药类	34	880	851	7	720	695
文化办公用品类	7338	998584	808723	5111	979899	792002
家具类	7598	790302	760419	4390	743519	715524
通讯器材类	2757	341449	266020	1745	326307	256173
煤炭及制品类	192	4602	4446	1	2	2
木材及制品类	789	49889	11819	513	44541	9679
石油及制品类	6	51	51			
化工材料及制品类	419	27334	17403	145	22884	13782
其中：化肥类	19	306	52			
金属材料类	576	55861	12546	333	50648	10167
建筑及装潢材料类	12324	912526	792832	5068	766809	668978
机电产品及设备类	373	152779	11788	299	150978	10467
其中：农机类	4	34	34			
汽车类	6288	8300208	7696630	4492	8265392	7671291
其中：汽车配件类	4775	655416	274427	3198	628039	252706
种子饲料类	96	844	586	7	215	167
棉麻类	136	1534	1534	114	1377	1377
其他类	16757	494252	213840	5711	373048	138969

2-28　批发和零售业个体情况

项　　目	合　计		批发业		零售业	
	户　数（个）	从业人员（人）	户　数（个）	从业人员（人）	户　数（个）	从业人员（人）
按四大城市功能区分	**388437**	**697218**	**54558**	**107610**	**333879**	**589608**
首都功能核心区	52823	97898	9497	19814	43326	78084
东城区	18191	36057	6647	14368	11544	21689
西城区	34632	61841	2850	5446	31782	56395
城市功能拓展区	153295	292753	20853	41832	132442	250921
朝阳区	62200	119167	11744	22968	50456	96199
丰台区	44912	90891	6255	13068	38657	77823
石景山区	8605	15374	278	481	8327	14893
海淀区	37578	67321	2576	5315	35002	62006
城市发展新区	139087	238041	20543	39004	118544	199037
房山区	16455	28371	1538	2832	14917	25539
通州区	31658	55609	4575	8864	27083	46745
顺义区	22818	38549	5216	9989	17602	28560
昌平区	40216	65872	5618	10298	34598	55574
大兴区(除北京经济技术开发区)	27579	48974	3487	6855	24092	42119
北京经济技术开发区	361	666	109	166	252	500
生态涵养发展区	43232	68526	3665	6960	39567	61566
门头沟区	5575	8458	81	164	5494	8294
怀柔区	10592	15718	1060	1765	9532	13953
平谷区	11125	18488	1324	2916	9801	15572
密云县	10439	16272	731	1168	9708	15104
延庆县	5501	9590	469	947	5032	8643

第3篇

交通运输、仓储和邮政业

3-1　铁路运输企业经营情况

项　目	计量单位	2013
旅客发送量	万人	24042
#北京地区	万人	11588
旅客周转量	万人公里	12153224
#北京地区	万人公里	1179555
货物发送量	万吨	30353
#北京地区	万吨	1078
货物周转量	万吨公里	21472771
#北京地区	万吨公里	3231824
货物到达量	万吨	35569
#北京地区	万吨	2591
换算周转量	万吨公里	33625995
#北京地区	万吨公里	4411380
年末线路条数	条	55
延展里程	公里	1832
营业里程	公里	1116
复线里程	公里	579
电气化线路营业里程	公里	600
直属站	个	5
车务段	个	3
配属机车台数	台	1798
#内燃机车	台	878
电力机车	台	920
配属客车数	辆	4395
内燃机车每万吨公里耗柴油	千克	35
电力机车每万吨公里耗电	千瓦时	95
货车周转时间	天	2
货车静载重	吨	65

3-2 铁路分货类运输量、日均装车数

项　　目	北京地区货物发送量（万吨）	北京地区货物到达量（万吨）	日均装车数（车）
合　计	**1078**	**2591**	**856**
煤	352	1049	246
石油	173	433	91
焦炭	1		81
金属矿石	152		125
钢铁及有色金属	101	603	49
非金属矿石	3	12	8
磷矿石			
矿建材料	24	50	21
水泥		44	1
木材	2	44	6
粮食	13	64	56
棉花			
化肥及农药	68	69	37
盐		9	
化工品	29	23	15
工业机械		1	1
电子电气	10	21	17
金属制品	1		1
农业机具			
鲜活易腐货物	2		1
农副土特产品		1	
饮食烟草	17	43	10
纺织品			
文教用品		17	2
医药品			
其他	86	66	51
零担			
集装箱	44	43	35

3-3　航空运输企业经营及油料消费情况

项　　目	计量单位	2013	项　　目	计量单位	2013
旅客运输量	万人	6988	国际航线	班次	49064
国内航线	万人	6077	地区航线	班次	13956
国际航线	万人	713	航线条数	条	837
地区航线	万人	198	国内航线	条	693
旅客周转量	万人公里	12447333	国际航线	条	121
国内航线	万人公里	8055621	地区航线	条	23
国际航线	万人公里	4028341	通航国家	个	64
地区航线	万人公里	363371	通航城市	个	420
货邮运输量	万吨	136	国内	个	318
国内航线	万吨	83	国际	个	95
国际航线	万吨	47	地区	个	7
地区航线	万吨	6	飞机架数	架	437
货邮周转量	万吨公里	491861	客机	架	411
国内航线	万吨公里	133016	货机	架	26
国际航线	万吨公里	350186	客机座位数	个	71950
地区航线	万吨公里	8659	货机可供业载	吨	1071
运输总周转量	万吨公里	1648396	航空油料消费		
吨公里耗航油	千克	0.3	1.本地加油量	吨	1461535
飞行班次	班次	522535	2.外省加油量	吨	2471354
国内航线	班次	459515	3.国外加油量	吨	849562

3-4 机场经营情况

项　　目	计量单位	2013
旅客吞吐量	万人	8371
1.进港	万人	4181
国内航线	万人	3192
国际航线	万人	803
地区航线	万人	186
2.出港	万人	4190
国内航线	万人	3198
国际航线	万人	813
地区航线	万人	179
货邮吞吐量	万吨	184
1.进港	万吨	97
国内航线	万吨	61
国际航线	万吨	31
地区航线	万吨	5
2.出港	万吨	88
国内航线	万吨	42
国际航线	万吨	42
地区航线	万吨	4
起降架次	架次	567759
1.进港	架次	283958
国内航线	架次	221907
国际航线	架次	51720
地区航线	架次	10331
2.出港	架次	283801
国内航线	架次	222290
国际航线	架次	51201
地区航线	架次	10310
通航城市	个	236
国内	个	104
国际	个	128
地区	个	4
通航国家	个	51

3-5　邮政企业经营情况

项　　目	计量单位	2013	项　　目	计量单位	2013
邮政业务总量	千元	5845849	其中:航空邮路长度	公里	243129
函件总数	万件	71559	铁路邮路长度	公里	33902
国内函件总数	万件	67024	汽车邮路长度	公里	103984
国内函件	万件	57148	自行车邮路长度	公里	1109
邮送广告	万件	9876	邮政业务收入	千元	6667813
国际及港澳台函件数	万件	4535	其中:函件业务收入	千元	1595217
商函制作	万件	21983	包件业务收入	千元	123528
商业信函	万件	13716	汇兑收入	千元	35086
邮资广告封片	万件	8267	特快专递收入	千元	1182348
包件	万件	582	机要通信收入	千元	83553
特快专递	万件	4792	报刊发行收入	千元	665165
汇票	万张	620	集邮业务收入	千元	685926
订销报纸累计份数	万件	81970	储蓄业务收入	千元	1130467
订销杂志累计份数	万件	4695	物流业务收入	千元	104541
订销报纸期发数	万件	353	邮政报刊图书销售点	处	2187
订销杂志期发数	万件	256	集邮销售点	处	128
邮政储蓄期末余额	千元	74882973	邮政储蓄网点	个	416
集邮邮票	万枚	14331	邮政信筒信箱	个	5785
集邮品册	万册	537	邮局用户信箱	个	2740
邮路总长度	公里	382124	邮件处理中心	处	5

3-6 全部交通运输、仓储和邮政业

项　　目	单位数(个)	资产总计	营业收入	营业成本	营业税金及附加
合　计	**14253**	**1517302141**	**487599324**	**418080697**	**5589183**
一、按行业分(分到小类)					
铁路运输业	141	573753917	118077119	99578900	3361302
铁路旅客运输	28	503819910	85437529	78038257	2363029
铁路旅客运输	28	503819910	85437529	78038257	2363029
铁路货物运输	37	52986539	31437842	20445184	964411
铁路货物运输	37	52986539	31437842	20445184	964411
铁路运输辅助活动	76	16947468	1201748	1095459	33863
客运火车站	7	1007	15	36	
货运火车站	10	16086918	3653	2911	13
其他铁路运输辅助活动	59	859542	1198081	1092512	33850
道路运输业	7809	211502887	58657842	61079131	668585
城市公共交通运输	332	61180372	13620762	27223636	102443
公共电汽车客运	28	25695224	3613431	16665752	20474
城市轨道交通	17	21537095	4139038	6391064	32023
出租车客运	277	13922825	5859982	4163406	49899
其他城市公共交通运输	10	25228	8312	3413	47
公路旅客运输	22	1581946	409669	285650	2594
公路旅客运输	22	1581946	409669	285650	2594
道路货物运输	6621	40499832	33497143	26562451	177029
道路货物运输	6621	40499832	33497143	26562451	177029
道路运输辅助活动	834	108240737	11130267	7007395	386520
客运汽车站	13	563835	167017	56465	4368
公路管理与养护	123	105729440	9872794	6373718	326366
其他道路运输辅助活动	698	1947462	1090456	577212	55786
水上运输业	41	1376327	387058	260840	925
水上旅客运输	3	44125	4021	2981	24
内河旅客运输	3	44125	4021	2981	24
水上货物运输	20	1169814	372781	252241	523
远洋货物运输	15	594739	317275	236962	610
沿海货物运输	3	112247	36871	15279	-154
内河货物运输	2	462828	18635		67
水上运输辅助活动	18	162389	10257	5619	378
货运港口	8	7854	3703	1449	48
其他水上运输辅助活动	10	154534	6554	4170	330
航空运输业	89	237496924	104544409	87733786	311710
航空客货运输	35	201812188	95379594	82606882	207705
航空旅客运输	15	190003598	85725780	73184084	199728
航空货物运输	20	11808590	9653813	9422798	7978
通用航空服务	27	893956	203862	208935	2563
通用航空服务	27	893956	203862	208935	2563
航空运输辅助活动	27	34790780	8960954	4917969	101442
机场	7	33495281	8193048	4262479	97282
空中交通管理	1	***	***	***	***
其他航空运输辅助活动	19	635211	675045	600748	3758
管道运输业	15	135144604	19704107	7817925	285814

法人单位财务状况(企业会计制度)

单位：千元

销售费用	管理费用		财务费用	利润总额	应交所得税	应交增值税
		#税金				
21153722	**31331627**	**635536**	**11618939**	**27523825**	**8732146**	**-7253470**
148231	9034127	49169	6037245	1479122	2869384	93087
4461	6470686	20421	5823269	-7811351	342	63189
4461	6470686	20421	5823269	-7811351	342	63189
133809	2514795	28585	215873	9270118	2863696	28528
133809	2514795	28585	215873	9270118	2863696	28528
9961	48646	164	-1896	20356	5346	1370
	12			-34		
	2200		2	10	3	423
9961	46434	164	-1898	20379	5343	946
3901223	7099883	107934	3438521	2132887	555238	1147835
226255	3357331	40231	899322	1116555	237822	359591
110017	1550172	25456	707819	-31798	7677	93161
158	697017	2801	19302	689082	126864	118156
113989	1107301	11970	172203	459489	103267	148083
2092	2842	5	-1	-218	14	192
4370	95100	1516	-5447	35927	11482	13084
4370	95100	1516	-5447	35927	11482	13084
3512518	2806426	44167	243923	390309	142129	766364
3512518	2806426	44167	243923	390309	142129	766364
158080	841026	22019	2300722	590096	163806	8796
20701	62941	3032	-2234	27574	5744	4529
19114	454955	16446	2303403	527591	146738	2039
118264	323129	2542	-447	34932	11323	2227
29736	68479	404	16696	28296	6350	5025
1431	3130	36	93	-3637		196
1431	3130	36	93	-3637		196
27268	62119	361	16313	31233	6014	3815
17260	51479	158	12398	14722	3175	1936
5204	8039	178	3973	5289	2839	1478
4804	2601	24	-59	11222		401
1038	3231	8	290	700	336	1014
384	2003	2	11	-72	1	9
654	1228	6	279	772	335	1005
7948610	3575843	268305	1574848	5498212	1272424	-42724
7098457	2668087	101583	1057201	3836840	816783	-171520
6794186	2414152	90858	985273	4183139	812971	-131975
304271	253935	10725	71927	-346298	3812	-39544
4743	67526	304	84	-59275	6795	2381
4743	67526	304	84	-59275	6795	2381
845410	840230	166418	517564	1720647	448845	126415
838542	724365	163910	508211	1737528	448516	114631
***	***	***	***	***	***	***
2531	92346	662	-103	-19577	228	7946
234720	622054	50477	271161	11343343	2573880	1279573

3-6 续表 1

项目	单位数(个)	资产总计	营业收入	营业成本	营业税金及附加
管道运输业	15	135144604	19704107	7817925	285814
管道运输业	15	135144604	19704107	7817925	285814
装卸搬运和运输代理业	3793	83456999	87475677	76866832	262739
装卸搬运	199	5873476	1806942	1412686	33246
装卸搬运	199	5873476	1806942	1412686	33246
运输代理业	3594	77583523	85668735	75454147	229493
货物运输代理	2188	64828768	74884485	65704221	154216
旅客票务代理	1075	8054269	9316685	8648874	65576
其他运输代理业	331	4700486	1467565	1101051	9702
仓储业	1822	224074936	74251121	70990887	114797
谷物、棉花等农产品仓储	167	202279887	69539712	68331180	8583
谷物仓储	107	6140810	2721822	2443248	6705
棉花仓储	3	195951027	66799625	65877832	1521
其他农产品仓储	57	188050	18266	10100	358
其他仓储业	1655	21795049	4711409	2659708	106214
其他仓储业	1655	21795049	4711409	2659708	106214
邮政业	543	50495547	24501991	13752395	583310
邮政基本服务	13	31754864	5567594	4492026	77029
邮政基本服务	13	31754864	5567594	4492026	77029
快递服务	530	18740683	18934397	9260369	506282
快递服务	530	18740683	18934397	9260369	506282
二、按登记注册类型分					
内资	14063	1246686027	341739270	306024855	4831862
国有	276	440953714	132347013	126365072	1924913
集体	314	4446033	707960	400843	15451
股份合作	202	1558228	341447	198334	5470
国有联营	3	16534	7512	2177	323
集体联营	2	545	505	472	28
国有与集体联营	2	2738	210		12
其他联营	34	69578	52124	35325	296
国有独资公司	45	141582203	33496477	40076547	710667
其他有限责任公司	3454	368050181	110090322	84460694	1374071
股份有限公司	106	254459894	34497588	31464529	586549
私营独资	762	966254	955780	727977	8255
私营合伙	80	126791	87001	56690	1756
私营有限责任公司	8589	32949746	27434771	20745265	193640
私营股份有限公司	135	1474442	1714617	1488231	10263
其他	59	29146	5943	2698	168
港澳台商投资	86	253484718	119232562	93245282	518947
与港澳台商合资经营	32	53663178	30951399	22475538	130874
与港澳台商合作经营	3	4298412	724325	1134621	9167
港澳台商独资	46	8402418	11508427	6723917	158074
港澳台商投资股份有限公司	4	187029064	76048283	62911205	220832
其他港澳台投资	1	***	***		***
外商投资	104	17131395	26627492	18810559	238374

单位：千元

销售费用	管理费用	#税金	财务费用	利润总额	应交所得税	应交增值税
234720	622054	50477	271161	11343343	2573880	1279573
234720	622054	50477	271161	11343343	2573880	1279573
3492772	6187622	57249	112973	3604169	688822	678860
88972	163591	2734	-16625	166214	56849	49189
88972	163591	2734	-16625	166214	56849	49189
3403800	6024030	54515	129599	3437955	631974	629671
2787641	5009327	52202	101292	3401716	569837	613884
520262	541116	1726	38672	-57221	33217	6230
95897	473587	587	-10364	93460	28920	9557
978878	1500467	52810	98081	897464	75164	-10623481
216470	362401	5616	-29360	881640	6519	-10716321
214286	244028	5075	16536	761	6499	7219
	96056	479	-46196	886811		-10723764
2184	22316	62	300	-5931	21	224
762408	1138067	47193	127441	15823	68644	92839
762408	1138067	47193	127441	15823	68644	92839
4419552	3243152	49188	69414	2540333	690884	208355
9992	994484	30117	1789	26284	979	315
9992	994484	30117	1789	26284	979	315
4409560	2248668	19071	67624	2514048	689905	208040
4409560	2248668	19071	67624	2514048	689905	208040
8423571	23600670	351611	10233503	13485426	5117803	-8224389
340233	8054057	65552	-17194	-4251836	51465	-10625441
92806	254563	6965	1506	-5392	7254	15736
38210	87437	1045	-110	5383	2497	6216
3088	2045	17	-1	14		
	23			-13		
99	101		1			
6045	7245	144	-19	698	107	1775
211584	2389113	49179	2721989	2976210	810904	269488
3505613	7747311	173420	2816034	16166561	4034930	1475328
519623	1428141	12326	4578359	-1400706	119928	84570
66606	99451	1247	1230	21565	1628	8128
14105	15284	337	208	1376	343	1466
3545335	3343982	39567	123201	-141604	72912	474670
79556	170400	1800	8289	112498	15779	63618
665	1518	11	9	670	56	57
10227913	5382315	263079	1331361	11211587	2883630	733943
1617151	1163021	23245	335271	5695856	1582101	745580
347	158189	2742	52185	342156	54267	12242
2745065	1595264	9194	71995	293593	121585	202689
5865349	2464612	227897	871907	4881084	1125677	-226571
	***	***	***	***		***
2502239	2348642	20847	54075	2826812	730713	236976

3-6 续表 2

项　　目	单位数（个）	资产总计	营业收入	营业成本	营业税金及附加
中外合资经营	54	10213325	22027416	15473014	184335
中外合作经营	2	107726	106060	71511	1019
外资企业	41	5873366	4032873	2942165	51287
外商投资股份有限公司	3	921330	453344	319386	1704
其他外商投资	4	15648	7799	4483	29
三、按隶属关系分					
中央	210	946984823	309201327	260043553	3546848
省	167	156297373	31739015	41259667	437962
地	381	22735132	6229226	5453228	43482
县	47	2048865	408230	349690	2301
街道	32	136425	134814	91728	592
镇	77	2810504	10073387	8547002	18189
乡	27	2375593	385940	175871	7577
社区	3	786	1		5
村委会	106	1659123	352993	171556	6984
其他	13203	382253517	129074392	101988403	1525243
四、按控股情况分					
国有控股	568	1367667292	370583430	329800377	4593098
集体控股	466	25231654	8872750	6957156	73284
私人控股	12596	62900940	52245039	41149840	444583
港澳台商控股	71	20679716	22490926	15542655	201026
外商控股	89	12481953	19925930	16609877	83349
其他	462	28340436	13481250	8020792	193844
五、按四大城市功能区分					
首都功能核心区	961	283429538	103244186	100687367	676602
东城区	461	10458645	8552928	7284005	77383
西城区	500	272970894	94691258	93403362	599219
城市功能拓展区	6005	800481627	196542270	171153622	3596210
朝阳区	2883	95982590	55613660	41011602	420712
丰台区	1898	217914214	30865370	38158143	414153
石景山区	183	2016144	995326	661907	11764
海淀区	1041	484568680	109067913	91321971	2749582
城市发展新区	5949	417821065	179336773	139285716	1223679
房山区	805	3773754	2784615	2254511	11913
通州区	827	5976806	3482490	2507885	37867
顺义区	1404	277081560	145708287	118803817	720920
昌平区	816	108708138	12012337	6242406	211852
大兴区	2013	10164378	8540959	6839581	65925
开发区	84	12116429	6808085	2637516	175203
生态涵养发展区	1338	15569910	8476096	6953991	92692
门头沟区	190	638156	776943	635215	3424
怀柔区	473	1956307	3131761	2756155	18738
平谷区	376	3135561	2133202	1844722	36970
密云县	214	6135391	1491303	1149209	13538
延庆县	85	3704495	942887	568689	20023

单位：千元

销售费用	管理费用	#税金	财务费用	利润总额	应交所得税	应交增值税
2398148	1529682	15325	-22559	2539677	667887	125515
	29212	605	849	4726	1264	4594
100395	743172	4874	54713	218297	44852	106633
	44779	6	21185	65748	16331	
3696	1798	37	-113	-1636	380	235
8473057	14856522	404596	2751456	24035502	6904324	-9343910
698287	3677730	79414	3077872	1624633	346450	501523
492604	787376	13946	191984	83461	33623	105119
20115	63502	561	15372	13148	5417	10983
13117	25708	162	32	3173	1273	3100
32382	854479	9592	16199	642289	162730	64965
105770	110156	6271	6454	-11409	9014	13228
	1			-5		
15305	94055	1358	67259	6195	2643	7710
11303086	10862099	119637	5492311	1126839	1266672	1383812
8966951	19521934	490159	10384431	22444355	7358834	-9014373
558368	681288	17387	360324	641133	42365	44163
5476685	5865198	72243	311140	429638	232185	944785
3900470	2359694	18984	40293	587628	226153	326600
289679	1777792	13136	68811	1160886	291404	209086
1961569	1125722	23628	453940	2260185	581205	236269
720140	3392743	52484	742493	2362782	873927	-10433824
256956	1112028	31681	9980	-49755	15894	48288
463184	2280714	20803	732514	2412537	858033	-10482113
4517040	16531939	184837	8901264	9576646	4370422	1625615
3243246	4079899	62862	859830	7147391	1869707	1306078
682943	2644670	67447	4776040	-388405	230207	192512
99561	152241	1937	3633	83803	19831	13028
491291	9655128	52590	3261761	2733857	2250677	113998
15381500	10614628	390134	1719504	15356848	3413320	1455094
386420	299200	3716	16545	-28703	11230	68687
409211	421598	8014	14757	74104	32797	67561
12179327	7724507	299753	1758518	7516284	1681462	511201
159495	710949	48280	-31777	5448324	1103243	606000
864097	816282	19110	16458	216255	50845	175014
1382951	642092	11260	-54997	2130584	533743	26631
535041	792318	8082	255677	227550	74478	99645
54246	88424	768	-1203	6904	2995	8212
137849	219079	2672	8198	4765	7140	46807
133548	260801	1470	15622	6846	5349	34338
168080	128856	1997	152478	42127	14302	7710
41318	95157	1175	80582	166908	44691	2577

3-7 交通运输、仓储和邮政业法人单位财务

项目	单位数(个)	资产合计	负债合计	上年结余
合计	**37**	**391430**	**55138**	**27037**
一、按行业分(分到小类)				
道路运输业	27	24037	3662	5212
城市公共交通运输	8	30		
城市轨道交通	1			
出租车客运	5			
其他城市公共交通运输	2	30		
公路旅客运输	1			
公路旅客运输	1			
道路货物运输	6			
道路货物运输	6			
道路运输辅助活动	12	24007	3662	5212
公路管理与养护	9	19813	3302	3840
其他道路运输辅助活动	3	4194	360	1373
航空运输业	3	325554	30259	20262
通用航空服务	1	***	***	***
通用航空服务	1	***	***	***
航空运输辅助活动	2	323112	30224	21014
其他航空运输辅助活动	2	323112	30224	21014
装卸搬运和运输代理业	2	16983	20372	1563
装卸搬运	2	16983	20372	1563
装卸搬运	2	16983	20372	1563
仓储业	4			
谷物、棉花等农产品仓储	3			
谷物仓储	2			
其他农产品仓储	1			
其他仓储业	1			
其他仓储业	1			
邮政业	1	***	***	
邮政基本服务	1	***	***	
邮政基本服务	1	***	***	

状况(行政事业及民间非营利组织会计制度)

单位：千元

收入合计	支出合计	#工资福利支出	#商品和服务支出	收支结余	经营税金
252085	**181652**	**52976**	**76764**	**97470**	**3551**
17776	15864	2456	39	7125	47
171	96	28	39	75	10
171	96	28	39	75	10
17605	15768	2429		7050	38
16509	14902	2429		5447	12
1097	866			1603	26
231217	133538	37477	58789	117941	3238
***	***	***	***	***	***
***	***	***	***	***	***
224228	126646	33007	58446	118595	3195
224228	126646	33007	58446	118595	3195
2560	4123	2612	241		265
2560	4123	2612	241		265
2560	4123	2612	241		265
***	***	***	***	***	
***	***	***	***	***	
***	***	***	***	***	

3-7 续表

项　　目	单位数(个)	资产合计	负债合计	上年结余
二、按登记注册类型分				
内资	37	391430	55138	27037
国有	27	327142	21445	24639
集体	2	685	360	
集体联营	1			
私营合伙	1	***	***	
其他	6	63573	33332	2399
三、按隶属关系分				
中央	4	326186	30259	20262
省	2			
地	18	29063	844	810
街道	1	***	***	
镇	4	11882	194	3030
乡	1	***	***	
村委会	1			
其他	6	20522	20372	2935
四、按四大城市功能区分				
首都功能核心区	6	20522	20372	2935
东城区	5	20522	20372	2935
西城区	1			
城市功能拓展区	8	326871	30619	20262
朝阳区	4	325554	30259	20262
丰台区	2	685	360	
石景山区	1			
海淀区	1	***		
城市发展新区	19	44037	4146	3840
房山区	3			
通州区	1	***	***	***
昌平区	9	7560	3210	715
大兴区	6	35748	845	2800
生态涵养发展区	4			
门头沟区	1			
平谷区	1			
密云县	1			
延庆县	1			

单位：千元

收入合计	支出合计	#工资福利支出	#商品和服务支出	收支结余	经营税金
252085	181652	52976	76764	97470	3551
173089	121889	41090	35631	75839	308
224	97			127	
***	***	***	***	***	***
78600	59569	11858	41095	21429	3233
235974	138295	37477	58789	117941	3238
2063	29608	10539	17696	-26735	12
***	***			***	
10215	8638	2321		4607	
***	***			***	
3604	4988	2640	280	1551	301
3604	4988	2640	280	1551	301
3604	4988	2640	280	1551	301
236198	138392	37477	58789	118068	3238
231217	133538	37477	58789	117941	3238
224	97			127	
***	***				
12283	38271	12859	17696	-22149	12
***	***	***		***	
3947	3695	108		967	12
5396	31652	11877	17696	-23457	

3-8 规模以上交通运输、仓储和邮政业

项目	单位数（个）	年初存货	流动资产合计	#货币资金	#现金	#交易性金融资产
合计	**1089**	**155731049**	**411807400**	**66935662**	**575513**	**1729960**
一、按行业分（分到小类）						
铁路运输业	16	2220151	48346340	10253265	569	
铁路旅客运输	4	1605599	33311936	8034871	352	
铁路旅客运输	4	1605599	33311936	8034871	352	
铁路货物运输	8	499510	14573544	1988113	108	
铁路货物运输	8	499510	14573544	1988113	108	
铁路运输辅助活动	4	115042	460860	230281	109	
其他铁路运输辅助活动	4	115042	460860	230281	109	
道路运输业	543	593842	53986290	19422412	80838	1181864
城市公共交通运输	120	336493	17800061	11579229	37816	586336
公共电汽车客运	14	89842	8851922	6999906	1260	
城市轨道交通	2	221449	4018188	3257790	2702	
出租车客运	104	25202	4929951	1321533	33854	586336
公路旅客运输	9	2408	491744	218204	370	
公路旅客运输	9	2408	491744	218204	370	
道路货物运输	380	153205	11236894	2353135	40341	21528
道路货物运输	380	153205	11236894	2353135	40341	21528
道路运输辅助活动	34	101736	24457591	5271844	2311	574000
客运汽车站	4	595	182294	134782	952	18000
公路管理与养护	9	98902	23803649	4936459	90	556000
其他道路运输辅助活动	21	2239	471648	200603	1269	
水上运输业	6	11791	213517	121795	67	146
水上货物运输	6	11791	213517	121795	67	146
远洋货物运输	3	11439	132607	61974	32	
沿海货物运输	2	352	67710	47612	14	146
内河货物运输	1		***	***	***	
航空运输业	17	998239	34815763	15054137	5850	
航空客货运输	8	848605	30597476	12672226	5244	
航空旅客运输	6	782903	28990612	11937247	5117	
航空货物运输	2	65702	1606864	734979	127	
通用航空服务	2	3398	103145	9740	499	
通用航空服务	2	3398	103145	9740	499	
航空运输辅助活动	7	146236	4115142	2372171	107	
机场	4	128030	3867169	2280312	40	
其他航空运输辅助活动	3	18206	247973	91859	67	
管道运输业	2	381076	3112989	578253	123	
管道运输业	2	381076	3112989	578253	123	
管道运输业	2	381076	3112989	578253	123	
装卸搬运和运输代理业	342	563523	38726021	11785971	23176	542950

法人单位财务状况(企业会计制度)

单位：千元

#应收账款	#存货	可供出售金融资产	持有至到期投资	长期股权投资	投资性房地产	固定资产合计	固定资产原价
38849325	**199058309**	**1568748**	**1609553**	**129014991**	**3088438**	**698366869**	**901575482**
8444340	2594818			68015011		352682802	428868493
4878147	1917565			63397654		325204948	389367880
4878147	1917565			63397654		325204948	389367880
3532138	625882			4616557		27451993	39410403
3532138	625882			4616557		27451993	39410403
34055	51371			800		25861	90210
34055	51371			800		25861	90210
5474258	1030782	425541	22000	9547426	961734	99567685	135418058
274847	405146	24953	10000	4884632	521605	21869669	40010174
119803	103324			2618732		13719210	26403109
100403	280076	19055		848709		3331029	4413570
54641	21746	5898	10000	1417191	521605	4819430	9193495
83477	1759			28727	124339	435167	924195
83477	1759			28727	124339	435167	924195
4213754	340928	3177	12000	2032243	204626	2706322	4712365
4213754	340928	3177	12000	2032243	204626	2706322	4712365
902180	282949	397411		2601824	111164	74556527	89771324
13101	389			71205		251376	401096
851375	280055	397411		2524619	111164	74259452	89272962
37704	2505			6000		45699	97266
51155	13660			7406		401032	737579
51155	13660			7406		401032	737579
47895	13124			7156		351125	673602
3260	536			250		33072	41612
						***	***
8484076	927429	350000		26707008	1091347	140496968	206016764
7082308	782398	350000		26599796	1091347	111970685	165092545
6387160	714032	350000		26560785	872578	106801047	157425752
695148	68366			39011	218769	5169638	7666793
11044	5113					396844	427729
11044	5113					396844	427729
1390724	139918			107212		28129439	40496490
1343475	117670			83384		28101622	40435631
47249	22248			23828		27817	60859
1209606	1062289		11990	21183		90027535	106207853
1209606	1062289		11990	21183		90027535	106207853
1209606	1062289		11990	21183		90027535	106207853
9516227	989319	774188	760876	13301579	15841	5156291	8035816

3-8 续表 1

项目	单位数(个)	年初存货	流动资产合计	#货币资金	#现金	#交易性金融资产
装卸搬运	14	21791	1849738	1038940	381	
装卸搬运	14	21791	1849738	1038940	381	
运输代理业	328	541732	36876283	10747031	22795	542950
货物运输代理	275	541155	34125478	9702001	20789	412254
旅客票务代理	40	294	1783774	598345	1576	5450
其他运输代理业	13	283	967031	446685	430	125246
仓储业	132	150693859	201788901	4745127	455439	
谷物、棉花等农产品仓储	30	150655696	198510616	3452718	167	
谷物仓储	29	2609838	3802220	74050	118	
棉花仓储	1	***	***	***	***	
其他仓储业	102	38163	3278285	1292409	455272	
其他仓储业	102	38163	3278285	1292409	455272	
邮政业	31	268568	30817579	4974702	9451	5000
邮政基本服务	2	245327	17909078	1759433	3317	
邮政基本服务	2	245327	17909078	1759433	3317	
快递服务	29	23241	12908501	3215269	6134	5000
快递服务	29	23241	12908501	3215269	6134	5000
二、按登记注册类型分						
内资	984	154353271	367660764	47880506	560241	1360321
国有	66	152528204	230837619	10782763	4152	
集体	27	486	1020153	716087	451920	18000
股份合作	8	166	113684	20883	87	
其他联营	1		***	***	***	
国有独资公司	26	492748	40961846	12601151	1576	14146
其他有限责任公司	389	1145903	50624323	14805432	49941	1286053
股份有限公司	19	113297	36223655	6896524	3726	5000
私营独资	1		***	***	***	
私营有限责任公司	433	72267	7097880	1931413	48476	37122
私营股份有限公司	14	200	765938	114704	300	
港澳台商投资	51	1370275	32815627	14373704	12932	10013
与港澳台商合资经营	24	434699	8129106	3576082	4327	
与港澳台商合作经营	2	94856	965383	756009	2392	
港澳台商独资	21	2883	5680269	1334351	2413	10013
港澳台商投资股份有限公司	4	837837	18040869	8707262	3800	
外商投资	54	7503	11331009	4681452	2340	359626
中外合资经营	30	4653	6700510	3533649	2054	
中外合作经营	2	557	55831	19122	10	
外资企业	21	2293	4269413	972159	274	359626
外商投资股份有限公司	1		***	***	***	

单位：千元

#应收账款	#存货	可供出售金融资产	持有至到期投资	长期股权投资	投资性房地产	固定资产合计	固定资产原价
164789	6881		750000	447721	2267	2392221	2948193
164789	6881		750000	447721	2267	2392221	2948193
9351438	982438	774188	10876	12853858	13574	2764070	5087623
8542897	981899	774188	162	12443609	13574	2594498	4726057
683037	235			76963		101785	251887
125504	304		10714	333286		67787	109679
418740	192139505	19019		966188	1009004	5452974	7472511
78560	192098996			392128		2385302	3315055
77996	3069725			16180		1636929	2268777
***	***			***		***	***
340180	40509	19019		574060	1009004	3067672	4157456
340180	40509	19019		574060	1009004	3067672	4157456
5250923	300507		814687	10449190	10512	4581582	8818408
346388	255833			10315498		2504153	4865457
346388	255833			10315498		2504153	4865457
4904535	44674		814687	133692	10512	2077429	3952951
4904535	44674		814687	133692	10512	2077429	3952951
23314676	197692133	1568748	44704	104816865	1895304	536124483	656463009
4169869	194292095	22177	10000	64837862	8296	126908252	177620458
-81567	762			322855	2267	1113894	1479256
7567	181			300		36325	98524
***						***	***
3198207	828487	19055		8988281	134913	86172657	111890486
9703881	2403867	357408	21990	8317080	1749684	129384998	153210159
4096716	60370	1167108		20708624	144	190275422	208568731
***						***	***
2109311	106218	3000	12714	1377270		2128001	3417127
109997	153			264593		94381	145120
10995033	1356988		1564849	23770414	282592	159043867	239090847
3025666	477118		750162	1129942	274282	33469648	50638245
38541	142354				8310	3294816	4351820
2821622	3104		814687	38035		764437	1953378
5109204	734412			22602437		121514966	182147404
4539616	9188			427712	910542	3198519	6021626
2420048	4952			175241	256893	2672174	4928676
24949	478					45584	100295
2094619	3758			151059	653649	243661	480027
				***		***	***

3-8 续表 2

项目	单位数(个)	年初存货	流动资产合计	#货币资金	#现金	#交易性金融资产
三、按隶属关系分						
中央	117	154401188	302761074	29770916	14323	1482
省	79	538094	42313819	17320741	12424	570000
地	66	550501	3951874	914517	4531	2000
县	7	3664	142783	38983	674	
街道	5		37772	25052	208	
镇	18	2310	1948288	1059143	1200	2000
乡	13	911	820109	608772	451324	18000
村委会	5		862857	39527	653	585000
其他	779	234381	58968824	17158011	90176	551478
四、按控股情况分(仅限企业法人)						
国有控股	257	155514115	355760731	48997536	20137	27663
集体控股	66	5737	11356237	4314970	458730	604000
私人控股	661	128982	16539892	3434891	86395	172658
港澳台商控股	39	35873	10919074	3598664	6260	10013
外商控股	43	4473	7882546	3080351	1285	359626
其他	23	41869	9348920	3509250	2706	556000
五、按四大城市功能区分						
首都功能核心区	90	148576523	232420407	10350354	6274	125946
东城区	44	255847	3451259	1238983	4831	700
西城区	46	148320676	228969148	9111371	1443	125246
城市功能拓展区	527	3316337	107854556	29970870	487152	1020842
朝阳区	368	513363	24501812	7607961	20017	394746
丰台区	83	263319	34118916	10999444	462473	604000
石景山区	13	1661	375497	122524	412	
海淀区	63	2537994	48858331	11240941	4250	22096
城市发展新区	399	2666497	66337973	25545357	59807	27172
房山区	39	94192	633441	219307	12912	
通州区	50	87264	1290722	256092	6446	8359
顺义区	176	2297136	54514470	21539924	24394	14013
昌平区	26	100303	2426831	112779	2762	
大兴区	98	85285	2170509	664763	12614	3800
开发区	10	2317	5302000	2752492	679	1000
生态涵养发展区	73	1171692	5194464	1069081	22280	556000
门头沟区	9	17603	189044	25769	472	
怀柔区	19	9947	933467	121141	2462	
平谷区	31	161374	1187782	272359	17305	
密云县	7	957354	1570085	78727	281	
延庆县	7	25414	1314086	571085	1760	556000

单位：千元

#应收账款	#存货	可供出售金融资产	持有至到期投资	长期股权投资	投资性房地产	固定资产合计	固定资产原价
19409844	197375368	793384	21990	113339873	238621	372905840	516496584
1835629	869049	374953		10123746	1439382	96182043	126023925
603528	494992			141500		3326133	4283973
29347	1940			30017		158481	295679
8776						14407	35124
646941	632			769		556068	760147
-196115	627			270710		1121904	1357139
129984				205012		125189	324486
16381391	315701	400411	1587563	4903364	1410435	223976804	251998425
24407543	198748513	1215748	31990	120556878	818631	671309103	862439100
545675	5220			647215	2267	9440906	11270259
4131371	175613	3000	12714	2422240	420597	4845623	9042856
5121803	52979		1564849	1076983	63823	3657605	5972236
3273678	5902			296112	910542	2242260	4346308
1369255	70082	350000		4015563	872578	6871372	8504723
4426687	189546212	22831	20714	17540528	225491	12561234	21866008
579267	262694			1153871		2911619	5757968
3847420	189283518	22831	20714	16386657	225491	9649615	16108040
16347322	4412193	25790	752162	80061565	852748	472260695	590420522
6752684	681419	24299	2162	2354276	741104	48111499	69570840
2366943	366070			5288215	111644	90034170	115588073
108732	2045			15860		784868	1194718
7118963	3362659	1491	750000	72403214		333330158	404066891
17364940	3555828	1520127	836677	31165317	2010199	210640086	285252039
129439	84789		10000	166704		692185	1116183
394536	90743			54244		1177890	1558350
13529664	2498353	1122716	814687	30032710	1753306	140917210	208688433
1283809	757554		11990	55308		63905856	66598304
669367	122363			140852	256893	1575225	2634275
1358125	2026	397411		715499		2371720	4656494
710376	1544076			247581		2904854	4036913
17777	17660			28380		143257	206106
557477	24942			47084		195347	303788
65452	104399			166937		434957	935627
23023	1357263			5180		230508	371036
46647	39812					1900785	2220356

3-8 续表 3

项目	累计折旧	本年折旧	在建工程	无形资产	资产总计	流动负债合计
合计	**205601604**	**36052875**	**40467909**	**12992789**	**1316159819**	**434095905**
一、按行业分(分到小类)						
铁路运输业	80155634	14380557	5494607	2377708	474136594	69771318
铁路旅客运输	68132875	12645941	3775070	162047	422567289	42806471
铁路旅客运输	68132875	12645941	3775070	162047	422567289	42806471
铁路货物运输	11958410	1726329	1718912	2215463	51080960	26686051
铁路货物运输	11958410	1726329	1718912	2215463	51080960	26686051
铁路运输辅助活动	64349	8287	625	198	488345	278796
其他铁路运输辅助活动	64349	8287	625	198	488345	278796
道路运输业	36412385	5703791	1343333	4418640	171413405	47323369
城市公共交通运输	18465017	3481959	703241	603960	46461508	21162629
公共电汽车客运	12702187	2137981	85671	164653	25590099	12930707
城市轨道交通	1532114	311430	484377	18991	8275436	3084715
出租车客运	4230716	1032548	133193	420316	12595973	5147207
公路旅客运输	500354	89305	5361	53785	1140372	411357
公路旅客运输	500354	89305	5361	53785	1140372	411357
道路货物运输	2044736	452137	279402	336395	17477880	9814735
道路货物运输	2044736	452137	279402	336395	17477880	9814735
道路运输辅助活动	15402278	1680390	355329	3424500	106333645	15934648
客运汽车站	149720	24131		24287	537843	212716
公路管理与养护	15200272	1649269	355325	3378395	105208478	15369478
其他道路运输辅助活动	52286	6990	4	21818	587324	352454
水上运输业	336547	17310			631595	178230
水上货物运输	336547	17310			631595	178230
远洋货物运输	322477	14495			498225	70135
沿海货物运输	8540	1420			103335	70883
内河货物运输	***	***			***	***
航空运输业	63078066	11025813	25578852	2541680	235136829	58610520
航空客货运输	50680131	9483626	25053716	1814562	200749516	51684802
航空旅客运输	48182976	9059238	20580605	1642665	189010401	42878486
航空货物运输	2497155	424388	4473111	171897	11739115	8806316
通用航空服务	30884	13987	18786	847	641982	314255
通用航空服务	30884	13987	18786	847	641982	314255
航空运输辅助活动	12367051	1528200	506350	726271	33745331	6611463
机场	12334009	1524447	506350	725911	33445107	6370885
其他航空运输辅助活动	33042	3753		360	300224	240578
管道运输业	16180318	3537395	6305628	1588824	113586695	7927462
管道运输业	16180318	3537395	6305628	1588824	113586695	7927462
管道运输业	16180318	3537395	6305628	1588824	113586695	7927462
装卸搬运和运输代理业	2951711	527236	257816	460751	61926988	27066120

单位：千元

#应付账款	非流动负债合计	#应付债券	负债合计	所有者权益合计	#实收资本	国家资本	集体资本
74588876	**268644563**	**44098546**	**702740468**	**613419351**	**492201992**	**335955887**	**482191**
26487661	97256979		167028297	307108297	327348104	283979665	
22330740	92526566		135333037	287234252	310164555	278095853	
22330740	92526566		135333037	287234252	310164555	278095853	
4103274	4730413		31416464	19664496	17098737	5880000	
4103274	4730413		31416464	19664496	17098737	5880000	
53647			278796	209549	84812	3812	
53647			278796	209549	84812	3812	
6436239	55876776	12213613	103200145	68213260	51711066	37716533	221309
1229968	10257298		31419927	15041581	10742494	5965086	105660
610184	6788234		19718941	5871158	6054691	5487632	
527299	1131016		4215731	4059705	1705000	325000	
92485	2338048		7485255	5110718	2982803	152454	105660
69667	139994		551351	589021	625540	36173	380
69667	139994		551351	589021	625540	36173	380
3142365	412394		10227129	7250751	5750359	223082	86290
3142365	412394		10227129	7250751	5750359	223082	86290
1994239	45067090	12213613	61001738	45331907	34592673	31492192	28979
62545	21785		234501	303342	214924		27979
1921043	45041355	12213613	60410833	44797645	34250081	31491992	
10651	3950		356404	230920	127668	200	1000
34955	188500		366730	264865	158683		
34955	188500		366730	264865	158683		
31191	188500		258635	239590	118225		
3436			70883	32452	30458		
***			***	***	***		
17422074	98482230	26890150	157092750	78044079	27876643	1369986	
16013155	87264094	22000000	138948896	61800620	23208515	1320000	
15158598	85143277	22000000	128021763	60988638	19578321	1320000	
854557	2120817		10927133	811982	3630194		
2914	322579		636834	5148	152926		
2914	322579		636834	5148	152926		
1406005	10895557	4890150	17507020	16238311	4515202	49986	
1397087	10894624	4890150	17265509	16179598	4435202	49986	
8918	933		241511	58713	80000		
4412837	7100000		15027462	98559233	50240000		
4412837	7100000		15027462	98559233	50240000		
4412837	7100000		15027462	98559233	50240000		
9260205	4589054	3998853	31655174	30271814	16284625	1318299	78600

3-8 续表 4

项目	累计折旧	本年折旧	在建工程	无形资产	资产总计	流动负债合计
装卸搬运	555973	136493	56353	20150	5570564	1031271
装卸搬运	555973	136493	56353	20150	5570564	1031271
运输代理业	2395738	390743	201463	440601	56356424	26034849
货物运输代理	2203501	352034	186648	386100	52878651	23725514
旅客票务代理	150345	30754	14815	54271	2096410	1503926
其他运输代理业	41892	7955		230	1381363	805409
仓储业	2107859	262490	669916	570239	210632985	200119614
谷物、棉花等农产品仓储	929456	104152	181808	91620	201570397	194972869
谷物仓储	631551	57324	84793	71335	5619370	3805848
棉花仓储	***	***	***	***	***	***
其他仓储业	1178403	158338	488108	478619	9062588	5146745
其他仓储业	1178403	158338	488108	478619	9062588	5146745
邮政业	4379084	598283	817757	1034947	48694728	23099272
邮政基本服务	2361304	243905	642006	310157	31729088	14273912
邮政基本服务	2361304	243905	642006	310157	31729088	14273912
快递服务	2017780	354378	175751	724790	16965640	8825360
快递服务	2017780	354378	175751	724790	16965640	8825360
二、按登记注册类型分						
内资	124611829	23371147	13225893	9615795	1049110181	368547319
国有	54684174	6961148	4468674	529358	424072066	229167326
集体	383288	61915	25195	27637	2597816	1849242
股份合作	62583	10175			165521	104585
其他联营	***	***	***		***	***
国有独资公司	25746267	3650179	452044	281063	137813129	36623772
其他有限责任公司	24190234	6145028	7953842	8272950	220521738	46889960
股份有限公司	18134826	6202523	224478	313937	251480244	45953721
私营独资	***	***	***		***	***
私营有限责任公司	1314661	318338	74518	185341	11286987	7334163
私营股份有限公司	73201	20243	24123	5509	1143441	615305
港澳台商投资	78023968	12192671	27088882	3003931	250550337	57648609
与港澳台商合资经营	17157184	1887137	6607532	447073	51375768	17565517
与港澳台商合作经营	1506577	306034	449573	20195	4293328	1006668
港澳台商独资	1198091	187559	67507	353660	7852177	4617915
港澳台商投资股份有限公司	58162116	9811941	19964270	2183003	187029064	34458509
外商投资	2965807	489057	153134	373063	16499301	7899977
中外合资经营	2399122	347146	144374	68179	10077290	4605106
中外合作经营	54712	6659	654	5628	107726	87444
外资企业	236445	47449	8106	31612	5397865	2792828
外商投资股份有限公司	***	***		***	***	***

单位：千元

#应付账款	非流动负债合计	#应付债券	负债合计	所有者权益合计	#实收资本	国家资本	集体资本
105884	18731		1050002	4520562	4318099		69645
105884	18731		1050002	4520562	4318099		69645
9154321	4570323	3998853	30605172	25751252	11966526	1318299	8955
8452254	4548360	3998853	28273874	24604777	11206809	1222659	8955
489509	21463		1525389	571021	623257	66220	
212558	500		805909	575454	136460	29420	
6483840	3880536		204000150	6632835	4305308	1327014	182282
6178537	2780860		197753729	3816668	1748795	1159485	
84612	622367		4428215	1191155	748795	159485	
***	***		***	***	***	***	
305303	1099676		6246421	2816167	2556513	167529	182282
305303	1099676		6246421	2816167	2556513	167529	182282
4051065	1270488	995930	24369760	24324968	14277563	10244390	
1415951	1185419	995930	15459331	16269757	10192651	10192651	
1415951	1185419	995930	15459331	16269757	10192651	10192651	
2635114	85069		8910429	8055211	4084912	51739	
2635114	85069		8910429	8055211	4084912	51739	
47899669	173151424	17208396	541698743	507411438	447693954	335712547	465961
23827431	3995141		233162467	190909599	199963826	199151167	
32855	55721		1904963	692853	261356		228042
5269	10857		115442	50079	27119		5642
			***	***	***		***
4860672	47268789	12213613	83892561	53920568	45659190	36160553	
9265671	31294160		78184120	142337618	77435249	9192329	232077
7842237	89699999	4994783	135653720	115826524	121469708	91208498	
			***	***	***		
1745967	754288		8088451	3198536	2644541		
319567	72469		687774	455667	230165		
24004542	94851337	26890150	152499946	98050391	40349833	63022	16230
6012266	8849693		26415210	24960558	18994633	63022	16230
456645	1030587		2037255	2256073	1492276		
3031362	116759		4734674	3117503	2376141		
14504269	84854298	26890150	119312807	67716257	17486783		
2684665	641802		8541779	7957522	4158205	180318	
2175774	201259		4806365	5270925	2058742	171524	
36829			87444	20282	37943	8794	
472062	334158		3126986	2270879	1983520		
	***		***	***	***		

3-8 续表 5

项目	累计折旧	本年折旧	在建工程	无形资产	资产总计	流动负债合计
三、按隶属关系分						
中央	145151502	22707173	37296456	10410762	852597491	316901995
省	30338887	4570201	1651244	595869	152907033	40012228
地	975335	209724	90998	209888	7838176	3181949
县	137199	35836		331	333093	166639
街道	20717	3579			57180	24754
镇	204132	41194	43877	69995	2650160	1510829
乡	300083	44548	53349	29927	2323154	1750630
村委会	194168	27675	9924	769	1203751	373325
其他	28279581	8412945	1322061	1675248	296249781	70173556
四、按控股情况分(仅限企业法人)						
国有控股	192974296	33413753	38425838	11350429	1215115439	384498438
集体控股	1948798	534015	790862	75497	22827647	11046042
私人控股	4284891	946903	289397	516673	25835413	15838678
港澳台商控股	2312367	408039	128367	464644	18075815	8371978
外商控股	2104496	342106	9129	343667	11765851	5397172
其他	1976756	408059	824316	241879	22539654	8943597
五、按四大城市功能区分						
首都功能核心区	9120995	1540696	919132	555605	264785529	234786522
东城区	2661840	333404	456087	216110	8372144	3641088
西城区	6459155	1207292	463045	339495	256413385	231145434
城市功能拓展区	122723600	20138184	8790797	3961013	674961506	111528836
朝阳区	21522310	2632297	2471947	1136894	80476954	23609401
丰台区	26067901	3997263	808886	453752	130805545	31541353
石景山区	409852	117006		9144	1198427	296097
海淀区	74723537	13391618	5509964	2361223	462480580	56081985
城市发展新区	72396435	14117781	30355639	4917439	364289547	83764160
房山区	426776	102589	17880	83152	1639854	812305
通州区	380900	80643	64760	170595	2853984	1291831
顺义区	65346772	11195861	25569247	3067604	261721405	73820297
昌平区	2692653	2246566	4133423	1437006	84028940	3080802
大兴区	1117174	265939	420057	129439	4727078	2180972
开发区	2432160	226183	150272	29643	9318286	2577953
生态涵养发展区	1360574	256214	402341	3558732	12123237	4016387
门头沟区	62457	10121		605	369208	219091
怀柔区	111740	30234	52302	39429	1279517	919580
平谷区	533800	106640	153330	129056	2053601	1077535
密云县	142589	27184	7997	3383338	5196319	1588241
延庆县	509988	82035	188712	6304	3224592	211940

单位：千元3-8　续表 5

#应付账款	非流动负债合计	#应付债券	负债合计	所有者权益合计	#实收资本	国家资本	集体资本
52537370	110647306	31884933	427549301	425048190	305352954	215739005	69900
4164902	52403149	12213613	92415377	60491656	48109024	36466937	78222
543226	3234602		6416551	1421625	1690595	175717	10921
9844	61175		227814	105279	61095		10094
7037	221		24975	32205	22495		700
1171154	259721		1770550	879610	119953		6708
30952	8785		1759415	563739	198200		168536
1948	676922		1050247	153504	138166		33654
16122443	101352682		171526238	124723543	136509510	83574228	103456
62225413	252871880	44098546	637370318	577745121	468297973	335769833	51772
834273	7594786		18640828	4186819	2207415		416754
3776214	1808634		17647312	8188101	5520805	26500	1080
4597032	337225		8709203	9366612	7863514	32849	9955
2205687	631684		6028856	5736995	3662824	69799	
950257	5400354		14343951	8195703	4649461	56906	2630
11007692	6836979	995930	241623501	23162028	25913835	11671101	60717
421038	679215		4320303	4051841	2579549	2215256	945
10586654	6157764	995930	237303198	19110187	23334286	9455845	59772
36013910	158193898	16212466	269722734	405238772	387045382	322865723	308334
8033467	16088775		39698176	40778778	29573360	1184895	164112
2208984	50004623	12213613	81545976	49259569	40733467	37386134	132872
80226	93584		389681	808746	578159		
25691233	92006916	3998853	148088901	314391679	316160396	284294694	11350
26848747	99334221	26890150	183098381	181191166	76828200	1008779	96510
71818	130951		943256	696598	639006	30807	1416
139594	267611		1559442	1294542	943623	5635	52555
24739655	98392626	26890150	172212923	89508482	31857968	84606	11102
889084	59979		3140781	80888159	40456271	7580	11138
463976	429920		2610892	2116186	1560678	115312	10299
544620	53134		2631087	6687199	1370654	764839	10000
718527	4279465		8295852	3827385	2414575	410284	16630
73627	9010		228101	141107	66549	20000	
439940	60683		980263	299254	252318	46410	12000
81916	253124		1330659	722942	486144	135707	2000
77288	2451448		4039689	1156630	293688	203000	
45756	1505200		1717140	1507452	1315876	5167	2630

3-8 续表 6

项　　目					营业收入	#主营业务收入
	法人资本	个人资本	港澳台资本	外商资本		
合　　计	**120060153**	**4763093**	**20240132**	**10700536**	**454033507**	**446673394**
一、按行业分(分到小类)						
铁路运输业	38149255	1792		5217392	107911909	103064467
铁路旅客运输	26851310			5217392	75337890	72507715
铁路旅客运输	26851310			5217392	75337890	72507715
铁路货物运输	11217945	792			31403848	29386601
铁路货物运输	11217945	792			31403848	29386601
铁路运输辅助活动	80000	1000			1170171	1170151
其他铁路运输辅助活动	80000	1000			1170171	1170151
道路运输业	9710165	1951698	897615	1213746	47042155	46094132
城市公共交通运输	3379237	273874	699617	319020	13178540	12577891
公共电汽车客运	516059	51000			3592208	3321553
城市轨道交通	703800		676200		4125825	4088310
出租车客运	2159378	222874	23417	319020	5460507	5168028
公路旅客运输	542072	4389	42526		397435	358559
公路旅客运输	542072	4389	42526		397435	358559
道路货物运输	3767253	1242557	149113	282064	23050231	22969771
道路货物运输	3767253	1242557	149113	282064	23050231	22969771
道路运输辅助活动	2021603	430878	6359	612662	10415949	10187911
客运汽车站	186945				153002	153002
公路管理与养护	1768527	376900		612662	9696029	9469231
其他道路运输辅助活动	66131	53978	6359		566918	565678
水上运输业	89007			69676	370064	370062
水上货物运输	89007			69676	370064	370062
远洋货物运输	56879			61346	315195	315193
沿海货物运输	22128			8330	36871	36871
内河货物运输	***				***	***
航空运输业	17346931	1029059	8097341	33326	104192557	103609400
航空客货运输	14711479	1029059	6147977		95185546	94683615
航空旅客运输	12666579	1029059	4562683		85575140	85422950
航空货物运输	2044900		1585294		9610406	9260665
通用航空服务	82926		70000		160400	160400
通用航空服务	82926		70000		160400	160400
航空运输辅助活动	2552526		1879364	33326	8846611	8765385
机场	2472526		1879364	33326	8186814	8119228
其他航空运输辅助活动	80000				659797	646157
管道运输业	44096000		6144000		19586850	19415180
管道运输业	44096000		6144000		19586850	19415180
管道运输业	44096000		6144000		19586850	19415180
装卸搬运和运输代理业	8363520	1316185	2782418	2425603	78348231	78025782

单位：千元

营业成本	#主营业务成本	营业税金及附加	#主营业务税金及附加	其他业务利润	销售费用	管理费用	#税金	#财产保险费
390956174	**384982845**	**5214223**	**5051665**	**1224136**	**18373026**	**27095208**	**587389**	**152375**
90142295	85531712	3231162	3137908	143605	137268	8982346	49135	2738
68644806	66104739	2233663	2152959	209404	4461	6437117	20421	27
68644806	66104739	2233663	2152959	209404	4461	6437117	20421	27
20426519	18356022	963909	951359	-65800	125598	2507210	28563	2537
20426519	18356022	963909	951359	-65800	125598	2507210	28563	2537
1070970	1070951	33590	33590	1	7209	38019	151	174
1070970	1070951	33590	33590	1	7209	38019	151	174
52949814	52502599	560875	528431	468274	2130050	5217986	90655	72056
26799456	26574029	93554	80451	362119	197731	3176190	38572	33534
16597391	16555236	19709	10658	219449	107229	1535954	25409	5787
6275807	6255755	31726	30560	16297		678410	2799	7992
3926258	3763038	42119	39233	126373	90502	961826	10364	19755
284275	268735	2440	1332	22228	1440	92367	1530	65
284275	268735	2440	1332	22228	1440	92367	1530	65
19213347	19190804	110322	104373	51878	1869196	1362679	30708	33726
19213347	19190804	110322	104373	51878	1869196	1362679	30708	33726
6652736	6469031	354559	342275	32049	61683	586750	19845	4731
47102	47102	3738	3738		20339	61678	3026	346
6245511	6062162	322237	310001	31213	9791	403216	15840	3559
360123	359767	28584	28536	836	31553	121856	979	826
251982	251982	481	481	2	27125	56299	350	500
251982	251982	481	481	2	27125	56299	350	500
236703	236703	603	603	2	17118	46507	154	464
15279	15279	-154	-154		5203	8038	178	36
		***	***		***	***	***	
87465862	86887708	310277	301373	-3901	7939041	3416983	265774	30501
82438309	81900433	207203	199043	-44105	7096500	2562342	101566	16509
73051309	73029163	199330	194359	125073	6792690	2315663	90849	15835
9387000	8871270	7873	4684	-169178	303810	246679	10717	674
174090	174090	2391	2391		2477	52892	105	67
174090	174090	2391	2391		2477	52892	105	67
4853463	4813185	100683	99939	40204	840064	801749	164103	13925
4259251	4218973	97159	96415	26564	838534	721349	163771	13800
594212	594212	3524	3524	13640	1530	80400	332	125
7775521	7598040	268197	252103	-21905	234272	529402	50376	2135
7775521	7598040	268197	252103	-21905	234272	529402	50376	2135
7775521	7598040	268197	252103	-21905	234272	529402	50376	2135
68847035	68800709	209255	203528	270396	2883746	4773367	43000	23895

3-8 续表 7

项　　目					营业收入	#主营业务收　入
	法人资本	个人资本	港澳台资本	外商资本		
装卸搬运	2008594		1903860	336000	1585488	1584062
装卸搬运	2008594		1903860	336000	1585488	1584062
运输代理业	6354926	1316185	878558	2089603	76762743	76441720
货物运输代理	5961064	1065492	878558	2070081	67425143	67137028
旅客票务代理	356297	181983		18757	8165030	8141571
其他运输代理业	37565	68710		765	1172570	1163121
仓储业	1286797	377875	593571	537769	72745494	72567704
谷物、棉花等农产品仓储	589310				69426383	69338093
谷物仓储	589310				2626758	2550947
棉花仓储					***	***
其他仓储业	697487	377875	593571	537769	3319111	3229611
其他仓储业	697487	377875	593571	537769	3319111	3229611
邮政业	1018478	86484	1725187	1203024	23836247	23526667
邮政基本服务					5565696	5364018
邮政基本服务					5565696	5364018
快递服务	1018478	86484	1725187	1203024	18270551	18162649
快递服务	1018478	86484	1725187	1203024	18270551	18162649
二、按登记注册类型分						
内资	100822739	3687909		7004798	308585192	301705240
国有	812659				131693194	128577929
集体	3500	29814			468337	466493
股份合作	3500	17977			114436	114436
其他联营					***	***
国有独资公司	9498637				33287044	31610456
其他有限责任公司	67085900	924943			92328083	90938956
股份有限公司	22541134	715278		7004798	34277134	33655335
私营独资		***			***	***
私营有限责任公司	723285	1921256			14910785	14837485
私营股份有限公司	154124	76041			1490327	1489939
港澳台商投资	18688597	1051347	20193132	337505	119142728	118729060
与港澳台商合资经营	7986392	22288	10569196	337505	30943362	30572548
与港澳台商合作经营	709945		782331		723614	723614
港澳台商独资			2376141		11427469	11398149
港澳台商投资股份有限公司	9992260	1029059	6465464		76048283	76034749
外商投资	548817	23837	47000	3358233	26305587	26239094
中外合资经营	508866	20678	47000	1310674	21822307	21761487
中外合作经营				29149	106060	106060
外资企业	5000			1978520	3927576	3921903
外商投资股份有限公司	***	***		***	***	***

单位：千元

营业成本	#主营业务成本	营业税金及附加	#主营业务税金及附加	其他业务利润	销售费用	管理费用	#税金	#财产保险费
1304564	1304455	30426	30346	1237	42855	108096	2397	619
1304564	1304455	30426	30346	1237	42855	108096	2397	619
67542471	67496254	178829	173182	269159	2840891	4665271	40603	23276
59122642	59097764	132239	126743	257741	2382914	4318727	39566	21931
7511590	7490251	39283	39132	1969	389534	258355	691	573
908239	908239	7307	7307	9449	68443	88189	346	772
70129563	70056470	65188	63423	102932	689812	1009291	40302	6748
68255125	68220234	6969	5966	52396	197833	309450	4915	1255
2377293	2342402	5448	4445	39917	197833	213394	4436	908
***	***	***	***	***		***	***	***
1874438	1836236	58219	57457	50536	491979	699841	35387	5493
1874438	1836236	58219	57457	50536	491979	699841	35387	5493
13394102	13353625	568788	564418	264733	4331712	3109534	47797	13802
4491919	4489838	76987	76987	199597	9968	992812	30117	60
4491919	4489838	76987	76987	199597	9968	992812	30117	60
8902183	8863787	491801	487431	65136	4321744	2116722	17680	13742
8902183	8863787	491801	487431	65136	4321744	2116722	17680	13742
279222581	273835133	4459113	4304419	1337720	5674647	19467665	306633	100523
125919370	123305647	1916732	1834225	419035	282351	7544511	60827	2573
283183	283057	8775	8619	1562	65444	156007	4529	2208
81317	81317	1703	1703		4591	25083	428	845
***	***	***	***			***	***	***
39971295	38363983	702924	676257	42609	180727	2316203	48461	6982
68698059	68101868	1145640	1113652	760948	2847748	6475341	160782	53594
31281761	30754149	584405	573374	83156	506992	1402836	11492	7758
***	***	***	***			***		***
11635394	11594551	95243	92898	30022	1730650	1449203	18506	25778
1339741	1339741	3249	3249	388	56144	96000	1479	646
93195378	92652600	517738	513356	-133492	10209265	5331633	260037	46520
22475562	21932784	130458	126820	-175602	1605163	1148204	21448	4976
1134588	1134588	9127	9127			157057	2742	7365
6674023	6674023	157321	157321	29320	2738753	1561760	7950	10734
62911205	62911205	220832	220088	12790	5865349	2464612	227897	23445
18538215	18495112	237372	233890	19908	2489114	2295910	20719	5332
15284855	15243001	183896	180432	15502	2393860	1515474	15316	4078
71511	71511	1019	1019			29212	605	284
2862463	2861214	50766	50748	4406	95254	708081	4798	970
***	***	***	***			***		

3-8 续表 8

项目	法人资本	个人资本	港澳台资本	外商资本	营业收入	#主营业务收入
三、按隶属关系分						
中央	71832299	1416363	14444316	1851071	298545071	293279675
省	10120496	29368	728703	685298	31445587	30513737
地	1345123	53816	103513	1505	5634183	5546599
县	20501	30500			266586	266320
街道	18724	3071			89821	89809
镇	63451	35788		14006	9999433	9996675
乡		29664			371721	371595
村委会	104512				275507	208558
其他	36555047	3164523	4963600	8148656	107405598	106400426
四、按控股情况分(仅限企业法人)						
国有控股	108607943	1802525	14937309	7128591	359104584	352376050
集体控股	1720221	64411	6029		8491484	8398634
私人控股	2614919	2859249	10000	9057	31997632	31658660
港澳台商控股	2205123	22288	5255794	337505	22401092	22355433
外商控股	389117	3837	31000	3169071	19634803	19626393
其他	4522830	10783		56312	12403912	12258224
五、按四大城市功能区分						
首都功能核心区	13946982	200590	30859	3586	101345590	99127702
东城区	274659	78744	6359	3586	7509100	7289865
西城区	13672323	121846	24500		93836490	91837837
城市功能拓展区	42780562	1539021	9650205	9901537	177759247	173621348
朝阳区	17903076	1190392	6969436	2161449	49737859	49381501
丰台区	2227868	172060	771200	43333	19246286	18672584
石景山区	284900	14129		279130	824194	817294
海淀区	22364718	162440	1909569	7417625	107950908	104749969
城市发展新区	61565921	2808979	10554103	793908	168056196	167115405
房山区	517559	89224			1414914	1401173
通州区	365139	212455	296089	11750	2207126	2180721
顺义区	19255479	1703602	10207157	596022	142446913	141805838
昌平区	40374243	63310			11175445	10995090
大兴区	985381	344988		104698	4417695	4346115
开发区	68120	395400	50857	81438	6394103	6386468
生态涵养发展区	1766688	214503	4965	1505	6872474	6808939
门头沟区	5239	41310			592348	588621
怀柔区	135960	57948			2766458	2745129
平谷区	250850	97587			1752977	1752810
密云县	84688	6000			920463	884671
延庆县	1289951	11658	4965	1505	840228	837708

单位：千元

营业成本	#主营业务成本	营业税金及附加	#主营业务税金及附加	其他业务利润	销售费用	管理费用	#税金	#财产保险费
250288741	245391580	3407210	3289241	250266	8413314	14672153	402522	51339
41045515	40625572	433892	406739	484754	680627	3596779	76706	15389
4790520	4759688	35976	35085	55861	442627	596250	12473	10561
231022	231022	1132	1132	266	12624	42984	369	107
56921	56921	331	331	12	11276	18526	140	789
8500603	8498334	16204	16118	403	31555	832253	9046	2090
173171	173171	7108	7108	126	100483	102848	6071	3419
123151	123151	5198	5198	66949	10324	67325	204	171
85746530	85123406	1307172	1290713	365499	8670196	7166090	79858	68510
319378978	313493929	4425616	4273481	691350	8862081	18700168	483552	67477
6722036	6716359	62246	60828	85755	510407	523988	13683	9921
25689277	25629193	263105	257722	273415	3005798	2960330	38578	47137
15492751	15484086	199817	199677	36854	3881880	2309919	15942	14472
16414209	16411254	82429	82411	5437	278908	1728612	13016	2808
7258923	7248024	181010	177546	131325	1833952	872191	22618	10560
99310234	97202710	652320	634960	93004	531101	3031070	49885	6570
6480284	6478161	67592	67581	217101	153756	973351	30647	1055
92829950	90724549	584728	567379	-124097	377345	2057719	19238	5515
154931095	151891899	3379150	3263031	982584	3633282	14528828	160657	59367
36067226	35986114	372949	367131	269428	2745462	3174113	47612	24884
27829831	27584095	262610	237387	302743	484789	2259190	63453	16848
573981	572860	9595	9308	5492	67623	91840	1148	1926
90460057	87748830	2733996	2649205	404921	335408	9003685	48444	15709
130888215	130103511	1106520	1077513	126990	13873082	8994392	371300	74638
1287274	1282280	5842	5841	8746	141690	118355	2903	2108
1642613	1637192	28700	26112	18396	201289	239088	6583	4143
116338852	115741552	676938	672296	39133	11910142	7157178	292747	56959
5686888	5523777	187899	172110	1455	81646	479047	47295	4304
3696150	3682272	36199	33676	55089	199995	418625	13834	4409
2236438	2236438	170942	167478	4171	1338320	582099	7938	2715
5826630	5784725	76233	76161	21558	335561	540918	5547	11800
508172	507760	2413	2413	3315	23806	58835	673	314
2528065	2517833	14920	14920	11097	90327	142931	2100	1050
1564530	1564521	34866	34866	158	61973	208133	1000	3341
706682	675430	9816	9744	4468	132532	68683	830	5375
519181	519181	14218	14218	2520	26923	62336	944	1720

3-8 续表 9

项　　目	财务费用	#利息收入	#利息支出	资产减值损失	公允价值变动收益	投资收益
合　　计	**9692965**	**1416737**	**11905981**	**546502**	**81504**	**3172582**
一、按行业分(分到小类)						
铁路运输业	4257778	225783	4289424	-60		-72283
铁路旅客运输	4041244	106319	4092967			-282321
铁路旅客运输	4041244	106319	4092967			-282321
铁路货物运输	216811	117523	196457			210038
铁路货物运输	216811	117523	196457			210038
铁路运输辅助活动	-277	1941		-60		
其他铁路运输辅助活动	-277	1941		-60		
道路运输业	3326659	311902	3536609	-1752	100	321966
城市公共交通运输	898800	150426	1042992	6876	100	222950
公共电汽车客运	706716	61795	765714	-3355		85826
城市轨道交通	21654	43764	64910			55777
出租车客运	170430	44867	212368	10231	100	81347
公路旅客运输	-5445	5787	318	62		764
公路旅客运输	-5445	5787	318	62		764
道路货物运输	130041	27909	131011	-316		68628
道路货物运输	130041	27909	131011	-316		68628
道路运输辅助活动	2303263	127780	2362288	-8374		29624
客运汽车站	-2280	3971	1674			5376
公路管理与养护	2305182	119507	2356236	-8530		24248
其他道路运输辅助活动	361	4302	4378	156		
水上运输业	13941	811	11416		-25	14567
水上货物运输	13941	811	11416		-25	14567
远洋货物运输	9956	231	7542			14562
沿海货物运输	3994	571	3874		-25	5
内河货物运输	***	***				
航空运输业	1550201	316653	3158093	498612	80892	733194
航空客货运输	1041902	290262	2546148	481762	80892	727971
航空旅客运输	969992	287034	2464955	481762	80892	726804
航空货物运输	71910	3228	81193			1167
通用航空服务	190	113	-15	-17585		
通用航空服务	190	113	-15	-17585		
航空运输辅助活动	508109	26278	611960	34435		5223
机场	508209	25849	611960	34435		5195
其他航空运输辅助活动	-100	429				28
管道运输业	307201	22737	330030	15055		237655
管道运输业	307201	22737	330030	15055		237655
管道运输业	307201	22737	330030	15055		237655
装卸搬运和运输代理业	120170	368688	427147	19868	537	1837348

单位：千元

营业利润	营业外收入	#补贴收入	利润总额	应交所得税	应付职工薪酬(本年贷方累计发生额)	#社会保险费	#住房公积金	应交增值税
2701911	**23690884**	**21120079**	**28876425**	**8658056**	**58788681**	**10959699**	**2792841**	**-7572703**
1161060	2421057	114100	2727863	2868863	12385967	2743258	773569	92205
-6023401	141156	107141	-6562748	342	9852662	2237918	642575	63188
-6023401	141156	107141	-6562748	342	9852662	2237918	642575	63188
7163801	2277395	6959	9269449	2863220	2452159	486143	127159	28312
7163801	2277395	6959	9269449	2863220	2452159	486143	127159	28312
20660	2506		21162	5301	81146	19197	3835	705
20660	2506		21162	5301	81146	19197	3835	705
-17143229	18022570	18791720	2180921	543089	19331482	4661657	883772	911913
-17987191	17835385	18744784	1127500	234202	15553033	4039731	728846	348189
-15374791	15118456	15172798	-25492	7675	9876865	2319667	460976	92579
-2881772	2555556	3499693	689223	126863	3451062	773747	221177	118135
269372	161373	72293	463769	99664	2225106	946317	46693	137475
22358	11306	911	32740	10620	124986	30457	9973	12239
22358	11306	911	32740	10620	124986	30457	9973	12239
364646	83017	26450	475720	139565	1900929	259115	45014	546733
364646	83017	26450	475720	139565	1900929	259115	45014	546733
456958	92862	19575	544961	158702	1752534	332354	99939	4752
22425	304		27380	5626	58885	7453	2363	4432
410092	92071	19536	494187	145964	1488538	303880	94546	31
24441	487	39	23394	7112	205111	21021	3030	289
20236	795		35522	6011	63369	6535	1964	3815
20236	795		35522	6011	63369	6535	1964	3815
4308	12		18834	3172	54751	4946	1340	1936
4511	783		5271	2839	8326	1589	624	1478
***			***		***			***
3510193	2014860	1218469	5604760	1272223	12021315	1534691	590161	-26620
1839290	2003048	1203868	3935228	816715	10348645	1354199	516695	-150749
2246156	1931384	1172057	4280913	812952	9374179	1211047	468510	-110964
-406866	71664	31811	-345685	3763	974466	143152	48185	-39785
-71640	1018		-53037	6789	92493	5547	2970	1842
-71640	1018		-53037	6789	92493	5547	2970	1842
1742543	10794	14601	1722569	448719	1580177	174945	70496	122287
1762312	5964	14601	1737650	448504	999296	118357	47747	114504
-19769	4830		-15081	215	580881	56588	22749	7783
10472257	722466	721500	11343168	2574418	688254	76173	25544	1279569
10472257	722466	721500	11343168	2574418	688254	76173	25544	1279569
10472257	722466	721500	11343168	2574418	688254	76173	25544	1279569
1514658	158733	61800	3406368	643288	4904805	711256	208566	603835

3-8 续表 10

项　　目	财务费用	#利息收入	#利息支出	资产减值损失	公允价值变动收益	投资收益
装卸搬运	-17467	31968	14340	-295		28910
装卸搬运	-17467	31968	14340	-295		28910
运输代理业	137637	336720	412807	20163	537	1808438
货物运输代理	113738	311140	377834	20172	537	1796081
旅客票务代理	34763	8591	33576	-59		9479
其他运输代理业	-10864	16989	1397	50		2878
仓储业	49696	86030	136044	8005		31927
谷物、棉花等农产品仓储	-29790	63198	33069	5739		
谷物仓储	16406	16990	33069	5739		
棉花仓储	***	***				
其他仓储业	79486	22832	102975	2266		31927
其他仓储业	79486	22832	102975	2266		31927
邮政业	67319	84133	17218	6774		68208
邮政基本服务	1788	9656	5504	1591		34854
邮政基本服务	1788	9656	5504	1591		34854
快递服务	65531	74477	11714	5183		33354
快递服务	65531	74477	11714	5183		33354
二、按登记注册类型分						
内资	8307857	1000367	8878362	11955	-1052	2562973
国有	-84174	176389	40548	10320		-236314
集体	776	1301	2092	-295		8793
股份合作	-912	1505	582			
其他联营	***	***				
国有独资公司	2728528	222033	2877661	-14306	-25	340354
其他有限责任公司	1000986	276267	1777983	11668	-1027	762621
股份有限公司	4578345	314987	4101059	22129		1534820
私营独资	***		***			
私营有限责任公司	76945	6726	70677	-17582		5614
私营股份有限公司	7281	1131	7652	21		147085
港澳台商投资	1336323	326898	2957716	531804	82556	545664
与港澳台商合资经营	339496	73026	417324	16001		43688
与港澳台商合作经营	52063	13223	64910	58		
港澳台商独资	72857	28904	2279	-50		32119
港澳台商投资股份有限公司	871907	211745	2473203	515795	82556	469857
外商投资	48785	89472	69903	2743		63945
中外合资经营	-23041	74292	18720	690		5087
中外合作经营	849	69	1461	-533		
外资企业	49766	15111	28520	2586		58858
外商投资股份有限公司	***		***			

单位：千元

营业利润	营业外收入	#补贴收入	利润总额	应交所得税	应付职工薪酬(本年贷方累计发生额)	#社会保险费	#住房公积金	应交增值税
117014	8452	4544	153994	55868	359768	69271	19311	45855
117014	8452	4544	153994	55868	359768	69271	19311	45855
1397644	150281	57256	3252374	587420	4545037	641985	189255	557980
1354883	143153	56629	3191383	543510	4127049	567175	164930	549306
-68495	4731	627	-55463	16599	337475	63967	20372	3034
111256	2397		116454	27311	80513	10843	3953	5640
801944	210143	188082	1051187	61299	851625	149698	39474	-10640841
686796	185964	177696	886880	6174	264161	48526	17542	-10717480
-183616	167391	174166	69	6174	183860	35812	12397	6284
***	***	***	***		***	***	***	***
115148	24179	10386	164307	55125	587464	101172	21932	76639
115148	24179	10386	164307	55125	587464	101172	21932	76639
2364792	140260	24408	2526636	688865	8541864	1076431	269791	203421
-7778	15092	267	26176	972	3654723	429658	127963	290
-7778	15092	267	26176	972	3654723	429658	127963	290
2372570	125168	24141	2500460	687893	4887141	646773	141828	203131
2372570	125168	24141	2500460	687893	4887141	646773	141828	203131
-8546671	21670400	18981867	14842262	5048695	42935718	8658516	2100685	-8541914
-3885596	266728	200538	-4241019	29668	13876890	2748749	794619	-10632011
-45848	12059	359	-25880	5692	158931	35567	3384	11375
2654	3136	368	5715	1211	55296	16043	1589	2668
***			***	***	***	***		***
-12612633	15252640	14124573	2920359	797928	12854003	2862674	709457	265509
12160309	4800268	4623009	17500961	4009100	12411829	2363318	472933	1413812
-4077205	1290653	15169	-1395336	119497	2116541	388716	93584	80244
***			***	***	***	***		***
-76650	33907	8524	-36256	70092	1388068	232014	22904	254898
-12088	11009	9327	113332	15408	67765	9043	2215	60895
8552391	1921607	2108229	11202740	2880541	12480095	1727765	550485	733322
5244479	505351	461542	5702529	1582094	1796413	270603	82777	745559
-629221	11011	959996	341438	54267	407412	96710	30171	12242
222755	35308	-4465	277689	118503	1945501	266811	67989	202092
3714378	1369937	691156	4881084	1125677	8330769	1093641	369548	-226571
2696191	98877	29983	2831423	728820	3372868	573418	141671	235889
2467263	85481	27992	2540698	667794	2425270	389975	117584	125204
3469	806	766	4726	1264	38641	3806	1553	4594
161246	6763	1225	222327	43431	717200	99676	20433	106091
***	***		***	***	***	***	***	

3-8 续表 11

项目	财务费用	#利息收入	#利息支出	资产减值损失	公允价值变动收益	投资收益
三、按隶属关系分						
中央	877516	806910	3627185	558995	82531	2300487
省	3108241	311641	3329695	-1577	-1664	535426
地	194965	26579	219355	2741		5333
县	15304	350	12055	3		
街道	-21	28	7			
镇	16415	21687	19138	352		1645
乡	6481	872	7375			1126
村委会	67308	470	67769			803
其他	5406756	248200	4623402	-14012	637	327762
四、按控股情况分(仅限企业法人)						
国有控股	8579439	1118891	10786985	558989	83068	2573768
集体控股	359226	35885	291789	-295		27664
私人控股	209409	35585	217668	-16270	100	184377
港澳台商控股	45247	77348	24454	947		63044
外商控股	63267	50232	58524	3103		60937
其他	436377	98796	526561	28	-1664	262792
五、按四大城市功能区分						
首都功能核心区	761706	225808	219334	19273		357007
东城区	7246	36299	43381	11918		101260
西城区	754460	189509	175953	7355		255747
城市功能拓展区	7049014	628956	8096454	23281	612	936811
朝阳区	827180	115731	881804	21554	637	144741
丰台区	2966391	127272	3014240	-6722		113292
石景山区	3689	101	3619			3374
海淀区	3251754	385852	4196791	8449	-25	675404
城市发展新区	1633703	534180	3321374	504001	80892	1873683
房山区	14815	668	15177	-198		705
通州区	5664	3970	7225	-16		6340
顺义区	1636714	440037	3244667	494074	80892	1613771
昌平区	3680	5493	8136	7809		236044
大兴区	41352	5221	42345	2140		4908
开发区	-68522	78791	3824	192		11915
生态涵养发展区	248542	27793	268819	-53		5081
门头沟区	-1253	2778	1321			2250
怀柔区	7412	2088	5205	89		14
平谷区	15190	5030	17448	-60		203
密云县	146667	1502	148052			
延庆县	80526	16395	96793	-82		2614

单位：千元

营业利润	营业外收入	#补贴收入	利润总额	应交所得税	应付职工薪酬(本年贷方累计发生额)	#社会保险费	#住房公积金	应交增值税
20886137	3600310	1616313	25239900	6875482	28817773	4827995	1459747	-9351313
-17419467	17620455	18394139	1591188	340125	16708766	3812308	881403	499088
-426155	391754	393797	81253	30992	736597	140188	34067	99052
-36480	58576	53580	21561	5231	53269	9533	1777	9975
2788	95		2856	1190	17764	2932	380	2381
602403	36809	26630	640049	162480	438222	57931	16328	64417
-18370	8348	218	-9691	8914	97022	20065	382	12933
2201	7352		9418	2154	88721	34262	782	6319
-891146	1967185	635402	1299891	1231488	11830547	2054485	397975	1084445
-841698	22598249	20114589	23590198	7320119	47125120	9003668	2390473	-9024251
313581	290405	265227	627905	39306	935782	221132	50516	36895
-130287	383861	475039	541224	211378	4265065	734254	55560	635522
471478	62646	8504	577817	223064	2898615	422324	114676	325979
1067378	58421	28736	1165396	289575	1703562	336546	51397	208028
1821459	297302	227984	2373885	574614	1860537	241775	130219	245124
-2940841	4902002	2566521	2205397	853069	9716556	1720634	467083	-10454483
-173129	47993	7443	-56333	12219	4066519	543162	138960	38645
-2767712	4854009	2559078	2261730	840850	5650037	1177472	328123	-10493128
-5762122	15704716	16308432	10908636	4341009	29374187	6440235	1481892	1526116
6550929	578786	470271	7161704	1849661	5046441	963575	175052	1252836
-14556525	14462125	15258826	911016	225459	11904722	2783032	569566	162306
77466	5697	5	80132	19137	250131	86892	3989	10805
2166008	658108	579330	2755784	2246752	12172893	2606736	733285	100169
11560284	2936960	1945457	15584159	3408207	19044314	2625161	826718	1281997
-153062	140896	37044	-23838	8098	320391	102778	8994	43846
89772	8965	2094	102928	28911	305517	70120	8641	47245
4727089	2124981	1324842	7734762	1673676	15807363	1985008	685496	493885
4736285	493331	495707	5450223	1102392	569182	104641	23563	595069
25374	98374	79019	119056	41197	617343	160060	18541	78993
2134826	70413	6751	2201028	553933	1424518	202554	81483	22959
-155410	147206	299669	178233	55771	653624	173669	17148	73667
375	8838		10735	2799	29929	5851	1833	4656
-17197	11593	1058	-8311	6695	163202	30188	6755	38120
-131715	64088	147862	18667	4766	283752	102818	3563	26806
-143917	41913	135763	-5024	563	107974	22918	2532	2977
137044	20774	14986	162166	40948	68767	11894	2465	1108

3-9 规模以下交通运输、仓储和

项目	单位数(个)	固定资产合计	固定资产原价	#本年折旧	资产总计	负债合计	所有者权益合计
合计	**13164**	**94543418**	**101178148**	**2761778**	**201142322**	**89523161**	**111619161**
一、按行业分(分到小类)							
铁路运输业	125	77406973	81483147	1866728	99617323	43568682	56048641
铁路旅客运输	24	77330168	81341102	1847056	81252621	43269686	37982935
铁路旅客运输	24	77330168	81341102	1847056	81252621	43269686	37982935
铁路货物运输	29	57439	120553	19392	1905579	81617	1823962
铁路货物运输	29	57439	120553	19392	1905579	81617	1823962
铁路运输辅助活动	72	19366	21492	280	16459123	217379	16241744
客运火车站	7				1007	9	998
货运火车站	10	17	334	3	16086918		16086918
其他铁路运输辅助活动	55	19348	21158	277	371197	217370	153827
道路运输业	7266	3794131	5431300	459574	40089482	18228228	21861254
城市公共交通运输	212	1510799	1792661	98389	14718864	9678054	5040810
公共电汽车客运	14	58386	89625	9146	105125	85169	19956
城市轨道交通	15	815261	824690	50	13261659	8843324	4418335
出租车客运	173	626940	861177	88976	1326852	736737	590115
其他城市公共交通运输	10	10213	17169	217	25228	12825	12403
公路旅客运输	13	21253	33081	9610	441574	30938	410636
公路旅客运输	13	21253	33081	9610	441574	30938	410636
道路货物运输	6241	2023373	3222680	326626	23021952	7873629	15148323
道路货物运输	6241	2023373	3222680	326626	23021952	7873629	15148323
道路运输辅助活动	800	238706	382878	24950	1907092	645606	1261486
客运汽车站	9	18497	29005	2073	25992	15604	10388
公路管理与养护	114	86905	174620	9337	520962	105717	415245
其他道路运输辅助活动	677	133304	179252	13540	1360138	524284	835854
水上运输业	35	4631	8745	717	744732	231538	513195
水上旅客运输	3	1822	2960	35	44125	5783	38342
内河旅客运输	3	1822	2960	35	44125	5783	38342
水上货物运输	14	1198	3062	468	538219	83012	455207
远洋货物运输	12	612	2286	466	96514	46809	49705
沿海货物运输	1	***			***	***	***
内河货物运输	1	***	***	***	***	***	***
水上运输辅助活动	18	1611	2723	214	162389	142742	19646
货运港口	8	205	100	10	7854	1902	5953
其他水上运输辅助活动	10	1407	2623	203	154534	140840	13694
航空运输业	72	709395	1062293	51719	2360095	1022937	1337159
航空客货运输	27	433048	793058	38886	1062672	499673	562999
航空旅客运输	9	431522	787036	35633	993197	483864	509334
航空货物运输	18	1525	6022	3253	69475	15809	53666
通用航空服务	25	7538	11725	342	251974	117272	134703
通用航空服务	25	7538	11725	342	251974	117272	134703
航空运输辅助活动	20	268810	257510	12491	1045449	405992	639457
机场	3	22499	24677	969	50174	1710	48465
空中交通管理	1	***	***	***	***	***	***
其他航空运输辅助活动	16	51334	62259	2804	334987	166615	168372

邮政业法人单位财务状况(企业会计制度)

单位：千元

#实收资本	营业收入	营业成本	营业税金及附加	销售费用	管理费用	#税金	财务费用	投资收益	营业利润	利润总额	应交所得税	应交增值税
91833054	**33565817**	**27124523**	**374960**	**2780696**	**4236419**	**48147**	**1925974**	**309515**	**-2146143**	**-1352600**	**74090**	**319233**
44353420	10165210	9436605	130140	10963	51781	34	1779467	1983	-1238961	-1248741	521	882
42008803	10099639	9393451	129366		33569		1782025		-1238735	-1248603		1
42008803	10099639	9393451	129366		33569		1782025		-1238735	-1248603		1
76115	33994	18665	502	8211	7585	22	-938		1032	669	476	216
76115	33994	18665	502	8211	7585	22	-938		1032	669	476	216
2268502	31577	24489	273	2752	10627	13	-1619	1983	-1258	-806	45	665
1000	15	36			12				-34	-34		
2103130	3653	2911	13		2200		2			10	3	423
164372	27910	21542	260	2752	8415	13	-1621	1983	-1225	-783	42	241
13199441	11615687	8129317	107710	1771173	1881897	17279	111862	38528	-350992	-48034	12149	235922
4440440	442222	424180	8889	28524	181141	1659	522	2474	-220049	-10945	3620	11402
33512	21223	68361	765	2788	14218	47	1103		-65623	-6306	2	582
3825262	13213	115257	297	158	18607	2	-2352		-118900	-141	1	21
564359	399475	237148	7780	23487	145475	1606	1773	2474	-35324	-4280	3603	10608
17307	8312	3413	47	2092	2842	5	-1		-202	-218	14	192
132200	12234	1375	154	2930	2733	-14	-2		3044	3187	862	845
132200	12234	1375	154	2930	2733	-14	-2		3044	3187	862	845
7570553	10446912	7349104	66707	1643322	1443747	13459	113882	1704	-125045	-85411	2564	219631
7570553	10446912	7349104	66707	1643322	1443747	13459	113882	1704	-125045	-85411	2564	219631
1056248	714318	354659	31961	96397	254276	2174	-2541	34350	-8941	45135	5104	4044
34103	14015	9363	630	362	1263	6	46	2	240	194	118	97
249354	176765	128207	4129	9323	51739	606	-1779	34067	-243	33404	774	2008
772791	523538	217089	27202	86711	201273	1563	-808	280	-8938	11538	4211	1938
214402	16994	8858	444	2611	12180	54	2755	330	-128668	-7226	339	1210
55853	4021	2981	24	1431	3130	36	93		-124483	-3637		196
55853	4021	2981	24	1431	3130	36	93		-124483	-3637		196
127890	2717	259	42	143	5820	11	2372	330	-4623	-4289	3	
71890	2080	259	7	142	4972	4	2442	330	-4446	-4112	3	
***				***	***		***		***	***		
***	***		***		***	***	***		***	***		
30659	10257	5619	378	1038	3231	8	290		438	700	336	1014
6359	3703	1449	48	384	2003	2	11		-331	-72	1	9
24300	6554	4170	330	654	1228	6	279		770	772	335	1005
1544500	351852	267924	1433	9569	158860	2531	24647	339	-110389	-106548	201	-16104
709079	194048	168573	502	1957	105745	17	15299		-98412	-98388	68	-20771
653101	150640	132775	398	1496	98489	9	15281		-97799	-97774	19	-21011
55978	43407	35798	105	461	7256	8	17		-613	-613	49	241
176980	43462	34845	172	2266	14634	199	-106	300	-7930	-6238	6	539
176980	43462	34845	172	2266	14634	199	-106	300	-7930	-6238	6	539
658440	114343	64506	759	5346	38481	2315	9455	39	-4047	-1922	126	4128
56674	6234	3228	123	8	3016	139	2		-144	-122	12	127
***	***	***	***	***	***	***	***		***	***	***	***
181766	15248	6536	234	1001	11946	330	-3	39	-4308	-4496	13	163

3-9 续表 1

项　　目	单位数(个)	固定资产合计	固定资产原价	#本年折旧	资产总计	负债合计	所有者权益合计
管道运输业	13	9306914	9306922	19	21557909	4560432	16997476
管道运输业	13	9306914	9306922	19	21557909	4560432	16997476
管道运输业	13	9306914	9306922	19	21557909	4560432	16997476
装卸搬运和运输代理业	3451	1217133	1535484	239110	21530011	11388444	10141567
装卸搬运	185	62863	105159	9256	302912	135747	167165
装卸搬运	185	62863	105159	9256	302912	135747	167165
运输代理业	3266	1154270	1430325	229854	21227099	11252697	9974402
货物运输代理	1913	769863	1006111	103513	11950117	5451695	6498421
旅客票务代理	1035	243791	321709	121003	5957859	3131957	2825902
其他运输代理业	318	140616	102505	5337	3319123	2669044	650079
仓储业	1690	2070959	2286372	130466	13441951	9044586	4397365
谷物、棉花等农产品仓储	137	229840	296404	20155	709490	438226	271264
谷物仓储	78	180662	252114	15217	521440	373271	148169
棉花仓储	2						
其他农产品仓储	57	49177	44290	4938	188050	64955	123095
其他仓储业	1553	1841119	1989967	110310	12732461	8606360	4126101
其他仓储业	1553	1841119	1989967	110310	12732461	8606360	4126101
邮政业	512	33283	63887	13445	1800819	1478315	322503
邮政基本服务	11	1735	1223	124	25776	762	25014
邮政基本服务	11	1735	1223	124	25776	762	25014
快递服务	501	31548	62664	13321	1775043	1477553	297490
快递服务	501	31548	62664	13321	1775043	1477553	297490
二、按登记注册类型分							
内资	13079	94398919	100937557	2749303	197575846	88334060	109241786
国有	210	1136462	1389120	98034	16881648	5868573	11013075
集体	287	288529	413767	33894	1848217	1285132	563085
股份合作	194	156067	265281	15323	1392707	1325317	67390
国有联营	3	1331	18292	763	16534	5478	11056
集体联营	2	283	311		545	234	311
国有与集体联营	2	4	2139		2738		2738
其他联营	33	3151	4733	647	51827	30922	20905
国有独资公司	19	58730	76689	3153	3769074	1783056	1986018
其他有限责任公司	3065	90312865	95175090	2114139	147528443	64869194	82659249
股份有限公司	87	55217	76794	20474	2979650	1427986	1551664
私营独资	761	143677	172096	14868	954766	426379	528386
私营合伙	80	18033	32054	3104	126791	58555	68236
私营有限责任公司	8156	2151890	3195838	426980	21662759	11099177	10563581
私营股份有限公司	121	68382	108986	15643	331001	148808	182192
其他	59	4299	6366	2280	29146	5247	23899
港澳台商投资	35	85730	134109	5534	2934381	983690	1950691
与港澳台商合资经营	8	78589	120956	4944	2287410	668463	1618946
与港澳台商合作经营	1	***	***	***	***	***	***
港澳台商独资	25	5795	10784	474	550241	227603	322638
其他港澳台投资	1	***	***	***	***	***	***
外商投资	50	58769	106481	6941	632094	205411	426683
中外合资经营	24	17823	35247	3004	136035	64897	71138
外资企业	20	39446	62670	3825	475501	137879	337622
外商投资股份有限公司	2	264	1336		4910	1289	3621
其他外商投资	4	1235	7228	112	15648	1346	14302

单位：千元

#实收资本	营业收入	营业成本	营业税金及附加	销售费用	管理费用	#税金	财务费用	投资收益	营业利润	利润总额	应交所得税	应交增值税
11008467	117257	42404	17617	448	92652	101	-36040		178	175	-538	4
11008467	117257	42404	17617	448	92652	101	-36040		178	175	-538	4
11008467	117257	42404	17617	448	92652	101	-36040		178	175	-538	4
15880907	9127446	8019797	53484	609026	1414255	14249	-7197	227328	-76128	197801	45534	75025
119761	221454	108122	2820	46117	55495	337	842	-37	9068	12220	981	3334
119761	221454	108122	2820	46117	55495	337	842	-37	9068	12220	981	3334
15761146	8905992	7911676	50664	562909	1358759	13912	-8038	227365	-85196	185581	44554	71691
5645750	7459342	6581579	21977	404727	690600	12636	-12446	162543	10796	210333	26327	64578
8825722	1151655	1137284	26293	130728	282761	1035	3909	50401	-50220	-1758	16618	3196
1289675	294995	192812	2395	27454	385398	241	500	14422	-45772	-22994	1609	3917
4754590	1505627	861324	49609	289066	491176	12508	48385	47047	-227280	-153723	13865	17360
253225	113329	76055	1614	18637	52951	701	430		-33983	-5240	345	1159
154505	95064	65955	1257	16453	30634	639	130		-14931	692	325	935
98720	18266	10100	358	2184	22316	62	300		-19052	-5931	21	224
4501365	1392298	785270	47995	270429	438226	11806	47955	47047	-193297	-148484	13519	16200
4501365	1392298	785270	47995	270429	438226	11806	47955	47047	-193297	-148484	13519	16200
877327	665744	358293	14522	87840	133618	1391	2095	-6040	-13903	13697	2019	4934
25230	1898	107	42	24	1672		1		-94	108	7	25
25230	1898	107	42	24	1672		1		-94	108	7	25
852097	663846	358186	14481	87816	131946	1391	2093	-6040	-13809	13588	2012	4909
852097	663846	358186	14481	87816	131946	1391	2093	-6040	-13809	13588	2012	4909
89899871	33154078	26802274	372749	2748924	4133005	44978	1925646	309988	-2106249	-1356836	69108	317525
2008904	653819	445702	8181	57882	509546	4725	66980	122790	-148140	-10817	21797	6570
532270	239623	117660	6676	27362	98556	2436	730	63	-19354	20488	1562	4361
381528	227011	117017	3767	33619	62354	617	802	-293	-967	-332	1286	3548
7405	7512	2177	323	3088	2045	17	-1	-24	37	14		
500	505	472	28		23				-17	-13		
3000	210		12	99	101		1		1			
16312	43504	28617	207	6045	5723	15	7	-2	3429	371	25	1311
8020307	209433	105252	7743	30857	72910	718	-6539	57384	-2666	55851	12976	3979
67252573	17762239	15762635	228431	657865	1271970	12638	1815048	81715	-1612988	-1334400	25830	61516
1280931	220454	182768	2144	12631	25305	834	14	-26	-7474	-5370	431	4326
456689	948548	722224	7902	66606	98492	1247	1122	222	19632	21506	1611	7896
67780	87001	56690	1756	14105	15284	337	208	439	-77	1376	343	1466
9704230	12523986	9109871	98397	1814685	1894779	21061	46256	47721	-308082	-105348	2820	219772
156759	224290	148490	7014	23412	74400	321	1008		-30220	-834	371	2723
10682	5943	2698	168	665	1518	11	9		637	670	56	57
1347243	89834	49904	1209	18648	50682	3042	-4962		-20344	8847	3089	621
229408	8037	-24	416	11988	14817	1797	-4225		-7536	-6673	7	21
***	***	***	***	***	***		***		***	***		
1082905	80958	49894	753	6312	33504	1244	-862		-12423	15904	3082	597
***	***		***		***	***	***		***	***		***
585941	321905	272344	1002	13125	52732	128	5290	-473	-19550	-4611	1893	1087
146864	205109	188159	439	4288	14208	9	482		-228	-1021	93	311
421218	105297	79702	521	5141	35091	76	4947	-473	-19253	-4030	1421	542
21	3700		13		1636	6	-26		2076	2076		
17839	7799	4483	29	3696	1798	37	-113		-2145	-1636	380	235

3-9 续表 2

项目	单位数(个)	固定资产合计	固定资产原价	#本年折旧	资产总计	负债合计	所有者权益合计
三、按隶属关系分							
中央	93	77953267	82115990	1882848	94387332	46444794	47942539
省	88	252340	382645	37847	3390340	1329988	2060352
地	315	1430287	1424196	35152	14896956	9552258	5344698
县	40	68596	86563	3446	1715772	1950128	-234357
街道	27	18733	10447	449	79245	40465	38780
镇	59	72000	49910	5957	160344	74474	85869
乡	14	35683	23012	1367	52439	34522	17917
社区	3	285	285		786	192	594
村委会	101	134699	128830	5252	455372	179459	275913
其他	12424	14577528	16956268	789460	86003736	29916880	56086856
四、按控股情况分(仅限企业法人)							
国有控股	311	89081195	93325593	1958410	152551853	63864920	88686932
集体控股	400	498122	599961	53499	2404007	1574192	829815
私人控股	11935	4140871	5855316	645059	37065527	19648038	17417489
港澳台商控股	32	85711	134075	5525	2603901	779695	1824206
外商控股	46	46786	75787	4307	716102	261729	454374
其他	439	690733	1187416	94978	5800782	3394588	2406195
五、按四大城市功能区分							
首都功能核心区	871	321832	543703	74393	18644009	10505337	8138673
东城区	417	139185	206093	21441	2086501	1578986	507515
西城区	454	182647	337610	52952	16557509	8926351	7631158
城市功能拓展区	5478	80617387	85380130	2241350	125520121	60717639	64802483
朝阳区	2515	2021206	2324992	151673	15505636	8904594	6601041
丰台区	1815	77953419	82313959	1913691	87108669	47417596	39691073
石景山区	170	38536	73955	15515	817717	303845	513872
海淀区	978	604226	667224	160471	22088100	4091604	17996496
城市发展新区	5550	12678322	14130574	389262	53531518	16897822	36633696
房山区	766	369790	611375	71428	2133900	1070798	1063102
通州区	777	462068	645013	66145	3122822	1728803	1394018
顺义区	1228	1370594	1930523	125264	15360155	4087383	11272772
昌平区	790	9532255	9659235	20086	24679198	5138346	19540852
大兴区	1915	605640	883698	87396	5437300	2409516	3027784
开发区	74	337974	400730	18945	2798143	2462975	335167
生态涵养发展区	1265	925877	1123740	56772	3446673	1402364	2044310
门头沟区	181	58680	114981	9794	268948	155129	113820
怀柔区	454	127831	189056	13293	676790	214983	461807
平谷区	345	140798	184352	11557	1081960	387148	694812
密云县	207	472509	517984	17286	939072	466075	472996
延庆县	78	126058	117367	4842	479903	179029	300874

单位：千元

#实收资本	营业收入	营业成本	营业税金及附加	销售费用	管理费用	#税金	财务费用	投资收益	营业利润	利润总额	应交所得税	应交增值税
50710299	10656256	9754812	139638	59743	184369	2074	1873940	185299	-1380985	-1204398	28842	7403
546704	293428	214152	4070	17660	80951	2708	-30369	29832	3973	33445	6325	2435
4710277	595043	662708	7506	49977	191126	1473	-2981	37129	-188661	2208	2631	6067
248663	141644	118668	1169	7491	20518	192	68	-4138	-6231	-8413	186	1008
30739	44993	34807	261	1841	7182	22	53		853	317	83	719
61376	73954	46399	1985	827	22226	546	-216	218	2438	2240	250	548
16111	14219	2700	469	5287	7308	200	-27	8	-1733	-1718	100	295
600	1		5		1				-5	-5		
240344	77486	48405	1786	4981	26730	1154	-49	-397	-4824	-3223	489	1391
35267941	21668794	16241873	218071	2632890	3696009	39779	85555	61565	-570969	-173052	35184	299367
69464591	11478846	10421399	167482	104870	821766	6607	1804992	257054	-1551841	-1145843	38715	9878
759378	381266	235120	11038	47961	157300	3704	1098	25	-76416	13228	3059	7268
17023328	20247407	15460563	181478	2470887	2904868	33665	101731	58900	-362425	-111586	20807	309263
1215287	89834	49904	1209	18590	49775	3042	-4954		-19381	9811	3089	621
621984	291127	195668	920	10771	49180	120	5544	-473	-19437	-4510	1829	1058
2748336	1077338	761869	12834	127617	253531	1010	17563	-5991	-116643	-113700	6591	-8855
13242875	1898596	1377133	24282	189039	361673	2599	-19213	202097	-46939	157385	20858	20659
604012	1043828	803721	9791	103200	138677	1034	2734	29241	-19498	6578	3675	9643
12638864	854768	573412	14491	85839	222995	1565	-21946	172856	-27441	150807	17183	11015
55654832	18783023	16222527	217060	883758	2003111	24180	1852250	80266	-1763625	-1331990	29413	99499
6521868	5875801	4944376	47763	497784	905786	15250	32650	48722	-248898	-14313	20046	53242
44408384	11619084	10328312	151543	198154	385480	3994	1809649	2877	-1298644	-1299421	4748	30206
309686	171132	87926	2169	31938	60401	789	-56	4847	-10991	3671	694	2223
4414895	1117005	861914	15586	155883	651443	4146	10007	23820	-205092	-21927	3925	13829
21149274	11280577	8397501	117159	1508418	1620236	18834	85801	22908	-337852	-227311	5113	173097
842985	1369701	967237	6071	244730	180845	813	1730	80	-28456	-4865	3132	24841
1384050	1275364	865272	9167	207922	182510	1431	9093	-4677	-24890	-28824	3886	20316
4235898	3261374	2464965	43982	269185	567329	7006	121804	-5712	-220428	-218478	7786	17316
11706308	836892	555518	23953	77849	231902	985	-35457	2210	-17296	-1899	851	10931
2143854	4123264	3143431	29726	664102	397657	5276	-24894	41146	62988	97199	9648	96021
836179	413982	401078	4261	44631	59993	3322	13525	-10139	-109770	-70444	-20190	3672
1786074	1603622	1127361	16459	199480	251400	2535	7135	4244	2272	49317	18707	25978
126384	184595	127043	1011	30440	29589	95	50	19	-3486	-3831	196	3556
414638	365303	228090	3818	47522	76148	572	786	2218	9199	13076	445	8687
695322	380225	280192	2104	71575	52668	470	432	-9	-26646	-11821	583	7532
263195	570840	442527	3722	35548	60173	1167	5811	-3	22915	47151	13739	4733
286534	102659	49508	5805	14395	32821	231	56	2019	290	4742	3743	1469

第4篇

住宿和餐饮业

4-1　住宿和餐饮业机构和人员情况

项　　目	机构数（个）	法人单位	产业活动单位	个体	期末从业人员（人）	法人单位	个体
合　计	**82377**	**16323**	**7009**	**59045**	**703645**	**505941**	**197704**
一、按登记注册类型分							
内资	79950	15931	4974	59045	563751	402245	197704
国有	993	665	328		62616	43383	
集体	787	662	125		14015	10847	
股份合作	919	812	107		11653	8800	
国有联营	6	2	4		197	12	
集体联营	28	19	9		315	121	
国有与集体联营	12	10	2		412	110	
其他联营	36	27	9		288	275	
国有独资公司	103	64	39		4839	8350	
其他有限责任公司	5928	3749	2179		106369	148086	
股份有限公司	299	168	131		15100	11609	
私营独资	2180	1960	220		10077	11986	
私营合伙	334	303	31		2259	3313	
私营有限责任公司	8807	7078	1729		129213	149135	
私营股份有限公司	320	271	49		8667	5512	
其他	153	141	12		27	706	
个体	59045			59045	197704		197704
港澳台商投资	954	181	773		44698	44698	
与港澳台商合资经营	96	57	39		14765	14765	
与港澳台商合作经营	9	4	5		960	960	
港澳台商独资	839	117	722		28855	28855	
港澳台商投资股份有限公司	4	1	3		92	92	
其他港澳台投资	6	2	4		26	26	
外商投资	1473	211	1262		58998	58998	
中外合资经营	394	64	330		30011	30011	
中外合作经营	22	9	13		3488	3488	
外资企业	1027	127	900		25028	25028	
外商投资股份有限公司	15	5	10		412	412	
其他外商投资	15	6	9		59	59	
二、按行业分							
住宿业	10783	4810	1067	4906	192673	181092	11581
餐饮业	71594	11513	5942	54139	510972	324849	186123
三、按四大城市功能区分							
首都功能核心区	9757	3554	1908	4295	171729	151410	20319
东城区	4706	1725	893	2088	105173	95398	9775
西城区	5051	1829	1015	2207	66556	56012	10544
城市功能拓展区	33492	9063	3833	20596	332641	255816	76825
朝阳区	14379	4077	1883	8419	152029	120733	31296
丰台区	7076	1539	617	4920	49211	30782	18429
石景山区	1317	302	149	866	12619	8114	4505
海淀区	10720	3145	1184	6391	118782	96187	22595
城市发展新区	25363	2551	1022	21790	146265	77149	69116
房山区	4122	355	99	3668	17224	6070	11154
通州区	4253	455	110	3688	19438	7385	12053
顺义区	3988	516	354	3118	29353	19433	9920
昌平区	6368	737	303	5328	32764	16066	16698
大兴区	6142	382	119	5641	35857	17662	18195
北京经济技术开发区	490	106	37	347	11629	10533	1096
生态涵养发展区	13765	1155	246	12364	53010	21566	31444
门头沟区	1397	119	30	1248	7615	4280	3335
怀柔区	4371	496	67	3808	14704	6910	7794
平谷区	2320	164	28	2128	9797	3417	6380
密云县	3476	276	81	3119	12919	4575	8344
延庆县	2201	100	40	2061	7975	2384	5591

注：本表的“产业活动单位”为在京法人附营的(不含本部)、外地法人在京的从事住宿和餐饮业的产业活动单位数。

4-2 住宿和餐饮业法人及产业活动单位基本情况

项目	法人单位数(个)	单产业	多产业	住宿餐饮业产业活动单位数(个)	#其他行业所属的产业活动单位数	从业人员(人)
合计	**16323**	**14950**	**1373**	**7009**	**1394**	**505941**
一、按登记注册类型分						
内资	15931	14680	1251	4974	1103	402245
国有	665	580	85	328	144	43383
集体	662	628	34	125	58	10847
股份合作	812	756	56	107	33	8800
国有联营	2	2		4	1	12
集体联营	19	18	1	9	2	121
国有与集体联营	10	10		2	1	110
其他联营	27	26	1	9	1	275
国有独资公司	64	52	12	39	15	8350
其他有限责任公司	3749	3364	385	2179	465	148086
股份有限公司	168	153	15	131	27	11609
私营独资	1960	1908	52	220	28	11986
私营合伙	303	295	8	31	5	3313
私营有限责任公司	7078	6498	580	1729	309	149135
私营股份有限公司	271	250	21	49	8	5512
其他	141	140	1	12	6	706
港澳台商投资	181	126	55	773	84	44698
与港澳台商合资经营	57	42	15	39	9	14765
与港澳台商合作经营	4	4		5	3	960
港澳台商独资	117	78	39	722	68	28855
港澳台商投资股份有限公司	1		1	3	1	92
其他港澳台投资	2	2		4	3	26
外商投资	211	144	67	1262	207	58998
中外合资经营	64	42	22	330	57	30011
中外合作经营	9	8	1	13	2	3488
外资企业	127	84	43	900	140	25028
外商投资股份有限公司	5	4	1	10	5	412
其他外商投资	6	6		9	3	59
二、按隶属关系分						
中央	376	319	57			38123
地方	1302	1154	148			70655
其他	14645	13477	1168			397163
三、按行业分						
住宿业	4810	4425	385	1067	427	181092
餐饮业	11513	10525	988	5942	967	324849
四、按开业时间分						
2013年	1586	1561	25	729	133	16631
2009-2012年	5707	5409	298	3178	546	109906
2005-2008年	4212	3868	344	1603	302	118161
2000-2004年	2613	2276	337	928	215	93781
1990-1999年	1652	1373	279	399	124	100914
1978-1989年	478	404	74	141	61	58715
1966-1977年	26	23	3	8	4	1101
1950-1965年	22	11	11	19	8	4844
1949年以前	27	25	2	4	1	1888

注："住宿餐饮业产业活动单位数"为在京法人附营的(不含本部)、外地法人在京的从事住宿和餐饮业的产业活动单位数。
"其他行业所属的产业活动单位数"为非住宿餐饮业法人附营的(不含本部)、外地法人在京的从事住宿和餐饮业的产业活动单位数。
产业活动单位的隶属关系和控股情况免填。

4-2　续表

项　　目	法　人单位数（个）	单产业	多产业	住宿餐饮业产业活动单位数（个）	#其他行业所属的产业活动单位数	从业人员（人）
五、按营业状态分						
营业	13932	12656	1276	6329	1234	495979
停业(歇业)	1635	1553	82	408	113	4996
筹建	263	260	3	41	8	1200
当年关闭	356	350	6	196	32	617
当年破产	12	12		4		28
其他	125	119	6	31	7	3121
六、按控股情况分						
国有控股	1020	849	171			105824
集体控股	1054	981	73			23311
私人控股	13464	12462	1002			275814
港澳台商控股	161	112	49			37356
外商控股	195	131	64			54745
其他	429	415	14			8891
七、按经营方式分						
独立门店	14364	13387	977	2335	738	365916
连锁总店(总部)	284	67	217	46	7	102817
连锁门店	508	445	63	4238	519	12683
其他	1167	1051	116	390	130	24525
八、按四大城市功能区分						
首都功能核心区	3554	3116	438	1908	414	151410
东城区	1725	1528	197	893	199	95398
西城区	1829	1588	241	1015	215	56012
城市功能拓展区	9063	8385	678	3833	726	255816
朝阳区	4077	3713	364	1883	390	120733
丰台区	1539	1494	45	617	94	30782
石景山区	302	277	25	149	32	8114
海淀区	3145	2901	244	1184	210	96187
城市发展新区	2551	2367	184	1022	168	77149
房山区	355	337	18	99	12	6070
通州区	455	429	26	110	17	7385
顺义区	516	464	52	354	53	19433
昌平区	737	679	58	303	62	16066
大兴区	382	358	24	119	17	17662
北京经济技术开发区	106	100	6	37	7	10533
生态涵养发展区	1155	1082	73	246	86	21566
门头沟区	119	105	14	30	16	4280
怀柔区	496	472	24	67	21	6910
平谷区	164	158	6	28	9	3417
密云县	276	260	16	81	23	4575
延庆县	100	87	13	40	17	2384

4-3 住宿业法人及产业活动单位基本情况

项目	法人单位数（个）	单产业	多产业	住宿业产业活动单位数（个）	#其他行业所属的产业活动单位数	从业人员（人）
合计	**4810**	**4425**	**385**	**1067**	**427**	**181092**
一、按登记注册类型分						
内资	4730	4364	366	975	381	155108
国有	555	483	72	167	97	40106
集体	363	347	16	39	17	7843
股份合作	325	305	20	29	12	3696
国有联营	1	1		1	1	6
集体联营	10	9	1	2		30
国有与集体联营	7	7		1		106
其他联营	10	9	1	2	1	186
国有独资公司	44	36	8	22	12	5183
其他有限责任公司	1007	895	112	402	151	62572
股份有限公司	38	36	2	32	14	2319
私营独资	600	582	18	40	6	2817
私营合伙	138	136	2	4		759
私营有限责任公司	1484	1373	111	224	66	27725
私营股份有限公司	92	90	2	6	2	1509
其他	56	55	1	4	2	251
港澳台商投资	46	34	12	53	17	17721
与港澳台商合资经营	27	20	7	8	2	12659
与港澳台商合作经营	2	2		2	2	913
港澳台商独资	17	12	5	42	12	4149
港澳台商投资股份有限公司				1	1	
外商投资	34	27	7	39	29	8263
中外合资经营	22	16	6	8	5	7140
中外合作经营	3	3		2	1	702
外资企业	9	8	1	28	22	421
外商投资股份有限公司				1	1	
二、按隶属关系分						
中央	332	280	52			33136
地方	660	577	83			47039
其他	3818	3568	250			100917
三、按行业分						
旅游饭店	1188	1020	168	306	148	129962
一般旅馆	2988	2790	198	634	232	44165
其他住宿业	634	615	19	127	47	6965
四、按开业时间分						
2013年	285	283	2	52	15	3712
2009-2012年	1225	1182	43	293	96	22136
2005-2008年	1335	1250	85	368	128	37534
2000-2004年	737	661	76	160	87	30548
1990-1999年	819	699	120	101	48	49782
1978-1989年	366	319	47	84	47	30404

注：“住宿餐饮业产业活动单位数”为在京法人附营的(不含本部)、外地法人在京的从事住宿和餐饮业的产业活动单位数。
“其他行业所属的产业活动单位数”为非住宿餐饮业法人附营的(不含本部)、外地法人在京的从事住宿和餐饮业的产业活动单位数。
产业活动单位的隶属关系和控股情况免填。

4-3　续表

项　　目	法人单位数(个)	单产业	多产业	住宿业产业活动单位数(个)	#其他行业所属的产业活动单位数	从业人员(人)
1966-1977年	19	18	1	4	3	845
1950-1965年	17	7	10	5	3	4567
1949年以前	7	6	1			1564
五、按营业状态分						
营业	4216	3858	358	972	384	176850
停业(歇业)	408	384	24	67	35	1478
筹建	50	50		6	2	324
当年关闭	68	67	1	15	4	118
当年破产	2	2				2
其他	66	64	2	7	2	2320
六、按控股情况分						
国有控股	788	654	134			83255
集体控股	552	519	33			14221
私人控股	3268	3067	201			62984
港澳台商控股	32	24	8			10165
外商控股	28	22	6			4555
其他	142	139	3			5912
七、按经营方式分						
独立门店	4205	3900	305	598	303	163574
连锁总店(总部)	44	14	30	8	3	4170
连锁门店	226	213	13	376	80	4626
其他	335	298	37	85	41	8722
八、按四大城市功能区分						
首都功能核心区	1289	1137	152	391	144	49531
东城区	589	526	63	157	50	27864
西城区	700	611	89	234	94	21667
城市功能拓展区	2419	2260	159	521	198	91636
朝阳区	816	752	64	213	90	37825
丰台区	644	624	20	141	42	13319
石景山区	76	66	10	19	11	2307
海淀区	883	818	65	148	55	38185
城市发展新区	706	666	40	104	55	27745
房山区	115	112	3	10	3	3094
通州区	107	104	3	14	8	2556
顺义区	101	89	12	21	15	6790
昌平区	233	217	16	34	19	10616
大兴区	124	120	4	18	6	3123
北京经济技术开发区	26	24	2	7	4	1566
生态涵养发展区	396	362	34	51	30	12180
门头沟区	47	39	8	6	3	2039
怀柔区	169	160	9	17	10	3707
平谷区	44	43	1	2	2	1807
密云县	95	88	7	15	9	2966
延庆县	41	32	9	11	6	1661

4-4 餐饮业法人及产业活动单位基本情况

项目	法人单位数（个）	单产业	多产业	餐饮业产业活动单位数（个）	#其他行业所属的产业活动单位数	从业人员（人）
合计	**11513**	**10525**	**988**	**5942**	**967**	**324849**
一、按登记注册类型分						
内资	11201	10316	885	3999	722	247137
国有	110	97	13	161	47	3277
集体	299	281	18	86	41	3004
股份合作	487	451	36	78	21	5104
国有联营	1	1		3		6
集体联营	9	9		7	2	91
国有与集体联营	3	3		1	1	4
其他联营	17	17		7		89
国有独资公司	20	16	4	17	3	3167
其他有限责任公司	2742	2469	273	1777	314	85514
股份有限公司	130	117	13	99	13	9290
私营独资	1360	1326	34	180	22	9169
私营合伙	165	159	6	27	5	2554
私营有限责任公司	5594	5125	469	1505	243	121410
私营股份有限公司	179	160	19	43	6	4003
其他	85	85		8	4	455
港澳台商投资	135	92	43	720	67	26977
与港澳台商合资经营	30	22	8	31	7	2106
与港澳台商合作经营	2	2		3	1	47
港澳台商独资	100	66	34	680	56	24706
港澳台商投资股份有限公司	1		1	2		92
其他港澳台投资	2	2		4	3	26
外商投资	177	117	60	1223	178	50735
中外合资经营	42	26	16	322	52	22871
中外合作经营	6	5	1	11	1	2786
外资企业	118	76	42	872	118	24607
外商投资股份有限公司	5	4	1	9	4	412
其他外商投资	6	6		9	3	59
二、按隶属关系分						
中央	44	39	5			4987
地方	642	577	65			23616
其他	10827	9909	918			296246
三、按行业分						
正餐服务	8475	7785	690	2825	523	231107
快餐服务	964	802	162	2128	163	59429
茶馆服务	225	210	15	51	26	1201
咖啡馆服务	273	260	13	185	56	4601
酒吧服务	81	78	3	5	3	747
其他饮料及冷饮服务	188	167	21	244	64	1183
小吃服务	230	208	22	135	32	3343
餐饮配送服务	259	240	19	88	11	10018
其他未列明餐饮业	818	775	43	281	89	13220

注：“住宿餐饮业产业活动单位数”为在京法人附营的(不含本部)、外地法人在京的从事住宿和餐饮业的产业活动单位数。
“其他行业所属的产业活动单位数”为非住宿餐饮业法人附营的(不含本部)、外地法人在京的从事住宿和餐饮业的产业活动单位数。
产业活动单位的隶属关系和控股情况免填。

4-4　续表

项　　目	法　人单位数(个)	单产业	多产业	餐饮业产业活动单位数(个)	#其他行业所属的产业活动单位数	从业人员(人)
四、按开业时间分						
2013年	1301	1278	23	677	118	12919
2009-2012年	4482	4227	255	2885	450	87770
2005-2008年	2877	2618	259	1235	174	80627
2000-2004年	1876	1615	261	768	128	63233
1990-1999年	833	674	159	298	76	51132
1978-1989年	112	85	27	57	14	28311
1966-1977年	7	5	2	4	1	256
1950-1965年	5	4	1	14	5	277
1949年以前	20	19	1	4	1	324
五、按营业状态分						
营业	9716	8798	918	5357	850	319129
停业(歇业)	1227	1169	58	341	78	3518
筹建	213	210	3	35	6	876
当年关闭	288	283	5	181	28	499
当年破产	10	10		4		26
其他	59	55	4	24	5	801
六、按控股情况分						
国有控股	232	195	37			22569
集体控股	502	462	40			9090
私人控股	10196	9395	801			212830
港澳台商控股	129	88	41			27191
外商控股	167	109	58			50190
其他	287	276	11			2979
七、按经营方式分						
独立门店	10159	9487	672	1737	435	202342
连锁总店(总部)	240	53	187	38	4	98647
连锁门店	282	232	50	3862	439	8057
其他	832	753	79	305	89	15803
八、按四大城市功能区分						
首都功能核心区	2265	1979	286	1517	270	101879
东城区	1136	1002	134	736	149	67534
西城区	1129	977	152	781	121	34345
城市功能拓展区	6644	6125	519	3312	528	164180
朝阳区	3261	2961	300	1670	300	82908
丰台区	895	870	25	476	52	17463
石景山区	226	211	15	130	21	5807
海淀区	2262	2083	179	1036	155	58002
城市发展新区	1845	1701	144	918	113	49404
房山区	240	225	15	89	9	2976
通州区	348	325	23	96	9	4829
顺义区	415	375	40	333	38	12643
昌平区	504	462	42	269	43	5450
大兴区	258	238	20	101	11	14539
北京经济技术开发区	80	76	4	30	3	8967
生态涵养发展区	759	720	39	195	56	9386
门头沟区	72	66	6	24	13	2241
怀柔区	327	312	15	50	11	3203
平谷区	120	115	5	26	7	1610
密云县	181	172	9	66	14	1609
延庆县	59	55	4	29	11	723

4-5 住宿和餐饮业法人单位经营情况

项目	单位数（个）	营业额（千元）	客房收入	餐费收入	商品销售额	其他收入	客房数（间）	年末餐饮营业面积（平方米）
合计	**16323**	**100687829**	**21542907**	**69360891**	**1374502**	**8409530**	**367738**	**10383000**
一、按登记注册类型分								
内资	15931	71139987	17017310	47375782	1001989	5744906	336656	9171490
国有	665	8048987	3574202	2801285	157522	1515978	47942	573204
集体	662	1584268	627899	601974	15458	338937	16838	245817
股份合作	812	1250804	353787	794135	12428	90454	13814	277358
国有联营	2	4309	3862	446			50	210
集体联营	19	17951	1466	16483		2	220	6498
国有与集体联营	10	13268	8052	48		5168	292	1545
其他联营	27	51560	23861	27207		492	275	9776
国有独资公司	64	1889137	489858	904773	124053	370453	5775	109902
其他有限责任公司	3749	28023383	7531656	17462567	358835	2670325	111290	2978847
股份有限公司	168	2986888	241457	2533017	46335	166079	4829	268776
私营独资	1960	1122020	291614	795287	15436	19682	19212	469156
私营合伙	303	418626	97526	308093	1051	11956	5046	85514
私营有限责任公司	7078	24737868	3586307	20379895	261169	510497	105104	3963964
私营股份有限公司	271	944606	178547	713215	8990	43854	5116	144540
其他	141	46313	7215	37356	712	1030	853	36383
港澳台商投资	181	13088446	3188099	8222300	282106	1395942	22686	497553
与港澳台商合资经营	57	5076504	2096470	1907166	124328	948539	12287	160436
与港澳台商合作经营	4	403668	146042	98189	1604	157833	576	3534
港澳台商独资	117	7569669	945586	6181387	156135	286562	9823	329223
港澳台商投资股份有限公司	1	***		***		***		***
其他港澳台投资	2	3872		3833	39			1540
外商投资	211	16459397	1337499	13762809	90406	1268682	8396	713957
中外合资经营	64	9156698	1119769	7047643	33039	956247	6569	299441
中外合作经营	9	712610	127944	339823		244843	819	18806
外资企业	127	6527344	89786	6320291	52636	64630	1008	389742
外商投资股份有限公司	5	56602		48909	4731	2962		4822
其他外商投资	6	6143		6143				1146
二、按隶属关系分								
中央	376	8147861	3215211	2675657	142948	2114045	38805	423281
地方	1302	14217557	5120074	6825453	286205	1985825	67702	1129446
其他	14645	78322412	13207622	59859781	945349	4309660	261231	8830273
三、按行业分								
住宿业	4810	38672787	20969233	10094018	579605	7029931	352045	3010339
餐饮业	11513	62015042	573674	59266873	794896	1379599	15693	7372661
四、按控股情况分								
国有控股	1020	23041251	8767261	9557435	506012	4210543	101529	1295299
集体控股	1054	4013188	1347585	1886523	64870	714210	30499	528646
私人控股	13464	46143438	7683057	36263604	480405	1716372	201188	7212297
港澳台商控股	161	10799696	2036124	7773413	194711	795447	15917	466601
外商控股	195	14732719	958895	13105337	80582	587905	8518	680549
其他	429	1957538	749986	774579	47921	385053	10087	199608

4-5　续表

项　　目	单位数(个)	营业额(千元)	客房收入	餐费收入	商品销售额	其他收入	客房数(间)	年末餐饮营业面积(平方米)
五、按限额标准分								
限额以上	2935	87330208	18459137	59661389	1233613	7976069	208625	5934203
限额以下	13388	13357621	3083770	9699502	140889	433461	159113	4448797
六、按经营方式分								
独立门店	14364	67225111	18585333	40483022	931882	7224875	312556	8197752
连锁总店(总部)	284	26545399	1046474	24795901	325117	377907	14589	1496918
连锁门店	508	2184154	942686	1166029	11223	64216	21042	296424
其他	1167	4733166	968414	2915940	106280	742532	19551	391906
七、按餐饮营业面积分								
5000平方米及以上	251	38070790	3175415	32038234	599860	2257281	30103	3003829
1000-4999平方米	2350	37595793	9528484	23816696	472636	3777976	117570	4487065
500-999平方米	1997	9382113	2227279	5987350	144551	1022933	47859	1347957
499平方米及以下	11725	15639133	6611728	7518610	157455	1351340	172206	1544149
八、按六大产业功能区分								
北京经济技术开发区	106	2383406	236210	2112076	4075	31045	3792	114471
中关村国家自主创新示范区	2	8290		8290				400
金融街功能区	154	1228223	282024	812569	5828	127802	2754	112051
商务中心区	541	6060430	1258409	3912699	180899	708423	8598	332910
奥林匹克中心区	393	2932802	778345	1982707	8098	163653	7315	302874
临空经济区	219	2387248	409218	1606889	80106	291035	6485	209442
九、按四大城市功能区分								
首都功能核心区	3554	35457561	7154037	25975358	247256	2080910	97295	2771275
东城区	1725	23739832	4153129	18145990	112997	1327717	48738	1584177
西城区	1829	11717729	3000909	7829368	134259	753193	49557	1187098
城市功能拓展区	9063	49940222	11683874	32526507	801413	4928427	188209	5336553
朝阳区	4077	25724324	5275661	17499745	404989	2543930	65559	2405826
丰台区	1539	4958493	1342107	3141477	147713	327196	42279	809848
石景山区	302	898803	201963	596121	8133	92586	5927	147991
海淀区	3145	18358602	4864143	11289166	240578	1964716	74444	1972888
城市发展新区	2551	12642033	1949433	9363938	246627	1082036	57508	1635736
房山区	355	735357	134419	459845	39355	101739	7264	219550
通州区	455	798831	134963	588652	30056	45159	6902	200796
顺义区	516	3414630	603782	2379690	94947	336212	11568	390812
昌平区	737	2419998	658699	1198783	65606	496910	20210	394246
大兴区	382	2889812	181360	2624892	12588	70972	7772	315861
北京经济技术开发区	106	2383406	236210	2112076	4075	31045	3792	114471
生态涵养发展区	1155	2648013	755563	1495088	79206	318157	24726	639436
门头沟区	119	654025	218169	369853	15918	50084	5706	93694
怀柔区	496	857773	264905	454929	33233	104706	8640	205993
平谷区	164	339763	66790	232217	10719	30037	2708	116137
密云县	276	491038	142972	236652	15461	95953	4915	119097
延庆县	100	305414	62727	201436	3874	37377	2757	104515

4-6 住宿业法人单位经营情况

项目	单位数（个）	营业额（千元）					客房数（间）	年末餐饮营业面积（平方米）
			客房收入	餐费收入	商品销售额	其他收入		
合计	**4810**	**38672787**	**20969233**	**10094018**	**579605**	**7029931**	**352045**	**3010339**
一、按登记注册类型分								
内资	4730	29199586	16444739	7641891	431829	4681128	320973	2852008
国有	555	7443515	3551586	2298967	152671	1440291	47533	504761
集体	363	1220380	623393	266896	9022	321069	16333	142577
股份合作	325	508957	338320	83114	6406	81117	13215	123845
国有联营	1	***	***	***			***	***
集体联营	10	2398	1466	931		2	220	2448
国有与集体联营	7	13220	8052			5168	292	1325
其他联营	10	44335	23861	19982		492	275	6616
国有独资公司	44	1019341	474554	310644	36064	198078	5655	64921
其他有限责任公司	1007	13082766	7316421	3484087	168062	2114195	105438	921945
股份有限公司	38	546930	241116	157486	12465	135863	4809	35187
私营独资	600	297831	274827	16182	1524	5299	18436	178624
私营合伙	138	102446	92493	6477	355	3121	4612	36605
私营有限责任公司	1484	4618622	3310125	934619	38281	335597	98335	770721
私营股份有限公司	92	284355	177561	60493	6293	40008	4966	47971
其他	56	10615	7103	2001	685	826	804	14362
港澳台商投资	46	6259021	3188099	1631076	126101	1313745	22684	111641
与港澳台商合资经营	27	4501611	2096470	1356677	107357	941107	12287	88501
与港澳台商合作经营	2	395548	146042	90069	1604	157833	576	3361
港澳台商独资	17	1361861	945586	184330	17140	214805	9823	19779
外商投资	34	3214181	1336396	821050	21676	1035059	8386	46690
中外合资经营	22	2827438	1119769	745605	21256	940808	6569	39711
中外合作经营	3	276304	126841	66970		82493	809	5736
外资企业	9	110439	89786	8475	420	11758	1008	1243
二、按隶属关系分								
中央	332	6917478	3173976	1822889	62426	1858187	37746	350778
地方	660	10032953	5060308	2929923	196643	1846079	66249	566562
其他	3818	21722357	12734949	5341206	320537	3325665	248050	2092999
三、按行业分								
旅游饭店	1188	29832837	14224905	8935931	493722	6178278	167821	1533773
一般旅馆	2988	8008673	6123052	1050194	77098	758329	154086	1172100
其他住宿业	634	831278	621276	107892	8785	93324	30138	304466
四、按控股情况分								
国有控股	788	18301447	8686346	5456702	341850	3816549	99815	896045
集体控股	552	2514754	1317388	524520	33143	639703	29243	285886
私人控股	3268	11108257	7240249	2611451	119837	1136720	188862	1637955
港澳台商控股	32	3586937	2036124	801618	38806	710389	15917	63249
外商控股	28	1557981	957792	229431	11852	358906	8508	21299
其他	142	1603411	731333	470296	34118	367665	9700	105905
五、按限额标准分								
限额以上	1113	35274567	18052631	9772658	555571	6893707	202306	1445921
限额以下	3697	3398220	2916602	321360	24034	136224	149739	1564418

4-6　续表

项　　目	单位数(个)	营业额(千元)	客房收入	餐费收入	商品销售额	其他收入	客房数(间)	年末餐饮营业面积(平方米)
六、按经营方式分								
独立门店	4205	34829785	18053203	9705719	500197	6570667	298705	2724423
连锁总店(总部)	44	1099367	1043774	16829	8646	30118	14394	22999
连锁门店	226	1052985	925980	62997	9140	54868	20602	140859
其他	335	1690651	946277	308473	61623	374278	18344	122058
七、按星级评定情况分								
一星	42	41517	30231	8973	4	2310	1338	20283
二星	165	1343082	720769	410801	40191	171321	14726	162802
三星	283	5119942	2411063	1537365	92561	1078952	37975	337260
四星	113	7361607	3281322	2264039	118041	1698205	31208	285000
五星	50	8387370	3730890	2712165	105965	1838350	22884	225373
其他	4157	16419269	10794958	3160675	222843	2240793	243914	1979621
八、按餐饮营业面积分								
5000平方米及以上	87	7823782	3082815	2798116	185156	1757694	27898	727877
1000-4999平方米	837	18713573	9203570	5876549	257265	3376188	111353	1611004
500-999平方米	616	4121054	2168341	981455	66688	904570	45494	422362
499平方米及以下	3270	8014379	6514506	437897	70496	991479	167300	249096
九、按六大产业功能区分								
北京经济技术开发区	26	342927	231188	79436	1340	30964	3792	18581
金融街功能区	41	501079	275010	102984	3822	119263	2679	28302
商务中心区	85	2762041	1258408	759744	45669	698219	8578	49014
奥林匹克中心区	89	1388778	777148	463284	680	147665	7283	94964
临空经济区	50	668764	405304	177556	7580	78325	6355	43091
十、按四大城市功能区分								
首都功能核心区	1289	11614260	6998946	2713532	127338	1774443	95199	754048
东城区	589	6834414	4095758	1572132	59625	1106899	48022	397246
西城区	700	4779845	2903189	1141400	67713	667544	47177	356802
城市功能拓展区	2419	21188323	11379893	5365998	276810	4165622	180864	1468833
朝阳区	816	10146514	5206142	2648617	147353	2144401	64092	607267
丰台区	644	2135060	1291035	525026	33204	285796	40561	285260
石景山区	76	350850	190708	90491	3965	65685	5525	42056
海淀区	883	8555900	4692008	2101864	92288	1669740	70686	534250
城市发展新区	706	4248245	1897819	1411056	128218	811152	54735	510485
房山区	115	399837	131957	138397	33684	95799	6987	90000
通州区	107	267038	127851	96444	6554	36189	6222	45870
顺义区	101	1095541	597370	365377	17427	115367	11158	80499
昌平区	233	1763627	635969	595952	61815	469891	19182	193371
大兴区	124	379274	173484	135450	7398	62943	7394	82164
北京经济技术开发区	26	342927	231188	79436	1340	30964	3792	18581
生态涵养发展区	396	1621960	692575	603432	47239	278714	21247	276973
门头沟区	47	375722	216666	101491	7967	49598	5441	32230
怀柔区	169	511391	223466	173035	23922	90968	6548	79941
平谷区	44	188484	64636	90477	5251	28119	2402	54584
密云县	95	336436	126886	124784	7127	77639	4257	41434
延庆县	41	209927	60922	113644	2972	32389	2599	68784

4-7 餐饮业法人单位经营情况

项目	单位数（个）	营业额（千元）	客房收入	餐费收入	商品销售额	其他收入	客房数（间）	年末餐饮营业面积（平方米）
合计	**11513**	**62015042**	**573674**	**59266873**	**794896**	**1379599**	**15693**	**7372661**
一、按登记注册类型分								
内资	11201	41940401	572571	39733891	570161	1063778	15683	6319482
国有	110	605472	22617	502318	4851	75687	409	68443
集体	299	363888	4506	335078	6436	17868	505	103240
股份合作	487	741846	15468	711020	6022	9337	599	153513
国有联营	1	***		***				***
集体联营	9	15552		15552				4050
国有与集体联营	3	48		48				220
其他联营	17	7225		7225				3160
国有独资公司	20	869797	15303	594130	87989	172375	120	44981
其他有限责任公司	2742	14940617	215235	13978480	190773	556130	5852	2056902
股份有限公司	130	2439958	341	2375531	33870	30216	20	233589
私营独资	1360	824188	16788	779106	13912	14383	776	290532
私营合伙	165	316179	5033	301616	696	8835	434	48909
私营有限责任公司	5594	20119246	276183	19445276	222887	174900	6769	3193243
私营股份有限公司	179	660251	987	652722	2697	3846	150	96569
其他	85	35698	112	35355	28	203	49	22021
港澳台商投资	135	6829426		6591224	156005	82197		385912
与港澳台商合资经营	30	574892		550489	16971	7432		71935
与港澳台商合作经营	2	8120		8120				173
港澳台商独资	100	6207808		5997057	138995	71757		309444
港澳台商投资股份有限公司	1	***		***		***		***
其他港澳台投资	2	3872		3833	39			1540
外商投资	177	13245216	1103	12941758	68731	233624	10	667267
中外合资经营	42	6329261		6302038	11783	15440		259730
中外合作经营	6	436306	1103	272853		162350	10	13070
外资企业	118	6416905		6311816	52217	52872		388499
外商投资股份有限公司	5	56602		48909	4731	2962		4822
其他外商投资	6	6143		6143				1146
二、按隶属关系分								
中央	44	1230383	41235	852768	80522	255858	1059	72503
地方	642	4184604	59766	3895530	89562	139746	1453	562884
其他	10827	56600055	472673	54518575	624813	983995	13181	6737274
三、按行业分								
正餐服务	8475	42967231	531776	41082368	502032	851055	13746	5903397
快餐服务	964	13769120	3798	13494709	75978	194636	211	834671
茶馆服务	225	133841	728	121085	7477	4551	37	52398
咖啡馆服务	273	1326442		1182544	135930	7968		99530
酒吧服务	81	144452		122433	21559	461	10	23457
其他饮料及冷饮服务	188	117378	690	114287	1630	771	51	25567
小吃服务	230	414352		382182	295	31875		44234
餐饮配送服务	259	1648445	1458	1472205	29404	145378	20	119987
其他未列明餐饮业	818	1493781	35225	1295061	20592	142902	1618	269420
四、按控股情况分								
国有控股	232	4739804	80914	4100733	164162	393994	1714	399254
集体控股	502	1498433	30197	1362003	31727	74508	1256	242760
私人控股	10196	35035181	442808	33652153	360569	579652	12326	5574342
港澳台商控股	129	7212758		6971795	155905	85058		403352
外商控股	167	13174738	1103	12875905	68731	228999	10	659250
其他	287	354127	18653	304283	13803	17388	387	93703

4-7　续表

项　　目	单位数(个)	营业额(千元)	客房收入	餐费收入	商品销售额	其他收入	客房数(间)	年末餐饮营业面积(平方米)
五、按限额标准分								
限额以上	1822	52055641	406506	49888731	678042	1082362	6319	4488282
限额以下	9691	9959401	167168	9378142	116854	297237	9374	2884379
六、按经营方式分								
独立门店	10159	32395326	532130	30777303	431685	654207	13851	5473329
连锁总店(总部)	240	25446032	2700	24779072	316471	347789	195	1473919
连锁门店	282	1131169	16706	1103032	2083	9348	440	155565
其他	832	3042515	22138	2607467	44657	368254	1207	269848
七、按餐饮业态分								
中式正餐	8297	37614027	547774	35737201	460909	868143	15093	5604479
中式快餐	1215	7656886	5234	7405122	50862	195668	173	656146
外国风味正餐	517	6374853	14966	6184711	64940	110236	164	443506
外国风味快餐	156	7211341	25	7119971	47140	44204	15	327069
茶馆	236	128508	679	115747	6942	5140	48	56418
咖啡馆	434	1399413	283	1257143	136819	5168	6	127349
酒吧	79	153498		130897	22140	461		22575
其他	579	1476517	4713	1316082	5143	150578	194	135119
八、按餐饮营业面积分								
5000平方米及以上	164	30247009	92600	29240118	414704	499587	2205	2275952
1000-4999平方米	1513	18882220	324914	17940147	215371	401788	6217	2876061
500-999平方米	1381	5261059	58938	5005895	77863	118363	2365	925595
499平方米及以下	8455	7624755	97222	7080713	86959	359861	4906	1295053
九、按六大产业功能区分								
北京经济技术开发区	80	2040478	5022	2032640	2735	81		95890
中关村国家自主创新示范区	2	8290		8290				400
金融街功能区	113	727144	7014	709585	2006	8539	75	83749
商务中心区	456	3298389	1	3152954	135230	10204	20	283896
奥林匹克中心区	304	1544025	1197	1519423	7417	15987	32	207910
临空经济区	169	1718484	3914	1429333	72527	212710	130	166351
十、按四大城市功能区分								
首都功能核心区	2265	23843301	155091	23261826	119917	306467	2096	2017227
东城区	1136	16905418	57371	16573858	53371	220817	716	1186931
西城区	1129	6937884	97720	6687968	66546	85649	1380	830296
城市功能拓展区	6644	28751899	303981	27160510	524603	762805	7345	3867720
朝阳区	3261	15577810	69518	14851128	257636	399529	1467	1798559
丰台区	895	2823433	51073	2616451	114509	41400	1718	524588
石景山区	226	547953	11256	505630	4168	26900	402	105935
海淀区	2262	9802702	172134	9187301	148291	294976	3758	1438638
城市发展新区	1845	8393789	51614	7952882	118408	270884	2773	1125251
房山区	240	335520	2462	321448	5671	5940	277	129550
通州区	348	531793	7113	492208	23502	8970	680	154926
顺义区	415	2319089	6411	2014313	77520	220845	410	310313
昌平区	504	656370	22730	602831	3791	27019	1028	200875
大兴区	258	2510537	7877	2489442	5190	8029	378	233697
北京经济技术开发区	80	2040478	5022	2032640	2735	81		95890
生态涵养发展区	759	1026053	62988	891656	31967	39443	3479	362463
门头沟区	72	278303	1503	268362	7952	486	265	61464
怀柔区	327	346382	41440	281894	9311	13738	2092	126052
平谷区	120	151279	2154	141739	5468	1918	306	61553
密云县	181	154602	16086	111868	8334	18313	658	77663
延庆县	59	95487	1805	87792	902	4988	158	35731

4-8 限额以上住宿和

项目	单位数（个）	营业额（千元）				
			客房收入	餐费收入	商品销售额	其他收入
合计	**2935**	**87330208**	**18459137**	**59661389**	**1233613**	**7976069**
一、按登记注册类型分						
内资	2727	58499902	14024125	38270702	863606	5341469
国有	301	7681982	3384419	2645524	154404	1497635
集体	79	1308246	514247	457474	11491	325034
股份合作	87	808923	201791	517246	8731	81155
国有与集体联营	1	***	***			***
其他联营	1	***	***	***		***
国有独资公司	39	1839216	463308	885172	123825	366911
其他有限责任公司	819	24018391	6664248	14604057	306650	2443436
股份有限公司	42	2867699	216118	2445369	45055	161157
私营独资	26	251910	46741	200415	3497	1257
私营合伙	13	55112	25156	25689		4267
私营有限责任公司	1258	18873852	2353301	15901876	202680	415995
私营股份有限公司	61	744354	129269	568056	7273	39756
港澳台商投资	105	12581053	3126097	7790668	281508	1382780
与港澳台商合资经营	39	4974841	2039809	1862165	124328	948539
与港澳台商合作经营	3	403668	146042	98189	1604	157833
港澳台商独资	62	7167811	940246	5798589	155576	273400
港澳台商投资股份有限公司	1	***		***		***
外商投资	103	16249253	1308915	13600019	88499	1251820
中外合资经营	39	9088727	1111298	6989603	33039	954787
中外合作经营	9	712610	127944	339823		244843
外资企业	53	6391946	69673	6222316	50729	49228
外商投资股份有限公司	2	55970		48277	4731	2962
二、按隶属关系分						
中央	215	7988309	3117509	2619255	141056	2110489
地方	420	13342253	4821254	6286506	279287	1955206
其他	2300	65999646	10520374	50755628	813270	3910374
三、按行业分						
住宿业	1113	35274567	18052631	9772658	555571	6893707
餐饮业	1822	52055641	406506	49888731	678042	1082362
四、按控股情况分						
国有控股	578	22451668	8510907	9258293	499875	4182593
集体控股	163	3357878	1117054	1487226	58593	695005
私人控股	1978	35073125	5297013	28037848	361923	1376341
港澳台商控股	89	10304230	1962794	7367860	194152	779424
外商控股	95	14546497	930311	12966966	78675	570545
其他	32	1596810	641058	543196	40395	372161

餐饮业法人单位经营情况

餐费收入和商品销售额中:			客房数(间)	床位数(个)	餐位数(位)	年末餐饮营业面积(平方米)
#集 团消费收入	#持银行卡消费收入	#持预付卡消费收入				
13366222	**20971719**	**2184545**	**208625**	**352183**	**1395034**	**5934203**
11440672	17380795	1843185	178200	308886	1007208	4787691
1047473	794501	121205	39623	70176	86708	383571
171754	123097	22069	7263	13476	20947	71757
222838	252691	18317	4005	7833	22073	89418
			***	***		
***	***	***	***	***	***	***
184356	188697	18881	4774	8042	22685	86762
4393538	6818508	774606	79490	135810	345945	1800981
343465	1249595	106992	3684	6963	40710	223176
23167	72213	8798	1159	1962	8659	25592
8208	5051	926	380	638	2476	8416
4875229	7593609	732196	35638	59916	441271	2023090
162790	263286	37956	1944	3636	15418	70928
1089599	2346962	123095	22379	31681	126301	467460
543555	857514	81281	12119	17360	24956	150126
48209	28910		576	754	1249	3534
494648	1440696	37693	9684	13567	99574	310980
3187	19842	4121			522	2820
835951	1243962	218265	8046	11616	261525	679052
384624	391757	14034	6468	8885	95207	284129
180056	88126	15267	819	1380	2388	18806
265269	759145	188964	759	1351	162508	372197
6002	4934				1422	3920
986134	568480	54315	34232	59896	80428	339055
1651890	2706704	294096	54441	93561	154723	768324
10728198	17696535	1836134	119952	198726	1159883	4826824
3656711	3373897	594647	202306	341057	302777	1445921
9709511	17597822	1589898	6319	11126	1092257	4488282
2641269	3413686	351739	91270	155072	221906	1037810
569630	537543	56650	15389	28256	59935	250810
8342484	13600346	1353020	72790	124060	729119	3508183
963346	2184411	179660	15441	21565	117119	436316
664653	1024598	208967	8168	14296	254270	648661
184840	211135	34509	5567	8934	12685	52423

4-8 续表

项目	单位数（个）	营业额（千元）	客房收入	餐费收入	商品销售额	其他收入
五、按经营方式分						
独立门店	2601	56279252	16172046	32361202	814276	6931728
连锁总店(总部)	97	25909193	970844	24256479	321288	360582
连锁门店	73	1341549	457162	822126	7120	55141
其他	164	3800214	859085	2221582	90929	628618
六、按餐饮营业面积分						
5000平方米及以上	207	37538656	3074325	31733289	592438	2138604
1000-4999平方米	1272	34311859	8755890	21402939	450007	3703023
500-999平方米	578	7053677	1905061	4072545	112235	963836
499平方米及以下	878	8426016	4723861	2452616	78933	1170606
七、按六大产业功能区分						
北京经济技术开发区	25	2249108	213058	2006213	1340	28497
金融街功能区	54	1061295	265561	663099	4833	127802
商务中心区	113	5547472	1222527	3441896	179785	703264
奥林匹克中心区	110	2675197	745573	1766079	6877	156668
临空经济区	43	2162227	334253	1462195	80015	285764
八、按四大城市功能区分						
首都功能核心区	773	32249996	6295569	23700501	220463	2033463
东城区	364	22111838	3728243	16990544	101729	1291322
西城区	409	10138158	2567326	6709957	118734	742141
城市功能拓展区	1688	42228956	9943862	26971474	715211	4598409
朝阳区	741	22100425	4663573	14636182	372654	2428016
丰台区	243	3951850	931532	2579329	141859	299130
石景山区	43	700817	163603	440548	7255	89411
海淀区	661	15475864	4185154	9315415	193443	1781852
城市发展新区	322	10690860	1573918	7838582	230496	1047864
房山区	55	601367	103199	361183	38772	98213
通州区	39	457767	92520	303890	26456	34901
顺义区	69	3032098	516297	2099763	90807	325231
昌平区	80	1963697	531299	877981	62648	491769
大兴区	54	2386823	117545	2189552	10473	69253
北京经济技术开发区	25	2249108	213058	2006213	1340	28497
生态涵养发展区	152	2160396	645788	1150832	67443	296333
门头沟区	30	621686	214398	342918	14390	49980
怀柔区	47	604422	188275	298478	27098	90571
平谷区	24	257050	54339	166200	8567	27944
密云县	28	400762	130748	165363	13775	90876
延庆县	23	276476	58028	177873	3613	36962

餐费收入和商品销售额中:			客房数 (间)	床位数 (个)	餐位数 (位)	年末餐饮 营业面积 (平方米)
#集　团 消费收入	#持银行卡 消费收入	#持预付卡 消费收入				
10094632	14887491	1677394	178867	301580	853559	4257576
2062372	5140201	358235	12106	21317	476585	1403365
149859	369783	34425	5058	7733	24321	86064
1059359	574244	114491	12594	21553	40569	187198
3888649	8486343	883995	26940	45903	653269	2685379
7002865	9956992	1122516	88685	146423	552228	2687721
1555263	1664216	126276	24287	43230	124550	410488
919445	864168	51758	68713	116627	64987	150615
697876	1214834	21893	2301	3165	28261	81225
352302	415220	56117	2061	3240	10640	89132
405449	1533457	83416	7246	10604	60560	236264
282272	884868	132070	5832	9418	31814	209029
188375	175259	45489	4389	8296	32709	132300
2979007	6204636	559506	61750	101157	491254	1812135
838570	2805719	278758	33681	54315	344348	1091811
2140437	3398917	280748	28069	46842	146906	720324
7514134	12046942	1331304	100595	165313	612759	3020920
3112643	6567886	680998	39985	62387	274966	1368930
1046061	1149227	110491	14368	25884	80396	387751
105237	126077	19013	2907	5127	14354	73227
3250193	4203752	520802	43335	71915	243043	1191012
2326372	2432587	244077	30071	56525	222486	818879
164774	107069	23332	3813	6862	25367	106439
145366	89225	3179	2144	3733	13998	60630
489510	329216	76607	7335	14445	50516	205920
589064	312352	109970	11441	22443	52841	195214
239782	379891	9096	3037	5877	51503	169451
697876	1214834	21893	2301	3165	28261	81225
546709	287554	49658	16209	29188	68535	282269
99979	83744	15378	4932	7990	16902	55642
216189	72244	18267	4532	8541	19274	71025
80260	52848	7936	1422	2591	9317	48844
103377	54290	6538	3260	6199	11355	49522
46904	24428	1539	2063	3867	11687	57236

4-9 限额以上住宿业

项目	单位数(个)	营业额(千元)				
			客房收入	餐费收入	商品销售额	其他收入
合计	**1113**	**35274567**	**18052631**	**9772658**	**555571**	**6893707**
一、按登记注册类型分						
内资	1045	25904441	13618722	7322344	408214	4555161
国有	270	7204841	3366852	2258799	149725	1429465
集体	48	1081873	512427	247198	7587	314661
股份合作	33	359625	199230	75090	6155	79150
国有与集体联营	1	***	***			***
其他联营	1	***	***	***		***
国有独资公司	29	992147	455651	303136	35836	197524
其他有限责任公司	375	12095373	6519627	3351003	162431	2062312
股份有限公司	8	519246	216118	154869	12396	135863
私营独资	8	43132	36883	5020	155	1074
私营合伙	7	31621	25156	3810		2655
私营有限责任公司	247	3297740	2131982	849949	27673	288136
私营股份有限公司	18	228626	129269	53646	6256	39455
港澳台商投资	40	6197019	3126097	1631076	126101	1313745
与港澳台商合资经营	26	4444950	2039809	1356677	107357	941107
与港澳台商合作经营	2	395548	146042	90069	1604	157833
港澳台商独资	12	1356521	940246	184330	17140	214805
外商投资	28	3173107	1307812	819238	21256	1024801
中外合资经营	19	2818763	1111298	745605	21256	940604
中外合作经营	3	276304	126841	66970		82493
外资企业	6	78040	69673	6663		1704
二、按隶属关系分						
中央	197	6795572	3077978	1801440	60833	1855321
地方	268	9691447	4780544	2886368	193189	1831346
其他	648	18787548	10194109	5084850	301549	3207040
三、按行业分						
旅游饭店	662	29102907	13659426	8818135	483188	6142158
一般旅馆	430	5897973	4239767	891930	67487	698789
其他住宿业	21	273687	153438	62593	4896	52760
四、按控股情况分						
国有控股	473	17982028	8444393	5402008	336521	3799106
集体控股	88	2243825	1097716	481716	31320	633073
私人控股	481	8540899	4988867	2401944	104410	1045678
港澳台商控股	25	3513607	1962794	801618	38806	710389
外商控股	22	1516907	929208	227619	11432	348648
其他	24	1477301	629653	457753	33082	356813
五、按经营方式分						
独立门店	984	32100247	15772140	9401400	482243	6444464
连锁总店(总部)	7	1022803	969758	16520	8395	28130
连锁门店	41	565217	456673	51310	7120	50114
其他	81	1586300	854060	303428	57813	370999

法人单位经营情况

餐费收入和商品销售额中:			客房数 (间)	床位数 (个)	餐位数 (位)	年末餐饮 营业面积 (平方米)
#集　团 消费收入	#持银行卡 消费收入	#持预付卡 消费收入				
3656711	**3373897**	**594647**	**202306**	**341057**	**302777**	**1445921**
3080716	2492453	538779	171891	297770	271113	1297108
925146	702540	118757	39334	69661	77818	343072
108321	46869	18468	7173	13318	10167	42808
20664	22540	14226	3985	7793	6660	32144
			***	***		
***	***	***	***	***	***	***
141956	111014	11698	4712	7937	10655	48082
1351332	1144533	262143	76918	131096	110913	561042
124956	30527		3684	6963	6839	22230
411	1382		974	1691	880	2100
388	771	1	380	638	494	1318
384467	390473	108255	32547	54603	43779	227952
15221	22257	3992	1944	3636	2592	12360
337457	606741	29623	22379	31681	22196	106113
237711	520445	26308	12119	17360	17413	88501
47118	22008		576	754	1159	3361
52628	64288	3315	9684	13567	3624	14251
238538	274703	26245	8036	11606	9468	42700
201263	247075	11329	6468	8885	8728	36711
36561	27159	14916	809	1370	560	5736
714	469		759	1351	180	253
812896	481157	53972	33256	58060	59750	276695
1039190	836951	208136	53567	91940	85508	378019
1804625	2055789	332539	115483	191057	157519	791207
3309138	3057223	527949	141565	238430	257751	1185108
321166	272343	43752	58241	98182	40809	238094
26407	44331	22946	2500	4445	4217	22719
2044743	1737267	270584	89817	152357	155316	694284
275032	139108	41168	14909	27386	23468	123584
941126	966418	240962	68519	116753	100993	522414
171084	283307	5707	15441	21565	9857	51721
72450	75336	17470	8158	14286	2953	17309
152276	172461	18756	5462	8710	10190	36609
3482021	3226958	573244	172684	290721	285376	1374229
12205	13115	6715	12063	21234	1695	7290
24637	30046	6649	5050	7717	2189	7799
137848	103778	8039	12509	21385	13517	56603

4-9 续表

项目	单位数(个)	营业额(千元)	客房收入	餐费收入	商品销售额	其他收入
六、按星级评定情况分						
一星	8	21717	10933	8764	4	2016
二星	115	1213852	623415	383304	39570	167563
三星	183	4939442	2259563	1513171	91340	1075368
四星	104	7263723	3223485	2229200	118041	1692997
五星	45	8365372	3714825	2706232	105965	1838350
其他	658	13470461	8220410	2931987	200651	2117413
七、按餐饮营业面积分						
5000平方米及以上	59	7681401	2999123	2758473	184762	1739043
1000-4999平方米	350	17831499	8510765	5745002	250018	3325714
500-999平方米	166	3733395	1863472	914077	61793	894053
499平方米及以下	538	6028272	4679271	355106	58998	934897
八、按六大产业功能区分						
北京经济技术开发区	11	322310	213058	79416	1340	28496
金融街功能区	16	484521	258547	102984	3727	119263
商务中心区	29	2725173	1222527	759343	45563	697740
奥林匹克中心区	34	1355590	745573	461882	617	147518
临空经济区	20	581830	330950	166334	7567	76979
九、按四大城市功能区分						
首都功能核心区	323	10668032	6151040	2633463	124063	1759466
东城区	166	6341163	3674640	1512207	57504	1096812
西城区	157	4326869	2476400	1121256	66559	662654
城市功能拓展区	553	19311349	9755758	5225210	263933	4066448
朝阳区	217	9514358	4644058	2616691	143475	2110134
丰台区	91	1673419	885919	490725	32003	264772
石景山区	19	307217	152355	86116	3371	65375
海淀区	226	7816355	4073426	2031678	85084	1626167
城市发展新区	148	3831712	1546490	1360384	125318	799520
房山区	30	364708	102113	134776	33631	94188
通州区	11	226540	91183	94560	6435	34362
顺义区	32	990589	512565	347361	17358	113305
昌平区	46	1624377	512969	583632	60787	466989
大兴区	18	303188	114602	120639	5767	62180
北京经济技术开发区	11	322310	213058	79416	1340	28496
生态涵养发展区	89	1463474	599343	553601	42257	268273
门头沟区	16	368972	213256	98681	7461	49574
怀柔区	26	405884	157284	142330	21253	85017
平谷区	12	169776	54339	82624	4869	27944
密云县	20	316660	117537	119944	5751	73428
延庆县	15	202182	56927	110022	2923	32310

餐费收入和商品销售额中:			客房数(间)	床位数(个)	餐位数(位)	年末餐饮营业面积(平方米)
#集　团消费收入	#持银行卡消费收入	#持预付卡消费收入				
1144	2704		378	801	1040	4732
155064	115326	7388	12999	24777	25415	118782
742089	512788	129101	32059	57090	63358	286089
1064926	793999	182588	30473	51644	64059	273573
804244	883546	93608	22457	35010	46311	220245
889244	1065534	181962	103940	171735	102594	542500
759529	1109093	196106	25487	43054	74113	519350
2329528	1911023	351524	85477	140902	168831	761391
403026	249232	33049	23563	41898	37090	115720
164628	104549	13968	67779	115203	22743	49460
32314	29098	279	2301	3165	2608	15630
51469	46518	17939	1986	3133	2400	27672
150849	245572	9785	7246	10604	9407	36430
70438	170756	12604	5832	9418	8732	68757
87088	37524	18841	4302	8126	5379	21998
771726	810930	114738	60017	98317	66192	328649
288131	374582	41433	33089	53409	34692	174061
483595	436348	73305	26928	44908	31500	154588
1620432	1959724	264954	97795	160409	128289	665313
609397	984050	131296	39585	61661	52892	293505
235534	156144	15712	13400	24104	18767	79245
25403	36231	2930	2741	4860	4491	29300
750098	783299	115016	42069	69784	52139	263263
909896	450600	172842	29371	55209	70579	292758
77217	46611	19429	3770	6779	11303	45015
51121	31187	1948	2124	3697	5782	23664
241300	125012	49108	7273	14316	12284	47280
441941	187657	96187	10979	21546	32088	129957
66003	31035	5891	2924	5706	6514	31212
32314	29098	279	2301	3165	2608	15630
354657	152643	42113	15123	27122	37717	159201
67285	29540	13681	4882	7870	6068	20172
137862	35805	17542	3763	7140	9956	37243
49017	28266	4183	1422	2591	5596	27382
67234	38677	5168	3056	5780	8360	29588
33259	20355	1539	2000	3741	7737	44816

4-10 限额以上餐饮业

项目	单位数(个)	营业额(千元)	客房收入	餐费收入	商品销售额	其他收入
合计	**1822**	**52055641**	**406506**	**49888731**	**678042**	**1082362**
一、按登记注册类型分						
内资	1682	32595461	405403	30948358	455392	786308
国有	31	477141	17567	386725	4679	68170
集体	31	226373	1820	210276	3904	10373
股份合作	54	449298	2561	442156	2576	2005
国有独资公司	10	847069	7657	582036	87989	169387
其他有限责任公司	444	11923018	144621	11253054	144219	381124
股份有限公司	34	2348453		2290500	32659	25294
私营独资	18	208778	9858	195395	3342	183
私营合伙	6	23491		21879		1612
私营有限责任公司	1011	15576112	221319	15051927	175007	127859
私营股份有限公司	43	515728		514410	1017	301
港澳台商投资	65	6384034		6159592	155407	69035
与港澳台商合资经营	13	529891		505488	16971	7432
与港澳台商合作经营	1	***		***		
港澳台商独资	50	5811290		5614259	138436	58595
港澳台商投资股份有限公司	1	***		***		***
外商投资	75	13076146	1103	12780781	67243	227019
中外合资经营	20	6269964		6243998	11783	14183
中外合作经营	6	436306	1103	272853		162350
外资企业	47	6313906		6215653	50729	47524
外商投资股份有限公司	2	55970		48277	4731	2962
二、按隶属关系分						
中央	18	1192737	39531	817815	80223	255168
地方	152	3650806	40710	3400138	86098	123860
其他	1652	47212098	326265	45670778	511721	703334
三、按行业分						
正餐服务	1634	35700312	406506	34158862	427303	707641
快餐服务	119	13142353		12899440	63989	178924
茶馆服务	4	40626		36387	2851	1388
咖啡馆服务	6	1199926		1065714	134212	
酒吧服务	10	99191		77312	21531	348
其他饮料及冷饮服务	3	34886		34886		
小吃服务	6	136722		105585	251	30886
餐饮配送服务	30	1258767		1089205	25648	143914
其他未列明餐饮业	10	442858		421340	2257	19261
四、按控股情况分						
国有控股	105	4469640	66514	3856285	163354	383487
集体控股	75	1114053	19338	1005510	27273	61932
私人控股	1497	26532226	308146	25635904	257513	330663
港澳台商控股	64	6790623		6566242	155346	69035
外商控股	73	13029590	1103	12739347	67243	221897
其他	8	119509	11405	85443	7313	15348

法人单位经营情况

餐费收入和商品销售额中:			客房数 (间)	床位数 (个)	餐位数 (位)	年末餐饮 营业面积 (平方米)
#集　团 消费收入	#持银行卡 消费收入	#持预付卡 消费收入				
9709511	**17597822**	**1589898**	**6319**	**11126**	**1092257**	**4488282**
8359956	14888342	1304406	6309	11116	736095	3490583
122327	91961	2448	289	515	8890	40499
63433	76228	3601	90	158	10780	28949
202174	230151	4091	20	40	15413	57274
42400	77683	7183	62	105	12030	38680
3042206	5673975	512463	2572	4714	235032	1239939
218509	1219068	106992			33871	200946
22756	70831	8798	185	271	7779	23492
7820	4280	925			1982	7098
4490762	7203136	623941	3091	5313	397492	1795138
147569	241029	33964			12826	58568
752142	1740221	93472			104105	361347
305844	337069	54973			7543	61625
***	***				***	***
442020	1376408	34378			95950	296729
***	***	***			***	***
597413	969259	192020	10	10	252057	636352
183361	144682	2705			86479	247418
143495	60967	351	10	10	1828	13070
264555	758676	188964			162328	371944
6002	4934				1422	3920
173238	87323	343	976	1836	20678	62360
612700	1869753	85960	874	1621	69215	390305
8923573	15640746	1503595	4469	7669	1002364	4035617
8133694	16317848	1418506	6319	11126	818142	3617096
560522	700428	100110			238544	680956
9668	15314	3517			917	3577
14958	372222	10760			19767	59639
29668	63282	5978			1828	11190
286	2821	225			260	1868
28043	43806	10596			3097	13354
895135	6896				5231	48534
37537	75205	40206			4471	52068
596526	1676419	81155	1453	2715	66590	343526
294598	398435	15482	480	870	36467	127226
7401358	12633928	1112058	4271	7307	628126	2985769
792262	1901104	173953			107262	384595
592203	949262	191497	10	10	251317	631352
32564	38674	15753	105	224	2495	15814

4-10 续表

项目	单位数（个）	营业额（千元）				
			客房收入	餐费收入	商品销售额	其他收入
五、按经营方式分						
独立门店	1617	24179005	399906	22959802	332033	487264
连锁总店(总部)	90	24886390	1086	24239959	312893	332452
连锁门店	32	776332	489	770816		5027
其他	83	2213914	5025	1918154	33116	257619
六、按餐饮业态分						
中式正餐	1486	30116602	392053	28715371	366003	643175
中式快餐	115	6823320		6599844	40915	182561
外国风味正餐	157	5787123	14453	5628075	63750	80845
外国风味快餐	28	7102598		7026219	47078	29301
茶馆	5	43578		39339	2851	1388
咖啡馆	5	1221483		1087271	134212	
酒吧	13	109568		87689	21531	348
其他	13	851369		704923	1702	144744
七、按餐饮营业面积分						
5000平方米及以上	148	29857255	75202	28974816	407676	399561
1000-4999平方米	922	16480360	245125	15657937	199989	377309
500-999平方米	412	3320282	41589	3158468	50442	69783
499平方米及以下	340	2397744	44590	2097510	19935	235709
八、按六大产业功能区分						
北京经济技术开发区	14	1926798		1926797		1
金融街功能区	38	576774	7014	560115	1106	8539
商务中心区	84	2822299		2682553	134222	5524
奥林匹克中心区	76	1319607		1304197	6260	9150
临空经济区	23	1580397	3303	1295861	72448	208785
九、按四大城市功能区分						
首都功能核心区	450	21581964	144529	21067038	96400	273997
东城区	198	15770675	53603	15478337	44225	194510
西城区	252	5811289	90926	5588701	52175	79487
城市功能拓展区	1135	22917607	188104	21746264	451278	531961
朝阳区	524	12586067	19515	12019491	229179	317882
丰台区	152	2278431	45613	2088604	109856	34358
石景山区	24	393600	11248	354432	3884	24036
海淀区	435	7659509	111728	7283737	108359	155685
城市发展新区	174	6859148	27428	6478198	105178	248344
房山区	25	236659	1086	226407	5141	4025
通州区	28	231227	1337	209330	20021	539
顺义区	37	2041509	3732	1752402	73449	211926
昌平区	34	339320	18330	294349	1861	24780
大兴区	36	2083635	2943	2068913	4706	7073
北京经济技术开发区	14	1926798		1926797		1
生态涵养发展区	63	696922	46445	597231	25186	28060
门头沟区	14	252714	1142	244237	6929	406
怀柔区	21	198538	30991	156148	5845	5554
平谷区	12	87274		83576	3698	
密云县	8	84102	13211	45419	8024	17448
延庆县	8	74294	1101	67851	690	4652

餐费收入和商品销售额中:#集　团消费收入	#持银行卡消费收入	#持预付卡消费收入	客房数(间)	床位数(个)	餐位数(位)	年末餐饮营业面积(平方米)
6612611	11660533	1104150	6183	10859	568183	2883347
2050167	5127086	351520	43	83	474890	1396075
125222	339737	27776	8	16	22132	78265
921511	470466	106452	85	168	27052	130595
7669377	14945038	1327901	6190	10905	671028	3284505
933977	437965	41281			139661	443891
482463	1400133	96966	129	221	149035	344899
172307	329544	71166			104865	305425
9692	15433	3517			932	3645
11025	366665	10785			19577	59569
33863	71541	6178			2263	13060
396807	31503	32104			4896	33288
3129120	7377250	687889	1453	2849	579156	2166029
4673337	8045969	770992	3208	5521	383397	1926330
1152237	1414984	93227	724	1332	87460	294768
754817	759619	37790	934	1424	42244	101155
665562	1185736	21614			25653	65595
300833	368702	38178	75	107	8240	61460
254600	1287885	73631			51153	199834
211834	714112	119466			23082	140272
101287	137735	26648	87	170	27330	110302
2207281	5393706	444768	1733	2840	425062	1483486
550439	2431137	237325	592	906	309656	917750
1656842	2962569	207443	1141	1934	115406	565736
5893702	10087218	1066350	2800	4904	484470	2355607
2503246	5583836	549702	400	726	222074	1075425
810527	993083	94779	968	1780	61629	308506
79834	89846	16083	166	267	9863	43927
2500095	3420453	405786	1266	2131	190904	927749
1416476	1981987	71235	700	1316	151907	526121
87557	60458	3903	43	83	14064	61424
94245	58038	1231	20	36	8216	36966
248210	204204	27499	62	129	38232	158640
147123	124695	13783	462	897	20753	65257
173779	348856	3205	113	171	44989	138239
665562	1185736	21614			25653	65595
192052	134911	7545	1086	2066	30818	123068
32694	54204	1697	50	120	10834	35470
78327	36439	725	769	1401	9318	33782
31243	24582	3753			3721	21462
36143	15613	1370	204	419	2995	19934
13645	4073		63	126	3950	12420

4-11 限额以下住宿和餐饮业法人单位经营情况

项目	单位数（个）	营业额（千元）					客房数（间）	年末餐饮营业面积（平方米）
			客房收入	餐费收入	商品销售额	其他收入		
合计	**13388**	**13357621**	**3083770**	**9699502**	**140889**	**433461**	**159113**	**4448797**
一、按登记注册类型分								
内资	13204	12640085	2993185	9105080	138383	403437	158456	4383799
国有	364	367005	189783	155761	3118	18343	8319	189633
集体	583	276022	113652	144500	3967	13903	9575	174060
股份合作	725	441881	151996	276889	3697	9299	9809	187940
国有联营	2	4309	3862	446			50	210
集体联营	19	17951	1466	16483		2	220	6498
国有与集体联营	9	4698	3856	48		794	217	1545
其他联营	26	9913	2530	7383			110	5776
国有独资公司	25	49921	26550	19601	228	3542	1001	23140
其他有限责任公司	2930	4004992	867408	2858510	52185	226889	31800	1177866
股份有限公司	126	119189	25339	87648	1280	4922	1145	45600
私营独资	1934	870110	244873	594872	11939	18425	18053	443564
私营合伙	290	363514	72370	282404	1051	7689	4666	77098
私营有限责任公司	5820	5864016	1233006	4478019	58489	94502	69466	1940874
私营股份有限公司	210	200252	49278	145159	1717	4098	3172	73612
其他	141	46313	7215	37356	712	1030	853	36383
港澳台商投资	76	507393	62002	431632	598	13162	307	30093
与港澳台商合资经营	18	101663	56661	45001			168	10310
与港澳台商合作经营	1							
港澳台商独资	55	401858	5340	382798	559	13162	139	18243
其他港澳台投资	2	3872		3833	39			1540
外商投资	108	210144	28584	162790	1907	16862	350	34905
中外合资经营	25	67971	8471	58040		1460	101	15312
外资企业	74	135398	20113	97975	1907	15402	249	17545
外商投资股份有限公司	3	632		632				902
其他外商投资	6	6143		6143				1146
二、按隶属关系分								
中央	161	159552	97702	56402	1892	3556	4573	84226
地方	882	875304	298820	538947	6918	30619	13261	361122
其他	12345	12322766	2687248	9104153	132079	399286	141279	4003449
三、按行业分								
住宿业	3697	3398220	2916602	321360	24034	136224	149739	1564418
餐饮业	9691	9959401	167168	9378142	116854	297237	9374	2884379

4-11　续表

项　　目	单位数（个）	营业额（千元）					客房数（间）	年末餐饮营业面积（平方米）
			客房收入	餐费收入	商品销售额	其他收入		
四、按控股情况分								
国有控股	442	589583	256354	299142	6137	27950	10259	257489
集体控股	891	655310	230531	399297	6277	19205	15110	277836
私人控股	11486	11070313	2386044	8225756	118482	340031	128398	3704114
港澳台商控股	72	495466	73330	405553	559	16023	476	30285
外商控股	100	186222	28584	138371	1907	17360	350	31888
其他	397	360728	108928	231383	7526	12892	4520	147185
五、按经营方式分								
独立门店	11763	10945859	2413287	8121820	117606	293147	133689	3940176
连锁总店(总部)	187	636206	75630	539422	3829	17325	2483	93553
连锁门店	435	842605	485524	343903	4103	9075	15984	210360
其他	1003	932952	109329	694358	15351	113914	6957	204708
六、按六大产业功能区分								
北京经济技术开发区	81	134298	23152	105863	2735	2548	1491	33246
中关村国家自主创新示范区	2	8290		8290				400
金融街功能区	100	166928	16463	149470	995		693	22919
商务中心区	428	512958	35882	470803	1114	5159	1352	96646
奥林匹克中心区	283	257605	32772	216628	1221	6985	1483	93845
临空经济区	176	225021	74965	144694	91	5271	2096	77142
七、按四大城市功能区分								
首都功能核心区	2781	3207565	858468	2274857	26793	47447	35545	959140
东城区	1361	1627994	424886	1155446	11268	36395	15057	492366
西城区	1420	1579571	433583	1119411	15525	11052	20488	466774
城市功能拓展区	7375	7711266	1740012	5555033	86202	330018	87614	2315633
朝阳区	3336	3623899	612088	2863563	32335	115914	25574	1036896
丰台区	1296	1006643	410575	562148	5854	28066	27911	422097
石景山区	259	197986	38360	155573	878	3175	3020	74764
海淀区	2484	2882738	678989	1973751	47135	182864	31109	781876
城市发展新区	2229	1951173	375515	1525356	16131	34172	27437	816857
房山区	300	133990	31220	98662	583	3526	3451	113111
通州区	416	341064	42443	284762	3600	10258	4758	140166
顺义区	447	382532	87485	279927	4140	10981	4233	184892
昌平区	657	456301	127400	320802	2958	5141	8769	199032
大兴区	328	502989	63815	435340	2115	1719	4735	146410
北京经济技术开发区	81	134298	23152	105863	2735	2548	1491	33246
生态涵养发展区	1003	487617	109775	344256	11763	21824	8517	357167
门头沟区	89	32339	3771	26935	1528	104	774	38052
怀柔区	449	253351	76630	156451	6135	14135	4108	134968
平谷区	140	82713	12451	66017	2152	2093	1286	67293
密云县	248	90276	12224	71289	1686	5077	1655	69575
延庆县	77	28938	4699	23563	261	415	694	47279

4-12 限额以下住宿业法人单位经营情况

项　　目	单位数(个)	营业额(千元)					客房数(间)	年末餐饮营业面积(平方米)
			客房收入	餐费收入	商品销售额	其他收入		
合　计	**3697**	**3398220**	**2916602**	**321360**	**24034**	**136224**	**149739**	**1564418**
一、按登记注册类型分								
内资	3685	3295145	2826017	319547	23615	125967	149082	1554900
国有	285	238674	184734	40168	2946	10826	8199	161689
集体	315	138507	110966	19698	1435	6408	9160	99769
股份合作	292	149332	139090	8024	251	1967	9230	91701
国有联营	1	***	***	***			***	***
集体联营	10	2398	1466	931		2	220	2448
国有与集体联营	6	4650	3856			794	217	1325
其他联营	9	2688	2530	158			110	2616
国有独资公司	15	27194	18903	7508	228	554	943	16839
其他有限责任公司	632	987393	796794	133084	5631	51883	28520	360903
股份有限公司	30	27684	24998	2617	69		1125	12957
私营独资	592	254699	237944	11162	1369	4225	17462	176524
私营合伙	131	70825	67337	2667	355	466	4232	35287
私营有限责任公司	1237	1320882	1178143	84670	10608	47461	65788	542769
私营股份有限公司	74	55729	48292	6847	37	553	3022	35611
其他	56	10615	7103	2001	685	826	804	14362
港澳台商投资	6	62002	62002				307	5528
与港澳台商合资经营	1	***	***				***	
港澳台商独资	5	5340	5340				139	5528
外商投资	6	41074	28584	1812	420	10258	350	3990
中外合资经营	3	8675	8471			204	101	3000
外资企业	3	32399	20113	1812	420	10054	249	990
二、按隶属关系分								
中央	135	121906	95998	21449	1593	2866	4490	74083
地方	392	341506	279764	43555	3454	14733	12682	188543
其他	3170	2934809	2540840	256356	18988	118625	132567	1301792
三、按行业分								
旅游饭店	526	729930	565479	117796	10534	36120	26256	348665
一般旅馆	2558	2110700	1883285	158264	9611	59540	95845	934006
其他住宿业	613	557591	467838	45299	3889	40564	27638	281747
四、按控股情况分								
国有控股	315	319419	241953	54694	5329	17443	9998	201761
集体控股	464	270929	219672	42804	1823	6630	14334	162302
私人控股	2787	2567358	2251382	209507	15427	91042	120343	1115541
港澳台商控股	7	73330	73330				476	11528
外商控股	6	41074	28584	1812	420	10258	350	3990
其他	118	126110	101680	12543	1036	10852	4238	69296

4-12 续表

项目	单位数（个）	营业额（千元）					客房数（间）	年末餐饮营业面积（平方米）
			客房收入	餐费收入	商品销售额	其他收入		
五、按经营方式分								
独立门店	3221	2729538	2281063	304319	17954	126203	126021	1350194
连锁总店(总部)	37	76564	74016	309	251	1988	2331	15709
连锁门店	185	487768	469307	11687	2020	4754	15552	133060
其他	254	104351	92217	5045	3810	3279	5835	65455
六、按星级评定情况分								
一星	34	19800	19298	209		294	960	15551
二星	50	129230	97354	27497	621	3758	1727	44020
三星	100	180500	151500	24194	1221	3584	5916	51171
四星	9	97884	57837	34839		5208	735	11427
五星	5	21998	16065	5933			427	5128
其他	3499	2948808	2574548	228688	22192	123380	139974	1437121
七、按六大产业功能区分								
北京经济技术开发区	15	20617	18130	20		2468	1491	2951
金融街功能区	25	16558	16463		95		693	630
商务中心区	56	36868	35881	401	106	479	1332	12584
奥林匹克中心区	55	33188	31575	1402	63	147	1451	26207
临空经济区	30	86934	74354	11222	13	1346	2053	21093
八、按四大城市功能区分								
首都功能核心区	966	946228	847906	80069	3275	14977	35182	425399
东城区	423	493251	421118	59925	2121	10087	14933	223185
西城区	543	452976	426789	20144	1154	4890	20249	202214
城市功能拓展区	1866	1876974	1624135	140788	12877	99174	83069	803520
朝阳区	599	632156	562084	31926	3878	34267	24507	313762
丰台区	553	461641	405116	34301	1201	21024	27161	206015
石景山区	57	43633	38353	4375	594	310	2784	12756
海淀区	657	739545	618582	70186	7204	43573	28617	270987
城市发展新区	558	416533	351329	50672	2900	11632	25364	217727
房山区	85	35129	29844	3621	53	1611	3217	44985
通州区	96	40498	36668	1884	119	1827	4098	22206
顺义区	69	104952	84805	18016	69	2062	3885	33219
昌平区	187	139250	123000	12320	1028	2902	8203	63414
大兴区	106	76086	58882	14811	1631	763	4470	50952
北京经济技术开发区	15	20617	18130	20		2468	1491	2951
生态涵养发展区	307	158486	93232	49831	4982	10441	6124	117772
门头沟区	31	6750	3410	2810	506	24	559	12058
怀柔区	143	105507	66182	30705	2669	5951	2785	42698
平谷区	32	18708	10297	7853	382	175	980	27202
密云县	75	19776	9349	4840	1376	4211	1201	11846
延庆县	26	7745	3995	3622	49	79	599	23968

4-13 限额以下餐饮业法人单位经营情况

项目	单位数(个)	营业额(千元)	客房收入	餐费收入	商品销售额	其他收入	客房数(间)	年末餐饮营业面积(平方米)
合计	**9691**	**9959401**	**167168**	**9378142**	**116854**	**297237**	**9374**	**2884379**
一、按登记注册类型分								
内资	9519	9344940	167168	8785533	114769	277470	9374	2828899
国有	79	128331	5050	115593	172	7517	120	27944
集体	268	137515	2686	124802	2532	7495	415	74291
股份合作	433	292548	12907	268864	3446	7332	579	96239
国有联营	1	***		***				***
集体联营	9	15552		15552				4050
国有与集体联营	3	48		48				220
其他联营	17	7225		7225				3160
国有独资公司	10	22728	7646	12094		2988	58	6301
其他有限责任公司	2298	3017599	70614	2725426	46554	175006	3280	816963
股份有限公司	96	91505	341	85031	1211	4922	20	32643
私营独资	1342	615410	6930	583711	10570	14200	591	267040
私营合伙	159	292688	5033	279737	696	7223	434	41811
私营有限责任公司	4583	4543134	54864	4393349	47880	47041	3678	1398105
私营股份有限公司	136	144523	987	138312	1680	3545	150	38001
其他	85	35698	112	35355	28	203	49	22021
港澳台商投资	70	445392		431632	598	13162		24565
与港澳台商合资经营	17	45001		45001				10310
与港澳台商合作经营	1							
港澳台商独资	50	396518		382798	559	13162		12715
其他港澳台投资	2	3872		3833	39			1540
外商投资	102	169070		160977	1488	6605		30915
中外合资经营	22	59297		58040		1257		12312
外资企业	71	102999		96163	1488	5348		16555
外商投资股份有限公司	3	632		632				902
其他外商投资	6	6143		6143				1146
二、按隶属关系分								
中央	26	37646	1704	34953	299	690	83	10143
地方	490	533798	19056	495392	3464	15886	579	172579
其他	9175	9387957	146408	8847797	113092	280661	8712	2701657
三、按行业分								
正餐服务	6841	7266919	125270	6923506	74729	143414	7427	2286301
快餐服务	845	626767	3798	595269	11989	15712	211	153715
茶馆服务	221	93215	728	84698	4626	3163	37	48821
咖啡馆服务	267	126516		116830	1718	7968		39891
酒吧服务	71	45261		45121	28	113	10	12267
其他饮料及冷饮服务	185	82492	690	79401	1630	771	51	23699
小吃服务	224	277630		276597	44	989		30880
餐饮配送服务	229	389678	1458	383000	3756	1464	20	71453
其他未列明餐饮业	808	1050923	35225	873721	18335	123641	1618	217352
四、按控股情况分								
国有控股	127	270164	14400	244448	808	10507	261	55728
集体控股	427	384380	10859	356493	4454	12576	776	115534
私人控股	8699	8502955	134662	8016249	103056	248989	8055	2588573
港澳台商控股	65	422135		405553	559	16023		18757
外商控股	94	145148		136558	1488	7102		27898
其他	279	234618	7248	218840	6490	2040	282	77889

4-13　续表

项　　目	单位数（个）	营业额（千元）	客房收入	餐费收入	商品销售额	其他收入	客房数（间）	年末餐饮营业面积（平方米）
五、按经营方式分								
独立门店	8542	8216321	132224	7817501	99652	166943	7668	2589982
连锁总店(总部)	150	559642	1614	539113	3578	15337	152	77844
连锁门店	250	354837	16217	332216	2083	4321	432	77300
其他	749	828601	17113	689313	11541	110635	1122	139253
六、按餐饮业态分								
中式正餐	6811	7497425	155721	7021830	94906	224968	8903	2319974
中式快餐	1100	833566	5234	805278	9947	13107	173	212255
外国风味正餐	360	587730	513	556636	1190	29391	35	98607
外国风味快餐	128	108743	25	93752	62	14903	15	21644
茶馆	231	84930	679	76408	4091	3752	48	52773
咖啡馆	429	177930	283	169872	2607	5168	6	67780
酒吧	66	43930		43208	609	113		9515
其他	566	625148	4713	611159	3441	5834	194	101831
七、按六大产业功能区分								
北京经济技术开发区	66	113680	5022	105843	2735	80		30295
中关村国家自主创新示范区	2	8290		8290				400
金融街功能区	75	150370		149470	900			22289
商务中心区	372	476090	1	470401	1008	4680	20	84062
奥林匹克中心区	228	224418	1197	215226	1157	6837	32	67638
临空经济区	146	138087	611	133472	79	3925	43	56049
八、按四大城市功能区分								
首都功能核心区	1815	2261337	10562	2194788	23517	32470	363	533741
东城区	938	1134743	3768	1095521	9146	26307	124	269181
西城区	877	1126595	6794	1099267	14371	6162	239	264560
城市功能拓展区	5509	5834292	115877	5414246	73325	230844	4545	1512113
朝阳区	2737	2991743	50003	2831637	28457	81647	1067	723134
丰台区	743	545002	5460	527847	4653	7042	750	216082
石景山区	202	154353	8	151198	284	2864	236	62008
海淀区	1827	2143193	60406	1903564	39932	139291	2492	510889
城市发展新区	1671	1534641	24186	1474684	13230	22540	2073	599130
房山区	215	98861	1376	95041	530	1915	234	68126
通州区	320	300566	5776	282878	3481	8431	660	117960
顺义区	378	277580	2679	261911	4071	8919	348	151673
昌平区	470	317050	4400	308482	1930	2239	566	135618
大兴区	222	426902	4934	420529	484	956	265	95458
北京经济技术开发区	66	113680	5022	105843	2735	80		30295
生态涵养发展区	696	329131	16543	294425	6781	11383	2393	239395
门头沟区	58	25589	361	24125	1023	80	215	25994
怀柔区	306	147844	10449	125746	3466	8184	1323	92270
平谷区	108	64005	2154	58163	1770	1918	306	40091
密云县	173	70500	2875	66449	310	865	454	57729
延庆县	51	21193	704	19941	212	336	95	23311

4-14 住宿和餐饮业法人

项目	单位数(个)	#亏损企业	应收账款	固定资产合计	固定资产原价
合计	**16323**	**5795**	**3667952**	**62510706**	**100935781**
一、按登记注册类型分					
内资	15931	5602	3184092	50336438	72602017
国有	665	246	337967	14321098	19923624
集体	662	175	36974	2128854	3303400
股份合作	812	210	51970	473849	829635
国有联营	2			493	8896
集体联营	19	3	297	4741	5981
国有与集体联营	10	6	8	12454	55537
其他联营	27	7	-5457	5117	18111
国有独资公司	64	25	63487	2750687	4778942
其他有限责任公司	3749	1580	1617284	23662829	32689273
股份有限公司	168	56	90851	1361379	1945036
私营独资	1960	448	43197	366888	391417
私营合伙	303	74	10819	34600	61081
私营有限责任公司	7078	2674	880394	5104670	8388363
私营股份有限公司	271	73	56143	95074	187745
其他	141	25	157	13706	14975
港澳台商投资	181	83	290035	7084141	17116106
与港澳台商合资经营	57	27	197570	4930281	12787929
与港澳台商合作经营	4	2	5559	837971	1663441
港澳台商独资	117	51	84165	1229808	2547893
港澳台商投资股份有限公司	1	***	***	***	***
其他港澳台投资	2	2	9	443	2056
外商投资	211	110	193826	5090127	11217659
中外合资经营	64	26	77428	3575763	8591945
中外合作经营	9	7	45536	952889	1536727
外资企业	127	70	66161	555785	1075130
外商投资股份有限公司	5	3	4263	3849	12140
其他外商投资	6	4	437	1842	1716
二、按隶属关系分					
中央	376	112	282081	10201785	18022167
地方	1302	484	536932	18482148	28200319
其他	14645	5199	2848939	33826774	54713296
三、按行业分					
住宿业	4810	1625	1808782	53439099	86247965
餐饮业	11513	4170	1859170	9071608	14687816
四、按控股情况分					
国有控股	1020	385	849694	29198026	50289186
集体控股	1054	276	126197	4207202	6413702
私人控股	13464	4795	2186325	16912473	23359535
港澳台商控股	161	76	202985	4516749	9886290
外商控股	195	104	164904	3191137	6502155
其他	429	159	137847	4485119	4484913

单位主要财务状况

单位：千元

#本年折旧	资产总计	负债合计	所有者权益合计	#实收资本	营业收入	#主营业务收入
4350278	**204764383**	**158095673**	**46668710**	**58632416**	**102056212**	**100961748**
3304571	155955442	123699829	32255613	43082352	72462198	71519333
836912	29668128	20394399	9273729	9606372	8259785	8095205
149258	3994076	2824675	1169401	824182	1598502	1581327
43344	1705704	1337193	368510	369045	1254270	1251338
158	26309	2080	24229	30150	4309	4150
18	10185	11185	-1000	2970	18000	17981
2036	70622	33554	37068	74595	13268	13268
1899	39440	69119	-29680	22358	51925	51925
170186	5639564	3448227	2191337	3186632	1904782	1899756
1464695	76919278	63019261	13900017	19514168	28911660	28411913
72426	8594400	5450745	3143654	1868697	2953576	2922939
29817	1554865	707236	847629	527998	1197724	1169412
5467	350461	144608	205853	95408	420189	413850
514253	26424014	25382250	1041764	6603956	24879216	24701784
14034	898967	863748	35219	330622	947168	937844
69	59429	11549	47880	25201	47824	46643
575812	30525860	20696460	9829400	10488570	13106166	13065688
342860	19727837	14317275	5410562	5461997	5090118	5079650
45726	1773597	964006	809591	1412292	403383	403383
182383	8314108	4995337	3318771	3396498	7574060	7544088
***	***	***	***	***	***	***
343	6073	16088	-10015	3783	3872	3833
469894	18283081	13699384	4583697	5061494	16487848	16376728
308764	12682127	8708808	3973318	2926766	9187892	9161212
51346	1733189	1855989	-122800	324887	712566	706544
109344	3828051	3099445	728606	1777848	6530065	6454609
298	26620	28892	-2272	20717	51190	48228
143	13095	6249	6845	11276	6136	6136
668393	23942479	14100450	9842029	8815356	8487287	8395208
1149166	47731048	35881540	11849508	14462714	14612947	14440216
2532718	133090856	108113683	24977173	35354346	78955979	78126324
3276195	148512970	111770898	36742072	44871301	39267193	38917757
1074083	56251413	46324775	9926638	13761115	62789019	62043991
1899027	71537082	48186223	23350859	25186528	23808505	23562093
304455	9539640	8498588	1041052	1459044	4023578	3957264
1280849	77050354	68042748	9007606	18240351	46679563	46074089
365456	22281433	16304934	5976499	7859584	10821191	10781219
328114	14869045	11807942	3061102	3324113	14769071	14651203
172377	9486829	5255238	4231591	2562796	1954304	1935881

4-14 续表 1

项　　目	单位数(个)	#亏损企业	应收账款	固定资产合　计	固定资产原　价
五、按限额标准分					
限额以上	2935	1301	2814590	55837557	92864877
限额以下	13388	4494	853362	6673149	8070904
六、按经营方式分					
独立门店	14364	5158	3018178	55866927	90168768
连锁总店(总部)	284	110	268308	2979955	5341857
连锁门店	508	178	78059	662580	871286
其他	1167	349	303407	3001244	4553871
七、按餐饮营业面积分					
5000平方米及以上	251	142	731754	16034748	26821852
1000-4999平方米	2350	1189	1670310	34720857	54375098
500-999平方米	1997	748	312314	5450536	9546012
0-499平方米	11725	3716	953573	6304565	10192819
八、按六大产业功能区分					
北京经济技术开发区	106	44	37175	467097	664971
中关村国家自主创新示范区	2			4742	5572
金融街功能区	154	74	31397	704325	1056553
商务中心区	541	202	214894	3944282	8819113
奥林匹克中心区	393	144	136120	782603	1572927
临空经济区	219	84	125357	1016113	1564950
九、按四大城市功能区分					
首都功能核心区	3554	1323	867257	19211395	32270884
东城区	1725	612	554030	12077291	20872499
西城区	1829	711	313228	7134103	11398385
城市功能拓展区	9063	3186	2063702	27369697	50507816
朝阳区	4077	1510	930392	13366801	26508931
丰台区	1539	491	252329	2001734	3375887
石景山区	302	116	106389	711077	1120746
海淀区	3145	1069	774592	11290086	19502252
城市发展新区	2551	932	561881	7304207	10049478
房山区	355	138	57346	929711	1059257
通州区	455	180	12839	341129	471156
顺义区	516	169	157000	2002041	3021009
昌平区	737	265	333534	2741710	3556257
大兴区	382	136	-36014	822519	1276828
北京经济技术开发区	106	44	37175	467097	664971
生态涵养发展区	1155	354	175112	8625407	8107603
门头沟区	119	40	19610	1872423	2310030
怀柔区	496	126	49704	3843428	1940083
平谷区	164	61	11295	330281	537109
密云县	276	87	45234	2104948	2656041
延庆县	100	40	49269	474327	664340

单位：千元

#本年折旧	资产总计	负债合计	所有者权益合计	#实收资本	营业收入	#主营业务收入
3787344	164521847	124193064	40328783	45560127	88314726	87506554
562934	40242536	33902609	6339927	13072289	13741486	13455194
3698158	170401371	135070078	35331293	50135243	68125479	67325081
426028	18435442	9656093	8779349	4286782	26863962	26652377
56242	2404067	2203474	200593	773699	2202625	2183120
169850	13523504	11166028	2357475	3436692	4864147	4801170
1238099	55779271	40942771	14836500	11396183	38484266	38279883
2055846	85511560	66007919	19503641	27329978	37797130	37506953
434144	19621895	16627111	2994784	4749564	9657829	9346000
622189	43851657	34517872	9333785	15156691	16116987	15828912
36870	1960350	962701	997649	607680	2440094	2432629
368	17030	830	16200	16000	8293	8073
41732	1919063	2053161	-134098	297661	1228458	1214072
292171	16640791	12196212	4444579	3987444	6119492	6084126
105757	11002627	8083745	2918882	3660575	2947526	2917706
93558	2933567	1804755	1128812	849720	2391559	2383291
1391562	61461530	47193735	14267796	18540392	36093499	35622794
911599	42049886	30906407	11143479	13947441	24246130	23896691
479963	19411645	16287328	3124317	4592950	11847369	11726104
2227345	102059022	78990186	23068836	30246297	50549632	50033223
1138475	58602302	46297764	12304538	16177720	25843705	25636371
173571	7003636	5440020	1563616	2414016	5148584	5107276
56826	1766065	1382066	384000	428540	911142	900741
858474	34687018	25870336	8816682	11226020	18646201	18388835
507688	26584181	20574552	6009629	6014558	12751068	12666119
37538	1999465	1666849	332616	764796	739638	730317
32724	2798483	2597970	200513	448688	847200	836090
158996	6930866	4638144	2292722	2115709	3444318	3418088
134951	9218239	8189759	1028480	1454353	2389374	2370133
106608	3676778	2519129	1157649	623331	2890444	2878862
36870	1960350	962701	997649	607680	2440094	2432629
223683	14659650	11337201	3322450	3831169	2662014	2639611
70671	2560667	2125294	435373	609413	654928	654299
41456	6581083	5186201	1394883	1382687	849941	839828
27353	1302789	1190776	112013	323941	342480	336781
60398	3285451	2077597	1207854	1113255	493363	491591
23806	929660	757333	172327	401874	321302	317112

4-14 续表 2

项目	营业成本	营业税金及附加	#主营业务税金及附加	其他业务利润	销售费用
合计	**37778797**	**5530394**	**5459516**	**909447**	**36151115**
一、按登记注册类型分					
内资	27065555	3958015	3897695	774244	25757230
国有	2465025	450839	443928	140674	2682014
集体	465512	89329	88479	17840	398436
股份合作	587745	76386	76056	26247	391478
国有联营	182	241	232	665	1793
集体联营	8404	966	966	1	6546
国有与集体联营	1667	2359	2359		5851
其他联营	20436	2876	2876		10901
国有独资公司	563011	98972	98783	4899	504110
其他有限责任公司	10249427	1570459	1534789	400588	10714348
股份有限公司	1144334	158479	155736	25014	1033618
私营独资	491197	67996	66850	8804	285288
私营合伙	180370	26566	24835	748	99995
私营有限责任公司	10467254	1357094	1346923	142348	9265300
私营股份有限公司	398411	52976	52550	6224	351793
其他	22580	2476	2329	192	5759
港澳台商投资	4335808	693861	684056	32352	4456991
与港澳台商合资经营	1545267	278525	277947	9618	1166806
与港澳台商合作经营	34986	22419	22419		205354
港澳台商独资	2743677	390757	381531	22735	3064055
港澳台商投资股份有限公司	***	***	***		***
其他港澳台投资	1938	215	214		1073
外商投资	6377434	878518	877764	102851	5936895
中外合资经营	3231461	481308	480793	41534	3309037
中外合作经营	437314	39791	39791	26182	99797
外资企业	2686078	354340	354102	32332	2503750
外商投资股份有限公司	20525	2735	2735	2803	24037
其他外商投资	2056	344	344		274
二、按隶属关系分					
中央	2705246	458307	454541	69549	2395495
地方	4547557	785090	779162	170553	4794351
其他	30525993	4286998	4225812	669345	28961269
三、按行业分					
住宿业	10503055	2149963	2137737	338772	12069942
餐饮业	27275742	3380431	3321779	570675	24081173
四、按控股情况分					
国有控股	7073632	1276410	1268017	217653	7313809
集体控股	1218586	225607	217658	77992	1226560
私人控股	18676457	2567412	2524137	477810	17772678
港澳台商控股	3589556	571766	561989	32673	4092060
外商控股	6380980	783180	782647	75436	5388663
其他	839584	106018	105068	27883	357345

单位：千元

管理费用	#税金	财务费用	营业利润	投资收益	利润总额	应　交 所得税	应　交 增值税
23108871	**831808**	**2214740**	**-2432854**	**492383**	**-2419960**	**1108252**	**133654**
17918705	590373	1566182	-3763508	239432	-3341728	556746	70898
3120009	149029	189938	-656406	35610	-516651	45194	12144
619840	29685	5305	52215	4351	57900	23331	3192
268756	4721	14954	-22931	600	4953	8034	860
29	-3		2062	2057	406	1	
638	15	141	-302		-44	5	
8082	524	58	-3124		-3216	3	
23064	252	223	-5380		-5388	64	13
817917	33762	12109	-90786	158	-63985	22255	4211
7383235	267716	786024	-1816123	38435	-1603050	319789	20801
550296	22679	173212	65062	177447	86707	41177	8807
229742	5713	6777	75457	933	66528	7586	1985
93547	1007	1316	14089	-27	11844	1707	398
4644816	73244	358895	-1339242	-20181	-1338137	83203	18316
153468	1919	17142	-41605	48	-42796	4187	170
5266	111	88	3505		3200	211	
2688688	152956	462468	704157	251723	717476	276798	33841
1586117	114489	417211	231592	135918	238720	131663	7181
92267	11193	10514	37843		38701	28448	276
987342	26313	27019	461616	115805	466916	116641	26382
***	***	***	***		***	***	
1685	2	36	-1074		-1074		1
2501478	88479	186089	626497	1227	204293	274708	28915
1538435	75841	100246	537418	204	119156	167577	22655
150726	7886	48073	-54612		-53596	875	
787209	4438	37674	160743	1023	156390	106255	6127
20212	314	111	-16278		-16238		133
4895		-14	-775		-1420	1	
2908074	148212	36447	-9469	14076	72900	115109	7946
4546258	217161	627062	-414242	151910	-587721	208361	26746
15654539	466436	1551231	-2009143	326397	-1905138	784782	98962
14278404	713054	1615539	-1134108	320717	-1203012	553580	35445
8830467	118754	599200	-1298746	171666	-1216948	554672	98209
8139447	424094	470086	-354368	169204	-77629	332279	37897
1307142	49743	36770	31469	-17407	58086	53845	3040
9462204	200830	1135778	-3034475	95446	-2970751	266751	36071
1913949	82014	385863	370305	116020	367453	200159	26833
1728681	36460	134574	353415	1037	-71634	190698	28462
557449	38668	51669	200801	128083	274515	64521	1351

4-14 续表 3

项目	营业成本	营业税金及附加	#主营业务税金及附加	其他业务利润	销售费用
五、按限额标准分					
限额以上	31742161	4767867	4741560	801744	31673723
限额以下	6036636	762527	717956	107703	4477392
六、按经营方式分					
独立门店	24031897	3755794	3708628	708309	23279519
连锁总店(总部)	10727081	1409322	1402409	149319	10671334
连锁门店	738664	121746	119636	11854	927228
其他	2281156	243532	228842	39964	1273034
七、按餐饮营业面积分					
5000平方米及以上	14719067	2033937	2022047	149453	14647664
1000-4999平方米	13106338	2061748	2037571	322902	13865242
500-999平方米	3688177	524780	508588	254181	2848161
0-499平方米	6265215	909929	891311	182911	4790048
八、按六大产业功能区分					
北京经济技术开发区	871653	136606	136436	6412	788488
中关村国家自主创新示范区	5462	71	71		332
金融街功能区	524127	68743	68683	11792	475848
商务中心区	2037409	331353	329330	41473	2181494
奥林匹克中心区	1037409	159572	159193	26032	1090341
临空经济区	717098	123324	123229	7212	940436
九、按四大城市功能区分					
首都功能核心区	12987484	1929118	1910657	414815	13867384
东城区	8855857	1285952	1270673	305608	9192638
西城区	4131627	643165	639984	109206	4674747
城市功能拓展区	18555162	2781022	2739894	417850	17179016
朝阳区	9138740	1405984	1395526	192033	9051067
丰台区	2254777	278576	277305	14116	1849103
石景山区	390573	48364	48071	6517	259283
海淀区	6771072	1048098	1018992	205184	6019563
城市发展新区	4979163	678508	668836	66263	4272481
房山区	370383	39261	38871	3907	190551
通州区	366019	46380	45787	7592	270462
顺义区	1180895	180674	180165	16455	1260105
昌平区	1011007	123775	122603	15659	722833
大兴区	1179205	151811	144973	16238	1040042
北京经济技术开发区	871653	136606	136436	6412	788488
生态涵养发展区	1256988	141747	140129	10519	832234
门头沟区	339971	36817	36733	101	191495
怀柔区	359993	46194	45139	5764	261009
平谷区	158908	14976	14905	1249	139736
密云县	256938	26472	26325	887	138826
延庆县	141177	17287	17026	2518	101168

单位：千元

管理费用	#税金	财务费用	营业利润	投资收益	利润总额	应交所得税	应交增值税
19248844	767619	1876137	-491831	523719	-132632	1076696	109397
3860027	64189	338603	-1941023	-31336	-2287328	31556	24257
18796056	757095	1890349	-3539952	185177	-3580572	672627	65578
2803308	27403	168266	1342323	300384	1381988	379079	52956
425931	7286	12843	-70402	828	-65607	16351	1038
1083576	40026	143282	-164824	5994	-155769	40195	14082
6044849	213228	808992	526940	320888	692923	512335	67221
10197874	431773	914445	-2155652	121235	-1949178	356701	45697
2521319	91663	123489	-133828	31075	-91523	99972	10328
4344829	95144	367814	-670315	19185	-1072182	139244	10408
344512	4765	38493	244317	3260	260363	75628	1172
1396	59	2	1028		1030	124	368
210093	2737	32853	-82944	139	-70994	5898	545
1272994	88691	114479	331619	138479	321939	123275	7121
740544	8831	140438	-185205	217	-185702	12767	-866
628006	14234	11386	-15207	1151	-13033	27743	3124
7119965	256625	736766	-370914	251311	-659921	425108	57957
4561283	167446	519381	-203053	43285	-569762	312963	42344
2558681	89179	217386	-167861	208026	-90159	112145	15614
12161706	467576	1175427	-1167858	226609	-1142272	525505	45970
5934351	247958	766514	-242152	131451	-251052	341127	28817
1026820	27770	39599	-314306	590	-311771	23961	5683
245009	7817	6332	-24203	15634	-15217	4134	1173
4955526	184031	362982	-587196	78934	-564232	156283	10297
2922084	79871	264583	-376989	8410	-192400	153874	28118
239163	2482	3075	-102646	-250	-81948	1504	2620
258178	3681	7612	-98296	1923	-84202	6012	1946
935398	24884	84568	-186703	446	-186557	30452	3929
643348	34040	112728	-228845	-2516	-122748	5452	4353
501486	10020	18108	-4816	5548	22692	34826	14098
344512	4765	38493	244317	3260	260363	75628	1172
905116	27737	37963	-517094	6052	-425367	3765	1608
145516	5770	9907	-68711	3	-64500	-2583	514
329559	9203	9380	-172275	6029	-91629	3658	156
126543	724	3488	-86037	928	-90547	538	1373
223392	7290	12345	-167341	-909	-163695	642	-712
80105	4750	2844	-22729	1	-14996	1510	278

4-15 住宿业法人

项　　目	单位数（个）	#亏损企业	应收账款	固定资产合计	固定资产原价
合　计	**4810**	**1625**	**1808782**	**53439099**	**86247965**
一、按登记注册类型分					
内资	4730	1597	1534111	43252488	61594117
国有	555	213	322808	14117111	19654186
集体	363	101	25207	2010582	3121727
股份合作	325	84	32708	401089	699853
国有联营	1			***	***
集体联营	10	3	199	1747	2395
国有与集体联营	7	5	8	12454	55532
其他联营	10	2	-5512	2610	13504
国有独资公司	44	18	34831	2668904	4622944
其他有限责任公司	1007	422	911363	20435055	28392058
股份有限公司	38	15	21456	729041	802540
私营独资	600	123	15190	157679	178647
私营合伙	138	28	4023	16157	25724
私营有限责任公司	1484	548	150848	2617053	3880385
私营股份有限公司	92	25	20877	72757	125975
其他	56	10	106	9866	10059
港澳台商投资	46	15	204493	6396304	15910235
与港澳台商合资经营	27	9	180322	4787541	12536286
与港澳台商合作经营	2	1	5499	837145	1659440
港澳台商独资	17	5	18672	771618	1714509
港澳台商投资股份有限公司					
其他港澳台投资					
外商投资	34	13	70178	3790306	8743613
中外合资经营	22	4	63890	2787493	7128101
中外合作经营	3	3	4175	942155	1488119
外资企业	9	6	2113	60659	127393
外商投资股份有限公司					
其他外商投资					
二、按隶属关系分					
中央	332	94	244109	10128723	17796948
地方	660	255	426067	17080482	26007671
其他	3818	1276	1138607	26229894	42443346
三、按行业分					
旅游饭店	1188	548	1411185	48428932	78574337
一般旅馆	2988	885	355653	4364389	6988043
其他住宿业	634	192	41945	645778	685585
四、按控股情况分					
国有控股	788	309	706643	27796002	48113391
集体控股	552	149	31181	3950348	5921443
私人控股	3268	1087	831624	11535197	15087252
港澳台商控股	32	12	81922	3823777	8678103
外商控股	28	13	35334	1911387	4054424
其他	142	55	122079	4422387	4393352

单位主要财务状况

单位：千元

#本年折旧	资产总计	负债合计	所有者权益合计	#实收资本	营业收入	#主营业务收入
3276195	**148512970**	**111770898**	**36742072**	**44871301**	**39267193**	**38917757**
2543287	110811923	84994939	25816984	32470997	29768493	29448495
823374	28916434	19909746	9006688	9370853	7634869	7532457
137627	3669840	2588317	1081523	726312	1232038	1216540
30737	1201118	936241	264877	251720	506614	504766
***	***	***	***	***	***	***
10	3533	5361	-1828	1930	2398	2398
2036	40141	33136	7005	44452	13220	13220
1886	26155	58897	-32742	18108	44363	44363
161209	5125795	3075112	2050683	3125873	1035607	1031646
1143587	56731398	44420875	12310523	15697778	13345316	13224841
4366	2955439	2504381	451058	452065	517453	515345
20621	724184	329799	394385	273733	366169	348104
2304	192058	56196	135861	40851	102572	101711
207534	10660989	10527308	133681	2233988	4667982	4615543
7809	512135	543759	-31624	190644	284530	283344
30	26619	4009	22610	12689	11488	10500
448290	25385359	17146660	8238699	9136851	6271933	6252737
330093	18550635	13413904	5136731	5278145	4515263	4504901
45648	1767722	953453	814269	1407292	395263	395263
72549	5067002	2779303	2287699	2451414	1361406	1352573
284618	12315688	9629299	2686389	3263454	3226768	3216526
227643	9886969	7305758	2581210	2368972	2838983	2834763
47370	1600907	1708189	-107282	230995	276304	270282
9605	827812	615352	212460	663487	111481	111481
651438	23054913	13462056	9592858	8699071	7173039	7119616
1027449	42682639	32802434	9880206	13268210	10177295	10058290
1597308	82775417	65506408	17269009	22904020	21916859	21739851
2753670	122755723	94643221	28112502	36432401	30137618	29921302
429033	23170804	14964088	8206716	7591990	8291208	8186251
93492	2586443	2163589	422855	846909	838367	810205
1791277	64151315	43075710	21075605	23854247	18722340	18574477
266639	8292799	7435261	857538	1194205	2523191	2496311
675339	41229830	36000542	5229287	9328043	11245621	11122238
231637	16823803	12566253	4257550	6526229	3602386	3583657
148726	9016742	7862526	1154216	1600930	1578231	1557275
162576	8998481	4830606	4167876	2367646	1595425	1583799

4-15 续表 1

项目	单位数(个)	#亏损企业	应收账款	固定资产合计	固定资产原价
五、按限额标准分					
限额以上	1113	468	1454813	49702814	81222224
限额以下	3697	1157	353969	3736285	5025741
六、按经营方式分					
独立门店	4205	1436	1649161	50711370	81459120
连锁总店(总部)	44	13	19772	241808	508081
连锁门店	226	74	40113	241837	385890
其他	335	102	99736	2244084	3894874
七、按星级评定情况分					
一星	42	15	632	21438	24942
二星	165	55	38943	667941	1252745
三星	283	140	375638	6655761	11576085
四星	113	51	419254	10872709	19107759
五星	50	23	130905	15390679	27653150
其他	4157	1341	843410	19830571	26633284
八、按餐饮营业面积分					
5000平方米及以上	87	51	247708	11676632	20048557
1000-4999平方米	837	384	873074	32433427	49710316
500-999平方米	616	209	138934	4553006	8344418
0-499平方米	3270	981	549066	4776033	8144674
九、按六大产业功能区分					
北京经济技术开发区	26	10	12198	397218	483589
金融街功能区	41	14	4568	659556	929264
商务中心区	85	25	131103	3639540	8204189
奥林匹克中心区	89	26	36986	634373	1276161
临空经济区	50	25	48873	818747	1272129
十、按四大城市功能区分					
首都功能核心区	1289	427	505811	15993477	26612568
东城区	589	198	374572	10164503	17445668
西城区	700	229	131239	5828974	9166900
城市功能拓展区	2419	740	805349	23616728	44103066
朝阳区	816	271	347180	11598790	23463571
丰台区	644	190	163290	1619278	2688343
石景山区	76	30	64953	606304	923471
海淀区	883	249	229927	9792356	17027681
城市发展新区	706	313	370259	5800624	8136311
房山区	115	56	35984	474611	611795
通州区	107	54	-7526	111695	225860
顺义区	101	47	64993	1632751	2516040
昌平区	233	97	324309	2587378	3335006
大兴区	124	49	-59699	596970	964021
北京经济技术开发区	26	10	12198	397218	483589
生态涵养发展区	396	145	127364	8028269	7396019
门头沟区	47	17	10577	1833772	2259809
怀柔区	169	48	34451	3563609	1608981
平谷区	44	22	4788	289485	486105
密云县	95	36	31566	1929263	2455868
延庆县	41	22	45982	412140	585257

单位：千元

#本年折旧	资产总计	负债合计	所有者权益合计	#实收资本	营业收入	#主营业务收入
2945040	122848241	90526678	32321563	37103173	35682110	35438049
331155	25664729	21244220	4420509	7768128	3585083	3479708
3045821	138026939	105011618	33015321	41712301	35172735	34865508
66172	2069347	501262	1568084	542082	1206603	1185706
31692	1225371	964811	260560	306425	1055972	1045532
132510	7191313	5293206	1898107	2310493	1831884	1821011
578	48819	31691	17127	16928	45751	45209
75477	1722311	1240207	482104	606209	1348311	1333042
427611	18902419	14789263	4113156	5497495	5186017	5111524
671257	27236746	22035586	5201159	7516326	7417991	7412119
865161	31357261	23538458	7818802	8641207	8384273	8365217
1236111	69245416	50135692	19109724	22593136	16884850	16650646
747097	31360269	23893341	7466928	7398131	7895377	7850883
1681533	69268951	49490924	19778027	23239788	18839202	18722578
339523	15007363	12517046	2490317	3278387	4198855	4150040
508042	32876388	25869587	7006800	10954995	8333759	8194257
27126	1081324	651632	429692	347660	354801	352890
27565	1348685	1466787	-118102	141444	501075	491875
223529	13805995	9943795	3862200	3076090	2764977	2759406
77121	6271950	3473765	2798185	3187659	1401863	1382218
66573	1528049	1008674	519376	520484	671273	667742
1006970	45923339	34823579	11099761	15016995	11828397	11701735
667685	32385142	23338067	9047074	11975045	6994788	6925057
339285	13538198	11485511	2052686	3041951	4833608	4776678
1692511	69502234	50325318	19176915	22656039	21543015	21370894
858802	41083248	30193308	10889939	12310603	10197828	10146019
111541	4669508	3292364	1377144	1927564	2251422	2223928
40401	1221844	908604	313240	268883	363257	362705
681767	22527634	15931042	6596592	8148988	8730508	8638242
380167	20070261	16272971	3797290	4047361	4261091	4227430
24847	1252962	825968	426994	381422	404741	397364
15720	2084472	2061814	22657	194094	269615	266878
118113	4685932	3366490	1319442	1527604	1120735	1106635
120863	8612555	7781788	830767	1193731	1731347	1724964
73496	2353017	1585279	767738	402849	379853	378699
27126	1081324	651632	429692	347660	354801	352890
196547	13017136	10349030	2668106	3150906	1634690	1617698
65392	2339367	1935506	403861	576974	376616	376598
29195	5996259	4797991	1198268	1131111	503138	496196
24916	1097589	1090937	6652	149406	190507	185962
55831	2772102	1864737	907364	920351	338388	336997
21213	811819	659858	151960	373065	226041	221946

4-15 续表 2

项　　目	营业成本	营业税金及附加	#主营业务税金及附加	其他业务利润	销售费用
合　计	**10503055**	**2149963**	**2137737**	**338772**	**12069942**
一、按登记注册类型分					
内资	8153202	1626595	1615155	289379	9906215
国有	2199790	418039	414314	92367	2461829
集体	270967	68322	67877	16084	286640
股份合作	127234	27970	27732	20531	185804
国有联营		***	***	***	***
集体联营	1493	112	112	1	339
国有与集体联营	1640	2357	2357		5819
其他联营	17726	2483	2483		8198
国有独资公司	320864	55710	55582	3394	287471
其他有限责任公司	3483083	719875	716748	110947	4481631
股份有限公司	249197	27875	27858	271	59348
私营独资	125015	23080	22289	5931	68516
私营合伙	28929	5726	5669	558	21584
私营有限责任公司	1239034	258418	255680	37496	1921399
私营股份有限公司	84194	15803	15728	942	113957
其他	4035	610	520	192	2084
港澳台商投资	1811842	343793	343215	17206	1400557
与港澳台商合资经营	1312195	246323	245745	9575	897604
与港澳台商合作经营	33071	21964	21964		200895
港澳台商独资	466576	75507	75507	7631	302058
港澳台商投资股份有限公司					
其他港澳台投资					
外商投资	538011	179574	179367	32188	763171
中外合资经营	357203	157846	157639	17621	679545
中外合作经营	149835	15473	15473	14567	41481
外资企业	30972	6255	6255		42145
外商投资股份有限公司					
其他外商投资					
二、按隶属关系分					
中央	2179949	390551	388837	43210	2119959
地方	2426358	556757	553109	119522	3176687
其他	5896747	1202655	1195790	176040	6773296
三、按行业分					
旅游饭店	7859883	1643896	1637595	241496	9000603
一般旅馆	2400563	459851	455374	74469	2778320
其他住宿业	242608	46216	44768	22807	291019
四、按控股情况分					
国有控股	4892747	1018273	1013681	129958	5777672
集体控股	506405	140586	139316	48120	721477
私人控股	2924389	617178	611876	96049	4157898
港澳台商控股	974194	200252	199701	17527	890208
外商控股	557768	88115	87908	21225	271083
其他	647553	85559	85255	25893	251604

单位：千元

管理费用	#税金	财务费用	营业利润	投资收益	利润总额	应　交所得税	应　交增值税
14278404	**713054**	**1615539**	**-1134108**	**320717**	**-1203012**	**553580**	**35445**
11112974	487612	1040669	-2138306	66721	-1813968	215677	25800
3028640	147246	187178	-662472	22896	-535000	37969	9831
575820	29134	3961	52529	5297	57289	21945	1099
173552	3918	11712	-24290	600	3420	5965	379
***	***		***	***	***		
231	14	4	-60		-60	1	
8082	524	59	-3112		-3214	3	
21154	2	194	-5485		-5493	14	
503415	32716	14964	-148354	113	-123287	3601	1698
4927178	224656	573789	-920312	36508	-805776	129338	8249
136221	14524	71867	-29505		-11604	1223	980
96813	1232	2735	35461	549	32719	2972	420
54710	197	628	11105	135	11623	477	125
1499268	32148	161442	-415309	-1436	-403045	10623	2985
84838	1236	12126	-31637		-33640	1480	34
3048	68	10	1079		1700	65	
1953586	142291	409216	600239	247275	609622	199181	8080
1502338	112599	394500	297537	135815	302540	129548	7179
90154	11172	10392	38787		39645	28448	276
361094	18521	4323	263915	111460	267437	41185	625
1211843	83151	165654	403959	6721	1333	138722	1565
1094327	74824	96255	477223	6564	71558	136879	1231
66801	7108	47233	-35974		-36113		
50716	1219	22166	-37290	157	-34112	1843	334
2535327	143135	36473	-82881	13169	-5004	91223	7202
3972639	193739	594684	-520675	48989	-761466	156665	9306
7770437	376180	984382	-530551	258559	-436542	305692	18938
11374824	637664	1453054	-1008558	175621	-1169432	462660	26135
2553663	67936	101260	46591	144857	112757	88056	7931
349917	7454	61225	-172141	239	-146337	2864	1379
7217272	397961	432087	-588691	61520	-381448	245829	24062
1116138	47398	30373	31061	9082	32948	42022	694
3827572	127669	664014	-1057374	4276	-994446	54825	7701
1166650	71187	330115	153155	111572	146466	94079	1076
476236	31245	114999	88432	6531	-316107	54715	871
474536	37595	43951	239308	127735	309575	62109	1040

4-15 续表 3

项 目	营业成本	营业税金及附加	#主营业务税金及附加	其他业务利润	销售费用
五、按限额标准分					
限额以上	9387174	1952491	1947181	278966	10822262
限额以下	1115881	197472	190556	59806	1247680
六、按经营方式分					
独立门店	9183734	1935524	1925067	310594	10753795
连锁总店(总部)	554271	65517	65387	14743	279990
连锁门店	225041	57880	56599	5515	465801
其他	540009	91042	90685	7921	570356
七、按星级评定情况分					
一星	13376	2643	2613	7432	15829
二星	396823	69151	68665	16660	439638
三星	1644114	279516	277055	70326	1662859
四星	1620701	405727	405648	21280	2154235
五星	1722857	464000	463499	33229	2193133
其他	5105185	928926	920257	189844	5604247
八、按餐饮营业面积分					
5000平方米及以上	2381217	423566	422411	37914	1999423
1000-4999平方米	4593594	1033501	1029893	142327	6082954
500-999平方米	1143284	225167	223246	30267	1127977
0-499平方米	2384959	467728	462187	128264	2859587
九、按六大产业功能区分					
北京经济技术开发区	103537	18824	18734	1729	77543
金融街功能区	193261	28364	28310	8347	128504
商务中心区	804033	149225	149000	20978	636497
奥林匹克中心区	333753	75832	75749	14154	467869
临空经济区	248340	37092	37059	2064	243569
十、按四大城市功能区分					
首都功能核心区	2751448	656043	652532	110912	3951422
东城区	1547140	389667	387391	64549	2209195
西城区	1204308	266375	265141	46363	1742227
城市功能拓展区	5438425	1184175	1177182	189004	6318522
朝阳区	2329507	556904	555345	66804	2968991
丰台区	725767	124378	123295	3834	870761
石景山区	107321	19512	19435	153	105564
海淀区	2275831	483381	479106	118213	2373206
城市发展新区	1557668	223161	222073	29817	1308471
房山区	180749	20776	20638	2960	103112
通州区	73112	15018	14872	914	97538
顺义区	393274	61374	61132	8751	359103
昌平区	700211	88337	88307	4230	537695
大兴区	106786	18831	18389	11232	133479
北京经济技术开发区	103537	18824	18734	1729	77543
生态涵养发展区	755513	86584	85950	9039	491526
门头沟区	234441	21435	21434	18	69137
怀柔区	186210	27095	26782	4736	154887
平谷区	63418	7080	7068	1257	97526
密云县	175323	18278	18211	663	98012
延庆县	96121	12698	12455	2365	71964

单位：千元

管理费用	#税金	财务费用	营业利润	投资收益	利润总额	应　交 所得税	应　交 增值税
12741122	684598	1389227	-281084	321506	-5772	537558	33569
1537282	28456	226312	-853024	-789	-1197240	16022	1876
13205631	673263	1548948	-1350164	194658	-1423367	485829	30332
176233	584	11518	231499	113711	230502	29082	1711
281285	5209	6201	-11378	146	-10762	11342	788
615255	33998	48873	-4065	12202	615	27327	2614
11313	108	686	1520	188	1395	230	10
357101	8807	9201	-7241	-226	-3601	10023	1083
1825338	87166	91736	-348137	3572	-681312	31670	5498
2956492	174258	209674	77812	10038	145527	120171	6264
3341629	226112	602206	67384	-4861	101890	185877	9951
5786531	216602	702035	-925445	312006	-766911	205610	12640
2852710	170189	487848	-119827	136216	9089	117412	10126
7208418	395303	729260	-635445	145695	-488542	262725	14721
1570746	77759	90334	-16992	18083	32249	54001	6598
2646531	69803	308097	-361843	20723	-755809	119441	4000
122069	3837	25659	2482	3260	2637	873	390
116365	1799	27353	7202		11998	3857	425
840410	84581	90108	394339	137133	395058	91391	1978
492244	5911	57725	961	28	1929	8429	352
213721	11642	7739	-72395		-78005	2989	175
4316445	220044	621735	-340081	144408	-678768	172933	7936
2733624	145415	456849	-332373	21928	-713604	128605	2696
1582821	74629	164886	-7708	122480	34836	44328	5240
7670561	403395	734523	299830	165765	324060	371597	18201
3651221	218812	531042	332269	136332	323100	244301	9840
637620	21245	17006	-122886	1445	-117013	12511	1277
147375	6803	3232	-4186	15634	4783	2323	75
3234345	156536	183244	94633	12354	113190	112462	7009
1602678	67481	224542	-652651	4321	-504027	9752	8920
181142	2023	1457	-82522	-149	-60686	586	1751
162373	2437	2169	-81753	-23	-77481	308	57
448011	21224	71814	-201951	95	-211007	4462	715
510240	32692	109017	-214929	-748	-109649	3336	3759
178842	5267	14426	-73978	1887	-47840	187	2248
122069	3837	25659	2482	3260	2637	873	390
688721	22134	34739	-441205	6222	-344278	-703	388
111596	5710	9175	-69110		-65694	-4367	232
250472	4535	8034	-139469	5293	-61440	2207	48
93768	545	2721	-74136	928	-69504	52	689
169630	7092	12000	-136772		-133556	438	-765
63254	4252	2810	-21718	1	-14084	966	185

4-16 餐饮业法人

项目	单位数(个)	#亏损企业	应收账款	固定资产合计	固定资产原价
合计	**11513**	**4170**	**1859170**	**9071608**	**14687816**
一、按登记注册类型分					
内资	11201	4005	1649981	7083949	11007900
国有	110	33	15159	203987	269438
集体	299	74	11767	118272	181673
股份合作	487	126	19262	72760	129782
国有联营	1			***	***
集体联营	9		98	2994	3586
国有与集体联营	3	1			6
其他联营	17	5	56	2507	4607
国有独资公司	20	7	28656	81782	155998
其他有限责任公司	2742	1158	705921	3227774	4297216
股份有限公司	130	41	69395	632338	1142495
私营独资	1360	325	28007	209209	212771
私营合伙	165	46	6796	18443	35357
私营有限责任公司	5594	2126	729547	2487617	4507977
私营股份有限公司	179	48	35266	22317	61771
其他	85	15	51	3840	4916
港澳台商投资	135	68	85541	687837	1205870
与港澳台商合资经营	30	18	17248	142739	251643
与港澳台商合作经营	2	1	60	826	4001
港澳台商独资	100	46	65493	458191	833384
港澳台商投资股份有限公司	1	***	***	***	***
其他港澳台投资	2	2	9	443	2056
外商投资	177	97	123648	1299821	2474046
中外合资经营	42	22	13538	788270	1463845
中外合作经营	6	4	41361	10734	48608
外资企业	118	64	64048	495126	947737
外商投资股份有限公司	5	3	4263	3849	12140
其他外商投资	6	4	437	1842	1716
二、按隶属关系分					
中央	44	18	37972	73062	225219
地方	642	229	110865	1401665	2192647
其他	10827	3923	1710333	7596880	12269950
三、按行业分					
正餐服务	8475	3060	1422330	6575346	11071353
快餐服务	964	316	160364	1507695	2741115
茶馆服务	225	95	5451	16331	29651
咖啡馆服务	273	114	41428	144192	233142
酒吧服务	81	27	3781	11832	30461
其他饮料及冷饮服务	188	93	3904	16459	22766
小吃服务	230	73	6771	58361	71316
餐饮配送服务	259	76	113431	79475	141885
其他未列明餐饮业	818	316	101710	661917	346126
四、按控股情况分					
国有控股	232	76	143052	1402024	2175795
集体控股	502	127	95016	256854	492259
私人控股	10196	3708	1354701	5377276	8272283
港澳台商控股	129	64	121063	692972	1208186
外商控股	167	91	129570	1279749	2447731
其他	287	104	15768	62732	91561

单位主要财务状况

单位：千元

#本年折旧	资产总计	负债合计	所有者权益合计	#实收资本	营业收入	#主营业务收入
1074083	**56251413**	**46324775**	**9926638**	**13761115**	**62789019**	**62043991**
761285	45143519	38704891	6438629	10611356	42693705	42070839
13538	751694	484653	267041	235519	624916	562747
11630	324235	236358	87878	97870	366464	364787
12607	504586	400953	103633	117325	747656	746571
	***	***	***	***	***	***
8	6652	5824	828	1040	15602	15582
	30482	418	30064	30143	48	48
13	13285	10223	3062	4250	7562	7562
8977	513769	373115	140654	60759	869176	868110
321108	20187880	18598386	1589495	3816389	15566344	15187072
68059	5638961	2946365	2692596	1416632	2436122	2407594
9196	830681	377438	453243	254265	831556	821307
3163	158403	88411	69992	54557	317617	312139
306719	15763026	14854942	908083	4369967	20211234	20086240
6225	386832	319989	66843	139978	662638	654501
40	32810	7540	25270	12512	36336	36143
127522	5140500	3549800	1590701	1351719	6834233	6812951
12767	1177202	903371	273831	183852	574854	574749
78	5875	10553	-4678	5000	8120	8120
109834	3247106	2216034	1031072	945084	6212654	6191515
***	***	***	***	***	***	***
343	6073	16088	-10015	3783	3872	3833
185276	5967394	4070085	1897309	1798040	13261081	13160202
81121	2795158	1403050	1392108	557794	6348910	6326449
3976	132282	147800	-15518	93892	436262	436262
99739	3000239	2484093	516145	1114361	6418584	6343128
298	26620	28892	-2272	20717	51190	48228
143	13095	6249	6845	11276	6136	6136
16955	887566	638394	249172	116285	1314248	1275592
121717	5048409	3079106	1969302	1194503	4435651	4381926
935411	50315439	42607275	7708164	12450326	57039120	56386473
766666	41086150	34364415	6721735	10368397	43645265	43134399
196565	7090667	4560960	2529707	1781777	13841555	13636934
3352	268123	180698	87424	62398	137607	136625
25338	828990	519410	309580	245609	1327125	1322500
2886	217079	163682	53397	82596	146374	146257
2652	136010	119077	16933	74515	124040	122361
16512	218685	236209	-17524	86901	417221	410350
10722	726670	569589	157081	258076	1612896	1609657
49390	5679040	5610735	68306	800846	1536936	1524909
107750	7385767	5110513	2275254	1332281	5086165	4987616
37815	1246842	1063327	183514	264838	1500387	1460953
605510	35820524	32042206	3778319	8912308	35433942	34951851
133819	5457630	3738681	1718949	1333355	7218806	7197562
179388	5852303	3945417	1906886	1723183	13190840	13093928
9802	488347	424632	63716	195149	358879	352081

4-16 续表 1

项目	单位数(个)	#亏损企业	应收账款	固定资产合计	固定资产原价
五、按限额标准分					
限额以上	1822	833	1359777	6134743	11642653
限额以下	9691	3337	499393	2936865	3045163
六、按经营方式分					
独立门店	10159	3722	1369017	5155557	8709647
连锁总店(总部)	240	97	248536	2738147	4833776
连锁门店	282	104	37946	420744	485396
其他	832	247	203671	757160	658997
七、按餐饮业态分					
中式正餐	8297	2971	1374380	6514839	10321458
中式快餐	1215	379	172480	735525	1172524
外国风味正餐	517	212	81843	597114	1035326
外国风味快餐	156	67	54557	893830	1636090
茶馆	236	96	4555	11547	29719
咖啡店	434	195	43205	158207	252713
酒吧	79	28	4269	13338	31769
其他	579	222	123880	147207	208217
八、按餐饮营业面积分					
5000平方米及以上	164	91	484046	4358116	6773295
1000-4999平方米	1513	805	797236	2287430	4664782
500-999平方米	1381	539	173380	897530	1201594
0-499平方米	8455	2735	404508	1528531	2048145
九、按六大产业功能区分					
北京经济技术开发区	80	34	24977	69879	181383
中关村国家自主创新示范区	2			4742	5572
金融街功能区	113	60	26829	44769	127289
商务中心区	456	177	83791	304742	614924
奥林匹克中心区	304	118	99134	148230	296765
临空经济区	169	59	76484	197365	292821
十、按四大城市功能区分					
首都功能核心区	2265	896	361447	3217918	5658316
东城区	1136	414	179458	1912789	3426830
西城区	1129	482	181989	1305129	2231485
城市功能拓展区	6644	2446	1258353	3752969	6404749
朝阳区	3261	1239	583212	1768010	3045361
丰台区	895	301	89039	382457	687543
石景山区	226	86	41436	104772	197275
海淀区	2262	820	544665	1497730	2474570
城市发展新区	1845	619	191622	1503583	1913168
房山区	240	82	21363	455099	447462
通州区	348	126	20365	229434	245296
顺义区	415	122	92007	369290	504969
昌平区	504	168	9226	154332	221251
大兴区	258	87	23686	225548	312807
北京经济技术开发区	80	34	24977	69879	181383
生态涵养发展区	759	209	47748	597137	711583
门头沟区	72	23	9033	38652	50221
怀柔区	327	78	15253	279819	331102
平谷区	120	39	6508	40795	51004
密云县	181	51	13667	175685	200174
延庆县	59	18	3287	62187	79083

单位：千元

#本年折旧	资产总计	负债合计	所有者权益合计	#实收资本	营业收入	#主营业务收入
842304	41673606	33666386	8007220	8456954	52632616	52068505
231779	14577807	12658389	1919418	5304161	10156403	9975486
652337	32374431	30058460	2315972	8422942	32952744	32459573
359856	16366096	9154831	7211264	3744699	25657359	25466672
24550	1178696	1238662	-59967	467274	1146653	1137587
37340	6332190	5872822	459369	1126199	3032263	2980160
699774	40219737	33597023	6622714	9467639	38285351	37807371
115489	4679468	3883794	795674	1207193	7698033	7557726
93379	3445716	3056655	389061	1234541	6374705	6327094
107732	3166479	1808257	1358223	760487	7247282	7181362
3271	259659	188244	71415	70193	131720	129740
26862	927952	622036	305916	293606	1413745	1410302
3104	223491	171118	52373	79701	157803	157647
24473	3328911	2997649	331263	647754	1480380	1472750
491002	24419002	17049430	7369572	3998052	30588889	30429000
374313	16242609	16516995	-274386	4090189	18957928	18784375
94621	4614532	4110065	504468	1471177	5458974	5195961
114147	10975269	8648285	2326984	4201696	7783228	7634655
9744	879027	311069	567958	260020	2085293	2079739
368	17030	830	16200	16000	8293	8073
14167	570379	586374	-15996	156217	727383	722197
68643	2834796	2252416	582379	911353	3354514	3324720
28636	4730677	4609980	120697	472916	1545662	1535489
26985	1405518	796081	609437	329236	1720286	1715550
384592	15538191	12370156	3168035	3523396	24265102	23921059
243914	9664744	7568340	2096404	1972397	17251342	16971634
140678	5873447	4801816	1071630	1551000	7013761	6949426
534834	32556788	28664867	3891921	7590258	29006617	28662329
279673	17519054	16104455	1414599	3867117	15645877	15490352
62030	2334128	2147656	186472	486452	2897162	2883348
16425	544222	473462	70760	159657	547885	538036
176707	12159384	9939294	2220090	3077032	9915693	9750594
127521	6513920	4301581	2212339	1967197	8489977	8438690
12691	746504	840881	-94377	383374	334897	332953
17004	714012	536156	177855	254594	577586	569211
40883	2244934	1271654	973280	588105	2323583	2311454
14088	605684	407971	197713	260622	658027	645169
33111	1323760	933850	389911	220482	2510591	2500163
9744	879027	311069	567958	260020	2085293	2079739
27136	1642515	988171	654344	680264	1027324	1021913
5279	221300	189788	31512	32439	278313	277702
12261	584824	388209	196614	251576	346803	343632
2437	205200	99839	105361	174535	151973	150819
4566	513349	212860	300489	192904	154974	154594
2593	117842	97475	20367	28809	95261	95166

4-16 续表 2

项目	营业成本	营业税金及附加	#主营业务税金及附加	其他业务利润	销售费用
合计	**27275742**	**3380431**	**3321779**	**570675**	**24081173**
一、按登记注册类型分					
内资	18912354	2331420	2282540	484865	15851015
国有	265235	32800	29615	48307	220185
集体	194545	21007	20602	1756	111796
股份合作	460511	48416	48324	5716	205675
国有联营	***	***	***		***
集体联营	6910	855	855		6207
国有与集体联营	26	3	3		31
其他联营	2711	393	393		2703
国有独资公司	242148	43262	43202	1505	216639
其他有限责任公司	6766344	850583	818041	289641	6232717
股份有限公司	895136	130605	127879	24743	974270
私营独资	366182	44916	44561	2873	216772
私营合伙	151441	20840	19166	190	78411
私营有限责任公司	9228219	1098676	1091244	104852	7343901
私营股份有限公司	314217	37172	36822	5282	237835
其他	18545	1866	1809		3675
港澳台商投资	2523966	350068	340841	15147	3056434
与港澳台商合资经营	233072	32203	32203	43	269202
与港澳台商合作经营	1915	455	455		4459
港澳台商独资	2277101	315251	306024	15104	2761997
港澳台商投资股份有限公司	***	***	***		***
其他港澳台投资	1938	215	214		1073
外商投资	5839423	698944	698398	70663	5173724
中外合资经营	2874257	323462	323155	23913	2629492
中外合作经营	287479	24318	24318	11615	58316
外资企业	2655105	348085	347847	32332	2461605
外商投资股份有限公司	20525	2735	2735	2803	24037
其他外商投资	2056	344	344		274
二、按隶属关系分					
中央	525297	67756	65704	26339	275536
地方	2121199	228333	226053	51031	1617665
其他	24629246	3084343	3030022	493305	22187972
三、按行业分					
正餐服务	18876628	2410254	2379885	414952	16399638
快餐服务	5853179	712805	706248	138719	5835286
茶馆服务	38801	6235	6198	328	44219
咖啡馆服务	383121	67991	67331	290	689627
酒吧服务	58105	8438	8438	590	56716
其他饮料及冷饮服务	47933	6604	6529	56	47391
小吃服务	146696	18914	12270	6055	199505
餐饮配送服务	1116334	68512	67843	4728	242102
其他未列明餐饮业	754946	80677	67036	4956	566688
四、按控股情况分					
国有控股	2180886	258138	254336	87695	1536137
集体控股	712181	85022	78342	29872	505082
私人控股	15752069	1950234	1912261	381761	13614781
港澳台商控股	2615362	371514	362288	15147	3201852
外商控股	5823212	695065	694739	54211	5117580
其他	192032	20459	19813	1990	105741

单位：千元

管理费用	#税金	财务费用	营业利润	投资收益	利润总额	应交所得税	应交增值税
8830467	**118754**	**599200**	**-1298746**	**171666**	**-1216948**	**554672**	**98209**
6805731	102762	525513	-1625202	172711	-1527760	341070	45099
91369	1782	2761	6066	12714	18349	7224	2313
44021	551	1344	-313	-947	611	1386	2092
95205	804	3242	1358		1533	2069	481
***		***	***		***	***	
406	1	137	-242		16	4	
		-1	-11		-2		
1910	250	29	105		105	50	13
314502	1045	-2855	57568	45	59302	18654	2513
2456057	43060	212235	-895811	1927	-797273	190451	12553
414075	8156	101345	94567	177447	98311	39954	7827
132929	4481	4042	39996	384	33809	4614	1565
38837	810	688	2984	-162	221	1230	273
3145547	41096	197453	-923933	-18744	-935093	72580	15331
68630	684	5015	-9968	48	-9156	2707	137
2218	43	78	2426		1500	145	
735102	10665	53253	103918	4448	107853	77616	25760
83779	1891	22711	-65945	103	-63820	2115	2
2113	21	122	-944		-944		
626247	7792	22696	197701	4345	199478	75456	25757
***	***	***	***		***	***	
1685	2	36	-1074		-1074		1
1289634	5328	20435	222537	-5494	202959	135986	27350
444108	1017	3991	60195	-6360	47598	30698	21424
83925	778	840	-18638		-17483	875	
736493	3219	15507	198033	866	190502	104412	5793
20212	314	111	-16278		-16238		133
4895		-14	-775		-1420	1	
372746	5077	-26	73412	907	77904	23886	744
573619	23422	32378	106433	102921	173744	51696	17440
7884102	90256	566849	-1478591	67838	-1468596	479090	80025
6708695	100133	477908	-1116669	150654	-1027114	430142	31865
1271538	11069	19744	178323	21738	188140	89121	33783
49286	146	1885	-8632	-731	-8456	271	418
151925	1638	2776	26535	45	27233	25288	4857
26395	90	1348	-4817	-29	-5173	585	79
39539	347	830	-19277	-2	-20085	338	353
66753	402	1790	-14223	438	-13986	1511	9062
183996	1535	3116	-6524	78	-16114	3884	17465
332340	3393	89803	-333463	-524	-341393	3534	326
922175	26134	37999	234322	107684	303819	86450	13835
191005	2345	6397	408	-26490	25138	11823	2345
5634632	73162	471764	-1977101	91170	-1976305	211925	28370
747299	10826	55748	217150	4448	220986	106079	25757
1252444	5215	19575	264983	-5494	244473	135984	27591
82912	1073	7717	-38508	347	-35060	2412	311

4-16 续表 3

项目	营业成本	营业税金及附加	#主营业务税金及附加	其他业务利润	销售费用
五、按限额标准分					
限额以上	22354987	2815376	2794379	522778	20851461
限额以下	4920755	565055	527400	47897	3229712
六、按经营方式分					
独立门店	14848163	1820270	1783561	397715	12525724
连锁总店(总部)	10172810	1343805	1337022	134576	10391344
连锁门店	513623	63866	63038	6340	461427
其他	1741147	152490	138158	32044	702678
七、按餐饮业态分					
中式正餐	16626279	2117457	2074255	395804	14609252
中式快餐	3186598	382989	377003	117140	3262663
外国风味正餐	2776764	350728	348824	21281	2064812
外国风味快餐	3213192	375053	374823	34119	3033849
茶馆	37508	6500	6402	377	40598
咖啡店	419349	72835	72121	123	725357
酒吧	62057	9028	9028	331	54802
其他	953995	65840	59322	1500	289840
八、按餐饮营业面积分					
5000平方米及以上	12337849	1610371	1599635	111539	12648241
1000-4999平方米	8512744	1028246	1007678	180575	7782288
500-999平方米	2544894	299613	285342	223914	1720184
0-499平方米	3880255	442201	429123	54647	1930461
九、按六大产业功能区分					
北京经济技术开发区	768117	117782	117703	4683	710945
中关村国家自主创新示范区	5462	71	71		332
金融街功能区	330866	40379	40373	3445	347344
商务中心区	1233376	182128	180329	20496	1544997
奥林匹克中心区	703656	83740	83444	11878	622472
临空经济区	468758	86233	86169	5148	696867
十、按四大城市功能区分					
首都功能核心区	10236036	1273075	1258124	303903	9915962
东城区	7308717	896285	883281	241060	6983442
西城区	2927319	376790	374843	62844	2932520
城市功能拓展区	13116737	1596847	1562713	228845	10860494
朝阳区	6809234	849080	840182	125229	6082076
丰台区	1529010	154198	154010	10282	978342
石景山区	283252	28852	28636	6364	153719
海淀区	4495241	564717	539886	86970	3646357
城市发展新区	3421495	455347	446762	36446	2964010
房山区	189634	18485	18232	947	87439
通州区	292907	31362	30915	6677	172924
顺义区	787622	119300	119033	7704	901002
昌平区	310796	35438	34296	11429	185137
大兴区	1072419	132980	126583	5006	906562
北京经济技术开发区	768117	117782	117703	4683	710945
生态涵养发展区	501475	55162	54179	1480	340707
门头沟区	105530	15382	15299	83	122357
怀柔区	173783	19100	18358	1028	106123
平谷区	95490	7897	7837	-8	42209
密云县	81615	8195	8114	224	40814
延庆县	45056	4589	4571	153	29204

单位：千元

管理费用	#税金	财务费用	营业利润	投资收益	利润总额	应交所得税	应交增值税
6507722	83021	486910	-210747	202213	-126860	539138	75828
2322745	35733	112290	-1087999	-30547	-1090088	15534	22381
5590425	83831	341402	-2189788	-9481	-2157204	186798	35246
2627075	26819	156748	1110824	186673	1151487	349997	51245
144646	2077	6642	-59024	682	-54846	5010	250
468321	6027	94409	-160758	-6208	-156385	12868	11468
6092471	96841	501737	-1516744	161531	-1404342	321226	25986
864756	9724	15460	-14488	23953	-13132	63819	32324
852837	6835	44127	257682	-758	239775	110369	7358
531983	1724	8212	67758	-4187	61038	30794	15355
52110	144	1900	-14076	-731	-14303	229	463
173797	1432	3276	17021	45	14037	25278	5022
32151	119	1364	-2327		-2394	732	95
230361	1935	23125	-93573	-8187	-97627	2225	11606
3192139	43039	321144	646767	184672	683834	394923	57095
2989456	36469	185185	-1520207	-24460	-1460636	93975	30976
950573	13905	33155	-116835	12991	-123772	45971	3729
1698298	25341	59717	-308471	-1537	-316373	19803	6408
222443	928	12833	241836		257727	74755	782
1396	59	2	1028		1030	124	368
93728	938	5500	-90146	139	-82992	2041	121
432584	4110	24371	-62719	1346	-73120	31884	5143
248300	2920	82714	-186166	189	-187631	4338	-1218
414286	2592	3647	57188	1151	64973	24754	2949
2803519	36582	115031	-30833	106902	18847	252174	50022
1827659	22032	62531	129320	21357	143842	184358	39648
975860	14550	52500	-160153	85546	-124995	67817	10373
4491146	64180	440904	-1467688	60845	-1466331	153907	27769
2283131	29146	235472	-574421	-4881	-574152	96826	18977
389200	6525	22594	-191421	-855	-194758	11449	4405
97634	1014	3100	-20018		-19999	1811	1099
1721181	27495	179738	-681829	66581	-677422	43821	3288
1319407	12390	40041	275663	4089	311627	144122	19198
58021	458	1618	-20124	-101	-21262	919	869
95804	1244	5443	-16543	1946	-6721	5704	1888
487387	3660	12754	15248	351	24451	25990	3215
133108	1348	3711	-13916	-1768	-13099	2116	594
322643	4753	3682	69162	3661	70532	34639	11850
222443	928	12833	241836		257727	74755	782
216395	5602	3224	-75889	-170	-81090	4469	1220
33920	60	732	399	3	1193	1784	282
79087	4667	1346	-32806	736	-30189	1451	108
32775	179	767	-11901		-21043	486	684
53762	198	345	-30569	-909	-30140	203	53
16851	498	33	-1012		-911	544	92

4-17 限额以上住宿和餐饮业

项目	单位数(个)	#亏损企业	年初存货	流动资产合计	#货币资金	#现金
合计	**2935**	**1301**	**3677212**	**64393603**	**17417597**	**455068**
一、按登记注册类型分						
内资	2727	1200	2851171	48311942	11845709	405936
国有	301	129	373536	6643644	3369917	16108
集体	79	28	60853	1003054	376686	3296
股份合作	87	26	31120	586474	226820	10991
国有与集体联营	1	***	***	***	***	
其他联营	1	***	***	***	***	***
国有独资公司	39	17	48021	1156576	854262	1632
其他有限责任公司	819	405	1004361	23285670	4730230	128821
股份有限公司	42	15	92877	4560889	239178	3598
私营独资	26	8	5872	96717	70181	17823
私营合伙	13	3	1520	32651	6450	1150
私营有限责任公司	1258	547	1198176	10461058	1895678	209859
私营股份有限公司	61	20	32276	454930	73075	12488
港澳台商投资	105	45	305513	9320109	3805940	24787
与港澳台商合资经营	39	16	124398	5307789	1718502	7009
与港澳台商合作经营	3	2	13179	921449	719259	573
港澳台商独资	62	26	166599	2497669	1362888	16883
港澳台商投资股份有限公司	1	***	***	***	***	***
外商投资	103	56	520528	6761552	1765948	24345
中外合资经营	39	13	345781	4848250	1185151	7186
中外合作经营	9	7	11192	484170	156650	1599
外资企业	53	34	161960	1415423	422264	15505
外商投资股份有限公司	2	2	1595	13709	1883	55
二、按隶属关系分						
中央	215	72	274396	6301116	3928373	7394
地方	420	181	508927	10318124	4137191	52821
其他	2300	1048	2893889	47774363	9352033	394853
三、按行业分						
住宿业	1113	468	1841890	41499538	12069582	105550
旅游饭店	662	324	1604245	34390335	9890887	75179
一般旅馆	430	134	221937	6805275	2100329	25422
其他住宿业	21	10	15708	303928	78366	4949
餐饮业	1822	833	1835322	22894065	5348015	349518
正餐服务	1634	776	1429600	18400515	4090893	304018
快餐服务	119	40	318735	2467243	886520	33364
茶馆服务	4	2	8662	51545	5498	1029
咖啡馆服务	6	1	19422	335306	154390	3077
酒吧服务	10	3	9684	155840	7495	1507
其他饮料及冷饮服务	3	3	811	10222	3829	38
小吃服务	6	2	6203	45281	16366	1398
餐饮配送服务	30	2	16728	306223	95223	4629
其他未列明餐饮业	10	4	25477	1121890	87801	458
四、按控股情况分						
国有控股	578	232	857968	17768248	8495130	30754
集体控股	163	56	125526	2271088	769094	17222
私人控股	1978	903	1908202	28964073	3574714	361534
港澳台商控股	89	40	243170	8281821	2797792	21673
外商控股	95	55	338159	5901536	1108785	22500
其他	32	7	190351	871008	459291	477

法人单位主要财务状况

单位：千元

交易性金融资产	应收账款	存货	可供出售金融资产	持有至到期投资	长期股权投资	投资性房地产	固定资产合计
181877	**2814590**	**4056771**	**433217**	**169494**	**10380081**	**2190113**	**55837557**
123369	2358285	3169393	179019	132829	6631119	177940	44089408
6000	249795	344829	4986	123828	1656734	1449	13658340
4612	21851	50691			80025		1942054
779	39485	34304			16735		401973
	***	***					***
	***	***					***
	59476	50566	2972		8004	11578	2495826
60008	1306209	989104	169878	2000	3346229	158723	20897889
	76826	96565			1010316	6190	1344126
	1620	6014					54665
	718	1414					3841
49071	557392	1559695	1183	7001	503017		3219155
2899	50419	34710			10059		63280
280	267607	371422	4198	36665	3110536	1632712	6738914
280	187883	118341	4198		2116315	920650	4651218
	5499	13822					837635
	71494	238096		36665	989352	712062	1164423
	***	***			***		***
58228	188698	515956	250000		638426	379461	5009235
47000	76459	339778			623141	379461	3522016
	45536	9569	250000				952889
11228	62440	165652			15285		530631
	4263	957					3699
	271028	273844	26726	24228	495140	87294	9922494
11104	403456	466497	397595	99600	4292005	442704	17335992
170773	2140106	3316430	8896	45666	5592936	1660115	28579071
81835	1454813	2181757	432034	122481	8332862	2092809	49702814
80680	1248074	1964763	289425	113981	4670786	2019419	46007570
1155	202988	197714	142609	8500	3662076	73390	3236693
	3751	19280					458551
100042	1359777	1875014	1183	47013	2047219	97304	6134743
98239	1073008	1416943	1183	47013	1575809	97304	4454043
1803	118861	380867			426549		1395072
	430	8964					4449
	32585	23543			4370		129166
	1196	5935					8316
	173	658					1903
	4318	4118					16256
	84314	26972			13850		38522
	44892	7014			26641		87016
6300	716518	796727	182034	123828	4683356	576497	27838003
4612	43775	112691			174717		3711064
112457	1603729	2306506	1183	9001	1742634		12617192
280	182529	306525		36665	1005734	1089728	4169436
58228	157511	331189	250000		637996		3128650
	87605	192638			2100032	523888	1259502

4-17 续表 1

项目	单位数(个)	#亏损企业	年初存货	流动资产合计	#货币资金	#现金
五、按经营方式分						
独立门店	2601	1191	2891726	52250671	14094833	337550
连锁总店(总部)	97	40	614482	8058943	2065328	66845
连锁门店	73	20	29620	605977	191859	14335
其他	164	50	141384	3478012	1065577	36338
六、按星级评定情况分						
一星	8	2	545	10769	6157	259
二星	115	43	49618	720669	325932	6729
三星	183	92	228408	4179946	1539358	11342
四星	104	46	707911	10500968	2631945	21574
五星	45	22	370818	10479558	3288611	9145
其他	658	263	484590	15607628	4277579	56501
七、按餐饮业态分						
中式正餐	1486	706	1256306	17259220	3672030	286313
中式快餐	115	32	173535	2102594	651075	26327
外国风味正餐	157	73	182382	1265979	431079	18010
外国风味快餐	28	10	162298	638225	308801	11913
茶馆	5	3	8911	52148	5505	1029
咖啡馆	5	2	19110	340301	156752	3087
酒吧	13	4	10558	160464	8955	1535
其他	13	3	22222	1075134	113818	1304
八、按六大产业功能区分						
北京经济技术开发区	25	12	19241	878167	132970	5420
金融街功能区	54	27	40230	630641	304880	3528
商务中心区	113	61	291210	6111682	1196462	24264
奥林匹克中心区	110	52	141009	5147628	474277	30034
临空经济区	43	17	42123	1110887	482913	4390
九、按四大城市功能区分						
首都功能核心区	773	341	1145697	20428015	6120080	94856
东城区	364	155	689007	13567536	3715033	38143
西城区	409	186	456690	6860479	2405047	56713
城市功能拓展区	1688	725	1644259	32723581	8645740	299673
朝阳区	741	324	846949	19398359	4258645	167883
丰台区	243	110	183740	2267627	611815	40989
石景山区	43	22	12572	486954	171435	5828
海淀区	661	269	600998	10570641	3603845	84973
城市发展新区	322	153	768178	9708156	1923713	43707
房山区	55	27	43102	296139	87660	2802
通州区	39	18	25772	482490	158352	2290
顺义区	69	34	474758	2608638	645783	11613
昌平区	80	38	134703	3811408	529076	10849
大兴区	54	24	70602	1631314	369872	10733
北京经济技术开发区	25	12	19241	878167	132970	5420
生态涵养发展区	152	82	119078	1533851	728064	16832
门头沟区	30	11	29430	326991	198355	1925
怀柔区	47	23	28975	486644	265769	7653
平谷区	24	16	16755	243888	106194	3742
密云县	28	22	30452	330106	121018	1940
延庆县	23	10	13466	146222	36728	1572

单位：千元

			可供出售金融资产	持有至到期投资	长期股权投资	投资性房地产	固定资产合计
交易性金融资产	应收账款	存货					
112132	2370389	3186060	290608	161994	7474652	2055338	50776989
15531	241453	691822		4000	2332991	60390	2871993
1214	21153	47420			13300		230002
53000	181595	131469	142609	3500	559138	74385	1958573
1430	329	842					16856
6091	38016	48929			20215	11578	607495
9182	356159	266750	4241	1	187671	1449	6475749
7359	401550	1045131	27000	113980	260957	314521	10474608
	129368	359257	258184		1584198	669272	15001343
57773	529391	460848	142609	8500	6279821	1095989	17126763
98239	1035131	1211175	558	47013	1525558	97304	3967564
1759	100772	255947			33202		593491
	55128	212291	625		68280		518224
44	51156	151519			402447		881737
	461	9162					4668
	32501	23559			4370		130710
	1422	6379					8456
	83206	4982			13362		29893
47000	22057	21963			261511		455532
384	25373	34823	250000		2500		695033
280	189184	331170			2136588	564691	3908092
25000	126951	111698			203151		737402
	106575	47482			83418		895799
65918	725568	1172590	394181	47000	5756914	722262	17921565
12277	482635	717984	4544	47000	4624643	430514	11170457
53641	242933	454606	389637		1132271	291748	6751108
48279	1557285	1581730	35521	119493	3947648	1467630	24807669
27756	711433	848472	5823	109060	2664136	1392705	12041371
4153	179577	187466	26000	2000	286313	27887	1803899
	44990	13420	726		2528		655768
16370	621285	532372	2972	8433	994671	47038	10306631
61321	432405	1185286	3515		637140	221	5993421
7321	22371	43039			1		446394
	-2690	39353			28278		132924
7000	132274	801036	3515		129918		1751956
	313185	143251			199202		2539845
	-54792	136644			18230	221	666770
47000	22057	21963			261511		455532
6359	99332	117165		3001	38379		7114902
359	18724	21990			1400		1846960
	33999	28169		3000	9349		3099330
6000	4643	21533			7310		82631
	31892	33174			19220		1803604
	10074	12299		1	1100		282377

4-17 续表 2

项目	固定资产原价	累计折旧	#本年折旧	在建工程	无形资产	资产总计	流动负债合计
合计	**92864877**	**40834759**	**3787344**	**12319337**	**7079126**	**164521847**	**91870502**
一、按登记注册类型分							
内资	65131143	24764285	2802294	9734168	4904162	121760005	75148820
国有	18907718	7907967	736220	4315924	593934	25103864	11387127
集体	3010203	1160566	121775	105500	114372	3392687	1376615
股份合作	725026	390741	34683	197431	25609	1251394	781548
国有与集体联营	***	***	***			***	***
其他联营	***	***	***			***	***
国有独资公司	4356164	1897003	147263	58803	936077	4757097	1913766
其他有限责任公司	29893033	9687988	1288589	3621962	2862014	59889951	40138415
股份有限公司	1921398	578000	71000	390594	135888	8470612	3364712
私营独资	67543	19880	5118	5126	597	163958	114514
私营合伙	8675	4834	402	666		41643	26750
私营有限责任公司	6054780	2997492	383238	1032979	234899	18008565	15334339
私营股份有限公司	140546	82016	11149	5183	772	635025	646304
港澳台商投资	16633217	9898966	532501	1911140	1331883	26161500	9736643
与港澳台商合资经营	12404250	7752694	326465	1844642	1145337	16386377	6146313
与港澳台商合作经营	1662173	831094	45726	6557		1771369	835817
港澳台商独资	2452007	1286029	155810	59941	184973	7299509	2387383
港澳台商投资股份有限公司	***	***	***		***	***	***
外商投资	11100517	6171508	452549	674029	843081	16600342	6985039
中外合资经营	8526953	5032977	303740	146649	630657	11203368	3998832
中外合作经营	1536727	640626	51346	57145	44033	1733189	552314
外资企业	1024890	489657	97208	470235	168391	3639366	2406075
外商投资股份有限公司	11947	8248	255			24419	27818
二、按隶属关系分							
中央	17568478	8110032	638104	2056459	1470188	20618310	8117756
地方	26392995	11392601	1008121	3805494	2120797	38408572	18845985
其他	48903404	21332126	2141119	6457384	3488141	105494965	64906761
三、按行业分							
住宿业	81222224	35140840	2945040	11284535	6368757	122848241	63501196
旅游饭店	75573922	32906414	2596457	9445499	5851973	104816121	54778066
一般旅馆	5200387	2055045	276867	1312865	512942	16887581	7824660
其他住宿业	447915	179381	71716	526171	3842	1144539	898470
餐饮业	11642653	5693919	842304	1034802	710369	41673606	28369306
正餐服务	8641668	4302044	600595	920789	550586	31489701	22427595
快餐服务	2476980	1152195	180845	89719	131321	6032102	3567208
茶馆服务	12515	8066	1064			65418	44620
咖啡馆服务	209368	80202	21454	20623		704767	397063
酒吧服务	22906	14590	2253		760	181890	132095
其他饮料及冷饮服务	3844	1941	511			16433	25474
小吃服务	26316	10060	3271	1499	50	80813	126098
餐饮配送服务	91216	53997	6344	900	941	363864	316138
其他未列明餐饮业	157840	70824	25967	1272	26711	2738618	1333015
四、按控股情况分							
国有控股	48123728	20829556	1766287	4971833	3773410	63549362	32415131
集体控股	5922653	2320293	266267	1153195	314357	7938071	5419926
私人控股	18727429	6984950	958989	2756354	1099255	53060182	40131052
港澳台商控股	9424080	5259645	317924	564991	866003	17947318	6138501
外商控股	6403000	3354576	316347	616176	753718	13279384	6075733
其他	3200713	1941211	96768	63631	265033	5248314	1495365

单位：千元

#应付账款	非流动负债合计	#应付债券	负债合计	所有者权益合计	#实收资本			
						国家资本	集体资本	法人资本
9184515	**32321259**	**475931**	**124193064**	**40328783**	**45560127**	**9810379**	**797612**	**21018193**
7455686	21810983	475931	96961106	24798899	30817172	8928287	789080	17219883
722360	5638021		17025148	8078716	7925658	6097123		1828535
95190	1089381		2465996	926691	526420	100	517074	9246
80091	191894		973442	277952	219111		105313	26831
***	***		***	***	***	***		
***	***		***	***	***			***
230177	681978		2595744	2161353	3126507	1614796		1511711
3469087	9526361		49665637	10224314	13570634	1187835	158658	11206488
226883	1971890	475931	5336602	3134010	1809402	4433	8035	1174972
17880			114514	49444	22160			368
1515			26750	14893	16780			13410
2475469	2691187		18025968	-17403	3369892			1401346
88209	16271		662575	-27550	191392			31760
819758	5762477		15499120	10662380	9999734	453944	7932	2854102
345042	4270577		10416890	5969487	5394368	417371	7932	2384476
16592	123166		958983	812386	1410292	36573		286925
449680	1332111		3719494	3580015	2981074			
***	***		***	***	***			***
909071	4747799		11732838	4867504	4743221	428148	600	944208
460324	2968925		6967757	4235611	2769733	428148	600	934727
88990	1303675		1855989	-122800	324887			9481
356809	474125		2880200	759166	1628884			
2948	1074		28892	-4473	19717			
840879	3351953		11469709	9148601	7891286	4649088	41736	2867500
1241887	7902271		26748256	11660316	12960153	3651569	397567	7832801
7101749	21067035	475931	85975099	19519866	24708688	1509722	358309	10317892
4245132	27024621		90526678	32321563	37103173	9646294	729951	17526997
3656160	24619550		79398477	25417644	31029358	8963887	651112	13335420
552571	2120667		9945327	6942254	5882976	610538	75839	4114617
36401	284404		1182874	-38335	190839	71869	3000	76960
4939383	5296638	475931	33666386	8007220	8456954	164085	67661	3491196
3856988	3437705	475931	25865742	5623959	6632975	160375	55749	3077804
742512	202024		3769232	2262870	1275858	2310	11808	216898
5732	3710		48330	17088	5100			5100
88429	29661		426724	278043	165365			1802
20164			132095	49795	60200			2500
4516			25474	-9041	3000			1000
12244	716		126814	-46001	23383			18100
139425	8672		324810	39054	121061	1400		12600
69373	1614150		2947165	-208547	170012		104	155392
2085741	9616840		42031971	21517391	22797685	9061276	6398	12528759
384055	1791989		7211915	726156	1000201	1660	773076	212885
5003167	9084006	475931	49216361	3843821	9057976	674	9338	5303459
764670	4983607		11122108	6825210	7382436	33756		1695974
818427	3864878		9940611	3338773	3059834	58475	600	322931
103205	683395		2178760	3069554	1553707			908635

4-17 续表 3

项目	固定资产原价	累计折旧	#本年折旧	在建工程	无形资产	资产总计	流动负债合计
五、按经营方式分							
独立门店	83864059	36796827	3236812	11350823	6431014	136803347	78277964
连锁总店(总部)	5154598	2378379	389429	424843	287303	17754882	7829369
连锁门店	406693	177845	34445	15464	6987	1064347	746506
其他	3439527	1481708	126658	528207	353822	8899271	5016663
六、按星级评定情况分							
一星	19569	2713	230			30645	21486
二星	1136346	594844	53183	108001	7826	1575562	992106
三星	11303851	5068685	404214	1052960	510315	14204439	8464010
四星	18812049	9119291	662559	2967163	1655211	26426727	14183251
五星	27252221	12298613	862029	750621	1641129	30925042	15342706
其他	22698188	8056694	962825	6405790	2554276	49685826	24497637
七、按餐饮业态分							
中式正餐	7757141	3888089	525078	707025	488187	28704024	20549950
中式快餐	1021782	477080	102265	37214	44917	3432714	2462209
外国风味正餐	941839	439522	80050	213764	67325	2983381	2098846
外国风味快餐	1616074	757137	105472	54623	87151	3071186	1629605
茶馆	13166	8498	1064			66817	45649
咖啡馆	211548	80838	21914	20623		712400	411686
酒吧	23919	15463	2304		760	189291	141917
其他	57184	27292	4157	1553	22029	2513793	1029444
八、按六大产业功能区分							
北京经济技术开发区	551879	98122	33945	10072	31852	1814923	404408
金融街功能区	1024247	330680	35537	3814	52803	1765488	891350
商务中心区	8751858	4855639	280264	362067	623070	15385785	8001568
奥林匹克中心区	1514690	788140	99803	319708	90031	8211045	5034301
临空经济区	1435173	543843	86616	68044	166181	2554297	1428150
九、按四大城市功能区分							
首都功能核心区	30625626	13402231	1248081	1955140	2386919	53992123	27963889
东城区	19956586	8963041	817126	1382711	2020100	36489405	17423869
西城区	10669040	4439190	430955	572429	366819	17502718	10540020
城市功能拓展区	47447199	23101765	1925067	4981075	2867378	79001394	45696701
朝阳区	24616283	12896958	941625	2838582	1632294	45114238	26507026
丰台区	3106054	1303957	155458	440363	4965	5545773	3893851
石景山区	972184	316416	47445	33018	88518	1334691	765903
海淀区	18752678	8584434	780539	1669112	1141601	27006692	14529921
城市发展新区	8489288	2934679	440096	3052197	1530855	22128747	13881176
房山区	610751	191341	24621	138071	13356	954248	676603
通州区	275803	146679	23112	932255	13734	1672575	1654334
顺义区	2770975	1039152	147645	132144	909568	6060967	3127779
昌平区	3227331	1033345	127411	1773352	101622	8579615	6794244
大兴区	1052549	426040	83362	66303	460723	3046419	1223808
北京经济技术开发区	551879	98122	33945	10072	31852	1814923	404408
生态涵养发展区	6302764	1396084	174100	2330925	293974	9399583	4328736
门头沟区	2283443	431170	69852	29049	9951	2406007	2008563
怀柔区	1079349	172897	24001	2193021	79165	3698916	418974
平谷区	194836	113285	10973	29066	362	373592	273599
密云县	2315258	531230	53066	36406	157246	2371616	1195505
延庆县	429878	147502	16208	43383	47250	549452	432095

单位：千元

#应付账款	非流动负债合计	#应付债券	负债合计	所有者权益合计	#实收资本			
						国家资本	集体资本	法人资本
7067523	28821334		107100600	29702747	39109514	9314040	731365	18435097
1703923	1326952	475931	9156322	8598560	3989635	34919	14063	1379961
88124	79483		825989	238358	260075	94654	23849	48039
324945	2093490		7110153	1789118	2200903	366766	28335	1155096
2325			21486	9159	6310		300	3180
102245	124356		1116462	459100	532768	116376	85106	239925
733263	1984824		10448834	3755605	4584686	2184938	241579	1614297
1235468	6913864		21097115	5329612	7294608	3566133	38934	2486200
720557	7758387		23101093	7823949	8583603	2057931	2000	3380578
1451274	10243190		34741688	14944138	16101198	1720916	362032	9802817
3524480	2990332	475931	23540283	5163741	5629839	150275	55003	2917568
505340	179938		2642147	790567	694121	3210	11808	177989
370382	476296		2575583	407798	1032940	10100	850	183086
321897	103894		1733499	1337687	679888			87959
5739	3710		49359	17458	6600			5100
88893	29661		441347	271053	165765			2802
24209			141917	47374	61300			2500
98443	1512807		2542251	-28458	186501	500		114192
77548	419423		823832	991091	554035	2000		291603
130078	993470		1884820	-119332	240052	44835	4830	72348
458813	2736823		10738391	4647394	3427461	197847	1590	1520106
279210	2668318		7703480	507565	1121539	113006	58251	655574
302620	111054		1539204	1015093	724454	162915	20000	339795
2965660	11928759		39892648	14099475	16316116	3332682	61828	7311646
1876791	8071155		25495024	10994381	12439044	2195970	40702	5490932
1088869	3857604		14397624	3105094	3877072	1136712	21126	1820714
4115521	14014565	475931	59712568	19288826	22397872	4912414	644420	9966470
2046414	8293342		34801670	10312568	10857457	1952885	144077	3929793
501933	505480		4399331	1146442	1841497	275857	108566	1125651
80208	338320		1104223	230468	233771	1272	550	219171
1486966	4877423	475931	19407344	7599348	9465147	2682400	391227	4691855
1636337	3327436		17208613	4920134	4396468	551131	85084	2514124
58634	51620		728223	226025	330333	141467	51194	85709
80082	9377		1663711	8864	141969	8383		76705
470067	1028041		4155820	1905147	1862442	284335	28200	1167564
808280	1050589		7844833	734782	1104079	15564	590	712477
141726	768386		1992194	1054225	403610	99382	5100	180066
77548	419423		823832	991091	554035	2000		291603
466997	3050499		7379235	2020348	2449671	1014152	6280	1225953
142349	743		2009306	396701	557421	300	5030	532651
65375	2338548		2757522	941394	703971	520365	500	143576
76960	67492		341091	32501	207570	16500		115690
152627	554060		1749565	622051	648355	461645		134965
29686	89656		521751	27701	332354	15342	750	299071

4-17 续表 4

项目	个人资本	港澳台资本	外商资本	营业收入	#主营业务收入	营业成本
合计	**3898305**	**6645999**	**3389639**	**88314726**	**87506554**	**31742161**
一、按登记注册类型分						
内资	3861491	11200	7231	59456292	58781960	21285254
国有				7897681	7749850	2328966
集体				1308839	1299934	322365
股份合作	86967			802885	802160	327885
国有与集体联营				***	***	***
其他联营				***	***	***
国有独资公司				1848117	1843233	514507
其他有限责任公司	1005453	11200	1000	24764943	24369282	8362953
股份有限公司	615731		6231	2834519	2806861	1095131
私营独资	21792			252366	250332	103902
私营合伙	3370			55113	55113	22261
私营有限责任公司	1968546			18896875	18811300	7870315
私营股份有限公司	159632			744737	743678	320434
港澳台商投资	22014	6587077	74665	12587112	12560366	4173019
与港澳台商合资经营	22014	2561843	732	4978477	4977967	1523388
与港澳台商合作经营		1012861	73933	403383	403383	34986
港澳台商独资		2981074		7170519	7144283	2604705
港澳台商投资股份有限公司		***		***	***	***
外商投资	14800	47722	3307743	16271322	16164228	6283888
中外合资经营	14800	47472	1343986	9116098	9093444	3201278
中外合作经营		250	315156	712566	706544	437314
外资企业			1628884	6392100	6316644	2625441
外商投资股份有限公司			19717	50558	47596	19855
二、按隶属关系分						
中央	2354	187087	143521	8332591	8243719	2644640
地方	205718	415209	457289	13704285	13575101	4036500
其他	3690233	6043703	2788829	66277850	65687734	25061021
三、按行业分						
住宿业	1569669	5653141	1977121	35682110	35438049	9387174
旅游饭店	988675	5127844	1962420	29375869	29191440	7640447
一般旅馆	541984	525297	14701	6035416	5978801	1663453
其他住宿业	39010			270825	267808	83274
餐饮业	2328636	992858	1412518	52632616	52068505	22354987
正餐服务	2041782	536181	761084	36258417	35883955	15291062
快餐服务	176720	364983	503139	13194743	13009436	5497241
茶馆服务				40434	40434	10023
咖啡馆服务	742	91571	71250	1199748	1199748	337632
酒吧服务	57700			100984	100867	43422
其他饮料及冷饮服务	2000			34885	34885	12653
小吃服务	5160	123		133440	133440	36506
餐饮配送服务	37982		69079	1222846	1222846	848365
其他未列明餐饮业	6550		7966	447119	442894	278083
四、按控股情况分						
国有控股	126221	501891	573140	23185637	22959661	6793912
集体控股	9796	2784		3351666	3296472	897382
私人控股	3730705	1720	12080	35287737	34909017	13666681
港澳台商控股	20342	5632364		10312827	10286548	3421888
外商控股	10979	4373	2662476	14576242	14463556	6285655
其他	262	502867	141943	1341151	1340683	590080

单位：千元

#主营业务成本	营业税金及附加	#主营业务税金及附加	其他业务利润	销售费用	管理费用	#税金	财产保险费
31614139	**4767867**	**4741560**	**801744**	**31673723**	**19248844**	**767619**	**59935**
21206908	3232922	3207027	678045	21633693	14298610	530441	43336
2299261	430788	425431	129339	2550822	2964791	142261	8528
322241	71305	71291	15681	318491	541927	28154	1937
326350	44605	44587	24505	283335	158240	3549	581
***	***	***		***	***	***	
***	***	***		***	***	***	
513296	95886	95719	4400	469085	796033	32140	1325
8328198	1349039	1331202	358105	9186008	6064958	247933	15476
1094487	145687	145519	24998	1000968	522272	22410	3087
103425	13105	13052	5917	93897	33330	228	6
22261	3084	3084		17075	12355	63	50
7860422	1035132	1032852	110149	7405389	3093602	52654	12234
320432	41479	41478	4951	297878	84750	789	112
4168299	669141	669077	21214	4210532	2576152	149615	10895
1522627	272175	272148	-278	1139276	1517536	111808	7179
34986	22419	22419		205354	92267	11193	1707
2600746	372602	372565	21492	2846199	945071	25655	1950
***	***	***		***	***	***	***
6238932	865804	865456	102485	5829498	2374082	87563	5704
3200124	477320	477035	41366	3255983	1464586	75664	4618
437314	39791	39791	26182	99797	150726	7886	627
2581798	346311	346248	32134	2449699	741203	3699	459
19696	2382	2382	2803	24019	17567	314	
2618156	450012	446349	68163	2320890	2850686	145776	7756
4021246	733804	731085	147352	4493331	4168327	204889	13786
24974737	3584051	3564126	586229	24859502	12229831	416954	38393
9343349	1952491	1947181	278966	10822262	12741122	684598	43216
7608004	1601739	1597565	222573	8644160	10822225	624979	39008
1652071	336457	335321	53376	2090521	1808645	55645	3835
83274	14295	14295	3017	87581	110252	3974	373
22270790	2815376	2794379	522778	20851461	6507722	83021	16719
15264334	1986767	1970677	382687	13985169	5015122	71864	14447
5439868	679569	674662	131853	5647604	1131316	8626	1160
10023	1800	1800		16325	13129	3	
337632	60684	60684		647874	102671	906	546
43422	5883	5883	289	39745	13058	27	76
12653	1971	1971		17266	6842	10	14
36506	7619	7619		64006	35378	42	50
848365	50418	50418	3820	192050	129213	1175	191
277987	20665	20665	4129	241422	60993	368	235
6751891	1242158	1235583	190018	7042389	7889515	410973	24187
889869	186838	183154	73325	1036321	1125870	47514	3564
13641439	1933535	1917843	416044	14172831	6363531	159181	20241
3417929	547703	547666	21535	3851803	1803473	78513	6600
6236894	771743	771680	75070	5327658	1621568	35634	3171
590021	71726	71723	17744	176430	272920	32570	1938

4-17 续表 5

项目	个人资本	港澳台资本	外商资本	营业收入	#主营业务收入	营业成本
五、按经营方式分						
独立门店	2783278	5658481	2187253	56902466	56351486	19059171
连锁总店(总部)	739757	962599	858336	26159229	25957914	10432065
连锁门店	45940	22919	24674	1343068	1337028	444159
其他	329330	2000	319376	3909963	3860126	1806766
六、按星级评定情况分						
一星	2830			23150	22608	9730
二星	91361			1218756	1204677	386468
三星	431422	29744	82706	4996551	4927546	1585553
四星	302375	666716	234250	7314683	7309996	1574340
五星	124203	2380086	638805	8362275	8343219	1719204
其他	617478	2576595	1021360	13766695	13630003	4111879
七、按餐饮业态分						
中式正餐	1934583	320345	252065	30685797	30326515	12899486
中式快餐	200912	73770	226432	6821283	6700893	2749342
外国风味正餐	114049	215836	509019	5780163	5760854	2522913
外国风味快餐	6290	291336	294303	7135923	7071006	3168739
茶馆	1500			43386	43386	11035
咖啡馆	142	91571	71250	1221307	1221307	345916
酒吧	58800			111358	111241	46779
其他	12360		59449	833399	833303	610777
八、按六大产业功能区分						
北京经济技术开发区	26936		233496	2301851	2296331	804187
金融街功能区	46426	27442	44171	1061533	1047491	456598
商务中心区	154515	954759	598644	5594728	5571388	1810615
奥林匹克中心区	100334	186300	8074	2689647	2667105	935058
临空经济区	50266	1026	150452	2160486	2154117	611024
九、按四大城市功能区分						
首都功能核心区	872529	3424523	1312908	32756754	32350678	11630170
东城区	488293	3008731	1214416	22518065	22217041	8160644
西城区	384236	415792	98492	10238689	10133637	3469526
城市功能拓展区	2159268	3037380	1677920	42596631	42268871	15098866
朝阳区	966901	2499330	1364471	22144456	22025134	7492749
丰台区	315534	1619	14270	4098400	4088105	1788471
石景山区	11928		850	714634	705070	309343
海淀区	864905	536431	298329	15639141	15450562	5508303
城市发展新区	671885	184096	390148	10779919	10720349	4020377
房山区	51963			606053	599559	295636
通州区	56881			503806	496820	198042
顺义区	102595	129096	150652	3049694	3034522	988107
昌平区	375448			1930899	1912729	792355
大兴区	58062	55000	6000	2387616	2380388	942050
北京经济技术开发区	26936		233496	2301851	2296331	804187
生态涵养发展区	194623		8663	2181422	2166656	992748
门头沟区	19440			622589	622334	322113
怀柔区	30867		8663	604477	597829	234572
平谷区	75380			260825	256315	108983
密云县	51745			402816	401681	201431
延庆县	17191			290715	288497	125649

单位：千元

#主营业务成本	营业税金及附加	#主营业务税金及附加	其他业务利润	销售费用	管理费用	#税金	财产保险费
19008588	3131100	3110828	616624	19611056	15518376	703608	47594
10369346	1368204	1364469	140347	10400967	2701961	26638	9538
443501	74368	74228	7538	587623	209498	2231	361
1792704	194195	192035	37235	1074077	819009	35142	2442
9730	1286	1256	512	7704	4198	33	
381592	65999	65661	15812	426302	327901	7916	609
1571044	269064	267097	67794	1600086	1659413	84800	5404
1572475	399948	399934	20160	2131462	2905465	174199	9851
1718391	462788	462287	33229	2186040	3321148	226112	12612
4090117	753406	750946	141459	4470668	4522997	191538	14740
12873664	1683856	1668271	366217	12152765	4305676	67130	13720
2729693	338763	334023	101871	2995419	716399	7551	1004
2522007	314139	313634	20599	1888216	725037	4967	734
3131015	369839	369672	33802	2992678	502528	1521	270
11035	1965	1965		16325	15559	7	
345916	61891	61891		662362	103629	904	560
46779	6482	6482	289	42523	16512	35	76
610681	38441	38441		101173	122382	906	355
804135	127924	127834	5378	746015	322789	4744	214
454209	59542	59483	11594	397388	181785	2654	230
1809159	300411	300190	39297	1991686	1164921	87646	5096
931060	145847	145687	24450	991662	647706	7387	2230
610703	110390	110301	6249	848912	576956	12507	782
11596528	1749590	1734514	372004	12519852	6084849	243536	14397
8146115	1194376	1181020	287785	8555768	3879977	159230	9042
3450413	555214	553494	84219	3964084	2204872	84306	5355
15015362	2327161	2317838	369963	14833212	9991029	426664	35588
7483407	1200907	1198844	170311	7843160	4869537	226956	22209
1786050	218128	218125	9345	1554875	746695	22274	2215
306202	37777	37613	6261	206149	176855	7458	648
5439703	870349	863256	184046	5229028	4197942	169976	10516
4014722	573544	572053	50392	3635446	2471849	73250	5772
293150	31938	31938	3404	161516	173015	1987	304
197934	26396	26066	6547	168506	185643	2462	307
988017	158868	158795	15364	1128297	852361	22685	1822
791951	99863	98879	15009	606612	516539	32260	2627
939535	128555	128541	4690	824500	421502	9112	498
804135	127924	127834	5378	746015	322789	4744	214
987527	117572	117155	9385	685213	701117	24169	4178
322094	35151	35136	82	184918	136652	5754	1749
233442	33646	33383	5255	184004	234334	7337	699
105318	10855	10855	1249	104874	88162	481	265
201024	22176	22173	704	117680	178376	7041	527
125649	15744	15608	2095	93737	63593	3556	938

4-17 续表 6

项目	财务费用	#利息收入	利息支出	资产减值损失	公允价值变动收益	投资收益	营业利润
合计	**1876137**	**247655**	**1613497**	**43817**	**1421**	**523719**	**-491831**
一、按登记注册类型分							
内资	1429087	142165	1124341	19489	95	268549	-2181180
国有	186891	41445	188809	3894	-12	35047	-546907
集体	4606	3048	2112			5314	54823
股份合作	14269	656	12200			140	-26185
国有与集体联营	***	***	***				***
其他联营	***	***					***
国有独资公司	12513	16017	21544	-2212		113	-37545
其他有限责任公司	694956	63221	548068	17112	98	51978	-859783
股份有限公司	172591	8325	160635	281		177822	75417
私营独资	1702	52	461				6430
私营合伙	217	6					121
私营有限责任公司	324462	9139	178381	390	9	-1923	-824674
私营股份有限公司	16650	247	12125	24		58	-16420
港澳台商投资	257895	75751	328374	1219	1326	251702	947850
与港澳台商合资经营	209306	27876	252403	508		135918	452206
与港澳台商合作经营	10514	29912	39651				37843
港澳台商独资	30387	17901	30317	711	1326	115784	483622
港澳台商投资股份有限公司	***	***	***				***
外商投资	189155	29739	160782	23109		3468	741499
中外合资经营	103941	18884	79196	16165		2445	623540
中外合作经营	48073	1824	51672	22			-54612
外资企业	37035	9018	29914	6922		1023	185942
外商投资股份有限公司	106	13					-13371
二、按隶属关系分							
中央	37186	65346	78367	1251		11364	33069
地方	417048	53619	396934	10396	26	152308	-13123
其他	1421903	128690	1138196	32170	1395	360047	-511777
三、按行业分							
住宿业	1389227	195266	1336496	9908	1374	321506	-281084
旅游饭店	1244382	167863	1192905	8295	1374	177537	-391328
一般旅馆	87341	27330	87146	1613		143969	192325
其他住宿业	57504	73	56445				-82081
餐饮业	486910	52389	277001	33909	47	202213	-210747
正餐服务	433430	38406	228750	17976	47	198070	-271180
快餐服务	13210	10115	21629	15946		4143	216930
茶馆服务	1245	6	1063				-2088
咖啡馆服务	2066	3321					48821
酒吧服务	989	14	309	3			-2116
其他饮料及冷饮服务	461	3	464				-4308
小吃服务	826	21	27	-20			-10875
餐饮配送服务	2525	190	765				275
其他未列明餐饮业	32158	313	23994	4			-186206
四、按控股情况分							
国有控股	467028	131621	489257	13251	-12	165288	-112942
集体控股	33087	8465	26254			9572	79479
私人控股	1011231	25256	709675	7210	107	94300	-1762073
港澳台商控股	181542	58308	243334	683	1326	115999	618728
外商控股	138458	18444	113313	22673		3278	426722
其他	44622	4997	31632			135282	337943

单位：千元

营业外收入	#补贴收入	营业外支出	利润总额	应交所得税	应付职工薪酬(本年贷方累计发生额)	#社会保险费	住房公积金	应交增值税
512463	**143495**	**237732**	**-132632**	**1076696**	**21089085**	**2660906**	**571328**	**109397**
430866	134842	138537	-1805392	527566	14689906	1692520	303810	55003
81026	72199	23985	-418241	40817	2655027	425307	112268	11997
5436	36	3269	57630	21336	358847	53856	9256	1065
25362	3579	589	2302	6016	182655	18099	2284	362
***		***	***		***	***	***	
		***	***		***	***		
9756	42	4158	-31922	22176	458646	73885	18618	4242
210381	37225	71713	-712821	323281	6055321	728963	134949	17983
36733	13007	15621	96529	40902	803462	90746	14638	8764
150		360	6220	1532	54806	4692	33	7
37		30	128	249	12398	1077	30	2
61732	8748	18460	-782241	67679	3952446	286230	10968	10543
193	6	191	-16418	3578	143548	8996	523	38
54736	45	54577	952271	275733	2919878	432888	123945	25534
38858	15	32627	458437	131629	1424102	229780	70394	7794
1349		491	38701	28448	83792	15295	4958	276
14465	30	21428	480921	115610	1401499	186185	48387	17464
***		***	***	***	***	***	***	
26861	8608	44618	720489	273397	3479301	535498	143573	28860
9278	3187	18438	610261	167574	1964469	331453	98253	22655
1725		709	-53596	875	242014	47577	6312	
15746	5421	25373	177181	104948	1257724	154734	38749	6072
112		98	-13357		15094	1734	259	133
65647	22631	24662	97198	112932	2486964	397563	107927	7809
180051	69803	20998	200134	201461	4204113	678124	154185	25504
266765	51061	192072	-429964	762303	14398008	1585219	309216	76084
317285	105570	118014	-5772	537558	9891001	1507714	368574	33569
272522	66347	108446	-168385	460231	8448414	1312835	327816	27273
44119	22331	8069	228657	76753	1368205	187983	39897	5233
644	16892	1499	-66044	574	74382	6896	861	1063
195178	37925	119718	-126860	539138	11198084	1153192	202754	75828
152985	29963	77193	-186639	424772	7888576	685037	92655	23749
36943	6976	35676	217875	85354	2583501	357896	83928	32285
		35	-2123	97	10525	1683	168	244
1846		4048	46619	24774	274670	49677	22993	4725
172		147	-2091	364	14894	2393	11	60
5		195	-4498		8955	1447	66	
91	4	16	-10800	340	26918	3287	98	2
2514	652	758	2031	3352	261510	40694	1020	15957
622	330	1650	-187234	85	128535	11078	1815	-1194
257539	44997	51338	116567	324284	7053968	1144003	279000	38670
10728	2852	15731	76741	51040	843718	110415	17223	723
178333	32635	78104	-1658448	249611	7510476	590384	51136	22164
30396	45	46483	606903	199150	2222592	306037	87304	18528
23702	8476	43328	403843	189391	2997922	439124	115405	28166
7873		2438	343378	63148	336334	50762	16432	1008

4-17 续表 7

项目	财务费用	#利息收入	利息支出	资产减值损失	公允价值变动收益	投资收益	营业利润
五、按经营方式分							
独立门店	1616813	198762	1404498	15698	1421	206909	-1822870
连锁总店(总部)	164259	35323	130433	27889		299266	1366663
连锁门店	7701	964	1415	2		680	20973
其他	87364	12606	77151	228		16864	-56597
六、按星级评定情况分							
一星	139	11	135				93
二星	8725	3466	8354	508		-77	3230
三星	96400	20351	89671	834		3967	-212353
四星	208584	34702	221304	59	60	10038	101530
五星	598057	79706	603225	5492		-4861	81973
其他	477322	57030	413807	3015	1314	312439	-255557
七、按餐饮业态分							
中式正餐	397819	32795	218579	12707	47	197202	-568116
中式快餐	15075	5274	17122	217		8262	10288
外国风味正餐	40348	5650	11630	5249		868	285794
外国风味快餐	7646	4979	11666	15733		-4119	81613
茶馆	1249	6	1067				-2747
咖啡馆	2437	3321	460				45072
酒吧	1075	17	309	3			-2016
其他	21261	347	16168				-60635
八、按六大产业功能区分							
北京经济技术开发区	38216	834	32529	2141		4132	264698
金融街功能区	31886	1619	27180	26	9	139	-65602
商务中心区	116977	16080	91274	144		137841	364797
奥林匹克中心区	138584	3937	118492	-598		992	-167648
临空经济区	11338	7558	12757	-2366		1003	5531
九、按四大城市功能区分							
首都功能核心区	713036	104242	673988	38837	35	238134	269748
东城区	502558	73845	478058	38506	-12	28554	225499
西城区	210478	30397	195930	331	47	209580	44249
城市功能拓展区	876530	114558	686336	2396	1326	266851	-243752
朝阳区	541434	48403	467554	913	1326	143831	358474
丰台区	35320	7413	22900	554		1098	-245198
石景山区	4556	552	3141			15634	-4412
海淀区	295220	58190	192741	929		106288	-352616
城市发展新区	255519	22896	227312	4		12293	-169011
房山区	2546	660	2099	42			-58640
通州区	3463	528	1758	22		2322	-75944
顺义区	84148	8717	80717	-2346		1098	-158347
昌平区	111313	10834	94668	145		-857	-195926
大兴区	15833	1323	15541			5598	55148
北京经济技术开发区	38216	834	32529	2141		4132	264698
生态涵养发展区	31052	5959	25861	2580	60	6441	-348816
门头沟区	9793	2273	9813	2	60	3	-65973
怀柔区	3793	515	2724	27		5509	-85899
平谷区	3677	1056	664			928	-55728
密云县	11167	2009	12124	1875			-129910
延庆县	2622	106	536	676		1	-11306

单位：千元

营业外收入	#补贴收入	营业外支出	利润总额	应交所得税	应付职工薪酬(本年贷方累计发生额)	#社会保险费	住房公积金	应交增值税
390631	121365	157925	-1508523	634609	14435463	1823699	390109	44048
99421	21606	72998	1393478	391148	5448934	684580	157961	52442
1253	3	953	21923	12434	267271	22861	3246	534
21158	521	5856	-39510	38505	937417	129766	20012	12373
1		16	78	91	9945	1478	309	
3697	1448	2014	5828	9933	332940	46066	8605	1080
66069	8277	19246	-158494	31166	1513466	223345	45332	5136
93130	10269	28839	169214	120170	2161362	343617	76321	6258
73833	1700	41132	114674	185812	2420455	407906	124734	9951
80555	83876	26767	-137072	190386	3452833	485302	113273	11144
146230	27721	61513	-475518	316818	6812280	559229	65095	17226
29985	4701	20741	23329	57711	1317343	149495	22612	29459
7110	2576	15743	278029	108113	1121756	129300	27762	6685
7513	2675	15890	69117	30262	1398777	219164	61545	15244
5		63	-2805	97	11222	1775	168	244
1821		4205	42688	24741	281228	50651	23059	4725
197		157	-1976	397	16594	2774	11	60
2317	252	1406	-59724	999	238884	40804	2502	2185
19598		3474	280831	75367	430535	23624	1561	187
12466	5053	557	-53693	5516	230681	26253	5189	481
14209	5	16032	363626	121310	1395235	200477	64936	6783
6353	37	4688	-165955	11563	610691	68660	13009	-1396
14108	9051	6642	12997	27801	398275	53633	9428	3049
160208	22186	87082	346450	410152	7757259	1043954	259307	55647
96077	11306	71704	252406	305402	5033842	710762	182647	41680
64131	10880	15378	94044	104750	2723417	333192	76660	13967
135169	31717	94648	-199742	515777	10191833	1242893	261942	39597
58072	2250	55689	361890	343992	5165349	662094	153604	26126
16638	8949	3611	-232314	19799	955925	100995	13752	5355
8150	577	929	2809	3419	197096	23916	5323	664
52309	19941	34419	-332127	148567	3873463	455888	89263	7452
177717	47290	37749	1138	149016	2471266	281661	35679	12524
1763	1035	2196	-58065	736	161960	19785	1818	1628
7086	4055	114	-65050	4570	165032	20141	2967	1794
17913	9795	7795	-148229	30005	661450	86727	15342	3798
115689	13870	13901	-91414	4366	515478	63112	6629	3605
15668	18535	10269	83065	33972	536811	68272	7362	1512
19598		3474	280831	75367	430535	23624	1561	187
39369	42302	18253	-280478	1751	668727	92398	14400	1629
3899	1613	650	-61685	-2657	139164	18671	2503	247
21692	40098	1296	-20669	2586	191272	28329	5226	52
2104	545	9860	-62165	213	86108	6440	625	797
879	3	3589	-132620	154	147678	20798	2912	257
10795	43	2858	-3339	1455	104505	18160	3134	276

4-18 限额以下住宿和餐饮业

项目	单位数(个)	#亏损企业	应收账款	固定资产合计	固定资产原价
合计	**13388**	**4494**	**853362**	**6673149**	**8070904**
一、按登记注册类型分					
内资	13204	4402	825807	6247030	7470874
国有	364	117	88172	662758	1015906
集体	583	147	15123	186800	293197
股份合作	725	184	12485	71876	104609
国有联营	2			493	8896
集体联营	19	3	297	4741	5981
国有与集体联营	9	5		6445	22099
其他联营	26	6	57	2867	5492
国有独资公司	25	8	4011	254861	422778
其他有限责任公司	2930	1175	311075	2764940	2796240
股份有限公司	126	41	14025	17253	23638
私营独资	1934	440	41577	312223	323874
私营合伙	290	71	10101	30759	52406
私营有限责任公司	5820	2127	323002	1885515	2333583
私营股份有限公司	210	53	5724	31794	47199
其他	141	25	157	13706	14975
港澳台商投资	76	38	22428	345227	482889
与港澳台商合资经营	18	11	9687	279063	383679
与港澳台商合作经营	1		***	***	***
港澳台商独资	55	25	12671	65385	95886
其他港澳台投资	2	2	9	443	2056
外商投资	108	54	5128	80892	117142
中外合资经营	25	13	969	53747	64992
外资企业	74	36	3721	25154	50240
外商投资股份有限公司	3	1		150	193
其他外商投资	6	4	437	1842	1716
二、按隶属关系分					
中央	161	40	11053	279291	453689
地方	882	303	133476	1146156	1807324
其他	12345	4151	708833	5247703	5809892
三、按行业分					
住宿业	3697	1157	353969	3736285	5025741
旅游饭店	526	224	163111	2421362	3000415
一般旅馆	2558	751	152665	1127696	1787656
其他住宿业	613	182	38194	187227	237670
餐饮业	9691	3337	499393	2936865	3045163
正餐服务	6841	2284	349322	2121303	2429685
快餐服务	845	276	41503	112623	264135
茶馆服务	221	93	5021	11882	17136
咖啡馆服务	267	113	8843	15026	23774
酒吧服务	71	24	2585	3516	7555
其他饮料及冷饮服务	185	90	3731	14556	18922
小吃服务	224	71	2453	42105	45000
餐饮配送服务	229	74	29117	40953	50669
其他未列明餐饮业	808	312	56818	574901	188286
四、按控股情况分					
国有控股	442	153	133176	1360023	2165458
集体控股	891	220	82422	496138	491049
私人控股	11486	3892	582596	4295281	4632106
港澳台商控股	72	36	20456	347313	462210
外商控股	100	49	7393	62487	99155
其他	397	144	27319	111907	220926

法人单位主要财务状况

单位：千元

#本年折旧	资产总计	负债合计	所有者权益合计	#实收资本	营业收入	#主营业务收入
562934	**40242536**	**33902609**	**6339927**	**13072289**	**13741486**	**13455194**
502277	34195437	26738723	7456714	12265180	13005906	12737373
100692	4564264	3369251	1195013	1680714	362104	345355
27483	601389	358679	242710	297762	289663	281393
8661	454310	363751	90558	149934	451385	449178
158	26309	2080	24229	30150	4309	4150
18	10185	11185	-1000	2970	18000	17981
979	42825	17329	25496	50595	4698	4698
99	22028	16614	5413	7142	10278	10278
22923	882467	852483	29984	60125	56665	56523
176106	17029327	13353624	3675703	5943534	4146717	4042631
1426	123788	114143	9644	59295	119057	116078
24699	1390907	592722	798185	505838	945358	919080
5065	308818	117858	190960	78628	365076	358737
131015	8415449	7356282	1059167	3234064	5982341	5890484
2885	263942	201173	62769	139230	202431	194166
69	59429	11549	47880	25201	47824	46643
43311	4364360	5197340	-832980	488836	519054	505322
16395	3341460	3900385	-558925	67629	111641	101683
	***	***	***	***		
26573	1014599	1275843	-261244	415424	403541	399805
343	6073	16088	-10015	3783	3872	3833
17345	1682739	1966546	-283807	318273	216526	212500
5024	1478759	1741051	-262293	157033	71794	67768
12136	188685	219245	-30560	148964	137965	137965
43	2201		2201	1000	632	632
143	13095	6249	6845	11276	6136	6136
30289	3324169	2630741	693428	924070	154696	151489
141045	9322476	9133284	189192	1502561	908662	865115
391599	27595891	22138584	5457307	10645658	12678129	12438590
331155	25664729	21244220	4420509	7768128	3585083	3479708
157213	17939602	15244744	2694858	5403043	761749	729862
152166	6283223	5018761	1264462	1709014	2255792	2207450
21776	1441904	980715	461190	656070	567542	542397
231779	14577807	12658389	1919418	5304161	10156403	9975486
166071	9596449	8498673	1097776	3735422	7386848	7250444
15720	1058565	791728	266837	505919	646812	627498
2288	202705	132368	70336	57298	97173	96191
3884	124223	92686	31537	80244	127377	122752
633	35189	31587	3602	22396	45390	45390
2141	119577	93603	25974	71515	89155	87476
13241	137872	109395	28477	63518	283781	276910
4378	362806	244779	118027	137015	390050	386811
23423	2940422	2663570	276853	630834	1089817	1082015
132740	7987720	6154252	1833468	2388843	622868	602432
38188	1601569	1286673	314896	458843	671912	660792
321860	23990172	18826387	5163785	9182375	11391826	11165072
47532	4334115	5182826	-848711	477148	508364	494671
11767	1589661	1867331	-277671	264279	192829	187647
10847	739299	585140	154159	300801	353687	344581

4-18 续表 1

项目	单位数(个)	#亏损企业	应收账款	固定资产合计	固定资产原价
五、按经营方式分					
独立门店	11763	3967	647789	5089938	6304709
连锁总店(总部)	187	70	26855	107962	187259
连锁门店	435	158	56906	432578	464593
其他	1003	299	121812	1042671	1114344
六、按星级评定情况分					
一星	34	13	303	4582	5373
二星	50	12	927	60446	116399
三星	100	48	19479	180012	272234
四星	9	5	17704	398101	295710
五星	5	1	1537	389336	400929
其他	3499	1078	314019	2703808	3935096
七、按餐饮业态分					
中式正餐	6811	2265	339249	2547275	2564317
中式快餐	1100	347	71708	142034	150742
外国风味正餐	360	139	26715	78890	93487
外国风味快餐	128	57	3401	12093	20016
茶馆	231	93	4094	6879	16553
咖啡馆	429	193	10704	27497	41165
酒吧	66	24	2847	4882	7850
其他	566	219	40674	117314	151033
八、按六大产业功能区分					
北京经济技术开发区	81	32	15118	11565	113092
中关村国家自主创新示范区	2			4742	5572
金融街功能区	100	47	6024	9292	32306
商务中心区	428	141	25710	36190	67255
奥林匹克中心区	283	92	9169	45201	58237
临空经济区	176	67	18782	120314	129777
九、按四大城市功能区分					
首都功能核心区	2781	982	141689	1289830	1645258
东城区	1361	457	71395	906834	915913
西城区	1420	525	70295	382995	729345
城市功能拓展区	7375	2461	506417	2562028	3060617
朝阳区	3336	1186	218959	1325430	1892648
丰台区	1296	381	72752	197835	269833
石景山区	259	94	61399	55309	148562
海淀区	2484	800	153307	983455	749574
城市发展新区	2229	779	129476	1310786	1560190
房山区	300	111	34975	483317	448506
通州区	416	162	15529	208205	195353
顺义区	447	135	24726	250085	250034
昌平区	657	227	20349	201865	328926
大兴区	328	112	18778	155749	224279
北京经济技术开发区	81	32	15118	11565	113092
生态涵养发展区	1003	272	75780	1510505	1804839
门头沟区	89	29	886	25463	26587
怀柔区	449	103	15705	744098	860734
平谷区	140	45	6652	247650	342273
密云县	248	65	13342	301344	340783
延庆县	77	30	39195	191950	234462

单位：千元

#本年折旧	资产总计	负债合计	所有者权益合计	#实收资本	营业收入	#主营业务收入
461346	33598024	27969478	5628546	11025729	11223013	10973595
36599	680560	499771	180789	297147	704733	694463
21797	1339720	1377485	-37765	513624	859557	846092
43192	4624233	4055875	568357	1235789	954184	941044
348	18174	10205	7968	10618	22601	22601
22294	146749	123745	23004	73441	129555	128365
23397	4697980	4340429	357551	912809	189466	183978
8698	810019	938471	-128453	221718	103308	102123
3132	432219	437365	-5147	57604	21998	21998
273286	19559590	15394004	4165586	6491938	3118155	3020643
174696	11515713	10056740	1458973	3837800	7599554	7480856
13224	1246754	1241647	5107	513072	876750	856833
13329	462335	481072	-18737	201601	594542	566240
2260	95293	74758	20536	80599	111359	110356
2207	192842	138885	53957	63593	88334	86354
4948	215552	180689	34863	127841	192438	188995
800	34200	29201	4999	18401	46445	46406
20316	815118	455398	359721	461253	646981	639447
2925	145427	138869	6558	53645	138243	136298
368	17030	830	16200	16000	8293	8073
6195	153575	168341	-14766	57609	166925	166581
11907	1255006	1457821	-202815	559983	524764	512738
5954	2791582	380265	2411317	2539036	257879	250601
6942	379270	265551	113719	125266	231073	229174
143481	7469407	7301087	168321	2224276	3336745	3272116
94473	5560481	5411383	149098	1508397	1728065	1679650
49008	1908927	1889704	19223	715878	1608680	1592467
302278	23057628	19277618	3780010	7848425	7953001	7764352
196850	13488064	11496094	1991970	5320263	3699249	3611237
18113	1457863	1040689	417174	572519	1050184	1019171
9381	431374	277843	153532	194769	196508	195671
77935	7680326	6462992	1217334	1760873	3007060	2938273
67592	4455434	3365939	1089495	1618090	1971149	1945770
12917	1045217	938626	106591	434463	133585	130758
9612	1125908	934259	191649	306719	343394	339270
11351	869899	482324	387575	253267	394624	383566
7540	638624	344926	293698	350274	458475	457404
23246	630359	526935	103424	219721	502828	498474
2925	145427	138869	6558	53645	138243	136298
49583	5260067	3957966	1302102	1381498	480592	472955
819	154660	115988	38672	51992	32339	31965
17455	2882167	2428679	453489	678716	245464	241999
16380	929197	849685	79512	116371	81655	80466
7332	913835	328032	585803	464900	90547	89910
7598	380208	235582	144626	69520	30587	28615

4-18 续表 2

项目	营业成本	营业税金及附加	#主营业务税金及附加	其他业务利润	销售费用
合计	**6036636**	**762527**	**717956**	**107703**	**4477392**
一、按登记注册类型分					
内资	5780301	725093	690668	96199	4123537
国有	136059	20051	18497	11335	131192
集体	143147	18024	17188	2159	79945
股份合作	259860	31781	31469	1742	108143
国有联营	182	241	232	665	1793
集体联营	8404	966	966	1	6546
国有与集体联营	1489	1879	1879		3203
其他联营	4079	544	544		2804
国有独资公司	48504	3086	3064	499	35025
其他有限责任公司	1886474	221420	203587	42483	1528340
股份有限公司	49203	12792	10217	16	32650
私营独资	387295	54891	53798	2887	191391
私营合伙	158109	23482	21751	748	82920
私营有限责任公司	2596939	321962	314071	32199	1859911
私营股份有限公司	77977	11497	11072	1273	53915
其他	22580	2476	2329	192	5759
港澳台商投资	162789	24720	14979	11138	246459
与港澳台商合资经营	21879	6350	5799	9896	27530
与港澳台商合作经营					
港澳台商独资	138972	18155	8966	1243	217856
其他港澳台投资	1938	215	214		1073
外商投资	93546	12714	12308	366	107397
中外合资经营	30183	3988	3758	168	53054
外资企业	60637	8029	7854	198	54051
外商投资股份有限公司	670	353	353		18
其他外商投资	2056	344	344		274
二、按隶属关系分					
中央	60606	8295	8192	1386	74605
地方	511057	51286	48077	23201	301020
其他	5464972	702947	661686	83116	4101767
三、按行业分					
住宿业	1115881	197472	190556	59806	1247680
旅游饭店	219436	42157	40030	18923	356443
一般旅馆	737110	123394	120053	21093	687799
其他住宿业	159334	31921	30473	19790	203438
餐饮业	4920755	565055	527400	47897	3229712
正餐服务	3585566	423487	409208	32265	2414469
快餐服务	355938	33236	31586	6866	187682
茶馆服务	28778	4435	4398	328	27894
咖啡馆服务	45489	7307	6647	290	41753
酒吧服务	14683	2555	2555	301	16971
其他饮料及冷饮服务	35280	4633	4558	56	30125
小吃服务	110190	11295	4651	6055	135499
餐饮配送服务	267969	18094	17425	908	50052
其他未列明餐饮业	476863	60012	46371	827	325266
四、按控股情况分					
国有控股	279720	34252	32434	27635	271420
集体控股	321204	38769	34504	4667	190239
私人控股	5009776	633877	606294	61766	3599847
港澳台商控股	167668	24063	14323	11138	240257
外商控股	95325	11437	10967	366	61005
其他	162941	20128	19434	2131	114624

单位：千元

管理费用	#税金	财务费用	营业利润	投资收益	利润总额	应交所得税	应交增值税
3860027	**64189**	**338603**	**-1941023**	**-31336**	**-2287328**	**31556**	**24257**
3620095	59932	137095	-1582328	-29117	-1536336	29180	15895
155218	6768	3047	-109499	563	-98410	4377	147
77913	1531	699	-2608	-963	270	1995	2127
110516	1172	685	3254	460	2651	2018	498
29	-3		2062	2057	406	1	
638	15	141	-302		-44	5	
1606	266	20	-1874		-1872	3	
3188	250	31	-173		-174	64	13
21884	1622	-404	-53241	45	-32063	79	-31
1318277	19783	91068	-956340	-13543	-890229	-3492	2818
28024	269	621	-10355	-375	-9822	275	43
196412	5485	5075	69027	933	60308	6054	1978
81192	944	1099	13968	-27	11716	1458	396
1551214	20590	34433	-514568	-18258	-555896	15524	7773
68718	1130	492	-25185	-11	-26378	609	132
5266	111	88	3505		3200	211	
112536	3341	204573	-243693	21	-234795	1065	8307
68581	2681	207905	-220614		-219717	34	-613
42271	658	-3368	-22006	21	-14005	1031	8918
1685	2	36	-1074		-1074		1
127396	916	-3066	-115002	-2241	-516196	1311	55
73849	177	-3695	-86122	-2241	-491105	3	
46006	739	639	-25199		-20791	1307	55
2645		5	-2907		-2881		
4895		-14	-775		-1420	1	
57388	2436	-739	-42538	2712	-24298	2177	137
377931	12272	210014	-401119	-398	-787855	6900	1242
3424708	49482	129328	-1497366	-33650	-1475174	22479	22878
1537282	28456	226312	-853024	-789	-1197240	16022	1876
552599	12685	208672	-617230	-1916	-1001047	2429	-1138
745018	12291	13919	-145734	888	-115900	11303	2698
239665	3480	3721	-90060	239	-80293	2290	316
2322745	35733	112290	-1087999	-30547	-1090088	15534	22381
1693573	28269	44478	-845489	-47416	-840475	5370	8116
140222	2443	6534	-38607	17595	-29735	3767	1498
36157	143	640	-6544	-731	-6333	174	174
49254	732	710	-22286	45	-19386	514	132
13337	63	359	-2701	-29	-3082	221	19
32697	337	369	-14969	-2	-15587	338	353
31375	360	964	-3348	438	-3186	1171	9060
54783	360	591	-6799	78	-18145	532	1508
271347	3025	57645	-147257	-524	-154159	3449	1520
249932	13121	3058	-241426	3916	-194196	7995	-773
181272	2229	3683	-48010	-26979	-18655	2805	2317
3098673	41649	124547	-1272402	1146	-1312303	17140	13907
110476	3501	204321	-248423	21	-239450	1009	8305
107113	826	-3884	-73307	-2241	-475477	1307	296
112562	2864	6878	-57454	-7199	-47247	1301	205

4-18 续表 3

项目	营业成本	营业税金及附加	#主营业务税金及附加	其他业务利润	销售费用
五、按经营方式分					
独立门店	4972726	624694	597800	91685	3668463
连锁总店(总部)	295016	41118	37940	8972	270367
连锁门店	294505	47378	45408	4316	339605
其他	474390	49337	36807	2729	198957
六、按星级评定情况分					
一星	3646	1357	1357	6920	8125
二星	10355	3152	3004	848	13336
三星	58561	10452	9958	2532	62773
四星	46361	5779	5714	1120	22773
五星	3653	1212	1212		7093
其他	993306	175520	169311	48385	1133579
七、按餐饮业态分					
中式正餐	3726793	433601	405984	29587	2456487
中式快餐	437256	44226	42980	15269	267244
外国风味正餐	253851	36589	35190	682	176596
外国风味快餐	44453	5214	5151	317	41171
茶馆	26473	4535	4437	377	24273
咖啡馆	73433	10944	10230	123	62995
酒吧	15278	2546	2546	42	12279
其他	343218	27399	20881	1500	188667
八、按六大产业功能区分					
北京经济技术开发区	67466	8682	8602	1034	42473
中关村国家自主创新示范区	5462	71	71		332
金融街功能区	67529	9201	9200	198	78460
商务中心区	226794	30942	29140	2176	189808
奥林匹克中心区	102351	13725	13506	1582	98679
临空经济区	106074	12934	12928	963	91524
九、按四大城市功能区分					
首都功能核心区	1357314	179528	176143	42811	1347532
东城区	695213	91576	89653	17823	636870
西城区	662101	87951	86490	24987	710663
城市功能拓展区	3456296	453861	422056	47887	2345804
朝阳区	1645991	205077	196682	21722	1207907
丰台区	466306	60448	59180	4771	294228
石景山区	81230	10587	10458	256	53134
海淀区	1262769	177749	155736	21138	790535
城市发展新区	958786	104964	96783	15871	637035
房山区	74747	7323	6933	503	29035
通州区	167977	19984	19721	1045	101956
顺义区	192788	21806	21370	1091	131808
昌平区	218652	23912	23724	650	116221
大兴区	237155	23256	16432	11548	215542
北京经济技术开发区	67466	8682	8602	1034	42473
生态涵养发展区	264240	24175	22974	1134	147021
门头沟区	17858	1666	1597	19	6577
怀柔区	125421	12548	11756	509	77005
平谷区	49925	4121	4050		34862
密云县	55507	4296	4152	183	21146
延庆县	15528	1543	1418	423	7431

单位：千元

管理费用	#税金	财务费用	营业利润	投资收益	利润总额	应交所得税	应交增值税
3277680	53487	273536	-1717082	-21732	-2072049	38018	21530
101347	765	4007	-24340	1118	-11490	-12069	514
216433	5055	5142	-91375	148	-87530	3917	504
264567	4884	55918	-108227	-10870	-116259	1690	1709
7115	75	547	1427	188	1317	139	10
29200	891	476	-10471	-149	-9429	90	3
165925	2366	-4664	-135784	-395	-522818	504	362
51027	59	1090	-23718		-23687	1	6
20481		4149	-14589		-12784	65	
1263534	25064	224713	-669888	-433	-629839	15224	1496
1786795	29711	103918	-948628	-35671	-928824	4408	8760
148357	2173	385	-24776	15691	-36461	6108	2865
127800	1868	3779	-28112	-1626	-38254	2256	673
29455	203	566	-13855	-68	-8079	532	111
36551	137	651	-11329	-731	-11498	132	219
70168	528	839	-28051	45	-28651	537	297
15639	84	289	-311		-418	335	35
107979	1029	1864	-32938	-8187	-37903	1226	9421
21723	21	277	-20381	-872	-20468	261	985
1396	59	2	1028		1030	124	368
28308	83	967	-17342		-17301	382	64
108073	1045	-2498	-33178	638	-41687	1965	338
92838	1444	1854	-17557	-775	-19747	1204	530
51050	1727	48	-20738	148	-26030	-58	75
1035116	13089	23730	-640662	13177	-1006371	14956	2310
681306	8216	16823	-428552	14731	-822168	7561	664
353809	4873	6908	-212110	-1554	-184203	7395	1647
2170677	40912	298897	-924106	-40242	-942530	9728	6373
1064814	21002	225080	-600626	-12380	-612942	-2865	2691
280125	5496	4279	-69108	-508	-79457	4162	328
68154	359	1776	-19791		-18026	715	509
757584	14055	67762	-234580	-27354	-232105	7716	2845
450235	6621	9064	-207978	-3883	-193538	4858	15594
66148	495	529	-44006	-250	-23883	768	992
72535	1219	4149	-22352	-399	-19152	1442	152
83037	2199	420	-28356	-652	-38328	447	131
126809	1780	1415	-32919	-1659	-31334	1086	748
79984	908	2275	-59964	-50	-60373	854	12586
21723	21	277	-20381	-872	-20468	261	985
203999	3568	6911	-168278	-389	-144889	2014	-21
8864	16	114	-2738		-2815	74	267
95225	1866	5587	-86376	520	-70960	1072	104
38381	243	-189	-30309		-28382	325	576
45016	249	1178	-37431	-909	-31075	488	-969
16512	1194	222	-11423		-11657	55	2

4-19 住宿和餐饮业

项目	限额					
	单位数(个)	有局域网(LAN)的单位数	通过互联网销售或采购商品和服务的单位数	通过互联网接收商品或服务的订单(电子商务销售)的单位数	通过互联网发出商品或服务的订单(电子商务采购)的单位数	提供第三方电子商务交易平台的单位数
合计	**2935**	**1786**	**468**	**435**	**121**	**7**
一、按登记注册类型分						
内资	2727	1614	420	391	102	5
国有	301	220	78	75	20	
集体	79	42	9	8	2	1
股份合作	87	36	5	5		
国有联营						
集体联营						
国有与集体联营	1	1				
其他联营	1	1				
国有独资公司	39	28	7	6	5	
其他有限责任公司	819	573	185	171	48	3
股份有限公司	42	27	4	4		
私营独资	26	10				
私营合伙	13	7	3	2	3	
私营有限责任公司	1258	640	125	116	23	1
私营股份有限公司	61	29	4	4	1	
其他						
港澳台商投资	105	89	30	27	10	1
与港澳台商合资经营	39	35	18	16	9	1
与港澳台商合作经营	3	3	1	1		
港澳台商独资	62	50	10	9	1	
港澳台商投资股份有限公司	1	1	1	1		
其他港澳台投资						
外商投资	103	83	18	17	9	1
中外合资经营	39	33	13	13	7	
中外合作经营	9	7	1	1		
外资企业	53	41	4	3	2	1
外商投资股份有限公司	2	2				
其他外商投资						
二、按隶属关系分						
中央	215	161	58	55	15	1
地方	420	285	107	98	40	
其他	2300	1340	303	282	66	6

信息化情况

以上

年底在用的计算机数（台）	专职从事信息技术工作的人数（人）	年底拥有的网站数（个）	全年电子商务销售金额(不含增值税)（千元）	通过自营电子商务交易平台的电子商务销售金额	销售给消费者个　人(B2C)
71830	**2961**	**1155**	**1940091**	**338190**	**1229538**
56944	2597	1026	1059355	177418	696527
10704	375	142	269505	40258	182420
2065	64	31	11890		11434
619	36	19	5976	2347	3487
***	***				
***	***				
1705	58	20	45393	2373	32908
24718	1049	389	575169	127505	366371
1893	72	22	8482	217	8
303	30	7			
83	9	4	269	265	267
13992	869	377	141777	4453	99088
815	33	15	894		544
7836	207	61	386204	7212	197632
4092	131	30	229323	3303	112526
271	6	1	37824		37824
3414	69	29	116322	3909	47282
***	***	***	***		
7050	157	68	494532	153560	335379
3025	77	27	324241	10198	165128
1210	13	5	25837		25837
2747	65	35	144454	143362	144414
68	2	1			
10701	345	115	226191	36022	133103
15164	465	211	497754	34764	249063
45965	2151	829	1216146	267404	847372

4-19 续表 1

项目	限额					
	单位数(个)	有局域网(LAN)的单位数	通过互联网销售或采购商品和服务的单位数	通过互联网接收商品或服务的订单(电子商务销售)的单位数	通过互联网发出商品或服务的订单(电子商务采购)的单位数	提供第三方电子商务交易平台的单位数
三、按行业分						
住宿业	1113	827	334	316	93	6
旅游饭店	662	533	222	216	63	4
一般旅馆	430	279	101	90	28	2
其他住宿业	21	15	11	10	2	
餐饮业	1822	959	134	119	28	1
正餐服务	1634	845	123	111	25	1
快餐服务	119	69	7	6	1	
茶馆服务	4	3	1	1		
咖啡馆服务	6	3	1		1	
酒吧服务	10	10	1	1		
其他饮料及冷饮服务	3	1				
小吃服务	6	5				
餐饮配送服务	30	16	1		1	
其他未列明餐饮业	10	7				
四、按控股情况分						
国有控股	578	430	166	154	58	1
集体控股	163	90	22	20	5	1
私人控股	1978	1097	237	221	47	3
港澳台商控股	89	73	22	20	5	
外商控股	95	76	16	15	5	2
其他	32	20	5	5	1	
五、按经营方式分						
独立门店	2601	1560	415	388	112	5
连锁总店	97	74	15	14	2	2
连锁分店	73	49	12	12	2	
其他	164	103	26	21	5	
六、按餐饮业态分						
中式正餐	1486	752	114	104	22	
中式快餐	115	61	5	3	2	
外国风味正餐	157	98	9	7	3	1
外国风味快餐	28	22	3	3		
茶馆	5	4	1	1		
咖啡店	5	3	1		1	
酒吧	13	10	1	1		
其他	13	9				

以上

年底在用的计算机数（台）	专职从事信息技术工作的人数（人）	年底拥有的网站数（个）	全年电子商务销售金额（不含增值税）（千元）	通过自营电子商务交易平台的电子商务销售金额	销售给消费者个人（B2C）
46630	1568	620	1463229	191922	800021
36928	1204	449	1301446	173450	723675
9262	345	158	148320	18472	74187
440	19	13	13463		2159
25200	1393	535	476862	146268	429517
18654	1211	467	336184	146268	290981
4681	116	43	140439		138297
71	4	2	93		93
498	12	2			
104	6	2	146		146
44	2				
136	6	2			
605	13	11			
407	23	6			
27053	836	320	785709	137056	418885
4195	175	66	32521	5262	26422
27370	1625	647	351635	43048	188060
5699	144	46	337040	4003	230896
6089	132	59	397606	148821	332277
1424	49	17	35580		32998
57546	2469	991	1375872	132709	777651
9526	266	62	474225	143362	373067
868	67	38	8014	24	2597
3890	159	64	81980	62095	76223
16883	1104	395	184704	533	139641
3102	107	40	4510		2368
1953	117	74	151480	145735	151340
1902	33	13	135929		135929
75	5	2	93		93
527	13	2			
115	6	2	146		146
643	8	7			

4-19 续表 2

项目	限额					
	单位数(个)	有局域网(LAN)的单位数	通过互联网销售或采购商品和服务的单位数	通过互联网接收商品或服务的订单(电子商务销售)的单位数	通过互联网发出商品或服务的订单(电子商务采购)的单位数	提供第三方电子商务交易平台的单位数
七、按星级评定情况分						
一星	8	2	1	1		
二星	115	66	16	16	4	
三星	183	160	70	65	18	1
四星	104	100	53	52	17	
五星	45	45	25	24	12	2
其他	658	454	169	158	42	3
八、按六大产业功能区分						
北京经济技术开发区	25	17	5	5	2	1
金融街功能区	54	39	5	4	1	
商务中心区	113	78	16	15	6	
奥林匹克中心区	110	70	15	13	6	
临空经济区	43	27	13	12	4	
九、按四大城市功能区分						
首都功能核心区	773	478	150	139	46	4
东城区	364	220	87	82	26	4
西城区	409	258	63	57	20	
城市功能拓展区	1688	1037	239	220	63	2
朝阳区	741	477	99	87	32	1
丰台区	243	140	39	36	8	
石景山区	43	20	9	9	1	
海淀区	661	400	92	88	22	1
城市发展新区	322	185	63	60	12	1
房山区	55	31	8	8		
通州区	39	23	5	4	1	
顺义区	69	47	16	14	4	
昌平区	80	44	24	24	3	
大兴区	54	23	5	5	2	
北京经济技术开发区	25	17	5	5	2	1
生态涵养发展区	152	86	16	16		
门头沟区	30	14	5	5		
怀柔区	47	20	5	5		
平谷区	24	19	1	1		
密云县	28	22	4	4		
延庆县	23	11	1	1		

以上

年底在用的计算机数(台)	专职从事信息技术工作的人数(人)	年底拥有的网站数(个)	全年电子商务销售金额(不含增值税)(千元)	通过自营电子商务交易平台的电子商务销售金额	销售给消费者个　人(B2C)
38	1	3	8		
1834	54	46	14498	438	3125
8267	289	148	104021	4596	69698
9989	282	95	346408	25997	168024
7222	219	46	527589	55810	274256
19280	723	282	470705	105081	284918
655	70	9	15936	15763	846
771	41	14	29811	3380	26816
3906	132	59	152020	3735	70297
2820	109	51	57509	54	41573
2231	53	18	23041	214	3244
21535	841	287	1023544	239944	749496
12396	481	135	859829	205404	639928
9139	360	152	163715	34540	109568
36818	1675	673	821321	81791	449378
18097	819	326	517727	13521	255405
4212	182	66	54424		40799
757	37	16	7371		2405
13752	637	265	241799	68270	150769
10231	322	125	83364	16455	20979
980	31	21	946		386
780	20	6	8838		8638
3488	87	34	28650	692	4507
2757	77	36	26098		6602
1571	37	19	2896		
655	70	9	15936	15763	846
3246	123	70	11862		9685
841	14	13	8755		6827
871	28	21	1597		1561
475	34	10	106		106
757	31	16	1123		910
302	16	10	281		281

4-19 续表 3

项目	销售的服务类商品金额	面向大陆以外区域的销售金额	全年电子商务采购金额(不含增值税)(千元)	通过自营电子商务交易平台的电子商务采购金额	采购的服务类商品金额
合计	**611489**	**132914**	**242429**	**5610**	**24921**
一、按登记注册类型分					
内资	383772	26705	141674	5590	16807
国有	107770	19030	23420	3376	54
集体	2046	33	107		50
股份合作	528				
国有联营					
集体联营					
国有与集体联营					
其他联营					
国有独资公司		1247	14960		1788
其他有限责任公司	213186	3426	96145	2193	14493
股份有限公司	8230	27			
私营独资					
私营合伙	267		32	21	7
私营有限责任公司	51745	2940	7005		415
私营股份有限公司		2	5		
其他					
港澳台商投资	162443	91088	37868		30
与港澳台商合资经营	109931	41550	37847		30
与港澳台商合作经营		34042			
港澳台商独资	52512	15496	21		
港澳台商投资股份有限公司					
其他港澳台投资					
外商投资	65274	15121	62887	20	8084
中外合资经营	39397	15121	62850	20	8084
中外合作经营	25837				
外资企业	40		37		
外商投资股份有限公司					
其他外商投资					
二、按隶属关系分					
中央	106476	6762	16001	3	63
地方	101764	31904	199532	3505	15518
其他	403249	94248	26896	2102	9340

						限额以下	
面向大陆以外区域的采购金额	在第三方电子商务交易平台上完成的交易金额（千元）	收取的电子商务交易服务费用金额（千元）	全年信息化投入金额（千元）	#软件投入	软件使用数量（个）	单位数（个）	通过互联网销售或采购商品和服务的单位数（个）
2862	**41702**	**1296**	**1667339**	**1073945**	**12257**	**13388**	**319**
2862	15395	1217	773024	267967	6923	13204	311
			35881	11980	1087	364	5
	50		14914	1285	133	583	6
			4259	2749	136	725	12
						2	
						19	
			***	***	***	9	1
			***	***	***	26	3
			28454	1681	129	25	
20	14327	1000	299002	124144	2710	2930	79
			42582	13785	262	126	1
			797	336	41	1934	42
			144057	32	26	290	4
2842	1018	217	178067	104599	2288	5820	145
			24678	7353	108	210	9
						141	4
	10524		842259	787426	4201	76	3
	10524		62365	38136	2759	18	1
			3765	2638	22	1	
			776091	746652	1415	55	2
			***		***		
						2	
	15783	79	52056	18552	1133	108	5
			22970	6097	357	25	
			2152	1376	323		
	15783	79	19234	3479	450	74	5
			7700	7600	3	3	
						6	
	10524		32516	14365	1148	161	4
			207250	54212	1839	882	20
2862	31178	1296	1427573	1005368	9270	12345	295

4-19 续表 4

项　　目	销售的服务类商品金　额	面向大陆以外区域的销售金额	全年电子商务采购金额(不含增值税)(千元)	通过自营电子商务交易平台的电子商务采购金额	采购的服务类商品金　额
三、按行业分					
住宿业	517010	132848	157546	5510	23079
旅游饭店	484546	132537	143643	5299	14992
一般旅馆	27349	311	13632	11	8087
其他住宿业	5115		271	200	
餐饮业	94479	66	84883	100	1842
正餐服务	90029	66	82350	100	1832
快餐服务	4450		3		
茶馆服务					
咖啡馆服务			2520		
酒吧服务					
其他饮料及冷饮服务					
小吃服务					
餐饮配送服务			10		10
其他未列明餐饮业					
四、按控股情况分					
国有控股	232664	38629	212480	3557	16238
集体控股	9421	658	146	34	50
私人控股	145280	3338	9676	1999	549
港澳台商控股	194676	77000	11954		
外商控股	25906	332	8141	20	8084
其他	3542	12957	32		
五、按经营方式分					
独立门店	509942	131314	195687	5610	24921
连锁总店	80793		46317		
连锁分店	3511		224		
其他	17243	1600	201		
六、按餐饮业态分					
中式正餐	90029	66	80553	100	45
中式快餐	4450		13		10
外国风味正餐			1797		1787
外国风味快餐					
茶馆					
咖啡店			2520		
酒吧					
其他					

						限额以下	
面向大陆以外区域的采购金额	在第三方电子商务交易平台上完成的交易金额（千元）	收取的电子商务交易服务费用金额（千元）	全年信息化投入金额（千元）	#软件投入	软件使用数量（个）	单位数（个）	通过互联网销售或采购商品和服务的单位数（个）
342	25919	1217	1191648	817400	8324	3697	122
	18245	2	971978	777067	7298	526	19
342	7674	1215	218694	39964	957	2558	73
			976	369	69	613	30
2520	15783	79	475691	256545	3933	9691	197
	15783	79	417155	235877	3122	6841	140
			47337	17587	559	845	20
			76	64	8	221	4
2520			5346	1504	14	267	9
			277	86	29	71	2
			33	9	4	185	2
			324	92	15	224	1
			1324	842	159	229	3
			3819	484	23	808	16
	10524		138468	42103	3322	442	6
	50		25679	9383	304	891	16
2862	8689	219	590764	211345	3841	11486	278
			833459	783765	1796	72	4
	22439	1077	41581	15178	904	100	5
			37388	12171	2090	397	10
2862	19263	219	798778	294087	10863	11763	255
	22439	1077	791656	728654	776	187	12
			42336	33564	150	435	25
			34569	17640	468	1003	27
			345229	180059	2823	6811	133
			32328	16429	514	1100	18
	15783	79	74521	55846	314	360	11
			15663	1407	81	128	8
			76	64	8	231	5
2520			5368	1507	15	429	12
			288	92	32	66	2
			2218	1141	146	566	8

4-19 续表 5

项　　目	销售的服务类商品金　额	面向大陆以外区域的销售金额	全年电子商务采购金额(不含增值税)(千元)	通过自营电子商务交易平台的电子商务采购金额	采购的服务类商品金　额
七、按星级评定情况分					
一星	8				
二星	5116	10	69	31	
三星	21852	2548	23695	3373	80
四星	123597	8542	47833	96	14154
五星	252128	104753	61235		676
其他	114309	16995	24714	2010	8169
八、按六大产业功能区分					
北京经济技术开发区	14998		161		129
金融街功能区	26175	18	21		
商务中心区	984	13875	45176	5	8083
奥林匹克中心区	9644	69	2894	303	
临空经济区	4100		102		72
九、按四大城市功能区分					
首都功能核心区	234675	98137	122223	5261	9538
东城区	175745	94833	79944	328	9516
西城区	58930	3304	42279	4933	22
城市功能拓展区	314047	34605	119556	349	15172
朝阳区	202323	30754	95739	328	8763
丰台区	50775	3505	1348		
石景山区	7261		375		
海淀区	53688	346	22094	21	6409
城市发展新区	56929	13	650		211
房山区	364				
通州区	8838		56		
顺义区	4578		126		72
昌平区	25255	13	205		10
大兴区	2896		102		
北京经济技术开发区	14998		161		129
生态涵养发展区	5838	159			
门头沟区	3506				
怀柔区	1209				
平谷区					
密云县	1123	159			
延庆县					

						限额以下	
面向大陆以外区域的采购金额	在第三方电子商务交易平台上完成的交易金额（千元）	收取的电子商务交易服务费用金额（千元）	全年信息化投入金额（千元）	#软件投入	软件使用数量（个）	单位数（个）	通过互联网销售或采购商品和服务的单位数（个）
			68	13	16	34	1
			13785	9737	277	50	
	50		13814	4016	725	100	1
			46040	6919	878	9	
	17990	2	34410	17283	1379	5	
342	7879	1215	1083531	779432	5049	3496	120
	7466	2	1854	680	35	81	4
			153532	1720	116	100	
			26542	6888	2611	428	14
2520			34802	20615	272	283	11
			4161	2589	96	175	5
20	33981	1294	309449	47136	4667	2781	27
20	33981	1294	99880	30557	3323	1361	7
			209569	16579	1344	1420	20
2842	255		1313780	1011077	6377	7375	222
2520	205		309915	192972	4110	3336	118
			8808	3444	441	1296	35
			1141	353	103	259	3
322	50		993916	814308	1723	2484	66
	7466	2	35875	13334	858	2229	63
			1432	275	80	300	2
			1637	313	67	416	15
			10319	3853	145	447	8
			11029	5198	414	657	26
			9604	3015	117	328	8
	7466	2	1854	680	35	81	4
			8235	2398	355	1003	7
			1594	842	55	89	
			2699	1040	94	449	3
			1819	62	48	140	2
			1525	252	100	248	2
			598	202	58	77	

4-20 住宿和餐饮业

项　　目	总店总数(个)	门店总数(个)	年末从业人员数(人)	连锁门店商品购进(采购)额(千元)	#统一配送商品购进(采购)额	#自有配送中心配送商品购进(采购)额
合　　计	**94**	**3723**	**141228**	**8910987**	**7280306**	**3329251**
一、按登记注册类型分						
内资	62	1235	54731	3464758	2201453	765789
国有	2	25	583	37140	15344	
股份合作	2	7	179	8448	7538	
国有独资公司	1	54	2174	***		
其他有限责任公司	20	406	17017	1092097	941644	180314
股份有限公司	3	176	15347	732587	261899	155304
私营独资	1	16	75	***	***	***
私营有限责任公司	33	551	19356	1435333	959657	420611
港澳台商投资	11	943	19882	1980982	1754423	576749
与港澳台商合资经营	1	8	967	***		
港澳台商独资	9	933	18866	1808296	1754423	576749
港澳台商投资股份有限公司	1	2	49	***		
外商投资	21	1545	66615	3465247	3324430	1986713
中外合资经营	5	623	28468	1985255	1970869	899601
外资企业	15	890	37736	1433785	1324683	1058234
外商投资股份有限公司	1	32	411	***	***	***
二、按隶属关系分						
中央	2	56	2288	148770		
地方	9	316	19222	750319	205053	31060
其他	83	3351	119718	8011898	7075253	3298191
三、按行业分						
住宿业	7	127	3591	13623	4065	
旅游饭店	3	59	1919	4984	2161	
一般旅馆	4	68	1672	8639	1904	
餐饮业	87	3596	137637	8897364	7276241	3329251
正餐服务	50	1152	80180	4130771	2666782	1441779
快餐服务	33	2106	53935	4336841	4210954	1833094
饮料及冷饮服务	3	310	3066	375374	344127	
其他餐饮业	1	28	456	***	***	***
四、按控股情况分						
国有控股	8	358	21225	864628	181506	26158
集体控股	3	30	493	18499	13295	13295
私人控股	49	792	31701	2452858	1878016	674899
港澳台商控股	12	960	20441	2107714	1881155	628186
外商控股	22	1583	67368	3467288	3326334	1986713

连锁企业总店基本情况

非自有配送中心配送商品购进(采购)额	年末餐饮营业面积(平方米)	客房数(间)	床位数(个)	餐位数(位)	连锁门店营业额(千元)	#餐费收入	商品销售额
1683820	**1824601**	**13358**	**19423**	**555362**	**26767944**	**25390211**	**262372**
590495	1022111	7379	10382	230874	10081615	9484866	68243
	7101	165	330	1874	112763	82811	27
7538	5410			1754	36974	36974	
	***			***	***	***	
21658	231010	6592	9051	65134	4020955	3550801	11866
106595	422859			59558	1640824	1625471	11519
***	***			***	***	***	***
448893	329561	622	1001	92262	3815578	3735357	43762
770896	254574	5979	9041	86331	5388098	4681256	142499
	***			***	***	***	
770896	214254	5979	9041	81811	5022202	4319830	142499
	***			***	***	***	
322429	547916			238157	11298231	11224089	51630
77726	230613			83635	5993416	5993416	
244703	311903			151684	5223677	5157229	46899
	***			***	***	***	***
	24880	165	330	10162	451716	433434	27
127222	491869	2236	3846	71800	2140615	1996162	1796
1556598	1307852	10957	15247	473400	24175613	22960615	260549
911	8850	13315	19340	1984	1023022	16521	8380
	3548	6285	10105	752	518858	4836	4628
911	5302	7030	9235	1232	504164	11685	3752
1682909	1815751	43	83	553378	25744922	25373690	253992
390575	1176104	43	83	320302	12611232	12530587	61453
1292334	582535			213506	11841165	11685298	57819
	54169			19284	1152958	1018238	134720
	***			***	***	***	
126724	487220	2401	4176	77137	2541004	2378269	1823
	5288			2465	104202	69983	181
462860	498882	665	1084	146821	6693560	6586416	63327
770896	283843	5979	9041	90493	5836832	5129990	142499
323340	549368	4313	5122	238446	11592346	11225553	54542

4-20 续表

项目	总店总数(个)	门店总数(个)	年末从业人员数(人)	连锁门店商品购进(采购)额(千元)	#统一配送商品购进(采购)额	#自有配送中心配送商品购进(采购)额
五、按门店总数分						
200个以上	6	1757	69984	4362632	4356012	2268018
100-149个	2	205	2149	125669	115722	102442
50-99个	8	602	26641	1578323	871927	479503
10-49个	42	986	34173	2082453	1645699	398236
1-9个	36	173	8281	761910	290946	81052
六、按营业额分						
100000万元以上	9	1940	95895	5816043	5277056	2480834
10000万-50000万元	32	1108	34409	2297865	1546148	661121
5000万-10000万元	17	308	6687	472556	269240	114389
1000万-5000万元	27	337	3828	301027	174688	71242
1000万元以下	9	30	409	23496	13174	1665
七、按六大产业功能区分						
北京经济技术开发区	12	270	29570	2046546	2046546	843280
商务中心区	24	872	12796	1828430	1607224	182010
临空经济区	12	568	15920	1505636	847166	833350
八、按四大城市功能区分						
首都功能核心区	34	1970	92118	4847122	4107355	2429839
东城区	17	1590	70943	3843163	3563609	2289315
西城区	17	380	21175	1003959	543746	140524
城市功能拓展区	43	954	25446	2075654	1400498	586532
朝阳区	19	594	14904	1524745	1073922	391593
丰台区	1	17	180	***	***	
石景山区	1	8	288	***	***	
海淀区	22	335	10074	504058	297498	194939
城市发展新区	13	718	22020	1913967	1716439	262677
房山区	1	13	212	***	***	***
通州区	2	6	44	6094		
顺义区	6	326	5706	421133	236319	155304
大兴区	1	321	8299	***	***	***
北京经济技术开发区	3	52	7759	616437	616437	14804
生态涵养发展区	4	81	1644	74244	56014	50203
门头沟区	2	60	1416	51485	34255	34255
怀柔区	2	21	228	22759	21759	15948

非自有配送中心配送商品购进(采购)额	年末餐饮营业面积(平方米)	客房数(间)	床位数(个)	餐位数(位)	连锁门店营业额(千元)	#餐费收入	商品销售额
750662	556846			248228	13199187	13057361	136468
	61679			18045	339940	279634	41305
392424	587180			105932	4140205	4121495	13330
408825	405201	13193	19093	132654	7264247	6171725	32980
131909	213695	165	330	50503	1824365	1759996	38289
857257	1009530			330372	17138431	16993656	138279
728699	569047	11172	15423	149461	7641414	6623001	104591
74174	125454	1399	2669	39770	1293361	1127381	10258
21646	107793	787	1331	32023	643306	595007	8978
2044	12777			3736	51432	51166	266
	160684			87456	5969366	5969366	
737634	193808			65372	4667386	4234512	407864
13816	257248			82312	3104936	3066852	32638
614432	1079664	8479	11750	335477	15496740	14879199	9488
269887	612179	4313	5122	245708	12698025	12401831	4093
344545	467485	4166	6628	89769	2798715	2477368	5395
306007	513249	4836	7590	126727	6360763	5636429	231305
244031	286059	622	1001	66572	4456225	4237661	179245
***	***			***	***	***	***
	***			***	***	***	
35431	218705	4214	6589	56077	1788869	1284248	50912
757570	212043	43	83	86470	4705293	4675202	15812
	***	***	***	***	***	***	***
	5676			1506	10738	10738	
6908	99928			26159	1073749	1057155	11519
***	***			***	***	***	***
	12941			23104	1797492	1797492	
5811	19645			6688	205148	199381	5767
	13850			5098	163608	158910	4698
5811	5795			1590	41540	40471	1069

4-21 住宿和餐饮业连锁

项 目	门店总数(个)	年末从业人员数(人)	连锁门店商品购进(采购)额(千元)	#统一配送商品购进(采购)额	#自有配送中心配送商品购进(采购)额
合 计	**3477**	**128190**	**8351479**	**7162875**	**3294999**
一、按登记注册类型分					
内资	1129	43925	2968180	2129599	760337
国有	25	583	37140	15344	
股份合作	7	179	8448	7538	
国有独资公司	54	2174	142782		
其他有限责任公司	384	15164	1088907	941644	180314
股份有限公司	105	6898	249670	195497	155304
私营独资	16	75	16371	15371	9560
私营有限责任公司	538	18852	1424862	954205	415159
港澳台商投资	942	19861	1980958	1754423	576749
与港澳台商合资经营	8	967	137953		
港澳台商独资	932	18845	1808272	1754423	576749
港澳台商投资股份有限公司	2	49	34733		
外商投资	1406	64404	3402341	3278853	1957913
中外合资经营	623	28468	1985255	1970869	899601
外资企业	771	35805	1388208	1279106	1029434
外商投资股份有限公司	12	131	28878	28878	28878
二、按隶属关系分					
中央	56	2288	148770		
地方	228	9196	291423	138651	31060
其他	3193	116706	7911286	7024224	3263939
三、按行业分					
住宿业	126	3570	13599	4065	
旅游饭店	58	1898	4960	2161	
一般旅馆	68	1672	8639	1904	
餐饮业	3351	124620	8337880	7158810	3294999
正餐服务	1032	69009	3634246	2594928	1436327
快餐服务	1981	52089	4273882	4165377	1804294
饮料及冷饮服务	310	3066	375374	344127	
其他餐饮业	28	456	54378	54378	54378

企业直营店基本情况

非自有配送中心配送商品购进(采购)额	年末餐饮营业面积(平方米)	客房数(间)	床位数(个)	餐位数(位)	连锁门店营业额(千元)	#餐费收入	商品销售额
1600641	**1504009**	**13280**	**19339**	**493724**	**25087346**	**23715933**	**257602**
524093	751354	7379	10382	187583	8689661	8094543	67917
	7101	165	330	1874	112763	82811	27
7538	5410			1754	36974	36974	
	23920			9842	427150	427150	
21658	181343	6592	9051	58240	3743419	3273265	11866
40193	208577			25363	552180	536827	11519
5811	2250			450	27371	26302	1069
448893	322753	622	1001	90060	3789804	3711214	43436
770896	254574	5901	8957	86331	5387853	4681256	142499
	37500			3998	331163	329701	
770896	214254	5901	8957	81811	5021957	4319830	142499
	2820			522	34733	31725	
305652	498081			219810	11009832	10940134	47186
77726	230613			83635	5993416	5993416	
227926	264348			134857	4971382	4909378	42455
	3120			1318	45034	37340	4731
	24880	165	330	10162	451716	433434	27
60820	234632	2236	3846	31923	848167	703714	1796
1539821	1244497	10879	15163	451639	23787463	22578785	255779
911	8850	13237	19256	1984	1022777	16521	8380
	3548	6207	10021	752	518613	4836	4628
911	5302	7030	9235	1232	504164	11685	3752
1599730	1495159	43	83	491740	24064569	23699412	249222
324173	899885	43	83	275256	11109519	11030505	61127
1275557	538162			196914	11662525	11511102	53375
	54169			19284	1152958	1018238	134720
	2943			286	139567	139567	

4-21 续表

项目	门店总数(个)	年末从业人员数(人)	连锁门店商品购进(采购)额(千元)	#统一配送商品购进(采购)额	#自有配送中心配送商品购进(采购)额
四、按控股情况分					
国有控股	270	11199	405732	115104	26158
集体控股	30	493	18499	13295	13295
私人控股	774	30921	2415176	1872564	669447
港澳台商控股	959	20420	2107690	1881155	628186
外商控股	1444	65157	3404382	3280757	1957913
五、按六大产业功能区分					
北京经济技术开发区	270	29570	2046546	2046546	843280
商务中心区	872	12796	1828430	1607224	182010
临空经济区	568	15920	1505636	847166	833350
六、按四大城市功能区分					
首都功能核心区	1862	81951	4371039	4023836	2429499
东城区	1552	68978	3823196	3546832	2289315
西城区	310	12973	547843	477004	140184
城市功能拓展区	820	22673	1997341	1371698	557732
朝阳区	559	14254	1507416	1073922	391593
丰台区	17	180	26545	26545	
石景山区	8	288	20306	2533	
海淀区	236	7951	443074	268698	166139
城市发展新区	718	22020	1913967	1716439	262677
房山区	13	212	29473	29473	9021
通州区	6	44	6094		
顺义区	326	5706	421133	236319	155304
大兴区	321	8299	840830	834210	83548
北京经济技术开发区	52	7759	616437	616437	14804
生态涵养发展区	77	1546	69132	50902	45091
门头沟区	60	1416	51485	34255	34255
怀柔区	17	130	17647	16647	10836

非自有配送中心配送商品购进(采购)额	年末餐饮营业面积(平方米)	客房数(间)	床位数(个)	餐位数(位)	连锁门店营业额(千元)	#餐费收入	商品销售额
60322	229983	2401	4176	37260	1248556	1085821	1823
	5288			2465	104202	69983	181
462860	485362	665	1084	143407	6594054	6488541	63001
770896	283843	5901	8957	90493	5836587	5129990	142499
306563	499533	4313	5122	220099	11303947	10941598	50098
	160684			87456	5969366	5969366	
737634	193808			65372	4667386	4234512	435942
13816	257248			82312	3104936	3066852	23038
531253	820851	8479	11750	293768	14190417	13573202	9162
253110	561526	4313	5122	237342	12407375	12111181	4093
278143	259325	4166	6628	56426	1783042	1462021	5069
306007	453970	4758	7506	107682	5996735	5278395	226861
244031	278237	622	1001	63247	4310151	4091587	179245
26545	3112			1638	73125	71976	1148
	5373			2440	42544	42544	
35431	167248	4136	6505	40357	1570915	1072288	46468
757570	212043	43	83	86470	4705293	4675202	15812
	17000	43	83	5212	53371	46430	2279
	5676			1506	10738	10738	
6908	99928			26159	1073749	1057155	11519
750662	76498			30489	1769943	1763387	2014
	12941			23104	1797492	1797492	
5811	17145			5804	194901	189134	5767
	13850			5098	163608	158910	4698
5811	3295			706	31293	30224	1069

4-22 住宿和餐饮业连锁

项目	门店总数（个）	年末从业人员数（人）	连锁门店商品购进(采购)额（千元）	#统一配送商品购进(采购)额	#自有配送中心配送商品购进(采购)额
合计	246	13038	559508	117431	34252
一、按登记注册类型分					
内资	106	10806	496578	71854	5452
其他有限责任公司	22	1853	3190		
股份有限公司	71	8449	482917	66402	
私营有限责任公司	13	504	10471	5452	5452
港澳台商投资	1	21	***		
港澳台商独资	1	21	***		
外商投资	139	2211	62906	45577	28800
外资企业	119	1931	45577	45577	28800
外商投资股份有限公司	20	280	17329		
二、按隶属关系分					
地方	88	10026	458896	66402	
其他	158	3012	100612	51029	34252
三、按行业分					
住宿业	1	21	***		
旅游饭店	1	21	***		
餐饮业	245	13017	559484	117431	34252
正餐服务	120	11171	496525	71854	5452
快餐服务	125	1846	62959	45577	28800
四、按控股情况分					
国有控股	88	10026	458896	66402	
私人控股	18	780	37682	5452	5452
港澳台商控股	1	21	***		
外商控股	139	2211	62906	45577	28800
五、按四大城市功能区分					
首都功能核心区	108	10167	476083	83519	340
东城区	38	1965	19967	16777	
西城区	70	8202	456116	66742	340
城市功能拓展区	134	2773	78313	28800	28800
朝阳区	35	650	17329		
海淀区	99	2123	60984	28800	28800
生态涵养发展区	4	98	5112	5112	5112
怀柔区	4	98	5112	5112	5112

企业加盟店基本情况

非自有配送中心配送商品购进（采购）额	年末餐饮营业面积（平方米）	客房数（间）	床位数（个）	餐位数（位）	连锁门店营业额（千元）	#餐费收入	商品销售额
83179	**320592**	**78**	**84**	**61638**	**1680598**	**1674278**	**4770**
66402	270757			43291	1391954	1390323	326
	49667			6894	277536	277536	
66402	214282			34195	1088644	1088644	
	6808			2202	25774	24143	326
		***	***		***		
		***	***		***		
16777	49835			18347	288399	283955	4444
16777	47555			16827	252295	247851	4444
	2280			1520	36104	36104	
66402	257237			39877	1292448	1292448	
16777	63355	78	84	21761	388150	381830	4770
		***	***		***		
		***	***		***		
83179	320592			61638	1680353	1674278	4770
66402	276219			45046	1501713	1500082	326
16777	44373			16592	178640	174196	4444
66402	257237			39877	1292448	1292448	
	13520			3414	99506	97875	326
		***	***		***		
16777	49835			18347	288399	283955	4444
83179	258813			41709	1306323	1305997	326
16777	50653			8366	290650	290650	
66402	208160			33343	1015673	1015347	326
	59279	78	84	19045	364028	358034	4444
	7822			3325	146074	146074	
	51457	78	84	15720	217954	211960	4444
	2500			884	10247	10247	
	2500			884	10247	10247	

4-23 住宿和餐饮业连锁企业门店和配送中心地区分布情况

单位：个

项　　目	门店总数			配送中心数		
		直营店	加盟店		自有	非自有
合　计	**3723**	**3477**	**246**	**45**	**32**	**13**
北京市	**2779**	**2721**	**58**	**41**	**31**	**10**
东城区	267	264	3	2	1	1
西城区	327	323	4	2		2
朝阳区	739	718	21	9	9	
丰台区	272	269	3	4		4
石景山区	47	45	2			
海淀区	561	548	13	3	3	
门头沟区	9	9				
房山区	53	53		1	1	
通州区	57	55	2	5	3	2
顺义区	209	207	2	2	2	
昌平区	118	113	5			
大兴区	55	54	1	9	8	1
怀柔区	26	25	1	1	1	
平谷区	7	7				
密云县	9	8	1			
延庆县	8	8				
北京经济技术开发区	15	15		3	3	
外省市分店小计	**944**	**756**	**188**	**4**	**1**	**3**
天津市	208	178	30			
河北省	194	158	36			
石家庄市	64	54	10			
山西省	69	37	32			
太原市	30	26	4			
内蒙古自治区	30	17	13	1	1	
呼和浩特市	11	9	2			
辽宁省	77	65	12	1		1
沈阳市	49	47	2	1		1
大连市	16	12	4			
吉林省	16	16				
长春市	15	15				
黑龙江省	14	13	1			
哈尔滨市	14	13	1			
上海市	6	3	3			
江苏省	17	8	9			
南京市	6	6				
浙江省	6	6				

4-23　续表　　单位：个

项　目	门店总数			配送中心数		
		直营店	加盟店		自有	非自有
杭州市	4	4				
宁波市	2	2				
安徽省	3	1	2			
合肥市	1	1				
江西省	2	2				
南昌市	2	2				
山东省	136	119	17			
济南市	46	41	5			
青岛市	40	39	1			
河南省	41	30	11			
郑州市	22	19	3			
湖北省	14	14				
武汉市	14	14				
湖南省	1		1			
长沙市	1		1			
广东省	2		2	2		2
广州市	1		1	1		1
深圳市	1		1	1		1
广西壮族自治区	2	1	1			
南宁市	2	1	1			
重庆市	14	12	2			
四川省	14	12	2			
成都市	13	12	1			
贵州省	1		1			
贵阳市	1		1			
云南省	3		3			
昆明市	3		3			
陕西省	47	47				
西安市	42	42				
甘肃省	4	3	1			
兰州市	4	3	1			
青海省	5	4	1			
西宁市	5	4	1			
宁夏回族自治区	6	3	3			
银川市	6	3	3			
新疆维吾尔自治区	12	7	5			
乌鲁木齐市	6	6				

4-24 住宿和餐饮业个体情况

项目	合计		住宿业		餐饮业	
	户数（个）	从业人员（人）	户数（个）	从业人员（人）	户数（个）	从业人员（人）
按四大城市功能区分	**59045**	**197704**	**4906**	**11581**	**54139**	**186123**
首都功能核心区	4295	20319	162	669	4133	19650
东城区	2088	9775	72	298	2016	9477
西城区	2207	10544	90	371	2117	10173
城市功能拓展区	20596	76825	462	1739	20134	75086
朝阳区	8419	31296	184	655	8235	30641
丰台区	4920	18429	133	520	4787	17909
石景山区	866	4505	30	149	836	4356
海淀区	6391	22595	115	415	6276	22180
城市发展新区	21790	69116	1252	3876	20538	65240
房山区	3668	11154	129	297	3539	10857
通州区	3688	12053	176	565	3512	11488
顺义区	3118	9920	110	386	3008	9534
昌平区	5328	16698	467	1346	4861	15352
大兴区(除北京经济技术开发区)	5641	18195	365	1266	5276	16929
北京经济技术开发区	347	1096	5	16	342	1080
生态涵养发展区	12364	31444	3030	5297	9334	26147
门头沟区	1248	3335	396	858	852	2477
怀柔区	3808	7794	1508	2132	2300	5662
平谷区	2128	6380	122	288	2006	6092
密云县	3119	8344	606	1250	2513	7094
延庆县	2061	5591	398	769	1663	4822

第5篇

信息传输、软件和信息技术服务业

5-1 电信企业经营情况

项目	计量单位	2013
电信业务总量	**千元**	**59401037**
一、固定电话用户	—	
固定电话用户数	万户	868
无线市话用户数	万户	6
公用电话用户数	万户	93
城市电话用户数	万户	695
住宅电话用户数	万户	391
农村电话用户数	万户	173
住宅电话用户数	万户	135
二、数据业务用户	—	
互联网拨号用户数	户	459022
互联网专线用户数	户	14955
互联网宽带接入用户数	户	5346979
移动互联网用户数	户	24358077
无线上网卡用户数	户	1213686
手机上网用户数	户	23144391
三、固定电话本地通话量	—	
本地网内区内电话通话量	万次	1297070
无线市话用户区内电话通话量	万次	9807
本地网内拨号上网通话量	万次	12531
本地网内区内电话通话时长	万分钟	1545365
无线市话用户区内电话通话时长	万分钟	5702
本地网内拨号上网通话时长	万分钟	12531
无线市话短信业务量	万条	141
四、固定电话长途通话量	—	
国内长途电话通话时长	万分钟	403819
国际电话去话通话时长	万分钟	12909
港澳台电话去话通话时长	万分钟	5010
五、IP电话通话量(含移动)	—	
IP电话国内长途通话时长	万分钟	259734
IP电话国际电话通话时长	万分钟	4941
IP电话港澳台电话通话时长	万分钟	1192

5-1　续表

项　　目	计量单位	2013
六、互联网通信量	—	
固定互联网宽带接入时长	万分钟	88640956
移动互联网接入流量	G	55847924
七、长途电路、线路	—	
长途光缆线路长度	公里	4122
长途光缆长度	皮长公里	4142
长途光缆纤芯长度	芯公里	180659
八、本地线路	—	
本地网中继光缆线路长度	公里	90296
本地网中继光缆长度	皮长公里	90528
本地网中继光缆纤芯长度	芯公里	5328940
接入网光缆线路长度	公里	125543
接入网光缆长度	皮长公里	125543
接入网光缆纤芯长度	芯公里	3734863
九、固定通信能力	—	
长途电话交换机容量	路端	565740
局用交换机容量	万门	1678
接入网设备容量	万门	886
十、移动通信用户	—	
移动电话用户数	万户	3374
3G移动电话用户	万户	1461
智能网预付费用户	万户	873
十一、移动电话通话量	—	
移动电话通话时长	万分钟	15360110
1.移动电话去话通话时长	万分钟	8073603
2.移动电话来话通话时长	万分钟	7286507
移动短信业务量	万条	4589985
移动彩信业务量	万条	385329
十二、移动通信能力	—	
移动电话交换机容量	万户	4820
3G电话交换机容量	万户	4820
移动电话基站数	个	61776
3G移动电话基站数	个	28650
移动短消息中心容量	万条	25056
十三、互联网通信能力	—	
互联网宽带接入端口	个	10451176

5-2 全部信息传输、软件和信息

项目	单位数(个)	资产总计	营业收入	营业成本	营业税金及附加
合计	**47438**	**2799944769**	**568633143**	**487940938**	**7249277**
一、按行业分(分到小类)					
电信、广播电视和卫星传输服务	1139	1919318570	108907633	71306535	2711280
电信	863	1876463499	96260476	61920625	2443090
固定电信服务	62	370663012	37369577	21052935	1251307
移动电信服务	181	1450253177	28057884	17763464	859010
其他电信服务	620	55547310	30833015	23104226	332773
广播电视传输服务	201	24636136	9443791	6896226	212228
有线广播电视传输服务	163	21040374	6722662	5134906	174820
无线广播电视传输服务	38	3595762	2721129	1761320	37407
卫星传输服务	75	18218934	3203365	2489684	55962
卫星传输服务	75	18218934	3203365	2489684	55962
互联网和相关服务	3726	147127898	71319473	35885294	1475459
互联网接入及相关服务	556	33575490	6264550	4117163	212389
互联网接入及相关服务	556	33575490	6264550	4117163	212389
互联网信息服务	2541	104860955	64183416	31186531	1254133
互联网信息服务	2541	104860955	64183416	31186531	1254133
其他互联网服务	629	8691452	871507	581600	8936
其他互联网服务	629	8691452	871507	581600	8936
软件和信息技术服务业	42573	733498302	388406038	380749109	3062538
软件开发	21659	462821455	243646185	136979030	1977299
软件开发	21659	462821455	243646185	136979030	1977299
信息系统集成服务	2096	99018439	66917109	47014453	566146
信息系统集成服务	2096	99018439	66917109	47014453	566146
信息技术咨询服务	12060	105390312	33733713	24544943	242153
信息技术咨询服务	12060	105390312	33733713	24544943	242153
数据处理和存储服务	452	9496576	5633935	142303849	69584
数据处理和存储服务	452	9496576	5633935	142303849	69584
集成电路设计	128	5698757	3175947	2510755	14863
集成电路设计	128	5698757	3175947	2510755	14863
其他信息技术服务业	6178	51072763	35299149	27396079	192493
数字内容服务	215	2357421	1619291	458661	18969
呼叫中心	60	1057350	625204	448247	13055
其他未列明信息技术服务业	5903	47657992	33054653	26489171	160469
二、按登记注册类型分					
内资	45253	1738452161	378140131	386213862	5126181
国有	164	760645328	3513399	3232694	174857
集体	193	1140125	131802	91090	2206
股份合作	524	1517726	599587	330465	7669
国有联营	2	4648	46		
集体联营	12	87588	9133	5964	41
国有与集体联营	4	15948	2423	1553	9
其他联营	29	253094	16965	10133	254
国有独资公司	52	22764377	7712353	8090290	79256
其他有限责任公司	12884	496128591	184749829	123938798	2380986
股份有限公司	588	230055826	72015164	45139108	854383
私营独资	1426	2508546	841182	454228	9639
私营合伙	374	789575	319559	147352	4273
私营有限责任公司	28434	203560453	100671399	200756072	1539456
私营股份有限公司	508	18960663	7548893	4011870	72051
其他	59	19674	8397	4244	1102
港澳台商投资	831	289852924	89665572	49651350	1245664

技术服务业法人单位财务状况(企业会计制度)

单位：千元

销售费用	管理费用	#税金	财务费用	利润总额	应交所得税	应交增值税
76626937	**171820942**	**888414**	**-2309006**	**183068381**	**26973466**	**15699187**
17208125	17454880	317901	-2578615	137242423	19765579	582598
16538920	15838156	296262	-2619590	136008178	19636609	398316
7473786	7086402	148926	2044615	4292305	-1769169	6034
6288559	5580765	120934	-4730441	128701237	21066586	20097
2776576	3170988	26402	66236	3014635	339192	372185
564696	1342055	16239	69859	921899	108518	166335
478902	743084	11721	98721	628215	60322	64691
85795	598971	4518	-28863	293683	48196	101644
104508	274668	5400	-28883	312347	20451	17947
104508	274668	5400	-28883	312347	20451	17947
12119905	13166344	67456	-641662	12985247	1689392	1951717
873340	592495	6170	95073	1034618	45936	26009
873340	592495	6170	95073	1034618	45936	26009
11088306	10760093	60491	-739115	12006599	1639700	1912724
11088306	10760093	60491	-739115	12006599	1639700	1912724
158259	1813755	795	2380	-55969	3756	12984
158259	1813755	795	2380	-55969	3756	12984
47298908	141199718	503057	911271	32840711	5518495	13164871
31711618	68186519	332984	-103451	25200752	3821599	9813194
31711618	68186519	332984	-103451	25200752	3821599	9813194
5306989	8978250	69593	147022	5930220	1043231	1759524
5306989	8978250	69593	147022	5930220	1043231	1759524
6870391	57271279	54350	677241	206665	302390	802319
6870391	57271279	54350	677241	206665	302390	802319
903735	1037189	4627	57786	90705	55942	84448
903735	1037189	4627	57786	90705	55942	84448
156337	382736	7393	32696	177180	18085	67047
156337	382736	7393	32696	177180	18085	67047
2349838	5343745	34110	99977	1235187	277247	638340
304303	405717	2219	1266	531400	60770	84513
32987	110259	119	2415	-12898	548	8537
2012548	4827769	31772	96295	716686	215929	545291
46551087	131515374	580224	1028587	92257192	21770463	9997485
100577	3344807	58102	-5590230	64640542	19879067	101592
17105	41901	846	6517	-11638	423	4317
97313	179125	1839	758	-4453	2836	21553
	98		-67	1		1
1319	1904	2	3	22	75	376
75	746	9	-14	-174	6	73
2122	8928	32	-14	-3608	18	301
188937	804206	31801	59418	1501305	214498	227963
21795355	77204161	210130	568886	18909220	3054106	4332364
9778775	13522799	120935	5581411	2620087	-2480087	2043102
90811	246003	1324	-966	-17194	10751	18339
52340	86481	258	376	36692	2764	9230
13409317	34252780	140657	477571	3145604	962074	2923745
1016754	1817380	14233	-75076	1441303	123915	314336
286	4056	57	13	-517	17	195
11894446	15364552	180723	-1134637	15611670	3665463	1976698

5-2 续表

项目	单位数(个)	资产总计	营业收入	营业成本	营业税金及附加
与港澳台商合资经营	116	8962959	6287701	3895994	69611
与港澳台商合作经营	14	714691	417513	123276	911
港澳台商独资	677	271353561	80781410	45251821	1153895
港澳台商投资股份有限公司	17	8798363	2176104	379055	21232
其他港澳台投资	7	23350	2844	1204	14
外商投资	1354	771639684	100827440	52075726	877432
中外合资经营	267	12147823	8041746	5434994	31634
中外合作经营	22	1495140	970778	525521	12621
外资企业	1023	756778213	91605971	46012568	830112
外商投资股份有限公司	29	1132591	201694	98450	3053
其他外商投资	13	85918	7252	4193	13
三、按隶属关系分					
中央	303	1083416503	47703469	33324727	908383
省	335	42265621	14263974	9983757	210318
地	996	31272711	16194631	9689354	160112
县	36	245337	90492	36186	729
街道	65	1786266	994401	889590	13266
镇	31	416172	123320	61775	3448
乡	6	1049289	7916	6133	156
社区	9	7715	2786	28	13
村委会	12	50439	1406	147	28
其他	45645	1639434715	489250749	433949241	5952823
四、按控股情况分					
国有控股	782	1193350348	105931691	79876953	1499647
集体控股	627	39731775	31075765	26195246	131227
私人控股	43243	458339003	219320640	271023580	2767428
港澳台商控股	817	287634465	87057413	47619862	1218601
外商控股	1234	766278608	98006899	49503601	868244
其他	732	53760193	27116764	13661167	762670
五、按四大城市功能区分					
首都功能核心区	3979	1886888563	89724675	52128434	2390587
东城区	1883	78942743	44217535	23224480	1095051
西城区	2096	1807945820	45507139	28903954	1295536
城市功能拓展区	36535	844985184	458004026	423111623	4628642
朝阳区	5897	111499014	61050616	36525244	732044
丰台区	2278	38831315	19704571	14221271	231161
石景山区	1946	29523169	19028622	10415191	416629
海淀区	26414	665131687	358220218	361949917	3248808
城市发展新区	5660	63766925	19884750	12104439	215101
房山区	786	4423863	1085894	462105	9512
通州区	772	3353711	1144968	753256	15662
顺义区	358	2351132	374207	242273	4691
昌平区	2646	21303602	7622121	4375466	57288
大兴区	610	8773102	1512069	1067229	36040
开发区	488	23561515	8145491	5204110	91908
生态涵养发展区	1264	4304097	1019692	596441	14947
门头沟区	354	1088045	270014	153376	1657
怀柔区	399	1531973	362195	209901	6691
平谷区	222	633122	197172	147796	3174
密云县	236	900165	167954	64128	2878
延庆县	53	150792	22358	21241	546

单位：千元

销售费用	管理费用	#税金	财务费用	利润总额	应　交 所得税	应　交 增值税
928292	1301158	8477	54531	185562	28493	251034
29559	122760	158	-3501	137104	22303	7422
10380962	13103896	161699	-1129535	14793589	3477574	1609507
553217	833210	10389	-56336	499937	137090	108596
2416	3527		203	-4521	3	139
18181405	24941015	127467	-2202955	75199519	1537539	3725004
867378	1735295	16484	8999	210157	117641	236571
135657	216292	1744	5147	61491	33645	48187
17135231	22798045	107909	-2214410	75047177	1385196	3437796
37508	186381	1318	-2679	-112295	1057	2412
5631	5002	12	-12	-7010		37
5790797	11216639	174546	-134222	64694248	17200294	784960
1105533	2186619	18453	81014	1472170	164054	433068
2105025	3434436	24024	183444	1541703	164879	590200
7894	37258	65	-81	-1756	944	3504
61592	227457	1793	119774	-127876	686	10616
7425	39595	318	-442	12783	1392	2971
407	25499	25	60528	-84730	5	47
54	280	5	3	-192		13
55	851		76	-74	3	20
67548155	154652308	669185	-2619099	115562106	9441209	13873790
8383284	17779350	227145	23740	70500019	17986310	2114720
1837169	2218171	21304	21739	1053938	167922	523232
30141495	110747452	298904	1282573	15432758	2450843	7419868
11719716	14977103	176476	-1163024	15662131	3659371	1907216
18144868	24608832	122653	-2222970	75263036	1493063	3681394
6399423	1386965	40667	-251188	5051547	1208175	47888
16249710	18320916	293918	-2753252	137296192	19818193	709250
9799791	3669246	84535	-345011	6805207	1823447	399416
6449919	14651669	209383	-2408241	130490984	17994746	309834
57716051	148714354	551435	-68101	44840187	6920444	14318191
9492654	14295672	82645	327275	2630767	860051	1362679
1427966	2735070	31349	113200	1413354	269375	557870
2958611	4000006	13503	-167016	2378578	534883	326359
43836820	127683606	423938	-341560	38417487	5256135	12071282
2430927	4507546	41722	504910	994504	230932	645261
253552	296780	442	-2188	70651	9725	48717
94716	219589	1133	12107	26877	7959	18924
122069	175678	413	687	-171808	1227	8982
755570	2026343	10479	226345	771627	103381	334116
178934	272619	4410	145497	-52170	1758	27128
1026087	1516538	24844	122461	349328	106881	207395
230250	278125	1339	7437	-62502	3896	26485
39110	81548	150	4287	17549	402	9617
142489	89173	284	3688	-82575	2303	1993
18321	38404	512	109	-8234	734	5527
28956	61809	277	-582	11961	403	9199
1375	7191	115	-66	-1204	55	150

5-3 信息传输、软件和信息技术服务业法人单位

项　　目	单位数（个）	资产合计	负债合计	上年结余
合　　计	**164**	**20677423**	**4419492**	**948403**
一、按行业分（分到小类）				
电信、广播电视和卫星传输服务	21	5197611	1154275	117881
电信	3	1632113	1084567	4788
其他电信服务	3	1632113	1084567	4788
广播电视传输服务	16	3264422	66773	113041
有线广播电视传输服务	7	129213	37849	7979
无线广播电视传输服务	9	3135209	28924	105062
卫星传输服务	2	301076	2935	52
卫星传输服务	2	301076	2935	52
互联网和相关服务	18	3552185	194856	-93071
互联网接入及相关服务	1	***	***	
互联网接入及相关服务	1	***	***	
互联网信息服务	16	3456005	172203	-99033
互联网信息服务	16	3456005	172203	-99033
其他互联网服务	1	***	***	***
其他互联网服务	1	***	***	***
软件和信息技术服务业	125	11927627	3070361	923593
软件开发	10	1002243	305915	68592
软件开发	10	1002243	305915	68592
信息系统集成服务	31	3213716	2176857	19905
信息系统集成服务	31	3213716	2176857	19905
信息技术咨询服务	38	3028931	416261	48722
信息技术咨询服务	38	3028931	416261	48722
数据处理和存储服务	17	2399286	94442	508947
数据处理和存储服务	17	2399286	94442	508947
其他信息技术服务业	29	2283452	76885	277427
数字内容服务	1	***	***	
呼叫中心	2	4871	8	214
其他未列明信息技术服务业	26	2265991	76409	277212
二、按登记注册类型分				
内资	162	20677402	4418711	947918
国有	125	20252574	4334590	790761
集体	3	10368	3462	214
其他	34	414460	80659	156943

财务状况(行政事业及民间非营利组织会计制度)

单位：千元

收入合计	支出合计	#工资福利支出	#商品和服务支出	收支结余	经营税金
7241073	**7212842**	**1157760**	**3367767**	**977275**	**58938**
747732	773397	176360	317398	92217	5285
71710	62068	4898	4550	14431	688
71710	62068	4898	4550	14431	688
634371	669646	153900	293914	77766	4492
107044	104598	11888	42945	10425	697
527327	565048	142012	250969	67341	3795
41651	41683	17562	18935	20	105
41651	41683	17562	18935	20	105
1383455	1298507	163761	531153	-8124	5921
***	***	***	***	***	
***	***	***	***	***	
1074405	986438	157971	225696	-11067	5921
1074405	986438	157971	225696	-11067	5921
***	***	***	***	***	
***	***	***	***	***	
5109886	5140938	817639	2519216	893182	47732
505031	409084	85554	64170	164539	7710
505031	409084	85554	64170	164539	7710
2488612	2452768	480430	1530036	55749	27524
2488612	2452768	480430	1530036	55749	27524
587260	601570	107810	219749	35052	4742
587260	601570	107810	219749	35052	4742
649672	991679	62229	464082	166941	1055
649672	991679	62229	464082	166941	1055
879312	685837	81615	241179	470902	6701
***	***	***	***	***	***
108	111	31	80	211	6
866139	672264	80280	229489	471087	6693
7241015	7212733	1157688	3367761	976841	58898
7088794	7051437	1117747	3324779	828759	58180
2668	2669	236	80	213	6
149553	158627	39705	42903	147869	713

5-3 续表

项　　目	单位数（个）	资产合计	负债合计	上年结余
港澳台商投资	1		***	***
港澳台商独资	1		***	***
外商投资	1	***	***	
其他外商投资	1	***	***	
三、按隶属关系分				
中央	66	19714761	4273278	825573
省	36	594012	48393	85554
地	33	331419	91074	36857
县	3			
街道	1	***	***	***
镇	2	5497	3454	
其他	23	26862	3286	205
四、按四大城市功能区分				
首都功能核心区	56	5214235	263122	326984
东城区	19	1909950	32397	21395
西城区	37	3304285	230725	305589
城市功能拓展区	77	13783158	4091739	696481
朝阳区	19	4716505	1248548	44047
丰台区	10	906762	150090	35806
石景山区	2	19120	8088	9942
海淀区	46	8140771	2685014	606687
城市发展新区	27	1653382	45944	-75484
房山区	4	541987	4302	26699
通州区	5	193249	314	11859
昌平区	6	255879	2249	
大兴区	10	15163	13073	242
开发区	2	647104	26006	-114284
生态涵养发展区	4	26648	18687	422
门头沟区	1	***		
怀柔区	1	***	***	
平谷区	1	***	***	***
密云县	1	***	***	

单位：千元

收入合计	支出合计	#工资福利支出	#商品和服务支出	收支结余	经营税金
				***	***
				***	***
***	***	***	***	***	
***	***	***	***	***	
6307865	6399857	1086786	2803259	734222	57728
652811	650518	49154	508531	87847	490
273489	144117	16786	48169	166228	336
***	***	***	***	***	***
2560	2558	204		2	
4240	15681	4799	7728	-11236	378
1745224	1775213	269521	984974	296995	6736
570351	496707	108695	201461	95039	4417
1174873	1278507	160826	783513	201956	2319
5111239	5091827	771044	2189956	716533	50206
1148429	1016161	105792	173018	176315	4941
375074	350552	50955	16169	60328	6296
39804	12843	3459	5625	36903	
3547932	3712272	610838	1995144	442987	38969
378385	339808	114147	190316	-36907	1997
116527	120395	37244	66315	22831	19
51042	52537	12021	33456	10364	17
40234	40234	16787	18576		105
5440	4476	1243	2540	1206	
165142	122166	46852	69430	-71308	1856
6225	5994	3049	2521	654	
	***	***	***	***	
***	***	***	***	***	
***	***	***	***		

5-4 规模以上信息传输、软件和信息技术

项　　目	单位数（个）	年初存货	流动资产合　计	#货币资金	#现金
合　　计	**2746**	**31125430**	**795186386**	**317874907**	**9299085**
一、按行业分（分到小类）					
电信、广播电视和卫星传输服务	252	2397679	387592363	169018213	9186436
电信	192	1657749	372935082	161254250	9184434
固定电信服务	17	331521	57746536	10623807	482
移动电信服务	37	59432	290510444	143861176	9178408
其他电信服务	138	1266796	24678102	6769267	5544
广播电视传输服务	40	585916	10922795	5519884	1648
有线广播电视传输服务	31	431728	7945044	5318853	1424
无线广播电视传输服务	9	154188	2977751	201031	224
卫星传输服务	20	154014	3734486	2244079	354
卫星传输服务	20	154014	3734486	2244079	354
互联网和相关服务	253	330600	67379510	42494537	17910
互联网接入及相关服务	23	27551	2958664	931270	610
互联网接入及相关服务	23	27551	2958664	931270	610
互联网信息服务	227	302059	64368819	41541673	17292
互联网信息服务	227	302059	64368819	41541673	17292
其他互联网服务	3	990	52027	21594	8
其他互联网服务	3	990	52027	21594	8
软件和信息技术服务业	2241	28397151	340214513	106362157	94739
软件开发	1499	14558821	231159119	74717293	68185
软件开发	1499	14558821	231159119	74717293	68185
信息系统集成服务	320	7827415	63682864	19997324	11406
信息系统集成服务	320	7827415	63682864	19997324	11406
信息技术咨询服务	210	2201243	20491506	6696136	8539
信息技术咨询服务	210	2201243	20491506	6696136	8539
数据处理和存储服务	46	186856	5039764	1442278	996
数据处理和存储服务	46	186856	5039764	1442278	996
集成电路设计	24	958731	3720913	482990	609
集成电路设计	24	958731	3720913	482990	609
其他信息技术服务业	142	2664085	16120347	3026136	5004
数字内容服务	23	58247	621730	217911	840
呼叫中心	9	11906	109954	59410	154
其他未列明信息技术服务业	110	2593932	15388663	2748815	4010
二、按登记注册类型分					
内资	2166	25393885	460543668	194479667	9283304
国有	33	112123	117763032	82036943	9175919
集体	2	2096	15130	1832	25
股份合作	8	28768	167835	32068	503
国有独资公司	17	308111	7371490	2382263	207
其他有限责任公司	859	11922214	161546686	50757007	36194
股份有限公司	186	8799218	111891101	36863461	12570
私营有限责任公司	989	3344324	52471954	17718757	52362
私营股份有限公司	72	877031	9316440	4687336	5524
港澳台商投资	182	2657523	193653952	45841378	6105

服务业法人单位财务状况(企业会计制度)

单位：千元

#交易性金融资产	#应收账款	#存货	可供出售金融资产	持有至到期投资	长期股权投资	投资性房地产	固定资产合计	固定资产原价
10115045	**132109436**	**35347868**	**4262366**	**4102414**	**1359109907**	**3221333**	**133814474**	**277953871**
2957025	29785637	3038417	3396794	2421912	1293587948	2367185	89319170	197368678
1978363	27079436	2176813	3269322	2417712	1289611044	2298007	73813733	168540467
8000	5464099	334163	750110	-369383	159749840	2294341	44112318	105337837
27044	14776120	59505	2481694	1544338	1112014031		24996750	57947602
1943319	6839217	1783145	37518	1242757	17847173	3666	4704665	5255028
978662	2298398	679715	89910		922973	69178	8571553	17294724
	764534	515524	89910		872966	69178	8503681	17099473
978662	1533864	164191			50007		67872	195251
	407803	181889	37562	4200	3053931		6933884	11533487
	407803	181889	37562	4200	3053931		6933884	11533487
641804	7454695	438603	65636	11844	7397750	368761	10471961	19614697
291756	471028	54134			1704792	368757	3950451	7610202
291756	471028	54134			1704792	368757	3950451	7610202
350048	6963920	382375	65636	11844	5692958	4	6505468	11967786
350048	6963920	382375	65636	11844	5692958	4	6505468	11967786
	19747	2094					16042	36709
	19747	2094					16042	36709
6516216	94869104	31870848	799936	1668658	58124209	485387	34023343	60970496
5902781	62142891	16867281	168698	362791	41722591	365528	26861265	44863631
5902781	62142891	16867281	168698	362791	41722591	365528	26861265	44863631
237551	20441468	7794796	95534	1019739	7620191	9999	3939361	9742363
237551	20441468	7794796	95534	1019739	7620191	9999	3939361	9742363
217840	5958730	2624903	535491	9074	6793084	109210	1259268	2882101
217840	5958730	2624903	535491	9074	6793084	109210	1259268	2882101
23510	1296462	214965			589106		906941	1490547
23510	1296462	214965			589106		906941	1490547
4000	699487	1156355			343797		344077	512761
4000	699487	1156355			343797		344077	512761
130534	4330066	3212548	213	277054	1055440	650	712431	1479093
19520	115127	131972		88600	105236		88205	124315
2000	22270	11786			11100		32258	96715
109014	4192669	3068790	213	188454	939104	650	591968	1258063
2145108	80435646	28892592	4161703	3947193	747729160	3191384	83077119	156947431
4939	1235330	134874	2621012	212759	562077638	9940	7347063	15802774
	7760	1304					334	2002
11000	51902	31421			15317		14029	28067
	3393622	507197		-369383	7964480	2294341	2300481	4821017
866204	33877804	13110241	309903	3301084	121992709	440484	45154073	86177583
534130	26268774	10232503	1162325	524033	43872925	257899	22719244	40488328
631578	13265524	3925471	55463	266858	8099641	10361	4568713	8141999
97257	2334930	949581	13000	11842	3706450	178359	973182	1485661
1668583	22238977	2881553	97663	2069	20444240		38270313	94425353

5-4 续表 1

项　　目	单位数(个)	年初存货	流动资产合计	#货币资金	#现金
与港澳台商合资经营	29	572427	5726872	1260417	1559
与港澳台商合作经营	3	1541	411735	220607	57
港澳台商独资	144	2073489	181390899	42758384	4296
港澳台商投资股份有限公司	6	10066	6124446	1601970	193
外商投资	398	3074022	140988766	77553862	9676
中外合资经营	74	819818	6890948	2064916	2351
中外合作经营	9	5282	961087	412420	283
外资企业	313	2145266	132952626	75055532	6997
外商投资股份有限公司	2	103656	184105	20994	45
三、按隶属关系分					
中央	140	3095393	212626812	104891575	9179115
省	85	1529153	20401484	9645860	3530
地	80	1624019	16105521	5678172	3654
县	1		***	***	***
街道	4	12542	757262	247352	36
镇	2	614	246783	46123	40
其他	2434	24863709	545043819	197364403	112695
四、按控股情况分(仅限企业法人)					
国有控股	364	8625765	272261843	128923822	9185679
集体控股	84	3370688	21372694	3961492	3570
私人控股	1719	14145494	156635334	51561292	93941
港澳台商控股	175	2327533	192241046	45566592	5824
外商控股	381	2564803	137989734	76844494	9115
其他	20	91147	14400106	10835155	907
五、按四大城市功能区分					
首都功能核心区	208	1119651	370058438	164990666	9186975
东城区	99	363335	23725399	12296804	6450
西城区	109	756316	346333039	152693862	9180525
城市功能拓展区	2371	29288481	405868486	148097713	105911
朝阳区	499	1907402	43298705	11350331	18371
丰台区	110	1945996	21402543	10642483	4064
石景山区	78	884217	14126299	3779722	2212
海淀区	1684	24550866	327040939	122325177	81264
城市发展新区	153	693755	18663314	4591508	5464
房山区	5	5382	2235067	112801	36
通州区	7	6056	208600	50871	686
顺义区	8	4273	170186	37394	54
昌平区	68	322854	6055680	1757818	2508
大兴区	3	54287	2672604	1049358	217
开发区	62	300903	7321177	1583266	1963
生态涵养发展区	14	23543	596148	195020	735
门头沟区	4	7631	100743	6427	52
怀柔区	3	292	346337	155278	41
平谷区	5	15620	100403	9906	627
密云县	2		48665	23409	15

单位：千元

#交易性金融资产	#应收账款	#存货	可供出售金融资产	持有至到期投资	长期股权投资	投资性房地产	固定资产合计	固定资产原价
148510	2171730	513909			352420		639731	1149391
	91017	11795			250		47655	79675
1520073	16647716	2343068	97663	2069	19710616		36426031	91805510
	3328514	12781			380954		1156896	1390777
6301354	29434813	3573723	3000	153152	590936507	29949	12467042	26581087
47326	2033222	875880		90411	1285227	27603	607194	1108089
40960	156424	425			132456		161830	294942
6213068	27220499	2584869	3000	62741	589136674	2346	11686504	25089492
	24668	112549			382150		11514	88564
124177	14913157	3757568	3854969	2558292	703799572	2419606	34855327	65266695
22498	3008682	1625087	89910	126874	2048917	118000	9904676	16255201
107849	4092562	1992036		224378	4111830	6791	2362624	3439715
	***			***			***	***
	454050	9813			249564		139192	456745
	6289	887			20507		10544	33821
9860521	109632079	27962477	317487	1189370	648879517	676936	86541037	192498823
679857	32597902	9953827	4048490	3522834	711186784	2945343	47673369	87610293
264802	6512391	3480971		46188	1511470	38882	860585	1664715
1343956	41170715	16214685	113213	464895	30581601	234762	15769782	26032795
1570583	21159581	2658319	97663	2069	20355124		37786958	93704885
6255231	28463282	2949173	3000	66428	590232479	2346	12159165	26182749
616	2205370	90893			4940195		19475859	42564754
1275022	24753858	1233426	3344260	1273879	1287533243	2304281	71272158	167133162
1088323	5831409	370904		98924	5241679	9940	25528327	54557857
186699	18922449	862522	3344260	1174955	1282291564	2294341	45743831	112575305
8591195	101446354	33134552	918106	2005405	69245582	917052	57299764	106094661
2434235	13131186	2302086	24000	98600	4532530	5825	5459020	11727894
27196	5271774	1816579	11620		1701389	10485	4657573	9350305
5520	1794179	1005509	3030	1000	1495705		1991475	2698604
6124244	81249215	28010378	879456	1905805	61515958	900742	45191696	82317858
138828	5727746	951130		823130	2266952		5222106	4683511
10000	143929	2938					9997	30831
	65544	7988			21786		233730	296736
	24233	7798			14000		23725	77525
19413	1908336	533119			1451189		577860	963563
	642133	100001			26826		103013	135318
109415	2943571	299286		823130	753151		4273781	3179538
110000	181478	28760			64130		20446	42537
	65964	11365			42000		7493	8956
110000	69156	1016			22130		4950	7075
	36038	16379					6606	13235
	10320						1397	13271

5-4 续表 2

项　　目	累计折旧	本年折旧	在建工程	无形资产	资产总计
合　　计	**145323371**	**23561935**	**24628072**	**29140591**	**2470707888**
一、按行业分(分到小类)					
电信、广播电视和卫星传输服务	109062091	15397028	18822667	10779410	1908408005
电信	95805933	12915348	15505004	10481662	1869285344
固定电信服务	60260643	7271184	6075500	4449075	370138823
移动电信服务	32756786	5158963	6973682	5699577	1449491811
其他电信服务	2788504	485201	2455822	333010	49654710
广播电视传输服务	8655880	1578466	1734944	238043	23647563
有线广播电视传输服务	8521805	1543739	1734944	186446	20487871
无线广播电视传输服务	134075	34727		51597	3159692
卫星传输服务	4600278	903214	1582719	59705	15475098
卫星传输服务	4600278	903214	1582719	59705	15475098
互联网和相关服务	8962572	2347915	1042854	2666363	92579024
互联网接入及相关服务	3251138	538911	664989	19300	10278653
互联网接入及相关服务	3251138	538911	664989	19300	10278653
互联网信息服务	5690767	1802677	377865	2621971	82207066
互联网信息服务	5690767	1802677	377865	2621971	82207066
其他互联网服务	20667	6327		25092	93305
其他互联网服务	20667	6327		25092	93305
软件和信息技术服务业	27298708	5816992	4762551	15694818	469720859
软件开发	18337949	4335121	2522228	9943948	323568540
软件开发	18337949	4335121	2522228	9943948	323568540
信息系统集成服务	5824063	836198	1464355	4279675	83325222
信息系统集成服务	5824063	836198	1464355	4279675	83325222
信息技术咨询服务	1613323	302677	652993	298661	31411997
信息技术咨询服务	1613323	302677	652993	298661	31411997
数据处理和存储服务	586695	156157	53746	818627	7617786
数据处理和存储服务	586695	156157	53746	818627	7617786
集成电路设计	167572	54880	48431	105184	5003338
集成电路设计	167572	54880	48431	105184	5003338
其他信息技术服务业	769106	131959	20798	248723	18793976
数字内容服务	36659	11458		37389	997952
呼叫中心	64458	7979	960	27153	252375
其他未列明信息技术服务业	667989	112522	19838	184181	17543649
二、按登记注册类型分					
内资	75194176	13408339	16853018	18535552	1444371631
国有	8530131	1271029	1637575	1271215	756471952
集体	1668	129			16464
股份合作	14038	2089		13161	215862
国有独资公司	2119218	276875	1158912	608863	21683490
其他有限责任公司	42667442	7227346	8832722	6287683	353326755
股份有限公司	17711100	3471000	5017585	6739446	226690804
私营有限责任公司	3631351	1028544	198022	3177667	70989460
私营股份有限公司	519228	131327	8202	437517	14976844
港澳台商投资	55762903	7386091	6305832	7703063	273470907

单位：千元

流动负债合计	#应付账款	非流动负债合计	#应付债券	负债合计	所有者权益合计	#实收资本		
							国家资本	集体资本
538671698	**107167438**	**99841778**	**12471379**	**638513476**	**1832194412**	**764239728**	**472761404**	**441507**
286338915	41970732	78150335	3916023	364489250	1543918755	652238697	455444634	12222
273790795	39595683	71620888	2457208	345411683	1523873661	639526878	454400523	12222
136167419	9239360	62992814		199160233	170978590	312721479	288783444	
122042168	25528362	7518218	2397866	129560386	1319931425	311808384	165194605	11722
15581208	4827961	1109856	59342	16691064	32963646	14997015	422474	500
7065162	1777490	5161903	1458815	12227065	11420498	5128173	694441	
4844306	1251355	5161412	1458815	10005718	10482153	4883803	664500	
2220856	526135	491		2221347	938345	244370	29941	
5482958	597559	1367544		6850502	8624596	7583646	349670	
5482958	597559	1367544		6850502	8624596	7583646	349670	
43959717	7731086	2584830	598064	46544547	46034477	13736203	5699078	24500
7006340	1228633	373396		7379736	2898917	5886685	4718901	
7006340	1228633	373396		7379736	2898917	5886685	4718901	
36895782	6492269	2193434	598064	39089216	43117850	7780218	980177	24500
36895782	6492269	2193434	598064	39089216	43117850	7780218	980177	24500
57595	10184	18000		75595	17710	69300		
57595	10184	18000		75595	17710	69300		
208373066	57465620	19106613	7957292	227479679	242241180	98264828	11617692	404785
133680001	31940392	13551002	5577092	147231003	176337537	66645627	9127734	164574
133680001	31940392	13551002	5577092	147231003	176337537	66645627	9127734	164574
42573981	15377937	1870911	892800	44444892	38880330	16342527	1646455	217174
42573981	15377937	1870911	892800	44444892	38880330	16342527	1646455	217174
13178795	4086995	2256351	1487400	15435146	15976851	7362729	560518	10300
13178795	4086995	2256351	1487400	15435146	15976851	7362729	560518	10300
4647554	1034236	796456		5444010	2173776	2019844	113715	11337
4647554	1034236	796456		5444010	2173776	2019844	113715	11337
3149883	1025627	218450		3368333	1635005	719784	136070	
3149883	1025627	218450		3368333	1635005	719784	136070	
11142852	4000433	413443		11556295	7237681	5174317	33200	1400
437499	80063	20447		457946	540006	690132		
142430	29903			142430	109945	174710	1100	900
10562923	3890467	392996		10955919	6587730	4309475	32100	500
364825943	66374978	93917911	10073513	458743854	985627777	589886718	472574250	441507
77275011	936888	5017213	4405594	82292224	674179728	289115558	288917546	
14100	7373			14100	2364	1500		500
82841	22028	555		83396	132466	86360		1500
5673528	2675071	1166299		6839827	14843663	15638169	4810000	
143639698	37398682	12178565	152989	155818263	197508492	155484666	111611426	313644
94118499	15714099	73191245	5514930	167309744	59381060	112605349	67231910	106825
40550449	8731735	2093270		42643719	28345741	13063941	2500	19038
3471817	889102	270764		3742581	11234263	3891175	868	
103485667	19506507	4467376	2397866	107953043	165517864	151139604	156691	

5-4 续表 3

项目	累计折旧	本年折旧	在建工程	无形资产	资产总计
与港澳台商合资经营	509740	114893	13533	293819	7296795
与港澳台商合作经营	32020	11772	15763	40881	536673
港澳台商独资	54987262	7186765	6275730	7330790	257908595
港澳台商投资股份有限公司	233881	72661	806	37573	7728844
外商投资	14366292	2767505	1469222	2901976	752865350
中外合资经营	501569	121587	91222	331202	9590175
中外合作经营	133112	21963	1256	10289	1288313
外资企业	13659415	2619930	1373546	2560485	741350129
外商投资股份有限公司	72196	4025	3198		636733
三、按隶属关系分					
中央	29622826	4919994	6294216	6850529	1069428280
省	8520156	1499211	3263217	328934	35554993
地	1090634	247807	548564	823233	24787257
县	***	***			***
街道	317553	41685		93316	1283933
镇	23277	1424			294032
其他	105747128	16851563	14522075	21044579	1339350048
四、按控股情况分(仅限企业法人)					
国有控股	41290477	6938019	10234236	9624333	1158462920
集体控股	801959	179487	241033	274270	24921233
私人控股	10421579	2724675	2950664	7898851	220364312
港澳台商控股	55525711	7337532	6302295	7604264	271336425
外商控股	14275401	2747640	1397757	2851082	748443251
其他	22903320	3619396	3502087	886927	46329370
五、按四大城市功能区分					
首都功能核心区	95127578	12890202	13044054	10575887	1860874839
东城区	28843231	4942431	4317628	1605773	64595693
西城区	66284347	7947771	8726426	8970114	1796279146
城市功能拓展区	48491808	10239774	7680642	17959822	579257352
朝阳区	5956728	1249388	800843	1042864	56776857
丰台区	4330073	647628	1787963	846294	30866480
石景山区	712098	223642	49528	1328843	20567426
海淀区	37492909	8119116	5042308	14741821	471046589
城市发展新区	1681895	426466	3903376	498662	29769998
房山区	20835	9728		27704	2277530
通州区	63008	18442		27271	500092
顺义区	54074	10853	55809	41627	307363
昌平区	385750	91458	9609	94173	8379889
大兴区	32306	15280	291769	30062	3211863
开发区	1125922	280705	3546189	277825	15093261
生态涵养发展区	22090	5493		106220	805699
门头沟区	1463	836		33903	189013
怀柔区	2125	1200		4049	387427
平谷区	6629	2348		68268	179196
密云县	11873	1109			50063

单位：千元

流动负债合计	#应付账款	非流动负债合计	#应付债券	负债合计	所有者权益合计	#实收资本	国家资本	集体资本
3674792	1038418	106712		3781504	3515291	1883100	156691	
201268	29512			201268	335405	117904		
97426034	18392082	4351700	2397866	101777734	156130861	148480610		
2183573	46495	8964		2192537	5536307	657990		
70360088	21285953	1456491		71816579	681048771	23213406	30463	
4199492	1718007	283889		4483381	5106794	2715821	30129	
878810	59551	143445		1022255	266058	737952	334	
64820423	19410832	1029157		65849580	675500549	19669524		
461363	97563			461363	175370	90109		
191245533	14089327	77402532	5943877	268648065	800780215	518064146	469221902	300
13926153	2383104	5354300	1458815	19280453	16274540	7985183	509901	29500
8762133	2139882	2501147	1190102	11263280	13523977	3982972	25500	500
***	***			***	***	***		
590756	204171			590756	693177	789967	744467	
123088	281			123088	170944	70100		5800
324022315	88349174	14583799	3878585	338606114	1000743934	233345705	2259634	405407
233730281	28976227	83905739	7504798	317636020	840826900	537419248	472345452	122516
16129898	5849417	370285		16500183	8421050	4516005	15880	292022
98760575	23831891	9432511	2568715	108193086	112171226	41739441	17759	26969
101984698	18823767	4385376	2397866	106370074	164966351	150440890	4620	
68106532	20020686	1243155		69349687	679093564	22368264	334	
19734909	9665165	480860		20215769	26113601	7378521		
269746853	36978263	70419859	2397866	340166712	1520708127	639261390	454283384	12522
26704234	12909327	120247		26824481	37771212	9023236	99529	
243042619	24068936	70299612	2397866	313342231	1482936915	630238154	454183855	12522
255806616	66357246	26438511	9971407	282245127	297012225	117090610	17985985	427485
33805796	8525141	2376937		36182733	20594124	16196960	4636186	
13599241	4442071	1475800		15075041	15791439	6036922	651973	4900
7507775	1338617	353918		7861693	12705733	1953283	9100	13901
200893804	52051417	22231856	9971407	223125660	247920929	92903445	12688726	408684
12844266	3794944	2755234	102106	15599500	14170498	7662803	492035	1500
2060789	218706			2060789	216741	60000		
183811	45334	82000		265811	234281	227872	108915	
240393	12165			240393	66970	211450		1500
3147515	699912	178195	102106	3325710	5054179	1773356	133320	
1211932	296876	710524		1922456	1289407	279280		
5999826	2521951	1784515		7784341	7308920	5110845	249800	
273963	36985	228174		502137	303562	224925		
108066	5864	569		108635	80378	55000		
95962	16097	227605		323567	63860	32795		
63961	14591			63961	115235	126130		
5974	433			5974	44089	11000		

5-4 续表 4

项 目	法人资本	个人资本	港澳台资本	外商资本	营业收入	#主营业务收入
合 计	**75144579**	**29934642**	**150189687**	**35767909**	**499032649**	**490386023**
一、按行业分(分到小类)						
电信、广播电视和卫星传输服务	35454359	5554332	138338292	17434858	106656685	102559719
电信	24788643	4607020	138338292	17380178	94534960	90525075
固定电信服务	9982645	77980		13877410	37302485	34780844
移动电信服务	6607050	240560	138112599	1641848	27748389	26883442
其他电信服务	8198948	4288480	225693	1860920	29484086	28860789
广播电视传输服务	3447550	931502		54680	9119171	9047568
有线广播电视传输服务	3376000	842443		860	6437276	6359671
无线广播电视传输服务	71550	89059		53820	2681895	2687897
卫星传输服务	7218166	15810			3002554	2987076
卫星传输服务	7218166	15810			3002554	2987076
互联网和相关服务	3631366	2196708	648301	1536250	65515761	65189173
互联网接入及相关服务	1053545	114239			5059966	4998021
互联网接入及相关服务	1053545	114239			5059966	4998021
互联网信息服务	2532821	2058169	648301	1536250	60283506	60019002
互联网信息服务	2532821	2058169	648301	1536250	60283506	60019002
其他互联网服务	45000	24300			172289	172150
其他互联网服务	45000	24300			172289	172150
软件和信息技术服务业	36058854	22183602	11203094	16796801	326860203	322637131
软件开发	21736341	14742697	9659750	11214531	208172037	206578007
软件开发	21736341	14742697	9659750	11214531	208172037	206578007
信息系统集成服务	7803928	4260028	987977	1426965	63030657	60871129
信息系统集成服务	7803928	4260028	987977	1426965	63030657	60871129
信息技术咨询服务	3543750	1656384	315051	1276726	22126523	21716495
信息技术咨询服务	3543750	1656384	315051	1276726	22126523	21716495
数据处理和存储服务	495415	163542	63807	1172028	4935846	4922149
数据处理和存储服务	495415	163542	63807	1172028	4935846	4922149
集成电路设计	249408	287316		46990	2984892	2971137
集成电路设计	249408	287316		46990	2984892	2971137
其他信息技术服务业	2230012	1073635	176509	1659561	25610248	25578214
数字内容服务	47795	136930	7578	497829	946634	942669
呼叫中心	49520	123190			424699	424699
其他未列明信息技术服务业	2132697	813515	168931	1161732	24238915	24210846
二、按登记注册类型分						
内资	73292985	29503786	31070	14043120	313769995	308740688
国有	198012				3127854	2958912
集体	1000				26164	26164
股份合作	16500	68360			136564	136564
国有独资公司	10827449	720			7356382	7156386
其他有限责任公司	39744321	3682803	31070	101402	161648459	157898066
股份有限公司	17964161	13374226		13928227	70943834	70471549
私营有限责任公司	3835338	9193574		13491	63774215	63380002
私营股份有限公司	706204	3184103			6756523	6713045
港澳台商投资	670555	174053	150112461	25844	87453631	84786689

单位：千元

营业成本	#主营业务成本	营业税金及附加	#主营业务税金及附加	其他业务利润	销售费用	管理费用	#税金	#财产保险费
305714709	**299700349**	**6489402**	**6349592**	**2520861**	**64559348**	**82443689**	**741957**	**92454**
69716003	65953020	2661904	2544865	217862	16927951	16761984	314410	25969
60635580	56935947	2403359	2288195	195087	16309502	15288037	294108	14166
21006300	18001872	1250175	1248428	-484534	7469766	7072262	148871	369
17527224	17251533	851979	748226	485503	6263601	5468941	120453	9987
22102056	21682542	301205	291541	194118	2576135	2746834	24784	3810
6697283	6638398	205225	203350	11762	530129	1245446	15632	11231
4948967	4888914	168365	166490	16596	450169	675310	11196	11161
1748316	1749484	36860	36860	-4834	79960	570136	4436	70
2383140	2378675	53320	53320	11013	88320	228501	4670	572
2383140	2378675	53320	53320	11013	88320	228501	4670	572
32255341	32232368	1338858	1334751	311964	11116362	9182227	56320	8080
3297380	3289228	131372	127720	49670	740369	416754	5165	471
3297380	3289228	131372	127720	49670	740369	416754	5165	471
28933687	28918929	1205359	1204904	262218	10284785	8734659	51127	7604
28933687	28918929	1205359	1204904	262218	10284785	8734659	51127	7604
24274	24211	2127	2127	76	91208	30814	28	5
24274	24211	2127	2127	76	91208	30814	28	5
203743365	201514961	2488640	2469976	1991035	36515035	56499478	371227	58405
117302080	117037818	1652009	1638700	1325386	26310516	42812626	254736	38663
117302080	117037818	1652009	1638700	1325386	26310516	42812626	254736	38663
44629913	42769927	520784	516980	295738	4889845	7739277	62176	8202
44629913	42769927	520784	516980	295738	4889845	7739277	62176	8202
14904033	14822893	121167	119935	327656	3029177	3409604	23800	7578
14904033	14822893	121167	119935	327656	3029177	3409604	23800	7578
3272813	3265921	60744	60744	6805	788121	665178	3334	601
3272813	3265921	60744	60744	6805	788121	665178	3334	601
2354522	2353100	13930	13930	12333	128391	340794	7095	527
2354522	2353100	13930	13930	12333	128391	340794	7095	527
21280004	21265302	120006	119687	23117	1368985	1531999	20086	2834
297775	290200	13669	13462	2287	141373	202410	996	113
339389	339389	12205	12205		27722	61686	98	89
20642840	20635713	94132	94020	20830	1199890	1267903	18992	2632
206475359	203449473	4400278	4281230	1912779	36305363	46398249	456560	66341
2930554	2929280	165704	106355	108319	75162	3222207	56942	1622
20087	20087	205	205		2934	2753	3	12
52758	52758	1328	1328		45545	41550	91	135
5726470	5574245	77334	72842	43279	170777	739485	31515	337
109420330	106795143	2084576	2038004	1087561	16471023	17737937	166241	33858
44547606	44413594	842496	837531	333308	9680906	13218981	119573	13709
40190480	40102485	1165341	1162775	323131	8897216	9976992	69335	14892
3587074	3561881	63294	62190	17181	961800	1458344	12860	1776
48581696	45676461	1235072	1227244	-246120	10808406	13102771	172876	7365

5-4 续表 5

项目					营业收入	#主营业务收入
	法人资本	个人资本	港澳台资本	外商资本		
与港澳台商合资经营	620538	174053	905974	25844	6088689	6069693
与港澳台商合作经营	50017		67887		413106	413072
港澳台商独资			148480610		78882837	76275137
港澳台商投资股份有限公司			657990		2068999	2028787
外商投资	1181039	256803	46156	21698945	97809023	96858646
中外合资经营	1152028	253753	46156	1233755	7436313	7406548
中外合作经营	22210	3050		712358	940757	939859
外资企业	1586			19667938	89375819	88467664
外商投资股份有限公司	5215			84894	56134	44575
三、按隶属关系分						
中央	30930901	4033633		13877410	46891976	43703862
省	6281094	1054952		109736	13515885	13306376
地	2704725	1224914	17433	9900	14087117	13932784
县	***			***	***	***
街道	20000	25500			876355	876355
镇	41375	2025		20900	70289	41612
其他	35166235	23593618	150172254	21748557	423578397	418512404
四、按控股情况分(仅限企业法人)						
国有控股	44812669	5773125	137859	14227627	103650391	100060908
集体控股	4143029	14762	50000	312	30054397	29974279
私人控股	17427530	24034399	103887	128897	159303408	158238952
港澳台商控股	453767	68740	149889721	24042	84821232	82150769
外商控股	952500	30179	8220	21377031	94875317	93928672
其他	7355084	13437		10000	26203933	25913215
五、按四大城市功能区分						
首都功能核心区	24572154	3485134	138208720	18699476	84400342	80736633
东城区	6943974	596663	80718	1302352	42065504	41508128
西城区	17628180	2888471	138128002	17397124	42334838	39228505
城市功能拓展区	45648204	24985726	11571168	16472042	399740972	394845527
朝阳区	2226294	2045307	2841678	4447495	52602901	52223437
丰台区	4129719	761882	29317	459131	18047070	17956843
石景山区	715752	758519	348833	107178	16256450	16188427
海淀区	38576439	21420018	8351340	11458238	312834551	308476820
城市发展新区	4803176	1379902	389799	596391	14503768	14417571
房山区	60000				393790	392813
通州区	10100	57615	50000	1242	287230	286614
顺义区	20000	10500	31654	147796	172060	171936
昌平区	760205	731914	23256	124661	5478406	5446081
大兴区	257702	11099		10479	843329	841087
开发区	3695169	568774	284889	312213	7328953	7279040
生态涵养发展区	121045	83880	20000		387567	386292
门头沟区	5000	50000			95308	95308
怀柔区	18915	13880			135827	134552
平谷区	96130	10000	20000		111838	111838
密云县	1000	10000			44594	44594

单位：千元

营业成本	#主营业务成本	营业税金及附加	#主营业务税金及附加	其他业务利润	销售费用	管理费用	#税金	#财产保险费
3774919	3774202	67624	64432	15087	899595	1170960	8145	730
122263	122263	885	883	32	28530	115252	151	10
44316919	41441522	1145355	1141331	-271721	9331623	11055517	154207	6306
367595	338474	21208	20598	10482	548658	761042	10373	319
50657654	50574415	854052	841118	854202	17445579	22942669	112521	18748
5054075	5053309	27737	27615	28877	778001	1439887	8146	1107
496735	496590	12560	12519	712	133037	187579	1724	246
45096074	45023831	813589	800818	823139	16515659	21213531	102295	17347
10770	685	166	166	1474	18882	101672	356	48
32839396	30432773	899584	805635	696541	5745986	10976403	171922	6314
9550704	9487408	199990	198561	144784	1022702	1885343	17113	12800
8404090	8374686	143362	141783	123350	1900949	2821702	20629	2773
***	***	***	***		***	***	***	***
849413	849413	11975	11975		37061	168237	1463	6
22173	22173	2700	2700	28677	2413	26723	234	13
254042203	250527166	5231739	5188886	1527509	55849289	66562787	530594	70540
76083292	73537452	1410053	1308831	951369	8169014	17047974	222886	23019
25657568	25644191	120360	119971	66352	1759175	1811619	19281	1798
96078455	95859870	2151370	2143545	857504	20268842	27024934	181922	34501
46526406	43621372	1208208	1200484	-242294	10636081	12796864	168975	6844
48100134	48016782	845392	832621	850520	17404782	22646348	108091	18289
13208324	12960152	752559	742680	32667	6320471	1012882	39536	7912
49160133	45835874	2328743	2223142	233847	15491074	16393956	284732	23562
21867773	21581017	1066161	1056282	260741	9500739	2833384	81322	9172
27292360	24254857	1262582	1166860	-26894	5990335	13560572	203410	14390
247717779	245062021	4000201	3970260	2237234	47153086	63359084	430907	65123
32250698	32161413	564869	559905	304220	8005053	9581780	61149	9986
13166848	13114999	208058	205586	35906	1237283	2171259	28206	3096
8270935	8265830	378911	378295	62301	2410654	2613995	9412	1228
194029298	191519779	2848363	2826474	1834807	35500096	48992050	332140	50813
8636275	8601932	154424	150156	48505	1832187	2641726	26035	3684
59731	59731	3107	3107	977	172246	86927	53	11
211026	210942	5748	5657	441	16696	35068	161	21
86279	86154	1041	1041	-1	93262	55849	71	28
3171778	3148775	41404	41389	9307	545726	1213373	5768	2532
479448	479448	17402	17402	2242	116614	97841	1619	122
4628013	4616882	85722	81560	35539	887643	1152668	18363	970
200522	200522	6034	6034	1275	83001	48923	283	85
37142	37142	523	523		21704	15498	65	77
61733	61733	2638	2638	1275	45830	13167	25	
94296	94296	2000	2000		15013	12912	147	2
7351	7351	873	873		454	7346	46	6

5-4 续表 6

项　　目	财务费用	#利息收入	#利息支出	资产减值损失	公允价值变动收益	投资收益
合　计	**-3307094**	**12016842**	**8603809**	**1786052**	**52**	**139840241**
一、按行业分(分到小类)						
电信、广播电视和卫星传输服务	-2584947	8404387	6124716	592253	-4193	134426455
电信	-2626984	8248464	5878805	574323	-4193	134357509
固定电信服务	2044634	3251457	5238345	342351	1348	6238950
移动电信服务	-4730464	4879354	554693	142712		126516651
其他电信服务	58846	117653	85767	89260	-5541	1601908
广播电视传输服务	70212	123878	204994	6952		42644
有线广播电视传输服务	99319	100372	201185	5808		40756
无线广播电视传输服务	-29107	23506	3809	1144		1888
卫星传输服务	-28175	32045	40917	10978		26302
卫星传输服务	-28175	32045	40917	10978		26302
互联网和相关服务	-862454	1371303	313914	103798	1601	1130371
互联网接入及相关服务	85620	39114	119248	32220	1555	657827
互联网接入及相关服务	85620	39114	119248	32220	1555	657827
互联网信息服务	-948416	1331888	194375	71127	46	472540
互联网信息服务	-948416	1331888	194375	71127	46	472540
其他互联网服务	342	301	291	451		4
其他互联网服务	342	301	291	451		4
软件和信息技术服务业	140307	2241152	2165179	1090001	2644	4283415
软件开发	-241186	1862012	1568386	835294	5718	3208542
软件开发	-241186	1862012	1568386	835294	5718	3208542
信息系统集成服务	107244	206031	273240	173624		280531
信息系统集成服务	107244	206031	273240	173624		280531
信息技术咨询服务	160941	108032	197646	26288	2084	566243
信息技术咨询服务	160941	108032	197646	26288	2084	566243
数据处理和存储服务	58868	25222	56809	7846		158173
数据处理和存储服务	58868	25222	56809	7846		158173
集成电路设计	20560	8080	24437	11902		1899
集成电路设计	20560	8080	24437	11902		1899
其他信息技术服务业	33880	31775	44661	35047	-5158	68027
数字内容服务	-453	2712	2143	2933		1328
呼叫中心	-491	1334	725			538
其他未列明信息技术服务业	34824	27729	41793	32114	-5158	66161
二、按登记注册类型分						
内资	179309	7958036	7653494	1387632	-1266	70951171
国有	-5590392	5909013	308783	-2654		62247663
集体	-21	21				
股份合作	291	136	409			227
国有独资公司	58872	63292	124027	58405		748145
其他有限责任公司	82492	953755	915702	580763	4072	3126124
股份有限公司	5568778	632774	6047477	626998	-3127	4153660
私营有限责任公司	140795	287279	225915	63608	-2043	156920
私营股份有限公司	-81506	111766	31181	60512	-168	518432
港澳台商投资	-1211483	1171604	516866	302651	2189	1948403

单位：千元

营业利润	营业外收入	#补贴收入	利润总额	应交所得税	应付职工薪酬(本年贷方累计发生额)	#社会保险费	#住房公积金	应交增值税
43073849	**9295105**	**4534271**	**188974192**	**26510499**	**107104989**	**15347617**	**6016853**	**13918780**
3173789	1036532	601456	137505429	19755339	19067574	3264118	779543	557465
2525465	492593	82034	136275025	19633517	17144088	2992864	683739	380886
-1540652	124005	17410	4322841	-1769348	7078350	900610	278688	5613
2367108	192594	28242	128749302	21072112	4503895	1374850	161137	14762
1699009	175994	36382	3202882	330753	5561843	717404	243914	360511
370876	509451	493344	902520	101725	1666674	228803	81899	162540
95146	501659	488658	628541	55605	1221236	172642	61179	62288
275730	7792	4686	273979	46120	445438	56161	20720	100252
277448	34488	26078	327884	20097	256812	42451	13905	14039
277448	34488	26078	327884	20097	256812	42451	13905	14039
12476281	571045	302712	14097783	1684641	11517677	1765484	650847	1861867
388000	14307	9851	1027271	39274	857023	85795	21671	10581
388000	14307	9851	1027271	39274	857023	85795	21671	10581
12064757	554636	290770	13045546	1645306	10610808	1673754	626546	1845560
12064757	554636	290770	13045546	1645306	10610808	1673754	626546	1845560
23524	2102	2091	24966	61	49846	5935	2630	5726
23524	2102	2091	24966	61	49846	5935	2630	5726
27423779	7687528	3630103	37370980	5070519	76519738	10318015	4586463	11499448
20334215	5990758	2987910	27894485	3602951	55726290	7518484	3407376	8702798
20334215	5990758	2987910	27894485	3602951	55726290	7518484	3407376	8702798
5095773	1306695	451635	6432008	1024917	11717025	1563010	679689	1668385
5095773	1306695	451635	6432008	1024917	11717025	1563010	679689	1668385
501600	134206	73814	1155722	190646	5138325	667771	273071	541326
501600	134206	73814	1155722	190646	5138325	667771	273071	541326
90122	25641	31933	274232	50365	1474729	256266	92923	73370
90122	25641	31933	274232	50365	1474729	256266	92923	73370
126695	75252	679	184707	16915	387968	28713	12557	61524
126695	75252	679	184707	16915	387968	28713	12557	61524
1275374	154976	84132	1429826	184725	2075401	283771	120847	452045
291860	65419	21577	358127	40064	225108	32615	17250	56748
-15812	3983	2216	-11941	172	97428	18517	4080	5249
999326	85574	60339	1083640	144489	1752865	232639	99517	390048
20000513	5972714	3670909	95000885	21316253	53189722	6992277	2727468	8355545
2324619	162444	49554	64623662	19872441	2529823	78464	37532	91464
206			206	51	4057	969	169	1115
-4908	4608	3684	-184	572	27522	2627	980	7420
583444	143504	110556	1306174	164578	1272124	220313	71876	217478
15852073	2393448	1296640	20647651	2883097	22747702	3152448	1209881	3709513
-2914933	2012215	1492071	2559196	-2493014	14236242	1915511	769738	2015714
3392495	986943	569459	4378149	770540	10677420	1409002	544576	2020132
767517	269552	148945	1486031	117988	1694832	212943	92716	292709
14937169	786382	550986	17437787	3657693	17160175	3377404	1066514	1901357

5-4 续表 7

项目	财务费用	#利息收入	#利息支出	资产减值损失	公允价值变动收益	投资收益
与港澳台商合资经营	47329	10783	46230	4656	2189	3312
与港澳台商合作经营	-3598	3639	16	71		
港澳台商独资	-1192676	1092850	471197	297924		1945240
港澳台商投资股份有限公司	-62538	64332	-577			-149
外商投资	-2274920	2887202	433449	95769	-871	66940667
中外合资经营	-9208	44516	18947	13738	4287	24448
中外合作经营	4100	6099	3790	1019		-741
外资企业	-2262111	2836189	410506	81012	-5158	66906980
外商投资股份有限公司	-7701	398	206			9980
三、按隶属关系分						
中央	-135401	6414439	6190417	235880	-2193	67983365
省	87517	148876	211696	46699	-1289	119352
地	181475	83206	259343	67600	349	626248
县	***	***				***
街道	201	822	914	5498		1500
镇	-166	431				-73
其他	-3440625	5369064	1941439	1430375	3185	71109773
四、按控股情况分(仅限企业法人)						
国有控股	45990	6697733	6627238	573430	770	68398594
集体控股	-6787	64247	40670	175107		467067
私人控股	499976	830169	979056	507265	-2036	2008167
港澳台商控股	-1244624	1178623	491057	302409	2189	1945118
外商控股	-2291330	2889582	424746	92713	-4555	66928854
其他	-310443	356138	39885	135715	3684	9955
五、按四大城市功能区分						
首都功能核心区	-2769476	8325329	5876633	549750	-1941	134073890
东城区	-356805	422691	45766	213438	219	23915
西城区	-2412671	7902638	5830867	336312	-2160	134049975
城市功能拓展区	-637545	3602023	2562481	1160924	-196	5628449
朝阳区	202453	144426	227920	114189	-252	1360870
丰台区	108852	243613	177697	20222	3	135015
石景山区	-170923	221237	36755	25900		40487
海淀区	-777927	2992747	2120109	1000613	53	4092077
城市发展新区	107726	81382	164444	69519	2189	137871
房山区	355	413		9918		1658
通州区	7672	120	7416	333		2
顺义区	162	154	13			-357
昌平区	-2342	35263	31152	15154		82941
大兴区	5958	22461	28113	3050		
开发区	95921	22971	97750	41064	2189	53627
生态涵养发展区	-7799	8108	251	5859		31
门头沟区	4	80	78	2901		31
怀柔区	-7906	7937		2505		
平谷区	123	64	173			
密云县	-20	27		453		

单位：千元

营业利润	营业外收入	#补贴收入	利润总额	应交所得税	应付职工薪酬(本年贷方累计发生额)	#社会保险费	#住房公积金	应交增值税
128262	140950	129505	281227	53124	2100817	310870	140904	246192
149774	109		149322	22301	84021	14371	5706	7364
14226099	548528	307473	16459071	3445185	13675868	2873447	822132	1539391
433034	96795	114008	548167	137083	1299469	178716	97772	108410
8136167	2536009	312376	76535520	1536553	36755092	4977936	2222871	3661878
145821	150822	66377	312248	116342	2327047	344335	129759	216999
106746	1735	4208	89356	33645	334026	14632	18496	47737
7951255	2381376	241711	76189523	1386566	34031814	4609737	2071026	3396626
-67655	2076	80	-55607		62205	9232	3590	516
-3433993	558274	290824	64579767	17149426	9503138	1178797	381343	769254
769629	717727	600981	1537166	157178	2903024	375502	155650	406088
635539	448298	353727	1625960	136479	3715868	519193	261920	532410
***			***	***	***	***	***	***
-190532	199789	198221	4256	423	318665	29617	9219	6722
16446	393	389	16740	1329	8336	1346	655	353
45274259	7370624	3090129	121207726	9064972	90654536	13242985	5208028	12203451
894067	2002765	1477897	70361906	17922339	18960893	2514007	897776	2068153
712462	152594	94372	1148593	161123	2616032	446453	178172	481803
13268908	3744269	2088103	18397984	2089706	30154534	3944571	1658571	5883705
14898297	773124	544973	17377925	3651352	16346237	3246574	997958	1831871
8122169	2513793	285501	76480914	1484259	36185795	4872752	2182898	3627264
5220140	79021	8133	5101918	1193938	2749035	317756	98320	21114
3795911	560596	135774	137527308	19777383	16337823	2898013	687841	556155
7154252	227685	53675	7089788	1796473	5575039	770088	273702	355575
-3358341	332911	82099	130437520	17980910	10762784	2127925	414139	200580
38089622	8417131	4215329	49863099	6531300	87229016	11942785	5121921	12803693
1950200	1140681	314800	4183138	773406	18272048	2547101	964748	1183693
1153020	360685	172382	1495813	258607	2545627	411808	141610	524685
2752878	143299	86309	2879560	504541	2929133	436105	198583	273001
32233524	6772466	3641838	41304588	4994746	63482208	8547771	3816980	10822314
1131430	304713	175438	1516014	199729	3443487	494247	201993	541848
71424	15929	11711	78599	6102	74004	12235	4614	29551
11020	321	30	10946	1778	48431	8754	3537	3169
-64533	905	342	-65537	633	117129	14630	4983	4013
508467	140636	113093	769947	93443	1339189	196633	87100	286977
126066	37712	11530	160548	122	210989	30034	13160	24597
478986	109210	38732	561511	97651	1653745	231961	88599	193541
56886	12665	7730	67771	2087	94663	12572	5098	17084
20437	2691		20256	209	24964	3265	1790	5033
20365	4241	4080	26180	1860	45546	4775	2050	2432
-12506	2223	140	-10310	18	18297	3648	999	3653
28590	3510	3510	31645		5856	884	259	5966

5-5 规模以下信息传输、软件和信息

项目	单位数(个)	固定资产合计	固定资产原价	#本年折旧
合计	**44692**	**13730118**	**20646628**	**2151615**
一、按行业门类分				
电信、广播电视和卫星传输服务	887	852871	1532681	197092
电信	671	709413	1164239	168009
固定电信服务	45	260212	415963	18141
移动电信服务	144	28638	64095	9426
其他电信服务	482	420563	684182	140443
广播电视传输服务	161	46499	130448	19642
有线广播电视传输服务	132	36796	105881	16572
无线广播电视传输服务	29	9703	24567	3070
卫星传输服务	55	96959	237994	9441
卫星传输服务	55	96959	237994	9441
互联网和相关服务	3473	739568	1424565	225196
互联网接入及相关服务	533	122767	231110	16835
互联网接入及相关服务	533	122767	231110	16835
互联网信息服务	2314	525336	1058247	196007
互联网信息服务	2314	525336	1058247	196007
其他互联网服务	626	91465	135207	12354
其他互联网服务	626	91465	135207	12354
软件和信息技术服务业	40332	12137679	17689382	1729327
软件开发	20160	5509373	11224863	1037987
软件开发	20160	5509373	11224863	1037987
信息系统集成服务	1776	697750	994837	110093
信息系统集成服务	1776	697750	994837	110093
信息技术咨询服务	11850	3298518	3465530	336083
信息技术咨询服务	11850	3298518	3465530	336083
数据处理和存储服务	406	92835	183649	22244
数据处理和存储服务	406	92835	183649	22244
集成电路设计	104	17746	19434	3710
集成电路设计	104	17746	19434	3710
其他信息技术服务业	6036	2521457	1801069	219209
数字内容服务	192	77426	139273	13195
呼叫中心	51	20044	36853	5835
其他未列明信息技术服务业	5793	2423987	1624943	200179
二、按登记注册类型分				
内资	43087	12324318	17216654	1681025
国有	131	419699	704902	98605
集体	191	89575	138494	2995
股份合作	516	80437	112539	9840
国有联营	2	86	354	6
集体联营	12	521	1360	311
国有与集体联营	4	954	3144	731
其他联营	29	3338	3970	240
国有独资公司	35	9726	27210	4368
其他有限责任公司	12025	6327058	8001120	735474
股份有限公司	402	198950	155312	27814
私营独资	1426	74969	127951	17765
私营合伙	374	15280	25938	3256
私营有限责任公司	27445	5002966	7784120	768871
私营股份有限公司	436	100488	128620	9446
其他	59	270	1621	1304
港澳台商投资	649	514460	1688311	231065

技术服务业法人单位财务状况(企业会计制度)

单位：千元

资产总计	负债合计	所有者权益合计	#实收资本	营业收入	营业成本
329236881	**159460189**	**169776692**	**214316553**	**69600494**	**182226229**
10910565	4387363	6523202	8452100	2250948	1590532
7178155	3713400	3464756	5602607	1725516	1285045
524189	76491	447699	645586	67092	46635
761366	424097	337269	630255	309495	236240
5892600	3212812	2679789	4326766	1348929	1002170
988573	457797	530776	346804	324620	198943
552503	279104	273399	265724	285386	185939
436070	178693	257377	81081	39234	13004
2743836	216166	2527670	2502689	200811	106544
2743836	216166	2527670	2502689	200811	106544
54548874	36235174	18313700	60366993	5803712	3629953
23296837	20766415	2530422	5638943	1204584	819783
23296837	20766415	2530422	5638943	1204584	819783
22653889	13909924	8743965	12939465	3899910	2252844
22653889	13909924	8743965	12939465	3899910	2252844
8598147	1558835	7039312	41788585	699218	557326
8598147	1558835	7039312	41788585	699218	557326
263777443	118837652	144939790	145497461	61545835	177005744
139252915	58025312	81227603	84445073	35474148	19676950
139252915	58025312	81227603	84445073	35474148	19676950
15693217	6945800	8747416	8106903	3886452	2384540
15693217	6945800	8747416	8106903	3886452	2384540
73978315	39330218	34648096	34827299	11607190	9640910
73978315	39330218	34648096	34827299	11607190	9640910
1878790	1039458	839332	1451008	698089	139031036
1878790	1039458	839332	1451008	698089	139031036
695419	305952	389467	328378	191055	156233
695419	305952	389467	328378	191055	156233
32278787	13190911	19087875	16338799	9688901	6116075
1359469	542927	816542	726627	672657	160886
804975	651421	153554	287360	200505	108858
30114343	11996564	18117779	15324813	8815738	5846331
294080530	144562123	149518407	180210182	64370136	179738503
4173376	1298689	2874688	2938768	385545	302140
1123661	868505	255156	337445	105638	71003
1301864	757342	544522	607660	463023	277707
4648	2988	1660	1179	46	
87588	5688	81900	86820	9133	5964
15948	8505	7443	4490	2423	1553
253094	219842	33252	59980	16965	10133
1080887	235500	845387	829109	355971	2363820
142801836	79596657	63205178	101071098	23101370	14518468
3365022	1400891	1964131	2018060	1071330	591502
2508546	723910	1784635	1514671	841182	454228
789575	365929	423646	475354	319559	147352
132570993	57660927	74910066	67427865	36897184	160565592
3983819	1398212	2585607	2826018	792370	424796
19674	18538	1135	11666	8397	4244
16382017	5654741	10727276	14851337	2211941	1069654

5-5 续表 1

项目	单位数（个）	固定资产合计	固定资产原价	#本年折旧
与港澳台商合资经营	87	83055	210575	42284
与港澳台商合作经营	11	3930	8492	2351
港澳台商独资	533	414852	1413374	182083
港澳台商投资股份有限公司	11	12286	55545	4213
其他港澳台投资	7	337	326	133
外商投资	956	891339	1741663	239526
中外合资经营	193	77220	239456	37278
中外合作经营	13	2557	2558	772
外资企业	710	799655	1477529	197499
外商投资股份有限公司	27	10123	14279	3879
其他外商投资	13	1784	7841	98
三、按隶属关系分				
中央	163	2139957	2643507	121134
省	250	121593	234240	25943
地	916	228203	440511	91700
县	35	10925	11371	4614
街道	61	16282	29604	6681
镇	29	4530	7200	1231
乡	6	328560	355300	16881
社区	9	79	231	8
村委会	12	40459	43338	25
其他	43211	10839530	16881326	1883397
四、按控股情况分（仅限企业法人）				
国有控股	418	2330989	3037680	172087
集体控股	543	400339	413400	43219
私人控股	41524	9165988	13250694	1412263
港澳台商控股	642	499633	1704125	218897
外商控股	853	887982	1635707	226574
其他	712	445187	605021	78575
五、按四大城市功能区分				
首都功能核心区	3771	967656	1692889	169505
东城区	1784	368518	628788	87567
西城区	1987	599139	1064101	81938
城市功能拓展区	34164	10992086	17426235	1814710
朝阳区	5398	1519353	2321629	352510
丰台区	2168	567513	871527	130091
石景山区	1868	476681	542522	68122
海淀区	24730	8428539	13690556	1263987
城市发展新区	5507	1669528	1388229	155113
房山区	781	157546	220362	46303
通州区	765	725527	97861	8211
顺义区	350	75870	108673	17489
昌平区	2578	317142	485362	32528
大兴区	607	144429	216624	19503
开发区	426	249013	259348	31078
生态涵养发展区	1250	100848	139275	12287
门头沟区	350	36158	43866	4202
怀柔区	396	24140	38671	2546
平谷区	217	11357	20642	3041
密云县	234	17613	30074	2226
延庆县	53	11580	6023	272

单位：千元

资产总计	负债合计	所有者权益合计	#实收资本	营业收入	营业成本
1666164	940797	725367	1679454	199012	121075
178018	127031	50987	167948	4407	1013
13444966	4529769	8915198	12656540	1898573	934902
1069519	55624	1013895	303690	107105	11460
23350	1520	21829	43705	2844	1204
18774334	9243326	9531009	19255034	3018417	1418072
2557648	980289	1577359	2192696	605433	380919
206827	40467	166359	299945	30021	28786
15428084	7988539	7439545	16011749	2230152	916494
495858	181741	314117	616531	145560	87680
85918	52289	33629	134113	7252	4193
13988223	2401038	11587185	45050239	811493	485331
6710628	6316934	393694	3946184	748089	433053
6485454	3395239	3090216	3260119	2107514	1285264
235992	147033	88958	144122	77862	29456
502333	306884	195448	168313	118046	40177
122140	69867	52273	90280	53031	39602
1049289	630839	418450	567600	7916	6133
7715	3155	4560	10030	2786	28
50439	22253	28186	27730	1406	147
300084667	146166945	153917722	161051936	65672352	179907038
34887428	17970151	16917276	50877768	2281300	3793661
14810542	9053564	5756978	6309158	1021368	537678
237974691	114839662	123135029	120283307	60017232	174945125
16298040	5114522	11183518	14760728	2236181	1093456
17835357	8844420	8990937	18353112	3131582	1403467
7430823	3637871	3792953	3732480	912831	452843
26013724	9789149	16224575	52898000	5324333	2968301
14347050	4259337	10087713	45865977	2152031	1356707
11666674	5529812	6136862	7032023	3172301	1611594
265727832	127375371	138352462	144275497	58263054	175393844
54722157	36559035	18163122	26626179	8447715	4274546
7964835	3247093	4717742	5274577	1657501	1054423
8955743	4486356	4469387	5864568	2772172	2144256
194085098	83082887	111002211	106510173	45385667	167920619
33996927	21037878	12959048	14872371	5380982	3468164
2146333	1047096	1099238	1205801	692104	402374
2853619	1355116	1498503	1119976	857738	542230
2043769	852577	1191192	1618915	202147	155994
12923713	8607696	4316016	5215967	2143715	1203688
5561239	4593471	967768	1804852	668740	587781
8468254	4581922	3886331	3906860	816538	576097
3498398	1257791	2240607	2270686	632125	395919
899032	268248	630784	534905	174706	116234
1144546	615569	528977	624689	226368	148168
453926	66437	387488	393952	85334	53500
850102	268926	581176	654065	123360	56777
150792	38610	112181	63075	22358	21241

5-5 续表 2

项目	营业税金及附加	销售费用	管理费用	#税金
合计	**759875**	**12067589**	**89377253**	**146457**
一、按行业门类分				
电信、广播电视和卫星传输服务	49376	280174	692896	3491
电信	39731	229418	550119	2154
固定电信服务	1132	4020	14140	55
移动电信服务	7031	24958	111824	481
其他电信服务	31568	200441	424154	1618
广播电视传输服务	7003	34567	96609	607
有线广播电视传输服务	6455	28733	67774	525
无线广播电视传输服务	547	5835	28835	82
卫星传输服务	2642	16188	46167	730
卫星传输服务	2642	16188	46167	730
互联网和相关服务	136601	1003543	3984117	11136
互联网接入及相关服务	81017	132971	175741	1005
互联网接入及相关服务	81017	132971	175741	1005
互联网信息服务	48774	803521	2025434	9364
互联网信息服务	48774	803521	2025434	9364
其他互联网服务	6809	67051	1782941	767
其他互联网服务	6809	67051	1782941	767
软件和信息技术服务业	573898	10783873	84700240	131830
软件开发	325290	5401102	25373893	78248
软件开发	325290	5401102	25373893	78248
信息系统集成服务	45362	417144	1238973	7417
信息系统集成服务	45362	417144	1238973	7417
信息技术咨询服务	120986	3841214	53861675	30550
信息技术咨询服务	120986	3841214	53861675	30550
数据处理和存储服务	8840	115614	372011	1293
数据处理和存储服务	8840	115614	372011	1293
集成电路设计	933	27946	41942	298
集成电路设计	933	27946	41942	298
其他信息技术服务业	72487	980853	3811746	14024
数字内容服务	5300	162930	203307	1223
呼叫中心	850	5265	48573	21
其他未列明信息技术服务业	66337	812658	3559866	12780
二、按登记注册类型分				
内资	725903	10245724	85117125	123664
国有	9153	25415	122600	1160
集体	2001	14171	39148	843
股份合作	6341	51768	137575	1748
国有联营			98	
集体联营	41	1319	1904	2
国有与集体联营	9	75	746	9
其他联营	254	2122	8928	32
国有独资公司	1922	18160	64721	286
其他有限责任公司	296410	5324332	59466224	43889
股份有限公司	11887	97869	303818	1362
私营独资	9639	90811	246003	1324
私营合伙	4273	52340	86481	258
私营有限责任公司	374115	4512101	24275788	71322
私营股份有限公司	8757	54954	359036	1373
其他	1102	286	4056	57
港澳台商投资	10592	1086040	2261781	7847

单位：千元

财务费用	投资收益	营业利润	利润总额	应交所得税	应交增值税
998088	**1088669**	**-7370336**	**-5905811**	**462967**	**1780407**
6332	-13308	-297066	-263006	10240	25133
7394	-17235	-269270	-266847	3092	17430
-19	-4530	-9951	-30536	179	421
23	-18687	-53819	-48065	-5526	5335
7390	5982	-205500	-188247	8439	11674
-353	1488	-8843	19379	6793	3795
-598	1487	1892	-326	4717	2403
244		-10736	19704	2076	1392
-708	2439	-18953	-15537	354	3908
-708	2439	-18953	-15537	354	3908
220792	254159	-1591039	-1112536	4751	89850
9453	215	-85044	7347	6662	15428
9453	215	-85044	7347	6662	15428
209301	242164	-1412682	-1038947	-5606	67164
209301	242164	-1412682	-1038947	-5606	67164
2038	11780	-93313	-80935	3695	7258
2038	11780	-93313	-80935	3695	7258
770964	847818	-5482231	-4530269	447976	1665423
137735	529606	-3549328	-2693733	218648	1110396
137735	529606	-3549328	-2693733	218648	1110396
39778	22655	-347291	-501788	18314	91139
39778	22655	-347291	-501788	18314	91139
516300	296546	-1155534	-949057	111744	260993
516300	296546	-1155534	-949057	111744	260993
-1082	3021	-182182	-183527	5577	11078
-1082	3021	-182182	-183527	5577	11078
12136	453	-9433	-7527	1170	5523
12136	453	-9433	-7527	1170	5523
66097	-4462	-238462	-194639	92522	186295
1719	-3168	159632	173273	20706	27765
2906	4099	-14698	-957	376	3288
61471	-5393	-383396	-366954	71440	155243
849278	1260445	-4522877	-2743693	454210	1641940
162	10857	-4436	16880	6626	10128
6538	1379	-12847	-11844	372	3202
467	3314	-6301	-4269	2264	14133
-67		1	1		1
3		-97	22	75	376
-14		54	-174	6	73
-14	4	-4241	-3608	18	301
546	11074	168799	195131	49920	10485
486394	523207	-2612237	-1738431	171009	622851
12633	1295	50955	60891	12927	27388
-966	-812	7071	-17194	10751	18339
376	1524	34211	36692	2764	9230
336776	695466	-2076183	-1232545	191534	903613
6430	13139	-66855	-44728	5927	21627
13		-773	-517	17	195
76846	-6920	-1791283	-1826117	7770	75341

5-5 续表 3

项目	营业税金及附加	销售费用	管理费用	#税金
与港澳台商合资经营	1987	28697	130198	332
与港澳台商合作经营	26	1029	7508	7
港澳台商独资	8540	1049339	2048379	7492
港澳台商投资股份有限公司	24	4559	72168	16
其他港澳台投资	14	2416	3527	
外商投资	23380	735826	1998346	14946
中外合资经营	3897	89377	295408	8338
中外合作经营	61	2620	28713	20
外资企业	16523	619572	1584514	5614
外商投资股份有限公司	2887	18626	84709	962
其他外商投资	13	5631	5002	12
三、按隶属关系分				
中央	8799	44811	240236	2624
省	10328	82831	301276	1340
地	16750	204076	612734	3395
县	677	6946	34764	63
街道	1291	24531	59220	330
镇	748	5012	12872	84
乡	156	407	25499	25
社区	13	54	280	5
村委会	28	55	851	
其他	721084	11698866	88089521	138591
四、按控股情况分(仅限企业法人)				
国有控股	89594	214270	731376	4259
集体控股	10867	77994	406552	2023
私人控股	616058	9872653	83722518	116982
港澳台商控股	10393	1083635	2180239	7501
外商控股	22852	740086	1962484	14562
其他	10111	78952	374083	1131
五、按四大城市功能区分				
首都功能核心区	61844	758636	1926960	9186
东城区	28890	299052	835862	3213
西城区	32954	459584	1091097	5973
城市功能拓展区	628441	10562965	85355270	120528
朝阳区	167175	1487601	4713892	21496
丰台区	23103	190683	563811	3143
石景山区	37718	547957	1386011	4091
海淀区	400445	8336724	78691556	91798
城市发展新区	60677	598740	1865820	15687
房山区	6405	81306	209853	389
通州区	9914	78020	184521	972
顺义区	3650	28807	119829	342
昌平区	15884	209844	812970	4711
大兴区	18638	62320	174778	2791
开发区	6186	138444	363870	6481
生态涵养发展区	8913	147249	229202	1056
门头沟区	1134	17406	66050	85
怀柔区	4053	96659	76006	259
平谷区	1174	3308	25492	365
密云县	2005	28502	54463	231
延庆县	546	1375	7191	115

单位：千元

财务费用	投资收益	营业利润	利润总额	应　交 所得税	应　交 增值税
7202	29115	-113563	-95665	-24631	4842
97		-12236	-12218	2	58
63141	-32567	-1616253	-1665482	32389	70116
6202	-3468	-44710	-48230	7	186
203		-4521	-4521	3	139
71965	-164856	-1056176	-1336001	986	63126
18207	216	-140031	-102091	1299	19572
1047		-26916	-27865		450
47701	-165106	-829972	-1142346	-1370	41170
5022	35	-57844	-56688	1057	1896
-12		-1413	-7010		37
1179	16212	60899	114481	50868	15706
-6503	1904	-102127	-64996	6876	26980
1969	1226	-101876	-84257	28400	57790
14	-121	-7757	-4333	252	3002
119573	166	-133309	-132132	263	3894
-276	111	-4364	-3957	63	2618
60528	1	-84831	-84730	5	47
3		-214	-192		13
76		-74	-74	3	20
821526	1069170	-6996684	-5645620	376237	1670339
-22250	121775	-308454	138113	63971	46567
28526	5960	-46764	-94655	6799	41429
782597	1009511	-4285478	-2965226	361137	1536163
81600	59971	-1702546	-1715794	8019	75345
68360	-159164	-921409	-1217878	8804	54130
59255	50616	-105684	-50371	14237	26774
16224	100831	-409880	-231116	40810	153095
11794	74925	-351412	-284581	26974	43841
4430	25906	-58468	53464	13836	109254
569444	716621	-5832101	-5022912	389144	1514498
124822	123622	-1675255	-1552371	86645	178986
4348	29437	-116124	-82459	10768	33185
3907	15392	-519288	-500982	30342	53358
436367	548170	-3521433	-2887101	261389	1248968
397184	238334	-964819	-521510	31203	103413
-2543	651	-4463	-7948	3623	19166
4435	10	11672	15931	6181	15755
525	278	-100944	-106271	594	4969
228687	266029	-340890	1680	9938	47139
139539	-156	-316016	-212718	1636	2531
26540	-28479	-214177	-212183	9230	13854
15236	32884	-163536	-130273	1809	9401
4283	28966	-30459	-2707	193	4584
11594	-46	-108493	-108755	443	-439
-14	22	1060	2076	716	1874
-562	3942	-17825	-19684	403	3233
-66		-7818	-1204	55	150

第6篇

金融业

6-1　北京市银行、保险公司机构人员情况表

单位：个、人

项　目	合计 机构	合计 从业人员	总行、总公司 机构	总行、总公司 从业人员	分行、分公司 机构	分行、分公司 从业人员
合　计	**4552**	**273911**	**85**	**93496**	**162**	**42187**
东城区	361	33956	8	7300	24	10410
西城区	528	95797	36	56199	53	19130
朝阳区	949	48118	25	15054	64	8290
丰台区	346	8617	1	108	1	25
石景山区	99	4257	2	1123		
海淀区	776	37961	3	13051	12	2188
门头沟区	169	4024	1	27		
房山区	195	7999	1	31	2	390
通州区	228	7483	2	359	5	991
顺义区	202	5114				
昌平区	199	5232	2	108		
大兴区	65	1502	1	27		
怀柔区	136	6351	1	50	1	763
平谷区	112	2395				
密云县	112	2928	1	33		
延庆县	75	2177	1	26		

6-1　续表

单位：个、人

项　目	支行、支公司 机构	支行、支公司 从业人员	分理处 机构	分理处 从业人员	储蓄所 机构	储蓄所 从业人员	其他 机构	其他 从业人员
合　计	**2367**	**74656**	**783**	**7864**	**422**	**3121**	**733**	**52587**
东城区	211	8271	25	482	14	91	79	7402
西城区	272	10098	37	623	37	341	93	9406
朝阳区	526	14599	153	2039	55	529	126	7607
丰台区	182	4573	69	636	34	265	59	3010
石景山区	52	1587	16	150	8	65	21	1332
海淀区	430	13442	137	1555	79	602	115	7123
门头沟区	67	1656	37	277	32	217	32	1847
房山区	92	4049	45	339	24	145	31	3045
通州区	117	3550	38	373	28	165	38	2045
顺义区	102	3385	45	317	21	183	34	1229
昌平区	104	2981	41	328	24	125	28	1690
大兴区	24	593	15	79	10	84	15	719
怀柔区	65	2001	42	208	11	52	16	3277
平谷区	44	1266	31	144	20	94	17	891
密云县	48	1383	33	204	14	89	16	1219
延庆县	31	1222	19	110	11	74	13	745

6-2 北京市银行机构人员情况表

单位：个、人

项目	合计		总行		分行	
	机构	从业人员	机构	从业人员	机构	从业人员
合计	**3897**	**169305**	**35**	**68018**	**73**	**22511**
东城区	298	18522	2	5571	11	4847
西城区	431	72629	16	48474	26	13349
朝阳区	817	21613	6	482	33	4099
丰台区	310	5667				
石景山区	86	2399	1	719		
海淀区	722	27808	1	12335	1	109
门头沟区	137	1951	1	27		
房山区	161	3422	1	31	1	29
通州区	183	3507	1	135	1	78
顺义区	169	2681				
昌平区	176	3214	2	108		
大兴区	52	796	1	27		
怀柔区	112	1639	1	50		
平谷区	92	1182				
密云县	92	1334	1	33		
延庆县	59	941	1	26		

6-2 续表

单位：个、人

项目	支行		分理处		储蓄所		其他	
	机构	从业人员	机构	从业人员	机构	从业人员	机构	从业人员
合计	**2097**	**58176**	**782**	**7860**	**422**	**3121**	**488**	**9619**
东城区	185	6119	25	482	14	91	61	1412
西城区	242	8154	37	623	37	341	73	1688
朝阳区	482	12710	152	2035	55	529	89	1758
丰台区	163	3907	69	636	34	265	44	859
石景山区	44	1167	16	150	8	65	17	298
海淀区	406	11198	137	1555	79	602	98	2009
门头沟区	51	1183	37	277	32	217	16	247
房山区	76	2638	45	339	24	145	14	240
通州区	99	2549	38	373	28	165	16	207
顺义区	86	1884	45	317	21	183	17	297
昌平区	89	2352	41	328	24	125	20	301
大兴区	21	492	15	79	10	84	5	114
怀柔区	54	1292	42	208	11	52	4	37
平谷区	34	879	31	144	20	94	7	65
密云县	39	948	33	204	14	89	5	60
延庆县	26	704	19	110	11	74	2	27

6-3　北京市保险公司机构人员情况表

单位：个、人

项　　目	合计		总公司	
	机构	从业人员	机构	从业人员
合　计	**655**	**104606**	**50**	**25478**
东城区	63	15434	6	1729
西城区	97	23168	20	7725
朝阳区	132	26505	19	14572
丰台区	36	2950	1	108
石景山区	13	1858	1	404
海淀区	54	10153	2	716
门头沟区	32	2073		
房山区	34	4577		
通州区	45	3976	1	224
顺义区	33	2433		
昌平区	23	2018		
大兴区	13	706		
怀柔区	24	4712		
平谷区	20	1213		
密云县	20	1594		
延庆县	16	1236		

6-3　续表

单位：个、人

项　　目	分公司		支公司		其他	
	机构	从业人员	机构	从业人员	机构	从业人员
合　计	**89**	**19676**	**271**	**16484**	**245**	**42968**
东城区	13	5563	26	2152	18	5990
西城区	27	5781	30	1944	20	7718
朝阳区	31	4191	45	1893	37	5849
丰台区	1	25	19	666	15	2151
石景山区			8	420	4	1034
海淀区	11	2079	24	2244	17	5114
门头沟区			16	473	16	1600
房山区	1	361	16	1411	17	2805
通州区	4	913	18	1001	22	1838
顺义区			16	1501	17	932
昌平区			15	629	8	1389
大兴区			3	101	10	605
怀柔区	1	763	11	709	12	3240
平谷区			10	387	10	826
密云县			9	435	11	1159
延庆县			5	518	11	718

6-4 金融业全部

项目	资产总计	负债合计	所有者权益合计
合计	**87333647797**	**76400344919**	**10926988460**
一、按行业分(分到小类)	**87333647797**	**76400344919**	**10926988460**
货币金融服务	75691704471	70687629189	5000646935
中央银行服务	19631075655	19628918993	3526715
货币银行服务	53848773080	49150558769	4697889569
非货币银行服务	2210503905	1908151427	299230651
金融租赁服务	194499267	160319638	34179630
财务公司	1863070204	1637246281	225823923
典当	8306500	1026341	7280159
其他非货币银行服务	144627933	109559166	31946940
银行监管服务	1351831		
资本市场服务	3828894451	1687291546	2139528413
证券市场服务	785727207	521233479	263758217
证券市场管理服务	286580043	236823019	49757024
证券经纪交易服务	295422621	186346718	109075903
基金管理服务	203724542	98063742	104925289
期货市场服务	48643419	36588489	12054929
期货市场管理服务	1755989	98820	1657169
其他期货市场服务	46887430	36489669	10397760
证券期货监管服务	1339122	141	
资本投资服务	2989695908	1128922561	1860773347
其他资本市场服务	3488795	546876	2941920
保险业	2830839548	2069513092	760517080
人身保险	2131954750	1611004793	520949957
人寿保险	2101110327	1588007277	513103050
健康和意外保险	30844423	22997516	7846907
财产保险	490657685	328643688	162013997
再保险	191932685	126804034	65128651
养老金	4537354	383980	4153374
保险经纪与代理服务	10445086	2530172	7914914
保险监管服务	834313	25304	
其他保险活动	477675	121121	356187
风险和损失评估	451922	119316	332606
其他未列明保险活动	25753	1805	23581
其他金融业	4982209327	1955911093	3026296031
金融信托与管理服务	1057071805	1393170803	-336103930
控股公司服务	3802512841	508033401	3294479441
非金融机构支付服务	27542462	22284699	5257763
金融信息服务	2678866	125915	2557707
其他未列明金融业	92403354	32296276	60105051
二、按登记注册类型分	**87333647797**	**76400344919**	**10926988460**
内资	86029528364	75333550289	10689663656
国有	22630682866	22656885176	-29518207
集体	359066	46837	312229
股份合作	435159	134497	300662
国有联营	443080	11849	431231
集体联营	627907	27170	600737
其他联营			
国有独资公司	5831749707	2019409782	3809345657
其他有限责任公司	3167305119	2446400994	720904125

法人单位财务状况表

单位：千元

#实收资本	营业收入	营业利润	利润总额	从业人员期末人数（人）
5820355206	**1672504399**	**1092753906**	**1096445561**	**432821**
5820355206	**1672504399**	**1092753906**	**1096445561**	**432821**
1926616372	511947994	253728114	254316416	200218
836246	3022542	723671	736879	1738
1729221426	446239351	212921154	213293020	182042
196558700	62686101	40083289	40286517	15372
28038184	12383605	3183293	3230630	3301
136045689	41017600	32626781	32751317	4179
6371898	1793259	394502	397838	3715
26102929	7491638	3878713	3906732	4177
				1066
2017491017	285003978	244144914	243730555	63367
162559854	54364947	27831426	27147116	44467
25500000	6809014	5275896	5291751	1379
53073542	28261237	9964326	10083007	33625
83986312	19294696	12591204	11772359	9463
8727880	3577248	1220123	1226714	5551
1365000	446382	335624	335421	65
7362880	3130866	884499	891293	5486
				914
1843240510	226440225	215119322	215373895	10673
2962773	621559	-25957	-17171	1762
312070035	361535124	135297759	135375014	129936
139798793	264460749	119205470	119196820	83076
133571132	262789745	119103724	119097501	81898
6227661	1671004	101746	99319	1178
100495636	48117249	9252980	9332133	25899
53648778	42534592	6115289	6115681	728
5100000	440671	-195715	-195736	727
7661192	5715729	919376	925846	17651
				521
5365636	266134	359	270	1334
5341476	256618	1932	1951	1234
24160	9516	-1573	-1681	100
1564177782	514017302	459583119	463023577	39300
179777614	72998156	41378698	42177772	15226
1321034663	431632945	416191923	418528831	4090
5991475	3292765	-134351	19373	9548
2377204	323359	160256	160163	313
54996825	5770077	1986594	2137438	10123
5820355206	**1672504399**	**1092753906**	**1096445561**	**432821**
5669814455	1575472136	1060340648	1063792982	399231
24232707	54024292	-4333068	-1339308	10591
165596	57159	12141	12140	591
308450	39057	7925	3595	50
98625	18269	-7733	-7678	36
620000		-2420	-2420	
				3
2741390153	579049303	566100156	566916667	7643
494473635	95603582	45903776	45935029	65928

6-4 续表

项　　目	资产总计	负债合计	所有者权益合计
股份有限公司	54201982215	48147077313	6054904902
私营独资	699769	189335	510066
私营合伙	87172443	8649139	78523303
私营有限责任公司	98937663	52301545	46636118
私营股份有限公司	4274341	2166962	2107379
其他	4859030	249689	4605454
港澳台商投资	199962154	166531834	33430320
与港澳台商合资经营	48931622	29149415	19782207
与港澳台商合作经营	885645	1447	884198
港澳台商独资	150064200	137322086	12742113
港澳台商投资股份有限公司	80518	58752	21766
其他港澳台投资	169	133	36
外商投资	1104157280	900262797	203894483
中外合资经营	416133646	300255309	115878338
中外合作经营	1686559	1114270	572290
外资企业	680196614	598289878	81906736
外商投资股份有限公司	5917619	344947	5572673
其他外商投资	222841	258394	-35553
三、按隶属关系分	**87333647797**	**76400344919**	**10926988460**
中央	76059025709	66480236373	9576292434
省(自治区、直辖市)	4865333769	4545854590	318862168
地(区、市、州、盟)	2002124064	1942977199	55945080
县(区、市、旗)	9407583	1821521	7582953
街道	132458	53477	78980
镇	38344	10206	28138
乡	5909	13	5896
村委会	64582	9736	54846
其他	4397515379	3429381804	968137964
四、按四大城市功能区分	**87333647797**	**76400344919**	**10926988460**
首都功能核心区	75913908138	67242392313	8668329761
东城区	10777370081	5992772240	4784388564
西城区	65136538057	61249620074	3883941197
城市功能拓展区	11128879325	8954888010	2173880643
朝阳区	3619155025	2400366302	1218777598
丰台区	125899125	76586001	49307484
石景山区	123873462	102549626	21287838
海淀区	7259951713	6375386082	884507724
城市发展新区	254639468	184592383	70035467
房山区	6558921	3706881	2852039
通州区	9708239	8259601	1439996
顺义区	204837557	158249162	46588395
昌平区	18196407	8143475	10049956
大兴区	15338344	6233264	9105080
生态涵养发展区	36220867	18472212	14742589
门头沟区	4935414	727894	1206474
怀柔区	22499703	14246826	8252877
平谷区	3459741	886200	2573541
密云县	2141751	551350	1587291
延庆县	3184259	2059943	1122405

单位：千元

#实收资本	营业收入	营业利润	利润总额	从业人员期末人数（人）
2222017865	836894869	450195047	449748496	293520
454330	10540	11428	5749	144
78310037	2186075	2049876	2088017	737
101182971	6970882	-90423	-78363	19069
2089688	341325	18043	34072	870
4470399	276784	475902	476985	49
23807806	12143079	3605471	3655187	8483
15510197	5345395	1919033	1947160	3324
794470	3138	-96665	-96530	4
7450923	6772870	1788961	1810423	4493
50000	21676	-5857	-5866	660
2217				2
126732944	84889184	28807787	28997393	25107
61007554	51772574	20375157	20436173	16524
575129	88659	30887	30916	27
59774261	32721729	8199267	8317743	8315
5376000	202494	198865	208865	129
	103728	3611	3696	112
5820355206	**1672504399**	**1092753906**	**1096445561**	**432821**
5020503572	1272391067	939607542	942771777	160749
114901798	139983704	44633258	45323235	100157
38068364	56848279	22550667	22544829	39529
2482211	9572	-18584	-17912	102
80000	971	-2154	-2154	21
40000	350	-1335	-1366	4
6000	350	-35	-35	1
5500	16990	-334	-334	483
644267760	203253118	85984880	85827521	131775
5820355206	**1672504399**	**1092753906**	**1096445561**	**432821**
4582930791	1311613098	942424822	946157747	275275
2673122284	754158546	687901050	687377676	67720
1909808507	557454552	254523772	258780071	207555
1177085525	339151033	140925084	140740333	138599
612902713	250408561	138582955	138890560	83871
27362707	3037502	2214934	2235982	3371
12413376	12282202	7053984	7065218	5546
524406730	73422767	-6926789	-7451427	45811
47296849	20122956	8713675	8778346	16904
2714520	339371	38146	61827	787
1602100	509608	-38576	-25858	362
26058927	17973051	8587415	8584665	13756
7741138	799599	106579	116336	1070
9180164	501327	20110	41376	929
13042040	1617312	690325	769135	2043
1156050	70768	-43209	-33805	318
7671750	919199	352746	409608	829
2246750	198972	67875	68518	389
995533	223342	178114	180562	330
971957	205030	134800	144253	177

6-5　金融业财务状况表

项　　目	一、年末						
	资产总计	货币资金	#现金	#银行存款	#客户资金存　款	存放中央银行款项	存　放同业款项
合　计	**63590001862**	**1757797095**	**29362524**	**1416159654**	**132707733**	**10796668011**	**3068529667**
一、按行业分(分到小类)	**63590001862**	**1757797095**	**29362524**	**1416159654**	**132707733**	**10796668011**	**3068529667**
货币金融服务	55808242526	1122910037	29344300	1079297265		10796600226	3063907488
货币银行服务	53735558063	973307206	29272662	944034543		10642430923	2713577763
非货币银行服务	2072684463	149602831	71638	135262722		154169303	350329725
金融租赁服务	73860477	5438042	116	4947708		14613	
财务公司	1853190951	140939281	2829	127245657		152915052	346498085
典当	7118858	1168620	67834	1026846			
其他非货币银行服务	138514177	2056888	859	2042511		1239638	3831640
资本市场服务	3442965253	389280026	11317	132372877	132080071	58928	171960
证券市场服务	641008887	324621330	2129	85218852	116438648	58928	171960
证券市场管理服务	198238397	185473091	794	17772876	44224090	58928	
证券经纪交易服务	292479313	93614834	745	22133344	72214558		
基金管理服务	150291177	45533405	590	45312632			171960
期货市场服务	46861994	22176270	994	7974806	12905741		
其他期货市场服务	46861994	22176270	994	7974806	12905741		
资本投资服务	2755094372	42482426	8194	39179219	2735682		
其他金融业	4338794083	245607032	6907	204489512	627662	8857	4450219
金融信托与管理服务	908123174	100448775	4245	93665906	627662	8857	4450219
控股公司服务	3430571160	145155737	2156	110821592			
其他未列明金融业	99749	2520	506	2014			
二、按登记注册类型分	**63590001862**	**1757797095**	**29362524**	**1416159654**	**132707733**	**10796668011**	**3068529667**
内资	62712352614	1733244853	29101111	1398911846	125862731	10761258587	3023224927
国有	2578108542	23970364	3464	19103582		23080883	228605586
集体	190046	56502		25355			
股份合作	303609	60639	2	60637			
国有独资公司	5608901035	218954592	1904	214043111		6636940	26540712
其他有限责任公司	2697602223	360501764	88638	159796875	64564046	138321127	338226199
股份有限公司	51777811544	1128763734	28992094	1004962569	61298685	10593219637	2429849569
私营合伙	37589390	36060	5	36055			
私营有限责任公司	9595085	805984	14860	788601			2861
私营股份有限公司	2251140	95214	144	95061			
港澳台商投资	132429291	8287123	100094	3880392	4111420	873186	1732705

(金融业会计制度)

单位：千元

资产负债

贵金属	结算备付金	#客户备付金	拆出资金	交易性金融资产	衍生金融资产	买入返售金融资产	可供出售金融资产	应收利息	存出保证金
84602630	**23838200**	**17744226**	**1239194148**	**1712387925**	**83014746**	**1981189555**	**3599003471**	**299499895**	**27262687**
84602630	**23838200**	**17744226**	**1239194148**	**1712387925**	**83014746**	**1981189555**	**3599003471**	**299499895**	**27262687**
62227551	6441		1234747548	552021073	81765372	1955668294	3358537099	282534913	22813377
62226668	110		1232382699	548552589	81765372	1955486387	3302848859	278203683	367849
883	6331		2364849	3468484		181907	55688240	4331230	22445528
								24929	
	6321		2342319	3460484		181907	55687726	3519865	22444178
883	10			8000			514	14155	100
			22530					772281	1250
22373232	23777249	17744226		1099850513	1249374	23294145	51547549	13065435	4439704
	16367026	11378507		35313581	182972	20733728	47634824	4637221	2593457
								132653	
	16366092	11378507		35109659	182855	19705361	44968324	2817788	2584079
	934			203922	117	1028367	2666500	1686780	9378
	5486661	5051841		912196			305459	97414	676381
	5486661	5051841		912196			305459	97414	676381
22373232	1923562	1313878		1063624736	1066402	2560417	3607266	8330800	1169866
1847	54510		4446600	60516339		2227116	188918823	3899547	9606
1847	54510		4446600	30330775		2101116	148087832	1064327	5991
				30185564		126000	40830991	2835220	
									3615
84602630	**23838200**	**17744226**	**1239194148**	**1712387925**	**83014746**	**1981189555**	**3599003471**	**299499895**	**27262687**
84602630	22216334	16420348	1161049164	1695083248	79528800	1974357760	3591230001	295835629	27036650
			42380000		2078318	40894069	23147468	10377758	22444178
	106597		1200000	815551135	417292	1278167	81644732	9769495	967394
22375799	8812262	6998564	828208	289169669	601431	7528707	102666248	7820747	1224183
62226668	13297475	9421784	1116640956	590274644	76431759	1924656817	3383536357	267862023	2400795
				7092					
163				80708			235196	2703	100
								2903	
	10000	10000	8853813	252122	5649	309405	560805	614412	2323

6-5 续表 1

项目	一、年末						
	资产总计	货币资金	#现金	#银行存款	#客户资金存款	存放中央银行款项	存放同业款项
与港澳台商合资经营	15507936	7481716	102	3185477	4111420		1461759
港澳台商独资	116921355	805407	99992	694915		873186	270946
外商投资	745219957	16265119	161319	13367416	2733582	34536238	43572035
中外合资经营	149267279	14054238	16892	11300963	2733582	5395977	16046361
中外合作经营	85398	60874		60874			
外资企业	595867280	2150007	144427	2005579		29140261	27525674
三、按隶属关系分	**63590001862**	**1757797095**	**29362524**	**1416159654**	**132707733**	**10796668011**	**3068529667**
中央	54326073449	1440685573	14858596	1351692473	29828130	9855837805	2652472213
省(自治区、直辖市)	4520328243	50370598	9792189	12069986	18689353	499450823	210766392
地(区、市、州、盟)	1853596927	5332494	3685340	1618692		6296866	65777645
县(区、市、旗)	21690	6581	1	658			
其他	2889981553	261401849	1026398	50777845	84190250	435082517	139513417
四、按四大城市功能区分	**63590001862**	**1757797095**	**29362524**	**1416159654**	**132707733**	**10796668011**	**3068529667**
首都功能核心区	54414248294	1662114732	27563772	1354156655	117322154	8370621819	2609773542
东城区	10472850072	298602229	7266490	234313778	22527796	873334395	191676951
西城区	43941398222	1363512503	20297282	1119842877	94794358	7497287424	2418096591
城市功能拓展区	9123689799	90799244	1723385	57415081	15385579	2422644982	450517782
朝阳区	2059621847	56701177	1677910	36629333	12825615	35476706	106067149
丰台区	73609156	9118886	7115	221195	57347	3936222	46286934
石景山区	104832177	116820	11803	105017			606
海淀区	6885626619	24862361	26557	20459536	2502617	2383232054	298163093
城市发展新区	39685953	3439369	55541	3359975		2878919	6569936
房山区	4349722	94043	10902	83141		376329	762191
通州区	707404	54076	2380	51696		35288	120006
顺义区	30259921	3106464	28230	3068362		2052162	4645156
昌平区	1451845	125350	2172	123178		74890	25920
大兴区	2917061	59436	11857	33598		340250	1016663
生态涵养发展区	12377816	1443750	19826	1227943		522291	1668407
门头沟区	1063495	247318	2097	60504		75681	270423
怀柔区	5931578	229684	4744	223939		333756	1101911
平谷区	2695401	530537	626	529911			3487
密云县	1427932	258359	1746	246350		26265	36384
延庆县	1259410	177852	10613	167239		86589	256202

单位：千元

资产负债

贵金属	结算备付金	#客户备付金	拆出资金	交易性金融资产	衍生金融资产	买入返售金融资产	可供出售金融资产	应收利息	存出保证金
	10000	10000		252122		309405	560805	49447	2323
			8853813		5649			564965	
	1611866	1313878	69291171	17052555	3480297	6522390	7212665	3049854	223714
	1611866	1313878	682600	11473117	116961	2166388	1516689	722197	214036
				24523					
			68608571	5554915	3363336	4356002	5695976	2327657	9678
84602630	**23838200**	**17744226**	**1239194148**	**1712387925**	**83014746**	**1981189555**	**3599003471**	**299499895**	**27262687**
62055185	5147037	3642202	970609825	1460119121	78580311	1554098469	3320900999	272586110	24066225
158812	4038739	2350452	100649954	32775155	629066	279224018	208236578	15120478	1368171
14518			63653834	60085994	172428	32573146	1918682	3138631	1200
22374115	14652424	11751572	104280535	159407655	3632941	115293922	67947212	8654676	1827091
84602630	**23838200**	**17744226**	**1239194148**	**1712387925**	**83014746**	**1981189555**	**3599003471**	**299499895**	**27262687**
65442918	18636008	13784157	947804359	1430551316	72453080	1497069360	2742440568	247431036	4318941
23438983	6152110	4094078	107046922	1102480562	7349160	152527912	306037510	33807837	1739888
42003935	12483898	9690079	840757437	328070754	65103920	1344541448	2436403058	213623199	2579053
19158904	5202082	3960069	290993789	278463861	10561549	484013869	854905991	51985395	22938496
	4586724	3563658	61645488	17995784	818449	72424570	79353376	5429910	22827800
	160586			105056				214707	3615
								247760	
19158904	454772	396411	229348301	260363021	9743100	411589299	775552615	46093018	107081
808	110		396000	2419801		106326	824272	68595	5250
	110							3219	1250
								6879	
			396000	2419801		106326	824272	52210	3900
180								4621	
628								1666	100
				952947	117		832640	14869	
								1922	
				688947	117		832640	6220	
								1935	
				264000				891	
								3901	

6-5 续表 2

项目	一、年末						
	发放贷款和垫款	持有至到期投资	长期股权投资	投资性房地产	固定资产合计	#固定资产原价	减:累计折旧
合计	**6921324281**	**8968338199**	**4243708275**	**3058680**	**140542777**	**185243622**	**74622968**
一、按行业分(分到小类)	**6921324281**	**8968338199**	**4243708275**	**3058680**	**140542777**	**185243622**	**74622968**
货币金融服务	6872097380	8862747309	325197368	28483	125440483	161041333	65223688
货币银行服务	6060271371	8800412754	314374590	1797	121231998	155173765	63447003
非货币银行服务	811826009	62334555	10822778	26686	4208485	5867568	1776685
金融租赁服务	63432287		34100	16708	135114	146263	12800
财务公司	617409808	62334555	10788678	9978	3831510	5303636	1577480
典当	3379625				77349	151484	76064
其他非货币银行服务	127604289				164512	266185	110341
资本市场服务	15662138	10491033	822080318	661867	8769212	14460230	5955353
证券市场服务		3803100	57194398	172234	5579248	10141695	4775619
证券市场管理服务			6252809		2650801	3846183	1477793
证券经纪交易服务		640300	11892772	172234	2531070	5602988	2924293
基金管理服务		3162800	39048817		397377	692524	373533
期货市场服务		1133333	294297		386200	655004	268805
其他期货市场服务		1133333	294297		386200	655004	268805
资本投资服务	15662138	5554600	764591623	489633	2803764	3663531	910929
其他金融业	33564763	95099857	3096430589	2368330	6333082	9742059	3443927
金融信托与管理服务	9860539	94121821	148931435	1997095	4826458	7778364	2986854
控股公司服务	23704224	978036	2947497214	371235	1506393	1963096	456705
其他未列明金融业			1940		231	599	368
二、按登记注册类型分	**6921324281**	**8968338199**	**4243708275**	**3058680**	**140542777**	**185243622**	**74622968**
内资	6650971403	8967171525	4236378544	3055872	138851018	182635552	72998279
国有	1286711355	53019611	6184091		4132317	5227174	1772357
集体			34526		93714	122925	29212
股份合作							
国有独资公司	44629907	9442714	3368969937	1950684	5201406	7671561	2523363
其他有限责任公司	661544534	70912662	144155296	386404	8590307	13246076	4833402
股份有限公司	4657085614	8833796538	675302110	718784	120617786	156060447	63745550
私营合伙			37437895		1396	1724	495
私营有限责任公司	875693		4208329		212501	303281	93114
私营股份有限公司	124300		86360		1591	2364	786
港澳台商投资	37013853	524400	1114587	2808	193803	400182	215952

单位：千元

资产负债									
#本年折旧	#在建工程	无形资产	递延所得税资产	内部往来资产	负债合计	向中央银行借款	同业及其他金融机构存放款项	短期借款	拆入资金
14038239	**32584930**	**22379310**	**293861599**	**12214482162**	**54050055342**	**692117091**	**3203155047**	**512557098**	**1503604169**
14038239	**32584930**	**22379310**	**293861599**	**12214482162**	**54050055342**	**692117091**	**3203155047**	**512557098**	**1503604169**
12532362	31832605	20309931	273814148	12195984433	50848777545	90812963	3203145081	290174579	1478113483
12137633	31717888	19999350	270228766	12169945959	49043548164	90400289	3193250039	245023689	1402686956
394729	114717	310581	3585382	26038474	1805229381	412674	9895042	45150890	75426527
2392	1651	11560	119464		65728538			9436600	1300000
318832	104086	190846	3083003	26028698	1629232279	358674	6145042		28426512
19085		3619	3987	8822	1017854			424240	
54420	8980	104556	378928	954	109250710	54000	3750000	35290050	45700015
967799	430722	1733819	12093559	16536900	1512484961		9966	9131998	13481099
732935	391087	1601874	1766442	60480	445104290		9966	2500000	13099000
200263	282411	532488	41329		168785981		9966		
466009	30457	863074	1486715		186346713			2500000	13099000
66663	78219	206312	238398	60480	89971596				
59309		51786	68294	302589	36444547				
59309		51786	68294	302589	36444547				
175555	39635	80159	10258823	16173831	1030936124			6631998	382099
538078	321603	335560	7953892	1960829	1688792836	601304128		213250521	12009587
436216	321603	317410	6841687	242294	1322161856	601304128		171842636	12009587
101747		18150	1112205	1718535	366629213			41407885	
115					1767				
14038239	**32584930**	**22379310**	**293861599**	**12214482162**	**54050055342**	**692117091**	**3203155047**	**512557098**	**1503604169**
13700425	31948328	22005149	291520987	11955813458	53289608214	692079694	3175944221	468200773	1437431600
232411	677500	75262	4760338	804219591	2549525719	117211	343991876	245023689	40868463
5890					13912				
					83922				
285481	329681	331997	9883448	33365055	1947243034	596371651	930270	84199500	2100000
883919	174275	1186758	5735011	35168467	2219259171	260963	52867455	23568943	29393836
12265534	30766872	20409515	271141184	11081272719	46568256672	95329869	2778154620	115296810	1365069301
328		7		25820	46619				
26300		1509	1006	44649	3444545			111831	
562		101		1717157	1734620				
40383	9573	48766	194648	66766065	117569323		2583695		280783

6-5 续表 3

项目	一、年末 发放贷款和垫款	持有至到期投资	长期股权投资	投资性房地产	固定资产合计	#固定资产原价	减:累计折旧
与港澳台商合资经营	909247	524400	418975		87387	166105	78718
港澳台商独资	36104606		695612	2808	106416	234077	137234
外商投资	233339025	642274	6215144		1497956	2207888	1408737
中外合资经营	57508532	263131	2352026		924050	1037812	726194
中外合作经营							
外资企业	175830493	379143	3863118		573906	1170076	682543
三、按隶属关系分	**6921324281**	**8968338199**	**4243708275**	**3058680**	**140542777**	**185243622**	**74622968**
中央	4311226513	8636789645	4078806021	2023262	104383887	138531392	56043423
省(自治区、直辖市)	1337187746	281040430	11138804	441787	11556388	17387251	7909982
地(区、市、州、盟)	646088988	1382285	4804424	50625	7359477	9872713	3595539
县(区、市、旗)	11600				2811	3729	918
其他	626809434	49125839	148959026	543006	17240214	19448537	7073106
四、按四大城市功能区分	**6921324281**	**8968338199**	**4243708275**	**3058680**	**140542777**	**185243622**	**74622968**
首都功能核心区	6279248557	7448490935	3766627077	2758668	123340157	161793523	66009950
东城区	962306714	331516018	3254067747	773771	22097382	29077751	9314914
西城区	5316941843	7116974917	512559330	1984897	101242775	132715772	56695036
城市功能拓展区	629277906	1519847264	473138522	249387	16868805	22995569	8405502
朝阳区	445939625	2401149	439187891		4906134	6066971	2726643
丰台区	9888260	887146	330940		250093	329157	79115
石景山区	106672552		1082		211933	314132	102202
海淀区	66777469	1516558969	33618609	249387	11500645	16285309	5497542
城市发展新区	10824905		2343637		250577	338446	174574
房山区	955205		1638860		12287	13468	4050
通州区	470798				5807	9380	3874
顺义区	8340109		704777		207062	283388	154780
昌平区	480039				4991	8643	3719
大兴区	578754				20430	23567	8151
生态涵养发展区	1972913		1599039	50625	83238	116084	32942
门头沟区	384407		50000		7056	8894	1838
怀柔区	343721		141500		19654	35978	16324
平谷区	435858		1051539	50625	53685	62565	8890
密云县	304843		356000		1501	3471	1971
延庆县	504084				1342	5176	3919

单位：千元

资产负债									
#本年折旧	#在建工程	无形资产	递延所得税资产	内部往来资产	负债合计	向中央银行借款	同业及其他金融机构存放款项	短期借款	拆入资金
24430		48373	59287	1	7832074				
15953	9573	393	135361	66766064	109737249		2583695		280783
297431	627029	325395	2145964	191902639	642877805	37397	24627131	44356325	65891786
121165	611879	116140	909847	18758	118221749	37397	11786884	11435300	27529820
176266	15150	209255	1236117	191883881	524656056		12840247	32921025	38361966
14038239	**32584930**	**22379310**	**293861599**	**12214482162**	**54050055342**	**692117091**	**3203155047**	**512557098**	**1503604169**
10981441	24475264	15197248	266620717	10475065207	45549309160	692006194	1845519560	470665949	1375331127
1175260	2077712	844366	11675952	1065028434	4276997927		669416975	2508000	39745030
442775	1082035	1118994	149322	203590701	1830521083	19500	423957856	214043	8261348
176					360				
1438587	4949919	5218702	15415608	470797820	2393226812	91397	264260656	39169106	80266664
14038239	**32584930**	**22379310**	**293861599**	**12214482162**	**54050055342**	**692117091**	**3203155047**	**512557098**	**1503604169**
12217167	30301670	19039233	216746288	11811943558	46161172310	691908483	2853435961	448666340	1367967010
1863427	2334805	1210941	25232835	1091910904	5797592908	4912977	614299430	75647715	47294975
10353740	27966865	17828292	191513453	10720032654	40363579402	686995506	2239136531	373018625	1320672035
1782139	2200201	3296709	76922319	402496842	7855119850	204608	348510781	62949958	135612159
569903	1490348	749970	2610210	393441484	1484112086	117211	163850158	47451260	67655676
29401		59512	77049	258	58054955		27239830	50000	
41406		71834		-562717	96540271				322650
1141429	709853	2415393	74235060	9617817	6216412538	87397	157420793	15448698	67633833
29608	83059	19625	185843	40539	28696870	4000	600000	862800	
1792	598	427		184	2979002		600000	20700	
1078		69		5067	170158			36500	
22875	78452	19107	173612	35009	22534288			800000	
1489		2	6714	268	571223	4000		5600	
2374	4009	20	5517	11	2442199				
9325		23743	7149	1223	5066312		608305	78000	25000
1091		5044	1354	1087	510989				
3925		18205	2613	1	2612120		530000	50000	
2015		410			726553			28000	25000
1333		75		9	489538				
961		9	3182	126	727112		78305		

6-5 续表 4

项目	一、年末							
	交易性金融负债	衍生金融负债	卖出回购金融资产款	代理买卖证券款	代理承销证券款	吸收存款	应付利息	应付债券
合计	**77899303**	**67509634**	**543760330**	**95206998**	**656050**	**10784677357**	**298320952**	**8518295371**
一、按行业分(分到小类)	**77899303**	**67509634**	**543760330**	**95206998**	**656050**	**10784677357**	**298320952**	**8518295371**
货币金融服务	76230242	66517243	480608613			10784612810	287954269	8161643137
货币银行服务	76230242	66517243	473380688			9646995310	278269791	8145051275
非货币银行服务			7227925			1137617500	9684478	16591862
金融租赁服务			800000				306099	
财务公司			6427925			1134268312	8375544	15299315
典当							41	
其他非货币银行服务						3349188	1002794	1292547
资本市场服务	1669061	992391	61417896	95152488	656050		661431	14572583
证券市场服务	212217	211556	53914037	83512695	656050		461392	13572583
证券市场管理服务								
证券经纪交易服务	212217	211556	53289413	83512695	656050		461224	13572583
基金管理服务			624624				168	
期货市场服务	58388			7576992				
其他期货市场服务	58388			7576992				
资本投资服务	1398456	780835	7503859	4062801			200039	1000000
其他金融业			1733821	54510		64547	9705252	342079651
金融信托与管理服务			1733821	54510		64547	7966128	182025905
控股公司服务							1739124	160053746
其他未列明金融业								
二、按登记注册类型分	**77899303**	**67509634**	**543760330**	**95206998**	**656050**	**10784677357**	**298320952**	**8518295371**
内资	77775514	63996201	536496471	91144197	656050	10500023478	294454008	8516002824
国有		890499	5148600			129942194	2416062	1378751963
集体								
股份合作								
国有独资公司	1274667	60080	1826624	54510		53255264	7391534	270056219
其他有限责任公司	58388	666931	22507721	20970772		1032007843	9144263	16199315
股份有限公司	76442459	62378691	507013526	70118915	656050	9284818177	275501756	6850995327
私营合伙								
私营有限责任公司							393	
私营股份有限公司								
港澳台商投资						58822455	465002	

单位：千元

资产负债 递延所得税负债	内部往来负债	所有者权益合计	#实收资本	国家资本	集体资本	法人资本	个人资本	港澳台资本	外商资本
50314418	**18747205553**	**9539946520**	**5063281311**	**4058461772**	**7594523**	**509756830**	**167859048**	**98440770**	**221168368**
50314418	**18747205553**	**9539946520**	**5063281311**	**4058461772**	**7594523**	**509756830**	**167859048**	**98440770**	**221168368**
25695201	17847385838	4959464981	1899322440	1199703385	517550	299651136	106506517	92947552	199996300
24962544	17813649919	4692009899	1729121426	1179882385		170038993	99707196	92547552	186945300
732657	33735919	267455082	170201014	19821000	517550	129612143	6799321	400000	13051000
		8131939	6007663			6007663			
729101	33722948	223958672	135161601	19670000		111886601	2700000		905000
225	5756	6101004	5199750	16000	114550	3652639	1416561		
3331	7215	29263467	23832000	135000	403000	8065240	2682760	400000	12146000
23731190	896995255	1930480292	1836900294	1605530885	1721700	155822713	59948529	5131618	8744849
133052	100045	195904597	101865061	11573280	155000	83393659	3115498	2505405	1122219
		29452416	5600000	2000000		3600000			
19102	74745	106132600	50321793	3047380	155000	41067169	2943488	2137005	971751
113950	25300	60319581	45943268	6525900		38726490	172010	368400	150468
17331	30184	10417447	7342780	789180		6353440			200160
17331	30184	10417447	7342780	789180		6353440			200160
23580807	896865026	1724158248	1727692453	1593168425	1566700	66075614	56833031	2626213	7422470
888027	2824460	2650001247	1327058577	1253227502	5355273	54282981	1404002	361600	12427219
563792	152686	-414038682	136868001	104390044	156690	21516604	915802	361600	9527261
324235	2671774	3063941947	1190090576	1148837458	5198583	32666377	488200		2899958
		97982	100000			100000			
50314418	**18747205553**	**9539946520**	**5063281311**	**4058461772**	**7594523**	**509756830**	**167859048**	**98440770**	**221168368**
50179509	18525160235	9422744400	4984196275	4057354967	7594523	495739365	167859048	94035957	161612415
526869	381681008	28582823	7500000	7500000					
		176134	140000		140000				
		219687	226800		226800				
15364627	620622125	3661658001	2668263991	2655503991		12760000			
9692202	301864976	478343052	281306747	34699042	1216240	233286736	11190808	81800	832121
24537179	17218144664	5209554872	1933077453	1359651934	6011483	208829121	103850464	93954157	160780294
	9293	37542771	37533253			37116050	417203		
58410	1106940	6150540	55673231			3537458	52135773		
222	1731229	516520	474800			210000	264800		
21898	46260411	14859968	8233654			4015240		4018254	200160

6-5 续表 5

项目	一、年末							
	交易性金融负债	衍生金融负债	卖出回购金融资产款	代理买卖证券款	代理承销证券款	吸收存款	应付利息	应付债券
与港澳台商合资经营								
港澳台商独资						58822455	465002	
外商投资	123789	3513433	7263859	4062801		225831424	3401942	2292547
中外合资经营	123789	144094	7263859	4062801		36529799	589576	1000000
中外合作经营								
外资企业		3369339				189301625	2812366	1292547
三、按隶属关系分	**77899303**	**67509634**	**543760330**	**95206998**	**656050**	**10784677357**	**298320952**	**8518295371**
中央	22180545	63126759	342936509	31132264		6053314146	228366403	8359564236
省(自治区、直辖市)	212217	638292	125711752	21713179	506050	2695670483	40472795	61283516
地(区、市、州、盟)	55350822	92949	1619733			1301726874	16901132	
县(区、市、旗)								
其他	155719	3651634	73492336	42361555	150000	733965854	12580622	97447619
四、按四大城市功能区分	**77899303**	**67509634**	**543760330**	**95206998**	**656050**	**10784677357**	**298320952**	**8518295371**
首都功能核心区	56938171	58895466	490691531	76960595	656050	9469888775	278108459	8312004593
东城区	1486884	6826638	80187487	23866453	506050	1895107649	28430353	193971235
西城区	55451287	52068828	410504044	53094142	150000	7574781126	249678106	8118033358
城市功能拓展区	20961132	8614168	52828799	18246403		1295387884	20075693	206290778
朝阳区	97331	838362	28685867	15461074		751778582	12440853	55388528
丰台区	58388					29752258	96135	
石景山区						371988		
海淀区	20805413	7775806	24142932	2785329		513485056	7538705	150902250
城市发展新区						16657758	110108	
房山区						900427	8718	
通州区						122905	1405	
顺义区						12808448	88385	
昌平区						448333	1808	
大兴区						2377645	9792	
生态涵养发展区			240000			2742940	26692	
门头沟区						482916	4629	
怀柔区			240000			1605344	16541	
平谷区								
密云县						130300	845	
延庆县						524380	4677	

单位：千元

资产负债									
递延所得税负债	内部往来负债	所有者权益合计	#实收资本	国家资本	集体资本	法人资本	个人资本	港澳台资本	外商资本
13356	6204	7675862	4780000			3265240		1314600	200160
8542	46254207	7184106	3453654			750000		2703654	
113011	175784907	102342152	70851382	1106805		10002225		386559	59355793
103684	3871411	31045530	17041017	1106805		8295796		386559	7251857
		85398	100000			1000			99000
9327	171913496	71211224	53710365			1705429			52004936
50314418	**18747205553**	**9539946520**	**5063281311**	**4058461772**	**7594523**	**509756830**	**167859048**	**98440770**	**221168368**
41216033	18023717184	8776764289	4663911967	4040902744	5198583	280660975	90451004	88323174	158375487
398865	12988185	243330316	58292381	5972082	4050	41201570	7680899		3433780
3053	1567854	23075844	6948498	1151338	978000	4380350	350610	88200	
		21330	18000		18000				
8696467	708932330	496754741	334110465	10435608	1395890	183513935	69376535	10029396	59359101
50314418	**18747205553**	**9539946520**	**5063281311**	**4058461772**	**7594523**	**509756830**	**167859048**	**98440770**	**221168368**
49461515	13463708918	8253075984	4243407537	3456179573	5737073	376419993	151316257	66485988	187268653
24195946	1663428902	4675257164	2612031297	2416671712	5597073	98843824	54590740	2585454	33742494
25265569	11800280016	3577818820	1631376240	1039507861	140000	277576169	96725517	63900534	153526159
746967	5283459697	1268569949	807512454	602029199	908450	124170087	14787621	31741182	33875915
374214	132265430	575509761	402229971	321103487		42629902	4234167	602359	33660056
224	48	15554201	5140550	3700000	78500	996500	365550		
3331	92140490	8291906	1591010	7000	3000	1071660	509350		
369198	5059053729	669214081	398550923	277218712	826950	79472025	9678554	31138823	215859
99573	36272	10989083	6398770	160000	29000	5189400	996570		23800
		1370720	1315070	100000		864750	350320		
	185	537246	422000			264960	157040		
99573	35000	7725633	3544500			3494300	26400		23800
	1087	880622	691300	20000		248890	422410		
		474862	425900	40000	29000	316500	40400		
6363	666	7311504	5962550	93000	920000	3977350	758600	213600	
	129	552506	500050	3000		322250	27800	147000	
6159	496	3319458	3120000	90000		2922250	41150	66600	
		1968848	1557000		920000	231910	405090		
	41	938394	329500			221190	108310		
204		532298	456000			279750	176250		

6-5 续表 6

项目	二、利润						
	营业收入	利息净收入	利息收入	#发放贷款和垫款利息收入	#债券利息收入	利息支出	#吸收存款利息支出
合计	**1249392502**	**382780035**	**1849390699**	**339101855**	**378922478**	**1466610664**	**223932847**
一、按行业分(分到小类)	**1249392502**	**382780035**	**1849390699**	**339101855**	**378922478**	**1466610664**	**223932847**
货币金融服务	486226980	380822377	1811573809	334515163	369365929	1430751432	223914654
货币银行服务	434658958	337994326	1740058206	284861253	367752314	1402063880	203191321
非货币银行服务	51568022	42828051	71515603	49653910	1613615	28687552	20723333
金融租赁服务	1636298	1480460	3874977	3775197		2394517	901719
财务公司	40875491	33247812	54950751	33670913	1613615	21702939	19485211
典当	1701704	1043451	1065765	758446		22314	12727
其他非货币银行服务	7354529	7056328	11624110	11449354		4567782	323676
资本市场服务	274376249	17475571	22813077	940776	9316976	5337506	18193
证券市场服务	51571386	6381508	9805796		170002	3424288	8493
证券市场管理服务	5495085	560503	560526			23	
证券经纪交易服务	28261237	3646074	7062733		170002	3416659	8493
基金管理服务	17815064	2174931	2182537			7606	
期货市场服务	3126309	1024178	1036512			12334	
其他期货市场服务	3126309	1024178	1036512			12334	
资本投资服务	219678554	10069885	11970769	940776	9146974	1900884	9700
其他金融业	488789273	-15517913	15003813	3645916	239573	30521726	
金融信托与管理服务	70593737	-18289205	7389300	1103511	112908	25678505	
控股公司服务	418193431	2770823	7614044	2542405	126665	4843221	
其他未列明金融业	2105	469	469				
二、按登记注册类型分	**1249392502**	**382780035**	**1849390699**	**339101855**	**378922478**	**1466610664**	**223932847**
内资	1218603923	369602414	1812332789	318578425	378566174	1442730375	217865064
国有	21188761	16671521	92439442	56022775		75767921	1106056
集体	23696						
股份合作	3211	711	711				
国有独资公司	576154012	-1927791	17537101	2551935	2410028	19464892	867327
其他有限责任公司	65236302	43968326	70083742	36957167	8592490	26115416	19119119
股份有限公司	554580740	310676979	1632038660	222876048	367563656	1321361681	196772562
私营合伙	787849	398	398				
私营有限责任公司	592559	180780	201245	142596		20465	
私营股份有限公司	36793	31490	31490	27904			
港澳台商投资	4757569	1817158	4439483	2144205		2622325	1200980

单位：千元

及分配

#债券利息支出	手续费及佣金净收入	手续费及佣金收入	手续费及佣金支出	投资收益	#股权投资收益	公允价值变动收益	汇兑收益	其他业务收入
309568524	**113851940**	**145375911**	**31523971**	**723340591**	**541609953**	**31916102**	**-21595515**	**19086830**
309568524	**113851940**	**145375911**	**31523971**	**723340591**	**541609953**	**31916102**	**-21595515**	**19086830**
302392672	58876800	87458678	28581878	45135899	9874765	5553024	-15497314	11336194
301851732	56235905	82748494	26512589	41072902	9089850	5571644	-15471938	9256119
540940	2640895	4710184	2069289	4062997	784915	-18620	-25376	2080075
	155829	361382	205553				9	
540966	2086765	2324605	237840	4063637	784450	-18614	5020	1490871
	106457	107041	584	566	465	-6		551236
-26	291844	1917156	1625312	-1206			-30405	37968
754210	32124654	34633910	2509256	200761586	192423309	25683343	-4588225	2906801
754210	28395915	30415656	2019741	16060719	9205319	-566743	-91953	1379421
	4768329	4771314	2985	83489	83489		-149	70394
754210	18930530	20848829	1918299	6197289	333524	-576379	-92656	156379
	4697056	4795513	98457	9779941	8788306	9636	852	1152648
	1976374	2042898	66524	89444	-18572	21004	-944	16253
	1976374	2042898	66524	89444	-18572	21004	-944	16253
	1752365	2175356	422991	184611423	183236562	26229082	-4495328	1511127
6421642	22850486	23283323	432837	477443106	339311879	679735	-1509976	4843835
2484858	22775265	23168610	393345	61004891	17020540	2423255	-1666007	4345538
3936784	75221	114713	39492	416438215	322291339	-1743520	156031	496661
								1636
309568524	**113851940**	**145375911**	**31523971**	**723340591**	**541609953**	**31916102**	**-21595515**	**19086830**
309443524	102606193	132113253	29507060	718488365	540599565	32080543	-22209830	18023719
48620022	2367736	2698073	330337	2807435	241647	1556386	-2253724	39407
				6999				16697
								2500
5954784	7648737	8028546	379809	522894498	509803211	51404639	-5565591	1699520
801455	22137454	23232376	1094922	18271547	10938923	-24393808	-891975	6132239
254067289	70447298	98149303	27702005	173583908	19481398	3513034	-13498540	9858061
	-2		2	783161		292		4000
-26	4970	4955	-15	140493	134093			266316
				324	293			4979
	2461348	2527258	65910	233834	18876	31695	182052	31482

6-5 续表 7

项目	二、利润						
	营业收入	利息净收入					
			利息收入			利息支出	
				#发放贷款和垫款利息收入	#债券利息收入		#吸收存款利息支出
与港澳台商合资经营	2882977	549199	549199	196884			
港澳台商独资	1874592	1267959	3890284	1947321		2622325	1200980
外商投资	26031010	11360463	32618427	18379225	356304	21257964	4866803
中外合资经营	12992137	1740731	5125044	3920397		3384313	1000018
中外合作经营	15236	1871	1871				
外资企业	13023637	9617861	27491512	14458828	356304	17873651	3866785
三、按隶属关系分	**1249392502**	**382780035**	**1849390699**	**339101855**	**378922478**	**1466610664**	**223932847**
中央	1036529042	246271556	1458850785	202762601	354242476	1212579229	137773459
省(自治区、直辖市)	88801616	69471947	220768468	83434453	19904638	151296521	62208297
地(区、市、州、盟)	37748667	28212298	77758713	12459705	24385	49546415	8627640
县(区、市、旗)	2264	2217	2217	2217			
其他	86310913	38822017	92010516	40442879	4750979	53188499	15323451
四、按四大城市功能区分	**1249392502**	**382780035**	**1849390699**	**339101855**	**378922478**	**1466610664**	**223932847**
首都功能核心区	1148223073	325862855	1587711788	280833558	269015905	1261848933	192758736
东城区	722134201	53076231	271950251	51371636	18699422	218874020	40417993
西城区	426088872	272786624	1315761537	229461922	250316483	1042974913	152340743
城市功能拓展区	95561267	55280577	259388434	56646804	109906556	204107857	30908342
朝阳区	55731785	29441466	70014445	38546983	2688695	40572979	18439357
丰台区	1697686	1607469	2195485	590219		588016	413526
石景山区	10663642	4057166	4066742	4065960		9576	7444
海淀区	27468154	20174476	183111762	13443642	107217861	162937286	12048015
城市发展新区	4419642	1210446	1788806	1194207	17	578360	230802
房山区	161018	104444	118270	95439		13826	9362
通州区	89975	89963	95746	75253		5783	3215
顺义区	3865380	721067	1236320	740677	17	515253	179210
昌平区	173563	172985	180059	180030		7074	3188
大兴区	129706	121987	158411	102808		36424	35827
生态涵养发展区	1188520	426157	501671	427286		75514	34967
门头沟区	57467	46624	58431	46060		11807	10902
怀柔区	591004	84463	127704	86409		43241	12171
平谷区	144107	56229	60549	48565		4320	
密云县	203982	48183	51267	48838		3084	1381
延庆县	191960	190658	203720	197414		13062	10513

单位：千元

及分配

#债券利息支出	手续费及佣金净收入	手续费及佣金收入	手续费及佣金支出	投资收益	#股权投资收益	公允价值变动收益	汇兑收益	其他业务收入
	2187461	2247145	59684	117716	18876	25491	-8520	11630
	273887	280113	6226	116118		6204	190572	19852
125000	8784399	10735400	1951001	4618392	991512	-196136	432263	1031629
125000	7793181	9423845	1630664	2692866	395123	-110938	-8164	884461
	-5		5	144452	144452	-131076	-6	
	991223	1311555	320332	1781074	451937	45878	440433	147168
309568524	**113851940**	**145375911**	**31523971**	**723340591**	**541609953**	**31916102**	**-21595515**	**19086830**
302072555	53508398	79571509	26063111	702823372	531740518	44093626	-22904598	12724169
2924732	14988393	16690827	1702434	2638566	475776	-325859	395630	1632939
	7066373	7403006	336633	695777	212847	42756	189681	1541782
								47
4571237	38288776	41710569	3421793	17182876	9180812	-11894421	723772	3187893
309568524	**113851940**	**145375911**	**31523971**	**723340591**	**541609953**	**31916102**	**-21595515**	**19086830**
302266086	87984131	100006912	12022781	700098555	539265909	32240670	-14908667	16933010
6996101	18749836	20629053	1879217	624856184	507921632	25231493	-3239547	3460004
295269985	69234295	79377859	10143564	75242371	31344277	7009177	-11669120	13473006
7302438	23009000	42501939	19492939	22317960	1918632	-282409	-6688334	1924473
157168	13913953	16526667	2612714	12044201	631880	-186179	337751	180593
	20770	22855	2085	57398		-5511	-6	17566
	6606714	6748246	141532	6	6		-811	567
7145270	2467563	19204171	16736608	10216355	1286746	-90719	-7025268	1725747
	2746354	2750833	4479	277402	272274	-35619	3932	217127
	30401	30790	389	628				25545
	-6	1	7					18
	2714832	2718746	3914	276774	272274	-35619	3932	184394
	275	388	113					303
	852	908	56					6867
	112455	116227	3772	646674	153138	-6540	-2446	12220
	11438	11623	185	368			-1702	739
	72094	75110	3016	433640		-6540	-744	8091
	26723	27026	303	58023	-81			3132
	1088	1273	185	154643	153219			68
	1112	1195	83					190

6-5 续表 8

项目	二、利润及分配						
	营业支出	营业税金及附加	业务及管理费	#税金	#财产保险费	#监管费	资产减值损失
合计	**315401533**	**35891917**	**196754185**	**2954369**	**102495**	**2754113**	**68634478**
一、按行业分(分到小类)	**315401533**	**35891917**	**196754185**	**2954369**	**102495**	**2754113**	**68634478**
货币金融服务	241361468	29387540	148187154	1088603	81984	2703494	52255665
货币银行服务	227516169	26091233	141843278	914664	75381	2594346	48615892
非货币银行服务	13845299	3296307	6343876	173939	6603	109148	3639773
金融租赁服务	652882	96861	180087	6662	410	4065	365893
财务公司	8256434	2384392	3508890	112158	4821	94364	2348724
典当	1319763	68277	741916	2404	637	2	-6371
其他非货币银行服务	3616220	746777	1912983	52715	735	10717	931527
资本市场服务	35043497	2738939	29517928	244807	5639	12741	787777
证券市场服务	25477438	2303748	21014126	86424	4013	9177	377047
证券市场管理服务	1233843	271719	957988	19203	530		-3337
证券经纪交易服务	18296911	1701682	16199107	45915	2920	8268	380405
基金管理服务	5946684	330347	3857031	21306	563	909	-21
期货市场服务	2250977	115424	2093284	4694	409	3564	346
其他期货市场服务	2250977	115424	2093284	4694	409	3564	346
资本投资服务	7315082	319767	6410518	153689	1217		410384
其他金融业	38996568	3765438	19049103	1620959	14872	37878	15591036
金融信托与管理服务	29856848	3416385	10836464	184170	13911	37878	15341122
控股公司服务	9137615	348961	8210626	1436789	961		249914
其他未列明金融业	2105	92	2013				
二、按登记注册类型分	**315401533**	**35891917**	**196754185**	**2954369**	**102495**	**2754113**	**68634478**
内资	298714148	33907310	183439562	2880674	93493	2728106	67309966
国有	14469770	3409074	2301805	53240	2452	2777	8758891
集体	11199	879	1477				
股份合作	3654	9	3645				
国有独资公司	14316653	1478586	7045032	286939	6612	2030	3863632
其他有限责任公司	24485044	4120353	16036494	170027	8974	102036	3603918
股份有限公司	244835117	24876015	157620364	2350341	75028	2621263	51049802
私营合伙	61081	224	60857	18174			
私营有限责任公司	517850	20399	358689	1950	427		32913
私营股份有限公司	13780	1771	11199	3			810
港澳台商投资	2383738	262186	1977330	3912	602	2076	144017

单位：千元

				三、人工成本及其他资料					
其他业务成本	营业利润	利润总额	减：所得税费用	应付职工薪酬	#社会保险费	#住房公积金	代收代缴证券交易印花税	应交增值税	从业人员平均人数（人）
12363720	**933990533**	**935500224**	**211392841**	**103902190**	**13719133**	**5211982**	**8180468**	**162599**	**238797**
12363720	**933990533**	**935500224**	**211392841**	**103902190**	**13719133**	**5211982**	**8180468**	**162599**	**238797**
11531545	244865076	245396946	187732319	80720665	11441764	4198243	2	139746	178243
10965766	207142789	207513350	178730117	78015037	11024367	4063709		228113	167761
565779	37722287	37883596	9002202	2705628	417397	134534	2	-88367	10482
10041	983416	988563	250105	115082	14269	4869		-93762	159
14428	32619057	32743593	7668126	1576358	276026	85680		-17479	4116
515941	381941	385481	97407	190150	23511	5705	2	20293	3101
25369	3737873	3765959	986564	824038	103591	38280		2581	3106
241184	239332752	239556417	15726159	15720260	1492160	644868	8180466	20548	46960
24848	26093948	26238262	6184326	12823609	1204130	492366	7956074	1712	37455
7473	4261242	4264625	1032949	724761	66245	58740	99353	315	1227
15717	9964326	10083007	2509116	10649493	1008506	386342	7856721	436	33946
1658	11868380	11890630	2642261	1449355	129379	47284		961	2282
41923	875332	882124	222189	900614	115710	51210		25	5397
41923	875332	882124	222189	900614	115710	51210		25	5397
174413	212363472	212436031	9319644	1996037	172320	101292	224392	18811	4108
590991	449792705	450546861	7934363	7461265	785209	368871		2305	13594
262877	40736889	41446729	7617829	6333857	628529	327102		2305	11818
328114	409055816	409100132	316534	1126202	156522	41769			1758
				1206	158				18
12363720	**933990533**	**935500224**	**211392841**	**103902190**	**13719133**	**5211982**	**8180468**	**162599**	**238797**
12300077	919889339	921250194	208750410	96796200	13060036	4961893	7956086	158388	224890
	6718991	7674200	1698902	950554	96135	72483			3050
8843	12497	12497	1397	1038	238	156			5
	-443	-443		135				75	1
171734	561837359	562594738	10350267	2467663	264325	163518		2412	5390
724715	40750822	40988210	14201025	8402077	873198	365536	1117958	-74853	24317
11288936	309745623	309156668	182461315	84879870	11815927	4357117	6838126	229028	190939
	726768	726780		361	83				7
105849	74709	74531	31695	90703	9854	2974	2	1726	1131
	23013	23013	5809	3799	276	109			50
205	2373831	2399351	421537	1216639	123025	49988			2528

6-5 续表 9

项目	二、利润及分配						
	营业支出	营业税金及附加	业务及管理费	#税金	#财产保险费	#监管费	资产减值损失
与港澳台商合资经营	1519348	134958	1372756	1036	303	1584	11429
港澳台商独资	864390	127228	604574	2876	299	492	132588
外商投资	14303647	1722421	11337293	69783	8400	23931	1180495
中外合资经营	7976592	912728	6541206	48356	1667	6861	499499
中外合作经营	456		456				
外资企业	6326599	809693	4795631	21427	6733	17070	680996
三、按隶属关系分	**315401533**	**35891917**	**196754185**	**2954369**	**102495**	**2754113**	**68634478**
中央	206912519	22404954	116577513	2553474	67286	2412897	62540313
省(自治区、直辖市)	40061610	5744117	32458551	168617	18010	110276	1846838
地(区、市、州、盟)	15405235	2543071	10707708	25624	956	15478	1363227
县(区、市、旗)	1348	124	1168				
其他	53020821	5199651	37009245	206654	16243	215462	2884100
四、按四大城市功能区分	**315401533**	**35891917**	**196754185**	**2954369**	**102495**	**2754113**	**68634478**
首都功能核心区	230131849	29733987	153913187	2712709	81565	2308496	32598896
东城区	41138382	4891945	31034301	1787313	20480	209838	3500175
西城区	188993467	24842042	122878886	925396	61085	2098658	29098721
城市功能拓展区	82595121	5896011	40556493	236383	20409	444889	35927363
朝阳区	25233605	3175380	20661669	145502	10322	30316	1296503
丰台区	533666	36749	426706	1483	57	2133	61806
石景山区	3721921	605615	1636338	688	34		1479911
海淀区	53105929	2078267	17831780	88710	9996	412440	33089143
城市发展新区	2188217	228664	1856311	3696	330	626	86870
房山区	119230	7546	92349	184	98		12337
通州区	33398	4140	27052	132	57		2192
顺义区	1863671	203271	1609511	3130	172	626	50777
昌平区	70657	9399	59152	51	3		1933
大兴区	101261	4308	68247	199			19631
生态涵养发展区	486346	33255	428194	1581	191	102	21349
门头沟区	99954	2857	94373	144	8		2077
怀柔区	239214	13872	215243	698	8	100	9866
平谷区	65992	3663	56924	574	91		2429
密云县	21001	2551	18590	4			259
延庆县	60185	10312	43064	161	84	2	6718

单位：千元

				三、人工成本及其他资料					
其他业务成本	营业利润	利润总额	减：所得税费用	应付职工薪酬	#社会保险费	#住房公积金	代收代缴证券交易印花税	应交增值税	从业人员平均人数(人)
205	1363629	1371711	398494	843239	69393	31701			1560
	1010202	1027640	23043	373400	53632	18287			968
63438	11727363	11850679	2220894	5889351	536072	200101	224382	4211	11379
23159	5015545	5061554	1323335	3207977	236652	96840	224382		4862
	14780	14780							
40279	6697038	6774345	897559	2681374	299420	103261		4211	6517
12363720	**933990533**	**935500224**	**211392841**	**103902190**	**13719133**	**5211982**	**8180468**	**162599**	**238797**
3632070	829616523	830587542	176971763	57798929	6712156	2972654	3856240	124126	121451
12104	48740006	49073302	12751269	18030429	2167466	884551	1453549	-4132	44125
791229	22343432	22362233	1848827	6128539	762686	377582		168	15617
56	916	916	232	312	20	19			4
7928261	33289656	33476231	19820750	21943981	4076805	977176	2870679	42437	57600
12363720	**933990533**	**935500224**	**211392841**	**103902190**	**13719133**	**5211982**	**8180468**	**162599**	**238797**
12128110	918091224	920056373	154352184	87555909	12086977	4573347	6834645	223268	190158
1711961	680995819	681082169	23623618	15840060	2189242	1001619	1364103	28047	40348
10416149	237095405	238974204	130728566	71715849	9897735	3571728	5470542	195221	149810
215254	12966146	12391311	56303615	15480328	1539979	613761	1345823	-75529	45731
100053	30498180	30602446	3815288	8772976	959351	382168	1137369	3899	24589
8405	1164020	1166521	287766	171956	19261	4839		-130	580
57	6941721	6940991	174911	574436	24791	8142		16	3754
106739	-25637775	-26318647	52025650	5960960	536576	218612	208454	-79314	16808
16372	2231425	2304577	574406	613294	74129	17612		10205	2114
6998	41788	47828	13590	27176	3513	1087		4	315
14	56577	62011	16562	10983	1222	322			152
112	2001709	2042426	505960	521060	64956	14290		9932	1157
173	102906	107893	27167	21742	2527	917		7	224
9075	28445	44419	11127	32333	1911	996		262	266
3984	701738	747963	162636	252659	18048	7262		4655	794
647	-42487	-33104	5417	56652	3623	1351		89	163
233	351790	380869	105430	136579	6850	3568		4550	211
2976	78115	78758	12700	27642	3898	1107		7	195
37	182545	184174	7262	10705	1566	463			123
91	131775	137266	31827	21081	2111	773		9	102

6-6 金融业财务状况表

项目	一、年末						
	资产总计	货币资金	#现金	#银行存款	交易性金融资产	衍生金融资产	买入返售金融资产
合计	**2939310824**	**105829748**	**485900**	**155703022**	**102717088**	**8562**	**49770631**
一、按行业分(分到小类)	**2939310824**	**105829748**	**485900**	**155703022**	**102717088**	**8562**	**49770631**
保险业	2819079206	97264545	485832	147137887	97202139	8562	48581541
人身保险	2131951743	47950557	485451	98638337	68598332	10977	34926468
人寿保险	2101109827	46504625	485404	97266683	67840408	10977	34353688
健康和意外保险	30841916	1445932	47	1371654	757924		572780
财产保险	490657424	41487502	134	40742922	26399889	-2415	13397313
再保险	191932685	7679319	111	7609597	2134129		228320
养老金	4537354	147167	136	147031	69789		29440
其他金融业	120231618	8565203	68	8565135	5514949		1189090
控股公司服务	120231618	8565203	68	8565135	5514949		1189090
二、按登记注册类型分	**2939310824**	**105829748**	**485900**	**155703022**	**102717088**	**8562**	**49770631**
内资	2618082161	94502168	5808	85306881	96665448	-2415	44599604
国有	363523026	6787489	3778	4820501	5428497		12803228
国有独资公司	429074	200887		200887			
其他有限责任公司	109449443	22496550	18	22342205	12315200		1711926
股份有限公司	2144556516	64999270	2012	57925316	78921751	-2415	30084450
私营股份有限公司	124102	17972		17972			
港澳台商投资	14547799	497260	29	490261	178015	2224	80415
与港澳台商合资经营	1424586	52921	9	52912			38415
港澳台商独资	13123213	444339	20	437349	178015	2224	42000
外商投资	306680864	10830320	480063	69905880	5873625	8753	5090612
中外合资经营	252597937	9224830	480014	68300439	5873625	8753	5090612
外资企业	53860086	1605358	49	1605309			
其他外商投资	222841	132		132			
三、按隶属关系分	**2939310824**	**105829748**	**485900**	**155703022**	**102717088**	**8562**	**49770631**
中央	1713226829	71211022	483576	62749920	67149950	-2415	36790856
省(自治区、直辖市)	192570473	7740034	904	7697845	512618		589300
地(区、市、州、盟)	93150717	2054704	209	1852300	878739		110272
其他	940362805	24823988	1211	83402957	34175781	10977	12280203
四、按四大城市功能区分	**2939310824**	**105829748**	**485900**	**155703022**	**102717088**	**8562**	**49770631**
首都功能核心区	1408960908	49191196	484721	45301737	37083444		28388640
东城区	150811129	3799067	479530	3302316	6257863		350236
西城区	1258149779	45392129	5191	41999421	30825581		28038404
城市功能拓展区	1530349916	56638552	1179	110401285	65633644	8562	21381991
朝阳区	1277603609	39963139	1099	34305605	55319630	-191	16253312
丰台区	15190	144		144			
石景山区	4425697	1327431		1327431	322197		3001
海淀区	248305420	15347838	80	74768105	9991817	8753	5125678

（保险业会计制度）

单位：千元

资产负债

可供出售金融资产	应收利息	应收保费	应收代位追偿款	保户质押贷款	定期存款	持有至到期投资	长期股权投资	存出资本保证金
1213258260	**74687220**	**7116331**	**4039222**	**5789257**	**1269906132**	**1081006786**	**392465504**	**46752019**
1213258260	**74687220**	**7116331**	**4039222**	**5789257**	**1269906132**	**1081006786**	**392465504**	**46752019**
1204499819	74537199	7115621	4039222	5789257	1269906132	1081006786	300592367	46752019
1016682567	65498121	2843871		5789257	1139235467	1015734858	231133218	23706429
1003265229	65018051	2823186		5780476	1135220640	1013658615	231133218	22621813
13417338	480070	20685		8781	4014827	2076243		1084616
133972845	6867344	4271750	4039222		103423040	49951916	46890077	10138054
51486695	2138275				27247625	15320012	22569072	11887536
2357712	33459							1020000
8758441	150021	710					91873137	
8758441	150021	710					91873137	
1213258260	**74687220**	**7116331**	**4039222**	**5789257**	**1269906132**	**1081006786**	**392465504**	**46752019**
1066809734	67645742	6407390	4039222	5042722	1183904720	957573881	380572185	38062083
110100191	4071435	950072		634078	75655121	50857355	85781225	920000
		58006						
11955232	850108	2153865	4044779	310128	15421040	1130138	28409101	607799
944754311	62724199	3235183	-5557	4098516	1092828559	905586388	266381859	36534284
		10264						
2942710	201281	129335		83168	2230977	5829232		191669
525359	16678	9475		4415		49901		100969
2417351	184603	119860		78753	2230977	5779331		90700
143505816	6840197	579606		663367	83770435	117603673	11893319	8498267
126250589	6566516	347191		663367	81535585	117603673	11893319	8145331
17255227	273681	219680			2234850			352936
		12735						
1213258260	**74687220**	**7116331**	**4039222**	**5789257**	**1269906132**	**1081006786**	**392465504**	**46752019**
891794947	56617000	3481877	4038090	1455433	1052822469	811256915	302126195	28413309
9379099	486154	2442171	6	2998627	3888581	4193720	21343218	1110586
12672730	886307	584956	1038	882236	6677290	6374954	1825841	1056125
299411484	16697759	607327	88	452961	206517792	259181197	67170250	16171999
1213258260	**74687220**	**7116331**	**4039222**	**5789257**	**1269906132**	**1081006786**	**392465504**	**46752019**
315137616	18747483	5735734	4039134	3833039	273236952	229415492	188717831	25747236
33435870	1844819	903581	-5643	909345	14843636	23742969	100000	3490590
281701746	16902664	4832153	4044777	2923694	258393316	205672523	188617831	22256646
898120644	55939737	1380597	88	1956218	996669180	851591294	203747673	21004783
783684216	50447825	1229822		1521023	922375093	763439319	115742688	14819658
		1990						
5576662	186197	3367		10610	1246200	393512		500000
108859766	5305715	145418	88	424585	73047887	87758463	88004985	5685125

6-6 续表 1

项目	一、年末						
	投资性房地产	固定资产合计	#固定资产原价	减:累计折旧	#本年折旧	#在建工程	无形资产
合计	**11746184**	**28818773**	**23373848**	**7545208**	**1734398**	**12981229**	**6849909**
一、按行业分(分到小类)	**11746184**	**28818773**	**23373848**	**7545208**	**1734398**	**12981229**	**6849909**
保险业	10610508	28595071	23033559	7414886	1687401	12967494	6312197
人身保险	9661582	12126717	12744802	4223193	748651	3605338	5063122
人寿保险	9661582	11987262	12490061	4106904	730332	3605338	5041159
健康和意外保险		139455	254741	116289	18319		21963
财产保险	489118	15404225	8831317	2798380	873210	9362156	1158348
再保险	459808	779551	1110472	330923	48886		29458
养老金		284578	346968	62390	16654		61269
其他金融业	1135676	223702	340289	130322	46997	13735	537712
控股公司服务	1135676	223702	340289	130322	46997	13735	537712
二、按登记注册类型分	**11746184**	**28818773**	**23373848**	**7545208**	**1734398**	**12981229**	**6849909**
内资	9629398	27637203	21887811	7140407	1654602	12881128	6679298
国有		315462	470975	155863	20703	350	15760
国有独资公司		26940	38773	11833	1827		
其他有限责任公司	240100	1415875	966410	322785	55623	771541	137848
股份有限公司	9354363	25852237	20375533	6640495	1575188	12109237	6525690
私营股份有限公司	34935	26689	36120	9431	1261		
港澳台商投资		10678	33670	22993	3966		18429
与港澳台商合资经营		8479	21527	13048	2979		18429
港澳台商独资		2199	12143	9945	987		
外商投资	2116786	1170892	1452367	381808	75830	100101	152182
中外合资经营	2116786	1152569	1387173	334937	69969	100101	144450
外资企业		17622	61168	43546	5536		7732
其他外商投资		701	4026	3325	325		
三、按隶属关系分	**11746184**	**28818773**	**23373848**	**7545208**	**1734398**	**12981229**	**6849909**
中央	2635171	15031009	16373108	5280277	1258138	3937979	4033323
省(自治区、直辖市)	3301534	1432835	1739126	578671	91918	263033	129019
地(区、市、州、盟)	122972	328114	503752	190752	40630	14395	23530
其他	5686507	12026815	4757862	1495508	343712	8765822	2664037
四、按四大城市功能区分	**11746184**	**28818773**	**23373848**	**7545208**	**1734398**	**12981229**	**6849909**
首都功能核心区	3823669	6745236	8162261	2740782	455518	1315416	1231701
东城区		973866	1536132	603183	101305	41007	298942
西城区	3823669	5771370	6626129	2137599	354213	1274409	932759
城市功能拓展区	7922515	22073537	15211587	4804426	1278880	11665813	5618208
朝阳区	2523099	20851469	13788249	4504376	1182008	11567035	5016724
丰台区		137	1458	1321	21		
石景山区		17323	23533	7477	3935	1267	50448
海淀区	5399416	1204608	1398347	291252	92916	97511	551036

单位：千元

资产负债								
独立账户资产	递延所得税资产	内部往来资产	负债合计	短期借款	卖出回购金融资产款	预收保费	应付赔付款	应付保单红利
17329318	**5042995**	**-1868943680**	**2092322745**	**2651529**	**182663075**	**4519080**	**24978747**	**96404136**
17329318	**5042995**	**-1868943680**	**2092322745**	**2651529**	**182663075**	**4519080**	**24978747**	**96404136**
17329318	5042995	-1868943680	2066836449	2651529	180708335	4516122	24974250	96404136
17329318	2288345	-1840436636	1611004761	2651529	156297504	2657629	24689194	93894885
17329318	2272697	-1842735946	1588007277	2651529	154261329	2596041	24672912	93893108
	15648	2299310	22997484		2036175	61588	16282	1777
	2120403	-28439246	328643674		21587031	1757297	285056	2509251
	634239		126804034		2823800			
	8	-67798	383980			101196		
			25486296		1954740	2958	4497	
			25486296		1954740	2958	4497	
17329318	**5042995**	**-1868943680**	**2092322745**	**2651529**	**182663075**	**4519080**	**24978747**	**96404136**
7609971	3241942	-1640728969	1856567295	2650477	154546834	3230367	24740351	95248215
			444905642			477135	20612022	
			445708			99622	5657	
	837575	2738835	53007724	2650477		248922	300805	401213
7609971	2404367	-1643488548	1358087923		154546834	2400363	3821867	94847002
		20744	120298			4325		
702362	140615	403249	12733288		229500	24822	33314	31189
75596		394805	1284908			8725	7100	27134
626766	140615	8444	11448380		229500	16097	26214	4055
9016985	1660438	-228617960	223022162	1052	27886741	1263891	205082	1124732
9016985	1374447	-228907471	172677097	1052	27886741	693004	191334	1124732
	285991	80243	50086671			571418	7160	
		209268	258394			-531	6588	
17329318	**5042995**	**-1868943680**	**2092322745**	**2651529**	**182663075**	**4519080**	**24978747**	**96404136**
	2844796	-1792630120	1111321822	2650477	95950355	1510762	21375340	88509544
1356598	21760	114209754	184584076		1755818	1656445	3117698	4858477
	212884	53819402	86643555		2999934	423485	333961	52096
15972720	1963555	-244342716	709773292	1052	81956968	928388	151748	2984019
17329318	**5042995**	**-1868943680**	**2092322745**	**2651529**	**182663075**	**4519080**	**24978747**	**96404136**
6790161	2388635	72346561	1203003712	2650477	56678268	2852789	23549996	3593245
451415	84133	48345184	126390489		9982184	664502	381333	355846
6338746	2304502	24001377	1076613223	2650477	46696084	2188287	23168663	3237399
10539157	2654360	-1941290241	889319033	1052	125984807	1666291	1428751	92810891
10543196	1614972	-1710601056	782609603	1052	101066235	1185077	1215257	92062274
		11775	25441			355	1082	
		-7946477	2232268		525980	-39	740	1785
-4039	1039388	-222754483	104451721		24392592	480898	211672	746832

6-6 续表 2

项目	一、年末					
	保户储金及投资款	保险准备金	长期借款	应付债券	独立账户负债	递延所得税负债
合计	**116853961**	**816160485**	**448487**	**148876471**	**9818228**	**10092669**
一、按行业分(分到小类)	**116853961**	**816160485**	**448487**	**148876471**	**9818228**	**10092669**
保险业	116852603	815692047	448487	130976471	9818228	10092669
人身保险	81338164	712343999	448487	104436551	9818228	10562636
人寿保险	77319025	711787112	448487	103597413	9818228	10546988
健康和意外保险	4019139	556887		839138		15648
财产保险	35514439	37160718		26539920		-795561
再保险		66172383				292168
养老金		14947				33426
其他金融业	1358	468438		17900000		
控股公司服务	1358	468438		17900000		
二、按登记注册类型分	**116853961**	**816160485**	**448487**	**148876471**	**9818228**	**10092669**
内资	102227120	709867397	448487	139296887	-139944	9920053
国有	410959	422121139				
国有独资公司		413066				
其他有限责任公司	5053752	34347900	448487		304749	5423
股份有限公司	96761914	252880555		139296887	-444693	9914630
私营股份有限公司	495	104737				
港澳台商投资	1312657	9753556			702362	160698
与港澳台商合资经营	1003	967199			75596	
港澳台商独资	1311654	8786357			626766	160698
外商投资	13314184	96539532		9579584	9255810	11918
中外合资经营	13314184	61254007		9579584	9255810	11218
外资企业		35232554				700
其他外商投资		52971				
三、按隶属关系分	**116853961**	**816160485**	**448487**	**148876471**	**9818228**	**10092669**
中央	7327438	524453660	448487	123124797	27786	9103065
省(自治区、直辖市)	53523257	151265396		3000000	10086858	10941
地(区、市、州、盟)	7114604	62219268		2227000	266728	
其他	48888662	78222161		20524674	-563144	978663
四、按四大城市功能区分	**116853961**	**816160485**	**448487**	**148876471**	**9818228**	**10092669**
首都功能核心区	41503784	648196414	448487	14862010	-3116000	891782
东城区	8098569	72032416		1195000	683360	15527
西城区	33405215	576163998	448487	13667010	-3799360	876255
城市功能拓展区	75350177	167964071		134014461	12934228	9200887
朝阳区	66748418	137274397		107284257	12611546	9073091
丰台区		21785				
石景山区	827954	286730				
海淀区	7773805	30381159		26730204	322682	127796

单位：千元

资产负债								
内部往来负债	所有者权益合计	#实收资本	国家资本	集体资本	法人资本	个人资本	港澳台资本	外商资本
586737656	**846988079**	**356773698**	**133006835**	**100000**	**184973280**	**2127145**	**20091471**	**16474967**
586737656	**846988079**	**356773698**	**133006835**	**100000**	**184973280**	**2127145**	**20091471**	**16474967**
586906910	752242757	299039707	98395284	100000	169783780	2127145	12158531	16474967
368249092	520946982	139796293	34826534		81170804	2127145	9203908	12467902
369505517	513102550	133570632	34826534		75466053	1606235	9203908	12467902
-1256425	7844432	6225661			5704751	520910		
177172458	162013750	100494636	27161139	100000	67260726		2954623	3018148
41522390	65128651	53648778	36407611		16252250			988917
-37030	4153374	5100000			5100000			
-169254	94745322	57733991	34611551		15189500		7932940	
-169254	94745322	57733991	34611551		15189500		7932940	
586737656	**846988079**	**356773698**	**133006835**	**100000**	**184973280**	**2127145**	**20091471**	**16474967**
540755356	761514866	314611222	129034435	100000	160471406	2127145	19326997	3551239
739	-81382616	4600000	4600000					
-110008	-16634							
4265267	56441719	55456969	52421889		3035080			
536599358	786468593	254554253	72012546	100000	157436326	2127145	19326997	3551239
	3804							
228425	1814511	1082872			250000		764474	68398
141487	139678	500000			250000		250000	
86938	1674833	582872					514474	68398
45753875	83658702	41079604	3972400		24251874			12855330
45448354	79920840	39537085	3972400		24251874			11312811
106155	3773415	1542519						1542519
199366	-35553							
586737656	**846988079**	**356773698**	**133006835**	**100000**	**184973280**	**2127145**	**20091471**	**16474967**
200070775	601905007	246112528	130956835		92369458	1606235	19242847	1937153
-65515085	7986397	16264779		100000	14769791		84150	1310838
13061540	6507162	5470589			4782679	520910		167000
439120426	230589513	88925802	2050000		73051352		764474	13059976
586737656	**846988079**	**356773698**	**133006835**	**100000**	**184973280**	**2127145**	**20091471**	**16474967**
352308064	205957196	192315740	95472400	100000	93432198	520910	84150	2706082
9933172	24420640	17382196	1922400	100000	14375696			984100
342374892	181536556	174933544	93550000		79056502	520910	84150	1721982
234429592	641030883	164457958	37534435		91541082	1606235	20007321	13768885
227276221	494994006	91772862	3043384		66432198	1606235	12074381	8616664
	-10251							
	2193429	2500000			2500000			
7153371	143853699	70185096	34491051		22608884		7932940	5152221

6-6 续表 3

项目	二、利润						
	营业收入	已赚保费	保险业务收入	减：分出保费	减：提取未到期责任准备金	投资收益	#股权投资收益
合计	**359183003**	**135013226**	**177904848**	**34794699**	**8096923**	**215462338**	**20577173**
一、按行业分(分到小类)	**359183003**	**135013226**	**177904848**	**34794699**	**8096923**	**215462338**	**20577173**
保险业	355543135	134998252	177889874	34794699	8096923	212018769	17373889
人身保险	264454571	73006701	82869732	9748998	114033	187715358	16642759
人寿保险	262789745	72477901	82257540	9674322	105317	186635776	16642759
健康和意外保险	1664826	528800	612192	74676	8716	1079582	
财产保险	48113301	25784554	37273657	6388995	5100108	18257892	807311
再保险	42534592	36188704	57728182	18656703	2882775	5957537	-76181
养老金	440671	18293	18303	3	7	87982	
其他金融业	3639868	14974	14974			3443569	3203284
控股公司服务	3639868	14974	14974			3443569	3203284
二、按登记注册类型分	**359183003**	**135013226**	**177904848**	**34794699**	**8096923**	**215462338**	**20577173**
内资	300863033	100359854	122715818	16504182	5851782	192146185	19605928
国有	28922072	12598385	12597172	734	-1947	15969196	
国有独资公司	367286	364665	583511	163223	55623		
其他有限责任公司	12175887	9518643	14119048	1074367	3526038	2304100	200033
股份有限公司	259278169	77763974	95294131	15250144	2280013	173872889	19405895
私营股份有限公司	119619	114187	121956	15714	-7945		
港澳台商投资	3763611	3167312	3435685	168146	100227	578194	
与港澳台商合资经营	472055	431941	468994	37047	6	41254	
港澳台商独资	3291556	2735371	2966691	131099	100221	536940	
外商投资	54556359	31486060	51753345	18122371	2144914	22737959	971245
中外合资经营	37744388	15240615	16506435	1238554	27266	22159633	971245
外资企业	16708243	16142758	35086356	16826807	2116791	578326	
其他外商投资	103728	102687	160554	57010	857		
三、按隶属关系分	**359183003**	**135013226**	**177904848**	**34794699**	**8096923**	**215462338**	**20577173**
中央	216651865	55585890	67113197	5633686	5893621	158907242	19002447
省(自治区、直辖市)	47128150	45209980	49600645	4278621	112044	819218	603481
地(区、市、州、盟)	17837764	16010331	16639941	688097	-58487	1639702	
其他	77565224	18207025	44551065	24194295	2149745	54096176	971245
四、按四大城市功能区分	**359183003**	**135013226**	**177904848**	**34794699**	**8096923**	**215462338**	**20577173**
首都功能核心区	140880205	82720499	103584717	15958673	4905545	55701193	320412
东城区	20946546	17223594	26305668	8536400	545674	3517340	
西城区	119933659	65496905	77279049	7422273	4359871	52183853	320412
城市功能拓展区	218302798	52292727	74320131	18836026	3191378	159761145	20256761
朝阳区	183923678	41266237	62934478	18431978	3236263	137662885	16135142
丰台区	27127	27024	29248	883	1341	2	
石景山区	524618	185950	198571	10607	2014	327307	
海淀区	33827375	10813516	11157834	392558	-48240	21770951	4121619

单位：千元

及分配									
公允价值变动收益	汇兑收益	其他业务收　入	营业支出	赔付支出	减：摊回赔付支出	提取保险责任准备金	减：摊回保险责任准备金	手续费及佣金支出	分保费用
4690817	**-1446969**	**5463591**	**222652594**	**90591125**	**14999492**	**60331070**	**10049140**	**9380120**	**18792461**
4690817	**-1446969**	**5463591**	**222652594**	**90591125**	**14999492**	**60331070**	**10049140**	**9380120**	**18792461**
4687267	-1072723	4911570	221165025	90530353	14999492	60331070	10012534	9380120	18792461
1268327	-1111175	3575360	145248941	38442440	1694229	57268853	6441629	5035696	7228
1282969	-1109094	3502193	143686021	38133057	1621961	57027363	6470542	4992079	7228
-14642	-2081	73167	1562920	309383	72268	241490	-28913	43617	
3456571	46746	567538	38860395	20888860	3152213	2666434	2141027	4303389	247377
-37545	-8294	434190	36419303	31199053	10153050	381965	1429878	11053	18537856
-86		334482	636386			13818		29982	
3550	-374246	552021	1487569	60772			36606		
3550	-374246	552021	1487569	60772			36606		
4690817	**-1446969**	**5463591**	**222652594**	**90591125**	**14999492**	**60331070**	**10049140**	**9380120**	**18792461**
4571536	-1250048	5035506	180836167	66575358	4394670	45399296	6773914	8186451	7332074
1478	-179764	532777	40768990	24028246		14059978		761	
	-181	2802	359222	222182	61506	27131	11534	99257	4750
155211	110409	87524	11734736	4815757	319484	3773431	107694	818194	16545
4413245	-1180384	4408445	127849209	37440786	4012015	27540178	6651839	7254701	7310779
1602	-128	3958	124010	68387	1665	-1422	2847	13538	
-3861	-12224	34190	3462550	804745	57719	1557508	90779	227342	471982
	-2069	929	518041	20505	1393	353426	31455	38117	
-3861	-10155	33261	2944509	784240	56326	1204082	59324	189225	471982
123142	-184697	393895	38353877	23211022	10547103	13374266	3184447	966327	10988405
123142	-148496	369494	22535546	3850113	670694	9970934	195714	819572	4644
	-36749	23908	15718214	19246885	9832572	3428014	3004255	124122	10983761
	548	493	100117	114024	43837	-24682	-15522	22633	
4690817	**-1446969**	**5463591**	**222652594**	**90591125**	**14999492**	**60331070**	**10049140**	**9380120**	**18792461**
75013	-1113252	3196972	114734461	50936317	2411968	21588224	1038598	2067970	7769014
-5778	-34099	1138829	52807553	13595068	1723127	22971181	300606	5208593	17886
20303	-10451	177879	18427524	3365956	258502	7073770	-30054	1281465	5576
4601279	-289167	949911	36683056	22693784	10605895	8697895	8739990	822092	10999985
4690817	**-1446969**	**5463591**	**222652594**	**90591125**	**14999492**	**60331070**	**10049140**	**9380120**	**18792461**
-90674	-191149	2740336	127220205	59755920	3404201	34564331	7332946	6348269	7731879
-159682	-23755	389049	18960486	9457514	1401977	5818491	4902472	2533307	46548
69008	-167394	2351287	108259719	50298406	2002224	28745840	2430474	3814962	7685331
4781491	-1255820	2723255	95432389	30835205	11595291	25766739	2716194	3031851	11060582
3690387	-759596	2063765	76812732	28529256	11192380	18916584	2799855	2264502	11059156
		101	37738	21024	176	2650	-97	6844	
1681	-617	10297	530215	1768	11763	152011	59	15482	
1089423	-495607	649092	18051704	2283157	390972	6695494	-83623	745023	1426

6-6 续表 4

项目	二、利润及分配							
	退保金	保单红利支出	营业税金及附加	业务及管理费	#税金	#财产保险费	#监管费	减：摊回分保费用
合计	**14677466**	**2270609**	**2489189**	**29534212**	**356338**	**28044**	**300809**	**10193575**
一、按行业分(分到小类)	**14677466**	**2270609**	**2489189**	**29534212**	**356338**	**28044**	**300809**	**10193575**
保险业	14676025	2270609	2482590	28814280	341427	25619	300809	10193575
人身保险	11838552	2268898	735157	16038734	145556	8998	196960	1322955
人寿保险	11831613	2267217	730915	15585218	143587	8947	196013	1499889
健康和意外保险	6939	1681	4242	453516	1969	51	947	-176934
财产保险		1711	1679976	11134979	119798	15217	51177	2618043
再保险	2837473		48450	1067226	73555	1090	52661	6252577
养老金			19007	573341	2518	314	11	
其他金融业	1441		6599	719932	14911	2425		
控股公司服务	1441		6599	719932	14911	2425		
二、按登记注册类型分	**14677466**	**2270609**	**2489189**	**29534212**	**356338**	**28044**	**300809**	**10193575**
内资	12426467	1570349	2348857	25535003	295767	25099	220666	3741773
国有	857585		25813	1698643	3567	327	7581	
国有独资公司			30788	95205	1178	40	2433	49642
其他有限责任公司	592281	243949	163064	1622814	39885	463	7173	503326
股份有限公司	10976601	1326400	2123176	22073961	250601	24223	203354	3185021
私营股份有限公司			6016	44380	536	46	125	3784
港澳台商投资	235950	19935	-4733	300793	1592	46	2838	75856
与港澳台商合资经营	44678	16585	1750	106590	14	6	381	30898
港澳台商独资	191272	3350	-6483	194203	1578	40	2457	44958
外商投资	2015049	680325	145065	3698416	58979	2899	77305	6375946
中外合资经营	1991581	680325	71373	2924526	22748	2427	61103	274781
外资企业	23468		64715	744045	36057	457	16116	6078479
其他外商投资			8977	29845	174	15	86	22686
三、按隶属关系分	**14677466**	**2270609**	**2489189**	**29534212**	**356338**	**28044**	**300809**	**10193575**
中央	6499371	363633	1073617	14055336	192280	19246	134196	2084521
省(自治区、直辖市)	4063705	1361855	868148	5259934	62895	1545	41059	1219673
地(区、市、州、盟)	3328230	118717	133790	2751990	21011	3216	25257	207521
其他	786160	426404	413634	7466952	80152	4037	100297	6681860
四、按四大城市功能区分	**14677466**	**2270609**	**2489189**	**29534212**	**356338**	**28044**	**300809**	**10193575**
首都功能核心区	8989052	966754	1802329	13924597	173106	5518	98920	2996989
东城区	3092504	200880	683529	4197539	23164	1781	21072	1138021
西城区	5896548	765874	1118800	9727058	149942	3737	77848	1858968
城市功能拓展区	5688414	1303855	686860	15609615	183232	22526	201889	7196586
朝阳区	3834754	913510	601517	12843007	143638	18787	130050	7122733
丰台区			1606	5966	23	9	33	305
石景山区	28330	1333	2581	276464	752	126	5413	1513
海淀区	1825330	389012	81156	2484178	38819	3604	66393	72035

单位：千元

					三、人工成本及其他资料				
其他业务成本	资产减值损失	营业利润	利润总额	减：所得税费用	应付职工薪酬	#社会保险费	#住房公积金	应交增值税	从业人员平均人数（人）
20109603	**9718946**	**136530409**	**136591106**	**12513389**	**14274646**	**1750195**	**801077**	**773**	**108695**
20109603	**9718946**	**136530409**	**136591106**	**12513389**	**14274646**	**1750195**	**801077**	**773**	**108695**
19374172	9718946	134378110	134448984	12513389	13980011	1732995	783596	773	108375
15582922	7489274	119205630	119196980	7832789	6911926	892840	381092	107	81223
15239053	7464670	119103724	119097501	7832789	6716018	870201	369119	102	80111
343869	24604	101906	99479		195908	22639	11973	5	1112
3611128	2237824	9252906	9332059	3691673	6267622	754188	355905	574	25739
179884	-8152	6115289	6115681	987908	456962	42317	25911	92	699
238		-195715	-195736	1019	343501	43650	20688		714
735431		2152299	2142122		294635	17200	17481		320
735431		2152299	2142122		294635	17200	17481		320
20109603	**9718946**	**136530409**	**136591106**	**12513389**	**14274646**	**1750195**	**801077**	**773**	**108695**
18621031	7751638	120026866	120063115	12254159	12358624	1548000	716853	105	93992
62872	35092	-11846918	-11849380		141143	23761	15325		316
149	2442	8064	9615		74543	10342	4041		596
216844	402361	441151	500500	530727	965423	127866	102381	-80	8623
18340758	7310744	131428960	131406743	11723093	11157389	1383961	594586	185	84363
408	999	-4391	-4363	339	20126	2070	520		94
73386	-4	301061	307195	63948	147805	19823	9029		2882
136		-45986	-43613		68191	9788	5039		313
73250	-4	347047	350808	63948	79614	10035	3990		2569
1415186	1967312	16202482	16220796	195282	1768217	182372	75195	668	11821
1401116	1962551	15208842	15215250	33879	1454964	156032	65110	16	11084
13549	4961	990029	1001850	161403	296648	23473	9309		625
521	-200	3611	3696		16605	2867	776	652	112
20109603	**9718946**	**136530409**	**136591106**	**12513389**	**14274646**	**1750195**	**801077**	**773**	**108695**
8543591	7372475	101917404	101947919	11462138	6459433	753772	434229	101	30510
2704898	-309	-5679403	-5629134	2373	2568095	319983	131905	11	47634
798266	5733	-589760	-623947	32399	1527266	206097	68402	9	16593
8062848	2341047	40882168	40896268	1016479	3719852	470343	166541	652	13958
20109603	**9718946**	**136530409**	**136591106**	**12513389**	**14274646**	**1750195**	**801077**	**773**	**108695**
6354926	516284	13660000	13739106	2507624	6608328	948669	381869	680	57619
358435	14209	1986060	2006946	123568	2209589	313540	122555	665	21817
5996491	502075	11673940	11732160	2384056	4398739	635129	259314	15	35802
13754677	9202662	122870409	122852000	10005765	7666318	801526	419208	93	51076
11996530	6968884	107110946	107093739	9927924	6442532	697355	364562	89	40244
	32	-10611	-10251		5028	998	564		43
58311	7270	-5597	-5261		197432	17199	9708		404
1699836	2226476	15775671	15773773	77841	1021326	85974	44374	4	10385

6-7 金融业财务状况表

项目	一、年初存货	二、年末				
		流动资产合计	#货币资金	#现金	#交易性金融资产	#应收账款
合计	**824414**	**319490951**	**97160850**	**3224660**	**9029752**	**35632443**
一、按行业分(分到小类)	**824414**	**319490951**	**97160850**	**3224660**	**9029752**	**35632443**
货币金融服务	294281	61074009	16222457	1739426	10200	20043431
中央银行服务	68	3218376	2713899	89		
非货币银行服务	294213	57855633	13508558	1739337	10200	20043431
金融租赁服务	294213	57453675	13480500	1739170	10200	20043425
其他非货币银行服务		401958	28058	167		6
资本市场服务	1076	47408727	12677774	94164	6466030	2975377
证券市场服务	84	1760752	478832	138	458581	117720
证券经纪交易服务		51175	51175			
基金管理服务	84	1709577	427657	138	458581	117720
期货市场服务		1617097	1608652	7		
期货市场管理服务		1617097	1608652	7		
资本投资服务	988	41453439	8450230	92697	5886100	2782465
其他资本市场服务	4	2577439	2140060	1322	121349	75192
保险业	4583	7639977	3906639	28403	331311	616536
人身保险		2302	547	118		626
健康和意外保险		2302	547	118		626
财产保险		256	254	2		
保险经纪与代理服务	4310	7444727	3816793	27471	327846	581801
其他保险活动	273	192692	89045	812	3465	34109
风险和损失评估	255	169054	67850	637	3465	32482
其他未列明保险活动	18	23638	21195	175		1627
其他金融业	524474	203368238	64353980	1362667	2222211	11997099
金融信托与管理服务	113	55263592	1703441	203	50406	2106841
控股公司服务	24337	58735392	8726983	2526	481242	624192
非金融机构支付服务	74478	24408981	14234770	187432	47576	3767738
金融信息服务		68440	37639	18		2081
其他未列明金融业	425546	64891833	39651147	1172488	1642987	5496247
二、按登记注册类型分	**824414**	**319490951**	**97160850**	**3224660**	**9029752**	**35632443**
内资	725282	268017671	82423739	3149186	8955885	16537047
国有	3579	8272381	6811231	138	50803	114502
国有联营		24917	23887			1029
集体联营		216815	216815			
国有独资公司	24016	69053658	4720132	794890	1016665	886138
其他有限责任公司	664307	128093675	61376561	2317305	3020920	9380465
股份有限公司	18646	36644905	4169568	1216	54251	510008
私营独资		7	7	7		
私营合伙	4	6803296	725187	232	4322380	1255201
私营有限责任公司	14730	18273951	3898762	34954	490866	4371028
私营股份有限公司		634066	481589	444		18676

(企业会计制度)

单位：千元

资产负债								
#存货	可供出售金融资产	持有至到期投资	长期股权投资	投资性房地产	固定资产合计	固定资产原价	累计折旧	#本年折旧
868036	**46344563**	**7683991**	**185785619**	**12211785**	**8320958**	**13281327**	**4842226**	**1052415**
868036	**46344563**	**7683991**	**185785619**	**12211785**	**8320958**	**13281327**	**4842226**	**1052415**
261328	45000	290420	2614012		1610805	3045240	1463974	354404
			72265		859709	2061279	1201504	258640
261328	45000	290420	2541747		751096	983961	262470	95764
261094	45000	290420	2541747		750649	982687	261643	95532
234					447	1274	827	232
2392	5595427	337849	50573403	76513	689632	1177373	489014	99785
94	1027685		2753562		8709	13973	5880	2424
94	1027685		2753562		8709	13973	5880	2424
			10000		79384	180648	101264	30680
			10000		79384	180648	101264	30680
1829	4567742	337849	47711870	76513	490290	761113	271427	48444
469			97971		111249	221639	110443	18237
4350	86757	322687	564962	16819	493368	896173	405480	88367
15					113	251	138	20
15					113	251	138	20
					5	8	3	1
4029	86757	322687	469962	16819	467604	850284	385348	84588
306			95000		25646	45630	19991	3758
288			95000		23962	42871	18911	3299
18					1684	2759	1080	459
599966	40617379	6733035	132033242	12118453	5527153	8162541	2483758	509859
178	1371597		24620351	26283	36308	71199	34891	9159
24269	28654882	2182001	101819451	11941584	3507880	5124607	1388917	203539
129374	204709		1111381		829011	1325461	542526	183800
			106156		1137	1825	689	265
446145	10386191	4551034	4375903	150586	1152817	1639449	516735	113096
868036	**46344563**	**7683991**	**185785619**	**12211785**	**8320958**	**13281327**	**4842226**	**1052415**
729528	36862845	7683991	185032014	12211785	7652982	12273552	4498202	951111
3148	2488820		21486559	26283	892358	2130740	1238316	263580
			19356		260	1149	889	212
	12670		398422					
23896	26363702		71727175	2025674	1339399	2523652	985628	113085
652233	7003662	7348833	53607465	2325277	3120444	4560650	1492938	400920
34525	450751	9	25855044	7784798	1640602	2011944	371345	94141
					26	27	1	
4	305742		3148900		548	1534	1050	370
15722	237498	335149	8750257	49753	654674	1031862	400692	76713
			38836		4671	11994	7343	2090

6-7 续表 1

项目	一、年初存货	二、年末				
		流动资产合计	#货币资金	#现金	#交易性金融资产	#应收账款
港澳台商投资	99132	25097696	11199821	2289	54059	2567659
与港澳台商合资经营	95254	17693063	7371537	1413	54059	2551351
与港澳台商合作经营		6801	6672			
港澳台商独资	3814	7335657	3815594	265		15405
港澳台商投资股份有限公司	64	62175	6018	611		903
外商投资		26375584	3537290	73185	19808	16527737
中外合资经营		9314255	1033232	3203	19808	4623167
中外合作经营		88053	69812	69812		11171
外资企业		16797458	2369009	170		11784258
外商投资股份有限公司		175818	65237			109141
三、按隶属关系分	**824414**	**319490951**	**97160850**	**3224660**	**9029752**	**35632443**
中央	112703	105117822	25404147	678	689095	1100069
省(自治区、直辖市)	21247	64018291	16920538	158644	281682	3829834
地(区、市、州、盟)	95862	11203811	6976411	33324	1283617	131532
县(区、市、旗)		1689	1054			635
街道		11193	267	4	1424	
乡		4919	1	1		
其他	594602	139133226	47858432	3032009	6773934	30570373
四、按四大城市功能区分	**824414**	**319490951**	**97160850**	**3224660**	**9029752**	**35632443**
首都功能核心区	185845	100572714	38145680	64000	1884883	4584720
东城区	6	41849788	5711455	10221	101232	323254
西城区	185839	58722926	32434225	53779	1783651	4261466
城市功能拓展区	637366	185828984	45233424	2794424	5187294	27409609
朝阳区	24971	123739190	19047858	12449	414242	19681551
丰台区	48	11475781	1909526	3575	48708	1422049
石景山区	20	3376053	1727628	1005	480000	142499
海淀区	612327	47237960	22548412	2777395	4244344	6163510
城市发展新区	802	28151536	12401345	7070	1326640	3400860
房山区	159	1082513	510219	371	107000	5064
通州区	42	2311245	645347	233		63
顺义区	68	12510590	5487388	493	1126715	166977
昌平区	524	5893706	1519105	720	58925	2952076
大兴区	9	6353482	4239286	5253	34000	276680
生态涵养发展区	401	4937717	1380401	359166	630935	237254
门头沟区	170	461711	440449	356031		1844
怀柔区	229	4202040	840981	2542	630735	159615
平谷区	2	196398	85026	338	200	31131
密云县		77568	13945	255		44664

单位：千元

资产负债								
#存货	可供出售金融资产	持有至到期投资	长期股权投资	投资性房地产	固定资产合计	固定资产原价	累计折旧	#本年折旧
138508	5195981		588784		582819	837832	254755	83607
135078	5195981		585784		317303	441581	125118	25457
						182	182	13
3354			3000		264956	394462	128408	57966
76					560	1607	1047	171
	4285737		164821		85157	169943	89269	17697
	210730		163821		46209	103403	57194	9578
					2939	3065	127	90
			1000		33501	60328	31309	7438
	4075007				2508	3147	639	591
868036	**46344563**	**7683991**	**185785619**	**12211785**	**8320958**	**13281327**	**4842226**	**1052415**
178255	29898912	108678	100350590	3384676	2415402	4873239	2254464	398469
30796	3166668	4121193	47670647	8177685	1977961	2773489	798073	139354
138510	12670	40000	1162593		70565	140758	71016	17100
					625	886	261	53
				9000	4110	5308	1198	168
					31	73	42	8
520475	13266313	3414120	36601789	640424	3852264	5487574	1717172	497263
868036	**46344563**	**7683991**	**185785619**	**12211785**	**8320958**	**13281327**	**4842226**	**1052415**
252329	34452128	5031679	91148307	11770066	4273839	6295049	1824446	386983
1276	24051857	65000	46592049	7778292	1735533	2333221	598020	144490
251053	10400271	4966679	44556258	3991774	2538306	3961828	1226426	242493
613456	11254720	2611087	87956672	441719	3786991	6630924	2922546	634608
24878	2540007	567044	56476117	357387	783011	1276589	529348	139429
162	1938621	9	20917560	6506	1099054	1694562	595937	60878
24	1400292	90000	4333544	178	107899	168403	61293	25473
588392	5375800	1954034	6229451	77648	1797027	3491370	1735968	408828
1842	91199	41225	6200920		145344	221195	75855	24533
91			31000		9460	17012	7552	2760
42	33132		15000		6012	10057	4045	1323
97	45000	40000	2755157		91154	134156	43004	13441
1369	13067	1225	1136295		29187	39694	10509	2548
243			2263468		9531	20276	10745	4461
409	546516		479720		114784	134159	19379	6291
170			80000		1352	3740	2388	288
229	546516		332426		76016	84259	8246	2720
3			42294		36199	40536	4338	1522
7			25000		1217	5624	4407	1761

6-7 续表 2

项目	二、年末						
	#在建工程	无形资产	资产总计	流动负债合计	#应付账款	非流动负债合计	#应付债券
合计	**604965**	**1490349**	**651316640**	**227618596**	**12466955**	**82184954**	**21797270**
一、按行业分(分到小类)	**604965**	**1490349**	**651316640**	**227618596**	**12466955**	**82184954**	**21797270**
货币金融服务	4457	159367	123356949	60727420	2759798	34101784	
中央银行服务		30293	4180644	438180	48155	215749	
非货币银行服务	4457	129074	119176305	60289240	2711643	33886035	
金融租赁服务	4457	129074	118773900	60232460	2710276	33886035	
其他非货币银行服务			402405	56780	1367		
资本市场服务	197699	64229	109030621	26820527	902091	18586488	11493242
证券市场服务		241	6010286	594302	3	251	
证券经纪交易服务			51175	5			
基金管理服务		241	5959111	594297	3	251	
期货市场服务		37015	1755989	98820	11469		
期货市场管理服务		37015	1755989	98820	11469		
资本投资服务	197699	5279	98432563	25763009	882795	18586237	11493242
其他资本市场服务		21694	2831783	364396	7824		
保险业	12274	36681	9426908	2341121	581887	62547	
人身保险			2507	32			
健康和意外保险			2507	32			
财产保险			261	14	14		
保险经纪与代理服务	12151	36221	9105189	2247313	565025	62047	
其他保险活动	123	460	318951	93762	16848	500	
风险和损失评估	123	436	293565	91957	16661	500	
其他未列明保险活动		24	25386	1805	187		
其他金融业	390535	1230072	409502162	137729528	8223179	29434135	10304028
金融信托与管理服务		33413	81934338	17945262	2327264	528351	
控股公司服务	197031	898290	211683245	66515955	1001472	27897420	10304028
非金融机构支付服务	93474	239452	27441621	22156582	3722871	127674	
金融信息服务			186656	28626	2		
其他未列明金融业	100030	58917	88256302	31083103	1171570	880690	
二、按登记注册类型分	**604965**	**1490349**	**651316640**	**227618596**	**12466955**	**82184954**	**21797270**
内资	600508	1458892	555541218	185339431	10857019	57914227	21797270
国有	11628	33457	34277061	17767667	50826	1664019	
国有联营		188	44774	9571	21		
集体联营			627907	27170			
国有独资公司	80985	496377	175034010	30516210	161971	8552751	4000000
其他有限责任公司	228315	363303	231030613	93385356	5308791	30775885	11493242
股份有限公司	5610	496756	73352977	29679784	1975785	15561634	6304028
私营独资			33	5			
私营合伙			11025642	1088987	829268		
私营有限责任公司	273970	68236	29469480	12815502	2528847	1359938	
私营股份有限公司		575	678721	49179	1510		

单位：千元

资产负债								
负债合计	所有者权益合计	#实收资本	国家资本	集体资本	法人资本	个人资本	港澳台资本	外商资本
309803550	**341513090**	**224274995**	**70448127**	**1469274**	**123251923**	**15761168**	**4044374**	**9300129**
309803550	**341513090**	**224274995**	**70448127**	**1469274**	**123251923**	**15761168**	**4044374**	**9300129**
94829204	28527745	21499067	1125557		12150048	388246	2968595	4866621
653929	3526715	836246			836246			
94175275	25001030	20662821	1125557		11313802	388246	2968595	4866621
94118495	24655405	20352801	1095557		11111302	310726	2968595	4866621
56780	345625	310020	30000		202500	77520		
45407015	63623606	50160984	17449671	617328	25905272	5653161	423877	111675
594553	5415733	3048500	1153400	595330	1202000	81170		16600
5	51170	51170				51170		
594548	5364563	2997330	1153400	595330	1202000	30000		16600
98820	1657169	1365000			1365000			
98820	1657169	1365000			1365000			
44349246	54083317	43274546	14286271	21998	23061968	5395949	413285	95075
364396	2467387	2472938	2010000		276304	176042	10592	
2403668	7023240	11666832	284004	67150	9392537	1772441	88930	61770
32	2475	2000				2000		
32	2475	2000				2000		
14	247	1000			1000			
2309360	6795829	6446452	284004	67150	4219377	1725721	88930	61270
94262	224689	5217380			5172160	44720		500
92457	201108	5193220			5149000	43720		500
1805	23581	24160			23160	1000		
167163663	242338499	140948112	51588895	784796	75804066	7947320	562972	4260063
18473613	63460725	31501080	31100000	50000	141000	210080		
94413375	117269870	51769900	16605889		32445275	1255180	294174	1169382
22284256	5157365	5890385	244397	234796	4436697	974495		
28626	158030	63170	2000		55000	6170		
31963793	56292509	51723577	3636609	500000	38726094	5501395	268798	3090681
309803550	**341513090**	**224274995**	**70448127**	**1469274**	**123251923**	**15761168**	**4044374**	**9300129**
243253658	312287560	200702699	70050050	1469274	112100156	15732046	129291	1221882
19431686	14845375	7932868	4419000		3513868			
9571	35203	30000			30000			
27170	600737	620000			620000			
39068961	135965049	63680843	39650000		24030843			
124161241	106869372	91934653	21027667	1397276	63579223	5748696	129291	52500
45241418	28111559	9992566	2277429	50000	5409186	1086569		1169382
5	28	30			30			
1088987	9936655	10902062	2675954	21998	7341304	862806		
14175440	15294040	15015677			7065652	7950025		
49179	629542	594000			510050	83950		

6-7 续表 3

项目	二、年末						
	#在建工程	无形资产	资产总计	流动负债合计	#应付账款	非流动负债合计	#应付债券
港澳台商投资		14373	46975161	21009868	646321	11422567	
与港澳台商合资经营		13980	31230383	13954133	403592	6055489	
与港澳台商合作经营			6820	657			
港澳台商独资		393	15657440	6996326	243027	5367078	
港澳台商投资股份有限公司			80518	58752	-298		
外商投资	4457	17084	48800261	21269297	963615	12848160	
中外合资经营		5301	12260981	4577975	107676	4765284	
中外合作经营			1244922	333100	10380	737936	
外资企业	4457	7777	29628387	16165114	845559	7194891	
外商投资股份有限公司		4006	5665971	193108		150049	
三、按隶属关系分	**604965**	**1490349**	**651316640**	**227618596**	**12466955**	**82184954**	**21797270**
中央	139549	240719	253243011	70981093	1418323	17654717	4000000
省(自治区、直辖市)	62163	940404	136314381	50765276	2298249	30866966	17797270
地(区、市、州、盟)		9495	12792237	2039754	24354	249804	
县(区、市、旗)			2314	24	24		
街道			24366	3276			
乡			4950	3			
其他	403253	299731	248935381	103829170	8726005	33413467	
四、按四大城市功能区分	**604965**	**1490349**	**651316640**	**227618596**	**12466955**	**82184954**	**21797270**
首都功能核心区	203507	1095059	263829898	94637566	4719046	27687985	6304028
东城区	4980	502551	123719726	34494178	1208784	17335057	6304028
西城区	198527	592508	140110172	60143388	3510262	10352928	
城市功能拓展区	144479	231706	334071808	112714589	5459305	45474007	15493242
朝阳区	139426	64108	212524948	64972953	2713783	36915035	11493242
丰台区		10106	38367999	9013105	312588	5778315	4000000
石景山区	4990	29397	9749678	2595744	73814	335150	
海淀区	63	128095	73429183	36132787	2359120	2445507	
城市发展新区	247551	59975	45697970	18437908	2266532	6735907	
房山区		2858	1132414	219024	-24520	10561	
通州区	69301	1489	4690631	2024518		1653151	
顺义区	146230	53891	20939633	9765656	305304	2725176	
昌平区		207	9627945	3702241	1969145	1907275	
大兴区	32020	1530	9307347	2726469	16603	439744	
生态涵养发展区	9428	103609	7716964	1828533	22072	2287055	
门头沟区			545136	27832	1000		
怀柔区	8910	117	6532451	1745406	7736	2154743	
平谷区		103484	504859	22128	11572	126199	
密云县	518	8	134518	33167	1764	6113	

单位：千元

资产负债								
负债合计	所有者权益合计	#实收资本						
			国家资本	集体资本	法人资本	个人资本	港澳台资本	外商资本
32432435	14542726	11973304	324120		6123041	9510	3915083	1601550
20009622	11220761	9433647	324120		6094665	9510	1403802	1601550
657	6163	10200					10200	
12363404	3294036	2479457			28376		2451081	
58752	21766	50000					50000	
34117457	14682804	11598992	73957		5028726	19612		6476697
9343259	2917722	2538452	73957		856510	19612		1588373
1071036	173886	157371			72854			84517
23360005	6268382	3777169			249362			3527807
343157	5322814	5126000			3850000			1276000
309803550	**341513090**	**224274995**	**70448127**	**1469274**	**123251923**	**15761168**	**4044374**	**9300129**
88635810	164607201	78617221	46079879		32378116		159226	
81632242	54682139	29125402	10325806		16622574	817480		1359542
2289558	10502679	14238819	2921420		10847629	469770		
24	2290	2000			2000			
3276	21090	20000			20000			
3	4947	5000			5000			
137242637	111692744	102266553	11121022	1469274	63376604	14473918	3885148	7940587
309803550	**341513090**	**224274995**	**70448127**	**1469274**	**123251923**	**15761168**	**4044374**	**9300129**
122325551	141504347	82679427	14311450	587478	60223589	3936810	849073	2771027
51829235	71890491	32117505	1803889		27524385	1382697	23082	1383452
70496316	69613856	50561922	12507561	587478	32699204	2554113	825991	1387575
158188596	175883212	118581031	53012771	881796	46606152	9818693	2202824	6058795
101887988	110636960	70434343	40531205	117000	17877992	6020357	1242771	4645018
14791420	23576579	13196231	8313304		4194280	688647		
2930894	6818784	4546370	1645000	530000	1546550	824820		
38578294	34850889	30404087	2523262	234796	22987330	2284869	960053	1413777
25173815	20524155	18955717	2993906		12987122	1511905	992477	470307
229585	902829	875270	800000		60000	15270		
3677669	1012962	868000			743000		125000	
12490832	8448801	7625086	1442857		5249250	456500	151689	324790
5609516	4018429	3695784	300000		2466773	213223	715788	
3166213	6141134	5891577	451049		4468099	826912		145517
4115588	3601376	4058820	130000		3435060	493760		
27832	517304	520000			507000	13000		
3900149	2632302	2990760	50000		2688560	252200		
148327	356532	444060			219500	224560		
39280	95238	104000	80000		20000	4000		

6-7 续表 4

项目	三、损益					
	营业收入	#主营业务收入	营业成本	#主营业务成本	营业税金及附加	#主营业务税金及附加
合计	**40677060**	**39241854**	**20312345**	**19649414**	**1248414**	**1113644**
一、按行业分(分到小类)	**40677060**	**39241854**	**20312345**	**19649414**	**1248414**	**1113644**
货币金融服务	13787327	13619068	7065988	7048113	341467	335950
中央银行服务	3022542	3022542	2020480	2020480	169262	169262
非货币银行服务	10764785	10596526	5045508	5027633	172205	166688
金融租赁服务	10692270	10524011	5045508	5027633	168217	162700
其他非货币银行服务	72515	72515			3988	3988
资本市场服务	2670123	2591506	747851	745152	67162	66489
证券市场服务	182996	182996	19686	19686	7683	7682
证券经纪交易服务						
基金管理服务	182996	182996	19686	19686	7683	7682
期货市场服务	446382	446382				
期货市场管理服务	446382	446382				
资本投资服务	1523210	1444896	484774	482075	48243	47595
其他资本市场服务	517535	517232	243391	243391	11236	11212
保险业	5397431	5357355	1952752	1948744	281793	280794
人身保险	6178	6178	2	2	339	339
健康和意外保险	6178	6178	2	2	339	339
财产保险	3948	3948	3444	3444	198	198
保险经纪与代理服务	5204514	5164687	1890192	1886187	271474	270484
其他保险活动	182791	182542	59114	59111	9782	9773
风险和损失评估	173275	173026	59067	59064	9326	9317
其他未列明保险活动	9516	9516	47	47	456	456
其他金融业	18822179	17673925	10545754	9907405	557992	430411
金融信托与管理服务	582727	579403	1191	65	32601	32434
控股公司服务	9174851	8303333	7633311	7197722	195722	80646
非金融机构支付服务	3291749	3272866	1596604	1596541	79455	79455
金融信息服务	46295	46072	10047	10047	242	242
其他未列明金融业	5726557	5472251	1304601	1103030	249972	237634
二、按登记注册类型分	**40677060**	**39241854**	**20312345**	**19649414**	**1248414**	**1113644**
内资	32934400	31649701	17816156	17298947	1039503	909909
国有	3435078	3415332	2187024	2182680	191554	190944
国有联营	12400	12400			703	703
集体联营						
国有独资公司	1486395	1397767	411434	408832	94020	76488
其他有限责任公司	14642786	13888801	5757358	5506307	522030	420500
股份有限公司	10093714	9753189	8296080	8057356	122066	113036
私营独资	1	1	2	2		
私营合伙	64059	30315	8448	8448	5226	5226
私营有限责任公司	3112478	3064407	1107619	1087131	99006	98114
私营股份有限公司	87489	87489	48191	48191	4898	4898

单位：千元

及分配

其他业务利润	销售费用	管理费用			财务费用		
			#税金	#财产保险费		#利息收入	#利息支出
557255	**3177048**	**11063189**	**152393**	**9858**	**2363310**	**2791392**	**4913537**
557255	**3177048**	**11063189**	**152393**	**9858**	**2363310**	**2791392**	**4913537**
29086	470343	1229265	18047	2217	1085000	205783	1468743
		157279	577	461	-48150	45149	
29086	470343	1071986	17470	1756	1133150	160634	1468743
29086	470343	1058588	17404	1749	1131142	160547	1466644
		13398	66	7	2008	87	2099
38833	244321	2157575	10897	689	596587	412281	948202
	1093	204168	220	33	-13196	13381	24
	1093	204168	220	33	-13196	13381	24
		125900	361		-15142	15158	
		125900	361		-15142	15158	
38830	92216	1634346	8712	583	696383	311280	948173
3	151012	193161	1604	73	-71458	72462	5
32807	566599	1772753	4393	1873	-26144	31418	930
	100	5896					
	100	5896					
		232					
32727	541036	1680997	3994	1680	-26327	30682	797
80	25463	85628	399	193	183	736	133
80	25074	75439	366	125	175	730	131
	389	10189	33	68	8	6	2
456529	1895785	5903596	119056	5079	707867	2141910	2495662
2198	9506	548845	2484	56	-192109	674959	482305
331563	26484	1689648	92065	3373	1218719	633070	1822450
29488	1126828	932116	2732	359	-326856	386865	29520
	7355	12396	7		-222	226	
93280	725612	2720591	21768	1291	8335	446790	161387
557255	**3177048**	**11063189**	**152393**	**9858**	**2363310**	**2791392**	**4913537**
524547	2739362	8704299	139367	7069	1566822	2698057	3790741
16085	1924	502236	1136	596	312676	126485	441612
		11822			-914	914	
		13095			-7254	7254	
65393	345513	1043551	35356	1547	180943	1052601	1209681
320159	1669813	4592956	36904	4097	627828	1178526	1377155
94981	88223	926365	58937	53	329756	295378	601749
	1	333160	546		-4131	8082	2590
27929	631611	1253752	6450	757	128305	28371	157953
	2277	27362	38	19	-387	446	1

6-7 续表 5

项目	三、损益					
	营业收入	#主营业务收入	营业成本	#主营业务成本	营业税金及附加	#主营业务税金及附加
港澳台商投资	3493915	3407341	1184354	1166799	92376	87431
与港澳台商合资经营	1971810	1891961	592665	575110	63285	58340
与港澳台商合作经营	3138	3136			177	177
港澳台商独资	1497291	1490568	574610	574610	27700	27700
港澳台商投资股份有限公司	21676	21676	17079	17079	1214	1214
外商投资	4248745	4184812	1311835	1183668	116535	116304
中外合资经营	1022351	988313	472932	472929	32575	32395
中外合作经营	73423	73423	53048	53048	690	690
外资企业	2951798	2924696	639639	639639	72079	72028
外商投资股份有限公司	201173	198380	146216	18052	11191	11191
三、按隶属关系分	**40677060**	**39241854**	**20312345**	**19649414**	**1248414**	**1113644**
中央	16022818	15469461	11927307	11714940	395344	299355
省(自治区、直辖市)	3877022	3377887	1176204	902086	126061	111685
地(区、市、州、盟)	1058086	1044444	179739	179591	53174	52909
县(区、市、旗)	5175	5175	2245	2245	290	290
街道	306	306			17	17
乡						
其他	19713653	19344581	7026850	6850552	673528	649388
四、按四大城市功能区分	**40677060**	**39241854**	**20312345**	**19649414**	**1248414**	**1113644**
首都功能核心区	17398832	16455874	10275959	9700770	452398	349129
东城区	10275696	9933682	7983052	7758494	112583	103957
西城区	7123136	6522192	2292907	1942276	339815	245172
城市功能拓展区	20237938	19877564	9051547	9004378	705979	679348
朝阳区	7644211	7527109	2669309	2645804	262372	259978
丰台区	1034067	981334	450519	450226	42971	25723
石景山区	893650	893186	198128	196897	23805	23804
海淀区	10666010	10475935	5733591	5711451	376831	369843
城市发展新区	2723000	2606464	950448	909875	71804	66939
房山区	167876	146991	36162	23258	3890	2789
通州区	400399	400385	8579	8579	8793	8793
顺义区	1352353	1344340	571760	571725	35320	35132
昌平区	549140	495709	325701	298110	10282	6712
大兴区	253232	219039	8246	8203	13519	13513
生态涵养发展区	317290	301952	34391	34391	18233	18228
门头沟区	10246	10246	2693	2693	574	574
怀柔区	271289	255951	8051	8051	16149	16144
平谷区	20801	20801	10642	10642	842	842
密云县	14954	14954	13005	13005	668	668

单位：千元

及分配

其他业务利润	销售费用	管理费用			财务费用		
			#税金	#财产保险费		#利息收入	#利息支出
32036	204159	1220629	5082	1007	122655	33967	185076
25328	68179	973339	2786	995	154052	30287	168324
2	1108	900		10	47	4	
6706	134397	237639	2296	2	-31458	3676	16752
	475	8751			14		
672	233527	1138261	7944	1782	673833	59368	937720
80	78351	291743	1997	312	-3766	20437	
		6508			-2930	1502	2
592	137124	765828	5860	1470	680529	37429	937718
	18052	74182	87				
557255	**3177048**	**11063189**	**152393**	**9858**	**2363310**	**2791392**	**4913537**
245199	341453	1984143	38179	3618	574665	1402753	1907861
114264	224618	1462702	73380	670	1152337	553187	1332375
14503	126430	520729	3469	132	-143149	149588	4924
	309	2303			1		
	234	1247				1	
		7					
183289	2484004	7092058	37365	5438	779456	685863	1668377
557255	**3177048**	**11063189**	**152393**	**9858**	**2363310**	**2791392**	**4913537**
409552	1118952	4138335	98818	3396	755428	784786	1258775
108727	263921	1451119	59600	619	513084	297496	776182
300825	855031	2687216	39218	2777	242344	487290	482593
129301	1941293	5943282	47744	6076	1182978	1864369	3146781
38145	661223	2573791	23091	2816	1066983	1095262	2318790
35421	39912	498824	17869	1397	268432	272090	538234
338	116239	525565	770	43	-5441	19873	11914
55397	1123919	2345102	6014	1820	-146996	477144	277843
18402	135039	809507	4575	342	273339	136064	352791
7981	20659	111191	180	4	-3789	2149	10
757	2647	73630	283	75	197420	11987	171201
7790	59876	316484	2918	155	22382	28422	48372
1767	48370	82638	816	27	-16318	24340	116
107	3487	225564	378	81	73644	69166	133092
	-18236	172065	1256	44	151565	6173	155190
	2880	7179		15	-2456	2566	
	-40960	150630	1237	5	155022	2274	155176
	19335	11910	19	24	-1017	1029	12
	509	2346			16	304	2

6-7 续表 6

项目	三、损益及分配					
	资产减值损失	公允价值变动收益	投资收益	营业利润	补贴收入	营业外收入
合计	**1094422**	**-65672**	**12383207**	**11651160**	**147425**	**744876**
一、按行业分(分到小类)	**1094422**	**-65672**	**12383207**	**11651160**	**147425**	**744876**
货币金融服务	718815	-1690	135735	2997375		57112
中央银行服务			13118	723671		349
非货币银行服务	718815	-1690	122617	2273704		56763
金融租赁服务	718815	-1690	122617	2220583		56763
其他非货币银行服务				53121		
资本市场服务	19663	45437	2134269	973859	4281	64336
证券市场服务	121	870	54647	18958	4012	15750
证券经纪交易服务						
基金管理服务	121	870	54647	18958	4012	15750
期货市场服务				335624		3
期货市场管理服务				335624		3
资本投资服务	19542	44567	2067168	628734	269	45231
其他资本市场服务			12454	-9457		3352
保险业	23494	1874	100212	917630		12516
人身保险				-160		
健康和意外保险				-160		
财产保险				74		
保险经纪与代理服务	22857	1938	99523	915576		12404
其他保险活动	637	-64	689	2140		112
风险和损失评估	637	-64	458	3713		112
其他未列明保险活动			231	-1573		
其他金融业	332450	-111293	10012991	6762296	143144	610912
金融信托与管理服务		52	181955	364700		3198
控股公司服务	238073	-117781	8432310	4465828	45	278006
非金融机构支付服务	31880	279	13736	-134262	108972	170453
金融信息服务			9449	25926		
其他未列明金融业	62497	6157	1375541	2040104	34127	159255
二、按登记注册类型分	**1094422**	**-65672**	**12383207**	**11651160**	**147425**	**744876**
内资	721998	-66676	11513224	9709952	132513	675600
国有	-386	6220	2173607	389463		1741
国有联营		-15	-43	731		81
集体联营			3421	-2420		
国有独资公司	122478	-30756	4634270	3891970	45	118127
其他有限责任公司	419117	-88688	2165849	3103444	132197	380827
股份有限公司	128391	330	2002891	2206161		161676
私营独资				-1		
私营合伙		47506	119121	-112365		1083
私营有限责任公司	52398	-1273	397744	227784	271	12009
私营股份有限公司			16364	5185		56

单位：千元

营业外支出	利润总额	应交所得税	四、人工成本及其他资料				
			应付职工薪酬	#社会保险费	#住房公积金	应交增值税	从业人员平均人数（人）
362894	**14117686**	**1925843**	**6418535**	**708391**	**265156**	**-1376472**	**46208**
362894	**14117686**	**1925843**	**6418535**	**708391**	**265156**	**-1376472**	**46208**
14731	3052874	626583	815624	83957	37996	-1458751	3278
259	736879		99672	3359	6575		369
14472	2315995	626583	715952	80598	31421	-1458751	2909
14404	2262942	613219	711289	80121	31193	-1458751	2864
68	53053	13364	4663	477	228		45
222233	859043	314204	845572	96756	33403	28375	3572
10	34698	24043	42377	4279	1982	751	240
10	34698	24043	42377	4279	1982	751	240
206	335421	80619	18743	3407	3562		57
206	335421	80619	18743	3407	3562		57
218842	486098	200666	586427	54992	18453	14309	1927
3175	2826	8876	198025	34078	9406	13315	1348
12527	926297	257645	1356286	150904	54001	12982	16262
	-160		1702	15			32
	-160		1702	15			32
	74	14	84	22			2
11856	924332	254951	1260239	137293	50226	12565	15132
671	2051	2680	94261	13574	3775	417	1096
332	3732	2667	87990	12816	3541	371	973
339	-1681	13	6271	758	234	46	123
113403	9279472	727411	3401053	376774	139756	40922	23096
889	367009	31358	344910	19294	10796	-2	473
81442	6683927	92131	696663	88461	37996	5137	1508
16730	19461	55046	952288	140673	46138	13034	9270
1	25925	5718	10223	1208	334	1043	87
14341	2183150	543158	1396969	127138	44492	21710	11758
362894	**14117686**	**1925843**	**6418535**	**708391**	**265156**	**-1376472**	**46208**
353043	12117298	1329274	5084558	561933	202706	-168139	41489
3480	2418138	49608	243633	19516	14255	53	715
24	788		8640	400	360		14
	-2420						
59148	3950949	204142	483638	61595	23052	5710	1129
61747	3453462	954292	2668574	333868	116463	-211561	22847
13119	2354611	66447	735472	68139	28546	-9679	3436
	-1		50				2
4	-110938	3	4457	470	148		48
215404	31258	53645	910470	76963	19053	47338	13072
117	21451	1137	29624	982	829		226

6-7 续表 7

项目	三、损益及分配					
	资产减值损失	公允价值变动收益	投资收益	营业利润	补贴收入	营业外收入
港澳台商投资	138204	4690	530349	1066444	12400	23794
与港澳台商合资经营	59792	2128	538187	600813	12400	20478
与港澳台商合作经营			135	906		
港澳台商独资	78412	2562	-7973	470582		3299
港澳台商投资股份有限公司				-5857		17
外商投资	234220	-3686	339634	874764	2512	45482
中外合资经营	18723	-2730	13529	142592	2512	3217
中外合作经营				16107		140
外资企业	215497	-956	78868	517296		32125
外商投资股份有限公司			247237	198769		10000
三、按隶属关系分	**1094422**	**-65672**	**12383207**	**11651160**	**147425**	**744876**
中央	274088	-59595	8056126	6491935		185304
省(自治区、直辖市)	197425	9215	1633427	1191143	122765	332551
地(区、市、州、盟)	25481	259	92910	383839	537	9097
县(区、市、旗)				27		
街道			39	-1153		
乡				-7		
其他	597428	-15551	2600705	3585376	24123	217924
四、按四大城市功能区分	**1094422**	**-65672**	**12383207**	**11651160**	**147425**	**744876**
首都功能核心区	386499	-60297	8873353	7063037	122765	471848
东城区	135564	-5	4162332	3978703	20	134858
西城区	250935	-60292	4711021	3084334	122745	336990
城市功能拓展区	568495	40	3324075	4114466	23961	222471
朝阳区	292966	-3977	970069	1069445	4089	78497
丰台区	140649		1250124	842812		11965
石景山区	25358		43931	53927	1500	18944
海淀区	109522	4017	1059951	2148282	18372	113065
城市发展新区	133539	-4252	85898	436368	539	38693
房山区				-237	537	16441
通州区	12197		369	97502		7321
顺义区	95337		23258	274221		12001
昌平区	26005		7870	85562		765
大兴区		-4252	54401	-20680	2	2165
生态涵养发展区	5889	-1163	99881	37289	160	11864
门头沟区				-624		29
怀柔区	5889	-1163	99875	60411	160	11047
平谷区			6	-20908		
密云县				-1590		788

单位：千元

			四、人工成本及其他资料				
营业外支出	利润总额	应交所得税	应付职工薪酬	#社会保险费	#住房公积金	应交增值税	从业人员平均人数（人）
4184	1084091	329841	598040	69680	27864	-297992	2819
2807	618484	199988	353592	41464	20007	-299001	1286
	1041	260	912	126	24		4
1351	470432	129593	232138	27871	7750	1009	843
26	-5866		11398	219	83		686
5667	916297	266728	735937	76778	34586	-910341	1900
1066	144743	50180	151348	14097	6177	-216437	634
111	16136	4034	3112	422	304		15
4490	546649	164600	517332	56505	25015	-693939	1167
	208769	47914	64145	5754	3090	35	84
362894	**14117686**	**1925843**	**6418535**	**708391**	**265156**	**-1376472**	**46208**
71694	8635959	435632	1021761	115411	57058	-214340	2512
19132	1498418	255670	617166	83169	25802	11934	2265
11821	386942	105847	265568	26728	9590	743	5002
	27		2337	261			42
	-1153	192	876	131	49		14
	-7						
260247	3597500	1128502	4510827	482691	172657	-1174809	36373
362894	**14117686**	**1925843**	**6418535**	**708391**	**265156**	**-1376472**	**46208**
279695	9274374	721517	2074567	247700	95886	37899	12489
10050	4103511	145859	521905	82407	22737	21197	2542
269645	5170863	575658	1552662	165293	73149	16702	9947
69968	4318077	979849	3963027	415113	150330	-1179780	30681
42720	1115713	417829	1838600	168111	61645	-1120187	15503
9052	845797	56559	312332	35527	11064	-8105	1390
6880	65991	19183	322272	28082	11291	27482	1247
11316	2290576	486278	1489823	183393	66330	-78970	12541
12857	461488	194239	281791	36535	16210	-290090	2438
329	15875	4016	26025	2880	951	1596	353
14	104809	27730	33120	4652	980	-12756	94
1435	285018	98468	113033	12380	7626	-281316	1108
145	80951	19674	62766	9636	4065	2722	491
10934	-25165	44351	46847	6987	2588	-336	392
374	63747	30238	99150	9043	2730	55499	600
	-595		2390	308	38		38
339	86087	30223	80751	7076	2366	55496	278
	-20908	15	8682	533	229	3	160
35	-837		7327	1126	97		124

6-8 金融业财务状况表

项目	一、年末资产负债						
	资产合计	#货币资金	#现金	#有价证券	#对外投资	#固定资产合计	#固定资产原价
合计	**19634826681**	**728715**	**465**	**1531800876**	**297340**	**9853903**	**10114385**
一、按行业分(分到小类)	**19634826681**	**728715**	**465**	**1531800876**	**297340**	**9853903**	**10114385**
货币金融服务	19631881729	540304	340	1531800876	297340	7698784	7965036
中央银行服务	19626895011	126977	138	1531800876		3609099	3875351
货币银行服务	324742	110604	9			207485	207485
非货币银行服务	3310145	261156			297340	2593356	2593356
其他非货币银行服务	3310145	261156			297340	2593356	2593356
银行监管服务	1351831	41567	193			1288844	1288844
资本市场服务	2110272	186683	56			1426203	1420423
证券市场服务	771150	103940	23			425077	419297
基金管理服务	771150	103940	23			425077	419297
证券期货监管服务	1339122	82743	33			1001126	1001126
保险业	834680	1728	69			728916	728926
保险监管服务	834313	1431	46			728893	728893
其他保险活动	367	297	23			23	33
其他未列明保险活动	367	297	23			23	33
二、按登记注册类型分	**19634826681**	**728715**	**465**	**1531800876**	**297340**	**9853903**	**10114385**
内资	19634826681	728715	465	1531800876	297340	9853903	10114385
国有	19631634221	466996	442	1531800876		7373485	7633957
国有独资公司	3181865	259836			297340	2471753	2471753
私营独资	367	297	23			23	33
其他	10228	1586				8642	8642
三、按隶属关系分	**19634826681**	**728715**	**465**	**1531800876**	**297340**	**9853903**	**10114385**
中央	19630795339	326253	421	1531800876		6904610	7170862
省(自治区、直辖市)	630223	132579	15			425041	425041
地(区、市、州、盟)	3397643	269586	6		297340	2521732	2518449
县(区、市、旗)	3109					2497	
其他	367	297	23			23	33
四、按四大城市功能区分	**19634826681**	**728715**	**465**	**1531800876**	**297340**	**9853903**	**10114385**
首都功能核心区	19631491383	456678	459	1531800876		7327897	7594159
东城区	203039	1532				126355	126355
西城区	19631288344	455146	459	1531800876		7201542	7467804
城市功能拓展区	121943	7791	4			31393	31393
朝阳区	16959	641				12296	12296
丰台区	10028	4388				5624	5624
石景山区	37049	2191	4			1773	1773
海淀区	57907	571				11700	11700
城市发展新区	19533	4249				15171	15171
房山区							
通州区	10228	1586				8642	8642
昌平区	9305	2663				6529	6529
大兴区							
生态涵养发展区	3193822	259997	2		297340	2479442	2473662
门头沟区	3188802	259995			297340	2475036	2471753
怀柔区							
平谷区							
密云县	3109					2497	
延庆县	1911	2	2			1909	1909

（行政事业会计制度）

单位：千元

负债合计	二、收入和支出							
	上年结余	收入合计	#财政拨款	#事业收入	#经营收入	#上级补助收入	支出合计	#工资福利支出
19628518831	**409706**	**3714242**	**3574095**	**117641**	**6582**	**3869**	**9073492**	**700586**
19628518831	**409706**	**3714242**	**3574095**	**117641**	**6582**	**3869**	**9073492**	**700586**
19628453382	66511	1516407	1387404	114977	6053	703	6763596	347308
19628265064		644236	581997	62196			5909056	156389
	35178	58815		52762	6053		40003	13351
188318	7262	392175	387939	19			393484	74423
188318	7262	392175	387939	19			393484	74423
	24071	421181	417468			703	421053	103145
40145	269560	1992384	1982470	1966		3166	2091123	293209
40004	269560	1522089	1517165	1966			1617215	174811
40004	269560	1522089	1517165	1966			1617215	174811
141		470295	465305			3166	473908	118398
25304	73635	205451	204221	698	529		218773	60069
25304	73518	204224	204221				217787	59806
	117	1227		698	529		986	263
	117	1227		698	529		986	263
19628518831	**409706**	**3714242**	**3574095**	**117641**	**6582**	**3869**	**9073492**	**700586**
19628518831	409706	3714242	3574095	117641	6582	3869	9073492	700586
19628329648	409402	3654718	3520015	116943	6053	3869	9014465	699167
187597	187	5192	975				4936	1156
	117	1227		698	529		986	263
1586		53105	53105				53105	
19628518831	**409706**	**3714242**	**3574095**	**117641**	**6582**	**3869**	**9073492**	**700586**
19628305396	103339	1862614	1789703	64162		3869	7142469	489760
17577	59338	591684	532777	52781	6053		578612	108511
195858	246442	1085925	1078823				1178521	98050
	470	172792	172792				172904	4002
	117	1227		698	529		986	263
19628518831	**409706**	**3714242**	**3574095**	**117641**	**6582**	**3869**	**9073492**	**700586**
19628316644	230096	2594264	2461228	117641	6582	3869	7860100	602058
721	76762	601894	601875	19			603783	87945
19628315923	153334	1992370	1859353	117622	6582	3869	7256317	514113
6516	176082	797411	794526				890414	71403
1077	6095	182953	180541				185491	23560
4388	1706	23577	23577				25268	17431
1051	33380	45866	45393				45366	7134
	134901	545015	545015				634289	23278
7915	2385	129277	129268				130307	11154
1586		53105	53105				53105	
6329	2385	76172	76163				77202	11154
187756	1143	193290	189073				192671	15971
187756	673	15589	11372				14858	8664
	470	172792	172792				172904	4002
		4909	4909				4909	3305

6-8 续表

项目	二、收入和支出						
	#商品和服务支出	#取暖费	#劳务费	#出国费	#福利费	#对个人和家庭的补助	#抚恤金
合计	**793979**	**27835**	**30661**	**37278**	**55340**	**1382710**	**1045**
一、按行业分(分到小类)	**793979**	**27835**	**30661**	**37278**	**55340**	**1382710**	**1045**
货币金融服务	509971	18098	24513	28875	28897	129829	928
中央银行服务	210692	12027	8504	19069	15398	87692	912
货币银行服务	23426				1168		
非货币银行服务	21069	1506	1052		652	14548	
其他非货币银行服务	21069	1506	1052		652	14548	
银行监管服务	254784	4565	14957	9806	11679	27589	16
资本市场服务	230042	6452	5256	4882	17515	1234208	117
证券市场服务	166940	1962	3389	4231	8764	1204781	117
基金管理服务	166940	1962	3389	4231	8764	1204781	117
证券期货监管服务	63102	4490	1867	651	8751	29427	
保险业	53966	3285	892	3521	8928	18673	
保险监管服务	53353	3285	892	3521	8928	18673	
其他保险活动	613						
其他未列明保险活动	613						
二、按登记注册类型分	**793979**	**27835**	**30661**	**37278**	**55340**	**1382710**	**1045**
内资	793979	27835	30661	37278	55340	1382710	1045
国有	785966	27634	28144	37278	55337	1333960	1045
国有独资公司	3685	1	977		3	95	
私营独资	613						
其他	3715	200	1540			48655	
三、按隶属关系分	**793979**	**27835**	**30661**	**37278**	**55340**	**1382710**	**1045**
中央	644689	24857	26266	37278	52277	167391	928
省(自治区、直辖市)	101719	1752	84		2172	18004	117
地(区、市、州、盟)	46375	1226	4311		884	1029113	
县(区、市、旗)	583				7	168202	
其他	613						
四、按四大城市功能区分	**793979**	**27835**	**30661**	**37278**	**55340**	**1382710**	**1045**
首都功能核心区	747327	26613	26350	37278	54249	383208	1045
东城区	18745	1611	75		660	213551	
西城区	728582	25002	26275	37278	53589	169657	1045
城市功能拓展区	35608	871	1794		788	779253	
朝阳区	21744	451	1157		465	139077	
丰台区	3542	156	593		58	3461	
石景山区	705	104			237	37273	
海淀区	9617	160	44		28	599442	
城市发展新区	4770	302	1540		211	49940	
房山区							
通州区	3715	200	1540			48655	
昌平区	1055	102			211	1285	
大兴区							
生态涵养发展区	6274	49	977		92	170309	
门头沟区	4426	49	977		80	1768	
怀柔区							
平谷区							
密云县	583				7	168202	
延庆县	1265				5	339	

单位：千元

						三、其他资料			
#生活补助	#救济费	#助学金	#退职(役)费	#经营支出	收支结余	经营税金	利息收入	利息支出	从业人员平均人数(人)
130669	**1385**		**1658**		**-4949544**	**3256**	**69173**	**5063250**	**6105**
130669	**1385**		**1658**		**-4949544**	**3256**	**69173**	**5063250**	**6105**
725					-5180678	3226	67639	5063217	3240
191					-5264820		62185	5063217	1456
					53990	3226	1208		124
534					5953		4236		635
534					5953		4236		635
					24199		10		1025
129944	1385		333		170821		1529	33	2385
129944	1385		333		174434		1467	33	1512
129944	1385		333		174434		1467	33	1512
					-3613		62		873
			1325		60313	30	5		480
			1325		59955		3		475
					358	30	2		5
					358	30	2		5
130669	**1385**		**1658**		**-4949544**	**3256**	**69173**	**5063250**	**6105**
130669	1385		1658		-4949544	3256	69173	5063250	6105
125452	1385		1658		-4950345	3226	64954	5063250	6086
					443		4217		14
					358	30	2		5
5217									
130669	**1385**		**1658**		**-4949544**	**3256**	**69173**	**5063250**	**6105**
191			1325		-5176516		63620	5063217	4004
534			333		72410	3226	1300	9	966
129944	1385				153846		4251	24	1092
					358				38
					358	30	2		5
130669	**1385**		**1658**		**-4949544**	**3256**	**69173**	**5063250**	**6105**
20718			1325		-5035740	3256	64913	5063217	4999
20527					74873		19		759
191			1325		-5110613	3256	64894	5063217	4240
104734	1385				83079		34	24	823
9					3557		4	4	230
					15		20	20	195
3615	1385				33880		7		108
101110					45627		3		290
5217			333		1355		9	9	114
5217									
			333		1355		9	9	114
					1762		4217		169
					1404		4217		98
					358				38
									33